摄影 / 李军

2020

中共山西年鉴

中　共　山　西　省　委 主办
中共山西省委党史研究院　编

中 央 文 献 出 版 社

《中共山西年鉴》编审委员会

郝永明　山西省国家保密局局长
赵建平　中共晋中市委书记
姜四清　中共阳泉市委书记
郭玉福　山西日报报业集团党委书记、社长
郭秀翔　中共山西省委党史研究院副院长
郭海刚　山西省人大常委会秘书长
黄岑丽　山西省妇女联合会党组书记、主席
曹荣湘　中共山西省委党史研究院院长
符惠明　中共山西省直属机关工作委员会主持日常工作的副书记
董一兵　中共临汾市委书记
雷建国　中共山西省委宣传部主持日常工作的副部长

《中共山西年鉴》编辑委员会

总　　编　关建勋　曹荣湘
副 总 编　刘益令　孔凡春　焦永萍　郭秀翔
执行总编　徐海鸿
执行副总编　闫利明　袁佩红
编　　委　（按姓氏笔画为序）
王卫香　王爱国　王福光　丰　胜　田晓晴
冯林平　冯翠兰　刘迪山　闫立旺　李洪涛
李道红　邹富娜　孟　红　赵俊忠　胡安平
特邀编辑　范小平
编　　辑　李　军　成晓明　贾庭芳
图文设计　张晓娟

省市篇编委

省委篇	史晨鸣	曹　进	高一钧
政府篇	胡安平	杨锦耀	郭宏伟
太原市	魏源巍	乔大江	张晓茜
大同市	王铁梅	李　吉	王树鑫
朔州市	王加关	刘向前	贾尚福
忻州市	崔建新	蔚宏民	赵　芳
吕梁市	乔晓峰	赵雪宏	王　斌
晋中市	任秀红	李新文	杜晓凤
阳泉市	郭玉珠	刘玉林	
长治市	刘卓良	刘海峰	党文滨
晋城市	李靖芳	李　超	
临汾市	韩振钢	陈波轶	屈　波
运城市	王志峰	骆新爱	张建国

2019年11月30日，山西省召开全省领导干部会议。中央组织部副部长吴玉良出席会议并宣布中央决定：楼阳生任中共山西省委书记，骆惠宁不再担任中共山西省委书记、常委、委员职务。图为楼阳生（左）与骆惠宁（右）亲切握手。（李联军　摄）

2019年12月2日，中共山西省委书记楼阳生（前中）在山西转型综改示范区调研转型综改工作。

2019年12月19日，中共山西省委副书记、代省长林武（右二）深入焦煤集团官地煤矿调研安全生产工作。

2019 年 6 月 20 日，中共山西省委常委、省纪委书记王拥军（前排右二）在临汾市襄汾县古城镇调研为基层减负工作。

2019 年 7 月 31 日，中共山西省委常委、太原市委书记罗清宇（右二）在杏花岭区桃园区域党群服务中心调研基层党建工作。

2019 年 5 月 17 日，中共山西省委常委、统战部部长徐广国（前排左二）在五台山调研宗教工作。

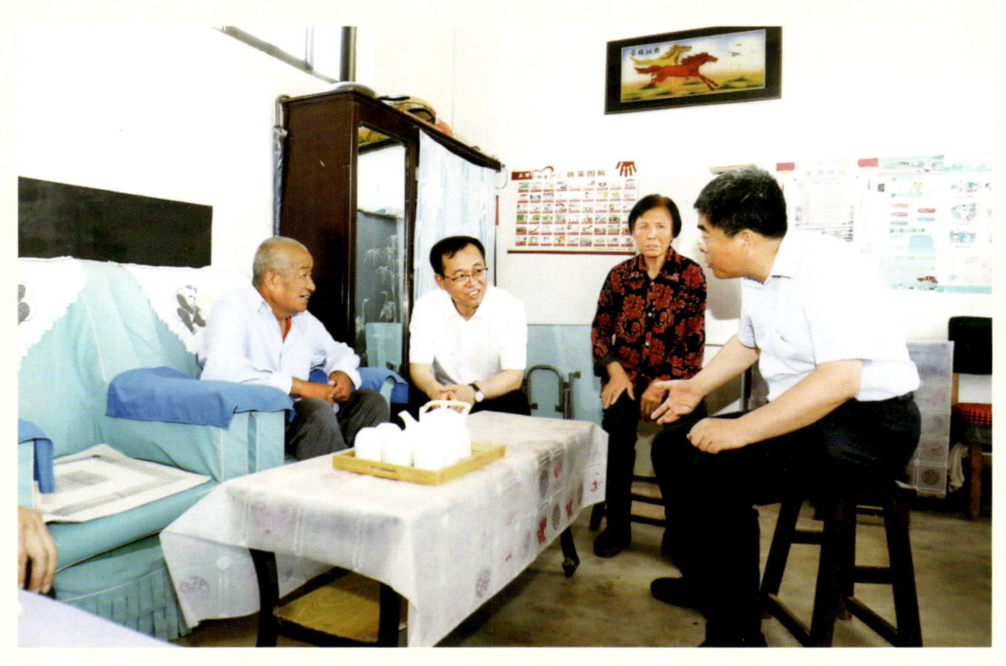

2019 年 7 月 2 日，中共山西省委常委、宣传部部长吕岩松（左二）在武乡县故县乡五村走访慰问贫困户。

2019年11月3日，中共山西省委常委、大同市委书记张吉福（前排右二）在大张高铁大同南站广场综合枢纽建设项目现场调研。

2019年11月15日，中共山西省委常委、秘书长廉毅敏（前排左二）在霍州市鼓楼街道办事处便民服务中心调研。

2019年11月26日，中共山西省委常委、政法委书记商黎光（前排右二）在临汾市尧都区人民检察院调研基层社会治理工作。

2019年6月26日，中共山西省委常委、副省长胡玉亭（前排右二）在太原市阳曲县政务服务中心调研优化营商环境工作。

2019年1月18日，中共山西省委常委、省军区司令员韩强（中）在省退役军人事务厅调研。

2019年10月11日，中共山西省委常委、组织部部长曲孝丽（前排左二）在太原师范学院调研第二批“不忘初心、牢记使命”主题教育工作。

编 辑 说 明

《中共山西年鉴》于2006年创办，是由中共山西省委主办、省委办公厅和省委党史研究院承办的大型资料工具书，按年度连续出版，及时跟进、准确记录和全面反映中共山西省委召开的重要会议、发布的重要文件、举行的重大活动、开展的重要工作和全省各市县、省直各部门党的建设及其他重要工作情况，为领导干部科学决策、指导工作提供借鉴，同时为广大读者了解山西、研究山西、建设山西提供服务。

《中共山西年鉴（2020）》以习近平新时代中国特色社会主义思想为指导，记录中共山西省委2019年1月1日至12月31日的工作实践，采用分类编排法，共设置栏目17个。资料主要由省委办公厅、省直有关部门党组（党委）和各市、县委提供，部分转载自《人民日报》《山西日报》等。“中央领导关注山西”专栏内容按照中央政治局常委在前，其他中央领导依活动时间先后排序。省委常委调研照片由常委所在部门和省委办公厅提供，“人事变动”栏目资料由省委组织部、省人大常委会办公厅、省人社厅提供，“附录”部分由省市统计部门供稿。为了保持资料的完整性，“重温三篇光辉文献”和“‘不忘初心、牢记使命’主题教育”栏目部分内容延伸至2020年2月。各市县、省直各部门党组（党委）工作概况中统计数据和领导人员名单以各单位报送资料为准。省国家保密局对全书内容予以保密审查。

由于《中共山西年鉴（2020）》内容涉及面广，加之编辑水平所限，所收资料如有疏漏之处，恳请广大读者批评指正。

卷首语

2019年，是山西发展史上很不平凡的一年，成果丰硕、来之不易、弥足珍贵。我们开展“不忘初心、牢记使命”主题教育，庆祝中华人民共和国成立70周年，全省党员干部经受了思想政治洗礼，全省上下唱响了“礼赞新中国、奋斗新时代”的昂扬旋律，全省人民爱党爱国爱领袖的热情空前高涨。我们统筹推进“五位一体”总体布局，协调推进“四个全面”战略布局，转型综改取得重大进展，三大攻坚战取得显著成效，扫黑除恶取得累累战果，各项事业蒸蒸日上，人民群众的获得感幸福感安全感明显提升。我们坚持以习近平新时代中国特色社会主义思想为指引，以习近平总书记“三篇光辉文献”为遵循，发出坚定不移将转型综改进行到底的动员令，提出“四为四高两同步”总体思路和要求，完善发展治晋兴晋强晋重大举措，新时代的山西展现出更加美好的发展前景。

——摘自省委书记、省人大常委会主任楼阳生在2020年春节团拜会上的讲话。

目　录

中央领导关注山西

中共山西省委工作概况

重 要 会 议

一、十一届省委全体会议

二、省委常委会议

三、省委全面深化改革委员会会议

四、省委中心组会议

五、全省性会议

重 要 文 献

重温习近平总书记“三篇光辉文献”

一、安排部署

二、重温“三篇光辉文献”　重整行装继续征程

三、重温“三篇光辉文献”　着力抓好“四件大事”

“不忘初心、牢记使命”主题教育

一、综述

二、安排部署

三、实施情况

四、习近平与一封群众来信的故事

庆祝中华人民共和国成立70周年

一、综述

二、壮丽70年 奋斗新时代

“改革创新、奋发有为”大讨论

一、综述

二、安排部署

三、实施情况

转型综改和供给侧结构性改革

一、综述

二、再创转型综改和供给侧结构性改革新局面

脱贫攻坚

一、综述

二、文件及调研报告

三、中央领导的深情牵挂

四、决战决胜脱贫攻坚

生态环境保护

能　源　革　命

扫黑除恶专项斗争

一、综述

二、全力推进扫黑除恶专项斗争深入开展

文　旅　融　合

一、综述

二、文件

三、文旅深度融合　开放创新发展

省委工作部门工作概况

省人大常委会党组工作概况

省政府党组工作概况

省政协党组工作概况

省纪律检查委员会、省监察委员会工作概况

省高级人民法院党组工作概况

省人民检察院党组工作概况

省政府厅局党组（党委）工作概况

省直属事业单位党组（党委）工作概况

群团组织党组工作概况

省管国有企业党委工作概况

中央驻晋单位党组（党委）工作概况

高等院校党委工作概况

市、县（市、区）委工作概况

人　物

大事记

附　　录

中央领导关注山西

习近平向2019年太原能源低碳发展论坛致贺信

2019年太原能源低碳发展论坛10月22日在山西太原开幕。国家主席习近平致贺信。

习近平指出，能源低碳发展关乎人类未来。中国高度重视能源低碳发展，积极推进能源消费、供给、技术、体制革命。中国愿同国际社会一道，全方位加强能源合作，维护能源安全，应对气候变化，保护生态环境，促进可持续发展，更好造福世界各国人民。

（摘自新华社北京2019年10月22日电）

汪洋在山西调研时强调 弘扬右玉精神 巩固脱贫成果

中共中央政治局常委、全国政协主席汪洋6月初在山西省右玉县调研脱贫攻坚工作。他充分肯定右玉县脱贫攻坚和生态文明建设取得的显著成绩。他强调，右玉精神集中体现了共产党人全心全意为人民谋幸福的宗旨，是开展“不忘初心、牢记使命”主题教育的生动教材。要认真学习贯彻习近平总书记重要指示批示精神，大力弘扬右玉精神，把迎难而上、艰苦奋斗写在山川大地，把久久为功、利在长远印在群众心底，确保脱贫成果经得起历史和实践检验。省委书记骆惠宁陪同调研。

右玉县位于毛乌素沙漠天然风口地带，原本是风沙成患、山川贫瘠的“不毛之地”。新中国成立70年来，历届县委坚持不懈带领群众防风固沙、植树造林、改善生态，创造了荒漠变绿洲的生态奇迹。2018年右玉县成为山西省首批脱贫摘帽的国家级贫困县之一，生态文明建设成为右玉打赢脱贫攻坚战的关键举措。4日至5日，汪洋先后来到右玉精神展览馆、南山森林公园丰碑、四五道岭，考察植树造林、水土保持、生态综合治理情况。他还走进企业、学校和贫困户，详细了解产业扶贫、生态扶贫、教育扶贫等情况。

汪洋强调，无论是实现脱贫和稳定脱贫成果，还是逐步致富，都要学习右玉精神，树立功成不必在我、久久为功的政绩观，一张蓝图绘到底，一任接着一任干。要把生态文明建设作为巩固脱贫成果的重要手段，因地制宜发展种植养殖业、林草业、林农产品加工业和旅游业等，拓宽产品营销渠道，夯实逐步致富的基础，促进脱贫攻坚与实施乡村振兴战略相互衔接。要创新生态扶贫机制，加大贫困地区生态保护与修复力度，吸纳贫困人口参与生态保护，实现生态改善和脱贫攻坚双赢。要以保障义务教育为核心，全面落实教育扶贫政策，确保贫困家庭适龄学生不因贫失学辍学，有效阻断贫困代际传递。

全国政协教科卫体委员会驻会副主任丛兵、国家林业和草原局副局长张永利、国务院扶贫办副主任欧青平陪同调研。

王沪宁参加十三届全国人大二次会议山西代表团审议时作重要讲话

3月12日下午，十三届全国人大二次会议山西代表团举行全体会议。中共中央政治局常委、中央书记处书记王沪宁与代表们一同审议。

杨景海、郑连生、申纪兰、刘正、董林、杨蓉、贾樟柯、李桂琴、郭凤莲、姜四清代表先后就“两高”工作报告、攻坚深度贫困、坚持和发展人民代表大会制度、外商投资法、煤炭减优绿给矿工带来了好日子、扫黑除恶让老百姓感到更放心、在山西小城搭建世界文化舞台、践行新闻工作者“四力”(脚力、眼力、脑力、笔力)、大寨走进新时代、实现煤老大到能源革命排头兵历史跨越进行发言。

王沪宁与代表们深入交流,会场气氛轻松活泼。王沪宁表示,山西各项工作取得新成绩,希望山西深入学习贯彻习近平新时代中国特色社会主义思想,认真落实习近平总书记关于山西工作重要指示精神,引导广大党员、干部增强“四个意识”、坚定“四个自信”、做到“两个维护”。要贯彻新发展理念,在新起点上继续推进改革开放,推动高质量发展不断迈出新步伐。要以庆祝新中国成立70周年为主线统筹做好各项宣传工作,激发干部群众建功新时代的昂扬斗志。要深入推进脱贫攻坚和乡村振兴战略,增强人民获得感、幸福感、安全感。要全面加强党的领导和党的建设,推动政治生态持续好转。

骆惠宁在主持会议时说,王沪宁同志在重要讲话中,就不断做好山西工作,提出了重大要求,听后深受鼓舞。我们要悉心领会,认真贯彻。

楼阳生等参加审议。中央政策研究室、最高人民法院、最高人民检察院有关负责人到会听取意见建议。

韩正出席2019年太原能源低碳发展论坛　宣读习近平主席贺信并发表主旨演讲

10月22日,中共中央政治局常委、国务院副总理韩正出席2019年太原能源低碳发展论坛开幕式,宣读习近平主席贺信并发表主旨演讲。

韩正指出,习近平主席专门发来贺信,充分体现了中国政府对能源低碳发展的高度重视。在习近平主席“四个革命、一个合作”能源安全新战略指引下,中国不断推进能源生产和消费革命向纵深发展,加快能源清洁低碳转型,能源事业发展取得了显著成就。

韩正强调,作为世界上最大的能源生产国和消费国,中国将继续深入推进能源革命,加快推动能源高质量发展,为经济社会持续健康发展提供坚实保障。我们将坚定不移推动能源消费革命,着力促进能源清洁高效利用,全面落实节能优先战略,加快形成能源节约型社会;坚定不移推动能源供给革命,着力提高能源供给质量和效率,立足多元供应保安全,促进多能互补、协调发展;坚定不移推动能源技术革命,着力提升关键技术自主创新能力,加快能源与现代信息技术深度融合;坚定不移推动能源体制革命,着力加快推进能源市场化改革,积极推动能源投资多元化,深化电力、油气体制改革,完善能源价格形成机制。

韩正表示,中国愿同世界各国一道,共同研究完善能源政策制度体系,在共建“一带一路”框架内加强能源领域合作,在全球能源治理体系中发挥建设性作用,深化全球能源治理合作,坚定维护多边主义,共同促进全球能源可持续发展,维护全球能源安全,共建清洁美丽世界。

韩正集体会见出席2019年太原能源低碳发展论坛主要外宾

10月21日,中共中央政治局常委、国务院副总理韩正在山西太原集体会见出席2019年太原能源低碳发展论坛的主要外宾。

韩正表示,当前,全球能源格局经历重要调整,地缘政治不断演变,对世界能源市场稳定和供需平衡带来挑战。各方应加强能源安全、清洁能源和能源基础设施合作,为全球可持续发展和实现联合国2030年可持续发展目标提供有力支撑。中国政府始终高度重视能源安全和清洁低碳发展,愿同各方深化合作,为促进绿色增长、建设美丽世界、推进构建人类命运共同体作出更大贡献。

捷克前总理索博特卡代表与会外宾发言。他表示,中国为应对全球气候变化和促进可持续发展发挥了重要引领作用,国际社会高度评价。期待通过本次论坛分享低碳发展经验,共同促进全球能源合作、实现清洁发展。

省委书记、省人大常委会主任骆惠宁,省委副书记、省长楼阳生,副省长王一新参加会见。

韩正在山西调研时强调　紧紧抓住机遇　勇于改革创新　奋力推动经济转型发展

10月21日至22日,中共中央政治局常委、国务院副总理韩正在山西省调研。他强调,山西要按照习近平总书记作出的重要指示和要求,紧紧抓住机遇,勇于改革创新,推动经济转型发展,真正走出一条产业优、质量高、效益好、可持续的发展新路。

韩正前往太钢不锈钢精密带钢有限公司，了解企业生产运营、科技创新、产品研发等情况，询问产品在建筑、交通、能源等领域的应用情况，查看高端不锈钢、碳纤维产品，体验在氢燃料电池、柔性显示屏等方面应用的不锈钢箔材“手撕钢”，走进轧机操作室看望慰问企业职工。韩正表示，推动传统制造业转型升级，创新引领是关键，要切实提高自主创新能力，加快关键核心技术攻关，有效提升产品附加值，坚持质量第一，加大具有自主知识产权的核心技术在国家重大标志性工程中的应用力度。

太原重型机械集团有限责任公司是新中国自行设计建设的第一座重型机械厂。韩正来到这里，考察矿山挖掘机、高铁轮对等先进机械研发生产情况。韩正强调，重型机械是国之重器，是先进制造业的重要支撑，要加快产品智能化步伐，提高生产线和生产设备的国产化率，实现精密零部件加工的技术突破，积极拓展“一带一路”沿线国家市场，加强人才队伍建设，打造具有国际竞争力的高端装备制造产业。韩正走进生产车间，勉励一线工人抓住转型升级机遇，推动企业加快发展，实现个人价值。

韩正来到山西省政务服务中心，考察政府职能转变和“放管服”改革推进情况，着重了解投资和工程建设项目审批、证照分离等改革举措，同正在办事的企业工作人员、高校毕业生进行交流。韩正强调，推进政府职能转变要坚持目标导向、问题导向，提升改革的标准化、法治化水平，实现政府工作流程再造，大力推广告知承诺制，加强事中事后监管，持续优化营商环境，以市场主体和群众感受作为评价标准，将这场改革进行到底。

韩正参观了在中国（太原）煤炭交易中心举办的2019能源革命展。展览集中展示了国内外能源转型发展趋势、领先技术和转型成果。韩正指出，山西要立足推动能源生产和消费革命，实施好能源革命综合改革试点，更好担起保障国家能源安全的重任，争当全国能源革命排头兵。

韩正还来到汾河公园三期工程，了解太原市城市规划，实地考察汾河生态治理情况。韩正指出，要加大城市水系环境综合改造力度，强化水系周边城市设计，形成整体风貌，为城市居民提供优质绿色空间。

（摘自《山西日报》2019年10月24日）

胡春华在山西看望贫困群众和基层扶贫干部时强调 集中力量解决好“两不愁三保障”突出问题

中共中央政治局委员、国务院扶贫开发领导小组组长胡春华1月27日至28日在山西省吕梁市调研脱贫攻坚工作，看望贫困群众和基层扶贫干部。他强调，要深入贯彻习近平总书记关于扶贫工作的重要论述，按照党中央、国务院决策部署，进一步增强责任感和紧迫感，切实拿出更多时间精力，采取超常规举措，集中力量解决好“两不愁三保障”面临的突出问题，确保按时保质完成脱贫攻坚目标任务。省委书记、省人大常委会主任骆惠宁，省委副书记、省长楼阳生分别陪同调研。

吕梁市是革命老区和深度贫困地区，贫困面广、攻坚难度大。胡春华先后来到临县、兴县和岚县，进村入户了解贫困群众生产生活情况，实地察看教育扶贫、健康扶贫、农村危房改造和农村饮水安全等工作进展情况。

胡春华强调，实现“两不愁三保障”，是打赢脱贫攻坚战的底线任务和标志性指标，要拿出决战决胜的精神状态，切实解决好“两不愁三保障”面临的突出问题。要全面摸清底数，优化政策举措，细化实施方案，逐项对账销号。中央有关部门要加强统筹调度，加大支持力度，组织实施好解决问题的专项行动。贫困地区要强化扶贫资金使用整合，因地制宜实施倾斜支持，在保证质量的前提下加快进度。要把解决“两不愁三保障”突出问题工作情况作为脱贫攻坚成效考核、督查巡查的重要内容，推动工作加快落实。

省委副书记林武陪同调研。

王晨在山西就人大代表工作进行调研时强调 密切联系人民群众 更好发挥代表作用

中共中央政治局委员、全国人大常委会副委员长王晨2月18日至19日在山西就人大代表工作进行调研，听取即将出席十三届全国人大二次会议的部分全国人大代表的意见建议。省委书记、省人大常委会主任骆惠宁陪同有关活动并主持座谈会。

王晨来到平顺县西沟村，看望唯一连任十三届全国人大代表的申纪兰，同她就发挥代表作用、脱贫攻坚等作了深入交流。王晨说，申纪兰代表是著名劳动模范，又是庆祝改革开放40周年表彰的改革先锋，作为“初心不改的农村的先进模范代表”，始终扎根农村，不脱离群众，充分发挥人大代表作用，是我们学习的榜样。

在太原市小店区，王晨看望了正在进行下水道养护作业的全国人大代表王润梅，称赞她在平凡的岗位上做出了不平凡的业绩；在杏花岭街道，王晨考察了街道人大代表活动室，召开部分全国人大代表和基层人大代表座谈会，听取与会代表的意见建议。

王晨强调，党的十八大以来，习近平总书记就坚持和完善人民代表大会制度、更好发挥人大代表作用作出一系列重要论述，提出明确要求。目前，全国五级人大代表共有262万多人，人大代表来自人民、植根人民，是党和国家联系人民群众的重要桥梁纽带。新时代做好代表工作，必须坚持以习近平新时代中国特色社会主义思想为指导，加强党的领导，树牢“四个意识”，坚定“四个自信”，坚决做到“两个维护”，在思想上政治上行动上同以习近平同志为核心的党中央保持高度一致。要把密切联系人民群众作为履行代表职责的基本要求，认真履行人大代表的各项职责，反映人民呼声，集中人民智慧，维护人民权益，增进人民福祉，做到民有所呼、我有所应，更好发挥代表作用。要加强代表思想政治作风建设，提高政治素质和履职能力，自觉接受人民监督。十三届全国人大二次会议即将召开，希望各位全国人大代表深入听取群众意见呼声，认真准备议案建议，依法履职尽责，保持优良会风，把大会开成一个民主、团结、求实、奋进的大会，共同推动经济持续健康发展和社会大局稳定，以优异成绩迎接新中国成立70周年。

王晨还瞻仰了八路军太行纪念馆。

省领导林武、罗清宇、郭迎光参加有关活动。

孙春兰出席第二届全国青年运动会开幕式并宣布青运会开幕

8月8日，第二届全国青年运动会在太原开幕。中共中央政治局委员、国务院副总理孙春兰出席开幕式并宣布青运会开幕。

开幕式之前，孙春兰参观了“体育强中国强”庆祝中华人民共和国成立70周年体育事业发展成就展，强调要坚持以习近平新时代中国特色社会主义思想为指导，充分发挥青运会示范效应，吸引更多青少年投身体育运动，推动体育强国和健康中国建设。

20时，青运会开幕式开始，由开幕仪式、文体表演和主火炬点燃仪式构成。开幕仪式上，山西省委书记骆惠宁致欢迎辞，国家体育总局局长苟仲文致开幕辞。开幕式由山西省省长楼阳生主持。随后开始了以“逐梦新时代”为主题的文体表演，第一篇章“红日照东方”侧重“太行”元素，第二篇章“水击三千里”侧重“黄河”元素，第三篇章“万里长空行”侧重“长城”及“一带一路”元素，整个表演将运动项目与山西文化深度融合、体育元素与文艺元素有机结合。在万众欢呼声中，山西籍世界射击冠军赵若竹等六位火炬手与智能机械臂共同点燃青运会主火炬装置。

本届青运会共设置49个大项1868个小项，涵盖了夏季奥运会全部项目和北京冬奥会绝大部分项目，并增设了龙舟、中国跤等传统体育项目，使青运会更富有“中国特色”。来自全国各地的34个代表团、3.3万余名运动员参赛。

（本栏目内容除注明出处的之外，均由省委办公厅提供）

中共山西省委工作概况

工作概况

省委书记　楼阳生

2019年，省委坚持以习近平新时代中国特色社会主义思想为指导，全面贯彻党的十九大和十九届二中、三中、四中全会精神，深入贯彻落实习近平总书记视察山西重要讲话精神，坚决贯彻落实党中央决策部署，增强“四个意识”，坚定“四个自信”，做到“两个维护”，统筹推进“五位一体”总体布局，协调推进“四个全面”战略布局，坚持稳中求进工作总基调，贯彻新发展理念，扎实做好“六稳”工作，认真履行把方向、管大局、作决策、保落实职责，团结带领全省党员干部群众锐意进取、攻坚克难，推动各项事业取得新进展新成效。

2019年11月30日，召开全省领导干部会议，中组部负责同志宣布了中央关于省委省政府主要负责同志调整的决定。省委省政府主要领导顺利交接，工作平稳过渡。楼阳生同志12月1日在主持召开的第一次省委常委会会议上，强调要把对习近平总书记忠诚、对党中央忠诚、对人民忠诚、对事业忠诚作为政治品格、政治纪律、政治要求和政治标准，以“绝对忠诚、当好表率，维护团结、共同奋斗，民主集中、朝气蓬勃”三点要求，与常委同志共勉。12月2日，楼阳生同志深入山西转型综改示范区调研，听取示范区改革创新成果汇报，强调将转型综改进行到底。12月5日，按照省委部署，省人大常委会会议表决通过了关于林武同志代理山西省人民政府省长的决定。12月9日省委召开常委扩大会议，专题重温习近平总书记视察山西重要讲话、在推动中部地区崛起工作座谈会重要讲话、在黄河流域生态保护和高质量发展座谈会重要讲话，楼阳生同志主持会议并导读，对学习贯彻“三篇光辉文献”作出新的部署。12月23日至24日，省委召开经济工作会议，全面贯彻中央经济工作会议精神。楼阳生同志强调，要坚定不移贯彻新发展理念，坚定不移将转型综改进行到底，在深化对山西转型发展规律的认识中把握过程论、重点论、系统论、主体论、标准论，提出“四为四高两同步”总体思路和要求，即坚持转型为纲、项目为王、改革为要、创新为上，推动高质量发展、实现高水平崛起、坚持高标准保护、创造高品质生活，确保到2020年与全国同步全面建成小康社会，到2035年与全国同步基本实现社会主义现代化，并部署了8项重点工作。全省上下正以昂扬风貌全面贯彻党中央决策部署，紧扣全面建成小康社会、决战决胜脱贫攻坚拼搏奋进。

一年来，省委重点抓了以下工作。

一、精心组织开展重大活动、主题教育，深入学习贯彻党的十九届四中全会精神

一是按照党中央统一部署和要求，精心组织庆祝新中国成立70周年各项活动。省委把开展庆祝活动摆在2019年工作的突出位置，在全省营造了同心共庆祖国华诞的热烈氛围。省级举办主题图片展、文艺展演、万人升国旗、向烈士纪念碑敬献花篮、评选“党的十八大以来山西深化改革、转型发展、改善民生重大举措及成果”等活动，唱响了礼赞新中国、奋斗新时代的昂扬旋律。二是开展“不忘初心、牢记使命”主题教育。认真贯彻习近平总书记在“不忘初心、牢记使命”主题教育工作会议上的重要讲话精神和“四个到位”“四个注重”等重大要求，全面落实《中共中央关于在全党开展“不忘初心、牢记使命”主题教育的意见》，高度重视、周密安排、扎实推进，中央第8指导组、巡回督导组严督实导，两批单位协调联动、次第展开。全省3890个县处级以上领导班子、4万余名县处级以上党员干部，13万个基层党组织、234万名党员参加，实现了全覆盖。狠抓学习教育这个根本，“学习《纲要》进基层万场宣讲活动”直接受众达195万余人次。选树

100名“不忘初心、牢记使命”先进典型，编发并组织学习《三晋英模》《山西革命烈士家书》，制作《初心泯灭的歧路》专题片开展警示教育。各级党员干部深入开展调查研究，并举办成果交流会。在省委常委带动下，1.9万名县处级以上领导班子成员讲了专题党课。各级党政机关党员干部为群众办实事4.8万件，各基层党组织开展志愿服务22万次。各级领导班子普遍召开对照党章党规找差距专题会、专题民主生活会，各基层党组织召开专题组织生活会，查摆问题并整改落实13.6万项。坚持把整改落实作为重中之重，集中精力狠抓中央“8+2”专项整治，结合实际推进脱贫攻坚、违建别墅问题等整改工作，确定整治措施6.5万项。围绕建立不忘初心、牢记使命制度，制定或完善规章制度3.4万项，巩固拓展了主题教育成果。全省党员干部在主题教育中经受了思想淬炼、政治历练和实践锻炼，实现了理论学习的再升华、政治忠诚的再对标、素质本领的再提升、群众路线的再教育、清正廉洁的再提纯。三是深入学习贯彻党的十九届四中全会精神。省委召开常委扩大会议，及时传达学习习近平总书记在党的十九届四中全会上的重要讲话精神和《中共中央关于坚持和完善中国特色社会主义制度推进国家治理体系和治理能力现代化若干重大问题的决定》。召开省委十一届九次全会，对学习贯彻四中全会精神作出部署。楼阳生同志作为中央宣讲团成员进行了首场宣讲，对四中全会精神进行了系统阐述和深入解读，现场听众950余人，并在县乡村设5个分会场，随后深入太原理工大学同师生面对面交流互动。省委组建宣讲团进行集中宣讲，各地结合实际开展宣讲，面向基层宣讲近4300场，受众90余万人次，形成了浓厚氛围。同时，省委严格执行向党中央请示报告制度，以实际行动做到“两个维护”。

二、坚决打好三大攻坚战，为决胜全面建成小康社会奠定决定性基础

深入学习贯彻习近平总书记在深度贫困地区脱贫攻坚座谈会、解决“两不愁三保障”突出问题座谈会重要讲话精神，坚决落实“四个不摘”“四个不减”重大要求，召开全省攻坚深度贫困推进乡村振兴现场会，扎实开展扶贫领域腐败和作风问题专项治理，确保脱贫工作成色。2019年全面完成剩余17个贫困县摘帽、918个贫困村退出、23.9万人口脱贫，贫困发生率降到0.1%，58个贫困县全部摘帽。全力打好污染防治攻坚战，狠抓中央生态环境保护督察及“回头看”问题整改，出台《山西省打赢蓝天保卫战2019年行动计划》，开展违法排污大整治“百日清零”专项行动，实施“散乱污”企业动态清零，PM2.5平均浓度好于周边地区平均水平，“二青蓝”成为靓丽名片。统筹推进引用水源、黑臭水体、工业废水、城镇污水、农村排水治理，汾河入黄水质退出劣Ⅴ类。举办省管主要领导干部坚持底线思维着力防范化解重大风险专题研讨班，紧盯政治、意识形态、经济金融、社会、民生和安全生产等8个重点领域，压实责任、精准发力。稳妥推进互联网金融风险专项整治，全面取缔P2P网贷业务。全省群体性事件发生起数和参与人数、刑事案件立案起数和治安案件受案数均下降。全省政治社会大局稳定向好，经济金融健康发展，信访形势持续好转，保障了群众安居乐业，发挥了首都“护城河”作用。

三、加大改革开放力度，进一步增强发展动力和后劲

抓住重点领域和关键环节改革不断发力，推动中央重大改革部署落地见效。年度50项重大改革任务和43项先行先试任务取得预期效果。召开国资国企、政法、教育、农村改革、乡村旅游等专项改革推进会议。根据习近平总书记主持召开中央深改委会议精神和中办国办印发的《关于在山西开展能源革命综合改革试点行动方案》（厅字〔2019〕40号），出台《山西省能源革命综合改革试点行动方案》《山西省能源革命综合改革试点2019–2020工作任务清单》，并召开动员部署会。成功举办2019年太原能源低碳发展论坛和能源革命展，习近平总书记专门向论坛致贺信，中共中央政治局常委、国务院副总理韩正出席论坛并作主旨演讲，国内外800余名嘉宾出席论坛。按照中央部署，完成党政机构改革任务。省属国企混改持续推进。出台《山西省开发区条例》，全省开发区数量达到77家。加快推进数字政府建设，引领“放管服效”改革向纵深推进。企业投资项目承诺制改革走在全国前列，入选中组部贯彻落实习近平新时代中国特色社会主义思想攻坚克难案例，以政务信息化改革为突破口优化营商环境做法得到国务院通报表扬。部署开展“一枚印章管审批”改革。开展万名干部入企服务，有效解决企业实际困难。县乡医疗卫生机构一体化改革持续位于全国前列。电力体制改革综合试点、农业农村改革、城乡义务教育一体化改革、机关事务集中统一管理改革、国家标准化综合改革试点等扎实推进。着眼于打造内陆地区对外开放新高地，积极融入“一带一路”和京津冀、长三角、粤港澳大湾区等国家重大战略，复制推广深圳前海蛇口自贸片区制度创新经验137条。省委省政府主要领导带队出访，加强对欧洲日韩等国家和地区的经贸人文交流，取得重要合作成果。举办以“走丝绸之路，促合作共赢”为主题的2019年山西品牌丝路行活动。举办“山西新转型共享新未来”为主题的外交部山西全球推介活动。多元化开拓国际市场，中国（太原）跨境电子商务综合试验区获批。大张高铁通车、大西高铁全线贯通。中欧班列实现常态化运行，全年开行106列。

四、坚定落实新发展理念，高质量转型发展保持强劲态势

认真贯彻习近平总书记在推动中部地区崛起工作座谈会重要讲话精神，坚定不移推动转型发展，大力实施创新驱动、科教兴省、人才强省战略。深化转型项目建设年活动，常委会三次研究重大项目谋划推进工作。召开全省推进工业高质量发展大会，对构建符合高质量发展要求的现代工业体系

作出部署。大力发展新兴产业,持续推动煤炭产业"减优绿",加快推进传统产业高端化、智能化、绿色化改造。2019年全省战略性新兴产业、高技术产业增加值增速快于规上工业,非煤工业、制造业增速快于煤炭工业。新培育"专精特新"中小企业305户,高新技术企业总数达到2400余户。省级双创基地达到36家。T100碳纤维、光伏异质结组件、低浓度煤层气发电机组等一批先进产品和技术取得突破。山西大数据中心揭牌,转型综改示范区国际互联网数据专用通道开通。光伏发电领跑基地规模居全国第一。获批国家通用航空业发展示范省,成功举办尧城(太原)国际通用航空飞行大会。退出煤炭产能2745万吨,煤炭先进产能占比提高到68%。退出钢铁产能175万吨,关停淘汰焦炭产能1192万吨。狠抓中央减税降费政策落地,全年新增减税降费约540亿元。支持民企健康发展取得明显成效,清偿拖欠民营企业、中小企业账款比例达到64.4%。山西"农谷"升建国家农业高新技术产业示范区。获批国家全域旅游示范区省级创建单位,黄河、长城、太行三大旅游板块建设取得新进展,累计建成旅游公路1918公里,全省旅游总收入增长19.3%。服务业占地区生产总值比重保持在50%以上。编制山西中部盆地城市群一体化发展规划纲要并召开推进会。2019年,全省地区生产总值增长6.2%,一般公共预算收入增长2.4%,全社会固定资产投资增长9.3%,社会消费品零售总额增长7.8%。

五、牢固树立绿水青山就是金山银山的理念,加快推进美丽山西建设

认真贯彻习近平总书记在黄河流域生态保护和高质量发展座谈会重要讲话精神,全方位、全地域、全过程开展生态环境保护。扎实推进以"两山七河一流域"为重点的生态修复治理,完成水土流失治理487万亩。坚持"山水林田湖草"整体保护、系统修复、综合治理,完成造林面积521万亩,对269处自然保护地实现统一管理。加快生态文明制度建设,顺利推进生态环境机构垂管改革和生态环境保护综合行政执法改革。落实主体功能区规划,开展生态保护红线划定工作,全面夯实森林生态底线。深化河湖长制改革,推进农业水价综合改革,开展水权交易试点。全省单位能耗下降幅度能够达到"十三五"规划目标时序进度,万元GDP二氧化碳排放量、二氧化硫排放量等约束性指标完成全年目标任务,III类水体比例完成全年目标任务。

六、发展社会主义民主政治,扎实推进法治山西建设

支持省人大及其常委会依法履行职能,全面加强重点领域立法,立法的质量和效率显著提高。坚持把转型综改立法作为重中之重,推进"1+X"转型综改立法。开展保护生态环境、保护文化遗产、保障和改善民生领域等方面立法。省人大常委会作出支持和保障能源革命综合改革试点工作的决定。法律监督和工作监督取得实效。开展庆祝地方人大设立常委会40周年宣传活动。落实中央关于完善人大代表联系人民群众制度的意见,实现所有乡镇(街道)人大代表联络站全覆盖。加强人民政协协商民主建设,把提质增效贯穿政治协商、民主监督、参政议政全过程,与沿黄九省(区)全国政协委员联名提案,助力黄河流域生态保护和高质量发展上升为国家重大战略。省政协及其常委会聚焦民营经济发展、改善农村人居环境等开展专项监督。召开庆祝人民政协成立70周年座谈会。认真做好新形势下统战工作,提升政党协商效能,改进党外知识分子、新的社会阶层人士统战工作,加强港澳台统战工作和侨务工作,巩固发展平等团结互助和谐的民族关系。推动宗教领域问题整改向纵深发展。援疆工作质量明显提高。完成省妇联、省文联、省作协、省社科联换届,支持工会、共青团、科协深化改革,支持各群团组织做好工作。深入学习推广新时代"枫桥经验",建立健全党组织领导的自治、法治、德治相结合的乡村治理体系。支持省军区完成体制调整改革,支持武警部队建设,深入推进军民融合深度发展。全面加强港澳台工作。连续第四年成功举办海峡两岸同胞神农炎帝故里民间拜祖典礼活动,促进了两岸同胞情感认同和心灵契合。

七、做好宣传思想文化工作,凝聚起奋进新时代的强大正能量

严格落实意识形态工作责任制,加强阵地建设和管理,强化突发事件和经济社会热点舆论引导,意识形态形势总体积极健康、向上向好。开展意识形态工作责任制落实情况专项督查。出台《关于开展建设新时代文明实践中心试点工作实施方案》,确定27个国家级、省级试点县(市、区)。培育和践行社会主义核心价值观,首批设立102个核心价值观示范点。大力弘扬太行精神、吕梁精神、右玉精神。开展增强"四力"教育实践工作,宣传思想工作队伍整体素质得到提升。深化文化体制改革,推动主要媒体深化改革、融合发展,省级"中央厨房"建成运行。县级融媒体中心建设顺利推进,已有51个县级融媒体中心与省级技术平台实现互联互通。扎实推进省域国家级文化生态保护试验区建设。全年免费送戏下乡1.66万场。电视剧《右玉和她的县委书记们》、舞剧《吕梁英雄传》和广播剧《闽宁镇》荣获第十五届精神文明建设"五个一工程"优秀作品奖。举办第四届山西文化产业博览交易会,深入贯彻落实习近平总书记关于保护、传承、弘扬黄河文化的指示精神,专门设立"文旅融合·保护传承黄河文化"专区,沿黄9省(区)第一次合力系统展示黄河文化。成功举办第二届全国青年运动会,这是我省历史上首次承办的全国综合性体育盛会,有力促进了竞技体育发展、全民健身运动和精神文明建设。

八、加强民生保障和社会治理,确保人民安居乐业、社会安定有序

践行以人民为中心的发展思想,着力做好"增加人民福

祉”和“促进人的全面发展”两篇文章。城乡居民人均可支配收入分别增长7.2%、9.8%,全省城镇新增就业55.7万人,城镇登记失业率、城镇调查失业率分别小于3%、6%。坚持“房住不炒”定位,全省房地产稳定可控。棚户区住房改造超额完成年度目标任务。召开全省教育大会。推动学前教育深化改革、规范发展。义务教育“全面改薄”如期完成。北京大学、清华大学对口支持山西大学、太原理工大学取得新的合作成果。完成山西农业大学与山西省农科院合署改革,走出一条“院办校”的强强联合新路子。晋鄂联手共建国家区域医疗中心。稳步提高养老服务水平。社会保障进一步扩面提质。实施“人人持证、技能社会”工程,有力带动了全省劳动者技能就业、技能增收、技能成才。农村人居环境持续改善,新改建“四好农村路”2.4万公里,完成农村户厕改造47万座。大县城、特色镇建设步伐加快,完成3226个行政村合并。出台《关于加强新时代全省公安工作的实施意见》。严厉打击一切违法犯罪,荡涤一切污泥浊水,营造良好法治环境和社会环境。深入开展扫黑除恶专项斗争,总体战果保持在全国第一方阵。严格落实安全责任,深化安全专项整治,各类生产安全死亡事故起数和死亡人数分别下降42.3%、38.1%,安全生产形势持续稳定好转。

九、一以贯之落实全面从严治党方针和要求,努力实现党内政治生态持久的风清气正

深入学习贯彻习近平总书记在十九届中央纪委三次全会重要讲话精神,坚决担起“两个维护”之责、管党治党之责,制定《关于贯彻落实<中共中央关于加强党的政治建设的意见>的工作措施》。召开以全面从严治党为主题的省委十一届八次全会,从7个方面对推动全面从严治党向纵深发展作出部署。以张茂才案为鉴部署开展警示教育,促进党员干部筑牢拒腐防变思想堤坝。以政治建设统领党的各项建设,把制度建设贯穿其中,抓好对党中央新发布的党内法规的学习贯彻。支持纪检监察机关发挥职能作用,强化政治监督,推动中央及省委重大工作落地见效。一体推进不敢腐、不能腐、不想腐,扩大反腐败斗争压倒性胜利。全省纪检监察机关立案26445件,增长7.0%,给予党纪政务处分24952人、增长5.0%。部署开展能源领域反腐败专项行动。集中开展人防系统腐败问题等专项治理。“打伞”“破网”同向发力,严查涉黑涉恶腐败问题。深入整治发生在群众身边腐败和作风问题。全省查处违反中央八项规定精神问题2534件,给予党纪政务处分2346人。开展十一届省委第五、第六轮巡视,形成巡视巡察上下联动监督网。出台《关于贯彻〈中共中央办公厅关于解决形式主义突出问题为基层减负的通知〉的工作措施》《关于整治形式主义官僚主义专项行动工作方案》。把从严管理监督干部落到实处。坚持把担当创业与守廉干净贯穿干部选育管用全过程,实现干部队伍状态和素质双提升。继续实施优秀年轻干部挂职锻炼“两大行动”和大力发现培养选拔优秀年轻干部“三年计划”。保持贫困县党政正职和集中连片特困地区的市党政正职稳定。稳步有序推行公务员职务与职级并行制度。加强干部日常管理监督,强化选人用人监督。组织开展“改革创新、奋发有为”大讨论,进一步激发了全省党员干部干事创业的内生动力。加强全省目标责任制管理工作,选树5000名担当作为优秀干部。启动“三晋英才”支持计划。全面提高机关党建的质量和水平。召开市委书记、省直工(党)委书记抓基层党建工作述职评议会,督促扛牢第一责任。出台《关于深化“三基建设”进一步加强基层工作的若干意见》,针对性提出16条举措。

(任兆宇)

附一：

中国共产党山西省第十一届委员会组成人员名单

(2019.1.1—2019.12.31)

书　记：骆惠宁(11月离职)　楼阳生(11月任职)

副书记：楼阳生(11月调职)　林　武

常　委：任建华(4月离职)　王拥军(5月任职)　罗清宇　徐广国　吕岩松(5月任职)　张吉福　廉毅敏　商黎光　胡玉亭　韩　强　曲孝丽(女,2月任职)

委　员：(按姓氏笔画为序)

王　亚　王　成　王　宏　王　纯　王　震　王一新　王立业　王立伟　王创民(8月任职)　王安庞　王利波　王秀文(4月离职)　王拥军(5月任职)　王建明　王联辉　卢建明　白秀平　师　帅　曲孝丽(女,2月任职)　吕岩松(5月任职)　朱先奇　任建中　任建华(4月离职)　向二牛(土家,8月离职)　刘　杰　刘予强　刘志宏　刘志杰　刘宏新(8月任职)　刘润民　闫喜春　关建勋　孙大军　李中元(8月任职)　孙海潮(8月离职)　李凤岐　李正印　李建刚　李俊明　李晋平(8月任职)　李晓波　李福明　杨　司　吴俊清　汪　凡　张　葆(女)　张九萍(女)　张文栋　张吉福　张安顺(8月离职)　张志川　张金旺　张建欣(女)　张瑞鹏　陈永奇(8月离职)　陈学东(8月离职)　陈振亮　武　涛　武宏文　林　武　罗清宇　岳普煜　郑连生　赵建平　赵雁峰　胡玉亭　胡苏平(女)　姜四清(8月任职)　贺天才　骆惠宁(11月离职)　耿彦波　徐广国　郭长青　郭迎光　郭保民　郭海刚　席小军　盛佃清　符惠明　商黎光　阎俊生(8月任职)　董一兵　韩　强　楼阳生　廉毅敏　翟　红(8月任职)　翟振新　薛延忠　薛维栋　霍红义

候补委员：(按得票多少为序，得票相同的按姓氏笔画为序)

郭　健　薛永辉

附二:

中国共产党山西省第十一届纪律检查委员会组成人员名单

(2019.1.1–2019.12.31)

省委常委、省纪委书记: 任建华(4月离职) 王拥军(5月任职)

副书记: 陈学东(4月离职) 王　鹏(9月任职) 郝　权(6月离职) 孟　萧 曾庆勇(9月离职)

常　委: 何　青 高金喜 王帅红 孙京民 刘东光 王晓鹏

委　员: (按姓氏笔画为序)

马　彪 王　珍 王　鹏(9月任职) 王帅红 王拥军(5月任职)
王建成 王晓鹏 王增信 牛榆生 朱晓东 任建华
刘东光 刘英魁 那志茂 孙京民 李　政 李吉山
李江龙 李曾贵 杨　宏 吴纪平 吴跃平 何　青
宋文斌 张晓永 张晓玲(女) 张稳科 陈学东 范晋昌
周计伟 周培斌 孟　萧 赵建平 赵建华 郝　权
荣　彰 荣奋刚 相里岩 姚安政 党志峰 高向新
高金喜 郭英杰 康吉仁 曾庆勇 董赤凡

附三:

2019年山西省党员队伍建设情况和党组织情况

党员队伍建设情况。截至2019年底,全省共产党员总数2515740名,比上年净增44020名。其中,妇女党员633914名,占党员总数25.20%;大专以上文化程度党员1196113名,占党员总数47.55%;35岁及以下党员494872名,占党员总数19.67%。从职业分布上看,党政机关党员198287名,占党员总数7.88%;企事业单位党员811537名,占党员总数32.26%;社会组织单位党员9923名,占党员总数0.39%;农牧渔民党员763200名,占党员总数30.34%;军人、武警党员21名,占党员总数0.00083%;学生党员42072名,占党员总数1.67%;离退休党员535825名,占党员总数21.30%;其他职业党员154875名,占党员总数6.16%。2019年,全省申请入党人数83.20万人,其中被党组织确定为入党积极分子的27.49万名,列为发展对象的7.69万名。

党组织情况。山西省党的各级地方委员会共有129个,其中省级党委1个,市级党委11个,县(市、区)党委117个。基层党组织共有128761个,其中党委5487个,党总支6596个,支部116678个。城市街道基层党组织5385个,其中党委241个,党总支259个,支部4885个;乡镇基层党组织33732个,其中党委1349个,党总支944个,支部31439个;国有企业基层党组织31516个,其中党委1805个,党总支1946个,支部27765个;非公经济组织基层党组织13248个,其中党委198个,党总支274个,支部12776个;事业单位基层党组织25128个,其中党委828个,党总支1565个,支部22735个;机关基层党组织19725个,其中党委876个,党总支1534个,支部17315个;社会组织基层党组织4140个,其中党委54个,党总支68个,支部4018个;其他基层党组织35004个,其中党委1726个,党总支1209个,支部32069个。

重要会议

一、十一届省委全体会议

中国共产党山西省第十一届委员会第八次全体会议决议

（2019年8月20日中国共产党山西省第十一届委员会第八次全体会议通过）

中国共产党山西省第十一届委员会第八次全体会议，于2019年8月19日至20日在太原举行。

出席这次全会的有，省委委员77人，省委候补委员2人。省纪委常委和有关方面负责同志列席会议。在晋党的十九大基层代表、部分省第十一次党代会基层代表也列席会议。

全会由省委常委会主持。省委书记骆惠宁代表省委常委会作重要讲话。

这次全会，是在我省"不忘初心、牢记使命"主题教育扎实推进、全省在"两转"基础上不断全面拓展新局面的重要时刻召开的。全会以习近平新时代中国特色社会主义思想为指导，深入贯彻新时代党的建设总要求，总结工作，分析形势，对坚持和加强党的全面领导，强化党要管党、全面从严治党，以党的政治建设为统领，不断提高党建工作质量，深入推进主题教育进一步作出部署。

全会总结了我省几年来构建良好政治生态的重要成效和举措，指出，在以习近平同志为核心的党中央坚强领导下，省委团结带领全省干部群众，适应形势的发展，坚持"一个指引、两手硬"，实现了具有历史意义的"两转"，并继续拓展新的局面。全省高举伟大旗帜，做到"两个维护"，坚持和加强党的全面领导，管党治党从宽松软走向严紧硬，反腐败斗争形成高压态势并夺取压倒性胜利，严肃党内政治生活，政治生态持续好转，作为国家监察体制改革试点省发挥了"探路者"作用，党员干部队伍进一步提起了干事创业精气神，全面从严治党引领和保障山西各项事业实现重大转折，整体态势和形象发生重大变化。山西的生动实践和深刻变化充分证明，以习近平同志为核心的党中央作出全面从严治党的战略抉择高瞻远瞩、治根固本，深得党心民心；习近平总书记视察山西重要讲话精神和一系列指示批示要求是山西发展进步的根本保证，为我们进一步指明了前进方向。

全会分析了全面从严治党面临的问题和挑战，指出要清醒把握形势任务，对反腐败斗争形势的严峻性复杂性一点也不能低估，实现持久风清气正的紧迫感一点也不能减弱，落实全面从严治党的政治责任一点也不能松懈。要坚持"治"不忘"危"、"兴"不忘"忧"，增强全面从严治党的定力和耐力，进一步巩固发展我省来之不易的良好局面。要深入贯彻新时代党的建设总要求，把严的标准和措施贯穿于管党治党全过程和各方面，以彻底的自我革命精神解决违背初心和使命的各种问题，不断取得反腐败斗争新战果，不断打造政治生态新气象，不断开创全面从严治党新局面，朝着习近平总书记指明的"努力实现党内政治生态持久的风清气正"方向迈进。

全会围绕一以贯之落实全面从严治党方针和要求，从七个方面对深入推进全面从严治党作出具体部署。全会指出，要坚持把党的政治建设摆在首位，不断增强"两个维护"的坚定和实效。系统学习习近平新时代中国特色社会主义思想，持续在学懂弄通做实上下功夫，以理论上的清醒增强政治上的坚定，以是否全面正确有效地贯彻落实习近平新时代中国特色社会主义思想和党中央决策部署为根本检验标准。认真学习领会和严格执行党章党规，做到常怀忧党之心、为党之责、强党之志。整治落实中央决策部署阳奉阴违问题，完善贯彻落实习近平总书记重要指示批示工作机制。加强对党员干部政治历练和政治素质的考察，针对性开展专题培训，引导党员干部在从严治党、转型综改、三大攻坚战等斗争实践中经风雨、见世面，壮筋骨、长才干。

全会指出，要扩大反腐败斗争压倒性胜利，保持清正廉洁的政治本色。坚持稳中求进，坚持实事求是，坚持依规依纪依法，坚持标本兼治，把"不敢腐不能腐不想腐"一体加以推进，在"不敢腐"上严明纪律、厉行法治、强化威慑，在"不能腐”上健全制度、加强监督、强化约束,在“不想腐”上坚定信念、提高觉悟、增强党性,不断提高正风肃纪反腐质量。进一步加大依规依纪依法查办腐败案件的力度,坚持靶向治疗、精确惩治,突出重点削减存量、零容忍遏制增量,对十八大以来不收敛不收手的,对十九大后仍然不知止、胆大妄为的,要坚决查处。运用张茂才等典型案件进一步加大警示教育力度,张茂才曾担任领导职务的地方和单位要彻底肃清其流毒影响。要整治违反中央八项规定精神突出问题,进一步加大查处曝光力度。要整治侵害群众利益问题,整治对黄赌毒和黑恶势力听之任之甚至充当“保护伞”问题,不断厚植党执政的政治基础和群众基础。

全会指出,要持之以恒严肃党内政治生活,进一步加大增强党内政治生活政治性、时代性、原则性、战斗性的力度。全面贯彻新形势下党内政治生活的若干准则,贯彻好民主集中制的各项制度规定,着力提高组织生活质量和效果,加强党内政治文化建设,广泛开展谈心谈话活动,把从严管理监督干部落到实处。对领导干部配偶、子女及其配偶经商办企业行为进行集中规范。推进“法治山西”建设,构建“亲”“清”政商关系,加强公民道德建设,不断铲除滋生消极腐败现象的社会土壤。要鲜明树立干事创业导向,坚持事业为上、以事择人,大力选拔使用心中有责、眼里有活、手上有招的干部,有效解决人岗不相适、结构不优等问题,统筹用好各年龄段干部,从战略高度做好培养选拔优秀年轻干部工作。持续推出担当作为典型,开展不担当不作为专项整治。对受到处分后表现突出的干部,符合条件的可继续使用。大力实施干部专业化能力提升计划,鼓励干部提升改革创新本领,引导干部提高依法办事能力。各级党政机关要树牢政治机关意识,进一步解决程度不同存在的“昏、懒、庸、贪”现象,带头整治形式主义、官僚主义突出问题,全面提高机关党建的质量和水平。全会指出,扎实推进“不忘初心、牢记使命”主题教育,必须大力弘扬自我革命精神。要把我们党自我革命的丰富思想成果贯穿于学习教育、调查研究、检视问题、整改落实全过程,勇于直面自身的问题,查找工作短板,抓实专项整治整改,确保全省主题教育取得明显成效。

全会审议通过了《中共山西省委关于深化“三基建设”进一步加强基层工作的若干意见》。指出,出台若干意见是省委加强对基层工作全面领导的重大举措。要认真落实改革基层管理体制、激发基层干部活力、加强基层工作力量、强化基层保障、减轻基层负担、推动基层发展、强化抓基层合力等重点任务,整治基层党组织软弱涣散问题,让广大基层组织和基层干部有明显的获得感。全会指出,全省“三基建设”正处于“三年实现整体提升、全面进步”的关键阶段。各级党委(党组)要把“三基建设”作为战略之举来抓,进一步深化工作措施,通过“三基建设”促进整体工作水平提升。

全会强调,要坚持和加强党对一切工作的领导,以铁肩膀扛起管党治党政治责任,加强党对反腐败工作的集中统一领导,形成长管严管的机制和合力。进一步加大落实党委(党组)主体责任和纪检监察机关监督责任的力度,认真贯彻加强党对反腐败工作全过程领导的实施意见和实施细则。各级纪检监察机关要精准把握政策,认真履行监督执纪问责和监督调查处置职责,推动纪检监察工作高质量发展。要继续推进巡视全覆盖,提高精准发现问题的能力。围绕加强对权力运行的制约和监督,加快构建党统一指挥、全面覆盖、权威高效的监督体系。

全会要求,要统筹做好当前各项工作。加强对经济工作的领导,坚定信心,趋利避害,落实省委对做好下半年经济工作的部署,抓住用好能源革命综合改革试点重大机遇,确保经济增长保持在合理区间,扭住“结构反转”不松劲,推动以改促转再发力,把山西转型发展之路走好。要继续做好意识形态、保障和改善民生、维护稳定、安全生产等工作,持续维护全省大局稳定,当好首都“护城河”。全会强调,要组织好庆祝新中国成立70周年系列活动,激发爱国之情,强化爱国之志,汇聚起建功新时代、共筑中国梦的磅礴力量。

全会按照党章和党内有关规定,批准陈永奇、向二牛、孙海潮、张安顺、陈学东辞去省委委员职务,决定递补省委候补委员姜四清、阎俊生、翟红、刘宏新、李中元、李晋平、王创民为省委委员。全会确认省委常委会之前作出的给予王秀文同志留党察看一年的处分。

全会号召,全省各级领导干部要在习近平新时代中国特色社会主义思想指引下,全面贯彻党的基本理论、基本路线、基本方略,既作管党治党的表率,又作推动党领导的事业发展的表率,坚持“一个指引、两手硬”,团结带领全省人民不懈奋斗,进一步把山西的事情办好,奋力谱写新时代中国特色社会主义山西篇章!

中国共产党山西省第十一届委员会第九次全体会议决议

(2019年11月9日中国共产党山西省第十一届委员会第九次全体会议通过)

中国共产党山西省第十一届委员会第九次全体会议,于2019年11月7日至9日在太原举行。

出席这次全会的有,省委委员75人,省委候补委员2人。省纪委常委和有关方面负责同志列席会议。在晋党的十九大基层代表、部分省第十一次党代会基层代表也列席会议。

全会由省委常委会主持。省委书记骆惠宁代表省委常委会作重要讲话。

全会以习近平总书记在党的十九届四中全会上的重要讲话精神为指导,对全省学习贯彻党的十九届四中全会重大决策作出全面部署。

全会听取和讨论了骆惠宁受省委常委会委托作的工作报告,充分肯定省委十一届七次全会以来省委常委会的工作。一致认为,省委常委会高举习近平新时代中国特色社会主义思想伟大旗帜,全面贯彻党的十九大和十九届二中、三中、四中全会精神,深入落实习近平总书记视察山西重要讲话精神,统筹推进“五位一体”总体布局和协调推进“四个全面”战略布局,坚持稳中求进工作总基调,做到“一个指引、两手硬”,团结带领全省党员干部群众锐意进取、攻坚克难,庆祝新中国成立70周年系列活动唱响了礼赞新中国、奋斗新时代的昂扬旋律，“不忘初心、牢记使命”主题教育取得重要阶段性成果，“改革创新、奋发有为”大讨论推动了新时代山西改革开放再出发，“三大攻坚战”为决胜全面建成小康社会奠定决定性基础，能源革命综合改革试点、推动工业高质量发展、中部盆地城市群一体化发展等重大决策发挥了战略牵引作用，改革开放、高质量转型发展、民主政治建设、精神文明建设、生态文明建设、民生保障和社会治理等取得新进展，全面从严治党成为常态，反腐败斗争压倒性胜利不断扩大，全面构建良好政治生态取得新的成效，各项工作在“两转”基础上全面拓展了新局面。一年来山西发生的重大变化、取得的重大成绩，是近年来工作的进一步发展、进一步见效，不断为拓展新局面提供着牢固支撑。

全会指出，要从政治和战略高度，增强学习贯彻党的十九届四中全会精神的思想和行动自觉。党的十九届四中全会是我们党站在“两个一百年”奋斗目标历史交汇点上召开的一次十分重要的会议，全会就坚持和完善中国特色社会主义制度、推进国家治理体系和治理能力现代化若干重大问题作出决定，充分体现了以习近平同志为核心的党中央高瞻远瞩的战略眼光和强烈的历史担当。习近平总书记在党的十九届四中全会上的重要讲话，进一步全面回答了“坚持和巩固什么、完善和发展什么”等重大问题，为坚持和完善中国特色社会主义制度、推进国家治理体系和治理能力现代化提供了科学指南。习近平总书记领航掌舵，是“中国之治”的决定因素，“两个维护”是“中国之制”的根本保证。

全会指出，要深刻理解我国国家制度和国家治理体系发展的历史性成就和显著优势，坚定中国特色社会主义制度自信。中国特色社会主义制度和国家治理体系的显著优势，源于社会主义制度的先进性，成于我们党领导人民开创和发展中国特色社会主义的伟大实践。广大党员干部想问题、做决策、抓落实，都要自觉与中国特色社会主义根本制度、基本制度、重要制度对标对表，在大是大非问题上有定力、有主见，始终沿着正确方向前进。全会指出，要全面把握党的十九届四中全会决定提出的总体要求和目标任务，着力提升制度和治理体系建设水平。对需要坚持和巩固的，要坚定不移、自觉践行；对需要完善和发展的，要改革创新、积极探索。要把坚持和完善党的领导制度体系放在首要位置，把党的领导落实到各领域各方面各环节。要完善坚定维护党中央权威和集中统一领导的各项制度，自觉在思想上政治上行动上同以习近平同志为核心的党中央保持高度一致，把党总揽全局、协调各方的根本要求贯彻到各项工作中。

全会指出，学习贯彻党的十九届四中全会精神，是当前和今后一个时期的重要政治任务。各地各部门党委（党组）要切实把思想和行动统一到党中央及省委的部署要求上来，加强统筹指导和督促协调，确保取得扎扎实实的效果。要在学习精神和领会实质上下功夫，结合“不忘初心、牢记使命”主题教育，制定学习培训计划，各级党员领导干部要带头学，各级中心组要把党的十九届四中全会精神作为重点内容分专题研学。要对县处级以上党员领导干部进行全员培训，分期分批对党员干部进行系统培训。要原原本本地学、深入系统地学，理解透重大政治理论问题，把握好重大方针原则，搞清楚重大目标任务。要把学习贯彻党的十九届四中全会精神与学懂弄通做实习近平新时代中国特色社会主义思想结合起来，与感悟党的十八大以来我国国家制度建设和国家治理实践取得的重大成果，以及山西发生的重大转折和变化结合起来，加深理解、深化认识。要在广泛宣传和加强教育上下功夫，全方位、多层次、多声部宣传解读党的十九届四中全会精神，迅速在全省形成学习宣传贯彻热潮。省委决定组建学习贯彻党的十九届四中全会精神宣讲团赴全省宣讲。各地要结合实际开展宣讲工作，主要负责同志要带头深入基层宣讲。要抓住干部群众关注的深层次思想问题，有针对性地开展宣传解读，推动党的十九届四中全会精神进企业、进学校、进机关、进农村、进社区、进军营、进网络。要把加强制度理论研究和宣传教育贯穿到各方面各层次宣传工作之中，贯穿到国民教育全过程，不断增强干部群众特别是广大青少年的制度自信。

全会强调，各级领导干部要切实强化制度意识，带头维护制度权威，做制度执行的表率，确保党和国家重大决策部署、重大工作安排都按照制度要求落到实处。要构建全覆盖的制度执行监督机制，把制度执行和监督贯穿区域治理、部门治理、行业治理、基层治理、单位治理的全过程。要把贯彻落实党的十九届四中全会精神，与落实党中央已经部署的各项改革任务紧密结合起来，与我省正在推进的重大改革有机联系起来，形成一体推动、一体落实的有效工作机制。持续抓好今年50项重点改革任务和43项先行先试工作，尤其要着力抓好与国家资源型经济转型综合配套改革试验区建设相关的改革、与国家能源革命综合改革试点相关的改革，完成好党中央交给山西的重大改革使命。要把提高治理能力作为新时代干部队伍建设的重大任务，把制度执行力和治理能力作为干部选拔任用、考核评价的重要依据，引导广大干部严格按照制度履行职责、行使权力、开展工作，更好地在制度的轨道上发展山西各项事业。

全会强调，山西正处于改革发展的关键时期，各地各部门各单位要高质量实现全年工作目标，保持经济转型发展的良好态势，保持全省政治社会大局稳定，把全面从严治党进一步引向深入，科学谋划明年乃至“十四五”期间重点工作。各级领导干部在繁重艰巨的任务面前，要不忘初心、牢记使命，始终保持一种昂扬向上的姿态，坚定守底线、勇于攀高峰、奋力拓新局。

全会号召，要更加紧密地团结在以习近平同志为核心的党中央周围，全面贯彻落实党的十九届四中全会精神，守正创新、开拓进取，在新征程上创造新的更大业绩。

二、省委常委会议

省委召开常委会议 传达贯彻全国扫黑除恶专项斗争视频会议精神 研究经济社会发展主要指标和纪检监察、政协党的建设、安全生产等工作 审议省辖市机构改革方案和深化综合行政执法改革实施意见

1月7日，省委书记骆惠宁主持召开十一届省委第100次常委会议，传达全国扫黑除恶专项斗争视频会议精神，研究我省贯彻落实意见，听取2018年全省纪检监察机关执纪监督监察工作、省级机构改革、公安现役部队改革和安全生产形势分析汇报，审定《关于加强新时代人民政协党的建设工作的实施意见》和省辖市机构改革方案、深化综合行政执法改革实施意见，讨论《关于2018年国民经济和社会发展主要指标预计完成情况和2019年计划安排的初步建议》《关于2018年财政预算执行情况及2019年财政收支计划建议》。

会议指出，过去一年我省扫黑除恶专项斗争取得重大战果，为实现三年专项斗争目标奠定了坚实基础，人民群众拍手称快，社会影响十分深远。要深入学习贯彻习近平总书记重要指示精神和全国扫黑除恶专项斗争视频会议精神，围绕“深挖根治”总目标，继续落实省委“十个不断强化”要求，扎实推进打漏见底、打财断血、打伞破网和依法惩治、重点整治、源头根治“三打三治”，健全责任传导、常态督导等“七项机制”，不断推动斗争向纵深发展、取得新的更大成效。要巩固和拓展斗争成果，更好巩固党的执政基础、强化公安政法队伍建设、促进政治生态净化，为各项事业发展提供坚强法制保证，为庆祝新中国成立70周年创造良好环境。

会议指出，2018年我省在外部环境错综复杂、省内改革发展稳定任务艰巨繁重的背景下，取得了经济稳中向好、结构持续优化、动能加快转化、民生福祉持续改善的好成绩，山西经济走上了坚定的转型发展之路。做好2019年全省经济工作，要进一步加强和改进党对经济工作的领导，创造性地贯彻中央经济工作大政方针，把握发展规律、坚持工作主线，科学合理确定国民经济和社会发展主要指标以及财政收支计划，进一步加强预期引导，增强全社会的发展信心，拓展我省转型发展新局面。

会议指出，在中央纪委国家监委和省委的正确领导下，省纪委监委及各级纪检监察机关忠诚履职尽责、勇于担当作为、致力改革创新，“两个维护”的根本政治任务全面落实，新体制的治理效能充分发挥，监督第一职责的有效性持续增强，深挖彻查涉黑涉恶腐败成效明显，推动党风廉政建设和反腐败工作取得显著成效，为实现政治生态持久的风清气正做出了突出贡献。要坚持党的领导，坚持深化改革，推进反腐败工作法治化、规范化、高效化，更加有力地强化不敢腐的震慑、扎牢不能腐的笼子、增强不想腐的自觉，巩固发展反腐败斗争压倒性胜利，为“两转”基础上全面拓展党的建设和党的事业新局面提供坚强保障。

会议指出，省委高度重视加强对政协工作的领导和政协党的建设。新一届省政协党组高度重视党建工作，落实和完善党建工作制度，实现党的组织对党员委员全覆盖、党的工作对政协委员全覆盖，加强党的领导、提升党建水平成为政协工作的一个亮点。各级政协党组要切实履行好把方向、管大局、保落实重要职责，全面落实新时代党的建设总要求，在更好地维护核心、服务大局、凝聚力量中充分发挥作用。各级党委要把政协党的建设纳入党委工作总体布局，一体谋划、一体推进，定期听取政协党的建设工作汇报，及时研究解决政协工作中面临的重大问题，支持和保障政协组织履职尽责。

会议指出，去年以来，我省以加强党政领导干部安全生产责任制为牵引，推动安全生产工作全面加强，安全生产形势持续稳定好转。要保持高度警惕，坚持严字当头，在落实党政领导干部安全生产责任制上下功夫，带动和保障安全生产部署落地见效，推动全省安全生产工作水平得到新的提升。要加大排查清除安全隐患力度，提高防灾减灾救灾能力，提升应急管理水平，坚决守住不发生重大安全生产事故的底线。要结合市县机构改革，进一步加强基层应急救援队伍建设。

会议指出，我省公安现役部队改革已顺利完成，要认真履行党中央赋予地方党委的职责，进一步加强领导、抓好建设，保障新的体制机制有序高效运转，全面实现改革目标要求。

会议审议通过了省辖市机构改革方案、深化市场监管等5个领域综合行政执法改革实施意见。

会议还研究了其他事项。

省委召开常委会议 传达贯彻全国宣传部长会议精神 听取省人大常委会、省政府、省政协、省法院、省检察院党组工作汇报

1月14日，省委书记骆惠宁主持召开十一届省委第101次常委会议，传达全国宣传部长会议精神，研究我省贯彻落实意见，听取省人大常委会、省政府、省政协、省法院、省检察院党组2018年度工作汇报。

会议指出，全国宣传部长会议深入学习领会习近平总书记关于宣传思想工作的重要思想，部署了2019年全党宣传思想工作重点任务，就加强党对宣传思想工作的全面领导提出明确要求，要认真领会好贯彻好。2018年是全省宣传思想工作取得重要成效、呈现新的气象的一年。省委进一步加强对宣传思想工作的领导，召开全省宣传思想工作会议，就贯彻落实全国宣传思想工作会议精神特别是习近平总书记重

要讲话精神作出七个方面部署，强化对各地各部门党委（党组）履行意识形态工作责任制的监督检查，牢牢把握了意识形态工作领导权。全省宣传思想战线围绕中心、服务大局，担当作为、守正创新，推动了学习贯彻习近平新时代中国特色社会主义思想往深里走、往实里走、往心里走，组织开展了一系列重大宣传战役，各项工作取得新进展，提振了全省人民群众的精神面貌，营造了团结奋进、干事创业的浓厚氛围。下一步，要把握好工作大局，紧紧围绕学习宣传贯彻习近平新时代中国特色社会主义思想这个首要任务和庆祝新中国成立70周年这条主线，确保宣传思想工作方向正确、导向鲜明、基调昂扬。要着力抓好中央及省委提出的重点任务，注重抓好具有山西特色的重点工作和需要加强的薄弱环节。越是宣传思想工作任务重，越要深化宣传思想领域的改革创新，进一步增强工作活力和创造力。各级党委要负起领导宣传思想工作的政治责任，主要负责同志要带头把方向、抓导向、管阵地、强队伍。要进一步把宣传思想战线的领导干部配强，进一步吸引和培养人才。各方面都要支持和善用宣传工作。宣传思想战线的同志要提高工作标准，推动各项任务落实落细，不断开创新局面。

会议认为，过去一年，在省委坚强领导下，省人大常委会、省政府、省政协、省法院、省检察院党组坚持以政治建设为统领，执行请示报告制度，自觉在思想上政治上行动上同以习近平同志为核心的党中央保持高度一致，“两个维护”成为自觉行动。坚持以习近平新时代中国特色社会主义思想为指引，认真贯彻落实中央大政方针及省委决策部署，围绕全省工作大局履职尽责，整体工作实现换届后良好开局；以改革创新精神推进工作，推出一些创新举措，有些工作走在全国前列。坚持加强党的工作和党组自身建设，贯彻民主集中制，履行管党治党主体责任，发挥了在本单位的领导作用，人大政协党的面貌更新。对各党组工作，省委给予充分肯定。

会议强调，今年是新中国成立70周年，是山西在“两转”基础上全面拓展新局面的重要一年。省人大常委会、省政府、省政协、省法院、省检察院党组在把方向上要旗帜鲜明，在管大局上要管住管好，在保落实上要一抓到底。要坚定地以习近平新时代中国特色社会主义思想为指引，全面贯彻党的基本理论、基本路线、基本方略，自觉接受中央及省委领导，确保各项工作始终沿着党中央指引的方向前进。要发挥好党组会议的作用，对事关全局的重大问题、重要事项，不能以行政会议代替党组会议，防止党的领导在具体工作中落虚落空。要认真贯彻落实省委七次全会和经济工作会议精神，坚持解决问题、讲求实效，坚决防止和克服一切形式主义、官僚主义，用好清单管理、督查督办和一线工作法，对突出问题盯住不放，不解决不放手，确保各方面工作在新的一年有更大进展。各党组要以政治建设为统领，进一步加强自身建设，把管党治党作为最根本的职责立起来，党组书记要履行好抓党建工作第一责任人职责，党组成员要履行好一岗双责。省委将按照党章和党规规定，进一步加强对各党组的领导，支持各党组履职尽责，确保以习近平同志为核心的党中央决策部署在山西全面正确有效实施。

会议还研究了其他事项。

省委召开常委会议　传达贯彻中央农村工作会议和全国扶贫开发工作会议精神 讨论拟提请省十三届人大二次会议、省政协十二届二次会议审议的各项工作报告（送审稿）　听取第四轮巡视汇报审定第五轮巡视方案

1月18日，省委书记骆惠宁主持召开十一届省委第102次常委会议，传达中央农村工作会议、全国扶贫开发工作会议和深入学习浙江“千万工程”经验全面扎实推进农村人居环境整治会议精神，审议通过《关于坚持农业农村优先发展做好“三农”工作的实施意见》，讨论拟提请省十三届人大二次会议、省政协十二届二次会议审议的各项工作报告（送审稿），研究省纪委十一届四次全会文件，听取十一届省委第四轮巡视情况汇报，审定第五轮巡视方案。

会议指出，2018年，我省“三农”工作和脱贫攻坚工作取得新的明显成效，奋战在“三农”和扶贫战线的广大干部群众作出重要贡献。做好2019年全省“三农”工作，要坚持以习近平新时代中国特色社会主义思想为指导，认真贯彻习近平总书记关于“三农”工作的重要指示精神，进一步加强对“三农”工作的领导。要突出工作摆位，从全面建成小康社会、有效应对风险挑战、确保经济持续健康发展和社会大局稳定的高度，充分认识“三农”在全局工作中的“压舱石”作用。落实好习近平总书记提出的“五级书记抓乡村振兴”要求，引导各级党委尤其是县委用足够精力抓好“三农”工作。围绕乡村振兴，全面落实农业农村优先发展方针，做到要素配置上优先满足、公共财政投入上优先保障、公共服务上优先安排。把优秀干部特别是年轻干部充实到农业农村战线，提高各级干部农业农村工作本领，打造一支懂农业、爱农村、爱农民的干部队伍。要强化投入保障，不断完善乡村振兴投入保障机制，把“三农”作为财政优先保障领域和金融优先服务领域，加大对脱贫攻坚、人居环境整治、农村基础设施等领域的投入力度，要把土地出让收入、耕地占补平衡所得收益向乡村振兴倾斜，确保对“三农”投入支持力度比去年提升。要转变工作作风，大兴调查研究之风，把万名干部农技人员冬季调研引向深入，结合即将开展的“改革创新、奋发有为”大讨论，组织好万名干部进村服务，真正沉下去，贴近农民、熟悉农业、研究农村，实打实地为“三农”办实事、解难题。做好2019年脱贫攻坚工作，要坚持目标和问题导向，强化责任落实，提高脱贫质量，巩固减贫成果，尤其要在深入贯彻精准扶贫目标上再下功夫，坚决实现年度脱贫目标，为2020年全面打赢脱贫攻坚战奠定基础。同时要谋划好2020年后脱贫攻坚与乡村振兴战略衔接，重点研究解决防止脱贫人口返贫等问题，提出对收入水平较低人口的中长期帮扶意见。会议决定近期召开省委农村工作会议。

会议指出，2018年，省人大常委会、省政府、省政协、省法院、省检察院在省委坚强领导下，坚持以习近平新时代中

国特色社会主义思想为指导,深入贯彻落实党的十九大精神和习近平总书记视察山西重要讲话精神,坚持“一个指引、两手硬”思路和要求,坚持和加强党的领导,依法按章履职尽责,勇于开拓创新,注重自身建设,为全省“两转”基础上全面拓展新局面作出积极贡献,增强了人民群众获得感幸福感安全感。新的一年,要认真贯彻中央及省委关于今年工作的总体部署,注重解决问题,带头做到不忘初心、牢记使命,改革创新、奋发有为,进一步开创工作新局面,以优异成绩迎接新中国成立70周年。会议强调,即将召开的省“两会”是全省人民政治生活中的一件大事,要在省委领导下,继续精心做好有关筹备工作,确保省“两会”开成一次高举旗帜、凝聚力量的大会,民主团结、风清气正的大会。

会议指出,第四轮巡视贯彻中央及省委决策部署,突出“两个维护”,深化政治巡视,强化边巡边改,取得了明显成效。省委巡视工作领导小组要抓好反馈、整改和处置工作的落实。被巡视高校党委要把整改作为加强管党治党、解决突出问题的重要契机,扛起主体责任,制定好整改方案,切实做到主动整改、真实整改、彻底整改,确保巡视反馈问题件件有着落,并建立长效机制,通过整改带动高校各项事业发展。党委“一把手”要对整改落实负总责,把自己摆进去、把职责摆进去、把工作摆进去,以整改的实际成效体现对党的忠诚。会议指出,第五轮巡视确定为脱贫攻坚专项巡视,就是要进一步强化抓脱贫攻坚的政治责任。要全面把握中央脱贫攻坚专项巡视的总体要求,突出“专项”定位,体现“深入”要求,发挥“协同”优势,对各级各部门落实脱贫攻坚政治责任进行再督促、再提醒,对存在的问题差距进行再印证、再分析,对已有监督成果进行再运用、再落实,为打赢脱贫攻坚战提供坚强政治保障。

会议还研究了其他事项。

省委召开常委会议　学习习近平总书记在省部级主要领导干部专题研讨班重要讲话精神　传达贯彻中央有关会议精神　研究部署政法、组织、统战等工作　审议通过《中共山西省委常委会2019年工作要点》

1月26日,省委书记骆惠宁主持召开十一届省委第103次常委会议,学习习近平总书记在省部级主要领导干部坚持底线思维着力防范化解重大风险专题研讨班重要讲话精神,传达中央政法工作会议、全国组织部长会议、全国统战部长会议、全国老干部局长会议和第三十二次全国“扫黄打非”工作会议精神,研究我省贯彻落实意见,审议通过《中共山西省委常委会2019年工作要点》。

会议指出,习近平总书记在省部级主要领导干部专题研讨班开班式上的重要讲话,从战略和全局高度,分析了当前和今后一个时期我国面临的安全形势,阐明了需要着力防范化解的重大风险,对各级党委、政府和领导干部负起防范化解重大风险的政治责任提出明确要求,具有十分重大而深远的意义。全省各级领导干部要把思想和行动统一到习近平总书记重要讲话精神上来,坚持底线思维,增强忧患意识,提高防控能力,着力防范化解重大风险,扎实做好改革发展稳定各项工作。要勇于担当负责,切实转变作风,深入基层一线解决问题,做好稳就业、稳金融、稳外贸、稳外资、稳投资、稳预期工作,坚持以改革促转型,保持全省经济持续健康发展和社会大局稳定。会议决定,近期举办省管主要领导干部坚持底线思维着力防范化解重大风险专题研讨班,深入学习领会习近平总书记重要讲话精神,对抓好贯彻落实作出部署。

会议指出,习近平总书记在中央政法工作会议上的重要讲话,为新时代政法事业发展指明了方向,我们要深刻领会、认真贯彻。会议充分肯定过去一年全省政法工作,同意省委政法委关于做好2019年政法工作的意见。会议强调,全省政法部门要深刻领会新时代政法机关的使命任务,围绕维护国家政治安全、确保社会大局稳定、促进社会公平正义、保障人民安居乐业,强化保安全、护稳定、防风险各项措施,深入推进扫黑除恶专项斗争,加快推进社会治理现代化,全力创造安全稳定的社会环境。要加快推进政法队伍革命化、正规化、专业化、职业化建设,打造纪律严明、行为规范、作风优良的政法铁军。要加强党对政法工作的绝对领导,抓好《中国共产党政法工作条例》的贯彻落实,深化司法体制改革,全面提高政法工作水平。会议决定近期召开省委政法工作会议。

会议充分肯定过去一年全省组织部门工作,同意省委组织部关于做好2019年组织工作的意见。会议强调,要把贯彻全国组织部长会议精神与贯彻全省组织工作会议精神紧密结合起来,坚持把政治建设放在党建统领位置来抓,把提高政治能力放在加强班子建设的首要位置把握,在干部培训中着力抓好党的创新理论武装,在日常工作中持续推进关于新形势下党内政治生活若干准则的贯彻实施,把强化使命担当和培养斗争精神贯穿干部选育管用各环节和全过程。要加强高素质专业化干部队伍建设,促进能力提升、结构优化、人岗相宜,关心坚守在脱贫攻坚一线的干部,落实好培养年轻干部“两大行动”和“三年计划”,扎实抓好“三晋英才”支持计划。要深化“三基建设”,全面实现三年工作目标。各级党委(党组)要进一步加强对党的建设和组织工作的领导,真正把工作抓实、抓细、抓到位。

会议充分肯定过去一年全省统一战线工作,同意省委统战部关于做好2019年统战工作的意见。会议强调,要以习近平总书记关于统战工作的重要论述为指导,结合抓好中央宗教督查整改工作,持续在重点方向和关键环节上下功夫,巩固发展全省统战工作的良好态势。要从讲政治和掌握意识形态领导权的高度,坚持依法管理宗教,不断提高各级领导干部宗教工作的能力和水平。要加强新的社会阶层人士工作,推动我省促进民营企业发展30条落地见效,进一步构建亲清新型政商关系,为转型发展增活力添动力。要协助民主党派抓好自身建设,提高参政议政水平。各级党委要把统战工作列入重要议事日程,及时研究解决重大问题。

会议对广大老干部发挥的积极作用和全省老干部工作给予充分肯定,同意省委老干部局关于做好2019年老干部工作的意见。会议指出,省委站在政治高度,在全省营造了重视和加强老干部工作的浓厚氛围。在老干部工作中要注重政治引领,创新活动方式,为广大老干部发挥作用提供保障、创造条件。要全面落实离退休干部各项待遇,以更大的爱心和热情做好老干部工作。

会议肯定过去一年全省"扫黄打非"工作,同意省委宣传部关于做好2019年"扫黄打非"工作的意见。会议强调,要增强政治自觉和行动自觉,以专项行动为抓手,以查办案件为重点,坚持打管结合,取得"扫黄打非"工作新成效,营造良好思想文化环境。

会议强调,省委常委会2019年工作要点是工作指向,也是领导责任。省委常委要带头,认真履行职责,加强督促检查,抓好各项任务落实。

会议还研究了其他事项。

省委召开常委会议　传达贯彻全国高校党的建设工作会议和2019年对台工作会议精神　审议通过加快推进全面依法治省工作的实施意见和坚决打好防范化解重大风险攻坚战方案　研究"二青会"筹备工作

2月14日,省委书记骆惠宁主持召开十一届省委第104次常委会议,传达第二十六次全国高校党的建设工作会议精神、2019年对台工作会议精神,研究我省贯彻落实意见,审议通过《关于深入学习贯彻习近平总书记全面依法治国新理念新思想新战略加快推进全面依法治省工作的实施意见》和《山西省坚决打好防范化解重大风险攻坚战方案》,听取第二届全国青运会有关筹备情况和省文联、省作协、省社科联换届筹备情况汇报。

会议指出,要深入学习领会习近平总书记关于高校党的建设和思想政治工作的重要论述,牢牢掌握党对高校工作的领导权,把党委领导下的校长负责制的治理优势,体现在办学治校各领域、教育教学各环节、人才培养各方面。要开展新一轮全省高校党建和思政工作大调研,把握新媒体时代高校党建工作规律,深入开展高校党建示范创建和质量创优工作,切实加强高校党建和思政队伍建设,推动高校思想政治工作改革创新。各高校党委要负起主体责任。有关高校要抓好省委第四轮巡视整改工作。会议决定,近期召开全省高校党的建设工作会议。

会议指出,要深入学习贯彻习近平总书记在《告台湾同胞书》发表40周年纪念会上的重要讲话精神,把思想和行动统一到党中央对形势的科学判断上来,坚决贯彻执行党中央对台工作决策部署。要持续扩大晋台两地交流合作,全面落实惠及台湾同胞的政策措施,继续拓宽晋台青年交流渠道,以务实工作更好地服务中央对台工作大局。

会议指出,要从"四个全面"战略高度部署和推进依法治省,树立法治理念、倡导法治精神、深化法治实践,抓好法治山西建设重点工作。要坚持问题导向,紧盯重大举措,统筹推进科学立法、严格执法、公正司法、全民守法,深入推进法治攻坚、法治创建、法治惠民,不断提升人民群众的法治获得感和满意度。各级党委(党组)要扛起法治山西建设的政治责任,领导干部要提高用法治思维和法治方式解决问题的能力。全面依法治省委员会要发挥好牵头抓总作用,统筹推进法治山西建设各项工作。

会议指出,第二届全国青运会筹备工作进入关键阶段,要全面抓好各项赛事的组织和服务保障工作,如期完成城市风貌整治,为开好"二青会"营造良好环境和氛围。开闭幕式要符合体育特点,突出青年风采,展现中国气派、全球视野、山西特色和时代精神。

会议对过去五年全省文艺社科战线工作给予充分肯定。指出,省文联、省作协、省社科联换届是全省文艺社科战线的一件大事。要加强组织领导,选好班子、绘好蓝图、担好使命,把换届大会开成风清气正、凝聚共识、团结鼓劲的大会,通过换届换出新面貌、新气象,进一步开创全省文艺社科事业新局面。

会议审议了《山西省坚决打好防范化解重大风险攻坚战方案》。

会议还研究了其他事项。

省委召开常委会议　传达贯彻习近平总书记关于信访工作重要批示精神　审议通过省人大常委会立法计划、省政协协商计划等文件　研究落实党对反腐败工作全过程领导等工作

2月27日,省委书记骆惠宁主持召开十一届省委第106次常委会议,传达贯彻习近平总书记关于信访工作的重要批示精神,研究我省贯彻落实意见,审议通过《省十三届人大常委会2019年立法计划》《政协山西省委员会2019年度协商工作计划》《山西省落实党对反腐败工作全过程领导实施细则(试行)》等文件。

会议指出,习近平总书记关于信访工作的重要批示,内涵丰富,要求明确,具有重大指导意义。做好今年信访工作,要以习近平总书记重要批示为指引,坚持以人民为中心,深化信访制度改革,注重社情民意研判,主动化解突出矛盾,加强信访队伍建设,打好信访矛盾化解攻坚战。要坚决杜绝信访工作中的形式主义、官僚主义,以求真务实作风解决好群众反映的诉求。要发挥信访在反映社情民意方面的重要作用,为党委政府制定政策、指导工作提供第一手资料和科学建议。

会议指出,要坚持省委对立法工作的领导,坚持人大及其常委会在立法工作中的主导作用,坚持立改废释并举,牢牢把握正确的立法方向。要抓好今年立法计划的落实,深入推进科学立法、民主立法、依法立法,着力提高立法质量,把我省立法工作提高到新水平,为拓展新局面提供法治保障。

会议指出,由省委常委会审定政协年度协商计划,是坚持和加强党对人民政协的全面领导、推进人民政协协商民主建设的重要制度性安排。要发挥人民政协协商民主重要渠道和专门协商机构作用,围绕在"两转"基础上全面拓展新局

面,在协商中凝聚共识、汇聚力量。

会议指出,制订《山西省落实党对反腐败工作全过程领导实施细则(试行)》,是我省深化监察体制改革的又一重要成果。各级党委要充分认识加强党对反腐败工作全过程领导的重大意义,坚决把思想和行动统一到中央及省委的决策部署上来,履行好主体责任,以高度的政治自觉推动各项改革措施落到实处,不断提升全面从严治党的质量和水平。纪检监察机关要强化执纪监督,履行好监督责任。

会议审议通过了《中共山西省委党建工作领导小组2019年工作要点》《省委中心组2019年理论学习计划》《山西省2019年政党协商计划》。

会议还研究了其他事项。

省委召开常委扩大会议 确保习近平总书记重要讲话和全国"两会"精神在山西生根结果

3月18日,省委召开常委扩大会议,传达贯彻习近平总书记在全国"两会"期间重要讲话精神、全国"两会"精神、中共中央政治局常委王沪宁同志参加山西代表团审议时的讲话精神。省委书记骆惠宁主持并讲话。他指出,要把山西工作放到党和国家大局中谋划和推进,加大对重点工作的领导力度、攻坚力度,确保习近平总书记重要讲话和全国"两会"精神在山西生根结果,以实际行动坚决做到"两个维护",以优异成绩庆祝新中国成立70周年。省委副书记、省长楼阳生,省政协主席李佳,省领导郭迎光、孙洪山、杨景海分别就有关工作提出贯彻落实意见。

会议指出,这次全国"两会",对于贯彻落实习近平新时代中国特色社会主义思想和党的十九大精神,更好把全党全国人民的思想和行动统一到中央决策部署上来,齐心协力完成今年各项目标任务,以优异成绩庆祝新中国成立70周年,具有十分重要的意义。习近平总书记在参加"两会"团组审议时发表了一系列重要讲话,为加强党的领导、做好重大工作进一步指明了方向。要把学习贯彻习近平总书记在全国"两会"期间重要讲话精神作为政治任务,深刻领会其中蕴含的创新观点、重大举措和科学方法。坚持把山西工作放到党和国家大局中谋划和推进,为"两转"基础上全面拓展新局面注入强大动力。

会议指出,要跟进学习贯彻习近平新时代中国特色社会主义思想,注重理论联系实际,在指导工作、解决问题上下功夫,在学懂弄通上实现新提高,在做实做好上取得新成效。要继续推进改革开放,营造有利于创新创业创造的良好发展环境,勇于先行先试,以改革创新带动"示范区""排头兵""新高地"建设提速,巩固发展以改促转的良好势头。要坚持环保倒逼转型,打好污染防治攻坚战,探索以生态优先、绿色发展为导向的高质量发展新路子。要咬定目标不放松,按时按质完成脱贫攻坚任务,确保经得起历史检验。要聚焦"五个振兴",落实我省乡村振兴战略总体规划,抓好农村人居环境改善等重点工作,吸引更多人才投身乡村振兴战略,不断激活乡村振兴内生活力。要以庆祝新中国成立70周年为主线,扎实做好宣传思想工作,推出一批影响较大、特色鲜明的重大宣传活动和文艺精品,把培根铸魂的工作落到实处,激发全省人民建功新时代的昂扬斗志。要全面加强党的领导和党的建设,严肃党内政治生活,打造高素质专业化干部队伍,加强基层党组织建设,努力实现政治生态持久的风清气正。省人大常委会、省政府、省政协、省法院、省检察院党组要坚持以政治建设为统领,坚持党的全面领导,全面推进党的建设和队伍建设,不断提高履职能力和工作效率。

会议指出,"改革创新、奋发有为"大讨论的热潮已在全省兴起,牵引全年工作良好开局的效果已经显现。要进一步突出问题导向、坚持一流标准、做到领导带头,从严从实把大讨论各个环节抓实抓好,在突出抓好县处级以上领导干部这个"关键少数"的同时,进一步动员广大人民群众积极参与,在三晋大地形成人人改革创新、个个奋发有为的生动局面。要坚决反对形式主义、官僚主义,持之以恒狠抓作风建设,鲜明树立为基层松绑减负、激励广大干部担当作为的实干导向。各级各部门要用艰苦奋斗、勤俭节约的思想指导工作,带头过紧日子。

会议指出,要加强安全生产和防火防灾工作。深刻汲取近期事故和灾害的教训,举一反三,全面加强防范化解重大风险的工作。在全省开展高陡边坡隐患排查、护林防火专项督查、安全生产大检查,进一步健全应急管理机制,加强应急力量建设。要通过综合施策、做实做细工作,确保人民群众生命财产安全,切实增强人民群众的获得感安全感幸福感。

省委常委,省人大常委会、省政府、省政协负责同志出席会议。在太原的省委委员、候补委员,省纪委监委班子成员,省直部门主要负责同志,省管事业单位、国有骨干企业党委主要负责同志,基层党员干部群众代表参加会议。

省委召开常委会议 认真贯彻中央决策部署 制定我省加强党的政治建设工作措施、解决形式主义突出问题为基层减负工作措施 听取全省"改革创新、奋发有为"大讨论进展情况汇报 部署万名干部入企进村服务工作 强调以从严从实精神深化大讨论

3月21日,省委书记骆惠宁主持召开十一届省委第109次常委会议,审议通过《关于贯彻〈中共中央关于加强党的政治建设的意见〉的工作措施》《关于贯彻〈中共中央办公厅关于解决形式主义突出问题为基层减负的通知〉的工作措施》,听取全省"改革创新、奋发有为"大讨论进展情况汇报,对深化大讨论提出明确要求,部署万名干部入企进村服务工作,要求党员领导干部带头持续转变作风。

会议指出,抓好党的政治建设意义重大、责任重大。各级各部门党委(党组)要认真贯彻落实中央关于加强政治建设特别是坚定政治信仰、坚持党的政治领导、提高政治能力、净化政治生态、强化组织实施等方面的部署要求,进一步增强"四个意识"、坚定"四个自信"、做到"两个维护",在思想上政治上行动上同以习近平同志为核心的党中央保持高度一致。要以政治上的加强推动全面从严治党向纵深发展,引领带动

党的建设质量全面提高。要把党的政治建设融入重大决策部署的制定和落实全过程，为各项事业发展提供坚强保证，在"两转"基础上全面拓展党的建设和党的事业新局面。各级党组织要强化责任担当，加强学习宣传，狠抓督促检查，确保中央意见及省委措施落到实处，并在实践中不断完善，在落实中不断深化。

会议指出，要认真学习贯彻习近平总书记就加强党的作风建设，力戒形式主义、官僚主义作出的一系列重要指示批示精神，坚决落实中办《关于解决形式主义突出问题为基层减负的通知》要求，省委常委带头，从省直部门做起，结合正在开展的大讨论，采取过硬举措为基层干部松绑减负，激励广大干部担当作为。要树立正确政绩观，大力改进文风会风，从严控制督查检查考核工作，完善问责制度和激励关怀机制。对干实事、作风好的先进典型大力表彰，对形式主义、官僚主义的突出问题要公开曝光、严肃问责。

会议指出，省委作出"改革创新、奋发有为"大讨论的部署以来，各地各部门坚持领导带头、问题导向、对标一流、从严从实、环环紧扣，实现了大讨论良好开局，广大党员干部正经历着深刻的思想洗礼，大讨论牵引全年工作良好开局的效果正在彰显。集中表现为学习研讨夯实改革创新思想基础，先进典型报告掀起比学热潮，述职评议立起一流标杆，民主生活会体现自我革命精神，各项事业发展增强了动力活力。同时要看到，工作进展和质量还不平衡，存在一些薄弱环节。下一步要抓住从严从实这个关键，发扬革命加拼命精神，以强有力的领导推动大讨论不断深化，重点在持续发动、提高认识上求深入，在一环扣一环、抓好规定动作上求深入，在发挥领导干部示范引领作用、党员先锋模范作用上求深入，在转变干部作风上求深入，在成果转化拓展上求深入，确保取得预期效果。

会议指出，开展万名干部入企进村服务，是反对形式主义、官僚主义，主动服务基层和群众、促进干部作风转变、狠抓工作落实的重大行动。入企进村服务干部要扎实做好宣讲、推动政策落地，深入了解情况、推动解决问题，激发内生动力、推动改革创新，切实促进经济转型发展和农村全面进步。要严格遵守中央八项规定精神和为基层减负的要求，严格落实省委提出的"八不准""六反对"，科学组织、统筹推进，严明纪律、注重实效。

会议审议通过《山西省加快推进县级融媒体中心建设的实施方案》，指出，要从政治高度充分认识加强县级融媒体中心建设的重要性，把握方向、集约发展、因地制宜，用好现代信息手段，坚持深化改革，积极探索创新，分步分批实施。省市县三级要加大对媒体融合发展的支持，把县级融媒体中心建设这件大事办好，紧跟时代步伐，充分发挥宣传群众、引导群众、服务群众的作用。

会议审议通过了《山西省委全面依法治省委员会 2019 年工作要点》《关于实施"三晋英才"支持计划的决定》。

会议还研究了其他事项。

省委常委扩大会议指出　乡宁"3·15"山体滑坡救援处置工作取得决定性进展　再接再厉抓好后续工作

3 月 21 日，省委召开常委扩大会议，听取乡宁"3·15"山体滑坡救援处置工作综合汇报，研究部署下一阶段工作。根据救援指挥部报告，截至 21 日 12 时，乡宁"3·15"山体滑坡救援现场搜救工作业已结束，13 人获救，20 名遇难人员遗体全部找到，当地社会稳定、秩序良好，后续工作正有序开展。骆惠宁在讲话中指出，目前山体滑坡救援工作已取得决定性进展，下一步要把工作重点放到开展灾害调查评估、关心受灾地区群众生活、做好善后工作、组织现场清理、危房拆除、环境整治、家园重建上。他强调，这次灾害救援处置的成功进行，充分彰显了中国共产党领导和中国特色社会主义制度的巨大优越性，当地干部群众和全体救援人员受到了一次深刻的信仰信念教育，进一步凝聚了强大正能量。省委副书记、省长楼阳生就有关工作提出要求，省领导岳普煜、贺天才、刘新云分别就有关工作作了汇报。

会议指出，乡宁"3·15"山体滑坡灾害发生后，省委省政府认真贯彻习近平总书记重要指示精神和李克强等中央领导同志批示要求，全面加强组织领导，自始至终直接指挥，主要领导同志第一时间赶赴现场，成立救援现场指挥部，建立每日视频会商调度机制，及时优化方案措施，及早谋划善后工作，为做好救援处置工作提供了有力的政治和组织保障。国家应急管理部对灾害救援和处置十分重视，主要负责同志亲自调度，有关负责同志深入现场指导。国家自然资源部、卫生健康委等派出专家给予很大帮助。现场指挥部和全体救援人员认真贯彻省委省政府和应急管理部的部署要求，科学组织、密切协作，风雨无阻、夜以继日，不畏艰险、不辞辛劳地开展工作，展现了崇高品质、专业素养和过硬作风。

会议指出，这次救援处置工作，始终坚持把救人放在第一位，坚持有一线希望就要尽百倍的努力，做到了精准确定遇困人员和搜救点位、抢抓黄金救援期高效搜救、科学施策防止发生次生灾害、同步做好救治伤员和善后工作、主动积极引导社会舆论，创造了灾害救援的成功案例。当地群众在救援过程中感受到了社会主义祖国的温暖，带着对党和政府的感恩之情，纷纷自发带着馒头、鸡蛋、水果等慰问救灾救援人员，大家共同唱响中国共产党好、中国特色社会主义好的时代最强音。

会议强调，后续工作艰巨繁重，要保持顽强作风，科学施策，再接再厉，夺取抢险救援全胜。继续做好受灾群众安抚和为困难家庭提供生活救助工作。结合美丽宜居乡村建设实施灾区环境综合治理，科学划定重建涉及的受灾区域，采取必要措施，保证群众安全，保证灾害调查评估和后续工作的开展。采取"政策整合支持，群众自力更生为主、社会救助为辅"方针，开展家园重建工作。会议要求，3 个月内完成危房拆除和现场整治；6 个月内完成环境治理，实现绿化美化；按照重建规划今年年底完成主体工程。调查评估工作要科学形成评估结论，并按规定报告和公告。

会议还听取了全省开展高陡边坡隐患排查、森林防火专项督查、安全生产大检查“三项工作”进展情况汇报，强调切实增强做好安全风险防范化解工作的责任感和紧迫感，举一反三，综合施策，进一步把防范化解重大风险的各项工作抓实抓细抓到位，确保群众生命财产安全，保持全省政治社会大局稳定、经济持续健康发展。

会议还议定了下一步工作的若干重大事项。

会议以远程视频连线方式召开。省委常委，省人大常委会、省政府、省政协负责同志在主会场出席会议，省直有关部门负责同志参加会议。现场救援指挥部有关负责同志通过视频连线参加会议。

省委召开常委会议　学习贯彻习近平总书记关于巡视工作重要讲话及中央有关会议精神　研究2019年重大改革安排　听取全省机构改革情况汇报

4月11日，省委书记骆惠宁主持召开十一届省委第112次常委会议，传达全国巡视工作会议暨十九届中央第三轮巡视动员部署会精神、全国脱贫攻坚专项巡视整改工作电视电话会议精神，研究我省贯彻落实意见，审议通过《省委全面深化改革委员会2019年重大改革安排及责任分工》，听取全省机构改革情况汇报。

会议指出，习近平总书记关于巡视工作的重要讲话，深刻阐述了新时代巡视工作的基本方针，体现了党中央对新时代巡视工作高质量发展的整体考虑，蕴含着新思想新要求，为推动巡视工作向纵深发展提供了重要遵循。各级党委（党组）要认真贯彻落实习近平总书记重要讲话精神，切实提高做好巡视工作的思想自觉、政治自觉和行动自觉，把握新的形势任务，落实巡视主体责任，全面贯彻中央巡视工作方针，高质量推进全覆盖。巡视机构和巡视队伍要紧扣巡视工作规范化建设，提高精准发现问题能力，把依规依纪依法要求落实到巡视工作全过程。各地各部门各单位要强化责任担当，坚决落实巡视整改要求，做好“后半篇文章”。要认真落实省委关于脱贫攻坚自查整改的部署，脱贫攻坚越是进入倒计时阶段，越要保持定力，决不能松劲，要真抓实干、精准施策，着力抓重点、补短板、强弱项。要把全面从严治党要求贯穿脱贫攻坚全过程，确保脱贫攻坚任务如期完成，确保脱贫成果经得起历史检验。

会议指出，我省全面深化改革已经打开局面，目前正处于深度攻坚、纵深推进的关键时期。要认真学习贯彻习近平总书记在中央深改委第六次、第七次会议上的重要讲话精神，对标到2020年在重要领域和关键环节改革上取得决定性成果，把大讨论在“六个破除”等方面取得的成效转化为推动改革的责任担当和攻坚能力，继续打硬仗，啃硬骨头，扎实推进党中央部署的重大改革、具有山西特色的重大改革和我省先行先试的重大改革。复制推广深圳前海自贸区制度创新经验是对标一流的具体措施，要持续跟踪，搞好对接，落地见效，在借鉴运用中深化创新。要扎实抓好国资国企改革举措的落实落地，在前两年改革基础上，实现新的重大突破。各级党委政府要强化责任，扑下身子抓改革，不能一般化号召；要坚持精准改革，聚焦解决问题，不能搞形式主义；要严督实查，开展评估问效，干一件成一件；要加强统筹，处理好改革发展稳定的关系，把改革工作做得更周全、更扎实、更有效。

会议指出，党的十九届三中全会以来，我省党政机构改革依据中央批准的方案和省委部署要求，精心组织实施，扎实有序推进，各项改革任务按要求、按计划、按时限顺利完成。同时要看到，目前取得的成效还是阶段性的，还有不少工作要做。要深入学习领会习近平总书记关于党和国家机构改革的重要论述，持续抓好改革的深化完善工作，确保中央和省委关于党政机构改革的决策部署高质量落实到位。同时，要大力推进综合行政执法改革，如期实现目标；有序推进事业单位改革，不断增强工作活力。会议强调，要深入学习贯彻习近平总书记在中央机构编制委员会第一次会议上的重要讲话精神，加强党对机构编制工作的集中统一领导，维护“三定”规定的权威性严肃性，坚持问题导向，坚持优化协同高效原则，建立完善机构编制管理的长效机制，不断提升全省机构编制工作水平。

会议审定了《关于完善国有金融资本管理的实施意见》《山西省2019年国资国企改革行动方案》《省属企业混合所有制改革操作指引》。

会议还研究了其他事项。

省委召开常委会议　分析研究当前全省经济形势和经济工作　听取万名干部入企进村服务情况汇报

4月22日，省委书记骆惠宁主持召开十一届省委第115次常委会议，分析一季度全省经济形势，研究部署下一步经济工作，听取万名干部入企进村服务情况及省总工会、团省委、省妇联工作情况汇报，审定2018年度目标责任考核结果，研究加强高校思想政治和党务工作队伍建设。

会议听取了省政府党组关于一季度经济形势的汇报。指出，今年以来，面对复杂严峻的形势，全省坚持以习近平新时代中国特色社会主义思想为指导，认真贯彻中央及省委经济工作会议部署，坚定不移推进经济高质量转型发展，从严从实开展“改革创新、奋发有为”大讨论，积极主动实施减税降费政策，扎实开展万名干部入企进村服务，切实加强重大项目工作，全面深化国资国企改革，大力促进民营经济发展，持续打好三大攻坚战，有效提升了市场信心和发展活力，全省经济运行保持了总体平稳、稳中向好态势，主要经济指标好于上年、好于预期，实现了“开门红”，为实现全年目标任务奠定了良好基础。同时，我省经济运行仍面临困难和问题，外部经济环境仍整体趋紧。要认真贯彻落实中共中央政治局会议对当前经济形势的分析判断和对下一步工作提出的要求，深入贯彻中央及省委关于经济工作的一系列部署，把握方向、保持定力，解决问题、持续攻坚。一要落实政策、深化改革，进一步激发各类企业的活力和竞争力。不折不扣执行国家及我省出台的减税降费政策，推动金融机构更好服务实体经济。全面深化已部署的经济和社会领域各项重大改革，推进山西中部盆地一体化建设，以先行先试进一步形成以改促转的强劲态势。二要关注问题、开拓市场，进一步提升经济运行的质量和协调性。加快农业项目建设步伐，积极发展设施农业，着力稳定畜牧业生产。第二产业要稳定煤炭工业生产，把功夫下在能源革命上，加快推动制造业高质量发展，以转型项目投资需求拉动相关企业扩大生产。第三产业要顺应经济转型升级趋势，大力发展文化旅游、现代物流、电子商务、医疗康养等现代服务业，着力解决产品与服务供给质量不够高的问题，有效满足群众消费需求。把握“房住不炒”的定位，推动房地产业持续健康发展。三要加强领导、优化环境，进一步增强转型发展的氛围和实效性。继续深化预期引导，扎实抓好深化转型项目建设年工作。把“大讨论”成果不断地转化为改革创新、转型发展的成效。积极开展全省域营商环境评价工作，倒逼各地优化政务服务。坚决打好三大攻坚战，继续做好就业、收入、社会保障等民生工作。要认真落实省委《坚决打好防范化解重大风险攻坚战方案》，毫不放松抓好安全生产，确保社会和谐稳定。

会议指出，在全省开展万名干部入企进村服务，是“改革创新、奋发有为”大讨论的重大举措，是践行党的宗旨的生动实践。一个月来，全省各级各部门按照省委部署，共抽调9万余名干部深入4000多户规上工业企业、1200多户小升规重点企业和全部行政村集中开展服务，入企和进村服务分别解决问题4840个和2.63万个，促进了企业、农村改革发展，带动了干部作风转变，达到了预期目的，深得基层群众欢迎和社会各界好评。服务企业、农村是经常性重要工作。要坚持以人民为中心的发展思想，深入总结干部入企进村服务的好经验好做法，继续开展问题分类处置，持续推动涉企惠农政策落地，建立健全服务企业农村的长效机制，不断巩固发展入企进村服务成果。

会议指出，要深入贯彻落实中央及省委对群团改革、重点工作的要求与部署，持续在思想政治引领、深化群团改革、充分联系群众、有效服务大局上下功夫，坚持重心下移，不断增强群团工作的主动性、创造性、实效性。要深入学习贯彻习近平总书记在中共中央政治局第十四次集体学习时的重要讲话精神，发扬五四精神，激励广大青年为民族复兴不懈奋斗。要以“五一”表彰全省劳模为契机，激励全省广大职工积极投身高质量转型发展。

会议听取了2018年度目标责任考核、市域经济转型升级考核、脱贫攻坚任务考核意见的汇报，同意2019年度考核指标体系设置建议。审议通过了《山西省加强高等院校思想政治和党务工作队伍建设的具体措施》。

会议还研究了其他事项。

省委召开常委会议　学习贯彻习近平总书记在全国公安工作会议重要讲话　进一步研究部署脱贫攻坚考核整改工作　部署省属主流媒体深化改革融合发展和扫黑除恶专项斗争向深挖根治推进

5月13日，省委书记骆惠宁主持召开十一届省委第117次常委会议，传达学习习近平总书记在全国公安工作会议重要讲话，研究我省贯彻落实意见，审议通过《山西省2018年脱贫攻坚成效考核整改工作方案》、省属主流媒体深化改革融合发展方案、《2019年省委党内法规制定计划》，听取中央扫黑除恶督导反馈意见整改情况和省委督导情况汇报，聚焦深挖根治，就引深扫黑除恶专项斗争作出部署。

会议指出，习近平总书记在全国公安工作会议上的重要讲话，科学总结了党的十八大以来公安工作的宝贵经验，明确提出了新时代公安工作的指导思想和使命任务，是引领公安事业发展进步的行动指南。我们要认真组织学习贯彻，确保公安工作坚定正确政治方向，切实把政治建警、改革强警、科技兴警、从严治警落到实处。各级党委要高度重视公安工作，加强对公安工作的领导，打造一支公安铁军，为公安机关依法履行职责创造良好条件。会议决定，要把学习贯彻习近平总书记重要讲话精神作为重要政治任务，把思想和行动统一到讲话精神和党中央关于新时代公安工作的重大战略部署上来。要围绕公安工作和队伍建设面临的问题，深入开展调查研究，提出进一步加强公安工作的重大举措。近期召开全省公安工作会议，对贯彻落实全国公安工作会议精神作出具体部署。

会议指出，近年来我省脱贫攻坚工作全面加强，取得重大进步，但是任务仍然艰巨，工作中还存在薄弱环节。当前脱贫攻坚正处于决战决胜的关键时期，要深入学习贯彻习近平总书记在解决“两不愁三保障”突出问题座谈会和中央政治局会议审议脱贫攻坚成效考核情况时的重要讲话精神，坚决防止松懈情绪，始终保持攻坚状态，确保高质量完成脱贫攻坚任务。要聚焦“两不愁三保障”，坚持标准，不降低、不提高，不留死角，逐项逐户对账销号，狠抓落实。要抓好国家和省考核指出问题的整改，全面排查梳理，做到责任到人，逐项整改到位。有关部门要充分发挥职能作用，高标准履行好扶贫职责。要坚持五级书记抓扶贫，严格实行党政主要负责同志负总责，领导干部要带头深入扶贫联系点，真正沉下去，推动解决问题，以实际行动作出示范。要以扶贫专项巡视为牵引，深化扶贫领域腐败和作风问题专项治理，并把基层减负各项决策落到实处。

会议指出，推动媒体深化改革、融合发展是一项极重要且紧迫的时代课题，事关主流思想舆论阵地的巩固与壮大。要以习近平总书记关于推动媒体融合发展、做大做强主流舆论的重要论述为根本遵循，强化互联网思维，把握媒体融合发展的趋势和规律，加快媒体深度融合，构建全媒体传播新格局。要着力深化省级主流媒体管理体制、内部组织架构、用人与分配制度等改革,加强内容建设、传播渠道与手段建设、高素质干部队伍建设,确保改出活力、改出效益,改出影响力,打造适应新时代要求和全面拓展新局面的省级强势主流媒体。

会议指出,中央扫黑除恶督导组反馈意见以来,省委、省政府高度重视,把抓好整改工作作为重大政治任务,立行立改,全面整改,并组织开展整改工作专项督导,巩固和扩大了扫黑除恶专项斗争战果。要深入贯彻中央及省委决策部署,按照深挖根治要求,认识再提高、工作再抓紧、合力再增强,紧盯重点问题、重点工作、重点案件、重点行业,逐项过筛、逐条补漏,进一步抓深抓细整改工作,确保中央督导反馈问题全部整改到位,推动扫黑除恶专项斗争不断向纵深发展。

会议指出,近年来,省委高度重视党内法规建设,推动党内法规工作取得重要进展。要进一步提高党内法规制定质量,统筹做好立改废释工作,切实把好政治关、政策关、法律关。要抓好党内法规的落地见效,在学习宣传、贯彻执行、监督检查等方面下功夫,进一步提升各级党委(党组)依法执政、依规治党水平。

会议还研究了其他事项。

省委召开常委扩大会议暨中心组学习会议传达贯彻习近平总书记在推动中部地区崛起工作座谈会重要讲话

5月24日,省委召开常委扩大会议暨中心组学习会议,传达贯彻习近平总书记在推动中部地区崛起工作座谈会上的重要讲话。会议指出,习近平总书记在推动中部地区崛起工作座谈会上的重要讲话,为中部地区高质量发展指明了方向和任务,具有很强的思想性、战略性、针对性,是指导中部地区崛起的纲领性文献。要把学习贯彻习近平总书记重要讲话精神作为当前和今后一个时期的重要任务,奋力开创全省高质量转型发展新局面。省委书记骆惠宁主持并讲话。

会议指出,党的十八大以来中部地区经济社会发展取得显著成效,在国家区域协调发展战略中的支撑地位提升,同时新一轮科技和产业革命对中部地区加快转型升级提出迫切要求,全球制造业竞争格局调整对承接产业转移带来新的挑战,我国新一轮对外开放对提升区域竞争力提出更高要求。全省上下要提高政治站位,把握发展大局,既要看到山西面临难得发展机遇,具有一些比较优势,又要看到面临的挑战和压力,进一步增强责任感紧迫感,审时度势、抓住机遇,应对挑战、乘势而上,在高质量发展中加快崛起步伐。要把学习贯彻习近平总书记在推动中部地区崛起工作座谈会上的重要讲话精神,与学习贯彻习近平总书记视察山西重要讲话精神结合起来,以"人一之我十之"的进取精神,在中部地区崛起中体现山西担当和作为。

会议指出,要把习近平总书记重要讲话精神作为推动我省高质量发展的根本指引,履行好党中央赋予山西建设国家资源型经济转型综合配套改革试验区的重大使命,围绕"三大目标",进一步谋划和推进重点举措。要深入推进能源革命综合改革试点,为全国能源革命闯出一条路子,增强山西的比较优势和战略地位。要积极主动融入新一轮科技和产业革命,优先推动制造业高质量发展,努力到2022年实现工业"结构反转"。要加快优势领域自主创新步伐,重点研发具有自主知识产权的核心技术,推动科技成果转化和产业化。要坚持"补考""赶考"一起抓,深化重点领域改革,进一步形成"以改促转"强劲态势。要扩大高水平对外开放,主动融入"一带一路"和京津冀协同发展等国家重大战略,积极承接东部乃至世界范围内的先进产业布局和转移。要努力对标国际一流,勇于开展首创性、差异化的改革探索,着力营造稳定公平透明的良好营商环境。要大力实施新型城镇化和乡村振兴战略,推进山西中部盆地城市群一体化建设,构建平川与山区协调发展新格局。要坚持绿色发展,全方位、全地域、全过程开展生态环境保护,以环保倒逼经济转型。要打好脱贫攻坚战,做好民生领域重点工作,确保与全国人民一道进入全面小康社会。

会议决定,在深入调查研究基础上,制定出台我省贯彻落实习近平总书记在推动中部地区崛起工作座谈会上重要讲话精神的实施意见,并作出具体部署。

省委常委,省人大常委会、省政府、省政协负责同志,省委中心组成员、省有关部门主要负责同志参加会议。

省委召开常委会议 学习贯彻干部任用条例、公务员法和全国民政会议精神 部署中央环保督察"回头看"落实工作

5月24日,省委书记骆惠宁主持召开十一届省委第120次常委会议,传达全国学习贯彻干部任用条例座谈会精神、全国公务员工作暨学习贯彻公务员法座谈会精神、第十四次全国民政会议精神,研究我省贯彻落实意见,审议通过《山西省贯彻落实中央生态环境保护督察"回头看"及大气污染防治专项督察反馈意见整改方案》《山西省公务员职务与职级并行制度实施方案》《关于加强我省退役军人服务保障体系建设的实施意见》。

会议指出,党中央新修订的干部任用条例,为建设忠诚干净担当的高素质专业化干部队伍提供了有力制度保证。要认真学习贯彻以习近平同志为核心的党中央对干部工作提出的重大要求,落实好坚持党管干部原则、突出政治标准、坚持事业为上、扩大用人视野、激励担当作为等新部署。要把干部任用条例贯彻于干部选、育、管、用各个环节,严格按照条例规定的原则、标准、程序、办法选人用人,不断提高选人用人的质量和水平。要加强对干部任用条例贯彻执行情况的监督检查,坚决整治选人用人上的不正之风,切实提升制度的权威性和执行力。要以贯彻落实公务员法为主线,加强公务员制度和队伍建设,全面推行公务员职务与职级并行制度,不断优化公务员队伍结构,提升公务员管理科学化、法制化、规范化水平,使公务员职务与职级并行改革的过程,成为激发干部队伍动力活力的过程。

会议指出,要深刻领会习近平总书记关于民政工作的重

要指示精神，把民政工作作为社会建设的兜底性基础性工作抓实抓好，进一步推进民政事业持续健康发展。各级党委政府要加强对民政工作的领导，为民政部门开展工作创造良好条件。各级民政部门和有关部门要坚持以人民为中心的发展思想，认真履行职责，聚焦脱贫攻坚、特殊群体、群众关切，织密扎牢民生保障“安全网”，更好服务全省改革发展稳定大局。

会议指出，中央生态环保督察组在“回头看”反馈意见中，对我省生态环境保护工作特别是督察整改工作予以肯定，同时提出改进工作的意见建议。抓好整改工作是落实中央环保督察反馈意见的实际行动，也是我省推进绿色发展的内在需要。要提高政治站位，强化领导责任，严格依法办事，坚持工作标准，实施精准治理，努力实现我省经济高质量发展和生态环境高水平保护互促共进。

会议指出，各级党委政府要把退役军人服务保障体系建设作为重要政治任务，切实加强领导，精心组织实施。要按照有机构、有编制、有人员、有经费、有保障的要求，形成横向到边、纵向到底、覆盖全员的服务体系，促进退役军人服务保障工作规范化、信息化、科学化，切实增强广大退役军人的获得感幸福感安全感。退役军人事务部门要加强自身建设，不断提高服务保障能力。

会议还研究了其他事项。

省委召开常委扩大会议暨中心组学习会议 深入学习贯彻习近平总书记关于能源革命的重要论述 勠力同心 不辱使命 坚决扛起开展能源革命综合改革试点主体责任

（会议内容见本书“能源革命”栏目）

省委召开常委会议 学习贯彻习近平总书记在“不忘初心、牢记使命”主题教育工作会议上重要讲话 审定我省实施方案 传达贯彻全国市县巡察工作推进会精神 研究适时开展整治形式主义官僚主义专项行动

6月3日，省委书记骆惠宁主持召开十一届省委第122次常委会议，传达学习“不忘初心、牢记使命”主题教育工作会议精神特别是习近平总书记重要讲话精神，审议通过《在全省开展“不忘初心、牢记使命”主题教育实施方案》《省委常委会开展“不忘初心、牢记使命”主题教育工作安排》，传达贯彻全国市县巡察工作推进会精神，研究适时开展整治形式主义官僚主义专项行动。

会议指出，习近平总书记在“不忘初心、牢记使命”主题教育工作会议上的重要讲话，深刻阐明了主题教育的重大意义和目标要求，通篇贯穿着马克思主义立场观点方法，具有很强的政治性、思想性、针对性、指导性，为全党开展主题教育提供了遵循，是新时代加强党的建设的纲领性文献。各级党委（党组）和广大党员干部要把思想和行动统一到习近平总书记重要讲话精神上来，全面落实中央《关于在全党开展“不忘初心、牢记使命”主题教育的意见》，以高度负责的精神把主题教育抓实抓好。要贯彻守初心、担使命，找差距、抓落实的总要求，着眼理论学习有收获、思想政治受洗礼、干事创业敢担当、为民服务解难题、清正廉洁作表率，认真开展学习研讨，深入开展调研，讲好专题党课，广泛听取意见，深刻检视反思，开展专项整治，抓好整改落实，召开专题民主生活会，建立长效机制，确保主题教育取得扎扎实实的成效。各级党委（党组）要把主体责任扛起来，加强组织领导和督促指导，营造良好氛围，以务实作风开展主题教育。主要负责同志要担负起第一责任人职责，领导班子成员都要带头参加，做出表率。会议决定，近期召开全省“不忘初心、牢记使命”主题教育动员部署会。

会议指出，近年来，我省市县党委巡察工作坚守政治定位，努力发挥作用，取得明显成效。要深入贯彻全国市县巡察工作推进会精神，通过巡察督促基层党组织和党员干部做到“两个维护”，着力推动党中央及省委决策部署落地见效。要增强巡察监督的精准性和实效性，着力发现和解决群众身边的腐败问题和不正之风，让群众感到党的关怀就在身边、正风反腐就在身边。要加强统筹领导和指导督导，市县党委要履行巡察工作主体责任，推动巡察工作高质量发展，形成巡视巡察上下联动、一体推进的良好局面。

会议指出，力戒形式主义、官僚主义是加强党的政治建设的重要任务，是“不忘初心、牢记使命”主题教育的重要内容。要以习近平总书记关于作风建设和力戒形式主义、官僚主义的重要论述为指导，针对工作中存在的问题、群众反映强烈的问题，坚持以上率下，扎实开展整治形式主义、官僚主义专项行动。会议要求，就整治行动方案进一步听取意见，在找准问题、强化举措上再下功夫，修改并经批准后部署实施。

会议还研究了其他事项。

省委召开常委会议 学习贯彻汪洋同志在山西考察工作重要讲话精神 传达贯彻全国地方政协工作经验交流会精神 研究太原市总体规划及城市设计优化工作

6月10日，省委书记骆惠宁主持召开十一届省委第123次常委会议，传达学习中共中央政治局常委、全国政协主席汪洋在山西考察工作重要讲话精神和全国地方政协工作经验交流会精神，研究我省贯彻落实意见，听取太原市总体规划及城市设计优化工作汇报，审议通过有关改革意见和方案。

会议指出，汪洋同志深入右玉县就弘扬右玉精神和脱贫攻坚、生态建设等进行调研，提出工作要求，充分体现了党中央对山西的关怀，对我省开展“不忘初心、牢记使命”主题教育，决战决胜脱贫攻坚，进一步加强生态文明建设，具有重要指导意义。要认真学习贯彻习近平总书记对弘扬右玉精神作出的重要指示精神，充分认识右玉精神是共产党人“不忘初心、牢记使命”的宝贵典型，把右玉精神作为全省开展主题教育的生动教材，组织广大党员干部对照右玉精神守初心、担使命、找差距、抓落实，践行全心全意为人民服务的根本宗旨，自觉迎难而上、艰苦奋斗，坚持久久为功、利在长远。要坚

持“绿水青山就是金山银山”理念,从战略和长远上谋划推进一批重大生态修复工程,高质量推进“两山七河”生态修复保护,继续实施退耕还林,拓展国土绿化空间,优化林种结构,发展林下经济,统筹林草牧建设,探索出一条通过造林种草、改善生态带动群众实现脱贫、稳定脱贫成果、逐步致富的道路。要聚焦“两不愁三保障”,不拔高,不降低,全面压实脱贫攻坚政治责任,集中攻坚深度贫困,高度重视插花贫困,持续巩固脱贫成果,全面完成脱贫攻坚任务,积极研究脱贫攻坚与乡村振兴的政策衔接。

会议指出,这几年我省政协工作取得显著进步。今年是新中国成立70周年,也是人民政协成立70周年。要以习近平总书记关于加强和改进人民政协工作的重要思想为指导,认真贯彻落实全国地方政协工作经验交流会精神,把握市县政协的职能定位和主要任务,在加强党的全面领导上有新高度,在抓好科学理论武装上有新进展,在提升“双向发力”质量上有新作为,在改进工作作风上有新突破,在强化政协委员和政协机关干部两支队伍建设上有新成效,在推进政协系统的联系指导上有新举措。各级党委要进一步加强对政协工作的领导,省政协要进一步加强对市县政协的联系指导。会议决定,围绕政协工作的重大问题开展调查研究,适时召开省委政协工作会议。

会议指出,在我国加快新型城镇化建设步伐、加快中部地区崛起的大背景下,做好太原的城市规划设计工作,对我省具有全局、长远和引领意义。太原城市规划发展要走以质取胜的路子,与省委即将部署的山西中部盆地城市群一体化发展高度衔接,在城市品质、文化引领、创新能力、现代产业、公共服务、良好环境、特色风貌等方面做足文章,促进太原健康崛起,走出特色发展之路。规划设计要优化空间布局,精准定位内涵,实施区域协同,完善城市功能,加大推动绿色发展、改善人居环境的力度,着力提升城市品味与魅力。要形成推动规划落地的整体合力,推动“多规合一”,做到一体规划、一张蓝图、一抓到底,维护规划的严肃性、权威性。太原要强化省会服务意识,省直单位要支持太原发展。要提高群众的参与度,使规划完善和实施的过程成为人民群众知晓、参与、监督的过程。要通过规划的编制和实施,牵引太原提升在全省的辐射带动力,提升在中部地区乃至全国省会城市的综合竞争力。

会议审议通过《山西省涉旅文物保护单位两权分离改革意见》《山西省红十字会改革实施方案》。

会议还研究了其他事项。

省委召开常委会议 学习贯彻习近平总书记在深化党和国家机构改革总结会议上重要讲话 传达贯彻中央纪委国家监委主题教育专题党课暨全国纪检监察工作会议精神 研究社会主义学院工作和党史工作 部署筹办“二青会”决战决胜阶段工作

7月8日,省委书记骆惠宁主持召开十一届省委第124次常委会议,传达学习习近平总书记在中央深化党和国家机构改革总结会议上的重要讲话精神,传达中央纪委国家监委“不忘初心、牢记使命”主题教育专题党课暨全国纪检监察工作会议、全国省级党委统战部长会议和第三次全国社会主义学院工作会议、全国党史和文献部门主要负责人会议精神,听取“二青会”筹备工作情况汇报。

会议强调,习近平总书记在深化党和国家机构改革总结会议上的重要讲话,充分肯定机构改革取得的重大成效和宝贵经验,对巩固机构改革成果、推进全面深化改革作出全面部署,具有很强的思想性、指导性和针对性。会议指出,按照中央部署,我省机构改革如期总体完成。要站在推进国家治理体系和治理能力现代化的高度,继续巩固机构改革成果,以改革精神审视党政部门职能配置,健全党对重大工作的领导体制,发挥好党的职能部门统一归口协调管理职能,持续深化事业单位改革,扎实推进综合行政执法改革,构建简约高效的基层管理体系。要结合“不忘初心、牢记使命”主题教育,教育引导党员干部提高履职尽责能力和水平,以钉钉子精神抓好工作落实。要用好机构改革创造的有利条件,推动全面深化改革向纵深发展,在重要领域和关键环节的改革上取得新突破。要加强党对机构编制工作的领导,维护“三定”规定的权威性和严肃性。会议决定,近期召开全省机构改革总结会议。

会议指出,要把贯彻落实中央纪委国家监委“不忘初心、牢记使命”主题教育专题党课暨全国纪检监察工作会议精神与搞好主题教育结合起来,与贯彻落实中央纪委三次全会及省纪委四次全会部署结合起来,扎实推动纪检监察工作高质量发展,充分发挥纪检监察机关在推进党的自我革命、守护党的初心使命上重要而独特的作用。会议指出,我省反腐败斗争取得压倒性胜利,但对反腐败形势的严峻性和复杂性一点也不能低估,要一以贯之贯彻落实全面从严治党方针要求,持之以恒一体推进不敢腐、不能腐、不想腐,坚决反对减减压、松口气、歇歇脚的心态和行为,坚决遏制在一些人身上消极腐败现象的滋长和反弹,向着政治生态持久风清气正的方向不断努力。要进一步加大落实党委(党组)主体责任和纪检监察机关监督责任的力度,进一步加大依规依纪依法查办腐败案件的力度,进一步加大对违反中央八项规定精神问题查处曝光的力度,进一步加大运用典型案例开展警示教育的力度,进一步加大增强党内政治生活政治性、时代性、原则性、战斗性的力度。各级党委和纪委监委主要负责人要以坚强党性,坚定地站在一线抓,不断夺取全面从严治党更大战略性成果。

会议指出,要从政治高度加强民主党派代表人士队伍建设,准确把握和落实民主党派组织发展的政策,把中国特色社会主义参政党建设提高到新水平。各级党委要加强对统战工作的领导,支持民主党派加强自身建设。要认真贯彻落实中央印发的《社会主义学院工作条例》,坚持“社院姓社”办学方向,强化教学工作的中心地位,创新办学理念,挖掘教学资源,进一步提高办学水平,切实把社会主义学院的作用发挥好,为画出最大同心圆、找到最大公约数作出贡献。

会议指出，研究、学习、宣传党的历史，充分发挥党史以史鉴今、资政育人的作用，是一项十分重要的工作。山西是党史资源大省，传承红色基因责任重大，党史工作大有作为。要突出党史工作的政治属性，把政治标准、政治要求落实到党史工作全过程各方面。要提升党史研究水平，推出一批有山西特色、全国影响的精品力作，并运用多种方式开展党史宣传教育。要突出改革开放以来特别是新时代党的历史和理论这个重点，围绕学习贯彻习近平新时代中国特色社会主义思想的实践做好相关资料整理和研究工作。党史部门要聚焦主责主业，建强队伍、多出人才，整合研究资源，形成“大党史”工作格局。各级党委要强化对党史工作的领导，为党史部门开展工作创造条件。

会议指出，“二青会”筹备工作启动以来，省委、省政府高度重视，国家体育总局精心指导，省有关部门、太原市及其他各市做了大量工作，各项工作进展顺利。目前筹办“二青会”已到决战决胜阶段。要把筹备组织工作进一步做实做细。要全面再检点，确保各方面工作明确责任、倒排时间、落实到位。要坚持高标准，场馆完善、开闭幕式、接待工作、竞赛组织、安全保卫、新闻宣传等都要精益求精、争创一流。要打好总体仗，牢固树立“一盘棋”思想，加强组织领导，各地各部门要密切配合，形成合力。要坚决保底线，建立统一指挥、反应灵敏、协调有序、运转高效的安保工作体制机制，维护全省社会大局稳定，确保把“二青会”办成精彩、惠民、难忘的盛会。

会议还研究了其他事项。

省委召开常委会议　分析上半年经济形势部署下半年经济工作　传达贯彻全国对口支援新疆工作会议和全面停止军队有偿服务工作总结表彰大会精神

7月25日，省委书记骆惠宁主持召开十一届省委第125次常委会议，分析上半年全省经济形势，研究部署下半年经济工作，传达第七次全国对口支援新疆工作会议精神、全面停止军队有偿服务工作总结表彰大会精神，研究我省贯彻落实意见。

会议听取了省政府党组关于上半年经济形势的汇报。指出，上半年在错综复杂的国际国内环境下，全省上下深化转型项目建设，全力稳定工业生产，加快现代服务业发展，支持实体经济发展，持续深化重点领域改革，加大招商引资力度，扎实推进“三大攻坚战”，深入推进乡村振兴战略，持续保障和改善民生，全省经济保持了稳中有进的良好态势，主要经济指标好于预期，市场活力不断激发，发展质效稳步提升，在一季度“开门红”基础上，实现了“双过半”，为完成全年目标任务奠定了坚实基础，成绩来之不易。同时也要看到，稳中有忧、压力在增大。

会议强调，做好下半年经济工作，需要我们全面把握国际国内大势，坚定做好下半年经济工作的信心和预期。形势在发展，当前我省最大的发展机遇是中央赋予山西开展能源革命综合改革试点的历史使命，最大的政策红利是减税降费在不断激发企业活力，最大的不利因素是我国发展的外部不确定性仍很突出。对最大的发展机遇，要牢牢把握；对最大的政策红利，要持续释放；对最大的不利因素，要积极应对。全省上下都要把认识和行动统一到中央及省委对经济形势的分析判断和部署安排上来，继续深入贯彻落实中央及省委经济工作会议部署，坚持稳中求进，坚持转型发展，坚持打主动仗，不断巩固和拓展当前经济工作的良好局面。

会议指出，要坚持目标导向和问题导向相结合，有针对性地强化重点举措，着力解决制约高质量发展的突出问题。一是针对一产增加值和投资“双下降”问题，各级各部门要扎实贯彻省委省政府有关部署安排，把“三农”放到突出位置来抓，尽快把短板补起来，推动三次产业协调发展。二是针对产业类转型项目不足问题，要把握科技和产业变革趋势，综合施策，抓好深化转型项目建设年工作，增强转型发展后劲。三是针对金融支持新兴产业和民营经济发展力度不够的问题，要全面贯彻中央对金融工作的要求，加强银企对接，提高项目鉴审能力，改进金融对实体经济特别是新兴产业和民营经济的服务。四是针对部分新批开发区尚未有效运行的问题，要逐个加以研究剖析，抓紧配齐领导班子，贯彻“三化三制”改革要求，尽快发挥招商引资、转型发展的主战场作用。五是针对大学生集中就业、食品价格明显升高的情况，要通过经济发展增加居民收入，有针对性地做好保障和改善民生工作，坚决打赢脱贫攻坚战。

会议强调，到2022年实现工业内部煤炭和制造业的“结构反转”，是省委确定的转型发展的重要目标，必须加大结构调整和环保倒逼转型力度，坚定不移全力实现。煤炭产业应保合理增长，但聚焦“减优绿”不能散光。同时，要加快先进制造业发展，加大对有市场潜力项目的支持力度，加大在建项目特别是技术改造项目建设步伐，加大招商引资项目落地力度，形成多点支撑格局。

会议要求，越是经济形势错综复杂、工作任务艰巨繁重，越要提高驾驭经济工作的能力。要坚决反对浅尝辄止、坚决反对坐而论道。各级领导干部要盯住问题、深思善谋，扑下身子、一抓到底。凡省委省政府的决策部署，都要建立任务和责任清单，加强过程督促检查。各市县对上半年发展情况要深入剖析，扬长补短，把下半年举措谋实，努力实现全年经济发展预期目标。

会议指出，我省认真贯彻习近平总书记关于新疆工作和对口援疆的指示精神，按照新时代党的治疆方略，统筹安排、扎实推进各项援疆项目，实施了一大批受援地各族群众迫切需要的民生工程。去年山西党政代表团赴新疆考察以来，援疆工作质量明显提高，取得显著成效。多年来，我省为新疆社会稳定和长治久安作出了应有贡献。下一步，要认真贯彻落实第七次全国对口支援新疆工作会议精神，站在政治和全局的高度，稳定援疆投资规模，提高援疆工作质量。要深入务实推进干部人才援疆、产业援疆、文化教育援疆等工作，援疆项目要向基层和民生倾斜，加强与受援地各民族群众的交往交流交融。要关心关爱援疆干部和各类专业人员，优化考核评价机制,为进一步做好新时代援疆工作提供组织保障。

会议指出,我省坚决贯彻党中央、中央军委关于全面停止军队有偿服务的决策部署,坚持党委统揽、军地联动、依法推进、多措并举,驻晋部队停止有偿服务任务基本完成。要认真贯彻习近平总书记重要指示精神和全面停止军队有偿服务工作总结表彰大会精神,进一步加强军地协作,继续做好驻晋部队全面停止军队有偿服务下篇文章,为维护部队和社会两个大局稳定作出新贡献。

会议还研究了其他事项。

省委召开常委会议　审议贯彻习近平总书记在推动中部地区崛起工作座谈会上重要讲话精神实现高质量发展的意见和在主题教育中开展八个专项整治的方案　研究部署安全生产和意识形态工作

7月31日,省委书记骆惠宁主持召开十一届省委第126次常委会议,审议通过《贯彻习近平总书记在推动中部地区崛起工作座谈会上重要讲话精神实现高质量发展的意见》、"不忘初心、牢记使命"主题教育8个方面专项整治方案,研究部署安全生产和意识形态等工作。

会议指出,习近平总书记在推动中部地区崛起工作座谈会上的重要讲话,为推动中部地区高质量发展提供了根本遵循。我们要认真学习贯彻习近平总书记重要讲话精神,领会深刻内涵,把握重大要求,坚持新发展理念,把深化供给侧结构性改革与深化转型综改试验区建设相结合作为经济工作主线,以"三大目标"为牵引,抓住中部地区崛起重大战略机遇,分阶段实现山西在中部地区崛起中的战略目标。要深入推进能源革命综合改革试点,优先推动制造业高质量发展,加快优势领域自主创新步伐,深化重点和关键领域改革,全面扩大高水平对外开放,着力营造稳定公平透明的营商环境,实施新型城镇化和乡村振兴战略,加强生态环境治理和修复,全力保障和改善民生,不断增强综合实力和竞争力,在促进中部地区崛起、服务国家大局中展现新形象新作为新担当。要加强组织领导,改革创新、奋发有为,不断增强山西的比较优势和战略地位,加快建立高质量发展的指标体系、政策体系、标准体系、统计体系、绩效评价和政绩考核办法,确保意见有效实施,落到实处。

会议指出,抓好8个方面专项整治,是确保"不忘初心、牢记使命"主题教育取得实效的重要举措。要按照中央主题教育领导小组统一部署,以彻底的自我革命精神,聚焦突出的、群众反映强烈的、经过一段时间努力可以解决的问题,明确整治重点,强化整治措施,切实抓好我省实施方案的落实,坚决打赢8个专项整治攻坚战。要把专项整治与学习教育、调查研究、检视问题衔接起来,与我省5个方面的整改工作结合起来,加强上下互动和部门联动,形成工作合力。省主题教育领导小组要加强统筹协调,各部门各单位要强化责任担当,党委(党组)扛起主体责任,主要领导认真履行第一责任人职责,省委巡回指导组要加强工作指导,以专项整治的扎实成效,推动主题教育向纵深发展。

会议指出,今年上半年,各地各部门贯彻落实省委省政府关于安全生产的各项部署,防范化解风险,加强应急管理,全省安全生产形势稳定好转。下半年大事要事多,各级各部门要进一步绷紧安全生产这根弦,认真落实习近平总书记关于安全生产的重要指示精神,以"防风险、保安全、迎大庆"为主线,以极端负责的态度推动安全生产形势持续稳定好转。要严格落实安全生产责任制,坚持压实企业安全生产主体责任,坚持安全生产源头治理,坚持"党政同责、一岗双责、失职追责",严格考核奖惩、严肃责任追究,牢牢掌握工作主动权。要抓好重点领域专项整治,以"三个专项行动"为牵引,深入开展安全生产风险隐患排查整治工作,尤其对煤矿、非煤矿山、危化行业、道路交通等重点行业领域,加强源头治理和动态监管,坚决防止事故反弹。各级党委政府要健全应急管理机制,形成"大应急"格局。有关部门要深入一线,用好大数据手段,有效加强监管。要坚决守住不发生重大安全生产责任事故的底线,确保人民群众生命财产安全,确保全省社会大局稳定。

会议指出,意识形态工作是党的一项极端重要的工作。各级党委(党组)要始终把意识形态工作牢牢抓在手上,落实意识形态工作责任制,把握意识形态工作规律,加强思想引领,正确引导舆论,加强阵地建设和管理,牢牢掌握意识形态工作领导权,不断增强意识形态工作的针对性、时代性和实效性,为迎接新中国成立70周年营造良好环境,为"两转"基础上全面拓展新局面提供有力支持。

会议还研究了其他事项。

省委常委会举行主题教育第三次集体学习、调研成果交流会和对照党章党规找差距专题会议

(会议内容见本书"'不忘初心、牢记使命'主题教育"栏目)

省委召开常委会议　学习《中国共产党宣传工作条例》　传达贯彻民族工作创新与发展座谈会和全国退役军人工作会议精神　对贯彻宣传工作条例和加强省直机关党建工作作出部署　听取第五轮巡视汇报　审定第六轮巡视方案　决定召开省委十一届八次全会

8月15日,省委书记骆惠宁主持召开十一届省委第127次常委会议,学习《中国共产党宣传工作条例》,传达贯彻中华人民共和国成立70周年民族工作创新与发展座谈会、全国退役军人工作会议精神,对贯彻宣传工作条例、加强省直机关党建工作作出部署,听取十一届省委第五轮巡视情况汇报,审定第六轮巡视方案,讨论拟提请省委十一届八次全会审议的文件。

会议指出,宣传工作是党的一项极端重要的工作。《中国共产党宣传工作条例》全面贯彻习近平总书记关于宣传思想工作的重要论述,把我们党长期以来特别是党的十八大以来宣传思想工作形成的宝贵经验和有效做法以党内法规的形式固定下来,在党的宣传事业发展史上具有重要里程碑意

义。各级党委(党组)要高度重视宣传思想工作,加强对条例实施的组织领导和监督检查,把条例作为中心组学习的重要内容,以目标和问题为导向,推动条例各项规定落到实处,进一步提升宣传思想工作的科学化制度化规范化水平。省委宣传部要发挥牵头抓总作用,组织好条例的学习培训,有关部门要各司其职,形成合力。

会议指出,要认真贯彻中央关于民族工作的方针政策,把握新时期民族工作的新形势新要求,创新民族团结进步创建工作方式,树立民族团结进步先进典型,巩固少数民族聚居村脱贫成效,创新少数民族流动人口服务管理方式,创新民族事务治理方式,营造团结稳定的良好氛围,促进各民族团结奋斗、共同发展。

会议指出,做好新时代退役军人工作意义重大。要贯彻中央决策部署,加强政治引领,坚持改革创新,统筹做好就业安置、优待褒扬、权益维护、服务管理等工作,大力宣传退役军人先进典型,激发广大退役军人建功新时代的正能量。要加强政策业务培训,提高退役军人事务干部能力素质。

会议指出,要认真贯彻习近平总书记在中央和国家机关党的建设工作会议上的重要讲话精神,坚持以党的政治建设为统领,全面加强我省党政机关党的建设工作。省直机关要把握使命任务,带头做到“两个维护”,坚决贯彻党中央及省委决策部署,在解决突出问题上下功夫,全面加强“三基建设”,实现省直机关党建工作高质量发展。各党组(党委)要加强对本部门本单位党的建设的领导,履行好全面从严治党主体责任。省直工委要切实加强对省直机关党的建设的指导督导。

会议指出,省委第五轮巡视贯彻党中央巡视工作方针,以专常结合方式,对脱贫攻坚进行了专项巡视,对高校进行了常规巡视。整个巡视工作突出政治巡视,强化边巡边改,取得了明显成效。巡视发现一些地方和单位学习领会习近平总书记关于脱贫攻坚和教育工作的重要论述不够扎实深入,落实中央及省委决策部署不够有力,存在巡视整改不到位不彻底等问题。会议指出,要认真严肃地做好巡视反馈工作,被巡视党组织要做好“后半篇文章”,把整改作为加强管党治党、解决突出问题的重要契机,与主题教育专项整治整改结合起来,切实做到主动整改、真实整改、彻底整改。要组织对省委前五轮巡视指出问题整改情况的“回头看”,推动巡视反馈问题件件有着落。会议决定,第六轮巡视继续采取专常结合的方式,实现对贫困县和省属重点国企的全覆盖。会议强调,要把握形势任务,推动巡视高质量发展,不断提高巡视工作水平。对省属国企的常规巡视,要把贯彻政治巡视的总体要求与准确把握国有企业特点统一起来,增强巡视的针对性和实效性,通过巡视促进省管国企更好贯彻落实党中央及省委决策部署,进一步加强党建、深化改革、实现高质量发展。会议强调,脱贫攻坚越是到了紧要关头,越要从政治和全局的高度加以审视和把握。开展脱贫攻坚专项巡视,要坚持从政治上发现和分析问题、推动问题解决,推动被巡视地方和单位强化脱贫攻坚政治责任。要运用好巡视成果,把巡视整改作为脱贫攻坚政治站位再提升、工作责任再压实、扶贫举措再精准、质量成色再提高的过程,为脱贫攻坚决战决胜奠定坚实基础、提供坚强保障。

会议审议通过《山西省贯彻〈党组讨论和决定党员处分事项工作程序规定(试行)〉实施细则》。

会议决定,中共山西省委十一届八次全会于8月19日至20日在太原召开,对进一步加强党的全面领导,强化党要管党、全面从严治党,扎实推进“不忘初心、牢记使命”主题教育作出部署。会议审议了《关于深化“三基建设”进一步加强基层工作的若干意见》,决定提请省委十一届八次全会审议。

会议还研究了其他事项。

省委常委会召开“不忘初心、牢记使命”专题民主生活会

按照党中央统一部署,9月1日,省委常委会召开“不忘初心、牢记使命”专题民主生活会。会议紧扣学习贯彻习近平新时代中国特色社会主义思想这一主线,聚焦“不忘初心、牢记使命”这一主题,突出力戒形式主义、官僚主义这一重要内容,围绕“理论学习有收获、思想政治受洗礼、干事创业敢担当、为民服务解难题、清正廉洁作表率”的目标,按照习近平总书记关于“四个对照”、“四个找一找”的要求,盘点收获、检视问题、深刻剖析,明确了努力方向和改进措施,不断巩固深化主题教育成果。

中央主题教育第八指导组组长杨雄出席会议并作点评,副组长周福启出席。省委书记骆惠宁主持会议并作总结讲话。省委副书记、省长楼阳生,省委副书记林武,省政协主席李佳参加。

省委高度重视这次民主生活会,把开好民主生活会作为守初心、担使命、找差距、抓落实的一次政治体检。常委同志认真学习习近平新时代中国特色社会主义思想,学习党章党规党纪,学习党史、新中国史,扎实做好征求意见、谈心谈话、梳理检视问题等工作,自己动手撰写检视剖析材料,为开好这次民主生活会奠定了基础。省委常委会对班子检视剖析材料进行了专题研究。按照骆惠宁同志要求,常委同志个人检视剖析材料征求了省纪委监委意见。

会议书面通报了省委常委班子“不忘初心、牢记使命”专题民主生活会征求意见情况。骆惠宁首先代表省委常委班子作检视剖析,在盘点主题教育取得重要阶段性收获的基础上,重点从思想、政治、组织、作风和纪律方面深入检视影响初心使命的问题,从主观上深刻剖析产生问题的根源,从强化理论武装、党性锤炼、担当意识、为民服务、主体责任等方面明确了努力方向和整改措施。

骆惠宁带头开展了自我批评,其他常委同志逐一进行了个人检视剖析,相互之间开展批评帮助。常委同志自我批评刀刃向内,敢于解剖自己、敢于揭短亮丑;相互批评辣味十足,真点问题、点真问题,红了脸、出了汗,开成了一次高质量的民主生活会。这次生活会,在增强“四个意识”、坚定“四个自信”、做到“两个维护”上达到了新高度,在知敬畏、存戒惧、守底线上打开了新境界,在坚持群众观点、群众立场、群众感

情、服务群众上实现了新增强，在思想觉悟、能力素质、道德修养、作风形象上取得了新进步，有效促进了常委班子自身建设，做到了“重整行装再出发”。

骆惠宁在总结讲话中指出，拓展民主生活会成果，关键要在整改落实上下功夫，做好“后半篇文章”。要压实“改”的责任，强化“改”的行动，彰显“改”的实效。会后就改起来，真刀真枪改，既抓好思想根子问题的整改，又抓好实际问题的整改，既抓好班子整改，又抓好个人整改。

骆惠宁强调，要把主题教育中的成功经验长期坚持下去，把自我革命的好做法延续下来，运用到各级领导班子建设中，适应时代和实践的发展，不断发现和解决违背初心和使命的各种问题。骆惠宁就加强常委会自身建设和做好当前重点工作，提出四点要求。一要进一步抓好理论武装，增强“两个维护”的自觉性坚定性。把学习贯彻习近平新时代中国特色社会主义思想作为重大政治责任、长期政治任务，在融会贯通、学以致用、全面覆盖上下功夫。要严明政治纪律和政治规矩，以更高标准和做好山西工作的实际行动做到“两个维护”。二要进一步积极担当作为，全面拓展改革发展新局面。把握山西所处的历史方位和面临的机遇挑战，以“三大目标”为牵引，扎实抓好三大攻坚战、能源革命综合改革试点等战略任务，把高质量转型发展提升到新水平，在中部崛起中展示山西作为。三要进一步践行为民宗旨，切实转变工作作风。同人民想在一起、干在一起，始终站稳群众立场、不断增进群众感情，落实好以人民为中心的发展思想。力戒形式主义、官僚主义，力行求真务实、真抓实干，深化服务地方、服务基层、服务群众活动，着力整治群众身边腐败问题，不断增强群众的获得感幸福感安全感。四要进一步推进全面从严治党，努力实现山西政治生态持久的风清气正。深入贯彻落实省委十一届八次全会精神，把严的标准贯穿于管党治党全过程和各方面，加强高素质专业化干部队伍建设，旗帜鲜明为担当作为的干部撑腰鼓劲。常委同志要带头永葆为民务实清廉的政治本色。

骆惠宁强调，要按照党中央要求，巩固深化第一批主题教育成果，扎实做好第二批主题教育的谋划准备，通过深入抓好主题教育，带动省委十一届八次全会精神的贯彻落实，带动全省整体工作迈上新台阶。

中央主题教育第八指导组、中央组织部有关同志到会指导。省委主题教育领导小组办公室负责同志列席会议。

省委召开常委会议　传达贯彻中央主题教育第一批总结暨第二批部署会议精神　研究部署能源革命综合改革试点、山西中部盆地城市群一体化发展

9月9日，省委书记骆惠宁主持召开十一届省委第132次常委会议，传达贯彻中央“不忘初心、牢记使命”主题教育第一批总结暨第二批部署会议精神，审议通过我省开展第二批主题教育实施意见及4个工作方案，深入学习贯彻《关于在山西开展能源革命综合改革试点的意见》，审议通过《山西能源革命综合改革试点变革性、牵引性、标志性重大举措》《山西中部盆地城市群一体化发展规划纲要（2019–2030年）》和《山西省打好防范化解重大金融风险攻坚战实施方案》。

会议指出，我省第一批主题教育取得重要阶段性成果。要深入学习贯彻习近平总书记关于主题教育一系列重要指示精神，全面贯彻落实中央主题教育第一批总结暨第二批部署会议精神，把思想和行动统一到中央部署要求上来，巩固深化第一批主题教育成果，扎实抓好第二批主题教育。要坚持把深入学习贯彻习近平新时代中国特色社会主义思想作为根本任务，坚持标准要求，注重解决问题，全面抓好学习教育、调查研究、检视问题、整改落实四项重点措施的落实。要上下联动抓整治整改，深入开展“三服务”，坚持开门搞教育，分类把握着力点，做实基层党组织主题教育，加强舆论宣传，反对形式主义、官僚主义，确保主题教育取得实实在在的成效。各级党委（党组）要担负好主体责任，切实加强组织领导和督促指导，搞好第一批第二批的衔接联动。要坚持统筹兼顾，做到两手抓、两促进，把各级党组织和党员干部在主题教育中激发出来的工作热情和奋斗精神，转化为全面拓展新局面的实际行动，让人民群众切实感受到主题教育带来的新变化新成效。会议决定，召开全省“不忘初心、牢记使命”主题教育第一批总结暨第二批部署会议，进行全面总结部署。

会议指出，在山西开展能源革命综合改革试点，是党中央赋予山西的国家使命，体现了对山西的关怀与信任。全省各级各部门要深入学习领会中办国办近日印发的《关于在山西开展能源革命综合改革试点的意见》精神，坚决扛起改革试点的主体责任。要以强烈的改革创新精神、全面开放的胸怀、主动作为的意识和求真务实的态度，在全面落实《山西能源革命综合改革试点行动方案》及今明两年任务清单的基础上，着力抓好能源革命综合改革试点15项变革性、牵引性、标志性重大举措。要努力在提高能源供给体系质量效益、构建清洁低碳用能模式、推进能源科技创新、深化能源体制改革、扩大能源对外合作等方面率先突破，带动试点工作向纵深推进，实现从“煤老大”到“排头兵”的历史性跨越，带动全省高质量转型发展，为全国能源革命提供示范引领。

会议指出，实施山西中部盆地城市群一体化发展战略是大势所趋、发展所向，对于完善我省改革开放空间布局、为山西高质量转型发展提供强大引擎、更好融入国家区域协调发展战略具有重大意义。要牢固树立新发展理念，在“一体化”“高质量”上下功夫、求突破、见实效。要创新要素合理流动机制，健全区域协调发展机制，着力抓好基础设施、产业布局、生态环境、公共服务、治理体系等重点任务，做到创新共建、协调共进、绿色共享、开放共赢、民生共享。要加强组织领导，健全一体化推进机制，加快重大改革、重大政策、重大项目的实施，分阶段确立发展目标，合力推进规划纲要的落实，打造具有全国影响力和竞争力的城市群。会议决定，近期召开山西中部盆地城市群一体化发展推进会。

会议指出，要从政治和全局的高度做好防范化解金融风险工作，切实处理好稳增长和防风险的关系，在引导金融机

构加大对实体经济支持力度的同时，牢牢守住不发生系统性、区域性金融风险的底线，不断营造良好金融发展环境。

会议还研究了其他事项。

省委召开常委扩大会议　传达学习习近平总书记在黄河流域生态保护和高质量发展座谈会重要讲话精神　对我省贯彻工作作出安排

9月20日，省委召开常委扩大会议，传达党中央召开的黄河流域生态保护和高质量发展座谈会精神，集体学习习近平总书记重要讲话精神，部署我省贯彻工作。省委书记骆惠宁主持并讲话。他强调，要把学习贯彻习近平总书记重要讲话精神作为重大战略任务，从国家战略和全局高度，加强对重大问题的研究，谋划实施好重点工作，大力推动我省及黄河流经市县生态保护和高质量发展。

会议指出，习近平总书记在黄河流域生态保护和高质量发展座谈会上的重要讲话，阐释了保护黄河对中华民族伟大复兴的重要作用，总结了新中国成立以来黄河治理取得的重大成就，分析了当前黄河流域仍然存在的突出困难和问题，明确提出了黄河流域生态保护和高质量发展的基本原则、总体要求、重点任务和加强领导的重大要求，具有很强的思想性、战略性、指导性。要充分认识习近平总书记重要讲话的深刻内涵和重大意义，切实增强学习贯彻的自觉性和做好工作的紧迫感。会议强调，保护黄河是事关中华民族伟大复兴的千秋大计，是一项重大国家战略。山西作为黄河流域的省份，要增强时代使命感，与沿黄兄弟省(区)一道，“共同抓好大保护，协同推进大治理”，为促进黄河流域生态保护和高质量发展作出山西应有的努力和贡献，让黄河成为造福人民的幸福河。

会议指出，近年来，我省通过开展“七河”生态保护与修复，建设“山西大水网”，加快重污染企业退出，持续推动造林绿化等重大举措，推动全省及黄河流经市县水生态整体好转，水资源利用效率有所提高，沿黄地区正在成为重要生态屏障。同时也要看到存在的问题和薄弱环节。要把贯彻落实习近平总书记在座谈会上的重要讲话精神，与贯彻习近平总书记关于能源革命的重要论述、在中部地区崛起工作座谈会和视察山西重要讲话精神结合起来，整体把握，一体推进。要从作为黄河流域省份和黄河流经市县的两个层面，来谋划实施生态保护和高质量发展各项工作，形成良性互动、整体推进的贯彻工作格局。

会议围绕全面把握中央部署，结合省情提出了贯彻落实的重点任务。一是坚持“重在保护、要在治理”，瞄准减少水土流失，全力加大黄河流经市县水资源治理力度；瞄准水污染治理，继续推进省内“五水”同治，尽快消除入黄黑臭水体；全面提升沿黄防洪水平，加强蓄水能力建设，不断提高抵御旱涝和地质灾害能力。二是坚持“以水定未来发展”，大力发展节水产业和技术，节约集约利用水资源，实现用水方式转变。完善水利基础设施，积极发展节水灌溉高效农业，保证工业重大转型项目用水和城乡居民生活用水，兼顾生态用水。坚决抑制不合理用水需求，实施全社会节水行动，使有限的水资源实现效益最大化。三是坚持“生态优先、绿色发展”，大力实施退耕还林、荒山绿化、经济林提质等造林绿化工程。深化采煤沉陷区治理，加快矿区生态保护和修复，坚持环保倒逼产业转型，持续加强全省域生态环境保护和治理。四是坚持围绕“三大目标”，走转型发展之路。抓好能源革命综合改革试点，大力发展先进制造业，不断巩固提升全省高质量转型发展的强劲态势。黄河流经市县要着眼全局和长远，在保护中开发、开发中保护。要加强对外合作和区域协同。五是坚持保护传承弘扬黄河文化，推动文旅深度融合，建设文化旅游强省，不断增强文化自信。发挥我省根祖文化、晋商文化、红色文化等资源优势，坚持以文化人，弘扬革命传统与精神，推动优秀传统文化创造性转化、创新性发展，创建全域旅游示范区。加强对根祖文化的田野考证与系统研究，为增强中华文化的凝聚力和影响力做出新贡献。六是站在2020年的节点上推进全省及黄河流经市县脱贫攻坚，确保所有贫困县今年全部摘帽，确保全省如期实现全面小康。

会议强调，要加强组织领导，大力推动全省及黄河流经市县的生态保护和高质量发展。在党中央统一领导下，建立和完善省负总责、市县落实的工作机制。省直有关部门要主动对接国家部委，加强对我省黄河流域保护和发展重大问题研究，抓紧编制我省规划纲要和专项规划。对重点工作要专题研究、专门部署，集中攻坚。

省委常委，省人大常委会、省政府、省政协负责同志，省有关部门主要负责同志参加会议。

省委召开常委会议　传达贯彻习近平总书记在全国民族团结进步表彰大会上重要讲话精神　分析研究当前全省经济形势和下一步经济工作　听取2019年太原能源低碳发展论坛及能源革命展、全省推进工业高质量发展大会筹备情况汇报

10月17日，省委书记骆惠宁主持召开十一届省委第136次常委会议，传达学习习近平总书记在全国民族团结进步表彰大会重要讲话精神，研究我省贯彻落实意见，分析前三季度全省经济形势，研究部署下一步经济工作，传达贯彻全国扫黑除恶专项斗争第二次推进会精神，听取2019年太原能源低碳发展论坛及能源革命展、全省推进工业高质量发展大会筹备情况汇报。

会议指出，习近平总书记在全国民族团结进步表彰大会的重要讲话，是引领新时代民族工作的纲领性文献。近年来，我省持续开展民族团结进步创建活动，少数民族经济社会事业有新发展，民族工作有新进步。要深入学习宣传贯彻习近平总书记关于民族工作的新思想新要求，牢牢把握党的民族理论和民族政策，始终保持新时代民族工作的正确方向。要从省情实际出发，坚持点面结合，以民族团结进步创建活动为牵引，加强中华民族共同体意识的宣传教育，改进少数民族流动人口服务管理，坚持依法治理民族事务，巩固和发展平等团结互助和谐的民族关系。要加强党对民族工作的领

导,注意培养少数民族干部,推动各方面一起做好民族工作。会议指出,今年前三季度,全省经济延续了上半年稳中有进且向优的良好态势,产业结构持续优化,发展效益稳步提升,实体经济活力有效激发,新旧动能加快转换,高质量转型发展迈出坚实步伐。同时稳中有变也有忧。全省上下要坚决贯彻中央及省委的决策部署,把"决战四季度"作为当前经济工作的总要求,做到坚定信心、保持定力,强化举措、狠抓落实,奋力完成全年目标任务。会议指出,要加快能源革命综合改革试点等系列重大部署的实施步伐,充分发挥其对发展全局的牵引作用。要善于攻坚克难,进一步抓好正在实施的重大改革、重大政策、重大项目,不断增强发展后劲。要坚持省领导分工负责制,带动各级各部门充分负起责任,确保解决经济运行中突出问题的举措落地见效,推动经济健康运行。会议指出,要积极谋划明年乃至"十四五"经济工作,密切关注宏观经济形势和我省经济运行的新情况新变化,始终把握好我省高质量转型发展的战略方向、主要任务和重大政策。会议强调,各地各部门、各开发区和各类企业,都要站在全面建成小康社会的历史节点上审视当前工作,把开展"不忘初心、牢记使命"主题教育焕发出的精气神进一步转化为抓发展的强劲动力。四季度各方面任务繁重,对各级干部的理念、能力、作风是个考验。各方面都要增强发展是第一要务的意识,共同努力,为做好下一步经济工作提供支持和保障。

会议指出,扫黑除恶专项斗争开展以来,我省坚持重拳出击,形成严打高压态势,促进了全省社会生态和政治、经济生态的改善。要认真贯彻全国扫黑除恶专项斗争第二次推进会精神,始终把准方向、吃透形势,依法办案,进一步加大深挖整治力度,进一步健全常治长效机制,推动专项斗争不断取得新进展。

会议对做好2019年太原能源低碳发展论坛及能源革命展筹备工作进一步提出要求。会议决定召开全省推进工业高质量发展大会。

会议还研究了其他事项。

省委召开常委扩大会议　学习贯彻习近平主席致2019年太原能源低碳发展论坛的贺信精神

10月26日,省委召开第137次常委扩大会议,进一步学习贯彻习近平主席致2019年太原能源低碳发展论坛的贺信精神,研究部署下一步相关工作。省委书记骆惠宁主持并讲话。他强调,全省上下要把学习贯彻落实习近平主席贺信精神作为一项重要政治任务,以能源革命综合改革试点的新实践新成就,带动全省加快转型发展步伐。

会议指出,习近平主席的贺信,站在全球视野和人类未来的战略高度,深刻阐述了推动能源革命的核心理念和中国主张,发出了推动能源革命的权威声音,充分体现了负责任大国的担当和气魄。贺信在与会人员中引起广泛热议,在国内外媒体得到广泛传播,对山西干部群众是一个巨大鼓舞。习近平主席的贺信,为论坛的成功举办确立了根本要求,奠定了思想基础,极大激发了所有与会人员的交流研讨热情,使本次论坛成为一个汇聚全球智慧、破解能源难题的高端平台,一场共商能源革命大计、共谋绿色发展未来的国际盛会。习近平主席的贺信,充分体现了党中央对山西工作的重视和关怀,体现了对我省开展能源革命综合改革试点的关心和支持,全省广大干部群众倍感振奋,为山西以此次论坛作为新契机,实现不当"煤老大"、争当能源革命"排头兵"的历史性跨越,引领了社会舆论、集聚了前进动力。

会议指出,要在全省形成学习宣传贯彻习近平主席贺信精神的热潮,与深入学习贯彻落实习近平总书记关于能源革命的重要论述、视察山西重要讲话精神紧密结合起来,强化使命担当,抓好重大部署落地。要进一步抓好能源革命综合改革试点,牢牢把握新一轮能源革命的发展趋势、世界潮流,加强领导、落实责任,着力抓好中央"意见"、我省"方案"贯彻落实,全面推进"八个变革、一个合作",扎实抓好15项变革性、牵引性、标志性重大举措的落地见效,真正发挥好山西在推进全国能源革命中的示范引领作用。要进一步办好太原能源低碳发展论坛,全面总结筹备和组织工作,梳理重大观念、巩固会谈成果、深化项目合作,把太原论坛放在全国重点论坛的大棋盘中加以谋划,在提升论坛的国际影响力、展示全球前沿性创新成果、加强国内外企业的交流合作上再发力再拓展。要进一步激励全省广大干部群众更好投身到能源革命综合改革试点的生动实践中,立足岗位、真抓实干,改革创新、奋发有为,在转型发展上大显身手。各级各部门都要以习近平主席贺信为动力,按照省委既定部署,努力完成全年各项目标任务,同时积极谋划好明年工作。

省委常委,省人大常委会、省政府、省政协负责同志,省法院院长,省直有关部门主要负责同志参加会议。

省委召开常委扩大会议　传达学习党的十九届四中全会精神　决定召开省委十一届九次全会对学习贯彻工作作出全面部署

11月1日,省委书记骆惠宁主持召开省委常委扩大会议,传达学习习近平总书记在党的十九届四中全会上的重要讲话和关于中央政治局工作的报告,传达学习《中共中央关于坚持和完善中国特色社会主义制度、推进国家治理体系和治理能力现代化若干重大问题的决定》和习近平总书记关于《决定(讨论稿)》的说明,对抓好学习贯彻提出要求,审议《省委十一届九次全会方案》。会前,安排与会同志学习了全会公报。

会议一致认为,十九届三中全会以来,以习近平同志为核心的党中央,把准前进方向、总揽工作全局,加强战略谋划、坚持稳中求进,推动党和国家各项事业取得新的重大进展。习近平总书记领航掌舵,是"中国之治"的决定因素。十九届四中全会公报对中央政治局的工作给予充分肯定和高度评价,反映了全党的共同意志。

会议一致认为,学习贯彻十九届四中全会精神,是一项重大的战略任务,我们要切实把思想和行动统一到中央精神上来。十九届四中全会准确把握我国国家制度和国家治理体系的演进方向和规律,就坚持和完善中国特色社会主义制度、推进国家治理体系和治理能力现代化若干重大问题作出决定，这是实现“两个一百年”奋斗目标的重大任务，是把新时代改革开放推向前进的根本要求，是应对风险挑战、赢得主动的有力保证。决定全面回答了在我国国家制度和国家治理体系上应该坚持和巩固什么、完善和发展什么这个重大政治问题，是一篇马克思主义的纲领性文献，也是一篇马克思主义的政治宣言书。十八届三中全会以来，党中央领导全面深化改革取得显著成效，为推进国家治理体系和治理能力现代化打下了坚实基础。我们要站在巩固党的执政地位、确保党和国家长治久安的高度，继续沿着习近平总书记和党中央指引的方向前进。

会议一致认为，中国特色社会主义制度和国家治理体系，具有深厚的历史底蕴，具有多方面的显著优势，具有丰富的实践成果。新中国成立70年来，我们党之所以能领导人民创造世所罕见的经济快速发展奇迹、社会长期稳定奇迹，中华民族之所以能迎来从站起来、富起来到强起来的伟大飞跃，最根本的是因为党领导人民建立和完善了中国特色社会主义制度。当今“中国之治”和“西方之乱”的鲜明对比，雄辩地证明了中国特色社会主义制度行得通、真管用、有效率。在新的征程上，我们要始终保持自信之心、激荡自信之力、走好自信之途，坚持和巩固好党和人民在长期实践探索中形成的科学制度体系。

会议一致认为，十九届四中全会通过的决定，突出坚持和完善支撑中国特色社会主义制度的根本制度、基本制度、重要制度，鲜明提出了总体要求和“三个阶段”总体目标，从13个方面明确了各项制度必须坚持和巩固的根本点、完善和发展的方向。决定对制度建设作出一些新的概括、新的阐述。我们要全面准确领会，体现在工作中，不能有偏差。要按照中央确定的路线图和时间表，统筹制度改革和制度运行，固根基、扬优势、补短板、强弱项，把制度优势更好转化为治理效能。

会议强调，要深刻把握党中央关于贯彻落实全会精神的重大要求，对中国特色社会主义制度要毫不动摇坚持和巩固，对中国特色社会主义制度和国家治理体系要与时俱进完善和发展，对各项制度要严格遵守和执行。要带头做到“两个维护”，增强政治敏锐性和政治鉴别力，提高政治能力，坚定不移坚持中国特色社会主义根本制度、基本制度、重要制度，想问题、作决策、抓落实都要自觉对标对表。要做好中央全会精神的宣讲工作，把提高治理能力作为新时代干部队伍建设的重大任务，带动全社会自觉尊崇制度、严格执行制度、坚决维护制度。要把贯彻落实全会精神同推动党的十八大以来党中央部署的各项改革任务紧密结合起来，联系我省正在推进的能源革命综合改革试点等重大改革，形成一体推动、一体落实的有效工作机制，在制度的轨道上不断推动山西各项事业蓬勃发展。

会议决定，中共山西省委十一届九次全会于11月7日至9日在太原召开。

会议还研究了其他事项。

省委常委，省人大常委会、省政府、省政协党员负责同志，省法院院长、省检察院检察长出席会议。

省委召开常委会议　传达贯彻全国省级人大立法工作交流会精神　听取第一批主题教育整改工作进展情况汇报

11月6日，省委书记骆惠宁主持召开十一届省委第139次常委会议，传达全国省级人大立法工作交流会精神，审议《中共山西省人大常委会党组关于加强全省人大立法工作的意见》，听取“不忘初心、牢记使命”主题教育第一批单位整改落实进展情况汇报，对学习贯彻党的十九届四中全会精神宣讲工作作出部署，讨论拟提请省委十一届九次全会审议的省委常委会工作报告稿。

会议认为，全国省级人大立法工作经验交流会，明确了今后一个时期省级人大立法工作的重点任务和工作要求，我省要认真贯彻。会议指出，做好新时代人大立法工作，要深入学习贯彻习近平总书记全面依法治国新理念新思想新战略特别是对立法工作的重要指示要求，学习贯彻党的十九届四中全会精神关于发展社会主义民主政治等有关部署，加强党对立法工作的领导，把增强“四个意识”、坚定“四个自信”、做到“两个维护”贯彻体现到立法全过程和各方面。要抓好高质量发展、深化改革、民生和社会治理、区域协调发展等重点领域立法，形成更多创制性立法成果，体现地方特色，为全面拓展新局面提供法制支撑。要健全立法工作机制，坚持科学立法、民主立法、依法立法，充分发挥省人大及其常委会在立法工作中的主导作用，坚持立法与改革决策相衔接，着力建设高素质专业化立法队伍，增强立法工作整体合力，不断提高立法质量。

会议指出，按照省委“不忘初心、牢记使命”主题教育整改工作的部署，全省第一批单位积极主动、真改实改，解决了一批重点难点问题，推动整改落实工作取得重要阶段性成效。目前正处于整改工作的关键时期，要进一步提高政治站位，加大工作力度，突出抓好中央部署的8个专项整治，统筹推动各项整改任务落实到位。要开门整改，把整改与服务结合起来，把转变作风与解决问题统一起来，主动回应群众关切、公布整改情况，接受群众评判监督。要建章立制，认真贯彻落实十九届四中全会关于建立“不忘初心、牢记使命”制度的部署，总结主题教育成功做法，加强顶层研究，探索建立重大管用的制度，形成长效机制。要压实责任，整改牵头单位要进一步负起政治责任，有关单位要积极配合，有针对性地解决尚存在的问题，确保取得更大成效，为“回头看”奠定扎实基础。

会议审议通过《学习贯彻党的十九届四中全会精神宣讲工作方案》、《中共山西省委关于废止、宣布失效和修改部分党内法规和规范性文件的决定》。

会议决定将近一年来省委常委会工作报告提请省委十一届九次全会审议。

会议还研究了其他事项。

省委召开常委会议 研究促进军民融合发展、推进工业高质量发展、统筹城乡融合发展、做好退役军人工作的重大政策举措

11月25日，省委书记骆惠宁主持召开十一届省委第140次常委会议，听取军民融合发展项目推进情况汇报，审议通过《山西省加强军民融合发展法治建设实施方案》，审议通过《关于促进山西省工业高质量发展的指导意见》《关于建立健全城乡融合发展体制机制和政策体系的实施意见》《关于加强新时代退役军人工作的实施意见》。

会议指出，今年以来，各级各部门深入贯彻全省军民融合发展推进大会精神，在军民融合发展项目建设上取得阶段性成效，为加快转型发展提供了新的支持。要把握发展大局和政策导向，瞄准市场前沿，对接集团规划，运用重大科研成果，把布局和推进军民融合项目与做优做大现有企业结合起来。要立足我省军民融合发展法治建设实践，坚持统一领导、需求牵引、问题导向、破立并举。

会议指出，要深入贯彻全省推进工业高质量发展大会的部署要求，以数字化、网络化、智能化为牵引，以科技创新为驱动，以提升产业基础能力和产业链水平为根本，努力在开展能源革命综合改革试点、推动能源绿色转型上有大的突破，在加快先进制造业发展、推动制造业智能升级上有大的突破，在促进工业化和信息化深度融合、推动数字产业发展上有大的突破，为山西转型发展提供硬支撑。要进一步加强招商引资、培育企业主体、完善创新体系、强化人才支持、扩大对外开放、创新金融服务，确保各项工作任务落实到位。要加大对工业高质量发展的领导力度，编制《山西省工业高质量发展规划》，不断协调解决突出问题，确保2022年实现“工业内部结构反转”，进而构建比较成熟、具有山西特点的现代工业体系，全面开创全省工业高质量发展新格局。

会议指出，要围绕全省经济社会发展大局，与推进新型城镇化和实施乡村振兴战略的规划政策有机衔接，统筹推进城乡融合发展。要建立健全城乡要素合理配置机制，促进各类要素更多向乡村流动；建立健全城乡基本公共服务普惠共享机制，实现标准统一、制度并轨；健全城乡规划和基础设施一体化机制，实现统一规划、建设和管护；建立健全乡村经济多元化发展机制，促进城乡产业融合发展；健全农民收入持续增长机制，持续缩小城乡居民生活水平差距。要加强组织领导，深入研究解决城乡融合发展面临的实际问题。要开展试点示范，以山西中部盆地城市群一体化发展为载体，选择有一定基础的市县创建省级城乡融合发展试验区，探索可复制、可推广的典型经验。

会议指出，退役军人为国防和军队建设作出了重要贡献，是新时代中国特色社会主义建设的重要力量。要进一步建立健全退役军人事务组织管理体系、工作运行体系、政策制度体系，力争到2022年探索形成符合山西实际、富有山西特色的退役军人工作规范，实现服务体系更加健全，组织管理更加科学，政策法规更加完善，工作运行更加规范，服务保障更加精准，关心关爱退役军人的社会氛围更加浓厚。要做好移交接收安置、扶持就业创业、落实待遇保障、加强思想政治教育、加强英烈褒扬等工作，切实维护退役军人合法权益。各级党委政府以及军地有关部门要把做好退役军人工作作为一项重要政治任务，切实加强领导，强化考核考评，确保政策落实到位、工作有效推进。

会议还研究了其他事项。

省委常委会召开会议 学习贯彻中共中央政治局会议分析研究2020年经济工作、研究部署党风廉政建设和反腐败工作重要精神 传达全国市域社会治理现代化工作会议精神 研究相对集中行政许可权改革等工作

12月9日，省委常委会召开会议，学习贯彻中共中央政治局会议分析研究2020年经济工作、研究部署党风廉政建设和反腐败工作重要精神，传达全国市域社会治理现代化工作会议精神，研究我省贯彻落实意见，研究部署开展相对集中行政许可权改革、数字政府建设、应对人口老龄化等工作。省委书记楼阳生主持会议。

会议指出，习近平总书记主持召开中央政治局会议，分析研究2020年经济工作，研究部署党风廉政建设和反腐败工作，内容十分重要。各地各部门要认真学习领会，切实把思想和行动统一到党中央的分析判断和决策部署上来。一要把握中央对形势的分析判断。今年全党全国各项事业在国内外风险挑战明显上升的复杂局面下取得重大进展，成绩来之不易，这是以习近平同志为核心的党中央坚强领导的结果。我国经济稳中向好、长期向好的基本趋势没有变，我们要稳定预期，增强信心，保持定力，善于把外部压力转化为深化改革、扩大开放的强大动力。二要把握中央关于明年经济工作的总体要求、工作目标和重点任务。紧扣全面建成小康社会目标任务，贯彻落实好党中央作出的各项部署，特别是要坚决打好三大攻坚战，保持经济运行在合理区间，确保全面建成小康社会和“十三五”规划圆满收官。三要把握中央对领导经济工作提出的新要求。深入贯彻党的十九届四中全会精神，改进领导经济工作的方式方法。会议指出，要按照中央政治局会议关于纪检监察工作的要求，总结好今年我省党风廉政建设和反腐败工作，研究提出明年的工作举措，推动全面从严治党向纵深发展，持续建设风清气正的政治生态，为打造创新生态、高质量转型发展提供有力保障。

会议指出，推进市域社会治理现代化，是贯彻落实党的十九届四中全会精神的重大举措。要从推进国家治理体系和治理能力现代化的高度，从建设平安山西和当好首都“护城河”的高度，更好发挥市域在矛盾风险化解中的特殊作用、在社会治理中的特殊优势。要把握坚持和完善共建共治共享社会治理制度的总要求，聚焦解决市域社会治理突出问题，结合我省实际，研究制定过硬举措，全力维护安全稳定。

会议审议通过《关于在全省各市县开展相对集中行政许可权改革的实施意见》《山西省以数字政府建设为牵引进一

步优化营商环境行动计划》，指出，在全省各市县开展相对集中行政许可权改革、加快数字政府建设，是我省深化“放管服效”改革、打造“六最”营商环境的升级版，各级各部门要精心组织实施，扎实有序推进。要确保相对集中行政许可权改革在全省各市县和省级以上开发区高质量推开，全面创新审批方式、优化审批流程、规范审批行为、加强监督管理，进一步激发市场主体活力和社会创造活力。要牢固树立互联网和大数据思维，2020年底前实现全省一体化在线政务服务平台省市县乡村五级全覆盖，推动更多政务服务事项实现“一网通办”“最多跑一次”。各级党委和政府要担负起主体责任，把两项工作作为“一把手”工程来抓，推动我省营商环境进入全国第一方阵。

会议审议通过《山西省关于落实〈国家积极应对人口老龄化中长期规划〉的实施意见》，要求加快构建养老服务、健康服务、社会保障、学习就业、养老产品、权益保障六大领域政策体系，建设功能完善、规模适度、覆盖城乡、医养结合的养老服务体系。

会议还研究了其他事项。

省委常委会召开扩大会议　重温“三篇光辉文献”　重整行装继续征程

（会议内容见本书“重温习近平总书记‘三篇光辉文献’”栏目）

省委常委会召开扩大会议　传达贯彻中央经济工作会议精神

12月13日，省委常委会召开扩大会议，传达学习中央经济工作会议精神，研究我省贯彻落实意见。省委书记楼阳生主持会议并讲话。他强调，要把学习贯彻中央经济工作会议精神作为当前和今后一个时期的重要政治任务，深刻领会、准确把握，武装头脑、推动工作。

会议指出，这次中央经济工作会议，是在国内外风险挑战明显上升的复杂局面下召开的一次重要会议，对于确保明年全面建成小康社会和“十三五”规划圆满收官，实现第一个百年奋斗目标，并为“十四五”发展和实现第二个百年奋斗目标打好基础，具有重大意义。习近平总书记的重要讲话，思想深邃、视野宏阔，高屋建瓴、总揽全局，具有极强的政治性、战略性和指导性，是习近平新时代中国特色社会主义经济思想的又一经典文献，是我们做好明年及今后一个时期经济工作的指南和罗盘。李克强总理就明年经济社会发展主要工作作出安排部署。要认真学习领会，结合山西实际创造性抓好贯彻落实。

会议就学习领会和贯彻落实中央经济工作会议精神提出六点要求。一要统一思想，坚定做好明年经济工作的信心和决心。尽管面对国内外风险挑战明显上升的复杂局面，但我国经济稳中向好、长期向好的基本趋势没有改变。我们有党的坚强领导和中国特色社会主义制度的显著优势，有改革开放以来积累的雄厚物质技术基础，有超大规模的市场优势和内需潜力，有庞大的人力资本和人才资源，只要我们把思想和行动统一到党中央对明年经济的分析判断和工作部署上来，增强“四个意识”、坚定“四个自信”、做到“两个维护”，就能够确保经济实现量的合理增长和质的稳步提升。二要凝心聚力，坚决打赢打好三大攻坚战。三大攻坚战是党中央的重大决策部署，是全面建成小康社会的重点和难点。在具体工作中，各地各部门要坚持目标导向、问题导向、结果导向，特别是要把结果导向作为一种工作理念、工作方法、工作制度，并体现到考核中。三大攻坚战打得怎么样，要拿结果说话，以结果论英雄，从过程找经验。三要强弱补短，确保全面建成小康社会和“十三五”规划圆满收官。明年将是中华民族五千年文明史上具有里程碑意义的一年，我们将消除绝对贫困、实现全面小康，“十三五”将圆满收官，并继往开来，迈上伟大复兴新征程。山西决不能掉队。要做好全面小康各项指标及“十三五”规划实现程度终期预评估，瞄准短板弱项集中攻坚，努力交出一份经得起历史、人民和实践检验的合格答卷。四要筑牢底线，扎实做好防范风险和安全稳定工作。防范化解经济领域风险，事关党和国家事业发展全局，是保持经济持续健康发展和社会大局稳定的重要因素。必须增强忧患意识，提高防控能力，做到居安思危、转危为机。要加强预期管理，改进预警管理，精准识别风险点，保持对潜在风险的警惕性和紧迫感，牢牢守住不发生系统性风险的底线。五要遵循规律，科学编制好“十四五”规划。“十四五”时期是“两个一百年”奋斗目标的历史交汇期，是山西转型发展出雏型的关键期，科学编制好“十四五”规划意义重大。规划编制要紧扣转型发展出雏型的阶段性战略目标，把各方面目标任务举措谋深谋细谋实，加强与国家规划的衔接对接。六要加强领导，持续推动制度优势向治理效能转化。要在以习近平同志为核心的党中央集中统一领导下，发挥好地方党委对经济工作的领导作用，把各方面力量凝聚起来，把全社会活力动力潜力激发出来，坚持发展第一要务，切实把山西的事情办好。要坚持和完善社会主义基本经济制度，推动经济治理体系和治理能力现代化。各级党委、人大、政府、政协、纪委监委、法检两院，以及各部门各单位，要把经济发展与廉政、安全、稳定等工作一体考虑，协调推进，形成合力，共同构建良好政治生态和创新生态，共同推动高质量转型发展。

会议强调，各地各部门要认真做好岁末年初各方面工作，安排好“两节”期间煤电油气运保障供应，保持市场物价相对平稳，加强各类灾害防范和应急管理，落实安全生产责任制，保障人民群众生命财产安全，确保社会大局和谐稳定。会议决定，12月下旬召开省委经济工作会议，对贯彻落实中央经济工作会议精神，做好2020年经济工作作出部署。

省委常委，省人大常委会、省政府、省政协负责同志，省法院院长出席会议。省委工作机构、省有关部门主要负责同志参加会议。

省委常委会召开会议　学习贯彻习近平总书记在中央政治局第十九次集体学习时的重要讲话精神　研究2020年经济社会发展主要指标和社会稳定等工作

12月19日，省委常委会召开会议，传达学习习近平总书记在中央政治局第十九次集体学习时的重要讲话精神，听取省政府应急管理工作汇报，研究2020年经济社会发展主要指标及财政收支计划安排，研究部署维护社会稳定工作，听取山西省第十二次妇女代表大会筹备情况汇报。省委书记楼阳生主持会议。

会议指出，习近平总书记在中央政治局第十九次集体学习时的重要讲话，思想深邃，内涵丰富，政治性、针对性、指导性很强，为做好新时代应急管理工作提供了根本遵循。要充分认识应急管理是国家治理体系和治理能力的重要组成部分，健全和加强应急指挥体系，发挥应急管理部门的综合优势和各相关部门的专业优势，做到统一指挥、快速反应、高效处置；健全和加强"防"和"救"的责任链条，确保责任落实无缝对接，形成整体合力；健全和加强预防化解机制，建立完善相关制度、规范和标准，筑牢防灾减灾救灾的人民防线；健全和加强应急预案、应急队伍、应急装备和应急能力，确保关键时刻拉得出、用得上、战能胜；健全和加强应急学科建设，提高应急管理基础研究水平，强化人才支撑。各级党委和政府要切实担负起"促一方发展、保一方平安"的政治责任，结合贯彻党的十九届四中全会精神，站在推进治理体系和治理能力现代化的高度，不断提高本质安全水平，牢牢掌握应急管理工作主动权。要统筹做好岁末年初各项工作，加强森林防火、道路交通、矿山、危化品等安全风险排查，确保"两节"期间安全稳定。

会议指出，今年以来，全省社会大局平稳有序、持续向好，为新中国成立70周年和推动经济社会发展营造了良好环境。要认真落实总体国家安全观，强化忧患意识，坚决守住底线，围绕重点问题，聚焦重点领域，定期深入分析涉稳风险隐患，采取有效措施依法依规依政策应对处置，切实维护政治、经济、网络、公共等方面安全。要完善维护稳定协调机制、涉稳风险监测预警机制、重大决策风险评估机制、责任落实机制。各级领导干部要认真落实管业务必须管廉政、管业务必须管安全、管业务必须管稳定的要求，全力做好维护稳定各项工作，为实现全面建成小康社会目标提供坚强保障。

会议原则同意省政府党组提出的2020年经济社会发展主要指标及财政收支计划安排建议，决定按程序提请省人代会审议。指出，要按照全面建成小康社会、实现"十三五"规划圆满收官的目标要求，全面贯彻中央经济工作会议精神，坚持稳中求进工作总基调，坚持新发展理念，坚持以供给侧结构性改革为主线，坚持转型为纲、项目为王、改革为要、创新为上，推动高质量发展、高水平崛起、高标准保护、高品质生活，科学合理确定2020年经济社会发展主要指标及财政收支计划。要坚持实事求是，为经济转型留下空间，正确引导预期。财政支出要优化结构、提质增效，坚决压缩一般性支出，做好重点领域保障，支持高质量转型发展，支持基层保工资、保运转、保基本民生。各级各部门要带头过"紧日子"，以实际行动体现我们党的为民宗旨和优良传统。

会议审议通过《中共山西省委贯彻落实〈中国共产党政法工作条例〉实施细则》，强调要深入学习贯彻党的十九届四中全会精神和习近平总书记关于政法工作的重要论述，把党的绝对领导贯彻到政法工作各方面全过程，健全和落实请示报告、决策和执行、监督和责任等方面的制度机制，不断提升党领导政法工作的制度化水平。

会议审议通过《山西省深化改革加强食品安全工作的实施方案》，强调要牢固树立以人民为中心的发展思想，坚持党政同责，压实监管责任，建立健全食品安全现代化治理体系，提升食品全链条质量安全保障水平。

会议审议通过《山西省乡镇党政领导干部选拔任用工作实施办法(试行)》，强调要高度重视乡镇党政班子建设，牢固树立重视基层的鲜明导向，做好乡镇干部队伍"选育管用"各环节工作，优化乡镇班子结构，激励广大乡镇干部扎根基层、担当作为，建设一支忠诚干净担当的高素质专业化乡镇干部队伍，切实巩固党的执政根基，打牢党在农村的执政基础。

会议决定，近日召开山西省第十二次妇女代表大会。

会议还研究了其他事项。

省委常委会召开会议　传达贯彻习近平总书记对做好"三农"工作重要指示和中央农村工作会议、全国扶贫开发工作会议精神　听取省"两会"筹备情况和巡视工作汇报

12月31日，省委常委会召开会议，传达学习习近平总书记对做好"三农"工作的重要指示和中央农村工作会议、全国扶贫开发工作会议精神，研究贯彻落实意见，传达贯彻中组部座谈会、全国党校(行政学院)校(院)长会议精神，学习《2019–2023年全国党政领导班子建设规划纲要》《中国共产党党校(行政学院)工作条例》，确定省委经济工作会议相关目标任务分工，听取省十三届人大三次会议、省政协十二届三次会议筹备情况汇报，听取省委第六轮巡视情况汇报，审定第七轮巡视方案，研究从律师法学专家中公开选拔法官检察官和省法学会改革工作。省委书记楼阳生主持会议。

会议指出，要深入学习贯彻习近平总书记对做好"三农"工作的重要指示，全面落实中央农村工作会议、全国扶贫开发工作会议精神，充分认识做好明年"三农"工作的特殊重要性，着眼乡村振兴抓"三农"工作，以全面小康收官统领"三农"工作。要补齐农村全面小康短板，加大"三农"投入，推动农产品加工精细化、特色化、功能化发展，推动农业由生产型向市场型转变，努力把农产品深加工打造成转型发展的支柱产业。要着力提高农民收入水平，落实好以技能增加工资性收入、以创业增加经营性收入、以改革增加财产性收入、以政策增加转移性收入的各项措施。要加强农村人居环境整治等工作，深化农村改革，确保农村全面小康成色。要加强对"三

农”工作的领导，加强农村基层党组织建设，培养造就一支懂农业、爱农村、爱农民的“三农”工作队伍，提高乡村治理体系建设水平。要高质量完成脱贫任务，查缺补漏全面解决“两不愁三保障”突出问题，扎实做好考核验收和总结宣传，确保交好总账。要谋划好接续推进减贫工作，科学编制“十四五”巩固脱贫成果规划。会议决定，近期召开省委农村工作暨脱贫攻坚工作会议。

会议指出，要落实新时代党的建设总要求和党的组织路线，制定我省落实《2019-2023 年全国党政领导班子建设规划纲要》的实施意见。各级党委(党组)要把增强领导班子、领导干部“两个维护”的政治定力和能力摆到重要位置，履行好选干部、配班子的政治责任，培养选拔优秀年轻干部，优化班子结构，增强整体功能，提升能力素养，下大气力建设忠诚干净担当，想干事、能干事、能干成事的领导班子和干部队伍，为谱写中国特色社会主义现代化建设山西篇章提供坚强组织保障。会议指出，要深入学习领会习近平总书记关于党校办学治校的系列重要指示精神，坚持党校姓党、坚持从严治校、坚持质量立校、坚持改革创新，推动全省各级党校办学治校水平和能力迈上新台阶。要加强督促检查，确保《中国共产党党校(行政学院)工作条例》落到实处。

会议审议通过《关于落实省委经济工作会议相关目标任务的分工方案》。指出，省委经济工作会议进一步凝聚了共识，进一步明确了 2020 年和今后一个时期全省经济工作的方向、任务、导向，关键是落实，本领在落实，担当看落实。各级各部门要进一步提高政治站位，强化结果导向，以更加扎实的举措、更加过硬的作风，把会议精神落到实处。要坚持工作任务项目化，聚焦重点工作，建立台账、细化目标、明确时限。要加大督查督办力度，完善考核激励机制，形成推动高质量转型发展的科学机制和强大合力。

会议指出，即将召开的省十三届人大三次会议、省政协十二届三次会议，对于在新的发展起点上动员全省人民把转型综改进行到底，万众一心实现“四为四高两同步”，开创各项事业发展新局面，具有重大意义。要精心抓好会议组织筹备、服务保障等工作，严格政治纪律和会风会纪，确保圆满完成大会各项任务，确保开成凝聚人心、风清气正、团结奋进的大会。

会议指出，省委第六轮巡视聚焦国企改革发展和脱贫攻坚，深入进行“政治体检”，督促边巡边改，实现了对省属国有企业和 58 个贫困县的巡视全覆盖，发现和解决了一批突出问题，取得明显成效。要抓好巡视反馈，压实整改责任。被巡视单位要强化主体责任，立足标本兼治，切实抓好整改落实，做好巡视“后半篇文章”，为深化国资国企改革、优化国有企业战略布局，为确保脱贫攻坚质量提供政治和纪律保障。会议决定，近期开展省委第七轮巡视，对部分省直部门、群团组织、事业单位党组织进行常规巡视。

会议审议通过《山西省从律师和法学专家中公开选拔法官、检察官实施办法》《山西省法学会改革实施方案》。

会议还研究了其他事项。

三、省委全面深化改革委员会会议

省委全面深化改革委员会第二次会议

1 月 7 日，省委书记、省人大常委会主任、省委全面深化改革委员会主任骆惠宁主持召开省委全面深化改革委员会第二次会议，审议通过《关于进一步深化河湖长制改革的工作方案》，研究公安机关警务辅助人员管理改革工作。省委副书记、省长、省委全面深化改革委员会副主任楼阳生出席会议。

会议指出，我省全面推行河长制两年来，组织体系、制度体系、责任体系初步形成，在碧水保卫战中发挥了重要作用。近期，又全面建立了湖长制。《关于进一步深化河湖长制改革的工作方案》按照山水林田湖草系统治理的总体思路，总结吸收省内外的经验做法，进一步细化实化了河湖长制的六大任务，明确了河湖长履职、组织管理、运行机制、监督保障四个方面 12 项具体规定和要求，使河湖长制的工作运行机制更加完善，为提升全省河湖治理水平提供了重要保障。各级党委政府要高度重视方案的落实工作，加快构建党政同责、部门联动，职责明确、统筹有力，问题导向、水岸同治，监管严格、奖惩分明的河湖管理保护机制，推动河湖长制从全面建立向全面见效转变。有关部门要按照职责分工推动改革任务精准落地，形成推进河湖长制改革的工作合力。各级河湖长要当好“领队”，加强组织协调，确保巡、管、护、治各项工作有人问、有人管、有人担责，为推进全省生态文明建设作出贡献。

会议审议了《山西省公安机关警务辅助人员管理改革方案》，充分肯定对警务辅助人员管理深化改革的必要性，要求进一步修改完善后实施。

省委全面深化改革委员会第三次会议

2 月 27 日，省委书记、省人大常委会主任、省委全面深化改革委员会主任骆惠宁主持召开省委深改委（省综改委）第三次会议，强调要深入贯彻落实习近平总书记在中央全面深化改革委员会第六次会议上的重要讲话精神，用好“改革创新、奋发有为”大讨论的重要契机，把改革工作重点聚焦到解决实际问题上，突出抓好重要领域和关键环节改革，谋实改革举措，落实主体责任，抓实任务统筹，实现精准改革。会议审议通过《山西省促进区域协调发展指导意见》《山西省土地指标交易调剂暂行办法》《关于鼓励民营企业发起设立民营银行的实施方案》《山西省汾河中上游山水林田湖草生态保护修复工程试点实施方案（2018-2020 年）》《关于开展建设新时代文明实践中心试点工作的实施方案》《山西省贸促会深化改革方案》。省委副书记、省长、省委全面深化改革委员会副主任楼阳生出席会议。

会议指出,促进区域协调发展,要强化规划先导,统筹推进基础设施、产业协作、公共服务等建设进程,促进贫困地区加快发展。要创新合作发展机制,促进两山与平川、城市与乡村、经济文化社会生态协调发展。

会议指出,土地指标交易调剂暂行办法对适用的范围、主体、定价、程序等作出了明确规定,将实践中的有益探索进一步制度化,是改革创新的产物。实施过程中,要尊重市场导向作用,充分体现土地应有的市场价值,同时有力促进重大转型项目建设。

会议指出,鼓励民营企业发起设立民营银行是支持民营经济发展的重大举措。要把握好设立依据、设立标准、发起人条件。要做好发起人培育和推介工作,规范设立流程。要加强协调,以开放的心态做好工作,力争尽快突破。

会议指出,实施汾河中上游山水林田湖草生态保护修复工程,是贯彻落实习近平总书记视察山西重要讲话精神的重要举措。有关部门和地区要高度重视,精心组织实施,注重生态修复的整体性、系统性、协同性、关联性,坚持修山、治污、增绿、扩湿、整地并重,力争建设成为示范工程。

会议指出,开展建设新时代文明实践中心试点,是加强改进农村基层思想政治工作和精神文明建设的重要举措。省委宣传部要加强指导,试点地区党委要负责组织实施,确保试点工作有效推进,不断增强人民群众的先进文化获得感。

会议指出,推进贸促会深化改革工作,要准确把握中国特色社会主义群团发展道路的基本要求和基本特征,立足山西实际,全面落实机构设置、管理模式、运行机制等方面的改革任务。要在扩大对外开放中更好发挥贸促会的独特作用,形成共促对外开放的合力。

省委全面深化改革委员会第四次会议

3月21日,省委书记、省人大常委会主任、省委全面深化改革委员会主任骆惠宁主持召开省委深改委(省综改委)第四次会议,审议通过《山西省加快推进县级融媒体中心建设的实施方案》。

会议指出,要从政治高度充分认识加强县级融媒体中心建设的重要性,把握方向、集约发展、因地制宜,用好现代信息手段,坚持深化改革,积极探索创新,分步分批实施。省市县三级要加大对媒体融合发展的支持,把县级融媒体中心建设这件大事办好,紧跟时代步伐,充分发挥宣传群众、引导群众、服务群众的作用。

省委全面深化改革委员会第五次会议

4月11日,省委书记、省人大常委会主任、省委全面深化改革委员会主任骆惠宁主持召开省委深改委(省综改委)第五次会议,审议通过《省委全面深化改革委员会2019年重大改革安排及责任分工》《山西省2019年国资国企改革行动方案》《省属企业混合所有制改革操作指引》。

会议指出,我省全面深化改革已经打开局面,目前正处于深度攻坚、纵深推进的关键时期。要认真学习贯彻习近平总书记在中央深改委第六次、第七次会议上的重要讲话精神,对标到2020年在重要领域和关键环节改革上取得决定性成果,把大讨论在“六个破除”等方面取得的成效转化为推动改革的责任担当和攻坚能力,继续打硬仗,啃硬骨头,扎实推进党中央部署的重大改革、具有山西特色的重大改革和我省先行先试的重大改革。复制推广深圳前海蛇口自贸区制度创新经验是对标一流的具体措施,要持续跟踪,搞好对接,落地见效,在借鉴运用中深化创新。要扎实抓好国资国企改革举措的落实落地,在前两年改革基础上,实现新的重大突破。各级党委政府要强化责任,扑下身子抓改革,不能一般化号召;要坚持精准改革,聚焦解决问题,不能搞形式主义;要严督实查,开展评估问效,干一件成一件;要加强统筹,处理好改革发展稳定的关系,把改革工作做得更周全、更扎实、更有效。

省委全面深化改革委员会第六次会议

5月13日,省委书记、省人大常委会主任、省委全面深化改革委员会主任骆惠宁主持召开省委深改委(省综改委)第六次会议,审议通过省属主流媒体深化改革融合发展方案。

会议指出,推动媒体深化改革、融合发展是一项极重要且紧迫的时代课题,事关主流思想舆论阵地的巩固与壮大。要以习近平总书记关于推动媒体融合发展、做大做强主流舆论的重要论述为根本遵循,强化互联网思维,把握媒体融合发展的趋势和规律,加快媒体深度融合,构建全媒体传播新格局。要着力深化省级主流媒体管理体制、内部组织架构、用人与分配制度等改革,加强内容建设、传播渠道与手段建设、高素质干部队伍建设,确保改出活力、改出效益,改出影响力,打造适应新时代要求和全面拓展新局面的省级强势主流媒体。

省委全面深化改革委员会第十二次会议

9月9日,省委书记、省人大常委会主任、省委全面深化改革委员会主任骆惠宁主持召开省委深改委第十二次会议,审议通过了《省领导分工负责抓重大改革任务落实制度(试行)》。省委副书记、省长、省委全面深化改革委员会副主任楼阳生出席会议。

会议指出,省领导分工负责抓改革两年多来,有力推动了我省全面深化改革向纵深推进,取得明显成效。目前,全面深化改革已经进入施工高峰期和落实攻坚期。省委决定将省领导分工负责抓改革以制度形式固化下来,就是要进一步贯彻落实习近平总书记“四个亲自”指示要求,强化责任、以上率下,更好地提升我省抓改革落实的质量和效率,推动中央及省委重大改革部署落地见效。

会议要求,省领导对分管领域、分管部门牵头和配合开展的各项改革任务、各类改革试点要负起领导责任,重要改革亲自部署,重大方案亲自把关,关键环节亲自协调,落实情况亲自督查,突出抓好具有统领性、标志性、突破性的改革事项和举措。改革任务的牵头单位要强化主体意识和责任意识,参与单位要强化支持配合意识,共同完成好所担负的改革工作。

会议强调，各级领导干部要认真贯彻习近平总书记“理解改革要实，谋划改革要实，落实改革也要实”的要求，进一步强化抓改革的意识，扛起抓改革的责任，紧紧围绕能源革命综合改革试点等重大牵引性改革，当好“施工队长”，充分调动各方面的积极性。要进一步增强抓改革的本领，投入更多精力抓谋划、抓部署、抓督察、抓落实，确保取得实实在在的成效。

省委全面深化改革委员会成员出席会议，省直有关部门负责同志列席会议。

四、省委中心组会议

省委中心组举行专题学习会　学习贯彻习近平总书记在十九届中央纪委三次全会重要讲话和全会精神

1月14日，省委中心组举行专题学习会，深入学习领会习近平总书记在十九届中央纪委三次全会重要讲话精神和全会精神，对领导干部抓好贯彻落实提出要求。省委书记骆惠宁主持并讲话。省委副书记、省长楼阳生出席。

骆惠宁指出，习近平总书记的重要讲话，具有鲜明的时代性、战略性、针对性，为在新的起点上继续推进全面从严治党指明了方向。讲话是新时代加强党的建设的马克思主义纲领性文献，也是启迪各级领导干部特别是高级干部加强党性修炼的生动教材。赵乐际同志的报告总结了2018年纪检监察工作，对今年任务作了全面安排。要把学习贯彻习近平总书记重要讲话精神和全会精神作为重大政治任务，认真结合实际抓好落实。

骆惠宁指出，要从整体上把握党的十九大以来全面从严治党取得的新的重大成果。习近平总书记把握当前全面从严治党不断由量的变化转向质的提升的阶段性特征，作出了经过全党共同努力，党的集中统一领导更加坚强有力，党的建设新的伟大工程全方位加强，全面从严治党实效性不断提高，党内政治生态进一步改善，党在新时代新征程中焕发出更加强大的生机活力的重大论断，既提振信心，又催人奋进。要增强必胜信念，保持战略定力，以永远在路上的坚韧和执着，持续地巩固、深化、拓展全面从严治党成果，不断取得新的重大成果，为“两转”基础上全面拓展新局面提供坚强政治和纪律保障。

骆惠宁强调，要从整体上把握我们党永葆先进性和纯洁性的制胜法宝。习近平总书记用“五个必须”深刻总结了改革开放以来积累的宝贵经验，强调在进行社会革命的同时不断进行自我革命，是我们党区别于其他政党最显著的标志，也是我们党不断从胜利走向胜利的关键所在，并就“四个自我”作了深刻阐述，彰显了我们党的政治品格，是对40年来管党治党经验的一次全面、深刻、准确的分析，具有深远历史意义和现实指导意义。要紧密联系“两转”后山西党的建设实际，把这些制胜法宝贯穿运用到具体工作中去，坚持已有好的做法，积极探索把握规律，以新的认识指导新的实践，不断提高党在山西的执政水平。

骆惠宁指出，要从整体上把握2019年全面从严治党的总体要求和重点任务。习近平总书记对夺取全面从严治党更大战略性成果、巩固发展反腐败斗争压倒性胜利提出明确的工作要求，强调做好“六个方面工作”，以全面从严治党巩固党的团结统一，为决胜全面建成小康社会提供坚强保障。赵乐际同志从八个方面作了安排。这些部署和要求，既从战略高度谋划，又从战术角度指导，抓住了今年继续推进全面从严治党的关键与要害，体现了鲜明的问题导向，凸显了工作的着力点。要结合山西实际，进一步明确目标，细化贯彻举措，聚焦重点难点，创造性地把中央决策部署落到实处，努力实现山西政治生态持久的风清气正。

骆惠宁强调，要从整体上把握习近平总书记对领导干部特别是高级干部提出的明确要求。习近平总书记运用马克思主义政治观，深刻阐述了“两个维护”的政治内涵，要求领导干部特别是高级干部严格贯彻新形势下党内政治生活若干准则，以坚强党性和高尚品格为全党带好头、作表率。要更加自觉地坚定地做到“两个维护”，从知行合一的角度审视自己、要求自己、检查自己，经常对表，校准偏差，惕厉自省，带头执行好新形势下党内政治生活若干准则，坚持好民主集中制，保持好健康的党内同志关系，为全省党员干部作出样子。

任建华传达有关精神并作交流发言，罗清宇、刘新云作交流发言。

省委常委，省人大常委会、省政府、省政协负责同志，省法院党组书记、省检察院检察长出席会议，省直有关部门负责同志列席会议。

省委举办省管主要领导干部坚持底线思维着力防范化解重大风险专题研讨班

2月16日，省委举办省管主要领导干部专题研讨班，深入学习贯彻习近平总书记在省部级主要领导干部坚持底线思维着力防范化解重大风险专题研讨班上的重要讲话精神，讨论《山西省坚决打好防范化解重大风险攻坚战方案(讨论稿)》。省委书记、省人大常委会主任骆惠宁在开班式上强调，要深刻领会习近平总书记重要讲话精神，切实增强防范化解重大风险的责任感紧迫感，下先手棋、打主动仗，坚决打好防范化解重大风险攻坚战，为“两转”基础上全面拓展新局面、当好首都“护城河”提供坚强保障。省委副书记、省长楼阳生主持开班式，省委副书记林武作研讨班总结，省政协主席李佳出席开班式。

骆惠宁在讲话中指出，习近平总书记在省部级主要领导干部专题研讨班上的重要讲话,从实现中华民族伟大复兴和党长期执政、国家长治久安、人民幸福安康的战略高度,对新形势下党和国家面临的重大风险挑战进行了系统阐述,对肩负起防范化解重大风险的政治责任提出了明确要求,为我们做好防范化解重大风险各项工作指明了前进方向、提供了根本遵循。我们要自觉把思想和行动统一到习近平总书记重要讲话精神上来,常观大势,常思大局,常抓大事,做到政治上清醒,认识上到位,工作上有效,确保政治社会大局稳定和经济持续健康发展。

骆惠宁指出,近年来省委实施“一个指引、两手硬”方针,全面落实总体国家安全观,把底线思维贯穿于总揽全局、协调各方的全过程,坚持“三个坚决防止”和“三个不发生”底线,持续加强防范化解各领域风险工作。全省走上了“两转”基础上全面拓展新局面的新征程,总体形势是好的。越是形势向好,越要有忧患意识,自觉地坚持“治”不忘“危”、“兴”不忘“忧”,不断巩固和发展来之不易的大好局面。

骆惠宁在讲话中着重分析了全省政治、意识形态、经济和科技、社会、生态环保、安全生产、对外交往和党的建设等领域面临的风险挑战,对做好防范化解重点工作提出明确要求。他强调,要增强“四个意识”、坚定“四个自信”、做到“两个维护”,这是我们打好防范化解重大风险攻坚战、战胜一切艰难险阻的政治优势、制度优势和根本保证。他指出,要全面落实党中央关于维护政治安全的各项要求,加强有针对性的防范和依法打击,坚决消除一切影响政治安全的隐患。要持续巩固壮大主流舆论强势,加大舆论引导力度,提升网络安全防护水平,完善思想政治工作体系。要深入贯彻中央及省委经济工作会议部署,坚持供改和综改相结合,以“三大目标”为牵引,深化市场化改革、扩大高水平开放,构建高质量发展创新体系,大力度减税降费,增强经济增长内生动力和抗风险能力。要立足保安全、护稳定,深化扫黑除恶专项斗争,创新完善社会治安防控体系和矛盾纠纷排查调处机制,坚持和发展“枫桥经验”,从源头上提升维护社会稳定能力和水平。要坚持把生态建设作为补齐山西发展短板的战略举措,把生态环境风险纳入常态化管理,打好蓝天保卫战、碧水保卫战、净土保卫战和农村人居环境治理攻坚战,既还旧账又不欠新账,努力再现“山西好风光”,当好京津冀生态屏障。要始终绷紧安全生产这根弦,强化重点领域安全监管,深入开展事故隐患排查整治,坚决防止重特大事故发生。要把握经济全球化、对外交往经常化的大势,完善涉外突发事件应急处置机制,完善发展外向型经济的政策。要认真落实省纪委十一届四次全会精神,继续坚决同一切损害党的先进性、影响党的纯洁性的问题作斗争,不断通过改革和制度创新压缩腐败现象的生存空间和滋生土壤,打造高素质专业化干部队伍,巩固发展反腐败斗争压倒性胜利,夺取全面从严治党更大战略性成果。

骆惠宁强调,各级党委(党组)和领导干部要坚持从政治高度处理问题,坚持严格依法办事,坚持抓早抓小抓实,努力把风险化解在源头、消灭于萌芽。要增强忧患意识、保持高度自觉,对各类风险隐患早识别、早预警、早发现、早处置,完善决策风险评估机制。要提高防控能力,练就过硬本领,增强洞察、防范、驾驭、遏制风险的能力,善于用法治的思维和方式处理问题,善于举一反三,在化解风险的同时剖析成因、堵塞漏洞,完善相关政策和体制机制,真正做到标本兼治。要加强组织领导,压实政治责任,把各项任务和措施落实到具体的负责人、部门单位和工作人员,形成完整责任链条。主要领导要当好“施工队长”,做到全过程挂帅、全方位推动、全领域掌控,总体工作亲自部署,重大方案亲自把关,关键环节亲自协调,落实情况亲自督办。严格督导考核,对工作不力造成严重后果或重大影响的要追责问责。

骆惠宁强调,要把打好防范化解重大风险攻坚战与开展“改革创新、奋发有为”大讨论结合起来,与扎实做好改革发展稳定和党建各项工作结合起来,以守住底线为勇攀高峰创造条件,奋力实现全年各项发展目标,以实际行动把习近平总书记重要讲话精神和党中央决策部署在山西贯彻落实好。

楼阳生在主持开班式时指出,骆惠宁书记的讲话,着眼大局、立足省情,分析透彻、要求明确,既是政治动员,也是警示教育。各级领导干部要认真学习领会习近平总书记重要讲话精神,进一步树牢底线思维、增强忧患意识,切实把思想和行动统一到党中央及省委部署要求上来。要站在全省乃至全国大局的高度,全面评估研判本地本部门本单位重大风险点,始终把握工作主动。要坚定扛起主体责任和工作责任,做实做细做好防范化解重大风险工作,做到守土有责、守土负责、守土尽责。

研讨班期间,分组进行了深入讨论,8 位学员代表作了交流发言。大家一致认为,通过这次专题研讨,防范化解重大风险的政治站位进一步提高、研判能力进一步提升、责任意识进一步强化。表示一定要牢固树立底线思维,持续提高风险防控能力,保持斗争精神,打好防范化解重大风险攻坚战,坚决把中央及省委各项部署落实好。

林武在总结讲话中,对抓好研讨班精神的贯彻落实提出了要求。

省委常委,省人大常委会、省政府、省政协领导班子成员,省法院院长、省检察院检察长出席开班式。各市委书记、市长,县(市、区)委书记,省直单位、本科院校、省管国有骨干企业主要负责同志参加专题研讨班。

省委中心组举行专题学习会 学习《中共中央关于加强党的政治建设的意见》等八部党内法规

2 月 27 日,省委中心组举行专题学习会,学习《中共中央关于加强党的政治建设的意见》《中国共产党支部工作条例(试行)》《中国共产党纪律检查机关监督执纪工作规则》《中国共产党党内关怀帮扶办法》《社会主义学院工作条例》《中国共产党政法工作条例》《中国共产党重大事项请示报告条例》《中国共产党农村基层组织工作条例》等八部党内法规,观看警示教育片《增强忧患意识防范风险挑战》。省委书记骆惠宁主持并讲话。省委副书记、省长楼阳生出席。

骆惠宁指出,以习近平同志为核心的党中央十分重视依规治党，不断加强顶层设计，陆续颁布党内法规，为在新时代推进全面从严治党提供了坚强制度保证。

骆惠宁深刻阐释了每部党内法规的重大意义和重点要求。他强调，各级党委（党组）要把学习贯彻八部党内法规作为重要政治任务，先抓好“关键少数”，进而推动党内法规在党的相关工作中落地生根。党委各有关机关、有关部门要根据工作职责，抓好相关党内法规的贯彻实施。纪检监察机关要加强监督检查。我们的工作目标，就是熟练掌握、严格遵循、自觉运用好这些党内法规，进而更好地坚持全面从严治党，更好地实施党的全面领导。

林武、李佳、徐广国、商黎光、胡玉亭、郭迎光作交流发言。

省委常委，省人大常委会、省政府、省政协负责同志，省法院院长、省检察院检察长出席会议，省直有关部门负责同志列席会议。

省委中心组举行（扩大）学习报告会　中国银行保险监督管理委员会首席风险官兼办公厅主任、新闻发言人肖远企作题为《深入认识当前经济金融形势，切实增强金融服务实体经济能力》的报告

4月22日，省委中心组举行（扩大）学习报告会。省委中心组成员出席会议，省委常委、宣传部长廉毅敏主持会议。

报告会上，肖远企着重从习近平总书记对金融工作的重要论述、当前经济金融形势、金融服务实体经济的措施和考虑等三个方面进行了详细讲解，用翔实的数据和丰富的例证做了深入阐释，既有理论高度又有实践指导性，对我省下一步做好金融工作具有十分重要的意义。

廉毅敏在主持会议时说，要提高政治站位，把思想统一到习近平总书记重要讲话精神上来，切实把增强金融服务实体经济能力摆在全局工作的重要位置，认真抓紧抓好金融服务实体经济工作；要认真学习领会，深刻理解金融服务实体经济的重要意义，围绕“改革创新、奋发有为”大讨论的要求，持续提高全省金融服务水平，切实解决融资难、融资贵问题，提升风险管控专业化水平，抓住完善金融服务、防范金融风险这个重点，推动金融业高质量发展；要强化工作落实，推动我省金融服务实体经济发展，坚持以市场需求为导向，建设一个规范、透明、开放、有活力、有韧性的资本市场，切实推动我省金融对实体经济的支持与服务，为在“两转”基础上拓展新局面作出更大贡献。

省直有关单位和中央驻晋单位负责同志，驻太原省管国有企业负责人，省内媒体和中央驻晋主要新闻媒体负责同志参加会议。

省委中心组举行学习会　学习贯彻习近平总书记在庆祝中华人民共和国成立70周年大会重要讲话、中央近期颁发的13部党内法规

10月8日，省委中心组举行今年第14次学习会，深入学习习近平总书记在庆祝中华人民共和国成立70周年大会重要讲话，持续学习习近平总书记对国家网络安全宣传周作出的重要指示精神，集中学习中央近期颁发的13部党内法规。省委书记骆惠宁主持并讲话。省委副书记、省长楼阳生出席。

骆惠宁指出，习近平总书记在庆祝中华人民共和国成立70周年大会的重要讲话，阐明了新中国成立的历史意义、70年创造的人间奇迹、新征程上的大政方针，言简意赅、高屋建瓴，铿锵有力、凝聚人心。讲话强调，没有任何力量能够撼动我们伟大祖国的地位，没有任何力量能够阻挡中国人民和中华民族的前进步伐，讲话号召全党全军全国各族人民要继续为实现“两个一百年”奋斗目标、实现中华民族伟大复兴的中国梦而努力奋斗，学习以后深感有底气、有信心、有力量。讲话是中国共产党引领中国人民和中华民族走向新辉煌的宣言书和动员令。要深刻领会70年来取得伟大成就的根本原因，全面把握在前进征程上不断创造新的历史伟业的重大要求，始终保持不忘初心、牢记使命的坚定信念，团结带领全省人民在“两转”基础上全面拓展新局面，奋力谱写新时代中国特色社会主义山西篇章。

骆惠宁指出，9月16日至22日，我省认真贯彻习近平总书记重要指示精神，举办了内容丰富的国家网络安全宣传周活动，取得良好效果。继续深入学习贯彻习近平总书记关于网络安全和信息化工作的重要论述，要坚持党对网信工作的领导，打赢网络意识形态斗争，发挥信息化对转型发展的驱动作用，筑牢网络安全屏障。要坚持网络安全为人民、网络安全靠人民，持续开展网络安全知识技能宣传普及，有力维护人民群众在网络空间的切身利益。

骆惠宁指出，党的十八大以来，以习近平同志为核心的党中央把制度治党、依规治党作为全面从严治党的重要内容，制定和修订了一批重要党内法规，党内法规制度体系的“四梁八柱”已经立起。近年来，我省认真落实中央部署要求，党内法规工作取得重要进展。他指出，学习践行党章党规，是共产党人尤其是党员领导干部的终身课题，是加强党性修养、正确履职尽责的制度保障。要进一步在党内法规的学习宣传培训上下功夫，使党员干部不断增强党规意识，做到党内法规入心入脑。要自觉用党章党规指导工作，规范各级党组织的活动和党员行为，保证各项工作沿着正确方向高质量推进。各级党组织和党员领导干部要认真落实《中国共产党党内法规执行责任制规定》，加强党内法规执行情况的监督检查，全面提高依规管党治党的能力和水平。

省委常委，省人大常委会、省政府、省政协负责同志，省法院院长出席会议，省直有关部门负责同志列席会议。

五、全省性会议

省委经济工作会议

1月9日至10日,省委经济工作会议在太原召开。省委书记骆惠宁作重要讲话。会议以习近平新时代中国特色社会主义思想为指导,深入贯彻党的十九大和习近平总书记视察山西重要讲话精神,深入贯彻中央经济工作会议和省委十一届六次、七次全会精神,总结2018年经济工作,分析当前经济形势,部署2019年经济工作。省委副书记、省长楼阳生作具体安排,并作总结讲话。

会议认为,2018年是全面贯彻党的十九大精神的开局之年,是山西在"两转"基础上全面拓展新局面的关键一年,我省经济社会发展走过了很不平凡的历程。一年来,面对错综复杂的国际国内经济环境和艰巨繁重的改革发展稳定任务,我们全面把握党中央、国务院重大决策部署,从实际出发,带领全省人民攻坚克难、主动作为,保持了经济社会持续健康发展,呈现出四个显著特征:在外部环境趋紧、环保约束强化的背景下,我们综合施策、趋利避害,实现了经济稳中向好;在煤炭供求处于紧平衡、大宗商品价格继续上涨的态势下,我们保持定力、强力转型,推动了经济结构持续优化;在改造提升传统动能的同时,我们强化举措、完善政策,加快了新动能培育步伐;在改革发展全面推进过程中,我们攻坚贫困、重视民生,增强了人民群众的获得感幸福感安全感。成绩来之不易,应当倍加珍惜。

会议指出,历史地看,过去一年我们取得的成绩,是在整体发展由"疲"转"兴"基础上的进一步拓展,是在转型发展迈入正确轨道后的进一步提质。一年来,我们坚持稳中求进工作总基调,贯彻新发展理念,按照高质量发展要求,坚定不移把供改和综改相结合作为经济工作的主线,加大以改促转力度,以"三大目标"引领经济发展各项工作,始终保持战略定力,做到不因煤炭价格高而动摇转型发展、不因增长压力大而放松生态环保倒逼,省委采取的一系列有力举措为转型发展提供了强劲动力,省委的工作指导不断转化为全社会的实践行动。一年实践再次证明,只要我们坚持转型发展的方向不动摇、力度不减弱,就一定能持续取得新的阶段性成效,山西发展的"含金量""含新量""含绿量"就会不断提升。

会议指出,2019年是中华人民共和国成立70周年,是全面建成小康社会的关键之年,是我省在"两转"基础上拓展新局面的攻坚之年。今年我省经济发展拥有不少积极因素和有利条件。当今世界面临着百年未有之大变局,中国的发展崛起是不可阻挡的历史潮流,我国发展仍处于并将长期处于重要战略机遇期。我国加快经济结构优化升级、提升科技创新能力、深化改革开放、加快绿色发展、参与全球治理体系变革带来的五个新机遇,将为山西转型发展提供有利的宏观背景。国家强化逆周期调节的宏观政策、强化体制机制建设的结构性政策、强化兜底保障功能的社会政策,将为山西转型发展提供有利的政策支持。国家扎实推进共建"一带一路",加快京津冀协同发展、长江经济带、粤港澳大湾区、长三角一体化发展,将为山西主动融入国家发展战略、扩大对内对外开放空间提供广阔舞台。同时也要清醒看到,我国经济发展的外部环境有着较大不确定因素。总体上看,我国我省经济发展健康稳定的基本面没有改变,新旧动能转化的势头只会更强。只要我们抢抓战略机遇、保持底线思维、主动趋利避害,就一定能够在应对困难和挑战中实现新的跃升。

会议根据第97次省委常委会决策,明确了2019年我省经济工作总体要求,并强调指出,2019年,要创造性地贯彻中央经济工作大政方针,着力解决突出问题,拓展我省转型发展新局面。要深刻把握中央提出的做好新形势下经济工作的"五条规律性认识"、认真贯彻中央提出的"巩固、增强、提升、畅通"八字方针,坚持把供改和综改相结合作为经济工作的主线,为高质量转型发展提供有力保障。会议提出了2019年经济工作主要预期目标。会议作出了今年我省能源革命步伐会进一步加快,市场主体活力会进一步增强,全省干事创业能力会进一步提升的三个预期性判断。

会议提出2019年要抓好6项重点任务,进一步打造山西转型发展的新优势新动力新形象。一是深入推进能源革命、优先发展制造业,在创新驱动发展上迈出更大步伐。要继续把能源革命这个旗子举起来,破解体制机制难题,争取国家更大支持,进一步提升保障国家能源安全的能力,进一步带动我省高质量转型发展。今年煤炭产量可保持适当增长,但不能盲目扩张,要把更多精力放在推动"减""优""绿"上,着力解决遗留问题,提升煤炭综合竞争力。要坚持分类指导,解决火电历史遗留问题,加快电力体制改革试点和大力开拓用电市场。要把加快制造业高质量发展放在更加突出位置,继续组织实施制造业振兴升级专项行动,改造提升一批传统制造业,做大做强一批支柱性制造业,培育一批高成长性制造业。要紧紧抓住创新这个时代潮流,高起点谋划构建我省高质量发展创新体系,以全面创新推动转型发展。要突出科技创新,进一步落实激励创新政策,深化科技体制改革,用好各类科技资源。

二是降低企业成本负担、激发市场主体活力,在支持实体经济发展上拿出更实举措。今年减税降费力度要大于去年,把能减的都减下来,能降的都降下去,让企业轻装上阵。要在认真贯彻落实国家减税降费政策基础上,进一步研究出台我省的具体措施,对各类收费项目进行全面清理,继续推出高速公路收费优惠政策,积极推进电力、民航、铁路等行业降低电价运价。要切实强化金融服务,让企业感受到融资环境在改善、融资成本在下降。要支持在晋金融机构落实好国家各项金融政策。要综合用好信贷、债券、股票、基金和保险资金、信托等多种融资手段，用好资本市场，提升地方金融支持实体经济的能力和水平。要全面激发国企发展活力，继续把握正确方向，采取更加有力的举措，实现更大的突破。要加快落实支持民企发展政策，把民营企业家当自己人，全面落实“30 条”。继续落实好促进“小升规”和“双创”的支持意见。

三是扩大有效投资、满足消费需求，为经济平稳健康发展提供更强支撑。要围绕基础设施补短板和提升公共服务能力，围绕构建现代产业体系、打造能源革命排头兵等重大部署，搞好项目谋划，解决好“钱往哪里投”的问题。要拓宽资金渠道，用好地方政府专项债券和国家技术改造专项资金，进一步扩大省级技改资金规模，今年省市县三级都要设立技改引导资金，有效带动全社会技改投入，规范有序推进 PPP 模式，解决好“钱从哪里来”的问题。要抓好深化转型项目建设年活动，解决好项目落地和建设的具体问题。要加快研究出台完善促进消费体制机制的实施方案，提升服务业质量和水平、推动消费产业升级发展。

四是扎实推进乡村振兴、提高城镇发展质量，推动区域协调发展取得更快进展。要把农业农村优先发展落到实处，稳住“三农”这个基本盘，抓紧 2020 年必须完成的硬任务。要把农业供给侧结构性改革往深里做、往细里做，推动农村人居环境三年集中整治向纵深拓展，继续深化农村各领域改革。在城市规划、建设、管理中要走以质取胜的路子，同步推进行政区划调整和区域中心城市建设，把山西中部盆地城市群一体化作为重大战略强力推进，着力解决“两山”与平川地区协调发展等问题。

五是深化市场化改革、扩大高水平开放，推动体制机制创新实现更大突破。要全面贯彻省委七次全会的部署，深化财税体制改革，推进金融体制改革，加快开发区改革创新，优化营商环境。进一步用好国发 42 号文件授权，力争在更多领域破题领跑。要牢固树立内陆和沿海同处开放一线的观念，加强国家重大战略对接，提升招商引资质量，稳定进出口贸易，努力在新一轮对外开放中抢得先机。

六是坚决打好三大攻坚战、切实保障和改善民生，让全省人民得到更多实惠。要聚焦深度贫困，坚决打好脱贫攻坚战。围绕蓝天碧水净土，坚决打好污染防治攻坚战。守住风险底线，坚决打好防范化解重大风险攻坚战。要善于用改革的办法，从体制机制层面强化社会政策的兜底保障功能，做好就业、教育、医疗、社保、住房等各方面工作，不断提高公共服务水平，切实保障和改善民生。要高度重视就业这个民生之本、收入这个民生之源，构建精准就业帮扶机制，努力拓宽各项增收渠道，逐步缩小山西居民收入与全国的差距。要以极端负责的态度抓好安全生产，不断巩固全省安全生产持续稳定好转态势。

会议对今年重点经济工作进行了具体安排。强调要狠抓转型项目建设，着力增强高质量发展后劲。深化转型项目建设年活动，实施百项工业转型升级项目，推进一批重大基础设施项目。强化要素保障，完善推进机制，促进项目投产达效。积极培育消费热点，促进消费提质升级，充分发挥消费对扩内需的基础性作用。要狠抓制造业重点集群培育，推动实体经济高质量发展。以高端化、智能化、绿色化、服务化为方向，以“龙头企业 + 研发机构 + 配套企业”为模式，推动要素链、创新链、供应链、产业链多链融合，狠抓龙头企业培育壮大和小微企业上规升级，加快打造一批支柱性制造业集群、高成长性制造业集群、传统制造业集群，发展与之配套的生产性服务业。要狠抓重点工作落实，推动能源革命综合试点纵深开展。深化煤炭、电力、煤层气和新能源等领域改革，加快构建现代能源产业体系，大力开展关键技术研发，积极扩大开放合作，推动能源革命取得新突破。要狠抓产学研深度结合，有效提升区域创新能力。整合省内外创新资源，开展“1331”提质增效行动，加强军民融合协同创新，深入开展“双创”活动，促进科技成果转化，深化人才体制改革，强化人才支撑。要狠抓关键领域改革，激发高质量转型发展活力。开发区改革要在强化招商引资、深化“三化三制”、园区提质升级上下功夫。国企国资改革要在深化混改、专业化重组、分离办社会、国有资本运营上下功夫。支持民营经济发展要在完善政策落实机制上下功夫。金融体制改革要在服务实体经济、加强地方金融监管上下功夫。财税体制改革要在加强预算绩效管理、支持战略重点上下功夫。要狠抓外贸主体培育和平台利用，增创开放型经济新优势。积极对接国家开放战略，发展外向型经济，培育壮大外贸主体，拓展开放平台功能，以海关改革建设助推贸易便利化。要狠抓城市品质提升，带动区域协调发展。推进太原都市区一体化发展，抓好山西中部盆地城市群的规划建设工作。进一步提升城市功能，改善城市风貌，提升城市交通能力，构建城市生态系统，提高城市管理水平。要狠抓产业振兴和人居环境改善，实现乡村振兴新突破。推进杂粮全产业链和功能食品开发，大力培育农业龙头企业，强化农业科技创新，推动我省农业产业走高质量特色发展之路。继续开展五大专项行动，抓好示范县、示范村建设，持续改善农村人居环境。以土地制度改革为牵引全面深化农村改革。要狠抓三大旅游板块建设，构建全域旅游新格局。突出项目建设牵引力、龙头景区带动力、文旅融合竞争力、旅游服务软实力、体制机制推动力，进一步提升黄河、长城、太行三大板块影响力。要狠抓关键环节突出短板，打好打赢三大攻坚战。积极稳妥防范化解重大风险，坚决守住不发生区域性风险的底线。扎实推进精准脱贫，集中攻坚深度贫困，巩固提升脱贫成果，实现脱贫攻坚决战决胜。坚决打赢蓝天、碧水、净土保卫战，抓好生态保护修复和生态文明体制改革。要狠抓民生改善和社会治理，提高人民群众的获得感幸福感安全感。千方百计扩大就业，促进居民稳定增收，办好人民满意教育，提升全民健康水平，深化社会保障制度改革，推动房地产市场平稳健康发展，切实维护社会和谐稳定和人民群众生命财产安全，举办好二青会。要狠抓“六最”营商环境打造，为高质量转型发展提供保障。以“六最”理念引领深化“放管服效”改革，加快转变政府职能，深化审批服务便民化改革，深化商事制度改革，营造公平竞争环境，开展全省域营商环境第三方评估,推动我省营商环境加快迈入全国第一方阵。

会议还对抓好经济工作开局起步,努力实现首季开门红作出具体部署。

会议强调,要进一步加强和改进党对经济工作的领导,为我省拓展转型发展新局面提供坚强保障。形势越是严峻复杂,越要坚决听从党中央号令,越要加强党委对经济工作的领导。一要提高领导能力和水平。认真学习运用"三条基本经验",创造性地贯彻落实中央及省委的重大决策部署。要围绕"第一要务",进一步抓住主要矛盾,进一步优化工作方法,进一步狠抓工作落实。二要着力加强干部的专业化培训。要围绕解决善作为问题,实施好干部教育培训规划和专业化能力提升专班计划,扩大干部到发达地区挂职锻炼的范围。三要进一步强化作风建设。领导干部既要有"唱功",更要有"做功"。要推行"一线工作法",以能不能干成事来检验干部。要增强风险意识和斗争意识,善于鉴别、善于斗争,主要领导要作出表率,在急难险重面前不推诿不回避,做到知微观著,带头闯关拔寨。要注重培养干部特别是年轻干部的斗争精神,让他们在斗争中经风雨见世面、长才干强筋骨。

会议号召,让我们紧密团结在以习近平同志为核心的党中央周围,高举习近平新时代中国特色社会主义思想伟大旗帜,改革创新,奋发有为,不断拓展转型发展新局面,以优异成绩迎接中华人民共和国成立70周年。

省委常委,省人大常委会、省政府、省政协负责同志,省军区、武警山西总队主要负责同志,省法院党组书记、省检察院检察长,省有关部门、中央驻晋单位、各市县主要负责同志,省管本专科院校、省管国有企业、省级以上开发区、部分民营企业主要负责同志,在晋"两院"院士、科技领域专家学者、重点科研院所负责同志等参加会议。

省纪委十一届四次全会

1月19日,中共山西省纪委十一届四次全体会议在太原召开,省委书记、省人大常委会主任骆惠宁在会上作重要讲话。他强调,要以习近平新时代中国特色社会主义思想为指导,增强"四个意识"、坚定"四个自信"、做到"两个维护",加强党的全面领导,以党的政治建设为统领全面推进党的建设,夺取全面从严治党更大战略性成果,巩固发展反腐败斗争压倒性胜利,一体推进不敢腐、不能腐、不想腐,健全监督体系、增强监督效能,确保党中央及省委重大决策部署坚决贯彻落实到位,以优异成绩庆祝中华人民共和国成立70周年。

省委副书记、省长楼阳生,省委副书记、常务副省长林武,省政协党组书记李佳,省委常委罗清宇、张吉福、廉毅敏、商黎光、胡玉亭、韩强出席会议。省委常委、省纪委书记、省监委主任任建华主持会议。中央纪委国家监委机关有关同志应邀出席会议。

骆惠宁指出,习近平总书记在中央纪委三次全会上的重要讲话,站在党和国家事业发展全局高度,充分肯定了党的十九大以来全面从严治党取得的新的重大成果,深刻总结了改革开放40年来党进行自我革命的宝贵经验,对以全面从严治党巩固党的团结统一、为决胜全面建成小康社会提供坚强保障作出战略部署,对领导干部特别是高级干部贯彻新形势下党内政治生活若干准则提出明确要求,具有鲜明的时代性、战略性、指导性,为新时代继续推进全面从严治党指明了方向。要悉心领会,并用以指导做好山西的工作。

骆惠宁指出,2018年是山西在"两转"基础上全面拓展新局面的关键一年,我们"治"不忘"危",以政治建设为统领,全面落实新时代党的建设总要求,切实加强党的全面领导,推动全面从严治党取得新的重大成果。全省党的建设得到新的加强,管党治党实效性不断提高,反腐败斗争取得压倒性胜利,风清气正的良好局面进一步形成。一年来的成效是监察体制改革产生的制度优势全面转化为治理效能的集中体现。

骆惠宁指出,近年来,省委高举习近平新时代中国特色社会主义思想伟大旗帜,坚定扛起全面从严治党主体责任,始终把构建良好政治生态摆在战略位置,以铁的手腕严厉惩治腐败,科学把握政策,激励约束并重,推进反腐败斗争走上法治化轨道,全面从严治党的综合效应不断转化为干部干事创业的精气神,全省党风和社会风气明显好转,党的建设和各项事业取得重大进步。回头看走过的不平凡历程,完全可以自豪地说,在以习近平同志为核心的党中央正确领导下,我们做到了"一个指引、两手硬"。

骆惠宁强调,向前看,要更加自觉地坚持自我革命,始终不忘党的性质宗旨,始终保持对风险挑战的清醒,以永远在路上的坚韧和执着,继续坚决同一切损害党的先进性、影响党的纯洁性的问题作斗争,不断夺取我省全面从严治党新胜利,为实现政治生态持久的风清气正而不懈努力。对今年工作,骆惠宁提出6项重点任务。一是坚持不懈强化思想武装和党的领导,切实推动中央大政方针及省委决策部署落地见效。按照党中央统一部署,扎实开展"不忘初心、牢记使命"主题教育,坚定理想信念,忠诚履职尽责。各级党委(党组)要旗帜鲜明坚持和加强党的全面领导,自觉把本职工作放在中央和省委的工作大局中考量和部署,坚决做到重大决策部署到哪里,监督检查就跟进到哪里。各级纪检监察机关要加强对重大工作落地情况的监督检查,确保政令畅通。二是坚持不懈强化政治建设,切实增强"两个维护"的能力和效果。要加强党的政治工作,严明政治纪律和政治规矩,严肃党内政治生活,发展积极健康的党内政治文化。要对形式主义、官僚主义进行集中整治,严肃查处对党中央大政方针及省委决策部署不敬畏、不在乎、喊口号、装样子等错误表现。各级党委(党组)要认真履行主体责任,拿出整治形式主义、官僚主义的管用举措。三是坚持不懈改作风树新风,切实拓展落实中央八项规定精神成果。对享乐主义、奢靡之风等传统歪风陋习要露头就打,对"四风"隐形变异新动向要时刻防范。各级领导干部要传承红色基因,以革命加拼命的精神状态开拓奋斗,比党性、比境界、比贡献,在新时代展示改革创新、奋发有为的新形象。四是坚持不懈减存量、遏增量,切实巩固发展反腐败压倒性胜利。要靶向治疗、精准惩治，突出重点削减存量、零容忍遏制增量，保持查办案件数量质量“双提升”良好态势。聚焦党的十八大以来着力查处的重点对象，把那些在党的十九大后仍然不知敬畏、胆大妄为者作为重中之重，紧盯事关党和国家发展全局和国家安全的重大工程、重点领域、关键岗位，加大金融领域反腐力度，重点查处政治问题和经济问题相互交织的腐败案件。要深化标本兼治，打通不敢腐、不能腐、不想腐的内在联系，铲除滋生腐败的土壤。五是坚持不懈完善监督体系，切实增强对公权力和公职人员的监督全覆盖、有效性。要以实现党的领导全过程、常态化为着力点，进一步完善监督格局、规范权力运行、增强监督实效，形成靠制度管权、管事、管人的长效机制，既管住乱用滥用权力的渎职行为，又管住不用弃用权力的失职行为。要提升运用“四种形态”的能力，切实做到监督常在、形成常态。六是坚持不懈整治群众身边不正之风和腐败问题，切实维护群众切身利益。要统筹运用监督执纪力量，在实践中拓展整治群众身边腐败和作风问题的工作格局，从具体人、具体事着手，擦亮惩恶扬善的利剑，让群众感受到正风反腐就在身边、就在眼前。

骆惠宁指出，将全面从严治党进行到底，不断提升全面从严治党质量和水平，各级党委（党组）要强化管党治党政治担当，领导干部必须充分发挥好“关键少数”作用，纪检监察机关必须充分发挥好监督作用，各有关部门都要发挥职能作用，以钉钉子精神把管党治党要求落实落细。要认真学习领悟省委将出台的《落实党对反腐败工作全过程领导的实施细则》，把管党治党的螺栓拧正拧紧，进一步压实主体责任，使反腐败工作在决策部署指挥、资源力量整合、措施手段运用上更加协同高效，实现党对反腐败工作领导全过程常态化。党委（党组）书记要勇于同一切消极腐败现象作坚决斗争，不怕得罪人、不回避矛盾、不给自己留后路。领导班子成员都要主动履行好“一岗双责”，把每条战线、每个领域、每个环节的党建工作抓具体、抓深入。纪检监察机关要带头增强“四个意识”、坚定“四个自信”、做到“两个维护”，严格执行监督执纪工作规则，提高精准监督执纪水平，加强内控机制建设，切实提高法治化、专业化能力，自觉接受党内监督和其他各方面监督，进一步建设纪检监察铁军，真正成为忠诚于党、忠于人民的“纪律部队”。

骆惠宁强调，习近平总书记在中央纪委三次全会上对领导干部特别是高级干部贯彻新形势下党内政治生活若干准则，以坚强党性和高尚品格带好头作表率，进一步提出了明确要求，为我们严守政治纪律和政治规矩定了向、划了线、立了标。从我做起，从省级领导干部做起，各级领导干部都要带头执行好新形势下党内政治生活若干准则，从知行合一的角度审视自己、要求自己、检查自己，经常对表，校准偏差，为全省广大党员和一般干部做出样子，进一步把山西事情办好，以实际行动诠释对党忠诚。要正确认识和把握“两个维护”的特定政治内涵，贯彻党中央决策部署坚定坚决、不折不扣、落细落实。要严守政治纪律，在重大原则问题和大是大非面前，立场坚定、旗帜鲜明。要心底无私，秉公用权，对来自中央及省委领导同志家属、子女、身边工作人员和其他特定关系人的违规干预、捞取好处等行为，对自称同中央及省委领导同志有特殊关系的人提出的不正当要求和诈骗行为，必须坚决抵制和揭露。我们要保持健康的党内同志关系。倡导清清爽爽的同事关系、规规矩矩的上下级关系，让党内关系正常化、纯洁化。领导干部要带头贯彻民主集中制，服从组织决定和组织分工。要正确处理工作联络，不把管理的公共资源用于个人结“人缘”、拉关系、谋好处。作为省委书记，也请大家对我监督。

任建华在主持会议时指出，骆惠宁同志的重要讲话，全面对表对标习近平总书记在中央纪委三次全会上的重要讲话和全会精神，精准把脉山西实际，回顾总结我省全面从严治党取得的新的重大成果，明确了做好今年工作的重点任务和重大要求。全省各级党组织要认真学习贯彻骆惠宁同志重要讲话精神，坚定信念、保持定力，坚持和加强党的全面领导，强化政治担当，细化贯彻措施，以钉钉子精神把管党治党的螺栓拧正拧紧，奋力夺取全面从严治党更大战略性成果，巩固发展反腐败斗争压倒性胜利，为“两转”基础上全面拓展新局面提供坚强政治和纪律保障。

省人大常委会、省政府、省政协负责同志，省法院党组书记、省检察院检察长出席会议。省纪委委员、省监委委员；省直各部门主要负责同志；省委巡视机构副厅级以上干部；不是省纪委委员的市纪委书记；驻太原本科院校，省管国有企业主要负责同志；中央驻晋主要新闻媒体负责同志参加会议。会议以电视电话会议形式举行，其他有关方面负责同志在省分会场参加会议，各市设分会场。

全省深入学习浙江“千万工程”经验　全面扎实推进农村人居环境整治会议

1月20日，全省深入学习浙江“千万工程”经验、全面扎实推进农村人居环境整治会议在太原召开。省委副书记、常务副省长林武出席会议并讲话。

会议指出，2018年省委、省政府深入贯彻习近平总书记关于农村人居环境的系列重要指示精神，统筹协同、上下联动，强化顶层设计，全方位推进工作，较好地完成了农村人居环境改善的各项任务。

会议强调，全省上下要认真贯彻全国农村人居环境整治会议精神，坚持以浙江“千万工程”经验为引领，推动我省整治工作全面步入轨道并在面上推开。各地要结合工作实际，以农村改厕、村庄清洁行动为抓手，着力实施拆违治乱、垃圾治理、污水治理、厕所革命、卫生乡村“五大专项”。要充分遵循乡村建设规律，科学编制并落实好县域乡村布局规划，因地制宜、分类分层次推进，以“千村示范”为抓手示范带动面上工作，充分发挥农民主体作用，推动建立有制度、有标准、有队伍、有经费、有督查的“五有”机制，完善可持续的运营管理体制机制。要进一步压实各级党政“一把手”责任，加大真金白银投入力度，加强部门协同形成合力，建立督促指导机制，强化宣传发动，营造全民参与、共建共享的浓厚氛围，切实打好实施乡村振兴战略第一场硬仗。

会上，省农业农村厅、省发改委、省住建厅、省财政厅、省生态环境厅、省卫健委等部门的负责同志作了表态发言。

会议以视频形式召开。省改善农村人居环境工作领导小组成员单位主要负责同志，各市党政分管负责同志在主会场参加会议。各市、县改善农村人居环境工作领导小组成员单位主要负责同志，各县(市、区)党政分管负责同志，各乡(镇)书记在市县分会场参加会议。

省委农村工作会议

1月21日，省委农村工作会议以电视电话会议形式开到乡镇一级。会议以习近平新时代中国特色社会主义思想为指导，深入贯彻中央农村工作会议精神和省委十一届七次全会、省委经济工作会议精神，总结2018年全省“三农”工作，研究部署2019年重点任务。会前，省委书记骆惠宁对做好“三农”工作作出批示，就加强“三农”工作的领导提出明确要求。省委副书记、省长楼阳生就做好“三农”工作提出要求，对重点任务进行了强调。省委副书记林武出席会议并讲话。

会议指出，2018年，省委、省政府深入贯彻习近平总书记关于“三农”工作的重要论述和视察山西重要讲话精神，以实施乡村振兴战略为总抓手，以深化农业供给侧结构性改革为主线，强化规划引领，加强要素支撑，农业农村经济稳中向好，脱贫攻坚连战连胜，农村人居环境显著改观，农村民生持续改善，农村改革不断深化，农村社会和谐稳定，为全省在“两转”基础上全面拓展新局面提供了有力支撑。

会议强调，今明两年是全面建成小康社会的关键时期，要对照全面建成小康社会硬任务，扎实做好农业农村各项工作。要决战决胜脱贫攻坚，聚焦深度贫困，推进“一县一策”等政策落地，实施好贫困村提升工程，及早谋划脱贫攻坚目标实现后的战略思路。要深入学习浙江“千万工程”经验，突出抓好五大专项行动，积极把农村人居环境三年整治引向深入。要加快发展特色现代农业，以三大省级战略为牵引，打好有机旱作、功能食品等特色优势牌，把农业供给侧结构性改革往深里做、往细里做。要积极培育乡村特色产业，在生产和销售两端发力，在农业内外用功，在城乡两头使劲，再造农业农村全产业链新模式。要全面深化农村改革、强化制度供给，畅通流动渠道，推动更多的资源要素流向农村。要大力培育农业新型经营主体，把生产组织起来，把服务完善起来，把小农户带动起来。要强化规划管控，加强基础设施建设，提升公共服务水平，持续改善农村生活条件。要把生态文明建设摆在突出位置，扎实推进“两山”“七河”生态保护修复、农业面源污染治理等，让广大农村绿起来、美起来。要引深“三基建设”，提升自治水平，充分发挥群众参与治理的主体作用，打造充满活力、和谐有序的善治乡村。

会议指出，要加强党对“三农”工作的全面领导，落实五级书记抓“三农”要求，健全农村工作推进机制，加强“三农”工作队伍建设，充分发挥农民群众的主体作用，切实把农业农村优先发展总方针落到实处。

会上，太原市、朔州市、运城市、原平市、曲沃县、襄垣县作了交流发言。

省领导高卫东、李晓波出席会议。省委、省政府有关副秘书长，省委农村工作领导小组、省脱贫攻坚领导小组成员单位主要负责同志，省委脱贫攻坚督导组组长、副组长，各市市委副书记、分管副市长、农委主任、扶贫办主任，省农业农村厅班子成员在省主会场参加会议。各市、县党政主要负责同志，党委农村工作领导小组、脱贫攻坚领导小组成员单位主要负责同志及相关部门负责同志、乡镇党委书记在市、县分会场参加会议。

省政协十二届二次会议

1月25日，省政协十二届二次会议在太原隆重召开。这次会议是全省上下以习近平新时代中国特色社会主义思想为指导，在“两转”基础上全面拓展新局面的关键时期召开的一次重要会议，也是我省政协充分发挥政治协商、民主监督、参政议政职能，以“三大攻坚战”“三大目标”“六项重点任务”为履职主线，改革创新、提质增效的一次继往开来的大会。大会总结十二届省政协开局之年取得的成绩经验，安排部署2019年重点工作。

省委书记、省人大常委会主任骆惠宁，省委副书记、省长楼阳生到会祝贺，并在主席台前排就座。省政协党组书记李佳，在晋全国政协专委会副主任王儒林、薛延忠，省政协副主席李正印、李晓波、张瑞鹏、席小军、李武章、李青山、谢红、李思进，秘书长赵光国在主席台前排就座。大会由李正印主持。席小军作了省政协常委会工作报告。

1月29日，省政协十二届二次会议圆满完成各项议程后在太原胜利闭幕。省委书记、省人大常委会主任骆惠宁，省委副书记、省长楼阳生出席闭幕大会并在主席台前排就座。新当选省政协主席李佳主持闭幕大会并讲话。会议通过了政协第十二届山西省委员会第二次会议关于常务委员会工作报告的决议，政协第十二届山西省委员会提案委员会关于省政协十二届二次会议提案审查情况的报告，政协第十二届山西省委员会第二次会议政治决议。

省十三届人大二次会议

1月26日，省十三届人大二次会议在太原隆重开幕。来自全省各条战线的500余名省人大代表，肩负着全省人民的重托，认真履行宪法和法律赋予的神圣职责，共同谋划山西建设发展的宏伟蓝图。

主席团常务主席、大会执行主席骆惠宁主持会议并在主席台前排就座。大会执行主席林武、郭迎光、卫小春、李悦娥、高卫东、岳普煜、李俊明、郭海刚在主席台前排就座。省领导楼阳生、李佳出席大会并在主席台就座。

省长楼阳生代表省人民政府向大会作政府工作报告。楼阳生指出，2019年是中华人民共和国成立70周年，是全面建成小康社会关键之年，是我省在“两转”基础上拓展新局面的攻坚之年。在全面做好各项工作的基础上，重点抓好十个方面的工作。

会议审查了省人民政府关于山西省2018年国民经济和社会发展计划执行情况与2019年国民经济和社会发展计划草案的报告，关于山西省2018年全省和省本级预算执行情况与2019年全省和省本级预算草案的报告。

全国政协文化文史和学习委员会副主任王儒林、全国政协农业和农村委员会副主任薛延忠在主席台就座。

1月30日，省十三届人大二次会议举行第四次全体会议，孙洪山当选省高级人民法院院长，郭海刚当选省人大常委会秘书长，李仁和、李凤岐、武华太、郝权当选省人大常委会委员。

1月30日，省十三届人大二次会议举行第五次全体会议，圆满完成各项议程后，大会闭幕。大会主席团常务主席、执行主席骆惠宁主持会议并讲话。会议表决通过了关于省人民政府工作报告的决议、关于山西省2018年国民经济和社会发展计划执行情况与2019年国民经济和社会发展计划的决议、关于山西省2018年全省和省本级预算执行情况与2019年全省和省本级预算的决议、关于省人民代表大会常务委员会工作报告的决议、关于省高级人民法院工作报告的决议、关于省人民检察院工作报告的决议。会议还表决通过了《山西省开发区条例》。

全省“改革创新、奋发有为”大讨论动员部署会

（会议内容见本书“‘改革创新、奋发有为’大讨论”栏目）

省委政法工作会议

2月19日下午，省委政法工作会议在太原召开。省委书记、省人大常委会主任骆惠宁出席会议并讲话。他强调，要深入贯彻习近平总书记在中央政法工作会议上的重要讲话和会议精神，坚持党对政法工作的绝对领导，加快推进社会治理现代化，加快推进政法领域全面深化改革，加快推进政法队伍革命化、正规化、专业化、职业化建设，履行好维护国家政治安全、确保社会大局稳定、促进社会公平正义、保障人民安居乐业的职责任务，当好首都“护城河”，为全省在“两转”基础上全面拓展新局面创造安全的政治环境、稳定的社会环境、公正的法治环境和优质的服务环境，以优异成绩迎接中华人民共和国成立70周年。省委副书记、省长楼阳生，省委副书记林武出席会议。

骆惠宁从把牢政法工作正确方向、严密防控各类风险、开展扫黑除恶专项斗争、推进法治山西建设、深化政法领域改革、狠抓政法队伍建设等方面，总结了近年来省委加强对政法工作领导，推动政法工作不断取得新成效的做法和经验。他强调，正是因为有力维护了安全稳定，我们才得以集中精力，按照“一个指引、两手硬”思路和要求，推动全省工作取得重大发展进步。在此过程中，广大政法干警不忘初心，不辱使命，政法战线为维护全省政治社会大局稳定，促进经济社会持续健康发展作出了重要贡献。骆惠宁代表省委向全省广大政法干警表示衷心感谢和诚挚问候。

骆惠宁强调，做好今后全省政法工作，要坚持党的绝对领导与确保司法机关依法独立公正行使职权相统一，坚持服务发展与维护稳定相统一，坚持做好经常工作与防范重大风险相统一，坚持立足当前与着眼长远相统一。重点做好五方面工作：一要严防敌对势力渗透破坏，切实加强政治风险防范工作，深入推进反恐怖反分裂斗争，全力遏制境外宗教渗透和邪教活动，坚决维护国家政治安全。二要巩固拓展扫黑除恶成果，按照省委“十个不断强化”要求，坚持求深入、扩战果、办铁案、强综治、除隐患，在引深专项斗争上强主攻，在统一执法工作上抓协同，持续推动专项斗争向纵深发展。三要防范化解社会矛盾风险，提升预测预警预防的水平，拓宽多元化解的渠道，增强重点群体稳控的实效，有力维护社会秩序稳定。四要推进社会治理现代化，更加注重社会治理机制创新，更加注重社会治安防控体系建设，更加注重基层基础工作提升，加快建设更高水平的平安山西。五要深化政法领域改革，继续深化已部署的各项重大改革，继续抓好政法机关内设机构改革，推动公安机关警务辅助人员管理制度改革尽快取得突破，不断提高服务经济社会发展的能力水平。

骆惠宁强调，政法机关首先是政治机关，必须牢牢把握中国特色社会主义最本质的特征，毫不动摇坚持党的绝对领导这个最高原则，确保中央及省委的决策部署在政法机关不折不扣落到实处。一要认真抓好《中国共产党政法工作条例》贯彻落实。深入研究实践中存在的问题，有针对性地拿出硬举措，切实把党的绝对领导贯穿政法工作各方面全过程。二要加快推进全面依法治省。政法战线要围绕贯彻《关于深入学习贯彻习近平总书记全面依法治国新理念新思想新战略加快推进全面依法治省工作的实施意见》，不断研究解决影响人民安全感的重要问题、影响执法司法公正和效率的重要问题、影响政法公共服务体系建设的重要问题，当好法治建设的推动者、捍卫者。三要努力锻造新时代高素质政法队伍。把全面从严治党贯彻到从严治警全过程，按照“五个过硬”要求，狠抓政治建设，狠抓专业化建设，狠抓纪律作风建设，加快建设一支信念坚定、执法为民、敢于担当、清正廉洁的政法队伍。要推动80后、90后干警在重大斗争、复杂局面中经受考验和锻炼成长，把政治强、思想硬、熟悉政法工作的优秀年轻干部选配到政法关键岗位，让他们更好发挥作用。四要加大对政法工作支持保障力度。各级党委要在政治上激励、工作上鼓劲、待遇上保障、人文上关怀，当好坚强后盾。加强对政法工作经费保障、装备配备、基础设施等方面的投入，落实政法干警职业保障政策，探索建立特困干警生活救助制度，建立健全干警依法履职免责、合理容错纠错机制，大力宣传表彰政法队伍中的先进典型，激励广大干警忠诚担当、依法履职。

省委常委、政法委书记商黎光主持第一阶段会议，并在第二阶段会议作工作报告。商黎光主持会议时强调，全省政法战线要迅速抓好骆惠宁书记重要讲话精神的传达学习和贯彻落实，结合“改革创新、奋发有为”大讨论，奋力推进新时代政法工作，圆满完成中央及省委交给的任务。副省长刘新云主持第二阶段会议。会上集中观看了山西政法信息化智能化专题片。

会议以电视电话会议形式开到市一级。省委常委出席第一阶段会议。省人大常委会、省政府、省政协有关负责同志，省法检两长，省军区、省武警总队有关负责同志出席会议。省委政法委副书记、委员，省有关单位领导班子成员，各市有关

单位主要负责同志参加会议。

全省“改革创新、奋发有为”大讨论首场先进典型报告会

(会议内容见本书“‘改革创新、奋发有为’大讨论”栏目)

外交部山西全球推介活动

共享转型发展新机遇,共赢开放合作新未来。2月25日下午,外交部蓝厅宾朋云集,气氛热烈。以“新时代的中国:山西新转型共享新未来”为主题的外交部山西全球推介活动隆重举行。在习近平新时代中国特色社会主义思想指引下,在“两转”基础上全面拓展新局面的山西,又一次吸引了世界的目光。推介活动使山西全方位深度融入世界,增进了交流合作,扩大了影响力,取得了丰硕成果。国务委员兼外交部长王毅出席并讲话,外交部党委书记齐玉出席。省委书记、省人大常委会主任骆惠宁致辞,省委副书记、省长楼阳生推介。

2019年外交部省区市全球推介活动,开场的主角是山西。此刻的蓝厅,成为世界感受山西、了解山西,深度交流、拓展合作的新平台。在这里,山西向世界展示悠久的历史文化、建国70年经济社会发展的巨大变化,特别是近两年新转型的强劲态势。

王毅表示,2019年是新中国成立70周年,这是一个值得隆重庆祝的重要历史时刻。70年来,中国共产党领导全中国人民团结一心,艰苦奋斗,取得了国家发展建设的辉煌成就。为此,2019年的外交部全球推介活动将围绕“新时代中国,70年成就”这一主题展开,今天是今年的开场,推介的主角是山西省。

王毅指出,说到山西,大家不会陌生。作为中国著名的历史文化大省,佛教胜地五台山、精美的云冈石窟、壮观的壶口瀑布以及传奇的平遥古城等等,都是一张张亮丽的名片。“天下第一醋”更是享誉中外。新中国成立后,作为资源大省,山西的煤炭工业曾经点亮中国一半的灯火,被誉为支撑新中国发展的脊梁。党的十八大以来,山西与时俱进,迈上了转型发展的新征程。在习近平总书记亲自关心下,山西省委省政府以壮士断腕的勇气大力推动绿色转型,打造新兴产业集群,构建起多元支撑的现代产业体系,古老的三晋大地正在焕发勃勃生机,展现光明未来。

王毅强调,2019年的中国,将继续深化改革、扩大开放,与各国携手同行。今年4月,我们将在北京举办第二届“一带一路”国际合作高峰论坛。这是今年中国最重要的主场外交,也是共建“一带一路”迈入新阶段的重要标志。我们将本着共商共建共享的精神,与各方进一步凝聚共识,明确方向,扩大成果,推动“一带一路”建设向着更高质量、更高标准和更高水平迈进。我们还将举办第二届中国国际进口博览会,继续让各国分享中国的发展机遇,共同推动构建开放型世界经济。2019年的世界,既孕育着希望,也面临着挑战。今天开始的这一周,就是备受国际社会关注的重要时段。朝美两国最高领导人第二次会晤即将进行,有望在推进半岛无核化、建立半岛和平机制上迈出新的步伐。中美经贸问题磋商刚刚又取得了实质性进展,为中美关系的稳定和全球经济发展提供了正面预期。当然,我们同时也要看到,当今世界还有很多地区并不安宁,国际关系的基本准则正在受到冲击和损害。新的一年里,中国将在习近平外交思想指引下,继承弘扬建国70年来的外交优良传统,与各国一道,共同维护世界的和平稳定,为我们这个不平静的星球带来更多的好消息。

骆惠宁说,近年来,山西开启了新的经济转型发展历程,这是在新的历史条件下发展方式的一场革命。山西新转型的主要目标,就是按照习近平总书记的指示精神,建设国家资源型经济转型示范区、打造全国能源革命排头兵、构建内陆地区对外开放新高地。实现“三大目标”的过程,就是山西振兴崛起的过程。

骆惠宁指出,山西的新转型,可以从山西深厚的历史文化中找到基因。自古以来山西就有着改革创新、开拓进取的精神,这种敢为人先、革旧鼎新的优秀传统,是当代山西转型生生不息的文化营养。山西的新转型,建立在新中国成立以来发生的巨大变化基础上。70年来,山西经济建设实现了从一穷二白到百业俱兴的历史巨变,人民生活实现了从温饱不足到小康富裕的历史巨变,生态环境实现了从极度脆弱到绿色发展的历史巨变,整体形象实现了从封闭保守到改革开放的历史巨变。这既是山西人民长期久久为功的奋斗成果,也包含了这几年主动转型发展的超常努力,从一个地方反映出中华民族迎来了从站起来、富起来到强起来的伟大飞跃。山西的新转型,目前正呈现出强劲的态势,取得了积极成效。全省的思想观念、产业结构、发展动能、生产生活方式发生积极变化。更可喜的是,煤炭增加值占工业比重明显下降,新兴产业比重快速上升,一煤独大的格局正在改变,这是山西多年来未见的,充分说明转型发展方向是正确的。山西的新转型,正有力地带动着山西的对外开放。走出去引进来步伐进一步加快,中欧(中亚)班列从无到有,山西品牌产品不断走出国门,太原能源低碳发展论坛、平遥国际电影节影响越来越大。内陆的山西,已经走向开放的前沿。

骆惠宁说,山西的新转型,昭示出一个美好的未来。以这次蓝厅推介为契机,山西改革的步伐将会越来越快,开放的大门将会越开越大。我们将进一步融入“一带一路”建设,进一步加大对外开放平台和环境建设,进一步加强人文交流。真诚希望世界各国的朋友们进一步了解山西、宣传山西,更多与山西在经济、能源、贸易、科技、旅游、文化等领域开展交流合作,共享新的未来。

楼阳生作了热情洋溢的推介。他说,近年来,我们以习近平总书记视察山西重要讲话精神为指引,坚定不移推动转型综改、创新驱动,经济结构从“一煤独大”向多元支撑转变,三年累计退出煤炭过剩产能8800余万吨,煤层气产量突破56亿立方米,新能源发电装机占比突破30%,高端装备制造、新一代信息技术、新能源汽车等战略性新兴产业保持两位数以上快速增长,活力山西正在奏响转型发展新乐章。我们大力推动文旅融合发展,加快建设国家全域旅游示范区,魅力山西正在书写文旅融合新诗篇。我们深入践行“绿水青山就是

金山银山”的理念，以环保倒逼转型，持续加大环境治理和生态保护修复力度，全省地下水位持续回升，每年营造林400万亩以上，生态环境质量明显改善，美丽山西正在描绘绿水青山新画卷。我们坚持以人民为中心的发展思想，持续增进人民福祉，80%以上的财政支出用于改善民生，近五年累计减少贫困人口275万，贫困发生率从13.6%下降到1.1%，幸福山西正在擘画民生改善新愿景。我们发挥承东启西、连南拓北的区位优势，积极对接“一带一路”，加快构建内陆地区对外开放新高地，着力打造法治化、国际化、便利化的营商环境，不断扩大“朋友圈”，先后缔结国际友好城市49对、友好合作伙伴86对，开放山西正在培厚投资兴业新热土。楼阳生表示，山西将不断加强对外交流合作，与大家携手前行，共享转型发展新机遇，共赢开放合作新未来。

泰国驻华大使毕力亚·针蓬、德国驻华大使葛策、新西兰驻华大使傅恩莱、阿根廷驻华大使盖铁戈先后致辞，高度赞赏习近平主席提出中国进一步扩大对外开放的重大举措，回顾本国与山西的合作成果，积极评价山西转型发展的显著成效，期待在“一带一路”框架下，与山西在更多领域开展交流合作。

推介活动前，王毅、齐玉与骆惠宁、楼阳生，及部分出席活动的外国驻华大使共同参观了山西主题展览展示。一幅幅精美的图片、一件件别致的展品，展示了山西灿烂的文化、壮美的风光、70年的辉煌成就、转型发展的实践成效。浓浓的山西风情，崭新的时代风貌，给中外嘉宾留下深刻印象。

推介会上，播放了主题宣传片，讲述山西故事，展示多彩山西。冷餐会上，王毅、齐玉及骆惠宁、楼阳生等领导与出席活动的各国嘉宾进行深度互动。大家表示，这个夜晚令人难忘，希望进一步加强与山西的全方位交流合作，实现互利共赢。

会前，举行了山西省与跨国企业经贸洽谈。阿斯卡半导体、康明斯电力、巨鹏集团、美国空气化工等一批世界500强或行业领军企业，与我省有关开发区和企业签订了项目合作协议。

外交部人员认为，山西这次推介会是人气很旺、影响很大、效果很实的活动，为外交部今年系列全球推介会开了个好头。

外交部副部长乐玉成、张汉晖，省领导廉毅敏、王一新出席推介活动。来自134个国家和国际组织的230多位外交使节和代表，以及120多名中外记者，53名国际知名中外企业代表，中央和地方有关部门代表500多人出席活动。

省委召开纪念“三八”国际妇女节109周年座谈会

3月7日，省委召开全省纪念“三八”国际妇女节109周年座谈会，深入学习贯彻习近平总书记关于妇女工作、妇联改革的重要指示精神和在同全国妇联新一届领导班子成员集体谈话时的重要讲话精神，推动妇联系统扎实开展“改革创新、奋发有为”大讨论，更好地团结引领广大妇女为在“两转”基础上全面拓展新局面贡献巾帼力量。省委书记骆惠宁作出重要批示。省委副书记林武出席并讲话。

省委历来高度重视妇女事业发展和妇联工作，省委常委会及时认真学习贯彻习近平总书记关于妇女工作、妇联改革重要指示精神，全面贯彻男女平等基本国策。会前，骆惠宁专门作出批示，对全省妇女工作取得的成绩给予充分肯定，对各级党委、政府关心支持妇女工作和妇女事业发展提出新的要求，对广大妇女和全省妇联寄予殷切希望，为各级各部门进一步做好妇女工作指明了工作重点、提供了重要遵循。

林武在讲话中，充分肯定全省妇女工作和妇女事业取得的成效。他希望，全省广大妇女要巾帼心向党，争当习近平新时代中国特色社会主义思想的践行者；建功新时代，争当山西高质量转型发展的推动者；展示新风貌，争当社会主义文明风尚的倡导者；扬帆新征程，争当新时代敢于追梦圆梦的奋斗者。他强调，全省各级妇联组织要立足职能定位，着眼所联系的妇女群众，进一步增强政治性、先进性、群众性，充分发挥党和政府联系妇女群众的桥梁纽带作用。要推动自身改革向纵深发展，使基层妇联组织真正强起来、活起来。要主动到服务对象中去、到基层去，不断改进工作作风。要更加关注、关心、关爱普通妇女，特别是贫困妇女、残疾妇女、留守妇女等困难群体。要扎实开展“改革创新、奋发有为”大讨论，聚焦“六个破除”，对标先进、争创一流。各级党委、政府要带头深入学习贯彻习近平总书记的重要批示和重要讲话精神，认真落实骆惠宁书记的要求，切实加强和改进对妇联工作的领导，支持妇联组织依照法律和章程独立自主、创造性地开展工作，加强妇联班子建设，充分发挥妇联作用。社会各界要继续关心、支持妇女事业，共同营造尊重妇女、关心妇女、保障和维护妇女合法权益的良好氛围。

省领导胡玉亭、曲孝丽出席。会前，出席会议的省领导接见了全国三八红旗手代表。八位妇女代表作了会议发言。

全省深化国有企业改革大会

（会议内容见本书“转型综改和供给侧结构性改革”栏目）

全省外事工作会议

4月15日，全省外事工作会议在太原召开。会议传达贯彻中央有关部门会议精神、省委常委会议和省委外事委第一次会议精神，总结2018年全省外事工作，对2019年工作作出安排部署。省委副书记林武出席会议并讲话。

林武对过去一年全省外事工作取得的成绩给予充分肯定。他指出，习近平新时代中国特色社会主义外交思想是新时代我国对外工作的根本遵循和行动指南。做好全省外事工作，必须坚持将学习贯彻习近平新时代中国特色社会主义外交思想作为首要政治任务，进一步做到学懂弄通做实，切实增强“四个意识”、坚定“四个自信”、做到“两个维护”，自觉在思想上政治上行动上同以习近平同志为核心的党中央保持高度一致，牢牢把握住正确的前进方向。

林武强调，要紧紧围绕党和国家对外大局做工作，凸显山西特色、汇聚各方力量，在经济、能源、贸易、科技、文化旅游等领域扩大国际交流合作，努力把我省外事工作优势资源打造成国家对外工作有效资源。要着眼全省改革发展大局下功夫,落实好外交部山西全球推介会成果,发挥好首届山西国际友城大会、太原能源低碳发展论坛两个平台作用,加强整体谋划,做好衔接配合,形成互补效应,力争在新一轮对外开放中抢得先机。要适应新形势新任务需要强本领,加快知识更新,优化知识结构,提高对外交往能力,打造一支对党忠诚、有世界眼光、善于处理复杂事务的外事"铁军"。各级各部门要坚持党管外事原则,加强组织领导,履行好主体责任;健全工作规则等制度机制,以制度化促进外事工作规范化、科学化;强化统筹协调,坚持外事工作"一盘棋",更好服务国家总体外交、有力推进全省开放发展。

全省目标管理工作会议

4月25日,全省目标管理工作会议在太原召开。省委书记骆惠宁出席会议并讲话,强调要认真贯彻中央出台的《党政领导干部考核工作条例》,充分发挥考核的指挥棒作用,牵引全省在"两转"基础上全面拓展新局面,确保高质量完成全年工作目标,以优异成绩庆祝新中国成立70周年。省委副书记、省长楼阳生主持会议。省政协主席李佳出席。

骆惠宁指出,去年是全面贯彻党的十九大精神开局之年,各地各部门在省委正确领导下,坚持以习近平新时代中国特色社会主义思想为指引,围绕考核目标抓工作,较好完成全年各项任务,推动山西内生动力、发展态势和总体形象不断发生重大而深刻的变化。从考核结果来看发展进步,主要标志是党中央大政方针在山西得到全面正确有效贯彻落实,全省转型发展之路不断拓宽,脱贫攻坚的基础不断夯实,改革创新的效应不断彰显,奋发有为、争先创优正在成为全省上下的实际行动。同时要看到,工作中还存在短板弱项,前进的道路上还有许多困难与挑战,务必保持清醒。这次考核成绩靠前的,要再接再厉、攀登高峰;位处中游的,要突破瓶颈、力争上游;等次靠后的,要见耻而勇、奋起直追。

骆惠宁指出,近年来省委始终把目标责任考核作为坚持和加强党的全面领导、推动党中央决策部署贯彻落实的重要举措,作为激励干部担当作为、促进事业发展的重要抓手,坚持政治引领、以实绩实效说话,坚持统分结合、注重顶层设计,坚持考用结合、强化激励作用,初步形成了一套导向鲜明、相对合理、动态调整的考评制度体系。为做好今年考核工作,省委认真贯彻《党政领导干部考核工作条例》,旗帜鲜明把政治标准贯穿始终,把区分优劣、奖优罚劣、激励担当、促进发展作为基本任务,强化考人与考事相结合,优化了指标体系设置,改进了测评评价体系,力求导向更鲜明、标准更清晰、评价更准确,更好发挥对全省整体工作和干部队伍建设的引领和推动作用。省年度目标责任考核领导小组及办公室要认真履行职责,抓好目标管理,强化结果运用,真正考出实绩和干部,考出干劲和希望。

骆惠宁指出,为进一步体现担当作为、争当先进的政治要求,结合年度考核评优结果,省委决定在全省推荐5000名担当作为方面表现突出的干部。被推荐的干部要力戒骄傲,继续奋发向前。各地各有关部门要准确执行政策,把工作做深做细。广大党员干部要主动见贤思齐,以高度的思想行动自觉,打造干事成事的真本领,挺起尽责担责的铁肩膀,树立追赶卓越的高标杆,锤炼求真务实的硬作风,在德能勤绩廉上对自己严格要求,努力实现状态和素质双提升。组织部门要以强化考核为抓手,引导广大党员干部勇担当善作为,持续推动省委关于进一步激励广大干部新时代新担当新作为实施意见的贯彻落实,全力打造高素质专业化干部队伍。

骆惠宁强调,要强化目标责任考核引领,坚决完成今年各项工作任务。紧紧围绕今年考核工作总目标,坚定扛起抓落实的政治责任,以政治建设统领党建,抓好经济转型、法治建设、民生改善、社会稳定、加强意识形态工作等重大任务,继续打好三大攻坚战,注重以改革开放激发动力活力,确保中央及省委决策部署落到实处,为全面建成小康社会收官打下决定性基础。紧紧围绕区域经济转型升级考核目标,更加有效地贯彻新发展理念,以"三大目标"为牵引,紧扣供改和综改相结合这条主线,不断优化营商环境,持续推动开发区改革发展,做好各项经济工作,为加快实现工业"结构反转"、构建现代产业体系奠定坚实基础。紧紧围绕脱贫攻坚成效考核目标,更加有效地落实精准方略,进一步聚焦短板弱项、巩固脱贫成果、提升整体脱贫质量,为如期全面打赢脱贫攻坚战奠定必胜基础。要保持定力,毫不懈怠,17个贫困县包括10个深度贫困县要着力解决"两不愁、三保障"突出问题,确保年底全部脱贫摘帽;已脱贫摘帽县要把巩固提升和防止返贫放在突出位置,做到"四个不摘";各地各部门都要瞄准目标,再加把力,坚决兑现对这片红色土地的庄严承诺。

楼阳生在主持会议时指出,骆惠宁书记的讲话,全面贯彻了习近平总书记关于干部考核工作的重要论述,是对"改革创新、奋发有为"大讨论主题的再聚焦,是激励新时代新担当新作为的再动员,是强化目标引领、推动工作落实的再部署,各地各部门要认真学习贯彻。要深刻领会省委狠抓目标管理工作的重大部署,切实把会议提出的各项工作要求落到实处。要紧盯今年考核工作目标,切实加强组织领导,细化任务分工,建立工作台账,明确时间进度、工作举措和责任主体,层层传导压力。要继续保持实现一季度"开门红"的良好态势,讲担当、重担当,善作为、勤作为,以过硬作风确保高质量完成全年工作目标。

省委副书记林武通报2018年度全省脱贫攻坚成效考核情况,宣读省委、省政府关于表彰2018年度目标责任考核优秀市、优秀单位的决定。省委常委、组织部长曲孝丽通报全省2018年度目标责任考核工作以及结合优秀等次评定推荐担当作为方面表现突出干部的情况。副省长张复明通报区域经济转型升级考核工作和开发区发展水平考核工作情况。

会上,长治市、临汾市、省财政厅、山西转型综改示范区、临县主要负责同志围绕完成2019年度目标责任制作了表态发言。主会场参会人员对各市市长述职进行了评议。

会议以电视电话形式开到市一级。省委常委,省人大常委会、省政府、省政协负责同志,省法检两长出席会议。各市市长,省直各单位、中央驻晋单位主要负责同志在主会场参加会议。

全省教育大会

4月25日至26日，全省教育大会在太原召开。省委书记、省人大常委会主任骆惠宁出席并讲话。他强调，要认真学习贯彻习近平总书记关于教育的重要论述，全面贯彻党的教育方针，坚持马克思主义指导地位，坚持中国特色社会主义教育发展道路，坚持社会主义办学方向，以凝聚人心、完善人格、开发人力、培育人才、造福人民为工作目标，培养德智体美劳全面发展的社会主义建设者和接班人，加快推进教育现代化，办好人民满意的教育，为山西长远发展提供智力和人才支撑。省委副书记、省长楼阳生作具体部署。省政协主席李佳出席会议，省委副书记林武主持会议。

骆惠宁在讲话中指出，教育是国之大计、党之大计。党的十八大以来，以习近平同志为核心的党中央统揽全局、把握大势，把教育事业放在优先位置，推动我国教育事业取得历史性成就。习近平总书记关于教育的重要论述，为做好新时代教育工作提供了根本遵循，我们要认真学习贯彻，始终保持全省教育事业发展的正确方向。

骆惠宁强调，坚持优先发展，科学统筹规划，明确山西教育现代化的战略部署。近年来，省委省政府把教育摆在优先发展战略位置加以推进，全省教育发展正呈现出新的气象。在实现“两转”并全面拓展新局面的征程中，山西教育迈出重要步伐、取得显著成效，为实现教育现代化奠定了坚实基础。同时要清醒看到问题，进一步明确今后一个时期教育发展的重大目标和教育现代化的重大任务，抢占未来教育发展制高点。

骆惠宁强调，着眼立德树人，注重全面发展，完善德智体美劳全面培养的教育体系。从育人之本重在立心铸魂、育人之方重在守正创新、育人之道重在全面培养三方面提出要求。把立德树人成效作为检验学校一切工作的根本标准，把思想政治工作贯穿学校教育管理全过程，教育引导学生坚定理想信念、厚植爱国主义情怀、加强品德修养、增长知识见识、培养奋斗精神、增强综合素质。深入推进习近平新时代中国特色社会主义思想进教材、进课堂、进头脑，教育引导学生立志听党话、跟党走，立鸿鹄志，做奋斗者。贯彻“八个相统一”要求，推动立德树人融入思想道德教育、文化知识教育、社会实践教育各环节，贯穿基础教育、职业教育、高等教育各领域，统筹推进大中小学思政课一体化建设，提高思政岗位吸引力，建成全员全过程全方位的育人工程。积极发展素质教育，解决好教育中存在的疏于德、少于体、弱于美、缺于劳的问题，扭转不科学的教育评价导向，扭转教育功利化倾向，使学校育人模式更加贴近教育的本质。

骆惠宁强调，加快补齐短板，抓好巩固提高，促进基本公共教育服务均等化。围绕学前教育继续提升普惠水平、义务教育着力推进优质均衡、高中阶段教育不断提高普及质量、办好民办教育等提出要求。构建以普惠性资源为主体的学前教育体系，大力推进城乡义务教育一体化改革发展，增强高中阶段教育的适宜性和吸引力，引导民办学校注重社会效益和公益属性，进一步提高基础教育供给质量，努力为所有孩子“上好学”创造条件。

骆惠宁强调，培养一流人才，增强创新能力，努力提升教育对经济社会发展贡献度。从推动高校内涵发展、加强高校创新体系建设、加快发展现代职业教育等方面作出安排。调整优化高校区域布局、学科结构、专业设置，改进高等教育管理方式，促进高等学校科学定位、差异化发展。支持山西大学、太原理工大学率先发展，成为山西高等教育发展的“旗舰”，同时引导和支持其他高校特色发展。加强重点实验室、协同创新中心、工程(技术)研究中心、产业技术创新研究院等创新平台建设，以“三晋英才”支持计划为牵引，吸引更多高水平领军人才向高校积聚。完善职业教育和培训体系，整合优化资源，深化产教融合，全面提升技能型人才培养质量。

骆惠宁强调，健全治理体系，壮大教师队伍，增强各级各类学校的发展活力。围绕深化办学体制和教育管理改革，推进教育领域治理能力和水平现代化，从改革治理方式、提升办学能力两方面继续下功夫。着眼于“教好”“学好”“管好”，深化教育体制改革，不断健全教育管理制度体系。提升政府服务管理水平，进一步扩大我省高校办学自主权，尽可能把资源配置、经费使用、考评管理等放给学校，保证学校事情学校办。各级各类学校要深化和拓展“大讨论”成果，完善以章程为统领的学校内部治理结构。推动中小学校长提高管理能力，增强开拓精神，建设一支政治过硬、品德高尚、业务精湛、治校有方的校长队伍。高校要落实党委领导下的校长负责制，学校书记、校长要成为办学治校的行家里手。加强教师队伍建设是战略任务。要认真落实我省《关于全面深化新时代教师队伍建设改革的实施意见》，加强师德师风建设，培养高素质专业化教师队伍，提高教师地位待遇，努力形成优秀人才争相从教、教师人人尽展其才、好教师不断涌现的良好局面。

骆惠宁强调，全面加强领导，自觉扛起责任，营造教育事业发展良好生态。加强党对教育工作的全面领导，是办好教育的根本保证。要牢牢把握党对教育工作的领导权，坚持党管办学方向、管改革发展、管干部、管人才，使教育领域成为坚持党的领导的坚强阵地。建立健全党委统一领导、党政齐抓共管、部门各负其责的教育领导体制，形成落实党的领导纵到底、横到边、全覆盖的工作格局，为推进新时代教育事业发展提供坚强保障。落实各级党政责任，抓好学校党建工作，营造良好环境，进一步在全社会形成支持教育发展的浓厚氛围。

骆惠宁强调，教育兴则人才兴，教育强则山西强。各级领导干部特别是党政主要负责同志要高度重视教育，有放眼世界、面向未来的大视野，有心系教育、俯首为牛的大情怀，有扛鼎负重、砥砺作为的大担当，努力成为熟悉教育、研究教育、关心教育、支持教育的实干家，为山西教育事业发展不懈奋斗。

楼阳生就加快推进教育现代化、办好人民满意的教育作出具体部署。他强调，一要破解突出问题，巩固提升基础教育水平。支持公办幼儿园和普惠性民办幼儿园建设，切实解决学前教育普惠性资源不足问题。加快推进城乡义务教育优质均衡发展,坚持就近就便服从就优原则,鼓励探索高中、初中向县城集聚、小学向乡镇集中模式,切实解决义务教育城乡发展不平衡问题。扎实开展义务教育学校标准化建设,依法依规促进民办学校发展,切实解决基础教育公办民办不协调问题。全面落实"减负三十条",切实解决中小学生课业负担过重问题。完善进城务工人员子女"流入地为主、公办学校为主"入学政策,加大对留守儿童、残疾儿童等特殊群体孩子的关爱力度,切实解决特殊群体学生公平教育问题。深入开展校园周边环境综合治理和师生心理健康干预,切实消除校园安全隐患。坚持德智体美劳"五育"并举,让孩子们受到全面教育、得到全面发展。二要全面提升高等教育和职业教育质量,增强教育服务转型发展能力。支持山西大学和太原理工大学借力北京大学、清华大学对口帮扶,率先发展;鼓励其他高校与C9高校联盟加强合作,特色发展。大力推进学科专业优化调整,建强建优学科专业,加快发展战略性新兴产业急需紧缺学科专业,在建设一流院校、一流学科专业上取得突破。推动专业学位教育与职业资格衔接,开展好现代学徒制试点和产教融合型城市试点,在产教融合发展上取得突破。大力实施"1331工程",加强关键核心技术攻关,推动重大科技成果转化,在强化高校科技创新上取得突破。制定职业培训山西标准,推动"人人持证、技能社会"建设,在完善培训体系上取得突破。三要深化教育体制机制改革,全面激发教育发展活力。深化招生考试和教育评价制度改革,深入推进办学体制改革。创新教育管理制度,落实和扩大高校办学自主权,提升各级各类学校治理能力。深化人事人才体制机制改革,建立各级各类学校教师"能上能下、能进能出"动态调整机制,落实以增加知识价值为导向的分配政策,培养高素质教师队伍。楼阳生还对压实工作责任、加大投入力度、完善配套政策等提出要求。

第一次全体会议以视频形式开到市。副省长张复明在第二次全体会议上作了总结讲话。会议进行了分组讨论,审议了《山西教育现代化2035》《加快推进山西教育现代化实施方案(2018-2022年)》,作了交流发言。

省委常委,省人大常委会、省政府、省政协有关负责同志出席会议。各市市长,省委教育工作领导小组成员单位主要负责同志,省直有关部门、中央驻晋单位、全省普通本专科院校主要负责同志,省教育厅班子成员在主会场参加会议。各市市委书记在当地分会场参加会议。

全省高校党的建设工作会议

4月26日,全省高校党的建设工作会议在太原召开。会议学习贯彻习近平总书记在全国教育大会、学校思想政治理论课教师座谈会上的重要讲话精神,贯彻落实第二十六次全国高校党的建设工作会议、全省教育大会精神,研究部署高校党的建设和思想政治工作。省委副书记林武出席会议并讲话。省委常委、宣传部长廉毅敏就有关文件作说明。省委常委、组织部长曲孝丽主持会议。副省长张复明出席会议。

林武在讲话中,充分肯定全省高校党的建设和思政工作取得的成绩。他指出,抓好高校党建和思政工作,是坚持党对高校全面领导的需要,是落实立德树人根本任务的需要,是高等教育振兴发展的需要,必须从战略和全局的高度,深刻认识其重大意义和重要地位,切实增强做好工作的责任感和使命感。

林武强调,要认真落实新时代党的建设总要求,自觉把政治建设摆在首位,持续加强高校领导班子和干部队伍建设,全面加强院系党组织机构和能力建设,着力打造过硬基层党支部,切实加强党对高校的全面领导,为办好社会主义大学提供根本保证。要贯彻"三全育人"要求加快构建思想政治工作体系,下功夫把思政工作队伍配齐配强、管好用好,坚决守好课堂教学这个主渠道和网络思政这个主阵地,进一步推动高校学生会和学生社团改革发展,着眼政治安全和校园稳定加强意识形态工作,全力推动高校思政工作创新发展。要加强组织领导,压紧压实责任,主动对标一流,强化工作合力,以改革创新、奋发有为的精神状态,共同推动中央和省委各项决策部署落地见效。

省直有关部门、各市党委政府负责同志,省本、专科院校主要负责同志等参加会议。省委宣传部、省委教育工委和山西医科大学、太原师范学院、山西药科职业学院、运城职业技术学院作交流发言。

山西省庆祝"五一"国际劳动节暨劳动模范表彰大会

4月28日,山西省庆祝"五一"国际劳动节暨劳动模范表彰大会在太原隆重举行。省委书记、省人大常委会主任骆惠宁出席并讲话,代表省委、省政府,向全省广大工人、农民、知识分子和其他各阶层劳动群众,向驻晋部队、武警官兵和公安民警,致以节日的问候,向受表彰的劳动模范致以崇高敬意。他强调,要大力弘扬劳模精神,激励全省人民改革创新、奋发有为,勠力同心、追梦奋斗,用辛勤奋斗持续谱写中国特色社会主义山西篇章,以优异成绩为新中国成立70周年增光添彩。省委副书记、省长楼阳生主持会议。省政协主席李佳出席。省委副书记林武宣读省委、省政府《关于表彰山西省模范单位(集体)和劳动模范的决定》。

上午9时,大会开始,全体起立,奏唱国歌。省委、省政府授予山西省潞安煤基清洁能源有限责任公司等99个单位"山西省模范单位"称号;授予山西转型综合改革示范区阳曲产业园区事业服务中心等100个集体"山西省模范集体"称号;授予姚武江等96名同志"山西省特级劳动模范"称号;授予薛晨阳等696名同志"山西省劳动模范"称号。会议还代为表彰了山西获得"全国五一劳动奖状""全国五一劳动奖章""全国工人先锋号"的22个单位(集体)和16名个人。省领导向劳动模范代表颁发荣誉证书,劳动模范代表作表态发言,与会全体劳模向全省广大劳动者发出倡议书。

骆惠宁在讲话中指出,新中国成立70年来,党领导人民进行革命、建设和改革的辉煌历史,深深镌刻着广大劳动群众听党话、跟党走的奋进足迹,劳模精神、劳动精神历久弥新。近年来,全省上下坚持以习近平新时代中国特色社会主义思想为指引，深入贯彻习近平总书记视察山西重要讲话精神，按照省委“一个指引、两手硬”思路和要求，紧紧抓住机遇，勇于改革创新，果敢应对挑战，奋力攻坚克难，实现了政治生态由“乱”转“治”、发展由“疲”转“兴”，各方面建设和发展迈上新的征程。在这不平凡的奋斗历程中，全省广大劳动群众在经济社会发展主战场建功立业，在脱贫攻坚第一线攻城拔寨，在改革开放最前沿大显身手，奏响了劳动最光荣、奋斗最壮丽的时代强音。广大劳动模范用自己的拼搏进取助推了全省的高质量发展，用自己的先进事迹立起了开拓前行的标杆，不愧是民族的精英、国家的栋梁、社会的中坚、人民的楷模。

骆惠宁强调，社会主义是干出来的，新时代也是干出来的。山西正处于“两转”基础上全面拓展新局面的关键时期，迫切需要“干”字当头的劳模精神。要弘扬广大劳模忠诚于党、热爱人民的政治品格，持续引导激励全省劳动群众矢志不渝走中国特色社会主义道路，让理想信念之光照亮每个人的奋斗征程；要弘扬广大劳模爱岗敬业、争创一流的进取精神，持续引导激励全省劳动群众全面提升能力素质，对标先进，比学赶超；要弘扬广大劳模艰苦奋斗、脚踏实地的优良作风，持续引导激励全省劳动群众为实现转型发展“三大目标”奋勇拼搏，用自己的劳动创造成就精彩人生；要弘扬广大劳模淡泊名利、甘于奉献的崇高风尚，持续引导激励全省劳动群众积极支持改革、参与社会治理，自觉维护和谐稳定的大好局面。要以劳模精神激励全社会劳动者，不断汇集起干事创业的强大正能量。

骆惠宁指出，全省各级工会组织要在坚持党的领导、加强政治引领、推进建功立业、维护合法权益、深化自身改革等方面持续用力，壮大工作品牌，建好“职工之家”。各级党委要深入贯彻党的全心全意依靠工人阶级的方针，支持工会工作，帮助解决问题，关心工会干部，助其发挥作用，坚决反对官僚主义、形式主义，把加强和改进对工会工作的领导落到实处。骆惠宁强调，广大劳动模范要再接再厉，各级党委政府要关心爱护每位劳模，让广大劳动模范更有尊严、更有价值、更有希望。

楼阳生在主持会议时指出，骆惠宁书记的讲话，号召全省上下大力弘扬劳模精神，并对各级党委、政府和工会组织提出工作要求。讲话既指向鲜明、又情深意切，各地各部门要深刻领会、认真贯彻，在全省迅速掀起宣传劳模、学习劳模的热潮，引导激励广大劳动群众为谱写新时代中国特色社会主义山西篇章不懈奋斗。

省委常委，省人大常委会、省政府、省政协有关负责同志出席会议。省模范单位(集体)代表和省劳动模范，“全国五一劳动奖状”、“全国工人先锋号”代表，“全国五一劳动奖章”获得者和特邀劳模代表，省劳动竞赛委员会成员单位负责同志，各市有关负责同志和省市工会系统负责同志参加会议。

山西省召开庆祝五四青年节暨全省青年投身改革创新推进大会

5月5日，山西省庆祝五四青年节暨全省青年投身改革创新推进大会在太原召开。会议深入学习贯彻习近平总书记在纪念五四运动100周年大会上的重要讲话精神，表彰优秀青年典型，号召广大青年弘扬伟大五四精神，积极投身改革创新，为全面拓展新局面、谱写新时代中国特色社会主义山西篇章贡献先锋力量。省委副书记林武出席并讲话。省领导廉毅敏、曲孝丽、卫小春、王成、谢红出席会议。

林武指出，习近平总书记的重要讲话为我们弘扬伟大五四精神指明了方向、提供了遵循，要深入学习、广泛宣传、认真落实。他强调，全省广大青年要牢记习近平总书记的深情寄语，深刻理解五四运动的历史意义和五四精神的时代价值，坚持新时代中国青年运动的主题、方向和使命，积极响应省委号召，用好大讨论成果，发扬光荣传统，发挥独特优势，以改革创新、奋发有为的精神状态，青春心向党、建功新时代。要坚定信念，夯实改革创新的思想基础；勇挑重担，彰显改革创新的精神风貌；学习实践，练就改革创新的过硬本领；崇德修身，提升改革创新的境界格局。各级党委和政府、各级领导干部要坚持党管青年原则，做青年朋友的知心人、热心人、引路人。各级团组织要认真履行引领凝聚青年、组织动员青年、联系服务青年的职责，继续深化自身改革，大力提升青年工作整体水平。社会各界要尽最大力量关心青年成长、支持青年发展、发挥青年作用，努力形成支持青年改革创新、干事创业的良好氛围。

会上，省领导为山西青年五四奖章、五四奖状、青年创业奖、脱贫攻坚青年先锋获奖代表颁奖，青年代表作表态发言，在场全体青年集体宣誓。省直有关部门负责同志，团省委班子成员，先进青年典型和各界青年代表共900余人参加会议。

全省“改革创新、奋发有为”大讨论交流总结会议

(会议内容见本书“‘改革创新、奋发有为’大讨论”栏目)

全省“不忘初心、牢记使命”主题教育工作会议

(会议内容见本书“‘不忘初心、牢记使命’主题教育”栏目)

全省公安工作会议

6月10日，全省公安工作会议在太原召开。省委书记、省人大常委会主任骆惠宁出席并讲话。他强调，要深入学习贯彻习近平总书记关于加强新时代公安工作的重要论述，把党中央的决策部署转化为实际行动，奋力开创新时代全省公安工作新局面。骆惠宁代表省委，向全省广大公安民警表示诚挚问候。省委副书记、省长楼阳生，省委副书记林武出席会议。

骆惠宁在讲话中指出，在全国公安工作会议上，习近平总书记创造性地提出了关于加强新时代公安工作的重要论述，进一步阐明了新时代公安工作的使命任务和根本要求。我们要深刻领会、全面贯彻，牢牢把握公安工作的正确方向。

骆惠宁指出，近年来，省委深入学习贯彻习近平新时代中国特色社会主义思想，坚决贯彻党中央决策部署，全面加强对公安工作的领导，为全省公安工作实现重大变化、整体跃升提供了坚强保证，推动全省公安工作取得重大进步，突

出表现为“三个重大变化”：一是全省安全稳定形势发生重大变化，人民群众的安全感明显提升。二是公安警务运行机制发生重大变化，全警战斗力和服务能力明显提升。三是公安队伍整体面貌发生重大变化，广大民警敢担当善作为的积极性主动性明显提升。同时要看到，形势任务在发生变化，我省公安机关还存在一些不适应的地方，公安工作一定要与时俱进。

骆惠宁强调，要忠实履行公安机关的使命任务，有力服务保障全省经济社会发展。一要持续深化对敌斗争。健全党委统一领导、公安机关与有关部门分工负责、协同高效的维护政治安全工作机制，防范抵御“颜色革命”，打好反恐防恐组合拳，全面落实意识形态工作责任制，正确区分和处理两类不同性质的矛盾，坚决维护国家政治安全。二要持续防范化解社会矛盾风险。深入开展矛盾纠纷排查化解，推广新时代“枫桥经验”，做好特定利益群体政策落实、帮扶解困、教育稳控等工作，全力防范化解风险因素、苗头性问题，做到守土尽责，成效明显。三要持续严厉打击违法犯罪。深入研究新形势下犯罪活动的规律特点，创新和完善打击犯罪的新机制新手段，严厉打击涉黑涉恶、涉枪涉爆、暴力恐怖、个人极端暴力等严重刑事犯罪，严厉打击盗抢骗、黄赌毒、食药环等突出违法犯罪，始终保持高压震慑态势。坚持打防并举，加快完善立体化、信息化社会治安防控体系，提高对动态环境下社会治安的控制力。深入推进扫黑除恶专项斗争，抓好中央督导及“回头看”反馈问题整改，进一步强化案件攻坚，“打财断血”“打伞破网”，实现再战再捷。四要持续加强执法规范化建设。要抓住关键环节，完善执法权力运行机制和管理监督制约体系。加强执法能力培训，推动公安机关领导干部学法用法，强化公安民警法治思维养成。树立正确法治理念，把打击犯罪同保障人权、追求效率同实现公正、执法目的同执法形式有机统一起来，做到以法为据、以理服人、以情感人。强化全民法治教育，合力营造办事依法、遇事找法、解决问题用法、化解矛盾靠法的良好法治环境。

骆惠宁强调，要大力深化改革创新，不断提升公安工作现代化水平。一要深入推进公安机关机构改革。深化同机构改革配套的相关政策制度改革，理顺事权关系、层级关系、结构关系，优化职能配置、机构设置、力量资源配置。推行扁平化管理，在省市县公安机关全面实行大部门、大警种制，加快构建职能科学、事权清晰、指挥顺畅、运行高效的公安机关机构职能体系。树立抓基层强基础的导向，推动重心下移、警力下沉、保障下倾，深入推进“三基建设”，精简压缩机关警力，进一步增强基层实力、激发基层活力、提升基层战斗力。二要深入推进公安大数据建设应用。依法推进各单位数据融合共享，推动公安数据、政务数据、社会资源数据、网络数据全量汇聚。全面推进大数据智能应用、移动应用、集成应用，打造数字警务，建设智慧公安，不断提升警务工作的数字化战斗力和智能化水平。三要深入推进公安“放管服”改革。进一步完善“一网通一次办”和“精准服务企业”等公共服务平台，主动对接广大群众和企业新需求，丰富平台功能模块，提升平台服务质量，让群众和企业办事更顺畅更便利。加大宣传推广力度，提高平台在广大群众和企业中的认知度、使用率。把我省全面调整放宽户口迁移政策落实好，为各类人才落户山西提供优质服务。抓好辅警改革重点任务，确保这项重大改革取得扎实成效。

骆惠宁强调，要坚持党的绝对领导，为做好新时代公安工作提供根本保证。一要健全完善领导机制。加强对公安工作的政治领导、思想领导、组织领导，全面落实各级公安主要负责同志由同级政府副职兼任制度，推动异地交流常态化制度化，实现省市县三级公安机关全覆盖。二要锻造高素质过硬公安队伍。全面从严治警，着力锻造一支具有铁一般理想信念、铁一般责任担当、铁一般过硬本领、铁一般纪律作风的公安队伍。狠抓思想政治建设，坚持不懈用习近平新时代中国特色社会主义思想武装全警，认真开展“不忘初心、牢记使命”主题教育，推动全警锤炼忠诚干净担当的政治品格。狠抓能力素质建设，开展全警大培训大练兵活动，提升公安队伍在法律政策运用、重大风险防控、复杂事件处置和群众工作、科技应用、舆论引导等方面的能力。狠抓纪律作风建设，坚持严在平时、管在日常，深化应用监督执纪“四种形态”，使广大民警自觉知敬畏、存戒惧、守底线。坚持刀刃向内，对违纪违法问题始终保持零容忍，不管是黑恶势力等违法犯罪的“保护伞”还是群众身边的“微腐败”，都要依纪依法严肃查处。三要加大对公安工作的支持保障力度。各级党委政府要在政治上关心、工作上支持、待遇上保障，落实市县公安机关经费保障新标准，落实从优待警各项政策，健全常态化表彰奖励机制，加大先进典型培育和宣传力度，旗帜鲜明鼓励、支持和保护民警依法履职，当好坚强后盾。

省委常委、政法委书记商黎光主持第一阶段会议，并在第二阶段会议上讲话。副省长刘新云主持第二阶段会议。商黎光围绕贯彻骆惠宁书记重要讲话精神，聚焦政治建设、规范执法、体制机制、基层基础、班子建设、人才建设、科技兴警、从严治警、从优待警、执法环境十个方面作出具体部署。

会议以视频形式开到市。省委常委，省人大常委会、省政府、省政协有关负责同志，省法院院长、省检察院检察长出席会议。省委政法委、省法院、省检察院、省公安厅、省司法厅、省国家安全厅领导班子成员，省直有关部门和各市政法委、公安局主要负责同志在省主会场参加会议。各市市委书记、市长在当地分会场参加会议。

全省“不忘初心、牢记使命”主题教育专题党课暨第三次学用习近平新时代中国特色社会主义思想经验交流会

（会议内容见本书“‘不忘初心、牢记使命’主题教育”栏目）

全省“不忘初心、牢记使命”主题教育推进会

7月29日，全省“不忘初心、牢记使命”主题教育推进会在太原召开。省委书记、省委“不忘初心、牢记使命”主题教育领导小组组长骆惠宁出席会议并讲话。他强调，要深入学习贯彻习近平总书记关于主题教育重要讲话精神，按照党中央

的新近部署，进一步明确要求、强化举措、细化安排，始终保持主题教育的正确方向，不断取得高质量成效。省委副书记、省长楼阳生主持会议。省委副书记林武，省政协主席李佳出席会议。

骆惠宁首先分析了全省主题教育进展情况，从突出思想引领、“关键少数”示范、上下联动整改、展现好的作风、组织领导有力、推动事业发展6个方面，阐述了所呈现的持续发力、初见成效良好态势。他指出，当前广大党员干部不断焕发出干事创业的激情，正努力把守初心担使命变为全面拓展新局面的实际行动，推动全省整体工作持续进步。骆惠宁强调，进一步引深主题教育，既要看到积极进展，又要看到存在问题。对不平衡、不协调、不扎实、不深入等突出问题，必须结合其具体表现，针对性提出改进举措。

骆惠宁围绕学习贯彻习近平总书记在内蒙古考察并指导主题教育时的重要指示精神，对以抓思想认识到位、抓检视问题到位、抓整改落实到位、抓组织领导到位为工作标准，有效推动我省主题教育向纵深发展作了进一步安排部署。一要以统筹协调的办法，推动四项重点措施有机融合并贯穿全过程。他指出，把学习教育、调查研究、检视问题、整改落实贯穿全过程，是开展党内集中教育的新探索。中央对此提出明确要求，我们要当好“施工队长”，打通内在联系、把握关键动作，协调有序推进、争取整体效果。骆惠宁对每项重点措施的实施现状和问题表现分别进行了分析，在此基础上，逐一提出了下一步的工作举措和时限要求。他强调，要更好地把握学习教育是根本、调查研究是途径、检视问题是关键、整改落实是目的，进一步把学懂弄通做实习近平新时代中国特色社会主义思想作为主线贯穿全过程，在理论联系实际的过程中寻找解决问题的办法，把问题找准查实，把根源剖深析透，真刀真枪解决问题，推动党中央路线方针政策落地生根。二要以彻底的自我革命精神，坚决打赢中央部署的8个专项整治攻坚战。骆惠宁指出，近日中央主题教育领导小组发出通知，对开展8个专项整治工作作出安排。今天的会议，也是省委对抓好8个专项整治的动员。要从增强“四个意识”、坚定“四个自信”、做到“两个维护”的政治高度，切实搞清楚为什么开展专项整治、如何开展专项整治、怎样确保专项整治取得实效。他强调，要强化全省一盘棋，把握整治重点，压实整治责任，注重各方联动，推进标本兼治。各牵头单位要加强对专项整治的统筹协调和推进落实；各参与单位要按照职责分工，主动配合、抓好落实；其他省直机关、市县及基层都要主动认领任务。既要出重拳“当下改”，又要建制度“长久立”，对解决不够好的，要适时开展“回头看”；对已基本解决的，要严防回潮反弹。三要以正确到位的组织领导，确保主题教育取得预期效果。骆惠宁指出，各级党委（党组）要进一步把主体责任扛起来，把本单位本系统主题教育开展情况放在全省大局中审视和把握，尤其是“一把手”要强化大局意识，主动对表对标，看整体推进得如何，想差距短板在哪，悟如何引向深入。既要发挥表率作用，带头学习、带头调查研究、带头检视问题、带头整改落实；又要切实履行好领导职责，把握四项重点措施要抓住的关键动作，重视抓好下属单位和党支部的主题教育，确保主题教育有力有序有效开展。

骆惠宁强调，主题教育总体上分两批进行，但不等于截然分开，市、县（市、区）两级党委现在就要进一步进入角色，提前谋划、掌握主动。要在主题教育中贯彻好党的群众路线，开展调研、下去服务、检视问题、整改落实都要注重听取基层和群众的意见。要加大宣传引导力度，进一步营造浓厚氛围，提高群众知晓度。要加大对反面典型的曝光，发挥舆论监督和警示震慑作用。省委各巡回指导组要以抓“四个到位”为根本遵循，加强和改进督导工作。通过全面贯彻中央及省委主题教育部署要求，把推动主题教育与正在做的事情结合起来，做到“两不误、两促进”，把主题教育集聚的强大正能量不断转化为全面拓展新局面的更大成效。

楼阳生在主持会议时指出，骆惠宁书记的讲话，深入贯彻落实习近平总书记关于主题教育的重要讲话精神，对进一步推动主题教育高质量开展提出明确要求。讲话目标导向鲜明、问题导向突出、工作安排具体，是对党中央新近部署的对表对标，是进一步推动我省主题教育向纵深发展的有力指导，也是对党委（党组）“一把手”抓好主题教育的以身作则，我们要认真学习领会，全面贯彻落实。

会上，省委组织部、省直工委、省生态环境厅、省司法厅、阳煤集团负责同志作交流发言，以刀刃向内的勇气揭短亮丑、真改实改。

省委常委，省人大常委会、省政府、省政协负责同志，省法院院长，省检察院检察长出席会议。主题教育第一批次部门（单位）主要负责同志，省委主题教育领导小组办公室负责同志，省委主题教育巡回指导组组长、联络员等参加会议。会议以电视电话会议形式召开，各市设分会场。

第二届全国青年运动会

8月8日晚，太原汾河之畔，山西体育中心红灯笼体育场，亮起了醇厚的中国红。第二届全国青年运动会在此隆重开幕。

这一晚，万众瞩目。

本次青运会是进入新时代特别是党的十九大召开后我国举办的第一个大型综合性体育赛事，是新中国成立以来在我省举办的规模最大、规格最高的体育盛会。

这一晚，盛情满怀。

红灯笼体育场内，数万名观众、4300余名参演人员、1000余名保障人员，热情涌动，激情跃动，共同奉献了一台主题为“逐梦新时代”的精彩开幕式。

20时整，由开幕仪式、文体展演和主火炬点燃仪式构成的开幕式开始。开幕仪式上，省委书记骆惠宁致欢迎辞，国家体育总局局长苟仲文致开幕辞，省长楼阳生主持。

骆惠宁在致辞中代表省委、省政府和3700万山西人民，向来自全国各地的运动员、教练员、裁判员和各位嘉宾表示热烈欢迎，向所有关心、支持本次青运会的各界人士表示衷心感谢。他说，青年兴则国家兴，国家强则体育强。本次青运会，正处于实现“两个一百年”奋斗目标的历史交汇期，正处于喜迎新中国成立70周年之际，是青春梦想与伟大时代的相聚，是青春风采与三晋魅力的相聚，是青春激情与体育精神的相聚。骆惠宁指出，在筹备本次青运会的过程中，我们已感受到它对于竞技体育发展、全民健身运动、社会文明进步的强大促进作用。我们有理由相信，第二届全国青年运动会，必将是一届精彩、惠民、难忘的体育盛会。

开幕仪式首先进行的是迎国旗仪式，在全场高唱《歌唱祖国》的歌声中、在8名武警战士的护卫下，鲜艳的五星红旗走来了。紧随其后进入会场的是中华人民共和国青年运动会会旗，第二届全国青年运动会会旗。

这是一场青春的盛会、这是一方拼搏的舞台。来自全国各地的34个代表团依次入场。当身穿红白相间运动服的中国香港代表团的运动员们高举中华人民共和国香港特别行政区区旗入场时，看台上的观众纷纷挥舞荧光棒，报以热烈的掌声。压轴出场的是山西省体育代表团。近年来，山西体育工作以创新发展、融合发展为总基调，不断拓宽工作领域，全力推进改革创新，全省体育工作全面进步。本次青运会，山西2800余名运动健儿将参加摔跤、柔道、体操等45个大项的比赛，用热血书写三晋体育的青春答卷。

在全场观众齐唱的国歌声中，鲜艳的五星红旗高高升起；在《二青会会歌》的激扬旋律中，中华人民共和国青年运动会会旗、第二届全国青年运动会会旗高高飘扬起来了。随后，运动员、教练员、裁判员先后进行了宣誓。

这一晚，红灯笼体育场炫彩夺目，科技“范儿”十足。一块直径达80米、面积达5024平方米的巨型天幕悬挂在场地正上方，可升降的巨型网幕与8000平方米的地面舞台，实现了720° 视觉效果和沉浸式演出，带来了超级震撼的视觉体验。

一曲悠扬的《山河知道》过后，文体展演正式开场。

展演共分为序《时代召唤》和《红日照东方》《水击三千里》《万里长空行》三个篇章。太行、黄河、长城作为山西旅游的三大板块依次展现，实现国际视野、中国气派、山西特色有机融合。

第一篇章《红日照东方》场景为太行山，取自《在太行山上》第一句“红日照遍了东方”。自行车健儿在飞驰，举重运动员托举起希望，击剑运动员英姿飒爽……表演者们变换着队形，拼接出不同的图案。皮划艇入场了，帆船入场了，百舸争流，那是青春的跃动旋律。

“黄河之水天上来”的恢弘气势，打开了第二篇章《水击三千里》。现场多维度屏幕打造出“见影不见屏”的意境，时而山峦起伏，时而大河澎湃，令观众仿佛置身于大江、大河、山川之中。山西非物质文化遗产“背棍”“风火流星”“竹马”等表演令人眼前一亮。

万籁俱寂，空中屏幕中映射出璀璨的宇宙景象，第三篇章《万里长空行》徐徐展开。吊着威亚的演员托举着蓝绿色的地球缓缓游走。星空下，长城故地，蜿蜒万里。呈现了昔日晋商“万里茶路”到今日中国“一带一路”的壮阔场景。曾经的沧桑化作民族融合的多彩画卷，曾经的垛口变成联通世界的开放窗口。

大桥的身影在画面中逐渐清晰，雄伟壮观。自古以来，山西为中华民族贡献了智慧、力量和精神。在改革开放的新时代，港珠澳大桥的不锈钢基座铸就中国自信，复兴号上的高铁轮对助力中国速度，神舟火箭的发射塔架助推中国高度……它们都有一个共同的名字：“山西造”！在资源型地区转型发展的今天，从“黑金”遍地到绿色满园，山西展现出勇当“能源革命排头兵”的非凡气度！

这不仅是一场运动会文体展演，还是一次对青年人的动员，是向当代青年发出的为实现中华民族伟大复兴而奋斗的冲锋号。文体展演的最后，几千名演员带领数万观众齐诵太原“时代新人”集体创作的诗歌《青春宣言》，“使命在肩，奋斗有我”“立鸿鹄志，做奋斗者”，誓言铮铮，这是时代的最强音。

最激动人心的时刻来了。当二青会火炬进入会场的时刻，立即吸引了数万观众的目光。担任火炬手的是我省优秀教练员代表蔡光亮、二青会赞助商代表李秋喜、“三晋英才”代表李立博、“时代新人”代表高思恩、农村妇女体育代表李英和优秀运动员代表赵若竹。

众目期待中，6名火炬手与智能机械臂共同点燃“浑天仪”造型的主火炬装置。主火炬装置缓缓上升，幻化为一只巨大的凤凰展翅高飞，凤凰飞出了红灯笼体育场，点燃了场外的火炬塔。熊熊燃烧的圣火将伴随本届运动会度过令人难忘的10个昼夜。

此次主火炬点燃仪式将现代视觉艺术、传统文化精神与高新科技完美融合，首次实现“场内场外、火炬手与机器人、实景和虚拟”相结合。这是青春的接力、梦想的延续，更是对未来的期许。凤凰展翅高飞，充分展现山西转型发展的强劲态势和浴火重生的坚定决心，象征着今日之山西正以崭新姿态走向更加光明的未来。

表演嘉宾演唱本届青运会原创主题歌曲《中国看我》，长110米、宽70米、面积达7700平方米的巨幅五星红旗进入现场，万人同唱《我爱你中国》，将整场演出推向高潮。五彩的气球飞腾起来，奔向广袤的夜空。这个夜晚，太原绽放出夺目的光彩，“逐梦新时代”文体展演令人震撼，令人鼓舞。

庆祝新中国成立70周年山西专场新闻发布会

（会议内容见本书“庆祝中华人民共和国成立70周年”栏目）

全省“不忘初心、牢记使命”主题教育第一批总结暨第二批部署会议

（会议内容见本书“‘不忘初心、牢记使命’主题教育”栏目）

全省退役军人工作会议

9月11日，全省退役军人工作会议在太原召开，省委副书记林武出席并讲话。他强调，要深入学习贯彻习近平总书记关于退役军人工作的重要论述，认真落实全国退役军人工作会议精神，统一思想、振奋精神、深化改革，不断把全省退役军人工作推向前进。省委常委、副省长胡玉亭宣读山西“最美退役军人”评选结果。

林武对近年来全省退役军人工作予以充分肯定。他指

出，加强新时代退役军人工作，必须坚持以习近平总书记关于退役军人工作的重要论述来武装头脑、指导实践。要着眼强化就业安置工作，根据德才条件等因素合理安排、树立鲜明导向，从全省层面归集专项岗位、拓展安置渠道，加强培训和指导，支持就业创业。要着眼提升待遇保障水平，积极落实各方面优待政策，继续做好社保接续工作，建立对特殊困难群体的援助机制。要维护退役军人合法权益，加强思想政治引领，大力宣传“最美退役军人”事迹，充分发挥党员先锋模范作用。要完善服务保障体系，解决好各级服务中心（站）实际问题，厘清职责定位，夯实服务基础，提升保障水平，不断增强退役军人和其他优抚对象的满意度。

林武强调，退役军人工作涉及面广，政治性、政策性强，必须加强组织领导。各级党委政府要严格落实主体责任，党政主要负责同志要切实担负起第一责任人责任，各级党委退役军人事务工作领导小组要充分发挥统筹谋划、协调各方的作用，强化部门联动。要加强县乡村三级机构和队伍建设，全面提升政策理论水平和解决实际问题能力，不断开辟新时代退役军人工作新局面。

会议为山西“最美退役军人”颁发了奖牌和证书。会前，省领导会见了山西最美退役军人并合影留念。

全省能源革命综合改革试点动员部署大会

（会议内容见本书“能源革命”栏目）

山西省第六次自强模范暨助残先进表彰大会

9 月 18 日，山西省第六次自强模范暨助残先进表彰大会在太原召开，省委副书记林武出席会议并讲话。他强调，要深入学习贯彻习近平总书记关于残疾人事业的重要论述，大力弘扬身残志坚精神和扶残助残美德，促进残疾人全面发展和共同富裕，进一步做好新时代残疾人工作。省人大常委会副主任高卫东、省政协副主席席小军出席会议。省政府党组成员吴伟主持会议。

林武代表省委、省政府，向受到表彰的全省自强模范、助残先进集体和个人表示诚挚敬意。他指出，自强模范身残志坚、不畏磨难，以不同方式服务群众、奉献社会。助残先进集体和个人秉承“积小善为大善、积小德为大德”的信念，为全社会树立起德行善举的榜样。要大力宣传他们的先进事迹，为全面拓展新局面凝聚更多正能量。

林武强调，要进一步加快我省残疾人小康进程，促进残疾人平等融合发展，动员全社会理解、尊重、关心、帮助残疾人，激励广大残疾人自尊、自信、自强、自立。各级党委、政府要把残疾人工作摆上重要议事日程，纳入经济社会发展全局。各级政府残工委要加强统筹协调，解决实际问题。工青妇等组织要发挥各自优势，支持残疾人工作。各级残联要自觉履行好“代表、服务、管理”职能，当好党和政府联系广大残疾人的桥梁纽带。各级残联干部要强化服务意识，真正成为残疾人信得过、靠得住的“娘家人”。

会前，省领导接见全体与会代表并合影留念。会议宣读了表彰决定并颁奖，自强模范和助残先进集体代表作了发言。省委、省政府有关副秘书长，省人社厅、省残联主要负责同志，省政府残工委成员单位负责同志，各市分管残联工作的副书记、副市长（残工委主任）、残联主要负责同志等参加会议。

山西中部盆地城市群一体化发展推进会

9 月 19 日，山西中部盆地城市群一体化发展推进会在太原召开，省委书记骆惠宁出席会议并讲话。在年初经济工作会议上，省委把山西中部盆地城市群一体化发展提到战略位置。之后，省政府组织编制了《山西中部盆地城市群一体化发展规划纲要（2019–2030 年）》，近日省委常委会审议了规划纲要及相关重大问题，并成立了领导小组。此次会议旨在对推进中部盆地城市群一体化发展进行动员部署。骆惠宁强调，要准确把握区域经济发展规律，顺应新型城镇化趋势，以革命性举措和标志性项目，全面推进山西中部盆地城市群一体化发展，为我省新型城镇化和高质量转型发展提供强劲动力。省政协主席李佳，省委副书记林武出席。

骆惠宁在讲话中，回顾分析了国内外城市群的发展历程和趋势，阐述了“一体化”的深刻内涵。指出，“一体化”是城市群发展的必然趋势，是带动高质量发展的必由之路，我们要顺应趋势、主动作为。“一体化”是一种全新的发展理念、模式和路径，与“区域合作”有重大区别，我们要准确理解、全面把握。骆惠宁指出，山西中部盆地城市群地处省域中心地带，基础较好，潜力很大，承东启西、连接南北，推动其一体化发展，提升其整体发展水平，形成中心开花、带动两头的发展格局，有助于带动全省提高综合经济实力和竞争力。要从现在开始，用非常之力，下恒久之功，一笔一笔把这个宏大蓝图展现出来。

骆惠宁强调，以生态宜居宜业为突破，以创新要素集聚为抓手，以产业协同发展为支撑，以人的城镇化为核心，着力推进基础设施、产业布局、生态环境、公共服务、治理体系等一体化发展，是山西中部盆地城市群一体化发展的基本内涵和主要路径。讲话紧紧围绕推动山西中部盆地城市群“一体化”和“高质量”，从六个方面作出部署。一是坚持共建共享，着力建设先进完备的基础设施网络。共同打造全省最畅通的交通网、最协调的市政网、最先进的信息网，加快现代化城市建设和新一代信息技术应用，不断增强城市群内基础设施的联通性、智能化，提升协同保障能力。二是坚持协同共进，着力构建高端集群的现代产业体系。把山西中部盆地城市群作为全省产业布局和发展的重点区域，对群内产业整体谋划、协同布局，努力向集群化发展、向中高端迈进。要在能源革命的变革性、牵引性、标志性重大举措上率先破题。先进制造业要迅速挺起，共同打造“5+7”千亿和百亿产业集群。现代特色农业要重点做好“有机旱作农业”和“城郊农业”两篇文章。文化旅游产业要深度融合。坚持走“科创 + 产业”道路。三是坚持开放共赢，着力创新活力充沛的统一市场机制。按照统一、开放、竞争、有序的市场体系要求，通过建立新的市场导向和利益调节机制，突破地区封锁和行业垄断等障碍，打造整体联动格局。率先加强城市群区域消费市场建设，提升城市群消费向心力和吸引外部消费的能力。推进城市群生产要素市场一体化改革,促进各类要素自由流动、充分融合、有效集聚。加快清理和废除妨碍统一市场和公平竞争的规定和做法,同向同步全面优化营商环境。要加快建立人才交流与合作常态机制,努力走出以人才协同发展促进区域协同发展的新路径。四是坚持统筹共荣,着力形成城乡融合的协调发展格局。以城市群为载体,积极创建国家城乡融合发展试验区,不断提升区域内城市辐射带动能力,加快推动各类要素向乡村流动,努力缩小城乡居民收入差距,大力改善城乡整体面貌,努力在建立健全城乡融合发展体制机制上进入全国第一方阵。要高度重视和有效防范各类风险。五是坚持绿色共保,着力打造宜居宜业的生态环境。坚持生态优先、绿色发展,筑牢中部盆地"两山一河"的生态本底,在城市群率先推行绿色生产生活方式,联手将"绿色低碳"打造成为城市群的鲜明品牌,在城市群率先构建环保倒逼转型的制度体系,围绕蓝天碧水净土,共同打好污染防治攻坚战,努力实现生态文明和高质量发展有机统一、人与自然和谐共生。六是坚持民生共享,着力提升均衡普惠的公共服务水平。要推进医疗资源协作互助,加快城市医联体建设,大力推进区域医疗中心试点建设;推进教育资源整合共享,鼓励多种形式的跨地区教育合作;推进社会保障接轨衔接,实现社保关系无障碍转移接续;推进社会治理统筹联动,推进"一网通办",全域推广网格化服务管理,进一步增强群众的获得感和幸福感,进一步提升城市群的亲和力和竞争力。

骆惠宁强调,要树立全省"一盘棋"思想,强化大局观念和打通理念,从领导体制、规划对接、政策创新、项目支撑、改革集成等方面持续发力,以革命性举措推进山西中部盆地城市群一体化发展规划纲要落地。要创新领导体制,省里要把"一体化"这件大事统筹抓起来,领导小组要统筹协调跨地区重要事项,督促重大改革、重大政策、重大项目落地,各相关市县要把融入"一体化"作为自身发展的战略选择,省直部门要加强指导、倾力支持,中央驻晋单位、省属国有企业要真诚服务、积极融入。要突出顶层设计,发挥好规划纲要对"一体化"的牵引作用,大规划要管住小规划,小规划要服从大规划。要加强政策创新,尽快构建"一体化"政策联动机制,全面清理不利于一体化发展的地方政策,提高重大政策一致性和执行的协同性,加快建立跨区域产业转移、重大基础设施建设、园区合作的成本分担和利益共享机制。要强化项目支撑,建立跨市县重大项目谋划推进机制,建设一批跨区域"一体化"项目,打出对外开放的城市群品牌。要加强集成创新,把推进山西中部盆地一体化发展的各项重大改革集成起来,系统谋划、统筹推进,努力使山西中部盆地城市群能够在改革方面"集大成"。

会议以视频连线的方式召开,主会场设在省委会议厅。省委常委、副省长胡玉亭主持并现场调度。会议视频连线首批开工的国家物流枢纽互联互通工程、汾河百公里中游示范区、"晋享云课堂"教育教学共同体、区域医疗卫生中心、客运班线公交化改造等12个一体化项目现场,有关负责同志汇报项目情况。

省委常委,省人大常委会、省政协负责同志出席会议。中部盆地城市群一体化发展领导小组成员单位主要负责同志,省直有关部门、中央有关驻晋单位负责同志,各市市委副书记或常务副市长在主会场参加会议。太原、忻州、吕梁、晋中四市设分会场。

全省第二批"不忘初心、牢记使命"主题教育推进会

10月8日,全省第二批"不忘初心、牢记使命"主题教育推进会在太原召开。省委书记、省委"不忘初心、牢记使命"主题教育领导小组组长骆惠宁出席会议并讲话。他强调,要深入学习贯彻习近平总书记关于主题教育一系列重要指示精神,按照中央主题教育领导小组召开的第二批推进会的要求,进一步对表对标、狠抓落实,把主题教育这一重大政治任务组织实施好,确保取得预期成效。省委副书记、省委主题教育领导小组常务副组长林武主持会议。

骆惠宁在讲话中首先分析了全省第二批主题教育进展情况。指出,各地各单位认真贯彻中央及省委部署,动员迅速,进入状态快,党员干部专注,学做查改一体推进,声势氛围积极昂扬,第二批主题教育呈现主题不变、主线突出、标准不降、力度加大的总体态势,但同时也还存在不平衡、不聚焦、不到位等一些值得注意的问题。

骆惠宁针对第二批实际,就推进中要坚持的、要防止的、要达到的目标等作了深入阐述,提出了四点要求。一是进一步提高政治站位,矫正思想认识偏差,切实增强自觉性主动性。他从第二批参加对象、肩负职责任务和当前形势等方面,深入阐述了搞好第二批主题教育的重大意义。指出,第二批涉及200多万名党员,各单位大多处在推动改革发展的主战场、应对矛盾风险的最前沿、联系服务群众的第一线,同时正值庆祝新中国成立70周年,也是各项工作向着"全年红"目标冲刺的关键期。强调,只有通过主题教育,着力解决违背初心使命的各种问题,才能更好推动党的建设和党的事业,各地各高校党组织要坚决扛起所肩负的重大责任。二是进一步强化理论武装,防止"走神""散光",更加鲜明地把主题主线立起来。他指出,要坚持集中学习、静下心学,深入交流研讨、互动促学,完善中心组学习等制度、常态化学。强调,要通读精读中央规定书目,重温习近平总书记视察山西重要讲话,跟进学习习近平总书记在庆祝中华人民共和国成立70周年大会上重要讲话,强化爱国主义教育和革命传统教育,以理论滋养初心、以理论引领使命。领导干部要围绕主题主线讲专题党课,用事实说话、用故事讲理。各市要开好"学用习近平新时代中国特色社会主义思想经验交流会",坚持理论联系实际,带动学以致用。要运用"学习强国"等新媒体学习平台,创新学习方式,增强学习实效。三是进一步突出专项整治,防止交假账、交空账,以正视问题的自觉和刀刃向内的勇气抓好整改落实。他充分肯定第二批单位总体已从一开始就改起来,立行立改解决了一批问题。同时指出,不愿改、不敢改、不会改的问题仍然存在。强调要集中精力抓中央部署的8个专项整治,市县和高校党委都要明确牵头抓专项整治的

负责人和责任部门，实行清单式管理、项目化推进，以钉钉子精神逐个抓好落实。同时抓好我省安排的5个方面整改工作，抓好学习研讨查摆问题、调查研究发现问题、群众突出反映的问题、专题民主生活会查找问题的整改。进一步健全上下联动抓整治整改机制，形成省市县顺畅衔接的工作合力。整治整改情况要及时公布，自觉接受群众监督，以实际成效取信于民。四要进一步加强组织领导，力戒形式主义、官僚主义，确保高质量完成各项任务。他指出，总的看，各方面领导责任和工作责任落实是好的，但也有标准不高、工作不深入等问题。强调，要进一步落实主体责任，坚持书记抓、抓书记，确保推进有力、落地见效。各级党组织书记要先抓自身、树立标杆，以"关键少数"把本地本单位主题教育带起来。要坚持分类指导、典型引路，及时发现和解决各种倾向性问题，注意发掘典型经验、创新做法、先进人物等，同时以反面典型开展警示教育。各级巡回指导组要坚持标准、严督实导，兜住底。要改进方式方法，注意防止层层加码，务求实质实效。地方要加强与垂直管理机构的联络，搞好条块结合，配合做好工作。要认真落实中央"基层减负年"要求，让基层干部把更多的精力用于服务群众、推动工作。

骆惠宁强调，当前国际形势错综复杂，各方面改革发展稳定任务艰巨繁重。越是形势复杂，越要砥砺初心、坚定信念；越是任务艰巨，越要牢记使命、担当作为。要更好把开展主题教育同推动中心工作紧密结合起来，抓好年内工作，谋划明年工作，努力实现高质量开展主题教育和高质量完成全年目标任务互促共进，不断全面拓展党的建设和党的事业新局面。

会上，省领导王拥军、徐广国、廉毅敏、商黎光、曲孝丽、贺天才就上下联动抓整治整改分别作了专题安排。

全省深化党政机构改革总结会议

10月8日，全省深化党政机构改革总结会议在太原召开。省委书记、省人大常委会主任骆惠宁出席并讲话。他强调，要深入学习贯彻习近平总书记在深化党和国家机构改革总结会议上的重要讲话精神，持续巩固拓展机构改革成果，扎实做好"后半篇文章"，以更大力度推进治理体系和治理能力现代化。省委副书记、省长楼阳生主持会议，省政协主席李佳出席会议。

骆惠宁在讲话中指出，党的十九届三中全会以来，以习近平同志为核心的党中央统揽全局、把握大势，推动党和国家机构改革取得重大成效。习近平总书记在深化党和国家机构改革总结会议上发表的重要讲话，为持续完善党和国家机构职能体系、推进国家治理体系和治理能力现代化提供了根本指引。全省要深入学习领会，抓好贯彻落实。

骆惠宁指出，这次机构改革是在以习近平同志为核心的党中央坚强领导下，全面深化改革的一个重大动作，推进国家治理体系和治理能力现代化的一次集中行动。省委深入贯彻习近平总书记关于深化党和国家机构改革的重要论述，摆在战略性、全局性位置来推进，为改革顺利实施提供了有力保证。在全省共同努力下，各项改革任务按要求、按计划、按时限顺利完成，适应新时代要求的党政机构职能体系主体框架已建立，为全省在"两转"基础上全面拓展党的建设和党领导的事业新局面提供了有力制度保障。

骆惠宁指出，通过深化机构改革，全省呈现出"五个更加"的深刻变化。一是维护党中央集中统一领导更加坚强有力。二是全省机构职能体系更加顺畅高效。三是转型发展保障推进机制更加富有活力。四是服务群众工作导向更加鲜明突出。五是党的执政根基更加夯实牢固。要抓住有利契机，乘势而上，顺势而为，进一步坚定深化改革的信心、不断加深对执政规律的认识，以抓铁有痕的狠劲和久久为功的韧劲，善始善终，善作善成，推动党政机构改革取得更大成果。

骆惠宁强调，深化机构改革已经发生了"物理变化"，但要持续催生"化学反应"，还有大量工作要做。要坚决贯彻党中央决策部署，以坚持和加强党的全面领导为统领，以推进机构职能优化协同高效为着力点，把加强党的长期执政能力建设同提高治理水平有机统一起来，继续完善党政机构职能体系，不断推进治理体系和治理能力现代化。一要在健全党对重大工作的领导体制上再发力、再深化，进一步发挥党委议事协调机构及其办事机构作用。省委议事协调机构及其办事机构要在谋大事、议大事、抓大事上下功夫，健全运行机制，深入分析形势，增强谋划能力，注重沟通协调，为省委决策当好参谋。各级党委工作机关要带头坚持和加强党的全面领导。各级人大机关、行政机关、政协机关、监察机关、审判机关、检察机关要在党委领导下步调一致开展工作。党委归口协调管理部门要落实统一领导、统一管理和归口领导、归口管理有关要求，支持被归口部门依法依规开展工作，保证政令畅通，不折不扣把中央及省委决策部署落到实处。二要在转变和优化职责上再发力、再深化，进一步提高机构履职尽责能力和水平。在内部融合上下功夫，持续推动新组建机构加快融合，加强思想政治工作，广泛调动积极性，产生"1+1＞2"的效果。在部门衔接上下功夫，完善相关工作机制，明确责任链条分界点、衔接点，确保工作职责无缝对接。在上下贯通上下功夫，充分发挥各级各部门的积极性和创造性，加强协同配合，真正拧成一股绳，确保各项工作不脱节、不断档、不悬空，在基层落地。三要在落实相关配套改革上再发力、再深化，进一步增强改革整体效应。深化基层治理体制改革，落实好省委《关于深化"三基建设"进一步加强基层工作的若干意见》，加快健全完善方便服务人民群众、符合基层事务特点的基层管理体制。深化综合行政执法改革，让市场主体和群众有更多改革获得感。深化事业单位改革，加快推进政事分开、事企分开、管办分离，科学确定事业单位机构编制规模，优化布局结构，不断提高事业单位公益服务供给质量和水平。四要在推进机构编制法定化上再发力、再深化，进一步提升机构编制管理水平。以贯彻落实《中国共产党机构编制工作条例》为抓手，加快推进机构职能、权限、程序、责任法定化，依法管理各类组织机构，全面提高机构编制管理的规范化、科学化、法治化水平。部门设置机构、配备人员要严格按照"三定"规定核定的机构数、职数、编制数执行，确定好的总盘子决不能突破,精干设置的机构编制决不能反弹。五要在建设高素质专业化干部队伍上再发力、再深化,进一步营造干事创业的浓厚氛围。准确把握新机构新职能提出的新要求,推进各级干部状态和素质双提升,做到“百尺竿头、再进一步”。在讲政治上再进一步,树牢“四个意识”、坚定“四个自信”、带头做到“两个维护”。在强本领上再进一步,提高适应新时代中国特色社会主义发展要求的能力。在攀高峰上再进一步,增强标杆意识、创新精神、底线思维,在主动对标中加压力、增动力、添活力。在转作风上再进一步,力戒形式主义、官僚主义,以提升自身的“务实指数”,来提升老百姓的“幸福指数”。六要在牵动改革全局上再发力、再深化,进一步开创全面深化改革新局面。结合巩固拓展机构改革成果,落实好领导干部抓改革责任制,不断增强抓改革促发展的聚合效应。要加强责任落实,压实各级党委(党组)全面深化改革主体责任,衔接好重点领域改革责任链条。加强协同联动,强化省直部门与市县、牵头部门与配合部门、主体改革与配套方案、改革举措与法治保障、试点探索与总结推广、改革任务推进与机构职能调整的配套联动。加强系统集成,注重各项改革协调推进、相得益彰。加强评估问效,保证改革实施成效,不断把全面深化改革向纵深推进。

楼阳生在主持会议时指出,全省各级各部门要迅速抓好骆惠宁书记讲话精神的传达学习和贯彻落实,切实把思想和行动统一到中央及省委决策部署上来,高质量完成机构改革“后半篇文章”,为全省在“两转”基础上全面拓展新局面提供有力制度保障。

会上,太原市委、省退役军人事务厅、省市场监督管理局、省行政审批服务管理局、沁水县委主要负责同志先后作交流发言。

省委常委,省人大常委会、省政府、省政协负责同志,省法院院长出席会议。省直各部门主要负责同志,省委深化党政机构改革领导小组成员及办公室负责同志,中央驻晋主要新闻媒体负责同志参加会议。会议以电视电话会议形式召开,各市设分会场。

山西省脱贫攻坚奖表彰大会暨先进事迹报告会

在全国第六个扶贫日到来之际,10 月 11 日,省委、省政府召开 2019 年山西省脱贫攻坚奖表彰大会暨先进事迹报告会。省委副书记、省长楼阳生出席并为获奖者颁奖,省委副书记林武讲话,省委常委、组织部长曲孝丽宣读表彰决定,省人大常委会副主任高卫东、省政协副主席席小军出席会议,副省长王成主持会议。

会议对 30 个先进集体和 80 名先进个人进行表彰。程玉珍、冯毅、李玲义、巨彦军爱人周艳、常明昌等受表彰代表先后作了先进事迹报告。

林武代表省委、省政府向所有受到表彰的集体和个人表示祝贺,向奋战在全省脱贫攻坚一线的广大干部群众、向关心支持扶贫事业的社会各界人士致以问候和感谢,并希望受到表彰的单位和同志们珍惜荣誉,再接再厉,再立新功。

会议指出,先进典型的事迹感人至深,精神催人奋进,作风令人钦佩。要大力宣传弘扬先进事迹,充分发挥示范导向作用,学习他们艰苦奋斗、自强不息、摆脱贫困的拼搏意志,不忘初心、牢记使命、忠于党的事业的政治品格,情系群众、担当作为、为群众谋福祉的价值追求,守望相助、无私奉献、扶贫济困的大爱情怀,以及积极进取、勇于探索、改革创新的开拓精神,引导全社会见贤思齐,凝聚起脱贫攻坚强大合力。

会议强调,当前我省脱贫攻坚已进入决战决胜的冲刺阶段,全省上下要坚持以习近平总书记关于扶贫工作的重要论述为根本遵循,进一步提升政治站位,强化交总账意识,切实做到主体责任再压实、问题导向再鲜明、工作措施再精准。特别是有脱贫任务县的县委书记要亲自安排部署、亲自协调推动、亲自督查落实,既要当好“一线总指挥”,更要当好“施工队长”。要关心爱护广大基层扶贫干部,创造工作条件,落实相关待遇,让有为者有位、吃苦者吃香,鼓励他们当好脱贫攻坚的生力军。

各级脱贫攻坚领导小组要认真履行牵头抓总职责,督促和推动成员单位狠抓专项扶贫任务落实,确保各项决策部署落地落实、见到实效。各级扶贫办要发挥好职能作用,切实当好参谋助手。各驻村帮扶工作队要加强作风建设,提升帮扶能力,增强帮扶实效。省委脱贫攻坚督导组要坚持问题导向,严督实导倒逼任务落实。

会议指出,要广泛宣传典型、学习典型、选树典型、争当典型,激励干部群众主动作为,动员社会各界力量聚力脱贫攻坚。通过开展“不忘初心、牢记使命”主题教育,形成全省践行初心、履行使命、对标一流、比学赶超、奋勇争先的攻坚态势。要完善关心激励措施,树立鲜明导向,鼓励带动更多干部到脱贫攻坚一线建功立业、担当作为。

全省推进工业高质量发展大会

(会议内容见本书“转型综改和供给侧结构性改革”栏目)

2019 年太原能源低碳发展论坛

10 月 22 日,2019 年太原能源低碳发展论坛在中国(太原)煤炭交易中心隆重开幕。省委书记骆惠宁致欢迎辞,省委副书记、省长楼阳生主持。捷克前总理博胡斯拉夫·索博特卡,联合国副秘书长刘振民,国务院常务副秘书长丁学东,自然资源部部长陆昊,国务院国资委党委书记、主任郝鹏,省政协主席李佳,省委副书记林武出席。

骆惠宁在致辞中代表省委省政府和山西人民,对莅会嘉宾表示欢迎,对关心支持论坛的各方面人士表示感谢。他说,习近平主席亲自发来贺信,对我们是巨大鼓舞;韩正副总理亲临宣读贺信,并发表主旨演讲,充分体现了党中央、国务院对能源革命的高度重视。此次国内外嘉宾齐聚一堂,围绕“能源革命,国际合作”主题,交流先进理念,展示最新成果,探讨前沿课题,加强务实合作,必将对中国乃至世界能源高质量发展产生十分积极的影响。

骆惠宁说,五千年中华文明看山西,新时代能源革命山西在担当。近年来,山西深入贯彻习近平主席关于能源革命的重要论述,顺应全球新一轮能源变革趋势,立志不当“煤老大”,争当能源革命“排头兵”,主动在能源消费革命、供给革命、技术革命、体制革命和深化对外合作等方面积极作为。前不久,党中央、国务院赋予山西能源革命综合改革试点的国家使命,我们举全省之力落实这一重大部署,推出了一批变革性、牵引性、标志性的重大举措,致力于实现“能源革命、牵引转型,国内示范、全球影响”的战略目标。目前,山西能源革命综合改革试点已经有了一个好的开端。可以说,今天的山西,能源革命正成为资源型经济转型的极重要内容,正成为全省经济高质量发展的极强劲动力。他指出,把太原能源低碳发展论坛建成国家级、国际性、专业化的知名论坛,是深化能源国际合作的需要,山西责无旁贷,更要靠大家共同努力。我们将认真学习借鉴全球全国能源高质量发展的新观点、新技术、新模式、新经验,借以进一步丰富拓展能源革命的山西实践,不断为推动能源低碳发展贡献山西力量。

国家发改委副主任胡祖才在致辞中说,国家发改委积极支持山西在提高能源工业体系质量效益、构建清洁低碳用能模式、推进能源科技创新、深化能源体制改革、扩大能源对外合作等方面取得突破,实现从“煤老大”到能源革命“排头兵”的历史性跨越,为全国能源革命开路领跑。

外交部副部长马朝旭、科技部副部长王曦、财政部副部长余蔚平、生态环境部副部长黄润秋、商务部副部长、贸易谈判副代表俞建华,国家能源局副局长李凡荣,省委常委,省人大常委会、省政府、省政协有关负责同志出席。来自英国、美国、德国、俄罗斯、蒙古国、意大利等22个国家和地区的嘉宾,有关国家政要,多个国际组织、国际友好省州、跨国公司负责人;国家部委有关负责人,兄弟省(区、市)和低碳城市政府、能源央企、民营企业负责人,院士专家、社会组织负责人等800余位代表参加。

本次论坛由外交部、国家发改委、科技部、商务部、国家能源局和省政府共同主办,主题是“能源革命,国际合作”。论坛以“1+1+6”为主要活动形式,即1场开幕式暨高峰论坛、1个能源革命展、6场分论坛。期间,还将举办第九届全球新能源企业500强峰会,发布全球新能源企业500强榜单,举行国企专场对接,我省与全球新能源500强企业合作对接暨项目签约仪式及一系列经贸投资、友好交流活动。

学习贯彻党的十九届四中全会精神中央宣讲团宣讲报告会

学习贯彻党的十九届四中全会精神中央宣讲团11月11日在山西省太原市进行宣讲。中央宣讲团成员、山西省委副书记、省长楼阳生作宣讲报告和基层宣讲。

11日上午,楼阳生从四中全会的重大意义,中国特色社会主义制度的优越性,坚持和完善中国特色社会主义制度、推进国家治理体系和治理能力现代化的重要任务,学习贯彻四中全会的要求等四个方面对十九届四中全会精神进行了系统阐述和深入解读。下午,楼阳生走进太原理工大学,与青年学生、教师进行面对面交流互动。

报告会现场座无虚席,与会人员仔细听、认真记,纷纷表示,要深入贯彻落实习近平新时代中国特色社会主义思想,增强“四个意识”,坚定“四个自信”,做到“两个维护”,立足岗位把全会精神学习好贯彻好落实好。聆听报告之后,来自太原重型机械集团有限公司的陈宾说,自己切身感受到了这些年党和国家对技能人才培养的体制机制愈发完善,“我们工作更有干劲了!”

省委副书记林武主持报告会并表示,中央宣讲团成员、省委副书记、省长楼阳生的宣讲报告既是一次精准辅导,也是一堂生动党课。各级党组织和广大党员干部要不断增强学习贯彻党的十九届四中全会精神的思想行动自觉,深刻领会核心要义,广泛开展宣传教育,继续全面深化改革,坚决执行各项制度,确保中央决策部署落地生根。

省委常委,省人大常委会、省政府、省政协负责同志;省军区、武警山西总队负责同志;省法院院长,省检察院检察长;省级老同志;省直各单位,省人大、省政协各工作机构和专门委员会,驻太原本专科院校,省管国有企业和中央驻晋单位负责人;学习贯彻党的十九届四中全会精神省委宣讲团成员;党政机关、企事业单位干部和理论工作者、高校师生代表,共950余人在主会场参会。报告会在太原市、阳城县、朔城区、霍州市鼓楼街道、武乡县故县乡五村设5个分会场。

全省领导干部会议

11月30日,山西省召开全省领导干部会议。中央组织部副部长吴玉良同志出席会议并宣布中央决定:楼阳生同志任山西省委书记,骆惠宁同志不再担任山西省委书记、常委、委员职务。骆惠宁主持会议并讲话,楼阳生、林武讲话。

骆惠宁指出,这次省主要领导职务的调整,体现了以习近平同志为核心的党中央对山西工作的充分肯定,对山西干部队伍的充分信任,对山西省级班子建设的高度重视。我们要自觉把思想和行动统一到党中央决定上来。他说,我坚决拥护党中央决定,感谢组织对我本人的关心。楼阳生同志政治坚定,经历多个重要岗位,视野开阔,领导经验丰富,改革创新意识强,工作有魄力,要求自己严格,来山西工作5年多,在各个方面作出了重要贡献。我希望并相信,大家一定会全力支持楼阳生同志的工作。

骆惠宁说,到山西工作转眼已三年半。他指出,这段时期是山西发展史上一个十分重要的时期。省委高举习近平新时代中国特色社会主义思想伟大旗帜,全面贯彻党的十八大、十九大精神,深入贯彻习近平总书记视察山西重要讲话精神,树牢“四个意识”、坚定“四个自信”、做到“两个维护”,全面加强党的领导,提出并实施“一个指引、两手硬”,在过去工作基础上,推动政治生态由“乱”转“治”、发展由“疲”转“兴”,并不断全面拓展新局面,山西内生动力、发展态势和整体形象发生了重大而深刻的变化。这是以习近平同志为核心的党中央坚强领导的结果,是全省广大干部群众同心同德、不懈奋斗的结果。骆惠宁指出,山西既面临重大机遇,也面临不少挑战,需要以“治”不忘“危”、“兴”不忘“忧”的高度清醒,保持正确方向,继续开拓前行。骆惠宁说,回首在省委工作的1200多个日日夜夜,最感念的是,习近平总书记和党中央对山西工作的充分肯定,对山西人民的殷殷关爱,赋予我们的重大改革使命和政策机遇,极大增强了全省人民的信心和力量,使山西在全国发展大格局中的战略地位不断提升。最欣慰的是,我们全面正确有效地贯彻落实党中央重大决策部署,把社会革命与自我革命结合起来抓,做到了管党治党和转型发展这两手始终硬,推动整体工作迈上了一个新的台阶。最动怀的是,山西深厚的历史文化底蕴和宝贵的红色基因,3700万淳朴勤劳智慧的山西人民,令我敬畏,给我滋养,让我对这方土地充满眷恋,激励我始终与人民在一起。最难忘的是,同大家朝夕相处、并肩战斗,同全省人民心心相印、砥砺奋进。对同志们和各位老领导老同志给予的真诚帮助,我将铭记在心。当前,山西已经站在新的起点上,展现出广阔的发展前景。在山西的三年半时间,是我人生中十分宝贵的一段工作经历。我永远是山西人,这是我的荣幸和骄傲。今后我将一如既往地关注山西、支持山西、祝福山西。我相信,在以习近平同志为核心的党中央坚强领导下,在以楼阳生同志为班长的省委带领下,全省各项事业一定会持续向前发展,取得新的更大成绩。我相信,在实现“两个一百年”奋斗目标和中华民族伟大复兴进程中,山西的未来一定会更加灿烂,山西人民的生活一定会更加美好。

楼阳生在讲话中说,完全拥护、坚决服从党中央决定,决不辜负党中央和习近平总书记的信任和重托。山西历史悠久、文化灿烂,是一个富有魅力和充满希望的好地方。习近平总书记视察山西重要讲话,为山西的工作提供了根本遵循,只要按照习近平总书记的指示要求坚定不移地走下去,山西一定会有更加美好的明天!

楼阳生说,骆惠宁同志政治坚定、经验丰富、做事严谨、待人宽厚,善于把方向、谋大事,善于创造性开展工作,善于抓班子、带队伍,勇于担当,真抓实干,为山西改革发展稳定倾注了大量心血,做了大量卓有成效的工作。三年半前,惠宁同志由青海来山西工作之时,正值山西政治生态在治乱中奋力治本、经济发展在下行中奋力前行的关键时期。三年多来,在以惠宁同志为班长的省委正确领导下,全省上下按照“一个指引、两手硬”的工作思路和要求,持续全面从严管党治党,反腐败斗争在形成高压态势基础上夺取压倒性胜利,资源型经济转型取得显著成效,关键领域改革取得重大突破,三大攻坚战取得决定性成果,能源革命综合改革试点顺利开局,人民生活水平不断提高,生态环境质量明显改善,全省各方面工作在“两转”基础上不断拓展新局面,为山西今后的发展和各项事业奠定了重要基础,站在了一个新的起点上。这其中,惠宁同志作为省委书记发挥了重要作用,作出了重要贡献!在此,我提议,我们以热烈的掌声向惠宁同志表示崇高敬意!同时,也借此机会,向为山西发展呕心沥血的老领导、老同志,向为全省改革发展稳定和党的建设各项事业作出贡献的广大干部群众表示衷心感谢!刚才,惠宁同志的重要讲话,充分体现了对山西人民的深厚感情,充分体现了对山西高质量转型发展的深切期望,我们深受感动。惠宁同志由于年龄原因不再担任山西省委主要领导职务,但惠宁同志坚定的政治立场、扎实的理论素养、务实的工作作风、丰富的领导经验值得我们很好地学习汲取。我衷心祝愿惠宁同志在新的领导岗位上工作顺利、身体健康、万事如意!希望惠宁同志在新的领导岗位上一如既往关心和支持山西各项事业的发展,一如既往关心和支持省委省政府的工作。

楼阳生说,我来山西工作已经五年半了,从来山西的第一天起,就把山西视为第二故乡。我将高举习近平新时代中国特色社会主义思想伟大旗帜,坚持稳中求进工作总基调,切实贯彻新发展理念,继续按照省委“一个指引、两手硬”的工作思路和要求,以高质量转型发展为主线、以“示范区”“排头兵”“新高地”三大目标为牵引,统筹抓好稳增长、促改革、调结构、惠民生、防风险各项工作,着力提升治理体系和治理能力现代化水平,在“两转”基础上全面拓展各项事业新局面。一是以尽责诠释忠诚,恪尽职守、勤勉工作,夙夜在公、以身许党,进一步增强“四个意识”、坚定“四个自信”、做到“两个维护”,坚决贯彻党中央大政方针和各项重大决策部署,坚决落实习近平总书记重要讲话和重要指示批示精神,坚决担负起管党治党主体责任、维护安全稳定政治责任、推动经济高质量转型发展历史责任,切实履行好省委总揽全局、协调各方的职责。二是以担当履行使命,坚决打好防范化解重大风险、精准脱贫、污染防治的攻坚战,确保人民安居乐业、社会安定有序、长治久安,持续提升城乡居民收入水平、就业水平、基本保障水平,坚定不移走生产发展、生活富裕、生态良好的文明发展道路。三是以创新厚植动能,大力实施创新驱动、科教兴省、人才强省战略,全面整合优化各领域创新资源,推动产学研深度融合、融通创新,全面构建有利于创新活力充分涌流、有利于创业潜力有效激发、有利于创造动力竞相迸发的创新生态。四是以改革激发活力,坚持以转型综改特别是能源革命综合改革试点为牵引,深化各领域重大改革;以数字政府建设、投资项目承诺制改革和“一枚印章管审批”改革为突破,全力打造“六最”营商环境,全方位扩大对外和对内开放,全面激发各类市场主体活力。五是以信仰锻造队伍,坚持不懈加强干部队伍政治建设、作风建设、能力建设,深入开展“不忘初心、牢记使命”主题教育,加强思想淬炼、政治历练、实践锻炼、专业训练,牢固树立正确的选人用人导向,锻造一支忠诚干净担当的高素质干部队伍。六是以清正净化生态,更加严格地要求自己,廉洁自律、以身作则,始终保持清正廉洁的政治本色。坚定履行主体责任,落实纪委监委监督责任,深刻汲取系统性、塌方式严重腐败的惨痛教训,始终坚持把纪律挺在前面,以零容忍的态度推进正风肃纪反腐,让风清气正的政治生态持续巩固、不断发展。

林武表示,坚决拥护党中央决定,将坚持以习近平新时代中国特色社会主义思想为指引,不忘初心、牢记使命,夙夜在公、扎实工作,确保党中央及省委各项决策部署落地见效。一要旗帜鲜明讲政治。深入学习贯彻习近平新时代中国特色社会主义思想,进一步提高政治站位,坚持党对一切工作的领导,增强“四个意识”、坚定“四个自信”、做到“两个维护”。二要深入调研破难题。针对难点堵点痛点,深入基层一线,广泛听取各方面意见,问政于民、问需于民、问计于民,进一步吃透省情特点,把脉发展态势,总结基层经验,解决突出问题。三要雷厉风行抓落实。大力弘扬老区优良传统，坚持实事求是、求真务实，立说立行、马上就办，坚决反对“四风”特别是形式主义、官僚主义，围绕重大改革和重点工作深入探究规律、学习先进经验、细化具体举措，狠抓工作落实。四要廉洁自律守底线。牢记宪法精神、公权属性、公私界限，常思贪欲之害、常怀律己之心、常修为官之德，做到心有所戒、行有所止。严格遵守廉洁自律各项要求，认真贯彻中央八项规定精神，坚决扛好管党治党的政治责任。

现职省级领导干部，武警总队主要负责同志；副省级以上老同志；省委委员、候补委员；省委、省政府副秘书长；省直单位主要负责人；各市党政正职；省属企事业单位和高等院校主要负责人；中央驻晋单位主要负责人；各民主党派主委、工商联主要负责人等参加会议。

省委经济工作会议

12月23日至24日，省委经济工作会议在太原召开。会议的主要任务是，以习近平新时代中国特色社会主义思想为指导，深入贯彻习近平总书记“三篇光辉文献”精神，全面贯彻党的十九大和十九届二中、三中、四中全会及中央经济工作会议精神，回顾总结近年来特别是2019年经济工作，安排部署2020年及今后一个时期经济工作。省委书记楼阳生出席会议并作重要讲话，就事关山西长远发展和当前经济工作的重大问题作了深刻阐述、提出明确要求。省委副书记、代省长林武对2020年经济工作作出具体部署，并作总结讲话。省政协主席李佳出席会议。

会议认为，近些年来，面对国内外风险挑战明显上升的复杂局面，我们坚持稳中求进工作总基调，贯彻新发展理念，落实高质量发展要求，以“示范区”“排头兵”“新高地”三大目标为牵引，攻坚克难、砥砺奋进，推动全省经济在由“疲”转“兴”基础上稳中向好、持续向好，为今后发展奠定了重要基础，山西经济发展站在了一个新的起点上。特别是转型发展已经真正起步，并形成良好态势，发展稳健性增强、实现连年进位，制造业占比稳步提升、工业结构反转迈出坚实步伐，经济效益明显向好、企业负担逐年下降，创新动力明显增强、可持续发展能力有效提升，营商环境持续改善、市场主体活力增强，但深化改革、转型发展任重道远。

会议强调，要进一步解放思想、统一思想，团结一致向前看。必须深入学习贯彻新发展理念，不断深化对山西发展阶段特征、演进趋势、内在规律的科学认识，确保在高质量转型发展的新征程中行稳致远。要把握过程论。当前世界经济仍处在国际金融危机后的深度调整期，我国正处在实现第一个百年奋斗目标的决胜期，山西正处在转变发展方式、优化经济结构、转换增长动力的转型攻关期。阶段不能逾越，但台阶可以跨越，要增强市场观念，按市场规律办事，善于把握机遇、勇于战胜挑战，以改革创新为桥梁，把比较优势转化为后发优势、竞争优势。要把握重点论。山西经济的基本特征是典型的资源型经济，基本问题是“一煤独大”的结构性、“一股独大”的体制性、创新能力不足的素质性问题，基本矛盾是发展的不充分及突出的不平衡。要把依靠创新增强产业核心竞争力、推动产业高质量转型发展作为经济工作的重中之重，在培育壮大新动能上重点发力，在提升产业基础能力和产业链水平上重点攻坚，在推动产业集聚集群集约发展上重点突破。要把握系统论。一体坚持、一体贯彻新发展理念，提高系统思维和统筹能力，坚决克服“路径依赖”和单打一的思想倾向。要全面把握中央宏观政策取向，切实做好“六稳”工作，统筹推进稳增长、促改革、调结构、惠民生、防风险、保稳定各项任务。要协同推进经济体制改革，实现各领域各环节改革举措有机衔接、有效贯通、同向发力。要把握主体论。激发人民群众、各类市场主体的活力动力潜力，着力造就数量充足、结构优化、具有较强竞争力的产业劲旅、旗舰企业、领军企业家。要把握标准论。要把符合不符合新发展理念、符合不符合正确政绩观、符合不符合人民群众的根本利益，作为抓经济工作的基本标准，以功成不必在我、功成必定有我的胸怀和格局，努力创造经得起历史、实践和人民检验的业绩。

会议指出，要在“两转”基础上拓新局、在新的起点上谋新篇，必须放长眼光、找准坐标，踏上时代节拍、紧跟国家步伐，坚定不移将转型综改进行到底。会议明确提出“四为四高两同步”的总体思路和要求，强调必须坚持转型为纲、项目为王、改革为要、创新为上，在推动高质量发展、高水平崛起、高标准保护、高品质生活上用非常之力、下恒久之功，确保到2020年与全国同步全面建成小康社会，到2035年与全国同步基本实现社会主义现代化。同时强调，实现“第二个同步”的15年，是山西发展最为关键的窗口期，也是转型综改至关重要的攻坚期。要巩固和拓展近些年来形成的转型发展基本思路、体制政策和良好态势，用“三个五年”的时间分步走，步步为营、久久为功，到2025年转型要出雏型，到2030年基本实现转型，到2035年转型全面实现之日，就是山西基本实现现代化之时。

会议对转型出雏型进行了勾勒描绘：一是绿色能源供应体系基本形成，绿色生产、绿色生活方式成为山西鲜明特征，能源革命综合改革试点取得重大突破。二是7–8个战略性新兴支柱产业基本形成，拥有一批在全国具有较高市场占有率和较强竞争力的产业集群。三是具有山西特色的创新生态基本形成，在若干领域掌握一批关键核心技术，涌现出一批自主创新品牌。四是支撑山西资源型经济转型的体制机制基本形成，更多改革挺进全国第一方阵。五是生态文明制度体系基本形成，“两山七河一流域”生态保护修复与治理取得积极成效。六是法治化、国际化、便利化营商环境的制度安排基本形成，山西营商环境主要指标升至全国前列。七是山西全方位对外开放局面基本形成，经济外向度大幅提高。八是城乡统筹发展格局基本形成，大都市大县城建设和乡村振兴取得重要进展，城乡差距明显缩小。九是更加健全完善的民生保障体系基本形成，城乡居民收入接近全国平均水平。十是山西在全国发展大格局中的战略地位基本形成，经济综合实力在全国的排位进一步提升。

会议指出，2020年是全面建成小康社会和“十三五”规划的收官之年，要实现第一个百年奋斗目标，为“十四五”发展和实现第二个百年奋斗目标打好基础,做好经济工作十分重要。总的要求是,以习近平新时代中国特色社会主义思想为指导,全面贯彻党的十九大和十九届二中、三中、四中全会精神,深入贯彻习近平总书记“三篇光辉文献”精神,坚决贯彻党的基本理论、基本路线、基本方略,增强“四个意识”、坚定“四个自信”、做到“两个维护”,按照中央经济工作会议部署,紧扣全面建成小康社会目标任务,坚持稳中求进工作总基调,坚持新发展理念,坚持以供给侧结构性改革为主线,坚持以转型为纲、项目为王、改革为要、创新为上,推动高质量发展、高水平崛起、高标准保护、高品质生活,加快建设现代化经济体系,坚决打好三大攻坚战,全面做好“六稳”工作,统筹推进稳增长、促改革、调结构、惠民生、防风险、保稳定各项工作,保持经济运行在合理区间,确保“十三五”规划圆满收官,确保我省与全国同步全面建成小康社会,得到人民认可、经得起历史检验。强调,做好2020年经济工作,必须坚决贯彻新发展理念,科学确定主要指标,正确引导预期,为高质量转型发展留出充足空间,在实际工作中争取更好结果;必须精准落实中央重大决策部署,强化政策合力,深刻理解把握中央积极财政政策和稳健货币政策内涵,用好逆周期调节工具;必须坚决打好三大攻坚战,脱贫攻坚战要确保实现决战完胜,污染防治攻坚战要确保实现阶段性重要目标,防范化解重大风险攻坚战要确保守住不发生系统性、区域性风险底线。

会议指出,要统筹当前与长远,紧扣2020年经济工作目标任务,以法治思维、市场机制、改革精神、创新办法、精准举措,全力抓好八个方面基础性全局性牵引性重点工作,推动高质量转型发展开拓新局面。

一是全力打造一流创新生态。坚持把培育创新生态作为一项基础性战略性工程来抓,大力实施创新驱动、科教兴省、人才强省战略。要培育创新文化,营造尊重知识、尊重人才、尊重创新、尊重创造的浓厚氛围,健全鼓励创新、宽容失败、合理容错机制,弘扬科学精神和工匠精神,培育企业家精神。要打造创新体系,统筹推进“111”工程、“1331”工程、“136”工程,加快孵化科技创新型小微企业,精准扶持一批专精特新企业,努力培育独角兽企业和科技领军型企业,加强创新要素保障供给和配套支撑。要完善创新制度,持续深化科技、人才、教育、投融资体制机制改革,完善知识产权保护制度,对新动能新产业新模式实施包容审慎监管。要积聚创新人才,坚持用好的机制用才、好的平台聚才、好的环境引才、好的举措育才,不断激发人才创新活力。要找准创新抓手,从有基础、有条件、有潜力的产业集群抓起,打造创新生态子系统。

二是久久为功培育壮大新动能。必须横下一条心培育壮大战略性新兴产业,要聚力打造14个具有标志性、引领性的产业集群,着眼补链、延链、强链、提链,加快引进相关大企业大项目、高端紧缺人才和研发机构,促进战略性新兴产业集群化、高端化、智能化发展,同时要不断推动传统产业改造提升。要推动农业加快“五个转变”,聚焦十大产业集群,推动农产品加工精细化、特色化、功能化发展,将现代农业打造成转型发展的支柱产业、富民产业。要以“三大品牌建设年”为主题,围绕黄河长城太行“三大旅游板块”,紧扣“安顺诚特需愉”六字要诀,抓好规划设计、项目建设、景区打造等重点工作,推动文化旅游业融合化、品牌化发展。要积极发展科技服务、高端商务、绿色金融、现代供应链、人力资本服务、会展服务、电子商务、智慧物流等现代生产性服务业,培育健康养老、文化休闲、家庭护理等生活性服务业,推动现代服务业专业化、品质化发展。

三是深入开展能源革命综合改革试点。深刻领会“四个革命、一个合作”内涵要义,紧密跟踪全球能源低碳发展和能源技术革新动态前沿,把握发展大势,完善顶层设计,更加注重以开放的思路推进能源革命,以合作的方式推进综改试点。要着重抓好推进煤炭智能绿色安全开采、促进煤炭清洁高效深度利用、大力发展清洁能源和新能源、强化能源科技创新、推动能源领域改革开放等五个方面的重点工作。

四是以大都市大县城建设统筹城乡发展。按照“一主三副六市域中心”空间布局,强力打造太原都市区核心引擎,加快打造大同、长治、临汾三个省域副中心城市,加快六个市域中心城市建设,高质量推进城镇化建设。同时,要强化产业带动、提升基本公共服务,吸引人口集聚,积极推进大县城建设,大幅提升就地城镇化水平。

五是加力推进现代基础设施建设。抓住国家加快战略性、网络型基础设施建设的机遇,在明年以及“十四五”期间,加快实施一批“铁、公、机、岸、港、网”项目,推动基础设施互联互通、提质升级。要在多元、通畅、衔接、高效、集约上发力,构建立体联网、内外联通、多式联运、有机接驳的现代综合交通运输体系。要加紧布局建设“岸、港、网”,发挥好对接“一带一路”大商圈、承接产业转移的重要平台作用。

六是加快构建内陆地区对外开放新高地。统筹利用国际国内“两个市场”“两种资源”,坚持引进来和走出去“两手抓”,全面提升我省对外开放能级。要利用国家在中西部增设自贸区和保税区的机遇,加大力度推进自贸区申报力争早日获批。要建设好中国(太原)跨境电子商务综合试验区。农业上要依托三大省级战略打造“南果、中粮、北肉”出口平台。要积极对接科技发达国家和重点外贸市场,推动实施一批国际科技合作示范项目。要从科技、产业、人才、教育、医疗、会展、能源、文化旅游等方面制定实施我省与京津冀、长三角、粤港澳大湾区深度合作的具体行动方案,开展深度合作,推动一批项目签约落地,以后年年行动,滚动推进。要制定出台我省进一步加大重点领域对外开放的实施意见,深化外商投资便利化改革。

七是持续打造“六最”营商环境。坚持对表中央要求,对标先进地区做法,对接国际通行投资贸易规则,打造审批最少、流程最优、体制最顺、机制最活、效率最高、服务最好的营商环境,抓住一枚印章管审批、承诺制改革、数字政府应用、信用体系建设等重点,推动我省营商环境进入全国前列。

八是努力促进人的全面发展。坚持以人民为中心的发展思想,构建全生命周期、大健康格局、终身学习型、知识技能型的基本公共服务体系,加快造就符合现代化要求的高素质、高水平人力资本，在更高层次上保障和改善民生。强化产教融合、供需对接，实行订单式、菜单式培训，在“人人持证、技能社会”上提质提效。要增加学前教育供给，促进义务教育均衡发展、高中教育提质发展，办好职业教育、特殊教育、继续教育、网络教育，深入实施“1331 工程”，努力提升高等教育办学质量，在构建终身学习体系上加力加效。要树立大卫生、大健康理念，推动以治病为中心向以人民健康为中心转变，深化县域医疗集团改革，加强区域医疗中心建设，推进全民健身，建设“体育山西、健康山西、幸福山西”，为人民群众提供全生命周期的卫生与健康服务，在提升大健康工作格局上精准发力。

会议强调，要深入贯彻落实党的十九届四中全会精神，用好改革关键一招，不断将经济制度优势转化为治理效能和发展动能。要改革国资监管体制、优化国有资本布局、大力推进“腾笼换鸟”，推进僵尸企业出清，进一步提高国有企业竞争力。聚焦民营企业所思所急所盼，针对融资难融资贵、要素成本较高、人才引进难等问题，实施精准施策、精准帮扶，依法保护企业家人身财产安全，大力发展民营经济。要靠技能提高工资性收入、靠创业提高经营性收入、靠改革增加财产性收入、靠政策增加转移性收入，更好发挥各类生产要素参与分配的激励导向作用，灵活运用税收、社保等机制调节收入差距。要坚持改革的市场化方向，按照统一开放竞争有序的大市场要求，规范竞争秩序，实施合理保护，促进市场经济健康发展。要用好先行先试的改革利器，深化重点领域改革，加快推进制度型开放，主动对标和对接市场经济制度、国际贸易和投资通行规则，推广复制自贸区经验和转型综改示范区经验，不断把制度优势转化为治理效能和发展动能。

会议强调，要加强和改进党对经济工作的领导，不断创新领导机制、方式方法，牢牢把握经济工作主动权。要抓住第一要务。各级党委政府、各级领导干部要把发展第一要务牢牢抓在手上、扛在肩上，不断提升驾驭市场经济的能力，以奋发有为的状态投身高质量转型发展。要交出一份“总账”。紧扣 2020 年消除绝对贫困、实现全面小康的目标任务，摸清底数、全力攻坚、确保成色，努力交出一份得到人民认可、经得起历史检验的合格答卷。要编好一张蓝图。按照“四为四高两同步”总体思路和要求、以及转型“出雏型”的战略目标，科学编制“十四五”规划，加强与国家规划的衔接对接。要健全一套机制。健全党委领导经济工作的领导机制、落实机制、监督机制，完善落实反馈和决策预调微调机制，形成抓经济工作的完整闭环。要强化一种导向。鲜明树立结果导向，使之成为一种工作理念、工作方法、工作制度，执行中央大政方针及省委决策部署，要不折不扣完成规定动作，创造性做好结合文章，以结果论英雄、从过程找经验。要共唱一台好戏。在党委领导下，人大、政府、政协、纪委监委、法检两院，各部门、各单位、各社会团体要围绕“四为四高两同步”，履行各自职能，发挥各自作用，密切协同、全力配合，形成推动高质量转型发展的强大合力。

会议对 2020 年重点经济工作进行了具体部署。一是全面贯彻落实新发展理念，加快推进高质量转型发展。扭住产业转型这个关键，大力实施千亿产业培育工程，培育壮大高端装备制造、新材料、新能源、数字产业、节能环保、现代金融、现代物流、节能与新能源汽车、现代医药和大健康、数字创意等新兴产业，做大做强有色金属、绿色建材、特色轻工、通航、康养、文化、旅游、农产品加工等特色优势产业，做优做绿煤炭、电力、焦化、钢铁等传统产业，提升产业基础能力和产业链现代化水平，加快构建现代产业体系。二是聚焦项目建设主抓手，统筹做好“六稳”工作。大力实施产业项目“521”工程，加快完善交通网、市政网、岸港网、民生网等领域基础设施。压实招商引资主体责任，推行产业链招商、集群招商、以商招商、以企招商、股权招商，增强招商引资工作实效。建立健全项目分级管理等工作机制，用好国家扩大债券规模等政策，优化土地、环境容量等要素供给，着力推动项目落地见效。积极培育消费热点。大力提升外贸外资水平。多措并举抓好就业增收。三是实施创新驱动战略，全力培育壮大新动能。深入实施“111”工程、“1331”工程、“136”工程，改革科技管理体制，拓展智创城空间功能，加快培育创新生态。大力提升企业技术创新能力，推动规上工业企业研发机构研发活动全覆盖。围绕产业链布局创新链，促进产学研用深度融合。四是持续深化改革开放，不断增强高质量转型发展动力活力。扎实开展能源革命综合改革试点，深入推进国资国企改革，落实好促进民营经济发展政策，深化财政金融体制改革，推动开发区提质升级，扎实推进国家标准化综合改革试点等改革任务。找准融入国家战略的着力点，高标准完善开放平台功能，打造对外交流品牌，大力提升对外开放能级。五是全力打好三大攻坚战，加快补齐全面建成小康社会短板。强化“军令状”和“交总账”意识，排查整改突出问题，持续攻克深度贫困，全面完成 2.16 万剩余贫困人口攻坚任务，深化摘帽县、退出村、脱贫人口后续扶持政策，巩固拓展脱贫成果。坚决打好蓝天、碧水、净土保卫战，持续推进“两山七河一流域”生态修复治理，完善生态文明建设体制机制，抓好中央环保督察及“回头看”任务整改工作。有效防范化解重大风险，确保不发生系统性、区域性风险。六是协同推进中心城市建设和乡村振兴，促进城乡区域协调发展。深入实施乡村振兴战略，深化农业供给侧结构性改革，构建南果中粮北肉东药材西干果的产业格局，大力发展有机旱作农业，持续推进三大省级战略实施，扎实开展农村人居环境整治，构建“三治融合”乡村治理体系。按照“一主三副六中心”空间布局，加快推进中心城市建设步伐，提升中心城市辐射带动能力，推进中部盆地城市群一体化发展。统筹大都市、大县城建设，推进城乡基本公共服务均等化，完善城乡要素合理配置机制，促进城乡融合发展。七是坚持以人民为中心，持续增进民生福祉。完善教育、医疗、社保、养老、文化等基本公共服务，继续办好民生实事，健全住房保障体系，抓好安全生产和应急管理，推进社会治理体系建设，切实维护社会和谐稳定。八是加快数字政府建设，全面提升政府治理水平。推进政务信息化“一朵云、一张网、一平台、一系统、一城墙”建设，开展优化营商环境“六项专项行动”，深入推进企业投资项目承诺制、“一枚印章管审批”、证照分离等改革，着力提升政府治理效能，建设人民满意的服务型政府。

会议还对做好岁末年初工作作出部署。

会议号召，全省上下要更加紧密团结在以习近平同志为核心的党中央周围，在省委坚强领导下，不忘初心、牢记使命，真抓实干、锐意进取，圆满完成全面建成小康社会和“十三五”规划收官，以坚如磐石的战略定力、毅力、耐力，坚定不移把转型综改进行到底！

省委常委，省人大常委会、省政府、省政协负责同志，省法院院长、省检察院检察长出席会议。部分省级退休老同志，省直各部门、中央驻晋单位、各市县党政主要负责同志，省管本专科院校、省管国有企业、省级以上开发区、部分民营企业主要负责同志，在晋“两院”院士、科技领域专家学者、重点科研院所负责同志等参加会议。

山西省第十二次妇女代表大会

12月27日，山西省第十二次妇女代表大会在太原开幕。省委书记楼阳生出席并讲话，他希望全省广大妇女深入学习贯彻习近平新时代中国特色社会主义思想，按照省委“四为四高两同步”的总体思路和要求，坚定信念跟党走，勇立潮头善作为，崇德向上扬正气，好学尚能强本领，在高质量转型发展新征程中贡献“半边天”力量。省委副书记、代省长林武，省政协主席李佳出席。全国妇联副主席、书记处书记张晓兰代表全国妇联讲话。省领导廉毅敏、曲孝丽、郭迎光、吴伟，省军区刘兴安出席。

上午9时，大会在雄壮的国歌声中开幕。楼阳生代表省委向大会召开表示热烈祝贺，向关心支持山西工作的全国妇联表示衷心感谢，向全省各族各界妇女和广大妇女工作者表示亲切问候。他指出，习近平总书记关于妇女和妇女工作的重要论述，科学回答了妇女事业发展的方向性、根本性、战略性问题，为新时代妇女事业发展和妇联工作创新发展提供了根本遵循。我们一定要把习近平总书记的重要论述学深悟透、融会贯通、落到实处，不断开创全省妇女事业发展新局面。

楼阳生说，省第十一次妇代会以来，全省各级妇联组织围绕中心，服务大局，主动作为，为促进全省妇女事业进步和经济社会发展作出了积极贡献。全省广大妇女以主人翁姿态投身各项事业建设，用实际行动书写了“巾帼不让须眉”的精彩篇章，不愧为支撑山西各项事业的“半边天”。

楼阳生指出，当前我国正处在实现第一个百年奋斗目标的决胜期，山西正处在转变发展方式、优化经济结构、转换增长动力的转型攻关期。以省委经济工作会议为标志，省委向全省上下发出了坚定不移将转型综改进行到底的动员令、宣言书。希望广大妇女坚定信念跟党走，做伟大思想的践行者。深入学习贯彻习近平新时代中国特色社会主义思想，与学习贯彻党的十九大和十九届二中、三中、四中全会精神结合起来，与学习贯彻习近平总书记“三篇光辉文献”结合起来，不断汲取奋勇前进的强大动力。希望广大妇女勇立潮头善作为，做转型发展的推动者。坚持“一切为了转型、一切服务转型”，立足本职岗位，大力推动项目建设，大力推动全面深化改革，大力推动创新生态构建，大力推动生态文明建设，大力推动更高层次保障和改善民生，为山西改革发展稳定注入强大正能量。希望广大妇女崇德向上扬正气，做文明风尚的引领者。认真践行社会主义核心价值观，建设好家庭、涵养好家教、培育好家风，抵制歪风邪气，弘扬清风正气，带动社会主义文明新风在三晋大地发扬光大。希望广大妇女好学尚能强本领，做美好生活的奋斗者。大力弘扬女性自尊、自信、自立、自强精神，大力弘扬太行精神、吕梁精神、右玉精神，在推动山西各项事业发展中，奉献聪明才智，实现自身发展，赢得精彩人生。

楼阳生强调，各级妇联组织要始终坚持党的领导这一根本保证，增强“四个意识”、坚定“四个自信”、做到“两个维护”，牢牢把握为实现中华民族伟大复兴的中国梦而奋斗的时代主题，坚定走中国特色社会主义妇女发展道路。要始终坚持当好桥梁纽带和得力助手这一政治定位，多做统一思想、凝聚人心、化解矛盾、增进感情的工作，团结带领广大妇女“巾帼心向党、建功新时代”。要始终坚持联系和服务妇女这一工作生命线，把妇联组织建成妇女信得过、靠得住、离不开的“娘家”。要始终坚持深化妇联改革这一根本动力，增强妇联组织的政治性、先进性、群众性，加强调查研究，改进工作作风，抓好队伍建设，构建起广泛联系妇女、深入服务妇女的工作体系，成为推进基层治理、社会治理的重要力量。

楼阳生强调，各级党委要加强和改进对妇女工作的领导，支持妇联组织依照法律和章程创造性地开展工作，加大支持保障力度，为妇女事业健康发展创造良好条件。各级政府要在出台行政法规、制定政策措施、编制发展规划、安排财政预算时，贯彻男女平等基本国策，推动全省妇女发展与经济社会发展同步规划、同步实施、同步落实。各级政法机关和各有关职能部门要依法维护妇女儿童合法权益，严厉打击各种侵害妇女儿童权益的违法犯罪行为，推动全社会共同营造尊重妇女地位、关心妇女事业、支持妇女工作的浓厚氛围。

张晓兰代表全国妇联对大会的召开表示祝贺，对山西妇女工作和妇女事业取得的长足进步给予肯定。她强调，山西各级妇联组织要毫不动摇坚持党的领导，深入贯彻习近平新时代中国特色社会主义思想，按照山西省委工作部署，坚持新发展理念，找准工作切入点和着力点，积极投身山西转型发展主战场，自觉做伟大事业的建设者、敢于追梦的奋斗者，为谱写中国特色社会主义现代化建设山西篇章贡献智慧和力量。

会上，黄岑丽代表省妇联第十一届执委会作工作报告，省总工会党组书记、常务副主席王蕾代表各人民团体致贺词。来自全省各行各业近600名妇女群众代表，省直有关单位和各人民团体负责同志，各市相关负责同志参加会议。

重要文献

政府工作报告

——2019年1月26日在山西省第十三届人民代表大会第二次会议上

楼阳生

各位代表：

现在，我代表省人民政府向大会报告工作，请予审议，并请省政协委员和其他列席人员提出意见。

一、2018年工作回顾

2018年是全面贯彻党的十九大精神的开局之年。面对错综复杂的国际环境和艰巨繁重的改革发展稳定任务，在省委坚强领导下，全省上下坚持以习近平新时代中国特色社会主义思想为指导，全面贯彻党的十九大和十九届二中、三中全会精神，深入贯彻习近平总书记视察山西重要讲话精神，坚持“一个指引、两手硬”工作思路和要求，认真落实省委十一届六次、七次全会决策部署，以“示范区”“排头兵”“新高地”三大目标为牵引，扎实推进三大攻坚战，统筹做好稳增长、促改革、调结构、惠民生、防风险各项工作，保持了经济持续健康发展和社会大局稳定。

2018年全省地区生产总值达到1.68万亿，增长6.7%。一般公共预算收入增长22.8%，全省固定资产投资增长5.7%，社会消费品零售总额增长8.2%，城乡居民人均可支配收入分别增长6.5%和8.9%，全省城镇新增就业和农村劳动力转移就业分别达到55.7万人和40.9万人，城镇登记失业率3.3%，居民消费价格涨幅1.8%。空气质量优良天数比例、国考劣V类水体断面虽未完成年度目标任务，但已取得明显改善，其他约束性指标都较好地完成了年度目标。

一年来，我们主要做了以下工作：

有效推动经济平稳增长。认真落实中央宏观调控政策，以转型项目促进有效投资，深入开展转型项目建设年活动，一批具有战略性的重大项目相继落地开工，全省固定资产投资完成6050亿元。投资结构发生重大变化，转型项目投资占比达到62.1%。持续扩大消费需求，出台消费升级行动计划，推进商贸服务提质扩容，加快城乡便民消费服务中心建设，推动商业模式创新，新零售企业快速发展，太原成为全国现代供应链体系建设试点城市，全省限额以上网络零售额增长27.6%。大力发展外向型经济，扎实推进对外经贸合作，加大外贸主体培育力度，推动外贸新业态发展，积极应对中美经贸摩擦影响，全省进出口总额增长17.8%。加强经济形势预判研判和监测调度，及时解决经济运行中的苗头性、倾向性问题。加大服务企业工作力度，有效解决企业实际困难。

持续深化供给侧结构性改革。有效提升供给质量，退出煤炭过剩产能3090万吨，三年累计退出8841万吨；退出焦化过剩产能691万吨，化解钢铁过剩产能225万吨，关停煤电机组203.3万千瓦。加大房地产去库存力度，全省商品房待售面积、库存消化周期实现“双下降”。多措并举降低国有企业负债率，全年下降3.16个百分点。加大减税降费力度，全年落实各项税收优惠政策和深化税制改革减税573亿元。脱贫攻坚、基础设施、科技创新、社会民生、生态环保等薄弱环节补短板力度不断加强。

倾力推进转型发展。坚持把转型发展基点放在创新上，一手抓新兴产业培育壮大，一手抓传统产业改造升级。贯彻国发42号文件取得重大进展。太原国家可持续发展议程创新示范区启动建设，与中国工程院等合作建立的先进研发机构相继落地,军民融合科技成果转化和知识产权交易平台正式上线,省级众创空间增长25.5%,重载水泥混凝土铺面关键技术与工程应用等3项科研成果获国家科学技术奖。大力培育新兴产业,新一代信息技术、高端装备制造、新能源汽车等战略性新兴产业保持两位数以上快速增长,传统产业高端化绿色化智能化改造提速,工业结构调整取得积极进展。现代服务业加快发展,黄河、长城、太行三大旅游板块建设取得良好开局,全省旅游总收入达6729亿元,增长25.5%,服务业占地区生产总值比重达到53.4%,连续四年保持在50%以上,成为经济平稳增长的压舱石。全年新登记市场主体增长12.1%,日均新设1600余户;高新技术企业总数超过1500家,提前两年完成五年倍增计划;认定"专精特新"中小企业216户,规上工业企业新增329户,限额以上商贸流通企业新增937家,集聚起转型发展的磅礴力量!

着力提高能源供给体系质量。推动煤炭产业走"减、优、绿"的路子,全省煤炭先进产能占比达到57%,提高15个百分点。建成"两交一直"特高压输电通道,外送能力达到3830万千瓦,国家电网运营区内第一家股份制电力交易中心正式运营。加快发展煤层气、光伏、风电、氢能等清洁能源和新能源,全省煤层气地面抽采量占到全国90%以上,新能源发电装机占全省电力装机比重突破30%,光伏领跑者发电规模位居全国第一,氢能产业加快布局,能源革命排头兵建设迈出坚实步伐。

大力拓展对外开放空间。主动融入国家开放大战略,积极与"一带一路"沿线国家(地区)开展经贸合作。新增国际友好城市(省、州)6对。太原铁路口岸国际货物作业区获批,大同进口肉类指定查验场正式运营。国际互联网数据专用通道在转型综改示范区落地。开行中欧(中亚)班列50列。武宿机场新开通3条洲际航线,年旅客吞吐量超过1300万人次,进一步巩固了全国大型繁忙机场地位。太原国际邮件互换局(交换站)正式运营,邮件最高日处理量由3000件提升至1.6万件。具备条件的69项国家自贸试验区改革试点经验在我省推广落地,国际贸易"单一窗口"货物申报覆盖率达到80%以上,外资企业商务备案与工商登记实现"一口办理",投资贸易便利化水平进一步提升。

扎实推进重点领域改革。坚持"改革决不能落后"的决心和"三个三"工作方法,狠抓基础性、牵引性重大改革,率先开展企业投资项目承诺制、县乡医疗卫生机构一体化等改革。国资国企改革步伐加快,有序推进混合所有制改革,实施"腾笼换鸟"股权转让,省属二级企业混改比例达到70.9%。推进专业化重组,山西路桥成功登陆A股。稳妥处置"僵尸企业",全面完成"三供一业"剥离移交,大力清收企业应收账款,省属国企主要运营指标创2012年以来最好水平。开发区改革创新发展成效明显,"三化三制"改革深入推进,转型综改示范区加速成长,示范引领作用更加凸显。全年新设24个省级开发区,总数达到64个,工业类开发区规划面积是2016年底的11.3倍,全省开发区发展势头强劲,正在成为转型发展主引擎。支持民营经济发展全面加力,制定支持民营经济发展30条,建立省市县三级领导干部联系民营企业制度,优选108个混改项目向民营企业和社会资本开放,民营经济发展活力进一步增强。行政区划调整取得突破,大同、长治完成行政区划调整,怀仁撤县设市,实现了我省县级以上行政区划调整的历史性重大突破!

稳步实施乡村振兴战略。编制完成全省乡村振兴战略总体规划和"5+1"专项规划。农业供给侧结构性改革深入推进,山西农谷、雁门关农牧交错带示范区、运城农产品出口平台三大省级战略初见成效,杂粮、有机旱作、城郊农业、功能食品等特色产业加快发展,粮食生产再获丰收,是历史上第二高产年。深入开展农村人居环境整治,"五大专项行动"全面启动,示范县(村)建设有序推开,农村公路新改建2万公里。农村改革稳步推进,成功举办全国农村改革(太谷)论坛。

扎实推进三大攻坚战。全力防范化解重大风险,严厉打击非法集资,稳妥推进互联网金融风险专项整治,成功化解公路、铁路等政府性债务,各类风险隐患总体可控。全力攻坚深度贫困,生态扶贫、光伏扶贫、易地扶贫搬迁、特色产业扶贫和健康扶贫扎实开展。26个县进入脱贫摘帽程序,2255个贫困村退出,64.9万人口脱贫,贫困发生率下降到1.1%,脱贫攻坚实现连战连胜!全力打好污染防治攻坚战,制定完善相关法规政策及量化问责办法,狠抓中央环保督察整改,扎实推进蓝天保卫战、黑臭水体歼灭战、柴油货车污染治理攻坚战等标志性战役,着力解决人民群众反映强烈的突出环境问题。推进"两山七河"生态修复治理,全面实施河湖长制,汾河流域生态修复取得阶段性成果,晋祠难老泉地下水位累计回升26.15米。全省环境空气质量综合指数同比下降10.8%,细颗粒物(PM2.5)和优良水质断面指标超额完成国家考核目标,初步实现了经济运行和生态环保同向好转。

切实增进民生福祉。坚持在发展中保障和改善民生,全省财政民生支出占比达到80%。突出抓好重点群体就业,大学应届毕业生就业率达到93.7%,零就业家庭基本实现动态销零。强力推进义务教育均衡发展,全域通过了国家义务教育发展基本均衡县督导检查。"1331"工程加快推进,与C9高校合作不断深入,全省高校撤停低质过剩错位本科专业182个,新增新兴急需专业66个。实施"136"兴医工程,启动12个领军临床专科建设,家庭医生签约服务惠及全省2110万城乡居民。全民参保计划持续推进,社会保险综合参保率达到95%,城镇退休人员基本养老金每人每月增加170元,企业退休人员基本养老金实现"十四连涨",城乡居民基础养老金最低标准由每人每月80元提高到103元,农村建档立卡贫困人口住院医疗费用综合报销比例平均达90%,省市县定点医疗机构基本实现住院费用"一站式"即时结算。公共图书馆、文化馆、美术馆全部实现免费开放。上党梆子《太行娘亲》入选国家舞台艺术精品工程重点扶持剧目,电视剧《右玉和她的县委书记们》受到好评。媒体融合发展深入推进。第十五届省运会成功举办,第二届全国青年运动会筹备有序推进。安全生产形势持续好转,全省安全生产事故起数和死亡人数分别下降12.7%、12.4%。扫黑除恶专项斗争深入推进,社会保持和谐稳定。六件民生实事全部落实，全民技能提升工程培训人员达到109万人，全年免费送戏下乡1.6万余场，新建农村老年人日间照料中心600个，超额完成年度目标任务。农村妇女免费“两癌”检查服务、怀孕妇女免费产前检查和诊断服务、残疾预防重点干预和残疾儿童抢救性康复项目完成年度目标任务。

全面加强政府自身建设。严格落实政府系统全面从严治党主体责任，坚持不懈推进党风廉政建设和反腐败斗争。完成省级政府机构改革。向省人大常委会提请审议地方性法规（草案）9件，出台省政府规章5件，办理人大代表建议916件、政协提案826件。大力开展“六最”营商环境建设年活动，持续深化“放管服效”改革，公布省市县三级政府部门行政职权事项标准清单，省级行政审批事项审批时间大幅压缩，项目落地周期平均缩短三分之一。推动一体化在线政务服务平台实现省市县乡四级全覆盖，山西公安“一网通一次办”平台用户突破1000万。“13710”督办制度深化拓展，政府效能不断提升。开展“3545”专项改革，多项营商环境指标在全国位次大幅前移。

各位代表，过去一年的成绩来之不易。这是以习近平同志为核心的党中央坚强领导的结果，是习近平新时代中国特色社会主义思想科学指引的结果，是全省上下在省委坚强领导下，坚持转型发展“三条基本经验”，团结一心、努力奋斗的结果。在此，我代表省人民政府，向全省人民，向各民主党派、工商联和无党派人士，向各位人大代表、政协委员，向驻晋部队、公安民警和中央驻晋单位，向所有关心支持山西改革发展的各界朋友，表示崇高的敬意和衷心的感谢！

在肯定成绩的同时，我们清醒地看到，我省长期积累的结构性、体制性、素质性矛盾远未从根本上解决，发展质量和效益还不高，新兴产业支撑能力不足，创新能力还需大幅提升；民营经济发展不快，实体经济发展活力有待增强；脱贫攻坚任务艰巨，城乡居民收入与全国尚有不小差距，民生领域还有不少短板；污染防治压力较大，生态环境保护任重道远；政府职能转变还不到位，营商环境尚需进一步优化；一些干部适应新时代发展要求的能力不足，有些改革举措落实不到位，少数干部懒政怠政，一些领域不正之风和腐败问题不容忽视。对此，我们要增强忧患意识，把困难估计得更充分一些，把举措谋划得更周密一些，以更大的决心和有效举措切实加以解决。

各位代表，当今世界面临百年未有之大变局，我国发展仍处于并将长期处于重要战略机遇期。我省正处于经济转型的重要窗口期、攻坚期，我们要深刻领会、准确把握中央经济工作会议提出的“五个必须”规律性认识，紧扣重要战略机遇期新内涵，坚定战略自信，保持战略定力，坚定不移沿着转型综改、创新驱动的路子走下去，向着全面建成小康社会、实现振兴崛起的宏伟目标阔步前进！

二、2019年工作安排

2019年是中华人民共和国成立70周年，是全面建成小康社会关键之年，是我省在“两转”基础上拓展新局面的攻坚之年。今年政府工作的总体要求是：

以习近平新时代中国特色社会主义思想为指导，全面贯彻党的十九大和十九届二中、三中全会精神，统筹推进“五位一体”总体布局，协调推进“四个全面”战略布局，深入贯彻习近平总书记视察山西重要讲话精神，按照中央经济工作会议部署，在省委坚强领导下，坚持稳中求进工作总基调，坚持新发展理念，坚持推动高质量发展，坚持把供给侧结构性改革与转型综改试验区建设相结合作为经济工作主线，坚持深化市场化改革，扩大高水平开放；以“三大目标”为牵引，坚持和发展“三条基本经验”，着力激发微观主体活力，释放市场需求潜力，推动能源革命综合改革，加快构建现代产业体系，继续打好三大攻坚战，统筹推进稳增长、促改革、调结构、惠民生、防风险工作；进一步稳就业、稳金融、稳外贸、稳外资、稳投资、稳预期，提振市场信心，保持经济运行在合理区间，增强人民群众获得感、幸福感、安全感，保持经济持续健康发展和社会大局稳定，推动全省经济在由“疲”转“兴”基础上拓展转型发展新局面，为全面建成小康社会收官打下决定性基础，以优异成绩迎接中华人民共和国成立70周年。

主要预期指标是：全省地区生产总值增长6.3%左右，全社会固定资产投资增长6.5%，社会消费品零售总额增长7.5%，一般公共预算收入增长6.3%以上，城乡居民人均可支配收入分别增长6.5%和6.5%以上，居民消费价格涨幅控制在3%左右，城镇新增就业46万人，城镇调查失业率、城镇登记失业率分别控制在6.5%、4.2%以内。

约束性指标是：万元地区生产总值能耗下降3.2%，万元地区生产总值二氧化碳排放量下降3.9%，万元地区生产总值用水量下降3%。环境质量改善指标和主要污染物总量减排指标，完成国家下达年度目标任务。农村贫困人口脱贫22万人，城镇棚户区住房改造3.5万套。

2019年指标的设定，是立足决胜全面建成小康社会、把握我省转型发展阶段性特征和经济运行趋势而确定的，突出了高质量发展要求，体现了稳中求进总基调，考虑了稳就业稳预期需求，为转型发展留出了空间。

实现上述目标，任务繁重艰巨，必须准确把握国家宏观政策、结构性政策、社会政策等重大政策取向，聚焦主要矛盾，按照“巩固、增强、提升、畅通”八字方针，深化供给侧结构性改革，推动经济高质量发展。今年，要重点抓好以下工作：

（一）聚焦转型项目建设，保持经济运行在合理区间。紧紧扭住转型项目这个“牛鼻子”，扩大有效投资，满足消费需求，为经济平稳健康发展提供更强支撑。

全力推进转型项目建设。深化转型项目建设年活动，围绕我省转型发展目标，在产业转型、基础设施、科技创新、生态环保、民生改善等领域，谋划实施一批打基础、利长远、补短板、增动能的新项目、大项目、好项目，力争完成固定资产投资6441亿元，夯实转型基础，增强发展后劲。实施百项工业转型升级项目，总投资2110亿元，其中新兴产业项目82个，投资1706亿元;传统产业项目20个,投资404亿元,以项目建设推动工业转型升级和技术改造,加快新旧动能转换,形成新的经济增长点。加快构建立体联网、内外联通、多式联运的现代综合交通运输体系,深入研究制定布局合理、有机接驳的综合交通枢纽建设方案,全面提升太原国家级枢纽城市地位。铁路方面,确保大张高铁、太焦高铁按期建成运营;加快推进雄安至忻州高铁项目前期工作,力争年内开工建设;做好集宁至大同至原平高铁前期工作,利用韩原线"五一"前开通太原南至怀仁东动车组,力争年底开通至大同南,努力实现大同至西安动车全线贯通!推进瓦日、蒙华铁路集运系统建设以及"公转铁"货物运输专用线建设,加快阳大铁路建设,开展太原至绥德、长治至邯郸至聊城、运城至三门峡铁路项目前期研究。公路方面,加快完善高速路网结构,建成右玉至平鲁、阳城至蟒河高速公路,打通蟒河出省口。新开工太原西北环、朔州至神池、离石至隰县、黎城至古县等高速公路断头路项目,新开工临猗黄河大桥及引线工程、运三高速三门峡公铁黄河大桥连接线等出省口项目,力争新开工汾阳至石楼、昔阳至榆次等连接线项目,推进普通国省干线公路升级改造和"四好农村路"、旅游公路建设。机场方面,推进太原、运城、大同、长治、临汾机场改扩建,推动朔州机场开工建设,启动晋城机场前期工作。开工建设芮城、阳城通用机场。轨道交通方面,加快太原地铁2号线建设,确保2020年开通运营。稳步推进地铁1号线、3号线前期工作,做好太原都市区轨道交通线网优化。加快构建安全、高速、泛在、智能的信息网络,制定实施通信基础设施建设三年行动计划,研究制定城市改造中的通信基础设施建设支持政策,将通信基础设施纳入市政规划体系,推动通信塔与社会塔双向开放共享。开通运营转型综改示范区国际互联网数据专用通道。优化城乡4G网络覆盖。抢占5G发展先机,加快商用进程,推动5G站址规划和基站建设,助力数字经济发展。加快水利、电力项目建设,推进古贤水利枢纽工程前期工作,做好小浪底引黄、中部引黄、东山供水等大水网骨干工程扫尾,加快县域小水网建设。力争蒙西-晋中特高压交流工程建成运营,确保晋北"一交一直"特高压配套工程投运,开工建设晋东南特高压长治站配套电源工程和太原北、大同新荣等500千伏输变电工程。推进浑源、垣曲抽水蓄能电站项目前期工作。

稳步扩大消费需求。全面提升产品和服务质量,深入实施消费品工业"三品"行动,推进文化旅游体育、健康养老家政、教育培训托幼等服务消费提质扩容,大力培育电子商务、共享经济、信息消费等新业态、新热点。有效增强消费能力,落实好个人收入所得税专项附加扣除等政策,实施国有企业工资决定机制改革,加大支农惠农力度,激发消费潜力。全力优化消费环境,打造高品质步行街,改建提升城乡便民消费服务中心,健全农村流通网络体系和售后服务体系。大力倡导绿色消费,加强消费领域信用建设,整顿市场秩序,健全维权机制,让消费者吃得放心,穿得称心,用得舒心!

(二)聚焦实施创新驱动,推动制造业高质量发展。坚持把创新摆在核心位置,大力培育优势产业集群,加快构建现代产业体系,建设全国重要的现代制造业基地。

提升科技创新能力。围绕转型发展需求,大力实施"卡脖子"关键核心技术"攻尖"行动和重大技术"迭代创新",在能源颠覆性技术和新兴产业前沿技术领域,组织实施"不对称创新"超前布局,谋划布局一批重点科技攻关项目,力争在碳纤维储氢气瓶、氢燃料电池、自主安全计算机、杂交小麦等关键技术领域取得突破,增强产业核心竞争力。鼓励引导企业增加研发投入、开展研发活动、组建研发机构,启动新一轮高新技术企业五年倍增计划。加强与大院大所、强院强所合作,加快建设省部级以上重点实验室,构建特色重点产业学科专业联盟,高质量推动量子光学与光量子器件、煤科学与技术、不锈钢等重点实验室和工程技术研究中心建设。推进产学研深度结合,支持科研院所和高校建立技术转移中心,加强知识产权保护和运用,促进科技成果转化。推进军民融合协同创新,实施"民参军"规模倍增计划,积极创建国家军民融合创新示范区。全面推动国家和我省科技创新、人才激励政策落地落实,实施"三晋英才"支持计划,大力引进培育高水平科技人才和创业团队,留住用好本土人才,建立全省人才津贴制度,赋予科研机构和人员更大自主权,优化科研项目评审、科技人才评价、科研机构评估,让更多创新活动获得支持结出硕果,让更多科技成果资本化产业化,让科技人才更加受尊重得实惠!

打造新兴产业集群。按照龙头带动、链式布局、研发支撑、园区承载思路,推动产业规模化、集群化发展。加快提升研发能力,延伸产业链条,积极培育智能制造试点示范,推进华翔智能化工厂、锦波医药人源Ⅲ型胶原蛋白、潞安180技改扩产、太钢高端碳纤维千吨级基地三期、中电科三代半导体等项目建设,打造高端装备、轨道交通、新能源汽车、生物医药、现代煤化工、新材料等支柱性产业集群。积极引进培育优势企业和研究机构,发展人工智能、信息安全、传感器等数字产业,推动工业互联网平台在重点行业和区域落地,大力实施"企业上云",加快太原安全可靠示范基地、阳泉智能物联网应用基地等项目建设,推进通航产业发展示范省建设,打造新一代信息技术、大数据、物联网、人工智能、增材制造、通用航空、节能环保等高成长性产业集群。

改造提升传统产业。实施新一轮企业技术改造,设立市县技改引导资金,省级资金增加到25亿元。深入推进煤-电-铝(镁)-材一体化改革试点,提升铝镁材精深加工水平。以煤-焦-化(钢)一体化发展为方向,推动焦化、钢铁行业优化产业布局,实施减量置换,提升装备水平,延伸产业链条。大力推广应用绿色技术,加快高污染产业技术改造,提升清洁发展水平。积极推动白酒、老陈醋、陶瓷、玻璃器皿、轻纺日用品等特色轻工产业向集群化方向发展。

推进先进制造业与现代服务业深度融合。加快省级服务业集聚区建设,遴选认定培育一批省级示范园区。积极开展服务型制造示范,促进生产型制造向服务型制造转变。大力发展研发设计、中介咨询、电子商务、现代会展等生产性服务业。引进国内外著名咨询机构,支持咨询服务在开发区集聚发展。推进物流园区建设,发展大型综合性仓储物流,完善物流网络,打造一批制造业与物流业联动融合发展示范企业。推进国家标准化工作综合改革试点,制定一批产品、服务和技术标准,以先进标准助力产品质量提升、产业转型升级。

(三)聚焦关键领域改革,激发转型发展活力。准确把握市场化改革要求,推动四梁八柱性质的改革走深走实,以改革“一子落”带动转型“满盘活”。

扎实推进能源革命综合试点。坚定走“减、优、绿”之路,继续运用市场化法治化手段退出煤炭过剩产能,稳妥处置已关闭退出煤矿的资产债务问题,不断提高先进产能占比,有序释放在建煤矿产能,提升煤炭产业综合竞争力。深化煤层气体制改革,全面建立煤层气矿业权退出机制,加快煤层气勘查区块出让和“三气”综合开发,提高抽采能力,推进输气管网设施互联互通和储气设施建设,加快煤层气产业发展。深化电力体制改革,健全电力中长期交易机制,加快输配电价改革,完善现货市场交易试点,加快国家级增量配电网试点建设,拓展城乡居民用电市场,大力开拓外送电市场,建设清洁电力外送基地。大力推进风能、太阳能、生物质能、地热能等新能源开发,加大氢能开发和利用力度,加快千万千瓦级光伏风电基地建设,提升新能源可持续发展能力。实施能源消费总量和强度“双控”工程,推进绿色交通绿色建筑计划,加快22个城市绿色建筑集中示范区建设。积极参与国际能源合作,开展能源先进技术集中攻关,打造能源交易交流合作平台,增强山西能源的话语权和竞争力。

深化财税金融体制改革。认真贯彻中央部署的财税体制改革重大任务,深入推进省以下财政事权与支出责任划分改革,推进预算绩效管理体系建设,按照不低于5%的比例压减全省一般性支出,盘活财政存量资金,继续推进6个省直管县财政管理体制改革试点。认真落实国家税改政策。调整优化我省金融体系结构,积极引进战略投资者参与地方金融机构改革,加快农信社改制化险,引导城商行、农商行、农信社业务回归本源,推进设立民营银行,发展社区银行。大力发展直接融资,支持企业债券融资,推动企业上市挂牌培育,加快发展基金业,提升政府投资基金运营水平。推动政府性融资担保机构增资展业,深化农村“两权”抵押贷款试点工作,提升金融服务民营企业、“三农”、小微企业水平。

深化国资国企改革。优化调整国有资本布局,继续推动专业化重组,引导国有资本向主业集中、向基础行业和关键领域集中、向攸关全省转型发展的产业集中。全面开展混合所有制改革,推动已公布的股权转让项目加快成交。继续筛选出一批更具吸引力的优质资产和项目,向社会资本开放股权。稳步推进员工持股试点。全力做好处僵治困工作,推动市场化出清。巩固企业办社会分离移交成果,积极推动企业市政社区管理职能移交和厂办大集体改革,继续化解国企历史包袱。全面提升国企创新能力,鼓励企业加大研发投入,构建创新生态体系。全面深化一企一策契约化管理考核,试点职业经理人制度。继续完善国有资产监督管理体制机制。加快推进市县国企改革。

大力支持民营企业发展。坚持“两个毫不动摇”,认真落实全省支持民营企业发展大会精神,着力破解民营经济发展中的问题。保障民营企业合法权益,实施市场准入负面清单制度,实现“非禁即入”,鼓励民间资本参与政府和社会资本合作项目。完善产权保护措施,依法保护企业家财产和人身安全,抓好清理政府部门和大型国有企业拖欠民营企业账款工作。强化民营企业融资服务,继续在融资授信、信贷投放等方面给予优先支持,鼓励金融机构加大信贷支持力度,实施好民营企业债券融资支持工具,提高政府性融资担保水平。构建“亲”“清”新型政商关系,完善领导干部联系民营企业制度,健全企业家参与涉企政策制定机制,营造支持民营企业家干事创业的良好氛围。着力打造“双创”升级版,完善“双创”和“小升规”支持政策,持续加大双创示范基地建设力度,推进小微企业双创基地梯次培育计划,推行“基地+活动+资本”模式,积极争取投贷联动试点,支持创投健康发展,推动中小企业“专精特新”发展,再培育600户“小升规”企业。

推进开发区改革创新发展。进一步完善开发区空间布局,完善开发区基础设施,提升产业承载能力,支持条件成熟的地区新设开发区,推动临汾、运城开发区升级为国家级开发区。深化“三化三制”改革,全面落实领导班子任期制、全员岗位聘任制和绩效工资制。积极支持管运分离改革,鼓励开发区与发达地区或优势企业合作共建产业园区,鼓励具备条件的开发区建设国际产业合作园区。复制推广转型综改示范区改革创新经验,依法依规做好向开发区授权工作,落实属地政府配套服务责任。加强投资强度、产出强度、税收强度考核,开展开发区土地利用节约集约评价,推动开发区提质升级。支持转型综改示范区在建设高效政务服务体系、促进新兴产业集群发展、推动科技协同创新、加快绿色发展等方面进一步改革创新,再形成一批可复制可推广的制度成果,当好全省开发区改革创新发展的排头兵、领头雁。

各位代表,我省开发区改革创新发展已进入以产业集聚为核心任务的新阶段,要将工作重心转移到招商引资上来,围绕产业招商图谱,推行产业链招商、“产业基金+项目”招商、股权招商,引进建设一批重大转型项目,形成主导产业集群,真正把开发区打造成全省转型发展的主战场、创新驱动的主引擎!

(四)聚焦融入国家战略,不断提高对外开放水平。以培育外贸主体、完善提升开放平台为抓手,大力发展开放型经济,加快构建对外开放新高地。

深度对接国家战略。加快融入“一带一路”建设,提升“山西品牌丝路行”功能,推进综合物流枢纽建设,力争中欧(中亚)班列常态化运行。加强与京津冀地区协作联动发展,强化生态、能源、科技、产业、基础设施、医疗教育等领域的共享合作。对接长三角一体化和粤港澳大湾区建设,加强新兴产业、文化旅游等方面的合作。用好区域合作推进平台,促进区域合作向更高水平、更高质量迈进。

充分发挥开放平台功能。提升太原航空口岸开放水平,推进大同和运城航空口岸正式开放、五台山航空口岸和太原铁路口岸临时开放。支持航产集团一体化管理省内机场,积极开辟国际航线,增加国际航班,大力发展临空经济。完善太原武宿综保区功能,申建进境水果、冰鲜产品指定口岸查验场,拓展保税加工、保税物流、检测维修、国际结算等新业务。推进大同保税物流中心(B型)申报。支持全省11个隶属海关机构发挥好职能作用。推动晋非合作区打造特色海外园区。

大力发展开放型经济。实施对外贸易主体培育三年行动计划,建立省市两级外贸企业孵化中心,推动龙头外贸企业国际化发展。支持太原市争取国家跨境电子商务综合试验区,加快省级跨境电商示范园区建设,充分发挥太原国际邮件互换局(交换站)功能,引进第三方跨境电商平台和知名进口龙头企业,大力推动跨境电商发展。深入实施国际市场开拓“千企百展”行动计划,支持我省特色产品开拓国际市场。精准帮扶企业应对中美经贸摩擦影响。扩大传统服务出口,发展新型服务出口。组织参加好第二届进口博览会。全面实施准入前国民待遇和负面清单管理制度,扩大利用外资规模,推动更多外商投资项目落地。有效引导对外投资。全面复制推广自贸试验区改革试点经验,提高投资贸易便利化水平,加快赶上新一轮高水平开放步伐。

(五)聚焦提升城市品质,促进区域协调发展。全面增强中心城市辐射带动作用,发挥各地比较优势,形成中心带动、内外联动的区域协调发展新格局。

全面提升中心城市品质。坚持以质取胜,同步推进行政区划调整和区域中心城市建设,以先进理念加强城市设计,做好城市规划,统筹推进基础设施建设、生产力布局和公共服务提升,扎实开展城市修补和生态修复,建设功能完善、绿色智慧、管理科学、宜居宜业的高品质城市,做大区域中心城市。高起点谋划太原的建设和发展,提升城市品质和开放能级,建设富有特色的国家区域中心城市。加快晋中与太原一体化发展进程。支持大同、长治优化空间布局,提高产业和人口集聚水平,增强城市综合竞争力,打造各具特色的区域中心城市。推动其他设区市加快解决“一市一区”“城郊矿”等突出问题,拓展城镇空间,提升城市内涵,带动城乡区域一体化发展。

构建区域协调发展新格局。按照“一核一圈三群”总体布局,合理规划城镇群生产、生活、生态空间,打造特色鲜明、竞相发展的区域板块。强力推进中部盆地城镇群一体化发展战略,突出太原都市区龙头作用,打造具有全国影响力的城镇群。做强晋北城镇群,壮大晋南城镇群,优化晋东南城镇群,促进“两山”与平川地区协调发展。支持晋陕豫黄河金三角、晋冀蒙长城金三角地区协作发展。

切实提高城镇化质量。积极推进农业转移人口市民化,全面放宽重点群体落户限制,实施城镇建设用地增加规模与吸纳农业转移人口落户挂钩机制,提高户籍人口城镇化率。统筹推进地上地下市政基础设施建设,完善便民服务设施,推动综合交通、信息、能源等基础设施向农村延伸。强化跨区域基本公共服务统筹合作,促进基本公共服务均等化。推动特色小镇有序发展。

(六)聚焦全面小康目标,深入实施乡村振兴战略。坚持农业农村优先发展,统筹抓好“五个振兴”,为全面建成小康社会打下坚实基础。

加快特色现代农业发展。大力发展有机旱作农业,提升农业科技创新和机械化水平,扩大有机旱作示范创建范围。做好杂粮全产业链开发,推进忻州、大同吕梁等国家优质杂粮产地交易市场建设,做大做强“山西小米”“山西高粱”“山西马铃薯”“山西荞麦”等区域公共品牌。加强功能食品研发,开展中药材、食用菌、果品等深加工及资源综合利用技术研究。抓好高标准农田建设,做好粮食生产功能区划定工作,实施好优质粮食工程。扎实推进国家级特优区和产业园建设。大力发展循环农业、城郊农业、休闲农业、创意农业等新业态,加快推进“互联网+现代农业”发展,开展农林文旅康产业融合试点,促进农牧渔循环、产加销一体、农文旅有机融合。加快培育农产品加工企业和农业高新技术企业,支持家庭农场、农民合作社、龙头企业、农业社会化服务组织做大做强,发展多种形式适度规模经营,促进小农户和现代农业发展有机衔接。

高标准推进山西农谷等省级战略。加快山西农谷建设,升级建设国家农业高新技术产业示范区,抓好太谷国家现代农业产业科技创新中心和国家现代农业产业园建设,加快建设国家功能杂粮技术创新中心,力争在农业科技创新、成果转化等方面取得突破性进展。加快推进雁门关农牧交错带示范区建设,实施粮改饲项目和国家苜蓿行动计划,推进奶业大省建设。加快运城农产品出口平台建设,推进出口水果及特色农产品质量安全示范区、水果标准园、水果出口检验检疫服务平台建设,培育壮大农产品出口企业。

持续改善农村人居环境。推广浙江“千村示范、万村整治”经验,扎实推进省级示范县、示范村建设,开展风貌整治示范。继续扎实开展“五大专项行动”。新改建农村公路2万公里,再改善300万农村群众的饮水安全条件。毫不松懈抓好非洲猪瘟防控工作。继续清理整治“大棚房”,坚决遏制“农地非农化”。健全农村人居环境改善长效机制,压实县级主体责任,发动农民积极参与,加快建设各具特色的美丽宜居村庄。加快推进农村改革。完善农村承包地“三权分置”制度。稳慎推动农村宅基地制度改革,开展农村宅基地使用权确权颁证工作。扎实推进农村集体产权制度改革,完成清产核资和集体经济组织成员身份确认,有序开展经营性资产股份合作制改革。有效推动生产要素“上山下乡”,鼓励人才、政策、资金等要素向乡村流动,促进更多工商资本、社会资本投资农业农村。继续深化林权、水权制度等改革。

(七)聚焦文旅融合发展,建设富有特色和魅力的文化旅游强省。统筹文化事业和文化旅游产业发展,完善“331”旅游布局,加快把文化旅游产业培育成战略性支柱产业,全面提升文化软实力。

全力推进黄河长城太行三大旅游板块建设。加快推进3个一号公路及“城景通、景景通”建设,开工建设2000公里旅游公路,推进黄河风景道、太行山步道建设,合理布局集散中心、旅游厕所、汽车营地、标牌标识等配套设施。大力引进战略投资者,加快五台山、雁门关、王莽岭、祁县古城等重点签约项目落地实施,推进已开工项目和100个旅游扶贫示范村建设。完善康养产业布局规划,培育一批康养小镇、康养社区、康养度假村,打响康养山西、夏养山西品牌。科学开发高端文旅资源,严格论证评审,高水平打造龙头景区,做优做强现有5A级景区,再建设一批高等级景区。持续开展旅游从业人员素质提升工程,强化文旅市场综合监管,加快智慧旅游建设,全面提升旅游服务质量。

全力推动文旅深度融合。统筹推进文化和旅游在发展理念、公共服务、行政审批、市场监管、行政执法、宣传营销等领域全方位对接。深化景区体制机制改革,推动涉旅文物保护单位“两权分离”。深入挖掘自然人文景观独特文化内涵,推动文物活化利用,加强文创产品开发,加快推进非遗和演艺进景区,打造高品质文旅“产品包”“景点群”和“线路套餐”。抓好晋中、忻州等全域旅游示范区创建,开展好右玉、左权、太原西山省级生态文化旅游开发区试点工作,积极创建全省域国家全域旅游示范区。推动文化保税区、文化产业园区建设,壮大文化企业实力,加快发展文化产业。推进“文化+”“旅游+”,用创意激活资源,培育发展研学游、文化体验游、自驾房车游等新业态,推动文旅产品融合、业态融合和产业重构,实现文化和旅游神与形的有机统一、水乳交融!

提升公共文化服务水平。培育和践行社会主义核心价值观,深入实施公民道德建设工程。加快构建现代公共文化服务体系,促进基本公共文化服务标准化均等化,推进基层综合性文化服务中心建设,加强公共数字文化服务,推动县级文化馆、图书馆总分馆制建设,提升新闻出版、广播电视、电影公共服务能力。深入推进文明守望工程、革命文物保护利用工程、乡村文化记忆工程和文化惠民工程。弘扬优秀传统文化,做好非遗保护传承工作。积极申报第八批国保单位,创新文物保护利用机制。继续开展好文化科技卫生“三下乡”。推动哲学社会科学繁荣发展,大力支持文艺精品创作,为人民群众提供更多更好的精神食粮。

大力开展文化交流。加强国际友好省州合作交流,扩大朋友圈,提升人文交流的规模层次。丰富平遥国际摄影展电影展等展会和文化活动内涵,办好山西省第二届艺术节,积极申办“中华根祖文化旅游节”,锻造国家级、国际化文化活动品牌。做好外事、侨务、港澳、对台工作。大力开展针对性宣传,强化新媒体推介,讲好山西故事。

(八)聚焦解决突出问题,坚决打好三大攻坚战。按照中央部署,巩固成果,针对突出问题,打好重点战役,全力攻坚,务求实效。

坚决防范化解重大风险。强化地方政府金融监管和服务能力,加强金融风险源头管控,健全风险监测预警处置长效机制。坚决打击各类非法金融机构和非法金融活动,有效防范、打击和处置非法集资,有序推进互联网金融风险专项整治。用好财政资金杠杆,引导金融机构扩大资金投放,推动已签约债转股资金落地,继续压降不良贷款,努力化解企业流动性风险和信用风险。压实市县政府主体责任,规范地方政府举债融资机制,争取更多国家债券支持,坚决遏制隐性债务增量,稳妥处置债务存量。

决战决胜脱贫攻坚。进一步聚焦深度贫困县、特殊贫困群体和影响“两不愁三保障”的突出问题,逐县研判、逐项对标、逐个突破,确保最后17个贫困县全部摘帽、800个左右贫困村退出、22万左右贫困人口脱贫,易地扶贫搬迁全面完成,实现脱贫攻坚决战决胜!坚持摘帽不摘责任、不摘政策、不摘帮扶、不摘监管,落实好已摘帽贫困县、已退出贫困村和脱贫人口的后续扶持政策,建立返贫预警机制,减少和防止脱贫人口返贫,巩固脱贫成果,提升发展能力,让贫困群众乘着乡村振兴的快车,奔向全面小康的幸福生活!

打好污染防治攻坚战。坚持转型、治企、减煤、控车、降尘“五管齐下”,持续开展“散乱污”企业整治,完成焦化行业特别排放限值改造,推动清洁取暖和散煤替代由城市建成区向农村扩展,持续开展柴油货车和散装物料运输车污染治理联合执法,开展建筑工地绿色施工,打赢蓝天保卫战。统筹推进“五水同治”,加快汾河、桑干河流域69座城镇生活污水处理厂提效改造,推进城镇污水管网和污水处理厂建设,打赢黑臭水体歼灭战,努力实现汾河国考断面全面达标,打好碧水保卫战。完成农用地土壤污染状况详查,加强农业面源污染防控,推进露天矿山综合整治,加强采煤沉陷区、矸石山治理,加快垃圾焚烧发电项目建设,推进净土保卫战。持续推进“两山七河”生态保护与修复,完成营造林400万亩,实施汾河百公里中游示范区项目,一河一策推进其它重点河流生态保护与修复。推进自然资源统一确权登记,开展自然资源资产负债表编制工作。强化国土空间规划和“三线一单”管控。深化生态环境损害赔偿制度改革,稳步实施排污许可证制度,健全生态环境督察工作机制。坚持环保倒逼转型不动摇,强化服务,精准施策,实现经济发展与环境保护协同共赢,让绿色发展成为山西的鲜明特质!

(九)聚焦人民群众普遍关心的切身利益问题,加强保障和改善民生。坚持以人民为中心的发展思想,继续把新增财力优先用于保障和改善民生,全力办好群众得实惠的好事、实事。

千方百计扩大就业。切实把稳就业摆在突出位置,加大创业就业支持力度,扎实做好高校毕业生、去产能安置职工、农村劳动力、就业困难人员、退役军人等重点群体就业工作。支持困难企业开展职工在岗培训,鼓励企业不裁员或少裁员,稳定劳动关系。加强全方位公共就业服务,加快人力资源市场建设,推进就业实名制管理服务,建立精准就业帮扶机制。创新“互联网+职业培训”模式,提高劳动者就业能力。

优先发展教育事业。建成400所普惠性幼儿园,建设500所乡镇寄宿制学校,办好乡村小规模学校。提高义务教育城乡一体化发展水平,推动县域义务教育向优质均衡迈进。不断改善高中学校办学条件,优化高中阶段教育结构,提升高中阶段教育水平。加快实施“消除大班额”计划,持续规范治理校外培训,切实减轻中小学生过重课外负担,让中小学生快乐学习、健康成长。加快“双一流”建设,推进山西大学、太原理工大学率先发展,深化与C9等高水平大学合作交流,推动“1331”工程提质增效,加快山西大学、山西财经大学东山校区建设,深入推进学科专业优化调整,实施一流专业建设计划,建设高水平本科教育。推动应用型高校建设。积极推动独立学院转设。整合职业院校资源,推广现代学徒制,促进产教融合。支持和规范民办教育。强化教师队伍建设。加强校园安全风险防控和中小学生欺凌综合治理。

提升全民健康水平。继续实施“136”兴医工程。加快医保支付方式、公立医院医药价格和药械采购三项改革,促进“三医联动”。深化县域综合医改、城市医联体建设和公立医院改革,保持医改在全国的领先地位。全面提升“互联网+医疗健康”服务水平。推进健康扶贫和重点地方病防治攻坚。建设中医药强省。建立医疗、预防、养老整合型健康服务体系,推动以治病为中心向以健康为中心转变。

健全住房保障体系。坚持“房住不炒”基本定位,大力发展住房租赁市场,加大租赁住房建设力度,支持机构化、专业化住房租赁企业发展。继续抓好棚户区住房改造,加快推进农村危房改造。大力发展装配式建筑,提高全装修住宅覆盖率。建立健全房地产市场调控长效机制,夯实城市政府主体责任,保持房地产市场稳定,让住房保障政策惠及更多城镇中等及以下收入住房困难家庭,让广大人民群众“住有所居”。

完善社会保障制度。继续实施全民参保计划,稳步提高各项社会保险待遇水平。落实企业职工基本养老保险基金中央调剂制度,有序推进省级统筹工作。落实城乡居民基本养老保险待遇确定和基础养老金正常调整机制。继续提高城乡最低生活保障标准,每人每月再提高30元。提高城乡社区养老服务水平。深入开展农村特殊群体关爱、孤残儿童生活保障工作,加强和改进流浪乞讨人员救助管理,大力发展妇女、儿童、老龄、慈善、残疾人和红十字等事业。

各位代表,今年我省将举办第二届全国青年运动会,这是我省的一件大事盛事,要举全省之力,高质量完成场馆设施建设,精心组织开闭幕式、赛事活动、安全保卫、后勤保障等各项工作,做到既简约节约又出彩出色,办成一届精彩、惠民、难忘的体育盛会,充分展示城市综合实力和我省美好形象!

各位代表,今年省政府将在去年基础上,全力办好八件民生实事:

继续实施全民技能提升工程,再培训100万人;

将残疾预防重点干预和残疾儿童抢救性康复项目帮助对象由4万名增加到5万名;

将国定贫困县农村妇女免费“两癌”检查服务扩大到全部贫困县;

继续为怀孕妇女提供免费产前筛查与诊断服务;

新建农村老年人日间照料中心500个;

继续免费送戏下乡1万场;

实施经济困难的高龄和失能老年人关爱行动工程;

实施免费法律咨询便民工程。

我们就是要把改善民生、惠及百姓的实事一件接着一件办,一年接着一年干,干一件成一件,让广大人民群众有实实在在的获得感、幸福感!

(十)聚焦平安山西建设,提升社会安全稳定水平。今年大事多、要事多、喜事多,防风险、保平安的任务更加艰巨,必须牢牢守住社会安全稳定这一底线。

全面贯彻总体国家安全观,提高风险预知预警预判能力,紧盯重大敏感节点,做到“零懈怠”“零疏漏”“零失误”。完善社会矛盾纠纷多元化解机制,做实做细各类利益诉求群体的信访维稳工作。严防群体性事件、突发环境事件、重大食品药品安全事故、重大交通事故等公共安全事件。持续推进扫黑除恶专项斗争。做好民族宗教工作和援疆工作。支持国防建设,加强国防动员、双拥和退役军人服务管理工作。更好发挥工会、共青团、妇联等群团组织作用,完善基层群众自治制度,加强社区治理,发挥社会组织作用,推动社会治理重心向基层下移。加强气象、地震、人防等工作,做好重大自然灾害的防灾减灾和救灾工作。

各位代表,安全生产是我们必须牢牢树立的红线、紧紧守住的底线。要压实安全生产责任,深化重点行业领域专项整治,夯实基层基础,坚决杜绝重特大事故。构建应急管理体制机制,加强应急救援队伍建设,强化应急物资配备,不断增强应急保障和处置能力,使社会安定和谐,让百姓安居乐业!

三、切实转变政府职能,打造“六最”营商环境

坚持以政治建设为统领,增强“四个意识”,坚定“四个自信”,做到“两个维护”,全面加强政府自身建设。对表中央要求、对标发达地区先进做法、对接国际投资贸易通行规则,提高政府治理能力现代化水平,推动我省营商环境进入全国第一方阵。

深化“放管服效”改革。引深审批制度改革,推行“承诺制+并联审批”模式,推进“承诺制+标准地”改革,实施“区域评估”,试行告知承诺制和“容缺受理”制度,大幅压缩核准类项目审批评估时限。巩固深化“3545”专项改革,大幅压缩企业开办、水电气报装、获得信贷、不动产登记办理时间。深化商事制度改深化商事制度改革,全面推开“证照分离”“多证合一”改革,切实推进“照后减证”,大幅降低准营门槛。推广相对集中统一行政许可权改革经验,开展晋城市县两级改革试点,在省级推行“一枚印章管审批”改革。创新监管方创新监管方式,推进“双随机、一公开”监管统一化、常态化。更大力度推动跨部门联合检查,实现“进一次门、查多项事”。加快推进全省涉企信息归集共享,完善守信联合激励和失信联合惩戒措施。规范涉审中介组织行为,建立“网上中介超市”,大力整治“红顶中介”。优化政务服务优化政务服务,,全面深化“一门一网一次”改革,在省市县三级政务服务大厅全面推行“一窗受理、集成服务”模式,建设覆盖全省、联通国家的一体化政务服务平台,同步实现“互联网+监管”功能,提升移动政务服务“三晋通”覆盖度和体验度,让更多事项“一网通办”,必须到现场办的力争做到“只进一扇门”“最多跑一次”!

降低企业生产经营成本。积极落实国家和省各项惠企减

税降费政策，坚决治理乱收费、乱罚款。扩大电力市场直接交易规模，完善工业用地弹性出让制度，降低各类要素成本。加快“公转铁”运输结构调整，推进高速公路差异化收费，降低企业物流成本。

营造良好发展环境。严格落实公平竞争审查制度，有序清理妨碍统一市场和公平竞争的各类显性和隐性障碍，加大反垄断和反不正当竞争执法力度，坚决打破“卷帘门”“玻璃门”“旋转门”。开展全省域营商环境第三方评估，组织居民和企业对本地营商环境进行评价，建立全省营商环境投诉举报跟踪督办机制。大力弘扬晋商精神，激发和保护企业家精神，支持企业家发展，营造公平公正的法治环境、规范守信的市场环境、重商亲商的社会环境。

各位代表，营商环境是政府治理效果的直接体现。各级政府要加快转变政府职能，改进工作方法，全面提高行政效能。要认真开展“不忘初心、牢记使命”主题教育，扎实开展“改革创新、奋发有为”大讨论，进一步解放思想，创造性贯彻落实党中央、国务院大政方针和省委决策部署。要自觉运用法治思维和法治方式推进工作，严格执行人大及其常委会的决议决定，认真办理人大代表建议、政协提案，自觉接受人大、政协监督以及社会、舆论监督，强化审计监督。加强政府立法，建立健全行政规范性文件管理制度和合法性审核机制，依法办理行政复议和行政应诉案件。推进省市县综合行政执法体制改革，严格规范公正文明执法。全面推进政务公开和政府信息公开。要加强政策研究和经济运行监测，开展好第四次经济普查，推进智库建设、参事、咨政等工作，强化政策储备。要以优良政风和过硬作风提升服务效能，深入推进政府系统党风廉政建设和反腐败斗争，严格落实中央八项规定精神和我省实施办法，坚决反对形式主义、官僚主义，坚决整治不敬畏、不在乎、喊口号、装样子的问题，用好“13710”政务督查督办手段，确保政策落地、政令畅通。健全容错纠错机制，激发和保护各级政府和广大干部改革创新、干事创业的激情与活力。全体公务人员要牢固树立“人人代表政府形象”“事事体现营商环境”理念，最大限度提升企业和群众办事便利度、满意率!

各位代表，砥砺奋进新时代，改革开放再出发。让我们更加紧密地团结在以习近平同志为核心的党中央周围，高举习近平新时代中国特色社会主义思想伟大旗帜，在省委坚强领导下，紧紧依靠全省人民，改革创新、锐意进取，不断拓展转型发展新局面，以优异成绩迎接中华人民共和国成立70周年!

中共山西省委　山西省人民政府《山西省建立更加有效的区域协调发展新机制实施方案》

（2019 年6月24日）

为适应新时代实施区域协调发展战略需要，促进区域协调发展向更高水平和更高质量迈进，根据《中共中央、国务院关于建立更加有效的区域协调发展新机制的意见》（中发〔2018〕43号）精神，结合我省实际，制定本方案。

一、总体要求

认真贯彻落实党中央、国务院决策部署，聚焦“示范区”“排头兵”“新高地”三大目标，围绕努力实现基本公共服务均等化、基础设施通达程度比较均衡、人民基本生活保障水平大体相当的目标，坚持市场主导与政府引导相结合、服务大局与主动作为相结合、区别对待与公平竞争相结合、继承完善与改革创新相结合、目标导向与问题导向相结合的原则，坚决破除省际间和区际间利益藩篱和政策壁垒，加快形成统筹有力、竞争有序、绿色协调、共享共赢的区域协调发展新机制。

——到2022年，全省区域协调发展新格局初步形成。“两山”与平川、城市与乡村、经济与生态协调发展取得重大进展，区域合作发展机制基本建立，产业联动发展水平稳步提升，区域性整体贫困问题得到解决，绿色循环低碳发展水平明显提高，区域基础设施互联互通，基本公共服务均等化水平显著提升，广大人民群众的获得感、幸福感、安全感显著增强。

——到2035年，全省区域协调发展取得决定性进展。经济发展水平、综合竞争力和可持续发展能力全面提升，区域发展不平衡不充分的矛盾得到有效解决，人民生活更为宽裕，基本公共服务均等化基本实现。

——到2050年，全省区域协调发展格局全面形成。与全国同步实现社会主义现代化，基本实现全体人民共同富裕。

二、落实区域战略统筹机制

（一）推动国家重大区域战略融合发展

稳定开行中欧（亚）班列、至沿海港口铁海联运班列。开通和优化至北美、欧洲航线，推动太原跨境电子商务产业发展。推动省内国际产业合作示范区和海外园区建设。加大外贸主体、国际自主品牌培育，推动外贸高质量发展。利用好国家及我省现有国际交流合作平台、国际友城平台，深化对外交流合作。将太原市、大同市打造成参与“一带一路”建设的节点城市。深入推进口岸建设，提升开放和服务水平。

落实国家支持山西与京津冀加强协作实现联动发展的意见，完善合作机制，增强协同创新能力，形成山西省与京津冀协同联动发展、互惠互利共赢新格局。

落实省政府与长江经济带地区相关省市签署的战略合

作协议。积极组织和参与各类招商引资活动、展会、论坛等，提升与长江经济带地区在经济、科技等领域的合作水平。

落实省政府与深圳市政府签署的全面战略合作框架协议,加强与粤港澳大湾区在政务、创新、重点产业等领域的合作,加快推进山西省国家资源型经济转型综合配套改革试验区建设。

落实国务院批复的《中原城市群发展规划》及我省贯彻落实《中原城市群发展规划》实施方案，协调晋城市、长治市、运城市加快发展战略性新兴产业、现代农业和现代服务业，建设高效互联的基础设施网络，增强城际互联互通能力,提高基本公共服务均等化水平,不断提升三个市的区域竞争力和影响力。

(二)加强与发达地区联动发展

有计划地推进党政机关与企事业单位干部双向挂职锻炼。选派优秀年轻干部到发达地区挂职锻炼。邀请发达地区选派合适干部人才到山西转型综改示范区等国家级开发区挂职。

依托发达地区知名高校的智库及学科优势资源,开展山西省重大战略政策研究。联合发达地区知名高校加快山西高校的学科建设,鼓励省内外专家学者联合申报国家级教科研项目、联合发表高级别论文、共建实验实训基地,促进山西高校的学科建设上位进阶。

与发达地区加强合作，提升山西科技创新载体建设水平。加大承接发达地区技术转移力度,鼓励国内外技术转移服务机构在山西设立分支机构,完善山西科技成果转化和知识产权交易服务平台系统各项功能,鼓励科技成果转化示范基地和示范企业加强与省内外企业、高校、科研院所开展合作,推动山西科技创新成果转化。

围绕先进装备制造、新能源汽车等十二大制造业重点领域,引导各市以特色产业集群为依托,深化区域合作,提高产业转移承接力,促进新旧动能转换。

推动与发达地区人社部门核发的专业技术职务任职资格证书互认。

落实《山西省打赢蓝天保卫战三年行动计划》,积极参与京津冀及周边、汾渭平原大气污染联防联控,“转、治、减、控、降”五管齐下,持续改善环境空气质量。

完善高速公路路网结构，推进国家高速公路待贯通路段、出省口和省内重要连接线建设。加快国省干线公路交通繁忙路段扩容改造和低等级路段升级改造。推进以三大板块旅游公路为重点的“四好农村路”建设。争取中央资金支持跨区域交通基础设施建设,积极创新交通投融资模式。

搭建合作交流平台,组织开发区根据主导产业,筛选确定与京津冀、东部地区合作的目标开发区,加强交流对接。

加强与发达地区的文化和旅游交流合作,积极参加文旅部组织的系列主题推广活动和知名文化旅游会展,打造跨区域精品文化旅游线路,扩大山西文化旅游影响力。

实施“136”兴医工程,引进京津冀地区高层次临床和科研专家,建设院士工作站、卓越医学团队及卓越医师工作站。与京津冀地区电子健康卡系统对接,推进区域内就医“一卡通”。引进前沿医疗技术,提供优质便民诊疗服务。鼓励社会资本参与的医养结合机构与京津冀地区开展合作,发展连锁产业,共建具有康养一体化功能的医疗机构。

建立健全区域现代金融业体系,探索优化区域现代金融业服务,提升区域现代金融业开放水平,促进与发达地区在现代金融业领域的合作。

三、健全市场一体化发展机制

(三)促进城乡区域间要素自由流动

落实《市场准入负面清单(2018年版)》,建立健全相关推进机制,实施全国统一的市场准入负面清单制度,消除歧视性、隐蔽性的区域市场准入限制。

落实我省《关于在市场体系建设中建立公平竞争审查制度的实施意见》,减少对微观经济的行政干预。按照《公平竞争审查制度实施细则(暂行)》进行公平竞争审查。查处垄断协议和滥用市场支配地位行为，及时纠正滥用行政权力排除、限制竞争行为。

以推动非户籍人口在城市落户为目标,深化户籍制度改革,推广太原市人才户口迁入的做法和经验,进一步放宽落户政策,拓宽落户通道。

加快建设人力资源市场,完善人才流动机制,畅通人才流动渠道。落实单位用人自主权,支持专业技术人员创新创业,实施更加开放的区域间人才交流合作。

深化农村土地征收制度改革和农村集体经营性建设用地入市改革,加快建立城乡统一的建设用地市场。稳慎推进宅基地制度改革。

做好修订《山西省实施〈中华人民共和国农村土地承包法〉办法》的有关工作,巩固承包地“三权分置”制度。加强农村产权流转交易市场建设,建立健全市场交易规则及运行机制;鼓励与其他部门和机构合作,拓展服务内容;建立交易和管理信息网络平台,完善服务功能和手段。加强农村土地承包经营纠纷调解仲裁体系建设,及时化解农村土地承包经营纠纷。

实施省级科技计划项目,组织高新技术企业认定和科技型中小企业评价工作,开展省级科技企业孵化器、众创空间认定工作。加强省级重点实验室、科技创新团队等科技创新平台基地和人才团队建设,认定一批省级产业技术创新战略联盟。发挥奖励引导作用,组织开展省科学技术奖评审工作。

(四)完善区域交易平台和制度

建立完善水权改革配套制度,加快推进全省水权分配与交易平台建设。在全省范围内选取试点县,推进初始水权分配。逐步确定各行业用水水权,作为水权交易基础。

修订完善《排污权交易管理办法》,制定相关法规制度,全面开展排污权初始核定工作,完善排污权交易平台体系建设。

开展山西重点排放单位碳排放报告与核查及监测计划制定工作。开展发电行业碳配额分配及对山西经济发展的影响课题研究,制定山西碳配额分配方案。开展山西发电行业参加全国碳排放配额模拟交易。完成山西企(事)业单位温室气体排放报告和核查信息平台验收工作及碳交易数据平台续建工作。

认真执行国家有关自然资源资产有偿使用、市场化配置、集体所有自然资源有偿使用政策制度,健全全省自然资源市场交易规则和交易平台,组织开展自然资源市场调控和动态监测。

根据国务院向我省下达的"十三五"能源消费总量和强度"双控"目标任务,向各市分解能源消费总量预算指标,监测预算执行进度,控制用能总量增长。

加快推动符合山西省产业政策的企业在主板、中小板、创业板、科创板和新三板上市挂牌。推动上市公司跨区域并购重组,引导企业积极对接省外优质产业项目和优质资产。积极引进省外知名投资机构和基金公司。支持山西股权交易中心与省外其他区域股权市场的合作。

四、深化区域合作机制

(五)推动区域合作互动

引导、帮助异地山西商(协)会发展。推动省外驻晋商(协)会扩大企业再投资。搭建晋商回乡投资合作平台。创新商会工作服务机制。畅通政企沟通渠道,构筑平等对话平台,引导社会组织健康发展。

鼓励企业组建跨地区跨行业产业、技术、创新、人才等合作平台。

在编制省级国土空间规划、跨市级行政区重点区域规划工作中,明确城镇空间结构体系和城镇等级、职能,充分考虑城市群内部城市间的紧密合作,为推动城市间产业分工、基础设施、公共服务、环境治理等协调联动提供合理的自然资源空间结构和布局,助推构建大中小城市和小城镇协调发展的城镇化格局。

(六)加强省际交界地区合作

推进晋陕豫黄河金三角承接产业转移示范区建设。加快形成外联内畅、衔接紧密、便捷高效的公路、铁路、航空综合网络。实施黄土高原生态治理,将山水林田湖草作为一个生命共同体进行统一保护、统一修复。协调推进蒙晋冀(乌大张)长城金三角区域合作向深层次、多领域、高水平、务实型一体化迈进。

(七)积极开展国际区域合作

推动我省企业积极稳妥"走出去",鼓励企业以并购、新设、参股等多种形式开展跨国经营。加强国际产能合作,将优势产能向有市场需求的重点区域和国家转移,带动设备、技术、标准"走出去"。持续推进我省企业开展对外承包工程业务,开拓承包工程海外市场。推动晋非经贸合作区建设,引导企业赴合作区投资兴业。

五、优化区域互助机制

(八)深入开展对口支援

提高对口援疆工作质量,拓宽援助领域,深化援助层次,提升援助水平。按照《山西省对口支援新疆项目管理办法》《山西省对口支援新疆建设资金管理暂行办法》,推进援疆项目建设。配合国家发展改革委年度绩效综合评价工作,定期对援疆项目进行督促指导。

(九)创新开展对口帮扶

推进省内贫困地区与发达地区干部交流,完善干部"育选管用"机制。继续推动省直机关、省属企业选派干部到对口帮扶贫困县参与脱贫攻坚工作。鼓励和支持贫困县选派干部到对口帮扶单位进行挂职锻炼。

加快建立和完善市级政府机关、企事业单位对口帮扶本市贫困地区的工作机制,深化"六个帮扶"责任制。

六、健全区际利益补偿机制

(十)建立跨省流域水环境综合治理协调机制

积极与相邻省份开展沟通对话,在唐河、沙河流域推动建立跨省水生态环境保护综合协调机制。

(十一)健全资源输出地与输入地之间利益补偿机制

完善有利于资源集约节约利用和可持续发展的资源价格形成机制。积极推进电力市场化改革,有序放开除公益性以外的发售电价格,由市场形成交易电价。

引导省属企业积极参与周边地区地下储气库等大型储气设施建设;支持省内管输企业与周边省市合作成立跨省管道输配公司。以现有LNG生产集群为基础,鼓励省内外投资主体在煤层气资源地加快应急储备和调峰基地建设。

七、完善基本公共服务均等化机制

(十二)提升基本公共服务财政保障能力

加大省对市县基本财力保障、均衡性转移支付等财力性转移支付力度,调整完善转移支付测算分配方案,对存在标准收支缺口的市县予以财力性转移支付补助。着力加大对脱贫攻坚事业的扶持力度,2020年年底前,关于省对县级基本财力保障奖补资金、均衡性转移支付等财力性转移支付,要重点加大对贫困县特别是深度贫困县的倾斜力度,确保省财政对贫困县财力性转移支付增幅高于对县级平均增幅,省财政对深度贫困县财力性转移支付增幅高于对贫困县平均增幅。

(十三)提高基本公共服务统筹层次

落实企业职工基本养老保险基金中央调剂制度,做好中央调剂金的缴拨工作。完善山西省企业职工基本养老保险省级统筹制度,从2020年起,实行养老保险基金省级统收统支。

完善基本医疗保险制度。健全全民医保体系,完善城镇职工医疗保险市级统筹政策措施,逐步缩小统筹地区间的待遇差距,积极推进城乡居民医疗保险省级统筹。

稳步推进基本公共卫生服务均等化。持续提升基层医疗卫生机构服务能力。扎实做好重大疾病防控工作。

推动城镇优质教育资源向乡村学校辐射,加强乡村小规模学校和乡镇寄宿制学校建设,重点从保障学位供给、配置教师资源、提升教育质量、促进教育公平四个方面统筹推进县域内城乡义务教育一体化改革发展。

推动公共就业服务覆盖全民、贯穿全程、辐射全城、便捷高效。拓宽就业服务渠道,规范服务流程。提高公共就业服务信息化水平,落实简化就业失业登记手续有关政策。在全省实行《就业创业证》和社会保障卡"证卡合一"制度,全面推行《就业创业证》电子证书,推进网上自助服务平台建设。

(十四)推动城乡区域间基本公共服务衔接

加快建立医疗卫生等基本公共服务跨城乡跨区域流转衔接制度,研究完善跨制度跨统筹地区医疗保险关系转移接续具体办法,确保参保人员基本医疗保险关系顺畅接续。

八、创新区域政策调控机制

(十五)实行差别化的区域政策

统筹安排跨市域重大基础设施和民生工程项目的用地规模与布局,充分保障项目用地需求。年度用地计划对国定贫困县实行指标单列、应保尽保,对省级贫困县优先保障。对跨市域重点工程项目优先安排年度新增建设用地计划指标。

依据各市生态功能定位和资源环境承载能力,实施分市环境管控。

出台鼓励引导人才向艰苦边远地区和基层一线流动的实施意见,支持他们到基层创新创业。鼓励各市制定出台符合当地高质量发展需求的人才政策。

(十六)建立健全区域金融政策联动机制

加强跨区域金融信息交流与合作,促进区域间各类金融机构、分支机构之间的协调配合,优势互补。综合制定融资方案,提供多元化综合金融服务,加大对跨区域重大工程项目的支持力度。稳妥处置非法集资风险等各类金融领域风险,做好重大跨省金融类案件查处工作。

九、健全区域发展保障机制

(十七)规范区域规划编制管理

完善区域规划编制、审批和实施工作程序。根据国家及我省重大战略和重大布局需要,适时编制实施新的区域规划。

(十八)建立区域发展监测评估预警体系

探索建立区域协调发展评价指标体系。对照区域经济转型升级年度目标任务,加强对各市经济运行的监测,按季度通报主要经济指标完成情况。

十、切实加强组织实施

(十九)加强组织领导

坚持和加强党对区域协调发展工作的领导,强化主体责任。省委、省政府有关部门要按照职能分工,研究具体政策措施,对接国家部委,及时落实有关新机制新政策,协同推动区域协调发展。

(二十)强化协调指导

省发改委要会同有关部门加强对区域协调发展新机制实施情况的跟踪分析和协调指导，重大问题要及时向省委、省政府报告。

中共山西省委　山西省人民政府《关于学前教育深化改革规范发展的实施意见》

(2019年8月14日)

为贯彻《中共中央、国务院关于学前教育深化改革规范发展的若干意见》(中发〔2018〕39号)精神,落实全省教育工作大会的部署要求,现结合我省实际,就推进学前教育深化改革规范发展提出如下实施意见。

一、主要目标

到2020年,全省学前三年毛入园率达到90%,公办幼儿园在园幼儿占比保持在55%以上,普惠性幼儿园覆盖率(公办园和普惠性民办幼儿园在园幼儿占比)达到80%。学前教育管理体制、办园体制和政策保障体系基本完善,幼儿园办园行为普遍规范,保教质量明显提升。到2035年,全面普及学前三年教育,为幼儿提供更加充裕、更加普惠、更加优质的学前教育。

二、重点任务

(一)优化资源布局结构

1.科学布局布点。以县为单位制定幼儿园布局规划和应对学前教育需求高峰方案,把普惠性幼儿园建设纳入城乡公共管理和公共服务设施统一规划,列入本地区控制性详细规划和土地招拍挂建设项目成本,选定具体位置,明确服务范围,确定建设规模,确保优先建设。

2.优化办园结构。落实县级政府主体责任,实施普及学前教育县建设工程,通过新改扩建公办园、小区配套建设幼儿园、鼓励支持街道和村集体以及有实力的国有企事业单位举办公办园、认定扶持普惠性民办幼儿园等多种渠道,着力构建以普惠性资源为主体的办园体系。

(二)扩大普惠性资源供给

3.大力发展公办园。县级政府制定公办园分年度建设计划,列入政府重点项目和同级财政预算。实施公办幼儿园挖潜增量工程,通过政府购买服务、与当地优质公办园合并或设分园、政府接收、集团化办园等多种形式,多渠道扩大公办学前教育资源供给。实施乡镇中心园达标工程,探索乡镇中心园与村幼儿园一体化管理,到2020年原则上每个乡镇至少有1所标准化的公办乡镇中心园。

4.规范小区配建幼儿园。实施城镇小区配套幼儿园建设工程,做好配套幼儿园规划、土地出让、园舍设计建设、验收、移交、办园等环节的监督管理。配套幼儿园办成公办园或委托办成普惠性民办幼儿园,不得办成营利性幼儿园。对存在配套幼儿园缓建、缩建、停建、不建、建而不交等问题的，在整改到位之前，不得办理竣工验收。

5.积极扶持普惠性民办幼儿园。省级财政、发展改革、教育部门制定普惠性民办幼儿园补助标准及扶持政策。各地要通过政府购买服务、综合奖补、减免租金、派驻公办教师、结对帮扶等方式，支持普惠性民办园发展，使普惠性民办园成为民办幼儿园的主体。

（三）加大财政投入力度

6.建立有力有效的财政投入保障机制。各级政府要努力提高财政性学前教育投入占本地区财政性教育投入的比例，推动全省逐步达到全国平均水平。足额落实不低于每年600元的公办幼儿园生均公用经费标准，并及时拨付到位。省级对生均公用经费标准进行动态调整。吸引社会力量通过举办民办幼儿园、捐资助学等方式支持学前教育。

7.健全科学合理的成本分担机制。建立公办园收费标准动态调整机制。营利性民办园收费标准实行市场调节，向社会公示，并接受主管部门监督。落实资助制度，确保接受普惠性学前教育的家庭经济困难儿童、孤儿和残疾儿童得到资助。支持普通幼儿园接收残疾儿童。

（四）加强幼儿园教师队伍建设

8.加强幼儿园教师配备管理。加强教师思想政治建设和师德师风建设，推行师德考核负面清单制度和“一票否决制”。建立市域调剂、以县为主的幼儿教师动态调配机制。落实《关于统筹编制资源加强公办幼儿园建设有关工作的通知》要求，及时补充配备公办幼儿园教师。落实教师资格准入与定期注册制度，按标准配足配齐幼儿园教职工。

9.保障幼儿园教师地位和待遇。落实公办园教师工资保障政策，确保教师工资及时足额发放、同工同酬。将公办园中保育员、安保、厨师等服务列入政府购买服务范围。有条件的市、县（市、区）可试点实施乡村公办园教师生活补助政策。引导和监督民办园落实教师工资待遇。各类幼儿园要依法依规足额足项为教职工缴纳社会保险和住房公积金。完善幼儿园教师职称评聘标准，提高高级职称比例。对作出突出贡献的幼儿园园长、教师，按照国家有关规定予以表彰和奖励。

10.加强幼儿园教师培养培训。实施幼儿园教师能力提升工程，构建幼儿园教师队伍建设支持体系。统筹整合中高职学校学前教育专业资源，办好一批幼儿师范专科学校和若干所幼儿师范学院。扩大本专科层次培养规模及学前教育专业公费师范生招生规模，支持师范院校开设并办好学前教育专业。大力培养初中毕业起点的五年制专科学历的幼儿园教师。加大中职学校保育员相关专业人才培养。实行园长、教师定期培训和全员轮训制度。支持师范院校与优质幼儿园协同建立培训基地，重点采取集中培训与跟岗实践相结合的方式培训幼儿园教师。

（五）强化幼儿园监督管理

11.严格准入管理。落实县级政府对幼儿园的监管责任，加大学前教育管理机构和专业化管理队伍建设力度。修订《山西省幼儿园办园基本标准（试行）》。严格按标准实行幼儿园准入制度。对符合条件的幼儿园，按照国家相关规定进行事业单位登记。稳妥实施民办幼儿园分类管理，制定民办园分类管理实施办法。现有民办园根据举办者申请，限期归口进行非营利性民办园或营利性民办园分类登记，正式批准设立的非营利性民办园登记为事业单位或民办非企业，营利性民办园在市场监管部门进行登记。

12.加强安全管理。落实《关于加强中小学幼儿园安全风险防控体系建设的实施意见》，加强幼儿园食品安全、健康检查、疾病防控、上下学交通安全等工作，整治净化周边环境，建立全覆盖的幼儿园安全风险防控体系。2019年底前，推动实现幼儿园封闭化管理达到100%，一键式紧急报警、视频监控系统与属地公安机关联网率达到100%，城市幼儿园专职保安员配备率达到100%。完成防撞柱等硬质隔离设施建设；在幼儿园出入口及相关街巷安装具备“人脸识别”等功能的卡口系统；加强“护学岗”建设。重点加大对虐童等行为的整治力度，坚决防止伤害幼儿事件发生。落实园长安全主体责任，配齐配强内部保卫人员和保安员，配全应急处置装备，健全警校合作机制，强化法治教育和安全教育。强化对教师、保安、劳务派遣、勤杂等工作人员的审查管理。

13.强化过程监管。完善幼儿园基本信息备案、年检及公示制度。实行幼儿园责任督学挂牌督导制度，按1人负责5所左右幼儿园的标准配备责任督学，2019年底前实现所有经审批注册的幼儿园（含民办）责任督学挂牌督导全覆盖。坚决遏制民办园过高收费和过度逐利行为。民办园一律不准单独或作为一部分资产打包上市。上市公司不得通过股票市场融资投资营利性幼儿园，不得通过发行股份或支付现金等方式购买营利性幼儿园资产。实施加盟、连锁行为的营利性幼儿园原则上应取得省级示范园资质。出台《幼儿园规范管理手册》，到2023年所有幼儿园实现规范化管理。实施无证园整顿治理行动计划，到2020年底前，稳妥完成无证园分类治理工作。各地党委政法委组织协调公安、应急管理、教育等部门开展联合执法，妥善解决消防安全等历史遗留问题。

（六）提升办园质量

14.提高保教质量。实施幼儿园质量提升计划，制定《山西省幼儿园一日生活指引（试行）》，注重保教结合，全面治理幼儿园“小学化”。建立完善幼儿园保教质量评估标准。实施办园模式改革行动计划，制定《山西省推进学前教育办园模式改革的指导意见》，进一步扩大优质学前教育资源。健全教研责任区制度，2019年底前，各市、县（市、区）要确定1名以上专职管理人员和1名以上专职教研员，建立覆盖城乡各类幼儿园的学前教育指导网络。加强对薄弱园的专业引领和实践指导，推动区域内各类幼儿园协调发展。

三、保障措施

15.加强领导。全面加强党对学前教育事业的领导，市县级党委教育工作部门或教育行政部门党组织统一领导和指导幼儿园党建工作。实现幼儿园党的组织和党的工作全覆盖。落实国务院领导、省市统筹、以县为主的学前教育管理体制。建立省级学前教育联席会议制度，原则上每半年召开一次会议。健全教育部门主管、有关部门分工负责的工作机制。各级政府、各有关部门按照中发〔2018〕39号文件精神做好各项工作。

16.加强督导。将学前教育普及普惠目标和相关政策措施落实情况作为对市县政府履行教育职责评价的重要内容，作为党委和政府督查工作的重点任务，纳入督导评估和目标考核体系。根据国家部署，以县为单位对普及学前教育情况进行评估。省级建立专项督查机制。对履行职责不力、没有如期完成发展目标地区的责任单位及责任人予以问责。

中共山西省委　山西省人民政府
《山西中部盆地城市群一体化发展规划纲要(2019-2030年)》

(2019年9月20日)

目　录

前　言

城市群是新型城镇化的主体形态，也是拓展发展空间、释放发展潜力的重要载体。为贯彻落实省委、省政府推进山西中部盆地城市群一体化发展的重大战略部署，打造具有全国影响力和竞争力的城市群，为山西高质量转型发展提供强大引擎，制定本规划纲要。

山西中部盆地城市群地处山西腹地，位于太行山、吕梁山之间的太原盆地和忻定盆地，包括太原市小店区、迎泽区、杏花岭区、尖草坪区、万柏林区、晋源区、古交市、阳曲县、清徐县，晋中市榆次区、太谷县、祁县、平遥县、介休市，忻州市忻府区、原平市、定襄县，吕梁市交城县、文水县、汾阳市、孝义市等21个县（市、区）全域，国土面积约2.13万平方公里，2018年末常住人口920.7万人、地区生产总值5343.7亿元，分别占全省的13.6%、24.9%和31.8%。以中部盆地城市群21个县（市、区）的平川地区（0.96万平方公里）作为规划实施的重点区域。

规划纲要期限为2019-2030年，分三个阶段安排，近期到2020年，中期到2025年，远期到2030年。

一、规划背景

山西中部盆地城市群是我省人口密度最大、发展水平最高、创新要素集聚最密、基础设施支撑能力最强的区域，在全省经济社会发展中具有重要的战略地位。

（一）发展基础

区位交通优势显著。地处山西腹地，北临京津冀城市群，南靠中原城市群和关中平原城市群，具有承东启西、连接南北的区位优势。京昆、二广、青银高速公路和京昆、呼南、青银高铁线纵横穿越，铁路与京包线、京广线、陇海线相衔接，航空线路四通八达，形成了以铁路、公路、航空等多种方式组成的综合交通运输网络。

综合经济实力最强。工业体系完备，产业集聚度高，形成了以能源、化工、冶金、新材料、装备制造等为主的工业体系和以旅游、物流、商贸、金融等为主的现代服务业体系，是山西经济基础最好、经济实力最强的区域。发展平台集聚，山西省主体功能区规划确定的17个国家级重点开发区域有16个位于规划纲要范围内，有17个省级以上开发区，占全省的27%，其中，国家级开发区4个，占全省的57%。集聚了全省64%的高校、91%的中央及省属科研院所，是全省创新发展潜力最大的区域。

城镇体系最完善。城镇分布密集，形成了大城市、中等城市、小城市和小城镇相互分工协作、一体化发展的能级体系。太原都市区建设稳步推进，太原晋中同城化步伐加快，一批中小城市和小城镇加快发育，2018年常住人口城镇化率为69%，比全省平均水平高出约11个百分点。

人文底蕴深厚。历史文化悠久，是三晋文化核心区、晋商文化的发源地和中心区域，也是融入“一带一路”文化交流的重要通道。区域内拥有大量珍贵的历史文化遗存，非物质文化遗产丰富。地域相连、文化同源、人缘相亲、民俗相同、交流合作密切、认同感强，毗邻区域合作不断深化，城市协同发展条件较好。

（二）机遇挑战

党的十九大对决胜全面建成小康社会、开启全面建设社会主义现代化国家新征程作出了战略部署，为中部盆地城市群一体化发展指明了方向。国家实施新型城镇化战略，以城市群为主体深入推进新型城镇化建设，为中部盆地城市群一体化增添了强劲动力。国家深入实施“一带一路”、京津冀协同发展、长江经济带发展、雄安新区建设、粤港澳大湾区建设、长江三角洲区域一体化发展等重大战略，山西着力构建内陆地区对外开放新高地，为中部盆地城市群全方位对接国家战略、以开放促发展搭建了广阔平台。国家生态文明建设的部署和要求，为推进中部盆地城市群绿色转型、促进生态环境的不断改善创造了良好的政策机遇。全面深化改革进入新阶段，山西转型综合改革示范区和太原国家可持续发展议程创新示范区建设，为创新中部盆地城市群发展模式和体制机制提供了有力支撑。同时，也面临着严峻挑战，太原中心城市规模不大，辐射带动乏力；四市跨市域基础设施、生态环境、公共服务一体化发展水平低；区域产业协同性有待提升，科技创新能力不强；资源环境约束加重，生态环境承载力有限；阻碍要素自由流动的行政壁垒仍未打破，统一开放的市场体系尚未建立。

（三）重大意义

实施中部盆地城市群一体化发展战略，是引领全省高质量发展、完善我省改革开放空间布局、打造强劲活跃增长极的重大战略举措。推进中部盆地城市群一体化发展，有利于促进优势地区率先发展，加快带动全省振兴崛起；有利于提升中部盆地城市群在我省经济格局中的能级和水平，增强我省创新能力和竞争能力；有利于更好融入京津冀协同发展、“一带一路”等国家重大战略，加快构建内陆地区对外开放新高地。

二、总体要求

推进山西中部盆地城市群一体化发展，要着眼山西、对标一流，牢牢把握城市群发展变革新趋势，坚持目标导向、问题导向、实践导向，突出以质取胜、以特取胜，走差异化区域发展新路，辐射带动全省高质量转型发展。

（一）指导思想

以习近平新时代中国特色社会主义思想为指导，全面贯彻党的十九大精神和习近平总书记视察山西重要讲话精神，统筹推进“五位一体”总体布局和协调推进“四个全面”战略布局，牢固树立新发展理念，落实省委、省政府重大战略部署，坚持把深化供给侧结构性改革与深化转型综改试验区建设结合起来，以中部盆地一体化为目标，以生态宜居宜业为突破，以创新要素集聚为抓手，以产业协同发展为支撑，以人的城镇化为核心，着力推进基础设施、产业布局、生态环境、公共服务、治理体系等一体化建设，在“赶考”“补考”中形成多点极化、融合发展的新格局，以深层次变革实现裂变，打造具有全国影响力和竞争力的城市群，在全面建设社会主义现代化新征程中走在前列。

（二）战略定位

生态绿色宜居区。坚持绿色发展理念，坚守生态底线，严格主体功能区划分，优化国土空间开发，以生态保育及恢复为重点，推进生态产业化和产业生态化融合发展，有序构建生态、生产、生活和谐格局，重塑宜居环境，吸引留住人才，打造京津冀地区近山亲水的“后花园”和创新创业的热土。

转型综改样板区。坚持以改革促转型、以开放促发展，以山西转型综合改革示范区建设为依托，全面植入国家级城市群、国家级新区和自由贸易试验区的改革经验，着力破解资源型经济转型的世界难题，为全国资源型经济高质量转型发展提供可示范、可复制的先进经验。

能源革命先行区。以开展能源革命综合改革试点为引领,在提高能源供给体系质量效益、构建清洁低碳用能模式、打造新能源全产业链、推进能源科技创新、深化能源体制改革、扩大能源对外合作等方面取得突破,在全国能源革命中起到示范引领作用,打造能源革命先行区。

对外开放先导区。深度融入京津冀,对接雄安新区、长江经济带、粤港澳大湾区,积极扩大与"一带一路"沿线国家和地区的经济合作和人文交流。精准招商,培育外向型骨干企业,鼓励优势企业走出去,打造山西对外开放新高地的先导区。

先进制造引领区。以加快制造业高质量发展为目标,以先进制造业和现代服务业融合、军民融合为手段,改造提升一批传统制造业、做大做强一批支柱型制造业、培育壮大一批高成长性制造业,着力建设国家重要的先进制造业基地。

文化旅游特色区。充分发挥丰富多元的历史文化和自然资源优势,以晋商文化、非遗传承和山水自然风光景区景点为重点,打造一批历史文化旅游品牌,建设以历史人文和自然山水交相辉映为特色的国际文旅目的地。

(三)发展目标

到2020年,城市群一体化发展的体制机制基本建立,"六区"建设取得初步成效,太原都市区龙头带动作用充分彰显,构建起不同层级城市错位发展、功能互补的一体化格局。人口集聚规模进一步增强,常住人口达到980万人。GDP占全省的比重达到33%。积极推进创新型经济体系建设,R&D投入强度稳定在2%以上。现代综合交通体系统筹规划,一体化交通网络建设稳步推进。生态环境治理力度不断加大,环境质量持续好转。

到2025年,城市群一体化发展的体制机制更趋完善,"六区"建设取得决定性成效,基础设施、产业布局、生态环境、公共服务、治理体系等一体化发展格局全面形成。"十四五"末,常住人口达到1100万人,常住人口城镇化率达到73%。率先构建起多点产业支撑、多元优势互补、多极市场承载、内在竞争充分的现代产业体系,GDP占全省的比重达到38%左右。创新型经济体系基本完善,R&D投入强度达到3%。现代化、立体化、智能化的交通设施网络基本形成。环境质量实现根本好转,生态承载力显著增强。

到2030年,城市群一体化发展的体制机制成熟定型,基本完成资源型经济转型任务,综合经济实力和在全国发展大局中的地位快速上升,人口与经济集聚度进一步提高,综合服务全省高质量转型发展的作用全面凸显,参与国内国际经济合作与竞争能力大幅跃升,全面建成具有国内影响力和竞争力的城市群。

(四)空间布局

以太原都市区为引领,构建"一核一轴"的空间格局,以"一核"带"一轴",促进最具发展潜力和发展优势的区域率先发展,打造新发展高地。

一核。以太原都市区为内核,发挥对全省创新驱动转型升级的龙头作用,增强都市区集聚力、辐射力和竞争力。着力构建"一主"即太原主城区,"一副"即太榆中心城区,"一区"即山西转型综合改革示范区,"多组团"即清徐、阳曲、太谷(农谷)、徐沟、西谷、修文、泥屯等产城融合组团。

一轴。以大西高铁、大运高速综合运输通道,串联沿线忻定原、古文交、祁太平、介孝汾等城市,构建以太原为中心,北到原平、南到介休的一体化发展轴,统筹山区和平川、兼顾城市发展和乡村振兴,形成梯次错位发展的区域新格局。

专栏2-1　区域发展重点

太原都市区。重点是推进要素集聚,不断提升太原省会城市首位度和中心城市能级。以山西转型综合改革示范区建设为抓手,大力发展战略性新兴产业、高技术产业、现代服务业,推进数字经济,提升产业结构层次,加快形成新业态新模式健康有序产业发展体系。着力拓展城市空间,优化经济布局,提升太原国际化、现代化、智能化大都市新形象,建设国家区域中心城市。

古交市。重点是推动煤炭、焦化、电力、铸造、建材等传统产业提质升级,发展循环经济,推进新能源、新材料等新兴产业协同发展的新型工贸城市。

孝义市。重点是延伸煤焦铝铁资源链条,发展先进制造、高新技术、创新创业的新型工贸城市。

汾阳市。重点是发展酒文化旅游基地和清香型白酒基地,形成食品加工、商贸旅游等为主导的特色城市。

平遥县。重点是按照国际文化旅游城市定位,推进重大旅游基础设施建设,打造文化旅游示范区,形成晋商文化旅游中心城市。

介休市。重点是建设城市群南部重要交通物流枢纽,形成以精细煤化工、新材料、机械制造为主导的新型工贸城市。

忻府区。重点是优化城市形态、提升现代服务功能,有序推进忻府新城区建设、老城区改造和古城活化,推动中心城区产业高端化和功能现代化,打造以现代服务业、高新技术产业、生物医药产业、装备制造业为主的综合性城市。

定襄县。重点是围绕"中国法兰之乡",打造法兰锻造基地,建设以精密铸造、机械制造为主的工业型小城市。

原平市。重点是建设商贸物流、煤电铝材一体化、煤机装备制造为主的工贸型城市和承接京津冀、雄安新区、环渤海产业转移的门户城市。

祁县。重点是建设以晋商文化旅游和玻璃器皿制造为特色的综合性小城市。

交城县。重点是建设以先进制造和生态旅游为特色的新型工业城市。

文水县。重点是建设以特色农业、农产品加工和乡村旅游为特色的生态小城市。

三、建设优质宜居宜业区

以建设宜居宜业的优质区为引领，完善城市功能，提升城市空间品质，拓展就业创业空间，推进公共服务共建共享，提升人民获得感、幸福感、安全感，塑造鲜明城市群品牌。

（一）提升城市空间品质

加强城市生态景观建设。在中心城区和重点发展区周边规划建设城市绿地、创意空间、文化公园等绿色空间，推进市域风貌景区化。建设以晋阳湖为中心的太原西山片区，以双塔寺为中心的太原东山片区，打造东西呼应、山湖一体、河湖连通、古今交融、人文自然交相辉映的一流“城市会客厅”和商业文化旅游综合体。加快推进汾河、滹沱河沿岸河道和绿地景区绿化恢复工程建设，完善沿河两岸生态景观功能。布局建设龙城大街东延、潇河、云中河、牧马河、曹溪河生态文化景观带，重点打造晋酿主题园、园博会、花博会等一批特色景观，构建人文自然生态。

加快构建湿地生态系统。加强实施汾河湿地公园建设工程，带动周边景区、景点和生活社区，建设以湿地为中心、为城市居民提供休闲服务的游憩系统和湿地生态系统。重点推进以太原晋阳湖湿地为中心的大生态建设，强化孝义孝河国家湿地公园、介休汾河国家湿地公园、文峪河国家湿地公园、原平滹沱河水利风景区功能，加快原平、定襄滹沱河万亩生态湿地和文水世泰湖湿地建设，提升生态系统服务价值。

优化城市人居环境。依托“一水中流、两山为屏”的生态本底特征，打造太原都市区15分钟生活圈，其他城市形成10分钟生活圈，布局300米见绿、500米见园的小游园和街头绿地。加强城市功能修补，探索多种城市更新和整治模式，推进城中村和街区微改造。结合主要街巷和区块的风貌景观规划，加强对名城名镇名村、历史街区、传统村落景观的保护改造和背街小巷的综合整治。建设城市群绿道网络、环城生态休闲区以及城市外围森林公园、郊野公园，形成区域环城休闲游憩带。

塑造鲜明城市群品牌。着力打造“唐风晋韵、表里山河、清凉圣地”的城市群品牌形象。大力开展城市设计，保护历史文化名城、街区、历史建筑、文保单位以及历史环境要素等历史文化资源。打造城市特色片区，选取城市公共建筑集中区、主要商贸区、历史文化街区等重点功能片区和地段，建设展示城市形象的标志性景观。应用“互联网+”营销模式，构建新媒体营销平台。打造以山西国际会展中心为标志的会展经济核心区，通过举办国际国内大型会展赛事，着力推广城市群品牌形象。

（二）拓展就业创业空间

打造各具特色的双创载体。加快推进山西转型综合改革示范区学府园区国家级双创示范基地和省级孝义、祁县双创示范基地建设，大力扶持众创空间、科技企业孵化器、小微企业创业创新基地等各类双创支撑平台建设。积极推进万柏林区高端装备制造产业园和新旧动能转换示范园建设，小店区以阿里巴巴创新中心为核心的双创示范园区建设，太谷县功能（食品）农业研发高地、农业科技创新高地和技术集成示范推广平台建设，交城县“旅游+”融合发展战略，省部共建“一带一路”（祁县）中小企业特色产业合作区，形成特色鲜明的示范引领效应。

完善就业创业服务体系。加快发展区域性人力资源市场，整合公共就业和人才服务机构，推动人力资源服务业园区建设。依托现有技工院校、就业训练中心、职业技能公共实训基地等培训资源，统筹建设职业技能培训基地，提升就业服务能力。加大人力资源服务业高层次人才培养和引进力度，开展高技能人才培训，构建以就业为导向的创新人才培养机制。支持众创空间、科技企业孵化器采取“场地＋服务＋投资”模式，打造集金融、创新创业辅导、创业孵化为一体的服务体系。

专栏3-1　就业服务重点建设项目

山西省人力资源服务产业园、中国太原人力资源服务产业园配套项目、忻州公共实训基地建设项目、中德合作公共职业技能培训项目、人力资源领军人才交流和研修项目。

（三）推进公共服务共建共享

推进教育一体化。编制区域义务教育学校布局规划，鼓励开展多种形式的跨地区合作，鼓励优质学校跨区帮扶薄弱学校。重点探索教育联盟、集团化办学、大学区制等“紧凑型”学校发展共同体的改革路径。遴选一批小学、初中学校结成姊妹校，通过校长挂职交流、教师跟岗培训，开展深度合作。搭建职业教育一体化协同发展平台，形成职业技能人才的错位培养机制。支持高校跨地区共建共用院校科研实验室、职业技能鉴定中心和实训基地，形成需求导向的联合共管机制。

推进医疗卫生一体化。积极引进国家级优质医疗资源，通过托管、合作共建、新建等方式，开展区域医疗中心建设试点。加快推进华中科技大学同济医学院附属同济医院采用托管方式和山西白求恩医院建设国家区域医疗中心、华中科技大学同济医学院附属协和医院和山西心血管病医院、山西医科大学第一医院、山西医科大学第二医院、省妇幼保健院等相关专业合作共建区域医疗中心，打造临床诊疗、科研创新、人才培养、医院管理和健康管理的医学高地。编制城市医联体建设工作方案，以太原市为区域医疗卫生一体化发展核心，构建优势互补、上下联动的医疗卫生一体化模式。开展全民健康信息平台建设，推进“互联网+医疗健康”融合发展，实现卫生健康信息共享、业务协同和医疗健康服务“一卡通”。

专栏3–2 医养结合一体化项目建设

建设区域内标准统一的医疗卫生管理信息系统，建立省级全民健康信息平台。建设省人民医院、心血管病医院和肿瘤医院疑难重症诊疗中心和电子健康卡项目。

实施山西医科大学第一医院康养结合项目、山西医科大学第二医院南院、山西省人民医院新院、山西省中医药研究院、山西中医药大学第三中医院、山西中医药大学附属医院、山西省中西医结合医院晋中院区、山西省职业病医院新院、山西省疾病预防控制中心、山西省儿童医院二期工程、山西眼科医院交城分院、太原市红十字血液中心、迎泽区康养医院、孝义人民医院新建工程、孝义中医院新建工程等项目。

推进山西文旅集团太谷孟母文化健康养生城、潇河健康产业园区、忻府区龙岗食药产业园、忻州云中温泉康养产业园、山西国新晋药中药饮片加工生产基地、广誉远中医药产业园、北京同仁堂中医药产业园重点特色园区、山西中医药产业园、省荣军康宁医院民政养老医疗康复建设等项目。

在太原、晋中、忻州遴选2–3个专科特色突出、综合实力强的综合性医院，建设区域医疗中心。

推进社会保障服务一体化。制定统一的社会化管理服务办法，加快推进养老保险、医疗保险、工伤保险、失业保险等社保政策一体化，实现社会保险关系在不同地区、不同群体之间顺畅接续和合理转移。加快社会保障信息平台互联互通，推进基本医疗保险异地就医直接结算，尽快实现社会保障“一卡通”。完善跨部门社会救助家庭经济状况信息核对平台建设。

推进社会治理一体化。加强城市管理和社会治安防控体系建设，健全区域性重大灾害事故联防联控机制，完善总体应急预案及相关专项预案。建立健全基层社会治理网络，推动社会治理数据互联互通，全域推广网格化服务管理。建设区域性食品药品检验检测中心，推进检验检测资源共用共享，协同保障食品药品安全。

四、共建开放型创新体系

坚持开放包容，面向国际国内聚合创新资源，促进创新链与产业链深度融合，共建内聚外合的开放型创新网络，打造以能源科技为重点的全球创新高地，不断提升在全球价值链中的位势，为高质量一体化发展注入强劲动能。

(一)促进创新资源集聚

建设能源科技创新中心。对接国家创新发展重大需求，以山西科技创新城和山西高校新区为核心，培育建设煤炭绿色清洁高效利用重点实验室、煤炭大型气化技术创新中心、二氧化碳捕集封存和资源化利用工程研究中心，建设煤矿智能设备和机器人研发中心、联合循环发电技术研发中心。加快能源重大技术突破和颠覆性技术探索，集中开展煤层气开采关键技术、大规模储能、石墨烯、氢能等能源前沿技术攻关，集中突破一批“卡脖子”核心关键技术，联手营造有利于提升自主创新能力的创新生态，打造全国能源领域原始创新策源地。引导企业加大技术研发投入，鼓励能源企业设立研发机构，组建技术联盟。

打造新型技术创新平台。瞄准世界科技前沿和产业制高点，积极吸引和对接全球创新资源，建设开放互通、布局合理的创新平台体系，促进创新要素向山西转型综合改革示范区、山西高校新区和省级开发区集聚。支持企业与高校、科研院所联合共建高端研发机构，加快建设一批重点实验室、企业技术中心、行业技术中心、工程(技术)研究中心、技术创新中心、新型产业技术研究院等。深入推进产业技术创新战略联盟、院士工作站等创新平台建设，鼓励成立跨行业、跨领域、跨地区协同创新联盟或协同创新组织。

专栏4–1 重大新型技术创新平台

八大产业技术研究院。建设新能源汽车产业技术研究院、电子信息产业技术研究院、重型汽车产业技术研究院、现代轨道交通产业技术研究院、生物医药产业技术研究院、大数据产业技术研究院、智能制造产业技术研究院、精准医疗产业技术研究院。

四大应用研究重点实验室。建设新型显示材料与技术重点实验室、新能源材料重点实验室、生物医药重点实验室、智能制造重点实验室。

四大军民融合新型研发机构。建设航空航天装备技术研究中心、石墨烯高储能技术实验室、空间信息技术研究中心、北斗导航产业研究院。

建设多元化人才队伍。实施全民素质提升计划，推动人才战略与人口战略紧密结合。依托山西转型综合改革示范区，大力引进海内外高层次创新创业人才和团队。发展壮大互联网及重点产业人才队伍，培养一批技艺精湛的高技能人才。加快推进住房制度改革，新建改建一批人才公寓，保障人才在户籍、医疗、子女上学等方面享受优先权利。探索对科研人员实施股权、期权和分红激励，加大在专利权、著作权等方面的知识产权激励力度。支持设立联合创新专项资金，开展重大科研项目合作。

(二)构建创新共同体

提升创新策源能力。加快清华大学山西清洁能源研究院建设，开展煤炭开发与利用全产业链关键技术研发。充分发挥中国工程科技战略山西研究院、山西高等创新研究院等智库作用，促进先进产业链项目布局和重大新兴产业项目引进。引进国内高等科研院所优质资源，在石墨烯、氢能等关键技术领域开展联合攻关。开展全球“融智”工作，培育具有国际视野和战略意识的咨询服务力量，不断提升政府及企业决策水平。建设以太原都市区为中心，介孝汾、忻定原两个城镇组群为节点的网络化创新体系。加快太原东山高教园区建设和山西高校新区扩区提质，在城市群高校开展联合办学、教师互聘等多种形式的校际交流合作。

共建科技创新平台。依托山西转型综合改革示范区国家级、省级双创示范基地，打造具有重大影响力的科技创新策源地。建设一批高水平的国际联合实验室、研发中心、技术转移中心、技术示范推广基地等合作平台，率先形成重大科技基础设施集群发展。积极对接首都创新创业平台、中关村—滨海开放式实验室、上海张江高新区等优质资源，在山西转型综合改革示范区建设区域合作站、中试孵化基地和科技成果产业化基地。

专栏4-2 高水平创新能力平台建设

山西电力科学研究院、山西氢谷动力研究院、晋能技术研究院、山西低碳能源研究院、山西农谷大数据中心、江铃重汽技术开发研究院、海峡两岸青创基地。

促进科技资源开放共享。加强科技资源共享服务平台建设，制定科技资源共享服务规则，在太原布局建设的重大科研基础设施和大型科研仪器有序向城镇组群开放。鼓励国有企业、高等院校和研发机构的科技创新平台对外提供研发、检测等开放共享服务。加强军民两用技术转化，鼓励军地企业在不涉密条件下向社会开放科研设施与仪器。创新科技资源共享模式，开展大型设备、精密器材的租赁服务，推动科技文献、科学数据等科技资源合理流动、开放共享。

（三）加快成果转移转化

创建成果转移转化示范区。依托山西转型综合改革示范区建设国家科技成果转移转化示范区，在科技成果转化要素整合、功能提升、体制创新等方面先行先试。积极推动建设若干专业性科技成果中试基地，提升科技成果转化承载能力。依托山西省科技成果转化与知识产权交易平台，建设集技术交易、创业孵化、评估评价、科技金融、知识产权等功能于一体的科技成果和技术转移交易中心，建成国家中西部具有较大影响力的技术交易市场，建设创新成果集散中心。依托山西农业大学、山西农业科学院等机构，推进优势农业科技资源向“山西农谷”、“中国杂粮之都”产业融合区集聚，在小杂粮、干鲜果蔬、畜禽、酿造、旱作农业等重点领域推广先进生产管理和技术应用。

专栏4-3 重点科技成果转化项目

生物质新材料研发及产业化项目、人工智能研究院及物联网产业化项目、国家人类遗传资源中心围产期干细胞及再生医学工程技术转化基地项目。

促进产学研深度融合。支持太原和晋中开展省级产教融合型城市试点建设，争取列入国家级试点。依托山西转型综合改革示范区、“山西农谷”，主导建设产教融合实训基地。大力推动清徐、孝义、文水、祁县、忻府、原平等经济技术开发区开展以提升自主创新能力为核心的“二次创业”，加快建立共性技术创新平台，服务知识技术密集型产业发展，增强城镇组群自主创新能力。

专栏4-4 产教融合实训基地重点工程

建设太原工业学院工程训练中心、山西能源学院产学研实践中心、山西传媒学院综合实训中心、山西医科大学新校区实验动物中心等项目。

规划建设城市群职教园区生产性实训基地、山西高校新区专业技术实习实训基地、山西转型综合改革示范区生产性实训基地。

强化协同创新政策支持。加大创新政策支持力度，形成推动协同创新的强大合力。探索开展全面创新改革试验。建立一体化人才保障服务标准，鼓励地方高校按照国家有关规定自主开展人才引进和职称评定。加强城市群知识产权联合保护。支持和鼓励建立跨区域创新收益共享机制，鼓励政府和各类社会资本联合设立产业投资、创业投资、股权投资、科技创新、科技成果转化引导基金。加大科技创新券应用推广力度，推动城市群“创新券”通用通兑。

五、促进产业协同集群发展

发挥比较优势，以平川地区为重点开发区域，把握产业绿色化、智慧化变革方向，推动产业分工协作，打造现代产业集群，促进产业高质量协同发展。

（一）协同推进制造业高质量发展

打造5个千亿级产业集群。以山西转型综合改革示范区为重点区域，以高端化、成套化、智能化为方向，依托太重、汾西重工等龙头企业，加快制造业与互联网、大数据等融合发展，打造高端装备产业集群。以晋中新能源汽车产业基地为牵引，依托吉利、江铃、比亚迪等龙头企业，快速扩大整车产销能力，同步构建关键零部件等全产业链条，打造新能源汽车产业集群。依托太钢、银河镁业、阳煤太化新材料、信发、兴安、中电二所、中电三十三所等龙头企业，加快高端材料工程化应用和产业化，打造新材料产业集群。严格落实焦化产业布局意见，加快焦化产业延伸循环发展，推动焦化产业技术装备升级和绿色化改造，打造绿色焦化产业集群。依托富士康、中电科（山西）电子装备智能制造产业基地、忻州集成电路产业基地、中科山西先进计算中心、“龙芯+整机”基地，构建电子信息全产业链，带动人工智能、信息安全、物联网、工业互联网等信息产业加快发展，打造电子信息产业集群。

专栏5-1 5个千亿级产业集群重点项目

高端装备产业集群。山西东杰智能物流装备股份有限公司新建智能装备及工业机器人项目（二期）、上海轻合金精密成型国家工程研究中心有限公司镁合金产业化研发及生产基地项目、经纬股份有限公司榆次分公司智能制造产业园项目。

新能源汽车产业集群。山西新能源汽车工业有限公司扩建年新增18万辆乘用车项目、威马新能源智能汽车生产基地项目。

新材料产业集群。太钢高端碳纤维千吨基地三期工程年产1800吨高性能碳纤维项目、太钢不锈钢股份有限公司高端冷轧取向硅钢项目、山西信发轻质合金项目、国电投山西铝业高端铝材项目、定襄利国磁材取向硅钢项目、忻府区金宇超细高岭土项目、孝义兴安高精铝材项目、山西利天下费托合成蜡项目、太原锦华忻州市海绵城市新材料产业园项目、山西路鑫超高功率石墨电极项目。

绿色焦化产业集群。介休市昌盛煤气化有限公司焦化升级改造项目、山西金岩能源科技有限公司焦化升级改造项目、山西金塔山煤焦有限公司焦化升级改造项目。

电子信息产业集群。中电科风华新型显示装备智能制造产业基地项目、中电科(山西)电子信息科技创新产业园项目、高端通用安全可控整机智能制造基地项目、中国电信太原数据中心、平遥华为大数据中心、忻州中科晶电新型半导体材料砷化镓晶体及晶片制造加工项目、忻州元鸿光电PW/PSS项目、忻州东莞晶驰蓝宝石表镜生产制造项目、山西华晶恒基蓝宝石晶体及晶片制造加工项目、北纬38° 公司微波芯片项目。

打造7个百亿级产业集群。以国家通用航空业发展示范省建设为契机，在中部盆地范围内布局短途航空、通勤航空和通用航空作业网络，引进培育通航龙头企业，大力发展低空旅游、航空机载产业制造业，打造大同通用航空发展示范市，建设山西(晋中)航空产业园和综合保税区飞机拆解基地，打造通用航空产业集群。引导光伏电池和光伏组件企业向光伏项目建设运营等产业链下游发展，依托碳纤维等材料，发展风电核心零部件专业化生产，支持储能及智能电网装备产业发展，打造新能源产业集群。依托太重、中车、智奇、晋西、京丰电务等龙头企业，在铁路装备、城市轨道交通装备、磁浮轨道装备等领域加大研发力度，形成覆盖整车制造、高速轮对、齿轮箱及转向架等关键核心部件及服务的全产业链，打造轨道交通装备产业集群。围绕矿山废弃物资源化利用、煤炭清洁高效利用、大气污染防治设施、环境污染监测设备等领域，培育引进综合性节能环保龙头企业，打造节能环保装备产业集群。依托广誉远、锦波生物、安特生物等企业，积极推进中药材标准化种植基地建设，发展特色中成药、医用高端功能型材料和医疗器械产业，打造生物医药产业集群。加快汾阳、文水、清徐等清香型白酒、食醋基地建设，打造酿造产业集群。依托定襄、太谷、祁县特色产业基础，打造法兰锻造、玛钢、艺术玻璃等传统特色产业集群。

（二）共同发展文化旅游产业

打造生态文化旅游圈。强化跨市域自然景观的开发管控和协调，加强人文景观协同保护开发，统筹规划建设汾河、潇河、滹沱河沿岸景观。立足佛教文化、自然风光，打造一批各具特色的文化旅游景区，建设大五台山世界文化旅游圈。以晋商文化为重点，打造集文化体验、休闲度假、国际旅居、创意商业、节庆会展为一体的国际性文旅商复合型旅游目的地，打造平遥文化旅游示范区，构建平遥世界遗产观光度假旅游圈。

共建国际旅游目的地。统筹开发城市群旅游资源，推动旅游市场和服务一体化发展。探索推出旅游护照、“一卡通”等产品，改善旅客旅游体验。锻造一批古城大院、佛教圣地、红色教育、非物质文化遗产、酒文化、工业遗址等具有世界影响力的历史文化旅游品牌，共同打造一批具有高品质的休闲度假区和世界闻名的旅游胜地，构建历史人文和自然山水交相辉映，辐射太行、长城、黄河三大旅游板块的中部文旅产业带，全力推动文化旅游融合发展。以创建太原、晋中、忻州国家全域旅游示范市为重点，打造城市群全域旅游示范区。

专栏5-2 文化旅游重点项目

太原奥特莱斯小镇商业综合体、山西面食文化园、太原钟楼街改造、华夏历史文明传承园、青龙古镇。晋中乔家大院旅游文化小镇综合开发项目、平遥旅游观光线项目、老醯水镇、“安泰1983”工业旅游景区、山西(太谷)广告产业园等项目。吕梁孝义古城保护性修建、贾家庄晋商古驿道、贾樟柯艺术中心、马峰纪念馆、文创影视基地、苍儿会生态文化旅游综合开发区、凤鸣西山欢乐谷、杏花古镇、卦山·玄中寺4A级提升5A景区等项目。忻州都航IT小镇、忻州市河边明清小镇等项目。

共筑文化发展高地。加强重点文物、古建筑、非遗保护合作交流，联合开展考古研究和文化遗产保护。推出一批文化精品工程，培育一批文化龙头企业，构建现代文化产业体系。在山西转型综合改革示范区潇河产业园区规划建设文博园、世园会、园博园等大型文化场馆和园区，打造融传统文化和现代文化于一体的生态文化集聚区。推动区域内美术馆、博物馆、图书馆联动共享，实现城市阅读“一卡通”、公共文化服务“一网通”、公共文化联展“一站通”、公共文化培训一体化。依托太原国家级文化和科技融合示范基地，全面推进科技融入文化领域，形成文化产业核心区，不断提高文化产业的科技创新力和竞争力。

（三）高水平发展现代农业

高标准建设“山西农谷”。引进农业高新技术企业，打通科研院校与企业创新主体合作通道，大力发展特色精品农业，开发药食同源产品，构建生产、经营、创新、支撑、服务、推广互促互补的六大体系，建设全省农业高新技术产业集聚区，打造国家级农村一二三次产业融合发展示范园，打响山西特色农业品牌。

建设特色农产品优势区。重点推进忻定盆地玉米和小杂粮优势生产区建设，建立忻州有机旱作现代农业产业开发区、阳曲有机旱作谷子省级现代农业产业园，加强晋中蔬菜（食用菌）标准化基地、产地批发市场建设，推进祁太平干鲜果、清徐葡萄、平遥牛肉食品生产基地建设，提高特色农产品产业化水平。

发展现代农业产业园。建设太原南部城郊省级现代农业产业园，构建现代都市休闲农业圈。积极推进国家级孝义（高阳）农业园区、文水国家级农业产业化龙头企业示范区建设。打造国家优质杂粮交易中心。

（四）统筹培育高端服务业

建设全国重要能源交易市场。依托现有交易场所，建设全国煤层气交易中心。与国内期货交易所合作，探索开展能源商品期现结合交易，丰富交易品种，发展能源金融服务，建设功能完善、公平交易、富有效率、有影响力的全国能源交易市场。

大力发展枢纽经济。挖潜武宿机场、太原南站运输能力，规划太原第二机场和第三高铁客运站，建设太原国际物流核心枢纽，大力发展临空经济、高铁经济。做优做强中鼎物流园、忻州永旺物流园、豆罗物流基地，规划建设阳曲物流基地、介休—孝义城市综合物流基地，组建物流枢纽园区联盟，打造平台型物流中心。加快智慧物流云平台建设，大力发展智慧物流。

建设康养产业基地。结合自然保护区和城市近郊森林公园，打造一批融旅游、居住、养生、医疗、护理为一体的康养产业集群。设立养老服务业发展基金，布局以太原为中心，辐射晋中、忻州部分市县的养老中心区，鼓励养老机构横向联合创建养老联合体，做大做强区域康养产业。

专栏5-3　康养产业重点项目
忻州顿村温泉康养园区、定襄凤凰山温泉康养小镇、忻州奇村温泉康养小镇、山西金晖盛世兰亭康养结合体、太谷孟母文化健康养生城、晋中小西沟文旅康养小镇、晋中晋龙泽康养小镇、文水苍儿会康养小镇、平遥天鹭湖康养小镇、太原上兰山大一院康养社区、阳曲黄寨中社康养社区、山西国际大健康医疗城、山西晋德帮医药科技产业园。

培育壮大会展服务业。积极推动太原能源低碳发展论坛列为国家重点论坛，办好中国（太原）国际能源产业博览会、中国（山西）特色农产品交易博览会、山西文化产业博览交易会、平遥国际摄影展及电影节、汾阳吕梁文学季、山西（汾阳杏花村）世界酒文化博览会、太原国际马拉松赛等重点会展赛事，积极创办太原国际通用航空博览会、国际园艺博览会、国际花卉博览会等。

（五）高标准建设产业协同先行区

推进产业协同发展。加强跨区域合作，探索毗邻区域协同发展新机制。加快共建太原、晋中潇河现代产业新城，加强规划衔接，统筹产业、生态布局，加快重大项目落地建设，共同打造沿潇河城水共生互融的产业新城。支持太原、忻州开展深度合作，探索建立合作机制，主动对接京津冀及东部省市，共建承接产业转移示范区，开展国家重大工程项目和重科技装备的研发和应用示范，积极承接装备制造、能源材料和节能环保等疏解产业，实现空间载体与产业发展良性互动。

加强产业园区合作。推行园区整体共建共营的集群引进模式，鼓励以连锁经营、委托管理、投资合作等多种形式合作共建产业园区和合作试验区。全面加强山西转型综合改革示范区与各类开发区和产业园区的合作，建设忻府经济开发区、原平经济开发区等产业合作区，加快创新成果落地转化。

促进产业向开发区集聚。大力优化营商环境，降低制度性交易成本，促进周边产业向开发区集聚。加快推进开发区扩区改制，推动“一县一区”建设。复制山西转型综合改革示范区成熟管理经验，向其他开发区推广。促进产业纵向分工协作，推动企业将总部和研发销售部门设在国家级开发区，将省级开发区打造成为重要的制造基地。

六、推进交通运输互联互通

围绕提升太原综合交通枢纽在国家战略中的地位，加强铁路枢纽站、公路客运站、机场等重大交通枢纽建设，构建以太原武宿国际机场、太原南站和太原第三客运站为核心的区域综合交通中心，实现“区域大联通、组团小循环、城乡全覆盖”的综合交通运输体系。

（一）建设对外交通运输大通道

加快国家干线铁路建设。推进干线铁路新建和既有线路改扩建，重点推进太原至焦作、南北同蒲电气化改造工程，改造阳泉西至孝义铁路。建成集宁至大同至原平、雄安至忻州、太原至延安铁路客运专线，建设孝义至离石铁路、孝柳线至瓦日线铁路连接线。结合国家中长期铁路网规划调整，研究建设太原至上海、石家庄至太原第三通道等高速铁路项目，扩大高速铁路覆盖范围。

完善对外高速公路网络。继续完善省内高速路网体系，形成纵贯南北、承东启西、覆盖全省、通达四邻的高速公路网络。加快推进太原东二环和西北二环高速公路、祁县至离石、汾阳至石楼高速公路建设，适时调整太原现绕城高速为城市快速路。尽快启动昔阳龙坡至榆次东阳等高速公路项目，加强与河北、陕西和内蒙古等周边省份的联系。

完善机场布局和功能。统筹推进民用机场建设，优化和扩大境内外航空网络。加快推进太原武宿机场改扩建，启动太原第二机场选址等前期工作。规划拓展通往国内主要城市的航线网络,积极开辟国际航线,增加国际航班。充分发挥已建成的清徐尧城通用机场作用,推进阳曲、平遥、忻府、原平、交城、汾阳等通用机场建设。

加快各类开放平台建设。充分发挥开放平台功能,提升太原航空口岸开放水平,推进五台山航空口岸开放。加快太原无水港建设,在有条件的物流基地建设具有海关、检验检疫等功能的铁路口岸。促进太原武宿综合保税区等海关特殊监管区域向加工制造中心、贸易销售中心、交易结算中心、物流配送中心和研发设计中心等方向转型。

(二)建设城市群内部交通网络

加快太原都市区轨道交通建设。加快发展经济、快捷、多制式的轨道交通系统,构建太原晋中一体化轨道交通网络。启动区内轨道交通线网规划修编,有序建设地铁、轻轨及城市有轨电车。太原地铁2号线建成投运,加快推进太原地铁1号线、3号线建设。规划建设山西转型综合改革示范区、榆次、太谷、平遥至汾阳有轨电车。

规划建设市域(郊)铁路。优化完善市域(郊)铁路网络,构建太原都市区至周边主要区域的1小时通勤圈。利用既有高铁富余运能以及推进铁路补强、局部线路改扩建等方式,在县级市、重要产业集聚区、重点景区、机场等统筹布局市域(郊)铁路站点,开行城际列车,有效衔接干线铁路和太原都市区轨道交通网络。加强太原与节点城市之间的交流,规划建设太原至榆次、潇河、太谷、清徐、阳曲、孝义等市域(郊)线路。

畅通城市群公路网。优化城市交通网络体系,构建级配合理的城市路网系统。加快实施高速公路连接线项目,提升网络连接效能和通达水平。加快国省干线公路、县乡公路升级改造,实施城市群城际路段扩容工程。依托现有公路网络加快形成多个次级区域公路网,强化阳曲、清徐、交城、祁县、太谷、潇河、榆次与太原市辖区、城镇组群间的联系。加快推进县城间一级公路联网,实现县城之间快速通达能力。升级改造县乡道路,高标准推进"四好农村路"和旅游公路建设,积极推进重点城镇、文化旅游名镇公路建设。

优化完善城市道路网。优化城市道路和对外交通衔接,实现城市交通内联外通。实施好城市道路专项规划,完善城市快速路、主干路、次干路和支路布局及合理级配,打通"断头路",严格实施"窄马路、密路网",加强支路网建设,提高道路网密度。加快重点城市公共交通建设,实现中心城区公交站点500米覆盖率达到100%,提高公共交通出行比,完善城市慢行交通体系,促进绿色出行。加强城市停车设施规划建设管理,缓解城市停车难、停车乱问题。提升智能交通管理系统的建设与应用水平。

推进城市道路对接和公交同城。加快推进太原都市区交通一体化,推进龙城大街东延、康宁街—大学街、通达街—汇丰街、化章街—龙湖大街、十号线—迎宾西街、迎宾路—环城南路、魏榆路、新建北路等道路建设,加快介孝汾城市快速路建设,实现组团城市半小时通勤。推进城市公交一体化运营,加密重要客运枢纽间公交线网覆盖,实现城市间公交一卡互通、票制资费一致,提升公交同城化服务水平。

(三)强化城市群交通枢纽功能

提高客运枢纽一体化水平。强化客运枢纽和配套设施建设,规划预留城市轨道交通衔接条件,提升太原南站、太原站、晋中高铁站、忻州高铁站的服务功能和智慧化水平。推进太原铁路枢纽建设。加快太原汽车客运东南站等一批综合客运枢纽站场建设,促进高铁、公路客运、公交、地铁、出租车等的便捷衔接,实现客运枢纽快速换乘。协同调度各类运输方式,推动旅客客票"一票制",打造一体化公路客运网络。

完善货运枢纽集疏运功能。加强铁路及公路物流枢纽建设,统筹推进货运枢纽、物流基地、物流配送中心及邮政系统建设,实现货物换装"无缝化衔接",促进货物运单"一单制"。完善太原北铁路编组站和榆次铁路编组站,扩容改造介休、修文铁路编组站和太中银清徐战略装车站,建设以煤炭集运为主的大型货运枢纽。新建一批铁路口岸站,大力发展无水港。

专栏6-1　现代综合交通体系重点工程

高速铁路。加快推进太原至焦作、集宁至大同至原平、雄安至忻州、太原至延安等铁路客运专线建设,研究推进太原至上海、石家庄至太原第三通道等高速铁路项目。

普速铁路。推进南北同蒲电气化改造工程,新建孝义至离石铁路、孝柳线至瓦日线铁路连接线等铁路。

铁路枢纽。加快太原铁路枢纽建设。

高速公路。推进太原绕城西北段改线工程(太原西北二环)、太原二环高速公路凌井店至龙白段(东二环)、祁县至离石、昔阳龙坡至榆次东阳、汾阳至石楼等项目建设。

干线公路。推进国道208太原晋中界至晋中长治界改建、国道241平遥县境内一级公路改建、国道307(交城-汾阳)改线扩容工程。

旅游公路。加快长城板块原平市区至天涯山风景区段旅游公路建设。推进太行一号旅游公路主线及部分重要支线、连接线项目建设。

民用机场。加快实施太原武宿机场改扩建,推进五台山航空口岸开放,启动太原第二机场选址等前期工作。

通用机场。推进阳曲、平遥、忻府、原平、交城、汾阳通用机场建设。

城市轨道交通。加快建设太原城市轨道交通2号线,推进太原城市轨道交通1、3号线及山西转型综合改革示范区、榆次、太谷、平遥至汾阳有轨电车项目。

七、加强基础设施共建共享

协同推进新型智慧城市建设，统筹推进信息、管网等城市基础设施建设，因地制宜实施清洁供暖，形成互联互通、管理协调的基础设施体系，支撑城市群一体化发展。

（一）共同打造数字城市

建设新一代信息基础设施。建设高速泛在信息网络，加强管道、铁塔、光缆、驻地网等基础设施共建共享。推动5G站址规划和基站建设，在太原开展5G网络建设试点，加快5G布局和商用进程，逐步实现5G网络全覆盖。加快IPv6改造，拓展宽带网络在生产经营、社会管理、民生服务和文化建设等方面的应用。构建多级互联的数据共享交换平台体系，完善跨层级、跨地域、跨系统、跨部门、跨业务的数据调度能力。建设地理信息公共服务平台，推进地理信息高精度数据全域覆盖和交换共享。开通运营山西转型综合改革示范区国际互联网数据专用通道。

加快智慧城市建设。围绕城市公共管理、公共服务、公共安全等领域，加快城市群社会治理、商事服务、环境保护、信用信息等数据资源共享共用，探索建设基于人工智能和5G物联的城市大脑集群。推进一体化智能化交通管理，深化重要客货运领域协同监管、信息交换共享、大数据分析等管理合作，开展车联网、智慧公路等车路协同技术创新。加快推进智慧技术在社会保障、医疗健康、教育、住房等社会领域的深度应用，不断提供丰富多样的精准化智能服务。加快忻州国家智慧城市试点建设。

建设工业互联网。推进“互联网+先进制造业”，推广大数据、云计算服务在工业企业的应用，积极推进与阿里、华为、百度、腾讯、中兴、移动等企业的战略合作，打造以跨行业跨区域平台为主体、企业级平台为支撑的工业互联网平台体系。鼓励中小服务业企业与制造业企业进行合作，利用互联网技术帮助制造业企业升级，促进制造业资源与互联网平台深度对接。依托山西太钢不锈钢股份有限公司、中国电子科技集团公司第二研究所，积极开展国家智能制造试点示范。全面建立工业互联网安全保障体系，着力推动安全技术研发应用。

（二）统筹市政公用设施建设

共建水利保障基础设施。统筹水资源保障体系。加大黄河水利用，合理压减地下水，严格实行用水总量控制。推进跨区域重大水利设施建设，推进跨区域重大蓄水、提水、调水工程建设，继续推进中部引黄工程、晋中东山调水工程等大水网建设，完善小水网配套工程，构建一体化区域供水安全保障体系。共筑防洪减灾综合体系。统筹防洪设施布局，加强河道综合整治，建立统一的监测、预警系统，提高防洪减灾应急能力。

有序推进综合管廊建设。结合地下空间开发利用、各类地下管线、道路交通等专项建设规划，合理规划地下综合管廊建设，形成干线管廊、支线管廊和缆线管廊协调发展的格局。重点推进太原市辖区、潇河产业园区地下综合管廊项目建设，加快推进平遥古城综合管廊建设。统筹功能需求，在其他城市新区、各类园区、成片开发区域同步开展地下综合管廊建设。优化整合现有大型市政管线走向，统筹布局输水、燃气、电力、供热、污水等区域重大基础设施管线，全面增强支撑保障能力。

（三）建设能源安全保障体系

加快区域电网建设。完善电网主干网架结构，提升互联互通水平，提高区域电力供应保障能力。加快跨区域重点电力项目建设，重点建设蒙西—晋中1000千伏特高压、山西晋中东500千伏输变电工程、山西太原北500千伏输变电工程、220–110千伏电压等级输变电工程、太原晋中220–110千伏电压等级输变电工程、“煤改电”配套电网工程。

建设智慧能源系统。充分利用5G技术，探索构建综合智慧能源系统，研究实现配电网与用户侧、外送网与特高压的灵活连接。支持太原、榆次、忻府等地优先发展新能源微电网和智能电网，建设智能变电站和智能调度系统。创新循环经济园区电网运行模式，吸引社会资本参与建设分布式能源系统。加快吕梁交城华泰慧能智慧能源交城50MW级储能独立调峰调频辅助服务示范项目建设。

建立完善天然气（煤层气）供应保障体系。统筹推进天然气（煤层气）产供储销体系建设，加大煤层气、焦炉煤气等非常规天然气开发利用，优化管网布局，促进区域输气管网联通，加快建设太长线鸣谦分输站—鄂安沧忻州站输气管线工程、太原—长治输气管道工程杨盘—鸣谦改迁工程、榆次—平遥输气管道工程。进一步提升储气调峰能力，在太原、平遥、祁县等地区布局建设储气设施，加快建设忻州原平LNG综合应急储气调峰中心。完善太原、榆次等区域天然气加气站配套设施。

加快供热管网与设施建设。加强中心城市热源和供热管网扩容改造，完善其他城市供热管网及配套设施建设。加快热电联产热源和其他热源项目配套的供热管网建设，实现热源与管网衔接配套。有序推进供热系统智能化建设，积极推广热源侧运行优化、热网自动控制系统、用户室温调控等节能技术。

稳步推进清洁供暖。加快太原、忻府、汾阳、文水、交城、孝义等市（县、区）城区清洁供暖改造建设，有序开展“煤改气”工程、“煤改电”工程。在醇基燃料资源富集的县（市、区），开展“醇基燃料+太阳能、生物质、空气能”等多能互补清洁取暖改造工作。推进山西转型综合改革示范区潇河产业园区、唐槐产业园区、山西科技创新城等地区水热型地热供暖、原平市区干热岩供暖项目，推广浅层地温能利用技术。

八、强化生态环境同保联治

树立绿水青山就是金山银山的理念，加强生态系统性保护修复和环境综合整治，创新绿色低碳发展模式，打造京津冀近山亲水的“后花园”，让汾河水量丰起来、水质好起来、风光美起来，重现岸绿水秀、河畅景怡的秀美风光。

（一）加强流域生态建设

开展汾河综合治理。统筹汾河上下游、干支流、左右岸和水陆域，全面开展污染治理和生态修复。推进全流域水污染治理攻坚、全流域山水林田湖草生态修复、全流域景观规划设计与建设管控。全面消除劣V类断面,优良水质断面达到6个以上,其他各类断面水质在原有基础上明显提升。高水平编制汾河全流域生态景观规划,全力实施汾河全流域管控,将汾河百公里中游示范区打造成为汾河治理样板工程。

共筑区域生态廊道。坚持区域生态一体化建设,依托两山一河主脉络,加快建设太行山、吕梁山环中部盆地生态屏障带,以汾河全流域景观建设为抓手,打造以水利工程为基础,以生态建设为主轴,从源头到入黄口、城区与农村有机衔接、乡情野趣与人文景观交相辉映的汾河特色廊道,构建“一水中流、两山为屏”的生态廊道主框架。重点推进太原滨河公园生态景观带、潇河和文峪河生态景观带、牧马河和云中河生态景观带等工程建设。充分利用汾河、阳兴河、潇河、文峪河等河流通道,构建一级通风廊道,保证500米以上宽度,有效引导盆地通风。对太原绕城绿廊、潇河绿廊、介孝汾组团城市间绿廊、文水重化工区隔离绿廊、清徐重化工业区隔离绿廊等具有重要区域性生态作用的绿廊实行省级管控。

加强生态保护修复。严守生态保护红线,统筹山上山下、地上地下、流域上下游等生态要素,以护山、治水、育林、养田等重点工程为抓手,全面开展汾河全流域山水林田湖草生态保护修复工程试点。加强区域内自然水系和林草植被等的生态保护和修复,维护区域生态安全。重点实施汾河、滹沱河干流河道综合整治工程,因地制宜增加河道生态蓄水。实施地下水超采治理和灌区节水改造。推进清徐、文水、祁县、平遥等汾河干流堤外蓄水湿地及潇河、磁窑河、文峪河、惠济河等支流湿地工程。推进主要河流干流两侧护岸林带建设,加快高速公路、一二级公路、旅游公路两侧绿化建设。

(二)加强环境综合治理

推进大气污染联防联控。以城市群空气质量达标为目标,加快重污染企业搬迁改造和燃煤锅炉淘汰整治,对国家排放标准中已规定大气污染物特别排放限值的行业以及锅炉的现有和新建项目执行特别排放限值,完成钢铁、焦化行业超低排放改造,推动清洁取暖和散煤替代由城市建成区向农村扩展,率先实现全域“禁煤区”。实施区域应急联动,有效应对重污染天气。制定城市群空气质量达标规划,聚焦产业排放源治理,协同推进移动源、生活源、农业源综合治理,实现空气质量持续好转。

强化跨市域水污染协同防治。全面落实河湖长责任。实行饮用水、地下水、流域水、黑臭水、污废水“五水同治”,坚持控污、增湿、清淤、绿岸、调水“五措并举”。全面厘清上下游防治责任,抓好入河排污口、支流、退水渠等的排查、监测、溯源、整治。全面推进企业废水治理设施提效改造,实现达标排放。启动汾河流域带水污染防治联防联控试点,严格控制流域污染物排放总量及强度。加大城镇污水收集和处理力度,加快治污设施提标改造,率先实现城乡生活污水全收集全处理。通过截污分污用污、防洪排涝除险、消除黑臭水体等方式,推进河流水域水质提升达标。

加强土壤及固废污染综合整治。集中力量治理耕地污染和城市群周边、重污染工矿企业的土壤污染,加强农业面源污染防控,实施化肥农药使用量零增长行动,加快忻府区土壤治理试点。推进固体废弃物污染治理,建设国家大型固体废弃物综合利用基地和国家工业资源综合利用基地。

(三)共建绿色低碳城市

争创国家森林城市。重点在太原都市区、介孝汾和忻定原城镇组群完善综合公园、社区公园等绿地建设,打造大型绿带通风廊道、滨河(湖)空间、湿地公园,形成功能完善、分布均衡、环境优美的城市绿地系统,实现城中有林、林中有城。

倡导生活方式低碳化。实施“绿色交通”行动,加快在公共服务领域推广使用清洁能源、新能源汽车,支持城市群加快推进绿色交通发展。实施“绿色建筑”行动,持续推动城市群内设区市开展绿色建筑集中示范区建设。大力发展装配式建筑。实施立体绿化工程,开展建筑立面综合整治,拓展城市群绿化空间。

推进资源综合利用。以产业园区为主,以构建循环经济链为重点,实施园区循环化改造。实施废水循环利用和污染物集中处理。大力推进城乡生活垃圾分类处置,推进太原、晋中、忻州等地餐厨废弃物无害化处理、资源化利用和生活垃圾焚烧发电,率先实现生活垃圾零填埋。开展能源、水等资源梯级利用。

(四)完善区域资源环境制度

实行最严格的水资源管理制度。充分考虑区域水资源承载能力,以水定城、以水定地、以水定人、以水定产。在优先保障生态用水前提下,坚守用水总量控制红线,以调整产业结构、强化节水、科学开源为原则,根据盆地发展定位和经济社会发展目标要求,确定水资源对人口的承载能力。逐步调整用水结构,适度降低工业用水比例,优化调整农业用水比例,增加生态和生活用水比例。全面控制工业、城镇、农业污染物排放,推动经济结构转型,淘汰落后产能,严格环境准入,形成“政府统领、企业施治、市场驱动、公众参与”的水污染防治新机制。

完善市场化流域治理机制。组建主要河流流域投资公司,构建开放性的投融资、建设和运营一体的市场化运作机制,沿汾河、滹沱河市县政府与公司建立协作关系,统筹流域生态环境治理。整合省级有关部门在水环境领域的行政处罚权,构建区域内流域水环境保护协作机制,建立流域上下游地区有效协商平台和横向生态保护补偿机制。

健全区域环境治理联动机制。统一规划布局和建设环境质量监测网络,推动生态环境质量预报和重点排污单位在线自动监测,建立环境监管网格体系,建成上下协同、信息共享的城市群生态环境监测网络。推进区域统一标准、统一监测、统一防治,加强水、大气、土壤等环境污染跨区域联合执法。

九、创新一体化发展体制机制

完善管理体制,打破行政壁垒,强化市场联系,促进区域协调发展,创新一体化发展体制机制,扎实推进规划各项目标任务落到实处。

(一)建立政策协同联动机制

强化政策协同。统筹区域内产业、投资、土地、招商引资政策，建立共建园区和项目的产值、财税、利润等分享模式。建立集约用地评价机制，以土地产出率衡量企业用地标准，允许城乡建设用地增减挂钩节余指标异地调剂，实现土地一体化集约经营。在确保环境质量稳定达标的前提下，允许在城市群内统筹配置环境容量。

设立共同基金。省级财政和四市一区财政出资，吸引社会资本参与，设立“城市群共同基金”，通过竞争性方式选择国内一流的基金管理公司经营管理，支持跨区域基础设施建设、产业承接转移、生态环境治理、科技创新、公共服务共享等项目。鼓励政策性、开发性金融机构和商业性金融机构探索支持城市群一体化建设的有效模式。

促进市场主体联动。充分发挥市场决定性作用和更好发挥政府作用，加强国资运营平台跨区域合作，鼓励民营企业跨区域并购重组和参与重大基础设施建设。在太原、晋中开展跨区域发展政策联动试验，为民营经济参与中部盆地一体化发展探索路径。鼓励行业组织、商会、产学研联盟等开展多领域跨区域合作，形成协同推进一体化发展合力。

（二）创新要素合理流动机制

推动市场一体化建设。建立规划制度统一、发展模式共推、治理方式一致、区域市场联动的一体化发展新机制。围绕跨境电商、电子商务、多式联运、供应链创新、物流金融和食品安全等，促进市场监管体系和跨区域市场监管协调机制创新。以资源配置型平台企业为抓手，率先在太原打造集交易、金融、物流、信息服务功能于一体的电子商务综合服务平台。建立健全用水权、排污权、用能权初始分配与交易制度，培育发展区域各类产权交易平台。培育发展区域信用服务市场，建立完善失信联合惩戒制度。

促进要素自由流动。深入实施公平竞争审查制度，打破行政性垄断，消除区域市场壁垒。完善区域性产权（股权）市场，促进资本跨区域有序自由流动。加强地方和企业标准制定合作，推进产品检验、资质认证等结果互认。加强跨区域金融信息交流与合作，综合制定融资方案，提供多元化综合金融服务。全面调整放宽户口迁移政策，太原要全面放开放宽落户条件，并全面取消重点群体落户限制，其他城市要全面放开放宽落户条件，打破阻碍劳动力在城乡、区域间流动的壁垒，逐步实现职称、社保、就业、退休和仲裁等方面的政策整合和协调。

打造国际化营商环境。全面对接长三角、珠三角和国际高标准市场规则体系，打造稳定、公平、透明、可预期的一流营商环境。共同加强知识产权保护，加大侵权违法行为联合惩治力度，协同开展执法监管。建立健全企业投诉工作机制，保障投资者和投资企业合法权益。提升外商投资管理和服务水平，全面实施外商投资准入前国民待遇加负面清单管理制度，放宽外资准入限制，健全事中事后监管体系。

（三）健全区域协调发展机制

建立区域间成本共担利益共享机制。探索建立跨区域产业转移、重大基础设施建设、园区合作的成本分担和利益共享机制，完善重大经济指标协调划分的政府内部考核制度，调动政府和市场主体积极性。探索建立区域互利共赢的税收利益分享机制和征管协调机制，促进公平竞争。探索建立区域投资、税收等利益协调机制，形成有利于生产要素高效配置的良好环境。

促进城乡融合发展。推动重要市政公用设施向城市郊区乡村和规模较大中心镇延伸，建立城乡基础设施一体化管护机制。以市县域为整体，统筹布局城乡道路、供水、供电、信息、广播电视、防洪和垃圾污水处理等设施。培育城乡产业协同发展先行区，推动城乡要素跨界配置和产业有机融合。完善小城镇联结城乡功能，培育特色小镇，打造集聚特色产业的创新创业生态圈。

建立城市群协调发展监测评估预警体系。围绕城市群一体化、资源环境协调等重点领域，建立协调发展评价指标体系，科学客观评价城市群发展的协调性，为城市群政策制定和调整提供参考。加快建立城市群发展风险识别和预警预案制度，密切监控突出问题，预先防范和妥善应对发展风险。

十、规划实施保障

（一）加强组织领导

成立推进山西中部盆地城市群一体化发展领导小组，领导和统筹中部盆地城市群一体化发展规划纲要的实施工作，研究审议重大规划、重大政策和重大项目。领导小组下设办公室，牵头建立联席会议制度，统筹协调跨地区跨部门重要事项，督促重大事项、重大政策和重大项目落实落地。

（二）健全推进机制

太原市、晋中市、吕梁市和忻州市作为推进山西中部盆地城市群一体化发展的责任主体，要强化组织领导，明确推进机构，落实工作责任，把规划纲要任务分解落实到各市国民经济和社会发展“十四五”规划，制定年度行动计划和专项推进方案，把规划纲要确定的各项任务落到实处。各有关部门要按照职能分工，加强对规划纲要实施的指导，在相关规划编制、重大政策制定、重大项目安排、重大体制创新方面予以积极支持。

（三）建立1+N 规划政策体系

领导小组办公室会同四市及省直有关部门，依据本规划纲要，抓紧组织编制基础设施、交通运输、产业发展、生态环境、公共服务等专项规划，细化落实战略任务。组织制定实施中部盆地城市群一体化发展建设规划，研究出台创新、产业、人才、投资、金融等配套政策和综合改革措施，推动形成1+N规划政策体系。

（四）强化督促落实

在推进山西中部盆地城市群一体化发展领导小组的直接领导下，领导小组办公室要加强对规划纲要实施的跟踪分析、督促检查和协调指导，积极探索强化一体化导向的考核评价办法，推动规划纲要各项指标和任务的落实。重大问题及时向省委、省政府报告。完善规划纲要实施的公众参与机制，加强宣传引导，形成全社会关心、支持和主动参与中部盆地城市群一体化发展的良好氛围。

中共山西省委　山西省人民政府
《关于建立山西省国土空间规划体系并监督实施的意见》

(2019年12月18日)

为贯彻落实中共中央、国务院《关于建立国土空间规划体系并监督实施的若干意见》，建立我省国土空间规划体系并监督实施，现提出如下实施意见。

一、总体要求

(一)指导思想

以习近平新时代中国特色社会主义思想为指导，全面贯彻党的十九大和十九届二中、三中、四中全会精神，聚焦建设"资源型经济转型发展示范区"、打造"能源革命排头兵"、构建"内陆地区对外开放新高地"三大目标，整体谋划新时代山西国土空间开发保护格局，为山西发展规划落地实施提供空间保障，为实现高质量发展、建设美丽山西提供有力支撑。

(二)主要目标

按照自上而下、上下联动、压茬推进的原则，遵循"多规合一"的要求，将主体功能区规划、土地利用规划、城乡规划等空间规划融合为统一的国土空间规划，抓紧编制各级国土空间规划(规划期至2035年，展望至2050年)。到2020年，完成全省国土空间规划编制，同步完成数据库和信息平台建设，形成全省国土空间开发保护"一张图"。到2025年，全面实施国土空间监测预警和绩效考核机制，形成以国土空间规划为基础，以统一用途管制为手段的国土空间开发保护制度。到2035年，全面提升国土空间治理体系和治理能力现代化水平，基本形成生产空间集约高效、生活空间宜居适度、生态空间山清水秀，安全和谐、富有竞争力和可持续发展的国土空间格局。

(三)总体框架

国土空间规划是对一定区域国土空间开发保护在空间和时间上作出的安排，包括总体规划、详细规划和相关专项规划三类。省、市、县、乡镇四级分别编制国土空间总体规划。相关专项规划是指在特定区域(流域)、特定领域，为体现特定功能，对空间开发保护利用作出的专门安排，是涉及空间利用的专项规划。国土空间总体规划是详细规划的依据、相关专项规划的基础；相关专项规划要相互协同，并与详细规划做好衔接。我省各级国土空间规划是全省空间发展的指南、可持续发展的空间蓝图，是各类开发保护建设活动的基本依据。

二、规划的制定

(四)国土空间总体规划

1.省级国土空间规划是全省国土空间保护、开发、利用、修复的总体性文件，侧重协调性，既是对全国国土空间规划和省经济社会发展规划的落实，又是指导市县国土空间规划编制的依据。要坚持山水林田湖草生命共同体理念，加强生态环境分区管治，构建生态廊道和生态网络。主要包括国土空间开发保护目标、开发强度、建设用地规模、生态保护红线控制面积、耕地保有量及永久基本农田面积、城镇开发边界、用水总量、主体功能区划分、城镇体系布局、生态保护格局、重大基础设施布局、公共服务设施、自然保护地、历史文化保护体系、乡村空间布局、规划实施措施、对市县约束传导要求以及太原都市区潜力发展空间开发、山西文化魅力空间保护、矿山环境及采煤沉陷区治理、沿黄水土流失地区治理保护等内容。省级国土空间规划由省政府组织编制，经省人大常委会审议后报国务院审批。

2.市、县(市、区)国土空间规划是本级政府对上级国土空间规划要求的细化落实，是对本行政区域开发保护作出的具体安排，侧重实施性。

需报国务院审批的城市国土空间总体规划，由市政府组织编制，经同级人大常委会审议后，由省政府报国务院审批。其他市级国土空间总体规划由各市政府组织编制，经同级人大常委会审议后，报省政府审批。县级国土空间总体规划由县级政府组织编制，经同级人大常委会审议后，由市级政府报省政府审批。

3.乡镇国土空间规划可由乡镇政府单独组织编制，经同级人民代表大会审议后，由县级政府报市级政府审批；也可以几个乡镇为单元由县级政府组织编制，经县级人大常委会审议后，报市级政府审批。

(五)国土空间详细规划

国土空间详细规划是对具体地块用途和开发建设强度等作出的实施性安排，是开展国土空间开发保护活动、实施国土空间用途管制、核发城乡建设项目规划许可、进行各项建设等的法定依据。

在城镇开发边界内的详细规划，由市县自然资源主管部门组织编制，报同级政府审批。在城镇开发边界外的乡村地区，以一个或几个行政村为单元，由乡镇政府组织编制"多规合一"的实用性村庄规划，作为详细规划，报上一级政府审批。城镇开发边界内跨行政区域的详细规划由上一级自然资源主管部门牵头组织编制，报同级政府审批。各级各类开发区及参照开发区管理的区域由区管委会编制详细规划报市级政府审批。

（六）国土空间专项规划

自然保护地等专项规划及跨行政区域或流域的国土空间规划，由所在区域或上一级自然资源主管部门牵头组织编制，报同级政府审批。涉及空间利用的某一领域专项规划，如交通、能源、水利、农业、信息、市政等基础设施，公共服务设施，军事设施，以及生态环境保护、文物保护、林业草原等专项规划，由相关主管部门组织编制。相关专项规划可在省、市、县层级编制，不同层级、不同地区的专项规划可结合实际选择编制的类型和精度。

三、规划的实施

（七）完善用途管制

以国土空间规划为依据，对所有国土空间分区分类实施用途管制。在城镇开发边界内的建设，实行“详细规划+规划许可”的管制方式；在城镇开发边界外的建设，按照主导用途分区，实行“详细规划+规划许可”和“约束指标+分区准入”的管制方式。跨边界的线性工程按相关专项规划进行规划许可和管制。

（八）建立国土空间基础信息平台

建立全省统一的国土空间基础信息平台。实现主体功能区战略和各类空间管控要素精准落地，逐步形成全省国土空间规划“一张图”。建立健全国土空间规划动态监测评估预警和实施监管机制。各类约束性指标、各类管控边界要纳入平台管理。预期性指标可根据实际需要，由各级自然资源主管部门另行制定管理办法。推进政府部门之间的数据共享以及政府与社会之间的信息交互，各类涉及空间的要素都要在国土空间“一张图”上进行统筹，不再新建其他平台和系统。涉密事项要根据保密要求进行有条件共享。

四、规划的修改

（九）修改规划条件

因国家及省重大战略调整、重大项目建设或行政区划调整等确需修改规划的，须先经规划审批机关同意后，方可按规定程序进行修改。

根据全省国民经济和社会发展规划及国土空间规划执行情况，动态对国土空间规划进行评估，根据评估结果确需修改规划的，应当先向原审批机关提出申请，经同意后方可进行修改，按原程序报批。

（十）修改规划程序

国土空间规划修改分为修编和补充。确需修改规划的，原规划编制机关应当采取听证会等形式，听取修改规划所涉利害关系人的意见。

修编是指涉及国土空间规划中强制性、约束性等内容修改的情况。修编国土空间规划，组织编制机关应当向原审批机关提出申请，经同意后，按原程序修编报批。

补充是指不涉及国土空间规划中强制性、约束性内容，对国土空间规划修改的情况。补充国土空间规划，由组织编制机关报请原审批机关批复，并报省自然资源厅备案。

五、规划的监管

（十一）强化规划权威

严格落实“管什么就批什么”“谁审批、谁监管”的原则。对市县国土空间规划要从目标定位、空间格局、底线约束、要素配置、实施传导机制、技术标准、信息平台等方面进行实质性审查，从程序及成果的合法合规性等方面进行程序性审查。

下级国土空间规划要服从上级国土空间规划，相关专项规划、详细规划要服从总体规划。规划一经批准，任何部门和个人不得随意修改、违规变更。不得违规审批规划，不得违反国土空间规划进行各类开发建设活动，不得在国土空间规划体系之外另设其他空间规划。将国土空间规划执行情况纳入自然资源执法督察内容，对国土空间规划编制和实施过程中的违规违纪违法行为，要严肃追究责任。

要坚持底线思维，立足资源禀赋和环境承载能力，加快构建生态功能保障基线、环境质量安全底线、自然资源利用上线，科学有序统筹布局生态、农业、城镇等功能空间，把生态保护红线、永久基本农田、城镇开发边界三条控制线（以下简称“三线”）作为调整经济结构、规划产业发展、推进城镇化不可逾越的红线。

（十二）深化“放管服效”改革

以“多规合一”的国土空间规划为基础，统筹规划、建设、管理三大环节，深化“放管服效”改革，系统推进用地预审、规划选址及土地划拨决定书、建设用地批准书、建设用地规划许可证“多审合一”“多证合一”改革。加快营造“六最”营商环境，提升审批效能和监管服务水平。

六、工作要求

（十三）开门做规划

统筹政府、社会、市民三大主体，坚持“开门做规划”，通过搭建形式多样的公众参与平台，拓宽和创新公众参与的途径和方式，引导全社会共同参与国土空间规划的制定、实施、监管。建立常态化的规划宣传和交流互动机制，促进各年龄段人群了解规划、参与规划、支持规划，提高全社会执行规划、实施规划的责任意识。

各级国土空间规划编制要以资源环境承载能力和国土开发适宜性评价为前提和基础，统筹划定“三线”。国土空间规划编制的技术规程、审批要点及备案要求，由省自然资源厅参照国务院审批省级国土空间规划和太原市国土空间总体规划要点制定。

国土空间规划报送审批前，组织编制机关应当依法将规划草案通过媒体、展览、张贴等方式予以公告，并采取论证会、听证会或者其他方式征求专家和公众的意见。

（十四）过渡期要求

在国土空间规划批准前，执行现行土地利用总体规划和城市（乡）总体规划，依据控制性详细规划提出规划条件，严格国有土地出让管理。各地要维护规划权威，因特殊情况确需修改的，要严格按照法律法规规定的权限和程序办理。修改土地利用总体规划，要严守生态保护红线、永久基本农田、城镇开发边界，严控建设用地总量。修改城市（乡）总体规划，不得涉及强制性内容。对违反相关法律法规、严重破坏生态环境、群众反映强烈的违法违规用地和建设项目，不得通过调整规划使其获得合法身份。

各地不再新编报批土地利用总体规划、城镇体系规划和城镇总体规划。现有规划成果统筹评估后符合规定的纳入国土空间规划。对以国家公园为主体的自然保护地、重要水源地、文物等实行特殊保护的地区，在国家未出台新的管理规定前执行现行管理管制制度。

(十五)加强组织领导

各级党委和政府要充分认识建立国土空间规划体系的重大意义，主要负责人要亲自抓，明确责任分工、时间表和路线图，落实工作经费，加强队伍建设，加强监督考核，做好宣传教育，形成合力。组织、人事、审计等部门要研究将国土空间规划执行情况纳入各级领导干部自然资源资产离任审计，作为党政领导干部综合考核评价的重要参考。省政府相关部门要研究制定适合国土空间规划体系的配套政策。省自然资源厅要定期对本意见贯彻落实情况进行监督检查，重大事项及时向省委、省政府报告。

中共山西省委　山西省人民政府
《山西省深化改革加强食品安全工作实施方案》

(2019年12月31日)

为深入贯彻落实中共中央、国务院《关于深化改革加强食品安全工作的意见》(中发〔2019〕17号)，大力实施食品安全战略，加强和改进食品安全监管制度，保障人民身体健康和生命安全，坚决打赢食品安全防范化解重大风险攻坚战，确保人民群众“舌尖上的安全”，制定如下工作方案。

一、总体目标

坚持以习近平新时代中国特色社会主义思想为指导，牢固树立以人民为中心的发展思想，坚持“四为四高两同步”总体思路和要求，建立食品安全现代化治理体系，提升食品全链条质量安全保障水平，逐步实现高品质生活，努力增强人民群众的获得感、幸福感、安全感。

到2020年，基于风险分析和供应链管理的全省食品安全监管体系初步建立。农产品和食品抽检量达到4批次/千人，主要农产品质量安全监测总体合格率稳定在97%以上，食品抽检合格率稳定在98%以上，区域性、系统性重大食品安全风险基本得到控制，公众对食品安全的安全感、满意度进一步提高，食品安全整体水平与全国同步全面建成小康社会目标基本相适应。

到2035年，与全国同步基本实现食品安全领域治理体系和治理能力现代化。食品安全标准水平显著提升，产地环境污染得到有效治理，生产经营者责任意识、诚信意识和食品质量安全管理水平明显提高，经济利益驱动型食品安全违法犯罪明显减少。食品安全风险管控能力达到国内先进水平，从农田到餐桌全过程监管体系运行有效，食品安全状况实现根本好转，人民群众吃得健康、吃得放心。

二、落实“四个最严”要求

(一)建立最严谨的标准

1.加快制修订标准。积极推动食品安全地方标准制修订工作，采取主动征集与随时受理的方式接收食品安全地方标准立项建议，促进我省地方特色食品产业发展。

2.创新标准工作机制。进一步完善食品安全企业标准备案机制，简化优化食品安全企业标准备案流程，完善山西省食品安全企业标准备案信息系统，实现食品安全企业标准备案“零跑路”。

3.强化标准实施。强化食品安全标准宣传贯彻，大力宣传食品安全标准知识，继续做好食品安全标准培训。协作完成国家食品安全标准的跟踪评价，组织实施我省食品安全地方标准的跟踪评价，充分发挥食品安全标准保障食品安全、促进产业发展的基础作用。

(二)实施最严格的监管

4.严把产地环境安全关。开展全省耕地土壤环境质量类别划分工作，积极推进实施受污染耕地土壤安全利用及治理修复技术措施。强化土壤污染管控和修复，持续开展涉镉等重金属重点行业企业排查整治工作，更新污染源整治清单并制定整治方案。2019年年底，整治完成数不得低于污染源整治清单总数的40%。强化大气污染治理，加大重点行业挥发性有机物治理力度，持续推进涉挥发性有机化合物排放重点行业综合整治，开展综合治理情况评估和专项执法行动。加强流域水污染防治工作，强化饮用水水源地环境安全管控，在确保2019年年底前完成县级及以上地表水型饮用水水源地清理整治工作的基础上，推进日供水1000吨以上和供水人口10000人以上的饮用水水源保护区环境问题摸底排查工作，到2020年年底前，我省饮用水水源地清理整治工作基本见效。

5.严把农业投入品生产使用关。严格执行农药兽药、饲料添加剂等农业投入品生产和使用规定，严禁使用国家明令禁止的农业投入品，严格落实定点经营和实名购买制度。将高毒农药禁用范围逐步扩大到所有食用农产品。落实农业投入品使用记录制度，指导生产经营户严格执行农药安全间隔期、兽药休药期有关规定，防范农药兽药残留超标。持续实施兽药、饲料添加剂生产、经营、使用环节监督抽检计划，开展动物及动物产品兽药残留监测计划，严格检打联动。建立兽药、饲料添加剂等农业投入品追溯制度，2019年年底前兽药生产、经营环节全部实现可追溯。

6.严把粮食收储质量安全关。做好粮食收购企业资格审核管理，落实粮食收购资格许可"证照分离"改革，提升粮食行政审批效能。督促企业严格落实出入厂（库）和库存质量检验制度，积极探索建立质量追溯制度，督促指导粮油仓储企业严格执行粮食质量制度，在收购、出库和储存环节加强粮食品质判定和卫生指标检测。逐步健全超标粮食收购处置长效机制，组织开展质量调查与品质测报，对存在质量问题的粮食，及时采取定向销售、限定用途等措施，防止不符合食品安全标准的粮食流入口粮市场和食品生产企业。

7.严把食品加工质量安全关。全面落实食品安全风险分级管理，食品生产企业风险分级率达到100%，在日常监督检查全覆盖基础上，对一般风险企业实施按不低于5%的比例"双随机"抽查，对高风险企业实施重点检查，对抽检监测不合格等问题企业实施飞行检查，督促企业生产过程持续合规。加强保健食品等特殊食品监管，将体系检查从婴幼儿配方乳粉逐步扩大到高风险大宗消费食品，特殊食品生产企业体系检查不少于30%，着力解决生产过程不合规、非法添加、超范围超限量使用食品添加剂等问题。

8.严把流通销售质量安全关。将冷链物流标准规范作为食品流通质量安全监管重点，探索建立从源头到终端的冷链全链条监管机制。加强对冷链各环节温控记录和产品品质的日常监督和不定期抽查，督促企业建立冷链全程温度记录制度。督促企业严格执行进货查验记录制度和保质期标识等规定，严查临期、过期食品翻新销售。严格执行畜禽屠宰检验检疫制度，对生猪及其制品严查非洲猪瘟病毒检测报告。加强食品集中交易市场监管，强化农产品产地准出和市场准入衔接。

9.严把餐饮服务质量安全关。严格落实餐饮服务食品安全操作规范，加强从业人员健康、食品原料控制、加工制作过程、设备设施维护、餐饮具消毒等关键环节管理，按照属地负责、全面覆盖、风险管理、信息公开的原则和要求，开展餐饮服务食品安全日常监督检查。针对季节性、区域性、传统性、节日期间等餐饮服务消费热点，集中开展全面食品安全隐患排查。严格落实网络订餐平台责任，保证线上线下餐饮同标同质，保证一次性餐具制品质量安全。

（三）实行最严厉的处罚

10.完善地方性法规。加强与食品安全法及其配套法规制度的衔接，研究制定我省具体实施方案。推动《山西省食品小作坊小经营店小摊点管理条例》的贯彻落实，研究制定实施办法。

11.严厉打击违法犯罪。落实"处罚到人"要求，综合运用各种法律手段，对违法企业及其法定代表人、实际控制人、主要负责人等直接负责的主管人员和其他直接责任人员进行严厉处罚，实行食品行业从业禁止、终身禁业，对再犯从严从重处罚。严厉打击刑事犯罪，对情节严重、影响恶劣的危害食品安全刑事案件严格侦查，依法从重判罚。加强行政执法与刑事司法衔接，推动建立衔接紧密、运转高效、规范有序的行刑衔接机制，涉嫌犯罪需追究刑事责任的，及时移送公安机关，同时抄送检察机关；发现涉嫌职务犯罪线索的，及时移送监察机关。全面推行行政执法"三项制度"，落实"三项制度"任务分解推进表要求，促进严格规范公正文明执法。积极完善食品安全民事和行政公益诉讼，做好与民事和行政诉讼的衔接与配合，探索建立食品安全民事公益诉讼惩罚性赔偿制度。

12.加强基层综合执法。积极推动食品、农业执法改革，加强基层综合执法队伍和能力建设，加强执法力量和装备配备，确保有足够资源履行食品安全监管职责。指导协调推动食品、农业执法事项指导目录的制订。县级市场监管部门及其在乡镇（街道）的派出机构，要以食品安全为首要职责，执法力量向一线岗位倾斜，完善工作流程，提高执法效率。农业综合执法要把保障农产品质量安全作为重点任务。公安、农业农村、市场监管等部门要落实重大案件联合督办制度，依法严厉打击食品安全违法行为，做到案不漏人、人不漏罪。加强对基层综合执法的监督指导，按有关规定，对贡献突出的单位和个人进行表彰奖励。

13.强化信用联合惩戒。推进食品工业企业诚信体系建设，开展食品企业诚信评价和复核工作。进一步加大农产品质量安全信用体系建设，建立健全"农产品质量安全县""菜篮子大县"规模生产经营主体的信用档案。依据《国家企业信用信息公示系统（山西）管理暂行办法》，建立全省统一的食品生产经营企业信用档案，通过国家企业信用信息公示系统（山西）、"信用中国（山西）"网站、山西省"互联网＋监管"系统，依法向社会公示涉企信用信息。进一步完善食品安全严重失信者名单认定机制，加大对失信人员联合惩戒力度。

（四）坚持最严肃的问责

14.明确监管事权。各地各部门依据国家"互联网＋监管"系统监管事项清单和省政府制定的食品安全监管事权清单，压实各职能部门在食品安全工作中的行业管理责任。对产品风险高、影响区域广的生产企业的监督检查，对重大复杂案件的查处和跨区域执法，原则上由省级监管部门负责组织和协调，市县两级监管部门配合，也可实行委托监管、指定监管、派驻监管等制度，确保监管到位。

15.加强考核监督。完善对各地党委和政府食品安全工作评议考核制度，由相关责任部门牵头组织实施食品安全工作考核，考核结果作为综合评价党政领导班子和领导干部的重要内容。对考核达不到要求的，约谈地方党政主要负责人，并督促限期整改。

16.严格责任追究。依照监管事权清单，尽职照单免责、失职照单问责。对贯彻落实党中央、国务院及省委、省政府有关食品安全工作决策部署不力、履行职责不力，造成严重损害的,依规依纪依法追究相关责任人责任。对监管工作中失职失责、不作为、乱作为、慢作为、假作为的,依规依纪依法追究相关人员责任;涉嫌犯罪的,依法追究刑事责任。对参与、包庇、放纵危害食品安全违法犯罪行为,弄虚作假、干扰责任调查,帮助伪造、隐匿、毁灭证据的,依法从重追究法律责任。

三、具体工作措施

(一)落实食品安全主体责任

开展落实企业主体责任年活动,生产经营者履行食品安全第一责任,全面负责食品安全管理工作。设立食品安全管理岗位,配备食品安全管理人员,经培训考核合格后持证上岗,严格执行法律法规、标准规范等要求,确保生产经营过程持续合规,确保产品符合食品安全标准。建立食品安全管理人员抽查考试题库,岗位能力抽查考核合格率要达到90%以上。风险等级较高或规模以上食品企业要率先建立和实施危害分析和关键控制点体系。食用农产品批发市场入场销售建档率要达到100%。特殊食品生产经营者要严格落实食品安全管理制度,确保产品功能声称真实。建立食品安全责任约谈常态化机制,督促企业采取有效措施及时消除安全隐患。

(二)加强生产经营过程控制

食品生产经营者应当依法对食品安全责任落实情况、食品安全状况定期开展自查评价,自查频次不得低于年度监督检查频次。对生产经营条件不符合食品安全要求的,要立即采取整改措施;发现存在食品安全风险的,应当立即停止生产经营活动,并及时报告属地监管部门。要主动监测上市产品质量安全状况,对存在隐患的,要及时采取风险控制措施。特殊食品生产企业自查报告率要达到100%,其他食品生产企业自查报告率要达到90%以上,食品经营企业自查报告率要达到70%以上,学校食堂、中央厨房等集体用餐单位每周自查不少于一次。

(三)建立食品安全追溯体系

按照《山西省加快推进重要产品追溯体系建设实施方案》安排部署,加强各部门追溯平台间的协调合作,强化互通共享,加快建设覆盖全省、先进适用的重要产品追溯体系。全面开展农产品安全监管追溯信息平台推广应用,推进省级食用农产品质量安全创建县追溯点建设。完善食用林产品质量安全追溯制度。推进乳制品、白酒、肉制品、食醋等重点食品生产安全追溯体系建设,推进进口乳粉、红酒等国内市场销售环节追溯体系建设和连锁超市猪肉追溯管理,鼓励采用信息化手段采集、留存生产经营信息,保证食品可追溯。到2020年,基本形成覆盖全面、多级联通、多方协作、基于大数据及区块链技术的全省重要产品追溯平台和管理机制。

(四)积极投保食品安全责任保险

鼓励食品生产经营者参加食品安全责任保险,推进肉蛋奶和白酒等风险等级较高食品生产企业、大型连锁超市、特殊食品专营店、集体用餐单位、农村集体聚餐、大宗食品配送单位、中央厨房、配餐单位和各级各类学校主动购买食品安全责任保险,因食品安全问题造成损害的,按投保责任保险依法承担经济赔偿责任,发挥保险的风险控制和社会管理功能。

(五)持续推行"放管服效"改革

推进农产品认证制度改革,加快建立食用农产品合格证制度,推进实施产地准出市场准入衔接机制。深化食品生产经营许可改革,针对低风险食品生产许可类别探索推行"自主声明""告知承诺""先证后查"改革,试点推行食品经营许可"告知承诺制"改革,许可审批时限压减三分之一,实现全程电子化。探索研究食品新业态、新模式监管制度,实现食品生产经营许可信息可查询,提供便民利企审批服务。

(六)实施质量兴农计划

以乡村振兴战略为引领,以优质安全、绿色发展为目标,推动农业由增产导向转向提质导向。全面推行良好农业规范,创建农业标准化示范区,持续推进蔬菜、水果、中药材、畜禽养殖、水产健康养殖标准化示范创建。实施农业品牌提升行动,深度培育山西小米、山西陈醋、山西核桃、山西玉露香梨4个省级区域品牌,到2021年推出100个功能农产品品牌。培育新型农业生产服务主体,推广面向适度规模经营主体特别是小农户的病虫害统防统治专业化服务。到2020年,完成对10个病虫专业化统防统治服务组织的扶持;到2035年,力争每县有一个高标准病虫专业化统防统治服务组织。

(七)推动食品产业转型升级

充分发挥省技术改造专项资金示范和牵引作用,2019年重点组织实施白酒、液态奶、亚麻籽等重点项目,推动食品企业向吕梁晋中白酒产业集群、太原晋中食醋产业集群、晋北小杂粮产业集群等优势产业集群集聚发展。深入实施食品工业"增品种、提品质、创品牌"专项行动,到2020年,食品工业结构更趋合理,中高端和地域性特色产品比重持续增加,企业技术改造力度持续增强,逐步形成品种丰富多样、品质可靠满意、品牌效应突出的食品工业发展格局。引导食品企业延伸产业链条,建立优质原料生产基地及配套设施,加强与电商平台深度融合。大力发展专业化、规模化冷链物流企业,保障生鲜食品流通环节质量安全。

(八)加大科技支撑力度

依托国家及省级科技计划,引导食品企业在新产品研发、工艺技术创新等方面加大科研投入,完善科技成果转化应用机制。围绕全省食品产业特色和新兴门类,优先建设一批重点突出、特色鲜明的省级重点实验室,加快引进培养高层次人才和高水平创新团队,开展前瞻性、基础性和应用性科学研究,提高食品安全风险发现和防范能力。

(九)加强协调配合

落实各地党委和政府对本地区食品安全工作负总责的要求,完善统一领导、分工负责、分级管理的食品安全监管体制。相关职能部门要各司其职、齐抓共管,健全工作协调联动机制,加强跨地区协作配合,发现问题迅速处置、及时通报。在城市社区和农村建立专兼职食品安全信息员(协管员)队伍,充分发挥群众监督、信息报告、宣传引导、社会协作等作用。

(十)提高监管队伍专业化水平

依托现有资源加强职业化检查队伍建设，明确检查员资格标准、检查职责、培训管理、绩效考核等要求。检查人员专业化培训时间人均不低于40学时/年，新入职人员规范化培训时间人均不低于90学时/年，提高检查人员专业技能。完善专业院校课程设置，建立专业教学基地，加强食品学科建设和人才培养。按照专业化、职业化、实战化要求，加大公安机关打击食品安全犯罪专业力量、专业装备建设力度。

（十一）加强技术支撑能力建设

加快推进国家批复我省食品检验检测项目建设进度。继续提升省级食品安全专业技术机构能力建设，推动市级食品检验检测机构完成检验检测扩项任务，支持县级食品综合检验检测机构建设，建立以国家级检验机构为龙头、省级检验机构为骨干、市县两级检验机构为基础的全省食品和农产品质量安全检验检测体系。严格食品检验检测机构资质认定管理，争取5年时间实现“双随机”检查全覆盖，积极推动发展社会检验检测机构力量。加强食品检验鉴定实验室规范化建设，规范提升食品刑事案件涉案物证检验鉴定能力水平。

（十二）推进“互联网＋食品”监管

按照国家及我省一体化在线政务服务平台和“互联网＋监管”系统建设标准规范，建立基于大数据分析的食品安全监管、许可等信息平台，并作为全省一体化在线政务服务平台和“互联网＋监管”系统的重要组成部分。实施智慧监管，提高监管效能。加强对网络食品交易第三方平台监管，积极探索“以网管网”监管新模式。逐步实现食品安全违法犯罪线索网上排查汇聚和案件网上执法闭环管理，强化公安机关与行政执法部门联合协作，着力提高发现食品犯罪线索和侦办案件能力。

（十三）完善问题导向的抽检监测机制

统筹省、市、县抽检事权，构建层级清晰、各有侧重、互为补充的工作格局，力争抽检样品覆盖到所有农产品和食品企业、品种、项目，力争2019年达到3批次/千人，2020年达到4批次/千人。明确监督抽检、风险监测、评价性抽检与功能定位，提高抽检监测有效性和靶向性。按照“谁组织、谁公布”的原则，依法及时公开抽检信息，加强不合格产品核查处置，落实整改措施，控制产品风险，消除安全隐患。食源性疾病监测县乡村一体化管理全覆盖。积极开展食用林产品重点区域、产品质量监测，全力做好食用林产品质量安全监管工作。

（十四）强化突发事件应急处置

修订《山西省食品安全事故应急预案》，提升组织协调、应急响应、现场处置、医疗救治、流行病学调查、后勤保障等能力。定期开展应急演练，检查防范措施落实情况，及时消除事故隐患。加强舆情监测，建立重大舆情收集、分析研判和快速响应机制。

（十五）加强风险交流

建立食品安全风险评估会商预警交流通报机制，按照科学、客观、及时、公开的原则，综合分析风险程度，及时发布消费提示，适时开展风险解读。鼓励企业通过新闻媒体、网络平台等方式直接回应消费者咨询。建立谣言抓取、识别、分析、处置智能化平台，依法坚决打击造谣传谣、欺诈和虚假宣传行为。

（十六）强化普法和科普宣传

落实“谁执法谁普法”普法责任制，制定并公布普法责任清单，采用多种形式、利用多种平台，持续加强食品安全法律法规、国家标准、科学知识的宣传教育。全面落实《山西省国民营养计划（2017—2030年）实施方案》，进一步推动营养工作的落实。落实《学校食品安全与营养健康管理规定》，在中小学开展食品安全与营养教育。省市县有条件的主流媒体要开办食品安全栏目，持续开展“食品安全宣传周”和食品安全进农村、进校园、进企业、进社区等宣传活动，加大食品安全宣传力度，提升公众食品安全素养，预防食源性疾病发生。将食品安全教育纳入国民教育体系，开展公益宣传科普工作，普及健康知识，开展营养均衡配餐示范推广，提倡“减盐、减油、减糖”。

（十七）鼓励社会监督

在全省一体化在线政务服务平台、“互联网＋监管”系统和各相关部门门户网站依法公开行政监管和行政处罚的标准、依据、程序、结果等信息，主动接受社会监督。支持行业协会建立健全行业规范和奖惩机制，加强行业自律，推动行业诚信建设。鼓励新闻媒体客观公正、准确严谨报道食品安全问题，有序开展食品安全舆论监督，把握舆论导向，回应社会关切。

（十八）完善投诉举报机制

畅通投诉举报渠道，落实举报奖励制度。发挥“12315”“110”等投诉举报热线作用，维护人民群众合法权益，维护公平有序的市场竞争环境。鼓励企业内部知情人举报食品研发、生产、销售等环节中的违法犯罪行为。保护举报人正当权益，对打击报复举报人的，要依法严肃查处。对恶意举报非法牟利的行为，要依法严厉打击。

四、开展攻坚行动

围绕人民群众普遍关心的突出问题，开展食品安全放心工程建设攻坚行动，用5年左右时间，以点带面治理“餐桌污染”，力争取得明显成效。

（一）实施风险评估和标准制定专项行动

系统开展食物消费量调查、总膳食研究、毒理学研究等基础性工作，为国家完善风险评估基础数据库提供数据。加强食源性疾病、食品中有害物质、环境污染物、食品相关产品等风险监测，建立更加适用于我省居民的健康指导值。按照最严谨的标准要求和现阶段实际，制定实施计划，促进民众健康公平。

（二）实施农药兽药使用减量和产地环境净化行动

开展高毒高风险农药淘汰工作，5年内分期分批淘汰现存的10种高毒农药，通过监测预警、预防保护、防控替代，到2020年农药使用量实现负增长。建立果菜有机肥替代化肥示范区、化肥减量增效示范区。深入开展“兽用抗菌药综合治理”行动，持续推进兽药残留超标治理专项整治。实施水产养殖用药减量行动，形成可复制、操作性强的用药减量化技术模式。积极推进各地实施受污染耕地土壤安全利用及治理修复技术措施，重度污染区域严格风险管控。

(三)实施婴幼儿配方乳粉提升行动

在婴幼儿配方乳粉生产企业全面实施良好生产规范、危害分析和关键控制点体系，自查报告率要达到100%。完善企业批批全检的检验制度，健全安全生产规范体系检查常态化机制，严格原料储运管控、生产过程控制、产品出厂检验。禁止使用进口大包装婴幼儿配方乳粉到境内分装，规范标识标注。完善婴幼儿配方乳粉经营索证索票管理，做到监督检查全覆盖。支持婴幼儿配方乳粉企业兼并重组，建设自有自控奶源基地，严格奶牛养殖饲料、兽药管理。促进奶源基地实行专业化、规模化、智能化生产，提高原料奶质量。发挥骨干企业引领作用，加大产品研发力度，提升品质管控能力，培育优质品牌。2019年，重点推动山西雅士利乳业公司接入工信部食品工业企业质量安全追溯平台。力争3年内显著提升婴幼儿配方乳粉的品质、竞争力和美誉度。

(四)实施校园食品安全守护行动

严格落实学校食品安全校长(园长)负责制，防范发生群体性食源性疾病事件，建立稳定合规的食品及原料采购渠道。全面推行“明厨亮灶”工程，2019年全省高校食堂达到70%以上，2020年年底前全省各级各类学校全部完成。按照国家“互联网＋监管”非现场监管系统接入规范，将“明厨亮灶”视频资源接入全省“互联网＋监管”系统。实行大宗食品公开招标、集中定点采购，建立学校相关负责人陪餐制度，鼓励家长参与监督。对学校食堂、学生集体用餐配送单位、校园周边餐饮门店及食品销售单位实行监督检查全覆盖。加大对承担农村义务教育学生营养改善计划学校食堂的监管，保证学生营养餐质量。鼓励和支持学校食堂建立食品安全快检机构。

(五)实施农村假冒伪劣食品治理行动

以农村地区、城乡结合部为主战场，全面清理食品生产经营主体资格，严厉打击制售“三无”食品、假冒食品、劣质食品、过期食品等违法违规行为，坚决取缔“黑工厂”“黑窝点”“黑作坊”，实现风险隐患排查整治常态化。深入研究分析农村食品安全状况，对违规使用禁用药物、瘦肉精和注水肉、农药隐形添加、水产养殖非法添加兽药等易发多发问题组织开展专项整治。用2—3年时间，建立规范的农村食品流通供应体系，净化农村消费市场，提高农村食品安全保障水平。

(六)实施餐饮质量安全提升行动

以学校食堂、大型和连锁餐饮企业、中央厨房、集体用餐配送单位等为重点，提升“明厨亮灶”覆盖面。鼓励小经营店集中规范经营。推行餐饮安全风险分级管理，开展量化分级提档升级行动。A级旅游景区实行餐饮场所规范化管理。规范农村集体聚餐活动，落实自办宴席和服务队伍登记管理。探索推进人员面部、操作行为和病媒生物识别系统的研发和运用。鼓励餐饮外卖对配送食品进行封签，使用环保可降解的容器包装。大力推进餐厨废弃物资源化利用和无害化处理，防范“地沟油”流入餐桌。开展餐饮门店“厕所革命”，改善就餐环境卫生。

(七)实施保健食品行业专项清理整治行动

建立常态化工作机制，严厉打击保健食品欺诈和虚假宣传、虚假广告等违法犯罪行为。广泛开展以老年人识骗、防骗为主要内容的宣传教育活动。加大联合执法力度，大力整治保健食品市场经营秩序，严厉查处各种非法销售保健食品行为，打击传销。完善保健食品标准和标签标识管理。做好消费者维权服务工作。

(八)实施“优质粮食工程”行动

完善粮食质量安全检验监测体系，在产粮大县和杂粮主产县新建、改造、提升一批粮食质检机构。健全为农户提供专业化社会化粮食产后烘干储存销售服务体系，组织实施粮食产后服务体系建设项目，提升全省粮食产后综合服务能力。开展“中国好粮油”行动，提高绿色优质安全粮油产品供给水平，指导督促有关市县“中国好粮油”建设项目，实现示范市县优质粮油增加。

(九)实施进口食品“国门守护”行动

对纳入海关信用管理体系的国内进口企业实施差别化监管，开展科学有效的进口食品监督抽检和风险监控，完成海关总署下发的进出口食品抽样检验及风险监测计划，落实风险预警、产品追溯和快速反应机制，严厉打击食品走私行为。

(十)实施“双安双创”示范引领行动

发挥各地党委和政府的积极性，分层次、分步骤开展全省食品安全和农产品质量安全示范创建行动。推进运城市、太原市完成第三批国家食品安全示范城市创建的评估考核。推进晋中市、长治市、晋城市完成国家食品安全示范城市创建的省级初评。推进46个县(市、区)完成省级食品安全示范县创建的评估验收、跟踪检查。深化国家、省级农产品质量安全县创建，鼓励有条件的市全部参与创建。对已命名的进行核查抽查，不合格予以摘牌。落实属地管理责任和生产经营者主体责任，提升食品安全监管能力和水平。

五、加强组织领导

(一)落实党政同责

各地党委和政府要把食品安全作为一项重大政治任务，认真落实《地方党政领导干部食品安全责任制规定》，明确党委和政府主要负责人为第一责任人，自觉履行组织领导和督促落实食品安全属地管理责任，确保不发生重大食品安全事件。强化各级食品安全委员会及其办公室统筹协调作用，及时研究部署食品安全工作，协调解决跨部门跨地区重大问题。各有关部门要按照管行业必须管安全的要求，对主管领域的食品安全工作承担管理责任。各级农业农村、海关、市场监管等部门要压实监管责任，加强全链条、全流程监管。各市各有关部门每年11月底前要向省委、省政府报告食品安全工作情况。

(二)加大投入保障

建立健全食品和农产品质量安全财政投入保障机制，统筹财力将食品和农产品质量安全工作经费列入同级财政预算，保障必要的监管执法条件。引导企业加大食品质量安全管理资金投入，鼓励社会资本进入食品安全专业化服务领域，构建多元化投入保障机制。

（三）激励担当作为

加强监管队伍思想政治建设，增强“四个意识”、坚定“四个自信”、做到“两个维护”，忠实履行监管职责，敢于同危害食品安全的不法行为作斗争。各地党委和政府要关心爱护一线监管执法干部，落实和健全容错纠错机制，为敢于担当作为的干部撑腰鼓劲。对在食品安全工作中贡献突出的按规定给予表彰奖励，激励广大监管干部干事创业、建功立业。

（四）强化组织实施

各市各有关部门要根据中央意见及我省实施方案，明确时间表、路线图、责任人，确保各项改革举措落实到位。省食安办要会同有关部门建立协调机制，加强沟通会商，研究解决实施中遇到的问题。要严格督查督办，将实施情况纳入对各地政府食品安全工作的督查考评内容，确保各项任务落实到位。

中共山西省委办公厅　山西省人民政府办公厅《关于开发区管理和运营分离改革的指导意见》

（2019年1月18日）

为贯彻落实《中共山西省委、山西省人民政府关于开发区改革创新发展的若干意见》（晋发〔2016〕50号）精神，探索推进开发区行政管理体制和市场化运营模式分离改革，实现开发区治理体系和治理能力现代化，现就相关事项提出以下意见。

一、开发区管理机构的产生和职责

（一）管理机构的产生

1.管理机构。山西转型综改示范区党工委由省委派出，管委会由省政府派出，纪工委由省纪委派出；各市、县（市、区）开发区党工委、管委会、纪工委分别由相应市、县（市、区）党委、政府和纪委派出，根据机构编制管理部门批准的领导职数、内设机构（工作机构）进行配备。

2.管理人员。开发区党工委书记、管委会主任原则上实行“一肩挑”。山西转型综改示范区领导班子成员和国家级开发区党工委书记、管委会主任由省委选配，国家级开发区领导班子其他成员和省级开发区领导班子成员，由开发区所在市、县（市、区）党委按干部管理权限选配，或按照《山西省市场化选聘开发区高级管理人员工作办法（试行）》（晋组通字〔2018〕54号）的规定选聘；其他人员由开发区管理机构自主选配。

3. 派驻机构。由设区市政府直接派出管理机构的开发区，市直有关部门或垂直管理部门可以根据开发区工作需要向开发区派驻机构。可以授权开发区管理机构行使有关管理职能的，不向开发区派驻机构。设在县（市、区）的开发区，原则上不设派驻机构，相关职责由所在地政府职能部门承担。

（二）管理机构的职责

开发区管理机构主要承担行政管理、公共服务、执法监管和考核评价等职能。

1.依据法律、法规和规章，制定和实施开发区各项管理制度和政策措施；

2.组织编制、修改开发区的总体规划及控制性详细规划；

3.受所在地设区的市人民政府委托，向省人民政府申报农用地转用和土地征收；经所在地县级以上人民政府同意，办理土地出让（划拨）、收回、处置事项；

4.依据国家及省产业政策，适应市场需求，组织编制产业发展规划，统筹产业布局，按照规定权限负责企业投资项目的备案、核准；

5.制定招商引资政策，健全招商引资机制；

6.组织编制开发区规划环境影响报告书，明确开发区生态保护、环境质量、资源利用和环境准入负面清单等方面的管控要求，落实生态环境保护制度；

7. 协调落实开发区内基础设施和公共服务设施的建设和管理；

8.所在地县级以上人民政府赋予的其他职责。

二、开发区运营机构的确定和职责

（一）运营机构的确定

开发区根据经济发展和管运分离改革的要求，明确独立运营事项（或园区）和运营机构标准，向社会公开选择合法的、有实力的运营机构。运营机构可以是专业公司、专业团队或有实力的运营企业。根据运营机构的参与意愿，通过竞争性谈判或磋商等方式择优确定运营机构。开发区所在地人民政府或开发区管理机构通过与运营机构签订运营合同，约定双方的权利和义务，将开发区整体或局部、或某方面事项交由运营机构管理和运营。

（二）运营机构职责

开发区运营机构负责开发区基础设施投资建设、招商引资服务、资本运作和公共服务等事务。

1.投资建设开发区道路、供排水、供电、供气、供热等基础设施；

2.运营和管理开发区供排水、供电、供气、供热、污水处理、固废处理等公共设施；

3.制订并组织实施开发区招商引资工作方案，创新招商引资方式，培育现代产业集群；

4.建立开发区投融资平台，创新融资方式，调动社会资金，共同投资开发区建设；

5.搭建公共服务平台，提供行政审批代办，提供法律、会计、审计、税收等政策性咨询服务；

6.其他合同约定运营管理的具体事项。

三、保障措施

（一）组织领导

探索开发区管理和运营分离改革，对进一步激发我省开发区内生发展活力，加快建立专业化、市场化、国际化的管理运行体制，具有十分重要的意义。各市、县党委、政府要加强组织领导，坚持试点先行，认真研究和制定推动开发区管运分离改革的具体措施，切实提高管理和运营开发区的能力和水平。

（二）考核评价

对开发区管理机构的考核评价，由省开发区建设工作领导小组办公室根据《山西省开发区发展水平考核办法（试行）》（晋办发〔2018〕53号）组织开展。对开发区运营机构的考核评价，由与其签订运营合同的开发区所在地人民政府或开发区管理机构，根据合同约定组织开展。

（三）督促指导

省开发区建设工作领导小组办公室要加强对开发区管运分离改革的督促指导，总结成功案例，推动形成可复制可推广的改革经验。

中共山西省委办公厅　山西省人民政府办公厅《关于调整充实省级爱国主义教育基地的通知》

（2019年4月2日）

爱国主义教育基地是开展爱国教育、凝聚人民力量、培育民族精神的宝贵资源。近年来在各级党委、政府的高度重视和社会各界的大力支持下，全省爱国主义教育基地建设取得明显成效，基础设施不断完善，内部管理日益规范，教育功能有效发挥，社会影响不断扩大，成为我省开展爱国主义教育和革命传统教育、培育和弘扬社会主义核心价值观的重要场所，为加强全省爱国主义教育、传承红色基因发挥了重要作用。但在工作中也发现，个别省级爱国主义教育基地因长期投入不足、管理不善、展陈内容和形式单调落后，或单位产能淘汰、撤销、合并等原因，教育功能退化，基地作用难以有效发挥。同时也发现一批市、县两级爱国主义教育基地在建设管理使用等方面不断提升，设施完善、内容丰富、管理规范、特色鲜明，符合省级爱国主义教育基地的标准和要求。

为严格规范省级爱国主义教育基地管理，充实我省省级爱国主义教育基地资源，进一步激发爱国之情，强化爱国之志，弘扬伟大民族精神，省委、省政府决定对现有的省级爱国主义教育基地进行调整，取消阳光电厂等9个省级爱国主义教育基地称号，继续保留省级爱国主义教育基地139个，新命名七亘大捷纪念馆等29个省级爱国主义教育基地，调整充实后省级爱国主义教育基地共168个。

各级各部门要深入学习领会习近平总书记关于爱国主义教育的重要论述，增强做好爱国主义教育基地工作的使命感、责任感，从巩固党的执政地位、全面建成小康社会、实现中华民族伟大复兴的战略高度，充分认识爱国主义教育基地在坚守中华文化立场、传承红色基因方面的积极作用，切实加强爱国主义教育基地建设管理。

省级爱国主义教育基地要聚焦聚力守正创新，坚持围绕中心、服务大局，守住方向、立场、根脉和底线，紧跟时代步伐，抓住关键环节，勇于破解难题，让陈列在三晋大地的红色资源活起来。要着力挖掘精神内涵，打造精品展览，塑造品牌活动，加强内部管理，把省级爱国主义教育基地打造成为培育时代新人的生动课堂。

附件：调整充实后的省级爱国主义教育基地名单

调整充实后的省级爱国主义教育基地名单

（168个）

一、保留的省级爱国主义教育基地（139个）

太原市

太原革命烈士纪念碑和孙中山纪念馆（儿童公园内）
太原黄坡烈士陵园
八路军太原办事处旧址
清徐烈士陵园
娄烦米峪镇战斗纪念地
太原永祚寺（包括双塔寺烈士陵园）
太原晋祠博物馆
太原晋商博物馆
太原市少年科技城
太原天龙山

大同市

大同市革命烈士陵园
大同云冈石窟
广灵烈士陵园
灵丘烈士陵园
灵丘白求恩特种外科医院旧址
浑源县革命烈士陵园
阳高大泉山纪念馆
大同市博物院
北岳恒山风景名胜区

朔州市

平鲁李林烈士陵园
马邑博物馆
朔州塞北烈士陵园
右玉县博物馆
右玉精神展览馆
右玉烈士陵园
应县烈士陵园
应县木塔

忻州市

忻州忻口战役遗址
定襄西河头地道战纪念馆
定襄薄一波故居
原平续范亭纪念馆
繁峙佰强毛主席路居纪念馆
代县杨家祠堂
雁门关
五台白求恩纪念馆
五台县烈士陵园
五台南茹村八路军总部旧址
五台徐继畬纪念馆
岢岚县毛主席路居馆
五台晋察冀军区司令部旧址
五台山毛主席路居纪念馆
五台山

阳泉市

阳泉石评梅纪念馆
阳泉烈士陵园
平定固关长城遗址
阳泉保晋公司纪念馆
阳泉娘子关
盂县藏山

吕梁市

兴县晋绥解放区烈士陵园
兴县“四八”烈士陵园
交口红军东征总指挥部旧址
柳林刘志丹将军殉难处
柳林贺昌烈士陵园
交城吕梁英雄广场
临县双塔村中共中央后委机关旧址
方山于成龙廉政文化园
吕梁汉画像石博物馆
贾家庄村展览馆

晋中市

寿阳尹灵芝烈士陵园
左权烈士陵园
和顺县石拐会议旧址
左权西河头会议旧址
榆社县烈士陵园
榆次韩麟符烈士陵园
左权桐峪晋冀鲁豫边区临参会旧址
平遥古城
榆社古化石博物馆
祁县民俗博物馆
祁县渠家大院
昔阳大寨展览馆
介休绵山

长治市

武乡八路军总部砖壁、王家峪、北村旧址
沁源太岳军区司令部阎寨旧址

壶关常行村窑洞保卫战旧址
长子北高庙烈士陵园
黎城冀南银行旧址
武乡柳沟兵工厂旧址
沁县牺盟会决死队纪念馆
长治山西五专署旧址
潞宝毛主席博物馆和纪念园
平顺三里湾农业生产合作社纪念馆
黎城广志山八路军总后方医院旧址
长治市博物馆
沁县南涅水北魏石刻馆
壶关太行大峡谷
沁源灵空山

晋城市

阳城太岳烈士陵园
沁水抗大太岳分校旧址
晋城烈士陵园
沁水尉迟村赵树理故居
阳城晋豫边区抗日纪念馆
阳城孙文龙纪念馆
晋城赵树理文学馆
阳城皇城相府
高平羊头山炎帝风景区
陵川锡崖沟村
泽州东四义村

临汾市

临汾市尧都区烈士陵园
红军东征永和纪念馆
隰县晋西革命纪念馆
翼城县烈士陵园
洪洞红军八路军纪念馆
古县烈士陵园
安泽杜村太岳革命根据地旧址
临汾尧庙
洪洞明代迁民遗址
侯马晋国博物馆
丁村文化遗址与丁村民俗博物馆
吉县壶口瀑布风景名胜区
临汾姑射山风景名胜区

运城市

闻喜陈家庄太岳三地委机关旧址
芮城永乐宫
解州关帝庙
运城烈士陵园
运城盐湖舜帝陵庙
运城盐池博物馆
盐湖区舜帝陵景区
平陆六十一个阶级弟兄纪念馆
万荣后土祠(秋风楼)
夏县堆云洞嘉康杰革命活动旧址
夏县司马温公祠
鹳雀楼
永济蒲津渡遗址

省直工委

山西省图书馆
山西省工艺美术馆
山西博物院
中国煤炭博物馆
山西省科学技术馆
庞泉沟国家自然保护区
山西税收博物馆
阳城蟒河自然保护区

省委教育工委

山西大学集体化时代农村社会综合展览馆

省国资委

太钢渣场
大同机车陈列馆
平朔露天煤矿
汾阳杏花村酒史博物馆
屯留老爷山上党战役遗址
长治石圪节展览馆

省委军民融合办

太原卫星发射中心

二、新命名的省级爱国主义教育基地(29个)

太原市

太原平民中学校史馆
太原成成中学校史馆
太原市档案馆
太原市迎泽区郑村革命烈士陵园
东湖醋园

大同市

广灵剪纸艺术博物馆
大同大学云冈文化研究中心陈列馆

朔州市

朔州市档案馆

忻州市

忻州市忻府区烈士陵园
神池县毛主席路居馆

阳泉市

七亘大捷纪念馆
盂县张家塔抗战文化园

吕梁市

石楼县留村毛主席路居馆

晋中市

西峪惨案纪念馆

长治市

抗大一分校壶关神郊真泽宫旧址

抗大一分校故县旧址

抗大一分校岗上村旧址

沁县民俗馆

晋城市

町店战斗纪念园

沁水县革命烈士陵园

临汾市

石桥堡中共曲沃地下县委旧址

襄汾县抗日战争胜利陈列馆

临汾市尧都区枕头村抗战陈列馆

尧帝陵景区

运城市

杜马战役英烈西牛纪念园

运城博物馆

省直工委

山西地质博物馆

太行精神陈列馆

省委军民融合办

1898晋造工业文化园

中共山西省委办公厅《关于贯彻〈中共中央办公厅关于解决形式主义突出问题为基层减负的通知〉的工作措施》

（2019年4月25日）

为认真贯彻落实习近平总书记就加强党的作风建设，力戒形式主义、官僚主义作出的一系列重要指示精神，做好"基层减负年"各项工作，更好为基层干部松绑减负，激励广大干部担当作为，根据《中共中央办公厅关于解决形式主义突出问题为基层减负的通知》（以下简称《通知》）精神，提出16条具体工作措施。

从省委做起，省委常委以身作则，省直部门率先垂范，各级党委（党组）切实履行主体责任，一把手负总责，坚决抓好贯彻落实，切实让基层干部从无谓的事务中解脱出来，把更多时间和精力用在抓工作落实上。各级各部门要将力戒形式主义、官僚主义作为即将开展的"不忘初心、牢记使命"主题教育重要内容，深入开展作风建设专项整治，对困扰基层的形式主义问题进行大排查，着重从思想观念、工作作风和领导方法上找根源、抓整改。各级领导干部要牢记党的宗旨，树立正确政绩观，把对上负责与对下负责统一起来，坚决防止和纠正落实中央和省委决策部署不用心、不务实、不尽力，口号喊得震天响、行动起来轻飘飘的问题，真正把树牢"四个意识"、做到"两个维护"的要求落到实处。牵头单位要加强组织协调，细化任务分工，强化督促检查，统筹抓好工作措施的落实，务求取得实实在在的效果。

一、改进文风会风，切实减少面向基层的文件和会议

1.省委、省政府带头减少印发普发性文件，省、市两级制定年度发文计划，减少临时性发文，计划外发文按照一事一报原则报同级党委、政府办公厅（室）审批；各部门、各议事协调机构严格执行规范性文件报备制度，不得向下级党委、政府发布指令性公文或在公文中提出指令性要求，不得要求下级党委、政府报送公文，省、市、县三级印发文件数量要明显减少，确保2019年发给县级以下的文件减少30%-50%。

2.省级发至县级以下的文件，市级一般不再制发贯彻落实文件。各级各部门贯彻上级文件，可结合实际制定务实管用的举措，除有明确规定外，不再制定贯彻落实意见和实施细则。省委、省政府文件一般不再单独印发分工方案，确需分工的可在文件中同步予以明确。议事协调机构工作规则及其办公室工作细则、年度工作要点一般不以省委、省政府名义发文。除中长期规划、综合性改革、全局性重大部署外，省委、省政府印发的政策性文件原则上不超过5000字。严格按内容合理确定文件密级，能公开的公开，防止随意定密给基层落实和管理带来不必要的负担。

3.减少会议数量，未经省委、省政府主要负责人批准，省委、省政府召开的会议一律只开到市级，直接开到县级以下的，市级一般不再专门召开贯彻落实会议；省直部门召开的全省性会议需经省委、省政府批准实施，每年不超过1次；坚持"无会周"制度，确保每月有一周不安排召开省委常委会议、省政府常务会议和全省性工作会议；对于内容、时间、参会范围相近的会议，要尽量合并套开，省直各部门和市、县召开的需下级单位参加的会议数量要明显减少，确保2019年开至县级以下的会议减少30%-50%。

4.严禁随意拔高会议规格、扩大会议规模，除兼任部门主要负责同志外的省级负责人，一般不出席各部门召开的工作会议。未经省委、省政府主要负责人批准，不得要求市委、市政府主要负责同志以及分管领域或联系以外的省直部门一把手参会，减少陪会。省、市召开的工作会议，一般只通知一名县级负责同志参会；县级召开的工作会议，一般不要求乡镇党政主要负责同志同时参会；不因召开电视电话、网络视频会议而随意扩大参会范围。

5.提高会议实效，严格控制会议时长，一般性工作会议原则上不超过90分钟，各部门召开的全省性会议不超过1天，除有审议事项的会议外，一般不安排分组讨论。不刻意搞传达不过夜，坚决防止同一事项议而不决、反复开会。鼓励走出会场、走进现场，能发通知讲清要求的不开会部署，能现场办公解决问题的不开会研究。

二、从严控制督查检查考核工作，注重减量提质增效

6.强化督查检查考核工作计划管理，围绕落实中央和省委重大决策部署优化结构、突出重点，严格控制总量，加强过程监督，2019年省级督查检查考核事项比上年减少一半以上，省、市部门原则上每年搞1次综合性督查检查考核，对县乡村和厂矿企业学校的督查检查考核事项减少50%以上的目标要确保执行到位。加强审批报备管理，从严从紧审核计划外事项并监督实施，严禁无计划、无审批开展督查检查考核。

7.提倡“静悄悄”督查检查考核，多采取不发通知、不听汇报、不用陪同、不要求专门准备材料、不预设路线等方式，多与具体承办同志面对面交流情况，多到工作现场查看实际情况。严禁口大气粗、盛气凌人，严禁以问责代替整改。巡视巡察、环保督察、脱贫攻坚督查考核、领导班子年度考核等，牵头部门要倾听基层意见进行完善，提出优化改进措施。

8. 强化结果导向，关键看解决实际问题和群众评价情况，坚决纠正机械式做法，不得随意要求基层填表报数、层层报材料，不得简单将有没有领导批示、开会发文、台账记录、工作笔记等作为工作是否落实的标准，不得以微信工作群、政务APP上传工作场景截图或录制视频来代替对实际工作评价，慎提“全覆盖”“零报告”等可能加重基层负担的工作要求，防止工作刚安排就督查检查、刚部署就考核，避免周末安排工作、周一就要结果，为基层留出贯彻落实时间。

9.完善全省年度目标责任考核评价体系，注重定量和定性相结合，科学合理设计权重，探索按经济发展程度、区位雷同性、资源禀赋等分类划片，体现差异化要求，增强考核可比性。除中央及省委、省政府明确要求的“一票否决”事项外，一律不得增设或变通设置“一票否决”“一票否优”事项。充分运用互联网、第三方评估等手段测评民意满意度、收集群众评价意见。

10.调查研究要轻车简从、务求实效，最大限度减少陪同和随行人员数量，严格控制调研期间召开现场会、座谈会的参会人员范围，不要求基层提供专门汇报材料和综合性报告，不要求基层以正式文件上报各类材料，一般不安排在“双休日”“节假日”进行调研，避免对基础条件好、交通便利、某些领域“重点县（乡）”轮番调研。加强调研任务统筹，实现调研成果和基层材料数据共享共用，避免多头重复调研。

11.全面清理“责任状”，厘清县、乡、村职责权限，没有法律政策依据和权责不对等的“责任状”一律取消，不得动辄以属地管理等为名变相向基层推卸责任。集中清理涉及城市评选评比表彰的各类创建活动，凡中央明确要求清理的，坚决清理到位。规范执法检查事项，公开执法程序、执法标准、工作纪律和监督途径。

三、完善问责制度和激励关怀机制，激励干部担当作为

12.坚持严管和厚爱结合，实事求是、依规依纪依法严肃问责、规范问责、精准问责、慎重问责，真正起到问责一个、警醒一片的效果。贯彻好修订后的《中国共产党问责条例》，有效解决问责不力和问责泛化简单化等问题。正确对待被问责的干部，对影响期满、表现好的干部，符合有关条件的，该使用的要使用。贯彻好即将出台的纪检监察机关处理检举控告工作规则，保障党员权利，及时为干部澄清正名，严肃查处诬告陷害行为。改进谈话和函询工作方法，有效减轻干部不必要的心理负担。

13.准确把握“三个区分开来”的政策界限，正确把握干部在工作中出现失误错误的性质和影响，切实保护干部干事创业的积极性，为尽职者担当，为负责者负责。

14.拓宽基层干部发展渠道，加大对基层干部选拔任用力度，推动编制资源向基层倾斜，充实加强基层一线工作力量，做好基层公务员职务职级并行工作。严格执行干部福利待遇规定，加大对基层干部的政策、待遇倾斜力度，加强基层特别是困难艰苦地区和贫困地区的“三基建设”。

四、加强组织领导，确保中办《通知》精神落到实处

15.为确保工作措施落实，在省委统一领导下，省委办公厅牵头，省纪委监委机关、省委组织部、省委宣传部、省委改革办、省直工委、省人大常委会办公厅、省政府办公厅、省政协办公厅等单位参加，建立省委层面整治形式主义为基层减负专项工作机制，统筹协调推进落实工作。省纪委监委机关负责日常监督工作。

16. 严肃查处和纠正困扰基层的各类形式主义问题。加大舆论监督力度，畅通举报渠道，依托省纪委监委“12388”举报平台建立专门线索台账，利用省委社情民意通道开通专用邮箱接受群众来信监督举报，在党务内网、政府门户网站设立监督举报专区，通过各级主流媒体向社会公布监督举报渠道。对典型问题特别是中办《通知》印发后仍出现的问题点名道姓公开曝光。对干实事、作风好的先进典型及时总结推广，为广大党员干部作示范、树标杆。

各级各部门要认真贯彻中办《通知》精神和我省举措，可针对性进行安排，不再层层制发贯彻文件。

中共山西省委办公厅　山西省人民政府办公厅《关于深化项目评审、人才评价、机构评估改革实施方案》

（2019年10月23日）

为优化科研项目评审机制、改进科技人才评价方式、完善科研机构评估制度，提升我省科技创新发展能力，根据中共中央办公厅、国务院办公厅《关于深化项目评审、人才评价、机构评估改革的意见》精神，制定本方案。

一、总体要求

坚持以习近平新时代中国特色社会主义思想为指导，深入贯彻落实习近平总书记关于科技创新的重要论述和视察山西重要讲话精神，深入贯彻落实中共中央办公厅、国务院办公厅《关于在山西开展能源革命综合改革试点的意见》及全省能源革命综合改革试点的部署安排，以激发科研人员的积极性、创造性为核心，以构建科学、规范、高效、诚信的科技评价体系为目标，以改革科研项目评审、人才评价、机构评估（以下简称“三评”）为关键，统筹自然科学和哲学社会科学等不同学科门类，推进分类评价制度建设，在优化科研项目评审管理机制、改进科技人才评价方式、完善科研机构评估制度等方面实现更大突破，基本形成适应能源革命综合改革试点要求、符合科技创新规律、突出质量贡献绩效导向的分类评价体系，为实现高质量转型发展提供有力的科技创新支撑。

二、重点任务

（一）优化科研项目评审管理机制

1.完善项目指南编制规程。项目指南编制要坚持问题导向，从源头克服重复立项等问题。项目指南内容要广泛吸纳各方意见，积极对接国家科技创新重大战略，更好落实省委、省政府重大决策部署、科技创新规划及年度重点工作任务，反映各方科技创新实际需求。提高指南的科学性，不同科技计划类别采取差异化的指南形成机制。实行年度指南定期发布制度，明确项目申报和下达时间，按规定向社会主动公开。

2.优化项目组织立项方式。省级科技计划项目一般采取公开竞争的方式择优遴选承担单位。对具有明确战略目标、技术路线清晰、组织程度较高的重大科技项目和重点研发项目，可采取定向择优或定向委托等方式确定承担单位。对事关全省重点产业发展的重大共性关键技术难题，可采取“揭榜制”等方式在国内外招标。对于企业牵头的技术创新项目，可采取后补助等支持方式。逐步形成竞争择优、定向择优、定向委托、“揭榜制”和后补助等方式有机结合的科技计划项目支持体系。

3.健全项目评审立项机制。完善省级科研项目评审工作细则，科学设置评审程序和评审标准。针对不同立项主体和立项方式等，采取分类评审方式，鼓励邀请省外同行专家进行评审。建立项目评审全程留痕记录机制，推行网络评审、评审结果反馈、立项信息公开等措施，实现评审和立项全过程可申诉、可查询、可追溯。建立对重大原创性、颠覆性、交叉学科创新项目等的非常规评审和支持机制。建立项目负责人科研背景及学术道德核查制度，确保符合项目要求。

4.完善评审专家遴选机制。进一步完善集中统一、科学分类、动态管理、开放共享、分级分层的省级科技专家库。完善专家入库标准，强化推荐单位对专家信息的审核把关责任，建立专家信息更新、诚信记录、动态调整、责任追究和退出机制，持续推动与国家及其他省市专家库共享共用。合理确定评审专家遴选条件和专家组组成原则，以同行评审为基本原则，与产业应用结合紧密的项目，应选取活跃在生产一线的专家参与评审，扩大企业专家参与项目评审比重。建立完善评审专家的科研诚信记录，严格规范专家评审行为。评审专家要强化学术自律，学术共同体要加强学术监督。

5.提升项目评审质量和效率。严格按照有关项目和经费管理规定开展评审工作，合理确定项目评审方式、评审标准、专家评审项目数、省内省外专家比例等评审工作程序和要求。采取会议评审的，应在会议前及时组织专家审阅申报材料，确保专家充分了解申报项目情况；采取答辩评审的，项目负责人原则上应亲自汇报答辩，不在项目申报团队内的人员不得参与答辩。对项目研究内容、项目经费预算一般采取合并评审。完善省科技计划项目管理信息系统，逐步实现项目评审管理业务全过程在线办理，加强时限、流程、标准等关键节点、关键内容的实时有效管控。

6.规范科研项目验收。项目主管单位和项目管理专业机构要按照任务书确定的目标、指标和验收工作标准规范，在项目实施期末进行一次性综合验收，不再分别开展单独的财务验收和技术验收，重点考核项目绩效指标完成情况。有明确应用要求的项目，在验收时对成果转化情况进行评价，验收后不定期对重点项目成果应用情况进行跟踪。区别对待因科研不确定性未能实现预想目标与学术不端导致的项目失败，严禁弄虚作假。

7.强化科研项目绩效评价。探索建立以研发质量为导向的科研绩效评价制度，主要评价省级财政科技专项资金投入对创新能力提升、标志性成果产出、人才培养、平台建设产生的长远影响,适当降低论文、专利数量以及经济效益等短期量化指标的权重。充分发挥第三方评估机构作用,通过公开竞争方式择优委托第三方评估机构探索开展省级科技项目绩效评价工作,加强对第三方评估机构的规范和监督。

8.落实省科学技术奖励办法及实施细则。省科学技术奖实行提名制,提名者在提名、答辩、异议处理中承担相应责任。实行定标评审制度,评审落选项目不再降格参评。对提名和评审规则、评奖程序和结果等实行公示制度,接受社会监督。省科学技术奖励要以问题为导向、以需求为牵引,加大获奖项目成果转化力度。

(二)改进科技人才评价方式

1.统筹优化和科学设置人才计划。由省委组织部牵头、省直有关部门配合,全面梳理现有人才政策,优化整合省级重大人才工程,建立人才计划申报查重及处理机制,防止违规申报,避免重复申报、重复支持。各设区市新设或调整人才计划,需向省委人才工作领导小组备案;省直有关部门新设或调整人才计划,需经省委人才工作领导小组同意。要科学设置科技人才计划,加强与国家各类人才计划的衔接。

2.加快推进科技人才分类评价机制改革。建立以科技创新能力、质量、贡献、绩效为导向的科技人才评价体系。重点解决片面将论文、专利、项目和经费数量等与科技人才评价直接挂钩的做法,实行代表性成果评价,突出评价研究成果质量、原创价值和对经济社会发展的实际贡献。注重个人评价与团队评价相结合。完善科技创新团队评价办法,实行以合作解决重大科技问题为重点的整体性评价。将创新团队负责人把握研究发展方向、学术造诣水平、组织协调和团队建设等作为评价重点。尊重认可团队所有参与者的实际贡献,杜绝无实质贡献的虚假挂名。

3.树立正确的人才评价使用导向。在人才评价过程中,不把人才荣誉性称号作为承担各类科技计划项目、获得科技奖励或社会科学优秀成果奖励、职称评定、岗位聘用、薪酬待遇确定等的限制性条件,避免与物质利益简单直接挂钩,克服评价结果终身化。探索建立人才共享机制和高层次人才流动培养补偿机制,引导人才良性竞争和有序流动。

4.落实用人单位科技人才评价主体责任。充分发挥用人主体在职称评审中的主导作用,用人单位应根据自身定位和发展战略,建立完善科技人才评价、培养使用、激励保障等制度和管理体系。推进职称评审权限下放改革,完善科技人才职称评价标准,支持高校、科研院所、医院、大型企业等单位自主开展职称评审。对开展自主评价的单位,通过完善信用机制、第三方评估、检查抽查等方式加强监管。承担省级及以上科技计划项目负责人可根据科研需要自主评价人才、组建团队。根据国家有关部署,选择部分省属临床医学研究中心试点开展临床医生科研评价改革工作。

5. 加大对优秀科研人员和团队的稳定支持和薪酬激励力度。对省级重点科技创新基地的全职科研人员和团队给予持续稳定经费支持。引导和推动省属高校、科研院所完善基本科研经费的内部管理机制,切实加强对青年科研人员的倾斜支持。对于超过各类人才计划支持年龄限制但具有重要贡献的研究人员,鼓励用人单位探索建立具有自身特色的激励制度。落实以增加知识价值为导向的分配政策,收入分配向高层次人才倾斜。

(三)完善科研机构评估制度

1.依章程管理和落实法人自主权。科研事业单位要加快推进"一院(所)一章程"和依章程管理,确保机构运行各项事务有章可循。赋予科研事业单位充分自主权,对于科研事业单位管理权限的事务,由单位自主独立决策、科学有效管理,行政管理部门少干预或不干预。坚持权责一致原则,细化自主权的行使规则与监督制度,明确重大管理决策事项的基本规则、决策程序、监督机制、责任机制,形成完善的内控机制,保障科研事业单位依法合规运行管理。切实发挥单位党组织把方向、管大局、保落实的重要作用,坚决防止党的领导弱化、党的建设缺失。

2.建立中长期绩效评价制度。根据科研事业单位职责定位,分类建立相应的评价指标和评价方式,避免简单以高层次人才数量评价科研事业单位。建立综合评价与年度抽查评价相结合的绩效评价长效机制。以5年为评价周期,对科研事业单位开展综合评价,涵盖职责定位、科技产出、创新效益等方面。评价周期内,聚焦年度绩效完成情况等重点方面,按一定比例进行抽查评价。加强绩效评价结果与科研管理机制的衔接,充分发挥绩效评价的激励约束作用,在科技创新政策规划制定、财政拨款、科技计划项目承担、科技人才推荐等工作中,将绩效评价结果作为重要依据。

3.完善科技创新基地评价考核体系。以重大目标和战略需求为导向,加强整体设计和统筹布局,优化整合省内各类创新基地。根据各类科技创新基地功能定位、任务目标、运行机制等不同特点,确定合理的评价方式和标准。对各类科技创新基地的评价要有利于人才队伍建设、能力提升和可持续发展。建立与评价结果挂钩的动态管理机制,坚持优胜劣汰、有进有出,实现各类科技创新基地建设运行的良性循环。

(四)加强科研诚信和监督评估体系建设

加强科研诚信建设。建设集教育、自律、监督、惩戒于一体的科研诚信体系。建立科学规范、惩处有力的科研诚信制度规则和职责清晰、监管到位的科研诚信工作机制。明确科研诚信管理部门职责,全面实施科研诚信承诺和审核制度,加强科研成果诚信管理,建设科研诚信信息管理系统。明确违背科研诚信行为的调查处理规则和责任主体。对科研不端行为零容忍,对严重失信行为责任主体实行"一票否决",保持严厉打击严重违背科研诚信要求行为的高压态势,严肃责任追究。建立覆盖"三评"全过程的监督评估体系。将监督和评估嵌入"三评"活动事前、事中、事后全过程,确保科学、规范、高效。

三、保障措施

省委组织部、省委编办、省科技厅、省人社厅会同其他省科技计划(专项、基金等)管理厅际联席会议成员单位分解工作任务,加强协调配合,做好解读宣传,对落实情况加强跟踪督办和总结评估，抓好本领域“三评”改革的组织实施。结合实际情况可选择部分地方和单位先期开展试点。

各有关部门要深化“放管服效”改革，加强监管，优化服务。各项目管理专业机构要切实履行监督管理职责，各相关主体要强化责任意识，敢于担当，完善内部管理，切实推进改革政策措施落实落地。

中共山西省委办公厅　山西省人民政府办公厅《关于建立健全城乡融合发展体制机制和政策体系的实施意见》

（2019年12月17日）

为贯彻落实中共中央、国务院《关于建立健全城乡融合发展体制机制和政策体系的意见》（中发〔2019〕12号）精神，构建工农互促、城乡互补、全面融合、共同繁荣的新型工农城乡关系，结合我省实际，提出如下实施意见。

一、建立健全城乡要素合理配置机制，促进各类要素更多向乡村流动

（一）健全农业转移人口市民化机制。强力推进山西中部盆地城市群一体化发展战略，率先做强太原都市区，做大区域中心城市，全面增强中心城市集聚辐射带动作用，提高小城市和县城的人口承载力和吸引力，带动城乡区域一体化发展。认真落实调整放宽后的户口迁移政策，加快推动农业转移人口和其他常住人口落户城市。完善农业转移人口市民化奖励机制，全面落实支持农业转移人口市民化政策。制定城镇建设用地增加规模与吸纳农业转移人口落户数量挂钩政策的实施细则。探索建立由政府、企业、个人共同参与的农业转移人口市民化成本分担机制。

（二）建立城市人才和科技成果入乡激励机制。实施山西省“三区”人才支持计划科技人员专项计划，引导科技人员深入农村基层。用好“三支一扶”、特岗教师计划，实施高校毕业生基层成长计划，健全师范生公费教育制度，引导高校毕业生到基层工作。完善事业单位专业技术人员兼职创新和离岗创业政策体系，全面实施农技推广服务特聘计划，研究制定我省星创天地管理办法、公职人员回乡任职管理办法，推动职称评定、工资待遇等向乡村教师、医生等基层专业技术人才倾斜，引导各类人才入乡就业创业。健全农业科研成果产权制度，加强农业领域重大科技成果的转化应用和示范推广。

（三）改革完善农村土地制度。做好农村承包地确权登记颁证收尾工作，完善农村承包地“三权分置”制度，健全土地流转规范管理制度。积极稳妥推广农村承包土地的经营权抵押贷款业务。加快推进房地一体的农村宅基地使用权确权颁证，试点探索宅基地“三权分置”实现形式，鼓励农村集体经济组织以出租、入股、合作等方式盘活利用闲置宅基地和闲置房屋。系统总结泽州县集体经营性建设用地入市试点经验，加快推进农村集体经营性建设用地入市改革，加快建立城乡统一的建设用地市场。

（四）健全财政投入保障机制。各级财政加大支持城乡融合发展及相关平台和载体建设，引导公共财政更大力度向“三农”倾斜，撬动更多社会资金投入。建立涉农资金统筹整合长效机制，推进行业内、行业间涉农资金统筹整合。在土地出让收入、耕地占补平衡所得收益等使用上，加大对乡村振兴的支持。支持市县政府债券资金用于城乡融合公益性项目。

（五）完善乡村金融服务和促进资本入乡政策。积极推进农村信用社改革，发挥农村信用社和农村商业银行“三农”金融服务主力军作用，大力发展村镇银行等小微涉农金融机构，做实“三农”金融基层网点，加大开发性和政策性金融支持力度。全面推进省市县三级农业信贷担保体系建设，推动“新农贷”试点工作，打造“政银担”三方联动担保机制。完善农村金融风险防范处置机制，推动政策性保险扩面、增品、提标，降低农户生产经营风险。深化“放管服效”改革，落实完善融资贷款、配套设施建设补助等扶持政策，引导工商资本为城乡融合发展提供支持。支持通过市场化方式设立城乡融合发展基金，引导社会资本培育一批城乡融合典型项目。

二、建立健全城乡基本公共服务普惠共享机制，实现标准统一、制度并轨

（六）建立健全城乡教育资源均衡配置机制。按照“以城带乡、就近就优、资源共享”原则，适度超前规划设置中小学校，优化城乡义务教育学校布局。巩固完善“城乡统一、重在农村”的义务教育经费保障机制，全面推进义务教育学校标准化建设，提高农村寄宿制学校保障水平，大力发展农村学前教育。深入推进“县管校聘”管理改革，推行县域内校长教师交流轮岗和城乡教育联合体模式，完善城乡义务教育学校教职工编制统筹配置机制和跨区域调整机制。完善教育信息化发展机制，推动优质教育资源城乡共享。

（七）健全乡村医疗卫生服务体系。持续深化县级医疗集团改革，促进县域综合医改，推动省级三级甲等医院与县医院建立医疗联合体、专科联盟和远程医疗机制。建立符合基层医疗卫生机构行业特点的人事薪酬制度，增强基层医务人员岗位吸引力。加大农村医疗卫生人员定向培养力度，实施基层医疗卫生人员能力提升项目，鼓励大中专医学毕业生到乡村工作。推进乡村医疗卫生机构标准化建设，提高基层公共卫生服务能力，加强慢性病、地方病、职业病、重大传染病等综合防治。

（八）完善城乡统一的社会保险和救助制度。优化完善“一部手机三晋通”APP，实现公共服务事项“掌上办、指尖办”和省市县乡村五级联通、一网通办。完善城乡居民基本养老保险制度，落实城乡居民养老保险待遇确定和基础养老金正常调整机制，构建多层次农村养老保障体系。完善城乡居民基本医疗保险和大病保险制度，巩固医保异地就医联网直接结算，做好困难居民医疗救助工作。统筹城乡社会救助体系建设，健全低保标准动态调整机制，实施特困人员救助供养制度，健全农村留守儿童和妇女、老年人关爱服务体系，统一城乡居民人身损害赔偿标准。

（九）健全城乡公共文化服务体系。统筹城乡公共文化设施布局、服务提供、队伍建设，持续推进“百县强基”工程和城乡公共数字文化工程建设，持续开展文化惠民活动。采取政府购买服务、项目补贴等方式，推动公共文化服务社会化发展。建立公共文化服务群众需求征集和评价反馈机制，推动公共文化服务设施、项目与居民需求的有效对接。建立文化结对帮扶机制，推动文化工作者和志愿者等投身乡村文化建设。

三、健全城乡规划和基础设施一体化机制，实现统一规划、建设和管护

（十）健全城乡统筹规划机制。加快建立“多规合一”的市县国土空间规划体系，划定生态保护红线、永久基本农田、城镇开发边界等空间管控边界，科学有序统筹布局生态、农业、城镇等功能空间。建立市县城乡统筹发展的国土空间规划编制、审批、实施、监管制度和衔接协调机制。因地制宜编制实用性村庄规划。

（十一）建立城乡基础设施一体化规划建设管护机制。以市县域为整体，科学编制城乡基础设施一体化专项规划，将道路、供水、供电、防洪和垃圾污水处理等设施，纳入市县国土空间规划。健全城乡基础设施分级分类投入机制，乡村道路、水利、公交、邮政、公厕等公益性强的设施以政府投资为主；乡村供水、污水垃圾处理等有一定经济收益的设施在加大政府投入力度基础上，积极引入社会资本，并引导农民投入建设；乡村电网改造升级、燃气、采暖用能清洁化改造等经营性为主的设施以企业投入为主。支持有条件的县（市）开展城乡基础设施项目整体打包一体化建设试点。建立城乡基础设施一体化管护机制，合理确定管护运行模式，对城乡道路等公益性设施管护和运行投入纳入一般公共财政预算。推进城乡垃圾污水第三方治理模式试点，探索以政府购买服务、PPP模式等多种方式推进专业化市场化运行管护。

四、建立健全乡村经济多元化发展机制，促进城乡产业融合发展

（十二）完善农业支持保护制度。深化农业供给侧结构性改革，认真落实粮食安全省长责任制，大力发展有机旱作农业，实施特色产业提质增效工程，全产业链推进功能农业，积极发展城郊农业，高标准建设山西农谷。全面落实永久基本农田特殊保护制度，建立健全永久基本农田“划、建、管、补、护”长效机制，划定粮食生产功能区，健全利益补偿机制和支持政策。开展种粮直补、农资综合补贴、农作物良种补贴“三项补贴”合并改革试点，完善强农惠农富农补贴政策。创新农业适度规模经营形式，完善支持农业机械化政策，实施耕地质量保护与提升行动，完善农业绿色发展制度，健全耕地草原休养生息制度和轮作休耕制度。

（十三）建立新产业新业态培育机制。实施农村一二三产业融合发展整县推进示范工程，实施农产品加工业提升行动，设立农产品流通产业发展基金，培育跨区域农产品骨干流通企业，加强公益性农产品批发交易市场建设，支持农产品经纪人队伍建设，完善农村电子商务支持政策，深入开展农商互联，完善农产品加工流通体系。依托黄河、长城、太行三大旅游板块，开展农林文旅康产业融合发展试点，健全乡村旅游、休闲农业、民宿经济、农耕文化体验、健康养老等新业态培育机制和政策。实施历史文化名镇名村和传统村落保护工程、乡村文化记忆工程，开展历史文化名镇名村、传统村落功能复兴和活化利用试点，探索历史文化遗产保护与活化利用的新模式、新路径。开展生态产品价值实现机制试点建设。

（十四）搭建城乡产业协同发展平台。扶持创建一批特色农产品优势区和“生产＋加工＋科技＋营销”的现代农业产业园，推动城乡要素跨界配置和产业有机融合。建立规范创建和示范引领机制，加快培育特色小镇，成为集聚特色产业的重要平台。探索美丽乡村特色化差异化发展模式，扶持建设田园综合体、高端休闲观光采摘园、农业旅游重点景区、高端民宿聚集区等城乡融合典型项目。

五、健全农民收入持续增长机制，持续缩小城乡居民生活水平差距

（十五）完善农民工资性收入增长促进机制。坚持城乡劳动者同工同酬原则，规范城乡招工用人制度，健全农民工劳动权益保护机制，强化劳务供需对接，实施乡村就业创业创新促进行动，多渠道促进农村劳动力转移就业和就地创业就业。加强公共就业创业服务信息网络平台建设，完善普惠性公共就业创业援助机制和服务制度，探索建立新型职业农民培育机制、认证制度、政策扶持体系和投入保障机制。

（十六）健全农民经营性收入增长机制。实施新型农业经营主体培育工程，突出抓好家庭农场和农民合作社两类农业经营主体发展。推进农民合作社示范社建设行动，推广农业职业经理人制度，支持农民合作社组织形式和运行机制创新。建立农产品优质优价正向激励机制，支持新型经营主体发展绿色食品、有机农产品，打造区域公用品牌，提高产品档次和附加值。围绕杂粮、畜牧、蔬菜、干果、水果、中药材、酿造等七大产业集群，扶持创建农业产业化联合体，完善企业与农民订单带动、利润返还、股份合作等利益联结机制。开展农超对接、农社对接，提升小农户组织化程度和抗风险能力，帮助小农户节本增收。

（十七）建立农民财产性和转移性收入增长机制。加快推进农村集体产权制度改革，按期完成清产核资和成员身份确认。有序开展经营性资产股份合作制改革，保障农民集体资产股份权利，探索研究完善农村集体经济收益分配制度，以多种形式发展壮大集体经济。完善对农民直接补贴政策，建立完善财政支农资金“补”改“投”机制，探索建立普惠性农民补贴长效机制。

（十八）建立健全稳定脱贫长效机制。聚焦深度贫困，落实“一县一策”，完善综合保障性扶贫政策，建立“两不愁三保障”长效机制。建立完善返贫预警、风险防范、产业带贫、群众参与机制，切实巩固脱贫成果。继续推进贫困村提升工程，做好易地扶贫搬迁后续扶持工作。

六、加强组织保障，确保各项改革任务扎实有效推进

（十九）加强组织领导。加强党的领导，为城乡融合发展提供坚强政治保障。省发展改革委牵头建立城乡融合发展工作协同推进机制，省直有关部门要制定细化配套改革措施。各市县结合本地实际抓好贯彻落实。

（二十）开展试点示范。以山西中部盆地城市群为载体，积极争取设立国家城乡融合发展试验区。支持有一定基础的市县创建省级城乡融合发展试验区，探索可复制、可推广的典型经验。

中共山西省委办公厅　山西省人民政府办公厅《关于在全省各市县开展相对集中行政许可权改革的实施意见》

（2019 年 12 月 17 日）

为进一步深化行政审批制度改革，提高行政审批效率，优化营商环境，激发市场和社会活力，根据中共中央办公厅、国务院办公厅印发的《关于深入推进审批服务便民化的指导意见》（厅字〔2018〕22 号）和《优化营商环境条例》等，省委、省政府决定深化和扩大相对集中行政许可权改革，在全省各市、县（市、区）和省级以上开发区复制推广晋城市市县两级相对集中行政许可权改革经验。现就做好相关工作提出如下意见。

一、指导思想

以习近平新时代中国特色社会主义思想为指导，深入贯彻落实党的十九大和十九届二中、三中、四中全会精神及习近平总书记视察山西重要讲话精神，落实党中央、国务院关于全面深化改革的决策部署，以市场主体需求为导向，以转变政府职能为核心，坚持对表中央要求，对标发达地区做法，对接国际通行的投资贸易规则，全面创新审批方式、优化审批流程、规范审批行为、加强监督管理，推进行政审批制度改革不断向纵深发展，切实降低制度性交易成本，加快营造审批最少、流程最优、体制最顺、机制最活、效率最高、服务最好的营商环境，推进政府治理体系和治理能力现代化，建设人民满意的服务型政府。

二、基本原则

（一）坚持以人民为中心

把党的群众路线贯彻到相对集中行政许可权改革全过程，聚焦影响企业和群众办事创业的难点堵点痛点，把便民利企、促进创业创新、增强企业和群众获得感作为改革工作的最终落脚点。

（二）坚持改革与法治辩证统一

用法治思维和法治方式统筹推进改革各项工作，在法治下推进改革，在改革中完善法治。着力破除审批服务中的体制机制障碍，构建更加系统、完善、科学、高效的审批服务制度体系，以最短的时间、最快的速度，把服务企业和群众的事项办理好。

（三）坚持问题导向

围绕使市场在资源配置中起决定性作用和更好发挥政府作用，以企业和群众反映突出的问题为导向，找准改革突破口，精准发力，在深化改革中不断解决问题。

（四）坚持审管分离

按照“谁审批、谁负责”“谁主管、谁监管”原则，将审批与监管相分离，建立健全行政审批责任追究制度，完善监管机制，推进改革。强化标准化管理，优化审批流程，推行“一窗受理、集成服务”的服务模式。

三、主要任务

（一）规范划转审批职能和事项

按照“应划尽划”的要求，坚持以划转为原则、不划转为例外，认真梳理本地区审批事项，规范有序进行划转审批及其关联事项。与企业和群众生产生活密切相关，且经常发生、申请量大、有明确审批标准和程序的事项，原则上全部划转；涉及市场准入、投资建设、城乡规划、交通运输、环境保护、城市管理等领域的事项，“应划尽划”；对于审批程序复杂、专业要求高、带有制约性和限制性、涉及重大公共利益和公共安全的事项，如条件不成熟可暂不划转，各级各部门在工作中要积极创造条件，成熟一项划转一项。晋城市市县两级相对集中行政许可权改革试点中划转的事项，其他市、县（市、区）原则上要参照并全部划转；省级以上开发区结合实际，按照“应划尽划”要求将更多事项划转至行政审批服务管理局，实现“园区事园区内办结”；鼓励将更多审批事项划转至各级行政审批服务管理局行使。

上级垂管部门或派出机构要将审批事项全部纳入政务大厅统一集中办理,并积极探索将此类事项划转至相应行政审批服务管理局行使。各级政府所有行政审批事项,无论是否划转,原则上一律进驻政务大厅办理。

各级行政审批服务管理局对划转的事项实行目录化管理,实时动态调整,并向社会公开,接受监督。今后,国家及省政府下放到市县的事项,要及时与各行政审批服务管理局做好对接,除有特殊规定、涉及重大公共利益和公共安全的事项外,原则上直接下放到市县行政审批服务管理局。

(二)合理调整人员编制

各市、县(市、区)和省级以上开发区在确定划转事项的同时,要根据事项流程、环节和办件量情况,结合事项的审批要求,科学制定划转人员及编制数量方案。可按照“编随事走、人随编走”的原则,从事项划转单位相应划转人员编制到各级行政审批服务管理局,以适应行政许可工作和岗位需要。事业编制要根据行政许可技术性、辅助性工作需要,从严从紧核定。

(三)规范行政审批专用章管理

签署审管衔接备忘录后,启用各级“行政审批服务管理局行政审批专用章”(以下简称审批专用章),实行“一枚印章管审批”。审批专用章在行政审批和政务服务工作中具有与原行政审批机关行政印章同等法律效力,在全省范围内通用有效。涉及省外和确需加盖原负责审批的部门印章的,由各级行政审批服务管理局按照职能会同原负责审批的部门根据实际情况协调解决。审批专用章启用后,原负责审批的部门审批专用章由各级政府统一废止并封存,审批事项加盖审批专用章后方可生效,原负责审批的部门不得要求企业和群众再加盖本部门印章,杜绝重复盖章。

(四)推行审批流程再造和标准化建设

各级行政审批服务管理局要打破政务服务大厅按单位设立审批窗口的运作方式,以企业和群众办好“一件事”为标准,从申请人取得许可结果的角度出发进行合并同类项改革,变多个事项为一个事项,变多次审批为一次审批,变串联审批为并联审批,对原审批流程进行整体性、系统性优化再造,打造高效集约的全新审批流程,通过一个窗口流转闭环式审批服务,推行“一窗受理、集成服务”的服务模式。

按照国家推进审批服务标准化的有关要求,对标一流,构建全省审批服务标准化体系。各级行政审批服务管理局要按照“三对”标准和“六最”要求,与有关部门配合,推进政务服务标准化,按照减环节、减材料、减时限的要求,细化量化政务服务标准,压缩自由裁量权,推进同一事项实行无差别受理、同标准办理,建立可预期、可操作、可考核、可监督的运行机制。消除审批服务中的模糊条款,属于兜底性质的“其他材料”“有关材料”等,应逐一加以明确,不能明确且不会危害国家安全和公共安全的,不得要求申请人提供。不得增设事项的办理条件和环节,上一个审批服务环节已收取的申报材料,不再要求重复提交。

(五)加强事中事后监管

构建审管分离的工作机制,审批职能和事项权划转至行政审批服务管理局后,按照“谁审批、谁负责”“谁主管、谁监管”原则,建立行政审批服务管理局与原负责审批的部门职责定位和协调配合机制。行政审批服务管理局对事项的受理、审查、决定等承担主体责任,相关原负责审批的部门对审批的事中事后监管承担主体责任。充分发挥“互联网+监管”平台作用,各级行政审批服务管理局要将行政审批过程和结果的信息同步推送至监管部门,各部门要将事中事后监管结果推送给行政审批服务管理局,为推行“双随机、一公开”监管提供有力支撑。各部门应主动向行政审批服务管理局提供法律法规、政策依据、技术服务等综合支撑,严格按照审批结果及时开展事中事后监管,承担监管主体责任,形成行政审批服务管理局与各部门之间互通互联、紧密合作、协调高效的工作格局。

(六)创新审批服务方式

深化投资项目承诺制改革和工程建设项目审批制度改革,积极推行“多评合一”和“多图联审”。统一规范行政审批现场踏勘、审图和验收行为。对需要现场踏勘、审图和验收的事项,严格按照法律、法规、规章和相关行业标准,组织制定实施办法,实行一次性联合踏勘、联合审图、联合验收,并规范程序、标准和时限。

对纳入行政审批程序,且应由政府委托开展的技术性服务事项,行政审批服务管理局要建立统一的评审专家库,需要专家评审的行政许可申请,通过竞争方式统一组织评审,所需费用由同级财政承担。建设中介服务网上交易平台,实现网上展示、网上竞价、网上中标、网上评价。强化中介服务监管,全面开展中介服务信用评价,建立健全中介服务机构退出机制。探索行政许可检验、检测、检疫等技术性环节由第三方办理的工作机制,提高审批服务的准确性和实效性。

(七)建立完善省市县工作协同联动机制

积极支持市县改革,形成市县相关部门、市县行政审批服务管理局、省行政审批服务管理局、省直相关部门间“多对一、一对一、一对多”的审批服务协同联动机制。省直相关部门要积极支持和配合相对集中行政许可权改革,不得以任何形式干预对口部门划转事项,干预各级行政审批服务管理局优化服务流程、简化审批环节、精简申报材料、创新审批方式等各项改革。省直相关部门要加强业务指导,重点做好事项的受理、审批、转报、现场踏勘等辅导培训工作,制发或转发的与审批业务有关的文件,要将行政审批服务管理局纳入主送或抄送范围。原发放给市县相关部门的空白证明,按照各行政审批服务管理局集中办理事项情况需要,确保正常及时发放,不得让相关部门转手,鼓励授权各市自制空白证照,确需到省直相关部门领取的应明确获取渠道和详细联系方式。市、县(市、区)和省级以上开发区行政审批服务管理局依法作出的许可决定,省市部门不得以任何理由拒绝认可。

市县负责初审转报省直相关部门审批的事项,由各行政审批服务管理局负责并加盖印章报送,其他部门不再受理初审和转报。各行政审批服务管理局要做好有关事项各环节资料和数据统计等工作，积极配合省直相关部门及时提取相关信息。

（八）完善相关制度体系

完善现行制度体系，坚持“立改废释”并举，统筹推进省内涉及相对集中行政许可权改革的相关制度梳理和调整。制定出台省政府规章，明确“一枚印章管审批”，确保各级行政审批服务管理局对划转的事项依法履行职责，行使行政审批职能，并对职责范围内行政审批行为承担相应法律责任。对于不适应、甚至阻碍相关改革的规章、制度、文件，要根据改革推进情况和现实需要，该修改的及时修改，该废止的坚决废止，该解释的进行解释，将相对集中行政许可权改革中的新思想、新办法、新举措尽快融入到全省各项规章、制度和文件中去，让相关制度体系更加完善、更加适应改革需求。

各市、县（市、区）相关部门要严格按照档案管理规定，做好向行政审批服务管理局移交审批资料和卷宗等档案资料工作。划转事项涉及的文件、制式证明、证书等资料统一移交行政审批服务管理局，建有业务系统专网的部门，要对行政审批服务管理局进行系统授权，并与行政审批平台进行对接和数据交换。

（九）加快推进“互联网＋政务服务”建设

进一步完善全省政务信息化建设的顶层设计，打破“信息孤岛”，加快信息互联互通，做到信息共享共用。按照“一朵云、一张网、一平台、一系统、一城墙”的要求，全面启动全省政务信息化改革。加快建设完善全省一体化在线政务服务平台，依托平台实现横向到边、纵向到底的的审批信息及监管信息共享。推进政务信息系统整合，优化政务流程，推动更多政务服务事项在全省范围内“一网通办”。主动适应“互联网＋政务服务”发展需要，不断拓展“三晋通”APP和微信公众号的应用和功能，最大限度地推进网上受理、在线办理。创新应用区块链技术，探索对适宜的事项开展智能审批，提高审批效率。运用大数据精准分析和评估审批服务办件情况，有针对性地改进办理流程，让办事更快捷、服务更优质。按照《国务院关于在线政务服务的若干规定》，推行“一枚印章管审批”线下线上两种模式，建立完善电子签章、电子文书相关制度，完善网上受理、审批、公示、查询、投诉等功能，形成网上服务与实体大厅、线上与线下功能互补、相辅相成、融合发展的政务服务新模式。

四、组织实施

按照省委、省政府总体部署，各市、县（市、区）和省级以上开发区相对集中行政许可权改革同步推进，按以下5个阶段分步实施。

（一）动员部署阶段（10月15日—10月底）

1.现场观摩学习。各市、县（市、区）和省级以上开发区、省直相关部门组织人员到晋城进行实地调研，充分学习、交流、了解晋城市市县两级改革过程中的具体做法和相关经验。

2.完善顶层设计。省委编办、省司法厅和省行政审批服务管理局等部门在认真研究、广泛调研的基础上制定全省改革实施意见，明确改革的基本原则、主要任务、时间节点等内容和要求，以更宽的视野和更高的格局指导改革进程。

3.召开现场会。组织各市市长、市行政审批服务管理局局长，省直相关部门主要负责人、行政审批处负责人，省级以上开发区主要负责人赴晋城召开现场会，对改革进行全面动员部署。

（二）各地改革方案设计阶段（11月1日—11月底）

1.做好方案设计。各市、县（市、区）和省级以上开发区应组织有关部门充分调研论证，尽快设计出台改革具体实施方案，列出计划、倒排节点、细化职责、明确分工、确定方法、建立机制。

2.规范报批程序。各市、省级以上开发区实施方案由所属各市政府结合实际研究制定后报省行政审批服务管理局，由省行政审批服务管理局统一报省委、省政府批准后报国务院备案；各县（市、区）实施方案由县级政府制定后报各市行政审批服务管理局，由各市行政审批服务管理局统一报市委、市政府批准后报省司法厅、省行政审批服务管理局备案。

3.梳理划转事项。参考晋城市市县两级事项划转清单，对接部门梳理拟划转事项及前置申请材料相关的事项。对应划转的事项，各部门要明确职责边界和审管衔接机制，并同步提出加强事中事后监管的具体办法。

4.选定划转人员。组织部门要掌握从事审批工作业务骨干的基本情况，明确划转要求和基本原则，确定划转人员名单。

5.设计组织架构。根据拟划转事项和人员的具体情况，机构编制部门要重新设置行政审批服务管理局的总体架构，包括行政编制总数、内设机构布局、所属事业单位设立、职能配置和运行流程等内容。

（三）启动实施阶段（12月1日—12月底）

1.调整完善各级行政审批服务管理局管理体制，完成行政审批服务管理局人员选调、编制划转、干部配备、职责界定及权责清单调整等工作。

2.公布划转事项及配套文件。以政府文件公布划转事项目录、划出事项事中事后监管办法、各部门与行政审批服务管理局职责划分和审管衔接机制，签署审管衔接备忘录。

3.确保平稳过渡运行。坚持“先立后破、不立不破”原则，确保平稳过渡。在事项划转过程中，相关审批职责仍由原负责审批的部门承办，具体时间界限以行政审批服务管理局和监管部门签署备忘录的有关规定为准。

（四）试运行阶段（2020年1月—3月）

1.强化行政审批服务管理局党组织建设。按照各部门人员划转和机构组织情况迅速设置党支部，做好各级行政审批服务管理局基层党组织建设的各项工作。

2.再造审批流程。以群众、企业办好“一件事”为标准，通过流程再造，推行“一窗受理、集成服务”的服务模式，主动适应“一网通办”要求，让行政审批瘦身提速，打造审批新模式。

3.完善运行机制。积极做好业务承接工作，主动对接原负责审批的部门，实现审管无缝衔接、闭环管理。优化政务大厅窗口设置、审批程序和流转环节等内部运行机制，启用审批专用章,建立考核奖惩机制,推动改革后服务质量和审批效能的提升。

4.积极推行“一网通办”。以全省一体化在线政务服务平台为载体,推动更多事项网上办理,创造条件推动更多事项向“两微一端”延伸,努力实现市、县(市、区)政务服务事项90%以上网上办理。

(五)评估验收阶段(2020 年 3 月)

改革完成后,省委、省政府组织相关部门组成改革评估组,通过随机抽查、听取汇报、查阅资料、实地走访、回访企业和群众等方法,对各市、县(市、区)和省级以上开发区改革情况进行评估问效,总结经验,完善制度,促进各级行政审批服务管理局规范运行。

五、保障措施

(一)加强组织领导。各级党委、政府要增强“四个意识”,提高政治站位,把思想、行动真正统一到省委、省政府的重大决策部署上来,切实担负起推动改革的主体责任。主要负责同志要把这项改革作为“一把手”工程来抓,并贯穿改革始终,加强改革的总体谋划和指导协调。省行政审批服务管理局牵头,会同省委编办、省司法厅、晋城市行政审批服务管理局等部门抽调专人成立工作组,组织协调、解答各市、县(市、区)和省级以上开发区在改革过程中遇到的困难问题。各地各部门要密切配合,切实加强对改革工作的业务指导和跟踪反馈,善于发现改革过程中遇到的问题,共同研究提出解决的办法和措施,明确重点任务,细化推进举措,强化责任落实,及时协调解决改革过程中的重大问题,形成工作合力。

(二)强化协同联动。各地各部门要蹄疾步稳、紧凑有序地推进改革,细化、量化任务分工,建立上下部门之间、部门与部门之间相互联动、协同配合的工作机制,统筹做好改革中的各项工作。鼓励各地各部门因地制宜大胆探索,敢于在改革体制机制上出实招、出硬招,打破固化思维,尽快实现突破,形成具有地方特色的经验做法,创造更多管用可行的“土特产”“一招鲜”。

(三)严明纪律规矩。严格责任落实,明确工作要求,做细做实各项工作,防止空喊口号、流于形式。将相对集中行政许可权改革工作纳入重点工作督查和巡察范围,列入年度目标责任考核,加强督促检查,按照“三个区分开来”原则,对落实到位、积极作为的典型要通报表扬,对不作为、慢作为、条条干预、推诿扯皮、拖沓散漫等影响改革的部门、单位及责任人员,依规依纪严肃问责。

(四)营造舆论氛围。做好改革工作的宣传发动,加强正面引导,通过请进来讲、走出去学,大力宣传相对集中行政许可权改革的重要意义,坚持正确舆论导向,主动回应群众关切,创造良好社会舆论环境,形成关心改革、支持改革、参与改革的良好氛围。

中共山西省委办公厅　山西省人民政府办公厅《关于调整和明确部分行业领域安全生产监管职责的通知》

(2019 年 1 月 29 日)

为进一步强化安全生产责任落实,做到安全生产领域的监管职责分工清晰、责任明确、无缝衔接、全域覆盖,经省委、省政府同意,现对部分行业领域安全生产监管职责予以调整和明确。

一、调整和明确部分行业领域安全监管职责

(一)煤炭行业

省应急厅承担全省洗(选)煤厂,配煤、型煤加工企业的安全生产监管职责;省能源局从行业管理上承担相关安全监管职责,在项目核准、初步设计、竣工验收、产能调控等方面落实安全监管责任。

(二)铁路行业

省发改委承担全省地方铁路建设的属地安全监管职责;省住建厅不再承担全省铁路建设工程施工的属地安全监管职责。

(三)电力行业

省能源局承担全省电力企业、非电力生产企业自备电厂的属地安全监管职责; 省工信厅不再承担全省电力企业、非电力生产企业自备电厂的属地安全监管职责。

(四)新能源和可再生能源行业

省能源局承担全省新能源和可再生能源行业的安全监管职责,省发改委不再承担全省新能源和可再生能源行业的安全监管职责。

(五)危险化学品使用领域

各行业领域主管部门分别承担本行业领域使用危险化学品的安全监管职责。

二、进一步明确分级属地监管职责

(一)明确煤炭行业市县两级监管职责

全省 1014 座煤矿,其中:市级直接负责 154 座煤矿(省属五大煤炭集团公司 122 座煤矿和市级自行确定监管的 32 座煤矿)的安全监管,县级直接负责其他 860 座煤矿的安全监管。

全省煤矿附属洗(选)煤厂的安全监管以煤矿的分级监

管层级确定；全省独立洗（选）煤厂，配煤、型煤加工等企业的安全监管由县级负责。

（二）其他行业领域

由省级行业领域主管部门确定分级监管办法，报省政府安委办备案。

三、相关要求

省直各有关部门、单位要按照调整和明确的职责落实好安全监管责任。除本通知调整和明确的行业领域安全监管职责外，未涉及的行业领域安全监管职责仍按原有关规定执行。因机构改革职责调整的，由职责承接部门承担。其他有关文件规定的安全监管职责分工与本通知不一致的，以本通知为准。

各市政府要按照本通知要求，结合当地和行业领域实际，细化各行业、各领域的安全监管职责，落实责任。各有关部门要加强监督检查和指导，及时研究、协调解决贯彻实施中出现的问题。

中共山西省委办公厅　山西省人民政府办公厅《山西省革命文物保护利用工程实施方案》

（2019 年 6 月 19 日）

山西是革命老区，在不同历史时期，涌现出一大批英模人物和集体，锻造了太行精神、吕梁精神、右玉精神，山西大地上留下了许多见证历史的实物遗存，特别是中共中央北方局、八路军总部及八路军三大主力师和晋察冀边区（含北岳区）、晋冀鲁豫边区（含太行区、太岳区）、晋绥边区（含晋西北区、晋西南区）抗日根据地的历史遗存，成为当今传承优良革命传统的重要载体。为全面贯彻落实中共中央办公厅、国务院办公厅《关于实施革命文物保护利用工程（2018–2022 年）的意见》（以下简称《意见》），进一步加强新时代我省革命文物保护利用工作，结合我省实际，制定本实施方案。

一、工作目标

在坚持革命文物原真性和完整性的基础上，对革命文物资源进行保护性修缮与修复，力争到 2022 年，我省重点革命文物密集区内的革命文物保护状况明显改善，展示利用水平明显提高，革命文物资源优势得到有效发挥。同时，建成山西革命文物大数据库，建设全省革命文物全景展示平台，为革命文物保护利用工作的长远发展创造条件。

二、主要任务

（一）摸清资源底数，夯实工作基础。各地宣传、文物部门要对辖区内的革命文物进行详细排查，全面梳理见证近代以来我省在抵御外来侵略、维护国家主权、捍卫民族独立、争取人民自由和进行社会主义革命、建设、改革时期的遗址遗迹、纪念设施及文物藏品。在 2018 年全省不可移动文物资源核查数据基础上，建立革命文物定期排查制度，挑选一批未核定公布的革命文物遗存公布为市级或县级文物保护单位，对于价值较高的要推荐申报省级或全国重点文物保护单位。加强对革命文物和革命文献档案史料、口述资料的调查征集工作，及时对馆藏革命文物进行认定、定级、建账和建档。鼓励文物博物馆、高等学校、科研院所等机构联合开展革命文物保护利用与革命历史资料、实物的征集研究工作。建立完善革命文物数据库，实现革命文物网络资源共享。

（二）完善保护措施，提高管理能力。确定一批革命文物密集区保护试点县，实施革命旧址维修保护行动计划和馆藏文物保护修复计划，针对不同保护级别革命文物遗存险情，坚持抢救性和预防性保护并重，按照轻重缓急原则，做好保护修缮项目储备和革命文物安全防范设施建设。重点做好党的地方组织创建及重要活动旧址、土地革命战争时期秘密工作和武装斗争遗迹、抗日战争与解放战争时期重要机构旧址和重大事件遗迹等重要红色及抗战文化遗存保护修缮和日常保养及监测工作。县级政府要落实尚未核定公布为文物保护单位的革命文物保护措施，切实加强对革命文物本体及其周边环境的整体保护，并设立文化标识，严禁擅自迁移、拆除革命文物遗存。新建、改扩建革命纪念设施要严格报批，不得未批先建、边报边建。对重点博物馆、纪念馆收藏的革命文物进行预防性保护修复，实施全省馆藏革命文物标准化管理。

（三）扩大开放范围，拓展利用途径。对归属于宣传、文化、文物部门管理且符合开放条件的革命文物保护单位要全部对外开放，其他部门管理使用的应尽可能对外开放。对部分条件成熟的革命旧址，策划辟为革命文化专题博物馆、纪念馆或国防教育场馆等文化教育活动场所。围绕我省旅游规划的抗战之路、东征之路、胜利之路，结合革命老区脱贫攻坚、特色小镇建设，打造我省革命文物旅游精品线路，推出一批具有特色的红色文物旅游景点，促进革命老区旅游经济发展。围绕革命文物主题，加强创意产品研发力度，开发具有鲜明地域特色、适销对路的革命文化纪念品、工艺品，打造革命文物文创品牌。

（四）挖掘文化内涵，提升展陈水平。研究制定我省革命文物改陈布展管理办法和人、财、物方面的支持政策。深入挖掘革命旧址、纪念地的文化内涵，扩大开放区域，不断更新体现时代精神的展陈内容，做到有址可循、有物可看、有史可讲、有事可说。建立我省革命文物展陈方案和解说词审查制度，确保展陈和讲解内容的准确性、完整性、权威性。

(五)创新传播方式,弘扬革命精神。鼓励革命博物馆、纪念馆、军史场馆等机构进机关、进军营、进企业、进村镇、进社区开展革命传统教育系列主题活动。利用多媒体资源,推进“互联网+”革命文物的展陈形式,创新传播手段,增强文化传播的感染力。

三、重点项目

(一)百年党史文物保护展示工程。以中国共产党成立100周年为时间节点,组织开展我省党史文物、文献、档案、史料的征集挖掘和整理研究工作,重点做好太行山、吕梁山、太岳山、五台山革命文物片区史料调查征集工作。做好我省反映百年党史的重大事件遗迹、重要会议遗址、重要机构旧址、重要人物旧居的保护展示工作,重点推进太原支部旧址、国民师范旧址、霍州北顶庙中共山西省委扩大会议旧址、中共中央后方委员会旧址、忻口战役遗址、高君宇故居、魏拯民故居、张叔平故居等纪念场馆设施的展陈改造提升。

(二)革命文物集中连片保护利用工程。以晋察冀、晋冀鲁豫、晋绥三大抗日根据地历史遗存为重点,依托武乡、左权、黎城、潞城等区域,打造太行山革命文物保护利用片区;依托兴县、临县、岚县等区域革命文物遗存,打造吕梁山革命文物保护利用片区;依托灵丘、五台、定襄等区域革命文物遗存,打造五台山革命文物保护利用片区;依托沁源、安泽、阳城等区域革命文物遗存,打造太岳山革命文物保护利用片区。结合《革命文物保护利用片区分县名单(第一批)》,做好革命文物片区保护利用规划编制,实施保护利用工程项目,推进片区内文物本体保护、环境整治和展陈利用研究工作,整体提升片区内革命文物保护利用水平。

(三)革命文物主题保护展示工程。围绕东征、抗战主题,遴选一批反映这两大主题的民居、遗址遗迹、纪念设施等进行科学规划,做好保护修缮和展陈利用,全面反映红军东征、八路军抗战的重大意义。重点实施交口郭家掌毛主席路居、康城毛主席路居、大麦郊红军东征指挥部旧址、石楼留村毛主席路居、罗村中共中央政治局会议—晋西会议旧址、沁源太岳军区及行署片区、武乡八路军总部王家峪片区、屯留抗大一分校旧址、潞城县抗日民主政府旧址、黎城太行区第一届群英会旧址、阳城枪杆村军事会议旧址等东征和抗战遗存的维修保护和展陈工作。

(四)革命文物陈列展览精品工程。重点提升八路军太行纪念馆、红军东征纪念馆、晋绥边区革命纪念馆、平型关大捷纪念馆等现有革命纪念场馆的展陈水平。八路军太行纪念馆要通过大量走访健在老八路老将军,进行口述历史,征集图片资料,不断丰富展览内涵,打造全国八路军文化研究、展示、资料中心;红军东征纪念馆要围绕红军东征线路,挖掘阐释红军东征的重大意义,打造红军东征研究、展示、资料中心;晋绥边区革命纪念馆要加大抗战和解放战争时期文物征集力度,丰富展品、挖掘内涵,提高研究水平,打造晋绥革命根据地研究、展示、资料中心;平型关大捷纪念馆要立足抗战文化收集整理相关文物遗存和史料,打造晋北抗战文化研究、展示、利用中心。

(五)革命文物宣传传播工程。借助山西文化云平台及全国影响力较大的数据资源研发运营平台和传播路径传播山西红色文化。开展革命传统系列宣传活动,讲好山西革命故事,传承山西红色基因。出版一批反映山西革命文物特色的通俗读物,在全省新华书店和其他图书发行网点设立红色图书专柜,做好红色文化主题出版物展销宣传。公布一批省级革命文物类爱国主义教育示范基地和中共党史教育基地。整合区域革命文物旅游资源,推介一批红色旅游精品线路。举办革命文物微视频征集展示活动和革命文物保护利用论坛。建设全省革命文物网上全景展示平台,持续推出革命文物公益广告,在报纸、电视、网络等媒体平台常态展示,加大革命文物的宣传力度。

(六)国防教育示范展示工程。按照中央军委《新时代军史场馆体系建设规划》,坚持军地共建、以军为主,坚持军民融合、共享共用,构建以山西革命军事馆为主干,以军分区、人武部国防教育场所为延伸,以重要革命遗存为支点,覆盖全省、面向社会的国防教育展陈体系。山西革命军事馆着重展示党在山西领导武装斗争史、新中国国防建设史,延伸展示军事历史文化和兵要地志。重要革命遗存,军分区、人武部国防教育场所,主要展陈军事历史,共同做好全民国防和爱国主义教育。

四、推进措施

(一)加强组织领导。各市、县(市、区)要建立革命文物保护利用联席会议制度,宣传、党史、教育、自然资源、住建、交通、文旅、文物等有关部门在项目、资金安排上要加强沟通协调,集中各方力量,共同做好我省革命文物保护利用工作。

(二)健全保障机制。出台《山西省红色文化遗址保护利用条例》等地方性法规和政府规章。加大革命文物资源整合、保护修缮以及陈列布展等方面的经费投入。完善以政府投入为引导、社会各界共同参与的多元化投入机制。加强革命文物保护、管理、利用和研究人才队伍建设。强化各级政府革命文物保护利用主体责任,明确革命文物保护利用的机构和力量。

(三)统筹抓好落实。各市、县要按照本方案要求,结合实际制定本地区落实措施。省直有关部门要加强对革命文物保护利用工作的指导,加大保护利用项目的支持力度。积极践行“一线工作法”,及时解决工作中存在的问题,推动各项工作有序开展。

中共山西省委办公厅　山西省人民政府办公厅《关于解决部分退役士兵社会保险问题的实施意见》

（2019年9月5日）

为贯彻落实中共中央办公厅、国务院办公厅《关于解决部分退役士兵社会保险问题的意见》（厅字〔2019〕3号）精神，结合我省实际，制定如下实施意见。

一、总体要求

以习近平新时代中国特色社会主义思想为指导，紧紧围绕统筹推进“五位一体”总体布局和协调推进“四个全面”战略布局，贯彻新发展理念，践行以人民为中心的发展思想，在既有制度框架内、原有政策基础上，抓住主要矛盾，坚持问题导向，完善基本养老、基本医疗保险参保和接续政策，使广大退役士兵退休后能够享受相关待遇，共享经济社会改革发展成果，切实感受到党和政府的关怀与优待，体会到社会尊崇。

二、政策措施

以政府安排工作方式退出现役的退役士兵，在2019年1月21日前出现的未参保和断缴问题，适用以下政策。

（一）允许参保和补缴

未参加社会保险的允许参保。退役士兵入伍时未参加城镇职工基本养老、基本医疗保险的，入伍时间视为首次参保时间；2012年7月1日《中华人民共和国军人保险法》实施前退役的，军龄和国家规定的待安置时间视同为基本养老保险、基本医疗保险缴费年限；在《中华人民共和国军人保险法》实施后退役、国家给予军人退役基本养老保险补助的，军龄与参加基本养老保险、基本医疗保险的缴费年限合并计算。

参保后缴费中断的允许补缴。退役士兵参加城镇职工基本养老保险出现欠缴、断缴的，允许按不超过本人军龄的年限补缴，补缴免收滞纳金。达到法定退休年龄、基本养老保险累计缴费年限（含军龄）未达到国家规定最低缴费年限的，允许延长缴费至最低缴费年限；2011年7月1日《中华人民共和国社会保险法》实施前首次参保、延长缴费5年后仍不足最低缴费年限的，允许一次性缴费至最低缴费年限。

退役士兵参加城镇职工基本医疗保险出现欠缴、断缴的，允许按不超过本人军龄的年限补缴，补缴免收滞纳金。达到法定退休年龄、基本医疗保险累计缴费年限（含军龄）未达到我省规定年限的，可以缴费至我省规定年限。补缴在达到法定退休年龄时办理。

退役士兵参加工伤保险、失业保险、生育保险存在的问题，各地按规定予以解决。

（二）补缴责任和要求

退役士兵参加社会保险缴纳费用，原则上单位缴费部分由安置单位负担，个人缴费部分由个人负担。无安置单位的，单位缴费部分由安置地政府负担。

原安置单位已不存在或缴纳确有困难的，由原安置单位上级主管部门（集团）负责补缴；上级主管部门（集团）不存在或无力缴纳以及退役士兵无安置单位的，由安置地退役军人事务主管部门申请财政资金解决。退役士兵从原安置单位下岗失业或到其他单位就业的，仍按上述渠道申请办理，退役士兵现所在单位不负责办理补缴事宜及承担相关费用。政府补缴年限不超过退役士兵本人军龄。单位缴费财政补助部分由中央、省、市、县四级承担，省级财政承担主体责任。

对于个人缴费部分，退役士兵本人属于最低生活保障对象、特困人员的，安置地政府对其个人缴费部分予以全额补助。

（三）缴费工资基数和费率

城镇职工基本养老保险。缴费工资基数由安置地按照补缴时上年度全省在岗职工平均工资的60%予以确定。单位和个人缴费费率按补缴时安置地规定执行，补缴年度的个人缴费指数一律以0.6记录个人权益。补缴的缴费年限按从后往前的原则记录。

城镇职工基本医疗保险。缴费工资基数由参保地按照补缴时上年度全省或本统筹地区在岗职工平均工资的60%予以确定，单位和个人缴费费率按参保地规定执行。

（四）参保和补缴手续

建立“一门受理、协同办理”的经办机制。需要参加社会保险或补缴社会保险费的退役士兵持本人有效身份证件和相关退役证明，到安置地市、县级退役军人事务主管部门登记军龄、提出申请。安置地市、县级退役军人事务主管部门集中受理、统一审核，及时将符合政策人员的相关认定信息及证明材料分批次提供给安置地（或参保地）养老保险、医疗保险及相关征收机构办理参保和补缴手续。安置地政府负责对安置单位进行缴费能力认定；民政部门要做好最低生活保障对象、特困人员审核工作。

三、组织实施

（一）健全工作机制

各地各有关部门要强化政治责任和使命担当，成立由党委和政府统一领导，退役军人事务部门统筹协调，财政、人社、医保、税务、国资、工信、民政、国防科工等相关部门各司其职、密切配合的工作机制。省级层面，建立由省退役军人事务厅牵头、有关部门参加的联席会议制度,定期会商通报、协调解决工作中的重大问题。

(二)加强督导落实

各地要对符合条件的退役士兵登记造册,细化工作方案,准确核算资金,加大推进力度,确保政策落实到位。要加强督导检查,实行工作进展情况通报制度,对因工作不到位、责任不落实未能完成任务的,倒查责任、严肃追责。要依法接受审计监督,对审计发现的问题,深刻吸取教训,采取措施,保证整改落实到位。

(三)强化帮扶援助

对于达到法定退休年龄,按照本实施意见缴费后仍未达到最低缴费年限的退役士兵,要采取多种有效措施予以帮助。各地要积极通过技能培训、就业推荐、政策帮扶等方式,帮助退役士兵就业创业。对于年龄偏大、采取上述措施仍不能实现就业的退役士兵,符合条件的,优先通过政府购买的公共服务岗位帮扶就业。有就业能力的退役士兵应主动就业创业,用工单位和退役士兵应依法缴纳社会保险费。

各地各有关部门要结合实际制定贯彻落实的具体举措和工作计划。实施过程中的重大问题、重要情况及时向省委、省政府报告。

中共山西省委办公厅《山西省贯彻〈党组讨论和决定党员处分事项工作程序规定(试行)〉实施细则》

(2019年9月12日)

第一章 总 则

第一条 为了贯彻落实党的十九大精神,规范全省各级党组(包含党组性质党委,下同)讨论和决定党员处分事项,根据《中国共产党章程》和《党组讨论和决定党员处分事项工作程序规定(试行)》等有关规定,结合工作实际,制定本实施细则。

第二条 党组应当认真履行全面从严治党主体责任,领导本机关和直属单位党组织的工作,支持配合党的机关工委对本单位党的工作的统一领导,支持纪委监委派驻纪检监察组(以下简称派驻纪检监察组)根据纪委监委授权履行党的纪律检查和国家监察两项职责。

第三条 党组讨论和决定党员处分事项应当坚持党要管党、全面从严治党,坚持党纪面前一律平等,坚持实事求是,坚持民主集中制,坚持惩前毖后、治病救人,精准有效运用监督执纪"四种形态",确保案件处理取得良好政治效果、纪法效果和社会效果,确保案件质量经得起历史和人民的检验。

第二章 审查和审理

第四条 派驻纪检监察组按照干部管理权限,对驻在部门(含综合监督单位,下同)党组管理的中层党员干部涉嫌违纪问题进行立案审查和内部审理。

第五条 派驻纪检监察组的案件审查部门在审查工作结束后,应将所有案卷材料装订成卷,自派驻纪检监察组主要负责人批准移送审理之日起7日内移送内部审理部门,办理交接手续。移送内部审理的案件,一般应当具备下列材料:

(一)派驻纪检监察组主要负责人批准移送审理的相关材料;

(二)审查报告及审查组的意见;

(三)立案依据,主要包括案件来源、初步核实情况报告、立案呈批报告、立案决定书和其他批准立案的材料;

(四)全部证据材料;

(五)违纪事实材料、被审查人的意见以及审查组对被审查人异议的说明;

(六)被审查人的检讨或反思材料;

(七)涉案财物情况;

(八)采取审查措施的相关文书和材料;

(九)程序性审批材料;

(十)其他应当移送的材料。

内部审理部门收到上述材料后,经审核符合移送条件的予以受理,不符合移送条件的可以暂缓受理或者不予受理。

第六条 坚持审查和审理相分离的原则。内部审理应当履行审理谈话、集体审议程序,形成内部审理报告,提出内部审理意见,做到事实清楚、证据确凿、定性准确、处理恰当、手续完备、程序合规。内部审理报告应当包括以下内容:

(一)被审查人的基本情况;

(二)审查简况;

(三)主要违纪事实;

(四)被审查人的态度和认识;

(五)涉案财物情况;

(六)内部审理意见和其他处置建议;

(七)其他需要说明的问题。

内部审理报告应当通过派驻纪检监察组专题会议研究,由专题会议提出党纪处分初步建议。

第七条 党纪处分初步建议与驻在部门党组沟通并取得一致意见后，派驻纪检监察组将审查报告、内部审理报告以及检讨反思材料、违纪事实材料，连同全部证据和程序材料装订成卷，移送同级纪检监察工委进行审理。

第八条 纪检监察工委应当认真履行审核把关和监督制约职责，对移送的案件重点做好案件质量把关、量纪平衡，防止畸轻畸重。根据审理情况，纪检监察工委认为确有必要的，应当适时履行审理谈话程序。

纪检监察工委在案件审理过程中应加强与派驻纪检监察组的沟通协调。对主要事实不清、证据不足的案件，经纪检监察工委主要负责人批准，退回派驻纪检监察组重新审查；需要补充完善证据的，经纪检监察工委相关负责人批准，由派驻纪检监察组补证。补证或者重新审查结束后，派驻纪检监察组应当及时将有关情况及相关材料移送纪检监察工委，无法补证的需作出书面说明。

第九条 纪检监察工委审理工作结束后，应当以审理建议书的形式，将审理意见反馈派驻纪检监察组。

派驻纪检监察组原则上应当尊重纪检监察工委的审理意见，并根据纪检监察工委的审理意见形成党纪处分建议。如出现分歧，经沟通仍不能形成一致意见的，由纪检监察工委将双方意见报派出机关，由派出机关的案件审理部门审核，提出办理意见，经相关负责人批准后反馈。必要时，可召开案件审理协调会，派出机关监督检查室、派驻纪检监察组、纪检监察工委派员参加。

第十条 给予驻在部门党组管理的中层正职党员干部党纪处分，派驻纪检监察组应当在驻在部门党组会议讨论前，与驻在部门党组和派出机关监督检查室充分交换意见。

第十一条 涉及国家秘密、重大决策事项以及社会关注度高、影响大等敏感特殊案件，派驻纪检监察组通过监督检查室向派出机关主要负责人请示，经批准后，可以不移送纪检监察工委审理。

第十二条 给予驻在部门中层以下党员干部党纪处分，经党组主要负责人批准，一般由驻在部门机关党委、机关纪委审查审理。

驻在部门未设立机关党委、机关纪委的，可以由派驻纪检监察组代行相关职能。

第十三条 下列中层以下党员干部涉嫌违纪案件，由派驻纪检监察组立案审查和审理，直接提出党纪处分建议：

（一）驻在部门机关党委、机关纪委党员干部涉嫌违反党的纪律的案件；

（二）有中层党员干部参与的共同故意违纪案件；

（三）可能给予开除党籍处分的案件；

（四）派驻纪检监察组认为有必要直接立案审查审理的案件。

第十四条 党员依法受到刑事责任追究的，根据司法机关的生效判决、裁定或者决定以及认定的事实、性质和情节，应当给予党纪处分的案件，由派驻纪检监察组或机关党委、机关纪委依据有关规定直接提出党纪处分建议。

第十五条 未设立纪检监察工委的县（市、区），可以由县（市、区）纪委监委案件审理部门参照本细则代行审理职能。

第三章 讨论和决定

第十六条 派驻纪检监察组应当将纪检监察工委的审理建议书及据此形成的党纪处分建议，一并通报驻在部门党组。党组在讨论决定前，应当责成机关党委、机关纪委依据《中国共产党章程》第四十二条之规定履行相应程序。

党纪处分建议与党组的意见不同又不能协商一致的，由派驻纪检监察组报派出机关，由派出机关的案件审理部门审核、提出办理意见，报派出机关研究决定。

派驻纪检监察组直接提出党纪处分建议的，应移交驻在部门机关党委、机关纪委履行相应程序后，报党组讨论决定。必要时，派驻纪检监察组可以将党纪处分建议直接通报驻在部门党组，由党组讨论决定。

第十七条 机关党委、机关纪委对中层以下党员干部的处分应当经过集体审议提出处分建议，并依据《中国共产党章程》第四十二条之规定履行相应程序后，报党组讨论决定。

党组讨论决定前，应当征求派驻纪检监察组意见。派驻纪检监察组应当对案件进行全面审核，并综合考虑量纪平衡，及时作出书面反馈。

第十八条 对于党的组织关系在地方、干部管理权限在主管部门党组的党员干部违纪案件，一般由派驻纪检监察组审查审理，由主管部门党组讨论决定，并向地方党组织通报处理结果。

对于地方纪委首先发现并立案审查、接受上级纪委指定或者与派驻纪检监察组协商后由地方纪委立案审查的上述案件，应当由地方纪委按照程序作出党纪处分决定，并向主管部门党组通报处理结果。在作出立案审查决定及审查处理过程中，地方纪委应当与主管部门党组和派驻纪检监察组加强沟通协调；经沟通不能形成一致意见的，报共同的上级党委或者纪委研究决定。

第十九条 党组对其管理的党员干部实施党纪处分，应当按照规定程序经党组集体讨论决定。党组讨论和决定处分党员事项必须有三分之二以上党组成员到会，不得采取党组成员签批的方式代替党组会议讨论，不允许任何个人或者少数人擅自决定和批准。

第二十条 党纪处分决定以党组的名义作出并自党组讨论决定之日起生效；应当报县级或县级以上党的纪律检查委员会审查批准的，自批准之日起生效。

第四章 执行和监督

第二十一条 中层党员干部的处分决定应当抄送派驻纪检监察组、纪检监察工委和驻在部门的组织人事部门；中层以下党员干部的处分决定应当抄送派驻纪检监察组和驻在部门的组织人事部门。

处分决定作出后，应当在一个月内向受处分人所在党的基层组织中的全体党员以及本人宣布;驻在部门的组织人事部门应当将处分决定装入受处分人的人事档案,并按照有关规定落实职务、职级和工资调整等处分决定执行事项。

第二十二条 处分决定作出后,涉及没收、追缴、退赔或者登记上交违纪所得财物的,由案件审查部门按相关程序办理。

对于违纪行为所获得的职务、职称、学历、学位、奖励等其他利益,应当由案件审查部门建议有关部门按规定予以纠正。

第二十三条 有关部门在处分决定执行完毕后,将执行情况,特别是涉及职务、职级和工资调整以及有关待遇的落实情况,及时报告党组和派驻纪检监察组。

第二十四条 给予驻在部门党组管理的中层党员干部党纪处分、给予中层以下党员干部撤销党内职务及以上党纪处分的,由驻在部门机关党委、机关纪委或相关职能部门在党纪处分决定生效之日起一个月内,将党纪处分决定及相关材料报纪检监察工委备案。

纪检监察工委对备案材料应当认真审核,发现问题及时反馈并督促解决。

第二十五条 纪检监察工委在派出机关的领导下建立健全案件质量评查机制,对党组讨论决定、派驻纪检监察组审查审理的案件事实证据、性质认定、处分档次、程序手续等进行监督检查,采取通报、约谈等方式反馈评查结果。

第二十六条 纪检监察工委应当定期总结分析案件审理和备案工作中发现的问题及原因,提出有针对性的意见建议,形成专项报告,按季度向派出机关、同级党的机关工委报送备案监督情况,必要时可随时报告。

第五章 附 则

第二十七条 党的工作机关、直属事业单位领导机构讨论和决定党员处分事项,参照本细则执行。

派驻纪检监察组给予驻在部门党组管理的干部政务处分,参照本细则办理,并以派驻纪检监察组名义作出政务处分决定,或者交由其任免机关、单位给予处分。给予党纪政务双重处分的,应确保党纪和政务处分相匹配,程序相衔接。

第二十八条 本细则所称"中层党员干部",是指党组管理的担任内设机构领导职务的人员和直属单位领导班子成员(含对应职级人员)。"派出机关",是指省、市、县(市、区)纪委监委。

第二十九条 本细则由中共山西省委负责解释,具体解释工作由省纪委监委承担。

第三十条 本细则自印发之日起施行。此前发布的有关规定与本细则不一致的,按照本细则执行。

中共山西省委办公厅 山西省人民政府办公厅《关于建立全省城市困难职工解困脱困工作长效机制的意见》

(2019 年 10 月 31 日)

为认真贯彻落实习近平总书记重要指示精神,扎实推进城市困难职工解困脱困工作,现就建立全省城市困难职工解困脱困工作长效机制,提出如下意见。

一、总体要求

(一)指导思想

以习近平新时代中国特色社会主义思想为指导,深入贯彻落实党的十九大和习近平总书记视察山西重要讲话精神,推动城市困难职工解困脱困工作与政府救助政策有机衔接,建立健全城市困难职工解困脱困工作长效机制,确保城市困难职工同步迈入小康社会。

(二)目标任务

构建"2+9"工作体系(即 1 个城市困难职工信息共享平台、1 张"晋工福卡"两个载体,实施就业创业、医疗帮扶、教育救助、住房保障、社保覆盖、生活救助、社会兜底、扶志扶智、稳定收入等 9 项机制),通过精准帮扶,2020 年底前实现建档立卡的城市困难职工全部解困脱困,2020 年之后长期巩固。

(三)精准识别

对城市困难职工家庭,依据其困难程度识别为以下三类:

1. 共同生活的家庭成员人均收入低于当地最低生活保障标准,且符合当地最低生活保障家庭财产状况规定的城市职工家庭。

2.家庭人均月收入在当地最低生活保障标准 1.5 倍以内(含),但由于本人或主要家庭成员患病、子女上学、残疾、单亲及其他特殊原因造成生活困难的城市职工家庭。

3. 家庭人均月收入在当地最低生活保障标准 3 倍以内(含),但因遭受意外,导致生活困难的城市职工家庭;或家庭人均月收入在当地最低生活保障标准 3 倍以外,但因遭受意外,减去意外致困支出费用后家庭人均月收入低于当地低保标准的城市职工家庭。经基层工会申报、县级及以上工会审核,纳入城市困难职工解困脱困范围。

(四)退出标准

城市困难职工脱困标准:城市困难职工经精准帮扶后,

其家庭致困因素消除，家庭人均收入连续6个月超过当地低保标准，视为家庭生活状况脱离困境。

城市困难职工解困标准：难以脱困的城市困难职工，经纳入政府救助体系和工会帮扶后，家庭生活水平达到当地低保标准，家庭困境得到有效缓解。

二、搭建服务载体

（一）建立城市困难职工信息共享平台

将城市困难职工基本信息录入政府部门间信息共享平台，与公安、人社、民政、住建、市场监管等职能部门基础信息即时对接，实现职工社保、医保、公积金、低保、房屋、私家车等信息共享。暂不具备网络共享条件的数据信息，可定期交换。

（二）为城市困难职工定制发放“晋工福卡”

“晋工福卡”是存储全省城市困难职工个人及家庭相关信息的磁卡，凭卡可以在相关部门、单位和社会服务机构享受本意见提出的相关服务。“晋工福卡”实行动态管理，有效期为一年，由市、县级工会逐年审核。

三、构建长效化机制

（一）就业创业服务机制

1.加大就业援助力度。将符合条件的城市困难职工及其家庭成员纳入就业援助范围，实施优先扶持和重点帮助，提供职业指导、职业介绍、职业培训、岗位推荐等递进式就业帮扶，跟踪解决就业过程中的困难和问题。对通过市场渠道难以实现就业创业且符合条件的，各级党政机关、事业单位、社会团体和街道、社区可按照公益性岗位管理有关规定，合理开发保安、保洁、保绿、公共设施看管维护等岗位予以优先安置。

2.支持企业吸纳就业。对企业新招用城市困难职工及其家庭成员就业的，按规定给予税收、职业培训、创业担保贷款等政策优惠。对用人单位新招用符合就业困难人员认定条件的城市困难职工及其家庭成员的，按规定给予社会保险补贴，用人单位属于小微企业的，同时按规定给予每人每月300元的岗位补贴。小微企业新吸纳城市困难职工及其家庭成员的，按规定给予一次性就业补助，补助标准每人不超过1000元。

3.支持自主创业。有创业需求和能力的城市困难职工及其家庭成员自主从事小型餐饮服务、食杂店零售、社区服务、网上经营和家庭手工艺等生产经营项目，按规定为其提供项目推介、创业指导等服务。符合条件的，可享受创业担保贷款、税收优惠等政策。对符合创业担保贷款申请条件的人员自主创业的，最高可申请15万元的创业担保贷款，并按规定给予贴息。

（二）社会兜底保障机制

1.稳步提高城市居民最低生活保障水平。各地根据当地经济社会发展水平逐步提高城市居民最低生活保障标准。及时将符合条件的城市困难职工全部纳入城市最低生活保障范围，坚持动态管理，切实做到保障对象有进有出，有效保障其基本生活。

2.落实特困人员救助供养政策。城市困难职工家庭成员符合条件的，及时纳入城市特困人员救助供养范围。

（三）医疗帮扶机制

1.落实大病保险倾斜性支付政策。纳入低保范围的城市困难职工家庭成员大病保险起付线降低50%，报销比例提高3个百分点。在同一个年度内，参保患者大病保险资金按规定支付的最高限额为40万元。

2.健全职工医疗互助保障体系。推进职工大病医疗互助工程扩面提质。鼓励商业保险公司开发和销售重点服务于职工看病就医等健康保障规划的商业健康保险。

3. 探索推行带薪护理假。对于家中有病患住院不能自理、失能失智、严重精神疾病需要陪护的城市困难职工，用人单位可每年额外给予一定天数的护理假，护理期间的工资和相关待遇与用人单位协商确定。护理假可集中使用，也可分多次使用。

4.引导社会资源参与医疗救助。整合慈善资助资源，发动社会力量通过捐赠资金、药品、自用医疗器械等方式，参与困难职工家庭医疗救助。加强医疗救助、临时救助、慈善资助等单项救助制度之间的互联互补，形成救助合力。

（四）子女教育救助机制

1.全面落实各类资助政策。根据国家及我省学生资助政策规定，对在各级各类学校就读的城市困难职工家庭子女给予资助，确保其不因家庭经济困难而辍学。

2.持续开展“金秋助学”活动。通过强化物质和精神帮扶等举措，为城市困难职工家庭子女提供多元化的助学服务，确保其顺利完成学业，实现助学活动常态化、长效化、社会化。

（五）住房保障机制

1.完善住房保障制度。积极采取实物保障与租赁补贴并举的方式，解决好城市困难职工家庭住房困难问题。积极推进棚户区改造，优先安排住房条件困难、安全隐患严重、环境较差、居民改造意愿迫切的棚户区改造项目。

2.落实公积金优待政策。有条件的单位、企业应当积极落实《住房公积金管理条例》，为城市困难职工按时、足额缴存住房公积金。鼓励有条件的地区对城市困难职工家庭使用住房公积金贷款购买普通自住住房，从住房公积金增值收益上交财政公共租赁住房补充资金中予以贷款贴息。

（六）社会保险覆盖机制

1. 落实养老保险补贴待遇。城市困难职工家庭成员自主缴纳城乡居民基本养老保险费时，按规定享受相应的缴费补贴。

2.推动社保待遇落实。做好化解过剩产能企业职工社会保障政策落实工作。做好城市困难职工与企业解除劳动合同的各项社会保险接续、转移和待遇落实工作。

3.鼓励企业建立年金。完善多层次养老保险制度体系，鼓励和支持具备建立企业年金条件的企业积极稳妥开展相关工作，切实做好已经建立企业年金制度的企业年金方案内容变更、备案工作。

(七)生活难题救助机制

1.发放水电气等费用补贴。县级政府向城市困难职工家庭发放水费、电费、煤气费、采暖费、主终端基本收视维护费等费用补贴,标准为100元/月/户。

2.发放价格临时补贴。当全省居民消费价格指数(CPI)单月同比涨幅达到3.5%或全省CPI中的食品价格单月同比涨幅达到6%时,全省统一启动联动机制,向困难职工发放价格临时补贴,补贴按照《山西省人民政府办公厅关于进一步完善社会救助和保障标准与物价上涨挂钩联动机制的通知》(晋政办发〔2016〕174号)规定执行。

3.推行法律援助服务。城市困难职工申请司法鉴定、公证服务,属于法律援助事项范围内的,司法鉴定机构、公证机构应当减免服务费用。支持和鼓励其他政府部门、人民团体和社会组织在职责范围内,利用自身资源为困难职工家庭提供免费法律服务。

4.建立双包联系制度。省、市、县级工会分别联系3~5家困难企业,班子成员分别联系2~3户困难职工,机关工会干部和企业工会干部联系困难职工,负责协调推动落实有关解困脱困政策,开展"四送"活动,帮助解决实际困难和问题。

(八)扶志扶智机制

1. 实施心理疏导关怀。搭建职工心理健康咨询示范基地、"关爱小屋"等平台,根据需要对城市困难职工进行辅导和心理关怀,有条件的可聘请专业心理健康治疗队伍。

2.评选自立自强家庭。在城市困难职工家庭中开展"文明家庭""十星级文明户""好婆婆好媳妇""道德模范""山西好人"等各类评选活动,弘扬中华民族传统美德和社会主义核心价值观,对获得荣誉的困难家庭给予一定的物质补助。

3.积极开展技能培训。实施职业技能提升行动,深入推进全民技能提升工程,提高困难职工及其家庭成员就业能力,并按规定给予职业培训补贴和培训期间生活费补贴。

(九)持续稳定收入保障机制

1.保障基本工资收入。建立健全集体合同制度,推进各类企业建立工资支付保障机制,杜绝工资拖欠。指导生产经营困难企业通过采取协商薪酬、弹性工时、倒班轮岗等措施,做好职工生活保障和稳岗工作,最大限度做到减少裁员或者不裁员。

2.动态调整工资收入。适时稳妥调整最低工资标准,发布企业工资指导线,促进中低收入职工增加收入。

3.多种方式提高困难职工收入水平。鼓励各地、各部门、各企业采取多种方式,增加困难职工经营性、财产性、转移性收入,使困难职工在基本收入得以保障的基础上,收入水平不断提高。

四、组织保障

(一)加强组织领导

各级党委、政府要把困难职工解困脱困纳入本地经济社会发展和脱贫攻坚工作大局,加强统筹协调,健全工作机制,形成工作合力。各级地方工会要发挥牵头抓总作用,加强与各有关部门的沟通协调。

(二)突出精准导向

把精准二字贯穿城市困难职工解困脱困工作全过程,做到三个精准,即精准识别、精准施策、精准退出,不断提高解困脱困工作科学化水平。

(三)强化责任落实

牵头单位要切实负起统筹抓总的责任,参与单位要根据职能分工,搞好协作配合,层层压实责任,层层传导压力,形成横向到边、纵向到底、督查问效的责任体系。

(四)强化宣传引导

加强宣传,提高城市困难职工对各项解困脱困帮扶政策的知晓度。推广各地典型经验,总结就业创业、医疗帮扶、教育救助等方面的先进做法,引导全社会共同参与困难职工解困脱困长效化工作。

重温习近平总书记“三篇光辉文献”

一、安排部署

省委办公厅发出通知
要求各级党委（党组）组织广大党员干部
重温习近平总书记“三篇光辉文献”

2019年12月15日，省委办公厅发出《关于组织全省党员干部重温习近平总书记“三篇光辉文献”的通知》，通知对认真组织全省党员干部重温习近平总书记视察山西重要讲话、在推动中部地区崛起工作座谈会重要讲话、在黄河流域生态保护和高质量发展座谈会重要讲话“三篇光辉文献”作出安排部署。通知强调，全省各级党组织和广大党员干部要充分认识重温“三篇光辉文献”的重大意义，更好地把习近平总书记的指示要求转化为造福人民的务实举措，把习近平总书记的殷切希望转化为推动改革发展稳定和党的建设的强大动力，坚定沿着习近平总书记指引的方向奋力前进。

通知指出，各级党委（党组）要把重温“三篇光辉文献”作为重要政治任务，与开展“不忘初心、牢记使命”主题教育结合起来，通过党委（党组）会、中心组学习等方式，逐段逐句认真学习，悉心体悟，联系实际深入思考、交流研讨。主要负责同志要领读、导读，带头往深里走、往实里走、往心里走。各级领导干部要带头反复学、系统学，带着问题学、联系工作学。各基层党支部要组织广大党员有重点地进行学习。各级党校（行政学院）要把“三篇光辉文献”作为干部教育培训的重要内容。新闻媒体要加强对“三篇光辉文献”的宣传解读。要把集中学与长期学结合起来，形成长效机制，做到常学常新、常悟常进。

通知指出，要把重温“三篇光辉文献”与学习领会习近平总书记相关重要论述结合起来，与学习贯彻党的十九届四中全会精神和中央经济工作会议精神结合起来，与学习贯彻省委常委会扩大会议精神和楼阳生书记近期重要讲话精神结合起来，全面准确把握思想观点和工作要求，真正学懂弄通、学深悟透。要以习近平总书记重要讲话为思想武器，联系本地本部门实际，深入思考事关全省发展大局的重要问题，做到在全面准确领会核心要义上达到新高度，在把握和贯彻工作要求上达到新水平，在忠诚干净担当上达到新境界。

通知指出，山西正处于改革发展的关键时期，既面临重大机遇，又面临诸多挑战，各方面的任务艰巨繁重。各地各部门都要进一步与“三篇光辉文献”对表对标，把习近平总书记的重要论述、重大要求转化为做好明年工作的具体思路和举措，谋划好“十四五”规划，进而贯穿到山西各项事业和长远发展中，不断提高治理体系和治理能力现代化水平，推动习近平新时代中国特色社会主义思想在三晋大地生根开花结果。

（摘编自《山西日报》2019年12月17日）

二、重温“三篇光辉文献” 重整行装继续征程

省委常委会召开扩大会议
重温“三篇光辉文献” 重整行装继续征程

12月9日，省委常委会召开扩大会议，重温习近平总书记视察山西重要讲话，在推动中部地区崛起工作座谈会上的重要讲话、黄河流域生态保护和高质量发展座谈会上的重要讲话。省委书记楼阳生主持会议并导读，就进一步创造性抓好贯彻落实作了讲话。与会同志交流了学习体会。

会议指出，通过这次重温学习习近平总书记的“三篇光辉文献”，更加深刻地体会到习近平总书记重要讲话的重大意义、真理光芒和实践伟力，更加深切地感受到习近平总书记的领袖风范、为民情怀和务实作风，进一步增强了一以贯之抓落实、重整行装再出发的使命感紧迫感。这“三篇光辉文献”，是习近平新时代中国特色社会主义思想的重要组成部分，是我们做好山西工作的重要法宝，常学常新、常悟常进。习近平总书记对山西提出的“五项重大任务”，为我们指明了前进方向和战略重点，贯穿于山西全面建成小康社会全过程、资源型经济转型发展全过程、基本实现现代化全过程。我们要按照习近平总书记指引的方向，胸怀中华民族伟大复兴战略全局和世界百年未有之大变局，把握山西在全国发展格局中的时代方位，聚焦“示范区”“排头兵”“新高地”三大目标，用好转型综改和能源革命综合改革试点两大金字招牌，培育发挥比较优势、后发优势和竞争优势，以活力迸发的创新生态引领经济转型，以风清气正的政治生态保障全面进步，在实现“两个一百年”奋斗目标进程中不断谱写新篇章。

会议指出，深入领会贯彻习近平总书记重要讲话，要着力抓好四件大事。一要推动高质量转型。资源型经济转型发展是习近平总书记为我们指明的金光大道，是山西实现高质量发展的主攻方向，实现现代化的硬支撑。要将稳中求进工作总基调、新发展理念、高质量发展要求、供改综改相结合贯穿于转型发展全过程各环节，秉持“转型为纲、项目为王、改革为要、创新为上”的理念，聚焦产业振兴，聚焦创新驱动，聚焦改革开放，聚焦人才开发，顺应产业变革和科技革命趋势，加快建设一批重大新兴产业项目，真正走出一条产业优、质量高、效益好、可持续的发展新路。从现在到“十四五”是山西转型发展的关键时期，要确保转型出雏形，在此基础上基本实现转型，到2035年全面实现转型并基本实现现代化。二要实现高水平崛起。认真贯彻习近平总书记关于中部地区崛起的总体要求和重点任务，大力实施创新驱动、科教兴省、人才强省战略，落实好加快制造业提质升级、积极承接新兴产业布局和转移、推进能源革命综合改革试点、建设国家农业高新技术产业示范区、扩大对外开放、塑造“三大板块”文旅品牌、打造“六最”营商环境等举措，坚决打赢三大攻坚战，在转型中崛起、开放中崛起、绿色中崛起、惠民中崛起。发展要崛起，首先精神要奋起。全省上下要以人一之我百之、人十之我千之的状态，抓住机遇、应对挑战，交出好成绩。三要坚持高标准保护。深入学习贯彻习近平生态文明思想，自觉践行绿水青山就是金山银山的理念，高标准保护生态环境，扎扎实实推动绿色发展、建设绿色生活。在实施好“两山七河”生态修复治理、生态扶贫等工程的同时，再谋划实施一批践行“两山理论”的重点工作和重大项目，全面提高黄河流域的生态环境保护水平、治水用水节水水平、高质量发展水平、保护传承弘扬黄河文化水平。全省各地要继续全方位、全地域、全过程开展生态环境保护，建立健全生态文明制度体系，在三晋大地描绘出山青、水秀、河畅、岸绿、景怡的美丽风光。四要创造高品质生活。践行以人民为中心的发展思想，做好“增进人民福祉”和“促进人的全面发展”两篇文章，着力提高城乡居民收入，注重加强普惠性、基础性、兜底性民生建设，切实办好事关老百姓福祉安康的好事实事。要按照党的十九届四中全会的部署，坚持和完善统筹城乡的民生保障制度，特别是就业、教育、社保、健康等方面的制度机制。要以创造高品质生活为引领发力“大民生”，提升城乡公共服务供给水平，让经济社会发展更有质感、更有温度，使人民群众对美好生活新期待不断变成现实，使人的全面发展水平明显提升。

会议强调，办好山西的事情，根本在于加强党的领导和党的建设。各级党组织都要担当政治使命、负起政治责任，以忠诚、干净、担当的实际行动诠释初心使命。要把学习“三篇光辉文献”作为学习习近平新时代中国特色社会主义思想的一个重点，反复学、系统学，带着问题学、联系工作学，在领会践行核心要义和重大要求上下功夫，不断提升思想政治水平和领导能力。

省委常委，省人大常委会、省政府、省政协党组负责同志，省法院院长、省检察院检察长出席会议。

（《山西日报》2019年12月10日）

省人大常委会党组、省政府党组、省政协党组分别召开会议重温“三篇光辉文献”

连日来，按照省委部署要求，省人大常委会党组、省政府党组、省政协党组分别召开会议，重温习近平总书记“三篇光辉文献”。省委副书记、省政府党组书记、代省长林武，省政协党组书记、主席李佳，省人大常委会党组书记、副主任郭迎光主持所在党组会议。

省人大常委会党组中心组扩大会议指出，“三篇光辉文献”，特别是习近平总书记视察山西重要讲话，对山西发展具有里程碑意义，是做好山西工作的重要法宝。省委常委会率先重温并向全省党员干部发出号召，对于团结带领干部群众统一思想高举旗帜、重整行装继续征程，开创新时代各项事业发展新局面，意义重大，影响深远。会议要求，要把深入学习贯彻“三篇光辉文献”作为长期重大政治任务，与学习贯彻习近平新时代中国特色社会主义思想，特别是关于坚持和完善人民代表大会制度的重要思想结合起来，学习贯彻省委经济工作会议精神和楼阳生书记近期重要讲话精神，切实把“三篇光辉文献”作为我们观察大势、推进工作的认识基点和科学坐标。要自觉与“三篇光辉文献”对表对标，紧紧围绕省委经济工作会议目标任务落实，深入调查研究，扎实开展立法、监督、代表等工作，切实把习近平总书记重大要求转化为人大围绕中心、服务大局、依法履职的生动实践。要始终把党的领导作为做好各项工作的根本保证，各级党组织坚决扛起管党治党主体责任，以政治建设为统领，引领党员干部不断增强“四个意识”、坚定“四个自信”、做到“两个维护”，以忠诚干净担当的实际行动践行和诠释初心使命。

省政府党组会议强调，要充分认识重温“三篇光辉文献”的重大意义，用心学习、用情领悟，持之以恒、一以贯之，以更加振奋的精神、更加扎实的举措，坚定沿着习近平总书记指引的方向奋力前进。会议指出，“三篇光辉文献”思想深刻、内涵丰富，特别是习近平总书记视察山西重要讲话，提出了总体要求和五项重大任务，是我们做好山西工作的根本遵循。要切实提高政治站位，把重温“三篇光辉文献”作为重要政治任务，用心学习、用情领悟，持之以恒、一以贯之，切实把思想认识统一到省委的部署要求上来，不断提高治理体系和治理能力现代化水平，坚定沿着习近平总书记指引的方向奋力前进。会议强调，要认真践行“三篇光辉文献”的思想观点和工作要求，落实好“四为四高两同步”总体思路和明年经济工作总体要求，坚定不移走好高质量转型发展之路，做好新时代“三农”工作，坚决打赢三大攻坚战，持续增进民生福祉，扎实推进生态文明建设，进一步严肃党内政治生活，推进全省政府系统党的政治建设再上新台阶。要以“人一之我十之”的进取精神，在促进中部地区崛起、服务国家大局中展现新形象新作为新担当。要与沿黄兄弟省（区）一道，“共同抓好大保护，系统推进大治理”，让黄河成为造福人民的幸福河。

省政协党组扩大会议上，与会同志联系实际交流了学习体会，一致表示，要对表对标“三篇光辉文献”，重整行装再出发，立足岗位，奋勇争先，推动政协事业发展，更好服务全省大局。会议强调，“三篇光辉文献”是习近平新时代中国特色社会主义思想的重要组成部分，是做好山西工作的重要法宝。带头重温“三篇光辉文献”，并以此为指引布局当前工作、谋划长远发展，充分体现了以楼阳生同志为班长的省委常委班子坚决贯彻习近平新时代中国特色社会主义思想和党中央重大决策部署，做到“两个维护”的高度自觉和政治担当。政协各级党组织和党员干部要认真贯彻省委部署，把“三篇光辉文献”作为学习重点，坚持边实践边学习，结合工作反复学习，在领会践行核心要义和重大要求上下功夫，切实做到常学常新、常思常进，重整行装走好新征程。要深刻领会省委贯彻习近平总书记“三篇光辉文献”和中央经济工作会议精神的重大部署，聚焦“四为四高两同步”总体思路和要求，统筹谋划明年重点工作，进一步完善政协协商计划，精心组织筹备省政协十二届三次会议，凝聚转型综改的广泛共识和智慧力量，以实际行动诠释初心和使命。

（《山西日报》2019 年 12 月 29 日　杨　文　张巨峰　邓伟强）

省委常委所在部门和省法院、省检察院分别召开会议重温“三篇光辉文献”

近日，省委常委所在部门和省法院、省检察院分别召开会议，重温习近平总书记视察山西重要讲话、在推动中部地区崛起工作座谈会重要讲话、在黄河流域生态保护和高质量发展座谈会重要讲话“三篇光辉文献”，按照省委部署要求，结合工作实际，对本部门学习贯彻工作进行具体安排。省领导王拥军、罗清宇、徐广国、吕岩松、张吉福、廉毅敏、商黎光、曲孝丽,孙洪山、杨景海分别参加学习。

2019年12月26日,省纪委监委理论中心组集体学习,要求全省各级纪检监察机关要把重温“三篇光辉文献”,做好贯彻落实作为政治监督的重中之重,各级纪检监察机关的主要负责同志要带头反复学、系统学;要牢固树立服务保障转型发展的意识,牢固树立政治意识、服务意识,把党的纪检工作放到党的事业发展的全局来思考谋划,为经济发展保驾护航、提供坚实基础;要深化政治监督,紧盯县一级落实,功夫和狠劲下在抓落实上,服务全省高质量转型发展;要保持正风反腐高压态势,紧盯扶贫领域、民生领域,服务转型发展;要激励干部担当作为,把干事创业作为服务转型发展的一项重要举措,心怀大局、找准定位,以纪检监察工作高质量发展的实际成效,保障山西经济全面转型、行稳致远。

近日,省委办公厅召开厅务会、专题会和支部学习会,重温习近平总书记“三篇光辉文献”,联系思想工作实际进行交流讨论。大家一致认为,“三篇光辉文献”是习近平新时代中国特色社会主义思想的重要组成部分,是做好山西工作的重要法宝。重温“三篇光辉文献”,进一步强化了增强“四个意识”、坚定“四个自信”、做到“两个维护”的自觉性,强化了重整行装继续征程的责任感。要把重温“三篇光辉文献”与学习贯彻省委经济工作会议精神和楼阳生书记关于建设“五型机关”的要求结合起来,坚定沿着习近平总书记指引的方向奋力前进。要形成重温学习的长效机制,不断从中汲取思想、精神和力量,以尽责诠释忠诚、以信仰锻造队伍、以奉献履行使命,更好地服务省委中心工作、服务全省大局、服务基层和人民群众,永远让党和人民放心满意。

近日,省委组织部通过理论中心组扩大学习会、务虚会、党支部会、党小组会等多种形式,专题重温“三篇光辉文献”。会议指出,这“三篇光辉文献”,是习近平新时代中国特色社会主义思想的重要组成部分,是我们做好山西工作的重要法宝。全省各级组织部门和广大组工干部要坚决贯彻省委工作部署,把重温学习“三篇光辉文献”与深化“不忘初心、牢记使命”主题教育成果结合起来,与学习贯彻党的十九届四中全会精神和中央经济工作会议精神结合起来,与学习贯彻省委常委会扩大会议精神和楼阳生书记近期重要讲话精神结合起来,全面准确把握思想观点和工作要求,真正学懂弄通、学深悟透,深入研究解决工作中的重大问题和党员干部群众关心的热点难点问题,结合谋划明年工作,为推动山西高质量转型发展提供坚强组织保证。

近日,省委宣传部通过部中心组扩大学习会、全体党员大会等多种形式,深入重温习近平总书记“三篇光辉文献”。会议强调,要把重温“三篇光辉文献”作为重要政治任务,深刻体悟习近平总书记重要讲话精神的真理光芒、实践伟力及贯穿其中的马克思主义立场观点方法,真正学懂弄通、学深悟透、常悟常进。要自觉做理论学习的表率,全面准确把握“三篇光辉文献”的思想观点和工作要求,更好地用以指导和推进新形势下宣传思想工作。要集中精力抓好理论学习、新闻宣传、阐释宣讲、社会宣传等工作,推动全省迅速兴起重温“三篇光辉文献”精神的热潮,凝聚落实省委“四为四高两同步”总体思路和要求、重整行装继续征程的思想共识和行动合力。

2019年12月18日,省委统战部召开部务会(扩大)学习会议,集体重温习近平总书记“三篇光辉文献”。会议指出,“三篇光辉文献”是习近平新时代中国特色社会主义思想的重要组成部分,是思想宝库、前进航标、行动指南,是做好山西工作的重要法宝,也是做好统战工作必须紧紧围绕的主线主题。要认真抓好“三篇光辉文献”的学习贯彻,切实把思想和行动统一到习近平总书记重要讲话精神上来,贯穿于统战工作的全领域、全系统和全过程。要真正学深悟透,按照中央和省委的总体部署要求,围绕中心、服务大局、凝心聚力,确保统战工作始终沿着正确方向奋力前进。要全面对标对表,坚持问题导向、目标导向、结果导向,不断增强改革创新的使命感紧迫感,加强党对统一战线工作的集中统一领导。要推动落实落地,积极引导统一战线各领域深入学习“三篇光辉文献”,引导广大党外人士积极建言献策,为我省高质量转型发展提供广泛力量支持。

2019年12月20日,省委政法委召开书记办公(扩大)会议,组织重温习近平总书记“三篇光辉文献”,研究贯彻落实意见。会议指出,要把学习习近平总书记“三篇光辉文献”与学习领会习近平总书记关于政法工作的论述结合起来,与学习贯彻楼阳生书记调研政法工作时的重要讲话结合起来,全面准确把握思想观点和工作要求,进一步强化责任担当、忠实履行职责,高标准推进各项任务落实,着力维护国家政治安全、确保社会大局稳定、促进社会公平正义,保障人民安居乐业。要对表对标“三篇光辉文献”,把学习贯彻与做好当前工作、谋划明年工作思路结合起来,全力做好维护安全稳定、推进扫黑除恶、创新市域社会治理、深化政法改革、强化队伍建设等重点工作,不断提升政法工作现代化水平,助推全省社会治理体系和治理能力现代化。

2019年12月20日,省高院召开党组扩大会议,专题学习习近平总书记“三篇光辉文献”,研究贯彻落实意见。会议指出,全省法院要坚决贯彻省委工作部署,把重温学习“三篇光辉文献”作为当前首要政治任务,切实强化对标对表,努力在学深悟透做实上下功夫,自觉把习近平总书记重要论述和重大要求落实到各项审判执行工作中,不断为全省经济社会发展提供更加优质高效的司法服务和保障。省高院班子成员要结合分管工作撰写心得体会,各支部要强化集中研学,机关要适时组织学习成果交流,为全省法院作出示范,推动法院系统常学常新、常悟常进长效机制的建立形成。

2019年12月13日,省检察院召开党组会议,重温习近平总书记“三篇光辉文献”。会议强调,要把重温“三篇光辉文献”作为当前重要任务,组织广大检察干警经常学、反复学,原原本本地学,系统深入地学,谋划推动新时代检察工作创新发展。要对表对标,聚焦平安山西建设、推进国家治理体系和治理能力现代化建设、服务保障省委中心工作、服务保障民生、检察改革、“四大检察”全面协调充分发展、队伍建设六个方面，认真研究，科学谋划，明确职责任务，细化具体措施，确保各项工作有力有序推进。

2019 年 12 月 12 日，太原市委召开常委会（扩大）会议，重温习近平总书记“三篇光辉文献”。会议要求，全市各级党委（党组）要认真对表习近平总书记重要讲话精神，全面落实省委部署要求，不断巩固和拓展主题教育成果，秉持“转型为纲、项目为王、改革为要、创新为上”理念，聚焦“示范区”“排头兵”“新高地”三大目标，始终保持转型发展的定力、改革创新的担当、生态优先的自觉、为民服务的情怀、自我革命的精神，履职尽责、担当作为，奋力开创全市党的建设和党的事业新局面。

2019 年 12 月 19 日，大同市委召开常委（扩大）会议暨中心组集中学习会议，要求全市各级党委（党组）把重温“三篇光辉文献”作为重要政治任务，结合大同实际，推动高质量转型、高水平崛起、高标准保护、高品质生活、高站位落实全面从严治党。认真组织开展多种形式的宣传学习，进一步对表对标，并完善好抓落实的体制机制，强化监督考核，确保将习近平总书记重要讲话精神、党中央和省委省政府各项决策部署不折不扣落到实处。

（《山西日报》2020 年 1 月 1 日　陈俊琦　杨　彧　贺　错　邓伟强　李　炼　闫书敏）

坚定沿着习近平总书记指引的方向奋力前进

——全省党员干部重温习近平总书记“三篇光辉文献”

牢记嘱托心向党，砥砺奋进展新姿。

我省各级党组织和广大党员干部通过党委（党组）会、中心组学习、个人自学等方式，认真重温习近平总书记视察山西重要讲话、在推动中部地区崛起工作座谈会重要讲话、在黄河流域生态保护和高质量发展座谈会重要讲话“三篇光辉文献”。广大党员干部一致表示，“三篇光辉文献”是习近平新时代中国特色社会主义思想的重要组成部分，是做好各项工作的重要法宝。要按照习近平总书记指引的方向，在省委领导下，以活力迸发的创新生态引领经济转型，以风清气正的政治生态保障全面进步，推动高质量转型、实现高水平崛起、坚持高标准保护、创造高品质生活，在实现“两个一百年”奋斗目标进程中不断谱写新篇章。

“三篇光辉文献”是习近平新时代中国特色社会主义思想的重要组成部分，要常学常新、常悟常进，往深里走、往实里走、往心里走

强化思想引领，筑牢信仰之基。

我省广大党员干部把重温“三篇光辉文献”作为重要政治任务，逐段逐句认真学习，悉心体悟，推动学习往深里走、往实里走、往心里走，在学习中体会习近平总书记重要讲话的重大意义、真理光芒和实践伟力，感受习近平总书记的领袖风范、为民情怀和务实作风，增强一以贯之抓落实、重整行装再出发的使命感紧迫感。

省商务厅将“三篇光辉文献”以《每周及时跟进学》的形式，第一时间印发全厅各基层党组织，组织党员干部逐段逐句认真学习，把习近平总书记有关重要论述和重大要求转化为谋划好明年商务工作的具体思路和实际举措。

省扶贫办把“三篇光辉文献”印发成《学习活页》，发至每一名党员干部，并采取党组中心组交流学习、扶贫大讲堂解读学习、党支部集中学习等方式，引导党员干部准确领会核心要义。

省水利厅汇编印发《重温习近平总书记“三篇光辉文献”辅导手册》，组织开展厅党组理论学习中心组集中学习和交流研讨。

省工商联组织民营企业家重温“三篇光辉文献”，教育引导广大民营企业家自觉以“三篇光辉文献”为指导，聚焦“示范区”“排头兵”“新高地”三大目标，创业创新、转型升级，在民营企业高质量发展中再立新功。

省委党校（山西行政学院）是学习研究宣传习近平新时代中国特色社会主义思想的重要阵地，把“三篇光辉文献”作为各主体班次的必修课，进教材、进课堂、进头脑，组织教师、学员联系我省改革发展的实际深入思考、交流研讨。

“省委部署全省党员干部重温习近平总书记‘三篇光辉文献’，是增强‘四个意识’、坚定‘四个自信’、做到‘两个维护’，开创事业发展新局面的重大举措。”省委统战部副部长、省工商联党组书记刘海芸颇有感触地说。省交通运输厅厅党组书记、厅长闫晨曦说，我们要提高政治站位，把学习贯彻习近平总书记“三篇光辉文献”作为当前的一项重要政治任务，认真组织、深入推进，在全系统掀起学习热潮。广灵县委书记李润军说，通过学习“三篇光辉文献”，更加明确了工作的战略重点，有习近平总书记这样的核心掌舵领航，我们办一切事情都有了依靠、有了底气、有了信心。

“三篇光辉文献”是做好工作的重要法宝，要推动高质量转型、实现高水平崛起、坚持高标准保护、创造高品质生活

知行合一，贵在行动。我省各级党委（党组）把重温“三篇光辉文献”与学习领会习近平总书记相关重要论述结合起来，与学习贯彻党的十九届四中全会精神和中央经济工作会议精神结合起来，与学习贯彻省委常委会扩大会议精神和楼

阳生书记近期重要讲话精神结合起来,联系实际,指导实践,推动工作,推动习近平新时代中国特色社会主义思想在三晋大地生根开花结果。

资源型经济转型发展是习近平总书记为山西指明的金光大道,是山西实现高质量发展的主攻方向,实现现代化的硬支撑。省直经济部门党员干部重温“三篇光辉文献”时说,要秉持“转型为纲、项目为王、改革为要、创新为上”的理念,真正走出一条产业优、质量高、效益好、可持续的发展新路。省工信厅党委表示,要努力在开展能源革命综合改革试点、推动能源绿色转型上有大的突破,在加快先进制造业发展、推动制造业智能升级上有大的突破,在促进工业化和信息化深度融合、推动数字产业发展上有大的突破。长治高新技术产业开发区是国家级高新技术开发区,紧紧抓住中部崛起的战略机遇加快高质量发展。开发区党员干部表示,重温“三篇光辉文献”后发展方向更明朗了,要主动融入新一轮科技和产业革命中去。河津市委在学习中,提出以“生态立市”“工业强市”“文化兴市”三大战略为牵引,将转型综改进行到底。

“我们要认真贯彻习近平总书记关于中部地区崛起的总体要求和重点任务,大力实施创新驱动、科教兴省、人才强省战略,在转型中崛起、开放中崛起、绿色中崛起、惠民中崛起。”长治、运城、吕梁等地党员干部重温“三篇光辉文献”时表示,“在推动中部地区崛起中贡献自己的力量。”闻喜县提出“要立足自身实际,积极推进农业种植结构调整,发展特色种植产业”。广灵县委表示,要扎实推进供给侧结构性改革,深化行政审批制度改革,加速创建省级经济技术开发区。

绿水青山就是金山银山。我省广大党员干部说,要深入学习贯彻习近平生态文明思想,高标准保护生态环境,扎扎实实推动绿色发展、建设绿色生活,在三晋大地描绘出山青、水秀、河畅、岸绿、景怡的美丽风光。省林草局深刻领会习近平总书记在黄河流域生态保护和高质量发展座谈会上的重要讲话精神,着力研究绿化彩化财化同向发力的工作举措,推动三晋大地由“增绿量”向“增颜值”转变,夯实美丽山西绿色底色。“我们要守住绿水青山家底,努力将杨安‘绿水青山’的环境优势,转化为建设‘金山银山’的现实生产动力。”沁县杨安乡党委书记裴晓凯表示。

忻州市和吕梁市是我省脱贫攻坚的主战场,两市干部群众在重温“三篇光辉文献”中,更加深刻地体会到习近平总书记重要讲话的真理光芒和实践力量,表示要坚决打赢脱贫攻坚战。繁峙县金山铺乡党委书记柴清亮说,习近平总书记关于深度贫困地区脱贫攻坚的“四个到位”“八条对策”等重要论述、重大要求,是做好基层工作的“指南针”和“定盘星”。“对城庄镇这样一个贫困乡镇来说,要坚持在‘一个战场’上同时打赢脱贫攻坚和生态治理‘两个攻坚战’。”临县城庄镇党委书记成晓龙表示,虽然1200余户贫困户通过生态建设实现了稳定脱贫,但仍要继续因地制宜,在兴林增绿中让群众增收致富。

进一步与“三篇光辉文献”对表对标,把习近平总书记的重要论述、重大要求贯穿到山西各项事业和长远发展中

纷繁世事多元应,击鼓催征稳驭舟。我省各级党组织和党员干部表示,要进一步与“三篇光辉文献”对表对标,把习近平总书记的重要论述、重大要求转化为做好明年工作的具体思路和举措,担当政治使命、负起政治责任,以忠诚、干净、担当的实际行动诠释初心使命。

省社科院(省政府发展研究中心)是省委、省政府的参谋助手,学院党员干部表示,要担起述学立论、建言献策的职责使命,在重温学习、研究阐释宣传上下功夫,推动我省形成适应高质量发展的制度体系和治理效能。

黄河万家寨水务集团有限公司朔州分公司组织重温“三篇光辉文献”,全体干部党员说,要继续秉承引黄入晋,造福人民的初心和使命,为黄河流域生态保护和高质量发展贡献力量。山西省湖南商会重温“三篇光辉文献”,倡导民营企业家要构建勤于学习、不断进取的团队,积极投身晋湘两省经济建设。山西工商学院举行“三篇光辉文献”专项学习研讨会,提出要提高政治站位,加强党内监督,把稳思想之舵,把好用权的“方向盘”,系好廉洁的“安全带”,营造学校风清气正的政治生态。武乡县墨镫乡曾长期依赖煤炭资源,习近平总书记在推动中部地区崛起工作座谈会上的讲话更加坚定了党员干部坚持绿色发展、创新发展,走转型发展新路的信心。该乡党委书记安占伟表示,要真正办好民生实事,将解决群众所需、所想、所盼作为基层干部最大的责任。

重温“三篇光辉文献”,重整行装继续征程。我省广大党员干部表示,要在重温“三篇光辉文献”中更好地把习近平总书记的指示要求转化为造福人民的务实举措,把习近平总书记的殷切希望转化为推动改革发展稳定和党的建设的强大动力,以人一之我百之、人十之我千之的状态,抓住机遇、应对挑战,坚定地沿着习近平总书记指引的方向奋力前进。

(《山西日报》2019年12月20日 赵向南 邓伟强 杨文俊 贺 锴 杨天闻 王利强 王立忠 李林霞 张丽媛 李全宏 范 珍 孟 婷 冷 雪 晋帅妮 李家鸣 王 荔 王少科)

往深里走　往实里走　往心里走

——全省省直部门党员干部重温习近平总书记“三篇光辉文献”

连日来，我省省直部门各级党组织和广大党员干部通过党委（党组）会、中心组学习、个人自学等多种方式，认真重温习近平总书记视察山西重要讲话、在推动中部地区崛起工作座谈会重要讲话、在黄河流域生态保护和高质量发展座谈会重要讲话“三篇光辉文献”。大家一致认为，“三篇光辉文献”是习近平新时代中国特色社会主义思想的重要组成部分，是做好山西各项工作的重要法宝。要按照习近平总书记指引的方向，在省委领导下，带头抓好学习落实，带头反复学、系统学，带着问题学、联系工作学，往深里走、往实里走、往心里走，推动习近平新时代中国特色社会主义思想在三晋大地生根开花结果。

省委政法委召开书记办公（扩大）会议，重温习近平总书记“三篇光辉文献”。大家一致表示，要对表对标“三篇光辉文献”，把学习贯彻与做好当前工作、谋划明年工作思路结合起来，以更高站位谋划推进政法工作，增强底线思维，弘扬斗争精神，坚决维护国家政治安全和社会大局稳定。要深入推进扫黑除恶专项斗争，建立长效常治工作机制，确保取得压倒性胜利。要加快推进司法体制改革，提升执法司法质量、效率和公信力，为经济社会发展提供有力法治保障和服务。要以市域社会治理为切入点，坚持和完善共建共治共享的社会治理制度，努力建设更高水平的平安山西。要着力加强政法队伍“四化”建设，完善政法队伍管理制度体系，不断提升政法工作现代化水平，助推全省社会治理体系和治理能力现代化。

省高院召开党组会议，专题重温习近平总书记“三篇光辉文献”。省高院党组一致认为，全省法院要坚决贯彻省委工作部署，把重温学习“三篇光辉文献”作为当前首要政治任务，切实强化对表对标，努力在学深悟透做实上下功夫，自觉把习近平总书记重要论述和重大要求落实到各项审判执行工作中，不断为全省经济社会发展提供更加优质高效的司法服务和保障。省高院班子成员要结合分管工作撰写心得体会，各支部要强化集中研学，机关要适时组织学习成果交流，为全省法院作出示范，推动法院系统常学常新、常悟常进长效机制的建立形成。

省检察院召开党组会议，专题重温习近平总书记“三篇光辉文献”。会议强调，要把重温“三篇光辉文献”作为当前重要任务，组织广大检察干警经常学、反复学，原原本本地学，系统深入地学，要准确把握中央、省委决策部署精神，谋划推动新时代检察工作创新发展。对表对标，聚焦平安山西建设、推进国家治理体系和治理能力现代化建设、服务保障省委中心工作、服务保障民生、检察改革、“四大检察”全面协调充分发展、队伍建设六个方面，认真研究，科学谋划，明确职责任务，细化具体措施，确保各项工作有力有序推进。

省公安厅党委召开扩大会议，重温习近平总书记“三篇光辉文献”。省公安厅党委一致表示，要按照习近平总书记指引的方向，把握山西在全国发展格局中的时代方位，加强和完善治理体系和治理能力现代化，维护好政治稳定和社会安定，在更高水平建设法治山西平安山西；推出更多的便民利企举措，为实现山西经济转型跨越发展做出积极贡献；坚决依法打击破坏生态环境违法犯罪活动，为实现“在三晋大地描绘出山青、水秀、河畅、岸绿、景怡的美丽风光”目标贡献山西公安机关的力量。

省司法厅举办党委中心组学习扩大会议，重温习近平总书记“三篇光辉文献”。会议要求，要把重温“三篇光辉文献”作为厅党委和全系统各级党组织提升政治站位、统一思想认识的重要举措，认认真真地学习、不折不扣地落实、坚持不懈地践行，达到理论武装指导实践的目的，确保司法行政工作沿着正确的方向前进。各级党委主要负责同志要带头领读、导读，班子成员要认真交流研讨，要把“三篇光辉文献”作为推动工作的基本遵循，进一步对表对标，并转化为做好明年全省司法行政工作的具体思路和举措，加快挺进第一方阵进程，提升司法行政系统治理体系和治理能力现代化水平。

省能源局党组召开扩大会议，重温习近平总书记“三篇光辉文献”。局党组一致表示，要持续推动学习习近平总书记“三篇光辉文献”往深里走、往实里走、往心里走，做到常学常新、常思常明、常践常得、常悟常进；要号召全省能源系统干部职工，立足岗位，埋头苦干，积极投身转型综改和能源革命综合改革试点；要全面落实省委“转型为纲、项目为王、改革为要、创新为上”的指示精神，不忘初心、牢记使命，务实担当、破解难题，全力完成试点工作各项目标任务，扎实推动能源高质量转型发展，为全省人民美好生活提供坚强的能源保障。

“三篇光辉文献”是习近平新时代中国特色社会主义思想的重要组成部分，是做好山西各项工作的重要法宝。我省省直部门党员干部按照省委办公厅部署，纷纷通过自学等形式学习。省委统战部民主党派工作处处长梁艳萍表示，在今后的工作中，将全面准确地把握“三篇光辉文献”的思想观点和工作要求，始终保持锐意创新的勇气、敢为人先的锐气、蓬勃向上的朝气，不断推进理念创新、思路创新、制度创新和方式创新，不断研究新情况、解决新问题、创造新经验，在开创全省统战工作新局面中争当时代先锋。省检察院党组副书记、副检察长崔国红说，全省检察干警要聚焦高质量转型，严惩非法经营等违法犯罪活动,依法平等保护各类市场主体合法权益。聚焦高水平崛起,坚决打赢扫黑除恶专项斗争攻坚战。聚焦高标准保护,充分发挥刑事检察和公益诉讼检察作用,打好蓝天碧水净土保卫战。聚焦高品质生活,做好食品药品安全等各项民生检察工作。“习近平总书记在黄河流域生态保护和高质量发展座谈会重要讲话中指出,要推进黄河文化遗产的系统保护,深入挖掘黄河文化蕴含的时代价值,讲好黄河故事,延续历史文脉,坚定文化自信,为实现中华民族伟大复兴的中国梦凝聚精神力量。”省文化和旅游厅资源开发处处长师振亚表示,作为山西的文化和旅游工作者,要做好黄河文化的保护工作,做好黄河文化的宣传开发工作,把山西的黄河文化利用好、保护好、传承好。

重温“三篇光辉文献”,重整行装继续征程。省直部门党员干部一致表示,要进一步与“三篇光辉文献”对表对标,把习近平总书记的重要论述、重大要求转化为做好明年工作的具体思路和举措,不断提高治理体系和治理能力现代化水平,推动习近平新时代中国特色社会主义思想在三晋大地生根开花结果。

(《山西日报》2019 年 12 月 24 日　邓伟强　杨　文　陈俊琦　李　炼　高建华　闫书敏　赵向南)

常学常新　常悟常进

——全省各市县党员干部重温习近平总书记“三篇光辉文献”

全省各市县党组织和广大党员干部通过多种方式,认真重温习近平总书记视察山西重要讲话、在推动中部地区崛起工作座谈会重要讲话、在黄河流域生态保护和高质量发展座谈会重要讲话。大家一致认为,“三篇光辉文献”是习近平新时代中国特色社会主义思想的重要组成部分,是做好山西各项工作的重要法宝。通过重温“三篇光辉文献”,进一步明确了方向、提振了信心、激发了斗志。对“三篇光辉文献”要常学常新、常悟常进,要不断把学习成果转化为推动高质量转型发展的工作实践。

深刻领会核心要义,持续深化项目建设,高质量推进转型发展

厚望如山,催人奋进。全省各市县党员干部通过集体学习、自学等方式认真重温“三篇光辉文献”,进一步增强了一以贯之抓落实、重整行装再出发的使命感、紧迫感。

大同市委召开常委(扩大)会议暨中心组集中学习会议。省委常委、大同市委书记张吉福强调,要坚持省委“转型为纲、项目为王、改革为要、创新为上”重大部署要求,将稳中求进工作总基调、新发展理念、高质量发展要求、供改综改相结合贯穿于转型发展全过程各环节,紧紧围绕“示范区”“排头兵”“新高地”三大目标,持续推动深化转型项目建设年活动,加快构建现代产业体系,狠抓项目落地落实,打造一批有核心竞争力的产业集群,擦亮转型综改和能源革命的金字招牌。要持续深化国企、开发区、“放管服效”等重点领域改革,持续优化“六最”营商环境,高质量推进转型发展。

阳泉市委常委会召开扩大会议,重温“三篇光辉文献”。阳泉市委书记关建勋领学并作交流发言。他强调,要坚持以党的政治建设为统领,持续抓好全面从严治党。坚持发展第一要务不动摇,持续推动转型发展。坚持“项目兴市”,持续推动项目建设。坚持以改促转,以深化改革的破题推动转型发展的破局。坚持把打造创新生态作为战略之举,持续实施创新驱动战略。坚持以人民为中心的发展思想,持续抓好民生改善。要通过重温“三篇光辉文献”,进一步增强使命感、紧迫感,确保中央决策和省委部署在阳泉全面准确有效执行。

朔州市委中心组进行集体学习,重温习近平总书记“三篇光辉文献”和习近平总书记对右玉精神的重要指示,并作交流研讨。市委书记陈振亮表示,朔州要大力实施“生态立市、稳煤促新”战略,建设“四大基地”,打造“能源绿都”,着力推动高质量转型、实现高水平崛起、坚持高标准保护、创造高品质生活,以活力迸发的创新生态引领经济转型,以风清气正的政治生态保障全面进步,不断谱写塞上绿洲、美丽朔州新篇章。

右玉县委常委全体认真重温了“三篇光辉文献”。县委书记吴秀玲表示,右玉要按照习近平总书记指引的方向,按照省委市委部署要求,结合右玉实际,扎实开展调查研究,进一步理清发展思路、完善发展举措,确保习近平总书记视察山西重要讲话精神和对右玉精神的重要指示精神在右玉落地生根、开花结果。

晋城市出台重温习近平总书记“三篇光辉文献”的通知,要求全市各级党委(党组)把重温“三篇光辉文献”作为当前重要任务,春节前至少进行两次集中学习。市委书记张志川强调,要紧盯“五个方面重大任务要求”谋划晋城工作,按照省委的思路和部署,全力主攻三大目标,打赢防范化解重大风险、精准脱贫、污染防治三大攻坚战,补齐交通、民生、开发区三大短板,干好城区改造、新区建设、乡村振兴三件大事,守住安全生产、社会稳控、反腐倡廉三条底线,进一步解放思想、先行先试、狠抓落实,加快推动新时代美丽晋城高质量转型发展取得新成果。

积极融入国家战略,抢抓重大历史机遇,努力在中部崛起中赢得先机

时代潮涌,三晋浩荡。习近平总书记站在国家发展全局的高度,为中部地区崛起擘画蓝图、把脉定向、指引航程。

通过重温“三篇光辉文献”，各地进一步提高了政治站位，切实增强了振兴崛起的使命感和紧迫感，展现出应有的作为和担当。

省委常委、太原市委书记罗清宇主持召开市委常委会（扩大）会议，重温习近平总书记“三篇光辉文献”。他强调，全市各级党委（党组）要认真对表习近平总书记重要讲话精神，全面落实省委部署要求，不断巩固和拓展主题教育成果，秉持“转型为纲、项目为王、改革为要、创新为上”理念，聚焦“示范区”“排头兵”“新高地”三大目标，始终保持转型发展的定力、改革创新的担当、生态优先的自觉、为民服务的情怀、自我革命的精神，履职尽责、担当作为，奋力开创全市党的建设和党的事业新局面。

晋中市召开市委中心组（扩大）学习会议，重温习近平总书记“三篇光辉文献”。市委书记赵建平在谈学习体会时说，习近平总书记关于中部地区崛起重大意义的重要论述和8项工作要求，对于晋中市在新的历史条件下，抢抓中部崛起新机遇，坚持高质量发展，展现更大作为指明了方向。目前，晋中市正起草关于《贯彻习近平总书记在推动中部地区崛起工作座谈会上重要讲话精神实现高质量发展实施方案》，晋中将紧紧抓住重大机遇，持续推动高质量发展。

祁县县长冯耀黎表示，习近平总书记关于中部地区崛起重大意义的重要论述和8项工作要求，对祁县走好新时代高质量发展路径指明了方向。祁县将加快特色产业合作区和祁县茶城建设，打造昭馀古城中国茶文化旅游第一城，以开放发展先行县建设引领祁县高质量发展。

长治市委召开常委会，重温习近平总书记“三篇光辉文献”。市委书记孙大军说，长治要走出资源型城市创新发展、绿色发展、可持续发展之路，就必须紧扣高质量发展要求，聚焦“三大目标”，用好转型综改和能源革命综合改革试点两大金字招牌，以国家首批老工业城市和资源型城市产业转型升级示范区建设为抓手，在供给侧结构性改革上下更大功夫，在创新驱动、发展战略性新兴产业上下更大功夫，保持定力，增强动力，激发活力，努力在中部崛起中赢得先机、培植优势，在整体跟跑中实现局部领跑。

认真贯彻落实新发展理念，扎实推进生态文明建设，走富有地域特色的高质量发展之路

绿色发展，生态优先。为深入贯彻落实“三篇光辉文献”精神，忻州市立足与榆林、鄂尔多斯三市地处晋陕蒙三省（区）交汇的黄河中游区域，同饮一水、文化一脉、煤气一田的实际，主动与榆林、鄂尔多斯对接，加强合作，共同奏响新时代黄河大合唱。

省人大常委会副主任、忻州市委书记李俊明认为，黄河流域生态保护和高质量发展上升为国家战略，为忻州推进区域内更大范围更多领域更深层次合作提供了重要契机，三市一致同意推动晋陕蒙（忻榆鄂）黄河区域协同高质量发展，共突战略之围、共破交通之困、共扬煤电之长、共搭文旅之桥、共谋民生之福、共走绿色之路、共补水绿之短、共建合作之制，让蓝图成为实景，共同在黄河流域生态保护和高质量发展史上谱写出壮丽篇章。

临汾市委中心组、全市17个县（市、区）、100多个市直单位通过党委（党组）会、中心组学习等方式重温了“三篇光辉文献”。省人大常委会副主任、临汾市委书记岳普煜指出，习近平总书记在黄河流域生态保护和高质量发展座谈会上的重要讲话，是习近平生态文明思想的重要组成部分，是我们做好工作的重要法宝。要从践行“两个维护”的高度，切实增强时代使命感，与沿黄兄弟省市一道，共同抓好大保护，协同推进大治理，重点抓好古贤水库建设前期、水土流失治理、水资源节约利用、百里黄河文化旅游开发等工作，为促进黄河流域生态保护和高质量发展作出临汾贡献。

吕梁市委召开常委会议和中心组学习会议，认真重温“三篇光辉文献”，并把重温“三篇光辉文献”与贯彻党的十九届四中全会精神结合起来，对干部进行轮训。省政协副主席、吕梁市委书记李正印说，吕梁将牢固树立“绿水青山就是金山银山”的理念，加强吕梁山生态系统保护修复，广泛开展国土绿化行动，持续深化合作社造林机制，推动增绿与增收双赢。深入贯彻习近平生态文明思想，统筹实施精准治污、科学治污、依法治污，充分运用“大数据＋环保”，精准施策、靶向治理，推动吕梁空气质量保持在全省和汾渭平原城市前列，突出水污染问题治理，坚决打好污染防治攻坚战。深入贯彻新发展理念，坚定不移推进转型发展，一手抓煤焦等传统产业改造升级，一手抓战略性新兴产业发展壮大，以产业转型升级破解结构性污染问题，努力走出一条具有吕梁特色的高质量发展新路子。

运城市委中心组召开学习会，重温习近平总书记“三篇光辉文献”，推动学习贯彻往深里走、往实里走、往心里走。市委书记刘志宏表示，运城要按照省委常委扩大会议上的部署，紧密联系运城实际，突出工作重点，创造性地抓好贯彻落实。扎实推进生态文明建设，大力度统筹推进“八大生态系统”修复治理，突出抓好黄河流域运城段的生态保护，大规模开展植树造林和水环境治理，打好自然禀赋牌，让生态环境成为运城最大的名片。

在重温习近平总书记“三篇光辉文献”后，芮城县水利局局长令狐启华表示，重温习近平总书记“三篇光辉文献”更加增强了我们的紧迫感和使命感。我们作为水利部门和黄河保护治理部门，就是要加大生态保护，抓好水土保持，节水优先，实现用水方式的转变，放大黄河的生态效益、经济效益、社会效益，让黄河母亲河真正成为造福人民的“幸福河”。

（《山西日报》2019年12月22日　李志军　杨天闻　李宏伟　杨　彧　贺　锴　任永亮　白雪峰　白续宏　王利强　王少科　袁兆辉　王　荔　周明飞　段伟华）

加强研究阐释 展现时代担当

——全省社科界专家学者重温习近平总书记“三篇光辉文献”

连日来,全省社科界专家学者重温习近平总书记“三篇光辉文献”。专家学者一致认为,“三篇光辉文献”是习近平新时代中国特色社会主义思想的重要组成部分,是我们做好各项工作的重要法宝。大家纷纷表示,要发挥社科界的学术优势,进一步努力钻研,更深层次研究阐释“三篇光辉文献”的丰富内涵和实践伟力,展现当代社科工作者的时代担当。

认真学习,全面准确领会“三篇光辉文献”核心要义

“要把‘三篇光辉文献’所蕴含的真理光芒和实践伟力,向学员讲清楚,党校老师就要先研究透、先弄明白。”中共太原市委党校市情与发展研究室主任范富认为,“作为党校老师,我们更要老老实实地学、原原本本地学,要带着感情学、带着责任学,做到真学真懂融会贯通。”

省科学社会主义学会会长高建生感慨道,“三篇光辉文献”闪耀着真理的光芒、哲学的光辉和实践的力量,体现了理论和实践相结合、认识论和方法论相统一的思想特色。我们要认真学习,掌握贯穿其中的马克思主义立场、观点、方法,从而增强为广大干部群众解疑释惑、阐明真理的本领。

山西财经大学马克思主义学院组织全院教师认真重温“三篇光辉文献”,组织集体备课,制作了专题讲义和课件,制定了进教案、进课堂、进学生头脑的“三进”方案,覆盖全校学生。并通过校领导、马克思主义学院教师、学院研究生进行“三级”授课,把握时代脉搏,反映理论和实践热点,引发广大师生强烈共鸣。

山西省社科联党组迅速组织机关党员干部认真重温“三篇光辉文献”。大家表示,要把“三篇光辉文献”作为学习贯彻习近平新时代中国特色社会主义思想的重要内容,发挥好宣传普及、课题立项、成果评审等引领作用。

联系实际,形成一批高质量科研成果

用理论的光芒来照亮新时代的征程,并将其同中国特色社会主义事业的发展实践结合起来,才能发挥它的指导作用。中共山西省委党校(山西行政学院)结合工作实际,把“三篇光辉文献”作为各主体班次的必修课,进教材、进课堂、进头脑;开展集体攻关,形成一批有深度、有分量的科研成果和决策咨询成果;充分利用学员论坛、硕博论坛等平台,组织教师、学员联系我省改革发展实际深入思考、交流研讨,推动习近平新时代中国特色社会主义思想在三晋大地生根开花结果。

社科工作者要用高质量的学术研究成果,回答时代和实践给我们提出的重大课题。中共山西省委党校右玉精神研究中心主任孟永华表示:“我们要按照习近平总书记的重要指示,大力弘扬右玉精神,全方位、全地域、全过程开展生态环境保护,立足我省沿黄区域实际,进一步思考研究如何全面提高黄河流域的生态保护水平。”

“省委提出重温习近平总书记‘三篇光辉文献’非常及时和重要。”在组织广大干部职工重温习近平总书记“三篇光辉文献”后,省社科院(省政府发展研究中心)要求广大干部职工必须担起述学立论、建言献策的职责使命,坚持在重温学习、研究阐释上下功夫,为加强理论武装、凝聚思想共识,为推动形成适应高质量发展的制度体系和治理效能,发挥更加积极有效的作用。

“促进中部地区崛起,山西是重要的参与者,也是现实的受益者。”山西省发展和改革委员会宏观研究院科研部部长李刚认为,重温“三篇光辉文献”后,对习近平总书记关于做好中部地区崛起工作的八项要求加深了理解。我们要坚定不移把资源型经济转型发展作为全省高质量发展的主攻方向,真正走出一条产业优、质量高、效益好、可持续的发展新路,奋力谱写转型发展新篇章。

(《山西日报》2019 年 12 月 26 日 王早霞 王立忠)

提振信心改革创新　奋力谱写高质量发展新篇章

——全省企业党员干部重温习近平总书记“三篇光辉文献”

不负重托振奋精神，锐意进取开拓创新。

我省企业党员干部通过党委常委(扩大)会议、中心组学习、政工例会、支部“三会一课”、主题党日、个人自学等多种形式，认真重温习近平总书记视察山西重要讲话、在推动中部地区崛起工作座谈会重要讲话、在黄河流域生态保护和高质量发展座谈会重要讲话“三篇光辉文献”。广大企业党员干部一致表示，“三篇光辉文献”是习近平新时代中国特色社会主义思想的重要组成部分，为企业发展指明了前进方向和战略重点，是企业做好各项工作的重要法宝。要以“三篇光辉文献”为指引，在省委坚强领导下，用好转型综改和能源革命综合改革试点两大金字招牌，以活力迸发的创新生态引领经济转型，以风清气正的政治生态保障全面进步，在实现“两个一百年”奋斗目标进程中，奋力谱写企业高质量发展新篇章。

深入学习，准确把握“三篇光辉文献”的深刻内涵，进一步增强一以贯之抓落实、重整行装再出发的使命感与责任感

我省广大企业党员干部把重温“三篇光辉文献”作为重要政治任务，结合企业经营发展，认真把握“三篇光辉文献”的深刻内涵，深刻体会到习近平总书记重要讲话的重大意义、真理光芒和实践伟力，深切感受到习近平总书记的领袖风范、为民情怀和务实作风，增强了一以贯之抓落实、重整行装再出发的使命感与紧迫感。

为进一步组织好全体党员干部重温习近平总书记“三篇光辉文献”，晋煤集团下发学习通知，整理学习要点，通过中心组学习、政工例会、支部“三会一课”、主题党日等方式，组织开展各种形式的学习研讨。同时，借助“晋煤大讲堂”“理论骨干培训”和各媒体开设的“学习课堂”，为广大党员领导干部提供重点研学、系统讲学的各种平台，并形成长效机制，持续为企业改革转型高质量发展提供战略指引。

太钢集团召开党委常委(扩大)会议，要求各级党组织把重温“三篇光辉文献”作为重要政治任务，与持续巩固拓展主题教育成果结合起来，组织党员干部原原本本学、逐段逐句学，真正学懂弄通、学深悟透。要求各单位一把手要领读、导读，带头往深里走、往实里走、往心里走。各级领导干部带头反复学、系统学，带着问题学、联系工作学。把集中学与长期学结合起来，形成长效机制，做到常学常新、常悟常进。

习近平总书记“三篇光辉文献”思想深邃、视野宏阔、高屋建瓴、总揽全局。“要把学习‘三篇光辉文献’作为学习习近平新时代中国特色社会主义思想的重点，反复学、系统学，带着问题学、联系工作学，在领会践行核心要义和重大要求上下功夫，不断提升思想政治水平和工作能力。”在企业党委中心组扩大学习会议上，山西建投集团党委书记、董事长孙波要求企业各级党组织和党员干部这样做。

凝心聚力，切实把思想和行动统一到党中央的战略判断和重大决策上来，统一到省委的各项部署要求上来

我省广大企业党员干部表示，要自觉把思想和行动统一到党中央、省委的分析判断和工作部署上，坚定信心和决心做好各项工作，凝聚起改革创新高质量发展的合力。

山西焦煤集团召开党委中心组学习，要求全体党员干部深刻领会习近平总书记重要讲话的重大意义、真理光芒和实践伟力，做到学懂弄通做实，切实把思想和行动统一到习近平新时代中国特色社会主义思想上来，落实到省委提出的着力抓好“四件大事”上来，奋力推动企业高质量发展迈上新台阶。

太钢集团则要求全体党员干部，特别是党员领导干部要进一步与“三篇光辉文献”对表对标，切实以习近平新时代中国特色社会主义思想武装头脑、指导实践、推动工作。坚决扛起政治责任，担当作为，扎实工作，确保今年任务圆满完成。把省委、省政府的重大部署转化为做好明年工作的具体思路和举措，确保新的一年开好局、起好步，为加快实现新时代太钢高质量发展奠定坚实基础。

山西禾源科技股份有限公司是我省为数不多的从事智慧交通的新三板挂牌企业、国家级高新企业，持有专利50余项。近年来该企业研发的隧道安全精准监测与自动预警控制系统，在晋阳高速隧道应用后，相比往年减少事故70%。

“山西正处于改革发展的关键时期，我们将把习近平总书记的重要论述和重大要求，贯穿到企业的长远规划中，持续不断助力提升我省应急管理治理体系和治理能力现代化水平。”禾源科技公司董事长邓韶辉组织员工认真重温“三篇光辉文献”后深受鼓舞，他表示希望山西能打造出中部地区最佳的营商环境，让人才来得了、留得住，民营经济稳得住、能发展，外来投资愿意来、能创效。

狠抓落实，充分发挥自身优势，找准在全省发展大局中的时代方位，奋力开创企业高质量转型发展新局面

高质量发展对于企业生存发展意义重大。通过重温习近

平总书记“三篇光辉文献”,企业坚持新发展理念,进一步解放思想、改革创新的观念意识得以增强,发展的思路更加清晰,高质量发展的脚步更加坚定。

“近来,省委先后提出‘转型为纲、项目为王、改革为要、创新为上’‘推动高质量转型、实现高水平崛起、坚持高标准保护、创造高品质生活’等一系列战略思路,这为全省工作明确了重点、指明了方向。”山西能交投公司董事长武强表示。

为进一步创造性地抓好贯彻落实,结合自身特点与优势,山西能交投公司提出今后将着力做好“五篇文章”:聚焦主责主业,做好高质量发展文章;聚焦新兴产业,做好转型升级文章;聚焦创新驱动,做好打造创新生态文章;聚焦改革开放,做好激发内生活力文章;聚焦红线底线,做好可持续发展文章。

围绕推动企业高标准转型,山西建投集团将以集团混合所有制改革为切入点,增强企业竞争力、创新力、控制力、影响力和抗风险能力;围绕实现高水平再出发,谋划2020年工作,深刻思考如何在改革转型上再发力,为明年一季度“开门红”奠定坚实基础;围绕助推山西高质量发展,加快建筑产业现代化园区建设、房地产开发步伐,继续深耕“一带一路”基础设施建设,努力探索一条产业优、质量高、效益好、可持续的发展新路。

一以贯之抓落实,重整行装再出发。重温“三篇光辉文献”,凝心聚力走高质量发展之路。我省广大企业党员干部表示,要将习近平总书记的指示要求,转化为引领企业改革发展、创新发展的有力举措,要将省委、省政府的决策部署,转化为企业党员干部的自觉自动。在习近平新时代中国特色社会主义思想指引下,狠抓机遇、攻坚克难,为实现我省企业高质量发展而不懈努力。

(《山西日报》2019年12月23日　刘瑞强　张　毅　晋帅妮)

常学常新　常践常得　常悟常进

——全省高校党员干部重温习近平总书记“三篇光辉文献”

连日来,我省各高校党委及各级党组织、广大师生党员干部通过党委会、中心组学习、专题研讨、座谈交流等各种方式,积极重温习近平总书记视察山西重要讲话、在推动中部地区崛起工作座谈会重要讲话、在黄河流域生态保护和高质量发展座谈会重要讲话“三篇光辉文献”。大家一致认为,“三篇光辉文献”思想深刻、内涵丰富,是做好高校各项工作的重要法宝, 为当前和今后一段时间的高校工作指明了方向,明确了重点。要深刻认识学习贯彻“三篇光辉文献”的重大意义,把重温“三篇光辉文献”作为一项重要政治任务,切实增强政治自觉、思想自觉和行动自觉,认真学习、悉心体悟,努力做到常学常新、常思常明、常践常得、常悟常进。

12月20日上午,中北大学召开党委中心组理论学习会议,集体重温学习了习近平总书记“三篇光辉文献”的重要内容。会议指出,“三篇光辉文献”不仅为山西转型发展提供了路径遵循,也为学校发展和广大干部干事创业指明了努力方向。全校上下要认真研学,坚持往心里学、往深里学、往实里学,要深入联系实际,把学好“三篇光辉文献”与学校发展和建设融会贯通,开拓创新,攻坚克难,推动学校早日跨入“双一流”建设高校的队伍。

山西农业大学党委向全校党员干部发出重温习近平总书记“三篇光辉文献”的通知。全校各基层党组织迅速行动起来,对表对标,全校党员干部通过学习充分感受到,只有带着责任和感情重温“三篇光辉文献”,才能更加深刻地体会习近平总书记的为民情怀,进一步增强一以贯之抓落实、重整行装再出发的使命感紧迫感,把习近平总书记的讲话精神转化为“为党育人、为国育才”和建设国内一流、国际知名研究应用型大学的实际行动。

山西能源学院党委第一时间召开党委中心组学习扩大会议,各系部中心组召开全体人员学习会议,重温习近平总书记“三篇光辉文献”,做到了全院师生员工全覆盖。会议指出,在学习过程中要切实强化对表对标,努力在学深悟透做实上下功夫,认认真真地学习、不折不扣地落实、坚持不懈地践行,以更高站位谋划推进学院内涵发展,自觉把习近平总书记重要论述和重大要求落实到学院各项工作中。

“学习‘三篇光辉文献’的根本目标在于‘用’,在于指导工作实践。”在学校党委理论学习中心组专题学习会上,山西医科大学党委书记张俊龙指出,要对标“一流大学”,在创新上下功夫,在创造上做文章,在产业发展上出实效,努力将习近平总书记的指示要求转化为造福师生和人民群众的务实举措,转化为推动干部和师生携手促进学校创新发展的生动实践,转化为推进立德树人根本任务深化的不竭动力。

太原理工大学党委理论学习中心组最近刚刚入选全省首批“双百计划”联系示范点。该校党委书记吴玉程要求以此为契机, 进一步发挥校党委理论学习中心组的平台作用,把重温“三篇光辉文献”作为当前及今后一段时期政治理论学习的重要内容,持续深入推进习近平新时代中国特色社会主义思想在学校落地生根。全校上下要始终坚持省委重大部署要求,忠实践行习近平总书记视察山西时提出的“要做好煤炭绿色高效清洁利用这篇文章”指示精神,为推动山西高质量转型发展作出新的贡献。

“作为一名党员干部,同时作为一名思政课教师,我将在今后工作中自觉加强党性锻炼和自我省察,不折不扣执行党的各项制度和纪律，及时发现和解决自身存在的问题，坚定地做让组织放心、让党和人民放心的老实人，在立德树人、教书育人的过程中，在续写山西发展新篇章的过程中作出自己的贡献。"山西大学马克思主义学院院长张守夫在重温"三篇光辉文献"后激动地说。

山西财经大学党委积极组织全校师生党员干部，通过各种方式重温了习近平总书记"三篇光辉文献"。"习近平总书记就推动中部地区崛起提出8点意见，山西将迎来十分重要的战略机遇期。"该校公共管理学院党委书记董军伟谈及学习感受时说，"我们要从营商环境优化、扩大高水平开放、新兴产业布局转移规划政策的完善上主动出击，大力开展科学研究，为服务地方、服务社会发展提供有价值的'山财方案'和'山财智慧'。"

山西工商学院召开了习近平总书记"三篇光辉文献"专项学习研讨会，该校党委书记朱天燕指出，重温"三篇光辉文献"，让全校党员干部进一步明确了方向、提振了信心、激发了斗志，在今后的工作中，我们要不忘初心、牢记使命，继续落实立德树人根本任务，扎实开展课程思政建设，构建"大思政"育人格局，为培养担当复兴大任的时代新人贡献智慧和力量。

(《山西日报》2019年12月25日 李林霞)

省人大代表、省政协委员重温习近平总书记"三篇光辉文献"

省政协委员杨玉果：

"我们举办女性创业创新大赛，开展技能培训，帮助'妇字号'企业做大做强，实施贫困妇女'两癌'免费检查救助，不断推动妇女民生保障和改善。""当前，'十百千万巾帼大宣讲'系列主题活动正在临汾市开展，推动'三篇光辉文献'在广大妇女中入脑入心。要落实好习近平总书记'注重家庭、注重家教、注重家风'重要指示，引领妇女倡导积极向上、健康文明的高品质生活，努力在实现'两同步'中贡献妇女的力量。"

省人大代表张文玲：

"'我们党干革命、搞建设、抓改革，都是为了让人民过上幸福生活。'在学习'三篇光辉文献'时，对习近平总书记视察山西重要讲话中的这句话印象深刻。""随着城乡居民生活方式的转变和生活水平的提高，居民对家政服务的依赖更加凸显。作为一名基层劳动者，必须牢记习近平总书记的嘱托，争当领域内的时代先锋，不断创新理念和服务方式，为更多群众送去福祉。"

省政协委员史利岗：

"学习'三篇光辉文献'要带着问题学、联系工作学。在我的公文包里放着《忻州市电梯安全管理条例》《忻州市养犬管理条例》《忻州市电动车管理条例》三部地方性法规。主题教育中，在与社区居民开展普法宣传时，感受到全民法治观念还需进一步提高。""法治宣传教育是保障和改善民生的重要一环。在创造高品质生活中，广大法律工作者要在改善民生上担当作为，努力营造全社会知法、懂法、守法的良好氛围，提升全民法律素质，增强全民法治观念，使社会主义法治真正成为良法善治。"

省人大代表周建新：

"公安工作与广大人民群众的生活密切相关，公安民警要深入学习'三篇光辉文献'，维护好政治稳定和社会长治久安，建设法治山西、平安山西。""要通过推出更多便民措施，扩大、完善、优化'一网通办'服务体系等方式，解决老百姓的操心事、烦心事、揪心事，提升人民群众的幸福感和获得感，让发展更有质感、更有温度。"

省政协委员陈帅：

"2020年是我省脱贫攻坚决战完胜之年，感到身上的担子更重了。在这个关键节点上，学习'三篇光辉文献'对重整行装再出发，立足岗位、奋勇争先具有更加重要的意义。""在巩固脱贫成果的基础上，要撸起袖子加油干，加快补齐基础设施、饮水安全、人居环境等工作短板，做好杏城镇全域旅游规划，多途径增加群众收入，为全面建成小康社会跑好'最后一公里'。"

省人大代表温变英：

"'坚持质量兴农、绿色兴农，不断提高农业综合效益和竞争力。'我对习近平总书记这句话印象特别深刻。""今年我们阳曲小米成为网红小米，得益于大力培育县域公共品牌，从种植、加工、营销、质量安全等方面加强管理。小米成了阳曲优质农产品和绿色食品的代表，拓宽了农民增收渠道，和习近平总书记说的'质量兴农、绿色兴农'特别吻合。提高综合效益、增强竞争力，一定要同时把农产品加工业、龙头企业做大做强，作为延长产业链、提升附加值、增加纯收入的重要抓手。"

省政协委员姚继广：

"扎实做好'三农工作'是习近平总书记对山西提出的'五项重大任务'之一。我一定要牢记嘱托，贯彻好省委'四为四高两同步'总体思路和要求，抓住产业振兴这个关键举措，举龙头、强研发、树品牌，聚力打造农产品精深加工'十大产业集群'，培育壮大新动能。按照'南果中粮北肉东药材西干果'布局，高位推动园区建设，全力打造农业标杆项目。发扬新时代'三农'人的奋斗精神，以担当实干、善作善成的韧劲和拼劲,打赢农村同步全面建成小康社会这场硬仗。”

省人大代表付丽霞:

“‘三篇光辉文献’对‘三农’工作有很强的指导性、实践性。”“一段时间以来,我和同事们都在重温‘三篇光辉文献’,积极展开讨论。通过重温,更坚定了发展有机旱作农业的信心决心。下一步,将把农业废弃物资源化利用作为农村环境治理的重要内容,开展农作物秸秆高效综合利用、生物质清洁取暖试点、畜禽粪污能源化利用、废旧农膜回收及资源化利用等工作,推动长治市绿色有机旱作农业示范市创建。”

省政协委员赵士权:

“重温学习‘三篇光辉文献’后,更加充满了前行的力量。作为一家扎根农村、服务‘三农’的全国性农村电商平台、农业产业化省级重点龙头企业,乐村淘将在协同农村一二三产业融合发展、带动贫困地区人口电商创新创业、推动贫困户农产品上行销售、拓宽建档立卡贫困户增收渠道四个方面重点发力,深耕农村电商、助推精准脱贫,为山西转型发展作出更大贡献。”

省人大代表吴中定:

“越是深入学习‘三篇光辉文献’,就越能深刻体会到习近平总书记重要讲话的高瞻远瞩和丰富内涵。”“当前,运城农产品出口平台建设已初见成效,忠定合作社的示范基地也被列入运城市72个‘水果出口标准化示范园区’。通过不懈努力,‘运城苹果’公共品牌已叫响‘一带一路’。”“从事果业行业已经38年了,也积累了一些经验,作为一名基层代表,一定要在‘三篇光辉文献’的指引下,争当行业领军者,帮助更多乡亲致富。”

省人大代表魏超:

“抓创新就是抓发展,谋创新就是谋未来。”“我研究生毕业后进入世界五百强企业工作,如今返乡创业,从事金融服务行业。最初,我就是在政策支持下成长的创业者,从场地租金的减免、定向帮扶、创业培训,还有一对一帮扶指导都受益匪浅。”“在‘三篇光辉文献’的指引下,现在的山西有着更广阔的创业机会,有着更丰沃的空间和土壤,越来越多的年轻人将更大的热血和激情投入到干事创业中去,未来一定会有更多的‘千里马’在三晋大地上奔驰,跑出山西加速度。”

省政协委员韩渊怀:

“要以构建现代农业产业体系、生产体系、经营体系为抓手,加快推进农业现代化。”“我省应该依托杂粮生产、历史与文化优势,提升山西杂粮创新水平,促进山西杂粮产业现代化,通过杂粮产业的提升助力脱贫攻坚。我们急需培育和打造国际一流杂粮创新平台与中心,利用新技术加快杂粮从传统育种向分子育种的转型,发掘我省杂粮健康功能,培育适于机械化轻简栽培的强分蘖、矮秆抗倒伏优质品种,加强‘种养加销’有机旱作一体化研究与示范,促进杂粮优质优价,提高农民收益。”

省人大代表张九萍:

“我们带着责任和感情重温‘三篇光辉文献’,带着问题和任务对表‘三篇光辉文献’,原原本本地学习、认认真真地落实、扎扎实实地践行。”“市场监管部门作为服务创业者、经营者、消费者的一线部门,既要有一线状态,更要有一线担当。要找准市场监管工作全面落实“三篇光辉文献”的结合点、切入点、着力点,坚持把服务经济社会高质量发展作为市场监管的第一要务,坚持把优化创新生态作为市场监管的动力源泉,严格市场、质量、安全‘三个监管’,狠抓‘六项任务’:激发市场主体活力、筑牢市场安全底线、维护公平竞争秩序、推进质量强省建设、加强知识产权保护、提升市场监管效能。”

省政协委员李桂平:

“高速发展向高质量发展,离不开体制机制、理念技术等方面的创新。”“要想更好地提高办学质量、加快高校高质量建设步伐,必须深入学习贯彻‘三篇光辉文献’。在过去的一年里,山西能源学院新增4个本科专业,成功申报了2个研究中心和1个省级重点实验室,科技创新和服务经济社会的能力明显提升,在奋力建设特色鲜明的应用型本科高校的征途上又迈出了坚实的一步。”

省人大代表任希杰:

“习近平总书记在‘三篇光辉文献’中多次强调创新的重要性,对此我感受深刻。”“大同经济开发区在打造创新体系、完善创新制度、集聚创新人才的基础上,重点推进产业创新发展行动、创新型企业培育行动、创新平台建设升级行动和创新创业载体质量提升行动‘四大创新行动’。开发区将通过不断创新,充分激发高质量转型发展的强大活力和不竭动力,努力打造改革创新发展的示范区。”

省人大代表刘鹏:

“我们把弘扬吕梁精神贯穿于脱贫攻坚、贯穿于改革创新、贯穿于转型发展和生态建设,持续用伟大的吕梁精神锤炼党员干部,培根铸魂、凝聚力量。”

省政协委员杨春明:

“要以‘三篇光辉文献’为思想武器,来武装我们的头脑,指导我们的实践,真正做到在全面准确领会核心要义上达到新高度,在把握和贯彻工作要求上达到新水平,在忠诚干净担当上达到新境界。”“要在勤学、修德、明辨、笃实上下功夫,在修身、用权、律己,谋事、创业、做人上从严从实。同时,也要抓好选人用人这个导向,以用人环境的风清气正促进政治生态的山清水秀。”

省人大代表陈素琴：

“文艺工作者肩负启迪思想、陶冶情操、温润心灵的神圣职责，只有以政治建设为引领、扎实践行群众路线才能做到守正创新，不断创作出好作品。自从把党的政治建设贯穿到文艺服务人民的过程中，团队的战斗力更强了，创作表演的热情和水平更高了。”“我们将不断锤炼党性修养、提高文化素养，发挥好我们山西的文化资源优势，讲好新时代山西故事，为山西高质量转型发展贡献更大精神力量。”

省人大代表呼静波：

“检察机关在继续深入推进党风廉政建设和反腐败斗争，特别是在当前开展的扫黑除恶专项斗争中，检察干部们一定要思想时刻不能松懈，做好随时与黑恶势力作斗争的准备。同时，坚定不移加强和创新社会治理，进一步深化平安建设，有效防范、管控、化解各类风险，维护社会和谐稳定。”

省政协委员杨茂林：

“学习‘三篇光辉文献’，首先要深刻理解思想认识和发展理念对于山西的重要性。”“近年来，在省委的坚强领导下，全省上下奋力拼搏，转型发展和改革创新呈现出强劲态势。但我们必须清醒地认识到，山西依然是欠发达省份，推进各项事业的进一步发展，必须解放思想、转变发展理念，以自我革命的勇气直面问题、应对挑战。作为一名社科工作者，要深刻领会“三篇光辉文献”的思想精髓，担起述学立论、建言献策的职责使命。要坚持在研究阐释上下功夫，为加强理论武装、凝聚思想共识发挥更加积极有效的作用。”

省政协委员弓巧娟：

“要按照习近平总书记重要指示，落实高质量发展理念，就要抓住黄河治理千载难逢的机遇，借鉴长江、珠江流域发展的经验，齐心协力、上下联动，打好黄河治理与资源高效利用、人民高水平生活的组合拳。要将广大干部群众中蕴含的热爱山西、建设山西的内能，转化成落实‘四为四高两同步’总体思路和要求的不竭动力。”

省政协委员王开成：

“重温学习了‘三篇光辉文献’后，更加充满了干事创业的热情。”“作为一家集研发、生产、销售、服务于一体的现代化农资企业，凯盛集团把‘发展生物产业，创造健康世界’的理念潜移默化到转型跨越高科技生物领域，公司新上国家发改委高新技术项目，引进著名生物工程专家，开发高科技产品等，全面用于现代农业生产实践，为有机产品、绿色食品的生产开辟了新的道路。下一步，公司将坚持转型为纲、项目为王、改革为要、创新为上，围绕中心，创新工作，为全省农业高质量发展作出新贡献。”

省人大代表贾向东：

“‘三篇光辉文献’是指导山西转型发展的纲领性文件，认真重温学习了‘三篇光辉文献’后，更感受到了发展理念的重要性和必要性。我省作为资源型省份，转型是唯一出路，创新方能求生。作为电力系统国企的一名普通职工，为企业的发展努力工作、把本职工作干好，就是用实际行动落实习近平总书记重要讲话精神的具体体现。在今后工作中，要围绕企业转型发展，积极献计献策，在工作中不断创新，攻坚克难，为山西转型发展贡献自己的力量。”

省人大代表石勇：

“‘三篇光辉文献’对于我们在新的历史条件下，抢抓中部崛起新机遇、坚持高质量发展、取得更大作为，指明了方向。”“平遥入选首批国家全域旅游示范区和山西省首批文旅融合示范区创建单位，今后要全力推动文化旅游融合发展，要走出高质量发展、可持续发展之路，就必须深入学习‘三篇光辉文献’的重要内涵。要以平遥经济技术开发区为承载，在供给侧结构性改革上下功夫，在创新驱动、招商引资、发展新兴产业上下功夫，全力推动工业转型迈出更大步伐；要培养敢为人先、先行先试的气魄和胆略，激发干事创业动力，推动高质量转型发展。”

省政协委员刘文忠：

“如果把每一个贫困户看成是一个浪花，那么整个乡村就是大海。大海的平静还是汹涌要看每朵浪花的迭起，要看风力大小。所以，乡村振兴需要建立防范返贫的长效机制，要加大农村内生动力的培育力度，加强精准规划，精准培训。我将一方面加强学习，做好高等农业教育领域的‘说教’和从业就业指导工作；另一方面以身作则，做好在和顺、中阳、广灵等地的扶贫和扶志工作，让这些地区尽快进入乡村振兴的行列。”

省人大代表史秀莉：

“大部分贫困山区也都是教育资源薄弱的地区。要增强贫困山区的内生动力，必须让贫困地区的孩子接受良好教育，坚决阻断贫困代际传递。”“学习‘三篇光辉文献’，不仅要领会精神，更要践行见效。阳泉市文化艺术学校在其对口扶贫单位盂县西烟镇峡掌村就地选材、因材施教，选择有艺术天赋的贫困家庭孩子，学杂、书本、学费全免；还和阳泉市妇联联合，免费接收有艺术天赋的贫困家庭孩子入学，帮助贫困家庭孩子用知识、技能改变自己命运，如今已成效显现。”

省人大代表雷文斌：

“脱贫攻坚战进入决胜的关键阶段。教育培训首先要从思想上改变，然后充实文化和技能。最后，结合实际生产、工作情况，融会贯通，边学边做边用。”“这段时间，我不仅自己深入重温‘三篇光辉文献’，而且把‘三篇光辉文献’搬进了农民职业培训的第一课堂，让培训课堂成了学习理论和转化成果的阵地。下一步，将调整村里的产业结构，完善特色产业生态链，确保农民的收入稳中有增。”

省人大代表刘建平：

“如今，阳泉市正在对各联建村小、散、弱脱贫项目统一规划布局，统一资源调配，大力发展大棚蔬菜种植、旅游等产业项目。”

省人大代表刘桂珍：

“发展苗木种植让段家湾村摆脱了贫困，但并不是长久之计。如今，我们选了一亩地作为试验田，从云南购买了3株板栗树苗、5株榛子树苗和22株油松(含菌)树苗，如果试验成功就可以大面积种植。此外，我们还计划种植药材、羊肚菌。希望通过发展多元化种植，让村民获得更多收益和实惠。”

省人大代表李慧：

“‘三篇光辉文献’为加快转型发展指明了前进方向和战略重点，越是深入学习，越能体会到习近平总书记重要讲话的高瞻远瞩和丰富内涵。”“我将切实找准迎泽区转型发展的目标、方向和路径，坚持转型为纲，在高品质改造提升柳巷朝阳等传统商圈、发展中泰广场等总部楼宇、打造国家火炬计划迎泽特色产业基地等精品园区上持续发力；坚持项目为王，在招商引资、项目储备、手续办理、建设推进以及优化项目全生命周期服务上久久为功；坚持改革为要、创新为上，打造‘六最’营商环境，为改革创新提供坚强保障，让改革创新成为推进转型发展的永恒主题。”

省人大代表黄卫东：

“重温‘三篇光辉文献’，有力地统一了思想、振奋了精神、凝聚了力量，更加坚定了民营企业家走向更加广阔舞台的信心。”“我较早从事的是矿产品开发。近几年，在‘退二进一’‘生态发展’‘产业扶贫’新理念的指引下，我把目光聚焦到绿色生态、高端农业、可持续农业和旅游业的发展上来，为企业找到了新的发展方向和目标。”

省人大代表暴玉喜：

“重温‘三篇光辉文献’，我更深刻地感受到我省把文化旅游产业上升为战略性支柱产业的必要性，感受到全力打造黄河、长城、太行三大旅游板块的紧迫性。”“文化是旅游的灵魂，作为一名基层的文艺工作者，要深入挖掘山西厚重的文化资源，特别是把黄河、长城、太行旅游板块融进深邃的文化内涵，打造优秀的文艺作品和文创产品，以旅游为载体，实现我省文旅产业深度融合发展，让文旅产业真正成为推进我省转型发展、实现经济增长的重要一极。”

省政协委员史元魁：

“重温‘三篇光辉文献’，让我深刻感受到了党中央对山西发展的关怀。国家赋予山西‘转型综改试验区’和‘能源革命综合改革试点’两块金字招牌，是非常好的发展机遇。”“加快转型，实现高质量发展，必须立足新的形势，高度重视发展先进制造业，必须在发展思路、规划布局、配套措施上进一步改革创新，大胆尝试，破解难题，提升动能，激发活力。同时，强化民营高科技制造企业在转型发展中的引领带动作用，推出创新主体培育、科技金融结合、人才引进新举措，发展壮大民营高科技产业集群。”

省政协委员张继宏：

“‘三篇光辉文献’从点、区、域三个方面进行了科学系统的阐述，让我们进一步把准了发展的脉搏，明确了发展方向和战略重点。”“要以‘三篇光辉文献’为指引，在省委坚强领导下，深入学习贯彻新发展理念，坚持‘四为四高两同步’总体思路和要求，应势而谋、顺势而为，在一流创新生态打造、新产业新动能培育、能源革命综合改革试点深入开展、现代基础设施建设等方面精准发力，凝聚起改革创新、奋发有为的强大合力，确保在高质量转型发展的新征程中行稳致远。”

(摘编自《山西日报》记者王秀娟　任志霞　刘瑞强　李家鸣　张海鹰　王少斐　李全宏　李　炼　冯文战　闫书敏　王立忠　王天晓　燕中兴　郑　娜　高　桦　张　毅　孙　蕊　丁　园等人的报道)

三、重温"三篇光辉文献" 着力抓好"四件大事"

奋力谱写高质量转型新篇章

——2019年山西经济社会发展系列述评之一

转型山西、奋发有为,山西转型、精彩无限。

隆冬时节,寒气袭人,但挡不住三晋大地高质量转型的铿锵脚步和如火激情——

同煤集团与晋煤集团在地热资源开发、煤层气和瓦斯综合利用等方面加强合作,有效增加地热能、煤层气等新能源生产和消费比重,推动山西能源结构更加绿色、多元;

山西能投正在携手全球生物质能行业领军企业,加快建设生物质能高端装备制造基地,推进核心设备研发制造国产化、自主化,积极向产业链、价值链中高端拓展延伸;

……

2019年的山西经济,备受瞩目。一年来,在省委的坚强领导下,全省上下深入领会贯彻习近平总书记重要讲话精神,聚焦"示范区""排头兵""新高地"三大目标,坚持"转型为纲、项目为王、改革为要、创新为上"的发展理念,坚定信心,保持定力,将转型综改进行到底,不断谱写高质量转型新篇章。

转型为纲——始终把转型综改摆在经济工作的核心地位

如今,"转型" 二字已成为全省上下耳熟能详的高频热词,三晋儿女正以只争朝夕的担当、抓铁有痕的作风、久久为功的韧劲、功成不必在我的境界,坚定不移地推动山西高质量转型,奋力书写一份"速度"与"内涵"兼备的答卷。

12月18日,晋能集团清洁能源科技公司内,年产2GW异质结高效单晶电池及组件生产线上,一台台机械手快速运转,一块块电池片串联成组,沿着生产线进入层叠区,经层压、测试,包装出厂。

从传统煤炭生产运销迈向高精尖、高附加值产业的晋能,正是一年来山西经济高质量转型的一个缩影。

资源型地区经济转型发展是习近平总书记为我们指明的金光大道,转型综改示范区是习近平总书记授予我们的金字招牌。我省始终把转型综改作为山西经济工作的纲,摆在经济工作的核心地位,聚焦产业、企业、企业家,推动产业结构优化和转型升级,构建现代产业体系。

制造业是现代产业体系的支柱,也是推动经济高质量转型的关键。省委明确要求,从2018年起,用5年时间,推动制造业替代煤炭工业成为山西工业第一大产业,实现我省工业历史性"结构反转"。

新材料产业是省委、省政府重点发展的战略性新兴产业。12月6日,山西中磁尚善科技有限公司与浙江大学材料科学与工程学院签署战略合作框架协议,共同成立产学研合作基地,同时积极推进浙大中磁新材料联合研发平台的设立,进行"卡脖子"攻坚项目及应用领域复合材料关键技术研究与联合开发、人才培育及成果推广。

发展通航产业、建设通航强省,是省委、省政府的重大决策。12月7日,太原理工大学航空航天学院(航空航天研究院)在山西大学城揭牌,聚焦国际航空航天学术前沿,推动产学研深度融合,打造航空航天科技创新、人才培养和成果转化的重要基地。

快速崛起的新产业、新动能,绘就了山西经济的高颜值,成为新时代山西经济高质量转型的新引擎。

数字是有说服力的。1–10月,全省规模以上工业增加值增长5.5%,其中,煤炭工业增长5.4%,非煤工业增长5.7%,对全省工业增长的贡献率达到50.7%,超过煤炭工业1.4个百分点。山西发展的"含金量""含新量""含绿量"不断提升。

项目为王——把转型项目建设作为硬任务、硬指标、硬抓手

山西省转型升级重点项目——太钢高端冷轧取向硅钢项目开工,对提升太钢在硅钢行业中的地位,增强太钢硅钢市场竞争力具有重要意义;

太原铁路枢纽西南环线开通运营,与既有通道一起构成环状枢纽,缓解南北车流交换受限、能力紧张现状。

一个个转型项目相继开工或投产,印证着山西高质量转型的坚定脚步。

转型项目建设是扩内需、稳增长的有效手段,更是促转型、调结构、增动能的重要途径。我省坚持项目为王,把转型项目建设作为硬任务、硬指标、硬抓手,持之以恒,紧抓实抓,实现聚沙成塔、厚积薄发,积小胜为大胜。今年以来,我省积极扩大有效投资,实施一批打基础、利长远、补短板、增动能的新项目、大项目、好项目。

一根根钢柱在塔吊的操纵下有序站立,再与其他钢构件进行连接、加固。山西建筑产业现代化(潇河)园区,4.2万m^2的装配式钢结构办公生活区正在火热建设中。

今年我省重点推进102个工业转型升级和技术改造项目，目前，34个项目建成投产或部分投产，33个项目进入设备安装和调试阶段。为了推进项目建设，省工信厅做好项目协调和全程跟踪服务，支持山西建筑产业现代化(潇河)园区等30个项目技改资金9.27亿元，提振企业投资信心。

我省立足当前、着眼长远，抓住国家加大基础设施补短板力度这一机遇，在现代综合交通运输体系建设、城乡重要基础设施、信息化智能化改造、生态文明建设等方面，实施了一批具有牵引性、支撑性的重点项目。

我省把2019年确定为深化转型项目建设年，明确6项主要目标和30项重点任务。省市县三级建立并联审批、职能部门责任、项目化管理、协调调度、监督考核、三级联动等投资项目建设六项常态化工作机制。各级各相关部门落实责任、加大力度，积极投身项目建设主战场，全省项目建设呈现提速提质提效的良好态势。

转型项目建设，为我省高质量转型增添强劲动力。1-10月，全省固定资产投资完成5493亿元，增长6.6%，增速比去年同期高4.5个百分点，比全国同期高1.4个百分点。

改革为要——通过改革激发各类创新创造创业主体的活力

"企业投资项目承诺制改革让我们能提早开工建设，提高了我们的工作效率。"12月18日，金科山西智慧科技城总经理刘兴春连连称赞。

该项目实现了当年签约、当年拿地、当年开工、当年开园招商。这个速度是金科在全国10个城市布局的12个项目里最快的。

企业投资项目承诺制改革是省委、省政府贯彻落实党中央、国务院深化审批制度改革、打造"六最"营商环境的重大决策部署。承诺制改革后，审批事项缩减约80%，企业获得感明显增强。项目从立项到开工时间平均缩短一半以上。

改革是实现转型发展的关键一招。好的营商环境，是涵养创新与发展的土壤。

我省坚持改革为要，持续深化改革，最大限度地激发各类创新创造创业主体的内生动力。各级党委、政府创造良好环境，让企业和市场主体心无旁骛投身于山西转型综改、高质量转型发展的生动实践。

以习近平总书记关于能源革命重要论述为指引，我省出台了15项变革性、牵引性、标志性重大举措，扎实推进能源革命综合改革试点工作，能源革命迈出坚实步伐。我省同步出台了《行动方案》和《任务清单》，细化提出了85项任务举措，确定了近2年内要推进20项重大改革、20项重大事项、10个方面重大技术攻关、38项重大项目，并将责任分解到位，逐一展开落实。

省属国企子企业混改率达70.9%，集团层面混改实现破冰；省国资委监管企业经济指标总体呈现"三增一降"的良好态势……今年新一轮国资国企改革启动以来，省国资委和省属国企坚持以改革促转型，国有资本不断向能源革命方向进军、向新兴产业方向集结、在公共服务领域优化，产业结构正从"一煤独大"走向多元发展，股权结构从"一股独大"走向混合多元，煤与非煤产业正逐步实现历史性"结构反转"。

商事制度改革是党中央、国务院作出的重大决策部署。今年以来，省市场监管局持续深化压缩企业开办时间，在全国率先取消名称预核准，全面实行企业名称自主申报；再次精简企业开办申请材料，由2018年9月的16件压缩为8件……力争实现2019年底企业开办时间压缩至3天。

咬住高质量转型目标，一系列改革举措加快落地，助推山西经济向着高水平阔步前进。

创新为上——构建具有创新活力、创业潜力和创造动力的创新生态

创新是推动高质量转型的第一动力。我省坚持创新为上，全面构建有利于创新活力充分涌流、有利于创业潜力有效激发、有利于创造动力竞相迸发的创新生态，为高质量转型提供有力支撑。我省以产业转型为导向，以产学研结合为路径，推动协同创新、融合创新、自主创新，提升我省区域创新能力。

冬日午夜，太原高新区内依旧灯光点点，这里聚集着我省新一批创新力量。山西迪迈沃科光电工业有限公司负责人马迎春就是其中一员，她感慨地说："作为山西首家专注于机器视觉智能化技术高端应用的先进装备制造企业，要持续推进技术创新，助力'山西智造'快速发展。"

近日，我省2019年首批278家高新技术企业获国家备案，预计全年有效期内的高新技术企业数量将突破2200家。目前，我省拥有16家省级智能制造示范企业和21家省级智能制造试点企业，助力"智造强省"建设。

打造"双创"升级版，持续深化全省"放管服效"改革，进一步激发市场主体活力和社会创造力，《山西省推动创新创业高质量发展20条措施》(以下简称《措施》)从12月13日起正式实施，为近年来我省支持创新创业发展政策措施中"含金量""含新量"最高的政策文件。为鼓励创新、宽容失败，消除"双创"后顾之忧，《措施》当中提出了探索建立"双创"容错免责机制。

从笔尖钢到"手撕钢"，再到高端碳纤维等一大批高精尖特产品集群，创新已成为太钢发展战略的核心。他们着力创新，沉下心来创新，矢志不移创新，从而最终引领行业发展。如今，太钢高端和特色产品占到钢材总量的80%以上，21个产品国内市场占有率第一，16个产品国内市场独有。

志之所趋，无远弗届；志之所向，无坚不入。

3700万三晋儿女正坚定地以习近平新时代中国特色社会主义思想和习近平总书记视察山西重要讲话精神为指引，大力推动质量、效率和动力变革，努力实现资源型经济转型发展的强劲态势，奋力谱写高质量转型新篇章。

(《山西日报》2019年12月20日　张　毅)

集聚高水平崛起新动能

——2019 年山西经济社会发展系列述评之二

11 月 16 日，同煤集团首座千万吨级矿井塔山煤矿，操作人员坐在调度中心轻点鼠标，井下采煤设备自动运转，源源不断地把“乌金”运到地面。不久前，这里的输煤皮带巡检工都换成了机器人；

12 月 3 日，山西甘智电子商务有限公司员工黄世清将公司出口的 61 包 2753 件国际邮件，通过太原国际邮件互换局(交换站)，直接寄往美国、英国、澳大利亚等地；

……

这是山西经济加速崛起的缩影。随着工业结构加速反转，山西这个“煤炭大省”正在向“制造强省”迈进，全省经济保持总体平稳、稳中有进的发展态势。

当前，全省党员干部重温习近平总书记“三篇光辉文献”，认真贯彻落实习近平总书记视察山西重要讲话精神、关于中部地区崛起的总体要求和重点任务，大力实施创新驱动、科教兴省、人才强省战略，加快制造业提质升级、积极承接新兴产业布局和转移、推进能源革命综合改革试点、建设国家农业高新技术产业示范区、扩大对外开放、塑造“三大板块”文旅品牌、打造“六最”营商环境，以“人一之我百之、人十之我千之”的进取精神，努力在中部地区崛起中体现山西担当、山西作为。

开创转型升级新局面
能源革命探路领跑，高质量发展“三量”齐升

一年来，山西努力建设资源型经济转型发展示范区，打造能源革命排头兵，聚焦“三大目标”，以数字化、网络化、智能化为牵引，以科技创新为驱动，以提升产业基础能力和产业链水平为根本，坚定不移地推动山西高质量转型，以高质量发展牵引全省经济转型升级。

今年 5 月，中央全面深化改革委员会会议审议通过《关于在山西开展能源革命综合改革试点的意见》，山西担起先行探路能源革命使命。

行棋当善弈，落子谋全局。对山西来讲，能源革命就是一场为全国示范引领、破解深层次矛盾、贯通各领域的“改革大考”。

一场能源革命攻坚战就此在山西全面打响，推出了 15 项变革性、牵引性、标志性重大举措，以改革促转型，在提高能源供给体系质量效益、构建清洁低碳用能模式、推进能源科技创新、深化能源体制改革、扩大能源对外合作等方面率先突破，为全国能源革命探路领跑。

全国最大的炼焦煤企山西焦煤集团，从内陆走向沿海，依托山东日照港组建我国首个 1000 万吨的大型炼焦煤储配基地。

地处革命老区的潞城经济技术开发区，积极探索“民营经济主导、公司化运作”运营新模式，打造转型发展新引擎。“从煤炭到焦炭再到己内酰胺，实现了从原料到燃料再到新材料的产业链延伸，产值也从百元级到千元级再到万元级，现代煤化工的路子越走越宽。”潞宝集团董事长韩长安说。

绿色、低碳、多元、高效、智能，是全球新一轮能源发展的方向。

山西打破路径依赖，为煤炭产量设立“天花板”，对煤炭消费提出总量负增长的“硬任务”，为新能源腾出发展空间。通过编制能源技术革命规划和路线图，聚焦煤基资源高端转化、氢能、先进储能、碳捕集利用和封存等前沿技术，打造全球能源科技创新策源地。

2019 年，山西多家老牌煤企“氢”装上阵，得到美国 AP、法国阿海珐、德国阿斯彭斯等全球能源领军企业青睐。太钢、潞安等省属企业加快建立了各具特色的科技创新一体化管理体系。5G、人工智能、物联网等技术向井下延伸，山西煤矿逐步迈向绿色智能发展的新时代。

太原能源低碳发展论坛连续举办四届，逐步成为国际能源领域的高端对话平台、科技成果发布平台和国际合作对接平台。

数字显示，3 年来，山西累计化解煤炭过剩产能 8841 万吨，煤炭先进产能占比由 36%提升至 68%，一批绿色开采试点启动实施，新能源装机占比超 30%，煤层气地面抽采量占到全国 90%以上，新能源发电装机突破 30%。

山西高质量发展的“含金量”“含新量”“含绿量”不断提升。

实现科技创新新突破
自主创新能力提升，新兴产业生机勃发

科技创新是经济社会发展的首要推动力量。创新决胜未来，人才关乎成败。而人才不足恰恰是山西的短板。

“对山西来说，比以往任何时候更加迫切期待自主创新能力的快速提升，这离不开专业的技术人才队伍。”山西师范大学校长杨军如是说。

2017 年 3 月始，我省连续密集出台 14 个以增加知识价值为导向的政策文件，全部聚焦人才发展环境问题，直击制度层面的“堵点”“难点”和“痛点”。今年 3 月，“三晋英才”支持计划启动。7 月，山西遴选出能源领域首批 10 项关键核心技术面向全球广发“英雄帖”……在创新驱动发展战略等系列配套政策措施带动下，一大批创业创新的市场主体和优秀

人才成为推动我省高质量发展的生力军。

太重,被称为装备制造业的“共和国长子”,装备制造业有多重,太重就有多重。今年35岁的秦捷,大学毕业后就到太重轧钢所工作。11年来,他由一名普通的设计员快速成长为优秀的电气高级工程师。秦捷的爷爷和妈妈都是太重的科技工作者。在一代又一代科创人员的努力下,从艰辛创业到中国制造业500强,太重依靠科技创新刷新了一项项装备制造的世界纪录。

科技创新如今正成为经济发展的新引擎。以太钢为例,国产圆珠笔尖打破国外技术垄断,“手撕钢” 自主研发成功,“星光级超低照度高清监控摄像机”填补了国内空白……

科技创新成果为培育新产业新动能提供了有力支撑,增强了全省转型发展的内生动力。据统计,2018年,全省高新技术企业总数达到1630家,高新技术企业实现营业收入4639亿元,全省高新技术企业数量由2015年的720家增长到2018年的1630家。全省研发经费投入总量达175.8亿元,创历史最高水平。

构建对外开放新体系 营商环境不断优化,市场主体活力迸发

从武夷山到恰克图,万里茶路曾见证了晋商“纵横欧亚九千里,称雄商界五百年”的开放传奇。40年前,安太堡露天煤矿成为中国改革开放的“试验田”。

近年来,山西以习近平总书记视察山西重要讲话精神为根本遵循,致力于推动中部崛起,积极融入“一带一路”,积极开展能源国际合作,加快构建内陆地区对外开放新高地。

11月28日,我省2019年第100列中欧(中亚)班列缓缓驶出,累计开行中欧班列160列,途经9个国家22个城市,进出口货值21.2亿元。

12月3日~10日,2019山西品牌丝路行收官之战走进澳大利亚和新西兰,通过一系列贸易投资促进活动,全面展示山西转型发展新成果和对外开放新形象。

7月,“一带一路”(祁县)中小企业特色产业合作区设立。山西还启动了中欧(晋中)、中以(大同)国际产业合作园区建设,着力打造内陆地区国际合作新平台。

山西还不断优化提升“铁、公、机”,加快建设“岸、港、网”,以高水平对外开放集聚转型新动能。

太原机场开辟的新航线已经跨越洲际,联通悉尼、圣彼得堡、芝加哥,架起开放的“空中桥梁”。以太原机场为龙头,山西大力推动航空口岸开放,大同、运城等口岸开放也迈出新步伐。山西“三大旅游板块”八大行动全面展开。

思维开放了,市场激活了。“我省营商环境不断优化,企业更有活力了。”太原重工轨道交通设备有限公司副总经理刘耀平开心地说。

这一年,山西大力推动开发区、审批制度、商事制度等重大改革,积极打造“六最”营商环境。企业注册登记“三十证合一”,一般性工业项目从立项到竣工验收办理压缩至45个工作日,企业自行办理事项由30项缩减为最多8项,政府统一服务由10项增加为14项,节约60天以上……一条条措施务实管用,一项项服务细致周密。

栽下梧桐树,引得凤凰来。

营商环境的优化,为全省开发区“二次创业”注入新活力。截至目前,全省批设省级及以上开发区64家,工业类开发区规划面积是2015年底的11.3倍,对山西转型发展的贡献度不断提高。

山西崛起风头正劲,山西发展大有可为。只要我们坚持转型发展,坚持绿色发展,不断提升自主创新能力,不断提升对外开放水平,我们就能在中部崛起中再创新辉煌。

(《山西日报》2019年12月21日 任志霞)

以高标准保护促高质量发展

——2019年山西经济社会发展系列述评之三

坚持绿色发展是发展观的一场深刻革命,也是一场转型路上的自我革命。作为能源大省,生态环境保护是山西长期以来必须面对的发展课题。

这些年来,我省坚持以习近平生态文明思想为指导,认真贯彻落实习近平总书记视察山西重要讲话精神,自觉践行“绿水青山就是金山银山”的理念,高标准保护生态环境,扎实推动绿色发展。这些天来,全省党员干部重温习近平总书记“三篇光辉文献”,进一步坚定绿色发展理念,以更大的决心、更高的标准、更实的举措推动我省生态环境建设从标本兼治走向高标准保护与高质量发展的和谐统一。

“转型、治企、减煤、控车、降尘”五管齐下,不信蓝天唤不回

深冬时节,记者走进河津市龙门村。今年5月份,该市因为环境污染问题被省生态环境厅集体约谈并挂牌督办,龙门村曾经是当地污染严重地段。面对记者的采访,村民原文龙介绍说,以前他们村的路上拉煤车很多,周边还有污染企业,环境污染相当严重,经过整治,现在环境有了根本改变。过去出门穿白色衣服,一天不到就落满黑灰,现在天也蓝了水也清了,心情特别舒畅,河津人也可以骄傲地享受“河津蓝”。

河津只是山西生态环境改善的缩影。2019年以来,我省

以前所未有的决心和力度改善生态，铁腕治污雷霆出击，绿色发展再谱新篇，环境保护倒逼转型发展的局面基本形成。

大气污染防治是生态环境保护重中之重，2月28日，我省对《山西省城市环境空气质量改善奖惩方案》进行了修订。

从3月中旬至9月底，我省全面开展焦化行业污染防治专项执法行动，依法严厉打击生态环境违法行为，整治焦化行业违法建设、无证排污、超标超总量排污等问题，全面提升焦化行业污染治理水平。

7月1日至10月15日，我省开展违法排污大整治“百日清零”专项行动，11个驻市检查组和各市交叉检查组全面展开清零工作。10月底，省生态环境厅公布违法排污行为“百日清零”专项行动结束，期间，全省严重超标的重点排污企业从一季度的31家到三季度实现动态“清零”，共检查污染源22234个，查处典型案件316件，罚款金额1.25亿元。10月山西省环境空气质量综合指数为4.6，较去年同期下降5.9%；优良天数比例为86.1%；PM2.5平均浓度为38微克/立方米，较去年同期下降2.6%。

与此同时，我省全面深化生态环境行政执法与刑事司法衔接，进一步完善定期会商、案情通报、联合办案工作机制。对重大、敏感案件，与省公安厅、省人民检察院实施联合督导、联合挂牌督办一批大气污染案件。继续强化按日连续处罚、查封扣押、限产停产、移送行政拘留等环境保护法配套手段的综合运用，完善分析评价指标体系，保持配套办法实施力度和案件数量整体稳定，引导转变和创新执法方式，加大正向激励力度，发挥典型案件警示作用，不断提升配套办法实施效果。

“控污、增湿、清淤、绿岸、调水”五策并举，让母亲河水清河晏

12月18日，时令虽已进入冬季，但是在万荣县三交河万荣段新城村至西张村河道，工人们仍在紧张施工。记者看到，河道防护工程正在进行格宾笼石和浆砌石护坡工序。万荣县河长制工作办公室主任解晓斌介绍，三交河是汾河的支流，三交河万荣段河道治理工程是庙前村断面水污染防治重点工程，今年7月份开工，目前3.75公里的滩槽工程和河道湿地基础工程基本完工，明年开春就可以种植芦苇了。

河道在变，河流生态环境在变。

2017年6月，习近平总书记视察山西时特别要求：“一定要高度重视汾河的生态环境保护，让这条山西的母亲河水量丰起来，水质好起来，风光美起来。”我省牢记习近平总书记的嘱托，全面启动以汾河为重点的“七河”流域生态保护与修复工程，开启了生态化、全流域、系统性治理的新探索。

今年4月，省政府公布《山西省人民政府关于坚决打赢汾河流域治理攻坚战的决定》，自今年5月12日起施行，这是我省首次以政府令形式发布的汾河治理决定，吹响了汾河流域治理攻坚的冲锋号，一场攻坚战随之在全省打响。目前，在汾河流域的市、县（区）分界处，水质自动监测站已全部建成。

环保优先，治水为要。为让汾河“水质好起来”，我省生态环境部门以水污染防治重点工程为主抓手，突出抓好城镇生活污水处理设施建设与改造工程、人工湿地建设、工业集聚区污水集中处理、沿河村镇生活污水治理等汾河流域重点工程建设，以项目建设带动流域水质改善。“控污、增湿、清淤、绿岸、调水”五策并举的治水思路，统筹上下游、左右岸污染治理，强化减污与增水并重，实现全流域、全方位、全系统综合施治。

9月19日，被列入山西中部盆地城市群的汾河百公里中游示范区先行示范段项目启动，打造生态治理样板工程，为“七河”流域生态保护与修复探索可复制、可推广的建设管理和投融资模式。

一年来，太原城区三期汾河治理、古交城区段、临汾汾河两岸、稷山城区段生态修复取得阶段性成果，静乐县生态治理、晋祠泉域汾河罗家曲－龙尾头段生态补水、汾河新二坝、尧都区汾河吴村段生态修复、新绛浍河水生态修复、庙前村断面水污染防治、汾河入黄口水生态修复及保护等工程紧锣密鼓。

河湖长制的实施为河流的生态修复立起了一道保护网。目前全省近万名巡河湖员上岗，市、县、乡、村各级河湖长和巡河湖员积极巡河、护河、治河。“携手清四乱、保护河湖生态”百日会战行动剑指乱占、乱采、乱堆、乱建问题，行政调查和司法检察调查的有机结合变“分头治水”为“联合治水”，非法排污、采砂、围垦、倾倒废弃物和侵占水域岸线等河湖违法行为受到遏制，河流水质明显提升。“一河一策”让多项创新机制落地落实，一批重点工程稳步推进，“七河”流域水生态环境明显改善。

生态生计统一，增绿增收共赢，高标准保护迎来高质量发展

生态兴则文明兴。伴随着落后产能不断退出，我省绿色低碳循环发展的产业体系日渐成熟。

2019年，山西以总量性去产能为主转向系统性去产能、结构性优产能为主，破除无效低效供给，为优质产能腾出市场空间。年内煤炭预计退出产能2000万吨左右，引导60万吨以下煤矿明年年底前退出。在持续开展的“散乱污”企业整治中，淘汰一批钢铁焦化行业落后过剩产能，搬迁改造或关闭退出一批重污染企业，推进一批低效企业转型。

在环保倒逼工业生产转型升级的同时，太行、吕梁“两山”生态保护和修复重大工程开始走向生态生计统一、增绿增收共赢。

12月19日，寒气逼人。在临县大禹乡燎坡村生松扶贫攻坚造林专业合作社的苗圃种植基地，却是满眼葱郁，合作社的数十名社员正忙着给苗木浇水。社员吕福勤告诉记者：“我们两口子参加合作社造林，每年收入3万多元，日子一天比一天好过。”同吕福勤家一样，如今，村里和周边村的71户231名贫困人口靠造林专业合作社脱了贫。

临县林业局局长高翠文告诉记者，生松扶贫攻坚造林专

业合作社近两年承担全县的重点造林工程，累计投入1000多万元,栽植4000多亩,成活率达到90%以上。在临县这样的造林专业合作社有268家,3年累计造林102.64万亩。林业生态扶贫新路也让越来越多的农民摆脱了贫困，看到了希望。

今年我省以“两山”生态保护和修复重大工程为重点,围绕生态修复机制创新试验区、山水林田湖草系统治理试验区、“一圈一带”生态修复先导区、生态保护修复助推脱贫攻坚先导区，将80%以上造林任务安排到吕梁山生态脆弱区、环京津冀生态屏障区、重要水源地植被恢复区和通道沿线绿化区等生态环境最为脆弱、治理任务最为艰巨、群众期待最为迫切的“四大区域”,全流域布局,按山系治理,整区域推进。“两山”生态保护修复呈现出绿色大增、景色大变的生态格局。

采访中,省林草局党组书记、局长张云龙表示:“2020年我省的造林工程任务将向黄河流经市县和沿黄流域倾斜布局,打造一批黄河流域生态治理典型样板,带动黄河流经市县21处保护地形成共同抓好大保护、协调推进大治理的工作格局。”

在发展中保护,在保护中发展。今天,生态文明之花已开遍三晋大地,高标准保护的成效正在以高质量发展的形态日渐显露。

(《山西日报》2019年12月23日　贾力军　康梅芗)

发力“大民生”　创造高品质生活

——2019年山西经济社会发展系列述评之四

山阴县建档立卡贫困户小王突发重型再生障碍性贫血,生命垂危,转院入住山西医科大学第二医院105天,年初治愈出院,当次住院花费24万余元,自付0元。

11月初，长治市潞州区解放东社区居家养老服务中心正式成立。刘早英老奶奶在这里每日享用的爱心餐饮,只需支付1元、3元或5元。

金秋时节,代县第二幼儿园,人造草坪、大型活动器材、钢琴、幼儿玩具、图书全部到位,孩子们的欢声笑语在园区荡漾。

……

一件件民生实事,描绘出高品质生活的美好画卷。

今年以来,省委、省政府全面贯彻落实习近平新时代中国特色社会主义思想,按照习近平总书记视察山西重要讲话等“三篇光辉文献”要求,认真践行以人民为中心的发展思想,持续做好“增进人民福祉”和“促进人的全面发展”两篇民生文章,着力提高城乡居民收入,扎实做好民生保障工作,提升城乡公共服务供给水平，书写了一份温暖人心的民生答卷,进一步提升了三晋儿女的获得感、幸福感、安全感。

加强普惠性、基础性、兜底性民生建设,守护老百姓福祉安康

“农民也能领到养老金,生活越来越好了!”5年前,保德县王积恩和老伴从窑洼乡道座山村搬了出来,在县扶贫小区住上了楼房,就近找到了工作。除了平日里的劳动所得,他们每年还可以领到2000多元养老金。

为让城乡居民老有所养、病有所医,真正消除后顾之忧,我省持续深化社会保障制度，养老保险覆盖范围不断扩大,待遇水平稳步提高,基金保障能力显著增强,公共服务水平有效提升，实现了从城镇职工享有向人人享有的历史性转变。而且,今年我省城镇职工退休人员人均增加养老金174元,实现“十五连涨”,惠及全省261.3万名退休人员。

社会保障是民生安全网、社会稳定器。我省坚持全覆盖、突出保基本,注重加强普惠性、基础性、兜底性民生建设,社会保障网越织越密,牢牢兜住了民生底线。

就业是民生之本。临县小伙儿杜民林、张利原先跟着别人零敲碎打搞装修。今年夏天,学了电工专业一技之长的他俩参加培训后的专场招聘会,当场就被省城国企招用,月薪5000元左右,有宿舍、有食堂,圆了他们在省城稳定就业的梦想。

截至11月底,全省城镇新增就业52.79万人,建档立卡贫困劳动力转移就业9.89万人，均提前超额完成全年目标任务,全省就业形势稳中有进、稳中向好。

从最薄弱处入手,从最需要处发力。我省坚持在发展中保障和改善民生，连续几年全省财政民生支出占比达到80%,把新增财力优先用于保障和改善民生,全力办好群众得实惠的好事、实事。

2019年我省共下达困难群众救助补助资金66.6亿元。全省29.5万城市低保平均保障标准达到每人每月551元,96.8万农村低保平均保障标准达到每人每年4760元，分别比2018年提高了55元、680元,所有县(市、区)农村低保保障标准均达到或超过了国家扶贫标准。

现在,工伤保险走进扶贫车间,失业保险援企稳岗助力稳定就业,生育保险与医疗保险合并覆盖更广，生源地助学贷款和高校“绿色通道”让寒门学子不再上不起大学……更多制度保障人民群众，特别是困难群众共享经济社会发展成果。

依靠改革创新破解民生难题,擘画民生改善新愿景

2019年,我省把深化民生领域改革、办好民生实事摆上

重要议事日程，从人民群众最关心的事情办起，依靠改革创新破解民生难题、增进民生福祉，在方式模式、体制机制、政策制度等方面不断攻坚破题，三晋百姓在全面小康路上行稳致远。

“真没想到，治疗高血压的苯磺酸氨氯地平片原来一盒24元，现在一盒0.49元。”药品带量采购落地山西，让太原市民匡女士连呼惊喜。12月1日起在我省全面落地实行全省公立医疗机构25种治疗慢性病的药品大幅降价，平均降幅达59%。

改革缓解看病难、看病贵，持续攻坚发力。我省已将城乡居民参保人员高血压、糖尿病门诊用药纳入医疗保障范围。年内，随着11个市此项新政陆续落地，全省预计近400万人受益。

没有全民健康，就没有全面小康。我省在全国率先开展了县乡医疗卫生机构一体化改革，目前，全省117个县（市、区）全部建立了县级医疗集团，医疗资源持续下沉，基层服务能力有效提升，老百姓获得感明显增强，形成了县域综合医改的“山西模式”。

“生了一场大病，以为这辈子就完了。没想到自己只花了几千块钱就基本治愈。”沁源县沁河镇北园村村民刘雁林身患高血压，并出现休克，经抢救后入住县人民医院。他住院期间共花费10.3万元，基本医疗保险报销4万多元，大病保险报销1.9万元，补充医疗保险报销2.7万元，民政救助9260元，个人自付仅7009元，政策报销比例达到93.2%。

教育是百姓心头事。我省加快推进城乡义务教育优质均衡发展，坚持就近就便服从就优原则，鼓励探索高中、初中向县城集聚、小学向乡镇集中模式，切实解决义务教育城乡发展不平衡问题。

翼城县实行教育联盟化、集团化办学，城乡教育联合、校际教研联片、教师合作联手、优质资源联网，使全县中小学形成了一个更广意义上的大学校，全县城乡教育实现“齐步走”。连离城偏远的浇底学校，每周二、周三都会响起悠扬的钢琴声，都会有来自县城的音乐教师专程来上课。

群众办事方便了，获得感满意度就增强了。我省推出“一部手机三晋通”App，切实提高人民群众和市场主体办事的便利性，App首批上线了“我要看病”“我要补办身份证”“我要办医保”“我要办税”“我要办个体”等14个主题，围绕办理、查询、预约、缴费、行政审批五大服务功能，已有521个服务事项实现“掌上办、指尖办”，并实现省市县乡村五级联通、一网通办。

“一部手机三晋通”真正成了便民利企的“掌中宝”。太原市民宫彩娥对这一项改革带来的变化，感触很深。“线下办事效率高，线上办事更方便。”

让发展更有质感、更有温度，为人民群众创造高品质生活

经济迈向高质量发展，更注重提升发展的质感和温度。我省以创造高品质生活为引领发力“大民生”，提升城乡公共服务供给水平，满足群众精神文化需求，让人民群众对美好生活新期待不断变成现实，人的全面发展水平明显提升。

“这都是技能提升培训带来的。现在每天有十几人预约，人排得满满当当。”寿阳县东关村解玉龙5月参加按摩师培训，6月创办理疗馆，现在生意做得红红火火。他逢人便说，“没想到上了政府在家门口办的免费培训班，47岁的我找到了自己钟爱的事业。”

2019年是我省全民技能提升工程实施的第二年，截至11月底，全省今年已组织各类技能提升培训101.82万人，涵盖职业（工种）150余个，越来越多的劳动者实现靠技能成才、靠技能增收，在技能提升中找到人生价值，实现全面发展。

“我在这里既能养老，又能天天回家，这就是我想要的老年生活。”88岁的王玉忠对太原市起凤街易照护养老服务中心的居家养老模式赞不绝口。这种“嵌入式”养老中心建在社区里，一般覆盖了周边15分钟路程内大部分老旧社区。王玉忠说他享受的是“点菜式”服务，“我可以在这里吃饭，也可以让服务人员上门做饭。我可以全天候住在这里，也可以只选择日间照料。”

我省将养老服务业作为积极应对人口老龄化的重要举措和促进经济社会发展的新动能，持续加大政府资金投入，出台养老领域省级地方标准14项，支持民间资本参与养老服务业发展。现在，基本建立了以居家为基础、社区为依托、机构为补充、医养相结合的养老服务体系。

小康不小康，厕所算一桩。“年纪大了，腿脚不好，我最发愁过冬天，尤其是上厕所，地滑天冷，出去一趟，又怕感冒，又怕摔跤。”太原市杏花岭区小返乡后李家山村的常战华老人说。今年当地实施厕所革命，常战华老人家厕所改建进了屋，冬天上厕所再也不愁了，老人高兴地说：“可方便了，和城里人一样了。”

我省今年投入7.22亿元，从改厕补助、奖补先进、技术示范等方面支持农村“厕所革命”。截至11月15日，全省新改农村户厕43万，越来越多好用、实用、耐用的新型厕所走进农村千家万户，改变村民生活。

改善民生、惠及百姓的实事一件接着一件办，一年接着一年干，三晋百姓体会到了实实在在的获得感、幸福感。

贫困县农村妇女进行“两癌”免费检查、全省怀孕妇女免费产前筛查与诊断、500个农村老年人日间照料中心落成、免费送戏下乡1.66万场……截至11月底，省政府8件民生实事年度任务已全部完成，高质量、高水平兑现了年初对全省人民的庄严承诺。

回望过去，社会保障发展成就辉煌，温暖人心；展望未来，我们蒸蒸日上，信心更足。我们要重温“三篇光辉文献”、重整行装再出发，以创造高品质生活为引领发力“大民生”，大力提升城乡公共服务供给水平，使人民群众对美好生活新期待不断变成现实，使人的全面发展水平明显提升。

（《山西日报》2019年12月23日　高建华　陈俊琦）

秉持"四为"理念 实现转型发展

省委"四为四高两同步"总体思路和要求，是坚持习近平新时代中国特色社会主义思想科学指引、重温习近平总书记"三篇光辉文献"形成的重大理论成果，具有战略性、纲领性、引领性作用。"转型为纲、项目为王、改革为要、创新为上"作为重要组成部分，既是理念也是方法，必须贯穿我省"十四五"乃至更长时期高质量转型发展全过程，指导全省抓住2020年-2035年窗口期、机遇期、攻坚期，努力实现与全国"两个同步"目标。

准确把握要义，坚定不移落实"四为"理念。"四为"理念和方法，是省委对推动转型工作基本经验的全面提升，符合山西发展阶段、演进趋势和转型规律。这一理念和方法切实把贯彻落实新发展理念与新时代治晋兴晋强晋重要举措有机结合起来，对转型发展的战略、目标、支撑、动力等各种要素进行了再认识、再整合、再提高。一要坚持转型为纲，转型是经济工作的纲，也是各项事业的纲，贯彻落实"四为四高两同步"总体思路和要求必须抓住转型这个纲。二要坚持项目为王，强调项目硬支撑作用，好项目是先进生产要素的集合体，实现"一煤独大"到"八柱擎天"转型发展，必须依托高质量转型项目夯基垒台、架梁立柱、添砖加瓦。三要坚持改革为要，突出关键要素支撑，要敢于先行先试，在基础性、全局性、牵引性的重大改革上下功夫，用市场手段破解长期积累、制约发展的结构性、体制性、素质性问题。四要坚持创新为上，要把培育创新生态作为基础性战略性工程来抓，切实掌握一批关键核心技术，培育一批自主创新品牌，为转型提供动力。"四为"理念和方法，是一个有机整体，落实好这一理念，必须改进抓经济工作的方式，坚持问题导向、目标导向、结果导向，注重在多目标决策中找到最优方案，推动各方面工作在政策取向上相互配合、在实施过程中相互促进、在实际成效上相得益彰，形成一切为了转型、一切服务转型的高度自觉和浓厚氛围。

巩固良好态势，坚定转型综改进行到底的决心。经过多年接续努力，我省转型发展已真正起步，并形成良好态势。经济增长稳定性增强。2019年全省地区生产总值增长6.2%。有效投资拉动增强，制造业引领工业增长，新动能成长加快，承诺制改革全国领跑，开发区实现一般工业项目"全承诺、零审批、拿地即可开工"。这些成绩，是习近平新时代中国特色社会主义思想科学指引的结果，是省委省政府带领全省上下坚决落实习近平总书记"三篇光辉文献"的结果，是坚定不移沿着习近平总书记为我们指明的资源型经济转型发展金光大道、将转型综改进行到底的结果。

坚决担起责任，奋力推动转型"出雏型"。省发改委作为经济综合部门，要坚决担起责任，坚持以"转型为纲、项目为王、改革为要、创新为上"为标尺，主动谋转型、抓项目、推改革、促创新。一是在稳定经济运行、推进高质量转型发展上要有新作为。坚持稳字当头，保持经济运行在合理区间，提高高质量转型发展成色，聚焦产业转型、区域合作转型、空间布局转型和发展方式转型。二是在强化"项目为王"鲜明导向、推进转型项目建设上要有新作为。落实全省项目建设暨招商引资动员大会精神，提升项目整体质量，树立以结果论英雄鲜明导向。三是在擦亮"金字招牌"、推进重点领域改革突破上要有新作为。坚持全面推动、重点突破，出台行动计划，推进能源革命综合改革试点顺利开局，深化承诺制改革，加大价格、信用等领域改革。四是在打造双创升级版、推进一流创新生态打造上要有新作为。落实创新创业高质量发展20条，再谋划出台一批支持举措，打造双创升级版；发挥"智创城"省级双创中心龙头带动作用，复制推广经验；加大众创空间、科技企业孵化器等双创支撑平台的培育支持力度，加快推进国家级、省级双创示范基地建设；围绕战略性新兴产业集群布局创新链。

(《山西日报》2020年2月17日 姜四清：山西省发展和改革委员会党组书记、主任)

践行"两山理论" 致力"三全保护"

深入学习贯彻习近平总书记"三篇光辉文献"，大力践行习近平总书记"两山理论"，认真贯彻省委"四为四高两同步"总体思路和要求，就要进一步解放思想、更新理念，凝心聚力、奋发进取，全面加强我省生态文明建设和生态环境保护，加快推进高质量转型发展。

提高政治站位，鲜明树立"两山理论"指导地位。"两山理论"是习近平总书记对怎样更好顺应和满足人民群众对优美生态环境新期待的深入思考。"两山理论" 打破了把生态环境保护与经济发展对立的二元思维，对推动经济高质量发展与生态环境高水平保护互促共进，加快绿色发展具有重要指导意义。绿水青山是最公平的公共产品，是最普惠的民生福祉。只有始终把解决突出生态环境问题作为民生优先领域，才能真正提高人民群众的获得感、幸福感、安全感。习近平总书记"两山理论"是生态文明建设更现代、更形象、更朴素的话语表达，绿水青山就是金山银山已经成为一个影响深远的形象话语。

贯彻新发展理念，准确把握"两山理论"内涵要求。习近平总书记"两山理论"深刻阐释了生态文明与物质文明之间的辩证统一关系，为资源分配问题寻求新路径，为生态环境问题提出新思路，为开启人民美好生活注入新动力。一要以新思想引领新发展，深入贯彻创新、协调、绿色、开放、共享的新发展理念，坚定不移走生态优先、绿色发展之路，在多重目标中寻求动态平衡，让绿色成为普遍形态，夯实高质量发展的绿色底色。二要以新路径培育新动能，积极推动绿色循环低碳发展，扎实开展能源革命综合改革试点，加快推进资源全面节约和循环利用，创新"飞地经济"模式，着力构建科技含量高、资源消耗低、环境污染少的产业结构，推动生态要素向生产要素、生态财富向物质财富转变，打通"绿水青山就是金山银山"的大动脉。三要以新机制激发新活力，积极优化创新生态，深化市场化改革，运用新技术、新业态、新模式改造提升传统产业，加大生态环境科技自主创新，加快探索生态产品价值实现路径，创新生态补偿金融服务，提高生态资源市场化程度，构建完善的第三方生态环境评估制度，探索政府主导、企业和社会各界参与、市场化运作、可持续的生态产品价值实现路径。

坚持高标准保护，扎实推动"两山理论"落地结果。实践习近平总书记"两山理论"，必须实实在在落到解决现实问题上来。一是建立健全生态文明制度体系，认真学习贯彻党的十九届四中全会精神，实行最严格的生态环境保护制度，建立覆盖全省的生态环境分区管控体系，落实生态补偿和生态环境损害赔偿制度，完善生态环境监管执法机制，构建形成源头预防、过程控制、损害赔偿、责任追究的生态环境保护体系，推进环境治理体系和治理能力现代化。二是积极助推高质量发展，谋划实施一批践行习近平总书记"两山理论"的重点工作和重大项目，推动黄河流域生态保护和高质量发展，大力扶持民营经济，壮大生态环保产业，主动服务企业绿色发展，充分发挥生态环境保护的引导、优化和促进作用，释放"绿色驱动力"效应。三是推动形成绿色生产生活方式，落实资源有偿使用、总量管控和全面节约制度，健全资源节约集约循环利用标准体系；大力培育绿色工厂、园区、产品、供应链，以重大生态、绿色关键技术的颠覆性变革，推动生态生产力巨大飞跃、绿色产业结构逐步形成；大力弘扬生态文明风尚，持续构建绿色交通体系、推广绿色建筑、建设低碳社区，让绿色消费、出行、居住成为全社会自觉行动。四是加大生态环境问题治理力度，突出精准治污、科学治污、依法治污，统筹山水林田湖草系统治理，强化大气污染区域联防联控，延续和深化"清零"环保品牌，持续改善生态环境质量，在三晋大地描绘出山清、水秀、河畅、岸绿、景怡的美丽风光。

（《山西日报》2020 年 2 月 17 日　潘贤掌：山西省生态环境厅党组书记、厅长）

决胜脱贫攻坚　助推转型发展

省委全面准确把握习近平总书记"三篇光辉文献"的思想精髓，明确提出"四为四高两同步"总体思路和要求，这是对我省发展阶段特征、演进趋势和内在规律的精准把脉，不仅宣示了把转型综改进行到底的坚定态度和决心，也蕴含了确保高质量完成脱贫攻坚任务的重大要求。

积厚成势把握决战要求。历史经验和教训告诉我们，贫困问题说到底是发展不平衡、不充分的集中表现。发展不转型，山西没出路；发展不充分，脱贫也是低水平。这几年我省脱贫攻坚实现首战首胜、再战再胜、连战连胜、决战决胜，今年要决战完胜，冲锋号已经吹响，收官之战到了滚石上山的关键节点，必须紧盯"两个确保"目标，坚持"两不愁三保障"现行标准，在政治上坚定不移，以决战完胜的劲头践行"两个维护"；在落实上坚韧不拔，始终保持五级书记抓扶贫的强劲态势；在大局上坚守不怠，确保脱贫结果经得起实践、历史和人民检验。

笃定前行完成决胜任务。习近平总书记"三篇光辉文献"一以贯之的主线是坚持以人民为中心的发展思想，省委"四为四高两同步"总体思路和要求的根本落脚点是为山西人民谋福祉、为山西明天谋振兴。这几年是贫困群众增收最快、贫困人口减少最多、农村面貌变化最大的时期。今年高质量完成脱贫攻坚任务，如期兑现"军令状"，必须稳定军心、稳定政策、稳定责任。确保剩余贫困人口如期脱贫，要全面落实开发式扶贫和保障性兜底各项政策，有效有序打好剩余贫困"歼灭战"。确保不发生新的返贫致贫问题，要健全完善事前预警、事中帮扶、事后跟踪的返贫监测帮扶机制，加强对不稳定脱贫人口和边缘人口的动态监测和及时帮扶。确保各类问题解决在过程中，要从严从细开展问题排查整改，坚决防范化解风险隐患，把短板补得再扎实一些，把基础打得再牢靠一些。

行稳致远巩固脱贫成果。产业就业是脱贫的根本支撑，生态扶贫、易地扶贫搬迁是攻坚的超常举措。这几年我们把产业重构作为贫困地区转型发展的重要抓手和带贫益贫的重要载体，光伏扶贫、电商扶贫、旅游扶贫等新业态井喷式发展；坚持生态建设与脱贫攻坚相结合，在"一个战场"打赢"两场战役"；"六环联动"推进 3350 个整自然村搬迁，走出了有中国特色、山西特点的减贫之路。从吕梁山到太行山、从雁门关到黄河畔，贫困地区呈现出山庄窝铺搬出来、陡坡耕地退下来、荒山荒坡绿起来、光伏产业亮起来、转移就业走出来、群众生活好起来的新景象。实践证明，贫困地区是发展的短板所在、也是转型的潜力所在,补齐短板才能更好地助推转型发展,转型发展才能持续巩固脱贫成果。要坚决落实"四个不摘"重大要求,持续强化巩固成果的领导责任,把产业就业作为治本之策。依托农产品精深加工十大产业集群,做大"蛋糕",深化带贫益贫机制,分好"蛋糕"。深化"人人持证、技能社会",引导贫困群众从凭苦力挣钱到靠技能增收。持续跟进易地扶贫搬迁后续扶持,加强各类扶贫资产管理,深入开展感恩奋进教育,不断提振群众脱贫奔小康的"精气神"。

谋定后动接续推进减贫。这轮脱贫攻坚,省委省政府坚持精准方略,出台实施意见,八大工程重点布局、二十个专项行动持续推进、六大政策机制强力保障、广泛凝聚各方合力。在很大程度上,脱贫攻坚是解决绝对贫困的精准施治,"三农"工作的靶向体检,农村深层矛盾问题的集中梳理,乡村治理顽疾的深度清底,为实施乡村振兴战略积累了有益经验,集中体现了党的政治优势和社会主义制度优势。按照党的十九届四中全会要求,今年消除绝对贫困后,工作重点要转到建立解决相对贫困长效机制上,我们要落实省委"四为四高两同步"总体思路和要求,在全省转型发展大背景下,全面系统梳理评估脱贫攻坚各项政策,研究制定"十四五"巩固脱贫成果规划,做好规划、政策、对象、机制衔接,为明年扶贫工作平稳有序过渡打牢基础。

(《山西日报》2020 年 2 月 17 日　刘志杰:山西省扶贫开发办公室党组书记、主任)

凝心聚力"四高"目标　着力抓好"四件大事"

深入学习贯彻习近平总书记"三篇光辉文献"精神,就要把省委的"四为四高两同步"总体思路和要求落到实处。聚焦动力转换,推动高质量发展;服务国家战略,实现高水平崛起;瞄准可持续发展,实施高标准保护;以人民为中心,创造高品质生活。

深入学习贯彻习近平总书记"三篇光辉文献"精神,就要把省委的"四为四高两同步"总体思路和要求落到实处。"推动高质量发展、高水平崛起、高标准保护、高品质生活"的目标任务,是贯彻新发展理念、推动高质量转型发展的重大部署,也是做好当前及今后一个时期经济工作须着力抓好的"四件大事"。我们要认真学习领会,抓好贯彻落实,确保在新时代新征程中行稳致远,赢得山西经济更加美好的未来。

聚焦动力转换,推动高质量发展

习近平总书记指出:"现阶段,我国经济发展的基本特征就是由高速增长阶段转向高质量发展阶段。"高质量发展,是遵循经济发展规律、体现新发展理念的发展,是当前和今后一个时期确定发展思路、制定经济政策、实施宏观调控的根本要求。高质量发展的本质在于坚持质量第一、效益优先,推动经济发展质量变革、效率变革、动力变革,创建和完善制度环境,不断增强经济创新力和竞争力。

山西经济的基本特征是典型的资源型经济,正处于工业化中期向工业化后期迈进的门槛上,更需要按照高质量发展目标奋起直追。我们决不能气馁,更不能懈怠。近年来,我们坚定不移贯彻落实以习近平同志为核心的党中央对山西工作的指示精神,遵循高质量发展的根本要求,把供改与综改结合起来作为经济工作的主线,聚焦"三大目标"集中发力,以改革创新为引领,着力解决长期制约山西高质量发展的结构性体制性素质性矛盾,推动经济发展稳中向好、持续向好,已经具备了扎实基础,形成了强劲态势,山西高质量转型发展站在了一个新的起点上。

高质量发展事关山西转型发展的成色与实效。推动高质量发展,就是要着眼 2025 年转型出雏形,加快建设实体经济、科技创新、现代金融、人力资源协同发展的产业体系,加快构建高质量发展的指标、政策、统计和绩效评价体系,基本形成 7-8 个战略性新型支柱产业、具有山西特色的创新生态及支撑山西资源型经济转型的体制机制,全面走出一条产业优、质量高、效益好、可持续的发展新路。

服务国家战略,实现高水平崛起

习近平总书记在推动中部地区崛起工作座谈会重要讲话,从党和国家事业发展全局出发,提出推动制造业高质量发展、提高关键领域自主创新能力、优化营商环境、积极承接新兴产业布局和转移、扩大高水平开放、坚持绿色发展、做好民生领域重点工作等意见,体现了贯彻新发展理念、推动高质量发展的要求,也为我省在中部地区和全国高水平崛起指明了方向和任务。

面对中部地区崛起的强劲势头,我省以"人一之我十之"的进取精神,全面履行党中央赋予山西建设国家资源型经济转型综合配套改革试验区等重大使命,能源革命综合改革试点开局良好,全方位开放格局加速形成,山西的比较优势和战略地位不断增强。山西经济总量在全国的位次由 2016 年的 24 位前移到 2018 年的 21 位,近三年制造业增加值年均增长 8.2%,持续快于规上工业及煤炭产业增速,工业结构反转迈出坚实步伐。一般公共预算收入增速持续排名全国前列,规上工业企业营业收入增速连续快于全国,在高质量发展中加快崛起步伐。

高水平崛起事关山西在中部、全国发展格局中的时代方位。实现高水平崛起,前提是高质量发展,最重要的还是做好自己的事情,谋定而后动,厚积而薄发,努力重现山西曾经在全国的地位。既要注重提升山西在中部和全国的总量占比、整体位次,更要注重发挥自身的产业优势、区位优势、发展优势,加快拥有一批在全国具有较高市场占有率和较强竞争力的山西品牌和山西集群,在若干领域掌握一批关键核心技术、打造一批自主创新品牌,不断提升山西在中部地区、全国经济版图中的战略地位和话语权。

瞄准可持续发展,实施高标准保护

习近平总书记提出的"绿水青山就是金山银山"的科学论断,揭示了保护生态环境就是保护生产力、改善生态环境就是发展生产力的深刻道理,指明了实现发展和保护协同共生的全新路径。从根本上说,经济发展不应是对资源和生态环境的竭泽而渔,生态环境保护也不应是舍弃经济发展的缘木求鱼,而是要坚持在发展中保护、在保护中发展。

生态环境是关系党的使命宗旨的重大政治问题,也是关系民生的重大社会问题。近年来,我省坚定不移走生产发展、生活富裕、生态良好的文明发展道路,开展大气、水、土壤污染防治三大战役,推进"两山七河一流域"生态修复治理,全面实施河湖长制,汾河流域生态修复取得阶段性成果,初步实现了经济运行和生态环保同向好转。

高标准保护是落实习近平生态文明思想的政治担当,也是筑牢京津冀生态屏障的必然要求,事关山西永续发展千年大计、保护黄河生态文明建设和高质量发展千秋大计。坚持高标准保护,就是要践行绿水青山就是金山银山的理念,修订和编制"两山七河一流域"生态保护与修复治理相关规划,基本形成生态文明制度体系,协调推动形成绿色发展方式和生活方式,加快推进生态产业化和产业生态化,建设山青、水秀、河畅、岸绿、景怡的美丽山西。

以人民为中心,创造高品质生活

习近平总书记强调指出:"让老百姓过上好日子是我们一切工作的出发点和落脚点。"增进人民福祉、促进人的全面发展,是贯彻落实以人民为中心的发展理念的必然要求,也是高品质生活的本质体现。这就要求抓住人民群众最关心最直接最现实的利益问题,抓住最需要关心的人群,在更高水平上实现幼有所育、学有所教、劳有所得、病有所医、老有所养、住有所居、弱有所扶,让人民群众有更多、更直接、更实在的获得感、幸福感、安全感。

我们的发展是以人民为中心的发展,必须坚持在发展中保障和改善民生,为人民群众创造高品质生活。近年来,山西坚持民生为本,2019 年全省财政民生支出占比保持在 80% 以上,零就业家庭实现动态销零,大力实施"人人持证、技能社会"工程,县域医疗卫生一体化改革全国领先,"136"兴医工程扎实推进,公共文化服务水平稳步提升,农村居民收入增速近三年持续快于城镇居民,通过一件事情接着一件事情办,一年接着一年干,让广大人民群众看到了变化、得到了实惠。

高品质生活是转型综改的根本目的,也是践行以人民为中心发展思想的实践检验。创造高品质生活,是一种积极向上、文明健康、科学的生活方式。就是要努力促进人的全面发展,加快造就符合现代化要求的高素质、高水平人力资本,构建全生命周期、大健康格局、终身学习型、知识技能型的基本公共服务体系,建设"体育山西、健康山西、幸福山西",促进移风易俗、文明进步。要基本形成城乡统筹格局和更加健全完善的民生保障体系,推动城乡居民收入接近全国平均水平,在更高层次上保障和改善民生,把人民群众对美好生活的向往不断变成现实。

(《山西日报》2020 年 2 月 10 日　杨茂林:山西省社会科学院党组书记、院长)

以活力迸发的创新生态引领经济转型

以习近平总书记"三篇光辉文献"为根本指针,按照省委的"四为四高两同步"总体思路和要求办事,就要把创新提到十分重要的位置,强调创新为上,全面构建创新生态,以活力迸发的创新生态引领山西经济转型。

创新是引领转型发展的第一动力

山西实现高质量转型发展,必须把创新驱动作为第一动力。一是依靠创新促进山西产业结构优化升级。只有坚持创新,克服资源依赖,加大科技投入,才能优化生产要素比例,改变产品生产方式,催生出新产品和新产业,带动新的消费和就业,改造提升传统产业,发展培育新兴产业,助推经济结构转型升级,由"一煤独大"变为八柱擎天。二是依靠创新促进山西竞争力提升。一个地区经济的竞争力取决于产业和企业的竞争力,创新型企业集群发展能促进企业持续加大创新投入和产出。这些企业的创新性和竞争力上升到全省这个宏观层面,就表现为强有力的创造力和竞争力。三是依靠创新促进山西经济增长。科学技术是第一生产力。创新不仅能够带动企业的技术进步,提高企业经济效益,其扩散效应还会延伸至整个地区及周边,从而促进全省的经济增长。

创新十分重要,但创新并非易事。创新生态是一个以企业为主体,以政府为引导,大学、研发机构、金融、中介服务机构互相支撑、协同创新、创造价值、共生演进的复杂系统。企业尽管是创新主体,但要取得创新成果,离不开政府的重视和支持,离不开社会各方面的配合,离不开良好的创新生态。

要真正实现创新，必须努力打造形成市场主体勇于创新，政府及社会大力支持，科技、金融、中介服务等要素活力迸发的创新生态。

补齐制约转型发展的重要短板

近年来，山西把创新驱动作为第一战略，在提高关键领域自主创新能力、促进科技成果转移转化及优化创新环境等方面取得明显成效。然而，经济回稳向好的基础还比较脆弱，特别是“一煤独大”的结构性矛盾、“一股独大”的体制性矛盾、创新不足的素质性矛盾还远未解决。具体表现在：一是对创新发展理念认识的片面化与狭隘化，将创新仅仅理解为企业、机构和个人的技术创新，对于政府主导下的制度、组织、管理和服务等创新重视不够，未能站在全省发展全局高度全面把握创新发展理念的科学内涵。二是创新主体盲目化、孤立化，产学研用一体化程度不高，科技成果产业化水平较低。产业集群仍以中低端为主，创新型企业群落尚未形成，创新生态存在结构性矛盾。产业整体水平不高，创新型领军企业数量不多，也缺乏数量庞大、富有活力的伴生型、服务型中小微企业以及创新平台。三是创新制度尚未健全。由于缺乏鼓励和引导创新的相关政策法规，一些创新发展缺少具有政策依据的评判标准，无法为各类人才大胆创新提供政策法律保障。

今天的山西，转型升级无退路，创新驱动是出路。我们必须持之以恒转理念、转方式、转动力、转路径，换思路、换结构、换引擎、换模式，以新谋变、以新促变、以新求变，把发展的基点放在创新上，紧紧牵住创新这个牛鼻子，变资源依赖为创新驱动，加快形成以创新为主要引领和支撑的经济体系、发展模式，加快构建适应转型发展所亟需的创新生态。

努力打造活力迸发的创新生态

实现省委提出的“四为四高两同步”总体思路和要求，以创新引领转型发展，必须把打造创新生态作为一项基础性战略性工程来抓，大力实施创新驱动、科教兴省、人才强省战略。要抓住宝贵的窗口机遇期，构建一流的创新生态，营造有利于创新的环境，推动创新要素的自由流动和聚集，使创新成为经济高质量转型发展的强大动力。

厚植创新意识，培育创新文化。习近平总书记指出：“要在全社会积极营造鼓励大胆创新、勇于创新、包容创新的良好氛围，既要重视成功，更要宽容失败”。为此，我们要在全社会鲜明树立人才是第一资源的观念。营造尊重知识、尊重人才、尊重创新、尊重创造的浓厚氛围，健全鼓励创新、宽容失败、合理纠错机制。大力弘扬以改革创新为核心的时代精神，加快科学精神和创新文化的宣传普及，进一步夯实创新发展的群众基础和社会基础。激励科技人员面向世界科技前沿不断探索研究，勇攀科技高峰。激发全社会的创新精神、企业家精神和工匠精神，以思想的新解放、改革的新突破、创新的新成果，不断为创新发展提供强大精神动力。

打造创新体系，汇聚创新要素。统筹“111”工程、“1331”工程、“136”工程等三大工程，实现创新平台打造、拔尖人才引进、科技成果转化的一体推进。以要素配套支撑体系建设，围绕科技创新和成果转化，积极发展天使基金、风投、创投等各种金融工具，为企业提供全天候的金融支持。支持科技中介服务企业组织开展项目路演，对各类平台孵化成功的企业，开发区要给予土地和标准厂房支持。推进产学研用一体的创新网络，抓好重点实验室、技术创新中心、中试基地等科技研发平台和创业创新基地建设，用好的机制用才，用好的平台聚才。

强化企业创新主体地位，激发企业主体的“内生”活力。进一步发挥企业在创新中的主体作用，大力支持企业建立高水平研发中心，鼓励企业牵头承担关键核心技术攻关项目，引导各类技术创新要素向企业集聚，促使企业真正成为科技创新决策、研发投入、科研组织和成果转化的发展主体。整合创新资源，培育科技创新龙头企业、领军企业，深入推进“双创”活动，加快孵化科技创新型小微企业，提升其创新能力和成果转化能力。加强对企业家的培训辅导，加快建设创新型企业家队伍，鼓励企业家创新和探索。

加强制度建设和管理创新，不断提升政府支持创新的力度。进一步加强政府“放管服”改革，改革创新评价体系，破解制约创新的体制机制。深化科技、人才、教育、投融资体制机制改革，加大科技研发投入、科研项目补助、科技成果奖励力度，提高科研人员成果转化收益比例。完善知识产权保护制度，保护科研人员的权益，激励科技人员研发的积极性，从而形成创新的热潮。大力加强诚信政府建设，提高政策措施的落实度，把国家支持创新的各项政策不折不扣地落到实处，增强创新激励政策的含金量、吸引力、可行性。

集聚创新人才，为转型发展奠定人才保证。坚持“不求所有，但求所用”理念，以“千人计划”“百人计划”“三晋英才支持计划”为抓手，实施“柔性用才、项目引才”，破除影响人才引进的羁绊和障碍，解除人才子女上学、家属就业等后顾之忧，促进高端人才引进和作用发挥。充分用好省内现有人才，结合事业单位机构改革，全面深化科研院所、高校、医院的科研和人事制度改革，激发人才活力。重视培养山西发展所需人才，落实省委、省政府部署，积极推动高校布局、学科学院和专业设置“三个调整优化”，深化“院办校”和“大部制”体制改制改革，为山西转型发展培养出更多适用性人才。

(《山西日报》2020 年 2 月 10 日　张云泽：山西省社会科学界联合会党组书记、常务副主席；杜伟琴：山西省社会科学界联合会)

奋力开启山西建设新征程

一元复始，万象更新。在中华文化里，鼠乃十二生肖之首，进入鼠年就代表着开始新一轮生肖纪年，也寓意着新的开端。2020年是中华民族五千年文明史上具有里程碑意义的一年，是决胜全面小康、决战脱贫攻坚之年，也是“十三五”规划收官之年。站在即将实现第一个百年奋斗目标并向第二个百年奋斗目标阔步前进的历史交汇点，踏上中华民族伟大复兴中国梦的新征程，山西将坚持以习近平新时代中国特色社会主义思想为指引，以习近平总书记“三篇光辉文献”为遵循，坚持“四为四高两同步”总体思路和要求，坚定不移将转型综改进行到底，奋力开启中国特色社会主义现代化建设山西篇章新征程。

奋进新征程，我们要全力贯彻“三篇光辉文献”精神

山西今天的良好局面，是全省各级党组织和广大干部群众认真学习贯彻习近平总书记重要讲话精神的结果，山西的历史性变化，从一个区域印证了习近平新时代中国特色社会主义思想的真理力量和实践力量。学习贯彻习近平总书记视察山西重要讲话、在推动中部地区崛起工作座谈会重要讲话、在黄河流域生态保护和高质量发展座谈会重要讲话“三篇光辉文献”，是我们学习贯彻习近平新时代中国特色社会主义思想的重点，必须常学常新、常悟常进。

闪耀真理光芒的“三篇光辉文献”是习近平新时代中国特色社会主义思想的重要组成部分。习近平总书记视察山西重要讲话，抓住了山西发展的主要矛盾，提出了“五项重大任务”，为山西发展指明了前进方向和战略重点，贯穿于山西全面建成小康社会全过程、资源型经济转型发展全过程、基本实现现代化全过程；习近平总书记在推动中部地区崛起工作座谈会重要讲话，强调了在我国仍处于发展的重要战略机遇期推动中部地区崛起再上新台阶的重大意义，明确了中部地区崛起的八项工作要求；习近平总书记在黄河流域生态保护和高质量发展座谈会重要讲话，强调了黄河流域生态保护和高质量发展的重大意义，明确了目标任务，提出了加强领导的指示要求。习近平总书记的“三篇光辉文献”，是统筹推进“五位一体”总体布局和协调推进“四个全面”战略布局的重大谋略，是站在全局高度对区域发展的重大判断，是在解决突出问题中实现战略突破的重大部署，展现了习近平总书记高瞻远瞩、统揽全局的宏大视野，彰显了习近平总书记在谋全局中谋一域、通过谋一域服务全局的博大胸襟。

彰显实践伟力的“三篇光辉文献”是做好山西工作的重要法宝。习近平总书记视察山西重要讲话，体现了对山西工作的充分肯定和高度信任，增强了山西党员干部群众办好山西事情的坚定信心和坚强决心。习近平总书记对山西提出“紧紧抓住机遇，勇于改革创新，果敢应对挑战，善于攻坚克难”的殷切期望，是山西党员干部进一步提升领导能力和工作本领、激发工作活力、营造风清气正政治生态的根本指针；习近平总书记对山西转型发展艰巨性长期性的科学判断，是山西干部群众聚焦“示范区”“排头兵”“新高地”三大目标、完成“五项重大任务”的强大动力；资源型地区经济转型发展是习近平总书记为山西指明的金光大道，国家资源型经济转型综合配套改革试验区和能源革命综合改革试点是习近平总书记授予山西的金字招牌。习近平总书记在推动中部地区崛起工作座谈会重要讲话，激励我们科学把握机遇挑战、勇于肩负时代使命，推动制造业高质量发展、积极承接新兴产业布局和转移，实现山西在转型中崛起、开放中崛起、绿色中崛起、惠民中崛起。习近平总书记在黄河流域生态保护和高质量发展座谈会重要讲话，鞭策我们进一步强化山西担当，统筹沿黄区域和全省域，坚决扛起共同抓好大保护、协同推进大发展的政治责任。

贯穿科学思维方法与工作方法的“三篇光辉文献”是山西党员干部群众砥砺前行的强大思想武器。习近平总书记的“三篇光辉文献”，体现了当代中国共产党人的科学世界观和科学方法论，蕴含着马克思主义的思维方法和工作方法。一是坚持以辩证唯物论的根本立场分析解决问题。从山西资源型地区的长处和短板、中部地区的优势和弱势、黄河流域的保护和发展等实际情况出发，明确“有多少汤泡多少馍”“宜水则水、宜山则山、宜粮则粮、宜农则农、宜工则工、宜商则商”的科学发展原则，把客观实际作为认识当下、规划未来、制定政策、推进事业的基点。二是坚持运用唯物辩证法的根本方法谋划部署工作。指出山西发展要“工业农业一起抓、城市农村一起抓”，研究促进中部地区高质量发展的政策举措要“加强统筹协调”，从黄河问题“表象在黄河，根子在流域”的内在规律出发“综合治理、系统治理、源头治理，统筹推进各项工作，加强协同配合”。既有观大势揽全局的战略视野，又有立足现实的问题导向；既强调统筹协调，又狠抓重点突破；既解决当前问题，又着眼长远发展；既看表象，又挖根子；既部署“过河”的任务，又指导解决“桥或船”的问题。三是坚持实践第一的观点。提出“请乡亲们同党中央一起，撸起袖子加油干”，强调要干在当下，一张蓝图绘到底，一茬接着一茬干，要求各地各部门抓好落实，加强真抓实干的作风建设。四是坚持群众史观、人民至上。习近平总书记在山西发展的关键时期深入山西视察，体现出对山西这块红色土地的深厚感情、对山西人民的深切关怀，强调坚决打赢脱贫攻坚战、要求“创造更多就业岗位，加快补齐民生短板”、做好“增进人民福祉”和“促进人的全面发展”两篇大文章，强调“让黄河成为造福人民的幸福河”，彰显了习近平总书记的为民情怀。“三篇

光辉文献”是我们结合山西实践,掌握马克思主义思想方法和工作方法的强大思想武器。

奋进新征程,我们要深刻把握“四为”理念方法

省委“四为四高两同步”的总体思路和要求,已通过省“两会”法定程序成为全省人民的共同意志。“四为”既是理念也是方法,“四高”既是任务也是路径,“两同步”既是奋斗目标也是人民期盼。思想破冰引领行动突围,理念更新引领水平提升,实现高质量发展、高水平崛起、高标准保护、高品质生活,确保到2020年与全国同步全面建成小康社会,到2035年与全国同步基本实现社会主义现代化,就要秉持“转型为纲、项目为王、改革为要、创新为上”的理念,真正走出一条产业优、质量高、效益好、可持续的发展新路。

坚持转型为纲。随着我国社会主要矛盾的变化,我国经济也处在转变发展方式、优化经济结构、转换增长动力的攻关期,资源型地区摆脱资源依赖、加速转型发展的艰巨性和迫切性日益凸显。习近平总书记在视察山西的重要讲话中明确指出,党中央高度重视资源型地区经济转型发展,赋予山西建设国家资源型经济转型综合配套改革试验区的重大使命。要坚持贯彻新发展理念,着力解决制约发展的结构性、体制性、素质性矛盾和问题,努力开创发展新境界。习近平总书记的重要论述,指明了山西发展的“纲”之所在。“秉纲而目自张”,紧紧抓住“转型发展”这个纲,牵引带动诸多“目”的发展,是山西发展的必由之路。资源型地区经济转型发展的金光大道要坚定地走下去、坚实地走出来,必须将转型综改进行到底,始终把转型综改摆在经济工作的核心地位,聚焦产业、企业、企业家,打造有核心竞争力的产业集群,培育具有自主知识产权的龙头骨干企业,造就一批具有开阔视野、有强烈创新创业精神、懂经营、会管理的企业家队伍,推动产业结构优化和转型升级。

坚持项目为王。项目是第一要务的重要抓手,是转型发展的重要推力,项目建设对经济社会发展具有关键性、引领性、支撑性作用。山西聚焦项目促转型调结构增动能,有着极其重要的意义。一是转型发展不是小范围的修修补补,而是整个经济结构和产业结构的重构,不能胡子眉毛一把抓,项目为纲是坚持“弹钢琴”,以点带面、突出重点、以局部突破牵引整体推进的辩证工作方法。二是转型发展势必涉及一些牵动面广、耦合性强的深层次矛盾,好项目是先进生产要素的集合体,以项目为牵引,就能打破地域、行业、单位限制,有效整合各种要素、盘活各种资源,集中优势力量攻坚克难。三是转型发展必须处理好人民群众短期利益和长期利益的辩证关系,只有通过一个个项目的落地见效,让人民群众实实在在看到进展、共享转型发展成果,才能树立信心,积沙成塔,积小胜为大胜,在解决当前问题中为解决长远问题打下基础,一步一个脚印往前推进。为此,就要在搭建起平台、环境、制度、政策等四梁八柱主体架构的同时,把工作的着力点聚焦到项目建设上。山西率先试行企业投资项目承诺制改革,逐步推动一批具有战略性、牵引性的重大项目落地建设:作为能源革命综合改革试点,确定了近2年内要推进38项重大项目;作为国家通用航空业发展示范省,坚持把通用航空业作为重点培育的战略性新兴产业,推动一批具有示范引领作用的项目相继落地;作为文旅大省,坚持以项目建设带动全域旅游,锻造黄河长城太行三大旅游新品牌;作为沿黄省份,在实施好“两山七河一流域”生态修复治理、生态扶贫等工程的同时,再谋划实施一批践行“两山理论”的重点工作和重大项目。以项目为牵引,认真谋划一批对转型发展具有标志性引领性支撑性作用的重大项目,以重点项目为突破带动整体工作提升,必将对山西稳增长、促转型发挥重要作用。

坚持改革为要。坚持改革为要,就要通过改革最大限度地激发各类创新创造创业主体的内生动力,勇于突破思维定式的阈限,敢于打破利益固化的藩篱,在法律法规允许的范围内寻找最大的改革创新空间,在做好咨询审验等服务监管工作前提下给市场和企业松绑,在加强指导扶持的前提下给试点开发区充分授权,通过落实守信联合激励和失信联合惩戒等措施保障企业依法依规自主投资。一要牢牢抓住深化改革这个关键一招,突出抓好基础性、牵引性、战略性重大改革,推动开发区、国资国企、审批服务便民化、农村集体产权制度等改革取得新突破。二要坚持以转型综改特别是能源革命综合改革试点为牵引,深化各领域重大改革,以数字政府建设、投资项目承诺制改革和“一枚印章管审批”改革为突破,全力打造“六最”营商环境,全方位扩大对外和对内开放,全面激发各类市场主体活力。

坚持创新为上。坚持创新为上,就要从顶层设计上推动创新,就要从宏观整体上保障创新,就要把创新看成一个系统工程:不仅仅是技术的创新,而且是包括制度、文化、人才全领域全过程的创新;不仅仅要产出创新成果,还要营造创新环境和氛围;不仅仅要激发创新创造创业的激情,还要为这种激情的充分涌流和迸发创造良好的土壤,要全方位全领域全过程构建创新生态。转型发展必须坚持创新驱动,实施创新驱动必须构建创新生态,这是山西立足当前、着眼未来的战略之举。一要培育创新文化,在全社会确立人才资源是第一资源的观念,营造尊重知识、尊重人才、尊重创新、尊重创造的浓厚氛围,健全鼓励创新、宽容失败、合理容错机制。二要打造创新体系,加强基础研究,加大科技研发投入,充分发挥各类研发机构作用,构建产学研深度融合的技术创新体系,促进科技成果转化,提升产业链水平。三要完善创新制度,深化科技、人才、教育体制机制改革,从制度层面为创新驱动提供保障。四要集聚创新人才,以良好的平台、政策、体制机制和干事创业、爱才惜才氛围招贤纳才。

“转型为纲、项目为王、改革为要、创新为上”,是在牢固树立和深入贯彻创新、协调、绿色、开放、共享的新发展理念的基础上,结合山西转型发展实践应秉持的工作理念和方法。这“四为”中包含的先进观念和创新思想,是我们把习近平总书记“三篇光辉文献”精神和山西实践相结合,抓好经济、政治、文化、社会、生态和党的建设等各项工作的新工作理念,是我们重温学习“三篇光辉文献”,在把握和贯彻工作

要求上不断提升水平的思想先导。

奋进新征程，我们要努力提升忠诚干净担当新境界

“事业是靠人干出来的”“政治路线确定之后，干部就是决定的因素”。一支有担当宽肩膀、有本领能成事的干部队伍，是山西推动转型发展事业、贯彻落实好“三篇光辉文献”精神的中坚力量，全省广大党员干部努力提升忠诚干净担当的新境界，是奋力谱写中国特色社会主义现代化建设山西篇章的迫切需要。

以思想坚定筑牢政治忠诚。习近平总书记指出：“我们党对干部的要求，首先是政治上的要求”，干部忠诚首先是政治忠诚，政治过硬是领导干部安身立命之本。全省广大党员干部要坚持把党的政治建设摆在首位，增强“四个意识”，坚定“四个自信”，做到“两个维护”。政治上的坚定源于理论上的清醒，筑牢政治忠诚必须加强学习，我们要把深入学习贯彻“三篇光辉文献”作为政治责任，作为学习贯彻习近平新时代中国特色社会主义思想的重点，推动“三篇光辉文献”往深里走、往实里走、往心里走。一要带着感情和责任重温学习。感情源于山西广大党员干部对习近平总书记的由衷拥护、真心爱戴，山西各项事业取得的新成效使山西人民发自肺腑地感受到，是习近平总书记和党中央为山西指明了光辉的道路。责任是感情的升华，我们要自觉向习近平总书记看齐、向党中央看齐，向党的理论和路线方针政策看齐、向党中央决策部署看齐，强化一以贯之抓落实、重整行装再出发的使命感紧迫感。二要联系实际学、带着问题学。知其然还要知其所以然，在学习中掌握工作发展的规律，在学习中思考解决问题的方法。三要联系地而不是孤立地、系统地而不是零散地、全面地而不是片面地学，真正学懂弄通、学深悟透。

以清正廉洁净化政治生态。习近平总书记视察山西时指出，山西政治生态已经由“乱”转“治”，这是对山西工作的充分肯定。近年来，山西党风廉政建设和反腐败斗争经历重大转折并不断引向深入，全面从严治党取得新的战略性成果，反腐败斗争压倒性胜利不断巩固拓展。但我们必须清醒认识到，净化政治生态仍然在路上，永远在路上。山西在推动转型发展的新一轮大潮中，势必涉及到大量资源的调配、资金的运作、利益的调整，经济转型和产业结构调整也会使一些行业一些领域成为新的逐利空间，党员干部保持清正廉洁，时时守住底线、不越红线至关重要。我们要把思想和行动统一到习近平总书记关于全面从严治党重要论述和习近平总书记在中央纪委四次全会重要讲话精神上来，进一步提高党性觉悟，坚持不懈加强作风建设，持续整治形式主义、官僚主义等“四风”突出问题，确保广大党员干部始终保持同人民群众的血肉联系，着力构建“亲”“清”政商关系、“简”“减”同志关系、“严”“严”组织关系，以风清气正的政治生态推动形成活力迸发的创新生态，以全面从严治党新成效推进治理体系和治理能力现代化。

以担当作为履行使命职责。山西转型综改是先行先试，山西能源革命综合改革试点是探路领跑，这就要求广大党员干部要以敢为人先的担当和魄力履行使命职责，要以“等不起”的紧迫感、“慢不得”的危机感、“坐不住”的责任感倾力抓落实。面对世界大变局加速深刻演变、全球动荡源和风险点增多、我国外部环境复杂严峻的风险挑战，我们要牢固树立总体国家安全观，增强斗争精神，提高斗争能力，坚决打好防范化解重大风险攻坚战，坚决防止各类风险发酵升级，确保人民安居乐业、社会安定有序、长治久安。面对新时代社会主要矛盾的转化，我们要始终坚持以人民为中心的发展思想，永远把人民对美好生活的向往作为奋斗目标，坚决打赢精准脱贫攻坚战，大力推进乡村振兴战略，持续提升城乡居民收入水平、就业水平、基本保障水平，不断增强人民群众的获得感、幸福感、安全感。面对生态环境治理修复的艰巨繁重任务，我们要认真践行绿水青山就是金山银山的理念，坚决打好污染防治攻坚战，坚定不移走生产发展、生活富裕、生态良好的文明发展道路。我们要以马上就办、真抓实干的作风，以百倍的努力、坚定的信心、恒久的毅力，用好党中央赋予山西先行先试的这个“尚方宝剑”，用好转型综改试验区这块“金字招牌”，以忠诚干净担当的实际行动诠释初心使命。

（《山西日报》2020 年 2 月 3 日　刘晓哲：中共山西省委宣传部理论处处长；胡羽：山西日报理论评论部主任）

"不忘初心、牢记使命"主题教育

一、综述

牢记初心使命　凝聚前进动力

——山西省"不忘初心、牢记使命"主题教育工作综述

这是一次新时代开展党内集中教育的成功范例，全省党员干部实现了理论学习再升华、政治忠诚再对标。

这是一次提高党的建设质量的生动实践，全省党员干部实现了素质本领再提升、群众路线再教育、清正廉洁再提纯。

2019 年 6 月以来，省委认真贯彻党中央部署要求，把"不忘初心、牢记使命"主题教育作为首要政治任务，高度重视、精心组织，周密安排、扎实推进，中央第 8 指导组、督导组严督实导，两批单位协调联动、次第展开，紧扣主题主线，准确把握"根本任务""12 字总要求"和"五句话目标"，力戒形式主义、官僚主义，高标准抓好学做查改，取得预期成效。测评结果显示，党员干部和群众代表"对我省开展主题教育的总体评价"选择"好"或"较好"的比例达到 99.79%。

通过主题教育，我省党员干部进一步锤炼了思想政治和党性作风，密切了同人民群众的血肉联系，干事创业、担当作为的精气神进一步提振，全省上下凝聚起坚如磐石的战略定力、毅力、耐力，正按照省委"四为四高两同步"总体思路和要求，将转型综改进行到底。

强化理论武装、补足精神之钙，增强了贯彻落实的思想自觉和行动自觉——这是一次政治忠诚的主动对标

我省主题教育从 2019 年 6 月 6 日启动，自上而下、上下贯通，历时半年多，分两批有序进行，到 2019 年 12 月中旬基本结束。第一批在省委常委会、省人大常委会党组、省政府党组、省政协党组及 114 个省直部门、39 户省管国有企业开展。第二批在 11 个市、117 个县(市、区)的机关及其直属单位、企事业单位，各乡镇、街道，村、社区，非公有制经济组织、社会组织和其他基层组织，78 所高等学校，山西转型综改示范区，未参加第一批主题教育的部分省直单位的下属单位和派出机构开展。全省共有 3890 个县处级以上领导班子、40562 名县处级以上党员干部，130180 个基层党组织、234.3 万名党员参加，实现了全覆盖。

科学理论是我们推动工作、解决问题的"金钥匙"。省委领导带头，各级党委(党组)同步，组织党员干部静下心来，原原本本学习《选编》《纲要》《汇编》，及时跟进学习党的十九届四中全会精神和习近平总书记最新重要讲话精神，普遍举办学用习近平新时代中国特色社会主义思想经验交流会。全省"学习《纲要》进基层万场宣讲活动"直接受众达 195 万余人次。基层党组织运用"三会一课""学习强国"等开展学习交流。

太原市迎泽区组织区直机关 300 余名 35 岁以下青年成立 12 个学习小组，引导青年干部系统学习党的创新理论；晋城市开展把理论逻辑转化为生活逻辑、把政治话语转化为大众话语、把深道理讲浅、把大本子讲薄、把大道理讲明白"两转三讲"活动；娄烦县针对农村党员实际，推行"红色大喇叭"学习法，每天定时播放主题教育电视广播节目录音……我省各地创新学习形式、增强学习效果，以广大党员喜闻乐见的方式推动学习入脑入心。

"习近平新时代中国特色社会主义思想是定盘星、导航标，越学越亲切、越学越有效，越学心里越亮堂。"全省上下深入学习贯彻习近平新时代中国特色社会主义思想，特别是通

过重温习近平总书记视察山西重要讲话、在推动中部地区崛起工作座谈会重要讲话、在黄河流域生态保护和高质量发展座谈会重要讲话"三篇光辉文献",更加深刻地体会到习近平总书记重要讲话的重大意义、真理光芒和实践伟力,进一步增强了一以贯之抓落实、重整行装再出发的使命感紧迫感。大家发自内心地说,"'三篇光辉文献'是做好山西工作的重要法宝,要常学常新、常悟常进。"

学习先进,查找差距、推进工作。我省各地各部门组织党员干部学习优秀共产党员、共和国功勋模范、最美奋斗者等重大典型,通过阅读《三晋英模》《山西革命烈士家书》,观看《右玉和她的县委书记们》,从新中国成立70年来取得的伟大成就中,从太行精神、吕梁精神、右玉精神等宝贵精神财富中,从新时代改革创新、转型发展的生动实践和标杆榜样中,感知初心使命、践行初心使命。

不走过场,原原本本学、交流研讨学、及时跟进学、对照典型学……大家通过在主题教育中学思践悟,厘清了模糊认识,廓清了思想迷雾,在思想上"补了钙"、在政治上"加了油"、在能力上"充了电"、在行动上"加了压",增强了对习近平新时代中国特色社会主义思想的政治认同、思想认同、情感认同,提高了真信笃行、知行合一的意识和能力。

深入调查研究、深刻检视问题,以正视问题的勇气和刀刃向内的自觉不断推进党的自我革命——这是一次作风本领的系统锤炼

"现在的政务大厅,工作人员态度转变很大,来有问声,去有送声,真是大不一样了。"在朔州市政务服务中心办理养老保险手续的张女士说,以往群众来办事,除了有几个冰冷的长条凳,再没有其他服务。现在一进中心门,就设置了"劳动者港湾",办事群众累了可以休息,渴了可以喝热水,没事了可以看书读报,无聊了可以免费上网,鞋子脏了可以到自助机擦鞋。张女士感叹道:"忧心变贴心,优质服务做到了咱老百姓心尖尖上。"

知不足,然后能自反;知困,然后能自强。在主题教育中,我省各级党员干部围绕重大工作部署落地情况、专项整治和有关整改开展情况,围绕本地区本部门本单位长期存在的重点难点问题,聚焦解决就业、教育、医疗等9大民生领域热点难点堵点问题,访民情、查实情,接地气、出实招,形成调研报告27250篇。

省工信厅查摆出掌握技术改造升级、制造业高质量发展、新兴产业培育、贫困地区项目扶持等典型问题43个,列出清单逐项解决;吕梁市从学习交流研讨、调查研究、征求意见、对照党章党规、专项整治、谈心谈话、群众反映等12个渠道动态检视问题,为整改提供精准靶向;省发改委分6个调研组赴"项目落地难"问题突出的5市和转型综改示范区开展调研,对产业投资不足、开复工率低等问题梳理形成3个清单;河津市实施"层级式"履责、"地毯式"摸排、"靶向式"治疗、"压茬式"推进四项措施,23个软弱涣散基层党组织整治到位;省自然资源厅召开对照党章党规找差距专题会议,紧扣"18个是否"逐一对照检查,查摆出问题1196个……

敢于直面问题、勇于修正错误是我们党的显著特点和优势。我省各级领导干部坚持自己找与群众提、上级点、互相帮相结合,形成200946项全面整改落实清单,从政治、思想、组织、作风、纪律等方面进行深刻检视剖析,逐项制定整改措施。普遍召开对照党章党规找差距专题会,进一步增强对党员义务、基本条件、党内政治生活规则、纪律要求的深刻理解。各级领导班子普遍按要求召开专题民主生活会,广泛听取各方意见建议,认真做好谈心谈话、梳理问题、撰写检视剖析材料等各项工作,自我批评戳到痛处,开展批评抹开情面,触及灵魂、触及痛处、触及要害,红脸出汗、排毒治病、纯洁肌体。

通过主题教育,各级党组织普遍深化了对持续管党治党、从严治党的认识,强化了"治"不忘"危"、"兴"不忘"忧"的清醒自觉,广大党员干部头脑中的纪法之弦绷得更紧了,拒腐防变的根基筑得更牢了,对手中的权力更加敬畏了。

坚守人民立场、狠抓整改落实,以看得见的变化回应群众期盼——这是一次赢得民心的生动实践

民心是最大的政治。主题教育开展以来,我省开展服务地方、服务基层、服务群众"三服务",解决了一批群众关切度高、基层诉求强烈的问题,实实在在的改变赢得了群众、赢得了民心。

"以前取养老钱得去邻村取,腿脚又不利索。现在好了,村头商店设置了移动助农服务点,取钱花钱可方便啦。"榆社县讲堂乡寺上村,86岁的郝成江老人高兴地说着村里新变化。寺上村老人居多,使用社保卡是难题。省社保局服务队了解情况后,与建设银行联系,现场拍板增加移动POS机的配备密度,保证1个行政村至少布置1台移动点,彻底打通了当地社保与金融相结合的"最后一公里"。

从最困难的群体入手,从最突出的问题着眼。我省将学习教育、调查研究、检视问题、整改落实贯穿主题教育全过程,注重为基层和群众办实事、解难题。21739名省市县三级党政机关党员干部沉下心、俯下身、走下去,一竿子插到底,为群众办实事47678件。各基层党组织承诺践诺事项599194件,开展志愿服务222782次。

现在,我省向140万困难群众发放了4.3亿元价格临时补贴,为102.79万群众提供各类技能提升培训,对全省敬老院进行提质升级,引进同济医院等省外优质医疗资源,全面彻查农村市场过期食品,在全国率先将298种日间手术纳入医保按病种付费管理,在全省公办中小学推行校内下午放学后托管服务,开展政法干警"六进"等服务行动。同时,下猛药减轻基层负担,省级和各市平均发文开会同比大幅减少,省级督查检查考核比去年实际开展减少82.6%;出重拳维护人民利益,查处群众身边腐败和作风问题10321件,处分5019人;出实招方便群众办事,推出"一部手机三晋通"App,累计上线30多个厅局的725项事项,很多事动动手指就办了。

一件件服务事,一桩桩暖心事,一例例为民事,得到了群

众的赞扬,党员干部与群众坐在一条板凳上,实事求是解决问题,把党的好传统、干部的好形象树在了群众家门口、立在百姓心坎上。

专项整治与长效机制双"箭"齐发。我省结合自身实际,持续抓好中央巡视反馈问题、脱贫攻坚、生态环境保护、宗教工作、违建别墅问题清查、违法占地违法采矿、城市风貌和农村人居环境等方面整治整改工作。各地各部门各单位扎实推进中央部署的专项整治及省委省政府部署的整治整改任务,确定整治措施65311项。建立习近平总书记重要指示批示落实办理机制、常态化"回头看"和报告机制,针对省级层面落实中央八项规定精神存在的制度空白、短板和模糊地带问题,修订出台15方面22项具体制度规定。累计建立完善规章制度33824项,真正把制度成果转化为治理效能。

通过主题教育,我省各级党组织和广大党员干部进一步强化了为民造福的意识,更加自觉地同群众想在一起、干在一起,矢志走好新时代的群众路线。

不忘初心、牢记使命,是加强党的建设的永恒课题,是全体党员、干部的终身课题。在主题教育中,我省广大党员干部进一步激发了只争朝夕、奋发有为的干劲和越是艰险越向前的斗争精神,树立了干事创业敢担当的鲜明导向,营造了激励干部新时代新担当新作为的大环境,党员干部"敢担当"的意识增强了,"善担当"的能力提升了,"能担当"的成效更加显现。

主题教育开展以来,全省上下坚定落实新发展理念,创造性地贯彻中央经济工作大政方针,推动能源革命综合改革试点、国资国企改革、开发区"三化三制"改革等重点领域和关键环节改革,中部盆地城市群一体化发展、工业高质量发展、军民融合发展和通用航空强省、文化旅游强省等重大战略迈出新步伐,2019年前三季度全省GDP增长6.6%,自2017年以来连续11个季度保持在6%以上,结构、质量、效益、动能同步得到优化和提升。

回看走过的路,比较别人的路,远眺前行的路。我们更要深入总结主题教育的经验启示,真抓实干、锐意进取,把习近平总书记重要指示和党中央决策部署转化为推动山西高质量转型发展的具体举措。我省广大党员干部表示,要在习近平新时代中国特色社会主义思想的指引下,按照省委"四为四高两同步"总体思路和要求,不忘初心、牢记使命,在实现"两个一百年"奋斗目标进程中不断谱写新篇章。

(《山西日报》2020年1月10日 杨文俊 陈俊琦)

二、安排部署

山西省"不忘初心、牢记使命"主题教育安排部署

2019年6月6日,中共山西省委决定在全省开展"不忘初心、牢记使命"主题教育,并制定实施方案。其实施方案主要内容是:

一、重要意义

是用习近平新时代中国特色社会主义思想武装全党的迫切需要;

是推进新时代党的建设的迫切需要;

是保持党同人民群众血肉联系的迫切需要;

是实现党的十九大确定的目标任务的迫切需要。

二、根本任务

深入学习贯彻习近平新时代中国特色社会主义思想,锤炼忠诚干净担当的政治品格,团结带领全国各族人民为实现伟大梦想共同奋斗。

通过主题教育引导广大党员干部在认真学习贯彻习近平新时代中国特色社会主义思想、深入学习贯彻习近平总书记视察山西重要讲话精神上,领会更深刻、践行更有效;

在坚定信仰信念,传承红色基因,增强"四个意识"、坚定"四个自信"、做到"两个维护"上,立场更坚定、行动更自觉;

在提升素质本领,勇担职责使命,强化建功新时代的政治担当上精神更振奋、工作更抓实;

在坚守人民立场,着力解决老百姓的操心事、烦心事、揪心事,不断增强人民群众获得感、幸福感和安全感上,情感更真挚、措施更有力;

在保持为民务实清廉的政治本色,建设风清气正的政治生态上,党性更纯洁、自律更严格。

三、参加范围和时间安排

在全省党员中开展,以县处级以上领导干部为重点,自上而下分两批进行,总体安排6个月时间;省委常委会加强对全省主题教育的组织领导并带头开展主题教育,为全省作出表率;省人大常委会党组、省政府党组、省政协党组结合各自实际开展主题教育。

第一批参加单位:114个省直部门(单位),16户省管重要骨干企业、5户省管金融企业、6户省管文化企业、12户省国资委管理企业,从2019年6月开始,9月初基本结束。

第二批参加单位:市、县(市、区)机关及其直属单位,高等院校和其他基层组织,从2019年9月开始,11月底基本结束。

基层党组织：村、社区党组织，中小学校等事业单位以及其他经济组织、社会组织中的基层党组织，要以党支部为单位，依托“三会一课”、主题党日等，组织党员开展学习教育。具体另行安排。

四、主要内容和重点措施

（一）认真开展学习研讨

学习内容：

1.学习党的十九大报告和党章；

2.学习《习近平关于“不忘初心、牢记使命”重要论述选编》《习近平新时代中国特色社会主义思想学习纲要》；

3.学习习近平总书记最新重要讲话文章；

4.学习习近平总书记视察山西重要讲话、在推动中部地区崛起工作座谈会上的重要讲话和关于能源革命的重要论述等。

研讨方式：

1.党员领导干部以自学为主，运用“学习强国”“好干部在线”等新媒体平台开展学习；

2.各级领导班子集中一周时间，采取党委（党组）理论学习中心组学习、举办读书班等形式，列出专题，交流研讨；

3.省委举办省管主要领导干部主题教育读书班；开好学用习近平新时代中国特色社会主义思想经验交流会。

达到成效：

1. 推动全省党员干部始终以习近平新时代中国特色社会主义思想为指引，学以致用，用有所成；

2.认识山西持续优化政治生态、坚定推动转型发展的重要性，进一步激发自我革命、与时俱进的内生动力；

3.不断提升素质能力，始终保持对标一流的精神状态，高起点高标准高质量地推动工作。

（二）深入开展调研

全省县处级以上领导班子成员都要深入开展调研：

1. 围绕贯彻落实党中央决策部署和习近平总书记视察山西重要讲话精神；

2.围绕深入推进能源革命综合改革试点等重大改革；

3.围绕经济转型发展等重大发展任务；

4.围绕防范化解重大风险等重点维稳工作；

5.围绕加强党的政治建设等党建重大问题。

省委常委、省管主要领导干部调研成果以适当方式交流

（三）讲好专题党课

主体：全省县处级以上领导班子成员

方式：“三个联系、三个讲清楚”

“三个联系”：

联系山西省实现“两个转变”的重大历程；

联系“改革创新、奋发有为”大讨论确定的整改清单和此次调研新的收获；

联系本地本部门本单位肩负的职责使命。

“三个讲清楚”：

讲清楚运用习近平新时代中国特色社会主义思想武装头脑、指导实践、推动工作的收获、存在的差距和改进的措施；

讲清楚贯彻落实中央及省委重大决策部署取得的成效、存在的差距和改进的措施；

讲清楚加强本地本部门本单位领导班子和干部队伍建设的收获、存在的差距和改进的措施。

（四）广泛听取意见

全省县处级以上领导班子和班子成员，都要结合调查研究，充分听取工作服务对象、基层党员群众对领导班子、领导干部存在突出问题的反映，对改进作风、改进工作的意见建议。

上级党组织要结合巡视巡察、干部考察、工作考核等情况，对下级单位领导班子和班子成员提出意见。

（五）深刻检视反思

全省县处级以上领导班子和班子成员要重点查找：

在增强“四个意识”、坚定“四个自信”、做到“两个维护”方面存在哪些差距；

在知敬畏、存戒惧、守纪律、守底线方面存在着哪些差距；

在群众观点、群众立场、群众感情、服务群众方面存在哪些差距；

在思想觉悟、能力素质、道德修养、作风形象方面存在哪些差距。

党员领导干部：要联系思想工作实际，把问题找实、把根源找深，明确努力方向。

领导班子：要聚焦党的政治建设、思想建设、作风建设存在的突出问题进行检视反思。

（六）开展专项整治

整治目标：

重点整治对贯彻落实习近平新时代中国特色社会主义思想和党中央决策部署置若罔闻、应付了事、弄虚作假、阳奉阴违的问题。

重点整治干事创业精气神不够，患得患失，不担当不作为的问题。

重点整治违反中央八项规定精神的突出问题。

重点整治形式主义、官僚主义，层层加重基层负担，文山会海突出，督查检查考核过多过频的问题。

重点整治领导干部配偶、子女违规经商办企业，甚至利用职权或者职务影响为其经商办企业谋取非法利益的问题。

重点整治对群众关心的利益问题漠然处之，空头承诺，推诿扯皮，以及办事不公、侵害群众利益的问题。

重点整治基层党组织软弱涣散，党员教育管理宽松软，基层党建主体责任缺失的问题。

重点整治对黄赌毒和黑恶势力听之任之、失职失责，甚至包庇纵容、充当保护伞的问题。

（七）抓好整改落实

坚持边学边查边改，对调研发现的问题、群众反映强烈的问题，列出清单，逐项整改。

持续抓好中央巡视和专项督查反馈意见的整改落实。

继续做好“改革创新、奋发有为”大讨论“对标一流整改提升清单”的落实工作。

(八)召开专题民主生活会

全省县级以上领导班子要以“不忘初心、牢记使命”为主题,召开专题民主生活会。

会前:要深入谈心交心,用好学习调研成果,把问题找准找实找具体,把思想谈通。

会上:要以自我革命的勇气和斗争精神,红脸出汗,严肃开展批评和自我批评。

会后:专题民主生活会情况和整改情况要及时在一定范围内通报。

(九)建立长效机制

各地各部门各单位要坚持边实践边总结,及时将主题教育中形成的好经验、好做法,用制度形式运用好、坚持好。

结合巩固深化拓展“改革创新、奋发有为”大讨论成果,把问题导向、对标一流、述职评议、干部入企进村、先进典型宣讲等好做法制度化。

加大对制度机制落实情况考核力度。

(摘编自人民网“山西频道”2019 年 6 月 11 日)

三、实施情况

全省“不忘初心、牢记使命”主题教育工作会议

6 月 6 日,全省“不忘初心、牢记使命”主题教育工作会议在太原召开。省委书记、省委“不忘初心、牢记使命”主题教育领导小组组长骆惠宁出席会议并讲话。他强调,要深入学习贯彻习近平总书记在“不忘初心、牢记使命”主题教育工作会议上的重要讲话精神,切实把思想和行动统一到党中央决策部署上来,以高度负责的精神推动主题教育高质量开展,确保取得扎实成效。中央“不忘初心、牢记使命”主题教育第 8 指导组组长杨雄出席会议并讲话。省委副书记、省长楼阳生,省政协主席李佳,中央第 8 指导组副组长周福启出席会议。省委副书记、省委“不忘初心、牢记使命”主题教育领导小组常务副组长林武主持会议。

骆惠宁指出,习近平总书记在“不忘初心、牢记使命”主题教育工作会议上的重要讲话,通篇贯穿着马克思主义立场观点方法,彰显了我们党勇于自我革命、全面从严治党的坚定决心,为全党开展主题教育提供了根本遵循,是新时代加强党的建设的纲领性文献。当前山西正在“两转”基础上全面拓展新局面,党的建设和党的事业各项工作任务十分繁重。复杂形势面前,唯有不忘初心,才能知根知本、坚定信仰;繁重任务面前,唯有牢记使命,才能知重扛重、砥砺前行。党中央部署开展主题教育,为我们不断进行自我革命,在斗争和考验中打造高素质专业化干部队伍,提供了难得机遇和治本良方。要深刻把握主题教育的根本任务,深刻把握“守初心、担使命,找差距、抓落实”的总要求,深刻把握理论学习有收获、思想政治受洗礼、干事创业敢担当、为民服务解难题、清正廉洁作表率的目标,深刻把握学习教育、调查研究、检视问题、整改落实的基本要求,切实把思想和行动统一到党中央决策部署上来,增强扎实抓好主题教育的思想、政治和行动自觉。

骆惠宁强调,要聚焦目标要求,狠抓重点举措,推动主题教育高质量开展。坚持高标准严要求,认真开展学习研讨,深入开展调研,讲好专题党课,广泛听取意见,深刻检视反思,开展专项整治,抓好整改落实,召开专题民主生活会,建立长效机制。要坚持目标导向和问题导向相结合,坚持领导机关和领导干部带头,坚持与当前正在做的事情紧密结合起来,坚持用好“改革创新、奋发有为”大讨论取得的成果,坚持以好的作风开展主题教育。要通过主题教育,引导广大党员干部在认真学习贯彻习近平新时代中国特色社会主义思想、深入学习贯彻习近平总书记视察山西重要讲话精神上,领会更深刻、践行更有效;在坚定信仰信念,传承红色基因,增强“四个意识”、坚定“四个自信”、做到“两个维护”上,立场更坚定、行动更自觉;在提升素质本领,勇担职责使命,强化建功新时代的政治担当上,精神更振奋、工作更抓实;在坚守人民立场,着力解决老百姓的操心事、烦心事、揪心事,不断增强人民群众获得感、幸福感和安全感上,情感更真挚、措施更有力;在保持为民务实清廉的政治本色,建设风清气正的政治生态上,党性更纯洁、自律更严格,进而以只争朝夕、奋发有为的奋斗姿态和越是艰险越向前的斗争精神,不断谱写新时代中国特色社会主义山西篇章。

骆惠宁强调,要紧扣根本任务,抓好理论武装这个重中之重,进一步推动习近平新时代中国特色社会主义思想入心入脑,在三晋大地生根开花结果。要坚持通读精读,系统学、深入学,深刻理解习近平新时代中国特色社会主义思想的科学体系、丰富内涵、实践要求,进一步对表对标,不断提升思想水平和政治能力。各级领导班子要集中安排一周时间,列出专题进行学习研讨,通过中心组学习、举办读书班、召开学用交流会等举措,把全省理论学习推向新高度。要深化学以致用,弘扬理论联系实际的学风,把学习研讨同“守初心、担使命,找差距、抓落实”紧密结合起来,不断研究解决新情况

新问题，推动新实践新发展，做到知行合一、以用促学。

骆惠宁强调，要深化自我革命，着力解决事关党的执政基础和事业发展的突出问题。要对照习近平新时代中国特色社会主义思想和党中央决策部署，对照党章党规，对照初心使命，把自己摆进去、把职责摆进去、把工作摆进去，敢于触及灵魂、触及痛处、触及要害。在专题民主生活会上，要认真进行检视反思、党性剖析，深入开展批评和自我批评。各级党员领导干部要适应形势和实践的发展，采取蹲点调研、座谈研讨、信息数据分析等方式，掌握第一手材料，掌握新的情况，加强对工作的指导，带头克服形式主义、官僚主义。在学习调研的基础上，主要负责同志要带头讲好专题党课。要把整改落实贯穿主题教育始终，坚持立查立改、即知即改，扎实抓好专项整治。对于专项整治中发现的违纪违法问题，要依纪依法严肃查处。

骆惠宁强调，要加强组织领导，统筹协调推进，确保主题教育取得扎实成效。各级党委(党组)要把主体责任扛起来，主要负责同志要亲自抓。党委(党组)成员要履行好一岗双责，对分管领域加强指导督促。行业系统主管部门既要开展好自身主题教育，又要做好对本行业本系统的指导工作。省委巡回指导组要从严从实进行督促指导。要抓住主题教育契机，进一步推动以政治建设统领党建、全面深化改革、经济转型发展、能源革命综合改革试点、加强法治和意识形态工作、保持社会稳定、努力改善民生、着力防范化解风险等重大任务。要营造浓厚舆论氛围，在全省唱响“不忘初心、牢记使命”，勠力同心、开拓新局的新时代强音。要大力选树宣传秉持理想信念、保持崇高境界、坚守初心使命、敢于担当作为的先进典型，引导广大党员干部学习先进、争当先进。要大力开展革命传统教育、形势政策教育和警示教育。要引导广大党员干部从革命战争年代铸就的太行精神和吕梁精神中，从新中国成立以来孕育的右玉精神等宝贵精神财富中，从新时代改革创新、转型发展的生动实践和标杆榜样中，感知初心、坚守初心、践行初心，认清使命、扛起使命、不辱使命，把主题教育集聚的强大正能量转化为全面拓展新局面的实际成果。

杨雄在讲话中强调，要聚焦根本任务，把深入学习贯彻习近平新时代中国特色社会主义思想这一根本任务作为最突出的主线。要把握“十二字”总要求，紧扣“五句话”目标，坚持四个“贯穿始终”，力戒形式主义，以好的作风确保主题教育取得好的效果。指导组将按照党中央部署要求，紧紧依靠山西省委开展工作，把指导工作寓于帮助服务之中，深入了解情况，提出工作建议，加强督促指导，推动主题教育各项任务落实。

中央“不忘初心、牢记使命”主题教育第 8 指导组成员，省委常委，省人大常委会、省政府、省政协负责同志，省法院院长、省检察院检察长出席会议。在晋全国政协专委会有关负责同志，正省级老同志和近 5 年来退出领导岗位的副省级老同志，省委委员、候补委员，省纪委副书记，省直各单位、中央驻晋单位、省管国有企业和本科院校、省委巡视机构主要负责同志，各民主党派、工商联主要负责同志和无党派代表人士，部分党的十九大代表，省委主题教育领导小组成员及办公室负责同志，省委巡回指导组组长、副组长等参加会议。会议以电视电话会议形式召开，各市、县(市、区)设分会场。

(省委办公厅)

省委常委会举行“践行初心和使命”主题党日活动

在“不忘初心、牢记使命”主题教育扎实开展，党的 98 岁生日到来之际，7 月 1 日，由骆惠宁主持，省委常委集体来到长治市武乡县八路军太行纪念馆，举行“践行初心和使命”主题党日活动，重温习近平总书记关于弘扬太行精神的重要指示，缅怀革命先辈，再次进行入党宣誓，接受革命传统教育，宣示矢志不忘初心，勇担光荣使命的坚定信念。

凤凰山下的八路军太行纪念馆，记载着我们党领导八路军艰苦卓绝的抗战史。骆惠宁和省委常委步行至纪念馆序厅，在“太行精神光耀千秋”大型浮雕正前方肃立，举行敬献花篮仪式。骆惠宁神情庄重，缓步上前，仔细整理缎带，全体同志深深三鞠躬，表达对革命烈士的深切缅怀和无限敬仰。伴随着慷慨激昂的《在太行山上》，循着老一辈革命家的战斗足迹，骆惠宁和省委常委走进展厅参观展览。面对家中老人无法度过灾年，朱德总司令身无一文可寄；患有严重胃溃疡，彭德怀副总司令不畏呕吐，坚持与战士们一起喝榆叶汤；左权副总参谋长牺牲后，84 岁的老母苦等儿子 26 年终未能见面，含泪说出“抗日成仁，死得其所”的泣血之语……。纪念馆内一个个真实往事，一件件历史实物，承载着无数共产党人的不变初心、牺牲精神。骆惠宁和省委常委认真听取讲解，不时驻足凝视，深深为之动容。骆惠宁说，每次来到这里，都感受到心灵的洗礼，不断体会到，我们党领导的事业之所以能够不断取得胜利，就是因为中国共产党始终在为人民的利益而奋斗，人民始终和党在一起。随后，在纪念馆大厅里，面对鲜艳的中国共产党党旗，由骆惠宁领誓，常委同志再次进行入党宣誓，“我志愿加入中国共产党”，“随时准备为党和人民牺牲一切”，铿锵的誓言在大厅内激昂回响，每个人都受到党性的洗礼和信念的升华。

在八路军文化园，骆惠宁、楼阳生亲切看望老八路魏太合、支前模范肖江河、老党员魏怀斌。骆惠宁搀扶老同志来到小广场，常委们集体聆听了三位老同志当年的革命故事。血战关家垴、牺牲的战友、儿童团的职责……一个个初心故事情真意切，讲到动情处，肖江河情不自禁唱起当年学唱的抗日歌曲，众人仿佛又回到当年激情难忘的岁月，大家以热烈的掌声表达对老同志们的敬意。

骆惠宁在主持时讲到,这次主题党日活动是省委常委会“不忘初心、牢记使命”主题教育的重要安排,就是要重温习近平总书记关于弘扬太行精神的重要指示,缅怀当年中国共产党领导八路军将士为民族解放、人民幸福浴血奋战的峥嵘岁月,以坚守理想信念、弘扬革命精神,来纪念党的生日,这是一次难忘的党日活动。骆惠宁指出,山西是一片具有光荣革命历史的热土,革命精神是全省最宝贵的财富。我们要在主题教育中,与时俱进地大力弘扬太行精神,始终保持对党对人民对事业的忠诚,始终保持与人民群众的密切联系,始终保持奋发有为的精神状态,始终保持艰苦奋斗的优良作风,进一步锤炼优秀的政治品格,进一步履行好肩负的历史使命。

省委常委一致认为,通过这次主题党日活动,思想政治受到洗礼和锻炼,进一步增强了永葆初心、践行使命的自觉性和坚定性,增强了为山西在“两转”基础上全面拓展新局面努力奋斗的责任感和使命感。

(《山西日报》2019 年 7 月 2 日　陈俊琦)

中央第 8 指导组听取山西省主题教育情况汇报

7 月 9 日,以杨雄为组长、周福启为副组长的“不忘初心、牢记使命”主题教育中央第 8 指导组在太原听取了山西省主题教育进展情况汇报。省委书记骆惠宁主持汇报会并讲话。省委副书记林武出席,省委常委、组织部长曲孝丽代表省委主题教育领导小组作汇报。

中央指导组对山西主题教育工作给予充分肯定,认为山西省委坚决扛起主体责任,紧密结合山西实际,围绕“五个突出”,扎实推进主题教育各项工作,取得了初步成效。

中央指导组指出,主题教育进入关键时期,要进一步提高思想认识,深入学习领会习近平总书记在主题教育工作会议和中央政治局第十五次集体学习时的重要讲话精神,认真学习中央文件精神,确保主题教育方向不偏。要准确把握重点,坚持问题导向,紧紧围绕思想、政治、组织、作风和纪律等方面找差距、查问题、抓落实,进而解决好经济社会发展难点问题和事关群众切身利益的问题。要坚持把学习教育、调查研究、检视问题、整改落实贯通起来,有机融合、统筹推进,创造性开展工作,努力取得最好成效。省委主题教育办公室要充分发挥组织协调推进的作用,全面了解工作进展情况,及时纠偏校正、解决问题,确保各项工作取得实效。

骆惠宁感谢指导组对山西省主题教育的有力指导和帮助,他说,目前主题教育已经到了不断发力、不断见效的关键时期。要坚持问题导向,牢固确立高质量的标杆,对当前工作深入分析,对下步工作进一步安排,把指导组的意见和要求落实好,把主题教育不断引向深入,确保实现中央提出的总要求和预期目标。一要进一步把学习贯彻习近平新时代中国特色社会主义思想引向深入。二要进一步推动上下联动抓专项整治整改。三要进一步在落实中央重大决策部署上下功夫。四要进一步加强对主题教育的领导。各级党委(党组)要扛起主体责任,坚持书记抓、抓书记,为主题教育高质量开展提供坚强政治和组织保障。

山西省主题教育开展以来,在中央第 8 指导组的精心指导下,省委认真学习贯彻习近平总书记关于“不忘初心、牢记使命”的重要论述精神,坚决扛起主体责任,紧密结合山西实际,科学谋划、周密安排,突出学懂弄通做实习近平新时代中国特色社会主义思想这一主线,抓住县处级以上领导干部这个重点,聚焦目标要求,狠抓重点举措,统筹协调推进,确保了全省主题教育高质量扎实推进。重点围绕“五个突出”,即突出整体谋划,落实“四个贯穿全过程”;突出常委带头,注重发挥“关键少数”作用;突出理论武装,以学用交流会引深学习贯彻新思想;突出自我革命,上下联动确保整治整改见实效;突出好的作风,力戒形式主义、官僚主义,扎实推进主题教育,全省主题教育呈现良好态势。下一步,将认真落实中央指导组情况反馈要求,重点抓好加强理论武装、解决突出问题、推进专项整治、强化巡回指导等方面工作,把四项重点措施做实做好做到位,确保主题教育取得实实在在的成效。

中央“不忘初心、牢记使命”主题教育第 8 指导组成员,省委主题教育领导小组办公室有关同志参加会议。

(《山西日报》2019 年 7 月 10 日　杨　文)

全省“不忘初心、牢记使命”主题教育专题党课暨第三次学用习近平新时代中国特色社会主义思想经验交流会

7 月 12 日,全省“不忘初心、牢记使命”主题教育专题党课暨第三次学用习近平新时代中国特色社会主义思想经验交流会在太原召开。会议深入学习贯彻习近平总书记在主题教育工作会议和中央政治局第十五次集体学习时的重要讲话精神,牢牢把握学习贯彻习近平新时代中国特色社会主义思想这条主线和“不忘初心、牢记使命”这个主题,交流体会、查找差距,明确努力方向,进一步把全省主题教育和学用工作引向深入。省委书记骆惠宁结合全省工作和干部队伍实

际，联系个人学习和调研讲了专题党课。他强调，要更加有力地把习近平新时代中国特色社会主义思想旗帜高举起来，守初心、担使命，找差距、抓落实，在党性上来一场大洗礼，在工作上来一个大促进，奋力谱写新时代中国特色社会主义山西篇章。中央“不忘初心、牢记使命”主题教育第8指导组组长杨雄出席会议。省委副书记、省长楼阳生主持会议。中央第8指导组副组长周福启，省委副书记林武，省政协主席李佳出席会议。会前，7月10日至11日，骆惠宁主持省委常委会第二次集体学习，杨雄出席并提出指导意见，林武、罗清宇、徐广国、胡玉亭、曲孝丽作了交流发言。

骆惠宁首先阐述了守初心、担使命的极端重要性，回顾了近年来我省坚持习近平新时代中国特色社会主义思想指导地位，以实际行动落实“两个维护”的历程，要求全省党员干部高举思想旗帜、做到“两个维护”，不断增强忠诚于党、忠诚于人民、忠诚于马克思主义的思想、政治和行动自觉。他指出，“不忘初心、牢记使命”是贯穿习近平新时代中国特色社会主义思想的一条红线。不断体悟、不断砥砺初心使命，是加强党的建设的永恒课题，也是全体党员特别是领导干部的终身课题。做到“两个维护”，既要体现高度的理性认同、情感认同，又要有坚决的维护定力和能力。山西政治生态由“乱”转“治”、发展由“疲”转“兴”，进而全面拓展新局面，从一个区域彰显了习近平新时代中国特色社会主义思想的真理力量和实践力量。骆惠宁强调，理论上的清醒和政治上的坚定，是党员领导干部的必备品质。要在理论学习上更加深入，进一步学深悟透、融会贯通、真信笃行，提高运用党的创新理论指导工作的能力。要在理想信念上更加坚定，坚守政治灵魂，传承红色基因，自觉做习近平新时代中国特色社会主义思想的坚定信仰者、忠实实践者。要在“两个维护”上更加自觉，执行习近平总书记重要指示批示和党中央决策部署不讲条件、不打折扣、不搞变通，切实做到党中央提倡的坚决响应、党中央决定的坚决照办、党中央禁止的坚决杜绝，确保山西工作始终沿着正确方向前进。

骆惠宁指出，山西正处于“两转”基础上全面拓展新局面的关键时期，各级领导干部要主动担当作为、持续苦干实干，努力创造经得起实践、人民、历史检验的业绩。从根本上说，就是要确保以习近平同志为核心的党中央制定的大政方针在山西落地见效，确保习近平总书记视察山西重要讲话精神及对山西重要指示批示生根开花结果，确保把中国特色社会主义在山西坚持好拓展好。骆惠宁结合全省干部队伍担当作为的具体实践，着眼以行动诠释担当、以担当彰显忠诚，强调要把握好五个重点。一是着眼大局抓谋划，自觉站位全局审视和推动工作，把准发展方向，彰显比较优势，赢得战略主动。二是攻坚克难拓新局，持续保持爬坡过坎、滚石上山的奋斗状态，确保各项战略目标的实现。三是对标一流提水平，进一步高标准、高质量推进事业发展，使一些工作进入全国前列。四是防范风险守底线，时刻绷紧防范化解风险这根弦，下先手棋，打主动仗。五是增强活力塑形象，多加分、不减分，进一步维护好发展好当前来之不易的良好局面。他重点围绕贯彻习近平总书记视察山西重要讲话精神总结了成效、查找了差距，要求各级领导干部要挺起宽肩膀，练就铁肩膀，牢记职责、勤于做事，应对挑战、敢于扛事，不辱使命、善于成事，在担当作为上当好表率、作出榜样，统筹抓好各项重点工作的落实。

骆惠宁结合学习贯彻习近平总书记在中央政治局第十五次集体学习时的重要讲话精神，围绕勇于自我革命、提高政治能力，始终保持为民务实清廉的政治本色，联系近年来的重大举措和典型案例，作了深刻阐述，提出鲜明要求。他指出，各级党员干部要常怀忧党之心、为党之责、强党之志，按照开展主题教育的部署要求，全面查找违背初心和使命的各种问题，聚焦政治不纯、思想不纯、组织不纯、作风不纯的种种表现，对症下药、全面发力，在新时代把自我革命不断推向深入。要增强政治敏锐性和鉴别力，善于从政治上分析问题、解决问题。要始终坚持党的群众路线，在任何时候、做任何事情，都要把为民造福作为工作出发点和归宿。要践行新时代好干部标准，真正做到清清白白为官、干干净净做事、老老实实做人。坚持“严”字当头、“实”处着力，“廉”前敬畏，增强拒腐防变的免疫力。他强调，当前，反腐败斗争取得压倒性胜利，但对形势的严峻性和复杂性一点也不能低估。要一以贯之贯彻落实全面从严治党方针要求，持之以恒一体推进不敢腐、不能腐、不想腐，坚决反对减减压、松口气、歇歇脚的心态和行为，坚决遏制在一些人身上消极腐败现象的滋长和反弹。省人大常委会原副主任张茂才严重违纪违法并涉嫌受贿犯罪，且在十八大后不收敛、不收手，性质影响恶劣。要以张茂才案为反面典型，在全省开展警示教育。要把省委提出的管党治党“五个进一步”落到实处，不断夺取全面从严治党更大战略性成果，向着持久风清气正的方向不断努力。

骆惠宁总结了近年来我省学用习近平新时代中国特色社会主义思想步步深入取得的成效，强调要以主题教育为契机，在提升政治站位上下更大功夫，在压实主体责任上下更大功夫，在充分运用载体上下更大功夫，在理论研究阐释上下更大功夫，在典型示范引领上下更大功夫，在强化督促考核上下更大功夫，把理论武装融入日常、抓在经常，进一步推动学习贯彻习近平新时代中国特色社会主义思想往深里走、往心里走、往实里走。

骆惠宁强调，全省主题教育开展以来，省委认真落实中央部署要求，中央第8指导组精心指导，第一批部门单位党组（党委）积极行动，总体态势良好。当前主题教育进入关键时期，要坚持突出主线、聚焦主题，坚持“书记抓、抓书记”，扎实推进学习教育、调查研究、检视问题、整改落实四项重点措施，确保主题教育高质量深入开展。

楼阳生在主持会议时指出，骆惠宁书记讲的专题党课紧扣主线主题，深入阐述运用习近平新时代中国特色社会主义思想指导实践、推动工作的收获体会、存在差距和改进工作的思路举措，政治站位高、领会思考深，联系实际紧、指导工作实，具有很强的思想性、针对性和感染力，为全省各级党员领导干部作了示范，对于全省开展好主题教育、持续深化学用工作，在“两转”基础上全面拓展新局面具有重要指导意义。各地各部门要按照中央及省委要求，加强组织领导，抓好重点措施，全面查找和解决违反初心和使命的各种问题，确保取得扎扎实实的成效。

会上，省纪委监委、省委政法委、省发改委、省扶贫办、山西转型综改示范区、右玉县委负责同志作交流发言，太原市委、大同市委、省农业农村厅、潞安集团、山西大学、山西医科大学第一医院作书面交流，展示了我省学用习近平新时代中国特色社会主义思想的新成果。

中央“不忘初心、牢记使命”主题教育第8指导组成员，省委常委，省人大常委会、省政府、省政协负责同志，省法检两长，省军区、武警山西总队主要负责同志出席会议。省直各部门各单位主要负责同志，各市市委书记、市长，各县(市、区)委书记，省管本科院校、省管国有企业主要负责同志，省委主题教育领导小组办公室负责同志，省委巡回指导组组长、副组长等参加会议。

(省委办公厅)

楼阳生在“不忘初心、牢记使命”主题教育专题党课上强调
牢记嘱托　坚守初心　担当起资源型地区转型发展的历史使命

按照中央、省委“不忘初心、牢记使命”主题教育部署和省政府党组安排，7月13日上午，省长楼阳生以“牢记嘱托、坚守初心，担当起资源型地区转型发展的历史使命”为主题，在太原理工大学讲专题党课。副省长张复明、中央第8指导组有关同志出席。

楼阳生首先阐释了“牢记嘱托”“坚守初心”的深刻意涵，结合学习和调研成果，就学习贯彻习近平新时代中国特色社会主义思想，重点从四个方面与师生们进行了深入交流。

楼阳生说，要明其义，深刻认识党中央开展“不忘初心、牢记使命”主题教育的重大意义。他深情回顾了中国共产党98年来栉风沐雨、星火燎原的奋斗历程，指出，开展“不忘初心、牢记使命”主题教育，是坚持思想建党和理论强党、保持党的先进性和纯洁性、不断巩固党的执政基础和群众基础的重大举措，是广大党员干部思想洗礼、自我革新、加油充电的难得契机，是广大青年树立远大理想、担当民族复兴大任、再铸魂坚初心的深刻教育。希望大家把自己的成长、成才、成功融入到祖国的伟大事业中去，与党同心、与时代同步、与祖国和人民同呼吸共命运，在实现中华民族伟大复兴的新征程上勇做先锋。

楼阳生强调，要悟其要，深刻领悟习近平新时代中国特色社会主义思想的核心要义。他结合自己平时的研读体会，从六个“观”切入，对习近平总书记博大精深的思想理论体系进行了择要阐释。通过对“本质特征”“政治道路”“政治灵魂”“政治纪律”四个关键词的解读，阐释了蕴含其中的政治观；通过对“人民主体”“人民至上”“人民中心”的解读，阐释了蕴含其中的人民观；从“发展是第一要务，发展才能自强”“要有长远眼光，保持战略定力”“贯彻新发展理念，用好改革这个关键一招”等方面，阐释了蕴含其中的发展观；从核心技术必须实现自主创新、发挥科研院所和企业创新主体作用、人才是创新的关键等方面，阐释了蕴含其中的创新观；从全面依法治国工作布局，党的领导、人民当家作主和依法治国有机统一，聚焦法治政府建设，深化全民守法内涵等角度，阐释了蕴含其中的法治观；从总体安全、底线思维、防范风险等角度，阐释了蕴含其中的安全观。他说，学好习近平新时代中国特色社会主义思想，终身受用。希望大家在读原著、学原文、悟原理上下功夫，在掌握立场、观点、方法上下功夫，在改进思维方法、改造世界观、提高政治能力上下功夫，努力做到学深悟透、融会贯通。

楼阳生指出，要笃其行，按照“守初心、担使命、找差距、抓落实”的总要求，把习近平总书记重要指示和党中央决策部署转化为推动山西高质量转型发展的具体举措。紧紧扭住资源型经济转型发展这个战略任务，牢牢抓住新一轮科技革命和产业变革、新一轮改革开放、新一轮中部崛起的重大机遇，以产业引领转型，以创新驱动转型，以改革促进转型，以开放带动转型，以环保倒逼转型，让人民群众共享高质量转型发展成果。

楼阳生寄语太原理工大学和广大师生，要坚其志，不断坚定为实现中华民族伟大复兴的中国梦而团结奋斗的崇高志向。他要求太原理工大学把“双一流”建设作为开展主题教育的重要抓手，坚持正确办学方向，对标先进找差距、抓整改，聚焦转型强学科、建平台，全面提升服务高质量转型发展能力；希望广大教师把立德树人作为根本任务，以德立身、以德立学、以德施教，更好担负起全员育人、全程育人、全方位育人的重要使命；勉励广大青年学生善于补钙、乐于补短、勤于补拙、打好补丁，做走在时代前列的奋进者、开拓者、奉献者。

专题党课后，楼阳生在太原理工大学参观了大数据科技成果展，考察了金属复合材料成形实验室、煤矿电器设备与智能控制山西省重点实验室。他勉励科研团队牢记科技服务转型、服务人民的初心和使命，紧跟科技进步前沿，精准对接转型需求，推动政产学研用全方位协同，在助力高质量转型发展中多出成果、再立新功。

(《山西日报》2019年7月14日　张巨峰)

省领导分别到分管领域或基层单位讲授“不忘初心、牢记使命”主题教育专题党课

按照中央、省委“不忘初心、牢记使命”主题教育有关要求，连日来，省领导林武、王拥军、罗清宇、徐广国、吕岩松、张吉福、廉毅敏、商黎光、胡玉亭、韩强、曲孝丽、郭迎光等分别到分管领域或基层单位讲授专题党课。省领导结合工作实际，在学习调研基础上，联系我省实现“两个转变”的重大历程，联系“改革创新、奋发有为”大讨论确定的整改清单和调研收获，联系本地本部门本单位肩负的职责使命作主题教育专题党课讲授，教育引导广大党员干部牢牢把握“守初心、担使命，找差距、抓落实”的总要求，更加自觉地用习近平新时代中国特色社会主义思想武装头脑、指导实践、推动工作。

7月16日，省委副书记林武来到山西汾西重工有限责任公司，围绕深入学习贯彻习近平总书记关于“不忘初心、牢记使命”重要论述，把握当前形势，更好地守初心、担使命，讲授专题党课。他指出，中国共产党人的初心和使命，就是为中国人民谋幸福，为中华民族谋复兴，这是党的性质宗旨、理想信念、奋斗目标的集中体现。他强调，不忘初心、牢记使命，不仅是思想要求，也是实践要求。为了更好地践行初心使命，必须把增强“四个意识”、坚定“四个自信”、做到“两个维护”作为政治责任，严守政治纪律和政治规矩，始终在思想上政治上行动上同以习近平同志为核心的党中央保持高度一致；必须把科学理论作为根本指引，深入学习习近平新时代中国特色社会主义思想，深刻理解核心要义和精神实质，深入领会丰富内涵和实践要求，做到学思用贯通、知信行统一，持续用以武装头脑、指导实践、推动工作；必须把自我革命作为前进动力，围绕主题教育的要求，广泛听取意见，深刻剖析反思，认真开展整改，确保取得实效，不断推动自我净化、自我完善、自我革新、自我提高；必须把勇于担当作为实践要求，立足工作岗位，主动担当作为，用知重负重、攻坚克难的实际行动，在实现中华民族伟大复兴中国梦的接力赛中跑出我们这一棒的好成绩。

7月25日，省委常委、省纪委书记王拥军讲授专题党课并对做好新时代山西纪检监察工作作出部署。他强调，各级纪检监察机关在推进党的自我革命、守护党的初心使命中发挥着重要而独特的作用，要坚决维护党中央权威和集中统一领导，坚决保障党的路线方针政策和党中央重大决策部署有效贯彻执行，坚决维护人民群众利益，坚决捍卫党的先进性和纯洁性，做党和人民的忠诚卫士。要坚持稳中求进、实事求是、依规依纪依法，稳高压态势、稳惩治力度、稳干部群众对持续反腐惩恶的预期，集中力量惩治一批不收手、不收敛、群众反映强烈的腐败案件，锲而不舍落实中央八项规定精神，持续正风肃纪，建设风清气正的政治生态。要建设高素质纪检监察干部队伍，使主题教育的过程成为不断增强政治能力、更好践行“两个维护”、推动全省纪检监察工作加速高质量发展的过程。

7月22日，太原市“不忘初心、牢记使命”主题教育专题党课举行。省委常委、太原市委书记罗清宇结合太原市工作实际，联系近期学习和调研收获讲授专题党课。他深入阐述了什么是初心使命、为什么要守初心担使命；联系山西的变化、太原的实践，深刻论述了习近平新时代中国特色社会主义思想的强大信仰力量、伟大真理力量和不竭实践力量。他要求，要对表初心使命，聚焦政治不纯、思想不纯、组织不纯、作风不纯的种种表现，检视问题差距，开展专项整治，在刀刃向内、自我革命中体现共产党人的鲜明品格；要坚守初心使命，弘扬斗争精神，勇于担当作为，在真抓实干、攻坚克难中体现共产党人的责任担当，努力创造经得起历史和实践检验的业绩。

7月16日，省委常委、统战部长徐广国为省级统战系统党员干部讲授专题党课。他围绕新时代、新使命和新担当、新作为，结合统一战线工作实际，联系个人学习和调研成果进行了深入交流。在系统回顾了统一战线的发展沿革，解读了党的十九大报告关于统战工作的重要论述，阐释了新时代统一战线的历史方位和目标任务后，他强调，统战工作是政治工作，对照党的初心使命，统战干部要坚持以习近平新时代中国特色社会主义思想为指引，不断增强“守初心、担使命，找差距、抓落实”的思想自觉、政治自觉和行动自觉，努力在提高政治站位、抓住统战工作本质、做好专项整治、围绕中心大局、提高能力素质、深入整改落实上实现新担当新作为。

7月22日，省委常委、宣传部长吕岩松为省委宣传部党员干部讲授专题党课。他强调，要紧密结合主题教育，守初心、担使命，做好新形势下宣传思想工作。要高举思想旗帜、做到“两个维护”，真正成为习近平新时代中国特色社会主义思想的坚定信仰者、有力传播者、忠实践行者。要以习近平总书记关于宣传思想工作的重要思想为根本遵循，坚持守正创新，推动我省宣传思想工作开创新局面、真正强起来。要发扬敢于斗争的精神，增强善于斗争的本领，以战斗的姿态、战士的担当，积极投身宣传思想领域斗争一线。要锤炼坚强党性，全面提高机关党的建设质量，使每名党员都成为一面鲜红的旗帜、每个支部都成为党旗高高飘扬的战斗堡垒。

“七一”前夕，省委常委、大同市委书记张吉福为大同市党员干部讲授专题党课。他指出，广大党员干部要以习近平新时代中国特色社会主义思想为指引，切实增强“四个意识”、坚定“四个自信”、坚决做到“两个维护”，不折不扣执行

党的路线方针政策，把党交付的任务保质保量完成好。要把奋斗精神落在“肯干事”“会干事”“干成事”“不出事”上，保持攻坚克难的拼劲，坚决克服本领恐慌，树立正确政绩观，时刻用党员标准严格要求自己，守住清正廉洁的政治本色。要把人民放在心中最高位置，永远保持对人民的赤子之心，与人民群众像石榴籽一样紧紧抱在一起砥砺前行，努力满足群众需求、维护群众利益，不断增强人民群众的幸福感、获得感、安全感。

近日，省委常委、秘书长廉毅敏为省委办公厅党员干部讲授专题党课。他强调，省委办公厅要扎实开展主题教育，深入学习贯彻习近平新时代中国特色社会主义思想，进一步增强“四个意识”、坚定“四个自信”、坚决做到“两个维护”；要深入学习贯彻习近平总书记在中央和国家机关党的建设工作会议上的重要讲话精神，守住初心、担起使命，当好省委的坚强“前哨”、巩固“后院”。结合学习研讨体会、调查研究的思考，他重点从守初心、担使命要坚守理想信念、恪守为民宗旨，牢记奋斗历程、传承红色基因，敢于刀刃向内、勇于自我革命，始终忠诚履责、走在前做表率等方面，与省委办公厅的党员干部作了深入交流。

7月24日，省委常委、政法委书记商黎光在省委政法委讲授专题党课。他指出，牢记初心使命，关键是要坚定理想信念、凝聚全党共识，始终保持革命精神和革命斗志；要坚持人民立场、践行根本宗旨，着力解决群众最关心最直接最现实的利益问题；要敢于担当作为、主动攻坚克难，积极营造奋发有为干事创业的良好环境；要勇于自我革命、全面从严治党，推动实现全省政治生态持续好转；要强化真抓实干、推动事业前进，不断开创各项工作新局面。他强调，要把主题教育成果体现在坚定政治信仰、强化政治担当、提升政治能力上，体现在捍卫政治安全、维护社会安定、保障人民安宁上，体现在坚守公平正义、推动改革创新、服务发展大局上，体现在坚持问题导向、改进纪律作风、推进自我革命上，为服务全省改革发展稳定作出更大贡献。

7月25日，省委常委、副省长胡玉亭围绕“守初心、担使命，找差距、抓落实”主题教育总要求，为分管领域部分党员干部讲授专题党课。他从党的发展历程、党的章程规定和合格党员标准等方面，联系个人学习和调研成果，结合优化营商环境等工作进行了深入交流。他指出，守初心、担使命是我们党从小到大、从弱到强、从胜利走向胜利的根本动力，是新时代新形势新任务对党员的必然要求。他强调，要坚持不懈加强理论武装，深入学思践悟习近平新时代中国特色社会主义思想，带头做到“两个维护”；刀刃向内勇于自我革命，深入查找差距不足，注重实效狠抓整改；牢记使命推进改革发展，做信念坚定、为民服务、改革创新的模范，为我省高质量转型发展作出应有贡献。

6月27日，省委常委、省军区司令员韩强为省军区、军分区(警备区)人武部三级首长机关暨师团职领导干部理论培训班讲授专题党课。他围绕共产党人的初心本源和人民军队光辉的战斗历程，结合习主席关于新时代国防动员的八个方面重要指示精神，和大家进行了深入交流。他强调，“不忘初心”是告诫我们要坚持本真，信守承诺，时刻牢记共产党员的初心，敢于亮出共产党员的身份，自觉履行共产党员的职责，以模范行动树立新形象、立起好样子。作为新时代国动人，我们有幸赶上改革强军的伟大时代，踏上建设世界一流军队的伟大征程，必须坚持以习近平强军思想为指导，责无旁贷地扛起练兵备战、矢志打赢的历史使命，坚决完成党和人民赋予的新时代使命任务。

7月19日，省委常委、组织部长、省委党校校长曲孝丽为省委组织部、省委编办、省委老干部局、省委党校党员干部讲党课。她强调，要深刻领会“不忘初心、牢记使命”的丰富内涵，切实增强守初心、担使命的思想自觉、政治自觉和行动自觉。要带头把自己摆进去、把职责摆进去、把工作摆进去，认真贯彻落实新时代党的组织路线，在知行合一中践行初心使命，拿起自我革命的武器，努力把党的各级组织建设得更加坚强有力。要深刻领会、坚决贯彻习近平总书记在中央和国家机关党的建设工作会议上作出的“三个表率，一个模范”重要指示要求，带头以高的政治站位、快的紧迫意识、严的纪律要求、实的作风品格践行初心使命，努力做让党放心、让人民满意的模范机关、模范单位。

6月16日，省人大常委会副主任郭迎光为省人大常委会机关党员干部讲授专题党课。他阐述了牢记初心使命，始终保持奋斗姿态的重要意义，强调要始终坚持以习近平新时代中国特色社会主义思想武装头脑，不断增强政治认同、理论认同和情感认同。结合人大工作实际，指出要深入学习贯彻习近平总书记关于坚持和完善人民代表大会制度的重要思想，努力提高人大工作质量和水平，切实将“不忘初心、牢记使命”内化于心、外化于行，以优异成绩迎接新中国成立70周年。

按照中央、省委“不忘初心、牢记使命”主题教育有关要求，其他省领导陆续深入各地、各部门讲授主题教育专题党课。中央及省委指导组相关同志分别到会指导。

(《山西日报》2019年7月27日　杨文俊)

省委常委会举行主题教育第三次集体学习、调研成果交流会和对照党章党规找差距专题会议

8月5日至7日，省委书记骆惠宁先后主持召开省委常委会“不忘初心、牢记使命”主题教育第三次集体学习、调研成果交流会，省委常委班子对照党章党规找差距专题会议。中央第8指导组组长杨雄到会指导。

在集体学习时，常委同志认真研读“选编”“纲要”“汇编”，深入学习习近平总书记关于主题教育的重要讲话精神和视察山西重要讲话精神，并联系思想和工作实际进行交流研讨，查找存在不足，加强了党性修养，促进了学以致用。在成果交流会上，常委同志在前一段调查研究的基础上，围绕改革发展稳定和党建工作中的重大问题，结合各自职责任务先后发言，交流摸清实情、解决问题、改进工作的思路和办法措施。在对照党章党规找差距中，常委同志重点对照党章、《关于新形势下党内政治生活的若干准则》《中国共产党纪律处分条例》，本着对党对人民对事业高度负责的态度，以正视问题的自觉和刀刃向内的勇气，逐一对照“18个是否”，全面查找各种违背初心和使命的问题，深挖根源，严肃开展批评和自我批评，进一步明确了努力方向。

骆惠宁在讲话中指出，对照党章党规找差距，是党中央推动主题教育往深里走、往实里走的重大举措。这次聚焦政治、思想、组织、作风、纪律建设，深入查找违背初心和使命的问题，收到了严肃检视、深化认识、提升境界、推动工作的效果，大家深受触动和教育。学习调研和查找差距的过程，就是弘扬自我革命精神、加强政治建设的过程。关于下一步工作，骆惠宁提出三点要求。一是要巩固拓展会议成果。把学习贯彻习近平新时代中国特色社会主义思想作为主线，在学懂弄通做实上下功夫，更加自觉地学习践行党章党规党纪，做到心中有指南、有规尺、有戒律。要坚定信念，笃信笃行，筑牢增强“四个意识”、坚定“四个自信”、做到“两个维护”的思想根基，增强党内政治生活的政治性、时代性、原则性、战斗性。二是要把查找的问题整改落实好。坚持边学习、边对照，边检视、边整改，在分析检视的基础上，进一步从党性上深入剖析，为高质量开好专题民主生活会做好准备。要把改造主观世界和履行工作职责结合起来，针对性提出整改举措并抓好落实。三是要更好履行组织领导责任。省委常委要带头贯彻中央及省委关于主题教育的部署要求，全面落实全省主题教育推进会作出的安排。在以身作则的同时，要着力抓好分管部门对照党章党规找差距和专项整治整改等工作，以务实行动把“守初心、担使命，找差距、抓落实”的总要求落到实处，确保主题教育取得实实在在的成效。

中央第8指导组有关同志参加会议。

（《山西日报》2019年8月8日）

省领导深入基层开展“不忘初心、牢记使命”主题教育工作调研

按照党中央、省委“不忘初心、牢记使命”主题教育相关要求，近日，省领导林武、王拥军、罗清宇、徐广国、吕岩松、张吉福、廉毅敏、商黎光、胡玉亭、韩强、曲孝丽、郭迎光等深入基层开展“不忘初心、牢记使命”主题教育工作调研。省领导结合工作实际，聚焦突出问题，将学习教育、调查研究、检视问题、整改落实四项举措结合起来贯穿始终，指导基层单位和广大党员干部始终保持主题教育的正确方向，把推动主题教育与正在做的事情结合起来，做到“两不误、两促进”，将主题教育集聚的强大正能量不断转化为全面拓展新局面的更大成效。

省委副书记林武先后赴朔州市、太原市和阳泉市，围绕加强农村和教育系统基层党建工作，深入部分农村和学校，实地了解情况，主持召开三个座谈会与干部群众面对面交流。他指出，党的基层组织是党的全部工作和战斗力的基础，必须扎实做好抓基层、打基础的工作。他强调，当前我省正在“两转”基础上全面拓展新局面，脱贫攻坚进入决战决胜期，乡村振兴开局起步，高校作为意识形态斗争重点领域，面临不少新情况新问题新挑战，抓好农村和教育系统基层党建工作责任重大。要结合“不忘初心、牢记使命”主题教育，推动广大农村和高校深入学习习近平新时代中国特色社会主义思想，把握基层党建工作的正确方向。要认真落实中央精神，建立健全以基层党组织为领导的村级组织体系，全面贯彻党委领导下的校长负责制，不断完善体现党的全面领导的制度机制。要聚焦差距短板，主动对标一流，加强基层党组织带头人队伍建设，提升服务基层群众的能力水平。要规范基层党组织政治生活，落实整风精神，增强针对性，不断提高组织生活会质量。要深入落实我省加强高校思政和党务工作队伍建设的新要求，按时间节点配齐建强“三支队伍”，加强思想政治工作，及时应对校园网络舆情，牢牢掌握意识形态工作的主导权。

省委常委、省纪委书记王拥军结合“不忘初心、牢记使命”主题教育，深入临汾市、运城市，下县、进村、入企，调研全面从严治党工作，听取纪检监察工作建议。他强调，深入贯彻习近平总书记视察山西重要讲话精神，实现山西政治生态海晏河清还有很长路要走。必须保持定力、韧劲、恒心，按照党的十九大战略部署，毫不动摇推动全面从严治党往深里抓、往实里做，努力取得更大战略性成果。纪检监察机关要紧扣中央纪委三次全会和省纪委四次全会精神抓落实，坚持把监督挺在前面，持续保持惩治腐败高压态势，深化纪检监察体制改革，注重激励干部担当作为，以主题教育集聚的强大正能量推动新时代山西纪检监察工作高质量发展。

省委常委、太原市委书记罗清宇深入县(市、区)和基层单位，就习近平总书记重要批示精神落实、中央环保督察交办问题整改、全面从严治党、转型项目建设、文明城市创建等内容进行调研。他强调，要深入学习贯彻习近平新时代中国特色社会主义思想和习近平总书记视察山西重要讲话精神，全面落实习近平总书记关于“不忘初心、牢记使命”重要论述，按照全省主题教育推进会安排部署，突出问题导向和目标导向，精准对接中央部署的8个方面专项整治和我省5个方面整改工作，做好顶层设计、统筹谋划推动，力戒形式主义、官僚主义，抓紧解决一批具体问题、办好一批民生实事，以整改落实促进思想认识的提高、工作作风的转变，为第二批主题教育高质量开展奠定扎实基础。

省委常委、统战部长徐广国深入长治市，就民企扶贫及宗教工作进行调研。他指出，广大民营企业要深入参与脱贫攻坚，多途径开展帮扶，促进扶贫资源与脱贫需求精准对接，切实提高帮扶成效；要紧盯市场需求，抢抓发展机遇，突出科技引领，坚持创新驱动，走高质量发展之路，努力在产业转型升级上争当践行者和领跑者。在深入农村基层和宗教场所了解情况后，他强调，要坚持党对宗教工作的领导，全面贯彻党的宗教工作基本方针，坚持宗教中国化方向，积极引导宗教与社会主义社会相适应；要认真践行守初心、担使命、找差距、抓落实的主题教育总要求，全面提升基层党组织的政治功能和服务功能，真心诚意帮助群众解决各种实际困难，把广大信教群众紧紧团结在党的周围。

省委常委、宣传部长吕岩松深入大同、临汾两市乡镇、农村、社区和企业，调研基层宣传思想阵地建设情况，听取基层干部群众意见建议，并分别与两市宣传思想战线有关负责同志座谈交流。他强调，要深入开展“不忘初心、牢记使命”主题教育，在学懂弄通做实习近平新时代中国特色社会主义思想上持续用力，进一步增进广大干部群众的政治认同、思想认同、情感认同。要扎实推进县级融媒体中心、新时代文明实践中心建设和“学习强国”平台推广学用工作，打通宣传群众、教育群众、服务群众“最后一公里”。要彰显思想性、突出群众性，组织好庆祝新中国成立70周年系列群众性主题宣传教育和文化活动，唱响礼赞新中国、奋斗新时代的昂扬旋律。

省委常委、大同市委书记张吉福在云州区、平城区、云冈区和天镇县调研时强调，要坚持以习近平新时代中国特色社会主义思想为指导，按照新时代党的建设总要求，进一步加强党的全面领导。要始终把政治建设摆在首位，切实增强“四个意识”，坚定“四个自信”，做到“两个维护”，坚决把党中央重大决策部署落地落实。要加大年轻干部培养，优化各级班子结构，打造高素质专业化干部队伍。要始终保持高压反腐，坚持标本兼治、综合治理，深化监察体制改革，全面构建党员干部不敢腐、不能腐、不想腐长效机制。要坚决整治形式主义、官僚主义，以钉钉子精神抓作风建设。要把基层建设作为固本之举，以“三基”建设为主抓手，创新“党建 + 服务”模式，提升基层党建水平。

省委常委、秘书长廉毅敏赴省委办公厅、省委政研室、省直工委及太原市，就深入学习贯彻习近平总书记在中央和国家机关党的建设工作会议上的重要讲话精神，加强和改进机关党的建设查找问题、征求意见、开展调研，并与相关单位和部门的同志进行座谈，共同研究进一步加强机关党建工作的具体措施。他强调，各省直机关党委(党组)要把握大势，抓住机遇，切实用好党和国家机构改革和建设的重要窗口期，推动机构职能优化协同高效，尽快发生“化学反应”。要肯定成绩，看清不足，既坚定信心决心，又保持清醒头脑，牢牢掌握机关党建工作主动权。要突出重点，抓住关键，着力整治形式主义、官僚主义突出问题，不断提升机关党建工作质量水平，全力推动机关各项工作再上新的台阶。

省委常委、政法委书记商黎光先后深入大同、朔州两市政法机关和基层单位，通过实地走访、个别交流、集中座谈等形式，重点围绕落实省委全面从严治党部署、加强党建工作和队伍建设，开展“不忘初心、牢记使命”主题教育工作调研。商黎光要求，各级政法机关要深刻领会党中央开展“不忘初心、牢记使命”主题教育的重大意义，通过主题教育增强党性、提高能力、改进作风，把主题教育的成果体现到风险防控、扫黑除恶、社会治理、政法改革、科技建设等各项工作之中。要深入贯彻全面从严治党要求，始终抓好党的绝对领导这个根本、严明纪律这个关键、选人用人这个导向，以党建为引领，努力打造新时代的政法铁军。

省委常委、副省长胡玉亭先后深入太原、综改区和省直有关部门、宁武县及部分基层单位，通过实地走访、与企业家座谈等形式，重点围绕经济运行、优化营商环境等，开展“不忘初心、牢记使命”主题教育工作调研。他强调，各有关部门要认真学习、深刻领会，切实增强“四个意识”、坚定“四个自信”、做到“两个维护”，把思想和行动统一到习近平新时代中国特色社会主义思想和党中央决策部署上来。要坚持问题导向和目标导向，对标、找差、补短、增效，采取切实可行的措施，做好稳增长、惠民生等工作，深化转型项目建设，全力打通制约营商环境的堵点痛点难点，不断提高政务信息化管理水平，把主题教育找差距、抓落实的成效，体现在推进我省高质量发展的具体行动上。

省委常委、省军区司令员韩强围绕中共中央明确的5个方面和中央军委明确的6个方面整治内容，深入朔州、大同、太原、晋中、吕梁，就民兵基层建设进行实地调研。调研期间与所到单位的现役官兵、文职人员、专武干部、职工进行了面对面交流。他强调，要针对民兵基层建设中存在的新兴领域武装工作难开展、经费使用不规范、企业补偿难落实、抚恤措施不完善、约束惩戒不到位等五个方面问题。按照坚持党管武装，强化各级抓建武装工作的责任意识；深化调整改革，把后备力量编实建强；加强依法抓建，配套完善政策措施的总体思路，采取完善党管武装制度、加快推动民兵建设转型升级、尽快出台相关配套措施等实际举措，进一步推动民兵基层建设提质增效。

省委常委、组织部长曲孝丽结合省委十一届八次全会和我省“不忘初心、牢记使命”主题教育专项整治有关内容，深入太原、吕梁和临汾三市进行调研。她强调，专项整治软弱涣散基层党组织，要进一步抓好各级党委主体责任落实这个重要前提，明确各级党委的具体责任；进一步抓好村党组织书记选配这个首要任务，构建县委主导、县乡联动、全程把关的工作机制；进一步抓好问题有效解决这个基本目标，综合施策、重点突破，破解“班子弱”“治理乱”“底子薄”等问题；进一步抓好整顿工作制度机制建设这个重要保障，健全完善经常发现、定期排查、整顿提高、转化销号等工作机制；进一步用好督促指导、考评问责这个有力武器，及时掌握工作情况，督促问题有效解决。

省人大常委会副主任郭迎光赴山西转型综改示范区和部分开发区，就《山西转型综合改革试验区条例》进行立项调研。他指出，要紧紧围绕省委中心和全省大局做好地方立法工作，全面贯彻新发展理念，充分发挥转型综改试验区建设的战略牵引作用。要结合“不忘初心、牢记使命”主题教育，加强《条例》调研论证，把握好法的稳定性与变动性、现实性与前瞻性的关系，把握好改革立法与法制统一的关系，在注重立法针对性的同时，提高操作性，推动我省坚定不移走上转型发展之路。

按照党中央、省委“不忘初心、牢记使命”主题教育有关要求，其他省领导陆续深入各地、各部门开展主题教育工作调研。

（《山西日报》2019 年 8 月 17 日　杨文俊）

全省“不忘初心、牢记使命”主题教育第一批总结暨第二批部署会议

9 月 10 日，全省“不忘初心、牢记使命”主题教育第一批总结暨第二批部署会议在太原召开。省委书记、省委“不忘初心、牢记使命”主题教育领导小组组长骆惠宁在讲话中强调，要深入学习贯彻习近平总书记关于主题教育一系列重要指示精神，按照党中央部署要求，以高度的政治责任感和使命感，巩固深化第一批主题教育成果，扎实开展第二批主题教育，确保全省整个主题教育取得最好成效，奋力拓展全省党的建设和党的事业新局面，以优异成绩庆祝新中国成立 70 周年。

中央“不忘初心、牢记使命”主题教育第八巡回督导组组长杨雄出席会议并讲话。省委副书记、省长楼阳生，省政协主席李佳，中央第八巡回督导组副组长周福启出席会议。省委副书记、省委主题教育领导小组常务副组长林武主持会议。

骆惠宁指出，主题教育开展以来，省委认真贯彻党中央部署要求，切实加强组织领导，中央第八指导组精心指导，第一批单位党组织扎实推动，各方面注重协调联动，广大党员干部经受了一次思想淬炼、政治历练、实践锻炼，取得重要阶段性成果，总体达到了预期目的。主要体现在，深入学习贯彻习近平新时代中国特色社会主义思想取得新成效，在增强“四个意识”、坚定“四个自信”、做到“两个维护”上更加坚定与自觉，进一步促进了干部队伍状态和素质“双提升”，解决了一批群众关心的难点痛点问题，推动了全面从严治党向纵深发展，改革发展稳定各项事业得到有力推进。骆惠宁要求，第一批单位要总结经验，弥补不足，深化整改，健全机制，继续抓好巩固和深化主题教育成果工作。

骆惠宁指出，第二批主题教育参加单位和人员范围广、类型多、数量大，同群众的联系更直接，面对的矛盾问题更复杂，群众期待解决的问题更具体，要全面深刻领会和贯彻中央精神，落实好省委制定的实施意见和 4 个工作方案，增强政治责任感和使命感，抓住关键、精准实施，确保取得实实在在的成效。骆惠宁就搞好第二批主题教育提出四点要求。一是落实总体要求，牢牢把握主题教育正确方向。要坚持主题不变、标准不降、力度不减，紧紧围绕不忘初心、牢记使命这一主题，牢牢抓住深入学习贯彻习近平新时代中国特色社会主义思想这个根本任务，全面把握“守初心、担使命，找差距、抓落实”总要求，借鉴运用第一批主题教育的启示经验，坚持抓思想认识到位、抓检视问题到位、抓整改落实到位、抓组织领导到位，以彻底的自我革命精神解决违背初心和使命的各种问题，努力实现理论学习有收获、思想政治受洗礼、干事创业敢担当、为民服务解难题、清正廉洁作表率的目标。要把握第二批单位的特点，科学合理安排，把工作往实里做，坚持开门搞教育，增强针对性，防止简单照搬照抄，上下左右一个样。二是强化统筹协调，推动四项重点措施有机融合、贯穿全过程。学习教育关键要静下心来学原著、悟原理、知缘由，自学为主、交流互学，进一步提高运用党的创新理论武装头脑、指导实践、推动工作的能力。调查研究关键要树立鲜明的问题导向，立足本职、注重实效，在理论联系实际的过程中寻找解决问题的办法。检视问题关键要有刀刃向内的勇气，找实问题、找深根源，明确努力方向和改进措施。整改落实关键要即知即改，真刀真枪解决问题，推动党中央路线方针政策落

地生根。要做实基层党组织主题教育,针对不同群体党员的实际,采取生动鲜活、喜闻乐见的方式,增强吸引力和感染力。三是注重解决实际问题,上下联动抓好整治整改。各级党委(党组)要强化政治责任,细化工作方案,全过程抓紧抓实中央部署的8个专项整治和我省安排的5项整改,同时要抓好专题民主生活会查找问题的整改。省级各专项整治牵头单位要继续统筹抓好省市县联动整改,不断提升指导与服务水平。对第一批单位深化整改工作,第二批单位要主动配合、呼应落地。对第二批主题教育中查找出来的“表现在基层、根子在上面”和单靠基层自身难以解决的问题,第一批单位要主动认领、形成“回路”,合力解决。按照要求抓好第二批单位整治整改评估和第一批单位整治整改“回头看”,效果不理想、群众不满意的要“返工、补课”。四是深入开展“三服务”,让人民群众感受到真真切切的变化。要着眼促进解决改革发展稳定和党建的突出问题,着眼不断解决就业、物价、食品安全、教育、医疗、住房、社保、养老、治安等群众关注的问题,集中开展服务行动。各级领导干部要带头沉下去,带头领办服务事项,推动重点问题的解决和面上工作的深化。抓好网民留言办理,走好网上群众路线。落实好省委关于深化“三基建设”进一步加强基层工作的若干意见,带动“三服务”工作长效化。

骆惠宁强调,各级党委(党组)要担负好抓主题教育的主体责任,书记要履行好第一责任人职责,行业系统垂管部门要发挥好对本行业本系统的指导作用,各巡回指导组要从严指导、具体指导。要强化分类指导,把握不同对象的着力点和具体工作要求,结合实际抓好落实,不搞一刀切、一锅煮,不盲目赶时间、比进度。要深入宣传,组织党员干部走到群众当中面对面宣讲,激发群众的参与热情,充分发挥主流媒体作用,注重发挥先进典型的示范作用和反面典型的警示作用,营造良好氛围。要反对形式主义、官僚主义,不能层层加码,对可能出现的各种形式主义问题要有效防范,对搞形式主义、走过场的要严肃批评,通报曝光,责其改正,并研究完善基层减负的长效机制。要统筹兼顾,把主题教育同落实党中央及省委决策部署结合起来,同推动中心工作结合起来,同庆祝新中国成立70周年结合起来,做到两手抓、两促进。要把各级党组织和党员干部在主题教育中激发出来的工作热情和奋斗精神,转化为攻坚克难、推动整体工作上水平的强大动力。

杨雄在讲话中指出,山西省“不忘初心、牢记使命”主题教育开展以来,省委切实扛起主体责任,扎实推进各项工作,全省第一批单位各级党委(党组)深入学习贯彻习近平新时代中国特色社会主义思想,按照中央部署和省委要求,始终聚焦主题主线、始终注重统筹兼顾、始终突出问题导向、始终坚持服务大局,全省改革发展稳定各项工作稳步推进,主题教育取得重要阶段性成果。杨雄强调,要巩固扩大第一批主题教育成果,认真抓好第二批主题教育。要坚持不懈强化理论武装,持续深入学习贯彻习近平新时代中国特色社会主义思想,自觉运用党的创新理论武装头脑、指导实践、推动工作。要善始善终抓好整改落实特别是专项整治工作,一抓到底、防止反弹,以实际成效取信于民。要坚持把不忘初心、牢记使命作为永恒课题、终身课题,以自我革命精神加强党的建设,推动全面从严治党向纵深发展。要认真贯彻党中央部署,把握总体要求、突出重点对象、加强分类指导、解决突出问题、落实主体责任,确保第二批主题教育取得实效。

中央第八巡回督导组成员,省委常委,省人大常委会、省政府、省政协负责同志,省法院院长、省检察院检察长出席会议。主题教育第一批单位、驻太原省属本专科院校主要负责同志,省委主题教育第一、二批巡回指导组组长,省委主题教育领导小组办公室负责同志等参加会议。会议以电视电话形式召开,各市设分会场。

(《山西日报》2019年9月11日　杨　文)

楼阳生等省委常委到直接联系的主题教育单位调研指导

连日来,根据省委统一安排,省委副书记、省长楼阳生,省委常委王拥军、罗清宇、吕岩松、张吉福、廉毅敏、商黎光、胡玉亭、曲孝丽分别到直接联系的第二批“不忘初心、牢记使命”主题教育单位进行调研指导,推动第二批主题教育高质量开展、取得实实在在成效。

10月19日至20日,省长楼阳生深入晋中市,就第二批“不忘初心、牢记使命”主题教育进行调研指导,并主持召开座谈会。他强调,要深入学习贯彻习近平总书记关于主题教育一系列重要指示精神,按照党中央决策部署及省委工作要求,进一步对表对标、狠抓落实,把解决问题作为检验主题教育成效的重要标准,让人民群众切实感受到主题教育带来的新变化新成效。

10月19日下午,楼阳生来到晋中市城区安宁街等街道,与党员干部群众面对面交流,实地察看“两下两进两拆两补”专项整治情况。这是主题教育期间省政府部署的一项工作,也是楼阳生参加晋中市委常委班子民主生活会时对该市提出的一项任务。了解到晋中市对城区50条主次干道和180条小街小巷开展集中整治,推行广告下墙和管线下地、停车进库进位、拆除违建和拆墙透绿、补栽绿植和补修路面,看到市容整洁亮丽、焕然一新,楼阳生充分肯定了整治成效。当地干部高兴地告诉他,整治工作开展以来,我们受到了很大教育,从不知道如何干到越来越会干,从摸索起步到形成了有效经验,工作理念、工作作风发生了很大转变。楼阳生要求晋中市进一步完善做法,加强地方立法,以法治化手段巩固工作成效，提升城市治理水平。“139记忆铁道公园”是晋中市利用铁路遗存设施建设的综合环境整治项目，已形成一条绿色文化走廊。楼阳生走进公园，了解绿化美化、文化景观设计等情况。他说，要保护好历史街区、历史建筑、工业遗产等文化资源，延续城市历史文脉，增强城市文化品位，让群众“记得住乡愁”。楼阳生还考察了晋中市百里潇河生态廊道综合治理工作，称赞当地治理路子走对了，要求提炼经验做法，形成可推广可复制的生态修复治理模式。

10月20日上午，楼阳生在晋中市召开座谈会，听取晋中市、晋中学院主题教育开展情况汇报。他强调，要认真贯彻落实党中央决策部署及省委工作要求，把“四个注重”作为开展第二批主题教育的重要遵循，坚持方向不偏、标准不降、力度不减，努力实现理论学习有收获、思想政治受洗礼、干事创业敢担当、为民服务解难题、清正廉洁作表率的目标。要紧紧抓住学习教育这一根本任务，把强化理论武装贯穿始终，切实推动学用习近平新时代中国特色社会主义思想内化于心、外化于行。要紧紧抓住融合贯通这一基本要求，把“四项重点措施”一体推进。要紧紧抓住上下联动这一关键举措，以整治整改的实际成效接受人民群众检验。要紧紧抓住分类指导这一重要方法，把基层主题教育做实做好。要紧紧抓住“关键少数”这一重中之重，把从严从实的压力传导下去。要紧紧抓住促进工作这一根本目的，做到“两不误两促进”，真正把主题教育焕发的精神动力转化为推动高质量转型发展的强大内生动力。

9月23日，王拥军到所联系的第二批单位吕梁市、吕梁学院进行指导，通过召开专题汇报会、翻阅相关资料、与有关同志座谈等方式，对主题教育开展情况进行全面了解。王拥军强调，吕梁市委、吕梁学院党委对主题教育都高度重视，及时安排部署，精心组织实施，符合各自实际，取得初步成效。要进一步提高政治站位，聚焦主题主线、抓好融合贯通、坚持标准要求、把握基层特点、解决实际问题、反对形式主义和官僚主义，高质量推进主题教育各项任务落实落细落到实处。要切实加强组织领导、分类指导、宣传引导和统筹兼顾，坚持两手抓、两促进，把主题教育同主责主业结合起来，确保主题教育取得实实在在的成果。

近日，罗清宇先后深入太原市工业园区、项目工地、老旧小区等基层一线开展调研，做实做细“三服务”。他强调，要严格标准要求，把学习教育、调查研究、检视问题、整改落实四项重点措施贯穿始终，以自我革命精神解决好存在问题，切实做到思想认识到位、检视问题到位、整改落实到位、组织领导到位。要树牢宗旨意识，走好群众路线，聚焦太原改革发展稳定的突出问题和群众最急最忧最怨最堵的民生难题，上下联动抓好整改落实，以主题教育实际成效取信于民。要实现互促共进，把开展主题教育与履行职责使命紧密结合起来，抓好重点项目开工建设、民生保障等各项重点工作，奋力谱写好新时代中国特色社会主义太原篇章。

9月23日，吕岩松深入长治市、长治医学院，就主题教育开展情况进行调研指导。吕岩松先后到潞州区西街街道、长子县宋村乡、长子县融媒体中心和长治医学院实地调研，并召开座谈会交流指导。他指出，要坚持主题不变、标准不降、力度不减，增强政治责任感和使命感，努力做到不走神、不散光；要坚持学做结合、一体统筹，推动四项重点措施有机融合、贯穿全过程，努力做到不割裂、不脱节；要坚持分级分类、强化指导，盯住“关键人”“关键事”，上下联动，确保各项任务落地落实；要坚持问题导向、效果导向，深入开展“三服务”，全力抓好整治整改，让群众切实感受到主题教育带来的变化和成效。

近日，张吉福赴大同市部分机关部门、基层单位和大同大学，调研指导主题教育工作。他强调，各级各部门要进一步深化对开展主题教育重要意义的认识，以高度的政治责任感和使命感，抓好各项工作，高标准高质量推进主题教育。要始终把学习贯彻习近平新时代中国特色社会主义思想作为根本任务，进一步强化问题导向，查实找准问题，剖深析透根源，奔着问题去、盯着问题改，务必做到即知即改、应改尽改。各级党组织书记要切实履行好第一责任人职责，坚持统筹兼顾，坚持以上率下、上下联动，加大对主题教育重点工作和解决突出问题的督促指导力度，确保主题教育开展有序、有力、有效。

9月23日，廉毅敏深入临汾市委、市直单位、县区、乡镇和山西师范大学，就做好整治整改、“三服务”等主题教育工作进行调研。他强调，各级党委(党组)要深入贯彻中央及省委部署要求，紧紧围绕“不忘初心、牢记使命”这一主题，牢牢抓住深入学习贯彻习近平新时代中国特色社会主义思想这条主线，以县处级以上领导班子和领导干部为重点，扎实推动四项重点措施有机融合、贯穿始终。要认真落实省委实施意见和4个工作方案，坚持问题导向，强化上下联动，抓好整治整改，真诚开展“三服务”，力戒形式主义、官僚主义，切实为基层减负，着力解决群众急难愁盼问题，推动主题教育和中心工作实现“两不误、两促进”。

9月26日至27日，商黎光深入晋城市和山西警察学院，就开展主题教育工作调研指导。商黎光实地了解主题教育开展情况，与基层党支部和党员代表交流沟通，主持召开座谈会听取专题汇报。他指出，开展好第二批主题教育要求更高、任务更艰巨，参加单位要进一步提高政治站位，认真落实中央和省委部署要求，牢牢抓住深入学习贯彻习近平新时代中国特色社会主义思想这个根本任务，高质量完成好各项规定动作，努力做到方向要“准”、学习要“深”、检视要“细”、整改要“实”、服务要“诚”，以人民群众看得见的实际成效推动党员干部作风转变，确保主题教育取得高质量成效。

9月25日至26日，胡玉亭赴朔州、山西财经大学调研指导第二批主题教育工作。在朔州市，胡玉亭深入市应急管理局、平鲁区白堂乡，与干部群众深入座谈，详细询问主题教育进展，听取意见建议，提出指导意见。在山西财经大学，他深入主题教育领导小组办公室、经济学院研究生党支部、大学生思想政治教育特色基地，认真查阅相关材料，听取情况介绍。胡玉亭强调，第二批主题教育以基层单位和党员为主体,与群众联系更直接。要严格按照中央和省委部署要求,扎实推进各阶段教育活动。要通过主题教育的开展解决好群众最关心的问题,让群众充分感受到主题教育开展带来的深刻变化,确保主题教育取得实实在在的效果。

9月23日,曲孝丽深入运城市就第二批主题教育工作进行调研。在听取运城市和运城学院主题教育开展情况工作汇报后,曲孝丽指出,各级党委(党组)要紧扣主题主线扎实开展主题教育,坚持标准不降、力度不减,要抓实学习教育、调查研究、检视问题、整改落实四项重点措施,切实解决当地改革发展稳定的突出问题、党建面临的紧迫问题以及群众和企业急难愁盼的问题,以“三服务”明显成效取信于民。要突出抓好县处级领导班子和领导干部这个关键少数,充分发挥示范带动作用,压紧压实各级党委(党组)主体责任,推动各项工作更加有力有序有效开展。

(《山西日报》2019年10月22日)

楼阳生在听取各市主题教育进展情况汇报时强调 担当政治使命 扛起政治责任 推动主题教育扎实有效高质量开展

12月3日,省委书记楼阳生主持召开各市“不忘初心、牢记使命”主题教育进展情况汇报会,对进一步抓好主题教育作出部署。楼阳生强调,要深入学习贯彻习近平总书记重要讲话和重要指示批示精神,全面落实中央主题教育领导小组召开的学习贯彻党的十九届四中全会精神深入推进第二批主题教育工作座谈会精神,担当政治使命,扛起政治责任,一以贯之做好各项工作,推动主题教育扎实有效高质量开展。省领导罗清宇、张吉福、廉毅敏、曲孝丽、岳普煜、李俊明、李正印参加会议。

会上,11市市委书记汇报了各自主题教育进展情况。楼阳生逐一进行点评。他指出,第二批主题教育开展以来,省委认真贯彻中央部署要求,中央巡回督导组加强指导督促,各市市委认真履行主体职责,推动主题教育取得明显阶段性成效,朝着全面实现“五句话”目标不断迈进,为确保全省整个主题教育取得预期效果奠定了坚实基础。

楼阳生指出,当前,全省“不忘初心、牢记使命”主题教育正在深入开展。各市县党委要全面落实党中央及省委部署要求,进一步突出问题导向、目标导向、结果导向,持续对表对标、狠抓落实,做到主题不变、标准不降、力度不减,确保主题教育善始善终、善作善成。一要强化主线引领,推动学习贯彻往深里走、往心里走、往实里走。把深入学习贯彻习近平新时代中国特色社会主义思想这一根本任务长期抓实抓好,当前重点是跟进学习党的十九届四中全会精神。要重温习近平总书记视察山西重要讲话和在推动中部地区崛起工作座谈会、在黄河流域生态保护和高质量发展座谈会上的重要讲话,结合实际进一步聚焦、进一步深化,重整行装再出发。二要强化自我革命,推动整治整改向纵深发展。集中精力抓好中央部署的“8+1”专项整治,在此基础上同步抓好省委部署开展的5个方面整改工作和省政府组织的5个方面整治,突出重点、抓住关键,集中攻坚、以点带面,推动整改落实取得实实在在的成果。对效果不理想、群众不满意的,要回炉补课、限期整改,确保整改措施不折不扣落到实处、整改承诺一条一条得到兑现。三要强化指导督导,推动规定动作达标达效。注重分级分类指导,突出县处级以上领导班子和领导干部这个重点,统筹抓好乡镇、街道、县直机关、高等学校院系等单位主题教育,做实基层党支部主题教育。当前要严督实导各单位开好专题民主生活会,真正达到红脸出汗、排毒治病、纯洁肌体的效果。四要强化统筹协调,推动主题教育与中心工作相互促进。对照年初确定的目标任务,全面盘点梳理,逐项查漏补缺,精准施策发力,确保圆满完成。切实加强安全生产工作,扣紧压实各环节各方面安全生产责任链条,以“四铁”守住底线。大力保障和改善民生,提升城乡居民收入水平、就业水平、基本保障水平。紧紧围绕高质量转型发展这条主线,认真评估全面建成小康社会各项指标完成情况,打好防范化解重大风险、精准脱贫、污染防治攻坚战,确保实现全年目标任务。

楼阳生就履行好党建“第一责任”和发展“第一要务”与各市市委书记作了深入交流。他强调,市委书记作为各市“一把手”,要旗帜鲜明讲政治,坚决担起“两个维护”之责、贯彻落实之责、转型发展之责、改善民生之责、维护稳定之责、管党治党之责。要始终牢记习近平总书记教诲,始终牢记入党誓词,做到一句誓言、一生作答,做忠诚干净担当的模范和表率。

(《山西日报》2019年12月4日 杨 文)

全省“不忘初心、牢记使命”主题教育总结大会

1月10日(编者注:2020年),全省“不忘初心、牢记使命”主题教育总结大会在太原召开。省委书记、省委“不忘初心、牢记使命”主题教育领导小组组长楼阳生出席会议并作讲话。他强调,要认真学习贯彻习近平总书记重要讲话精神,以主题教育为新的起点,持续推动不忘初心、牢记使命,奋力谱写中国特色社会主义现代化建设山西篇章。中央“不忘初心、牢记使命”主题教育第8巡回督导组副组长周福启出席会议并讲话。省委副书记、代省长、省委主题教育领导小组常务副组长林武,省政协主席李佳出席会议,省委常委、组织部长、省委主题教育领导小组副组长曲孝丽主持会议。

楼阳生指出,习近平总书记在“不忘初心、牢记使命”主题教育总结大会上的重要讲话,立意高远、视野宏大,思想深邃、内涵丰富,充分体现了新时代中国共产党人恪守党的性质宗旨的高度自觉,表明了推进党的自我革命、牢记初心使命的鲜明态度,彰显了我们党永葆先进性和纯洁性的坚定决心,具有很强的政治性、思想性、理论性、指导性,为我们巩固拓展主题教育成果、持之以恒筑牢初心使命提供了根本遵循和前进方向。全省各级党组织和广大党员干部要认真学习贯彻习近平总书记重要讲话精神,以主题教育为新的起点,持续推动不忘初心、牢记使命。

楼阳生指出,主题教育开展以来,省委认真贯彻习近平总书记重要讲话精神和“四个到位”“四个注重”等指示精神,按照党中央部署要求,精心组织、扎实推进,中央第8指导组、督导组严督实导,两批单位协调联动、次第展开,围绕主题、主线和总要求,高标准学研查改,推动整个主题教育高质量开展,达到了预期目的,取得了重大成果。主要体现在,突出举旗铸魂立根,深入学习践行习近平新时代中国特色社会主义思想,重温习近平总书记“三篇光辉文献”,努力提高知信行合一能力,创新理论武装取得新成效;突出锤炼政治忠诚,从红色基因中汲取营养、坚定信仰,思想政治受到深刻洗礼锤炼,“两个维护”更加自觉坚定;突出推动事业发展,坚持把主题教育同贯彻落实党中央决策部署结合起来,同破解改革发展稳定突出问题结合起来,高质量转型发展进入新的阶段;突出激励担当作为,着力推动干部状态和素质双提升,鲜明树立结果导向,干事创业的氛围日益浓厚;突出改进工作作风,力戒形式主义、官僚主义,积极解决群众最急最忧最盼的问题,展示了为民务实的新气象;突出净化政治生态,以落实“第一责任”更好地领导和保障“第一要务”,“两袖清风、事业有成”正在成为广大干部自觉追求;突出维护制度权威,坚持在制度轨道上开展工作,着力推进治理体系和治理能力现代化,制度优势不断转化为治理效能和发展动能。

楼阳生指出,要认真贯彻落实习近平总书记重要讲话精神,把“不忘初心、牢记使命”作为加强党的建设的永恒课题和全体党员干部的终身课题,经常进行思想政治体检,不断叩问初心、守护初心,不断坚守使命、担当使命,始终做到初心如磐、使命在肩。楼阳生就此提出六个方面要求。一是坚定理想信念,真正学好党的创新理论。要深刻认识到,习近平新时代中国特色社会主义思想是当代中国马克思主义、21世纪马克思主义,是全党的信仰之基、精神之钙、思想之舵,是我们坚定理想信念、守牢信仰初心的根本遵循和精神食粮。要坚持把学好习近平新时代中国特色社会主义思想放在首位,在学懂、弄通、做实上下苦功夫,在解放思想中统一思想,在深化认识中提高认识,使党的创新理论在三晋大地落地生根、开花结果。二是做到“两个维护”,始终保持忠诚本色。要时刻牢记,办好中国的事情,关键在党,根本在习近平总书记领航掌舵。要以党的政治建设为统领抓好党的各方面建设,教育引导党员干部提高政治站位和政治觉悟,善于从政治上看待、分析和处理问题,不断增强“四个意识”、坚定“四个自信”、做到“两个维护”,始终做到总书记的号令坚决听从、总书记的思想坚决贯彻、总书记的决策坚决执行、总书记的权威坚决捍卫。三是勇于担当作为,自觉履行历史使命。当前山西正处于全面建成小康社会和资源型经济转型打基础、出雏型的重要历史关头。要把握住山西的时代方位和难得机遇,坚决贯彻党中央重大决策部署,落实“四为四高两同步”总体思路和要求,以为山西人民谋福祉、为山西明天谋振兴的使命和情怀,敢字为先、干字当头,守土尽责、迎难而上,坚定不移将转型综改进行到底,交出一份合格的新时代答卷。四是牢记为民宗旨,坚决反对形式主义和官僚主义。不忘初心、牢记使命,说到底是一个我是谁、为了谁、依靠谁的问题。山西是革命老区,更是发展任务重、潜力大的地区。要真抓实干解民忧、纾民怨、暖民心,把以人民为中心的发展思想落实到具体事情、具体项目上,努力让老百姓过上富裕幸福、积极向上、文明健康的高品质生活。五是强化自我革命,持续净化政治生态。山西政治生态已经由乱转治并不断巩固、持续净化,但沉痛教训不能忘,全面从严治党永远在路上。要驰而不息抓好正风肃纪反腐,用好批评和自我批评这个锐利武器,不断增强自我净化、自我完善、自我革新、自我提高的能力,实现政治生态持久的风清气正。六是发扬斗争精神,有效应对风险挑战。面对世界百年未有之大变局,面对改革发展稳定的繁重任务,只有发扬斗争精神,才能胜利实现伟大梦想。初心拷问干部,使命鉴别干部。要时刻保持警醒,不断振奋精神,知重负重、苦干实干、攻坚克难,有效应对各种风险挑战,为推动我们党正在进行的伟大斗争作出山西贡献。

楼阳生指出,在肯定我省主题教育取得显著成效的同时,要清醒看到存在的问题和不足,下恒久之功加以解决。党的十九届四中全会明确提出建立不忘初心、牢记使命的制度,党中央将印发建立不忘初心、牢记使命的制度的意见。各

级党委(党组)要深入贯彻中央部署要求,把制度建设作为巩固拓展主题教育成果的关键举措,坚持系统思维、辩证思维、底线思维,体现指导性、针对性、操作性,围绕学习贯彻习近平新时代中国特色社会主义思想、贯彻落实习近平总书记重要指示批示和党中央决策部署、为人民执政靠人民执政、巩固专项整治成果、落实全面从严治党责任等重大任务建立健全长效机制,为在新的起点上继续征程提供有力制度保证。楼阳生强调,全省各级领导机关和领导干部要深刻认识自身的责任,带头做到不忘初心、牢记使命,带头维护制度、执行制度,确保党中央和省委重大决策部署、重大工作安排都按照制度要求落到实处。

周福启在讲话中指出,主题教育开展以来,山西省委深入学习贯彻习近平新时代中国特色社会主义思想,认真落实习近平总书记关于山西工作的重要讲话、重要指示批示精神和党中央部署要求,切实履行主体责任,全省各级党组织真抓实抓,广大党员干部积极投入,主题教育达到预期目的、取得丰硕成果。

中央第8巡回督导组成员,省委常委,省人大常委会、省政府、省政协负责同志,省法院院长,省检察院检察长出席会议。省委主题教育领导小组成员,省直各单位主要负责同志,驻太原省管本专科院校和省管国有企业主要负责同志,省委巡回指导组组长、副组长,省委主题教育领导小组办公室负责同志等参加会议。会议以电视电话形式召开,各市设分会场。

(《山西日报》2020年1月11日　杨　文)

四、习近平与一封群众来信的故事

点滴之间见初心

——习近平与一封群众来信的故事

“不忘初心、牢记使命”主题教育正在全党深入开展,山西省霍州市的85岁老党员郝郁民回想起27年前与时任福州市委书记习近平因一封信而“结识”的故事,不禁感慨万千:“从这件小事中,我感受到了一位党的好干部一以贯之的为民初心。”

近日,在郝郁民老人的家中,他向记者讲述了那个令他永生难忘的故事……

素未谋面,给市委书记写了一封“投诉信”

上世纪90年代初,我担任霍州市委统战部部长。1992年4月,我和统战部办公室主任张玉生、市工商联党组书记韩忠民去改革开放前沿城市福州、温州等地考察。

在福州,我们到连江县实地走访,那里民营企业搞得好,对我们启发很大。在考察期间,多次听到当地干部称赞他们的市委书记,说他推行“特事特办、马上就办”,通过转变政府职能吸引了大批台资企业,带动了福州经济发展,令我们印象深刻。

结束考察后,我们在福州市“五一”旅社门前一个售票点买了三张福州到温州的“豪华大巴”票。买票时,对方承诺大巴上有卧铺。这对当时已快到退休年龄的我和韩忠民而言,能够缓解十几个小时路程的疲劳,还是很好的。

然而,等我们坐车时却发现,来的是一辆普通客车。大巴司机说:“你们先上这辆车,然后送你们去坐豪华大巴。”谁知后来,我们却被逼上了一辆条件更差的普通客车。

我们就这样被骗了,强忍着一路,苦不堪言。半夜下车吃饭时,张玉生悄悄记下了这辆车的车牌号码。

第二天早上,我们到了温州。下车后,我们与车主交涉,他们却态度蛮横:“我们就这样做,你们去告吧,看看谁理你?!”

车主的恶劣态度彻底激怒了张玉生。他在汽车站买了张温州市区地图,带着我和韩忠民直接来到了邮政局。

“我在路上就盘算好了,咱们写信投诉他们!信就直接写给福州市最大的领导——市委书记!”张玉生愤愤地说。

“市委书记哪有工夫管这些鸡毛蒜皮的小事?”我一听觉得心里没底,这点小事,怎么会引起领导重视,何况是一个市的市委书记呢?

“咱是在他管的地方受了骗,他管不管咱也要反映。”当时36岁的张玉生年轻气盛,坚持要写信反映情况。想起这次令人窝火的经历,我们也决心试一试。

随后,张玉生趴在邮局的水泥柜台上,以我们三个人的名义写了一封投诉信。当时,我们并不知道福州市委书记叫什么名字,便在信封上写了“中共福州市委书记收”。

信寄出去了,张玉生的气也就消了一大半;至于效果如何,压根没抱啥希望。

之后我们便回了霍州,这件事也就不去想了。

心系民生,市委书记给我们“回信了”

“没想到,我们的投诉有回音了!”

回到霍州后的一天早上,张玉生紧紧攥着一封信,激动地冲进了我的办公室。

接过信来,望着信封右下角鲜红字体标注的“中国共产党福州市委员会”,我顿时心情澎湃。

“你们三位同志4月24日致信市委书记习近平反映出差我市期间购买去温州的车票，在‘五一’旅社门前被一些人公开行骗的来信收悉。市委书记习近平十分重视，立即批请有关部门认真查处，并将结果向你们反馈。”

看到回信，我才知道这位福州市委书记名叫习近平。信里的内容，我一辈子也忘不了！在这封中共福州市委办公厅的函复里，饱含着市委书记积极回应群众呼声的满腔热忱。

“没想到！没想到！”看了信后，张玉生和韩忠民也是激动不已，“咱们是刨地刨到了金元宝，中了大彩！”

更让我们没想到的是，随后几天，我们又收到了一系列处理“反馈”。

福州市交通运输管理处接到批示后，用了不到一周时间就将事情进行了调查处理。原来，我们乘坐的客车是客运站承包给个体户的，售票点也是未经批准非法设置。管理处已责令客运站对车辆停业整顿，并处以150元罚款，退出多收票款33.6元。

福州市交通运输管理处的来信还征求我们意见，并索要通讯地址，以便退还多收的票钱。随信附上了客运站的“检讨书”。

看了这封“检讨书”，我们都感觉很欣慰。

按照信上要求，张玉生给福州市交通运输管理处写了回信，之后不仅收到了33.6元钱，还收到他们的进一步反馈：根据反映的情况，他们举一反三，取缔了“五一”旅社周围十家非法售票点，并将诈骗、殴打旅客情节严重的人员送当地派出所查证处理，得到旅客和周围群众的好评。“由于我们工作不好，造成你们旅途中不愉快的经历，再次向你们表示歉意，由衷感谢你们对我们工作提出宝贵意见。”

整个事情太出乎我的意料了！咱都不相信一个市委书记能管这样的小事，但人家不仅管了，还要管到让我们满意为止。从我们写信到最后处理结束只用了40多天，处理得环环紧扣，步步深入，让人佩服！

福州的乘车经历让我们感到这位市委书记习近平是心里装着人民的“好官”，他把群众的小事当作自己的大事，他的眼里容不得沙子，看到损害人民利益的行为就要管、马上就办，而且不是挂在口头上，是切切实实落在行动中。

我当时就感到，福州有习近平这么个好书记，真是福州人民的福气！

初心不改，他一直都是这样做的！

一段时间里，很多人都不相信我们的这段经历。

我们就拿出这些信件给他们看，看到的人没有不感动的。大家都称赞习近平书记是替老百姓办事的实在人，是人民群众信得过的好公仆。

这些信函原件一直由张玉生保管着。尽管搬过好几次家，但他一直小心翼翼地珍藏着。

从那件事之后，习近平就成了我们的榜样，为官、做人，我们处处向他看齐。凡是群众上门来找，我们一定要亲自接待，处理事情也要做到让群众满意。

张玉生给我讲过一件事：他后来当了霍州市宗教局局长，有个宗教场所放炮炸伤了一个小孩的眼睛。孩子的父母找了好多人没人管，就找到了张玉生。如果在以前，这件事情也可能睁一只眼闭一只眼过去了，但他多方调查，去做工作，最后帮那家人拿到了赔偿。后来，他也举一反三，组织所有宗教场所负责人进行了安全培训。

每当我们看到习近平这个名字，就倍感亲切，特别是他担任党的总书记后，每次在电视上看到他，就仿佛见到了老相识。有他，就感觉有靠山、有力量。

习近平做我们的总书记，这是党之大幸、国之大幸！现在，全党正在深入开展“不忘初心、牢记使命”主题教育，我们认为，这个故事就是一本活教材。这虽然是一件小事，但一滴水中可以看见太阳。我们的总书记是真心实意为人民服务的，不论是当农村的大队党支部书记，还是当党的总书记，他一直都是这样做的！他的初心和使命是发自灵魂深处的！

我出生在旧社会，尝过日寇奴役的苦，品过解放胜利的甜，有幸能享受到改革开放的成果，在新时代安享晚年，实在是幸福！我相信，在习近平总书记的带领下，我们的生活肯定会越来越好，国家越来越富强。

（新华社太原8月5日电　王菲菲）

“不忘初心、牢记使命”的生动教材

——“习近平与一封群众来信的故事”在三晋大地引发热烈反响

文章《点滴之间见初心——习近平与一封群众来信的故事》的讲述者是山西霍州市的老干部。霍州党员干部群众读了这篇文章，备受鼓舞，倍感亲切。霍州市委书记崔山原说：“我一大早学习了这篇文章，沉思了很久，深受教育。习近平总书记真挚的为民情怀彰显不变初心。我们要不断检视自身存在哪些问题和不足，思考该如何发挥表率作用，团结基层党员干部群众坚定跟党走。”霍州市党员干部同记者交谈时纷纷表示，群众利益无小事。有些看似不大的事，其实都是涉及群众切身利益的烦心事、操心事和揪心事，不但要管住管好管到位，而且要举一反三，切实改进工作。

党的十九大代表、柳林县公安局主任科员袁子捷说：“学习了《点滴之间见初心——习近平与一封群众来信的故事》一文，我的内心十分激动。”袁子捷从警近20年，长期坚持扎根公安基层第一线，每天与群众面对面。他表示，将时刻牢记从警入党时立下的誓言,尽心尽力为群众守护好公平正义。

太原理工大学党委书记吴玉程说:“习近平总书记关于共产党人初心和使命的重要论述,为我们提供了丰厚的精神滋养。我们将组织全校教师学习这篇文章,更好地肩负起培养造就德智体美劳全面发展的社会主义建设者和接班人的神圣使命。”

共青团山西省委副书记苏涛说:“习近平总书记的为民情怀深深感染了我。作为一名新时代共青团干部,我将进一步增强服务意识,真心诚意为青年多做好事、办实事、解难事。”

切实把维护群众利益落实在实际行动上,体现在具体工作中

中国共产党人的初心和使命,就是为中国人民谋幸福,为中华民族谋复兴。习近平总书记把群众的小事当作自己的大事,看到损害人民利益的事就要管、马上就办。我们也要切实把维护群众利益落实在实际行动上,体现在具体工作中,立说立行解决好群众每一件小事。

这是广大党员干部读了《点滴之间见初心——习近平与一封群众来信的故事》一文后的共同心声。

省行政审批服务管理局直属机关党委专职副书记陈梅说:“虽然只是一封普通的投诉信,但是时任福州市委书记习近平立即批请有关部门认真查处,并将结果及时反馈。这张回信的信纸很轻,但蕴含的情感格外真挚。习近平总书记为我们全体党员干部树立了榜样。”她表示,一定要聚焦主业主责,全力打通制约营商环境的堵点,努力做好事关企业和群众切身利益的各项工作。

忻州市定襄县晋昌镇党委书记郭会军说,“金杯银杯不如老百姓的好口碑。作为党的基层干部,就应当像习近平总书记一样,为民办事不言小,任何时候都把人民利益放在第一位,从群众关心的小事做起。”

省民政厅政策研究中心主任苏顺生说:“这个故事让我真切感受到习近平总书记的爱民之心、为民情怀。我将重温习近平总书记关于民政工作的重要指示,认真践行‘民政为民、民政爱民’的工作理念,着力破解工作中的难题。”

为政贵在行,老百姓最重“实打实”。临汾市检察院党组书记、检察长马红彬说,我要以习近平总书记为榜样,把检察为民实事抓实做好,尤其是要执行好7日内程序性回复、3个月内办理过程或结果答复,公益诉讼“回头看”等制度,切实维护公共利益,让人民群众满意。

有习近平总书记这样的掌舵人,是我们中国人民的福气

“从‘习近平与一封群众来信的故事’中,我再一次深切感受到习近平总书记的为民初心。”晋中市委统战部民族宗教科科长郭晓伟表示。

“从这个故事之中可以看出习近平总书记一以贯之的为民情怀。”省工商联宣教部部长方祥华表示,这是一次触及心灵的学习,今后一定要以永不懈怠的精神状态和一往无前的奋斗姿态,追逐造福人民的人生梦想。

兴县蔚汾镇南通村第一书记李翠叶、山西省农村青年致富带头人协会会长李阳都是奋战在农村一线的年轻人。他们说,习近平总书记与农村、农民有着深厚感情。我们所在的乡村,精准扶贫政策让老百姓实实在在得到了实惠,村民们从心底里感激习近平总书记。

“福州有习近平这么个好书记,真是福州人民的福气!”太原师范学院的大二学生康竞方对文章中这句话印象深刻。康竞方说:“我想说有习近平总书记这样的掌舵人,是我们中国人民的福气!我们青年一代一定跟着党,走好新时代的长征路。”

一滴水折射太阳的光芒,一件暖心事诠释为民初心。山西广大党员干部群众纷纷表示,习近平总书记始终把群众的事当作大事,真心实意为群众解难题。“习近平与一封群众来信的故事”温暖了三晋大地,是正在开展的“不忘初心、牢记使命”主题教育的生动教材。

(《山西日报》2019年8月7日 陈俊琦)

庆祝中华人民共和国成立70周年

一、综述

山西省庆祝中华人民共和国成立70周年
群众性主题宣传教育活动情况

一、山西省“我和我的祖国”群众性主题宣传教育活动开展情况

（一）学习体验活动

1.推出红色研学旅行线路。2018年7月，长治市武乡县教育科技局成立太行少年军校；2018年9月，经共青团中央批准，以太行少年军校为基础，建立“全国青少年太行革命传统教育基地”。2019年7月4日—6日，长治市武乡县举办第三届中国研学旅行大会暨研学旅行资源展示系列活动，推出红色研学游、烽火记忆游、抗战文化游、军工基地游、缅怀先烈游等十条精品研学旅行线路，辐射周边乃至全省、全国中小学校，中小学生积极参与其中，开展别开生面的红色之旅。

2. 各级各类爱国主义教育基地举办专题展览和专题讲座等活动。八路军太行纪念馆举办庆祝中华人民共和国成立70周年《太行颂歌》主题歌舞晚会、《红色热土 壮丽山河——山西抗日英烈与红色遗址展》、“红色武乡” 庆祝中华人民共和国成立70周年摄影图片展；麻田八路军总部纪念馆开展“保护革命文物、传承红色基因”文化遗产日宣传活动，利用展板宣传、发放资料等形式开展流动展览，暑假期间举办小小讲解员爱国主义活动，吸引广大中小学生到馆体验讲解员工作；彭真故居纪念馆组织开展“保护革命文物 传承红色基因展”等流动展览四次，受众2万余人次，组织党史知识进校园专题宣讲，举办爱国主义教育基地暑期培训班，与各单位、院校共建爱国主义教育基地等活动13次，受众3万余人次；平型关大捷纪念馆举办以主题讲座、座谈会、重温入党誓词等形式的爱国主义教育活动1400余场，共计10万余人次；参加刘胡兰纪念馆在微信公众号推送“我和我的祖国”主题征文，在主席题辞牌广场开展唱红歌活动，在烈士塑像前举行重温入党誓词活动，配合主题教育开展烈士事迹宣讲等活动，共有近万人参加。

（二）主题宣讲活动

1.《习近平新时代中国特色社会主义思想学习纲要》进基层万场宣讲活动。山西省紧密结合庆祝新中国成立70周年和“不忘初心、牢记使命”主题教育，大力开展“学习《习近平新时代中国特色社会主义思想学习纲要》进基层万场宣讲活动”，全省各级党委宣传部、讲师团认真组织党政领导干部、专家学者、先进典型、党委讲师团成员等加入到宣讲中，组建市、县两级宣讲团，调动乡、村宣传骨干积极性，从实际出发，针对不同对象需求，坚持各种行之有效的宣讲形式，努力实现宣讲工作的全面覆盖、分众精准。团省委组建省、市两级讲师团，省级100人，市级402人，与清华大学“博士生讲师团”建立合作，将讲师团105人纳入全省宣讲体系，制定宣讲菜单，推动巡回宣讲持续开展。

2.习近平新时代中国特色社会主义思想“三团巡讲”进高校活动。省委教育工委组建成立学习习近平新时代中国特色社会主义思想“三团巡讲”活动三支宣讲团。7月31日，省委宣传部、省委教育工委在山西财经大学举办学习习近平新时代中国特色社会主义思想“三团巡讲”启动仪式暨首场宣讲报告会，全面启动“三团巡讲”活动。

（三）共和国故事汇活动

1.庆祝中华人民共和国成立70周年图片展。9月28日，

山西省庆祝中华人民共和国成立70周年图片展在山西博物院开展,展览包括"牢记嘱托""巨大变化""改革开放""逐梦奋进"四个内容展区,展出面积2000余平米,共展出照片近300幅。省领导集体参观图片展,累计近12万名干部群众现场参观图片展。网上展馆在山西新闻网和黄河新闻网上线运行。

2."时代新人说——我和祖国共成长"演讲大赛。5月8日,省委宣传部承办中宣部等七部委共同组织的"时代新人说——我和祖国共成长"演讲大赛启动仪式,来自中宣部、各省(区、市)党委宣传部及省城各界群众1000余人参加。省级层面组织10场主题赛事。7月18–19日,朔州市右玉县承办"绿水青山"全国主题演讲赛事,来自全国各省(区、市)和新疆生产建设兵团以及国务院国资委的33名选手经过两天的激烈角逐,最终来自山西右玉干部学院的教师李洁、河北木兰围场国有林场管理局的职工程李美、海南三沙卫视的记者栾子洲3名选手获得金奖,4名选手获得银奖,5名选手获得铜奖,21名选手获得优秀奖。在已经结束的全国11场主题赛事中,我省选手获得4金、1银、1铜的好成绩。

3."我和我的祖国——山西省红色故事讲解大赛"。大赛由赛前动员、初赛、复赛、决赛、集中展示和巡讲六个阶段构成。从4月份启动,经过初赛、复赛和决赛,13名选手荣获"红色故事金牌讲解员",17名选手荣获"红色故事优秀讲解员",16部红色故事电视片分别荣获一二三等奖,6个市荣获"优秀组织奖"。从11月15日开始到11月底,在全省举办红色故事巡讲活动,获奖选手走进机关、学校、军营、企业、农村、社区,与广大干部群众一起分享他们讲述的感人故事。

(四)缅怀革命先烈活动

1.向人民英雄敬献花篮仪式。9月30日上午,省领导与省城社会各界代表一起,在太原市牛驼寨烈士陵园,向烈士纪念碑敬献花篮。省有关部门负责人,省各民主党派、工商联负责人和无党派人士代表,太原市主要领导以及烈属、老战士、现役军人、公安民警、工人、学生代表等近千人参加了敬献花篮仪式。

2.参观爱国主义教育基地和祭扫烈士墓活动。省退役军人事务厅牵头,开展"传承·2019清明祭英烈"活动。活动以烈士纪念设施和烈士陵园为主阵地,以革命烈士可歌可泣的英雄事迹为主要内容,广泛宣传党和国家、社会各界、人民群众对英烈精神的崇尚、守望和传承,全面展示烈士褒扬工作的成就。

3."缅怀革命先烈、聆听革命故事"新时代山西好少年暑期社会实践活动。组织49名优秀少年参观八路军太行纪念馆、八路军总部王家峪旧址等革命遗址。

(五)先进模范学习宣传及走访慰问活动

1."山西最美退役军人"学习宣传活动。省退役军人事务厅联合省委宣传部、省军区政治工作局在全省范围评选出10名山西省"最美退役军人",在山西日报、山西电视台等主流媒体开辟专栏进行广泛宣传。

2."情系革命老区 关爱伤残老兵""情系荣军、关爱功臣"活动。省退役军人事务厅组织业务骨干深入各县(市、区)上门为100名伤残老兵提供轮椅、助听器、义诊送药等服务。同时,组织20人的医疗分队在全省范围内对80岁以上退役军人等进行巡诊,提供健康体检等服务,营造关爱退役军人氛围。

3.优秀退役军人回军营"军事日"活动。7月18日,由省退役军人事务厅主办,太原市退役军人事务局、驻并某高炮旅承办,联合开展省城优秀退役军人代表过"军事日"活动,组织200名优秀退役军人重温军人生活,弘扬退役军人"退伍不褪色、永远跟党走"忠诚品格,在全社会大力营造爱国拥军、尊崇军人的浓厚氛围。

(六)同升国旗、同唱国歌活动

1.国庆前后,全省各级党政机关、人民团体、大型企事业单位、城乡社区等举行隆重的升国旗仪式,国庆长假期间悬挂国旗。10月1日清晨,省城庆祝中华人民共和国成立70周年升国旗仪式在太原市五一广场举行。省领导与省城社会各界代表一起,参加升国旗仪式。参加升旗仪式的还有太原市负责同志,晋阳工匠、三晋英才、时代新人代表,机关干部、企业职工、医护人员、消防队员、社区居民、学生等各界代表数千人。

2.主频率频道播放国歌。从6月份到年底,山西卫视、山西综合广播每天早上7时准时播放国歌。

3."我爱祖国 同唱国歌"活动。省教育厅组织各市中小学校参加"我爱祖国 同唱国歌"活动,全省中小学校积极参与,利用大课间学生集合的时间、校园广播时间、课前歌时间传唱爱国歌曲,或通过班级合唱、社团、主题班会等途径组织学唱国歌和爱国歌曲,广泛开展以国歌为比赛主要曲目的校园歌唱比赛,部分学校制作同唱国歌和爱国歌曲传唱活动视频。在各市推荐报送本地中小学创作的视频作品的基础上,省教育厅组织专家评选,遴选12首中小学生同唱国歌视频、15首中小学生演唱爱国歌曲视频,参加教育部组织的评选活动。

(七)主题作品征集展示活动

1."我和我的祖国"——山西省第二届社会主义核心价值观微电影征集展示活动。征集展示活动由省委宣传部、省委网信办、省教育厅、省广播电视局和山西广播电视台联合举办,山西影视(集团)有限责任公司承办,"学习强国"山西学习平台协办,围绕中国特色社会主义进入新时代和庆祝中华人民共和国成立70周年主题,聚焦普通人践行社会主义核心价值观的故事,展示干部群众新时代、新气象、新作为,用微电影生动活泼地传递主流价值观。从作品征集到奖项评选,历经近半年时间,共收到社会各方面报送的剧情片、宣传片、纪录片、歌曲MV、动画等六类作品327部。12月20日,"我和我的祖国"第二届山西省社会主义核心价值观主题微电影征集展示活动获奖作品发布仪式在太原举行,19部作品获奖,一等奖3名,二等奖3名,三等奖3名,优秀作品奖10名,其中《守住》《归来》《责任》获一等奖。

2."辉煌七十年"山西省书法美术摄影作品展。9月27日,由省委宣传部、省文联联合主办的"辉煌七十年"庆祝新中国成立70周年山西省书法美术摄影作品展在山西美术馆开幕。展览得到全省艺术家的大力支持,共收到来自全省各地的书画摄影作品 6323 件,精选出入展作品 612 件。展出作品内容丰富,从不同角度、不同层面记录新时代、书写新时代,讴歌新时代,充分展示了广大文艺工作者为时代画像、为人民放歌的使命担当。

3.“礼赞新时代 共圆中国梦” 庆祝新中国成立 70 周年山西省原创歌曲征集活动。5 月 27 日至 31 日,省文联邀请知名词曲作家、歌唱家一行 30 余人,走进运城开展为期 5 天的“礼赞新时代 共圆中国梦”原创歌曲采风活动。活动共征集 150 余首原创歌曲,最终经过初评、复评和终评,历时 9 天,于 9 月 24 日,评选出 20 首获奖作品。

(八)开展“开学第一课”教育活动

全省各高校将庆祝中华人民共和国成立 70 周年活动与“五四青年节”“六一国际儿童节”“七一建党节”等重要节日、纪念日有机结合,开展特色鲜明、富有实效的庆祝、纪念活动。五四青年节前夕,各高校相继开展“青春心向党·建功新时代”主题宣传教育实践活动。部分学校组织开展“我和我的祖国”系列快闪活动,山西师范大学组织的诵读习近平总书记青年寄语、唱响《我和我的祖国》系列快闪活动被黄河新闻网、中国青年报等多家媒体报道。山西中医药大学邀请中国人民解放军军事科学院少将王天成为学生党支部书记、组织员、辅导员、学生党员、发展对象、学生代表等 800 余名师生讲专题党课。高校师生还利用暑期积极参加以“青春心向党、建功新时代”为主题的“三下乡”社会实践,深入乡镇、农村开展政策理论宣讲、教育精准扶贫、文化艺术服务、红色记忆寻访等实践活动。9 月,各高校纷纷组织开展“我与祖国共奋进——国旗下的演讲”特别主题团日活动。

(九)主题节日活动

6 月,省文明办举办为期 5 天的沁县“我们的节日·端午”第十一届民俗文化节。本届文化节力求深入挖掘弘扬优秀传统文化,传承爱国情怀,培育践行社会主义核心价值观,以优异的成绩迎接中华人民共和国成立 70 周年。文化节以漫步田野乡村、欣赏初夏美景,探寻文化故迹、聆听中华经典,品味古城风韵,品赏健康美食,欢享文艺表演,观赏趣味龙舟、领略民俗风情等十七项活动,引导人们认知传统、尊重传统、继承传统、弘扬传统,进一步增进爱国主义情感,培育和践行社会主义核心价值观,共有 70 余万群众参与。

(十)国防教育活动

严格落实《国防教育万映活动计划》,各市各学校组织影片展映、电影绘本和绘画作品制作。开展“爱我国防”大学生演讲大赛。开展国防教育“双百工程”,已建成命名 72 个国防教育示范学校和 78 个国防教育示范村(镇、社区)。

(十一)网上主题宣传教育活动

1.做好网络氛围营造。属地新闻网站在网站双首页要闻区和移动客户端首屏开设“壮丽 70 年 奋斗新时代”专题专栏,集纳中央和我省主要媒体刊播的稿件和新媒体产品,将“我和祖国共成长”“爱国情奋斗者”等内容纳入专题,作为庆祝中华人民共和国成立 70 周年的主专题。

2.制作献礼 70 年微视频。黄河新闻网、山西新闻网、山西网络广播电视台等省直新闻网站制作“锦绣中华 大美山川”微视频,其中黄河新闻网选送的《太行明珠 水墨晋城》微视频作品被央视新闻客户端采用,并在全网推送。黄河新闻网制作献礼 70 年系列微视频之《山西 24 小时》,9 月 14 日在人民日报新媒体首发,并在全国主要新闻网站、省内新闻网站和新媒体、商业网站推广扩散,人民日报公众号、微博阅读总量超过 200 万。

3.“辉煌 70 年”全省职工网络有奖知识竞答活动。省委网信办与省总工会联合开展“辉煌 70 年”全省职工网络有奖知识竞答,组织属地新闻网站持续做好网上宣传,组织网民积极参与活动。

4.广泛开展“青春为祖国歌唱”高校网络拉歌活动。5 月底,山西医科大学、山西师范大学两所高校在本校官方微信、微博率先发起省内拉歌活动。各高校纷纷响应,接力传唱,广大师生以多种形式礼赞祖国、礼赞新时代,表达爱国奋斗正当时、建功立业新时代的决心。活动开展以来,共有 22 所高校通过学校官方微信、微博等平台推出了拉歌视频,共有 86952 名学生、5675 名教师、125 名校领导参与,网络转发达 156692 次,点击量 742594 次。

(十二)各类群众性文化活动

1.山西省庆祝新中国成立 70 周年文艺晚会。9 月 29 日晚在山西大剧院成功举办,省委常委,省人大、省政府、省政协有关负责同志,原省级老领导,与全省各级英模代表、各行业代表、民兵预备役官兵、国际友人代表,以及省城各界人士 1300 余人一同观看演出,并给予高度评价。

2.群众文化系列活动。以“礼赞新中国 奋进新时代”为主题,“文化三晋乐万家”为口号。6 月启动,11 月结束,历时近 6 个月。各级重点示范活动近 3000 余项,全省活动总数超 25000 场,惠及全省千万百姓。

3.第二届山西艺术节。9 月 19 日开幕,10 月 8 日晚在山西大剧院举办闭幕式暨第十六届“杏花奖”颁奖晚会。本届艺术节历时 20 天,共有五大版块 21 项活动,61 台戏 103 场演出,10 个书画摄影雕塑展 2000 余件展品展出,上千万人次观众通过网络直播、抖音、微信、微博等多种方式参加网络艺术节,共飨文化盛宴,实现“十万观众在现场、千万观众在线上”的目标。国内上百家新闻媒体参与报道艺术节有关活动,共享三晋艺术盛会。

4.庆祝中华人民共和国成立 70 周年山西省优秀舞台艺术作品展演。8 月 6 日正式启动,一直持续到 11 月,共组织省内 11 部近年来创作的舞台艺术精品剧目进行展演,充分展示当前文艺繁荣发展成果。

5.山西省直机关庆祝新中国成立 70 周年歌咏比赛暨展演活动。9 月 18 日至 20 日,来自 54 个单位的代表队经过三天的预赛和决赛,共产生 4 个特别奖、5 个一等奖、10 个二等奖、15 个三等奖、18 个优秀奖。9 月 23 日下午,省直机关庆祝中华人民共和国成立 70 周年“我和我的祖国”歌咏比赛展演在山西体育中心拉开帷幕,来自省直单位的 3400 余名党员干部职工身穿节目盛装参加展演活动,省委办公厅等 10

家单位代表省直机关庆祝中华人民共和国成立70周年歌咏比赛获奖单位参加展演。

6."庆祝建国70周年·礼赞新时代 谱写新篇章"主题放映活动。一是农村公益电影及农村寄宿制学校主题放映活动。从2月起,在全省农村及农村寄宿制学校广泛开展"庆祝建国70周年·礼赞新时代 谱写新篇章"主题放映活动,选取一批弘扬中国精神、凝聚中国力量,讴歌共产党、献礼新时代的主旋律影片集中展映,为建国70周年营造良好气氛。二是城市影院主题放映活动。多部献礼影片引发观影热潮,国庆假期全省电影票房收入为7667.9万元,同比增长167.4%,观影人次为227万,放映场次为5.6万场。三是山西红色电影主题展映月活动。9月到10月,开展以"庆祝建国70周年·礼赞新时代 谱写新篇章"为主题的红色电影主题展映月活动,精选30部我省创作生产的讴歌党、讴歌祖国、讴歌人民、讴歌英雄的优秀主旋律电影展播展映。

7."歌颂祖国·唱游山西"——爱国主义教育基地演唱传播活动。6月29日上午,活动启动仪式暨狮脑山"百团万人颂祖国大型合唱展演"在阳泉市国家级爱国主义教育基地——百团大战纪念碑广场举行。来自全国的百余支优秀合唱团,唱响礼赞新中国、奋进新时代的主旋律,以"百团万人颂祖国"的合唱展演形式,为祖国献上人民的颂歌。7月初,在"愚公故里"——晋城市阳城县,组织学生、单位职工、普通群众等参加展演,在多个风景区合唱《我和我的祖国》,弘扬"下定决心,不怕牺牲,排除万难,争取胜利"的愚公精神,共有数千名群众现场参与。

8."巾帼心向党 礼赞新中国"群众性宣传教育活动。以"唱响祖国颂歌、讲好中国故事、写出家国情怀、献礼祖国华诞"四项活动为主要内容,以遍布城乡的20000多个"妇女之家"为主阵地,全省妇联系统积极组织开展活动,让广大妇女和家庭通过参加活动,感恩中国共产党、感恩伟大祖国,以实际行动建功新时代。据不完全统计,全省共组织"唱、讲、写、献"各类活动2700余场,参加活动43000余人次。

(十三)精心打造社会公共环境

据不完全统计,全省各市张贴悬挂庆祝中华人民共和国成立宣传标语230000余条,张贴宣传挂图67000余幅,悬挂国旗约2706000余面,全省20000余处户外大屏、LED显示屏、移动电视等媒介每日滚动播出宣传标语。太原市利用全市20个楼体灯光秀展示国旗,组织开展"我在太原向祖国表白"灯光秀,太原市信达国际金融中心、中海国际中心、华润大厦等11处地标性建筑物同时点亮,在楼体大屏上"点亮人民红,网聚中国心,这里是中国,我在太原向祖国表白,我爱你中国"的字样循环播放。

二、省城太原开展"倡导国庆新民俗、打造爱国活动周"活动情况

(一)致敬革命英烈

9月30日上午,省领导、市领导与省城社会各界代表一道,向烈士纪念碑敬献花篮,共计940人参加。市直各部门、各县(市、区)在爱国主义教育基地开展"致敬革命先烈"主题活动,共有7.6万人次参与活动。

(二)广泛悬挂国旗

在城区主要的11条街、10条路悬挂国旗,各县(市、区)主干道、商户悬挂国旗3万多面,灯笼1.7万个;全市20个楼体灯光秀进行国旗展示。

(三)传唱爱国歌曲

全市10县(市、区)、各工(党)委、工青妇组织开展"我和我的祖国"红歌大赛,共举办500余场。市直机关60余家单位约10000余人分别组织录制"我和我的祖国"歌曲快闪,24家单位5500余人参与"庆祝中华人民共和国70周年""中国梦 劳动美""我和我的祖国"等为主题的歌唱祖国的活动。全市各景区、公共文化场所、公园内集中循环播放"歌唱祖国"、"我和我的祖国"、"我的祖国"、"祖国颂"等爱国歌曲。

(四)国庆体验旅游

1.开展"中国农民丰收节"系列活动。全市共举办丰收节活动27场,其中市级举办3场,乡镇举办24场。通过文艺汇演、农耕文化、地方民俗、农产品展示等多种形式,吸引广大干部群众就近就便参观游览,前往观赏的游客达到10余万人次。

2.加大国庆期间文化旅游产品供给。太原市结合"我和我的祖国"为主题的群众性主题宣传教育活动推出一系列内容丰富、特色鲜明的文化活动:"我和我的祖国"——庆祝新中国成立70周年朗诵音乐会,新中国成立70周年首届书画艺术展,不忘初心、牢记使命、奋进新时代——庆祝中华人民共和国成立70周年展览,"盛世菊韵"的第十六届太原晋祠菊花文化节,尖草坪区呼延村举办的"崛围红叶花如海,欢歌盛世向未来"花海活动,晋源花卉小镇——一个"望得见花,看得见水,记得住乡愁"的地方等,为广大市民和游客带来一场文化盛宴,吸引群众就近就便开展假日游览,感受太原发展新变化,增强建设美丽家园新动力。

(五)开发国庆美食

1.开展省城国庆面食文化集中展示活动。10月1日至7日,在煤炭交易中心举办为期7天的"山西特色面食消费"和面食表演活动,活动由市委宣传部牵头,市商务局组织,太原市烹饪餐饮业协会承办,共23家知名品牌餐饮企业参加,每天9点到19点进行展演,展示关乡大刀面、独轮车头顶刀削面、面团吹气球、长寿一根面、龙须拉面、关公扯面等绝活,精彩的表演展示出了"中国面食之乡"的独特魅力,吸引了约6万人次前来品尝。同时,市文化和旅游局组织开展乾和祥茉莉花茶融粹技艺、风筝制作技艺、面塑、剪纸、糖画、永乐核桃木雕刻、太原漆器制作技艺、葫芦镂空技艺、埙制作技艺、板笔书画、木版年画、软陶等非遗项目展示,以及台骀山等景区旅游宣传推介活动,吸引了大批市民和游客参与。

2.开展省城百家餐饮"国庆面"惠民活动。活动由市委宣传部牵头,市市场监督管理局组织,在山西会馆、山西饭店、海外海等太原市108家富有山西特色的餐饮单位,开展免费品尝"国庆面"活动,为每位就餐消费的顾客免费赠送一碗热

气腾腾的面食。通过喜庆热情的赠面活动，共同祝福祖国蒸蒸日上、人民幸福安康，吸引八方游客品尝山西面食，展示山西悠久面食文化，扩大山西作为“中国面食之乡”的影响力。

3. 开展群众性面食活动。城六区依托假日游览景区景点、乡村旅游农家乐等载体，开发国庆主题菜肴，组织开展形式多样的国庆吃面活动。

（六）倡导全民健身

1.开展2019年太原市全民健身跳绳、踢毽子比赛暨趣味运动会。9月28日，在喜迎祖国70华诞之际，在我市万柏林区体育场举办2019年太原市全民健身跳绳、踢毽子比赛暨趣味运动会。此项活动已连续举办三年，此次比赛以“强健体魄·阳光生活·共享青运”、“全民健身与青运同行”、“青运惠民”为主题，来自城六区近350名健身爱好者参加了跳绳、踢毽子、飞盘和推铁环共4大类10个项目的角逐，充分展示了后二青时代我市人民群众参与体育运动的热情。

2.开展“奋斗新时代，奔跑追梦人”时代新人同心跑活动。10月1日，在五一广场升旗仪式后，时代新人自发组织开展“奋斗新时代，奔跑追梦人”为主题的时代新人庆祝中华人民共和国成立70周年同心跑活动，活动由时代新人、全国残运会800米田径银牌获得者高思恩发起倡议，30多名时代新人参加，沿着迎泽公园奔跑3公里，传播全民健身理念，彰显了“融梦复兴、接力奋斗”的时代精神，用青春的脚步和祝福的歌声献礼祖国70华诞。

（七）灯光秀烟花表演

1.组织开展“向祖国表白”灯光秀。“向祖国表白”城市灯光秀在太原市信达国际金融中心、中海国际中心、华润大厦等11处地标性建筑物同时点亮，在楼体大屏上“点亮人民红，网聚中国心，这里是中国，我在太原向祖国表白，我爱你中国”的字样循环播放，“人民红”为龙城夜景增添了一抹绚丽的色彩。

2.举办省城庆祝中华人民共和国成立70周年无人机展示和焰火展演。10月1日20时，在汾河公园三期通达桥至晋阳桥段举办了无人机展示和焰火展演活动，省城各界代表5000人参加现场观演。近1600余架无人机展示了“欢度国庆、祖国万岁”“五星红旗”“天安门”“永祚寺双塔”“山西好风光”“爱省会、建太原、树形象”“我爱你中国”等图案和标语。焰火展演共分《锦绣太原城》《山西好风光》《共筑中国梦》三个篇章，燃放礼花数量10万余发，布阵600米，焰火画面800米，包含高空礼花弹、地面特效烟花、3D特效立柱烟花、水上烟花等。

3.举办中国太原·清徐首届国际音乐焰火节。10月1日、2日，清徐县举办了中国太原·清徐首届国际音乐焰火节，主题为“祖国万岁”“大美清徐”，焰火竞演由意大利、荷兰、巴西、泰国四国参演，通过“欧洲花园”“泰国之旅”“嘉年华”“随想曲”四个个性迥异的绚丽烟花演示来展示异国风情，国内规模最大的主题光影水景秀——幸福水梦圆《清徐华章》完美亮相，逾40万人围观。

（八）网络空间迎国庆

1.在太原新闻网网站开设《庆祝中华人民共和国成立70周年》、《壮丽70年 奋斗新时代》、《壮丽70年 奋斗新时代——发展成就巡礼》专题，转发稿件235篇，阅读量103000+。

2.制作《“太原你好”专题片》，《开启时光滤镜，触摸时代变迁》，《“时光太原 城市记忆”访谈》、《出彩太原 礼赞祖国》微视频等新媒体产品。

3. 市委网信办和太原日报报业集团全媒体指挥中心联合策划推出庆祝新中国成立70周年微视频《出彩太原 礼赞祖国》，人民网、国际在线等中央媒体，腾讯、新浪、网易、今日头条等商业网站，省城社会新媒体和自媒体广泛宣传转发，阅读量超百万。

（丁一鸣）

二、壮丽70年 奋斗新时代

忠诚守初心 奋斗担使命

中共山西省委书记 骆惠宁 山西省人民政府省长 楼阳生

2019年是新中国成立70周年。70年来，在党中央坚强领导下，在中华民族迎来从站起来、富起来到强起来的伟大飞跃中，山西这块祖国中部的黄土地发生了翻天覆地的变化。全省经济建设实现了从一穷二白到百业俱兴的历史巨变，人民生活实现了从温饱不足到小康富裕的历史巨变，生态环境实现了从极度脆弱到绿色发展的历史巨变，整体形象实现了从封闭保守到改革开放的历史巨变。

党的十八大以来，中国特色社会主义进入新时代，山西各项事业发展也进入了新时代。在以习近平同志为核心的党中央的坚强领导下，我们坚定以习近平新时代中国特色社会主义思想为指引，做到“坚持全面从严治党、构建良好政治生态，推动经济稳步向好、坚定转型发展”两手硬，推动山西内生动力、发展态势和整体形象发生重大而深刻的变化。2017年6月，习近平总书记亲临山西视察并发表重要讲话，指出

“山西政治生态已经由‘乱’转‘治’，山西发展已经由‘疲’转‘兴’”，“各方面建设和发展迈上新的征程”，并提出五项重大任务，为我们进一步指明了前进方向。全省干部群众认真学习贯彻习近平总书记视察山西重要讲话精神，“紧紧抓住机遇，勇于改革创新，果敢应对挑战，善于攻坚克难”，在“两转”基础上全面拓展了新的局面。

我们确立“建设资源型经济转型发展示范区”“打造全国能源革命排头兵”“构建内陆地区对外开放新高地” 三大目标，进一步凸显了山西在国家经济发展格局中的战略地位和比较优势。信息技术、高端装备、生物医药、通用航空、光机电、现代煤化工等产业集群快速挺起，近两年煤炭年均增长1.9%，制造业年均增长 9%，新能源装机占比超过 30%，“工业结构反转”实现突破。“一煤独大”正在走向“多元支撑”，高质量转型发展迈出新步伐。

我们扎实做好“三农”工作，大力实施新型城镇化和乡村振兴战略，构建平川与山区协调发展新格局，农民收入增幅连年高于城镇居民增幅。

我们秉持“打不赢脱贫攻坚战，就对不起这块红色土地”的态度和决心，聚焦“两不愁三保障”，推动农村贫困人口从2014 年的 329 万降到 25 万，贫困发生率从 13.6%降到1.1%，58 个贫困县今年将全部摘帽。加大民生保障力度，就业社保教育医疗等社会事业全面发展，居民收入增速持续高于 GDP 增速。

我们在“全方位、全地域、全过程开展生态环境保护”上持续发力，启动“两山七河”生态工程，2018 年全省环境空气质量综合指数同比改善 10.8%，实现经济运行和生态环保同向好转。

我们坚持新时代党的建设总要求，全面加强党的领导，多措并举严肃党内政治生活，监察体制改革制度优势全面转化为治理效能，反腐败斗争取得压倒性胜利并不断巩固，基层组织、基础工作、基本能力建设全面加强，干部队伍展现出勇于担当、干事创业、追求一流的新风貌。山西的重大转折和变化，根本在于以习近平同志为核心的党中央的坚强领导，根本在于习近平新时代中国特色社会主义思想的科学指引。

面向“两个一百年”奋斗目标，在习近平新时代中国特色社会主义思想伟大旗帜指引下，在中国共产党初心的映照下，山西在中国特色社会主义康庄大道上肩负起创造美好未来的新使命。作为华夏文明重要发祥地，这是实现振兴崛起、焕发时代光彩的新使命；作为共和国能源基地和老工业基地，这是加快创新驱动、促进转型升级的新使命；作为国家资源型经济转型综合配套改革试验区和能源革命综合改革试点，这是先行先试、勇于探索的新使命；作为具有光荣传统的革命老区，这是弘扬革命精神、传承红色基因的新使命。实现新使命，不是一马平川的坦途，也不是轻松惬意的旅途，更不是坐享其功的通途，而是统筹推进“四个伟大”、需要付出更为艰巨更为艰苦努力的新的长征。我们要坚持 “治” 不忘“危”、“兴”不忘“忧”，牢记唯有敢拼敢闯敢干，才能走稳走好走远。

勇担新使命，我们要高举习近平新时代中国特色社会主义思想伟大旗帜，以绝对忠诚和实际行动践行“两个维护”。扎实开展“不忘初心、牢记使命”主题教育，教育引导党员干部锤炼忠诚干净担当的政治品格。把学习贯彻党的十九大精神和习近平总书记视察山西重要讲话精神结合起来，进一步在融会贯通、学以致用、解决问题上下功夫，让习近平新时代中国特色社会主义思想照亮奋进之路。坚持把“两个维护”作为最高政治准则和根本政治规矩，在增进理性认同、情感认同上不断迈向新高度，在增强维护定力和维护能力上不断实现新进步，全面正确有效执行习近平总书记重要指示批示和党中央决策部署，确保山西工作始终沿着正确方向前进。

勇担新使命，我们要勠力同心攀登事业高峰，打造山西新优势新动力新形象。认真贯彻新发展理念，紧紧抓住促进中部地区崛起、京津冀协同发展等国家战略带来的机遇，履行好转型综改、能源革命等重大使命，扎实推进经济发展方式转变，走出一条产业优、质量高、效益好、可持续的发展新路。坚持党的领导、人民当家作主、依法治国有机统一，调动一切积极因素，把各方面智慧和力量凝聚到全面拓展新局面上来。牢牢掌握意识形态工作领导权，守正和创新相结合，努力建设文化强省，让正能量更充沛、主旋律更高昂。认真践行以人民为中心的发展思想，坚决打赢脱贫攻坚战，加快补齐民生短板，防范化解重大风险，以牢固的公仆意识践行初心。坚持把生态文明建设摆在全局工作的突出地位，用“绿水青山就是金山银山”理念建设美丽山西，以环保倒逼转型，以破解结构性污染促进生态环境改善，展现“人说山西好风光”新美景。以啃硬骨头精神全面深化改革，以眼睛向外姿态全面扩大开放，积极主动融入“一带一路”等国家战略，使山西跟上时代前进步伐。

勇担新使命，我们要坚持党的领导和全面从严治党，汇聚起全省人民改革创新、奋发有为的磅礴力量。以政治建设为统领全面推进党的建设，以彻底的自我革命精神查找解决违背初心和使命的问题，既要做好“刮骨疗毒、重整旗鼓”的工作，又要做好“修复生态、培植土壤”的工作，加强政治文化建设，推动政治生态朝着持久风清气正的方向迈进。大力弘扬太行精神、吕梁精神、右玉精神，保持爬坡过坎、滚石上山的奋斗状态，保持艰苦奋斗、担当作为的干事激情，保持抓铁有痕、久久为功的工作韧劲，勤于做事，敢于扛事，善于成事，确保各项战略目标的实现，奋力谱写新时代中国特色社会主义山西篇章。

（《人民日报》2019 年 7 月 23 日第 9 版）

庆祝新中国成立 70 周年山西专场新闻发布会在京举行

七十年砥砺奋进，新时代再谱新篇。9 月 5 日上午，国务院新闻办公室在北京举行庆祝新中国成立 70 周年山西专场新闻发布会。省委书记、省人大常委会主任骆惠宁作主题发布并回答中外记者提问，省委副书记、省长楼阳生回答有关提问。中宣部副部长梁言顺参加有关活动。

发布会以“争当能源革命排头兵，开创转型发展新局面”为主题，全面展示新中国成立 70 年山西发生的历史性变化，宣示以习近平新时代中国特色社会主义思想为指引，在能源革命中探路领跑，在转型发展中拓展新局的使命担当。

骆惠宁在作主题发布时说，习近平总书记讲，“山西是个好地方”。五千年文明看山西，山西是华夏文明的重要发祥地，山西也是一片红色土地。新中国成立 70 年来，山西为共和国建设作出了重大贡献，自身也发生了翻天覆地的变化。70 年来，山西经济建设实现了由百废待兴到百业俱兴的历史巨变，人民生活实现了由极度贫穷到小康富裕的历史巨变，生态环境实现了由荒芜脆弱到绿色宜人的历史巨变，整体形象实现了由保守封闭到改革开放的历史巨变。我们深入贯彻新时代党的建设总要求，切实加强党的全面领导，强化党要管党、全面从严治党，推动政治生态实现了风清气正。山西 70 年的辉煌成就，从一个地方体现了中华民族从站起来、富起来到强起来的伟大飞跃，生动彰显了中国共产党领导和中国特色社会主义制度的政治优势。

骆惠宁说，进入新时代，党中央十分关注关心山西工作。2017 年 6 月，习近平总书记亲临山西视察并发表重要讲话，指出山西各方面建设和发展迈上新的征程，为山西进一步指明了前进方向。前不久，习近平总书记亲自主持召开中央深改委会议，审议通过《关于在山西开展能源革命综合改革试点的意见》，这是继 2017 年国务院出台《关于支持山西省进一步深化改革促进资源型经济转型发展的意见》之后，对山西的又一次强有力支持，赋予了山西新的国家使命。他指出，今天发布会的主题，就充分体现了习近平总书记和党中央对山西的亲切关怀，充分体现了山西在新时代的使命和担当。

骆惠宁说，近年来，我们坚决落实习近平总书记的指示要求，开启了高质量转型发展的崭新历程。主要目标是，努力建设资源型经济转型发展示范区，打造全国能源革命排头兵，构建内陆地区对外开放新高地。建设“示范区”，就是针对资源型经济转型这个世界性难题，努力以改革促转型、以创新强转型，推动资源高效综合利用，摆脱对资源的过度依赖，加快先进制造业等新兴产业发展，全面构建起山西现代产业体系。打造“排头兵”，就是山西要在能源消费、供给、技术、体制革命和国际合作等方面走在前列，努力为全国探路领跑，维护国家能源安全，造福人类发展。构建“新高地”，就是率先打造法治化、国际化、便利化的营商环境，在内陆地区对外开放中走在前列。在“三大目标”牵引下，山西转型发展势头强劲，经济发展的“含金量”“含新量”“含绿量”不断提高。当前山西，经济增速明显提升，现已连续两年多处于较好发展状态，今年上半年 GDP 增速为 7.2%，创 6 年来同期最好水平。当前山西，经济结构明显优化，我们主动推动煤炭产业走“减优绿”之路，横下一条心，大力培育新兴产业，预计到 2022 年将实现工业内部制造业和煤炭产业比重的历史性反转。当前山西，动能转换明显加快，我们坚持以改革促转型，大力推动国资国企等重点领域改革，加大开发区改革创新发展力度，加快优势领域自主创新步伐；坚持以开放带转型，实施打造“新高地”行动计划，主动融入“一带一路”和京津冀等国家重大战略，积极承接东部产业转移；坚持以环保倒逼转型，有力推动了生产生活方式的转变。骆惠宁指出，可以说，近几年山西经济从断崖式下滑、到走出困境、再到转型发展呈现强劲态势的生动变化，从一个区域充分验证了新发展理念的真理和实践力量，也彰显出山西转型发展的美好未来。骆惠宁真诚地邀请大家到山西做客，领略山西风光、品味山西文化、见证山西发展，一起讲好山西故事。

骆惠宁表示，当前，山西正在“两转”基础上全面拓展新局面。我们将更加紧密地团结在以习近平同志为核心的党中央周围，坚持以习近平新时代中国特色社会主义思想为指引，进一步增强“四个意识”、坚定“四个自信”、做到“两个维护”，不忘初心、牢记使命，坚定地担负起习近平总书记和党中央赋予的历史使命，争当能源革命排头兵，开创转型发展新局面，不断谱写新时代中国特色社会主义山西篇章，以优异的成绩迎接中华人民共和国成立 70 周年。

随后，媒体记者围绕山西开展能源革命综合改革试点的重大举措、打造“六最”营商环境、构建内陆地区对外开放新高地、具有山西特点的重大改革成效、生态文明建设、攻坚深度贫困等踊跃提问。骆惠宁、楼阳生逐一作答，用详实的数据、鲜活的实例，反映了三晋大地砥砺奋进的光辉历程，展示了改革开放的崭新风貌，描绘了高质量转型发展的美好未来。

省委常委、宣传部长吕岩松出席，国务院新闻办公室新闻局局长、新闻发言人胡凯红主持新闻发布会。来自人民日报、新华社、中央广播电视总台等数十家境内外媒体的记者，现场聆听精彩的山西故事，感受新时代的奋进步伐。发布会上，能源革命成为中外媒体的关注热词，转型发展成为山西的亮丽名片，进一步树立起开放自信的良好形象。

会后，有关领导参观了现场同步举办的“山西是个好地方”经济社会发展成就展览和特色展示。精美的非遗展品，体现了悠久灿烂的三晋文明；一组组数据、一幅幅图片，反映了山西 70 年的辉煌成就、能源革命的生动实践；卫星发射塔架、核电环形起重机、海上风电机组等实物模型，以及手撕钢剪纸展演等，体现了转型发展的山西探索，给大家留下深刻印象。

（《山西日报》2019 年 9 月 6 日　陈俊琦）

省领导集体参观“壮丽 70 年　奋斗新时代——山西省庆祝中华人民共和国成立 70 周年图片展”

在庆祝中华人民共和国成立 70 周年之际，9 月 28 日，省领导集体参观“壮丽 70 年　奋斗新时代——山西省庆祝中华人民共和国成立 70 周年图片展”。省委书记、省人大常委会主任骆惠宁在参观结束时即席讲话。他强调，新中国成立 70 年来，山西和全国一样，发生了翻天覆地的历史巨变，从一个地方体现了中华民族从站起来、富起来到强起来的伟大飞跃，也昭示着山西发展的光明前景。习近平总书记在参观庆祝中华人民共和国成立 70 周年大型成就展时，强调了“四个只有”重大判断。“四个只有”是对社会发展规律的深刻揭示，是颠扑不破的真理，也是全体中华儿女的共识。我们必须一以贯之坚持中国共产党领导、坚持改革开放、坚持走中国特色社会主义道路，确保山西工作始终沿着正确方向前进。骆惠宁指出，当前，我省正处于“两转”基础上全面拓展新局面的关键时期。要认真组织好庆祝新中国成立 70 周年系列活动，激励全省干部群众更加紧密团结在以习近平同志为核心的党中央周围，坚持以习近平新时代中国特色社会主义思想为指引，坚守初心勇担当，牢记使命再出发，不断谱写新时代中国特色社会主义山西篇章，矢志为实现中华民族伟大复兴中国梦贡献山西力量。省政协主席李佳一同参观。

身披节日盛装的山西博物院，花团锦簇，喜庆祥和。下午 4 时许，骆惠宁等省领导集体来到博物院展厅。步入序厅，正前方是迎风飘扬的五星红旗，两侧“不忘初心、牢记使命”“改革创新、奋发有为”十六个大字格外醒目。展览分为“牢记嘱托”“巨大变化”“改革开放”“逐梦奋进”四个展区，回顾展示新中国成立 70 年来山西革命、建设、改革波澜壮阔的伟大历程，生动彰显中国共产党领导和中国特色社会主义制度的政治优势，凝聚不忘初心、牢记使命，全面拓展新局面的强大力量。

展览长廊犹如展开的一幅历史长卷，开国大典的原声播放，记录习近平总书记视察山西的暖心画面，学习贯彻习近平总书记视察山西重要讲话精神成果展陈，数说山西的历史巨变，山西党政军领导机构诞生，太钢成功冶炼出新中国第一炉不锈钢，被誉为“中国改革开放试验田”的平朔安太堡露天煤矿，第一个开发区、第一支上市股票、首次登上香港主板、第一条高速公路等多个“山西第一”，山西省制造业十二大领域发展图谱，山西转型综改示范区新貌，山西能源革命的积极探索，山西中部盆地城市群一体化发展，脱贫攻坚的山乡巨变，群众喜迎新生活的张张笑脸，“人说山西好风光”的新美景，第二届全国青年运动会盛况，省第十一次党代会会场，省委常委“践行初心和使命”主题党日活动场面……一幅幅图片、一组组数据、一张张图表、一块块展板，见证重要时刻，标注历史奇迹，全面展示山西 70 年砥砺奋进的辉煌成就。骆惠宁等领导同志不时驻足，凝神观看，认真听取介绍，了解有关情况，共同感受山西与共和国一起成长的历史巨变，展望山西发展的美好未来，坚定践行初心、拓展新局的使命担当。

省委常委，省人大常委会、省政府、省政协负责同志，省法院院长，省军区、武警山西总队军政主官参观图片展。

随后，省城部分院校师生、群众参观了展览。在展厅中，大家边走边看，认真听取工作人员讲解，时而驻足凝神、时而讨论交流。在场的每一个人都深切地感受到新中国成立 70 年来山西发展的脉搏，感受到山西各项事业发展取得的巨大成就，纷纷为山西点赞。大家一致表示，展览令人振奋、鼓劲提气，参观之后内心无比自豪，信心和决心更加坚定。今后一定要立足本职，学习好工作好，不辜负这个伟大的时代，继续为山西各项事业发展贡献自己的智慧和力量，走好新征程、续写新辉煌。

（《山西日报》2019 年 9 月 29 日　杨　文）

致敬峥嵘岁月　见证山西荣光

——庆祝中华人民共和国成立 70 周年图片展现场侧记

巨大的彩色花坛依台阶错落摆放，花坛上方红底黄字的主题“壮丽 70 年　奋斗新时代”分外醒目，花坛两侧“高举习近平新时代中国特色社会主义思想伟大旗帜”“奋力谱写新时代中国特色社会主义山西篇章”的标语铿锵有力……

9 月 28 日下午 5 时，以“壮丽 70 年　奋斗新时代”为主题的山西省庆祝中华人民共和国成立 70 周年图片展在山西博物院正式拉开帷幕。开展两天来，来自省城部分院校、部分省直单位以及社会各界的数百名观众参观展览，穿越历史长廊，感受见证了山西 70 年发展的荣光。

(一)

"我和我的祖国一刻也不能分割，无论我走到哪里都流出一首赞歌……"伴随着耳熟能详的歌曲旋律，两块巨大的LED显示屏映入眼帘，大屏上滚动播放着三晋大地的厚重人文、壮美风光，以及各地的崭新风貌。当视频中出现全省各地群众同唱《我和我的祖国》画面时，现场观众激动不已，随声唱和。

70年春风化雨，70年砥砺奋进。山西70年如同一本厚重的历史画卷，绘满了成就与变化。进入展览序厅，在一片"蓝天白云"下，矗立着一面红色"书封"。翻开这部"书籍"，山西这块红色的土地上浮现起一面鲜艳的五星红旗。"不忘初心、牢记使命""改革创新、奋发有为"，山西70年波澜壮阔的历史由此徐徐展开。

经过数月的精心筹备，图片展如期呈现在全省人民面前。筹备组从各市、各地摄影家协会、各相关企业单位广泛征集照片线索，从报纸资料、历史画册、展览档案等多渠道广泛收集和挖掘有价值的历史照片。在近10万余幅作品中，精选出500余幅代表山西70年经济社会发展成就的历史照片，其中270余幅珍贵画面最终与广大观众见面。

展览分为"牢记嘱托""巨大变化""改革开放""逐梦奋进"四个展区，回顾展示新中国成立70年来山西革命、建设、改革的波澜壮阔的伟大历程，生动彰显了中国共产党领导和中国特色社会主义制度的政治优势，以此激励全省人民不忘初心、牢记使命，奋力谱写新时代中国特色社会主义山西篇章。

山西大学马克思主义学院院长刘晓哲教授参与了展览文字内容的撰写，连续半个多月的资料翻阅、脉络梳理，让她对山西70年的发展历程有了更深入的了解。"新中国成立70年来，山西在各个历史时期的发展变化都可圈可点。用图片来集中反映山西70年发展变化，实在是太震撼了。现场每一个画面都让我深受感动。特别是近年来山西省委、省政府认真贯彻习近平总书记视察山西重要讲话精神和党的十九大精神，在'两转'基础上，扎实推进各项工作，全面拓展新局面，全省各地的发展变化有目共睹。这次图片展一定会让大家收获满满的幸福感！"

(二)

70年发展变化，数据最有说服力。在一面红色的展示墙上，亮出了山西70年发展的"成绩单"——一系列反映我省发展变化的数据图表。从这些数据上，直观反映出我省经济社会发展各方面所取得的巨大成就。

太原市民孙淑琴对这些数据很感兴趣，她对每一组数据都拍照留存。"山西70年发展变化真是太大了，这些数据特别有意义，非常震撼！"孙淑琴说，作为一名山西人她感到无比自豪，特别是近年来城市环境变化很大，每一个地方都干净亮丽，建了越来越多的公园供市民休闲娱乐，感觉自己太幸福了。

党的十八大以来，以习近平同志为核心的党中央十分关心山西工作。2017年6月，习近平总书记亲临山西视察，指出山西政治生态已经由"乱"转"治"，山西发展已经由"疲"转"兴"，各方面建设和发展迈上新的征程。这在山西历史上具有重要里程碑意义。两年多来，山西全面贯彻习近平总书记视察山西重要讲话精神和党的十九大精神，扎实推进经济发展方式转变，扎实做好"三农"工作，扎实推进脱贫攻坚和民生保障，扎实推进生态文明建设，严肃党内政治生活，在"两转"基础上全面拓展了新局面。

山西建筑职业技术学院工会主席刘耀榕面对习近平总书记视察山西的画面特别感动。他说，习近平总书记与老百姓面对面地促膝谈心、拉家常，并对山西发展提出要求、指明方向，这是对山西的巨大支持和鼓舞。我省各级各部门深入学习贯彻习近平总书记视察山西重要讲话精神，守初心、担使命，找差距、抓落实，结合正在开展的主题教育，实实在在为老百姓做好事。党员干部的精气神更足了！

从"一煤独大"走向"多元支撑"，山西高质量转型发展迈出新步伐。看到山西制造业十二大领域发展图谱中，涉及新一代信息技术、大数据等新兴产业，山西林业职业技术学院信息工程系党总支副书记张永福兴奋不已，频频拍照记录。他说，近年来，无论是国家还是我省，对信息产业都非常重视，包含信息产业在内的服务业已经支撑起山西经济发展的半壁江山。他希望自己培养出的学生毕业后能更多地服务山西，为地方经济社会发展贡献才智。

(三)

从1949年10月1日毛泽东主席在天安门城楼上庄严宣告中华人民共和国成立的那天起，山西人民同全国人民一道，满怀豪情地开始了实现国家富强、民族振兴、人民幸福的伟大征程。

在毛主席会见全国劳模李顺达的老照片前，不时有年轻的学生驻足观看，认真聆听解说员的生动讲解，对这位曾经多次受到毛主席接见、山西涌现出的新中国第一代著名劳动模范肃然起敬。

忆往昔峥嵘岁月稠。从新中国成立到1978年党的十一届三中全会召开，从1978年改革开放再到2012年党的十八大召开，一件件具有历史标志性的大事件折射出山西发展的光辉历程。中国第一台"抗美援朝号"拖拉机、中国第一台10立方米挖掘机、被誉为"中国改革开放试验田"的平朔安太堡露天煤矿、山西第一个开发区、第一只上市股票、第一条高速公路……每一幅画面背后都是一段可歌可泣的历史。

山西建筑职业技术学院团干卫英明对1952年太钢冶炼出新中国第一炉不锈钢，并制作成一个高约20厘米的不锈钢宝塔，向党中央和毛主席报喜表示惊叹。"没想到不锈钢是咱山西首先制造出来的，现在太钢还能生产出'手撕钢'、支撑港珠澳大桥的双相不锈钢，真了不起！"她为先进的"山西制造"点赞。

每一个年代出生的观众，都能在展览中找寻到他们的关注点。

60后太原市民孙淑琴仔细端详着展板上的每一幅老照片。当看到1960年平陆县61个阶级兄弟中毒事件的画面时,她说,自己的老家正是平陆县,事件发生地就在她家所在的镇。能在展板上看到家乡亲人,孙淑琴很激动。

80后教师张永福的直观感受是,改革开放后老百姓的生活越来越好。他去过很多城市,最令他引以为傲的是太原的出租车全部实现电动化。看到展览中穿梭在太原街头的电动出租车的画面,他倍感亲切。

90后大学生仵鑫的老家在平遥。他说,看到平遥古城当年申遗成功的照片很开心,如今家乡旅游业越来越红火,还通了高铁,回趟老家很方便。

年近八旬的杨明珠老人一家6人,专程从内蒙古驱车七八个小时赶来观看展览。老人对山西一直充满向往,他对图片展展示的山西发展成就由衷赞叹。他说,从展览中学到了很多,更让孩子们了解了山西的光辉历史。

在展览现场,还展出了不少实物模型,像卫星发射塔架、人工智能体育场、海上风力发电机组、核电环形起重机等,这些山西经济社会发展的"亮点",频频引来观众好奇的目光,大家纷纷驻足观赏并拍照留念。

雄关漫道真如铁,而今迈步从头越。进入新时代,山西肩负起创造美好未来的新使命。唯不懈奋斗方能成就美好未来。展览最后一幅画面定格在儿童展示剪纸作品时露出的灿烂笑容,它承载着3700万三晋儿女的美好新期待。

(《山西日报》2019年9月30日　刘瑞强)

三晋大地起苍黄

——新中国成立70年山西发展巡礼

太行之西,黄河之东,表里山河,资源富集。

新中国成立70年来,勤劳智慧的三晋儿女在党的领导下,发扬太行精神、吕梁精神、右玉精神,在15万平方公里的土地上,建设起共和国能源重化工基地。如今,又担当起新时代能源革命排头兵重任,展开决战贫困攻坚战,朝着高质量发展之路、向着全面建成小康社会目标阔步前进。

山西,正以全新姿态挺进新时代。

当好"能源革命排头兵"

山西潞安集团石圪节煤矿曾以"艰苦奋斗、勤俭办矿"精神闻名全国。3年前,关闭了矿井,转型发展油用牡丹。前不久,其生产的牡丹籽油出口到了韩国。

石圪节"退煤种花"的同时,千里之外的千万吨级矿井同忻煤矿建成了山西首个智能化工作面,只用在地面控制室里,轻轻一点鼠标,地层深处的"乌金"就会滚滚不息地涌上地面。

新中国成立70年来,山西累计产煤190多亿吨,运往全国的煤炭130多亿吨。

山西因煤而名,也因煤而困。粗放的采矿业,经年累月,导致生态破坏、环境污染、矿难频发,经济发展患上了"煤炭依赖症";多年来,始终走不出"煤炭市场好时,无暇转型;市场不好,无力转型"的怪圈。

关键时刻,新一届党中央为山西把脉,开出两剂良方:资源型经济转型综合配套改革和供给侧结构性改革。山西省委省政府深化"供改"与"综改",明确了"能源革命排头兵""资源型经济转型示范区""内陆地区对外开放新高地"的目标定位。山西,开始走上高质量发展新征程。

尽管煤价持续高位运行,山西仍坚决淘汰落后产能,3年来关闭88座煤矿,退出落后产能8841万吨,煤炭去产能规模全国第一。煤矿数量由新中国成立后最多的4万多座,降到了1000座以内,先进产能占比提升到57%。

如今,山西1天开采的煤,相当于1949年全年的煤炭产量。通过科技创新,煤炭从燃料变原料,变身为高端润滑油、高端蜡、化妆品。

新型综合能源异军突起。风电、光伏装机总容量突破2000万千瓦,新能源装机容量进入全国前5。煤层气抽采利用量占全国的90%以上。晋电外送能力超过3800万千瓦,越来越多的清洁电力输往全国。

大同建设"氢都",吕梁培育"数谷",晋城发展"光谷",阳泉打造"纳谷"……一批老煤城贴上新名片。晋能集团转型清洁能源,晋煤集团主攻燃气产业,潞安集团整合现代煤化工,阳煤集团发力煤机制造……多家老煤企密集调整主业。

全省上下推动国企改革、开发区改革、电力体制改革、医疗体制改革、营商环境改革等,一些关键领域改革迈向全国第一方阵,发展态势焕然一新。

山西率先启动企业投资项目承诺制改革,用一纸承诺代替"一箩筐材料",企业自行办理的审批事项压减80%,项目从立项到开工时间平均缩短一半以上。

开发区成为山西转型发展的主战场。2017年山西批准新设开发区15家,2018年新设24家,今年已新设立11家。各开发区围绕先进装备制造、新能源汽车、节能环保、大数据、新材料、现代煤化工等精准招商。

今年5月,山西锦波生物医药股份有限公司与中国科学院、复旦大学共同发布人源Ⅲ型胶原蛋白,这是山西转型综改示范区催生的最新科技成果。去年一年,这里新增高新技术企业110家,初步形成电子信息装备、装备制造及汽车、生物医药及食品、新材料及加工等4个千亿级产业集群。

甩掉贫苦穷困的帽子

“人说山西好风光，地肥水美五谷香……”一曲《人说山西好风光》，唱出了山西人的家乡情。

山西，也是英雄、光荣的土地。在中国革命斗争中，留下了数不尽的光荣故事。新中国成立以来，这里孕育出了西沟精神、大寨精神、锡崖沟精神、大泉山精神……

然而，巍巍太行，遍布干石山；绵绵吕梁，满是残垣沟壑。因土地瘠薄、干旱缺水，全国14个集中连片特困地区，太行、吕梁就占了两个，山西58个贫困县分布其间。

党的十八大以来，山西打响声势浩大、前所未有的脱贫攻坚战。

2017年9月，家住吕梁山深处、年过七旬的刘福有、杨娥子老两口，卖掉了家里的两头大犍牛，搬进了岢岚县广惠园移民新村。只有6户人家共13人的赵家洼村在民政部门销了号，拉开了山西决战深度贫困的序幕。

刘福有没花一分钱，就搬进了新楼房，后续扶持政策随之跟进。

很快，山西从7993个贫困村中，确定了3350个需要整村搬迁的深度贫困村，以“打不赢脱贫攻坚战，就对不起这块红色土地”的态度和决心，采取超常举措，啃深度贫困“硬骨头”。

到今年5月底，3350个深度贫困村已有3084个完成整体搬迁，1502个集中安置点已竣工1493个。

数万名扶贫干部奔走在太行吕梁山上。长治市扶贫办主任段志岗上任3年，跑了全市933个贫困村的一半以上。“时间紧任务重，群众眼里看着，心里盼着，不使劲不行啊。”他说。

扶贫干部们从太行精神、吕梁精神中汲取力量。在革命老区武乡县，楼则峪村第一书记闫小波进村后，挨家挨户走，一家一家问，连老太太爱看什么电视节目都记在心里。他带领村民发展电商，把当地小米卖出了好价钱。离任时，村民给他塞上自己做的鞋垫，表达对他的感激和不舍。

今年，山西将确保最后17个贫困县全部“摘帽”，22万贫困人口脱贫，确保2020年同全国一道进入全面小康社会。

绘就新的“山西好风光”

汾河，是山西最著名的河流。

党的十八大以来，山西把生态文明建设摆在更加突出地位，以环境保护倒逼经济高质量转型，积极回应人民群众的生态关切，让人们能望见星空、看见绿山、闻到花香。

山西实施大水网建设，启动占全省总面积72%的七河流域治理工程，省政府每周公布汾河流域治污情况，确保到2020年全面消除劣Ⅴ类断面。太原、临汾等汾河河段再现“一川清流，两岸锦绣”。

水的命脉在山，山的灵魂在树。在支离破碎的黄土高原，有的地方“种树比养孩子还难”，生存条件恶劣。

在吕梁山区的永和县，永和关、乾坤湾等临近黄河的陡峭石质山上，现在已是绿油油一片。当地生态防护林从新中国成立初的不足5000亩，增加到现在的34万亩。

在太行山深处的壶关县，一道长达5000公里、全部由石头垒成的森林防护墙蔚为壮观，当地森林覆盖率从1978年的5%增至50%以上。

在毛乌素沙漠边缘的右玉县，新中国成立以来，历任县委书记一任接着一任干，林木绿化率达到55%，创造出让荒漠变绿洲的“右玉精神”。

几代人披荆斩棘，换来今日绿水青山。山西省森林覆盖率从新中国成立初期的2.4%提升至20.5%。全国生态气象公报显示，近20年来，山西植被生态质量改善位居全国前列。

山西曾是“千泉之省”，但由于地下水超采严重，尤其是采煤采矿破坏地下水系，造成19处岩溶大泉大部分衰减，6处断流干涸或流量锐减。去年以来，50座涉及泉域重点保护范围的煤矿，6座被列为去产能关闭矿井，2座被注销采矿证，42座办理了采矿证变更手续。

山西地下水位逐年回升。“晋祠三绝”之一的难老泉已断流25年，地下水水位距泉水出水口最高时有9层楼高，如今只差1.61米，难老泉复流在望。

山西也是蓝天保卫战的主战场。“宁可牺牲点GDP，也要把环保指标提上去。”山西以壮士断腕的勇气，向污染开刀。山西省生态环境厅数据显示，2018年山西二氧化硫、PM2.5、一氧化碳等主要污染物浓度较2013年分别下降49.23%、28.57%、36.17%。

如今，山青、水绿、空气好的山西，吸引了八方游客，旅游产业正成为山西新的经济增长极。黄河、长城、太行3条旅游公路开工建设，100个3A级乡村旅游示范村挂牌。去年，山西接待旅游人数达到5.6亿人次，旅游总收入进入全国前十。

华夏古文明，山西好风光——新时代3700万三晋儿女，为故乡骄傲！

（新华社太原7月22日电　于振海　梁晓飞　王井怀）

山河之撞

滚滚黄河，一路向东，奔腾而来，撞上吕梁山后转头南下，出军渡，过壶口，下龙门，在地图上清晰地刻画出山西的西部轮廓。

山河之撞，石破天惊，不只为山西划界，更撞出了表里山河的灵气，撞出了三晋大地的性格。

也许正是这种灵气，创造了这片土地上的无数奇迹，从黄河岸边点燃中华文明的第一把圣火，到佐证五千年华夏文明的陶寺遗址，再到明清晋商曾经“汇通天下”的辉煌，无不令人仰止。

也许性格决定命运，新中国成立70年来，山西爬坡过坎，一路前行，回头看时，猛然发现，这不正是那种特有性格所造就的吗？

（一）

老牛湾是黄河入晋的起点。此时，这条桀骜不驯的大河显得平静温顺，然而内心深处却激流滚滚，块垒迭出。

如同改革开放之初，当那份《关于把山西建成全国煤炭能源基地的报告》出台时，山西为自己绘制了一幅令人心潮澎湃的发展蓝图。

三晋大地没有辜负这份蓝图。从那个“村村点火，户户冒烟”的时代走来，山西创造了无数辉煌。

山西常以“点亮全国一半的灯，烧热华北一半的炕”为荣。据统计，70年间，山西累计开采煤炭约190多亿吨，外调约130亿吨。

随着时代变迁，多年“重结构”的发展下，山西“累了”。曾经的好风光，一度变得满目疮痍；从前蓝莹莹的天空，戴上了“黑帽子”；哗啦啦的汾河水，也不再清澈甘甜……

痛心之余，山西开始反思。转型，成为不二选择。

（二）

经过千里跋涉，黄河来到了吕梁山南端。这里山大谷深、塬岭相连，它似乎知道前方将是一场殊死搏杀……

面对资源型地区转型这个世界难题，山西能啃下这块硬骨头吗？

从新石器、铁器、煤炭等最早使用，到战国时期率先变法图强，再到改革开放诞生的第一家中外合资企业——平朔安太堡露天煤矿，这块农耕文明最早兴起土地上一直有着革旧鼎新的优秀传统。

这份基因决定了转型面前，山西不会退缩。

从经济结构调整一路走来，山西经历了无数风雨和考验，有人说经济结构越调越重，有人说陷入了“资源诅咒”的怪圈，但是转型信念从未动摇，决心一直坚定。

这是一份“山西特产”。70年来，右玉的历届县委县政府带着全县党员干部群众，把一个风沙肆虐的“不毛之地”变成了“塞上绿洲”，铸就了百折不挠、艰苦奋斗的“右玉精神”。

正是这种执着，山西转型迎来机遇。在经历了数次“转型之痛”后，山西找到了一条属于自己的新转型之路。

“装点此关山，今朝更好看。”这一次山西没有再让机会从指尖溜走，明确了“能源革命排头兵”“资源型经济转型发展示范区”“内陆地区对外开放新高地”三大目标定位，走上了一条壮大新产业，汇聚新能源，打造新环境，高质量发展的光明大道。

（三）

天下黄河九曲十八湾，仔细看黄河曲连环，湾套湾，百折不回，永远向前。

山西的新转型之路，走起来很艰难，却很扎实。

无论资源型经济转型发展示范区，还是能源革命排头兵，没有创新一切都玩不转。

一部科幻作品《三体》，将中国科幻推上了世界高度，习惯于从历史中寻找信心与智慧的山西人，终于有了现实“偶像”。

人们再不必怀疑这片土地上拥有的想象力。当太钢研发出“笔尖钢”、生产出全球最宽最薄“手撕钢”时；当百度在阳泉市建成亚洲最大的大数据中心、无人驾驶基地时；当潞安集团从按吨卖煤到论克卖油，由“卖炭翁”变身“卖油郎”时……山西放声高呼“我们不只有历史的辉煌”。

不当煤老大，争当能源革命排头兵，山西煤炭产业走上“减、优、绿”之路，3年累计退出煤炭过剩产能近9000万吨，煤矿数量首次降到1000座以内，煤炭先进产能占比超过57%；新能源发电装机占全省电力装机比重突破30%，光伏发电基地规模全国第一。

更让人眼前一亮的是，服务业已然成为山西经济第一大产业，连续4年占据经济总量半壁江山，一煤独大的格局已经改变。

新转型给山西带来的变化是全方位的。2018年，山西经济总量、财政收入和企业利润增速均高于全国水平，城乡居民收入增幅高于经济增长幅度。

（四）

听着传唱百年的“走西口”那凄婉的声腔，飘荡在九曲连环的河面上，弥漫着一种离别的苍凉，感受到一份创业求存的决心。

山西人的骨子里从来就有走出大山阻隔的冲动，回首500年晋商发展史，可以说，既是一部可歌可泣的商帮创业史，更是一部恢宏壮阔的山西开放史。

如果说，示范区建设和能源革命是山西新转型的重头戏，那么打造内陆地区对外开放新高地就是这部戏的“高潮”。能否走出去、能否引进来，成为检验山西新转型成败的关键。

这一次山西交出的答卷足够惊艳。

山西率先启动企业投资项目承诺制改革，变“企业办”为“政府办”，用一纸承诺代替一筐材料，企业自行办理的审批事项压减80%。

来自山西转型综改示范区的一组数据显示，承诺制改革前一年，当地出走企业近1000户；改革以来，新增入驻企业4000余户。

2018年，全省进出口增长17.8%，实际利用外资同比增长4倍，已有30余家世界500强外资企业来山西投资。

一年里，山西企业对外直接投资翻番，对“一带一路”沿线国家增长10倍。

同时，山西品牌产品正不断走出国门，太原能源低碳发展论坛、平遥国际电影节影响越来越大。内陆的山西，已经走向开放的前沿。

汹涌的黄河水，奔流不息，撞击着群峰耸立的吕梁山，这水与石的较量，成就了美丽雄奇的千里黄河画廊，塑造了这一方人的性格，并见证着这里昨天、今天、明天发生的一切。

（《光明日报》2019 年 7 月 23 日第 6 版 杨 珏）

峥嵘七十载 辉煌新山西

——新中国成立 70 年山西经济社会发展成就报告（节选）

伴随着历史前进的步伐，中华人民共和国迎来 70 华诞。70 年来，人民共和国在前进中不断发展，中华民族在世界民族之林迅速崛起，日益壮大强盛。同样，山西这块古老的黄土地也发生了翻天覆地的变化，取得了举世瞩目的成就。特别是党的十八大以来，全省国民经济和社会发展取得了空前发展，一个富有生机、充满活力的新山西在共和国逶迤而又气势磅礴的历史画卷上，浓墨重彩地画下了绚丽多彩、光辉灿烂的一页。

一、经济发展大幅跨越，综合实力显著提升

新中国成立初期的山西，经济基础十分薄弱。1952 年，全省地区生产总值仅 16 亿元，人均地区生产总值仅 116 元。经过 70 年的不懈努力，全省国民经济总量不断扩大，经济增长速度明显加快，总体实力和人均水平都大大提高。2018 年，全省实现地区生产总值 16818.1 亿元，按不变价格计算比 1952 年增长 183.1 倍，年均增长 8.2%；人均地区生产总值达到 45328 元。改革开放 40 年，为全省经济快速发展奠定了强大基础，1979–2018 年地区生产总值年均增长 9.5%（全国 9.4%）。党的十八大以来，中国特色社会主义进入了新时代，我国经济发展转入高质量发展阶段，山西经济连续迈上新台阶。2012–2016 年，全省地区生产总值均在 1.2 万亿元以上；2017 年，地区生产总值迈上 1.5 万亿，达到 15528.4 亿元；2018 年再上新台阶，达到 16818.1 亿元，增长 6.7%。

随着经济大幅跨越，全省财政收入大幅增长，财政支出结构日益合理，不仅有效发挥了宏观调控功能，同时为实现全省经济转型、民生大幅改善起到了重要的支撑作用。1949 年，全省一般公共预算收入 847.5 万元，2018 年达到 2292.7 亿元，首次突破“两千亿”大关。财政支出规模持续扩大，由 1949 年的 799 万元增至 2018 年的 4283.9 亿元。

二、产业结构优化升级，供给水平不断提高

70 年来，随着经济的快速增长，山西由贫穷落后的农业主导经济转变为三次产业协同发展。全省三次产业比例由 1952 年的 58.6∶17.2∶24.2 演进为 2018 年的 4.4∶42.2∶53.4。第一产业大幅降低 54.2 个百分点，第二、三产业分别上升 25.0 个和 29.2 个百分点，第三产业成为拉动全省经济增长的第一动力。

农业基础地位稳固，特色农业日趋壮大。新中国成立初期，农产品供给是影响经济发展和人民生活的重要问题。经过 70 年发展，农林牧业各类产品得到空前发展，不仅品种丰富，产量同时达到了一个全新的水平。全省粮食产量从 1949 年的 26 亿公斤增加到 2018 年的 138 亿公斤，增长 4.3 倍，是历史第二个高产年。全省肉类总产量已达到 93.1 万吨，禽蛋产量达到 102.8 万吨，奶类产量达到 81.1 万吨，分别是 1978 年的 6 倍、26.4 倍和 48.1 倍。农业经济从单一的粮食生产变为粮食和多种经济作物并重。从播种面积看，粮食作物与经济作物的比例从 1949 年的 95.1:4.9 发展为 2018 年的 88:12，粮食种植比重下调了 7 个百分点。从产值构成情况看，1978 年种植业总产值中，粮食与经济作物的比重构成为 75∶25，到 2018 年已调整为 40∶60，经济作物产值占种植业总产值的比重上升了 35 个百分点。

工业经济快速发展，新兴产业不断成长。70 年来，山西工业实现了由技术含量低、门类单一的传统工业向技术密集、门类齐全转变，2018 年，全省工业拥有 40 个行业大类 157 个行业中类，工业体系更趋完备壮大。主要工业产品产量成倍增长。2018 年，全省原煤、焦炭、生铁、发电量、水泥分别比 1949 年增长 345.9 倍，1233.2 倍，1160.3 倍，5145 倍，3125.3 倍。其中，原煤产量居全国第二，焦炭产量全国第一，粗钢、钢材全国第五，发电量全国第九。党的十八大以来，新兴工业经济进入加速发展时期，新产品快速增长。2012–2018 年，新能源汽车从无到有，2018 年产量达到 43778 辆，太阳能电池产量由 26.2 万千瓦提高到 349.3 万千瓦，手机产量由 1517 万台提高到 1979.4 万台，煤层气产量达到 51.2 亿立方米，居全国第一。

能源生产规模化现代化水平显著提升，煤炭外调量贡献巨大。1982 年党中央、国务院作出了建设山西能源基地的战略决策，经过持续不断的建设，山西能源基地在全国能源供应中发挥了生力军的作用，为全国经济高速发展提供了强大的动力源，为全国经济发展、保障国家能源安全和改善人民生活做出了不可磨灭的历史性贡献。70 年间，山西累计生产原煤 192 亿吨，外调煤炭辐射全国 2/3 以上省份。与此同时，全省能源生产规模化现代化生产水平极大提升，已经形成了 4 个年生产能力亿吨级和 3 个 5000 万吨级以上的煤矿企业。值得一提的是，从 2016、2017 年开始，按照供给侧结构性改革要求，特别是国发〔2017〕42 号文件下发以来，山西按照“建设资源型经济转型发展示范区，打造能源革命排头兵，构

建内陆地区对外开放新高地"要求,深入实施创新驱动发展战略,推动能源供给、消费、技术、体制革命和国际合作,加快淘汰落后产能步伐,有效提升了供给质量。2018年,全省退出煤炭过剩产能3090万吨,三年累计退出8841万吨;退出焦化过剩产能691万吨,化解钢铁过剩产能225万吨,关停煤电机组203.3万千瓦;煤层气地面抽采量占到全国90%以上;新能源发电装机占全省电力装机比重突破30%,能源革命排头兵建设正在迈出坚实步伐并向纵深发展。

服务业引领经济发展,现代服务业成为增长主力。2018年,全省第三产业增加值达到8988.3亿元,按不变价格比1952年增长309.9倍,年均增长9.1%。特别是党的十八大以来,第三产业发展迅速加快。2015年,服务业占地区生产总值比重首超第二产业,成为全省经济第一大产业。2018年服务业对地区生产总值贡献率达71.7%,高于第二产业45.1个百分点,比1978年提升59.0个百分点。党的十八大以来,山西加快金融业、现代物流、康养等现代服务业发展,努力补齐新兴服务业短板。旅游业在扩大内需、拉动经济增长、提高群众生活品味和质量等方面,显现出日益强大的作用。全省旅游总收入2018年达6728.7亿元,1985年仅为0.48亿元,增长14017.1倍。

消费市场日益繁荣,新模式新兴业态竞相发展。随着人民生活水平日益提高,市场发展不断繁荣,超市、便民店、专卖店、购物中心、仓储式商场、网上购物、自动售货等新型商业业态竞相发展,大型综合商厦不断涌现,一流的设施、丰富的商品、优质的服务相得益彰。全省社会消费品零售总额由1949年的1.7亿元增至2018年的7338.5亿元,年均增长12.9%。商品和服务类电子商务交易快速发展,2018年达到19319.0亿元。

三、投资结构持续优化,基础支撑更加坚实

新中国成立70年来,山西在固定资产有效投资不断扩大的同时,投资结构持续得到改善。投资结构的改善,不仅促进了全省经济结构、产业结构的持续调整和优化,同时成为新时代以来进一步转变经济发展方式的主要动力。

投资产业结构优化升级,民间投资占据主导地位。一、二、三次产业投资结构由1949年的0.1:84.1:15.8变为1978年的0.8:61.4:37.8,再变为2018年的3.9:37.4:58.7,二产投资比重持续下降,三产比重持续上升。党的十八大以来,全省新兴产业投资进入快车道,2018年,全省新能源汽车制造业投资同比增长2倍,电器机械和器材制造业投资增长2.7倍,计算机通信和其他电子设备制造业投资增长76.1%,均显著快于固定资产投资。在投资结构不断优化升级的同时,民间投资逐步占据了主导地位。2008年,全省民间投资所占比重为48.4%,到2018年,民间投资所占比重提高到54.2%,民间投资逐步占据了主导地位。

基础设施投资补短板投入不断加大,基础设施建设规模空前。经过70年持续不断的投资建设,特别是改革开放和党的十八大以来,全省基础设施投入不断加大,1978–2018年全省全社会投资中,基础设施投资累计完成24630.3亿元,基础设施建设规模空前。交通设施建设成效显著。2018年,全省公路通车里程达到14.3万公里,是1978年的4.5倍;高速公路从无到有,2018年底,全省已建成高速公路5605公里,比1995年增长58.6倍。2018年,太原武宿机场新开通3条洲际航线,年旅客吞吐量超过1300万人次,进一步巩固了全国大型繁忙机场地位。邮电通讯加速发展。2018年,全省完成邮政行业业务总量94.1亿元,比1978年增长140.6倍。快递业务市场规模迅速扩大。全省完成快递业务量由1988年的153万件增至2018年的30333万件,年均增长19.3%。移动电话、互联网宽带从无到有,由上世纪90年代的奢侈品变成现在生活中的日常用品。2018年,全省互联网宽带接入用户数达991万户。

四、对外开放步伐加快,合作空间不断拓展

直到改革开放前,山西只有少量对外贸易,基本处于相对封闭落后状态。改革开放后,山西积极适应经济全球化、加入WTO以及国际产业资本加速转移的新形势,不断扩大对外开放,持续加快发展方式转变,特别是党的十八大以来,山西着力构建内陆地区对外开放新高地,深度融入国家开放"大战略",持续建设"大都市",不断构建"大通道",积极打造"大平台",全力培育外贸"新主体"。重点服务业企业勇于"走出去"开展国际战略投资,积极"引进来"强化本地技术和管理水平提升,太原煤炭交易中心等一批产业发展服务平台逐步成型,服务业外向型经济格局开始显现。

进出口规模不断扩大。1949年,山西直接出口额只有145万美元,经过40年改革开放的不断积淀,全省进出口规模稳步扩大。2012–2018年,全省进出口额从150.4亿美元增加到207.7亿美元。高附加值产品出口占比不断提升,2018年,机电产品出口额占出口总额的42.7%。目前,山西与5大洲27个国家开展主要贸易关系,新增国际友好城市(省、州)6对,开行中欧(中亚)班列50列。

利用外资从无到有,快速增长。党的十八大以来,山西积极承接国际、国内产业转移,不断改善投资发展环境,创新招商引资方式,实行"走出去"和"请进来"相结合,利用外资规模迅速扩张,领域不断拓展。1985–2018年,全省累计实际利用外资384.1亿美元。与此同时,全省利用外资质量不断提升,外商投资领域从一般制造业向高技术产业和金融、保险等服务业全面拓展。

五、民生事业不断改善,需求层级不断攀升

70年来,山西始终把民生改善作为一切工作的出发点和落脚点。20世纪80年代,居民生活从贫困走向温饱,90年代逐步迈向小康,20世纪末全省总体平均生活水平跨进小康社会的初级阶段。党的十八大以来,全省向全面建成小康社会大踏步迈进。

居民收入大幅度增长。城镇常住居民人均可支配收入由1952年的126元增长到2018年的31035元;农村居民人均

可支配收入由1954年的75元增长到2018年的11750元。

居民消费持续增长，消费结构发生质的飞跃。城镇居民人均消费支出由1952年的93元增加到2018年的19790元，农村居民人均消费支出由1954年的70元增加到2018年的9172元。70年来，人民生活品质和品味不断提升。餐桌食品充裕丰富，服装服饰从单一化走向多姿多彩和个性化，手机、互联网的普及使人们日常交往变得更加快捷，家用轿车、旅游、文化娱乐、教育和健康养生等品质消费持续升温，居民居住环境极大改善。

六、科教文卫蓬勃发展，生态文明建设日益加强

科技创新成绩斐然。新中国成立初期，山西的科技工作一片空白，科研机构寥寥无几，新中国的诞生成为山西科技事业腾飞的起点。科技是国家强盛之基，创新是民族进步之魂。70年来，全省科技投入不断加大，科技队伍不断壮大，科技成果不断涌现。党的十八大为科技创新再次插上了腾飞的翅膀。2017年，全省R&D经费投入总量为148.2亿元，是2000年的15倍，年均增长17.3%。2018年，专利申请数为27106件，其中，发明专利申请9395件，占专利申请数的比重超过1/3，达到34.7%。

教育事业为社会进步提供人才基础。“十年树木百年树人”。人才是社会进步的最基础源泉。1949年，山西仅有一所高等学校，中等专业学校42所，普通中学34所，小学20073所，各类学校在校学生总数103.3万人，仅占全省总人口的8.1%。2018末，全省普通高等学校83所，比1949年增加82所，中等职业教育学校(含普通中等专业学习、成人中专、职业高中和技工学校)442所，普通中学2299所，增加2265所；各类学校在校学生总数635万人，是1949年的6.2倍；全省普通本专科招生22.4万人，在校生76.6万人，毕业生21.7万人；高等教育毛入学率达到49.1%。

文化、体育长足发展。2018年，全省公共图书馆128个，比1978年增加67个；博物馆152个，比1978年增加137个。出版报纸60种(不含高校校报)19.8亿份，各类杂志201种、2259万册，各类图书出版3304种、10174万册。截至2018年末，全省共有文化馆130个，文化站1409个，农村文化活动场所2.8万个；专业艺术表演团体795个；调频、电视转播发射台200座，一百瓦以上(含一百瓦)调频、电视发射台170座。体育事业成效显著。2018年年末全省有体育场101个，比1953年增加100个；体育馆96个，比1958年增加95个。全年运动员在国内外重大比赛中获金、银、铜牌分别为103枚、104枚和122枚(包括非奥运项目比赛)。销售中国体育彩票42.8亿元。

2018年全省农村文化活动场所约2.8万个；专业艺术表演团体795个；调频、电视转播发射台200座，一百W以上(含100W)调频、电视发射台170座。体育事业成效显著。2018年年末全省有体育场101个，比1953年增加100个；体育馆96个，比1958年增加95个。

卫生服务体系日臻完善。2018年，全省卫生机构(不含村卫生室)由1949年的1262个增加到1.4万个；卫生机构床位数由1949年的917张增加到20.8万张；卫生技术人员由1949年的4989人增加到24.1万人。

森林覆盖率明显提高。1949年，全省仅有天然林551万亩，森林蓄积量1037万立方米，森林覆盖率仅为2.4%，远低于当时全国8.6%的平均水平，属于全国严重的缺林少绿省份。2010年全省森林覆盖率18.0%，比新中国初期提高15.6个百分点；2018年达到20.5%，比2010年的森林覆盖率提高2.5个百分点，提升幅度全国领先。

节能降耗取得突出成效。“十一五”、“十二五”期间，全省单位GDP能耗分别累计下降22.7%、19.3%，均超额完成目标；2016–2018年累计下降10.4%，完成“十三五”下降目标的67.8%。

70年披荆斩棘，70年风雨兼程。回首过去，山西人民在中国共产党的坚强领导下，自强不息，奋力开拓，在这块古老的黄土地上描绘出了一副奋发图强的光辉画卷，谱写了一曲催人奋进的壮丽乐章。展望未来，3700万三晋儿女将更加紧密地团结在以习近平同志为核心的党中央周围，坚持以新时代中国特色社会主义思想为指导，全面贯彻党的十九大精神，深入贯彻落实习近平总书记视察山西重要讲话和推动中部地区崛起工作座谈会精神，贯彻新发展理念，坚持推动高质量发展，坚持把供给侧结构性改革与转型综改试验区建设结合作为经济工作主线，改革创新，奋发有为，不断拓展转型发展新局面，为决胜全面建成小康社会、实现“两个一百年”宏伟目标而不懈奋斗！

(省统计局)

七十年砥砺奋进光辉史　新时代能源革命排头兵

——新中国成立70年来山西煤炭产业发展之路

新中国成立70年来，山西煤炭产业走过了光辉的历程，为国家能源保障、经济建设、社会事业作出了巨大贡献。当今，全省上下正在按照省委、省政府打造能源革命排头兵的目标，推动煤炭产业安全发展、高质量转型发展。

无形的地标

煤炭，是山西无形的地标。

(一)资源赋存“好”

山西煤炭资源具有储量大、煤层厚、埋藏浅的特点。截至目前,累计探明储量2664亿吨,占全国22.6%。全省含煤面积6.5万km^2,占国土面积的40%,全省分布有大同、宁武、河东、西山、沁水、霍西六大煤田。山西煤炭赋存条件相对较好,优于国内大部分省区。

(二)资源品质“优”

山西煤炭不仅品种非常全,而且品质非常优。全省赋存有9种煤炭资源,其中,气煤、肥煤、焦煤、无烟煤储量占全国同煤种储量的50%以上。山西焦煤是世界最优质的焦煤,储量1491亿吨,占全省煤炭资源总量的55%,占全国焦煤储量的55%;探明无烟煤储量470亿吨,未探明储量约2018亿吨,已探明储量占全省煤炭资源总量的18%,占全国无烟煤储量的39.6%;动力煤储量726亿吨。

(三)区位优势“佳”

山西地处全国煤炭储量最丰富的晋陕内蒙古三角地带,位于我国东西部结合的中间地带,区位优势明显。已经建成运营的大秦铁路、朔黄铁路、瓦日铁路、侯月铁路等运煤铁路大通道起点都在山西,刚刚投运的浩吉铁路运煤大通道也经过山西。

(四)产能产量“大”

70年来,山西共生产煤炭192亿吨,煤炭年产量长期居于全国首位,近三年低于内蒙古。目前,山西煤炭总产能13.6亿吨,产量稳定在9亿吨左右。

(五)产业分布“均”

晋北、晋中、晋东3个区域分布着亿吨级煤炭产业基地,7个省属国有煤炭集团所属煤矿遍布全省。全省117个县(市、区)中92个县(市、区)中分布有煤炭资源,83个县(市、区)有煤炭开采。

(六)产业发展“续”

煤炭产业坚持绿色发展、循环发展。全省煤矿污水处理率100%,矸石山治理率100%,原煤入洗率73%。全省煤炭系统完成造林13.8万亩,绿化面积1614.74万m2。

(七)煤炭研学“精”

全省形成以太原为中心、各市均分布有煤炭产业研学机构集群。以太原理工大学、山西能源学院等煤炭类高等院校为龙头,形成了研究生、本科、专科、中职门类齐全的煤矿专业技术、管理人才的教育培训体系。

(八)法规规章“全”

山西省先后制定并实施了《山西省实施条例》《山西省安全生产条例》《山西省遏制煤矿重特大事故工作方案》《山西省煤矿老空水害防治工作规定》《山西省煤矿办矿企业标准》《山西省煤矿管理标准》《山西省煤矿建设标准》《山西省煤矿现代化矿井标准》等规范和保障煤炭产业安全发展、健康发展、高质量发展的地方性法规、规范性文件。

光辉的历程

70年来,山西煤炭产业发展大致经历了7个阶段。

1949年~1957年:产业恢复时期。产能低、产量低、效率低、安全保障低。

1958年~1978年:无序时期。高指标、创高产、放卫星。

1979年~1990年:“有水快流”时期。办矿主体乱、煤矿生产乱。

1991年~2002年:自我解困时期。“九五”苦、“十五”难。

2002年~2012年:“黄金十年”时期。大发展、快扩张、乱投资。

2012年~2016年:行业寒冬时期。行业萧条、经济下滑。

2016年2月至今:回暖平稳时期。扭亏为盈、价格平稳。

70年来,煤炭产业发生了翻天覆地的变化。

(一)从“矿难连连”到本质安全,煤炭工业发展首先是安全发展

70年来,山西煤矿事故历史上有6个高发期:

一是1958年-1960年,二是1966年-1976年,三是改革开放初期,四是计划经济向市场经济过渡时期,五是亚洲金融危机期的世纪之交煤炭产业困难时期,六是“黄金十年”时期。

新中国成立以来,山西煤炭行业由无序到有序;改革开放以来,山西煤炭由乱到治,煤矿安全生产状况逐步好转。进入21世纪以来,随着煤矿安全监察机构成立,“国家监察、地方监管、企业负责”的煤矿安全生产工作格局逐步建立完善,特别是“十二五”以来随着全省煤矿整合重组、严管严控、“打非治违”、装备升级和监管监察力度不断加大,全省煤矿安全生产形势逐年好转,煤矿事故起数、死亡人数、百万吨死亡率均大幅下降。

70年来,山西煤炭年产量由1949年的267万吨增加到2018年的9.26亿吨,煤矿安全生产状况不断好转,煤矿事故起数、死亡人数、百万吨死亡率分别从2001年的最多185起事故、1960年的最多死亡1219人、1950年的百万吨死亡率最高28.42,下降到2018年的28起、30人、0.032。特别是改革开放以来,全省煤矿安全生产状况不断好转,2018年比1978年煤矿事故死亡人数减少601人,百万吨死亡率降低99.5%。

(二)从被动防御到主动治理,煤矿灾害治理走向游刃有余

新中国成立初期,煤炭工业没有灾害治理概念,只是被动防灾,“有防无治”。改革开放以来,开始提出、探索并实施灾害主动治理,特别是进入21世纪以来,随着科技的进步,开始了灾害的工程治理、综合治理、主动防治,大量的在线监测、信息手段、高科技技术和装备运用到煤矿灾害治理中。

瓦斯治理方面,1949年到1976年期间,主要靠通风,“风吹瓦斯散”。改革开放以后提出瓦斯抽采概念,开始了主动治理,进入21世纪以来开始真正实施井下瓦斯打钻抽采、地面瓦斯抽采、采煤采气一体化或煤气共采。

水害防治方面,新中国成立初期只有排水概念,后来透水事故多了才有了治水的概念。打钻探水的概念是改革开放以后提出来的,采用高精度科学仪器进行物探、钻探、化探等概念是近20年来随着科技的发展开始实施的。

顶板防治方面,新中国成立初期一直到改革开放初期都是实施被动支护。改革开放以来,随着科技进步,采煤工作面采用支撑式、掩护式、支撑掩护式液压支架。近20年来,在矿井巷道支护方面探索实施了效果更好的锚索锚网支护。

(三)从"文盲"成群到"博士"成堆,煤矿从业人员素质不断提升

1949年到1976年期间,煤矿工人在井下就是洋镐刨煤、放炮落煤、铁锹攉煤、人力拉煤,效率只有每工1吨左右。井下一线工人几乎全是文盲。

改革开放以来,随着教育程度的提高和不断普及,煤炭从业人员文化程度不断提升,大量煤炭主体专业的大中专院校毕业生到煤矿企业就业,到煤矿一线生产作业,甚至出现了大学生采煤队、硕士班长、博士队长。目前,全省煤矿井下工人高中以上、中专以上文化程度达到100%,管理人员、技术人员大专以上文化程度达到100%。

(四)从"一包到底"到"主辅分离",煤矿企业办社会包袱逐步甩掉

新中国成立初期,煤矿大多数是国有企业,承担着保障矿工生活的社会职能。

实施社会主义市场经济以来,国有煤矿由于包袱过重,剥离办社会职能逐步提上了日程,省属国有企业所办矿区中小学等划转地方教育部门;2017年以来,煤炭行业医保、工伤保险、生育保险等纳入所在市社会统筹,实行属地社会管理。部分国有企业成立了专业化的社会服务公司,煤炭企业"四供一业"逐步推向社会。

(五)从计划经济到市场经济,煤炭市场既有风雨兼程,又有冰火交融

新中国成立到20世纪90年代初,我国实行计划经济,煤炭生产、调运、价格都由国家计划控制。

实施社会主义市场经济后,放开了煤炭市场,煤炭生产、流通、交易、价格都由市场决定,煤炭市场受国际、国内供给和需求,亚洲金融危机、供给侧结构性改革等因素影响,有时起伏不定,有时短暂平稳,有时过"热",有时极"冷"。期间主要有4个阶段——

一是20世纪末亚洲金融危机期间,煤炭市场极度疲软;二是21世纪初期的"黄金十年",煤炭市场过"热";三是2012年以来的"四年寒冬"期,煤炭市场极度疲软;四是2016年以来,随着国家实施供给侧结构性改革,煤炭价格稳步回归并逐步趋于平稳,在合理的价格范围内波动。

(六)从"粗放"到"高科技",煤炭产业逐步走向科学发展

70年来,煤炭产业由粗放的原始生产状态逐步成为高科技产业。

1949年到1976年期间,煤炭生产是粗放式生产。

改革开放以来,随着科技的不断发展进步,煤炭生产走向了机械化阶段,目前,全省煤矿采掘机械化程度达到99.97%,其中,采煤机械化达到100%,掘进机械化达到99%。

(七)从"一煤独大"到"多业并举",煤炭产业贡献呈"抛物线"形态

煤炭工业是国民经济的基础产业,山西煤炭产业与焦炭、冶金、电力等行业都是传统支柱产业。随着国民经济发展对能源需求的不断加大,山西煤炭资源优势凸显,煤炭产业发展对国民经济和社会发展的贡献率不断提高。特别是改革开放以来,地方乡镇煤矿异军突起,煤炭产业成为第一支柱产业,至"黄金十年"时期,"一煤独大"局面形成。2010年,全省煤炭工业增加值占全省工业增加值的55.8%,煤炭产业对全省和各产煤市、县(市、区)经济和社会的贡献达到"抛物线"的最高峰值。

山西经济过度依赖煤,经济曾出现断崖式下滑。面对困局,全省上下重新认识省情,解放思想,全力支持、培育、发展以煤机制造为主的装备制造业,加快建设了一批产业集聚、功能集成、经营集约的大型物流园区,同时,加快建设大批非煤新兴产业,新兴产业已经成为山西转型发展的生力军。

煤炭对国民经济和社会发展的贡献持续增大,煤炭工业增加值不断增加,煤炭工业产值在国民经济中的占比有所下降,逐步趋于合理。2018年山西能源工业增加值增长2.4%,其中,煤炭工业增加值0.3%,非煤工业增加值8.2%。

(八)由"分级管理"到"统一管理",煤炭管理体制更趋合理

70年来,山西省煤炭工业管理体制分分合合。

新中国成立初期至1969年,山西煤矿由中央和地方分级管理。

1970年至1985年,全省煤矿由山西省统一管理。

1985年至1998年,山西煤炭工业又实行了中央和地方分级管理体制。

1998年以来,全省煤矿由山西省统一管理。2000年,国家煤炭工业管理体制改革,煤矿安全监察机构成立,实行"国家监察,地方监管,企业负责"的煤矿安全工作格局。

卓越的贡献

70年来,山西累计生产煤炭192亿吨,占全国1/4以上,其中70%外调,覆盖全国2/3以上省份,焦炭产量和外调量分别占全国的40%和60%。为保障国家能源安全,促进山西国民经济和社会各项事业发展作出了巨大贡献。

(一)对经济发展贡献大

70年来,特别是改革开放以来,山西煤矿资产占全省国有资产的36%,煤及与煤相关的焦炭、冶金、电力产业占全省工业总产值的70%以上,其中煤、焦约占50%。

进入21世纪以来,煤炭行业投资在工业企业投资中比例最大。2009年全省第二轮煤炭资源整合、煤矿兼并重组以来,全省煤炭企业投资6302亿元。

(二)对能源安全贡献大

一是为国家经济发展提供了能源安全保障,二是为特殊时期国家重大建设提供了能源安全保障,三是为关键时刻国计民生提供了基础能源安全保障。

(三)对工业现代化水平贡献大

山西煤炭工业不仅引领了山西工业现代化发展,而且引领了全国煤炭工业现代化发展。

一是煤炭工业规模化程度高。煤矿单井规模达到144万吨/矿。二是煤炭工业机械化程度高。煤矿采掘机械化达到99.97%,是全国机械化程度最高的产煤省区之一。三是煤矿标准化程度高。全省生产矿井二级安全生产标准化以上达到100%,其中一级安全标准化煤矿169座,占全国38%,位居全国第一。四是煤炭先进产能占比高。2018年年底,全省煤矿先进产能占比达68%。

(四)对全国煤炭产业创新发展贡献大

山西煤炭工业在开采技术、灾害治理、生产效率等方面创新发展,为全国煤炭工业创新发展作出巨大贡献。

一是在开采技术方面。在全国率先采用并推广中厚煤层综采和分层综采、高位和低位综采放顶煤、厚煤层综采一次采全高、无煤柱开采、充填开采等采煤技术,率先采用并推广掘锚一体掘进技术,率先采用并推广锚杆锚网支护技术,率先采用并推广单轨吊等辅助运输技术。二是在灾害治理方面。20世纪80年代,阳泉煤业集团的瓦斯治理经验在全国推广。进入21世纪以来,晋城煤业集团煤层气地面开采技术全国领先。2016–2018年,全省瓦斯抽采量连续三年达到100亿m3以上,占全国抽采量的60%以上。三是在科技攻关方面。2011年至2017年,山西煤炭行业获得国家、省级以上科技进步奖673项,居全国各产煤省(区、市)之首。四是在企业管理方面。原晋城矿务局、潞安矿务局成为国家一级企业,原晋城矿务局、大同矿务局、潞安矿务局、平朔公司,先后荣获全国企业管理最高奖——“金马奖”。

(五)对改革开放贡献大

70年来,山西累计外调煤炭135亿吨,占全国外调量的40%以上,外调煤炭居全国之首。特别是“十二五”以来,年外调量稳定在6–7亿吨。

在煤炭企业对外合作上,山西煤炭为改革开放作出了贡献。平朔安太堡露天煤矿开启了中国煤炭工业引进外资的先河,被誉为中国改革开放的“试验田”,为中外合资、合作办矿提供了范例;潞安集团常村煤矿利用世界银行贷款建成了年产600万吨的大型矿井。

(六)对社会民生贡献大

全省煤炭产业工人30万人,煤炭产业为全省经济社会发展作出了巨大贡献。

特别是“十二五”期间,山西煤炭行业大力发展非煤产业,全省煤炭行业累计完成非煤项目投资2689亿元,比“十一五”增加1624亿元,增长1.53倍,煤炭行业的非煤收入增长6.96倍。

山西兴于煤也困于煤。高强度、粗放型的煤炭资源开发,导致产业结构单一,发展方式粗放,过度依赖煤炭,为之付出沉痛代价:安全生产代价大、资源消耗代价大、生态环境代价大、产业均衡发展代价大、经济依赖性代价大、政治生态代价大,山西煤炭产业面临着安全生产和高质量发展等方面的诸多问题。

奋进的当今

善弈者谋势,不善弈者谋子。新时代、新形势、新发展、新作为。

2017年9月1日,国务院发布了《国务院关于支持山西省进一步深化改革促进资源型经济转型发展的意见》(国发〔2017〕42号),明确提出山西要“打造能源革命排头兵”。2019年5月29日,中央全面深化改革委员会第八次会议,审议通过了《关于在山西开展能源革命综合改革试点的意见》。这是党中央从世界能源大势和新时代能源战略全局出发,赋予山西的国家使命,是继国发42号文件之后,党中央对我省改革发展的又一次顶层设计和大力支持,对于实现从“煤老大”到“排头兵”的历史性跨越,带动全省高质量转型发展,为全国能源革命提供示范引领,具有重大而深远的意义。

山西省提出,要以制度革命带能源革命,以能源生产关系变革牵引生产力变革,着力抓好“八个变革、一个合作”。第一个变革就是深入推进煤炭开采利用方式变革。山西省能源革命综合改革试点变革性、牵引性、标志性重大举措提出,变革煤炭开采方式,向绿色智能时代迈进;创新煤炭利用方式,提升清洁高效利用水平。任重道远,山西煤炭人将以昂扬的姿态阔步迈上能源高质量发展的新征程。

(一)解决一个问题,就是“一煤独大”,重点解决“独”而不是“大”

不做煤老大,争做排头兵。必须解决“一煤独大”的问题。

改变“一煤独大”,摆脱“煤炭依赖症”,并不是要把“大”变小,把“长”锯短,更不是要摒弃煤,关键是要解决“独”的问题。加快先进制造业等新兴产业发展,全面构建山西现代产业体系。

(二)走好一条路,就是走“减、优、绿”之路,有“减”也有“增”

全省煤炭产量要基本保持在9亿吨水平,不求煤炭产量,但求发展质量,大力推进“减优绿”。

“减”就是坚定不移化解过剩产能、减少无效产能、落后产能、不安全产能。2016年至2018年,山西累计关闭104座煤矿、退出过剩产能和落后产能8841万吨,煤炭去产能规模全国第一。尽管山西“去产能”力度最大,但加上在建煤矿产能,煤炭产能仍然严重过剩,关闭矿井已经进入“深水区”,难度越来越大,任务越来越艰巨,尤其是“僵尸企业”出清。

“优”就是大力发展先进产能,优化发展方式,实现内涵增长,实质是增。目前,先进产能占全省煤炭生产总能力的68%。要通过优化结构、逐步提高煤炭先进产能比率,最终实现100%。

“绿”就是走绿色低碳清洁高效开采之路。部分关键技术取得突破,一批重大项目陆续投产。大力推广煤炭地下洗选、地下水处理等,做到黑色煤炭绿色开采。

(三)借助一个手段,就是科技手段,推动能源生产、供给、利用科技含量由“低”变“高”

借助高科技,推动煤炭清洁高效开发利用、调整优化能源消费结构、促进新能源产业提质、发展互联网 + 智慧能源，确定突破能源关键核心技术的方法、目标、路径和时间节点。大力推进煤炭高质量发展。

辉煌的明天

《国务院关于支持山西省进一步深化改革促进资源型经济转型发展的意见》给山西确定了目标，到 2030 年，全省多点产业支撑、多元优势互补、多极市场承载、内在竞争充分的产业体系基本形成，清洁、安全、高效的现代能源体系基本建成，资源型经济转型任务基本完成，形成一批可复制、可推广的制度性经验，经济综合竞争力、人民生活水平和可持续发展能力再上一个新台阶。

山西煤炭人将肩负时代使命，砥砺前行，创新发展。

展望未来，煤炭行业发展前景和方向是实现“八化”目标——采掘作业无人化、系统控制智能化、生产本质安全化、洗选加工地下化、排污排废趋零化、资源开采多样化、井下环境舒适化、地面环境花园化。

未来，山西煤炭产业将成为清洁绿色、高效智能、可持续发展的高科技产业。山西煤炭人将向中国煤炭产业发展贡献“山西智慧”、提供“山西方案”。

（山西煤矿安全监察局）

扎根山西　贴近人民　讴歌时代

——山西 70 年文学创作的成就与经验

山西地处黄河中游，是中华文明的发祥地之一，自古才彦辈出、人杰地灵。荀子、韩非、王维、白居易、柳宗元、元好问、关汉卿、罗贯中等杰出的文学家，以卓有建树的诗歌、散文、剧本、小说，为山西文学史乃至中国文学史增添了光彩，为山西作为文化传统厚重之地奠定了基础。进入现代社会以来，随着新文学运动的发展，山西文学创作不断地继承传统，续唱新篇。尤其是新中国成立 70 年来，山西的文学事业更是实现了历史性的跨越，成为山西人民对外展示自己形象的一道亮丽的风景线，在全国文坛确立了文学大省的地位。

山西文学 70 年的历程，与新中国走过的轨迹血脉相通。从内容上看，这 70 年的山西文学，主要表现的是人民群众在翻身当家做主之后，所焕发出的建设国家的无限创造力和积极性，复杂的思想情感和变化的生活轨迹。当新中国政治建设和经济建设处于良性发展时期，文学创作自然呈现出繁荣兴旺的局面。从作品成绩上看，这 70 年中，山西作家创作出了一大批优秀的、有的甚至于可以称之为具有经典意义的小说、剧本、诗歌、报告文学、散文，塑造出了许多生动且令人难忘的艺术形象。特别是上世纪 50 年代中期至上世纪 60 年代初期，以赵树理为代表的“山药蛋派”作家的作品，不仅在表现北方农村的生活状态和农民的思想情感等方面做出了突出贡献，而且在文学的表现手法上也独树一帜，成为那个时期中国文学最受瞩目的文学现象之一；上世纪 80 年代的“晋军崛起”，则再一次证明了山西作家在新的历史时期不可忽略的创作能力，成为思想解放大潮中走在前列的文学创作中的重要力量；世纪交替前后的山西文学创作第三次高潮，一批思想观念活跃、艺术方式创新的中青年作家，靠自己的作品，延续了山西作为文学大省的地位，为建设文化强省贡献了力量。几年前，刘慈欣的长篇科幻小说《三体》获得世界科幻文学“雨果”奖，标志着山西文学创作走向了世界，为中国文学融入世界发挥了特殊的作用。

概括 70 年山西文学创作的总体走向，应当说，是老中青数代作家，在继承民族优秀文学传统，特别是根据地光荣传统的基础上，不断探索、努力创新，既保持了鲜明的地域特色，又积极吸收借鉴外来艺术形式中有益的成分，因而使得山西文学 70 年能够呈现出自己的特色与创造力，达到了不封闭、不保守，民族性和时代性共存的良好状态。

以赵树理为代表的“山药蛋派”

20 世纪五六十年代，从晋冀鲁豫、晋绥等解放区成长起来的，以赵树理为首，包括马烽、西戎、李束为、孙谦、胡正等为代表的一批山西作家，恪守现实主义原则，始终坚持人民作家应有的社会责任感和使命感，主动地从生活中获取素材，创作出了一大批脍炙人口的优秀作品，像赵树理的《登记》《三里湾》《锻炼锻炼》，马烽的《饲养员赵大叔》《我们村里的年轻人》《我的第一个上级》，西戎的《宋老大进城》《赖大嫂》，李束为的《老长工》《于得水的饭碗》，孙谦的《伤疤的故事》《南山的灯》，胡正的《汾水长流》《七月古庙会》等等。这些作品，把表现主旨集中到反映农村生活、刻画农民性格上，生动地表现了那一时期中国社会的发展进程，展示了中国农村的真实面貌，表现了普通农民的喜怒哀乐。在歌颂农村涌现出新人新事新道德的同时，作家们也真实地揭示出了农民在前进道路上的犹豫、徘徊和痛苦心路过程，尤其是敢于大胆揭露生活中的某些阴暗面，鞭挞和批判少数农村干部队伍中的官僚主义、宗派主义、浮夸风和道德败坏等劣行。这些作家认定写农民、为农民而写，是自己写作的根本之路，因而始终不渝地坚持民族化、大众化、通俗化的创作风格，坚持深切关注农民命运、关注农村发展、关注农村政策的思想基点，再加上跌宕起伏的故事情节和富有个性、流畅明快、幽默风趣的语言，赢得了非常广泛的读者，为新中国文学事业做出了突出贡献，被文学界誉为“山药蛋”文学流派。

“山药蛋派”的本质特征，就在于它是真正的人民大众的文学。它的所有特色，都是由这个本质派生出来的，比如着重表现农村生活和塑造农民形象的创作宗旨，比如直面现实、努力揭示生活矛盾的精神追求，比如致力于通俗化、大众化、民族化的艺术表现形式等等，都是要通过文学这种形式，帮助和激励广大农民群众卸掉身上的历史重负，改变自身的落后面貌，确实起到了让文学成为广大农民群众不可或缺的精神食粮的作用。

由于特征明显，特别是作品影响广泛，“山药蛋派”成为中国当代文学史上最为重要的流派之一，许多从事农村题材写作的作家，都会从这个流派作家的文学观念和艺术主张中吸收有益的成分；许多从事当代文学研究的专家学者，都会把这个流派作为研究对象，从中归纳和总结中国当代农村题材小说的走向；而在山西文学界，更是影响了一代又一代中青年作家。“山药蛋派”作家所反映的生活已经成为过去时，但他们的精神却一直影响后来人。

上世纪 80 年代:“晋军”崛起

从上世纪 70 年代末、80 年代初新时期文学发韧开始，山西的文学创作就在全国引起了很大反响。1978 年第一届全国优秀短篇小说评奖，山西作家成一的《顶凌下种》就榜上有名；1980 年第三届评奖，又有马烽的《结婚现场会》、张石山的《镢柄韩宝山》、柯云路的《三千万》入选。获奖作家和作品数量在全国各省名列前茅。

1985 年春天，人民文学出版社主办的大型文学杂志《当代》，在第 2 期集中刊发了几位山西作家的作品，包括成一、李锐等人。这几位作家都是当时山西中青年作家中最有实力的，他们的这几部作品无论思想内涵还是艺术水平，都达到了很高层次，在一定意义上代表了那个时期山西作家取得的成就；他们和其他十几位青年作家出现了创作上的一个最佳时期，具备了一个文学群体的整体优势。因此，《当代》杂志编辑在“编者的话”里，顺理成章地提出了“晋军崛起”口号。

应当说，“晋军崛起”，为山西文学事业的繁荣发展，为山西文学创作在全国引起关注，起到了举足轻重的作用。一大批当时年龄在 40 岁左右的作家所取得的成绩，成为新时期山西文学成就的显著标志。于是，在全国优秀短篇小说评奖中，张平的《姐姐》获奖；此后的历次全国优秀中短篇小说评奖中，李锐的《合坟》、张石山的《甜苣儿》等中选；而成一、柯云路、周宗奇、韩石山、王东满、田东照、钟道新、蒋韵、哲夫、燕治国等作家的小说，麦天枢、赵瑜等作家的报告文学，在全国文坛都产生过相当的影响。比如像柯云路的小说《新星》及同名电视剧的问世，不仅在文学界，而且在全社会都产生了巨大的思想冲击波。同时，在诗歌、散文和文学理论与评论等方面，山西也在这一时期得到了复苏与繁荣。整个上世纪 80 年代的山西文学，可以称得上是当代山西文学发展繁荣中的一个黄金时代，用“晋军崛起”来概括，也还是准确的。

山西作家身处内陆，在艺术和技巧的开放性方面不如京沪等地作家，但在思想内容的厚实性上却显示了自己的特点。因此，“晋军”作家在新时期文学的发展中，形成了自己的特点：既有艺术形式和技巧上的朴实性，又有思想内容上的坚实性；既有山西文学优良传统的继承，又有国内外开放性、时尚性文学观念的浸润；既保持农村题材的基础，又开拓了视野，涉猎到城市、科技、历史等多个领域，因而，他们的作品在题材选择、主题深化、艺术探索等方面，都富有强烈的个性，更好地体现了文学创作的多元化特征。

上世纪 90 年代:第三次创作高潮

进入上世纪 90 年代之后，伴随着国家改革开放和现代化建设不断深化的时代旋律，山西文学创作再次凭借深厚的底蕴和蓬勃的生机，展示出开拓进取、与时俱进的品格，继上世纪 50 年代的“山药蛋派”和上世纪 80 年代的“晋军崛起”之后，迎来了第三次高潮。

这期间，最能集中体现山西文学创作实绩的，无疑是张平的长篇小说《抉择》获得了全国文学界最高奖项“茅盾文学奖”。1997 年出版的长篇小说《抉择》，是张平最重要的一部作品。“茅盾文学奖”评委会对这部小说的评语是：“《抉择》直面现实，关注时代，以敢为人民代言的巨大勇气和张扬理想的胆识，深刻地揭示了当前社会复杂而尖锐的矛盾，突出地塑造了在艰难抉择中维护党和人民利益的市长李高成的崇高形象，也比较充分地展现了广大群众和党的优秀干部与腐败势力坚决斗争的正面力量，给读者以正义必定战胜邪恶的决心。小说注意调动操作心弦的情节和细节等艺术手段，在冲突的浪尖去刻画人物，描写生动爽利，语言流畅激越。整部作品正气凛然，具有强烈冲击读者心灵的思想和艺术力量，其启示意义，尤其发人深省。”《抉择》一经问世，便在读者中引起强烈轰动，出现了当时少见的纯文学作品销售热潮，并且被近百家报刊转载、上百家广播电视台联播并改编成多种艺术形式。特别是根据这部小说改编的电影《生死抉择》，具有强烈的视觉冲击力、思想震撼力和艺术感染力，是那些年现实题材影视作品中非常重要的收获。

这个时期，除了张平之外，其他老中青几代作家都有优秀作品问世。老作家马烽出版了长篇小说《玉龙村纪事》，胡正发表和出版了短篇小说《那是一只灰猫》和长篇小说《明天清明》，他们功力不减当年。第二代作家中焦祖尧的长篇报告文学《黄河落天走山西》和长篇小说《飞狐》，田东照的以《跑官》为代表的表现基层干部正确的人生选择的“官场系列”小说等，都产生了较大的社会反响。而“晋军”作家正处于创作的黄金时期，他们的作品构成了这一时期的主流。如李锐的长篇小说《旧址》《无风之树》《万里无云》，坚持以知识分子的视角，深刻揭示了北方山区人们的生存状态。成一用现代意识去挖掘曾经辉煌一时的“晋商”的深刻蕴含和文化价值，完成了近百万字的长篇小说《白银谷》。韩石山一面以犀利的随笔参与国内文坛的各种热点问题的论争，一面以沉静的心态和学者的风范创作出文人传记《李健吾传》《徐志摩传》。周宗奇的纪实文学《文字狱记实》等传记作品，开拓了纪实文学新路子。张石山的系列短篇小说《仇犹遗风录》等，延续了他小说的风格。钟道新的《超导》《特别提款权》《权利的界面》等作品，非常敏锐地表现了当代生活中最前沿、最具先锋性的诸如电子信息、股票市场、国际金融和现代高科技领域的人和事，开辟了山西文学关注现实生活的一方崭新天地。哲夫数百万字的“环保系列作品”，表达出作家对人类生存环境的严重关切。蒋韵的《栎树的囚徒》《完美的旅行》等作品，以女性的委婉，抒写了对生命的珍爱。一些青年作家也靠自己的创作实力，在这个时期登上文坛，如吕新的一大批有特色的小说作品，用它独特的艺术感觉表现了北方山区农民的情感心理方式。谭文峰的《扶贫纪事》《走过乡村》，王祥夫的《种子》《雇工歌谣》等作品，则从正面反映了当代农村的变革。张锐锋以他若干部长篇哲理思辨性大散文，成为国内散文界具有代表性的青年散文家之一。正是凭借这些作家作品，使得山西文学走向了第三次高潮。

世纪之初：趋向多元化的山西文学

每一次世纪之交，总是一个社会生活剧烈变动、历史车轮加速运行的时期。在这场大变革、大重组中，文学创作在上世纪 90 年代曾经出现过失去轰动效应的现象，一些作家产生过迷惘和消沉。但在世纪之交时期，广大文学工作者终于认识到了商品经济的特点，经受住了各种诱惑和挑战，以积极的姿态走向市场经济社会，重新找到了自己的位置和价值。山西的文学创作也与全国文坛同步，在新的世纪之初呈现出持续发展、全方位推进的态势。

小说仍然是山西文学创作的强项和优势。与上世纪 80 年代和 90 年代相比，新世纪的小说题材内容更加开阔、形式更加多样，作家的主体个性更加突显，在继承深厚的现实主义传统基础上，更加注重了对文学艺术规律本身的探索和实践，长、中、短篇小说创作，均有丰硕收获，主要有：作家张平继续以其深刻的主题、强烈的现实主义情怀，推出了长篇小说《国家干部》，再一次掀起了张平小说热，并在 2007 年获得中宣部第十届精神文明建设“五个一工程”奖；王祥夫的短篇小说《上边》2004 年获得第三届中国作协“鲁迅文学奖·短篇小说奖”；蒋韵的中篇小说《心爱的树》和葛水平的中篇小说《喊山》，在 2007 年双双荣获第四届“鲁迅文学奖·中篇小说奖”；李骏虎的中篇小说《前面就是麦季》获得了 2010 年第五届“鲁迅文学奖·中篇小说奖”；吕新的中篇小说《白杨木的春天》获得了 2014 年第六届“鲁迅文学奖·中篇小说奖”。李锐的长篇小说《银城故事》和成一的长篇小说《白银谷》，都是坚守知识分子的思想立场，对历史文化进行深入反思，在叙事方式上作了多方探索，受到国内外文坛的关注，同时入围第六届“茅盾文学奖”。此外，王保忠、玄武、杨遥、手指、小岸、杨凤喜、李燕蓉、张行健、韩思中等中青年作家，都有不错的作品发表，形成了一定的阵势。

散文因其特别适应时代的要求，越来越成为作家们喜欢写作的体裁，山西文坛这个时期同样有一批作家专事散文写作。韩石山的《韩先生言行录》《此事岂可对人言》等，在读者中和文坛上产生了重要影响。张锐锋锐意探索一条“大散文”的创作道路，陆续出版了《月亮》《祖先的深度》等多部著作。燕治国的散文集《渐行渐远的文坛老人》，是作者多年访问诸如冰心、钱钟书等文坛名人的记录。此外，杨新雨、乔忠延等人，也都有佳作问世。报告文学和纪实文学创作也有丰硕的成果。山西作家有着热情关注社会发展、用报告文学迅速反映的优良传统，赵瑜是最有代表性的一位，他善于驾驭重大题材，有深度，善思考，他的长篇报告文学《革命百里洲》荣获第四届“鲁迅文学奖·报告文学奖”，之后，又完成了长篇报告文学《晋人援蜀记》《天眼》《火车头震荡》等。哲夫的环保系列报告文学，将关注的目光放到人们普遍关注的大江大河生态保护上，触及到了社会现实中的重大问题，具有非常显著的社会意义。

山西有一个庞大的老中青三代构成的诗人群体，他们与时俱进，始终保持着旺盛的创作激情，在艺术上既有继承、又有创新，发表和出版了大量的诗歌、诗集，走出了一条具有民族气派和山西诗风的创作路子。值得提到的是，一支由老中轻结合的山西评论团队逐渐形成，为我省文学的健康发展起到了积极的引导作用。他们对作家作品的阐释，对文学创作走向的探讨，对文学理论的研究，都有显著的建树，为推动山西创作的健康发展，起到了积极的作用。

影视文学：逐步走上自觉创作道路

影视文学创作，既是文学事业中的一部分，又是前景灿烂的文化产业。在人类文明发展的进程中，文学就像一棵盘根错节、枝繁叶茂的大树，随着历史的演进结出了丰硕的果实，积累了富足的宝藏；而电影和电视剧却似运用科技手段培育的速生树种，短短几十年便以其旺盛的综合生命力茁壮成长，打出了自己的天地。覆盖面最广、影响力最大、渗透性最强的影视艺术，在整个民族的精神文明建设和美育中，起着重要的作用。当今，电影和电视剧已经成为人民群众文化的“主食”之一。

文学与影视相互促进并达到双赢的现实，已经让许多作家从被动参与影视文学创作，逐步走上了自觉创作道路。过去，有不少作家声称：参与影视剧本写作，会对自己的文学创作造成伤害；更有作家认为：影视是大众娱乐文化，与文学的崇高精神是不能混淆的，宁可寂寞，也不去凑影视的热闹出名获利。然而，越来越多的事实说明，作家参与影视文学创作，对于文学创作的意义是不可否定的。作为一种具有现代意识的表达方式，电影和电视剧已经成为越来越重要的艺术。

山西作家正是在这样的背景下，与影视的结合越来越密切。其形式表现为：第一，上世纪 50 年代至上世纪 80 年代，赵树理、马烽、西戎、孙谦、胡正、冈夫等老作家，或创作过电影剧本，或有小说作品被改编成电影。其中，《罗汉钱》《花好月圆》《扑不灭的火焰》《我们村里的年轻人》《泪痕》《咱们的退伍兵》《万水千山》《葡萄熟了的时候》《伤疤的故事》《汾水长流》《虎穴追踪》等，都是家喻户晓、脍炙人口的影片。据统计，仅孙谦一个人就创作（包括合作）电影文学剧本 21 部，其中16部被搬上了银幕。

第二,从上个世纪80年代至今,山西作家创作的文学作品被改编成影视剧的,比过去有大幅度增长。其中影响大的有:由柯云路的长篇小说《新星》改编的同名电视剧,由钟道新的中篇小说《超导》改编的同名电影,由张平的小说《天网》《孤儿泪》《抉择》《国家干部》改编的电影和电视剧,由成一小说《白银谷》改编的同名电影和电视剧,由马烽、西戎小说《吕梁英雄传》改编的同名电视剧,由王永泰小说《清宫于成龙》改编的电视剧《一代廉吏于成龙》等,今年年初,根据刘慈欣的同名小说改编的《流浪地球》票房达到46.55亿,这些均标志着山西一些代表性作家的重要作品都在变为影视剧。

第三,山西有一大批作家直接从事影视创作,比如焦祖尧独立或与人合作创作出《大树临风》《北魏冯太后》,田东照创作出《李月生的大半辈子》,王东满创作出《点燃朝霞的人》《风流父子》,钟道新改编和创作出《黑冰》《天骄》《智慧风暴》等,张石山创作有《水浒后传》《兄弟如手足》《吕梁英雄传》,赵瑜创作出《内陆九三》《申纪兰》,哲夫创作出《毒吻》《零点行动》,周山湖参与创作出《一代廉吏于成龙》《赵树理》,梁枫创作出《杨家将》《罗贯中》《生死之恋》,张卫平创作出《浴血雁门关》《忽必烈》,于淑莲创作出《昌晋源票号》《驼道》,胡传阁参与创作出《嫂娘》《可怜天下男人心》,此外,周宗奇、邓兴亮、马骏、杨茂林、王松山、陈亚珍等作家,也参与创作出多部影视剧;麦天枢、潞潞、梁志宏、孙涛、刘亚渝等,参与了多部电视专题片的撰稿工作。

根据山西作家作品改编的影视剧和参与创作的影视剧、专题片,基本上都做到了主题思想健康向上,无豪华风、滥情风、戏说风倾向;艺术表现手法多样,受到广大观众的好评,曾获得过全国"飞天奖""金鹰奖"和省里的"五个一工程奖"等奖项。这些成绩的取得,说明山西作家的影视文学作品已经达到了较高的水平,也是作家们长期以来贴近实际、贴近生活、贴近群众,坚持现实主义创作道路取得的成果。

艺术探索:中青年作家实力新方阵

2015年8月,科幻文学作家刘慈欣获得世界科幻文学界最高奖"雨果奖",这是中国和亚洲作家第一次获得这个奖,标志着中国科幻文学在世界科幻文学界有了一席之地,不少权威评论称赞刘慈欣靠一己之力,把中国科幻文学推向世界。刘慈欣获得这个荣誉,并不是偶然的,是他多年潜心科幻文学创作成绩的体现。事实上,在山西还有十几位像刘慈欣那样认真创作,同样有不俗成绩的青年作家,在近些年展示出文学才华。

这支年轻作家中的几位佼佼者已在全国文坛具有了一定影响,曾在一些全国性文学评奖或有广泛影响的报刊评奖中榜上有名。可以说,他们已经成为山西作家队伍中不可或缺的力量,是一个跨世纪的实力新方阵。这一代青年作家从创作思想和表现方法上,在一定程度上继承了山西前几代作家的优良传统。不过,他们刚刚涉足文坛的时候,正是国外各种文学理论乃至整个社会科学思潮盛行之时,客观上对他们的创作会产生或多或少的影响,总的看,却是有利于他们在继承前辈作家传统基础上,形成比较开放的、具有时代精神的风格。

这些青年作家的创作特征,大致归纳为三个方面:首先是他们的作品呈现出了社会现实的丰富性、复杂性与鲜活性。由于他们中的多数人一直生活在基层,跟大多数普通人一样,亲身经历了农村以及城市的一系列改革动荡,可以说,改革的每一步历程都与他们的生存命运息息相关。这种切肤之感、命运攸关的体验,倾注在他们的作品中,就真实地再现了生活的丰富与生动,具有了一种原汁原味的特色。其次是他们有比较敏锐的观察生活和思辨问题的能力。这些青年作家的作品,很少有那种苦涩的理性思考和个人心态的宣泄,更鲜有居高临下的发言姿态;他们总是以一颗平常心去感受和体验世界,感受和体验人生,这样就能够比较准确地把握住事物的基本特征,敏捷地洞察出人物的心灵奥秘,形成了比较鲜明的文学个性。第三是他们在艺术探索上不拘一格。这一代青年作家处在科技发达、信息爆炸时代,阅读量很大,特别注意吸收世界上最先进的文学创作理念和艺术表现方式,努力追求个性,把已有的现实主义、现代派等诸多表现方式,融入到现代文明、科技进步之中,呈现出一种非常具有时代特征的艺术方法。让作品产生出一种新颖、深刻、生动的感染力,适应了读者阅读的发展变化与需求。

梳理70年的山西文学创作,有实绩,有成就,感到欣慰;期待未来的山西文学能够不断有惊喜,有突破,感到希望永在。

(《山西日报》2019年9月20日　杨占平)

以党的建设的不断深入推进党的事业的不断发展

——新中国成立70年山西党的建设的实践启示

从1949年新中国成立到现在的发展中,是近代中国社会发展变化最为壮观、发展成就最为辉煌的70年。在70年的发展中,作为经济社会发展相对落后内陆省份的山西,经历70年发展,也发生了翻天覆地的变化。如此深刻的变化,令人浮想联翩,其中首先应当想到的,是70年山西经济社会发展进步的实现,关键在党,关键在抓好执政党的自身建设。70年间全省各级党组织党的建设的不断深入,是推动党领导下各项事业不断取得新成就的根本性因素。

一、不断加强和改进的党的建设为山西 70 年实践发展做出了重大贡献

新中国成立以来山西党的建设实践发展，总体上可以区分为四个大的发展时期。一是从新中国成立到 1966 年“文化大革命”开始，各级党的组织重点围绕巩固政权和社会主义建设任务，从思想、组织和作风建设等方面加强和改进自身建设，党的建设成为全省上下实现由新民主主义革命向社会主义过渡，推进社会主义建设迅速发展的根本保障。二是从 1966 年到党的十一届三中全会召开前，是在“十年动乱”环境中，党的建设受“左”的思想影响受到严重干扰，各级党的组织正常的思想、政治、组织功能难以发挥，党的领导和党的自身建设受到严重削弱的时期。三是从党的十一届三中全会召开到党的十八大，是党的建设从“十年动乱”中得到恢复、党的各方面工作围绕改革开放和现代化建设发展的时期。党的组织在这一时期始终坚持“一个中心、两个基本点”为核心内容的党的基本路线，自觉地同来自“左”的右的各方面干扰作斗争，维护了全省安定的政治局面，推动了经济社会全面发展，党的建设在新的环境与任务下实现了新的发展。四是党的十八大以来，在新形势、新任务、新考验的实践中，党的建设得到全面加强，全面从严治党取得重大成就的时期。党的十八大召开后，全省党的建设站在了新的历史起点上，各级党的组织全面落实党的建设主体责任，围绕贯彻落实党的十八大、十九大关于党的建设，特别是新时代党的建设总要求的精神，全面推进党的政治、思想、组织、作风、纪律和制度建设，适应推进山西“两转”基础上全面发展要求的山西党的建设新局面正在形成。

总结 70 年的发展历史不难看出，尽管有过“十年动乱”期间对党的建设的严重削弱的沉痛教训，但山西全省党的建设在 70 年间得到的整体性的加强与改进，为山西经济建设、改革开放和社会进步做出了重大贡献。

1.坚持政治建设为统领，坚定贯彻党的政治路线，为山西经济社会和改革开放的发展确定了正确方向。新中国成立之后，山西各级党组织把党在不同时期的政治路线与山西发展实际联系在一起，围绕贯彻党的过渡时期总路线、党的八大根据国内主要矛盾变化制定的发展路线和方针政策，以及改革开放之后以“一个中心、两个基本点”为主要内容的党在社会主义初级阶段的基本路线加强和改进党的建设，保证了山西在国民经济迅速恢复和发展，社会主义改造顺利完成，推进社会主义经济建设和改革开放的实践，能够坚持正确的方向，带领全省人民克服各种困难，战胜各种风险，实现了党的建设新的伟大工程和党领导下的各项事业的同步发展。

2.坚持思想建设为先导，强调科学理论武装，为山西经济社会和改革开放的发展奠定了思想基础。注重科学理论武装，是 70 年山西党的建设实践的突出特点。从新中国成立之后掀起的学习《毛泽东选集》(1–4 卷)热潮，到改革开放以来对《关于建国以来党的若干历史问题的决议》、邓小平理论、“三个代表”重要思想、科学发展观重大战略思想和习近平新时代中国特色社会主义思想的学习，以及对包括党的代表大会文件、中央全会通过的重要《决议》、《决定》和省委贯彻落实的实施意见等重要文献的学习，极大地统一了广大党员干部的思想，增强了干事创业的积极性。特别是党的十八大以来，各级党组织强化思想引领，把学习习近平新时代中国特色社会主义思想和习近平视察山西重要讲话精神作为思想理论建设的首要任务、头等大事，兴起了以新思想推动新实践、实现新作为的热潮。其中仅在党的十九大召开后的 2018 年一年，就轮训县处级以上领导干部 3.25 万人次，共培训干部 10.4 万人次，坚定了党员干部“四个意识”、“四个自信”和“两个维护”的信念，提升了推进中国特色社会主义事业在山西实现新发展的自觉性与主动性。

3.坚持组织建设为重点，突出领导班子，干部队伍和基层组织建设，为山西经济社会和改革开放的不断发展聚积了组织和人才支撑。一方面，在党的建设中把领导班子和干部队伍作为战略性任务来对待，培养造就了大批适应山西现代化建设需要的优秀领导人才和各类专门人才。尤其是改革开放之后，山西各级党组织坚持德才兼备的用人原则，按照党管干部、党管人才和干部队伍“四化”方针，贯彻《干部选拔任用条例》，通过平反冤假错案、废除领导干部职务终身制、实行新老干部的交替、改革干部人事制度，建立国家公务员制度，培养选拔年轻干部、加强领导班子和干部队伍、严格管理并建设高素质领导班子和干部队伍，从组织保证和人才队伍上为山西经济社会发展提供了强大支撑。经过了 70 年的发展，目前，全省各级党政干部队伍中 45 岁以下的干部已经成为主体，占到干都总数的 71%，大专以上文化程度的干部约占干部总人数的 83%。另一方面，坚持把加强和改进党的基层组织建设作为组织建设的基础型工作，通过 50 年代初新中国成立后的第一次整党，到后来 80 年代的整党、1990 年的党员登记，再到进入新世纪后出台一系列关于加强基层党组织建设的文件，特别是省委十一次党代会后，根据《全省基层党组织规范化建设标准(试行)》要求，坚持把基层组织建设放在“三基建设”的整体布局中来抓，认真落实“1+6”政策体系，全省仅 2018 年就整顿软弱涣散村党组织 2474 个，由此推进基层党组织规范化建设、基础工作提质增效等重点工作，各级党委(党组)书记普遍建立了“三基建设”联系点制度，基层党组织的战斗堡垒和党员的先锋模作用进一步得到发挥。

4.坚持作风建设、纪律建设为抓手，推进全面从严治党深入发展，为山西经济社会和改革开放的不断发展形成了重要机制。新中国成立后，山西各级党组织不断加强党的作风建设，从 50 年代初针对克服官僚主义、居功自傲情绪、“革命到头”思想进行的整党整风，到后来“三反”运动、农村“四清”运动和党的八大后围绕克服主观主义、官僚主义、宗派主义解决的党内思想、组织不纯等问题，再到改革开放后党的纪检组织重建后，作风纪律和反腐倡廉建设不断取得成效。早在上世纪 80 年代，省委在改革发展起步不久的四届三次全委会就明确提出，必须克服脱离群众脱、脱离实际、官僚主

义、特权思想、违法乱纪和极端个人主义等倾向。90年代后,省委先后出台《关于深入开展反腐败斗争的决定》《关于进一步做好反腐倡廉工作的意见》和落实中央建立健全惩治和预防腐败体系实施纲要的《意见》,加大反腐倡廉、治理腐败的力度。党的十八大后,省委从全面从严治党的战略高度,尤其是认真汲取系统性,塌方式腐败的惨痛教训,牢牢扛起管党治党的主体责任,加大反腐败斗争力度。其中仅2014年全省就处分违纪党员干部15450人,包括市厅级干部45人,县处级干部545人。2018年,全省各级纪检监察机关共立案24725件、组织处理27830人、党纪政务处分23756人、移送司法机关863人,同比分别增长42.1%、66.3%、39.9%、125.9%。处分县处级及以上干部845人,同比增长64.1%,共查处群众身边腐败和作风问题21353人,涉黑涉恶腐败和"保护伞"1396人。推动管党治党由"宽松软"走向"严紧硬",形成并巩固反腐败斗争的压倒性态势,初步实现了政治生态的由"乱"转"治"。

5.坚持制度建设为根本,坚持和健全民主集中制,为山西经济社会和改革开放的不断发展提供了根本保障。在70年的发展中,省委和各级党委把党的思想、组织、作风等方面建设的成果,不断地转化为制度形态。新中国成立初期,山西省委就注重把党中央的决定、决议等制度精神,贯穿于山西发展的实践当中。改革开放后,更是把制度建设贯穿于党的建设全过程。比如在上世纪80年代省委就出台、批转了《关于选拔培养优秀中青年干部的意见》《关于建立健全县级以上领导干部学习制度的意见》《关于加强农村基层党组织建设的意见》,90年代《关于加强党的建设、改善党的领导、促进山西经济上新台阶的意见》、关于《贯彻〈中共中央关于加强党的建设几个重大问题的决定〉的实施意见》,以及进入新世纪后,省委在贯彻落实中央关于保持共产党员先进性长效机制四个文件的基础上制定的《实施意见》。进入新世纪,省委把党建工作纳入领导班子和领导干部综合考核评价当中,制定了《山西省推荐领导干部工作规定》《山西省考察领导干部工作规定》和《山西省讨论决定领导干部工作规定》《关于加强作风建设狠抓工作落实的决定》《山西省推进领导干部能上能下实施细则(试行)》等规定。党的十九大之后,省委又结合新时代新发展对党的建设提出的新要求,出台了《关于进一步激励广大干部新时代新担当新作为努力建设高素质专业化干部队伍的实施意见》《关于适应新时代要求大力发现培养选拔优秀年轻干部的实施意见》及相关配套措施,促进了党的建设走上经常化、制度化的道路,各级党的组织党建工作具有了长效性、制度性特征。

二、新中国成立70年来加强和改进党的建设的宝贵经验

对于任何政党说来,长期执政的经验,都是一笔弥足珍贵的财富。在70年领导社会主义建设与改革实践中,我们党加强和改进党的建设的基本经验,可以重点从这样一些方面加以总结。

首先,注重在发展变化的条件下不断加强和改进党的建设,是推进党的各项事业发展的前提条件。社会主义建设和改革开放是党领导下的伟大实践,只有保证作为领导力量的党和党的建设本身的发展,改革开放才能不断发展。这一深刻的认识,在山西70年发展实践中有着充分的验证。70年前,在山西全境解放伊始的1949年9月1日召开的省委第一次扩大会议上指出,革命胜利后,各级党的组织必须"进一步加强党的建设,发扬党内民主,开展批评与自我批评,加强党内教育,密切党同群众的联系",并于次年开展了整党整风活动。在此后的发展中,各级党组织按照中央部署进行的"三反"斗争,改革开放初期的整党,以及之后从政治、思想、组织、作风、纪律和制度建设多方面加强与改进党的建设的部署与举措,特别是通过多个主题、多种形式的学习教育实践活动,都是不同发展条件下党的建设在山西的生动实践,保证了党的各项事业能够在各级党组织的坚强领导下胜利发展。

其次,围绕党的中心任务,整体性推进党的各方面建设,是推进党的各项事业发展的现实任务。共产党执政,关键在领导好发展,不断满足和扩大人民群众的根本利益。在70年的发展中,山西党的建设能够不断取得新的成绩,重要的原因,就在于紧紧围绕这一中心任务,在过渡时期、建设时期和改革开放新时期,站在完成党的执政兴国使命的高度来谋划党建工作,整体性推进党的政治、思想、组织、作风、纪律和制度建设,由此取得了把党建资源转化为发展资源,把党建优势转化为发展优势,把党建成果转化为发展成果的突出成效。反之,在党的建设受到冲击与影响,尤其是在十年内乱的"文化大革命"时期,背离发展这一中心给党的领导和党的建设带来的严重破坏及其造成的后果也警示我们,偏离党的中心任务,忽视党的建设的整体性,必然给党的事业发展带来消极影响。

第三,坚持以执政能力建设和先进性、纯洁性建设为主线,加强和改进党的建设,是推进党的各项事业发展的根本保障。先进性、纯洁性是党存在和发展的合法性依据,执政能力建设是党执政后的一项根本建设。党的建设实践表明,山西70年发展中政治、思想建设中对党员干部世界观、人生观、价值观的培育和对政治忠诚、理论武装的要求,组织建设中对民主集中制的维护、对领导班子、党员干部队伍和基层党组织从严管理的要求,作风和纪律中对党要管党、从严治党和坚定不移惩治各种消极腐败现象的恪守,以及制度建设对全面从严治党的体制机制性约束,从根本上保障的就是各级党组织和党员干部执政能力的逐步提高和先进性、纯洁性的不断增强。正是由于70年发展中执政能力建设和纯洁性、先进性建设的紧密联系、相互促进,并使之统一于、贯通于党的建设新的伟大工程和中国特色社会主义伟大事业中,才能够形成通过加强党的各项建设来提高党的领导水平和执政能力,通过不断增强的党的领导水平和执政能力,促进各项事业发展的良性循环局面。

第四,对实践发展中以"关键少数"为重点的党的建设问

题保持高度的清醒与警觉，是推进党的各项事业发展的直接体现。70年的实践表明，不断加强和改进党的建设，突出的要求，是对党的建设实践中存在问题，尤其是发生在党员领导干部这个“关键少数”身上的问题时刻保持高度的警觉，以改革创新精神推进党的建设新的伟大工程。新中国成立后，山西各级党组织针对执政之后随即出现的功臣心理、退坡思想、官僚主义进行的整风，“三反”重点解决的贪污、浪费、官僚主义问题，以及全面纠正“文化大革命”中“左”的错误等，都是执政条件下对党的建设存在问题的及时发现与解决。进入改革开放时期，面对党的建设中出现的“一手硬”“一手软”的倾向、党的建设主体责任落实缺位的问题，特别是一段时间出现的系统性、塌方式腐败现象对全面从严治党采取的一系列措施，同样是不断解决党的建设，特别是“关键少数”身上存在问题的具体体现。而针对全面从严治党、净化党内政治生态和一些党员干部改革意识不强、创新精神不足、扩大开放不够、市场理念不浓、工作标杆不高和工作作风不实等问题，省委十一次党代会以来进行的“两转”基础上开拓党的事业发展新局面，进一步激发党员干部新时代新担当新作为和“改革创新、奋发有为”大讨论等实践，表明的也是不断地结合新的变化和新的发展，抓住以“关键少数”为重点推进党的建设本身改革创新的坚定意志。这样的实践告诉我们，在新的时代发展中，各级党组织面临许多前所未有的新课题新考验，只有适应新变化、经受新考验、解决新课题，以“关键少数”为重点，才能在促进党的建设理念、制度、机制和工作方式等方面创新的基础上，实现各项事业的全面发展。

第五，从体制机制上始终保持党同人民群众的血肉联系，是推进党的各项事业发展的本质要求。70年的实践揭示了一条颠扑不破的真理，即执政党面临的最大危险是脱离群众，人民群众的支持和拥护是党的建设和党的事业发展的最大优势。同时，从新中国成立到现在，党的建设从推进社会主义改造，防止党员干部腐化堕落、蜕化变质，到社会主义建设中克服左的思想干扰，纠正浮夸风、瞎指挥和官僚主义等错误，再到改革开放以来实现工作重心转移，改革党的领导体制和管理体制，加强反腐倡廉警示和推进全面从严治党的实践发展，都深刻地警示我们，尽管不同时空条件下党的工作部署、要求和任务，会根据党的中心工作发生变化，但保持党同人民群众的血肉联系，是须臾不可更改的。而实践也反复表明，党能够同人民群众保持密切关系的时候，总是各级党组织和党员干部的思想、作风，特别是制度建设得到充分加强的时候；反之，实践中曾经出现的脱离群众的现象与问题，都有着缺乏制度性机制约束的深层次原因。所以，从根本上解决执政党执政之后面对的脱离群众这个最大危险，治本之道在于从体制机制上解决好党的思想作风、学风、工作作风、领导作风和干部生活作风方面的突出问题。

三、新时代以党的建设成效推进党的事业发展的现实要求

对70年党的建设实践经验的总结，着眼的是新的实践与新的发展。中国特色社会主义进入新时代，山西党的建设和改革发展站在了新的历史起点上，如何把70年发展中以党的建设成效推进党的事业发展的成功实践和经验，转化为在“两转”基础上拓展党的事业发展新局面的实际成果，是进一步加强和改进党的建设需要深入分析与思考的课题。

——必须高度重视改革发展中的党的建设问题，把以改革创新精神推进党的建设新的伟大工程，作为关系山西经济社会发展头等重要的问题。新中国成立70年来的实践证明，不断加强和改进的党的建设，是推动山西经济发展的关键；而在党的建设实践中，不断地结合新的变化和新的发展，推进党的建设本身的改革创新，则是各级党组织能够在经济社会发展中发挥这种“关键”作用的真谛所在。伴随改革发展的不断深入，加强和改进的党的建设的要求不是松了，而是更加重要；加强和改进的党的建设的任务不是轻了，而是更为重大，这就要求我们对以改革创新精神推进党的建设新的伟大工程的发展有更为深刻的认识。近年来，省委、省政府按照党的十九大精神、确定了推进山西经济社会发展要聚焦“示范区”“排头兵”“新高地”的三大目标，尤其是省委十一届六次、七次全会以来，在“两转”基础上全面拓展党的事业发展新局面的部署，促进党的建设和党的事业互促共进的局面进一步呈现。这样的发展态势，既是推进山西经济社会发展的必然抉择，是3000多万三晋儿女期盼和要求的，也是各级党组织面临许多前所未有的新课题新考验。各级党组织要适应新变化、经受新考验、解决新课题，就必须在把党的建设放在头等重要的位置来看待、大力倡导改革创新精神，由此推动党领导下的各项事业的全面发展。

——必须发挥政治建设的统领作用和思想建设的基础作用，始终服从党中央集中统一领导，把增强“四种意识”、坚定“四个自信”和做到“两个维护”作为党的建设的首要任务。政治建设是党的根本性建设，思想建设是党的基础性建设，要在新的实践与发展中，坚持不懈地以习近平新时代中国特色社会主义思想武装党员干部的头脑，坚决维护党中央权威和集中统一领导，教育引导党员干部从山西70年发展的历史和现实、理论和实践的结合上，增强“四种意识”、“四个自信”和“两个维护”的思想自觉、政治自觉和行动自觉。当前，要结合“不忘初心、牢记使命”主题教育，按照守初心、担使命，找差距、抓落实的总要求，把山西各级党组织在70年实践中积累的成功经验与完成新时代所承担的新使命结合起来，锤炼忠诚干净担当的政治品格，确保中央大政方针、决策部署在山西落地生根、开花结果。

——必须以更高的标准与更严的要求，不断提高党的建设的质量，把增强党的建设科学性、系统性、规范性、实效性作为战略性要求。“不断提高党的建设质量”，是党的十九大向全党提出的战略性任务，是新时代党的建设总要求的重要内容。总结新中国成立以来山西党的建设的实践经验可以看出，党的建设质量与党的建设成效直接相关。70年间，山西各级党组织之所以能够以党的建设的不断深入推进党的事业的不断发展，就在于其一直都高度重视自身的质量建设，

致力于质量建党强党。中国特色社会主义进入新时代,山西经济社会和党的建设的发展面临着新的机遇与挑战。要实现省委、省政府提出的实现高质量转型发展的战略任务,需要围绕构建现代治理体系和提升现代治理能力,用好先行先试这把“金钥匙”,深入推进重点领域和关键环节改革,在发挥后发优势、培育竞争优势中赢得主动,加快在“赶考”中“补考”。对于各级党组织说来,如何高起点、高标准、高质量地推进党的建设的每一项工作,在经济社会发展和党的建设实践中创造更多的“山西模式”“山西经验”,不断推进党员干部队伍状态和素质双提升,就成为各方面工作中的重中之重。只有以一流的标准和扎实的工作不断提高党的建设质量,才能保证党顺利完成新时代的历史使命。

——必须勇于和善于总结经验,把认识与把握探索新的历史起点上党的建设发展规律作为必须破解的现实课题。经历70年的改革发展,党的建设无论从思想理论上,还是在实践发展中,都留下了许多值得总结的经验,这是党的建设不断发展必须珍惜的宝贵财富。要认真总结新中国成立以来党在执政条件下积累的经验,包括实践发展中业已形成的不少好的方式方法和实际措施,包括虽无成功经验或现成做法,但确实已经有了实践的探索和尝试的具体思路或做法,包括曾经出现的工作失误与教训等,都值得总结概括。认真做好这些工作,逐步探索新的历史起点上党的建设的发展规律,对于加强和改进党的建设,具有突出的现实意义。

(《前进》2019年第7期　高建生)

“改革创新、奋发有为”大讨论

一、综述

一场深刻的革命

——山西省开展“改革创新、奋发有为”大讨论综述

这是一场学习的革命，全省上下对标一流，比学赶超，克服了“本领恐慌”，提升了攻坚能力；

这是一场思想的革命，干部群众自我剖析，革故鼎新，破藩篱、去顽疾，经历了一场“头脑风暴”；

这是一场工作的革命，三晋大地处处改革创新、个个奋勇争先，引领全年工作实现良好开局。

这就是山西开展的“改革创新、奋发有为”大讨论。近3个月来，根据省委的部署，全省上下对照“六个破除”“六个着力”“六个坚持”，聚焦“十个关键环节”，进一步解放思想、改进工作，对标一流、争创佳绩，奋力谱写新时代中国特色社会主义山西篇章。

这次大讨论，参与人数之多、覆盖范围之广、触及程度之深、社会反响之大，在山西发展史上留下了浓墨重彩的一笔。在大讨论中，党员干部经受了一次严格的党性锻炼，广大群众经历了一次深刻的精神洗礼，破除了我省长期以来在思想、工作和体制机制等方面的许多痼疾，解决了一些多年来想解决而没有解决的难题，取得了丰硕的思想成果、实践成果和初步制度成果。

这是一场深入学习落实习近平新时代中国特色社会主义思想的生动实践，高扬了改革开放再出发的伟大旗帜

2017年6月习近平总书记视察山西时指示，山西干部群众要勇于改革创新，果敢应对挑战，善于攻坚克难，对我省新时代改革发展作出了全方位擘画指导。面对谱写新时代中国特色社会主义山西篇章的重大历史使命，面对快进则全面振兴、慢进则必然落后的竞相发展态势，面对全省3700万人民对美好生活的向往，省委决定高扬新时代改革开放的旗帜，开展一场“改革创新、奋发有为”大讨论。

“驭一时，谋万世。”省委从战略高度谋划、扎实推进，使大讨论成为一场深刻革命。听取市县意见后，省委十一届六次、七次全会相继作出安排、审议通过实施方案。全省动员部署会后，省委将大讨论紧紧抓在手上，常委会及领导小组多次研究，及时听取汇报并跟进指导，精心设计规定动作，逐级建立组织领导和联络督导机制。省委常委带头参加各环节活动，示范引领，深入推进。15个联络督导组严格把关，对进展缓慢的进行约谈，对工作不实的责成补课。

各地各部门和每个党员干部紧紧围绕“六个破除”“六个着力”“六个坚持”，找准在本单位和自己身上的具体表现，并针对性制定改进举措，明确奋斗目标；在“十个关键环节”中，坚持知行合一，既解决思想观念层面的问题，又解决实际工作和体制机制方面的问题；坚持把开展大讨论与抓好正在做的事情统一起来，推出一批解决问题的重大举措，使大讨论的过程成为深化改革、创新驱动，转型发展、改善民生，从严治党、干事创业的过程。

“物有本末，事有终始。”在全省广大党员干部群众中开展大讨论，就是贯彻落实习近平总书记关于改革开放再出发和新时代新担当新作为指示精神的重大举措；就是要坚持以习近平新时代中国特色社会主义思想为指导，深入学习贯彻党的十九大精神、习近平总书记视察山西重要讲话精神，高

举新时代改革开放旗帜，紧密结合“两转”基础上全面拓展新局面的使命任务和广大党员干部群众思想工作实际，推动习近平新时代中国特色社会主义思想在三晋大地转化为生动实践。近3个月来，随着大讨论的深入开展，全省上下理论联系实际的学风进一步弘扬，融会贯通、学以致用、解决问题的自觉性明显增强。习近平总书记关于新时代改革开放重要论述、习近平总书记视察山西重要讲话精神更加深入人心。

这是一场学习的革命。学风的转变，增强了信仰信念，提升了攻坚能力。干部群众由衷地感叹，“大讨论贯彻了中央部署，顺应了时代潮流，切中了问题要害，反映了大家的心声。”大家纷纷表示，“通过学习讨论，克服了‘本领恐慌’，掌握了更多新理念、新知识、新方法，学出了信仰信念，增强了抓住机遇、改革创新、应对挑战、攻坚克难的决心和能力。”

解放思想，与时俱进，充分激发了全社会蕴藏的创造性和发展活力

习近平总书记说，“冲破思想观念的障碍、突破利益固化的藩篱，解放思想是首要的。”在全国改革开放再出发、高质量发展步伐加快的大背景下，山西要在“两转”基础上全面拓展新局面，必须再来一次思想的大解放，以自我革命精神破除制约山西发展的深层次矛盾和问题。

大讨论开展以来，全省上下层层召开述职评议会，在省直部门“一把手”和市委书记两场述职评议会上，述职时自我批评、深刻剖析，点评时见人见事、动真动实。国企改革领头羊汾酒集团，把大讨论现场搬到了首都北京，登门问计国家发改委、国资委、商务部等26位专家学者，请人家挑毛病、开药方。革命老区武乡县将大讨论专题培训班办在了京沪浙粤，与江南水乡量差距、向东部地区学经验……

解放思想是全面深化改革的前提，思想解放向前一步，改革开放才能更进一步。没有思想大解放，就不会有改革大突破。山西在“两转”基础上走上了全面拓展新局面的新征途，要攀登更高的山峰，展现更大的作为，比以往任何时候都更需要拥有先进的理念和体制、过硬的本领和作风。

全国两会期间，我省多渠道听取省外关心支持山西发展的有识之士的意见建议。王金南、丛斌、冯军、吴恒、贾樟柯、龚永德分别从不同角度，就“六个破除”“六个着力”“六个坚持”、实现“六个新突破”提出独到见解和有价值的建议。太原市从优秀共产党员、时代新人、晋阳工匠、脱贫先锋等先进典型中挑选100人，组成巡讲团，举行100场报告会，激发出了广大干部职工解放思想、对标一流、学习典型、争创佳绩的热情和干劲。晋中市借力“第三方”，从上海引入专家评估团，从全国聘请改革操盘手，系统把脉全面深化改革进展与成效，总结改革的成功做法、典型案例，科学诊断存在的问题和短板……

大讨论开展以来，全省普遍开展了“我为改革创新做什么”大家谈，各单位通过当面沟通、问卷调查、领导信箱等方式听取“金点子”。新闻媒体全过程、全方位、多渠道进行宣传，共推出相关报道5.57万条，网上产生信息32.1万条。基层单位通过“流动课堂”、知识竞赛、“炕头热议”“文艺＋宣传”等群众喜闻乐见的方式，让大讨论走进田间地头、厂矿车间、学校教室、街道社区，走进群众心坎。

大讨论这场思想的革命，使全省上下经历了一场“头脑风暴”，一些不合时宜的观念破除了，与时俱进的观念强化了。干部群众的改革意识、创新精神、开放思维、市场理念等进一步激活，自觉以思想的突破引领行动的突围。大家普遍反映，“过去不敢想的现在敢想了，过去不敢干的开始敢干了。”

深入实践，解决问题，切实推动了思想再解放、改革再深入、创新再发力、开放再提质、工作再抓实

解放思想重在行动。在大讨论中，全省上下都把解决观念问题与解决实际问题结合起来，着力推动思想再解放、改革再深入、创新再发力、开放再提质、工作再抓实。各级各部门问题切得准、措施定得实、整改抓得严，带动党员干部观念为之一变、精神为之一振、工作为之一新。

大讨论开展以来，广大干部群众进一步认识到“山西发展的根本差距在改革、缩小差距的根本路径在改革”，因循守旧没有出路，畏缩不前必失良机，允许改革有失误、不允许不改革的导向更加鲜明。全省各级各部门把越来越多的改革创新事项瞄准了全国第一梯队。省委部署了50项重点改革任务和43项先行先试工作，出台国资国企改革行动方案、省属企业混改操作指南。晋城市率先开展全市域“一枚印章管审批”重大改革试点。运城市县域综合医改不断突破体制壁垒，为全国破解偏远乡村百姓看病难、看病贵难题贡献山西经验。

创新是引领发展的第一动力。通过大讨论，全省上下创新创业活力明显增强，各级各部门积极在创新中挖潜力、增动力、提升竞争力。省委改革人才激励机制，实施“三晋英才”支持计划，首批支持1.26万人。全省一季度工业技改投资增长25%，加速制造业向高端、智能、绿色、服务方向转型升级。山西转型综合改革示范区与锦波生物联手，打造全球规模最大的人源胶原蛋白产业基地。

封闭必然落后、开放才能发展。在大讨论中，广大干部群众加快改变眼睛向内的习惯，努力“以更加开放的心态奋起直追”，加速打造内陆地区对外开放新高地。今年以来，我省借力北京世园会、西洽会、中部博览会、深圳文博会等平台，抢抓开放机遇。外交部山西全球推介活动成功举办，魅力山西吸引世界目光。各地各部门强化合作意识和共赢理念，增强了主动与外界打交道的意识和能力。2019年山西品牌丝路行走进俄罗斯、芬兰、瑞典三国，签订协议17项；中欧班列开行25列，开行数量较2018年同期翻一番。一季度以来，全省招商引资共签约项目371个，总投资2669.4亿元，其中转型发展项目占81.4%。

长期以来，山西经济的资源性特征和长期粗放增长，对全社会尤其是领导干部的市场意识和创新精神产生了很大

的“挤出效应”。通过大讨论，广大干部群众进一步认识到，“资源依赖没有出路、不会闯市场就不能实现高质量发展”，深刻反思靠挖煤卖煤的惯性思维，积极摒弃“离了矿产资源就不会谋发展”的路径依赖，主动研究市场、发展市场、培育市场、开拓市场，企业“不找市长、找市场”的理念显著增强。目前，太钢等8家竞争性企业在集团层面开展股权多元化和混改。大地控股等新设公司集团层面，推进董事会市场化选聘经理层试点、职业经理人制度试点。阳煤集团积极推进契约化改革，以“一企一策、一事一契”的考核机制层层压实经营责任。

时代在不断发展变化。我们在发展，人家也在发展。慢步走，差距会越拉越大；快步走，才有希望迎头赶上。省委标杆引领，把先进典型报告会作为大讨论第一个环节，邀请航天英雄景海鹏、深圳前海的改革先锋杜鹏、科技创新的先进典型杨建华前来传经送宝。省直部门主要负责人和市委书记对标一流述职评议，剖析不足、直面问题、锐意进取，表现出了奋勇争先、对标一流的良好状态。各地各部门对照中央和省委部署，对照人民群众的期盼，对照国内外先进理念和做法，找差补短，共举办先进典型事迹报告会1.2万场，直接受众121.8万人次。通过大讨论，广大党员干部把甘于平庸、得过且过看作发展大敌，形成了主动对标、积极对标、敢于立标的新气象。

坐而论道，不如起而行之。在大讨论中，广大党员干部认识到“不担当不作为就是对党不忠诚、对人民不负责”，焕发出了担在关键、干在实处、走在前列的精气神。在省委号召下，9万名干部入企进村服务，精准宣传政策，深入了解情况，推动问题解决，激发内生动力，成为山西近年来规模最大的直接服务基层行动。大家在入企进村服务中比党性、比境界、比贡献，出实招、办实事、求实效，以求真务实、担当奉献的精神状态，在新一轮改革开放中展现新作为。截至目前，入企、进村服务分别收集问题5190个、5.2万个，已解决的达到97.3%、74.78%，其余的正在推进解决。

激浊扬清，风清气正，有效牵引全年工作实现良好开局

“一个党员一盏灯，一个党员一面旗。”大讨论的一个鲜明特色，就是坚持以政治建设为统领，切实加强党的全面领导，充分发挥党内政治生活的“熔炉”作用。

在大讨论中，省委出台贯彻中央关于加强党的政治建设的意见的工作措施，扬清以彰正气，激浊以祛歪风，有效培厚了构建良好政治生态的土壤：旗帜鲜明为担当作为的干部撑腰鼓劲，在全省推荐奖励5000名担当作为方面表现突出的干部。为了用好批评和自我批评这个锐利武器，全省所有党支部都召开专题组织生活会，开展谈心谈话。各级领导干部在民主生活会上，把自己摆进去、把职责摆进去，通过自己找、相互帮、上级点、群众指，深入查摆6个方面问题在自身的表现，勇于思想交锋、揭短亮丑，明确了整改方向。

水激石则鸣，人激志则宏。经过严肃认真的组织生活，每一名党员都经历了一次深刻的精神洗礼。他们深有感触地说，“动真碰硬有辣味、红脸出汗触灵魂，通过参加生活会心情更敞亮了，关系更融洽了，班子更团结了。”工作靠后的部门领导见耻而勇，迅速制定措施，奋起直追。想干事、愿干事的干部，感觉腰杆挺得更直了。目前，党员干部特别是各级“一把手”抓工作的冲劲韧劲明显增强。他们在大是大非前多了亮剑锋芒，困难矛盾前多了直面勇气，危机风险前多了果敢胆识。在处置乡宁“3·15”山体滑坡、沁源“3·29”森林火灾等重大突发事件中，各级党员干部不畏艰险、担当奉献，关键时刻经受住了考验。

润物无声，聚沙成塔。大讨论有力促进了中央及省委从严治吏部署的落地见效，巩固深化了全面从严治党成果，进而牵引政治生态向着持久风清气正迈进。目前，全省上下党内关系不断健康，清清爽爽的同志关系、规规矩矩的上下级关系成为基本定位，从政环境不断清朗，“劣币驱逐良币”怪圈被进一步打碎。“有为有位、有位必为”已经成为共识，党员干部比境界、比贡献、比作风正在成为新潮。

通过大讨论，全省上下以新理念新标准谋划工作的氛围开始形成。各地区注重跳出区域、寻找坐标，各部门注重跳出山西、引领系统，有力推动了党的建设和党的事业互促共进。今年一季度，全省经济实现了“开门红”，地区生产总值达到3533.21亿元，比上年同期增长7.2%，超过全年预期0.9个百分点，超过上年全年0.5个百分点，超过全国0.8个百分点，发展的速度、效益、结构、动能同步提升，创近6年来最好开局。根据权威部门今年发布的全国省域经济综合竞争力排名，山西上升幅度最大。

大讨论顺应了时代潮流，为山西长远发展创造了良好条件，其重大意义将随着时间的推移愈益显现出来。但我们也要清醒认识到，学习、思想和工作是一个持续不断和螺旋式上升的过程。“六个破除”“六个着力”“六个坚持”不可能毕其功于一役，“改革创新、奋发有为”永远在路上。目前，全省上下正在巩固深化拓展大讨论成果，把思想解放、改革开放、问题导向、对标一流、激励担当作为、坚持人民主体地位等好做法长效化，转化为工作理念和方法，以高标准推进改革创新、更好奋发有为。

惟有改革创新，方能跟上时代；积极奋发有为，才会实现梦想。我们一定要保持“咬定青山不放松”的定力，进一步巩固深化拓展大讨论成果，凝聚砥砺前行的强大力量，担当作为、持续奋斗，不断开辟山西改革更为广阔的前景，以优异成绩庆祝新中国成立70周年！

（《山西日报》2019年5月31日　陈俊琦）

二、安排部署

山西省“改革创新、奋发有为”大讨论安排部署

2019年1月2日,中共山西省委办公厅下发《关于开展“改革创新、奋发有为”大讨论的实施方案》,决定在2019年2月中旬至4月底在全省开展“改革创新、奋发有为”大讨论,其主要内容是:

一、大讨论的总体要求

坚持以习近平新时代中国特色社会主义思想为指导,深入学习贯彻党的十九大精神、习近平总书记视察山西重要讲话精神,高举新时代改革开放旗帜,紧密结合“两转”基础上全面拓展新局面的使命任务和广大党员干部群众思想工作实际,突出目标导向、问题导向、实践导向,增强改革决不能落后的信念,增强创新驱动发展的理念,增强勇于担当作为的自觉,推动思想再解放、改革再深入、创新再发力、开放再提质、工作再抓实,为全面提升改革开放质量和水平,谱写新时代中国特色社会主义山西篇章提供强大动力、营造良好氛围,以优异成绩迎接中华人民共和国成立70周年。

二、切实增强政治自觉、思想自觉和行动自觉

开展大讨论,就是要引导全省党员干部群众高举新时代改革开放旗帜,以积极向上的干劲、敢闯敢试的拼劲、不懈奋斗的韧劲,强力促改,主动求新,深入谋转,勇于任事,进一步打造山西的新优势新动力新形象。

开展大讨论,就是要进一步引领各级领导干部针对存在的问题进行自我革命,刀刃向内,逐一破题,真正做到信念过硬、政治过硬、责任过硬、能力过硬、作风过硬。

开展大讨论,就是要在全省来一场学习的革命、思想的革命、工作的革命,来一次理念的大提升、本领的大提升、作风的大提升,高质量地推进各项工作,确保把中央及省委的重大决策落实好。

大讨论是一场思想觉醒、革故鼎新的学习实践,是一场求真务实、开拓新局的学习实践,是一场守住底线、勇攀高峰的学习实践。

三、全面准确把握省委的部署和要求

主要任务:六个破除,六个着力,六个坚持

破除僵化保守,着力解决改革意识不强问题,坚持以改革破解发展难题;

破除因循守旧,着力解决创新精神不足问题,坚持以创新激发动力活力;

破除封闭狭隘,着力解决扩大开放不够问题,坚持以开放促改革促发展;

破除资源依赖,着力解决市场理念不浓问题,坚持以市场打开发展新通途;

破除随遇而安,着力解决工作标杆不高问题,坚持以一流标准创造一流业绩;

破除慵懒散漫,着力解决作风不实问题,坚持以过硬作风彰显担当作为;

要求:有破有立、落小落细、知行合一

有破有立:打破不合时宜的惯性思维与做法,真正把高的标准、严的要求树立起来。

落小落细:各地各部门和每个党员干部都要找准6个方面问题在本单位和自己身上的具体表现,针对性制定改进举措。

知行合一:坚持以知促行、以行求知,既解决思想观念层面的问题,又解决实际工作和体制机制方面的问题。

重点:10个关键环节

1.动员部署:各地各部门要按照省委要求,结合本地本部门实际,全面开展动员部署。

2.学习讨论:采取多种方式认真学习习近平新时代中国特色社会主义思想,重温习近平总书记视察山西重要讲话精神,认真学习省委十一届七次全会精神和近期一系列重要部署。

3.举办改革创新先进典型报告会:通过报告会等形式邀请各地各部门涌现出的一批先进典型登台宣讲。

4.对标一流述职评议:省直部门和各市要召开述职评议会,并以视频会议方式扩大到一定范围。

5. 奖励目标责任考核优秀单位和个人:对考核确定为“优秀”的单位和个人进行奖励,并正式启动“三晋英才”支持计划。激励党员干部强党性、提境界、多贡献,营造奋发进取的浓郁氛围。

6.召开民主生活会和专题组织生活会:结合大讨论开好2018年度民主生活会。基层党支部围绕大讨论开好专题组织生活会。

7.推出一批促进改革发展的重大举措:出台2019年改革工作要点,研究制定全省高质量转型发展创新体系意见等文件,各地各部门都要抓好一批重大改革任务和先行先试工作。

8.实现一季度“开门红”:各地各部门要积极推动各项重

大举措落地,确保全面完成一季度目标任务。各地要在项目建设上下真功夫、实功夫、硬功夫。

9.深入开展"万名干部入企进村服务"活动:各级党员负责干部,要深入企业,深入农村,推动政策落实,解决实际问题,发现先进典型,推广好的经验,把大讨论的精神和成效带到广大基层和千家万户。

10.总结交流:各级各单位要对大讨论情况进行回顾分析,总结提炼好的经验,召开大讨论成果交流会,并形成一批务实管用、可长期坚持的制度机制。

整体工作:取得六个新突破

1.要在重点领域和关键环节的改革上取得新突破

2.要在激发全社会创新动力活力上取得新突破

3.要在全方位扩大对外开放上取得新突破

4.要在运用市场理念拓宽发展路径上取得新突破

5.要在抬升工作标杆提升工作质量上取得新突破

6.要在打造担当作为勇当先锋的干部队伍上取得新突破

四、坚持以上率下,强化组织领导

各级党委(党组)要扛起主体责任

主要负责同志要担起"第一责任人"责任,领导班子成员要落实"一岗双责"。

要加强分类指导,分层次分领域提出不同要求。

各基层党支部要发挥战斗堡垒作用,广大党员要发挥先锋模范作用,夯实大讨论的政治和组织基础。

要把坚持问题导向贯彻大讨论始终

大讨论的着力点要放在解决问题上,做到发现问题要准、解决问题要实。

要对标发达地区、行业标杆、先进典型,在查摆问题上下功夫。

要使全省人民都参与到大讨论中来

要充分利用广播、电视、报纸、网络等各种媒介,开辟专题专栏,精心宣传解读。

要抓好典型宣传,引导大家见贤思齐。

要坚持开门搞大讨论,鼓励社会各界和人民群众踊跃建言献策。

要拓宽视野开展大讨论,虚心听取省外关心支持山西改革发展有识之士的意见建议。

要让大讨论走进田间地头、走进厂矿车间、走进群众心坎。

(摘编自《山西日报》2019年2月20日)

三、实施情况

全省"改革创新、奋发有为"大讨论动员部署会

2月18日,全省"改革创新、奋发有为"大讨论动员部署会在太原召开。省委书记、省人大常委会主任骆惠宁出席并讲话。他强调,省委以大讨论牵引全年工作的开局,彰显了山西在新时代勇立潮头、锐意开拓的奋斗姿态,表达出山西在新的一年攻坚克难、奋发进取的坚定决心。全省广大党员干部要提高政治站位,积极投身并组织全省人民踊跃参加大讨论,在三晋大地汇聚起追梦奋斗、振兴崛起的强大正能量。省委副书记、省长楼阳生主持会议。省政协主席李佳出席。

在全省开展"改革创新、奋发有为"大讨论,是省委十一届七次全会作出的重大决策。为开展好这场大讨论,省委制定了实施方案,成立了大讨论领导小组,组建了联络督导组,对全省基层党支部书记进行了专题培训。

骆惠宁在讲话中指出,今年是新中国成立70周年,是全面建成小康社会的关键之年。山西在"两转"基础上走上了全面拓展新局面的新征途,新征途就意味着瞄准更好的目标,攀登更高的山峰,展现更大的作为。当此进则全面振兴、退则必然落后的关键时刻,我们比以往任何时候都更需要拥有先进的理念和体制、过硬的本领和作风。山西唯有致力改革创新、奋发有为,才能实现全省工作更大的新突破。这场大讨论是一场思想觉醒、革故鼎新的学习实践,是一场求真务实、拓展新局的学习实践,是一场守住底线、勇攀高峰的学习实践。开展大讨论,就是要引导全省党员干部群众高举新时代改革开放旗帜,以积极向上的干劲、敢闯敢试的拼劲、不懈奋斗的韧劲,强力促改,主动求新,深入谋转,勇于干事,进一步打造山西的新优势新动力新形象;就是要进一步引领各级领导干部针对存在问题进行自我革命,刀刃向内,逐一破题,真正做到信念过硬、政治过硬、责任过硬、能力过硬、作风过硬;就是要在全省来一场学习的革命、思想的革命、工作的革命,来一次理念的大提升、本领的大提升、作风的大提升,高质量推进各项工作,确保把中央及省委的重大决策落实好。

骆惠宁指出,要把握好大讨论的总体部署和重点内容。大讨论要坚持以习近平新时代中国特色社会主义思想为指导,深入学习贯彻党的十九大精神、习近平总书记视察山西重要讲话精神,高举新时代改革开放旗帜,破除僵化保守,着力解决改革意识不强问题,坚持以改革破解发展难题;破除因循守旧,着力解决创新精神不足问题,坚持以创新激发动力活力;破除封闭狭隘,着力解决扩大开放不够问题,坚持以开放促改革促发展;破除资源依赖,着力解决市场理念不浓

问题,坚持以市场打开发展新通途;破除随遇而安,着力解决工作标杆不高问题,坚持以一流标准创造一流业绩;破除慵懒散漫,着力解决作风不实问题,坚持以过硬作风彰显担当作为。要坚决打破不合时宜的惯性思维与做法,真正把高的标准、严的要求树立起来。各地各部门和每个党员干部都要找准6个方面问题在本单位和自己身上的具体表现,并针对性制定改进举措,明确奋斗目标。要坚持知行合一,既解决思想观念层面的问题,又解决实际工作和体制机制方面的问题。大讨论要重点抓好10个关键环节,即动员部署、学习讨论、举办改革创新先进典型报告会、对标一流述职评议、奖励目标责任考核优秀单位和个人、召开民主生活会和专题组织生活会、推出一批促进改革发展的重大举措、实现一季度"开门红"、深入开展"万名干部入企进村服务"活动、总结交流。省直各部门和市县党委(党组)要按照省委总体要求开展大讨论,防止发生"散光"和"偏光"现象,确保大讨论不走过场,收到预期效果。

骆惠宁强调,通过大讨论带动改革发展稳定和党的建设各项工作。要在重点领域和关键环节的改革上取得新突破,推动落实一批中央及省委作出新部署和要求的重大改革,持续深化一批具有基础性和牵引性的重大改革,巩固提升一批已形成山西特色和亮点的重大改革,既在面上着力解决制约发展的体制机制障碍,又在点上力争多出可复制可推广的成功案例,推动更多改革走在全国前列,进一步营造以改革促转型、促民生、促社会治理、促党建、促全面工作的浓厚氛围。要在激发全社会创新动力活力上取得新突破,牢固确立以今天创新赢得明天发展的理念,围绕"示范区""排头兵""新高地"三大目标,出台一批鼓励创新支持创新的政策举措,全方位培育创新生态,大力发展新动能,促进以观念创新为先导、以科技创新为核心的全面创新,加快提升我省创新体系建设水平。要在全方位扩大对外开放上取得新突破,树立开放思维、全球视野,积极参与国家重大战略,加大招商引资、招才引智力度,以大开放引领山西大发展。要在运用市场理念拓宽发展路径上取得新突破,坚决摒弃离了矿产资源就不会谋发展的习惯,增强在市场竞争中展现本领、抢占先机、赢得发展的信心,积极研究市场、发现市场、培育市场、开拓市场,善于围绕市场需求推动发展,发挥市场配置资源的决定性作用,打造"六最"营商环境,让各类市场主体在山西放心发展、健康发展。要在提升工作标杆和质量上取得新突破,做到主动对标、积极超标、敢于立标,树一流标准、练一流本领、创一流业绩,使更多工作进入全国第一方阵,努力创造更多走在前列的"山西模式",进一步深化"三基建设",提高解决问题、履职尽责的能力和水平。要在打造担当作为勇当先锋的干部队伍上取得新突破,树立担当为荣、避事为耻的理念,各级干部都要担在关键、干在实处、走在前列,既出力又出彩。提倡"一线工作法",人要沉下去,事要扛起来。大力学习和弘扬右玉精神,树立正确政绩观。

骆惠宁强调,开展大讨论,是对各级党委(党组)和广大党员干部的重大考试,思想上要高度重视、行动上要高度负责。一是各级党委(党组)要扛起主体责任,把大讨论放在战略位置,主要负责同志要担起"第一责任人"责任,领导班子成员要落实"一岗双责",加强分类指导,分层次分领域提出不同要求。各基层党支部要发挥战斗堡垒作用,广大党员要发挥先锋模范作用。把从严从实的要求和态度贯穿始终,确保各个层次、各个环节工作高质量推进,坚决防止形式主义和官僚主义,坚决防止一般化部署,坚决防止走过场。要把大讨论开展情况作为考核考察领导班子和领导干部的重要依据。二是要把坚持问题导向贯彻大讨论始终。大讨论的着力点要放在解决问题上,做到发现问题要准、解决问题要实。要对标发达地区、行业标杆、先进典型,在查摆问题上下功夫,坚决避免只谈面上不谈单位、只谈别人不谈自己。各地各单位深入查摆差距、推动改革创新、干部奋发有为、实现工作提升的情况,可采取适当方式向社会公开,接受人民群众检验。三是要通过扎实有效的宣传发动使全省人民都参与到大讨论中来。充分利用各种媒介广泛宣传,营造浓厚的舆论氛围。要抓好典型宣传,发挥典型的引领示范作用。要坚持开门搞大讨论,听取群众"金点子",鼓励社会各界和人民群众踊跃建言献策。要通过群众喜闻乐见的方式,把全省人民都发动起来,让大讨论走进田间地头、走进厂矿车间、走进群众心坎。要拓宽视野开展大讨论,虚心听取省外关心支持山西改革发展有识之士的意见建议。各市县要把大讨论"改革创新、奋发有为"的主题和要求贯穿到"两会"全过程。

楼阳生在主持会议时强调,骆惠宁书记的重要讲话对开展"改革创新、奋发有为"大讨论作了深刻阐述、作出全面部署,既是对大讨论的动员部署,又是对全省工作的重大要求,具有很强的思想性针对性指导性。各地各部门各单位要把大讨论作为政治任务摆上重要议事日程,迅速在全省兴起大讨论热潮。要精心组织领导,落实好"十个关键环节"等重点要求,结合实际高质量搞好大讨论各项工作。要对照"六个破除""六个着力""六个坚持",进一步解放思想、改进工作,对标一流、争创佳绩,确保实现"六个新突破",以大讨论牵引全年工作的开局,带动改革发展稳定和党的建设各项工作,进一步拓展"两转"基础上全省各项事业发展新局面。

会上,省委宣传部、省工信厅、转型综改示范区、太铁、太原理工大学、潞安集团、长治市委、太原市小店区委负责同志作了表态发言。

会议以视频方式召开。在主会场参加会议的有,省委常委,省人大常委会、省政府、省政协负责同志,省法院院长,省检察院检察长;省直各单位、中央驻晋单位、省管本专科院校、省管国有企业和省政府驻外办事处主要负责同志,大讨论联络督导组全体成员。在分会场参加会议的有,各市、县(市、区)党委、人大、政府、政协负责同志及各部门、各开发区领导班子成员,各乡(镇)、街道主要负责同志。

(省委办公厅)

全省"改革创新、奋发有为"大讨论首场先进典型报告会

2月20日上午，全省"改革创新、奋发有为"大讨论举行首场先进典型报告会。省委书记、省人大常委会主任骆惠宁，省委副书记、省长楼阳生，省委副书记林武出席报告会听取报告。会前，骆惠宁、楼阳生等省领导会见了受邀作报告的嘉宾。

"改革创新、奋发有为"大讨论期间，我省将举办一系列改革创新先进典型报告会，省委将邀请发达省份和我省先进典型作专题报告，用先进典型奋发有为的先进事迹教育广大干部群众。同时，省委宣传部将会同省直工委、省委教育工委、省国资委、省委军民融合办组建分报告团，分系统组织报告会。

中国人民解放军航天员大队特级航天员景海鹏，深圳市政府党组成员、前海深港合作区管理局局长杜鹏，中国科学院深圳先进技术研究院党委书记杨建华，太钢集团党委书记、董事长高祥明受邀作首场报告。这4名同志，有受到中央表彰的改革先锋，有引领发达地区重点领域改革和科技创新的先进典型，也有推动我省国企改革发展的优秀代表，都在各自工作岗位，为推动改革开放作出了杰出贡献，发挥了示范带动作用。报告会上，景海鹏以学习、成长、训练、飞天的经历，由衷地讲出"没有伟大的党，没有改革开放，就没有航天事业的今天""只有坚持拼搏奋斗的航天精神，才能助推航天飞得更远"；杜鹏讲述了在习近平总书记亲自推动下，前海瞄准建设新时代国家改革开放战略平台的目标，创新实践的主要做法；杨建华通过深圳先进技术研究院的建设历程，讲述了深圳创新基因成就先进院高速发展、深港合作及"三个面向"助推先进院学术格局形成、领导班子建设和队伍建设是先进院模式成功实践的重要保障等宝贵经验；高祥明讲述了太钢改革发展情况，详细介绍了他们坚持改革创新，全力建设世界一流企业的经验做法。

报告嘉宾表示，在改革开放再出发的新时代，在习近平新时代中国特色社会主义思想指引下，在山西省委坚强领导下，山西干部群众一定能携手同心，做出新的更大的成绩。希望山西通过这次大讨论，形成改革创新、奋发有为的浓厚氛围，更好更快推动下一步的工作，祝福山西、祝福大家。

报告会现场气氛热烈，不时爆发出阵阵热烈掌声。与会人员表示，报告观点鲜明，重点突出，深切感受到了强烈的改革意识和创新理念，深切感受到了强烈的责任担当和奉献精神，深切感受到了强烈的为民意识和家国情怀。聆听之后，备受鼓舞、倍感振奋。

省委常委、宣传部长廉毅敏参加会见并主持报告会，他指出，要提高政治站位，进一步增强开展"改革创新、奋发有为"大讨论的主动性和自觉性；要引深拓展成果，推动全省宣传宣讲工作扎实深入开展；要推动入脑入心，切实把报告会精神转化为推动工作的实际成效。廉毅敏还就全面准确把握好大讨论的总体部署和重点内容，落实好"十个关键环节"等重点要求，进一步推动"改革创新、奋发有为"大讨论向纵深发展提出意见要求。

省委常委，省人大常委会、省政府、省政协负责同志，省法院院长，省检察院检察长参加报告会听取报告。参加报告会的还有，省直各单位（含二级局、省政府驻外办事处）副厅以上领导干部；中央驻晋单位主要负责同志；省人大、省政协各工作机构和专门委员会主要负责同志；省委、省政府副秘书长、办公厅副主任；驻太原省管本专科院校、省管国有企业负责人；中央驻晋主要新闻媒体负责同志；党政机关、企事业单位干部、高校师生代表；民营企业家代表。共约1100余人听取报告。

（省委办公厅）

省委召开省直部门对标一流述职评议会

2月22日，省委召开省直部门对标一流述职评议会。省委书记、省人大常委会主任骆惠宁主持会议并讲话，他强调，抓好大讨论，践行改革创新、奋发有为，要在领导干部，难在自我革命，贵在对标一流，成在务实行动。各部门党组（党委）主要负责人要以大讨论为契机，进一步提升谋划思路、制定规划、研究政策、推动落实的能力，带头做到政治过硬、本领高强，带动班子建设和事业发展水平有一个大的提升。省委副书记、省长楼阳生，省委副书记林武对述职单位进行点评。省政协主席李佳出席。

这次述职评议是"改革创新、奋发有为"大讨论的必要步骤，是省委狠抓落实、以评促进的重要举措。目的是要先抓好"一把手"，立起奋勇争先、对标一流的姿态，营造求真务实、动真较劲的氛围。省委网信办、省委教育工委、省发改委、省司法厅、省财政厅、省人社厅、省生态环境厅、省国资委、省行政审批局、省扶贫办等10个省直部门主要负责人按照大讨论的有关要求，坚持问题导向，围绕对标一流作述职发言，16个省直部门进行书面述职。有关省领导分别进行点评，既肯定成绩，又指出问题，提出了要求。会上还对述职部门领导班

子或主要负责人进行了测评。述职、点评、测评贯彻了改革创新、奋发有为的要求,凸显了担当作为、干事创业的导向。

骆惠宁在讲话中指出,党组(党委)在本单位本地区发挥领导核心作用,担负着把方向、管大局、保落实的重大职责,党组(党委)书记在领导班子中起着关键作用。省直部门党组(党委)的工作成效,关乎全省工作大局,也代表着山西形象。总的看,述职部门党组(党委)工作富有成效,主要负责人履职尽责勤勉上进。述职发言对问题的剖析是比较深刻的,提出的努力目标与举措也是自我加压的,从一个层面反映出全省大讨论正健康展开的整体态势和领导干部的素质风貌。骆惠宁指出,综合平时掌握的情况、年度考核和今天的述职点评,可以看出,一是这两年各部门党组(党委)在事关山西发展的重大战略规划和政策设计上,统筹谋划能力有了明显提升,但是以先行先试的精神研究和谋划关乎全省发展重大问题的能力还嫌不足,要在给省委省政府提出高质量的决策建议上进一步下功夫。二是执行力总体上是好的,落实省委决策部署取得明显成效,但是在贯彻省委重大决策部署上也还有差距,要在盯住解决问题上进一步下功夫。三是为地方为企业为群众服务的意识和能力不断增强,解决了一批反映强烈的突出问题,但是深入调查研究、听取呼声、勇于担责、主动服务还不够,要在增强服务意识,克服形式主义、官僚主义上进一步下功夫。四是在管党治党上持续发力,班子和队伍建设不断加强,但是机关党建还存在不少薄弱环节,一些干部的观念、能力和作风还不适应新时代新使命的要求,要在加强党的领导、加强政治能力建设、全面担起“一岗双责”上进一步下功夫。

骆惠宁强调,抓好大讨论,践行改革创新、奋发有为,要在领导干部,难在自我革命,贵在对标一流,成在务实行动。各部门主要负责人责任更大、要求更高。他提出三点要求。一是着眼提高标杆,要跳出山西、引领系统。要进一步思考自己的职责尽到没有、作用发挥得如何、应确立什么样的新标杆,进一步从全球视野、全国格局中审视本部门本系统的发展,把领导班子和机关干部队伍带好。不仅学先进,更要当先进,创造更多“山西模式”“山西经验”。二是深化自我革命,要改在痛处、焕发新颜。把问题导向贯穿始终,做到干什么学什么、缺什么补什么、做什么钻什么,弥补精神软肋、知识弱项、能力短板、经验盲区。特别是要按照从严从实要求组织开好班子民主生活会,确保开出自我革命的新突破、开出改革创新的新气魄、开出奋发有为的新担当。三是自觉以身作则,要“硬”“强”兼备、带头苦干。要带头做到“两个维护”,带头做到习近平总书记要求的“既要政治过硬,也要本领高强”。要真正把管党治党主体责任扛起来,形成比境界、比贡献、比作风和激情干事、精准干事、开拓干事的氛围。要认真贯彻落实省委十一届七次全会、省委经济工作会议精神和省“两会”部署,贯彻落实省管主要领导干部专题研讨班精神,创造性开展工作。

会议以视频方式召开,各市设分会场。省委常委,省人大常委会、省政府、省政协有关负责同志,省法院院长出席会议。省直单位主要负责同志,述职单位班子成员,中央驻晋单位、驻太原本科院校和省管国有骨干企业主要负责同志在主会场参加会议。各市县有关负责同志在分会场参加会议。

会后,省委常委、副省长将分别对其他省直部门组织述职评议。

(《山西日报》2019年2月23日　尚慧辉)

省委召开市委书记对标一流述职评议会

2月28日,省委召开市委书记对标一流述职评议会。省委书记、省人大常委会主任骆惠宁主持会议并讲话,他强调,要通过对标一流,把各方面工作的标杆树起来,在全省上下形成奋勇争先的生动局面。要坚决破除一切不合时宜的思维和习惯,在全社会特别是广大党员干部中大力培育改革创新、奋发有为的理念和行为,为山西当前和长远发展进一步奠定良好思想和工作基础。省委副书记、省长楼阳生,省委副书记林武进行点评。

组织市委书记对标一流述职评议,是“改革创新、奋发有为”大讨论的重要安排。会上,各市市委书记按照大讨论要求,围绕贯彻落实中央及省委决策部署、履行岗位职责进行述职发言,对标一流剖析问题,提出改进思路与举措。有关省领导开门见山进行了点评。会上还对市委书记履职情况进行了测评。

骆惠宁在讲话中指出,所有述职和点评都具有自我革命精神。总的看,过去一年,各市委书记认真实施“一个指引、两手硬”思路和要求,抓班子、带队伍是得力的,推进改革发展稳定和党建工作是富有成效的,对自身的要求也是严格的。尤感欣慰的是,从述职中看到各位市委书记在实现“两转”和拓展前行过程中,得到了锻造性历练,精神风貌和工作本领有了明显提高。同时,与中央及省委要求相比,在政治建设上还需要进一步加强,在工作谋划上还需要进一步提升,在攻坚克难上还需要进一步用力,在亲力亲为上还需要进一步深化。

骆惠宁指出,大讨论已在全省全面铺开,广大党员干部群众表现出极大热情,社会舆论给予积极反响。大讨论能不能搞好,关键看各级“一把手”能不能真正确立问题导向和一流标杆,能不能真正把自己摆进去并有效加强组织领导。针对市委书记履好职尽好责,结合搞好大讨论,骆惠宁提出四点要求。一要始终把握正确方向。坚持以习近平新时代中国特色社会主义思想为指导,坚决做到“两个维护”,自觉从政治和全局的高度看问题、抓工作，把党的全面领导落到实处，以实际行动彰显对党的忠诚。要进一步扛起抓好大讨论的领导责任。通过大讨论，坚决破除一切不合时宜的思维和习惯，在全社会特别是广大党员干部中大力培育改革创新、奋发有为的理念和行为，以大讨论牵引全年工作开局，为山西当前和长远发展进一步奠定良好思想和工作基础。二要对标一流谋划工作。大讨论一个十分重要的方面就是对标一流，把各方面工作的标杆树起来，在全省上下形成奋勇争先的生动局面。对标一流既是工作要求，也是一种精神状态。要进一步拓宽视野，加强学习与思考，树立严谨作风，培养战略眼光，把一流理念牢固树立起来，不能满足于过得去，而是要跳起来摘桃子。各市对标一流，主要是对照中央及省委部署和要求，对照人民群众的利益和期盼，对照国内外先进理念和做法，把工作和发展水平全面提上来，在一些领域要找到具体的学习榜样，明确争先目标，持续努力奋斗。三要以问题导向破解难题。这次大讨论要解决的六个方面的问题，具有很强的针对性和牵引性，一定要引导广大党员干部尤其是县以上领导干部，找准这些问题在本单位和自己身上的具体表现，挖透原因，进而定好措施，并切实整改。这个过程是深入学习贯彻习近平总书记视察山西重要讲话精神的过程，是深入贯彻落实中央及省委重大决策部署的过程，是进一步抓好中央巡视及省委督导整改的过程，是奋力完成全年目标任务的过程。市委书记要统揽全局，更要带头攻坚，大力践行“一线工作法”，解决问题、抓落实都要有股狠劲，以干成事来评价自己、检验干部，不断推动工作取得新突破，让群众有切实的获得感。四要以身作则树立形象。党把同志们放在这样重要的岗位上，是信任、是重托、是期望，也是培养，必须要有坚强的党性、过硬的作风、高尚的人格。希望大家坚守初心、大公无私，实事求是、笃定戒虚，真诚坦荡、表里如一，尤其是面对艰巨繁重的使命任务，一定要带头“革命加拼命”。要经常想一想，对重要问题的调查研究是否深入，重大风险隐患是否心中有数，讲话和决策是不是都充分体现了针对性和科学性，形式主义和官僚主义在自身还有哪些表现，承担主体责任的重点工作是不是都抓到位，是不是夙兴夜寐地投入工作。领导干部带好头了，干部队伍就会跟上来，整个风气和工作就一定会有新气象。骆惠宁强调，通过先进典型报告会、省直部门“一把手”和市委书记两场述职评议会，我们已经把大讨论的标杆树起来了。各市委书记要按照省委要求，把压力传导下去，形成一级抓一级的局面，确保大讨论高质量展开，取得预期成效。

会议以视频方式召开，各市设分会场。省委常委，省人大常委会、省政府、省政协有关负责同志，省法院院长、省检察院检察长出席会议。各市委书记，省直单位、中央驻晋单位，驻太原本科院校和省管国有骨干企业主要负责同志在主会场参加会议。各市县有关负责同志在分会场参加会议。

（《山西日报》2019 年 3 月 1 日　尚慧辉）

省委书记及省直机关干部谈“改革创新、奋发有为”大讨论

省委书记骆惠宁：

山西经济的资源性特征和长期粗放增长，对全社会尤其是领导干部的市场意识和创新精神产生了很大的“挤出效应”。在全国改革开放再出发、高质量发展步伐加快的大背景下，山西要在“两转”基础上全面拓展新局面，必须再来一场学习的革命、思想的革命、工作的革命。这场大讨论就是要从破除僵化保守、因循守旧、封闭狭隘、资源依赖、随遇而安、慵懒散漫的思想观念及行为习惯入手，着力解决改革意识不强、创新精神不足、扩大开放不够、市场理念不浓、工作标杆不高、作风不实等问题，在全社会营造解放思想、对标一流，勇于担当、攻坚克难的浓厚氛围。

这场大讨论有这样几个鲜明特征：一是坚持问题导向，弘扬自我革命精神，把发现和解决问题贯穿始终，努力在观念上突破，在解决突出问题上见效。二是一流标准牵引，认真贯彻落实中央重大决策部署，对标国内外先进水平，以开阔胸怀和视野来确立发展坐标和路径，创造更多走在前列的“山西模式”。三是突出领导干部带头，省委明确要求，各级领导机关和领导干部首先要把自己摆进去，带头查找问题，带头整改提升。这是搞好大讨论的关键。四是全民广泛参与，覆盖全省域各层次，动员各行各业、全省人民踊跃参与，同时听取省外关心支持山西改革发展有识之士的意见建议，目的就是要最大限度地凝心、聚力、提气。

大讨论开展时间不长，全省上下已经行动起来。通过改革创新先进典型报告会、省直部门主要负责人和市委书记对标一流述职评议等举措，从严从实的标杆和追求一流的理念已在主要领导干部中树立起来。省委确定大讨论要抓好 10 个关键环节，下一步还要推出一批改革发展重大举措、开展“万名干部入企进村服务”等。现在各方面都认识到大讨论不能走过场，省委也不会让你走过场。只要从严从实抓下去，大讨论就能够推动全省上下思想再解放、改革再深入、创新再发力、开放再提质、工作再抓实，不仅可以有效牵引全年工作良好开局，而且必将对山西长远发展产生重大影响。

（摘自《山西日报》2019 年 3 月 7 日）

省公安厅党委副书记、常务副厅长汪凡：

省公安厅首先部署开展了领导干部带头学习、带头担当、带头落实、带头自律“四个带头”活动；其次开展了创建学习型公安机关和学习型公安队伍活动，在常学常新中加强全警理论素养；第三是明确提出 2019 年全省公安工作“三高三重”工作要求，即各项工作都要坚持“高境界、高标准、高效

率,重机制、重能力、重实效”;第四是启动开展了全警大培训活动,把大讨论与民警业务实训、实战岗位练兵紧密结合起来;第五是充分利用公安大数据,创新精准便民利企工作。

团省委副书记苏涛:

在讨论中实践、在实践中讨论,问题一条条浮出水面,以往看似顺理成章的工作模式和思维,如今却深深地感到这已成为共青团事业发展的阻力。这次大讨论中,团省委在坚决落实规定动作的基础上,通过“访青年、找问题、抓落实”行动,聚焦新时代青年的变化与需求,把工作带到基层,把制约共青团核心业务发展的因素找出来,对症下药;在基层团组织建设、联系服务青年等方面出台一系列举措,全员聚焦聚力青少年思想政治引领的主责主业,力求形成全领域发展、全流程参与、全战线统筹的工作机制。

省工信厅综合处处长王建华:

省工信厅坚持以大讨论带动大实践,扎实推进全厅大讨论10个关键环节29项具体任务,取得了阶段性成效。其中万名干部入企服务、重点企业对接合作、省级技改资金改革、工业云服务平台建设等重点任务正在如火如荼推进。尤其是省工信厅坚持以一流标准创造一流业绩,厅领导和机关各处室纷纷“走出去”对标学习,截至目前,全厅已开展了23次对标活动,分赴12个兄弟省份及28家省内单位进行了对标调研学习,全系统上下的改革创新精神持续增强。

省生态环境厅宣教中心主任王新力:

我省开展大讨论以来,广大环保战线党员干部结合本职工作,聚焦关键环节,落实大讨论实效,在环保战线汇聚起强大能量,以环保倒逼转型,推动焦化产业转型升级,实现可持续发展。3月21日,山西省大气污染防治工作领导组办公室召开电视电话会,安排部署焦化行业污染防治专项执法行动,决定从3月中旬至9月底,在全省开展焦化行业污染防治专项执法行动,以“八查八整治”硬举措,推动焦化行业环保治理水平不断迈上新台阶。

省农业农村厅科教处副处长张绚:

作为一名农业农村干部,要紧紧围绕“六个破除”“六个着力”“六个坚持”,解决自身思想思维深层次问题,以改革思维破解“三农”工作难题,筑牢“改革有我”的信念;按照新时代新担当新作为的要求,提升“服务有我”的热情和“创新有我”的激情,对标一流,提升工作水平和能力,力争在农业科技体制改革和激发农业科技创新活力上取得突破,成为解决问题履职尽责的能手。

省直工委机关党委专职副书记杨平:

省直工委针对工委机关领导干部工学矛盾突出的实际,将《山西日报》专题评论员文章汇编成册发给支部党员领导干部,便于开展学习讨论;召开了中层干部大讨论交流研讨会,工委分管书记对处室负责人对标一流大讨论进展情况分别进行点评,广大党员干部对各处室学习讨论、查摆问题等情况进行了现场评议;进一步通过“互动微党课·分享学思用”党员学习教育品牌来一场学习、思想、工作的革命,进一步清理机关党建存在的“10个突出问题”,克服“留痕无绩”的形式主义、官僚主义,把“基层减负年”落实落深落细。

省科技厅办公室副主任贺晋忠:

将切实增强改革决不能落后的信念,增强创新驱动发展的理念,着力优化科技创新生态,按照国办《关于抓好赋予科研机构和人员更大自主权有关文件贯彻工作的通知》要求,不断扩大政策覆盖面,进一步释放政策红利,在激发科研机构和科技人员创新动力活力上取得新突破;聚焦难点重点,加快关键领域核心技术攻关,支撑起高质量发展;在科技成果转化上,继续完善政策、搭建平台、做好服务,促进科技成果在我省落地转化。

省自然资源厅机关党委专职副书记许纯钢:

省自然资源厅细化分解2019年全省自然资源重点工作,列出重点任务,明确责任领导、工作目标、进度安排。一是进一步提升思想认识,结合工作岗位实际情况,认真对照“六个破除”找准差距、明确方向。二是进一步转变工作作风,突出目标导向、问题导向、实践导向,深入一线解决问题。三是进一步提高工作标准,学习发达地区的典型做法,不断创新工作思维,对标一流,比学赶超。四是进一步创新工作制度,结合我省实际情况,研究制订《省试点推进“标准地”出让制度改革的指导意见》《省开发区设立扩区核定“四至范围”工作办法(试行)》等一批适合我省自然资源工作实际的改革举措。

(摘自《山西日报》2019年5月31日)

落实政策 解决问题 推动发展

——省领导分别深入全省企业开展服务

全省万名干部入企进村服务全面启动。根据省委关于“改革创新、奋发有为”大讨论的总体部署,连日来,省领导带头,分别深入全省企业,实地了解企业生产经营状况和技术创新需求,重点宣讲国家及我省减税降费、金融支持实体经济、鼓励科技创新、优化营商环境、支持民营经济发展的政策，落实各项政策措施，帮助企业解决发展中面临的突出问题，引导企业进一步破除资源路径依赖，增强改革意识、开放和市场理念，在完善内部管理制度、加快创新步伐、积极开拓市场等方面取得新成效，推动全省经济转型发展。

省领导任建华、罗清宇、徐广国、张吉福、廉毅敏、商黎光、胡玉亭、曲孝丽深入企业服务。他们指出，要树立鲜明导向，激发干部奋发作为，做好涉企发展的政策、信息、资金、科技、审批等跟踪服务，把省委、省政府对民营企业的关心支持落实落细；各级党员领导干部要坚持目标导向，突出问题导向，通过入企服务摸清企业创新转型的难点、生产运营的痛点、发展壮大的堵点，深入分析反思、认真梳理解决，做到事事有回音、件件不落空；要充分认识民营经济对优化经济结构、提升经济活力的重大影响，大力支持民营企业改革创新，切实帮助企业解决突出问题和具体困难，把大讨论成果转化为营商环境的不断优化，转化为企业发展的实际成效；广大民营企业要坚定信心，抢抓民营企业发展的良好机遇，用足用好省委、省政府支持民企创业创新的系列政策红利，在现有基础上谋划新的更大发展；要坚决破除资源依赖，持续推动改革创新、转型升级，守住安全生产底线，筑牢廉洁自律防线，激发内生动力，增强企业活力，切实把大讨论成果转化为企业改革发展的现实成效；要不断凝聚转型发展、创新发展的智慧和力量，抢抓发展机遇，注重创新意识，持续推进技术升级，走高质量发展之路，努力在安全生产和转型升级上争当领跑者。

省领导郭迎光、卫小春、李悦娥、岳普煜、李俊明深入企业服务。他们指出，相关部门要深刻领会省委对民营企业发展的重大部署，认真帮助企业解决实际问题，切实增强民营企业发展的积极性；要突出重点，坚持一县一策、一业一策、一企一策，对已有政策梳辫子、列单子，实现明白卡一表清，真正为企业"解渴"；要把各项惠企政策措施落实落细，切实解决好民营企业发展中遇到的问题和困难，为民营企业发展营造良好环境和氛围，增强民营企业的政策获得感；对于古建筑民营企业，则不仅要考虑商业行为，更要担负起传承中华文明的社会责任，要认真研究山西古建筑的开发和利用模式，切实把古建筑保护好、利用好，真正走上可持续的发展道路。

省领导王一新、张复明、贺天才、刘新云、王成深入企业服务。他们指出，企业要进一步解放思想，在技术、人才、管理等方面对标国际一流标准，找差距、补短板，集中精力在主导产业上下功夫，进一步优化资本、产业和产品结构，把传统产业做精做强；要深入思考，解放思想，勇于担当，用改革创新的精神破解难题，真抓实干，狠抓落实，帮助企业解决发展瓶颈，带动群众增收，不断增强人民群众的获得感和幸福感；要以思想解放推动改革创新，打破传统思维束缚，以一流标杆引领企业发展，把对标一流贯穿工作各方面、全过程；要加大创新力度，不断增加产品科技含量和附加值，提高产品市场竞争力，树立地方特色品牌，把国家政策充分利用好，促进企业做大做强。

省领导李正印、李晓波、张瑞鹏、李青山、谢红深入企业服务。他们指出，各级党委政府要坚持"两个毫不动摇"，结合大讨论要求，千方百计为企业分忧解难，落实好减税降费政策，提供优质高效政务服务，为企业发展创造良好环境；企业要进一步强化创新是第一动力、人才是第一资源的观念，解放思想，对标一流，充分发挥龙头企业的带动作用，推动产业集群集聚发展；要结合大讨论，强化市场观念，把握市场规律，用市场化的思维方式，改革创新、破解难题，推动高质量发展。

（《山西日报》2019 年 4 月 7 日）

走进田间问计问需　倾听民声解决问题

——省领导深入全省各地参加进村服务

按照省委统一部署，近日，省领导任建华、罗清宇、徐广国、张吉福、廉毅敏、商黎光、胡玉亭、曲孝丽、郭迎光、卫小春、李悦娥、岳普煜、李俊明、王一新、张复明、贺天才、刘新云、王成、李正印、李晓波、张瑞鹏、李青山、谢红等分赴全省各地农村进行调研服务指导。他们倾听基层声音，现场解决困难，推动政策落地实施。

连日来，他们走进田间地头，探访农户、龙头企业和合作社，与村民进行交流，了解新型农业经营主体发展需求和基层群众的期盼，仔细询问省、市各项惠农政策是否落地落实，还面临哪些需要解决的问题，并现场协调相关部门深入研究、开展帮扶。他们进村入户实地察看"四好"农村路建设、村容村貌整治、科技服务体系构建、"煤改气"后的使用、特色农业种植、农村古建保护等情况，主持召开座谈会，围绕基层党建、乡村产业发展、生态环境保护、金融服务平台搭建等，与村"两委"负责人、驻村工作队干部和村民代表等展开深入交流，听取关于基层党建、脱贫攻坚、乡村振兴、文明风气等方面的意见与建议。

他们指出，要加强基层党组织建设，以党建引领基层治理和乡村振兴，并通过这次进村服务促政策落地、促问题解决、促作风转变，调动广大干部群众干事创业的积极性主动性创造性。要通过建强带头人队伍、推进基层党建工作规范化、强化党组织政治功能服务功能，整体提升农村基层党组织的组织力。要充分发挥广大党员的先锋模范作用,确立一流标杆,勇于改革创新,争取更大作为;要把乡村振兴与脱贫攻坚统筹推进,按照摘帽不摘责任、不摘政策、不摘帮扶、不摘监管的要求,继续巩固脱贫攻坚成果,因地制宜探索发展模式,壮大集体经济,夯实产业振兴的基础;要发挥广大干部群众的主观能动作用,破除僵化保守观念,创新工作方法,抓好农村产业结构转型,落实质量兴农,带动农民增产增收,推动农业高质量发展;要突出抓好农村人居环境改善和公共服务建设,打造美丽乡村,为实现农业强、农村美、农民富的目标持续发力;要健全以农村党组织为领导的村级组织体系,推动党建工作与脱贫攻坚、乡村振兴、基层治理深度融合,全力解决群众的"急愁难盼"问题,切实做到哪里有困难哪里就有党员、哪里有群众呼声哪里就有党组织的回声。同时,要有高度的风险防范意识,坚决打好防范化解重大自然灾害风险攻坚战;要加强农业技术培训,加快农业新品种新技术的引进推广,加速农业科技成果的转化;要学习借鉴先进地区经验做法,加强基础设施建设,推进农村垃圾、污水、厕所专项整治"三大革命",加快改善农村人居环境,打造绿色平安家园;要做好农旅结合的大文章,解放思想、提升理念、高标准规划,打造精品旅游线路上档次;要充分利用社会资本做活做大乡村旅游产业,为实施乡村振兴带动周边农民及贫困户致富多做贡献。

他们强调,当前要深入开展"改革创新、奋发有为"大讨论,相关部门要抓住大讨论的有利时机,迅速行动,切实做好今年春耕备耕各项工作,打好今年农业生产第一仗;广大"三农"干部要带头打破思想壁垒、树立市场理念,破除安于现状、因循守旧思想,用改革创新的精神破解"三农"发展难题,苦干实干、奋发作为,在巩固脱贫攻坚的基础上加快建设美丽乡村,推动产业向高质量转型,努力走出一条产业兴旺、生态宜居、乡风文明、治理有效、生活富裕的乡村振兴之路,不断增强人民群众的获得感和幸福感。

(《山西日报》2019年4月8日)

深入一线送服务　千方百计谋发展

——全省万名干部开展入企服务

3月25日,全省万名干部入企进村服务活动全面启动。各级领导干部身先士卒,深入企业宣讲政策、解决问题、推动工作。全省14739名干部、2630个入企小组,深入全省5473户规上工业企业和小升规重点企业开展入企服务。此次活动是我省深入贯彻党中央大力发展实体经济的部署要求、推动经济高质量转型发展的重要举措,是转变政府职能、改进工作作风的具体体现。

以"改革创新、奋发有为"大讨论为统领,各级干部走进厂矿车间,走进群众心坎,送政策、解难题、搭平台、促发展,真情实意帮助企业解决实际困难。一个月来,全省各级入企服务小组为企业解决问题4840个,涉及经营管理、行政审批、政策落实、资金流转、基础设施建设、土地规划、人才保障等方面。

活动中,各级政府优化服务环境,转变工作作风,打通政策落地的最后一公里,企业的获得感进一步增强,创新发展的内生动力得到有效激发,汇聚起推动山西经济高质量发展的磅礴力量。

立足精准发力——
定方案,建队伍,确定服务企业,建立问题清单

3月21日,经过反复修改、数易其稿,省委办公厅、省政府办公厅正式印发了《在全省"改革创新、奋发有为"大讨论中开展万名干部入企进村服务工作方案》。入企服务队伍由熟悉经济工作的干部组成,实行省、市、县、乡四级混合编组。围绕促进民营经济发展和加快工业转型升级目标,全省确定5473户规上工业企业和小升规重点企业开展入企服务。

我省提前安排部署,通过召开重点行业座谈会和下发问题调查表安排各市主动收集企业问题等形式,与重点企业提前对接,征询和梳理企业生产运营存在的困难和问题,提前收集全省工业领域行业代表性和企业实际问题,建立问题清单,下发至各入企小组。带着问题入企服务,此举无疑极大地提高了入企服务的针对性和精准性。

4月1日,省级入企服务第13小组省市区企对接协调会在山西汾西机电有限公司举行。汾西机电公司总经理秦建斌细细翻阅《省级技术改造专项资金政策》和《对标一流企业名单》,连声说:"太好了,正是我们需要的。"该公司主要从事煤机、气体分离、仪表产品的设计开发和生产制造,正在积极推进技改以提高核心竞争力,并有意向和一流企业进行对标交流。服务小组切合企业需求进行了政策解读和指导。

在入企服务启动前,省工信厅为入企干部准备了充足的能量包:《全省万名干部入企服务政策汇编》《对标一流企业名单》《国内外重点一流产业创新平台名单》《山西省工业云平台简介》《省级技术改造专项资金政策》等等,同时通过微信工作群、电子邮箱等形式将省级培训资料及时推送到各入企小组成员,推动政策宣讲细化落实。正是这一项项政策宣传资料和细致的准备工作为入企精准服务打下了坚实的基础。

四级干部进驻——
送政策,解难题,增强创新能力,明晰发展路径

省、市、县、乡四级干部进驻企业,坚持"一线工作法",重

点开展政策、问题、创新、发展四方面服务。惠企政策一项项落地，制约企业发展的难题一个个消除，企业的创新意识和能力得到增强，转型发展的方向和路径更加明晰。

把惠企政策“送下去、讲明白”，让企业真正“摸得透、得实惠”。临汾市入企服务小组通过落实减税降费政策，华翔集团得以享受税收减免1800万元左右，利润增加约600万元。大同市入企服务小组通过落实支持“民参军”政策，北方天力增压有限公司获得奖励250万元。

坚持问题导向，各入企小组通过召开座谈会、进行问卷调查、现场调研等形式，对企业问题进行汇总梳理、分析研判，建立了问题清单、责任清单和工作台账，实行“挂号”交办和“销号”管理。省级入企服务第23小组入驻山西中辐核仪器有限责任公司后，了解到企业研发投入方面资金压力较大，但由于企业经营规模中等、固定资产占比小等原因，难以享受国家普惠性金融支持政策。服务小组第一时间联系企业开户银行，并与企业财务总监对接，就融资问题进行沟通。三方充分沟通交流后，提出两种授信方案供企业选择。

山西企业发展不足、不优的最大问题是创新不足。在“改革创新、奋发有为”大讨论中，“六个破除”中的一个重要内容就是破除因循守旧，着力解决创新精神不足问题，坚持以创新激发动力活力。此次入企服务着力提升企业创新意识，增强企业内生发展动力，指导企业与全国1202个创新平台和157家龙头企业分行业分领域精准对标、全面对接，推进企业建设产业技术创新联盟、高端创新平台、一流创新基地，推动企业在对标一流中获得较大提升和改进。

广大入企干部既当“宣讲员”，又是“办事员”和“参谋长”，为企业高质量发展出谋划策。山西汾西机电有限公司产品专业性强，处于行业领先地位。省级入企服务第13小组组长、省小企业发展促进局局长李东洪建议该公司走“专精特新”发展之路，打造细分市场的隐形冠军，同时通过上下游产业协作，推动企业实现高质量发展。

推动成果转化——
转作风，强本领，增强服务意识，优化发展环境

经过全省上下共同努力，干部入企服务各项工作有序扎实推进，取得了显著成效。大讨论的成果正在转化为企业改革发展的实际成效，牵引全年工作良好开局。

广大干部自觉转变作风，深入企业一线，干事能力和水平得到进一步提升，政策红利进一步释放，人人为改革创新作贡献蔚然成风。集中入企服务期间，一大批项目审批、减税降费、优化营商环境、技改资金申请等问题得到快速、有效解决，惠企政策覆盖面进一步拓宽，行政审批效率明显提升，服务企业意识不断增强，企业发展环境得到优化。临汾市依托各入企服务小组对企业融资需求进行摸底，拟于近期举办政银企对接活动，精准帮扶企业解决融资问题。原平市干部入企服务小组第121组了解到入驻企业有专利申报需求，便邀请相关部门现场办公，短短一个小时，山西佳诚液压有限公司、山西海洁星环保设备有限公司、山西浩业通用设备有限公司等9家公司和16名个人共申报各类专利63项。

入企服务使广大企业干部职工深刻感受到了我省干部作风和营商环境发生的积极变化，干事创业的劲头更足了。

服务企业永远在路上。14739名入企干部以真情服务谱就一曲凝心聚力促发展的新时代乐章。

（《山西日报》2019年4月25日　晋帅妮）

倾力相助　访农问计解难题

——全省7万余名干部开展进村服务

农月无闲人，倾家事南亩。

眼下，正值春耕大忙时节，我省7万余名各级干部与全省农民一样忙碌在田野上、果园里、牧场中，他们扎根田舍农家、深入田间地头，宣讲三农政策、帮助解决难题，与农民群众共话桑麻事、共商振兴计，将真抓实干的工作作风带到基层，让党的惠农政策家喻户晓，帮最需要帮助的群众解决烦心事，凝聚起了乡村振兴的强大正能量。

按照全省“改革创新、奋发有为”大讨论部署要求，3月25日至4月20日，全省抽调75123名干部（包括26015名扶贫干部）、组建16102个进村服务小组，进驻全省28197个行政村，深入集中开展进村服务。

组织有力有序　确保身到心至

思想到位、人员到位、服务到位，省委将进村服务作为“改革创新、奋发有为”大讨论的重要环节，省领导分别深入乡村开展入企进村服务，各市市委书记，省直机关96名厅级干部深入乡村开展服务，万名干部进村服务工作全方位铺开。

针对农业生产实际和农村发展需要，省委农工办编印了《进村服务政策宣讲手册》《农业农村问题100问》《农民创新创业典型》，印发省市县乡全部进村服务干部，为群众解疑答惑、提供样板。

省农业农村厅、各市县委全部成立相应的工作机构，省、市、县、乡四级有关部门全面参与，动员培训后，全省7.5万

名干部和专家技术人员按时间节点、按工作要求全部进驻开展服务，集中宣讲政策、开展入户走访，帮助解决困难、引深大讨论，推动政策落地见效。

进村服务期间，全省共开展农业农村政策宣讲会 4.8 万场次、技术培训会 1.1 万场次；共收集梳理问题 5.2 万余条，进村服务干部现场或短期内解决问题 2.6 万余条。4 月 16 日—20 日，进村干部开展了回访反馈，对进村服务梳理的问题逐个向群众反馈办理结果。

服务方式多元　确保成效明显

每 3 天报送一次工作进展，省直单位进村服务干部每天直报本组工作开展情况，并围绕服务村最突出的一个问题形成专题调研报告，开通进村服务政策咨询“12316”热线，层层有督导、村村有巡查……进村服务工作组建立规范的联络和信息报送制度，做好信息传递和工作交流。

据统计，进村服务期间，12316 三农热线电话接听近 800 个，山西农业 12316 微信公众号新增关注人数 1.3 万人左右，在线解答查询各类政策技术问题 2000 多条。省委万名干部入企进村服务工作领导小组办公室专门组织开展分片巡查督导，各级督查组深入乡、村，随机开展督查，及时发现正反典型，确保服务干部不干扰基层正常工作、不增加农村负担和避免不作为乱作为。

进村服务期间，共梳理出涉及农业生产、农村改革、农村人居环境改善、农村基层组织、乡风文明建设等各方面问题 52015 个，按照搞清问题“马上就办”的原则，其中 26314 个问题现场或短期内获得协调解决，解决率达到 50.6%，真正做到了问题不解决不罢休、活动不见效不收兵，以“看得见、摸得着”的切实举措解决了基层和群众的实际困难，受到老百姓交口称赞。左云县云兴镇杜村村干部何晋生、胡利文告诉记者：“工作组帮助我们解决了耐旱的优良农作物种子，村里的乡亲们可高兴了。”

活动开展以来，工作组对承包地确权、垃圾污水治理、灌溉用水工程等一些不能马上解决的难题，积极与省市县相关部门对接，分类处置，沟通协调，做好对于群众的解释工作，更好地释放了政策效应和政策红利，密切了干群关系，展现了新时代党员干部的良好形象，激发了各级干部和农民群众开拓创新、争先进位的动力活力，有效推动了农业农村发展和乡村振兴进程。

深入基层一线　实地解决问题

沁源县交口乡侯壁村村民杨三蛮、党孝峰、张玉红向工作组反映，当地青果寒泉寺大面积香柏树发黄，村里老百姓不知所措。进村工作组特邀省太岳林局高级工程师药占文实地查看，确诊病因，并提出解决方案，拟于 6 月初通过药物烟雾熏蒸治疗；吕梁市汾阳市峪道河镇圪垛村、赵家街村因惠民政策与实际结合不紧密，老百姓反映由于村里地形的原因，粮食种植无法达到连片种植，根据政策规定不能享受补贴政策，进村工作组通过调查进行了协调，认定老百姓只要总面积达到要求就可以享受政策；襄汾县襄陵镇景村的服务小组帮助景村破解了野麦难题；阳泉市郊区西南舁乡咀子上村服务小组帮助咀子上村村民提升山楂树科学管理水平；绛县郝家窑村服务小组，帮助种植户解决了申请生产检疫的难题。

坚持问题导向，通过问卷调查、集中座谈、个别访谈、实地调研等方式，与老百姓心贴心、面对面话家常、聊发展，进村服务干部摸清了农业农村的困难和底数，了解了农业农村改革发展要求和群众关心关注的热点难点问题，进一步推动了政策精准落地，推动了“大讨论”的延伸和成果转化，形成了全社会共同关注、共同参与、共同发力乡村振兴的浓厚氛围。

进村服务是一次调研之行、解难之行，更是情感之行、严实之行，是对各级干部精神状态、能力素质、工作作风的全面检验。广大进村干部比境界、比贡献、比作风，在实干中强化了责任担当，锤炼了过硬作风，开阔了工作眼界。住翼城县南梁镇北坡村第 64 组队员、临汾市农机局正高级工程师张林田感触很深：“这次活动是让广大‘三农’干部深入了解农情的一次好机会，让大家脚沾泥土、心系农民，更好地服务‘三农’。”通过这次活动，广大农民振兴乡村的内生动力进一步激发。朔州市凤凰城镇小野庄村村民梁茂说：“看到这么多人关注我们农村，感觉到以后发展的信心更足了。”

在万名干部进村服务的火热激情带领下，全省广大乡村正迸发出蓬勃发展的新活力。

（《山西日报》2019 年 4 月 28 日　王秀娟）

全省“改革创新、奋发有为”大讨论交流总结会议

5月14日，全省“改革创新、奋发有为”大讨论交流总结会议在太原召开。省委书记、省人大常委会主任骆惠宁出席并讲话。他强调，“改革创新、奋发有为”大讨论是我省新时代改革开放再出发的重大举措和生动实践，使全省党员干部经受了一次严格的党性锻炼，全省广大群众经历了一次深刻的精神洗礼，牵引全年工作实现了良好开局，取得了丰硕思想成果、实践成果和初步制度成果。要巩固好、深化好、拓展好大讨论成果，保持“咬定青山不放松”的定力，负重前行、持续奋斗，不断开辟山西改革发展更为广阔的前景，以优异成绩庆祝新中国成立70周年。省委副书记、省长楼阳生主持会议。

骆惠宁在讲话中指出，大讨论开展以来，省委坚持把加强组织领导贯穿始终，把突出主攻方向贯穿始终，把从严从实要求贯穿始终，把深入学习实践贯穿始终，把广泛宣传发动贯穿始终，大讨论总体上达到了预期效果。这场学习的革命，使全省上下极大增强了学习掌握新理念、新知识、新方法的紧迫感，尤其是理论联系实际的学风进一步弘扬，习近平总书记关于新时代改革开放重要论述、视察山西重要讲话更加深入人心。这场思想的革命，使全省经历了一场“头脑风暴”，全社会的改革意识、创新精神、开放思维、市场理念被进一步激活，观念的更新正在引领行动的突围。这场工作的革命，使全省特别是党员领导干部强化了横比意识，把对标一流的理念和标杆树起来了，“三基建设”进一步加强，对标一流、见贤思齐、比学赶超正在成为干部队伍的主流。大讨论向长期形成的思想、工作和体制机制痼疾开刀，推动了一些多年来想解决而没有解决的难题的破解，进一步激发了内生动力、塑造了外在形象，在山西发展史上留下了浓墨重彩的一笔，其重大意义不仅在当下，而且必将随着时间的推移愈益显现出来。

骆惠宁指出，各地各部门在大讨论中坚持把解决观念问题与解决实际问题结合起来，多数单位做到了问题切得准、措施定得实、整改抓得严，多数党员干部观念为之一变、精神为之一振、工作为之一新。一是勇于和善于改革的态势不断强劲。进一步认识到山西发展的根本差距在改革、缩小差距的根本路径在改革，先行先试更加凸显，改革效能正在显现，以改革促转型、促民生、促社会治理、促党建、促全面工作的氛围更加浓厚。二是全面和持续创新的态势不断强劲。进一步认识到创新是引领发展的第一动力，不断以体制机制、管理方式、商业模式等方面创新为转型升级赋能，在创新中挖潜力、增动力、提升竞争力。三是对内和对外开放的态势不断强劲。进一步认识到一定要加快改变眼睛向内的习惯，更高水平“引进来”，更大步伐“走出去”，加速打造内陆地区对外开放新高地。四是培育和开拓市场的态势不断强劲。进一步认识到资源依赖没有出路、不会闯市场就不能实现高质量发展，注重研究把握宏观市场的变化，在竞争激烈的市场大潮中推动全面转型、深度转型、加快转型。五是对标和争创一流的态势不断强劲。进一步认识到标准低了、看到的都是成绩，提高标准、马上就会发现不少差距，从而形成了主动对标、积极超标、敢于立标的新气象。六是激情和精准干事的态势不断强劲。进一步认识到不担当不作为就是对党不忠诚、对人民不负责，焕发出了担在关键、干在实处、走在前列的精气神。

骆惠宁指出，大讨论的一个鲜明特色，就是坚持以政治建设为统领，切实加强党的全面领导，充分发挥党内政治生活的“熔炉”作用，为构建良好政治生态注入新内涵新动力，有力促进了中央及省委从严治吏部署的落地见效，巩固深化了全面从严治党成果，进而牵引政治生态向着持久风清气正迈进。党内关系不断健康，清清爽爽的同志关系、规规矩矩的上下级关系成为基本定位，党员干部比境界、比贡献、比作风正在成为新潮。从政环境不断清朗，“有为有位、有位必为”成为共识，干净的人有更多干事的机会，干事的人有更干净的环境。社风民风不断昂扬，各领域各群体对山西美好未来的信心持续增强，奋发进取、向上向善的正能量越发充沛。

骆惠宁指出，通过大讨论，全省上下以新理念新标准谋划工作的氛围开始形成，各地区注重跳出区域、寻找坐标了，各部门注重跳出山西、引领系统了，有力推动了党的建设和党的事业互促共进。各级党委(党组)进一步提升把方向、谋大局、定政策、促改革的能力，认真贯彻省委十一届六次、七次全会和省委经济工作会议精神，统筹推进“五位一体”总体布局，协调推进“四个全面”战略布局，积极防范化解重大风险，以守底线为攀高峰创造条件，党建、法治和意识形态工作、三大攻坚战等都呈现不少新亮点。聚焦“示范区”“排头兵”“新高地”三大目标，以深化转型项目建设年活动为抓手，在深化转型综改试验区建设、推进能源革命、推进黄河金三角区域协调合作发展、推进通用航空产业发展示范省建设、推进科教服务经济社会发展等方面取得新突破。全省经济实现了一季度“开门红”，主要指标好于上年、好于预期，发展的速度、效益、结构、动能同步提升。全年工作取得良好开局，极大鼓舞了全省人民改革创新的斗志、转型发展的信心。要乘势而上，确保高质量完成年度目标任务，变“开门红”为“全年红”。

骆惠宁强调，大讨论取得的成效是明显的，也是阶段性的，“改革创新、奋发有为”永远在路上。要在持续解决问题上下功夫，继续聚焦“六个破除”，围绕落实“对标一流整改提升清单”持续用力，增强解决问题的力度、广度和深度。要在全面总结提升上下功夫，深入挖掘经验做法、鲜活案例和新的

变化，组织开展多种形式的交流宣讲，发挥好典型示范引领作用。要在形成长效机制上下功夫，注重用制度来巩固成果，特别是要把问题导向、严格要求、对标一流、述职评议、清单管理、党员干部带头、充分发动群众、干部入企进村、先进典型宣讲等好做法制度化长效化。

骆惠宁强调，对于山西这样的内陆省份和资源型地区来说，学习、思想和工作的革命是一个持续不断和螺旋式上升的过程；实现高质量转型发展，是一个艰巨的历史使命；坚持全面从严治党、打造高素质专业化干部队伍，更是一个须臾不能放松的战略任务。要把习近平新时代中国特色社会主义思想作为领航之标、定盘之星，做到常学常新、常用常新。以自我革命的勇气，破藩篱、去顽疾、立规矩、建制度、正风气，使思想解放的力度跟上时代前行的步伐。要用好先行先试这把“金钥匙”，加快在“赶考”中“补考”，围绕构建现代治理体系和提升现代治理能力，深入推进重点领域和关键环节改革，在发挥后发优势、培育竞争优势中赢得主动。要坚持问题导向不动摇，大力弘扬太行精神、吕梁精神、右玉精神，持续攻坚克难，助推高质量转型发展步入新境界、整体工作迈上新台阶。要树牢对标一流的理念，立起勇创一流的志气，高起点、高标准、高质量地推进每一项工作，创造更多“山西模式”“山西经验”。要坚持严管与厚爱相结合，不断完善激励与约束机制，持续做好修复生态、培植土壤的工作，不断推进党员干部队伍状态和素质双提升。要坚持以人民为中心的发展思想，制定政策更加注重倾听群众呼声，推动工作更加注重汲取群众智慧，遇到难题更加注重多向群众请教，落实成效更加注重接受群众评判，不断增强人民群众的获得感幸福感安全感。

楼阳生在主持会议时指出，骆惠宁书记的讲话，对于我省在“两转”基础上全面拓展新局面具有重要指导意义，各地各部门要认真学习贯彻。要准确把握、全面落实这次会议的部署要求，聚焦“六个破除”“六个着力”“六个坚持”持续发力，积极对标找差补短，更加自觉地以新理念新标准谋划工作，以改革创新精神实现重点突破，以“革命加拼命”劲头奋力作为，把学习、思想和工作的革命不断引向深入，进一步推动全省整体工作上台阶上水平。

会上，太原市、武乡县、同煤集团、山西农业大学、省国资委、中铁太原局集团主要负责同志先后作交流发言。

会议以电视电话形式召开。省委常委，省人大常委会、省政府、省政协负责同志，省法院院长，省检察院检察长出席会议。省直各单位领导班子成员，中央驻晋单位和省人大、省政协各专门委员会、工作机构主要负责同志，驻太原省管本专科院校、国有企业和省直二级局、省政府驻外办事处主要负责同志，大讨论联络督导组全体成员在主会场参加会议。各市、县(市、区)设分会场。

(省委办公厅)

转型综改和供给侧结构性改革

一、综述

2019 年山西省转型综改工作

2019 年，省委高举习近平新时代中国特色社会主义思想伟大旗帜，深入贯彻党的十九大和十九届二中、三中、四中全会精神，认真贯彻习近平总书记“三篇光辉文献”精神，坚持转型为纲、项目为王、改革为要、创新为上，坚定信心，保持定力，用非常之力、下恒久之功将转型综改进行到底。一是强化顶层设计。全年共召开 15 次省委深改委(省综改委)会议，研究转型综改重大问题和相关文件。制定出台了 2019 年重大改革安排，将深改和综改一体部署整体推进，部署了 50 个重大改革任务和 43 项具有先导性突破性带动性的改革事项。二是强化推进机制。建立健全省领导分工负责抓重大改革、改革方案提交会议审议等 8 项工作制度，建立完善改革方案、年度改革工作要点等 8 本改革台账，并打造改革信息管理工作平台，运用信息化手段，有效提升改革的系统性、整体性、协同性。在中山大学举办了全省改革系统干部专业化能力专题培训班。三是强化推广经验。围绕改革过程中涌现的特色、亮点加强总结提炼，形成了企业投资项目承诺制、综改示范区改革创新、晋城市相对集中行政许可权改革等典型经验，并在全省复制推广。企业投资项目承诺制入选中组部编写的《贯彻落实习近平新时代中国特色社会主义思想、在改革发展稳定中攻坚克难案例》。四是强化督察考核。牢固树立结果导向，运用“四不两直”“双随机”，形成日常工作以台账督察为主、及时跟踪问效的长效机制。完善考核评分办法，提出了各市 6 项和各部门 1–3 项重点改革任务考核指标体系，加大抓改革落实考核权重，发挥“指挥棒”作用。目前，转型综改的“四梁八柱”已经确立，关键领域改革不断取得突破，制度优势持续转化为治理效能，为高质量转型发展奠定扎实基础。

一、把握综改纵向主轴，推动高质量发展

聚焦产业振兴、创新驱动、改革开放、人才开发，顺应产业变革和科技革命趋势，全面走出一条产业优、质量高、效益好、可持续的发展新路。一是产业转型升级促进机制不断完善。加快数字化、网络化、智能化改造，推动传统行业提质升级；横下一条心，培育新兴产业，增强产业发展新动能。开展省级智能制造试点示范，研究制定山西省省级制造业创新中心评价指标体系，完善中心动态管理体制机制。加大工业技改资金投入，2019 年全省工业技改资金投入 25 亿元，投资增长 20.9%。二是创新创业创造生态持续优化。在全国率先完成科技计划管理体制改革，落实科研单位和科研人员项目经费管理自主权，完善以增加知识价值为导向的分配政策，逐步深化项目评审、人才评价、机构评估改革，实施科研项目“揭榜制”。打造“双创”升级版，印发《山西省推动创新创业高质量发展 20 条措施》，启动运营“智创城”省级双创中心。实施“三晋英才”支持计划，推进“1331”工程，加快“双一流”建设，持续深化与 C9 高校战略合作。三是项目建设推进机制不断健全。持续推进转型项目建设年，扎实做好项目谋划工作，不断完善并联审批机制、职能部门责任机制、项目化管理机制、协调调度机制、监督考核机制、三级联动机制等六项常态化工作机制，稳步实施 102 项牵引性强、战略意义重大的工业转型升级重点项目。四是要素保障能力不断提升。在全国率先推出对小额企业“六个税”“两个费”进行减免，深化增值税改革，降低政府性收费和经营服务性收费。健全地方法

人金融机构,推动全省农信社改制,培育民营银行和社区银行,深化区域股权市场建设,开通“专精特新板”。完善建设用地“增存挂钩”机制,探索开展部分自然资源确权登记试点,在晋城市开展“点供”用地双平衡试点工作。不断深化标准化综合改革。五是国资国企改革全面深化。印发《2019年国资国企改革行动方案》,推进八个方面28项重点工作。推进混合所有制改革,太重、文旅、大地等三户企业列入全国国企混改试点名单,建投集团引入央企中国中铁混改,汾酒集团资产打包并入上市公司,大地国际港股上市,实现整体上市、新股上市两个“零的突破”,省属二级及以下企业混改率达75.9%。加快调整国有资本布局,山西燃气集团全面完成重组,潞安化工成功增资扩股,民爆集团完成股权多元化改革,煤机集团加快筹组,组建通用航空公司,改革效应持续转化为企业效益。六是支撑民营经济发展体制机制基本建立。出台《关于支持民营经济发展的若干意见》《山西省促进民营经济发展办法》,清偿拖欠民营企业中小企业账款比例达68%,推动有实力民企牵头创建开发区,鼓励民企联合设立投资基金参与转型项目建设和国企混改,引导民企建立现代企业制度。

二、拓宽综改横向维度,实现高水平崛起

认真贯彻落实习近平总书记关于中部地区崛起的总体要求和重点任务,不断提升山西经济发展水平、产业核心竞争力、区域创新能力和整体形成,不断提升山西在中部地区、全国经济版图中的战略地位和话语权,实现在转型中崛起、开放中崛起。一是能源革命综合改革试点顺利开局。加大煤炭供给侧结构调整,2019年退出产能2745万吨,超额完成国家2000万吨任务。强力推动能源消费总量和强度“双控”工程。依靠科技创新、技术革命引领能源发展,实施石墨烯储能超级电容器项目,发展出绿色环保、低能耗水系电极制备工艺,攻克循环流化床锅炉关键技术,实现了炉内超低排放。深化能源体制改革,在全国率先开展现货市场交易试点模拟运行,积极扩大电力直接交易,开展煤层气、页岩气、致密气“三气”综合开发试点,全面实行煤层气矿业权退出机制。全面拓展能源开放合作空间,加强与河北、浙江省省对接,探索“晋电送冀”“晋电送浙”合作新模式,召开太原能源低碳发展论坛,习近平总书记发来贺信。二是文旅融合发展体制机制建立健全。我省成为全国第8个省级国家全域旅游示范区创建单位,洪洞县、阳城县、平遥县列入首批国家全域旅游示范区名单。推进“三大板块”旅游公路建设,建设黄河一号、长城一号、太行一号3条旅游公路示范工程。创新乡村旅游发展模式,召开旅游发展大会,确定了首批100个3A级乡村旅游示范村,走出富有山西特色的乡村旅游新路径。三是山西农谷引领现代农业加快发展。推动农业科技创新,组建了功能农业(食品)研究院,获批国家功能杂粮技术创新中心。开展农业大数据平台建设,12个科技创新平台成功组建。启动国家级农业高新技术产业示范区建设。打造人才集聚高地,与南开大学、中国农业大学等20余所科研院校建立合作关系,设立山西“农谷”人才服务热线,开展职业农民职称评审试点工作。四是对外开放迈出新步伐。主动融入国家开放大战略,中欧(中亚)班列实现常态化运行。全省累计开通国际及地区航线达23条,太原武宿机场吞吐量突破1400万人次。大张客专开通,大西全线贯通,太郑高铁进入全线铺轨阶段。大同航空口岸正式开放,五台山航空口岸首飞通航,国际陆港、海关特殊监管区等加快建设。太原国际邮件互换局邮件处理量达434.8万件。国际互联网数据专用通道正式开通。五是山西转型综改示范区改革创新成效显著。全面构建制度体系,形成从顶层设计到操作细则、兑现模式的“1+3+26”政策制度。实行“三个一”的管理服务模式,即一枚印章管审批,一个大厅管服务,一支队伍管执法,搭建“一网通办”政务服务信息化系统,启动实施大数据智慧管理平台,着力提升亩均强度。六是优化营商环境改革推向深入。持续深化企业投资项目承诺制改革,企业办理手续缩减80%,项目报建审批时间缩短一半以上,开发区工业项目拿地即可开工。按照“一朵云、一张网、一平台、一系统、一城墙”要求,全面启动数字政府建设,推进“互联网+政务服务”,形成全省一体化在线政务服务平台。深入推进晋城市相对集中行政许可权改革,实现“一枚印章管审批”,许可事项集中度达到76.7%。

三、担负生态文明重任,坚持高标准保护

深入学习贯彻习近平生态文明思想,自觉践行绿水青山就是金山银山的理念,全方位、全地域、全过程加强生态环境保护,建立健全生态文明制度体系,在三晋大地描绘出山青、水秀、河畅、岸绿、景怡的美丽风光。一是生态保护修复全面加强。实施“两山七河”生态修复治理,实现森林保有量、蓄积量、覆盖率三增长。打好汾河流域治理攻坚战,每周向社会公布汾河流域治理情况,汾河入黄口庙前村断面等国考断面退出劣V类。全面建成河长制,形成“河湖长+河湖长助理+巡河湖员”的工作模式。积极开展区域空间生态环境评价,全力推进全省“三线一单”编制工作。二是生态环境保护制度更加严格。建立生态环境损害赔偿机制,配套出台损害赔偿事件报告及调查办法、修复评估管理办法、磋商管理办法、资金使用办法等文件。推进生态环境污染鉴定评估,山西省环境污染损害司法鉴定中心纳入全国58家在检察公益诉讼中“先鉴定、后收费”的鉴定机构名单中,已受理案件二百余起。完善生态补偿机制,探索建立下游补偿上游、跨省域横向生态补偿制度和地表水型饮用水源地所在区域补偿政策,积极争取国家森林生态效益补偿政策。三是环保污染治理持续加强。在全国率先启动省级环保督察和督察“回头看”,逐步形成了以例行环保督察为主,专项督察和“回头看”督察为辅的全方位、多层次、系统化环保督察体系。建立铁腕治污常态化工作机制,完善省市县三级党政领导领办、包办重点环保工程和重点环保问题责任制。推进能耗强度和总量“双控”,高耗能行业能效“领跑者”制度落地,颁布燃煤机组超低排放标准。综合整治“散乱污”企业,加快推进工业固废综合利用。因

地制宜实施清洁取暖工程，全省清洁取暖覆盖率达到70%以上。四是蓝天、碧水、净土三大保卫战全面推进。印发山西省打赢蓝天保卫战2019年行动计划，提出“转型、治企、减煤、控车、降尘”五管齐下方针，配套专项制定钢铁、焦化、工业炉窑、挥发性有机物等综合整治方案。加快构建地方大气污染物排放标准体系，促进重污染行业环境治理水平和产业素质不断提升。实施太原及周边“1+30”区域联防联控。出台《山西省水污染防治条例》，开展全省污水厂运行管理问题专项整治。开展土壤污染状况详查，强化农用地土壤污染风险管控，持续开展涉镉等重金属重点行业企业排查整治。2019年我省环境空气质量综合指数下降0.7%，优良天数比例为63.6%。PM2.5平均浓度低于京津冀及周边地区平均水平。

四、践行为民服务宗旨，创造高品质生活

坚持以人民为中心的发展思想，做好“增进人民福祉”和“促进人的全面发展”两篇文章，坚持和完善就业、教育、社保、健康等民生保障制度，不断增强群众对改革的获得感。一是就业政策体系不断创新。实施“人人持证、技能社会”工程，大力开展职业技能培训，技能培训人数达104.7万。搭建就业平台，公布公共就业政策清单、服务清单和公经办机构清单，推动创业带动就业，举办星火创业大赛等系列活动，落实创业扶持政策。全省城镇新增就业54.8万人。二是教育综合改革取得阶段成效。深化城乡义务教育一体化改革，以“1+X+Y”综合施策，加强乡村小规模学校和乡镇寄宿制学校建设，全域通过了国家义务教育发展基本均衡县督导评估认定，“晋中模式”、“孝义经验”推向全国，晋中市深化义务教育综合改革推动城乡教育优质均衡发展，入选中央改革办《改革案例选编》。推动山西农业大学与山西省农业科学院合署改革，用创新体制建设一流研究应用型高校。三是社会保障制度不断健全。持续推进全民参保计划，社会保险综合参保率达到95%。建立统一的城乡居民基本养老保险制度，稳步提高基本医保和大病保险保障水平，城乡居民住院政策范围内报销比例平均达到75%左右。推动工伤基金省级统筹，建立工伤保险劳动能力网上再鉴定服务平台，实现了劳动能力再次鉴定的申请、受理、缴费和结论送达“零跑腿”。四是大健康工作格局加快构建。深化医药卫生体制改革，率先在全国开展县乡医疗卫生机构一体化改革，成为全国“县域紧密型医共体”的蓝本和典范。推进公立医院综合改革，全面启动现代医院管理制度建设。推动“136兴医工程”、“中医强省”、区域医疗中心建设试点，华中科技大学同济医学院附属同济医院托管山西白求恩医院。发展康养产业，大同综合康养产业示范区启动规划建设，大同市居家和社区养老服务改革试点有序推进。五是脱贫攻坚超常规举措精准发力。坚持把提高脱贫质量放在首位，持续精准发力。创建生态生机“两生”共赢机制，联动实施“五大项目”。创新设立产业扶贫周转金，推进光伏、乡村旅游、电商、培训就业等特色扶贫，促进“五有”机制的落实。健全“六环联动”机制，统筹解决“人钱地房树村稳”等七个问题。推进“两不愁三保障”，做好“全面改薄”收尾，“一县一案”控辍保学。最后17个贫困县全部进入脱贫摘帽程序，剩余918个贫困村全部退出，23.9万贫困人口脱贫，脱贫攻坚实现决战决胜。

〔省委政研室（省委改革办、省综改办）〕

2019年山西省供给侧结构性改革工作

2019年，山西省不断加大深化供给侧结构性改革力度，持续推进“去产能、去库存、去杠杆、降成本、补短板”等各项重点工作任务，取得明显成效。

一、去产能方面

用市场化、法治化手段推动去产能工作，实现从总量性去产能为主转向结构性去产能、系统性优产能。加大煤炭去产能。退出煤炭产能2745万吨，提前一年完成国家下达的“十三五”去产能目标。鼓励企业用好产能置换、指标交易等政策，有序释放在建煤矿产能。加大现有生产煤矿改造力度，加快智能化煤矿建设，持续提高先进产能占比。全年5个煤矿项目产能置换方案获国家能源局确认，全省先进产能占比达到68%。加大钢铁去产能。分别组织对中阳钢铁有限公司、金烨钢铁有限公司化解过剩产能情况进行验收，确认化解过剩产能175万吨（吕梁市140万吨，长治市35万吨），完成山西省2019年度钢铁去产能目标任务，提前一年完成“十三五”钢铁行业去产能总任务。推进焦化电力淘汰落后。淘汰焦化落后产能1192万吨，加快先进产能置换，新石焦化、立恒钢铁等大型焦化及化产项目基本建成。关停淘汰落后煤电机组110万千瓦，全省在役运行煤电机组全部完成超低排放改造。

二、去库存方面

加大房地产去库存力度，加快化解非住宅商品房库存。截至12月底，全省商品房待售面积966.3万平方米，较2018年底（984.8万平方米）减少18.5万平方米。消化周期4.9个月，较2018年底（5个月）缩短0.1个月，商品房待售面积、库存消化周期实现“双下降”。

三、去杠杆方面

加强政府债务风险防控。顺利平移高速公路政府债务2600亿元，国务院予以通报表扬。印发《坚决打好防范化解

省属国企重大风险攻坚战行动方案》，省属企业到期债券全部按期兑付，山西国企被列为全国信用度最好的板块。持续推进企业去杠杆。发挥国有企业资产约束机制作用，深入推进市场化、法治化债转股，多方式优化企业债务结构，多措并举盘活企业存量资产。8户省属企业与6家金融机构签订债转股协议或达成债转股意向，累计金额1481.25亿元，已落地301.75亿元。多措并举降低国有企业负债率，全年下降3.16个百分点。加快国资国企改革。汾酒集团实现整体上市，晋商银行、大地国际登陆港交所，省属二级及以下企业混改率达75.9%，燃气集团、潞安化工分别引入华润、美国AP等战略投资者，国有资本加速向支柱产业和战略性新兴产业集聚，市场化处置省属"僵尸企业"115户，全面完成省属企业"三供一业"分离移交。

四、降成本方面

落实减税降费。严格落实中央降低增值税税率、小微企业普惠性税收减免、个人所得税专项附加扣除等减税政策，在全国率先出台小微企业普惠性税收减免落实政策，顶格减征地方文化事业建设费，降低国家重大水利工程建设基金和民航发展基金等政府基金征收标准，减免不动产登记费、商标注册收费、易地扶贫搬迁有关政府性基金和行政事业性收费。继续阶段性降低医疗(生育)保险、失业保险、工伤保险费率，进一步降低企业社保缴费负担。全年新增减税降费超过560亿元。金融支持实体经济。组建省级再担保集团，整合优化市县两级融资担保机构，出台《鼓励民营企业发起设立民营银行的实施方案》。引导企业通过发行债券、股权融资、增资扩股等方式融取低成本资金，全省企业发行公司债573.2亿元，同比增加211.2亿元。全省金融机构本外币各项贷款余额比年初增加2662.5亿元，同比多增539.7亿元。降低制度性交易成本。深入推进精简事项、优化流程工作，省级政务服务平台共进驻36个单位，省级审批事项前置申请材料平均精简41%，省直部门审批时限平均压缩51%，绝大多数省级审批事项实现审批时间全国最短。"三晋通"APP正式上线运行，1178个事项可在手机办理。全省市县两级全面推开"一枚印章管审批"。大力推进"证照分离"，已惠及企业12.3万户。降低用能成本。两批次累计降低一般工商业电价6.62分/千瓦时，超额完成一般工商业平均电价再降低10%任务。降低物流成本。清理规范铁路货物运输相关收费，有效降低铁路运输成本。继续推进高速公路差异化收费，全年优惠14.5亿元。

五、补短板方面

落实基础设施补短板。出台《推进基础设施领域补短板实施方案》，细化确定9大领域建设任务和重点项目。太原铁路枢纽总图规划基本完成，太原至怀仁动车组开通并通至大同南，大同至西安全线开通动车组列车。大张客专开通运营，成为山西省融入环渤海经济圈和"一带一路"的新通道。右玉至平鲁、阳城至蟒河高速建成通车，新增出省口1个，33个出省口已建成27个，全省高速公路通车总里程达5711公里。1-11月，全省基础设施投资增长14.9%，超过全国10.9个百分点。加快公共服务补短板。深入实施"1331工程"，与8所高水平大学签署合作协议、合作项目18项，山西农大和省农科院合署改革取得实质性进展，积极筹建国科大太原能源材料学院，4所高职跻身全国职业教育"双高"行列。推进学前教育普及普惠安全优质发展，建设认定普惠性幼儿园616所，新改扩建公办幼儿园160所，建设改造508所乡镇寄宿制学校。实施创新驱动战略。加强创新平台建设，省属企业建成国家级重点实验室3个，省级重点实验室102个，省级工程技术研究中心131个。强化企业研发主体地位，实施新一轮高新技术企业倍增计划，全年新增企业800余家。努力打造双创升级版，全省新登记市场主体48.6万户，增长10.2%。推进脱贫攻坚。全力攻坚深度贫困堡垒，集中解决"两不愁三保障"突出问题。光伏扶贫建成并网294.8万千瓦，惠及34.6万贫困户。贫困县县级电商公共服务中心实现全覆盖，建成6575个村级电商服务站点，带动15.9万贫困人口增收。坚持"六环联动"推进深度贫困自然村整体搬迁，1502个集中安置点全部竣工，3350个深度贫困自然村搬迁基本完成。全省最后17个贫困县全部进入脱贫摘帽程序，918个贫困村全部退出，23.9万贫困人口顺利脱贫。开展污染防治。狠抓中央生态环保督察及督察"回头看"问题整改，开展"百日清零"专项行动。强力推进汾河流域治理攻坚，入黄口庙前村断面等国考断面退出劣V类。"两山七河一流域"生态修复治理扎实推进，完成营造林521万亩。汾河谷地地下水位连续10年回升，PM2.5平均浓度低于京津冀及周边地区平均水平。

(省发展改革委　焦　龙)

二、再创转型综改和供给侧结构性改革新局面

全省深化国有企业改革大会

4月15日，全省深化国有企业改革大会在太原召开。省委书记、省人大常委会主任骆惠宁出席并讲话。他强调，要结合“改革创新、奋发有为”大讨论，对标一流、见贤思齐，锐意改革、勇于创新，大力推动国资国企改革向纵深发展，不断增强国资国企的活力、动力和竞争力，更好担起以改革促转型的历史使命。省委副书记、省长楼阳生主持会议。省政协主席李佳出席。

骆惠宁在讲话中指出，国资国企改革在经济体制改革中处于极重要地位，具有很强的基础性和牵引性。近年来，省委、省政府坚持“补考”“赶考”一起抓，对国资国企改革的战略摆位和工作指导前所未有，采取的重大举措和推进力度前所未有，形成的改革红利和转型发展态势前所未有，山西国资国企改革实现了由零碎性、浅表性、短期性向整体设计、深度攻坚、持续发力的重大转变，国有企业的活力、动力和竞争力正在增强，国有资本在供改与综改中的带动力和影响力正在增强，国有经济在山西转型发展主战场上的地位和作用正在增强。同时要看到，放在全国大背景下，我省国资国企改革还有不小差距。当前全国国资国企改革如火如荼，呈现你追我赶的竞争局面。我们一定要进一步增强责任感和紧迫感，以非常之力、恒久之功，把“补考”“赶考”两篇文章贯通了做，推动山西国资国企改革整体进入全国第一方阵。

骆惠宁指出，要大力调整优化国有资本布局，支撑现代产业体系建设。调整产业结构，关键是调整资本结构。要把握全球科技和产业变革趋势，以市场为导向，通过深化改革，让半睡的国有资本进一步活起来，让既有的国有资本布局进一步优起来，更好地服务转型、引领转型。要推动国有资本向能源革命方向进军，发挥好基础性作用；推动国有资本向新兴产业方向集结，发挥好牵引性作用；推动国有资本在公共服务领域优化，发挥好保障性作用。做好优化国有资本布局这篇大文章，要强化资本牵引，坚持正确方向，进一步深化我省国有资本投资运营体制机制改革，从科学授权、规范运作、严格监管三个方面发力，充分发挥国有资本投资和运营对经济结构调整的战略牵引作用。要强化科技牵引，国有资本要跟着先进适用科技成果走，加强与全球同行业领军企业的联系交流，与著名科研机构和高端领军人才的深度合作，引进来、走出去，提高企业的国际化水平和竞争力。要强化政策牵引，认真落实支持国企重组整合的相关政策，确保国有资本布局调整符合转型发展需要。

骆惠宁强调，要坚持解放思想、创新手段，推动国企混改实现更大的突破。混改要有大动作，思想要有大解放。要加快转变观念，国企管理层要打破“官本位”意识，自觉增强企业家精神，教育引导广大职工强化改革和竞争意识，打破对“国企身份”的眷恋。要全方位提升混改水平，全面推进竞争性国企混改，稳妥推进公益性国企混改，新设企业要将股权多元化作为先决条件，加快完善省属国企混改项目储备库，面向全球推介。要善于用好用活上市公司，今年要大力实施“上市公司+”战略，力争实现整体上市、新股上市两个“零的突破”，现有上市公司要加强市值管理，逐步提升资产证券化率。要完善混改配套机制和政策，做好国企资产评估工作，把公开透明的操作原则贯穿到混改推进的全过程。

骆惠宁指出，要进一步遵循市场经济和企业发展规律，不断完善具有中国特色、符合现代企业制度要求的国企法人治理结构和运行体制。要确保党委的领导核心地位，落实重大决策前置程序，进一步把党委的领导作用、董事会的决策作用结合起来，把党的领导体现在公司的有效治理中。要优化治理结构和经营机制，今年要调整补充专职、兼职外部董事，依法向国有企业委派监事，开展董事会向经理层扩大授权试点，在更大范围内推行职业经理人制度。要完善员工薪酬激励机制，深化三项制度改革，强化按劳分配、按效分配、按贡献分配的导向，开展工资总额弹性调整机制试点，针对高管人员、科研人员、业务骨干等群体，大胆探索员工持股计划、上市公司股票期权及限制性股票、科技型企业股权分红等中长期激励举措。

骆惠宁强调，要深化国资管理体制改革，加快实现从“管企业”向“管资本”转变。目前，省市县国资机构改革已全面完成，要加快职能转变，修订完善权力和责任清单，构建全省国有资本布局结构统计监测体系，准确把握国有资本进退留转方向。要创新监管方式，实施差异化监管、穿透式监管、大数据监管、阳光下监管，处理好增强企业活力与强化监督管理的关系。要提高服务水平，用好一线工作法，及时推动解决省属企业改革中出现的难点堵点痛点问题。要进一步优化“一企一策”考核指标体系，更好体现科学性、公正性、导向性。

骆惠宁指出，我省国企各类风险点仍较多，决不能掉以轻心，要强化忧患意识和底线思维，坚决防范化解重大风险。要严格防范投资风险，制定在建、停缓建项目的分类处置办法，严控在“一主三辅两培育”以外搞投资上项目。要继续清理应收账款，确保企业应收账款下降到合理水平，加强动态监管，防止先清后超。要持续推进降杠杆减负债，通过盘活存

量资产、资产价值重估、发展股权融资、开展市场化债转股等,推动负债率稳定下降。要扎实开展“处僵治困”,做到资产处置、债务化解、人员安置“三个到位”,确保省属国企“处僵治困”任务年内全面完成。要严控其他各类风险,坚决防止重特大安全事故和环保事件发生。

骆惠宁强调,党建工作做实了就是生产力,做强了就是竞争力,做细了就是凝聚力。要始终将政治建设摆在首位,以国企党建引领高质量转型发展。要认真落实管党治党责任,抓好国企党风廉政建设和反腐败工作,高质量推进巡视巡察全覆盖,国企党委书记要履行好第一责任人责任,站在一线抓党建。要创新“国企党建+”模式,深化国企“三基建设”,围绕“整体提升、全面进步”目标,扎实开展基层示范党支部创建活动。要坚持党管干部原则,着力建设高素质专业化企业领导人员队伍,把想改革、谋事业、善经营的大胆用起来,把不守政治纪律政治规矩、不担当不干事的调整下去。

骆惠宁要求,各级党委政府要把国资国企改革摆在全局工作的突出位置,省有关部门要积极支持国企改革,省属国企要发挥主体作用,做到主动改、深入改、全面改。针对当前市县国企改革相对滞后的问题,省委省政府明确责成各市县,一定要在两年内把国资国企改革落下的步子赶上来。今年要形成全面改革的氛围,明年要形成上下协同改革的大格局,让市县国资国企以崭新改革面貌进入全面小康社会,决不能再把补考的任务推给后来人。要坚持分类推动,改革要因企制宜。要强化政策支持,市县应不等不靠、主动作为,省里也要予以支持。市县党政主要负责同志要亲力亲为抓国企改革,大力组织攻坚克难。要始终处理好改革发展稳定的关系,保障好职工合法权益,让广大人民群众共享改革发展成果。

骆惠宁强调,深化国资国企改革是推动我省高质量转型发展的关键一招,一定要把国资国企改革的成效,体现到提高国有经济发展的活力、动力和竞争力上来,体现到构建现代产业体系上来,体现到实现“三大目标”上来,形成转型发展持久的强劲态势。

楼阳生在主持会议时指出,去年召开了省属国有企业深化改革转型发展推进会,今年又召开深化国有企业改革大会,充分表明了省委、省政府推动国资国企改革向纵深发展的坚定决心。各级各部门各单位要认真学习传达骆惠宁书记讲话精神和2019年国资国企改革行动方案,切实把思想和行动统一到省委、省政府对国资国企改革的安排部署上来。省国有企业改革发展和党建工作领导小组办公室,要统筹推进各项改革任务落实,省直有关部门要认真研究支持国企改革的具体举措。市县党委政府要把市县国资国企改革摆在全局工作的突出位置,坚决克服畏难情绪,采取有力措施,加快把步子赶上来。国有企业要强化责任担当、发挥主体作用,坚决落实各项改革任务,努力形成以改革促转型的生动局面。

第一次全体会议以电视电话会议形式开到市一级,会前集中观看了《以改革加速度,拓展转型新局面》专题片。

副省长王一新在第二次全体会议上对抓好会议精神的贯彻落实提出要求。太原市、阳泉市、潞安集团、晋煤集团、汾酒集团、山西大地控股集团负责同志作了交流发言。

省委常委,省人大常委会、省政府、省政协有关负责同志,省委国有企业改革发展和党建工作领导小组成员单位、省直有关部门、中央驻晋单位、有关金融机构主要负责同志,各市市长,省属国有企业负责同志在主会场参加会议。

(省委办公厅)

全省推进工业高质量发展大会

10月18日,全省推进工业高质量发展大会在太原召开。会议深入贯彻习近平总书记视察山西重要讲话精神,进一步从全局和战略的高度,对我省工业高质量发展作出全面部署。省委书记骆惠宁出席会议并讲话。他强调,要以习近平新时代中国特色社会主义思想为指导,树立国际视野,勇立时代潮头,以数字化、网络化、智能化为牵引,推进工业高质量发展,为山西转型发展提供硬支撑。省委副书记、省长楼阳生主持第一次全体会议并作具体安排。省政协主席李佳出席。

近年来,省委省政府高度重视工业经济,作出一系列重大部署,推动工业转型发展迈出坚实步伐。会议着眼国际国内两个大局,坚持从外部看自身、从历程看趋势、从差距看潜力,深入阐明我省工业高质量发展的重大意义、战略方向。指出,工业高质量发展是世界潮流,必须顺应大势,抓住以数字化、网络化、智能化为特征的第四次工业革命浪潮。工业高质量发展是国家战略,山西承担着建设国家资源型经济转型综合配套改革试验区和能源革命综合改革试点的双重历史使命,必须奋发担当,发挥好山西工业在全国的比较优势。工业高质量发展是山西转型之要,必须突破瓶颈,形成经济转型发展持久的强劲态势。会议强调,要树立国际视野、勇立时代潮头,以高度的紧迫感和责任感,把工业高质量发展摆在全局的战略位置,使之与能源革命综合改革试点一起,共同构成山西转型发展的重大战略布局。要坚定信心,保持定力,把“三化牵引”作为工业高质量发展的基本方针,树立“整体跟跑、局部领跑”的发展策略,以工业高质量发展牵引全省经济转型升级。

会议提出山西工业高质量发展的总体思路、重点任务、重大举措。总体要求是,以新发展理念为指导,以供改和综改相结合为主线,以数字化、网络化、智能化为牵引,以科技创新为驱动,以提升产业基础能力和产业链水平为根本,努力在开展能源革命综合改革试点、推动能源绿色转型上有大的突破，在加快先进制造业发展、推动制造业智能升级上有大的突破，在促进工业化和信息化深度融合、推动数字产业发展上有大的突破，实现工业的质量变革、效率变革、动力变革，提高“含金量”“含新量”“含绿量”，构建起具有山西特点、彰显比较优势、符合高质量发展要求的现代工业体系，为山西转型发展提供硬支撑。

会议提出到2030年的“三步跃迁”战略目标。强调推动山西工业高质量发展，核心要求是更高质量、更有效率、更深融合、更可持续，关键是构建起现代工业体系。

会议指出，要坚持“三足鼎立”，把握山西工业高质量发展的产业格局和主要任务。一要以能源革命综合改革试点为引领，实现绿色能源产业“由大变优”。以“五大基地”建设为牵引，加快构建以智能矿山、绿色电力、新能源、绿色焦化和现代煤化工、节能环保为骨架的新型绿色能源产业体系。二要以提升产业基础能力和产业链水平为重点，实现先进制造业“由弱变强”。牢牢把握高端、智能、绿色的要求，紧紧围绕关键核心技术、产业基础能力、产业、产业链“四位一体”提升，整体推动一批产业链由中低端迈向中高端，着力打造高端装备制造、新材料、通用航空、绿色冶金、绿色建材、智能网联新能源汽车、现代医药和大健康等一批千亿级产业集群，力争在特色领域走到全国前列。聚焦先进制造业打好产业基础高级化、产业链现代化两个攻坚战。

三要以数字经济和实体经济深度融合为导向，推动数字产业集群“由小到大”。切实抓住信息化发展的历史机遇，充分发挥山西区位、电力和后发优势，围绕“网、智、数、器、芯”五大领域，做大互联网与软件、数字服务、电子信息等产业集群。适度超前布局建设5G网络等新型智能基础设施，大力培育核心数字产业，培育建设大数据产业基地，构建半导体及光机电产业生态体系，重视成长性好的新技术新企业新业态。

会议指出，要坚持“三化牵引”，以超常的技术改造力度拓展山西工业高质量发展的深度和广度。“三化”既要作为产业重点培育，更要充分发挥其牵引改造其它产业的作用。在产品层面，要通过“三化牵引”，不断优化研发、设计、生产和销售能力。在企业层面，要通过“三化牵引”，不断促进生产方式和组织管理形态的变革，大力推动“企业上云”，加快培育煤炭行业工业互联网等特色平台，开展智能制造推广活动，积极推动建立智能制造产业技术联盟。在产业层面，要通过“三化牵引”，不断培育新业态新模式，重点抓产业升级，搞好“智能+”技改，实现产业融合发展。

会议强调，要突出创新引领、强化支撑保障，进一步激发山西工业高质量发展的动力活力。一要突出科技创新，加快构建以企业为主体，“政产学研金介用”紧密结合，各类创新人才各尽其能，支撑服务配套完善，涵盖观念创新、知识创新、技术创新、管理创新的全社会创新体系。要集聚创新人才，营造创新生态，深化科技体制机制改革，弘扬科学家精神，传承三晋创新基因。二要深化改革开放，把能否促进高质量发展作为评价和考核各项改革工作的一个重要标准，深化国资国企改革和开发区“三化三制”改革，用好支持民营经济发展“30条”，落实好“小升规”激励等各项政策，充分复制并创新自贸区经验，两眼向外谋划工业高质量发展。三要做好科学规划，从顶层设计、财税支持、金融服务、投资政策、土地政策等方面打好“组合拳”，进一步形成支持工业高质量发展的政策合力。四要加强组织领导，进一步提升领导工业高质量发展的能力素质。如果管工业不善于引领，搞企业站不到前沿，那都会丧失领导工业和企业的资格。要继续深化拓展“改革创新、奋发有为”大讨论，对全省干部的理念、本领和作风不断进行“革命”。各级党委政府要狠抓工业高质量发展的重大问题，各级领导干部要自觉加强学习、加快知识更新，有关部门要抓好专题培训，继续选派干部到先进地区和创新型国企挂职锻炼。会议要求，全省工业战线要进一步强化勇立潮头、对标一流意识，扎下身子、苦干实干，全面提升推动工业高质量发展的能力。企业家要更加关注前沿、更加关注创新、更加关注改革，在工业高质量发展的浪潮中展现人生价值，争创时代辉煌。

会议对推动工业高质量发展作出具体部署。会议强调，一要以强化企业主体地位为核心，提升工业整体创新能力。推动企业研发机构研发活动全覆盖，促进创新平台提质增量、创新合作深化覆盖、创新项目扩规拓展。加强重大技术研发和推广应用，提升工业企业核心竞争力。二要以优化生产力布局为导向，打造高质量现代产业集群。围绕绿色能源、先进制造、数字产业三大板块，构建特色鲜明、融合交叉、相互支撑的产业集群，以重点产业集群引领工业高质量发展。三要以“三化牵引”为路径，加快山西制造向“山西智造”转变。推进5G重点项目建设，加快5G融合创新应用，加快构建工业互联网体系，实施“企业上云”专项，开展产业智能化改造，建设数字化车间和智能工厂，打造示范标杆，着力培育工业4.0时代的山西“灯塔企业”。四要以“三化三制”、转型项目为重点，推动开发区提质升级。狠抓转型项目建设，加大招商引资、招才引智力度，推动“三制”改革到位，打造“六最”营商环境，全面提升开发区承载能力，推动园区基础设施建设和产业转型项目落地，对开发区实行“有进有出、有升有降”的动态管理。五要以建立现代企业制度、完善法人治理结构为关键，加快培育高质量市场主体。深化国有企业改革，加快建立现代国有企业制度，完善企业投资决策机制，防范风险隐患，加快剥离国有企业办社会职能，出清“僵尸企业”，让国有企业轻装上阵。着力消除民营企业发展中的隐性障碍，帮助民营企业纾困解难，深入开展清理拖欠民营企业账款专项行动。加大金融支持力度，优化企业资产负债结构，推进市场化法治化“债转股”，加大不良贷款处置力度，大力发展直接融资。六要以培育“专精特新”企业为抓手，加快壮大工业高质量发展的生力军。加强规划引导，建立培育体系，开展培育认定，从股改、融资、人才、品牌、营销、研发等方面，加强精准服务和精准帮扶，加大创新支持力度，鼓励企业采用新技术、研发新产品。引导支持“专精特新”企业与大企业融通发展，实现优势互补共享。七要以激发高质量发展活力为目的，优化创新创业创造生态。着力培育创新文化，加强创新要素供给，强化创新激励政策，推进协同创新，打造“双创”升级版，构建创新主体协同互动、多元要素高效配置、覆盖科技研发到商业应用全过程的创新生态体系。

会上，副省长王一新宣读《关于表彰山西省优秀企业的决定》，授予太钢等50家企业“山西省优秀企业”称号。省领导为获奖企业进行了颁奖。

会议期间，省领导、与会人员集体参观了山西工业转型升级成果展。展出的我省896项技术和产品中，国际领先的117项，国内一流的393项；其中92%以上都是近三年涌现出来的创新产品。大家观看一项项新产品、新技术、新应用，了解我省电子信息、大数据、智能装备制造、新材料等领域的最新成果，体会近年山西推动“工业内部结构反转”的实践历程，感受全省工业领域发生的重大变化，进一步增强了贯彻会议精神，狠抓任务落实，推动全省工业高质量发展的信心和紧迫感责任感。

省委常委，省人大常委会、省政府、省政协负责同志出席会议。省直有关部门、中央驻晋单位、省级以上开发区、部分省管本科院校、省管国有企业、部分驻晋央企主要负责同志，各市市委书记、市长及相关负责人，受表彰企业、参展企业、民营企业代表参加会议。

（省委办公厅）

楼阳生在山西综改示范区调研时强调将转型综改进行到底

12月2日，省委书记楼阳生深入山西转型综改示范区调研。他强调，要高举习近平新时代中国特色社会主义思想伟大旗帜，深入贯彻党的十九届四中全会精神，认真贯彻习近平总书记视察山西重要讲话精神，坚持转型为纲、项目为王、改革为要、创新为上，坚定信心，保持定力，加快高质量转型发展，努力开创山西更加美好的未来。省委副书记、省政府党组书记林武，省领导罗清宇、廉毅敏、王一新、李晓波参加调研。

转型综改示范区是省委、省政府深化转型综改的主战场主引擎。省委主要领导调整后，把调研的第一站选在示范区，向全省发出了将转型综改进行到底的强烈信号。在示范区改革创新展厅，楼阳生听取示范区创新体制机制、打造“六最”营商环境、招商引资、项目建设、党的建设等改革创新成果汇报，肯定示范区“一网通办”、智慧管理等政策服务体系既是集大成又是再创新，要求向全省开发区推广复制，提升开发区管理和营商环境水平。他强调，习近平总书记视察山西重要讲话精神是我们做好山西工作的根本遵循，要一如既往、一以贯之、久久为功，推动习近平总书记讲话精神在山西落地生根、落地见效。山西转型综改要实现高质量转型发展，不能人云亦云、亦步亦趋，要发挥比较优势、后发优势，紧盯科技前沿，紧抓引领未来的技术和项目，构建现代产业体系。全省各开发区要一手抓发展、一手抓党建，建立健全不敢腐、不能腐、不想腐的体制机制，激励干部敢为、愿为、善为，形成崇尚实干、自觉担当、争创业绩的浓厚氛围。

加快新兴产业集群化发展，是省委、省政府的重大战略决策。在百度山西人工智能数据标注项目基地，楼阳生了解企业人工智能技术研发、数据运用情况，指出，建设数字山西，是推进治理体系和治理能力现代化的必然选择、必由之路，他希望百度加强与山西企业的合作，拓宽应用服务领域，为建设数字山西、打造数字政府作贡献。中电科电子信息科技创新产业园碳化硅、新能源基地子项目已经封顶，楼阳生了解产品研发、产业规划情况，现场协调解决问题，希望企业推动更多电子信息科技成果和产业项目在山西落地。在百信信息技术有限公司，楼阳生考察项目建设情况，勉励企业加强技术创新，对接行业领军企业，不仅在电子信息领域占有一席之地，还要争取领先地位。他叮嘱有关部门加强对企业发展的服务支持。深圳中安融合电子信息产业园采取以商招商方式，目前已有多家企业入驻，园区负责人高度评价示范区的营商环境。楼阳生听了高兴地说，山西正在打造“六最”营商环境，环境好不好，要由你们说了算。你们满意了，我们就放心了。锦波生物自主研发的“功能蛋白”填补国内空白，楼阳生考察企业研发平台、中试车间，他说，要坚持龙头企业带动，建设研发机构，加强产业配套，打造现代生物医药产业集群。在考察中国电科第三十三研究所时，楼阳生勉励他们加强与省内重点实验室的协同创新，深化体制机制改革创新，为国家电磁安全发挥更大作用。

调研结束时，楼阳生主持召开座谈会，在听取了示范区改革发展情况汇报后，他指出，资源型地区经济转型发展是习近平总书记为我们指明的金光大道，转型综改区是习近平总书记授予我们的金字招牌，这条金光大道要坚定地走下去，坚实地走出来。要将转型综改进行到底，必须坚持转型为纲，始终把转型综改作为山西经济工作的纲，摆在经济工作的核心地位，聚焦产业、企业、企业家，打造有核心竞争力的产业集群，培育具有自主知识产权的龙头骨干企业，造就一批具有开阔视野、有强烈创新创业精神、懂经营、会管理的企业家队伍，推动产业结构优化和转型升级。必须坚持项目为王，把转型项目建设作为硬任务、硬指标、硬抓手，持之以恒，紧抓实抓，实现聚沙成塔、厚积薄发，积小胜为大胜。必须坚持改革为要，改革是实现转型发展的关键一招，要在已有基础上进一步深化，通过改革最大限度地激发各类创新创造创业主体的内生动力，各级党委、政府要创造良好环境，让企业和市场主体心无旁骛投身于山西转型综改、高质量转型发展的生动实践。必须坚持创新为上，既要有借鉴他山之石和虚怀若谷的胸襟和气度，又要有敢为人先、先行先试的气魄和胆略，直道冲刺，弯道超车，换道领跑。要持续不断净化政治生态，着力培育创新生态，形成有利于创新创业创造的社会人文环境，助力高质量转型发展。

（《山西日报》2019 年 12 月 3 日　陈俊琦）

山西新转型　共享新未来

——楼阳生在外交部山西全球推介活动上的推介词

（2019 年 2 月 25 日）

尊敬的王毅国务委员兼外交部长、齐玉书记，尊敬的各国驻华使节、驻华机构代表、企业和媒体朋友，女士们、先生们、朋友们：

大家下午好！感谢外交部提供这个平台，感谢王毅国务委员热情洋溢的讲话，欢迎各位来宾出席山西全球推介活动。下面，我接着惠宁书记的致辞，继续为大家介绍山西。

活力山西正在奏响转型发展新乐章。山西是全国重要的新型能源和工业基地，煤炭保有储量 2700 多亿吨，煤层气探明地质储量近 5800 亿立方米，铝土、耐火黏土、镁矿等资源保有储量居全国首位，新中国成立 70 年来累计生产煤炭 190 多亿吨。近年来，我们以习近平总书记视察山西重要讲话精神为指引，坚定走上转型综改、创新驱动的新征程，全省经济结构正在从过去的“一煤独大”向多元支撑转变。能源革命迈出坚实步伐，三年累计退出煤炭过剩产能 8800 余万吨，先进产能占比达到 57%。煤层气产量突破 56 亿立方米，成为全国煤层气产业的引领者。电力装机容量约 8500 万千瓦，净外送电量突破 900 亿千瓦时，居全国第四位，大容量和高效率的超临界、超超临界机组已成为我省火力发电的主力机组，新能源发电装机占比突破 30%。潞安集团 180 万吨“煤制油”项目全面投产，成为全球三家能够独立生产高熔点费托蜡的企业之一。新兴产业蓬勃发展，高端装备制造、新一代信息技术、新能源汽车等战略性新兴产业保持两位数以上快速增长，高端碳纤维、石墨烯、碳化硅等一大批关键技术领先全国。传统产业高端化绿色化智能化改造提速，太钢集团的不锈钢双相螺纹钢为港珠澳大桥搭起基座，太重集团的动车组轮对承载着中国高铁驶向世界。我们愿与各国企业深化产业、科技和人才合作，推动高质量发展。

魅力山西正在书写文旅融合新诗篇。山西的版图就像一枚写满文明密码的树叶，珍存着中华文明上下五千年最完整的印记。尧、舜、禹都曾在山西南部地区建都，开启了华夏文明的先河。山西的历史文化名人灿若星辰。生活在战国末期的荀子是中国古代杰出的思想家，东汉时期的关羽被后世尊称为“武圣”，北宋时期司马光编撰的《资治通鉴》是中国第一部大型编年体史书，清代陈廷敬担任总修官的《康熙字典》是中国古代收字最多、影响最大的辞书。山西的古建遗存十分丰富。拥有 6 座国家级历史文化名城，30 个国家级历史文化名镇名村，31000 多处地面文物古迹。452 处国家级重点文物保护单位，居全国之首。宋辽金以前的地上木结构建筑 120 座，占全国总数的 70%以上，被誉为“中国古建筑艺术博物馆”。山西的旅游名胜享誉中外。黄河之魂在山西，长城博览在山西，大美太行在山西。壶口瀑布、万年冰洞、悬空寺堪称天下奇观。五台山、平遥古城和云冈石窟三大世界文化遗产闻名世界。平遥国际摄影大展是中国最具国际影响力的节庆活动之一。当前，山西正在大力推动文化旅游融合发展，加快建设国家全域旅游示范区。欢迎大家到山西旅游，游览壮美的雄关大河，感受厚重的华夏文明。

美丽山西正在描绘绿水青山新画卷。我们深入践行“绿水青山就是金山银山”的理念，坚持环保倒逼转型，持续加大环境治理和生态保护修复力度，生态环境明显改善。加快“两山七河”生态修复治理。全省地下水位持续回升，三晋名泉晋祠难老泉地下水位累计回升 26 米，目前距泉口仅剩 1.6 米，有望在 3 年内复流。汾河太原城区段治理获得联合国人居署“国际改善人居环境最佳范例称号奖”，煤都大同获得“全国美丽山水城市”称号。全省每年营造林 400 万亩以上。毗邻毛乌素沙漠的右玉县，70 年不懈治沙绿化，全县森林覆盖率从不到 0.3%提高到 54%以上，不毛之地变为塞上绿洲。右玉艰苦奋斗绿化山川的事迹，成为山西久久为功改善生态的典范和缩影。习近平总书记指出：“右玉精神是宝贵财富，一定要大力学习和弘扬”。现如今，绿色已成为美丽山西的底色。生物多样性得到保护，野生动物种群数量恢复性增长。山西境内的许多湖泊、河流、湿地成为候鸟栖息越冬的温馨家园，从芮城的圣天湖到右玉的苍头河，由南到北都可以看到白天鹅在翩翩起舞。

幸福山西正在擘画民生改善新愿景。山西是一个“望得见山、看得见水、记得住乡愁”的好地方。这里四季分明，气候宜人，夏季平均气温在 26℃以下，五台山、芦芽山是著名的清凉圣地，太原、大同入选中国最佳避暑城市。这里是“中国面食之乡”，面食做法多达 400 多种。在面食师傅手中，一个面团可以吹得薄如气球，可以拉得细如丝线。这里是“小杂粮王国”，出产 7 大类 120 余种杂粮，都是健康养生佳品。这里是中药材主产区，有中药材 1788 种，道地药材 39 种。这里盛产美酒佳酿,汾酒是中国八大名酒之一,老陈醋位列中国四大名醋之首。这里民俗文化丰富多彩,晋剧、剪纸、版画、面塑、漆器都是山西代表性的文化符号。近年来,我们坚持以人民为中心的发展思想,持续增进人民福祉,80%以上的财政支出用于改善民生。大力实施保障性住房和棚户区改造,有效改善困难家庭居住条件。倡导绿色出行,太原成为全球首个出租车纯电动化的城市。2018 年城乡居民人均可支配收入分别增长 6.5%和 8.9%。近五年累计减少贫困人口 275 万,贫困发生率从 13.6%下降到 1.1%,为人类减贫事业做出了山西贡献。

开放山西正在培厚投资兴业新热土。山西素有开放基因和重商传统。早在 1600 年前的北魏时期,山西大同就是古丝绸之路的重要节点。明清时期,山西商人横跨欧亚,创造了“汇通天下”的传奇。改革开放初期,中国第一个大型中外合作项目——平朔安太堡露天煤矿也诞生在山西。近年来,山西发挥承东启西、连南拓北的区位优势,积极对接“一带一路”,加快构建内陆地区对外开放新高地。四通八达的高铁大通道和太原高铁枢纽基本建成,高铁通车和在建里程达到 1152 公里,高速公路通车里程达到 5335 公里,太原武宿机场年旅客吞吐量超过 1300 万人次,中欧(中亚)班列常态化运行。中部的武宿综保区、太原机场航空口岸、中鼎物流园区铁路口岸,北部的大同国际陆港,南部的方略保税物流中心、兰花保税物流中心,正在成为山西全方位对外开放的桥头堡。当前,我们正在构建法治化、国际化、便利化的营商环境,积极对接国际通行投资贸易规则,深入实施市场准入负面清单制度,加强知识产权保护,企业开办、施工许可、获得信贷等办理时间大幅压缩,企业用地、用电、物流等成本大幅降低。我们不断扩大山西的“朋友圈”,先后缔结国际友好城市 49 对、友好合作伙伴 86 对。1975 年以来共派出 55 批援非医疗队,1185 名队员在非洲大陆播撒了友谊的种子。我们愿不断加强对外交流合作,做大家的可靠朋友、真诚伙伴。与大家以诚相待、以心相交,携手前行,共享转型发展新机遇,共赢开放合作新未来!

(《山西日报》2019 年 2 月 27 日)

书写新时代工业高质量发展的山西篇章

——山西工业转型升级成果展综述

金秋十月,山西工业转型升级成果展在太原举行,6 天里,来自省内外各行各业的 2 万多名参观者在此感受我省工业领域巨大变化。我省电子信息、大数据、装备制造、新材料、消费品、绿色能源、绿色制造、新能源汽车、创新发展等 9 大领域,共 234 家企业 395 个门类的 896 件产品在此一一展示。其中,92%以上都是近 3 年来涌现出的创新产品。

“在这里我们感受到了全省工业领域科技创新带来的新变化和工业结构反转的铿锵步伐。”10 月 19 日,山西建投安装集团宋文帅和同伴们一起观展之后感受颇深。“我们正在为大学城的一个项目做 BIM 深化设计,这次和展会上几家创新型企业交流之后,特别受启发,准备将 BIM 和信息化技术、融媒体建设结合起来,在‘智慧工地 +’方面闯出些名堂来。”

一项项新产品、新技术、新应用展示了近年来山西推动“工业内部结构反转”的光辉历程,汇聚起推动新时代山西工业高质量发展的磅礴力量。

绿色能源产业不断壮大,未来实现“由大变优”

绿色是高质量发展的底色,更是人民对美好生活的向往。

绿色能源展厅从煤炭清洁高效利用及绿色能源发展两方面,展示了山西“不当煤老大、争当能源革命排头兵”的生动实践和不懈探索。

180 万吨煤制油示范项目顺利投产;循环流化床锅炉关键技术项目实现炉内超低排放;自主研发的钴基费托合成技术实现产业化,水煤浆气化合成热回收等关键技术领先全国。全省煤层气地面抽采量占到全国 90%以上,新能源发电装机容量突破 2000 万千瓦。山西能源产业的“含新量”“含绿量”得到不断提升。

8000 多辆新能源电动出租车成为太原街头一道亮丽的风景线。中国铁塔山西分公司则破解了电动车电池的“长寿密码”,将“退役”电动车电池用于通信基站,实现电池梯次利用,使新能源产业链得到进一步延伸。

“‘退役’的电动车电池其实还有很大一部分容量没有得到充分利用。”该公司技术支撑中心总监武晓华告诉记者,2018 年以来,中国铁塔山西分公司在全省完成新建或改造站点超过 8000 个,共计使用梯次电池 1.7 万组。2019 年该公司入选工信部第四批绿色供应链管理示范企业,山西由此在绿色供应链管理示范企业上实现了零的突破。

在阳煤化机展台前,观众纷纷和“晋华炉”模型合影。阳煤化机技术负责人仙运昌介绍,解决了全国“三高煤”气化难题的“晋华炉”3.0 开车至今已签约 31 台,给浙江一家客户的炉子正在制作中,“晋华炉”4.0 研发已在路上。

先进制造业引领工业增长,未来实现“由弱变强”

近年来,我省聚焦制造业转型发展,加快建设全国重要的现代制造业基地,推动形成多点产业支撑、多元优势互补、多极市场承载、内在竞争充分的产业体系,全力推动全省工业结构性反转。

太重自主化 350km 标准动车组轮轴批量进入市场,太钢成为世界上唯一可批量生产宽幅软态不锈钢精密箔材的企业，中车大同公司制造的“复兴号”动力车成功下线，华翔集团实现了国产铸件在商用冰箱压缩机行业零的突破。制造业领域精彩不断，好戏连台。

今年前三季度，全省规模以上工业增加值增长6.0%，非煤工业、制造业持续引领工业增长。煤炭工业增加值增长5.8%，非煤工业增加值增长6.4%，其中，制造业增长6.3%，向着高端、智能、绿色方向迈进，工业结构反转迈出坚实步伐。

装备制造业产业发展布局持续优化，形成轨道交通装备、煤机装备、新能源汽车制造等一批规模较大、产业链完整、技术先进的产业集群。侯马经济开发区入选国家级绿色示范园区，太钢不锈钢等11户企业成为国家绿色示范工厂，天脊硝酸磷肥等6个产品被评为国家绿色设计产品，全省大宗工业固废综合利用率由2012年的52%提升到2018年的68.54%。

煤矸石、粉煤灰等工业固废经技术处理不仅可以变为保温板、渗水砖等建筑材料、用于路基建设等，甚至可以变为坚韧耐撕的环保纸和洁白如玉的高端日用陶瓷。太原科技大学青年教师赵淑燕与5岁的儿子观展后，深有感触地说：“许多过去只存在于设想中的产品和技术如今已经变成了现实。让人在感慨山西工业飞速发展的同时，又产生时不我待的紧迫感。”她用手机记录下一项项新成果以及新展望。“我要把这些感触分享给我的朋友和学生，我辈还当更加努力，也希望我们的后辈更加有力量，共同为山西的崭新未来贡献力量。”

数字经济蓬勃发展，未来实现“由小到大”

位于大数据展厅入口处的自动驾驶微型巴士引发人们对未来的无限向往。智能环保大数据中心、智能安防、眼底智慧医疗诊断等大数据应用成果，助推绿色山西、平安山西、健康山西建设。

精英数智科技股份有限公司市场总监王宇向记者展示了“煤矿大脑”的神奇之处。该系统由精英数智、华为和煤科院共同打造，利用人工智能视频识别和分析技术，动态感知煤矿企业的重点场所、关键部位、特殊岗位的安全隐患。他轻移鼠标，大屏幕上场景变换，由掘进工作面变为持续运转的皮带，当皮带上出现异物、空转或跑偏时，“煤矿大脑”会迅速形成警示信息，并提醒管理人员进行纠正。通过不断升级完善，“煤矿大脑”现已可对20余个不同场景进行监测，守护煤矿安全。王宇自豪地说：“山西省有两家企业入围国家第一批专精特新‘小巨人’企业，精英数智就是其中之一。”

2018年，我省数字经济规模超过3600亿元，增速全国排名第9位，初步形成五大产业集群。新近出台的《山西省加快推进数字经济发展的实施意见》和《山西省加快推进数字经济发展的若干政策》为我省数字经济发展再加码，“网、智、数、器、芯”全面发力，到2022年，要使全省数字经济规模突破5000亿元，到2025年达到8000亿元。

10月18日，全省推进工业高质量发展大会为工业高质量发展明确了到2030年实现“三步跃迁”战略目标，确定了“三足鼎立”的产业格局和主要任务：以能源革命综合改革试点为引领，实现绿色能源产业“由大变优”；以提升产业基础能力和产业链水平为重点，实现先进制造业“由弱变强”；以数字经济和实体经济深度融合为导向，推动数字产业集群“由小到大”。

新起点上再出发，而今迈步从头越。承担着建设国家资源型经济转型综合配套改革试验区和能源革命综合改革试点的双重历史使命，三晋儿女奋勇前行，书写新时代工业高质量发展的山西篇章。

（《山西日报》2019年10月27日　晋帅妮）

转型发展再拓新局面

——山西推进高质量发展系列综述之一

8月初，2019年国家冶金科学技术奖揭晓。太钢集团“手撕钢”项目勇夺唯一特等奖。

历经700多次试验失败，攻克170多个设备难题、450多个工艺难题研发而成的“手撕钢”，与只有头发丝的1/20粗、被誉为“黑金”的高端碳纤维材料，是太钢集团向价值链高端攀登的见证，也是山西推动经济走向高质量发展的一个缩影。

建设资源型经济转型发展示范区、打造全国能源革命排头兵、构建内陆地区对外开放新高地，这是中央对山西的殷切期待。在省委的坚强领导下，山西正按照习近平总书记指明的方向，真正走出一条产业优、质量高、效益好、可持续的发展新路。

坚持供改与综改相结合的经济工作主线，以“三大目标”为牵引，山西走出改革开放以来最困难的时期，经济增速2017年以来连续10个季度保持在6%以上，全省经济发展稳中向好、经济结构持续优化、新旧动能转换加快，高质量转型发展不断开拓出新局面。

发展理念深入内化，转型发展进一步提质

全球首家煤基合成Ⅲ+基础油在潞安集团成功下线，阳煤集团成功制造出世界首台R-GAS煤气化炉，我国首个基于煤矿巷道压缩空气储能电站项目在同煤集团开工建设，晋煤集团柳林石西等煤层气勘探开发新区块相继点火出气……

上半年,省属国企喜报连连。

在大力推进布局优化和结构调整,加快发展非煤新兴产业的征程中,省属国企在通用航空、新能源、现代煤化工、新材料、装配式建筑、信息服务业、文旅产业等领域全面开花,取得突破性进展。

“上半年,省属国企利润同比增长32.6%,主要经济指标呈现‘7升2降’的良好态势。”省国资委主任郭保民说,顺利实现“双过半”后,省属国企正在由“开门红”向“季季红”“全年红”的目标挺进。

延续一季度的良好态势,上半年全省经济继续高开高走:实现地区生产总值8357.65亿元,同比增长7.2%,高于全国0.9个百分点,创6年来同期最好水平。在总量跃升至全国第20位的同时,增速也跃升至全国第10位,山西经济总量、增速实现“双跃升”。

近年来,山西将新发展理念内化于心,坚定不移把供改和综改相结合作为经济工作的主线,以“三大目标”引领经济发展各项工作,不因煤炭价格波动而动摇转型发展,不因增长压力大而放松生态环保倒逼,始终保持战略定力,持续传导转型压力,省委的工作指导不断转化为全社会的自觉实践。

沉甸甸的数字,体现了全省经济保持总体平稳、稳中有进的发展态势,彰显了山西在整体发展由“疲”转“兴”基础上的进一步拓展,在转型发展迈入正确轨道后的进一步提质。

“煤炭形势好的时候不想转,煤炭形势不好的时候转不了的‘怪圈’得以突破。”著名经济学者、山西师范大学校长杨军认为,通过积极践行新发展理念,探索产业优、质量高、效益好、可持续的发展新路子,山西转型发展的“含金量”“含新量”“含绿量”不断提升。

“在外部环境趋紧、环保约束强化的背景下,2017年以来山西经济增速连续10个季度均保持在6%以上。”杨军认为,增长速度始终保持在合理区间,说明我省经济增长成功突破了增长周期的底部徘徊波动,跟随国家步伐逐步迈入中高速增长的轨道。

以改促转不断深化,转型发展进一步提速

“上午提交了材料,没想到下午就在银行自助打印出营业执照。”回忆起6月底办理企业登记的情形,山西华夏易迅创业就业实训基地的翟宁洁不停地感慨。

由“跑断腿”到“一天办”,得益于今年6月省市场监管局与6家银行合作开启的政银合作助推企业发展新模式。困扰市场主体多年的商事登记和金融服务“最后一公里”的打通,正是我省持续深化以改革促转型的一个生动诠释。

“资源型经济转型是一个世界性难题,也是山西在新时代肩负的重大历史使命。”山西财经大学工商管理学院院长卫虎林说,我省认真贯彻习近平总书记视察山西重要讲话精神,坚持贯彻新发展理念,坚持将改革作为推动转型的根本动力,着力破解制约发展的结构性、体制性、素质性矛盾和问题,开启了转型发展的新征程。

坚定“改革决不能落后”的决心,我省在主线上确立以改促转,将供改和综改建设结合,作为经济工作的主线贯穿到转型发展的全过程全领域。在目标上彰显以改促转,确立“三大目标”,以此塑造山西新优势新动力新形象。在举措上奋力以改促转,推动财税体制改革、国企国资改革、开发区改革、企业投资项目承诺制等基础性引领性改革进入全国“第一方阵”,出台支持民营经济发展“30条”,构建起推动转型发展体制政策的“四梁八柱”。在导向上体现以改促转,在干部考核中加大了改革的权重,同时着力激活和大力培育全社会因长期资源依赖而挤出的市场意识和创新精神。

能源革命综合改革试点加快推进,综合改革试点制度框架正在全面搭建;企业投资项目承诺制改革深入推进,开发区实现一般工业项目“拿地即可开工”;开发区改革创新持续深化,“九通一平”基础设施和公共服务平台建设稳步推进;“放管服效”改革扎实推进,全省企业开办时间降至5个工作日内……

“聚焦重点领域,瞄准关键环节,长期以来制约山西转型发展的难题逐一被破解。”卫虎林表示,全力推动落实一批中央及省委作出新部署和要求的重大改革,持续深化一批具有基础性和牵引性的重大改革,巩固提升一批已形成山西特色和亮点的重大改革举措,起到了以改革“一子落”带动转型“满盘活”的生动局面,推动了转型的进一步提速。

结构动力持续优化,转型发展进一步提效

打造电子信息及其装备、装备制造及汽车、生物医药及食品、新材料及加工4个千亿级产业集群,形成创新引领、配套齐全、集群化发展、占据产业链高端的战略性新兴产业和高新技术产业体系,政策体系构建和“一网通办”改革也走在全国前列。这是成立短短两年多,山西转型综改示范区交出的一份亮丽答卷。

3年累计退出煤炭过剩产能8841万吨基础上,今年全省将再退出煤炭过剩产能1895万吨。截至今年上半年,全省煤炭产业先进产能占比已经达到68%。省发改委宏观研究院助理研究员张兴毅表示,2016年以来,我省持续深化供给侧结构性改革,坚定不移化解煤炭过剩产能,在全国率先实施煤炭减量化生产,为改善煤炭市场供求关系做出了重要贡献。

新兴产业强势崛起,煤炭产业走上“减、优、绿”之路。在新旧动能加速转换过程中,全省产业结构持续优化中,转型发展进一步提效。

省委十一届五次全会将2018年确定为转型项目建设年,通过扩大有效投资,优化投资结构,以投资结构带动经济结构调整,全力推动现代产业体系在山西的构建。2018年,全省固定资产投资完成6050亿元,转型项目投资占比达到62.1%,其中新兴产业投资完成额占全省转型项目投资比重达到90%。

在今年的深化转型项目建设年中,全省继续围绕产业转型、基础设施、科技创新、生态环保、民生改善等领域,谋划实施一批打基础、利长远、补短板、增动能的新项目、大项目、好项目,不断夯实转型基础,增强发展后劲。

围绕“中国制造2025”战略，我省大力培育轨道交通、重型机械、通用航空等先进装备制造业和新材料、新能源汽车、大数据等产业集群。

“上半年，全省制造业增加值增长7.5%，装备制造业增长9.3%，均明显快于规上工业增速。”省统计局总统计师、新闻发言人卫永杰表示，随着工业结构加速反转，“煤炭大省”正在向“制造强省”迈进，“一煤独大”正走向“多元支撑”。

新业态、新模式蓬勃兴起，新产业、新技术不断涌现；增长有速度、有质量，发展有活力、有动力。山西新动能的星星之火已成燎原之势，正深刻改变着产业结构、重塑着经济增长格局，成为新时代山西经济发展的新引擎。

（《山西日报》2019年9月3日　常慧忠）

对外开放再上新台阶

——山西推进高质量发展系列综述之二

老陈醋、小杂粮，岢岚的“薯宴”、太谷的饼……8月29日，带着浓浓晋风晋味儿，2019年山西品牌中华行活动挺进贵阳。30家山西农业产业化龙头企业、300种特色产品，向各界客商讲述魅力十足的“山西品牌”故事。2013年起从北京启程的山西品牌中华行，已举办61站活动。

今年4月、6月，山西品牌丝路行成功举办俄罗斯、西欧两站活动。2015年以来，山西品牌丝路行从匈牙利出发，走进欧洲、东盟、北美、中东、南亚等地区40多个国家，与山西品牌中华行并行发力，激活国际国内两个市场两种资源，共同打造山西开放新名片。

品牌通达世界，开放勇开新局。近年来，山西以习近平总书记视察山西重要讲话精神为根本遵循，全面拥抱“一带一路”建设等战略机遇，加快构建内陆地区对外开放新高地，以更高水平的开放促进改革发展，激活转型综改一池春水。

拥抱“一带一路”　晋商故里快步走向世界

“柬埔寨国家体育场的夯基工程是咱公司完成的！”

8月29日，山西金宝岛基础工程公司总经理、柬埔寨山西商会会长文波在金边与记者视频连线时说。

响应“一带一路”倡议，文波早在2014年就带领公司“乘船出海”，到印尼、柬埔寨等东盟国家寻找商机。2017年8月，我国迄今对外援建规模最大的体育场——柬埔寨国家体育场破土动工，金宝岛公司承接了该项目的夯基工程。两年过去，体育场主体结构已封顶。文波深感自豪。他说：“能够参与‘一带一路’建设，为中柬友谊做出贡献，是我们的骄傲！”

山西是“一带一路”大商圈的重要组成部分。山西人从不缺乏开放的精神。

从武夷山到恰克图，万里茶路曾见证了晋商“纵横欧亚九千里，称雄商界五百年”的开放传奇。40年前，雁门关外的安太堡露天煤矿成为中国第一家中外合资企业，被誉为中国改革开放的“试验田”。如今，山西改革开放乘着“一带一路”东风继续前行。

山西深度对接国家大战略，深化对外经贸、科技、人文交流合作，进一步融入全球产业链、价值链、创新链。

去年9月，山西在德国举行经贸人才合作恳谈会。会上，山西引进33名外籍专家、高端人才，晋企与欧洲企业签下31个合资合作项目，将晋欧经贸和智力合作提升到更高水平。今年6月，在法国，晋煤、潞安、太钢等企业与阿海珐集团、施耐德电气等签署多项合作协议，晋欧合作再结硕果。8月28日，中国（山西）·日本经贸与人文合作恳谈会在东京举行，晋、日双方企业和机构签订27个投资、贸易、技术合作项目协议和框架协议。

山西不断加快国际产业合作园区建设。在“天堂岛”毛里求斯，晋非经贸合作区正在打造的高端现代金融服务业园区，吸引了法国、南非、印度等国40多家企业入园，国际化程度在我国海外园区中首屈一指。今年7月，“一带一路”（祁县）中小企业特色产业合作区经工信部批复设立。山西还启动了中欧（晋中）、中以（大同）国际产业合作园区建设，打造内陆地区国际合作新平台。

一组组数字，见证着山西走出去的成果——

2018年以来，有1100多家（次）晋企赴海外参加国际展会，33个文化交流团组前往葡萄牙、毛里求斯等10余个国家进行交流，山西科研人员与18个国家和地区开展了101项科技项目联合研究。截至目前，晋企分别在50个国家和地区投资设立企业。国际友城、友好合作伙伴分别达到53对、94对，“朋友圈”遍布五洲四海。

完善开放基础　构建高水平开放新格局

气势恢弘的车站站房，晚霞中工人架设高铁接触网的美丽剪影，由车站伸向远方的钢轨……

即将竣工的大同南站是大同这座千年古城融入高铁时代的起点，也是晋北对外开放的新载体。今年年底全线通车的大（同）张（家口）高铁，将从这里出发，搭载晋北人民融入环渤海经济圈，缩短山西与京津冀的时空距离。

8月27日，大同市民张永自豪地说：“从大同到张家口仅用40分钟，到北京仅用100分钟，大同离首都更近了！”

近年来，山西不断优化提升“铁、公、机”，加快建设“岸、港、网”，以高水平对外开放集聚转型新动能。

在晋东南，太焦高铁预计2020年通车，成为山西又一条出省大通道。今年年内，雄安至忻州高铁将力争开工建设，打通山西对接雄安新区的大通道。

一架架远程客机从太原武宿国际机场冲向云霄。2018年下半年起,山西开辟的新航线首次跨越洲际,联通悉尼、圣彼得堡、芝加哥,架起开放发展的“空中桥梁”。

“以前去澳洲旅游,必须到北上广转机,现在从太原直航,省时省力省钱!”太原市民周浩说。

太原机场作为对外开放新门户,不断释放开放效应。2018年,机场旅客吞吐量达1358万人次,全国大型繁忙机场地位进一步巩固。目前,太原机场正有序推进三期改扩建前期工作,打造高水平枢纽机场。与此同时,山西以太原机场为龙头,大力推动航空口岸开放。

今年7月,五台山–曼谷航班通航,五台山机场成为省内第4个对外开放的航空口岸。口岸开放为忻州及周边的朔州、阳泉群众出国旅行带来便利,带动了出入境客流增长。

“来五台山观光的泰国客人明显更多了。”五台山机场总经理刘学新介绍,截至8月21日,五台山机场飞曼谷航班22班次,客座率超过95%,预计年底运送旅客2.5万人次。

此外,大同、运城航空口岸有望今年获批,实现正式开放。

口岸开放带动了临空经济发展。

在靠近太原机场的太原国际邮件互换局,一个个国际包裹被送到传送带上安检、查验、分拣,经海关办理通关手续后发往海外。太原国际邮件互换局于去年11月启动运营。依托互换局,今年前7个月,太原市国际及港澳台快递业务出口量累计达204.87万件,同比增长897.41%,累计拉动跨境电商出口交易额超过2.4亿元,出境目的地覆盖英、德、法、意、日等国家和地区。

爱好海淘的太原市民刘玫说,有了互换局,太原往来海外的邮件能在本地通关,“海淘更方便快捷了。”

空中航线连世界,地上班列载商机。

距太原机场10多公里的中鼎物流园内,满载不锈钢、轮对、精密铸件等“山西制造”的中欧班列驶离站台,沿着丝路驰向中亚和欧洲。截至8月11日,我省累计开行中欧中亚班列130列。山西华翔集团多次向德国发运精密铸件。总裁王渊说,搭乘中欧班列,物流速度快了,综合成本降了,公司产品的国际市场竞争力更强了。

信息化时代,山西大力构建对外开放的网络支撑。6月23日,山西转型综改示范区国际互联网数据专用通道开通,为跨境电商、服务外包、国际物流等产业发展铺设了“信息高铁”,将有力促进外向型产业集聚。

打造“六最”环境 培育投资兴业的热土

北方功能食品产业园是山西转型综改示范区晋中开发区2018年引进的新兴产业项目,近期实现一期完成、二期启动。记者了解到,该项目受益于承诺制改革,实行开工前“零审批”,项目从立项到开工时间缩短到一个月以内,从开工到20万平方米标准化厂房封顶仅仅用时6个月,为企业节省了1亿余元的成本。产业园总经理雷向国说:“有了承诺制,我们对项目前景更有信心了。”

以开放促改革,在改革中扩大开放。山西大力推动开发区、审批制度、商事制度等重大改革,打造审批最少、流程最优、体制最顺、机制最活、效率最高、服务最好的“六最”营商环境,培育投资兴业热土。

山西向项目审批事项多、环节多、办理成本高等顽疾“开刀”,在全国率先开展企业投资项目承诺制改革试点,实行无审批管理。一般工业项目实现“全承诺、零审批、拿地即可开工”,改革力度在全国领先。

据省发改委负责人介绍,以前,“编、报、评、批”等耗费了企业大量时间和费用成本。改革后,企业自行办理事项由以前的30项缩减为最多8项,缩减约80%。政府统一服务由10项增加为14项,至少可节约60天左右,再加上对承诺事项并联办理,全省项目立项到开工时间平均缩短一半以上。

深化“放管服效”改革,让数据多跑路、群众少跑腿。

2018年,山西形成了网上办一次办清单,总体压缩比达51%,绝大多数省直部门审批事项实现了全国审批时间最短。山西去年还将企业开办时间压缩至5个工作日。全省实现“三十证合一”,全面推开“证照分离”改革,用营业执照一把钥匙打开准入准营两扇大门。

营商环境的优化,为全省开发区“二次创业”注入新活力。截至目前,全省批设省级及以上开发区64家,工业类开发区规划面积达到了2015年底的11.3倍,初步形成了装备制造、电子信息、生物医药、食品农产品加工、新材料、现代服务业等一批产业集群。

栽下梧桐树,引得凤凰来。

省商务厅相关数据显示,全省累计直接利用外资300多亿美元,现有外资企业600多家。外商投资企业对转型发展的贡献度不断提高。

开放潮声正激越。山西将以更加开放的胸襟、更加包容的姿态,与世界互联互通、精彩互动。

(《山西日报》2019年9月4日 张巨峰)

能源革命再谱新篇章

——山西推进高质量发展系列综述之三

煤炭清洁燃烧试验平台点火启动、储能生产线启动……

8月27日，大同市氢都新能源产业城重点项目集中投产。素有“煤都”之称的大同市正向“氢都”“新能源产业之都”华丽转变。

以大同市为代表，山西摁下了能源转型的“快进键”，全省能源供给质量持续改善，能源消费结构更趋合理，能源关键技术取得突破，能源体制机制改革迈出新步伐，能源开放合作空间进一步拓展，能源革命迈出坚实步伐，推动经济转型升级不断拓展新局面。

“不当煤老大争当排头兵”，是山西推动转型发展的重大思路，是全省能源领域一场全方位、深层次、历史性的革命。按照省委决策部署，我省牢牢把握中央赋予山西开展能源革命综合改革试点的发展机遇，认真落实国发42号文件和我省行动方案，在煤炭去产能、减产量、提高先进产能占比、推动清洁高效利用、提升新能源装机比重、攻关能源领域关键技术、深化电力和煤层气体制改革、扩大能源领域开放合作等方面进行积极探索，力争在能源革命重点领域率先破题，走在全国前列。

煤炭行业“减”“优”“绿”，加速构建绿色多元能源体系

经过60米高的熔炉煅烧、数百公里长的管道“桑拿”，过去的劣质煤，变身为5条高科技产业链、180个型号的精细化学品。潞安集团让高硫煤“变废为宝”，实现了“吨”煤到“升”油到“克”化学品的价值提升，为山西乃至全国探出了一条煤炭清洁高效低碳利用的新路。

“煤炭产业在全省经济中处于举足轻重的地位，煤炭产业能否实现高质量发展，对于实现能源革命的战略目标意义重大。”

经济专家贾亚军表示，我省推进煤炭行业坚定走“减”“优”“绿”之路，大力化解过剩产能，注重抓好减量置换和减量重组，持续提高先进产能占比，推动清洁高效安全发展。

三年来全省累计退出产能8841万吨，原煤产量连续两年退居全国第二。目前全省先进产能占比达68%，比去年年初提高26个百分点；建成同煤大唐塔山等23座国家级绿色矿山，明确了10座省级绿色开采试点煤矿；推进煤炭洗选行业提档升级，原煤洗选率超过70%；运行燃煤发电机组全部实现超低排放改造，经验做法在全国推广。

“全省煤层气地面抽采量占到全国90%以上，新能源发电装机容量突破2000万千瓦，光伏领跑者发电规模全国第一，氢能产业加快布局，全省能源供给体系初步实现了由单一煤电向光伏、风电等多轮驱动转变。”贾亚军信心满满。以争当全国能源革命排头兵为契机，我省大力发展清洁能源，加速构建绿色多元能源供给体系。

“首次开拓浙江送电市场，实现‘晋电入浙’零的突破。今年上半年，全省外送电量444.07亿千瓦时，同比增长7.76%，晋电外送再创新高。”省电力公司工作人员冉涌欣喜地说。

不断加强晋电外送通道建设，促进新能源消纳，实施“煤电并举”，是山西在能源革命中的重大举措。我省主动与河北、天津等受电省份沟通协商，探索省间合作新模式。依托晋北——江苏特高压外送通道，探索燃煤机组和新能源机组按一定比例打捆外送的方式，扩大了省内清洁能源外送。

能源消费“双控”，广泛开展煤改电、煤改气

“既要温暖，也要蓝天，我们的生活越来越好。”

在过去的这个采暖季，清徐县王答乡马家庄村66岁村民杜占梅，亲身感受到了煤改电为百姓带来看得见、摸得着的实惠。

清洁供暖是民生工程。2018年我省完成90万户煤改电、煤改气和集中供热改造任务，全省热电联产集中供热率近70%，城市(含县城)集中供热普及率超过90%。太原、阳泉、长治等城市划定禁煤区，全面完成城市散煤清零任务。

“大同灵丘30万千瓦风电供暖试点示范项目一期10万千瓦供热站建成投产，实现了从燃煤送暖到风电送暖的重大转变。”冉涌说。

我省着力破除能源体制机制束缚，开展煤改电居民采暖用电与新能源发电企业市场化交易试点，去年全年完成交易电量3.5亿千瓦时，占煤改电用户用电量的90%以上。

“严格控制能源消费总量，建筑节能标准不断提高，绿色交通体系加快形成，节能产品广泛应用，智慧能源、多能互补等新业态新模式不断涌现，煤改电、煤改气等清洁能源替代广泛开展……”

省社科院国际学术交流中心侯晓斌表示，“清洁化、低碳化”如今正成为我省能源消费的新“名片”。

7月8日，根据安排，省能源局对能耗“双控”目标未达到序时进度的大同、吕梁、晋中、晋城、临汾和运城6市进行约谈。

“2018年我省单位GDP能耗比上年下降3.23%，完成全年下降3.2%的目标任务。”省能源局副局长侯秉让话语坚定。

实行能源消费总量和强度“双控”行动，是我国推进生态

文明建设,解决资源约束趋紧、环境污染严重的一项重要措施。我省分解下达能源总量和强度“双控”目标,严格执行能耗限额标准,强化节能预警调控,按季发布节能目标完成情况晴雨表,各市采取有效措施,完成年度“双控”目标任务。

蓝白相间的车身、宽敞舒适的空间、没有马达的轰鸣……太原街头的比亚迪纯电动出租车形成了一道清新亮丽的风景线。8200余辆出租车整体迈入“电动”时代,太原市成为全球首个实现纯电动出租车的城市。目前,临汾、长治、忻州等市城市公交车全部实现纯电动化,全省新能源城市公交车近8000辆,占公交车总量约60%。

不断推进科技创新,跳出能源发展能源

“2018年,晋能科技海外市场出货量在全年出货量中占比超过40%,2019年的这一数字有望超过50%。”晋能科技总经理杨立友自豪地说。

6月4日,一年一度的SNEC光伏盛会在上海举行。作为光伏产业前沿技术的风向标,晋能科技向业内重点展出了高效多晶、高效单晶PERC与超高效异质结HJT三大尖端技术,引爆全场。

去年9月,世界目光再次聚焦山西。我省成功举办2018年太原能源低碳发展论坛和中国(太原)国际能源产业博览会,在奏响能源革命强音的同时,一项项能源领域关键技术引得与会人员赞叹不已。

“我省立足于破解能源产业发展的关键技术瓶颈,大力推进核心技术研发、先进技术引进和关键技术应用示范,出台了一系列关键政策,不断推进能源科技创新取得突破性进展,不断抢占能源转型变革先机。”

省委党校副研究员王卫红表示,一批能源领域重大科技项目落地实施,一些重大关键技术已取得重要进展,我省能源关键技术交出耀眼“成绩单”。

潞安集团180万吨煤制油示范项目顺利投产。循环流化床锅炉关键技术项目实现了炉内超低排放。乏风瓦斯减排技术开发项目建成了全球最大的乏风氧化利用发电站。自主研发的钴基费托合成技术实现产业化,石墨烯、碳化硅、水煤浆气化合成热回收等关键技术领先全国。

“我省跳出能源发展能源,积极延伸能源产业链条。”王卫红说。吉利、比亚迪等7户企业新能源汽车项目相继建成投产,初步形成了包括整车制造、关键零部件、充电设施制造及建设、新能源汽车示范运营在内较为完整的新能源汽车产业链。

王超团队是我省今年重大专项“弃风电力制氢能源互联网的研究与示范”的合作方之一。中北大学材料学院王超教授和他的团队研发出“膜电极和催化剂”,这是燃料电池的关键材料。今年,省科技厅5个与“氢能”有关的重大科技项目都在如火如荼地推进中。

时间镌刻下奋斗者的坚实足迹,见证着筑梦人的不平凡历程。

山西,正坚定担当起新的历史使命,时不我待、只争朝夕,勇往直前、阔步前行,实现从“煤老大”到全国能源革命排头兵的跨越。

(《山西日报》2019年9月5日　张　毅)

推进新时代“山西制造”供给侧结构性改革探究

制造业作为“立国之本、强国之基”决定着一个国家的综合实力和国际竞争力。近年来,我国不断深化供给侧结构性改革,坚持重点发展制造业,2018年年底召开的中央经济工作会议指出要推动制造业高质量发展,这更加明确了我国从“制造大国”向“制造强国”转变的方向。山西省作为北方传统重化工业城市,在钢铁、重型机械等制造业领域具备传统产业优势,尤其是随着2015年以来供给侧结构性改革的推进,山西省制造业逐步去库存、去产能,取得了阶段性的发展。2019年4月公布的《中国省域竞争力蓝皮书》中,山西省的排名出现大幅度增加,排位上升了4位,这表明山西作为传统能源大省,在供给侧结构性改革和国资国企改革的双重利好下,发展自身比较优势,取得了较好的成绩。

根据山西省统计局公布的数据,2018年山西省规模以上工业企业实现利润总额1355.9亿元,比上年增长34.0%;其中制造业实现利润总额582.8亿元,增长45.7%,制造业占全省工业比重较上年提升了2.1个百分点。不仅如此,我省政府工作报告中明确将“聚焦实施创新驱动,推动制造业高质量发展”作为2019年要做好的一项重点工作任务,努力打造山西省为制造强省。“山西制造”逐渐成为山西省的一张新名片,供给侧结构性改革也正在逐渐助力山西省建设全国重要的现代制造业基地。近年来,在落实供给侧改革方面我省制造业也进行了深层次的实践,表现在以下几个方面。

第一,去产能,不断深化产业转型。我省严格落实中央去产能要求,一手抓淘汰落后产能,一手抓改造与发展,不断提升企业档次,提高产业效率,形成传统产业、新兴产业良性发展的局面。一方面,优化资源配置,集中力量进行装备制造业调整和振兴;另一方面,大力推进转型项目建设,比如太重新建了高速列车轮对组成关键件生产基地,拥有了世界上技术最先进、自动化与智能化水平最高的车轮、车轴生产线,并且新建了大型铸锻件国产化研制基地,满足了公司主机产品大型化、重型化、高端化发展需要。

第二,去库存、降成本,全面推进精益管理,持续提质增效。我省制造业落实供给侧结构性改革,以顺畅资金循环、提高资金使用效率、降低成本费用为重点,在制度上进一步严

格“山西制造”的完工与销售标准，并开展控预投、去库存、促验收、保回款以及降成本等一系列工作，有效提升制造业企业的资金使用效率，改善企业经济运行质量。

第三，去杠杆，优化企业融资结构。面对国家债转股政策的推进和山西国企国资改革的重大机遇，直接融资占比提升将是近几年资本市场发展的大趋势，我省充分把握这一历史性机遇，通过发展直接融资的方式降低杠杆水平，优化融资结构，缓解资金紧张、债务高企等问题，有效促进企业转型升级。

第四，补短板，创新驱动“山西制造”。“创新”是“山西制造”持续发展、深化发展的根本，是企业实现“二次创业”的最大依靠和驱动。近年来，我省制造业从体制机制创新、产品结构调整、品牌质量建设、创新人才培养、国际化战略推进等方面坚持不懈走内生增长、创新驱动的转型升级之路。比如太重通过科技创新驱动新的生产力，研制了世界最大的75m³露天矿用挖掘机，制造了520t铸造起重机、225MN、235MN铝挤压机等，开拓了新的市场方向。2019年我省经济工作会议中确定的“六项重点任务”中，第一项就提出“优先发展制造业，在创新驱动发展上迈出更大步伐”，这也为“山西制造”转换成“山西智造”提供了科技和创新支撑。

2019年第一季度中国制造业采购经理指数（PMI）为50.5%，这表明了中国制造业正在逐渐恢复增长。在加快制造业高质量发展、促进我国工业化发展实现新阶段的过程中，我省也在着力重点发展制造业。我省2019年第一季度的数据显示，制造业同比增长8.3%，其中装备制造业增长11.1%，优先发展制造业已经成为山西省推动转型的重要抓手。推进新时代“山西制造”供给侧结构性改革可以从几个方面发力：注重大数据的应用，将“智慧山西”提到发展的重点，现在我省已经推动出台全省数字经济发展实施意见和人工智能、信息安全、传感器三个特色数字产业发展规划，将数据平台应用到生产制造中；注重产业链的转移，将制造业提升到产业链的中高端，用科技创新来增加制造业产品的附加值，提升产品的国际竞争力；注重人才的吸引和培养，制造业向“山西智造”转变的过程中必然要依赖高级技能人才，通过对优秀人才的引进和培养，从而实现技能溢价，带动整体产业水平的提升和整体技术含量的提升，从根本上提升我省综合发展实力；注重产品“走出去”，在当前环境下，要强调对于国外市场的探索，鼓励制造企业进一步扩大出口，更广泛的使用出口信用保险，使企业具备走出去的信心，才能倒逼企业增强产品竞争力，真正实现“山西制造”向高质量制造产品的升级。

因此，在供给侧结构性改革的推动下，我省要抓住新的机遇期努力实现“山西制造”的高质量发展，为创建制造强省添砖加瓦。

（《山西日报》2019年5月10日　武汉祥　雷　涛）

山西旅游供给侧结构性改革

山西省是我国重要的能源基地，也是旅游资源大省。近年来，旅游业正在迅猛成长，2014年至2017年，山西省旅游总收入年均增长率高达23.5%，旅游业已成为山西经济增长的重要引擎和资源型经济转型的重要着力点。

同时，山西旅游业也正在面临产品供需错位、产业效率偏低、竞争力不足等问题，需缓解旅游供需结构性矛盾、培育旅游业发展新动力和转变旅游业发展方式。要以推进旅游供给侧结构性改革为主线，着力锻造黄河、长城、太行三大旅游新品牌，加快构建山西文化旅游大格局升级版。

推动产品体系升级，引领旅游需求扩容与升级。在当前旅游需求扩容与升级的宏观形势下，高品质、特色化休闲度假旅游产品和新业态旅游产品相对短缺，这是山西省旅游产品供给中的突出问题，并在一定程度上导致人均旅游花费水平不高、有效旅游供给不足等一系列问题。为了适应和引领旅游需求的休闲化、体验化、品牌化发展趋势，一方面，应重点打造休闲度假旅游产品及新业态旅游产品，丰富山西省旅游产品体系，实施对传统旅游产品的改造与升级，推动旅游产品向品牌化、高层次化升级，增强旅游核心吸引力。另一方面，要通过进一步丰富休闲娱乐旅游项目、加强旅游商品研发、设计与推广，延伸旅游产业链条，提升旅游产品和服务品质，来适应和引领旅游需求升级，推动山西旅游业向全产业链化、高品质化发展。

依托特色优势产业，推动旅游业跨界融合发展。作为综合性和关联性很强的产业，旅游业的不断发展必将使其与其他产业之间的边界趋于模糊，与其他产业之间的融合程度不断深入。推动旅游业与其他产业融合发展，既能够催生旅游发展新业态和新模式、推动旅游业由景点旅游向大旅游格局转变；又有助于充分发挥旅游业的经济功能和社会功能，进而有力地促进山西省资源型经济转型。一方面，应依托山西省文化旅游资源大省的天然优势，贯彻“以文促旅、以旅彰文、和合共生”的融合发展理念，推进文旅融合发展，大力培育文化遗产旅游、旅游演艺、传统技艺、古村落旅游等文化旅游新业态，深入挖掘文化旅游产品的内涵，增强文化旅游产品的参与性、体验性和娱乐性。另一方面，还应积极推动旅游业与特色农业、先进制造业、现代服务业、医疗保健等行业融合发展，培育农业旅游、工业旅游、康养旅游、红色旅游、自驾游等旅游新业态，扩大有效旅游供给。

整合社会优势资源，促进旅游业要素配置升级。在当前旅游需求升级和旅游市场竞争日趋激烈的形势下，以要素驱动和需求拉动为动力的粗放式规模扩张模式已经难以适应旅游业发展的需要，面对产业效率偏低、竞争力不足等问题，推动旅游业向创新型、高效化发展已成为旅游业优质发展的核心要义。一方面，各个行业、各个部门与游客之间旅游信息的及时、有效沟通与共享，是提升旅游服务质量和游客体验质量的重要保障，尤其是在当前旅游需求向散客化、高品质化发展的形势下，应高度重视旅游信息化建设，持续推进“互联网＋旅游”发展。二是应从加强先进技术设备引进、打造高素质人才队伍等方面采取综合措施，来促进旅游业生产要素配置升级和全要素劳动生产率提升，进而提升山西旅游经济发展质量；而政府、旅游企业、旅游院校、其他企业和部门等社会主体的共同参与和密切合作能够为其提供重要保障。

依托“三大板块”战略，推动区域旅游联动发展。打造黄河、长城和太行三大旅游板块是山西省促进全域旅游发展的重要战略部署，也为山西省优化旅游业空间布局和推动区域旅游联动发展创造了重要机遇。一方面，由于各区域之间在资金、技术、旅游人才等资源和要素的供需关系方面存在差异，应通过构建区域旅游协作网络，加强各类资源和要素在各个区域之间优化配置，合理使用各类资源和要素，提升山西旅游业的全要素劳动生产率。另一方面，伴随着“三大旅游板块”战略的逐步推进和交通基础设施的完善，必将促使沿黄地区、太行山和长城沿线区域旅游业快速发展，进而推动山西旅游业空间格局逐步向集群化、网络化发展，应利用这一战略契机，加强在旅游产品开发、旅游线路组合和旅游市场营销等方面的区域联动与合作。

强化政府服务功能，推进旅游业政策体制革新。旅游业的有效运作高度依赖于旅游产业及整体国民经济体系的政策体制环境。一方面，旅游业与国民经济中诸多行业之间存在密切联系，对旅游业的管理也要强调部门联合和跨界协同，应加强旅游资源、土地、财政、科技、金融等行业管理机构与旅游经营部门之间的沟通、协调与配合，实现对旅游产业的多部门联动、跨界协同管理，推动旅游管理体制向部门综合联动方向发展。另一方面，多区域、多部门、多行业社会主体的积极参与，必须以明晰的产权制度、合理的参与机制和利益分配机制为保障，应通过旅游业政策体制革新，为社会大众参与旅游业发展创造更加开放、高效、有序的政策体制环境，为促进旅游业优质发展提供政策制度保障。

（《山西日报》2019 年 10 月 21 日　王冠孝）

脱 贫 攻 坚

一、综述

2019 年山西省脱贫攻坚工作

2019 年是山西脱贫攻坚任务最艰巨、决战决胜的一年。省委、省政府深入贯彻落实习近平总书记关于扶贫工作的重要论述和视察山西重要讲话精神，紧盯攻坚深度贫困重点，集中解决“两不愁三保障”突出问题，着力强化巩固提升和风险防范两大支撑，高位推动、持续发力，分类指导、统筹推进，年度减贫任务顺利完成，脱贫攻坚决战决胜。剩余 17 个贫困县（16 个国家扶贫开发工作重点县、1 个省级扶贫开发工作重点县）全部脱贫摘帽，剩余 918 个贫困村全部退出，23.9 万人脱贫，贫困发生率降到 0.1%以下。贫困地区农村居民人均可支配收入为 9379 元，比上年增加 1129 元，增长 13.7%。贫困地区农村居民人均可支配收入增速比全省农村居民人均可支配收入增速高 3.9 个百分点，比全国贫困地区农村居民人均可支配收入增速高 2.2 个百分点，增速在全国 22 个中西部省（市、区）中位列第一。

产业就业“两业”并举，夯实根本支撑。特色农业扶贫，完善提升“五有机制”（村有产业、有带动企业、有合作社，户有项目、有技能），省级出台支持农业龙头企业 10 条政策，认定省市县三级扶贫龙头企业 426 家，扶贫农民专业合作社 448 家，吸纳贫困劳动力务工 2.41 万人、带动 23.46 万贫困户。选聘产业指导员 10749 人，覆盖 9931 个村。消费扶贫，“五进九销”助销农特产品 48.14 万吨、23.36 亿元，带动 49.2 万贫困户。光伏扶贫，“十三五”第二批 23.2 万千瓦村级电站全部建成并网，总规模达到 294.84 万千瓦，居全国第二，惠及 8512 个村（其中贫困村 6077 个，非贫困村 2435 个）、36.39 万贫困户。电商扶贫，县级服务中心贫困县实现全覆盖，村级服务点覆盖 6575 个贫困村，带动 15.9 万贫困人口。旅游扶贫，依托黄河、长城、太行三大旅游板块，全面推进 300 个示范村建设，累计带动 16.1 万贫困人口。培训就业扶贫，实施全民技能提升工程，培训贫困劳动力 4.54 万人，转移就业 9.27 万人。

易地搬迁、危房改造“两房”同建，保障住房安全。易地扶贫搬迁 1502 个集中安置点全部竣工，入住 45.7 万人（建档立卡 35.2 万人、同步 10.5 万人），入住率 96.9%，搬迁建设任务基本完成。危房改造 6.9 万户（建档立卡 1.95 万户、非建档立卡 4.95 万户）。饮水安全建设工程 4962 处，21.9 万人（建档立卡 4.4 万人、非建档立卡 17.5 万人）饮水安全问题基本解决。

生态、生计“两生”共赢，实现增绿增收。持续推进“五大项目”，58 个贫困县退耕还林 48.1 万亩，兑现农户补助 7.1 亿元。造林绿化 258.3 万亩，带动 3.1 万贫困人口。森林管护 3.08 万贫困护林员人均增收 7000 元。经济林提质增效 65.5 万亩，带动 14.1 万贫困户户均增收 550 元。建设生态庄园 513 处，打造经济林高效管理示范园 300 多个。

基础教育、基本医疗“两基”并重，阻断致贫源头。义务教育，应劝返 529 人全部复学。新建改造乡镇寄宿制学校 508 所，完成“全面改薄”任务。各阶段贫困家庭学生应助尽助。基本医疗，村卫生室 1035 所建设达标、1245 所配齐设备，为 149 个村配齐合格村医。规范落实“三保险三救助”“双签约”“一站式”结算等政策，2019 年以来贫困人口住院 75.6 万人次，综合保障比例达到 90%。

农村低保、扶贫开发“两线”衔接，筑牢兜底保障。农村低保保障标准省级提标 360 元，全省平均 4760 元，43.55 万贫困人口享受政策扶持，符合条件的贫困老年人、贫困残疾人和重病患者应保尽保。

一、强化责任担当,始终保持五级书记抓扶贫强劲态势

省委、省政府坚决贯彻落实习近平总书记关于脱贫攻坚的系列重要讲话和重要指示批示,始终把脱贫攻坚作为重大政治任务,落实脱贫攻坚一把手负责制,持续保持攻坚态势。骆惠宁同志8到临县、3住农家,楼阳生同志逐县听取攻坚深度贫困汇报、亲自协调解决问题,履职省委书记第一个工作日即召开市委书记会议,重点强调脱贫攻坚政治责任。林武同志调研指导2019年17个计划摘帽县全覆盖。省委常委会、省政府常务会13次专题研究脱贫攻坚工作,省脱贫攻坚领导小组3次全体会、23次专题会逐项落实工作任务。调整充实省领导小组,成员单位增加到50个。专项扶贫"双组长"制领导组从8个增加到10个。省委两轮脱贫攻坚专项巡视覆盖10个市58个贫困县。省委脱贫攻坚督导组人员轮换、驻地轮换,划片包市、常年督导,工作延续到2021年上半年。五级书记遍访贫困对象,党政领导落实"双签"责任书,出台强化省直单位脱贫攻坚主体责任10项措施,省级部门年度目标责任考核加大专项扶贫赋分权重。脱贫攻坚成效考核纳入年度目标责任和市县党政主要领导考核体系,各市、县委书记向省委述职脱贫攻坚工作。

二、紧盯短板弱项,集中解决"两不愁三保障"突出问题

坚持目标标准,统筹整合各方力量,全面起底排查、全力对标提升、全程跟进落实。省脱贫攻坚领导小组出台《山西省关于解决"两不愁三保障"突出问题的实施意见》,市县和省直部门联动、线上线下同步摸排,省直牵头部门出台工作方案,明确工作标准、任务清单和支持政策,已达标县重点提高达标率和达标成色,未达标县重点推进基础设施建设和设备人员填平补齐,逐村逐户查漏补缺。控辍保学强化分类施策,基本医疗注重软硬件协同,危房改造做到保质保量,饮水安全突出建管并重,确保全面达标、全面过硬、全面提升。"三保障"工作按月集中通报、全年常态化约谈、年终成效考核,各类问题实现静态清零。

三、聚焦重点难点,坚决啃下深度贫困"硬骨头"

持续加大政策、资金、项目、帮扶向深度贫困县倾斜支持。紧盯10个深度贫困县脱贫摘帽,持续推动"一县一策"落地见效。中央和省财政专项扶贫资金投入23.06亿元,占到县资金的39.3%;省级扶贫周转金安排1亿元,占资金总量的20%;地方政府债安排3.64亿元,占总量的20.6%。人工造林30.6%、退耕还林29%、光伏扶贫19.6%重点布局到10个县。省级15家新增帮扶单位全部安排至深度县。10个县贫困发生率下降到0.45%。紧盯3350个深度贫困自然村整村搬迁,省政府出台《关于做好易地扶贫搬迁后续扶持工作的实施意见》,坚持六环联动、闭环推进,统筹解决"人钱地房树村稳"七个问题。截至2019年底完成整村搬迁3345个、整村拆除2647个、复垦1785个,土地增减挂交易5.59万亩、104.68亿元。紧盯28.47万深度贫困人口兜底保障,符合条件贫困人口参保率100%。建成农村老年人日间照料中心6681个。临时救助18.7万人次。落实残疾人"两项补贴",补助生活困难22.8万人、重度残疾31万人。

四、落实"四个不摘",巩固拓展脱贫攻坚成果

顺应扶贫格局变化,把防止返贫和巩固提升放在突出位置。建立返贫预警机制。持续推进动态管理常态化,紧盯识别贫困户、认定返贫户、纠正错退户、清退错评户、确定脱贫户"五个重点",按季度动态管理。2019年新识别贫困人口1.2万人,认定返贫人口193人。排查脱贫不稳定户7.7万人、边缘易致贫户4.7万人,动态监测、跟踪帮扶。开展脱贫人口回头看。以动态管理常态化为基本制度、驻村帮扶干部为基本力量、"三保障"突出问题和项目资金工程大排查为基本切入点、贫困监测和舆情监测为基本手段,对脱贫攻坚"回头看""回头帮",全省排查整改脱贫人口"两不愁三保障"问题1.6万户。深化改革创新。推广以返贫险为基础的"一保通"扶贫保险。全省84个县已推广返贫险,44个县开展"一保通"。做实驻村帮扶。坚持做到派驻力量、帮扶投入、驻村时间、管理力度"四个不减",深入开展村情民意走访、基础工作巩固等"六大行动",帮助解决问题18.9万个,引进帮扶资金17.43亿元,实施万元以上项目6046个。推进贫困村提升。分类推进空心撤并、退出达标、巩固提升、典型示范四类村,投资58.03亿元,在5220个村实施项目10602个。防范化解风险隐患。对2014年以来各类扶贫工程项目开展风险隐患大排查大清底,发现整改隐患项目1096个。与人民网合作,对涉贫舆情适时预警、一周双报、分类研判、及时处置。深化扶贫扶志。深化政策、教育和典型引导,落实"有志想做、有事可做、有技会做、有钱能做、有人领做"的帮扶机制。推广"一网三超"社会扶贫,设立爱心扶贫超市4090个、帮扶65万人,项目扶贫超市1710个、受益85.5万人,开设夜技校8414个,培训贫困村创业致富带头人12853人,自主创业3526人,带动3.34万贫困人口。

五、持续深化整改,坚决把问题解决在过程中

聚焦中央巡视、省委专项巡视、国考省考、督导检查、扶贫审计中发现问题,一体整改、全面落实。排查问题举一反三。实行"点办理、批处理",梳理问题整改工作清单和市县"一对一"问题清单,省直部门横向联动,省市县乡村纵向贯通,建立台账、对账销号。国考反馈7方面41条问题、省考反馈195条问题、督导发现356条问题、中央巡视对照自查3146个问题全部整改完毕。跟踪问效深化整改。市县旬报告、省直部门月调度、省委督导组重点督导,对整改全程监督、全程管理、全程指导。建立问题整改提级验收、跟踪督办和督导考核制度,重点问题逐月交办、逐月督办,整改成效列为常态督导、年度考核重点。倒查责任推进落实。将脱贫攻坚

问题整改列入"不忘初心、牢记使命"主题教育两批专项整治重要内容,紧盯不落实的事,问责不落实的人。省领导小组召集38个省直单位主要负责人集体谈话,集中约谈省考综合评价一般且存在突出问题的6个县,专题约谈计划摘帽县、易地扶贫搬迁项目县主要负责人,常态化约谈扶贫资金、建档立卡数据存在突出问题的10个县。

六、严格监督管理,确保扶贫资金项目绩效

强化财政涉农资金统筹整合,增加金融资金投放。持续加大扶贫投入。2019年各级财政扶贫投入153.21亿元,其中专项扶贫资金133.11亿元,增长11.4%。统筹整合资金使用,明确"负面清单",2019年整合150.6亿元。扶贫再贷款64亿元。58个贫困县单列土地计划指标2.82万亩。严格规范资金监管。紧盯资金分配、项目建设、公告公示、拨付进度和监督管理关键环节,严格落实"两个一律"要求,公告公示项目1.85万个;到县资金102.7亿元全部拨付;项目库储备项目8.8万个、837亿元。扶贫资产管理加强。省政府出台《关于进一步加强扶贫资产管理的意见》,建立"四明确五规范" (即明确资产管理范围、类型、职责、收益分配,规范登记、确权、管护、盘活、处置)的管理制度,确保安全运行、保值增值、集体和群众长期受益。防范扶贫小额信贷风险。对到期贷款、逾期贷款、"户贷企用"存量贷款,及时稳妥处置。2019年为7.98万贫困户发放38.14亿元,逾期率0.38%,低于全国平均水平。

七、聚力真抓实干,以作风攻坚促进脱贫攻坚

落实"基层减负年"要求,盯紧人、盯牢钱、盯住事,持续强化作风建设。培训提升能力。省级抓示范、市级抓重点、县级广覆盖,培训各级扶贫干部1300期、41.4万人次。减轻基层负担。严控会议文件,省级考核精简合并,实地考核评估不交叉重复,督导以暗访为主,不打招呼直奔基层。扶贫信息与行业部门共享共用,线上采集为主,减少填表报数。深化作风治理。出台集中整治脱贫攻坚中形式主义、官僚主义20项措施,解决政绩观错位、问责泛化等问题。落实廉洁扶贫、阳光扶贫要求和贫困县约束机制,坚决纠正扶贫对象识别退出、资金项目安排等问题,严肃查处形象工程、政绩工程。坚持严管厚爱。提拔使用1374人,表彰奖励2637人次。评选推荐脱贫攻坚奖,4名个人、1个集体获全国脱贫攻坚奖,80名个人、30个集体获全省脱贫攻坚奖。强化驻村帮扶属地在编管理,调整召回120人。开展扶贫领域腐败和作风问题专项治理、漠视侵害群众利益问题专项整治,定期通报典型案例。营造浓厚氛围。扶贫日开展"尽锐出战、决战决胜"主题活动,举办脱贫攻坚成就网络展。出版《掷地有声—山西第一书记故事》(第二部),《一个不落》入选国家精品电影。中央媒体报道973篇,省内媒体报道1.8万篇。凝聚攻坚合力。26家中央在晋定点扶贫单位投入引进8.4亿元,实施万元以上项目543个。全国人大专题调研,省人大审议脱贫攻坚报告,省政协视察监督、专题协商。驻晋部队每个团以上单位结对帮扶一个贫困村。统一战线"百千百"工程、共青团助学助困等"五项工程"、省妇联"三晋巾帼脱贫行动"助力脱贫攻坚。2410家民企投入累计37.64亿元,帮扶5540个村。2309个社会组织帮扶3.26亿元,实施项目546个,受益13.6万人次。

(省扶贫开发办公室　刘源源)

二、文件及调研报告

山西省人民政府办公厅《关于进一步加强扶贫资产管理的意见》

(2019年9月26日)

各市、县人民政府,省人民政府各委、办、厅、局:

为进一步加强和规范我省扶贫资产管理,巩固提升脱贫攻坚成果,确保扶贫资产保值增值,发挥长期效益,经省人民政府同意,提出如下意见。

一、总体要求

(一)指导思想。全面贯彻落实习近平总书记关于扶贫工作的重要论述,坚持精准扶贫、精准脱贫基本方略,全面梳理"十三五"以来扶贫资金形成的资产,进一步发挥扶贫资产效益,巩固提升脱贫攻坚成果,确保打赢打好脱贫攻坚战,为全面建成小康社会奠定坚实基础。

(二)工作目标。摸清全省"十三五"以来扶贫资产底数,对扶贫资产所有权一次确权到位,纳入国有资产及农村集体资产管理体系。进一步明确经营权、收益权、监督权、处置权等,提高资产收益,实现保值增值。(三)基本原则。坚持群众受益原则,引导贫困户参与扶贫资产确权、管理、监督等;坚持因地制宜原则,针对不同资产类型,采取相应的经营和管理模式,做到科学管理;坚持安全高效原则,加强监管,防范资产闲置、流失、损失、浪费等;坚持公开透明原则,扶贫资产确权、运营、后续管理及收益分配等,实行全过程公告公示,接受社会监督。

二、工作内容

(一)资产管理内容。扶贫资产是指使用各级财政专项扶贫资金、统筹整合财政资金、易地扶贫搬迁资金、用于脱贫攻坚地方政府债务资金、行业帮扶资金、金融扶贫资金、社会帮扶资金等投入扶贫领域形成的基础设施、公共服务、产业发展(资产收益)以及易地扶贫搬迁类资产等,不包括明确到建档立卡贫困户的资产。

(二)资产管理类型。基础设施类,包括道路交通、农田水利、供水引水、电力及网络设施等;公共服务类,包括教育、文化、体育、卫生及综合服务等;产业发展类,包括农林牧业产业基地、生产加工设施、旅游服务设施、电商服务设施、光伏电站、村集体入股的市场经营主体及其他经营性资产等;易地扶贫搬迁类,包括新建住房、配套设施、公共服务设施等。

(三)资产管理职责。扶贫项目建设结束验收合格后,从交付使用、运行管理、效益发挥到滚动发展等全过程实行资产管理。按照所有权与监管权相统一、受益权与管护权相结合的原则,县级人民政府要统筹管理县域内所有扶贫资产,制定完善相关制度,加强资产归属、使用、经营、维护、收益、处置等指导。县级行业主管部门和乡村两级要管好用好确权的所属资产。

(四)资产收益分配。收益类扶贫资产,要按照群众参与、村提方案、乡镇审核、县级备案的流程,由村集体研究提出扶贫资产收益分配使用方案,经村民会议或村民代表会议讨论决定后报乡镇人民政府审核,最后报县级行业主管部门备案。扶贫资产收益除用于帮扶老弱病残等缺乏劳动能力的贫困人口外,可用于发展壮大村级集体经济及公益事业等。资产收益的分配要确定到村到户比例,到户的要坚持现行标准稳定脱贫,不平均分配,不人为造成非贫困户与贫困户之间的差距。光伏扶贫电站项目收益分配使用,按照村级光伏扶贫电站收益分配管理有关规定执行。

(五)资产登记。对"十三五"以来扶贫资金形成的资产,按照《山西省推进农村集体产权制度改革实施方案》有关要求进行清产核资,分类、分项、分年度登记资产明细,全面建立扶贫资产动态监管台账。此项工作由县级人民政府统筹安排,在2020年6月底前完成。

(六)资产确权。在全面清产核资、登记造册的基础上,所有扶贫资产一次确权到位。确权到村的扶贫项目资产,产权归属村集体,纳入农村"三资"管理;教育卫生等领域扶贫资产,按照教育卫生体制改革要求确定产权归属;使用财政扶贫资金入股形成的资产,按规定及时办理资产移交,实施主体准确界定适合量化的资产,界定结果由县级人民政府确定的部门审核。对于产权不明晰的,由县级人民政府按照相关规定和项目实际情况,确定产权归属。

(七)资产管护。扶贫资产登记确权后,要建立相应后续管护制度,明确管理主体,落实管护责任。对于基础设施、公共服务和易地扶贫搬迁类资产,属行业部门管护的,由相关行业部门落实责任单位和责任人;属村集体管护的,由村集体落实具体管理责任人,管护力量不足的可通过公益岗位等形式落实。县级尤其要加强对村集体资产的监管。

(八)资产盘活。对长期闲置、效益差甚至亏损的扶贫资产,管护主体要立足当地实际,盘活用好扶贫资产。基础设施类和公共服务类资产,该利用的重新启动使用,该报废、拍卖的依法依规报废拍卖;产业发展类资产,要坚持市场导向,积极对接相关经营主体,通过股份合作、业务托管、合作经营及改制重组等方式,提升资产运营管理水平和盈利能力。

(九)资产处置。对扶贫资产的转让、拍卖、置换、报损、报废等处置,要按照国有资产及农村集体资产管理的有关规定,进行资产评估并履行相应的报批手续,处置结果在本行政区域内公布,处置收入纳入村集体(或单位)收入统一管理,统筹安排使用。

三、保障措施

(一)强化责任落实。各地、各部门要统一思想,加强统筹协调和督促指导,抓好落实。市县两级人民政府要落实主体责任,按照"问题找准、举措谋实、限期解决"的要求,统筹部门、乡、村的工作力量,按照职责分工建立资产台账,落实工作任务,强化监督管理,将扶贫资产管理工作做实做细,努力提升资产使用效益。

(二)建立长效机制。要进一步完善扶贫资产核算、登记、运营、收益分配和处置等相关管理制度,建立健全扶贫资产管理长效机制,确保扶贫资产安全运行、保值增值。要重点关注扶贫资产管理中遇到的新情况、新问题,加强研究,分类指导,做到"早发现、早预防、早整改"。

(三)加强监督管理。对扶贫资产管理中发现的侵占、挪用、哄抢、私分、截留、损坏、挥霍浪费等问题,要严肃追究相关责任人责任,造成损失的责令赔偿,构成犯罪的依法追究刑事责任。将扶贫资产管理纳入财政扶贫资金绩效管理,作为年度资金分配及常态化约谈的重要依据。

(四)注重宣传引导。各地、各部门要采取多种方式加强正面宣传引导,体现扶贫资产带贫益贫的扶贫属性,动员广大群众积极参与扶贫资产管理和运营,在管好用好扶贫资产各个环节中营造良好的社会氛围。

各市县要结合实际,制定本级扶贫资产管理实施方案,并报送省脱贫攻坚领导小组办公室备案。

2019年全国脱贫攻坚奖山西获奖对象

一、奋进奖：

郭志强　山西省长治市壶关县石坡乡南平头坞村党支部书记兼村委主任

二、贡献奖：

贺星龙　山西省临汾市大宁县徐家垛乡乐堂村卫生所医生

三、奉献奖：

李安平　山西振东健康产业集团有限公司董事长

四、创新奖：

姚建民　山西省农村专业技术协会理事长

五、组织创新奖：

山西省产业扶贫工作站

山西省人力资源和社会保障厅　山西省扶贫开发办公室 关于表彰2019年全省脱贫攻坚奖的决定

各市脱贫攻坚领导小组、人力资源和社会保障局、扶贫开发办公室，省直各部门，省军区政治工作局，各人民团体：

2019年是全省脱贫攻坚决战决胜的关键之年。在省委、省政府的坚强领导下，全省上下深入学习贯彻习近平总书记关于扶贫工作的重要论述和视察山西重要讲话精神，以“打不赢脱贫攻坚战，就对不起这块红色土地”的态度和决心，高位推动，尽锐出战。在脱贫攻坚的生动实践中，贫困地区广大干部群众自强不息、拼搏奋进，各级各部门开拓创新、担当作为，社会各界广泛参与、倾情奉献，涌现出一大批情系贫困群众、忠于扶贫事业、勇挑攻坚重担的先进集体和个人。

为表彰先进，激发全社会更加广泛深入地参与支持脱贫攻坚，经省脱贫攻坚领导小组同意，省人力资源和社会保障厅、省扶贫开发办公室决定授予王翠萍等20名同志“全省脱贫攻坚奋进奖”，授予冯毅等20名同志“全省脱贫攻坚贡献奖”，授予马长江等20名同志“全省脱贫攻坚奉献奖”，授予冯海岗等20名同志“全省脱贫攻坚创新奖”，授予阳曲县医疗集团等30个单位“全省脱贫攻坚组织创新奖”。

希望受表彰的先进集体和先进个人珍惜荣誉、再接再厉，进一步发挥示范引领作用，在脱贫攻坚中再创佳绩、再立新功。全省上下要以获奖者为榜样，学习他们不忘初心、牢记使命、忠于党的事业的政治品格，学习他们艰苦奋斗、自强不息、摆脱贫困的拼搏意志，学习他们情系群众、担当作为、为群众谋福祉的价值追求，学习他们守望相助、无私奉献、扶贫济困的大爱情怀，学习他们积极进取、勇于探索、改革创新的开拓精神，不忘初心，牢记使命，咬定目标，苦干实干，为决战脱贫攻坚、决胜全面小康而努力奋斗！

附件：2019年全省脱贫攻坚奖获奖名单

山西省人力资源和社会保障厅
山西省扶贫开发办公室
2019年9月25日

附件：

2019年全省脱贫攻坚奖获奖名单

奋进奖（共20人，按姓氏笔画排序）

王翠萍（女）　长治市平顺县石城镇王家庄村党支部书记

尤金莲（女）　山西莲芯硒美农业科技开发有限公司董事长

石金平　临汾市蒲县山中乡山中村党支部书记

叶　青（女）　晋城市陵川县西河底镇秦山村党支部负责人

冯海荣　太原市阳曲县东黄水镇吉家岗村村委会主任

朱　义　朔州市右玉县杀虎口风景区马营河村党支部书记

任晋宝　临汾市古县北平镇贾寨村党支部书记

刘炯岩　朔州市山阴县恒兴农牧专业合作社负责人

闫学珍　吕梁市石楼县前山乡前山村原党支部书记

杨明明（女）　吕梁市临县森宝农产品专业合作社负责人

吴秋会　晋城市阳城县东冶镇枪杆村党支部书记

张中强　长治市武乡县贾豁乡副乡长兼古台村党支部书记
武志锋　忻州市五台县豆村镇东柳院村党支部书记
周永平　运城市夏县埝掌镇北坡村党支部书记
赵蛇则　忻州市保德县南河沟乡中赵家塌村村民
赵得宝　大同市新荣区破鲁堡乡黄土口村党支部书记
郭千寿　阳泉市平定县岔口乡红岩岭村党支部书记
董慧勃(女)　运城市平陆县众达花椒合作社负责人
韩效兵　晋中市榆社县北寨乡水磨头村党支部书记
潘　廷　大同市阳高县大白登镇潘寺村党支部书记

贡献奖(共20人,按姓氏笔画排序)

冯　毅　省住房和城乡建设厅派驻河曲县前川乡南也村第一书记
任　伟　省基督教"三自"爱国运动委员会派驻隰县黄土镇上庄村第一书记
刘文军　山西财经大学派驻武乡县故城镇西渠村第一书记
刘金虎　晋能集团派驻石楼县包村工作队队长
孙英浩　国家应急管理部派驻阳高县狮子屯乡后营村第一书记
孙清清　临汾市尧都区交通运输局派驻刘村镇北段村工作队副队长
李　伟　晋中市住建局派驻榆社县云簇镇云簇村第一书记
李　俊　省粮食和物资储备局派驻永和县打石腰乡冯家山村第一书记
李云飞　山西省特色产业扶贫工作领导小组办公室科长、原省农业农村厅派驻临县大禹乡前阳塔村第一书记
李春泽　山西日报报业集团派驻静乐县段家寨乡永安镇村第一书记兼工作队队长
李雪梅(女)　山西省工商业联合会扶贫与社会服务部部长
杨　剑　太原市纪委监委挂职娄烦县庙湾乡党委副书记
宋俊杰　省委办公厅派驻吕梁市临县林家坪镇新民村工作队队长
张俊光　省国资委派驻兴县康宁镇安家庄村第一书记兼包村工作队队长
张彩霞(女)　太原市水利工程质量与安全监督站派驻娄烦县杜交曲镇程家岭村第一书记
高姗姗(女)　共青团中央派驻灵丘县红石塄乡边台村第一书记
郭爱斌　中共沁县县委副书记、政法委书记
常国平　临汾职业技术学院派驻大宁县曲娥镇黑城村原第一书记
崔　贵　朔州市委宣传部派驻山阴县下喇叭乡刘家窑村第一书记兼工作队队长
翟纪亭　中共平陆县委副书记、县脱贫办主任

奉献奖(共20人,按姓氏笔画排序)

马长江　运城职业技术学院董事长
王俊峰　山西黄土坡煤业集团有限公司党委书记、董事
王庭良　晋中市榆社县天生农牧发展有限公司董事长
木玉梅(女)　忻州市繁峙县晋鲁诺佳食品有限公司总经理
许雪梅(女)　晋城市陵川县乡土人家农业综合开发有限公司董事长
李　政　大同市浑源县政通有限责任公司董事长
李志国　山西绿源康达肉类食品有限公司董事长
李玲义　太原市市场监督管理局退休干部
李　亮　吕梁市交口县韦禾农业发展有限公司董事长
宋四清　山西九州天润道地药材开发有限公司总经理
张连水　临汾市乡宁县云丘山有限责任公司董事长
张明忠　大同泰瑞集团总裁
张福田　忻州市五寨县隆泰煤焦化有限责任公司董事长
段忍刚　山西宇泽包装制品有限公司总经理
贾峰耀　山西省吕梁市文水县人民武装部职工
高三元　吕梁市中阳县厚通科技养殖有限公司总经理
桑英姿(女)　山西晋婆婆农业开发有限公司董事长
梁余妮(女)　长治市平顺县麦丰农业电子商务有限公司总经理
葛才贵　大同市灵丘县平型关义工联合会会长
雷秉义　山西平遥牛肉集团有限公司董事长

创新奖(共20人,按姓氏笔画排序)

冯海岗　长治市壶关县扶贫开发办公室主任
刘晓辉　太原工业学院派驻保德县杨家湾镇石洼村第一书记
闫斌胜　中共方山县委副书记、县脱贫攻坚领导组常务副组长兼办公室主任
米小飞　大同市就业指导中心派驻阳高县罗文皂镇平山村第一书记兼工作队队长
江　洋　太原市建设工程质量监督站派驻娄烦县杜交曲镇新建村第一书记
李元海　省文旅集团资产管理有限公司派驻偏关县包村工作队队长
李淑辉　关帝山国有林管理局副局长、静乐县挂职科技副县长
李慧芳(女)　省农业农村厅派驻临县包村工作队队长
杨彬彬　晋中学院派驻左权县羊角乡武家坪村第一书记兼工作队队长
张耀翔　太原市扶贫办驻村帮扶工作小组组长、太原市委第28批驻村帮扶工作队娄烦大队队长
陈　川　阳泉市水利局派驻平定县柏井镇多乐沟村第一书记
范先红　省卫生健康委派驻繁峙县金山铺乡农发村第一书记兼工作队队长

庞　君　中共阳高县委副书记、统战部长
郑有文　省农村信用社联合社派驻临县包村工作队队长
赵开成　交通银行大同分行副行长、浑源县挂职金融副县长
姚俊峰　山西银保监局派驻娄烦县米峪镇乡白刁岭村驻村工作队队长、米峪镇乡党委挂职副书记
郭　伟　临汾市蒲县住建局派驻黑龙关镇黎掌村第一书记
窦兴华　临汾市吉县果树科技研究所所长
裴石明　省国家税务局派驻石楼县寨子上村第一书记兼工作队队长
魏　东　中国重汽集团大同齿轮有限公司派驻天镇县新平堡镇保平堡村第一书记兼工作队队长

组织创新奖（共30个，按行政区划排序）
太原市阳曲县医疗集团
大同市脱贫攻坚指挥部办公室
朔州市右玉县林业局
省人力资源和社会保障厅农民工工作处
忻州市妇女联合会
中共河曲县委组织部
吕梁市扶贫开发办公室
吕梁市交口县扶贫开发办公室
吕梁市临县城庄镇第一书记电商扶贫工作站
中共山西省纪律检查委员会山西省监察委员会第八监督检查室
晋中市和顺县脱贫攻坚领导小组
晋中市左权县寒王乡
阳泉市郊区西南舁乡
长治市武乡县脱贫攻坚领导小组
国网山西省电力公司长治供电公司
晋城市泽州县脱贫攻坚领导小组办公室
临汾市公安局交通警察支队
临汾市蒲县“道德银行”领导组办公室
中共运城市委组织部
运城市垣曲县脱贫攻坚领导小组办公室
山西省省级机关服务中心
省农业科学院农业技术推广处
省商务厅市场建设处
省红十字会赈济救护部
省中华职业教育社社会服务部
忻州师范学院扶贫实习支教管理处
山西农业大学“三农”服务中心
人民银行太原中心支行货币信贷管理处
晋煤集团产业扶贫办公室
运城军分区政治工作处

厚植生态底色　做足脱贫成色
推动黄河流域贫困地区高质量发展

——山西省黄河流域高质量发展调研报告

黄河是中华民族的母亲河，保护黄河是事关中华民族伟大复兴的千秋大计。山西作为黄河中游省份，强化流域生态保护，推动流域地区高质量脱贫，对于黄河中游干流水土流失控制，黄河中下游生态安全保障，黄土高原水土流失治理，促进区域经济社会实现绿色发展、可持续发展、高质量发展，具有重要战略意义。

一、现状与现实：生态脆弱和深度贫困高度重合

黄河全长5464公里，山西段总长965公里，流经4市19县，其中12个是贫困县，分别为忻州市的偏关、河曲、保德，吕梁市的兴县、临县、石楼、柳林，临汾市的永和、大宁、吉县、乡宁以及运城市的万荣县。

现实之一：黄河流域是生态脆弱区。这些县位于黄土高原地区，梁峁起伏，沟壑纵横，地形破碎；属温带、暖温带大陆性季风气候，雨量少而集中。由于流域内土层疏松，加上过去多年的过度开发、毁林毁草，沿黄12个贫困县水土流失严重，生态环境脆弱的状况尚未得到根本转变。

现实之二：黄河流域是水土流失治理重点区。2011年，国务院出台《全国主体功能区规划》，除万荣县外，沿黄贫困县均列入国家“黄土高原丘陵沟壑水土保持生态功能区”；2014年我省出台主体功能区规划，明确这一区域为限制开发的重点生态功能区，为该区域经济社会发展、环境保护、生态建设、流域综合治理等的基本依据。

现实之三：黄河流域是扶贫开发重点区域。在12个沿黄贫困县中，有6个县属于我省确定的深度贫困县。贫困发生率高。12个沿黄贫困县共有贫困村1622个，建档立卡人口58.3万人，2013年底沿黄贫困区贫困发生率为29.8%，远高于全省平均水平13.6%，永和县、大宁县、石楼县等深度贫困县贫困发生率达到38%以上。致贫原因复杂。贫困人口中，老年人规模较大，其中18岁以下8.46万人，18-60岁35.6万人，60岁以上的达12.5万人；受教育程度相对较低，其中文盲2.9万人，小学16.9万人，初中21.5万人，高中3.0万人，大学以上1.9万人。贫困程度深，这些地方生态条件脆

弱、耕地质量不高、科教资源匮乏、产业支撑不足、基础设施薄弱、公共服务滞后,是贫中之贫、困中之困、难中之难,是最难啃的“硬骨头”。

现实之四:生态环境脆弱与深度贫困高度重合,相互交织。黄河流域贫困地区生态的极度脆弱加剧了区域的贫困落后,区域的贫困落后又直接制约生态建设的成效。历史和现实都在启示我们,解决好这一问题,是绕不过的坎、必须过的关。贫困的本质是发展不平衡不充分,根子是路径不恰当不精准,路径不转变,面貌难改观,发展不充分,脱贫也是低水平。打赢脱贫攻坚战、推动高质量发展,必须转变发展方式,摒弃过度开发模式,摆脱资源依赖路径,防范急功近利思想,走绿色发展、特色发展、持续发展的路子。必须把生态治理与脱贫攻坚紧密结合起来,山水林田湖草统筹利用,农林牧果菜药综合布局,农林文旅康养融合发展,让贫困地区贫困群众在新产业新业态新模式中增收脱贫。

二、路径与探索:以绿色发展统筹生态、生产和生计

党的十八大以来特别是2016年以来,山西省坚持以习近平总书记扶贫工作重要论述和视察山西重要讲话精神为根本遵循,把握“五位一体”总体布局、“四个全面”战略布局,以超常举措攻坚深度贫困,黄河流域贫困地区呈现出耕退林进、人退绿进,产业多元、增收脱贫的生机活力。截至目前,吉县等6县全部摘帽,其余县将于今年脱贫;1622个贫困村全部退出,贫困人口由58.2万减少到5836人,贫困发生率由29.8%下降到0.24%。

路径之一:生态扶贫促进增绿增收协调发展

习近平总书记视察山西时指出:“在生态环境脆弱地区要把脱贫攻坚同生态建设有机结合起来,这既是脱贫攻坚的好路子,也是生态建设的好路子。”我省认真落实总书记重要指示,党政齐抓,布局重点项目,创新机制体制,在一个战场上打赢脱贫攻坚和生态治理两个攻坚战。

项目联动,实现稳定增收。联动实施退耕还林、荒山绿化、森林管护、经济林提质和林产业增收“五大项目”,延伸产业链、提升价值链、构建脱贫链。退耕还林奖补,在国家每亩补助1600元的基础上,省级对贫困县配套补助700元,每亩共补助2300元。2017、2018年是退耕还林重点年份,黄河流域贫困地区两年分别完成退耕还林85.03万、122.13万亩,带动11.3万、14.64万贫困人口受益。造林绿化投工,具有造林绿化经验和一定经济实力的造林公司、社会组织和集体个人,创办领办的造林扶贫专业合作社,可采取议标方式,优先承担造林绿化项目,补助标准每亩800元。2017-2019年共完成人工造林任务332.45万亩,惠及2314个(次)合作社、6.33万名(次)社员,其中贫困户社员4.55万名(次)。森林管护就业,统筹生态公益林管护资金,聘用农村贫困劳动力成为生态护林员,每人每年补助6000元,60%以上管护岗位安排给贫困户。经济林提质增效、特色林产业增收,支持贫困县实施干果经济林提质增效项目,每亩每年补助200元,连续补助3年,依托新型林业经营主体开展资产收益扶贫试点。

创新机制,引导群众参与。创新机制,深化改革,使贫困群众真正成为生态建设的参与主体、受益主体。创新群众参与机制,造林项目由招标制改为议标制,由专业队实施改为合作社实施,采取能人领办、大户牵头、专业队改造等方式组建扶贫攻坚造林合作社,贫困县造林任务全部安排给合作社,以贫困社员数量确定造林任务。完善社员进退机制,提前下达任务,拉长造林时间,解决贫困群众参与率低的问题。完善收益分配机制,合作社以股份合作为纽带,贫困户既入股分红又务工挣钱,造林投资的45%以上作为劳务费,直接支付到户到卡,防止了简单以资分配,拖欠克扣群众劳务收入,侵害贫困户权益的问题。探索资产收益机制,发展以股份合作为主要形式的新型经营组织,支持贫困户以林地经营权、林木所有权、财政补助资金等入股发展林业产业,启动林业资产性收益试点,实现资源变资产、林农变股东、权益变收益。

深化改革,释放政策红利。坚持以改革促增绿、增绿促增收,把贫困户最大程度组织到生态产业发展过程中,充分释放改革带来的扶贫红利。林权改革添动力,深化集体林权制度改革,探索集体林地三权分置运行机制。落实集体生态公益林管护权,启动集体公益林国有林场托管,补偿收益和经营性收益归林农所有。资产收益增活力,发展以股份合作为主要形式的新型经营组织,支持贫困户以林地经营权、林木所有权、财政补助资金等入股发展林业产业,在9个县和省直林区启动林业资产性收益试点,实现资源变资产、林农变股东、权益变收益。盘活资源挖潜力,实施“小灌木大产业”战略,盘活野生沙棘、连翘资源,规划发展300万亩。依托优质森林景观资源,规划打造12个康养集群100处康养基地,推动生态脱贫、绿色发展。

路径之二:易地搬迁促进生态系统自然修复

黄河流域贫困地区部分贫困村生态脆弱,土壤贫瘠,资源匮乏,基础设施落后,村民生活生产不便、增收发展困难。针对“一方水土养不好一方人”的758个自然村,组织实施整村搬迁,目前305个安置点已全部竣工,748个村完成搬迁,入住率达99.18%,贫困人口搬迁对象已脱贫2.5户7.8万人,脱贫率达94.9%。下一步通过拆除复垦,人退绿进,荒山秃岭变绿水青山,并逐步成为脱贫增收的金山银山。

“六环联动”统筹全局,推进整村搬迁。精准识别对象,解决好“搬迁谁”问题,按照划定区域、确定村、确认搬迁户的程序,严格个人申请、村里公示、乡镇审核、县级审定等环节,做到户有明白卡、村有花名册、乡镇有档案、县级有台账,同时双签搬迁安置协议和旧宅拆除复垦协议。新区安置配套,解决好“搬得出”问题,科学规划选址,同步配套设施,签订包保责任状、制定奖励措施,促进搬迁入住。产业就业保障,解决好“能脱贫”问题。迁入迁出地统筹,建设特色产业园、扶贫车间,实施生态、旅游和光伏项目,开发公益岗位,每户至少一人就业。社区治理跟进,解决好“稳得住”问题。撤并旧村,搭建新的管理治理体系,确保议事有组织、办事有地方、纠纷有

人管、困难有人帮，融入新社区、开启新生活。旧村拆除复垦，解决好"群众权益"问题。出台拆除复垦奖补政策，保障搬迁户在农村土地、社保、财政转移支付等方面合法权益。生态治理修复，解决好"生态脆弱"问题。对旧村腾退和既有土地合理利用，对生态脆弱区退耕还林，增绿增收并重，生态生计统一。

"三管齐下"突破重点，确保搬迁成效。针对该搬不想搬、占新不腾旧、拆除复垦顾虑多等问题，实打实地解决实际问题打消群众顾虑。紧抓产业就业，捆绑使用扶持政策，退耕还林项目优先布局、光伏扶贫项目优先覆盖、经济林项目优先实施、资产收益项目优先安排、护林员岗位和城镇公益性岗位优先提供。保障老年群体，落实养老、低保、健康和残疾人等社会保障政策，配套建设养老中心、日间照料中心、卫生院(所)等。攻坚搬迁拆除复垦，完善新区配套设施建设，落实产业配套就业安置，促进搬迁入住。出台优惠激励政策，按期拆除的人均奖励1万元，自行复垦的再奖励0.5万元，引导拆旧复垦。

路径之三：新型业态促进生态环境价值重构

坚决贯彻落实习近平总书记对山西工作的重要指示要求，确立建设资源型经济转型发展示范区、打造全国能源革命排头兵、构建内陆地区对外开放新高地"三大目标"，开启了高质量转型发展的崭新历程。

发展光伏扶贫，推动产业重构，促进转型跨越。几年来，我省牢牢把握光伏扶贫首批试点重要机遇，充分利用光照资源，盘活荒山荒坡等未利用资源，借光增收脱贫，借光转型发展。加强顶层设计，全力推进实施。成立领导小组，完善政策体系，实施考核评估，全力保证光伏项目落地见效。目前，全省累计建成并网总规模294.84万千瓦，位居全国前列，黄河流域12个贫困县项目总规模达84.6万千瓦，共有1151座村级(联村)光伏扶贫电站、16座集中光伏扶贫电站建成并网。加强运维管理，规范收益分配。实施"五权分置"，理清权属关系，建立"扶贫部门管理、专业团队运营、智能系统监测"的管理运维构架，推广应用全国光伏扶贫信息监测系统，率先研发收益分配管理系统，突出村集体二次分配地位，以开发公益岗位、发展小型公益事业、奖励补助等形式带动群众增收。今年1月至11月，黄河流域贫困地区光伏收益20863万元，1380个村(占贫困村的85%)平均收益15.1万元，覆盖46289户。

发展旅游扶贫，发挥生态价值，促进绿色发展。2018年我省启动围绕"长城、黄河、太行"三大板块打造300个旅游扶贫示范村建设工作。出台示范村等级划分评价标准，推动示范村与新型城镇化、农业现代化、现代服务业融合发展，将贫困村的生态优势转变为经济优势，累计带动16.1万人增收。2020年将基本建成完整的旅游扶贫产业体系，形成完善的扶贫带动机制，成为旅游精准扶贫的典型示范、区域性的乡村旅游目的地、我省全域旅游的重要力量。

三、建议与思考：乡村振兴促进高质量发展

站在2020年全面建成小康社会的历史节点，全面审视推进脱贫攻坚，坚决贯彻落实习近平总书记重要指示和党的十九届四中全会新部署，坚决打赢脱贫攻坚战，巩固脱贫攻坚成果，实施乡村振兴战略，推动黄河流域高质量发展。

一是高质量打赢脱贫攻坚战。坚持解决好剩余人口脱贫和防止返贫致贫两手抓。高度关注剩余9000多户、2万左右贫困人口脱贫，确保脱贫的每一项政策都必须落到实处。把防止返贫致贫放到重要位置，完善事前预警、事中帮扶、事后跟踪的措施，防止新生贫困人口，防止大规模的集中返贫。

二是完善产业就业带贫机制。加大产业就业扶贫力度，持续发展光伏扶贫、电商扶贫、乡村旅游扶贫等新业态，培育带贫主体，深化产业融合，延长产业链条，推动产销衔接，深化消费扶贫，完善带贫益贫机制，拓宽就业渠道，重点发展吸纳能力强的劳动密集型加工业、服务业，推广"吕梁山护工"等好的做法，提高技能培训的针对性和劳务输出组织化程度。

三是全面深化易地搬迁后扶政策。突出培训就业，增技赋能，确保每个家庭有一个劳动力就业。统筹迁入迁出地资源，鼓励土地流转、土地托管等，增加经营性收入和财产性收入。保障搬迁群众各项权益，支持其享受城镇就业扶持、失业保障、低保等政策。健全完善集中安置区基层党组织建设和综合治理，确保权益有保障、就业有渠道、身份可融入。

四是推进扶贫扶志激发内生动力。要深入开展感恩奋进教育，推进文明乡风建设，建立完善子女孝亲敬老法律约束机制。强化依靠诚实劳动致富的正向引导，帮扶措施和群众参与相挂钩，规范公益岗位设置管理，坚决防止"泛福利化"。加强乡村治理，引导本土人才回归，培育创业致富带头人，解决"两委"主干老化、后续乏人等问题。

五是统筹衔接脱贫攻坚与乡村振兴。解决相对贫困问题放到城乡融合背景和乡村振兴总体框架下，及早谋划做好衔接。聚焦个体发展转变为支持多元主体合作发展，推进精准扶贫对象与乡村振兴主体有效衔接，大胆探索政府主导下多元主体共同参与的脱贫攻坚与乡村建设模式。日常性帮扶措施转变为常态化民生政策，将针对贫困户的扶持政策转变为对乡村低收入群体的常态化扶持政策，将兜底政策并入乡村振兴政策的民生领域，兜底保障与整体发展并进。福利性政策转变为提升乡村能力的发展性政策，部分扶贫政策整合优化为乡村发展支持政策。整合部分到村到户扶贫资源，全面改善乡村产业发展基础条件。

(省扶贫开发办公室)

三、中央领导的深情牵挂

整村搬出穷山沟 户户过上新生活

让贫困人口和贫困地区同全国人民一道进入全面小康社会，是我们党的庄严承诺，不管任务多么艰巨、还有多少硬骨头要啃，这个承诺都要兑现。

——习近平

窗花贴满窗，身上穿新装，跟习近平总书记的合影挂在客厅墙上……走进山西省忻州市岢岚县广惠园移民新村，刘福有、曹六仁、王三女3户家里，洋溢着搬迁后的喜悦。

“自打住进楼，活法都变了：每天勤洗脸、周周要洗澡，可讲究了。不想闲着，还在保洁公司找了份工作，每个月有1000多元工资，可好咧。”3户人家学着城里人样子，也买了好几盆花，白天搬上阳台，夜晚抱回房间，“好日子就是得香香的。”

2017年6月21日，习近平总书记来到岢岚县赵家洼村，看望了住在村里的这3户特困户。

总书记在赵家洼考察时指出，让贫困人口和贫困地区同全国人民一道进入全面小康社会，是我们党的庄严承诺，不管任务多么艰巨、还有多少硬骨头要啃，这个承诺都要兑现。他希望各级扶贫工作队员扑下身子扎实工作，在为贫困群众排忧解难中实现价值、增长才干。

一年半过后，寒潮初过，隆冬乍晴，赵家洼已然换了模样。

扑下身子实打实
“把习总书记的嘱托，化作攻坚决心”

山大沟深，坡陡地瘠，赵家洼是吕梁山集中连片特困地区的深度贫困村，一方水土养不了一方人。

全村只有一口井，顾喝就顾不了浇地；没有动力电，没通公交车。全村原本54户人家百十余口，但凡年轻点、有文化、有技术的都搬走了，到2017年只剩下6户13位老人，要么年老病缠，要么孤老单身。

要挖穷根，只得搬迁。然而，2016年3月，当县里向6户人家提出易地搬迁扶贫计划时，故土难离的13位老人却一口回绝：不搬。观念有冲突，想法不一致，赵家洼成了一块“硬骨头”。

啃下硬骨头，关键在干部。“把习总书记的嘱托，化作攻坚决心。”岢岚县委选调92名干部和72名新录用公职人员，全部充实到脱贫攻坚一线。陈福庆就是其中一员，担任赵家洼村第一书记。

见陈福庆住进了村，刘福有笑话他：“这个瞎沟，住的尽是七老八十的人，你来做甚？”陈福庆笑一笑，拿起扫帚扫起了刘家院子。

王三女家的重体力活，挑水、劈柴、锄地，陈福庆也担了起来。老光棍汉李虎仁的生活有了照应，吃水不愁，米面不缺。天下大雨，陈福庆为每户人家的房顶铺上塑料膜；赶上春耕，送来地膜、种子。

陈福庆的私家车成了乡亲们的“共享汽车”。王三女两个智障孙子被送进了忻州市特教学校，大娘想孙子了，陈福庆就开车带她去看；村里没有小卖部，谁家缺东少西，陈福庆一一记下，回城给买上；谁家有个头疼脑热，想进城看病，陈福庆召之即来。

实打实换心连心。老人们坦言：“怕住不起城里的楼、吃不起城里的菜，怕从此没了土地也就没了依靠，怕没个合适的营生养活不了自己。”

岢岚县委书记王志东和县委一班人，率队走进包括赵家洼在内的贫困村，为易地搬迁群众打气：“十二五”期间，国家给咱们易地搬迁人均建房和基础设施建设补助，加起来是5000元；“十三五”，又增加一项公共服务建设补助，总共3.88万元；省里也同步推出旧房拆除复垦奖补政策……

赵家洼的老人们，心动了。

排忧解难啃硬骨
“真是盖18床被子也梦不到这好事。还想啥？搬！”

深冬的黄土高原，风一刮就透骨，脚一踩满腿土。从阳坪乡政府到赵家洼的路，梁鑫爱已经记不清走过多少回……她是阳坪乡副乡长兼扶贫站站长，包村联系赵家洼。

“我给您再说道说道，搬进新居安置后，原来的土地经营权、林地经营权、集体资产收益权都不变。也就是说，地，您今后还可以种。如果将来赵家洼旧村要搞建设，土地补偿收益也还有您的份。”

金窝银窝不如土窝，6户老人还是舍不得。梁鑫爱用心做的，是帮老人们算好搬迁之后的日子账。“您家土地退耕还林后，国家补贴7500元，经济林合作社有2184元收益，养老金每月95元。”

2017年8月，县里派辆大客车，拉上贫困户去宋家沟移民新村——县城广惠园移民新村体验。眼见为实:不烧火,有暖气;水龙头一拧就出水,煤气灶一点就有火,马桶一冲就干净;全套家具配齐了……

“真是盖18床被子也梦不到这好事。还想啥?搬!”6户老人开始天天盼新居。

2017年9月22日,赵家洼在全县第一个完成整村易地扶贫搬迁。

刘福有跟保洁公司签了合同,月工资1050元,夫妻俩轮着做;曹六仁在玻璃棉厂干勤杂工,月工资2800元,压箱底的新衣服,现在天天穿着;王三女也做保洁,跟李虎仁住门对门,空闲了互相串门。

按照山西贫困人口医保政策,凡到县、市、省级住院,个人年度自付封顶分别为1000元、3000元、6000元。岢岚县还制定了24种重特大疾病集中救治、52种慢病服务保障计划,老人们没了后顾之忧。

撸起袖子一起干
“咱也要响应党的号召,建设好自己的美丽家园!”

扫院、剪权、割草、浇水,在鑫宇煤气化公司园林部,张秀清几乎没个停。节假日也不让自己闲着,骑上摩托带上老伴儿,回赵家洼护林巡山。

五十出头的张秀清,是赵家洼最后6户中最年轻的。家有一儿三女,出了两个大学生,因为上高中、上大学花费大,结果因学致贫。搬迁之后,他进了公司搞绿化,老伴儿担任村里护林员,两份工作加起来,一年最少收入4万元。“驻村干部告诉咱,习总书记在宋家沟新村讲过,希望乡亲们同党中央一起撸起袖子加油干,让好日子芝麻开花节节高。我还想让孩子大学毕业也回来一起干。”

老张的想法才起头,马家兄弟已经开始谋划。2018年12月10日,冒着零下25摄氏度严寒,马小飞开车近5个小时,再次回到岢岚。

36岁的马小飞,是赵家洼村第一批走出去的年轻人。大学毕业后,他凭着吃苦耐劳,几番拼搏,在内蒙古鄂尔多斯市开了一家文旅策划公司。弟弟马龙飞两年后也走出赵家洼,在山西各地拜师学艺,想要独立开家面馆。

虽说各走各的路,可马家兄弟却一直惦念着赵家洼。2016年,弟弟龙飞带着媳妇回到家乡,如今已在县城里开起一家小面馆。哥哥小飞手笔更大,2016年公司一创立,就设计出从鄂尔多斯到岢岚县的第一条旅游线路,游客年年增长,2018年已达4000人次。

马小飞还把和他一样远走他乡的46名年轻人拉进“赵家洼——永恒的情谊”微信群,天天聊家乡、日日盼变化。这次他回乡,就是要专门为赵家洼做一份旅游策划方案,“我是在赵家洼入的党,咱也要响应党的号召,建设好自己的美丽家园!”

(《人民日报》2019年2月10日第1版“总书记的深情牵挂——来自贫困乡村的精准脱贫故事”栏目,胡 健 赵 鹏 周亚军)

最实在的获得感(总书记来过我们家)

——回访山西岢岚县宋家沟村周牡丹家

脱贫攻坚工作进入目前阶段,要重点研究解决深度贫困问题。实施整村搬迁,要规划先行,尊重群众意愿,统筹解决好人往哪里搬、钱从哪里筹、地在哪里划、房屋如何建、收入如何增、生态如何护、新村如何管等具体问题。

希望乡亲们同党中央一起撸起袖子加油干,让好日子芝麻开花节节高。

——习近平

置身山峁沟壑间,清新的气息穿林漫坡而来,眼前风光真好。

这里是黄土高原。

2017年6月,习近平总书记深入吕梁山区看望深度贫困群众,集中研究破解深度贫困之策。21日下午,总书记冒雨来到山西岢岚县宋家沟村考察新村建设情况,走进刚刚乔迁新居的老汉张贵明家具体察看。

两年多过去,这家人生活情况怎样?村民日子过得如何?

记者驱车来到张贵明家。女主人周牡丹接受了我们的访问。

搬出来,生活有保障

“这两年多来,家里吃的、穿的、住的、用的,变化可大了。以前住山里冷,风特别大,上厕所是难事,现在屋里就能上厕所呢!”

周牡丹老人今年72岁,2019年,老伴张贵明因病去世。大儿子有些智力残疾,原来还能做保洁工作,现在只能伺候因病瘫痪在床的弟弟。

面对这样的境况,老人却说生活过得去,言谈中多了一份乐观与淡定。“这两年多来,家里吃的、穿的、住的、用的,变化可大了。以前住山里冷,风特别大,上厕所是难事,现在屋里就能上厕所呢！”

周牡丹家原在长崖子村，住的是山庄窝铺，低矮昏暗，吃水都困难。40亩坡地养不活一家人，日子过得艰辛。岢岚县地处吕梁山集中连片特困地区，一方水土养不了一方人。2016年，县里推进整村搬迁，宋家沟村是8个易地扶贫搬迁集中安置点之一。第二年，她家分到了80平方米的独门小院，卧室客厅敞亮，厨房用的是自来水、电磁炉，卫生间有冲水马桶、淋浴器。日常，老人习惯斜倚在沙发上，晒着太阳听段二人台、晋剧，要不就去串串门，看大家跳广场舞。

县里采取“五统一”集约建设方法，将安置房每平方米造价控制在1200元以内。周牡丹家是贫困户，不用出钱就可入住小院。受益于搬迁后“权益不变”政策，她家的坡地全部退耕还林，种了油松和沙棘，每亩三年能获得800元补贴。尽管这两年家中遭遇变故，但作为兜底保障人群，老人每年享受低保和养老金共有5180多元，小儿子也有低保金，还有扶贫企业入股分红6000元、光伏扶贫收益800多元、村集体种植中药材分红700多元。

用老人的话来说，这日子和以前比，不知好多少倍。现在还有保障，很知足。日子一年一年过，不发愁。

稳得住，安居有品质

“我有脑梗，得常年服药。现在医生定期送药上门，也不用花钱，每年我还能免费体检两三次。”

周牡丹家出门三五步就是超市，肉、蔬菜瓜果、日用品丰富。老人开玩笑说，哪怕正做饭发现缺盐了，也能立刻买回来。

从2017年开始，岢岚县推进整村提升计划。宋家沟跟进实施小康教育、小康卫生、小康房、小康水、小康路、小康电、小康网等15项行动，让村民过上“水管子接到灶台，出门就能坐上车”的便捷生活。公共浴室、公共卫生间、卫生院、养老院、小学、文化广场、图书室、村史馆、党员活动室等全配套，使迁入户“一步搬入新房子，快步过上好日子”。

漫步宋家沟，乡风古韵扑面。不仅宜居，而且宜游。原来，村子被列为全市特色风貌整治试点，其乡村院落和街巷肌理经过专业规划和设计，既有传统特色风貌，又增现代生活设施，更融节能、居家、旅游、休闲等功能元素。宋家沟成了远近闻名的“美丽休闲乡村”“乡村旅游示范村”。

让老人暖心的是，医疗卫生有保障。“我有脑梗，得常年服药。现在医生定期送药上门，也不用花钱，每年我还能免费体检两三次。”

几年前，县里实施健康扶贫。一位基层干部坦言：“健康扶贫，对百姓最实在、最有获得感。”

能致富，产业增收入

“村里人的日子都过好了，有的开公司，有的做小买卖，有的开农家乐，产业脱贫劲头足着呢。”

见过周牡丹后，记者又与村民们交流，大伙儿争相说着这两年来的致富故事。

全村第一个卖凉粉的沈姚付，捎带卖雪糕饮料，4个月挣了2万多元。刘七堂接受培训之后，开小卖部，同时摆摊卖起烤土豆、烤玉米，有一天卖了2000元。开油坊卖胡麻油的韩石柱，每天舀油舀得胳膊都疼，但笑在脸上、乐在心里。

村民周明则说：“这两年，大家思想转变了，都干起来了。以前喜欢说闲话，现在就想着怎么过好日子。”村民梁润花感慨：“农民素质真是提高了，精神面貌好多了。以前烟头扔地上，现在都会自己捡起来。”

2017年，承接安置周边14个村265人易地搬迁任务的宋家沟，实现人均纯收入近6400元，全村162户316名贫困人口全部脱贫。宋家沟的发展变化，得益于村子里大棚、小杂粮、马铃薯、沙棘、蘑菇、经济林等特色产业的有力带动，更得益于县里持续深化羊、豆等六大传统产业和光伏、中药材、乡村旅游三个新兴产业开发的坚实行动。

“村里人的日子都过好了，有的开公司，有的做小买卖，有的开农家乐，产业脱贫劲头足着呢。”周牡丹说，村里的好些变化，做梦都想不到。

2018年底，岢岚全县116个贫困村全部退出，贫困县脱贫摘帽。产业扶贫，成为增强贫困地区造血功能、帮助群众就地就业的重要途径。

虽然已经脱贫摘帽，但岢岚县坚持摘帽不摘责任、不摘政策、不摘帮扶、不摘监管，对标全面小康，面向乡村振兴。县委书记王志东说，最欣慰的就是群众对扶贫工作说“满意”的时候，无论受多少累，吃多少苦，都觉得值了。

（《人民日报》2020年2月14日第1版“总书记来过我们家”栏目　陈家兴　胡　健　周亚军）

牢记嘱托、朝着梦想，岢岚县宋家沟人满怀信心向习近平总书记报告——摘了穷帽子，更要撸起袖子加油干

岚山如黛，漪河流金。3月8日，记者再次来到习近平总书记视察过的岢岚县宋家沟新村。近两年时间，这里发生了巨大变化：连心桥飞架，新村宋水街和旧村宋前街融为一体，1750米的长街两旁客栈错落，店铺比肩，开张当年就接待游客8.6万多人次；村外是连绵的62座大棚，集观赏与采摘于一体，即使在滴水成冰的冬日，棚内依然一片郁郁葱葱，鲜红

诱人的草莓已在春节后上市。顺漪河而下，是投入运营的两大企业，再往下就是成片的光伏发电项目。从 14 个村搬迁来的 145 户 265 人，家家住进新房，人人有钱可赚，上了年纪的孤寡老人，还能免费吃上“大食堂”。去年全村人均收入 8300 多元，整体跨越贫困线……宋家沟村党支部书记雷文斌激动地说：“我们始终牢记着习近平总书记的殷殷嘱托，和党中央一起撸起袖子加油干，摘了穷帽子，乡亲日子越过越红火，芝麻开花节节高。”

昔日的宋家沟村靠山山穷，靠水水浑，是吕梁山集中连片贫困地区的一个缩影。打响脱贫攻坚战，特别是习近平总书记视察以后，这里的整村搬迁强力推进，产业家业齐头并进，总投资 5200 多万元的美丽乡村显影定形。以 61 名党员为脱贫攻坚主心骨，不断啃下一块块硬骨头，宋家沟村初步形成了产业兴旺、生态宜居、乡风淳朴、治理有方、奔富致富的大好局面。

全国两会召开后，雷文斌始终关注着大会，特别是近两天从电视新闻里聆听了习近平总书记参加甘肃代表团、河南代表团审议时发表的重要讲话，针对脱贫攻坚、“三农”工作、乡村振兴作出的部署，让他倍感振奋、倍感肩头责任重大……雷文斌认真地在红色笔记本上记下了脱贫对表对标、决战决胜的“五不”精神和转变作风的“三实”要求。

一大早，雷文斌就有目的地转到党员、能人家中，召集一些重点脱贫户吹风开会，逐条逐段，对照检查，对号入座。他说：“习近平总书记的讲话站得高、看得远，惦记着咱们，就像专门对咱们宋家沟说的一样。”他把一些摘录的重点给记者念出来：

——各级党委、政府要坚决把责任扛在肩上，着力抓重点、补短板、强弱项。

——贫困县摘帽后，不能马上撤摊子、甩包袱、歇歇脚。

——脱贫攻坚任务能否完成，关键在人，关键在干部队伍作风。

——实施乡村振兴战略的总目标是农业农村现代化，总方针是坚持农业农村优先发展，总要求是产业兴旺、生态宜居、乡风文明、治理有效、生活富裕。

……

一山过后一山拦，踏平坎坷路更宽。怎样做到扶贫工作务实、脱贫过程扎实、脱贫结果真实？雷文斌说，习近平总书记当面嘱咐咱们，要撸起袖子加油干，我们要牢记习近平总书记嘱托，工作不能掺沙带水，更不能拖泥带水。

脱贫摘帽，稳定实现“两不愁三保障”，仅是“行百里者半九十”。走进新时代的宋家沟村，已经从苦熬变成苦干，从无望变成期望。摘了穷帽子如何继续保持高涨的激情，贫困户如何从“扶着走”实现自力更生、稳定增收？兴产业，富家业，与全国人民同步小康，一直是雷文斌谋划的“大块文章”。他信心满满地说：“学习了习近平总书记讲话，心里更加明朗，信心更加坚定。无论是今天脱贫摘帽，还是将来冒头拔尖，都离不开撸起袖子加油干！这两年宋家沟的变迁不正是如此吗？”

“看新闻了吗？习近平总书记在全国两会上又发出了脱贫攻坚新号令！”敞亮的宋水街上，身着桔红色保洁衣的丁福福和雷文斌聊起来。雷文斌说，脱贫攻坚正是最吃劲的时候，摘帽不摘政策、摘帽不摘帮扶，咱还得再奋斗，过更好的日子。说着，他点开手机递到丁福福的面前。手机正播放习近平总书记参加甘肃代表团审议的画面，“习近平总书记时刻惦记着咱们咧，咱村的旅游要争取摘星星咧！”

早春时节，街上已有不少游客，雷文斌和记者谈起习近平总书记来宋家沟的情景，一幕幕在他的描述中再现。他说，最大的变化，是突破了想象力。谁能想到大企业能来山沟里落户安家，谁能想到成千上万的人来这儿旅游，谁能想到烧山药、碗饦儿也能卖出好价钱。宋家沟迎来的一件又一件喜事、好事，让贫困群众心里更亮了、干部干劲更足了。

依山傍水的村庄，灰瓦石墙的小院，随处可见的石磨、土炕等乡土标识，加上憨厚淳朴的民风，共同构成了典型的晋西北黄土高原风情，传递出一种强烈的情感和视觉的冲击，也正是这扯不断的乡愁吸引了越来越多的游人。55 岁的刘林桃是从口子村搬出来的，在三棵树广场做凉粉，一天收入百十元。冬闲时节，她重操旧艺纳鞋垫，“想不到城里人挺喜欢”。迁入新居后的第一个年，这位寡言朴实的老人，怀着一颗感恩之心，琢磨了一副对联，请人书写后，贴在了大门上。上联：脱贫不忘共产党；下联：主席叮嘱记心上；横批：恩深似海。从进工厂到参与专业合作社，从种大棚到开门店，从护林员、保洁员到治安巡逻员，家家有收入，人人有事做。围绕绿水青山建设，愿意参加造林合作社的农户去年人均增收 4000 元。山上的沙棘树，当地群众叫“圪针”，羊吃扎嘴，当柴塞灶。引进加工企业后，“圪针”变废为宝，被吃干榨尽，果子变成饮料、树枝变成饲料。过去的山货成为抢手的原生态产品，源源不断地走出山沟，进了超市。

宋水街上的王洪斌也回来了。这个 32 岁的后生带着妻儿回来经营了一家农家乐。去年仅农家乐一项就收入了 1 万多元，加上其他，总收入有 5 万多元。王洪斌乐呵呵地说：“守着父母，不离妻儿，生活有滋有味。”

赶上民间二月二龙抬头，不时有爆竹在空中爆响，弥漫着喜庆味道。闲不住的庄户人，有的骑自行车到地里刨茬，有的赶车去送粪。在山西薯宴食品公司，在正心园功能食品公司，雷文斌和企业老板谋划着达产达标，提质升级。他说：“现在距离 2020 年完成脱贫攻坚目标任务只有不到两年时间，要像习近平总书记教导的那样，坚定信心不动摇，咬定目标不放松，整治问题不手软，落实责任不松劲，转变作风不懈怠。”这两天，党员干部进门入户忙补课，听贫困群众想法，帮他们制订致富菜单。还有一帮干部，跟乡党委书记到雄安新区招商，一个箱包厂、一个玩具厂有望落户宋家沟。

春天到了，山朗润起来。雷文斌指着远山说：“今年我们要在山上修一条栈道，开发旅游攀登项目。攀得高，就会看得远。”脱贫攻坚、乡村振兴，让宋家沟人的生活和观念发生了翻天覆地的变化，这是共产党的初心在吕梁山小山村的最好诠释。

（《山西日报》2019 年 3 月 10 日　段伟华　班彦钦　王利强）

汪洋在山西调研时强调
弘扬右玉精神 巩固脱贫成果

(详细内容见本书“中央领导关注山西”栏目)

胡春华在山西看望贫困群众和基层扶贫干部时强调
集中力量解决好“两不愁三保障”突出问题

(详细内容见本书“中央领导关注山西”栏目)

四、决战决胜脱贫攻坚

省脱贫攻坚领导小组专题会暨省委脱贫攻坚督导组汇报会

2月22日，省脱贫攻坚领导小组专题会暨省委脱贫攻坚督导组汇报会在太原召开，省委副书记林武主持会议并讲话。他强调，要深入学习贯彻习近平总书记关于扶贫工作的重要论述，按照党中央、国务院和省委、省政府的决策部署，思想上再重视、责任上再压实、工作上再发力、作风上再过硬，确保高质量完成脱贫攻坚任务。

林武指出，要认真学习全国脱贫攻坚专项巡视整改工作电视电话会议精神，主动对标对表，组织开展自查，扎实抓好整改工作。要深入贯彻胡春华同志在我省调研时的重要讲话精神，坚持分类指导，采取超常举措，圆满完成既定的脱贫攻坚目标任务。要对照今年年初中央在广西召开的深度贫困地区脱贫攻坚座谈会部署，聚焦深度贫困县存在的突出问题，把工作重心再倾斜，引导资源要素再聚集，鼓励基层创造性落实“一县一策”，最大程度释放政策红利。要全面摸排“两不愁三保障”方面存在的薄弱环节，严格执行保障标准，统筹各方面力量，切实做好补短板、强弱项工作。

林武充分肯定省委脱贫攻坚督导组前一段的工作，要求各组认真落实省委安排部署，总结推广工作中积累的经验做法。要紧盯精准二字，紧盯深度贫困，紧盯形式主义和官僚主义，狠抓义务教育、基本医疗、安全住房和饮水安全等工作，狠抓帮扶政策和项目落地，通过开展精准督导，推动责任落实、政策落实和工作落实，提高脱贫摘帽的质量和成色。要进一步强化责任担当，坚持问题导向，加强自身建设，不断提升督导水平，强化督导效果，确保省委决策部署不折不扣得到落实，更好助力工作任务的完成。

(《山西日报》2019年2月24日 王秀娟)

脱贫攻坚省级专项工作牵头单位问题整改会

5月22日上午，脱贫攻坚省级专项工作牵头单位问题整改安排部署会在太原召开，会议学习贯彻习近平总书记关于扶贫工作的重要论述特别是近期重要指示要求，传达学习省委常委会会议精神，通报考核中发现的问题，并就整改工作进行安排部署。省委副书记林武出席并讲话，副省长王成主持。

林武指出，脱贫攻坚是习近平总书记最牵挂的事。习近平总书记持续响鼓重锤、高位推动，先后作出一系列重要指示批示，为我们做好工作提供了根本遵循。

我省脱贫攻坚中存在的问题，市县有责任，省直相关部门也有责任。各相关部门要提高政治站位，主要负责同志要扛起第一责任，多从本部门找原因查症结，主动靠前指挥，拿出硬招实招，切实把讲政治体现到认真落实中央和省委决策部署的具体行动上。要聚焦突出问题，对各自承担的专项扶贫工作开展全面排查，自觉做到举一反三，对照问题逐项整改，上下联动统筹整改，以点带面全面整改，跟踪督办严肃整改，切实补齐工作中的短板。要发挥行业部门优势，抓好牵头组织、协调推进，把巩固提升和防止返贫摆在突出位置，探索建立稳定脱贫长效机制，组织脱贫成果"回头看"，注重抓好产业扶贫和消费扶贫，多管齐下提高脱贫质量和成色；强化风险防范，抓好财政及社会各方面投入、小额信贷和扶贫项目的后期管理，坚持按市场规则办事，努力消除各类隐患；加强作风建设，把整治形式主义、官僚主义贯穿脱贫攻坚全过程，杜绝各种弄虚作假现象；深化拓展"改革创新、奋发有为"大讨论成果，勇于对标一流，主动见贤思齐，奋力争先进位，确保全面完成今年各项任务，实现决战决胜。

省脱贫攻坚领导小组成员单位、省直相关部门负责同志参加会议。

（《山西日报》2019 年 5 月 23 日　李全宏）

全省易地扶贫搬迁后续扶持工作现场推进会

6 月 13 日，全省易地扶贫搬迁后续扶持工作现场推进会在忻州市保德县召开。会议深入贯彻习近平总书记在 2017 年视察山西时重要讲话精神和关于易地扶贫搬迁工作的重要指示要求，落实全国易地扶贫搬迁后续扶持工作现场会精神，分析我省当前形势，总结交流经验做法，安排部署下一阶段工作。省委副书记、省长、省脱贫攻坚领导小组组长楼阳生作出重要批示。省委副书记、省脱贫攻坚领导小组第一副组长林武出席会议并讲话。省人大常委会副主任、忻州市委书记李俊明出席会议。副省长、省脱贫攻坚领导小组副组长王成主持会议。

楼阳生批示指出，易地扶贫搬迁是我省打赢脱贫攻坚战的头号工程。近年来，全省上下坚决贯彻党中央、国务院决策部署，认真落实省委、省政府工作安排，"六环联动"推进易地扶贫搬迁，"搬得出"任务今年将基本完成。但要实现搬迁群众"稳得住、能脱贫"，后续扶持任务还十分艰巨。下一步，要认真贯彻落实习近平总书记关于扶贫工作的重要论述，把易地扶贫搬迁工作重心转移到后续扶持工作上来，把保障搬迁群众利益放在首位，加强上下联动、部门协同，推进政策有效接续、资源合理统筹，高质量做好旧村拆除复垦、生态修复整治、产业就业保障和社区治理跟进等工作，特别要抓好产业培育和技能培训，着力提高就业能力，确保搬迁群众安居乐业过上幸福新生活，实现稳定脱贫可持续发展。

林武对易地扶贫搬迁取得的成效给予充分肯定。他强调，要准确把握形势任务，进一步提高政治站位，把思想和行动统一到党中央、国务院及省委、省政府的决策部署上来，把重心向易地扶贫搬迁后续扶持工作转移，全力以赴抓好问题整改，确保按时序完成有关任务，高质量做好各方面工作。要坚持实施"六环联动"，注重产业培育和就业帮扶协同并举、基础设施和公共服务同步跟进、旧房拆除和土地复垦互促共进、基层党建和社区治理统筹齐抓，努力把易地扶贫搬迁安置区建成入住群众安居乐业的新家园。市县党委、政府特别是主要领导要真正负起责来，把工作抓在手上，加强组织领导，加大工作力度，坚持现行标准不动摇，着力推进政策有效接续、部门协同联动，确保把该整改的问题整改到位、该抓的工作抓扎实。

王成在主持会议时要求，当前要在全力推进易地扶贫搬迁后续扶持工作的同时，认真做好脱贫攻坚成效考核反馈等各类问题整改工作，今年计划摘帽的 17 个县要集中解决"两不愁三保障"突出问题，已摘帽的 41 个县要高度重视巩固提升。要抓好专项扶贫资金项目管理，重视涉贫舆情，积极化解风险隐患，确保圆满完成今年脱贫攻坚目标任务。

省易地扶贫搬迁领导小组成员单位负责同志，各市市委副书记、分管副市长和扶贫办主任，83 个项目县的县长，共 130 余人参加会议。

会前，与会人员实地观摩了河曲、保德两县的集中安置区、产业园区、复垦现场和社区服务中心等。会上，河曲、保德、和顺、垣曲四县的负责同志作了交流发言。

（《山西日报》2019 年 6 月 15 日　赵建军　李全宏）

骆惠宁就推进乡村振兴和脱贫攻坚作出批示

在全省攻坚深度贫困推进乡村振兴现场会召开之际，省委书记、省人大常委会主任骆惠宁围绕进一步贯彻习近平总书记有关重要讲话精神，就推进乡村振兴和脱贫攻坚作出批示。他强调，实施乡村振兴战略是新时代"三农"工作的总抓手，打好脱贫攻坚战是实施乡村振兴战略的优先任务。年初省委经济工作会议、省委农村工作会议对两项工作已作出全面部署，省委省政府召开全省攻坚深度贫困推进乡村振兴现场会，就是要再推进。

骆惠宁强调，要把发展有机旱作农业作为带动农业高质量发展的战略目标。近年来，省里出台了推动有机旱作农业发展的指导意见，各地做了一些有益的探索，但有必要指出，一些同志的认识还是模糊的，行动并不得力。大家要深刻认识到,有机旱作农业不是传统旱作农业,它是以“有机”来定性和引领的。我省旱地居多,发展有机旱作农业,是我省农业生产和经营方式的一次革命。在山西发展有机旱作农业,本质上是发展高水平的现代特色农业,它不可能一蹴而就,需要经历一个过程,但我们要有紧迫感。当前,全省要进一步从标准、规划、政策、技术、主体培育等方面加快构建促进有机旱作农业发展的支撑体系。各地要结合自身实际,瞄准有机标准,面向市场需求,主动学习研究,加强整体谋划,加快改革创新,搞好典型示范,扩大“有机”占比。在这一过程中,要充分发挥龙头企业的综合带动作用。各级各部门特别是党政主要负责同志和分管“三农”工作的同志,一定要把“有机”的理念进一步确立起来,用以指导实践,真正把山西有机旱作农业做成我国现代农业的重要品牌。

骆惠宁强调,要站在2020年的节点上来推进脱贫攻坚战。这不是一般的时间概念,而是一个政治高度与大局。现在有一些问题,尚可理解,抓紧解决好就对了。到了2020年底,如发现还有大问题,且属工作原因,那就不好办了,历史就要找你清算了。鉴上,当前要特别注意以下几点:一要坚持现行标准,紧盯“两不愁三保障”,不拔高、不降低,既要防止脱离实际、吊高胃口、搞过度保障,也要防止数字脱贫、弄虚作假、影响成色。二要狠抓问题整改,对“国考”“省考”中发现的问题要盯住不放,逐一解决;对今年脱贫攻坚工作要来一次“回头看”,坚决把问题解决在决战过程中。三要重视扶贫扶志,强化依靠诚实劳动脱贫致富的正向引导,反对“等靠要”思想,防止政策养懒汉,在扶志扶智扶德上下硬功夫。四要注重政策衔接,关注贫困线边缘人口,以乡村振兴带动区域整体发展和农民普遍增收,为脱贫攻坚提供整体支撑条件。五要强化作风建设,实行“一线工作法”,大力选树和褒奖扶贫先进典型,有效整治扶贫领域的形式主义和官僚主义。六要切实加强领导,从政治大局上把握脱贫攻坚,保持五级书记亲自抓的强劲态势,现在主动了,2020年后才会不被动。他指出,扶贫攻坚正处于关键时期。全省各县(市、区)都要坚决防止麻痹大意、松劲滑坡,越是吃劲的时候,越要担起来、顶上去。“未摘帽”的,要尽锐出战。“已摘帽”的,要坚守“四个不摘”重大要求。“非贫困”的,也要精准查找,工作不留盲区死角。

他指出,人的一生,能干成一两件对历史进步有重大影响的事,就算值了。打赢脱贫攻坚战,就是这样的事。从事扶贫工作的同志都应有自豪感!

骆惠宁强调,加快培养一支懂农业、爱农村、爱农民的干部队伍。现在有些干部包括在县里工作的干部,对“三农”不学习、不调查、不钻研,经不住“三问”,不“懂”更谈不上“爱”。5月在全省农村改革座谈会上,专门讲了这个问题,大家要引起高度重视,不希望有谁成反面典型。各级党委和组织部门要切实把加强“三农”干部队伍建设放在更加突出的位置,坚持用优汰劣,不断提高各级干部特别是领导干部做农业农村工作的能力和水平,为乡村振兴和脱贫攻坚工作提供重要组织保障。

(《山西日报》2019年7月16日)

尽锐出战　全力攻克贫困堡垒

2019年是我省脱贫攻坚任务最艰巨、决战决胜的关键一年。

面对17个贫困县摘帽、41个摘帽县巩固提升、易地扶贫搬迁任务基本完成的目标,省委省政府坚持以习近平总书记扶贫工作重要论述和视察山西重要讲话精神为根本遵循,坚持目标导向、问题导向,强化责任担当,紧盯短板弱项,持续推动责任落实、政策落实、工作落实,年度减贫任务顺利完成。

前三季度贫困地区农村居民人均可支配收入7000元,同比增长13.3%,高出全省3.6个百分点。剩余16个国定贫困县、1个省定贫困县可全部摘帽,剩余918个贫困村可全部退出,23.9万人脱贫,贫困发生率降到0.1%以下,脱贫攻坚决战决胜。

抓重点,集中解决“两不愁三保障”突出问题。我省印发《关于解决“两不愁三保障”突出问题的实施意见》,统筹整合各方力量,市县和省直部门联动排查摸底,省直牵头部门出台具体工作方案,指导市县逐村逐户查漏补缺,逐条逐项对账销号。“两不愁三保障”工作按月通报、常态化约谈、年终考核,确保各类问题实现静态清零、动态保障。

攻难点,坚决啃下深度贫困硬骨头。我省紧盯10个深度贫困县在内的剩余17个县脱贫摘帽,加大支持力度,持续打出政策、资金、项目、帮扶“组合拳”。政策重点支持,先后出台“若干意见”10条、“实施意见”21条、“通知”18条,“一县一策”量身定制共享政策和专享政策;资金重点倾斜,中央和省财政专项扶贫资金投入20.84亿元、省级扶贫周转金安排1亿元、地方政府债券筹措3.64亿元用于扶贫;项目重点布局,全省退耕还林的29%、造林绿化的30.6%、光伏扶贫的19.6%、危房改造的38%布局深度贫困县;深化“六个帮扶”聚合力,领导联系、单位包村、县际结对、企县合作、专业人才挂职、学校医院对口等帮扶举措再抓实,人才向深度贫困地区重点集结。随着一项项超常举措的落地,我省减贫速度明显加快,攻坚深度贫困取得决定性进展。

聚焦点,全力打好巩固提升主动仗。我省聚焦“五个重点”防范返贫风险,强化“五有机制”促进经营实体带贫益贫,深化“五有举措”扶贫扶志,抓好“四类村庄”贫困村提升,做实“四个不减”驻村帮扶,依据“四明确五规范”管好扶贫资产。我省顺应扶贫格局新变化,坚决落实“四个不摘”要求,所有摘帽县对照检查,自觉整改,巩固提升。

目前，我省13985支驻村工作队、5万余名帮扶干部日夜奋战在脱贫攻坚一线，他们千方百计为贫困村发展上项目，一门心思为贫困群众增收开门路，以帮扶工作精准度提升群众满意度，各项帮扶工作不断取得新进展。

一年来，我省贫困地区面貌发生巨大变化，广大群众的获得感和幸福感显著提升，山庄窝铺搬出来、荒山荒坡绿起来、陡坡耕地退下来、光伏产业亮起来、转移就业走出来、群众生活好起来，党群干群关系愈加密切，乡村治理能力明显提升，三晋大地呈现出旺盛的生机和活力。

特色产业挑起增收大梁

12月24日，临县湍水头镇光裕堂村贫困户王全生的屋里温暖如春。“今年种了20亩谷子，比去年多了18亩，仅谷子收入就有3万多元，我挺满意的。”王全生和省农业农村厅驻村第一书记史向前盘点着一年来的收入，脸上洋溢着幸福的笑容。

一年来，我省坚持产业扶贫根本路径，扎实推进“一村一品一主体”，不断完善“五有机制”，项目资金科技支撑保障有力，贫困地区脱贫产业快速发展，产销衔接更加紧密，龙头企业带动格局初步形成，贫困群众脱贫增收步伐明显加快。

做强特色农业主导产业。支持贫困地区创建中国特色农产品优势区4个，在贫困县创建现代农业产业示范园23个、创建有机旱作示范县7个，形成隰县玉露香梨、大同黄花等一批有竞争力的脱贫产业，培育了一批龙头产业扶贫示范村和新型经营主体。

做优乡村旅游新产业。全面推进300个旅游扶贫示范村建设，上线山西旅游扶贫地图。因地制宜推广旅游扶贫开发模式，探索出了直接从事旅游经营、参与接待服务、出售农副土特产品、土地流转获得租金、入股分红等多种旅游扶贫分配机制，贫困群众成为旅游扶贫开发利益共享的主体。

做精电子商务新业态。全力推进贫困县建设国家级电子商务进农村综合示范县工作，全面提升村级网点服务能力，延伸农产品网销上下游服务链。全省58个贫困县县级电商服务中心实现全覆盖，村级电商服务覆盖贫困村6575个，带动贫困人口27.4万人参与其中。

做大光伏普惠产业。光伏扶贫是我省脱贫攻坚最大的产业项目。目前，总规模达到294.84万千瓦，扶贫收益发放15.37亿元，惠及8314个贫困村、34.57万余贫困户。

省农业农村厅乡村产业发展处负责人对记者说：“各级各部门在政策和资金方面都给予产业扶贫支持，特色产业成为贫困群众增收的主要渠道，累计带动106.6万人脱贫。”

易地扶贫搬迁带来新生活

12月11日，石楼县小蒜镇易地扶贫搬迁安置点爆竹声声、人头攒动，一派喜庆气氛。“今天是俺们村搬迁的大喜日子，大家伙儿都很高兴。原来的土窑洞烂得不能住了，十分不安全，这里房子新、采光好、交通方便，各方面都有很大改善。”小蒜镇徐家峪村村民温芳汝高兴地说着易地扶贫搬迁给村民带来的好处。

易地扶贫搬迁是脱贫攻坚的头等大事，省直相关部门协同发力，共同完成监管巡查、质量安全排查、部署就业帮扶等工作，各地破解搬迁难题，强化后续扶持，多措并举推进落实。今年，我省易地扶贫搬迁任务基本完成。

3350个深度贫困自然村是整村搬迁的重点，我省采取精准识别对象、新区安置配套、旧村拆除复垦、生态修复整治、产业就业保障和社区治理跟进的“六环联动”办法，围绕解决“人钱地房树村稳”七个问题，统筹推进易地扶贫搬迁工作。各级帮扶干部把经济账、长远账、收益账、子孙账、资产账和兜底账给群众讲清楚、算明白，有效提高了搬迁对象精准率、项目开工率、投资完成率、工程竣工率、搬迁入住率和群众满意度。目前，全省3350个深度贫困自然村已完成搬迁3344个，占比99.8%。

7月22日，我省出台《关于做好易地扶贫搬迁后续扶持工作的实施意见》，召开现场推进会，将安置点后续产业纳入扶贫资金优先支持项目，各地创新机制体制，采用围绕住宅新区建设产业园区，规划建设集贸市场，拿出商品门面房建设扶贫车间等模式开发就业岗位，确保有能力、有意愿的搬迁家庭每户至少一人就业。

“搬迁是手段，脱贫是目的，我们不仅要将贫困群众搬出来，而且还要从根本上解决搬迁群众长远生计问题，确保搬迁群众搬得出，稳得住，有事做，能脱贫！”省扶贫办移民处处长姜晓武对记者说。

截至11月底，集中安置点已实际搬迁入住35.5万人，入住率98.1%。全省易地搬迁13.1万户，已腾退拆除旧房10.2万户，腾退拆除率77.9%；已复垦旧宅基地7.4万户，复垦率56.5%。

“两不愁三保障”温暖百姓心

“冬季是一些慢性病的高发期。本月我们下乡的主要任务是针对慢性病的再排查，保证所有符合条件的群众都能办上‘慢性病证’，尽早享受到健康扶贫政策的益处。”12月25日，平顺县人民医院张伟中对记者说：“今天，我们有三支医疗小分队分别在龙溪镇龙镇村、虹梯关乡芦芽村及北秋房村进行健康诊疗服务。”

“两不愁三保障”，是贫困人口脱贫的基本要求和核心指标。一年来，省直部门和市县联动排查摸底，明确工作标准，梳理任务清单，细化支持政策，逐村逐户查漏补缺，逐条逐项对账销号。

在教育扶贫方面，省教育厅针对重点地区和重点群体建立省级监测机制，各市县对义务教育阶段实行“一县一案”控辍保学，特别是10个深度贫困县落实精准控辍措施，应劝返529人全部复学，98个项目县“全面改薄”基本完成。全省117个县（市、区）全部成立残疾人教育专家委员会，开展办学模式改革，控辍保学机制基本建立。

在健康扶贫方面，省卫生健康委联合有关部门开展乡村医疗卫生机构人员空白点“清零”行动，村卫生室1035所建设达标,为149个村配齐合格村医。规范落实“三保险三救助”“双签约”“一站式”结算等政策,今年以来贫困人口住院52.9万人次,综合报销比例近90%。

在农村饮水安全方面,我省针对部分地区饮水安全指标不达标的实际,采取更换水源、安装水质处理设施、移民搬迁等方式因地制宜解决水质问题。全年建设工程4604处,巩固提升406.2万人饮水安全条件,21.9万人饮水安全指标不达标的问题得到解决,其中建档立卡贫困户4.4万人。

省扶贫办老区站站长樊彩英说:“今年以来,教育、卫健、住建、水利等‘两不愁三保障’任务涉及部门各司其职、各负其责,加大资金、项目向贫困县倾斜力度,确保了‘两不愁三保障’目标的如期实现。”

(《山西日报》2019年12月27日　李全宏)

山西省“一县一策”攻坚深度贫困成效明显

5月,一年中农民最忙的时节。记者赴我省10个深度贫困县对《关于“一县一策”集中攻坚深度贫困县的意见》的贯彻落实进行了跟踪采访,在攻坚深度贫困一线,记者深切感受到奋勇争先、大干快上的可喜景象,易地搬迁工地紧张施工,县乡干部忙着对接项目,贫困群众在各种合作社辛勤劳动……一年来,省委省政府强力推动,10个深度贫困县认真落实,省直相关部门积极对接,“一县一策”进一步得到细化实化,专享政策精准实施,共享政策落地生根,攻坚深度贫困取得明显成效。

深度发力,统筹推进共享政策落地。10条共享政策是针对10个深度贫困县共性问题而制定的扶贫举措。10个县结合实际,强化细化,创新落实,提高了共享政策的攻坚效应。永和县和大宁县在易地扶贫搬迁项目用地手续上,参照灾后重建政策执行,项目占用耕地的按下限缴纳耕地开垦费,补充耕地在省内统筹落实;吕梁市大力推进农村“三变”改革,临县的28支水利水保专业队,石楼县的90个支部+专业合作社,兴县组建370家农村经济发展合作社通过议标的方式,承接造林、道路、水利等农村基础设施建设项目,扩大了贫困群众受益面;忻州市土地出让金应缴纳省市部分全部留县用于脱贫攻坚,共出让国有建设用地128宗、592.1118公顷,出让金收入17.8744亿元;大同市由市科技局牵头实施科技特派员制度,签订了《科技特派员选派三方协议书》和《科技精准结对帮扶协议》,两个深度贫困县派出63名科技特派员已全部就位21个乡镇开展工作。

先行先试,强力推进专享政策落实。在具体实施中,10个县研究拓展,深挖细掘,精准落实,进一步提高政策含金量。吕梁市兴县积极与9户驻地企业对接,首批确定帮扶项目25个总投资近2亿元,市政府牵头柳林县16户企业结对帮扶兴县17个乡镇,当地16户民营企业也积极参与脱贫攻坚;忻州市宁武县对芦芽山景区河道、公路、绿道进行整治,鼓励贫困户以各种形式入股开发旅游,入股贫困户2275户5770人,就业贫困户2415人,参股贫困户已分红122.5万元;临汾市永和县在省国资委的协调下,今年2月国新能源注册了山西天然气有限公司永和销售子公司,目前正在办理销售合同,预计可为当地增加税收1972万元;大同市的天镇县大力推行村医“乡招村用”,19名村医已经过考核、公示,办理录用手续,开始在乡村为村民健康把脉。

省扶贫办主任刘志杰对记者说:“‘一县一策’旨在整合创新扶持政策,引导资源要素向深度贫困地区聚焦。下一步,我们将进一步加大跟踪问效力度、下大力气把政策优势转变成独特优势,把资源优势转变成县域优势,确保贫困群众脱真贫、真脱贫。”

(《山西日报》2019年5月21日　李全宏)

脱贫攻坚蹚出山西新路

消除贫困、改善民生、逐步实现共同富裕,是社会主义的本质要求,是我们党的重要使命。

新中国成立以来,我省不断推进由政府主导的有计划有组织的减贫事业。改革开放后,我国实施了一系列中长期扶贫规划,消除贫困工作取得长足进步。

今年已90岁高龄的全国劳动模范申纪兰是新中国发展历史的见证者:“刚解放那阵子,糠菜半年粮,吃不饱、穿不上,平顺县西沟村是个穷地方,没土光石头,谁干也发愁。”几十年来,靠艰苦奋斗,她带着村里人硬生生把石头山变成了绿水青山,村里产业接续稳定,2018年,全村经济总收入500万元,村集体可支配收入210万元,农民人均纯收入9800元。

山西贫区皆老区,是脱贫攻坚的重要战场。党的十八大以来,我省坚持以习近平总书记关于扶贫工作重要论述为根本遵循,以“打不赢脱贫攻坚战,就对不起这块红色土地”的态度和决心,精准施策,精准脱贫,走出了一条具有山西特点的减贫之路。到2018年底,全省58个贫困县有41个县脱贫摘帽,贫困村数量从7993个减少到918个,贫困人口从329万减少到25.5万,贫困发生率从13.6%下降到1.1%。

"五级书记"抓扶贫。新一轮脱贫攻坚战役打响以来,省、市、县、乡、村"五级书记"把脱贫攻坚的政治责任扛在肩上、抓在手上,带头"双签"脱贫攻坚主体责任和帮扶责任书,5万多名驻村干部奋战在脱贫攻坚的一线,从脱贫规划到逐村逐户帮扶,亲自推动落实。

刘桂珍是代县峪口乡段家湾村人,村党支部书记、村委会主任、教师、村医四个岗位一人干,任职20多年来,她不忘初心,扎根农村,以引领村民脱贫致富为己任,忠实践行一名共产党员的神圣使命,带领村民苦干加实干,摆脱了贫困,创出了一片天。

创新体制机制保攻坚。在这场前所未有的战役中,我省制定实施八大工程20项专项扶贫行动,建立脱贫攻坚省市县领导机制、识贫帮贫脱贫工作机制、考核评估督查责任机制、投入用地项目政策机制、党政社会舆论监督机制;改变以往平均用力的做法,出台"一县一策"超常举措,打出制度、政策、资金、项目、党建的"组合拳",攻坚深度贫困,带动全省脱贫攻坚整体格局发生了重大变化。

——产业、就业"两业"并举,夯实稳定脱贫的根本支撑。我省坚持产业扶贫根本路径,扎实推进"一村一品一主体",不断完善"五有"机制,贫困地区脱贫产业快速发展,项目资金、科技支撑保障有力,产销衔接更加紧密,龙头企业带动格局初步形成,贫困群众脱贫增收步伐明显加快,特色农业产业、林果业、乡村旅游业、电子商务和光伏产业等累计带动95.5万人脱贫。

——易地搬迁、危房改造"两房"同建,确保住房安全有保障。易地扶贫搬迁以3350个深度贫困村为重点,"六环联动"跟进,统筹解决"人、钱、地、房、树、村、稳"七个问题。目前全省"十三五"规划建设的1502个集中安置点,有1500个竣工,规划搬迁的47.2万人口,有44.6万人搬迁入住,完成搬迁3204个村,旧房拆除1987个村,完成复垦1177个村。

——生态、生计"两生"共赢,持续推进增绿增收。我省联动实施退耕还林奖补、造林绿化投工、森林管护就业、经济林提质增效、林产业综合增收"五大项目",58个贫困县退耕还林330万亩,造林绿化545万亩,森林管护吸纳2.83万贫困护林员,实施经济林提质增效241万亩,累计带动52.3万贫困人口增收。

贾引民是岚县会里村村民,过去起早贪黑、风里雨里,辛勤劳作一年,打不了多少粮,挣不了几个钱。这两年村里退耕还林,自家的承包地入股造林扶贫合作社,老贾既栽树又护林,一个月就挣3000多元,年过半百娶了媳妇成了家。如今媳妇做饭洗衣、操持家务,老贾钱有了人也精神了,日子一天比一天好。

——基础教育、基本医疗"两基"并重,阻断致贫返贫源头。全面落实教育扶贫资助政策,"一县一案"控辍保学,确保贫困家庭孩子有学上、上得起学、不辍学。健康扶贫重点推进乡村医疗卫生机构达标建设,落实"三保险三救助""双签约""一站式平台结算"等政策,贫困人口住院综合报销比例达到90%。

——农村低保、扶贫开发"两线"衔接,筑牢社会保障兜底网。农村低保保障标准全省平均达到4760元,所有涉农县全部超过省级扶贫标准指导线,符合条件的贫困老年人、贫困残疾人和重病患者全部纳入农村低保范围。

现如今,我省越来越多的贫困群众圆了脱贫梦,开启了新生活。出行不再难,截至2018年底,全省农村公路总里程达到12.49万公里,具备条件建制村通客车率达到99.85%;上学不再愁,2014年—2018年,农村义务教育薄弱学校改造7767所;看病不再烦,2013年—2018年,贫困村新改扩建8138所卫生所……2018年,山西贫困地区农村居民人均可支配收入8250元,比上年同期增加920元,增长12.6%。

行百里者半九十。2019年是我省脱贫攻坚任务最艰巨、决战决胜的关键一年。面对剩余17个贫困县摘帽、800个贫困村退出、22万贫困人口脱贫、41个摘帽县巩固提升的目标任务,全省上下牢记习近平总书记视察山西的嘱托,三晋儿女正以昂扬的斗志和磅礴的力量,朝着2020年坚决打赢脱贫攻坚战,全面建成小康社会的目标铿锵前行!

(《山西日报》2019年9月19日　李全宏)

山西省八大工程专项扶贫行动持续推进

脱贫攻坚不仅仅是贫困地区的事,也是全社会的事。在脱贫攻坚战中,我省充分发挥政府和社会两方面力量,着力构建专项扶贫、行业扶贫、社会扶贫互为补充的大扶贫格局。4月底,根据《关于坚决打赢全省脱贫攻坚战三年行动的实施意见》,由省扶贫办牵头组织省直相关行业部门制定出台《山西省2019年特色农业扶贫行动计划》等24个专项行动计划(以下简称《行动计划》)。《行动计划》将文化信息扶贫行动与旅游扶贫行动合并为文化和旅游扶贫行动,新增网络扶贫、贫困残疾人扶贫行动,调整后专项行动增至24个,呈现出举措更精准、主体更明晰、方法更实用等特点,为我省持续推进八大工程专项扶贫行动绘就了新的路线图。

新出台的《行动计划》结合省级机构改革后行业部门职能调整的需要,针对脱贫攻坚工作中出现的新情况、新特点,紧盯责任落实、政策落实和工作落实,锁定贫困县、建档立卡贫困村、贫困户,着力解决"两不愁三保障"问题,从推动拟摘帽县强弱项、补短板和摘帽县巩固提升出发,对专项扶贫行动计划进行充实和完善,扩大专项行动的参与范围,进一步实化细化工作举措,确保脱贫攻坚不留死角。

《行动计划》的特色产业扶贫工程包括特色农业扶贫、光伏产业扶贫、文化和旅游产业扶贫、电商扶贫4个专项行动;

培训就业扶贫工程主要对贫困人口进行就业培训，今年支持带动8万左右贫困人口稳定就业增收脱贫；易地扶贫搬迁工程包括易地扶贫搬迁、改善人居环境、农村危房改造3个专项行动；生态补偿脱贫工程主要是指细化“五大项目”，持续带动贫困地区50万以上贫困人口增收；社会保障兜底工程包括农村低保扶贫、特殊群体关爱、贫困残疾人扶贫3个专项行动；基础设施改善工程包括交通扶贫、水利扶贫、农村饮水安全、电力扶贫、以工代赈扶贫5个专项行动；公共服务提升工程包括教育扶贫、健康扶贫、科技扶贫、网络扶贫4个专项行动；社会力量帮扶工程包括省属企业扶贫、民营企业扶贫、社会扶贫3个专项行动。24个专项扶贫行动计划都明确了对应的责任单位，从顶层设计上保证了各方形成攻坚贫困的合力。

据了解，我省完善脱贫攻坚专项扶贫行动计划是为了引导各种扶贫资源向贫困群众倾斜，建设项目向贫困地区布局，有利于扶贫开发与各类资源配置有效对接，达到调动各行业各部门力量打好脱贫攻坚决战决胜“组合拳”的目的。

(《山西日报》2019年6月3日　李全宏)

山西生态扶贫助力52万贫困人口增收

坐在山头眺望远处的黄河，年过六十的刘英明常有时来运转的感觉，爬满皱纹的黝黑脸膛上绽满笑意。“外出打工没人敢要，回村加入造林合作社，有钱赚，还能顾家。”话音未落，老汉将期冀的目光投向身边一片刚刚栽下的小树苗，“山绿了，日子也红火了。”

为了供孩子上学，刘英明早年经常离开家乡山西省大宁县楼底村，到外地打工。毕竟年龄不饶人，加之患上了冠心病，他不得不回到村里。老伴崔秀英不仅血压高，还有类风湿关节炎。年迈的老母亲也是个“药罐子”。一家人种地那点收入，除了填饱肚子，基本都用到了买药上。2014年，经过精准识别等程序，刘英明一家被列为建档立卡贫困户。

2017年，楼底村成立造林合作社，鼓励刘英明参加。刚开始，老汉顾虑重重：贫瘠的黄土地上能把树种活吗？靠种树真的能让日子红火起来？几经思忖，刘英明抱着试试看的想法，跟着专业人员干了起来。仨月的辛勤劳作付出，刘英明挣了8000元。去年，他干劲更足，老伴也在合作社兼职，两人到手2.1万元。

在山西，生态恶化与深度贫困相互交织。2016年，全省58个贫困县，41个地处国家和省里划定的限制开发的生态主体功能区，集中分布在吕梁山、太行山和北部高寒冷凉山区。山西省委提出，一个战场要打赢两场战役，一个战场就是生态建设，两场战役就是生态治理、脱贫攻坚。像楼底村这样的造林合作社，山西这几年组建了2500多个。

山西把生态扶贫作为脱贫攻坚的战略工程来抓，将贫困县造林任务全部安排给村造林合作社。每个合作社，贫困户的比例不低于60%。

与此同时，山西将贫困县造林投资标准提高到每亩800元，其中45%作为劳务支出。省委和省政府主要负责同志则“双签”脱贫攻坚责任书，组织11个地市、58个贫困县的党政“一把手”每人指导一个造林合作社，在一线发现问题、解决问题。

在山西省林业和草原局局长张云龙看来，要带动更多贫困户脱贫，造林合作社得有活可干，随着造林任务的推进，宜林地面积已大为减少。“如果没活可干，生态扶贫的效果就会打折扣。”

怎么办？关键在于建立可持续脱贫长效机制。山西扎扎实实推进生态扶贫工程，去年58个贫困县退耕还林183万亩，惠及8.9万贫困户；造林绿化285.5万亩，全省造林合作社带动5.2万贫困劳动力增收等。省扶贫办主任刘志杰说：“这些政策全年累计帮助52.3万贫困人口实现稳定增收10.5亿元。”

咬定生态扶贫不放松，山西尝到了“绿水青山就是金山银山”的甜头。2018年，山西保有森林面积已由2010年的4236万亩增加到4816万亩。去年全省约有64.9万贫困人口实现脱贫，贫困发生率从2017年的3.9%下降到1.1%。

记者驱车穿行于吕梁山深处，车窗外不时闪过大片大片的林木。不断多起来的绿色标注着生态环境的改善，也见证了更多的人像刘英明一家那样摆脱贫困、跟上全面建成小康社会的步伐。

(《人民日报》太原2019年7月3日电　胡健　乔栋)

生态环境保护

一、综述

2019年山西省生态环境保护工作

2019年，全省生态环境系统举高、守稳、扛牢习近平生态文明思想，认真贯彻党中央、国务院和省委、省政府、生态环境部决策部署，扛起生态环境保护的政治责任，以改善环境质量为核心，打赢打胜污染防治攻坚战，扎实开展主题教育，以工作成绩体现教育成果，全省生态文明建设和生态环境保护工作取得显著成效。在中央主题教育总结大会上，习近平总书记高度赞扬山西省生态环境保护工作，指出山西向屡禁不止的环境问题开刀，获得群众点赞。在全国生态环境保护工作会议上，李干杰部长对山西省环境空气质量改善、圆满完成新中国成立70周年庆祝活动空气质量保障任务及“百日清零”专项行动给予充分肯定。

一、生态环境质量取得持续改善

（一）大气环境质量逆势向好。在年初开局不利的情况下，经过坚持不懈的努力，形势得到明显扭转。全省PM2.5平均浓度由1月份的同比上升30.9%，改善到全年的下降2%；综合指数由1月份的同比上升20.2%，改善到全年的下降0.7%。2019年全省优良天数比例为63.6%，PM2.5平均浓度为48微克/立方米，好于京津冀及周边地区平均水平(50微克/立方米)，排正数第2。SO_2、PM10和CO年均浓度分别下降20%、2.1%和4.3%。特别是5–9月，PM2.5连续5个月稳定达到环境空气质量二级标准，8月份PM2.5低至25微克/立方米，创历史最好水平，达WHO及欧盟标准。圆满完成第二届全国青年运动会和新中国成立70周年庆祝活动空气质量保障任务，“二青蓝”成为山西省的靓丽名片。

（二）水环境质量稳步提升。2019年，全省58个国考断面中，水质优良断面32个，达到国家考核要求；劣V类断面同比减少4个，汾河入黄口庙前村断面稳定退出劣V类，实现“一泓清水入黄河”。

（三）主要污染物减排成效突出。2019年，全省二氧化硫、氮氧化物、化学需氧量、氨氮排放总量较2015年分别下降25.8%、17.9%、20.9%、17.6%，完成年度减排任务，其中，二氧化硫和化学需氧量减排量提前完成“十三五”目标。万元GDP二氧化碳排放量年度下降率4.05%，完成目标任务。

二、污染防治攻坚战取得明显进展

（一）创新机制、精准施策，坚决打赢蓝天保卫战。强化系统谋划，制定印发《山西省打赢蓝天保卫战2019年行动计划》，分解下达各市2019年度大气污染防治6方面、33项重点任务清单。强化工业企业治污升级，退出钢铁产能175万吨，关停淘汰焦化产能1192万吨；全省在役燃煤机组全部完成超低排放改造，焦化企业全部完成特别排放限值改造，完成无组织排放改造1609家、3561个生产环节及点位；完成256台2.55万蒸吨燃煤锅炉超低排放改造，1512台1万蒸吨燃气锅炉低氮燃烧技术改造，864家重点企业完成挥发性有机物综合整治和升级改造；淘汰工业炉窑320台，深度治理1775台；排查整治“散乱污”企业1754家。强化燃煤管控，全省11个市和69个县（市、区）完成“禁煤区”划定，新增禁煤区面积1115平方公里，管控总面积达到5108平方公里；冬季清洁取暖改造142.94万户，完成年度目标任务的118.65%。强化移动源污染防治，大力推进“公转铁”，铁路货运总量增长6.2%；淘汰老旧车约2.2万辆。强化重污染天气应对，建立太原及周边区域（1+30）大气污染联防联控机制，组建秋冬季大气攻坚指挥部，加强形势研判和重污染天气预

报预警，实现地级市3天精细化预报、7至10天潜势预报，下达重污染天气调度令13次;组织开展11市秋冬防定点帮扶和万名环保干部入企服务活动,将11项“清零任务”纳入秋冬防定点帮扶内容。强化奖惩问责,严格落实新修订的《山西省城市环境空气质量改善奖惩方案(试行)》,全年累计扣罚4.09亿元,奖励1.74亿元,对空气质量持续恶化的6市政府和11个县(市、区)政府负责人进行约谈。

(二)夯实基础、全域整治,持续打好碧水保卫战。强化高位推动,铭记习近平总书记“让汾河这条山西的母亲河水量丰起来、水质好起来、风光美起来”重要指示,主动谋划、积极作为,提请省委、省政府召开全省河(湖)长制工作暨汾河流域水污染治理攻坚推进会议,出台《关于坚决打赢汾河流域治理攻坚战的决定》及三个配套方案,高标准开展水环境整治。着力夯实基础,倒排工期、自加压力,仅用两个多月时间,提前完成71座跨界水质自动监测站建设，彻底解决了同一流域市县水污染防治责任不清的问题。挂图作战、对账销号，强力推进148项水污染防治重点工程,截至年底,开工率达98.7%,完工率达90.5%。全面摸排、大力整治。对汾河流域2039个入河排污口,逐一明确责任主体、整治措施和完成时限,“查、测、溯、治”贯穿全程,整治工作取得阶段性成效。加快推动农村生活污水治理,完成361个村庄的农村生活污水处理设施建设，全省已有2097个村庄具备生活污水处理能力,占到行政村总数的7.5%。

(三)详细排查、重点防范,扎实推进净土保卫战。认真组织开展详查,完成全省农用地土壤污染状况详查和重点行业企业用地土壤污染状况信息采集、风险筛查纠偏和相关质控工作。强化土壤污染风险管控,启动全省土壤环境质量类别划定和受污染耕地安全利用工作,建立了污染地块联动监管机制,持续开展涉镉等重金属重点行业企业排查整治,列入整治清单的18家企业已有16家完成整治工作。加快推动土壤污染治理与修复技术应用试点项目,完成2个污染地块类试点项目,其余4个污染地块项目正在稳步推进。实施重金属减排项目3个,重金属减排0.7吨。严防危险废物环境风险,全省危险废物产生单位申报登记数量增长80%,经营单位合格率91.71%,产废单位抽查合格率89.39%,较上年提升约10个百分点;全年危险废物电子转移联单达1.4万单。

三、助力经济高质量发展取得关键突破

(一)切实加强生态环境保护政策顶层设计。牢固树立“抓环保就是抓高质量发展”的理念,充分发挥生态环境保护对高质量发展的正向牵引和反向倒逼作用,出台生态环境保护促进经济高质量发展“20条措施”,紧紧聚焦四大结构突出矛盾,全方位运用环保手段,引导产业合理布局,推进产业转型升级,倒逼落后产能退出,积极助力国家在我省开展能源革命综合改革试点,为坚决打赢污染防治攻坚战、推动全省高质量转型发展提供强劲的生态环保支撑。

(二)充分发挥环评审批对经济发展调控作用。积极推进区域环评改革,报请省政府印发《推行区域环评改革实施意见》,提出环评豁免、网上备案、告知承诺等7项改革措施,将区域环评纳入政府服务事项。持续深化“放管服”改革,19项行政许可事项全部进驻审批大厅,申报材料和审批时限压减一半以上。制定《山西省生态环境厅审批环境影响评价文件的建设项目目录(2019年本)》,将焦化、钢铁、化工、有色金属冶炼、洗煤等五类重污染项目环评审批权限上收省级,从源头上严格管控环境风险项目。

(三)高标准开展“三线一单”编制工作。落实生态保护红线、环境质量底线、资源利用上线和环境准入清单硬约束,报请省政府印发实施方案,建立省市上下联动、省直部门协调配合的工作机制,形成初步成果。生态环境部沿黄7省调度汇报会肯定了山西省的工作成果。

四、生态环保督察执法取得显著成效

(一)重拳打击违法排污行为。紧盯群众最关心、最直接、最现实的环境问题,开展严格的环境执法行动。全省共执行行政处罚5724件,处罚金额6.42亿元。特别是从去年7月份开始,在全省深入开展违法排污大整治“百日清零”专项行动,省市县三级围绕中央生态环保督察及“回头看”整改等10个方面重点内容,雷霆出击、整体作战,累计检查污染源2.2万个,督办问题5300余个,整改完成5294个,“清零率”达到98.71%。“百日清零”真刀真枪地解决了一大批突出生态环境问题,严肃查处了一批典型生态环境违法案件,得到了省委、省政府、生态环境部的高度肯定和人民群众的广泛好评,“清零”成为我省生态环境治理的响亮品牌。

(二)深入推进生态环保督察。积极推动中央环保督察及“回头看”任务整改,各市及省直有关部门全部研究制定整改方案,对整改任务上下联动、紧盯不放、跟踪问效。中央环保督察60项整改任务和“回头看”38项整改任务,按序时有力推进，完成率达99.72%。全面开展省级生态环保专项督察,发现问题1035个,转办问题545件,罚款2200万元,移送公安12件，进一步压实地方党委政府生态环境保护主体责任。

五、生态文明制度体系建设取得阶段性成果

(一)推进生态环境领域“垂改”。严格落实《山西省生态环境机构监测监察执法垂直管理制度改革总体工作方案》,印发14个“垂管”改革规范性、指导性文件;11市生态环境局、11个市级生态环境综合行政执法队、12个生态环境监测中心统一完成挂牌;4个生态环境保护监察办公室正在有序推进人员选配工作。我省“垂改”先进做法连续三次被生态环境部简报刊发。

(二)健全生态环境法规标准。制定出台《山西省水污染防治条例》《山西省土壤污染防治条例》《〈山西省环境保护条例〉实施办法》,发布《污水综合排放标准》等6项地方强制性标准,环境法律法规体系进一步完善健全。

(三)深化排污许可证管理。开展排污许可清理整顿,对3154家排污单位实施分类处置，走在全国清理整顿8个试点

省前列。同时提前谋划,靠前指导,全面完成了磷肥、汽车制造、水处理和电池等行业核发任务,累计核发排污许可证2930张,登记294张。组织开展排污许可证核发质量和执行报告报送情况抽查,强化证后监管,确保排污许可制度有效落实。

(四)推进生态环境损害赔偿制度改革。积极开展生态环境损害赔偿制度改革配套政策研究,与省财政厅、省高院、省司法厅等部门联合制定6个生态环境损害赔偿相关配套制度;完成山西三维集团违法排污案、山西高义钢铁非法倾倒钢渣案等22起典型案例筛选工作,累计完成环境污染损害司法鉴定250余件。

(省生态环境厅　齐晓江)

二、文件

山西省人民政府办公厅《山西省打赢蓝天保卫战2019年行动计划》

(2019年5月31日)

为认真贯彻落实《山西省打赢蓝天保卫战三年行动计划》和生态环境部《2019年全国大气污染防治工作要点》,促进环境空气质量持续改善,制定本行动计划。

一、总体思路

以习近平生态文明思想为统领,深入贯彻落实党中央、国务院及省委、省政府关于打好污染防治攻坚战、打赢蓝天保卫战的决策部署,“转型、治企、减煤、控车、降尘”五管齐下,深入推进产业、能源、交通和用地四大结构调整,在重点区域治理、城市建成区及周边重污染企业搬迁改造或关闭退出、钢铁及焦化等重点行业深度治理、散煤清洁化替代、柴油货车污染治理等重点领域取得突破性进展,进一步改善全省环境空气质量,为全面打赢蓝天保卫战奠定坚实基础。

二、工作目标

(一)约束性指标

坚决完成国家下达我省的环境空气质量改善目标以及二氧化硫、氮氧化物主要污染物排放总量控制指标。(各设区市目标待国家下达我省目标后由省大气污染防治工作领导组办公室另行分解下达)

(二)争取性指标

1.全省环境空气质量综合指数在全国退出倒数第一;

2.全省11个设区市环境空气质量二氧化硫平均浓度同比下降30%;2018年二氧化硫平均浓度超过《环境空气质量标准》二级标准的孝义市、代县、文水县、汾阳市、石楼县、繁峙县、介休市、平遥县、灵石县、柳林县、盂县、交城县等12个县(市)二氧化硫平均浓度同比下降40%以上;

3.临汾市环境空气质量综合指数在全国168个重点城市排名中退出倒数第一;

4.太原市环境空气质量综合指数在全国168个重点城市排名中退出后十位;

5.太原周边联防联控区域(太原古交、清徐、阳曲,晋中太谷、祁县、灵石、平遥、介休,吕梁文水、孝义、交城、汾阳)环境空气质量综合指数同比下降10%以上。

三、重点任务

(一)推进产业结构转型和布局优化

1.严格控制“两高”行业产能。重点区域严禁新增钢铁、焦化、铸造、水泥、平板玻璃等产能;确有必要新建的,要严格执行产能置换实施办法。新建焦化升级改造项目产能量要与淘汰已有建成焦炉产能量挂钩,实施减量置换。进一步优化产业布局,加大对区域内分散钢铁、焦化企业的整合力度。(省工业和信息化厅牵头,市县政府落实)

2. 加快城市建成区及周边重污染企业搬迁改造或关闭退出。2019年,完成山西同世达煤化工集团有限公司等5户企业的关闭退出;完成永济市凯通印染有限责任公司等12家企业的搬迁改造;启动山西繁荣富化工有限公司等5家企业的退城搬迁改造工作。污染较重的临汾市尧都区、襄汾县、洪洞县范围内未按期完成深度治理任务的限制类焦化和钢铁企业、市区建成区周边10公里范围内的焦化和钢铁企业、市区规划区范围内的现有铸造和洗煤企业全部于2019年6月底前退出。(省工业和信息化厅牵头,省发展改革委、省国资委、省能源局配合,市县政府落实)

3.加大落后产能淘汰和过剩产能压减力度。全面启动炭化室高度4.3米及以下且运行寿命超过10年的机焦炉淘汰工作。2019年全省淘汰焦化产能1000万吨以上。其中,临汾市淘汰压减平川区域建成焦化产能200万吨以上,太原市、长治市、晋中市、吕梁市、运城市等产焦大市要加大淘汰压减力度。完成175万吨钢铁、126.25万吨水泥熟料去产能任务。

（省工业和信息化厅牵头，省发展改革委、省生态环境厅、省应急厅、省市场监管局配合，市县政府落实）

4.巩固“散乱污”企业整治成果。持续开展“散乱污”企业排查整治，实施“散乱污”企业动态清零，发现一起整治一起，分类实施关停取缔、搬迁和原地提升改造。（省生态环境厅、省工业和信息化厅牵头，省发展改革委、省住房城乡建设厅、省能源局、省自然资源厅、省市场监管局、省应急厅等配合，市县政府落实）

（二）提高工业企业治污水平

5.严格排污许可管理。按照国家要求完成排污许可证的核发。组织开展排污许可证持证执行情况合规性检查，凡未按规定领取排污许可证的企业，一律按无证排污责令停产；未按照排污许可证要求排污的，依法处罚。（省生态环境厅牵头，市县政府落实）

6. 推动钢铁行业（含独立球团烧结企业及冶铸企业烧结、高炉）深度治理。按生态环境部等五部委联合印发的《关于推进实施钢铁行业超低排放的意见》，对所有生产环节，包括各类有组织和无组织排放以及运输方式进行全面升级改造。2019 年底前，我省京津冀及周边地区 4 市和汾渭平原 4 市力争率先完成钢铁行业有组织和无组织排放环节超低排放改造，并积极推进运输方式调整。（省生态环境厅、省工业和信息化厅牵头，市县政府落实）

7.全面推进焦化行业深度治理。完成剩余 74 家 5652 万吨产能焦化企业特别排放限值改造。2019 年 10 月 1 日起，焦化行业全面执行特别排放限值标准，逾期未达标的实施停产整治。推进干法熄焦改造，完成中信金石有限公司等 5 家焦化企业 5.5 米及以上焦炉干法熄焦改造。鼓励焦化企业主动开展炉体封闭改造，推进山西光大焦化气源有限公司（2 座焦炉、150 万吨产能）焦炉炉体封闭技术试点。加强焦化行业环境保护规范化管理，树立行业绿色发展典型。（省生态环境厅、省工业和信息化厅牵头，市县政府落实）

8.开展有色烟羽治理。各市根据辖区环境空气质量改善需求开展有色烟羽治理，2019 年力争完成 36 台发电机组（1153 万千瓦装机），9 家钢铁企业（2760 万吨产能），14 家煤化工企业有色烟羽治理，减少烟气中各类污染物。（省生态环境厅、省工业和信息化厅、省能源局按职责分别负责，市县政府落实）

9.强化重点行业无组织排放整治。推进钢铁、建材、有色、火电、焦化、铸造、煤炭（含洗煤）重点行业物料（含废渣）运输、装卸、储存、转移和工艺过程等无组织排放深度治理，做到生产设施和工艺过程无跑冒、生产环境无异味，物料密闭存储堆放、密闭传输、密闭运输，厂区及厂外运输道路清洁硬化，运输车辆车身车轮出厂前清洗。加强进出厂区运输通道环境整治，划定工业企业厂外扬尘管控责任区，纳入企业扬尘及无组织整治范围。全年完成无组织排放改造 1221 家、2220 个生产环节及点位。（省生态环境厅、省工业和信息化厅牵头，省能源局配合，市县政府落实）

10.强化重点行业 VOCs 综合治理。更新完善 VOCs 排放重点监管企业名单。开展涉 VOCs 排放工业企业综合治理情况评估，对照标准实施全行业、全过程、全指标整治。完成 283 家重点行业工业企业 VOCs 治理，对 155 家工业企业现有 VOCs 治理设施进行升级改造。鼓励 O3 超标严重城市，夏季对 VOCs 排放重点行业或生产工序采取季节性生产调控措施。（省生态环境厅、省工业和信息化厅牵头，市县政府落实）

11.推进锅炉深度治理。2019 年 10 月 1 日前，全省在用 65 蒸吨及以上燃煤锅炉以及位于市县建成区的燃煤供热锅炉、生物质锅炉全部完成超低排放改造。积极有序推进燃气锅炉低氮燃烧技术改造。2019 年全省完成 232 台 19060 蒸吨燃煤锅炉超低排放改造、40 台 407 蒸吨生物质锅炉超低排放改造、907 台 4160 蒸吨燃气锅炉低氮燃烧技术改造。（省生态环境厅牵头，省住房城乡建设厅配合，市县政府落实）

12.持续开展工业炉窑专项治理。对列入 2018—2019 年秋冬季大气污染综合治理攻坚行动淘汰取缔范围的工业炉窑（重点区域燃煤热风炉及有色行业燃煤干燥窑、燃煤反射炉、以煤为燃料熔铅锅和电铅锅，热电联产供热管网覆盖范围内的燃煤加热、烘干炉窑等）进行全面清理，确保淘汰取缔到位。2019 年，全省淘汰炉膛直径 3 米以下燃料类煤气发生炉，加快淘汰一批化肥行业固定床间歇式煤气化炉。已有行业排放标准的工业炉窑，严格执行行业大气污染物特别排放限值相关规定；暂未制订行业排放标准的其他工业炉窑，暂按《工业炉窑大气污染物排放标准》（GB9078-1996）规定的掺风系数或过量空气系数折算，颗粒物、二氧化硫、氮氧化物排放限值分别不高于 30、200、300 毫克 / 立方米执行，达不到标准要求的停产整治。全年淘汰工业炉窑 147 台，完成工业炉窑深度治理 629 台。（省生态环境厅、省工业和信息化厅牵头，省能源局配合，市县政府落实）

（三）推进散煤清洁化替代

13.大力推进冬季清洁取暖。充分利用完成超低排放改造的热电联产机组和大型集中供热锅炉，以热电联产和集中供热为主，煤改电、煤改气等清洁能源为辅，优先以乡镇为单元，采取联片改造方式，替代生活和取暖散煤。2019 年，推动清洁取暖和散煤替代由城市建成区向农村扩展，巩固提升设区市建成区清洁取暖率，县市建成区清洁取暖覆盖率达到 70%以上（太原周边地区 12 个重点县市建成区达到 90%以上），农村地区力争达到 40%以上。各市县要根据环境空气质量改善要求进一步提高清洁取暖标准。2018 年度环境空气质量综合指数在全国 169 个重点城市排名倒数 20 位中的临汾、太原、晋城、阳泉、运城、晋中 6 市，2018—2019 年秋冬季大气污染综合治理攻坚行动期间二氧化硫浓度改善幅度排名全省后三位的朔州、大同、忻州 3 市，以及 2018 年度环境空气质量综合指数在全省排名后 10 位的文水县、孝义市、介休市、平遥县、汾阳市、稷山县、灵石县、祁县、侯马市、河津市，要进一步加大力度，力争提前一年实现平原地区生活和采暖用煤清洁化。

各市要加快完成确村确户，制定清洁取暖改造年度工作方案，并分别报省大气污染防治工作领导组办公室和省能源

局等有关部门。（省能源局牵头,省生态环境厅、省发展改革委、省住房城乡建设厅等配合,市县政府落实）

14.强化散煤管控。各市县政府要及时将已完成清洁取暖改造的区域划定为“禁煤区”,禁止散煤进入,防止散煤复燃;能源管理部门要组织做好洁净煤供应保障;市场监督管理部门要加大煤质抽检,对民用散煤销售企业每月煤质抽检覆盖率要达到10%以上,全年抽检覆盖率达到100%。对销售不符合质量标准的煤炭以及在“禁煤区”销售散煤等违法行为,依法予以查处。（省能源局牵头,省公安厅、省市场监管局配合,市县政府落实）

15.实施煤炭消费总量控制。我省京津冀及周边4市和汾渭平原4市煤炭消费总量较2018年实现负增长。优化煤炭使用结构,2019年非电用煤量较上年大幅减少,提高发电用煤占全省煤炭消费量的比例。（省能源局牵头,市县政府落实）

16.加大燃煤锅炉淘汰力度。2019年10月1日前,太原市、阳泉市、临汾市、晋中市等4市,吕梁汾阳市、孝义市、文水县、交城县,运城市盐湖区、河津市、闻喜县、新绛县、稷山县率先完成辖区内35蒸吨以下燃煤锅炉淘汰，长治市完成35蒸吨以下燃煤锅炉淘汰任务量的50%以上,晋城市完成市域范围内20蒸吨以下燃煤锅炉淘汰,大同市、朔州市、忻州市积极推进市域范围内10蒸吨及以下燃煤锅炉淘汰。全年淘汰燃煤锅炉1410台、3572蒸吨。(省生态环境厅牵头,市县政府落实）

17.关停淘汰不达标燃煤小机组。在具备热电联产供热条件的情况下，关停整合30万千瓦及以上燃煤供热机组供热半径15公里范围内燃煤锅炉和不达标小热电机组。2019年全省淘汰30万千瓦以下不达标燃煤机组5台、102万千瓦。（省能源局牵头,省发展改革委配合,市县政府落实）

（四）持续推进机动车污染治理

18. 推进大宗物料的清洁运输。进出企业的铁精矿、煤炭、焦炭等大宗物料最大程度采用铁路、管道或管状带式运输机等清洁方式运输;达不到的,采用新能源汽车或达到国六排放标准的车辆运输。（省发展改革委、省工业和信息化厅、省交通运输厅牵头,中国铁路太原局集团有限公司、中国铁路北京局集团有限公司、中国铁路郑州局集团有限公司配合,市县政府落实）

19.加快推进运输结构调整。落实《推进运输结构调整三年行动计划》,加快完善铁路货运专用线建设。铁路部门要保证重点请车单位铁路运量，并落实铁路货运降价降费政策。2019年,全省铁路货运量比2017年增长20%。（省发展改革委、省工业和信息化厅、省交通运输厅牵头,中国铁路太原局集团有限公司、中国铁路北京局集团有限公司、中国铁路郑州局集团有限公司配合,市县政府落实）

20.强化柴油货车污染治理。落实《山西省柴油货车污染治理攻坚战行动计划实施方案》，建立常态化柴油货车路检路查工作机制,组建公安、生态环境、交通运输联合执法队伍,持续开展柴油货车和散装物料运输车污染治理联合执法,在货运主要通道或物流集散地设立机动车联合执法检查站,严查柴油车排气口冒黑烟现象,对高排放车辆开展尾气检测和车用尿素、油品抽测。每年秋冬季期间监督抽测柴油车数量不低于当地柴油车保有量的80%。交通运输部门将一年内超标车辆占企业总车辆数10%以上的运输企业，列入黑名单。对钢铁、建材、焦化、有色、化工、矿山等涉及大宗物料运输的重点用车企业,实施重污染天气应急响应,原则上在重污染天气预警期间停止柴油货车进出厂区;重点用车企业要安装管控运输车辆的门禁和视频监控系统,监控数据至少保存1年以上。（省生态环境厅、省交通运输厅牵头,省工业和信息化厅、省公安厅、省市场监管局等配合,市县政府落实）

21.加快车辆结构升级。2019年7月1日起,京津冀及周边4市和汾渭平原4市提前实施机动车国六排放标准。完成国家下达的国三及以下排放标准的营运柴油货车淘汰任务。积极发展新能源车,城市建成区新增的公交、出租、环卫等车辆,全部采用新能源车辆,2019年11个设区城市建成区1157辆公交车、4352辆出租车、218辆环卫车完成更新。（省交通运输厅、省住房城乡建设厅、省工业和信息化厅依职责分别牵头,省财政厅、省生态环境厅、省公安厅配合,市县政府落实）

22.建立实施机动车检测/维护(I/M)制度。2019年底前,生态环境、交通运输等部门建立排放检测和维修治理信息共享机制。排放检验机构应出具排放检验结果书面报告,不合格车辆应到具备资质的维修单位进行维修治理。经维修治理合格并上传信息后,再到同一家检测站予以复检,经检验合格方可出具合格报告。（省交通运输厅、省生态环境厅牵头,省市场监管局配合,市县政府落实）

23.加快推进机动车监管能力建设。2019年各市完成机动车遥感监测系统建设任务,实现三级数据联网。严格机动车环保检测站管理,规范机动车环保检测,严厉打击排放检验机构弄虚作假行为,涉嫌犯罪的移送司法机关。2019年底前,生态环境部门和公安交通管理部门实现机动车登记信息与排放检验信息交互,建立机动车尾气排放检验信息与安全检验信息联网共享机制。（省生态环境厅牵头,省交通运输厅、省公安厅、省市场监管局配合,市县政府落实）

24.加强非道路移动机械污染管控。2019年底前,完成非道路移动机械摸底调查和编码登记,严格落实非道路移动机械管控要求,严禁在高排放非道路移动机械禁用区使用不符合国家排放要求的非道路移动机械和油品。(省生态环境厅、省交通运输厅、省住房城乡建设厅、省水利厅、省农业机械发展中心按职责分别负责,市县政府落实）

25.持续开展生产和流通领域车用油品质量抽检。严禁使用不符合国六标准的车用汽柴油。加强对油品制售企业质量监督管理，持续开展生产和流通领域车用油品质量抽检。其中,加油站车用汽柴油全年抽检覆盖率力争达到30%以上,对油库抽查比例每月不少于20%，重点区域不少于30%,实现年度全覆盖。开展企业自备油库的监督检查。严厉打击黑加油站点,一经发现,坚决取缔,严防死灰复燃。（省市场监管

局、省商务厅、省公安厅等按职责分别负责,市县政府落实)

(五)综合管控面源污染

26.推进国土及城市园林绿化。完成营造林400万亩(省林业和草原局牵头,市县政府落实)。新增城市绿化面积1135.1万平方米(省住房城乡建设厅牵头,市县政府落实)。

27.强化矸石山综合治理。完成206座矸石山生态环境恢复治理,年底前全省矸石山达到治理标准。(省生态环境厅、省自然资源厅牵头,省能源局、省应急厅配合,市县政府落实)

28.强化扬尘综合治理。建立施工扬尘动态管理清单,施工单位严格落实"六个百分之百"要求。规模以上建筑工地均需在扬尘作业场所和工地车辆出入位置安装扬尘在线监测和视频监控(其中,视频监控应满足对工地作业现场和车辆进出情况监控要求),并与当地行业主管部门和生态环境部门联网。加强扬尘在线监测数据的应用,现场在线监控PM10小时均值达到250μg/m³时,施工单位应立即停止扬尘作业,拒不执行的,由住房城乡建设部门依法予以查处,并将施工单位扬尘管理工作不到位的不良信息纳入建筑市场信用管理体系,列入建筑市场主体"黑名单"。加强城市建成区道路及街巷清洗,加大城市主要道路及背街小巷等部位的扬尘污染管控力度,进一步提高道路机械化清扫率。(省住房城乡建设厅牵头,省生态环境厅配合,市县政府落实)

29.实施降尘量监测。各市开展降尘量监测,定期公开通报降尘量监测结果。降尘量超过国家考核标准(9吨/月·平方公里)的市、县(市、区)政府要制定专项整改方案并严格落实。(省生态环境厅牵头,市县政府落实)

30.加强餐饮油烟污染治理。餐饮经营单位和企事业单位食堂应当安装具有油雾回收功能的抽油烟机或高效油烟净化设施并确保正常运行。(各设区市人民政府确定的城市综合管理部门落实)

31.强化秸秆综合利用和禁烧监管。2019年全省秸秆综合利用率较上年稳步提高(省农业农村厅牵头,市县政府落实)。加强秸秆禁烧宣传,强化秸秆禁烧监管,充分利用卫星遥感、远程视频监控等科技手段,发挥网格化监管力量,加强秸秆露天焚烧执法巡查检查。(省生态环境厅牵头,市县政府落实)

(六)积极应对重污染天气

32.实施秋冬季重点行业工业企业差异化错峰生产。2019年10月1日起,未按要求完成年度治理改造任务的企业(包括无组织排放治理),予以停产治理。钢铁、建材、焦化、铸造、有色、化工等高排放行业达到相应行业大气污染物排放限值且完成无组织排放治理要求的企业,采暖期实施差别化错峰生产:属于《产业结构调整指导目录》限制类的生产设施,限产40%,其中,位于设区市建成区及周边10公里范围内的,限产50%,不影响生产安全的情况下可采取停产错峰。属于产业政策鼓励类的企业,限产20%,其中,位于设区市建成区及周边10公里范围内的企业,限产30%。2019年10月1日前实际生产负荷已低于上述错峰生产比例要求的,按照污染物排放量和进出厂区大宗物料公路运输量不增加的原则,核定错峰生产负荷。各市可根据当地环境空气质量改善需求提高错峰生产比例。对承担供气、供热等民生任务的企业,根据供气、供热需求确定限产比例。国家关于错峰生产有更严格要求的,按照国家有关规定执行。各市要建立错峰生产企业豁免清单。列入豁免清单的企业必须符合以下标准之一:(1)完成治理任务的列入工业和信息化部绿色工厂示范的企业;(2)污染物排放达到超低排放标准(没有超低排放标准的行业,污染物排放低于行业特别排放限值20%以上),且物料运输采用铁路运输或其他清洁运输方式的。其中,焦化企业必须采取干法熄焦。加强错峰生产执行情况检查,发现不满足豁免条件的企业,应及时从错峰生产豁免清单中剔除。2019年7月底前,各市完成错峰生产方案的制定,列出错峰生产企业清单,将错峰生产要求细化到企业生产线、工序和设备,明确错峰生产的执行内容,确保可操作、可核查。纳入错峰生产范围的企业要提前做好生产计划调整。(省工业和信息化厅、省生态环境厅牵头,省国资委等部门配合,市县政府落实)

33.夯实重污染天气应急减排能力。完善重污染天气预报预警能力建设,省级实现以城市为单位的7天预报能力,提高预警预报分析的精准度。建立完善生态环境和气象部门数据共享交换机制和联合会商机制。2019年8月底前修订重污染天气应急减排清单,京津冀及周边4市和汾渭平原4市黄色、橙色、红色预警级别二氧化硫、氮氧化物和颗粒物减排比例分别提高到20%、30%、40%,减排清单向社会公布,并通报相关部门。重污染天气要提前响应、及时预警、区域联动、部门联动,并加强监督检查,确保落实到位。(省生态环境厅牵头,省气象局配合,市县政府落实)

四、保障措施

(一)加强组织领导

各市县人民政府主要负责人是本行政区域打赢蓝天保卫战第一责任人,其他有关领导成员在职责范围内承担相应责任,坚持目标导向,对标一流,制定具体实施方案,细化分解目标任务,科学安排指标进度,确保各项工作有力有序完成;监督指导各相关企业落实大气污染防治主体责任,积极主动开展大气污染防治工作,加强环保设施运行维护,严格落实环境保护相关法律法规和标准,配合做好秋冬季错峰生产和重污染天气应急减排工作。省级各有关部门要根据本行动计划要求,按照管发展的管环保、管生产的管环保、管行业的管环保原则,制定本部门落实方案,完善配套政策措施,强化对市县工作的指导与监督考核。各市、各部门配套方案于本行动计划印发20个工作日内报省大气污染防治工作领导组办公室备案。各市、各部门方案要体现本地区、本部门特点,坚决反对形式主义、严禁照搬照抄。(省大气污染防治工作领导组各成员单位和市县政府落实)

(二)严格执法监管

围绕重点时段、重点行业、重点区域针对性开展大气污染防治专项执法。开展焦化行业大气执法专项检查,重点检查焦化企业特别排放限值改造情况、环保设施运行情况、无组织排放治理情况、排污许可证持证情况等。开展太原及周边地区大气污染联防联控区域执法、秋冬季和重污染天气应急专项执法,严格落实秋冬季工业企业错峰生产、错峰运输和重污染天气应急减排要求。(省生态环境厅牵头,市县政府落实)

坚持铁腕治污。综合运用按日计罚、查封扣押、限产停产、行政拘留等手段,严厉打击偷排漏排、超标排污等环境违法行为。对于主观恶意的(偷排漏排、监测数据弄虚作假)、超过排放标准2倍以上的、屡罚屡犯的(环境违法行为人被处罚后12个月内再次实施环境违法行为)、被责令限制生产后仍然超过污染物排放标准排放污染物的、污染物排放超过总量指标的、重污染天气预警期间超标排污的,采取停产治理措施。重污染预警期间,凡超标排放二氧化硫、氮氧化物的,受过行政处罚后又实施上述行为或者具有其他严重情节的,依法追究刑事责任。建立环境信用评价制度,将环境违法企业列入“黑名单”并向社会公开,将其环境违法行为纳入社会信用体系,让失信企业一次违法、处处受限。(省生态环境厅牵头,市县政府落实)

(三)严格落实总量和标准“双控”制度

坚持总量和标准双控、标准服从总量的原则。位于设区市城市建成区范围内的钢铁、水泥、平板玻璃、焦化、化工等重污染企业全年大气污染物许可排放总量指标在特别排放限值核定基础上核减30%。其他区域属于《产业结构调整指导目录》限制类的钢铁、水泥、平板玻璃、焦化等企业生产设施全年排污许可总量指标在特别排放限值核定基础上核减30%。2019年9月底前各设区市完成已核发排污许可证的排污许可总量指标变更。各设区市可根据环境空气质量改善要求和区域环境承载能力,进一步提高总量控制要求。(省生态环境厅牵头,市县政府落实)

(四)强化督察问责

开展省级大气污染防治专项监察,对承担大气污染防治责任的省级有关部门及空气质量改善不明显的市、县政府启动专项监察。严格责任追究,落实省委办公厅、省政府办公厅《山西省空气质量改善量化问责办法》。实施重点工作任务和环境质量双考核制度。对市、县(市、区)党委和政府以及负有生态环境保护责任的有关部门贯彻落实省委、省政府决策部署不坚决不彻底、攻坚任务完成严重滞后、环境空气质量持续不降反升的,约谈主要负责人。对年度目标任务未完成、考核不合格的市、县(市、区)政府、有关部门及其党政主要负责人和相关领导班子成员不得评优评先,对负有责任的干部不得提拔使用或者转任重要职务。各市要加强对所辖县(市、区)以及乡镇大气污染防治工作考核。(省生态环境厅牵头,省委组织部、省年度目标责任考核领导小组办公室配合,市县政府落实)

(五)加强调度督办

各市、各部门建立重点任务、重点项目名细台账,一企一档,一事一档,并实行销号管理,完成一项,销号一项。各市、省直各有关部门每月10日前将上月重点工作推进情况报省大气污染防治工作领导组办公室。省大气污染防治工作领导组办公室及时分析研判环境空气质量形势,研究解决影响环境空气质量的难点问题。将建成区重污染企业搬迁改造、工业企业错峰生产、冬季清洁取暖改造等对空气质量改善影响明显的重点工作纳入省政府13710系统,实现督办的常态化和制度化。(省生态环境厅牵头,市县政府落实)

(六)推进精准治污

各市要充分依托专家团队,深入开展区域大气环境承载能力研究、PM2.5和O_3精细化来源解析,更新完善大气污染源排放清单,进一步提升区域整治“一市一策”及工业企业错峰生产与运输、重污染天气应急减排“一企一策”的科学性、针对性和有效性,坚决避免“一刀切”。(省生态环境厅牵头,市县政府落实)

加强科学管控。将重点排污单位用电量纳入监控范围,把用电量变化情况作为判定企业环保设施运行、错峰生产和重污染天气应急减排措施落实情况的参考依据。工业企业要按排污许可证管理要求,建立完善运行管理台账,同步配套环保设施中控系统,接入主要设备运行参数、电流、污染物排放等数据,确保设施运行可核查。各市生态环境部门要加强大气环境热点网格和环境空气质量微站建设,并覆盖重点工业园区、重点工业企业。充分运用企业在线监控、视频监控、环境空气质量微站、激光雷达、卫星遥感等科技手段,不断提升对环境空气质量管控的科学化、精准化水平。鼓励有条件的城市开展乡镇环境空气质量监测点建设。加快推进VOCs环境监测和固定污染源在线监测,将VOCs排污单位纳入监督性监测范围。(省生态环境厅牵头,省能源局配合,市县政府落实)

坚持标杆引领。各市要积极培育和筛选不同领域大气污染治理和管理水平高的典型,引导企业主动对标一流,提升区域大气污染治理整体水平。全面淘汰环保工艺简易、治污效果差的单一重力沉降室、旋风除尘器、多管除尘器、水膜除尘器、生物降尘等除尘设施,以及水洗法、简易碱法、简易氨法、生物脱硫等脱硫设施。(省生态环境厅牵头,相关部门配合,市县政府落实)

(七)强化资金支持

各级大气污染防治专项资金重点支持钢铁、焦化等重点行业深度治理、挥发性有机物治理、工业炉窑淘汰和治理、锅炉综合整治(燃煤锅炉淘汰、锅炉超低排放改造、燃气锅炉低氮燃烧改造等)、无组织排放治理、清洁取暖改造等大气污染重点治理任务,以及区域大气环境承载能力研究、大气污染源清单、污染物来源解析、重污染天气应急减排清单、大气环境监测监管和科学研究基础能力建设、大气环境专项执法、大气污染防治重点政策环境效益评估、重污染天气预报预警能力建设等。(省财政厅、省生态环境厅牵头,市县政府落实)

三、生态环境保护建设

建设沿黄生态屏障　推动流域地区高质量发展

骆惠宁

黄河是中华民族的母亲河,保护黄河是事关中华民族伟大复兴的千秋大计。我们认真贯彻习近平总书记重要讲话精神和党中央决策部署,坚持节约资源和保护环境的基本国策,坚持节约优先、保护优先、自然恢复为主的方针,坚定走生产发展、生活富裕、生态良好的文明发展道路,推动山西沿黄地区在保护中开发、开发中保护,从黄河流域省份及黄河流经市县的两个层次,统筹把握,一体推进,形成良性互动、整体推进的贯彻工作格局,为促进黄河流域生态保护和高质量发展作出山西应有的努力和贡献,让黄河成为造福人民的幸福河。

坚持加强“两山七河”生态系统保护修复,筑牢筑好京津冀的重要生态屏障。山西是黄河流域省份,黄河山西段总长965公里,流经4市19县,流域面积占全省的62.2%。近年来,我省启动实施太行山、吕梁山以及以汾河为重点的七河流域生态系统保护修复重大工程,统筹推进山水林田湖草系统治理。在黄河支流源头设立保护区,开展汾河等七河流域生态保护与修复,严格压减地下水开采,推动山西黄河流域的水生态整体好转,汾河流域地下水位普遍回升,河流水量得到有效改善。全省每年新增营造林面积400万亩以上,黄河流经市县林草覆盖率接近60%,向黄河的年输沙量由上世纪末的1.2亿吨减少到目前的1700万吨。我们开展采煤沉陷区综合治理,实施沿黄四市6.9万户、20.1万人的搬迁安置,矿区生态得到保护和修复。经过不懈努力,山西沿黄地区正在从生态脆弱区变为京津冀的重要生态屏障。下一步,要瞄准减少水土流失,全力加大黄河流经市县水资源保护力度。大力实施退耕还林、荒山绿化、经济林提质等营造林工程。继续深化采煤沉陷区治理,加快矿区生态保护和修复。系统研究、全面提升沿黄防洪水平,加强蓄水能力建设,不断提高抵御旱涝和地质灾害能力。同时,要以水而定、量水而行,依水资源供给能力,合理规划人口、城市和产业发展,大力发展节水产业和技术,实施全社会节水行动,使有限的水资源实现效益最大化。

坚持环保倒逼转型发展,逐步推动形成绿色生产生活方式。坚持以新发展理念引领环境保护工作,坚持铁腕治污、环保倒逼、综合治理、改革创新,鲜明提出“宁可牺牲点GDP,也要把环保指标提上去”。2018年7月,召开全省生态环境保护大会,出台《关于全面加强生态环境保护坚决打好污染防治攻坚战的实施意见》,就打好污染防治攻坚战作出安排部署。严格能耗、质量、安全等门槛和标准,加快推进焦化等行业改造升级,对排放不达标的企业深度治理,限期达标。加强散煤污染治理,加快实施煤改气、煤改电清洁取暖改造,全省11个市建成区全部建成禁煤区。大力推进出租车、公交车电动化,太原成为全球第一个出租车全部电动化的城市。开展“小散乱污”专项整治行动,持续开展秋冬季大气污染综合治理攻坚行动,启动违法排污大整治“百日清零”专项行动,引导树立绿色消费观,让人民群众自觉养成节能环保的绿色消费习惯。全省生态环保总体态势、发展方式与动能、生态环境质量状况、生态文明建设格局正在发生积极变化,经济运行和生态环保呈现同向好转态势。下一步,要加强水污染治理,继续推进省内“五水同治”,确保2019年年底前汾河入黄水质退出劣V类。坚持环保倒逼产业转型,加快沿黄矿山、化工类企业、重污染企业退出步伐,坚决打好污染防治攻坚战。

坚持以“三大目标”为引领,巩固提升全省高质量转型发展强劲态势。山西沿黄地区集生态脆弱与粗放增长于一体,转型任务十分艰巨。近年来,我们坚决落实习近平总书记对山西工作的重要指示要求,确立建设资源型经济转型发展示范区、打造全国能源革命排头兵、构建内陆地区对外开放新高地“三大目标”,开启了高质量转型发展的崭新历程。主动推动煤炭“减优绿”,去产能走在全国前列,先进产能占比由2016年的36%提高到目前的68%,2019年上半年新能源装机占比超过30%。坚定担起开展能源革命综合改革试点的国家使命,努力实现从“煤老大”到“能源革命排头兵”的历史性跨越。横下一条心培育新兴产业,加快推动工业内部结构反转,近两年全省煤炭产业年均增长1.9%,制造业年均增长9%,信息技术、高端装备、生物医药、通用航空、光机电、现代煤化工等产业集群快速挺起。2018年全省煤炭产业占工业比重下降2.5个百分点。近期,省委省政府先后就能源革命综合改革试点、中部盆地城市群一体化发展、工业高质量发展等作出部署,各地各部门加快转型发展的积极性进一步激发。2019年前三季度,全省经济保持稳中有进且向优的良好态势,GDP增长6.6%,产业结构持续优化,发展效益稳步提升,实体经济活力有效激发,新旧动能加快转换,高质量转型发展迈出坚实步伐。当前,山西沿黄地区转型态势良好,一大批转型项目在这里布局,资源优势正在逐步转化为经济优势,山西“小杂粮王国”和有机旱作农业品牌正在形成。下一步，要坚持改革“补考”、“赶考”一起抓，坚持两眼向外、扩大开放，不断巩固和发展来之不易的良好势头。黄河流经市县要着眼全局和长远，在保护中开发、开发中保护，强化区域协作协同，积极探索富有地域特色的高质量发展路子。

坚持保护传承弘扬黄河文化，持续推进文旅深度融合。山西根祖文化、德孝文化、佛教文化、晋商文化等闻名遐迩，红色文化内涵丰富。坚持大力弘扬太行精神、吕梁精神、右玉精神，不断坚守初心、践行初心，努力扛起使命、不辱使命。山西是中华文明的重要发祥地，共有531处全国重点文物保护单位，数量居各省份之首。坚持在继续做优五台山、云冈石窟、平遥古城“老三篇”的同时，提出加快打造黄河、长城、太行“新三板”，构建起文旅融合发展新格局。2019年上半年，全省接待旅游者3.9亿人次，旅游总收入增长20%以上。下一步，要坚持以文化人，弘扬革命传统与精神，推动优秀传统文化创造性转化、创新性发展，把社会主义核心价值观融入社会发展各方面。充分发挥文化资源优势，创建全域旅游示范区，努力建设文化旅游强省。加强对根祖文化的田野考证和系统研究，为增强中华文化的凝聚力和影响力作出新贡献。

坚持以深度举措攻坚深度贫困，确保沿黄老区人民如期实现全面小康。山西贫区皆老区，沿黄19个县中有12个贫困县，其中6个是深度贫困县。2017年6月，习近平总书记在太原主持召开深度贫困地区脱贫攻坚座谈会并发表重要讲话。两年来，我们认真贯彻落实习近平总书记重要讲话精神，采取一系列超常举措，攻坚深度贫困取得决定性进展，带动脱贫攻坚整体格局发生了重大变化。全省58个贫困县中有41个摘帽，10个深度贫困县贫困发生率由18.4%下降到7.2%。坚持在“一个战场”上同时打赢脱贫攻坚和生态治理“两个攻坚战”，联动实施退耕还林、荒山绿化、森林管护、经济林提质和林产业增收“五大项目”，带动52.3万贫困人口增收，使建设绿水青山的过程成为群众脱贫增收的过程。下一步，要以“打不赢脱贫攻坚战，就对不起这块红色土地”的决心，继续打好制度、政策、资金、项目、党建的“组合拳”，确保年底贫困县全部摘帽。统筹做好就业、收入分配、教育、社会保障、医疗卫生、住房、安全等各项民生工作，确保沿黄地区人民安居乐业、社会安定有序。

（《求是》2019年第22期）

全省生态环境保护工作会

2月21日，全省生态环境保护工作会在太原召开，全面总结我省2018年生态环保工作，对2019年工作进行安排部署，并明确了今年生态环保工作的主要目标任务。

2018年，我省以超常举措实施污染防治攻坚战，持续推进大气、水、土壤污染防治，特别是通过强化环保督察、量化问责等手段，实现了生态环境质量持续改善。

面对新形势，我省生态环保工作将继续抓好打赢污染防治攻坚战的关键领域，以蓝天、碧水、净土保卫战为重点，突出柴油货车、黑臭水体、水源地和固体废物等关键领域，集中力量、全面攻坚，实现环境质量明显改善。

会议还提出了2019年全省生态环境保护的主要预期目标：大气方面，完成国家下达的环境空气质量（PM2.5、优良天数比例）和二氧化硫、氮氧化物主要污染物排放总量目标；水方面，优良断面比例达55.2%，劣五类断面比例控制在15.5%以内，完成国家下达的化学需氧量和氨氮主要污染物排放总量目标；碳排放强度方面，单位GDP二氧化碳排放量同比下降3.9%左右；环境安全方面，有效防范化解环境风险，不发生重特大环境污染事故。为此，我省将继续强化环保倒逼，实现经济高质量发展和生态环境高水平保护；继续采取超常规手段，打赢三大污染防治攻坚战；持续传导污染防治压力，从严从重倒逼履职尽责；着力深化生态环境改革，锻造生态环保铁军；推进污染协同治理，提升生态环保能力。

（《山西日报》2019年2月25日　程国媛）

全省河长制工作暨汾河流域水污染治理攻坚推进会议

4月12日下午，全省河长制工作暨汾河流域水污染治理攻坚推进会议在太原召开。省委书记骆惠宁作出重要批示，对汾河流域治理工作提出明确要求。省长、省总河长、汾河河长楼阳生作动员讲话。省级河长林武、罗清宇、张吉福、王一新、张复明、刘新云出席，贺天才通报汾河等七河污染治理情况及工作措施，王成主持会议。

骆惠宁强调，贯彻落实习近平总书记“一定要高度重视汾河的生态环境保护，让这条山西的母亲河水量丰起来、水质好起来、风光美起来”的重要指示精神，是全省各级党政和有关方面的重大责任和历史使命。要紧抓国家加大对汾河水生态修复与治理力度的契机，以深化河湖长制改革为牵引，发挥汾河百公里中游示范区建设的带动作用，限期消除国考劣Ⅴ类断面，切实把治理汾河这件大事办好。

楼阳生对汾河流域治理攻坚进行再部署、再动员、再推进。他强调，要认真贯彻落实习近平生态文明思想，对表习近平总书记视察山西时对汾河治理作出的重要指示，以对山西未来和子孙后代负责的态度,以更大决心、更有力举措,坚决打好碧水保卫战,让三晋大地早日重现山青、水秀、河畅、岸绿、景怡的秀美风光。要把让汾河水量丰起来、水质好起来、风光美起来作为攻坚目标,坚持共抓大保护、不搞大开发,坚持超常规举措与精准治污相结合,坚持标本兼治、定要治本,统筹汾河上下游、干支流、左右岸和水陆域,全面开展污染治理和生态修复,突出抓好全流域水污染治理攻坚、全流域山水林田湖草生态修复、全流域景观规划设计与建设管控。

楼阳生强调,水质好起来是实现治汾蓝图的首要任务、先决条件。今年要确保汾河流域13个国考地表水断面中,优良水质断面达到5个以上,劣V类水质断面控制在5个以内,汾河入黄口庙前村、岚河曲立断面、浍河西曲村断面必须退出劣V类。2020年,全面消除劣V类断面,优良水质断面达到6个以上,其他各断面水质在原有基础上有明显提升,汾河水源地包括汾河二库水质保持在Ⅱ类以上。这是硬任务!死任务!必须完成!

楼阳生要求,要按照全面消除地表水国考劣V类断面总体方案、汾河流域水污染治理攻坚方案和磁窑河水污染挂牌督办专项整治方案部署,坚持目标倒逼、时间倒排、责任倒追,以岚河、磁窑河、文峪河、浍河、太榆退水渠"四河一渠"为重点,从源头管控到末端治理强力攻坚,彻底解决工业废水超标排放、生活污水和高浓度屠宰废水直排等突出问题,确保完成治理任务。要在保证质量的前提下,加快城镇生活污水处理设施建设,确保如期建成投用。实施农村污水治理,今年汾河全流域畜禽粪污综合利用率达到85%以上,规模养殖场粪污处理设施装备配套率达到95%以上。狠抓城市黑臭水体整治,今年太原市建成区全面消除黑臭水体,其他设区市建成区黑臭水体消除比例达到95%以上。着力抓好工业废水深度治理。开展清河专项行动和"携手清四乱、保护河湖生态"百日会战行动。要坚持以水定城、以水定产,统筹抓好铁腕治水、生态调水、改革活水、高效节水、强力保水,实现"五策丰水"。要高水平编制汾河全流域生态景观规划,打造独具特色的汾河生态廊道,将汾河百公里中游示范区打造成为汾河治理样板工程。要在监管执法上动真碰硬,加强生态环保专项督察,加大监管执法力度,采取"四不两直"方法强化日常监管巡查,依法严肃查处超标排放、偷排偷放、数据造假、侵占河道水体等违法行为。

楼阳生要求,要把汾河流域治理作为标杆来树、重点来抓、堡垒来攻,其他六河要参照汾河治理攻坚的做法,压实责任、强化攻坚,实现"一河带六河,七河全推进",坚决打好碧水保卫战。要全面落实河湖长责任,既挂帅又出征,当前重点抓好汾河入河排污口、支流、退水渠等的排查、监测、溯源、整治工作。要全面厘清上下游防治责任,今年7月1日前在汾河等七河流域的市、县(市、区)分界处,全面建成水质、水量自动监测站,彻底解决同一流域市县水污染防治责任不清的问题。要全面压实市县政府的属地责任、省直有关部门的监管责任和重点治理企业的主体责任,加强组织领导,加大投入力度,确保高标准高质量完成各项治理任务。要强化考核奖惩,对治理任务完成好的要加大奖励力度,对履责不到位、措施不力、未完成年度目标任务的要严肃追责问责,以奖优罚劣的鲜明导向引导倒逼工作有效落实。

会上,省政府向11市下达任务书,与会人员观看了汾河流域水污染现状和治理技术录像片,听取了灵丘县农村污水治理情况介绍。吕梁市、清徐县、文水县刘胡兰镇政府主要负责人作了表态发言。

会议召开当日,省长楼阳生签署第262号省人民政府令,公布《山西省人民政府关于坚决打赢汾河流域治理攻坚战的决定》,自2019年5月12日起施行。

(《山西日报》2019年4月13日　张巨峰)

山西省绘就水污染治理详细"作战图"

5月13日,省政府新闻办举行"山西省水污染防治工作"新闻发布会,就全省水污染防治工作、水环境保护执法、依法查处打击环境污染违法犯罪情况进行了介绍。

当前,我省地表水环境整体持续向好,但局部污染严重的状况还未从根本上改变,国考劣V类断面治理任务十分艰巨。省委、省政府高度重视全省水环境质量改善,把打好碧水保卫战作为全省实现资源型经济转型发展的重大战略任务来抓,把水污染防治放在全省高质量发展的全局中进行部署推进。4月12日,我省公布《山西省人民政府关于坚决打赢汾河流域治理攻坚战的决定》,向11个市政府下达任务书,向全省发出了全面整治水污染的作战命令。会后,省政府办公厅印发了《全面消除地表水国考劣V类断面总体方案》《汾河流域水污染治理攻坚方案》《磁窑河水污染挂牌督办专项整治方案》。三个方案明确了消除我省地表水国考劣V类断面的具体治理措施和重点工程任务,形成了"点线面"相结合的配套措施,绘就了全省水污染治理的详细"作战图"。概括起来,集中体现为以下八个方面的措施:强化法规标准引领,抓好重点治理任务的落实,强化跨界断面监测,实施定期调度通报,开展环境专项执法行动,开展磁窑河专项督察,实行挂牌督办,建立"159"工作机制。

加强水环境执法是打好污染防治攻坚战的重要手段,是打赢碧水保卫战的重要保障。近年来,我省持续强化生态环境执法,2018年全省下达行政处罚决定书6905件,处罚金额6.75亿元,同比分别增加8%和15.5%,查处"四类典型"(按日计罚、查封扣押、限产停产、行政刑事拘留)案件1857件,创下我省历年处罚力度最大记录,通过强化执法,推动水环境质量的持续改善。从生态环境部公布的今年1月—4月监测数据看，我省2018年原有的13个国考劣Ⅴ类断面中，大同市御河利仁皂断面、运城市涑水河张留庄断面已退出劣Ⅴ类，汾河入黄口庙前村断面主要超标因子氨氮的浓度同比下降43.5%。

近期，全省公安机关还侦办查处了磁窑河流域环境污染案件、文峪河流域非法采砂破坏生态环境案件。下一步，我省公安、生态环境、自然资源等部门将密切配合，依法查处打击破坏水生态环境违法犯罪，坚决打好水污染防治攻坚战。

（《山西日报》2019年5月14日　程国媛）

山西省召开中央生态环境保护督察及督察“回头看”整改推进会

6月29日，山西省中央生态环境保护督察整改工作领导小组办公室召开中央生态环境保护督察及督察“回头看”整改推进会，要求各市、各有关部门要坚决把整改责任扛起来，真抓实干、马上就办，事不避难、义不逃责，打一场全面、扎实、过硬的整改落实攻坚战。

11市和领导小组成员单位、涉及整改任务的省直部门以及企业集团，分别汇报中央生态环境保护督察整改情况、中央生态环境保护督察“回头看”立督立改情况以及下一步整改工作安排。

会议要求，各市、各有关部门在推进整改落实中，要站在践行习近平生态文明思想的高度，认真学习好、宣传好、落实好《督察规定》，进一步提高政治站位，增强“四个意识”，坚定“四个自信”，做到“两个维护”，以高度的政治自觉、思想自觉、行动自觉，推动整改工作纵深发展，助力我省生态文明建设迈上新台阶。要从严从实制定方案，同步同向推进整改，建立健全整改机制，继续实行整改工作“332”领办机制，即省、市、县三级党政主要领导及分管领导三人牵头领办重点整改事项，建立台账、清单，专啃整改“硬骨头”，持续发力，一抓到底，推动突出生态环境问题彻底解决，让人民群众不断感受到生态文明建设的新进展新变化，推动美丽山西建设迈上新台阶。

（《山西日报》2019年6月30日　程国媛　王　璟）

省生态环境厅约谈11县（市、区）政府主要负责人

8月28日，省生态环境厅会同相关市生态环境局，对空气质量恶化和国控监测点空气质量排名持续靠后的11个县（市、区）政府进行集中约谈。

2019年前7月，介休市、文水县、平遥县、汾阳市、祁县、灵石县、孝义市、稷山县、新绛县、太谷县10个县（市、区）在全省的县（市、区）中排名后十位，且PM2.5浓度全部不降反升；阳泉市开发区白羊墅点位自2019年5月1日实施国控监测点位空气质量排名以来，连续4周在全省55个国控监测点位中排名倒数第一、连续9周排名倒数前三。

按照有关规定，省生态环境厅会同相关市生态环境局对11县（市、区）人民政府主要负责同志进行公开集中约谈。约谈明确指出了11县（市、区）存在的主要问题，并要求11县（市、区）坚守空气质量改善底线，聚焦国家重点考核指标，扭住突出问题和关键环节，以钉钉子精神狠抓落实，坚定不移地落实“生态环境质量只能更好、不能变坏”的底线要求，坚决打赢蓝天保卫战。各县（市、区）政府主要领导要切实承担起改善辖区环境空气质量的主体责任，深入开展违法排污大整治“百日清零”专项行动，要加强中央生态环境保护督察及“回头看”反馈问题的整改，对生态环境部、省生态环境厅在各项监督检查中发现的问题立即整改，并做到举一反三，持续推进生态环境保护工作。

（《山西日报》2019年8月29日　程国媛）

山西省生态环境保护专项督察部署会

从9月上旬开始，山西省对11个市和综改示范区开展生态环境保护专项督察。6日下午，专项督察部署会在太原召开，省委副书记林武出席会议并讲话。他强调，要提高政治站位，把握科学方法，针对突出问题真督实察，推动责任落实、整改落实，确保取得预期效果。副省长贺天才主持会议。

林武指出，开展这次专项督察是庆祝新中国成立70周年的需要，是推动生态环境领域问题专项整改的需要，是迎接中央第二轮生态环境保护督察的需要，要从讲政治的高度深化认识，增强开展督察和接受督察的责任感使命感，切实把思想和行动统一到省委、省政府的决策部署上来。各督察组要深入学习习近平总书记相关重要论述，系统学习中央及省委、省政府各项决策部署，吃透中央精神，熟悉省里政策要

求。要坚持问题导向,全面梳理各个渠道发现的问题,紧紧盯住不放,看相关市县整改了没有,整改到了什么程度。要敢于较真碰硬,发扬斗争精神,敢于唱黑脸,多敲一些警钟,决不允许擅自降低标准、放宽要求,更不允许敷衍应付、弄虚作假。要加大问责力度,对因生态环境工作领导不力、监督乏力,以致造成严重损失、产生恶劣影响的党政领导干部、监管部门及其责任人,依法执纪严肃问责。要严格按照规定程序开展工作,自觉遵守各项纪律规定,以优良作风确保督察工作取得实效。

林武强调,各市和综改示范区要自觉接受督察、主动配合督察、全力支持督察,确保组织领导到位、服务保障到位、责任明确到位、整改落实到位,与督察组一道共同完成好这次专项督察工作,以生态环境保护工作新成效,为新中国成立70周年献礼。

会议以电视电话形式召开,各市县党委、政府分管负责同志和相关部门负责同志在市分会场参会,省综改示范区有关同志在所在地分会场参会。

(《山西日报》2019年9月7日　周慧芳)

山西省“百日清零”专项行动圆满收官

大气和水两大环境指标同步同向好转

山西省从2019年7月1日开始的整治违法排污“百日清零”专项行动圆满收官。截至10月31日,累计检查污染源22234个,督办5363个问题,整改完成5294个,“清零率”达到98.71%,基本实现了“清零”的目标,生态环境质量改善明显,大气和水两大环境指标同步同向好转。

为深入贯彻落实习近平生态文明思想和党中央、国务院及省委、省政府决策部署,扎实推进中央生态环境保护督察及“回头看”反馈问题整改落实,严肃查处各类生态环境违法行为,切实解决漠视侵害群众利益问题,从7月1日至10月15日,山西省省市县三级党委、政府和生态环境系统紧紧围绕十方面重点内容,上下联动、整体作战、铁腕扫污,解决了一大批生态环境突出问题,严肃查处了一批典型生态环境违法案件。从重点内容来看,中央生态环境保护督察及“回头看”整改事项发现问题90个,已完成整改81个,“清零率”达90%,道路扬尘污染、柴油车冒黑烟、禁煤区原煤散烧等问题“清零率”达100%。

“百日清零”专项行动圆满收官,效果良好。行动开展以来,山西省生态环境质量明显改善,大气和水两大环境指标同步同向好转。9月份,山西省环境空气质量综合指数4.36,在京津冀及周边六省市排名第一;平均优良天数比例75.1%,PM2.5浓度29微克/立方米,两项指标均排名第一。水质优良断面34个,较6月份增加2个,劣V类断面4个,较6月减少8个。

“百日清零”专项行动期间,全省集中查处了一批违法排污行为,罚款金额1.25亿元,查处典型案件316件;全省严重超标的重点排污企业由一季度的31家,到三季度实现动态“清零”。查处重大案件数量之大前所未有,重点排污企业降幅力度之大前所未有,极大震慑了一些心存侥幸的企业,增强了企业自觉履行主体责任和环保法律法规的意识,全面推动了环境守法常态化。

(《山西日报》2019年11月1日　程国媛)

楼阳生在全省大气污染防治工作会议上强调
持续发力狠抓措施落实　标本兼治实现攻坚目标

11月1日下午,在京津冀及周边地区大气污染防治领导小组电视电话会议之后,省政府立即召开全省大气污染防治工作会议,就贯彻落实领导小组会议精神、做好全省大气污染防治工作进行再部署。省长楼阳生出席并讲话。副省长贺天才主持。

楼阳生强调,全省各级各部门各单位要深入贯彻落实习近平生态文明思想和习近平总书记视察山西重要讲话精神,按照韩正副总理重要讲话要求,正确认识全省大气污染防治工作取得的成绩和面临的形势,始终保持加强生态环境保护的战略定力,标本兼治、精准施策,压实责任、持续发力,狠抓秋冬季大气污染治理攻坚各项任务落地落实,坚决打赢蓝天保卫战。

就做好下一步大气污染防治工作,楼阳生提出六点要求。一是持续咬定攻坚目标不放松,压实各级政府及部门管发展必须管环保、管生产必须管环保、管行业必须管环保的责任,突出目标导向、问题导向,扎实有效抓好工作落实,特别是主要污染物指标不降反升的市县要认真查找不足,深入分析成因,精准制定攻坚措施,下大气力推动空气质量不断改善。二是持续推动企业升级改造，落实全省推进工业高质量发展大会精神和焦化行业压减过剩产能工作部署，加快产业转型升级步伐，推进城市建成区及周边重污染企业搬迁退出，深入开展“散乱污”企业排查整治并实施动态清零，全面推进钢铁行业超低排放改造、工业炉窑和挥发性有机物综合治理。三是持续实施散煤清洁化替代，落实以气定改、先立后破的要求，坚持宜电则电、宜气则气、宜煤则煤、宜热则热，因地制宜优化农户取暖用能结构，加强散煤源头管控，强化天然气和洁净煤供应保障，确保群众安全温暖过冬。四是持续推动运输结构绿色化，拓展多式联运，建设公铁联运通道及枢纽，扩大干线铁路运能供给，积极推进“公转铁”，强化公路货运超限超载和机动车超标排放治理，清理取缔黑加油站点，加强非道路移动源污染防治。五是持续提升扬尘污染管控水平，住建、交通、公安等部门进一步形成合力，继续强化工地、渣土运输、道路等扬尘整治，严格落实工地扬尘整治“六个百分之百”，全面排查清除城市建成区现有裸地和城乡接合部、工矿企业周边暴露堆场，扩大植被覆盖，做到黄土不露脸。加强秸秆禁烧监管和矸石山综合治理。六是持续攻坚重污染天气，强化预测预判预警，严格执行工业企业、施工工地、重型柴油货车等重污染应急减排措施，对秋冬季工业企业错峰生产实行差别化管理，既要确保应急减排措施的实效性，也要保证重点转型项目和重大民生工程建设需要，不搞“一刀切”。

楼阳生还对全省水污染防治工作作了强调，要求全面落实河湖长制，扎实抓好以汾河为重点的“七河”流域生态保护与修复，在如期完成水污染治理任务的同时，统筹做好生态补水、流域风貌管控等工作，早日实现让汾河水量丰起来、水质好起来、风光美起来的目标。

会议以电视电话会议形式召开。

（《山西日报》2019 年 11 月 3 日　张巨峰）

生态环境部降尘监测结果显示

山西 8 市首次全部达标

山西省列入京津冀大气污染传输通道“2+26”城市和汾渭平原 11 个城市中的 8 个市首次全部达到控制标准。

山西省共有 8 个市列入京津冀大气污染传输通道“2+26”城市和汾渭平原两个区域。生态环境部日前公布了两区域城市降尘监测结果，结果显示，晋城、长治、太原、阳泉 4 市平均值依次为 2.4、2.9、3.7、5.3 吨 / 平方千米·月，其中晋城、长治位列“2+26”城市前两名，太原、阳泉降尘量大幅下降，太原下降 75.3%，阳泉下降 64.2%，改善幅度位列前两名。汾渭平原城市临汾、运城、晋中、吕梁 4 市平均值依次为：2.8、4.6、8.3、8.8 吨 / 平方千米·月，临汾市降尘量在汾渭平原 11 个市中由低到高排名第二。这是山西省 8 个市首次全部达标，降尘量均低于 9.0 吨 / 平方千米·月的控制标准。

（《山西日报》2019 年 11 月 27 日　程国媛）

山西：根治污染　清水入黄

山西作为黄河中游的重要省份，下大力气推进黄河支流污染治理，创新治理模式，提高治污标准，一幅山清水秀、河畅岸绿景怡的生态画卷正铺展开来。

又到了一年最冷的时候，几群远道而来的水鸟在山西太原汾河公园安下了新家，再加上新铺的红色健身步道，汾河公园成了市民们新的网红打卡地。

汾河是黄河第二大支流，推进汾河水质改善，是山西黄河治理的重要抓手。11 月，汾河沿岸最大的污水处理厂完成了工艺流程的提标改造，将排放标准从一级 A 提升到地表水Ⅴ类标准。

治理黄河，重在保护，要在治理。山西省从工业、农业等多个领域，对省内黄河支流展开全方位治理。

从 716 公里的汾河到仅有几十公里的小支流，目前山西都在按照最严格的入黄水质标准展开治理。特别是对黄河的一级支流昕水河，在地表水Ⅴ类的基础上，山西又提出了更严格的要求。

作为昕水河的水源地，蒲县因地制宜，在自然河道上做起了文章。利用昕水河自东向西千分之八的天然落差，当地把沿河荒地改造成人工湿地。

在这片湿地里，河水和污水处理厂排出的Ⅴ类水先水平经过沉淀、氧化塘去污，然后进入湿地，在这里垂直地流经五层砂石净化，湿地面积等于扩大了五倍，加长了河水净化的流程。30 多个小时后，Ⅴ类水变身Ⅲ类水流出，中间不耗一度电。

截至 11 月，山西 58 个国考断面中，水质优良断面 39 个，同比增加 7 个断面。

（据央视网 12 月 22 日《新闻联播》报道）

共护汾河水清河晏

——山西省汾河流域水污染治理、水生态修复综述

强力治污——

以改善水质为核心，以水污染防治重点工程作为主抓手，以项目建设带动流域水质改善

磁窑河是汾河的重要支流，其水质对汾河水质影响很大。长期以来，磁窑河水质超标、水生态环境遭破坏。3月初，省生态环境厅、省公安厅联合开展为期2个月的磁窑河流域水环境集中整治行动。4月初，山西省又下发了关于对磁窑河等水质污染严重市县进行挂牌督办的通知，对磁窑河水质污染严重的相关市县挂牌督办，并要求于今年9月30日前完成问题整改。一场汾河流域磁窑河支流污染整治大会战全面拉开，力度之大、手段之硬，均超过以往。

磁窑河流域水环境集中整治是山西省针对汾河流域水污染治理的一个缩影。4月12日，山西省发出了关于坚决打赢汾河流域治理攻坚战决定的政府令。省生态环境厅相关工作人员告诉记者，这是山西省首次针对汾河流域水污染治理发出政府令，其意义不言而喻。

治汾先治污，为实现汾河“水质好起来”，山西省生态环境部门统一领导、协调、监督，切实做好汾河流域水污染防治各项工作落实。首先确定的是严促重点工程治理，以水污染防治重点工程作为主抓手，全面落实《山西省水污染防治2018行动计划》各项重点任务，突出抓好城镇生活污水处理设施建设与改造工程、人工湿地建设、工业集聚区污水集中处理、沿河村镇生活污水治理等汾河流域重点工程建设，以项目建设带动流域水质改善。为此，汾河流域水环境治理按照“控污、增湿、清淤、绿岸、调水”五策并举的治水思路，统筹上下游、左右岸污染治理，强化减污与增水并重，全流域、全方位、全系统综合施治。

实践证明，治理水污染是确保生态环境质量优良的有效途径。为此，我省印发实施了《汾河流域水污染治理攻坚方案》，紧抓“四河一渠”治理重点，制定了从源头管控到末端治理全过程、全方位、多层次的强力攻坚措施，这一系列措施正在紧锣密鼓实施中。

污染必查，环保与公安联动，严厉打击水环境违法行为，目前两部门正联合在汾河流域全面开展以排查取缔小炼油、小化工、小橡胶等“土小”企业和“散乱污”企业为重点的专项执法行动，对流域范围内水污染源进行地毯式排查，分类整治违法排污企业。

生态修复——

以顶层设计为引领，实化细化治理措施，展开全流域、全方位、全系统治理汾河新局面

5月11日，位于太原市上兰村西南的汾河一坝综合治理工程工地上，工人们正在河道内紧张施工。汾河一坝综合治理工程是汾河流域生态修复规划的重要内容，利用汾河一坝现有枢纽工程建闸蓄水，增加干流水域面积，修复区域生态环境。

党的十八大以来，我省将实施以汾河为重点的“七河”流域生态保护与修复纳入“十三五”经济社会发展标志性工程加以推进。2015年7月，山西省印发《汾河流域生态修复规划纲要(2015–2030年)》，提出用10–15年时间，使汾河重现大河风光；2016年4月，水利部与省政府联合印发了《汾河流域生态修复规划(2015–2030年)》，标志着汾河流域生态修复工程上升至国家治水战略层面；2017年1月11日，山西省十二届人大常委会第三十四次会议通过了《山西省汾河流域生态修复与保护条例》，汾河流域生态修复与保护首次上升到了法律保护的层面；2018年9月26日，山西省印发《以汾河为重点的“七河”流域生态保护与修复总体方案》。

为了让汾河水量丰起来，山西省坚持治标与治本兼顾、近期与远期结合，着力解决汾河水量少的问题。2017年10月，汾河中游核心区干流蓄水工程15座蓄水闸坝的土建主体工程完工，并开始蓄水运行，这是汾河流域生态修复工作取得的阶段性成果。2017年12月，汾河清水复流北赵联接段工程通水，实现了黄河与汾河再牵手，起到向汾河下游实施生态补水、改善河道水质的作用。目前，汾河干流中游核心区段15座蓄水闸坝、汾河太原段综合治理三期水利部分等工程已全面完工，汾河干流建成24个水量水质监测站，汾河新二坝工程、一坝综合治理工程、中游示范区清淤工程等一批工程正在建设中。同时，建立了重点河流生态补水机制，2018年，万家寨引黄工程向汾河补水1亿立方米。

从顶层设计密集出台到治理举措实化细化，可以看到山西省已经翻开了全流域、全方位、全系统治理汾河的新篇章。

2018年12月，山西省引进战略投资方，成立中交汾河投资控股有限公司，以投资主体一体化带动流域治理一体化。下一步，山西省将依托中交汾河投资控股有限公司，全面铺开汾河百公里中游示范区工程建设，在汾河干流打造生态修复“样板工程”。

再接再厉——

坚持超常规举措，强化精准治污，全面推进污染治理和生态修复

经过各市各部门积极努力，汾河水质得到初步改善，监测数据显示，2019年1月—4月汾河入黄口庙前村断面主要

超标因子氨氮的浓度同比下降43.5%。

取得成绩的同时，我们也要认识到，汾河流域生态保护与修复是一个长期的过程，并非短期内就能完全实现。《汾河流域水污染治理攻坚方案》提出，2019年，流域内13个国考地表水断面中优良水质断面达到5个以上，劣V类水质断面控制在5个以内，汾河入黄口庙前村断面、支流岚河曲立断面、浍河西曲村断面退出劣V类。汾河干流中下游及支流“四河一渠”水质明显改善，达到考核目标要求；2020年，优良水质断面保持在6个以上，全面消除劣V类断面，建成汾河绿色生态廊、景观长廊。目前，强化城镇生活污染治理、狠抓工业污染防治、推进农业农村污染防治、开展流域水生态修复、加强水环境管理各项工作有序开展中。

治理汾河是一场攻坚战，也是一场持久战，要打赢这场战役，需要坚定的决心和破釜沉舟的勇气，更需要强大的执行力，坚持超常规举措，强化精准治污，坚持标本兼治、定要治本，统筹汾河上下游、干支流、左右岸和水陆域，全面开展污染治理和生态修复，压实责任，层层落地，夺取汾河水污染治理攻坚战全面胜利，还三晋百姓干净的“母亲河”。

实践证明，撸起袖子实干，不折不扣落实，以不动如山的战略定力，全面治理汾河流域水环境，恢复水生态，实现汾河素波横荡漾，水落雁南飞的美好景象指日可待。

（《山西日报》2019年5月13日　程国媛　范　珍）

推进三大攻坚　环境质量明显改善

2019年以来，不断有各种蓝天白云的图片频刷朋友圈，从南到北，一幅幅环境优美的照片背后，是我省在生态环境保护与治理上的努力与付出。

在大气污染治理方面，强化顶层设计，制定印发《山西省打赢蓝天保卫战2019年行动计划》，提出“转型、治企、减煤、控车、降尘”五管齐下方针，配套专项制定钢铁、焦化、工业炉窑、挥发性有机物等综合整治方案。加快构建地方大气污染物排放标准体系，促进重污染行业环境治理水平和产业素质不断提升。攻坚重点难点，在结构转型、排放提标、散煤替代、重污染天气应对上下功夫，深化区域联防联控，实施太原及周边“1+30”区域联防联控，打造区域联防联控“山西版本”。

在水污染治理方面，推动完善法规标准，出台《山西省水污染防治条例》，并于今年10月1日实施，强化源头管控，开展全省污水厂运行管理问题专项整治，遏制断面水质异常波动；压实责任，一线督导，自8月起，每月初对全省重点劣V类断面开展沿河排查，实施专项督导；加强形势研判，推动促进精准治污，建立水环境质量月分析、汾河流域治理情况周报、水质变化及时预警通报等制度。

在净土保卫战中，印发了《山西省土壤污染防治2019年行动计划》，对全年土壤污染防治攻坚战进行安排部署，开展土壤污染状况详查，强化农用地土壤污染风险管控，持续开展涉镉等重金属重点行业企业排查整治，目前列入整治清单中的18家企业已有11家完成整治工作。

推进农村生活污水治理，组织各市开展农村生活污水治理调查，全省已有300个村庄开工建设了生活污水处理设施，开展2019年度农村环境综合整治，目前392个村庄正在施工，321个村庄已整治完成。

生态环保督察是加强生态文明建设，推动环境保护工作的重大举措。省委省政府高度重视，积极配合做好中央生态环境保护督察、督察回头看，同时加快实施省级生态环保督察，大力推进整改，成效显著。

全省不断加强生态环境执法监督，开展全省违法排污大整治“百日清零”专项行动，开展焦化行业专项执法检查和磁窑河流域水环境专项检查，完成县级地表水型饮用水水源地环境问题专项整治，2019年前11月，全省行政处罚案件数5323起。

数据显示，2019年前11月，全省环境空气质量综合指数平均为5.66，优良天数比例为63%。在京津冀及周边其他省市中，PM2.5平均浓度排名第2，仅次于北京市。

山西省聚焦生态环境领域突出问题，推动形成绿色发展方式，一条具有山西特色的生态文明建设之路不断向前延伸。

（《山西日报》2019年12月30日　程国媛）

能源革命

一、综述

2019年山西省能源革命工作

2019年是山西推进能源革命的重要一年，全省上下在省委省政府的坚强领导下，以习近平总书记关于能源革命重要论述精神和视察山西讲话精神为指引，把打造“能源革命排头兵”作为转型发展的三大目标之一，进行了积极探索，深化能源革命迈出了坚实步伐。

一、推进“四个革命、一个合作”取得阶段性成效

近年来，山西省以能源供给侧结构性改革为重点，全面推动能源结构、效率、动力、制度变革，取得阶段性成效，系统推进能源革命的态势正在加速形成。

（一）深入推进供给侧结构性改革，能源供给结构和质量显著提升。努力推动煤炭产业走“减”“优”“绿”发展之路。扎实化解煤炭过剩产能，全年退出产煤炭落后产能2325万吨。2016以来，全省累计化解煤炭过剩产能11586万吨，提前超额完成“十三五”退出产能11380万吨的任务，全省煤炭先进产能占比由2016年的36%提高到68%。加快电力产业转型升级。全年淘汰落后煤电机组102万千瓦。四年累计淘汰落后煤电机组391万千瓦，淘汰容量居全国首位。全面完成现役单机30万千瓦及以上煤电机组超低排放改造，累计完成燃煤电厂节能改造规模3000万千瓦。推动新能源产业发展壮大。光伏领跑者发电规模达到400万千瓦，位居全国第一。截至2019年底，全省风电装机1251.48万千瓦，太阳能发电装机1087.77万千瓦。努力推动煤层气增储上产。累计探明煤层气储量5784亿立方米，建成沁水盆地和鄂尔多斯盆地东缘煤层气产业化基地，形成了阳泉、晋城、西山、柳林、潞安5个年抽采瓦斯超过1亿立方米的矿区。全年煤层气产量71.4亿立方米，煤层气地面抽采量占到全国90%以上。煤层气勘探开发利用及装备制造全产业链基本形成。全省能源供给已初步实现了由单一煤电向煤层气、光伏、风电等多轮驱动转变。

（二）积极推进能源绿色消费，用能结构和方式发生积极变化。深入实施能源消费“双控”工程，单位GDP能耗稳步下降，达到控制目标。积极开展煤炭消费减量替代，11个设区市建成区实现“禁煤区”全覆盖，完成城市“散煤”清零任务。推进清洁能源消费，全省110余个县和部分重点镇实现天然气管网覆盖，燃气使用人口达到2000万人。争取国家将8个“2+26”通道城市和汾渭平原城市全部列入国家冬季清洁取暖试点。持续推进清洁取暖工程，累计完成209万户清洁取暖改造任务。加快构建绿色交通、绿色建筑体系，太原、临汾、长治、忻州等市城市公交车全部实现纯电动化，全省新能源城市公交车和新能源出租车占比分别达61%、22%。加快发展装配式建筑，建成装配式建筑产业基地9个，产能1190万平方米。

（三）加强重大能源技术攻关，创新驱动能力显著增强。加大关键技术攻关，围绕能源产业清洁低碳、安全高效发展，累计投入10余亿元，实施了100余个省级科技重大专项。突破一批重大能源技术，潞安集团180万吨煤制油示范项目一期工程顺利投产，相关技术和产品填补国内空白。循环流化床锅炉关键技术项目实现炉内超低排放。乏风瓦斯减排技术开发项目建成了全球最大的乏风氧化利用发电站。T1000碳纤维、光伏异质结组件等技术和产品国际领先。自主研发的钴基费托合成技术实现产业化，石墨烯、碳化硅、水煤浆气化合成热回收等关键技术领先全国。

（四）深化能源体制改革，打通能源发展快车道。稳步推进电力体制改革，“1+14”电力体制改革政策体系基本形成，电力市场化交易规模持续扩大，市场化交易电量占比超过60%。输配电价改革坚实落地，一般工商业输配电价排全国倒数第三、大工业输配电度电价排全国倒数第一。现货市场、增量配电等重点改革稳中有进，交易机构、辅助服务等配套制度更加完善。深化煤层气管理体制改革，在全国首次实现市场化配置煤层气资源。建立煤层气矿业权退出机制，累计核减不足法定最低勘查投入要求的煤层气区块面积1417平方公里。建立完善省内天然气（煤层气）管道运输价格定价机制。

（五）扩大能源开放合作，能源开放格局不断拓展。探索股权联结跨省区电力合作新模式，扩大清洁能源外送规模。深度融入国家区域重大战略，打造京津冀、雄安新区、环渤海清洁能源保障基地。大力推进能源企业参与“一带一路”国际合作，支持全省能源及装备制造领域企业与中亚、印尼等国家就能源矿产、装备制造、新能源等多领域开展合作。太原能源低碳发展论坛和中国（太原）国际能源产业博览会日益成为有国际影响力的品牌。

能源革命正在推动山西省能源发展的路径与面貌积极向好变化，但同时我们也要清醒看到，与国家深化能源革命的要求相比，我们的工作仅是迈出了开局第一步，推动能源高质量发展的任务很重，突出表现为山西省传统能源产能过剩问题还比较突出，能源清洁替代任务艰巨，可再生能源发展面临不少制约，能源整体效率偏低，适应和引领能源转型的体制机制还有待完善

二、综合改革试点引领山西能源革命向纵深推进

深化能源革命，山西最具比较优势和区域特色，但长期形成的政策体制障碍也非常突出，迫切需要用改革的办法破解难题、探索路径。为此，省委省政府向党中央提出了开展能源革命改革试点的建议，力求通过改革创新、先行先试，加快重点领域突破，并为全国探索可复制经验。2019年5月29日，习近平总书记主持中央全面深化改革委员会第八次会议审议通过了《关于在山西开展能源革命综合改革试点的意见》（以下简称《试点意见》）。这是党中央赋予山西省的国家使命，对于实现从“煤老大”到“排头兵”的历史性跨越，带动全省高质量转型发展，为全国能源革命提供示范引领，具有重大意义。《试点意见》立足世界能源发展大势和新时代能源战略全局，紧密结合山西能源转型发展的重点领域和关键环节，全方位系统性提出了开展综合改革试点的重点和政策体系。

（一）试点赋予山西能源革命新的战略定位。《试点意见》首次提出了煤炭绿色开发利用基地、非常规天然气基地、电力外送基地、现代煤化工示范基地、煤基科技创新成果转化基地等“五大基地”的战略定位，这是在国发42号文对山西建设国家新型能源基地定位的进一步深化和拓展，而且明确到2020年取得阶段性成果，到2025年初具规模的战略目标，这是党中央国务院从山西比较优势和区域特色出发，在全国能源格局中给予山西的新定位新要求。同时，《试点意见》提出了“到2025年上下游一体化的能源产业链初步形成，促进能源高质量发展的体制机制逐步建立，全国能源革命排头兵的示范引领作用有效发挥”的战略要求，明确了山西能源革命的战略方向和目标。

（二）《试点意见》明确山西能源革命重点任务。一是要在提高能源供给体系质量效益方面取得突破。《试点意见》突出提升能源供给体系质量效益，明确了优化能源结构、构建多元供给体系方面的任务，并给于配套突破性政策支持。推动煤炭清洁高效利用，通过开展煤矿绿色、智能化改造试点，对充填开采置换出来的煤炭产品减征资源税、折算产能置换指标，将智能化改造纳入煤矿安全技术改造范围，相关投入列入安全费用使用范围等支持政策，有效解决绿色智能矿山建设投入难题，推动煤炭工业向绿色智能时代迈进。推动非常规天然气高质量发展，授权山西制定煤层气勘查开采管理办法，对煤层气矿业权占用费实行动态调整，完善煤层气勘查开采市场退出机制。开展煤层气、页岩气、致密气“三气”综合开发试点。将煤层气开发项目（包括对外合作项目）备案授权下放山西管理，促进煤层气资源高效综合开发利用，建设全国非常规天然气基地。提升清洁电力发展水平，推动电网投资主体多元化改革由增量配电扩大到输电网，支持电网公司、发电企业、电力用户、社会资本共同参与投资建设输电线路。率先试点实行增送电量输配电费用降低的灵活定价方式，探索城乡居民用电市场化改革，有效降低用电成本。吸引社会资本在循环经济园区内建设分布式能源系统，促进集煤、电、铝镁、材一体的新型产业发展。增强新能源可持续发展能力，支持山西加快光伏风电基地建设，率先实现风光发电平价上网。支持开展“新能源＋储能”试点示范，推动新能源全产业链发展。

二是要在构建清洁低碳用能模式方面取得突破。《试点意见》提出要大力实施能源消耗总量和强度双控行动、广泛开展煤炭等量减量替代、实施绿色交通绿色建筑计划等任务。支持山西探索建立用能权初始分配、有偿使用和交易制度，创新合同能源管理模式，健全效益分享型机制，推广能源费用托管、节能量保证等商业模式，率先构建节能制度体系。支持山西从实际出发，稳步推进清洁取暖，加快在全社会形成清洁低碳用能模式。

三是要在推进能源科技创新方面取得突破。《试点意见》提出要加强重大能源科技研发基地建设、加大能源技术创新支持力度、开展重点能源技术攻关等任务。支持优先在山西培育建设煤炭绿色清洁高效利用国家重点实验室、煤炭大型气化国家技术创新中心、碳捕集利用和封存国家工程研究中心、煤矿智能化技术创新研发中心等国家级创新平台。通过中央财政科技计划（专项、基金等）渠道支持山西开展重大能源技术创新。支持山西开展煤层气开采技术基础地质研究和关键技术联合攻关，共建国家重点实验室。

四是要在深化能源改革开放方面取得突破。《试点意见》

要求山西在还原能源商品属性、加快形成市场化的能源价格形成机制等方面加快先行先试步伐，部署了加快能源国有企业改革、研究完善能源商品市场定价机制、建立完善能源资源开发综合补偿机制、扩大能源领域对外开开放，建设国际能源交流合作平台等任务。对我省探索市场化价格形成机制做出重大授权，支持山西探索开展能源商品期现结合交易。支持我省先行先试依法赋予一定期限的土地使用权等方式，引导和支持社会投资主体从事矿区生态保护修复。支持将太原低碳发展论坛、中国（太原）能源产业博览会打造成国内知名会展品牌。支持山西与世界银行、亚洲开发银行等国际组织加强交流合作。

三、综合改革试点实现顺利开局

山西坚决扛起试点主体责任，同步出台落实方案，建立完善工作机制，有序推进试点任务落地，试点实现顺利开局。

（一）制定推进综合改革试点的任务书、路线图。落实国家《试点意见》任务部署，省委、省政府制定印发《山西能源革命综合改革试点行动方案》，确定了85项改革发展任务。按照分步推进、分类实施的原则，制定《山西能源革命综合改革试点2019-2020年工作任务清单》，确定了在今明两年推进的重大改革、重大事项、重大攻关和重大项目。为加快国家改革赋权和支持政策落地，制定《山西能源革命综合改革试点省部对接任务清单》，列出18项需要抓紧推进的省部对接任务。

（二）建立协同联动推进试点的工作机制。国家层面建立由国家发改委、国家能源局、山西省政府共同牵头的山西能源革命综合改革试点工作协调机制。山西省成立由书记、省长担任双组长的能源革命综合改革试点工作领导小组。各市成立相应的工作领导小组，制定出台与《行动方案》相衔接的行动计划。为有效推动试点工作，将试点任务纳入省委省政府目标责任制考核体系，实施重点工作定期调度，动态跟踪任务进展。

（三）完善保障任务落地的支持政策。省人大出台《关于支持和保障能源革命综合改革试点工作的决定》，以立法形式明确了推进试点的保障措施。围绕重点任务突破，制定出台《山西省煤矿充填开采产能增量置换办法》《煤层气增储上产三年行动计划》《山西省矿山环境治理恢复基金管理办法》《山西能源领域急需紧缺人才目录》等十余个支持性文件。落地煤炭绿色开采按比例折算产能置换指标、减半征收资源税等财税支持政策。将煤矿智能化改造纳入煤矿安全技术改造范围，相关投入列入安全费用使用范围。采用政府主导、市场运作方式设立山西能源转型发展基金，已完成设定方案。与世界银行共同实施总规模6亿美元的山西能源转型和绿色增长发展政策贷款项目即将落地。

（四）有序启动一批任务事项。选定10座煤矿开展煤炭绿色开采试点。争取获批4个国家大宗固废综合利用和工业资源综合利用基地。立足我省氢能资源丰富、产业配套要素完整的优势，探索性布局氢能产业示范项目。设立山西能源科技创新专项资金。分两批面向国内外发布“煤基固废制生态修复材料及其应用技术与示范”、“异质结太阳能电池用导电浆料核心技术研发”等21个能源重大科技专项。新成立“山西省高效太阳能光电转换”“山西省高端煤气化设备”等4家工程技术研究中心。

（省发展和改革委员会　刘　帅）

二、文件

山西省人民政府办公厅《关于推进全省煤炭洗选行业产业升级实现规范发展的意见》

（2019年8月1日）

各市人民政府，省人民政府各委、办、厅、局：

供给革命是能源革命的重要内容，推进煤炭洗选行业产业升级，实现规范发展是推进供给革命的重要举措。近年来，我省煤炭洗选行业发展取得了显著成效，煤炭产品质量进一步提高，产品结构进一步优化，运力成本进一步降低，为推进能源革命发挥了先导作用。但是，目前我省煤炭洗选行业仍然存在总体产能严重过剩、洗选企业点多面广、煤源不足、洗选能力利用率低、行业整体质量效益不佳等问题。为加快推进我省“争当能源革命排头兵”步伐，建设安全、绿色、集约、高效的清洁能源供应体系，促进煤炭洗选行业产业升级，实现规范发展，经省人民政府同意，现提出如下意见。

一、指导思想

以习近平新时代中国特色社会主义思想为指导，深入贯彻习近平总书记视察山西重要讲话精神，坚定走“减、优、绿”发展道路，立足煤炭清洁利用供给侧改革，淘汰落后过剩洗选能力，提高煤炭洗选行业质量效益，促进全省煤炭洗选行业产业升级，实现规范发展，推动全省煤炭洗选行业能源革命。

二、基本原则

（一）坚持总量控制。原则上全省不再新建社会独立洗选煤企业（厂）。在保持煤炭洗选总能力不变的基础上，按照“减量置换”原则，鼓励社会独立洗选煤企业（厂）采用新工艺、新技术进行改扩建或技术改造，逐步淘汰落后洗选能力，提高洗选煤企业（厂）先进产能占比。

（二）坚持环保优先。通过环保达标倒逼，坚决淘汰退出落后和不达标洗选煤企业（厂），减少废弃物排放，提高洗选行业生态治理水平。

（三）坚持市场淘汰。充分发挥市场作用，促进工艺先进、管理水平高的洗选煤企业（厂）能够获得稳定煤源，未建设配套洗选煤企业（厂）的煤矿能够充分利用社会富余洗选能力，淘汰无煤源、无固定客户、长期停工停产的洗选煤企业（厂）实现优胜劣汰。

（四）坚持依法合规。正常运行的洗选煤企业（厂）要坚持依法合规经营。对不符合当地产业规划、法定手续不齐全、违法违规生产经营的洗选煤企业（厂），要按照有关法律法规和政策规定坚决予以取缔。

三、工作目标

到2020年底，全省正常生产运行洗选煤企业（厂）控制在1200座左右，洗选能力控制在18亿吨/年以内，先进产能占比达到25%，全省原煤入洗率达到80%以上，通过淘汰落后洗选过剩产能，提高清洁煤炭供给保障水平。加大环保整治力度，鼓励洗选煤企业（厂）调整产品结构，提高洗选产品综合利用水平，最大限度降低固体废弃物排放量。

四、主要任务

（一）淘汰落后过剩洗选产能。运用市场的、法治的办法，对使用国家明令淘汰选煤设备的，吨煤电耗高于相应工艺选煤厂吨煤电耗限定值的（由于煤质特殊原因除外），入洗原煤吨煤水耗大于现行国家标准的，难以落实煤源、多年未生产经营的，用地审批、工商登记、劳动用工等法定条件不齐全的，坚决依法依规予以淘汰、取缔。

（二）提高环保标准。淘汰污染治理设施不健全、严重污染环境且经改造达标无望的洗选煤企业（厂）；淘汰城市规划区周边洗选煤企业（厂），减少城市周边污染源；优先使用铁路或封闭式皮带等运输方式，禁止非全封闭汽车运输原煤；有效控制外省原煤进入我省洗选，减少输入性污染；淘汰的洗选煤企业（厂）土地要加强集约利用和恢复。

（三）提高洗选煤企业（厂）先进产能占比。以煤炭洗选行业标准化建设为抓手，增加全省先进洗选产能。制定全省煤炭洗选行业标准化标准，将煤炭洗选行业标准化等级由高到低划分为一级、二级、三级，达到一级行业标准化、实现安全生产无事故的洗选煤企业（厂）即为先进产能。正常运行的所有洗选煤企业（厂）必须达到我省洗选行业标准化最低等级，到2020年底，先进产能占比达到正常运行洗选煤企业（厂）的25%。

（四）提高洗选煤企业（厂）装备水平。采用技术先进、性能可靠、经济适用、节能环保的洗选工艺设备，煤炭洗选项目的各项工艺、装备要符合《煤炭洗选工程设计规范》（GB50359-2016）要求。到2020年底，全省先进选煤装备占比力争达到60%，其中省属国有重点煤炭集团公司达到80%以上，社会独立洗选煤企业（厂）力争达到50%。

（五）提高洗选企业规模化水平。到2020年底，淘汰洗选能力小、洗选装备落后、综合效益差的洗选煤企业（厂），煤炭洗选能力平均达到120万吨/年以上。

（六）提高全省原煤入洗率。新建煤矿必须同步建设配套洗选煤企业（厂）。2020年底，煤炭洗选煤企业（厂）与煤矿配套率（含联营、委托加工方式）达到80%。省内煤矿生产的原煤原则上要应洗（选）尽洗（选），2019年底全省原煤入洗率达到76%，2020年底达到80%。

五、实施步骤

（一）摸底核实。各市进一步核实本行政区域内所有洗选煤企业（厂）个数、名称、地址、洗选能力、洗选工艺及装备、生产运行和工商登记、用地、环保手续以及资产所有人、联系方式等情况，2019年9月30日前建立明细台账。社会独立洗选煤企业（厂）能力认定要依据选煤厂设计认定，无法认定的企业要提供具有煤矿（洗选）设计资质单位编制的洗选能力核定结果，截至9月底未能提供核定结果的不予认定。

各地各有关部门要立即停止以任何名义对社会独立洗选煤企业（厂）项目的审批、备案。今后新建、改扩建洗选项目统一由省能源局审查、备案。

（二）编制方案。各市按照摸底核实结果和本行政区域内煤矿分布、生产能力、煤种和洗选产品特点，制定本行政区域煤炭洗选行业产业升级、实现规范发展的实施方案，通过淘汰落后过剩产能，合理优化、调整布局，提高洗选煤企业（厂）与煤矿配套率，达到矿矿有配套或联营（协议委托加工）洗选煤企业（厂），厂厂有煤源（不低于能力的60%）。保留的社会独立洗选煤企业（厂）必须与有关供应单位签订长期、稳定的原料煤供应保障协议。实施方案中涉及洗选煤企业（厂）改扩建的，必须明确用于“减量置换”的关闭退出洗选煤企业（厂）名单和洗选能力，“减量置换”关闭退出产能不得低于改扩建增加产能的200%。关闭退出产能规模应由各市相关职能部门组织认定，实施方案必须明确保留和关闭退出的洗选煤企业（厂）名单和生产能力。2019年10月底前，省能源局完成对各市实施方案的审查备案工作。

（三）组织实施。2019年11月至2020年底，各市按照备案的实施方案认真组织实施。按照省政府职能部门有关规定和要求，强化对洗选煤企业（厂）准入规定的落实，不符合法律法规要求的要立即关闭取缔；未达标企业明确整改期限，达标后由当地政府组织进行达标验收；经停产停业整顿仍不具备安全生产条件的，要依法予以关闭。经确定退出的煤炭洗选企业（厂），市场监管部门要责令其办理经营范围变更登记或注销登记，税务部门要取消登记，供电部门要停止供电，当地土地主管部门要报经原批准用地的政府或有批准权的政府依法收回土地使用权，并给予适当补偿，关闭名单由当地政府及时向社会公布。

批准正常生产运行的煤炭洗选企业(厂)要依法合规经营。能源管理部门要完善设计审查、开工备案、竣工验收制度,建立合法洗选企业申报、公示制度。

(四)监督检查。2020年10月起,省能源局组织相关部门对各市实施方案落实情况进行监督检查,目标任务未按要求完成的,要追究相关单位责任;保留运行的洗选煤企业(厂)不符合国家及省相关法律法规规章的,要依法进行严肃查处,同时对相关市、县政府予以通报。

六、相关要求

(一)加强组织领导。省能源局负责协调省政府各相关部门,统筹推进淘汰落后过剩洗选产能工作。作为淘汰落后产能的责任主体,各市要按照实施方案认真组织实施。

各市要高度重视,明确牵头部门和配合部门,明确工作目标,强化推进措施,加强目标责任考核,确保2020年底完成全省煤炭洗选行业产业升级,实现规范发展工作。

(二)建立协作机制。各地各有关部门要在省政府统一领导下,主动加强协调配合,充分发挥各职能部门作用,做好淘汰落后、产业升级、安全生产等工作。各有关部门对于牵头的事项,要带头协调,调动各方面力量,形成合力;对于协同配合的事项,要积极参与,承担责任,发挥应有作用。

(三)推动工作达标。各市要定期组织全省煤炭洗选企业标准化等级评定,未达最低等级的不得从事洗选煤业务。各市完成淘汰落后洗选过剩产能后,对保留的洗选煤企业(厂)逐一认定标准化等级。通过推动标准化建设,提升洗选企业管理水平,促进煤炭洗选加工安全生产,实现煤炭洗选行业低耗高效、规范管理、科学发展。

(四)加强信息报送。各市要按照时间节点,上报相关方案和工作进展情况。各单位要确定信息报送联系人,规范信息报送程序,对上报事项认真核实并按时汇总上报。省能源局要定期汇总情况,定期向省政府报告。

三、坚决扛起开展能源革命综合改革试点主体责任

省委召开常委扩大会议暨中心组学习会议

深入学习贯彻习近平总书记关于能源革命的重要论述 勠力同心　不辱使命　坚决扛起开展能源革命综合改革试点主体责任

6月3日,省委召开常委扩大会议暨中心组学习会议,深入学习领会习近平总书记关于能源革命的重要论述,并对坚决扛起开展能源革命综合改革试点主体责任作出安排。省委书记骆惠宁主持并讲话。

会议指出,习近平总书记主持召开中央全面深化改革委员会第八次会议,审议通过《关于在山西开展能源革命综合改革试点的意见》。这是党中央作出的重大决策,也是赋予我省的重大使命,体现了对山西工作的充分信任和殷切期望,对于我省实现从"煤老大"到"全国能源革命排头兵"的历史性跨越,具有全面、根本、深远的影响,对于带动全国能源革命进程、保障国家能源安全、促进全省经济转型发展具有重大意义。

会议指出,党的十八大以来,习近平总书记围绕能源改革发展,提出一系列新理念新思想新战略,集中体现为"四个革命、一个合作",即推动能源消费革命、能源供给革命、能源技术革命、能源体制革命,加强全方位国际合作,开辟了中国特色能源发展理论的新境界,为做好新时代能源工作指明了努力方向。

会议指出,近年来我省把打造"排头兵"作为转型发展三大目标之一,扎实抓好具体任务,推动全省能源革命的态势加速形成。现今作为我国首个全省域能源革命综合改革试点,山西使命光荣、责任重大。我们要强化改革创新、敢于胜利的自觉与信心,以宽广的世界眼光,站在时代前沿,通过体制和政策创新增强能源革命的活力与动力,勇于在全国探路领跑。

会议指出,目前我省已着手制定《山西能源革命综合改革试点行动方案》及今明两年任务清单等。开展综合改革试点,一要把准正确方向。按照党中央的决策部署,把握综合改革试点与能源革命的内在逻辑,坚定推动能源高质量发展。二要抢抓难得机遇。强化时间和效能意识,尽快把综合改革试点的制度框架全面搭建起来,并在重点领域取得突破。三要坚持绿色发展。坚决不搞高消耗、高污染的能源产业,大力节能降耗,着力加强生态修复治理,以综合改革试点带动绿色发展迈上新台阶。四要强化全局观念。抓好综合改革试点的系统谋划、顶层设计。各地各有关部门要主动融入全省"一盘棋",决不能盲目行动,各自为战;也不能一哄而上,搞低水平重复建设。五要提高能力本领。各级领导干部特别是党政主要负责同志要站在战略高度思考能源革命综合改革,深入

学习研究，把握趋势规律，组织攻坚克难。要坚持市场导向、依法行政，确保综合改革试点任务全面、精准、高效地实施。

会议强调，推动能源革命综合改革试点，离不开良好的政治生态环境，离不开一支高素质专业化的干部队伍。要坚定不移地推动全面从严治党向纵深发展，谋划开展能源领域反腐败专项行动，坚决防止出现所谓的“资源诅咒”，为综合改革试点提供坚强保障。要把推动综合改革试点与巩固拓展“改革创新、奋发有为”大讨论成果结合起来，持续破除不合时宜的观念与做法。要根据中央及省委统一部署，在全省扎实开展“不忘初心、牢记使命”主题教育，努力打造忠诚干净担当的高素质专业化干部队伍。

省委常委，省人大常委会、省政府、省政协负责同志，省委中心组成员、省有关部门主要负责同志参加会议。

（省委办公厅）

全省能源革命综合改革试点动员部署大会

9月16日上午，全省能源革命综合改革试点动员部署大会在太原召开。会议深入贯彻习近平总书记关于能源革命的重要论述和视察山西重要讲话精神，认真落实中央深改委第八次会议要求，对全面实施中办国办《关于在山西开展能源革命综合改革试点的意见》作出部署。省委书记、省人大常委会主任骆惠宁出席并讲话。他强调，在山西开展的能源革命综合改革试点，是一次为全国探路示范的引领性改革，是一次破解深层次矛盾的关键性改革，是一次贯通各领域的全局性改革。要坚定扛起主体责任，坚决实现“能源革命、牵引转型，国内示范、全球影响”的战略目标。省委副书记、省长楼阳生主持会议。省政协主席李佳、省委副书记林武出席。

骆惠宁指出，近日中办国办正式印发《试点意见》，这是党中央从世界能源大势和新时代能源战略全局出发，赋予山西的国家使命，是继2017年国发42号文件之后，近年来党中央对我省改革发展的又一次顶层设计和大力支持，对于实现从“煤老大”到“排头兵”的历史性跨越，带动全省高质量转型发展，为全国能源革命提供示范引领，具有重大而深远的意义。

骆惠宁从世界潮流、全国大局、山西担当三维角度阐述了开展能源革命综合改革试点的历史使命感和紧迫感。指出，要牢牢把握新一轮能源革命的世界潮流，因势而谋、顺势而为，坚定站在时代潮头。当前，以绿色、低碳、多元、高效、智能为方向的新一轮能源变革正在蓬勃兴起。惟以贯通全球的视野、搏击风浪的勇气、把准航向的笃定，向潮而立、逐浪前行，加快推动能源理念、制度、效率变革，发挥好其对经济转型的基础性、带动性、保障性作用，才能让山西这个传统能源基地迸发出新的蓬勃生机，为全国能源革命增添强劲动力，更好担起保障国家能源安全的重任。要全面贯彻“四个革命、一个合作”能源战略，发力提速、纵深推进，坚定推动能源高质量发展。近年来，山西把打造“能源革命排头兵”作为转型发展三大目标之一，扎实抓好重点任务，系统推进能源革命的态势加速形成。在各省（区、市）百舸争流的竞争态势下，不进则退，慢进也是退。山西决不能错失历史性机遇。要以敢为人先、敢于胜利的信念闯关夺隘、奋起一跃，在新时代坐标上驶出能源革命的加速度。要充分彰显能源革命综合改革试点的山西担当，先行先试、率先突破，坚定扛起示范引领重大责任。《试点意见》进一步明晰了山西以改促转的制高点和突破口，凸显了我省在全国经济和能源变革大格局中的比较优势和战略地位。我们要将中央部署转化为自觉行动，努力趟出一条具有山西特色的能源高质量发展新路。

骆惠宁强调，改革创新是能源革命的本质和灵魂，要全面推进能源领域改革创新，加快“当好排头兵”的历史性跨越。要以制度革命带能源革命，以能源生产关系变革牵引生产力变革，着力抓好“八个变革、一个合作”。一要深入推进煤炭开采利用方式变革。他指出，煤炭清洁高效开发利用，既符合我国国情，也符合世界能源发展大势。要加快煤矿开采方式变革，推进煤炭绿色开采和煤矿智能化改造。加快煤炭利用方式变革，开展煤炭分质分级梯级利用试点，发展煤基新材料产业。探索废弃矿山再利用变革，用好废弃矿山土地、矿井水和地下空间等资源。要坚持推进“减”“优”“绿”，坚决防止低水平盲目扩大煤炭生产，在现代能源体系中甩掉煤炭头上的高污染、低附加值帽子，确立起清洁能源新形象，构筑战略性竞争新优势。二要深入推进非常规天然气勘采用变革。集中突破体制难点堵点，深化煤层气勘查开采管理体制改革，开展“三气”综合开发试点，有效遏制“占而不探”“圈而不采”，推进“采煤采气一体化”。精准对接京津冀和省内需求，有序建设14个省级以上煤层气规划矿区，打造国家非常规天然气基地，力争2022年产量达到200亿方。三要深入推进新能源可持续发展模式变革。他深刻指出，随着政策性补贴退坡，风光发电行业面临洗牌。要坚持规划引领，加快技术进步，创新发展模式，重塑产业生态，率先实现风光发电平价上网。我省发展氢能产业有独特优势，要把发展氢能与焦化行业提质升级结合起来，加快推进氢能全产业链布局，全力把握这一未来产业的发展主动权。四要深入推进电力建设运营体制变革。巩固深化前期电改成果，在完善电价形成机制上先行一步，在电网投资主体多元化改革上率先突破，在建设高效智能电力系统上加大力度，进一步健全电力市场体系、激发潜在电力需求、发挥电改对产业转型升级的带动性作用。五要深入推进能源消费方式变革。切实把能源消费革命摆在战略优先位置，把节能和提高能效作为重要突破方向，建立完善节能优先制度体系，积极开展节能专项行动，稳步推进清洁供暖，促进用能结构和方式深刻变革，形成以较少能源消费增量支撑转型发展的积极态势,为实现现代化目标腾出用能和环境空间。六要深入推进能源科技创新相关体制变革。能源科技创新对能源革命具有决定性作用。要大力倡导开放性、包容性创新,加快构建联接全国、面向世界的研发平台,加强科研激励政策督导落实力度,打造能源科技创新策源地。紧跟世界能源技术迭代步伐,编制能源技术革命规划和路线图,奋力抢占能源领域科技制高点。七要深入推进能源商品流通机制变革。加强能源市场建设,进一步放开能源竞争性领域。开展城乡居民用电市场化改革探索。用好期现结合交易重大授权,主动对接我国现有期货交易机构,联合组建交易平台,科学设计交易产品和品种,强化价格发现功能,实现能源商品交易内涵和方式的历史性突破。八要深入推进与能源革命相关企业发展方式变革。把企业作为推动能源革命的主体力量,让各类所有制企业都享有改革红利,抓住改革机遇转型升级、做优做强。推动能源领域国有企业以煤为基,扬长弃短,向前瞻性、战略性产业集中,向产业链价值链中高端集中。以最大诚意和决心推进国企混改,抓好分离移交"三供一业"后续工作,建立更加适应市场竞争、更能激发活力的经营机制。讲到助推民企提质发展时,他强调,综合改革试点有关优惠政策不分国企民企,一律同等对待。九要深化拓展能源领域对外合作。牢固树立内陆和沿海同处开放一线的观念,把能源革命作为山西走向世界的名片,在新一轮对外开放中争得更多市场、资源、技术和话语权。主动融入京津冀能源协同发展行动。按照国家级、国际性、专业化方向办好太原能源低碳发展论坛。加强与国际能源署、外国友好省州和知名高校、科研机构对接交流。继续深化与全球能源领军企业合作,打造国际合作示范项目。

骆惠宁指出,中办国办文件的印发和这次会议的召开,标志着我省能源革命综合改革试点工作全面正式启动,下一步的关键是以科学态度和方法抓好落实。要以很强烈的改革创新精神、全面开放的胸怀、主动作为的意识、求真务实的态度,咬定目标、精准发力。一要加快思想解放和能力提升,坚决破除不合时宜的观念与做法。他列举了一些干部思想桎梏和行动乏力的表现,强调必须加速自我革命、革故鼎新,以理念本领作风的大提升,来推动能源改革发展的大跨越。二要加强组织领导,加快形成协同联动的工作机制。省委已成立能源革命综合改革试点工作领导小组。省各有关部门要主动到国家层面对接沟通,争取最大支持与合作。抓住"八个变革、一个合作",以重点突破牵引全面改革创新。围绕变革性、牵引性、标志性重大举措,集中力量打攻坚战,争取试点工作尽快破题。三要营造良好环境,不断吸引更多人才、资金、技术等要素集聚。广泛宣传展示山西推动能源革命的战略抉择和改革实践。加强能源领域依法治理,持之以恒优化营商环境,高标准谋划引进推动一批重大项目。实施好"三晋英才"计划,打造能源革命高端智库。支持金融部门创新产品、精准发力。及时总结和推广综合改革试点经验,在全社会奏响能源革命时代强音。四要严明纪律规矩,深入推进能源领域全面从严治党。开展好能源领域反腐败、扫黑除恶及核查"保护伞"两个专项行动。深入推进"不忘初心、牢记使命"主题教育,巩固拓展"改革创新、奋发有为"大讨论成果,更好发挥党建统领作用,打造忠诚干净担当的高素质专业化干部队伍,努力实现我省政治生态持久的风清气正,为能源革命综合改革试点提供坚强政治、组织和纪律保障。

楼阳生在主持会议时指出,全省各级各部门要认真学习领会习近平总书记关于能源革命的重要论述,迅速抓好骆惠宁书记重要讲话精神的传达学习和贯彻落实,切实把思想和行动统一到中央及省委决策部署上来。要全面落实省委省政府已通过的行动方案和任务清单,尽快推动一批变革性、牵引性、标志性重大举措落地见效,在全省形成深入推进能源革命综合改革试点的强劲态势,加快推动能源治理体系和治理能力现代化,努力交上党和人民满意的时代答卷。

会议以视频方式召开。省委常委,省人大常委会、省政府、省政协负责同志,省法、检两长出席会议。省直各部门、中央驻晋单位、驻太原省管本科院校、省管国有企业主要负责同志,各民主党派、工商联负责人,无党派代表人士,在晋两院院士、科研人员代表,部分民营企业家代表,中央主要驻晋新闻单位负责同志在主会场参加会议。各市、县(市、区)设分会场。

(省委办公厅)

四、2019 年太原能源低碳发展论坛

韩正出席 2019 年太原能源低碳发展论坛
宣读习近平主席贺信并发表主旨演讲

(详细内容见本书"中央领导关注山西"栏目)

交流的平台　合作的盛会　冲锋的号角

——2019年太原能源低碳发展论坛综述

金秋十月，风帆正满；能源革命，低碳发展。

在习近平总书记的关怀、期许与勉励下，10月22日至24日，2019年太原能源低碳发展论坛隆重举行。围绕“能源革命，国际合作”主题，四海宾朋交流先进理念、展示最新成果、探讨前沿课题、加强务实合作，取得了丰硕的成果，达成了广泛的共识，凝聚起磅礴的力量。

在党中央、国务院的亲切关怀下，在国家有关部委的大力支持下，在省委、省政府的坚强领导下，2019年太原能源低碳发展论坛，国家级、国际性、专业化的定位更加清晰凸显。在争当全国能源革命排头兵的征程中，在深入推进能源革命综合改革试点的大路上，太原能源低碳发展论坛的成功举办，进一步丰富拓展了能源革命的山西实践，为推动低碳发展贡献了山西力量，吹响了勇担使命、探路引领的冲锋号角。

国家级定位更加鲜明

——展示中国推进能源革命的重大成就，传递中国推动能源革命的坚定信心，发出中国扩大能源国际合作的权威声音

10月22日上午9时30分，中国（太原）煤炭交易中心一层多功能厅嘉宾云集，2019年太原能源低碳发展论坛开幕式暨高峰论坛正在进行。

“能源低碳发展关乎人类未来。中国高度重视能源低碳发展，积极推进能源消费、供给、技术、体制革命。中国愿同国际社会一道，全方位加强能源合作，维护能源安全，应对气候变化，保护生态环境，促进可持续发展，更好造福世界各国人民。”中共中央政治局常委、国务院副总理韩正宣读完习近平主席贺信后，会场气氛达到顶点。

韩正副总理在开幕式上发表主旨演讲指出，习近平主席专门发来贺信，充分体现了中国政府对能源低碳发展的高度重视。在习近平主席“四个革命、一个合作”能源安全新战略指引下，中国不断推进能源生产和消费革命向纵深发展，加快能源清洁低碳转型，能源事业发展取得了显著成就。

五千年中华文明看山西，新时代能源革命山西在担当。近年来，山西深入贯彻习近平总书记关于能源革命的重要论述，顺应全球新一轮能源变革趋势，立志不当“煤老大”，争当能源革命“排头兵”，主动在能源消费革命、供给革命、技术革命、体制革命和深化对外合作等方面积极作为。

今年5月29日，中央全面深化改革委员会第八次会议审议通过了《关于在山西开展能源革命综合改革试点的意见》，赋予山西能源革命综合改革试点的国家使命。我省举全省之力落实这一重大部署，推出了一批变革性、牵引性、标志性的重大举措，致力于实现“能源革命、牵引转型，国内示范、全球影响”的战略目标。

本届论坛由山西省人民政府、外交部、国家发改委、科技部、商务部和国家能源局共同主办。党和国家领导人亲临会场，更多国家部委加入主办行列，能源革命的国家话题以及论坛的国家规格更加彰显。2019年太原能源低碳发展论坛向世界展示了中国推进能源革命的重大成就，传递了中国推动能源革命的坚定信心，发出了中国扩大能源国际合作的权威声音。

本届论坛上，中国政府在应对气候变化等方面发挥的领导作用，山西在能源革命道路上进行的探索和实践，受到了与会重量级嘉宾的盛赞。

“此次论坛是一个很好的契机、一个很好的平台。”联合国副秘书长刘振民说，山西作为全国首个能源革命综合改革试点，有很多新的政策、新的思路、新的想法，可以借助此次论坛共同去探讨、去摸索。相信山西将会继续以身作则，为人类实现公正、可持续的能源未来作出贡献。

“世界能源转型看中国，中国能源转型看山西。”当国际能源署中国合作部主任习爱龙用中文说出这句话时，现场响起热烈的掌声。

“未来可持续发展之路，是继续支持发展可再生能源资源。”捷克前总理博胡斯拉夫·索博特卡为中国在全球气候治理中所做的努力表示赞赏。

……

伴随着36家外国媒体、31家中央媒体、21家省级媒体的深入报道，太原论坛、能源革命、中国担当、山西实践，成为各界瞩目的焦点与互联网上的热门话题。

国际性地位更加彰显

——来自英国、美国、德国、俄罗斯等22个国家和地区的800余名嘉宾出席，共商破题能源革命、推进国际合作大计

“地球有46亿年的历史。若以46年的‘比例’来看这段时期，我们存在了4小时，而工业革命则始于1分钟前。但在这段短短的时间里，我们却已摧毁了地球上超过50%的森林。”意大利曼托瓦省省长贝尼米诺·莫塞利在高峰论坛发言时用生动的表述，将全球共同应对气候变化的紧迫性展现得淋漓尽致。

“位于非洲东南部的马拉维是世界上电气化程度最低的国家之一，只有11%的人口可以使用电网。随着全球能源市场正在发生深刻变化，能源改革日益升级，马拉维不应错过这趟列车。”马拉维自然资源、能源与矿业部部长宾托尼·库塞拉的发言，则展示了全球共同应对气候变化的复杂性与艰巨性。

“这次论坛非常及时,我们全力支持低碳发展方面的合作。”缅甸自然资源环保部部长翁温说,气候变化给世界带来的影响越来越严重,缅甸是全球第三大易受气候变化影响的国家。

……

围绕“能源革命,国际合作” 主题, 立足山西、示范全国、瞄准世界, 2019 年太原能源低碳发展论坛国际范儿越来越足。

来自英国、美国、德国、俄罗斯、蒙古国、意大利等 22 个国家和地区的嘉宾,有关国家政要,多个国际组织、国际友好省州、跨国公司负责人;国家部委有关负责人,兄弟省(区、市)和低碳城市政府、能源央企、民营企业负责人,院士专家、社会组织负责人等 800 余位代表参加这次盛会。

2019 年太原能源低碳发展论坛,6 场分论坛分别由能源央企和国家权威机构牵头,联合一家国际知名机构或企业共同主办,我省有关单位协办,体现了极强的权威性与极高的开放性。

“降低碳排放量的增长速度没有单一的解决方案,各国需要前所未有的创新和全球合作。”国际能源署中国合作部主任习爱龙说,今天的山西欢迎国际伙伴在这里加深合作与协作,真是太好了。利用来自世界各地的来之不易的经验,创新会更好地得到发展。

“在氢能源领域,日本丰田、JXTG 等企业已开始与中国沿海地区合作。”日本能源环保国际促进会会长竹川东明说,山西拥有丰富的煤制氢资源,只要进一步提升二氧化碳循环利用技术,有效耦合可再生能源,必将成为中国推进低碳氢能社会的示范区。

论坛为媒,能源领域国际合作的示范效应已经显现。美国国家气体技术研究院总裁兼 CEO 大卫·凯罗尔在论坛上展示了与山西阳煤集团的合作成果——双方共同设计的全球首台 R-GAS 煤气化炉。

“科技的进步会使煤炭更高效、更清洁地利用。”大卫·凯罗尔说,这种气化炉可以解决山西乃至全国高灰熔点煤炭的直接气化难题,是应对“更多能源,更少碳排放”挑战的范例。

“太原论坛就是能源领域的‘达沃斯’,国际范儿越来越足。”俄罗斯山西商会会长乔翔鹏说,太原论坛为全球能源革命贡献了中国智慧。作为能源大省,山西必须借力这一能源领域国际合作的高端平台,抢抓第四次能源革命机遇,驶出能源革命的加速度。

专业化水准更加提升

——紧盯全球趋势、提供中国方案、展示山西实践,汇聚全球能源革命领域高端产品、前沿技术、示范项目、解决办法

安装在建筑外墙或房顶的发电玻璃,用光伏板铺成的光伏路面,薄如纸的钙钛矿太阳能电池,会发电的儿童书包;我国水电、风电、太阳能发电装机规模稳居世界第一,世界首台百万千瓦超超临界二次再热燃煤发电, 青海连续 15 日全清洁能源供电刷新世界纪录……

高峰论坛与各分论坛大咖云集、观点碰撞、引人注目,而能源革命主题展里一个个成功的案例、一组组鲜活的数据,同样让人赞叹不已。

5 个板块、4000 平方米的展厅, 折射出中国能源行业直面各种风险挑战,能源消费结构显著优化,供给质量大幅提高,科技创新成果丰硕,体制发生深刻变革,国际合作全方位拓展的生动例证,体现了为世界提供中国方案、贡献中国智慧的大国担当,也展示了山西争当全国能源革命排头兵的阶段性成果与建设能源革命综合改革试点的主攻方向。

作为国际能源领域的一次专业盛会,6 场分论坛主题分别包括 “煤炭能源的清洁高效利用”“非常规天然气开发应用”“能源互联网的创新与发展”“新能源发展瓶颈问题探讨”“核能安全利用与行业发展展望”“氢能改变未来”,其关注之前沿、视野之宽广、内涵之丰富可见一斑。

“能源互联网示范工程如雨后春笋,其技术价值呼唤现货市场制度建设。”

“新能源和可再生能源的可持续发展是能源革命综合改革试点的重要工作, 山西将通过引导企业加快技术创新,降低成本。”

……

从开幕式暨高峰论坛到能源革命展再到 6 场分论坛,每一场活动、每一次交流,都是一次思想的碰撞、理念的升华、共识的加深。秉承着“论干结合”的原则,着力打造能源领域的高端对话平台、科技成果发布平台和国际合作对接平台,本届论坛在三大平台的建设上又迈出了坚实的一步。

从思想成果上看,成效斐然。在高峰论坛上,12 名演讲嘉宾从全球趋势、政策建议、学术交流和市场展望等多个角度,全面诠释了“能源革命,国际合作”的主题内涵。分论坛 68 名演讲嘉宾通过专题演讲、对话交流等形式进一步凝聚了“能源革命,国际合作”的思想共识。

从科技成果上看,效果卓著。第九届新能源企业 500 强峰会发布了全球新能源企业 500 强榜单。国网能源研究院有限公司在分论坛三“能源互联网的创新与发展”上,介绍了目前山西省能源革命综合改革试点取得的研究成果。在分论坛五“核能安全利用与行业前景展望”上,生态环境部核设施安全监管司副司长巢哲雄代表生态环境部深度解读了《中国的核安全》白皮书并对我国未来核安全发展进行了展望。

从经贸投资、友好交流成果上看,收获颇丰。本次论坛期间签署一批能源领域合作项目、框架协议等共 65 项,其中:国企签约 18 项;友好省际 / 城市协议 3 项,分别为山西省和意大利曼托瓦省建立友好省际关系协议书、山西省河津市与意大利曼托瓦省圣乔治迪市建立友好城市关系协议书、侯马市政府与格林维罗集团有限责任公司环保咨询的框架协议;投资合作类项目 10 项;引智类协议 1 项;引技类协议 9 项;其他协议 12 项;各分论坛签约 12 项。

短短几天,四海嘉宾会聚一堂,合作项目纷至沓来。思想碰撞火花四溅,照亮低碳发展前行方向;科技创新前景广阔,驱动山西能源革命攻坚破题;项目引领脚踏实地,保障山西转型发展稳步前进。展望未来,以 2019 年太原能源低碳发展论坛为新的起点，山西将坚定扛起国家使命，坚决实现“能源革命、牵引转型，国内示范、全球影响”的战略目标。

（《山西日报》2019 年 10 月 26 日　常慧忠　任志霞）

体制新　人才聚　事业兴

——山西能源革命科技创新综述

新时代，新山西，新担当。

2019 年太原能源低碳发展论坛隆重开幕，国际视野，国家使命，山西担当。今天，山西这个能源大省再一次成为全球能源革命最前沿观点的发布地。

2017 年 6 月，习近平总书记视察山西时，肯定了我省不当“煤老大”争当能源革命排头兵的战略抉择；同年 9 月，国务院出台国发〔2017〕42 号文件，支持山西省进一步深化改革促进资源型经济转型发展，明确提出打造能源革命排头兵的目标任务；2019 年 5 月 29 日，习近平总书记主持召开中央全面深化改革委员会第八次会议，会议审议通过了《关于在山西开展能源革命综合改革试点的意见》。不做“煤老大”，要当“排头兵”，能源革命综合改革试点是党中央赋予山西的国家使命，做能源革命综合改革的探路者成为新时代转型山西的使命担当。

科技是第一生产力，创新是引领发展的第一动力。近两年来，我省深入贯彻落实习近平总书记视察山西重要讲话精神，制定出台了《山西打造全国能源革命排头兵行动方案》，立足山西实际，准确把握中国与世界能源技术演进趋势，在传统化石能源开采利用方面进行了大量创新，组织实施了一批重大科技项目，推动能源革命在全国率先破题。开启了以化石能源为主、清洁能源为辅，向清洁能源为主、化石能源为辅的根本性转变。

制度新，则技术新。对山西而言，能源革命首先面对的是如何破解“一煤独大”的结构性困局，我省能源革命的技术突破首先源于顶层设计的体制机制不断创新。2018 年省委经济工作会上，骆惠宁书记对山西打造全国能源革命排头兵作了系统部署，成立了楼阳生省长任组长的领导小组，全省上下加快推进能源技术革命步伐。启动实施了能源革命科技重大专项；与科技部对接，积极跟踪国家“面向 2030”重大科技项目进展。与此同时，为进一步促进能源先进技术成果在山西转移转化，我省狠抓《山西省促进科技成果转化若干规定（试行）》《山西省促进科技成果转移转化行动方案》等政策的落实，充分利用山西科技成果转化和知识产权交易服务平台，积极开展能源领域系列成果对接活动。近期，我省围绕能源革命综合改革试点再次推出一系列改革举措。例如建立基础研究、重点研发、重大专项、成果转化引导等各类计划有效衔接、产学研用相协调的能源领域关键技术联合攻关机制；深入推进“三评”改革，优化科研项目评审管理机制，改进科技人才评价方式，完善科研机构评估制度；加强科研诚信建设和监督评估体系建设；在基础研究领域探索实施项目经费使用“包干制”；探索实施项目全年申报常态制、分批评审立项的新模式，积极营造有利于创新创造的科研环境。

平台起，则人才聚。在谋求体制变革的同时，我省能源革命科技创新平台建设也开始规划布局、快速推进。近年来，我省聚集了一批能源领域的高校院所和大型企业。中科院山西煤化所、赛鼎公司、中电科二所、中国辐射防护研究院、太原理工大学、山西大学、中北大学、太原科技大学等科研机构基本覆盖能源领域的相关学科和专业。

省综改示范区内正在建设的科技创新城集聚了清华大学山西清洁能源研究院、格盟中美清洁能源研发中心等一批国内外能源领域的新型研发机构。全省现有能源领域 3 个国家级重点实验室，1 个国家工程技术研究中心，正在向科技部门争取太原理工大学“煤科学与技术省部共建国家重点实验室培育基地”纳入重点实验室行列。同时，还有能源领域省级重点实验室 12 个，工程技术研究中心 16 个，以及 10 余家产业技术创新战略联盟。大型企业方面，有山西焦煤、晋煤集团、潞安集团、太原重工、太钢集团、平阳重工、格盟、晋能等一批大型企业，这些企业都有较好的创新基础和创新能力。在此基础上，我省进一步加大引进培育力度，采取推动建设分支机构、联合培育研发团队，开展协同攻关、项目合作或“一事一议”等多种方式和途径，推进与中国科学院、中国工程院等开展“院地合作”，加强与 C9 高校的交流与合作，加快推动国家级研发机构在我省布局创新平台和基地，开展协同创新。

渠既成，则水自来。近几年，我省结合自身重点产业，围绕能源颠覆性技术和新兴产业前沿技术领域，组织实施“不对称创新”超前布局，大力实施“卡脖子”关键核心技术“攻尖”行动，一批项目先后取得了关键技术突破。在煤层气领域，晋煤集团拥有 100 多项核心技术，掌握了煤层气工厂化钻井作业、定向对接等一批关键技术，填补了国内空白，立体抽采工艺与配套技术在全国推广应用；潞安集团建成了全球最大的乏风氧化利用发电站；北方通用动力已完成低浓度煤层气发电机组样机试制；太原理工大学与阳煤集团用煤层气合成了金刚石。在煤化工领域，阳煤化机与清华大学联合研发出了具有自主知识产权、国际领先的气化炉；潞安集团煤制油实现了煤化工产品的高端化、精细化，标志着我国高端现代煤化工技术已跻身世界领先行列；赛鼎公司为神华设计了国内第一套 GSP 气化装置成功应用于世界上规模最大的煤基烯烃项目。在煤机装备领域,太重75立方米矿用挖掘机是目前世界最大、挖掘能力最强的矿用挖掘机;山西天地煤机煤巷快速掘进技术实现了由单机简易配套向自动化智能化成套装备的跨越;阳煤联合中煤科工研发出了薄煤层智能化综采系统。在煤电领域,太钢集团开发出700℃超超临界耐热合金;太原锅炉集团的超低排放循环流化床锅炉实现炉内超低排放,达国际领先水平。在新材料领域,太钢T800碳纤维实现工程化,主要指标达国际先进水平;中电科二所SiC衬底突破了"卡脖子"技术,达到国际先进水平;10MW级锂电池储能正在开展并网及相关实验;高铁用石墨烯增强炭基受电弓滑板取代了进口,填补了国内空白。

事业正未有穷期。相信随着2019年太原能源低碳发展论坛的举办,我省能源革命科技创新必将迎来更加广阔的发展空间,乘势而上,行稳致远!

(《山西日报》2019年10月22日　沈　佳)

主动作为　创新合作　共赢未来

——山西能源国际合作综述

能源革命,国际合作,已经成为世界各国的共识。

经济全球化发展,能源资源全球配置,加快能源转型发展已成为世界各国的自觉行动。国际社会亟须合作新机制,加强能源安全,维护各国核心关切和整体能源安全。

2019年太原能源低碳发展论坛隆重召开,国家话题、国家规格、国际性和专业化定位,向世界展示中国推进能源革命的重大成就,传递中国推动能源革命的坚定信心,发出中国扩大能源国际合作的权威声音。

本届论坛是山西践行能源革命综合改革试点的重要举措,对山西深入参与国际能源合作,为全国能源革命提供示范引领,具有重大而深远的意义。

山西在能源国际合作领域,从来不缺少成功案例:

中外合资能源企业——平朔露天煤矿安太堡露天矿区,首开中外合资全国先河。

世界银行全球第一个矿碳交易项目——寺河120MW瓦斯电厂,每年可转让二氧化碳减排量300万吨。

"四国六方"投资组建的全国最大能源类中外合资企业——格盟国际能源有限公司。

"四个革命,一个合作"能源安全新战略成为中国能源高质量发展的根本遵循。山西以制度革命带动能源革命,以能源生产关系变革牵引生产力变革,着力抓好"八个变革、一个合作",推出一系列变革性、牵引性、标志性重大举措。山西能源领域,面向世界敞开大门。

"能源革命、牵引转型、国内示范、全球影响",山西扛起国家使命,彰显山西担当。山西将更好地肩负起党中央赋予的能源革命综合改革试点的重大使命。

能源领域国际合作,山西主动作为。山西能源国际合作不断向纵深发展,持续深化拓展创新能源宽领域、多层次、全产业链合作,充分展现出山西争当能源革命排头兵的实力、能力和动力。大力推动能源装备、技术和服务"走出去""引进来",主动参与国际合作,强化与国际能源机构、企业巨头、研究机构的全面合作,山西能源国际合作迈出坚实步伐。

我省与德国、法国、美国、捷克、葡萄牙等国就能源领域合作进行深入交流,卓有成效。与法国、德国等国家和地区的能源企业签署了一大批合作协议:晋煤集团与法国能源企业阿海珐集团在大功率燃料电池应用、燃气掺氢等方面深度合作;阳煤集团与全球煤机制造行业的领军企业就在山西进行股权投资、联合开发、合作生产等达成框架协议;阳煤集团与美国久益环球、德国艾柯夫、德国海瑞克、德国布朗、英国雷波等签署合作协议。

山西加强与国际能源署、外国友好省州和知名高校、科研机构对接交流,继续深化与全球能源领军企业合作,打造国际合作示范项目。

今年6月,省委书记骆惠宁率队出访法国,与国际能源署共同发表合作意向声明,双方就提高能效、发展氢能、建立合作机制等形成高度共识。山西成为第一个与国际能源署共同发表合作意向声明的省份,在能源领域高层次国际合作上迈出新步伐。

山西持续加大招商引资力度,成立中外合资企业晋能清洁能源科技股份公司,其高效率、高品质太阳能组件实现全球销售;引进美国空气产品公司,在山西境内投资3家空气产品合资企业。我省相关部门积极组织省内能源企业及专家赴克罗地亚开展光伏发电、风电等合作交流,并达成初步意向。组织邀请国际能源署、法中能源协会、美国哥伦比亚大学的能源专家,开展合作交流。举办能源电力国际产能合作融资培训暨越南市场分析会,越南与我省企业实现成功对接。国际产能合作重点国家和境外经贸合作区投资推介会,推介埃塞俄比亚、孟加拉、塞尔维亚三国投资环境、政策及海外园区开发运营情况,为我省企业"走出去"搭建桥梁。

山西加强与"一带一路"沿线国家及国际能源机构的合作交流。出台全面扩大开放意见,制定实施方案,大力推动能源装备、技术和服务"走出去"和"引进来"。与全球180多个国家(地区)建立了贸易往来,与24个国家建立了49对国际友城关系。

太原能源低碳发展论坛成功举办多届，逐步成为能源领域国际知名的思想交流和会展品牌。互学互鉴、互融互通，创新合作、互利共赢，山西能源国际合作之路越走越宽。借力这一高端对话平台、科技成果发布平台、国际合作对接平台，山西与世界各国深入探讨、广泛交流、共同分享全球能源转型最前沿的思考与实践成果；与众多国际和区域组织、各国政府、友好省州的交流合作更加广泛；与全球能源领军企业、国外研究机构的交流合作更加务实。越来越多国家、国际机构、世界500强企业、知名科研院所高校与我省对接洽谈、签约合作。

“2019能源革命展”好评如潮，成为我省对外合作交流的重要平台。展览以“全球使命、中国担当、山西行动”为主线，充分展示了全球能源发展的前沿技术、发展战略，我国能源革命的重大举措、丰硕成果，以及山西开展能源革命综合改革试点的探索实践、优势潜力。希望以此为契机，与世界各国深化交流、加强合作，共同推动能源高质量发展。

山西与世界的距离更近了，山西国际能源合作站在全球最前沿。能源革命、国际合作，共建共享、合作共赢。山西坚定担当历史使命，汇聚全球智慧，创新发展思路，以更加开放的姿态，稳步实现从“煤老大”到“全国能源革命排头兵”的历史性跨越。

（《山西日报》2019年10月24日　谢昌民）

五、山西能源革命迈出坚实步伐

不当“煤老大”　争当能源革命排头兵

骆惠宁

一曲“人说山西好风光”，使三晋大地的壮美俊秀蜚声海内外。拥有好风光的山西还拥有“好资源”，作为国家重要能源基地，曾点亮全国一半的灯，为国家建设作出重要贡献。然而一段时期对煤炭的过度依赖和粗放开采，导致产业结构失衡、生态破坏严重、经济一度断崖式下滑等结果，给山西人民带来切肤之痛。

党的十八大以来，习近平总书记就推动能源改革发展、筑牢能源安全基石作出一系列重要论述，创造性地提出“四个革命、一个合作”战略思想，为山西做好能源工作指明了方向。2017年6月，总书记视察山西，充分肯定了山西不当“煤老大”、争当能源革命排头兵的战略抉择。山西干部群众深入贯彻习近平总书记重要论述和指示精神，努力把山西能源发展的“厚重势能”转化为推进能源革命的“强劲动能”，煤炭增加值占工业比重明显下降，新兴产业比重快速提升，“一煤独大”的格局正在改变。

2019年5月，中央深改委会议审议通过《关于在山西开展能源革命综合改革试点的意见》，这是党中央对山西改革发展的又一个顶层设计。10月22日，2019年太原能源低碳发展论坛开幕。习近平总书记亲自致贺信指出，能源低碳发展关乎人类未来；中国高度重视能源低碳发展，积极推进能源消费、供给、技术、体制革命；中国愿同国际社会一道，全方位加强能源合作，维护能源安全，应对气候变化，保护生态环境，促进可持续发展，更好造福世界各国人民。山西将以习近平总书记关于能源革命重要论述为指引，实施好这样一场为全国探路示范的引领性改革、破解深层次矛盾的关键性改革、贯通各领域的全局性改革。

一、聚焦节能提效这个“首要事”

习近平总书记强调，要“推动能源消费革命，抑制不合理能源消费”，“树立勤俭节约的消费观，加快形成能源节约型社会”。能源消费革命位列“四个革命、一个合作”之首，凸显节能提效“第一能源”的重要地位。推动用能方式从粗放浪费向集约高效转变，对山西而言，是一个重大而紧迫的要求。

面对山西节能工作压力大、潜力更大的具体实际，近年来我们深入实施能源消费“双控”工程，控制煤炭消费总量，在调整产业结构、优化用能结构、倡导绿色生活上持续用力，保障优质增量用能。如今节能环保的新能源城市公交车占比约60%，太原成为全球首个出租车纯电动化的城市。绿色低碳技术的广泛运用，在改变生产生活方式的同时，也促进新兴能源产业迅速壮大。2017年7月，首批比亚迪K8纯电动客车在太原下线，吉利、江铃、大运等知名企业也纷纷在山西建立生产基地，2018年全省新能源汽车产量已占到全部汽车产量的30%。过去，山西人是望着山脊沟壑间载满煤炭的重型卡车扬尘而去；如今，山西人看到的，是高速路上自家生产的新能源车源源不断驶向全国各地。

习近平总书记十分关心北方地区清洁取暖问题，将之作为“能源生产和消费革命、农村生活方式革命的重要内容”。近年来，山西深入推进城乡清洁供暖，开展“煤改电”居民采暖用电与新能源发电企业市场化交易试点，11个设区市建成区全部成为“禁煤区”，清洁取暖改造覆盖210多万户，老百姓得到了实实在在的好处。城郊村民从前冬季取暖时，煤堆在院子里，又脏又乱，每隔几天就要擦一次窗户，现在用上了壁挂炉,家里既暖暖和和,又窗明几净。

今后,我们要切实把能源消费革命摆在战略优先位置,把节能和提高能效作为重要突破方向,加快促进用能结构和方式深刻变革,逐步形成以较少能源消费增量支撑转型发展的积极态势。

——持续推进观念更新,使全社会认识到,节能是比开发更为优先的能源来源,是引领能源供给、转变发展方式的关键环节,是需要长期坚持的战略方针。

——建立节能优先制度体系,推进能源消费制度建设,探索建立用能权初始分配、有偿使用和交易制度,加强用能预算化管理,创新合同能源管理模式,提升节能管理市场化专业化水平。

——开展节能专项行动,实施覆盖全社会的绿色交通和绿色建筑行动,在集中用能领域推广清洁能源,广泛开展煤炭等量减量替代,稳步实现煤炭消费总量负增长。

——推行清洁供暖要做到惠民利民,坚持"宜电则电、宜气则气、宜煤则煤、宜热则热",积极发展生物质热电联产,创建地暖供热示范区,稳步推进风电供暖,切实降低取暖成本。

二、强化绿色多元能源供应体系这个"硬支撑"

习近平总书记强调,要"推动能源供给革命,建立多元供应体系"。我国富煤贫油少气的资源禀赋,决定了煤炭作为主体能源的地位在较长时间内不会变化。在提升新能源、可再生能源发展水平的同时,大力推动煤炭清洁高效利用,是我国能源革命的重要内容和特点。当前,山西能源供给侧结构性改革扎实推进,正在由总量去产能向结构优产能转变,但煤炭开发利用方式粗放、新能源可持续发展能力不足等问题仍亟待破解。

一方面,大力推动煤炭产业"减""优""绿"。近3年累计淘汰落后产能8841万吨,总量全国第一,先进产能占比由2016年的36%提高到目前的68%。全省煤矿机械化程度达到100%,建成45个智能化采煤工作面,占全国总数的28%。国家级绿色矿山试点单位23家,2019年预计新增42家,昔日满是煤灰的矿山如今已绿树成荫。建立煤电机组超低排放国家标准,全面完成30万千瓦及以上燃煤机组改造。推动煤制油生产能力纳入国家能源战略储备体系,加快煤由燃料向原料转变,原来因燃烧产生二氧化硫而弃采的高硫煤,经过国际先进技术加工后,华丽转身为高品质高附加值可替代进口的"太行"牌润滑油及高端精细化学品,"臭疙瘩"变成了"香饽饽"。

另一方面,着力发展非煤能源,实现煤与非煤"两翼齐飞"。立足多元供应保安全,大力优化能源供给结构,积极壮大新能源产业,能源供给初步实现由单一煤电向煤层气、光伏、风电等多轮驱动转变。开展煤与煤层气共采,山西煤层气地面抽采量占全国90%以上。鼓励新能源发电参与电力直接交易,新能源发电装机占电力装机比重突破30%,光伏领跑者发电规模全国第一。大力推进风电开发,统筹晋北风电基地建设和中南部低风速资源开发。晋北的雁门关外,湛蓝的天空下,一架架银色风车昂首矗立、绵延百里,巨大的叶片迎风旋转、播撒光热,成为晋北这片昔日古战场的新景观。晋南的中条山上,一排排蓝色光伏板整齐排列在蜿蜒的山坡上,随着山势绵延起伏,在秋日阳光照耀下光彩夺目、熠熠生辉,源源不断将太阳能转化的电能送入千家万户。当地老百姓感慨:没想到以前"种啥啥不活"的荒山秃岭,现在成了"美呔呔"的致富宝地。

中央决定在山西开展能源革命综合改革试点,给山西推动能源供给革命带来新的重大机遇,我们要加快构建绿色多元的能源供应体系。

——深入推进煤炭开采利用方式变革。珍惜煤、用好煤,把煤炭清洁高效开发利用的国际标杆立起来,加快煤矿开采方式变革,推进煤炭绿色开采和煤矿智能化改造。加快煤炭利用方式变革,开展煤炭分质分级梯级利用试点,大力发展煤基新材料产业。用好国家赋予综合改革试点的财政、税收等支持政策,及时出台配套措施,支持企业、银行、政府协同推进去产能企业债务处置,创造最有利的体制环境,以"杀出一条血路"的精神打赢这场战役,在现代能源体系中甩掉煤炭头上的高污染、低附加值帽子。

——深入推进非常规天然气勘采用变革。深化煤层气勘查开采管理体制改革,有效遏制"占而不探"、"圈而不采",推进"采煤采气一体化"。沿黄地区的煤层气资源,与页岩气、致密气"叠置成藏",要打破矿权分设制度障碍,开展"三气"综合开发试点。精准对接京津冀和省内需求,加快全产业链布局,扩大市场化交易,充分发挥晋城煤层气示范基地建设牵引作用,有序建设14个省级以上煤层气规划矿区,加快管网互联互通和储气能力建设,打造国家非常规天然气基地。

——深入推进新能源可持续发展模式变革。加快山西光伏风电基地建设,支持打造新能源全产业链。把准集中式做大做强、分布式做小做精两个重点,坚持规划引领,加快技术进步,创新发展模式,重塑产业生态,率先实现风光发电平价上网。把发展氢能与焦化行业提质升级相结合,统筹推进加氢站、氢燃料电池及配件、氢燃料汽车产业协调发展,加快制、储、加、运、输、用全产业链布局,全力把握这一未来产业的发展主动权。

三、激发能源科技创新这个"源动力"

习近平总书记指出,要"推动能源技术革命,带动产业升级","把能源技术及其关联产业培育成带动我国产业升级的新增长点"。从能源战略安全和国家发展的全局看,关键核心技术是要不来、买不来、讨不来的,必须把关键核心技术掌握在自己手中。当前,山西能源领域科技与产业不相协同、重大技术储备不足等瓶颈制约依然存在,只有加快能源技术革命,才能在关键领域实现突破。

下大气力攻克煤层气勘探、开发、利用技术难关。晋煤集团突破了国际公认的无烟煤地面抽采"禁区"。潞安集团承担建成了全球第一个工业化煤矿乏风蓄热氧化热电联供项目,是全球最大的乏风氧化利用发电站。北方通用动力集团有限公司完成了适用于低浓度煤层气的发电机组科研样机试制。山西蓝焰煤层气集团联合省内外优势科研力量共同实施“深部煤层气勘查开发关键技术研究”。

集中攻关能源重大关键技术。实施石墨烯储能超级电容器项目，发展出绿色环保、低能耗水系电极制备工艺。攻克循环流化床锅炉关键技术，实现了炉内超低排放，对推进低热值煤清洁燃烧、提高煤炭资源综合利用效率具有重要意义。

着力推进能源先进技术应用。启动科技成果转化示范基地和示范企业建设工作。2017 年 12 月，山西科技成果转化和知识产权交易服务平台正式上线，为构建新型科技成果转移转化体系提供重要支撑。

如今，依靠科技创新、技术革命引领能源发展已逐步成为共识。从祖辈拿“手刨”到父辈靠“机割”，再到现在用“智采”，山西不少矿工家庭一家三代亲眼见证了科技创新引领采煤方式发生巨变。能源技术革命，切切实实增进了山西人民群众的幸福感、自豪感。

能源科技创新对能源革命发挥着决定性作用。我们要通过综合改革，在统筹推进能源技术革命方面实现更大突破。

——深入推进能源科技创新相关体制变革。加快构建联接全国、面向世界的研发平台，营造良好环境，实施好“三晋英才”计划，打造能源革命高端智库，不断吸引更多人才、资金、技术等要素集聚，促进能源科技创新能力和水平大幅提升。

——主动承担重要攻关项目。为进一步加快煤层气勘查开发步伐，推进增储上产，山西要在复杂矿区联合攻关、低产井技术改造、新区块加速勘查、“三气”共探共采等方面加大投入和研发力度。

——加快推动成熟技术产业化。加强与能源革命相关的中试平台和科技创新成果转化基地建设。紧跟世界能源技术迭代步伐，编制能源技术革命规划和路线图，奋力抢占能源领域科技制高点，打造能源科技创新策源地。

四、打通能源体制变革这条“快车道”

习近平总书记指出，要“推动能源体制革命，打通能源发展快车道”。当前，我国能源体制机制改革不断深化，电改、油气体制改革逐步展开，但一些深层次矛盾还未有效破解，一些涉及多方面利益调整的改革举措有待研究出台，这些问题在山西表现也很突出。只有坚持市场化法治化改革方向，转变政府对能源的监管方式，还原能源商品属性，构建有效竞争的市场结构和市场体系，才能充分释放能源发展活力。

深化电力体制改革。率先在全国开展电力现货交易试点，电网、发电、售电、电力用户等企业共同出资组建山西电力交易中心，成为国家电网运营区第一家股份制电力交易机构。推进增量配电试点项目，鼓励社会资本参与增量配电业务试点。

推进煤层气体制改革。建立了省内天然气（煤层气）管道运输价格监管机制，完成了省内管输企业价格成本监审工作任务。建立了煤层气矿业权退出机制，对不足法定最低勘查投入要求的煤层气区块实施了核减。围绕资源开发、管网运营、消费利用上中下游三大环节，全面推进全产业链体制机制改革。今年对两个区块煤层气探矿权挂牌出让，实现了多个“首次”：首次在全国煤层气区块出让中采取了挂牌方式，进一步丰富了具体出让方式；首次通过网上交易平台接受企业报价，并采取自由报价与限时竞价相结合的方式，节约交易成本、便于社会监督；首次适用矿业权出让收益新规定，竞得人正式签署挂牌出让合同后，须缴纳首期出让收益（约定为总额的 30%）方可取得探矿权，终结了无偿取得煤层气探矿权的历史。

深化能源领域国企改革。省委与省属煤炭类国企签订转型发展目标“军令状”，要求从 2018 年至 2020 年，省属国企煤炭先进产能比重提高到 70%以上，煤炭转化率提高到 40%以上。依托龙头企业推行行业兼并重组，推进上下游一体化经营，现代化工、燃气等一批新的企业集团挂牌成立。

下一步，我们要准确把握综合改革试点与能源革命的内在逻辑，不断加大体制和政策创新力度。

——努力提高领导干部的市场意识和创新精神。在市场意识和创新精神方面，我们不仅要补课，而且要力争走在全国前列。各级领导干部要破除资源依赖意识，着力解决市场理念不浓问题。通过今年“改革创新、奋发有为”大讨论，“离了矿产资源就不会谋发展”的路径依赖正逐渐被摒弃。我们将巩固深化大讨论成果，把思想解放的成效转化为推进能源体制革命的行动。

——深入推进能源商品流通机制变革。加强能源市场建设，进一步放开能源竞争性领域，创新与外省能源合作的形式，主动开辟新市场。积极开展城乡居民用电市场化改革探索，提升农村电网水平，强化农村用电服务，拓展农村用电市场。探索开展能源商品期现结合交易，带动能源金融的培育壮大。主动对接我国现有期货交易机构，联合组建交易平台，科学设计交易产品和品种，强化价格发现功能，形成服务体系，实现能源商品交易内涵和方式的历史性突破。

——深入推进与能源革命相关企业发展方式变革。着力支持与能源革命相关企业特别是能源领域企业发展方式变革，让各类所有制企业都分享改革红利，做优做强。推动能源领域国有企业以煤为基，扬长弃短，向前瞻性、战略性产业集中，向产业链价值链中高端集中。以更大的诚意和决心推进国企混合所有制改革，支持国企建立更加适应市场竞争、更能激发活力的经营机制。要为中小微企业量身定做能源革命科技创新社会化服务平台，助推民企提质发展。

五、走好以开放促改革、促发展这条“必由路”

习近平总书记指出，要“全方位加强国际合作，实现开放条件下能源安全”。当今能源发展面临着诸多问题和挑战，需要世界各国共同面对。目前，山西开放范围还不够大，开放程度还不够深，需要在立足国内的前提条件下，在能源生产和消费革命所涉及的各个方面加强国际合作。

近年来，山西主动融入国家重大战略，加大清洁能源外送力度。抓住“一带一路”建设机遇，与国际能源署联合发表合作意向声明,推动与国际能源企业合作,取得务实成果,有效拓展了能源对外合作空间。

努力推进电力跨省跨区交易。与兄弟省份共同拓展省外电力市场新模式,探索燃煤机组和新能源机组按比例打捆外送,加强与受电省市的沟通协商,鼓励可再生能源电力参与跨省跨区市场交易,开展省间发电权交易,丰富了晋电外送的品种。2018 年向省外输送电力 927.1 亿千瓦小时,增长 19.6%。

主动融入国家区域发展战略。精准对接京津冀协同发展战略,深度融入环渤海经济圈,主动服务雄安新区建设,打造京津冀、雄安新区、环渤海清洁能源保障基地。

积极开展国际能源合作。大力推进能源企业参与"一带一路"国际合作,推动能源装备、技术和服务"走出去"。省内一大批煤焦及装备制造领域企业与"一带一路"相关国家就能源矿产、装备制造、新能源等领域合作进行了深入对接,有的已取得实质性成果。

以开放促改革、促发展,是能源革命的必由之路。山西虽然地处内陆,但要牢固树立内陆和沿海同处开放一线的观念,把能源革命作为山西走向世界的一张亮丽名片。

——推进区域能源协同发展。主动融入京津冀能源协同发展行动,加强与华北、华东等地区互动合作,完善区域能源协作和利益补偿机制,着力消除行政壁垒和市场障碍,补齐能源基础设施短板,扩大清洁能源外输规模,协同保障能源供应安全,协同推进资源型经济转型,协同培育能源新产业、新业态、新模式。

——加强全方位国际合作。近年来,山西与国际能源机构、世界银行、一批外国友好省州和知名高校、科研机构建立了良好关系,要进一步加强对接交流,在数据分析、政策研究、人才培养、科研攻关等方面深入开展合作。山西企业与美德法韩等国知名企业签署了一系列合作协议,要继续深化与全球能源领军企业的合作,主动融入全球产业链,打造国际合作示范项目。

——继续扎实办好太原能源低碳发展论坛。认真学习借鉴全球全国能源高质量发展的新观点、新技术、新模式、新经验,进一步丰富拓展能源革命的山西实践,不断为推动能源低碳发展贡献山西力量。努力把太原能源低碳发展论坛打造成为具有世界影响力和权威话语权的能源领域高端对话平台、科技成果发布平台和国际合作对接平台,建设成为国家级、国际性、专业化的知名论坛。

昔日安当"煤老大",今天争做"排头兵"。我们要牢记习近平总书记和党中央的殷切期望,狠抓变革性、牵引性、标志性重大举措落地,集中力量打攻坚战,加快推动山西能源革命综合改革试点见到成效,全力建设全国煤炭绿色开发利用基地、非常规天然气基地、电力外送基地、现代煤化工示范基地和煤基科技创新成果转化基地,努力实现"能源革命、牵引转型,国内示范、全球影响"的战略目标。

从雁门关到中条山,从吕梁山到太行山,山西 3700 万人民群众沐浴着能源革命的阳光雨露,正踏上告别"黑色",开启头顶"蓝色"、脚踩"绿色"、放飞"彩色"梦想的新征程。

(《求是》2019 年第 21 期)

山西省出台 15 项变革性、牵引性、标志性重大举措

以习近平总书记关于能源革命重要论述为指引,山西省担起责任,把握大势,扎实推进能源革命综合改革试点工作,能源革命迈出坚实步伐。

9 月 16 日,在全省能源革命综合改革试点动员部署大会上,省委书记骆惠宁强调,要以制度革命带能源革命,以能源生产关系变革牵引生产力变革,着力抓好"八个变革、一个合作":深入推进煤炭开采利用方式变革;深入推进非常规天然气勘采用变革;深入推进新能源可持续发展模式变革;深入推进电力建设运营体制变革;深入推进能源消费方式变革;深入推进能源科技创新相关体制变革;深入推进能源商品流通机制变革;深入推进与能源革命相关企业发展方式变革;深化拓展能源领域对外合作。

9 月 23 日,省政府新闻办举行新闻发布会,省发改委、省科技厅负责人向社会发布了山西能源革命综合改革试点 15 项变革性、牵引性、标志性重大举措,进行深入解读,并回答记者提问。

变革煤炭开采方式,向绿色智能时代迈进。绿色智能是世界煤炭工业的发展趋势,也是中国煤炭工业必须解决的重大命题。山西将开展煤矿智能化改造试点及绿色开采技术试点示范,大力实施对充填开采置换出来的煤炭产品减征资源税、折算产能置换指标,将智能化改造纳入煤矿安全技术改造、相关投入列入安全费用使用范围,对购置使用符合条件的煤炭清洁高效开发设备抵免企业所得税等政策,加大金融支持力度,有效解决绿色智能矿山建设投入难题。全力推进煤矿智能化改造,以 5G 通信、先进控制技术为牵引推进智能煤矿建设,大力实施煤炭充填开采、保水开采、煤与瓦斯共采等绿色开采技术,实现煤炭开采"无(少)人化、减损化"变革。

创新煤炭利用方式,提升清洁高效利用水平。煤炭清洁高效利用是中国能源革命绕不开的一道坎。山西将开展煤炭分质分级梯级利用试点,积极探索"分质分级、能化结合、集成联产"的新型煤炭利用方式。推动煤转煤粉,探索纳米级煤粉应用,推广高效改性型煤应用。建设低浓度瓦斯及乏风发电项目,实现氮、硫、尘近零排放。开展煤电碳捕集封存利用试点。用好煤制油生产能力纳入国家能源安全储备体系的支持政策,培育晋北现代煤化工示范区。大力推进碳纤维、碳化

硅、石墨烯及其功能材料等相关产业发展，推动煤炭由燃料向原料转化。加快大宗货物运输结构调整，出省煤炭、焦炭等逐步实现基本上全部采用铁路运输。

改革煤层气管理体制，促进非常规天然气增储上产。用好国家授权山西制定煤层气勘查开采管理办法、在全国率先试点将“三气”矿业权赋予同一主体、煤层气开发项目(包括对外合作项目)备案权下放山西管理三大政策突破，深入推进煤层气勘采用变革。提高煤层气勘查投入强度标准，完善煤层气勘查开采市场退出机制，开展煤层气、页岩气、致密气“三气”综合开发，促进非常规天然气增储上产。加快推进煤层气外输通道与周边区域的输气管网联通，为包括河北雄安新区在内的京津冀地区等提供清洁能源供应。

推动电网投资主体多元化，提高电力市场化水平。开展社会资本控股增量配电网试点。支持电网公司、发电企业、电力用户、社会资本等共同参与投资建设输电线路，实现投资主体多元化改革由增量配电扩大到输电网，形成利益共享、风险共担的电网投资新模式，提升资源配置效率。吸引社会资本参与循环经济园区分布式能源及微网系统建设，推动煤、电、网、风、光、用系统集成、高效耦合，构建微网供能新模式，促进集煤、电、铝镁、材一体的新型绿色产业发展。

创新输配电价形成机制，拓展电力消费市场。我国人均用电水平远低于发达国家，电力生产过剩和电力消费抑制的深层次矛盾亟待破解。山西将积极开展城乡居民用电市场化改革，用好国家赋予山西的研究探索增送电量输配电费用降低灵活定价方式的差异化政策赋权，努力降低用电成本，激发大工业、城乡居民、清洁供暖用电需求，进一步提升电力消费水平。

变革新能源发展模式，抢占未来能源发展先机。按照规划引领、市场竞争、技术进步、成本下降、补贴退坡的原则，引导新能源企业加快技术创新、商业模式创新，降低土地等非技术成本，实现风光发电平价上网。打造晋北千万千瓦级风电基地，合理开发晋中南丘陵和山区低风速资源，加快光伏发电应用、领跑基地建设。在重点产业园区、循环经济园区，大力发展分布式能源系统。充分利用焦炉煤气等氢能资源丰富和低成本优势，培育氢能优势产业集群，探索煤制氢 +CCS(二氧化碳捕集封存)、可再生能源制氢等低碳高效技术。加快推进加氢站、氢燃料电池及配件、氢燃料汽车发展，开展重载汽车“柴转氢”试点。

推动能源全产业链发展，打造牵引转型升级新引擎。充分发挥能源革命带动牵引效应，开展“新能源 + 储能”试点示范，实施新能源全产业链行动计划，建设以大型企业集团为龙头的光伏风电装备制造业基地。加大新一代节能技术推广与攻关，发展壮大节能环保产业，做大做强节能服务业。拓展能源及相关产业链条，打造能源智能制造、新能源汽车、大数据、氢能源、碳纤维及石墨烯功能材料等产业集群，牵引产业高质量转型发展。

建设综合智慧能源系统，培育能源新业态新模式。开展煤电机组灵活性改造试点，充分利用现役煤电产能，建设“华北地区调峰基地”。构建以可再生能源利用为中心、智能电网为载体的能源互联网，大力推进坚强智能电网和泛在电力物联网融合发展，建设虚拟电厂，不断增强电网资源优化配置能力、安全保障能力和智能互动能力。建设覆盖全省的数字平台，加快数字化、网络化、智能化技术在能源领域的融合应用。打造集冷热气电能源管理、用户侧、车联网、数字通讯等功能为一体的山西“能源云”，推动能源系统优化协同及数字化。

推动能源消费方式变革，构建清洁低碳消费模式。挖掘节能的巨大潜力，探索建立用能权初始分配、有偿使用和交易制度，率先构建促进能源绿色消费的政策体系。积极推动优质能源替代散煤，实现全省 11 个设区市建成区禁煤区全覆盖，逐步实现全省范围内全面禁止散煤直接燃烧。积极开展绿色交通绿色建筑行动，稳步推进清洁供暖，探索风电供暖运营模式，创建地热供暖示范区，大力推广余热利用和减排一体化示范，加快在全社会形成清洁低碳用能模式。

加快科技创新能力建设，打造能源科技创新策源地。用好中央财政科技计划(专项、基金等)，开展重大能源科技创新，有效提升能源科技研发投入能力。加强重大能源科技研发基地建设，建设煤炭绿色清洁高效利用国家重点实验室、煤炭大型气化国家技术创新中心以及二氧化碳捕集利用和封存国家工程研究中心、煤矿智能化技术创新研发中心。开展煤层气基础地质研究和关键技术联合攻关，提前布局深煤层钻井工艺技术和储层改造技术研究。开展大规模储能、石墨烯、氢能等前沿技术探索，打造能源科技创新成果转化基地。

开展期现结合交易，建设全国重要能源交易市场。健全能源商品现货交易，依托现有交易场所，开展煤层气交易，探索形成市场认可的基准价格。与国内期货交易所合作，探索开展能源商品期现结合交易，丰富交易品种，逐步完善能源商品市场定价机制。发展能源金融服务，建设功能完善、公平交易、富有效率、有影响力的全国能源交易市场。

加快能源领域国有企业改革，打造一流特大型能源集团。吸引中央企业、外资企业和社会资本参与省属国有能源企业混合所有制改革。按照市场化、法治化原则，加快推进“僵尸”企业市场出清，支持企业、银行、政府各方依法合规妥善处置去产能企业债务。依托能源龙头企业推进行业兼并重组和上下游一体化经营，组建分基地、分煤种的国内领先、世界一流特大型能源集团。

推进关闭矿井再开发，开辟治理利用新途径。统筹做好关闭煤矿剩余煤炭、煤层气、矿井水、地下空间等资源保护利用。稳妥推进煤炭采空区(废弃矿井)煤层气抽采试验，有效开发利用采空区煤层气资源。探索利用煤炭开采过程中形成的地下空间及矿井水资源，建设抽水储能等设施，打造治理利用新样本。

完善能源资源综合补偿机制，建设生态友好矿区。加大采煤沉陷区、工矿废弃地等生态修复治理，建设矿区生态修复试验区，大幅度提高矿山地质环境治理率和矿区土地复垦率。按照谁修复、谁受益的原则，对主体灭失的矿区，通过依法赋予一定期限的土地使用权等方式，引导和支持社会投资主体从事矿区生态保护修复，充分激发各类主体参与生态保护修复的积极性，形成市场化、多元化生态修复投入机制。

聚合高端要素资源，建设能源革命思想交流合作平台。按照国家级、国际化、专业化方向，办好太原低碳发展论坛、中国(太原)能源产业博览会，打造能源领域国际知名思想交流和会展品牌。培育能源科技创新研发机构和高端智库。与全球能源领军企业、国外研究机构及世界银行、亚洲开发银行、国际能源署等国际组织加强交流合作。

据了解，按照省委省政府的安排部署，山西省已同步出台了《山西能源革命综合改革试点行动方案》和《山西能源革命综合改革试点2019-2020年工作任务清单》，细化提出了85项任务举措，确定了近2年内要推进20项重大改革、20项重大事项、10个方面重大技术攻关、38项重大项目，并将责任分解到位，逐一展开落实。

(《山西日报》2019年9月25日)

山西打响能源革命“减、优、绿”攻坚战

5G技术进入智慧矿山、废弃矿井变身储能电站、重载汽车试点使用氢燃料电池……昔日“煤老大”正迸发出新的蓬勃生机。

2019年5月底，中央全面深化改革委员会会议审议通过《关于在山西开展能源革命综合改革试点的意见》，山西省委省政府紧锣密鼓地推出一系列重大举措，一场以“减、优、绿”为突破口的能源革命攻坚战，在山西全面打响。

“富煤、缺油、少气”，是中国能源禀赋的一大特点。实现煤炭清洁高效开发利用，是山西转型发展绕不开的一道坎。

新中国成立70年，山西当了58年“煤老大”，有过“点亮全国一半灯”的历史贡献，也遭遇结构失衡、经济停滞、生态破坏的切肤之痛。在深入推进供给侧结构性改革、资源型经济转型的实践中，山西坚定走上能源“减、优、绿”之路。

在同煤集团首座千万吨级矿井塔山煤矿，操作人员坐在调度中心轻点鼠标，井下的采煤设备就会自动运转，源源不断地把“乌金”运到地面。不久前，这里的输煤皮带巡检工都换成了机器人。

3年关闭9座矿井，现代化千万吨级矿井增至9座……短短几年，同煤集团从欠缴社保费、步履维艰到瘦身健体、扭亏为盈，成为能源革命的一个注脚。

近3年来，山西累计化解煤炭过剩产能8841万吨，煤炭先进产能占比由36%提升至68%，一批绿色开采试点启动实施，煤矿智能化改造、废弃矿山再开发提上日程，煤基新材料、现代煤化工稳步推进，煤炭的“含金量”“含新量”“含绿量”大幅提升。

绿色、低碳、多元、高效、智能，是全球新一轮能源发展的方向。以综合改革推进新能源替代，是能源革命的“必答题”。

煤层气俗称“瓦斯”，是与煤炭伴生的非常规天然气。由于矿权设置不合理、区块投入标准低，一些企业长期守着上千平方公里的资源“圈而不探、占而不采”，导致有开发能力的企业找不到“战场”，放缓了煤层气开采步伐。

近日，国家授权山西制定煤层气勘查开采管理办法，率先试点煤层气、致密砂岩气、页岩气“三气”共采，将煤层气开发项目备案权下放山西省管理，一些长期存在的体制性障碍、机制性梗阻得以破除。

敢于碰硬和打破路径依赖，山西还为煤炭产量设立“天花板”，对煤炭消费提出总量负增长的“硬任务”，为新能源腾出发展空间。

山西煤层气地面抽采量目前占全国九成以上，风电、光伏等新能源装机占比超过30%，多轮驱动的能源结构正在形成。

面对全球能源领域重大创新日新月异、颠覆性技术不断涌现的新形势，山西审时度势，把能源行业科技创新、消费替代作为“主战场”。

在“煤都”大同，50辆氢燃料公交车今年6月底正式上线运营，制氢加氢一体站每天可生产500公斤氢气，三五分钟就能加满一台公交车，续航里程可达500公里。

通过编制能源技术革命规划和路线图，山西聚焦煤基资源高端转化、氢能、先进储能、碳捕集利用和封存等前沿技术，打造全球能源创新策源地。

昔日的煤海，今朝正变身“氢谷”。今年以来，山西多家老牌煤企“氢”装上阵，引来美国AP、法国阿海珐、德国阿斯彭斯等全球能源领军企业青睐，纷纷签署协议或开展技术合作。

2019年7月，山西遴选出首批10项关键核心技术，在北京大学、清华大学面向全球广发“英雄帖”，奥地利AVL李斯特公司、中国科学院等12家国内外顶尖科研团队成功揭榜。

一场如火如荼的能源革命正在古老的三晋大地拉开帷幕。

(新华社太原9月24日电　赵东辉　梁晓飞)

能源革命　山西勇立潮头绽放风采

8月8日，中华人民共和国第二届青年运动会在太原盛大启幕。在开幕式第三篇章，煤炭黑金逐渐淡去，满园绿色正在蓬勃生长，三晋大地一派生机盎然，充分展现了争当能源革命排头兵、奋力谱写新时代中国特色社会主义山西篇章的生动场景。向中国、向世界展示能源革命探路领跑、改革创新奋发有为的山西新形象。

作为资源型地区，山西争当能源革命排头兵的实践和探索，同样丰富、同样精彩。

省委书记骆惠宁表示，山西坚决担起党中央赋予的重大使命，在能源领域开展一场全方位、深层次、历史性的革命，迅速在多点上突破，推进能源供给革命、消费革命、技术革命、体制革命和能源对外合作取得新进展，形成争当排头兵的强劲态势，努力探索走出一条资源型地区转型发展新路。

5月29日，中央深改委第八次会议审议通过《关于在山西开展能源革命综合改革试点的意见》。6月3日，省委常委扩大会议暨中心组学习会议，深入学习领会习近平总书记关于能源革命的重要论述，并对坚决扛起开展能源革命综合改革试点主体责任作出安排。山西进一步明确了打造排头兵的任务书、路线图，全面搭建能源革命综合改革试点制度框架。全省各级各部门积极探索，勇于实践。

早在省委十一届五次全会上，山西提出了建设资源型经济转型发展示范区、打造能源革命排头兵和构建内陆地区对外开放新高地三大目标。

大同市开展2019·重大突破工程行动，要当全省能源革命尖兵。云冈区、左云县接壤的山梁上，一块块太阳能电池板在阳光的照射下熠熠生辉，一座座模块化预制舱式变电站矗立其中，将清洁能源源源不断输向远方。

大同二期、晋中寿阳、长治3个光伏发电基地列入国家批复的第三批光伏“领跑技术基地”名单，获批总数及总规模均居全国第一。

观看了开幕式的山煤集团党委书记、董事长赵建泽信心和力量倍增。他告诉记者，山煤集团围绕中央和省委打造能源革命排头兵的目标，积极构建“煤电一体化”循环产业链，加快光伏、瓦斯、风力、生物质发电项目开发建设；今年上半年实现“时间过半、任务过半”，营收290.24亿元，完成年计划的50.04%；利润8.08亿元，增幅33.43%，完成年计划的53.27%。

在吕梁、太行两大连片特困扶贫区光照资源较好的57个贫困县，我省稳步推进光伏扶贫，贫困地区老百姓享受到了能源革命的红利。

中北大学材料学院王超教授和他的团队研发出“膜电极和催化剂”，这是燃料电池的关键材料。王超团队是山西省今年重大专项“弃风电力制氢能源互联网的研究与示范”的合作方之一。今年，省科技厅5个与“氢能”有关的重大科技项目都在如火如荼地推进中。

开幕式上，浓浓绿意汇聚了迎难而上的勇气和担当。右玉县70年接续奋斗，林木绿化率从不足0.3%提升到55%，昔日不毛之地变成了塞上绿洲。绿色右玉正在深度参与能源革命，全县风电装机容量为70万千瓦，是山西最大的风电基地。

外观亮丽、空间宽敞、节能环保……如今，太原大街小巷上行驶的这种蓝白相间的纯电动出租车已经成为街头一道风景线。8200余辆纯电动出租车集体出动，标志着出租车行业整体正式迈入“电动”时代，太原市成为全国首个实现纯电动出租车的城市。

山西，正坚定担当起历史使命，以崭新的姿态，稳步行进在绿色清洁的大路上，实现从“煤老大”到全国能源革命排头兵的跨越。

（《山西日报》2019年8月11日　张临山）

山西　创新牵引产业转型

300多块钱一吨的“臭煤”，现在能卖到每吨1万多块。奇迹就发生在山西潞安集团。

“臭煤”即高硫煤，燃烧中不仅会产生大量二氧化硫带来污染，而且有很重的硫臭。山西潞安集团通过采用全球领先的气化炉，运用国际先进技术，对高硫煤进行加工，变成煤基合成Ⅲ+基础油。“经清洁高效利用，如今变身成为我们的‘太行’牌润滑油。”潞安集团副总经理马军祥自豪地给我们解谜。

“使用太行润滑油，家用轿车换油里程可以从目前的5000公里延长到20000公里。”马军祥介绍，目前国内Ⅲ+类和Ⅳ类高端合成基础油长期依赖进口。潞安煤基合成Ⅲ+基础油有望改变这一局面，缓解我国对高端润滑油日益增长的消费需求和对国外高端基础油的依赖程度，替代国外进口基础油。

煤炭资源丰富的山西，经历结构失衡、经济停滞、生态破坏的切肤之痛后，对能源革命尤为迫切和主动。2017年6月以来,山西围绕习近平总书记提出的“争当全国能源革命排头兵”的目标,在能源供应、能源消费、能源体制方面,进行了一系列的改革和创新。近两年,山西煤炭产业年均增长1.7%,而制造业年均增长9%,经济年均增速达到6.9%。

高硫煤由废变宝,在山西能源领域,这样的创新并非个案。山西阳泉煤炭资源丰富,但煤层气(瓦斯)含量普遍较高,严重威胁煤矿安全。如今,这种和煤炭伴生的“煤矿杀手”正成为清洁能源新渠道。在晋能集团阳泉上社煤业煤层气储备站,从地下开采的煤层气,经过管道输送进入发电站变成电力。发电站负责人田李军介绍,按照设计容量,这处电站每年可节约标煤10万吨,减排二氧化碳120万吨,二氧化硫1万吨。2018年,山西煤层气利用量已占到全国的90%左右,正在深入推进的煤层气勘查开采体制改革,将进一步实现煤层气、页岩气、致密气“三气”综合开发。

煤层气不仅是优质清洁能源,还能变身高端材料。太原理工大学的科研团队经过艰苦攻关,成功实现用煤层气生产出自然界最坚硬的物质——金刚石。“我们现在做一克拉金刚石最低端产品需要10立方米的煤层气,成本约30元;一克拉金刚石按最低价可卖近200元,价值涨了6倍。”项目负责人于盛旺教授说。

“能源革命、牵引转型,国内示范、全球影响”,成为山西“争当全国能源革命排头兵”的鲜明态度。今年5月,中央全面深化改革委员会第八次会议审议通过《关于在山西开展能源革命综合改革试点的意见》。山西立即着手制定了《山西能源革命综合改革试点行动方案》及今明两年任务清单。山西将努力在煤炭开采利用方式、非常规天然气勘采用、新能源可持续发展模式、电力建设运营、能源消费方式、能源科技创新、能源商品流通、能源革命相关企业发展方式八个方面的变革上以及拓展能源领域对外合作上取得突破,蹚出了一条具有山西特色的能源发展新路。山西能源革命综合改革试点,正承担着引领示范我国能源革命的新使命。

(《人民日报》2019年11月17日第1版 胡 健 周亚军)

能源革命迈出坚实步伐

雁门关外,一架架银色风车昂首矗立、绵延百里,巨大的叶片迎风旋转,将风能转变为清洁的电能送到四面八方;中条山上,一排排蓝色光伏板整齐排列,在阳光的照耀下熠熠生辉,源源不断将太阳能转化的电能送入千家万户……站在世界能源舞台的中央,聚光灯下的山西光亮异常。扎实推进能源革命综合改革试点、加大煤炭供给侧结构调整、深化电力体制改革等一个个高频热词彰显出山西争当全国能源革命排头兵的使命担当和积极作为。

今天的山西,能源革命正成为资源型经济转型的重要内容,正成为全省经济高质量发展的强劲动力。我省深入学习贯彻习近平新时代中国特色社会主义思想和习近平总书记视察山西重要讲话精神,以习近平总书记关于能源革命的重要论述为指引,在省委的坚强领导下,实施好这样一场为全国探路示范的引领性改革、破解深层次矛盾的关键性改革、贯通各领域的全局性改革,推进山西能源革命综合改革试点各项任务取得扎实成效。全省能源供给质量持续改善,能源消费结构更趋合理,能源关键技术取得突破,能源体制机制改革迈出新步伐,能源开放合作空间进一步拓展,能源革命步履铿锵,推动经济转型升级不断拓展新的局面。

加大煤炭供给侧结构调整,煤炭“减、优、绿”取得新进展。继续化解煤炭过剩产能,2019年退出产能2745万吨,其中:关闭煤矿18座,退出产能1895万吨,核减6座生产煤矿产能850万吨,超额完成国家下达化解煤炭过剩产能2000万吨任务。

持续推动新能源开发,能源产业结构逐步优化。加快晋北风电基地建设和中南部低风速资源开发,推进分散式风电开发项目建设,2019年,新投产风电16个,装机规模157万千瓦。加快光伏建设,光伏发电装机突破1000万千瓦。

加大节能降耗力度,强力推动能源消费总量和强度“双控”工程。抓好能耗总量强度“双控”,分解下达各市2019年能耗“双控”目标,完成国家对我省2018年度能耗“双控”目标责任评价考核。前三季度,全省单位GDP能耗比上年同期下降1.46%,预计能达到“十三五”目标序时进度。

依靠科技创新、技术革命引领能源发展。我省实施石墨烯储能超级电容器项目,发展出绿色环保、低能耗水系电极制备工艺。攻克循环流化床锅炉关键技术,实现了炉内超低排放,对推进低热值煤清洁燃烧、提高煤炭资源综合利用效率具有重要意义。

深化电力体制改革,电力市场化取得新突破。在全国率先开展现货市场交易试点模拟运行,开展结算试运行,推动电力现货市场建设进入实操阶段。积极扩大电力直接交易,已完成省内直接交易电量965亿千瓦时,超全年计划20.6%,市场放开度居全国前列。

拓展能源交流合作空间,助力能源经济发展。深化省省、省企合作,加强与河北、浙江省省对接,探索“晋电送冀”“晋电送浙”合作新模式。与中国三峡集团签署合作协议,加强新能源开发合作。拓展国际交流,圆满完成省委领导访问国际能源署各项准备,成功签署“合作声明”,邀请有关专员出席太原论坛,与国际能源署建立联系。与世界银行、克罗地亚能源企业等建立合作意向。

(《山西日报》2019年10月24日 张 毅)

扫黑除恶专项斗争

一、综述

2019 年山西省扫黑除恶专项斗争工作

2019 年，山西省各级各部门深入贯彻落实中央、省委决策部署，结合“深挖整治”阶段性任务，深入开展打漏见底、打财断血、打伞破网、依法惩治、重点整治、源头根治“三打三治”，取得重要阶段性成效。2019 年，全省共打掉黑恶势力团伙 516 个，其中黑社会性质组织 104 个，恶势力犯罪集团 174 个，恶势力团伙 238 个，抓获团伙成员 4568 人，破获各类刑事案件 4689 起；法院一审宣判 685 件 3989 人，二审宣判 366 件 2668 人，全省扫黑除恶专项斗争总体战果全国第五，中央扫黑办考核的 8 项指标中山西省有 5 项进入前五，8 个省直单位被评为全国先进单位、排名全国第二，在全省“深化改革、转型发展、改善民生重大举措及成果评选”中，扫黑除恶得票位列改善民生 15 个项目之首，得到了人民群众广泛好评。

一、突出破案攻坚，保持严打态势

闻喜“6·03”案主要犯罪团伙已全部审判完毕，太原任爱军案、吕梁陈鸿志案已作出一审宣判，成功打掉吕梁文水县李增虎、交城县王见刚、长治陈兆平等重大涉黑涉恶组织，抓捕涉黑涉恶在逃人员 69 人，均取得了良好社会效果。公安机关建立重大线索跨市(县)核查等 3 项制度，逐级组建法制审核专班，对线索逐一筛查复审，申请办结 23380 件，申请办结率 93%。省法院成立问题线索整改和积案清零工作组，对各类线索和积案清零问题进行综合督导，2019 年涉黑案件收结比达到 70%以上，2018 年受理的涉黑涉恶案件全部“清零”。省检察院开展“积案清零百日攻坚”，采取“一案一措施”，由省、市检察院挂牌督办、分片督办，实现积案“清零”。充分运用“12337”智能化举报平台，成立省、市、县三级扫黑办工作专班，将管理模块纳入已有线索管理平台，并与全国平台实现无缝对接，收到平台转报线索 8 批 760 条，办结率为 71.4%。积极开辟监所“第二战场”，获取涉黑涉恶线索 576 条。

二、强化打财断血，摧毁经济基础

省扫黑办出台《关于在扫黑除恶专项斗争中加强打击涉黑洗钱犯罪的指导意见》，为全国首个打击涉黑洗钱犯罪的省级规范性文件。公安机关建立行刑衔接上案机制，逐案明确涉案资产基本情况及移交要求，确保处置规范。省法院联合省扫黑办建立财产处置工作组，对案件涉及的银行账户全面梳理，确保生效案件财产坚决执行到位。检察机关把提前介入延伸到涉案财产的认定证据、甄别审查、扣押执行以及关联犯罪各方面。人民银行太原支行出台《涉黑涉恶洗钱风险监测指标》，协助公安机关查询涉黑企业、个人账户 226 个。省银保监局配合法院建立网络执行查控机制，实现了对省内 182 家法人银行业金融机构的联调上线，确保对涉案存款的查询、冻结、扣划。省税务局完成涉黑专案的涉税查处工作。

三、坚持依法办案，提升办案质效

省扫黑办建立重大案件会商机制，先后对 41 起重大个案进行了会商，建立涉黑涉恶案件拟改变定性审查备案制度，全省改变定性涉黑涉恶案件 383 起，总体案件改定率 15%，远低于全国平均水平。全省法院、检察院分别提前介入侦诉阶段涉黑涉恶案件，检察院引导侦查机关以庭审要求，依法全面收集固定证据，法院就案件证明标准、财产处置等事项与检查机关形成统一意见，确保案件依法加速推进。省

法院对涉黑案件逐案过筛,将超限审理案件全部列出,逐案分析研究,全力提升办案质效,一审、二审判决率同比上升366%、403%,综合审判质效全国排名第4位。省检察院建立涉黑涉恶案件统一把关制度,强化提前审查、提级审查、专案审查等工作措施,案件审结率全国排名第2位。省政法各单位强化统筹协调,成立由主要领导参加的庭审协调小组,严格落实“三同步”工作机制,为案件依法审理提供了良好的庭审环境。

四、坚持深挖彻查,深化“打伞破网”

全省纪检监察机关和政法机关将“打伞破网”与扫黑除恶一体推进,综合运用日常监督、巡视巡查、联点包案和逐案过筛的方式,对“保护伞”“关系网”一查到底,2019年,全省共立案查处涉黑涉恶腐败、充当“保护伞”及失职失责等问题1119件2224人,作出党纪政务处分1164人,组织处理1073人,移送司法机关104人。省委政法委与省纪委监委建立线索快速移送反馈工作机制,全年移送44批1370人涉嫌违纪违法问题线索。纪检监察机关按照“对查处黑恶势力但未见背后‘保护伞’的一律复核、未倒查党委政府主体责任和有关部门监管责任的一律复核”的“两个一律复核”要求,对黑恶案件进行逐案过筛。结合“不忘初心、牢记使命”主题教育,开展“黄赌毒和黑恶势力听之任之、失职失责,甚至包庇纵容、充当保护伞的问题”专项整治,紧盯大案要案、黄赌毒违法犯罪、重点行业乱象、“软保护”失职失责、“关系网”“保护伞”等问题,共立案查处相关问题265件。

五、加强组织建设,铲除滋生土壤

全省组织部门围绕持续整顿软弱涣散党组织、严格规范“两委”换届选举、夯实基层工作基础持续发力,筑牢防黑防恶堤坝。省委组织部出台《常态化整顿软弱涣散基层党组织工作实施办法(试行)》,形成软弱涣散村党组织整顿常态化。全省共确定软弱涣散村党组织3118个,完成整顿2920个,完成率93.6%。采取每个软弱涣散村党组织分别由1名县级领导班子成员联村、1名乡镇领导班子成员包村、1名第一书记驻村、1个县以上机关单位结对的“四个一”工作措施“一村一策”破解难题。加强与纪委监委、统战、民政、信访等部门沟通联系,定期综合研判,做实做细村“两委”干部联审,坚决把受过刑事处罚、存在“村霸”和涉黑涉恶等问题的村干部清理出去,全省共清理“问题”村干部1150人,补齐配强1059人,调整不胜任不尽职村党组织书记257人。制定《关于深化“三基建设”进一步加强基层工作的若干意见》,全面落实村(社区)党组织书记在县级党委组织部门备案管理制度,建立村(社区)干部调整县级联审常态化机制,提升基层治理水平。

六、坚持综合治理,提升监管能力

全省各级行业监管部门结合实际,充分发挥职能作用,严格落实“三书两办”工作制度,加大重点地区、行业、领域监管力度。省扫黑除恶专项斗争领导小组在全国率先出台《关于在扫黑除恶专项斗争中进一步加强重点地区行业领域综合治理的实施意见》,对违法违规占地、黑中介、“套路贷”“校园贷”等13个领域的2865个重点问题向行业监管部门发出《风险提示函》《检察建议书》《司法建议书》4569份,有效堵塞了行业监管漏洞,山西省“三书两办”经验在全国推广。各行业监管部门与公安机关建立定期研判、日常监管、联合打击等协作机制,紧盯粗放管理的传统行业、资源富集的垄断行业、藏污纳垢的娱乐行业、野蛮生长的新兴行业,先后组织开展了重点领域专项整治行动,开展能源领域扫黑除恶专项斗争,聚焦能源领域10类重点目标,打掉涉黑涉恶团伙68个,为重大改革、重大项目落地营造良好政治生态和社会环境。

(省委政法委　成　伟)

二、全力推进扫黑除恶专项斗争深入开展

公安部向全国推广山西省扫黑除恶专项斗争经验

1月16日,省公安厅传来消息,近日,公安部发出通知,对山西公安机关扫黑除恶专项斗争予以肯定,要求全国公安机关学习借鉴山西经验做法,全力推进扫黑除恶专项斗争深入开展。

据省公安厅相关负责人介绍,省委、省政府坚决贯彻习近平总书记重要指示精神和党中央决策部署,抓住中央督导契机,深入推进,持续攻坚,全面形成扫黑除恶压倒性态势。全省公安机关把扫黑除恶专项斗争作为一项重大政治任务,雷霆出击、强势开局,精准聚焦、纵深打击,不断掀起斗争高潮,全省社会治安不断向好。公安部为此发出通知表扬,并将山西省扫黑除恶专项斗争经验向全国推广。

自扫黑除恶专项斗争开展以来,全省公安机关坚持把专项斗争作为领导干部政治担当的重要检验,提高政治站位,压实各级责任;坚持把专项斗争作为衡量公安实战能力的重要标准,坚决深挖彻查,纵深打击;坚持把专项斗争作为检验公安执行力的重要标准,全力推进中央交办案件和线索核查;坚持把专项斗争作为提升新时期公安专门工作与群众路线相结合的重要载体,深入宣传发动,广泛动员;坚持把专项

斗争作为反腐斗争的重要延伸，严格落实“一案双查”，毫不手软“打伞”；坚持把专项斗争作为巩固党执政根基的重要举措，聚焦农村地区，推进全面从严治党向基层延伸；坚持把专项斗争作为优化发展环境重要契机，努力维护公平经济秩序、促进经济持续稳步向好；坚持把专项斗争作为厉行法治的重要抓手，努力提升法治理念、营造法治氛围；坚持把专项斗争作为解决文物犯罪多发的重要切入点，重拳出击、综合整治；坚持把专项斗争作为锤炼公安队伍的重要战场，弘扬正气，表彰先进，清除“害群之马”。

省公安厅负责人表示，全省公安机关将继续重拳打击涉黑涉恶违法犯罪，通过全警和全社会的不懈努力，使黑恶势力违法犯罪特别是农村涉黑涉恶问题得到根本遏制，使重点行业、重点领域和治安乱点得到全面整治；使黑恶势力“关系网”“保护伞”得到坚决铲除；使涉黑涉恶违法犯罪防范打击长效机制更加健全；使各级公安机关扫黑除恶工作的法治化、规范化、专业化水平进一步提高。

（《山西日报》2019 年 1 月 18 日　李　炼）

全省扫黑除恶专项斗争督导工作动员会

3 月 25 日，全省扫黑除恶专项斗争督导工作会议在太原市召开，省委决定派出 5 个由正厅级领导担任组长的督导组，对各市、有关部门开展扫黑除恶专项斗争进行专项督导。

扫黑除恶专项斗争开展以来，全省上下深入贯彻中央和省委决策部署，科学谋划、精心组织，全力以赴、攻坚克难，对黑恶势力掀起了强大攻势，取得了明显的阶段性成效，总体战果位列全国第一方阵。会议指出，此次督导工作，既是落实中央督导整改要求的具体行动，也是深入推进全省扫黑除恶专项斗争的有力抓手，事关突出问题能否得到有效整改，事关专项斗争能否掀起新一轮高潮，事关我省能否向党中央交一份满意的答卷，各地各部门要高度重视，认真完成督导任务，确保达到预期效果。

本次督导要坚持以问题为导向，突出今年阶段性要求，按照《工作要点》和《分工方案》以及中央督导整改清单，有步骤、分层次地开展督导，推动我省专项斗争向纵深发展，做到“六个紧盯”：一要紧盯责任落实情况，了解掌握各地、各有关部门落实政治责任情况；二要紧盯中央督导反馈意见的整改落实情况，将中央扫黑除恶第 2 督导组向我省交办的 58 个整改清单和 18 个问责清单的整改情况作为督导重点，见人、见事、见物，并适时跟踪督办；三要紧盯依法严惩情况，对战果不明显的地方和部门、打击力度层层递减的问题和人为拔高凑数的问题开展重点督导；四要紧盯反腐打伞情况，围绕线索和查办案件查找原因，分析问题，督促整改；五要紧盯综合治理情况，重点督导排查线索薄弱的部门开展重点整治情况；六要紧盯基层组织建设情况，深入了解农村是否仍存在“村霸”等黑恶势力，存在党员干部涉黑涉恶，存在村级管理混乱、矛盾纠纷突出等问题。

（《山西日报》2019 年 3 月 29 日　陈俊琦）

中央扫黑除恶督导“回头看”工作汇报会

按照全国扫黑除恶专项斗争领导小组统一部署，5 月 14 至 19 日，中央扫黑除恶第 11 督导组进驻我省开展“回头看”。5 月 14 日下午，中央扫黑除恶督导“回头看”工作汇报会在太原召开。督导组组长李智勇向山西省委省政府传达了中央扫黑除恶督导“回头看”总体要求和本次“回头看”有关安排。省委书记骆惠宁作了讲话，省委副书记、省长楼阳生主持会议。

李智勇充分肯定了我省扫黑除恶专项斗争和督导问题整改取得的成效，就开展好“回头看”提出了明确要求。李智勇指出，中央对第一轮督导的省市开展“回头看”，表明了中央深入推进专项斗争的坚定决心。要深入领会习近平总书记关于开展扫黑除恶专项斗争和督导工作的重要指示精神，深刻认识“回头看”作为督导工作重要环节的重要意义，切实增强政治责任感、历史使命感和工作紧迫感，把这项工作抓紧抓好抓出成效。这次“回头看”主要任务聚焦三个重点：一是聚焦当地党委政府对专项斗争是否存在“过关”思想，督导反馈问题是否整改落实到位，专项斗争是否取得新突破，群众满意度是否取得新提升。二是聚焦案件法律适用是否准确，“打伞破网”“打财断血”以及“一案一整治”等是否落实到位。三是聚焦监管部门是否履职到位，是否建立健全长效工作机制，是否有效铲除黑恶势力滋生土壤。山西省要进一步提高政治站位，把思想和行动统一到党中央决策部署上来，自觉接受“回头看”，增强问题意识，压实政治责任，强化斗争精神，聚焦重点，突破难点，不断巩固扫黑除恶成果，全面夺取专项斗争新的胜利。

骆惠宁表示，这次中央督导“回头看”，是对我省推进扫黑除恶专项斗争的又一次集中检验和重要指导，充分体现了以习近平同志为核心的党中央对扫黑除恶专项斗争的高度重视。扫黑除恶专项斗争开展以来，山西省委省政府坚决扛起主体责任，整体谋划、奋力攻坚，狠抓中央督导反馈问题整改工作,不断取得新的阶段性成效。我们要以这次中央督导“回头看”为重要契机,坚决扛起政治责任,把握斗争方向、把握法律政策、把握工作大局,保持清醒头脑、保持斗争精神、保持高压态势,围绕三年为期目标,突出今年阶段性要求,在深化打击、深挖幕后、依法严惩、综合整治、源头治理上下功夫。要进一步加强领导,以有力的工作、有效的机制,积极配合督导组,共同完成好“回头看”任务,确保中央督导及“回头看”反馈问题全部整改到位,持之以恒打好扫黑除恶整体仗、攻坚仗,不夺全胜决不收兵。

汇报会上,省委常委、政法委书记、省扫黑除恶专项斗争领导小组组长商黎光汇报全省扫黑除恶专项斗争整改情况,副省长、省公安厅厅长刘新云汇报重点案件办理情况。

中央扫黑除恶第11督导组成员,省领导廉毅敏、胡玉亭、曲孝丽,省法院院长孙洪山,省检察院检察长杨景海,省扫黑除恶专项斗争领导小组成员单位主要负责同志参加会议。

(《山西日报》2019年5月15日　尚慧辉)

中央扫黑除恶督导“回头看”反馈会

5月19日上午,中央扫黑除恶督导“回头看”反馈会在太原召开,第11督导组组长李智勇反馈督导“回头看”情况。督导组充分肯定山西督导整改工作认识到位、行动迅速、措施得力、成效显著,督导“后半篇文章”做得是好的,并针对存在问题和不足提出意见建议。当日下午,省委书记骆惠宁主持召开省委常委会议,研究我省贯彻落实意见。会议强调,要深入贯彻落实习近平总书记关于开展扫黑除恶专项斗争的重要批示指示精神,把握斗争方向、把握法律政策、把握工作大局,着力解决突出问题,推动专项斗争不断向纵深发展。

督导“回头看”期间,督导组听取了我省工作汇报,并下沉对重点行业、重点案件、重点线索进行督导。李智勇在反馈会上指出,山西省委、省政府高度重视督导整改工作,坚持高位推动,层层压实责任,持续跟踪落实,通过“十个进一步”“十个不断强化”和“三打三治”等系列举措,认真开展督导反馈问题整改。整改工作开展以来,打掉黑社会性质组织恶势力团伙数、查扣涉案资产数、惩腐打伞追责案件数、行业监管部门排查线索数等全面上升。特别是针对文物犯罪猖獗这一突出问题,组织开展专项行动,取得重大战果,推动扫黑除恶专项斗争取得了新突破。李智勇强调,下一步山西要针对督导反馈中发现的问题和不足,抓好整改工作的后续部分。特别是要按照“稳、准、狠、实、合”的要求,聚焦政治站位,在强化思想认识、提振斗争士气上持续发力;聚焦依法严惩,在防止“拔高”“降格”、提升办案质效上持续发力;聚焦斗争重点,在推动“打伞破网”“打财断血”上持续发力;聚焦综合治理,在强化行业监管、整治行业乱点上持续发力;聚焦基层基础,在建强基层组织、推动基层治理上持续发力;聚焦督导整改,在不断巩固提升、深化专项斗争上持续发力,向党和人民交上一份满意答卷。

省委常委会听取了省扫黑除恶专项斗争领导小组关于我省落实措施的汇报。会议指出,全省各级各部门要站在政治高度,扛起主体责任,加强组织领导,在“稳、准、狠、实、合”上下功夫,以“钉钉子”精神,扎实做好“回头看”反馈意见落实工作。要始终保持强劲态势,以“打伞破网”“打财断血”为主攻方向,强力推进依法打击。要切实提升办案质效,准确运用法律政策,确保专项斗争健康顺利推进。要围绕三年为期目标,把握总体态势,强化工作统筹,夯实基层基础,推进综合整治,夺取扫黑除恶专项斗争全面胜利。

中央扫黑除恶第11督导组成员,省委常委、政法委书记、省扫黑除恶专项斗争领导小组组长商黎光,副省长、省公安厅厅长刘新云,省法院院长孙洪山及省有关部门负责人参加反馈会议。

(《山西日报》2019年5月20日)

省高院出台《指导意见》从严惩处黑恶势力及其“保护伞”

省高级人民法院出台《关于推进扫黑除恶专项斗争向全面纵深发展的指导意见》(以下简称《指导意见》),要求全省法院全面贯彻落实习近平总书记在中央政法工作会议上的重要讲话精神和山西省委有关部署,依法从严惩处黑恶势力及其“保护伞”,扎实推进扫黑除恶专项斗争向全面纵深发展。

《指导意见》强调,全省法院要充分认识专项斗争进入攻坚期、大量案件进入审判阶段后专项斗争工作的紧迫性和艰巨性,把握好涉黑涉恶案件审判的“时度效”,将推进专项斗争的深入开展作为全省法院年度重点工作抓紧抓实。要紧扣“深挖根治”阶段性目标要求,紧盯重大涉黑涉恶案件审理,坚持打财断血、摧毁基础,坚持打伞破网、深挖幕后,充分发挥审判职能作用,推动专项斗争不断取得实效。

《指导意见》指出,全省法院在专项斗争中要力度不减、责任不松、声势不降,做到“九个进一步”。进一步提高政治站位,层层压实责任;进一步发挥审判职能,依法准确运用法律政策;进一步完善工作机制,切实推进专项斗争平稳运行;进一步向深挖彻查延伸,坚决铲除“保护伞”“关系网”;进一步加大打财断血力度，彻底铲除黑恶势力经济基础；进一步开展调研分析，提升专项斗争的专业化、法治化水平；进一步参与综合治理，提升社会治理参与度；进一步加大宣传力度，增强人民群众同黑恶势力作斗争的信心；进一步加强队伍建设，以过硬作风和本领深入推进扫黑除恶各项工作。

（《山西日报》2019 年 7 月 26 日　闫书敏）

楼阳生在省公安厅调研政法工作时强调
打击一切违法犯罪　荡涤一切污泥浊水
为高质量转型发展创造良好法治环境社会环境服务环境

12 月 5 日，省委书记楼阳生到省公安厅调研，召开政法系统工作汇报会。他强调，要深入学习贯彻党的十九届四中全会精神特别是习近平总书记重要讲话精神，贯彻落实总体国家安全观，推动全省各级更好地履行维护安全稳定政治责任，严厉打击一切违法犯罪，荡涤一切污泥浊水，为全省高质量转型发展创造良好的法治环境、社会环境、服务环境。省领导廉毅敏、商黎光、刘新云、孙洪山、杨景海参加调研。

这次调研，时间选在第六个国家宪法日刚过，旨在表明一个态度，就是省委对坚决打击违法犯罪、坚定维护社会稳定的鲜明态度；旨在倡导一种精神，就是大力弘扬宪法精神、法治精神，引领全社会增强对宪法的尊崇和信仰，认真贯彻党中央关于依宪治国、依宪执政的各方面要求；旨在传递一份关心，表达对全省政法系统和广大政法干警的肯定、慰问和支持。

近年来，省公安厅大力实施大数据战略，目前已建成 14 个业务平台，还有 9 个业务平台可在年底建成，“数据警务、智慧公安”得到了有力支撑。在省公安厅指挥中心，楼阳生现场观看了情报指挥一体化实战平台、打防网络电信诈骗犯罪平台、经济金融风险监测预警处置平台、政务服务“一网通办”平台等 9 个业务平台运行演示，不时询问有关情况，对加强平台应用、建立健全穿透式监管机制、依法防范化解各类重大风险、更好服务人民群众等提出要求。

随后，楼阳生听取全省政法工作总体情况和有关工作汇报。他对这几年全省政法工作给予充分肯定，就深入学习贯彻党的十九届四中全会精神、推动全省政法工作在新的起点上取得更大成绩提出八个方面要求。一是坚持全面依法治国基本方略，确保四中全会精神在政法领域得到全面贯彻。要深刻领会、全面把握、认真落实全会精神，着眼推进治理体系和治理能力现代化，深入思考治晋兴晋、保障人民群众生命财产安全等重大问题，尤其是总结运用好我省在系统治理、依法治理、综合治理、源头治理上的经验做法，不断提升政法领域治理体系和治理能力现代化水平。二是坚持以扫黑除恶专项斗争为牵引，严厉打击各种违法犯罪。坚决贯彻党中央为期三年的扫黑除恶专项斗争安排部署，进一步强化斗争精神、增强斗争本领，做到除恶务尽、打伞挖根，确保取得完胜。对各种影响群众安全感的违法犯罪特别是八类严重暴力犯罪，要坚持露头就打，保持高压震慑。三是坚持以一域之稳定维护大局之稳定，坚决筑牢维护首都安全稳定的“护城河”。认真履行维护首都安全的政治责任，把环京“护城河”建成一道一切危险因素不可逾越的“铜墙铁壁”，打造犯罪分子一触就擒的“恢恢法网”。四是坚持“打、防、管、控、挖”一体推进，着力完善社会治安防控体系。要打头目、打七寸、打顶风作案，防暴恐、防个人极端案件、防群体性事件、防各种渗透破坏颠覆分裂活动，管住社会面、管住重点人、管好要害地，强化应急处突能力建设，真正把防控体系织密扎牢，及时有效精准地打击各种违法犯罪。五是坚持以人民为中心的发展思想，进一步推动信访秩序持续好转。要在法治轨道上推进和解决信访问题，对合法权益要依法保护，对合理诉求要妥善解决，对不符合政策的要耐心解释，对无理诉求不能搞花钱买“平安”，推动形成依法、理性、平和表达诉求的正确导向，从根本上实现控新治旧目标。六是坚持共建共治共享，不断提升社会治理现代化水平。全面落实全国市域社会治理现代化工作会议精神，坚持和发展新时代“枫桥经验”，强化基层治理、区域治理、单位治理、系统治理、行业治理，切实把矛盾纠纷、风险隐患、突出问题化解在基层。建立健全网络综合治理体系，依法加强网络空间治理，营造清朗网络空间。七是坚持铁血铸魂、铁纪管警、铁案立信，打造一支忠诚于党、忠诚于人民、忠诚于法律的政法铁军。八是坚持党对政法工作的绝对领导，切实履行好维护安全稳定的政治责任。各级党委要认真贯彻落实《中国共产党政法工作条例》，切实加强对政法工作的领导、支持和保障，履行好管方向、管政策、管原则、管干部的工作职责。各级党委政法委要充分发挥领导作用，强化统筹协调，确保党中央及省委的重大决策部署在政法领域有效贯彻落实。

（《山西日报》2019 年 12 月 6 日　陈俊琦）

扫黑除恶　公安部提“山西经验”

2018年,山西警方强力推进全省扫黑除恶专项斗争,共打掉黑恶势力团伙1007个,其中,黑社会性质组织70个、恶势力犯罪集团275个,破获各类刑事案件7555起,抓获犯罪嫌疑人8349人,查扣涉案资产117亿元。2018年8月,公安部在山西召开全国公安机关扫黑除恶专项斗争推进会,总结推广山西经验做法。2019年1月9日,公安部要求全国公安机关认真学习借鉴山西经验做法。

2019年,为了确保山西百姓的一方平安,确保山西扫黑除恶斗争战绩继续位列全国第一方阵,山西警方提出了线索“清零”、案件“清零”、逃犯“清零”、涉案资产“清零”、保护伞关系网“清零”的打击目标和任务。针对2018年尚未办结的涉黑涉恶案件线索,警方一律组建专班,责任到人,确保在规定的时间内全部办结,确保五项“清零”全部实现。对2018年侦办的涉黑组织案件,进行一次彻底的“大起底”,严格按照“一案三查”和“一制度两台账”要求,深挖幕后“关系网”“保护伞”,坚决依法彻底查清、查透黑恶势力财产状况,依法清查、追缴涉黑涉恶犯罪分子全部非法所得,坚决揪出黑恶势力背后的“保护伞”,坚决揭开盘根错节、危害当地的黑恶“关系网”。

此外,山西警方还将斗争锋芒对准农村、矿产、文物、建筑、金融、交通等重点领域黑恶势力;对准“高利贷”“套路贷”“校园贷”等以软暴力方式打“擦边球”的黑恶势力;对准网上敲诈、网上煽动、网上勾连以及收取网上“保护费”、虚假诉讼敲诈等新型涉黑涉恶犯罪,通过强化专案侦办,一波一波形成波次打击,坚决严打涉黑涉恶犯罪。

据统计,经过山西警方在扫黑除恶10个方面35项工作的不懈努力,山西全省刑事发案同比下降9.1%,“两抢一盗”案件下降24.5%,“黄赌毒”“食药环”犯罪得到有效遏制。

(摘编自《山西晚报》2019年12月24日)

文 旅 融 合

一、综述

2019年山西省文旅融合发展工作

2019年，省文化和旅游厅按照“宜融则融，能融尽融”的原则，发挥黄河、长城、太行三大品牌的引领带动作用，积极探索“游山西就是读历史”的文旅融合特色路径。

一、聚焦文旅融合，形成高位带动

积极探索实践。推动文化和旅游各领域、全方位、全链条深度融合，如期完成人员转隶、编制“三定”和人事调整等各项任务。配合省委宣传部成功举办第四届文博会，文旅融合专区和“黄河文化”文旅融合发展高峰论坛成为热点亮点。启动文旅产业融合示范区创建工作。参与实施省文旅援疆“十大行动”暨“五个百”系列活动，受到文旅部、省援疆前方指挥部高度评价。促进文旅业态融合，推动“非遗＋旅游”和“演艺＋旅游”，建立景区非遗传习点12家，在景区开展非遗展示活动300余场，完成演艺进景区7000余场，晋城市大型实景剧《古堡！古堡！》被评为2019年度国家旅游优质文化旅游节目。

坚定文化自信。成功举办第二届山西艺术节，5000多名艺术工作者在20天内集中奉献了103场演出，10个主题展览，全面展现了新时代我省各艺术门类百花竞放、共同繁荣的生动景象。“免费送戏下乡一万场”民生实事超额完成年度任务，完成演出16628场。以“鼓舞山河”为主题的“奋进山西”国庆彩车，圆满完成国庆70周年群众游行和展出任务，展示出我省开创美好未来的奋进姿态，荣获“华美奖”。围绕国庆70周年开展优秀舞台艺术作品展演及全省群众文化系列活动，惠及群众2000余万人。保护传承弘扬黄河文化，启动《山西省黄河文化保护传承弘扬专项规划》编制工作，临汾市编制《临汾黄河板块旅游发展总体规划（2020—2030）》。

发展乡村旅游。成功举办第五次旅发大会和全省乡村旅游示范村命名暨推进大会，楼阳生书记均亲自出席并作重要讲话。确定了全省首批100个3A级乡村旅游示范村，发布了乡村旅游示范村等级划分与评价标准、乡村旅游示范村创建评定管理办法，明晰了走出富有山西特色的乡村旅游发展路径。联合农行山西分行制定实施《金融机构支持旅游扶贫示范村建设方案》，全面铺开300个乡村旅游扶贫示范村建设。在山西电视台、山西日报开辟了《乡约之旅》电视栏目和《美丽乡村欢迎您》专栏，认定全省首批175个黄河人家、长城人家、太行人家，“三个人家”成为我省独有的旅游品牌。

强化质量提升。围绕服务质量提升，在全系统组织开展大调研活动，形成3万余字的调研报告，提请省政府印发了《山西省全面提升旅游服务质量和水平实施意见》，提出6大行动，20条具体措施，为提升全省旅游服务质量和水平提供政策支撑。紧扣“安顺诚特需愉”六字要诀，制定《山西省旅游标准体系（报批稿）》，出台14项文化旅游地方标准，《乡村旅游示范村等级划分与评价》被全国旅游标准化技术委员会遴选为优秀地方旅游标准。

推动改革创新。全力落实综改任务，我省被文旅部确定为全国第八家省级国家全域旅游示范区创建单位；洪洞县、阳城县和平遥县入选首批国家全域旅游示范区。推动右玉、左权、太原西山等省级生态文化旅游示范区试点先行，陵川、方山、平顺3县获批成为省级生态文化旅游示范区。文化体制改革不断深化，完成山西剧院法人治理结构改革，成立山西剧院有限责任公司；完成工艺美术行业归口管理工作，召开全省工艺美术行业大会，进一步理顺了体制，明确了方向，促进全省工艺美术传承创新。持续推进景区体制机制改革，对2019年新晋升的7家国家4A级景区给予专项奖励，推动

云丘山景区进入国家5A级景区创建预备名单,太行山大峡谷八泉峡景区晋升为国家5A级景区。

二、"六大重点"融合,实现全面突破

项目建设不断加强。大力培育市场主体,2019年重点推进文旅建设项目175个,纳入省政府重点工程调度的62个,年底完成投资124.33亿元。加大招商引资力度,创优投资开发、项目建设服务机制,联合深圳文交所举办"文旅产业专项债券及投资基金融资对接交流活动",与农行山西分行签署战略合作协议,未来3年内提供100亿元意向性信用额度,助力山西文旅高质量发展。推动壶口瀑布、娘子关、蟒河、忻州秀容古城等景区进入公司化、市场化运营新阶段。举办第五届中国(山西)国际房车露营博览会和首届山西省文化旅游创意产品设计大赛,引领文旅产品专业化、高端化开发,在第十一届中国国际旅游商品博览会和2019年中国旅游商品大赛上,我省典范文创大红灯笼组合茶杯、晋艺坊·智慧铁壶荣获大赛铜奖。

艺术创作更加繁荣。新创作的舞蹈史诗《黄河》、话剧《为我先锋》、京剧《文明太后》等多部作品反响热烈。2019年我省共获国家艺术基金资助4340万元,居全国第二。舞剧《吕梁英雄传》入选第十五届精神文明建设"五个一工程"优秀作品奖,鼓乐《保卫娘子关》荣获第十八届"群星奖",上党梆子《太行娘亲》荣获第十六届文华大奖提名,主演陈素琴获文华表演奖。民族歌剧《三把锁》入选"中国民族歌剧传承发展工程"重点扶持剧目,晋剧《起风街》入选国家舞台艺术精品重点创作剧目,中国戏曲小梅花我省增至203朵。

非遗保护实现突破。大力推进晋中文化生态保护实验区工作。推动非遗代表性传承人队伍不断壮大,全省省级传承人达1109名,我省中医传统制剂方法龟龄集传统制作技艺入选全国50佳优秀保护实践案例。稳步推进"乡村文化记忆工程",长治出版《上党记忆:长治市非物质文化遗产保护名录》。召开"山西三宝"技艺研究及品牌塑造座谈会,深入研究探讨山西工艺美术发展之路。支持传统工艺工作站建设,实施中国非遗传承人群研培计划,全面提升传承人群综合素质。举办2019山西非遗春晚·元宵晚会,组织"文化和自然遗产日"系列活动,开展"非遗里的四季"研学活动。

公共服务不断完善。全省完成基本公共文化服务标准化建设任务128个,县级文化馆总分馆制建设完成93个,县级图书馆总分馆制建设完成90个,基层综合性文化服务中心建成17720个,各项指标均达总任务数的84%以上。我省万人拥有公共图书馆、群众文化设施面积等两项指标均居中部六省第一位。晋中市成为第三批国家公共文化服务体系建设示范区。公共文化数字建设取得新进展,全省建成信息资源共享中心省级分中心1个,市级支中心6个,县级支中心117个,电子阅览室2199个,数字文化馆服务平台向全部市县开放。省图书馆和5个市级图书馆列入国家数字图书馆推广试点工程。旅游景区(点)道路交通标识等基础设施更加完善,推广"码"上旅行,强化惠民政策落实,太原旅游"一卡通"全年发售近万张。制定《山西省旅游公共服务规划》,深入开展乡镇文化站专项治理、"旅游厕所五整改三提升"专项整治和旅游"厕所革命",全年完工旅游厕所1077座,公共服务能力和水平大幅提升。

市场秩序有力规范。推进"互联网+监管",持续推广全国文化市场技术监管与服务平台、全国旅游监管服务平台应用,提升监管能力。加强信用体系建设,开展文旅市场专项整治,全面开展"四季"行动和"七大工程",责令经营单位停业整顿37家次,吊销营业执照2家。深刻汲取乔家大院被摘牌教训,集中开展A级景区专项整治工作,持续实施服务质量和环境质量双提升行动,重点对全省5A、4A景区集中复核检查,对各市部分3A级景区进行抽查,对吕梁市孝义市三皇庙、运城市盐湖区舜帝陵2家4A级旅游景区给予取消质量等级处理,对6家4A级景区、2家3A级景区给予警告处理,限期整改。深入开展"扫黄打非"和"扫黑除恶"专项斗争,移交涉黑涉恶线索及排除乱点总数94个,涉及133人,45个场所。

文旅品牌影响扩大。整合优势资源,立足"串珠成线"、打包呈现,推出八大类103条精品旅游线路,发布6条红色旅游线路。强化宣传营销,在全媒体进行山西文旅主题形象宣传,开通文旅厅官方抖音号和今日头条号,依托三大电信运营商向省外入晋游客发送欢迎短信,举办山西文化旅游中国年、东北地区"山西主题旅游年"和广州、深圳站等宣传活动。扩大海外知名度,组派境外文旅交流合作团组31批次300余人次,赴20余个国家和澳门、台湾地区开展交流推介活动。注重引客入晋,举办世园会山西文旅精准营销推介会、国际旅行商推介会、海峡两岸神农炎帝系列活动等,大同市成功举办成龙国际电影周和中国世界遗产旅游推广联盟大会,精准吸引国外和港澳台游客入境山西、做客山西。

(省文化和旅游厅 张凤鹃)

二、文件

山西省人民政府办公厅《关于全面提升旅游服务质量和水平的实施意见》

(2019年11月29日)

一、总体要求

以习近平新时代中国特色社会主义思想为指导,全面贯彻党的十九大和十九届二中、三中、四中全会精神,深入贯彻习近平总书记视察山西重要讲话精神,坚持新发展理念和高质量发展要求,着力解决旅游产品业态单一、配套设施不完善、市场主体活力不足、服务管理薄弱、发展环境不优等突出问题,全面提升游客的便利舒适度、体验满意度和品牌认同度,加快实现由旅游资源大省向旅游经济强省的转型跨越。

到2022年,我省旅游产业发展环境、市场环境、消费环境进一步优化,“安、顺、诚、特、需、愉”六字要诀全面落实,游客满意度得到显著提升,文化旅游服务成为山西服务的重要代表。

二、主要行动

(一)实施龙头景区带动行动

1. 打造高品质核心吸引力。坚持以景区牵引带动,以五台山、云冈石窟、平遥古城等龙头性景区为重点,加大对旅游景区公共服务设施的资金投入,推动景区设施设备更新换代、产品创新和项目升级。加大对管理服务人员的培训力度。对标国际国内一流景区,高标准配套完善游客中心、停车场、内部交通、旅游厕所、标识标牌等基础服务设施,大力提升精细化管理水平和优质服务能力,持续优化景区周边环境,打造标杆性服务景区,充分发挥其示范引领作用。(省文旅厅和各市县政府牵头,省宗教事务局、省文物局、省林草局配合)

2. 加大高等级景区创建力度。立足我省优质文化旅游资源,积极开展资源评估,深入挖掘文化内涵。以《旅游景区等级的划分与评定》(GB/T17775-2003)标准为导向,合理调整景区布局,优化游览线路和方式,扩展游览空间,全面提升环境质量、景观质量、服务质量以及游客满意度,打造一批高等级旅游景区、重点线路和特色旅游目的地。严格执行A级景区退出机制,对不符合标准的景区进行降级或摘牌处理,倒逼A级景区提档升级。(省文旅厅牵头,省财政厅和各市县政府配合)

3. 提升景区服务管理水平。推动景区强化市场主体意识,建立健全现代管理体系。坚持软硬并重,逐步完善“食住行游购娱”等配套服务设施和功能。推进“互联网+旅游”,强化智慧景区建设,实现实时监测、科学引导、智慧服务。全面提升从业人员专业化服务能力,建立健全医疗保障、紧急疏散、应急救援等安全保障体系,实现经营合法化、管理规范化、服务标准化、从业专业化。推广景区门票预约制度,合理确定并严格执行最高日接待游客规模。到2022年,所有5A级和热点4A级景区全面实行门票预约制度,引导游客错峰出行,提升旅游体验度。(省文旅厅和各市县政府牵头,省卫健委、省商务厅、省工信厅、省应急厅配合)

(二)实施产品业态创新行动

4. 创新发展旅游产品业态。以文旅融合为基本路径,推动表演艺术、非物质文化遗产进景区,增强文化旅游产品的体验感、参与感、获得感。促进文化、旅游与现代技术融合,发展基于5G、超高清、增强现实、虚拟现实、人工智能等新一代技术的沉浸体验型文化和旅游消费内容。推动文化旅游业与其他行业融合发展,大力发展体育旅游、工业旅游、红色旅游、研学旅游、自然生态旅游、森林旅游、节庆会展旅游等新型旅游业态。按照资源相连、主题相关、文化相近原则,创新体制机制,打破区域界线,整合优势资源,培育跨区域、跨行业、跨业态的复合型产品线路,打造高品质文旅“产品包”“景区群”“线路套餐”以及“多业态旅游综合体”。鼓励有条件的景区在保证安全、避免扰民的前提下开展夜间游览服务,发展夜间游览经济。(省文旅厅和各市县政府牵头,省农业农村厅、省教育厅、省林草局、省体育局、省文物局配合)

5. 大力发展乡村旅游和康养旅游。依托绿水青山、自然景观、古镇古村、民俗风情、农耕文化等特色资源,大力发展文物古建型、民宿客栈型、文化遗产型、名人典故型、红色文化型、名吃特产型、生态康养型、农俗体验型、研学科考型等乡村旅游,着力打造100个乡村旅游示范村和300个旅游扶贫示范村。充分发挥我省清凉避暑、森林温泉、中医药传统等资源优势,开发多层次、差异化康养产品,打造“夏养山西”康养品牌。(各市县政府牵头,省文旅厅、省农业农村厅等配合)

6. 丰富文化旅游产品有效供给。鼓励打造中小型、主题性、特色类的文化旅游演艺产品。促进演艺、娱乐、动漫、创意设计、工艺美术等产业创新发展,引导文化和旅游场所增加参与式、体验式、互动式旅游消费项目。充分利用我省特色旅游资源和非物质文化遗产大省优势,发挥非物质文化遗产传承人、工艺美术大师等领军人才作用,加大对文创企业创新创意支持力度,拓宽文创产品展示和销售渠道。通过开展文创产品设计征集活动、举办文创产品大赛等,推出一批代表山西特色、有品位、有内涵、有市场、有影响力的文创旅游商品。(省文旅厅、省商务厅牵头,省财政厅、省文物局和各市县政府配合)

(三)实施公共服务提升行动。

7. 构建便捷旅游交通网络。加快打通黄河、长城、太行三大板块旅游大通道,建成一批体现山西特色的精品旅游公路风景线。

依托重点景区、风景廊道、重要交通节点,建设一批自驾车旅居车营地和交通驿站。重点旅游城市开通火车站、高铁站、长途汽车站、飞机场到周边景区的公交线路,提供便捷的租车服务。4A级以上景区根据实际情况开通城市公交、景区直通车等服务,形成"站景通、城景通、景景通"的便捷旅游交通格局。(省交通厅和各市县政府牵头,省文旅厅配合)

8. 优化旅游交通服务管理。将旅游景区(点)标识标牌纳入全省道路交通标识范围。在车站、机场、高速出入口合理设置旅游客运车辆专用通道和停靠点。对旅游大巴未影响通行的轻微违法行为,依法处理后及时放行,避免游客滞留。(省交通厅和各市县政府牵头,省文旅厅配合)

9. 推进智慧文化旅游全覆盖。健全省市县三级联动的智慧文化旅游监管平台和综合服务平台,完善一部手机"游山西APP"功能,提高文化和旅游消费场所银行卡使用便捷度,大力推广互联网新兴支付方式。引导景区景点、演出、文化娱乐等场所广泛应用互联网售票、二维码验票、智能停车场等智能化便捷服务。不断提高文化和旅游消费场所宽带移动通信网络覆盖水平。到2022年,实现全省文化和旅游消费场所都能支持银行卡或移动支付,互联网售票和4G/5G网络覆盖率超过90%,文化和旅游智慧化管理和服务水平明显提高。(省文旅厅、省文旅集团牵头,省工信厅和各市县政府配合)

10. 着力推进旅游"厕所革命"。全面完成国家及我省旅游厕所建设任务,着力提升旅游厕所管理服务水平。所有厕所具备水冲、盥洗、通风设备并定期维护,或使用免水冲生态厕所。厕所设专人服务,洁具洁净、无污垢、无堵塞,厕所室内整洁、干燥、无异味,装饰具有文化气息。将旅游厕所建设管理评价纳入旅游景区、旅游度假区、特色旅游目的地创建和评定指标体系,实现"数量充足、分布合理、管理有效、服务到位、卫生环保、如厕文明"的目标要求。(省文旅厅牵头,各市县政府落实,省财政厅、省农业农村厅等配合)

(四)实施服务要素优化行动

11. 强化对旅行社和导游人员的服务监管。针对大众旅游、自驾游、自助游、定制旅游等新需求新变化,指导旅行社积极开发适应市场需求的新产品、新业态,创新经营管理机制,提升精准营销水平,增强自我发展能力,拓展引客入晋市场。落实导游执业保障和激励机制,培育导游职业荣誉感,引导导游人员不断提升导游服务水平。加强对旅行社经营行为和导游执业行为的监管,严格落实旅行社和导游人员退出机制,持续提升旅行社经营行为和导游服务能力。(省文旅厅牵头)

12. 做强做优旅游住宿业。各市和重点旅游县要围绕旅游观光、休闲度假、康体养生、商务会展等旅游业态,大力发展一批特色鲜明、主题突出、品质优良的精品旅游饭店,丰富住宿产品供给。规范旅游民宿市场,推动星级旅游民宿品牌化发展。指导旅游住宿企业落实卫生、服务、质量、安全等方面的标准,促进旅游住宿业规模不断扩大、品质不断提升。(省文旅厅、省商务厅和各市县政府牵头,省财政厅、省卫健委、省市场监管局配合)

13. 打造山西特色餐饮品牌。鼓励各地深度挖掘地方饮食文化,引导餐饮企业开展品牌化、连锁化经营,壮大餐饮产业规模,传承、推广与宣传一批山西餐饮老字号。推陈出新绿色餐饮、养生美食、风味小吃等地方特色餐饮,增加美食制作表演、游客体验参与等内容,增强游客用餐过程中的趣味感和体验感。指导餐饮企业进一步提升卫生、服务、安全等方面的管理水平,确保让消费者吃得安全、放心、环保。(省文旅厅、省商务厅牵头,省市场监管局和各市县政府配合)

14.积极发挥行业组织作用。重点培育发展与旅游业相关的行业协会,积极发挥行业组织在维护企业合法权益、营造公平竞争环境、促进行业自律、服务企业经营管理等方面的积极作用。支持社会组织及第三方机构在诚信建设、品牌创建、教育培训、市场调查、质量评估等方面充分发挥作用。(省文旅厅牵头,省民政厅配合)

15. 实施从业人员素质提升工程。加大旅游从业人员分级分类培训力度,加强从业人员职业道德教育,提高管理人员经营管理能力,提升一线人员业务技能和服务水平。强化从业人员诚信体系建设,建立健全"红黑名单"制度,逐步形成褒扬诚信、惩戒失信的良性机制。加强从业人员执业行为监管,依法打击违法违规行为,不断规范行业准入,建立健全退出机制。(省文旅厅牵头,省人社厅配合)

(五)实施市场环境提升行动

16. 强化市场监管。依法落实旅游市场属地监管责任,建立健全旅游综合监管机制,形成政府主导、属地管理、部门联动、行业自律、各司其职、齐抓共管的综合监管格局。以加强信用监管为着力点,建立健全以信用为基础、贯穿市场主体全生命周期、衔接事前事中事后全监管环节的新型监管机制。运用全国旅游监管服务平台、全国文化市场技术监督与服务平台和大数据实现精准监管。针对性地开展市场秩序专项整治行动,持续保持对违法违规行为的高压态势,不断优化市场环境。(省文旅厅和各市县政府牵头,省法院、省卫健委、省交通厅、省公安厅、省网信办、省市场监管局等配合)

17. 守住安全底线。全面落实旅游安全责任制和双重预防机制,加强对旅游交通、涉旅消防、特种设备、高风险项目、人员密集场所、自然灾害等重点环节的安全隐患排查整治。落实旅游安全预警信息发布制度,引导游客错峰出行,提升涉旅突发事件应急处置能力。(省文旅厅和各市县政府牵头,省

应急厅、省交通厅、省市场监管局、省体育局等配合）

（六）实施政策措施保障行动

18. 深化“放管服效”改革。继续深化文化旅游行业行政审批服务改革，规范核定旅行社分支机构业务范围，落实汇总纳税有关政策，加快营造文化旅游行业“六最”营商环境。取消政府接待定点单位制度，破除市场壁垒，营造公平竞争的营商环境。（省文旅厅牵头，省财政厅、省税务局、省市场监管局配合）

19. 实施旅游惠民政策措施。持续深入推动国有景区门票降价，体现国有景区的公益属性。鼓励政府定价景区每年从 11 月 1 日至次年 3 月 31 日，门票价格优惠 20%，国有及国有控股景区可根据市场供求状况实行 5 折优惠。鼓励各景区在执行国家及省门票价格优惠政策的基础上，自行制定多种形式的惠民措施，吸引中外游客来山西体验冰雪旅游、温泉康养、民俗年等，培育“冬游山西”品牌。鼓励以市为单位实行所有景区（点）“一卡通”优惠，探索设立跨市、跨省域的“旅游大礼包”，真正让利于民。（省发展改革委和各市县政府牵头，省文旅厅、省文物局、省宗教事务局配合）

20. 加强旅游标准化建设。创新旅游标准化管理体制，形成政府、行业组织和市场主体协调配合、共同推进的工作格局。建立健全旅游标准体系，加快制定旅游行业地方标准，支持旅游企业制定企业标准，加大标准的宣传培训和贯彻执行力度，以标准化引领旅游服务提质升级。（省文旅厅和各市县政府牵头，省市场监管局配合）

三、保障措施

（一）加强组织领导，压实责任。

各地要切实加强组织领导，将旅游服务质量提升工作纳入政府质量提升工作总体部署，建立工作协调机制。各部门要按照职责分工，尽快制订具体措施，明确工作推进路线图、时间表及责任分工，确保各项行动落到实处、取得实效。

（二）坚持问题导向，对标一流。

各地各部门要从实际出发，对标国际国内一流旅游服务质量，逐一排查梳理存在的问题和短板，明确责任主体，采取过硬措施，限期整改到位，切实把各项工作做好做实，全力推动旅游服务质量全面提升。

（三）加强督导检查，推进落实。

各地各部门要加强对以上“六大行动推进”落实情况的督导检查和跟踪评估，并于每年年底前将贯彻落实情况报省旅游改革发展领导小组办公室，并作为各市文化旅游方面质量工作考核打分的主要依据。

三、文旅深度融合　开放创新发展

2019 年山西省文化和旅游工作会议

3 月 13 日，2019 年山西省文化和旅游工作会议在太原举行。这次会议贯彻落实省委十一届七次全会、省委经济工作会议、省“两会”和 2019 年全国文化和旅游厅局长会议精神，总结 2018 年文化和旅游工作，分析当前发展形势，对今年乃至今后一个时期文化和旅游工作作出安排部署。

2019 年，全省将制定实施《山西省全域旅游发展规划》，着力构建“331”全省域文化旅游空间发展新格局。对标国办《关于促进全域旅游发展的指导意见》，以 2 市 18 县 20 个国家全域旅游示范区创建试点验收为突破口，加快创建达标，发挥示范引领作用。紧盯公共服务设施建设、景区体制机制改革、文旅重大项目实施等发展全域旅游的关键所在，聚焦资源整合、产业融合、共建共享的本质要求，建立全域旅游示范区创建引导机制。

今年将坚持景区为王牵引带动，塑造提升五台山、云冈石窟、平遥古城等龙头性文化旅游品牌，加快创建批高等级景区，推进太行山大峡谷八泉峡景区创建国家 5A 级景区，增强市场竞争力。深入推进景区景点“两权分离”改革，积极导入 PPP 等新型投融资模式在文化旅游开发方面的运用，不断丰富文旅产品供给。着力打造产品线路体系，把五台山、芦芽山、历山等区域打造成文化旅游带。打破区域界线，整合优势资源，“串珠成线”、“打包呈现”，在提升优化原有精品线路的基础上，打造高品质文旅“产品包”“景点群”“线路套餐”。

山西将制定出台《山西省推进文化旅游融合发展实施方案》，在资源开发、产品项目、公共服务、平台搭建等方面加大政策支持，推动文旅深度融合。出台《山西省促进旅游演艺发展实施意见》，组织演出单位、非遗项目单位及传承人与旅游景区充分对接，促进演艺非遗进景区。以创新创意为核心，加强文创产品开发，丰富文化旅游供给。

此外，山西将积极实施“文化 +、旅游 +”，促进文化旅游与农业、工业、体育、商务等相关产业融合发展。大力发展乡村旅游助力脱贫攻坚，着力推动 100 个旅游扶贫示范村规划的落实，组织编制 200 个旅游扶贫示范村旅游开发专项规划。充分发挥我省清凉避暑、温泉康养等资源优势，着力培育康养旅游全产业链，把山西建设成为国内具有一定吸引力的康养旅游目的地，打响康养山西品牌。

（《山西新闻网》2019 年 3 月 13 日　卢奕如）

楼阳生在全省生态文化旅游示范区建设工作座谈会上强调 深化改革创新 大胆先行先试 打造践行“两山”理论山西样板

6月21日，省长楼阳生深入太原西山生态文化旅游示范区调研，并主持召开全省生态文化旅游示范区建设工作座谈会。他强调，要深入贯彻落实习近平生态文明思想，深化体制机制改革，创新文旅融合路径，做靓绿水青山底色，挖掘历史文化内涵，打造特色文旅品牌，着力将我省生态文化旅游示范区打造成践行“两山”理论的山西样板。省领导罗清宇、王一新、张复明、李晓波参加调研或座谈。

生态文化旅游示范区是我省除经济技术开发区、高新技术产业开发区外的又一新的开发区类型，是创造性贯彻“两山”理论的重大举措。2017年省政府批复设立太原西山、右玉、左权生态文化旅游示范区以来，省长楼阳生多次研究谋划、部署推动，指导示范区建设扎实推进。21日上午，楼阳生与有关省直部门、市县和示范区管委会负责人，实地观摩太原西山生态文化旅游示范区建设情况。夏至时节，钢盛、国信、玉泉山等城郊森林公园层峦叠翠，林木葱茏，山花吐芳。沿着贯通南北的西山旅游公路，楼阳生边行边看，对太原市开展生态综合整治取得的成效给予肯定。在玉泉山城郊森林公园，他详细询问污染企业关停、生态绿化等情况，要求多措并举解决造林绿化用水难题，加快示范区内矿山企业关停搬迁进程。楼阳生考察了晋祠环境综合整治工程，实地了解晋祠景区周边、晋文公祠、天龙山景区整治进展情况，强调要全力打造高品质旅游产品，增强景区景点吸引力。晋阳湖景区一期即将全面开放。楼阳生实地察看湿地、水体景观，要求太原市加快推进后续项目建设，早日呈现山湖一体、河湖连通美景。观摩中，楼阳生强调，西山是形胜之地、文化圣地，打造旅游胜地具有得天独厚的条件。要尊重历史、尊重文化、尊重自然，厚植生态底色，深挖文化内涵，讲好人文故事，打造游客向往的旅游目的地。

21日下午，楼阳生主持召开座谈会，听取太原西山、右玉、左权生态文化旅游示范区建设情况汇报和省直部门建议，部署下一阶段工作。他强调，生态文化旅游示范区建设，要以习近平生态文明思想为根本遵循，深化改革创新，大胆先行先试，试出生态保护和文旅融合发展的经验做法，试出生态文明建设可复制推广的制度成果，试出践行“两山”理论的山西样板。一要坚定发展方向，牢牢守住绿水青山底线，大力实施山水林田湖草系统治理，久久为功推进生态治理修复，在此基础上以文旅融合为路径，实施保护性开发，让秀美宜人的绿水青山成为富民强省的金山银山。二要突出规划引领，依托一流专业化团队，坚持多规合一，做精做深做实示范区发展规划、景区建设总体规划和核心景点开发详规，以高水平规划指导项目策划包装和招商引资工作，吸引更多社会资本参与示范区建设。三要塑造特色品牌，突出抓好景区建设、品牌打造和营销推介，建设乡村旅游示范项目，加强与旅游中介机构合作，开展体现晋风晋韵的推介活动。四要强化综合配套，抓好景区配套设施、旅游公路等建设，加大景区及周边环境整治力度，依托全省统一平台发展智慧旅游。五要提升服务质量，加强从业人员培训，推进旅游服务标准化，全面提升我省生态文化旅游的美誉度。六要创新体制机制，探索适应生态文化旅游业态特点的“三化三制”改革模式，切实激发示范区发展活力。他要求，省直有关部门要加强统筹协调，加大政策支持，强化工作指导，推动我省生态文化旅游示范区建设取得更大成效。

（《山西日报》2019年6月23日　张巨峰）

文旅四大主题推介助力“二青会”

“山西欢迎你·文化旅游推介”主题宣传活动启幕

7月13日，第二届全国青年运动会“山西欢迎你·文化旅游推介”主题宣传活动暨2019第四届“哦哦少儿艺术盛典”，在阳泉市盂县大汖温泉度假村拉开序幕。

据了解，为贯彻省委、省政府“要创新宣传报道方式，整合宣传报道资源，精心策划宣传活动，用二青元素讲好山西故事，用二青盛会展示山西形象”的要求，经二青会组委会同意，二青会组委会资源开发部、山西日报传媒集团、山西体育产业集团等单位共同组织开展了二青会山西文化旅游推介暨“山西欢迎你”主题宣传大型公益活动，通过活动展示山西丰富的文化旅游资源，展示山西美好形象。

活动将依托青运盛会的浓厚氛围，精选能代表山西旅游形象的风景名胜，进行“山西十大旅游景区”“山西十大新锐景区”“山西旅游目的地”“来山西必去的休闲娱乐项目”四大主题推介。活动还将选取我省的先进集体、优秀个人作为拍摄对象，通过生动的影像记录、独特的镜头语言，表现山西企事业单位、中小学校、奋斗在保障二青会胜利召开一线的基层工作人员及大众对二青会的热情企盼和真实心声，展现三晋人民作为东道主对运动员、观赛人群的好客之情。

此外，借此主题宣传活动盛大启幕之机，第四届“哦哦少儿艺术盛典”也同期举办。该项活动旨在让更多青少年儿童通过活动表达对二青会的企盼和真实心声，烘托二青会的热烈氛围，同时为优秀的艺术苗子搭建一个学习、交流、互动的平台。在3天的活动中，小小艺术家们将参加红毯礼、开幕式、颁奖盛典、“童星闪耀实力比拼”主题活动、水上乐园狂欢等系列活动。

13日下午，还举办了全省中小学“感受艺术魅力百校联盟送教入校”主题公益活动启动仪式。

（《山西日报》2019年7月16日　王少斐）

山西省首推“山西文化旅游中国年”

2019年春节期间，山西省首次整合全省各市、县文化旅游产品，推出以“找年味来山西”为主题的“山西文化旅游中国年”活动，时间为1月28日至2月20日（腊月廿三至正月十六）。

此次活动将通过春节、元宵节两大节点，突出浓郁的山西年俗文化，开展一系列覆盖面广、参与度高、地方特色浓的活动，让各地群众和中外游客在两节期间赏北国风光，看古城花灯，逛传统庙会，闹新春社火，感受三晋民俗文化、体验多彩冰雪世界、赴华夏主脉寻根祭祖、到世界遗产朝圣祈福。

届时，整个山西从南到北，从东至西，将举办“炫味·中国年——景上添花亮妆活动”“品味·中国年——名剧名曲演艺活动”“土味·中国年——民俗文化展演活动”“拾味·中国年——传统技艺展示活动”“民味·中国年——文化惠民演出活动”“韵味·中国年——翰墨精品展览活动”“体味·中国年——冬季特色旅游活动”“美味·中国年——风味美食品鉴活动”“赏味·中国年——民俗文化旅游产品线路体验活动”“情味·中国年——门票减免优惠活动”等10大系列活动，把山西最醇厚、最地道、最多彩的年俗文化特色呈现给广大群众。

省文旅厅旅游资源开发处处长师振亚表示，本次活动将大力推进文化与旅游融合发展，吸引更多游客来山西体验中国年的味道、传承发展我国民族节庆文化遗产、打响“山西文化旅游中国年”品牌，更好地让三晋文化“亮”起来、让节庆活动“燃”起来、让创意产品“热”起来，不断提升人民群众的获得感、幸福感、安全感。

（《山西日报》2019年1月21日　王少斐）

文旅融合释放山西转型发展新动能

国庆长假我省接待游客6487.16万人次，实现旅游收入422.07亿元

“我和我的祖国，一刻也不能分割，无论我走到哪里，都流出一首赞歌”。2019年国庆假日，正值新中国成立70周年，悠扬歌声飘荡在三晋大地的每一个角落，以“国庆”为主题的庆典活动遍布全省各地，民众旅游需求集中释放，接待人数和旅游收入再创新高，实现“人财”两旺。

据统计，国庆假日期间，全省共接待旅游者6487.16万人次，同比增长18.86%。其中，过夜游游客2346.33万人次，同比增长16.66%。实现旅游综合收入422.07亿元，同比增长20.67%。全省36个重点监测的旅游景区共接待游客492.61万人次，旅游门票收入约1.79亿元。

表里山河，普天同庆。蓬勃发展的文化旅游，为山西增添了幸福和希望。

文旅融合欢度国庆佳节 红色主题抒发爱国热情

“山西70年的发展变化真是太大了，每一张图片都承载着山西人民的不懈努力与奋斗精神。”10月5日，与新中国同龄的张建国在家人的陪伴下，专程从昔阳县来到山西博物院，参观以“壮丽70年　奋斗新时代”为主题的山西省庆祝中华人民共和国成立70周年图片展。

国庆长假，我省各地紧紧围绕新中国成立70周年这条主线，聚焦文旅融合，突出山西特色，推出各种文化旅游活动为祖国庆生，节日氛围浓郁，民众参与热情高涨。

10月1日，太原市五一广场举行升国旗仪式，万余名群众共同见证国旗升起的神圣时刻，共同祝福伟大祖国更加繁荣昌盛、人民幸福安康；太原市博物馆推出“盛世飞天迎国庆雕版印刷体验”活动；龙潭公园举行迎国庆主题书法笔会；阳泉平定县娘子关景区推出“我和祖国合个影”抖音大赛和“金秋祈福共度国庆——相约娘子关”文艺汇演惠民活动等。

大同举办2019“影像的力量”中国(大同)国际摄影文化展等52项重点文化活动欢度国庆佳节；临汾洪洞大槐树景区开展“中国娃、中国根、中国梦、中国心”系列主题活动，将爱国教育、家国文化、非遗表演、民俗体验、青年拓展有机融合，让游客唱红歌、看演出，体验移民文化、民俗风情；云丘山景区设置穿越时光墙，让游客重温祖国大变化。

长治八泉峡景区采用“快闪＋合唱”的方式，庆祝新中国成立70周年。运城夏县举办“我爱你中国”大型诵读晚会，追溯创立新中国的战斗岁月，回眸建设新中国的风雨历程，礼赞中国特色社会主义伟大成就。

追寻红色足迹，弘扬革命情怀。

国庆期间，游览红色旅游景点，学习红色文化，接受爱国主义教育，成为出游热门主题。全省各市都充分发挥自身的红色旅游特色和优势，推出各类以爱国为主题的国庆活动，吸引大批游客参与，红色旅游成为一大热点。

长治武乡县组织“红色文旅大餐”，举办红歌合唱比赛、“山西抗日英烈与抗战遗址巡展”、观《太行山》大型实景剧演出等活动，并推出了红色旅游9条精品线路。阳泉百团大战纪念馆景区以独具特色的旅游资源吸引了众多来自各地的游客。

晋中榆社“太行寻梦园”推出5位特型红色演员，让更多游客在旅游中重温红色记忆、传承红色基因。临汾戏剧研究院举办庆祝新中国70周年建院60周年红色主题戏曲晚会，以戏曲为主题歌颂中华儿女为革命胜利不畏牺牲的英勇精神。

生态旅游感受别样风景　演艺活动升级游客体验

颗粒归仓廪，秋意正浓时。

“去户外享受田园风光，到乡村旅游点感受乡村气息，体验农家生活，尽享回归自然的旅游形式备受游客欢迎。”中国青年旅行社导游李丽在假日期间感受颇深。

国庆期间，全省各市围绕“第二届中国农民丰收节”举办系列地方民俗活动。朔州右玉县右卫镇举办了2019农民丰收节暨红旗口民俗文化旅游节，与生态旅游形成了良好互动。中国青年旅行社等组织来右玉的自驾团队多达10个，游客3000余人。太原在台骀山景区举办了农民丰收节暨迎泽区第二届台骀山南瓜丰收节。

晋中开展系列“农业＋旅游”项目，祁县腾达生态庄园、榆次小五台庄园、寿阳丽馨庄园、太谷美宝山庄、平遥遐角山庄等乡村旅游点推出了一系列以农事体验、果蔬采摘为主题的休闲娱乐活动，让游客深刻体验秋日美景。阳泉举办了“太行深处有人家”乡村旅游活动周，吸引广大游客到阳泉美丽乡村感受自然，助力阳泉乡村旅游发展。

演艺活动精彩纷呈，节事庆典遍地开花。

国庆期间，各地景区举办丰富多彩的节庆活动，提供各具特色的演艺活动，使游客体验不断升级。其中，第二届山西艺术节是我省规格最高、影响力最大的文化艺术盛会。本届艺术节以“艺术的盛会、人民的节日”为主题，推出一批彰显中国精神、时代风尚、三晋特色的优秀作品，展示了3700多万山西人民的爱国之情和奋发有为的新面貌，营造出喜庆热烈的浓厚氛围。

“又见平遥”精品演艺在国庆期间加场到每天5场，依然供不应求。朔州怀仁金沙滩生态旅游景区推出大型全域鼓乐实景演绎《忠魂》国庆期间倾情献礼。晋城皇城相府景区御书楼广场前大型开城仪式《迎圣驾》带领游客穿越古今。运城第30届关公文化旅游节中的优秀戏剧展演、刘玉华根雕艺术展精彩不断。临汾市安泽青松岭连续8天举办的文艺演出、传统武艺、怀旧演唱等20项系列游客活动，吸引大批游客前往；洪洞《大槐树》实景演出获得各界盛赞。

新业态新产品层出不穷　智慧设施助力惠民便民

“今天是我们的结婚纪念日，一家专门来看焰火表演，深深地感到我们的城市越来越美，我们的国家越来越富强。”来自省城的张卫带着妻子，不到晚上6时便来到汾河公园，“抢占”有利地势，观看晚上的展演。

10月1日，太原举办国庆联欢活动焰火展演。随着夜幕的降临，无人机方队和音乐焰火组成的盛大表演在省城汾河公园拉开帷幕。666架无人机凌空变化，呈现出绚烂闪耀的图案或标语，音乐焰火通过《锦绣太原城》《山西好风光》《共筑中国梦》三大篇章，深情礼赞新中国成立70周年，衷心祝愿伟大祖国明天更加美好。

此外，国庆期间各大景区推陈出新，不断丰富优化旅游产品，纷纷推出焰火、灯光秀等丰富多彩的活动，新业态旅游产品受到游客青睐。

太原长风商务区“锦绣之旅”灯光秀和“喜迎国庆”大型水景艺术展示等活动，吸引大批游客前来观看；为期两天的清徐首届音乐焰火节，推出特色文艺节目、大型光影水景秀《清徐华章》、焰火竞演等精彩活动。晋城《古堡，古堡》大型水上实景演出，韵味深长，一票难求；珏山景区的银河幻影VR、太行风情美食节、非遗表演、玻璃栈道抖音大赛等活动，精彩不断。

假日期间，全省各地景区在线渠道发布旅游信息，游客通过移动终端完成在线预定、扫码入园、景区咨询、游后评价等全过程，减少了游客入园等待时间，提高了景区服务质量。

五台山景区将“智能”与“人工”相结合，除了智能票务系统、“五台山游客服务中心”微信购票途径外，景区还配备自助售票执勤人员，为游客解决出行困难。应县木塔引进VR+3D先进影像技术，将现代技术与木塔完美糅合，打造智慧释迦塔，再现千年古风韵，使游客应用现代技术畅览木塔构造之奇妙，弥补之前只能远观的遗憾。

省文旅厅在国庆假日期间，通过整合智慧旅游大数据，进行了假日旅游市场分析。

数据显示，冀、京、陕、豫、蒙、鲁、津、苏、川、粤等10省(区、市)成为我省国庆假日市场的主要客源地。其中冀、京、陕、豫及内蒙古5省(区、市)接待量占省外游客总量的60%以上。

我省各行业消费中，购物成为国内游客的主要消费项目，国内游客的购物消费总额以及人次数占比均在50%以上。在各市消费方面，大同市餐饮消费占比最高；在住宿消费和交通消费上，临汾市占比最高。

此外，为保障国庆假日市场安全有序运行，旅游环境和服务质量全面向好，省文旅厅在节前全面推进文旅市场管理的"治乱纠违""放心旅行""智能监管""健康娱乐"等七大工程。假日期间，全省未发生重大旅游服务质量投诉和旅游安全事故。

（《山西日报》2019 年 10 月 8 日　王少斐）

文化旅游产业是扩大对外开放的桥梁纽带

"山西发展不足，很大程度上是开放不足。"在省第十一次党代会上，省委吹响了山西打造内陆地区对外开放新高地的集结号，开启了构建东融南承西联北拓开放格局的新征程。从深度融入"一带一路"到扩大国际合作"朋友圈"，从完善基础设施到提升引资引智水平，从推进体制机制创新到发展开放型经济，全省对外开放水平加速提升。

习近平总书记指出，不断扩大对外开放、提高对外开放水平，以开放促改革、促发展，是我国发展不断取得新成就的重要法宝。全省上下开展"改革创新、奋发有为"大讨论，要求聚焦"六个破除"，其中之一就是要破除封闭狭隘，着力解决扩大开放不够问题，坚持以开放促改革、促发展。

文化旅游产业既是宣传美丽山西的烫金名片，也是扩大对外开放的桥梁纽带。处在"山西新转型，共享新未来"的大好时机中，山西文化旅游业需要更有效地回应时代的呼声，以更加开放的姿态、更加创新的形式、更加有力的作为，助推山西转型升级，推动山西发展更高层次的开放型经济。

一是以开放促进文旅融合。文旅融合的关键词应该是"开放"与"创新"。山西旅游最缺的是精品旅游产品和优质旅游目的地。要用创新为文旅产业赋能，用优秀的文旅产品展示、传播传统文化。要以山西黄河、长城、太行的文化底蕴为突破口，不仅让传统文化走出去，也要把优秀文化引进来，丰富文化内涵，催生精品内容和符合消费热点的新业态。要以产业融合为路径，将农业、康养、科技、体育以及其他产业融入到旅游中，让融合更加开放广阔。要以文旅项目运营为抓手，面向旅游市场需求，遵循原创与规律，紧抓动态与趋势，在开放的市场用好"IP"工具，实现文旅产品与时俱进、持续创新。文旅产业要更多地研究消费心理，通过创新，提供更多符合消费心理的文旅产品。在满足经济效益的同时，扛起弘扬传统文化的责任和担当。

二是以开放释放资本能量。文化旅游产业作为典型的文化产业，需要资本发挥造血和输血功能。要加强资本运作能力，主动走出去复制投资与并购方法，多层次对接资本市场，将主营业务和投融资相结合。要集聚产业基金效应，围绕政府引导资金，发起设立省级文化旅游产业发展母基金，引进省内外资本，组建子基金投向优质文旅项目，让山西优秀的文旅资源嫁接全球资本。要重视股权投资领域，发挥山西文旅企业的龙头带动作用，引进战略投资者和财务投资者，推进混合所有制改革，树立行业标杆，提振市场信心，激发资本活力。

三是以开放构筑人才高地。文化旅游产业是创意型、智慧型产业，高素质文化旅游人才缺乏是制约我省文化旅游业高质量发展的突出瓶颈。要注重挖掘引进，建立市场化选人用人机制，将省内举办的文化旅游招商引资活动和招才引智工作相结合，营造人才聚集环境。要注重培训交流，与省内外先进旅游省份、院校合作，采取"走出去"精准培训、"订单式"委托培养、"孵化器"重点培育等多种形式，厚植人才发展"土壤"。要注重项目培养，推广景区托管模式，通过人才引进带动省内景区管理人才综合素质的提升，打造复合型和职业型的旅游企业管理者，补足景区运营管理短板。

（《山西日报》2019 年 3 月 9 日　王文保）

吹响文化产业高质量发展进军号

——第四届山西文化产业博览交易会综述

文博之花闪耀龙城。

12 月 10 日，第四届山西文化产业博览交易会正式落下帷幕。6 天时间，一个主场馆、30 个分会场；来自 15 个国家和地区、25 个省（区、市）的 1000 多家企业、1 万余种展品参展；展览面积超过 2 万平方米、参展商人数达到 8000 多人；推出 275 个招商项目，总投资 1646 亿元；集中签约项目 96 个，总融资额超过 280 亿元；现场交易额突破 2.1 亿元，达成合作意向突破 43 亿元；407 场文化活动；26.6 万观众入场参观……一系列数字背后，是山西文化体制改革成果和文化产业发展成就的支撑。

新时代,新使命。文博会开幕当天上午,省委书记楼阳生与有关省领导及省内外嘉宾一同巡馆,指出:“本届文博会不仅全面展示了山西的历史人文,而且在文化融合、文化创新上有了质的提高,是山西文化体制改革成果的集中体现。要坚持办下去,争取一届办得比一届好。”

突出“黄河文化”,展览交易并重,彰显文化自信

1万余种文化产品展示,407场文化活动,275个招商项目……“黄河文化”绽放璀璨光芒,展览交易交相辉映,彰显着中华文明重要发祥地的文化自信,展示着一个内陆省份的开放态度。

九曲黄河,奔腾向前,以百折不挠的磅礴气势塑造了中华民族自强不息的民族品格,是中华民族坚定文化自信的重要根基。以本届文博会为载体,作为沿黄省份的山西更是将这份文化自信体现得淋漓尽致。

序厅设计独具匠心。6块高高矗立的LED大屏上,黄河之水奔涌向前,“历史文脉、文化自信”8个大字格外醒目。两侧两组造型墙,在连绵起伏的群山意象中勾勒出人祖山、晋祠仕女、西侯度圣火等10组具有代表性的山西人文景观和文化元素剪影,表现出表里山河、大美山西的灿烂文明,展示了黄河文化的深厚底蕴。

在主题展区最醒目的位置就是“文旅融合·保护传承弘扬黄河文化”的展区标识。为深入贯彻落实习近平总书记关于保护、传承、弘扬黄河文化的指示精神,本届文博会特邀沿黄9省区参展,旨在全方位呈现黄河流域丰富多彩的文化遗存及其保护利用情况。这也是习近平总书记重要讲话发表后,沿黄9省区第一次合力系统展示黄河文化。展区按照黄河流经顺序,对黄河文化旅游资源进行了集中展示。

开幕首日下午举行的“文旅融合发展”论坛,嘉宾们围绕深入挖掘黄河文化蕴涵的时代价值,推进文化旅游融合发展展开交流讨论。“在新时代的文旅融合中讲好‘黄河故事’较为重要,黄河文化是中华文明的重要组成部分,是中华民族的根和魂。”中国传媒大学文化产业管理学院院长范周如是说。

展馆内设置的6座朗读亭人气满满,它系统内装载的“印象山西”模块被主办方设置多篇以黄河为主题的作品,受到前来体验的观众热捧。广州优谷信息技术有限公司山西区负责人冯燕说:“希望民众可以走进朗读亭,通过朗读爱上阅读,了解中国文化,用声音来传递情感,展示文化自信。”

在展览展示方面,文化产业发展的新业态、新元素、新成就纷纷登场,工艺美术精品、文化精品、艺术精品精彩亮相,令人目不暇接。以“山西三宝”珐华器、推光漆、澄泥砚为代表的山西非遗精品,展示出炉火纯青的传统技艺和不断创新、追求更高的艺术价值。甄国民是阳泉市非遗传承人,他研究山西珐华器已有10多年,他说:“当下,我们的任务是以传承创新、复兴创业为方向,结合多种技法突出原创风格,推动优秀传统技艺转型升级,创新文化生产力,促进山西文化品牌的提升。”媒体深度融合展区,从短视频到延时摄影,从H5到最全图解,从全景直播到动漫展示,从手绘漫画到图文并茂,更多鲜活、有趣、多样的新闻报道产品,接连不断、推陈出新,吸引着大众的眼球。

不仅是展览展示,本届文博会充分发挥展会在产业交流、项目合作、招商推介等方面的平台作用,推出275个文化产业招商项目,总投资1646亿元;举行了全省重点文化产业项目签约仪式,96个项目集中签约,签约融资额超过280亿元。项目涵盖媒体融合、文化旅游、文化创意、文化园区、出版印刷、动漫游戏、特色文化小镇等领域。各展团也分别组织开展了形式多样的招商推介、项目洽谈、新品发布等活动;中心舞台主要用于招商、洽谈、对接、交易,同时穿插精彩的文艺演出。据不完全统计,各展区交易活跃,现场交易突破2.1亿元,达成合作意向突破43亿元。

展览、展示、交易、招商……越来越专业,越来越精彩的山西文博会正成为我省展示文化自信、开放形象的重要载体,加快建设文化强省的新引擎,高质量转型发展的新动能。

“融合”“创新”凸显,引领文化产业高质量发展

本届文博会不仅全面展示了山西的历史人文,而且在文化融合、文化创新上有了质的飞跃。

无论是展会的主题“深度融合、创新发展”,还是三大主线“媒体深度融合、文化旅游融合、文化科技融合”,或者是主场馆的四大展区设计、展陈,处处凸显出“融合”“创新”元素。

在文化旅游融合展区,沿黄9省区文化旅游特色产业第一次联合参展,生动讲述黄河故事,成为展区亮点;实现“一图管山西、一网知山西、一机游山西”的山西省文旅集团智慧旅游云平台助推旅游与科技融合,打造的数字文旅“山西样本”引人注目;省博物馆展示的文化旅游创意产品则是把我省厚重的文化底蕴与时代感完美融合。该展区负责人之一赵军龙说:“近年来,我省在文旅融合上发力,集中力量打造黄河、长城、太行三大旅游板块,努力用文化提升旅游品位,以文化资源为依托,把历史文化和现代文明融入到旅游发展中。”

以“山西三宝”珐华器、推光漆、澄泥砚为代表的山西传统手工艺精品以其传统与时代融合,艺术价值与市场价值兼具而备受关注。山西山右文化艺术有限公司董事长郝勇说:“五千年文明看山西。山西文博会也因此荟萃了全省的珍奇,聚集了全国的目光。那些散落于三晋大地各处的传统珍宝,经过岁月的冲刷,经过悉心的传承保护,经过不断的融合与创新,一定如‘山西三宝’光华四射,山西文创产业的明天一定会更好。”

全媒体时代,山西媒体在内容、形式、手段上的创新探索都在媒体深度融合展区尽情展示:山西日报客户端里读报的机器人“小晋”萌萌地穿梭在展厅里,为观众解答媒体融合的亮点;在山西广播电视台展厅一角的虚拟演播室,观众不仅可以了解电视台日常的直播状态,还可以尝试“主播秀”“嘉宾秀”“记者秀”,进行沉浸式体验,过把媒体人的瘾;由山西

日报、山西广播电视台共同建设的山西媒体智慧云平台,担任着省级中央厨房的功能,让省属主流媒体把新技术、新应用运用到新闻信息采集、生产、传播、反馈各环节,运用信息革命成果,推动媒体融合向纵深发展。山西云媒体超级大屏所展示的中央厨房,已与省内56个县级融媒体中心实现互联互通。

科技对文化产业发展的助力不容小觑,在文化科技融合展区,重点展示文化与大数据、云计算、人工智能、5G、4K等文化科技融合创新成果,推动数字文化产业内容、技术、模式和业态创新。十二栋文化、乐酷、灌木、山西知网、汉威科技等我省文创文化智能装备领域领军企业纷纷带着极具时尚感科技感的优秀产品亮相。

不仅主题展区如此,在综合展区、产业展区、分会场,融合、创新都成为热词,成为各市文化产业综合展、重点文化企业展、省属高校文化创意设计展和来自世界各地的文化产品展上的吸睛点。古老非遗与现代工艺的传承创新,激光显示技术、文物3D数字化扫描等人工智能与传统文化碰撞,“唐风晋韵锦绣太原”“关公故里厚道运城”“大美太行天下脊梁”等我省各市展示让诗与远方浑然一体。运城市委常委、宣传部长王志峰说:“文旅产业发展按照省委省政府要求是要体现融合发展,特别是文化和旅游的融合,文化和艺术表演的融合,文化和体育康养的融合,这个在我们运城展区都得到体现。”

融合、创新正引领着山西文化产业走在质量型、内涵式的发展道路上。

活动丰富,表演精彩,满足群众多元文化需求

满足人民过上美好生活的新期待,必须提供丰富的精神食粮。本届文博会上,琳琅满目的展品展示,精彩纷呈的各市推介活动,眼花缭乱的国内外产品展销,形式多样的非遗、歌舞表演……只为满足群众多元文化消费需求,真正把文博会办成“文化的盛会、人民的节日”。

开展首日,临汾展区的文化活动与展品竞相登场,好看好玩精彩不断,动中求静引人入胜。在“所有旅行都是出发到了临汾咱是回家”口号的背景下,12位鼓乐手一字排开,在大大小小的锣鼓前,尽情表演着晋南锣鼓中的经典鼓乐《秦王点兵》《滚核桃》《黄河船夫》《铸舞飞扬》,媒体人刘玉林忍不住点赞:“唐尧锣鼓开打,人气爆棚,好看热闹。”

因为被列入“山西三宝”,高平珐华器俨然成为晋城展区的“网红打卡地”,观众纷纷与高平珐华器的代表作“牡丹璎珞纹梅瓶”合影。一位来自深圳的客商说:“这次了解了高平珐华器的复原历程,深感这群年轻工匠们太不容易了。他们重新点燃了珐华器的窑火,让这种古老文化得以续写传承,太惊艳了。能在这次文博会看到高平珐华器,不虚此行。”

在太原市举办的专场文化旅游推介会上,背铁棍、新东武术、车派形意拳等表演依次登场,大型水上实景演艺《如梦晋阳》、太原府城游项目、清徐县非遗文化旅游等文旅项目进行了集中展示。“今天近距离地接触到山西文化,感觉非常棒。”来自新疆的赵新丽说,“原来太原有这么多好的景点、好的文化,以后还要来!”

分会场太原美术馆内,20世纪俄罗斯经典绘画展的举行,让参展观众有了一次顶级艺术享受。

“哇,我把文博会展厅从地板看到了屋顶。”12月6日,曹先生在太原市南中环某写字楼自己的座位上,看遍了文博会2万多平方米的精彩展示。《720° 看文博》,这是山西日报全媒体推出的VR全景系列直播,从场馆速览到文旅融合,从媒体融合到科技创新,新奇特看点尽收眼底。文博会期间,这样的VR直播进行了8场,这样的全景直播让那些无暇到现场却又不愿意错过精彩的网友,过了把现场瘾。

12月7日、8日两天恰逢周末,许多太原市民选择举家逛文博。来自太原市迎泽区某文化公司的张红芳一家几乎每届文博会都会参加,她说:“每届总会有新奇的文化产品亮相,孩子增长了见识,大人也看得开心,逛文博已经成为我们家人的一个习惯,有时间一定会来看看。”

现场看文博,网上逛文博,全城议文博,6天26.6万现场观众热情高涨的参与,见证了山西文博会的吸引力,证明了作为山西文化产业第一展会,山西文博会不仅是专业展示交易的空间,更是满足群众美好生活新期盼的平台。

期待,永不落幕的山西文博会为山西美好未来提供源源不断的文化新动能!

(《山西日报》2019年12月12日　孙　蕊)

“文旅融合发展”论坛

12月5日下午,第四届山西文博会“文旅融合发展”论坛在太原举行。省委常委、宣传部长吕岩松致辞,副省长张复明讲话。

本次论坛是文博会的一项重要内容。论坛会聚了省内外文旅工作者和专家、学者、企业界人士。嘉宾们围绕深入挖掘黄河文化蕴含的时代价值、推进文化旅游融合发展作交流发言。

吕岩松说,山西深入学习贯彻习近平总书记在黄河流域生态保护和高质量发展座谈会上的重要讲话精神,邀请沿黄兄弟省区一道展示黄河文化的深厚底蕴和独特魅力,并围绕“保护传承弘扬黄河文化,促进文旅融合”举办论坛,很有意义。他介绍了山西讲好“黄河故事”的生动实践和推进文旅融合发展的探索收获,希望与会嘉宾深入交流、凝聚共识,为保护传承弘扬黄河文化贡献智慧,为山西加快建设文化旅游强

省建言献策。

张复明在总结讲话中表示，各位嘉宾的精彩发言饱含真知灼见，令人印象深刻。他结合近年来山西推动文旅融合的探索实践与大家进行交流，强调对以历史人文资源为底色和基础支撑的山西旅游业来说，文旅融合是必由之路。山西文化旅游业展现出强劲的发展势头，期待大家共同参与，一起推动山西文化旅游再开发、旅游价值再发现。

（《山西日报》2019 年 12 月 6 日　王少斐）

聚焦深度融合　推进创新发展

历时 6 天的第四届山西文化产业博览交易会在一片赞誉声中落下帷幕。文博会首日签约项目 96 个，总融资额 280 亿元；文博会闭幕日，官方统计现场交易额 2.1 亿元，达成合作意向 43 亿元，观展人数累计超过 26.6 万人次……这三组数字，是一份不错的成绩单，展示了山西文旅融合、媒体融合、文化科技融合的新成就，展示了文化大省山西文化事业和文化产业蓬勃发展的良好态势，吹响了促进山西文化产业高质量发展的号角。

展会上，传统与现代相结合，文化与旅游、科技相交融的各类展品，品种多、门类全、数量大。我国民间传统的剪纸、陶艺、绣品、漆器等国家级非物质文化遗产和世界各国精彩绚丽的文化产品交相辉映。被称为“山西三宝”的绛州澄泥砚、平遥推光漆器和珐华器大放异彩。

线上线下，永不落幕。本届文博会的一大惠民举措，就是把文博会从展厅直接放到观众的手机里。为了让更多群众切身感受第四届山西文博会的魅力，文博会主办方运用虚拟现实技术全景打造了第四届山西文博会 VR 展馆。足不出户，观众就可以随时随地通过手机身临其境地体验文博会现场的每一个角落，打造了一场“永不落幕”的文博盛会。

通过文博会，我们看到了山西在文化资源上的深厚底蕴和优势。今年 10 月 7 日，国务院《关于核定并公布第八批全国重点文物保护单位的通知》正式发布。文件数据显示，截至目前，国务院已核定国保单位 5058 处……国保单位较多的省份是山西，为 530 处。由此可以看出，所谓“华夏文明看山西”，或者说“五千年文明看山西”确实名不虚传。

说起山西的文化优势，还要看到山西“天下之中”的地理形势。司马迁在《史记·货殖列传》里讲，“昔唐人都河东，殷人都河内，周人都河南，夫三河在天下之中”。司马迁所讲的“天下之中”，就是指河东、河南和河内。河东，一般来说指的就是黄河之东的山西，主要就是临汾、运城、长治和晋城一带。黄河之南的部分统称为河南，太行山与黄河之间的地方即为河内。河东加上河南、河内，就叫“天下之中”。这个“天下之中”的地方，历史上主要是晋国的范围。这样一个历史脉络，决定了“华夏文明要看山西”的特殊地位。

12 月 2 日，在刚刚结束的 2019 中国会展业年会上，太原荣获 2019“中国最具竞争力会展城市”。近年来，太原的城市基础设施建设成效显著，会展能力和水平大幅提高，会展品牌正在开花结果。

作为历史文化大省，山西发展文化产业，要进一步讲好“黄河之魂在山西、大美太行在山西”的故事，讲好最山西的文化故事。还要紧跟数字化、特色化、平台化的时代潮流，把资源优势转化为发展优势和竞争优势，为山西打造“能源革命排头兵、转型综改示范区、对外开放新高地”提供丰厚的文化滋养。

（《光明日报》2019 年 12 月 15 日第 5 版　范　富）

省委工作部门工作概况

省委办公厅

省委秘书长　廉毅敏

2019年，省委办公厅坚持以习近平新时代中国特色社会主义思想为指引，认真贯彻省委十一届八次、九次全会精神，深入落实楼阳生同志建成“五型机关”的重要要求，按照“五个讲”的工作思路，主动对标中办，积极履职尽责，充分发挥综合部门职能作用，努力当好省委的“坚强前哨”和“巩固后院”，为推进山西省各项事业发展进步作出积极贡献。

一、坚持把党的政治建设摆在首位，切实增强“两个维护”的能力和效果

政治建设是党的根本性建设，决定党的建设方向和效果。当前讲政治的首要任务，就是坚决做到“两个维护”。省委办公厅坚持把“两个维护”作为根本政治规矩。深入贯彻《中共中央关于加强党的政治建设的意见》，教育引导党员干部深化认识、强化认同，自觉做到拥护核心、跟随核心、捍卫核心，始终同以习近平同志为核心的党中央保持高度一致，切实做到党中央提倡的坚决响应、党中央决定的坚决照办、党中央禁止的坚决杜绝。坚持把“两个维护”贯穿工作各个方面。聚焦主责主业，找准切入点和着力点，在谋划工作、筹办活动、起草文稿、督促检查、报送材料中严格贯彻“两个维护”要求，发挥好风向标、催化剂、把关人、监督员作用，努力成为全省“两个维护”正确信号的生成源和发射源。推动“两个维护”效果持续彰显。及时准确掌握中央最新精神要求，统筹推进重大决策部署落实工作，牵头整治阳奉阴违突出问题，有力推动全省各级各部门树牢“四个意识”，做到“两个维护”。加强督促指导，密切沟通联系，形成全省党办系统持续践行“两个维护”的生动格局。

二、注重在理论武装上走在前列，不断提升学习教育的自觉性、坚定性和实效性

扎实推动学习习近平新时代中国特色社会主义思想往深里走、往心里走、往实里走，力求学出绝对忠诚、学出坚定自信、学出使命担当、学出能力水平。持续跟进系统学。抓住开展“两学一做”学习教育、“不忘初心、牢记使命”主题教育及“改革创新、奋发有为”大讨论的契机，发放学习资料10类、3310册，及时跟进学习习总书记最新重要讲话精神，力求全面系统把握这一科学理论体系的核心要义、精神实质、丰富内涵和实践要求。突出重点反复学。坚持把习总书记“5·8”重要讲话和视察山西重要讲话作为习近平新时代中国特色社会主义思想的“党办篇”和“山西篇”，召开厅务会专题研究学习贯彻工作，与学习楼阳生同志在与厅领导班子成员座谈时的讲话精神结合起来，自觉践行“五个坚持”，推动落实“五项重大任务”，努力建设“五型机关”，三篇重要讲话成为广大党员干部离不开的案头卷，少不了的工具书。全面覆盖集中学。坚持以上率下，领学促学，完善厅务会带头学、中心组集中学、各支部分头学的学习制度，开展集中学习15次，讲授党课100余次，推动理论学习向全厅覆盖、向纵深拓展。联系实际贯通学。落实全省三次学用经验交流会精神，坚持把思想摆进去、把职责摆进去，把研究解决问题贯穿学习全过程，努力把学习成果转换为工作实效。榜样引领看齐学。既读有字书，也学“无字书”。积极拓展庆祝新中国成立70周年系列活动成效，教育引导党员干部向申纪兰等功勋模范人物学习，以实际行动彰显理论武装成效，推动形成见贤思齐、勇于担当、争做先锋的浓厚氛围。

三、紧密围绕省委中心工作,全面提升服务保障能力

一是精心做好参谋服务。出谋划策是党办工作的重中之重,也是省委办公厅水平的集中体现。全年共起草给中央的报告,省委领导参加中央全会、全国“两会”,出席省委全会、经济工作会、主题教育系列会议等重要会议的讲话等各类文稿1000余篇、500余万字。编发《山西信息》等刊物1651期,向中办报送信息1092期、被采用50余篇。联合举办全国网上群众工作太原峰会暨人民网网民留言办理工作会议,被人民网评为省级留言办理先进单位和机制创新单位。协助妥善处置乡宁县“3·15”山体滑坡、沁源县“3·29”森林火灾和平遥县“11·18”煤矿瓦斯爆炸事故等64起较大突发事件,办理领导干部外出请假报备1425期。审核印发文件408件,前置审核提请省委常委会审议和报省委审定的文件80余件。出台党内法规10部,向中办报备党内法规和规范性文件65件,废止、宣布失效、修改125件。

二是全面加强综合协调。搞好综合协调是保障省委高效运转的必要前提。圆满完成党和国家领导人以及中央第二生态环境保护督察组等团组在晋调研督导服务保障任务。精心组织全省各类大中小型会议,先后组织省委领导参加外交部山西全球推介活动、太原能源低碳发展论坛、二青会开闭幕式等各类活动及随行保障任务110余次,被授予“第二届全国青年运动会组织筹办工作先进集体”。组织省委常委会议、中心组学习会议、省委议事协调机构会议等109次,整理会议记录120余万字,编印2019年省委及办公厅大事记。办理来文来电972件,传阅传批文件3200余次,转办催办4800余件,印制发放50万余份。传递党政军核心密件3500余件,交换文件54万余份,实现连续27年无业务事故差错。

三是着力强化运行保障。省委工作的运转,离不开强有力的保障。狠抓机关大院综合治理,全面推进武警警卫“智慧磐石”工程项目建设。突出精准保障,化解矛盾风险,切实提升机关财务管理水平。完成东楼办公布局优化等10余项工程和临时用工社会购买服务,加强公用设施设备维修维护和日常服务保障。落实老同志政治生活待遇,用心做好家访慰问、医疗保健、丧事办理等工作。整理立卷各类档案392卷,接待查阅196人次、1320件。彭真纪念馆被命名为“全国关心下一代党史国史教育基地”,共接待游客31.2万人次。提高膳食品质,搞好洗理服务,扎实做好大院绿化养护工作,全年更新改造老化草坪1.4万平方米。完成文秘培训服务保障和省委机关传达室工作,共接待登记29628人次。提升文印服务水平,全年录入排版290万字,印制材料130万份、2353万页。积极探索招待所经营新模式。创新推出离园延时服务,科学推进幼儿教育工作。严格执行公车管理规定,安全做好各类出行任务。完成应急维修抢修200余次,确保机关水、电、暖、电梯、空调等系统安全运行。组织安排100余人次专家坐诊及健康讲座,完成门诊量7254人次,外出诊疗服务100余批次。

四是切实筑牢保密防线。加强保密能力建设是党办系统承担的重大政治责任。省委机要局积极开展安可试点工作,形成可复制易推广的“山西模式”,圆满完成电子政务内网中央网络平台省级接入区建设,全年收发明密电报6383份,办理29613份,随行服务保障30次102天。省委保密办(局)建设完成涉密专用信息设备应用示范山西基地、涉密设备维修维护基地和数据恢复中心等,组织开展保密培训2期、轮训227次,参训人数7200余人次。省专用通信局圆满完成党和国家领导人及省委领导随行服务等重要通信保障33次,电视电话会议保障134次,各类工程82项,首次启用应急通信系统保障突发事件,话务服务荣获“省模范集体”称号。

五是稳步拓展新增业务。“三服务”事业是不断发展壮大着的事业。积极落实全省机构改革部署要求,新设国安办工作机构和档案工作处、内审处,结合实际迅速有力开展工作。积极探索部门协作,举办全省档案统计调查培训班,建立档案文件共享数据库,完成5971个单位档案统计调查工作,申报13个国家重点档案保护与开发项目。优化资源配置,防范廉政风险,制定出台《省委办公厅经济活动领域风险防控实施办法(试行)》等制度,完成内部审计项目32个,累计提出审计意见120余条。

六是扎实推进驻村帮扶。立足全省脱贫攻坚决战决胜目标要求,扎实推进临县、繁峙两个联系县的脱贫工作。新选派14名驻村工作队员、5名农村第一书记到脱贫攻坚一线,积极开展机关干部结对帮扶,为各村贫困户捐赠物资近9万元,为129户贫困户赠送医疗体检服务。全年共走访群众1600余户次,收集意见建议146条,解决实际困难111个,帮助170户332人达到脱贫标准,所帮扶联系的贫困县和村年底全部摘帽和退出。

四、突出抓落实基本职能,奋力推进中央及省委决策部署落地生根

以建设“督办机关”为抓手,创新推出“善督良查”理念和“五微”工作法,广泛凝聚工作合力,“静悄悄督查”被中办《秘书工作》作为经验刊载。发挥督查“利剑”作用。把贯彻落实习近平总书记重要指示批示和党中央重大决策部署作为头等大事,完善“回头看”等工作机制,扎实做好决策督查、专项督办等各项工作,有力推动问题解决。凝聚抓落实整体合力。以督促检查为龙头,“三服务”各项工作同向用力、共同发力,加强目标、任务、力量、成果统筹,协调督促相关部门强化主体责任,推动抓落实关口前移、政策配套,形成贯彻落实中央及省委决策部署的强大合力。切实为基层减负松绑。落实“基层减负年”要求,前3季度,省委文件同比减少39.8%,会议控制在24次以内,带动省级文件、会议同比减少38.9%、30.9%,取消26项省级督查检查考核,形式主义突出、基层负担过重问题得到有效遏制。

五、着力强化内部管理,不断加强省委办公厅自身建设

坚决履行全面从严治党主体责任,圆满完成厅第十次党

代会换届，强化纪律意识，坚持从严从实，努力建设让党放心、让人民满意的模范机关。高标准推进体制机制建设。着眼推进治理体系和治理能力现代化，研究调整7个厅内议事协调机构，梳理规范《省委办公厅规章制度选编》，建立健全“调研+”“日清周结月汇报”“重点事项督办”等工作机制，努力把制度优势转化为工作效能。多举措加强干部队伍建设。坚持高标准进人、育人、选人、用人，择优选调考录25名工作人员，做好72名干部提拔、交流、转正、调配等工作，完成193名干部职级套转和首次职级晋升。组织开展各类培训26班次425人次，选派7名领导干部赴港澳、青岛等地交流学习或挂职锻炼。严要求抓实党风廉政建设。坚决履行“一岗双责”，严格执行中央八项规定及省委实施办法，建立党员干部廉洁档案，开展领导干部配偶、子女及其配偶经商办企业专项整治，加强对厅管单位和挂靠单位的监督管理。用好“四种形态”，对4起违纪问题线索进行查处，累计约谈3人、诫勉谈话1人，给予党纪处分4人，为全厅党员干部划出遵纪守规的底线红线。

（刘　斌）

附：省委秘书长、常务副秘书长、副秘书长，省委办公厅主任、副主任，驻厅纪检监察组组长名单

省委常委、秘书长： 胡玉亭（5月离职）
廉毅敏（6月任职）

常务副秘书长： 张瑞鹏

副秘书长： 储祥好（1月离职）　王利波
宋　伟（兼）　梁克昌〔1月任职（兼）〕
王成禹　宋惠民　宋红波

省委办公厅主任： 王利波

省委办公厅副主任： 史晨鸣　解文秀（5月任职）

驻厅纪检监察组组长： 柴文龙

省委组织部

部　长　曲孝丽

2019年，全省各级组织部门坚持以习近平新时代中国特色社会主义思想为指导，全面贯彻新时代党的组织路线，按照中央、中组部和省委部署要求，深入开展“不忘初心、牢记使命”主题教育，扎实推进党的组织体系建设，培养选拔忠诚干净担当的高素质干部，着力集聚爱国奉献的各方面优秀人才，以“高快严实”要求推动全省组织工作全面提质提速提效，取得新进展新成效。

一、认真履职尽责，精心组织推动，切实把中央关于主题教育的部署要求落到实处

坚持把主题教育作为一项重大政治任务，会同有关部门组建主题教育领导机构和工作机构，高站位科学谋划、高质量统筹推进、高标准督促指导全省130180个党组织、40562名县处级以上领导干部、234.3万名党员开展主题教育，取得扎实成效。

一是强化主线引领，有效推动学习贯彻往深里走、往心里走、往实里走。坚持把学习贯彻习近平新时代中国特色社会主义思想作为根本任务，学习教育围绕主线深学细悟，调查研究围绕主线寻策问道，检视问题围绕主线对标找差距，整改落实围绕主线真改实改。全省各级召开“学用交流会”2288次、举办“学习《纲要》进基层万场宣讲活动”11564场，使科学理论在广大党员干部内心深处铸了魂、扎了根，提高了真信笃行、知行合一的意识和能力。

二是强化整治整改，有效解决群众最关心最直接最现实的问题。突出问题导向、实践导向，紧紧围绕推动党中央重大决策部署和习近平总书记重要指示批示落实落地，着力抓好中央部署的专项整治以及省委省政府部署的整治整改任务，以项目化方式推进整改落实。各地各部门整改落实专题民主生活会和专题组织生活会查摆出的问题136021项，其中上下联动整改7894项。坚持开门搞教育，组织开展“三服务”活动和就业、物价等9项服务行动，集中解决了一批群众关心的难点痛点问题。

三是强化组织指导，有效保证各地各部门主题教育有力有序开展。定期与中央主题教育办、第八巡回指（督）导组沟

通对接，及时召开领导小组会议、办公室主任会议调度推动，积极做好面上指导和政策研究解答。坚持四项重点措施一体推进，注重两个批次协调衔接，针对不同层级不同领域不同对象的特点，协调各巡回指导组从严从实加强督促指导，压紧压实主体责任和第一责任人责任，坚决防止形式主义、官僚主义，推动规定动作达标达效。

四是强化严管厚爱，有效提振广大党员干部干事创业的精气神。牵头开展“不担当不作为”问题专项整治，各地各部门共查摆问题21.7万余条，已整改17.49万余条，2187人因不担当不作为受到问责，3551名担当作为典型受到褒奖。大力选拔使用敢于担当作为的干部，选树宣传100名“不忘初心、牢记使命”先进典型，树立可见、可学、可比的好干部标杆。认真落实关心关爱干部的政策措施，激励干部担当作为二十条举措、省直机关干部职工健康体检、异地交流任职干部福利待遇等一批制度措施落地见效，进一步激发担当作为主动性自觉性。

二、突出政治标准，统筹育选管用，为推动全省转型发展提供坚强的干部保证

落实新时期好干部标准，圆满完成省“两会”、省委全会人事安排任务，顺利完成省妇联、省文联、省作协、省社科联换届工作。2019年省委常委会研究任免干部598人次，提拔或进一步使用170人。

一是坚持不懈加强干部队伍思想政治建设。召开全省干部教育培训工作会议，推进习近平新时代中国特色社会主义思想课程体系、教材体系、学科体系建设。在主题教育和“改革创新、奋发有为”大讨论中，协调指导各地各部门大力推进习近平新时代中国特色社会主义思想进教材、进课堂、进头脑。将贯彻落实党中央决策部署、坚决做到“两个维护”情况作为主题教育评估、党委（党组）理论学习中心组学习、民主生活会、年度考核的首要内容，及时查偏纠错。通过主体班次、“专班计划”、联合培训、网络培训等方式培训干部3万余人次，从教育培训上强化忠诚干净担当。

二是探索完善干部政治素质考察办法。坚持把政治忠诚作为选人用人首要标准，在领导班子换届、干部日常调整、优秀年轻干部专题调研等工作中严把政治关，对政治上不合格的一票否决。紧盯机构改革后领导班子运行状况，由部务会成员带队集中对部分市县、省直单位、国企高校开展平时考核调研，全面了解掌握领导干部实际表现特别是政治表现。对表党中央要求，对标天津、四川等兄弟省市经验做法，研究制定《山西省领导干部政治素质考察考核办法（试行）》《省管干部政治素质考察操作规程（试行）》，并在干部任用考核中先行先试，让干部的政治素质具体化、可评判。

三是持续加大培养选拔优秀年轻干部力度。集中1个月时间，省市县三级联动开展优秀年轻干部专题调研，打破层级界限建立了省委直接掌握的优秀年轻干部名单。一年来共为54个省管领导班子选配了116名50岁以下年轻干部。继续实施年轻干部“两大行动”“三年计划”，有22名正处级干部提拔为副厅级、3名进一步使用，15名基层锻炼干部留在当地正式任职。强化政治训练、实践锻炼，选派88名“70后”干部赴天津、山东、深圳挂职学习，111名“80后”干部到县锻炼，77名干部参与巡视、信访等专项工作。加强源头建设，2019年招录定向选调生204人，2020年选调范围由北大、清华等31所高校进一步扩大为37所。

四是从严从实抓好干部管理监督工作。突出抓早抓小抓苗头，全省各级组织部门共提醒3877人、函询1647人、诫勉873人。改进领导干部个人有关事项报告制度，突出查核结果运用和责任追究，共查核1.26万人。分两批对部分单位和省管干部外出请假报备情况进行抽查。对10所省属高校、24户省管企业开展选人用人专项检查。稳妥审慎推进集中规范领导干部配偶、子女及其配偶经商办企业行为工作，受到中组部肯定并受邀协助制定全国禁业范围参考意见和样本，确定的45名厅级规范对象正依法依规退出。开展“一报告两评议”工作，中组部反馈的2018年度省委选人用人工作总体评价高于2014年度58.42个百分点，全省选人用人风气发生根本性转变。

五是有序推进公务员职务与职级并行工作。在全国较早启动职务职级套转和晋升工作，省级机关、各市县职级套转全面完成，80多个省级机关（单位）、11个市和90个县（市、区）开展了职级晋升工作，大部分单位转入日常管理，省直机关首次职级套转工资待遇已基本兑现。5名个人、3个集体分别被评为全国“人民满意的公务员”“人民满意的公务员集体”。

六是着力构建科学精准干部管理制度体系。制定实施《受处理处分干部教育管理使用办法（试行）》，对11名受过处理处分后表现好的重新安排工作或明确相关待遇，各方面反映良好。制定《一级巡视员管理办法（试行）》《关于规范干部挂职工作有关问题的通知》《关于进一步规范省管干部在社会组织中兼职审批工作的意见》《关于规范省直机关科级及以下干部调配工作的通知》《县级法检“两长”选拔任用工作流程》《关于领导干部不担当不作为问题举报线索办理办法》《关于在三级公立医院正职调整中注重专业化水平的指导意见》，对有关工作进行规范，及时将实践中行之有效的做法上升为可操作、能执行的制度。

三、加强党的领导，严密组织体系，基层党组织政治功能和组织力不断增强

一是牢固树立大抓基层的鲜明导向。代省委起草了《关于深化“三基建设”进一步加强基层工作的若干意见》，召开全省深化“三基建设”加强基层工作推进会暨合并行政村现场会，对贯彻落实《若干意见》作出安排。制定《山西省乡镇党政领导干部选拔任用工作实施办法（试行）》，进一步将选人用人视野向基层倾斜。制定贯彻落实《农村基层组织工作条例》18条工作措施，推进党支部建设标准化、规范化，推动农村基层党组织在脱贫攻坚、乡村振兴、基层治理中发挥领导作用。连续三年提高乡镇干部工作补贴标准，乡镇（街道）平

均办公经费达到80万元以上，全省县域内村级组织运转经费村均达到11.8万元，社区平均达到12.8万元。

二是专项整治软弱涣散基层党组织。认真落实中组部集中整顿软弱涣散基层党组织太原片会精神，全省共确定软弱涣散基层党组织4120个，95%的已完成整顿。大力推进村党组织带头人队伍整体优化提升，实施农村干部学历提升工程，实现大学生村官与选调生工作并轨，示范培训乡镇党委书记、农村第一书记、村党组织书记等2300余人次，调整撤换不胜任、不尽职村党组织书记244人。

三是统筹推进各领域基层党建工作。制定实施《关于加强和改进新时代全省城市基层党建工作的若干措施》，推动8个市制定街道改革、创星升级等一揽子政策措施，初步构建起城市基层党建政策体系和制度机制。进一步明确省管企业党委对直属企业党建工作领导和指导责任，实现明责、履责、考责闭环。按照"当好三个表率、建设模范机关"要求，突出抓好机关党建政治建设等29项重点任务落实。设立省非公经济组织党委、省社会组织党委和省互联网行业党委，健全全省非公和社会组织党建工作体系。

四是严格发展党员和党员教育管理。贯彻落实《2019—2023年全国党员教育培训工作规划》，提出20条突破性、创新性具体措施。按照中组部部署，指导吕梁市交城县完成排查解决农村发展党员违规违纪问题试点工作，并及时总结经验做法，研究制定《山西省发展党员违规违纪问题认定处理意见(试行)》。

四、实施"三晋英才"，打造人才品牌，高端人才引育工作取得重要进展

一是优化整合人才工程，以重点带动整体建设。省委召开"三晋英才"支持计划启动大会，遴选高端领军人才323人、拔尖骨干人才4830人、青年优秀人才7843人，发放人才奖励金2.4亿元，人才创新创造创业活力竞相迸发。2019年共有19人入选"两院"院士、国家"千人计划"、"万人计划"、教育部"长江学者奖励计划""杰青""优青"等国家级人才工程，增幅达58%；引进144名海外高层次人才和创新团队。

二是深化体制机制改革，以改革释放人才红利。建立健全以创新能力、质量、贡献为导向的人才评价体系，着力解决唯论文、唯职称、唯学历现象。实施高校毕业生基层成长计划，鼓励引导人才向艰苦边远地区和基层一线流动。鼓励支持事业单位专业技术人员到企业兼职创新，取得合法报酬。对各类知识技术密集、高层次人才集中的事业单位，实行绩效工资总量倾斜，持续增强人才对改革的满意度、获得感。

三是强化党管人才原则，以政治引领增强认同。结合主题教育，组织高层次人才开展国情研修、赴海南休假疗养，开展"弘扬爱国奋斗精神、建功立业新时代"活动，做好国防军工领域特殊一线岗位人才医疗保健工作。启动首届"山西省优秀人才突出贡献奖"和"山西省人才工作贡献奖"评选活动，加大对人才和人才工作者奖励力度，在全社会营造识才爱才敬才良好氛围。

配合做好"新中国成立70周年"系列庆祝活动，持续加强组织部门自身建设，大力推动组织工作减文减会减字、提质提速提效。

(程永杰)

附：省委组织部部长、副部长、驻部纪检监察组组长名单

省委常委、组织部部长：曲孝丽(女，3月任职)

主持日常工作的副部长(正厅长级)：李凤岐(1月任职)

副部长：陈跃钢(7月离职) 卢建明 张晓峰 赵建华(7月离职) 张晓永 齐海斌 辛艾艾(女)

驻部纪检监察组组长：袁振旭

省委宣传部

部　长　吕岩松

2019年，全省宣传思想战线坚持以习近平新时代中国特色社会主义思想为指导，深入贯彻落实习近平总书记关于宣传思想工作的重要论述，在省委的坚强领导下，不断增强"四个意识"、坚定"四个自信"、做到"两个维护"，紧紧围绕庆祝新中国成立70周年这条主线，自觉承担起举旗帜、聚民心、育新人、兴文化、展形象的使命任务，守正创新、锐意进取、真抓实干，巩固发展了全省宣传思想领域积极健康、向上向好的态势，有力服务了工作大局。

一、思想旗帜鲜明高扬

把深入学习宣传贯彻习近平新时代中国特色社会主义思想作为首要政治任务，在学懂弄通做实上下功夫，构建完善全省理论学用大格局。《习近平新时代中国特色社会主义思想学习纲要》发行量党员占比94.1%，位居全国前五，全省第三次学用习近平新时代中国特色社会主义思想经验交流会及分层分领域学用交流会深入开展，持续引深学习宣传贯彻。增强理论武装工作贴近性，3.4万余场"纲要"进基层宣讲活动覆盖城乡，2.8万余场党的十九届四中全会精神基层宣讲活动形成了差异化备课、分众化宣讲、现场示范观摩等鲜活经验，新时代文明实践中心、县级融媒体中心、"学习强国"山西学习平台建设扎实推进，全省首批党委(党组)理论学习中心组示范点、基层理论宣讲示范点和党的创新理

论实践基地成功创建,大中小学思想政治理论课一体化建设初见成效,有力推动党的创新理论武装往深里走、往实里走、往心里走。

二、民族精神极大振奋

把庆祝新中国成立70周年宣传教育贯穿全年始终,主题图片展、“奋进山西”彩车首都国庆游行及省内巡展、主题文艺晚会等13项重大活动反响热烈,“党的十八大以来山西深化改革、转型发展、改善民生重大举措及成果”评选活动吸引2150余万干部群众热情点赞,“时代新人说——我和祖国共成长”全国主题演讲启动仪式和“绿水青山”主题赛事、“我和我的祖国——红色故事讲解大赛”等群众性宣传教育活动有声有色,“壮丽70年 奋斗新时代” 等大型主题采访活动形成声势,优秀文艺作品展演展映展播等群众性主题文化活动丰富多彩,激发了全省人民爱党、爱领袖、爱国家、爱社会主义的巨大热情。调整提升后的右玉精神展览馆被命名为全国爱国主义教育示范基地,组织编写《山西革命烈士家书》《三晋英模》并列入全省主题教育学习读物,申纪兰等共和国勋章和国家荣誉称号奖章获得者、最美奋斗者、中国好人、时代楷模等模范先进人物辈出,生动诠释了三晋儿女做共和国忠诚脊梁的赤子深情和不懈追求。

三、尽职尽责守牢阵地

坚持党管宣传、党管意识形态、党管媒体不动摇,严格落实意识形态工作责任制,自上而下健全并落实研判、通报、报告、督查、检查、考核等制度,全力维护大局的稳定。坚决打赢网络意识形态斗争,健全网络安全风险通报预警、政治类有害网站快速关闭等机制,稳妥处置各类涉晋敏感网络舆情,政治类有害信息监测举报、网络安全等工作进入全国第一方阵。加强突发事件的舆论引导,稳妥处置乡宁山体滑坡事故、沁源森林火灾事故、平遥峰岩集团二亩沟煤矿“11·18”瓦斯爆炸事故等引发的舆情。落实主管主办和属地管理原则,统筹加强新闻出版、广播影视、文化市场、讲座论坛等阵地管理,圆满完成广播电视安全播出保障任务,全省“扫黄打非”工作共清理删除各类违法信息19.4万条。

四、守正创新亮点频现

巩固拓展实践中形成的好做法好经验,把守正创新落实到思想和行动上,各方面工作呈现新变化新气象。倾力打造哲学社会科学“晋字品牌”,设立两个省级重点智库,发挥“百部(篇)工程”等评奖激励作用,推出一批具有学术价值和山西特色的研究成果,《山西抗日战争文献搜集整理与研究》等课题入选国家重点工程。通过深度融合发展,巩固壮大主流舆论,省属主要媒体改革扎实推进,省级“中央厨房”建成运行,首批启动的40个县级融媒体中心基本建成,全省新闻战线运用媒体融合成果、浓墨重彩做好外交部山西全球推介活动、国新办山西专场新闻发布会及“改革创新、奋发有为”大讨论、“二青会”、太原能源低碳发展论坛、国际通航飞行大会等重大主题宣传,推出一批点击率、转发率、点赞率高的融媒体产品,形成了网上网下同频共振的舆论强势。聚焦培育时代新人、弘扬时代新风,持续抓好群众性精神文明创建、社会主义核心价值观示范点建设、学雷锋志愿服务站点建设、主题微电影征集展示、“我们的节日” 民俗文化活动等工作,孝义市恢复“全国文明城市”资格,星级文明户创评工作助推乡村振兴,全国道德模范巡讲活动等形成强大精神感召,营造了向上向善的浓厚氛围。

五、文化建设硕果累累

坚持以精品奉献人民, 文化创新创造活力竞相迸发,人民群众文化获得感幸福感持续增强。坚持把提高质量作为文艺作品的生命线,电视剧《右玉和她的县委书记们》、图书《傅山全书》、上党梆子《太行娘亲》等荣获国家级奖项的精品力作不断涌现,大型交响舞蹈史诗《黄河》省内外展演广获好评,山西艺术节、“左权民歌汇”、平遥国际电影展等文化活动影响广泛。提高基本公共文化服务的覆盖面和适用性,新建成山西青铜博物馆等一批高水平公共文化设施,“免费送戏下乡一万场”、全民阅读、农村公益电影放映等惠民文化工程常态化实施,数字文化馆、智慧博物馆等公共数字文化项目建设有力推进。巩固山西文物大省地位,“文明守望工程”累计吸引社会资金约1.3亿元,第八批全国重点文物保护单位名录山西省有79处入选,全省现有国保单位531处、稳居全国第一。加快建设文化旅游强省,擦亮黄河、长城、太行三大文化旅游品牌,山西省成为全国第八家省级国家全域旅游示范区创建单位,长城国家文化公园(山西段)列入建设日程。第四届山西文博会突出“深度融合、创新发展”主题,大力弘扬黄河文化,展会规模、质量、成交额刷新历史纪录。对外文化交流更加频繁,“光影流年——中法友好故事会”等受到国内外广泛关注,全年输出版权122种,创历史新高。

六、大宣传格局进一步完善

以贯彻执行《中国共产党宣传工作条例》为契机,持续巩固和完善全党动手、一起来做的大宣传格局。从宣传思想战线自身建设抓起,深入开展“不忘初心、牢记使命”主题教育和“改革创新、奋发有为”大讨论,扎实推进增强“四力”教育实践工作,严格落实党风廉政建设责任制,坚决纠正“四风”特别是形式主义、官僚主义,全面加强领导班子、干部队伍、人才队伍建设,顺利完成省文联、省作协、省社科联、省政研会和省记协换届工作,全战线“两个维护”的政治定力和政治能力持续增强,形成了更加团结、更有理想、更有干劲的工作局面。积极构建领导小组议大事、各职能部门抓日常的工作机制, 成立宣传思想工作领导小组并建立相关议事协调机制, 组织意识形态领导小组成员单位一道研判分析形势,协调实际工作部门与新闻单位联合策划设置主题宣传议题,动员各地各部门深度参与全省性重大宣传活动,汇聚了共同做好宣传思想工作的强大合力。

(丁一鸣)

附：省委宣传部部长、副部长、驻部纪检监察组组长名单

省委常委、宣传部部长：廉毅敏（6月离职）

吕岩松（6月任职）

主持日常工作的副部长（正厅长级）：雷建国（9月任职）

驻部纪检监察组组长：吴照曲

副部长（兼）、省精神文明建设指导委员会办公室主任：张　峻

副部长、省政府新闻办公室主任：张　羽

副部长、省新闻出版局（省版权局）局长：夏　祯

副部长：骞　进

省委统战部

部　长　徐广国

2019年，在省委的坚强领导下，省委统战部紧紧围绕"一三五战略"，改革创新、真抓实干，全省统战工作开创了新局面。

一、统一战线共同思想政治基础进一步巩固，凝聚力显著增强

全省统一战线始终把深入学习贯彻习近平新时代中国特色社会主义思想作为首要政治任务，贯穿于统战工作的全领域、全系统和全过程。深入开展"不忘初心、牢记使命"主题教育，使开展主题教育的过程成为推动党中央及省委重大决策部署落地落实的过程。召开全省统一战线庆祝新中国成立70周年暨民族工作创新与发展座谈会，组织开展系列宣传活动，进一步巩固了团结奋斗的共同思想政治基础。重温习近平总书记"三篇光辉文献"，深入学习省委经济工作会议精神，以省委提出的思路和要求凝聚统一战线广大成员的思想共识，形成同舟共济、致力转型的强大力量。

二、新型政党制度的政治优势进一步发挥，参政党建设水平不断提升

紧扣中央关于参政党建设3个文件，制定相关实施意见和分工方案，推动党中央精神落到实处。一是扎实开展"四比四促"活动。经省委常委会研究同意，在各民主党派中开展"四比四促"活动。人民网、新华网、中国统一战线杂志、团结报等主流媒体对"四比四促"活动进行广泛报道，中央统战部《统战工作》全文刊登印发全国。二是着力提升政党协商效能。年度政党协商计划纳入省委常委会工作要点，省委、省政府以及委托有关部门召开协商会、座谈会、情况通报会20余次。建立了省委统战部与各民主党派省委会联席会议制度，政党协商效能明显提升。三是大力发挥党派优势作用。支持民主党派积极参政议政，聚焦全省中心工作建言献策，深入开展脱贫攻坚民主监督，做到在重大问题上发声、在重点工作上发力。"九吕合作""九临合作"捷报频传，3个院士工作站落地山西，有效助推地方经济发展。四是全面加强民主党派自身建设。按照"四新""三好"要求，建设中国特色社会主义参政党。认真开展"不忘合作初心，继续携手前进"主题教育活动，协助各民主党派加强领导班子建设，注重激发民主党派基层组织活力，协助开展星级支部创建活动，提升民主党派机关工作制度化、科学化、规范化水平。

三、扎实推进宗教工作督查整改，进一步解决民族宗教领域重点难点问题

以铸牢中华民族共同体意识为主线，召开全省民族工作创新与发展座谈会，总结研讨创新民族工作的新路径。深入开展民族团结进步创建活动，3家单位被国家民委命名为第七批全国民族团结进步示范区（单位），6个集体和7名个人被国务院授予全国民族团结进步模范集体和模范个人称号。认真做好内地新疆少数民族学生教育管理服务工作，依法加强清真食品安全监管工作，圆满完成二青会少数民族运动员清真餐饮保障工作。认真做好少数民族发展资金使用管理工作，持续巩固少数民族聚居村脱贫成果。组织参加第十一届全国少数民族传统体育运动会，共获51个奖牌，获奖项数量创历届之最。

聚焦中央宗教工作督查反馈意见，发挥省委统一战线工作领导小组、省宗教工作领导小组统筹协调作用，不断健全完善宗教工作制度机制，破解了一批宗教领域重点难点问题。加强信教群众聚居村治理工作，先后召开全省加强农村宗教工作现场会、全省信教群众聚居村基层党组织建设推进会，与省委组织部联合出台《关于加强信教群众聚居村党组织建设的实施意见》，举办全省聚居村及所在乡镇党组织书记培训班。省级五大宗教团体在6月底前全部完成换届任务，特别是破解了省天主教20年未换届难题。

四、聚焦破解发展难题，进一步助推民营经济高质量发展

贯彻落实山西省支持民营企业发展大会精神，促进民营经济高质量发展，建设高素质民营经济代表人士队伍。一是推动"30条"落地落实。持续开展贯彻落实山西省支持民营企业发展大会精神"十大行动"，召开2019年民营企业百强发布会，全年召开6次专题政企对接会，推进建立政企沟通常态化机制。二是扎实开展"民营企业助力县域经济高质量发展"系列行动。先后开展了绿色发展"右玉行"、消费扶贫"中阳行"、光彩事业"石楼行"、能源革命"园区行"等活动。其中，"右玉行"现场签约项目12个、捐建项目1个，拟投资额

18亿元;“石楼行”捐赠钱物120万元,消费扶贫70万元,签约项目14个,拟投资额20.8亿元。三是促进民营企业家健康成长。开展“千户民企”大调研摸清全省民营经济家底,实行“三走一请”实现对异地晋商组织和民营企业走访联络全覆盖,组织召开新时代新晋商助推山西转型发展异地山西商会负责人座谈会。筹建晋商学院,定期举办晋商大讲堂活动。组织“向企业家学习”系列活动,3名民营企业家被评为全国第五届优秀中国特色社会主义事业建设者。实施青年一代民营企业家“接力计划”,进一步强化正向激励。四是构建亲清新型政商关系。以两办名义下发《山西省促进工商联所属商会改革和发展实施方案》,推动党的组织和统战工作向社会组织有效覆盖。出台《关于构建亲清新型政商关系的若干意见》,明确统战干部和民营企业家日常交往的行为准则。与驻部纪检监察组共同组织开展了《山西政商关系及其对政治生态的影响》大调研,推动构建亲清新型政商关系。

五、积极开展探索创新,进一步推动统一战线工作整体发展

一是创新党外知识分子统战工作。在高校开展“五好”示范点创建活动,完善同党外知识分子谈心交流制度,举办“海归大讲堂”讲座,进一步强化思想政治引领。二是擦亮“晋新晋力”新的社会阶层人士统战工作品牌。创建第二批136个活动站,打造100个新阶层“大师工作室”“院士(专家)活动站”,11市117个县(市、区)全部成立新的社会阶层人士联谊组织。“大师工作室”工作得到中央统战部肯定和新华社的关注。三是深化港澳台统战工作。加强与港澳台代表人士的联系交流,先后接待港澳台海外20个团组350余人来晋参访,支持举办香港澳门“关公文化节”“香港山西节”“香港青年山西实习计划”等活动,发展壮大爱国爱港爱澳力量和台湾爱国统一力量。四是积极做好侨务工作。拓展建立海外侨务站点128个、海外联系人697人。选派43名优秀教师赴泰国、菲律宾等国家华文学校教授汉语和中华文化,选派名师分3个团组赴美、日、韩、意等华文学校进行中华艺术教学展示。会同中新社举办“世界华文媒体高层感知山西”活动。组织企业参加第九届世界华侨华人社团联谊大会、第15届世界华商大会等活动,助力对外开放新高地建设。五是持续推动“百千百”工程。持续推动全省统一战线助力攻坚深度贫困“百千百”工程,在长治召开现场观摩推进会,全面推广好经验好做法。全省统一战线实施扶贫项目6544个,累计投入资金35.55亿元,帮扶贫困村5332个、贫困人口40.33万人、贫困学生1万多名,取得良好经济社会效益。六是推进党外代表人士队伍建设。联合省委组织部开展全省党外干部调研,掌握了一批优秀年轻党外干部。建立履职考核体系,促进党外代表人士健康成长。七是加强社会主义学院工作。以省委名义召开全省社会主义学院工作会议。推进协调解决山西社院职数编制,教学主业水平明显提升,培训人数由每年600人上升为8000人以上,由全国最末位跃居全国第二。全省11个市均已在市委党校挂牌成立社会主义学院,全省社院工作上了一个大台阶。

六、坚定不移压实管党治党主体责任,进一步夯实统战工作基础

坚持把党的政治建设摆在首位,坚决落实全面从严治党主体责任。一是构建统战工作大格局。充分发挥各级党委统一战线工作领导小组作用,着力构建党委统一领导、统战部牵头协调、有关方面各负其责的大统战工作格局。以统战部门机构改革为契机,扎实推进统战部门机构、职责、人员深度融合,切实做到了合编、合心、合力。二是突出抓好领导班子政治建设。坚持用习近平新时代中国特色社会主义思想武装头脑,部理论学习中心组集中学习20次,贯彻落实党中央和省委决策部署做到了坚定坚决、不折不扣。严肃党内政治生活,使党内政治生活各项制度真正立起来、严起来。三是加强机关党风廉政建设。认真履行党风廉政建设“一岗双责”,完成了机关党委、机关纪委换届。开展廉政教育月活动,坚持不懈落实中央八项规定精神,旗帜鲜明反对“四风”,集中整治形式主义、官僚主义。配合审计监督,完善内控制度。坚持抓早抓小抓苗头,用纪律规矩约束全体党员干部。四是坚持选人用人正确导向。开展“统战业务我来讲”活动,建立干部履职档案,形成激励干事创业良好氛围。坚持公正用人,提拔副厅级干部2名、处级干部14名,晋级11人次。五是提升统战工作科学化水平。进一步完善《机关公文处理规程》《机关处室调查研究工作考核办法》《机关干部外出授课管理办法》等10余项制度,梳理50余项制度汇编成册,推进各项工作更加规范化、制度化。2项理论研究成果、1项实践创新成果获中央统战部优秀成果奖。省委统战部获全省党委信息工作先进单位,统战信息工作获全国二等奖。

(董志强)

附:省委统战部部长、副部长、驻部纪检监察组组长名单

省委常委、统战部长: 徐广国
主持日常工作的副部长(正厅长级): 师 帅
副部长(正厅长级): 赵雁峰
副部长(正厅长级)、省宗教事务局局长(省民族事务委员会主任): 刘国庆
副部长(兼)、山西社会主义学院党委书记、常务副院长(正厅长级): 张晓光
副部长(兼)、省工商业联合会(总商会)党组书记: 刘海芸(女)
驻部纪检监察组组长: 相里岩
副部长: 滕德刚 白 源(女)

省委政法委

书 记 商黎光

2019年，省委政法委坚持以习近平新时代中国特色社会主义思想为指导，深入贯彻党的十九大和十九届二中、三中、四中全会精神，认真贯彻落实中央和省委决策部署，扎实推进平安山西、法治山西、过硬队伍和政法智能化建设，圆满完成各项工作任务，全省政法工作取得了明显成效。

一、深化主题教育，加强政治建设

认真贯彻"守初心、担使命、找差距、抓落实"的总要求，一体推进学习教育、调查研究、检视问题、整改落实，以勇于自我革命的精神整改整治突出问题，实现了理论学习有收获、思想政治受洗礼、干事创业敢担当、为民服务解难题、清正廉洁作表率的预期目标。先后3次共6天集体专题理论学习，12人次进行了交流研讨；结合"三服务"活动，组成6个调研组分赴各市和省政法单位，针对政治安全、扫黑除恶、政法领域改革等方面进行了深入调研，形成调研报告6篇；领导班子深入检视查摆突出问题，3次召开专题会议研究，逐项列出了问题清单和责任清单，坚决做到问题整改不到位不放过，群众不满意不放过。以开展主题教育为契机，开展对黄赌毒和黑恶势力听之任之、失职失责，甚至包庇纵容、充当"保护伞"问题专项整治，聚焦能源资源领域10类重点目标，深入开展能源资源领域扫黑除恶专项斗争，打掉涉黑涉恶团伙68个。

二、深化风险防控，维护安全稳定

推动成立省委平安山西建设领导小组，健全完善情报会商、监测预警、协调联动、防范化解等工作机制，紧紧围绕70周年大庆安保维稳工作主线，结合系列重大节点和"二青会"安保维稳实际，开展防风险保安全护稳定专项行动，实现了"五个坚决防止"的底线要求。深入开展矛盾隐患排查化解，积极应对中美贸易摩擦对社会稳定的影响，排查发现涉稳风险点2335个并全部建立风险清单，及时排除隐患、堵塞漏洞。深入推进命案侦破和逃犯"清零"攻坚行动，破获命案积案107起，创历史新高，追逃排名全国第七。严厉打击"盗抢骗"、"黄赌毒"、食药环等群众身边违法犯罪，多项打击成果全国领先，打击文物犯罪取得压倒性胜利，社会治安大局保持和谐稳定。全省刑事案件、八类严重暴力案件、"黄赌毒"案件数同比分别下降4.1%、27.8%、29.2%。

三、深化扫黑除恶，推动再战再捷

结合"深挖整治"阶段性任务，深入开展打漏见底、打财断血、打伞破网、依法惩治、重点整治、源头根治"三打三治"，取得重要阶段性成效。2019年，全省共打掉黑恶势力团伙516个，其中黑社会性质组织104个，恶势力犯罪集团174个，恶势力团伙238个，全省扫黑除恶专项斗争总体战果全国第五，中央扫黑办考核的8项指标中山西省有5项进入前五，8个省直单位被评为全国先进单位、排名全国第二，在全省"深化改革、转型发展、改善民生重大举措及成果评选"中，扫黑除恶得票位列改善民生15个项目之首，得到了人民群众广泛好评。创新建立涉黑涉恶查办"一制度两台账"、线索核查省级统一受理、快速移送和重大涉黑涉恶案件评查会商等制度。推动各级行业监管部门对13个领域2865个重点问题开展集中整治，发出风险提示函、检察建议书、司法建议书4569份，堵塞了行业监管漏洞，山西省"三书两办"经验在全国推广。

四、深化政法改革，完善职能体系

推动政法机构职能体系不断优化，司法责任制、涉法涉诉改革进入了全国前列。制定印发《全省政法领域全面深化改革重点任务及分工方案》，明确39项重点改革任务。推动出台《山西警务辅助人员条例》，11项配套制度在内的辅警管理制度体系已搭建完成，成为全国在省级层面首家出台条例的省份；法官检察官管理制度更加健全规范，累计遴选员额制法官3691名、检察官2955名；与省纪委监委、省法院、省检察院印发《关于查究员额法官检察官错案责任有关问题纪要》，在全国首家建立了错案责任查究工作衔接机制。

五、深化法治保障，服务发展大局

制定出台《全省政法机关支持服务保障民营企业发展的指导意见》"1+4"制度体系、《依法保护企业家合法权益营造企业家健康成长环境的指导意见》等文件，依法保障民营经济健康发展。推动出台《全省产权保护2019年重点任务》，督办企业涉法维权案件问题9件，督办涉党政机关未结案件187件。全面深化"放管服效"改革和最多跑一次改革，相关经验在全国会议上作了交流。有序推动特赦工作的实施开展，印发《关于推动在中华人民共和国成立70周年之际对部分服刑犯予以特赦工作的方案》，成立省委政法委特赦实施工作协调小组，推动特赦工作取得了良好的政治效果、法律效果和社会效果。

六、深化执法监督，确保公正司法

支持和监督政法单位依法行使职权，推进严格执法、公正司法。深化执法检查、执法巡查、案件评查，及时启动重大案件会商协调机制，对政法单位在办案中有较大分歧的案件进行会商，统一法律适用标准，解决办案中的程序性问题，保证办案质效。全年会商协调重大疑难复杂案件31件，督办

39件,评查319件。授权各市对14个基层单位开展巡查工作。积极推动涉法涉诉信访风险排查化解及赴京重点访案件集中清理活动,交办各地的124件重点案件全部办核。

七、深化社会治理,巩固和谐局面

在全省确定培养了10个县区、100个乡镇、1000个社区(村)作为“枫桥经验”先导区,率先在全国印发了《关于推进市域社会治理现代化指导意见》,率先在省级层面成立法学会市域社会治理研究会,积极推进基层社会治理。加强综治中心规范化建设,创新心理服务体系建设和网格化服务管理,积极探索矛盾纠纷多元化解机制,通过开辟平台、整合资源、引入机构,有效增强了基层矛盾纠纷调解效率。加快推进“雪亮工程”建设,累计建设公共安全视频监控摄像头250万台,有效提升了基层社会治安防范水平。

八、深化智能建设,提升政法效能

完成山西政法综合信息网扩容改造工程,骨干网络带宽由千兆提升到万兆,处于全国领先水平,实现了各级党委政法委、公安、司法行政系统四级网络纵向全面覆盖联通;搭建政法跨部门大数据办案平台,初步实现省政法系统设施联通、网络畅通、平台贯通、数据融通;推进206智能辅助办案系统试点应用,在太原、朔州市先行试点的基础上,全省各级政法单位全面推广应用,走在全国7个试点省份前列。

九、深化政法宣传,巩固舆论阵地

开展了政法系统迎国庆十大系列宣传活动,在第四届平安中国微电影微视频微动漫比赛中获最佳微电影奖、亚洲微电影艺术节金海棠奖等14个奖项。开展了“新时代山西政法工作新作为”“枫桥经验基层记者行”等集中采访活动,引起社会广泛关注。实施政法网宣铁军“百千万”工程,组建网军队伍5800余人,构建全省政法网军一盘棋工作格局。制定出台“三同步”工作的实施意见,妥善应对处置重点政法舆情。组织开展网评工作56次,被中央网信办评为“网评队伍建设优秀集体”。开展政法新媒体矩阵规范年活动,健全完善了长安网群和政法新媒体考核管理机制,组织策划系列主题宣传活动,取得良好效果。

十、深化队伍建设,履行职责使命

以省委名义出台《贯彻落实〈中国共产党政法工作条例〉实施细则》,进一步加强党对政法工作的领导。创新政法队伍教育培训机制,持续开展“大练兵、大比武、大培训”活动,全面加强全省政法队伍革命化、正规化、专业化、职业化建设。制定出台全省政法队伍教育培训五年规划。依托太行干部学院、中国政法大学建立政治轮训基地和专业化能力提升基地,全年共举办党政领导干部履职能力提升和各类干部专业能力培训班共9个班次1016人次。出台《关于新形势下推进政法机关政治督察常态化全覆盖的指导意见》,建立“五查联动”工作机制,推动形成了从严治警的常态化工作机制。开展队伍集中整肃和警示教育,刀刃向内,推动查处涉黑涉恶政法干警1060人,有力净化了政法系统政治生态。

(成　伟)

附:省委政法委书记、副书记、政治部主任名单

省委常委、政法委书记: 商黎光

常务副书记: 闫喜春

副　书　记: 苗　伟(4月离职)　刘永生　邓彩彪

政治部主任: 龚景华

省委政策研究室(省委改革办、省综改办)

主　任　宋　伟

2019年,在省委坚强领导下,室办坚持以习近平新时代中国特色社会主义思想为指导,按照习近平总书记对中办工作提出的“五个坚持”要求,不忘初心、牢记使命,充分发挥职能作用。省委主要负责同志调整后,室办迅速把思想和行动统一到中央及省委决策部署上来,重温习近平总书记视察山西重要讲话,在推动中部地区崛起工作座谈会、黄河流域生态保护和高质量发展座谈会上的重要讲话精神,紧跟省委决策部署,努力建设政治机关、中枢机关、服务机关、参谋机关、督办机关。

一、狠抓政治建设,高站位把握正确工作方向

室办按照习近平总书记对中办工作提出的“五个坚持”要求,坚持以党的政治建设为统领,着力深化理论武装,努力在深入学习贯彻习近平新时代中国特色社会主义思想上走在前、做表率,在始终同党中央保持高度一致上走在前、做表率,在坚决贯彻落实中央及省委决策部署上走在前、做表率。一是积极推动学习贯彻习近平新时代中国特色社会主义思想往深里走、往实里走、往心里走。进一步加强思想引领,组织学习《习近平谈治国理政(第二卷)》《习近平关于“不忘初心、牢记使命”重要论述选编》《习近平新时代中国特色社会主义思想学习纲要》。深入学习党的十九届四中全会精神和省委十一届九次全会精神。教育引导室(办)党员干部树牢“四个意识”、坚定“四个自信”、做到“两个维护”,在政治立场、政治方向、政治原则、政治道路上同以习近平同志为核心的党中央保持高度一致。二是深入开展“不忘初心、牢记使

命”主题教育。着眼引导党员干部锤炼忠诚干净担当的政治品格，及时召开室办主题教育工作会议动员部署。举行3次集中学习和3次集中研讨交流。组织党员干部赴彭真生平暨中共太原支部旧址纪念馆开展革命传统教育。主要负责同志带头，领导班子成员和11名支部书记都讲专题党课。召开学用交流会，12名处室负责同志分别检视差距和不足，提出努力方向和整改举措。围绕专项整治五方面重点内容和整治要求，列出清单、建立台账，逐项逐件开展专项整治工作，并将整治情况向全体党员干部群众通报。三是严明政治纪律和政治规矩。严守政治纪律和政治规矩，坚决反对“七个有之”，增强政治敏锐性和政治鉴别力，做政治上的明白人、老实人、过硬人。落实《党委（党组）意识形态工作责任制实施细则》，主要负责同志带头抓意识形态工作、带头管阵地把导向、带头批评错误观点和错误倾向，教育引导党员干部对一切偏离“两个维护”的错误言行坚决说“不”，对任何形式的“低级红”“高级黑”坚决抵制。

二、强化服务意识，高质量完成省委交办任务

自觉提高政治站位，认真完成省委交办的重要工作，努力写好每一篇省委文稿，扎实推动相关工作落细落地，力争忙在点子上、谋在关键处，做到与省委中心工作保持同频共振、同向发力。

一是着力提高文稿服务水平。全年共起草省委重要文稿30余篇，上报党中央及中央有关部门重要报告10个。组织起草省委政法工作、全省能源革命综合改革试点、全省教育工作、全省深化党政机构改革、全省公安工作等重要会议文稿，参与起草省委十一届八次、九次全会等重要会议文稿。牵头起草省委《“改革创新、奋发有为”大讨论实施方案》等重要文件，进一步发挥好以文辅政作用。

二是着力推动省委决策部署落实。在政法、教育、党政机构改革、公安等全省性重大会议召开后，第一时间与相关部门起草通知，对落实会议精神进行任务分解，并加强跟踪督促。在全省能源革命综合改革试点动员部署会后，及时梳理28项先行先试改革事项，通过改革信息管理平台下发有关部门，并推动抓好落实。参与谋划推动2019能源革命展，参与制定完善《山西能源革命综合改革试点行动方案》等相关文件，研究提出15项变革性、牵引性、标志性重大举措。做好“改革创新、奋发有为”大讨论组织协调、上传下达、相关材料审核把关等工作。负责万名干部入企进村联络调度，协调组织开展分片巡查督导，4次下发通知指导推动工作。积极承担“党的十八大以来山西深化改革、转型发展、改善民生重大举措及成果”评选相关工作。

三、突出主责主业，高水平推动全面深化改革

以深入开展“改革创新、奋发有为”大讨论为牵引，强化改革创新意识，主动对标、积极超标、敢于立标，从理清底数、创建平台、完善台账、健全制度四个方面搭梁立柱，从政治把握、谋划设计、研究问题、统筹协调、推动落实五个方面提升改革能力，着力增强改革系统性、整体性、协同性，积极服务省委统筹推进各领域各方面改革。

一是加强改革顶层谋划。针对全省改革存在的底数不清、谋划不够问题，对党的十八大以来中央及省委部署的重大改革落实情况进行总结评估，理清改革任务“大盘子”。梳理中央历次深改会审议通过涉及山西省的改革方案305项，已出台配套方案落实206项，按照中央部署直接落实38项，正在推进61项；梳理中央和国家部委部署在山西省开展的改革试点98项，已完成试点任务38项，正在推进60项；梳理省委历次深改会审议通过的自主类改革方案69项，已完成22项，正在推进47项。服务省委深改委（省综改委）召开13次会议，研究审议改革议题36项，包括31个重大改革制度性文件。认真贯彻11月30日全省领导干部会议和12月9日省委常委（扩大）会议精神，深刻领悟楼阳生书记重要讲话要求，聚焦三大目标，围绕用好转型综改和能源革命综合改革试点两大金字招牌，按照“推动高质量转型、实现高水平崛起、坚持高标准保护、创造高品质生活”要求，运用“四维筹划改革”，精心谋划2020年改革工作要点，严把改革方案质量关，努力增强改革工作的前瞻性。

二是加强改革协调推进。针对改革工作存在的推进不足、合力不够、落地不实等问题，健全完善省领导分工负责抓改革工作制度、省委改革办对接服务省领导抓改革落实工作制度、改革基层联系点制度、改革联络员制度、改革台账建设管理制度、改革方案提交会议审议制度、改革“四书”督察制度、“四维筹划改革”工作制度，并推动实体运行。建立省委书记省长亲自抓的重大改革台账、中央深改会审议出台山西省需配套落实的改革方案台账、山西省制定出台的改革方案台账、年度改革工作要点（重大改革安排）台账、各市党政主要负责同志领衔抓重大改革台账、中央和国家部委在山西省部署开展的改革试点台账、山西省部署开展的先行先试改革台账、“四维”谋划统筹推进改革台账等8本台账，实行跟踪管理和动态更新。夯实省领导分工负责抓改革机制，确定每位分管省领导平均抓6项重大改革、共122项，形成20篇省领导亲自抓重大改革进展情况的报告。聚焦制约转型发展的体制机制瓶颈，探索推出43项先行先试改革事项。加强与中央改革办、国家发改委对接请示，在深改委机构运行、中央改革方案对省级落实要求、改革信息和督察、转型综改工作等方面得到指导和支持。

三是加强改革平台建设。针对全省改革协同不强、沟通不畅、方法落后等问题，学习中央改革办和四川、贵州、青海等省市经验做法，打造改革信息管理工作平台，从总书记亲切关怀、省委总体要求、山西改革特色和亮点、山西改革态势4个维度立体展示山西改革，设立中央精神、山西部署、改革台账、转型综改、督察评估、信息共享、工作交流7个子平台，实现了改革推进流程再造，加强了与部门、各市间的协调联动，促进改革统筹、协调、督促、检查、验收等工作提质增效，改革信息化建设走在全国第一方阵。

四是加强改革督察考核。针对督察方式方法不多、精准

度不够、改革方案跟踪不紧等问题,坚持整体工作全面督、重点改革专项督,围绕复制前海经验、开发区管运分离等10项改革方案落实情况进行专项督察。参与省委组织的贯彻落实习近平总书记视察山西重要讲话精神第三次实地督导检查。运用“四不两直”“双随机”“静悄悄”等督察方式,选取19个县(市、区)、58个乡镇,对乡镇机构改革进行抽查。对农村基本经营制度等8项重点改革任务进展情况进行摸底,推动改革任务持续向纵深突破。建立改革方案督察台账,开展任务告知书、进度提醒书、督察意见书、整改督办书“四书”督察。选取太原市、长治市部分企业、社区、学校、医院、机关单位建立基层联系点,随时掌握了解改革落实情况。与省委考核办共同研究提出了各市6项和各部门1至3项重点改革任务考核指标体系,修订考核方案,细化评分办法,加大对国企改革、能源革命等重大改革的考核力度,强化对抓改革落实的考核导向。坚持整治形式主义为基层减负,履行省委层面整治形式主义为基层减负专项工作机制成员单位职责,下发《关于在全面深化改革中整治形式主义为基层减负工作措施》,推动在全省改革系统形成上下联动查找问题、采取过硬措施狠抓整改的工作局面。

2019年,着力推进改革工作制度化规范化,着力提升改革专业化信息化水平,着力加强改革工作系统集成协同联动,着力强化改革抓落实见成效,加大对全省改革跟踪管理、评估问效力度,形成了党的十八大以来山西省全面深化改革落实情况总结报告、省委书记和省长直接抓重大改革落实情况报告、民生领域改革落实情况总结报告和10个方面改革分报告、转型综改落实情况报告等,为省委谋划推动落实改革发挥积极作用。

四、提升调研质量,高层次支撑省委科学决策

紧紧围绕中央及省委重大决策部署,把调查研究作为做好各项工作的基本功,拓宽视野,对接高端,掌握省情,把反映实际与推动工作更好结合起来,努力提高服务省委科学决策的针对性和实效性。

一是突出重点问题深度调研。精选调研课题,创新调研方式,丰富调研内容,进一步加强战略性、对策性、典型性和比较性研究。围绕能源革命、经济高质量发展、党政机构改革、转型综改示范区建设、开发区改革创新、生态文明建设、国资国企改革、监察体制改革等重大课题进行专题调研,刊发《调查与分析》21期、《情况与建议》11期,形成近20万字调研成果,努力为省委决策多出大主意、好主意,先后得到10多位省领导批示肯定,有的调研成果已经进入决策。

二是突出重大课题公开招标。在完成常规调研课题工作的同时,提出组织一批重点课题向社会公开招标,借助外脑为省委决策服务。在报请省委同意后,经过多轮研究论证和梳理筛选,确定构建支撑资源型经济转型发展的体制机制研究、山西与京津冀深度融合发展研究、构建创新引领的现代产业体系研究、装备制造业高端化智能化绿色化发展研究等8个题目面向全国公开购买重大课题研究服务。经过严格评选,8个重大课题由国家发改委经济体制与管理研究所、国家发改委能源研究所、中国国际经济交流中心、国研经济研究院有限公司、中国国际工程咨询有限公司、北京大学、上海交通大学、上海财经大学等高端研究机构和专业研究团队承接,在借助国内高端智库为省委决策服务上迈出开拓性一步。

三是突出典型经验学习推广。着眼为省委领导和省委深改委、省综改委提供决策和工作参考,进一步加强《山西改革信息》《改革动态》编发工作。编发《山西改革信息》134期、《改革动态》24期,及时反映中央及省委改革部署的落实情况、取得的阶段性成效、遇到的困难和问题,及时反映先进省份改革进展和前沿动态,尤其是注重总结推广先进经验,强化对改革亮点的典型宣传,加快在省内形成示范效应。其中,《山西争当能源革命排头兵》《山西省晋中市探索打造义务教育优质均衡发展新模式》被中央改革办《改革情况交流》专题刊发。编发《山西工作》12期,刊发转型综改、以改革促转型、机构调整、党的建设、扶贫工作等方面重要文稿150余篇,发挥了党刊的喉舌和纽带作用。

五、以党建为统领,高标准抓好室办自身建设

深入贯彻新时代党的建设总要求,更好肩负起管党治党责任,推动党建与业务工作融合发展、齐头并进,为推进各项工作提供了坚强政治保证。

一是推深做实领导班子和党支部建设。把学习贯彻习近平新时代中国特色社会主义思想作为首要政治任务,充分发挥“关键少数”的领学促学作用,要求支部书记列席中心组学习会,积极开展干部讲堂、专题讲座、报告会等学习活动。全年共召开室办中心组学习会23次。建立健全室务会议事规则,认真执行民主集中制,坚持集体领导、分工负责,重大事项均提交室务会讨论决定。加强“三基建设”,完善“支部建在处室、处长一岗双责”机制,积极开展“三会一课”,努力发挥好党支部战斗堡垒作用。

二是推深做实干部队伍建设。坚持正确选人用人导向,严格按照《党政领导干部选拔任用工作条例》,坚持公道正派、注重实绩,把好研判动议关、民主推荐关、考察关、讨论决定关、任职关,在全室办营造了公开公正、风清气正、干事创业的选人用人环境。与省委办公厅交流干部1名,选派年轻挂职干部2名,选调高校毕业生4名。落实职务与职级并行制度,对18名同志进行职级晋升。在广东举办全省改革系统干部专业化能力提升专题培训班,组织近百人参加培训,更加坚定了改革信心、开阔了眼界视野、增强了创新精神、强化了工作合力。做好离退休老干部工作,组织老干部党支部每月开展集中学习。

三是推深做实党风廉政建设。抓好经常性纪律教育和廉政文化学习教育,不断强化党员干部纪律规矩意识。深入学习《党章》《中国共产党纪律处分条例》,组织处以上党员干部观看警示教育片。充分利用“学习”微信群、“楼道”大屏等,宣传党纪党规以及中央、省委关于党风廉政建设工作的最新要

求。通过廉政知识测试、通报廉政典型案例等活动，引导党员干部知敬畏、存戒惧、守底线，筑牢拒腐防变的思想防线。教育引导党员干部贯彻落实中央八项规定，持续整治形式主义、官僚主义等“四风”突出问题。制定室办普法责任清单，认真做好普法工作。大力倡导崇尚实干、自觉担当的理念，大力弘扬不怕吃苦、无私奉献的精神，干部职工展现出新的风貌。党刊编辑室、信息中心两个事业单位被省直文明委评为精神文明标兵单位。

（许鹏丽）

附：省委政策研究室（省委改革办、省综改办）主任、副主任名单

省委副秘书长、省委政策研究室主任、省委改革办常务副主任、省综改办副主任：宋 伟

副主任：加年丰（10 月离职） 王炤坤（12 月任职） 张荣章 任 凯

省委网络安全和信息化委员会办公室

主 任 董晓林

2019 年，省委网络安全和信息化委员会办公室在省委的坚强领导下，以习近平新时代中国特色社会主义思想为指导，全面贯彻习近平总书记关于网络强国的重要思想，紧扣省委“四为四高两同步”的总体思路和要求，以“不忘初心、牢记使命”主题教育为牵引，以贯彻落实网络意识形态工作责任制和网络安全工作责任制为抓手，以服务保障中华人民共和国成立 70 周年为主线，全面提高网络内容建设、网络安全保障和信息化发展水平，更多网信工作进入全国第一方阵，为谱写中国特色社会主义现代化建设山西篇章，提供了强大网上舆论支持、可靠网络安全保障、有力信息化支撑。

一、用习近平新时代中国特色社会主义思想武装头脑、指导实践、推动工作

全省网信系统坚持把深入学习贯彻习近平新时代中国特色社会主义思想摆在首要位置，进一步增强“四个意识”，坚定“四个自信”，做到“两个维护”。系统学习习近平新时代中国特色社会主义思想，重点学习习近平总书记关于网络强国的重要思想，定期重温习近平总书记“三篇光辉文献”，及时跟进学习习近平总书记最新讲话精神，坚持学思用贯通、知信行合一。坚定不移地按照习近平总书记重要讲话精神和党中央决策部署，扎扎实实做好网络安全和信息化各项工作，制定印发《全省网信工作重点任务及分工方案》，建立工作台账，持续跟踪问效。7—9 月，省委网信办会同省委网信委有关委员单位组成督查组，对全省 11 个市委网信委和省直各有关单位落实网络意识形态工作责任制、网络安全工作责任制以及重点任务进展情况开展督查，确保党中央关于网信工作的决策部署在山西得到不折不扣贯彻落实。

二、砥砺初心使命，扎实开展“不忘初心、牢记使命”主题教育

严格按照中央及省委部署要求，成立由主要负责同志为组长的领导小组，37 名党员干部参与主题教育。结合工作实际，精心制订实施方案，严格落实责任。认真学习研讨，在自学基础上，组织处级以上党员干部开展 13 次理论学习中心组（扩大）集体学习，进行 3 次专题交流研讨。讲好专题党课，按照“三个联系、三个讲清楚”要求，领导班子成员带头讲党课。召开学用交流会，主要负责同志和处室（单位）负责人作交流发言。深入调查研究，14 名处级以上党员干部深入一线进行调研，形成调研报告 10 篇，并召开调研成果交流会。广泛征求意见，认真开展“三服务”，班子成员和处级党员领导干部深入包扶村、基层网信单位和网信企业，帮助群众化解难题。围绕中央 8 个方面专项整治和省委 5 个方面专项整改，认真梳理并深刻检视存在的 29 个问题，领导班子带头扎实开展专项整治。坚持把主题教育与中心工作相结合，做到两手抓、两不误、两促进，以主题教育推动网信工作提质增效。通过“不忘初心、牢记使命”主题教育，全办党员干部理想信念进一步坚定，理论水平进一步提升，担当意识日益增强，发现问题、解决问题的能力显著提高。

三、浓墨重彩做好中华人民共和国成立 70 周年等重大主题网上宣传，营造正能量充沛的网上舆论氛围

充分发挥互联网主渠道作用，做好习近平新时代中国特色社会主义思想网上宣传和党的十九届四中全会精神网上宣传。全省新闻网站开设“壮丽 70 年 奋斗新时代”等专题专栏，“70 年点赞山西”话题阅读量突破 6000 万。“不忘初心、牢记使命”主题教育网上宣传工作取得良好效果，组织开展“献礼 70 年 决胜贫困”等主题宣传活动，外交部山西推介活动阅读量超过 6 亿次，实现历史性突破。“能源革命看山西——第十四届全国网络媒体山西行”相关稿件阅读量近 2000 万，抖音“二青会”话题阅读量超过 12.2 亿，为营造正能量充沛、主旋律高昂的网络舆论环境贡献了山西力量。

四、强化属地网络生态治理，进一步提升网络综合治理能力，坚决防范化解网上意识形态风险

积极推动应急指挥中心规范化建设，建立网络意识形态领域形势和涉晋敏感舆情分析研判机制；开展2019“清朗”专项行动，注销属地违法违规网站119个，依法协调有关部门处置10款微信公众号。深化网络内容管理改革，完成34家单位的互联网新闻信息服务许可审批，积极指导县级融媒体中心开展互联网新闻信息服务许可申报，加强对属地“两微一端”、网络直播、短视频等移动应用的管理和引导。成立山西省互联网行业党委，建立互联网企业党建工作体系，不断加强社会协同治理力度，进一步提升网络综合治理能力。

五、全面落实网络安全工作责任制，不断加强网络安全保障体系建设

深入贯彻落实习近平总书记关于网络安全工作的重要指示精神，以督促指导各级党委（党组）全面落实网络安全工作责任制为重要抓手，不断加强对全省网络安全工作统筹协调和监督管理，突出抓好关键信息基础设施网络安全和重要时期网络安全保障两条工作主线，持续提升网络安全风险监测、信息通报、应急管理等基础工作能力，不断夯实人才、技术和产业等基础支撑体系，全省网络安全工作再上新台阶。全省全年未发生重大网络安全事件，守好了山西的网络安全防线。省委网信办被中宣部、中央网信办等十部门联合表彰为2019年国家网络安全宣传周活动先进单位。

六、发挥信息化创新驱动作用，为转型发展提供新动能

扎实推动网络扶贫向纵深发展，制定《山西省2019年网络扶贫行动计划》，组织召开网络扶贫工作座谈会，建立网络扶贫专项行动计划月报制度，圆满完成网络扶贫工作省际交叉检查。组织开展网络扶贫项目推荐工作。指导山西发展（网络）智库举办“百城公益行”活动。统筹推进电子政务工作，召开全省电子政务工作座谈会，进一步发挥全省电子政务统筹协调工作机制作用，推动各相关单位电子政务工作落细落实。大力推进IPv6规模部署，联合省工信厅起草印发实施意见，召开部署推进会，组织部分新闻网站开展改造试点，为深化全省下一代互联网发展提供有力支撑。

七、打造对党忠诚、作风过硬的网信铁军

坚决落实《关于加强党的政治建设的意见》要求，制定《关于加强和改进中共山西省委网信办机关党的建设的措施》，树牢政治机关意识，强化政治导向，提高政治本领，增强政治敏锐性和政治鉴别力。健全机关“两委”和党支部设置，制定《省委网信办机关党支部学习制度》。主动适应互联网时代新形势和党员队伍新变化，丰富党组织活动内容形式，帮助党员干部加强党性锻炼、提升思想境界。始终严明政治纪律和政治规矩，严格执行党内监督制度，把党风廉政建设和反腐败工作要求落实在日常工作中。建立廉政提醒谈话制度，签订党风廉政建设责任书，紧盯关键时间节点加强警示提醒，开展专项监督检查，持之以恒推进中央八项规定精神落实。理顺全省网信工作体系，全省11个市均成立正处级建制、列入市委工作机构序列的市委网信办，在县委宣传部加挂县委网信办牌子。强化网信部门的统筹协调作用，充分发挥网信委各委员单位职能作用。认真开展增强“四力”教育实践，编制《领导干部互联网条件下工作能力建设学习纲要（试行）》，建设全省网信干部专业能力测评系统。组建山西省网络安全专家智库。围绕网络宣传、舆情应对、新媒体管理、网络安全、区块链技术、互联网行业党建等工作，全年举办9个班次的业务培训，引导和帮助全省网信干部进一步提高政治素养、丰富专业知识、锤炼专业作风，不断提升适应新时代发展要求的履职能力，为进一步开展好网信工作，建设高素质专业化网信干部队伍打下良好基础。

（周　颖）

附：省委网络安全和信息化委员会办公室（省互联网信息办公室）主任、副主任名单

主　任：董晓林

副主任：米　杰

省委机构编制委员会办公室

主　任　李建刚

2019年，省委编办坚持以习近平新时代中国特色社会主义思想为指导，深入贯彻党的十九大、十九届二中、三中、四中全会精神和习近平总书记视察山西重要讲话精神，深入贯彻落实中央和省委决策部署，不断加强政治机关建设，圆满完成党政机构改革，协同推进重要领域体制机制改革，深入推进事业单位改革，创新机构编制管理，推进机构编制法定化，为全省在“两转”基础上全面拓展新局面提供了有力的组织和体制机制保障。

一、从严从实抓好机关党的建设

坚持把加强机关党的政治建设作为党建的首要工作，把

旗帜鲜明讲政治作为机构编制工作的“生命线”。一是深入学习贯彻习近平新时代中国特色社会主义思想，切实增强“四个意识”，坚定“四个自信”，做到“两个维护”。充分发挥办理论中心组的示范引领作用，多次召开会议，传达学习中央和省委有关精神，原原本本学、反反复复学，系统把握习近平新时代中国特色社会主义思想的丰富内涵和精神实质，深刻领会机构编制工作在推进中国特色社会主义发展历程中的定位和坐标，进一步提升政治站位。新一届中央编委第一次会议召开后，省委编办与省委组织部联合印发《关于深入学习贯彻习近平总书记在中央机构编制委员会第一次会议上的重要讲话的通知》，就全省学习贯彻工作提出明确要求，深化学习成效。二是扎实开展“改革创新、奋发有为”大讨论。认真贯彻落实省委要求，通过举办党支部书记培训班、组织学习交流、开展专题研讨等举措，不断推动思想再解放、改革再深入。通过选派党员干部入企进村、开展“三晋英才”人选推荐等工作，推动政策落实，激励担当作为。坚持对表对标，梳理对标一流打算或事项11个，形成了一批实用、可复制推广的经验成果。三是扎实开展“不忘初心、牢记使命”主题教育。紧紧围绕中央提出的总要求、目标任务、重点措施，按照省委部署，通过办理论学习中心组集中学习、开展“四个一”(一次专题学习研讨、一次革命传统教育、重温一次入党誓词、学习一批先进人物)主题党日活动、邀请省军区老干部和省委党校教授作专题讲座、召开“对标一流、学习先进”报告会、办主要领导讲专题党课等形式，引导党员干部坚定理想信念和价值追求，推动机关党员干部自觉践行初心使命。扎实抓好“三服务”和“8+5”专项整治，推动解决问题。四是办领导班子坚定扛起管党治党主体责任。召开2019年机关全面从严治党工作会议，对新形势下机关党建工作以及党风廉政建设和反腐败工作进行安排部署，分层签订责任书，全体党员干部签署廉政承诺书，层层压实责任。召开党建专题室务会，支部书记述职评议会，把从严治党主体责任落到实处。五是全面提升党组织的组织力。持续深化党支部标准化、规范化建设，圆满完成党支部换届工作，完善队伍结构。以“三基建设”为抓手，修订完善各项制度，重新编印“一目录三手册”，全面推行精细化管理，印发《关于对全省党政群机关事业单位提升基础工作专项行动开展考核评估的通知》，组织对全省行动进行考核评估，全面提升基础工作质量和水平。六是加强干部队伍建设。认真学习贯彻省委激励干部担当作为干事创业、支持干部改革创新合理容错两个办法。分5个批次进行干部调整，对7名正处长级干部进行了岗位调整，选拔提任5名正处级领导干部，中层领导干部结构进一步优化。宣传表彰担当作为先进典型2人，入选“三晋英才”支持计划1人，党员干部干事创业的积极性、主动性和创造性不断激发。七是持续推进正风肃纪，狠抓作风和党风廉政建设。开展作风建设专项行动，对机关人员在岗履职情况进行抽查，强化党员干部日常监督管理。集中排查廉政风险点，进一步提出防控措施并完善廉政风险防控图。通过重温入党誓词、进行革命传统教育、观看警示教育片、剖析身边发生的违法违纪案件等正、反面教育相结合的形式，深入开展党风廉政教育和警示教育。紧盯节假日开展节日腐败预防工作，驰而不息反对“四风”，严守纪律规矩底线。

二、圆满完成党政机构改革任务

按照中央和省委决策部署，扎实做好党政机构改革组织实施工作。截至2019年3月，各项改革任务按要求、按计划、按时限顺利完成。10月8日，全省党政机构改革总结会议召开。通过深化机构改革，呈现出“五个更加”的深刻变化：组建和调整11个党委议事协调机构，加强党委职能部门的统一归口协调管理职能，维护党中央集中统一领导更加坚强有力；省级党政机构由63个减少为60个，11个省辖市党政机构由534个调整为529个，117个县(市、区)党政机构由4265个调整为4214个，理顺了60多项长期存在的部门职责交叉、关系不顺事项，全省机构职能体系更加顺畅高效；贯彻习近平总书记重要讲话精神，在能源、脱贫攻坚、文化旅游、文物保护等方面，整合组建或优化调整了一批体现山西地方特色的机构，转型发展保障推进机制更加富有活力；强化社会管理和公共服务职能，平稳有序推进全省5个领域综合行政执法改革，省级执法队伍由13个精简为3个，市级执法队伍由265个精简为55个，县级执法队伍由1589个精简为387个，省直5个部门制定出台执法事项目录清单，服务群众工作导向更加鲜明突出；全省1196个乡镇、202个街道科学调整设置机构，实行扁平化和网格化管理，实现工作重心下移，党的执政根基更加夯实牢固。改革后，全省党的领导体系、政府治理体系得到重构性健全，党的领导力、政府执行力得到系统性增强，解决了许多长期想解决而没能解决的问题，理顺了不少多年想理顺而没有理顺的体制机制，为全省在“两转”基础上全面拓展党的建设和党领导的事业新局面提供了有力制度保障。

三、深入推进事业单位改革

按照“分类指导、分业推进、分级组织、分步实施”的方针，积极稳妥推进政事分开、事企分开、管办分离，促进公益服务水平提升。一是全面完成承担行政职能事业单位改革。省直印发了事业单位剥离回归机关行政职能清单，将43个事业单位的107项行政职能以文件形式明确回归行政机关，市县也明确将5776个事业单位承担的行政职能回归机关。二是积极推进从事生产经营活动事业单位改革。省直涉改的51个单位改革任务全面完成，召开市县从事生产经营活动事业单位改革推进会，督导市县推进从事生产经营活动事业单位改革。截至2019年12月31日，市县765个单位完成改革任务(中央要求在2020年底前完成)，完成率达97.2%。三是积极谋划推进公益类事业单位重构性改革。在曲孝丽部长的带领下，深入开展深化事业单位改革专题调研。起草深化事业单位改革框架意见，积极推进省交通厅、省水利厅、省能源局所属事业单位先行试点改革，进一步探索明确改革的思路和举措，三个试点部门事业单位机构和编制均减少60%以上。四是圆满完成党政机构改革中涉改事业单位的调整转隶工作。根据中央和省委党政机构改革职能调整情况，对435个事业单位进行了调整转隶，其中，对115个事业单位的机构名称进行了调整，对42个事业单位的职能进行了调整优化，对10个事业单位进行了撤销，对13个事业单位进行了优化整合。

四、建立简约高效的基层管理体制

按照中央关于"适应街道、乡镇工作特点和便民服务需要，构建简约高效的基层管理体制"要求，科学设置乡镇(街道)机构，进一步理顺基层管理和运行机制。一是简约精干设置乡镇(街道)管理机构。根据整合优化、综合设置乡镇党政机构和事业单位的要求，全省1196个乡镇、202个街道按照党政综合、经济发展、社会事务、公共安全、综合执法等职能，普遍设置了3-5个办公室，2-3个中心(站)，实行扁平化和网格化管理。二是创新基层人员编制管理。出台《关于创新基层人员编制管理的意见》，从统筹使用各类编制资源，加强充实基层人员力量；优化岗位设置和职责，构建科学合理的工作机制；加大人员补充力度，逐步优化干部结构；探索建立编制周转制度，强化基层人才引领等方面提出了具体意见和措施。三是明确乡镇(街道)审批管理服务执法权限和责任，建立权力清单和责任清单。制定印发《明晰乡镇(街道)权责厘清县乡关系的指导意见》，梳理乡级123项权责事项，切实解决县乡层级之间职责不清、任务下移、责任落实和属地管理简单随意等突出问题，为基层减负松绑。四是推进基层整合审批服务执法力量。加强基层建设，贯彻落实省委《关于深化"三基建设"进一步加强基层工作的若干意见》，研究起草《关于深化乡镇(街道)机构改革推进基层整合审批服务执法力量的实施方案(送审稿)》，提出加强和改进乡镇(街道)党的建设，优化乡镇(街道)职能配置、机构设置和人员编制，扎实推进基层综合行政执法改革等6个方面25条具体措施，切实解决基层突出问题。

五、加强和改进机构编制管理

按照"瘦身"与"健身"相结合要求，坚持原则，严格把关，加强统筹，优化结构，做到机构职能体系的科学优化。一是坚持严控总量。对省直7个部门所属10个处级事业单位高配的11名副厅级领导职数进行了清理，规范了领导职数管理。在全国率先探索市级党政部门领导职数实行总量控制、动态调整的办法，市级党政部门处级领导职数核减了29.6%；县级党政部门科级领导职数核减了31.3%。严格实行编制总量控制，改革后没有新增行政编制和事业编制。二是建立联动机制。充分发挥机构编制在管理全流程中的基础性作用，将机构编制实名制信息与组织、财政、人社等部门共享，初步建立机构编制与岗位管理、人员聘用、工资管理、社保缴费、财政预算等工作联动联办的综合性约束管理平台。三是不断创新挖潜。建立县(市、区)域内中小学教职工编制"总量控制、动态调控"的管理机制，加快推进义务教育教师县管校聘管理改革。深化人才建设，推进各市县建立机构编制周转池。鼓励支持充实基层人才，共对9个市的75个县区下达了3500名特岗教师招聘计划，切实解决了基层教师用编紧张问题。加强事业单位登记管理，公开行政许可、行政处罚等信用信息2494条，并同步推送至"信用山西"平台，探索建立以信用监管为核心的事业单位法人监管机制。加强党政机关事业单位网上名称管理，持续扩大机构编制云平台覆盖面。

六、深入学习贯彻《中国共产党机构编制工作条例》

一是加强《中国共产党机构编制工作条例》的学习宣传。印发《关于学习贯彻<中国共产党机构编制工作条例>的通知》，在省委编办门户网站登载中央通知、答记者问、专家解读等学习宣传文章，组织全办网上应知应会学习测试。邀请中央编办政策法规局和监督检查局相关同志进行宣讲授课辅导，强化了各级编办依法开展机构编制工作的法治意识和法治观念。二是推动完成党内法规和规范性文件清理。与省委办公厅密切沟通，配合完成与省委编办相关的第二次党内法规和规范性文件集中清理，决定废止的4件，宣布失效的2件。起草《中共山西省委关于涉机构改革党内法规和相关文件专项清理的决定》，牵头完成省委编办涉机构改革规范文件专项清理，印发《关于废止一批涉机构改革文件的通知》，废止省委编委文件20件，废止省委编办文件21件。三是优化完善办机关党领导法治建设的体制机制。对办机关法制建设领导小组进行更名，优化调整组成人员，制定省委编办法制建设领导小组工作规则及其办公室工作细则，明确工作职能，加强办事机构建设，强化法治建设保障，提高依法履职能力。四是加强法治文化建设。以理论学习中心组、机构编制大讲堂的形式，邀请办机关法律顾问进行2次专题辅导交流；开展"宪法进机关主题日"活动，组织集体观看网上庭审和网络展播"我与宪法"优秀微视频，加强法治教育，营造遵守党章党规法律法规的氛围。运用互联网平台加强法治宣传和法治文化阵地建设，在办机关门户网站开设法治文化专栏，全年发布法治文章99篇，主题教育报道9篇。

(王振兴)

附：省委机构编制委员会办公室主任、副主任名单

主　任：李建刚

副主任：张吉祥

省委军民融合发展委员会办公室

主　任　林　武

2019年，省委军民融合办在省委坚强领导下，坚持以习近平新时代中国特色社会主义思想为指引，深入学习贯彻习近平总书记"三篇光辉文献"精神和关于军民融合发展重要论述，坚持对标一流找差距、拓宽视野谋发展，统筹抓项目、建机制、优环境、促融合，推动山西军民融合发展向纵深推进取得初步成效。

一、强化政治建设，推动全面从严治党走深走实

（一）牢记初心使命，坚持以习近平新时代中国特色社会主义思想武装头脑。强化中心组学习示范带动作用，机关中心组全年集中学习研讨12次，军工企事业单位中心组学习370次以上；开展党建宣讲活动2494场，受教育党员4.4万余人（次）；先后组织开展机关干部提高履职能力培训班、党支部书记培训班、"两优一先"培训班等11次，培训人次达1200以上；印发学习资料2.1万余册。通过学习培训，广大干部职工更加树牢"四个意识"，坚定"四个自信"，坚决做到"两个维护"。

（二）强化"三基建设"，全面提升基层组织力。严肃认真开展专项整治工作，印发《省委军民融合办2019年度"三基建设"重点工作任务清单》，提出19项目标任务，组织1036个党支部逐项对标对表、梳理检查，建立了36个问题清单和整改清单，明确了36项问题，按要求进行整改；印发《省委军民融合办党支部标准化规范化建设提升工程实施方案》，将对第一年、第二年达标的优秀党支部给予1500元和1000元的经费支持，评比表彰100名优秀党员、65名优秀党务工作者、65个先进基层党组织，进一步提高了党员荣誉感，提高了群众满意度，提高了党员干部的工作积极性。

（三）扎实开展"改革创新、奋发有为"大讨论和"不忘初心、牢记使命"主题教育。在大讨论中，军工企事业单位召开述职评议会417场，先进典型报告会86场。全系统989个各基层党支部召开专题组织生活会，4.3万余名党员参加民主评议，谈心谈话1.8万余人次。主题教育开展以来，严格按照中央、省委省政府要求，采取集中交流研讨、党员干部自学、召开学用交流会、开展主题教育应知应会知识测试、集中观看警示教育片、主题党日活动等方式开展学习教育，提高了机关干部运用党的创新理论指导实践、推动工作的自觉和能力。

（四）激发人才创新创造创业活力，着力汇集高质量发展的人才智力资源。按照统筹推进核心人才发展的需要，充分利用各军工集团公司培训机构和有关高等院校，构建协作配合、资源共享、形式多样的人才培训教育机制。2019年1月，全系统22家企业共计533人入选首批"三晋英才"支持计划，其中高端领军人才22人，拔尖骨干人才267人，青年优秀人才244人，争取奖励资金1150万元。2019年9月，选派两批8名三晋英才参加省委组织部人才工作处在右玉组织的人才国情研修班。2019年9月，组织6名同志申报第六批山西省新兴产业领军人才；2019年10月，组织10名同志申报山西省学术技术带头人选；2019年11月选拔出"山西省优秀人才突出贡献奖"3名。

二、履行强军首责，国防科技工业经济保持健康发展

2019年，军工经济继续保持良好的发展态势。全省军工重点项目投资完成额、军工行业主要经济指标均呈现两位数增长，全行业营业收入同比增长9.23%，利润同比增长42.49%，职工年收入同比增长15.71%。

（一）强化服务，全省武器装备科研生产任务顺利完成。2019年，全省国防科技工业围绕军品重点型号、重点项目和重要节点，主动对接服务，协调军队、地市有关部门解决了中信机电制造公司、中北大学等20个企事业单位23项要素保障和产品配套问题，有力保障了军品科研生产和重点型号任务的"绿色通道"畅通。加强军工固定资产投资项目管理，配合国家国防科工局和相关军工集团对6家企业的7个项目完成验收，对9家单位的22个项目的招标情况进行监督备案。加强许可指导服务和监管，促进军品科研生产能力进一步提升。组织开展26家企事业单位的二类许可年度自查；完成5户企业许可延续现场审查和5户企业许可监督抽查，被查单位全部合格；完成20家企业武器装备科研生产备案凭证审查。

（二）严格监管，平安军工建设不断推进。一是全力抓好安全生产。进一步健全和完善安全生产责任体系。落实企业全员安全生产责任制，对41个军工单位下达年度安全生产工作目标责任书，制定了军工系统安全生产分级属地监管办法，推动安全生产压力层层传递。突出重点，抓好重要节点安全生产工作，严格落实风险管控措施，坚决防止各类生产安全事故的发生。深入持久开展安全生产监督检查，强化军工隐患排查整改，进行了安全生产违规违章行为专项整治、10人以上危险作业场所核查治理和军工危化品登记工作，完成了13个单位军工安全生产标准化建设现场评审指导监督，开展为期四个月的安全生产集中整治工作，全年军工系统安全生产形势平稳，全面完成了省政府下达的安全生产控制指标和工作目标。

二是抓统筹促协调，全力做好重大风险防范工作。组织进行重大风险情况分析及预案编制，制定防范化解重大风险

攻坚战方案。积极进行军工信访形势分析研判,制定措施,协调解决群众合理诉求,全年接待信访29件、144人次,做到件件有着落、有回音。

三是补短板强基础,确保安全保密万无一失。先行开展新建军工项目周边安全保密环境现场审核工作,成为较早开展这项工作的省份之一,得到国家国防科工局的肯定。持续夯实保密保卫基础,全年未发生失泄密案件和邪教人员滋扰破坏等事件。

三、深化机制创新,军民融合深度发展呈现新局面

(一)创新试点示范,打造服务平台。2019年,与中央军委装备发展部共建的全国唯一试点军民融合"一站式"服务平台上线运行,形成可复制可推广经验,已被全国11个省市借鉴复制。平台具有涉密政务审批服务、军民供需信息对接、技术成果展示推介等十大功能,为省内军工企事业单位、民口单位提供金融、大数据、知识产权等全链条全方位服务。王一新副省长莅临现场指导并提出表扬。在全军武器装备采购信息网新版上线暨第二批查询点开通授牌仪式上,山西省委军民融合办作为地方军民融合管理部门的唯一代表发言,介绍了平台建设情况。积极推进创新示范区创建,制定建设实施方案、行动计划和评选细则,努力打造有亮点、有特色、示范牵引作用强的省级军民融合创新示范区。

(二)扩大开放合作,推动项目落地。与中央国家部委、军工集团、高等院校和科研机构展开多层次、高密度、大范围的对接活动,进一步扩大和加强合作,推动军民融合不断向纵深发展。建立涵盖产业发展项目、协同创新项目、股权合作项目的军民融合项目库,涉及高端装备制造、大数据、新能源、新材料、通用航空等领域,在库项目303个,总投资1200亿元,在建项目累计完成投资72亿元。开展"手续集中办理"等专项服务活动,深入工地一线解难题,加快推动项目建设。办理前期手续32项,在建项目开复工率100%,高速飞行列车扎实推进、中国电科(山西)电子信息科技创新产业园碳化硅材料生产线试运行、平顺航天产业园二期项目竣工,其他挂牌推进的重点项目取得重大进展。推动军地重点实验室、关键设施、计量资源开放共享。积极推进科研项目建设及成果转化,在研的18个国家级项目已经完成验收上报,新申报国防科研项目25个、省级科技项目20个。征集技术合作推广项目、技术需求项目共64个在"一站式"服务平台推进转化应用。

(三)创优发展环境,培育产业动能。积极推动《军民融合配套奖励专项资金使用管理办法》《关于推进山西军民融合深度发展的若干财政政策》等政策落实落地,在"一站式"服务平台组织专题讲座进行政策解读,指导和组织17家企业申报武器装备科研生产备案。2019年认定军民融合企业165家。推动军工企业混合所有制改革,联合股权交易中心、军民融合发展基金等机构助推企业融资上市。

(赵云刚)

附:省委军民融合发展委员会办公室(省国防科工局)主任、副主任名单

主　任:冯志君(6月离职)　林　武(6月任职)

常务副主任(局长):冯志君(6月任常务副主任)

副主任(副局长):安　华　齐建伟　吴泽兵　张慧雄

省委台湾工作办公室

主　任　曹荣湘

2019年,省委台办坚持以习近平新时代中国特色社会主义思想为指导,深入学习贯彻党的十九大和十九届四中全会精神,认真贯彻习近平总书记在《告台湾同胞书》发表40周年纪念会和视察山西重要讲话精神,全面落实中央对台工作、港澳工作大政方针和省委十一届八次、九次全会精神,按照中央和省委工作部署,着力加强机关党的建设,大力推进晋台、晋港、晋澳交流合作,圆满完成全年工作任务,为服务中央台港澳工作大局和山西经济社会发展作出了积极贡献。

一、深入学习贯彻习近平新时代中国特色社会主义思想,坚持全面从严治党,着力加强理论武装和政治建设

(一)凝心聚力加强领导班子和干部队伍建设。紧紧围绕习近平新时代中国特色社会主义思想和十九届二中、三中、四中全会精神,习近平总书记在《告台湾同胞书》发表40周年纪念会和视察山西重要讲话精神,省委十一届八次、九次全会精神等的学习贯彻,充分发挥理论学习中心组示范引领作用,组织21次理论中心组学习、4次学用交流会,组织党员干部开展参观"马克思书房"、聆听金一南专题讲座及太重轨道交通现场见学等形式多样的学习实践活动,自觉用习近平新时代中国特色社会主义思想武装头脑、指导实践、推动工作。认真抓好2019年对台工作会议精神的学习贯彻,组织召开全省对台工作会议。研究出台《省委台办关于进一步规范和加强机关党建工作的若干意见》,创新性建立"一把手"、领导班子、机关党委、党支部四级党建联动工作机制和专兼职党务干事制度。严格落实民主集中制和民主生活会制度,全面完善以室务会为统领的议事决策机制,全年召开室务会31次。认真学习贯彻新修订的《党政领导干部选拔任用工作条例》和公务员法,坚持党管干部原则和忠诚干净担当标准,

扎实推进职务与职级并行工作，高标准开展职级套改和晋升，先后选拔任用领导干部11人、晋升职级16人次，主要领导与新选拔任用干部集体谈话2次，干部梯队结构得到显著改善和优化，为全面工作提质增效、加快迈入全国第一方阵，提供了有力的干部队伍保障。

（二）深入扎实开展“不忘初心、牢记使命”主题教育和“改革创新、奋发有为”大讨论。扎实开展主题教育活动，先后7次召开领导小组专题会议，严肃认真召开专题民主生活会、分析研判专题会、整改落实成效评价座谈会，推动主题教育走深走细。坚持“加快进入对台工作全国第一方阵”目标导向，对标先进，服务基层，广泛开展调查研究，努力提高规范化和制度化水平。扎实开展“改革创新、奋发有为”大讨论，紧紧围绕“六个破除”“六个着力”“六个坚持”，大力推进“促融合、提效能、转作风”，深入开展作风整治，把“四不”突出问题具体化、聚焦化，推动省委台办工作实现“全年红”。

（三）务实高效推进“三基建设”工作。贯彻落实《中国共产党支部工作条例（试行）》和《全省基层党组织规范化建设标准（试行）》，坚持支部建在处室、处长“一岗双责”，认真落实“三会一课”和谈心谈话制度。举办党支部书记集中轮训班，积极参加省委办公厅培训班、2019年度省直机关党支部书记示范培训班，落实省直机关深化“三基建设”推进党支部规范化观摩交流会部署。大力规范完善办文、办会、办事工作流程和运转机制，全办工作效率大幅提升。出台《省委台办关于巩固和深化基础工作建设的实施意见》，修订完善“一目录三手册一流程”，认真开展效能建设自查自评和提升基础工作专项行动自查自评工作。举办2019全省台港澳工作干部专业化能力提升专题培训班、全省台港澳工作干部公文办理培训班，建全个人能力提升档案，开展干部专业能力测评。落实《全省“三基建设”2019重点工作任务清单》，制定修订《省委台办催办工作制度》《工作人员年休假管理制度》《工作人员请销假管理制度》《在台港澳公务活动中赠送和接受礼品的规定》等9项制度，加强“三基建设”长效机制建设。

（四）积极稳妥加强法治建设、维护稳定等工作。建立健全主要负责同志为第一责任人的法治建设领导机制，编制普法责任清单，开展宪法宣传教育和《反分裂国家法》《香港特别行政区基本法》《澳门特别行政区基本法》《台湾同胞投资保护法》及其《实施细则》等法律法规的学习活动，形成良好法治氛围。落实综治工作责任制，加强机关保密、治安、消防等安全管理和涉台突发事件预防管理，妥善处置台胞突发猝死、生病救助等涉台应急事件3人次，做好涉台港澳交流活动的安全工作，全年无重特大突发事件。夯实领导责任，认真做好意识形态工作。严格执行《山西省应邀赴台交流审批管理办法》《山西省因公临时赴港澳管理办法（试行）》，做好政策指导工作。

二、瞄准全国第一方阵目标，奋力推进对台工作高质量发展

一是第四届海峡两岸神农炎帝故里民间拜祖典礼成功举办。认真履行活动总体协调联络职责，与晋城市委、市政府在高平成功举办神农炎帝民间拜祖典礼活动。做好台湾同胞邀请、新闻宣传、后勤接待服务等工作，中国国民党前主席吴伯雄等1200多名台胞参加活动。拜祖典礼活动按照“民间性、国家级、全球化”的定位，取得一系列务实成果，效果大幅提升，影响持续扩大。

二是晋台交流合作不断深化。组织、指导炎帝神尊赴台巡境活动、新时代海峡两岸神农炎帝文化高端论坛、海峡两岸青少年交流活动、“人说山西好风光”台湾同胞山西游、武圣关公朝圣大典、关公大义归天1800年金秋大祭、海峡两岸青年书画展和“关公精神的时代价值”主题论坛等活动，举办第二届台湾大学生吹打乐交流团山西行、第三届屏东基层民众代表山西行、第四届高雄基层民众代表山西行、第九届海峡两岸中小学校长教书育人研讨会、第十二届华夏文明看山西—台湾大学生三晋行、台南艺大代表团山西行、台湾青创会代表团山西行、台湾中华擎天协会山西研习营、台湾青年学生创视野333筑梦之旅、山西在台新娘故乡行等两岸交流活动，取得积极成效。加强第二届尧都文化旅游节涉台活动统筹指导，邀请新党主席郁慕明等300多名台胞来晋参加尧帝祭拜大典等活动。

三是对台经贸合作快速发展。邀请接待全国台企联、台湾工商建言会、台盟中央、上海市台协、东莞市台协、台湾医养交流考察团、台湾健康中华促进会投资考察团、新北市商圈联合发展会考察团、台北农产会负责人山西参访团、晋台两岸医疗合作考察团、台湾新光医院医疗合作考察团等25个团组350人次来晋参访考察，团组人数同比增加133.3%。与省商务厅、省投促局等部门深化合作，举办山西（厦门）台资企业恳谈会、山西（福州）台资企业恳谈会、晋城市农林文旅康融合发展座谈会、山西省与台资企业合作交流恳谈会、第八届晋台经贸交流合作恳谈会、山西省投资环境推介会暨项目对接会、海峡两岸高雄食品展、山西承接长三角地区（台商）产业转移恳谈会及新时代海外侨胞、台湾同胞山西（晋城）经贸交流恳谈会等招商推介活动。全年累计签约项目17个，协议投资263亿元，为山西构建内陆地区对外开放新高地提供项目支撑。

四是宣传工作呈现新的面貌。邀请部分在晋台胞台商和台湾问题专家召开学习贯彻习近平总书记在《告台湾同胞书》发表40周年纪念会上的重要讲话精神座谈会，组织、指导全省台港澳系统结合基层调研、节日联谊、走访慰问、主题教育等开展重要讲话精神宣讲活动。与中国台湾网共同制作《晋商大院》微视频入岛宣传。邀请8家台湾媒体的16名记者来晋举办“台湾记者三晋行—两岸媒体看山西”采访活动。加强通讯员队伍建设，举办1期通讯员摄影培训班、3期宣传业务知识培训班，对130名干部进行培训，有效提升信息报送工作质量和效能。协调做好台湾记者来晋采访审批服务工作，全年4批33名台湾记者来晋采访。

三、晋港晋澳交流合作持续深化，成效不断扩大

认真做好晋港、晋澳高层交往服务工作，推动2018年山西党政代表团赴港澳考察招商达成事项落地；做好香港重要人士访晋工作，两次接待香港特区政府驻武汉办来晋，协调、对接有关具体事项；做好"二青会"香港特区政府、澳门特区政府7个代表团来晋联系、接待、服务等相关工作。组织山西省干部赴港澳短期学习培训，创建港澳系统干部赴港澳学习班，全年赴港澳地区交流学习19批378人。举办"2019香港大学生山西暑期实习活动""晋港青年汇·山西机遇行" 等活动，32名香港大学生来晋交流，提升了两地青年交流成效。出台《山西省因公临时赴港澳管理办法(试行)》，全年共审批因公赴港澳261批1486人次。

四、加强党风廉政建设，维护机关良好政治生态

学习贯彻十九届中央纪委三次全会和省纪委十一届四次、五次全会精神，严格落实党风廉政建设主体责任和监督责任，认真落实为基层减负有关要求，持之以恒整治形式主义、官僚主义。召开党风廉政建设专题会议，先后组织开展5次警示教育活动，及时做好节假日、婚丧嫁娶事宜等节点提醒教育工作。严格执行中央八项规定，认真开展领导干部个人有关事项报告工作，制定并落实《领导干部配偶、子女及其配偶经商办企业行为禁业范围》。全年无违规违纪事件。

(孙　杰)

附：省委台湾工作办公室主任、副主任名单

主　任：曹荣湘

副主任：李　菲(女，12月任职)　郝文杰(女)

　　　　吴　伟

省直属机关工作委员会

书　记　廉毅敏

2019年，在省委的坚强领导下，省直工委坚持以习近平新时代中国特色社会主义思想为指导，深入学习贯彻党的十九大、十九届二中、三中、四中全会精神和省委十一届八次、九次全会精神，坚持围绕中心、建设队伍、服务群众，推进机关党建工作取得新进展新成效。

一、强化首位意识，以政治建设统领机关党建各项工作

坚持党的政治建设统领地位，牢牢把握省直机关政治属性定位，旗帜鲜明推动省直机关争做"三个表率"，建设模范机关。坚决扛起政治责任。把带头做到"两个维护"作为首要任务，深入贯彻落实中央《关于加强党的政治建设的意见》及省委工作措施，从讲政治的高度谋划和推进机关党的建设。在"两委"书记任职、发展党员、文明单位创建、述职评议考核等重要工作环节，严把政治标准、体现政治要求、彰显政治属性。召开省直机关学习贯彻党的十九届四中全会和习近平总书记重要讲话精神、加强党的政治建设座谈会，交流并部署推进省直机关党的政治建设工作，引导督促省直机关广大党员干部站好第一方阵，做政治上的"明白人"。严格意识形态阵地管理，定期分析研判，督促主管单位规范网站、内刊、论坛及讲座，防范政治风险。突出政治引领。把旗帜鲜明讲政治体现在机关党建各方面全过程，继续坚持政治荣誉向基层一线倾斜，在党员发展、表彰奖励、劳模评选中，重点推选在"三大攻坚战""三大目标"中涌现出的一线党员干部职工，全年省直机关新发展党员80%以上来自基层。划拨党费160万元支持基层党组织建设，特别是困难党支部开展党建活动。在主题教育中大力推广"党建+"模式，多举措推动基层党组织和广大党员投身转型发展、落实重大决策的生动实践。严肃党内政治生活。认真落实习近平总书记视察山西时对党建工作提出的要求，从基本制度严起，从日常规范抓起，落实"三会一课"、谈心谈话、领导干部双重组织生活、民主评议党员和主题党日等制度，推动党员干部强化自我革命精神，认真检视问题、抓好整改。把解决民主生活会质量不高问题作为严肃党内政

治生活突破口，改进督导办法，制定22条督导责任清单，按照省纪委监委、省委组织部要求，严把会前审核、会中督导，并在会后首次进行量化评估，民主生活会质量明显提升。

二、强化理论武装，不断把学习贯彻新思想引向深入

坚持把学习贯彻习近平新时代中国特色社会主义思想作为首要政治任务，以高度的政治自觉，强烈的责任担当，着力抓深化、抓消化、抓转化，切实做到学懂弄通做实。在示范带动领学促学上下功夫。围绕主题教育，以学习贯彻习近平新时代中国特色社会主义思想为主题主线，把习近平总书记重要讲话精神作为重要内容，督促理论学习中心组落实集中学习、交流研讨等措施。编发《中心组理论学习动态》6期，通报学习情况，推进理论学习向深度和广度拓展。发挥党支部主体作用，将学习新思想贯穿主题教育全过程，用好“学习强国”、专题党课、主题党日等载体，确保学习经常化，及时总结有亮点、可操作的支部学习方法，推动理论武装走深走实。在丰富载体学深悟透上促提升。围绕庆祝新中国成立70周年，深化拓展“用科学理论武装头脑，让党的旗帜高高飘扬”主题活动，组织广大党员积极参与征文、演讲、知识竞答、“读书月”等活动，特别是组织省直机关开展“我和我的祖国”歌咏比赛和大型展演活动，3400余名党员干部参加展演活动，极大地激发了广大党员的爱国热情。发放《习近平关于“不忘初心、牢记使命”重要论述选编》等各类图书20余万册，专题培训宣讲骨干，深入基层一线开展宣讲，推动省直机关举办百场学习宣讲《习近平新时代中国特色社会主义思想学习纲要》报告会。集中组织2场学习贯彻十九届四中全会宣讲报告会，省委常委、宣传部长吕岩松，“共和国勋章”获得者申纪兰作宣讲报告，省直1600余名党员干部参加，掀起宣贯热潮。在围绕党建笃信笃行上见实效。在主题教育中自觉对表对标习近平总书记重要讲话精神和中央重大决策部署，持续加强对党忠诚教育和党内政治文化建设，增强斗争本领，提高政治能力，锤炼对党绝对忠诚的政治品格。紧扣践行“三个表率”，围绕转型发展，持续推动整治机关党建“10个突出问题”，把“两个维护”体现在攻坚克难、担当作为、推动发展上。围绕解决党建业务“两张皮”问题等5个课题，开展省直机关党建理论研讨，召开全省机关党建理论研讨会，推进机关党建工作经验交流和成果运用。

三、坚持强基固本，推动机关基层党组织全面进步、全面过硬

以提升组织力为重点，以贯彻落实《中国共产党支部工作条例（试行）》为抓手，树立大抓基层的鲜明导向，锻造坚强有力的机关基层党组织。加强规范化建设。结合主题教育，召开省市县三级机关党组织负责人座谈会，梳理出全省机关党建5类15个突出问题，为解决党组织弱化、虚化、边缘化等问题立靶定标。坚持抓两头带中间，一头抓示范创建，分5大领域推行基层党组织规范化建设标准体系，选树9个基层党组织先进典型，召开省直机关学习贯彻十九届四中全会精神、大抓基层推进党支部规范化观摩交流会，以点带面，示范推动省直机关基层党组织规范化建设2020年底全面达标。开展省直机关“党建品牌”创建活动，总结了一批政治性、时代性强，示范效应明显的党建工作品牌。另一头抓软弱涣散，通过“三个一”工作方法（制定一个方案、指定一个负责领导、选派一个党建指导员），分领域分阶段摸排整治，软弱涣散基层党组织已由2016年的152个减少到19个，占比由1.7%下降至0.4%。加强党务干部队伍建设。按照“工委示范、部门主办、分级培训、全面覆盖”的思路，聚焦党性提升、党建和业务深度融合、文明创建等工作重点，先后举办10期示范班和专题班，培训1500余人次，推动基层党支部书记轮训全覆盖，不断增强各级党务干部能力。针对基层党组织书记不懂不会问题，开展“业务指导下基层”活动，专设基层党组织换届、党员发展、党费工作等三项实操课程，以“流动课堂”形式上门送讲80余次，着力提升党务干部“应知会做”能力。建立健全换届工作督促提醒、党组织书记任职谈话等制度，严格规范省直机关“两委”书记人选沟通、审核把关程序，对非领导职务兼任机关党委书记的不予审批，指导45个基层党组织换届选举、64个单位党组织负责人届中调整，继续加大力度推动机关纪委书记专任，专职化率达到84%，举行省直机关新任“两委”书记集体任职谈话，强化“书记抓、抓书记”的责任意识。持续加强“三基建设”。按照“整体提升、全面进步”总体目标，重点督促省级行业系统主管部门和牵头单位，加快推进基础工作专项行动、行业系统专业能力测评等工作的力度。以党的知识、公文写作、电脑操作、语言表达为主要内容，举办第三届省直机关党员干部职工四项基本能力竞赛，实行劳动竞赛记功表彰，激发党员干部增强本领、干事创业的热情。引导各单位从总结经验、健全制度入手，细致梳理、优化整合“三基建设”及主题教育中形成的好经验好做法，完善固化一批务实管用的长效机制。加强党建责任落实。牵住责任制这个“牛鼻子”，制定省直工委、部门党组（党委）、机关党委、党支部（党总支）和党组（党委）书记、机关党委书记、机关党委专职副书记、党支部（党总支）书记“四级四岗”责任清单，厘清责任边界，压实各级党建责任。突出“一级抓一级、一级带一级”，与省委组织部联合印发《全省机关党建工作重点任务》，明确今后一个时期机关党建29项重点工作，一体推进省市县机关党建同步发展。

四、坚持严字当头，建设风清气正的政治机关

坚持党要管党，把严的标准、严的要求、严的措施体现到机关党建工作中，推进省直机关改进作风，营造风清气正政治生态。以严的要求持续正风肃纪。始终坚持挺纪在前，紧盯重要时间节点和重要岗位，对党员干部进行纪律教育、政德教育、家风教育，深化以案为鉴、以案促改，筑牢拒腐防变的思想道德防线。持续深化监察体制改革，督促省直各机关纪委深化“三转”，组织90名机关纪委书记进行业务培训，提升履职能力。加强和规范案件审理工作，坚持审理案件首先从

政治纪律审起,把严明政治纪律和政治规矩落实到具体人和事。以硬的举措推进基层减负。深入贯彻习近平总书记关于坚决整治形式主义、官僚主义的重要讲话和批示精神,召开省直机关解决形式主义突出问题为基层减负工作推进会,与省委督查室建立工作联动机制,针对解决形式主义突出问题,开展省委两个实施意见台账、文件会议底数情况以及精简控制中存在的问题大排查,建立整治形式主义为基层减负观测点制度,通过直报信息、蹲点调研、实地走访的方式,推动整治省直层面形式主义突出问题。结合主题教育,从整治机关党建存在的形式主义问题入手,带头减文减会,整合党建考核和工作台账,大力推进"互联网+党建"模式,让"数据多跑路、党员少跑腿",全年党员组织关系网上转接13340人次。以实的作风密切联系群众。修订《省直机关效能评估办法(试行)》,完善评估体系,建立效能问题台账,实行清单管理,跟踪问效。先后两次组织开展效能督导调研,向16个单位发函提醒,约谈督促10个单位进行问题整改,推动作风转变,营造放管服效改革氛围,机关党建围绕中心、服务群众更加有力。坚持党建联系点制度,围绕机关党建工作中的重点难点问题,开展蹲点调研,班子成员深入5市、10县(市、区)、16个省直单位的40多个基层党支部调研,先后与300多名机关党务干部、普通党员进行座谈,找准问题症结,拿出破题实策;工委领导班子成员带队赴偏远艰苦、环境恶劣的基层一线开展慰问,体现党组织慰问关怀。

五、统筹推进精神文明创建和群团工作,凝心聚力的良好氛围更加浓厚

自觉践行社会主义核心价值观,坚持党建带群团,调动各方力量,凝聚强大正能量,形成推动工作整体合力。精神文明创建活动深入开展。始终把学习贯彻习近平新时代中国特色社会主义思想贯穿于文明创建全过程,把社会主义核心价值观融入创建工作各方面,加强对省直文明单位创建工作的日常管理和检查指导。组织省直机关80名文明办负责同志进行专题培训,学习省外先进经验,提升创建管理水平。优化文明单位申报、培训、创建等各环节的运行机制,整合党建、效能与文明单位考核,对303个单位进行了文明单位考核验收,探索建立督查检查考核结果共享机制。广泛开展公民道德"五个一"品牌活动,开展志愿服务培训,选树表彰省直机关第四届道德模范和精神文明创建先进工作者,召开道德模范先进事迹宣讲报告会,引领社会文明新风尚。组织召开省直机关支持参与太原创城促进会,动员省直机关在强化责任、整改落实、提质提标上再发力,确保创城工作有序推进、形成常态。群团组织桥梁纽带作用充分发挥。结合庆祝新中国成立70周年,精心打造"青春心向党·建功新时代"主题宣教实践活动,引导青年干部明大理识大势;举办"喜迎国庆·共享青运·强健体魄"省直机关干部职工群众性趣味体育活动和首届省委机关乒乓球友谊赛,展示昂扬向上的精神风貌。组织开展全国工人先锋号和山西省劳模、模范单位、模范集体推选申报工作,召开劳模座谈会,走访慰问困难劳模家庭,大力宣传劳模精神、劳动精神和工匠精神。积极推动工会职工书屋建设,鼓励省直单位开展丰富多彩的职工读书活动。以鹊桥联谊、青年联谊、金秋助学、劳模疗休养、敬老服务、"夏送清凉"、"冬送温暖"、帮扶困难党员和困难职工、志愿服务等为载体,打造群团工作品牌。

在机关党建工作取得新进步的同时,工委机关建设得到加强,各项工作有效落实。坚持全面从严治党从工委自身率先做起,严格落实机关党建责任制,加强党支部规范化建设,认真落实"一岗双责",严格执行"三会一课"等党内基本制度。结合公务员职级并行,加强干部队伍建设,在干部选拔任用、职务职级并行中,突出政治标准和担当作为,调整选拔交流20名处级干部,干部队伍结构更加优化,用人导向更加鲜明,进一步激发了党员干部干事创业、担当作为的工作热情。创新开展"互动微党课·分享学思用"活动,选出优秀课程在各支部之间交流,扩大受众、提升效果,省委领导在工委调研时,对互动微党课这一形式给予了充分肯定。积极推动综治工作,参与平安山西建设。按照法治建设工作部署,加强组织领导、开展法治教育,干部职工法治意识和能力明显增强。

(赵　悦)

附:省直属机关工作委员会书记、副书记、工委委员名单

省委常委、省直工委书记: 胡玉亭(6月离职)
廉毅敏(6月任职)

常务副书记: 王　宏

副　书　记: 魏爱军　余国琦

工委委员、省直纪工委书记: 闫建科

省委巡视工作办公室

主　任　何　青

2019年,在中央巡视办和省委的坚强领导下,在省委巡视工作领导小组(以下简称"领导小组")的正确指导和精心部署下,省委巡视工作坚持以党的十九大精神和习近平新时代中国特色社会主义思想为指引,认真贯彻中央巡视工作规划、《中国共产党巡视工作条例》,牢牢把握"两个维护"这一新时代巡视工作的"纲"和"魂",深入贯彻落实党中央及省委决策部署,坚守初心使命,对标对表党中央关于巡视工作新部署新要求,推动全省巡视巡察工作不断开创新局面、取得新成效。

一、坚定扛起主体责任，党的领导始终坚强有力

省委坚定扛起巡视工作主体责任，先后4次召开省委常委会研究巡视巡察工作。省委书记认真履行巡视工作第一责任人的责任，先后21次对巡视巡察工作作出批示，以上率下、亲力亲为抓巡视，亲自选定巡视对象、审定巡视方案、督促指导落实。2019年4月召开的全省巡视巡察工作会议，对新时代山西巡视巡察工作进行全面部署；8月召开的省委八次全会，将深化政治巡视作为加强党内监督、从严管党治党的重要举措，专列一条作出重大安排。领导小组一线指挥，强力推进，全方位全过程加强领导指导，领导小组组长、副组长带队参加巡视进驻、反馈巡视意见，领导小组组长主持召开巡视中期调度会，有力提升了巡视工作的严肃性、权威性。年内，先后4次召开领导小组会议，认真听取汇报，研究部署工作，并作出批示72次，逐人逐事提出处置意见和整改要求。

二、增强改革创新精神，高质量推进巡视全覆盖工作

采取“宜常则常、宜专则专、常专结合”的方式，打破固定套路，开展了第五轮、第六轮共2轮巡视。按照统一部署，4月22日至6月28日，省委派出12个巡视组对43个党组织开展了专项巡视和常规巡视。其中，3个巡视组对忻州、吕梁、临汾3市及其所辖22个国定贫困县开展了脱贫攻坚专项巡视，4个巡视组对省发改委、省工信厅等8个省直单位党组织开展了脱贫攻坚专项巡视，5个组对山西大学、太原理工大学等10所高校党委开展了常规巡视。本轮巡视历时2个月，发现共性问题973个，问题线索171条，涉及厅级干部12人、处级干部57人。省委各巡视组注重强化边巡边改，移交整改问题802个，已整改605个，整改率为75.44%；共移交问题线索236个，督促被巡视党组织及时处置，给予党纪政务处分93人，组织处理135人，清理规范收回资金1.67亿元，取得了实实在在的成效。

遵循“接续发力、全面覆盖”的原则，9月10日至12月10日，省委派出12个巡视组对66个党组织开展专项巡视和常规巡视。其中，8个组对标中央第三轮巡视，对24户省管国有企业党组织开展了常规巡视；4个组承接上轮脱贫攻坚专项巡视，完成对7个市及14个国定贫困县、22个省定贫困县的脱贫攻坚专项巡视。本轮巡视历时3个月，采取“1托N”的方式开展。其中，对国企的常规巡视聚焦国企国资改革和高质量转型发展，围绕“四个落实”发现共性问题694个，问题线索462条，涉及省管干部56人，处级干部176人；对市县的脱贫攻坚专项巡视聚焦脱贫攻坚政治责任，围绕“四落实、八看”发现共性问题2459个，问题线索1169条，涉及省管干部1人，处级干部45人。同时，各巡视组进一步加大边巡边改、立行立改的力度，在巡视期间共移交整改问题1921个，已整改1291个，整改率为67.2%；督促被巡视党组织及时处置巡视移交问题线索，给予党纪政务处分422人，组织处理721人，清理规范收回资金5.46亿元，取得了一些实实在在的成效。通过常专结合、聚焦重点，保证了巡视“质量”和效果。

三、加强巡视整改和成果运用，做好“后半篇文章”

压实整改责任，以巡视领导小组名义将对被巡视党组织主要负责人的反馈意见通报分管省领导。强化日常监督，将巡视报告等资料全部移交纪委监委，加强对整改工作“三清单”、整改报告的审核把关，强化跟踪督促、追责问责。将落实巡视整改情况作为深化政治监督的重要内容，本年度先后3次开展专项监督检查，覆盖全部被巡视党组织。其中，重点对全省11个市巡视整改落实情况进行了“回头看”，省委主要领导和省纪委主要领导亲自推动，省纪委监委对“回头看”情况严肃反馈，重点反馈的整改率为60%以下的5个市，有4个市整改率达到100%，1个市年底前基本完成整改任务；整改存在相关突出问题的13个县（市、区），全部拿出有效措施强化整改落实。通过多措并举、持续发力，巡视整改作为重大“政治任务”有效落实落地。

四、强化指导督导，完善巡视巡察上下联动工作格局

开展上下联动，强化“乘势借力”。在两轮巡视中，省委巡视组与11个市的巡察机构、15家省管国有企业的内部巡察机构开展了深度联动。坚持以巡视带巡察，提高巡察权威，以上带下促进精准巡察。全省市县巡察机构提高政治站位，精准发现和推动解决问题，增强群众获得感，厚植党的执政基础。2019年，全省11个市、117个县（市、区）开展数轮巡察，共巡察4001个党组织，发现共性问题41599个，问题线索9018件，涉及9942人，整改不到位问题1532个。向被巡察党组织反馈问题56236个，已整改42117个。移交被巡察党组织边巡边改问题4256个，已整改4084个，推动被巡察党组织建立健全制度9293项。同时，全力推进对村巡察，全面从严治党向基层有力延伸。推动制定出台对村巡察具体规定，各市巡察机构以市县统筹为载体，着力加强对村（社区）巡察探索实践。其中，2019年，市县延伸巡查村（社）党组织9994个，发现共性问题27673个，问题线索涉及4156人，立案612人，党纪政务处分538人，移送司法17人，取得了实实在在的成效。

五、积极探索建立巡视巡察上下联动监督网

从谋划部署、组织实施、成果运用、制度建设、队伍建设、信息系统建设等方面入手，在贯彻落实省委《关于建立巡视巡察上下联动监督网的指导意见》基础上，制定出台《巡视巡察上下联动机制》和《巡视巡察协作联动工作机制》2个配套文件，省委和巡视领导小组给予充分肯定。结合每轮巡视方式和巡视对象特点，针对性制定实施联动具体方案，推动上下联动常态化、实效化。对市县巡视期间，各巡视组选派骨干力量为市县巡察机构传授省委巡视经验做法，共计授课25

次。各市已全面开展了统筹巡察,不敢巡、不怕巡、不信巡等问题得到了较好解决。2019 年,省委巡视组先后与 11 个市巡察机构、15 家省属国有企业内部巡察机构开展了深度联动,“专项巡视 + 机动式巡察”、融合式联动、接力式联动等一些新的探索实践取得良好成效。

六、严纪律、强素质,全面打造过硬队伍

一是加强组织领导,提高巡视的凝聚力。高质量完成省委巡视机构党总支换届,以组、处为单位调整建立党支部,打牢组织基础,落实支部主体责任。坚持把支部建在组上,贯通支部会议和组务会职责,并结合“不忘初心,牢记使命”主题教育,引领巡视干部思想政治素质不断提升。抓住用好党政机构改革契机,市县巡察办全部明确为党委工作机关,市级巡察机构增加 33 名正处长级巡察专员职数和编制, 全省新增巡察干部编制 474 个,增加了 1/3。

二是坚持培训先行,做足巡前准备。举办全省巡视巡察干部培训班,提升干部履职本领。组织省委巡视干部分级分批参加省纪委监委全员培训, 积极参与省委组织部调训任务,精心选派巡视巡察干部参加中央巡视办有关巡视巡察工作培训班。做深做实做足巡前培训,在省委第五轮、六轮巡视巡前培训中, 省委巡视办分别就开展脱贫攻坚专项巡视、对省管国有企业开展常规巡视,邀请了省直涉农涉贫涉企等部门专业人员进行辅导,同时,为进一步对表中央精神、对标中央巡视做法,在中央巡视办的大力支持下,特邀中央巡视组有关领导同志开展了专题授课,收到良好效果。并精选部分工作经验丰富、巡视效果好的巡视组长登台授课,促进组间深度交流、深入互学互鉴。

三是创新制度机制,加强巡视规范化建设。紧紧围绕落实巡视工作规范化要求,着眼依规依纪依法巡视,修订完善了 7 大类 33 项制度机制,编撰《省委巡视工作手册》。着眼加强对巡视工作的全过程领导, 协调建立实施中期调度制度,领导小组专题听取各巡视组中期工作汇报,及时掌握工作进度、校正工作偏差。着眼强化巡视整改日常监督,研究制定《关于加强巡视整改日常监督的指导意见》,明确日常监督主体、责任、方式。着眼引导规范省直单位开展内部巡察工作,以省委文件印发《省直单位巡察指导意见》,确保省直单位内部巡察工作依规依法、规范有序、持续健康发展。

四是严明纪律规矩,打造巡视铁军。抓好干部队伍基础建设, 从纪委监委机关和组织部门动态调整充实巡视干部;建立模块化选配机制,落实办组一体制度,从全省范围选拔年轻优秀干部、纪检监察干部、组工干部、巡察干部、审计专业干部参加巡视。严明纪律规矩,制定出台省委巡视工作“五项纪律要求”, 印发省委巡视机构工作人员管理办法及巡视期间巡视工作人员管理办法, 针对巡视省管国有企业制定“五条铁律”,以制度管人管事管权,确保巡视工作严格在纪律制度的框架内进行。压实日常监管责任,压紧党支部书记(组长)第一责任人责任,完善巡视干部重大事项请示办报告制度,加强巡视间歇期干部管理,努力打造忠诚干净担当的巡视铁军。

七、持续加强巡视机构党组织建设

按照省纪委机关党委统一部署,对照“六个破除”“六个着力”“六个坚持”“六个新突破”要求,创新巡视工作,坚持以政治建设为统领,认真组织开展“改革创新、奋发有为”大讨论和“不忘初心、牢记使命”主题教育。同时,制定了“巡视巡察干部集训、红色文化教育、市县巡察调研和巡视干部上讲台”4 项自选动作, 以发现和推动解决影响政治巡视深化创新发展的问题为主线,抓好关键环节,体现工作特色,稳步推进实施,取得良好成效。创新采取组织委员、支部联络员交叉列席会议做法,加强支部之间的交叉监督,各支部党员干部以改革意识强不强,创新精神够不够,责任、能力、作风适不适应深化政治巡视工作要求找差距、查不足,坦诚开展相互批评,积极落实整改意见。在巡视组长、巡视组成员、巡视办工作人员三个层面组织开展业务交流研讨会,为优化工作机制找方法、想办法,进一步强化了组办工作衔接。

(曹天奇)

附一:省委巡视工作领导小组名单

组　长: 任建华(6 月离职)　王拥军(6 月任职)
副组长: 曲孝丽(女,4 月任职)
成　员: 陈学东(1 月离职)　孟　潇(4 月任职)
李凤岐(4 月任职)　何　青

附二:省委巡视工作办公室主任、副主任名单

省委巡视办主任、省委巡视工作领导小组成员:
何　青
省委巡视办副主任: 闫志强(5 月离职)　郝点亮
赵建民(7 月任职)

省直属机关事务管理局

局　长　毛益民

2019 年,在省委、省政府的坚强领导和国管局的有力指导下,省直属机关事务管理局以政治建设为统领,发挥职能作用,服务中心大局,聚焦服务保障主责主业,拧住集中统一管理这个总抓手,高起点谋划,高标准定位,高质量推进,以革命加拼命、累并快乐着的工作精神推动机关事务工作高质量发展,努力为山西省在“两转”基础上全面拓展

新局面提供坚强保障。

一、坚持以政治建设为统领，牢牢把握机关事务工作的正确方向

全面加强思想政治建设。把抓好理论武装作为加强党员干部思想政治建设的首要任务，坚持理论学习制度，中心组带头集中学习14次。向党员干部发放各类学习材料、教育读本10余册，局领导班子成员及各级党组织负责人进行党课辅导110余次，教育引导党员干部深入学习习近平新时代中国特色社会主义思想和习近平总书记视察山西重要讲话精神，深入学习党的十九届四中全会、省委十一届九次全会等会议精神，深入学习党章党规党纪，切实做到原汁原味学、跟进研读学、联系工作学。深入开展“不忘初心、牢记使命”主题教育和“改革创新、奋发有为”大讨论，把推进机关事务集中统一管理作为服务省直机关进而服务经济社会发展和干部群众的切入点，对标中央、省委关于扎实推进党的政治建设的要求，站在“两个维护”的政治高度看待机关事务工作，把有利于加强和改进党的集中统一领导作为全部工作的出发点和落脚点，贯穿到管理保障服务全过程，确保各项工作的正确政治方向。

全面加强基层组织建设。以全面深化“三基建设”为抓手，牵头完成全省乡镇办公用房填平补齐任务45.8万平方米，落实资金3.6亿元。出台《党费收缴使用管理办法》等，不断健全完善党建工作制度。牢固树立“抓基层打基础”的鲜明导向，坚持做好基层党组织按期换届、党组织关系排查清理、党费管理等工作。指导机关各处室进行了支部换届选举，进一步规范组织设置。指导督促基层党组织落实“三会一课”、党员民主评议、主题党日等组织生活制度，党员领导干部自觉参加双重组织生活。指导各总支、支部召开年度民主生活会和组织生活会，进一步规范党内政治生活。

全面加强精神文明建设。以庆祝新中国成立70周年为契机，通过组织开展专题讲座、主题演讲、红歌汇演、技能竞赛、板报展览等系列活动，激发全体干部职工干事创业的热情和活力。深化公民道德建设，通过举办节能宣传健步走、开展“文明餐桌”行动、组织“博爱一日捐”等，引导广大干部职工弘扬中华传统美德，践行文明和谐新风。注重发挥先进典型的示范引领作用，号召全体党员向王焕杰同志学习，以身边典型教育人、鼓舞人、激励人，做到学有标杆、做有样板。充分发挥工青妇组织联系群众的桥梁纽带作用，先后参加省委机关乒乓球友谊赛、省直机关“三八”妇女节迎青运健身活动、省直机关干部职工第九套广播操展示活动等，取得优异成绩。会同省直机关工委、省妇联、团省委等部门，举办两届省直机关鹊桥联谊活动，反响良好。局机关、局接待车队被评为省直文明单位标兵，晋阳公寓管理处、五台山栖贤阁迎宾馆被评为省直文明单位。

二、坚持以“一体两翼”为核心，加快推进专项试点任务落实

3月1日，国管局将山西省直属机关事务管理局列为全国唯一的省级机关事务集中统一管理专项试点。省委常委会和省委深改委会议审议通过《专项试点实施方案》《省直机关不动产集中统一管理办法》。省委深改委将专项试点纳入年度工作要点，作为重大改革任务和先行先试任务。

在各级领导的关心支持下，提请省“两办”出台了《专项试点实施方案》，明确了“九化九统”的总体架构。制定了《专项试点任务分解表》，细化出69项落实举措、47项制度成果，明确了30多家配合单位，为有力推动试点工作奠定了坚实基础。

同时，全面推进标准化建设，成立了机关事务标准化工作组，建立了标准化专兼职人才库，筹备成立山西机关运行保障管理标准化技术委员会。有8个地方标准已经发布，156个内部标准已建成并试运行。广大干部职工的标准意识、标准素质不断提升，机关事务标准化的良好工作氛围逐步显现。

积极开展信息化建设，坚持自主研发与拿来主义相结合，与省行政审批局、山西云时代公司合作，采取积木式搭建、模块化开发的方式，打造集信息驱动、业务协同、资源共享、智能决策为一体的智慧山西机关事务管理平台，着力实现山西机关事务“一网通办”。

三、坚持以改革创新为动力，着力提升机关事务保障管理效能

办公用房管理方面，制定省直机关办公用房资源整合方案，全力推动省直机关办公用房资源整合首批21个单位的搬迁工作，已有5个单位整体搬迁。强化制度建设，制定出台办公用房档案管理、巡检考核、清查盘点等5项制度。按照国管局的统一部署，完成了全省党政机关办公用房信息统计报告工作。加强上下联动，指导市县机关事务管理部门实施好乡镇办公用房“填平补齐”工程。

公务用车管理方面，对省直机关一般公务用车车辆编制进行了核定，从源头加强公务用车管理。出台《省直机关公务用车使用管理规定》，推进《山西省党政机关公务用车管理办法实施细则》《全省公务出行联运保障办法》《山西省公务用车平台管理工作规范》的制定。集中精力推进“全省一张网”建设，完成率由30%提升到98%，将省市县各级公务用车的车辆调度、轨迹监控、费用结算、绩效管理等纳入平台全程管理。

不动产管理方面，以机构改革和打造行政集中办公区为契机，出台《省直机关不动产集中统一管理办法》，制定《省直机关不动产移交接收管理办法（暂行）》《山西省党政机关办公用房大中修管理办法》等，加强省直机关不动产接收管理及统一权属登记、统一规划建设、统一维修改造、统一处置利用。对省直机关不动产、省政府驻外办事处经营性资产、未出

售公有住房、省直机关老旧小区等进行全面清查。特别是利用无人机三维摄影、卫星影像等先进技术，建立省直行政事业单位及所办企业不动产可视化电子台账，已登记土地3.94万亩，房屋1270.52万平方米，初步实现省直机关不动产“摸得清、看得见、管得住、用得好”。

公务接待方面，高质量完成副部级以上领导政务接待250余批次。圆满完成了二青会、外交部山西全球推介会、2019太原低碳论坛和省党代会、省“两会”等大型活动和重要会议，以及中央“不忘初心、牢记使命”主题教育指导组、中央扫黑除恶“回头看”督导组等重要团组在晋工作期间的服务保障工作。按照中央及省委的要求，出台了山西省差旅伙食费和市内交通费收交管理规定，制定了《省级公务接待管理暂行办法》《全省招商引资接待管理暂行办法》《市县机关事务管理部门公务接待年度考评暂行办法》《省级重要接待活动联席会议实施办法》等，不断完善制度建设，着力规范接待工作。整合省级公务接待资源，建立公安、机场、车站、医疗保障、食品卫生、网络通信等多部门参与的协调联动机制。编印《公务接待手册》，统一接待标准和接待流程。严格接待经费的使用管理，认真执行清单制度和审核制度，坚持接待费结算“一客一报”“一月一结”，坚决杜绝超范围、超标准接待现象。2019年，在接待活动数量同比增长30%的情况下，接待费用同比降低了48%。

公共机构节能方面，扎实开展节约型公共机构示范单位创建和能效领跑者遴选工作，全省45家创建单位被国管局、国家发改委、财政部联合表彰。选取试点单位，积极推进垃圾分类工作，并为省直机关制作发放了垃圾分类宣教片。组织形式多样的节能宣传活动和新能源公务用车推广活动，提升干部职工节能意识，营造良好工作氛围。认真做好2018年全省公共机构能源资源消费统计工作，当年全省人均综合能耗、单位建筑面积能耗、人均用水量同比下降2.79%、2.14%、4.01%。

省级干部服务保障方面，积极抓好晋阳公寓一期尾项工程建设和省级干部周转住房管理，全面接收汾东公寓、劲松公寓、府东公寓、桃园公寓等四个省级干部住宅区，首次实现省级干部集中住宅区统一管理。通过开办食堂，引进平价蔬菜直供点，开设阅览室、棋牌室、健身房等多种举措，全方位做好省级干部服务保障工作。

机关运行专项经费管理方面，出台了职工食堂管理制度、福利费管理制度，以及物业费、办公用房维修改造方面的支出定额标准，修订了《局机关财务管理办法》《大额资金使用管理办法》《固定资产管理办法》等，明确资金拨付程序，严肃资金使用管理。积极与省财政厅协调，并加强预算编制工作，2020年常规预算比2019年增长8倍。制定出台办公用房维修、公务用车更新、公共机构节能、后勤物业服务等专项经费管理办法，为推行项目库管理做好准备。

省直住房保障方面，会同相关部门积极研究出台公房出售和老旧小区改造办法，已达成初步共识。借鉴中央国家机关及上海、江苏、浙江等地的经验做法，在新建职工住宅等方面积极探索，已开始启动前期工作，着力推动部分项目用地落实。

后勤服务保障方面，先后接收学府办公区、双创办公区、转型综改办公区、省公安厅办公区、省纪委监委办公区以及省高院住宅区的后勤服务管理，实现对物业、餐饮、安保等后勤服务的集中统一管理。起草完成《省直机关后勤服务项目和服务标准》《省级机关服务合同示范文本》《省级机关办公楼物业服务与管理规范》等。加快推进省直机关幼教资源整合，结合事业单位改革，积极与省委组织部、省委编办沟通协调，制定省直机关后勤机构改革方案。此外，创建扶贫超市，举办山西贫困地区农特产品“五进”对接承销活动，推动消费扶贫。

四、坚持以从严治党为保障，切实筑牢机关事务管理工作的纪律防线

一是加强党性教育。坚持领导干部带头，组织局中心组成员深入学习习近平新时代中国特色社会主义思想，跟进学习习近平总书记最新重要讲话；深入学习党章党规党纪，做到心中有责、手握戒尺。一把手带头讲党课，带头讲党史和新中国史，大会小会勤唱廉政经、念紧箍咒。举办党支部书记、纪检监察干部培训班，驻局纪检监察组主要负责同志多次站在政治监督的高度进行授课。组织党员干部旁听庭审，零距离接受法治教育。以反面典型为镜鉴，认真开展警示教育，切实做到吸取教训、警钟长鸣。发放《党的十九大以来查处违纪违法党员干部案例警示录》《公职人员廉政教育手册》等读本，教育引导党员干部筑牢思想防线，守好廉政底线。

二是扎牢制度笼子。把加强制度建设作为事关全局和长远的大事来抓，强化制度意识，抓好制度执行，维护制度权威。制定《局工作规则》，局领导带头执行“三重一大”事项集体议事决策制度。出台《领导干部配偶子女经商办企业禁业范围》，提出了五个方面的八个不得。健全办公用房、公务用车、资产管理、公务接待等方面的业务制度，从源头上堵塞漏洞。落实行政执法三项制度要求，推动业务流程重塑再造。推出整治形式主义、官僚主义九项举措，切实为基层单位减压减负。

三是强化日常监管。局务会、局长办公会邀请驻局纪检组全程列席监督。着力抓好主题教育中央要求“八项整治”和省委要求的“五项整改”，集中整治整改各类问题30个。加强廉政风险点排查，扭住工程项目、资产管理、资金使用、物品采购等重点环节、重点岗位、重点领域。组织晋阳公寓工程质量“回头看”，认真整改突出问题。开展中秋、国庆节前廉政提醒，推动重要节点监督检查常态化。严格个人重大事项报告，督促党员干部对党忠诚老实。开展局属单位主要负责同志经济责任审计，发挥内部审计的监督作用。

四是强化组织监督。报请省纪委监委、省委组织部派驻纪检监察组，并配备了纪检组长，监督力量得到增强。加强内部纪检监察干部队伍建设，补选机关纪委书记，积极推动全局纪检监察人员全覆盖，延伸监管触角，强化日常监管。

五是用好“四种形态”。坚持咬耳扯袖、红脸出汗，经常与

班子成员、党员干部谈心谈话。坚持抓早抓小、防微杜渐，对干部工作生活中出现的苗头性、倾向性问题，及时提醒，经常敲打。坚持宽严结合、惩前毖后，对于发现的违规违纪问题，敢于坚持原则，敢于动真碰硬，坚决依规依纪严肃处理。

（贾　懿）

附：省直属机关事务管理局局长、副局长、驻局纪检监察组组长名单

局　长：毛益民

副局长：高晋红　王　敏

驻局纪检监察组组长：翟根红（10月任职）

省委老干部局

局　长　张晓峰

2019年，全省老干部工作部门以习近平新时代中国特色社会主义思想为指导，深入学习贯彻习近平总书记关于老干部工作的重要论述，围绕中心、服务大局，加强离退休干部“三项建设”，提高服务管理工作信息化、精准化、规范化水平，紧扣庆祝新中国成立70周年主题开展系列活动，组织引导离退休干部发挥优势和作用，推动全省老干部工作取得新进展，为谱写新时代中国特色社会主义山西篇章作出了新贡献。

一、突出发挥领导机制优势，进一步形成领导重视、齐抓共管的老干部工作格局

省委进一步把老干部工作摆上重要位置，真情敬重关爱老同志。省委常委会议专题传达贯彻全国离退休干部“双先”表彰大会、全国老干部局长会议精神。省委书记楼阳生对做好老干部工作多次作出具体指示，提出明确要求。新中国成立70周年之际，省委领导登门走访慰问离休老同志；在“不忘初心、牢记使命”主题教育期间，省委召开省级老同志征求意见座谈会，常委班子成员逐一上门征求未参加座谈会老同志的意见建议；多次及时召开会议向省级老同志通报重要情况。省委常委、组织部长曲孝丽坚持每周了解掌握老干部工作动态，对全省老干部工作作批示、提要求，多次参加老干部工作重要会议活动。省委老干部工作领导小组成员单位在出台政策、共享资源、落实经费方面给予了大力支持。在省委领导的关心重视和示范带动下，各级党委（党组）更加重视老干部工作、倍加尊重老同志，不折不扣落实老干部各项政策规定。各级党政领导全年向老同志通报重要工作情况累计达509次。机构改革后，全省11个市、102个县（市、区）保留单设党委老干部局，列为市县党委工作机关；15个县（市、区）党委老干部局并入同级党委组织部，老干部工作与组织工作实现了机构融合、业务融合和队伍融合。各级党委政府、组织部门切实加强对老干部工作部门的领导和指导，进一步形成了齐抓共管老干部工作的合力。

二、强化“三项建设”，进一步教育引导离退休干部不忘初心永葆本色

（一）以政治建设为统领，教育引导离退休干部树牢“四个意识”、坚定“四个自信”、坚决做到“两个维护”。省委老干部局下发通知，部署指导全省离退休干部党员开展“不忘初心、牢记使命”主题教育和“改革创新、奋发有为”大讨论。通过开展学习研讨、警示教育等多种形式，组织老同志深入学习习近平新时代中国特色社会主义思想。举办省直离退休干部学习大讲堂，开展全省离退休干部党员“不忘初心葆本色、砥砺前行立新功”主题知识竞赛，举办讲革命传统故事报告会。全省市县两级组织1904名离退休干部理论骨干深入基层群众开展宣讲，把党的声音传到村庄、社区。

（二）以强化政治功能为目标，推进离退休干部党组织建设实现新发展。省委老干部局认真总结经验，积极研究加强新时代离退休干部党组织建设工作措施。落实省直行政事业单位离退休干部党支部工作经费507万元。为全省5222个离退休干部党支部征订发放《离退休干部党支部学习参考》。协助选聘优秀退休干部党员担任民营企业党建指导员，推选689名退休干部担任农村、社区党组织书记和党建工作指导员。山西老年大学设立92个临时党支部，强化教学工作政治引领。各市从实际出发，先后在老年协会、老年大学等成立临时党支部531个，有效扩大了组织覆盖。

（三）以先进典型为标杆，大力宣传弘扬离退休干部优良传统和崇高精神。经过层层推选，全省有9名离退休干部先进个人、3个离退休干部先进集体在全国离退休干部“双先”表彰大会上受到表彰。省委老干部局选推“坚守初心、无私奉献”离退休干部先进典型，举办“我和祖国共成长”老干部故事报告会。大同市选树10名“银发先锋”。临汾市推选203名“平阳火炬手”等离退休干部先进典型。全省老干部工作部门培树1000余名离退休干部先进典型，举办920多场报告会，直接受众20余万人，发挥了离退休干部的政治优势、经验优势和威望优势。

三、坚持“三化”并举，进一步增进离退休干部幸福感、获得感

（一）以精准化服务为重点，千方百计为老干部办实事解难事。各级老干部工作部门坚持把精准要求落实到服务离退休干部的各个方面。省委老干部局及时落实中央要求，提高离休干部护理费标准，提高32名离休干部享受副省部长级

医疗待遇,实施离休干部就医"五优先"。协调落实省直困难企事业单位离休干部医药费和生活补贴专项补助资金2074.6万元,为省直单位特困离休干部及遗偶发放帮扶金22.5万元。建立山西省离退休干部法律服务工作站,提供义务法律咨询等服务。市县年内走访慰问老干部25.38万人次,发放慰问金、慰问品4566万余元。各级老干部工作部门认真督办离退休干部信访问题,为老同志排忧解难。

(二)以信息化建设为突破,助推老干部工作提质增效。省委老干部局依托"民生山西"APP成功开发"山西省离退休干部数据服务管理平台"并上线试运行,得到了中组部老干部局肯定。开通"山西老干部""山西老年"微信公众号,各市也相继开通老干部工作微信公众号。太原市以本市离退休干部信息管理平台为依托,实施老干部"万千百十"工程。忻州市将"信息化建设与离退休干部生活深度融合"列入党建研究课题。各级老干部工作部门积极引导和帮助广大老同志学习使用信息化终端,搭上信息化"快车"。

(三)以规范化建设为标准,完善老干部工作体制机制。各级老干部工作部门针对新时代老干部工作面临的新任务新情况,研究制定新的政策措施,建立高效顺畅的工作体制机制。省委老干部局调研了解了外省(自治区、直辖市)、本省市县两级老干部工作部门机构设置运行情况,研究机构改革后老干部工作运行机制。编印《离退休干部工作政策选编》《老干部工作业务知识问答》。忻州市推出"干部荣誉退休"十项举措。各级老干部工作部门认真开展离退休干部党组织建设、信息化建设、活动阵地建设等调研,提高工作的规范化水平。

四、聚焦主题主线,进一步引导离退休干部为党和人民事业增添正能量

(一)以庆祝新中国成立70周年为契机,深化拓展"增添正能量、共筑中国梦"正能量活动。下发通知部署安排全省离退休干部庆祝活动。开展"我看新中国成立70周年新成就"专题调研,组织省级老同志观看山西庆祝新中国成立70周年文艺晚会,举办山西老年文体艺术节、主题演唱会、民族交响音乐会等主题活动。临汾市组织3万余名老干部开展"新时代、中国梦、歌唱祖国"活动。各级老干部工作部门紧扣主题主线,组织开展3000余场次庆祝活动,参与老干部20余万人次。

(二)以创新载体为举措,全力打造老干部助力脱贫攻坚品牌。各级老干部工作部门积极发挥部门优势,为脱贫攻坚作贡献。长治市开展"不忘初心为群众、真心实意促脱贫"活动。省委老干部局联合组织医疗名老专家43人次,赴12个县区开展健康扶贫行活动,接诊患者5000余人;组织农技老专家19人次,深入10个贫困县区,举办农技专题讲座15场,惠及农户3000余人。健康、农技扶贫行活动打出一套具有老干部工作部门特色的精准扶贫组合拳,深受当地群众欢迎和好评。

(三)以阵地建设为抓手,不断满足老同志教育活动需求。对全省市县老干部活动阵地进行摸底统计,建立全省市县老干部活动阵地台账。召开省属高校老干部活动阵地建设片会。建立了山西老年大学税务分校、西岸社区教学点及中北大学、山西财经大学2所教学指导基地。运城市召开老干部活动阵地建设推进会。各级新建老干部活动中心4个,改扩建活动中心(室)18个;新建老年大学(教学点、分校)16个,改扩建老年大学(教学点、分校)22个,累计投入资金5908.7万元,发挥了老干部活动中心、老年大学的主阵地作用。

五、强化责任担当,进一步提升老干部工作部门自身建设水平

(一)加强学习培训,提升素质能力。各级老干部工作部门不断加强干部职工业务学习培训和岗位锻炼,打造忠诚干净担当的老干部工作队伍。省委老干部局选派省管干部、优秀年轻干部参加培训,抽调精干力量参与扶贫,实现多岗位锻炼。举办全省老干部工作人员专业化能力提升培训班、在职党员暨青年干部党性教育专题培训班。全省各级老干部工作部门共举办老干部工作人员培训班300余期,5800人次参训。

(二)办好"三刊一网一号一平台",强化舆论宣传。完善信息上报制度,向中组部、省委组织部分级分类上报信息。依托《山西老干部工作信息交流》《山西老干部工作》《山西老年》和省委网站、"山西老干部"微信公众号、全省离退休干部服务管理平台,深入广泛宣传,及时反映老干部重点、亮点工作。

(三)改进工作作风,倡导务实担当。各级老干部工作部门创新工作方式,改进工作方法,提升工作效率。省委老干部局落实省委为基层减负要求,取消了原计划开展的全省老干部工作综合督查,改进会风文风和调研方式,清理精简局机关非常设领导机构。省委老干部局连续7年荣获年度目标责任考核"优秀省直单位"荣誉,连续2年荣获全省干部驻村帮扶工作考核综合评价"好"的单位荣誉,继续保持了省直文明单位标兵和省级文明单位称号。

(马召钰　郭李芳)

附:省委老干部局局长、副局长名单

省委组织部副部长、老干部局局长: 赵建华(7月离职)
张晓峰(7月任职)

副　局　长: 岳卫东　钟占荣　王小丽(女)

省人大常委会党组工作概况

工作概况

党组书记　郭迎光

2019年是新中国成立70周年，是决胜全面建成小康社会的关键之年。在中共山西省委坚强领导下，省人大常委会党组坚持以习近平新时代中国特色社会主义思想为指导，全面贯彻党的十九大和十九届二中、三中、四中全会精神，深入学习贯彻习近平总书记“三篇光辉文献”精神，认真落实习近平总书记关于坚持和完善人民代表大会制度的重要思想和对地方人大工作重要指示精神，坚持党的领导、人民当家作主、依法治国有机统一，充分发挥把方向、管大局、保落实作用，创造性地贯彻落实中央及省委的决策部署，为全省高质量转型发展和各项事业建设作出了积极贡献。

一、以更高的政治站位强化党的领导，切实扛起落实中央及省委重大决策部署的政治责任

坚守初心使命，是加强党的建设的永恒课题。省人大常委会党组扎实开展“不忘初心、牢记使命”主题教育，牢牢把握“守初心、担使命，找差距、抓落实”总体要求和目标任务，学习教育、调查研究、检视问题、整改落实一体推进，党员干部经受了一次思想淬炼、政治历练和实践锻炼，增强“四个意识”、坚定“四个自信”、做到“两个维护”更加自觉。突出学习贯彻习近平新时代中国特色社会主义思想这条主线，组织党员干部精读规定书目，重温习近平总书记的“三篇光辉文献”，及时跟进学习贯彻最新重要讲话精神，紧密联系新中国成立70年来特别是党的十八大以来取得的历史性成就，以及山西省发生的重大转折，深刻感受真理光芒和实践伟力，毫不动摇地沿着习近平总书记指引的方向前进。

坚持把学习贯彻习近平总书记关于坚持和完善人民代表大会制度的重要思想作为履职必修课。编印习近平关于人民代表大会制度论述摘编，集中时间分专题开展学习研讨；加强人大制度理论研究，形成一批具有山西特色的研究成果；综合运用各种方式，加大对人民代表大会制度、人大代表、常委会履职情况的宣传力度，推动国家根本政治制度家喻户晓、深入人心。召开纪念地方人大设立常委会40周年座谈会暨第二次学用交流会，深化对坚持党的领导、人民当家作主、依法治国有机统一的认识，从人民代表大会制度在山西走过的光辉历程、发挥的重要作用、展示的巨大优势中，增强制度自信、找准职责定位、把握工作规律，自觉把对党负责、为民尽责、依法履责融入立法、监督等法治实践。

坚定不移把党的领导贯彻到人大工作全过程和各方面。专门安排组成人员学习中央加强政治建设的意见和常委会组成人员守则，举办专题讲座，强化政治自觉。在常委会会议期间设立临时党支部、党小组，夯实党对人大工作领导的组织基础。修改常委会党组工作规则，进一步明确向省委请示报告的范围和内容，完善常委会会议重要议题党组事先讨论决定机制，把党组发挥领导作用与常委会依法履行职责统一起来。提请省委批转常委会党组加强全省人大立法工作的意见，在以往向省委报批立法计划的基础上，将年度工作要点和监督计划一并报省委研究，保证人大工作方向正确、富有成效。一年来，省人大常委会紧跟省委步伐、服务全省大局，审议通过法规20件，审查批准设区的市法规65件，听取审议省人民政府、省高级人民法院、省人民检察院工作报告13项，开展执法检查4次，作出4项决议决定，任免国家机关工作人员103人次，组织10批宪法宣誓。

二、以创造性精神依法履行职责，推动人大工作紧跟省委步伐、适应人民期待

（一）加强重点领域立法，以良法促发展保善治。改革和法

治如“鸟之两翼、车之两轮”。省人大常委会坚持把转型综改立法作为重中之重，充分认识山西所处的历史方位，深刻把握面临的形势任务，认真总结立法支持开发区改革创新经验，明确以创新驱动高质量发展条例为统领，若干改革领域法规相配套的“1+X”转型综改立法思路，并以坐不住、等不起的紧迫感抓紧推进。一年来，省人大常委会审议创新驱动高质量发展条例草案，修订行政执法条例、促进科技成果转化条例。审议的优化营商环境条例草案，为提请代表大会审议作好准备。开展大数据发展应用、康养产业、促进中小企业发展立法调研。制定企业投资项目承诺制规定，巩固改革成果，打包修改与该规定不适应的四件法规，为深化改革拔钉清障，转型综改立法取得重要突破。

立法保护生态环境和文化遗产是历史赋予人大的重要责任。省人大常委会坚持以最严格的制度、最严密的法治保护大自然馈赠的表里河山，在2018年修订大气污染防治条例的基础上，2019年又制定了水污染防治条例、土壤污染防治条例，明确污染防治目标、严格地方标准、实行污染风险管控，助力打好蓝天、碧水、净土保卫战。出台促进雁门关农牧交错带发展条例，审议经济林发展条例草案，推动绿色发展、融合发展和高质量发展。山西红色文化遗址丰富厚重，无论时代如何变迁，先烈的功绩和精神都应永世长存。在全国省级层面率先出台红色文化遗址保护利用方面的法规，为传承红色基因、守卫精神家园提供制度保障。这也是山西省继哲学社会科学普及条例出台后，又一件社会主义核心价值观入法的重要法规。

省人大常委会加快社会建设、保障改善民生领域立法步伐。积极回应人民群众对高等教育的关切，将修正高等教育法实施办法改为修订，根据高等教育改革需求，对法规进行系统地补充和完善，已经两次审议。深入调研吕梁山区生态脆弱与贫困交织问题，就转变发展方式、走绿色可持续发展之路分六个重点课题分析论证，为作出决定奠定基础。还制定警务辅助人员条例、修订志愿服务条例、修正消防条例、审议宗教事务条例修订草案。探索开展“小切口”立法，围绕养老服务、反家庭暴力、禁毒等方面，确定一些小的题目开展立法调研，以更加精准、精细的立法推动解决老百姓最关心、最期盼的问题。

坚持科学立法、民主立法、依法立法，着力提升立法质量。一是加大人大起草综合性、全局性、基础性的法规草案力度，优化营商环境条例等5件法规，人大相关委员会牵头起草，政府相关部门及有关方面充分发挥实践经验丰富和专业特长优势，共同推动法规顺利出台；二是建立重要法规起草“双组长制”，对涉及部门多、社会影响面广、关注度高、立法难度大的法规项目，由人大、政府分管领导共同负责，协调解决立法过程中的重大问题，进一步完善党委领导、人大主导、政府依托、各方参与的立法工作格局；三是加强创制性法规立法论证，先后就企业投资项目承诺制规定等5件解决山西省特有问题的创制性立法，在北京举办论证会，邀请国内知名学者和实务部门专家问诊把脉，确保法规“不抵触、有特色、可操作”；四是加大法规立项调研力度，提前半年开展下一年度法规立项调研论证，既解决“立什么”的问题，又解决“怎么立”的问题，先后就标准化等20余项立法建议项目的必要性、可行性，广泛征求人大代表、有关部门和专家学者意见，反复沟通协商，把要解决的主要问题和关键制度设计搞清楚、弄明白，为立良法打下坚实基础。

(二)坚持正确监督有效监督，聚焦聚力服务大局。不折不扣落实有关法律要求，认真听取审议计划、预算、决算、审计、环保等工作报告。落实中央及省委部署，听取审议企业国有资产(不含金融企业)管理情况专项报告，审议国有资产管理情况综合报告。为了更好地推动预算审查监督重点向支出预算和政策拓展，组织人大代表和社会各界对预算编制提出意见建议，有效发挥预算联网监督系统作用，指导11个设区的市和85个县(市、区)完成了预算联网监督系统建设。针对社会普遍关注的审计查出问题整改情况，常委会对2015至2017年审计查出突出问题整改情况开展跟踪监督，推动问题整改到位。听取审议年度环境状况和环境保护目标完成情况报告，并就整改工作进行满意度测评，以法治的力量守护良好生态环境这个最普惠的民生福祉。

聚焦转型发展和群众关注的突出问题，听取审议有关报告。围绕打造“六最”营商环境，听取审议省政府关于深化“放管服效”改革情况的报告并进行专题询问，组成人员充分肯定政府及有关部门简政放权取得的成效，强调要按照法治化、国际化、便利化的要求，应放尽放、创新方式、改进服务，持续推动山西省营商环境进入全国前列。针对民营企业发展存在的融资用地难等问题，听取审议关于支持和促进民营经济发展情况的报告，推动全面打造公平竞争环境。聚焦攻坚深度贫困与巩固脱贫成果，听取审议全省脱贫攻坚工作情况报告，助力全省一鼓作气，坚决打赢脱贫攻坚战。围绕舌尖上的安全、生态环境和资源保护等重点领域，听取审议省人民检察院开展公益诉讼工作情况报告，支持和促进检察机关加大案件办理力度，当好“公益代言人”。

充分发挥执法检查“法律巡视”监督利剑作用，对旅游、老年人权益保障、科学技术普及三项法律法规实行联合执法检查，统一工作方案、统一时间组织、统筹检查地点。既提高了工作效率、减轻了有关部门和基层的负担，又达到了集中精力发现和解决问题、增强监督实效的目的，受到各方面的肯定和支持。按照一抓三年的部署，连续第二年开展汾河流域生态修复与保护条例执法检查，围绕推动汾河入黄口断面退出劣Ⅴ类，提出务实建议，为把治理汾河这件大事办好尽到责任。

受全国人大委托，先后对中小企业促进法、水污染防治法、可再生能源法进行执法检查。配合全国人大开展高等教育法执法检查。水污染防治法执法检查首次引入第三方评估，增强了执法检查的科学性、专业性、权威性。

为了使更多的法规真正活起来、落下去，在抓好执法检查的同时，还开展了通信设施建设与保护条例、永久性生态公益林保护条例、地方志工作条例、巩固“基本解决执行难”成果等执法调研。调研中不听综合汇报、不搞层层陪同，直接深入执行和适用法律法规的一线掌握情况。这种简便易行、灵活高效的方式，既推动了法律法规实施，也为开展执法检查和法律法规的修订提供了依据。

在做好上述监督工作的同时，省人大常委会还对2018年环保法执法检查、省政府履行安全监管职责情况等报告及审议意见进行跟踪监督，持续推动整改。对风电项目对生态环境的影响、社会养老兜底解决老年贫困问题开展专题调研。对接收的36件规范性文件逐件审查。依法受理群众来信来访，督促有关方面解决好群众合理合法诉求。

（三）尊重代表主体地位，支持保障代表依法履职。人大代表是人民代表大会的主体，代表人民行使国家权力。尊重代表权利就是尊重人民权利，保证人大代表依法履职就是保证人民当家作主。省人大常委会深入贯彻习近平总书记关于代表工作的重要论述和全国人大常委会有关要求，加大工作力度、积极探索创新，代表服务保障水平进一步提升。

扎实开展“向申纪兰学习、做人民好代表”活动，引领全省各级人大代表践行初心使命、忠诚履职尽责。在庆祝中华人民共和国成立70周年表彰活动中，第一届至第十三届全国人大代表申纪兰同志，被授予“共和国勋章”。经省委同意，省人大常委会党组制定意见，对学习活动作出安排部署；在西沟村举办五级人大代表座谈会，聆听申纪兰代表几十年如一日守护初心，始终对党忠诚、依法履职、执着为民、朴实奉献的经验与心得感悟。召开推进会议，指导长治市组建报告团，巡回宣传申纪兰代表的先进事迹和崇高精神。“人民选我当代表、我当代表为人民”在各级人大代表中成为了最强音。

持续提升代表履职本领，在基础知识培训的基础上，连续在南开大学举办3期代表专业知识学习班，重点学习法规、报告审议的方式方法，了解掌握计划预算审查，监察、审判、检察相关知识，省高级人民法院、省人民检察院主要负责同志专题介绍情况，有效提高了代表的审议能力，提高了代表提出高质量议案建议能力。学习期间组织集体瞻仰周恩来纪念馆，坚定理想信念、锤炼政治品格，强化为党、为国家、为人民奉献一切的事业追求。

大力推进全省人大代表联络站建设。制定意见，召开会议进行部署。市县乡人大根据代表分布情况，按照“一站多用，一站多能”工作思路，与乡镇（街道）其他机构“共建、共管、共用”活动场地，形成了覆盖全省所有乡镇（街道）的代表履职平台。五级人大代表带着责任、带着使命进站联系群众，宣传党的方针政策和法律法规，面对面收集民意，推动解决了一批群众关心关注的困难和问题。鼓励和支持各级代表在单位、社区、村组就近就地联系群众，常态化倾听民众心声。积极办理代表转递信访事项，更好回应群众关切。

着力提升议案建议办理质效。省十三届人大二次会议主席团交付的27件议案已全部审议完毕。其中，涉及的5个立法项目已经常委会审议通过，1个立法项目已提请审议，9个立法项目已列入立法规划计划，1个监督项目已实施完成，11个立法项目作为下一步立法的重要参考。代表提出的992件建议、批评和意见，已全部办理完毕并答复代表。省人民政府、省高级人民法院、省人民检察院及有关方面高度重视代表建议办理工作，积极完善工作机制，办理质量进一步提高。省政府多次召开常务会议研究建议办理相关事项，承办的935件建议中，已经解决或有重大进展的460件，列入年度计划解决的152件，列入规划逐步解决的274件，因客观条件所限解决不了的62件留作参考。开通“人大代表建议直通车”，畅通省人大代表随时提出建议、批评和意见渠道。建设晋西北马铃薯种植基地等15件事关全省大局和群众关切的具体实事。全国人代会期间山西省代表团提出的吕梁山生态修复和京津冀上游水源地治理两件建议以及代表个人提出的4件建议被全国人大列为重点督办建议。

三、以严和实的举措抓党组自身建设，在落实党中央关于人大要建成“工作机关、代表机关”要求上持续用力

认真履行全面从严治党主体责任，健全分党组党风廉政建设主体责任制度，召开党建工作会议，制定领导干部个人事项报告工作规程，成立领导同志身边工作人员临时党支部，坚决彻底肃清张茂才流毒。大力倡导务实新风，坚决纠正“四风”，集中整治形式主义官僚主义，没有实质性内容的会议一律不开、大幅减少领导活动和程序性报道、彻底叫停一般性调研，把“基层减负年”落到实处，人大机关作风往实里走、往深入抓的氛围更加浓厚。

严格执行新时期好干部标准，用好领导干部职数，发挥政策最大最优效应，解决了一大批干部积压问题，确保公务员职务与职级并行后，最大限度地保证干部政治待遇和生活待遇。整个选任和工作没有一起说情打招呼、造谣诬告等问题，有力调动了干部的积极性，现在机关干部主动作为、自我加压、争先创优正在成为新风尚。调整规范机构处室名称，强化立法、监督职能，将办公厅等办事机构有相关专业背景的人员调整到各专工委，干部队伍结构逐步优化。

在机关大兴学习之风，把每两月1次专题讲座变成每月1次的法治讲堂；针对实践中遇到的问题分8个课题开展岗位练兵；分两期组织立法骨干培训班，第1期在北京举行，邀请全国人大长期从事立法工作的专家授课，另1期共享课程资源。各委员会结合实际随时随地开展学习培训。机关“月月有讲座、周周有研讨”，机关干部干中学、学中干，立足岗位、钻研业务蔚然成风。

下力气提高机关服务保障水平，制定出台提高常委会会议质量等21项制度，加快推进“智慧人大”建设，想方设法解决干部的后顾之忧，保障职工合法权益，提高职工体检标准，办好职工食堂。群团组织开展丰富多彩的文体活动。无论转岗过来的同志，还是长期在人大工作的同志，以及社会上都反映这几年人大的一个显著特征就是党的生活严了起来、工作紧张了起来。2019年省人大常委会机关在省里的考核名次大幅提升，进入前五名，并被评为省级文明单位标兵。

（姜　伟）

附：省人大常委会党组书记、副书记、成员名单

书　记：郭迎光

成　员：李悦娥（女）　高卫东　岳普煜

李俊明　李仁和　郭海刚

省政府党组工作概况

工作概况

党组书记　林　武

2019年，省政府党组在省委的坚强领导下，高举习近平新时代中国特色社会主义思想伟大旗帜，认真贯彻落实党的十九大和十九届二中、三中、四中全会精神，深入学习贯彻习近平总书记"三篇光辉文献"精神，认真贯彻落实省委十一届七次、八次、九次全会各项决策部署，充分发挥党组把方向、管大局、保落实的重要作用，全面履行管党治党政治责任，牢牢把握稳中求进工作总基调，以"三大目标"为牵引，全力打好"三大攻坚战"，扎实做好"六稳"工作，统筹推进稳增长、促改革、调结构、惠民生、防风险、保稳定各项工作，着力提升治理体系和治理能力现代化水平，保持了经济持续健康发展和社会大局稳定，高质量转型发展迈出了新的步伐。

一、毫不动摇坚持党的领导，牢牢把握党组工作的正确方向

坚持以政治建设为统领，严守政治纪律和政治规矩，不断提高履职尽责的政治性和有效性，奋力在"两转"基础上全面拓展各项事业新局面。始终把高举旗帜、维护核心作为根本政治纪律，带头增强"四个意识"、坚定"四个自信"、做到"两个维护"。始终把强化理论武装作为履职尽责的重要法宝，举行19次党组理论学习中心组学习，利用"梅山课堂"举办专题报告。始终把贯彻落实习近平总书记对山西工作的重要指示批示作为党内政治要件，完善落实机制，健全责任体系，确保件件有着落、事事见成效。始终把开展"不忘初心、牢记使命"主题教育作为重大政治任务，制定省政府党组落实中央八项规定精神、坚决反对形式主义官僚主义的具体措施，扎实抓好专项整治整改，有效增强了人民群众获得感。认真开展"改革创新、奋发有为"大讨论，改革意识、创新精神、开放思维、市场理念进一步激活。始终把坚持党的领导贯彻到政府工作各方面全过程，不折不扣落实民主集中制，严格执行请示报告制度，全年提请省委常委会审议重大问题、重要事项46项。认真履行意识形态主体责任，防范打击敌对势力渗透破坏活动，有效维护了全省大局稳定。

二、坚定不移贯彻新发展理念，高质量发展迈出新的步伐

始终牢记习近平总书记对山西提出的总体要求和"五项重大任务"，着力解决结构性、体制性、素质性矛盾和问题，积极应对风险挑战明显上升的复杂局面，努力开创发展新境界。坚持稳中求进工作总基调，认真落实中央及省委经济工作会议部署，全省经济呈现总体平稳、稳中有进态势。2019年，全省地区生产总值增长6.2%，一般公共预算收入增长2.4%，社会消费品零售总额增长7.8%，城乡居民人均可支配收入分别增长6.9%、9.8%，全省城镇新增就业和农村劳动力转移就业分别达到54.8万人和40.2万人。城镇登记失业率控制在年度目标以内，居民消费价格上涨2.7%。紧紧扭住新发展理念推动发展，创造性落实国家减税降费政策，推动金融支持实体经济发展，深化转型项目建设年活动，实施消费升级行动计划，积极应对中美经贸摩擦，加快发展新兴产业和现代服务业，推动传统产业改造升级，实施创新驱动战略，战略性新兴产业、高技术产业增加值增速快于规上工业，非煤工业、制造业增速快于煤炭工业，工业结构反转呈现良好态势。全省新登记各类市场主体43.1万户，新增规上工业企业600户，新培育"专精特新"中小企业305户，高新技术企业总数达到2400余户。扎实推动中央及省委重大决策部署落实落地，系统重温"三篇光辉文献"，认真贯彻习近平总书记在推动中部地区崛起工作座谈会重要讲话、在黄河流域生

态保护和高质量发展座谈会重要讲话精神，全面落实推进工业高质量发展大会部署和中部盆地城市群一体化发展推进会部署，推出了一系列重大举措。

三、持续深化改革开放，发展动力和后劲不断增强

始终牢记习近平总书记“山西经济转型发展任务重，改革任务更重”的重要指示，牢固树立“改革不能落后、改革必须先行”的理念，努力通过拓展改革开放空间带动各项事业取得更大突破。高位谋划推动能源革命综合改革试点，煤炭先进产能占比提升到68%，成功举办太原能源低碳发展论坛和能源革命展，习近平总书记向论坛致贺信。持续深化国资国企改革，省属二级及以下企业混改率达到75.9%。市场化出清省属“僵尸企业”105户，基本完成省属企业“三供一业”分离移交。深化自然资源领域改革，加快划定“三条红线”。坚持以标准化引领转型，主导制定实施两项国际标准。推动开发区改革创新，省级及以上开发区达到77家。稳步实施乡村振兴战略，三大省级战略扎实推进，粮食生产再获丰收。稳妥推进农村改革，3226个行政村完成合并。加快构建全方位开放格局，中欧(中亚)班列实现常态化运行，全省国际及地区航线达到18条。大张客专开通，大西动车全线贯通，太郑高铁进入全线铺轨阶段。太原地铁2号线实现轨通电通，1号线开工建设。右玉至平鲁、阳城至蟒河高速公路建成，大同航空口岸正式开放，五台山航空口岸首飞通航。国际互联网数据专用通道正式开通。成功举办外交部山西全球推介活动，积极参加进博会等重要展会，新增国际友好城市8对、友好合作伙伴19对。

四、坚决打好三大攻坚战，为决胜全面建成小康社会奠定决定性基础

始终牢记坚决打好三大攻坚战，既是党中央明确的全面建成小康社会决胜期的首要任务，也是山西省经济社会发展补短板、强弱项的使命担当。全力防范化解重大风险，稳妥推进互联网金融风险专项整治，晋商贷、香野乡村等大要案件成功侦破，农信社改制化险加快推进，高速公路等政府性债务有效化解，各类风险总体可控。全力攻坚深度贫困，最后17个贫困县全部进入脱贫摘帽程序，918个贫困村全部退出，23.9万人口脱贫。全力打好污染防治攻坚战，狠抓中央生态环境保护督察及“回头看”问题整改，燃煤发电机组全部实现超低排放，焦化行业达到特别排放限值标准。“两山七河”生态修复治理扎实推进，完成营造林521万亩，汾河谷地地下水位连续10年回升，PM2.5平均浓度好于京津冀及周边地区平均水平，“二青蓝”成为山西省的靓丽名片，入黄口庙前村断面等国考断面退出劣V类。

五、持续强化民生保障，努力创造高品质生活

始终坚持以人民为中心的发展思想，积极应对经济下行压力，着力推动民生事业发展，不断增进民生福祉。大力实施“人人持证、技能社会”工程，抓好大学生等重点群体就业，零就业家庭实现动态清零。建设认定616所普惠性幼儿园，建设改造500余所乡镇寄宿制学校，6000多所中小学实现优质教育资源共享和一体化发展。“1331”工程深入实施，山西农大和省农科院合署改革取得实质性进展，太原理工大学航空航天学院挂牌成立，中国科学院大学太原能源材料学院筹建进展顺利，4所高职跻身全国职业教育“双高”行列。县域医疗卫生一体化改革全国领先，“136”兴医工程进展顺利，华中科技大学同济医院和山西白求恩医院合作共建国家区域医疗中心。全民参保计划持续推进，基本实现法定人群全覆盖。城镇退休人员基本养老金月人均增加174元，企业退休人员基本养老金实现“十五连涨”。城乡居民基本医保人均财政补助标准提高30元。城乡最低生活保障标准每月分别提高55元、57元。安全生产形势持续好转，交通安全专项整治成效明显。强力开展扫黑除恶专项斗争，战果稳居全国第一方阵。高位推进禁毒人民战争取得显著成效，“平安山西”建设持续深化，社会大局持续稳定。八件民生实事全部兑现。

六、加快转变政府职能，不断推进政府治理体系和治理能力现代化

加快推动政府工作重点转到创造良好发展环境、提供优质公共服务、维护社会公平正义上来，不断提升政府治理体系和治理能力现代化水平。严格落实政府系统全面从严治党主体责任，坚持不懈推进党风廉政建设和反腐败斗争。办理人大代表建议948件、政协提案969件。不断深化“放管服效”改革，省直部门审批时限平均压缩一半以上。大力推进执法监管体制改革，严格落实“双随机、一公开”监管。全面启动数字政府建设，一体化在线政务服务平台实现五级全覆盖，省级90%、市县80%以上政务服务事项实现“一网通办”，“三晋通”APP正式上线运行。晋城市“一枚印章管审批”改革试点成效明显，在各市县和开发区全面推开。积极推进商事制度改革，持续深化“3545”专项改革。率先开展全省域营商环境第三方评价。企业投资项目承诺制改革入选中组部贯彻落实习近平新时代中国特色社会主义思想攻坚克难案例，以政务信息化改革为突破口优化营商环境做法受到国务院通报表扬。

（张焕森）

附：省政府党组书记、副书记、成员名单

书　记：楼阳生(12月离职)　林　武(12月任职)

副书记：林　武(1月离职)　胡玉亭(5月任职)

成　员：王一新　贺天才　刘新云

王　成(4月任职)　吴　伟(7月任职)

曲孝丽(女，3月离职)　陈永奇(1月离职)

王　纯

省政协党组工作概况

工作概况

党组书记　李　佳

2019年，在省委坚强领导下，省政协党组坚持以习近平新时代中国特色社会主义思想为指导，全面贯彻党的十九大和十九届二中、三中、四中全会及中央政协工作会议精神，深入学习贯彻习近平总书记“三篇光辉文献”精神，深入贯彻省委各项决策部署，全面履行管党治党主体责任和把方向、管大局、保落实职责，广泛团结参加政协的各党派团体和各族各界人士，紧紧围绕省委中心工作，建言资政和凝聚共识双向发力，以守正创新精神强弱项、补短板、固根基，政协党的领导和党的建设得到新加强，工作质量得到新提升，确保了中央大政方针和省委决策部署在政协的全面正确有效实施，为山西高质量转型发展、决胜全面建成小康社会汇聚了智慧力量。主要抓了以下四方面的工作：

一、坚持高举旗帜、维护核心，切实履行落实下去、凝聚起来的政治责任

党组始终把高举旗帜、维护核心作为根本性大事，紧紧抓在手上，带头增强“四个意识”、坚定“四个自信”、做到“两个维护”，坚持把习近平新时代中国特色社会主义思想作为政协工作的总纲，把坚持和发展中国特色社会主义作为巩固共同思想政治基础的主轴，自觉担负起把党的决策部署和对人民政协工作的要求落实下去、把各方面的智慧和力量凝聚起来的政治责任，加强思想政治引领，广泛凝聚共识，取得新的进展和成效。

（一）坚持党的领导，确保正确政治方向。把坚持和加强党对政协工作的全面领导作为根本政治纪律和政治规矩，坚决做到一切工作都以贯彻落实习近平总书记重要指示、党中央大政方针、省委决策部署为前提。先后召开16次党组会议对重点工作作出安排部署，切实把党的领导落实到政协工作的全过程和各方面。严格执行请示报告制度，共向省委请示报告20余次，做到一切重要工作在省委领导下展开，一切重要活动围绕全省中心任务进行，一切重要安排在广泛征求意见报省委审批后实施。支持省纪委监委对政协机关进行政治监督。组织召开主席会议17次、常委会议5次、全体会议1次，积极运用民主程序和政协职能，把党的主张转化为参加政协的各党派团体和各族各界人士的广泛共识和自觉行动。

（二）加强理论武装，强化思想政治引领。把以党的创新理论武装人、引领人、凝聚人作为首要政治任务，党组理论学习中心组（扩大）学习18次，常委会议集体学习4次，座谈交流40次，举办“委员讲坛”和“政协学堂”9期，组织委员培训2000余人次，把思想政治引领和凝聚共识融入各项履职活动，着力夯实团结奋斗的共同思想政治基础。深入学习党的十九届四中全会精神，深刻领会创造“两大历史奇迹”背后的“制度密码”，在“坚持和巩固什么、完善和发展什么”等重大问题上深化思想认识、形成广泛共识。深入学习习近平总书记在中央政协工作会议暨庆祝中国人民政治协商会议成立70周年大会上的重要讲话精神，学习《中共中央关于新时代加强和改进人民政协工作的意见》，强化践初心、担使命，干出新时代政协新样子的政治担当。及时跟进学习习近平总书记重要讲话精神，坚持党组领学、促学，一体推进常委会、委员和机关干部学习，依托专委会建立学习小组和学习座谈制度，在省委党校、省社科院建立研究基地，推动理论武装走深走实。

（三）把握落实基点，凝聚改革发展共识。着眼统一思想行动、办好山西事情，重温习近平总书记视察山西重要讲话、在推动中部地区崛起工作座谈会上的重要讲话、黄河流域生态保护和高质量发展座谈会上的重要讲话“三篇光辉文献”，

贯通起来学习领会，联系起来一体落实，增强了重整行装再出发的紧迫感使命感。深入学习省委经济工作会议精神，一体把握新发展理念要求，以领悟“五论”，不断深化对山西发展阶段性特征、演进趋势、内在规律的科学认识，着力增强对“四为四高两同步”总体思路和要求的认知认同，坚定将转型综改进行到底的信念信心。创设“委员讲坛”，围绕脱贫攻坚、协商民主、中美贸易摩擦、区块链技术等重大关切，加强思想引导、政策宣传，助力解决“怎么看”“怎么干”，团结政协委员和各界别群众，共同致力山西省高质量转型发展、全面建成小康社会事业。

二、坚持围绕中心、服务大局，汇聚实现全面小康、推进高质量转型发展的正能量

省政协党组坚持与省委、省政府想在一起、谋在一起、干在一起，制定《关于全省政协系统助力“三大目标”“三大攻坚战”的实施意见》，持续跟进落实，政协服务大局取得新进展新成效。

（一）强化质量导向，落实协商计划。精心组织实施省委常委会审定的政协年度协商计划，各项任务如期完成，建言质量明显提升。坚持调研于协商之前，围绕改革创新奋发有为、大通道建设、汾河流域水污染防治、深化国企混改、优化营商环境、文旅融合发展、强化易地扶贫搬迁后的公共服务、农业品牌建设、吕梁山生态修复治理、“互联网＋医疗健康”等10个议题，召开常委会议和专题议政会议，组织委员协商建言；聚焦民营经济发展“30条”、转型综改示范区建设、生态扶贫“五个一批”、深化职业教育产教融合、改善农村人居环境、引导支持农村土地流转、加强农技推广队伍建设、宗教场所安全管理等8个重点，组织委员开展专项视察或监督性调研；选择推进能源革命、制造业高质量发展、军民融合发展、康养事业发展、非物质文化遗产保护等5个方面的重点提案，开展督办。同时，组织委员运用提案、反映社情民意信息等方式建言资政。楼阳生、林武等省领导同志就委员建议作出重要批示65件次，职能部门办复提案1049件、批办社情民意信息43件，委员的合理化建议得到重视和采纳。

（二）发挥组织优势，汇聚奋进力量。开展庆祝新中国、人民政协成立70周年系列活动，激发爱国之情、报国之志和奋进精神。发挥住晋全国政协委员作用，与沿黄九省（区）全国政协委员联名提案，助力黄河流域生态保护和高质量发展上升为重大国家战略。发挥党派作用，党组同志集体走访各民主党派省委和省工商联机关，深入座谈交流、听取意见建议。支持各民主党派、工商联和无党派人士参加政协各项活动，运用政协平台发表意见、提出建议。各民主党派、工商联和无党派人士在政协大会发言22人次，提交提案265件，报送社情民意信息1521篇，均得到及时办理。发挥界别作用，围绕能源革命综改试点，组织科技、经企、工商联等界别委员座谈交流，动员大家走在前、干在先，争做排头兵、“领头雁”。发挥专委会作用，依托专委会创建“一委一品”，建设“委员之家”12个，走访委员450余人次，帮助委员特别是非公经济人士创业创新创造、积极排忧解难，引导委员各展其才、各尽其能，在转型综改、创新驱动、全面小康的主战场贡献才智。发挥民族宗教界委员作用，促进民族团结、宗教和谐。创建书画院、筹建文史馆，挖掘政协文化资源，激扬正气、凝聚人心。发挥港澳委员双重积极作用，组织港澳委员和特邀人士回省调研，接洽澳门工商界人士来晋考察，讲述山西精彩故事，宣传山西省新形象、新优势、新商机，为深化改革、扩大开放、加快转型汇聚了正能量。

（三）坚持守正创新，推进协商民主。着眼更好发挥专门协商机构作用，改革会议流程，把互动交流、回应委员关切列为专题性常委会议、专题议政会的必要环节，省委、省政府领导同志及有关职能部门负责同志160多人次参加政协协商活动，与委员面对面坦诚交流，通报情况、宣传政策，解疑释惑、增进共识，促进问题解决和工作推进，展现了社会主义协商民主的生机与活力。成立政协智库，聘请240名省内外专家学者为智库成员，围绕18个课题深入研究，为23个协商议题提供咨询服务、智力支持。强化制度供给，修订提案、社情民意、视察考察、专题调研等条例，建立新闻发布、工作督查等机制，增强政协协商的影响力和实效性。强化工作合力，党组和主席班子成员带领7个调研组，围绕发挥专门协商机构作用，分赴11个市开展调研，同时组织各市自查，并召开成果交流会和市政协主席、秘书长座谈会，相互交流经验，研究共性问题。督促市县政协聚焦协商主业、履行“专”的职责，重要视察调研、重大专项工作上下联动、同步开展，形成了发挥专门协商机构作用的工作合力。

三、坚持党要管党、从严治党，切实加强政协党的建设和政协委员、政协干部两支队伍建设

党组全面贯彻新时代党的建设总要求，以政治建设为统领，全面加强政协党的建设，以此带动委员和干部队伍建设，取得新的进展和成效。

（一）扎实开展“不忘初心、牢记使命”主题教育。认真贯彻中央精神及省委部署，以学习贯彻习近平新时代中国特色社会主义思想为主线，坚持“四个贯穿始终”、狠抓“四个到位”，一体谋划、高标准高质量推动政协各级党组织和党员干部主题教育，研究制定6个专项整治整改实施方案，6方面60项整治整改措施基本落实到位，形成6类19项制度成果，测评满意率99.6%。政协党员干部经受了思想淬炼、政治历练、实践锻炼，委员和基层反映的一些突出问题得到解决，政协主题教育取得阶段性成果，总体达到“五句话”目标要求。

（二）细化压实主体责任。深入学习贯彻习近平总书记在中央和国家机关党的建设工作会议上的重要讲话精神，认真履行党组全面从严治党主体责任、党组书记第一责任、党组成员“一岗双责”，做到党的建设与政协工作同谋划同部署同落实。健全完善政协党组、机关党组和专委会分党组、机关党委、基层党支部“四级五方”的党建职责体系，大力支持机关党组、专委会分党组全面履行从严管党治党责任，进一步巩固和发展了“两个全覆盖”的工作格局。

(三)加强意识形态工作。牢牢掌握意识形态工作的领导权,强化意识形态工作责任,正确处理一致性和多样性关系,在履职活动中坚守边界底线,推动各党派团体和各族各界人士实现思想上的共同进步。加强政协所属媒体建设管理,举旗帜、聚民心、育新人、兴文化、展形象。发挥机关基层党组织和群团作用,开展形式多样的精神文明创建工作,省政协机关蝉联“省文明单位”“省直文明单位标兵”。

(四)严明政治纪律和政治规矩。坚持把纪律规矩挺在前面,严格要求党员干部和党员委员严守党的政治纪律、政治规矩和组织纪律,做到“五个必须”、反对“七个有之”,模范遵守“六大纪律”,正确把握党内民主和人民民主的关系,在大是大非面前旗帜鲜明、敢于斗争,以共产党员的模范行为影响、带动广大委员守纪律、讲规矩、重品行。严把政协各项活动的政治关,营造既畅所欲言、各抒己见,又理性有度、合法依章的良好协商氛围。

(五)严肃党内政治生活。严格执行《关于新形势下党内政治生活的若干准则》,紧密联系思想、工作、作风实际,组织召开年度民主生活会和组织生活会,把维护以习近平同志为核心的党中央权威,贯彻党的理论路线方针政策和决议,执行党的政治纪律和政治规矩,以及履职中发挥党员作用、开展团结联谊活动等情况作为重要内容,深入开展批评和自我批评,明确努力方向和着力重点。实行双岗履职、双重组织生活,在9个专委会成立14个党员委员党支部,定期开展组织生活。党组同志带头参加双重组织生活,与党员一起学习讨论、一起查摆问题、一起接受教育、一起参加党员民主评议,自觉接受党内外群众的监督。

(六)持续强化正风肃纪。全面落实党风廉政建设主体责任,召开党风廉政建设会议专题研究部署,强化日常管理监督,注重抓早抓小、抓苗头抓细节,坚决防止利用政协影响力和委员资源谋取私利。依程序撤销王克信、刘云晨的委员资格。深入贯彻中央八项规定精神和省委系列部署,精简会议、文件,优化活动组织,减轻基层负担,坚决反对形式主义、官僚主义。以《关于张茂才严重违纪违法案件的教训警示》《“四风”典型案例警示录》等为镜鉴,集中开展警示教育。制定禁业范围和专项整治实施方案,集中规范领导干部配偶、子女及其配偶经商办企业行为。支持驻机关纪检监察组严格监督执纪问责,保证了政协机关风清气正。

(七)激励担当作为。党组同志与政协委员、政协干部谈心谈话350余人次,深入交流交心,激发责任担当。修订委员履职工作规则,建立委员履职档案,开展委员履职年度考核、及时通报履职情况,引导激励委员积极担当作为,做好岗位工作和政协履职“两份作业”。坚持新时期好干部标准,认真负责地依程序推荐干部,支持机关党组以正确导向选用干部、加强干部队伍建设。实施省政协机关年轻干部成长工程,加强干部专业化能力培训,选派优秀年轻干部挂职锻炼,全面加强干部教育、管理、监督、考核等各项工作,政协机关形成风正气顺、心齐劲足、干事创业的良好风尚。

四、坚持以上率下、自我革命,以严实精神加强党组自身建设

党组以打铁还需自身硬的态度,大力加强自身建设,自觉增强“四个意识”、坚定“四个自信”、做到“两个维护”,始终在思想上、政治上、行动上同以习近平同志为核心的党中央保持高度一致。坚持深化理论学习,带头抓好主题教育,不断提高学以致用的能力和水平。坚持严肃党内政治生活,勇于自我革命,高标准严要求,召开年度民主生活会、“不忘初心、牢记使命”专题民主生活会,严肃开展批评和自我批评,巩固发展了团结共事、昂扬向上的良好氛围。坚持严格执行民主集中制,抓大事、议大事、谋全局,重大问题集体讨论决定,重要事项、重要情况及时请示报告省委,个人事项如实申报,做到令行禁止。坚持攻坚克难、改革创新,以一线意识勤奋工作、开拓奋进。坚持严守党规党纪,自觉接受各方面监督,注重良好家风建设,为政协委员和政协干部作出表率。

政协党组工作成绩的取得,是习近平新时代中国特色社会主义思想科学指引的结果,是省委正确领导的结果。省委常委会议专题学习习近平总书记在中央政协工作会议暨庆祝中国人民政治协商会议成立70周年大会上的重要讲话,就贯彻落实习近平总书记重要讲话和中央政协工作会议精神作出安排部署,研究审定政协年度协商计划、定期听取政协工作汇报,制定出台《关于加强新时代人民政协党的建设工作的实施意见》。

(任　杰)

附:省政协党组书记、副书记、成员名单

书　记: 李　佳(1月任职)

副书记: 徐广国(12月兼任)

成　员: 李正印　李晓波　张瑞鹏　席小军

省纪律检查委员会、省监察委员会工作概况

工作概况

省纪委书记、省监委主任　王拥军

2019年，省委深入学习贯彻习近平新时代中国特色社会主义思想，以党的政治建设为统领全面加强党的建设，强化对反腐败工作的领导，坚持把严的标准和实的措施贯穿管党治党全过程、各方面，推进全面从严治党向纵深发展。在中央纪委国家监委和省委领导下，全省纪检监察机关增强“四个意识”、坚定“四个自信”、做到“两个维护”，忠实履行党章和宪法赋予的职责，认真贯彻落实纪检监察工作高质量发展的理念思路和目标任务，各项工作取得新进展新成效。

一、始终把党的政治建设摆在首位，践行“两个维护”的自觉性坚定性有新的增强

省纪委常委会把学习贯彻习近平新时代中国特色社会主义思想作为主线贯穿全年工作，以学习贯彻党的十九届四中全会精神、习近平总书记重要讲话及指示批示、全面从严治党重要论述等为主要内容，集体学习研讨16次，发挥领学促学作用，带动全系统学懂弄通做实。扎实开展“不忘初心、牢记使命”主题教育，举行专题党课暨全省纪检监察工作会议，针对性地开展调查研究，开好专题民主生活会，抓实整治整改，取得实实在在成效。着力推动政治监督具体化常态化，举办专题研讨班，成立专项工作办公室，开展课题研究，抓好试点工作，围绕贯彻党章宪法、执行大政方针、遵守政治纪律、履行政治责任等加强监督，处分存在违反政治纪律行为492人，督促党员干部把“两个维护”落实在具体行动上。组织开展专项监督检查，由省纪委监委班子成员带队，深入各市、省直各单位和省管企业、高校，聚焦习近平总书记视察山西重要讲话和对山西工作重要指示批示精神、党的十九届四中全会精神、党中央重大决策部署及省委重要举措等贯彻落实情况，发现问题2358个，逐一推动整改。加强对各市、重点县（市、区）、省管高校党委班子主题教育专题民主生活会的监督指导，督促深刻检视问题、严肃开展批评和自我批评。严把党风廉政意见回复质量关，综合分析信访举报、谈话函询、巡视巡察、审查调查等情况，全省共回复129487人次。召开贯通落实“两个责任”汇报会，现场点评，强化管党治党政治责任；实施精准问责，全省共问责党组织371个、领导干部2152人。

二、对标对表一体深化“三项改革”，纪检监察工作规范化法治化水平全面提升

省纪委常委会自觉对标对表中央纪委国家监委，从省纪委监委机关做起，推动全系统体制机制、方法作风全方位提升。强化党的集中统一领导，研究制定落实党对反腐败工作全过程领导实施细则，规范党委反腐败领导小组职责，梳理、明确党委审核批准事项，省纪委监委向省委书面请示报告工作9次，省委主要领导对纪检监察工作作出批示291件次，报请省委审核批准初核13件、立案72件、采取留置措施18人、作出处分决定24人。强化上级纪委监委对下级纪委监委的领导和指导，细化“两为主一报告”“三为主一报告”具体办法，线索处置、立案审查等情况逐级按时上报，省纪委监委向

中央纪委国家监委书面请示报告工作24次，报备采取和解除留置措施67人次,报批延长留置时间28人、从宽处罚建议10人;备案市县纪委监委采取和解除留置措施700人次。完善省纪委常委会议事决策制度,调整班子成员分工,贯通分管监督检查和审查调查、内设机构和派驻机构,实现“前台”和“后台”打通、机关和派驻协同;优化内设机构职能配置,将“四风”问题和第二种形态的执纪审查职责调整至监督检查室,确保监督“长牙”、纪律“带电”。建立特约监察员制度,省监委选聘30名党代表、人大代表、政协委员、党外人士等担任第一届特约监察员。结合党政机构改革深化省纪委监委派驻机构改革,在22家省管企业和41家省委管理领导班子的高校设置监察专员办公室,在3家省管金融企业设置派驻纪检监察组,有序推进市级派驻机构改革工作,实现派驻监督体制战略性重塑。健全基层纪检监察组织架构,在乡镇纪委(街道纪工委)加挂县级监委派出监察室牌子。对照监察体制改革以来中央层面出台的制度规定,修订监督执纪执法工作办法和其他工作制度,纪法贯通更加规范,法法衔接更加顺畅。

三、锲而不舍落实中央八项规定精神,纠治“四风”工作力度持续加大

坚持日常监督和专项检查相结合，健全联动协作机制,组建机动分队,用好“四风”举报平台,强化节点监督检查和重点问题督办,不断挤压“四风”问题滋生蔓延空间。紧盯错峰违纪、隐形变异等问题,紧盯“关键少数”“退而不休”等重点,从严处理顶风违纪特别是党的十九大后仍然不收敛不收手行为,全省共查处违反中央八项规定精神问题2534起、处理3546人,其中处分2346人。深化整治形式主义、官僚主义问题,贯彻党中央为基层减负要求和省委工作措施,从领导机关和领导干部抓起,推动解决文山会海、督查检查考核过多过频和过度留痕等问题;紧盯党中央决策部署贯彻落实情况等6方面26类突出问题,督促职能部门加强行业监管,坚决整治不敬畏、不在乎,空泛表态、应景造势等行为。对形式主义、官僚主义问题线索,单列台账、优先处置、限时办结,全省共查处5230起、处理7617人,其中处分4729人。抓住普遍性问题和反复出现的问题,梳理落实中央八项规定精神负面清单,推动完善公车管理、公务接待、商务接待、评比表彰、庆典论坛等20项制度规定,构建长效机制,促进作风养成。

四、做深做实监督基本职责,日常监督的效能逐步显现

进一步提高监督在全局工作中的摆位，聚焦“关键少数”,综合运用信访监督、个别谈话、列席会议、专项检查、提出纪检监察建议等方法，探索实践“六个强化”“四个突出”“三看四必”等有效做法,抓好抓实近距离常态化监督。贯通运用纪律监督、监察监督、派驻监督、巡视巡察监督,探索建立权责清晰、衔接顺畅、协同高效的联动机制,不断增强“四个全覆盖”监督效能。深化运用监督执纪“四种形态”,综合考虑事实证据、思想态度和量纪执法标准,精准适用每一种形态,充分体现党的政策和策略。全省共运用“四种形态”批评教育帮助和处理88066人次,第一、二、三、四种形态分别占比70.8%、23.7%、3.1%、2.4%。着眼激励干部担当作为,对不实举报,经集体研判后直接了结;对谈话函询,注重把握时机、节奏、频次和方式方法;对初步核实,做到保密、规范、有序,防止影响干部正常工作;对追责问责,突出严肃、慎重、精准,防止问责不力和问责泛化、简单化;对犯错误同志,做好教育回访工作;对诬告陷害,出台处置办法严厉查处。省纪委监委通报7起诬告陷害典型问题，全省纪检监察机关共为103名干部澄清正名。

五、坚守政治巡视巡察职能定位,巡视巡察质量不断提高

认真贯彻落实全国巡视工作会议和市县巡察工作推进会议精神,突出“两个维护”,聚焦政治责任,围绕学用习近平新时代中国特色社会主义思想、贯彻党的路线方针政策和党中央及省委重大决策部署、履行全面从严治党“两个责任”、执行新时代党的组织路线、落实巡视整改要求等情况,精准发现问题、纠正偏差。有序推进巡视全覆盖,对10个市、58个贫困县、8个相关省直单位开展脱贫攻坚专项巡视，对23家省管企业、10所省属高校开展常规巡视，实现对贫困县、省管企业巡视全覆盖,十一届省委巡视覆盖率达62.9%。扎实推进巡视整改，省委巡视工作领导小组成员和省纪委监委、省委组织部班子成员参加巡视反馈,增强巡视反馈的严肃性权威性;压实被巡视党组织整改主体责任,强化纪检监察机关、组织部门整改监督责任;组织开展巡视整改“回头看”和专项监督检查,探索形成“建档立簿、跟踪督促、专项检查、对账销号”巡视整改工作机制。建立健全巡视巡察上下联动、协作联动机制,制定出台省直单位党组织开展巡察工作和市县巡察向村级延伸指导意见，推动巡视巡察向纵深发展。市县两级共巡察党组织7583个,覆盖率达72.3%;延伸巡察村级党组织19011个。健全完善36项巡视巡察工作制度,提升规范化、科学化水平。

六、一体推进不敢腐不能腐不想腐,反腐败斗争压倒性胜利巩固发展

突出重点削减存量,零容忍遏制增量。实行班子成员包案、省市县三级联动,对重大案件统一指挥、直查直办;发挥党委反腐败领导小组作用,各成员单位优势互补形成反腐败工作合力。组织开展能源领域反腐败专项行动,制定加强政治监督9条措施,为能源革命综合改革试点清淤除障。省纪委监委严肃查办了一批严重违纪违法案件,全省处分省管干部66人,充分彰显将全面从严治党一抓到底的坚定决心。全省纪检监察机关共受理信访举报83023件，同比下降24.1%;立案26445件,同比增长7.0%;给予党纪政务处分

24952人、同比增长5.0%，组织处理40577人、同比增长45.8%，其中，处分县处级以上干部825人；移送审查起诉793人。在纪法威慑和政策感召下，135人主动向纪检监察机关投案。深化标本兼治，强化以案促改，深挖发案根源，督促有关部门加强教育、健全制度，发挥查办案件的治本功能和警示震慑作用。制定出台强化警示教育意见，摄制警示教育片《初心泯灭的歧路》，编印33名农村“两委”班子成员违纪违法忏悔录，主题教育期间组织阅读忏悔录、观看警示片、利用张茂才案集中开展反思剖析；及时发布审查调查信息，公布巡视巡察进驻、反馈和整改情况，通报曝光典型案例，努力做到查处一案、警示一片、规范一方。

七、坚决整治群众身边腐败和作风问题，全面从严治党不断向基层延伸

深化扶贫领域腐败和作风问题专项治理，省级负总责、市县抓落实，通过巡视巡察和专项监督检查精准发现问题，督促有关部门整治脱贫攻坚中的形式主义、官僚主义问题，聚焦扶贫资金流向和扶贫项目管理持续强化高压震慑。全省共查处扶贫领域腐败和作风问题6009件、6009人。深挖彻查涉黑涉恶腐败及“保护伞”，做实“两个一律复核”，健全涉黑涉恶问题线索快速移送反馈机制，强化领导包案、直查直办、督查督办，推动“打伞破网”取得重大进展。全省共立案查处涉黑涉恶腐败及“保护伞”案件1452件，处理处分党员干部和公职人员2276人，打掉黑恶势力“保护伞”346人。省纪委监委被评为“全国扫黑除恶专项斗争先进单位”。认真开展人防系统腐败问题专项整治，紧盯4方面11个廉政风险点，综合运用日常监督、巡视巡察等方式筛线索、查问题，通过提级查办、挂牌督办强化案件工作。全省共立案323件、处分219人，推动追缴易地建设费15.36亿元、补建人防工程79.46万平方米。坚决查处民生领域侵害群众利益问题，结合新华社《国内动态清样》反映问题，推动解决教育、医疗、危房改造及“窗口”单位等方面存在的27个突出问题，全省共查处民生领域“微腐败”14407件、14407人。在主题教育中专项整治漠视侵害群众利益问题，强化工作统筹、督促指导，强化工作调度、协调落实，强化上下联动、开门整治，会同17个省直单位整治4类23项具体问题，先后3次公布整治成果。全省共查处涉及漠视侵害群众利益问题12534件、处分6924人。推进生态环保责任追究、违建“大棚房”清理整治、违建别墅清查整治、利用名贵特产类特殊资源谋取私利专项整治、推动减税降费政策落实等工作，均取得积极进展。

八、从严从实加强纪检监察干部队伍建设，忠诚干净担当的政治品质更加彰显

鲜明提出“五个过硬”要求，统筹推进政治建设、业务建设、能力建设、作风建设和纪律建设。协同推进全系统“不忘初心、牢记使命”主题教育，用习近平新时代中国特色社会主义思想武装头脑、凝心聚魂，干部理论素养、政治能力、境界情怀进一步提高。全面落实机关党建工作责任制，进一步强化党支部政治功能。树立“五用五不用”选人用人鲜明导向，用硬标准选硬干部，省纪委监委提名考察、审核批复、选拔选调干部138人次。实施全员培训、提级培训，省纪委监委举办各类培训班研讨班47期，培训各级纪检监察干部1.5万人次，各市纪委监委同步加强乡镇纪检监察干部培训，实现培训全覆盖、质量有保证。加强机关规范化建设，制定山西省纪检监察干部48字行为规范，省纪委监委机关共梳理不规范事项163项，提出规范化措施253条，全面规范业务工作、日常管理、机关党建和干部行为。制定加强纪检监察干部监督工作意见，加强内部监督管理，通报曝光张慧明等典型案例，严肃查处“灯下黑”问题。全省共处置反映纪检监察干部问题线索1726件，谈话函询933人，组织处理341人，处分154人，移送审查起诉10人，不断净化、纯洁队伍。

（闫晓雅）

附一：省纪律检查委员会书记、副书记、常委名单

省委常委、省纪委书记： 任建华（4月离职）
王拥军（5月任职）

副书记： 陈学东（4月离职） 王　鹏（9月任职）
郝　权（6月离职） 孟　萧
曾庆勇（9月离职）

常　委： 何　青 高金喜 王帅红 孙京民
刘东光 王晓鹏

附二：省监察委员会主任、副主任、委员名单

主　任： 任建华（7月离职）
王拥军（7月任省监委代主任）

副主任： 陈学东（4月离职） 王　鹏（11月任职）
郝　权（7月离职） 孟　萧
曾庆勇（11月离职）

常　委： 何　青 王帅红 孙京民 王海林
荣奋刚 王晓鹏

省高级人民法院党组工作概况

工作概况

党组书记　孙洪山

2019年，省高级人民法院党组坚持以习近平新时代中国特色社会主义思想为指导，全面贯彻落实党的十九大和十九届二中、三中、四中全会精神，深入学习贯彻习近平总书记视察山西和在中央政法工作会议上的重要讲话精神，坚决落实中央及省委重大决策部署，大力改善政治生态，努力推动以审判执行为中心的各项工作高质量发展。2019年，全省法院受理各类案件504940件，审结485368件，同比分别上升10.6%和12.27%；结案率为96.12%，同比增长1.43个百分点，案件收结比达100.95%；一审服判息诉率为84.75%，同比提升2.31个百分点。省法院受理各类案件9183件，审结8427件，同比分别上升1.95%和0.06%。司法质效核心指标均为历史最好水平。

一、大力加强政治建设，切实增强政治能力

（一）持续加强思想武装。认真落实系统学、跟进学、重点学、反复学要求，始终把用习近平新时代中国特色社会主义思想武装头脑作为首要政治任务，切实坚定理想信念，不断增强政治定力。坚持和创新党内学习制度，制定《党组中心组学习制度》，全年开展党组中心组理论学习31次，重点研学了《选编》《纲要》和习近平总书记"三篇光辉文献"，并把习近平总书记对政法工作和法院工作的重要指示批示汇集成册，及时对表对标，努力在学懂弄通做实上下功夫。

（二）始终坚持党的领导。自觉增强"四个意识"、坚定"四个自信"、做到"两个维护"，在思想上、政治上、行动上同以习近平同志为核心的党中央保持高度一致。认真贯彻落实《中国共产党政法工作条例》，始终把法院工作置于党的绝对领导之下。全年向省委报送专题工作报告13次，法院工作要情专报122次，大要案审判情况84次。认真贯彻党组工作条例，全面履行领导责任，召开党组会50次，其中33次第一时间传达学习中央、省委重要会议精神，研究落实中央、省委重大决策部署138项。严格执行民主集中制，修订《党组会议工作规程》，进一步健全科学决策、民主决策、依法决策机制，努力提高领导班子决策能力和水平。

（三）深入开展主题教育。紧紧围绕"守初心、担使命，找差距、抓落实"总要求，坚持学习教育、调查研究、检视问题、整改落实一体推进。党组中心组3次集体学习研讨，班子成员讲授专题党课8次，参加理论辅导会、对标先进和英模事迹报告会、警示教育会6场，深入中基层法院、企业、先进地区法院、扶贫点开展调研和"三服务"工作，征求意见建议20条，形成调研报告13篇，转化为决策措施7项。通过征求人大代表意见建议、群众反映、谈心谈话、召开专题民主生活会和组织生活会，梳理归纳问题20项，制定8大类40项整改措施，已完成31项，其余9项需要长期推进的已通过"回头看"进一步细化措施，明确整改期限。

（四）严肃党内政治生活。严格落实"三会一课"、谈心谈话、民主评议党员、党员领导干部双重组织生活会等制度，充分用好批评与自我批评武器。在2019年召开的3次民主生活会上，党组成员都结合院机关发生违纪违法案件的沉痛教训，深刻查摆自身存在的突出问题，严肃开展批评与自我批评，带动各支部组织生活会激浊扬清、扶正祛邪，党内政治生活的政治性、时代性、原则性、战斗性进一步增强。

（五）深化党风廉政建设。党组成员认真学习党章党规，切实加强党员意识，严格遵守党章和党政领导干部廉洁从政规定，自觉作清正廉洁的表率。认真履行党风廉政建设"两个责任"，支持派驻纪检监察组履行职责，党组先后20次研究部署党风廉政建设和反腐败工作。加大案件查办力度，党组

7 次讨论决定给予 10 名违纪干部处分。

（六）落实意识形态责任。坚决把党中央、省委对意识形态工作的要求贯彻到法院工作各方面、全过程，制定《落实党组意识形态工作责任制实施细则》和规范干警网言网行“十个严禁”，严格落实重大敏感案件“三同步”原则，统筹协调、监督指导全省法院涉黑涉恶等重大敏感案件处置工作，及时发布权威声音，积极引导舆论生态。

二、坚决贯彻中央及省委决策部署，主动服务保障大局

（一）深入推进扫黑除恶专项斗争。坚决贯彻落实习近平总书记重要指示精神和中央、省委部署，推动建立健全提前介入、上下联动、统筹协调、专案专班、财产清查、一案三查、督导检查 7 项机制，确保涉黑恶案件快审快判；紧盯“打财断血”，成立涉黑恶案件财产清理工作组，实行涉黑恶案件财产刑执行“一案一专班”制度；坚持“打伞破网”，深挖涉黑涉恶案件线索、腐败线索、“保护伞”线索 61 条，对涉相关案件 39 名违规违纪人员予以党纪政务处理。2019 年，全省法院一审审结涉黑恶案件 685 件，二审审结 366 件，综合审判质效位列全国第四，在全国法院扫黑除恶专项斗争典型经验交流会上作了发言，省法院被全国扫黑除恶专项斗争领导小组评为全国扫黑除恶专项斗争先进单位。

（二）积极营造法治化营商环境。紧紧围绕省委对经济工作的重大部署，不断加强司法领域服务保障。一是全面加强产权保护。研究制定加强产权司法保护、推进知识产权审判“三合一”改革和构建知识产权纠纷多元化解决机制 3 个意见，建立知识产权审判专家库和调研基地，积极助力创新驱动发展。二是全力支持市场主体健康发展。编写发放《民营企业法律风险防控提示 100 点》，与省工商联共同搭建促进非公有制经济健康发展服务保障平台，全力推动司法服务和社会需求精准对接，为企业健康发展提供周到便捷的司法服务。出台破产案件立案指引、加强“僵尸企业”破产审判工作和建立破产案件快速审理机制 3 个指导意见，审理破产清算、重整案件 45 件，全力服务市场主体规范发展、有序退出。三是全力维护企业胜诉权益。组织开展“涉企合同执行难”专项整治行动，办理涉企执行实施类案件 6559 件，执行到位金额 42.98 亿元，大力推动诚信山西建设。四是大力支持“放管服效”改革。完善法院与政府联席会议制度，充分运用司法建议、发布典型案例、行政审判白皮书等方式，促进行政机关依法行政。2019 年受理行政一审案件 5157 件，审结 4975 件。

（三）全力支持打好三大攻坚战。党组坚决贯彻落实习近平总书记关于打好三大攻坚战的重要论述，努力提供有力司法服务保障。一是全力防范化解金融风险。制定《加强金融审判工作指导意见》，与银保监局、证监局建立定期联系工作机制，大力开展涉证券期货案件多元化解。依法稳妥审结非法集资、金融诈骗等犯罪案件 531 件，审理涉金融民商事案件 74274 件，有力化解金融风险隐患。二是大力服务“三农”工作。党组成员主动开展特色农业知名品牌知识产权保护情况专题调研，提出加强老字号保护、做优做强地理标志产品司法建议。依法审理涉农经济和劳动纠纷，审结土地承包流转、林权转让等涉农案件 2089 件，切实维护农村经营主体权益。审理贪污、挪用扶贫款物等扶贫领域职务犯罪案件 43 件，有力维护扶贫资金安全。省法院包点的浑源县大仁庄乡 4 个贫困村已实现整体脱贫。三是扎实服务美丽山西建设。充分运用司法手段保护“绿水青山”，依法审结各类环境资源类刑事案件 378 件、环境资源类民事案件 359 件、涉生态环境保护行政案件 307 件和社会组织起诉的环境公益诉讼案件 9 件。出台《关于审理环境民事公益诉讼案件的指导意见》，推进环境公益诉讼制度全面实施。

（四）全力服务反腐败斗争。党组认真贯彻落实中纪委三次全会精神和省委反腐败工作重大部署，始终保持对贪腐犯罪的高压态势，2019 年共审理一审贪污、贿赂、渎职犯罪案件 606 件，依法判处原厅局级以上干部 12 人，原县处级干部 36 人，推动反腐败斗争压倒性胜利进一步巩固发展。

（五）全力推动切实解决执行难。党组坚决贯彻落实中央全面依法治国委员会《关于加强综合治理从源头切实解决执行难问题的意见》，稳定执行力量配备与资源配套，及时把“基本解决执行难”工作取得的成果常态化、制度化。围绕实现执行办案全过程一套标准、全流程实时监管，制定全省统一适用的《执行实施案件办理程序标准指引》《关于建立执行案件全程管理、动态监督机制的规定》，进一步提升执行工作的规范化、科学化水平。2019 年受理各类执行案件 148603 件，执结 142138 件，结案率达 95.65%，同比上升 3.07%，执行办案 18 项质效指标有 4 项排进全国前 10；全媒体执行直播在线观看和网上点击达 1.91 亿人次，创全国法院之最。

三、持续深化司法体制改革，努力激发司法动能

（一）全力推进诉讼服务改革。党组认真落实习近平总书记关于“加快推进跨域立案诉讼服务改革”的工作要求，全力推动诉讼服务网络和 12368 热线建设，全面实现了全国跨域立案和网上立案，网上立案 28664 件、办理业务 463.92 万次，接听语音热线 21092 次。开通全省统一的 12368 诉讼服务热线，直接接转当事人与案件承办法官电话，全程录音留痕，促使法官为当事人提供更加优质的司法服务。最高法院年度部署的诉讼服务和多元解纷“两个一站式”建设综合效能考评，全省法院位列第六名，省法院位列第二名。

（二）深化多元化纠纷解决机制改革。大力推动习近平总书记关于“打造共建共治共享的社会治理格局”重要部署的落实，要求各级法院在当地党委领导、政府支持下，在诉讼服务中心引入人民调解、行政调解、行业调解、仲裁、公证等机构，全面推行公益律师值班制度，全省法院首批聘请 553 名调解员和 55 个调解组织，积极探索“多元参与、集成作业、一门通调”的矛盾纠纷多元化解工作模式，有效发挥了社会矛盾诉前过滤功能。2019 年诉前调解各类纠纷 63117 件。

（三）推进涉诉信访机制改革。党组深入学习贯彻习近平总书记关于加强和改进人民信访工作的重要思想，坚持问题

导向，建立全省法院涉诉信访管理监督平台，将三级法院涉诉信访案件统一纳入平台实行案件化办理，做到每件涉诉信访案件处理首接负责、全程监管，并实行涉诉信访案件审判质量评查和处理结果审查“一案双查”，确保涉诉信访案件实质性化解。

(四)强化审判管理改革。党组出台《全省法院2019年度审判质效约束性重点指标》，对审判工作4个方面12项指标和执行工作5个方面121项指标进行量化考核，实现审判执行工作精准管理。实行网上巡查常态化，强化动态监控，实现对立案、开庭、裁判、送达、归档等各流程节点的协调、预警、催办、督办、考评，实化流程管控，突出审限管理，全力推进收结案均衡运行。2019年3月基层法院内设机构改革如期完成，管理层级向扁平化推进，工作力量向审判一线下沉。协调省委编办建立全省法院编制动态调剂机制，将172个中央政法专项编制调整到人案矛盾突出的14个基层法院，4个中院和28个基层法院突破员额比例限制，资源配置进一步优化。

四、扎实推进从严治党，着力培育良好政治生态

(一)强化基层组织建设。以加强“三基”建设为抓手、以提升组织力为核心，开展基层党组织标准化建设摸排，针对党员领导干部组织生活会质量不高、党支部主体作用发挥不明显、“三会一课”制度落实不到位等十个方面的突出问题开展重点整治，切实加强机关党组织规范化、标准化建设。

(二)持续深化巡视整改。党组定期开展巡视整改“回头看”，对巡视指出的问题、提出的意见建议以及整改工作情况，逐项梳理分析，及时完善整改清单，进一步压实工作责任，提高整改标准，一次性完成了清退长期借调人员、临聘职工和违规占用办公用房等长期存在的老大难问题，不断深化巡视整改实效。省委第十五轮巡视反馈问题全部整改完成，2018年中央巡视组转办的26件问题线索全部办结。

(三)实现政治督察全覆盖。通过3年时间实现了全省12个中级法院政治督察全覆盖。2019年对6家中院开展政治督察，将司法巡查、审务督察、纪律作风检查与政治督察一体推进，切实做到抓小抓细、抓准抓长，认真做好边督边改，切实强化督察巡查成果综合运用。

(四)营造干事创业环境。积极开展“改革创新、奋发有为”大讨论，组织评选全省法院担当作为优秀干警、十佳执行干警，进一步营造创先争优氛围。出台员额法官绩效考核办法，开发法官绩效考评软件，把法官助理、书记员的工作与法官绩效一体化考核，有力促进审判团队多办案、办好案。坚持把德才表现、工作业绩作为领导干部职级职务晋升的主要依据，出台激励广大干部担当作为的指导意见，为5名有不实举报的干警及时澄清，为太原铁路两级法院选任干部29人，为院机关119名同志、255人次晋升了职级，良好的选人用人导向进一步树立。推动审判、诉服、信访、办公“四区”分离，建成并投入使用法官学院新址，打造良好工作环境。

(五)狠抓纪律作风建设。以“严纪律、强作风、树正气”为目标，在全省法院开展“纪律作风整顿年”活动，集中整治“庸、懒、散、怠、乱、浮”等不良行为，对违反中央八项规定精神的5起违纪案件进行公开通报，严肃查处违纪违法干警147人，较好地解决了理想信念滑坡、责任担当不力、执法不严、作风不实、司法不廉、守纪不严等问题，风清气正、蓬勃向上的法院政治生态有效培树。

(白　婕)

附：省高级人民法院党组书记、副书记、成员名单

书　记：孙洪山

副书记：朱　明(7月离职)　管应时(7月任职)

成　员：方剑锋　翟瑞卿　乔　杰
杨　宏(12月任职)　杨　霄　丁　毅

省人民检察院党组工作概况

工作概况

党组书记　杨景海

2019 年，在省委的坚强领导下，省人民检察院党组坚持以习近平新时代中国特色社会主义思想为指引，全面贯彻党的十九大和十九届二中、三中、四中全会精神，深入贯彻习近平总书记视察山西重要讲话精神，认真落实省委全会精神，坚持党对检察工作的绝对领导，以深入贯彻习近平新时代中国特色社会主义思想“大学习、大调研、大落实、大提升”活动为抓手，聚焦服务高质量转型发展，忠诚履行法律监督职责，推动检察工作取得新进步。

一、旗帜鲜明讲政治，强化党对检察工作的绝对领导

坚持把讲政治作为第一要求，增强“四个意识”、坚定“四个自信”、做到“两个维护”，确保检察工作正确政治方向。

一是持续抓好学习习近平新时代中国特色社会主义思想，夯实思想政治根基。始终把习近平总书记重要讲话精神和重要指示批示精神作为政治要件，做到第一时间学、全面系统学、反复深入学，全年召开党组会和中心组学习 49 次，着重重温了习近平总书记视察山西、关于中部地区崛起和黄河流域生态保护“三篇光辉文献”，进一步明确了新时代检察工作的目标方向。组织全省 340 名领导干部和 3500 多名干警分期分批开展学习贯彻新思想素能培训；开展庆祝新中国成立 70 年系列活动，赞颂伟大成就，凝聚检察力量；组织省院党的十九届四中全会专题培训，主要负责同志作专题辅导报告，教育引导党员干警肩负好推进国家治理体系和治理能力现代化的特殊职责。

二是扎实开展“不忘初心、牢记使命”主题教育，筑牢司法为民初心。把主题教育作为重大政治任务紧抓在手，列出 38 项重点工作推进表、详细安排 12 个规定动作，召开领导组会议 11 次，确保主题教育严谨布局、有序推进。组织党员重点围绕 8 个问题、5 个专题深入学习研讨，把新思想融入日常、融入业务、融入内心的做法被高检院肯定。结合中央、省委部署，突出检察特色，增加扫黑除恶、降低“案－件比”、认罪认罚从宽等 5 个专项整治，形成“8+5+5”整治方案。院领导带头深入基层进行阅卷调研督导，紧盯问题、上下联动、贯通整改，取得阶段性成效。开展“为基层减负年”活动，实现会议文件双减 50%目标。深入学校、农村、企业开展“三服务”，增强整改针对性和有效性。加强对下指导，确保第二批主题教育走深走实。

三是坚持政治统领业务，致力做好政治性极强的业务工作。认真贯彻《中国共产党政法工作条例》，制定省院党组《关于坚决维护党中央集中统一领导的规定》，把“四个意识”“四个自信”“两个维护”具体化为 10 条措施，抓好落实。制定省院党组向省委和高检院请示报告报备有关事项清单，全年向省委、省委政法委请示报告重要工作 25 次。对照中央、省委重大决策部署，实行月、季检察业务态势分析制度，从政治高度找差距、补短板。对照“改革创新、奋发有为”大讨论要求，制定全省检察工作“提挡加速年”十大标志性指标，推动做优做实做强做好检察业务，以强有力的司法服务和保障体现讲政治。

二、坚决贯彻省委重大决策部署，全力服务山西发展稳定大局

把服务大局作为检察工作的重要政治任务，努力做到党委中心工作推进到哪里，检察工作就服务保障到哪里，用法治力量为新时代山西高质量转型发展助力护航。

一是持续深入推进扫黑除恶专项斗争。针对扫黑除恶专项斗争大量案件涌入起诉环节的形势,省院党组7次专题研究,分片包案,阅卷督导,集中统一把关,严格审核证据,有力指控犯罪,做到“是黑恶一个不放过,不是黑恶一个不凑数”。全年批捕涉黑涉恶犯罪2022人,起诉4961人,起诉人数居全国第3。移送“保护伞”线索332件,依法甄别认定涉黑涉恶犯罪资金50多亿元。针对行业乱象和管理漏洞,发出检察建议165条。一批黑恶团伙受到严惩,昭示了省委荡涤一切社会污浊的坚定决心。

二是积极投入平安山西建设。主动融入全省稳定大局,围绕70周年大庆、二青会等重大活动,扎实做好涉检维稳工作。严厉打击各类犯罪,批捕20975人、起诉37862人。践行新时代“枫桥经验”,办理答复群众来信16809件,做到群众信访件件有着落。综合运用公开审查、听证、调解等手段,息诉1136件。持续深化“一号检察建议”落实,推动“法治进校园”常态化,全省各级检察长和1665名检察官兼任法治副校长。综合运用附条件不起诉、封存犯罪记录、精准帮教等机制,帮助286名未成年人回归社会,其中9名涉罪学生考上了大学。严厉惩治侵害未成年人犯罪,起诉1068人。

三是精准服务三大攻坚战。积极参与金融领域防范重大风险专项行动,起诉集资诈骗、金融诈骗等破坏金融管理秩序犯罪761人。积极助力脱贫攻坚,为606人发放司法救助金340万元。积极参与污染防治攻坚,开展“保护河湖生态”百日会战等专项行动,督促清理河道261公里、固废垃圾95万吨,治理被污染水源地、水域、土壤3061亩,批捕破坏生态环境违法犯罪338人,省院挂牌督办了中条山脉生态环境遭受破坏等10起案件。

四是着力优化营商环境。聚焦“示范区”“排头兵”“新高地”,依法打造“六最”营商环境,严厉打击强揽工程、非法高利放贷、欺行霸市等破坏公平竞争的犯罪行为,起诉2213人。聚力服务保障创新驱动发展,严惩侵犯商标权、著作权、专利权等犯罪,起诉139人。积极服务民营经济发展,开展涉民营企业刑事犯罪专项立案监督等活动,对涉案民营企业家不捕44人,不诉42人,变更强制措施17人;起诉各类侵害民营企业合法权益犯罪627人。

三、坚持宪法定位,着力提升法律监督能力和实效

牢固树立双赢多赢共赢理念,在监督中办案,在办案中监督,着力维护司法公正,努力让人民群众在每一个司法案件中感受到公平正义。

一是深化刑事诉讼监督。坚持以审判为中心,全面实行捕诉一体、深化驻公安机关检察室工作、健全介入侦查引导取证制度等,强化审前主导和过滤作用,确保无罪不受刑事追究、有罪受到公正惩罚,监督立案672件,监督撤案336件;决定不捕2659人,不诉1368人,追捕追诉1304人;抗诉491件。

二是创新刑事执行监督。深化对监狱巡回检察改革试点,实行巡回+派驻检察,省院部署对全省21所监狱开展2轮跨区域交叉巡回检察,指导各地开展19次常规巡回检察,首次对临汾监狱开展直接巡回检察,共监督纠正各类问题547个。强化日常监督,监督纠正减刑、假释、暂予监外执行不当637件。坚持“一个不漏、一个不错”,审查报请特赦169人。

三是重视民事行政诉讼监督。着眼补短板强弱项,努力做强做实民事行政检察工作,共办结民事行政监督案件4727件,提出抗诉和再审检察建议280件,纠正执行活动违法822次。开展行政非诉执行专项监督,督促行政机关依法行政,监督法院对行政执行的受理、审查、裁决和实施行为,提出检察建议309件,已采纳225件。加强弱势群体司法保护,办理支持起诉案件1003件,帮助农民工讨要工资1500余万元。

四是积极稳妥开展公益诉讼检察。加大办案力度,立案4496件,发出诉前检察建议4062件,提起公益诉讼122件。督促查处销售假冒伪劣食品718千克,督促查处销售假药和走私药品22种,挽回国有财产损失1.4亿元,督促收回欠缴城镇国有土地使用权出让金207万元。针对大同浑源32家矿企私挖滥采、严重破坏生态环境问题,省院成立大检察官办案组,向省自然资源、生态环境、应急管理、市场监管、林业草原等5个厅局发出检察建议,大同市检察机关发出检察建议195份,移送犯罪线索41件,对11家矿企提起民事公益诉讼进行追偿,推动当地植树170余万株,生态治理4万余亩。省委制定的“一年见树、两年见绿、三年见景”目标初见成效,高检院评价此案是双赢多赢共赢理念指导下办成的典型案例。

四、深化检察改革,全面提升司法办案质效

创新工作机制,主动适应国家治理体系和治理能力现代化新要求。

一是科学谋划内设机构改革。把内设机构改革作为推动新时代检察工作创新发展的切入点、突破口,加强顶层设计,坚持“一类事项原则上由一个部门统筹、一件事情原则上由一个部门负责”,实行捕诉一体,重建专业化刑事办案机构,统一履行审查逮捕、审查起诉、出庭支持公诉等职能;设立专门的民事检察、行政检察、公益诉讼检察和未成年人检察机构或办案组,努力构建系统完备、科学高效的检察组织体系。改革后,全省检察机关内设机构总数减少了48%,一线力量明显增强,达到机构“瘦身”、履职增效的目标,形成“三类人员”各司其职、“四大检察”“十大业务”全面发展的格局。

二是推进认罪认罚从宽制度落实。认罪认罚从宽制度是有效化解社会矛盾、减少社会戾气的重要制度设计,检察官承担着主导责任。省院从国家治理全局高度依法履职,全面推进落实,适用率从年初的10%达到目前的85%,进入全国第一方阵。通过依法适用,不起诉988人,提出从轻量刑建议,判处缓刑2781人,使真诚认罪悔罪的犯罪嫌疑人得到实体从宽,有效促进罪犯改过自新,减少了社会对立。通过依法

适用，实现简案快办，使轻罪嫌疑人得到程序从宽。阳城县检察院5天审结26件危险驾驶案，法院60分钟内当庭宣判，显著提高了办案效率。

三是构建"案－件比"办案评价体系。"案－件比"是指一个案子与办案程序流转所产生的件数之比，数值越大，司法效率越低。为此，省院压实司法责任，坚决杜绝空退、虚退等借时限办案现象，强化引导侦查，提升移送审查起诉效率，除重大疑难复杂案件外，努力做到一个"案子"以"一件"审查起诉。"案－件比"办案质量评价体系建立以来，检察官提前介入引导取证的主导作用进一步发挥，退查和延期案件大幅减少，办案质效明显提升。"案－件比"由年初的1.86降低为1.63，排名大幅提升至全国第13位，高检院组织推广了山西经验。

四是坚持领导干部带头办案。担任检察官的院领导自觉回归一线，直接办案、完整办案，充分体现亲历性要求。一年来，全省检察机关各级院领导以重大疑难复杂案件为重点，共办案24724件，占比14%，位居全国第二，其中检察长办案6580件，出庭支持公诉286件，列席同级审委会246次。召开全省检察机关领导干部办案"三个效果"有机统一交流会，总结推广政治引领业务的新方法新措施，持续把政治性极强的检察工作做得更实更好。

五是配合深化国家监察体制改革。完善"法法衔接"机制，与省监察委员会统一职务犯罪证据标准，细化提前介入、退回补充调查等工作程序，并就司法人员职务犯罪关联罪名管辖、案件移送等达成共识。受理监察机关移送职务犯罪684人，起诉708人，退回补充调查56人。严格执行新修改的刑事诉讼法，立案侦查司法工作人员利用职权实施侵犯公民权利、损害司法公正等犯罪18人，起诉11人。一些典型案件得到查处。

五、认真履行主体责任，努力建设过硬队伍

坚持抓班子、带队伍、提素质、练作风、护形象，保持风清气正政治生态，打造高素质检察队伍。

一是强化党组班子建设。认真贯彻党组工作条例，落实民主集中制，"三重一大"事项全部集体讨论决定，驻院纪检监察组全程监督；严格党内政治生活，组织开展"改革创新、奋发有为"大讨论和"不忘初心、牢记使命"主题教育民主生活会，深入查摆问题不足，深刻剖析根源，明确改进方向，在"红脸""出汗"中进一步增强了战斗力。认真履行党组对意识形态工作的主体责任，调整加强领导小组力量，3次听取专题情况汇报，全年召开新闻发布会5次，向全社会公开发布典型案件50件。

二是强化干部队伍建设。以党建带队建，构建完善"双包联、双评议、双争创、双提升"机关党建工作机制，夯实"三基建设"。坚持"一切工作到支部"，积极探索在扫黑办、巡视组等工作一线建立临时党支部，确保检察工作延伸到哪里，党组织的战斗堡垒作用就发挥到哪里。树立鲜明的正确选人用人导向，坚持用工作实绩评价选用干部、激励担当作为，省院机关调整使用干部278人，一批优秀年轻干部走上领导岗位。以实战、实用、实效为导向，开展"业务培训年"活动，领导干部上讲台授课，培训1.6万余人次；持续学好用好"检答网"，完善检察人才库建设，探索建立跨院界跨层级的专业化办案团队，努力提升专业化办案水平。

三是强化全面从严治党治检。深化"两个责任"落实，积极践行"四种形态"，开展"五责""五谈"，省院班子开展谈话132人次，全省查处违纪违法人员19人，完成两批系统巡视，实现了省院新一届党组对市级院、派出院巡视的全覆盖。成立检察官管理处和惩戒委员会办公室，认真落实"三个规定"和《实施办法》，全省三级检察机关登记过问或插手、干预司法办案情况信息505件，努力营造公平正义的法治生态环境，受到高检院充分肯定。

（刘百锁）

附：省人民检察院党组书记、副书记、成员名单

书　记：杨景海

副书记：崔国红

成　员：闫绪安　苑　涛　赵雅清（12月任职）
郭　普　傅　锐（10月任职）

省政府厅局党组(党委)工作概况

省政府办公厅党组

党组书记　王　纯

2019年,在省委、省政府的坚强领导下,省政府办公厅党组团结带领全厅干部职工,坚持以习近平新时代中国特色社会主义思想为指导,深入贯彻党的十九大和十九届二中、三中、四中全会精神,深入学习贯彻习近平总书记"三篇光辉文献"精神,认真贯彻落实省委十一届七次、八次、九次全会各项决策部署,紧紧围绕省委、省政府中心工作,主动担当作为,积极统筹协调,不断提升服务效能,圆满完成了各项目标任务。

一、强化政治引领,努力营造风清气正、干事创业良好氛围

(一)全面加强政治建设。始终旗帜鲜明讲政治,以开展"不忘初心、牢记使命"主题教育和"改革创新、奋发有为"大讨论为契机,带头深入学习贯彻习近平新时代中国特色社会主义思想,及时跟进学习习近平总书记最新重要讲话精神,组织全厅党员干部重温习近平总书记"三篇光辉文献",在始终同党中央保持高度一致上作表率,在坚决贯彻落实党中央各项决策部署上作表率,强化了增强"四个意识"、坚定"四个自信"、做到"两个维护"的思想自觉、政治自觉和行动自觉。

(二)狠抓党风廉政建设。认真履行厅党组主体责任、党组书记第一责任、党组成员"一岗双责"分管责任,压实基层责任,厅党组会议研究党风廉政建设和反腐败工作12次。健全制度措施,认真执行党章党规,严格落实中央八项规定精神及省委实施细则。建立完善处级干部廉政档案,对新提拔处级干部开展廉政谈话。全力支持驻厅纪检监察组履行监督责任,主动接受监督。深入开展案例警示教育,学习《"四风"典型案例警示录》,组织观看警示教育专题片,深刻汲取张茂才、王克信严重违纪违法问题教训,从严要求干部,切实增强思想自觉和行动自觉。

(三)着力推进机关党的建设。认真学习贯彻习近平总书记在中央和国家机关党的建设会议上的重要讲话精神,大力加强机关党的建设,落实党建工作责任制,对软弱涣散党组织进行排查,制定整改措施,组织党支部书记述职评议会,对支部书记进行3次集中培训,进一步夯实机关党建工作基础。做好干部选用工作,调整选任机关处级领导干部39人,配齐7个所属事业单位领导班子,有序推进公务员职务与职级并行,加强和改进年轻干部工作,干部队伍整体素质明显提升。

(四)深入开展机关文化建设。在"改革创新、奋发有为"大讨论中,开展以"我心向党·苦乐年华"为主题的机关文化建设,营造向上向善向美的正能量。持续加强机关文化建设,将政治要求、思想引领、标杆带动、纪律约束、正向激励、人文关怀贯通起来,送给机关干部每人一本书,开展"讲身边故事、学身边典型"主题征文,评选笔耕不辍的"文字匠",举办体育比赛和健身培训,评选办公厅10件大事和突出贡献者,通过形式多样的文化活动极大地增强了广大干部职工的归属感、认同感、和荣誉感,形成了爱岗敬业、干事创业的良好氛围。

(五)持续推进法治建设。认真贯彻落实《2019年全省普法依法治理工作要点》,扎实推进法治建设,积极开展"12·4"国家宪法日宣传教育活动,组织全体干部观看太原市中级人民法院庭审直播。严格落实意识形态责任制,切实加强网络安全建设,清理省政府门户网站和"两微一端""政治类有害信息"90多条。

二、强化服务保障,全力确保政令畅通和重大决策部署落地落实

(一)着力提升办文办会质量和政务服务水平。制定下发《山西省人民政府办公厅关于减轻基层负担改进和规范公文处理工作的通知》,简化优化文件办理流程,严格审核把关,健全政府系统公文办理"减负"长效机制。以省政府及办公厅名义制发文件、发至县级文件均实现同比下降。加强会议统筹管理,严格会议审核,落实"无会周"制度,对会议规格、规模及时间严格把关。统筹规范各类督查检查考核,切实解决过多过频、过渡留痕等突出问题,全力为基层松绑减负。

(二)着力提升督办落实能力。对"13710"信息督办系统进行全面提档升级,建成"13710大数据督办平台",围绕《政府工作报告》目标任务落实、领导批示及重点工作等开展督查督办,全力配合国务院第六次大督查,积极配合参与国家和省委督查,开展专项督查、个案核查、领导批示督办29次,配合国家和省委督查5次,有力推动省政府重大工作部署落实。充分发挥大数据分析优势,结合线下督查、明察暗访,综合对各市、省直部门所承担督办任务的完成情况、时效进行分类与自动评分,适时在全省范围进行通报,提高督查效能。

(三)着力加强内审和应急值守工作。全面落实"点办理、批处理"工作制度,建立"三通报、两反馈"沟通机制,促进审计更好发挥维护经济安全、推进廉政建设的积极作用。完善全省应急处置体系和机制,加强政府值班和应急值守,做好风险处置、应急救援和信息报送工作,有效应对乡宁"3·15"山体滑坡、沁源"3·14"和"3·29"森林火灾、平遥二亩沟煤矿"11·18"重大事故等灾害和事故,较好地保障了建国70周年大庆和"二青会"、太原能源低碳论坛等重大活动。

(四)着力做好民生和建议提案办理工作。建立健全民生实事办理机制,深入11个市调研民生实事推进情况,推动《政府工作报告》承诺的8件民生实事全部兑现。协调制定《山西省推进职业技能提升培训实施方案》,组织各类培训101万人,超额完成年度任务。切实做好代表建议、政协提案办理工作,按规定时限办理答复代表建议948件、政协提案969件,答复率100%。

(五)着力强化政务信息化建设。按照"一朵云、一张网、一系统、一平台、一城墙"(指山西省数字政府建设总体要求。一朵云:全省统一的政务云;一张网:全省统一的政务网;一系统:全省统一的政务信息系统;一平台:政务服务在线平台;一城墙:保障数字政府运行的安全体系)的思路和要求,加快推动数字政府建设。在全省率先开展党政机关电子公文安全可靠应用试点。依托互联网和政务云平台建设"政务钉钉"移动办公平台正式上线。协调建设省领导"驾驶舱"平台,整合分散的、独立的政务信息系统,打破"信息孤岛",打造一站式决策指挥服务平台。

三、强化统筹协调,积极助推全省高质量转型发展

(一)全力服务保障经济平稳健康发展。密切关注经济走势,协调相关部门加强经济运行监测、调度、分析、研判,制定和完善针对性政策措施,推动全省经济运行保持在合理区间。扎实开展深化转型项目建设年活动,对投资项目实行全口径、全流程、全覆盖调度管理。大力推进减税降费各项政策落实,督促有关部门严肃查处各类乱收费现象。积极推动工业高质量发展,组织制定《关于促进山西省工业高质量发展的指导意见》,围绕智能制造、军民融合等开展专题调研,对全省工业投资工作进行督导。

(二)积极推动能源革命综合试点起步开局。协调制定《山西能源革命综合改革试点行动方案》和《2019-2020年能源革命综合改革试点工作任务清单》,做好目标任务和责任分解工作,并对15项重大举措和85项工作任务加强督促检查。协调推动煤炭去产能,坚定实施煤炭"减、优、绿"。全力助推新能源开发利用,"三气" 综合开发试点稳步推进,"氢产业"加速布局。研究制定太原能源低碳发展论坛和能源革命展工作方案,扎实做好各项服务工作,为论坛和展览成功举办提供了有力保障,能源革命排头兵建设铿锵前行。

(三)努力巩固扩大"三大攻坚战"成效。协调制定《脱贫攻坚专项扶贫2019年行动计划》,指导有关部门建立问题整改提级验收、跟踪督办和督导考核制度,推动问题得到有效整改。加大对左权县麻田镇对口帮扶力度,调整充实驻村第一书记和扶贫工作队,指导推动产业扶贫,对口扶贫取得实效。协调打好污染防治攻坚战,健全生态环境督察工作机制,切实抓好中央环保督查"回头看"问题整改,组织实施"百日清零"专项行动,大力推动铁腕治污、精准治污。认真做好防范化解重大风险工作,协调推动安全生产大检查,严厉打击非法集资,稳妥推进互联网金融风险专项整治,有效化解重大风险隐患。

(四)深入推进重大改革任务落地见效。积极推动国资国企改革行动方案落实,加大集团层面混改工作力度,推动建投集团引进战投取得实质性进展。深化企业投资项目承诺制改革,协调出台行动方案,承诺制改革入选中组部贯彻落实习近平新时代中国特色社会主义思想攻坚克难案例。继续深入推进"放管服效"改革,协调制定山西省优化营商环境条例,以政务信息化改革为突破口优化营商环境的做法受到国办表扬。协调推进开发区改革创新发展,优化开发区空间布局,深化"三化三制"改革。

(五)大力支持民营经济发展。牵头起草支持民营经济发展考核评价体系和支持民营经济发展若干意见,出台促进民营经济发展办法,制定小微企业普惠性税收减免政策,畅通民营企业反映问题受理渠道,着力破解民营经济发展中存在的瓶颈问题,民营经济发展活力进一步增强,7家民营企业入围全国民营企业500强。

(张焕森)

附：省政府办公厅党组书记、副书记、成员名单

书　记：王　纯

副书记：赵光国(4月任职)　张文栋
韩春霖(12月任职)　翟振新(12月离职)
孙海潮(4月离职)

成　员：张金旺　梁敬华　高建军　王延峰　丁纪岗
胡安平(9月离职)　杨锦耀(2月任职)
张红良　董晓平　冯翠红(2月任职)

省发展和改革委员会党组

党组书记　姜四清

2019年，省发改委党组以习近平新时代中国特色社会主义思想为指导，增强"四个意识"、坚定"四个自信"、做到"两个维护"，坚持稳中求进工作总基调，坚持新发展理念，落实高质量发展要求，全面落实省委省政府决策部署，各项工作取得积极成效。

一、党对发展改革工作的全面领导进一步强化

一是全面扛起从严治党主体责任。省发改委入选中纪委政治监督试点，在全省率先制定《政治监督暂行办法(试行)》，推进政治监督常态化制度化具体化，省纪委予以充分肯定。深入开展"不忘初心、牢记使命"主题教育和"改革创新、奋发有为"大讨论，积极配合做好省委第四巡视组对省发改委脱贫攻坚专项巡视，深入推进中央第十五巡视组巡视山西省反馈意见涉及省发改委的整改任务，梳理形成"不忘初心、牢记使命"主题教育领导班子问题、班子成员问题、"8+5"专项整治问题等各类清单，逐项整改落实，山西电视台、山西日报等主流媒体作为样板多次跟踪报道。建立"三个固定"学习制度，认真落实"三会一课"、民主生活会和组织生活会等制度，用好"两微一端""智慧党建""好干部在线""学习强国"等学习交流平台，推动党建业务互促互进。

二是持续推进党风廉政建设。牢固树立严管就是厚爱的思想，组织召开全省发改系统党风廉政工作大会，层层签订廉政责任书，及时对新进人员、新提拔人员进行廉政教育，开展廉政风险大排查。紧盯"四风"新形式、新表现，持之以恒抓好作风建设。2019年查办上级部门移交和群众举报线索8件，收到良好的正风肃纪和警示教育效果。

三是努力打造专业化高素质的发改干部队伍。围绕两个大局与山西经济、山西资源型经济转型发展、区块链发展等热点问题，举办12次"发展改革大讲堂"。将培训延伸到市县层面，先后举办创新驱动发展、全省能源革命综合改革试点、投资管理、脱贫攻坚、城市信用监测指标体系、国民经济动员等专题培训班，累计培训3870人次。

二、发展改革各项重点工作扎实推进

(一)在推动能源革命综合改革试点上聚焦发力，各项工作坚实落地。一是能源革命综合改革试点成功获批。完成《关于在山西开展能源革命综合改革试点的意见》起草工作。多轮对接财政部等相关八部委，争取最大政策支持。二是科学制定推进综合改革试点的任务书、路线图。起草《山西能源革命综合改革试点行动方案》，确定了85项改革发展任务。制定《山西能源革命综合改革试点2019-2020年工作任务清单》，确定了在两年推进的重大改革、重大事项、重大攻关和重大项目，并制定《山西能源革命综合改革试点省部对接任务清单》。三是有序启动一批重点任务。加快推进电力调峰基地建设，垣曲抽水蓄能电站项目完成核准。研究编制煤层气增储上产方案，2022年200亿立方米产量目标全部分解到年度、矿区、企业。积极承接国家煤层气开发项目(包括对外合作项目)备案授权下放山西管理，编制完成我省煤层气备案管理办法。加快推进山西电网优化改接项目前期工作。启动晋城煤层气交易中心设立工作。

(二)在加快构建现代产业体系上聚焦发力，转型动能加速集聚。一是加快新兴产业突围破局。紧抓获批全国通用航空业发展示范省有利契机，加快推进通用机场建设，成功举办2019尧城(太原)国家通用航空飞行大会，批复大同通用航空业发展示范市，大同轻飞获得民航生产许可证。推动大运、成功、江铃等汽车企业加快项目建设投产步伐，全省新能源汽车产能历史性突破30万辆。推进首批12个特色产业集聚区试点，在新材料、生物医药、汽车零部件等领域推动一批创新公共服务平台和重大产业化项目建设，支持忻州集成电路、长治节能环保、晋中新能源汽车3个战略新兴产业集群发展。全年全省战略性新兴产业增加值增长7.4%，高于规上工业增速2.1个百分点。二是推动传统产业改造升级。坚决执行国家煤炭钢铁行业去产能政策，会同有关厅局圆满完成2745万吨煤炭、175万吨粗钢去产能任务，提前一年完成"十三五"去产能任务。争取国家预算内资金3亿元首次用于支持煤矿智能化改造。积极推动长治国家级产业转型升级示范区建设，长治市因老工业基础调整改造等工作成效突出，连续三次受国务院表彰。三是促进现代服务业加快发展。积极发挥服务业发展领导小组作用，加强服务业运行研判调度。争取国家服务业发展引导资金支持一批生产性服务业公共服务平台项目。争取山西省成为国家物流降本增效综合改革试点省，太原入选首批国家物流枢纽城市。全年全省服务业增加值增长7%。四是大力打造"双创"升级版。加快36家省级双创示范基地和56家省级及以上

工程研究中心建设,高效推动“智创城”省级双创中心正式投运。成功举办2019年全国“双创”活动周山西分会场活动,参展规模历届之最。五是有效激发实体经济活力。加大企业债券对实体经济的支持力度,全年发行企业债券75.4亿元,有效缓解省内企业融资难题。深入推进市场化法治化债转股,组织举办全国市场化债转股政策宣讲和项目对接会山西专场,累计签约1481.3亿元,落地资金301.75亿元,创近年新高。积极开展清理涉企行政事业性收费等降成本工作,进一步完善高速公路差异化收费政策,取消高速公路省界收费站工作基本完成。

(三)在深化转型项目建设年上聚焦发力,投资大幅进位提升。一是全年投资整体大幅提升。全力推动全省投资逆势上扬,增速在全国排名大幅进位。全年全省固定资产投资增长9.3%,高于全国3.9个百分点,增速居全国第七位。二是加强基础设施补短板力度。太原至怀仁动车组开通运营,太原至大同动车组、大张高铁年内开通,太焦高铁、和邢铁路进展顺利。加快推进集大原高铁项目前期工作。雄忻、太延等铁路通道前期工作有力有序推进。芮城通用机场开工,万荣、乡宁、永和等通用机场获得军方选址批复。全年基础设施投资增长13.9%,高于全国10.1个百分点。三是加快项目推进进度。建成运行山西省投资项目在线审批监管平台二期,被国家发改委评为应用示范平台。建成运行全省建设项目库,实现投资项目全口径、全流程、全覆盖调度管理。深入开展进工地、解难题等专题活动,加快项目手续协调办理,共为3113个项目办理了5814项手续。四是强化项目要素保障。全年争取中央预算内投资81.7亿元,增长11.3%,创“十三五”以来新高。建立地方政府专项债项目安排协调机制,连续5批次组织储备入库项目1000个,争取国家发改委279.2亿元专项债券额度,会同财政部门将国家提前下达的160亿元额度安排到具体项目。通过金融服务平台发布转型项目338个、重点工程195个,为重大项目提供资金保障。五是有效激发民间投资活力。依托在线平台建立向民间资本推介项目长效机制,已公开推介项目460余个。报请省政府出台《山西省标准厂房建设实施方案(2019-2021年)》,全省三年布局建设约3000万平方米标准厂房,获国务院大督查肯定。全年民间投资增长7.9%,高于全国3.2个百分点。

(四)在深入推进企业承诺制改革上聚焦发力,重点改革落地见效。一是承诺制改革继续全国领跑。持续深化企业投资项目承诺制改革,试点项目平均缩短一半以上,企业获得感明显增强,开发区实现一般工业项目“全承诺、零审批、拿地即可开工”,探索在晋中全市域核准类企业投资项目试行承诺制。2019年承诺制改革入选中组部《贯彻落实习近平新时代中国特色社会主义思想在改革发展稳定中攻坚克难案例》,被中国经济体制改革杂志社评选为“2019中国改革年度案例”。二是国发42号文红利持续释放。研究提出10项引领性改革任务,制定任务分解方案,建立工作台账管理季报制度,13项年度任务、20条推进举措基本完成。三是深入推进电力体制改革。两批次累计降低山西电网一般工商业电价6.62分/千瓦时,降幅达11.41%,超额完成一般工商业平均电价再降低10%任务。在吕梁局域网探索倒阶梯输配电价、风火打捆供电等集成性支持政策,有效降低园区用电成本。积极协调秦淮大数据中心实现目标电价0.295元/千瓦时。四是稳妥推动价格改革。完善我省2019—2021年“煤改电”用电价格政策,理顺居民用天然气销售价格。我省政府定价经营服务性收费由15项缩减为11项,省定涉企行政事业性收费实现清零。五是社会信用体系等改革深入推进。归集各类信用信息1.2亿条,涵盖全省400万法人和2600万自然人主体,企业、社会组织、机关事业单位统一社会信用代码赋码率达100%。

(五)在深度对接国家战略上聚焦发力,区域发展取得突破。一是深度对接京津冀地区。配合国家发改委召开京津冀地区联动发展工作座谈会,近200亿元合作项目顺利签约。北京、天津、河北均出台了与山西省加强联动发展的相关意见,全年我省与京津冀地区签约项目总投资4760.5亿元,约占全省招商引资项目总投资的30.5%。山西与京津冀地区联动发展取得积极成效,获京津冀协同发展领导小组通报表扬。二是积极对接粤港澳大湾区。起草并推动山西省与深圳市签署进一步深化全面战略合作框架协议,成功举办山西与粤港澳大湾区项目签约工作会议,一批重大项目顺利签约。三是抢抓国家区域重大战略机遇。报请省委省政府出台《贯彻习近平总书记在推动中部地区崛起工作座谈会上重要讲话精神实现高质量发展的意见》。启动《黄河流域生态保护和高质量发展规划纲要》前期研究。四是构建区域协调发展制度体系。出台《山西中部盆地城市群一体化发展规划纲要(2019-2030年)》,会同有关部门启动编制山西中部盆地城市群轨道交通线网规划,12个公共服务一体化示范项目有序推进,支持不同区域人才、资本等各类生产要素有序流动。五是推进乡村振兴战略和新型城镇化建设。成功争取4个示范园成为国家首批农村产业融合发展示范园,3个县市获评第二批国家农村产业融合发展示范园创建单位。争取2.3亿元专项资金用于支持老工业基地调整改造。截至年底,全省户籍城镇化率为41.87%,同比提高1.02个百分点。

(六)在生态文明建设上聚焦发力,绿色发展水平大幅提升。一是加强生态文明制度体系建设。58项生态文明体制改革任务加快推进。积极推动芮城、娄烦、平鲁区、孝义等国家生态文明先行示范区建设。二是推动循环经济发展和资源节约综合利用。认定13个循环化改造省级试点园区。积极开展餐厨废弃物资源化利用和无害化处理试点工程建设。成功争取大同、临汾成为国家级大宗固废综合利用基地。三是稳步推进生态修复工程。成功争取将山西省“两山七河”纳入《全国重要生态系统保护和修复重大工程规划》《国家水安全战略规划(2019-2035年)》。制定《贯彻落实中央环境保护督察“回头看”及大气污染防治专项督察反馈问题整改方案》,确保整改取得实效。

(七)在推进重点民生工程提质提效上聚焦发力,群众获得感明显加强。一是全力推进脱贫攻坚。组织开展以工代赈投资计划报告情况全省大督查行动。争取国家投资1.53亿元对我省大型安置点配套的教育医疗项目予以支持。二是全力保障天然气(煤层气)供应。争取合同气源63.4亿方,较上年增加4.6亿方。争取中央预算内资金1.8亿元支持10座储气设施建设,累计储气能力达到1.24亿方。三是优化公共服务供给。持续深化产教融合,制定三年行动计划,认定太原、大同、晋中、长治等4个产教融合城市建设试点。成功争取国家区域医疗中心首批试点,华中科大同济医院与我省白求恩医院签署托管协议。编制全省社会足球场地设施细化建设规划并有序推进。四是扎实做好保供稳价工作。及时启动物价联动机制,组织各市、省直有关部门下达价格临时补贴4.3亿元,保障困难群众基本生活。全年CPI上涨2.7%,控制在年度调控目标范围内。五是加快采煤沉陷区搬迁安置。安排中央资金3.23亿元支持24个项目建设,截至11月底,全省采煤沉陷区综合治理搬迁安置集中新建小区竣工7.6万户、已完成补偿4.5万户。同时,圆满完成二青会场馆建设任务和援疆年度目标任务。

(八)在战略谋划和政策储备上聚焦发力,参谋助手作用彰显。一是加强形势分析预判。按季开展好经济形势分析。落实经济运行监测分析与预警调度,每月末对当月经济运行情况进行预测分析,及时提出政策建议。二是强化政策研究储备。分两批立项19个课题,在推进能源革命、构建现代经济体系等领域形成了一批研究成果。三是启动全省"十四五"规划编制工作。扎实开展前期研究和专项规划前期工作,起草形成《山西省"十四五"规划基本思路(初稿)》。

(叶 楠)

附:省发展和改革委员会党组书记、成员名单

书 记:姜四清

成 员:赵友亭 姚少峰 李海生(5月离职)
王增信(12月离职) 魏茹生(7月离职)
李肇伟 马双喜(10月任职)
王云龙

省教育厅党组(省委教育工委)

党组书记 吴俊清

2019年,省委教育工委、省教育厅党组以习近平新时代中国特色社会主义思想为指引,坚决贯彻党的十九大、十九届四中全会和全国、全省教育大会精神,认真落实省委、省政府决策部署,高站位谋划,高标准要求,高效率落实,圆满完成各项年度目标任务,一些重点领域和关键环节取得新突破。

一、坚持思想引领,理论武装不断走心走深走实

一是紧抓理论学习。持续深入学习习近平新时代中国特色社会主义思想特别是习近平总书记"三篇光辉文献"精神,全年厅党组中心组学习28次。加强指导高校党委理论中心组学习,太原理工大学、山西财经大学党委入选省首批"双百计划"联系示范点。以思政课教师、辅导员、大学生为主体组建三支宣讲团,深入全省基层一线宣讲890余场,受众达27万余人,推动习近平新时代中国特色社会主义思想入脑入心,形成生动实践。山西师范大学大学生理论宣讲团获"全省基层理论宣讲先进集体"称号,山西大学石磊报告获"全国优秀理论宣讲报告"称号,实现山西零的突破。召开全省教育系统学用经验交流会,广大干部、师生进一步增强了政治认同、思想认同、情感认同。

二是实抓主题教育。按照"守初心、担使命,找差距、抓落实"总要求,将学习教育、调查研究、检视问题、整改落实贯穿始终,集中学习研讨3次,形成调研报告12篇,查摆问题17项,其中已整改落实16项。上下联动,精准推进"三服务",确保落地落实。认真开展"8+5"专项整治,坚决向漠视侵害群众利益的教育问题亮剑,紧盯贫困地区适龄儿童辍学、截留克扣义务教育阶段营养膳食和寄宿生生活补助、中小学教师承担与教学无关过重负担、中小学招生不公平、学校食品安全等问题,集中推进专项整治见底见效。

三是狠抓贯彻落实。健全机制保障,出台贯彻落实习近平总书记重要指示批示的具体实施办法,建立定期调度、台账管理、自查检视和办理督办等制度,从主要负责人、分管领导、责任处室直至责任人,逐级传导和压实责任,形成严密的

闭环责任体系。

二、坚持党的领导,促进教育政治生态气象更新

一是党的建设树起"高标杆"。召开全省高校党的建设工作会议,全面推动中央和省委决策部署落地生根。坚持把党的政治建设摆在首位,建立定期学习政策文件、定期部署重点任务、定期与驻厅委纪检监察组会商的工作机制,形成党建引领事业发展"一盘棋"的良好局面。深入实施高校党建示范创建和质量创优计划,新增全国高校党建工作标杆院系1个、样板支部17个,遴选建设全省首批党建工作标杆院系37个、党建工作样板支部50个、研究生样板支部12个和"双带头人"教师党支部书记工作室34个,为创建项目提供近400万元专项经费支持,《中国教育报》等媒体专题作了报道。开展全省首批中小学党建工作示范校创建,积极开展社会组织"双强六好"省级示范党组织建设,形成覆盖各级各类学校的党建品牌体系,引领带动教育系统党建质量全面提升。

二是"三基建设"立起"硬标准"。厅党组专题研究"三基建设"12次,并召开全省教育系统"三基建设"工作现场推进会,扎实推进年度重点工作任务。开展提升基础工作专项行动,建立健全"四个管理体系",对照基础工作八大类16项标准,全面推行精细化、信息化管理。修订各级各类教育行政部门、学校的干部能力等10大类标准,实现教育系统标准化体系建设全覆盖。首次制定高校管理和专技岗位培训大纲,完成教育系统30余万人专业能力测试,优秀率达27%。"三基建设"实现"整体提升、全面进步"的目标。

三是管党治党画起"红标线"。紧抓主体责任"牛鼻子",全年专题研究全面从严治党22次,不断推动党风廉政建设向纵深发展。成立高校巡视整改领导小组,针对共性问题提出的65项整改措施中,截至年底已完成28项,已取得阶段性成效20项。持续推进扫黑除恶专项斗争,强化线索攻坚,移送涉黑涉恶线索118条,线索办结112条,办结率达到94.9%,确保教育系统安全稳定。省教育厅被评为"全省扫黑除恶专项斗争先进单位"。

三、坚持五育并举,立德树人根本任务深入落实

一是聚焦思政工作强塑魂。积极落实《山西省加强高等院校思想政治和党务工作队伍建设的具体措施》,院系专职组织员配备率提高到94.5%,专职辅导员新增624名,思政课教师新增167名,高校党务思政队伍得到强化。建立分管领导带头随机听课机制,推动省级重点马克思主义学院建设,山西大学马克思主义学院成为全国重点马克思主义学院培育单位。深化思政课改革创新,在首届全国高校思政课展示活动中,山西省获一等奖1项、二等奖11项。打造"三晋金课",认定省级精品共享课程55门,立项建设85门、培育149门,充分发挥课程育人主渠道作用。加强中小学德育体系建设,用活用好山西独特红色资源,深入开展"青春为祖国歌唱""青春告白祖国"等庆祝新中国成立70周年系列活动,引导学生厚植爱国情怀。

二是聚焦前沿阵地强责任。健全责任体系,定期开展舆情监测、分析研判、会议部署、调研分析和党内通报,强化对高校党委落实意识形态工作责任制督查考核。坚持制度保障,建立本科高校网络舆情工作直联机制,加强对课堂、讲坛、网络等意识形态载体监管,提高舆论宣传引导能力,坚决抵御和防范各类渗透破坏活动。

三是聚焦素质教育强示范。实施国家学生体质健康标准,将学生身体素质监测常态化制度化。高标准完成青运会工作,带动22项省级学校体育赛事蓬勃开展,有效激发青少年参与体育运动的热情。新增国家体育美育浸润行动计划试点1个、中华优秀传统文化传承基地2个、全国青少年校园足球特色学校56所、篮球特色学校27所,辐射带动更多学校开展好体育美育。加强劳动教育,开展优秀案例视频推荐工作,促进以劳树德、增智、强体。

四、坚持深化改革,全省教育事业呈现蓬勃生机

一是教育改革态势更加强劲。深入开展"改革创新、奋发有为"大讨论,举办全省"面向转型综改主战场、展现高等学校新作为"主题研讨会,使全省教育系统思想上来一次大解放,观念上来一次大革命。高质量编制《山西教育现代化2035》《加快推进山西教育现代化实施方案(2019-2023年)》。

二是教育改革举措密集落地。政务服务事项全部进驻大厅办理,实现"两集中、两到位",教育营商环境不断优化,"放管服效"取得新成效。探索组建山西省教育标准化技术委员会,进一步提升教育领域运用标准的能力和水平。义务教育教师县管校聘管理改革、中小学校长职级制改革全面破局。全省所有县区开展"学校联盟""集团化办学""学区化管理"等办学模式改革,6000多所中小学实现了优质教育资源共享和一体化发展。大力推进新课程改革和高考综合改革各项准备工作,普通高中教育质量全面提高。

三是教育改革经验充分涌现。山西农业大学、山西省农科院合署组建新的山西农业大学,山西工程职业技术学院、山西煤炭职业技术学院合并组建山西工程职业学院,为促进高教、职教资源整合优化提供了新样板。长治市实施的"十大行动",成为基础教育深化改革全国典型,受到中央层面高度关注,教育部召开新闻发布会,对长治经验进行推介。"城乡义务教育一体化改革不断深化,促进县域优质教育资源共享""提升学前教育普惠水平,高等教育改革发展步伐明显加快"两项改革事项,被评为党的十八大以来山西最具牵引性、突破性、标志性的深化改革、改善民生重大举措及成果。深化义务教育综合改革的"晋中模式",被中央深改办列为十大改革典型案例之一,获全国推广。

五、坚持公平普惠,教育民生保障水平大幅提升

一是坚决改善教育民生保障。认定456所普惠性民办园,新改扩建160所公办幼儿园,提前并超额完成年度任务,全省95%以上有入园需求的乡镇均建有中心幼儿园,学前教

育普及普惠安全优质发展成效明显。统筹城乡义务教育一体化发展,建设改造乡镇寄宿制学校508所,“全面改薄”顺利完成,100个县(市、区)消除大班额,学校布局结构持续优化,“乡村弱、城镇挤”两大难题有效缓解。山西基础教育工作得到国务院高度认可,在全国基础教育工作会议上,张复明副省长代表山西省作了典型发言,孙春兰副总理对山西省工作给予高度肯定。

二是坚决回应人民群众关切。在全省中小学教育机构开展影响学生身心健康风险隐患集中排查整治活动,进一步加强未成年人保护工作。建立普通中小学招生入学工作预警机制,明确招生纪律,维护招生秩序。专项治理校外培训机构,促进中小学生健康成长。指导各地在公办非寄宿制小学开展校内课后服务,着力解决“放学早、接送难、无人管”的问题。修订《山西省中小学生学籍管理办法实施细则》,转学手续只需跑一次。建立全覆盖的师德档案并签订师德承诺书,纵深推进师德师风建设。

三是坚决阻断贫困代际传递。围绕“能上学、上好学、好上学”的要求,汇聚全省教育资源,统筹推进实施“311”教育脱贫攻坚行动。山西财经大学扶贫案例获教育部省属高校精准扶贫精准脱贫典型项目。大力推动10所大学、61所重点骨干职业院校、88所省级示范高中学校深化对口帮扶。完善控辍保学机制,学生资助体系实现各学段全覆盖,贫困地区学生上学就业得到进一步保障。集中开展脱贫攻坚成效考核问题整改,专项治理教育扶贫领域作风问题。

六、坚持创新引领,服务转型发展能力明显增强

一是高校领航旗舰打造取得新进展。北京大学、清华大学对口帮扶山西大学、太原理工大学顺利推进、成效渐显。拓展深化山西省与高水平大学的战略合作关系,共签署省校战略合作协议8项,校校战略合作签约13项,科技合作项目5项,围绕能源革命和转型发展开展一系列联合攻关,推动高等教育发展步入快车道。

二是“1331工程”迎来新成效。一大批项目在山西省转化落地,多项国家重大科研项目获批,高校在探月工程、能源革命综合改革试点和农谷建设等国家和山西省重大战略中发挥着重要作用,在远程诊疗、扶贫攻坚等民生领域产生着积极示范影响。山西大学、中北大学材料学科进入ESI学科排名世界前1%。赵阳升当选中国科学院院士,新增“杰青”3人、“优青”3人、“青年长江学者”2人,万人领军人才2人,万人青年拔尖人才1人,全球高被引科学家1人,“国家百千万人才工程”5人;全职引进金智新院士团队和一大批以长江杰青为核心的科技领军人才,高端人才增量创历年之最,居中西部前列。省部共建协同创新中心实现重大突破,中心数量达到4个。在教育部成果转化和技术转移基地、教育部野外观测站、教育部学科引智基地等重大科技创新平台上,实现了山西省零的突破。获批教育部工程研究中心2个,为近10年来的首次突破。

三是专业调整优化再获新战果。全省高校再撤销“错位、过剩、低质”本科专业54个、专业方向21个,同时新增新兴急需本科专业61个、专业方向8个,立项建设“省级一流专业”111个,实现了本科专业“瘦身强体”,“一校一面”办学特色逐步凸显,专业设置与山西经济社会契合度进一步提高。中国教育报对此两次作了深度报道。

四是产教融合发展实现新提速。县级职业教育中心全部达标,农村职业教育主阵地更加稳固。结合山西经济产业发展,推动103所示范中职、23所优质高职、100个高职骨干专业建设,引领带动特色发展。山西工程职业技术学院等4所高职院校,成功入选中国特色高水平高职院校和专业建设计划项目。试点布局太原等4个产教融合型城市,进一步推动产教融合、校企合作,助推职业教育发展换挡提速。面向退役军人、下岗失业人员、农民工等群体开展高职扩招,共招生13万余人,超额15%完成计划,同比增加50%。

五是教育对外开放取得新提升。统筹推进留学工作。全年国家公派出国录取人数同比增长17%,录取省筹公派出国留学人员119名,立项支持回国留学人员科研教研项目103项。与国家留学基金委首次联合实施职业院校教师出国研修项目。打造“留学山西”品牌,全年来晋留学1794人次,比上年增加22%。配合省委领导出访,在韩国全罗南道首次面向海外推介山西高等教育和举办“留学山西”教育展。举办5期“山西教育对外开放大讲堂”,推进教育外事干部能力提升。

(冯 皓)

附:省教育厅党组(省委教育工委)书记、工委副书记、工委委员、党组成员名单

党组(工委)书记: 吴俊清

工委副书记: 张敬平 何林有

工委委员: 任月忠 卫爱平 马 骏 侯文一(4月任职) 王 东(4月任职)

党组成员: 张敬平 张培良(4月离职) 何林有 孙世新(4月离职) 任月忠 卫爱平 马 骏 侯文一(4月任职) 王 东(4月任职)

省科技厅党组

党组书记　张新伟

2019年，在省委的坚强领导下，省科技厅党组以习近平新时代中国特色社会主义思想为指导，深入学习贯彻习近平总书记“三篇光辉文献”精神和关于科技创新的重要论述，全面贯彻落实党中央国务院及省委省政府各项决策部署，圆满完成了各项任务。

一、加强党的建设

一是以党的政治建设为统领，坚决把“两个维护”落到实处。围绕政治机关定位，将政治建设融入业务工作，建立科技计划指南的引导机制、绩效指标评价的倒逼机制、科技奖励的激励机制，拉起政治“红线”，建立负面清单，剔除不良项目，把“两个维护”落实到坚决贯彻党中央决策部署的行动上，体现在科技创新支撑引领经济社会发展能力的提升上。组织全面梳理习近平总书记关于科技创新的重要论述，所有处室根据职能分别梳理了相关领域习近平总书记的重要论述，作为推动全省科技工作的根本遵循。注重深入理解业务工作的政治意义，从政治上观察、分析、思考和解决科技创新中的问题，坚持出台每一项政策、谋划每一项举措、推动每一项工作、解决每一个问题，都自觉以习近平新时代中国特色社会主义思想为根本指导，都自觉放到全省转型发展的大局中通盘考虑，坚决将习近平总书记重要指示批示精神和党中央重大决策部署落到实处，坚决将党的领导全面融入科技创新的方方面面，确保科技事业的正确政治方向。

二是深入开展“不忘初心、牢记使命”主题教育。全年举办理论中心组学习38次，3次召开学习交流会，深入学习领会习近平新时代中国特色社会主义思想，深入学习贯彻习近平总书记“三篇光辉文献”精神，深入学习党的十九大和十九届二中、三中、四中全会精神，及时跟进学习习近平总书记最新重要讲话精神，深入扎实推进“不忘初心、牢记使命”主题教育，牢牢把握“守初心、担使命、找差距、抓落实”的总要求，统筹推进学习教育、调查研究、检视问题、整改落实四项重点举措，围绕中央部署的8个方面专项整治及省委明确的5个方面专项整改工作，狠抓集中整治整改工作。持续巩固深化拓展主题教育成果，开展主题教育整改落实情况“回头看”，全省科技系统党员干部在理论学习、思想政治、干事创业、为民服务、清正廉洁等方面都取得明显成效。

三是切实加强党的组织建设。进一步强化党组对科技工作把方向、管大局、保落实的领导作用。加强基层党组织建设，引导各基层党组织争做“三个表率”，建设模范机关。严格落实党建工作责任制，着力提升党支部书记和党务干部理论素养、业务素质和服务中心工作的能力。组织基层党组织“党建品牌”创建工作推进会，进一步推动党支部规范化建设，不断增强基层党组织的组织力。切实增强党员干部教育管理的针对性和时效性，组织各直属单位党员干部骨干赴复旦大学开展专题培训，邀请省内外一流专家组织4次“科技大讲堂”，选树和推荐了担当作为干部典型，在提高质量上下真功，使党员教育管理有力度有温度，促进党员更好发挥先锋模范作用。突出政治标准选拔任用干部，树立选拔任用在深入脱贫攻坚一线、推进能源革命综合改革试点作出突出贡献的干部群众的鲜明导向，提拔处级干部5人，完成职级套转43人，晋升一至四级调研员共21人，一级、三级主任科员29人。1名同志被评为省劳动模范，2名同志被评为省直机关道德模范。

四是强化党风廉政建设和反腐败工作。坚持以上率下，持之以恒正风肃纪。巩固拓展落实中央八项规定精神成果，持续整治“四风”，加强监督检查。严格落实科技管理人员“十不准”制度，严格监督执纪。按照省纪委监委的统一部署，积极参与能源领域反腐败工作访谈调研，对能源领域反腐败斗争进行安排部署，落实有关工作任务。结合张茂才严重违纪违法等案件，组织开展警示教育，认真组织学习中央纪委国家监委和省纪委监委公开曝光的违反中央八项规定精神典型案例。重点对十八大以来的纪律处分执行情况进行自查，通过严肃的执行纪律，达到教育本人、警示别人的作用。

五是切实加强法治建设。坚决扛起法治建设的政治责任，着力提高依法行政的能力和水平。进一步促进严格规范公正文明执法，保障和监督科技行政机关履职尽责。紧盯科研立项管理“自由裁量权”的问题，厅党组会议和专题会议逐项审议各类计划形式审查方案、审查结果、评审方案、评审结果、资金安排，集中梳理廉政风险点，明确责任链条，做到责任到人、监督到位，严控“自由裁量权”。明确要求领导班子和领导干部在年度述职报告中对推进法治建设及依法履职情况要有专项内容报告，对直属单位目标责任考核中设置法治建设相应指标。

二、大力推进科技创新

一是持续推进科技体制机制创新。贯彻落实习近平总书记关于“可以探索搞‘揭榜挂帅’，把需要的关键核心技术项目张出榜来，英雄不论出处，谁有本事谁就揭榜”的要求，在深入调研全省重点企业需求的基础上，分两批遴选21项关键核心技术面向国内外张榜发布，19项成功揭榜，实现了首次集聚北大、清华、复旦、中科院、奥地利AVL公司等国内外一流研发机构，共同攻关关键核心技术问题。印发《关于深化项目评审、人才评价、机构评估改革实施方案》，着力推进立项评审、人才评价导向、中长期科研机构绩效评估等改革任务。启动新办法实施后的首次科学技术奖励申报与评审工作,获奖人员在全省科学技术大会上被通报表彰。

二是积极培育企业创新主体地位。以能源革命和制造业高质量发展为重点大力实施"卡脖子"关键核心技术攻关,围绕9个重点攻关的领域和12个重点研发方向,启动实施50余个重点专项,已经实施的一批重大项目陆续取得突破。聚焦产业发展打造高水平创新平台。积极推进煤基清洁高效利用省重点实验室等创建省部共建国家重点实验室。新立项建设13家重点平台,组建10家省级产业技术创新战略联盟。启动实施新一轮高企倍增计划,全省高企总数达到2501家,发放科技创新奖补经费约1.3亿元。

三是大力推动科技成果转移转化。《山西省促进科技成果转化条例》通过省人大常委会审议,并正式发布实施,出台《山西省科技成果转化示范基地和示范企业管理办法(试行)》,首批认定4家示范基地和33家示范企业,积极举办10余场科技成果推介对接活动。全年推荐申报国家级科技企业孵化器2家,省级科技企业孵化器达到65家、省级众创空间达到267家。兑付2018年度创新券资金1540万元,惠及企业371家。举办中国创新创业大赛(山西赛区)比赛、科技活动周、创享行、双创论坛等"双创"活动22场.全社会创新创业氛围更加浓厚。

四是实施科技"放管服效"改革。出台政策举措,在调整研究方案和技术路线,扩大预算调剂自主权等6个方面赋予更大自主权。进一步简化科研项目预算编制,将科研项目申报表格整合精减为6张表,直接经费17个预算科目精简为5个,大幅缩减项目申报填报的内容。在基础研究领域推出了项目经费使用"包干制",实施了项目全年申报"常态制"、分批评审立项的新模式。

五是深入开展科技对外开放合作。积极参与组织并成功举办2019年中国太原能源低碳发展论坛。国家主席习近平致贺信,中共中央政治局常委、国务院副总理韩正出席高峰论坛,突出国家级、国际性、专业化的定位,成为国际能源科技创新与合作交流的重要平台。组织参加中国国际人才交流大会,举办2019年山西外国专家项目合作洽谈会,申报国家"外专千人计划"人才4名,引进国外高端专家384人次。组织11名外国专家参加庆祝新中国成立70周年活动。

三、着力推进脱贫攻坚和乡村振兴

持续支持有机旱作农业、功能农业发展,国务院批复以有机旱作农业为主题建设山西晋中国家农业高新技术产业示范区。继续实施深度贫困县科技精准扶贫专项、"三区"人才支持计划科技人员专项计划,为全省10个深度贫困县121个乡镇选派科技特派员363名。省科技厅干部职工深入开展驻村帮扶、消费扶贫、调研慰问、捐赠物品、走访贫困户、"一网三超"、"六大行动"、扶贫培训等各种活动,深入扎实做好了脱贫攻坚各项工作。

(王　强)

附:省科技厅党组书记、成员名单

书　记:张新伟

成　员:李　敏　牛青山　张克军　温　波

省工业和信息化厅党组

党组书记　李晋平

2019年,省工信厅党组团结带领全厅党员干部,坚持以习近平新时代中国特色社会主义思想为指导,全面贯彻落实省委省政府各项决策部署,紧紧围绕"示范区""排头兵""新高地"三大目标,主动作为,攻坚克难,全省工业和信息化高质量转型发展迈上新台阶。

截至年底,全厅系统共有党委9个,党总支6个,党支部119个,党员1966名。

一、工业经济实现平稳增长

一是全力以赴稳增长。加强运行监测调控,抓好生产要素协调保障,全力推进工业平稳增长。2019年全省规上工业同比增长5.3%,超过年度目标0.3个百分点。二是服务企业解难题。坚持"三到、四服务、五推进",持续做好服务企业常态化工作,牵头开展万名干部入企服务活动,全省收集问题解决率达到99.2%。聚焦数字经济和智能制造,先后在华为、浪潮举办山西省企业家能力提升培训班。强化银企合作,晋商银行支持新材料企业70户,融资余额超过130亿元;组织召开工业高质量发展项目银企对接会,签约和达成合作意向金额303.77亿元。三是深入推进清欠工作。全省累计清理拖欠民营企业中小企业账款170.54亿元,清偿比例68.01%,圆满完成国务院和省政府下达的年度目标。四是积极培育中小企业。在祁县创建了全国首个"一带一路"中小企业特色产业合作区;新培育"小升规"企业600多户,新认定"专精特新"中小企业305户,首次认定省级专精特新"小巨人"企业26户,精英数智、长达交设成功入选工信部2019年第一批专精特新"小巨人"企业名单。

二、工业高质量发展取得新的成效

一是召开全省推进工业高质量发展大会。研究制定《关于促进山西省工业高质量发展的指导意见》,高标准组织召开全省推进工业高质量发展大会,大会明确了工业高质量发展的总体思路。二是组织工业转型升级成果展。234家企业

896件先进产品参展，其中92%的产品为近三年的创新产品，国际首创的18个、国际领先的116个、国内首创和替代进口的160个、国内领先的222个。三是实施新一轮企业技术改造。全年下达六批省级技改资金，支持300个项目资金23亿元。2019年全省技改投资增长20.9%。四是推进产业集群和产业联盟建设。编制完成全省产业集群图，着力打造光机电、半导体等14大标志性、引领性特色产业集群。围绕实现销售、创新、发展布局、对外合作、管理、人才六个协同和大中小企业融通发展，组建21个产业联盟。五是积极推动工业转型升级。稳步推动102项工业转型项目建设，34个项目建成投产或部分投产。改造提升传统产业，全年压减钢铁产能175万吨，关停淘汰焦炭产能1192万吨。深入推进“煤－电－铝(镁)－材”一体化改革试点，中铝华润43.2万吨电解铝项目50%产能通电投产。培育壮大新兴产业，吉利汽车GE11电动车零部件、百信自主安全计算机一期、潞安太阳能2GW高效单晶太阳能电池等一批新兴产业项目建成投产。2019年全省工业战略性新兴产业增长7.4%。六是稳步推进绿色发展。4户企业、5个产品被工信部列为绿色工厂示范、绿色设计产品，侯马经济开发区、铁塔山西分公司获批绿色园区、绿色供应链管理企业。长治、晋城两市入选第二批工业资源综合利用示范基地名单，全省工业固废利用率达到68%。

三、能源革命综合改革试点取得重要进展

一是贯彻落实能源革命综合改革试点方案。印发省工信厅贯彻落实行动方案，扎实推进7项牵头任务、16项配合任务落地落实。二是积极谋划推进煤矿智能化改造。编制完成《山西省智能煤矿建设12条》和《山西省智能化矿井建设评价指导规范(标准)》，全力推进煤矿开采方式变革。三是大力促进新能源装备产业发展。研究编制光伏制造业、风电装备制造业三年发展规划，大力发展光伏、风电、煤层气等新能源装备产业，推动清洁能源供给体系建设。四是加快氢能产业发展，研究编制氢能产业发展规划，牵头举办太原能源低碳发展论坛“氢能改变未来”分论坛。积极推动焦炉煤气制氢等五条制氢路线，加快氢能及氢燃料电池汽车发展试点示范，推进“柴改氢”落地实施，构建“氢能＋”产业集群。

四、企业技术创新体系日益完善

一是加强技术创新顶层设计，出台《山西省企业技术创新发展三年行动计划》，着力实施创新平台提质增量、创新合作深化覆盖、创新项目扩规拓展“三大工程”，开展关键技术研发、创新项目实施、技术推广示范“三大百项”，推动技术创新活动对规上工业企业的全覆盖。二是扩大创新载体规模。新培育3户国家级、16户省级企业技术中心，新创建制造业创新试点中心2家、试点培育中心5家。三是推动产教融合发展。编制省工信厅促进产教融合2019—2021年行动计划，积极推进山西省研究生联合培养基地建设。四是做强“企业创新板”。印发加快推动“企业创新板”发展的指导意见，在山西省股权交易中心举办“企业创新板”2019年第一批集中挂牌活动，24户创新型企业挂牌。

五、数字经济发展成效明显

一是加强战略谋划。坚持“三化牵引”，立足“网、智、数、器、芯”五条路径，出台了推进数字经济发展实施意见和若干政策，编制完成人工智能、信息安全、传感器三大产业发展规划和加快数据标注产业发展的实施意见，积极研究谋划区块链产业发展。二是加快大数据产业发展应用。开展大数据专项资金申报审核工作，支持项目46个。加快推动百度数据标注产业基地建设，山西大数据中心正式揭牌，中科院山西先进计算中心等相继建成投运，环首都·太行山能源信息技术产业基地等项目建设顺利推进。三是大力推动5G产业发展。印发加快5G产业发展的实施意见、若干措施，全力推动5G网络建设和垂直领域创新应用。5G用电支持政策全国最优，5G基站数量中部六省排名第一。四是促进产业智能化改造。组织召开全省智能制造工作推进会，开展智能制造诊断评估，全年新认定省级智能制造试点示范企业18户。五是积极推动半导体和信创产业发展。布局推进太原－忻州半导体产业集群，涌现出芯片级碳化硅、砷化镓等先进产品和烁科晶体、北纬三十八度、中科晶电等龙头企业。太原国家级信息技术应用创新产业集群顺利推进，“龙芯CPU+中标操作系统＋百信整机”计算机技术路线和产业基础体系逐步构建完善。六是搭建完成省级工业云平台。5500多家企业注册上线，实现规上企业全覆盖，初步实现工业运行监测、技改项目申报、服务企业、推进企业技术创新、搭建对外开放平台、及时向企业传达政策等六大功能。

六、融合发展取得新进展

一是促进信息化和工业化深度融合。印发《山西省通信基础设施建设三年行动计划》，加强工业互联网基础设施建设，加快“企业上云”步伐，全年培育45户云服务商，山西转型综改示范区国际互联网数据专用通道正式开通。二是推动制造业和服务业融合发展。新培育4家省级服务型制造示范企业、6家省级制造业单项冠军企业。石圪节煤矿、“刘伯承工厂”旧址、高平丝织印染厂成功获批第三批国家工业遗产。三是加快军民融合发展。165个企业(单位)被认定为军民融合企业(单位)，省级技改资金支持军民产业融合项目9个3123万元。四是全面提升无线电管理水平。认真做好无线电频率、台站管理工作，持续打击“黑广播”“伪基站”，圆满完成“二青会”和“国庆”70周年系列活动无线电安全保障任务。

七、高水平对外开放合作取得新突破

一是实施精准招商。组织省内重点企业开展对标行业领军企业春季行动，签订协议34个，形成合作意向58个。积极开展“五大招商”夏秋行动，做实制造业精准招商工作。二是开展“走出去”活动。组织省内企业参加山西品牌丝路行、中博会、厦洽会等展览展会，出访法国、克罗地亚、韩国，签订协议(促成项目)42个，形成合作意向58个。三是构建对外开

放大通道。全年组织开行中欧中亚班列 111 列;中鼎物流园、方略保税国际陆港口岸、阳泉国际陆港等园区运营质量持续提升。

八、三大攻坚战持续深化

一是防范化解重大风险。抓住华为供应链国产替代战略机遇,先后组织三轮对接华为工作,累计向华为推介企业 63 户。二是坚决打赢污染防治攻坚战。扎实推进危化品生产企业搬迁工作,已搬迁 1 家,停产 2 家,改造 3 家;认真落实中央生态环境保护督察"回头看"整改意见,制定行动方案,组织召开全省焦化产业压减过剩产能行动推进会,坚决压减 4027 万吨产能。三是推动精准扶贫。推进产业扶贫、信息扶贫,加大转型项目和技改资金倾斜支持力度,全年支持贫困县 6 个项目 1591 万元。积极开展对口帮扶、结对帮扶和驻村帮扶。认真落实省委第五巡视组整改要求,梳理出 53 项问题,整改完成 39 项。

九、党的建设全面加强

一是强化创新理论武装。坚持党组成员专题领学制度,党组中心组全年集中学习 30 次,组织全厅党员干部认真学习党的创新理论,进一步树牢"四个意识",坚定"四个自信",做到"两个维护"。二是强化管党治党政治责任。组织签订党风廉政建设责任书和廉洁守纪承诺书,严格落实"三会一课"、主题党日等党内政治生活制度,着力将党建制度优势转化为治理效能。三是扎实开展大讨论和主题教育。聚焦"六个破除""六个坚持""六个着力",扎实开展"改革创新、奋发有为"大讨论,10 个关键环节 29 项任务全部圆满完成,省工信厅机关第 16 党支部专题组织生活会,为全省党政机关树立了榜样。牢牢把握"十二字"总要求,紧扣"五句话"目标,把学习教育、调查研究、检视问题、整改落实贯穿主题教育全过程,圆满完成"不忘初心、牢记使命"主题教育各项任务。四是全面推进"三基建设"。优化调整厅机关 18 个党支部、6 个离退休党总支,积极修订各项工作制度,组织厅机关 50 周岁以下干部开展"专业基本能力测评","三基建设"水平稳步提升。五是持之以恒正风肃纪。严格落实中央八项规定精神,紧盯重要时间节点,开展明查暗访,坚决防止"四风"反弹。加强廉政警示教育,强化监督问责,全面从严治党走向严紧硬。六是加强机关和干部队伍建设。扎实推进依法行政、"放管服效"改革、效能建设,落实中央"基层减负年"部署要求,发文同比精简 47.12%。持续做好精神文明创建、扫黑除恶专项斗争、信访调解和老干部工作,机关凝聚力、战斗力、创造力显著提升。

(董晨阳)

附:省工业和信息化厅党组书记、副书记、成员名单

书　记: 李晓波(1 月离职)　李晋平(7 月任职)
副书记: 李晋平(1 月任职,7 月调职)
张岐云(4 月离职)
成　员: 马运侠　李　政　张占祥　阳　军(7 月离职)
乔丽刚(7 月任职)　李东洪

省公安厅党委

2019 年,在省委、省政府和公安部党委的坚强领导下,省公安厅党委团结带领全省公安机关和广大公安民警,坚持以习近平新时代中国特色社会主义思想为指导,深入贯彻党的十九大和十九届二中、三中、四中全会精神,认真落实习近平总书记重要讲话精神和全国、全省公安工作会议部署,紧紧围绕维护国家政治安全和社会稳定总任务,牢牢把握对党忠诚、服务人民、执法公正、纪律严明总要求,大力推进公安工作现代化和公安队伍革命化正规化专业化职业化建设,全面提升防风险、保安全、护稳定、促发展的层次和水平,整体工作实现跨越发展,多项工作走在全国前列,交出了 70 周年大庆安保"七个零发生"、全国第二届青年运动会安保"零瑕疵"的优异答卷,群众安全感评价达到 95.24,获得感、幸福感、安全感评价达到 91.18,均创历史新高,以一域之安全拱卫了首都安全,以一域之稳定维护了全国大局稳定,为山西全面推进高质量转型发展创造了安全稳定的政治社会环境,受到了部、省领导的充分肯定。

一、坚持以政治建设为统领,全面加强党对公安工作的绝对领导、全面领导

(一)加强政治领导。省委高度重视公安工作,全国公安工作会议后,坚决贯彻习近平总书记关于加强新时代公安工作的重要讲话精神,第一时间召开全省公安工作会议,出台《关于加强新时代公安工作的实施意见》(以下简称《实施意见》),从政治上建设和掌握公安机关。省委书记楼阳生、省长林武多次深入公安机关调研指导,研究解决重大问题,200 余次作出批示指示,省公安厅搬迁新址,刑事技术大楼开工建设,市县公安机关公用经费标准同比增长 23.5%,保障力度前所未有。省公安厅党委坚决贯彻中央和省委决策部署,全面落实《中共中央关于加强新时代公安工作的意见》和省委《实施意见》,制定责任分解文件,细化任务 128 项,清单制推进落实。全面梳理十八大以来习近平总书记对山西公安工作的 11 次重要指示批示,作为党内政治要件,实行各级公安机关"一把手"负责制,推动全部办结到位。建立省市公安机关政治巡察制度,严格执行《中国共产党重大事项请示报告条例》和《中国共产党政法工作条例》,定期向省委、省政府和省委政法委报告工作,240 余次请示汇报重要部署、重点工作、重大案件,确保中央和省委决策部署不折不扣落地见效。

(二)加强思想领导。坚持以思想引领队伍、以信念育警

铸魂,扎实开展“不忘初心、牢记使命”主题教育和“改革创新、奋发有为”大讨论,把学用习近平新时代中国特色社会主义思想作为一项长期战略任务,建立全警忠诚教育体系和常态化教育机制,坚持问题导向,统筹全年191项重点工作和大讨论查摆问题及“对标一流”谋划事项,把学习教育、调查研究、检视问题、整改落实贯穿全程,厅党委成员17次赴各地调研,组织召开检视整改问题推进会、对照党章党规找差距专题会、调研成果交流会、厅党委班子专题民主生活会,梳理确定11个方面的专项整治任务和厅党委班子4个方面11项整改任务,上下联动抓落实,取得了扎实成效,受到了中央主题教育第八巡回指导组和省委主题教育办的充分肯定。

(三)加强组织领导。坚持党管干部原则,全面考量干部的政治忠诚、政治担当、政治能力、政治自律。扎实推进市县公安局长进“同级政府班子”和异地交流常态化、制度化,实现全覆盖。

二、聚焦打赢风险防控攻坚战,忠诚履行新时代公安机关使命任务

(一)圆满完成重大安保任务。紧扣新中国成立70周年大庆安保主线,依托70周年安保维稳协同指挥作战平台,建立“一长三班”情报指挥实战体系,全量动态管控重点人员、重点目标和大型活动,实现“五个严防”“四个确保”“七个零发生”,发挥首都“护城河”作用,省公安厅被公安部荣记集体一等功。围绕全国第二届青年运动会,将“大数据+传统”运用于赛事安保实战,“零瑕疵”完成97天94个县区的火炬传递,6万余人参加的开闭幕式和36个大项1270个小项赛事的安保任务,受到省委、省政府和公安部表扬肯定。

(二)坚决捍卫政治安全。始终把维护国家政治安全放在第一位,依托维护政治安全工作平台,构建维护政治安全协同、高效、扁平化的新机制,筑牢政治安全“护城河”,严密防范、严厉打击境内外敌对势力的渗透破坏活动,有力捍卫以政权安全、制度安全为核心的政治安全。

(三)全力维护社会安定。准确把握维稳与维权的关系,围绕各类利益诉求群体,依托派出所智慧大脑和掌上派出所平台,深入开展矛盾风险排查化解,坚持解决思想问题和实际问题相结合,教育引导与依法处理相结合,全面排查矛盾、掌控风险、消除隐患,形成了山西特色的“枫桥经验”,全省群体性事件同比下降25.2%。依托经济金融风险监测预警平台,同步推进风险排化、依法办理、追赃挽损、维护稳定,侦破各类经济案件2445起,挽损8.36亿元,稳妥处置“晋商贷”案件,没有造成聚集性上访问题。建立“一把手”负责的网络舆情快速发现核查处置机制和突发事件应急处置联动机制,实现了网络舆情即发现即报告即管控即处置,突发事件全省域联动、实时化处置。

(四)切实保障人民安宁。坚持依法严打方针不动摇,以扫黑除恶强力带动整体治乱,形成打防管控一体推进的工作局面。一是扫黑除恶专项斗争纵深推进。建立双周调度工作机制、省市县派出所四级“一把手”责任传导机制、直通到县的责任追究制度、法制审核专班常态派驻机制、跨部门协同打击整治机制,一体推进“打伞断血”“深挖根治”,累计打掉黑恶势力团伙1483个,其中黑社会性质组织174个,抓获犯罪嫌疑人13224人,破获刑事案件12330起,查扣涉黑恶资产252.02亿元,总体战果稳居全国第一方阵,省公安厅连续2年被评为“全国扫黑除恶专项斗争先进单位”。打击文物犯罪取得压倒性胜利,累计破获案件1207起,抓获犯罪嫌疑人1920人,追缴涉案文物37656件,占到全国80%以上,其中国家级文物2037件,盗掘古墓葬犯罪保持“零发案”,考核排名全国第一。二是社会面整体治乱成效持续巩固。坚持大案、小案一起抓,依托多侦联动协同指挥作战平台,构建打击犯罪新模式,全面提升打击效能。2019年,全省刑事案件和八类严重暴力犯罪案件同比下降4.5%、24.6%;230起现发命案全破,破获命案积案107起,每10万人命案发案数0.62起,低于全国0.75起的控制指数,公安部通报表扬。抓获网上逃犯10917人,同比增加27.8%,库存下降72.2%,全国排名第三。依托立体化打防电信网络诈骗犯罪平台,专班抄底打击,全省电信网络诈骗案件破案数、抓获犯罪嫌疑人数同比增长2.8倍、4.6倍。依托食药侦平台,全环节、全要素、全链条打击食药环假犯罪,破获各类食品、药品、知识产权及环境污染类犯罪案件3482起,总体战果居全国第五。依托智慧禁毒实战平台,率先在全国开展全省域污水毒品监测,案件及现有、新增吸毒人员同比下降32.3%、4.7%、15.4%。深入开展“净网2019”专项行动,侦办侵犯公民个人信息、网络赌博等网络违法犯罪案件1800余起,严格落实网络关键基础设施和信息系统等级保护制度,有效净化网络空间,确保了网络安全。三是立体化信息化社会治安防控体系建设加快推进。建成立体化信息化社会治安防控平台,实现对人、事、物、行业、场所的实时掌控、动态感知。晋治安APP汇聚行业场所信息64类100万余条,全省重点场所、部位硬质隔离设施覆盖率达到98%以上,公交车驾驶区隔离设施安装率达到72%,15221所中小学幼儿园十项安全规范全面落实,保持了个人极端暴力案事件“零发生”。全面升级民爆信息系统和烟花爆竹实名购销系统,查处涉枪爆案件258起,收缴炸药477吨、雷管76.5万枚,实现爆炸案件事故“零发生”、民爆物品“零流失”。建成寄递物流安全监管信息系统,实时掌控全省8307家寄递物流企业寄运信息,35个省级分拨中心全部警力派驻督导。深入开展“压事故、整秩序、保平安”交通安全专项整治,全省道路交通事故亡人数减少486人,同比下降12.2%,较大事故同比下降34.48%,重特大事故“零发生”,综合排名全国第四。

三、坚持以人民为中心的发展思想,打造公安政务服务新标杆

以大数据思维破解群众办事难题,加快完善山西公安审批服务“一网通办”平台,实现面向群众和企业的376项审批服务事项网上全覆盖,该平台入选“十八大以来山西改善民生重大举措及成果”。身份证、驾驶证、行驶证、护照当天受

理、制证、寄出和交通违法网上学习抵扣记分两大首创性举措,得到群众盛赞。同时,制定出台《2019年山西省公安厅便民利企37条措施》,网上网下一体服务群众和企业,进一步提升了服务质效。

四、深入实施大数据战略,全面提升公安工作核心战斗力

把大数据建设应用作为跨越发展的最大引擎,全面助推公安工作效率变革、质量变革、动力变革。建设完善山西公安大数据中心,实现网络链路双万兆互联,边界平台百万人次并发服务和立体化安全防护。在此基础上,对接警种实战需求,建成应用6大主题库、16个基础应用和14个专业化实战平台,全警常态培训、强制入轨,全面重构警务运行机制,提升核心战斗力,在70周年大庆和二青会等重大安保中发挥了强大实战效用。国务委员、公安部部长赵克志在山西调研指导工作时指出"山西公安大数据资金投入少、实战效果强,经验可总结、可复制、可推广",全国20多个省市前来考察学习。

五、聚焦全流程监督管理,公安执法规范化建设迈上新台阶

全面建设应用执法全流程智能管理平台,联通公安机关"四中心一场所"(指挥中心、案件管理中心、办案中心、涉案财物管理中心、监管场所)和"六个环节"(接处警环节、案管中心环节、办案中心环节、情报支撑环节、涉案财物管理环节、监所管理环节),对接政法刑事智能辅助办案系统,实现执法活动全要素、全环节、全流程网上办理、网上指引、网上监督,无间隙倒逼各级公安机关规范执法、加强培训、强化审核。全省92496起刑事案件、298962起行政案件全部网上办理,检察机关退侦案件、纠正违法、监督立案撤案、纠正漏捕同比下降30.51%、34.26%、27.26%、16.98%,执法质效大幅提升,打造了执法规范化"山西样本",公安部领导批示全国推广。

六、坚定不移走改革强警之路,公安改革持续深化全面拓展

明确市县公安机关大部门大警种制改革方向,大力加强专业化建设,推行扁平化管理。全速推进监所集约化整合、智能化建设,提前两年完成"智慧监管"建设任务,打造了监管改革的"山西蓝本",被公安部肯定推广,13个省市前来学习经验。推动出台《山西省警务辅助人员条例》及11个配套制度,成为全国首家以地方立法形式规范辅警管理的省份,辅警工作全面迈入法治化、正规化轨道。全省公安机关"两个职务序列"改革和综合类职务序列改革快速推进,待遇保障全部落实。全面加强新时代派出所工作,以"枫桥式公安派出所"创建引领"百所示范、千所提升",全面推行社区民警专职化。

七、锚定"四个铁一般"标准,全面锻造过硬公安铁军

(一)以落实两个责任统领党的建设。创新性建立全面从严管党治警两个责任"三书一考"机制,统筹省委"三基建设"部署,着力加强各级公安机关特别是基层党支部建设。

(二)以强化责任担当引领队伍干事创业。坚持"三高三重",全面推行领导干部"四个带头",健全干部培养、选拔、任用机制,坚持在基层一线、重大斗争中考察、历练干部,常态推进年轻干部上挂下派实战历练,交流锻炼干部627人,有效提振了队伍干事创业、担当作为的精气神。

(三)以深化实战练兵提升队伍能力素质。全面深化全警实战大培训大练兵大比武,分级分警种培训民警4.5万余人次、辅警4.3万余人次,实战拉练1.3万余人次,培训派出所长、教导员2404人,开展大数据应用专题培训402期、专项训练67期。

(四)以严密监督体系全面深化从严治警。以落实"三书一考"机制为抓手,有效贯通两个责任,统筹派驻纪检监察与公安督察、政工、审计、法制、信访部门力量,全面构建公安机关大监督格局。扎实开展"四谈"工作,拍摄制作《漠视的代价》等警示教育片,组织全警反复观看,切实做到了提醒在前,监督在前、警示在前。建立经济活动事前审计、事中监管、事后监督全过程监督体系,实现公安审计和警务保障部门"双签字""双负责"。2019年,全省涉公安民警信访举报同比下降35.6%。

(王瑞成)

附:省公安厅党委书记、副书记、委员名单

书　记:刘新云(2021年因涉嫌严重违纪违法,接受纪律审查和监察调查)

副书记:汪　凡

委　员:李喜春　张立刚　杨通顺　赵永胜　李国敏　马润生　郭丙福　陈立峰(12月离职)

省民政厅党组

党组书记　薛维栋

2019年,全省各级民政部门以习近平新时代中国特色社会主义思想为指导,认真贯彻落实党中央、国务院和省委、省政府重大决策部署与要求,牢固树立以人民为中心的发展思想,忠实践行"民政为民、民政爱民"工作理念,聚焦脱贫攻坚、聚焦特殊群体、聚焦群众关切,始终把脱贫兜底保障、重大改革事项、目标责任考核和全面从严治党抓在手上,各项工作任务圆满完成,民政整体工作全面加强。

一、脱贫攻坚兜底保障有力有效

一是制定实施了农村低保扶贫和特殊群体关爱行动计划,进一步强化农村最低生活保障制度和扶贫开发政策的有效衔接,畅通双向进入通道,组织开展脱贫人口"回头看",持续抓好脱贫攻坚兜底保障巩固提升工作。43.55万建档立卡贫困对象纳入农村低保保障范围,占农村低保对象的45%,实现了应保尽保、应扶尽扶。救助水平不断提高,农村低保平均保障标准达到4760元/人/年,所有涉农县(市、区)农村低保标准均达到或超过了国家扶贫标准。继续加大对深度贫困地区的资金倾斜力度,对10个深度贫困地区下拨各类社会救助资金10.37亿元,比上年增长了41%。二是进一步引导和动员社会组织参与脱贫攻坚,有2309个社会组织参与扶贫,开展扶贫项目546个,投入资金3.2亿元,受益群众18.6万余人次。鼓励支持社会力量参与脱贫攻坚,实施社会工作专业人才服务边远贫困地区、边疆民族地区和革命老区的"三区"计划和"牵手计划",直接受益人达5943人次,间接受益人达13403人次。核对系统为实施兜底保障提供精准靶向,面向全省开展核对业务3679批次,核对城乡低保、特困人员225.5万人次。

二、决策部署中心任务全面落实

一是圆满完成"新建500个农村老年人日间照料中心"和"实施经济困难的高龄和失能老年人关爱行动"两件省政府民生实事任务,全省农村老年人日间照料中心达到6678个,农村受益老人超过30万人;将经济困难的高龄老人补贴由每人每月30元提高到50元,经济困难的失能老人补贴由每人每月60元提高到100元,全年共为10.5万名高龄老人发放补贴5220.7万元、为2.3万名失能老人发放补贴1883.5万元。二是全面推进康养产业快速发展,与发改、财政等部门联合制定了《支持康养产业发展行动计划(2019–2021)》,对谋划实施的康养产业重点项目给予土地、财政、金融等多方面突破性政策支持。连续三年推动建设30个具有示范引领作用的康养园区、康养小镇、康养社区项目,可形成投资380亿元。三是挂牌推进重大项目9个,已完成投资3.6亿元。紧紧围绕全省转型发展大局,积极服务打造"示范区""排头兵""新高地"的战略部署,晋中市太谷县撤县设区获国务院批准,吕梁市柳林县撤县设区、忻州市定襄县撤县设区调整事项已上报国务院。适应新型城镇化发展需求,全面启动乡级行政区划调整工作,完成忻州市、运城市、长治市21件乡级行政区划调整事项,超过过去17年的调整总量。

三、基本民生保障水平稳步提升

按照全省城乡低保保障标准至少提高30元的要求,全省城市、农村低保平均保障标准达到每人每月551元、每人每年4760元,分别比上年提高了55元、680元。及时启动价格临时补贴机制,连续8个月按城市低保和特困人员每人每月30元、农村低保每人每月20元的标准,发放价格临时补贴资金2.25亿元,受益困难群众达976万人次。全年共下达困难群众救助补助资金66.6亿元。机构养育孤儿基本生活费标准从每人每月1000元提高到1500元,社会散居孤儿基本生活费标准从每人每月600元提高到1000元,下拨各类儿童福利资金1.88亿元,9270名孤儿全部纳入基本生活保障。进一步加强事实无人抚养儿童保障工作,将事实无人抚养儿童纳入保障范围,参照孤儿标准发放基本生活费。进一步健全农村留守儿童和困境儿童关爱服务体系,积极开展各类活动,扎实做好农村留守儿童关爱保护和困境儿童保障工作。加强和改进生活无着流浪乞讨人员救助管理工作,进一步明确了长期滞留人员落户安置政策,落实了工作人员享受特殊教育工资和津贴待遇问题,全省累计救助生活无着的流浪乞讨人员5.3万余人次。全面落实残疾人两项补贴政策,省级下拨补贴资金1.6亿元,帮助生活困难残疾人和重度残疾人55.5万人。

四、基层社会治理能力显著增强

一是积极落实乡村振兴治理有效专项规划,选树37个乡村治理服务示范社区,超额85%。村规民约居民公约修订完善率75%,超额15%完成。培训城乡示范社区骨干600名。上下联动强力推进社区综合服务设施建设,指导完成102个建设项目,拨付财政补助资金、省管党费共8050万元,省级扶持项目社区服务设施面积净增8.5万平米,带动各地社区设施年增长23.9万平方米,圆满完成"彻底解决社区无场所和面积不达200平方米、500平方米以上比例进一步提高"的"三基建设"工作任务。指导11个单位开展省级社区治理创新实验,山西省创新经验在全国会议上进行交流。

完成国有企业退休人员进社区"1+N"政策体系制定落实任务。开展新建小区社区管理专项整治,研究制定政策,破解新建住宅区社区设施移交问题。会同省委组织部下发《加强和改进新时代全省城市基层党建工作的若干措施》,提出调整社区规模、加强社区投入保障、优化社区工作人员配备及待遇提升等系列举措。二是加大行政村合并力度,出台《加强行政村合并工作的指导意见》和"十问十答"指导措施,全年合并行政村 3233 个,完成省定两年合并计划的 53%。深入开展扫黑除恶专项斗争,排查出不符合条件的村委干部 886 人,全部清理到位,补齐配强。三是全面推开行业协会商会与行政机关脱钩改革工作,全省 1575 家行业协会商会与行政机关脱钩,在全国率先完成行业协会商会与行政机关脱钩工作,提前 15 个月完成任务。规范行业协会商会收费工作,418 家全省性行业协会商会会费档次全部调整,96 家降低了会费标准,为企业减负 1221 万元。四是健全完善了社会组织党建工作体制机制,省、市、县全部建立了社会组织党委,"两个覆盖"清零攻坚行动圆满完成,截至年底,全省有党员的社会组织党组织覆盖率 100%,无党员的社会组织由上级党组织派驻党建指导员,党的工作覆盖率 100%。五是加强改善地名管理,全面启动地名图录典志编纂等普查成果转化项目。扎实开展界线管理,顺利完成省界晋豫线和 4 条市界、38 条县界的联检任务,持续推进平安边界建设。六是积极推动"山西省注册志愿者证"落地推广,促进各行业领域、各社会阶层更加关注志愿服务事业,"二青会"期间,有 4.5 万志愿者参加活动,志愿服务工作成效得到全面检验。全年全省在全国志愿服务信息系统上注册的志愿者突破 100 万,总注册人数达 312 万人。七是周密组织社会工作人才队伍建设培养工作,认真组织社会工作者职业水平考试和能力提升培训,1252 人通过考试取得证书,全省累计持证社工达到 6413 人。

五、基本社会服务水平大幅提升

一是积极推动农村养老服务提质升级。制定印发推进农村养老服务三年行动计划和实施敬老院提质升级工程的文件,全面推广武乡、昔阳集中供养先进经验,在垣曲、怀仁开展农村老年人日间照料中心连锁运行试点,通过补齐农村基础设施短板,提高敬老院建设服务标准,支持敬老院进行升级改造,加快推动农村养老服务发展。扎实做好提高养老院服务质量专项行动,全面清除养老机构已排查出的重大风险隐患,推出一批星级示范养老机构,辐射带动养老机构服务质量持续改善。二是开展五期全省养老机构养老护理员培训,进一步提高机构管理人员和护理人员的业务和专业水平。开展消防安全隐患排查整治工作,重点做好民办养老院和敬老院的安全监管,确保全年安全无事故。指导长治市成功申报为第四批居家和社区养老服务改革试点市,推广太原"易照护"和晋城"幸福汇"城市社区养老模式,实现养老体系健全、运营机制多样、服务质量提升。三是扎实推进殡葬改革,组织开展殡葬领域突出问题专项整治行动"回头看",取得明显成效。殡葬基础设施建设进一步加强,新开工建设殡仪馆 8 所、维修改造 6 所,建成后,火葬区殡仪馆覆盖率将从 44%提高到 54%。积极推进惠民殡葬和节地生态安葬奖补政策,推进移风易俗取得成效,行政村普遍建立红白理事会。各地涌现出了一批崇尚节俭、文明的先进乡镇和个人,婚丧陋习得到有效遏制,节俭文明的新观念逐步树立。依法规范开展婚姻、收养登记管理工作。

六、民政系统综合能力得到加强

一是法治建设持续加强。坚持把法治建设作为一项管根本、管长远的重要工作摆在突出位置,切实履行推进法治建设第一责任人职责。配合省人大、省司法厅完成了《山西省志愿服务条例》修订相关工作,志愿服务立法走在全国前列。出台了《关于推进农村养老服务计划(2019-2021)》《关于进一步加强事实无人抚养儿童保障工作的实施意见》等 6 个突破性文件,全部进行了合法性审查。制定行政执行"三项制度",进一步规范了民政行政执法。二是基层服务能力有效提升。加大政府购买服务力度,全省有 75 个县开展了政府购买社会救助服务,通过购买服务为基层增加工作人员 6195 人,有效地缓解了基层工作人员紧张的状况。

七、着力加强党的建设

坚持以党的政治建设统领各项工作,不断强化管党治党的首责、主责和全责意识,把加强党的领导和党的建设贯穿于行业系统治理的各个环节。

一是党的建设扎实推进。加强党的领导,坚持把政治建设摆在首位,认真贯彻落实党建工作责任制。强化理论武装,进一步增强民政干部队伍的政策理论水平和业务素质。持续引深"三基建设",进一步夯实基层党组织基础。坚定不移推进全面从严治党向纵深发展,严肃党内政治生活。认真贯彻落实中央八项规定精神,严明政治纪律和政治规矩,强化监督执纪问责,持续改进作风,进一步树牢"四个意识",坚定"四个自信",做到"两个维护"。二是主题教育成效显著。始终坚持问题导向,上下联动,深入基层民政服务机构和社会组织,走乡村进社区,蹲点入户,座谈访谈,认真听取困难群众、基层工作者的声音,从中检视民政事业发展的短板、弱项、难题,掌握第一手资料。在为民服务解难题方面,把敬老院提质升级作为"三服务"的重点内容,大力整合不合格敬老院、落实法人登记和运行经费、加强队伍建设、实施消防设施改造,推进问题有效解决。在专项整治整改方面,结合山西省民政实际,形成"8+5+2"的专项整治工作体系,坚持把"改"字贯穿始终,做到即知即改、立行立改,取得显著成效。聚焦基层和群众反映强烈的问题,认真组织研究制定了主题教育上下联动整改清单,明确了 8 项民政系统重点整治整改任务,明确责任,细化措施,逐条逐项推进落实,形成上下联动,系统齐抓的态势,整治整改任务全部得到有效落实。三是加强领导班子建设。不断健全和完善党组议事规则,规范开展党组政治生活,严格落实"三重一大"党组集体研究决定制度。四是全面加强行业系统党的领导。推动行业系统党的领导制度体系向基层和民营医院延伸,38 个委属委管民营医院和社会组织全部组建党支部,实现了党的领导全覆盖。五是持续深化“三基建设”。广泛开展规范化基层党组织示范评比、品牌化党支部建设和微党课等系列活动。六是深入开展“改革创新、奋发有为”大讨论。不折不扣落实省委“十个规定动作”,开展对标一流述职评议,召开民主生活会和专题组织生活会,举办专题报告会 5 次,组织省市县三级医疗机构 5 批 40 余人次赴浙江等先进地区取经学习,全系统党员干部在深化自我革命中得到了锻造性历练,跳出山西、敢于赶超的信心明显提振。七是加强惩防体系建设。召开全系统“以案促改”警示教育会议,深刻汲取张茂才、王国平等人严重违纪违法案件教训,开展过度医疗、乱收费和收受红包等问题专项整治。

(薛文静)

附:省民政厅党组书记、副书记、成员名单

书　记: 薛维栋

副书记: 曾庆勇(10 月任职)

成　员: 宋海兵　贾慕权　琚李梅(10 月任职)　尹也刚(10 月离职)　张　瑞(10 月离职)

省司法厅党委

党委书记　薛永辉

2019 年,省司法厅党委坚持以习近平新时代中国特色社会主义思想为指导,在司法部和省委的正确领导下,以全面从严治党为统领,立足新职能、新定位,对标一流,积极作为,全面推进“一个统筹、四大职能”工作布局,较好地完成了各项工作。

一、坚持政治引领、强化理论武装,着力加强党建和队伍建设

一是不断加强党对司法行政工作的绝对领导。坚持以政治建设为统领,强化理论武装,组织全系统党员干部认真贯彻落实习近平总书记重要讲话精神,进一步树牢“四个意识”,坚定“四个自信”,做到“两个维护”。厅党委坚持“政治引领、党建先行”“首题必政治”学习制度,以厅党委理论中心组学习方式开展集中学习习近平总书记重要讲话精神和党内法规,全年共开展集中学习 33 次。通过举办培训班、专题讲座、观看专题片等形式强化学习效果。认真落实全面从严治党“两个责任”,探索实施第一轮纪检监察巡回检查,完成第三轮 2 批次对 6 个单位的政治督察,进一步推动全面从严治党向基层延伸。集中整治形式主义突出问题为基层减负,文件会议数量大幅下降。

二是深入开展“不忘初心、牢记使命”主题教育。认真组织厅党委班子成员和处级领导干部进行 3 次集中学习研讨,组织基层党支部开展主题教育,依托“三会一课”集中学习研讨,827 名支部书记在调研的基础上在本支部讲党课,召开支部组织生活会,民主评议党员;组织开展丰富的主题党日活动,邀请专家学者专题讲授党史和新中国史。征求意见建议 319 条,组织召开厅党委班子成员进行对照检查,进行严肃认真的批评和自我批评。174 名领导干部深入开展调研,梳理发现 44 个问题,已落实整改 36 个,建立长效机制 31 项,取得阶段性成效。

三是扎实开展“改革创新、奋发有为”大讨论。组织召开厅党委班子 2018 年度民主生活会,对省监狱局、戒毒局,省政法管理干部学院、省司法学校两局两校党委班子民主生活会进行监督指导;开展基层党支部书记集中轮训;组织指导厅机关和厅直系统 827 个党支部高质量开好专题组织生活会。对照“六个破除”找差距、明方向,引导广大党员干部结合岗位实际把一流标准树立起来。“改革创新、奋发有为”大讨论做法被《山西信息》两次刊发。

四是全面加强基层党组织和党员队伍建设。开展全系统机关基层党建工作调研,做好党支部设立和党员发展、管理工作,全面推行党员组织关系网上接转,党员信息化管理水平进一步提升。

五是组织开展建党 98 周年系列活动。评选表彰先进典型;深入开展党员走访慰问活动,2019 年对全系统 189 名老党员和困难党员进行了走访慰问;结合主题教育,组织观看《大会师》等党史教育电影。

六是组织开展庆祝新中国成立 70 周年系列活动。组织参加省直机关庆祝新中国成立 70 周年“我和我的祖国”歌咏比赛,获得三等奖;组织举办全省司法行政系统“我和我的祖国”书画摄影展,共展出来自全系统书法、美术、摄影、微电影等艺术作品 328 幅,盛赞祖国 70 年辉煌成就。

七是积极开展群团工作。3 月 5 日赴太原市儿童福利院开展“学雷锋”志愿服务活动;“三八”妇女节参加省直女职工趣味运动项目比赛,举办三八妇女节主题阅读活动等;在“五四”运动 100 周年之际组织开展户外拓展活动、青年干部座谈会和青年干部心理辅导等系列活动;八一建军节,组织复转军人开展纪念建军 92 周年座谈会。

二、立足“一个统筹、四大职能”,服务全省经济社会发展大局

(一)切实做好“一个统筹”,深入开展全面依法治省工作。一是牢牢把握全面依法治省正确方向。推动全面依法治

省各项工作，加强理论课题研究和实践指导，开展法治建设全覆盖大调研，了解省、市、县各级依法治理工作现状、体制机制运行情况和人才队伍情况。

二是推动建立依法治省新机制。推动省市县三级法治建设领导机构全部建立并有效运行，实施法治惠民实事项目22个，在全国率先印发试行，正式启动全省及各市、各部门的备案工作。

三是重点工作全面落实。推进实施22个法治惠民实事项目，编写《法治山西建设年度报告(2019)》蓝皮书。积极推进20项全面依法治省和司法行政理论研究课题，1项被司法部立项推进。推动党政主要负责人履行法治建设第一责任人职责，组织开展法治政府建设全面督察，落实法治政府建设主体责任。

(二)适应社会发展要求，推进良法善治。一是积极推进行政立法工作。2019年，以民营经济发展、生态环境保护等省委、省政府中心工作为重点，确定14件规章项目，其中一类项目5件，二类项目9件。高效完成13件地方性法规和11件政府规章项目的立法工作。

二是开展高质量立法工作。主动围绕中心、对标一流，紧密结合全省发展实际，开展立法工作。《山西省促进民营经济发展办法》《山西省政务数据资产管理办法》《山西省雁门关农牧交错带促进发展条例》均是全国首例，《山西省水污染防治条例》在全国第二家完成修订并发布施行，《山西省土壤污染防治条例》《山西省人民政府关于坚决打赢汾河流域治理攻坚战的决定》等地方性法规和政府规章，为山西省打赢污染防治攻坚战提供了法治保障。

三是严把规范性文件合法性审核关。推动省政府办公厅印发《关于全面推行行政规范性文件合法性审核机制的实施意见》，完成《山西省行政规范性文件审核备案办法（审议稿)》，对行政规范性文件审核主体的责任以及审核程序作进一步规范。

(三)推动工作创新，助力法治政府建设。一是全面推行行政执法三项制度。行政执法公示制度、执法全过程记录制度、重大执法决定法制审核制度有效推行，在中部省份中率先建立推行三项制度联席会议，建立完善18项相关制度，在全国率先对省级行政执法条例进行重新修订，完成执法主体和人员清理工作，公布64个省本级行政执法主体。

二是持续推进“放管服效”改革。取消并公布省、市两级不必要的证明事项491项；在11个设区市确定12个市直单位、15个县试点开展证明事项承诺制；利用司法部“群众批评—证明事项清理投诉监督平台”，高效办理群众投诉批评建议事项，当事人满意率100%。

三是扎实开展行政复议和应诉工作。努力推进政府和司法行政机关复议职能分设，建立行政复议机构与行政审判机构联席会议机制，进一步加强信息化、规范化建设和案件统计分析，提高基层行政复议应诉工作水平。2019年共办理省本级行政复议案件219件，行政应诉案件51件。

四是深化法治政府理论研究和实践探索。推动发布《全省2018年法治政府建设情况报告》，组织开展2019年法治政府建设示范创建，向中央依法治国办推选两个综合示范创建候选地区和在3个单项示范创建候选项目。

(四)全力防范风险隐患，营造安全稳定的社会环境。一是坚决打赢国庆安保维稳战。全省司法行政系统坚决确保国庆期间安全稳定，持续开展驻在式检查、百日安全大会战、防风险保安全护稳定专项行动等活动。

二是推动扫黑除恶专项斗争继续向纵深发展。扎实推进扫黑除恶督导“回头看”问题整改，摸排涉黑涉恶犯罪线索，指导律师代理黑恶案件，收集典型案例，组织开展培训，举办各类法治宣讲2.3万余场次。

三是监狱工作在整改中逐步提升。全面推进大整治大整改，不断完善刑罚执行机制，建立刑罚执行联席会议机制，以“五大改造”带动罪犯改造质量逐步提高。

四是戒毒工作开拓新局面。扎实开展医疗基础建设年活动，场所医疗机构及省戒毒康复医院全部纳入社会医疗机构专科联盟，全年建成13个社区康复工作综合指导站，统一基本戒毒模式稳步落地，主要工作指标进入全国第一方阵。

五是扎实推进特殊人群教育管控，有效预防化解社会矛盾。预防和调解矛盾14.1万件，调解成功率97%；设立品牌调解室199个，人民调解参与信访工作实现县区全覆盖，调解信访纠纷5000余件；全年接收社区矫正对象重新犯罪率远低于2%。

(五)继续强基固本，提供优质高效的公共法律服务。一是推进司法所建设。全面开展新时代司法所支部、队伍、阵地、能力、制度和信息化“六大建设”，对全体工作人员进行业务轮训，在全国司法所工作会议上作了经验交流发言。

二是推进“三台融合”。公共法律服务实体、电话、网络三大平台逐步实现“三台融合”。组建229名律师组成的公共法律服务团队，开通五大法律服务网上预约，60余项审批事项网上办理，提供线上一站式服务，初步建成公共法律服务“淘宝网”。

三是推进免费法律咨询服务。“实施免费法律咨询便民工程”是山西省政府2019年民生实事之一。申请专项资金，研发了专门的信息管理系统，积极引导群众通过便民工程维护合法权益。2019年共解答群众咨询38.7万人次，群众满意度99.9%，有力增强群众法治获得感。

四是推进服务民营经济进程。与中国建设银行山西省分行共同召开第二次支持民营企业发展座谈会，发布一批优秀案例，为民营企业提供各类法律服务9600余场次。高位推进法律进商会（民企）活动，精准掌握700余家企业学法用法需求。

五是推进普法宣传工作。服务大局普法行、法律进高校、国家工作人员旁听庭审活动稳步推进，实施宪法宣传周系列活动。开展“法律六进”3.1万场次，播出广播节目《法在身边》64期，村(居)法治文化阵地覆盖率达到100%。全省9件作品荣获“我与宪法”微视频征集活动大奖，其中一等奖1件。

六是推进法律人才建设。严密组织实施国家法律职业资格考试及审核工作，授予2018年度考试合格人员法律职业资格2639人，圆满完成2019年法考任务。积极举办“山西律师大讲堂”，强化司法鉴定能力验证和资质认定，提高从业人员服务水平。积极为法律人才提供优质服务，共受理、办理各项行政审批、服务事项4100余件，按期办结率100%，群众满意度100%。

(六)加大改革力度，切实激发全系统工作动力。2019年积极推进55项改革，实现改革成果138项。一是深入推进行政执法体制改革。有序推进省市县综合行政执法体制改革，制定5大领域近3500项的综合执法事项指导目录，研究解决了晋城市开展相对集中行政许可权试点工作和省综改示范区、高平市、灵石县等地试点中的法律问题，确保全省相对集中行政许可权改革依法推进。

二是深入推进刑事执行和戒毒工作改革。监狱、戒毒民警有效参与社区矫正工作，实现全省全覆盖。试点开展规范化监区建设三年行动，建成2个规范化示范监区。监狱煤矿关闭退出基本完成，“三供一业”维修改造成效明显。积极推动戒毒系统生产劳动管理规范化建设，完成戒毒人员“一卡通”系统用途转换工作。

三是深入推进公共法律服务工作改革。建立律师调解和调解工作室406个，在81个县(市、区)推进刑事案件律师辩护全覆盖，积极推广深圳前海蛇口仲裁工作创新经验，设立农民工欠薪维权“绿色通道”，办理困难人群法律援助2231件。研发运用司法行政审批管理系统，创新开展微信预审和“初审＋复审”模式，扩大承诺制应用范围，主要业务实现“最多跑一次”。

四是深入推进信息化建设革新。重点推进建设“一朵云、两平台、三入口”，全系统指挥中心全部建成，实现视频点名系统全覆盖，智慧监狱、智慧戒毒、智慧社区四梁八柱基本搭建。积极推进基层智能移动信息平台建设，完成“司法加密网”建设。山西法律服务网上线运行，数据汇聚和大数据分析准备就绪。

五是进一步优化队伍结构。深入开展队伍建设调研工作；坚持正确选人用人导向，加大核心专业人才招录力度；选派优秀干部到基层司法所和扶贫、一线挂职锻炼；以晋中监狱为试点，深入开展不担当不作为问题专项整治；扎实做好教育培训，开展司法厅机关及直属单位培训46期、培训6095人次，组织专题讲座9场，培训8169人次，脱产培训调训率达100%。

三、强化主体责任，加强党风廉政和纪律作风建设

一是加强组织领导。抓好抓实“一岗双责”，强化落实主体责任，坚决贯彻执行中央八项规定精神和党风廉政建设各项规定，持续加强党员干部党风廉政教育，积极构建良好政治生态。

二是大力推进纪律作风建设。推动纪律作风建设工作各项措施落到实处。部署安排全系统对党的十八大以来党纪政务处分执行情况自查活动，并接受省纪委监委监督检查。

三是全面开展廉政文化建设。紧盯关键节点，通过门户网站和微信公众号向全系统广大党员发放廉洁过节倡议书；在山西司法微信公众号开辟“每周一廉”栏目，持续开展警示教育。

(王　娇)

附：省司法厅党委书记、副书记、委员名单

书　记：薛永辉

副书记：李云涛

委　员：翟新山(7月离职)　吴　刚　周　涛(9月离职)　王锁成　曾　涛　马慧健　白　震

省财政厅党组

党组书记　武　涛

2019年，省财政厅党组坚持以习近平新时代中国特色社会主义思想为指导，认真贯彻党的十九大和十九届二中、三中、四中全会，深入学习贯彻习近平总书记“三篇光辉文献”精神，紧紧围绕省委、省政府决策部署，奋力落实积极的财政政策，着力加强财政收支管理，持续深化财政体制改革，全面加强机关党的建设和财政干部队伍建设，财政改革发展和自身建设呈现新气象、迈上新台阶。省考核办下达省财政厅的10项业务指标全部完成，14项共性指标全面落实。

一、旗帜鲜明讲政治，坚决做到“两个维护”

厅党组全面贯彻新时代党的建设总要求，坚持把党的政治建设作为根本性建设摆在首位，把学习贯彻习近平新时代中国特色社会主义思想作为首要政治任务，突出财政部门的政治机关属性，把讲政治的要求贯彻到财政工作的全过程和各方面，确保财政工作始终沿着正确的政治方向前进。

(一)以党的政治建设为统领，深化对财政工作政治性的认识。认真贯彻落实《中共中央关于加强党的政治建设的意见》和习近平总书记在中央和国家机关党的建设工作会议上的重要讲话精神，积极开展“以政统财、以财辅政”党建品牌创建活动，进一步提高政治站位，把做到“两个维护”作为加

强机关党的建设的首要任务,引导全厅党员干部增强维护自觉,坚定维护行动,提高维护能力,在思想上政治上行动上同以习近平总书记为核心的党中央保持高度一致。

(二)以“四学”促“三走”,提高学习的实效性。深入学习习近平新时代中国特色社会主义思想,认真重温习近平总书记“三篇光辉文献”,坚持读原著、学原文、悟原理,以“四学”(自觉主动学、及时跟进学、联系实际学、笃信笃行学)促“三走”(往深里走、往实里走、往心里走),切实在学懂弄通做实上下功夫。通过召开厅党组理论学习中心组扩大会议,举办《财苑讲坛》专题讲座、《寻访红色的足迹》《腾飞的中国》主题图片展览、“改革创新、奋发有为,我为财政做什么”演讲比赛、群团干部培训、“红色的魅力”第八届党员干部主题读书月等,全厅党员干部牢固树立“四个意识”,坚定“四个自信”,共筑信仰之基、齐补精神之钙、把牢思想之舵。

(三)紧跟紧随中央和省委部署,扎实开展主题教育和大讨论。坚持以上率下、全员参与、多点联动,围绕目标、聚焦主线、突出重点,主题教育四项措施贯通融合,大讨论10个规定动作、6个自选动作一体推进,实现了主题教育“理论学习有收获、思想政治受洗礼、干事创业敢担当、为民服务解难题、清正廉洁作表率”和大讨论“思想再解放、改革再深入、创新再发力、开放再提质、工作再抓实”的目标。厅长武涛结合自身的学习调研,为全厅党员干部讲授了题为《坚守初心,强化担当,更好地投身全面拓展新局面的伟大实践》的专题党课。财政党员干部“不忘初心、牢记使命”的精神坐标进一步坚定,敢于担当、砥砺奋进的精神力量进一步激发。

二、全面从严治党,努力营造风清气正、干事创业的良好氛围

(一)全面提高机关党建质量,为夯实管党治党责任提供坚强组织保障。认真落实全面从严治党要求,坚持从政治高度来认识和推进机关党建工作。尤其是2019年7月9日习近平总书记在中央和国家机关党的建设工作会议上作出重要讲话后,按照习近平总书记对新时代党的建设作出的顶层设计和战略部署,对照习近平新时代中国特色社会主义思想的“机关党建篇”,围绕机关党建的使命任务,着力推动管党治党从“宽松软”走向“严紧硬”。一是压实支部书记责任。坚持党支部书记和处室(单位)行政负责人“一肩挑”,全年换届的50个支部中,除2个支部设有专职书记外,其余48个支部书记均由行政负责人担任,进一步压实支部书记“一岗双责”抓党建责任。二是挂图作战细化责任。牵住党建工作责任这个牛鼻子,将年度党建工作和党风廉政工作的基础和重点工作,量化细化为3大项18小项党建工作指标和4大项党风廉政工作指标,纳入全厅年度工作目标责任考核体系,责任层层传递、压力层层传导、任务层层落实。三是刀刃向内强化责任。以“改革创新、奋发有为”大讨论和“不忘初心、牢记使命”主题教育专题民主生活会、组织生活会为契机,真查细照检视问题,砥砺初心使命,强化责任意识,进一步提升做好党建工作的精神状态、工作标准和本领能力。

(二)持之以恒强化正风肃纪,为切实履行财政职能提供坚强纪律保障。一是铸好巡察利剑。对15个厅属单位和11个派驻机构进行了第二轮全面巡察,厅党组专门召开会议听取巡察问题整改情况汇报,会后相关单位落实厅党组要求彻底整改。二是加强日常教育监督,推动警示教育制度化、常态化、长效化。组织党员干部观看警示教育片《聚指成拳惩贪腐》《初心泯灭的歧路》《增强忧患意识防范风险挑战》《叩问初心》;及时传达学习《中共山西省委办公厅关于结合张茂才严重违纪违法案件开展警示教育的通知》及相关内容;组织全厅处级以上党员干部学习《党的十九大以来查处违纪违法党员干部案件警示录》并撰写心得体会。厅党组联合驻厅纪检监察组印发《关于加强警示教育的意见》,进一步增强了全厅党员干部的廉洁自律意识和遵纪守法观念。三是抓住“关键少数”,认真实施领导干部有关事项报备工作,全年共有21人次填报了《山西省领导干部办理婚丧嫁娶事宜报告表》。严格监督执纪问责,从问题线索抓起,该函询的函询,该谈话的谈话。厅机关纪委全年共受理信访件8件,逐一按照程序和处置标准进行办理。此外,认真接受省纪委深化政治监督专项监督检查,以检查促规范,以检查促提升。

(三)着力加强干部队伍建设,为加快财政改革步伐提供可靠人才保障。一是将干部培训教育作为基础性、战略性工作来抓,创新方式、突出重点、注重实效。全年共举办培训班60余期,全厅干部政治素质和业务能力进一步提升。在中山大学举办市级财政局长和全厅处级干部培训班,以实现思想上的对标推动工作上的对标;在省委党校举办县级财政局长培训班,省厅处长和县财政局长面对面交流,共同解决日常工作中的突出问题;在西安交通大学举办省直单位财务处长培训班,进一步强化省直单位严守财经纪律和会计制度的行动自觉;在右玉举办2期“不忘初心、牢记使命”主题教育读书班,深刻领会“迎难而上、艰苦奋斗、久久为功、利在长远”的右玉精神,实地感受共产党人的初心和使命。二是着眼财政事业长远发展,积极做好干部选拔任用和职务职级并行工作。坚持用鲜明的导向选干部,严格执行德才兼备、以德为先、注重实绩的用人标准,着重选拔经过基层和重要工作实践锻炼考验的优秀干部,注重选拔埋头苦干、勇于担当的优秀干部,真正把政治坚定、实绩突出、作风过硬、群众信任的干部选出来、用起来。2019年,全厅共提任处级领导职务或晋升职级304人,其中公务员228人、参公人员62人、事业单位14人,是财政厅近年来规模最大、人数最多、惠及面最广的一次。新提任的处级领导干部尽职尽责、勇于担当、积极作为,为财政事业发展注入新的动力。

三、恪守职责使命,为全省高质量转型发展提供坚实的财政支撑

(一)减税费、降成本,激发市场活力。深入贯彻落实中央更大规模减税降费决策部署,在授权范围内尽最大努力降低企业负担。全国第一家出台小微企业普惠性税收减免政策;

全部高限执行减征增值税小规模纳税人的“六税两费”政策；自加压力开展自选动作，将全省城镇土地使用税适用税额普遍降低25%，有效减轻了企业税负。严格落实中央减征地方文化事业建设费等政策。降低社保费率，继续阶段性降低失业保险、工伤保险费率。全省全年新增减税降费超过560亿元。

（二）稳收入，变方式，大力争取中央支持。为确保减税降费政策有效落实，提请省政府研究通过了加强预算管理、确保预算平衡的12条具体措施。通过将部分政府性基金收入、国有资本经营收入调入一般公共预算，提高省级国有资本收益上缴比例，清理结余结转资金，调入预算稳定调节基金等方式，尽最大努力弥补收支缺口。积极向财政部争取支持，专人配合制定有关资金分配办法，尽最大努力反映山西省建议诉求。

（三）紧日子、压支出，增强困难地区和基层政府“三保”能力。带头过“紧日子”，将省级一般性支出压减至11%，压减下来的资金用于支持改善民生和重大项目建设。及时收回以前年度结余结转资金18.8亿元。积极盘活财政存量资金1259.17亿元，盘活率达86.24%。较大幅度增加省对县级转移支付，减少减税降费对基层财政影响，安排省对市县均衡性转移支付资金467亿元，同比增长10.4%，下达县级基本财力保障机制奖补资金97.5亿元、阶段性财力补助28.6亿元，增强了财力困难地区托底保障能力。

（四）调结构、保战略，助推经济高质量发展。继续落实对开发区和转型综改区财政奖励政策，地方税收增量全部用于示范区和开发区建设。将技术改造资金规模扩大至25亿元。加大科技投入力度，省本级预算安排科技支出20.58亿元，增长7.9%。拨付2.6亿元支持实施“三晋英才”等各类人才计划。拨付新能源汽车补贴资金20亿元，加快山西省新能源汽车产业发展。设立5亿元促进数字经济发展应用专项资金，推动山西省数字经济发展。加快融资担保体系建设，注资6亿多元为省再担保集团增资。积极搭建全国领先的省级“政采智贷”平台，督促市县建立接续还贷周转资金，规模已超50亿元，较好地解决了企业资金接续难题。

（五）保基本、兜底线，持续改善民生。坚持尽力而为、量力而行的原则，对民生刚性支出全力保障。安排乡村振兴专项资金17亿元、农业生产发展资金54.9亿元，筹措资金33.6亿元集中支持高标准农田建设。统筹资金19.4亿元支持就业创业工作，筹集38.7亿元用于职业技能提升。实现全省教育领域生均财政拨款制度全覆盖。扎实推进医疗卫生改革。安排资金3亿元支持实施“136”兴医工程。继续提高企业和机关事业单位退休人员养老金、城乡低保保障标准、城乡居民基本医疗保险和基本公共卫生服务财政补助标准。省政府确定的八件民生实事所需资金全部落实保障到位。

（六）增投入、强保障，继续支持打好三大攻坚战。防范化解政府债务风险。全年发行政府债券757亿元，主要用于交通运输、市政建设、教科文卫、农林水、生态环保、保障性住房以及其他公益性基础设施建设项目，带动基本建设投资1897亿元。加强隐性债务管理，出台财政部门政府隐性债务问责工作实施办法。支持打好精准脱贫和污染防治攻坚战。省本级安排财政专项扶贫资金49亿元，增长26.6%。集中力量攻坚深度贫困，10个深度贫困县享受到扶贫资金20.8亿元，占分配市县总量的38.9%。拨付环保资金69亿元，助推全省生态环境持续改善。出台全省生态环境损害赔偿资金管理办法和省内流域上下游横向生态补偿机制实施意见。

（七）推改革，强管理，财政体制改革向纵深推进。出台医疗卫生领域财政事权和支出责任划分改革实施方案。针对省直管县财政管理体制改革试点中出现的问题，畅通试点县和省直部门沟通衔接。制定《省级财政专项资金管理办法》。全面实施预算绩效管理，对部分重点支出项目和省直部门整体支出开展重点绩效评价。开展惠民惠农财政补贴资金“一卡通”专项治理，加快构建治理长效机制。财政内控工作重心由“定制度”向“查漏洞”推进。

（曹炫珠）

附：省财政厅党组书记、成员名单

书　记： 武　涛

成　员： 常国华　黄　庙　武志远　胡志国　陈向阳　安晓飞

省人力资源和社会保障厅党组

党组书记　卢建明

2019年，在省委、省政府的正确领导下，全省人社系统坚决贯彻习近平总书记关于民生工作的重要指示批示，不忘初心、牢记使命，重大改革持续推进，政策体系日趋完善，保障水平稳步提升，民生基础更加稳固。“实施全民技能提升工程、扩大就业和居民增收、稳步提高社保待遇、推动创业创新”等4项工作入选党的十八大以来山西深化改革、改善民生重大举措和成果。

一、党建工作

（一）坚决践行“两个维护”。厅党组坚持以党的政治建设为统领，深入贯彻党的十九大和十九届二中、三中、四中全会精神，第一时间跟进学习习近平总书记“三篇光辉文献”等重要讲话精神，细化落实习近平总书记关于人社工作的重要指示批示，聚焦梳理涉及人社部门的具体任务，建立台账，统筹推进,认真开展稳就业、社保降费、职业技能提升等“六个专项行动”,精准落实党中央、国务院和省委省政府重大决策部署,以实际行动践行“两个维护”。

(二)扎实开展“不忘初心、牢记使命”主题教育。一是深化学习教育,厅党组集中6天时间开展3次学习交流研讨,学原著读原文悟原理。二是深入调查研究,班子成员深入基层,收集问题26个,形成调研报告10篇,提出思路举措35条;召开人社局长座谈会面对面解决问题。三是深刻检视问题,坚持以正视问题的自觉和刀刃向内的勇气,对照“18个是否”,全面查摆各种违背初心使命的问题。四是上下联动整治整改。持续推进“8+5”专项整治,深入开展“三服务”,解决关于加强农民工培训监管、促进贫困劳动力和异地搬迁群众就业、社保费率等中的整改事项。

(三)深入推进全面从严治党。一是加强领导班子建设,开展党组中心组集中学习14次,交流研讨3次,把“三会一课”、民主生活会融入日常。修订厅党组工作条例和党组议事范围清单。二是抓好干部队伍建设,树立重实干重实绩选人用人导向,全年调整配备处级干部66名,晋升职级200人次,提拔晋升2018年度评选的5名担当作为表现突出干部。举办各类培训班69期,参加培训人数18000余人次。三是严格落实“三会一课”、谈心谈话制度,组织党支部书记进行培训,开展党支部书记述职评议考核。健全机关党建责任体系,建立党建主体责任台账和季报制度,集中排查基层党支部软弱涣散问题,加强支部规范化建设。四是加强党风廉政建设。压实主体责任,厅领导班子成员与分管处室(单位)签订党风廉政建设责任书,建立厅党组与驻厅纪检监察组工作会商机制。加强日常监管,深化廉政警示教育。五是持之以恒纠正“四风”,坚决整治形式主义、官僚主义问题,集中统筹各处室(单位)省外调研,整改文风、会风、督查,厅机关发文同比下降26%,发至县以下规范性文件仅2件;全年未开展综合性督查检查考核。

(四)高度重视法治稳定和意识形态工作。一是依法行政、维护稳定。落实党政主要负责人履行法治建设第一责任,出台行政执法三项制度,举办法治知识竞赛,坚持开展规范性文件合法性审查,依法解决信访、行政复议、行政诉讼等问题。二是认真落实意识形态工作责任制,积极开展正面宣传,在报刊、电台、电视等平台上刊(播)发新闻1200余条,举办山西稳就业新政和《山西能源领域急需紧缺人才目录》两场新闻发布会,制作就业创业、技能提升等5部专题政策宣传片。运用微信、APP、抖音等新媒体手段加强宣传和政策解读。省财政厅被《中国劳动保障报》等多家媒体评为2019年新闻宣传工作做得好的单位,获人社部办公厅表扬。

二、职能工作情况

(一)“人人持证、技能社会”成效明显。持续实施全民技能提升工程,召开全省“人人持证、技能社会”推进会,筹集专项资金38.7亿元,全面推行培训实名制,制定培训内容、能力评价、技能竞赛等8项培训地方标准,在全国首家颁布职业技能建设规范。举办首届全省技能大赛,其中19个项目对接世界技能大赛,2万余名选手参赛,67名选手被省人民政府授予“三晋技术能手”荣誉称号。持续开展失业保险支持技能提升“展翅行动”,为1.67万名职工发放技能提升补贴2917.2万元。全年共组织技能培训104.74万人,超额完成全年任务,培训人数在全国排名第三位。国家人社部汤涛副部长给予高度评价,指出“山西提出的‘人人持证、技能社会’是职业培训工作的一大创新,山西的经验在全国范围可学习、可复制、可借鉴”。

(二)就业局势保持总体稳定。把稳就业作为重大政治任务和头等大事,就业优先政策持续发力。失业保险援企稳岗加力增效,全省发放稳岗返还资金6.4亿元,同比增长47.4%,惠及3195户企业133.8万名职工,指标完成度全国排名第四,发放额全国排名第九。突出抓好高校毕业生就业创业、农民工转移就业、去产能职工分流安置等群体就业工作,“零就业家庭”实现动态清零。大力推动创业带动就业,举办了山西省星火创业大赛等系列活动,对48个优秀项目实施奖励。开展“春风行动”“民营企业招聘周”“就业服务进校园”“人才智力交流大会”等公共就业服务活动,实施就业政策落实服务落地专项行动,为广大劳动者求职就业搭建平台。在国务院第六次大督查中,运城市服务在外务工创业人员“凤还巢”计划受到国务院办公厅的通报表扬。全省城镇新增就业55.7万人,转移农村劳动力40.2万人,超额完成全年任务目标,城镇登记失业率2.71%,控制在4.2%的目标以内,全省就业局势稳中有进、稳中向好。

(三)社会保障制度改革深入推进。落实中央减税降费决策部署,养老、失业、工伤三项社会保险共为企业减负162.7亿元,实现企业降成本、市场增活力、个人得实惠。完善企业职工基本养老保险省级统筹,在全国率先出台《关于完善企业职工基本养老保险省级统筹制度的通知》及5个配套政策。深入推进机关事业单位养老保险制度改革,启动职业年金投资运营。在全国率先完善被征地农民社保补贴政策。出台工伤保险基金省级统筹方案,建立起省直部门间工伤认定疑难案件定期会商机制。稳步推进全民参保计划,基本养老保险、失业保险、工伤保险参保人数分别达2499.1万人、443.9万人、624.2万人,均超额完成年度目标任务。企业和机关事业单位退休人员基本养老金分别实现“十五连涨”和“四连涨”,提高工伤职工三项待遇和失业人员丧葬费、抚恤金标准,参保农民工可与城镇失业人员享受同等待遇,保障水平稳步提高。

(四)人才人事工作全面加强。聚焦国家资源型经济转型综合配套改革试验区建设、能源革命综合改革试点及“1331”工程和“136”工程,开展国家百千万人才工程选拔,9人入选并被授予“有突出贡献中青年专家”荣誉称号;实施专业技术人才知识更新工程,培训急需紧缺高层次人才2929名。发布了《山西省能源领域急需紧缺人才目录》,引导各类人才向能源领域集聚。实施“三支一扶”计划,为基层乡镇招募631名大学毕业生。实施人力资源服务业行动计划,新增人力资源服务机构127户,强化了与国内一流人力资源服务机构的合作交流。推进人才评价制度改革,在太钢、太重试点工程技术领域高技能人才与专业技术人才职业发展贯通办法,打通两类人才职业发展壁垒。加强技能人才队伍建设,全省新增高技能人才5.12万人。推进人事制度改革,全面启动山西大学和太原理工大学管理岗位"职员制"试点,推动两校完成5-8级职员选聘工作,共选聘234人。下达高校辅导员、医疗集团招聘专项计划,制定支持和鼓励事业单位专业技术人员兼职创新政策措施,有效激发了人才创新创造活力。落实事业单位基本工资正常增长机制,持续推进以增加知识价值为导向的分配政策落地,对92家省属事业单位、67家市县事业单位实施绩效工资总量倾斜,共涉及7.7万人。

(五)劳动关系保持和谐稳定。加强企业工资宏观调控,建立企业薪酬调查和信息发布制度,发布2019年企业工资指导线。加快国企负责人薪酬制度改革步伐,推动国有企业工资决定机制落地,清退省属金融企业负责人超发薪酬1619万元。加强劳动合同和集体合同备案管理,全省企业劳动合同签订率达到93.5%,企业集体合同覆盖率达到85%。完成厂办大集体,处僵治困、事业单位转企等改革中的人员分流安置、劳动关系处理及社保转移接续等工作,出台国有企业下岗人员到民营企业就业社保转移接续办法,审核批复222户省属企业的厂办大集体改革职工安置方案,完成省直18户生产经营类事业单位转企改革职工安置工作,劳动关系保持总体和谐稳定。加强政府、工会和企联三方机制建设,全国模范劳动关系和谐企业巡回演讲活动首站在山西省举办,推荐太钢集团炼钢工陈光同志在全国总工会大讲堂等地进行巡回演讲。积极做好调解,仲裁和信访接待工作,启用"互联网+调解"服务平台,全省立案受理劳动人事争议案件8886件,审结8765件,仲裁结案率98.64%,定纷止争效能不断提升。强力推进根治欠薪攻坚行动,山西省在全国农民工工作暨保障农民工工资支付电视电话会议上做了典型经验发言,根治农民工欠薪工作位列全国第一方阵、排名A级第5名,欠薪案件数、涉及人数、金额同比分别下降82%、87%、85%,农民工获得感、安全感显著增强。

(六)人社扶贫工作扎实推进。深入实施培训就业扶贫行动,组织开展技能脱贫技校行动,全省转移农村贫困劳动力10.1万人,完成全年任务126%。支持劳务品牌建设,"山西省打造天镇保姆品牌脱贫致富"事例入选国家人社部"2019年人社扶贫典型事例"。建档立卡贫困人口城乡居民养老保险参保率和待遇发放率达到100%。推进"扶贫车间"参加工伤保险,惠及62户企业5601人。动员组织医疗、林业、农业等方面专家助力脱贫攻坚工作。连续9年对口帮扶五台县东雷乡,形成了以驻村干部为中心、全厅上下广泛参与的"大扶贫"格局。

(七)行风建设不断加强。全面深化"放管服效"改革,梳理编制11项行政审批事项、157项公共服务事项办事指南并向社会公布。开展系统行风建设突出问题专项整治。开展证明事项告知承诺制试点工作,6项社保经办和12项人事考试受益人数分别达到1.05万人和23.5万人。开展全省人社窗口单位练兵比武、就业和社保领域政务公开、养老保险"看得懂算得清"政策解读活动,加强人社窗口单位经办队伍建设,人社领域行风建设得到明显加强。

(陈秀丽)

附:省人力资源和社会保障厅党组书记、成员名单

书　记:卢建明

成　员:李广禄　贺德孝　吴海亮
师广卫(10月任职)

省自然资源厅党组

党组书记　周建春

2019年是自然资源系统机构改革后的开基立业之年,也是建机制、明责任、打基础、促融合的开篇布局之年。全系统坚持以习近平新时代中国特色社会主义思想为指导,全面贯彻党的十九大和十九届二中、三中、四中全会精神,深入学习贯彻习近平总书记"三篇光辉文献"精神,聚焦"示范区""排头兵""新高地"三大目标,紧紧围绕"两统一"职责,各项任务推进顺利,发展指标态势良好,全省自然资源事业开启了新的时代征程、形成了新的发展局面。

一、加强党的建设

旗帜鲜明加强党的政治建设,制定完善厅党组加强党的政治建设工作举措、厅党组工作规则等制度,严格党内政治生活,全面加强基层党组织规范化建设。坚持党组会理论学习第一议题机制,集中学习32次,第一时间传达学习习近平总书记重要讲话指示批示精神和中央、省委省政府重大决策部署。扎实开展"不忘初心、牢记使命"主题教育,建立经常性检视问题工作制度,开展"三服务"解决问题63个,领导班子整改问题32个,聚焦"8+5"专项整治建立长效机制13条。组织庆祝新中国成立70周年系列活动,部署"改革创新、奋发有为"大讨论,开展弘扬"右玉精神"等理想信念教育。认真履行管党治党主体责任,完善常态化监督检查机制,部署能源领域反腐败专项行动,推动中央八项规定精神落地生根。严格监督执纪问责,运用"四种形态"处理处分干部28人,始终保持反腐高压态势。

二、保障转型发展

争取新增建设用地计划指标10.95万亩，是2018年的2.63倍，批准用地14.3万亩(国务院批准3.6万亩，省政府批准10.7万亩)，供应用地19.6万亩，其中工矿仓储用地供地4.9万亩，同比增长57.1%。调整18个县乡级土地利用总体规划，为转型项目落地提供规划保障。优化批供流程、开辟“绿色通道”，保障了大张高铁、大西高铁等重大项目用地。全力服务开发区设立及建设项目用地，省级以上开发区批准用地3.05万亩，同比增长1.3倍，供应土地3.8万亩。强化精准脱贫举措，贫困县增减挂钩节余指标交易3.31万亩，金额59.29亿元，是年初下达交易任务的2.21倍。2017年至2019年底，全省贫困县易地交易收益突破百亿元，达106.32亿元。开展清理“批而未用”土地专项行动，“批而未供”土地消化8.55万亩，闲置土地处置3.64万亩，年度任务完成率分别为113.68%、204.74%。强化节约集约用地考核评价，推进城镇低效用地再开发，规范采矿用地方式改革试点工作，稳步推进地价管理。

三、推进能源革命

加大煤层气管理体制改革力度，起草煤层气勘查开采管理办法草案，制定“三气”综合开发试点方案等配套政策，推进部委托试点向国家综合改革试点迈进。公开出让15个煤层气勘查区块，其中2个区块确认出让收益9.2亿元，首期上缴财政2.76亿元，终结了煤层气矿业权无偿取得历史。批准7宗煤炭矿业权增列煤层气矿业权。调整完善矿业权和建设用地报批涉及的各类保护地核查机制，由“企业到处跑”变为“部门主动查”。精简煤层气审批要件和流程，资料清单压缩至10类93项，审批时限压缩至10个工作日(矿业权新立登记为20个工作日)。在全国率先实施煤层气资源开发利用、矿山地质环境保护与土地复垦“三合一”方案改革。挂牌推进19个煤层气重大项目，持续推动增储上产。加强油气督察工作，公布18个对外合作区块督察结果。2019年煤层气产量71.4亿方，增长26.4%。

四、严格耕地保护

分解下达年度耕地保护责任目标，各级政府层层签订耕地保护目标责任状，落实占补平衡补充耕地8.3万亩，补充粮食产能4285.5万公斤，守住了全省5757万亩耕地保护红线。加强耕地保护监督，对2104个补充耕地项目57.6万亩储备补充耕地进行核查，严把补充耕地数量、质量关。开展永久基本农田划定成果核实整改和储备区建设，全省115个县储备区划定数据成果全部上报自然资源部。对已划定的4891.52万亩永久基本农田实行特殊保护。出台土地指标交易调剂暂行办法，开通交易调剂平台，实现了土地指标公开、有偿交易调剂。

五、创新矿政管理方面

坚持煤炭“减”“优”“绿”，依法关闭过剩产能矿井18座、退出产能1895万吨。彻底解决矿业权与自然保护区、泉域重点保护区重叠问题，截至年底，累计处置矿业权311宗，退出面积1138平方公里。协调推进26座国家先进产能煤矿手续办理，10座已取得采矿许可证。积极推进解决大型国企煤矿矿业权重叠问题，有效解决五台山风景区关闭矿遗留问题。组织6宗煤炭资源公开出让，推进4宗已设采矿权深部资源协议出让。持续深化绿色矿山建设，全省65家矿山企业达到国家绿色矿山建设标准。完成2019年矿业权人勘查开采信息填报和公示任务，勘查项目公示率达100%。

六、生态保护修复

开展京津冀周边及汾渭平原重点城市废弃露天矿山生态修复，涉及7市27县28.59平方公里。推进国家第三批山水林田湖草生态保护修复试点，太原、忻州6个沿汾河的县实施68个项目，总投资83.07亿，治理面积1472.95平方公里，开工项目18个，落实资金23亿，完成投资6.77亿。推动采煤沉陷区综合治理地质环境治理，开展56个矿山地质环境治理项目初步验收，15个重点复垦区土地复垦项目完成竣工验收。统筹推进农村土地综合整治，泽州县等6县8个试点项目综合整治1.28万亩。

七、深化管理改革方面

泽州县“三块地”改革成效明显，完成征收土地13宗269.29亩，集体经营性建设用地入市38宗1299亩，退出宅基地2546户，复垦土地1669.4亩，形成“山西经验”，为《土地管理法》修订提供了重要参考依据。以“多规合一”为基础，规划用地“多审合一”“多证合一”走在全国前列。完善工业用地弹性出让制度，出让土地13宗、面积361亩，“标准地”改革步入全国先进，建设用地二级市场制度不断完善，行政审批时限大幅压减，自然资源资产产权制度、建设项目压覆重要矿产资源承诺制改革、推行区域地质灾害危险性评估成效明显。办理不动产登记证书54.5万本(不含农村)，同比增长22.2%，颁发证明36.3万本，同比增长47.6%，完成存量数据整合，实施统一标准流程，推进“一窗受理、并行办理”，解决历史遗留问题，提前完成压缩时限目标，先进地区进入全国第一梯队，数据汇交登记稳居第一方阵，朔州市“房证同交”模式领跑全国。

八、提升治理能力

经过3轮省级核查，全省117个县级调查成果全部上报，数据准确率高于全国平均水平。统筹推进省市县三级国土空间规划编制工作，出台山西省建立国土空间规划体系并监督实施意见，初步完成省级规划文本编制，建立“一张图”信息平台，同步展开村庄规划摸底调查，基本形成盐湖区域保护与发展规划。积极推进自然资源标准化工作，省卫星应用中心开建运行。启动运行卫片执法防灾减灾信息系统，及时发现并处置违法用地、非法采矿、侵占损害林地行为以及地质灾害、森林防火等灾险情。全省国有土地使用权出让、新增建设用地有偿使用费、矿业权出让收益1282.19亿元，同比增长32.12%。

九、地勘地灾防治

全省11市、117县均建立地质灾害防治技术支撑体系，确定全省9大重点防治区域，部署以高陡边坡为重点的地质灾害隐患排查专项行动，排查出隐患点10927处，其中高陡边坡4895处，威胁人口36万、财产118亿。稳步推进4000户农村地质灾害治理搬迁和综合治理，消除高陡边坡隐患150处。大力实施公益性地质找矿和地质调查，使用2019年度省级地质勘查专项资金，立项49个，270个正在实施的项目已有94个完成勘查作业，可提交各类矿产地20个，预计铝土矿超2亿吨、铁矿石超10亿吨、煤炭约24亿吨，其中，孝义铝土矿单矿体达1.7亿吨，属特大型；大同石墨矿超5500万吨，属超大型。完成了对山西综改示范区潇河产业园区全范围城市地质调查工作。

十、测绘地理信息

启动“十四五”基础测绘规划编制，推进省级基础测绘更新和地理信息数据库建设，推动省级卫星导航定位基准站网和全省航空航天遥感影像统筹利用工作，实施测绘项目登记、测绘行业综合统计，加强测绘信用信息和测绘质量管理，开展不动产测绘专项成果质量监督抽查，举办测绘地理信息技能大赛，测绘地理信息行业管理有序。在全国率先完成地理信息资源目录服务系统市级子站建设，“天地图·山西”公共服务平台建设及应用综合评估为五星，发布山西省系列标准地图，有效开展应急测绘，测绘法宣传日暨国家版图意识宣传周活动获优秀组织单位称号，地理信息管理水平和服务保障能力不断提升。

十一、加强执法监察

强力推进北京督察局例行督察发现问题整改工作，配合开展山西省2019年耕地保护专项督察工作。组织全省自然资源重大工程项目督察，实施“月报告、周统计”和“双通报”机制，开展大棚房问题清理整治、打击非法违法用地用矿、违建别墅问题清查整治和扫黑除恶专项斗争，排查大棚房问题7893个，违法违规占用耕地4486.97亩；排查违法用地问题1426个、查处整改1368个，非法采矿问题591个、查处整改571个；排查认定违建别墅109处、处置到位106处，处置率全国领先；摸排扫黑除恶问题线索1292条、移交332条，出具认定结果107件，作为唯一先进单位在全省作了经验介绍。严格卫片执法监察，约谈7市29县，依法依规处理夏县违法占地、晋中百草坡违法批地、原平利泽矿业公司非法采矿等案件。

十二、林草资源保护

大力实施“两山”工程，积极创新“八大机制”，完成造林521.04万亩，超额完成年度任务目标。严格保护林草资源，推进经济林发展条例、禁牧休牧条例立法进程，完成历山自然保护区混沟森林科考行动，启动天然林保护修复规划和实施方案编制，展开269处自然保护地的矢量化落界，成功处置沁源“3.14”“3.29”森林火灾。扎实推进生态扶贫“五大项目”，打造“党支部＋生态扶贫”主心骨，带动53.1万贫困人口增收10.3亿元。稳步发展生态产业，新增干果特色经济林103.7万亩，总产量24.32亿公斤，较往年增产近4亿公斤。依托种苗花卉产业，2019年北京世界园艺博览会上荣获487个奖项，其中室内展区和室外展园双获金奖。

（王正宇）

附：省自然资源厅党组书记、副书记、成员名单

书　记：周建春

副书记：任建中

成　员：田永明　武耀文　袁同锁　张云龙

省生态环境厅党组

党组书记　潘贤掌

2019年，省生态环境厅党组坚持以习近平新时代中国特色社会主义思想为指引，在省委的坚强领导下，全省生态环境系统层层压实管党治党主体责任，从严要求、强化担当、强势推进，全面从严治党工作取得新成绩。

一、扎实开展“不忘初心、牢记使命”主题教育

印发《工作方案》，编印10万余字的《主题教育资料汇编》，召开了高质量的民主生活会。坚持上下联动，扎实推进8+1专项整治，分别制定整治工作方案，并把持续做好中央环保督察整改、开展违法排污大整治“百日清零”专项行动和省级环保督察作为重要抓手，推动全系统主题教育走深走实、见底见效。截至年底，《继续做好生态环保问题整改落实清单》中涉及的37项整改任务已完成8项，其余按序时进度推进；修改完善执法、督察、监测等方面的制度12项。厅机关党委牵头软弱涣散基层党组织专项整治工作，认真排查相关

情况。认真紧抓各支部(总支)主题教育,将其与厅党组层面主题教育工作一体推进、一体落实:抓支部培训,印发《2019年生态环境厅党支部书记、纪委委员培训实施方案》,举办3期支部书记培训班,共轮训154人次;抓个人自学,印发《2019年党组中心组和干部理论学习安排意见》,并检查支部记录本和党员理论学习笔记本;抓集体学习交流,主题教育期间6名厅党组成员均讲了党课,举办3次集体学习和2次学用交流会,12名厅领导和7名处级干部进行了交流研讨;召开找差距专题会,厅党组和46个支部(总支)均召开了对照党章党规找差距专题会,逐条逐项对照查摆问题,并结合工作实际作出承诺;认真组织开展志愿服务,其中,省环境保护技术评估中心支部发挥自身优势,深入企业查资料、看现场、召开技术交流对接会等,积极组织省内专家团队进行前期项目环评技术指导;社团联合支部深入太原双塔一社区宣传垃圾分类科普知识,为群众答疑解惑;厅党组和46个支部(总支)均召开了专题组织生活会并民主评议党员,优秀率为27.2%。

二、以超常规力度推动生态环境保护提质加速

一是向结构开刀,生态环境促进经济高质量迈出新步伐。牢固树立"抓环保就是抓高质量发展"的理念,响亮提出"向结构开刀",出台生态环境保护促进经济高质量发展"20条措施",聚焦产业、能源、运输和用地四大结构突出矛盾,全方位运用环保手段,引导产业合理布局,推进产业转型升级,倒逼落后产能退出。制定《山西省生态环境厅审批环境影响评价文件的建设项目目录(2019年本)》,优化焦化、钢铁、化工、有色金属冶炼、洗煤等五类重污染项目环评审批权限,从源头上严格管控环境风险项目。高标准开展"三线一单"编制工作。二是坚决摁住重污染天气,大气环境质量逆势反转。以大幅减少重污染天气为主攻方向,以明显降低PM2.5浓度为重点,创新建立太原及周边区域(1+30)大气污染联防联控机制,整合资源、抱团应对、协同减排,打造区域联防联控"山西样板"。进入秋冬季后,成立大气攻坚指挥部,切实加强形势研判和预报预警,下达重污染天气调度令13次,组织开展11市定点帮扶和万名环保干部入企服务活动。2019年,全省环境质量综合指数由1月份的同比上升20.2%,改善到全年的下降0.7%;PM2.5平均浓度由1月份的同比上升30.9%,改善到全年的下降2%,好于京津冀及周边地区平均水平。8月份达到25微克/立方米,创近年来历史最好水平,"二青蓝"成为山西省的靓丽名片。临汾市环境空气质量综合指数在全国168个重点城市排名中退出倒数第一,前进4位。三是全力突破关键断面,重点流域水环境质量明显改善。仅用两个月时间,提前完成71座跨界水质自动监测站建设,彻底解决了同一流域市县水污染防治责任不清的问题。强力推进148项水污染防治重点工程,开工率达98.7%,完工率达90.5%.对汾河庙前村、温南社和涑水河张留庄等水质改善难度大的断面"一断面一方案",全省58个国考断面中,劣V类断面同比减少4个,庙前村断面稳定退出劣V类,实现"一泓清水入黄河"。四是强力推进"百日清零",违法排污现象整肃一新。7月开始,在全省深入开展违法排污大整治"百日清零"专项行动,省市县三级围绕中央生态环保督察及"回头看"整改等10个方面重点内容,雷霆出击、整体作战,以势如破竹之势向违法排污行为发起凌厉攻击,累计检查污染源2.2万个,督办问题5300余个,整改完成5294个,"清零率"达到98.71%."百日清零"真刀真枪解决了一大批突出生态环境问题,严肃查处了一批典型生态环境违法案件,得到了省委、省政府、生态环境部的高度肯定和人民群众的广泛好评,成为省生态环境治理的响亮品牌。五是扎实推进中央生态环保督察及督察"回头看"问题整改。把整改工作作为一项重大政治任务,牵头制定整改方案,积极推动省委将反馈问题整改纳入"8+5"专项整治内容,固化落实"332"领办机制。截至2019年底,中央生态环保督察60项整改任务,已完成48项,"回头看"38项整改任务,已完成27项;约谈304人,问责1495人。自遍加压开展省级生态环保专项督察,9月,在全省开展为期20天的省级生态环保专项督察,发现问题1100个,转办问题568件,罚款2200余万元,移送公安机关13件,移交责任追究问题线索12件。灵活机动实施定点督察,先后对大同、朔州、忻州秋冬季空气质量部分指标不降反升,河津市、清徐县、交城县生态环境质量问题突出,以及介休市、汾阳市、孝义市短期二氧化硫飙升等重点难点问题,组织开展定点督察,收到了良好效果。

三、深入推进全面从严治党工作

印发《省生态环境厅2019年全面从严治党工作要点》,修改完善《全面从严治党主体责任书》。修订完善《厅党组工作规则》,突出强调议事规则和决策程序的合理合规,凡属"三重一大"事项都由班子集体研究决定,充分发挥领导班子整体合力。严格执行"三会一课"、党费收缴使用管理等各项组织生活制度。扎实开展主题党日活动,在牛驼寨太原解放纪念馆开展革命传统教育;开展纪念建党98周年暨"七一"重温入党誓词主题党日活动和走访慰问老党员和困难党员,并送去慰问金,召开部分老干部座谈会,通报省厅今年以来的工作情况;举办庆祝新中国成立70周年"我和我的祖国"合唱快闪活动;先后组织百余名党员干部职工集体观看电影《大会师》《永远在路上》警示教育片等。

四、继续做好"三基建设"各项工作

制定印发《"三基建设"2019年度重点工作任务清单》,及时向相关处室印发提醒卡,提示近期需完成的重点工作,并督促落实。对照机构改革确定的新职能,系统全面梳理基础工作,补充完善基础资料,建立健全制度机制,加强信息化建设,修订完善"一目录三手册",努力实现基础工作标准化、科学化、制度化、信息化。出台厅《工作规则》,对全厅工作进行了全面梳理和规范。出台《加强机关效能建设的实施办法》《效能建设综合考核评估办法》《山西省生态环境厅关于印发〈效能建设八项制度〉的通知》《效能建设整改方案》。进一步

准确科学、客观评价全省队伍专业能力,促进队伍综合素质和业务能力的整体提升。制定年度干部职工培训计划,全年通过专题培训、以会代训、专题研讨等形式举办各类培训 41 班次,共计培训省、市、县三级 5278 人次。

五、认真落实管党治党责任

一是切实承担“一岗双责”责任。不断强化有权必有责、有责必担当的意识,从修身、用权、律己等方面“练好内功”。机关党委每季度听取一次分管处室和单位全面从严治党工作汇报,年底向党组书记书面汇报一次分管领域全面从严治党工作,切实把“一岗双责”抓在手中、扛在肩上、落到实处。二是用制度压实基层党组织的主体责任。制定印发《省生态环境厅全面从严治党责任清单》,科学划定党组书记、班子成员、处室(直属单位)主要负责人之间的责任界限。修订完善《落实党风廉政建设主体责任实施办法》,建立上下有机互动的责任传导机制,压紧压实各级党组织的管党治党政治责任,一级做给一级看,一级带着一级干,确保主体责任真上肩,压力传导真到位,工作措施真落地。在全省违法排污大整治“百日清零”、省级生态环境保护督察等各类重大专项行动中,在每个督察组建立临时党支部,党员主动签订纪律承诺书,努力营造高效廉洁的工作局面,确保专项行动与全面从严治党工作互促互进。三是激励干部队伍担当作为。牢固树立“凭实绩用人、为发展选人”的鲜明导向,大力提拔重用忠诚干净担当的干部,在主题教育中印发《关于专项整治“干事创业精气神不够,患得患失,不担当不作为的问题”的通知》,梳理出 4 类 23 项问题并明确整治工作安排。“七一”对 5 个好支部、10 名好书记、30 名好党员进行了表彰。积极营造干事创业的氛围,用不到 2 个月时间高标准提前完成全省跨县断面水质自动监测站建设任务、按时完成省和 11 个市监测中心挂牌、组建 4 个区域(流域)监察办公室,进一步优化机构和人员配置。

(齐晓江)

附:省生态环境厅党组书记、成员名单

书　记:董一兵(3 月离职)　潘贤掌(4 月任职)

成　员:刘　军　李　方(9 月离职)　王学东
刘大山　张继平　张文伟(10 月任职)

省住房和城乡建设厅党组

党组书记　王立业

2019 年,山西省住建系统在习近平新时代中国特色社会主义思想指引下,在省委、省政府的坚强领导下,在住建部的有力指导下,紧紧围绕“三大目标”,找准定位、突出重点、狠抓落实,圆满完成了各项任务。

一、全面从严治党

(一)加强党的政治建设。深入学习习近平新时代中国特色社会主义思想,不断增强“四个意识”、坚定“四个自信”、做到“两个维护”。建立了“一事一台账”工作制度,同步建立省委、省政府和住建部重点工作台账,跟踪督办、及时反馈,形成闭环、确保落实。坚持正确的选人用人导向,认真执行重大工作和问题请示报告制度。定期研判住建领域意识形态工作,配合做好宗教活动场所违建专项整治。全力打好住建领域“四个重点”攻坚战,交办 74 件重点信访事项全部办结,化解 71 件,化解率 96%。

(二)扎实开展“不忘初心、牢记使命”主题教育。认真贯彻落实“守初心、担使命、找差距、抓落实”十二字总要求,将学习教育、调查研究、检视问题、整改落实贯穿主题教育全过程。厅党组以上率下,系统学习习近平新时代中国特色社会主义思想,全年开展中心组学习研讨 30 次,班子成员讲党课 8 次。聚焦脱贫攻坚、城市生活垃圾分类等住建领域的堵点、难点、痛点,深入基层开展大调研,多方位查找问题,撰写 9 个专题调研报告,制定 5 方面清单。坚持上下联动,合力抓好住房租赁中介机构乱象、农村危房改造、景观亮化工程过度化等 11 个专项整治,开展公积金办理“三服务”活动,认真扎实做好整改落实,出台 19 项党建和业务工作制度。

(三)推进法治政府建设。认真开展“七五”普法,着力提高立法质量,全面推行行政执法“三项制度”,立法数量和普法工作位居全国同行业和省直部门前列,省住房和城乡建设厅被全国普法办通报表彰为“七五”普法中期先进集体,在全省首届国家机关“谁执法谁普法”履职报告评议中获优秀等次。

(四)扫黑除恶专项斗争成效明显。全年共移交涉黑涉恶线索 106 件,配合公安机关办案 23 件,通报典型案例 9 件,整治建筑工程领域层层转包违法分包、住房租赁“黑中介”等行业乱点 143 处,出台完善监管制度 11 项,扫黑除恶成效明显,省住房和城乡建设厅被表彰为“2019 年度全国扫黑除恶专项斗争先进单位”。

二、房地产业

(一)房地产市场运行。2019年,山西省完成房地产开发投资1656.5亿元,同比增长20.3%;房屋施工面积1.95亿平方米,同比增长15.3%;房屋新开工面积4879.1万平方米,同比增长26%;房屋竣工面积2739.2万平方米,同比增长94.6%;商品房销售面积2366.1万平方米,同比增长0.2%。

(二)规范和发展住房租赁市场。一是培育租赁市场主体,拓展房源筹集渠道,全省新增专营或兼营住房租赁业务的企业83个,开展新建和改建租赁住房试点项目37个。二是加强住房租赁市场监管和服务,与省建行协作完善住房租赁综合服务平台,新增租赁房源3万套。集中开展住房租赁中介机构专项整治,分两次通报各市专项整治工作情况。

(三)加快解决房屋交易历史遗留问题。召开全省现场会,学习大同经验,先后开展3次专题调研,形成《全省国有土地上房屋交易历史遗留问题专题调研报告》;起草《关于加快解决国有建设用地上房屋交易和不动产登记历史遗留问题的意见(代拟稿)》,12月27日经省政府第53次常务会议审议通过。

(四)促进房地产业高质量发展。一是加快推进住宅全装修工作。加快发展全装修住宅,提高全装修住宅覆盖率。据调研摸底,截至年底,山西省新建商品住房全装修覆盖率比年初提高了5.4个百分点。二是完善房地产项目库,实施分级调度,重点推进挂牌房地产项目建设。

三、住房保障

(一)保障性安居工程。2019年,全省棚户区住房改造开工4.76万套,占年度任务的146.1%;棚户区住房改造建成11.2万套,占年度任务的166.8%;城镇保障性安居工程投资413.4亿元,占年度任务的133.8%;城镇住房保障家庭租赁补贴发放7.54万户,占年度任务的109.6%,均超额完成年度目标任务。

(二)棚改资金筹集。配合省财政厅、发改委下达城镇保障性安居工程中央财政专项资金8.88亿元、城镇保障性安居工程配套基础设施建设中央预算内投资7亿元、城市棚户区住房改造省级补助资金9705.3万元、城镇住房保障家庭租赁补贴省级补助资金3000万元,发行棚改专项债券92.045亿元。协调省财政厅按照当前录入债务金额全额保障贷款本金发放的原则,有效保障棚改专项贷款发放,截至12月底,全省累计发放贷款1202.91亿元(其中年度发放149.72亿元),占累计授信1704.85亿元的70.6%。

四、住房公积金管理

(一)数据互联共享平台。山西省住房公积金数据互联共享平台如期建成,为省内实现跨中心、跨区域业务协作奠定坚实基础;公积金“马上办、网上办、就近办、一次办一周7天24小时办”等便民服务改革,深得住建部“住房公积金信息共享课题研究项目组”认可,向全国提供了可复制推广借鉴的做法。

(二)公积金缴存与发放。2019年,山西省住房公积金缴存412.24亿元,同比增长7.61%,提取额231.99亿元,同比增长12.74%,发放个人住房贷款269.78亿元,同比增长26.03%。截至12月底,山西省公积金缴存总额3160.70亿元,提取总额1892.00亿元,累计发放个人住房贷款总额1459.61亿元。

五、改善城乡人居环境

(一)城市基础设施建设。启动了新一轮改善城市人居环境工作。市政公用基础设施建设投资超额完成年度任务,新建改造城市道路923公里、各类市政管网4870公里,新增绿化面积1958万平方米,城市综合承载力进一步增强。

(二)提升城市品质。实施“两下两进两拆”专项整治等6大工程,晋中市率先示范,形成了可复制、可推广的经验。太原市完成了总体城市设计和汾河两岸整体重塑设计,其他10个设区市完成了一批重点地段的城市设计、建筑设计,进一步推动了城市品质提升。

(三)城市管理水平。深入推进城市管理执法体制改革,11个设区市全部设立了城市(乡)管理局,所有县(市、区)确定了城市管理主管部门,新型管理体系基本建成。县级数字城管平台覆盖率由28%提高到46%,城市管理信息化水平进一步提升。持续开展执法队伍“强基础、转作风、树形象”专项行动。

(四)乡村风貌。在553个示范村开展风貌整治,灵丘县上沿河村、保德县故城村被住建部列为全国第一批共同缔造精品示范村,灵丘县共同缔造实践经验在全国推广。在沁源等5个县开展农房建设试点,全省首个装配式农房示范村在娄烦县羊圈沟建成。

(五)历史文化保护。国家公布山西省第五批中国传统村落271个,数量居全国第二;完成保护项目45个,启动项目52个,大阳镇、静升镇等10个镇村的功能复兴和活化利用试点取得明显成效。全省公布的历史建筑由上年的755处提高到1726处,居全国第五。

六、建筑市场

(一)建筑业转型升级。多措并举促进建筑业发展,增加值增速超额完成6%的目标任务,产值突破4500亿元。持续保持打击违法违规行为高压态势,查处问题项目255个,注销企业资质338家,分别是上年的2.4倍和3.4倍。加快数字政府建设,搭建“智慧建筑”平台,建筑业信息化建设迈入全国第一方阵。

(二)提高建筑节能和科技水平推进住建领域能源革命,绿色建筑占城镇新建建筑面积比例达到58.3%,新建建筑可再生能源应用比例达到65.3%,超额完成年度任务。首批装配式建筑示范项目相继建成,建筑产业化进程进一步加快。登记建设科技成果90项,26项获省(部)科学技术奖。

（三）标准定额。深入推进国家标准化综合改革试点工作，出台综合管廊、绿色建筑等方面的地方标准24项，总量居全国第四；“光纤入户”强制性标准执行率达到97.1%，稳居全国首位。在全国率先推行房屋建筑和市政基础设施工程施工过程结算，为解决工程价款“结算难”问题提供了山西路径；与省高院联合建立了建设工程合同纠纷多元化解机制，切实解决工程纠纷“审判难”问题。

（四）建筑工程质量管控。在全国率先取消中介机构施工图审查环节，实行质量承诺制、重要工程专家论证制、质量终身责任制。编制工程质量手册，推广施工现场实物样板和可视化二维码交底，推动质量管理标准化，全年获鲁班奖3项、国优工程奖8项。8度抗震设防区、重点危险区学校和医院减隔震技术应用实现全覆盖，走在全国前列。开展质量检测机构动态监管，依法取缔89家。平稳承接消防设计审查验收工作，实现顺利过渡。

七、住建领域生态环境保护

（一）城镇生活污水治理。着力加强和规范城镇污水处理厂运行监管，出台《山西省城镇污水处理厂运行监督管理办法》。开展巡回指导，年初的41座污水处理厂严重超标现象全部消除。汾河、桑干河流域69座城镇污水处理厂三项主要污染物指标全部达到地表水V类标准，11座城镇生活污水处理厂完成扩容。设区城市75条黑臭水体全部消除，提前完成国家目标任务。稳步推进重点镇污水处理设施建设，39个重点镇污水处理设施建设完成，具备污水处理能力的建制镇新增40个。

（二）城乡生活垃圾处理。强化生活垃圾分类终端处置设施建设，新建成城市生活垃圾焚烧发电项目3个，日处理能力新增5100吨，设市城市生活垃圾焚烧比例达到55%，提前完成“十三五”50%的目标任务；新建成餐厨垃圾处理项目2个，日处理能力新增150吨。起草《山西省城市生活垃圾分类管理规定》，指导太原市开展试点，取得初步成效。加快推进农村生活垃圾治理，107个县（市、区）（不含10个深度贫困县）基本建成农村生活垃圾收运体系，覆盖行政村比例达到80%；非正规垃圾堆放点整治销号8815处；推行农村生活垃圾“四分法”，在21个县、1213个行政村开展试点。

（三）施工扬尘治理。全面压实政府和建设、施工、监理等单位“1+N”主体责任和岗位责任，将企业落实“六个百分之百”治理措施情况纳入评优评先和建筑市场信用评价体系。山西省住房和城乡建设厅开展执法检查7次，检查在建项目753个，通报58个、挂牌督办37个，并对11个市级主管部门进行了工作约谈。建成“智慧工地”扬尘治理信息监管平台，2700余个在建项目实现在线监测和视频监控，施工扬尘污染得到有效管控。

八、脱贫攻坚

集中资金和技术力量支持深度贫困地区危房应改尽改，在全国率先对所有贫困县危改工作开展第三方评估，6.9万户“静态清零”任务全面完成，1.4万户新增危房得到“动态保障”。扎实开展驻村帮扶工作，厅党组为每村梯次配置处级、科级、普通干部各一名，多措并举支持脱贫攻坚，帮扶的8个村全部通过省考核验收。

九、行政审批

（一）工程建设项目审批制度改革。落实“四统一”改革举措，在全国率先建成工程建设项目审批管理系统，实现了“两级建设、三级应用”；推进与政务一体化平台、投资项目在线审批监管平台融合，在全国率先实现工程建设项目全流程、全覆盖线上办理；构建山西省工程建设项目审批管理新体系。

（二）提高审批服务便民化水平。推进证照分离改革，精简审批事项、简化申报材料、优化审批流程，开展建筑业企业承诺制审批，推行网上办理不见面审批，审批服务效能进一步提升。建成全省公积金数据互联共享平台并启动运行，“业务办理无纸化”和“最多贷款跑一次”走在全国前列，广东、北京等70余省市前来观摩交流。

（米玉婷）

附：省住房城乡建设厅党组书记、成员名单

书　记：王立业

成　员：郭燕平（3月，因涉嫌严重违纪违法，接受纪律审查和监察调查；8月，被给予开除党籍、开除公职处分）

张学锋　翟顺河　王淑敏　程永平

省交通运输厅党组

党组书记　闫晨曦

2019年，全省交通运输系统坚持稳中求进工作总基调，坚决贯彻中央决策部署，认真落实省委省政府和交通运输部工作要求，圆满完成高速公路省界收费站撤站、旅游公路首批建成路段启用、厅属事业单位改革、一批重大复杂项目开工等急难险重任务，交出满意答卷。

一、交通运输经济稳增长成效明显

一是交通固定资产投资持续加大。全年完成投资545亿元，完成年度目标任务的127%，同比增长17.6%，在建项目总投资规模达到1829亿元。同时,投资方式和结构发生积极变化,一批公路PPP项目落地见效,社会资本投资占比70%以上。二是公路水路民航运输稳中有升。全年公路、水路营业性货运量分别完成12.8亿吨和23.86万吨,同比增长1.4%和3.1%;民航货邮运输量完成6.7万吨,同比增长9.6%;公路、水路营业性客运量分别完成1.4亿人次和142万人次,虽然同比下降10.9%和11.5%,但充分发挥了兜底保障作用;民航旅客运输量完成2037.1万人,同比增长10.5%,太原武宿机场吞吐量突破1400万人次。三是车辆通行费收入基本平稳。在积极落实降税减费政策和大幅度撤销普通国省干线公路到期收费站的情况下,全省累计收取车辆通行费226.09亿元,保持稳定向好的基本面。

二、综合交通运输网络加快构建

一是交通强国建设工作扎实开展。全面部署全省交通强国建设推进工作,组织申报并成功入列全国第二批交通强国建设试点。二是高速公路建设稳步推进。新开工黎城至霍州、太原西北二环等6个项目,建成右玉至平鲁、阳城至蟒河2个项目。新增通车里程106公里,总里程达到5711公里。打通1个出省口,规划的33个出省口已建成27个。三是普通国省干线公路升级改造加快实施。新开工和续建项目37个,国道209线杨家营至堡子湾改建工程等10个项目完工,累计完成新改建及路面改造329公里。PPP模式路面改造工程开工建设。隧道提质升级做法受到交通运输部充分肯定,全国公路隧道提质升级专项行动现场调研活动在省内成功举办。四是"四好农村路"和三大板块旅游公路建设深入推进。新改建农村公路2.45万公里,占到全国新改建里程的1/12。全省所有具备条件的建制村实现通硬化路。省政府在沁水县召开现场推进会,省委书记楼阳生作出"进度快于预期、质量优于预期、效果好于预期"的高度评价。五是民航机场加快发展。太原、运城、大同、长治、临汾机场改扩建稳步推进,晋城、朔州机场已获场址批复,芮城、阳城通用机场开工建设,原平、河曲、武乡、沁源、平遥、盂县等通用机场加快前期工作。六是综合交通枢纽有序实施。全省第一个综合客运枢纽太原客运东南站主体工程完工,大同综合客运枢纽基本完工,阳泉、长治、晋城等综合客运枢纽站场项目加快推进。七是水运基础设施进一步完善。忻州偏关黄河万家寨客运码头基本建成,东寨等"十三五"规划的22个渡口码头改造工程已完成15个。

三、三大攻坚战取得重大阶段性成果

一是债务风险防范取得重大进展。积极协助山西交控集团推进《山西省高速公路债务风险化解方案》落实,交控集团与国开行签订的2607亿元银团贷款已全部投放到位,以省厅为承贷主体的高速公路债务置换和主体变更工作全面完成,全省高速公路政府债务风险基本化解。二是交通精准扶贫成效显著。以10个深度贫困县和年度退贫摘帽县为重点,加大资金补助力度,全年共安排贫困县"四好农村路"建设补助资金19亿元,占全省70%。全省贫困地区完成"四好农村路"新改建1.31万公里,完成投资111亿元,交通扶贫富民的基础进一步夯实。持续巩固天镇县玉泉镇6个贫困村专项帮扶和大宁县"一县一策"扶贫成效,两县已实现脱贫摘帽。三是交通运输污染防治全面巩固。通过制定落实治理方案、联合监管执法、实施绕城公路改线和环境保护课题研究等举措,实现交通运输污染治理的精准管控和常态治理。全力推动中央环保督察"回头看"及大气污染防治专项督察反馈意见整改工作,实施道路扬尘污染综合治理,推动路域环境综合整治,助推环境空气质量进一步改善。开展机动车排放污染维修治理站建设工作,全省尾气检测及维修信息管理系统平台及第一批132个维修站建成并实现数据互通。落实河湖长制工作要求,推进"一河一策"工作任务落实,进一步加强了河湖航道的治理保护。

四、交通运输供给侧结构性改革不断深入

一是推进物流业降本增效。继续深化高速公路差异化收费政策,全年优惠通行费14.49亿元,同比增长12.13%,惠及货车4035.74万辆次,占全省货车总量次的36.4%。二是调整优化运输产业结构。出台《山西省推进运输结构调整实施方案》。2019年,全省铁路货物运输总量完成9.13亿吨,同比增加6054万吨,增长7.1%,多式联运、甩挂运输等先进运输组织方式呈现良好发展势头。省厅两次在全国专项会议上作了经验介绍。三是拓宽互联互通空间。推进民航航线开通工作,全省累计开通国际及地区航线23条。助推中欧铁路班列市场化开行,开拓至明斯克、塔什干、杜伊斯堡等物流通道,覆盖9国22城市,已开行中欧中亚班列167列,节约运输时间50–67%。四是进一步优化营商环境。继续深化"放管服效"改革,再次取消行政审批1项、下放6项。政务服务窗口全年办理审批事项10.16万件,全部按时办结,进驻省政务服务大厅的审批事项可网办率达100%,全年全程网上共办理73667件,占比达到72.7%。组织开展大件运输许可大走访和入企服务活动,保障太重集团特大重产品顺利安全运输,央视《新闻联播》进行专门报道。五是推进城乡区域交通运输一体化。实施公交优先发展战略,全省新增更新公交车1904辆,公交专用道总长度达到398公里,11个设区市城市公交车全部实现交通"一卡通"。

五、取消高速公路省界收费站工作圆满完成

一是工程建设全面完工。共建设861套门架系统,改造1135条ETC车道、306处治超系统,拆除23处省界收费站并进行正线改造。二是ETC推广发行目标超额完成。多方协同联动,大力宣传推广ETC,全省新增发行364.24万户,累计完成560.74万户,超额完成交通运输部下达的发行任务。三是有序推进收费政策调整。高速公路车辆通行费收费标准调整和清理规范地方性车辆通行费减免政策经省政府批准并执行。

六、厅属事业单位改革和综合行政执法改革全面实施

一是推动事业单位改革。推动省委编委审议通过《厅属事业单位改革实施意见》,6个新组建事业单位挂牌成立,8个事业单位重构,厅属处级以上事业单位从65个减少为31个,厅直事业单位由18个减少为9个,瘦身健身效果明显。二是加强综合执法改革。在全国率先出台《关于深化交通运输综合行政执法改革的实施意见》,交通运输部对山西省做法给予充分肯定。省级层面,推动省委编委审议通过《关于组建省高速公路综合行政执法队伍的意见》,并正式报请中央编办审批,实行高速公路综合执法省以下垂直管理体制;市县层面,将普通国省干线公路路政和工程质量安全监督执法职责及相关编制和人员划转市县交通运输综合行政执法机构,市、县交通运输综合行政执法机构已全部挂牌。

七、行业治理能力和治理水平进一步提升

一是法治政府部门建设不断深化。落实党政主要负责人履行推进法治建设第一责任人职责,明确工作清单18项。修订地方性法规和政府规章4项,完成合法性审查的重大行政决策34件,完成规范性文件合法性和公平竞争审核20件,办理行政复议案件131件、行政应诉和民事应诉8件,重大行政决策程序、规范性文件制定、依法行政复议和应诉更加规范化、制度化。二是社会治安综合治理得到加强。深入开展“平安交通”创建活动,积极开展扫黑除恶专项斗争、反恐维稳、“扫黄打非”、禁毒等工作,共向省委政法委移送涉黑涉恶线索200条。稳步推进重点治乱,有效整治5218个乱点。春运、全国两会、“二青会”、70周年国庆期间,全系统保持和谐稳定。三是网约车行业规范有序发展。进一步规范流程,优化服务。联合网信等相关部门推动建立网约车事中事后联合监管工作机制,全省有7个设区市开展网约车运输证许可工作,9个设区市开展网约车驾驶员证许可工作,网约车合规化进程不断加快。四是高速公路沿线广告设施清理全面完成。将全省高速公路沿线5105处广告设施全部清理完毕,进一步优化路域环境。五是民生实事高效落实。建制村通客车取得重大进展,全省新增通客车建制村818个,完成年度目标的164%,建制村通客车率达99.4%,晋中、运城、大同、朔州、晋城5市提前实现“全覆盖”。道路普通货运车辆实现全省范围内异地网上年审。汽车维修电子健康档案系统实现省级系统全覆盖和部省系统数据互联互通。“司机之家”和船员“口袋工程”按计划完成。“12328”综合服务水平保持在全国前列。

八、智慧绿色交通进一步发展

稳步推进信息化建设,公路建设智慧监管平台上线试运行。加强绿色公路建设,持续推进道路运输节能减排,不断提升科技创新能力,深入开展品质工程攻关行动。

九、交通运输安全生产形势保持稳定

一是强化责任落实。深入开展高速公路风险较高路段排查整治、团雾多发路段排查整治、隧道提质升级、桥梁安全防护能力提升、长陡坡安全通行能力提升等一系列安全生产专项整治行动,全系统累计排查各类安全隐患8285项,已整改8081项,整改率97.54%。二是推进科技兴安。强力推进全省“两客一危”重点营运车辆智能视频监控报警系统安装工作,超额完成省政府下达的安装任务;扎实推进农村公路平交路口“一灯一带”建设工作,最大限度减少平交路口安全事故,新增平交路口减速带1390个,超额完成年度目标任务;坚定“抓治超就是抓安全”的理念,推动路警联合执法,加强源头监管,超限超载率始终控制在0.2%以内,继续保持全国领先地位。民航方面,构建起全省机场净空和电磁环境保护综合管理体系,进一步提升民航安全管理水平。水运方面,清理整顿黄河“三无”采砂船舶445艘。三是积极夯实基础。大力开展安全生产宣传教育“七进”活动和“安全生产月”活动,加强应急演练,全系统全年安全生产形势总体平稳。

十、党的建设质量不断提高

厅党组坚定贯彻新时代党建总要求,以高质量党建引领交通运输高质量发展。一是扎实开展“改革创新、奋发有为”大讨论。认真贯彻省委部署要求,以大讨论牵引全年工作开局,聚焦“六个破除”“六个着力”“六个坚持”,开展对标一流,激励干部担当作为,实现首季开门红。二是深入开展“不忘初心、牢记使命”主题教育。全系统发扬斗争精神,把学习教育、调查研究、检视问题、整改落实贯穿始终,高标准完成各项工作,受到中央电视台、山西电视台等多家主流媒体报道。扎实开展中央八个专项整治,落实省委五个专项查改任务,圆满完成省纪委牵头的漠视群众利益专项整治工作,切实以工作成效彰显主题教育实效。三是扎实推进“三基建设”。制定“三基建设”2019年度重点工作任务清单,调整厅机关和厅属事业单位党支部设置。实施干部能力提升工程,举办党政干部履职能力、交通强国新理念等17个专题培训,培训干部1980人次。在省直单位率先出台《干部人事档案管理办法》,进一步夯实基础工作。四是持续深化党风廉政建设。认真落实意识形态工作责任制。持之以恒落实中央八项规定精神,扎实开展第7次“党风廉政宣传教育月”活动,坚决纠治“四风”,力戒形式主义。用好监督执纪问责“四种形态”,全年给予批评教育8人、提醒谈话8人、诫勉谈话5人、党纪政务处分3人。五是抓好干部和人才队伍建设。树立良好用人导向。全年从高等院校选调2名公务员、面向社会招录4名公务员、面向基层遴选4名公务员、面向社会招聘37名事业单位工作人员、引进高层次人才3名,为全省交通运输事业发展增添动力、注入活力。

(师国梁　陈瑞丽)

附：省交通运输厅党组书记、成员名单

书　记：闫晨曦

成　员：秦红保　李贵顺　王　晋　段新源

王四小(10月任职)　王建业(10月任职)

张晓玲(5月离职)　雷天才(9月离职)

省水利厅党组

党组书记　常书铭

2019年，省水利厅党组以习近平新时代中国特色社会主义思想为指引，全面贯彻落实党的十九大和十九届二中、三中、四中全会、中央经济工作会议精神，深入学习贯彻习近平总书记“三篇光辉文献”精神，贯彻落实省委十一届八次、九次全会精神及决策部署，推进全面从严治党、法治稳定和意识形态及水利工作，取得显著成果。

一、党的建设工作情况

(一)坚持政治建设，认真贯彻落实习近平总书记视察山西重要讲话精神。以党的政治建设为统领，坚决贯彻党中央和省委决策部署。把坚决贯彻落实习总书记视察山西重要讲话精神作为重要政治责任、领导责任、工作责任，作为党内基本的政治规矩。把学习贯彻习总书记最新重要讲话精神和指示批示作为党组会、办公会的第一议题。制定《贯彻落实〈中共中央关于加强党的政治建设的意见〉的具体措施》、《直属单位年度目标责任考核办法》，对照党中央、国务院和省委、省政府安排部署的重点任务清单，政务督查和考核评价齐抓共管。

(二)坚决从严治党，扎实开展“不忘初心、牢记使命”主题教育。厅党组组织中心组学习13次，专题研讨交流4次，集中学习研讨26次，深刻剖析存在的差距和不足，提出抓落实的方向和举措。查摆整治问题73项，已整改落实59项。“学习强国”平台上线率为100%。58名机关干部进行交流轮岗，完成公务员职务职级并行套改，210人入选“三晋英才”。深化“三基建设”，基层组织基础持续夯实，基础工作和基本能力全面提升。

(三)狠抓党建责任，坚定不移推进党风廉政建设和作风建设。2019年，厅党组专题听取研究党建、纪检监察工作汇报22次，集中整治“形式主义、官僚主义”十大类36个方面的突出问题，制定完善《厅党组议事规则》《山西省水利厅禁业范围》。推进巡察全覆盖，成立巡察工作机构，建立常态巡察制度。制定出台《关于严格遵守党的政治纪律和政治规矩的规定》。严格落实全厅各级党支部“三会一课”、民主生活会、领导干部双重组织生活等组织生活制度，对全厅150名党支部书记和党务工作者进行党性教育培训，全力支持驻厅纪检监察组和厅直纪委开展工作，全年谈话函询10件、初核11件、立案19件，党纪政务处分18人，组织处理8人次。

(四)维护社会稳定，推进法治建设和意识形态工作。对照中央和省委要求，坚决落实维护稳定工作责任制，深入开展扫黑除恶专项斗争，坚持底线思维、全力防范化解重大风险。制定《2019年全省水利系统法治工作要点》，推进《山西省河湖长制条例》等水利法规立法修订，完善合法性审查、法律顾问等制度，构建依法行政体系。开展法治攻坚、法治惠民，组织“以案释法”宣传，创建“全省水利法治建设示范县”；开展汾河流域生态修复与保护条例执法检查。开展全省“携手清四乱、保护河湖生态”百日会战，向检察机关移交线索238个，整改率达99.4%。加强宣传舆论导向，全年共组织专题采访15次，在省级以上主流媒体刊发水利新闻615条，发稿量在全国水利系统排名第一，山西水利记者站被评为“全国十佳记者站”。

二、工作目标任务完成情况

(一)最严格水资源管理。全省用水总量74亿立方米，全省万元地区生产总值用水量降幅达到3%，全省灌溉水有效利用系数达0.546，年度控制性目标全部完成。

(二)汾河流域生态修复。制定专项工作方案，重点推进汾河百公里中游示范区项目，开工建设汾河中游示范区13.5公里项目、汾河新二坝、一坝综合治理等重点工程；完工太原三期汾河治理、古交城区段、稷山城区段等工程。出台《汾河流域生态景观规划编制导则》并编制成规划；编制《山西省河道采砂管理办法》，维护河道采砂秩序。汾河生态补水7.06亿立方米(约22个流量)，比2018年增加近6亿立方米。

(三)“七河”生态修复和保护。完成汾河等7条主要河流管理范围的划定工作。桑干河流域重点实施大同市御河综合治理工程等9项重点工程建设。全年调引黄河水实施生态补水2.04亿立方米，比2018年增加1.6亿立方米。滹沱河流域重点实施滹沱河繁峙段综合治理等工程。沁河流域重点实施沁河重点段河道治理项目。漳河流域重点实施长子县浊漳河南源源头治理保护等项目。涑水河流域重点实施入黄口水生态修复等项目。大清河流域重点实施唐河源头生态修复与保护综合治理等工程。

(四)2019年水利扶贫行动工作。全年落实农村饮水各级建设资金22.26亿元，建成工程4604处，改善提高了406.2万农村群众饮水安全条件，比2018年增加46万人，超额完成年度300万人目标任务，其中涉及建档立卡贫困人口

43.1 万人,17 个 2019 年脱贫县落实的资金全部完成，安全饮水达标率均达到 100%,22 万脱贫人口的饮水安全问题全部解决。全面落实县级农村饮水安全管理“三个责任”,全部建立健全县级农村饮水安全运行“三项制度”。制定《山西省农村饮水安全运行管理改革实施方案》。在祁县召开现场会,全省域推动问题解决。水土流失治理年度投资 6.87 亿元,80%以上的资金和项目安排在贫困县,全年完成水土流失治理面积 525 万亩,水土流失治理度可提高 2%以上。

(五)河湖长制改革。以省委办公厅、省政府办公厅名义印发《关于进一步深化河湖长制改革的工作方案》，提出的 12 项改革任务全部完成。构建“河湖长 + 河湖长助理 + 巡河湖员”工作模式,明确了 1042 名河长助理、10099 名巡河湖员,各级河湖长、河湖长助理累计巡河 49 万余人次。建立省、市、县、乡、村五级河湖警长工作体系,明确河湖警长 3450 名。全省各级公安机关共侦破水污染违法犯罪案件 28 起,其中,破获刑事案件 7 起,抓获犯罪嫌疑人 31 人,查处行政案件 19 起,行政拘留 30 人。实行省河长办主要成员单位合署办公轮岗制,全省河湖长制综合管理平台上线运行,构建“大数据 + 河湖长制”管理新模式,建立总河湖长专报、挂牌督办、清单管理、联席会议、有奖举报、暗访督查等制度和办法。将河湖“清四乱”纳入主题教育专项整治,累计排查发现“四乱”问题 2323 处,整治完成 2310 处,整改率达 99.4%。

(六)大小水网建设。大水网四大骨干工程建设进入收官阶段,枢纽工程已基本完工,隧洞掘进任务取得重大突破,12 个“卡脖子”标段,攻克 8 个。辛安泉工程供水 2478 万立方米,溯头水电站发电 583.5 万千瓦时;12 月 24 日,小浪底引黄工程上水运行,向垣曲县和板涧河水库调水;中部引黄两合水泵机组完成调试，已具备向保德王家岭电厂供水条件;东山供水工程已具备多库联调联运能力。批复 51 个县域小水网规划,5 座已安排资金建设,19 座前期取得进展。完成太谷县小水网配套侯城乡灌区改造工程、祁县小水网配套昌源河灌区改造工程。

(七)黄河古贤水利枢纽前期工作。对照年度任务要求,积极协调有关部门推进前置条件办理工作。项目审批和工程开工前需办理的 16 项前置条件中,完成了项目法人组建,完成了停建令、实物指标确认等 11 项前置条件办理。编制完成古贤山西供水区可研报告。按照 11 月 6 日王成副省长专题协调会议安排,剩余 5 项前置条件中,用地预审、城乡选址规划、矿产压覆由省自然资源厅负责、环境评价由省林草局负责,资金承诺由黄河万家寨水务集团公司负责。

(八)水利改革。水权制度改革进一步深化,基本建成了全省水权分配及交易系统，初步完成了水权初始分配子系统、水权确权登记子系统及水权交易管理子系统的搭建。推进试点县改革,清徐、孝义、原平、祁县、长子等五个县开展了水权交易平台、水权制度、机制建设,全年完成水权交易 59 例，交易水量 3.5 万立方米。完成农业水价综合改革投资 4200 万元，完成 300 万亩改革任务,137 个大中型灌区办理取水许可,50%以上斗口计量设施完成建设。编制《水库运行管理体制机制改革研究》《小型水利工程管理体制改革实施方案》，探索适合基层水利工程长久运行的管理体制。以汾河和永定河为试点，探索更加符合山西实际的水利投融资改革和建管模式。按照批复的《深化直属单位改革实施方案》，制定《厅直属单位改革工作方案》,全面启动了厅直事业单位改革。

(杨　晶)

附：省水利厅党组书记、成员名单

书　记：常书铭(4 月离职)　陈耳东(4 月任职)

成　员：白小丹　王　兵(女)　韩向宇　张建中(9 月离职)

省农业农村厅党组

党组书记　乔建军

2019 年，省农业农村厅党组认真学习贯彻习近平总书记“三农”工作重要论述和视察山西重要讲话精神,深入贯彻省委“四为四高两同步”总体思路和要求,按照省委省政府关于“三农”工作决策部署,咬定硬任务、把牢基本盘,上下齐心,拼搏进取,党的建设和全省农业农村工作稳中有进、稳中向好,为全省经济社会稳定发展提供了有力支撑。

截至 2019 年底,省农业农村厅直属机关党委共有 76 个各级基层党组织,其中党委 4 个,支部 72 个,共有党员 1185 名,2019 年新发展党员 18 名。

一、坚决提高政治站位,始终旗帜鲜明践行“两个维护”

坚持以习近平新时代中国特色社会主义思想为指导,认真学习贯彻党的十九大和十九届二中、三中、四中全会精神,全面贯彻习近平总书记关于“三农”工作的重要论述和视察山西重要讲话精神,坚决贯彻省委十一届八次、九次全会精神,扎实开展“不忘初心 牢记使命”主体教育和“改革创新 奋发有为”大讨论,始终把贯彻落实党中央各项决策部署和习近平总书记重要指示批示作为首要政治任务，全面部署、全力推动。厅党组先后召开 22 次会议,对总书记指示批示的有机旱作农业、农村改厕、夏县占地、大棚房清理整治、扫黑除恶等重点工作进行专题研究，切实将党中央决策部署、总书记指示批示精神和省委省政府决策部署抓实抓好，以实干践行使命，以担当诠释忠诚，以实际行动践行“两个维护”。

二、从严落实主体责任，全面推进从严治党

(一)坚决扛起管党治党主体责任。召开全省农业农村系统党风廉政建设会议，签订党风廉政建设责任书，将党建责任落实到班子成员和各个支部。全年51次党组会有28次专题研究党建，坚持每季度听取班子成员、班子成员听取分管单位主体责任落实情况汇报。严格执行新形势下党内政治生活若干准则，高质量召开专题民主生活会3次，中央主题教育巡回指导组对省农业农村厅“不忘初心、牢记使命”主题教育专题民主生活会进行现场指导并表示肯定。加强基层组织规范化建设，持续开展巡查评议和政治生态评估，查摆整改问题600余条，对排名靠后的10个主要负责人进行提醒谈话。

(二)持续加强干部队伍建设。一是强化学习教育。以中心组学习为引领，以党员干部为重点，举办三农大讲堂、开展集中轮训、谈心谈话、警示教育。全年党组中心组学习20次，“三农大讲堂”12次，厅领导带头讲党课10次，实现了干部教育常态化。二是激励担当作为。扎实开展万名干部进村服务，组织全省农业系统干部7万多名，深入村庄2.8万个，梳理解决问题6万多个。深入开展“守初心、担使命、走基层”服务活动，抽调200余名专家技术人员组成六个服务小组，深入11个市50多个县89个乡镇423个村和66个企业开展服务，一线解决问题1008个。选树“新时代新担当新作为”的先进典型22名，以标杆引领激励全厅干部担当作为，干事创业。三是树立正确用人导向。坚持公正选人用人导向，突出政治过硬、本领高强，突出事业为上，以事择人，突出崇尚实干、带动担当。坚持党管干部原则，分批组织实施厅机关公务员职级套转和职级晋升工作，充分发挥职务与职级并行制度的激励作用。深入开展三晋英才遴选，评选三晋英才570人。支持4名厅属事业单位专业技术人员离岗创业。进一步落实省委注重选用培养优秀年轻干部“六个一批”的要求，大胆选用18名40岁以下有潜力、有后劲的年轻干部，提拔任用12名在脱贫攻坚一线及非洲猪瘟防控、大棚房清理整治等重大任务中敢作敢为、实绩突出的优秀干部。

(三)继续深入推进“三基建设”。一是强化基层组织，调整组建22个党支部，选优配强支部书记。建立厅领导联系制度，每名厅领导联系至少2个基层党支部。二是夯实基础工作，召开深化“三基建设”推进会，开展“三基建设”基础工作“回头看”，从事业单位剥离32项行政职能并回归厅机关相关处室，受到省验收考核组肯定。三是提升基本能力，组织实施领导干部履职能力提升、基层干部能力提升、事业管理人员思维创新、专业人才知识更新“五大培训工程”，累计培训农业农村干部9000余人。开展基层党支部书记轮训，轮训率100%。

(四)强化政治监督严肃执纪问责。严明政治纪律和政治规矩，对违反中央八项规定精神和“四风”问题扭住不放、立行立改、严肃问责。用好监督执纪“四种形态”，集体约谈全体处级干部。对违反中央八项规定精神、不担当履职的2名事业单位领导干部免职处理。对违反党纪的1名党员干部进行批评教育、1名党员干部警告处分、2名党员干部严重警告处分、1名党员干部开除党籍处分。

(五)深入推进法制建设和意识形态工作。深化农业综合行政执法改革，推进农业法治规范化建设，依法梳理厘清各类监管、检查事项343项。坚持立改并举，加强立法，制定修订《山西省促进雁门关农牧交错带发展条例》《山西省肥料管理办法》。持续推进扫黑除恶，报送涉黑涉恶线索46条。开展农资打假专项治理，立案查处261件，捣毁黑窝点1个，移送司法机关9起。落实意识形态工作责任，组织意识形态工作专题培训，建立了意识形态工作定期研判制度。开展信访工作“规范化提升年”活动，未发生群体性信访事件。落实安全生产工作责任，开展农业领域安全生产检查排查，全省未发生涉农重大安全生产事件。

三、攻坚克难积极作为，高质量完成农业农村重点工作任务

(一)粮食生产稳定发展。粮食生产克服严重旱情和草地贪夜蛾等重大病虫害等不利影响，总体保持稳定。全年粮食播种面积4689万亩，总产量136.2亿公斤，为历史第五高产年份。特别是谷子面积达到317.3万亩，连续三年全国第一。

(二)农民收入实现较快增长。农村居民人均可支配收入12902元，增长9.8%，高于全国平均增速0.2个百分点，高于全省城镇居民收入增速2.6个百分点，高于同期全省GDP增速3.6个百分点，增速在中部六省和周边五省排第2位。城乡收入比由2018年的2.64:1缩小到2.58:1。

(三)一产固定资产投资和一产增加值实现预期目标。全年完成273亿元，同比增长16.3%，超年度目标6.5%，超全国15.7个百分点。全省一产增加值824.72亿元，同比增长2.1%。

(四)全力完成中央五项硬任务。一是大力推进高标准农田建设。完成高标准农田任务231万亩，积极探索市场化推进机制，起草了《关于支持社会资本参与高标准农田项目建设的实施方案》。二是扎实推进农村人居环境整治。集中开展“一拆三清一改”村庄清洁行动和“五清两整一绿”环境整治行动，拆除残垣断壁8.7万余处、清理农村生活垃圾418.1万吨、村内河渠沟塘垃圾和淤泥244.2万吨、农业生产废弃物127.2万吨。实施农村生活垃圾收集中收运，覆盖78.2%行政村。梯次推进农村生活污水治理，建设完成300个村庄污水治理项目。因地制宜推出适合不同地区的旱厕改造路径，重点在汾河流经沿线村庄实行了整体改厕，全年改厕47.58万座。三是全面清理整治“大棚房”。有力有序、依法依规开展“大棚房”问题专项清理整治行动，共排查农业设施31.16万个，排查出问题线索7893个，全部得到彻底整治整改。4月通过国家核查。四是加快推进奶业大省建设。出台2019年行

动计划，整合散养奶农和中小牧场，建设100个奶牛标准化牧场和60个现代示范牧场，全年奶产量达到92万吨，同比增长13.4%。五是非洲猪瘟、草地贪夜蛾防控成效明显。落实主体责任，开展联防联控，推行屠宰企业“自检”和官方兽医派驻制度，全年没有出现新的疫情，是全国非洲猪瘟疫情形势最稳定的省份之一。及时防治和控制草地贪夜蛾虫害蔓延，累计防治面积10.19万亩次，防治效果达90%以上。

(五)大力发展有机旱作农业。牢记总书记嘱托，以示范创建为抓手，扎实推进耕地质量提升、农水集约增效、旱作良种攻关、农技集成创新、农机配套融合、绿色循环发展等六大工程，实现示范片11个市全覆盖。累计制定有机旱作标准58项，探索形成谷子地膜覆盖机械化穴播、小麦探墒沟播等一批具有鲜明特色的有机旱作技术模式并加以推广。全国旱作节水农业工作交流会于9月份在寿阳县召开。启动建设杂粮全产业链六大工程，支持10个杂粮产业化联合体和1个杂粮批发市场，成功打造山西小米、山西高粱、山西荞麦等一批省级农产品区域公用品牌。

(六)持续推动三大省级战略。山西农谷成功获批国家级农高区，启动运行国家功能杂粮技术创新中心、功能农业(食品)研究院等研发平台。制定山西农谷标准化技术规程38个，开发出富硒小米、藜麦黄酒等10余种山西功能性食品，打造了7个有机绿色农业品牌。成功举办乡村振兴(太谷)论坛。雁门关农牧交错带示范区围绕打造北方农牧交错带样板区，以优化产业结构为抓手，大力发展饲草、杂粮等作物，种植优质饲草23万亩，示范区粮经饲比例调整到50∶19∶31。运城(临汾)农产品出口平台在全国率先创立发布苹果现货价格指数，果品出口企业增加到90家，出口国家和地区达到64个，水果年出口量达到41万吨，增长8.1%。

(七)强力推进农产品加工业发展。以省政府文件出台扶持农业产业化龙头企业发展若干意见，10项扶持政策涉及资金3.96亿元，扶持农业龙头企业160多家。探索推出“银担新农贷”“青贮贷”等新型金融支农产品，安排贴息资金6000万元，撬动银行贷款27亿余元。安排9000万元支持培育46家联合体。

(八)大力发展农业新产业新业态。培育形成晋源花卉小镇等一批城郊农业典型，选择1市10县开展农村农林文旅康产业融合发展试点，“互联网+”农产品出村进城有效开展，新建益农信息社6900个，累计达到14900个，覆盖了全省55%的行政村。

(九)扎实推进特优区和产业园建设。成功创建大同黄花、隰县玉露香、临猗苹果、安泽连翘、右玉生态羊5个省级特色农产品优势区，其中大同黄花、隰县玉露香、临猗苹果、安泽连翘获批国家级特优区。隰县成功申报国家级现代农业产业园，太谷、万荣创建完成度均超过90%，太谷国家现代农业产业园通过国家考核认证。在积极申报国家级产业园的基础上，创建完成省级产业园20个，规划建设万荣、静乐、隰县等10个现代农业产业示范区，实施园区共建，一体推进。

(十)确保农产品质量安全。全省“三品”认证1810个，有效产品3263个，产品认证数量由全国20位上升到12位。登记保护农产品地理标志154个，入选全国名特优新农产品20个。重点围绕杂粮、水果、食用菌、中药材等4大类农产品，制修订农业地方标准71项。成功举办第六届中国(山西)特色农产品交易博览会，签约项目119个，签约额385.9亿元。狠抓农产品质量安全建设，全年农畜水产品总体合格率达99.4%，全省没有发生重大农产品质量安全事件。

(十一)大力培育新型经营主体。在全国率先颁布农业生产托管地方标准和绩效评价办法，选择81个县开展试点，试点面积350万亩。创新职业农民技能培训考核，率先制定玉米、小麦、水果等20个方面的生产技能考核评价标准，填补了国内空白。启动实施“221引领行动”，重点对新型职业农民、经理人、农场主等6类主体开展培训，考核合格颁发“山西省职业农民技能证”4.1万人。开展“空壳社”清理，“清、查、联、提、创”五措并举，注销“空壳社”7299个，创建示范社310个，省级示范家庭农场122家。

(十二)深化农村集体产权制度改革。在做好8市93个县(市、区)中央试点的基础上，自加压力，将太原、大同、临汾三市纳入省级改革试点，实现了整省推进。全省46166个农村集体经济组织全部完成清产核资，44789个农村集体经济组织完成成员身份确认。全面开展承包地确权登记颁证“回头看”，颁发土地承包经营权证书507.7万份，发证率97.4%，高于全国2个百分点。全年流转承包地990万亩，依法化解经营纠纷1700余件。启动修订《山西省实施〈中华人民共和国农村土地承包法〉办法》。

(余志伟)

附：省农业农村厅党组书记、成员名单

书　记：乔建军

成　员：茹栋梅(女)　张和平　穆晓彤　张软斌

赵文志(7月任职)

省商务厅党组

党组书记　韩春霖

2019年，面对国内外风险挑战明显上升的复杂局面，省商务厅以习近平中国特色社会主义思想为指导，在省委、省政府的坚强领导下，以“示范区”“排头兵”“新高地”三大目标为牵引，团结奋进、攻坚克难，以改革破除体制机制障碍，以开放赢得转型发展空间，以创新攻克商务工作难题，聚焦“稳外贸稳外资扩消费”，统筹推进开发区改革创新发展再提质，开放型经济水平再提升，消费引领作用再增强，商务运行总体平稳，主要指标稳中向好，为全省转型发展作出了积极贡献。

截至2019年底，省商务厅共有62个各级基层党组织，其中党委6个，总支2个，支部54个，共有党员900余名。

一、开发区转型综改主战场作用进一步凸显

抓住开发区“二次创新创业”关键期，持续推进开发区改革创新发展进入“快车道”。

(一)产业布局特色更加突出。全年新批设开发区13个，全省开发区数量达到77个。64个工业类开发区规划面积2831平方公里，约占全省国土面积的1.8%，为工业项目落地提供充足的土地空间。6个生态文旅类开发区将持续推动生态文化旅游融合发展。7个现代农业类开发区将推动现代农业产业、农民增收脱贫和城乡协调发展。

(二)产业转型升级步伐加快。纳入统计的64家开发区招商引资签约开工项目541个，总投资额1981.5亿元，实际到位资金418.7亿元；分别占全省的24.6%、31.8%和22.6%。开发区成为转型项目集聚地。

(三)“三化三制”改革深入推进。2018年底前批设的64家开发区“三制”改革全部完成。潞城、云冈开发区管运分离和企业化运营改革迈出坚实步伐；市场化选聘96名高级管理人才，引进156个市场主体参与管理运营，进一步激发开发区活力；转型综改示范区、侯马开发区分别与韩国、德国建设国际产业合作园，大同、忻州、平定等开发区分别与上海、河北、天津等地开展合作共建，探索发展新路径。

(四)营商环境持续优化完善。出台《山西省开发区条例》，推动向开发区依法授权，转型综改示范区承接省市综合经济管理和相关行政管理事权1184项，各市政府向具备条件的开发区下放规划、土地、环保等管理权限。转型综改示范区32条改革创新经验在全省开发区复制推广。制定了开发区企业投资项目承诺制改革操作管理办法。

二、招商引资质量效益进一步提升

围绕打造新兴产业集群，瞄准国内外重点行业、重点企业精准招商，实现招商质量效益“双提升”。

(一)招商共识更加凝聚有力。以招商质量为中心，省直部门、市、县、开发区、驻外招商局、商协会多方协同联动，合力构建山西招商引资工作新格局。全省投促队伍践行“投资山西第一站，跟踪服务全过程”理念，东融南承西联北拓，积极开展交流合作，“投资山西”品牌逐渐树立。

(二)招商机制更加科学完善。建立招商引资工作通报机制、重大项目包联机制、重大项目三级协调机制。围绕全省转型重点，加大重大招商引资项目的谋划力度，组织覆盖全省的路演项目预演，连续推出两批能代表山西产业方向、体现山西招商优势的项目共311个。

(三)招商方式更加精准多样。实施“全过程”模式招商，会前提前对接、会上项目签约、会后深度对接，提高了项目签约落地率。开展持续化、常态化精准招商，组织招商小分队对接相关产业集聚区域和领军企业。积极协同省人才管理机构实行招才引智招商，围绕国家级展会平台开展综合性招商，围绕环渤海、长三角、粤港澳和台湾等重点地区以及日本、韩国等重点国家开展招商。

(四)招商服务更加亲商便捷。发布《2019山西省招商引资优惠政策汇编》。“96301”投资服务热线提供1550次投资服务。建立投资客商跟踪服务工作机制。建立山西省外来投资企业投诉服务工作联席会议制度，受理投诉案件26起，已办结14起。与京津冀、长三角、珠三角等重点区域以及日本、韩国等重点国家建立友好关系。

(五)招商贡献更加突出明显。1–12月，全省共签约招商引资项目2884个，计划总投资15626.5亿元，完成年度招商引资目标任务1.2万亿元的130.2%。开工项目中当年签约并开工项目2051个，开工率71.1%(签约项目当年开工率目标任务为30%)。全省招商引资形成固定资产投资项目到位资金1854.7亿元，完成年度目标任务1150亿元的161.3%。非固定资产投资项目到位资金167.9亿元，完成年度目标任务115亿元的146%。

三、开放型经济发展水平进一步提高

积极融入“一带一路”大商圈，落实稳外贸稳外资政策，开放型经济成功应对“新挑战”。

(一)开放平台建设取得突破。太原航空口岸新增芝加哥、悉尼2条洲际航线和4条莫斯科季节性航班，出入境人员同比增长12.2%，创历史新高。大同航空口岸获批正式开放，五台山航空口岸首飞通航，山西省航空口岸数量跃居中部第一。武宿综合保税区进口水果和进口冰鲜水产品指定查

验场所建设顺利推进。大同国际陆港进口肉类指定查验场所、国家杂粮检疫检测重点实验室投入使用,保税物流中心(B型)获批。中欧(中亚)班列全年共开行106列。中国(太原)国家跨境电子商务综合试验区获批。

(二)贸易便利化取得实效。制定实施优化口岸营商环境促进跨境贸易便利化工作措施。开展进出口环节合规成本专项整治,实行清单之外一律不向企业收费。大幅压缩通关时间,提前两年完成国务院目标任务。国际贸易"单一窗口"金融保险、出口退税功能上线,货物申报、运输工具申报等主要业务覆盖率达100%。实现出口信用保险全覆盖。

(三)对外贸易稳中提质。积极落实国务院稳外贸政策,研究出台山西省相关举措。2019年货物贸易进出口额1446.89亿元,同比增长5.7%,高于全国增速2.3个百分点。对美进出口额同比增长4.5%。有进出口实绩的外贸主体1554家,新增403家。大同开发区新增为国家级外贸转型升级基地。与"一带一路"沿线国家进出口增长8.0%。

(四)利用外资质量不断提升。全省新设外商投资企业72家,同比增长53.19%;合同外资244613万美元(含增减资项目),同比下降40.52%;实际利用外资135904.2万美元,同比下降42.46%。积极推动出台《山西省人民政府关于积极有效利用外资推动经济高质量发展的实施意见》,成功完成4场省委省政府主办重点经贸交流任务,分别是外交部山西全球推介活动山西省与跨国企业恳谈会、山西(韩国)经贸交流合作恳谈会和全罗南道山西日活动、中国山西(日本)经贸交流恳谈会、2019中德(山西)经济转型论坛,为稳定外资存量项目和利用外资实现高质量发展打下扎实基础。

(五)对外投资合作稳步推进。加强能源国际合作,开展国际产能合作融资培训,举办国际产能合作重点国家和境外经贸合作区投资推介会。建立较为完善的对外投资服务促进体系,解读规避国际双重征税政策,加强境外风险防范,分析国别投资环境,强化重点项目跟踪服务,推动对外投资项目顺利实施。2019年,全省对外直接投资2.42亿美元;对外承包工程完成营业额15.8亿美元,实现逆势上扬。

四、内贸流通促消费潜力进一步激发

着力推动内贸流通高质量发展,培育消费新增长点,促进供需有效衔接。全省社会消费品年零售总额7909亿元,同比增长7.8%,消费成为全省经济增长"稳定器"。

(一)提升城市消费。指导推动太原钟楼街作为高品质步行街改造升级。新认定8条特色商业街。首批认定32家"三晋老字号"企业。积极开展各类主题消费促进活动。发挥会展经济促消费作用,全年全省举办展览活动171场,展览面积达到134万平米,同比增长26.28%。

(二)扩大乡村消费。深入推进电子商务进农村综合示范,新增4个国家级示范县,累计达到45个。推进农产品产销对接,在大型农产品批发市场和超市建立贫困地区农产品产销对接专区。推动建立15个省级农产品公益市场,7个跨区域农产品流通基础设施项目,建成一批农产品供应链,山西省国际农产品交易中心成为山西"农谷"重要支撑。

(三)创新流通方式。太原市和太钢不锈等国家供应链创新与应用试点稳步推进,太原市流通领域供应链体系建设试点成效初显。开展城乡高效配送专项行动,太原市城乡配送仓库利用率达70%,共同配送率达40%。新增4个国家级绿色商场。支持50家重点电商企业发展,鼓励发展电商直播等新业态。

(四)优化消费环境。省商务诚信公共服务平台正式上线试运行,已接入278万余家市场主体。推进商务诚信评价结果运用,推广共建共享模式。开展单用途商业预付卡、直销行业等专项整治和风险排查,规范了市场秩序。

五、全面从严治党进一步向纵深发展

坚持党对商务工作的全面领导,以党的政治建设统领党的各项建设,推动党建与业务中心工作产生强大"聚合力"。

(一)把政治建设摆在首位。认真贯彻《中共中央关于加强党的政治建设的意见》,严格落实《关于新形势下党内政治生活的若干准则》。坚持把学习习近平新时代中国特色社会主义思想作为厅党组会第一议题,推进"两学一做"学习教育常态化制度化。坚持把意识形态工作融入学习教育和商务工作中,引导党员干部坚定理想信念,增强党性意识,激发干事创业热情。改进落实中央文件和省委省政府重要指示批示督办机制,确保党的领导贯穿商务工作全过程。依法依规选举产生新一届直属机关党委、纪委班子,创建"党建引领、商务为民"党建品牌,强化基层党支部战斗堡垒作用。

(二)扎实开展"不忘初心、牢记使命"主题教育。厅领导班子带头讲党课,作专题交流发言。开展"三服务",深入扶贫一线、基层部门、开发区调研,协调解决15个问题。组织先进典型事迹报告会和专题讲座,开展知识竞答活动,将"三会一课"、理论宣讲等有机融入主题教育。扎实推进中央八个专项整治和省委五个方面整改工作,出台18项"管用好用实用"的制度和办法。

(三)持之以恒正风肃纪。定期开展党风廉政和反腐败斗争形势分析会,压实主体责任和监督责任。严格党内监督,开展党风廉政警示教育,抓好关键节点提醒教育,纠正"四风"及其新表现。开展违反中央八项规定精神和形式主义官僚主义突出问题专项整治,制定15条解决形式主义突出问题为基层减负具体措施。

(四)加强干部队伍建设。坚持新时期好干部标准,树立忠诚干净担当的选人用人导向。完善厅机关领导干部考核评价机制,突出正向激励。开展干部能力培训34批次,培训干部3000多人次。主动对标东部沿海先进省市,推动落实22条对标一流整改举措。开展商务数据"大起底",建立重点工作台账,全面提升商务工作质量。

(五)商务法治建设全面加强。健全完善党组领导法治建设体制机制,积极推进商务领域"双随机一公开"监管,制定落实行政执法"三项制度",不断提升依法行政水平和服务效能。大力开展扫黑除恶专项斗争。认真落实安全生产、维护稳定各项安排部署,保障商务工作健康有序发展。

(王　霖)

附:省商务厅党组书记、成员名单

书　记:韩春霖

成　员:王宏晋　张效生　李文平(10月任职)　赵贵全(9月离职)　牛榆生(9月离职)

省文化和旅游厅党组

党组书记　盛佃清

2019年,省文化和旅游厅党组坚持以习近平新时代中国特色社会主义思想为指导,增强"四个意识",坚定"四个自信",做到"两个维护"。认真落实省委、省政府决策部署,狠抓党的建设、文化和旅游融合发展,扎实开展"不忘初心、牢记使命"主题教育,各项工作取得新突破、新成效。

一、政治引领,党建先行,坚决扛起全面从严治党主体责任

(一)突出政治建设,做到"两个维护"。省文化和旅游厅党组坚持用习近平新时代中国特色社会主义思想武装头脑、指导实践、推动工作,坚决在学懂弄通做实上作表率,在始终同党中央保持高度一致上作表率,在贯彻落实党中央各项决策部署上作表率,自觉同党的基本理论、基本路线、基本方略对标对表,同总书记重要讲话精神对标对表,同党的政治标准和政治要求对标对表,以务实举措教育引导党员干部坚决把"两个维护"落实到工作中、体现在行动上。党组中心组全年带头组织集体理论学习、研讨20余次,党组书记及其他班子成员带头讲党课9次,推动创建"政治过硬、本领过硬、作风过硬、业绩过硬"党支部,严肃党内政治生活,加强党内政治文化建设,开展贯彻落实习近平总书记视察山西重要讲话精神自查,对标一流述职,对照党章党规找差距,专题检视剖析,校准政治坐标,站稳政治立场,彰显政治自觉,做到知行合一。

(二)牢记初心使命,抓好主题教育。认真组织开展学习教育、调查研究、检视问题、整改落实。725名党员参加学习教育,组织3次学习研讨;192名领导干部赴基层调研,形成调研报告42篇;通过征求意见建议、听取群众反映、开展谈心谈话等,查找问题731个;"三服务"中收集问题132个,现场解决24个,推动解决41个。归类梳理问题,形成领导班子和班子成员整改任务清单,其中,领导班子整改任务25项,落实22项;班子成员整改任务174项,落实170项。召开整改落实"回头看"推进会和自评专题会,从21个方面检点成效和不足,分析原因,明确努力方向。

(三)坚持党管干部,激励担当作为。把政治标准放在首位,重实绩、重实干,努力打造忠诚干净担当的高素质干部队伍和文旅人才队伍。对机关102名工作人员进行职务调整,完成机构改革人员转隶工作;完成55名非领导职务干部的职级套转,全年晋升56人次;平调处级干部34名、提任44名。召开先进典型报告会和"七一"表彰大会,引领干事创业导向。完成国家社科基金、文化和旅游部艺术课题申报,百千万人才工程国家级人选、"四个一批"人才推荐等工作,强化人才支撑。

(四)推进"三基"建设,强化基础支撑。强化基层组织。对91个厅属党组织进行换届和补改选,提升组织力。对管理的社会组织成立34个独立支部、7个联合支部,规范社会组织党建工作。夯实基础工作。制定"一目录、一流程图、四手册",完善100余项工作制度,健全71项工作台账、21类报表、10类名册,强化以制度管人治事的工作机制。提升基本能力。对全部基层党组织书记进行轮训,对80余名省级社会组织负责人进行培训,基层文化人才能力提升工作培训1000余人次,巩固基层保障。

(五)加强廉政建设,从严管党治党。年初召开全面从严治党暨党风廉政建设工作会议,签订《党风廉政建设责任书》,压实主体责任。对10个厅属单位9个方面工作进行巡察,着力发现和解决存在的问题和不足。开展反对形式主义、官僚主义和群众身边腐败问题专项整治。坚持各项工作"纪检参与"常态化,加强对重要时间节点、重大项目实施、重要活动举办全程全方位的监督,严防"节日腐败"、"借机腐败"。全年开展廉政谈话、警示教育10余次,以严肃执纪问责增强党员干部规矩意识、纪律意识、廉洁意识。

二、加强法制建设,维护安全稳定

(一)坚持推进依法行政。广泛开展公务人员和社会公众普法教育。完成"谁执法谁普法"责任清单。山西省图书馆荣获全国"七五"普法中期先进集体。完善法律顾问制度和合法性审查、公平竞争审查制度,加强法律顾问管理,累计完成厅机关相关合同法务审核130余件,完成相关业务文件合法性审查与公平竞争审查20余件。梳理文化市场行政执法事项指导目录,举办全省文化市场综合执法培训和综合执法实务培训,提升执法水平。

(二)积极参与平安建设。狠抓安全生产责任落实,开展安全督导检查、专项整治和风险隐患排查。围绕做好庆祝中华人民共和国成立70周年安全稳定工作,全员动员提高思想认识,明确工作目标,采取有力措施保安全、保稳定,全省文旅行业全年未发生安全责任事故。深入开展"扫黄打非"和

"扫黑除恶"专项斗争。

(三)防范化解重大风险。落实意识形态工作责任制,牢牢把握正确政治方向。每季度分析研判意识形态领域情况,辨析思想文化领域突出问题。加强文旅产品内容监管和文旅阵地建设,做好文化活动导向管理。

三、推进文旅融合,强化全省发展战略支撑

(一)深化文旅融合,加快建设文旅强省。坚持"宜融则融、能融尽融"原则,推动文化和旅游各领域、多方位、全链条深度融合。制定《山西省推进文化旅游融合发展实施方案》,启动文旅产业融合示范区创建工作,发挥带动引领作用。与省委宣传部等部门共同成功主办第四届山西文博会。与山西大学进行战略合作,开展文旅融合专题理论研究。2019 年 1 月—12 月,全省共接待入境过夜旅游者 76.22 万人次;同比增长 6.64%。实现入境旅游创汇 40994.72 万美元,同比增长 8.46%。全省共接待国内旅游 83390.14 万人次,同比增长 18.49%。国内旅游收入 7999.35 亿元,同比增长 19.40%。1 月—12 月,全省共实现旅游总收入 8026.92 亿元,同比增长 19.29%。

(二)隆升三大板块,推动全域旅游发展。成功举办全省第五次旅游发展大会,签约 35 个文旅项目,投资额度 1090.93 亿元。制定山西省《发展全省域全域旅游的实施意见》和《锻造三大板块推进全域旅游发展行动方案》,山西省被文化和旅游部认定为全国第 8 家省级国家全域旅游示范区创建单位,洪洞县、阳城县和平遥县被认定为首批国家全域旅游示范区,名列全国第一方阵。在大调研基础上,出台 14 项文旅地方标准,确定首批 100 个 3A 级乡村旅游示范村,175 个黄河人家、长城人家、太行人家。推出八大类 103 条精品旅游线路,新增 7 家国家 4A 级旅游景区,云丘山景区通过国家 5A 级景区景观质量评审。组派境外交流合作团组 31 批次 300 余人次,赴 20 余个国家和澳门、台湾地区开展文旅交流活动和举办大型推介会,宣传推介山西。

(三)繁荣艺术创作,加强非遗保护传承。"奋进山西"国庆彩车圆满完成群众游行和展出任务,获国庆 70 周年大会服务保障和群众游行指挥部颁授的"华美奖"。第二届山西艺术节,5000 多名艺术工作者演出 103 场,10 个主题展览展出 2000 余件展品。庆祝新中国成立 70 周年群众文化系列活动,近 3000 项示范活动、25000 余场活动惠及 2000 余万群众。舞剧《吕梁英雄传》入选第十五届精神文明建设"五个一工程"优秀作品奖。上党梆子《太行娘亲》荣获第十六届文华大奖提名剧目,主演陈素琴荣获第十六届"文华表演奖"。民族歌剧《三把锁》入选"中国民族歌剧传承发展工程"重点扶持剧目。晋剧《起风街》入选全国舞台艺术重点创作剧目。舞蹈史诗《黄河》等一批新创剧目立于舞台。完成第十六届"杏花奖"评比展演。组织省级非物质文化遗产代表性传承人认定工作,省级代表性传承人达到 1109 名。召开全省工艺美术行业大会,理顺管理体制。通过组织评选,省政府命名"山西省工艺美术大师"27 人。加强乡村文化记忆工程调研、指导和培训。完成晋东南国家级文化生态保护区申报工作。

(四)完善公共服务,提升群众满意度。印发《山西省全面提升旅游服务质量和水平实施意见》《山西省旅游公共服务体系规划》,加快构建现代公共文化服务体系。完成县级文化馆总分馆制建设 87 个,县级图书馆总分馆制建设 84 个,基层综合性文化服务中心已完成 17911 个,完成 4 年总任务量 79%以上,全部免费开放。省图书馆和 5 个市级图书馆列入国家数字图书馆推广试点工程。深入开展旅游厕所革命,新建、改扩建旅游厕所 1077 座。完善旅游景区(点)道路交通标识等基础设施,推广"码"上旅行。"免费送戏下乡一万场"民生实事演出 16628 场,开展长风之夜、周二剧场、周日话剧专场等常态化惠民演出。建立群文作品储备库,鼓乐《保卫娘子关》荣获第十八届"群星奖"。

(五)强化综合监管,规范文旅市场秩序。在全国率先完成省、市、县级文化市场综合行政执法改革。开展文旅市场专项整治,全面开展"四季"行动和"七大工程",全省共出动执法人员 72004 人次,检查经营单位 24439 家次,当场处罚或责令整改 587 件,立案调查 640 件,办结案件 1194 件,吊销营业执照 2 家,取缔 3 家。开展 A 级景区专项整治工作与服务质量和环境质量双提升行动,对 2 家 4A 级旅游景区给予取消质量等级处理,对 6 家 4A 级旅游景区、2 家 3A 级景区给予警告处理。简化行政审批程序,80%以上审批事项实现全程网上办理。持续开展服务质量提升专业培训,全年参训人员 8 批次近千人,山西省导游在第四届全国导游大赛上取得全国第一名。

(六)加强项目建设,丰富产品业态供给。全年重点推进文旅建设项目 175 个,纳入省政府重点工程调度的 62 个,年度计划投资 136.15 亿元,完成投资 124.33 亿元。大力实施"文化旅游 +",推进研学旅游,拟定"十四五"研学游发展规划;举办第五届中国(山西)国际房车露营博览会,实施康养旅游带动,在厦门举办文旅康养产业专题推介和项目对接会;举办首届文旅创意产品设计大赛,引领文旅产品专业化、高端化开发。开展演艺进景区工作,建立景区非遗项目传习基地(传习点)12 家、开展活动 300 余场。大型实景演出《再回相府》、水上实景演出项目《如梦晋阳》,晋剧小镇等项目深受欢迎。

(七)发挥行业优势,助力深度脱贫攻坚。以乡村旅游示范村建设为抓手带动行业扶贫,全面铺开 300 个乡村旅游扶贫示范村建设。联合中国农业银行山西省分行制定《金融机构支持旅游扶贫示范村建设方案》,农行对旅游扶贫授信较年初增加 7.1 亿元,贷款较年初增加 1.71 亿元。打造"移动互联网 + 文旅扶贫",与高德地图合作,"山西省旅游扶贫地图"正式上线。免费送戏下乡任务向贫困县倾斜,演出近 8000 场。拓宽农特产品销售渠道。协调涉旅企业与旅游扶贫示范村建立定向采购合作机制,设立"旅游扶贫爱心超市",举办消费扶贫推介会,促进贫困户增收。

(张凤鹍)

附：省文化和旅游厅党组书记、副书记、成员名单

书 记：刘润民(9月离职) 盛佃清(9月任职)

副书记：盛佃清(9月调职)

成 员：张 健 郑中夏 李 贵 王舒袖(9月离职) 王 琳 戎劲光 张 瑞(10月任职)

省卫生健康委员会党组

党组书记 武 晋

2019年，省卫生健康委以习近平新时代中国特色社会主义思想为指导，全面贯彻党的十九大和十九届二中、三中、四中全会精神，深入学习贯彻习近平总书记“三篇光辉文献”精神。全省卫生健康系统聚焦聚力提高人民健康水平，促改革、谋发展、办实事、惠民生，圆满完成年度各项任务目标，全省群众健康获得感不断增强。

一、深化医药卫生体制改革

医改工作延续纵深挺进势头，多项工作走在全国前列。一是县域医疗卫生一体化改革提质增效。在全国率先启动一体化改革地方立法工作，117个县级医疗集团全部应用“一兼两管三统一”医防融合管理模式。开发应用了覆盖省市县三级的县域综合医改监管平台。全省半数以上的县(市、区)县域内就诊率达到80%以上，寿阳、左云等25个县达到了90%。国务院深化医改领导小组第89期简报专题刊发了山西省孝义市、介休市县域综合医改成效及做法。山西省被确立为国家紧密型县域医共体建设两个试点省份之一，县域医疗卫生一体化改革保持全国领先。二是公立医院综合改革纵深推进。推动各级公立医院全面配备、优先使用基本药物。落实党委领导下的院长负责制，全省36所三级公立医院、47所二级公立医院、20所社会办非营利性医院完成章程制定。全面启动三级公立医院绩效考核，上传病案首页完整率、准确率分别排名全国第一、第二。全省公立医院医疗服务收入占比由改革前的22%上升到27%。三是三医联动改革推深做实。国家“4+7”谈判25种降价药品开始在山西省执行使用。启动取消医用耗材加成工作，制订了全省公立医院医疗服务项目价格(2020版)规范，新增、调整医疗服务78项。108个县医疗集团实行医保基金总额打包付费改革。在全国率先将298个日间手术病种纳入医保支付。四是整合型医疗卫生服务体系不断健全。医联体建设覆盖全部三级医院和县级医疗集团，安排3452名三级医院专业骨干对口帮扶117个县级医院。11个地级市全部开展城市医疗集团网格化布局管理，大同市城市医疗三大集团对口帮扶县区效果明显，山医大一院与太原市万柏林区、运城市盐湖区，省人民医院与太原市清徐县、运城市河津市、阳泉市盂县等组建紧密型医联体取得积极进展。家庭医生重点人群签约率70.6%。省级远程医疗平台联通20所三级医院和88所县医院。

二、加强医疗服务体系建设与质量安全管理

一是“136”兴医工程高水平推进。累计投入省财政资金5.18亿元，遴选10个领军临床专科，整合59个亚专科，新建8个院士工作站、34个卓越医学团队，建成省级重点实验室4个，引进开发85项国际国内一流前沿医疗技术，38个病区开展优质护理(无陪护)服务及医护一体化工作模式。运城市打造特色医疗品牌，建立2个院士工作站。二是区域医疗中心建设取得积极进展。山西省纳入区域医疗中心建设试点省份建议名单，华中科技大学同济医院帮扶山西白求恩医院建设区域医疗中心项目进入国家首批试点名单，华中科技大学协和医院帮扶山医大一院、二院、省心血管医院、省妇幼保健院4所医院5个专科打造国内一流学科。上海龙华医院与省中医院、中国中医科学院西苑医院与省中医学院附属医院分别签订区域医疗中心建设协议。山医大一院在国家创伤救治区域医疗中心建设上取得积极进展。三是基层医疗卫生服务“网底”不断加固。在75所县医院(含20所中医院)实施能力提升工程。58个贫困县乡村两级医疗机构提前完成达标建设任务，全省村卫生室建设达标率达到100%。四是医疗质量安全管理持续强化。成立了52个专业省级医疗质量控制中心。投入1200万扶持社会办医院建设临床重点专科。启动新一轮优质护理评价，完成1.9万余所医疗机构感染防控排查整顿。临床用血安全水平居全国先进行列。深入推进扫黑除恶专项斗争和“平安医院”建设，未发生重大医疗纠纷事件。

三、加强重大疾病防控和公共卫生服务

全省人均基本公共卫生服务经费补助标准从55元提高到69元，在2018年绩效评价中排名全国第七、中部省份第二。食品污染物和有害因素监测实现县域全覆盖。山西省成为全国第五个实现消除疟疾目标的省份。全省扩大免疫规划疫苗报告接种率97.35%，艾滋病检测任务完成率138.7%、抗病毒治疗比例90.5%、肺结核患者管理率97.1%，高血压、Ⅱ型糖尿病患者、严重精神障碍规范管理率分别达79.5%、78.5%和85.3%，均超国家年度计划任务。5项重点地方病监测评价全覆盖。全面推进健康教育“六进”活动，“三减三健”专项行动实现县级全覆盖。省疾控中心、阳泉市肿瘤防治研究所、阳城县肿瘤医院等单位癌症早诊早治、肿瘤随访登记等工作10次被通报表彰。牵头10部门联合开展尘肺病防治攻坚行动，尘毒危害专项治理2028家单位。成立山西省癌症中心和我省首个尘肺病诊疗中心。新申报40个国家卫生城镇，阳泉市通过国家卫生城市暗访。高效处置“3.15”乡宁山

体滑坡等突发事件27起,圆满完成救治任务,得到国家煤矿安监局的充分肯定。

四、启动中医药强省建设

建设“中医药强省”列入省政府工作报告,上升为全省发展战略。印发《关于全面加强县域综合医改中医药工作的意见》。山西中医学院附属医院中医药传承项目进展顺利。11个县(市、区)新创建为省级基层中医药工作先进单位。完成16个县级中医医院远程会诊和7个中医医院康复能力建设,启动34个贫困县中医医院服务能力建设项目。新增60个基层中医馆。获批7个全国名老中医药专家传承工作室和20个国家级中医药继续教育项目。5人入选全国优秀中医人才培养计划。于载畿、王学诗获全国中医药杰出贡献奖。

五、大力实施科教人才战略

实施“住院(专科)医师规范化培训”“紧缺专业人才转岗培训”“全科医生培养”等工程,为村卫生室新招录免费医学中专生430名,累计培养住院医师近4000名,基层适宜人才1.6万余人次,免费培养医学生2140名,“村来村去”定向培养村医5000多名。县级医疗集团人才招聘大会现场签约4652人次。确定首批省级临床医学研究中心、培育中心21所。国家重大新药创制科技重大专项实现零的突破。获省自然科学一等奖1项、二等奖2项,省科技进步二等奖18项。全省9所医院和24个专科跻身全国科技量值排名百强。评选表彰“三晋英才”高端领军人才41名、拔尖骨干人才559名、青年优秀人才763名。1人入选国家“百千万人才工程”。

六、扎实推进重大民生工程

落实财政投入43.41亿元用于保障卫生健康民生事业,其中省级卫生健康投入增长16.58%。健康扶贫大病救治病种扩大到33种,累计救治12.4万人,“山西护工”培训护理员2.7万人。省政府投资8亿元兴建的省儿童医院新院区投入运行。10种儿童血液病和儿童恶性肿瘤救治自付费用大幅降低。“健康山西”预约诊疗平台提供网上挂号1700万次。农村妇女免费“两癌”检查在58个贫困县实现全覆盖。免费产前筛查城乡怀孕妇女30.5万人,确诊干预出生缺陷298人。建设医养结合机构77家。累计建成母婴设施1185个。计划生育奖励114万余人(户)8亿余元。山西省城乡居民健康指数位列全国第17位,是进步最快的三个省份之一。

七、圆满完成各项目标任务

落实中央、省委“基层减负年”系列部署。“双随机”监督抽查超过国家年度计划任务50%,对6类涉医违法行为实行联合惩戒。开展了“山西卫生70年成就展”、医改十大新闻人物、十大创新举措等主题活动及系列文体活动。1项地方卫生健康标准获省标准创新贡献三等奖。全省护士电子化注册率达到99.72%,行政许可事项按时办结率100%,委行政审批窗口连续三次获得“红旗窗口”荣誉称号。

在全系统广大干部职工的共同努力下,圆满完成省政府2019年目标责任书确定的13项任务43个指标,其中11个超额完成,多项工作走在全国前列。护理服务、12320卫生热线等8项工作14次在全国大会作经验交流,山西省基本公共卫生服务、慢性病监测等工作6次被国家部委通报表彰,改善医疗服务、县乡财务管理一体化等13项工作得到国家卫健委的充分肯定,护理事业发展作为各省唯一代表在国家卫健委新闻发布会上做介绍。整建制选派和培训援外医疗队,得到受援国政府和群众的一致好评。新华社、中央电视台等中央媒体18次报道山西省健康扶贫、合理用药监控等工作经验做法和成效。刘桂芝、刁玲、孙郁芝3人获评“中国好医生、好护士”月度人物,贺星龙被推选为全国“最美奋斗者”。圆满完成了“二青会”、庆祝建国70周年等重大活动医疗、卫生应急、公共卫生等保障任务,圆满完成了太原市文明城市创建、干部保健、老干部服务等工作任务。

八、着力加强党的建设

坚持以党的政治建设统领各项工作,不断强化管党治党的首责、主责和全责意识,把加强党的领导和党的建设贯穿于行业系统治理的各个环节。一是加强领导班子建设。不断健全和完善党组议事规则,规范开展党组政治生活,严格落实“三重一大”党组集体研究决定制度。二是全面加强行业系统党的领导。成立了全省医院党建指导委员会,集中调整了4所省管公立医院领导班子。推动行业系统党的领导制度体系向基层和民营医院延伸,38个委属委管民营医院和社会组织全部组建党支部,实现了党的领导全覆盖。三是持续深化“三基建设”。广泛开展规范化基层党组织示范评比、品牌化党支部建设和微党课等系列活动。四是深入开展“改革创新、奋发有为”大讨论。不折不扣落实省委“十个规定动作”,开展对标一流述职评议,召开民主生活会和专题组织生活会,举办专题报告会5次,组织省市县三级医疗机构5批40余人次赴浙江等先进地区取经学习,全系统党员干部在深化自我革命中得到了锻造性历练,跳出山西、敢于赶超的信心明显提振。五是加强惩防体系建设。召开全系统“以案促改”警示教育会议,深刻汲取张茂才、王国平等人严重违纪违法案件教训,开展过度医疗、乱收费和收受红包等问题专项整治。

(李 巍)

附:省卫生健康委员会党组书记、成员名单

书 记:李凤岐(1月离职) 武 晋(4月任职)

成 员:郭晋刚(6月离职) 武 晋(4月调职)

冯立忠 张 波(7月任职)

廉月胜(4月任职) 阴彦祥(7月任职)

王继荣(10月任职)

省退役军人事务厅党组

党组书记 冯 征

2019年是山西退役军人事务系统的开局之年。省退役军人事务厅在省委省政府坚强领导下，在退役军人事务部关心指导下，坚持以习近平新时代中国特色社会主义思想为指导，深入贯彻习近平总书记关于退役军人工作重要论述，召开全省退役军人工作座谈会和全省退役军人工作会议，安排部署当前和今后一个时期退役军人工作，积极推进退役军人组织管理体系、工作运行体系、政策制度体系建设，全力做好思想政治、就业安置、优待抚恤、双拥共建、权益维护等服务管理工作，忠诚履职、担当作为，各项工作开局良好、成效明显。

一、机构改革

厅党组把机构组建作为基础性工程来抓，强力推进组织领导和服务保障体系建设。一是全面完成机构组建任务。坚持建好机构、配强队伍、理顺职能和规范运行齐头并进，积极推动各级党委成立退役军人事务工作领导机构，指导市、县如期完成退役军人事务局组建工作，全省退役军人系统机构改革任务全面完成。二是有效构建服务保障体系。出台《关于加强山西省退役军人服务保障体系建设的实施意见》，在吕梁市召开现场推进会，以点带面推动体系建设。截至6月底，省市县三级退役军人服务中心和1440个乡镇(街道)、28315个村(社区)退役军人服务站全部成立，构建起横向到边、纵向到底、覆盖全员的退役军人服务保障网络。三是科学规范体系建设。联合编办、人社等部门印发《退役军人服务中心(站)建设与工作规范(暂行)》《基层退役军人服务中心(站)工作指南》，组织10个调研组赴各市开展督导调研，抽查31个县(区)、41个乡镇(街道)、57个村(社区)服务中心(站)运行情况，针对人员不到位、专业能力欠缺、建设不规范等问题，督促限期整改。

二、思想政治建设

坚持示范引领，选树典型人物，大力宣传退役军人永葆本色、奋发作为、奉献社会的精神风尚。一是加强退役军人党员教育管理。联合组织、民政和省军区印发《关于进一步做好退役军人党员组织关系转接工作的通知》，指导各地分类管理退役军人党员，为组织关系转接提供“一站式”服务。二是持续开展优秀退役军人学习宣传。联合省委宣传部、省军区政治工作局评选“山西最美退役军人”10名，层层推荐全国模范退役军人11名，并集中进行宣传。成立山西“优秀退役军人”先进事迹巡回报告团，赴各地持续巡回宣讲，激励广大退役军人争当模范。三是大力弘扬英烈精神。组织开展“传承·2019清明祭英烈”宣传教育活动，发出“铭记革命奋斗历程、传承英烈红色血脉”的号召，全国首创山西省重点烈士纪念设施电子地图网上祭英烈活动，隆重举行省城各界向烈士纪念碑敬献花篮仪式，取得良好的政治效果、法律效果和社会效果。

三、退役军人就业安置

紧扣2019年度就业安置任务，以改革创新的思路制定务实举措，以担当实干的作为推动政策落实。一是积极拓展安置渠道。坚持以提升安置质量为牵引，全省429名军转干部全部完成选岗，党政机关和参公单位安置比例达到94.3%，由政府安排工作的1396名退役士兵，安置到事业单位比例比上年提升17%，全省144名军队退休干部、77名随军随调家属全部安置，部队官兵反响良好。二是大力扶持退役军人就业创业。组织6297名退役军人参加职业技能培训，12172名退役军人进入高等院校深造。开展“送政策进军营、送服务进基层”活动134场，启动退役军人迎新春招聘行动，首日太原招聘会参与企业1331家，提供就业岗位15523个，全年共举办退役军人招聘会120场，17057人达成就业意向。建成山西省退役军人就业创业信息服务平台，与山西人才网互联互通，推动就业创业服务线上线下一体化。

四、待遇保障体系建设

按照贡献与待遇匹配原则，合理确定享受抚恤优待政策对象范围，给予区别化优先优惠，并形成动态增长机制。一是部分优抚对象抚恤补助标准得到提升。下达优抚对象提标补助经费5968万元，1-4级分散供养残疾义务兵建房补助费43.5万元。调整一至四级伤残人员护理费标准，月均增长200元。督促市、县两级落实配套资金，确保及时足额发放。二是信息采集数据校核精准真实。成立信息审核校对专班，实行问题数据日报制度。截至11月1日，全省共采集有效信息1160587条，省级审核通过1156078条，审核通过率99.6%，同步开展对象数据修正和收尾工作。三是悬挂“光荣牌”工作基本完成。招标采购“光荣牌”分发各市，省级带头举行悬挂启动仪式，指导市县入户上门为113万户烈属、军属和退役军人等家庭悬挂光荣牌，积极营造“尊崇英雄、关爱军人”的社会氛围。四是部分退役士兵保险接续全面铺开。以省委办公厅、省政府办公厅名义印发《关于做好部分退役士兵保险接续工作的实施意见》，联合税务、社保、医保等部门举行业务培训，按照“一门受理、协同办理”原则，指导市县全面推开退役士兵保险接续申报受理工作。

五、双拥工作建设

统筹推进军民融合、双拥共建、走访慰问等工作,不断巩固发展新时代军政军民关系。一是广泛开展双拥宣传。春节、“八一”期间,精心组织开展走访慰问系列活动,播发双拥《慰问信》,印制双拥年画,采购慰问物品,组织各级党委、政府领导深入基层部队走访慰问。评选宣传双拥先进典型,太原市退役军人事务局安小科同志当选“2019《中国双拥》年度人物”,拥军妈妈梁秀娥当选“感动山西”年度人物。二是着力解决双拥热点难点问题。累计投入资金 13 亿元,为驻晋部队办实事、解难题。接收安置随军家属 520 余人,优先安排 3000 多名官兵子女就近择优入学,在全国率先实现随军未就业家属生活补助发放全覆盖。2019 年军地协调会前,相关问题全部解决,受到部队官兵一致好评。三是命名表彰全省双拥模范。召开山西省双拥模范城(县)命名暨双拥模范单位和个人表彰大会,省四大班子主要领导和驻晋部队军级领导出席会议,命名表彰省级双拥模范城(县)58 个、双拥模范单位 96 个、双拥模范个人 95 个,进一步激发全省各地爱国拥军热情。

六、防范化解风险

坚持问题导向,树牢底线思维,部署开展防范化解涉军信访稳定重大风险攻坚年活动,全省初步实现“三个不发生”目标。一是社会稳控扎实有力。出台涉军重大风险防范化解方案,实行各级退役军人部门领导干部包地区、包群体、包重点、包人员和带案下访“四包一带”工作制度,省市县三级班子成员带头接访,累计接待 3500 余人次,有效解决信访事项,做到“心事双解”。二是走访慰问取得实效。变上访为下访、重点排查为全面走访,登门入户,见面谈心,灵活开展思想疏导、法治教育、矛盾化解和困难帮扶等工作,共走访慰问 104.2 万人次,为部分退役军人解决了实际问题。三是妥善解决遗留问题。开展安置政策落实“回头看”,约谈督办 33 个存在安置问题单位,为 75 人解决安置后未上岗、同工不同酬、未发放待岗生活费等问题。

七、党的建设

聚焦“政治机关、行政机关、服务管理机关”的目标,全面加强退役军人事务系统自身建设,为有力有效做好退役军人工作提供坚强保障。一是党的建设更加有力。深入开展“不忘初心、牢记使命”主题教育,从严推进“改革创新、奋发有为”大讨论,中心组理论学习 27 次,召开专题民主生活会 2 次,梳理检视的 108 项问题整改到位 103 条。完成 5 个基层党委、1 个党总支、4 个党支部、1208 名党员组织关系转接,选举成立机关党委和机关纪委。二是党风廉政建设深入开展。印发 2019 年党风廉政工作要点,签订《党风廉政建设责任书》,排查 103 项廉政风险点,制定措施 128 项。廉政警示教育常态化开展,举办廉政学习 10 次、观看警示教育片 4 次,赴太原市第一监狱开展警示教育活动,全体干部经受了一次严格党性锻炼。三是强化干部队伍建设。坚持“大培训”促进“大融合”,大力实施领导干部履职能力提升工程和一线骨干业务能力提升工程,举办培训班 20 期,培训 3000 余人次。配齐配强处室人员,完成机关干部职级套改工作,着力打造一支政治可靠、清正廉洁、业务精湛、作风优良的工作队伍。

(王文飞)

附:省退役军人事务厅党组书记、成员名单

书　记:冯　征

成　员:薛建军　吴建强　范波涛

省应急管理厅党组

党组书记　薛军正

2019 年,省应急管理厅党组全面贯彻落实习近平总书记关于应急管理工作的重要论述,认真贯彻落实党中央、国务院和省委、省政府决策部署,坚持边组建、边应急、边防范,努力在安全生产上出实招、在防灾减灾上下功夫、在应急救援上求突破,实现了全省应急管理工作的良好开局,有效保障了人民群众生命和财产安全。

一、强化党的建设,为应急管理事业提供坚强的政治保证

(一)领导班子和干部队伍建设水平进一步提升。坚持把学习贯彻习近平新时代中国特色社会主义思想和党的十九大和十九届二中、三中、四中全会精神作为首要政治任务,深入贯彻落实习近平总书记视察山西重要讲话精神。扎实开展“不忘初心、牢记使命”主题教育,领导班子带头严格尊崇党章,带头坚持民主集中制,“三重一大”议事决策制度得到有效落实。树立正确的选人用人导向,突出政治标准、担当作为选任干部,积极稳妥推进公务员职级并行,分批提任了 58 名正副处级领导干部,47 名公务员晋升了职级。注重发现和培养选拔优秀年轻干部,厅机关处级干部中“80 后”干部达到 14 名,干部队伍结构进一步优化。加强精神文明建设,获得省直文明单位标兵称号。加大激励干部担当作为力度,厅机关 9 名担当作为先进个人被提拔到处级领导岗位,进一步激发了广大干部干事创业的责任感和使命感。

(二)基层基础工作进一步提质升档。将加强“三基建设”作为强化组织领导、提升党员干部履职能力、夯实基础工作的重要抓手,着眼长效机制建设,修订完善 65 项管理制度。

积极开展效能建设,提升服务水平。调整更新了行政许可事项申请材料清单,全年初审行政审批事项619件,正式受理行政审批350件,办结274件,按时办结率、公示率、归档率、满意率均达100%,群众投诉举报为0,服务群众的能力和水平进一步提升。全面推进提升干部专业能力素质工程,培训安全监管执法人员1.5万人次。

(三)党风廉政建设成效进一步凸显。修订完善了党组落实中央"八项规定"实施细则并严格执行,将党风廉政建设纳入各处室、各直属单位年度目标责任考核主要内容。持续强化正风肃纪,突出抓好中央和省委部署的专项整治,全面实行廉政承诺,层层压实廉政责任。建立干部廉政档案,制定领导干部配偶、子女及其配偶禁业范围,开展经常性廉政提醒谈话和警示教育。重新排查梳理廉政风险点,制定防控措施,强化廉政风险防控。坚决整治形式主义、官僚主义,大幅压减会议、文件和督查检查,切实为基层减负,有效防范了"四风"反弹。

(四)深入开展"不忘初心、牢记使命"主题教育。厅党组把开展主题教育作为最重要的政治任务来抓,提高政治站位,细化工作措施,切实加强整改。坚持做到"四个到位",取得了阶段性成果。厅党组班子查找的21项问题,整改完成17项,其他需要长期坚持、持续推进的问题建立了长效机制,有效解决了一批制约全省应急管理、安全生产和防灾减灾救灾的难点痛点问题。

(五)积极推进法制建设和意识形态等工作。落实普法责任制,积极开展学法普法、"宪法宣传日""宪法宣誓"等活动。积极参与"平安山西"建设,把开展扫黑除恶专项斗争与行政审批、执法检查、信访举报等相结合,推进全系统扫黑除恶专项斗争。贯彻落实党组意识形态工作责任制,严把政治方向关、舆论导向关,建立完善了应急管理舆情信息共享、联合应对和处置工作协调机制。

二、强化安全监管,牢牢守护安全生产基本盘基本面

(一)以落实责任为核心,加强安全生产工作。全面实施党政领导干部安全生产责任制,推动全省11个市、110个县(区)落实了政府常务副职分管安全生产和应急管理工作,在全国率先明确了党委常委会及其成员责任清单、政府领导干部年度安全生产重点工作责任清单,进一步强化了对安全生产工作的组织领导。组织签订了安全生产和消防目标责任书。调整明确了部分行业领域安全监管职责,落实了省属五大煤炭集团煤矿属地监管责任。在各行业企业全面推行安全生产挂牌责任制,全省挂牌企业106万家,重点行业企业实现全覆盖。制订实施了煤矿矿长安全生产考核记分办法,自实施以来共对283名矿长进行考核记分,责令25名记分达到12分以上的矿长调离矿长岗位。

(二)以"三个专项行动"为抓手,防范化解重大安全风险。组织开展了高陡边坡隐患排查、护林防火专项督查和安全生产大检查三个"专项行动",排查确定隐患点4016个,消除治理高陡边坡隐患155处,对337个隐患点周边居民进行了搬迁;排查护林防火单位及站点1.3万个,发现和整改火灾隐患785条,处理相关责任人178人,刑事拘留森林火灾肇事者41人;安全生产大检查发现重大事故隐患896项,已整改749项,责令停产停业整顿企业1694家、暂扣吊销有关证照489个、关闭取缔企业410家,行政罚款3.86亿元。全省高危行业企业全部进行安全风险辨识,落实了风险管控责任。

(三)以深化重点行业领域专项整治为主线,持续推进打非治违。一是煤矿方面,持续推进瓦斯"三区联动"立体化抽采,累计抽采瓦斯47亿立方米。二是非煤矿山方面,治理地下矿山采空区2500万立方米,湿排改干排尾矿库22座,关闭不具备安全生产条件矿山35座。三是危险化学品方面,对涉及硝化反应、易制爆、空分装置企业进行全覆盖检查,推进189家危化品企业完成装卸车系统改造,搬迁两家人员密集区危险化学品生产企业。四是消防方面,组织开展专项整治,对有关大型商业综合体等火灾隐患单位进行了诫勉约谈。根据工作实际,还组织开展了商业综合体消防安全、防建筑物外围附着物坠落、防高空作业人员作业不系安全带、禁止餐饮场所直接使用燃气加热火锅"四个专项治理"。认真组织高危行业企业安全"体检",共体检"六类高风险"煤矿252座,氯碱、合成氨、剧毒等危险化学品生产企业153家,尾矿库196座,钢铁铸造企业506家。组织开展打非治违专项行动,严厉打击了安全生产领域非法违法生产经营行为,确保了"二青会"、庆祝中华人民共和国成立70周年等大型活动、重点时段的安全稳定。

(四)以加强安全生产基层基础为载体,不断提升本质安全水平。一是加大宣传培训力度。以"安全生产月"为载体,举办了安全生产宣传咨询日、防灾减灾日、"三晋安全行"等系列宣传活动;加强对企业主要负责人、安全管理人员和特种作业人员"三项岗位"人员的培训考核,指导全省应急管理系统培训企业主要负责人和其他从业人员11.6万人次。二是推进信息化建设和科技强安工作。编制并实施山西省应急管理信息化规划,积极沟通协调业务相关单位,推进与气象、林草、水利等相关厅局间业务系统共享共用。在重点行业领域开展"机械化换人、自动化减人"智能化作业,科技强安专项行动,推进煤矿"四化"建设,实施"一优三减"。三是加强安全生产标准化建设。全省所有生产煤矿全部达到二级以上标准,其中160座达到了国家一级标准。危险化学品生产企业全部达到三级标准,11家达到二级标准。冶金工贸行业共有1815家企业达标,非煤矿山企业共有563家达标。

2019年全省共发生亡人事故640起,死亡762人,同比减少313起、308人,分别下降32.84%和28.79%。

三、强化顶层设计,不断健全完善应急管理体制机制

(一)初步建立适应省情的应急管理体系。提请省政府成立了省应急救援总指挥部和17个专项指挥部,出台了《关于推进应急管理体制机制建设的意见》。启动了全省预案体系

规划编制和省突发事件总体应急预案、专项预案修订工作。建立了省级预案专家库,成立了应急指挥专班。建设完成安全监管执法、指挥救援信息系统和危险化学品风险预警系统,实现应急指挥骨干网络视频调度系统省市县三级贯通。

(二)覆盖全省全域的应急救援力量基本形成。制定了《加强应急救援队伍建设的意见》,报请国家在山西省常驻森林消防队伍,全省共建成以综合性消防救援队伍为骨干力量的应急救援队伍 1479 支,指战员 134843 人。起草了山西省航空救援体系建设方案,航空救援体系建设取得积极进展。基本构建了国家综合消防救援队伍为骨干,专业救援队伍为重点,社会救援队伍为补充的应急救援力量体系。加强实战化应急演练,协调组织以各级政府部门为主导的自然灾害、事故灾难应急演练 360 多场,企业、单位 13700 多场,提升应急救援能力。

(三)有效应对处置了事故灾害灾难。建立了 24 小时厅领导带班值守制度,每日调度会商,节假日和重要时段每天视频调度各市应急工作,遇到突发事件随时准备赶赴现场指导应急处置。充分发挥应急管理部门综合优势和有关专业部门专业优势,不断健全完善应急协调联动机制,强化协同配合,先后处置了乡宁“3·15”山体滑坡,沁源“3·29”森林火灾,平遥二亩沟煤矿“11·18”重大瓦斯爆炸事故等自然灾害、事故灾难。特别是乡宁“3·15”山体滑坡救援和沁源“3·29”森林火灾扑救,受到应急管理部和省委、省政府的充分肯定,表现突出的 42 个先进集体和 193 名先进个人受到表彰。

四、强化预防救助,全力做好防灾减灾救灾工作

(一)提升全省自然灾害防治能力。贯彻落实习近平总书记“两个坚持,三个转变”防灾减灾救灾新理念,建立了自然灾害防治工作厅(局)际联席会议制度、自然灾害责任制度、监测预警制度、省级救灾物资调拨制度等制度,积极推进九项重点工程建设,提升全省自然灾害防治能力。

(二)有效开展监测预警。推进建立自然灾害监测预警制度,与省水利厅、消防救援总队、交管局、能源局、地震局等部门的监测监控系统实现了互联互通、资源共享。建立防汛抗旱、抢险救灾、自然灾害防治工作厅(局)联席会议,组织召开主汛期气候趋势预测暨防汛形势分析、全省防汛抗旱工作等自然灾害类专题会商会议 20 余次,多次召开风险会商会、全省电视电话会议进行会商研判预警,安排部署重点时段灾害防治工作,保障了全省安全度过汛期。

(三)积极开展灾害救助。13 次派出省级工作组深入重灾县核查灾情和调研,积极争取国家抗旱救灾资金 4.29 亿元,对受灾群众进行生活救助。全省投入各类抗旱工程设施 6.9 万处(眼),全年累计完成灌地面积 2805 万亩次。通过多种方式累计缓解 32.2 万人、12.8 万头大牲畜因旱临时性饮水困难,抗旱减灾效益显著。

(韩赞勇)

附:省应急管理厅党组书记、成员名单

书　记:薛军正

成　员:彭建宏　武福玉(5 月离职)　王天庆　杨振中　曹天胜　邓维元　张震海

省审计厅党组

党组书记　王　亚

2019 年,省审计厅党组以习近平新时代中国特色社会主义思想为指引,全面贯彻落实党的十九大和十九届二中、三中、四中全会精神,联系山西审计工作实际,坚持“三个一点”工作理念,落实“四精”审计要求,依法忠诚履职,各项工作在对标一流、争先进位中又取得新进展新成效。

一、深化理论武装,着力提高“两个维护”的能力和实效

(一)强化理论学习。坚持把学习贯彻习近平新时代中国特色社会主义思想和党的十九大精神,与学习贯彻习近平总书记视察山西重要讲话精神结合起来,与学习贯彻省委十一届八次、九次全会精神贯通起来,做到融会贯通、学以致用、全面覆盖,全年召开党组(扩大)会、中心组学习会 46 次,研究提出贯彻措施 36 条。

(二)对标对表落实。对标总书记对山西工作提出的总体要求和五项重大任务,坚持把党中央、国务院关于脱贫攻坚、减费降税、“放管服”改革、清理拖欠民营企业账款、稳就业、防范风险、生态环境保护等重大决策部署嵌入各专项审计中,推动重大决策部署的贯彻落实。

(三)指导推动工作。通过“改革创新、奋发有为”大讨论,对照“六个破除”,着力破除制约审计事业发展的思想藩篱和行为习惯,查找问题 18 个、制定整改措施 30 多项,审计发展质量和效益同步提升;认真开展“不忘初心、牢记使命”主题教育,召开 10 次党组会研究部署和推动落实,举办 7 次学习研讨,学以致用的能力和水平不断提高。

二、加强政治建设,持续推进全面从严治党向纵深发展

(一)扛牢管党治党主体责任。制定党组全面从严治党责任清单、党组政治监督责任清单和党组意识形态工作责任制

实施办法，制定工作方案和分工安排意见，21 次研究部署，推动主体责任落实落地；扎实推进省委巡视整改精准到位，把巡视组提出的 4 大类意见细化分解为 31 个具体事项，针对性提出 70 项整改措施。

(二)一体推进党风廉政建设。健全完善领导班子成员党风廉政建设主体责任落实情况向驻厅纪检监察组报告、审计廉政风险防控、廉政承诺、明查暗访、审计回访等制度，梳理风险点 35 个，现场检查审计项目 121 个，为 157 名处级以上干部建立廉政档案。

(三)打好作风建设攻坚战持久战。集中整治形式主义、官僚主义，认真开展"8+5"专项整治，列出整改事项 31 个，开展警示教育 6 次，批评教育、函询约谈 3 人。

三、依法忠诚履职，切实发挥"经济体检"作用

(一)重大政策落实跟踪审计方面。把推动国家和省重大政策措施落实到位作为首要政治任务，密切跟踪、持续跟进，抽查单位 2188 个、项目 1338 个，发现问题金额 113.93 亿元，促进统筹使用资金 2.45 亿元，促进清理拖欠民营企业账款 10.11 亿元，保障了重大政策措施落地见效。

(二)财政审计方面。贯彻绩效审计理念，坚持"数据先行"，对 16 个省级部门 2018 年度预算执行情况进行了审计，延伸审计二、三级预算单位 165 个，涉及预算资金 106.01 亿元，揭示反映预算编制、收入征管、预算分配等方面的问题，促进了财政预算管理改革。

(三)民生审计方面。坚持以人民为中心的发展思想，聚焦打好脱贫攻坚战，对 32 个贫困县开展扶贫审计，发现问题金额 13.57 亿元，移送处理事项 171 件，盘活扶贫资金 1.03 亿元，追回被侵占挪用资金 2410.68 万元，促进政策落实 14 项，完善规章制度 20 项，处理处分责任人 84 名，扶贫审计的经验做法在全国审计系统进行推广交流；对 32 个县惠农补贴"一卡通"管理使用情况进行了专项审计，查出问题金额 6.45 亿元，移送案件线索 40 起；对全省养老保险基金进行了审计，发现隐瞒冒领、重复领取和违规发放养老保险金问题。

(四)政府投资审计方面。坚持突出重点、加大力度、确保质量，对黎城至长治高速改扩建、二青会筹备工作等 6 个投资项目进行审计，核减投资额 1.5 亿元。对太原、晋中、临汾 3 个市保障性安居工程进行了跟踪审计，追回和盘活资金 8965.11 万元、收回和加快分配住房 550 套，移送违纪违法问题线索 15 件。同时，还对亚行、世行 7 项国外贷援款项目进行审计，发现问题金额 4.26 亿元。

(五)国企国资和金融审计方面。坚持把防范重大风险隐患作为重中之重，集中技术力量开展对省属九大企业、10 户金融企业资产负债情况和全省 199 家国有控(参)股地方金融及类金融机构经营状况的审计调查，全面反映基本状况，深入揭示重大风险和突出问题，推动了国企国资改革持续深化。

(六)资源环境审计方面。认真执行领导干部自然资源资产离任审计规定，制定全省工作方案，对 18 名县委书记、市(县)长开展了审计；聚焦打好污染防治攻坚战，开展全省大气环境保护和污染防治专项审计，抽查大气污染治理项目 546 个，查出违规资金 22.6 亿元，揭示反映突出环境问题，推动生态文明建设。

(七)经济责任审计方面。坚持党政同责、同责同审，聚焦经济责任，创新"经济责任审计 +"模式，实行"五个同步审"，对 80 名省管领导干部开展经济责任审计，查出主要问题金额 302.58 亿元，促进领导干部依法行政、履职尽责、干净干事。

(八)严肃揭示重大问题线索方面。共报送各类审计报告、专题报告、信息等 254 篇，领导批示 91 篇次，提出建议 645 条，推动建立健全规章制度 24 项。移送问题线索 129 件、106 人，涉及金额 28.39 亿元。同时，还选配 100 多名审计业务骨干配合纪检监察、巡视等部门查处了一批案件线索。

四、创新审计管理，全面提高审计监督效能

(一)积极推进"两统筹"。一是抓计划统筹。加大横向沟通融合，与太原特派办建立了联席会议制度、沟通协调和成果共享机制；强化纵向联动协作，加强不同类型审计项目融合衔接，实行"1+N"项目管理，避免交叉重复审计。二是抓项目实施。统筹整合市县审计机关、内部审计人员和社会审计力量，对统一组织项目运用"上审下""联合审""交叉审"等方式，做到"一审多项""一审多果""一果多用"。三是抓成果利用。完善审计情况通报制度，加强项目之间数据、资料、信息、成果、报告互通共享、综合利用、整体分析。

(二)大力实施科技强审。一是扎实推进金审三期建设。出台金审工程三期项目市县建设意见，制定建设指南、省级数据定期报送制度等，加快部署推进。二是提升大数据审计能力。出台《推广运用数据化审计模式的意见》，进一步完善数据采集和定期报送机制，加大相关行业和领域数据集中力度。三是推动大数据深度实战应用。在预算执行、社保、企业、金融等审计中开展数据挖掘与分析，设计 40 多个数据分析模型，增加大数据对审计工作的贡献率。

(三)抓紧抓实审计整改。一是加强审计整改工作。认真贯彻省政府"点办理、批处理"工作制度，对审计发现的典型性、普遍性、苗头性问题，向省政府提出整改工作建议，列入省政府"13710"系统重点督查督办。二是研究源头治理机制。坚持标本兼治，既抓具体问题的整改，又注重从体制机制制度层面提出整改建议，促进制定完善规章制度 267 项。三是整改取得扎实成效。逐条对审计查出问题的整改情况进行跟踪督促检查，有关地方、部门和单位通过上缴国库、补征税款、收回贷款和结转结余等方式整改 24.53 亿元，问责处理 120 多人次。

(秦　旭)

附：省审计厅党组书记、成员名单

书　记：王　亚

成　员：宋世华　姚安政　南春林　王银燕(女)
李建国　芮辰文

省政府外事办公室党组

党组书记　武绍忠

2019 年，在省委坚强领导下，省政府外事办公室党组坚持以习近平新时代中国特色社会主义思想为指导，全面贯彻党的十九大精神和十九届二中、三中、四中全会精神，深入贯彻习近平总书记外交思想和“三篇光辉文献”精神，紧扣中央和省委省政府决策部署，落实新时代对外工作要求，在配合国家总体外交、服务山西经济社会发展、维护改革发展稳定中作出积极贡献，顺利推动山西外事昂首踏上新的时代征程。

一、加强统筹协调，党对外事集中统一领导坚强有力

省外事办始终坚持政治统领，贯彻省委外事委第一次会议“三个主动”的思路和要求，召开全省外事工作会议全面安排，市县党委、政府梯次研究落实，实现统一思想全覆盖、凝聚共识总动员、部署任务一盘棋。坚决贯彻中央部署，扎实推进党对外事领导体制改革，省委外办实体化运行，省政府外办设立 3 个国际地区处，各市县党委成立外事委，11 市外办机构单设，体制改革走在全国前列。着力健全工作机制，提请印发省委外事委工作规则和省委外办工作细则，制定出台履行双重领导职责、综合交流协调机制、定期报告工作 3 个实施办法，部署展开驻外机构党建调查摸底，党的集中统一领导在外事领域根深叶茂。加强督导检查力度，省委外事委年度工作要点督导落实成效明显，外事领域重要改革任务纳入省委改革台账高位推进，外事工作列入各级党政领导班子考核内容强力推动，市县党委自觉履行主体责任的政治站位普遍提升，省外事办统筹协调各方力量、集中调度各地资源、服务开放发展大局的地位作用充分彰显。

二、围绕重点方向，配合全方位外交布局积极主动

一是助力推动中欧全面战略伙伴关系。习近平主席 2019 年首访赴欧洲三国前夕，省外事办积极参加由中法联合主办的“光影流年——中法友好故事会”活动，通过讲述法国前总统戴高乐、蓬皮杜及家人的中国情缘和山西故事，为配合元首外交贡献山西力量。落实习近平主席出访成果，全力保障省领导出访法国、意大利等国家，协助举办中国(山西)·欧洲企业合作签约见面会、中国(山西)国际煤机合作洽谈会、“平遥电影展在巴黎”等活动，促成“一带一路”框架下多领域交流合作协议，与法国塞纳马恩省、意大利曼托瓦省建立友好关系，为中欧伙伴关系提质升级注入山西动力。

二是助力构建健康稳定的大国关系框架。聚焦深化中俄新时代全面战略协作伙伴关系，利用中俄建交 70 周年有利契机，积极参与双方地方合作交流年活动，邀请俄罗斯 8 个州市政府和企业家代表出席山西品牌丝路行(俄罗斯站)，促进地方间经贸、文旅、友城合作向纵深推进。围绕应对中美关系变局，圆满完成美国驻华大使访晋接待任务，出席中美友城大会暨纪念中美建交 40 周年庆祝活动，推动落实与爱达荷州政府战略合作框架协议，努力激活与田纳西州友好省州联系，加强与犹他州可持续发展委员会协作，通过深化地方政府和民间交往，有力策应对美外交斗争。

三是助力践行亲诚惠容的周边外交理念。圆满完成书记、省长出访韩日，成功举办韩国全罗南道“山西日”、经贸与人文合作恳谈会等活动，与全罗南道建立省道人大和议会定期交流机制、签署发展未来五年省道友好关系框架协议，与山西首个国际友城日本埼玉县就打造中日地方合作典范达成共识。顺利接待中国—东盟中心女外交官代表团、新加坡驻华大使等 22 个团组，积极推动与新加坡酷航开通直航、五台山机场与柬埔寨开通包机等合作项目，不断深化同周边国家的互利合作和互联互通，积极配合构建更加友好、更加有利的周边环境。

三、提升外事功能，服务山西经济社会发展精准到位

一是推动高层互访引领发展。精心服务 13 位省领导出访 31 个国家，圆满完成捷克前总理等 140 个国家和地区代表团 94 批次 1974 人次外宾接待任务，安排省领导外事活动 62 批次 1837 人次。在密集的对外交往中广泛宣介山西省“示范区”“排头兵”“新高地”三大目标、黄河长城太行三大旅游板块、打造“六最”营商环境等重大部署，积极开拓多元化国际市场、促进能源革命国际合作、争取转型发展外部支撑，仅省主要领导出访就促成 60 多项合作协议，成为首个与国际能源署共同发表合作意向的省份。

二是搭建开放平台牵引发展。成功举办新中国成立 70 周年首场外交部山西全球推介活动，134 个国家和国际组织的 230 多位外交使节和代表、120 多位中外记者、53 名国际知名中外企业代表及中央和地方有关部门代表 500 多人出席，山西是首个在推介活动期间签约的省份。引深推介活动成果，印发 9 个语种外宣册，向驻外使领馆提供《山西优秀产品推介册》，接待美国等 14 国驻华大使和 6 批外媒来访，推动德国拜仁太原足球学校在全国率先奠基。共同举办 2019

太原能源低碳发展论坛,协助承办习近平主席贺信、韩正副总理出席并发表主旨演讲、外交部新增为主办单位等报批工作,邀请接待22个国家和地区的216名外宾,促成签署能源领域合作项目及协议等65项,论坛的国家级、国际性、专业化全面提升,国际能源领域的高端对话、科技成果发布、国际合作对接平台成功搭建。

三是建强友城渠道支撑发展。印发国际友好城市工作管理办法,以省主要领导名义向友好省州致结好贺信,举办友好交流图片展等活动,启动友好省州来晋留学生奖学金项目,举办"点亮儿童未来"全球庆祝山西站活动。建立海外联系单位和联系人21个,新增友好城市8对、友好合作伙伴27对,连续两年实现高位增长,与26个国家58个地方政府建立国际友城关系,与48个国家110地方政府建立友好合作伙伴关系,山西的朋友圈遍布五大洲,连续4届被全国对外友协授予"国际友好城市交流合作奖"。

四是坚持外事为民服务发展。严格执行因公临时出国政策规定,在严控党政干部出访的同时,积极引导推动经济高质量发展等重点团组出访,其中市场主体出国计划2005批5717人次,占74.42%,同比增长86.8%。推进"放管服效"改革,出台《推行"同步办照"和"照随人走"的实施细则》,会同省财政厅建立网上一站式经费审批程序,为山西焦煤、太原重机、山西国际能源三家国企申请授予一定的出访来访审批权,APEC卡申请办理稳步提升,企业自主"走出去"渠道畅通有效。

五是服务三大攻坚保障发展。坚持总体国家安全观,发挥防渗透等涉外机制作用,举办外交部领保进校园等活动,赴埃塞俄比亚等非洲6国进行领保巡检,审核展会等30批,妥处领保和涉外案(事)件49起。践行"两山"理论,与韩国全罗南道签署生态环境交流协议,促成每年选派环保研修生赴日本埼玉县学习交流,推动环保技术领先的韩国洁宜特公司入驻阳泉"中国纳谷产业园"。助力脱贫攻坚,协助多个国际组织开展义诊帮扶,组织扶贫点小学生参加中国儿童基金会的活动,法国依视路集团等捐赠总价值约1000万元。

四、夯实发展基础,机关自身建设水平稳步提升

严格执行新形势下党内政治生活若干准则,高质量召开专题民主生活会和组织生活会,不断提高政治觉悟和政治能力,增强"四个意识"、坚定"四个自信"、做到"两个维护"。落实"两个责任",及时传达典型案例通报,积极办结纪检案件,完成文件会议减少1/3的目标,研究"三重一大"事项17次,严格个人事项申报、述职述廉和干部选任"六查",巡视整改受到省纪委监委充分肯定。着力加强思想建设,深入开展主题教育和大讨论活动,中心组集体学习研讨22次,落实领导干部上党课制度,积极开展"政治生日"活动,邀请省直有关部门领导作专题讲座,形成7个制度性成果,指导各市在晋鲁外事合作框架下建立11对市级伙伴。提高干部队伍能力素质,选派7名优秀干部深入脱贫攻坚第一线摔打磨练,组织赴外交学院培训等10批477人次,选拔调整招录和职级套转晋升80人次,推荐中外人文交流专家1人,2名同志被省委评为全省"担当作为表现突出的干部",办机关连续9年被评为省直文明单位标兵。

(魏正尧)

附:省政府外事办公室党组书记、成员名单

书　记:武绍忠

成　员:梁淑娟(女)　张　源　秦　杰

省国有资产监督管理委员会党委

党委书记　郭保民

2019年,省国资委党委坚持以习近平新时代中国特色社会主义思想和党的十九大精神为指导,深入学习习近平总书记视察山西重要讲话精神、党的十九届四中全会及省委十一届八次、九次全会精神,全面贯彻中央和省委、省政府的重大决策部署,将全面从严治党贯穿于稳增长、优布局、促改革、控风险、强监管各项工作,扎实推动改革任务梯次展开、纵深推进、全面落地,重点领域和关键环节不断取得新进展和新成效。

一、全面从严管党治党,高质量党建保障改革政治方向

一是把党的政治建设摆在首位。坚持把习近平新时代中国特色社会主义思想贯彻到领导班子建设全过程,持续增强"四个意识"、牢固树立"四个自信"、坚决做到"两个维护"。制定了2019年党建工作要点,与省属企业签订了《省属国有企业党委党建工作目标责任书》,建立了党建工作调研督导制度。加强和规范重大事项请示报告工作。

二是扎实开展"不忘初心,牢记使命"主题教育。始终把握"十二字"总要求,紧扣"五句话"目标,切实做到"四个措施贯穿全过程",既要让全系统干部强化学习提升工作,更要将重心放在查找问题、整改落实上。重点围绕中央提出的专项整治8个方面突出问题和省委提出的5个需要整改落实的工作,紧扣国企实际开展整改,形成了领导班子和领导干部个人问题清单5个,梳理出各类问题238项,形成为民服务清单11项。

三是扎实开展"改革创新、奋发有为"大讨论工作。将大讨论作为开年开局头等大事,党委会五次专题研究指导,紧

扣十个关键环节,迅速在全系统掀起大讨论热潮,组织专题学习研讨1.6万余场、21.4万人次,集中培训基层党支部书记977场、2.1万人,召开国企建言献策会议3000余场,收集意见建议2.5万条。通过大讨论,国资系统在改革意识、创新精神、扩大开放、市场理念、工作标杆、作风建设等方面,发生了根本性变化,改革转型自觉性明显增强。

四是全面加强队伍建设。出台企业领导人员容错免责实施意见,鼓励大胆改革创新,营造锐意进取、勇于担当、积极作为的创业氛围。制定了2019年人才工作要点,实施人才强企行动,建立省委联系专家重大事项报告制度。扎实开展统战工作和精神文明建设,认真落实老干部工作“五化”的标准,全面做好离退休人员管理工作。

五是全面推进“三基建设”。制定了《山西省国资委“三基建设”工作领导小组2019年度重点工作任务清单》,明确提出9方面21项具体工作任务和工作要求。加强基层党组织标准化、规范化建设,推进国资系统“三基建设”示范点工作,制定下发基层党组织书记轮训管理办法,全年培训省属企业基层支部书记400人次。开展提升基础工作专项行动,全面开展效能评估,以机关五大提升工程为抓手,激励干部职工加强自身建设,提升工作标准,对标一流,争先创优。制定《2019年度干部职工培训计划》,实施国有企业管理人员思维创新工程,举办各类培训班6个,培训相关工作人员400余人次。建立国资系统“三基建设”重点工作任务提醒卡制度、省国资委党委委员工作联系点制度等多项制度,切实推动各省属企业“三基建设”水平整体提升。

六是全面抓好意识形态工作。切实落实党委书记第一责任人和党委领导班子对意识形态领域工作的主体责任。建立网络意识形态领域形势研判机制,进一步提高分析研判质量,有效落实网络意识形态工作责任制。强化舆情监测处置,全年处置舆情共计28件。

七是全面加强党风廉政建设。落实反腐败工作的常态化制度化长效化机制,将省属企业全面从严治党、党风廉政建设、反腐败工作以及领导班子成员履行“一岗双责”情况列入年度党建工作目标责任制考核评价体系。强化政治监督,畅通落实办理、请示报告、调查研究、巡视巡察等常态化工作机制,为政治监督扎实有效开展提供坚强保证。整治职工群众身边的腐败和作风问题,认真做好省纪委移交问题线索的核实处置工作,坚持以案促改,举一反三。启动国资委党委对委管企业的首轮政治巡察,聚焦政治立场政治生态,发现问题、形成震慑。开展“作风建设整治年”活动,大力整治形式主义、官僚主义,从严查处顶风违纪的案件。深入开展“违反中央八项规定精神突出问题”自查自纠工作,发现违反中央八项规定精神问题5项,已整改落实5项。

二、主动担当积极作为,高标准落实各项重大决策部署

一是扎实开展能源革命试点。结合改革“8.42”重点工作,进一步细化能源革命方案。省属煤炭企业关闭退出煤矿12座,退出产能1460万吨。大力发展先进产能,省属煤企先进产能占比已上升到73.7%,高于全国平均水平。大力推进煤炭清洁高效开发利用,积极布局煤基高端精细化学品项目,推动煤电联营,省属电力企业加快建设大容量、高参数火电机组,并以股权合作方式,实现了晋电苏送。同时积极发展风电和光伏发电,推进电力结构向新能源发电升级,电力装机超过7000万千瓦,其中新能源发电占比超过10%。

二是扎实推进交办任务落实。太原低碳论坛期间,高质量组织布置了58个展览项目,高质量完成接待任务300余人,超过接待总数的三分之二,高质量完成项目签约18个,占总签约数四分之一。扎实推动服务民营经济工作,组织省属企业偿还拖欠民营企业、中小企业账款31亿元。落实国务院互联网+督查平台交办问题2个,切实解决人民群众的实际困难。

三是扎实开展污染防治攻坚战。成立了由主要领导为组长的打赢污染防治攻坚战领导小组,督导各企业制定了攻坚行动方案,加快城市建成区重污染的省属企业搬迁改造或关闭退出,推动实施一批水泥、平板玻璃、焦化、低端化工等重污染省属企业搬迁工程,建立起环保一票否决的考核制度,进一步引导国有资本加大对污染防治的投入。

四是扎实开展企业安全生产工作。每月召开省国资委安委办工作例会,督促省属企业全面落实安全生产责任和管理措施。贯彻落实“三个专项行动”部署要求,班子成员分赴企业基层一线,对安全生产薄弱环节和关键岗位进行检查。配合主管部门,对国务院安委办和省政府挂牌督办的三户存在重大火灾隐患的企业进行现场督导。以企业领导人员与领导班子任期目标考核和经营业绩考核为抓手,将安全生产纳入领导干部经营业绩考核中,实施“一票否决”,督促省属企业严守“三个底线”,以“四铁原则”狠抓安全生产。

五是全面提升法治工作水平。完善国资监管法规制度体系,深入推动省属企业总法律顾问制度建设,15户省属企业配备了总法律顾问,13户在企业《章程》中明确总法律顾问为董事会聘任的高级管理人员。调整优化权责清单,强化从管企业向管资本转变,进一步加大授权放权力度。加强规范性与合法性管理,健全完善国资委重大决策合法性审查机制,制定了《山西省国资委法律顾问工作规则》,加强信息公开平台建设,实现阳光监管。

六是全面做好综合治理风险防范工作。持续推动阳光信访、责任信访、法治信访建设,制定了《省属企业信访工作考核办法》,开通信访信息系统端口371户,覆盖24户省属企业和重点二级企业。以能源领域重点企业为突破口,扫黑除恶出重拳,设置了专项斗争独立办公室,建立完善涉黑涉恶线索、乱点整治排查工作制度和报表台账,确保专项斗争与中央、省委部署。扎实做好中直、省属企业军转干部工作,召开军转干部解困工作专题会议,配合省退役军人事务厅完成企业军转干部各项补助的申请、发放工作。

三、不忘初心攻坚克难,高起点谋划改革走实走深走细

一是改革顶层设计持续加力。制定了《2019年国资国企改革行动方案》,梳理出重点改革任务清单,扎扎实实推动国资国企改革往深里走、往实里走、往细里走。国资国企改革的深入夯实了企业发展基础,省属企业经济指标持续向好。2019年,省属国企资产总额达到3.17万亿元,同比增长7.32%;净资产8290亿元,同比增长15.77%;累计实现营业收入1.38万亿元,同比增长2.76%;实现利润324亿元,同比增长5.15%;上交税费933.3亿元,同比增长9.91%,为山西省经济的转型发展作出了积极的贡献。

二是国资监管体制不断完善。制定了"一方案、两清单"(《改革国有资本授权经营体制实施方案》《权力和责任清单》《授权放权清单》),起草并上报了《山西省推进国有资本投资、运营公司改革试点实施方案》,建成国资监管三大信息化平台,建立常态化工作约谈机制,开展了建设项目等专项审计。提高国资审核审批效率,即报即办,急事特办,全年高效审批股权转让、重大投资、腾笼换鸟等项目31个。

三是国有资本布局加快调整。在全国率先构建全省域国有资本布局结构统计监测体系,对省属国企产业目录实行动态调整,精准推动国有资本向能源革命方向进军、向新兴产业方向集结、在公共服务领域优化。加大重点领域重组整合,燃气集团重组全面完成,高端现代化工公司完成股份制改造,民爆集团完成股权多元化改革,组建通用航空公司。制定了省属企业高质量转型发展行动计划,组织省属煤炭企业在7个新兴产业领域谋划了25个转型项目,规划总投资约730亿元。制定完善省属国企科技研发人员激励机制指导意见,激发科研人才活力。

四是混合所有制改革实现破冰。制定出台《省属企业混合所有制改革操作指引》等相关制度。集团层面混改实现突破,建投集团与中国中铁签订合作协议,汾酒股份引入华润集团参股,太重集团等3户企业首次被列入全国国企混改试点名单。子分公司混改持续加力,建立混改项目库动态调整机制,升级刷新混改项目到145个,已有29个项目达成协议,3个项目完成交易,涉及金额近9亿元。推动省属企业开展资本运作,大地国际在H股成功上市,汾酒集团资产证券化率超过92%,完成整体上市,实现两个零的突破。建立了上市(挂牌)后备资源库,纳入107家企业,筛选出20家企业重点辅导。

五是历史遗留问题加速解决。截至2019年底,全省中央下放企业维修改造平均进度78.56%,财政补助资金到位率72.09%,资金支出率88.66%;企业办教育机构完成83.94%;企业办医疗机构完成90.23%;企业办市政设施完成87.28%;社区管理机构完成100%;国有企业办消防机构分类处理在2018年底已全面完成。稳步推进厂办大集体改革,已完成368户的厂办大集体改革工作,安置职工36469人。推进国企离退休人员社会化管理,同煤集团、阳煤集团已将16万名退休人员全部移交属地。省属企业已处置"僵尸企业"115户,已减少法人户数1000余户。

六是企业经营机制继续优化。召开考核指标听证会,建立经营业绩考核动态监测制度;"一企一策"开展经营业绩考核,组织实施目标任务完成情况第三方评估。制定省属企业上市公司实施股权激励的意见;推进工资决定机制改革,开展工资总额弹性调整机制试点。开展职业经理人试点,已有68户企业选聘职业经理人90名,其中集团层面2户企业选聘2名;选择大地控股公司开展经理层整体市场化选聘试点。

七是现代企业制度持续完善。制定开展落实董事会职权试点工作实施意见,配套制定外部董事履职规程,向22户省属企业派出专职外部董事45名,覆盖面超80%,10户企业外部董事占比过半。推动省属国企完善经理层议事规则,激发经理层活力,充分保障经理层经营自主权。

八是重大风险防范更加扎实。成立了防范化解重大风险领导小组,制定了防范化解重大风险攻坚战行动方案,制定了投资风险监督管理办法和投资负面清单。成功处置高速公路债务,平移政府债务2600亿元,每年节约财务费用30亿元。健全监测预警和早期干预机制,省属国企债券兑付提前15天预警,全年兑付到期债券1718亿元,未发生一笔违约事件,山西国企被列为全国信用度最好的板块。

九是扶贫攻坚决战决胜。先后6次召开党委会、委务会,主要负责人亲自部署安排,确保省委省政府脱贫攻坚决策部署落到实处。制定了省属企业扶贫年度行动计划和考核整改工作方案,会同11部门共同印发了《山西省多渠道拓宽贫困地区农产品营销渠道实施方案》,组织10户省属企业在右玉召开省属国企支持和推动右玉高质量发展推进会,进一步深化企县合作帮扶。项目辐射带动贫困村累计达1014个,辐射带动生产基地累计达75.6万亩,圆满完成年度目标任务。

(王翠翠)

附:省国有资产监督管理委员会党委书记、副书记、委员名单

书　记: 郭保民(12月离职)
冯志君(12月任职)

主持日常工作的副书记: 马　进

副书记: 王志清(4月离职)
韩珍堂(10月任职)

委　员: 张宏永　韩珍堂(10月调职)
张红谱　王斗留　贠　钊
高春毅

省市场监督管理局党组

党组书记　张九萍

2019年是省市县三级市场监管部门组建后，在新的体制下平稳运行、在新的起点上开拓进取的一年。省市场监管局党组有序推进机构改革、千方百计服务发展、全面加强市场监管，全省市场环境持续优化、安全形势稳中向好、质量水平不断提升，实现了起好步、开好局的目标，展现了新机构的新作为。

一、坚持从严治党，党建工作取得新成效

一年来，省局党组坚持把加强党的全面领导和党的建设贯穿于市场监管各方面、全过程。

一是深入推进"改革创新、奋发有为"大讨论，发挥党建引领作用，推动省局机关各级党组织和全体党员解放思想、对标一流。高标准高质量完成了动员安排、学习讨论、召开民主生活会和组织生活会、先进典型报告会、立足岗位作贡献、支部总结交流六项重点任务。二是深入开展"不忘初心、牢记使命"主题教育，将学习教育、调查研究、检视问题和整改落实四个环节贯穿始终。开展了革命传统教育、形势政策教育、先进典型教育和警示教育，全局共开展学习研讨418次，102名领导干部参与调研，最终形成领导班子问题清单并全部整改完成。制定专项整治整改工作实施方案12个，牵头开展食品药品安全聚焦民生领域侵害群众利益突出问题专项行动，省局"围绕更好保障群众舌尖上的安全，重点彻查农村市场过期食品等服务行动"被确定为第二批主题教育活动中上下联动、深入推进的"三服务"的重点内容，在全省上下深入推进。省局在全省主题教育第一批总结暨第二批部署会上作了书面经验交流。三是全面加强党的建设，特别是全面加强机关党的政治建设，扎实推进党支部工作标准化规范化。与省委组织部联合召开非公党建工作推进会。切实加强班子和干部队伍建设，突出政治标准选人用人，推进职务与职级并行。加强能力建设，加大教育培训力度，共举办培训班34期，培训3821人次，省局机关实现干部培训全覆盖。四是加强党风廉政建设，制定《省局党组落实全面从严治党主体责任实施意见》《党风廉政建设和反腐败工作任务分解意见》，明确任务、压实责任。五是加强作风建设，深入贯彻落实中央八项规定精神和省委实施办法，排查出形式主义、官僚主义方面存在的6个方面14个突出问题，强化监督问责。开展民生领域腐败和不正之风专项整治，着力解决省局机关和直属单位侵害群众利益、影响公权力行使的不正之风，营造风清气正的政治生态。

二、督促发挥职能作用，展现市场监管工作新作为

(一)深化准入改革，市场主体迸发新活力。一是注册更便捷，在全国率先取消名称预核准环节、大幅压减申请材料，全省企业开办时间压缩至3天。出台措施解决"被股东"等问题，实现"一照多址"、企业注销"一网通办"。截至2019年底，全省市场主体达到257.6万户，其中企业67.9万户，新登记市场主体连续5年保持两位数增长，商事制度改革工作入选"党的十八大以来山西转型发展重大举措及成果"。二是审批更高效，工业产品生产许可证由24类压缩至10类。省局驻政务中心服务窗口综合考评排名第一。三是服务更精准，建立入企服务常态化机制，认真开展"三服务"活动。示范区局推行"同区通办""银政联合"。

(二)强化竞争执法，市场秩序得到新改善。一是推进公平竞争审查，省市县三级政府和部门全部建立内部审查工作机制。二是加强行刑衔接，与检察、公安、药监等部门建立执法互动、以块为主、条线支撑的联动机制。三是加强执法办案，立案查处垄断案件8起、价格违法案件98起、传销案件16起。省局建成互联网广告监测系统，朔州建成全省首个省级广告产业园区；查处广告违法案件432起，长治市局查办罚款百万元虚假广告案件。开展"网剑"行动，查处网络经营违法案件224起，大同市局查办侵害个人信息等多起新型涉网案件。整治"保健"市场乱象，立案查处393起。整治"认证检测乱象"，立案查处违规案件24起。

(三)有效管控风险，安全监管作出新努力。一是加强食品药品安全监管，省委、省政府印发《深化改革加强食品安全工作的实施方案》《党政领导干部食品安全工作责任清单》《改革和完善疫苗管理体制的实施意见》。省局出台落实食品生产企业和小作坊主体责任的制度措施。圆满完成全国保健食品生产企业体系检查试点任务。全省食品安全抽检11.4万批次，同比增长65.4%，运城、阳泉提前一年完成国家每千人4批次食品抽检指标。全省校园食堂"明厨亮灶"率达93.6%，高校食堂实现全覆盖。省纪委监委牵头抓总，深入开展整治食品药品安全问题联合行动，全省农村市场过期食品问题、中药饮片和医疗器械等领域问题得到有效整治。省局公布食品药品违法典型案例10起，吕梁市局与公安部门联合查获重大涉嫌假冒名酒案。二是加强特种设备安全监管，开展安全隐患排查，责令限期整改984家。全省电梯责任险投保率达到35.2%。太原实现气瓶"一瓶一码"信息化溯源管理。三是加强工业产品质量安全监管，省局对1.29万批次产品实施监督抽查，发现5.71%的不合格产品。就质量问题开展行政指导、行政约谈，督促地方政府和企业落实责任。四是加强消费维权，完成原工商12315等"五条热线"物理整合，受

理消费者咨询投诉举报 11.5 万件。首次开展缺陷消费品召回工作。省局与省农业农村厅联合制定 8 个涉农示范合同文本。

(四)推进质量提升,标准试点实现新突破。一是扎实推进国家标准化综合改革试点建设,顺利通过国标委中期评估。省政府召开第二次推进会,印发《推进标准化工作改革发展 2019—2020 年行动计划》《加快推进和全面深化国家标准化综合改革试点工作的通知》。在全国率先发布 13 项职业农民评价标准和乡村旅游示范村建设系列标准。省局制修订《地方标准管理办法》等制度,标准化工作经费纳入市县财政预算,组织第一届山西省标准创新贡献奖评选活动。二是深入推进质量提升行动,省政府召开推进会,大力开展"质量月"宣传活动。晋中设立 700 万元专项经费助力质量品牌发展。全省建成社会公用计量标准 1768 项,环境计量关键技术获山西省科技进步三等奖,煤基计量检测技术山西省重点实验室获批设立,填补了全国市场监管系统政府重点实验室空白。国家法兰锻件、耐火材料、不锈钢、煤层气质检中心正式成立,忻州建成山西省杂粮产品质量检验中心,质量技术基础进一步夯实。

(五)保护知识产权,激励创新打开新局面。一是鼓励知识产权创造,省政府印发《全面推进知识产权强省建设行动方案》。组织首届山西省专利奖评审。全省发明专利达到 1.42 万件,同比增长 10.43%;注册商标达到 17.3 万件,同比增长 33.27%。二是加强知识产权保护,开展"铁拳""蓝天"专项行动和地理标志专项整治,查处侵权案件 853 起。三是推动知识产权运用,出台省级专利权质押贷款资助实施细则,全省专利质押融资 2.75 亿元。召开全省地理标志助推产业发展精准扶贫交流推进会。四是强化知识产权管理,省政府出台《知识产权对外转让审查细则(试行)》。太重集团、亚宝药业获得国家知识产权示范企业称号,实现全省零的突破。五是促进知识产权服务,建成"专利数据分析系统",成为全国 5 个公共服务网建设省级试点之一。

(六)完善制度机制,监管效能有了新提升。一是推进体制改革,各市县局基本完成机构改革任务。省局在全省机构改革总结会上做了交流发言。二是加强法治建设,统一全省市场监管执法文书,推行行政执法公示、全过程记录、法制审核等三项制度。三是创新监管机制,省政府印发通知、成立领导机构,全系统"双随机、一公开"监管实现全覆盖,抽查比例达到 6.07%,高于总局 5%要求。开展部门"双随机"联合抽查 33 次,初步实现"进一次门、查多项事"。全省 2018 年度企业年报公示率名列全国第一。"一张网"归集公示各类市场主体信息 598 万条,列入严重违法失信企业名单 3.4 万户。获批总局企业信用风险分类管理试点,为 1385 户企业修复信用。四是重视宣传应急工作,省局出台舆情监测和应对处置等管理办法,召开新闻发布会 10 次,开展重大政策解读 21 次,营造了良好的舆论氛围。

三、加强精神文明建设,营造良好的精神风貌

及时成立局工、青、妇等群团组织。工会联合会为一名同志争取困难职工医疗救助 2 万元,争取红十字大病救助 5 人。完善省局机关志愿服务信息平台,培育壮大骨干志愿者和专业志愿者队伍,开展了"以送温暖、送文化、送健康、送新风"为主要内容的系列志愿服务活动;组织"博爱一日捐""送温暖献爱心"等公益活动;举办"改革创新谋发展、奋发有为勇担当"元宵联欢活动;组织参加 2019 年省直机关干部职工趣味体育比赛并取得优异成绩。同时做好老干部、老党员、困难党员走访慰问。省局机关和 26 个直属单位获得了文明单位表彰,其中,省级标兵单位 1 个,省直标兵单位 22 个,省直文明单位 5 个。

全省市场监管系统认真做好扫黑除恶、综合治理、财务审计、驻村扶贫以及离退休干部等工作,建立督查督办工作机制,站所、院校、中心、协学会充分发挥作用,为圆满完成全省市场监管任务提供了有力支撑。

(王冬洁)

附:省市场监督管理局党组书记、成员名单

书　记:张九萍(女)

成　员:王国强　王亦兵　刘建国(7 月离职)

省广播电视局党组

党组书记　李海渊

2019 年,省广播电视局党组以习近平新时代中国特色社会主义思想为指导,深入学习宣传贯彻党的十九大精神和十九届二中、三中、四中全会精神,深入贯彻习近平总书记视察山西重要讲话精神,贯彻落实中央和省委关于宣传思想工作的决策部署,聚焦全省广播电视阵地管理和行业管理,聚焦高质量和创新性发展,努力发挥广播电视的引领作用,各项工作取得新进展新成效。

一、认真贯彻落实党中央和省委省政府决策部署,牢牢把握正确政治方向

一是把政治建设放在首位。把讲政治作为第一位要求,把忠诚可靠作为第一位标准,在树牢"四个意识"、坚定"四个

自信”、做到“两个维护”上持续强化思想武装，不断进行党性锤炼，在政治立场、政治方向、政治原则、政治道路上同以习近平同志为核心的党中央保持高度一致，牢固确立习近平新时代中国特色社会主义思想在广电工作中的指导地位。二是深入贯彻习近平总书记视察山西重要讲话精神。深刻领会讲话的重大意义、总体要求和重大任务，深刻领会意识形态工作的极端重要性，深入贯彻落实省委推进经济高质量转型发展的重大思路和要求，坚持学以致用，工学结合，在转变发展方式、落实意识形态责任制、内容生产、阵地管理、脱贫攻坚、严肃党内政治生活上下功夫，抓好贯彻落实。三是强化思想理论武装。扎实推进“不忘初心、牢记使命”主题教育，坚持读原著、学原文、悟原理，强化守初心、担使命，认真找差距、抓落实，不断提升马克思主义思想觉悟和理论水平。党组中心组开展理论学习15次，在全系统组织开展学习交流活动，在全行业组织开展马克思主义新闻观、文艺观教育，引导广大干部职工严把正确政治方向、舆论导向、价值取向。四是全面落实意识形态工作责任制。认真贯彻落实《中国共产党宣传工作条例》，着力完善工作制度机制，坚持网上网下统一导向、统一标准，坚持广播电视宣传例会、广播电视通气会、网络视听宣传工作通气会机制，坚持按季度开展意识形态分析研判，不断提高科学化规范化制度化水平，未发生重大意识形态事件。

二、推动高质量转型发展，各项工作取得新突破

一是忠实履行新闻舆论工作职责使命。组织全省广电媒体深化“头条”建设和“首页首屏首条”建设，深入宣传阐释习近平新时代中国特色社会主义思想，不断唱响学用习近平新时代中国特色社会主义思想的最强音。紧紧围绕庆祝新中国成立70周年主题，加大“壮丽70年 阔步新时代”主题宣传力度，持续做好“爱国情、奋斗者”“我们的70年”“寻找共和国同龄人”等专题专栏，指导各级广播电视机构制作播出一系列优秀广播电视节目、纪录片、动画片、主题歌曲等，加强庆祝新中国成立70周年广播电视主题广播电视精品创作传播。围绕全省中心工作，持续做大做强正面宣传，全力做好能源革命、“二青会”等重点宣传。二是推动广播电视文艺繁荣发展。全年电视剧立项9部、发证1部。网络影视剧规划备案18部、发放备案号12部。电视剧《右玉和她的县委书记们》、广播剧《闽宁镇》获第十五届精神文明建设“五个一工程”奖。电视剧《立秋》入选国庆展播剧目，重大理论文献纪录片《晋绥根据地》和重大革命历史题材电视剧《柳亚子和毛泽东》通过审查立项。广播电视节目《国乐大典》和国产动画片《汉字学堂》入选国家“丝绸之路影视桥工程”项目。纪录片《三矿》荣获中国电视纪录片长片十佳，《希望树》《红领巾 少年派》《小主播大声说 我爱你中国》等多档广播电视节目受到表彰或扶持。组织山西省持证网站向国家广电总局申请引进境外剧和港澳台剧，获批境外剧引进配额218集，申报引进港澳台剧540集。举办优秀网络视听节目评选活动，《生命微光》等20部作品参加全国评选；《考不好?没关系》《永恒的守护》等作品获全国表彰，《老高回到洛江沟》《高原上的心愿》《太行军工》等5部作品进入“学习强国”平台。《70年的问候》等3部公益广告作品获全国奖项。三是精心做好广播电视播出保障。圆满完成“两会”、第二届“一带一路”国际合作高峰论坛、庆祝新中国成立70周年和“党的十九届四中全会”等重要保障期的安全播出保障任务。特别是为了确保庆祝新中国成立70周年广播电视安全播出保障万无一失，全省广电系统协调联动，认真组织开展行业安全大检查，全行业476个单位通过自查、省局检查、总局督查等方式发现整改各类安全隐患和问题1925项。10月1日，全省各级广播电视机构主频道主频率圆满完成庆祝大会、阅兵、群众游行和首都国庆联欢等活动的转播工作，各项转播完整流畅、圆满成功，受到广电总局表扬。完善监管体系，省级广播电视综合监管平台正式投入使用，实现全天候、全过程、不间断监测监听监看，共接收国家平台预警信息116次，累计发送预警信息140次47000余条，做到了及时干预纠正，有效确保广播电视信号传输、节目内容和信息安全。四是阵地管理持续加强。坚持导向管理全覆盖，落实内容和产品备案、审核、审查等制度机制。完成全省112家播出机构、8家持证视听网站和13家备案视听机构年度工作检查，对71家视听机构进行备案管理。严格频道频率管理，关闭睛彩运城文化旅游频道、离石综合频道等5个违规擅开频道。开展IPTV专项治理，下线违规内容13557小时，下线违规直播频道3套；严厉打击违规视听节目和网站，查处下架违规节目74个。深入开展境外卫星电视专项整治，收缴非法卫星地面接收设施2391套件，查处并拆除非法设置的卫星接收设施779座，取缔非法销售安装点52个。发现并查处“黑广播”案件39起。连续四年发布《广播电视公益广告宣传主题指南》，全年制作公益广告3790余条，约4000分钟；播放182.3万条次，约226万分钟。全年受理和查处违法违规广告23起26条，下发整改通知22份，停播违规广告3600余条次。五是积极推进高质量协同发展。推进媒体融合发展，建立了由34名专家组成“媒体融合发展专家库”，确立了12个媒体融合发展典型案例、先导单位和成长项目。截至年底，11个市级广播电视播出机构全部成立了新媒体经营管理部门，并开展新媒体业务；117个县级行政区域中，拟建设融媒体中心的有91个，已挂牌50余个。推动公共服务优化升级，实施16个广播电视无线发射台站基础设施改造工程，抓好娄烦等12个县应急广播体系建设。加快推进高清电视发展，山西卫视实现高标同播，长治台、晋城台、朔州台和省台公共、少儿频道完成高清化改造。六是持续优化营商环境。深化“放管服效”改革，梳理公布政务服务事项“四级四同”目录清单(33项)，简化优化办事规则和办事流程，形成省级“互联网+政务服务”平台标准服务指南；在“减证便民”基础上，持续开展“最多跑一次”改革，压缩审批时限，彻底杜绝“体外循环”，申请材料精简率达30%，审批时限压缩率达50.7%。

三、抓党建强队伍,推进全面从严治党不断向纵深发展

一是层层压实党建责任。认真落实新时代党的建设总要求,统筹领导和推进落实全面从严治党工作,压实和细化责任清单,建立自上而下、层层负责、运转高效的党建工作责任体系。加强基层党组织建设,督促局系统40余个基层党组织完成组建、换届工作,选齐配强基层党组织书记,有效解决基层党组织弱化、虚化、边缘化问题。抓好基层党组织工作考核,坚持年初定责、年中督责、年底述责工作机制。二是全面加强班子和队伍建设。严格落实民主集中制、重大问题请示报告等制度,严格规范党组议事决策规则和程序,全面加强党内监督。树立正确选人用人导向,突出政治标准选人用人,全面完成机构改革任务,有序推进公务员职务与职级并行,配齐配强了局属单位领导班子和基层台站长。建立干部个人能力提升档案,组织各类培训600余人次,4名同志获评"三晋英才",5名干部当选全省担当作为突出干部。完成2019年广播电视编辑记者、播音员主持人资格考试工作和广电编辑、工程、播音专业技术职务评审,促进专业技术人才队伍建设。三是全面加强"三基建设"。制定"三基建设"年度重点工作任务清单,推行重点任务"月报送、季督查"。完成工会、妇联、共青团等换届工作。加强效能建设制度落实,开展效能建设评估和专项督查。实施党务干部能力培训,组织支部书记培训2次,受训党务干部200余人次。结合机构改革后管理工作需要,修订完善议事决策、行政审批、内部管理及业务管理制度60余项,形成了较为完善的制度体系。严格"13710"工作制度,推动重点任务落实见效。四是持之以恒正风肃纪反腐。严明政治纪律和政治规矩,有效运用监督执纪"四种形态",深入开展肃清流毒工作和廉政警示教育,着力构建不敢腐不能腐不想腐的长效机制。狠抓中央八项规定精神贯彻执行,坚决落实中央和省委关于为基层减负的要求,制定整治形式主义官僚主义问题15条措施,全年文件同比减少43.2%,会议减少39%;除省委批准的全省广播电视行业网络安全大检查外,没有对基层广电单位开展综合性业务督查考核检查。紧抓关键节点,对局系统廉洁文明过节情况、公车管理情况等及时进行检查,防止了"四风"问题反弹。五是主动接受派驻纪检监察组监督。认真听取采纳驻宣传部纪检监察组意见,重大事项研究审议主动邀请派员参加,配合做好了案件调查相关工作。

(丁耿彪)

附:省广播电视局党组书记、成员名单

书　记:李海渊

成　员:李和林　安　洋(9月离职)　吕芮宏

省体育局党组

党组书记　赵晓春

2019年,全省体育系统以习近平新时代中国特色社会主义思想为指导,以"创新""融合"发展理念为指引,抢抓举办第二届全国青年运动会机遇,结合"改革创新、奋发有为"大讨论和"不忘初心、牢记使命"主题教育,持续深化体育改革,各方面工作均取得快速发展。

一、坚持全面从严治党

局党组坚持全面从严治党,党的建设和党风廉政建设全面推进,政治建设更加牢固,政治理论学习成效显著,"不忘初心、牢记使命"主题教育高效推进,党风廉政建设及反腐败工作取得成效,局系统作风建设得到切实加强,加强精神文明创建,基层党组织的凝聚力和战斗力不断提高,广大党员干部专业能力不断提升。各级党组织始终把党的政治建设摆在首位,把准政治方向,夯实政治根基,涵养政治生态,提高政治能力,永葆政治本色,确保党中央、省委省政府决策部署落地生根。切实增强"四个意识",坚定"四个自信",做到"两个维护",严格遵守党的政治纪律和政治规矩,坚持正确政治方向,始终在政治立场、政治方向、政治原则、政治道路上同党中央保持高度一致。

局党组中心组高质量完成全年13次26天的集中学习;把党规、党章、习近平总书记"三篇光辉文献"和关于体育工作的重要论述等纳入培训课程,局领导带头坚持"双学"、以上率下,主动深入基层党组织、党员干部中讲党课、搞宣讲、作辅导,有效带动了基层党组织和党员干部学习。制定《山西省体育局关于开展"不忘初心、牢记使命"主题教育实施方案》,局系统1000余名党员参与主题教育,统筹推进学习教育、调查研究、检视问题、整改落实四项重点措施,组织局党组专题学用交流活动6场,组织局领导及各单位领导同志讲党课40余场。中央8个专项整治全部完成,完成率100%。省委5个方面整改中,除大讨论问题清单的整改与主题教育一并进行外,其他也全部完成。

二、第二届全国青年运动会办赛参赛圆满成功

第二届全国青年运动会(以下简称二青会)是新中国成立以来,山西承办的规模最大、范围最广、时间最长、水平最

高、影响力最大的综合性青少年体育盛会，共设49个大项、1868个小项。山西承办34个夏季项目和2个冬季项目，承办小项共计1270项，占小项设置总数的68%。参赛运动员4万人，接待总规模接近6万人。在省委省政府的坚强领导和各方面的积极协同下，组委会建立精密联动、高效运转的工作机制，各项筹备工作扎实有效推进。山西代表团获得286枚金牌、218枚银牌、197枚铜牌，位列金牌榜、奖牌榜全国第一。

发挥二青会综合效应，形成"二青蓝、二青亮、二青美、二青畅、二青风"，提升人民群众幸福指数，提升城市品位。经过四年筹办，二青会综合带动效应凸显，形成二青会搭台、全方位跟进、各领域发展、全社会繁荣的良好局面，带动体育设施建设、市容环境改善、旅游经济发展。本届青运会，特色鲜明，组织一流，精彩不断，"开门办体育"理念深入人心，后备人才队伍得到有效锻炼，赛风赛纪和反兴奋剂工作良好，文化教育丰富多彩，宣传报道全面给力，讲好了二青会故事，传递了体育正能量。

三、全民健身事业向纵深发展

政策红利不断显现，"体育+"模式广泛推广，场地设施迅猛增长。提请省政府办公厅印发《强健体魄·阳光生活·共享青运 推动全省全民健身事业向纵深发展工作方案》，研究制定《山西省积极生活全民健身促进实施意见》等政策性文件。全民健身活动内涵不断丰富，广大群众体育习惯经常化、生活化、个性化、自动化程度不断提升。省体育局与省文化和旅游厅、海南省旅游和文化广电体育厅、省煤炭交易中心、中体产业集团等签署战略合作框架协议进行深度合作。建设二青会体育公园17个，推进"百万公里健身步道建设"，加大体育助力脱贫攻坚力度，实现全省1271个移民新村体育场地全覆盖；以中央财政补助资金为引导，全省30个大型体育场馆免费或低收费向群众开放，共接待480余万人次；推进大型场馆信息化监管系统平台建设，17个大型场馆纳入信息化监管系统。

健身组织继续加强，品牌赛事展现亮点，航空运动带动产业，学校体育蓬勃开展。以"强健体魄·阳光生活·共享青运""青运惠民"等为主题的全民健身系列活动掀起热潮，全年县级以上全民健身活动3000余次，直接参与280余万人次。开展职工、老年人、妇女、农民、少数民族、残疾人等人群健身活动，组队参加全国农民健身大赛、全国智力运动会、全国少数民族传统体育运动会、全国残运会暨特奥会、京津冀晋鲁豫革命老区红色运动会。太原国际马拉松赛被评为国际田联金标赛事和中国马拉松金牌赛事(双金赛事)。举办首届环太原国际公路自行车赛暨中国太原国际自行车周，赛道跨越"黄河、长城、太行三大旅游板块"和"云冈石窟、五台山、平遥古城三大世界文化遗产"，国内顶级自行车赛事时隔30余年之后重返山西。全省举办马拉松赛47项次，地方特色的品牌赛事，品牌影响力不断扩大。整合通用航空资源，组建山西省航空运动管理中心，申办第六届世界航空运动会。以"阳光少年、助力青运"为主题的全省青少年体育冬夏令营活动吸引12000余人参与，2800余人参加全省校园足球赛和2020年全国青少年校园足球夏令营选拔活动。

四、竞技体育整体实力不断提升

模式创新初见成效，大赛迎战扎实推进，高端赛事显著增加。以跨界跨项选材和联合培养模式打造竞技精兵，组建冬季项目运动队，实现山西参加全国冬运会金牌"零"的突破。选拔具有蹦床、体操、游泳基础的运动员组建山西冲浪队，与海南省共同培养。与皮划艇、赛艇项目优势省份联合培养运动员。提升备战东京奥运会、北京冬奥会、第十四届全运会、全国冬季运动会等重大赛事实力。山西运动员在射击步手枪和跆拳道混合团体项目上，为中国队争得3个东京奥运席位。2019年山西运动员获得国际单项比赛金牌16枚、银牌15枚、铜牌15枚，全国性单项赛事(包括分站赛)金牌55枚、银牌72枚、铜牌61枚。全年共承办全国比赛和二青会测试赛68项。

后备队伍展现活力，省运会改革蹄疾步稳，反兴奋剂工作成效明显。进一步完善青少年体育竞赛体系，全年共举办青少年体育比赛66项。实施山西省业余训练精英教练员培养计划，35名教练员获得资助。举办全省业余训练教练员、传统校体育教师、俱乐部管理人员、校园足球骨干培训班，参训学员达900余人。拜仁足球学校开工建设。印发《山西省运动会改革方案》，出台《山西省第十六届运动会竞技体育竞赛规程总则》。成立山西省反兴奋剂中心，完成二青会本省参赛运动员准入教育工作。

五、体育产业发展趋势良好

场馆运营能力提升，产业项目持续做强。维修改造39个比赛场馆，新建太原水上运动中心，民营企业投资建设太原极限运动中心。各类场馆在二青会后逐步向社会开放，满足人民群众日益提升的身体锻炼和观赏体育赛事的需求。推进政府购买服务，扶持体育经营活动场所开展市场经营，促进体育场馆经营管理能力的提升。右玉"玉龙文体产业园"被授予"国家体育产业示范项目"荣誉称号。举办首届2019环太原国际自行车运动产业高峰论坛、"后二青时期"城市与体育发展高峰论坛、首届2019太原国际体育(自行车)产业博览会，参加2019斯迈夫国际体育消费展、晋澳经贸洽谈会、全国体育文化和体育旅游博览会，全省6项目入选两博会体育旅游精品项目，1项目入选全国十佳精品赛事，7家体育产业优质项目登录省政府招商引资平台。

体彩管理安全平稳，场地调查顺利完成。进一步规范体育彩票公益金的管理和使用，严格操作程序，加强监督管理，安全运行，全年全省体育彩票共计实现销售额31.08亿元。国家体育总局场地调查数据显示，2018年全省人均体育场地面积1.83平方米，提前一年完成"十三五"确定任务目标，较2013年底的1.29平方米增长0.54平方米，增长率为41.86%。

六、体育法治扶贫文化工作全面推进

依法治体不断推进，扶贫工作体现体育特色，文化建设多点开花。推进依法行政，深化“放管服”改革，制定《山西省体育市场黑名单管理办法(试行)》，梳理“四级四同”审批服务事项，推进体育系统“互联网＋监管”系统监管事项目录清单和检查实施清单建设。突出体育特色，在扶贫点积极创立后备人才基地和训练基地，从适龄学生中选拔体育后备人才，在扶贫点举办赛事活动，提升了广大农民群众的拼搏精神和致富信心。承办建国七十周年中国体育事业发展成就展，吸引数万人参观。二青会开幕式、环太原国际公路自行车赛开幕式、首届太原体育电影展、二青会微电影评比、山西体坛风云大会、山西体育文化大讲堂、“一带一路”体育文明传播与文化交流高峰论坛获得广泛关注。出版《山西体育70年70人》等系列丛书，以人文、历史和文化的视角书写山西体育的光辉历程。

（王宏德）

附：省体育局党组书记、成员名单

书　记：赵晓春

成　员：杜　荣(女)　王　福　李俊文(6月离职)　袁乃平

省统计局党组

党组书记　张晓东

2019年，在省委、省政府的正确领导下，省统计局党组坚持以习近平新时代中国特色社会主义思想为指导，坚守初心使命，强化党建引领，持续深化改革，提升服务能力，统计部门党的建设与党的事业相融共促、互促共进，为服务全省高质量转型发展提供了坚强支撑。

一、加强党对统计工作的领导，不断深化全面从严治党

(一)强力抓好领导班子和干部人才队伍建设。一是坚持把政治建设摆在首位。深入学习贯彻习近平新时代中国特色社会主义思想和党的十九届二中、三中、四中全会精神，习近平总书记视察山西重要讲话精神、关于统计工作重要讲话指示批示精神和系列重要论述，21次党组中心组学习、2轮局领导带头讲党课，16期统计大讲堂，坚持周部署周学习周报告，用好用足学习强国、好干部在线等平台载体，在学懂弄通做实上狠下功夫，教育引导干部职工增强“四个意识”，坚定“四个自信”，做到“两个维护”。二是扎实开展主题教育和大讨论。集中学习和自学相结合，传统教育、形势教育、典型教育、警示教育齐推进，锻炼党性修养，强化理论武装。深入开展调查研究，形成10篇高质量调研报告，有关报告在《山西工作》刊载；联系实际做好“三服务”，协调解决29件基层急难愁盼问题。坚持“四个对照”，深刻检视反思剖析，制定问题整改清单。整体推进整改落实和专项整治，完成29项整改任务，持续巩固扩大整改成果。三是严格执行民主集中制。健全完善局“三重一大”决策制度，坚持用制度管人管事。四是严肃党内政治生活。召开2次高质量生活会，压实责任推进问题整改；认真落实党建工作责任制，坚持局领导双重组织生活制度、机关党委纪委委员联系支部制度，推动党建工作全面提升。五是加强精神文明建设。践行社会主义核心价值观，推进统计行风建设，支持工青妇等群团工作，征文、文体、歌咏等多种活动获省直“优秀组织奖”，1名同志获全省机关党建研究优秀论文一等奖第一名；做好离退休干部服务保障，走访慰问困难党员职工，文明创建再上台阶。六是强化干部队伍建设。处长轮岗、脱贫攻坚、入企服务、外派挂职，多渠道培养锻炼干部；加强交流和选拔任用干部，激发干事创业活力，优化干部队伍结构。七是加大人才队伍建设力度。选树担当作为先进典型，1名业务骨干纳入“三晋英才”支持计划，做好年度考核优秀奖励，激励干部新时代新担当新作为。

(二)切实构建“三基建设”长效机制。落实党建工作责任制，举办3轮支部书记集中培训，完成15个支部调整换届，严格“三会一课”等制度，开展缅怀先烈、结对帮扶等系列主题党日活动，抓好支部书记述职评议，基层组织进一步建强；突出效能建设，狠抓八项制度和工作纪律落实，拓展“13710”督办机制，开展“三基建设”交流培训，高标准抓好统计资料馆建设，实施市级业务年度考核，将OA系统延伸到市县，基础工作不断夯实；开展省直单位和系统人员专业能力测评，举办第12期三级统计局长培训班，在厦大、西安财大等名校培训3期系统干部，滚动实施联网直报企业业务培训，统计能力持续提升。

(三)持续深化党风廉政建设和作风建设。层层签订责任书承诺书，传导压力，压实责任；组织党员干部观看“初心泯灭的歧路”等警示教育片，廉政教育持续深入；严格执行请示报告制度，用好“四种形态”，加强执纪监督，严防触红线越底线等违纪违法行为发生；持之以恒落实中央八项规定精神和省委“十个严禁”要求，持续整治形式主义官僚主义突出问题，改进文风会风，落实为基层减负要求，警示提醒常态化。

二、加强统计法治建设，做好维护稳定和意识形态工作

(一)积极推进统计法治建设。认真履行法治政府建设

职责和“谁执法、谁普法”责任制，举办系列执法骨干培训班，坚持把法治纳入统计业务教育，编发6万余册法律法规口袋书和宣传手册，联合新闻媒体，广泛进行法治宣传教育。构建防惩统计造假制度体系，对6市8县区开展统计执法检查，立案查处统计违法案件，对违法违纪责任人严肃追责问责，加大违法案件通报曝光力度，发挥强大震慑警示作用。集中力量开展统计造假专项整治，切实提高政府统计公信力，增强人民群众统计获得感。

(二)认真做好维护稳定和意识形态工作。把综治工作与中心业务工作有机结合，坚持抓好应急值守和安全教育，认真落实消防、用电等综治措施和扫黑除恶部署，严防和化解各类风险隐患。压实意识形态和网络安全责任，严把政治方向关、舆论导向关，强化重要节点和敏感时期的舆论引导和监管，开展新中国成立70周年系列宣传，用数据讲好山西发展故事，弘扬主旋律，凝聚正能量。

三、强化改革创新意识，不断提高统计监测服务能力水平

(一)扎实推进地区生产总值统一核算改革。深刻把握中央部署精神实质，紧密结合山西实际，制定实施山西省GDP统一核算改革方案；扎实推进“双轨制”运行和改革试点；充分利用“四经普”结果，抓好全省2018年度GDP核算及历史数据修订，推进市级GDP统一核算。

(二)持续推进统计管理体制改革不断深化。督促各市全部出台实施方案，全力推进责任体系建立，在目标责任考核和区域经济转型升级考评中对严重统计违法行为实行“一票否决制”，对市级统计局长实行双重管理前置考察，积极探索县以下统计管理体制改革模式和路径。完善统计数据质量审核评估管理办法，推进基层统计规范化建设。积极配合国家开展统计督察，严格防惩统计造假、弄虚作假。

(三)全力搞好第四次全国经济普查。加强调度指挥，协调部门、市县形成合力，圆满完成54.7万个法人和产业活动单位、103.5万家个体户普查登记。认真查遗补漏，严把审核验收关口，确保普查数据质量。代省长林武亲临普查一线指导、国家统计局局长宁吉喆莅临山西调研，山西省作为2个先进省份之一在全国作典型发言。认真做好全省第三次全国农业普查收官，29个重点课题研究取得重要成果；及时启动第七次全国人口普查前期准备工作。

(四)着力创新统计监测服务。严格执行国家统计报表制度，圆满完成月、季、年度统计监测任务。建立经济运行预判预警机制，为省委省政府经济研判和宏观决策提供大量数据支撑和咨询建议。紧紧围绕供给侧结构性改革和转型综改主线开展监测分析，向省领导呈报统计专报44篇、专项报告50余篇，编印统计分析报告220篇，许多观点和建议得到采纳，20余篇报告获得批示，“两办信息” 采用数量排名靠前。推进统计信息共享，编印系列统计资料，做好重大会议统计服务，举办4场新闻发布会，回复74件依申请公开，多渠道多平台发布解读统计信息，服务公众需求，引导社会预期。

(五)充分发挥区域经济转型升级考评导向作用。建立区域经济转型升级考核评价综合报表制度，全面完成2018年度省域、市域和县域考核评价，按季开展2019年度进度监测，发挥考评测量仪、助推器作用，助力全省转型发展。强化与省考核办沟通对接，为全省年度目标责任考核提供统计服务保障。

(六)有序推动重点领域统计改革创新。认真做好生态文明建设目标年度评价和宣传解读，规范能源统计基础工作，服务山西能源革命综合改革试点；创新名录库和调查单位管理，在全国率先建立《山西调查单位管理统计报表制度》；推进完善新动能统计体系，改进工业新经济统计、电子商务、互联网经济和小微企业统计调查，实施服务业部分行业事业单位统计调查，开展“三新”经济、“乡村振兴”调查监测，强化人口动态统计监测、研究与试验发展统计改革、部门综合统计联网直报，完善促进民营经济政策落实和发展成果监测体系，构建山西特色新时代现代化统计调查体系初显成效。

(七)认真做好自然资源资产负债表编制。对接有关部门建立协调联络机制，强化山西省自然资源资产负债表编制的组织保障，制定方案细化分工，组织召开部门联席会，顺利完成全省2016、2017两个年度自然资源资产负债表编制，数据质量、工作质量得到国家统计局肯定。收集整理13个省直单位基础资料，完成全省2017年度资产负债表试编工作。

(八)创新优化投资运行监测分析服务。持续深化投资统计改革，在全国率先实现全部项目联网直报；建立健全深化转型项目建设年投资监测制度和指标体系，完善数据汇总功能；按月向省领导呈报转型项目和投资运行报告，向相关责任部门提供监测资料，向社会发布投资运行报告，为全省深化转型项目建设提供强有力统计支撑。

省统计局连续21年荣获省直文明单位标兵称号，连续9年蝉联全省目标责任考核优秀单位，荣获效能建设省直“优秀单位”，扶贫工作获得岢岚县委县政府脱贫攻坚“贡献奖”，党的建设全面提升，业务建设始终保持全国第一方阵，各项综合保障水平不断提高，为服务全省高质量转型发展作出了新的贡献。

(毛永峰)

附：省统计局党组书记、党组成员名单

书　记：张晓东

成　员：卢永良(7月离职)　王德才

曹力民　卫永杰(10月任职)

省政府研究室党组

党组书记　薛　荣

2019年,在省委的坚强领导下,省政府研究室党组坚持以习近平新时代中国特色社会主义思想为指导,全面贯彻党的十九大和十九届二中、三中、四中全会精神,深入学习贯彻习近平总书记"三篇光辉文献"精神,认真贯彻落实省委省政府各项决策部署,忠实履行"以文辅政、以策资政"的光荣使命,奋发攻坚、担当作为,各项工作取得了新进展新成效。

一、政治建设统领全局,用党的创新理论武装头脑、推动工作

(一)持续强化理论武装,政治素养不断提高。始终把政治建设摆在首位,把学习贯彻习近平新时代中国特色社会主义思想作为首要政治任务,坚决把思想认识统一到中央精神上,把力量干劲凝聚到省委省政府部署要求上,不断增强"四个意识",坚定"四个自信",做到"两个维护"。党组示范带头,采取领学解读、交流发言、专家讲座、个人自学等形式,及时跟进学习习近平总书记最新重要讲话和指示批示精神、党的十九届四中全会精神及省委省政府重要决策部署。2019年,理论学习中心组共学习13次。此外,通过赴红色教育基地接受党性教育、运用"学习强国"等平台线上学习、参加"梅山课堂"等多种方式,拓展学习维度,让全室党员干部坚定理想信念、把牢"总开关",用党的创新理论引领研究室各项工作始终沿着正确的方向前进。

(二)扎实开展主题教育,初心使命更加坚定。党组深入贯彻"不忘初心、牢记使命"主题教育部署要求,坚决扛起主体责任,融合推进4项重点措施,高质量完成12个规定动作。主题教育期间,坚持将学习教育贯穿始终,开展了集中学习研讨6次,讲党课4次。坚持将调查研究贯穿始终,11名领导干部参与调研,形成调研报告10篇。坚持将检视问题贯穿始终,共梳理问题12条,提出对策建议39条,11条转化为决策建议。"三服务"活动中,组织编写了《支持实体经济发展政策汇编》,为"万名干部入企进村"提供了全面系统的政策资料,为地市和基层培训政研骨干力量9名,通过提供决策咨询、政策建议和信息服务等方式,努力让更多的好政策惠及人民群众。高质量召开领导班子民主生活会和机关支部组织生活会,开展查摆"差错漏误"活动,推动整改工作落实落细,班子问题清单和专项整治整改共25项问题得到全部整改。通过开展主题教育,全室党员干部普遍经受了一次严格的思想淬炼、政治历练、实践锻炼,"两个维护"更加坚定,干部队伍干事创业、担当作为精气神不断提振,高质量实现了主题教育目标。

二、履职尽责勇于担当,各项工作统筹推进、圆满完成

(一)以文辅政服务发展大局。一是始终把文稿起草作为全室工作的生命线,精益求精,甘于奉献,推动文稿服务从高产向高质跨越,全年高标准完成了近200多项重要文稿材料和政策文件的起草任务。二是以高质量的文稿服务全省重大会议,起草完成《省委经济工作会议讲话》《政府工作报告》等重大文稿,为全省全年工作明确方向、找准对策、抓好落实提供了"工具书""路线图"和"任务表"。三是以高质量的文稿服务中央决策部署的贯彻落实,起草完成省政府领导参加全国"两会"审议《政府工作报告》《计划报告》《预算报告》《外商投资法》等发言提纲,以及《创造性贯彻落实全国"两会"精神推动我省高质量转型发展开创新局面》等文稿,推动两会精神在山西省落地生效。四是以高质量的文稿服务省政府重点工作安排部署,起草完成全省脱贫攻坚工作会议、全省教育大会、全省河(湖)长制工作暨汾河流域水污染治理攻坚推进会议、山西省第五次旅游发展大会、全省农村集体产权制度改革座谈会、全省攻坚深度贫困推进乡村振兴现场会等讲话稿,做到了文字精细、内容具体、措施精准。五是以高质量的文稿服务全省对外交流活动,起草完成《在外交部山西全球推介会上的推介词》《在西部开放高峰会上的主题演讲》《在第十一届中部博览会上的致辞》等文稿,完成了厦洽会、中博会、2019乡村振兴(太谷)论坛、山西省政府代表团出访日本等重大活动的文稿起草任务。六是以高质量的文稿服务政府治理,聚焦提升政府治理能力和治理体系现代化,起草完成《全省"三个专项行动"调度电视电话会议讲话》《省政府廉政工作会议讲话》《全省深化"放管服效"改革优化营商环境电视电话会议讲话》《党的十九届四中全会精神宣讲提纲》等文稿,党组书记作为十九届四中全会精神省委宣讲团成员到大同宣讲,党组成员参加了3次政策解读和互动访谈等,推动党的十九届四中全会精神落实到政府治理全过程。七是以高质量文稿服务省政府党组中心工作,保障了省政府党组会议、常务会议、省长办公会议及省政府党组"不忘初心、牢记使命"主题教育的文稿服务。

(二)以策资政成果日益丰富。按照楼阳生书记"文稿起草和政策研究两条腿走路"指示要求,积极发挥政策研究优势,为省委、省政府决策和全省发展提供政策服务。研究制定了《党中央、国务院重大决策部署和政策措施跟踪暂行办法》,从管理部门、选题确定、研究方式、经费资助、成果应用等方面加以细化,增强了对党中央、国务院重大决策部署和政策措施贯彻落实的跟踪研究。密切关注省委省政府各项决

策部署推动落实中的痛点、难点、堵点,围绕乡村振兴、惠农政策、数字经济、营商环境等方面,形成调研报告 14 篇,编发《决策参考》11 期,为省政府提供高质量决策参考,《关于支持长治发展 LED 产业集群打造"山西光谷"的政策建议》等受到省政府主要负责同志批示肯定。

三、党建引领制度保障,机关建设全面进步、彰显风尚

一是强化机关党建引领作用,始终把维护党的政治纪律摆在首位,认真落实意识形态工作责任制,牢牢把握政研工作正确的政治方向。二是加强基层组织建设,成立了机关党支部,认真落实"三会一课",严肃规范党内政治生活。三是强化制度建设,制定《省政府研究室机关党建工作制度》《党组议事规则》《廉政工作制度》等多项制度,构建起明责、履责、考责、追责的制度体系,形成了按制度办事、靠制度管人的良性机制。四是突出政治考察,从严选用干部,树立"重品行、重实干、重公认"的用人导向,严格执行《党政领导干部选拔任用工作条例》等干部人事管理法规制度,选调工作人员 16 名,提拔处级干部 4 名,完成人员职务职级并行套改工作,营造了良好的选人用人环境。五是加强基本能力建设,出台了《重要文稿团队合作起草制度》《文稿审核制度》,严格把控文稿起草的质量和效率。积极与国务院研究室、先进省市研究室加强沟通交流,派专人赴福建、浙江、天津等地学习兄弟省份的典型经验做法,提升政策供给和服务能力。六是深化以"忠诚·奉献·活力·成长"为主题的机关文化建设,积极参与省政府办公厅开展的"我心向党· 苦乐年华"机关文化建设、"红色家书"征集和感想征文、"壮丽七十年、奋进新时代""向春天汇报"文艺汇演等活动。注重社会实践,参加"二青会"火炬传递、第四批"十佳文明家庭""十佳志愿者"评选、第四届道德模范等先进典型的学树宣传活动,开展"困难职工帮扶""送温暖、献爱心"捐助活动,多方面展示了单位良好形象。

四、党风廉政建设常抓不懈,坚决扛起全面从严治党的主体责任

始终把纪律和规矩挺在前面,切实扛起主责全责,全面落实党风廉政建设责任制。制定了《2019 年党风廉政建设和反腐败工作任务分解意见》并签订责任书。党组书记发挥示范带头作用,自觉当好党风廉政建设的领导者、执行者、推动者,坚持党风廉政建设与业务工作同部署、同落实、同考核。班子成员认真履行"一岗双责",主动认领、主动担责,经常性与分管处室同志谈心谈话,确保业务工作开展延伸到哪里,全面从严治党的主体责任就覆盖落实到哪里。严格执行民主集中制、"三重一大"制度、中央八项规定及省委实施办法、请示报告制度等。持续开展廉政警示教育,深入开展专项整治活动,全面梳理廉政风险点,针对性制定了防控措施,确保每名党员干部坚持高线、守住底线、不碰红线。

(武晨炜)

附:省政府研究室党组书记、成员名单

书　记:薛　荣

成　员:王炤坤　马炜宏(4 月任职)

省行政审批服务管理局党组

党组书记　李秋柱

2019 年是省市县三级行政审批服务管理局开局起步、立梁架柱的一年。一年来,省行政审批服务管理局坚持以习近平新时代中国特色社会主义思想为指导,贯彻落实省委、省政府决策部署,紧紧围绕推动山西省营商环境迈入全国第一方阵目标,坚持"三对"要求"六最"标准,持续深化"放管服效"改革,全力推进政务信息化建设,着力打造"六最"营商环境,全系统党的建设和各项事业实现良好开局。

一、坚持以党的政治建设引领党建工作,着力打造忠诚践行"两个维护"的政治机关

一是始终把党的政治建设摆在首位。局党组始终坚持用习近平新时代中国特色社会主义思想武装党员干部头脑,以理论上的清醒确保政治上的坚定。坚持中心组学习制度不动摇,班子成员以身作则带头学,每次习近平总书记发表重要讲话后都第一时间传达贯彻。

二是扎实开展大讨论和主题教育。在"改革创新、奋发有为"大讨论中,按照规定动作扎实开展民主生活会和组织生活会、学习交流研讨、学习先进典型、对标一流述职等环节,认真梳理查摆问题,收集到意见和建议 112 条,被列为省委示范单位。在"不忘初心、牢记使命"主题教育中,认真对照中央 8 个专项整治、山西省 5 个方面整改和专题民主生活会查摆出的问题,共梳理出 7 个方面 22 个问题,在整改落实"回头看"过程中,主动认领问题 1 个,已全部按要求整改到位。

三是推动"三基建设"再上新台阶。圆满完成省局及局属单位机关党委、纪委选举工作,选优配强了专兼职党务工作人员。建立了《局党组工作规则》等各项规章制度,出台了《2019-2022 年干部教育培训规划》等多项管理规定,制定了《印章管理办法》等七项基本管理制度,确保了机关各

项工作有据可依、有章可循。成立了法治建设领导小组，将法治学习纳入中心组和各支部理论学习计划。组织省市县三级行政审批服务管理系统干部 270 余人赴建行“一部手机办事通”研发中心学习培训。

二、坚持以开展作风建设年活动为引领，着力推动全面从严治党向纵深发展

一是坚决扛起管党治党主体责任。局党组坚持把加强党风廉政建设摆在全局工作重要位置，局主要领导对重要工作亲自部署、重要环节亲自协调、重要案件亲自督办;班子其他成员认真履行“一岗双责”,对职责范围内的党风廉政建设切实负起主要领导责任；推动各级党组织逐级传导压力,形成上下协调、齐抓共管的工作格局。

二是扎实推进全面从严治党工作。组织广大党员干部认真学习《中国共产党纪律处分条例》等党内法规,观看《巡视利剑》等警示教育片。充分发挥驻局纪检监察组的监督作用,针对苗头性倾向性问题及时提醒。分批次完成局机关及局属单位干部选拔任用及交流工作,新招录、遴选公务员 24 名,在全局上下树立了鲜明的选人用人导向。

三是大力开展“作风建设年”活动。制定了《关于开展“作风建设年”活动的实施方案》,通过视频监控、随机抽查、突击检查等方式,对窗口作风问题逐月通报。全面推行政务服务“好差评”制度,让办事企业和群众对窗口服务“一事一评”,当场“亮分”。在省市县三级政务大厅安装 132 台政务服务一体机,推进简单便民服务事项“自助办”。

三、圆满完成全省域营商环境首次评价,推动法治化营商环境建设取得新成效

一是坚持以打造“六最”营商环境为重点,着力推动审批服务管理工作实现新突破。贯彻落实国家《优化营商环境条例》,积极配合制定出台《山西省优化营商环境条例》,为组织推进优化营商环境工作提供了强有力的法治保障。在全国率先开展全省域营商环境评价,组织进行居民和企业满意度调查,发布首部《山西省营商环境整体评估报告》,对 11 个市营商环境进行精准把脉,建立了以评促改、以评促优跟踪督办机制。印发了《山西省以数字政府建设为牵引进一步优化营商环境行动计划》,以六大专项行动为突破口,着力打造“六最”营商环境。太原、临汾、长治率先针对性出台了本地区优化营商环境改革方案。“3545”专项改革持续深化,新开办企业实现全省 3 天办结;不动产登记基本实现查封、抵押、注销登记 3 天办结,转移登记压缩至 5 天,其他一般登记压缩至 10 天；一般性工业项目从立项到竣工验收各环节累计审批时限压缩至 38 天，工程建设项目累计审批时限压缩至 97 天,朔州、晋城、大同、吕梁分别压缩到 60、70、81、85 天以内。圆满完成省人大“放管服效”改革专题应询，满意率达 96.6%；积极参加省政协优化营商环境专题议政，获得充分肯定。山西省以政务信息化改革为突破口优化营商环境典型做法,受到国务院办公厅通报表扬,省局受到省政府办公厅通报表扬。

二是改革创新政务信息化运行管理体制机制,数字政府建设迈出新步伐。全面贯彻落实“一朵云、一张网、一平台、一系统、一城墙”的政务信息化建设要求,制定出台《山西省加快数字政府建设实施方案》《山西省政务信息化项目建设应用管理办法》,推动构建了“一局一公司一中心”政务信息化“品字型”管理架构,确立了“6+1”数字政府建设路径。省直部门政务信息系统“迁移上云”全面完成，全省一体化政务服务平台与国家平台对接，省市县乡村五级全覆盖基本实现，省级网上可办事项达到 995 项,网办率达到 85.7%。积极开发了“领导驾驶舱”等一批数字政府创新应用。依托一体化平台开发上线了“三晋通”APP，累计上线政务服务事项 1180 项。

三是全面启动市县“一枚印章管审批”改革,行政审批制度改革跃上新台阶。在全面总结晋城市全市域相对集中行政许可权改革经验基础上,以省政府令颁布了《山西省相对集中行政许可权办法》,出台了《关于在全省各市县开展相对集中行政许可权改革的实施意见》,“一枚印章管审批”改革在全省所有市、县及开发区全面铺开,市级平均划转事项 300 余项,县级平均划转 233 项,平均划转率超过 80%。制定出台《政务服务中心标准体系实施与评价》等 4 项“山西标准”,临汾市成为全省唯一的国家级政务服务标准化试点单位。大力推行“承诺制 + 并联审批”模式,推动投资项目承诺制改革在全省各级政务大厅全面落地,2516 个试点项目落地周期平均缩短一半以上,改革实践和经验入选中组部《贯彻落实习近平新时代中国特色社会主义思想在改革发展稳定中攻坚克难案例》。

四是全面完成“互联网 + 监管”系统建设,“一个系统管监管”开拓新局面。依托全省一体化政务服务平台,完成全省“互联网 + 监管”系统主体功能建设开发,实现与国家系统对接,并同步启动试运行。省市县三级监管事项目录清单认领率、检查实施清单发布率、系统试运行用户注册量均进入全国第一方阵,积极推动“互联网 + 监管”系统与“双随机、一公开”监管平台、国家信用信息平台对接联通,监管行为数据汇聚量达到 811 万条,初步实现“一个系统管监管”目标。根据国务院办公厅通报,省市县三级监管行为覆盖率排名分别为全国第 8、第 5、第 9,其中临汾、晋中、晋城、忻州覆盖率名列全省前茅。

五是完善公共资源交易领域“顶层设计”,平台整合共享取得新进展。制定出台了《山西省深化公共资源交易平台整合共享实施方案》，配套出台了平台服务管理细则等四项基本制度,全省公共资源交易领域“顶层设计”和“路径步骤”初步形成。加快完善省级公共资源电子交易系统功能,推进省市两级交易平台系统一体化建设,各市电子交易服务系统基本实现纵向对接。晋中、晋城、长治、吕梁市级平台建设走在了全省前列。积极落实政府采购惠企利民政策,全面清理无法律法规依据的“政采门槛”。会同省发改委等 8 个行政监管部门对工程建设领域招标投标活动进行了为期 10 个月的专

项整治,初步建立了跨部门联合惩戒工作机制。

六是健全完善窗口服务管理制度,政务服务能力和水平实现新提升。大力开展“作风建设年”活动,在各级政务大厅全面推行“五不能、五必须”。积极推行“红旗窗口”“服务之星”评选活动,不定期对办事企业和群众进行多形式回访,定期对窗口工作人员纪律作风进行通报。积极推行政务服务“好差评”制度,让办事企业和群众对窗口服务进行打分评价,并作为考核窗口的重要依据。驻局纪检监察组对省政务大厅服务窗口进行全程视频监控,结合现场值守、现场监督、现场受理等有效形式,形成全过程、全方位线上线下有效监督。

(李菁菁)

附:省行政审批服务管理局党组书记、成员名单

书　记:李秋柱

成　员:刘予强(4月任职)　马爱锋　李　峰　连建林　王拥军　卫继周

省信访局党组

党组书记　梁克昌

2019年,省信访局在省委、省政府的坚强领导下,以习近平新时代中国特色社会主义思想为指导,深入学习贯彻党的十九大和十九届二中、三中、四中全会精神,按照省委十一届八次、九次全会部署要求,坚持以人民为中心的发展思想,以新中国成立70周年大庆信访保障工作为主线,以信访工作“规范化提升年”活动为抓手,坚定不移深化信访制度改革,千方百计化解信访突出矛盾,多措并举解决群众合理诉求,有力维护了群众的合法权益,维护了社会和谐稳定。全省信访形势平稳可控、持续向好,呈现出健康发展的良好局面。

一、思想引领为信访工作高质量发展注入活力

省信访干部以习近平新时代中国特色社会主义思想武装头脑、指导实践、推动工作。省信访局召开学用习近平总书记关于加强和改进人民信访工作的重要思想研讨会,并积极推动这一重要思想列入党校(行政学院)培训内容。以2个全国课题和一批省级重点课题为抓手,开展专题调研,推动学习贯彻习近平新时代中国特色社会主义思想往深里走、往心里走、往实里走。其中两个课题分别获得全国、全省优秀课题。各地各部门采取召开专题研讨会、举办学习培训班、经验交流会等丰富多样形式,累计组织培训260次,参训人员近9000人次,在全省信访系统形成了浓厚的学习氛围。广大信访干部进一步增强“四个意识”,坚定“四个自信”,坚决做到“两个维护”,进一步强化对党忠诚、为党分忧、为党尽职、为民服务的政治担当,夯实筑牢了做好信访工作的思想根基。

二、重点改革成效推进信访工作机制日益完善

一是深化“网上群众之家”建设。在省长信箱、网上投诉平台、手机APP的基础上,在各级信访接待大厅,设立“网上投诉平台入口导航”终端,群众可以自助完成网上投诉。制定了《关于加强网上信访对人民意见建议征集工作的方案》,向省政府报送人民建议13条。省信访局被评为“2019年人民网网民留言办理工作民心汇聚单位”。吕梁、大同等市成立了网络电话受理中心,选调专业人员、规范工作流程,引导群众网上投诉,充分发挥网上信访贴近群众、及时便捷高效的优势,广泛征集社情民意。二是创设“信访网上督查室”。依托信访信息系统,自动采集10类240余项主要信访指标,实时跟踪、自动提醒、网上催办,督促信访事项按期办理。“网上督查室”节约了督查成本、提高了督查效率,取得了事半功倍效果。三是推进依法分类处理信访诉求改革。省人社厅等21家省直部门重新制定分类处理信访诉求责任清单,指导本系统开展分类处理工作。各市也针对实际情况修改完善工作制度,长治市出台了《做好依法分类处理信访诉求工作的意见》,规定了信访工作机构和有权处理机关受理办理流程,晋城市出台了《依法分类处理信访诉求工作规程》,成立了领导组,指导市直有关部门通过法定途径解决信访诉求。

三、信访业务规范化加快信访法治化进程

以“规范化提升年”活动为抓手,坚持试点先行、以点带面,努力破解制约信访工作规范化、法治化的“瓶颈”。晋中市健全完善信访工作“1+5”制度体系,进一步提高信访事项受理办理过程中的法治水平。阳泉市积极探索让群众“最多访一次”办法,第一时间、第一地点解决好群众的合理诉求。运城市狠抓“人民满意信访接待窗口”创建活动,努力做到群众反映信访问题“门好进、脸好看、话好听、事好办”。太原市完善联合接访机制,建成了1500平米的信访接待中心,9个市直单位和10个县(市、区)入驻,形成了“一站式”接待、“一条龙”服务、“一揽子”办理的工作模式。朔州市探索“听证+调解+心理干预”的做法,帮助信访群众解开心结。忻州市成立了20多个社会工作组织,建立了3000多人的“专家库”参与信访矛盾化解。临汾市成立人民调解委员会,搭建访调有机衔接的工作机制。省信访局与省司法厅、省卫健委合作,出台《关于进一步加强访调对接工作的通知》《关于在信访工作领域开展心理健康服务的实施意见(试行)》,在信访接待大厅开设调解室、心理咨询室,邀请专业调解员、心理咨询师入驻,参与信访事项调解、开展心理援助服务。全省11个市、117个县(市、区)信访部门初步建立了访法、访调、访心“三

对接”机制,全省信访系统解答法律咨询2.5万人次、心理咨询1989人次、举办听证会232场次、访调对接化解信访矛盾5606件。信访事项办理质量与效率明显提高,信访事项规范化程度大幅提升,受到国家信访局通报表扬。

四、信访矛盾攻坚化解了一大批信访积案

坚持系统治理和属地治理“条块结合”,对重点信访事项采取双交双包、“施工”管理、“清单”推进,压实办理责任,坚持网上督办、挂图作战、双周调度、一督到底,推动信访矛盾化解攻坚战取得实效。大同市积极帮助驻同企业化解难题,完成同煤集团“三供一业”分离移交工作和棚户区改造工程。省住建厅针对房地产领域存在的突出问题,研究制定政策推动房屋交易历史遗留问题成批解决。省国资委全面压实省属企业信访主体责任,交办重点案件有效化解。国家信访局交办的重点信访事项,全部办结,进度居全国前列,两次受到国家信访局表扬。

五、保障和服务大局为社会和谐稳定作出积极贡献

全省信访系统坚持站位全局,强化担当作为,在防范化解重大矛盾和突出问题上出实招硬招,全力服务经济社会发展大局。通过开展重信重访事项专项治理等活动,各级领导干部落实包联责任,带头接访下访、包案督访,化解了一大批群众反映强烈的热点难点问题;通过信访工作“规范化提升年”活动,进一步规范信访工作秩序,群众合理诉求依法及时得到解决。坚持和发展新时代“枫桥经验”,把力量和精力更多地放在基层上,加强源头工作,用心用情维护群众合法权益,维护社会大局稳定。临汾市尧都区、晋中市寿阳县等基层县区积极完善社会治理多元化解机制,切实把矛盾化解在基层、问题解决在源头。全省、全国“两会”、“一带一路”高峰论坛、亚洲文明对话、“二青会”、新中国成立70周年大庆期间,圆满完成信访保障工作,受到中央联席办、国家信访局的肯定和表扬。二青会、文博会组委会致信感谢省信访局。

六、开展主题教育和大讨论,激发信访干部担当尽责、干事创业的工作热情

深入开展“不忘初心、牢记使命”主题教育和“改革创新、奋发有为”大讨论,按照“十项对标一流见实效”的目标要求,聚焦突出问题,重点对不担当不作为、违反中央八项规定精神、基层负担过重、形式主义、官僚主义、侵害群众利益和基层党组织软弱涣散等方面存在的突出问题进行专项整治,全省信访系统形成“风清气正、积极向上”的良好氛围,为推动全省信访工作高质量发展提供了强大精神力量。省驻京信访工作组被国家信访局评为党建工作先进典型,2名同志被评为担当作为先进典型、2名同志分别荣获全国“人民满意公务员”和“全国模范退役军人”称号。

(杨卫兵)

附:省信访局党组书记、成员名单

书　记:梁克昌

成　员:郝钦新　郭泽兵　姚云刚　侯永霞(女)

省地方金融监督管理局党组

2019年,省地方金融监督管理局以习近平新时代中国特色社会主义思想为指引,全面贯彻党的十九大和十九届二中、三中、四中全会精神,认真落实省委省政府工作部署,圆满完成2019年度工作任务。

一、突出服务实体经济,强化薄弱领域金融支持,助推经济高质量发展

(一)聚焦经济转型,全面强化资金保障。一是加强资金供给,持续扩大实体经济融资规模。协调金融机构总部与山西省签订战略合作协议并推动落地,合作协议金额超过3.5万亿元。二是积极协调沪、深交易所和中国银行间交易商协会。持续加大对山西省直接融资的支持力度,银行间市场累计募集资金、融资余额和公司债发行三项指标,均在中部地区排名第一。三是引导政府投资基金更好发挥作用。联合世界银行山西项目组、浦发银行推进设立能源转型基金。全省共设立12支政府投资基金,总规模1452亿元。

(二)聚焦能源革命,助推产业转型升级。一是积极支持工业高质量发展。联合省工信厅集中推介122个工业项目,召开银企对接会,31家金融机构与57家工业企业现场洽谈,合作金额共计289亿元。二是加大国企转型项目推介力度。充分发挥省金融服务平台作用,组织多种对接活动。有16家银行与41个新兴产业项目达成合作意向,金额共计505亿元。三是支持基础能源企业并购重组。做好“僵尸企业”和去产能企业债务处置工作。推动太化股份等基础能源企业利用资本市场完成并购重组。

(三)聚焦对外开放,强力助推供给侧结构性改革。一是完善上市挂牌企业资源库培育机制。组建专家组、扩充后备企业数量、优化行业分布。截至年底,入库企业380家。二是支持优质企业进军国际资本市场。服务大地公司在港交所借壳上市,晋商银行首发上市募资37.08亿港元。三是激活区域股权交易市场功能,截至年底,1897家企业在山西股权交易中心挂牌,发挥财政激励作用,对挂牌企业奖励共1280万元。四是资本市场实现直接融资551.17亿元。

(四)聚焦民营企业和金融扶贫,加大薄弱领域支持。一是深入开展金融扶贫。出台金融助推脱贫攻坚行动方案等配套政策,创新保险扶贫新模式,为做好金融支持乡村振兴提供保障,全省扶贫小额信贷余额115.62亿元,覆盖建档立卡贫困户24.54万户,超额完成全年计划。二是着力缓解小微

企业融资难题。联合印发《银行业金融机构小微企业贷款风险补偿资金管理办法》,申请财政资金7000万元,用于风险补偿。三是提高应急周转资金使用效率。全年各市企业资金链应急周转保障资金总额18.59亿元,累计使用846.1亿元,支持企业3337户。四是开展"专精特新"直融服务。帮助21户企业在省股权交易中心企业专板入板挂牌。

二、坚守风险底线,科学有效防控金融风险,坚决打赢防范化解重大金融风险攻坚战

(一)制度支撑。提请省委省政府印发实施方案,为全省打赢防范化解重大金融风险攻坚战提供制度支撑。

(二)压降风险。推动有效压降高风险地方法人金融机构风险,完成高风险农合机构风险化解12家,处置不良资产85.63亿元。全省108家农信社中,完成改制农商行89家,改制率达82.4%。

(三)扎实开展处置非法集资工作。全省新发案件79起,涉案金额17.41亿元,全年新发案件数、涉及金额、参与人数分别下降14.9%、84.7%和76.2%,大要案高发势头得到有效遏制。

(四)科学有效防控信用风险。制定《关于帮助金融企业防控金融风险降低不良贷款的实施意见》,压实金融机构风险防控主体责任,严格落实不良贷款追责制度。截至12月末,全省不良贷款652.46亿元,不良率2.32%,实现"双降"。

(五)制定市场化债转股实施方案,债转股协议金额1117.2亿元,落地337.65亿元。

(六)案件善后。做好晋商贷等9起案件善后处置,加大处非宣传和预警力度,有效遏制案件高发频发势头。

(七)P2P网贷机构出清。联合省银保监局组成现场行政核查组,对18家P2P在营网贷机构的公司治理架构、业务经营情况、系统平台建设、资金募投凭证等逐一进行现场核查,摸清风险底数。公开发布《关于取缔P2P网贷机构网络借贷业务的公告》,依法依规取缔26家P2P网贷机构和15家在营网贷机构的P2P业务。

(八)处置风险事件。妥善处置交城太行村镇银行和包商银行风险事件,成功化解龙跃集团大额融资风险、永泰能源债券违约风险、山水文化退市风险等事件。

(九)深入开展扫黑除恶。健全工作机制,推动专项斗争向纵深发展。加强源头管理,穿透式核查新设机构的资金来源,严防涉黑涉恶势力进入"七类机构"。

三、狠抓重点领域改革,精准施策,努力实现量的合理增长和质的稳步提升

(一)承接好"七类机构"监管任务。一是完善省金融稳定发展工作领导小组工作机制和议事协调机制,压实属地金融风险处置责任。实行清单制管理,实现监管标准化、透明化。修订融担、融租、保理机构等地方"七类"金融机构规范发展意见。二是提升差异化监管水平。引导融担公司合规发展,强化主业。对新承接的融资租赁和商业保理坚持日常和系统监管相结合,全面巡查摸底。对典当行进行现场检查,强化线上监管。对区域性股权交易市场、地方资产管理公司等机构推动健全风险管理架构。敢于动真碰硬,规范小额贷款公司监管,全省共取消55家小贷公司试点经营资格。

(二)精心做好重点领域改革。一是出台《全省各类交易场所整合工作的意见》,将13家产权类和2家环境类交易场所分别整合,推动行业向"大而精"转变。二是建立政府性担保机构资本补充机制,推动9个市级担保机构资本金达2亿元以上,省再担保集团年底增资至25亿元。

(三)全力推进农信社改制化险。截至年底,全省108家农信社中,挂牌开业农商银行77家,获批筹建农商银行12家,超额完成全年任务。

四、全面加强机关党的建设和党风廉政建设,持续提升队伍凝聚力和战斗力

(一)充分发挥各级党组织作用。一是党组带头做到"两个维护",深入贯彻党中央《关于加强党的政治建设的意见》和省委关于加强党建工作,强化学习。开展中心组理论学习23次,精心谋划召开3次民主生活会。二是切实加强党支部建设,以"三基"思路为抓手,全面提升支部学习能力、创新能力和管理能力,有效激发支部服务大局的内生动力。三是持续加强党员思想政治工作。定期开展意识形态领域形势研判和工作部署,加强对机关简报、"两微一端"等意识形态阵地的建设和管理,进一步发挥党员干部履职尽责、勇于担当的先锋模范作用。

(二)深入推进党风廉政建设。一是切实严明党的纪律,全面推进从严治党。全面贯彻落实党的关于全面从严治党、加强党风廉政建设的各项要求,坚定不移正风肃纪,不折不扣地落实好中央"八项规定"精神。二是全面梳理内部管理,时刻扎紧制度牢笼。紧扣财务管理、干部选拔等关键环节,修订完善内部管理制度,及时进行廉政提醒与监督。三是发挥先进典型的正面引领与反面案例的警示作用,印发《关于开展以案为鉴党风廉政警示教育的实施意见》,确保全体党员干部心有所畏、言有所戒、行有所止。

(三)全面推动"不忘初心、牢记使命"主题教育。一是突出思想引领,紧密结合省委要求,深入领会习近平总书记重要讲话精神,精心制定工作方案。二是强化带动示范。局党组学在前、做在前,实行学习体会"交流制",利用党组会、局务会等开展4次学用交流活动,印制主题教育应知应会100题。三是注重调查研究。围绕全省金融风险情况、P2P网络借贷等领域开展为民监管系列调研。四是严肃检视剖析,认真按照"四个对照""四个找一找"要求,从27个单位征求意见47条,召开党组会,逐一剖析问题根源,提出整改措施,明确责任人和完成时限,推进问题整改。

(四)求真务实开展"改革创新、奋发有为"大讨论。一是快速行动,营造氛围。落实省委部署,召开动员大会,部署重点任务。通过举办报告会、悬挂标语、陈放展板、编发简报等

形式,努力营造浓厚氛围。二是从严要求,科学规划。紧扣“六个破除”“六个着力”“六个坚持”,重点做好“10项规定动作”。三是查摆问题,以整促改。组织全局刀刃向内,制订责任清单,明确整改措施,落实整改责任,将“当下改”和“长久立”有机结合。

(李 立)

附:省地方金融监督管理局党组书记、成员名单

书 记:竟 晖

成 员:张永胜 潘跃飞 王晓千

省能源局党组

党组书记 王启瑞

2019年,省能源局坚持以习近平新时代中国特色社会主义思想为指导,全面贯彻党的十九大和十九届二中、三中、四中全会精神,深入学习贯彻习近平总书记“三篇光辉文献”精神,坚决贯彻落实省委、省政府的决策部署,围绕“打造全国能源革命排头兵”目标定位,扎实推进承担的能源革命综合改革试点任务,全省能源发展质量和效益进一步提升。

一、主要指标

一是煤炭经济平稳运行、稳中有进。全年煤炭产量9.8亿吨,增长5.8%。商品煤销量8.7亿吨,同比增长5.25%。二是电力结构进一步优化,“风光”装机双双破千万千瓦。全省发电总装机容量9249万千瓦。其中:火电装机6687万千瓦,水电装机223万千瓦,风电装机1251万千瓦,光伏装机1088万千瓦。发电量3253亿千瓦时,增长5%。全社会用电量累计2262亿千瓦时,增长4.6%。三是煤层气地面开发和井下瓦斯抽采量、利用量稳步增长。煤层气产量71.4亿立方米,增长26.4%,利用量66.1亿立方米,增长29.6%。煤矿瓦斯抽采量64.6亿立方米,利用量28.6亿立方米。

二、主要工作举措及成效

(一)煤炭“减优绿”深入推进。一是去产能成效显著。2019年退出产能2745万吨。“十三五”前四年共关闭煤矿106座,退出产能11586万吨,提前超额完成全省“十三五”任务。二是减量置换和减量重组稳步推进。完成57座资源整合煤矿的产能置换方案确认,产能5145万吨。协调省直部门审查29个重组方案,审查通过的14个已上报省政府。三是绿色开采试点有序推进。明确10座绿色开采试点煤矿,首批确定8座煤矿开展井下矸石智能分选。率先在全国出台充填开采产能增量置换办法,有序推进矸石返井、井下矸石智能分选、充填开采、保水开采、煤与瓦斯共采等试点工作。四是煤炭洗选管理不断强化。印发《关于全省煤炭洗选行业产业升级实现规范发展的意见》,为规范煤炭洗选发展提供政策依据。制定下发了《山西省淘汰煤炭洗选企业暂行规定》,从源头上强化对生态环境的保护。

(二)电力产业优化升级加快。一是电源结构持续优化。全省在役运行煤电机组全部完成超低排放改造,60万千瓦以上机组占火电装机的36.34%,风电、光伏成为全省第二、第三大电源。全省关停火电机组110万千瓦,超出国家任务36%。二是电网建设稳步推进。蒙西—天津南特高压配套电源接入线路中,昱光二期项目已建成投运。晋东南特高压长治站配套电源工程和太原北、大同新荣等500千伏输变电工程有序推进。三是电源点项目调控有序。先后争取国家将全省4个项目列入煤电应急调峰储备电源,8个项目移出停缓建名单,3个外送通道配套电源项目列入2019年投产计划。四是晋电外送规模持续扩大。积极向国家争取增加2019年跨省区输电计划,全省跨省跨区输电计划达894.4亿千瓦时,同比净增加158亿千瓦时。全年净外送电量991.3亿千瓦时,增长6.9%。

(三)煤层气产业加速发展。一是产业体系初步形成。沁水盆地、鄂尔多斯盆地东缘两大产业化基地全面开发的格局已经形成。天然气压缩液化能力基本满足市场需求,区域储气调峰设施正在加快建设,天然气产供储销体系不断趋于完善。二是输气管道布局不断完善。吉县－延长跨省输气管道项目山西段完成初审,太长线与鄂安沧连接线一期工程顺利完工,全省油气管道里程达到8500公里。三是煤炭采空区煤层气综合利用迈出新步伐。开展煤炭采空区(废弃矿井)煤层气抽采试验,引导各类市场主体有序抽采采空区煤层气,规模化利用残存煤层气资源。

(四)新能源持续健康发展。一是风电和光伏平价竞价项目建设加快。推动晋北风电基地和中南部低风速风电项目建设,风电项目新增投产16个,规模157万千瓦。新开工82个,规模410万千瓦,完成投资157亿元。安排100万千瓦光伏平价上网项目,争取到光伏竞价补贴项目307万千瓦,新开工29个,规模200万千瓦,完成投资60亿元。二是抽水蓄能电站项目建设有序推进。垣曲抽水蓄能电站完成核准工作,浑源抽水蓄能电站完成可研审查。

(五)能源消费结构持续改善。一是能耗“双控”稳步推进。合理确定2019年全省能耗“双控”任务,严控高耗能产业和产能过剩行业,着力扭转能耗快速上升势头。制定《山西省区域能评实施意见(试行)》,扎实推动承诺制改革区域能评工作落实。二是清洁取暖成效明显。统筹推进全省清洁取暖工作,拓宽农村清洁取暖路径,在全省组织开展生物质和洁净煤清洁取暖试点。全省冬季清洁取暖改造完成 142.94 万户,完成率 105.9%。

(六)能源合作空间不断拓展。一是国际合作不断深化。积极推动山西省与国际能源署共同签署"能源合作声明",争取世行支持山西省能源转型与绿色增长项目,召开山西省能源对外合作交流座谈会。牵头举办"2019 能源革命展"取得良好的展陈效果,为全球能源行业关注山西、支持山西,深化交流合作,共同推动发展发挥了积极作用。二是国内合作不断扩大。谋划建设新的 500 千伏交流输电通道,促进"晋电送冀"深度合作,进一步加强与浙江省的对接沟通,争取新建输电通道,推进"晋电送浙"。深化与江苏省的合作,依托晋北—江苏特高压外送通道,扩大清洁能源外送。对接中国三峡集团,省政府与三峡集团签署"战略合作框架协议"。积极推动省政府与华能集团签订战略合作协议。

三、坚持全面从严治党

一是"改革创新、奋发有为"大讨论和"不忘初心、牢记使命"主题教育深入开展。全行业把主题教育重点措施与大讨论导向有机融合,通过大讨论、主题教育牵引全年工作向纵深推进,做到学习教育、调查研究、检视问题、整改落实相互交融贯通。省能源局组织专人前往内蒙、贵州、广州等地区调研,坚持对标一流找不足,比学赶超强弱项,形成《关于推动全省电煤中长期合同签订履约指导意见》,将调研成果转化为决策措施。潞安集团在主题教育期间形成重要改革发展和制度成果 20 余项,推进民生实事、惠民工程 12 项,得到中央和省委肯定。

二是全力助推脱贫攻坚。明确领导包村和党员干部结对的帮扶责任,全年筹措落实帮扶资金 140 余万元,扎实推进产业扶贫、消费扶贫,健康扶贫,开展"以购代捐",购买农副产品 8 万余元。新建 3 个爱心超市,募捐物资 5.5 万元。组织义诊 4 次,捐赠药品 8.4 万元。5 个村扶贫慰问 16 万元。

三是"三基"和精神文明建设持续深入。全行业强基层、打基础,不断提升服务能源发展能力水平。坚持把社会主义核心价值观贯彻在全行业的各项工作中。省能源局开展离退休老干部为全省能源革命"建言献策"活动,中国技能大赛—"阳煤杯" 第五届山西省煤炭行业职工职业技能大赛成功举办,进一步弘扬劳模精神和工匠精神。

(贾文浩)

附:省能源局党组书记、成员名单

书　记:王启瑞

成　员:苗还利　闫文泉(1 月任职)　王红亚　侯秉让

省文物局党组

党组书记　刘润民

2019 年,省文物局坚持以习近平新时代中国特色社会主义思想为指导,深入贯彻习近平总书记关于文物工作系列重要论述精神,全面落实从严治党主体责任,集中精力做好文物保护利用改革和重点项目,下功夫补齐文物工作短板弱项,各项工作取得了新成绩。

一、坚持把党的政治建设摆在各项工作首位,全面从严治党不断引向深入

一是认真组织开展了"不忘初心、牢记使命"主题教育、"改革创新、奋发有为"大讨论和"讲政治、讲纪律、讲规矩"学习教育,习近平新时代中国特色社会主义思想不断深入人心,全体党员干部"守初心、担使命"的思想根基更加牢固,"干事创业、敢于担当"的精气神更加凸显。

二是聚焦"两个维护",坚决贯彻落实习近平总书记对永乐宫壁画保护和山西省民俗馆西院问题的指示批示精神,永乐宫壁画保护从思想认识、技术措施、人才支撑、经费保障、管理力量、合理利用等方面得到了整体提升。举一反三,以点带面,旨在保护全省重点文物的山西省石质文物、国宝级古建筑、彩塑壁画三个保护研究中心先后挂牌成立并平稳运行。山西省民俗馆西院问题正在依法依规稳步推进。

三是把主体责任牢牢扛在肩上,坚决抓好巡视整改和专项整治工作。省委两轮专项巡视反馈问题的整治整改率为 88%;大讨论和主题教育查摆的 27 个问题清单中,完成整治整改的 7 个,长期坚持的 14 个,正在推进的 6 个;第二批政治监督反馈的 18 个问题正在有序整改。

四是坚持"严格程序精准选、分层分类精准育、健全机制精准管"的"三位一体"选人育人用人工作机制,严格干部选拔任用工作,共提拔交流 53 人;坚持优中选优,3 人被评为"四个一批"人才,1 人入选"山西省青年拔尖人才"支持计划,1 人被授予"第十届山西省优秀科技工作者"。

五是认真学习贯彻《中国共产党宣传工作条例》,有效利用"学习强国"和"好干部在线"学习平台,严格落实网络安全和意识形态工作责任制,认真分析研判文物领域意识形态工作,妥善处置"二青会"火炬在永乐宫点火传递、应县木塔登

塔等相关舆情信息,全省文物战线守正创新的意识和能力不断提高。

六是以“三基建设”为抓手,完成机关党委、纪委换届和支部书记换届补选工作。召开省文物局直系统庆祝建党98周年表彰大会暨先进事迹报告会,表彰3个先进基层党组织、35名优秀共产党员和14名优秀党务工作者。研究制定《山西省文物局所属事业单位改革方案》,基本形成“3院1企”的改革思路。编印审批事项服务指南和高频审批事项模块化办理指南。推广使用“山西智慧党建”信息化管理平台。对直属事业单位制度建设、基础资料管理及“一目录一流程三手册”更新完善情况进行实地查验,并在综合分析、科学评价的基础上形成评估报告。

二、把新时代文物保护利用改革任务与山西文物工作实际结合起来,各项重点工作任务圆满完成

一是革命文物保护利用工程全面推开。全省7个市的54个县(区)列入全国第一批革命文物保护利用晋冀豫片区。全省26处不可移动文物和64件(套)馆藏文物正在报请中央文物管理工作协调小组登记确认。印发《山西省革命文物保护利用工程实施方案》,以武乡—黎城—左权“三角区”为重点的革命文物保护利用工程在全省全面推开。

二是“文明守望工程”深入推进。出台《山西省社会力量参与文物保护利用办法》,这是目前全国关于社会力量参与文物保护利用的第一部政府规章。联合四部门印发支持社会力量参与文物建筑认养、非国有博物馆发展、文物博物馆文化创意产品开发等30条政策,力求让社会力量参与文物保护利用的潜力和动能得到最大释放。联合省工商联在河津市和高平市召开两场文物建筑认养推介会,全省认养项目已有88个,吸引社会资金约1.3亿元。

三是涉旅文物单位两权分离改革任务全面完成。全省62处涉旅文物单位或引进外来合作单位或成立内部运营实体,全部明确管理和经营主体,理清权责内容,实现两权分离,为下一步涉旅文物单位盘活资源存量、实现资源增量创造条件。

四是文物领域“放管服效改革”不断深化。按照精简原则重新梳理、审核、确定25项行政审批事项,通过项目、人员、流程的整合,审批事务全部聚合到省政务中心窗口办理,真正实现由“分散”向“集中”的升级换代。实行“一网通办”,通过文物微信公众号和网站扫描二维码后直接进入审批,25个审批事项由法定工作日590天压缩到承诺工作日289天,共压缩301天,压缩时限达到51%,提高审批效率。注重服务群众、服务基层、服务企业的“三服务”,变“反复跑”为“跑一次”,山西省文物局审批服务窗口连续三季度被授予“红旗窗口”。

五是重大考古发掘和重点文物保护项目顺利实施。闻喜酒务头商代墓地入选2018年度全国十大考古新发现,这座晚商高等级方国贵族墓地的发现与发掘是商代考古的一次重大突破,不仅为“匽”族青铜器找到归属,也填补晋南地区晚商遗存的空白。闻喜邱家庄墓地、襄汾陶寺遗址等9个主动性考古发掘项目和离石德岗遗址等33个抢救性考古发掘项目有序开展,及时抢救和发现一大批珍贵文物。灵丘觉山寺塔修缮入选全国优秀古迹遗址保护项目,彰显山西在全国古建筑保护行业中的重要地位。平遥古城5段墙体抢险加固工程基本完工;云冈石窟第3窟、第21—30窟危岩体加固工程和第14窟顶部防水及抢险加固工程正在实施;五台山南山寺善德堂维修工程完工。

三、下大力气让文物活起来,文物工作的社会影响力不断扩大

按照省委省政府的重大决策部署,山西青铜博物馆已完成筹建、开放,成为省城亮丽新名片和文化新地标。山西博物院作为全国智慧博物馆试点,在智慧管理、智慧保护、智慧服务建设方面初见成效。“中华滋味——醋与生活的故事”和“红色记忆——大同现代革命历史文物展”被评为全国弘扬优秀传统文化、培育社会主义核心价值观百大主题展览。《云冈石窟全集》历时七年正式面世,在全国引起了较大反响。云冈石窟第12窟大佛3D打印项目在深圳完成上色总装,即将从浙江大学艺术与考古博物馆开启行走世界的第一步。《天龙山石窟造像数字复原国际巡展项目》被中宣部正式列入中华文化走出去重点项目,已完成山西首展,即将在国内外巡展。

四、牢牢守住文物安全底线,为转型发展营造良好社会环境

召开了全省文物领域扫黑除恶专项斗争部署推进会,移送文物犯罪案件线索27条,参与涉案文物鉴定186起,鉴定涉案文物96133件组,其中珍贵文物1054件组;接收涉案文物12780件,其中珍贵文物589件,包括从境外成功追回的国家一级文物“晋公盘”。文物安全防范工作纳入各市综治工作(平安建设)考核内容,全省文物安全现场会在平遥召开,国、省保文物单位安全直接责任人信息对外公示,文物系统“防风险保平安护二青迎大庆”专项行动圆满结束,领域内安全风险工作防范有效、化解及时、处置有力。

五、持续夯实文物基础工作,全面提升文物保护管理工作水平

积极申报第八批国保单位,全省国保总数达到531处,继续保持全国第一,表明了山西是中国最为重要的文物资源富集区,表明着山西文物资源在壮大文化旅游、促进转型发展中的基础性作用。全省共计354处文物保护单位正在报请省政府核定公布为第六批省保。《山西省贯彻落实〈关于加强文物保护利用改革的若干意见〉行动方案》正在按程序报审。《山西省红色文化遗址保护条例》作为全国首部专门针对红色文化遗址保护利用的省级地方性法规正式公布实施。《山

西省长城保护办法》正在申请列入2020年省政府规章计划。《山西省文物局行政执法“三项制度”》正式公布实施。石窟寺文物三维激光扫描和近景摄影测量的三维数字化采集地方标准正式发布。由专业机构对文物保护工程采取全体系链条质量管理模式被国家文物局命名为“山西模式”。

(孙婉姝)

附:省文物局党组书记、成员名单

书　记:雷建国(9月离职)　刘润民(9月任职)

成　员:程书林　张元成　赵曙光

省人民防空办公室党组

党组书记　霍红义

2019年,全省人防工作以习近平新时代中国特色社会主义思想为指导,在省委省政府省军区的坚强领导和国家人防办的正确指导下,以开展“不忘初心、牢记使命”主题教育和“改革创新、奋发有为”大讨论为牵引,积极作为,攻坚克难,真抓实干,各项工作任务得到了有效落实。

一、坚决推动中央决策部署贯彻执行

一是深入开展全省人防腐败问题专项治理工作。坚决贯彻习近平总书记等中央领导同志对人防系统腐败问题专项治理的重要批示精神,在省委省政府、省纪委监委的坚强领导下,成立领导机构,细化工作方案,召开会议部署,营造浓厚氛围;成立督导检查组,采取“办领导包片、处长包市、派驻纪检组全程监督”形式,对市县人防系统腐败问题专项治理工作集中督导检查,加大指导协调力度,及时组织政策解读;开展“回头看”,及时查缺补漏;认真梳理现有规章制度和内部规定,建立完善相关法规制度;督促市县政府认真落实国务院、中央军委要求和人防法律法规的规定,及时清理和废除相抵触的政府文件,推动人防建设规范化发展。二是组织召开全省人民防空会议。贯彻习近平总书记关于人防建设重要指示精神,6月29日,省委省政府省军区组织召开了山西省人民防空会议,传达学习习近平总书记关于人民防空重要讲话精神和第七次全国人民防空会议精神,总结近年来山西省人防工作,安排部署今后一个时期人防建设任务,为新时代山西省人防工作指明方向。三是扎实开展人民防空行业整治。按照国家人防办统一部署,组织对16家防护设备生产企业的综合条件和人员、场地设备、经营情况进行核查,对1家企业取消资质,对问题较多的5家企业责令暂停销售,对10家基本满足资质条件的企业要求整改。15家企业从业条件已全部达到了要求。

二、认真开展履职能力建设

一是提高科学谋划能力。制定机关及直属单位《年度工作任务书》,召开全省人防系统工作会议,向各市人防办下发《年度工作任务状》,明确建设任务,完善工作清单,压实落实责任。二是扎实开展“改革创新、奋发有为”大讨论活动。结合人防实际,坚持问题导向,组织“我为改革创新做什么”交流讨论,党员干部围绕“六个坚持、六个着力”,谈看法、谈目标、谈措施,激发工作激情;分三次组织中层干部开展了专题学习研讨会,聚焦“六个破除”,自检剖析,查实问题,推动思想再解放、改革再加速。三是积极组织学习培训。在中山大学组织省人防办机关干部、直属单位负责人和市县人防办领导举办“山西省人防干部专业化能力提升专题培训班”,丰富专业知识、强化专业能力,提升履职专业素养。四是大力开展干部队伍建设。精心组织公务员职务职级并行工作,按照好干部标准,选拔配备机关和直属单位领导干部,充分调动干部职工工作积极性。五是认真开展调研督导。办领导分别深入扶贫联系点和部分市县,围绕扶贫攻坚和人防工作开展调研,与基层领导沟通交流,现场推进重难点任务。

三、着力强化制度体系建设

突出建章立制,坚持学用结合,认真开展法治建设。一是制定学法用法计划,纳入党组中心组学习内容,积极开展以案释法活动,强化法治观念。二是梳理省人防办普法清单,印发普法计划,明确普法时间表、路线图,举办全省人防干部依法行政能力提升培训班,提高法治观念和执法水平。三是制定修订《山西省人民防空办公室重大行政执法决定法制审核办法》等制度规定,推动制度体系完善配套。四是完成“互联网+监管”“互联网+服务”事项的录入工作,对人防从业单位检查情况和监管单位基本信息以及审批目录清单进行录入,持续做好企业投资项目承诺制工作,提高监管效能。

四、全力推进重点工作任务落实

(一)全省人防系统“准军事化”训练效果明显。2019年3月、9月、12月,分别组织了3次人防系统准军事化集训,省委常委、省军区司令员韩强参加了开训动员并作重要指示。在省办的带动下,各市积极组织开展形式多样的训练活动,长治、晋城、临汾、运城市人防联合开展了军事训练周活动;大同、朔州、忻州、太原市人防联合签订了机动系统跨区支援保障协议,晋中人防组织了晋豫两省5市跨区拉动演练;太原、大同、忻州、吕梁参加了实战化跨区支援协同演练。通过训练,进一步创新了训练方法、完善协同保障机制、强化了纪律作风、提升人防军事斗争准备水平。

(二)人防机动指挥通信系统跨区拉动演练圆满完成。11

月4至7日,组织代号为“砺兵-2019”山西省人防机动指挥通信系统跨区拉动支援保障演练。省办机关、省人防办信息保障中心和吕梁、阳泉、长治、晋城等4市人防办以及技术保障人员共57人参加,动用各种保障车辆15台。演练了人防机动指挥通信系统跨区支援保障能力检验等5项内容。通过演练,完善了指挥方案、健全了协同手段、磨练了队伍意志、熟悉了装备性能、提升了应急应战实力。

(三)国家人防重点城市人防工程竣工验收面积任务超额完成。截至12月底,全省结合民用建筑批建防空地下室面积208.25万平方米,国家人防重点城市人防工程竣工验收面积140.18万平方米(目标为70万平方米)。

(四)全省新增人防工程开发利用工作富有成效。截至12月底,全省新竣工验收人防工程85项,开发利用85项,开发利用率100%(目标为90%以上);利用人防工程设施设备累计安排就业人员为17954人(目标为1.55万人)。

(五)人防教育进机关、进学校、进社区、进企业、进网络“五进”活动全力提速。利用5·12、9·18和国庆70周年、12·4宪法宣传日等重大节日和活动,各级人防部门在中、小学校、社区和企业及时开展人防知识技能宣传,覆盖人数312万人(年初目标为300万)。向人民网、新华网等网络媒体投稿380余篇,编印6期人防杂志和1期增刊、600册《山西人防巡礼》,制作了《山西人防纪实》宣传片,有效提高人防宣传效果。

(六)防空防灾体验馆如期开馆运行。山西省防空防灾体验馆经过升级改造,于5月27日正式对社会开放,省军区副司令员邱月潮检查指导并为体验馆揭牌。截至年底,已接待机关事业单位、中小学校和社会群众1.29万余人。

五、大力加强党的建设

坚持把党建作为一切工作的基础,长期抓经常抓。一是认真组织理论学习。采取党组理论学习中心组每周一、党支部每周五集中学习方式,深入学习党的十九大、十九届二中、三中、四中全会精神和习近平新时代中国特色社会主义思想、习近平总书记视察山西重要讲话精神以及习近平总书记关于人民防空的重要指示精神;及时召开全体干部大会,跟进传达学习中央、省委有关文件会议精神,组织理论交流研讨和政治理论知识测试,开展“学习强国”答题排名,不断夯实党员干部政治理论基础。二是扎实开展主题教育。成立以党组书记为组长的领导小组,加强统筹指导。认真传达学习习总书记重要讲话精神及省委工作部署,制定具体工作方案,按规定动作强力推进。3次组织机关和直属单位副处级以上党员干部对《选编》《纲要》进行原文通读和交流研讨,召开学用习近平新时代中国特色社会主义思想经验交流会,开展专题党课辅导,邀请专家开展专题宣讲,到太原解放纪念馆接受革命传统教育,使全体人员学出信仰,学出担当。召开对照党章党规找差距专题会、专题民主生活会和专题组织生活会,不断增强“四个意识”、坚定“四个自信”、做到“两个维护”。坚持把学习教育、调查研究、检视问题、整改落实四项重点措施贯穿始终,坚持边学边改、立查立改。三是持续推进全面从严治党向纵深发展。年初召开全省人防系统党风廉政建设和反腐败工作会议,总结2018年省人防办党风廉政建设和反腐败工作,安排部署2019年工作任务,省办与各市人防办签订《党风廉政建设责任书》;每季度召开党建暨党风廉政建设工作会议,分析研判形势,查找问题不足,制定工作措施。严格落实廉政谈话、廉政约谈和诫勉谈话“三位一体”谈话制度,对违规违纪行为做到早发现、早提醒、早纠正、早处置。四是认真推进“三基建设”。组织支部换届,配齐配强了支部领导班子,印发《关于进一步加强山西省人防办基层党支部规范化建设的意见》,全面推行党员组织关系网上接转,严格落实党费收缴管理使用制度,扎实开展支部委员讲党课、组织生活会、谈心谈话、民主评议党员、主题党日活动情况,进一步加强基层组织、基础工作、基本能力建设。

(闫振汉)

附:省人民防空办公室党组书记、成员名单

书　记:霍红义

成　员:陈丙骞(9月任职)　李　波　薄文杰

省扶贫开发办公室党组

党组书记　刘志杰

2019年是全省脱贫攻坚决战决胜的一年。省扶贫办党组坚持以习近平总书记关于扶贫工作重要论述,特别是视察山西重要讲话精神为根本遵循,坚决贯彻落实省委省政府的各项决策部署,扎实推进各项工作取得新成效。

一、扛起政治责任,坚决做到“两个维护”

(一)突出“政治性”,理论武装入脑入心。持续跟进学习习近平总书记在全国“两会”、重庆座谈会、中央政治局会议、中央财经委第四次会议、全国扶贫日、十九届四中全会等重要讲话重要指示,第一时间组织学习贯彻落实。全年党组中心组19次领学、扶贫大讲堂20期讲学、述职交流5次比学、《学习活页》23期自学、季度测试3次督学。

(二)突出“时代性”,主题教育从严从实。一是以上率下、人人务实。坚决落实“守初心、担使命、找差距、抓落实”总要求,成立领导小组,党组书记是第一责任人,班子成员以身作则当表率,加强对党支部工作指导帮助。在《山西日报》谈学习体会,在省委学用交流会上典型发言,在省直机关学用交流示范推进,7 个支部书记交流发言。二是统筹推进、步步求实。结合工作中的重点难点问题,三次组织集中学习,确定 5 个方面 22 个调研课题,党组成员领题,处级干部参与,深入基层调查研究,形成了有质量的调研成果。“改革创新、奋发有为”大讨论中,20 名同志进村服务,帮助解决困难问题。三是严密组织,件件抓实。赴武乡进行革命传统教育,交流《掷地有声》读书心得,召开挂职干部座谈会,专项整治漠视侵害群众利益 9 方面问题,专项整改脱贫攻坚 10 方面问题。四是宣传引导,层层落实。运用好门户网站、学习活页、微平台等载体,营造浓厚氛围;组织处站长对标一流、述职评议。选树担当作为先进个人、先进党组织、优秀党员、党务工作者。

(三)突出“规范性”,党内生活严肃严谨。修订《党组工作规则》,“三重一大”事项集体研究,召开党组会 40 次,严格执行民主集中制规定。政治文化建设融入“三会一课”、主题党日等党内政治生活,党组书记带头讲党课,班子成员沟通交流谈心。强化党组织政治功能,推动党内政治生活常态化制度化规范化。

(四)突出“斗争性”,政治生态清正清明。将省委专项巡视反馈问题和中央巡视自查、国考省考、扶贫审计等发现问题等一体整改。聚焦中心任务,班子成员刀刃向内、自我革命,深入开展党性分析,举一反三查摆问题,追根溯源剖析原因,逐项推动整改落实,以部门整改带动扶贫系统、扶贫领域整改。转职能、转方式、转作风,肃清刘昆明案流毒影响,每季度分析研判意识形态工作。

二、担好攻坚责任,聚焦发力决战决胜

(一)抓重点,集中解决“两不愁三保障”突出问题。落实重庆座谈会精神,出台全省实施意见,组织市县和省直部门联动排查摸底,协调省直牵头部门出台工作方案,明确工作标准、落实工作任务、细化支持政策,指导市县逐村逐户查漏补缺,逐县逐项对账销号,逐月通报、跟踪督办,推动“三保障”突出问题得到基本解决。

(二)攻难点,坚决啃下深度贫困硬骨头。加大扶持力度,继续在政策、资金、项目、帮扶力量等方面重点倾斜;加强工作指导,组织市县、省直部门对标研判,逐项推动落实,年底逐县调查研判,2019 年 10 个深度贫困县在内的剩余 17 个县可脱贫摘帽。易地扶贫搬迁持续推进“六环联动”、牵头出台后续扶持实施意见,召开现场推进会,聚焦 6 方面 26 项措施推进落实,3350 个深度贫困自然村,36.2 万贫困人口的搬迁任务基本完成。统筹推进农村低保、养老、残疾人、特困救助等政策落实,织密织牢特困群体社会保障兜底网。

(三)聚焦点,全力打好巩固提升主动仗。一是建立返贫防贫预警机制,确立巩固期严于攻坚期的要求。持续深化动态管理常态化,组织开展脱贫人口“回头看”“回头帮”,确保应纳尽纳、应扶尽扶。二是强化带贫益贫联结,对扶贫龙头企业、合作社动态管理,分别重新认定 153 个、83 个;光伏扶贫“十三五”第二批 23.2 万千瓦村级电站全部建成并网,总规模达到 294.84 万千瓦,居全国第二,加强运维管理规范收益分配,惠及 8512 个村、36.39 万贫困户。牵头出台消费扶贫工作推进方案,深化“五进九销”措施,带动 49.2 万贫困户增收。扶贫小额信贷投放 38.14 亿元。山西包容性农业产业融合发展项目完成投资 2 亿元,培训 1000 人次。三是做实做细驻村帮扶,坚持派驻力量、帮扶投入、驻村时间、管理力度“四个不减”,深入开展“六大行动”,引进帮扶资金 17.43 亿元,实施万元以上项目 6046 个。四是管好用好扶贫资产。牵头出台加强扶贫资产管理意见,建立“四明确五规范”管理制度,确保扶贫资产安全运行、保值增值,集体和群众长期受益。五是持续抓好贫困村提升,在 5220 个村实施项目 10602 个,改善村容村貌、户容户貌、精神面貌。六是持续深化扶贫扶志。开展感恩奋进教育,选树自主脱贫典型,推广“一网三超”模式。培育创业致富带头人 12853 人,带动贫困户 33396 人,支持有志想做、有事可做、有技会做、有钱能做、有人领做。

(四)除痛点,坚决把问题解决在过程中。对中央巡视自查、省委专项巡视、国考省考、督导检查、扶贫审计发现问题一体整改,点办理批处理。组织召开省直部门和脱贫摘帽县、计划摘帽县、非贫困县等三类县问题整改交办会,台账管理、跟踪督办、提级验收、重点考核。重点工作逐月通报、逐月督办。开展集体谈话,集中约谈、专题约谈、常态化约谈等。组织开展脱贫攻坚工程项目风险隐患大排查大清底。与人民网合作,对涉贫舆情及时预警、一周双报,分类研判、妥善处置。用好 12317 监督举报电话,对涉贫信访建立台账、逐一调查核处。

(五)强基点,作风攻坚促进脱贫攻坚。一是提升能力素质,深化扶贫干部大培训,省级抓示范、市级抓重点、县级广覆盖,全省培训 41.4 万人次。二是减轻基层负担,严控会议文件,考核评估精简合并,扶贫信息与行业部门共享共用。三是开展作风整治,配合省委专项巡视全覆盖,参与全省扶贫领域腐败和作风问题专项治理、扶贫领域漠视侵害群众利益问题专项整治等。召开扶贫系统会、党组专题会研究,出台 5 方面 20 项措施,集中整治形式主义官僚主义问题。四是营造浓厚氛围,组织开展“尽锐出战、决战决胜”扶贫日主题活动,举办脱贫攻坚成就网络展,出版省领导联系帮扶、百户脱贫等 7 方面系列案例,《掷地有声——山西第一书记的故事》(第二部),组织中央、省内媒体宣传 1.9 万篇(次)。产业站获全国脱贫攻坚组织创新奖,1 个集体、4 名个人获全国脱贫攻坚奖,30 个集体、80 名个人获全省脱贫攻坚奖。

三、落实主体责任,政治建设统领党的建设

(一)“三链”协同压实主体责任。一是强化“责任链”,党组书记扛起首责、主责、全责,党组成员明责、履责、尽责。修订《全面从严治党主体责任清单》,召开扶贫系统全面从严治党会。与支部签订责任书,严格“书记抓、抓书记”责任体系。二是完善“工作链”,开展支部书记定期述职,机关党委不定期检查,创建党组统一领导、机关党委协调推进、支部狠抓落实的党建工作格局。三是严格“考核链”,完善机关党建、业务和干部年度考核、市级扶贫部门考核等办法,坚持工作一起

部署、考核一同组织、结果一并通报。

(二)“三基”并重夯实工作基础。办党组以“必须抓”的紧迫感和“带头抓”的责任感,打基础不动摇、提素质不松劲、强能力不懈怠。一是建强基层组织,选优配强支部班子,支部书记、党务干部集中培训,发挥“支部建在组上”组织优势。二是夯实基础工作,持续开展基础工作提升专项行动,更新“一目录一流程三手册”,修订议事决策、考核奖惩等七类制度,规范机构岗位、基础资料、制度机制、效能建设四方面管理体系。落实法治山西建设年度工作要点,逐项推动落实。党组学法5次,机关干部人均学法40课时。三是提升基本能力,制定专业能力培训计划,举办省级示范培训班,在全省干部教育培训工作会议交流发言,在全国脱贫攻坚培训工作研讨班介绍经验做法。

(三)“三线”坚守永葆政治本色。坚持“不敢腐、不能腐、不想腐”一体推进。一是筑牢防线,深入剖析扶贫领域典型案例,召开先进事迹报告会,教育党员干部“见贤思齐、见不贤而内省”。二是不越红线,完善机关内控方案,建立处级干部廉政档案,落实阳光扶贫廉洁扶贫9条规定、明确5项要求,扶贫资金因素法直接分配到县,行政事项零审批。三是守住底线,严守政治纪律政治规矩,严格执行中央八项规定和省委实施办法,落实领导干部个人事项报告、双重组织生活等制度,重要节点开展廉政谈话。

四、履行领导责任,加强干部队伍建设

一是培养锻炼干部。着重提升研究问题、善打硬仗、凝聚团队“三个能力”;全体干部内强素质、外树形象。出台机关和事业单位干部双向挂职办法,20名干部双向挂职,多岗位锻炼干部,中层班子建设上,着重增强干部岗位匹配度、班子成员融洽度、干事创业同心度。省直机关12名干部来办任职锻炼。

二是精准选用干部。定期开展干部队伍分析,坚持德才兼备、注重实绩,以事择人、人岗相宜。2019年分两批选任处级干部19名,6名表现突出的80后提拔重用。有序推进21名公务员和参公人员职级套转、7名干部职级晋升。

三是从严管理干部。深入开展“四看四比”(全省看大局比奉献、系统看位置比支持、机关看思想比作风、基层看服务比形象)活动,对新提任处级干部任前集体谈话和宪法宣誓,召开晋升职级、任职锻炼、学习锻炼干部座谈会。

四是关心关爱干部。不断深化“善作善成”扶贫文化建设,元宵节开展“奋发有为、决战决胜”主题活动,“七一”开展“不忘初心、牢记使命”党日活动。组织健康体检,举办健康讲座,开展慰问帮扶,为33名干部职工发放爱心互助金8万元,救助11名困难职工13.5万元。

(刘源源)

附:省扶贫开发办公室党组书记、成员名单

书　记:刘志杰

成　员:张玉宏　张建成　龚孟建

省医疗保障局党组

党组书记　刘中雨

2019年,在省委、省政府的坚强领导下,省医疗保障局(以下简称医保局)始终坚持以习近平新时代中国特色社会主义思想为指导,以“保基本医疗、保基金安全、保可持续、防廉政风险”为主线,以“提高经办服务能力、提高人民群众获得感”为目标,努力开创了医疗保障工作新局面。

一、坚持全面从严治党,不断助推医保工作提质增效

一是深入学习贯彻习近平新时代中国特色社会主义思想。组织全体党员干部深入学习贯彻党的十九大和十九届二中、三中、四中全会精神,以及习近平总书记系列重要讲话精神和关于医疗保障工作的重要批示指示,重温学习习近平总书记的“三篇光辉文献”,把“两个维护”作为最重要的政治纪律和政治规矩,教育引导全系统党员干部牢固树立“四个意识”,坚定“四个自信”,做到“两个维护”。

二是认真开展“改革创新、奋发有为”大讨论和“不忘初心、牢记使命”主题教育。把学习习近平新时代中国特色社会主义思想贯穿两个教育的全过程,推出一批惠民便民举措,让群众真正感受到主题教育带来的新变化。特别是由省医保局牵头的“严肃查处定点医疗机构和零售药店骗取医疗保障基金”等漠视群众利益问题整改和“298个病种日间手术患者享受医保”等“三服务”工作得到有效落实,得到省纪委监委、省委组织部主要领导的充分肯定和省委主题教育领导小组多次点名表扬。

三是全面落实从严治党要求。党组书记认真履行全面从严治党“第一责任人”责任,党组成员履行“一岗双责”,坚持集体决策,聘请专职法律顾问参与医保重大政策合法性审查,建立医药专家论证制度等,不断增强领导班子科学决策能力。加强基层党组织建设,选举产生了局机关党委委员、机关纪委委员和机关工会委员会委员,成立了局机关3个党支部。加强干部队伍建设,完成机构成立后干部任免调整工作,先后组织开展各类教育培训20余次,培训人员近千人次。

四是持续抓好廉政风险防控。落实“以案促改”方案,制定了医保工作人员“十不准”,梳理了全省医保系统业务工作

6项21条廉政风险点，出台了《在全省医疗保障系统构建“不敢腐、不能腐、不想腐”廉政风险防控长效机制的指导意见》，开展了党员干部违规接受旅游等相关问题自查自纠工作。集中组织观看反腐警示教育视频等5次200余人次，组织省局全体党员干部到省女子监狱实地开展警示教育，全面防控廉政风险。

二、完善待遇政策，不断减轻群众看病就医负担

截至年底，全省医疗保险参保3266万人，其中职工医保702万人，城乡居民医保2564万人。2019年全省医保基金总收入472.4亿元，支出449.51亿元，统筹基金累计节余277.11亿元。省医保局采取一系列举措，提高待遇保障水平。

一是稳步提高城乡居民医保筹资水平。将2019年城乡居民基本医保人均财政补助标准提高30元，达到520元，同步提高2020年个人缴费标准30元，达到每人每年250元。同时，将新增财政补助一半(15元)用于提高大病保险保障能力。

二是扎实推进医保精准扶贫。全面落实医保扶贫三年行动计划(2018–2020年)，与扶贫等部门完善了贫困人口动态调整信息共享机制，有效确保基本医保、大病保险、医疗救助制度全覆盖。降低大病保险起付线、提高支付比例、取消封顶线，加大对困难群众的倾斜力度。会同相关部门建立了过度医疗负面清单、过度保障问题清单，指导各市整改落实。全省实现市域内基本医保、大病保险、补充医疗保险、医疗救助“一站式”结算。2019年，全省农村建档立卡贫困人口住院75.6万人次，住院总费用57.1亿元，待遇支付51.7亿元，住院综合保障比例达到90%。

三是实现生育保险与职工基本医疗保险合并实施。以省政府办公厅名义印发了山西省“两险”合并实施配套文件。截至年底，全省已有2.34万名生育保险参保人员享受到了相关待遇。

四是完善城乡居民高血压、糖尿病门诊用药保障机制。坚持“尽力而为、量力而行”原则，研究制定了全省完善城乡居民高血压、糖尿病门诊用药保障机制，减轻“两病”患者门诊用药费用负担，政策范围内报销比例达到50%以上。截至年底，全省共有2.15万人次享受待遇，政策范围内报销比例达到53.3%。

五是研究解决特殊群体医疗保障政策。将费用昂贵、具有确切疗效药物的戈谢病、庞贝氏病纳入医疗保障范围，2019年全省共有144人次享受待遇，基金支付599万元，慈善援助65万元，通过基本医保、大病保险、医疗救助、专项救助、社会援助五重保障措施，综合保障比达到86.6%。提高地方病、血液病的医疗保障水平。在省直二级以上中医院试点将25种门诊中医适宜技术纳入医保支付。规范统一新生儿落地参保政策，新生儿出生当年办理参保登记手续后不再缴费，直接享受当年的医保待遇。

六是贯彻落实降费政策为企业减负。贯彻落实党中央、国务院降低社会保险缴费基数部署，2019年减轻用人单位负担17亿元。明确国有企业退休人员医保社会化管理和厂办大集体改革退休人员基本医保费用计提等有关事宜，仅对太钢集团就直接减轻经济负担2.3亿元，有效推动了企业改革。

七是完成其他待遇保障工作。指导临汾市继续做好长期护理保险试点工作，截至年底参保71.05万人，筹集资金3552.5万元，918人享受待遇。不断完善医疗救助制度，优化救助申请程序，全年共下达医疗救助资金10.5亿元。落实国家谈判的17种抗癌药品纳入医保报销，全年有8172人享受待遇，报销6015万元。

三、强化基金监管，筑牢基金安全底线

一是开展打击欺诈骗取医疗保障基金专项治理。会同财政部门出台《山西省欺诈骗取医疗保障基金行为举报奖励实施办法》，进一步畅通举报投诉渠道。与公安、卫健、药监等部门联合开展打击欺诈骗取医疗保障基金专项行动“再回头”，以及专项治理和集中宣传月活动，不断加大打击力度。2019年，全省共检查定点医药机构38121家，检查覆盖率100%；共处理违法违规机构6757家，移交司法机关6家，追回资金3.38亿元；处理违法违规参保人员73人，移送司法机关32人，追回资金135.38万元。两项资金合计3.39亿元。专项治理取得显著成效，打击欺诈骗保的高压态势初步形成。

二是加强医保定点协议管理和对医疗行为、费用的智能监控。修订印发了2019版定点医药机构协议文本，按照不同类型制定了5个协议范本，完善了《医保定点医疗机构协议管理规程》。以智能监控为基础，积极创新基金监管方式，太原、晋中市列入国家医保基金智能监控示范点和基金监管方式创新试点后，省医保局在大同、临汾、晋城、省直四个统筹区开展了省级试点，形成两级试点同步推进、改革多点突破的良好态势。

三是持续深化医保支付方式改革。积极支持县乡医疗卫生机构一体化改革，全省108个医疗集团全部实行医保基金“总额预算、打包付费”管理。全省累计推出临床路径明确的300多种常见病、多发病开展住院按病种付费。将298种日间手术治疗纳入门诊按病种付费管理，使患者住院时间减少一半，费用支出节约近一半，全年共有4117名患者享受待遇。在临汾市启动国家按疾病诊断相关分组(DRG)付费试点，在太原、长治、晋城、运城、大同5市开展省级试点工作。

四是积极防范基金收支穿底风险。坚持底线思维，建立医保基金收支风险预警机制，定期开展医保基金运行分析。对当年可能存在透支风险的市，省局领导分片包干进行重点风险监控和指导，提前消除安全隐患。

四、健全价格招采机制，多措并举推动药品耗材价格下降

一是积极开展药品耗材集中带量采购和使用试点工作。明确省药品耗材集中带量采购的具体政策和实施路径。从2019年12月1日起，山西在全国率先全面执行国家组织

"4+7"试点扩围结果,25种药品平均降幅59%,全省一年可节省药品费用5亿元。组织全省公立医疗机构组团联盟开展部分高值耗材集中带量采购,指导各市开展低值医用耗材带量采购。运城、临汾市开展了静脉留置针等低值医用耗材的带量采购。

二是推动建立药品耗材全流程网上阳光采购新机制。上线运行省级药品耗材阳光采购平台,全省474家公立医院药品、耗材全部实现采购、配送、入库、结算全流程监测,业务网上办理。通过与陕西等省份联合议价、与"京津冀"同步联动等方式对国家降税降价目录内抗癌药实施了专项采购。共有99个品种393个产品挂网,平均降幅12.6%。采集"14省联盟""京津冀联盟"医用耗材最低价作为山西省采购参考价(限价)挂网,2.35万个产品平均降幅22%。

三是持续推进医疗服务价格分类改革。会同省卫健委制定了新增医疗服务项目价格管理和市场调节价的医疗服务项目价格管理办法,全年审核通过新增、规范项目、"互联网+医疗"项目价格共78项,规范和调整中医项目价格19个。同时,制定出台了部分项目医保支付政策,更好地服务于"136"兴医工程。梳理规范统一了近15年医疗服务项目价格4320项,制定颁布了《山西省公立医疗机构医疗服务项目价格(2020版)》。

五、经办服务能力大幅提升,"互联网+医保"新模式试点运行

一是提升市县经办服务能力。实施市县医保经办服务能力提升工程,先后组织了11次巡回培训。积极开展行风建设自查自纠和问题整改落实工作,全面实施"好差评"制度。开展医疗保障系统行风满意度评估。组织对经办机构工作人员培训,提高经办服务能力,加强绩效管理。建立一流服务窗口,持续强化工作人员行为规范、工作规范和言语规范。

二是推出多项便民举措。省局对医疗保障网上业务受理经办系统进行升级改造,实现药品、医用耗材招标采购、医保目录维护、新增医疗服务项目申报等业务的网上办理,减少了30%的中间环节、60%的手续材料。省直将各类报销材料由平均5项精简为3项,简化办事环节、提高工作效率。在省直、太原、晋中等统筹区开展医保脱卡支付试点,截至2019年底,已覆盖全省420家医院、3163所药店、366所社区卫生医疗机构。

三是规范异地就医直接结算。进一步简化相关手续和流程,取消选择定点医院的限制性规定,开通省内异地就医医药机构数达到9949家,接入跨省异地平台的定点医院增加到1384家。全年直接结算143.5万人次,费用达94.8亿元。跨省直接结算率65%以上,省内85%以上,位居全国前列。

(王任飞)

附:省医疗保障局党组书记、成员名单

书　记:刘中雨

成　员:李栋军　刘　磊　冯　智　康中南(女)

省粮食和物资储备局党组

党组书记　王云龙

2019年,山西省粮食和物资储备局党组坚持以习近平新时代中国特色社会主义思想为指导,全面贯彻党的十九大和十九届二中、三中、四中全会精神,深入学习贯彻习近平总书记"三篇光辉文献"精神,认真贯彻中央和省委、省政府决策部署,持续夯实粮食和物资储备安全保障基础,加快构建现代特色粮食产业体系,着力强化部门自身建设,各项工作取得明显成效。

一、牢记初心使命,勇于担当作为,全省粮食和物资储备工作取得新进展

(一)强化顶层设计,粮食和物资储备事业发展思路更加清晰。围绕省委、省政府赋予的新职责、新定位,认真贯彻落实国家粮食和物资储备局"两决定一意见"精神,聚焦深化改革转型发展,在深入调研的基础上,起草了《关于山西省粮食和物资储备工作深化改革转型发展的意见》,并以省政府办公厅名义印发执行。围绕中央关于保障粮食安全的指示和要求,聚焦粮食储备安全核心职能,认真贯彻落实中央办公厅、国务院办公厅《关于改革完善体制机制加强粮食储备安全管理的若干意见》,起草了山西省实施意见。"两个意见"基本构建起粮食和物资储备工作的"四梁八柱",为未来几年做好各项工作提供了基本遵循。

(二)坚持对标一流,粮食安全责任制考核再创佳绩。坚持问题导向、目标导向,优化21项考核指标,逐级分解下达,高质量完成全年考核任务。坚持责任导向、结果导向,粮食安全省长责任制考核纳入省政府"13710"督办系统,进一步压实责任,确保各项任务落实落地。2016、2017、2018年,山西省粮食安全省长责任制考核连续3年获得优秀等次,2018年全国排名较上年前移4位,受到国务院通报表扬。

(三)立足精准施策,粮食保供稳价能力有效提升。严格执行收购政策,强化服务举措,保护农民利益,深化与省农发行合作,拓展与中国银行山西分行战略合作,多渠道筹集收购资金77.7亿元。强化粮食市场监测预警,建立各类监测点248个,覆盖70%以上行政区域。建立健全分级储备体系和储备粮轮换吞吐调节机制,保供稳价基础有效夯实。持续深化产销合作,举办2019山西粮食产销衔接会,签约总量共计285万吨。组团参加第二届中国粮食交易大会,成交粮食总

量74万吨、总额20亿元。依据军粮全国统筹改革精神,率先开展军供粮源统筹。完成"便民晋粮"APP一期开发。

(四)健全管理机制,依法管粮管储水平明显提高。圆满完成全国政策性粮食库存数量和质量大清查。制定印发《关于切实加强省级储备粮管理的意见》,建立健全监督评价和承储主体动态调整机制。认真开展"两个安全"检查,全年未发生安全储粮和安全生产事故。加强救灾和重要应急物资管理,建立省级救灾物资调拨机制,向晋城市调运省级救灾物资支持抗洪抢险救灾。建立健全省、市两级肉食品应急储备体系。

(五)加强品牌引领,粮食产业发展持续向好。全力推进"山西小米"等特色粮油品牌建设。在成都、重庆、天津、郑州、香港、上海等地举办专题推介,加大广告投放,举办第二届全国小米品鉴大会,全国5家"山西小米"体验馆正式开业,山西小米"金字招牌"在一线城市打响,"小米还是山西的好"深入人心。组织制定品牌标识和质量安全管理等办法,进一步规范"山西小米"产业联盟管理和运行机制。2019年,"山西小米"产业联盟企业发展到18家,基地达37万亩。特色粮食产业格局不断拓展。大力发展主食产业,向省政府报送了《关于大力发展主食糕点产业的推进意见》。申请省级乡村振兴战略专项惠农资金1500万元,重点支持杂粮特色产业发展。出台粮油产业化龙头企业认定和运行管理办法。举办首届山西省粮食产业经验交流会。强化科技创新和人才支撑。投资300万元支持国家功能杂粮中心建设,与山西农大合作开展4个杂粮项目研究。开展"百名博士服务粮企"活动。充分利用山西标准化试点省份政策,立项并编制地方粮油标准11项。"山西小米""运城面粉"荣获"中国粮油影响力公共品牌"称号。山西省推动特色粮食产业发展做法得到国家局充分肯定,连续3年在全国粮食产业经济现场会上作交流发言。

(六)加大工作力度,"优质粮食工程"、基础设施和信息化建设扎实推进。制定完善"优质粮食工程"实施方案和3个子项管理办法,下达项目补助资金2.4亿元。建成24个产后服务中心,评选出17家年度"山西好粮油"产品,"好粮油"示范市县全部在国家粮食和物资储备局备案,质检体系建设进度高于全国平均水平,山西省粮食质监大楼投入运营。2017年新建库项目、粮食仓储设施维修和提升改造、2019年粮食安全保障调控和应急设施项目进展顺利。太原市粮食物流产业园区开工建设。粮库智能化改造有序推进,省级平台已试运行,高标准建设省应急救灾储备库。

二、履行党组职能,打造"四型部门",自身建设不断强化

(一)加强干部队伍建设。党组理论学习中心组全年集中学习26次,集中研讨5次。严格执行民主集中制,坚持"三重一大"集体决策,全年召开党组会37次、局务会15次。举办4期《晋粮大讲堂》,充分运用"学习强国"等新媒体,提升干部政治理论水平。制定印发《山西省粮食和物资储备局党组关于进一步激励广大干部新时代新担当新作为的实施意见》,激励干部担当作为。推选3名局领导、3名处级干部参加了中央省委党校举办的脱产培训,1名处级干部到省外挂职锻炼。加大干部选拔力度,提拔副处级以上干部22人,同步做好人员转隶、干部遴选和事业单位招聘等工作。

(二)深入推进"三基建设"。高质量开展"不忘初心、牢记使命"主题教育和"改革创新、奋发有为"大讨论,机关效能持续提升。全面完成机构改革任务,职责实现无缝对接。对局机关和直属单位各党支部进行调整,新组建12个党支部。召开局直属机关党员大会,选举产生了新的局机关委员会和纪律检查委员会。严格落实《中国共产党党支部工作条例》,举办党支部书记培训班,推动党支部建设进一步规范化。完善岗位责任制,重新梳理"一目录三手册",制定修订51项工作制度,进一步夯实基础工作。举办全系统干部专业化能力提升培训班和干部素质能力专题研修班,组队参加第五届全国粮食行业职业技能竞赛,干部基本能力进一步提升。

(三)持续深化党风廉政建设。召开全系统全面从严治党推进会,制定党风廉政建设和反腐败工作要点。强化对节假日违反中央八项规定精神的督查力度,及时向省纪委监委驻省发改委纪检监察组报送情况。发挥内审职能,对直属单位及重要项目进行了内部审计。加强干部监管,补充完善《处级干部廉洁档案》。坚持干部任前谈话、廉政谈话制度,经常运用正反两方面典型开展警示教育。对照中央巡视山西反馈意见进行自查和"回头看",完成配合整改事项1项、共性事项7项。

(四)积极推进法治建设和维稳工作。开展普法宣传。利用全国"食品安全宣传周"和"世界粮食日"等重要节点,集中开展"七五"普法;举办新入职干部宪法宣誓仪式,弘扬宪法精神。持续深化"放管服效"改革。实现办理粮食收购许可资格证"最多跑一次",提高审批效率;加强"12325"热线管理,提高案件办结质量;实行"双随机一公开"检查方式全覆盖,加强粮食市场流通监管。做好维稳工作。加强对意识形态领域形势的分析研判,正确引导社会舆论,及时做好重要节点和敏感时期的舆论监管。开展风险隐患排查整治,依法依规做好信访工作,积极参与"平安山西"建设,确保全系统总体稳定。

(赵　钢)

附:省粮食和物资储备局党组书记、成员名单

书　记:王云龙

成　员:宋林根　韩华雄　徐晓峰

省小企业发展促进局党组

党组书记 李东洪

2019年,省小企业发展促进局党组团结带领全局干部职工,坚持以习近平新时代中国特色社会主义思想为指导,认真贯彻落实省委、省政府各项决策部署,改革创新、奋发作为,各项工作取得积极成效。

一、强化政治担当,推动全面从严治党取得新成效

一是突出政治引领,加强领导班子建设。强化政治忠诚,牢固树立“四个意识”,坚定“四个自信”,做到“两个维护”,始终在思想上政治上行动上同以习近平同志为核心的党中央保持高度一致。着眼坚定信仰深化理论武装,认真学习贯彻习近平新时代中国特色社会主义思想,党的十九大和十九届二中、三中、四中全会精神,习近平总书记关于不忘初心、牢记使命重要论述和视察山西重要讲话精神,组织中心组集中学习36次,召开学用新思想经验交流会、调研成果研讨会,政治能力、理论素养和领导水平进一步提高。扎实开展“改革创新、奋发有为”大讨论和“不忘初心、牢记使命”主题教育,强化组织领导和工作督导,深入开展专项整治,推进自我革命,带头查摆解决问题38个,充分发挥了示范带头作用。严格执行民主集中制,“三重一大”事项坚持集体研究,集思广益、科学决策,领导班子整体合力显著增强。

二是鲜明用人导向,加强干部队伍建设。坚持为负责的干部负责、为担当的干部担当,树立正确选人用人导向,在导向上发力,在监督上强化,在作风上引导,凝聚了干事创业的正能量。落实好干部标准,大力度选拔任用干部,树立2名担当作为典型,提拔任用干部12人次,干部调整轮岗19人次;组织实施公务员职务与职级并行工作,晋升5名一级调研员、7名三级调研员,一大批优秀年轻干部被安排到重要岗位,干部队伍结构进一步优化,干事创业热情进一步增强。扎实推进干部教育培训,在四川大学组织举办局系统干部履职能力提升培训班,用好“学习强国”和“好干部在线”等新媒体学习平台,干部队伍履职能力进一步提高。

三是落实主体责任,加强党风廉政建设。始终把党风廉政建设与业务工作同研究、同部署、同推进,签订党风廉政建设责任书,层层传导压力。常态化开展廉政教育、警示教育,党组中心组每次集中学习2个警示教育案例,以案明纪、以案促廉,党员干部拒腐防变能力明显增强。接受脱贫攻坚专项巡视,持续深化思想认识,对照巡视反馈意见,坚决扛起整改责任,发扬钉钉子精神,扎实有力推进巡视整改。持之以恒强化正风肃纪,加大监督执纪力度,紧盯中秋、国庆等重要节点,发送廉洁过节短信,始终保持正风反腐的高压态势,党风廉政建设和反腐败工作取得积极成效。

二、奋力改革创新,促进中小企业发展取得新成绩

2019年,围绕全省建设“示范区、排头兵、新高地”三大目标,主动作为、开拓创新,工作有了新突破。特别是在祁县成功创建了全国首个“一带一路”中小企业特色产业合作区,扩大了中小企业“朋友圈”,对山西乃至中西部地区中小企业对外开放和特色产业发展起到创新引领和示范作用。

(一)加快培育“小升规”企业。建立基础企业培育库和重点企业培育库,每月进行跟踪监测、分析研判,实施动态调整。加大帮扶指导力度,建立帮扶机制,省市县三级上下联动,开展入企服务,上门解决困难和问题。分地市组织开展“小升规”培育企业专题培训班,进行政策宣讲解读,指导企业申报入规,落实资金奖励1.389亿元。至2019年底,经统计部门审核的“小升规”申报企业达到822户,新培育“小升规”企业数量创历史新高。

(二)实施服务体系建设工程。扎实推进中小企业公共服务平台网络建设,整合服务资源,打造服务超市,提升运营水平。新认定3个国家级示范平台、21个省级中小企业公共服务示范平台。成功举办第二届全省中小企业服务对接活动,常态化搭建服务机构资源与中小企业需求撮合对接的平台,拓宽了服务渠道。帮助企业开拓市场,组织400多家中小企业参加进博会、中博会、厦洽会等展览展会,并取得丰硕成果。

(三)开展“专精特新”企业培育。注重梯次培育认定,建立中小企业“专精特新”“小巨人”和“单项冠军”培育计划,从发展规划、资金扶持、素质提升等方面,打出政策组合拳,引导中小企业走“专精特新”发展之路。新培育认定“专精特新”中小企业305户,全省累计达到712户;首次认定省级专精特新“小巨人”企业26户。举办全省专精特新“小巨人”企业现场服务对接活动,成功在山西股权交易中心开设“专精特新板”,帮助企业对接资本市场,14家中小企业集中挂牌。

(四)实施人才素质提升星火工程。打造高端品牌培训,改革培训方式和内容,提升培训层次,培育壮大优秀企业家队伍。依托清华大学、北京大学和浙江大学等高校,先后组织4期400名优秀企业家参加专题研修班,组织24名企业家赴德国参加培训。举办7期山西中小企业大讲堂,扩大高端培训受众面,培训企业经营管理人员和专业技术人员2500人。积极指导各市中小企业主管部门开展各类培训1万人以上,中小企业整体素质逐步提升。

(五)不断优化企业发展环境。围绕解决中小企业发展的短板和问题,在充分调查研究、广泛征求意见的基础上,牵头起草了《山西省促进中小企业发展条例》和《山西省促进中小

企业健康发展的实施意见》。组织开展促进中小企业发展政策督查工作,推动政策落实。开展"中小企业政策宣传月"活动,同时面向全省尚未摘帽的17个贫困县和对口帮扶的河曲县,组织开展贫困县专场"送政策、送专家、送服务"和"法律进企业"活动,服务中小企业762家,为中小企业发展营造良好环境。

(六)着力构建"双创"生态。全方位培育创新生态,营造创业创新的浓厚氛围。成功举办"创客中国"山西省中小企业创业创新大赛,报名参赛项目达832个,数量位居全国前列,有60个项目获得省级奖励,5个项目进入全国200强。举办9期"创享行"双创沙龙活动,63个企业参加了路演,发现挖掘了一批"双创"优秀项目和团队,三年共储备创业创新项目1049个。支持太原经济技术开发区(综改区)和长治高新区打造国家级大中小企业融通型创新创业特色载体,支持侯马经济技术开发区等5个开发区打造省级特色载体,推动构建各具特色的区域创新创业生态环境。新培育2家国家级双创示范基地,6家省级小微企业双创示范基地,19家省级小微企业双创基地。

(七)大力推进规范化股份制改造。开展"规范化股份制改造"专项行动,对完成规范化股份制改造的105户中小企业奖励资金5150万元。举办不同层次、不同形式的中小企业股份制改造与金融知识普及培训活动,服务中小企业各类管理人员3512人次。累计推荐528家中小企业进入上市挂牌后备企业资源库,204户中小企业进入股改程序。

(八)积极缓解中小企业融资难题。创新协调机制,与工行山西省分行等金融机构建立共同促进中小微企业融资工作协调机制,引导金融机构加大对小微企业的信贷投放。完善客户推介机制,组织政银企保对接活动,向金融机构推介"专精特新"中小企业等优质资源。争取国家资金1171万元对专注于服务小微企业的融资担保机构进行补助,降低融资担保成本。推动直接融资,对126户在"新三板"和山西股权交易中心等挂牌的企业给予1720万元奖励。

(眭鹏飞)

附:省小企业发展促进局党组书记、成员名单

书　记:李东洪

成　员:史国兵　冯志山　张会荣(4月任职)

省林业和草原局党组

党组书记　张云龙

2019年,省林业和草原局党组以习近平新时代中国特色社会主义思想为指导,按照省委省政府决策部署,以实施太行山、吕梁山生态系统保护修复重大工程为抓手,坚持绿化彩化财化同步发力,保持植绿增绿耐力、提升造林护林能力、激发国土绿化活力、挖掘林草富民潜力为动力,继续在一个战场打赢生态治理与脱贫攻坚两场战役,努力在创新中求突破,在突破中求发展,开创了全省林草事业高质量发展的新局面。

一、狠抓党风廉政建设,净化涵养政治生态

一是扛起两个责任,推进全面从严治党。召开全省林业和草原工作暨党风廉政建设会议,严格按照"一岗双责"要求,对2019年重点工作和党风廉政工作进行安排部署。召开中国共产党山西省林业和草原局直属机关第一次代表大会,开展党支部标准化建设"回头看",及时改选换届,为党建工作夯实了组织基石。以"党建+"为载体,在中条林局启动智慧党建工程,推动党建与业务工作深度融合。认真贯彻中央八项规定,坚决反对"四风"问题,正确运用"四种形态"问责处理干部21人,推进全面从严治党不断向纵深发展。

二是突出主题教育,全面提高政治站位。深入开展"不忘初心、牢记使命"主题教育和"改革创新、奋发有为"大讨论,突出问题整改,召开专题民主生活会3次、集中学习研讨交流3次、开展专题教育4次、征求意见建议1400余条、检视问题126个。各级干部撰写调研报告292篇、开展专题党课326次、参加红色教育62场次。结合主题教育组织一系列红色教育和文艺活动,在丰富文化生活同时,弘扬了林草发展正能量。局主题教育工作受到了省委第十巡回指导组的高度评价。

三是抓好培训宣传,强化意识形态工作。围绕提升干部职工素质,安排各类培训班47个,培训6146人次。激励干部干事创业,向省委组织部推荐12名优秀年轻干部,对15名表现突出的干部进行了通报表扬。加强舆论引导,结合庆祝新中国成立70周年,运用报纸、网络等媒体在植树节和森林防火特险期等重要节点广泛宣传林草政策和生态建设成就,联合山西科技报社推出《林草周刊》52期,出版《山西林业》

杂志5期，在《山西日报》和《中国绿色时报》刊发320篇稿件，中央电视台、人民网等媒介宣传报道100多次，门户网站和微信公众号发布信息2500余条、点击量超过1000万人次。

二、统筹增绿增收增景，保护修复自然生态

一是深入开展国土绿化，提升三晋大地含绿量。坚持以实施“两山”生态保护修复工程为引领，突出吕梁山生态脆弱区、环京津冀生态屏障区、重要水源地植被恢复区和交通沿线荒山绿化区“四大区域”国土绿化，提升全省林草植被覆盖度。以省政府名义下发《关于进一步加快我省国土绿化步伐的通知》，召开全省国土绿化右玉现场推进会，掀起大规模国土绿化高潮。推进城乡绿化，印发《关于加快推动国家森林城市创建工作的通知》，组织太原市、运城市、右玉县、昔阳县等2市11县申报“国家森林城市”，255个村申报“国家森林乡村”，6个村申报“全国生态文化村”。结合乡村振兴，实施完成村镇绿化500个。安排资金4400万元，加强亚高山草甸保护修复治理。全年完成造林521万亩，超额完成年度任务。

二是依法保护林草资源，筑牢改革发展压舱石。按照“多桥梁多隧道、少挖土少垫方”原则，严格自然保护地项目占地审批。加强浑源县矿区非法占用林地生态修复，完成“一年基本实现修复绿化”的目标。加强立法体系建设，推进经济林发展条例进入司法审查阶段，封山禁牧立法进入前期调研阶段。推进以国家公园为主体的自然保护地体系建设，完成269处自然保护地勘界落图。贯彻《天然林保护修复制度方案》，启动省市县规划和实施方案编制工作。加强林业有害生物防治，成灾率控制在0.8‰，保持了全省无美国白蛾和松材线虫疫情的态势。落实森林防灭火责任，组织119名干部深入115个县督导排查火灾隐患，有效处置了沁源3·14、3·29森林火灾。开展“绿卫2019”森林草原执法等一系列专项打击行动，查处各类涉林案件1439起，处理人员2293人次。

三是联动实施五大项目，增强生态扶贫造血力。联动实施造林务工保就业、退耕还林促增收、管护就业稳脱贫、干果经济林添收益、特色产业拓财源“五大项目”，推广“党支部+”的模式，推动扶贫合作社由“平面参与”向“立体参与”转变。组建山西省林业生态扶贫PPP项目公司，与国开行签约融集生态扶贫资金61.76亿元。扶持13个贫困县发展林下经济、建立特色产业示范基地，深化拓宽生态扶贫路径。生态扶贫“五大项目”带动全省53.1万贫困人口增收10.3亿元。58个贫困县完成造林258.3万亩，惠及贫困人口8.68万人；退耕还林惠及31.1万贫困人口，增收4.55亿元；聘用建档立卡贫困管护人员3.08万人，人均年收入7000元以上；干果经济林提质增效项目惠及贫困户14.1万户，实现户均增收550元。

四是稳步发展生态产业，拓宽贫困群众致富路。全省经济林1950万亩，产量24.32亿公斤，产值175亿元，其中新增经济林103.7万亩。推进森林康养产业，4个林场入选全国首批54家中国森林康养林场，2个森林康养试点县、1个森林康养试点镇、32个森林康养试点基地、5个森林人家通过国家林业产业联合会森林康养分会审定，12个国家级森林康养基地试点建设稳步推进。沁源县被认定为“国家林下经济示范基地”。3家林产企业被评为“国家林业重点龙头企业”。5家单位和7名个人分别获得第四届中国林业产业突出贡献奖和产业创新奖。在2019年北京世界园艺博览会上获得奖项487个，其中室内展区和室外展园双获金奖，省林业和草原局荣获最佳组织奖。

三、突出改革创新引领，优化打造创新生态

一是深化林权改革，激发林草发展动能。认真落实集体林权“三权分置”机制，修订《山西省集体林权流转管理办法》，印发《山西省公益林补偿收益权质押贷款工作暂行办法》，在4个县开展集体林地经营权抵押贷款和公益林补偿收益权质押担保贷款试点，为全省6400多万亩公益林赋予补偿质押权能。推进全省林业综合改革大宁县试点，发展3个家庭林场、3个股份制林场，84个村建立合作社，托管公益林12.5万亩。

二是推进机制创新，促进林草融合发展。贯彻落实省政府《关于创新机制加快国土绿化步伐的实施意见》，在太原、大宁等地开展开发式、购买式等造林机制试点。创新“一局联三县”机制，印发《推进省直林局“一局联三县”局县合作工作方案》，省直林局与30多个县(区)签订协议，在造林、防火等多领域开展合作。制定《山西省植树造林(种草)导则》《关于优化树种结构提高森林质量的指导意见》《山西省森林防火隔离带建设技术方案》，进一步扩大混交造林，优化树种结构，加强草原修复保护，提升森林和草原生态功能。

三是创新考核机制，压实市县政府责任。打破国家每5年开展一次森林资源连续清查的机制，探索开展省级森林资源年度清查，将森林资源清查结果作为考核市县政府工作的主要依据，为推进林草生态建设提供了有力抓手。向社会公布了2018年度森林资源年度清查结果，到2018年底全省森林面积5358.42万亩，森林覆盖率22.79%。

(贾向前)

附：省林业和草原局党组书记、成员名单

书　记：张云龙

成　员：尹福建(7月离职)　黄守孝

岳奎庆(1月任职)　杨俊志(1月任职)

省药品监督管理局党组

党组书记　贠亚明

2019 年，省药品监督管理局党组以习近平新时代中国特色社会主义思想为指引，认真贯彻落实省委、省政府和国家药品监督管理局决策部署和工作要求，完善体制机制，防控安全风险，坚持创新发展，夯实基础能力，强化监管保障，全省药品、医疗器械和化妆品监管工作不断加强，各项工作取得新的成效。

一、深入开展主题教育，全面加强党的建设

(一)扎实开展学习教育。围绕“改革创新、奋发有为”大讨论和“不忘初心、牢记使命”主题教育，深入学习习近平总书记“三篇光辉文献”，采取集中学习、专题辅导、研讨交流等方式，先后组织集中学习 13 次，召开专题讨论会 5 次。通过对标一流查摆、“三服务”活动收集、民主生活会检视，全年共查摆各类问题 181 条，立整立改解决，有力推进干部队伍政治建设、思想建设、作风建设，进一步增强了党员干部责任意识和担当精神。

(二)严格落实主体责任。始终把全面从严治党政治责任扛在肩上，认真履行“一岗双责”，制定并认真落实《党组工作规则》，主动接受省纪委监委驻省市场监督管理局纪检监察组的监督。召开党风廉政建设专题会议，全面部署全系统党风廉政建设工作。出台党的意识形态工作责任制，重新修订《中央八项规定实施细则》，开展形式主义、官僚主义专项整治和领导干部利用名贵特产类特殊资源谋取私利等问题专项整治，对药品检查员进行廉政谈话 396 次，干部精神面貌和工作效率有了明显改观。

(三)强化干部队伍建设。干部选拔任用坚持“以事择人、人岗相适”，打破论资排辈的传统观念，大力发现选拔优秀年轻干部，全年共提任处以上干部 34 人，职级晋升 37 人次，轮岗交流 11 人，进一步激发了干部干事创业的活力。

(四)加强组织制度建设。及时调整机关党支部，召开直属机关第一次党代会，选举产生了第一届“两委”，确保机构改革与基层党组织建立紧密衔接、环环相扣。积极推进“三基建设”，全面提升机关党建基础工作的质量和水平。建立健全议事决策相关制度、机关工作制度、党建工作制度、后勤保障制度等 10 类共 64 项工作制度，进一步规范机关内部运行。

二、抓专项整治，着力解决突出问题

(一)扎实开展中药饮片质量集中整治。全面落实“实施中医药强省”部署要求，围绕中药饮片增重染色、掺杂使假、以次充好、重金属超标、“劣币驱逐良币”等问题开展集中整治，把整治工作纳入省委“不忘初心、牢记使命”主题教育“整治漠视侵害群众利益问题”专项整治中，联合省卫健委、省公安厅共同整治，形成合力。全省共检查生产经营企业和使用单位 15234 家次，检验不合格产品 248 批次，立案查处 291 件，移送公安机关 10 件，进一步规范了中药饮片生产经营秩序。

(二)严厉打击执业药师“挂证”行为。组织全省开展为期 6 个月的执业药师“挂证”行为专项整治，共检查药品零售企业 10181 家次，变更执业药师注册证 979 张，查实“挂证”执业药师 95 家，处罚 459 家，罚款 44.50 万元，收回 GSP 证书 13 张，撤销 GSP 证书 7 张，注销经营许可证 25 张，有效规范了市场秩序。

(三)组织开展医疗器械专项行动。部署整治以会销方式超范围经营医疗器械专项行动，严厉打击以“保健”为名开展的扰乱市场秩序、欺诈消费者的违法违规行为，共检查各类企业 548 家。采用飞行检查、交叉检查的方式，开展无菌和植入性医疗器械专项检查，责令整改 680 家，注销经营许可证 13 张，立案 80 起，罚没款 72.95 万元。组织开展医疗器械“清网”专项行动，强化网络销售监督管理，严肃查处违法经营行为，共监督检查企业 83 家，注销 2 家。

(四)扎实开展化妆品风险排查专项整治。在全省部署开展“线上净网线下清源”风险排查专项整治工作，全省线上核查网络销售平台 17 家、网络销售者 360 家，线下检查经营单位 1783 家，责令整改 371 家。开展违法宣称“药妆”“EGF”(表皮生长因子)、干细胞化妆品等非特殊用途化妆品专项清查，共检查企业 2611 家次，注销相关产品 108 个，集中销毁产品及包材共计 50.4 万余支。

三、抓日常监管，深入开展监督检查

(一)药品注册方面。与省卫健委联合开展药物临床试验机构、医疗机构制剂注册品种、传统中药制剂备案品种等专项监督检查，检查 GCP 机构 9 家、医疗机构制剂品种 148 个。

(二)药品生产方面。以中药注射剂、血液制品、多组分生化药、芬太尼类精神药品等高风险品种为重点开展监督检查，检查各类企业 511 家次，发现缺陷 708 条。

(三)药品流通方面。抓住疫苗、含特殊药品复方制剂、中药配方颗粒、中药饮片、终止妊娠药品、基本药物等重点品种，全省共检查生产经营企业和医疗机构 22858 家次，责令整改 5054 家，立案 845 起，罚没款 187.92 万元，移送公安机关 16 起。

(四)医疗器械方面。以无菌和植入类医疗器械为重点，加强医疗器械生产经营使用单位监管，共检查各类企业 7403 家次，责令整改 1124 家，注销经营许可和备案证 53 张，立案 106 起，罚没款 120.76 万元。

(五)化妆品方面。组织检查特殊用途化妆品、宣称祛痘、

祛疤、抗皱、抗衰老等非特殊用途化妆品、进口化妆品及面膜类产品,共检查生产经营单位7871家,涉及化妆品品种12618个,责令整改1366家。加强国产非特殊用途化妆品备案后检查,共检查627个品种,责令整改166个。

四、抓隐患排查,有效防控安全风险

(一)着力防范化解药品重大风险。深入研判"两品一械"重大风险,采取隐患分类研判、检查分级实施、风险重点防控等措施,着力化解药品安全隐患,全省共排查各类风险隐患12237条,整治11325条,整治率为92.5%。

(二)全力保障二青会药品安全。专门制定药品安全保障工作方案。强化省、市、县监管部门三级联动,建立"日报告""零报告"制度,重点排查药品经营企业1136家,二青会期间未发生一例药源性兴奋剂事件。

(三)完善不良反应直报体系。部署开展药品不良反应监测体系专项检查,对全省79家制剂生产企业开展全覆盖检查。全省共收集药品不良反应报告46543例,及时调查处置,有效防范化解药品不良反应事件。

五、抓案件查处,严厉打击违法违规行为

一是持续加大案件查处力度,保持严查重处的高压态势。全省共检查药品、医疗器械和化妆品生产经营单位9.83万家次,责令整改15626家,停产停业31家,捣毁窝点6个,立案查处2177件,罚没款667.13万元,依法收回GMP证书2张、GSP证书100张,撤销GSP证书21张,注销经营许可证81张。二是进一步完善行刑衔接机制。建立了线索通报协查、涉案物品检验鉴定、案件移送等8大机制,深化与公检法合作。全年为各级公安机关案件检验97批次,出具认定意见150份,移送涉刑案件39起,先后破获了销售假药等大要案件。特别是与公安机关联合侦破一起特大非法经营药品案,涉案金额高达4000余万元,一举抓获犯罪嫌疑人8名,现场查获各类药品100余种5万余盒,有力震慑了违法犯罪行为。

六、抓监督抽检,增强监管靶向性

把监督抽检作为发现问题、防控风险的重要手段,坚持问题导向,加大抽检力度,服务监管大局。实行"业务处室提出计划、稽查处统筹推进、药品检验所具体实施、稽查总队核查处置"四位一体的抽检新模式,形成工作闭环。以基本药物、中药注射剂、中药材、中药饮片、医疗机构制剂等不良反应多、临床用量大、安全风险高的品种为重点,全年共完成"两品一械"抽样8974批次,发现不合格产品311批次,发布质量公告4期。同时,组织对监督抽检数据进行综合分析,汇总各品种可能存在的共性问题和"潜规则"问题,及时研判潜在风险隐患,及时开展专项整治,提高了监管针对性和靶向性。山西省药监局获国家"药品抽检组织工作表现突出的单位",山西省食品药品检验所获"抽样工作表现突出的单位""检验管理工作表现突出的单位""质量分析工作表现突出的单位",为连续第12年受到表彰。

七、抓改革创新,提升监管服务效能

(一)行政审批制度改革力度加大。重新梳理调整审批事项,减少审批层级,优化审批流程,授权窗口带班人员行使审批决定权直接办结,审批事项总时限整体压缩54%。继续加大"减证便民"力度,精简审批材料,申报材料压缩37%。全面推行"网上全程办理",实施执业药师"不见面审批",审批效率提高了75%,提前实现政务服务事项"一网通办"90%的目标。

(二)审评审批制度改革深入推进。认真贯彻落实山西省深化审评审批制度实施意见,协调出台任务分工方案,明确13个厅局的职责分工和目标任务。深化仿制药一致性评价工作,强化精准对接、精准服务,17个文号完成研究并上报国家药审中心,3个文号顺利通过国家药监局现场检查。亚宝药业集团股份有限公司的苯磺酸氨氯地平片通过一致性评价。推动出台一致性评价资金奖励政策,13个品种已获奖励资金1775万元。

(三)药品流通体制改革进展顺利。以山西开展国家标准化综合改革试点为契机,加强地方性标准建设。出台了《关于推动药品流通企业转型升级创新发展的实施意见》,以鼓励企业兼并重组、探索开展多仓协同、推行首营品种档案电子化等多元化的政策引导,推动医药企业转型升级和创新发展。

(四)疫苗管理体制改革取得重要进展。积极推进改革和完善山西省疫苗管理体制。成立疫苗厅际联席会议制度,报请省委办公厅、省政府办公厅印发《关于改革和完善疫苗管理体制的实施意见》,是全国第6家出台该项文件的省份。

八、抓基本能力,夯实药品监管基础

(一)不断提升业务监管能力。围绕依法行政和相关法律法规、"两品一械"监管业务、GMP和GSP认证检查等内容多层次、多渠道开展教育培训,全年共培训13批次1368人次。

(二)不断提升依法行政能力。把各项工作纳入法治化轨道。对监管人员、企业质量负责人等进行针对性普法宣传。出台《案件查办规定》,明确案件查办范围、分工、程序,推进严格规范文明执法。

(三)不断提升检验检测能力。拿出1265万元专项资金,用于市级实验室改造、检验扩项和检验检测机构装备能力提升。组织申报省科技厅"科技奖励项目"3项、检验检测机构能力验证19项,进一步提升药品检验检测能力。成立"山西省药品标准化技术委员会",进一步加强药品标准化工作,制修订地方标准23项,通过审评14项,为监管工作提供强有力技术支撑。

九、抓社会监督,推动形成共享共治合力

积极引导社会力量参与监督,推动药品安全社会共享共治。建立省市县三级举报平台,全年共受理药械投诉举报99件,接转国家药监局交办事项52件,全部按时办结。加大新闻和科普宣传力度,组织开展化妆品安全科普宣传周、药品科技活动周、安全用药月等宣传活动,全省共设立宣传会场260个,

发放宣传资料近20万份、接受群众咨询3万余人次,开展公益讲座45场。通过开展实验室公众开放日、安全社区行、科普扶贫等活动,构筑全社会药品安全"防火墙"。化妆品安全科普宣传周活动获国家药监局"优秀组织活动奖",受到通报表扬。大力推进脱贫攻坚工作。拿出专项经费40万元用于扶贫村提水灌溉工程维修项目,组织开展"访贫问寒·心连心送温暖"活动,全年共组织干部入户结对356人次,宣讲扶贫政策836户次,帮扶销售苹果160万斤,果农平均增收4000余元。被评为"全省干部驻村帮扶工作模范单位",受到省人社厅、省扶贫办联合表彰。

(冯子刚)

附:省药品监督管理局党组书记、成员名单

书　记: 贠亚明

成　员: 张少杰　李庭芳

省公安厅交通管理局党委

党委书记　郭丙福

2019年,在省公安厅党委和公安部交管局的坚强领导下,省公安厅交通管理局(以下简称省交管局)党委团结带领全省公安交警、辅警,以习近平新时代中国特色社会主义思想为指导,全面贯彻党的十九大和十九届二中、三中、四中全会精神,认真贯彻落实全国、全省公安工作会议精神,忠实践行"以人民为中心"的发展思想和安全发展理念,紧紧围绕"安全""畅通""服务"的主责主业,有力保障全省道路交通安全形势平稳,为全省经济社会转型发展创造了良好的道路交通环境。

一、大力防范化解交通安全风险,确保道路交通安全形势稳中向好

(一)围绕70周年大庆交通安保,全面部署开展交通安全整治工作。安排部署全省道路交通安全工作和大庆交通安保工作,印发《2019年全省公安交警预防重特大道路交通事故工作方案》,持续开展"百日安全行动""除隐患、防事故、保大庆"交通安全整治攻坚战、冬季交通安全攻坚等专项行动和源头隐患清零、路面秩序净化、农村安全守护、宣传警示曝光、社会协同共治"五大行动"。

(二)大力排查道路交通安全风险隐患。部署开展公路交通事故多发点段及各类交通安全隐患排查,提请并推动各级政府挂牌督办隐患路段整改。全面落实省政府"3·1"事故防范和整改措施持续"回头看"工作。

(三)针对性开展重点违法行为专项整治。分别依据普通公路、农村道路、高速公路及城市道路的车辆通行特点及组织方式开展专项行动,严厉打击重点交通违法行为,推动形成政府牵头、部门协同、全面参与的共建、共享、共治模式。

(四)狠抓重点车辆和驾驶人源头管理。围绕人、车、路、企业源头,通过强化考核排名、通报约谈等管理措施,逐车追查、逐人清查、逐企督办。在新中国成立70周年大庆期间,全省大型公路客车、大型旅游客车、危化品运输车"三率"(报废率、检验率、违法处理率)均达到10%,取得了源头隐患"清零"工作历史上的最好成绩。

(五)扎实开展农村交通安全工作。以省公安厅名义分别与省交通运输厅、山西银保监局联合印发《山西省农村公路平交路口"一灯一带"三年建设工作方案》《深化警保合作推进农村"两站两员"建设工作方案》,在全省农村平交路口大面积增设信号灯、减速带,新建(改建)标准警保合作劝导站,超额完成公安部年度建设任务。大力督促全省农村道路交通安全管理信息系统"山西农安通"手机APP推广使用。

(六)大力加强点对点交通安全宣传。一是配合交通违法查处、隐患治理、事故预防等工作,组织召开曝光行动新闻通气会,强化警示宣传和事故预防。二是强化与"双微""头条""抖音"、快手等新兴融媒体深度合作,"山西交警"抖音号荣居省级政务号排行榜首位,并持续保持全国交警政务号前三名。三是传统媒体宣传力度不减,在中央、省级主流媒体大量刊播交通安全宣传教育题材。四是在重点时段,针对重点人群和企业开展宣传教育。五是深化交通安全宣传进企业、进学校、进社区、进农村、进家庭、进媒体、进网络"七进"活动和全国、全省交通安全主题宣传活动。

(七)提升齐抓共管协同共治合力。提请省政府印发《关于进一步加强道路交通安全工作的实施意见》,向各市政府和省道路交通安全领导小组各成员单位下发预警和通报。以省公安厅名义联合省交通运输厅、省运管局部署开展加强营运车辆动态监控及营运客车安全带使用"两个专项工作",加强公路和旅游客运车辆交通安全管理。与省交通运输厅、省文旅厅等部门联合对交通安全高风险企业负责人进行集中约谈并曝光。督促厂家召回存在缺陷的纯电动客车。全面推动各级政府落实属地管理责任、部门落实行业监管责任、企业落实主体责任。

(八)强化服务保障,圆满完成重大活动和节假日安保工作,保障群众平安顺利出行。一是圆满完成全国"两会"一带一路"国际合作高峰论坛等一系列重大活动交通安保任务。二是圆满完成春运、清明、五一等重要节假日期间全省交通安全畅通。

二、积极推动"放管服"改革措施落地,努力提升群众获得感和满意度

(一)深化"放管服"和"一网通办""一门通办"改革措施

落实。全面落实省公安厅“一网通办”和“精准服务企业平台”工作要求,努力构建“掌上交警队”和“家门口的交警队”。在全国率先运行“交通违法学习教育”平台,召开全省公安交通深化“放管服”改革推进会,多项工作要求和措施落地,有力解决了改革进展不平衡和细节落实不到位的问题。

(二)全面盘活道路交通事故社会救助基金。充分发挥省救助基金管理联席会议办公室职能作用,积极推动市、县两级建立工作机制、明确责任单位和推进时间节点等。推进新修订的《山西省道路交通事故社会救助基金管理办法》全面实施,最大限度防止群众因交通事故致伤致残致贫。

三、坚持科技兴警,着力构建立体化信息化交通管理防控体系,推动公安交管工作创新发展

(一)全力开展山西公安大数据交通管理应用平台建设。大力实施大数据战略,积极构建交通管理大数据平台,大力推进大数据深度应用工作,全面建设总队、支队、大队、中队、单警五级分类应用平台,完成交通态势、多维画像分析等功能的开发。

(二)强力推进执法全流程智能管理平台建设应用。建成执法全流程智能管理平台,并先后两次召开现场会推动平台的建设和应用,有效解决执法警力不足、能力不强、监督不严等突出问题。完成多维生物特征认证系统对接工作,实现了实人实名实证访问公安交通管理核心业务系统。为一线执勤执法民警配备执法记录仪,加强执法监督管理。

(三)大力推进高速公路公安卡口智能感知系统建设。有序推进省界收费站撤销政策落实。在现有高速公路收费站主线关键位置、省界及其他重点位置推进公安卡口智能感知系统建设。

(四)不断深化公安交通集成指挥平台卡口视频监控联网。进一步明确全省各地联网任务和数据质量要求、维护管理职责等,为公安大数据平台建设提供支撑。建设完成京昆高速山西段交通安全防控体系示范路和太古隧道交通秩序综合管控系统项目并投入使用。

(五)全面加强集成指挥平台分析研判和实战应用。出台《集成指挥平台分级分析研判工作制度》,构建三级分析研判机制,依托省公安厅大数据平台,对部分重点车辆的全省通行分布情况进行统计分析,有效遏制此类车辆违法行为和相关交通事故的发生。

四、坚持政治建警,全面加强全省公安交警队伍建设,为交通管理工作提供有力保障

(一)深入学习贯彻习近平总书记系列重要讲话精神。局党委着力深化政治理论学习,充分利用“学习强国”“智慧党建”等平台和传统理论学习相结合的方式,扎实开展评选优秀党课、选送心得体会、专题考试等活动,组织广大党员民警深入学习贯彻习近平新时代中国特色社会主义思想和党的十九大、十九届四中全会精神,强化忠诚教育,牢固树立“四个意识”,坚定“四个自信”,做到“两个维护”,自觉用习近平新时代中国特色社会主义思想武装头脑、指导实践、推动工作。

(二)大力加强党的建设和反腐倡廉建设。严格履行党建工作主体责任,以“智慧党建”平台应用为抓手,积极推动平台机构岗位、基础资料、制度机制和效能建设四个管理体系建设,着力实现“三会一课”信息化、支部管理精细化主题教育规范化的目标。深入推进党风廉政建设和反腐败工作,加强党风廉政建设暨队伍建设工作部署,狠抓落实全面从严管党治警两个责任“三书一考”工作,制定了局党委落实党风廉政建设主体责任五项措施,局党委书记、各单位负责人和全体党员民警逐级签订责任书,经常性开展警示教育、廉政谈话,切实筑牢拒腐防变的思想道德防线。

(三)扎实开展“不忘初心、牢记使命”主题教育。一是统筹结合,迅速动员部署,制定时间表、路线图,狠抓落实。二是深化理论学习入脑入心。坚持集中学习和个人自学相结合、领导领学和讨论促学相结合、反面警示和正面教育相结合,多次组织局机关副处以上党员干部,通过集中学习研讨、座谈交流、讲授党课等方式,深化学习教育,自觉对表对标、及时校准偏差。三是抓实调查研究成果应用。紧紧围绕交管工作重点,坚持目标导向、问题导向和标准导向,采取深入一线实地走访、座谈研讨、聘请专家、数据分析等方式,成立调研小组,围绕交管工作实际,确定调研课题,深入开展调研工作,形成解决问题的对策调研报告。四是深入检视找准短板差距。多次征求意见建议,集中谈心谈话制定问题清单。五是狠抓问题整改落实。对照查摆出的问题,特别是结合中央和省委专项整治整改工作以及漠视侵害群众利益问题重大整治工作,制定整改方案,从政治站位上找差距,从思想深处找根源,从工作落实上找不足,从责任担当上找缺失,逐一明确牵头单位、配合单位、完成时限,主动发现并有效解决群众反映强烈的问题。深入开展了“改革创新、奋发有为”大讨论、“践行新使命忠诚保大庆”实践活动,强化了全警思想觉悟,激发了工作干劲。

(四)抓队伍素质能力提升。一是扎实开展大练兵活动。制定了专业化练兵比武实施方案、3年实战大练兵实施方案,选派基层业务骨干到湖南宜章、山东济南进行跟班学习,组建实战教官送教上门,举办“立足新时代、担当新使命”主题演讲,选树优秀基层大队领导干部先进典型。二是狠抓风险隐患排查整治。畅通民意诉求反馈渠道,聘请省内外交通管理信息员征集问题,落实队伍风险研判机制,排查分析异常业务数据,通报督促各地核查整治。开展因公出差就餐、罚没款管理、办公用房和借用车辆清查、接受服务对象宴请、婚丧嫁娶大操大办等“五个专项整治”活动。

(杜　虹)

附:省公安厅交通管理局党委书记、委员名单

书　记:郭丙福

委　员:武小彪　李怀玉

省直属事业单位党组(党委)工作概况

省委党校(山西行政学院)

校(院)长　曲孝丽

2019年,中共山西省委党校(山西行政学院)坚持以习近平新时代中国特色社会主义思想为指导,认真学习领会习近平总书记关于党校办学治校系列重要指示精神,贯彻《中国共产党党校(行政学院)工作条例》,坚持"党校姓党"根本原则,聚焦主业主责,突出政治立校、管理强校、质量兴校,党员领导干部培训主渠道、思想理论建设重要阵地、党委政府重要智库作用进一步发挥,各项事业再上新台阶。

一、深化党风廉政建设,强化机关党建工作

(一)深入推进党风廉政建设

召开校(院)全面从严治党工作会议,部署《2019年全面从严治党工作任务分解的意见》落实情况,签定《校(院)全面从严治党目标责任书》。召开校(院)机关第六次党员代表大会,选举产生新一届机关党的委员会和纪律检查委员会。组织各党支部排查岗位风险点125个,编制《校(院)各部门岗位风险点与防范措施》。履行全面从严治党主体责任,加强作风建设,制定《校(院)形式主义、官僚主义问题清单、整改清单、责任清单》。加强监督执纪问责和廉政文化建设,开展各种形式的警示教育,全年函询3人,党纪处分1人。

(二)全面加强基层党组织建设

印发《2019年机关党建工作要点》,严格组织生活,落实"三会一课"制度,突出政治功能,建强组织堡垒。中心组集体学习30次,其中扩大到支部书记8次,专题研讨4次,组织全体党员集体学习报告会3次。机构改革后,根据人员转隶和机构调整情况,及时成立新的党支部,组织集中换届。加强党员的教育、管理、服务和发展,进一步规范党费收缴、管理和使用。召开专题组织生活会,开展民主评议党员;拓展主题党日活动,加强党性实践锻炼,举办3次党支部书记培训。与省档案馆共建党性教育基地,并在省档案馆挂牌。建成VR党建体验室。积极推进文明创建工作,持之以恒培育和践行社会主义核心价值观,获得2018年度省直文明单位标兵荣誉称号。

(三)严格落实意识形态工作责任制

坚持做好分析研判,压实主体责任,把意识形态工作作为核心工作纳入校(院)重要议事日程,召开落实意识形态工作责任制专题会议和每季度意识形态形势研判会议,及时调整意识形态工作领导机构,研究出台《校(院)关于进一步加强离退休人员服务管理工作中政治建设的若干规定(试行)》和《校(院)关于在教学科研工作中进一步加强政治纪律和政治规矩的若干规定(试行)》,用鲜活案例开展警示教育,引领各级党组织和全体党员把牢意识形态领域的主导权、管理权和话语权,坚守马克思主义在意识形态领域里的主导地位。

二、坚持正确办学方向,扎实推进各项工作

(一)深化教学改革,培训数量质量显著提升

2019年共举办各类班次75期,培训人数达10154人次。深化教学改革,把"用学术讲政治"的教学改革作为"一号工程"持续推进,举办全省党校(行政学院)系统"用学术讲政治"常务副校(院)长教学研讨班。突出党的理论教育和党性教育主业主课地位。实现习近平新时代中国特色社会主义思想和党的十九大精神系列课程覆盖全部主体班次,学时数占到理论教育总学时50%以上。创新教学内容和培训方式,课程内容年更新率不低于20%。积极推动领导干部上讲台制度贯彻落实,20多位省部级领导、著名专家学者前来校(院)作

报告。加强教学基础建设和教师干部队伍建设,安排教师外出进修和参加延伸培训57人次,持续开展学员论坛24场,硕博论坛5期。

(二)理论研究成果显著,科研工作取得新突破

制定《关于进一步提升校(院)科研水平和质量的补充意见》,修订《校(院)理论研究中心(课题组)工作制度与规范》。理研中心在《学习时报》《理论动态》《山西日报》《前进》等省以上党报党刊发表重要理论文章18篇,在省以上报刊发表论文120余篇。组织申报各类课题共计97项,立项23项。组织第12届环渤海地区党校合作与发展论坛,举办全省党校(行政学院)系统庆祝中华人民共和国成立70周年理论研讨会。组织申报省级优秀科研评奖活动,2项成果获省社科联2018年度“百部(篇)工程”研究成果奖。组织全省党校系统第十届科研基金优秀科研成果评奖,评出一等奖6项、二等奖9项、三等奖22项。组织校(院)科研成果量化考核评审和优秀科研成果评选。做好《山西省情资料手册》编辑出版工作。

(三)智库建设力促成果转化,资政服务取得新进展

准确把握党校智库建设定位,抓课题选题设计和研究,增强决策建议报告的针对性时效性。2019年,编发报送《决策建议报告》11期,全部得到省级领导肯定性批示。省委省政府制定出台的相关文件、报告吸纳了《决策建议报告》的部分内容。省委、省人大、省扶贫办等有关部门邀请相关课题组成员就相关报告内容召开了座谈会、研讨会。省人大常委会智库、省政协智库、省统一战线智库等吸收党校多名教研人员成为其专家库人员。在上海社会科学院智库研究中心发布的《中国智库报告》影响力评价中,校(院)的智库影响力排名全国党校(行政学院)系统第8名,位列第一方阵。抓全省党校智库系统协作创新,筹建全省党校新型智库联盟。

(四)行政后勤财务保障有力,综合治理工作成效显著

依法合规推进综合教学楼(晋兴苑)工程,确保项目施工在连续、稳定、安全、优质、均衡的状态下进行。加强固定资产日常维修和管理使用,改造主校区教学楼西侧道路管网和主路部分管网。巩固省级园林单位创建成果。制定出台《后勤管理部西校区编外用工管理办法》,实现西校区后勤保障工作有序衔接和良性运行。制定《校(院)职工食堂运行管理方案》,完成食堂改革。调整校(院)突发事件应急处理等四个领导小组,建立校(院)扫黑除恶长效机制。稳步推进智慧党校大数据云平台建设项目,晋兴苑实训室建设情况进展良好。完成2018年决算,编制2019年校(院)预算,推进校(院)财务管理信息化建设。做好老干部服务与管理工作。法治校(院)建设稳步推进,加强内部审计,强化业务督查,确保校(院)各项工作依法合规有序。

(五)深化公务员分类改革,加强干部队伍建设

制定《校(院)参照公务员法管理工作人员职务与职级并行制度工作方案》,完成115名参公人员的职级套转,126名参公人员首次职级晋升,18名参公人员由三级调研员晋升二级调研员的二次职级晋升。出台《校(院)引进博士及以上高级人才实施方案》,招聘5名博士来校工作。完成6名正处级干部、3名科级干部的选拔任用工作,办理10名新录用公务员的录用手续,7名公务员的转正定级,3名军转干部的任职,17名参公人员的参公登记,聘用48名专业技术人员。出台《校(院)编外用工管理办法(试行)》,招聘10名公益岗位。承办2018、2019年度全省党校系统教师职称评审工作。依托省电子政务内网,接入大组工网进行干部人事档案数字化。2019年教师培训进修率达70%。

(六)加大业务指导力度,推动市县党校工作

举办全省党校(行政学院)系统常务副校长“用学术讲政治”教学研讨班、全省党校系统教师提升教学能力网络培训班、全省党校(行政学院)系统骨干师资培训班。举办全省党校(行政学院)系统学习贯彻《条例》研讨班。开展市县两级党校办学质量评估,提出市县两级党校办学质量分类意见,确定6所市委党校和15所县级党校为办学质量一类党校,5所市委党校和26所县级党校为办学质量二类党校,52所县级党校为办学质量三类党校,24所县级党校为办学质量四类党校。

(七)认真学习贯彻习近平总书记关于党校办学治校系列重要指示精神,积极推进《中国共产党党校(行政学院)工作条例》贯彻落实

参加全国党校(行政学院)校(院)长会议,向省委常委会议专题汇报学习贯彻习近平总书记系列重要指示精神和《条例》以及全国校长会议精神。省委常委会对深入贯彻落实《条例》进行研究,提出要求。召开全省党校(行政学院)校(院)长会议,就深入学习领会习近平总书记关于党校办学治校系列重要指示精神,贯彻落实《条例》进行部署。举办全省党校(行政学院)系统学习贯彻《条例》研讨班。

(八)认真开展“不忘初心、牢记使命”主题教育和“改革创新、奋发有为”大讨论

成立主题教育领导小组及领导小组办公室,健全组织协调机制,召开主题教育动员会议,印发《主题教育实施方案》。领导带头学习研讨、查摆问题、持续整改,深入调查研究,出台《校(院)领导调研方案》,群众满意度95%。制定《大讨论安排意见》,中心组带头学习研讨、发表文章,集中培训,召开专题组织生活会,开展对标一流述职评议,制定《大讨论查摆问题、整改举措及责任清单》《对标一流下一步打算清单》。

(孟国丽)

附:省委党校(山西行政学院)校(院)长、常务副校(院)长、副校(院)长名单

校(院)长:吴汉圣(1月离职) 曲孝丽(女,2月任职)

常务副校(院)长:王联辉

副校(院)长:田忠宝 王浩学 薛勇民 王建军

省委党史研究院
(省地方志研究院)

院　长　张志仁

2019 年，省委党史研究院（省地方志研究院）坚持以习近平新时代中国特色社会主义思想为指导，在省委的正确领导下，认真贯彻落实党的十九大和十九届二中、三中、四中全会精神，重温习近平总书记“三篇光辉文献”，埋头苦干、攻坚克难，全面从严治党、党史方志编研等各项工作均取得显著成绩。

一、以政治建设为统领，推进全面从严治党

（一）学思践悟，锻造忠实践行习近平新时代中国特色社会主义思想的领导班子和干部队伍

一是强化政治建院，以习近平新时代中国特色社会主义思想为指导，发挥理论学习中心组领学促学作用，认真学习贯彻党的十九大和十九届二中、三中、四中全会精神以及省委十一届八次、九次全会精神，强调“党史姓党”“党史工作是政治性很强的党的工作，政治之中有业务、业务之中有政治”，切实用以武装头脑、指导实践、推动工作。认真贯彻落实习近平总书记关于党史方志工作的重要论述，严格遵守以习近平同志为核心的党中央对党的历史的重大判断和关于重大历史事件、重要历史人物的最新结论和口径。

二是深入开展“不忘初心、牢记使命”主题教育、“改革创新、奋发有为”大讨论，除统筹推进学习教育、调查研究、检视问题、整改落实四项重点工作外，按照省委领导指示，为丰富我省主题教育学习书目，赶时保质编撰出版《三晋英模》《山西革命烈士家书》两书。同时，与新华社、《光明日报》等省内外传统媒体及新媒体密切合作，推出了《家书中的初心》电视访谈、《忆初心，读家书》广播、书评，将这些典型人物搬上荧屏、音频和新媒体；并推出学生读本，亮相文博会，发挥党史以史鉴今、资政育人作用。

三是认真落实机关党建主体责任，院班子定期研究解决重大问题。及时成立机关党委、机关纪委，一批年富力强的中层干部进入机关党组织。院班子成员强化“双重组织生活”意识，坚持以普通党员的身份参加党支部组织生活，主动讲党课。严格落实“三会一课”制度，开展“不忘初心、牢记使命”系列主题党日活动，组织党员干部参观主题教育档案文献展、庆祝中华人民共和国成立 70 周年图片展，较好地发挥了机关党建的龙头带动作用。

四是深化机构改革，通过班子成员交叉分工、内设机构统一配置、党史方志总体平衡、人员合理调配的方式，促进党史方志研究力量、资源的统筹整合。加强干部队伍建设，配合省委提拔副院长 1 名。落实“三定”方案，配齐室（部）负责人，提拔部门负责人 8 人。落实职级职务并行方案，晋升二级巡视员 3 人、一级调研员 14 人、三级调研员 19 人。坚持正确用人导向，突出政治标准选人用人，激励干部担当作为，强化对政治素质高、业绩突出干部的激励表彰。1 人被评为省级劳动模范，2 人入选省委宣传部“四个一批”人才，2 人入选全国地方志系统先进个人。

五是狠抓脱贫攻坚工作。担起政治责任，举全院之力做好扶贫工作。中阳县、和顺县 4 个村的产业扶贫项目成效显著，仅高粱种植一项增加贫困户收入 80 万元。开展多项活动，以党建促脱贫，扶贫扶智培育新人。

（二）全面深化“三基建设”

把“三基建设 ”作为政治建院的重要抓手，健全党的组织体系，成立党建工作领导组，调整优化支部设置，选优配强党支部书记。严把发展党员政治关，提高发展党员质量。强化基础工作，进一步细化各类基础台账、基础数据、基础资料，建立健全管理制度。注重教育培训，组织近百名干部职工参加各类培训。利用《党史文汇》杂志、《史志山西》微信公众号平台，发挥业务骨干传帮带作用，对年轻同志一对一指导，加快年轻干部成长。多渠道强化干部实践锻炼，派出 3 人参加“万名干部入企进村服务”活动。压茬轮换 5 名年轻干部赴贫困村担任第一书记和驻村队员。将效能建设纳入日常管理、纳入对室部和个人的年度考核。

（三）坚持全面从严治党

落实主体责任和主要负责人第一责任职责，与各室部、中心负责人签订《党风廉政建设责任书》，与重点岗位人员进行廉政谈话。班子其他成员和中层负责人履行“一岗双责”，定期研究、部署、检查和报告分管领域和部门的党风廉政建设情况。强化日常监督管理，做好重要时间节点廉政教育、提醒、监督。涉及党风廉政建设工作特别是“三重一大”议题，主动接受纪检监察组监督。持之以恒落实中央八项规定精神，开展形式主义、官僚主义专项整治。抓好十一届省委第三轮巡视整改。纠正各类监督检查反馈问题。

二、聚焦主业主责，扎实开展党史方志编研

2019 年，省委第 124 次常委会议研究部署全省党史方志工作，省委书记骆惠宁对党史方志工作作出重要批示，省委常委、宣传部长吕岩松在全省党史方志工作会议提出严格要求，省委宣传部和省委党史研究院（省地方志研究院）印发《关于加快推进市县党史基本著作、按期保质完成志鉴“两全目标”的通知》。报请省人大常委会教科文卫工委赴忻州、朔州对贯彻落实《地方志工作条例》《山西省地方志工作条例》开展执法调研。围绕党史重点工作和志鉴“两全目标”，省委

党史研究院(省地方志研究院)多措并举,扎实推动党史方志编研工作。

一是及时跟进研究习近平新时代中国特色社会主义思想山西实践进程,编撰出版《中共山西年鉴(2019)》,完成《山西大事纪要(2018)》《山西大事纪要(2019)》送审稿。从9月开始,全省综合平台《山西发布》同步转发山西大事纪要。深化史志资政和实践问题研究,充分发挥院“中国精品年鉴基地”作用,编纂出版《山西年鉴(2019)》,连续三年荣获全国唯一省级精品年鉴。推出《山西年鉴(2018)》简本和手机阅读版。《山西年鉴(2018)》获第六届全国地方志优秀成果(年鉴类)特等奖。因年鉴工作成绩突出,2019年中指组专门在山西省召开了全国年鉴年会。

二是推进重点党史著作《中国共产党与山西抗战》修订再版,35万字。开展重大党史专题研究,编撰出版《山西“三反”“五反”运动》,48万字。完成中央党史和文献研究院安排部署的课题任务,编撰出版《抗日战争时期中国人民伤亡和财产损失调研丛书》B卷本课题大同卷(10万余字)、运城卷(9万余字)。

三是推进《山西省志》之《文物志》《审判志》《质量技术监督志》《工商行政管理志》《医疗卫生志》《国有资产监管志》《保险业志》《银行业志》《农村信用社志》《电信志》《测绘志》《国防科技工业志》编辑工作,由中华书局出版,共1200余万字。年内评审17部省志。

四是加快第二轮市县志编纂进度,组织评审太原市杏花岭区、平顺、古交、吉县、方山、交口、五寨、岚县、中阳9部市县志。出台《关于加强县(市、区)志质量审查的规定》,加强业务指导,提高市县志编纂质量。

五是庆祝新中国成立70周年,编纂出版《辉煌山西70年》,被列为中共中央党史和文献研究院宣传专项引导资金、2019年度全省重点文艺作品扶持项目,全面记录新中国成立以来各历史时期山西建设发展历程中有重大影响的事件,彰显山西特色、山西风采。挖掘传统文化资源,服务文化强省,汇聚国家、省、县各级方志出版翻译人才,编纂出版《应县木塔志》,李瑞环同志题写志名,方志出版社列入“一带一路”书香计划向国内外重点推荐。弘扬传统方志文化,采用宣纸印刷、手工线装的方式影印出版清乾隆《山西志辑要》。

三、扩大党史方志宣传教育,传承红色基因,讲好山西故事

坚守党史意识形态重要阵地,在关键场合、关键领域勇于发声、敢于亮剑,同历史虚无主义作坚决的斗争。讲好山西革命故事,推动学习党史新中国史,在山西日报手机版客户端开辟“党史今日”专栏,发表300余篇,9万余字,图片700余幅。开展党史“进校园、进企业、进社区”活动。和省委宣传部、省文旅委共同主办《我和我的祖国——山西省红色故事讲解大赛》。与省委宣传部联合举办“壮丽70年奋斗新时代——山西省庆祝中华人民共和国成立70周年图片展”,配合完成前期布展工作。协助山西广播电视台举办国庆70周年文艺演出。传播三晋文化,展示地域特色,和山西广播电视台合作拍摄《影像晋志》。加强党史方志宣传阵地建设,《党史文汇》月刊和《史志学刊》双月刊编辑质量进一步提高,社会影响进一步扩大。《史志山西》微信公众号全年推送信息360期1486篇,影响力在全国地方志系统省级公众号中位居前列。

(武 岭)

附:省委党史研究院(省地方志研究院)院长、副院长名单

院　长:张志仁

副院长:刘益令　钟启元(女,2月离职)　巨文辉　焦永萍(女,10月任职)

省档案馆

馆长 韩红

2019年,在省委、省政府的坚强领导和全馆党员干部职工的团结努力下,省档案馆高举习近平新时代中国特色社会主义思想伟大旗帜,深入贯彻落实中央和省委、省政府重大决策部署,认真履行“为党管档、为国守史、为民服务”的工作职责,不断加强党的建设,切实提升服务能力,各项工作取得长足进步。

一、以政治建设为统领,扎实推进全面从严治党

(一)深入开展主题教育,提升党建工作成效

省档案馆始终坚持“档案工作姓党”的根本准则,在巩固“改革创新、奋发有为”大讨论成果基础上,将“不忘初心、牢记使命”主题教育持续引向深入。坚持政治理论学习不放松,深入学习贯彻习近平新时代中国特色社会主义思想、党的十九大和十九届二中、三中、四中全会精神,认真重温学习习近平总书记“三篇光辉文献”,全面贯彻落实习近平总书记关于档案工作重要指示精神。全年组织中心组学习64次,组织副处级以上领导干部开展“不忘初心、永葆共产党员本色”等6次专题研讨,3次党支部书记集中轮训。通过开展班子成员讲专题党课、主题教育读书班、主题党日活动、党员干部“周五自习日”等,创新学习方式,丰富学习形式。利用馆藏档案优势,充分发挥“不忘初心、牢记使命”主题教育档案文献展宣传教育作用。通过“省档案馆党员之家”微信群、“学习强

国”APP、干部在线学院等平台拓展学习途径,筑牢党员干部思想防线。深入开展调查研究,全面梳理汇总学习研讨、调查研究中找到的问题。围绕中央“八个专项整治”和省委“五项整改”要求,确定“5+3+3”专项整治任务,明确整改措施,限定整改时限,馆领导班子 19 项整改任务、专项整治 11 项任务、为民服务 5 项任务均已完成,形成的制度化成果在工作中持续推进落实。

(二)严肃党内政治生活,加强领导班子建设

省档案馆严格执行《新形势下党内政治生活若干准则》,认真落实“三会一课”、民主生活会、组织生活会等党内基本生活制度,切实提高政治生活质量。坚持民主集中制,修订完善《省档案馆“三重一大”事项集体决策制度实施细则》等制度,全年共召开馆务会 79 次,馆长办公会 4 次,确保各项工作部署科学有序、严格规范。制定了《省档案馆班子成员“三个至少、三个深入”调研制度》,保证调研深度和成效,树立务实高效的机关工作作风。

(三)持续引深“三基建设”,夯实机关党建根基

省档案馆不断加强机关基层党支部建设,全面提升组织力。重新修订涉及党建、干部管理、政务督办、财务管理、档案业务等方面制度。提升机关效能,制定《省档案馆“1330”督办制度》,提高各部室执行力。强化干部队伍专业化建设,开展“档案大讲堂”,处级干部上台授课。按照省委组织部要求,组织开展“全省档案馆长培训班”,提升全省档案干部整体素质。积极开展“党建品牌”创建工作,不断加强精神文明建设,营造积极健康的机关氛围。

(四)狠抓党风廉政建设,持之以恒正风肃纪

省档案馆深入贯彻落实中央八项规定精神和《关于解决形式主义突出问题为基层减负的通知》精神,及时传达中央、省委关于作风建设的新部署新要求。出台《省档案馆副厅级以上领导干部配偶、子女及其配偶经商办企业禁业范围》等制度。加强干部日常监督,抓住节假日等重要时间节点,紧盯重点关键岗位和人员,进行经常性警示教育和监督检查,用好书面函询、提醒谈话、批评和自我批评等组织手段,做好监督提醒工作,抓早抓小,防微杜渐。

二、以基础业务为抓手,不断提升档案服务能力

(一)实施业务建设提升战略,增强服务中心大局能力

2019 年,省档案馆围绕中心工作,发挥馆藏优势,成立专班,经过反复甄选、仔细审核,首次编印了《档案资政参考》,以专报形式呈送省委主要领导参阅。7 月 23 日,省委常委、秘书长廉毅敏对馆资政工作作出批示:“围绕中心、服务大局,充分挖掘档案价值,积极开放利用档案的有益尝试,很好。”此项工作挺进全国第一方阵。

配合“不忘初心、牢记使命”主题教育,省档案馆提前谋划、精心筹备,于 2019 年 7 月 1 日举办了“不忘初心、牢记使命”主题教育档案文献展,成为全国率先举办主题教育展览的省级档案馆之一。展览凸显三晋珍档特色,对山西红色文化档案资源进行了深入挖掘。并以此为依托,创新馆校“1+1”合作机制,与中共山西省委党校共建“党性教育基地”,与中央档案馆,中共山西省委党校、山西行政学院合作建立“党性教育主题教室”,成为全省党员干部党性教育的“第二课堂”。展览全年接待参观单位两百多家,参观人数 2 万余人。中国档案报、山西日报、山西新闻网等媒体予以专题报道。

与此同时,省档案馆不断提升服务水平、创新服务方式、拓宽服务渠道、优化服务流程,努力满足人民群众日益增长的对档案工作的需求。全年共接待查阅利用者 2397 人次,利用档案 3159 卷次、数字档案 11808 件次、资料 2558 卷次,复制 5597 页,做到了服务零距离,查阅零失误。

(二)规范进馆档案管理,丰富馆藏档案资源

2019 年,省档案馆聚焦主责主业,档案征集实现新跨越。制定了《省档案馆档案接收规程》《省档案馆档案接收标准》等工作规范。对省委、省政府及省直单位等应进馆档案资料进行跟踪评估。征集范围逐步向省外延伸,实现跨地区、跨行业征集。积极拓展渠道,确保收集征集全覆盖、以“民生、民企、民间、名家”为主线,征集到原省委书记王谦工作笔记、南下干部档案、“晋西事变”史料、名家书画等珍贵档案资料。全程参与外交部山西推介会档案管理工作。第二届全国青年运动会档案管理工作得到国家体育总局的表扬与省委省政府的表彰,形成了全国体育系统推广的档案管理经验。

(三)档案信息化成果显著,服务效能全面提升

2019 年,全省区域性数字档案馆提前建成,该项目通过验收后,实现了全省域范围内的数字档案资源集约化管理。其中区域性数字档案馆系统,可使全省一百多家档案馆之间无缝对接,有效推进全省数字档案资源的共享利用。电子档案移交与接收系统促进省直各单位电子档案的规范化管理,实现电子档案的在线管理和移交接收。此项工作挺进全国第一方阵。

为进一步完善档案信息化建设,省档案馆修订了《山西省档案馆档案开放鉴定工作实施细则》等 8 项工作制度和标准。全年完成馆藏档案 109 万页的划控鉴定任务,完成 56 万画幅,11765 卷档案的数字化工作,馆藏档案数字化率提高到 18%,数字化质量位居全国前列。并挂接 71 个全宗、9187 卷、66315 件、444515 页档案数据,公共服务效能显著提升。同时,通过完善相关管理制度,严格技术要求,明确目标任务,优质高效完成了国家重点档案目录编制工作,全年重点档案著录工作共调档案 6826 卷,著录条目 140438 件,扫描图片 840301 画幅,移交条目 34051 件,已全部完成 23 万条目数据的著录工作。

(四)筑牢档案安全防线,加速推进新馆建设

省档案馆坚持将档案安全作为生命线,突出防范体系构建,强化日常环节管理。修订了《省档案馆库房安全管理制度(试行)》《省档案馆互联网门户网站运行管理办法》等多项制度。认真开展档案安全风险隐患排查整治工作,组织安全隐患“清零”专项行动。加强数字化现场管理,严抓信息安全,明确信息安全岗位责任。按照国家档案局要求,馆藏重要档案

资源在江西省档案馆和河南省档案馆异地异质备份。馆务会先后7次研究综合治理(平安建设)工作,逐层签订责任书,全力推进创建“平安单位”工作。完善消防安全等应急预案和值守工作,开展反恐、消防安全、联勤联动联防等应急演练。在重大活动、敏感节点组织安全大检查,及时排查处理。安全工作多措并举,取得实效,连续七年荣获省级或省城“平安标兵单位”称号,

省档案馆新馆自2019年4月19日开工建设以来,始终将工程质量与安全放在首位,加强对总承包单位、监理单位和检测单位的监管,确保安全生产“零事故”。新馆建设进展迅速,主体工程南侧达到二层,北侧达到五层,2019年目标责任考核指标(一层主体施工)已超额完成。作为山西省首家采用工程总承包(EPC)模式的项目,严格按照工程总承包要求、标准实施。在全省建筑工地扬尘治理等检查中,得到省住建厅和相关部门的高度评价,太原市委宣传部专程来新馆工地拍摄文明工地示范宣传片。

(五)深挖红色文化资源,丰富档案编研成果

2019年,省档案馆进一步坚定文化自信,发挥馆藏特色,编研工作取得突破性进展。国家重点档案保护与开发项目《抗日战争档案汇编·山西省档案馆卷》第一、二册陆续编纂完成,进入出版流程。同时,省级机构改革后,省档案馆依然承担着全省《抗日战争档案汇编》项目的协调、指导、审核、复审等多项工作,并于2019年5月协助国家档案局在晋举办了山西、湖南两省《汇编》工作培训班,有力推动了这一重点项目在全省的顺利开展。《中国精品档案解析》以“中国档案文献遗产名录”中部分珍贵档案为主体,邀请各地专家学者针对专题进行深度挖掘解读,汇集成册。探索黄河流域9省区档案馆协作机制,深挖黄河文化蕴涵的时代价值。

此外,省档案馆相继举办了“新中国的山西记忆图片展”“庆祝建国70周年全省档案编研成果展”,征集档案编研成果近400件(套),并编印了“双百名录”,设立“馆藏档案珍品陈列室”,恢复“光辉的历程——馆藏革命历史档案文献展”和“全省明清、民国档案史料展”。省档案学会于2019年9月举办了“档案工作创新与实践”学术研讨会,为促进全省档案事业发展提供创新动力与智力支撑。

(六)创新干部管理机制,优化人才成长路径

一是出台《干部政治素质考察评价办法》《党员领导干部不作为慢作为假作为问责办法》《部室主要负责人监督办法》及《机关工作人员行为规范》等干部队伍建设“3+1”制度,形成管理有序、监督严格、注重实干的良好氛围。省纪委监委网站、省直党建信息予以专题报道。二是以年轻干部后备库为平台,完善干部激励机制。在省直机关第一个建立了年轻干部后备库,并实行动态管理。通过选拔后备库优秀年轻干部到驻村帮扶点锻炼,推荐参与省委重要活动等方式,加强年轻干部培养。三是创新馆校交流合作模式,与中国人民大学信息资源管理学院签订战略合作协议,共建教学科研实践基地。

(柳 杨)

附:省档案馆馆长、副馆长名单

馆 长: 韩 红

副馆长: 樊秀清 孔凡春 白晓军

山西日报报业集团党委

党委书记 郭玉福

2019年,全国和全省大事多、要事多,党报宣传工作任务重、责任大。山西日报报业集团党委团结带领全体干部职工,认真贯彻落实中央及省委决策部署,以深化改革推动媒体深度融合为牵引,较好地完成了各项工作任务。

一、严格按照中央及省委部署要求完成各项重大任务

一是扎实开展“不忘初心、牢记使命”主题教育,先后完成了动员部署、学习交流、讲好专题党课、开学用交流会、深入调研、征求意见、开展三服务、抓专项整治、开找差距专题会、开民主生活会、推动整改落实工作等规定动作。集团上下坚持把“改”字贯穿始终,着力提高“三服务”水平,克服重重困难完成了宿舍院道路翻新、采编大楼电梯更新、闻汇二期房产证办理、三好学校卫生厕所改造等一批民生工程,解决了群众关心关注的热点问题。

二是认真组织干部职工传达学习庆祝中华人民共和国成立70周年大会、党的十九届四中全会和省委十一届八次、九次全会、省委经济工作会议精神,及时跟进、正确领会中央和省委各项重大决策精神。组织全体党员干部集中传达学习贯彻《中国共产党宣传工作条例》,进一步推动党报宣传工作科学化规范化制度化。

三是认真落实意识形态工作责任制,在做大做强正面宣传的基础上,充分运用媒体融合形成的优势抢占网络意识形态舆论阵地,努力办好《山西内参》多渠道收集社情民意,加强网络统一战线建设,及时筛查有害信息,用好手中资源密切关注网络舆情,发现问题及时上报。

四是持续扎实推进“三基建设”各项工作,在全面加强基层组织和基础工作的同时,结合开展“四力”教育实践工作,推动全体干部职工在实践中增强基本能力。全年选派600人次参加各类学习培训17次;先后邀请米博华、徐涛、梁衡等行业权威人士在集团举办专题讲座;举行深化“四力”教育实践演讲比赛,引导集团上下树立精品意识、勇于争先创优。

五是认真组织开展“改革创新、奋发有为”大讨论,有效激发了干部职工敢于创新的动力与活力,切实提升工作标杆,进一步深化了重点领域和关键环节的改革。

六是按照省委部署要求,组织全体党员认真重温“三篇光辉文献”,各级党组织在2020年春节前普遍集中学习两次,全体党员认真自学,进一步加强科学理论武装,不断提高政治家办报水平,切实增强做到“两个维护”的定力和能力。

七是认真落实省委关于做好中央巡视整改落实工作的部署要求,推动《山西日报》在党员中的覆盖率由原来的8%提高到14.3%;发行量34.8万份,由2018年的中部六省倒数第一变为达到全国平均水平。

八是扎实推进驻村帮扶工作,全年4次召开党委会进行专题研究,认真落实帮扶政策;积极争取外部支持,帮助静乐县引入扶贫资金100万元;班子成员带头、党员干部全年进村入户帮扶300余人次;积极发挥桥梁纽带作用,推动美特好连锁超市股份有限公司和“全球蛙”电商平台与静乐县签署协议,共建优质农产品直采基地;完成了梁家村第一书记和一名工作队员的压茬轮换,集团驻永安镇村第一书记荣获2019年度省级脱贫攻坚贡献奖。

集团认真落实援疆工作部署,向农六师五家渠市传媒中心派出了援疆专业技术人才;按照省委宣传部统一安排,承担了庆祝中华人民共和国成立70周年大型图片展的筹备、布展及部分后勤保障工作;抽调业务骨干配合《学习强国》山西学习平台建设,做好相关内容推送。

二、精心做好新闻宣传和舆论引导

(一)持续深入学习宣传贯彻习近平新时代中国特色社会主义思想。一是精心设置“在习近平新时代中国特色社会主义思想指引下·新时代、新作为、新篇章”“深入学习贯彻党的十九届四中全会精神”等10多个重点栏目,在山西日报《学习周刊》每周推出重大理论文章,为全省上下学懂、弄通、做实提供辅导和交流平台。

二是山西日报紧紧围绕习近平总书记视察山西重要讲话“四个扎实、一个严肃”要求,先后开设13个栏目,组织稿件100多篇,着力推动重要讲话精神在山西落地生根、落地见效。

三是全面报道山西省认真组织开展“不忘初心、牢记使命”主题教育,先后开设8个栏目,客户端、微博、微信积极推出宣传海报、动漫、图解、视频、直播等融媒产品,真正做到了网上网下栏目天天有、稿件不断线。其中微博话题#初心晋行时#推出5个工作日阅读量达到118.5万;6月6日全省工作会议召开后首发的《“不忘初心 牢记使命”主题教育 看山西咋开展》图解当日阅读量2.4万,网友留言讨论热烈。

(二)积极用好媒体融合形成的优势,高标准完成历次重大报道任务。一是聚焦庆祝中华人民共和国成立70周年报道,山西日报先后刊发各类稿件300余篇、专版50余块,制作推送融媒体产品44个,营造了共庆祖国华诞、共筑复兴伟业的浓厚氛围。

二是集团所属各报刊、新闻网、新媒体突出山西转型发展和能源革命重大主题,持续关注经济工作,坚持推出季度经济亮点分析,围绕山西通航试点启动、大西线太原至怀仁通动车、项目承诺制全国首立法、太原(尧城)飞行大会等经济热点,开设了贯穿全年的栏目,力求进行解读式、行进式、体验式报道。

三是借助“二青会”平台,做好山西形象的全景展示。集团各报先后于3月下旬开设“二青会”相关专栏,至“二青会”开幕前,从群众参与、山西魅力、城市建设、文明新风、生态美景和科技创新等角度,共刊发相关稿件近500篇,取得了良好的内宣和外宣效果。

各媒体还出色地完成了全国“两会”、外交部“蓝厅”推介会、国新办专场新闻发布会、“2019年太原能源低碳发展论坛”等重大战役性报道。

(三)融媒体产品吸引力感染力增强,媒体融合影响力进一步扩大。一年中,报网端微统一策划、合力发声,先后制作400多个融媒体产品。外交部推介会微博话题阅读量超亿人次,国新办新闻发布会微博阅读量超过6500万,“改革创新、奋发有为”大讨论图解发布一日内突破10万+。中国报业协会为集团颁发了“中国报业媒体融合、信息化和网络安全项目创新奖”;《山西日报》连续多年名列“全国百强报刊”,编辑记者自2017年以来连续第三年摘取“中国新闻奖”一、二等奖;全年多篇报道受到中宣部阅评组和省领导肯定和表扬。

三、深化改革推动媒体深度融合

2019年,集团认真落实省委常委会研究通过的《山西日报报业集团深化改革推动媒体深度融合方案》明确的5个方面19项改革举措,5个方面均取得阶段性成效。

在坚持一体化生产,打造全媒体生产平台方面:建成了山西日报融媒体指挥中心、全媒体采编系统和山西日报“公共稿件库”,并为子报子刊预留端口;山西日报融媒体指挥中心作为前台与省级“中央厨房”常态化互通,及时推送其融媒体产品和山西广播电视台视频拆条新闻;修订完善了《山西日报媒体融合策采编审发流程》。

在提升策划水平,推进内容生产供给侧结构性改革方面:完成《山西日报》改版,实现全彩印刷;推动各个环节的工作向移动端倾斜,所有新闻产品通过视频、图片等形式第一时间在网端微发布。

在用好信息革命成果,打造新型传播平台方面:利用互联网技术打通报网端微生产后台,建立新闻数据库,实现历史数据电子化,通过数据交互、云端存储和推荐分析等新技术,有效提升了内容生产力和传播覆盖力;山西日报客户端连续升级改版至4.3.2版,山西晚报客户端改版升级,上线“中华联墨”客户端,文博山西、山西头条等新媒体影响力日增;集团进一步清理规范了传播矩阵,与商业门户网站、第三方社交平台合作持续深化,党报影响力版图持续扩大。

在强化制度管理,有效激发内生动力与活力方面:修订完善《山西日报杜绝重大差错管理办法》,形成了薪酬考核办法的初步方案;在全体采编校检人员中开展“强责任、固阵地、零差错”活动,分三个层面对量多质优的采编人员、管理人员和部门进行奖励,向独家、原创、首发倾斜;大力度培养全媒体人才,一批年轻记者率先做到“提笔能写、对镜能讲、举机能拍”。

在改革管理体制,推进媒体供给侧结构性改革方面:在2018年注销4家下属公司、整合两张文摘报的基础上,果断关停影响式微、难以为继的《三晋都市报》《发展导报》和《青少年日记》,“2报1刊”151名员工除25人离职外,全部在集团内部转岗安置。

四、不断提升经营管理精细化水平

2019年,集团本部(不含集团下属法人单位)总资产4.65亿元,净资产2.79亿元,资产负债率40%。总收入2.39亿元(含财政补助收入)。集团资产负债率同比降低近20%,资产负债持续优化,整体经济形势预期好于上年。

(一)报刊发行、广告两大主业保持平稳态势。集团报刊期总发行量自2013年不同程度下滑以来,于2019年实现7年来首次上涨,总发行量达到73.21万份,提高了20.9%。集团广告收入稳中有升,广告总收入同比增加662万元,提高14.94%。

(二)以山西日报传媒(集团)公司为龙头加快多元产业发展。一是“山西日报文创园暨文化旅游大数据项目”加快推进,完成14座精品古建的三维数据采集和部分古建的虚拟现实示范片制作,在国家版权局获得61个知识产权证书。二是继续承担了第四届山西文博会基础运营工作。三是在承印教材教辅业务上取得突破,传媒集团印务公司和地质出版社签署《战略合作框架协议》,确立了战略合作关系。

五、坚持以政治建设为统领全面加强党的建设,坚决扛好从严管党治党主体责任

2019年,在省纪委监委、省纪委监委驻省委宣传部纪检监察组的指导和帮助下,集团全体党员切实增强“四个意识”,坚定“四个自信”,做到“两个维护”,认真开展严肃的党内政治生活,进一步加强党风廉政建设,坚持“零容忍”反腐败,为集团改革发展提供了有力保证。

(一)突出政治责任,狠抓管党治党主体责任落实。集团党委坚持把党建工作与业务工作同谋划、同部署、同落实、同检查,党委“一把手”坚持做到“四个亲自”,年初对党风廉政建设和反腐败工作作出部署,对班子成员和党员干部履行“一岗双责”提出要求;年中安排进行全覆盖式督查;年末逐一听取各单位、各部门“一把手”关于落实主体责任的情况报告。

各级党组织结合“不忘初心、牢记使命”主题教育部署要求,把学习贯彻习近平新时代中国特色社会主义思想作为根本任务,努力实现党的建设和党报工作深度融合。全体党员认真找差距、查问题、补短板,重点查找在做到“两个维护”方面的差距、在加强理论学习方面的差距、在夯实基层基础方面的差距和在落实主体责任方面的差距,发扬刀刃向内的自我革命精神,对查找出的问题以钉钉子精神抓好整改落实。11月20日至21日,省纪委监委对集团进行政治监督检查,就相关问题提出了整改意见,集团党委带头,各级党组织认错认改、立行立改,进一步强化了讲政治的意识,提高了讲政治的能力。

(二)增强政治定力,严肃开展党内政治生活。集团党委结合主题教育部署要求,高标准、严要求召开专题民主生活会,推动各基层党组织认真落实“三会一课”、民主评议党员等制度,班子成员坚持以普通党员身份参加所在支部活动;在太行干部学院、太原支部旧址等地开展支部书记培训和主题党日活动,引导党员干部弘扬优良传统,培育良好的党内政治文化。主题教育期间,集团主要负责同志为集团党员讲党课,班子其他成员和各基层组织书记分别在分管领域和所在支部讲党课。各基层党组织努力创新组织生活形式,山西农民报支部创新实施每周二“党员讲党课”的组织生活形式,推动党员不断加深对习近平新时代中国特色社会主义思想的理解和领悟。

(三)强化遵规守矩,坚持打作风建设的持久战。集团上下认真落实中央八项规定精神和集团《实施细则》,在中秋、国庆等重要节点,安排相关人员围绕重点问题进行明察暗访、监督检查;结合主题教育“8+5”专项整治要求,重点对照检查形式主义、官僚主义的具体表现,制定针对性整改措施;成立了由机关纪委委员参加的谈话小组,对会计、出纳、采购、招标等重要岗位的同志进行集体谈心谈话,督促提醒;认真开展廉政风险排查,梳理风险点5个、制定防控措施5条;针对驻部纪检监察组《纪检监察建议书》反馈问题,认真抓好整改举措落实。用好中纪委编印的《党的十九大以来查处违纪违法党员干部案件警示录》等教材,持续加大警示教育力度,坚持每周二在采编大楼一层大屏播发上级纪委监委通报典型案例,组织处级干部观看廉政警示教育片2次,发放警示教育书籍179册。

(四)坚持严字当头,始终保持反腐败高压态势。集团党委主动作为,多次召开会议传达省委、省纪委监委决策要求,结合驻部纪检监察组指导意见研究部署相关工作,坚持有举必究、有案必查、有责必追。坚持以案明纪、强化威慑,在集团各级党组织通报省纪委监委对原集团党委领导、某退休干部的处分决定,教育党员干部以张茂才案为鉴、以集团内部受到组织处分的案例为鉴,知敬畏、存戒惧、守底线。各级党组织积极配合驻部纪检监察组工作,支持机关纪委精准监督执纪,党委书记、社长坚持对每一个批转案件和反映线索进行批示,提出明确处理意见。全年收到信访举报件24件,自办23件、转办1件;处置问题线索24件,办结22件。

(郭成强)

附:山西日报报业集团党委书记、副书记、委员名单

书　记:郭玉福

副书记:焦玉强

委　员：冯爱民　席永明　任灵杰　张巨霖　张占鹰
孟庆耀　李　伟

山西社会主义学院党委

党委书记　张晓光

2019年，在省委统战部的领导下，山西社会主义学院党委以习近平新时代中国特色社会主义思想为根本遵循，深入学习贯彻党的十九大精神、十九届二中、三中、四中全会精神和习近平总书记“三篇光辉文献”精神，深入学习贯彻省委十一届八次、九次全会精神，深入贯彻落实省委、省政府决策部署，不忘初心、牢记使命，对标一流、狠抓落实，以贯彻《社会主义学院工作条例》(以下简称“条例”)为契机，推动各项工作取得新成效，充分发挥统一战线人才教育培养主阵地作用。学院工作多次受到省委领导批示肯定和中央社会主义学院书面表扬。

一、扎实开展大讨论和主题教育，积极发挥领学示范作用，不断增强担当作为的政治自觉

(一)开展“改革创新、奋发有为”大讨论。坚持问题导向，完成“十个规定动作”，开展了“看变化、忆党恩、新时代、新作为”图片视频交流会；组织全体教职工在中北大学进行全封闭学习，参观了武器库和国家重点科研实验室；组织教师以改革创新为主题，分七个专题开展组合式宣讲。对标一流，赴全国四个省社院学习先进经验。1人获省委“担当作为奖”3万元奖励和“三等功”奖励。

(二)开展“不忘初心、牢记使命”主题教育。认真学习《习近平关于“不忘初心、牢记使命”重要论述选编》《习近平新时代中国特色社会主义思想学习纲要》，学习习近平的“三篇光辉文献”和指示批示等。坚持读原著、学原文、悟原理，坚持集中自学和个人自学相结合、轮读学习和精读交流相结合。召开3次学习交流研讨会学用成果交流会。完成13项专项整治整改工作，征集的53条意见建议全部整改到位。

(三)积极发挥中心组(扩大)理论学习引领示范作用。党委中心组学习21次，每次学习至少两名干部结合实际发言。党支部认真组织党员集中学习，并带动全院教职工学习交流。党员干部坚持集中学习与自学相结合，通过好干部在线、学习强国等平台开展自学。重点学习内容进教材、进课堂。开学季组织全体教职工到“一支部”、省市档案局等进行红色教育，坚定理想信念，提高增强党性、干事创业的思想认识和政治自觉。

二、把政治建设摆在首位，认真落实管党治党第一责任，教育引导党员干部坚决做到“两个维护”

(一)抓好领导班子政治建设。突出强化政治信仰，坚持用习近平新时代中国特色社会主义思想武装头脑，深入学习中央和省委的重要理论、决策部署，严格政治标准，强化“四个意识”，坚定“四个自信”，坚决做到“两个维护”。始终全面加强党的领导，严格执行新形势下党内政治生活若干准则，提升党建工作水平，认真落实“三会一课”、双重组织生活会等制度。坚决贯彻民主集中制，党委会集体议定学院“三重一大”事项。

(二)抓好基层组织建设工作。党支部书记履行支部工作“第一责任人”职责。推进支部建设规范化，推动党建工作与业务工作深度融合，发挥党支部战斗堡垒作用和党员模范带头作用。以离退休党支部为支点，做好离退休干部服务工作。

(三)抓好党风廉政建设工作。明确党委书记为党风廉政建设第一责任人，其他班子成员实行“一岗双责”。开好党风廉政大会，部署全年工作，制定工作表，签订廉政责任书，组织党员干部认真学习党纪党规，观看《特别追踪》《初心泯灭的歧路》《叩问初心》等警示教育片，筑牢思想道德防线，增强拒腐防变能力。紧盯重要时间节点，加强作风建设，重申八项规定。加强对重点处室和领导、关键岗位人员的廉政教育。积极按照驻部纪检监察组要求，组织完成好廉政月活动。

(四)高度重视和加强意识形态工作。认真落实省委要求，加强对学院网站、学报、讲座、研讨会及教学培训工作等意识形态阵地的管理，签订意识形态责任书，定期科学分析研判，把好导向，使学院成为弘扬主旋律、传播正能量的意识形态阵地。

三、聚焦主责主业，勇于担当作为，全面落实学院工作年度任务

(一)抓培训、强管理，教学科研培训工作成绩显著。一是培训办班取得新突破。全年共培训8047人次，由全国倒数第一跃居全国地方社院培训人数第二。教师授课次数265次，创历史新高。接办中央社院赴山西实践教学4次336人，致公党中央培训班1次53人，中国机械工业集团培训班87人等国家部委培训班。共办培训班66期。二是教研管理工作获得新提升。制定了《关于进一步完善科研奖励制度的补充规定》《承办培训班程序与处室职责》《外聘教师管理办法(试行)》(讨论稿)《关于教研人员严守政治纪律和政治规矩的若干规定》，教学科研培训处荣获全省统战工作先进集体。三是课题体系建设取得新成就。开展核心课程“大攻关”活动，精心打造统战理论精品课程，制作精品课、核心课教学录像及PPT汇编，开设3个慕课，实现开放式教学尝试，刘晓潇荣获

中央社院第三届全国社院系统教学评比青年教师优秀课程奖。四是教学方式方法有了新探索。改变单一讲受的模式，广泛开展现场教学、互动式教学和情景式教学；教学创新课《我们走在大路上……》继续展演；引进《立秋》《晋商魂》《三晋文化推介》等反映晋商精神和三晋文化的表演课进入课堂；开展了18次“车厢课堂”，使实践教学乘车路成为普及三晋文化知识的精品讲堂，受到中央社院书面表扬和广大教师学员的一致好评。五是教学基地建设有新进展。新增太原解放纪念馆、山西博物院、太原档案馆、太原重型机械集团等4个现场教学基地并正式挂牌，逐步打造具有山西特色的金牌特色品牌路线。六是开放办学取得新突破。优化整合优秀教学资源，与山西金融职业学院、山西戏剧学院建立战略合作关系，进一步提高教学培训的针对性、多样性、开放性。七是在支援市县统战部门和党派教培事业中获得新提升。支持地方社院及民主党派的培训工作，全年派出20多人次赴地市统战部进行培训授课，获得主办方的良好反响。八是聚焦统战热点难点问题，理论研究取得新成果。作为山西省唯一公开出版发行的统战学术期刊，《山西社院学报》坚持正确的办刊方向，聚焦统战热点难点问题，全年共组织刊发统战理论研究等稿件50余篇，继续保持省级(优秀)期刊和全国社院系统优秀学报水准。申报13个科研课题，立项结项7个，其中4个课题获得省委统战部课题资助，2个课题获得课题经费；发表科研论文29篇；组织参加中央社院和地方社院的各种理论研究征文活动；编辑完成6期《教学科研资讯》。

(二)学《条例》，抓队伍，大力推进学院正规化建设。一是大力学习宣传《条例》。学院举办专题研讨会，邀请中央社院教务长解读《条例》，组织撰写学习心得。积极组织参加中央社院贯彻《条例》培训班。开展学习《条例》征文活动，在全省统战系统征集文稿79篇，聘请学者专家通过盲稿评选选出了18篇获奖文稿，召开了学习《条例》交流座谈会进行颁奖和研讨交流。获奖文稿在《山西日报》《山西妇女报》分别刊登。学院3名同志获主题征文二、三等奖。二是着力推动《条例》贯彻落实。深入全省11个地市调研《条例》贯彻情况，形成了调查报告，为山西省出台贯彻《条例》的实施意见提供了初稿。组织承办全省社会主义学院工作会议，推动《条例》进一步贯彻落实，有效发挥省级行业系统带头作用。全省11个地市挂牌全覆盖，在人员、编制、场地、经费等方面都取得了实质性进展，有些县区完成建院工作，有力推动全省社会主义学院工作，成为主题教育学用结合成果的最大亮点。成立由统战部、民主党派、无党派、工商联等领导组成的院务咨询委员会，指导监督共同办好社院，落实《条例》“联合党校联合办”的要求。三是建强干部人才队伍。2019年学院新增两名院级领导，提拔调整了9名处级干部、8名科级干部，8名教师上档升级，19人进行职级套改，5名军转干部定级；公开招聘3名专业技术人员，接收2名军转干部。聘请中央社院教务长、外办主任以及省委党校教授等20位专家教授担任院客座教授；聘请130多位教师来院讲课；选派50余人次干部职工赴中央社院、南京大学、江西社院学习培训，为推进学院正规化建设，发挥统一战线教育培训主阵地作用，提供了坚强的组织人才保证。

(三)强交流、增友谊，海内外交流活动成果丰硕。一是积极开展中华文化交流。参与策划和组织了一系列统战文化和中华文化活动：与山西中华文化促进会等单位联合举办了“经典永流传——百幅中堂精品展”，并相继在太原、晋中、大同、晋城、朔州、临汾等市巡展；开办六次“中华文化大讲堂”，组织“第十二届华夏文明看山西——台湾大学生山西行”交流团、台湾友好人士国庆山西参访团、台湾农业行政干部基层代表山西参访团来院交流访问，并举办“中华文化讲座”展现“五千年文明看山西”的深厚文化内涵。二是画好团结“同心圆”。栽同心树，结同心果，多个培训班开展植树共建活动，中央社院3次种植的10棵树已开花结果；大同统战部等班次为学院捐赠树木，吕梁统一战线成员在统战部长带领下个人集资为学院捐赠了30棵果树，表达了全省统战一家亲、同心共建新社院的情怀；和央院新疆班、其他班次学员开展联欢活动，加深了解，促进和谐，增进友谊。

(四)树文明、促和谐，形成良好院风学风。2019年，全院上下齐心协力，共创美好社院。一是塑文化氛围。学院党委高度重视精神文明创建工作，购买党建、中华文化等种类丰富的图书摆放公共场所；积极推进省图社院分馆建设，已有5000册省图图书可在社院现场借阅，其余可在网上借阅；与省委党史研究院合作成立“社院方志馆”继续增加新著；举办了习总书记论中华文化展、“百幅中堂”缩微展、社院院史展、六个民主党派史和无党派人士展览、学院教学科研成果展、优秀教师个人成果展、非物质文化遗产展，形成浓厚的文化书香氛围。二是办文明活动。专题表彰2018年度为学院树新形象作出贡献的先进集体和先进个人；在七一之际表彰“两优一先”；组织开展庆祝中华人民共和国成立70周年“升国旗仪式”、“健步走活动”、“迎国庆我和国旗合个影”、“庆国庆社院大联欢”。制作展播社院宣传片，发放社院宣传手册，积极扩大社院知名度。三是强制度落实。以机关党建引领效能建设，夯实基础工作，修订和完善学院规章制度，提高行政服务效率。建立上月总结下月计划通报制度。引进人脸识别签到系统，严格工作考勤，把目标责任考核奖、精神文明奖的发放同考勤相结合。四是建平安校园。加强依法治院，调整法治工作领导组成员；开展法治宣传教育活动，推动全院教职工形成依法依规办事的法治思维和法治意识。加强安全教育培训，开展消防演练，加强综合治理和风险防范工作。

(五)上星级、优服务，做好后勤保障工作。一是硬件提升。为学员公寓配置挂式空调297台、立式空调5台，安装了内线电话、洗手热水器，美化了外装管线；为体育馆、餐厅安装LED屏；安装院名标牌、各功能建筑标识标牌和餐厅电动窗帘；开通了天然气；实施了备供电工程建设改造、自来水加压紧急改造项目等；为机要室配备机密设备，改善了教学、住宿、办公条件，为学院推进正规化建设提供了坚实保障。二是服务提升。后勤工作实行政府招标购买服务的“大后勤”管理模式，为培训教学、职工食堂提供优质的服务。针对中央社院新疆阿訇班的特殊性，购置了专用餐具，聘请专业厨师精心准备，受到学员一致好评。

(六)办实事、做好事，切实履行脱贫攻坚政治责任。学院扶贫工作领导小组5次召开专题会议研究扶贫工作。组织4次扶贫村蹲点调研，走访慰问老党员和生活困难群众；表彰奖励村民当中“自主脱贫典型”、“勤劳致富能手”、“孝善典范”等。投资5万元为帮扶村实施林麝养殖、路灯改造等工程；组织食堂购买1万元农副产品。孝善养老基金、崇善教育基金运行一年多来效果明显，爱心超市运转良好；村集体经济组织养殖猪、驴、羊、林麝等产业发展劲头十足，成为神池县学用结合最大亮点并在当地电视台宣传。

(胡艳波)

附：山西社会主义学院党委书记、委员名单

书　记：张晓光

委　员：胡晨光　王朝晖(1月任职)

山西广播电视台党委

党委书记　刘英魁

2019年，山西广播电视台坚持以习近平新时代中国特色社会主义思想为指导，全面贯彻落实党的十九大和十九届二中、三中、四中全会精神，深入学习贯彻习近平总书记“三篇光辉文献”精神，紧紧围绕省委省政府中心工作，自觉担当“举旗帜、聚民心、育新人、兴文化、展形象”的使命任务，加快推进重塑性改革和媒体深度融合，全力推动以新闻宣传为中心的各项工作取得新成效、实现新突破。

一是党建工作提质增效。坚持以党的政治建设为统领，确立“学践考述评促”的党建工作思路，建立了党建工作和意识形态工作专题会议制度和定期分析研判机制，研究下发《党建工作要点》《台领导班子目标考核任务》等文件。台党委下设两个直属党委，3个直属党总支部，60个党支部，共有1203名党员，新发展党员30名。组织开展党委中心组集中学习17次，党支部书记集中培训3次，编印《主题教育学习资料汇编》等学习资料300余册，建立“学习强国”通讯站及管理员队伍。构建党委书记党风廉政建设和反腐败工作专题会议议事规则、台党委每半年专题研究纪检监察工作机制和台党委与派驻纪检组每半年专题研究党风廉政建设和反腐败工作专题研究工作机制，研究出台《台党委落实党风廉政建设主体责任清单》《台党委落实党风廉政建设监督责任清单》。全面加强“三基建设”，深化巩固“改革创新、奋发有为”大讨论和巡视整改成果，扎实深入开展增强“四力”教育实践工作，高质量完成“不忘初心、牢记使命”主题教育。开展形式主义官僚主义、违反中央八项规定精神突出问题、漠视群众利益等八个专项整治。强化纪检监察部门、纪检联络组、纪检联络员自上而下、三级联动监督机制。举办首届廉政教育知识竞赛，组织副处级以上干部观看警示教育片，赴平遥监察文化博物馆学习。深入开展巡视整改“回头看”，巡视反馈14个问题基本整改到位。加大执纪问责力度，全年共接到问题线索23件，依规依纪规范处置19件，诫勉谈话2人，解聘1人。

二是舆论宣传出新出彩。认真贯彻落实《中国共产党宣传工作条例》，持续深入做好习近平新时代中国特色社会主义思想的宣传阐释，以庆祝新中国成立70周年为宣传主线，聚焦贯彻落实习近平总书记“三篇光辉文献”和省委十一届七次、八次、九次全会精神，聚焦“三大目标”“三大攻坚战”“四为四高两同步”等省委重大决策部署，圆满完成全国全省“两会”、外交部山西全球推介、“改革创新、奋发有为”大讨论、“不忘初心、牢记使命”主题教育、国新办新闻发布会、国庆彩车、省城庆祝新中国成立70周年升国旗仪式、二青会、国际通航飞行大会、文博会、太原能源低碳发展论坛等主题宣传报道，先后开设《在习近平新时代中国特色社会主义思想指引下——新时代 新作为 新篇章》《壮丽70周年 奋斗新时代》《“不忘初心 牢记使命”主题教育进行时》《全面深化改革这5年》《爱国情 奋斗者》《将转型综改进行到底》《四中全会精神在基层》《重温“三篇光辉文献”》等专题专栏，策划推出《山西答卷》《直通太原论坛·能源博览会》《沁源3.29森林火灾扑救特别报道》等特别节目。全年在中央广播电视总台发稿1152条，形成正面持续宣传山西的舆论热度。

三是内容生产亮点频现。强化卫视平台建设，山西卫视品牌节目《歌从黄河来》《走进大戏台》提质升级，《传奇老字号》被国家广电总局作为先进经验推广。地面频道和广播频率集中优势资源打造特色化节目，《小郭跑腿》《看山西》《政风行风热线》《寻医问药》《880帮帮您》《魅力山西》等品牌节目影响力不断扩大，策划推出《红色家书·记忆》《我和我的祖国》《70年红色记忆》《红领巾少年派》《山西革命烈士家书》等特别节目，举办“壮丽70年 奋斗新时代”朗诵音乐会、“我和我的祖国”千人大型快闪、“为祖国歌唱”庆祝新中国成立70年大型歌会等活动。山西公共·青运频道作为二青会广电部和组委会授权的主转播机构，圆满完成二青会宣传报道和圣火采集仪式、火炬传递、誓师大会、开幕式、闭幕式和16个比赛项目的电视直播转播任务，首次将5G、4K、VR、多屏体验等先进技术应用在体育赛事转播中，受到国家体育总局和央视体育频道来信表扬。加强文艺精品创作，采制《岁月如歌》《太谷老街》《共和国不会忘记》《在山西遇见你》《灯塔》《希望树》等精品节目，开机拍摄院线电影《谷子地》已杀青。

2019年，全台电视频道群在太原市网平均收视份额14.88%，广播频率群在太原市网平均收听份额43.18%，山西卫视35城全国网平均排名第16位。全台200多作品获国家级、省级及行业奖，其中电视评论《重生——海鑫重整启示录》、新闻论文《融为一体 合而为一——广电媒体融合的探析与突破》获中国新闻奖，《国乐大典》获广电总局创新创优节目，广播剧《闽宁镇》获中宣部第15届精神文明建设“五个一工程”奖。

四是服务大局主动有为。集全台之力圆满完成省委省政府交办的外交部山西全球推介活动、国新办庆祝新中国成立70周年山西新闻发布会、右玉精神展览馆、《时代新人说》全国比赛、山西省庆祝新中国成立70周年图片展、“奋进山西”彩车视频和宣传片制作、山西中部盆地城市群一体化发展推进会12个建设项目现场视频连线、2019太原能源低碳发展论坛、文博会、“大张客专开通 大西全线贯通”全媒体直播等重大活动任务，完成山西省庆祝新中国成立70周年文艺晚会、山西省红色故事讲解大赛、2019年省城军民迎新年音乐会、2019年新年音乐会、左权国际民歌赛等10多场大型活动直播录播任务。组织“三晋工匠”年度人物发布、“榜样山西”颁奖礼等活动。

五是事业产业稳中有进。建设完成600㎡新闻高清制播中心，技术等级达到央视标准，全台主要新闻栏目实现了高清化制作播出。完成二青会IBC(国际广播电视中心)搭建和400㎡高清演播室改造，二青会期间实现每天近10小时安全直播和各档节目录制。青运会IBC网络化智能化信号共享体系已迁回台重置使用，利用政府财政扶持资金对全台基础技术系统进行升级改造。圆满完成新中国成立70周年等重要保障期安全播出任务。坚持绿色经营理念，坚定不移推进广告结构转型，探索“互联网+节目”产业路径。网络集团实施资本资源重组、全省网络整合、与国网全面合作“三步走”策略，积极探索智慧广电在智慧城市、智慧社区、智慧家庭建设中的应用。传媒集团坚持IPTV优先发展战略，积极拓展增值业务智能智慧平台服务体系建设，联通、移动IPTV用户共计达到400多万户。

六是融合发展成果丰硕。加快媒体深度融合，成立视听融媒体中心，黄河plus客户端上线。山西媒体智慧云平台与省报省台实现了互通互联，积极为县级融媒体中心建设提供技术支撑，提前完成与首批启动建设的39个县级融媒体中心互联互通任务。挂牌成立40个融媒工作室，生产采制《省委书记刚上任 就发出这样强烈的信号！》《省委书记说：山西有“三宝”有“三老”》《全球独家首发！ 山西八分钟，惊艳全世界！》等一批有影响力的融媒体产品。文博会期间推出连续6天16场《跟我看文博》融媒大直播，在线观看人数达到350万。截止年底，今日头条矩阵用户1000万+，抖音矩阵用户1000万+，微信矩阵用户800万+，微博矩阵用户500万+，央视新闻+、人民号、百家号、企鹅号、快手等矩阵用户200万+，融媒体产品年传播量10亿次+，融媒体产品年生产量上万篇(部)，“央视新闻+”发稿量省级台全国第一，初步形成融媒体传播矩阵。

七是深化改革纵深推进。根据省委常委会省属主流媒体深化改革融合发展的部署要求，召开专题会议研究改革重大事项的进展安排和任务分解，形成《深化改革推动媒体深度融合进展情况及工作计划》《深化改革融合发展任务书》，举行深化改革推动媒体深度融合动员大会，组建融媒体发展管理部、融媒体技术中心、节目策划研发生产中心，制定《改革任务台账》。认真贯彻落实省委书记楼阳生关于精简办频道的指示和省委宣传部有关要求，提出《精简办电视频道及专业化频道建设方案》等四个方案，正在根据省委常委会议精神对改革方案进行进一步完善。

(刘晓海)

附：山西广播电视台党委书记、副书记、委员名单

书　记：刘英魁

副书记：李占鳌

委　员：王树勋　邢书良　张敬民(4月离职)
张晋斌(10月离职)　王　雷
王惠跃(12月离职)　罗庆东　郭　海

省社会科学院(省政府发展研究中心)党组

党组书记　杨茂林

2019年，山西省社会科学院(山西省人民政府发展研究中心)[以下简称院(中心)]党组高举习近平新时代中国特色社会主义思想伟大旗帜，以改革精神扎实推进哲学社会科学发展和特色新型智库建设，研究内容实现了从“理论或政策”研究到“理论+政策”研究的转变，研究方式实现了从“单兵突进”到“联合作战”的转变，服务范围实现了从“党委政府”到“四大班子”的转变，交流合作实现了从“单向交流”到“合作共赢”的转变，初步开创了团结奋进、担当作为、开拓创新的社科工作新局面。

一、加强党组全面领导，自觉践行“两个维护”

坚定不移地把增强“四个意识”、坚定“四个自信”、做到

“两个维护”作为工作的重中之重。一是全面加强政治建设。制定党组中心组和干部理论学习年度计划,共召开党组会、党组扩大会19次,党组中心组学习扩大会议15次。二是扎实开展“主题教育”和“大讨论”。积极开展“不忘初心、牢记使命”主题教育,统一集中动员、定期会议推动、深入学习研讨、认真交流讲党课,高质量召开专题民主生活会,扎实进行集中整改整治,完成整改措施25条,形成制度性成果13项,完成整治措施13项。认真开展“改革创新、奋发有为”大讨论,研究制定《大讨论查摆问题、整改措施、责任清单》和《对标一流下一步打算清单》并进行积极整改。三是持续引深“三基建设”。强化基础建设和基本工作,完成报告厅装修工程,并正式启用;首次核销固定资产290万元,逐步化解长期累积形成的资产呆账;开通电子公文系统,编撰安可替代工程实施方案;公车统一管理并加装GPS定位系统,严格执行派车单制度,实现网络化监管。四是严格强化执纪监督。组织党员干部观看《刮骨疗毒》《聚指成拳惩贪腐》《叩问初心》等警示教育片,召开省纪委通报违反中央八项规定精神问题涉及院(中心)干部警示教育会。进一步畅通问题线索举报渠道,机关纪委共受理信访事项和举报线索10件,自行核查处置5件,上报驻厅纪检监察组5件。

二、持续深化机构改革,资源整合优势彰显

成立机构改革领导小组,专题会议研究,坚定不移推进各项改革。一是结合实际制定“三定”方案。起草完成“三定”方案并经省委常委会审议通过。大幅压缩行政职能部门,设立四个研究部,进一步强化决策咨询工作。二是内部融合取得实质性突破。扎实推进机构、人员深度融合,实现了人员集中统一办公、办公场所统一调整、预算账户统一管理和网站改版运行,资产、机要、档案、社保等内部融合成效明显。三是谋划实施哲学社会科学创新工程试点。研究编制哲学社会科学创新工程实施方案和8个专项实施方案、院级学术创新团队和部门创新团队2项行动计划,正在争取省委、省政府及有关部门支持。四是努力做好机构改革“后半篇”文章。针对机构改革中出现的原省政府发展研究中心人员的参公身份问题以及由此所派生出的职务职级并行、工资套改、职称评审等问题,院(中心)及时向有关省领导汇报,并多次与省委组织部、省委编办、省人社厅等职能部门沟通协调。

三、持续强化习近平新时代中国特色社会主义思想研究,打造理论研究新高地

始终致力于马克思主义中国化理论、中国特色社会主义理论研究,致力于反腐倡廉、党建理论和应用研究。一是着力打造核心品牌。着力提升“中国特色社会主义理论研究中心”与“廉政中心”两大品牌的社会影响力,加强马克思主义研究与其他相关专业的融合。二是强化部门战略合作。与省纪委监委、省委宣传部等部门开展务实合作,全面提升研究能力和研究水平,努力建设一支马克思主义理论问题与反腐倡廉问题研究队伍。三是创建重点研究机构。积极争取中宣部“马工程”重大项目支持,创建山西省重点马克思主义研究院,努力打造全省马克思主义和习近平新时代中国特色社会主义思想理论研究高地。先后发表重大理论文章20余篇,开展10项重点课题和2项大型调研课题,已有5项课题取得前期研究成果,形成了一批较有影响的研究成果。

四、持续拓展决策服务渠道,全方位、多层次服务格局基本形成

主动适应省委、省政府重大决策需求,持续聚焦重大理论和实践问题研究,着力打造决策咨询精品成果。一是强化决策咨询服务。创办《书记专阅》《省长专阅》《决策咨询建议》《调研报告》等六类七种内刊,获省领导批示13件16次,其中省委主要领导重要肯定性批示3次。二是开展重大决策咨询课题研究。开展《山西全面优化营商环境研究》《2019年山西经济运行情况分析》《山西构建高质量发展创新体系研究》《推动山西高水平开放政策研究》等10项重大决策咨询课题研究,为全省转型发展提供智力支撑和决策咨询服务。三是举办全国性高级别研讨会议。成功举办“加强示范区建设、推动高质量发展研讨会”“山西省能源革命综合改革试点专家咨询座谈会”和“一带一路与山西对外开放学术研讨会”三个全国性高级别的研讨会。与吕梁市共同举办“吕梁市非常规天然气产业发展研讨会”,积极推动非常规天然气高质量发展。全程参与2019年太原能源低碳发展论坛的筹备和接待工作。四是积极参与部门重点工作。积极参与省人大、省政协、省纪委监委、省政法委、省委组织部、省委宣传部和机关事务管理局等机构和部门的重点工作,开展联合调查研究。五是详细解读全省重大政策。组织专家深入解读省委经济工作会议精神和政府工作报告,积极参与“改革创新、奋发有为”大讨论山西卫视系列专题访谈,利用基层调研的机会及时为广大农村基层干部和群众宣讲乡村振兴和脱贫攻坚等政策。六是建立经济运行分析机制。在巩固和完善全省11市102个“调查研究联系点”的基础上,建立了全省政府发展研究中心系统经济运行分析交流会议机制,定期召开经济运行分析会,形成经济形势分析报告。七是精心完成领导交办任务。完成了省委主要领导交办的“优化营商环境”“推动区域协调发展”的重要研究任务,其他省领导交办的“建设基层综合性文化服务中心”“发挥消费作用、推动经济稳定健康增长”“山西与中国五千年文明研究”等重大课题研究和相关调查研究任务,完成《2019年省政府工作报告》省内外专家征求意见工作。

五、持续推进重大基础理论研究,“晋字品牌”建设成果初步显现

采取集体研究、团队协同的办法,推出一批有山西特色、有全国影响的高水准“晋字品牌”研究成果。一是围绕能源革命重大使命,组织开展《推进能源革命综合改革试点对策研究》等重大研究项目,刊发《以改革创新精神将能源革命进行到底》等理论文章;二是围绕优秀传统文化和革命文化,研究

撰写和出版《三晋名人》《八路军在山西》，组织研究和编撰《山西文明史·民俗卷》《山西抗战志》《晋冀鲁豫根据地史》等著作；三是围绕山西历史文化，组织编撰出版《新中国成立七十周年山西发展丛书》(共六册)；四是围绕名品期刊建设，着力推进《经济问题》《晋阳学刊》《语文研究》《五台山研究》“晋字品牌”学术期刊工程建设，加强期刊管理体制改革，全力支持学术期刊跻身各类评价指标系统。

六、持续推进特色新型高端智库建设，对外交流合作迈上新的台阶

主动对标全国一流，强化智库之间的交流合作。一是对表对标先进，建立“双对接双交流”制度。主动对接中国社会科学院和国务院发展研究中心，强化学科建设，提高研究质量；主动对接各省直单位，强化信息交流与共享。二是强化交流合作，开拓发展空间。主动深化与市县合作，参与市县规划制定、政策评估、重大问题研究，为市县发展出谋划策。持续加强与省直部门对接，同省机关事务管理局签订协同创新战略框架合作协议，成立机关事务研究中心，完成7项协同创新工作；同省税务局签订合作协议，建立税务联合研究基地，联合出版年度《山西税收与经济社会发展蓝皮书》；同省红十字会协商战略合作框架协议，协同建设“山西省红十字会智库”。三是联手高等院校，加强协同创新。与山西大学马克思主义学院合作打造山西省“1331教学科研协同育人中心”，同太原理工大学签订共建“人才培养与科学研究”协同创新战略协议。四是开展省外调研，参加学术活动。赴国务院发展研究中心、北京社会科学院、浙江省社会科学院、陕西决策咨询委、四川决策咨询委、中国人民大学重阳金融研究院等单位开展专题调研，学习先进经验做法，助力山西经济社会发展。主动参加习近平新时代中国特色社会主义思想高端论坛、第二届虹桥国际经济论坛、第十二届中国廉政研究论坛、中国智库国际影响力论坛、新型智库联盟战略联盟研讨会、新中国成立与新时代智库建设论坛等多次高级智库建设会议，宣传山西转型发展，传播山西社科精神。五是拓展国际视野，加强国际交流。组织相关领域专家与美国驻华使馆经济参赞贝莎兰进行交流座谈。组织专家学者赴韩国、日本等地开展智库交流与合作，就互派访问学者、联合开展课题研究、共同举办论坛等达成协议。接待韩国京畿道博物馆领导专家来晋访问，并组织召开座谈会，进行国际学术文化交流。

(郑必奇)

附：省社会科学院(省政府发展研究中心)党组书记、成员名单

书　记：杨茂林

成　员：宋建平　王凤鸿　侯广章

省供销合作社联合社党组

党组书记　狄重阳

2019年，全省供销社以习近平新时代中国特色社会主义思想为指导，深入贯彻落实党的十九大、十九届二中、三中、四中全会以及习近平总书记视察山西重要讲话精神，在省委、省政府的正确领导下，紧紧扭住综合改革这个牛鼻子，迎难而上，砥砺奋进，有效应对国内外错综复杂、变幻多端的经济环境，在助力乡村振兴、打赢脱贫攻坚战中充分发挥独特作用，创造了新的业绩。

一、经济运行稳中有进

全系统深化综合改革，经济运行保持了不断向好的发展势头。购进总额完成998.5亿元，同比增长24.4%；销售总额完成1103.2亿元，首次突破千亿，同比增长24.8%，汇总利润3.1亿元，同比增长16.87%，超额完成预定目标，购进、销售、利润增幅分别高于全国供销系统平均水平12.66、11.56、4.37个百分点，销售增幅名列全国第四。全年经济运行呈现以下四个特点：一是传统业务持续稳定增长。四大传统主营业务持续稳定，占全系统销售总额的95.7%。消费品类销售额468.3亿元，对销售总额增长贡献率达40.3%，是拉动全系统经济快速增长的主要动力，培元固本，传统业务起到了压舱石、稳定器作用。二是新型业态发展势头良好。新兴业态中，全系统成立专业电子商务公司达120家，电子商务销售额达29.7亿元，同比增长48.5%。中药材、小杂粮经营渐入佳境，交易额同比分别增长14.2倍、5.9倍。三是县及县以下经济规模不断做大。2019年经济规模突破10亿元的县社达到30个，新增7个；突破亿元的企业达到117个，新增28个；突破亿元的基层社达到83个，新增35个。四是综合改革助推作用明显。20个综改推进县销售总额同比增长36.6%，比全系统平均水平高11.8个百分点，改革促增长、促转型成效显著。

二、综合改革持续发力

全系统优化顶层设计，细化工作任务，强化督导检查，继续支持天镇等20个贫困县作为重点推进县，按照“3+N”的工作思路、“领导包市、处室包县”的工作机制、“六个一”工作举措，抓好五项重点工作，全面深入推进综合改革。先后召开

了综合改革、基层组织建设、项目建设现场推进会,示范带动,全方位推进。各级党委、政府对供销社工作充分肯定并给予更多的重视支持。6月25日,省政府常务会议专门听取供销社综合改革工作情况汇报。市县政府拿出近6000万元支持供销社化解在农行的历史债务。大同市给予供销社综改配套资金850万元,实现了所有县综改扶持资金全覆盖。长治市支持供销社参与农村环境整治和垃圾分类。

三、与农联结日趋紧密

全系统进一步加强基层组织体系建设,密切与农民利益联结,牢固树立新发展理念,基层服务功能明显增强。先后出台了《关于进一步加强基层组织建设的指导意见》《关于进一步做好开放办社工作的指导意见》,并召开全省供销社基层组织建设现场推进会和"三位一体"培训会。全系统千方百计培育全国"百强县级供销社",盐湖区、河津市、平遥县、怀仁市供销社经过努力已符合入围条件。晋中市强化基层社合作经济组织属性专项试点工作通过总社验收,得到肯定,并在全国推广,王成副省长对此作了重要批示。全年新增农民合作社312个,达到1769个;新组建农民合作社联合社102个,达到253个;新建农村综合服务社527个,达到11493个;新增农民专业合作社示范社7个,达到187个;新增基层社标杆社2个,达到14个。全系统全年新增入社入股农户21.35万户,新增入社农民63.33万人,达到85.26万户、252.94万人,供销社的组织带动作用更加明显。

四、农化服务亮点纷呈

全系统扎实推进农业社会化服务惠农工程,坚持公益性与经营性、专业性与综合性相结合,以土地托管服务为重点,规范建设惠农服务平台,不断创新服务模式,积极拓展服务领域,大力探索服务路径,为农民和新型农业经营主体提供"一站式"的农业社会化服务,开创了服务主体多元化、服务链条全程化、服务形式多样化的为农服务新局面。全年新建惠农服务中心128个、提升48个,新建惠农服务站305个、提升103个,新建庄稼医院90个、改造24个,新增土地托管面积133万亩,土地服务面积163万亩,土地托管、服务面积达到1662.25万亩,全部超额完成年初目标任务,农业社会化服务体系建设迈上新台阶。

五、农村流通体系日臻完善

全系统充分发挥"农芯乐"电商平台上联全国总社"供销e家"、下接市县终端网点的网络优势,继续按照"补网、扩网、升网"的原则,改造传统仓储设施,整合社会有效资源,持续实施"五免一扶持"优惠政策,农村流通服务信息化水平显著提高。规范提升、新建扩面贫困村电商网点,2019年新建贫困村电商网点560个,累计建设村级体验店1.4万多个,覆盖贫困村4000多个,占全省贫困村的50%以上。坚持"规划先行、项目带动",布局构建农产品、日用品等七大骨干业务网络,重点培育支持农芯乐省级仓储物流、山西农资集团农资电商运营服务中心等30个项目。充分利用全系统渠道广阔,结合各类展示展销活动,将全省特色产品推向全国,不断做大做强业务规模。开展鲜活农产品"走出山西 网上行"活动,全年举办49场展销活动,销售额3亿元。2019年,全系统实现电商交易额87亿元。

六、社有企业转型发展初见成效

全系统大力实施"特色产业、新型业态"发展战略,认真落实省政府杂粮和中药材市场建设两个实施方案和省社行动计划。农资集团承建的大同(阳高)杂粮产地交易市场已投入使用;省盐业集团全面布局山西中药材全产业链,以"晋药网"为依托,发展各类药商1000余户。通过建设产地季节性交易市场和中药材仓储物流体系,系统龙头带动作用明显。晋果食品冷链物流集团由冷库向冷链物流业积极转型。全系统不断推进社有企业体制改革、机制转换、产业升级、业态创新,省社所有直属企业均已完成公司制改革,各市县供销社直属企业改革也在紧锣密鼓地进行。

七、其他重点工作快速推进

在省政府的支持下,全省供销社系统在农行的不良历史债务得到了彻底解决,以6601.62万元化解了本息近23个亿的历史债务。"三位一体"综合合作试点工作进展顺利,15个试点县政府均已出台《实施方案》;成立乡镇级农合联28个,县级农合联6个。资金互助合作试点布局已基本完成,16个省级试点和10个市级试点参与资金互助社员户数为5913户,同比增长215.87%,期末可用互助资金额3728.42万元,为社员提供金融服务1.26亿元。项目建设成效显著,汽车充电站充电桩、再生资源回收利用、惠农服务中心等项目建设持续推进。招商引资初见成效,全系统招商引资数额达6.6亿元,阳泉市供销社洽谈引进的2个项目多达3亿元。

八、坚持全面从严治党

全系统各级党组织坚决贯彻党中央关于全面从严治党的决策部署,深入开展"不忘初心、牢记使命"主题教育,始终把党的政治建设摆在首位,以党的政治建设为统领,深入学习贯彻习近平新时代中国特色社会主义思想,引导广大党员特别是党员领导干部进一步增强"四个意识",坚定"四个自信",坚决做到"两个维护",始终在思想上、政治上、行动上同以习近平同志为核心的党中央保持高度一致,发展积极健康的党内政治文化,涵养良好的政治生态。坚定不移推进党风廉政建设,着力构建一体推进不敢腐、不能腐、不想腐体制机制。贯彻落实中央八项规定精神,坚持不懈纠正"四风",坚决把纪律和规矩挺在前面,推动作风建设化风成俗、成为习惯。严格干部选拔任用和监督管理,坚持党管干部原则,贯彻落实《党政领导干部选拔任用工作条例》,在选人用人上树立讲品行、重担当的鲜明导向,健全年轻干部培养、选拔和监督机制。将效能建设八项制度、13710督查工作、公务员年度考核、工作目标考核、领导干部述职、机关作风建设纳入效能考核中,打造干部全面“整体效能”。不断规范完善法治工作机制,确保综合改革行稳致远。

(樊 莉)

附:省供销合作社联合社党组书记、成员名单

书 记:狄重阳

成 员:刘建光 李 海(5月离职) 王彤宇 高建忠 郝利才 尚有明(4月任职)

省煤炭地质局党委

党委书记 卫洪平

2019年,中共山西省煤炭地质局委员会以习近平新时代中国特色社会主义思想为指导,深入学习贯彻党的十九大、十九届二中、三中、四中全会精神和省委十一届七次全会精神,在省委正确领导下,坚定不移推进全面从严治党向纵深发展,为拓展山西煤炭地质事业新局面提供了坚强保证,全局各项工作稳中有进,圆满完成年度目标责任考核任务。

一、深化理论武装,把准政治方向,做到学思用贯通、知信行统一

局党委把学习贯彻习近平新时代中国特色社会主义思想作为全年工作主线,把及时跟进学习习近平总书记最新重要讲话、重要批示精神和省委重要决策部署作为党委会第一议题,充分发挥理论学习中心组的示范带动作用,引导全局各级党组织坚持线上线下、理论学习和革命传统教育相结合,在学懂弄通做实上下功夫。特别是“不忘初心、牢记使命”主题教育期间,局党委班子带动全局处级以上干部通读精读《习近平新时代中国特色社会主义思想学习纲要》《习近平总书记关于“不忘初心、牢记使命”的重要论述摘编》《中国共产党党内重要法规汇编》,重温习近平总书记“三篇光辉文献”,组织开展专题研讨,结合实际研究具体贯彻措施。举办全局学用习近平新时代中国特色社会主义思想经验交流会和党的十九届四中全会精神专题辅导,局院党委(总支)班子成员带头讲专题党课,推动全局广大党员干部思想认识不断深化,政治站位持续提升。局党委带头,全局各级党组织认真落实意识形态工作责任制,把牢政治方向和舆论导向;自觉对标对表中央和省委决策部署,组织对全局贯彻习近平总书记视察山西重要讲话精神情况自查检视,制定《贯彻落实省委十一届八次全会精神的意见》,部署落实省委十一届九次全会精神,不断增强“四个意识”、坚定“四个自信”、践行“两个维护”,更加自觉地在思想上政治上行动上同以习近平同志为核心的党中央保持高度一致。

二、高标准高质量开展“不忘初心、牢记使命”主题教育

按照中央和省委部署,局党委紧紧围绕主题、主线、总要求,把学习教育、调查研究、检视问题、整改落实贯穿始终。班子成员带头,全局党员干部按照习近平总书记关于“四个对照”“四个找一找”的要求,认真召开找差距专题会、专题民主生活会、专题组织生活会,普遍经受了一次思想淬炼、政治历练和实践锻炼。班子成员分别领题,深入一线调研,把调研成果转化为推动转型、改善民生的具体举措。坚持把“改”字贯穿始终,围绕查摆的问题,构建整改工作闭环机制,清单化管理、项目化推进,解决了一批长期制约发展的深层次问题和职工群众的操心事烦心事揪心事。达到了理论学习有收获、思想政治受洗礼、干事创业敢担当、为民服务解难题、清正廉洁作表率的预期目标,得到了省委指导组和督导组的好评。

三、认真贯彻新发展理念,为全省转型综改和能源革命综合改革试点提供专业支撑

局党委进一步加强党对经济工作的领导,紧紧围绕省委省政府“三大目标”,加快推进“大地质、大生态、大资源”产业布局。主动服务全省能源革命综合改革,及时对接能源革命综合改革试点《行动方案》,在煤层气勘查开发、地热资源开发利用、矿区生态修复治理、废弃矿山地下空间利用等领域制定8个行动计划,举全局之力有效作为。履行能源安全保障职能取得新突破,完成省地勘基金项目6个,累计提交煤炭资源储量23.6亿吨;完成《晋北基地燃煤过程中有益金属元素(锂、镓、锗、稀土元素)迁移转化机制研究》;开展《沁水盆地榆社－武乡地区深部煤层气勘探开发增储扩产技术研究》,施工煤层气勘查项目25个,为山西省煤层气增储上产提供了保障。服务地方发展取得新进展,深化“地质服务+”行动,进宁武、进古交,量身定制“古交方案”,提供生态保护修复等“一揽子”服务;承担全省典型旅游资源地质环境调查评价项目,编制《山西省城市地质调查工作方案》,开展“全省第三次国土调查采煤沉陷区土地利用现状调查”,高质量完成全省19个县(区)国土三调、监理任务,为全省18个县市提供地质灾害防治技术支撑,圆满完成乡宁“3·15”山体滑坡等4起省内外抢险救援任务,得到相关政府和企业的一致好评。培育创新生态,建成“资源环境与灾害监测山西省重点实验室”,新增省总工会批准命名的“杨文府职工创新工作室”,成立山西首家坝道工程医院水文地质与工程地质分院,初步形成了覆盖全局9个院的创新平台体系;2个院士专家工作站、2个省级重点实验室吸引院士、长江学者、国家杰青等知名专家58人进驻,培养领军拔尖人才;与中国地大、山西交

控集团等 4 所高校和 2 个企业集团签订战略合作协议，深化产学研用项目合作。成功获批国家级自然科学基金项目 2 项，获得 11 件自主知识产权，获 4 件省部级科技类奖项。高标准开展“改革创新、奋发有为”大讨论，制定 14 项举措、出台 12 项制度深化改革，全局配套 74 项制度细化落实，特别是出台《所属事业单位工资分配激励的指导意见》，干部职工干事创业热情明显提升；优化“一院一企”布局，全局 5 个单位推进事企分体运行取得阶段性进展。

四、全面从严治党的质量和效果不断提升

局党委坚持定期研究全面从严治党工作，定期听取班子成员履行“1+N”职责情况和下辖党组织工作情况汇报，开展党委书记集中约谈，严格执行局院党委班子成员联系基层党支部工作制度，层层压实全面从严治党主体责任。坚持把“关键少数”、关键岗位人员作为监督重点，制定完善《重大事项请示报告清单》《领导干部外出报备制度》，严格执行党委《议事规则》，开展巡视反馈问题整改“回头看”，引导全局党员干部严守政治纪律和政治规矩。驰而不息正风肃纪，常态化开展廉洁教育，深入开展违反中央八项规定精神和形式主义、官僚主义专项整治，实事求是运用监督执纪“四种形态”特别是第一、第二种形态，针对发现的苗头性、倾向性问题，开展谈心谈话、批评教育和约谈等工作，引导全局党员干部知敬畏、存戒惧、守底线。

五、基层党组织建设更加坚强有力

局党委把抓好党支部作为工作重点，优化基层党组织设置，推动《中国共产党支部工作条例(试行)》落地落细。修订《党建考核办法》，更加注重对党支部建设实效的考核，使“党的一切工作到支部”由“鲜明导向”加快向“落地见效”转变。党支部带头人队伍建设成效明显，把优秀党支部书记提拔到处级干部岗位，开展全局党务干部集中培训，举办全局学习《中国共产党支部工作条例(试行)》知识竞赛检验培训成效，基层支委班子成员党建专业知识水平明显提升，抓基层党建能力有了新的进步。深化党建品牌创建，基层党支部组织力不断提升，跨系统、跨部门开展党建结对共建，增强了党支部活动的感染力、吸引力；全局党建品牌创建质量不断提升，局属物测院党委在省直机关党支部规范化观摩交流会上作了典型发言。

六、干部队伍结构持续优化

局党委立足煤炭地质事业高质量转型发展需要，加快优化干部队伍结构。坚持党管干部原则，突出政治标准，坚持事业为上、公道正派选人用人，把政治素质高、业务能力强、善于抓班子带队伍的优秀干部充实到局属单位领导班子，把优秀中高级专业技术人员、优秀基层党支部书记、优秀第一书记提拔到处级干部岗位上，鲜明树立了正确的选人用人导向。注重培养选拔使用年轻干部，建立了机关年轻干部基层锻炼长效机制。进一步加大培养和激励力度，局机关推行公务员职务与职级并行，继续推进处级干部交流、多岗位历练干部；修订目标责任考核办法，在全局范围内通报表扬担当作为先进典型，营造崇尚实干、担当作为的浓厚氛围。进一步完善干部监督工作，通过监督检查、谈心谈话、约谈、考核等多种方式，及时掌握干部的思想、作风情况；坚持对局属单位主要负责人离任经济责任审计，开展领导干部报告个人事项抽查，确保权力在正确轨道上运行。

2019 年，全局经济总量和职工收入稳中有增，脱贫帮扶工作成效显著，安全生产形势持续向好，群团和离退休等工作扎实推进，法治建设领导体制和运行机制进一步完善，全局共建、共治、共享的综合治理格局进一步巩固，文明创建积极有效。局属物测院入选“山西省社会主义核心价值观建设示范点”，勘查院晋级省直文明单位标兵，研究院矿安所晋级省“青年文明号”，在参加省直机关庆祝新中国成立 70 周年歌咏比赛活动中省煤炭地质局荣获一等奖。

(李志有)

附：省煤炭地质局党委书记、副书记、委员名单

书　记： 卫洪平

副书记： 王学军　王宏伟(援疆)　李兴武

委　员： 宋　儒　张学彦　张胤彬　李希海

省地质勘查局党委

党委书记　彭东晓

2019 年，在省委的坚强领导下，省地勘局党委坚持以习近平新时代中国特色社会主义思想为指导，深入贯彻党的十九大、十九届二中、三中、四中全会和习近平总书记视察山西重要讲话精神，认真落实省委、省政府各项决策部署，坚持稳中求进总基调和支撑服务工作定位，统筹推进全局各项工作，全面加强党的建设，扎实推进改革转型，各项工作取得了积极成效。

一、围绕中心抓党建，为全局发展提供坚强政治保证

(一)持续加强思想政治建设。一是强化理论武装。严肃党内政治生活，建立了“党委会理论学习第一议题机制”，第一时间传达学习习近平总书记重要讲话和中央、省委省政府重大决策部署，引领推动政治理论学习制度化、规范化、常态

化。二是扎实开展“改革创新、奋发有为”大讨论。以大讨论牵引全年工作开局,结合实际拟定落实务实举措54项。并以此为契机建立了局领导分头包项目工作机制,以“六个一批”为重点进一步强化了从严内部管理。三是精心组织“不忘初心、牢记使命”主题教育。聚焦全面整改落实和“8+5”专项整治拟定举措共计66项,扎实推进逐一落实。坚持将主题教育同落实中央、省委重大决策部署相结合,同推进地勘工作转型发展相结合,进一步完善了“做强事业”体系建设。四是持续推进精神文明建设。以庆祝新中国成立70周年和中国共产党成立98周年系列活动为契机,举办了摄影展、职工篮球赛等系列活动,全面展现了新时代地勘队伍的精神风貌,组织开展先进事迹报告活动,特别关心关注离退休和困难职工,坚持开展“送温暖”“金秋助学”等活动。

(二)不断强化领导班子和干部队伍建设。一是坚持党对一切工作的领导,充分发挥党委班子领导作用,严格执行民主集中制,建立健全了“党委会议题收集”“局领导批示件办理和反馈”等工作制度,重大问题召开专题党委会议,有力推动了全局工作的高效有序开展。二是对11个基层单位的领导班子进行了充实调整。制定印发了《山西省地勘局局属单位领导班子及成员年度考核暂行办法》,加大了局机关和基层单位处级干部交流力度。三是制定出台了《局属单位提拔使用年轻干部指导意见》,一批优秀年轻干部走上领导岗位。

(三)深入开展“三基建设”。制定印发了《山西省地勘局“三基建设”2019年重点工作任务清单》,明确了责任时限,加强过程监管,确保各项任务的落实。一是加强基层组织建设。积极探索“内容不能少、形式可创新、效果要保障”的野外地勘单位党建品牌。组织开展了软弱涣散基层党组织摸底整治,对全局120名支部书记进行了集中轮训。二是加强基础工作。学习贯彻《中国共产党支部工作条例》《山西省机关事业单位基层党组织规范化建设标准》,扎实推进了党建工作标准化规范化建设。围绕效能建设八项制度制定出台各类规章制度35项,将效能建设纳入全局年度目标责任考核、精神文明单位创建考核内容。三是加强了基本能力建设。邀请朱日祥、毛景文等院士来晋讲学,依托高等院校开展业务培训。大力实施“五大培训工程”,与清华大学等合作举办高级管理人员、党务纪检等高级研修班。对机关新录用公务员进行初任培训,安排到基层单位实习锻炼。建立干部教育培训学习档案,开展干部基本能力分析评价,将干部职工考学工作纳入综合考核、文明单位验收和干部职工的年终考评内容。

(四)扎实推进党风廉政建设。一是认真落实“两个责任”,切实履行“一岗双责”,进一步健全完善了党风廉政建设责任体系。二是开展巡视整改回头看等工作,27项巡视发现问题全部整改到位。三是开展张茂才违法违纪案件等警示教育,建立了廉政教育微信平台,定期推送廉政信息。四是在全局开展了贯彻落实中央八项规定情况监督检查和廉政风险梳理排查,坚决遏制“四风”变异等问题。五是对全局2013年以来有关人员受到党纪政务处分、刑事处理执行情况进行自查自纠。

(五)积极开展法治、稳定和意识形态工作。一是健全完善了党委领导法治建设机制,认真落实党委中心组学法制度。制定了2019年法治工作要点,建立了法律顾问制度。出台了《山西省地勘局法治领导小组工作规则》《山西省地勘局法治领导小组办公室工作细则》。二是制定了《山西省地勘局落实信访工作责任制的规定》,进一步明确了信访工作职责。成立了局防范化解重大风险工作领导小组,在全局开展了防范重大风险隐患排查工作。组织开展了扫黑除恶专项斗争并建立健全了长效机制。三是学习贯彻《中国共产党宣传工作条例》,制定了《山西省地勘局对外宣传报道工作规定》,对全局党员信仰宗教情况进行了排查,开展了网络安全检查,建立了网络安全应急值守制度。

二、支撑服务谋发展,为改革转型夯实产业经济基础

(一)服务体系日趋完善。一是坚持“支撑服务”职能定位和“十六字”工作思路,全面履行事业职能,围绕“做强事业”,制定出台了《省地勘局支撑服务政府工作体系建设实施方案》,明确了支撑服务体系建设的工作目标、工作任务和工作要求。二是积极推进地质灾害防治技术支撑服务标准化建设,规范了工作内容、技术要求及考核标准。与全省11个地市签订地灾防治支撑服务合作协议的基础上,与72个市县区签订地灾防治技术支撑服务合作协议。三是积极构建“一市一队”支撑服务新格局。相关地勘单位加挂了所在地市地质技术服务中心牌子,实现全省地级市地勘队伍全覆盖。

(二)业务工作成效显著。一是加强优势矿产以及战略性新兴矿产勘查。岚县曲井铁矿可提交资源量3.1亿吨,是全省近年来发现的最大规模铁矿;大同市新荣区七里村－碓臼沟矿区石墨矿详查探明一处资源量近5000万吨的特大型矿床。二是研究制定了服务全省能源革命综合改革试点工作方案。积极开展干热岩、地热、浅层地温能等清洁能源勘查。三是服务自然资源管理和生态文明建设。积极参与乡宁县“3·15”山体滑坡、石楼县地灾排查等应急抢险。四是积极拓展服务领域。服务山西综改示范区建设,太原市南部新城区和山西转型综改示范区潇河现代产业区城市地质调查顺利完成年度工作任务;在天镇、偏关等10个深度贫困县开展了公益无偿找水打井工作,有力支援了贫困地区的脱贫工作。

(三)地勘经济稳步发展。一是全局经济运行的质量效益持续向好,全年实现经营收入21.5亿元,同比增长15.6%。二是积极落实副省长贺天才视察地矿海外公司讲话精神,进一步明确了海外工作总体思路和战略目标,成立了海外工作协调小组,充实了海外公司领导班子,海外市场签订合同3380万美元,完成产值3146万美元,地矿海外已成为全局的一张响亮名片。

(四)创新驱动推进有力。一是落实“创新为上”的发展要求,立项开展了34个科技创新项目,对入选“三晋英才”科技人员表彰奖励。二是推动科技平台建设,地热探测与开发院士工作站顺利揭牌,实现了省地勘局院士工作站零的突破。

地调院成为自然资源部国土卫星遥感应用中心山西省行业节点单位,“地质云”山西省级节点顺利上线运行。三是完善人才培养选拔和引进激励机制,出台了高端人才引进办法。集中全局各专业领军人才,外聘相关专业权威的院士和专家,成立局专家咨询委员会。四是创新内部管理,完善清单化工作制度,建立局领导联系督办重大项目、重点工作周报月报等工作机制,激发了内生动力,提升了工作效能。

(李晓雷)

附:省地质勘查局党委书记、委员名单

书　记:彭东晓

委　员:韩晋生　马斅民　王润福　江　荣　李保福

省城镇集体工业联合社党组

党组书记　张　涛

2019年,省城镇集体工业联合社(以下简称“省城联社”)以习近平新时代中国特色社会主义思想为指引,牢固树立“四个意识”,坚定“四个自信”,践行“两个维护”,深入学习贯彻党的十九大、十九届二中、三中、四中全会精神,省委十一届八次、九次全会精神和习近平总书记“三篇光辉文献”精神,以学用习近平总书记视察山西重要讲话精神统揽工作全局,认真履行管党治党政治责任,持续加强党风廉政建设,扎实推进“三基建设”,努力提升党建工作科学化水平,为省城联社改革发展提供了政治和组织保证。

一、狠抓思想理论建设,不断提升政治引领力

省城联社切实提高政治站位,把学习贯彻习近平新时代中国特色社会主义思想和党的十九大精神作为重大政治任务,科学制定计划,系统安排部署。党组书记切实带头学、亲自抓,先学一步、深学一层。以专题学习研讨、个人自学等多种方式认真组织理论学习。2019年先后组织了党组中心组(扩大)学习会22次、学用习近平新时代中国特色社会主义思想专题研讨交流4次、专题会议1次、专题党课2次,观看教育片3次。学习了习近平总书记系列重要讲话、中央及山西经济工作会议、中共山西省委十一届八次全体会议、中共山西省纪委十一届五次全体会议精神、《中华人民共和国宪法》《中国共产党章程》《关于新形势下党内政治生活的若干准则》《中国共产党支部工作条例(试行)》等;学习有关警示教育资料以及学习落实中央八项规定有关精神。组织全体干部职工集中观看学习了《习近平总书记2019年新年贺词》《习近平总书记在庆祝改革开放40周年大会上的重要讲话》《习近平新时代中国特色社会主义思想学习纲要》等。采取中心组学习、专题培训、警示教育、“三会一课”、主题党日、“学习强国”等多种学习形式把理论武装融入日常、抓在经常,提高全体党员干部政治站位和党性修养,持续强化干事创业的责任意识和担当意识,提升谋划发展、破解难题的能力,切实将思想行动贯彻到思路谋划、措施制定、工作推动、检查落实各方面。

二、落实党的工作责任制,努力加强党的基层组织和党员队伍建设

一是认真学习贯彻习近平总书记对严肃党内政治生活提出的重大要求、习近平总书记在中央和国家机关党的建设工作会议上的重要讲话精神、省委办公厅《关于贯彻落实〈中共中央关于加强党的政治建设的意见〉的工作措施》《中国共产党党和国家机关基层组织工作条例》等精神,始终将党的建设工作与中心工作同谋划、共部署、齐推进。二是认真抓好党组领导班子自身建设,认真履行“一岗双责”,认真贯彻民主集中制、“三会一课”制度,高质量召开民主生活会和专题组织生活会,党组成员以普通党员身份分别参加所在党支部的组织生活会,以实际行动落实党内政治生活准则,不断推进基层党建7项重点任务。严格落实“三重一大”制度,在涉及重大决策、重要人事任免、重大项目安排和大额度资金使用事项上,坚决执行人事纪律、财经纪律,坚持落实会前充分酝酿沟通、领导班子集体研究、驻省工信厅纪检监察组莅会指导的规范程序。三是加强党建基础性工作。从“三会一课”、党员教育管理、党费收缴、台账管理等入手,加强基层党组织管理。机关党委定期开展工作督查、抽查、调研。以主题教育活动为契机,不断加强党组织规范化建设,全面落实党要管党全面从严治党的要求。根据各直属基层党组织实际,对部分基层党组织进行了调整。四是实施“五大培训工程”,通过开展党组织书记培训、财务培训、人事劳资培训、工艺美术行业培训引导党员干部进一步提升履职能力,对标先进,争创一流。2019年省城联社对基层党支部书记34人进行了集中轮训,轮训人数占基层党支部书记总人数100%,实现了全覆盖。“五大培训工程”举办13次,培训700余人次。

三、扎实开展“不忘初心、牢记使命”主题教育

扎实开展“不忘初心、牢记使命”主题教育,把学习教育、调查研究、检视问题、整改落实贯穿主题教育全过程。一是聚焦主题,扎实抓好学习教育。主题教育开展期间,省城联社制定了实施方案,召开了主题教育工作会议进行动员部署,制定了集中学习计划,下发了工作安排,组织了十次集中学习,开展了《增强忧患意识 防范风险挑战》等六次警示教育和两次革命传统教育,举办了主题教育专题党课,通过微信将习

总书记视察山西重要讲话精神应知应记要点、“不忘初心、牢记使命”主题教育应知应会50题传达到每位党员干部,并进行了学习测试。各直属单位也相应组织了学习。召开了四次集中学习交流研讨会,引导广大党员干部原原本本读原著学原文悟原理,推动学用习近平新时代中国特色社会主义思想往深里走、往实里走。二是着眼解决问题,深入调查研究。党组成员分别带队深入扶贫联系点代县上磨坊乡神涧村蹲点调研;对全省11个市城联社进行调研,直属单位调研实现全覆盖。调研期间倾听民声,鼓舞士气,共同探讨,持续发力,调研形成了2份调研报告,召开调研成果交流会,切实推动调研成果转化。三是深刻检视问题,抓好整改落实。根据要求认真查摆,形成领导班子及班子成员问题清单,召开主题教育专题民主生活会,严肃开展批评和自我批评;坚持问题导向,分类制定专项整治实施方案,列出问题清单、责任清单和整改清单,建立整改台账。对查摆出的问题,能得到解决的做到立查立改,即知即改。一时解决不了的,明确时间表、责任书、路线图,紧盯不放,持续整改。在“三服务”活动中收集各类问题7个,并积极推动解决各类问题,以为民谋利、为民尽责的实际成效取信于民。

四、深入开展“改革创新、奋发有为”大讨论

对照“六个破除、六个着力、六个坚持”,推动“改革创新、奋发有为”大讨论扎实有效开展。一是召开会议部署推进。召开了省城联社“改革创新、奋发有为”大讨论领导小组第一次全体会议,成立大讨论领导小组及内设机构,制定了省城联社大讨论实施方案,召开了动员部署大会。二是多种形式强化学习效果。通过采取动员辅导、集中学习、专题培训等方式对支部书记进行集中培训。2019年2月13日、14日,省城联社举办了党支部书记“改革创新、奋发有为”大讨论培训班。各基层党组织采取“三会一课”、主题党日活动、支部专题会议等形式组织开展多种形式学习研讨;召开了2018年度民主生活会和对标一流学习研讨述职评议大会,找问题抓整改、立标杆树形象。三是对标对表提升能力。紧扣大讨论主题,结合实际制定了2019年工作要点、制定大讨论查摆问题、整改举措及责任的清单和对标一流下一步打算清单;机关和直属单位党员干部通过政策理论宣讲、深入一线了解实情、倾听民声解决诉求、结对帮扶促进发展等形式深入开展入企结对帮扶活动,切实推动突出问题解决。通过开展“改革创新、奋发有为”大讨论带动整体工作提标准上水平,使全体党员干部经受了一次严格的党性锻炼,牵引全年工作实现了良好开局,取得了丰硕的思想成果、实践成果和制度成果。

五、文明和谐创建工作取得实效

文明和谐单位创建工作稳步推进。一是组织女职工在“三八妇女节”来临之际,参加了“庆祝三八国际劳动妇女节,省城女职工迎青运健身活动”;组织机关全体干部职工参加了2019年山西省直机关干部职工“喜迎国庆 共享青运 强健体魄系列体育活动之广播体操”的展示活动。二是定期开展消防知识讲座,提高了全体干部职工对消防安全工作的认识和了解,进一步增强了职工的防火意识和灭火技能,掌握了紧急疏散及逃生自救方法。三是根据省直工委《关于做好第二届全国青年运动会火炬手省直机关推荐选拔工作的通知》,机关党委严格按照通知的要求,优中选优,拟定两位优秀青年党员代表省城联社参加第二届全国青年运动会火炬的传递。四是“七一”前夕,对生活困难党员开展走访慰问,用心用情用力开展走访慰问。五是开展纪念中国共产党成立98周年活动,参观彭真生平暨中共太原支部旧址纪念馆,重温了入党誓词,瞻仰革命遗址。六是组织党员干部观看了《大会师》影片,组织全体职工参观了新中国成立70周年图片展和“伟大历程 辉煌成就—庆祝中华人民共和国成立70周年大型成就展”网上展馆。七是组织党员干部集中观看了第七届全国道德模范颁奖仪式。八是为贯彻落实省直文明办《关于2019年春节和“3.5”学雷锋日期间开展志愿服务活动的通知》要求,在第56个“学雷锋日”到来之际开展了志愿服务活动,分别于3月1日、13日,开展了“学习雷锋精神,弘扬传统文化”传统技艺和人才展演活动。九是开展“送温暖”活动,为帮扶村留守儿童爱心捐赠图书服务。十是召开了2019年度省城联社参与支持太原市创建全国文明城市工作推进会。通过在办公区、宿舍区显著位置张贴广告宣传,对环境卫生彻查整改,对围墙等安全隐患排查落实、山西省工艺美术馆制作公益广告、转发《太原市创建全国文明城市应知应会手册》等方法,以实际行动支持太原市创建全国文明城市工作。

六、抓干部队伍建设,抓制度管人

强化干部履职能力提升。一是积极研究制定《山西省城镇集体工业联合社岗位设置实施方案》,制订了《山西省城镇集体工业联合社2019年度干部培训计划》。二是坚持新时期好干部标准,树立正确选人用人导向,坚持事业为上,拓宽用人视野,激励担当作为,大力选拔敢于担当、勇于担当、善于作为、实绩突出的干部。针对山西省皮革试验工厂现状,选调了三名年轻有为、有想法想干事的干部补充到班子中。为提升山西工美集团经营管理水平,增强市场竞争活力,调整和补充了集团领导班子。根据干部提拔任用条例,提拔和补充了机关处级干部和科级干部。三是建立健全干部激励、容错、纠错制度机制,鼓励干部干事创业,担当作为。

根据三定方案和机构职能管理方面要求,明确了处室职能,准确定位,科学设置内设机构,对每个岗位的工作职责都进行了详细规定,明确了各岗位主要工作内容和工作标准。一是进一步规范了工作规则、议事、决策程序、审批监督机制、运行准则、制度建设等规章制度,全面提升业务处室协调、服务、宣传、信访、接待、指导、落实能力。二是对《省城联社关于进一步贯彻落实中央八项规定精神的实施细则》进行了反复修订完善。三是根据省委主题教育领导小组安排部署,对《省城联社文件管理制度》《车辆管理规定》《会议规定》《公务接待规定》等10项规章制度进行了修订完善,公文处

理、档案和保密工作管理办法相继成熟,并印发了省城联社制度汇编上半部,进行试运行。

七、聚焦稳步发展,打开机关和直属单位工作新局面

激“活”直属单位改革发展。班子成员带领相关处室多次深入直属单位调研摸底,多次召开专题会议研究直属单位困难问题,对直属企业进行调查,形成《山西省城镇集体工业联合社所办企业有关情况报告》。同时深入开展入企结对帮扶活动和“三服务”活动,拿出“啃硬骨头”的精神想方设法解决问题。一是理清山西塑料总厂历史遗留问题,积极寻求社会合作,将闲置房屋出租,已经达成合作协议;二是针对山西省工业造型设计技工学校实际,积极引进职业双创园区建设项目,开展校企合作,利用资金和项目优势,对校园进行了维修改造。拓展办学领域,成立了成人教育中心,合作开发《工匠精神》系列精品课程;三是针对山西省皮革试验厂医保、养保欠缴、职工上访等问题,及时认真研究,想办法出主意、找对策。新任班子敢担当、肯作为,与城联社筹措资金一起解决职工医保问题。四是针对山西省太行锯条厂实际,不断依托海鸥公司改善双创发展环境,做大做强海鸥双创基地。五是临汾会计学校班子 2019 年采取多种方式招生,势头较往年有较大提升;继续依托山西省对职业教育的顶层设计,探索灵活办学机制,解决学校发展难题。

抓“优”社有资产利用。利用优势,积极谋划,优化办公环境,推进省城联社社有资产运营,提高租金收益。对城联大楼6层西侧卫生间、库房,东侧办公室、会议室、自来水管进行维修改造;排查整改城联迎泽大院及大楼安全隐患,对西侧外墙保温层、楼顶及院墙附属松动砖瓦及沿墙进行了加固;完成了城联大楼及院内雨水管路落地安装、6层阳台顶和食堂遮雨棚制作安装,大院门房防水层及遮雨棚、寇庄宿舍区部分屋顶美化等项目。

提“升”财务监督管理能力。加强对直属单位财会人员专业培训,着力提升财务工作水平。加强对直属单位的清产核资工作和领导班子任中、离任审计工作,紧盯重大开支项目,对直属单位奖金、福利等开支情况进行监督审计,对审计中发现的问题及时督促整改、及时严肃处理。遵循《预算法》要求,合理安排资金支出,编制了城联社 2019 年预算;组织了推进“三基建设”财会人员业务学习培训会,并组织直属事业单位财会人员参加全省财会人员网上专业基本能力评价考试;分别对山西省工业造型设计技工学校法定代表人、山西省职工工艺美术学院原法定代表人、山西省集体经济组织服务中心原法定代表人进行了经济责任审计和离任审计;根据《山西省全面推开行业协会商会与行政机关脱钩实施方案》精神和有关要求,对山西省工艺美术协会进行清产核资审计及经济责任审计,完成了其脱钩改革工作。

加强工美建设,引领行业发展。继续推行山西工美“走出去”和“引进来”,提升影响力。组织承办了由省委省政府举办的外交部山西全球推介会非遗展区设计布撤展工作及外事礼品设计制作工作,获得高度好评;组织参加了第 54 届全国工艺品交易会暨 2019“金凤凰”创新设计大奖赛、韩国全罗南道展览活动、第二十届全国工艺美术大师暨手工艺术精品博览会、2019 中国工艺美术博览会等展会,荣获“百花杯”“金凤凰”金奖 11,银奖 21,铜奖 26,优秀奖 21 的优异成绩;作为第二届山西艺术节的分会场举办了山西工艺美术作品展;开展了国家艺术基金 2018 年度传播交流推广项目《山西历代碑拓书法艺术展》太原、晋城、临汾、朔州、阳泉等地巡展。2019 年引进太原市杏花岭区特殊教育中心学校教师、中国科学院工会、韩国全罗南道道立国乐团、西安翻译学院文化与传播学院戏剧影视文学专业师生、机关幼儿园师生等走进山西省工艺美术馆。与西安翻译学院共建实习基地并举办挂牌仪式。山西省工艺美术馆与山西工艺美术集团有限责任公司文创基地积极组织各种活动,吸引 1 万余人次参观学习。文创基地还被列为第二届全国青年运动会指定参观景点及府城一日游的始发站和终点站。

以项目为抓手传承保护传统工艺。整理汇总馆内现有大师的作品,以及历年荣获“百花杯”、“金凤凰”金奖作品,完成《手艺山西 大师精品展》项目,并举办展览;完善数字化平台建设,购置多媒体一体机和翻书机,将馆藏品、各类技艺精品、专题展品等拍照编辑上传,全方位数字化宣传展示;完成了《山西民间故事系列丛书》(太原卷)初稿;完成了工艺美术馆宣传视频和传统工艺美术技艺书籍《玉见》初稿;完成了《山西传统工艺“千顶古代童帽”展陈抢救性保护资料整理》前期作品的清理、修补、文字收集整理、画册印刷出版工作。

继续开展传统技艺和人才进校园、军营、乡村、社区、企业展演活动。继续和太原市教育局合作,承办“双百工程”——非物质文化遗产走进校园活动,涉及木偶、绛州鼓乐、皮影、剪纸、面塑、堆锦、刺绣、木版年画、陶瓷、木雕等 20 项非遗项目,共进行 19 场活动,走进 19 所中小学、幼儿园,参与人数累计达 1.2 万余人。传统技艺和人才展演系列活动共走进校园 9 场、军营 2 场、乡村 5 场、社区 3 场、企业 3 场共计 22 场,惠及学生及社会大众人数达 7000 余人。

继续举办好山西省工艺美术职业技能大赛。举办了历届山西省工艺美术职业技能大赛漆器彩绘雕填工、陶瓷装饰工、民间工艺品制作工(剪纸工)、抽纱刺绣工(手绣工)、工艺品雕刻工等五项大赛的成果展。先后举办了山西省工艺美术第六届“神工杯”职业技能大赛漆器、陶瓷和工艺品雕刻三个省级一类赛事。

(孙红秀)

附:省城镇集体工业联合社党组书记、成员名单

书　记:张　涛

成　员:杨润梅(女)

中国煤炭博物馆党委

党委书记　张继宏

2019年，在省委坚强领导下，中国煤炭博物馆(以下简称中煤博)党委团结带领全馆干部职工学习贯彻习近平新时代中国特色社会主义思想,全面贯彻党的十九大和十九届二中、三中、四中全会精神,贯彻落实习近平总书记视察山西重要讲话精神,贯彻落实党中央和省委、省政府重大决策部署，坚持把党的政治建设摆在首位,强化党风廉政建设和作风建设,抓好“不忘初心、牢记使命”主题教育,按照中国煤炭博物馆“131”战略目标(1:发挥一个载体效应发挥全面加强党的建设载体效应;3:推进三项中心任务即推进事业单位改革改革、资产经管理顺、公司经营创收三项中心任务;1:实现一个奋进目标即实现建设国内一流国家级博物馆的一个奋进目标),奋发图强,积极进取,较好完成了各项任务。

一、坚持把党的政治建设摆在首位,发挥全面加强党的建设载体效应

(一)学习贯彻习近平新时代中国特色社会主义思想,全面贯彻党的十九大和十九届二中、三中、四中全会精神

党委带头，各党支部积极组织采取党课+深研细读、读原著、学原文、悟原理、走出去、请进来、座谈交流、调研宣讲等多种方式推动全馆干部职工深入学习领会习近平新时代中国特色社会主义思想和党的十九大及十九届二中、三中、四中全会精神,切实增进政治认同、思想认同、情感认同。学习紧密结合中煤博“131”战略目标和广大职工关注的热点难点问题,推动学习往深里走、往心里走、往实里走,学用新思想、展现新作为、开创新局面,力求通过学习掌握解决工作实际问题的认识论和方法论，不断提高党员干部适应新时代、实现新目标、落实新部署的能力和水平。一年来,中心组集中学习30次,学习重要文件、会议精神100余篇。

(二)贯彻落实习近平总书记视察山西重要讲话精神

党委坚持把学习习近平总书记视察山西重要讲话精神与学习习近平新时代中国特色社会主义思想和十九大、十九届二中、三中、四中全会精神结合起来,融会贯通、学以致用、全面覆盖、落地见效,党委要求各部门对照习总书记视察山西重要讲话精神和党委《实施方案》,对照月度工作清单,围绕主要措施、阶段成效、存在问题和下一步打算进行自查整改,通过自查整改检验学习效果,发现存在问题,推动提升工作质量。通过认真学习,见诸行动,用讲话精神统一思想、武装头脑,以实际行动抓落实。引领干部职工在中煤博改革发展稳定工作中主动作为。

(三)贯彻落实省委十一届八次、九次全会精神

8月23日,中煤博召开全体干部大会,传达学习省委十一届八次全会精神,对深入学习贯彻落实进行安排部署。党委对全体党员干部提出明确要求:一是要以党的政治建设为统领推进全面从严治党向纵深发展。二是进一步扎实推进主题教育。三是坚持问题导向和目标导向,全力推进“131”战略目标。四是要坚定发展的信心和勇气。

11月11日,中煤博召开干部大会,学习贯彻省委十一届九次全会精神。党委书记、馆长张继宏以“深入学习宣传贯彻落实党的十九届四中全会精神 以行之有效的实际行动奋力开创深化改革新局面”为主题,讲专题党课,使全体干部职工进一步深刻领会十九届四中全会精神的重大意义和丰富内涵。党委要求,要迅速把思想和行动统一到全会精神上来,要以学习贯彻全会精神为动力,进一步坚定信心、保持定力,鼓足干劲、真抓实干,实现突出重围、脱胎换骨,奋力开创改革发展稳定新局面。

(四)深入开展“改革创新、奋发有为”大讨论

在制定“改革创新、奋发有为”大讨论实施方案过程中,党委先后9次开会研究,明确要求提高政治站位,把改革思维、创新理念体现在方案的方方面面,紧密结合中煤博实际,对每一环节认真分析推敲,数易其稿,形成《实施方案》。动员部署会后,党委先后4次召开推进会,把高的标准、严的要求立起来。在门户网站开辟“大讨论”学习专栏,编制两册《“改革创新、奋发有为”大讨论学习手册》,营造开展大讨论浓厚氛围,引导在岗职工全员参与。各支部围绕“我为中煤博改革创新做什么”主题,组织职工撰写征文,上报大讨论办公室34篇,为有序推进活动起到很好的促进作用。通过对照“六个破除”“六个着力”“六个坚持”找不足和差距,进一步增强了广大干部职工刀刃向内自我革命的意识。

(五)深入开展“不忘初心、牢记使命”主题教育

中煤博作为第一批单位参加在省委“不忘初心、牢记使命”主题教育,在第八巡回指导组正确指导下,党委精心组织,周密安排,党员干部认真参加,按照“守初心、担使命、找差距、抓落实”总要求,紧扣“实”“严”“改”“转”四字,顺利完成各项规定动作,达到预期目的。

党委主持《实施方案》的制定,主持召开4次推进会,及时传达学习贯彻落实中央、省委、指导组有关会议、讲话精神,指导多个具体事项的落实。通过门户网站、微信公众号、一层大厅LED屏、主展馆外壁、中煤文化传播中心入口LED屏、新千年公司汽车销售展厅LED屏,及时推出有关主题教育的内容,广泛宣传党中央、省委省政府部署要求、宣传主题

教育的重大意义，宣传中煤博的具体行动。党委汇总编印《“不忘初心、牢记使命”主题教育学习手册》,科技处在网站集成电子学习手册,作为党员干部的案头卷、工具书。主题教育中,组织党员干部先后到梁家河、阴德河、店子底村开展主题党日活动,党支部的凝聚力、党员的先锋模范作用进一步增强。观看警示教育片,开展警示教育,增强廉洁自律意识。聆听“二青会”专题报告会,开展形势教育,激发干事创业激情,进一步坚定理想信念,净化心灵,牢记初心使命。召开主题教育调研成果交流会,班子成员聚焦问题根源,剖析原因,对调研中发现的问题提出务实管用的改进措施和可行性的工作思路。8月13日，认真召开对照党章党规找差距专题会,班子成员对照“18个是否”,聚焦政治、思想、作风、组织、纪律等方面的问题,逐条逐项进行对照检查、深入剖析。各支部也分别召开了找差专题会。

8月26日,在充分准备的基础上,经过请示批准,召开了主题教育专题民主生活会。会后,及时制定整改方案,认真整改落实。8月26日—28日,10个党支部召开组织生活会,对党员进行民主评议,227名党员公开承诺践诺，通过交流思想、总结经验教训、开展批评和自我批评,进一步加强了党支部自身建设和党员队伍建设,为“131”战略目标提供坚强组织保证。主题教育中坚持边学边查边改,把“改”字贯穿始终。对主题教育、“8+5”专项整治、民主生活会及大讨论中查摆的问题,通过召开整治整改推进会、整改评价座谈会、整治整改情况分析研判专题会进行认真“回头看”，邀请职工参与、接受职工监督,开门整改。切实用主题教育成果推进中煤博改革发展稳定工作。

(六)全面开展党风廉政建设工作

一是认真落实“一岗双责”。明确党委书记是中煤博党风廉政建设第一责任人,班子成员对分管范围内党风廉政建设负主要领导责任。年初召开党风廉政建设工作会议,对2019年党风廉政建设工作进行详细安排部署,党委与各支部签订党风廉政建设责任书,以强有力的问责督促各支部严格履行全面从严治党责任,构建一级抓一级、层层抓落实的责任体系。二是全面加强制度执行监督,从根源上祛除易滋生腐败问题的“温床”。三是抓经常,经常抓,严格纪律。在元旦、春节、清明、五一等重要时间节点、节假日将全部公务用车在规定时间规定地点集中封存并拍照留档,确保纪律严明,规范有序。四是加强廉政教育。充分利用中心组、支部学习、组织观看警示教育活动等纺织开展党风廉政教育,促进党员干部知敬畏、存戒惧、守底线。五是开展廉政谈话。班子成员、支部书记、部门负责人本着监督关口前移原则,充分发挥廉政谈话的告诫警示作用,使党员干部时刻保持清醒头脑,提高拒腐防变能力。

11月20日至21日，省纪委监委驻省能源局纪检监察组到中煤博开展政治监督专项监督检查。期间,与班子成员及有关处室同志进行谈话,查阅有关资料,进行明察暗访,围绕检查的七个方面重点内容进行了逐一检查。12月4日,省纪委监委驻省能源局纪检监察组向中煤博下达了纪律检查建议书,指出监督检查中发现的五个方面问题。中煤博党委高度重视,立即按照整改要求,坚持问题导向,逐一研究分解,认真制定了《中国煤炭博物馆政治监督专项整改清单》,要求各单位进行对照检查,坚决贯彻落实,及时整改到位,确保风清气正。

二、事业单位改革、资产经营理顺、公司经营创收三项中心任务全面推进

(一)事业单位改革取得积极进展

面对中煤博事企一体管理体制不畅，未核定事业编制、无财政经费拨款、场馆设施破旧,特别是职工养老保险问题得不到解决、职工队伍不稳定的严峻局面,党委带领党员干部以问题、目标为导向,认真学习文件、政策及有关会议精神,从中寻找方法和思路,提高认识,统一思想。同时全面梳理基础工作,多次向省编办、人社厅、财政厅、能源局等相关部门沟通汇报,用改革的思维、改革的方法解决历史遗留问题,破解中煤博发展障碍。省政府数次召开常务会议、专题会议研究中煤博改革方案,中煤博按照省政府事业单位改革的相关要求,积极争取相关部门的理解支持,认真拟制《改革实施方案》,做好改革前期各项工作的调研,为即将进行的改革做好充分的准备工作,确保改革顺利进行。

(二)全力推进资产经营理顺工作

山西焦煤租赁合同签订和租金收取工作于2018年12月底完成《租赁协议》签订,2019年如期收取租金。针对中煤博西院租赁纠纷,党委认真分析,多次开会研判,多次与法院接洽,不断补充完善证据,积极推进案件解决。 2019年,是太原市创建全国文明城市的攻坚年,也是对中煤博爱国主义教育基地常态监督检查认真开展的一年,中煤博克服资金短缺,基础设施陈旧等困难,以硬件不足软件补,资金不足精神补的爱馆情怀,付出许多艰辛努力,全面完成了此项任务。

(三)全力推动经营创收工作

2019年,按照中煤博年初工作会议精神,党委坚持“公司经营创收是永恒的主题”的理念,把经营创收作为中煤博改革发展稳定的第一要务、作为解决问题的基础和关键,坚持问题导向和目标导向,通过深入调研和运行分析,科学确定经营目标,谋划经营思路,积极推动公司经营创收工作。同时,积极推进企业改革相关工作,对所属59户“僵尸企业”开展全面清理,依法依规开展注销、股权挂牌出让等工作,相关部门克服重重困难,工作取得积极进展。

三、成功筹备能源革命展

2019年1月，中煤博党委开始收集整理能源革命及山西开展能源革命综合改革相关文件资料，进行认真研究。5月30日,按照省能源局安排部署,开始筹建国内首家能源革命博物馆和能源革命展工作,组织本馆专业力量,成立5人小组及5+N小组,编制《能源革命展设计大纲》、《内容涉计》共40余稿,总字数百万字,召开十多次专家论证会,参会院士专家达59人。内容设计定稿后,积极协助2019能源革命

展形式设计施工,严格监督管理,确保了2019能源革命展如期开展。中煤博还负责展览中的讲解工作。中煤博负责的各项工作,得到了省委省政府和相关领导的充分肯定,充分展示了中煤博人敢打硬仗、能打胜仗的信心和决心,展示了中煤博人昂扬向上、团结协作的精神风貌。

四、国家一级博物馆建设取得积极进展

(一)做好国家一级博物馆运行评估各项准备工作

全省134家博物馆中只有3家国家一级博物馆,中煤博是其中之一。2019年,围绕国家一级博物馆运行评估相关要求和具体标准,按照《中煤博建设国家一级博物馆长效机制》的要求,早动手、早准备,就文物征集、完善基本陈列内容、学术研究、传播科普知识、展示煤炭文明等方面继续进行认真细致的梳理、总结、改进,边自我评估边整改补课。

(二)做好征集研究、藏品管理各项工作

按照工作清单要求,征集陈列处、藏品处作为主业部门,全程参加了能源革命展筹备工作。征集处积极搜集藏品征集信息,开展藏品征集工作,拟定煤炭标本全省系统性采集工作方案,成功举办了2019年国际博物馆日主题报告会、安琪煤炭摄影艺术个展及安琪先生煤炭题材艺术摄影作品捐赠仪式。藏品处按照博物馆运行评估长效机制,补充、完善藏品档案和藏品信息管理系统等,做好文物保护工作,确保文物安全,在新中国成立70周年、建馆30周年之际,馆藏煤炭档案展成功开展,取得了较好的社会效应。

(三)"煤海探秘"项目顺利开展

2019年1月,中煤博被国家留学基金管理委员会授予首批中国政府奖学金来华留学生社会实践与文化体验基地;1月,中煤博镇馆之宝——模拟矿井首次被山西省文物局、山西广播电视台、山西省博物馆协会评为山西十大镇馆之宝;5月,被工信部推选为全国工业博物馆联盟副理事长单位;7月,被工信部推选为全国工业旅游联盟副理事长单位。中煤博"煤海探秘"项目通过全面梳理现有研学产品,持续开发研学课程,塑造研学旅游新亮点,促使更多研学团队走进中煤博,拓展网络营销平台,全年参观人数近10万人,实现经营收入的增长。精心策划举办大型旅游活动。推动文化旅游融合发展,提升景区品质,创建4A精品景区。中煤博已经成为山西省工业博物馆、工业旅游、研学旅游的龙头,受到教育部、工信部的关注和表扬。11月6日,中煤博与四川嘉阳矿山博物馆、山东坊子炭矿博物馆、大同煤炭博物馆签订分馆建设合作协议,三家博物馆成为中国煤炭博物馆分馆,中国煤炭博物馆家族增添3名新成员,实现共建共享。

(张程飞)

附:中国煤炭博物馆党委书记、委员名单

书　记: 张继宏

委　员: 胡高伟　马召源

群团组织党组工作概况

省总工会党组

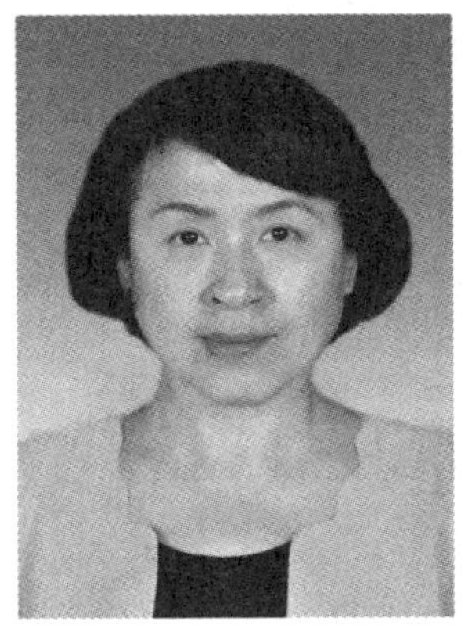
党组书记　王　蕾

2019年，在省委、全总坚强领导下，省总工会坚持以习近平新时代中国特色社会主义思想为指导，以“不忘初心、牢记使命”主题教育为统领，以“作风建设年”为主题，全面推进“六大行动”（即立足改革创新，实施“勇于担当、奋发有为”的创建行动；聚力“三大目标”建设，实施“五小六化”提质行动；围绕共建共享目标，实施“美丽·安康·幸福”的创建行动；服务脱贫攻坚大局，实施“手拉手”援助行动；着眼职工美好生活需要，实施会员普惠服务行动；打造“互联网 + 工会”建设新模式，实施“网上工会”提速行动。）“十项重点工作”，忠诚担当，履职尽责，团结带领全省职工围绕高质量转型发展建功立业，各项工作取得新成绩。

一、加强党的政治建设，工会工作政治性更加突出

（一）从严从实推进主题教育。上下联动开展“不忘初心、牢记使命”主题教育和“改革创新、奋发有为”大讨论，把成果体现在锤炼政治忠诚、推动工运事业发展、深化作风建设全过程，学习贯彻习近平新时代中国特色社会主义思想更加入脑入心，“两个维护”更加坚定自觉。省总党组在省委主题教育工作座谈会上作了交流，《工人日报》头版报道省总经验做法。

（二）深化落实党建带工建工作机制。出台《关于落实新时代党建带工建的实施意见》《关于贯彻落实〈中国共产党重大事项请示报告条例〉的具体措施》，重大工作主动请省委把关定向，坚持发挥党组领导作用，党的决策部署在工会系统持续落实落细，工会系统党的建设水平和工会工作整体水平全面提质。

（三）扎实开展“作风建设年”活动。召开全省工会党风廉政建设大会，党组书记多次组织开展廉政谈话和个人提醒谈话，使教育监管做在平时抓在日常。出台《经济活动管理内部控制制度》等18项制度，工作效能全面提升。班子成员坚持1/3时间下基层开展“三服务”，文件和会议同比减少30%，靶向整治形式主义、官僚主义等“四风”问题，基层负担有效减轻。在省总各直属事业单位开展“作风纪律整顿活动”，得到派驻纪检监察组肯定，并在有关省直单位推广。

二、强化思想政治引领，广大职工听党话跟党走更加自觉

一是推动学习贯彻习近平新时代中国特色社会主义思想进基层、进企业、进头脑。推动省委省政府出台《关于加强和改进新时代产业工人队伍思想政治工作的具体措施》，省总领导班子成员带头，组织专家学者、劳动模范、三晋工匠等深入厂矿企业、车间班组进行宣讲，引领职工听党话跟党走的思想基础进一步打牢。落实《省总党组意识形态工作责任制实施细则》，开展专题调研，召开专题会议，对意识形态工作的统一领导和归口管理进一步加强。长治等市总通过成立领导小组、督查调研等方式，有力抓实意识形态工作。

二是广泛开展庆祝新中国成立70周年职工系列活动。组织承办“时代新人说——我和祖国共成长”之“劳动筑梦”“绿水青山”和“建党初心”三个主题的全省职工主题演讲比赛，被中宣部等7部委授予“优秀组织奖”。举办“中国梦·劳动美——与共和国同成长、与新时代齐奋进”全省职工歌咏比赛和书法、美术、摄影展览、朗诵音乐会、微影视大赛等活动，联合省委网信办举办“辉煌70年”全省职工网络有奖知

识答题活动，营造了浓厚的欢庆氛围，广大职工爱国热情和奋进力量进一步激发。

三是创新举办“三晋工匠”年度人物发布活动。经过层层选拔、网络投票、专家评审，评选出首届10名“三晋工匠”年度人物、20名“三晋工匠”提名奖，全省职工网络点赞超1300多万。各级工会广泛推出“时代新人·晋阳工匠”“大同工匠”“晋城工匠”“平阳工匠”“河东工匠”“朔州工匠”“忻州工匠”“晋融工匠”等活动，唱响了弘扬劳模精神、劳动精神和工匠精神的时代强音。

三、围绕中心服务大局，组织动员职工建功新时代作用更加彰显

一是统筹推进产业工人队伍建设改革。省委及时调整全省产业工人队伍建设改革协调小组，省总切实承担领导小组办公室牵头责任，建立专报制度，推动各项改革措施落地见效。全省新建省级创新工作室108个，劳模、工匠师徒结对子25523对，选树金牌工人、首席技师等16975人，命名首批“山西产业队伍技能培训示范基地”，举办14期“花开满园”职工职业技能培训班，产业工人队伍素质有效提升。

二是深入推进“五小六化”(“五小”，即小发明、小创造、小革新、小设计、小建议；“六化”，即竞赛群众化、管理智能化、内涵科技化、人才高端化、成果产业化、服务多元化)竞赛活动。全省3.6万个企事业单位、659.5万人次参赛，收集“五小”成果18万项，获得专利成果3421项，创造经济效益109.6亿元。隆重举办山西省“五小六化”竞赛优秀成果展和总结表彰大会，凝聚起全省职工打造一流创新生态正能量。晋中市总在全省率先开发“五小”竞赛信息管理平台，实现竞赛技术成果及信息交流推广全息化。广泛举办家政服务、烹饪技能、农机操作、“六比一创”、“五比五争”、“五比一创”等技能竞赛，参赛职工58.4万人次，其中农民工14.4万人次，为广大职工岗位成才、创新建功搭建了舞台。

三是深化创新“安康杯”竞赛。举办全省首届职工职业劳动保护技能竞赛(危化行业)，全总组织各省(区、市)总工会现场观摩。深化“安康杯”竞赛和“安全生产月”各项活动，省总被国务院安委办授予“安全生产月先进单位”称号。太原市总推动企业普遍建立职工职业健康档案，职业病防治工作有效推进，职工群众安全健康意识不断提升。

四是高标准完成劳模选树表彰工作。省委省政府隆重召开2019年全省劳模表彰大会，表彰模范单位(集体)和个人994个。推动将省级劳模一次性奖励标准从3000元提高到8000元，省特级劳模从5000元提高到10000元。忻州等市总广泛开展“颂赞劳动者 奋进新时代”劳模·工匠宣传月活动，尊重劳动、尊重劳模的社会氛围更加浓厚。

四、做实维权服务，推动解决职工群众最关心最直接最现实利益问题更加有力

一是建立全省城市困难职工解困脱困长效机制。省总主要领导亲自协调，高位推动，协调25家厅局起草《关于建立全省城市困难职工解困脱困长效机制的意见》，以省委办公厅、省政府办公厅名义出台。全省工会建立“双包”联系制度，实现困难职工结对帮扶全覆盖，省总班子成员带队进企入户，按照“两途径”“五必访”“十必问”要求，最大限度做实帮扶责任、创新帮扶渠道，助推全省建档城市困难职工从年初的4.1万户减少至3736户。阳泉等市总探索“一对一”结对帮扶制度、“五位一体”包联帮扶模式，成效显著。

二是做实工会服务职工品牌。省总班子成员分赴各地开展“双包”联系暨“两节”送温暖活动。各级工会筹措款物4633万元，走访慰问困难职工16244户、困难劳模664户。去年1月，全国人大常委会副委员长、全总主席王东明同志来晋开展慰问调研，为送温暖工作注入强劲动力。“金秋助学”发放助学款1107万元，资助2774名困难职工子女圆梦大学。“农民工有困难找工会，拿不到工资找工会”专项行动帮助1847名农民工追回欠薪1803万元，支付应急救助周转金100万元。新建省级“妈咪小屋”148个、省级职工心理健康咨询示范基地40家、快递员小家1155个、网运职工之家22个，服务职工品牌进一步擦亮。

三是依法维护职工权益。以“一汇编两清单”为抓手，积极协助政府和企业推进去产能职工安置。与省人社厅联合建立工会劳动法律监督“一函两书”制度，推动劳动法律法规在企业落地落实。开展第18次“工资集体协商月”活动，百人以上建会企业工资集体协商率达92%以上，集体合同实效性增强，有力促进劳动关系和谐稳定。以“尊法守法·携手筑梦”等系列主题活动为抓手，全年普法不断线，省总在全省首届国家机关“谁执法谁普法”履职报告评议中综合排名第一。晋城市总通过职工法律维权工作站借助第三方力量开展工作，工资集体协商机制不断探索创新。

五、深化工会改革创新，基层基础活力进一步激发

一是持续推进工会改革向基层延伸拓展。深化“八大群体”入会集中行动，新建基层工会1173个，新发展会员110015人，其中“八大群体”会员38887人。朔州、大同等市总依托“农民工之家”“农民工驿站”，推动村级工会工作组全组建，吸收农民工入会，新领域、新群体覆盖面不断扩大。坚持工会经费向基层和一线职工倾斜，对基层职工文化场馆建设补助2130万，对54个县级工会补助2170万元，对乡镇(街道)工会、基层工会等补助3617万元，全年对下补助共计4.36亿元，较上年增长83%。山西工人晋祠疗养院、奇村温泉疗养院改造项目启动，职工服务阵地建设不断加强。省总机关每月举办两期机关干部综合素质提升培训班，分层次举办全省工会干部业务培训班46期，培训4700余人。

二是积极推进网上工会建设。省总建成“五小”竞赛活动管理平台，网上职工技能提升、练兵比武第次铺开。各级工会从实际出发探索创新，阳泉市等地工会工作绩效考核综合平台、协同办公平台上线运行，开辟了网上职工思想政治引领和服务职工新领域。

三是全力履行工会社会责任。各级工会全年投入8898.8万元(其中省总投入290万元),全面深化设施、文化、民生、人才、产业援疆,省总被国务院授予“全国民族团结进步模范集体”荣誉称号。省总领导班子3次赴宋家沟乡扶贫点现场办公,先后召开10次会议专题研究脱贫攻坚工作,持续加大人财物和项目投入,确保5个包扶村在全部脱贫基础上持续巩固。出台文件明确有条件的基层工会每年将不低于会员节日慰问品年度总额的30%用于购买扶贫产品,全省工会共组织消费扶贫6200余万元。

四是其他各项工作统筹推进。干部队伍建设全面加强,树立正确选人用人工作导向。省总机关每月举办两期机关干部综合素质提升培训班,分层次举办全省工会干部业务培训班46期,4700余人参训。工会财务内控制度不断完善,工会经费和资产更好地服务职工、服务基层、服务全局。常态化经审监督体系建设不断推进,经审监督职责扎实履行。山西工会赴英、德、意友好访问团成功出访,架起对外交流交往的桥梁。工会委托课题研究成果汇编成书,工运理论研究在推进指导实践上持续发力。老干部活动中心软硬件设施改善提升,服务意识进一步强化。

年初召开的十三届六次全委会上,省总工会提出要抓紧抓好“十项重点工作”。一年来,山西省劳动模范表彰大会隆重召开,第二届庆祝“五一”劳动节特别节目暨“三晋工匠年度人物”发布活动凝聚人心,“中国梦·劳动美——与共和国同成长、与新时代齐奋进”主题宣传教育活动成果丰硕,“五小六化”竞赛成果展示活动成功举办,产业工人队伍建设改革稳步推进,网上工会建设步伐加快,全省城市困难职工解困脱困长效机制初步建立,集体合同和工资集体协商月活动深入开展,基层建会入会集中行动成效显著,“作风建设年”活动全面发力。以上这十项重点工作有序推进、取得实效。

2019来,全省工会工作得到省委、全总充分肯定。省总工会获得2项国务院表彰、3项国家部委表彰、3项省级部门表彰,在全国工会系统交流发言8次,得到省委、全总领导3次批示肯定。全总党组书记、副主席、书记处第一书记李玉赋同志批示肯定:“山西省总工会在党建带工建、城市困难职工解困帮扶、劳动和技能竞赛、工会与产业工人队伍建设等方面取得了新进展新成效,其中不少工作特点鲜明,亮点突出,走在了前列,值得肯定和褒扬。”

(肖　翰　文慧霞)

附:省总工会党组书记、成员名单

书　记: 王　蕾(女)

成　员: 辛旭光　张亚琳　韩丽珍(女)
李忠贵(5月任职)　谭立新

共青团山西省委党组

党组成员(主持工作)　苏涛

共青团山西省委机关系统共有2个党委,5个党总支,26个党支部,403名党员。2019年,全省各级团组织以习近平新时代中国特色社会主义思想为指导,深入贯彻习近平总书记“三篇光辉文献”和党的十九大、十九届二中、三中、四中全会精神,全面落实习近平总书记关于青年工作的重要思想,按照省委和团中央工作部署要求,聚焦主责抓引领,围绕中心做贡献,服务青年建机制,改革攻坚强基层,全面从严带队伍,各项工作取得阶段性成效。

一、全面加强党的建设

(一)加强领导班子建设。一是强化思想政治教育。扎实开展“不忘初心、牢记使命”主题教育、“改革创新、奋发有为”大讨论,通过集体学习、主题党日、实践教育等形式,教育引导班子成员增强“四个意识”,坚定“四个自信”,做到“两个维护”,以强烈的政治责任感和使命感,自觉同以习近平同志为核心的党中央保持高度一致。二是组织深入系统学习。组织中心组理论学习16次,系统学习了习近平新时代中国特色社会主义思想,特别是十九大和十九届二中、三中、四中全会精神、习近平总书记视察山西重要讲话精神等,同时督促班子成员增强学习自觉性和主动性,在学深悟透上下功夫,在入脑入心上求实效,做到学而信、学而用、学而行,使学习成果内化于心、外化于行。三是严肃党内政治生活。坚持民主集中制,严格执行“三重一大”议事制度,召开党组会议38次,重大事项全部由党组集体决策。定期组织民主生活会,开展批评与自我批评,班子成员注重经常性沟通交流,工作中相互理解、相互支持、团结一致,切实发挥了领导作用。四是贯彻落实决策部署。深入研究中央和省委、省政府重大决策部署,采取制定工作路线图、落实三级指标管理体系、定期工作调度等方式,确保各项决策部署落地见效。

(二)加强干部人才队伍建设。一是全面加强统战、宗教、群团和退休干部工作。充分发挥青联作用,为党广泛团结凝聚各族各界青年。成立团省委宗教工作组,制定《团省委宗教工作整改落实“百日攻坚”行动方案》,全面摸排分析研判高校“信教”大学生情况,积极整改团员信教问题。推动完成机关工会、团支部换届工作,全力做好退休干部健康体检、福利保障等工作。二是加强干部队伍建设。深入贯彻落实新修订的《党政领导干部选拔任用工作条例》和公务员法,不断健全干部正向激励机制,坚持正确选人用人导向,严格规范干部管理,大力培养选拔优秀年轻干部,定向选调2名优秀毕业生充实到团省委机关,着力培养忠诚干净担当的高素质干部,完成公务员职务与职级并行调整。三是加强人才队伍建设。建立山西青年智库,聘请50余名知名院校专家学者担任研究员,为青少年工作提供智力支持。

(三)加强“三基建设”。一是规范基层组织。制定《团省委机关系统党支部规范化建设方案(试行)》,完成主管社会组织“两个覆盖”攻坚清零工作,实施党支部工作“每月一晒”,不断规范“三会一课”、民主生活会、组织生活会、民主评议党员、党员承诺践诺等组织生活,开展“每季一点评一通报”“我给支部进一言”等活动,党支部书记培训实现全覆盖。二是夯实基础工作。开展夯实提升基础工作专项行动,全面开展效能评估,建立完备“一目录一流程三手册”,建成覆盖全省的钉钉OA办公系统和视频会议系统,基本构建起上下衔接整体联动的工作格局。三是提升基本能力。组织领导干部定期讲党课,宣传党的基本理论教育和党性教育。建立干部能力提升档案,组织机关系统100余名干部赴浙江大学参加基本能力提升专题培训,263名党员干部进行综合素质和基本能力测试,选派3人参加省直工委组织的竞赛,并获计算机操作单项前10名。四是建立长效机制。深入落实《全省“三基建设”2019年度重点工作任务清单》,将“三基建设”列入年度重点工作考核指标。

(四)加强党风廉政建设。一是加强政治监督。深入学习贯彻十九届中央纪委三次全会和省纪委十一届四次全会精神,严明政治纪律和政治规矩,按要求完成巡视整改任务,开展廉政警示教育6次。二是坚决整治形式主义、官僚主义。严格落实《关于解决形式主义突出问题为基层减负的通知》,大力推动为基层减负工作,发文同比减少49%,会议同比减少45%,基层填表报数减少66.6%,微信群工作群精简48%。三是持续正风肃纪。严格执行个人有关事项报告制度,建立外出和请假报备制度,大力清查整治“四风”隐形变异问题,严肃执纪问责,全年党内严重警告3人,诫勉谈话2人。

二、各项工作有序推进

(一)贯彻落实中央和省委决策部署坚决有力。按照全党“不忘初心、牢记使命”主题教育统一部署,全省各级团的领导机关扎实开展学习、调研、检视、整改各项工作,广大团干部“四个意识”更加牢固,“四个自信”更加坚定,“两个维护”更加自觉,进一步增强了为党做好青年工作的政治责任感和时代使命感。按照省委“改革创新、奋发有为”大讨论部署,各级团组织以多种方式激发青年创新精神,动员团员青年为我省转型发展贡献智慧和力量。根据中央和省委纪念五四百年有关安排,各级团组织以“青春心向党·建功新时代”为主题,隆重纪念五四运动100周年,省本级召开山西省纪念五四青年节暨全省青年投身改革创新推进大会。落实中央、省委关于整治形式主义、官僚主义和为基层减负要求,结合省委要求省市县三级团的领导班子深入基层开展工作的指示,推动各级团干部融入青年,树牢群众立场,防止和克服机关化、行政化。全年省市县三级机关干部326人深入基层4.6万天,解决青年成长发展和基层工作问题592项。按照“二青会”要求,招募培训近5万名青年志愿者,圆满完成60余个比赛项目志愿服务任务,“青圪蛋”受到社会一致好评。团太原市委、团大同市委、团吕梁市委、团晋中市委、团运城市委等荣获“二青会”组织筹办工作先进集体。

(二)青少年思想政治引领主旋律更加高扬。深入推进青年大学习行动,依托“六学”开展学习活动1600余次,习近平新时代中国特色社会主义思想更加深入青年人心。组织青年讲师团和清华大学博士生讲师团山西讲习支队,深入基层开展宣讲360余场,推动成立习近平新时代中国特色社会主义思想青年学习小组2000余个,“山西青年” 在线学习人数达1000余万人次。太原建立青年马克思主义学习基地,阳泉成立青年党校,长治太行少年军校被团中央确定为全国青少年太行革命传统教育基地。抓住新中国成立70周年、五四运动100周年、少先队建队70周年等重要节点,广泛开展“我和祖国共奋进——国旗下的演讲”“我陪一线在岗青年过五四”“争做新时代好队员”“红领巾爱学习”等主题教育实践活动,把社会主义核心价值观融入青少年思想教育全过程。深化青年马克思主义者培养工程,健全“省市校系”四级联动培养机制,培养青年马克思主义骨干2715人。举办第四届全省文明礼仪体验剧展演,60余万少先队员参与。加强网络宣传引导,及时开展网络舆论斗争,推出一批弘扬主旋律、传播正能量、深受青少年喜爱的宣传文化产品。

(三)助力脱贫攻坚成效明显。扎实开展双争双兴工程、希望工程“1+1”“圆梦行动”“健康扶贫”专项行动等,落实全团3个“10万+”部署,帮助1726名建档立卡贫困家庭学生就业,资助2526名贫困家庭学生完成学业,帮扶创业青年4969人,培养乡村振兴青年电商人才7710人。深入实施青年志愿者助力脱贫攻坚行动,组织3264名医疗志愿者对口帮扶深度贫困县乡镇农村卫生院(室),组建6687支大学生志愿服务队深入贫困县开展支教支农服务,选派741名西部计划志愿者赴贫困县参与教育、卫生、农技、扶贫等志愿服务,动员1150名青联委员志愿者、青年企业家志愿者对口扶助深度贫困地区贫困户。此外按照全团统一要求,选派团干部、青联委员赴新疆挂职锻炼,开展“晋疆青少年手拉手融情实践营”活动,不断深化援疆工作。

(四)青年投身转型发展的生力军作用持续彰显。各级团组织按照省委“四为四高两同步”总体思路和要求,扎实开展青年创新创业培训、建设创新创业孵化基地、推动青年创新创业企业挂牌“青创板”等,全力打造“双创”升级版。常态化举办“创青春”“兴晋挑战杯”“振兴杯”等大赛,广泛开展各类青年岗位能手、青年文明号、“五小”等竞赛活动,青年创新潜能进一步激发,职业技能进一步强化。在第六届全国“创青春”大赛中，山西省荣获1金2铜的历史最好成绩。实施“青春兴晋”行动，面向省内外山西籍学子和青年发布暑期实践岗位，青年建设家乡的热情持续高涨。采取走出去请进来方式加强与国内外各界青年交流，宣传推介山西发展与政策，支持高科技项目落户山西。深化“保护母亲河”活动，举办青少年节水护水创意、创投大赛和校园公益宣讲，动员各界青年广泛参与节水护水、城市创卫、垃圾分类、节能减排等重点工作，为美丽山西建设贡献力量。

（五）服务青少年成长发展的机制体系日益完善。全省11个市、117个县（市、区）全部建立青少年工作联席会议制度，协调督促落实国家《中长期青年发展规划（2016—2025年）》。针对青年学业就业创业、婚恋交友、身心健康等多样化需求，启动“千校万岗”大中专学生就业精准帮扶行动，开展青少年自护系列活动，推出山西青友汇婚恋服务项目，落实中央彩票公益金“助力计划”山西省困境青少年服务项目，实施留守儿童关爱计划，举办“城乡手拉手”“红领巾微心愿”等活动，促进青少年健康成长。加强新领域青年服务，深化筑梦计划，推动政府购买青少年社会工作服务项目50个，开展“青春伴飞”公益课堂系列活动，为外卖小哥、网约车司机等新兴领域青年提供更加贴心的针对性服务。发挥未保委作用，强化青少年法制教育，推出大学生模拟法庭大赛、“守护青春”青少年法治广播等形式多样的法治宣传教育活动，团省委被全国普法办评为“七五”普法中期先进集体。加大青少年权益保护，举办“共青团与人大代表、政协委员”面对面活动，提交人大议案、政协提案181件。组建480人的省级青少年维权专员队伍，强化12355青少年服务平台功能，全年提供法律援助、心理咨询等服务1114人次。

（六）基层工作与建设的水平稳步提升。树立“基层建设年”导向，实施“一带三强”提升组织力专项行动，开展基层团组织覆盖“百日清零”工作，集中整理整顿软弱涣散团支部，“智慧团建”录入团组织10.7万个、团员188.9万名。以多种方式开展各层级团干部培训，覆盖2.7万名团干部，着力提升青年工作本领。研发线上“社工课程”，对2000余名持证社工进行专题培训，持续壮大青年工作队伍。规范“学社衔接”“升学衔接”，应届毕业生团员组织关系转接率达到99.02%，有效扭转了以往“离校即失联”的现象。深化“伙伴计划”，加强对青年社会组织的联系和服务，成立山西省青少年服务促进会、山西青年网络作家联盟等枢纽型青年社会组织，进一步延伸团的工作手臂。筹集15.5万元招募团建指导员帮助市县两级团委开展基层建设工作，向基层拨付工作经费1000余万元，支持建设示范性“青年之家”82个、标准性“青年之家”39个。

（七）“强三性去四化”的改革导向更加鲜明。改进省十五届团的委员会建设，设置5个专门委员会，集中力量破解重点领域团建难题；建立健全代表委员履职、青年评价等制度，团的代表性、开放性进一步彰显；启用山西共青团政务钉钉办公系统，推进“网上共青团”和“山西省青少年大数据平台”建设，精准感知和服务青年，扁平化工作模式逐步建立。推动基层改革，以团中央在山西省确定的2个试点县基层团建综合改革为牵动，在全省选取5个试点县，积极探索组织动员青年围绕中心服务大局的社会联动机制；深化中学“青源工程”，落实团课改革举措，推动71所高校共青团改革；启动省属企业共青团改革，推动驻晋中央企业建立团建联盟。持续加强乡镇“大团委”建设，推动农村专业合作社、村办企业、家庭农场等基层单位建立团组织。统筹推进青联、学联、少先队改革，青联基层一线委员比例提升到75%以上，学联、学生会建立“主席团＋工作部门”模式，高校学生会和学生社团管理进一步规范，全省5403所中小学校成立少工委。

（八）全面从严治团推动团内政治生态不断净化。加强各级团的领导机关党的建设，推动“不忘初心 牢记使命”主题教育常态化制度化，引导各级团干部旗帜鲜明讲政治，严守政治纪律和政治规矩，不断增强“四个意识”，坚定“四个自信”，做到“两个维护”。狠抓团干部队伍建设，强化干部协管，开展违规任命团干部专项核查；强化团内请示报告，严肃纪律规矩，及时问责约谈不负责的团干部；持续拓宽团干部来源，推动市县两级团委干部配齐配强，省市县三级团的领导机关共配备挂职干部193人，兼职干部248人；从严管理少先队工作队伍，规范少先队辅导员选聘工作。建立团员编号和指标分配机制，严把团员入口关，严控团青比例，初高中毕业班团青比例明显下降并总体达标；对违规发展团员问题进行排查整改；加强团内教育管理，从严“三会两制一课”制度，引导团员成为注册志愿者，推动落实推优入党制度，持续完善团员先进性锻造的工作机制。

（赵舒悦）

附：共青团山西省委党组书记、成员名单

书　记：（空缺）

成　员： 苏　涛（主持工作）　赵　静（女）　周　鹏　吴　兴（挂职）　丁国栋

省妇女联合会党组

党组书记　黄冬丽

2019年，省妇联党组高举习近平新时代中国特色社会主义思想伟大旗帜，全面贯彻落实习近平总书记视察山西重要讲话精神，贯彻落实中央和省委各项决策部署，围绕中心，服务大局、服务妇女，圆满完成年度各项目标任务。发挥执委作用"晾、晒、述、评"工作法、网上妇联建设等工作得到全国妇联肯定，省妇联继续保持"全国文明单位"荣誉。

一、坚持党的领导，胜利召开山西省第十二次妇女代表大会

经省委批准，山西省第十二次妇女代表大会于2019年12月27日--29日在太原召开，来自全省各行各业近600名妇女群众代表参加会议。大会高举习近平新时代中国特色社会主义思想伟大旗帜，全面贯彻党的十九大和十九届二中、三中、四中全会精神，科学谋划部署当前和今后一个时期妇女事业和妇女工作，选举产生了新一届省妇联领导班子。省委书记楼阳生同志在大会开幕式上作了重要讲话，并同省妇联新一届领导班子集体谈话，对全省妇女工作提出了明确要求，为全省妇女事业改革创新发展指明了前进方向。

二、夯实主体责任，妇联组织党的建设迈上新台阶

一是以党的政治建设为统领，稳步推进领导班子和干部队伍建设。把讲政治融入妇联工作全过程，自觉增强"四个意识"、坚定"四个自信"、做到"两个维护"。强化党员干部理论武装，先后组织党组(中心组)集中学习24次、举办各级各类妇联干部培训班200余期，切实做到学深悟透、融会贯通、真信笃行。扎实开展"改革创新、奋发有为"大讨论，引导党员干部对标一流，剖析不足，谋划改进思路和举措。认真开展"不忘初心，牢记使命"主题教育，引导党员干部对照初心使命，深刻查摆问题，抓好整改落实。严肃党内政治生活，高质量召开领导班子专题民主生活会和支部组织生活会。坚持"好干部"标准，提拔、调整副处级非领导职务干部2名，职级晋升一级调研员5名、三级调研员2名，以正确的选人用人导向激励干部担当作为。

二是强化政治担当，扎实推进"三基"建设。组织机关党建工作专题调研，开展"提升服务能力 争做服务标兵""不忘初心、心系家庭"等党建品牌创建活动，进一步加强机关党的基层组织建设。制定《关于省妇联进一步加强基础工作建设任务的清单》《省妇联党组定期研究"三基建设"工作机制》，发放工作手册、开展专业能力测评、举办综合素质提升培训班等，建设高素质专业化机关干部队伍。

三是强化政治自觉，深入推进党风廉政建设。召开省妇联全面从严治党工作会议，组织处级以上党员领导干部签订廉洁自律承诺书，抓好整治群众身边腐败和不正之风、集中整治形式主义、官僚主义、肃清腐败流毒影响、纪律作风整顿等工作。加强廉政警示教育，组织观看警示教育片、学习警示录，抓好节假日期间等节点的廉洁自律工作，积极构建良好政治生态。

三、发挥妇联优势，在法治建设、维护稳定和意识形态工作中展现新作为

一是扎实做好法治稳定工作。深化"建设法治山西·巾帼在行动"活动，制定《山西省妇联2019年法治建设工作要点》，利用"3·8""12·4"等重要节点，深入开展普法宣传活动，在半边天网推出"晋妞学法"线上普法栏目。做好信访维权服务、婚姻家庭纠纷排查化解工作，开展机关和直属单位风险隐患排查和安全应急演练。

二是加强意识形态工作。调整省妇联意识形态工作领导组和省妇联网络意识形态工作领导组，开展妇女思想政治引领工作调研，党组专题研究全省妇女意识形态特别是网络意识形态工作2次。实施"网上妇女之家"建设项目，已进入试运行阶段。印发《关于进一步加强对论坛、讲座、报告会等活动管理的通知》，开展妇女儿童舆情监测研判和应对工作。

四、牢记初心使命，引领服务联系妇女群众工作取得新成效

一是严格对标对表，妇联改革成效更为显著。指导10个市、116个县级妇联完成换届工作，市级妇联到期换届率为90.91%，县级妇联换届率为99.15%。打造专挂兼相结合的妇联干部队伍，市县妇联共选配挂职副主席101名，市县乡三级妇联新增兼职副主席5468名。进一步推进新领域新业态新阶层新群体妇联组织建设，全省17179个"四新"领域组织建有3874个妇女组织。举办县级妇联主席培训班，实施基层妇联"领头雁"培训计划，全省举办妇联干部培训班200余期，有效提升基层妇联干部履职能力。

二是把牢政治方向，思想引领更加有力。广泛开展"向三八红旗手学习·为三八红旗手点赞"活动，举办先进典型事迹报告会、宣讲会306场；持续推进"十百千万'三晋巾帼大宣讲'"活动，累计面向广大妇女开展宣讲活动2793场，覆盖33.36万人次；开展"巾帼心向党 礼赞新中国"群众性宣传教育活动2700余场，覆盖4.3万余人次，引领广大妇女群众听党话、跟党走。

三是主动服务大局，妇女发展工作更具特色。持续深化“创业创新巾帼行动”，探索运用网络化、社会化、大众化方式推选省级巾帼文明岗、巾帼建功标兵；开展“春风行动”女性大型专场招聘会 143 场次，帮助近 3 万名妇女成功就业；举办第五届“晋嫂”家政服务技能大赛，承办全国巾帼家政职业经理人培训班，推动家政服务扩容提质。深入推进“三晋巾帼脱贫行动”，新建 47 个省级 97 个市县级“三晋巾帼脱贫示范基地”，举办贫困妇女脱贫技能培训班 345 期，帮助贫困妇女脱贫致富。扎实推进“乡村振兴巾帼行动”，选树省级“巾帼农业双创示范基地”181 个，累计组织农村电商、乡村旅游等专题培训 361 期，组织开展“美丽家园”创建活动 666 场，推动妇女参与农村一、二、三产业的融合发展。

四是重源头和基层，维权服务更有实效。加大源头维权力度，配合人社等九部门转发规范招聘行为促进妇女就业的通知，与民政厅等七部门联合出台《关于做好村规民约和居民公约工作的指导意见》，推动做好村规民约和居民公约、女性公平就业工作。持续开展“建设法治山西·巾帼在行动”活动，开展三八维权服务系列活动，在半边天网推出“晋姐学法”线上普法栏目。做实基层维权服务，调整省婚姻家庭纠纷预防化解领导机构，完善联动机制。健全婚调工作信息月报制度，全年全省妇联系统共排查婚姻家庭领域矛盾纠纷 978 件，化解 940 件，化解率达 96.1%。做好日常信访工作，全省妇联系统共接待来电来信来访案件 2992 件次。

五是做实“家”字文章，家庭文明建设更富创新。启动实施“家家幸福安康工程”，深化寻找“最美家庭”活动，举办“最美家庭”“最美家风”故事会 3 万多场，评出“最美家庭” 9629 户，揭晓省级“最美家庭”101 户（其中 25 户入选全国“最美家庭”）。广泛开展家庭教育宣传实践活动，建立家风家教创新实践基地 155 个，新建亲子阅读体验基地 925 个，开展亲子系列活动 2088 场，推动社会主义核心价值观在家庭落细落小落实。培训家庭教育骨干师资 1605 人，开展家庭教育巡回公益讲座 3333 场次，为全省广大家庭和妇女提供家庭教育培训指导服务。

六是发挥平台优势，推动落实男女平等基本国策更加深入。积极发挥省政府妇儿工委办公室的平台优势，以省政府办公厅文件出台《关于进一步加强妇幼保健服务体系和服务能力建设的意见》。联合民政、教育等十部门出台《关于进一步健全农村留守儿童和困境儿童关爱服务体系的实施意见》。继续实施贫困县农村妇女免费“两癌”检查民生实事，截至 11 月底，全省 58 个贫困县完成检查宫颈癌检查 408244 例，完成率 102.06%；乳腺癌检查 408917 例，完成率 102.23%。

七是积极回应妇女关切，关爱帮扶更暖人心。继续实施贫困母亲两癌救助、特困妇女儿童救助项目，全年共救助贫困患病妇女 685 名、特困妇女儿童 26 人。实施“恒爱行动”“春蕾计划”“母亲水窖”“儿童权利倡导和儿童保护” 等公益项目，为困境妇女儿童送去关爱和服务。

（侯少华）

附：省妇女联合会党组书记、副书记、成员名单

书　记：张　葆（女，10 月离职）
　　　　黄岑丽（女，10 月任职）
副书记：李　菲（女，12 月离职）
成　员：吕惠兰（女）　刘一平（女）
　　　　王玉花（女）　赵　晔（女，12 月任职）
　　　　张永莉（女）　任晋阳（女）

省文学艺术界联合会党组

党组书记　郭　健

2019 年是新中国成立 70 周年，是决胜全面建成小康社会的关键之年。一年来，省文联在省委坚强领导和省委宣传部有力指导下，深入学习贯彻习近平新时代中国特色社会主义思想和党的十九大精神，贯彻落实习近平总书记关于文艺工作的重要论述和全国全省宣传思想工作会议精神，团结引领全省广大文艺工作者积极投身文艺事业，不忘初心、牢记使命，围绕中心、服务大局，深入生活、扎根人民，深化改革、履职尽责，扎实推进完成省委、省政府下达的年度考核目标任务和省文联第九次代表大会各项工作安排，为推动全省文艺事业繁荣发展作出了积极贡献。

一、深入学习贯彻习近平新时代中国特色社会主义思想，理论武装工作不断加强

坚持把学习贯彻习近平新时代中国特色社会主义思想、党的十九大和十九届二中、三中、四中全会精神、习近平总书记“三篇光辉文献”作为首要政治任务，通过党组中心组学习会、专题研讨班、培训班、文艺家座谈会等多种形式，重点引导广大文艺工作者集中学习了习近平总书记在中央党的群团工作会议、全国文艺工作座谈会、全国十次文代会、看望全国政协文艺界社科界委员时的重要讲话精神和习近平总书记致中国文联中国作协成立 70 周年的贺信等重要内容，深入领会精神实质，把握思想精髓，进一步明确了使命职责和前进方向。发挥山西文艺网、山西文艺微矩阵等文联所属传播阵地作用，开设专栏专版，全方位、多角度深入宣传新思想新理念新要求，深入宣传文艺界学习贯彻情况，营造浓厚氛围，掀起学习热潮。把思想政治培训融入文艺业务研修培训，配合中国文联举办 “崇德尚艺 做有信仰有情怀有担当的新

时代文艺工作者”巡回宣讲活动，积极推荐地市文联业务骨干、中青年文艺人才参加中国文联和省委宣传部举办的各类研讨培训班，引导广大文艺工作者自觉用习近平新时代中国特色社会主义思想武装头脑，更好地推动实践、指导工作。

二、坚持以党的政治建设为统领，持续推进党风廉政建设和作风建设

坚持把政治建设作为党的根本性建设，融入全年文联工作的各方面、各环节。全面加强党建工作，深入开展“不忘初心、牢记使命”主题教育，完成机关党委纪委换届工作，设立专职纪委书记，加大纪检监督管理力度。严肃党内政治生活，通过党组中心组学习、支部学习会、“三会一课”、主题党日活动等多种方式，推动全体党员干部增强“四个意识”，坚定“四个自信”，坚决做到“两个维护”，自觉在思想上政治上行动上同以习近平同志为核心的党中央保持高度一致。坚决贯彻落实意识形态工作责任制，加强组织领导和制度建设，定期分析研判文艺界意识形态领域形势，开展意识形态工作督查，层层传导压力，确保意识形态主体责任落地生根。坚持党管干部原则，完善干部培养选拔任用考核机制，把讲政治作为选人用人的首要标准，同时采取多种方式加强政治能力训练，提升马克思主义思想觉悟和理论水平，增强从政治上观察问题、分析问题、解决问题的能力。

全面落实从严治党和党风廉政建设主体责任，严格贯彻执行中央八项规定和实施细则精神，把《山西省文联关于落实中央八项规定精神的实施细则》及《中共山西省文联党组贯彻落实“三重一大”决策制度实施细则(试行)》编入《省文联规章制度汇编》，深入开展党风廉政教育，深化廉政风险防控。加强基层党组织建设，创新党组织活动形式，提升党组织活动质量和实效，充分发挥党支部的战斗堡垒作用和党员的先锋模范作用。坚持以上率下、注重基层、加强督导，大力加强作风建设，健全长效机制，纠正“四风”不止步，切实解决形式主义、不严不实和机关化、行政化等问题，切实转变工作作风，改进工作方式，努力营造风清气正、干事创业的环境。以反腐败永远在路上的坚韧和执着，切实加强文联党风廉政建设，强化日常管理监督和廉政风险防范措施，坚持廉洁谈话制度，严格执纪问责，让党员干部知敬畏、存戒惧、守底线，真正做到让党放心，让人民群众满意。

三、围绕大局、精心统筹，努力推动文艺事业和文联工作迈出新步伐

紧紧围绕庆祝新中国成立70周年，扎实开展重大主题文艺实践活动。聚焦和突出庆祝新中国成立70周年这条主线，按照省委宣传部统筹安排，组织举办了庆祝新中国成立70周年书画摄影歌曲作品采风创作展览展示系列活动，精心策划了两大版块：“辉煌七十年”庆祝新中国成立70周年山西省书法美术摄影作品展，是唯一纳入省委庆祝中华人民共和国成立70周年活动方案的书画摄影作品展。共收到作品6323件，入展作品612件，国庆展出期间先后有2万余名群众参观了本次展览；“礼赞新时代 共圆中国梦”庆祝新中国成立70周年山西省原创歌曲征集活动，征集到近200首作品，评选出20首获奖作品，在山西综合广播黄金时段循环播放、重点推介。同时，举办了以“我和我的祖国”庆祝新中国成立70周年为主题的电视节目展评展播活动、六省区青年舞蹈精英展演、山西省第10届书法篆刻作品展、赵梅生从艺从教70年中国画展、沁州书会、电影工作者走进贾家庄创作采风等系列文艺活动，以多种形式宣传展示优秀文艺作品和文艺人才。充分发挥品牌文艺活动的示范导向作用，办好第17届山西省美术作品展览、第8届山西省群众书法篆刻作品展、第7届省城曲苑迎春晚会、第4届山西高校魔术交流展演等重要节展活动，推荐优秀选手参加第11届海峡两岸电视主持新人大赛、第27届全国摄影艺术展览、第23届中国少儿戏曲小梅花荟萃活动、第14届中国民间艺术山花奖评选、第12届中国音乐金钟奖评选、第4届黄河流域红梅奖评选等全国赛事，继续编写《中国民间文学大系·山西卷》《山西省影视剧本选》《山西革命根据地声乐作品四百首》等重点创作项目，持续开展青年文艺创作扶持计划，推出一批反映时代进步要求和符合群众审美追求的优秀作品，让文联的老品牌焕发新活力，让新项目展现新形象，让常规工作再上新台阶。

突出“送文化”与“种文化”相结合，广泛开展“深入生活、扎根人民”主题实践和文艺志愿服务活动。坚持以人民为中心的工作导向，进一步完善“深入生活、扎根人民”主题实践活动常态化机制，优化保障措施，创新活动载体，引导全省广大文艺工作者深入基层采风创作、演出辅导，挖掘鲜活素材，推出优秀作品。推动“深扎”主题实践向贫困、边疆、民族地区拓展，组织一批知名书画家赴新疆昌吉、五家渠、奇台及北塔山等地深入采风创作、举办作品联展、捐赠文化用品、慰问援疆干部等，行程上千公里。加强对口帮扶单位的文艺扶贫工作，举办以“奉献爱心 精准扶贫”为主题的书画捐赠作品义拍会，得到全省文艺界的热烈响应，650余名书画家为义拍会捐赠精品750余幅，黄河电视台全程在线直播，观看人数达到了152.79万人；拍卖所得善款45.136万元及价值3万余元的1500册书籍，一并捐赠浑源县，用于贫困村的基础建设和文化建设。发挥文联优势，继续组织“到人民中去”“欢乐下基层”“文化进万家”和各文艺家协会文艺志愿服务品牌活动，仅在2019年元旦、春节两节期间，就组织了“同心同书，祖国新春好”“军民鱼水情迎春书画笔会”“送戏剧进乡村”“文艺电影沙龙”“抖空竹，闹元宵”等11项主题活动，30余支文艺志愿小分队深入社区、企业、乡镇、厂矿、部队、医院等基层一线，开展慰问演出和文化服务活动，足迹遍布全省40多个县区乡村，将党和政府的温暖送到千家万户。积极配合“新时代文明实践中心”试点建设，统筹“深入生活、扎根人民”、文艺志愿服务等一系列工作载体，因地制宜开展面对面、受群众欢迎的文明实践活动，更好服务农民全面发展、农村全面进步。

持续推进人才培养战略，着力培养思想过硬、业务精湛、作风优良的文艺工作者队伍。按照全省宣传思想文化战线统一部署，在文艺界扎实开展好增强“四力”教育实践工作，加大对优秀文艺人才的发现培养力度，加强政治引领、教育引导和联系服务，造就适应新时代要求的高素质文艺工作者队伍。注重文艺人才研修培训工作，举办“备战12届国展、10届省展书法创作培训班”“备战27届国展摄影大讲堂”“中国彩塑艺术中青年人才高级研修班”“山西省2019曲艺人才培训班”“山西省民族民间舞名家讲座培训班”等，推荐文艺工作者参加中国文艺研修院“全国新文艺群体拔尖人才高级研修班”“2019铸梦计划研修活动”、中国视协“媒体融合业务专题培训”、中国音协“第5期词曲作家高研班”、中国影协“行风建设培训班”、省委宣传部“山西省文艺骨干培训班”“四个一批人才培训”等。组织文艺创作研讨交流，举办“新时期高校魔术发展研讨暨魔术辅导”“新时代戏剧的创新与发展研讨会”“第13届全国美展创作座谈会”。加强对各文艺家协会会员的有效管理，进行会员数据更新工作，完善会员管理服务长效机制。加强文艺界行风建设和职业道德建设，定期对文艺界舆情监测分析研判，关注文艺界热点事件、敏感问题，及时应对、积极引导，努力营造风清气正的文艺发展环境。

切实加强文联组织自身建设与管理，组织活力、管理能力和行业影响力进一步提升。4月，在省委宣传部的有力指导和换届领导组的精心组织下，成功召开山西省文联第九次代表大会，审议并通过了第八届委员会工作报告，修订了山西省文联章程，选举产生了新一届领导机构。此次换届工作严格按照有关文件规定和章程要求，严守程序，严明纪律，整个换届风清气正、圆满成功，得到文艺界和社会各界的充分肯定，文联组织建设进一步加强。强化行业建设的主导作用，团结引领更多新文艺群体，文联第九届委员构成更注重代表性和广泛性，其中基层和创作一线文艺工作者比例由第八届的53%提高到60%，新文艺群体比例新增到9%，均符合省文联深化改革方案要求。积极稳妥将文联改革引向深入，以省委“改革创新、奋发有为”大讨论和全省“不忘初心、牢记使命”主题教育为契机，由5名党组成员分别带队，组织全体处级干部前往11个地市文联，就基层文联组织改革发展情况进行调研，形成一批高质量的调研报告，其中《关于基层文联党建工作和新文艺群体发展现状的调研报告》荣获山西省哲学社会科学重点调研课题三等奖。积极推进“互联网+文联”“互联网+协会”建设，加大对山西文艺网、山西文艺微矩阵和各文艺家协会客户端的建设投入，鼓励重点文艺奖、文艺节、展演活动网上直播。做好自身管理和保障工作，更换山西文艺大厦三部严重老化的电梯，消除安全隐患；改造大楼16个卫生间并安装净水系统，改善干部职工工作环境；更新山西美术馆展厅线路和照明设备，优化展示水平和展览效果；全方位升级机关食堂，采取设施改造、菜品升级、安全排查等多项举措，提升职工就餐环境；对文联职工宿舍顶层进行防水改造，彻底解决了多年房顶漏水难题；开展精神文明月创建活动，由党组成员带头、全体党员干部共同参与，进行为期两个月的办公场所卫生清洁工作，进一步激发文联干部担当作为、干事创业的信心，共建、共享精神文明建设成果。

（樊丽红）

附：省文学艺术界联合会党组书记、成员名单

书　记：郭　健

成　员：和　悦　王招宇　靳　忠　李剑斌

省作家协会党组

党组书记　杜学文

一、扎实开展“不忘初心、牢记使命”主题教育，进一步增强“四个意识”、坚定“四个自信”、做到“两个维护”

省作协党组按照“守初心、担使命、找差距、抓落实”总要求扎实推进。一是认真学习研讨。把政治建设摆在首位带头学习。中心组全年学习“三篇光辉文献”等重要文献18次。主要领导讲党课3次。班子成员在分管部门或所属党支部讲党课。深入基层宣讲。党组成员以普通党员身份参加支部活动，全年各党支部分别开展12次主题党日活动。此外还走进太原市图书馆马克思主义书房，与省直工委联合开展党日活动，关注沁源灭火战斗事迹并邀请专家作报告，参观革命烈士陵园，观看红色影片，参观新中国成立70周年系列展览，围绕《流浪地球》观影热组织交流，开展支部书记和全体党员集中轮训。狠抓意识形态落实学习，召开2次党组会议专题研究意识形态工作，举办意识形态与业务工作推进会认真分析研判，召开山西省现实题材文学创作推进会。为全省所有市县、行业文联和市级文学刊物编辑部等赠阅《文艺报》。将主题教育与大讨论、“三基建设”及增强“四力”教育实践工作结合，全面贯彻落实讲话精神。《文艺报》头版多次进行报道。一批理论与评论文章在《人民日报》《光明日报》《文艺报》《山西日报》及“学习强国”等发表。二是扎实开展调研。党组班子带队，围绕文学工作重难点问题深入10余个市县及部分作家中进行调研。主要领导带队深入定点帮扶村进行调研。各部门通过采风、研讨等广泛调研。形成一批调研成果。三是深入检视剖析。采取多种方式，征求到针对班子的意见12条，针对班子成员的意见12条。在此基础上召开民主生活会、找差距专题会等，进一步明确问题清单。四是从严整改落实。紧扣中央8个专项整治和山西省5个重点整治问题,刀刃向内,立行立改,取得阶段性成果。将整改情况向服务对象和社会公布,积极听取意见建议推动整改,健全规章制度,形成长效机制。

二、不断把全面从严治党引向深入,风清气正、奋发进取的正能量越发充沛

一是全面加强党风廉政建设和党建工作。压牢压实主体责任,严格落实"一岗双责"。定期开展风险研判、及早预防改进。重要节点开展集体警示谈话。顺利完成机关党委和机关纪委换届。积极配合纪检组开展工作。二是进一步加强干部队伍建设。招聘7人,完成1人调动、6人职务晋升、12人非领导职务职级套转及3人职级晋升,推进干部档案数字化。三是持续改进作风。认真开展先进典型学习和廉政警示教育。召开组织生活会。修订8项制度,制定5项制度。四是扎实开展精神文明创建、法治建设、平安山西建设等。组织开展以"推荐一本好书"为抓手的读书活动和多种志愿服务活动,参与省直工委组织的各项活动。组织作家开展法律题材公益讲座,深入依法治国一线采风,参与"最美基层民警"推选宣传,举办学习《宪法》主题党日活动,进行《宪法》知识测试,观看庭审直播,参加"谁执法谁普法"活动,创作了《山西施工》《独自看守》等法治题材作品。完善应急预案,落实安可工程和保密工作,推进节能减排。关心离退休老干部,重要节假日开展慰问,印发相关学习资料。

通过努力,省作协在2018年度目标责任考核中获得优秀;继续保持省直机关"文明单位标兵"称号,山西文学院、山西文学月刊社、黄河杂志社进入2018年度省直"文明单位标兵"行列;聂晶被评为2018年度省直机关精神文明建设先进工作者。省作协获中国作协2018年度信息工作先进单位荣誉称号,许小登获中国作协2018年度信息工作优秀个人。在财务管理中,省作协荣获2018年全省行政事业单位国有资产报告工作先进单位,进入2018年度公共基础设施等行政事业性国有资产报告工作通报表扬单位。李骏虎获省委宣传部2019年度山西省"十大读书人物"称号。省作协撰写的调研报告荣获省委宣传部2019优秀调研报告一、二、三等奖。

三、努力深化群团改革,面向社会、服务基层的意识、能力和水平显著提升

一是与社会各界合作开展服务活动。联合太原市图书馆举办"文学会客厅公益讲座",联合山西省图书馆开展"南华视角阅读推广公益活动",联合山西大学商务印书馆分馆举办"大学堂·东方经纬文学讲坛",联合共青团山西省委、晋商博物院、山西文艺广播、太原书城、新华书店等单位,以及社区、学校等开展公益活动,全年累计举办活动50余场,受众达3000余人次。二是开展"山西作家走进基层"系列活动。组织省内著名专家、学者深入10余个市县及企业、学校开展文学公益活动。三是赴定点帮扶村完成扶贫攻坚任务。开展消费扶贫。引进资金打深井、修水塔。建立爱心超市,成立孝善基金。组织作家围绕扶贫攻坚创作采风,捐赠慰问。举办"文化梨乡·书法进农家"扶贫扶智扶志主题公益书法展。

四、扎实开展"深入生活、扎根人民"主题实践活动,以人民为中心的创作导向更加坚定

一是围绕中心工作开展主题采风。以"庆祝新中国成立70周年""不忘初心、牢记使命"等为主题,组织作家赴新疆及省内10余个市县及企业采风,组织撰写《初心与使命——新中国山西体育70年70人》《黄河边上的绿太阳》等作品。二是联合各界采风。联合省委宣传部等单位以及各市县委宣传部、文联作协,开展"著名作家看山西"之"全国文学院院长三晋行""晋鄂作家三晋行"等采风活动,组织全国各地著名作家赴太原、晋中、吕梁,以及吉县、永济、洪洞等地采风对话。全年组织近500位作家采风15批次。三是组织支持作家定点深入生活。选调基层同志到省作协挂职,安排省作协3位同志到扶贫点挂职。推荐2位作家进入中国作协深入生活创作项目扶持行列。反映湄公河惨案的《大湄公河》连续入选多种好书排行榜。《掷地有声——脱贫攻坚山西故事》受到中国作协、《人民日报》等推荐,中国作协与省委宣传部在北京为此书召开研讨会。中央电视台在新闻联播报道了山西省作家深入生活有关情况;省作协被中国作协评为"深入生活、扎根人民"主题实践先进集体;鲁顺民、蒋殊获中国作协"深入生活、扎根人民"主题实践先进个人。

五、着力出作品、出人才,精品力作层出不穷,文学队伍不断壮大

一是抓好现实题材引导创作。认真落实省委宣传部关于繁荣中长篇小说的意见,推出《活水》《一个人的哈达图》《赵家洼》《2019激战沁源》《再回1949》等作品。二是围绕重点项目带动创作。"晋军新方阵"第六辑出版"晋军新六家"6部作品。"双百工程"新出版2部传记和多部长篇小说。2部作品列入中国作协重点作品扶持项目。联合山西出版传媒集团召开文学精品创作出版战略合作座谈会。三是开展评奖激励创作。完成"2016—2018年度赵树理文学奖"评奖,受到好评。完成"2018全国小小说大赛""首届右玉·《黄河》年度文学奖"等5次征文评奖表彰活动。四是健全专业委员会服务创作。在原有7个专业委员会的基础上,新组建3个专业委员会。五是圆满召开省作协第七次代表大会。新领导机构中基层和创作一线代表比例进一步扩大至95%,代表性和广泛性得到提升。六是团结引领新文学群体壮大队伍。联合70余家单位举办"橙瓜网络文学奖"评选活动,组织网络作家参与。组织召开山西网络文学工作会暨首届网络作家培训班。组织网络作家参与"青社学堂"专题培训班、中国作协网络文学现实题材创作培训班等。组织网络文学院工作者参加中国网络文学工作会、网络文学组织负责人培训班等。七是组织培训强化队伍。深入朔州、忻州、运城等地举办基层作家培训班。针对实际举办中青年作家、编剧高研班,儿童文学创作培训班,推荐作家和文学工作者参加中青年作家高研班、基层

作协负责人培训、全国内刊编辑培训班、增强"四力"专题培训等。八是综合发力加强队伍建设。推荐15位作家(作品)入选"三晋英才""四个一批"及《21世纪文学之星》等。推选5位作家担任省电视剧内容审查专家。推荐3位作家入选省委联系专家。推荐1位作家出任省检察专员。推进"作家影像工程"。为3位老作家颁发从事文学创作70年荣誉证书,为4位老作家颁发"庆祝中华人民共和国成立70周年"纪念章。调整完善高级专业技术职务评审委员会专家库,完成24位作家职称初审。与省教育厅沟通,争取进一步加大对省高校文学社团的扶持引导。全年推荐13人加入中国作协,吸收省作协新会员172人。

六、努力提升山西文学话语权,山西文学影响力进一步扩大

一是加强和改进文学评论。继续实施签约评论家制度,对首届签约评论家创作成果进行总结指导,认真评选第二届签约评论家,10人入选。二是不断提升研讨活动针对性。立足"一院两刊"继续举办"三晋新锐作家群系列研讨活动""《黄河》与作者系列研讨会"、《山西文学》春秋两季改稿会及有关创作研讨活动,联合《小说选刊》召开"新中国文学70年与新时代创作"研讨会。三是积极参与并举办全国性文学活动。支持推荐作家参与省内外评奖、研讨、采风等。支持首届吕梁文学季大型文学活动。山西文学院与河北、重庆两地文学院建立联盟,联合推介优秀青年作家。承办中骏杯《小说选刊》奖颁奖活动。与鲁迅文学院共同主办第十八届全国文学院院长联席会议,为历届规模最大。与湖北省作协共同主办"黄河与长江对话"活动,引发强烈反响。四是巩固和强化刊物阵地建设。全年各刊除按要求编辑出版外,《黄河》刊发的《风烈》荣获第十届"茅台杯"《小说选刊》年度中篇小说奖,《简直像春天》入选中国作协2019年度《中国少数民族文学之星》丛书,由作家出版社出版。《山西文学》开设"小小说"栏目,进一步优化栏目设置。刊发的《小花旦的故事》荣获2019年首届"《钟山》之星"文学奖,《港漂记忆拼图》荣获"网络时代的文学——未来网络文学家年度新人"文学奖。两刊全年有57篇(次)作品被全国各选刊选载、连载,同比增长103%。

一批作品在《人民文学》等重要报刊发表,并被《小说选刊》《小说月报》等权威选刊转载,入选多种年度选刊与相关排行榜。如蒋韵《你好,安娜》入选中国作协《长篇小说选刊》第四届长篇小说年度金榜。《边将》《活水》等一批优秀作品出版问世。一批作家作品获重要文学奖项。如葛水平《空山草马》获第七届花城文学奖中短篇小说奖等。据不完全统计,2019年山西省作家获得40余项各类重要奖项。著名评论家李炳银将山西报告文学誉为"黄土高原崛起的'文学高峰'"。尤其是继《战狼》系列创造电影票房纪录后,根据我省作家刘慈欣小说改编的同名电影《流浪地球》掀起科幻电影热,引发全球关注,被誉为开启了中国科幻电影元年。根据刘慈欣科幻小说《乡村教师》改编的电影《疯狂的外星人》也成为2019年春节档最受欢迎的影片之一。

(许小登)

附:省作家协会党组书记、成员名单

书　记: 杜学文

成　员: 罗向东　张锐锋(9月离职)

省科学技术协会党组

党组书记　许富昌

一、深化落实全面从严治党主体责任,营造风清气正政治生态

一是始终把学习贯彻习近平新时代中国特色社会主义思想和党的十九大精神作为首要政治任务。召开专题学习会和学习交流会,组织党员干部重温习近平总书记"三篇光辉文献"。坚持党组中心组周一学习、支部周五学习制度,组织开展专题党课、专家报告、干部培训、座谈交流等活动。全年党组中心组学习38次;举办科协系统干部培训班10期,培训627人次。

二是以党的政治建设为统领推进全面从严治党向纵深发展。加强管党治党制度建设,建立党组主体责任问题台账,召开年度党风廉政建设工作会议,修订《中共山西省科协党组工作规则》,开展违反中央八项规定精神突出问题、形式主义官僚主义问题等专项整治,全面加强"三基建设",强化基层党组织建设,严肃党内政治生活,把全面从严治党各项任务落到实处。

三是深入开展"不忘初心、牢记使命"主题教育。多次召开"不忘初心、牢记使命"主题教育专题学习会,开展对照党章党规找差距研讨交流活动、学用习近平新时代中国特色社会主义思想经验交流活动。制定下发《关于开展违反中央八项规定精神突出问题专项整治》《关于专项整治漠视侵害群众利益问题通知》。

二、做好新时代科技工作者政治引领和政治吸纳,建设"科技工作者之家"

一是加强对科技工作者的政治引领。召开"弘扬科学家精神、争做新时代先锋"省城科技工作者座谈会,开展"礼赞共和国、追梦新时代""全国科技工作者日活动,组织"弘扬爱国奋斗精神、建功立业新时代"主题活动,举办科学道德和学

风建设宣讲报告会6场,引导科技工作者自觉拥戴核心、维护核心,勇做新时代科技创新的排头兵。开办的"党的创新理论微讲堂"微信平台全年发布信息1300余期,被省委宣传部评为"2019年基层理论宣讲先进集体"。

二是举荐表彰优秀科技人才。联合省人社厅开展山西省优秀科技工作者和山西省十佳中青年优秀科技工作者评选表彰,推出百名新时代奋战在一线的科技典型。组织中国工程院院士候选人、中国青年科技奖候选人等遴选推荐工作,山西省3名青年科技人才入选"中国科协优秀中外青年交流计划"并获资助。开展"山西最美科技工作者"寻访宣传活动,遴选出70名基层科技工作者代表,引导科技工作者学习最美、争当最美。

三是密切联系服务科技工作者。深入贯彻落实习近平总书记关于老科协工作的重要批示精神,采取有力举措推动省老科协发展。向省科协八大代表征集建议案,听取科技工作者的意见建议。办好"山西科协网""山西科协"等网络平台和微信公众号,积极开展网上建家交友活动。举办新中国成立70周年山西科技成就系列宣传活动,利用媒体宣传报道科技工作者的新实践新成就新形象,在全社会大兴识才爱才敬才用才之风。

三、大力推动科技创新,助力高质量转型发展

一是落实《中国科学技术协会 山西省人民政府全面战略合作协议》。在省委常委、统战部部长徐广国的大力推动下,中国科协和山西省政府于2018年10月签订了全面战略合作协议。省科协认真做好牵头工作,狠抓重点工作落实,推进省会合作落地见效。2019年,各项合作进展顺利。

二是加强院士专家工作站建设。聚焦推进现代产业体系、国家清洁能源基地建设等,新建院士专家工作站18个,开展"院士专家山西行"活动20场。全省科协系统累计建立院士专家工作站129个,引进院士专家121名,专家团队660余人。

三是举办"2019山西省科协年会"。与晋城市委市政府联合举办"2019山西省科协年会"主场活动,围绕"改革创新、科技引领——助力能源革命与产业转型"主题,组织院士专家特邀报告会、党政领导与院士专家座谈会等活动。年会期间,还围绕先进铸造、有机旱作等重要议题举办了12场分会场学术活动,共有7名院士参加年会活动。

四是服务大众创业、万众创新。联合省直有关单位举办全国双创活动周山西分会场活动、中国创新方法大赛山西赛区竞赛活动;新建学会服务站22个,其中国家级学会服务站2个;开展知识产权战略巡讲、创新方法推广、金桥工程等工作,注重提升创新能力,培育新动能,打造新业态,壮大新产业。

五是建设科技创新智库。新建科技创新智库试点6个、省级科技工作者状况调查站点6个,成立晋科智库联盟。牵头对中部地区《国家中长期科学和技术发展规划纲要》实施情况、全国双创示范基地建设情况开展第三方评估。围绕科技支撑山西高质量发展,开展建言献策、课题研究等活动,编发《调研动态》8期,报送省委省政府及相关部门。

四、持续推进科普工作,不断提高全民科学素质

一是广泛开展群众性科普活动。牵头组织开展"全国科普日"系列活动,举办的"中国科普摄影大赛"成为全国科协系统知名科普文化品牌,全省公众科学素质网络知识大赛答题总人次达531万。对长治市、吕梁市进行了公民科学素质抽样调查,跟踪监测我省"十三五"公民科学素质发展状况。开展全省青少年科技创新大赛、机器人竞赛、科学调查体验等活动,参与中小学生26万人次。

二是助力脱贫攻坚和乡村振兴。建设科普惠农中心服务站20个,开展线上培训140场次,办好"农村微课堂"微信平台和"咱们的带头人"微信平台。联合省有关单位举办了科普惠农3·19行动、山西省科普惠农特色优质农产品展销会及第一书记年货节等活动。分别在吕梁市、山西农谷举办干旱半干旱地区有机旱作农业技术交流活动和"发展功能农业 助力乡村振兴"技术交流活动。

三是提升完善现代科技馆体系。省科技馆免费开放252天,接待观众120万人次;流动科技馆深入40个站点巡展,受众58.6万人次;科普大篷车深入基层39所学校,受众4.1万人次;"科技馆进校园"活动走进26所中小学校,受众8000余人。为集中连片贫困区新建农村中学科技馆6所,配发科普大篷车1辆。承办全国科技馆辅导员大赛全国总决赛、全国科技馆发展论坛。"山西科学讲坛"举办讲座37场次,受众1.7万人次。

四是不断强化科普资源建设。实施省城公交楼宇电视"科普每一天"工程,编播科普专题片48期,覆盖太原2800多辆公交车和500多个公共场所。开发图书、挂图、动漫、视频、H5海报、科学图解等优质科普资源300余套件,新增资源量400GB,为基层科协大量配发科普挂图、手册、海报。

五、推进科协系统深化改革,提升基层科协组织力

一是推进科协系统深化改革。省科协深化改革取得重要阶段性成效,改革科协团体会员制度、创新科学文化公共服务机制、改革学会党建工作机制等重点改革任务均已完成,改革任务完成率达90%以上。全省11个市、117个县(市、区)均出台科协改革方案,基层科协深化改革工作实现全覆盖。

二是推进"3+1"建设工作。"3+1"基层组织建设是提升基层组织力的重大举措。"3"指吸纳基层医院院长、学校校长、农技站站长(简称"三长")进入县乡科协领导机构兼(挂)职,"1"指科协加强对基层组织的领导。通过以点带面、示范引领,全省各市县普遍开展了"3+1"建设,有59个县(市、区)和934个乡镇(街道)实现"三长"全覆盖,使科协组织开展"四服务"的基础更加坚固。

三是提升学会发展能力。实施"党建强会计划",在省

级学会开展“双强六好”党组织建设活动，强化党组织的战斗堡垒作用。搭建多学科、多层次、多种类的学术交流平台，支持省级学会、市级科协举办标志性年会、高端前沿学术论坛24项，其中全国及国际性学术活动3项；争取到5家全国学会在山西举办高端学术会议。

（吕 伟）

附：省科学技术协会党组书记、成员名单

书 记： 许富昌（6月离职）

成 员： 温万一（7月主持工作） 郝建新

省工商业联合会党组

党组书记 刘海芸

在全国工商联的有力指导下，在省委、省政府和省委统战部的正确领导下，山西省工商联紧扣“两个健康”工作主题，围绕“政治建会，团结立会，服务兴会，改革强会”建设，深入开展“不忘初心、牢记使命”主题教育，“改革创新、奋发有为”大讨论，在理想信念教育、广泛调查研究、积极参政议政、精准高效服务、法律诉求维权、决胜脱贫攻坚、基层组织建设、非公企业和商会党建等方面取得了新的突破，有力地促进了“两个健康”发展，进一步增强了工商联的凝聚力、影响力、执行力。

一、坚持政治建会，进一步强化政治引领

一是扎实开展主题教育。根据中央和省委“不忘初心、牢记使命”主题教育安排部署，严格落实“守初心、担使命、找差距、抓落实”总要求，扎实开展学习教育、调查研究、检视问题、整改落实，先后召开8次任务推进会和部署会，组织13次集中学习，梳理检视101个问题清单，有效推动习近平新时代中国特色社会主义思想在工商联系统的学用结合，保证了年度各项工作的顺利推进和高标准完成。

二是精心组织“改革创新、奋发有为”大讨论。根据省委开展“改革创新、奋发有为”大讨论有关要求，开展学习交流研讨、挖掘“十个不”共性问题、制定三个目标清单、组织“我为改革创新做什么”大家谈、深入一线开展“千户民企”调研等务实举措，突出问题导向，对标一流找差距、定措施、明整改，有效提升了工作的积极性、主动性、创造性。

三是推进实施“112233”非公党建工作。成立了中国共产党山西省工商联非公企业和商协会行业党委，制定出台《关于加强和改进工商联所属商协会党的建设工作的实施意见》，开展商会派驻党建指导员工作，进一步发挥党支部战斗堡垒作用，用党建促会建，不断延伸非公经济领域统战工作的触角，推动实现党的组织全覆盖。

四是持续抓好宣传教育引导。成功举办12期晋商大讲堂，叫响了工商联的宣传品牌。实行“接力计划”，省财政将培训经费列入财政预算，每年拨付300万元。按照《山西省工商联2019–2021年度培训规划》，全年举办专题培训17个班次，培训人数达3200余人。在新华社、人民日报、中华工商时报、山西日报、山西经济日报等主流媒体发文200多篇，进一步扩大了山西省工商联品牌工作的影响力和知名度。自办媒体“晋联通”全年共发送信息209期1000余篇，《破题商会党建难点痛点 打造非公党建“山西”品牌》被评为2019年度“创新中国”省级工商联最佳案例。

二、坚持团结立会，不断增强商会组织的凝聚力

一是调查研究有了新成果。围绕“三走一请”开展了“千户民企”大调研、异地商协会走访调研、基层工商联和商会组织调研等重点调研活动。创新性开启认领课题研究新模式，全年共收到优秀调研报告68篇。在2019年全联优秀调研成果评选活动中，荣获两个二等奖、两个三等奖。

二是参政议政有了新提升。广泛联系调研，收集提案素材，召开各类座谈会恳谈会10余场，形成了一系列重点提案建议，2件提案被全联采纳。省两会期间，向省政协提交了26件团体提案，多项提案由省领导亲自督办。积极参与《营商环境条例》等多项人大立法，配合省政协开展专项调研，完成50余件政策征求意见反馈，工商联参政议政影响力提升明显。

三是亲清政商关系有了新举措。积极践行习近平总书记关于构建亲清政商关系重要论述，开展领导干部联系民营企业工作，全省2056名领导干部联系3511家民营企业，领导干部与企业沟通机制实现常态化。与省委统战部联合出台了《关于构建亲清新型政商关系若干意见》，研究出台《山西省工商联构建亲清政商关系正负面清单》，让“亲”“清”政商关系有章可依。组织开展了两期“向企业家学习”活动，同时为进一步营造重商、亲商、爱商的浓厚氛围，得到了党委、政府、社会广泛的认可和关注。

四是对外联络有了新突破。召开了异地山西商会负责人座谈会，搭建与异地晋商组织的联系平台，为山西经济高质量发展建言献策。开展异地晋商组织调研，建立外省晋商组织数据库，形成《关于走访调研外省工商联和异地晋商会有关情况的报告》获全联组织建设探索实践奖。截至年底，建立联系的异地晋商组织（含国内外）共134家，新增24家。

五是“千企帮千村”精准扶贫行动有了新成效。以产业扶贫、就业扶贫、消费扶贫为重点，助推脱贫攻坚决战决胜。全省2419家企业投入37.43亿元，实施项目9383个，帮扶

5536个村的41.13万贫困人口，121家企业和58个贫困县签订企县帮扶协议，3家企业获评2019年全国“万企帮万村”行动先进民营企业。

三、坚持服务兴会，积极探索经济法律服务新模式

一是“民营企业助力县域经济高质量发展系列行”活动结硕果。首站“右玉行”活动，150余名企业家参加了县企、企企、银企交流对接，省委常委、统战部长徐广国出席并讲话。20多个已经签约项目正在持续推进中。后续又开展了“光彩事业石楼行”“消费扶贫中阳行”“能源革命园区行”等活动，在全省影响力持续提升。

二是举办“2019山西民营企业100强”发布会。连续三年组织发布山西民营企业百强榜单，8家民企营业收入迈上200亿元新台阶。并对进入全国民企500强的7家企业，每家奖励100万元，邀请专家进行政策宣讲，在全省形成了民营企业抢抓机遇、转型创新、争当先锋的浓厚氛围。

三是创新打造“12345”法律服务模式。“1”是充分发挥好民营经济综合服务窗口作用。全年接待来访1000余人次，接到投诉建议29件，已经办结17件，办结率达59%，其余12件正在积极推动中。“2”是建立“政企双月”对接制度。举办5期政企对接会，收集民营企业意见建议380条，近200条意见建议被相关部门吸收采纳，大多数民企诉求得到有效推进。“3”是深入开展“法律三进”活动，指导民营企业防控风险。“4”是与政法系统四部门联系协作，搭建法律服务民企工作体系。“5”是建立五项法律服务民企工作制度，与省检察院、省高院、省司法厅、省商务厅建立了法律服务民营企业五项长效工作机制。

四、坚持改革强会，不断提升工商联执行力、战斗力

一是加强“五好”县级工商联建设。加强工商联系统建设，太原市杏花岭区工商联等58家被评为“五好”县级工商联。

二是积极推动商会改革。以省委省政府两办名义制定出台了《山西省促进工商联所属商会改革和发展的实施方案》，完善顶层设计，加强对所属商会的指导、引导、服务工作。截至目前，省工商联已审核同意4家商会作为所属商会，7家商协会组织申请工商联作为业务主管部门，5家商协会以团体会员身份加入工商联，各市工商联所属商会改革正在推进中。

三是强化机关内部建设。全年修订完善了预算和财务管理办法等13项制度规定，构建工作督导、工作交流、工作保障三个平台，确保机关工作运行更加流畅。建立了覆盖机关部室、各市县工商联，省工商联各直属商协会的信息队伍，实现系统内工作信息的交流互通。加强对机关干部新时代、新知识的教育培训，全面提升工商联干部的综合能力，分两批组织机关干部参加了“统战系统干部改革创新能力提升班”，探索开展了工商联干部赴民营企业、商会工作人员到工商联机关“双向挂职”，首批4名机关入企和商会到机关工作人员已经到位。

（张晓东）

附：省工商业联合会党组书记、成员名单

书　记：刘海芸(女)

成　员：邢利民　梁　荣　李剑英

省残疾人联合会党组

党组书记　卫　国

2019年，省残联党组在省委、省政府的坚强领导下，坚持以习近平新时代中国特色社会主义思想为指导，全面贯彻党的十九大和十九届二中、三中、四中全会精神，深入学习贯彻习近平总书记“三篇光辉文献”精神，认真学习贯彻省委十一届八次、九次全会精神和中国残联第七次全国代表大会精神，不断增强“四个意识”、坚定“四个自信”、做到“两个维护”，围绕“全面建成小康社会，残疾人一个也不能少”的目标，勇于担当、主动作为，全省残疾人事业取得了显著成效。

一、强化政治引领，扎实推进全面从严治党

（一）加强党的政治建设。省残联党组认真落实新时代党的建设总要求，坚持以政治建设为统领，坚定落实全面从严治党总要求，强化主体责任，严格执行“三会一课”制度，全面落实“一岗双责”，层层传导压力，着力推动党建与业务两手硬、相促进。

（二）夯实党的思想建设。深入开展“不忘初心、牢记使命”主题教育，“改革创新、奋发有为”大讨论，深入学习贯彻党的十九届四中全会和省委十一届九次全会精神。充分发挥党组中心组示范引领作用，党组理论学习中心组全年集中学习30次，交流研讨8次，编印学习资料500多本，发放学习手册480多本，带领广大党员干部不断提高政治理论素养，为全省残疾人事业发展提供坚强的思想保证、理论支撑和精神力量。

（三）深入推进党风廉政建设。全面落实中央八项规定精神，抓常抓实抓细作风建设。扎实推进“8+5”专项整治整改工作，完成了对各单位的中央八项规定精神及其实施细则落实情况、中央第十五巡视组反馈问题和省委专项巡视

组反馈问题的整改落实情况、2018年度领导班子民主生活会等情况的专项督查。完成了省残联机关及直属事业单位监督监察对象统计,完善省残联机关及直属事业单位领导干部廉洁档案。

(四)大力加强干部队伍建设。重视干部激励和选拔任用工作,晋升了2名二级巡视员、7名一级调研员,选拔任用了1名正处级干部、6名副处级干部,对任职时间超过5年的机关部(室)主任进行了交流轮岗、调整了部分直属事业单位主要负责人。

(五)加快残联改革步伐。经中国残联审核、省综改委通过的《山西省残疾人联合会改革方案》已由省政府办公厅印发。

二、坚持精准方略,坚决打赢贫困残疾人脱贫攻坚战

(一)落实脱贫攻坚专项巡视整改工作。省委第七巡视组对省残联党组开展脱贫攻坚专项巡视,充分肯定省残联党组助推贫困残疾人脱贫攻坚工作取得的成绩,同时也提出了整改意见,省残联党组认真组织开展整改落实工作,得到省领导认可和省委巡视办肯定。

(二)持续加大残疾人精准脱贫工作力度。联合省政府残工委各成员单位出台贫困残疾人数据识别、脱贫解困、托养照护、就业创业等一系列政策措施,召开省政府残工委成员单位工作会议,进一步明确目标、分清职责,集中资源、合力攻坚,取得明显成效。截至2019年底,全省18.76万建档立卡贫困残疾人已脱贫18.47万人,15万残疾人纳入低保范围(其中重度残疾人62904人),为54.5万困难残疾人和重度残疾人发放了“两项补贴”,为1万名贫困重度残疾人提供了托养照料服务,为1022户农村困难残疾人家庭实施危房改造,为8366名农村贫困残疾人或其家庭成员实施实用技术培训,农村基层党组织“助残扶贫工程”帮扶5000户建档立卡贫困残疾人家庭发展种植业、养殖业、农副产品加工业。

(三)加强干部驻村帮扶工作。调整、选派3名驻村扶贫干部,组织全体干部进村入户开展结对帮扶4次,进一步强化了扶贫工作队员驻村工作和生活保障。

三、着力补短强弱,持续推进残疾人小康建设

(一)圆满完成省政府民生实事项目,全面推动残疾人康复工作开展。为6.9万人提供残疾预防重点干预和残疾儿童抢救性康复服务,任务完成率138%,精准康复服务行动为15.2万名残疾人提供基本康复服务,服务率91.91%,其中辅助器具适配服务7.8万名残疾人,适配率为95.92%,建档立卡贫困残疾人基本辅助器具适配率实现了95%以上的目标。

(二)加大残疾人教育保障工作力度。残疾儿童少年入学率达到96.5%,中央彩票公益金助学项目资助718名学龄前残疾儿童,省彩票公益金助学项目资助560名残疾大学生和残疾人家庭子女大学生,对520名残疾青壮年文盲开展扫盲行动。联合有关部门出台《山西省推广国家通用手语实施方案》和《山西省推广国家通用盲文实施方案》。

(三)推进残疾人就业服务工作。联合发改委、人社厅等15部门出台扶持残疾人自主就业创业的实施办法,按比例就业、“就业援助月”等措施带动6896人实现稳定就业,为1万余名残疾人提供职业技能培训,在第六届全国残疾人职业技能大赛中总成绩排名第22,取得了历届竞赛的最好成绩。与山西恒伦医疗集团合作举办订单式口腔技能培训班,学员就业率达78%。

(四)全面开展残疾人文化体育活动。举办“我和我的祖国”山西省残疾人书法绘画手工艺作品展,开展残疾人读书日、残疾人文化周等活动,残疾人文化进家庭“五个一”项目,惠及1160户残疾人家庭。组团参加在天津举办的第十届全国残运会暨第七届特奥会,女子S12/S13级100米蝶泳成绩打破全国纪录,山西代表团被组委会授予体育道德风尚奖。举办山西省残疾人冰雪运动季活动,组织1.5万名残疾人参加第十三次全国特奥日和第九届残疾人健身周活动,建设55个残疾人体育健身示范点。

(五)推进基础设施和信息化建设。基础设施建设方面,已建成或在建康复、托养和综合服务设施124个,会同省发改委向国家申报的2020年9个县级残疾人康复、托养和综合服务设施建设项目已获准实施。积极推进省残疾人综合康复中心二期工程建设。重新整合规划寇庄西路办公区域,进一步改善职工的工作生活环境。争取太原市小店区改造资金100余万元,对康复中心和龙城大街职工宿舍院落进行硬化绿化。信息化建设方面,进一步精准推进残疾人基本服务状况和需求信息数据动态更新工作,全省应登记对象99万人,完成登记95万人,其中入户调查93万人,入户率达97.9%。积极推动第三代智能化残疾人证试点工作,共发放2.5万余张智能卡。

四、创新工作举措,进一步完善残疾人权益保障

办理省人大代表、省政协委员提出的涉及保障残疾人权益的建议5件、提案9件。成立省级残疾人法律救助工作站,开通残疾人法律救助工作管理系统,对37个残疾人法律救助案件给予补助。省本级共接待来信来访201人(件)次,“12385”残疾人服务热线提供政策咨询、投诉请求、意见建议等服务368次。为4325户贫困重度残疾人家庭实施无障碍改造。为9600名下肢残疾人发放机动轮椅车燃油补贴。

五、广泛动员,优化残疾人事业发展环境

在第六次全国自强模范暨助残先进表彰大会上,山西省14个先进代表受到习近平总书记等党和国家领导人的亲切接见;全省表彰大会表彰了60个先进集体和112名先进个人,“双先”表彰大会进一步激励了残疾人自强自立精神,激发了全社会扶残助残热情,为推进残疾人全面发展和共同富裕营造了良好氛围。省市两级和半数县级广播电视台节目均加配了字幕,山西公共频道播出手语节目。省图书馆坚持开

展助盲专题文化活动，获得“全国星级文化助盲志愿者服务单位”荣誉。积极开展第二十九次全国助残日活动。各专门协会积极发挥桥梁纽带作用，开展或参加各类征文、朗诵、书法绘画、特奥日联谊比赛和迷你马拉松等活动并获得佳绩。省残疾人福利基金会全年募集资金物资3356.2万元，救助残疾人1万余人次。

（武　鸿）

附：省残疾人联合会党组书记、成员名单

书　记：卫　国

成　员：刘　晔　吴　波（女）　李俊温

省社会科学界联合会党组

党组书记　张云泽

2019年，在省委的正确领导和省委宣传部的有力指导下，省社科界认真学习贯彻党的十九大精神及十九届二中、三中、四中全会精神，深入学习贯彻习近平新时代中国特色社会主义思想、特别是习近平总书记关于哲学社会科学工作的一系列论述和视察山西重要讲话精神，紧紧围绕中心、服务大局、扎实开展“不忘初心、牢记使命”主题教育和“改革创新、奋发有为”大讨论以及增强“四力”教育实践，真抓实干、开拓进取，为繁荣发展哲学社会科学、促进经济社会发展作出了积极贡献。

一、深化理论武装、强化政治建设，确保中央及省委重大决策部署落地落实

一年来，省社科联以大讨论和主题教育为契机，紧紧围绕习近平新时代中国特色社会主义思想，组织全省社科界开展形式多样的学习研讨活动。坚持党组中心组学习制度和每周二集中学习制度，组织机关党员干部读原著、学原文、悟原理，逐章学习《习近平新时代中国特色社会主义思想学习纲要》，重温习近平总书记“三篇光辉文献”，持续跟进学习习近平总书记最新讲话精神、党的十九届四中全会精神，进一步增强了机关党员干部增强“四个意识”、坚定“四个自信”、做到“两个维护”的思想自觉和行动自觉。坚持正确方向，强化政治引领，组织社科类社会组织集中学习，先后召开社科界学习习近平总书记在全国政协文艺界社科界联组会重要讲话座谈会、学习《习近平新时代中国特色社会主义思想学习纲要》座谈会、庆祝新中国成立70周年座谈会，党组班子成员积极在《山西日报》《学术论丛》等刊物发表文章，较好地发挥了政治引领作用。党组把意识形态工作作为管党治党的重要责任，严格落实意识形态工作责任制，每季度、每半年定期分析研判意识形态领域形势，主动把握社科界的思想动向。在主题教育期间，坚持边学边查边改，制定专项整治工作方案，紧盯学习贯彻习近平新时代中国特色社会主义思想、紧盯社科工作者的操心事烦心事揪心事、紧盯学会的特点弱点、紧盯管理制度短板，强化政治担当，不折不扣抓好整改落实。坚决贯彻省委决策部署，于4月11日至14日召开了山西省社会科学界联合会第三次代表大会，总结部署了新时代山西社科联工作，选举产生了新的领导班子，为社科事业长远发展夯实了组织基础。

二、加强组织建设、夯实工作基础，社科类社会组织建设管理工作成绩斐然

2019年，省社科联进一步强化党对社科类社会组织的领导。3月到6月，组织社科类社会组织集中开展“改革创新、奋发有为”大讨论，6月到9月，深入开展“不忘初心、牢记使命”主题教育工作。出台《省社科联举办形势政策报告活动有关规定》，举办社科类社会组织形势政策报告8场。加强社科类社会组织规范化建设和管理。开展“双强六好”党组织品牌创建活动，培育了省经济转型与企业发展研究会、省职业发展研究会、省老年学和老年健康学会、省世界经济学会、省钱币学会等“党建强、发展强”的社会组织党建品牌。引导社科类社会组织为省委省政府决策服务，围绕山西省“三大目标”和“三大攻坚战”，广泛开展调查研究，形成一批社会价值较高的学术研究成果。如省城市经济学会提出“大规模利用我省废弃矿井发电，发展绿色高效低耗能产业”，“以污水处理设备制造为切入点，提升我省环保制造业水平，拉动相关产业发展”等建议，受到省委省政府主要领导的批示，并被有关部门采纳应用。在全国社科联第二十次学会工作会议中，山西省中国特色社会主义研究会等5个社会组织被评为先进社会组织，省伦理学会刘晓哲等5位同志被评为全国社科联优秀社会组织工作者。

三、开展课题研究、完善评奖机制，社科优秀成果和优秀青年人才不断涌现

紧紧围绕“三大目标”“三大攻坚战”，聚焦山西改革发展稳定的重大理论和实践问题，深入开展社科研究，努力推出一批务实管用的研究成果，为山西转型发展提供理论支撑和智力支持。2019年，确立重点课题195项，其中有1/3左右的课题紧扣省委中心工作立项，力争拿出一些有针对性破解发展难题、提供决策服务的社科研究成果。同时对2018至2019年度155项重点课题进行评审结项，评出优秀成果38项。

开展一年一度的“百部(篇)工程”评审工作，评出优秀成果102项，其中一等奖20项，二等奖31项，三等奖51项。在

评审中，特别体现了对青年人才和应用类研究成果的侧重，使“百部(篇)工程”成为扶持青年社科工作者和应用型成果的重要平台和渠道。

省第十一次社会科学研究优秀成果评奖工作顺利开展，评奖领导组第一次会议审定了实施方案，评奖工作已正式启动，正按照预定计划进行。

四、深化科普宣传、创新平台阵地，社科普及工作生机勃勃

在省委、省人大、省政府的重视支持下，《山西省哲学社会科学普及条例》3月22日经山西省第十三届人民代表大会常务委员会第九次会议通过，于2019年6月1日起正式实施。省社科联与省人大有关部门于3月26日举办新闻发布会，5月31日举办《条例》贯彻实施座谈会，并印制发放《条例》单行本1万册，向学会研究会、各市社科联、高校社科联、科普基地下发《关于学习宣传贯彻实施〈山西省哲学社会科学普及条例〉的通知》，太原、大同、忻州、晋中等市社科联也结合实际，开展了形式多样的宣传活动，为《条例》的正式实施营造良好的社会氛围。

修订完善《山西省社会科学普及宣传基地管理办法》，全年命名大同市图书馆、云冈石窟研究院等14个单位为“山西省社会科学普及宣传基地”，到2019年年底共建成科普基地44个。在省图书馆举办“红色文化”“钱币知识”等多场迎接新中国成立70周年纪念活动，与省电视台联合，推荐专家学者积极参加《理论天天学》栏目，宣讲《习近平新时代中国特色社会主义思想学习纲要》，使科普活动走入千家万户。

五、切实履行全面从严治党主体责任，以党的建设带动机关自身建设迈上新台阶

一以贯之加强机关党的建设。党组始终把管党治党的主体责任扛在肩上，认真研究部署，召开党风廉政建设大会，签订责任状，加强机关反腐倡廉教育，强化日常监督和节前警示，严格落实党组书记对全体党员干部进行廉政提醒谈话、“一岗双责”等制度，进一步压实全面从严治党责任。深化“三基”建设，加强党的基层组织建设，推进党支部规范化建设，严格党员教育管理。树立正确的用人导向，营造良好的政治生态，结合增强“四力”教育实践工作，开展提升基础工作专项行动、提升干部专业化能力培训，不断优化干部队伍结构，激发机关干部干事创业的热情。

持之以恒强化作风建设。克服形式主义、官僚主义，经常深入各市社科联、高校社科联、各学会研究会调查研究，不断强化服务意识。大讨论期间，主动对标先进，赴河南、陕西、云南、重庆等地学习调研。主题教育期间，召开78家学会、研究会参加的4次座谈会，同时发放表格，广泛征求意见。扎实开展“三服务”工作，与忻州职业技术学院的老师积极联系为代县当地提供支教老师，山西电视台新闻联播对此进行了专题报道。

扎实开展扶贫攻坚工作。党组多次研究驻村扶贫工作，党组书记带头，党组班子成员多次深入扶贫点进行调研，党员干部每季度进村入户，认真落实对口帮扶责任，积极解决代县十里铺村民土地浇灌问题。从社科联公用经费中支出5000多元，送戏下乡。在全国扶贫日，赴代县磨坊乡新联八一小学开展了“纸飞机”爱心助学公益捐资助学活动。元旦前开支近6万元慰问十里铺村民，为巩固代县十里铺村的脱贫成果发挥了重要作用。

积极拓展对外交流。由省社科院主要领导带队，到河南、陕西、重庆等兄弟省市进行调研；领导班子成员参加全国社科联协作会议、华北五省市社科联联席会议，介绍山西社科联工作业绩，借鉴兄弟省市先进工作经验，参加沿黄河流域9省市自治区“黄河文化高峰论坛”；派机关干部到四川大学、武汉大学、井冈山干部学院等地交流学习，对标一流，改进工作，不断推动山西社科联工作迈上新台阶。

（杜伟琴）

附：省社会科学界联合会党组书记、成员名单

书　记：张云泽

成　员：王纪山　王志超　王崇德(8月离职)

省红十字会党组

党组书记　郑　红

2019年是中华人民共和国成立70周年，是全面建成小康社会的关键之年，是山西省在“两转”基础上拓展新局面的攻坚之年，也是省红十字会“改革创新发展年”。在省委、省政府的坚强领导下，省红十字会以习近平新时代中国特色社会主义思想为指引，以全面学习贯彻《中国红十字会总会改革方案》为契机，以增强红十字组织的政治性、先进性、群众性为目标，坚持围绕大局、服务基层、服务易受损人群，各项人道救助工作取得积极成效，多项工作走在全国红十字系统前列。省红十字会荣获全国第五届红十字应急救护大赛季军，会机关赈济救护部获得“全国红十字系统先进集体”“全省助残先进集体”“山西省脱贫攻坚奖、组织创新奖”等荣誉。

一、突出红十字组织的政治性，始终保持听党话、跟党走的政治本色

2019年，省红十字会党组坚持“党建带会建、会建促党

建”,不断加强党的建设,突出红十字组织的政治属性,确保红十字事业永远沿着正确的政治方向前进。

一是不断强化思想政治引领。省红十字会党组紧紧围绕习近平总书记关于红十字事业的重要指示批示精神和要求,着力加强党员干部思想政治建设,以“改革创新、奋发有为”大讨论和“不忘初心、牢记使命”主题教育为载体,以上率下、带头学习,通过31次党组中心组集中学习、领导干部讲党课、集中轮训、干部在线、举办红十字大讲堂等形式多样的学习,系统深入学习了党的十九大及十九届二中、三中、四中全会精神,中国红十字会第十一次全国会员代表大会精神,以及省委十一届七次、八次、九次全会精神,促使党员干部进一步树牢“四个意识”,坚定“四个自信”,做到“两个维护”,更加突出了红十字会党组织的先锋作用和党员的先进性。二是不断强化组织队伍建设。会党组坚持把党的建设工作与红十字会人道救助工作同安排、同部署、同检查、同督导、同考核,全年6次专题研究党建工作,每月听取党建和业务工作汇报常态化制度化,按照主题教育要求深入开展“红十字进基层、支部结对子、党员连党员”活动,将主题教育成果转化为党员干部干事创业、为民服务的具体行动。继续以“大培训”为抓手对全系统专职干部进行素质能力提升培训,开展“红十字大讲堂”走基层活动40余场。在各行业和领域新成立红十字志愿服务队94支,全省红十字志愿服务组织累计达到282个;其中建立山西省南丁格尔志愿护理服务支队80支,系全国第一个专家委员性质的志愿服务组织;红十字志愿者队伍扩充到2.85万人,建立红十字基层组织899个,活跃在全社会“三救三献”、志愿服务、扶贫济困、社会治理、文明创建第一线。三是不断强化纪律作风建设。召开了全省红十字系统党风廉政建设工作会议,修订了《落实中央八项规定精神实施细则》,建立了处级以上干部《廉洁档案》,出台了《副厅级及以上领导干部禁业范围》,全体干部签订了《“爱岗敬业、廉洁奉公”承诺书》,用好监督执纪四种方式,加强内部审计和日常监督管理。按照主题教育要求,组织召开专题会议听取各市红十字会问题分析,上下联动推动问题整改。积极推行“红十字一线工作法”,深入开展“项目督导百日攻坚”行动,让党员干部在一线锤炼本领,在一线了解情况,在一线解决问题,在一线推动工作。出台《效能建设整改方案》《效能提升办法》等制度,提升工作效能,提高服务质量,努力营造风清气正的红十字事业发展环境。持续深入开展的共产党员“戴党徽、亮身份、明岗位、树形象”活动,受到红总会高度肯定。

二、突出红十字组织的先进性,始终坚定创新发展的治会理念

会党组将2019年确定为“改革创新发展年”,坚持以“三基建设”为引领,不断强化依法治会,积极推进改革创新,全面加强自身建设,确保中央及省委群团改革要求落地落实。

一是以提升治理和服务能力为导向全面推动依法治会。召开了第六届理事会第四、第五次会议,聘请省委书记楼阳生担任省红十字会名誉会长,选举副省长吴伟为会长,健全完善了理事会领导集体,提升了理事会理事基层一线比例。全力推进县级红十字会管理体制理顺工作,理顺率达到99.1%,全国领先;吕梁市和长治市平顺县红十字会相继成立监事会,为全省各级红十字会提供典范。认真组织红十字会工作人员学习宪法和与履职相关的专门法律知识,并组织参加学法用法无纸化考试。根据红总会改革方案要求,积极推进《山西省红十字会条例》修订工作。加强对综治工作的领导,省红十字会全年无违法违纪和重大事故发生。二是以适应社会人道服务需求为目标推动红十字会改革创新。会党组坚持开门搞改革,班子成员深入开展“大调研”,广泛听取全系统以及社会领域各方面意见建议,注重发现存在问题和短板并提出有效解决的路径方法。根据红总会和省委改革工作部署要求以及改革方案精神,精心组织撰写《山西省红十字会改革实施方案》,并加强与省委省政府及相关部门沟通协调,做好征求意见、修改完善等系列工作,确保了实施方案如期审议通过印发实施。积极对接相关责任单位,及时落实改革责任分工,将实施方案7个方面18条改革措施分解为41项具体工作和87项细化措施,全力推动改革实施方案落地见效。督促各市尽快出台市级红十字会改革方案,确保上下协同完成各项改革任务。省红十字会将改革任务直接分解到省直有关部门,“三步并作一步”的做法,是全国红会系统省级改革方案的首创,红总会孙硕鹏副会长给予充分肯定。三是以红十字文化精神宣传为抓手牢牢占据意识形态主阵地。会党组不断强化意识形态工作研究部署,健全了意识形态工作领导机制,加强了门户网站管理,强化舆情监控,规范了省红十字会网络与信息安全应急响应和工作流程。举办了“爱心相伴70年、人道迈进新时代——山西红十字事业成就展”,并在全省进行巡展;制作并播放高清宣传片《爱无疆》,组织开展了全国红十字防灾避险应急救护知识竞赛万人答题活动并受到总会表彰,并通过发布公益广告、媒体宣传、红十字手机报、专题采访等形式进行全方位宣传报道,大力传播红十字文化与精神,弘扬正能量,社会各界积极参与红十字公益事业的氛围更加浓厚。特别是以“红十字大讲堂”为抓手,通过聘请讲师、派出宣传骨干宣讲,扎实推进大讲堂进机关、进企业、进学校、进农村、进社区等走基层计划,切实将大讲堂打造成“讲好红十字故事、传播好红十字声音”的服务品牌。

三、突出红十字组织的群众性,始终把握服务社会、服务民生的职能要求

2019年,会党组坚持围绕中心、服务大局,紧紧围绕省委省政府脱贫攻坚工作重心,扎实抓好“三救三献”核心业务。

一是红十字应急救援体系进一步健全完善。新增备灾救灾仓储面积5000平方米,全省备灾物资储备库达到10个,仓储面积9600平方米,储备物资价值近2千万元。积极应对沁源森林火灾,累计调拨并接收总会、兄弟省及社会捐赠总计价值267万余元的救援救助物资,实现了快速调拨、快速

发运、快速分送，救援能力得到了检验。在全省117个县(区、市)建立了红十字森林防火服务站；举办了山西省红十字赈济救援队应急演练暨应急能力提升培训班，与省应急管理厅等单位签约建立应急救援工作联动机制，全省红十字救援队伍达到21支。二是做强应急救护知识普及培训品牌。2019年，全省各级红十字会积极打造“红十字‘救’在身边”品牌，进一步发挥红十字会在群众性应急救护工作中的主体作用，积极争取省财政中央专项彩票公益金的支持，大力推行“红十字关爱生命健康教育”项目，在应急救护知识普及培训“五进”基础上，积极探索拓展“5+N”模式，与应急管理、教育、交通、退役军人事务、军区、旅游、铁路、煤矿、电力、扶贫、党校等部门和中央及省属企业合作，广泛深入开展应急救护知识普及培训工作。开展了“平安春运、安全过年、红十字‘救’在身边”应急救护知识普及宣传主题活动；举办了全省首届红十字应急救护大赛；首次将红十字应急救护培训内容纳入全省安全监管人员培训课程；红十字应急救护被纳入二青会赛事志愿者岗前培训内容；选派红十字救护员队伍参加第五届全国红十字应急救护大赛并取得三等奖的好成绩。联合省应急管理厅等单位部门开展了应急救护培训“七进”活动，积极推广向太原武宿国际机场、太原南站、太原站等全省人流密集公共场所配置投放AED机。全省全年累计完成初级救护员培训4.5万余名，普及救护知识达58万余人次，参与大型赛事23次，红十字志愿者参与人数达到11000余人次，配置投放AED46台。三是人道资源动员工作成效卓著。推动建立省市县三级红会联动开展人道资源动员工作机制，探索形成“广泛性动员、开放式合作、项目化管理、创新型发展”红十字募捐新模式，广泛开展“博爱一日捐”等募捐活动，全省各级募集款物8.78亿元(含意向捐赠)，其中省本级募集8.54亿元(含意向捐赠)，实施并落地款物价值总计8781.91万元，其中，“国奶扶贫工程”项目已在全省34个县开展婴幼儿配方奶粉支助活动，为1.5万户家庭发放婴幼儿配方奶粉57542罐，价值1226.3万元。四是紧紧围绕脱贫攻坚大局开展人道救助服务。在全国率先成立了红十字医疗联盟，建立了山西红十字干细胞组织资源库，逐步做大“博爱助医、助学、助困、助老、助残、助幼”六助品牌。加大中国红基会“红十字天使计划”等大病救助项目实施力度，扎实开展贫困家庭大病患者人道救助，发放救助资金519.85万元，290人受益；开展“博爱送万家”活动，投入款物价值234余万元，3千余户家庭受益；在5个国家级贫困县建设“博爱家园”项目，5个5A景区建设救护站项目，建设“博爱书屋”7个、“博爱卫生站”4所、生命健康安全教育基地2所、博爱小学1所，对115名乡村医生进行诊疗能力培训；在全省设立“红十字博爱超市”587个，发放衣物价值630万元；面向贫困地区开展了“一双筷子、一块毛巾”健康生活理念公益互助项目，“红十字·青少年眼健康山西行”项目使3000余名贫困家庭儿童受益；还组织太原市老年大学学员走进山区关爱贫困地区留守儿童，为孩子们织毛衣、送爱心。五是“三献”动员稳步推进。全年动员全省近40万人进行无偿献血，献血量近140吨，宣传普及无偿献血人数160余万人，实现全省临床用血完全来源于无偿献血；圆满完成了3500人份造血干细胞志愿者入库任务，回访志愿者1.8万人，全年实现捐献17人；启动首个省级人体器官捐献者纪念缅怀园建设，全年全省报名登记人体器官捐献2万余人，实现公民逝世后人体器官捐献84例，捐献器官245例，救助238人，16个省市来晋学习“统一协调、统一获取、统一分配、统一管理、统一救助”的“五统一”模式，山西经验在昆明召开的国际器官捐献大会上进行交流。六是红十字养老服务工作闯出全国经验。争取红总会支持，大力开展曜阳关爱行动，为全省红十字福寿安康养老基地配置康复设备价值340余万元，举办全省养老服务工作推进会和护理员培训班2期。圆满承办了中国红十字会养老服务工作经验交流会，山西养老服务工作经验在本次会议以及“第五届中国养老服务业发展高峰论坛”上做经验介绍。“曜阳快助”全国总部建设项目落户大同公元398集团。全省红十字福寿安康养老基地达到33个，红十字养老服务工作走进全国第一方阵。

(侯晓俊)

附：省红十字会党组书记、成员名单

书　记：郑　红(女)

成　员：白　冰(女)　李晓静

省管国有企业党委工作概况

太原钢铁(集团)有限公司党委

党委书记　高祥明

太原钢铁(集团)有限公司(简称"太钢")党委下属基层党委37个(含股份公司党委及临钢分公司党委),直属党总支7个,直属党支部4个,基层党总支35个,基层党支部559个。全公司共有党员总数24174名,在岗党员总数11955名。

2019年,太钢各级党组织坚持以习近平新时代中国特色社会主义思想和党的十九大精神为指引,深入学习贯彻落实习近平总书记视察山西重要讲话精神,不折不扣贯彻落实中央和省委决策部署,解放思想,奋力攻坚,党的领导和党的建设不断加强,引领开拓了企业高质量转型发展新局面。全年产钢1086万吨,其中不锈钢418万吨,实现营业收入797亿元,实现利润35亿元,实现税金27亿元,公司保持了稳健的发展态势,整体素质和综合实力持续提升,获评山西省优秀企业和制造业单项冠军示范企业。

一、扎实开展"不忘初心、牢记使命"主题教育和"改革创新、奋发有为"大讨论

太钢党委将"不忘初心、牢记使命"主题教育作为重大政治任务深入开展,坚持把学习教育、调查研究、检视问题、整改落实贯彻主题教育始终,广大党员干部经受了一次思想淬炼、政治历练、实践锻炼,立志产业报国、锻造大国重器的初心使命厚植于心。在集团技术中心中试车间召开学用习近平新时代中国特色社会主义思想经验交流会,选树了14个先进典型,集团成为主题教育中省管企业学用新思想经验交流会的示范单位。把"改革创新、奋发有为"大讨论核心内容作为贯穿公司年度"两会"的主题主线,围绕"六个破除"全面查找差距,太钢大讨论实施方案被省委确定为全省示范方案,太钢也是为大讨论期间全省学习推广的四个典型之一和省内唯一典型,集团上下形成了"改革创新、奋发有为"的强劲态势。

二、持续推动全面从严治党向纵深发展

太钢党委坚持把政治建设摆在首位,开展贯彻落实习近平总书记视察山西重要讲话精神自查自纠,完善了工作台账和督查机制,持续推动习近平总书记重要指示批示和党中央决策部署落地生根。提高政治站位,聚焦省委常规巡视反馈的问题立行立改、即查即改,加快补齐管党治党短板和弱项。稳步推进纪检监察体制改革,成立山西省监委驻太钢监察专员办公室,健全了监督体系,提升了标准化、制度化、规范化水平。严肃党内政治生活,开展张茂才严重违纪违法案件警示教育,制定《关于加强太钢中层及以上党员领导干部民主生活会的规定》,严格落实"三会一课"制度,维护了组织生活的严肃性。保持高压惩处态势,对党风廉政建设"两个责任"落实不力的党组织和领导干部进行责任追究,不断巩固落实中央八项规定精神成果,营造了风清气正的良好环境。

三、推动宣传思想文化工作不断强起来

太钢党委把思想建设作为基础性建设,以两级党委中心组学习为引领,全年组织党委中心组学习37次,开展《习近平新时代中国特色社会主义思想学习纲要》、党的十九届四中全会精神等群众性宣讲,推动习近平新时代中国特色社会主义思想入脑入心。抓住新中国成立70周年等重大契机,积极弘扬社会主义核心价值观,首次全部使用微信投票方式开展年度"感动太钢"人物评选宣传,最大程度凝聚起爱国爱厂正能量。加强和改进思想政治工作,以敬业度评估为抓手持

续提升职工满意度，《加强改进思想政治工作 推动企业改革创新科学发展》研究成果获评2018年度中国思想政治工作研究成果一等奖。落实意识形态工作责任制，始终保持意识形态安全和主流舆论强势，对研发成功“手撕钢”等重大主题开展全方位、全媒体、全覆盖宣传，塑造了太钢良好品牌形象。

四、着力打造过硬干部人才队伍

太钢党委坚持党管干部原则，牢牢把握“对党忠诚、勇于创新、治企有方、兴企有为、清正廉洁”选人用人导向，选优配强各级领导班子，大力发现识别优秀年轻干部，2019年公司管理的中层及以上领导人员共调整77人次，其中提拔26人，交流5人，兼职10人，免职17人，免兼职6人，职务名称变更2人，干部结构不断优化。坚持培训和培养并重，选派人员参加中组部、省委组织部、省国资委组织的专题培训或到党政机关、公司管理部门和上下工序挂职锻炼，干部队伍素质能力进一步提升。把从严管理监督干部和激励干部新时代新担当新作为有机结合，开展领导干部违规兼职和不担当不作为问题专项整治，选树担当作为干部典型，激发干事创业热情。完善党管人才领导体制，333名职工入选“三晋英才”支持计划，签约首名太钢首席科学家，加大激励奖励力度，创新创造活力竞相迸发。

五、强力压紧压实基层党建工作责任

太钢党委严格落实党建工作责任，明确责任主体，细化责任分解，强化责任落实，实行“清单化”推进，形成上下有机互动、逐级压力不减的责任传导落实机制。研究制定一批务实管用、可复制可推广的制度措施，先后就党员教育管理、整治软弱涣散等出台制度方案，补缺制度漏洞，持续提升党建工作制度化水平。加强基层党支部建设，提出建设“三化”党支部的13项工作举措，选优配强基层党支部书记，持续提升组织力。加强党员经常性教育管理，把推进党员“三亮”活动与党员“争优”行动紧密结合，探索建立党员立足岗位做贡献、充分发挥先锋模范作用的常态化工作机制，推动基层党建工作与生产经营深度融合。

六、推动群团组织最大限度发挥凝心聚力功能

太钢党委坚持以党建带群建，深化群团组织改革，工会、共青团等组织的政治性、先进性、群众性进一步增强。组织“当好主人翁、建功新时代”主题劳动竞赛，举办公司第40届职工标准化操作、岗位练兵技术比武，广泛开展“五小六化”竞赛活动，推动职工创新工作室积极承担技术攻关课题，职工积极性主动性充分激发。加强民主管理，深入开展职工代表巡视活动，扎实推动厂务公开，太钢不锈获“全国模范劳动关系和谐企业”荣誉称号。制定下发《太钢困难职工救助实施细则》，精准有效开展困难帮扶活动，困难职工帮扶救助体系持续完善，职工满意度进一步提升。推动《太钢青年高质量发展行动计划》落地实施，组织开展“匠心青工·追求卓越”“青春心向党 助力高质量”等系列主题活动，选树新时代“双良传人”，吸引青年、凝聚青年、引领青年在太钢高质量发展主战场上建功立业。

2019年，太钢信访维稳、武装保卫、统一战线、离退休职工管理等工作扎实推进，为企业改革发展创造了良好的环境。

（李志强）

附：太原钢铁（集团）有限公司党委书记、副书记、常委名单

书　　记：高祥明
专职副书记：韩瑞平
副 书 记：高建兵
常　　委：柴志勇　李　华　高　铁　张晓东

山西焦煤集团有限责任公司党委

一、企业基本情况

党委书记　王茂盛

2019年，山西焦煤集团生产原煤10482万吨，精煤4946万吨，焦炭1001万吨，化工产品302万吨，发电219.5亿度，煤炭统销量10564万吨；实现销售收入1808亿元，利润56亿元，税费141亿元。2019年底，山西焦煤集团共有147个党委、303个党总支、3123个党支部，党员63689名。

二、党委主要工作

2019年是山西焦煤发展史上承前启后、继往开来、意义特殊的一年。新一届领导班子在省委、省政府和省国资委党委的坚强领导下，全面加强党的建设，团结带领广大干部职工，在市场激流中把握方向，在深化改革中破解难题，在抢抓机遇中提升实力，主要指标任务圆满完成，高质量发展取得新的进步。

（一）政治引领举旗定向。牢固确立习近平新时代中国特色社会主义思想指导地位，增强“四个意识”，坚定“四个自信”，做到“两个维护”，严格执行党的路线方针政策。深入贯彻全省转型综改、能源革命要求，传承创新、部署实施“1126”发展战略和“三年行动纲要”，高质量发展主攻方向更加明确。落实“两个一以贯之”，坚持和完善“双向进入、交叉任职”领导体制，集团公司和党委建制子公司全面完成党建入章

程,党组织在法人治理结构中的法定地位更加牢固。党建工作与生产经营深度融合,“六项重点”齐头并进,“八大工程”协同发力,产销量继续保持亿吨以上,主营收入、利润总额均创历史新高,资产负债率、综合融资成本为省属煤炭企业最低,利润总额、净利润、上缴税费、净资产收益率均为省属企业第一;人力资源公司混改、民爆产业重组、日照配煤基地建设、焦煤指数发布等在全省、全行业引发关注。

(二)管党治党纵深推进。不折不扣落实全面从严治党主体责任,全力配合省委巡视,深度接受“政治体检”,刀刃向内,自我革命,边巡边改,以钉钉子的精神解决反馈问题。扎实开展“改革创新、奋发有为”大讨论,聚焦“六个破除”“六个着力”“六个坚持”深入研讨,提出改革创新、先行先试举措1500余条,大讨论成果转化为引领发展的实际行动。深入开展“不忘初心、牢记使命”主题教育,紧扣“五句话”目标,坚持“四个贯穿始终”,党委班子以上率下开展3次集中学习,各级干部完成调研报告1360余篇,立行立改问题1700余条。成立党委巡察办公室,深入开展党委巡察,首次实现全覆盖,577条问题落实整改。持续加强“三基建设”,选树示范党支部,集中轮训党支部书记,基础工作夯实,组织力得到提升。坚持从严治党和依法治企紧密结合,围绕“一个升级、两个融合、三个转变”,健全法律顾问制度,深化法律风险防控,为高质量发展提供法治保障。

(三)队伍建设不断加强。坚持正确用人导向,落实党管干部原则和好干部标准,选优配强各级班子和领导干部。加大竞争性选拔力度,公开选聘14名机关人员。认真开展“一报告两评议”,非定向推荐优秀干部,激励担当作为典型,掌握了一批优秀干部。制定实施中层干部管理规定,明确子分公司领导人员职数管理目标,干部管理进一步从严。强化日常管理监督,做好干部个人有关事项报告,明确集团公司领导近亲属经商办企禁业范围。开展全员素质提升工程,遴选推荐267名“三晋英才”,盘活党校、技师学院、培训中心等各类资源,组织中高层管理人员、技术骨干培训,实施青年领军人才计划,首次举办煤矿生产一线优秀职工培训,三支人才队伍素质持续提升。

(四)转型升级效果显现。贯彻能源革命综合改革要求,延伸产业链条,加快发展转型。煤炭主业坚定走“减、优、绿”之路,退出落后产能570万吨,建成4座标杆矿井、7个智能化工作面,启动2座智慧矿山建设,先进产能占比达到77%。扎实推进“一优三减”,32座矿井实现“一井一面”,16座矿井实现“一井两面”,井下作业人员持续减少。46项智能化选煤厂建设项目完工,富余洗选能力开始社会化服务。焦化产业优化布局、升级改造、减亏增效;牵头成立山西省焦化产业联盟,搭建合作交流平台。清洁能源发电装机容量增加25.8兆瓦,全省首家厂用电35千伏直供试点落户焦煤。重组省内3户民爆企业,山西省民爆集团开始运营,辅业增添了新动能。日照港配煤基地开工建设,与蒙古、俄罗斯、格鲁吉亚等开展项目合作。财务公司、融资租赁、融资担保、金融资本四大平台业务拓展,产融结合服务转型升级。

(五)改革创新活力迸发。深入实施“双百行动”,年度改革任务按节点完成。持续推进集团化管控、板块化经营、专业化管理,国有资本投资公司建设、集团总部职能优化、扁平化管理三大课题研究取得初步成果。大力推行契约化管理,倡导责权利对等,以业绩论英雄。混合所有制改革稳步实施,3户企业混改落地,人力资源公司成为全省首家完成混改的国有人力资源公司。“两办”改革全面发力,“三供一业”整体移交,医疗机构划转积极推进,职教系统自主经营、自负盈亏,80%厂办大集体企业成功改制。出清“僵尸”企业13户,注销法人44户,在册、在岗人数连续6年下降,薪酬分配导向持续优化。创新驱动动力增强,产学研用一体推进,科技成果加快转化,集团公司技术中心荣膺优秀国家企业技术中心称号。

(六)正风反腐激浊扬清。落实纪检监察体制改革举措,成立监察专员办公室,积极支持依法依规监督。以“风清气正我带头”为主题,开展反腐倡廉宣传教育,在全集团组织2次集中警示教育,以身边的事教育身边的人,干部廉洁从业风气进一步匡正。深入推进“十大信息平台”建设,经营管理信息化水平不断提升,廉洁风险得到更好防控。持续开展扫黑除恶、干部违规经商办企业、职工群众身边腐败问题等专项整治,查处问题10件,党纪政务处分16人。加大监督执纪问责力度,立案数量、处分人数同比增加,越往后越严的信号不断释放,职工群众对正风反腐的认可度、满意度不断提升。驰而不息纠正“四风”,查处违反中央八项规定精神案件10起,党纪政务处分14人;针对公务车辆超标、重点工作推进缓慢、巡察整改不到位等问题,严肃追责问责,促进作风好转。

(七)文明建设成果丰硕。大力弘扬社会主义核心价值观,持续推进文明创建,组织开展“文明单位”“道德模范”“最美家庭”宣传选树,一大批集体和个人获省级以上表彰,西山煤电马黎明获评全国向上向善好青年。定期分析研判形势,及时通报情况,加强对意识形态工作的领导。巩固主流舆论阵地,围绕庆祝新中国成立70周年、中国共产党成立98周年等开展主题宣传,鼓舞人心,凝聚合力。启动“品牌文化建设工程”,抓住能源革命展等契机,展示绿色低碳发展成果。积极开展困难帮扶,发放慰问金1974万元,把党组织关怀和温暖送到职工群众手中。完善社保、住房、福利等保障机制,共享发展成果。打造技能运动会、创新工作室、“五小”创新“三个平台”,广泛开展劳动竞赛,助力职工成长,服务高质量发展。

(杨士元)

附:山西焦煤集团有限责任公司党委书记、副书记、常委名单

书　　记:武华太(1月离职)　王茂盛(1月任职)
副 书 记:金智新(1月离职)　黄　巍(1月任职)　王廉敏
常　　委:邓保平(1月离职)　王　敏　李堂锁　胡文强　杨清民(12月任职)

大同煤矿集团有限责任公司党委

党委书记　郭金刚

截至2019年底，大同煤矿集团有限责任公司（以下简称“同煤集团”）共有二级党委71个、直属党（总）支部16个、党员49053人、员工15.8万，资产总额3617亿元，是全国第三大亿吨级动力煤大集团、山西省最大的煤炭和发电企业，是煤电深度融合，金融、现代煤化工、物流等多元发展的特大型国有现代化能源集团，世界500强排名464位。

2019年，同煤集团党委以习近平新时代中国特色社会主义思想为指导，贯彻落实省委“四为四高两同步”总体思路和要求，全面实施“36951”战略体系和“1886”行动计划，坚持“系统思维、把握大局、严肃认真、注重细节”工作要求，实现了经济运行全线飘红、转型发展提质增速、改革创新蹄疾步稳、党的建设全面加强，迈出了高质量发展的坚实步伐。

一、圆满完成全年主要指标

1、生产煤量：完成1.79亿吨，同比增加4206万吨，增幅30.66%。

2、煤炭销量：完成2.2亿吨，同比增加2768万吨，增幅14.3%。

3、电力装机量：完成1969.1万千瓦，同比增加260.6万千瓦，增幅8.2%。

4、发电量：完成443.6亿度，同比增加51.2亿度，增幅13%。

5、营业收入：完成1903亿元，同比增加137亿元，增幅7.8%。

6、利润：完成23.2亿元，同比增加4.1亿元，增幅21.5%。

7、上缴税费：完成104.7亿元，同比减少6亿元，降幅5.4%。

8、工业总产值：完成860亿元，同比增加90亿元，增幅11.7%。

9、工业增加值：完成320亿元，同比增加13亿元，增幅4.1%。

10、员工人均年收入7.8万元，同比增加9619元，增幅14.1%。

二、坚持党的领导，加强党的建设

（一）强化政治建设，永葆国企政治本色

一是坚定政治立场。出台了《加强党的政治建设有关要求》，提出了党员干部“二十个坚持”工作要求，制定完善了党委常委会、董事会及经理层议事规则，明确了《党委常委会（董事会）2019年工作要点》，强化党委的把关定向作用。加强理想信念教育，班子成员凡大会必讲习近平新时代中国特色社会主义思想，必讲理想信念、宗旨意识，必讲世界观、人生观、价值观，不断引导党员干部增强“四个意识”，坚定“四个自信”，坚决做到“两个维护”。

二是强化理论武装。出台了《党委理论学习中心组学习制度》，制作了专题学习资料，把中心组成员从抄笔记中解放出来。特别是领学常委对所学习内容，结合企业实际，提前制定落实举措，在学习时同步安排，确保了上级决策部署在同煤第一时间落地见效。成立了由党委书记、董事长任组长的意识形态工作领导小组，制定了《(网络)意识形态工作考核办法》，并将意识形态工作纳入了《党政一体化考核评分奖惩办法》，考核结果直接与各单位主要领导工资挂钩，有效推动了意识形态工作责任制的落实。

三是严肃政治生活。严格落实“三会一课”制度、民主集中制和《关于新形势下党内政治生活的若干准则》。制定了重大事项报告制度并延伸到二、三级单位。扎实开展“不忘初心、牢记使命”主题教育，形成了60项重点成果。

（二）强化组织建设，推动基层全面过硬

一是出台了“讲政治，有学历、有阅历、有能力，品德好，清正廉洁”的“1311”选人用人工作思路。48名80后优秀年轻干部走上了集团公司中层领导岗位，21名全日制煤炭专业毕业的干部走上了生产矿矿长（董事长）、总经理岗位，796名大学生员工主动申请到采掘一线“回炉”历练，3895名35岁以下科级和一般干部进入干部后备人才库，有效解决了人才断层问题。对29个二级单位实施了党委书记、董事长“一肩挑”制度，促进了党建和经济工作高度融合。

二是大力推行大部制改革。减少职能部门、二级单位37个。完成了61家二级单位、部门内部机构设置、撤销、合并、重组等工作，减少内设机构49个，全面优化了干部结构，精简了机构，提升了工作效率。

三是实施了党政一体化考核评分奖惩体系，有效破解了党建工作与经济工作“两张皮”问题。构建起党委、基层党支部、广大党员3个层面的考核评分体系。真考核、真兑现，2019年全覆盖考核12次，奖励2789.65万元，罚款189.08万元。党政一体化考核实践成果入选了《国有企业党建蓝皮书：国有企业党建发展报告(2019)》。

三、持续正风肃纪反腐，推动全面从严治党

（一）坚决扛起主责首责。认真落实党委主体责任、党委书记第一责任人职责、班子成员“一岗双责”。召开了党风廉政建设工作会议，提出了党员干部“二十个必须”工作要求，

层层签订《党风廉政建设目标责任书》,逐级压实责任。针对党委主体责任不落实企业内部管理缺失问题,"一个问题一个对策"开展整治,建立长效机制,深入开展警示教育,营造了风清气正、管理高效、健康发展的良好局面。

(二)持之以恒推进作风建设。严格执行中央八项规定精神和集团公司《贯彻落实中央八项规定精神的实施办法》,开展了违反中央八项规定精神以及形式主义、官僚主义突出问题专项整治,营造出风清气正、干事创业的浓厚氛围。

(三)狠刹"十种不良风气"。结合企业实际,开展了狠刹"吃喝风、赌博风、吸毒风、诬告风、非访风、跑官风、谣言风、人情风、吃拿卡要风、传销风"专项整治,社会风气持续向好。

(四)积极配合省委第六轮巡视工作。对移交问题线索,立行立改,边巡边改,扎实做好巡视整改"后半篇文章"。并坚持上下联动,成立30个巡视巡查组,对所属单位进行了全覆盖巡视巡察。

四、全面贯彻新发展理念,实施"36951"战略体系,推动企业高质量发展

(一)聚焦"一主三辅两新"6大产业,推动多元转型。通过供给侧结构性改革,先进产能达到7430万吨,占比80.8%,绝对量稳居全省第一。11座千万吨级矿井已建成9座,实现了煤炭主业提质升级。电力装机达1969万千瓦,每年营收100亿元以上,成为全省最大发电企业。强化金融支撑实体能力,金融资产达到330亿元,每年提供融资500亿元以上,创利20亿元。聚焦"三化一型"要求,建成了60万吨煤制甲醇、10万吨煤基活性炭两个煤化工项目,40亿立方米煤制天然气、5000吨甲醇制氢气等项目正在加速推进。物流公司挂牌运营,入驻大同国际陆港,初步形成大物流集散格局。新能源制造业蓄势待发,300兆瓦移动能源产业园项目领跑全省,建成国内第一条规模化柔性薄膜太阳能电池生产线,光伏装机居全省首位,特别是左云光伏在国家先进技术光伏示范基地中名列第一。

(二)坚持"项目为王",全力推动9大项目集群建设。投资1100亿元,建设1000万吨/年潘家窑煤矿、漳泽百万电厂、40亿立方米/年煤制气等9大项目集群,全部建成后将新增收入1000亿元以上。同时,全力以赴抓好同煤集团《能源革命综合改革行动方案》55项重点工作、《高质量发展实施方案》68项重点工作,以及与大同市合作的"8+1"重点项目,争当能源革命先锋。

(三)非常之力抓改革攻坚,取得突破性进展。塔电二期与苏晋能源"腾笼换鸟"在全省率先完成。退休人员社会化管理提前48天完成全省改革试点任务,近11万名退休人员全部移交属地管理,在全省树立了典范。专业化重组了物流、新能源等专业化公司,优化了资源配置,提升了企业竞争力。特别是全面实施契约化管理,一企一契与143家二级单位签订了年度契约书,配套下放经营、融资等六项权力,对3家单位试点下放经营班子组阁权,有效激发了经营活力,推动实现了"全年红"。

(四)扎实推进三大攻坚战。一是有效防范化解各类重大风险。系统梳理出安全、投资、稳定等11个方面75个风险点,明确了215条应对措施,防风险工作整体平稳、管控有效。二是精准推进脱贫攻坚。2019年为30个帮扶村注资478.8万元,助力当地发展特色产业,使贫困户户均年增收300–500元,全面完成了扶贫任务。积极推进产业扶贫项目,天镇宏丰农业园区累计完成投资2.7亿元,为当地农民提供了1.7万人次的就业岗位,人均月增收1600余元。三是持续改善生态环境。环保工作力度空前,2019年下达环保资金31.27亿元,重大环保问题基本得到解决。淘汰燃煤热风炉及小吨位锅炉80余台,全封闭改造煤场15个,提标改造生活污水厂4座,对19座矸石山进行了综合治理,新增绿地面积28.8万平方米,矿区绿化覆盖率达32.69%,为大同地区的碧水蓝天作出了突出贡献。

(五)坚持"创新为上",科技创新成果显著。2019年获得省部级科技进步奖25项,通过省部级成果鉴定24项,获得授权专利62项。党委书记、董事长郭金刚荣获了第二十八届孙越崎能源大奖,《同煤集团"四元"协同发展模式创新与实践》等3项成果荣获煤炭工业协会科技进步一等奖。国家"十三五"科技攻关项目——1500万吨级智能化放顶煤开采技术、装备及示范工程,在塔山8222工作面成功投运,成为全行业特厚煤层智能化开采的领跑者。

(六)恒久之功抓安全生产,确保企业平稳发展。充分发挥19个安全专业委员会职能,强化"十七亲自"、煤矿"双包保"、安全生产"二十个严禁""二十个一律"等制度,制定了董事长安全生产指令,狠抓"关键少数"和薄弱环节,提高了安全执行力。强化隐患排查和安全问责,坚决执行死亡1人,党政正职就地免职,死亡2人,党政正职就地撤职,严守底线,高压治安,确保了安全生产整体平稳运行。

(七)精神文明建设成果丰硕。修订完善了《文明单位(标兵)考核办法和标准》和《文明示范区考核办法和标准》,6家单位继续保持"全国文明单位"称号。连续27年开展"季评十好、年评十佳"好人评选活动,累计选树"十好"千余人、"十佳"260多人。员工葛向栋荣获了第七届全国道德模范提名奖,省属企业仅此一人。

(八)办实事、解难题,民生改善取得新突破。10件惠民实事全部兑现,特别是在资金还贷和经营压力严峻的形势下,全年共缴纳"五险一金"各类费用43.9亿元,做到了应缴尽缴,保障了职工合法权益。投资4.1亿元开工建设"两区"50栋、2496套保障性住房,为16893户安置户办理了"大红本",逐步解决"两区"历史遗留问题。建立了后勤协调服务保障体系,374名工作人员进驻各物业小区,义务帮助员工家属协调生活后勤工作。围绕端午、中秋等重大节日,开展了大型普惠员工活动,进一步增强了员工家属幸福感和获得感。

(曹剑坚　白利鑫)

附:大同煤矿集团有限责任公司党委书记、副书记、常委名单

书　　记：郭金刚
副 书 记：崔建军
专职副书记：刘　敬
常　　委：吴跃平　蒋　煜　刘文彦

阳泉煤业（集团）有限责任公司党委

党委书记　翟　红

2019年，阳煤集团党委高举习近平新时代中国特色社会主义思想伟大旗帜，深入学习贯彻习近平总书记“三篇光辉文献”精神，深入落实省委、省政府能源革命及国资国企改革决策部署，坚持“127”发展战略（“一个构建”，即构建高质量现代产业体系；“两个迈向”，即从有限的资源开采迈向无限的资源利用，从重工业迈向新兴服务业；“七大产业板块”，即煤炭、化工、铝电、现代工业新业态、现代物联网大数据、现代智慧服务业、现代金融），深入推进“123456”工程，加快构建现代产业体系，着力推动5G技术下井，探索“互联网+”未来采矿新模式，加快晋华炉4.0和R-GAS气化炉技术研发推广，布局国际陆港、气凝胶、飞轮储能等一大批具有前瞻性和培育潜力的大项目、好项目，开启了高质量转型发展新征程。

一、认真开展“不忘初心、牢记使命”主题教育

阳煤集团作为“不忘初心、牢记使命”主题教育第一批单位，聚焦“守初心、担使命，找差距、抓落实”的总要求，以深入学习贯彻落实习近平新时代中国特色社会主义思想为主线，坚持以上率下，统揽全局，采取原原本本学、集中研讨学、专题培训学、现场体验学、对标一流学、典型示范学、警示教育学等方法，“军训+培训”中层以上干部960余名，把“学”和“做”贯通起来，增强了践行初心使命的行动自觉。以深化“服务企业、服务基层、服务群众”活动为基本途径，深入基层、深入一线，就混合所有制企业的党建模式、煤矿建管模式、矿井安全生产、宣传思想政治工作等方面开展深度调研，解题寻策，破解职工群众最关心最现实的突出问题，推进一大批改革发展重点项目和民生工程落实落地。以检视问题、整改落实为重要手段，找出找准并研究解决影响制约高质量发展的突出问题，边学边查边改，持续对标一流，构建全过程、全方位、全员参与的对标工作格局，全面打造“中国纳谷”、“山西陆港”、新能源基地和全省环保新标杆，推动山西煤机市场化、高端化、国际化发展，叫响“山西制造”，亿吨煤炭生产基地布局基本形成，企业高质量发展取得新成效。

二、扎实开展“改革创新、奋发有为”大讨论

按照省委开展“改革创新、奋发有为”大讨论活动的要求，阳煤集团迅速安排部署，制定下发了关于开展“改革创新、奋发有为”大讨论的实施方案，成立了5个督导组，每旬一次对二级党组织开展全覆盖督导，共对40余家单位的经验进行了推介。大讨论期间，编发简报11期，其中，有3期被省委办公厅《山西信息》刊发、1期被省国资委党委刊发，并在山西日报、阳泉日报刊发《步步唯实脚印深》等大讨论综述，得到省委、省国资委的充分肯定。

期间，阳煤集团通过理论学习中心组、支部专题会议、职工会议等多种形式开展学习研讨，既在中高级管理人员中深入开展，也在车间队组、岗位一线中掀起热潮，对照讨论要求找差距、明方向，增强了改革开放再出发的责任感紧迫感。围绕改革改制、安全生产、科技创新、“1+9”企业文化等内容开展“我为阳煤改革创新提建议”建言献策活动，在广大职工群众中征集合理化建议，充分激发了群众首创精神。扎实开展对标一流述职，紧紧围绕“干什么”“怎么干”“干成什么样”，对标一流，查摆问题，以评促改，在集团上下营造了你追我赶、奋勇争先的生动局面。组织观看改革开放40周年专题片和《右玉和她的县委书记们》电视片等760场。组织开展大讨论征文活动，围绕主题，从国企国资改革、传统产业升级、新兴产业培育、重大技术攻关、人才队伍建设等多个角度，结合实际，精心撰写大讨论征文489篇，为推进企业改革创新再出发，构建高质量现代产业体系打下了坚实基础。

三、建设忠诚干净担当的高素质干部队伍

2019年，阳煤集团党委认真落实新时期“好干部”标准和国有企业领导人员20字要求，全面深化干部人事制度改革，坚持选准、用活、育优、严管，选用重实绩、培养重实践、监督重日常，着力建设忠诚担当、干净干事的高素质干部队伍。构建集团公司委任、契约化遴选、公开选拔、市场化选聘等多种形式的干部选任体系，打破了论资排辈，畅通了人才晋升通道，实现了党管干部与市场化选人有机结合，公开选拔矿长5名和上市公司高管2名。健全完善煤矿“六大员”和总会计师“赛马”机制，全年末尾淘汰3人，重新上岗5人，赛出了业绩、赛出了风气、赛出了干劲。立足企业长远发展和人才梯次衔接，深入推进“111”人才工程，累计43名“111”年轻干部走上重要岗位锤炼，287人入选“三晋英才”。全年引进高校主体及紧缺专业毕业生358人，专业技术人才队伍结构进一步优化。

四、推进基层党组织标准化规范化建设

2019年，阳煤集团牢固树立党的一切工作到支部的鲜

明导向,认真贯彻落实《中国共产党支部工作条例(试行)》,进一步修订完善《阳煤集团党支部工作标准》《阳煤集团党支部工作手册》,以“支部设置标准化、组织生活经常化、管理服务精细化、工作制度体系化、阵地建设规范化”为标准,大力推进党支部标准化规范化建设,党支部的政治功能得到增强。认真做好基层党组织换届工作,制定下发《基层党组织按期换届提醒督促机制》《关于做好党总支、党支部换届选举工作的通知》,1311个基层党总支、党支部完成换届选举。不断加强基层党组织“领头羊”队伍建设,全覆盖开展基层党组织书记集中轮训。充分发挥基层党组织的战斗堡垒作用和党员先锋模范作用,营造“一个党员一面旗帜,一个支部一座堡垒”的积极氛围,截至2019年底,阳煤集团共有基层党组织1986个,其中党委65个,党总支215个,党支部1706个,共有党员38264名。

五、着力筑牢意识形态主阵地

2019年,阳煤集团在已有两级意识形态工作研判机制的基础上,建立了网络意识形态领域形势研判机制,层层压实工作责任,做到一级抓一级、一级对一级负责。意识形态季度研判机制和网络意识形态季度研判机制进一步规范,分析研判质量明显提高,工作规范化水平稳步提升,对下一阶段可能出现风险点的研判和预测更加准确有依据、处置有预案。同时,以三级网络意识形态管控体系为依托,以覆盖全集团各产业、各板块的584名核心、骨干、基础网评员队伍为抓手,做到了网络舆情监控及时有效、突发舆情处置科学引导,为阳煤集团改革发展营造了良好网络舆论氛围。广大网评员在“二青会·使命在肩,奋斗有我!”“党的十八大以来山西深化改革、转型发展、改善民生重大举措及成果评选”等专项网评任务中大量点赞、投票、转发相关信息,发挥了网络舆情正面引导的骨干中坚作用。

六、深入推进精神文明建设工作

2019年,阳煤集团以培育和践行社会主义核心价值观为主题,扎实推进“道德讲堂”建设工作,深入宣传各类道德模范,集团所属各“道德讲堂”共举办活动330余场次,5名职工获省属国有企业“第二届道德模范”。一年来,阳煤集团发挥以点带面示范引领作用,坚持不懈推进社会主义核心价值观示范点建设,推动社会主义核心价值观融入企业生产经营、管理服务和职工工作生活,阳煤集团一矿获“首批山西省社会主义核心价值观建设示范点”称号。一年来,阳煤集团深入开展学雷锋志愿服务活动,拓展活动形式,推进学雷锋志愿服务制度化常态化,“阳煤集团志愿者”拥有下级团体15个,青年志愿者服务队210支,成员14878人。2019年底,阳煤集团共有省级以上文明及标兵单位8家,省属企业文明及标兵单位31家(新增5家)。其中,一矿连续五届十五年获得“全国文明单位”称号,6个家庭获得“省属企业文明家庭”称号。

七、培育和建设优秀企业文化

2019年,阳煤集团规范视觉识别系统(VIS)管理办法,核心理念、公司全称仿毛体标准字进行重新修订,重新设计“协”字文化印章,对核心理念标准字和文化印章的八种组合范式进行了规范。编印《阳煤“1+9”企业文化手册》,重新确立了企业共同愿景、职业道德理念、执行理念、创新理念、合作理念、标准理念和素质提升理念。确定了员工日常文明行为规范、日常文明用语、行为禁忌规范和职业文明行为基本规范,使员工言行举止有规可循。《阳煤集团之歌》重新配乐填词后,昂扬大气、激情饱满,充分展现企业形象。在第六届中国企业传媒与品牌传播年会上,阳煤集团党委专职副书记、副董事长王付云荣获“中国企业全媒体传播体系构建与品牌传播优秀工作者”称号,《阳泉矿工》获“中国企业文化与品牌传播优秀报纸”二等奖,“阳煤集团”微信公众号获“中国企业文化与品牌传播优秀微信公众号”二等奖。在山西省首届企业文化优秀成果发布会上,阳煤集团党委报送的《求新求变 创新致远 以创新文化引领企业高质量发展》经验材料被评定为特等奖。

八、稳步推进“学习强国”学习平台

2019年,阳煤集团根据省委宣传部关于加快推进“学习强国”学习平台推广应用的要求,广大干部职工、入党积极分子、共青团员等积极参与,不断扩大学习平台的影响力,看新闻、听新闻、学思想、得积分成为日常习惯和阳煤新风尚。在省委宣传部9月份的统计中,学员姚领葵以获得10562分的积分,排名全市第一、全省第八;学员干小庆、贺新元分别以1002题的挑战答题最高纪录并列全省第一。三人被省委宣传部授予“山西省‘学习强国’学习标兵”荣誉称号。

(张海宇)

附:阳泉煤业(集团)有限责任公司党委书记、副书记、常委名单

书　　记: 翟　红
副 书 记: 王永革
专职副书记: 王付云(1月任职)
常　　委: 张建起　周　刚　杨乃时　高彦清

山西潞安矿业(集团)有限责任公司党委

党委书记　游　浩

2019年是新中国成立70周年,是全省在“两转”基础上拓展新局面的攻坚之年,也是潞安站在新的历史起点,追梦奋斗、改革发展的奋进之年。一年来,集团党委以习近平新时代中国特色社会主义思想为指导,坚决贯彻落实中央、省委决策部署和省国资委党委工作要求,紧紧围绕集团“13865”战略落地,以“九抓九强”工作新思路为抓手,把坚持党的领导、加强党的建设贯穿改革发展全过程,集团上下抓党建强党建意识不断增强、氛围更加浓厚,推动党建工作不断取得新进展新成效。

一、政治建设得到新加强

坚持把政治建设摆在首位,全面加强党的建设,进一步增强了树牢“四个意识”、坚定“四个自信”、做到“两个维护”的自觉性和主动性。坚决贯彻落实中央、省委决策部署,制定完善了一系列强化党委会、董事会、股东会、经理层管理的规范性制度文件和工作方案;深化党建责任制落实,建立了《重大事项请示报告制度》;进一步理顺公司法人治理结构,161家子公司党建工作写入公司章程并生效,占比90.45%;强化了外派专职董事、专职监事管理;全年召开党委常委会26次,前置研究议题441个,实现“应前必前”,党的领导机制运行更加高效;系统提出并统筹推进实施“13865”战略构想;主动融入国家发展战略,出台了《关于支持所属北京上海粤港澳大湾区等开放前沿地区企业高质量发展的若干政策措施(试行)》,致力打造潞安开放创新发展的“桥头堡”,党组织“把方向、管大局、保落实”的领导作用进一步彰显,推动了企业持续稳定健康发展。

二、思想建设实现新提升

坚持把学习贯彻习近平新时代中国特色社会主义思想作为首要政治任务,充分发挥集团党委理论学习中心组带头示范作用,抓住领导干部这个“关键少数”“重点对象”,坚持读原著、学原文、悟原理,从严从实强化理论武装;出台贯彻落实《中国共产党宣传工作条例》实施办法;深入开展理论宣讲,集团班子成员带头,围绕学习贯彻《纲要》、党的十九届四中全会精神举办专题宣讲,覆盖人数4万余人,持续推动学用习近平新时代中国特色社会主义思想走深走实。以“学习强国”平台为重点、网络宣传思想阵地为核心、意识形态工作责任制为抓手,进一步强化舆论导向,壮大主流思想。扎实开展“改革创新、奋发有为”大讨论,进一步深化多领域开放创新合作,形成了一批改革发展的重大成果。高标准开展“不忘初心、牢记使命”主题教育,形成重要改革和制度成果50余项,广大党员干部在增强“四个意识”、坚定“四个自信”、做到“两个维护”上更加坚定,在勇于担当作为、激情干事创业上更加振奋,在解决关系群众利益的热点难点问题上更加主动。集团主题教育的做法和成效得到了中央、省委指导组的肯定。

三、干部人才队伍建设取得新突破

突出政治标准、专业能力、敬业精神选拔任用干部,不断强化各级领导班子建设。建立了“基薪+岗位薪+绩效薪+风险薪+各类津贴”的薪酬分配机制,深化实施十大人才工程战略,大力推行职业经理人及团队市场化选聘,加大了社会招聘和内部竞聘力度,对部分基层单位实施经理层竞聘上岗。制定实施了激励干部担当作为、优秀年轻干部扎根基层干事创业等管理办法;选派24名优秀年轻干部进行双向挂职锻炼,加大优秀年轻干部队伍建设。加强对中层领导干部监督管理,推行领导干部履职月度考核;持续加大干部能上能下,对不适应改革发展、综合履职能力较弱的干部及时进行了组织调整。集团346人入选全省“三晋英才”支持计划人才、3人入选“第五批山西新兴产业领军人才”,干部人才干事创业活力进一步迸发。省委政研室《山西改革简报》对集团干部人才管理经验进行了刊载。

四、基层组织建设实现新提升

扎实推进“三基建设”,对主体责任不落实、作用发挥不突出、管理松散的基层党组织及时进行了调整,配齐了34个基层党组织班子;加大了整合矿井、偏远地区党组织整顿帮扶力度;持续加强机关纪律作风整顿和党的建设。严格落实“三会一课”、民主生活会、组织生活会、民主评议党员和主题党日制度,党组织规范化、标准化建设进一步加强。严格党员发展标准和程序,严把党员“入口关”。深入推进党管培训,出台《党管培训改革方案》,实现集团各级党组织、党支部书记、广大党员培训全覆盖,基层党组织的凝聚力和战斗力不断增强。

五、党建创新展现新亮点

时刻牢记习总书记的重要批示精神,及时修订完善《党建工作绩效管理评价细则》,加强党建数字化平台建设,以党建绩效管理为依托,不断深化党建工作专项调度、重点调度和日常调度,党建工作绩效管理水平进一步提升。扎实推进“一企一品”党建创新和品牌建设,李村煤矿党委KPI关键绩效指标管理法,余吾煤业党委“双示范、双先锋”创建,漳村煤矿党委员工素养提升“十个一”工程等典型做法,激发了基层党组织创造力和党建工作生命力,促进了基层党建工作与业务工作有机融合。

六、全面从严治党取得新成果

及时组织召开了集团公司第一次党代会,在全省国企首家召开全面从严治党工作会,建立了集团党委反腐败领导小组、党委巡察工作领导小组、党委审计委员会,重新单设党委办公室,组建党委巡察办;建立了领导班子从严治党“一岗双责”六条举措制度,构建了重点合作企业廉洁信息共建共享监督平台。全力支持纪检监察体制改革,保障纪检监察工作高质量发展。开展了薪酬管理、招投标管理和操办婚丧喜庆事宜违规违纪问题“三个整治”;盯紧重要节点和“关键少数”,严肃查处违反中央八项规定精神、违规操办婚丧喜庆事宜和“四风”问题,出台了集团《婚丧喜庆规定十二条》;对12个基层单位进行了常规巡察。特别是在省委为期三个月的常规巡视中,集团党委坚持即查即改、立行立改、边巡边改,并建立了巡视巡察上下联动机制,形成了叠加效应,扩大了震慑效果;巡视整改以来,坚持从严从实、上下联动,高标准制定了巡视整改“三清单”,切实做到领导责任到位、任务分解到位、工作部署到位、督促落实到位,有效推动了“聚焦问题立即整改、举一反三延伸整改、整章建制全面整改”,巡视整改取得明显成效,广大党员干部的政治品格得到不断锤炼,纪律规矩意识明显增强,干事创业热情更加高涨。

七、文化文明建设展示新魅力

围绕改革开放40周年、新中国成立70周年、建局60周年,组织开展了庆祝系列活动和具有时代特征、企业特色的群众性主题宣传教育活动。积极开展社会主义核心价值观教育示范点创建,在基层八个单位试点推行了《践行社会主义核心价值观职工信息档案管理办法(试行)》。进一步巩固拓展“全国文明单位”成果,大力传承弘扬石圪节精神,不断深化道德模范选树、道德讲堂展演、志愿服务活动。高河能源获第十六届全国职工职业道德建设标兵单位称号,石圪节煤矿入选第三批国家工业遗产,文化文明建设形成新特色。《文化创新引领企业高质量发展》荣获2018-2019年全国企业文化优秀成果一等奖、山西省首届企业文化优秀成果特等奖。

八、共建共享取得新成效

全员岗位工资提高200元/月;调增企业年金缴费标准、住房公积金缴费比例,公积金管理与长治市实现并轨运行;成立金桥人力资源公司,拓宽职工子女就业渠道,先后解决556名职工子女就业。出台员工内部退养管理办法、职工带薪休假外出疗养实施办法、10项补充医疗惠民新举措。重视职工素质提升工程,各级各类培训达25573人次;持续开展“五小”创新、劳动竞赛和“传帮带”活动,创建了一批劳模创新工作室。出台特殊个案职工家庭“民生工程”实施办法和职工残疾子女就业安置方案,积极落实残疾人就业;累计为3557户家庭、5290人发放救济慰问金5446万元;建立了“领导干部大走访”“建言献策直通车”等制度。精准扶贫取得重大成果,对口帮扶壶关、神池15个村中14个村实现整村脱贫,1007户建档立卡的贫困户退出贫困线,集团荣获“山西省驻村帮扶工作模范单位”称号。同时,武保、综治、统战、离退休、女工、共青团等组织积极发挥优势,为企业改革发展作出了重要贡献。

(范艳波)

附:山西潞安矿业(集团)有限责任公司党委书记、副书记、常委名单

书　　记:李晋平(1月离职)　游　浩(1月任职)

副 书 记:游　浩(1月调职)

专职副书记:王志清

常　　委:王光彪　郭贞红　孙玉福　洪　强　张丛林　姚志胜

山西晋城无烟煤矿业集团有限责任公司党委

党委书记　李鸿双

2019年,山西晋城无烟煤矿业集团有限责任公司(以下简称:晋煤集团)高举习近平新时代中国特色社会主义思想伟大旗帜,紧扣山西省委省政府各项决策部署,以不忘初心践行使命担当,以自我革命破题转型发展,推动企业经济运行稳中有进、逆势前行,各项事业取得新成绩。

一、主要业务进展情况

2019年,受经济下行压力加大、市场格局深刻调整、环保约束提档升级等因素影响,企业生产经营形势异常复杂严峻。年内,无烟煤售价连续9次下调,效益煤种——无烟块煤销量降幅11%,降价直接减少利润超20亿元。面对严峻形势,晋煤集团锚定低成本高质量路径不动摇,以“否定旧我、创造新我”的坚定决心,全面打响革命性降本增效、革命性开拓市场、革命性加快项目建设的“三个革命性”攻坚战,以深挖内潜有效抵住“寒冬”侵袭,以技术创新打开市场新空间,以开放合作开辟转型新天地,以深化改革激活创业新动力,企业发展的成本更低、质量更优、后劲更足,“外延式扩张”转向“内涵式增长”的高质量发展模式日益完善。全年完成降本增效16亿元以上,实现营业收入1754亿元,比2018年增长1.87%;利润总额40.41亿元,同比下降4.54%;净资产增长70亿元;资产负债率再降0.91个百分点,创下近8年来最好水平。

二、转型跨越发展情况

晋煤集团积极顺应工业高质量发展的时代潮流,借力能源革命综合改革试点“东风”,着力打造产业发展“生态圈”,共生共荣、协同发展的产业矩阵持续完善优化。

一是主业优势更强。山西燃气集团从“率先挂牌”“率先点火”再到“率先完成重组”,再一次彰显能源革命“排头兵”的应有作为。上游着力增储上产,四个新区块全面产气,全省采空区(废弃矿井)煤层气开发全面铺开。成功获取和顺马坊东区块。全年新增钻井502口、压裂456口、日产气量突破280万立方米,为持续增产上量奠定坚实基础。中游打通供气通道,“晋气内联外供”持续发力,打通向太原、晋中等终端市场的供气通道。下游着力拓展市场,与华润燃气合作推进终端市场整合。全年实现燃气销售量近34亿立方米,比2018年增长7.2%。全年完成井上下煤层气抽采量30.07亿立方米、利用量20.63亿立方米,分别比2018年增加0.45亿立方米、0.65亿立方米。

二是辅业质量更优。着力提升煤炭供给质量,坚持“以安全排衔接、以集约高效排衔接、以效益排衔接”,持续优化抽掘采衔接,2019年完成原煤产量7092.10万吨、商品煤销量6156.49万吨,分别比2018年增长5.49%、3.73%。东大、三交、车寨、郑庄、龙湾、巴愣6座新井开工或核准。信息化委员会、矿山智能化工作办公室相继组建成立,“智慧矿山”建设全面提速,投运长平公司、寺河二号井两个智能化工作面,引领煤炭生产开启划时代变革。着力推动化工“三化一型”发展,山东联盟煤炭清洁高效利用改造项目、安徽晋煤中能年产60万吨总氨扩建项目完工;山东明水明升达“退城进园”项目进行系统调试;湖北三宁年产60万吨乙二醇项目、安徽昊源“40·70”搬迁项目建设进展迅速。煤化工产业全年完成尿素产量1019.47万吨、甲醇产量508.81万吨、精细化工产量184.33万吨,实现营业收入609亿元、利润6.37亿元。持续壮大清洁电力规模,建成投运全国首座“一站式”高低浓度瓦斯电站,3年内累计投运8座分布式瓦斯电站,瓦斯装机容量达到298.4兆瓦。全年完成瓦斯发电量22.46亿度,比2018年增长5.79%,连续11年保持全国第一。

三是新业多点突破。晋煤集团开辟新路径、构筑新优势、耕耘新动能,扎实推进一批紧扣时代脉搏的新产业、新项目。推动“老树”发出新芽,古矿华谊星剧场桩基工作全部完成,“十里矿区”向“文化旅游城”转身蝶变。王台中盛建材混改新公司揭牌成立,产品成功用于北京冬奥会核心枢纽高铁站建设。凤凰山矿正加快打造教育培训和管材制造“双基地”。高端制造加快培育,以军民融合促先进装备制造产业发展,与中船重工、河柴重工共建的、拥有自主知识产权的国产化低浓度瓦斯发电机组实现工业性试验。与北京天和众邦公司合作的山西(晋城)煤层气装备制造基地高端钻机生产项目落地开工。与美国科视合作,汉威激光全面进军全球影院市场。开放合作结出硕果,建成全国首座加氢加气合建站,携手法国阿海珐等全球顶尖企业抢滩氢能经济。与山西大地环境资源等公司共建国家工业资源综合利用基地。与美国塞纳达合作布局燃料乙醇项目。联合日本再生技术探索余热回收、固废再生节能项目。与吉利集团、天津大学等企业院所合作开启“甲醇动力”运输新模式。与中国化学开展更宽领域战略合作,加速形成企业高质量转型的“燎原之势”。

三、创新引领情况

晋煤集团深入推进产学研一体化融合,成立10个课题攻关小组,组建首批特聘外部专家“智囊团”,努力激发科技创新动力,加速科技成果向现实生产力转化。燃气领域完善形成一整套高效抽采技术工艺体系,显著改善松软低渗煤层压裂效果。煤炭领域强力推进无煤柱、小煤柱开采,亿欣煤业“110”工法试验成功,创效近千万元。与北京科技大学合作开展无烟煤冶金领域应用研究取得重大阶段性突破,正实现从“燃料”向“材料”的升级蜕变。化工领域创新实施“三炉并进”战略,加快新型无烟块煤气化技术研发,和航天六院联合开发的“晋煤H炉”中试装置一次性投料点火成功,加快推进与赛鼎公司、上海倍能公司分别合作攻关的“晋煤S炉”、“晋煤L炉”。2019年,晋煤集团共获省部级科技创新项目奖励19项,16个项目通过煤炭工业协会科技成果鉴定,其中1项达到国际领先水平。企业技术中心评价排名全国煤炭企业第三。

四、纵深推进改革情况

晋煤集团着力在根上改、制上破、治上立,立足固本培元、提质增效,扎实推进“10·49”改革任务走深走实、多点破题。企业治理构建新模式,强化“三支队伍”履职能力,将监事职能调整至审计中心,优化专职董事办公室职能,提升集团管控的风险防范能力。在省属企业首创业务审批大厅,实现“一站式”审批、“一趟式”办结,有力促进管理协同、高效流转。专业化重组取得新成效,整合重组餐饮、防腐保温、洗选加工三支专业化队伍,完成木材采购加工业务重组,纵深推进机电安装业务一体化重组,实现资源高效配置。产权合作实现新突破,新设公司全面实现股权多元化,2019年完成5家、3年累计完成11家下属公司混改,为转型发展引来资本“活水”。3个“腾笼换鸟”项目完成或即将挂牌。剔除低效无效资产,全年完成20家、3年累计完成48家法人机构清理。瘦身健体获得新进展,全面完成“三供一业”维修改造、社区职能和部分市政资产分离移交,晋煤总医院与新里程合作改制落地,幼教机构实现独立核算,退休人员社会化管理正式启动,企业办社会职能分离各项进度走在全省前列。处僵治困破解新难题,全年完成7家“僵尸企业”处置、2家特困企业脱困。契约化管理试点单位扩大至9家,特别是创新实施“契约化+区域化”改革,推动晋丰、天源、金象三家化工企业合计比2018年减亏2.01亿元。

五、超前预控防范风险情况

安全再创“零佳绩”,创新提出并构建完善“1551”安全理念体系,落实全员、全过程、全岗位安全责任,强化安全重点管控,全面夯实安全基础,实施“每周一次、一次一天”调研检查机制,推动企业时隔5年再次实现煤矿百万吨死亡率为零,非煤产业也保持安全生产的良好态势。环保做实“基本功”,坚定践行习近平总书记“两山”理论,以环保倒逼转型,大力开展生态环境保护专项整治,全年环保提标改造投入4.25亿元,发展“含绿量”不断提升。扎实推进超低排放改造提升工程,全年吨煤、吨氨综合能耗均达国内同行业领先水平。推动煤炭绿色运输,建成亚洲最长空中封闭化工原料输煤管廊——华昱一体化项目洁净输煤工程,全年“公转铁”煤炭销售量302万吨。资金筑牢“防火墙”,加大资金归集力度,全口径资金集中度同比提高7.33个百分点。20亿元股权资金成功落地,成为山西省实施市场化债转股业务的第一单。顺利发行14亿元第一期非公开债券,票面利率创近年山西省同级别同期限发行利率新低。采取票据池专项融资、发行各类债券、低息置换高息等措施,全年降低财务费用1.9亿元。上海弘创全年创效1.2亿元,获评“2019中国卓越品牌力融资租赁公司”。和谐汇聚“正能量”,坚持发展为了员工、发展依靠员工,发放全员降本增效奖励,员工收入同比增长8.74%。强化法治晋煤建设,持续开展扫黑除恶专项斗争,深入排查化解矛盾隐患纠纷,全年信访总量、接访总量持续大幅下降。持续巩固武乡、岢岚全县脱贫成果,获山西省“干部驻村帮扶工作模范单位”等荣誉称号。

六、和谐企业建设情况

以理想信念明方向,扎实开展“不忘初心、牢记使命”主题教育和“改革创新、奋发有为”大讨论,广大党员干部思想实现全面升华、精神受到深刻洗礼、党性得到严格锻炼,担当作为、干事创业的积极性、主动性明显增强。高质量推进“三基建设达标年”和“党建质量提升年”,提前半年完成100个示范党支部选树验收,8个党支部入选“省监管企业基层示范党支部”,《党建工作永远在路上》荣获首批全国企业党建十佳案例,企业党组织“把方向、管大局、保落实”的领导核心作用充分发挥。以纪律规矩树形象,高站位全力支持配合山西省委巡视,形成20项课题成果,高效整改24条立行立改问题,并将巡视反馈问题全部责任到岗、落实到人,有效促进企业管理水平的提升。纵深推进全面从严治党,挂牌成立监察专员办公室,进一步深化企业纪检监察体制改革。严查群众身边腐败案件,以实际行动持续营造风清气正的良好环境。以先进理念鼓士气,大力弘扬“5643”工作理念,先进典型报告会、晋煤英雄事迹讲述会、弘扬老矿精神巡回宣讲等一系列活动引起强烈共鸣,凝聚起新时代晋煤人实干担当的精神合力。《践行“5643”工作理念,培育新时代担当作为文化》荣获中企联企业文化优秀成果一等奖。以团队建设强保障,坚持以新时代好干部标准选人用人,出台激励干部担当作为“两个办法”。加快薪酬、用人市场化改革,建立以岗位绩效工资为主的基本工资制度,创新实施“双百人才”工程、“机关学习日”,不断积蓄进发人才活力。同时,晋煤集团工会、团青、武装保卫、残疾人福利事业等各个系统、各条战线都取得可喜成绩。

(高　鹏)

附:山西晋城无烟煤矿业集团有限责任公司党委书记、副书记、纪委书记、常委名单

书　　记: 李鸿双
副 书 记: 王志清(4月任职)
专职副书记: 王锁奎(9月任职)
纪委书记: 赵玉宏
常　　委: 王保玉　王锁奎(9月调职)
郑绍祖(9月离职)　赵学斌(11月任职)
李晓军(9月任职)

太原重型机械集团有限责任公司党委

2019年,在省委及省国资委党委的正确领导下,太重党委以习近平新时代中国特色社会主义思想为指导,深入学习贯彻党的十九大和十九届二中、三中、四中全会精神,充分发挥党委的领导作用,带领广大干部职工锐意进取、攻坚克难,有力推动了公司高质量发展,主要指标位居行业前列。

一、坚持贯彻新时代党的建设总要求,为企业高质量发展提供强有力的政治保证、组织保证、人才保证和纪律保证

(一)积极开展主题教育,助力公司高质量发展

深入开展“不忘初心、牢记使命”主题教育。太重党委坚决扛起主体责任,按照“守初心、担使命,找差距、抓落实”的总要求,把“学习教育、调查研究、检视问题、整改落实”贯穿到主题教育全过程。通过学习,广大党员领导干部在思想上有收获,行动上有转变,推动工作上有成效;通过调查研究,公司在改革发展、解决历史遗留问题及控亏止损等方面明确了工作思路和工作措施;通过检视问题,公司制定了《领导班子和领导干部个人检视问题清单》和《落实中央8项、省5项专项整治清单》,并对清单列出的问题进行销号式整改,解决了一系列关系职工切身利益的问题,为公司高质量发展凝聚

了强大合力。

扎实开展“改革创新、奋发有为”大讨论。围绕“六个破除、六个着力、六个坚持”，通过多种形式查问题找差距，制定了《大讨论查摆问题、整改举措及责任清单》《对标一流下一步打算清单》及分类改革、资本运作、风险防控等一系列重大举措，并认真部署实施，在全公司营造了解放思想、对标一流，勇于担当、攻坚克难的浓厚氛围。

（二）党建工作全面加强，共建共享和谐太重

全面夯实基层组织建设。新修订了《党建工作目标责任制考核办法》，引入民主测评，全年组织2次重点检查，确保管党治党责任的有效落实；下发了《请示报告重大事项清单动态管理实施办法》，进一步严明党的政治纪律、组织纪律和工作纪律。

强化干部人才队伍建设。组织40名中层正职参加了清华大学“中层领导干部能力提升高级研修班”；深化“人才强企”战略，287人入选“三晋英才”支持计划，1名技术专家入选国家“百千万”人才工程，4名技术专家入选山西省第五批新兴产业领军人才。

积极配合省委巡视工作。高站位、高质量配合省委第五巡视组的常规巡视和省委选人用人专项巡视。针对巡视组反馈的问题，严格落实整改工作责任，做到了先行先改、即巡即改、立巡立改。

深入开展文化宣传工作。开展了图片展、主题征文、文艺汇演等丰富多彩的庆祝新中国成立70周年系列活动，充分展现了太重人不忘初心、勇于担当的精神风貌和爱党爱国爱厂的赤诚情怀；结合太原市创建全国文明城市，扎实开展了精神文明创建活动；配合省话剧团创作了以太重为原型的《为我先锋》话剧；围绕项目及重点产品深入开展内外宣传，全年中央和省级主流媒体对太重的深度报道达到70篇次以上，公司的社会影响力显著增强。

党风廉政建设深入推进。成立了党风廉政建设和反腐败工作协调小组，形成监督合力；压实“两个责任”落实，对技术中心、齿轮传动分公司、冶铸分公司进行了党风廉政重点检查；开展了“领导干部配偶、子女及其配偶经商办企业问题”专项整治；层层签订《党风廉政建设目标责任书》和《履行党风廉政建设“一岗双责”目标责任书》。全年纪律审查中，函询4次，提醒谈话7次，诫勉谈话5次，通报批评1次，党纪政务处分11人，有效巩固了风清气正的发展环境。

积极开展群团组织工作。组织各级群团组织围绕中心、服务大局，充分发挥联系职工群众的桥梁纽带作用，组织了“讲、比”、提科技合理化建议等活动，推进了青年突击队、青工五小项目创新等阵地建设；推动“四三三”工作提档升级，全年累计慰问困难职工1448人次，发放慰问金等120余万元。

持续做好脱贫攻坚工作。巩固繁峙县扶贫成果，产业扶贫、驻村扶贫带动消费170余万元，在省国资委对归口单位驻村帮扶工作成效的考评中，公司迈入第一方阵，在脱贫攻坚战中彰显了太重担当。

二、贯彻落实新发展理念，全面深化改革，加快转型发展，推动公司高质量发展再上新台阶

（一）产品结构持续优化，经销订货成绩显著

公司厚植传统领域优势，加强了重大项目的整体策划，传统产品订货实现较大增长；加快转型步伐，转型产品市场推广取得新进展，成为推动持续发展的强大引擎；坚持国际化发展路线，积极应对中美贸易战，拓展“一带一路”沿线市场，海外市场培育与开发取得显著成效。

传统产品引领地位持续巩固。太原重工起重机分公司、焦化设备分公司、油膜轴承分公司等均实现明显增长，超额完成全年指标。相继签订了大型冶金铸造起重机，55立方米、35立方米挖掘机，235兆牛挤压机等一系列重大合同。太重榆液签订了1580热轧、1700热轧改造及加热炉等重大项目。山西煤机超额完成全年指标，“再制造”占比达20%以上。

传统产品智能化订货取得新突破。太原重工相继签订了6台420吨智能化铸造起重机改造项目、6.25米捣固焦炉、7.55米顶装焦炉等重大合同，7米顶装焦炉成功交付用户。太重煤机智能化采煤机实现订货12台。太重榆液节能加热炉实现订货3000万元。

同时，结合行业发展趋势，公司对焦化设备等传统产品进行了环保改造提升，焦炉设备车载除尘系统实现应用，并成功举办了技术推介会，成为山西能源革命排头兵的重要成果。

（二）技术创新稳步推进，发展动力更为强劲

2019年，公司完成新产品开发68项、新产品试制39项、授权专利101项。获省部级以上科技成果奖17项，其中科学技术奖14项，山西省首届专利奖3项。“1300吨桥式起重机研制”荣获山西省科技进步一等奖，《冶金起重机技术条件》系列标准荣获山西省首届标准创新贡献一等奖。

智能化开发实现了新突破。以智能化为发展方向，对现有产品性能、功能、工艺进行了优化提升，其中无人操作大型矿用机械正铲式挖掘机研制被列为山西省科技重大专项。

创新平台建设取得新进展。被认定为国家知识产权示范企业，为山西省首批入选企业；太原重工通过了国家工信部制造业单项冠军示范企业的复核；轨道交通设备有限公司被机械工业联合会认定为轨道交通走行关键零部件重点实验室。

（三）企业改革持续深化，发展活力全面增强

深入贯彻国资国企改革精神，编制了《落实2019年山西省深化国资国企改革42项重点工作任务分解表》，省委主要领导太重现场办公会后，公司刀刃向内、积极行动，制订下发了《深化改革、提升运行质量任务责任清单》，扎实稳健推进各项改革工作，有效促进了公司转机制、增活力、提效益。

公司治理方面，外部董事进驻并发挥作用，董事会运作更加规范高效，公司法人治理结构逐步完善；贯彻落实省属企业监察体制改革精神，成立了省监委驻太重集团监察专员

办公室,实现了对所有行使公权力的公职人员监察全覆盖。

体制机制改革方面,进一步完善了经销项目经理责任制、合同终身负责制、重大新产品承包责任制等制度,以效益为中心的激励与约束机制逐步建立;以机械企业公司为试点,签订了《任期经营业绩考核目标责任书》。

剥离企业办社会职能和厂办大集体改革方面,扎实推进了剥离企业办社会职能工作,已全部缴纳企业自筹资金;积极配合有关部门开展退休人员社会化管理移交工作,并入选太原市试点企业;厂办大集体改革基本完成,人员安置率达95.4%。

(四)提质增效成效显著,运行质量不断提升

"三降一清"有序推进。推进了以"降存货、降应收、降坏账、清理历史遗留问题"为主要内容的"三降一清"工作,并开展了"三降一清、百人百万"专项劳动竞赛。应收账款较年初下降10%,其中存量应收下降46.7%。历史遗留问题完成清户94项,其中,滨海锻压设备分公司南京迪威尔项目顺利运往天津滨海基地,创造了山西省大件运输记录。

经销合同质量明显改善。持续深化经销体制改革,坚持合同质量源头把控,坚守价格、付款两条红线,健全了合同评审与预警机制,合同质量持续提升。

降本增效全面加强。持续深化目标成本管理,从源头抓起,逐步实现了对设计、采购、外协、制造等环节的全流程成本管控。太原重工明确了合同签订的红线价格,不断提高产品标准化、模块化设计水平,压减了采购、协作、生产制造等费用;太重煤机进一步优化设计,同时加快了国产化替代;太重榆液完善了定额成本,拓展了集中采购、统一招标的范围。试点提升资金使用效率。按照试点先行、以点带面的原则,确定了五家单位作为试点,全面梳理了主机、备件生产周期,明确了各环节的下降目标,试运行以来成效明显。

风险防控持续完善。坚持底线思维,加强了对生产经营各环节的风险防控,制定下发了《供方法律诉讼风险管理办法》《投资管理规定》《重大新产品开发风险管控办法》《产品销售合同管理办法》等制度,全员参与、全面管控的风险管理体系逐步建立。

(张　玮)

附:太原重型机械集团有限公司党委书记、副书记、常委名单

书　记: 王创民

副书记: 张志德　田　兵(7月任职)

常　委: 田　兵(7月调职)　范卫民　杜美林(女)　史　峰

晋能集团有限公司党委

党委书记　李国彪

晋能集团组建于2013年5月,由山西煤炭运销集团和山西国际电力集团合并重组成立,是山西省属重点国有企业。2019年完成营业收入1058亿元,实现利润41.8亿元。截至2019年底,集团总资产2962亿元,拥有3家板块公司、11家市公司、70家直属公司以及通宝能源1家上市公司,在册员工9.3万人;党组织包含72个党委、119个党总支、793个党支部,共有18020名党员。

2019年,晋能集团始终高举习近平新时代中国特色社会主义思想伟大旗帜,全面贯彻党的十九大和十九届二中、三中、四中全会精神及习近平总书记视察山西重要讲话精神,紧紧围绕省委、省政府"示范区、排头兵、新高地"决策部署,以建设"一流清洁能源集团"为目标,在高质量发展、高效率运行、高品质生活"三大任务"上持续发力,不断深化人本、安全、绿色、诚信、创新、效益"六大理念",扎实推进党的建设、改革转型、创新管理、处僵治困、风险防控、文化建设"六大举措","1366"发展战略稳步推进、成效显现,集团发展质量持续提高,综合实力、竞争力、影响力进一步增强。

一、高站位引领,党的建设全面加强

紧紧围绕新时代党的建设总要求,充分发挥党委领导作用,把方向、管大局、保落实,创造了以改促转、创新发展、和谐稳定、充满活力的良好政治局面。理论武装水平不断提升。高质量开展"不忘初心、牢记使命"主题教育、"改革创新、奋发有为"大讨论和省委巡视边巡边改工作,广大党员领导干部原原本本学习了《习近平新时代中国特色社会主义思想学习纲要》、习近平总书记系列重要讲话精神以及党的十九届二中、三中、四中全会精神,加深了感悟理解、汲取了智慧力量,进一步增强了"四个意识",坚定了"四个自信",做到了"两个维护"。把问题整改当作政治任务,主题教育中共解决了18个、省委巡视边巡边改解决了41个事关集团全局性、深层次的矛盾和问题。党组织的领导作用不断增强。集团和二级公司的章程修订工作全面完成,明确和落实了党组织在公司治理结构中的法定地位;"党政一肩挑""双向进入、交叉任职"的领导体制在48个二级单位全面落实,把党组织深度

内嵌到公司治理结构中；严格落实重大事项、重大决策党组织研究决定前置程序，把好了企业发展的政治方向、改革方向和发展方向，确保了党的理论和路线方针政策得到坚决贯彻。选人用人机制持续完善。坚持政治化、年轻化、专业化、适合化标准，对15个部门和33个单位的领导人员进行了调整优化，对26名年轻干部实行基层挂职锻炼，对100个岗位的技术管理人才进行社会化招聘，大学招聘各类专业技术人才57名，与煤炭、电力等高校签订定向培养校企合作协议，向集团所属全资、控股、参股企业委派董事15名、监事18名，有效解决了企业发展中干部人才队伍的瓶颈制约。管党治党政治责任严格落实。大力推进党员素质提升工程和标准化党支部建设，"三基建设"基础不断夯实；健全完善"一岗双责"责任体系，管党治党责任合力不断集聚；持之以恒正风肃纪反腐，全系统立案69件，给予党纪政务处分76人，诫勉谈话22人，组织处理53人，其中给予撤职以上重处分24人。同时，宣传思想工作不断加强，信访维稳工作成效明显，群团组织作用充分发挥，和谐企业建设扎实推进。集团荣获"2019最具影响力绿色发展企业品牌"称号，获得省属企业文艺汇演金奖第一名，收获第二届全国青年运动会组织筹办特别贡献奖。集团上下政治生态风清气正，干事创业热情高涨，干部职工群情振奋，一派生机勃勃、欣欣向荣。

二、高强度落实，安全生产创最好水平

全面贯彻落实中央和省委安全生产重大决策部署，不断丰富完善"136"安全管理模式，强力推进"333""8+7"管理举措，集团安全生产形势持续稳定好转，未发生重伤以上安全事故，创历年来最好水平。"三基"工作扎实推进。以强化"一头一尾"管理为重点，大力推进以矿长为首的安全生产管理团队，以总工程师为首的技术管理团队，以区队长、班组长为首的现场管理团队"三个团队"建设；按照矿（厂、站）长抓、抓矿（厂、站）长的思路，突出对关键岗位、核心环节干部的管理。不断提升探放水、瓦斯抽放、机电、瓦检、安监等基层管理水平，基层建设不断加强；以安全生产标准化体系建设为重点，积极推进煤矿风险分级管控、隐患排查治理和安全质量达标工作，全年13座煤矿达到一级标准，30座煤矿达到二级标准，进一步夯实了安全基础；以开展管理、操作、技术"三支队伍"素质提升工程为重点，举办多领域、多渠道、多形式的职工培训工作，职工素质有效提高。"六大体系"逐步完善。完善修订了一通三防、防治水、顶板管理、瓦斯治理、矿山企业井下运送人员等五个"十严禁"，完善了重大风险防控、煤矿两级安监队伍考核等管理制度和办法，制度体系进一步健全；强化各级企业"一把手"第一责任人责任，全面推行煤矿董事长、矿长"一人兼"，明确地面企业安全责任等，解决了安全责任不明确或责权不清晰的问题；积极推进组织体系建设，不断优化总工程师队伍结构，全力支持集团技术研究院科技项目攻关，持续推进产学研合作，煤矿"一井一面一条线"生产模式、煤矿充填开采、煤与瓦斯共采、沿空留巷等先进工艺、先进技术成果应用进一步丰富；严格落实安全生产挂牌检查、领导带班值班、周四安全活动日等制度，认真开展矿井"体检"，成立重大风险监察机构，建立安全责任落实动态监督保障机制，安全生产检查监督作用成效明显。专项整治和隐患排查深入开展。大力开展安监队伍、技术队伍、纪律作风、煤矿"三真"管理、外包队伍整顿。立足"查大风险、除大隐患、防大事故"，在煤矿和地面企业开展了以防治水、瓦斯、顶板管理、井下运输、高陡边坡、防火、防爆、交通运输、反"三违"等为重点的专项整治、安全检查和隐患排查，对查出的重大隐患，明确整改责任，限定整改时间，实行闭环管理，有效预防了安全重大事故的发生。

三、高质量发展，经济运行量质同升

生产经营指标全面完成。全年商品煤量完成7862万吨，同比增长13%；上网电量完成271亿千瓦时，同比增长16.3%；售电量（地电公司、局域网）完成120.1亿千瓦时，同比增长14.9%；清洁能源发电量完成22.6亿千瓦时，同比增长8%；组件销量完成1.79GW，同比增长11%；营业收入完成1058亿元，同比增长2.1%；实现利润41.8亿元，同比增长17%。质量发展指标好中趋优。资产负债率75.6%，同比下降1.78个百分点；全员劳动生产率和先进产能占比指标基本实现；净资产收益率增幅明显；约束性指标全面达标。集团盈利能力、抗风险能力、市场竞争能力和可持续发展能力进一步提升。

四、高效率运行，产业基础不断夯实

坚持新发展理念，以推进供给侧结构性改革为主线，传统能源清洁化、清洁能源效益化，"一主三辅两新"产业效益显现。

清洁能源产业。继续保持光伏电池组件技术领先。光伏电池组件新增产能460兆瓦，总产量达到1.65吉瓦，销量1.79吉瓦，出口至"一带一路"10多个沿线国家和地区，出口率60%以上，成为全国国有光伏电池组件领军企业。新建和收购"双管齐下"，全年新增光伏风电装机65万千瓦，总装机达到187.72万千瓦，总装机位列全省第一。

煤炭产业。深入推进"减""优""绿"。2019年关闭退出矿井2座，累计关闭退出13座，淘汰落后产能985万吨。新增3座一级标准化矿井，先进产能占比达到56.1%。统筹兼顾，突出重点，抓好主力矿井的高效率运营，16座主力矿井的利润占到全部生产矿井的90.2%。忻州一个产能规模超2000万吨，长治、晋城、阳泉三个产能规模超千万吨的区域煤炭生产基地效益进一步提升，四大基地利润均超过10亿元。合理安排采掘接替，忻州、长治、临汾3家公司确保了搬家倒面不停产，实现了效率效益"双提升"。向洗选要效益，入选量由4139万吨提高到5150万吨，入选率55.87%，洗煤能力利用率达到72.49%；大同、临汾公司按照应洗尽洗的要求，提高了精煤产量和销售价格，实现了煤炭销售利润最大化。深化煤与瓦斯共采，推进绿色矿山建设，在阳泉保安、晋中盘城岭、长治福达等8座高瓦斯矿井实现了煤与瓦斯共采，年利

用量1.1亿平方米,利用率61%。

电力电网。积极对接国家电力体制改革,强化管理,提质增效,电厂运行效率稳步提高。发电量同比增长17.3%,上网电量同比增长17.1%,供热量同比增长10.7%;集团煤、电产业市场化融合互保,电厂成本大幅下降,盈利能力增强,9座电厂同比减亏7亿元,带动电力产业整体盈利近1亿元;吕梁局域网运行稳定,全年向中铝华润基地稳定供电25.7亿千瓦时;市场化售电量快速增长,全年长协电力同比增加39%。

房地产业。按照"专业化、集约化、品牌化"发展思路,进一步深化改革,完成股权整合,达到了房地产板块专业化管理的初步要求。重点解决了晋能壹号公馆、城南逸居等遗留问题,山西国际金融中心交付使用,万景嘉苑二期、国电满庭春、泽美大厦等项目顺利推进。

现代服务业和金融产业。现代服务业方面,全省煤炭企业生产经营信息采集和物流服务"两个平台"建设顺利推进,进入实质建设阶段。金融产业方面,科技公司IPO上市工作稳步推进,投资公司、产业基金公司、融资租赁公司积极开拓非银行金融市场,财务公司筹建转入实施阶段。

五、高起点谋划,改革创新持续深化

重点改革工作向纵深推进。"腾笼换鸟"工作,完成了保德煤电和中航蓝田股权划转,大同煤销国电股权划转方案已通过省政府批准;压减法人和"处僵治困"工作,累计压减企业55户,完成省国资委考核任务110%;处置"僵尸企业"10户,累计完成33户,实现了运行稳定、人员稳定;混合所有制改革,售电公司已制定完成混改方案,并上报省国资委;大刀阔斧推进贸易体制改革,将集团的384户贸易企业压减至48家,为贸易企业规范运行、做实做强奠定了基础。

科技创新能力快速提升。加大科技投入力度,全年研发投入近1亿元,开展科技创新重点项目32项。加大先进技术研发和应用,光伏超高效异质结组件平均转换效率达到23.85%,继续保持国际领先水平;在长治三元、能投辽源等煤矿推广充填开采技术,在晋城、阳泉、晋中等9家公司推广沿空留巷技术;阳光发电建成山西首个5G创新实验室;大土河热电探索建设智能电厂。集团全年获得授权专利265项,成果鉴定15项,著作权50项,获得省部级奖项6项。

"执行落实年"活动扎实推进。将"执行落实年"活动贯穿于经营管理的全过程。一是强化了责任落实。对年初工作会、季度会、月度会、周碰头会以及各类专题会安排的工作,都明确了牵头领导、责任部门,做到了责任明确,任务具体。二是强化了措施落实。对上级部署要求、全年工作任务、40项重点工程等都列出了任务清单,制定了时间表、路线图,确保了每项工作有序推进。三是强化了跟踪落实。严格执行"13710"工作法,每周碰头会都通报集团分管领导牵头主办事项的完成情况,每月、每季度对各单位、各部门重点工作、重点工程、重点任务完成情况进行通报排队;四是强化了效果落实。紧盯每项工作的目标、责任、监督、反馈、考核等环节,切实强化落实效果,提高落实质量,有效提升了经营管理水平。安全生产、经济运行、重点改革、重点工程,特别是主题教育问题整改和省委巡视边巡边改工作等都圆满完成。

六、高标准推进,"三大攻坚"成效明显

重大风险防控能力持续增强。加强资金管理,强制还本付息,落实信贷资金"五条红线"制度,全年还本52亿元;加强清欠清收,累计清回旧欠42亿元,超额完成全年清欠指标;持续推进"三调三降一保"和采矿权价款资产评估入账工作,保证了集团资金链安全。出台《内部控制与风险管理手册》,三项审核工作的审核率达100%,有效防范了法律风险。污染防治扎实推进。以煤矿和电厂为重点,认真开展生态环境保护标准化建设与考核工作,着力补齐环境保护管理台账、自行检测和危废管理三个短板,强化环境保护风险防控,积极推进污染防治设施提标改造,全年完成投资3.4亿元,建成31个环保项目,申领换发排污许可证50个,工程项目环保竣工验收8个,运行的燃煤燃气电厂全部实现超低排放,生产矿井全部实现达标排放,各产业板块全年未发生重大环保事件。

脱贫攻坚取得关键进展。项目扶贫,投资近100万元,在石楼县13个村建成光伏电站配套设施,为5个村常住户安装太阳能灯,受到当地群众的好评。光伏扶贫,建成的3个光伏扶贫项目,每年为3个贫困县提供1100万元的收入,解决了3670户深度贫困人口脱贫问题。精准帮扶,在石楼县5个帮扶村增加了78名帮扶责任人,帮扶力度进一步增强。集团帮扶的15个村全部实现了整村脱贫。

(周　凯)

附：晋能集团有限公司党委书记、副书记、常委名单

书　　记：李国彪
副 书 记：陈旭忠
专职副书记：荣海涛
常　　委：刘世文　刘会成　郑绍祖(9月任职)　杨培成

山西能源交通投资有限公司党委

党委书记　武　强

一、党组织情况

截至2019年底，山西能源交通投资有限公司（以下简称：公司）共有基层党组织347个，其中基层党委31个、总支部15个、支部301个；其中公司党委直属基层党委7个、直属党支部8个。现有党员7920名。

二、党建工作

（一）坚决做到“两个维护”，扎实推进党的政治建设。2019年，公司各级党组织坚持以习近平新时代中国特色社会主义思想为引领，深入贯彻新时代党的建设总要求、新时代党的组织路线和习近平总书记视察山西重要讲话精神，认真落实省委十一届七次全会、省委经济工作会议、省纪委十一届四次全会精神部署，以“改革创新、奋发有为”大讨论牵引全年工作开局，不断增强“四个意识”、坚定“四个自信”、做到“两个维护”，深入开展“不忘初心、牢记使命”主题教育，扎实推进党的组织体系建设，着力培养忠诚干净担当的高素质干部，把提高企业效益、增强核心竞争能力、深化体制机制改革作为党建工作的出发点和落脚点，为构建山西现代大物流产业体系，打造全省最具竞争力的现代物流旗舰集团提供坚强的组织保障。

（二）坚持党建引领，凝聚发展强大合力。突出政治统领。始终把党的政治建设摆在首要位置，召开党委扩大会、中心组学习24次，及时学习传达上级精神；召开学习研讨会、学用交流会6次，推动理论武装走深走实。扎实推动大讨论、主题教育与中心工作深度融合，做到“两手抓、两手硬”。夯实基层党建。深入贯彻省委《关于深化“三基建设”进一步加强基层工作的若干意见》，研究提出党建与生产经营融合“五个强化”，不断提升基层党建质量；组织“我为改革转型建言献策”活动，开展“三个服务”，解决一批职工群众最急最忧最盼的问题。强化监督执纪。全系统共有643批次15224人次接受了党章党规教育学习培训；设立巡察领导小组及巡察办，对汽运集团、物产集团开展首轮专项巡察；建立2670余名领导干部廉政档案，4552名干部的监察台账；坚决整治形式主义、官僚主义并建立长效机制；压实政治责任，制定“对标一流整改提升清单”，开展专项整治以及整改落实“回头看”。积极履行社会责任，推动设立五台县豆村镇八丰源中草药种植合作社项目，资助培训百名驾驶员助力脱贫攻坚。

三、业务工作

2019年，公司以习近平新时代中国特色社会主义思想为指导，深入学习贯彻习近平总书记“三篇光辉文献”精神，紧紧围绕“四为四高两同步”的总体思路和要求，深刻把握“五论”的实质内涵，统筹推进稳增长、强主业、增动能、深改革、防风险、促和谐，全面加强党的领导和党的建设，企业转型发展迈上新台阶。全年实现营业收入239.84亿元、利润3.98亿元、增加值26.89亿元，全面完成省国资委下达的各项考核指标任务，经济发展的速度、质量、效益、动能同步提升，位列2019山西企业100强第13位，圆满实现“全线红”“全年红”。

（一）聚焦物流主业，筑牢发展根基。主动承担山西铁路基础投资建设、构建山西现代大物流产业体系“两大战略使命”：大张高铁顺利开通，大西铁路全线贯通，全年完成铁路资本金投资38.25亿元，累计完成473亿元，建成及在建铁路里程达2531公里，带动山西铁路投资2438亿元，促进了山西铁路基础设施互联互通；制定了公司“三步走”战略目标，研究提出了物流业“创新突破、全省领跑”发展思路，明确了现代物流高质量发展“六化”发展路径；持续深化现代物流体系与公铁集运体系互联互通，全面提升物流基础服务能力及智慧发展水平，现代物流业占营收比重达到83.96%，公司被评为国家5A级综合服务型物流企业；大力推进发展“无水港”、多式联运、现代供应链、无车承运人等新业态，所属山西商品电子交易中心大力发展“互联网＋大宗商品”模式，平台交易额实现358亿元，荣获2019年山西省互联网企业20强。

（二）加快转型升级，厚植发展优势。坚决贯彻落实省委省政府推进工业高质量发展决策部署，召开了公司推动高质量转型发展动员会、现场会、推进会等一系列专题会议，出台了《关于深入贯彻高质量发展的实施意见》等一批具有“四梁八柱”意义的文件政策，全面推进传统产业转型升级，培育壮大战略性新兴产业。所属汽运集团晋城公司率先构建了覆盖全市域的“五级公交”体系，找到了客运业发展的“新蓝海”。怡安居物业以“彩之云”赋能物业管理，推动5000多户业主实现线上缴费及消费返还物业费的服务功能，打造了“零物业费”模式。按照省国资委对公司“一主三辅两新”产业定位，谋划并推动实施了一批一流新兴产业项目：全省首个国家生物质能天然气开发利用项目、大麻纺织智能化生产线项目一期、晋城装配式建筑工业化项目、山西首个装配式住宅泰瑞城示范项目等陆续投产，全年完成转型项目投资10.95亿元；初步构建起以现代物流产业为主线、高端装备制造、装配式建筑、新能源、新材料、基础设施投资运营、商贸流通及新零售消费服务六大新兴产业集群为支撑的“1+6”现代产业体系，打造了玄武岩、绿洲纺织、怡安居物业等一批“专精特新”小巨人企业。

(三)深化改革开放,激发企业活力。参加厦洽会推介6个混改项目,新设公司均实行了混合所有制,全系统混改企业比例达到67.67%;创新实施了“对赌”考核机制,“一企一策”确立子公司业绩考核指标;所属山商供应链公司、再担保公司彻底完成了经理层市场化身份转换,生物质能公司试行了职业经理人制度。积极推进“处僵治困”,截至2019年年底,出清僵尸企业11户,搞活特困企业10户;完成厂办大集体改革9户;扎实推进瘦身健体,全部压缩四级以下企业,全年压减法人户数10户;全面筹措拨付到位“三供一业”维修改造资金1.86亿元。公司先后与京东集团、山西邮政、乐村淘、山西移动等进行了战略对接,重点围绕仓储配送、智慧物流、电子商务和数字物流开展战略合作。开行中欧中亚班列107列,打通了3条国际通道、开辟了8条国际线路;设立了深圳前海融资租赁公司,开展了LPG、镍矿粉等进出口业务,不断提升外向型发展水平。

(四)强化创新驱动,培育转型动能。精彩亮相2019年太原能源低碳发展论坛暨能源革命展,全方位展示了公司新时代新形象,扩大了影响力和美誉度。出台了《产学研一体化发展规划》《科技创新奖励实施办法》《关于建立科技人才评价体系的指导意见》,培育1户省级企业技术中心、2户市级企业技术中心、4户高新技术企业,构建“1+2+4”科技研发格局。公司所属绿洲纺织公司荣获2019年度中国纺织行业十大创新企业称号;所属建投远大公司参与制定《装配式混凝土综合管廊技术标准》等地方标准;所属玄武岩公司强化技术攻坚,在地质灾害防治、移动通讯塔杆等领域实现重大突破。公司赴北理工、北交大举办校园专场招聘会,在北交大举办“智慧物流”专题培训,全系统共有9名同志被省委组织部评为担当作为表现突出的干部,34名人才入选全省“三晋英才”计划,扎实开展全民技能提升工程,全年培训7366人次。

(五)强化管理变革,提升质量效益。确立“战略管控+财务管控”集团管控模式,建立健全5大类156项内控制度。出台公司投资风险监督管理办法、投资项目负面清单、投资项目后评价管理办法三个制度,健全项目事前事中事后管理机制。加大存量债务置换力度,资产负债率降至64.27%,较省属企业平均水平低10个百分点,全年节约利息费用支出近9000万元,2020年公司信用等级有望由AA+提升到AAA。启动10个资产交易及转让项目,变现资金集中用于解决历史遗留问题以及发展新兴产业。对照省委、省国资委风险防控安排部署,认真梳理分析出公司存在的十三个方面的风险,健全完善了风险管理体系和合规管理体系。坚持依法治企,公司总部及重要子公司均建立总法律顾问制度,实现“三项审核率100%”。健全双向安全生产承诺机制,全面开展“三个专项行动”,深入推进科技兴安建设,选取部分企业上线试点运行安全生产信息管理平台。

(王钧平)

附:山西能源交通投资有限公司党委书记、副书记、委员名单

书　　记:武　强
副 书 记:于喜东
专职副书记:张广明
委　　员:高建光(12月任职)　李东刚(9月任职)　薛　烨(女)　张秀山　谷建春　孙建秀(女,9月离职)　肖志强(9月任职)　何向荣(9月任职)

山西省黄河万家寨水务集团有限公司党委

党委书记　樊安顺

2019年,山西黄河万家寨集团党委坚持以习近平新时代中国特色社会主义思想为指导,深入贯彻新时代党的建设总要求、新时代党的组织路线和习近平总书记视察山西重要讲话精神,认真贯彻落实省委、省国资委党委的决策部署,切实履行党建主体责任,有力推动了党建工作全面进步、全面过硬。

截至年底,集团公司企业户数为15户,其中,一级企业1户,二级企业11户,三级企业3户。生产、经营、目标责任指标完成情况:供水量5.65亿方;营业总收入10.88亿元,营业总成本9.72亿元,盈利1.73亿元;研发投入约950万元;工程投资额2.0467亿元;单方水耗电量总干线为1.1637度,南干线为2.0619度;生产运营成本费用10.08亿元。

一、认真贯彻落实省委、省国资委党委安排部署,圆满完成年度党建工作任务

2019年,集团党委认真贯彻落实省委十一届六次、七次全会精神,全省经济工作会议精神,省纪委十一届四次全会精神,贯彻落实省国资委党建9·25工作要点、“三基建设”9·21重点任务清单和省属国有企业党委党建工作目标责任书责任内容,扎实推进党建工作落实落地。

(一)加强党的政治建设。集团党委坚持把贯彻落实习近平新时代中国特色社会主义思想和习近平总书记视察山西重要讲话精神当作首要政治任务,把准政治方向,夯实政治根基,涵养政治生态,防范政治风险,提高政治能力,坚决打牢推进党的建设政治基础。教育引导广大党员干部切实增强“四个意识”、坚定“四个自信”,做到“两个维护”。

(二)开展“不忘初心、牢记使命”主题教育。按照主题教

育的根本任务和总要求，集团党委把学习教育、调查研究、检视问题、整改落实贯穿主题教育全过程。一是印发《关于在集团公司开展“不忘初心、牢记使命”主题教育实施方案》，组织三次集中学习和交流研讨，推动学以致用、用以促成；二是深入开展调查研究，形成8篇高质量调研成果；三是班子成员为分管部门、单位讲党课，做到了“三个联系、三个讲清楚”；四是深入开展“三服务”活动，服务地方、服务基层、服务一线工作受到广泛好评；五是召开找差距专题会、学用交流会、专题民主生活会，开展党员找差距、民主评议党员、党员公开承诺等工作。六是召开整改落实和专项整治专题会、推进会，党委班子检视问题66项，已经完成整改41项，正在整改的23项，需长期加以解决有2项，专项整治发现问题17项，已整改15项，正在整改的有2项，职工群众的幸福感、获得感显著增强，满意度明显提高；七是落实整治整改“回头看”，召开整治整改成效评价座谈会和落实情况分析研判会，主题教育取得阶段性成果。

（三）开展“改革创新、奋发有为”大讨论。2月中旬，以“改革创新、奋发有为”大讨论牵引全年工作开局，一是编制大讨论实施方案，突出“六个破除”“六个着力”“六个坚持”；二是严督实导，及时跟进，做到规定动作不走样，自选动作有特色；三是组织开展对标一流述职评议和交流研讨，围绕大讨论查摆出的问题和差距，制定了《查摆问题、整改举措及责任清单》和《对标一流下一步打算清单》，狠抓整改，见实见效；四是参与组织“核心价值观百场讲坛”专场活动、开展“我为改革创新做什么”主题征文及“我为公司建言献策”等系列活动；五是召开专题民主生活会，统一了思想，凝聚了共识。

（四）学习宣传贯彻十九届四中全会精神。党的十九届四中全会召开后，集团公司上下迅速掀起学习宣传贯彻全会精神热潮。集团党委召开中心组（扩大）学习会议，集体学习全会公报。印发《关于做好党的十九届四中全会精神学习宣传工作的通知》，编制了党委中心组学习宣传党的十九届四中全会精神计划、培训计划和宣讲计划。集团设分会场收看省国资委举办的学习贯彻党的十九届四中全会精神省委宣讲团报告会。制定了《集团公司集中宣讲党的十九届四中全会精神工作方案》，集团党委书记、董事长樊安顺带头作宣讲报告。组织五个基层单位开展了学习交流座谈。

（五）推进党建与集团公司改革深度融合。围绕国资国企改革八方面42项重点任务，集团党委切实把坚持党的领导、加强党的建设融入到集团改革全过程。一是按照现代企业制度，健全法人治理结构，实施薪酬制度改革，完善过渡期组织管理体系。二是完成战略发展咨询项目招标、评标，加快推进战略顶层设计和各业务板块战略制定。三是完善内控体系建设，全面提升集团公司管理水平，推进制度废、改、立工作，确保各项工作有章可循，有据可依。四是组织开展劳动合同签订，积极拓展用工渠道，规范辅助岗位用工管理。五是在省社保局开立企业社保账户，完成了由事业社保向企业社保的过渡衔接。六是推进混合所有制改革上取得突破，与5家战略合作单位组建成立了生态环保控股有限公司。七是完成剥离企业办社会，“三供一业”维修改造资金足额到位，移交合同全部签订。

（六）抓实基层党组织和党员队伍建设。一是推动党组织与经营管理层干部“双向进入、交叉任职”，实行党政一把手“一肩挑”。二是根据工作需要，组建了生态环保公司、咨询公司、北京晋水商贸公司三个支部。三是建设基层示范党支部，树立了两个“三基建设”工作抓的好的支部为示范支部。四是深入挖掘基层组织生活创新，提炼党课精品。五是完成支部书记分期分批轮训全覆盖和党务工作者业务培训，参加培训人员总计184人次。六是印发《关于开展结对帮扶共建活动的通知》，推动党建工作向基层延伸。七是对民主评议党员结果为优秀等次的174名党员进行表彰奖励，颁发“党员先锋岗”桌牌。八是对支部党建工作进行督查考核，不断提高抓党建的积极性、主动性。

（七）积极开展党建特色品牌创建活动。确定“引黄入晋，造福人民”为集团党建特色品牌进行推广，制定《山西黄河万家寨水务集团党建品牌建设实施方案》，明确目标任务、途径措施和实施步骤，以党建特色品牌创建为契机，既高举“经济领军”大旗，也擎起“党建品牌”红旗，不断在发挥品牌实效上做文章，有力促进了集团业务发展。

（八）开展纪念中国共产党成立98周年活动。组织中层以上领导干部赴高君宇纪念馆接受革命传统教育。集团党委书记、董事长樊安顺在火山阀室管理站为中层以上领导干部和现场职工讲党课。七一前后，党委班子其他成员分别为分管支部党员讲党课，基层各支部主要负责人为支部党员讲党课，既解决了干部职工思想层面的问题，又解决了转企改制所面临的实际困惑。集团42个支部依托本地红色资源，采取为党员过集体“政治生日”、重温入党誓词、瞻仰革命遗址、到党性教育基地接受现场教育等形式，开展了内容丰富的主题党日活动。

（九）持续深入推进“三基建设”。制定了《2019年度“三基建设”重点任务分工安排》，共9个方面、24项重点任务，做到了工作热度不减、力度不减、投入不减。

基层组织方面：加强党员队伍建设，今年发展党员19名。保障党建工作经费，按照年度工资总额1%的比例，从运营预算中安排党建经费75.99万元。

基础工作方面：开展基础工作“回头看”，利用百名干部下基层活动，进行针对性指导，基础工作的质量和水平整体有所提升。

基本能力方面：大力实施“五大培训工程”，以专业能力培训和岗位锻炼培训为重点，增强实效性，广大干部职工想干事、能干事、干成事的叠加效应充分释放。

（十）抓好干部人才队伍建设。坚持党管干部的原则，贯彻“20字”好干部标准，严格干部选任程序，着力打造政治坚定、懂经营善管理的人才队伍。大力实施“三晋英才”支持计划，集团推荐的5名同志均成功入选。

（十一）落实党风廉政建设和反腐败工作。强化管党治党主体责任和监督责任，落实纪检监察体制改革，巩固和拓展作风建设成果。班子成员认真落实“一岗双责”、持续抓好分管范围内的党风廉政和反腐败工作。年初召开党风廉政建设工作会议，与各支部书记签订《党风廉政建设目标责任书》，每季度召开党风廉政建设分析研判会，解决党员干部苗头性、倾向性问题。贯彻落实中央八项规定精神，驰而不息纠正“四风”，不断夯实廉政建设和反腐败工作基础，推动全面从严治党向基层延伸。扎实开展警示教育，集团党委本年度集中开展警示教育8次，共计参加2706人次。

(十二)加强统战、群团工作。落实全省统战部长会议精神，加强统战队伍建设。健全群团工作机构，加强对群团组织的领导，支持工会、共青团、妇委会等群众组织依照各自章程开展工作，健全以职工代表大会为基本形式的民主管理制度，3月份，集团公司召开了第一届职工代表大会第三次会议，增强了职工群众的主人翁意识，汇聚起改革发展的合力。

二、抓党建促发展

一是加强思想政治建设。集团党委理论学习中心组带头学、全体党员干部跟进学，原原本本学习十九大报告和党章、重点学习《习近平新时代中国特色社会主义思想学习纲要》、深入学习习近平总书记视察山西重要讲话、在推动中部地区崛起工作座谈会上的重要讲话和关于能源革命的重要论述、跟进学习十九届四中全会《决定》、学习习近平总书记在黄河流域生态保护和高质量发展座谈会上的讲话精神等。同时，推动党的最新理论进泵站、入阀室、到班组，引导广大党员干部学而思、思而悟、悟而践，运用科学理论指导具体生产实践，形成了学比赶超的浓厚氛围。

二是以大讨论和主题教育引领党员干部作风建设。通过开展“改革创新、奋发有为”大讨论和“不忘初心、牢记使命”主题教育，集团党委班子成员更加自觉地融入全省转型发展大局，增强了担当意识、宗旨意识，提高了运用习近平新时代中国特色社会主义思想武装头脑、指导实践、推动工作的能力，广大干部职工立足岗位作贡献的责任感充分激发，形成干事创业的合力，推动集团水务实现高质量发展。

三是建强基层党组织。针对党员结构分布不均衡情况和基层党组织文化生活单一等情况，制定了《关于开展结队帮扶共建活动的通知》，集团机关20个支部与一线站点进行一对一结对帮扶，积极开展帮助一线站点培养和发展党员、抓好一线站点党建工作、积极参与精神文明创建等活动。坚持完善了“双向进入、交叉任职”领导体制，党务干部主动参与生产经营，思想政治工作融入中心，融入管理全过程，行政技术干部自觉做好生产经营中的思想政治工作，突破职责作用单一的定式，推动党建与业务工作有机融合，促进基层党组织有效参与重大问题决策。

2019年，集团党委紧紧围绕“抓党建、促发展”的工作思路，坚持党建工作与中心工作同频共振，同向发力，深度融合，促进集团改革发展各项工作。一是实现了两个跨越。实现了“引黄入晋”到“引黄入京”的跨越，首次向北京供水，极大改善了桑干河、永定河流域和首都及山西、河北的生态环境。实现了“水量翻番”的跨越，截至11月底，今年已完成供水5.65亿方。二是供水保障能力明显提升。集团公司举非常之力，加强生产管理，充分挖掘供水能力，启动所有备用机组，首次实现总干线五机联合运行，极大满足了供水区人民的用水需求。三是工程建设稳步推进。集团公司以扩大供水为主攻方向，以分质供水、原水直供为突破口，切实抓好牵引性工程项目推进，提出了“加快审批，工程相关部门到项目现场开展服务，每月不少于一周时间”的工作要求，确定每周二上午召开集中办公会，研究处置掣肘工程建设的有关问题。泵站二期扩机工程开始实施，左云供水项目等储备项目适时跟进。同时，集团公司发挥引水工程建设管理优势，作为山西方出资人签署了古贤水利枢纽工程项目《出资人协议书》。四是降本增收成绩斐然。通过反复调研，采用两部制电价解决方案，有效降低了运营成本；加大水费收缴回收工作力度，水费回收率达到110.2%。五是生态环保新业务发展势头良好。签约河津市农村生活污水综合利用PPP项目，总投资2.1亿元，是山西省农村污水治理第一个入库的PPP项目，已完成20公里管网铺设。

(李佳丽)

附：山西省黄河万家寨水务集团有限公司党委书记、副书记、委员名单

书　　记：樊安顺

副 书 记：贾伟智

专职副书记：李俊刚

委　　员：兰康杰　呼运平　蔡开东　王晋斌

中央驻晋单位党组（党委）工作概况

审计署驻太原特派员办事处分党组

分党组书记　庄　军

2019年，在审计署党组的坚强领导下，审计署驻太原特派员办事处（以下简称太原办）以习近平新时代中国特色社会主义思想为指导，全面贯彻党的十九大和十九届二中、三中、四中全会精神，认真落实习近平总书记在中央审计委员会第一次、第二次会议上的重要讲话精神，紧紧围绕太原办分党组年初确立的“巩固提高年”这一主题，坚持以全面加强党的建设为“一个统领”，强化创新和能力“两个抓手”，夯实队伍建设、作风建设和信息化建设“三个基础”，做到状态和素质、党建和业务“四个提升”，着力夯实发展根基，推动全办整体工作高质量发展。

一、党建和党风廉政建设

一是定标定向，务实深入，主题教育成效显著。太原办分党组将“不忘初心、牢记使命”主题教育作为重要政治任务，运用“1+4+1”模式（即以1个方案、4项计划、1次总结提升）为总基调，突出实效，扎实推进。将集体学习与个人自学相结合，积极开展“牢记初心使命”知识测试小课堂、“三个一、三提升”等20多项活动。将深入调研与剖析问题相结合，召开调研成果交流会，聚焦机关党的建设等7大专题，调研形成60余条思路措施；办分党组召开专题民主生活会，检视出6个方面19项问题，处级以上党员干部进行认真对照查摆。将整改落实与自身建设相结合，研究制定整改落实方案，细化整改措施32条，7项整改任务已全面整改。将巩固成果与促进发展相结合，召开主题教育总结大会、整改落实情况“回头看”专题会议，建章立制、集中发力，切实巩固深化主题教育成效。二是压实责任，学深悟透，党建工作强化实化。全年召开9次办分党组会议专题研究部署党建重点工作，印发全面从严治党主体责任清单，制定工作要点，组织签订年度责任承诺书。坚持把党的政治建设摆在首位，探索确立“政治引领、对标学习、建强组织、业务攻坚、科学考核、典型示范、创新方式、纪律保障”八大抓手，积极推进“四强”党支部创建活动，牵头负责审计署党建与业务融合课题研究，参加全国机关党建理论研讨会，开展红色经典诵读、手绘油画等各类主题活动，加强困难职工帮扶、青年志愿活动。三是强化监督，筑牢底线，纪律作风建设从严从实。持续加强对审计权力运行的监督，严格开展审计项目进点前廉政纪律培训、实施期间现场廉政检查、结束后廉政回访全方位监控，完善机关纪委、机关纪委委员、支部纪检委员和审计项目兼职廉政监督员4项监督工作机制。全年共开展11次现场廉政检查和18次审后廉政回访。

二、审计成果

2019年，太原办共开展16个审计项目，审计信息被审计署审计要情、重要信息要目等采用48篇，审计查出主要问题涉及金额997.76亿元，促进整改落实40.19亿元，促进制定整改措施91项，通过审计署以及报经批准后以太原办名义向司法、纪检监察等部门移送问题线索16起。

三、国家重大政策措施落实情况跟踪审计

在山西省政策跟踪审计中，聚焦山西确立的“打造全国能源革命排头兵”战略目标和党中央赋予山西省建设国家资源型经济转型综合配套改革试验区等重大任务的完成情况，对山西推进能源革命综合改革试点情况进行专题调研，对转

型综合改革示范区招商引资、项目建设等情况进行调查,在肯定制度性成果的同时,及时揭示发展中的困难和问题。聚焦"放管服"改革、"六稳"等国家重大政策措施贯彻落实情况,对精简行政审批事项、深化减税降费、清理拖欠民营企业中小企业账款等情况进行调查,为营造"六最"营商环境、促进山西经济高质量发展建言献策。

四、三大攻坚战相关审计

在财政和金融审计中,持续关注风险隐患,发现政府债务和隐性债务规模大,有向金融风险传导的苗头;每季度重点跟踪审计一个国定贫困县,紧盯精准、安全、绩效,发现健康扶贫过度兜底、扶贫就业培训质量不高、社会扶贫组织亟待规范等问题;在环渤海地区环境审计中,聚焦生态环境保护政策、资金、项目推进落实情况,结合实际就京津冀协同发展生态环保率先突破、大规模国土绿化行动等重点内容开展专题研究。

五、各领域专项审计

深化金融审计,发现农合机构供给侧结构性改革面临突出问题、地方银行金融机构潜存信息科技风险、民营企业仍存融资难融资贵等问题。深化投资审计,揭示了民航领域航空安全管理中存在的突出问题。深化民生审计,揭示了山西省退役军人基本养老保险存在接续困难等问题,促进相关主管部门出台2项制度。

六、重大问题线索

聚焦财政资金分配、国有资产处置、公共资源交易等重要领域和关键环节靶向发力,深入揭示违纪违法问题线索,有力促进反腐倡廉。一方面查处了个别金融机构高管人员利用职务便利为亲属谋取利益、民营企业违规操纵市场牟取巨额利益等重大违法违纪问题线索。另一方面查处了扶贫资金申报、发放过程中骗取套取、优亲厚友等行为,以及挪用扶贫资金等问题线索,有效惩治了群众身边的"微腐败",有力促进了反腐倡廉。

七、深化创新管理

一是依法审计,加强法治化规范化建设。坚持职权法定,制定《审理工作实施办法》,强化审计文书的审理审核,完善审计报告质量评分标准,规范责任认定相关证据的获取,强化大项目现场管理,夯实各环节质量控制责任,建立审理和审计业务会议情况通报制度。加大法治宣传力度,开展"国家宪法宣传周"、法治扶贫等活动,持续有效向被审计单位开展法治宣传。积极组织开展"宪法微视频"征集活动,报送的作品获得全国普法办第三届"我与宪法"活动优秀奖。二是统筹融合,形成"一盘棋"。认真贯彻落实"两统筹"要求,与山西、内蒙古两省区审计机关建立联席会议制度,全年召开对接会13次,建立健全"统一报备、相互通报"机制,实现"数据、资料、信息、成果、报告"五类共享。立足政策跟踪审计平台,实施"一案一图一册一会",即制定项目实施方案、项目推进图、项目督导手册,定期召开项目调度会,设立"项目人员分布地图",强化过程跟踪督导,有效提升审计工作质量和效率。三是科技强审,构建"大格局"。加强顶层设计,组建"4+2"大数据审计核心分析团队。充分发挥数据引领和精准导航作用,探索常态化非现场分析新模式,运用关联分析、图斑分析、文本分析等新方法,采取ARCGIS、商业智能、谷歌地图热点分析等新技术,开展数据多维分析。开辟大数据审计交流平台,推出10期"大数据审计技术小课堂",成立兴趣小组,举办"技术沙龙",深化新技术运用。

八、队伍建设

一是抓好"关键少数"。太原办分党组始终把班子建设置于队伍建设的首位,共组织召开办分党组会议、特派员办公会议17次。为贯彻落实胡泽君审计长在太原办调研时强调的"领导班子要做好四个表率"要求,明确办处两级领导班子在坚持既有"三个坚决摒弃""五个过硬"纪律要求的基础上,要扎实做到"三再、三比""四切实"。二是加强能力建设。积极选派和组织干部参加署各类培训共50余人次、网络培训100余人次,并综合运用"审计大讲堂"、学习论坛、研究小组等载体,组织各类专业培训和专题学习。实施青年理论学习提升工程,深化审计实务导师制,选送业务骨干外出交流挂职,组织新录用青年干部到基层学工学农,开拓视野,坚定信念,磨练意志,增长才干。三是树立选人用人鲜明导向。坚持把政治标准放在首位,全年共选拔正处长3名,副处长7名,2名干部提拔副司级审计员,职级晋升63人,交流轮岗16人,新录用公务员6人,接收军转干部1人,拓宽用人视野,激励担当作为。

(李 妍)

附:审计署驻太原特派员办事处分党组书记、成员名单

书 记:庄 军

成 员:张晓霞(女) 杨卫东 丛 娜(女) 王景东

中华人民共和国太原海关党委

党委书记　高继科

2019年，太原海关党委坚持以习近平新时代中国特色社会主义思想为指导，深入学习贯彻党的十九大精神，严格落实海关总署党委工作部署和山西省委省政府工作要求，扎实推进“五关”建设，积极开展“精品海关”建设“提升年”工作，服务山西开放型经济发展，各项工作平稳有序推进。

一、以党的政治建设为统领，推进政治建关

(一)始终坚持以习近平新时代中国特色社会主义思想武装头脑、指导实践、推动工作。太原海关党委始终将“两个维护”作为最大的政治、最重要的政治纪律和政治规矩，带领全体党员干部持续推动学习贯彻习近平新时代中国特色社会主义思想往深里走、往心里走、往实里走。及时学习贯彻部署上级党委相关工作，组织党委理论学习中心组开展集体学习15次15天，组织开展全关性理论学习12次。开展了各级领导干部及全员专题培训班422期、1.9万人次。构建了纸媒、网络，线上、线下，集体、自主等多样化学习模式，营造了浓厚学习氛围。

(二)落实习近平总书记重要指示批示精神迅速坚决有力。坚持底线思维着力防范化解重大风险，制定了《太原海关防范化解重大风险工作机制(试行)》及相关工作方案，梳理出8个方面29项风险点，制定了48项对应措施。严防固体废物等洋垃圾走私进境，开展“蓝天2019”专项行动，对省内固体废物利用企业进行了集中研判、调研摸排。严厉打击象牙等濒危物种及制品走私，查扣象牙制品69件、红珊瑚制品7件、砗磲制品18件，查获走私活体绿鬣蜥等蜥蜴类动物175只。落实脱贫攻坚部署，配齐配强驻村扶贫工作队，通过推广特色产业、医疗教育扶贫、“消费扶贫”等方式开展“精准扶贫”。

(三)扎实开展“不忘初心、牢记使命”主题教育。第一时间召开党委理论学习中心组扩大会议，专题学习了习近平总书记在主题教育工作会议上的重要讲话精神。班子成员围绕“8个方面”调研主题，分别赴11个地市、50余个部门单位和14家进出口企业开展了调研活动。高质量召开了调研成果交流会、找差距专题会和专题民主生活会。加强对各隶属海关第二批主题教育的组织领导，确保取得实实在在的成效。

(四)持续提升基层党组织战斗力和凝聚力。组织召开中共太原海关第一次代表大会，完成了新一届机关党委、机关纪委换届选举。推行“支部建在科上”“支部强在科上”。落实“四个到位”标准要求，运用“智慧党建”系统，推动基层党支部标准化、规范化建设，全关所有党支部均通过“合格支部”验收。持续争创党建品牌，向总署报送了2个“全国海关基层党建示范品牌”、新推荐了4个“全国海关基层党建培育品牌”，并向山西省直工委推荐了1个基层党建品牌。

(五)广泛开展“改革创新、奋发有为”大讨论。按照山西省委部署，用3个月时间在全关区开展主题大讨论。提出了“6个怎么办”，完成了“10项规定动作”和“4项自选动作”；召开了先进典型事迹报告会、中层干部交流研讨会和“对标一流”述职评议会；梳理出5个方面存在的问题，制定了4个方面的整改措施，促推全体干部职工高起点谋划工作、高标准推进工作、高质量落实工作的“对标一流”精神不断提升。

二、履行新海关新使命，推进改革强关

(一)机构改革后续工作稳步推进。2019年1月14日关区机构、职责、人员全部到位，年内6个隶属海关更名挂牌及开关运行工作，忻州海关正在积极筹建中。3月接受总署机构改革专项验收。完成事业单位机构改革和原商检培训中心撤销工作，配合开展缉私局机构改革工作。10月25日总署党委批准太原海关党组改设党委，第一时间印发了《太原海关党委工作规则(试行)》，启动了关检原党组、原党组纪检组规范性文件的清理工作。

(二)全面推进业务领域改革攻坚。全面推广全国海关通关一体化改革，持续推进汇总征税、提前申报等20余项具体改革任务。落实《海关全面深化业务改革2020框架方案》，探索内陆海关“两步申报”改革模式，10月获批成为全国改革试点。各业务现场“无纸化”系列改革稳步推进。扎实开展全面深度融合全员培训，组建了关区兼职教师干部队伍，开展了业务条线岗位大练兵活动，持续解决岗位人员资质问题。

(三)贸易便利化水平稳步提升。深化“放管服”改革，进出口环节需验核的监管证件由86种精简到44种。压缩整体通关时间取得更大成效，2019年关区进出口货物整体通关时间分别为38.65、3.35小时，较2017年底分别减少80.41、8.14小时，压缩比分别为67.54%、70.84%。加强国际贸易“单一窗口”标准版建设，主要申报业务提前实现100%通过“单一窗口”办理。指导企业应对国外技术性贸易措施，关于定襄法兰行业国外技术性贸易措施的研究报告得到省委省政府主要领导的批示。

三、强化监管、优化服务，推进依法把关

(一)坚持严密监管，确保国门安全。一是加强实际监管。提升事前监管的预见性，部署了新一代风控、查管系统。充分

发挥二级风险防控中心效能,持续加强贸易渠道风险分析布控。加强事中实货监管的精准性,推动“双随机、一公开”向全执法领域拓展。全年征收税款 28.16 亿元,与上年同期相比(下同)增长 84.05%;监管货运量 1370.41 万吨,增长 88.4%;监管进出境航班 4363 架次,增长 35.6%;监管进出境人员 48.8 万人次,增长 22.5%。二是口岸检疫防线更为牢固。筑牢卫生检疫“三道防线”,助力山西成为全国第五个、北方地区首个消除疟疾达标省份。联防联控防止疫情疫病传入传出,妥善处置 1 例入境人员传染性肺结核病例。聚焦省级农业发展战略,与省农业农村厅联合推进出口食品农产品质量安全示范区建设。严密防控非洲猪瘟。保障冻山羊肉、活牛、活猪等特色农产品安全供港。三是保持打击走私高压态势。开展“国门利剑 2019”专项行动,首次在一年内侦办了 2 起总署缉私局一级挂牌督办案件,首次侦办了跨境电商渠道走私奶粉及日化用品进境案,案值约 1.2 亿元。“1905 打击走私枪支配件系列案件”得到海关总署领导的批示肯定,破获的走私象牙制品案得到公安部领导批示。

(二)全力支持山西打造内陆开放“新高地”。一是不断提升服务能力和水平。进一步深化落实习近平总书记“三篇光辉文献”,落实国务院稳外贸稳外资工作部署,对接省委省政府提出的扩大开放新思路、新要求,出台稳外贸稳外资 34 项工作举措。2019 年,山西省进出口总值 1446.89 亿元人民币,同比增长 5.7%。加强宏观政策和外贸政策研究,开展中美贸易摩擦分析研判,为省领导提供决策依据。二是支持山西全面扩大对外开放。出台《促进武宿综保区高水平开放高质量发展年度推进计划》,协调推进武宿综保区二期整改取得实质性进展,区内监管进出口货值 4993.73 万元,增长 69.82%。支持太原航空口岸新开国际航线,继续做好大同、运城、五台山航空口岸临时开放监管工作,大同云岗机场 12 月 11 日获批正式对外开放。监管中欧班列 102 列。推动大同国际陆港保税物流中心(B 型)5 月 5 日正式获批设立。促推太原国际邮件互换局(交换站)4 月 10 日正式运营,截至 12 月底共监管进出境邮递物品 291.55 万件,开通了 1 条国际直邮航线。三是扶持外贸主体发展。积极扶持进出口企业做大做强,服务企业减负增效。帮助山西进出口企业享受税收优惠政策,减免税款 1.18 亿元人民币。支持富士康各公司开展苹果手机和主板模组全球维修业务。助推跨境电商新业态发展,支持太原获批设立跨境电子商务综合试验区。服务运城国际果品交易博览会等会展经济。

(三)坚持依法行政。成立了制度建设工作领导小组,制定了“行政执法公示、执法全过程记录、重大执法决定法制审核”等 3 项制度的实施细则。通过开展制度规范集中清理、规范、修订等相关工作,完成了 74 项规章制度制修订工作,初步形成了科学完备、管用适用的制度规范体系。全面推行海关行政审批网上办理平台,行政审批事项全部实现全流程网上办理。

四、守正创新、强化支撑,推进科技兴关

(一)科技管理上水平。组建太原海关科技委员会、网信工作领导小组,制定发布《太原海关党委关于全面推进科技兴关的实施意见》等 9 个制度。推动重大科技项目按时落地。开展 10 项署级科技课题研究。4 人入选署级科技评估专家库。

(二)技术支撑能力有提升。建立“一核三中心”检疫检测布局,实现差异化发展。大同杂粮、运城果蔬 2 个新建国家检测重点实验室顺利通过总署现场验收,国家重点实验室达到 5 个。保健中心传染病防控能力大幅提升,检出 3 例输入性恶性疟。保障第二届全国青年运动会兴奋剂和食品安全检测工作。

(三)信息化应用水平上台阶。智慧海关网络准入系统、智慧卫生检疫系统在关区正式上线。整合优化跨境电商辅助系统,推广 H2018 综合业务系统。部署了入侵检测防御、风险态势感知等专用系统,构建起网络安全保障体系。开展安全隐患排查,网络安全运维保障能力得到提升。

五、严字当头、强基提质,推进从严治关

(一)严格落实中央八项规定精神,持之以恒整治“四风”。深化贯彻执行中央八项规定精神的自觉性和主动性,始终做到标准不降、要求不松、措施不减、氛围不淡。紧盯节假日重要时间节点,采取明察暗访、电话抽查等方式强化监督检查。切实整治官僚主义、形式主义突出问题,制定落实 10 项“基层减负年”工作措施,全年召开会议减少 37.5%,制发到基层单位的各类正式文件减少 35.85%。

(二)强化准军事化纪律部队建设。突出准军事化管理,强化纪律作风养成。按月开展日常作风视频检查并进行通报。坚持党管干部原则和好干部标准,加强准军事化纪律部队建设,发扬“马上就办、真抓实干”的作风,凝聚力、战斗力进一步增强。突出政治要求,强化干部监督。认真做好巡视问题整改,加强日常监督,强化正面引导。

(三)深入推进党风廉政建设和反腐败斗争。压紧压实全面从严治党主体责任,全力打造风清气正的清廉海关。深入推进党风廉政建设,落实月度“廉政教育日”制度;广泛开展廉政文化创建活动,开设“清廉并关”微信公众号。保持正风肃纪高压态势,实现关区纪检监察对基层监督的全覆盖。加强政风行风建设,及时开展特约监督员换届聘任工作,营造良好外部监督环境。

(宋　阳)

附:中华人民共和国太原海关党组书记、副书记、成员名单

书　记: 于　洋(8 月离职)　高继科(8 月任职)

副书记: 高继科(8 月调职)

成　员: 陆　杨(9 月离职)　陈茂盛(7 月离职)　赵　羽(7 月离职)　张　军　林跃飞　赵锦芳　丁三寅　单　烜

2019 年 10 月 25 日,经海关总署党委研究决定,太原海

关党组改设党委。

党委书记: 高继科(10月任职)

党委委员: 张　军(10月任职)　林跃飞(10月任职)
赵锦芳(10月任职)　丁三寅(10月任职)
单　烜(10月任职)　丁传民(12月任职)

国家税务总局山西省税务局党委

党委书记　刘培平

2019年，在山西省委和国家税务总局党委的坚强领导下，国家税务总局山西省税务局党委以习近平新时代中国特色社会主义思想为指导，深入学习贯彻党的十九大及十九届二中、三中、四中全会精神，认真落实全国税务工作会议、全国税务系统全面从严治党会议以及省委十一届七次、八次、九次会议精神，不断增强“四个意识”、坚定“四个自信”、做到“两个维护”，严格履行主体责任，发挥表率引领作用，为推进税收治理体系和治理能力现代化、服务我省高质量转型发展作出了积极贡献。

一、以久久为功的作风持续加强党的建设，纵深推进全面从严治党

坚持把加强党的全面领导贯穿到税收工作的全过程，持续推进全面从严治党向纵深发展。

(一)深入开展、有序推进主题教育。把“不忘初心、牢记使命”主题教育作为深化党的政治建设的有力抓手，围绕“守初心、担使命，找差距、抓落实”的总要求，紧扣五项具体目标，在全省税务系统有力有序、压茬推进第一批、第二批主题教育。深入学习领会习近平新时代中国特色社会主义思想和习近平总书记最新重要讲话和重要指示批示精神，不断提高理论素养、政治修养。第一批主题教育期间，举办读书班3期，围绕20个专题进行研讨。第二批主题教育期间，明确了13个专题，市、县局先后组织集中专题研讨634期，读书班、研讨班430期。坚持开展大调研、大走访，4次深入基层联系点进行专题调研。第二批主题教育期间，省市局领导班子成员深入联系点指导主题教育454次。坚持把“改”字贯穿始终，以钉钉子精神抓好整改落实和专项整治，切实让干部群众看到真改进、真变化。

(二)建立健全、严格执行党的各项制度。健全党委研究党建工作机制。全年召开20次党委专题会议研究部署机关和系统党建工作。成立党建工作、党风廉政建设、意识形态工作和“三基建设”工作等四个领导小组及其办公室。健全党委会议制度。坚持民主集中制，对于重大事项决策、重要干部任免、重要项目安排、大额资金使用等“三重一大”事项，均按照“集体领导、民主集中、个别酝酿、会议决定”的原则，由省局党委集体讨论作出决定。严格执行请示报告制度，重要情况、专项工作和上级领导指示落实情况及时报告，遇有重大问题及时请示报告。严格执行基层党建联系点制度。认真落实《关于新形势下党内政治生活的若干准则》，省局党委成员带头参加双重组织生活。省局党委先后召开2018年度党员领导干部民主生活会和“不忘初心、牢记使命”专题民主生活会。全年省局党委向省委及其有关工作部门汇报党建工作3次。健全省局党委听取纪检工作汇报并协调落实重要事项机制。

(三)严格落实、层层压实主体责任。印发全面从严治党工作要点、全面从严治党主体责任和监督责任清单，细化127项工作内容。省局党委书记带头履行“第一责任人”职责，党委委员根据职责分工认真履行“一岗双责”。对各责任主体需要落实的事项，实行挂图作战，进行督促，确保全面落实到位。加强对从严治党主体责任落实情况的指导和督查，及时听取情况汇报；对12个市级税务局开展了“两个责任”落实情况检查，并进行了政治生态评价。严格执行《中国共产党问责条例》。全年省局党委和省局领导班子成员未发生因履行全面从严治党主体责任不力而被追责问责的情况。

(四)增强意识、持续狠抓作风纪律。牢固树立全面从严治党意识，增强政治自觉、思想自觉、行动自觉。严格落实中央八项规定及其实施细则，在春节假期来临之前，早提醒、严教育，切实强化干部的“红线”意识。聚焦违规收受礼金、违规公款吃喝、违规操办婚丧喜庆事宜等突出问题，加大查处通报力度，驰而不息纠治“四风”。扎实开展形式主义、官僚主义问题集中整治工作，出台为基层减负16条措施。加强对“三重一大”事项及民主集中制执行情况的监督，发现问题及时提醒，真正把责任压前压早压实。运用好监督执纪“四种形态”，特别是在第一种形态上下功夫。全年省局党委纪检组共对12名领导干部进行了提醒谈话。

二、以坚定坚决的意志聚焦主题主业主线，着力提升税收治理能力

坚决落实“基层减负年”要求，全力推进“优化环境年”建设，不断提升税收治理能力，迈出了新时代税收工作新步伐。

(一)紧扣主题、释放红利，确保减税降费政策措施落地生根。率先在全国出台地方“6税2费”减税政策，进一步减轻纳税人税费负担；认真梳理各类税收优惠政策，确保减税降费政策措施精准落地。全面强化减税降费政策措施宣传，构建全方位、多层级大宣传格局，着力营造减税降费浓厚氛围。

(二)聚力主业、组织收入，为全省经济高质量转型发展

提供财力保障。全面推进减税降费与组织收入齐头并进、协同发展。全年全省税务系统各项收入完成3680.61亿元,同比增长8.25%。围绕省委、省政府主要关注的经济领域,深入开展经济税收分析,全年有7篇税收经济分析报告得到省委省政府领导的批示肯定。

(三)把握主线、优化环境,助力市场活力增强和营商环境转变。不断优化税收执法方式,深化"放管服"改革。对标一流,复制推广深圳前海先进经验。继续扩大"线上银税合作"范围,拓展"线下银税合作"方式,共为11602户诚信纳税企业融资贷款223.08亿元。全力配合省委开展的万名干部入企进村活动,派出5040名税务干部深入全省5208户重点企业和农村行政村,宣讲落实各项减税降费政策、简政便民措施等。持续推进"双随机、一公开"监管,保持打击虚开骗税等违法犯罪的高压态势,深入推动税务系统扫黑除恶专项斗争。

三、以严管厚爱的要求加强干部队伍建设,打造忠诚干净担当税务铁军

始终坚持党管干部原则,持续加强新机构干部队伍建设,着力打造忠诚干净担当山西税务铁军。

(一)持续推进"三基建设"工作。全面筑牢基层组织,夯实基础工作,提升基本能力。制定下发《关于在全省税务系统"三基建设"中开展提升基础工作专项行动的实施方案》《全省税务系统2019年度"三基建设"重点任务》等。召开全系统基层党建暨"三基建设"经验交流现场会,推广探索党建引领税收改革发展的经验做法131项。

(二)有力激发干部队伍活力。落实中央、税务总局党委相关制度规定和纪律要求,坚持正确用人导向,严格标准,严密程序,扎实开展干部选任工作。全系统共选拔任用干部585名。与省委、省政府及组织部门沟通协调,共推荐28名税务干部到地方任职挂职。稳慎实施,有序推进职务与职级并行工作。

(三)全面提升干部队伍素质。全年共举办培训班80期,8278人次参训。制定《"岗位大练兵、业务大比武"活动实施方案》,分5个类别开展岗位练兵。不断探索"互联网+"时代税务学习资源建设的新需求、新思路、新途径,建立省、市、县三级网络教育培训管理员队伍。

(四)深入开展脱贫攻坚。认真贯彻落实中央和山西省精准扶贫精准脱贫基本方略,积极参与全省脱贫攻坚,认真履行帮扶职责。省局党委班子成员多次深入石楼、壶关等扶贫点,实地走访调研,宣讲惠民政策,督导项目落实,慰问贫困群众,扎实开展驻村帮扶工作。全年直接投入资金39万元,帮助引进扶贫资金130余万元,单位职工购买农副产品30余万元,捐赠价值13万元办公桌椅。

(徐　靖)

附:省国家税务局山西省税务局党委书记、副书记、委员名单

书　记: 胡　军(9月离职)　刘培平(9月任职)

副书记: 潘贤掌(5月离职)

委　员: 张澎湧(9月离职)　马志云(女,9月离职)　牛新文(12月离职)　张鹏飞　司新山　薛延孝(12月离职)　李树茂(4月离职)　沙　宏　朱东宏　李晋芳

省气象局党组

党组书记　梁亚春

2019年是新中国成立70周年,也是新中国气象事业70周年。在中国气象局和省委省政府坚强领导下,全省气象部门以习近平新时代中国特色社会主义思想为指导,全面贯彻党的十九大和十九届二中、三中、四中全会精神,深入学习贯彻习近平总书记"三篇光辉文献"精神,增强"四个意识",坚定"四个自信",做到"两个维护",圆满完成全年工作。

一、坚持党的全面领导,加强党的政治建设,推动全面从严治党向纵深发展

一是聚焦"两个维护",坚持用习近平新时代中国特色社会主义思想武装头脑。气象部门始终牢记气象事业是党的事业、人民的事业,是党为人民服务的一线和窗口。切实做到把思想和行动统一到党中央、省委省政府的各项决策部署上来。按照"学懂、弄通、做实"的要求,通过党组中心组、专题研讨、文化讲堂、基层宣讲、远程培训班、主题党日活动等多种形式深入学习贯彻党的十九届四中全会精神和习近平总书记在新中国气象事业70周年之际作出的重要指示精神,认真重温"三篇光辉文献",作为重要政治任务,逐字逐句认真学习,用于指导实践,推动工作落实。

二是加强党的领导,党建工作水平得到提升。严格落实党建工作责任制,开展了党的政治建设和严肃党内组织生活自查督查工作。深入贯彻新时代党的建设总要求,多举措提升基层党组织凝聚力。"三基建设"成果进一步夯实,加强规范建设指导,印发任务清单,开展"党建品牌"创建活动。举办了党支部书记、"专题组织生活会"、基层党组织规范化建设等培训班。推进"两学一做"学习教育常态化、制度化。抓好线上学习,运用好推广好"学习强国"学习平台。

三是扎实开展"不忘初心、牢记使命"主题教育和"改革创新、奋发有为"大讨论。聚焦主题主线,第一批第二批主题

教育单位有机融合，一体推进主题教育。各级党组(领导班子)发挥示范带动作用，强化理论学习，围绕重点难点深入调研，对标对表深刻检视，清单式推进整改整治。主题教育期间，全省气象部门共制定整改措施1600余条，已完成85%的整改任务，修订完善制度300余条。全省气象部门两批主题教育取得预期成效。聚焦"六个破除""六个着力""六个坚持"，组织开展了"改革创新、奋发有为"大讨论，进一步明确发展思路、破除制约发展的障碍、提升工作标杆。

四是全面从严治党政治责任不断夯实。切实落实全面从严治党主体责任和管党治党主体责任，严明政治纪律和政治规矩。紧盯关键节点和重点环节，坚决防止"四风"问题反弹回潮。召开纪检监察审计联席会议，扎实开展警示案例教育，做好廉政风险防控。加强内部审计监督，审计涉及124个预算单位。探索推动省级对县级的统筹巡察。全年完成对6个处级单位、28个县级单位的巡察工作。

二、坚持趋利避害并举，气象防灾减灾和保障改善民生成效凸显

一是气象防灾减灾工作取得新成效。发布预警信息1.67万条，发送预警短信1409万人次。启动应急响应2次，进入特别工作状态3次。修订《山西省重大气象灾害应急预案》。在25个县开展基层气象防灾减灾"六个一"标准化建设。

二是重大突发事件气象服务有力。乡宁"3·15"山体滑坡突发事件救援过程中，省市县三级气象部门上下联动，为现场救援提供精细化天气信息。协调临汾、吕梁、延安三部天气雷达对天气过程开展加密气象观测，多渠道多频次向指挥部汇报天气情况及对现场救援的影响。在沁源"3·29"森林火灾扑救气象服务工作中，气象部门共计118人参与林火扑救应急气象服务，现场每半小时向指挥部提供一次火灾现场12个乡镇的风向、风速、气温等气象要素实况，利用卫星遥感监测手段向指挥部提供地面热点监测信息，抓住有利时机开展飞机和地面人工增雨作业，对彻底扑灭余火起到了重要作用。

三是重大气象灾害应急指挥体系建设开创新局面。健全和发挥中央和地方两个积极性体制机制，把垂直管理与服务地方有机结合，推进省市县三级气象灾害应急组织管理体系建设，截至年底11市、73县政府成立气象灾害应急指挥部。通过层层压实地方政府责任，实现层层凸显气象应急作用。建立了统一指挥的气象应急管理体制机制。初步实现指挥主体由气象机构向各级政府转变，工作规则由发布预警向下达命令转变，工作关系由部门协调向指挥调度转变。

四是气象为人民生产生活服务再出新成绩。通过短信、声讯、网站、微博、微信等渠道发布气象信息。通过移动气象通、联通、电信短信平台为公众用户及时准确地发布了天气预报、气象预警信息、各类专题预报。开展面向重点服务对象的个性化专业气象服务。逐步实现分散服务向集约服务、单兵作战向协同配合、单向服务向互动服务的转变，并着力于传统服务向智能服务转变，推动专业气象服务向个性化、订制化、精细化、市场化方向发展。

五是第二届全国青年运动会等重大活动气象保障成绩显著。从2016年着手准备，为赛事提供了高水平气象服务保障。省局成立气象保障服务领导小组和8个技术支撑中心，在赛事期间准确预报了短时强降水、冰雹、雷电、大风等灾害性天气。圆满保障太原国际通用航空飞行大会。参与了新中国70周年庆祝活动、第二届"一带一路"国际合作高峰论坛开幕式、北京世园会开幕式、亚洲文明对话大会开幕式、第十一届少数民族运动会开幕式、第七届世界军人运动会开幕式等重大活动气象服务保障，得到相关单位一致好评。

三、围绕转型需求、提升服务能力，生态文明建设气象服务扎实推进

一是生态文明气象保障取得新突破。完成汾河源头生态修复人工影响天气能力一期工程建设。开展《山西省黄河流域生态保护和高质量发展气象保障规划》编制工作。生态气象监测评估、云水资源开发利用等分析报告为省委省政府领导决策提供重要参考。与生态环境厅签署深化合作框架协议。

二是生态修复型人工影响天气工作持续推进。持续助力"两山七河一流域"生态修复，合理开发利用空中云水等资源。对雄安新区海河流域上游山西水源涵养区人工影响天气需求进行前期工作调研。全省实施飞机人工增雨(雪)作业152架次，开展地面增雨(雪)作业1029次，累计增雨量近30.98亿立方米。

三是加强气候资源开发利用组织管理。编制完成《山西省气候可行性论证质量管理办法》和6个开发区气候可行性论证工作方案。《山西省开发区气候可行性论证实施意见》《山西省工程建设项目区域气候可行性论证管理办法(试行)》正式印发。助力山西国家全域旅游示范区建设，服务产品实现4A级以上景点全覆盖。夏县、沁源、静乐三县和翼城历山获评"中国天然氧吧"称号。长治市获评首批"中国天气·避暑之城"称号。太行山国家气象公园建设工作正式启动。

四、发挥行业优势，扎实推进乡村振兴和精准脱贫气象服务

一是切实落实《山西省乡村振兴战略总体规划(2018–2022)》。围绕"产业兴旺、生态宜居、乡风文明、治理有效、生活富裕"五大任务，结合本地农业发展需求，做好特色农产品气象服务，推进气象助力乡村产业发展；发挥现代农场主、新型农业经营主体带头人作用，利用气象条件趋利避害。

二是完善为农服务体系，服务建设"山西农谷"和雁门关农牧交错带。为1.1万余个种植大户提供互动服务。在22个县累计投资1012万元开展现代农业气象服务体系建设。完成6种特色农产品气候品质评估，打造气候好产品。在太谷等13县开展玉米和谷子政策性农业保险气象服务。

三是扶贫工作积极推进。全省气象部门294名扶贫队员，坚守岗位，克服种种困难，在持续开展扶贫"六大行动"中作出了贡献。贯彻落实消费扶贫有关政策，多种形式开展爱心帮扶，购买农产品共计19万元。在全省12个国定贫困县

开展特色农产品气候品质评估。建立山西助农扶贫第一书记超市,引进38个贫困县180余种扶贫产品,累计为贫困户增收30余万元。

五、推动省部合作、强化项目带动,气象现代化建设加快推进

一是气象现代化建设不断深化。地方各级财政支持山西生态文明建设人工影响天气保障、现代农业气象保障、温室气体监测站网与节能减排支撑能力建设、基层台站基础设施建设等项目资金1.2亿元。完成生态文明人工影响天气保障工程项目一期,现代农业气象保障工程等项目建设有序开展。太原、五寨新一代天气雷达建设主体完工,投入试运行。

二是气象基础业务质量稳定提升。各类气象观测业务系统运行稳定,地面、高空、雷达等业务可用性稳定在99%以上,各项指标均超过目标任务要求。气象数据传输及时率稳定在99%以上。国家气象观测站观测自动化试运行良好。风云卫星数据及产品进入省级数据库,实现了全省共享。气象信息化持续推进,国省带宽达到400M。基础设施资源池完成扩容,大数据云平台建设进展顺利。全省一体化综合业务实时监控系统("天镜"系统)建设完成。暴雨预警准确率为83%,强对流天气预警时间提前量为27.92分钟,较过去三年平均有明显提高。汛期气候预测PS评分全国排名第四。"基于山西睿图模式的降水客观预报"在中国气象局第一届智能预报技术方法交流大赛中获得第14名,其中强降水预报技巧评分全国排名第2。在第七届全国气象行业天气预报技能竞赛中,山西荣获全能团体第10名。

六、深化气象改革、加强法治建设,气象管理水平得到提升

一是承诺制改革部署有效落实。进一步明确省级行政审批事项,优化气象行政审批流程,签署了授权委托书,部门审批事项上线"三晋通"APP,审批事项及时办结率达100%。制定企业投资项目承诺制改革系列配套制度,率先在全国取消了企业投资项目施工图审查。办理部门改革推进类文件190余件。

二是依法行政能力不断提升。完成了全省气象部门116个行政执法主体确认工作,全年气象执法检查总计1490次。修订了《山西省人工影响天气管理办法》,召开了全省气象部门防雷安全监管工作督导会、全省防雷检测企业督导会、全省防雷减灾安全管理联席会,2019年度共认定防雷装置检测乙级资质21个。通过"双随机一公开"监管方式,对防雷重点单位抽查2051次。

三是山西气象标准体系不断完善。积极参与山西建设国家标准化综合改革示范省建设,成立山西省气象标准化技术委员会。气象防灾减灾领域标准体系建设纳入《全省推进标准化工作改革发展2019-2020年行动计划》;推广应用40项气象行业标准,新发布10项地方气象标准。通过引入ISO9001国际质量管理体系标准,建成山西省气象观测质量管理体系,完成了35个程序文件和82个作业指导书的体系文件编写和评审。首次制定《山西省气象标准化工作报告2019》。

七、坚持创新驱动、人才优先发展,气象科技创新活力不断增强

一是科技支撑业务能力不断增强。着力推进气象科技创新基地建设,"五台山云物理野外科学试验基地"成功入选中国气象局野外科学试验基地序列,填补了山西气象野外科学试验基地的空白,为提高华北地区预报准确率和生态环境气象保障能力提供科技支撑。积极推进气象科技研发工作,2019年获山西省科学技术进步三等奖1项,山西省自然科学三等奖1项,中国航空学会科学技术三等奖1项。获批实用新型专利1项,软件著作权5项。发表核心期刊论文28篇。出版著作《第二届全国青年运动会(太原)气象灾害风险评估》。共获批中国局气候变化专项1项、气候模式产品释用项目1项、预报员专项5项、关键技术项目子项目1项,山西省科技计划项目6项。

二是人才队伍建设得到进一步加强。年内1人获聘正研二级岗,5人取得正高级职称任职资格;新增1人享受国务院政府特殊津贴,新增3名首席预报员和1名首席科技专家;5人入选省委"三晋英才"支持计划;1人获得参加气象科技骨干海外项目机会。

八、优化发展环境,营造和谐氛围,发展基础得到进一步夯实

一是高素质专业化干部队伍进一步优化。贯彻新时代党的组织路线,优化各级领导班子结构,加大领导干部交流轮岗力度,大胆提拔使用优秀年轻干部。年内调整14个处级单位主要负责人,选拔任用处级干部17名。45岁以下处级领导干部占比较2018年底提高了2.32%。开展了优秀县局长表彰、优秀公务员评选和首次事业单位奖励。积极开展公务员职务与职级并行工作。

二是重视地方党委政府考核工作,安全生产工作进一步抓牢。省委省政府继续将气象工作纳入目标管理绩效考核和安全生产考核,省局连续6年获评促进山西经济社会发展突出贡献单位。连续10年获评安全生产先进单位。严格执行保密制度,没有发生失密、泄密事件。认真做好老干部工作,落实老干部"两项待遇"。

三是气象宣传科普进一步加强。开放业务单位、台站和气象科普教育基地145个,接待参观群众近10万人次,发放各种科普资料近30万份(册),"四进"活动累计受众约14.2万人,多项气象科普作品和科普场馆获得表彰奖励。

(杨　柳)

附:省气象局党组书记、副书记、成员名单

书　记:梁亚春(4月任职)

副书记:梁亚春(4月调职)

成　员：秦爱民　胡　博　刘凌河(2月任职)
王文义(4月任职)

山西煤矿安全监察局党组

党组书记　卜昌森

2019年，山西煤矿安全监察局(以下简称省局)党组坚持以习近平新时代中国特色社会主义思想为指导，认真贯彻山西省委省政府和应急管理部、国家煤矿安全监察局(以下简称国家局)党组各项工作部署，坚定不移落实全面从严治党主体责任，忠诚履行煤矿安全监察职责，促进了全省煤矿安全生产形势保持基本稳定。

一、持续强化政治引领责任担当

一是坚持以学思践悟习近平新时代中国特色社会主义思想为主线，以党组理论中心组学习为主阵地，落实党组带头学、围绕重点学、结合时事学、联系实际学，用新思想武装头脑、指导实践、推动工作，进一步增强"四个意识"、坚定"四个自信"、坚决做到"两个维护"，为全面高效履行煤矿安全监察职责提供了坚强的政治保障。2019年，省局党组中心组集中学习45次，专题研讨8次，班子成员撰写个人学习体会18篇；组织全系统党性教育报告会3次，上党课8次。二是坚持以深入扎实开展"不忘初心、牢记使命"主题教育为载体，从严学习研讨、从严党性教育、从严调查研究、从严对照检视、从严推进整改。主题教育开展期间，组织全系统345名党员干部分3期到右玉干部学院接受党性教育；围绕山西煤矿安全生产工作中存在的9方面23个突出问题进行了调查研究；对检视查找梳理出的6方面20条问题制定了56项整改措施，进行了严肃认真整改，解决了一批长期存在、但难以解决的棘手问题。三是坚持以党的政治建设为引领，严守党的政治纪律、政治规矩，持续规范中心组理论学习、民主生活会、谈心谈话等组织生活，严格落实民主集中制原则，进一步维护了班子的团结统一、彰显了党的先进性、增强了干事创业的活力。

二、持续推动管党治党向纵深发展

省局党组坚持扛主责、抓主业、当主角，坚持问题导向、目标导向、结果导向，以党建工作与业务工作深度融合为着力点，持续推动管党治党向纵深发展。一是扎实开展"不忘初心、牢记使命"主题教育。坚持"七个贯穿始终""六个从严要求"，各级党组织、每位党员领导干部认真学习研讨、深入对照检视，认真整改问题，达到了预期效果。二是认真开展廉政教育和专项整治活动。省局党组认真落实党风廉政建设主体责任，结合实际组织开展了"廉政教育月"11项具体活动，持续深化警示教育；坚持抓小抓细、持续发力，开展贯彻落实中央八项规定精神"回头看"，严格落实"禁酒令"等有关规定；每逢节假日及时向党员干部发警示短信、提要求、严督查；结合主题教育开展八个专项整治，持续深化"三项治理"，进一步扎紧织密廉洁自律防线。三是大力推进党建与业务工作深度融合。各级党组织围绕"强化四个融合，实施四大工程"目标要求，不断创新党建与业务工作融合的载体、抓手和途径，省局定期召开推进会，进行交流研讨、相互借鉴，特别是大同煤矿安全监察分局开展"将党旗插在监察一线"、太原煤矿安全监察分局构建"党建+"工作模式等，持续推动了党的建设与业务工作互促双丰。

三、持续加大煤矿安全监察执法力度

省局党组认真履行煤矿安全国家监察职责使命，坚持以"四铁"精神严格监察执法、严厉查处事故、严肃追究责任。全年共监察2323矿次，查处一般隐患22618条，重大隐患85条，责令停产整顿、停止建设矿井78座，行政罚款1.246亿元。一是始终保持"打非治违"高压态势。针对"两会"、国庆70周年等重点时段、敏感时期，组织开展安全大检查、大督查活动，采取"十个严厉打击"措施严查重处违法行为。二是强力推动安全生产责任落实。扎实开展落实煤矿企业安全生产主体责任专项监察；严格落实行刑衔接、"一案双查"等制度，依法严肃事故调查处理和责任追究，对事故处理结果进行督查和评估。三是持续强化煤矿重大灾害治理。组织召开全省重大灾害防治工作推进会，剖析典型事故案例，宣讲灾害防治最新技术，学习交流灾害防治经验；针对"一通三防"、顶板和冲击地压、煤矿水害等重大灾害开展专项监察，为企业"把脉会诊"、"开方治病"。四是加强对地方安全监管工作的联系指导。认真落实煤矿安全联系包片指导制度，不定期地深入联系区域检查指导、调查研究、明察暗访，根据监察情况向地方政府、监管部门通报辖区煤矿安全生产情况，提出指导意见或建议，并严格督促落实。

四、持续提升煤矿安全监察执法效能

省局党组坚持不懈以推动执法能力建设为根本，着力加强装备建设、制度建设和能力建设，系统推进、全面提升全系统执法效能，努力推动煤矿安全生产持续稳定好转。一是推动执法信息化建设。按照国家局统一部署和要求，强力推动煤矿监察"一张网"建设，完成了煤矿事故风险分析平台建设，顺利通过国家局验收；大力推动煤矿"三大系统"接入及煤矿安全监管平台的互联互通。二是全面推行执法系统使用。多次开展煤矿安全监察执法系统模拟制作执法文书比武活动，强化执法系统使用情况的监督考核，每月对所有分局

(站)、业务处室使用系统情况进行全面统计、分析、通报。三是完善规范执法相关制度。认真贯彻落实国家局关于全面推行行政执法公示"三项制度"要求,结合我局实际下发了《重大行政处罚决定法制审核办法》《煤矿安全监察行政处罚决定信息公示办法》等9项制度,持续推动监察执法工作的制度化、规范化。四是强化执法监督工作。严格按照国家局最新颁布的煤矿安全监察执法文书样式、制作规范和模板以及新修订的《执法手册》,及时修订了文书评查办法,定期开展文书评查、执法评议等执法监督活动。五是大力推动监察执法创新。结合煤矿安全生产实际,各监察分局(站)紧紧围绕防范遏制重特大事故这个目标,在监察方法、内容、对象上不断创新、不断突破,使监察执法更加精准、高效。

五、持续夯实煤矿安全生产基础

省局党组认真贯彻全国煤矿安全基础建设推进大会和全国煤矿安全培训工作现场会议精神,坚持"管理、装备、素质、系统"并重,持续强化煤矿安全生产基础工作。一是扎实开展事故警示教育。坚持用身边的事教育身边的人,制作了警示教育片《违与危的骤变》,同时把上一年度发生的28起事故案例制成PPT,免费发放到煤矿企业组织观看。二是强化安全生产宣传工作。紧紧依托传统媒体和新兴媒体,抓住"安全生产月"等关键节点,采取多种形式开展安全宣传活动,营造安全发展氛围,提升煤监机构形象。协助国家局在我局成功举办了全国煤矿安全监察系统新闻宣传暨办公室主任工作会议,得到了国家局和与会人员的充分肯定。三是组织开展"总工话安全"活动。在全省范围内开展了以"健全技术体系,夯实安全基础"为主题的"总工程师话安全"活动,各地市政府、安全监管部门和煤矿企业相关人员共计2774人参加,加强技术交流,落实技术责任。四是推动煤矿从业人员素质提升。牵头出台了《山西省煤矿班组安全建设规定》,开展进基层、进煤矿、进区队的"三进"煤矿安全培训服务,为煤矿企业量身定制"一矿一策"培训方案,全年共开展关键岗位安管人员素质提升等9类、110余期、7万人次天的培训。五是大力推进安全文化示范矿井建设。召开全省煤矿安全文化建设工作推进会,交流经验、凝聚共识。截至年底,全省共有47家省级安全文化示范企业、40家国家级安全文化示范企业。六是大力推进智能化矿井建设。会同省工信厅等相关单位,就智能化矿井建设制定了"推进一批、建设一批、规划一批"工作规划,并积极推进。截至目前,全省已建成智能化工作面87个,另有64个正在建设。

六、持续加强领导班子队伍建设

省局党组始终把加强领导班子和监察队伍建设放在首位,完善人才培养机制,创新教育培训内容,努力打造一支对党忠诚、业务精湛、严于执法、廉洁自律的监察队伍。一是坚持选贤人、用能人。坚持德才兼备、以德为先的用人原则,坚持"二十字"好干部标准,坚持"有为才有位"的用人导向,坚持能上能下用人机制,充分利用公务员职务职级并行的政策机遇,对全局干部进行整体规划、逐级优化,选拔任用优秀干部,给他们压担子、铺路子、搭台子,全面激发干部队伍活力。二是坚持高素质、专业化。认真落实国家局"干部素质提升工程"要求,积极组织参加应急部、国家局举办的监察执法人员集中轮训和各种专题培训;自办山西煤监大讲堂,对监察人员进行系统培训,同时采取走出去、请进来,聘请知名专家、学者对监察人员进行专业培训。2019,共派出88名干部参加国家局培训;举办3期干部素质提升班,培训203人次。三是坚持树典型、学先进。以庆祝新中国成立70周年和煤监机构成立20周年为契机,以《煤炭报》《山西日报》等主流媒体和省局网站、微信公众号为载体,大力选树、宣传山西煤监系统涌现出的先进集体和个人,为全系统提供学习榜样、激发精神动力。以创建精神文明单位为契机,在全局广大干部职工中大力宣传弘扬社会主义核心价值观,全力打造山西煤监崭新形象,通过不懈努力,荣获了省级"精神文明单位"光荣称号。

(闫令飞)

附:山西煤矿安全监察局党组书记、成员名单

书　记:卜昌森

成　员:孙宏伟(11月离职)　谢万星　王学彦　刘海红　蔡建军　张永昌(11月任职)

省地震局党组

党组书记　郭星全

2019年,在应急管理部党组、中国地震局党组和山西省委的正确领导下,山西省地震局党组以习近平新时代中国特色社会主义思想为指导,认真贯彻落实习近平总书记关于防灾减灾救灾和提高自然灾害防治能力的重要论述,深入学习党的十九大和十九届二中、三中、四中全会精神,坚定不移推进全面从严治党,扎实有效完成2019年防震减灾各项工作。

一、党建工作

(一)印发《2019年党组中心组和干部理论学习计划》,修订《山西省地震局党组中心组和干部理论学习制度》,组织党组中心组学习研讨13次,举办了为期1周的处级干部学习班,进行了2次党支部书记培训,1次党务干部培训。开展了"改革创新、奋发有为"大讨论活动,提出7项改革创新举措,推选10名先进典型。开展了“不忘初心、牢记使命”主题教育,提出整改措施53项,年底完成整改措施50项,制修订制度17项。先后组织党组中心组学习党的十九届四中全会精神2次,举办党务干部培训班、专家讲座各1次。

(二)制定2019年度机关党建工作计划,制定《中国共产党支部工作条例(试行)》宣传贯彻方案,出台《关于贯彻落实全省机关党建工作重点任务的工作安排》。组织完成2018年度党组民主生活会和“不忘初心、牢记使命”主题教育专题民主生活会。选派干部参加各类党务知识培训17期60余人次,开展专家辅导6次、晋震讲堂8期,举办处级干部理论学习读书班1次,自办党支部书记、党务干部培训班2期。参加省直工委组织的5次学习强国培训,省局在职党员全部完成注册和实名认证。

(三)完成省局机关党委、机关纪委和10个直属党支部的换届选举工作。对地震台站党支部班子进行了调查摸底,整合软弱涣散地震台站党支部1个,改选地震台站党支部书记1人,完成了昔阳地震台党员的转回手续。吸收发展2名新党员,完成2名预备党员转正手续,转接23名党员的组织关系。

(四)开展精神文明创建工作,省局机关和太原基准台获年度“省直文明单位标兵”称号,夏县中心地震台获年度“省直文明单位”称号。参加了省直工委组织的系列体育竞赛活动,参加了省直机关庆祝新中国成立70周年歌咏比赛,两位职工参加了二青会火炬传递。在局门户网站设立“壮丽70年、奋斗新时代”专栏庆祝新中国成立70周年。妇工委组织参加了省直工委组织的省城女职工趣味运动会。团委组织青年职工赴五寨扶贫点进行结队帮扶,并开展“防震减灾科普进农村”宣传活动。

二、防震减灾各项工作完成情况

(一)监测预报

2019年山西省测震台网系统平均运行率为99.14%,地球物理台网平均运行率为99.78%,信息网络节点连通率为99.8%,GNSS通信连通率为99.88%。观测质量保持稳定,有22个测项获得2018年度全国地震监测预报观测资料质量评估前三名。

制定山西省震情监视跟踪工作方案,开展晋冀蒙、陕晋豫区域协作联防,2019年完成各类会商137次、现场异常核实8次,为全国“两会”“高考”“二青会”“70周年国庆”和“十九届四中全会”等特殊时段和重大活动提供地震安保服务。

国家地震烈度速报与预警工程(山西子项目)完成全部新建基准站和新建基本站的租地手续办理,新建27个基准站建设工程完工26个,30个新建基准站防雷工程完工18个,122个新建基本站和3个新建井下基准站完工38个,场地勘测完成钻孔121个,51个改造基准站工程已全部完成。冬奥会保障晋冀蒙监测能力提升项目完成大同分项钻孔施工项目的实施工作。完成太原基准地震台流体测点和祁县地震观测站2个台站的标准化改造项目。完成地球物理台网仪器升级改造项目、华北片区(山西)仪器设备更新升级项目、地震重点监视防御区地震监测技术系统升级项目。协助市县完成14个台站建设任务,19套仪器接入省级台网。

推进综合地震台改革。代县中心地震台完成五台地震科技中心、定襄地震台的整合工作,昔阳地震台并入太原基准地震台管理。开展非天然地震监测,与省应急管理厅召开了非天然地震事件信息专报研讨会,联合印发了《关于开展非天然地震事件信息处置工作的通知》。

完成与省应急管理厅应急指挥骨干网通信链路架设。完成信息基础设施和地震云计算大数据平台年度建设工作。完成智能会商系统的开发、测试和列装工作,实现了应急会商产品、周例会、月会商产品、综合学科会商产品的自动产出等功能。

(二)抗震设防要求管理

省政府办公厅印发《山西省关于推进区域性地震安全性评价工作的实施意见》,明确了山西省地震局负责山西省区域性地震安全性评价的监督管理工作,在山西省境内开展区域性地震安全性评价工作要按照省地震局印发的《山西省区域性地震安全性评价技术大纲》和《需开展地震安全性评价的建设工程目录(暂行)》实施。

编制《山西省地震灾害风险调查和重点隐患排查工程》和《山西省地震易发区房屋设施加固工程项目》设计方案。与省住建厅联合开展了《中国地震动参数区划图》贯彻落实情况专项检查,共检查省内416家建筑单位的983项建设工程。由省地震局牵头,省应急管理厅、省发改委、省住建厅、省交通运输厅等单位组成的检查组,对临汾市、晋中市、太原市及曲沃县、蒲县、灵石县、太谷县、小店区共32个基层点开展了地震应急准备和抗震设防工作检查。2019年山西省各市学校、医院新建项目强制要求全部应用减隔震技术。

组织中国地震局专家对《太原市小井峪村城中村改造项目工程场地及附近活动断裂勘探评价报告》进行了评审。完成了朔州机场、黄河古贤水利枢纽等重大工程项目可行性研究报告的审查。河津市经济技术开发区完成区域性地震安全性评价项目招投标工作。山西综改示范区阳曲产业园区和潇河产业园区完成区域性地震安全性评价项目建议书编制。

(三)震害防御基础探查

“忻州市区活断层探测与地震危险性评价项目(一期)”4个专题全部通过验收。“大同市区活断层探测与地震危险性评价项目(一期御东片区)”正式启动,“控制性浅层地震探测专题”完成实施并通过验收。“晋中市区活断层探测与地震危险性评价项目”完成招投标工作。阳泉市启动震害预测项目。霍州市启动城区地震小区划项目。山西综改示范区有58个工程建设项目,大同市装备产业园区有10个工程建设项目应用了震害防御基础探测成果。

(四)地震应急救援准备

与省应急管理厅建立协调联动机制,明确了防震减灾和抗震救灾任务分工。重新修订《山西省地震局地震应急预案》。完成朔州市山阴县和大同市天镇县的地震灾害风险预评估工作,共调研 14 个乡镇 35 个村庄。开发完成地震灾情评估决策自动触发系统,已上线测试。通过 4G 单兵图传和应急通信车载视频会议传输两种方式,实现了无人机航拍画面实时回传,前后方地震应急指挥部同步观看的功能。与省应急管理厅共同开展了山西省防震减灾系统地震应急演练。

(五)法治建设与地震标准化建设

编制《山西省地震预警管理办法》。《办法》共 6 章 31 条,主要规定了地震预警系统的规划建设、地震预警信息的发布与处置、监督管理与保障、法律责任等方面的内容。

起草山西省地方标准《地震应急指挥技术系统建设规范》(DB14/T1884-2019)。10 月 24 日,省局组织召开了新闻通气会进行宣贯和解读。《防震减灾科普教育基地建设规范》和《地震应急基础数据库规范》列入山西省市场监督管理局 2019 年地方标准制修订计划,12 月 17 日,《防震减灾科普教育基地建设规范》通过技术审查。

(六)防震减灾社会宣传教育

举办首届山西省防震减灾科普讲解大赛并选送 4 名选手参加了全国防震减灾科普讲解大赛,均获优秀奖。联合省教育厅举办第二届山西省防震减灾知识竞赛,选送晋中代表队参加全国防震减灾知识大赛,获得优秀奖。组织全省防震减灾科普作品比赛。完成 4 件科普原创作品。组建山西省防震减灾科学传播师队伍。在“5·12”国家防灾减灾日、“7·28”防震减灾宣传周期间,集中开展地震应急演练和防灾减灾科普宣传等系列活动。在太原市青年宫举办防灾减灾大型主题宣传活动。举办开放日、防震减灾科普讲座进学校、进机关、进企业等系列活动,全省累计开展防震减灾宣传 120 余场,举办各类科普讲座 57 场。

(七)防震减灾示范创建

认定省级防震减灾示范县 3 个。新增省级科普教育基地 7 个,申报国家级科普教育基地 2 个。和省教育厅联合认定省级防震减灾示范校 52 个,推荐国家级示范校 9 个。和省应急管理厅、省气象局联合对 11 个市的 25 个社区开展了综合减灾示范社区认定检查,推荐 15 个社区申报国家级示范社区,全部通过认定。

(八)地震科技创新

出台《山西省地震局地震科技成果转移转化实施细则》,加大对科技创新团队的支持力度,提供专项经费保障。争取省部级、中国地震局司局级科研项目 18 项,下达局属科研项目 36 项。承担的地震科技星火计划项目《区域前兆应急产品产出软件研制》通过中国地震局验收。承担的省社会发展科技攻关计划项目《基于 InSAR 技术的山西地震重点监视防御区现今地壳形变场监测与研究》和省面上自然基金项目《临汾盆地地震波速度和衰减结构层析成像及孕震构造研究》通过省科技厅验收。

(九)《山西省防震减灾科普体验馆建设项目初步设计》获省发改委批复,批复工程设计概算 2799 万元。

(和　炜)

附:省地震局党组书记、成员名单

书　记:郭星全

成　员:郭君杰　李　杰(12 月离职)　史宝森　田　勇

国家统计局山西调查总队党组

党组书记　王忠华

2019 年,山西调查总队党组以习近平新时代中国特色社会主义思想为指导,全面贯彻党的十九大和十九届二中、三中、四中全会精神,认真贯彻落实国家统计局党组和省委省政府决策部署,坚持“抓重点、补短板、强基础、提能力”的思路和举措,稳中求进、进中有为,全省统计调查工作实现高质量发展,总队连续 11 年获得“省直文明和谐单位标兵”荣誉称号,连续 6 年被评为“促进山西经济社会发展突出贡献单位”。

一、以党的政治建设为统领,深入落实党建工作部署

围绕贯彻落实新时代党的建设总要求,以党的政治建设为统领,在统计调查工作中弘扬党的建设主旋律、发扬党的建设正能量,取得了实实在在的成效。一是持续深化理论武装。坚持把理论学习作为先导性工作,认真执行党组理论学习中心组学习制度,围绕习近平新时代中国特色社会主义思想、党的十九大和十九届四中全会精神、加强党的领导、全面从严治党、党风廉政建设等内容,全年共组织党组中心组集体学习 21 次,全省调查队系统各基层党组织集体学习达到 12 次以上,形成了以上率下、互动互学效应。二是扎实开展主题教育。在守初心中铸忠诚:在“不忘初心、牢记使命”主题教育期间,党组理论学习中心组集中学习 11 次、交流研讨 2 次,形成学习交流材料 14 篇;在解难题中担使命:深入基层合计调研 63 天,形成调研报告 15 篇,工作思路和具体措施更加明确;在找差距中明方向:认真梳理“存量”问题,深入查找“增量”问题,检视出 15 个问题,制定了 42 项整改举措;在抓落实中现成效:明确时间要求的 31 项整改举措有 30 项已整改到位,长期坚持的 11 项得到持续巩固深化。三是着力建强基层组织。坚持党要管党、从严治党,推进基层组织规范化建设。组织完成了 8 个党支部的换届改选,督促指导 3 个新

建县级队全部成立党支部。举办了全省调查队系统党务干部培训班和新任职干部培训班，提升了党务干部履职能力，增强了一岗双责履行自觉。严格执行支部“三会一课”、党员教育管理、基层党务公开等各项制度，规范做好党建工作管理，实现了基层党建工作事事有人抓、人人有专责、处处见规范。

二、以落实“一岗双责”为常态，认真履行管党治党责任

坚持把落实“一岗双责”作为常态的重点工作，以主动的态度、严实的作风、有力的举措，推动全面从严治党向纵深发展。一是推动责任层层落实。年初召开全省调查队系统全面从严治党视频会议，制发2019年度党建工作要点、党风廉政建设要点，完善总队领导分管市县队工作制度，形成了“‘一把手’为主抓、班子成员分工抓、责任人具体抓、上下联动抓”的管党治党责任落实格局。坚持把定点扶贫作为重大政治责任，选优配强驻村干部，协调解决岢岚县和帮扶村的困难，在完善基础设施、发展脱贫产业、促进群众增收、改善群众生活上取得了好成效，总队被岢岚县委县政府授予“2019年度脱贫攻坚贡献奖”。二是严肃党内政治生活。严格执行新形势下党内政治生活若干准则，认真落实民主生活会、组织生活会、“三会一课”、谈心谈话、民主评议党员等组织生活制度，提高党内政治生活的政治性、时代性、原则性、战斗性。把“结合实际讲党课”作为党内政治生活的重要内容，使党课真正成为思想的“补给站”、工作的“助推器”。严格执行民主集中制，全年共召开27次总队党组会议，严格按照议事程序对144项“三重一大”事项进行研究，做到了会前广泛征求意见、会中认真议事决策、会后严格监督落实。三是持之以恒正风肃纪。组织党员干部认真学习党章党规党纪，使遵规守纪成为规范行为的具体标尺。坚持以案为鉴、以案示警，对党员干部进行廉政警示教育，引导党员干部坚守信念“高线”、守住纪律“底线”。加强日常监督，紧盯年节假期等重要节点，推动形成风清气正的氛围。发挥巡察“利剑”作用，2019年组织完成了对9个市县队的巡察。严格执行纪检监察部门负责人列席总队党组会议和有关行政会议制度，旗帜鲜明地支持纪检监察部门进行“事前”“事中”“事后”全程监督。

三、以规范业务管理为中心，精心保障调查数据质量

围绕国家统计局工作部署，从规范业务流程、改进工作举措入手，认真履行业务工作职责，保障统计调查数据质量。一是管好源头。严格执行国家统计调查方法制度，依法组织实施统计调查，修订实施涵盖12个专业的业务规范化标准，促使统计调查业务工作沿着规范化、标准化轨道开展。规范调查样本的管理和维护，健全关键环节、重要节点的实时记录，确保数据生产各环节管理精细化、源头数据质量可追溯。二是抓好指导。坚持业务需求导向，加大培训指导力度。在各专业集中培训的基础上，开展“点对点”“面对面”“区域化”的培训指导。组织居民收支、畜禽监测和劳动力调查等专业强化“一线培训”，解答疑问难点，提高了基层调查工作的能力和水平。三是控好过程。完善全程、全员、全域数据质量管控体系，健全数据质量审核把关机制。充分发挥劳动力调查PDA、居民收支调查电子记账平台、价格调查电子平台“流程监控仪”的作用，农业农村、居民收支、价格调查等专业按照统一的标准、统一的流程，规范方法制度执行、调查样本管理、业务操作规程和数据审核评估，保障了统计调查数据源洁流清。四是把好终端。以原始数据和汇总数据为重点，充分考虑数据生产过程的科学性、规范性，采取行之有效的审核评估方法，对相关数据匹配性、历史数据衔接性、政策因素影响力进行系统比对，对统计数据的真实性、准确性进行研判分析，进一步提高了数据质量。制定《统计调查数据统计调查资料提供和发布管理办法》，对数据处理、存储和发布等环节实行严格管控，推动数据管理程序化、标准化、精细化。

四、以提高服务质效为主线，有效发挥统计调查职能

在高质量完成国家统计调查任务的基础上，通过调查研究、数据供给和分析解读，为各级党政决策提供优质统计调查服务。一是精心开展约稿调研。主动了解党政领导和决策部门的需求，围绕宏观调控政策落实情况，结合国家统计局、省委办公厅、省政府办公厅约稿选题和信息要点，瞄准热点问题，精选调研题目，组织开展了71次专题约稿调研。围绕食品价格变动、住宅公摊面积、棚户区改造、农民工工资、不动产登记、农村取暖、校外培训等专题撰写的13篇调研报告被国家统计局《每日调查》采用。3篇调研报告获省委省政府领导批示肯定。二是精心抓好数据分析。在定期发布粮食畜禽生产、城乡居民收入、PPI、CPI等数据的基础上，强化对调查数据的挖掘，注重纵向与横向对比、结构与质量研究、趋势与规律研判，深入分析经济运行情况，认真研判经济发展趋势，抓好统计调查数据解读，得到党政领导和省直部门的好评。组织深入分析山西消费价格、特别是食品价格变动及对低收入家庭的影响，积极为启动物价联动机制建言献策，2篇信息专报得到省委省政府领导批示肯定，信息咨询建议被省政府采纳。三是精心打造服务品牌。定期编印《山西统计调查报告》《山西统计调查信息》《山西统计调查数据》、课题研究报告等品牌产品。精心组织《改革开放四十年 山西民生谱新篇》《砥砺奋进七十年 山西民生大发展》的编印出版，展示了新中国成立以来山西经济社会发展取得的重大成就。依法依规公开政府信息，积极回应关切，注重分析解读，自觉接受监督，增强了政府信息公开实效。2019年，全省调查队系统主动公开国民经济和社会发展统计信息333条，其中，通过新闻发布会公开30条，通过政府公报公开22条，通过政府网站公开168条，通过政务微信、微博等新媒体公开7条，通过出版物、报刊、广播、电视等其他渠道公开106条，使统计调查产品更好地服务社会公众。总队年内编发的分析信息，省级以上采用287篇(次)，国家统计局和山西党政领导批示13篇，7篇得到中央领导批示，分析信息采用得分在省委系

统、政府系统居省直单位“双第一”。

五、以学法普法执法为抓手,扎实有效提升法治能力

按照依法治统总体部署,在学法、普法、执法等方面采取有效措施,坚决防惩统计造假,优化统计调查环境。一是组织学法,提高法治能力。坚持把统计法律法规列为干部教育培训的重要内容,以集体学习、专题辅导、法治讲座、执法演练等多种形式搭建学法平台,组织党员干部深入学习贯彻全国统计法治工作会议精神,组织开展中央《意见》《办法》《规定》再学习活动,组织统计普法专题讲座,举办统计法治培训班,使干部职工防惩统计造假的法纪“红线”意识不断增强。强化统计执法技能培训和统计执法人才培养,充实统计执法骨干人才库,全省调查队系统已有170人取得统计执法资格。二是推进普法,优化调查环境。深入贯彻全国统计法治宣传教育第七个五年规划,研究制定2019年度法治宣传教育方案并认真组织实施。融普法宣传于调查全程,通过开展执法、回访等方式以及向调查对象发送《统计调查法律事务告知书》,加大统计法宣传力度,提升调查对象配合度。结合“12·4”国家宪法日、“12·8”统计法颁布纪念日等重要节点,组织开展“统计普法进社区”“统计普法进企业”等现场宣传活动,增强调查对象的守法意识和配合自觉。在总队外网开设“执法监督专栏”,进一步拓宽了普法宣传受众覆盖面。三是严格执法,形成常态震慑。坚持“有案必查、违法必究、查处必严”的原则,组织支持统计执法监督等部门依纪依法履行职责,坚决惩治统计造假、弄虚作假等行为,认真组织省级执法检查和市县队执法检查,对发现的统计违法行为坚决予以查处。全省调查队系统全年共对467家调查单位进行了执法检查,对12家违法单位进行了立案查处,对4家违法单位给予行政警告并处罚款,对典型统计违法案件进行了通报,做到了“利剑”高悬、震慑常在。

(习朝瑞)

附:国家统计局山西调查总队党组书记、成员名单

书　记: 王忠华

成　员: 包超英(女,7月离职)　张国栋
王润拴　鞠传玲(女)　顾向红

中国铁路太原局集团有限公司党委

党委书记　程先东

2019年,中国铁路太原局集团有限公司党委坚持以习近平新时代中国特色社会主义思想为指导,深入学习贯彻习近平总书记“三篇光辉文献”精神,认真落实山西省委、省政府和国铁集团党组决策部署,坚持“一个指引、两手硬”,以“不忘初心、牢记使命”主题教育为动力,以建设“资源型经济转型发展示范区”、打造“能源革命排头兵”和构建“内陆地区对外开放新高地”三大目标为牵引,坚持全面从严、重抓基层基础、促进双向融合、推进标准化规范化建设,党建工作质量稳步提升,为推动高质量发展提供坚强保证,引领集团公司更好融入和服务山西经济社会发展。

一、加强党的政治建设,确保各项工作始终沿着正确方向前进

坚持把党的政治建设摆在首位,出台《加强集团公司党的政治建设实施细则》,坚决抓好习近平总书记对铁路工作的重要指示批示精神和党中央决策部署的贯彻落实,以实际行动做到“两个维护”。严格落实向山西省委、省政府和国铁集团党组请示报告制度,坚持在全省、全路工作大局下行动,全力以赴做好各项工作,切实履行好驻晋央企职责。修订完善决策“三重一大”事项实施细则,制定《进一步加强党委会、董事会会议相关工作意见》,严格执行重大问题决策前置程序,推动党的领导纵贯到基层。实施习近平新时代中国特色社会主义思想教育培训计划,举办31期培训班,完善落实党委中心组学习“巡听督学”制度,开办7期“太铁大讲堂”,着力提升党员干部理论素养。深入落实国铁集团加强铁路公司党的领导和党的建设暨2019年度党建工作会议精神,召开党建工作会议,细化重点任务,推动建设系统党建工作不断加强。组织开展集团公司党委第二轮巡察,认真抓好问题整改,推动全面从严治党向纵深发展。

二、扎实开展“不忘初心、牢记使命”主题教育，激发了推动高质量发展的动力和担当

坚持把开展主题教育作为重大政治任务，统筹推进4项重点措施。突出学深悟透，以规定学习篇目和党章党规党纪，以及习近平总书记最新重要讲话精神为重点，两级领导班子集体学习1058次，讲专题党课1247场。突出自我革命，召开对照党章党规找差距专题会议和专题民主生活会，党性观念受到洗礼。突出作风转变，制定两级班子跟班调研和谈心谈话制度以及加强集团公司机关作风建设的工作措施，集团公司领导人员深入开展调查研究，解决了一批基层反映强烈的问题。加强问题整改，采取个人找、群众提、集体议、上级点等方式，认真查摆问题，分批次梳理问题清单，层层压实整改责任，确保取得标志性成果。通过开展主题教育，广大党员干部对习近平新时代中国特色社会主义思想有了更加深刻的领悟，对守初心、担使命，找差距、抓落实有了更加高度的自觉，对开创集团公司高质量发展新局面特别是对主动服务山西经济社会发展有了更加强烈的担当。2019年，张大客专顺利开通运营，大同至北京实现1小时42分直达，韩原线首开动车，实现高铁贯通三晋南北。同时，深化“山西全域旅游铁路行”，推出“云游山西”年卡，开行旅游列车41列、引流入晋51列，受到三晋百姓的广泛好评。

三、持续抓好“五大体系”建设，干部人才队伍的素质和状态实现新提升

聚焦高素质专业化要求，着力打造讲政治、讲担当、讲规矩、讲实效、讲团结的骨干队伍。坚持把“五个能否”(对上级部署要求能否做到坚决贯彻落实，能否做到用心尽力、务求实效，能否做到对标一流、勇于争先，能否做到知重负重、迎难而上，能否做到严守规矩、尊重规律)作为检验领导班子的重要标准，细化落实站段领导班子工作机制和领导人员能上能下实施细则，着力优化领导班子结构，增强整体功能。加大年轻干部培养力度，分层制定队伍梯次结构优化目标，出台大力发现培养选拔优秀年轻干部的实施办法，举办春秋两季青年干部培训班。以“百千万人才”工程为牵引，辐射带动高层次人才队伍建设，出台人才队伍建设五年规划，制定专业技术职务评聘办法，组织高层次人才开展专题研修培训，53人入选“三晋英才”支持计划。

四、持续推进标准化规范化建设，基层党组织的政治功能和组织力进一步增强

把基层党组织建设作为最重要的基本建设，按照省委深化“三基建设”统一部署和国铁集团党组关于基层党组织建设的总体要求，持之以恒抓基层、打基础、强基本。加强党委规范化建设，对现有党建工作制度办法进行修建补废，建立行得通、真管用、有效率的制度体系。推进标准化党支部建设，落实国铁企业党支部建设工作细则，建立标准化党支部建设工作体系，深化“三会一课”质量年，加强高铁乘务党支部建设，组织标准化党支部建设达标验收和重点督查，加强党费和党组织工作经费管理，夯实基层基础。培训1175名专兼职党支部书记，队伍结构实现优化、综合素质得到提升。制定实施党建工作质量考评、党群管理考核办法，定期对基层单位党建工作质量进行考核评价，倒逼党建责任落实。

五、一体推进不敢腐不能腐不想腐，党风廉政建设不断引向深入

一以贯之落实全面从严治党方针和要求，压实“两个责任”，优化调整党的建设暨落实党风廉政建设责任制工作领导小组，定期召开党风廉政建设专题分析会，组织对领导人员进行“画像”评价，层层传导责任压力。深入落实中央八项规定精神，重申党员干部操办“升学宴”“谢师宴”禁止性规定，落实解决形式主义突出问题为基层减负等具体措施，着力整治“四风”问题。出台深化廉政风险防控工作指导意见，细化机关部门廉政风险项点，进一步扎紧制度笼子。着力构建纪律教育大宣教格局，编发13期“廉文荐读”，引导党员干部知敬畏、存戒惧、守底线。

六、牢牢把握意识形态工作主动权，企业改革发展的思想共识充分凝聚

坚持凝心聚力、铸魂塑形，围绕“太铁与共和国同行”主题，开展庆祝新中国成立70周年群众性歌咏大赛等系列活动，依托山西宝贵的革命传统文化资源开展红色教育，激发爱党爱国爱路热情。深入开展“改革创新、奋发有为”大讨论，聚焦“六个破除”“六个着力”“六个坚持”和“六个新突破”，抓实10个关键环节，着力以思想解放引领行动突围，集团公司党委先后在省委大讨论部署会、总结会上作了交流发言。出台《关于加强集团公司意识形态工作的意见》，严明风险研判预警、阵地审批报备等四项制度，改版升级“太原铁道”微信公众号，加强新媒体平台和互联网工作群组监管，坚决确保意识形态领域安全。深化诚信文化建设，做好先进典型选树宣传，秦皇岛西工务段柳村女子探伤工区荣获“全国五一巾帼奖状”，湖东电力机务段重载司机景生启荣获2019年度“新时代·铁路榜样”，并被中宣部、国铁集团联合授予2019年“最美铁路人”称号。持续讲好太铁故事，累计在中央主要传统媒体推出报道716篇，在《人民铁道》报刊发报道833篇。

七、不断提升职工满意度，和谐稳定的局面得到巩固发展

持续加大关心关爱力度，全力办好20件实事好事，精心组织慰问工作，广泛开展群众性文体活动，加大助医、助学、助困帮扶和“八小工程”投入力度，畅通职工意见诉求表达渠道，切实提升职工群众获得感、幸福感和满意度。制定出台《打赢脱贫攻坚战三年行动实施方案》和《2019年扶贫工作要点》，继续开行32对普速旅客列车，开好“蔡家崖号”扶贫列车，在定点帮扶的榆社县云竹镇东庄村建成云竹生态农业园，拨付党费为云竹镇段家沟村和河峪乡鱼头村党员活动室

添置设备、更新设施，得到贫困地区政府和百姓的好评。制定落实《关于加强和改进集团公司共青团工作的意见》，扎实开展“三有”青年教育，深化推进青年大学生培养工程，不断激发青年队伍活力。围绕新中国成立70周年大庆，以及“三供一业”移交、医保纳入地方统筹管理等工作，严格落实信访稳定责任，认真抓好政法综治工作，为各项工作顺利推进提供了良好环境。

(孙淑环)

附：中国铁路太原局集团有限公司党委书记、副书记、委员名单

书　记：程先东

副书记：陈玉柱(9月离职)　陈　敏(9月任职)　张锁明　姜　涛

委　员：杨占虎　刘　枫　邢　东　郭善宏　孙雁胜　白沛锋　王旭荣　毕守锋

太原铁路公安局党委

党委书记　董跃峰

2019年，太原铁路公安局党委坚持以习近平新时代中国特色社会主义思想为指导，深入学习贯彻党的十九大和十九届二中、三中、四中全会以及全国公安工作会议精神，切实增强“四个意识”、坚定“四个自信”、做到“两个维护”。在公安部铁路公安局党委的正确领导下，立足铁路公安机关管理体制改革调整，以推进铁路治安治理体系和治理能力现代化为牵引，以“不忘初心、牢记使命”主题教育为载体，以新中国成立70周年大庆安保为重心，紧密围绕“平安铁路、平安山西”建设，大力推进实施全局第三个“三年规划”发展战略，一手抓改革创新，一手抓安保工作，充分发挥派驻职能作用，圆满完成了新中国成立70周年大庆、春运、“两会”、“一带一路”等重大安保任务，全局公安工作和队伍建设呈现出发展新局面，管内政治治安、民警队伍持续稳定。

一、围绕“改革之年”，队伍建设持续加强

(一)坚持从严治党，队伍更有定力。2019年是铁路公安机关管理体制改革的开局之年。太原铁路公安局党委将队伍建设作为重中之重，紧紧围绕习近平总书记系列重要讲话和全国公安工作会议精神，组织开展党的十九届四中全会精神专题学习，部署开展“大学习、大讨论、大调研”活动，扎实开展“不忘初心、牢记使命”主题教育，深入推进“践行新使命、忠诚保大庆”实践活动，切实加强政治教育、忠诚教育、职业教育，以思想理论武装引领全局干部民警坚决拥护改革、支持改革、投身改革，保持了民警队伍的持续稳定。始终坚持全面从严治党治警，压紧压实“两个责任”，持之以恒落实中央八项规定精神及实施细则，严肃排查、督察、整治“枪、酒、车、赌、债、网、执法”等重点问题，年内共查纠各类问题1140余件。

(二)加强干部管理，队伍更有潜力。坚持正确的选人用人导向，严格按照新时代好干部标准和高素质专业化要求考察、识别、使用干部，共选拔任用干部43名，调整干部43名，考察试用期满干部39名；组织全局136名副处级以上干部认真完成领导干部个人有关事项报告，确保每名干部提拔依法合规；强化干部专业化教育培训；先后举办组干系统干部培训班和基层所队干部培训班。同时，有序推进职务序列改革，完成全局警务技术初级、中级、副高级职务套改申报评定。

(三)深化人才工程，队伍更有战力。持续深入推进“十百千”人才培育工程，选拔具有信息网络、网路攻防、刑事技术、法律专业等方面人才充实到相应部门岗位，切实做到人尽其才、人岗相适。2019年，太铁公安局刑侦处1名民警获评“全国情报研判专家”，全路公安机关仅有两名入选。围绕公安部全警实战大练兵的部署要求，在全局开展“大培训、大练兵、大考核、大比武”活动，全警实战能力显著增强。2019年，连续两年蝉联全路公安网络攻防实战业务培训比武竞赛桂冠；荣获全路乘警警务实战比武中团体第一名、全路公安技侦手段技能比武竞赛团体二等奖、铁路公安警卫干部实战技能比武团体第二名；参加第十八届世界警察和消防员运动会夺得三金一银，在世界性大赛中取得新突破。

(四)突出立功创模，队伍更有活力。围绕年内重大安保工作，启动战时表彰机制，大力开展典型选树和立功创模活动。2019年，公安局连续第四年评为“省直文明单位标兵”，连续三年被评为“山西地方经济社会发展作出重要贡献、突出贡献的中央驻晋单位”。全局共有2名个人荣立一等功，2个集体、10名个人荣立二等功，75个集体、356名个人立功嘉奖。在新中国成立70周年国庆安保期间，1个集体、1名个人荣获公安部先进荣誉，8个基层所队、37名民警被评为全路先进。1个公安处荣获“全路优秀公安处”，2个基层单位荣获“全路优秀公安基层所队”，8名个人荣获“全路优秀人民警察”，1名民警荣获全国铁路公安机关“最美基层民警”。同时，切实加强新闻宣传，在各级媒体刊稿21526篇，公安局官方抖音号被公安部评为“最具潜力的警务抖音号”、“最美基层民警政务话题优秀账号”、“十佳短视频账号”。

(五)落实爱警暖警，队伍更有聚力。积极跟进落实各项优警措施，医保关系全面移交地方，全警享受属地公务员医保待遇保障；积极申请机关事业单位养老保险预算，加快推进属地参保工作，及时兑现精神文明奖；为600余名伤残、重困、功模、老干部以及民警家属发放各类救助金、慰问金、抚恤金、奖学金375万余元。持续推进“八小工程”建设，筹措资

金113万余元用于基层所队设施设备、小药箱、伙食团等建设，进一步改善了基层工作生活环境。

二、聚焦“智慧警务”，科信建设不断深化

（一）信息数据大平台。对T云情报平台进行优化升级，最大限度融合各类数据资源，并对接公安部、铁路公安局信息平台，有力服务实战，形成创新品牌，取得了国家版权局颁发的计算机软件著作权，被评为2018年度山西省科技进步三等奖。建设完成了全路警综数据中心、铁路公安刑侦信息专业系统两个重点系统，实现了与警综平台数据共享，获取了太原局集团公司电子客票、闸机等实名制数据，实现了信息资源汇集最大化。

（二）网络通道高速度。持续推进信息专网、数据专网、视频专网“三网”建设，逐步搭建起了“网络数据高速路”和“万千百兆大通道”。信息专网达到了“千千百”：铁路公安局到公安局1000M，公安局到公安处1000M，公安处到派出所100 M，派出所到警务区10 M；数据专网达到了“万千千”：省公安厅到公安局10000M，公安局到公安处1000M，公安处到派出所1000M；公安视频专网达到了“万千千”。省公安厅到公安局10000 M，公安局到公安处1000M，公安处到派出所1000 M，派出所到警务区100M；并与全省公安政务网全面融合，覆盖全省8个地市。

（三）智慧警务广应用。在管内24个较大客运站进、出站通道建成了电子围栏采集系统，有效提升了重点人的发现、预警、布控、侦查能力。在大西高铁17个车站建设动态人脸识别系统安防工程，完成局处两级管理平台以及重点车站终端建设。协调铁路企业投入资金2500余万元构建移动警务应用支撑体系，为全局民警配发移动终端3100部，实现了“每警一端”。深化信息技侦建设，技侦系统、技侦手段不断完善升级，连续三年获得铁路公安局情报专项奖励。大力推进司法鉴定“四室一中心”建设，为全路、地方公安机关出具鉴定文书246份，连续10年参加公安部盲测取得各项目全部“满意”的成绩，电子物证、指纹等鉴定工作在全路、全省形成影响。

（四）指挥研判新常态。围绕“扁平指挥、精准指挥、高效指挥”，在全局大客运站、高铁站派出所设立勤务指挥室，常态落实“1+6+N”的研判会商机制，2019年成功指挥处置了“3·05”精神异常旅客滋事、“11·09”扬言持枪行凶等多起敏感、重大警情。以“景旭杰”情报研判室为带动，大力推进情报研判工作，先后作为铁路公安局“铁鹰”打击专项行动指挥部、“云捕”情报研判专班，为全路推送情报研判线索6000余条，经验做法被铁路公安局全路转发，情报研判水平位于全路前列。

（五）共享协作深融合。立足“共建、共享、共保安全”，持续加强警务协作、警企合作。积极向地方党政、公安机关汇报沟通，推动各类信息平台路地对接共融，视频建设纳入全省“天网”、“雪亮”工程，交通管理业务全面开启，太原、大同、临汾处均建立交警大队。协调铁路企业支持推进“三网”建设，支持我局“T云情报平台”申报山西省科技进步奖，实现了实名制数据实时共享。同时，与铁路公安局三大情报中心建立了协作机制，组织浪潮集团、山西电信、巨龙信息等企业召开警企合作恳谈会，筹备建立警企联合实验室，推动全局信息化建设纵深发展。

三、立足“派驻职能”，专业建设稳步提升

（一）防恐反恐常态落实。充分发挥公安机关职能作用，督促协调铁路集团公司先后投入资金1.03亿元补强完善反恐人防物防技防建设，排查涉恐风险隐患问题126件，并对相关铁路站段启动约谈程序，有力压实铁路企业主体责任。按照“集约用警、拳头处置、公开震慑”的勤务模式和“特警、警犬、巡逻车”三位一体巡控体系，强化显性用警，始终保持强大公开震慑，铁路反恐防线坚实牢固。山西省反恐怖工作领导小组、国铁集团反恐办、铁路公安局先后对我局反恐工作通报表扬。

（二）全力保障高铁安全。坚持将高铁安全作为政治红线、职业底线，认真落实习近平总书记对高铁安全重要批示精神，深入开展高铁安全隐患“百日清剿战役”，全面排查高铁安全隐患1965处，建库立档，动态清零，管内高铁实现“零警情”。同时，管内线路治安持续平稳，朔准铁路、张大高铁、浩吉铁路安全开通运营，2019年共处罚违治人员3120人，宣传教育群众91.4万人次，排查各类治安隐患4000余件，铁路交通事故同比去年降幅达23.5%，秦皇岛公安处实现全年无路伤。

（三）查缉破案战果突出。始终保持严打整治高压态势，2019年共查处治安案件11292起，同比增幅64%。破获倒票案件132起，涉案车票2350张，涉案价值共计18.8万元，查处关停取缔违规车票代售点10个；查处假证案件151起，缴获各类假证假章以及伪造冒用票证7290件，查处诈骗票款案件41起，位列全路第一。2019年共破获刑事案件422起，其中公安部毒品目标案件2起、山西省毒品目标案件1起、涉黑案件1起，抓获犯罪嫌疑人191名，打掉犯罪团伙11个成员41人，打掉制毒、制假、销赃窝点13个，缴获各类毒品37.4公斤，为铁路企业和旅客群众挽回经济损失1100余万元，“云捕”战果位列全路第六，先后29次受到公安部铁路公安局、山西省公安厅通报表扬。2019年，共抓获网上逃犯3330名，同比增幅21.3%，创建局历史新高，在全路位列第六名。

（四）公共安全防控有效。以维护公共安全为主要，依法依规开展监管督导，2019年共查获各类危险品、违禁品209402起，其中，查获毒品7191.84克、子弹307发、烟花爆竹64844响、管制刀具6461把、化工类14207千克。杜绝了漏查漏检问题；检查发现消防隐患3076件，签发各类法律文书1540余份，发安全问题通知书91张，连续3年春运实现国铁集团消防检查“零通报”。发现内部隐患问题9579件，签发《内部隐患整改通知书》8243份，涉枪涉爆问题一事不出。

（五）警卫工作万无一失。严格落实警卫工作措施，2019年共安全执行警卫任务350次。其中，专运警卫任务179次，

较去年增长65%;执行特运警卫任务86次,较去年增长19%。执行一、二、三级包车任务及其他专运警卫对象任务67次;执行一级现场警卫看桥任务85次,暑期执行迁曹线、段大联络线跨京哈线一级看桥任务73次,执行一级专列、包车前行交会任务153次。圆满完成了"两会"、暑期北戴河警卫等重要任务,确保了警卫对象的绝对安全。

(李晓东)

附:太原铁路公安局党委书记、副书记、委员名单

书 记:董跃峰

副书记:张文魁

委 员:朱彦红 赵充祥 刘建兵 宋学斌 张宝生 孙保平 李忠业

高等院校党委工作概况

山西大学党委

党委书记　符惠明

2019年是新中国成立70周年，是贯彻落实全国教育大会精神的开局之年，也是山西大学事业发展续写新篇的一年。校党委深入贯彻党的十九大、十九届四中全会精神和全国、全省教育大会精神，牢牢把握部省合建、率先发展、北大支持、C9合作等发展机遇，提出并落实“一个统领、四个推进”的工作思路。全校师生在争创“双一流”的征程上戮力同心、奋发有为，开创了各项事业发展的新局面。学校在USnews、软科、校友会等国内外主流大学排名中的位次均有提升，在最新自然指数中排名内地高校第71位。

一、坚持党的全面领导，党建工作水平进一步提升

一是创新开展理论武装。坚持党的教育方针，深入贯彻落实全国教育大会和学校思想政治理论课教师座谈会精神，制定《山西大学2019年党委理论学习中心组学习计划》，通过常委会会前学法和校院两级中心组联学，学深悟透十九届四中全会精神、习近平总书记关于高等教育的重要论述精神以及省委历次重要会议精神，重温习近平总书记“三篇光辉文献”，打牢育人育才的思想理论基础。制定分党委（党总支）政治理论学习年计划、月安排，2019年校党委理论学习中心组开展集中学习14次。理论文章《推进大学治理体系与治理能力现代化》在《山西日报》发表。

二是高质量开展主题教育。巩固和深化“改革创新、奋发有为”大讨论成果，扎实开展“不忘初心、牢记使命”主题教育，牢牢把握主题主线，紧扣目标任务要求，聚焦师生期待，结合学校实际，坚持四个贯穿始终，推动全校29个分党委、7个党总支、274个党支部抓实主题教育，引领5585名党员守初心、担使命，找差距、抓落实，增强“四个意识”，坚定“四个自信”，做到“两个维护”。校院两级领导班子及成员形成调研报告243篇，转化为工作举措326项，立行立改问题532个，制定完善制度25项，“三服务”推动解决事项419个。学校主题教育得到中央巡回督导组和省委巡回指导组的肯定。《人民日报》《山西日报》、“学习强国”平台等主流媒体线上线下多次报道。

三是强化党的基层组织建设。强化院系级党组织政治功能，选齐配强院系领导班子。加强基层党支部标准化规范化建设，制定基层党支部工作细则，修订完善发展党员工作实施细则，严把党员发展政治关，2019年共发展党员1632人；认真落实“三会一课”制度，拨付专项建设经费，支持党支部开展活动，重点打造“一支部一堡垒、一党员一面旗”品牌亮点。常态化抓好院系级党组织书记和党支部书记抓基层党建述职评议考核工作。创新机关、教辅部门党建模式，开展机关、教辅部门与院系师生党支部结对共建活动，不断改作风、提效能。2019年，获批全国党建工作样板支部1个、全省高校党建工作标杆院系2个、全省高校党建工作样板支部2个、全省高校研究生样板支部2个，首批全省高校“双带头人”教师党支部书记工作室4个。

四是积极推进干部队伍建设。坚持人岗相适，全年完成126名中层领导干部的选任调整，选任教师校内挂职，选派业务和管理干部赴北京大学挂职，从北京大学选任业务干部担任学校中层正职，有效提升了干部队伍活力。畅通管理岗位职务职级双轨晋升渠道，多样化激发干部活力。实施能力提升工程，2019年举办基层党组织书记、中层正职领导干

部、党支部书记等线上线下培训班4期,培训干部853人次,开展管理岗位基本能力测试381人次,不断提升培训的针对性和精确度。

五是牢牢掌握意识形态领导权。成立校院两级意识形态工作领导机构,建立了以校党委书记为组长的意识形态工作督察组和以校长为组长的校园安全工作督察组,对意识形态工作和校园安全稳定工作进行常态化风险隐患排查和督促检查。严格落实意识形态工作分析研判制度,每月召开1次意识形态工作研判专题会议。加强各类意识形态阵地管理,修订完善学校报告会、研讨会、讲座、论坛管理制度,加强审批监管力度,落实审批责任,严格把控场地、人员、内容等关键环节。加强网络意识形态管理,强化"两微一端"平台建设和管理,对全校18个微博、56个微信公众号、127个在册网站进行审核,对校园舆情进行24小时在线监控,形成舆情周报工作机制。

六是纵深推进全面从严治党。以高度的政治自觉推进全面从严治党向基层延伸、向纵深发展。严格落实管党治党政治责任,制定学校贯彻落实《中国共产党问责条例》实施办法。认真开展省委第五轮巡视整改工作,列出问题清单、整改清单、责任清单,细化分解10项37个问题,对应制定109项整改措施。运用"四种形态",突出责任导向、问题导向、教育导向,持续在第一种形态上下功夫,用好问责利器,常态化咬耳扯袖,纪律执行更加细化、更加严格。深化纪检监察体制改革,不断加强政治监督,启动校内巡察,召开全面从严治党工作会议,开展全校警示教育,专题调研党风廉政建设工作,做好党员干部经常性教育和日常性管理,维护遵规守纪的良好氛围。

七是全面加强统一战线、群团和离退休工作。充分发挥"统一战线大课堂"品牌,在重要时间节点及时传达中央和省委精神,夯实共同思想政治基础。党外知识分子建言献策信息被中央统战部《零讯》采用。推动精准文化养老工程,成立老年大学,10个教学班300多名学员正式入学。推进"解民忧、办实事"服务工程,深入开展会员生日和传统节日慰问等普惠化工作,帮扶慰问困难、大病及住院教职工50余人次。深入贯彻落实习近平总书记关于青年工作的重要思想,强化党建带团建,召开共青团山西大学第十三次代表大会,推进基层团组织规范化建设。获得全国社会实践优秀单位、二青会筹办工作先进集体、全国优秀共青团员、山西青年五四奖章和奖状、山西省红旗团委(团支部)等荣誉称号。制定推动学生会(研究生会)和学生社团深化改革工作方案,规范学生组织建设。

二、坚持打造优势,学科建设成效进一步显现

一是加强优势学科建设。组建学科建设指导委员会,聘请一流大学的顶尖专家担任主任,在全国高校遴选知名专家加盟,指导学科规划、高层次人才推荐、重大项目和重要成果申报等工作。在教育部支持下,在与北京大学等4所对口合作高校的有关学科全面对接。从领导班子成员中各指定1名责任教授,分别召开一流学科建设分析动员会,强化"双一流"建设的使命意识和责任担当,加快补短板、强优势。

二是优化学科布局。树立学科协调发展理念,为一级学科博士点统筹下拨一流学科建设经费3000万元。分别组织文科、理科、工科系列调研,制定不同类型学科支持计划。制定《关于两校区院系调整 促进学科融合的方案》,促进了两校区学科融合,优化了工科学科布局。

三是主动对标学科评估。举办2019部省合建高校学科建设工作研讨会,及时掌握第五轮学科评估的调整思路和方向。对照第四轮学科评估指标体系,融入第五轮学科评估改革思路,开展对标分析,形成《第五轮学科评估山西大学迎评工作方案》和《山西大学学科摸底简况表(2019)》,推动各学科及早熟悉第五轮学科评估动态和侧重点,积极迎接第五轮学科评估。

四是强化学科平台建设。圆满完成"1331工程"中期评估,获得"1331工程"奖补经费1340万元。物理学科群组建"先进纳米结构加工与多场耦合表征"和"量子精密测量"两个研究平台,哲学学科群组建"哲学与现代性协同创新"和"三晋文化与旅游产业协同创新"两个研究平台。获批"CO2减排与资源化利用教育部工程研究中心"和"山西亚高山草地生态系统教育部野外科学观测研究站",是本校首次获批此类教育部研究平台。

三、坚持立德树人,人才培养质量进一步提高

一是全面加强思政育人。强化"三支队伍"建设,招聘专职辅导员43名,专职辅导员师生比基本达到教育部1:200比例标准。配备组织员31名,实现组织员院系"全覆盖"。出台《专职辅导员专业技术职务(职称)申报条件(试行)》等制度,打通辅导员"双线晋升"通道。大力推动习近平新时代中国特色社会主义思想进教材、进课堂、进学生头脑,在全国高校首批开设习近平新时代中国特色社会主义思想概论课。着力构建思想政治理论课、综合素养课、专业教育课三位一体的大思政课程体系,开展"课程思政"示范课程建设,申报评审综合素养课、专业教育课共98门。结合优秀传统文化、红色文化和校史教育等工作,探索更加鲜活生动有效的教育方式,开设《戏剧中的山西印象》等7门"感知山西"系列课程,校史馆、姚奠中艺术馆面向师生接待10324人次。深化实践锻炼,组织学生积极参与全国二青会、外交部山西省推介会、太原能源低碳发展论坛、春暑运等志愿服务活动,招募组建第22届西部计划研究生支教团,首次开展为期六周的研究生暑期基层锻炼活动,形成调研报告25篇、共计20余万字,获得山西省"十佳青年志愿服务集体""全国三下乡优秀社会实践队"等荣誉,1项成果入选教育部主题社会实践全国百佳优秀精品范例。

二是全面落实"以本为本"。修订本科人才培养方案,将专业总学分数压缩至160以下,优化了理论学分和实践学分、必修学分和选修学分的比例。大力开展一流本科专业建设,获批国家级一流本科专业建设点10个、省级一流专业建设点10个。深化课堂教学革命,积极开展"金课"建设,建设

精品在线课程20门、省级线上线下精品共享课程21门。启动智慧教室建设，引入“互联网+”课堂互动教学软件，大力推广研讨式、混合式、翻转式教学。积极鼓励教师开展教学研究，获得省级教改项目17项，获得省级优秀教学成果奖励17项，其中特等奖5项。持续加大招生宣传力度，开展优质生源基地建设，与省内31所中学签订优质生源地协议，赴省内外60余所中学参加招生咨询会，实现省内各批次录取平均分位次的较大提升。

三是全面提升研究生培养质量。按照“边评边改、边整边调、瘦身强体、填补空白”的思路，推动学位授权点动态调整，增列2个博士学位点、2个硕士学位点。创新研究生招生模式，实施博士招生“申请－考核”制，制定本科直博招生选拔制度，硕博连读生达到博士招生人数的69.7%、在学硕士占到76.4%。获得省级研究生教育创新项目127项、研究生教育改革研究课题30项。大力提升研究生科研创新能力，获得山西省优秀博士学位论文13篇、山西省优秀硕士学位论文16篇；研究生共发表学术论文1688篇，其中SCI论文419篇、CSSCI论文159篇。

四是拓展继续教育。调整继续教育办学思路，拓展办学领域，新设函授教学点8个，学历教育录取人数6005人，同比增长53.93%。举办培训班50期，培训人数5859人，培训收入近700万元，同比增长25%。

五是加强创新创业教育。不断强化实践教学，建立本科生创新创业档案，推出第二成绩单，大力实施大学生科研训练与创新创业训练计划，构建“一核心、双引领、三层次、四平台、五模块”的实践教学体系。获得第五届中国“互联网+”大学生创新创业大赛全国总决赛银奖两项、2019ASC世界大学生超级计算机竞赛一等奖、十六届“挑战杯”全国大学生课外学术科技作品竞赛二等奖等国家级奖项共70余项。承办山西省第十六届“兴晋挑战杯”竞赛，荣获特等奖6项、一等奖4项、二等奖5项。把提高学生就业率和就业质量作为着力点，完善《山西大学毕业生就业工作考核奖励办法》《山西大学就业工作考核内容和评分标准》，建立就业帮扶机制，进一步形成就业工作合力，显著提升了毕业生就业创业能力。

六是加强高层次人才队伍建设。新增国家杰出青年科学基金资助项目2人、长江学者特聘教授2人、青年长江学者2人、全国模范教师1人、全国教育系统先进工作者1人、国家百千万人才工程人选1人。引进高层次人才9人，包括长江学者特聘教授1人、青年千人团队1个、外籍教师2人。获批“三晋英才”支持计划556人，入选第十一批山西省百人计划45人，均居全省高校首位。制定《山西省“百人计划”短期项目山西大学评审方案》，评审推荐申报第十二批百人计划专家67人、创新团队1个。

四、坚持科研强校，科研创新和成果转化能力进一步提升

一是提升科学研究水平。理工科科研经费达到2.84亿元。其中获得国家重点研发计划1项，经费2361万元；获得国家自然科学基金86项，经费4659万元。发表论文1237篇。其中，SCI论文704篇、SCITop期刊论文228篇。在《Chemical Society Reviews》等国际权威学术期刊发表论文10余篇。申请专利606项，授权专利272项（其中2项为国外发明专利），计算机软件著作权授权183项。获得2018年度山西省科学技术奖7项，其中一等奖3项。材料科学学科进入ESI全球前1%，ESI全球前1%学科数达到3个。1人入选科睿唯安（Clarivate Analytics）2019年度“高被引科学家”名单。哲学社会科学获得科研项目297项，科研经费3603万元。其中，国家社科基金立项31项、教育部人文社科21项。获批国家社科基金重大招标项目1项，连续4年承担该类重大项目。出版学术著作69部，其中专著39部。获得山西省2018年度“百部（篇）工程”奖39项、一等奖7项。获得山西省第八届高等学校科学研究优秀成果奖（人文社会科学）44项、一等奖19项。

二是提升科研成果转化能力。在大数据、电子信息技术、土壤修复、生物检测、环保新材料、现代农业等领域与小店区有关企业对接，开展14个科研项目，获得经费支持650万元。在襄汾县建设山西大学绿色循环农业襄汾产业园区及科技成果转化基地，打造县域绿色循环农业示范区。促进山西道地药材的原创成果应用，促进山西恒山黄芪大健康产业发展。为保德县提供固废资源综合利用、生态环境治理、新型煤化工产业、农副产品深加工等方面的科技研发服务。全年专利许可及转让42项共计206.2万元。本校被认定为首批教育部高等学校科技成果转化和技术转移基地，是全省唯一入选高校。

五、坚持深化改革，事业发展活力进一步激发

一是深化人才培养机制改革。出台《山西大学本科生导师制实施办法》《山西大学关于教授、副教授参与本科教学的若干规定》，从2019级本科新生落实了导师制、班主任制度和高级职称教师参与本科教学制度。突出了学院育人主体地位，出台《山西大学本科基层教学组织建设与管理办法》，设置基层教学组织117个，激发了基层教学组织活力。加强教学管理队伍建设，出台《山西大学教师违反师德行为处理办法》《山西大学师德师风考核与奖励办法》，执行《全面落实研究生导师立德树人职责的实施细则》。组建新一届本科教学指导委员会、本科教学督导委员会。修订《山西大学研究生中期考核及分流淘汰管理办法（试行）》，健全“提示—预警—淘汰”制度体系，形成有效的研究生培养分流淘汰机制。修订《山西大学关于博士、硕士研究生科研成果的规定》，出台《山西大学博士后管理工作办法（试行）》，建立健全多元化评价体系和学位质量标准。

二是推进人事制度改革。在全省高校率先实施管理岗位职员制改革，在保持现有管理岗位等级设置和晋升制度不变的前提下，开辟职员等级晋升渠道。目前，聘任职员五级27人，职员六级22人，职员七级7人，职员八级12人，进一步激发了干部队伍活力。推动职称评审改革，合理制定评审条

件,实行分型分类评审,进一步发挥了职称评审对教师队伍建设的促进作用。评聘教授66人、副教授125人,晋升高级职称人数为历年之最,高级职称比例结构进一步优化。招聘海内外优秀博士55人,招收博士后科研人员23名,专任教师博士化率达到61%,外校学缘专任教师比例达到63%。

三是调整完善机构设置。在成立学术委员会及有关专门委员会的基础上,组建20个分学术委员会,健全了学术管理体系与组织架构,形成由学术委员会、专门委员会、学术委员会组成的学术治理体系。成立了国内合作与交流处,调整设置国有资产与实验室管理处、国际合作与交流处、离退休工作处,进一步理顺了管理职能。成立教育发展基金会,基金会已接受社会捐赠1200余万元,拓宽了办学资金筹集渠道。

六、坚持开放办学,国内外办学合作布局进一步形成

一是加强与一流大学的合作。与北大校联合申报激光、生态、量子等领域科研项目,总经费6200万元。两校共同筹建"中华早期文明研究院",为中华文明5000年历史的形成提供学理和实证支撑。两校先后选派13名中层干部双向互派挂职交流。两校首批联合培养博士生30人。两校携手开展学术活动20余场,成功举办全国十大考古发现进校园活动,在全国引起强烈反响。与C9和国内高水平的办学合作也取得新进展,分别与浙江大学、南开大学、华中科大签署对口合作协议,与中国科技大学签署了战略合作协议。

二是对接主导产业,持续提升办学影响力。成功举办助力山西转型发展战略研讨会。建设物理学优势学科群,对接山西光电信息产业,建设山西光电信息产业研究院,构建国内光电信息领域拔尖创新人才的集聚地、相关高科技企业的加速器和孵化器。建设哲学优势学科群,对接山西文化旅游产业发展,成立三晋文化与旅游协同创新中心,围绕国家推进"一带一路"建设、山西省构建旅游产业三大板块等重大课题,深入挖掘三晋文化的思想内涵,开拓新时代智库建设的新渠道。

三是推进国际化办学。与16所海外高校新签、续签订合作交流协议。全年学生派出近300人,获批国家留学基金委国家公派面上项目38人次,省筹资助出国项目15人次。国际学生招生稳步扩大,结构持续优化,共招收来自49个国家的长短期留学生508人,其中语言进修生及交流生307人,学历生201人。与美国南卡罗莱纳大学夏洛特分校合建的孔子学院发展态势良好。

(马秀平)

附:山西大学党委书记、副书记、常委名单

书　记: 符惠明

副书记: 黄桂田　李思殿(12月离职)　李富明

常　委: 韩勇鸿　梁吉业　殷　杰　程芳琴(女)　张天才　卢宇鸿　周小计　乔忠华(12月任职)　张民杰　李小林(女)

太原理工大学党委

党委书记　吴玉程

太原理工大学现有校党委委员27名、校党委常委13名;34个基层党委(含4个直属党总支),2个教工党总支;350个党支部(教工支部213个,学生支部137个)。全校党员共计7841名。

2019年,在省委的正确领导下,学校党委坚持以习近平新时代中国特色社会主义思想为指导,全面贯彻党的十九大和十九届二中、三中、四中全会精神,深入开展"不忘初心、牢记使命"主题教育,全面贯彻党的教育方针,落实立德树人根本任务,以巡视整改为契机,加强党的全面领导,以服务国家战略、推动社会进步、谋求人民福祉为己任,以"五大战略工程"和综合改革为牵引,人才培养质量持续提升、重大标志性成果凸显丰富、科研创新活力提速升级、社会服务卓有成效、理工精神不断彰显,学校各项事业取得新的重要进展。

一、加强党的全面领导,班子管党治党办学治校能力得到新提升

校党委坚持以党的政治建设为统领,坚定执行党的政治路线,严格遵守政治纪律和政治规矩,尊崇党章,严格执行新形势下党内政治生活若干准则,"四个意识"不断树牢,"四个自信"更加坚定,"两个维护"贯彻始终。

深入开展"不忘初心、牢记使命"主题教育。校党委牢牢把握"守初心、担使命,找差距、抓落实"总要求,围绕理论学习有收获、思想政治受洗礼、干事创业敢担当、为民服务解难题、清正廉洁作表率的目标任务,把学习教育、调查研究、检视问题、整改落实贯穿主题教育全过程,把上级的决策部署不折不扣地落到实处,确保主题教育取得扎扎实实的成效。全校6347名党员参加主题教育;校院两级共举行学习研讨139次;校领导班子进行了3次8天集中学习研讨,形成调研报告13篇;书记校长带头讲党课6次,班子成员共计讲授专题党课17场,累计听课人数6000余人次;共征集到基层提出的意见建议340条;对照党章和《准则》《条例》,紧扣"18个是否",主动认领18个问题,同时明确了整改和努力方向;严肃认真召开班子主题教育专题民主生活会,制定民主生活会整改方案,推动各项整改任务落实落细。

扎实开展“改革创新、奋发有为”大讨论。坚持问题导向，聚焦“六个破除”“六个着力”“六个坚持”，顺利完成大讨论的10项规定动作和自选动作。全校6835名党员干部、381个基层党组织参加大讨论各环节活动；共举行先进典型报告会6场，邀请11名校内外先进典型作报告，1000余名干部师生聆听报告会；收集到意见建议249条，推出改革发展举措72条，提出先行先试举措6项；制定整改举措及责任清单13条、对标一流下一步打算清单12条，增强了全校师生推进新时代改革开放的信心与决心。

不断强化党委对意识形态工作的领导。严格落实意识形态工作责任制，校党委常委会3次听取意识形态工作专项汇报，实行“意识形态工作风险提示”制度，加强对各类思想文化阵地的规范管理，全面排查和清理意识形态风险点，制定《新媒体管理办法》《校园网新闻发布管理规定(试行)》，加强对新媒体平台及互联网群组的备案审查。

坚持和完善党委领导下的校长负责制。加强党对学校的全面领导，修订完善《常委会议事规则》《校长办公会议事规则》；调整领导分工，明晰职责；召开全委会，听取常委会工作报告，补选1名常委，充实了班子力量；全年召开校党委常委会议25次、研究议题218个，召开校长办公会11次、研究议题100余个；严格执行学院党政联席会议制度，进一步推进决策科学化制度化民主化和规范化。

高度重视统战、群团等工作。出台《党员领导干部与党外代表人士联系交友制度》，调整了统战工作领导小组；编印《宗教工作学习手册》。及时向各界人士征询意见、通报校情。重视工会、共青团、学生会和学术委员会等组织建设，健全民主管理和监督的工作机制。

加强干部队伍建设。常委会全年研究干部议题36项次，补充选任45岁以下年轻干部24名；正式实施职员制改革，选聘中高级职员83名，初步实现了管理干部的“双线”晋升；制定了《年轻干部专项调研工作方案》《试用期满处级干部考核办法》；完成了领导干部配偶、子女及其配偶经商办企业情况的专项填报统计等工作，从严监督管理干部的制度环境进一步形成；实现了基层党组织书记集中轮训全覆盖，全年选派各级各类干部积极参加培训，提升队伍专业能力素养真正落到实处。

全面认领省委巡视反馈意见，扎实推进巡视整改工作。校党委切实担负起巡视整改的主体责任，以高度的政治责任感书写好巡视整改“后半篇文章”。多次召开会议专题研究省委巡视情况反馈意见整改工作，研究制定《巡视问题清单、整改清单、责任清单》，完成《关于省委巡视反馈意见整改开展情况的报告》；坚持问题导向，紧盯重点环节和重点问题，通过召开专题会议、谈话交流、约谈督促等形式，层层传导压力实现上下联动，确保各项整改任务按要求、按计划顺利完成；不断拓展巡视整改成果，高度重视制度建设，围绕存在的薄弱环节和短板不足，举一反三、建章立制，逐步形成了靠制度解决问题和推动工作的长效机制。

二、深化“三基”建设，基层党的建设工作取得新突破

加强基层党组织建设。召开全委会，听取基层党委书记抓党建专项述职。签订校院三级党建工作责任书，细化任务，明确责任；扎实推进党建“三项工程”；实施“双带头人”培育工程和党组织书记与行政负责人“一肩挑”制度。1个党支部被评为“全国党建工作样板支部”。出台《党支部“三会一课”实施细则》。专职组织员配备率达到100%，专职组织员津贴待遇落实到位。

加强党员队伍建设。全年发展党员2090名，比上年增长一倍，达到历史新高。严格党员管理，对63名失联党员进行自行脱党处理，对2名党员给予开除党籍和留党查看处分，排查出4个软弱涣散党组织并整改完成。

三、落实立德树人根本任务，思想政治工作再上新台阶

大力推进“三全育人”综合改革试点工作。学校入选教育部第二批“三全育人”综合改革试点高校，成为全国25所试点高校之一。出台《太原理工大学“三全育人”综合改革试点工作实施方案》，制定《责任清单》；深入实施“生涯导航”教育计划，全力推动“十大育人体系”建设。“以思想政治教育‘双十工程’为引领的实践育人体系构建与实施”被教育部确定为第三批思想教育精品项目。

不断提升马院和思政课建设水平。学校深入贯彻落实中央和省委关于深化新时代学校思想政治理论课改革创新及思政课教师队伍建设的相关文件精神，充分发挥思想政治理论课的主渠道作用，推动以“课程思政”为目标的思想政治教育理论课程教育教学改革，实现思想政治教育与知识体系教育的有机统一；推动思政课程与课程思政融合的深入开展，实现培养社会主义建设者和接班人的同向同行；调整配备24个学院的党委副书记，选聘27名“双一流”高校硕士学历专职辅导员，选拔保资生辅导员21名，优化了队伍学历、年龄结构；不断创新网络思想政治工作，推动以“清泽心雨”新媒体中心为核心的“三微两网五基地”网络思想政治工作阵地的改版升级和网络文化建设。

四、落实“两个责任”强化“底线思维”，全面从严治党取得新进展

校党委认真落实主体责任，认真贯彻落实上级纪委关于高校纪检监察体制机制改革的精神，深化学校纪检监察体制改革。制定《贯彻落实〈关于推进省管高校纪检监察体制改革的实施意见〉的工作措施》，设立驻校监察专员办公室，与校纪委合署办公，履行纪律检查和国家监察两项职责。

推动全面从严治党工作贯穿到学校各项事业发展全过程，做实做细监督职责，持之以恒纠正“四风”。制定《重点领域和关键环节监督办法》。全年共组织廉政审核261人次。共开展选拔前集体谈话、任用前廉政谈话295人次，共发现并

依规依纪严肃处理4起“四风”方面的问题。校党委领导和支持纪委开展工作,纪委正确运用“四种形态”,分类处置问题线索,咬耳扯袖、红脸出汗成为党员干部管理工作常态。

五、围绕中心定向把舵,事业发展踏上新征程

校党委坚持把想大事、议大事、抓大事作为工作方针,注重从全局和战略高度研究学校改革发展重大问题,在谋划学校发展过程中发挥定向把关作用,把党的政治优势和组织优势转化为学校的改革优势和发展优势,推动学校各项事业的科学发展和办学水平的整体提升。

人才队伍建设成效显著。学校大力实施“院士领衔工程”,以“双一流”骨干学科为平台引育高层次人才,队伍建设喜讯不断:全职引进中国工程院院士1名,培育中国科学院院士1名、杰青1名、优青2名;全职引进国家特聘专家王开鹰及其团队;引进第三层次及以上人才7名、第四层次人才4名;引进国内外优秀博士毕业生196人,博士后64名。在“双一流”建设主建学科建成以院士领衔,包括杰青、长江、优青等在内的高水平师资队伍,形成以谢克昌院士领衔的煤化工学科、金智新院士领衔的安全工程学科、黄庆学院士领衔的智能制造学科、赵阳升院士领衔的采矿工程学科的“双一流”建设主力阵容,学科特色更加彰显。

国家“双万计划”建设硕果累累。学校推荐的28个专业入选一流本科专业建设行列,17个专业获批国家级一流专业建设点,11个专业获批省级一流专业建设点,数量在全国地方高校领先。获批国家精品课程1门,国家级虚拟仿真金课2项,省级虚拟仿真金课16项,国家虚拟仿真项目数量进入全国高校30强。获批省级精品共享课程46门。获批省级教学成果特等奖9项,一等奖13项,二等奖2项,获奖总数24项,各项指标均位列全省高校第一。学校通过工程教育专业认证的专业总数达到20个,稳居全国工程教育“第一方阵”。

高水平纵向科研项目多点开花。学校获批国家级项目155项,其中国家自然科学基金杰出青年科学基金1项、优秀青年科学基金2项,面上项目首次突破40项;获批NSFC-山西煤基低碳联合基金、企业创新发展联合基金重点项目5项,创下历史最好成绩。获批科技部各类项目21项,其中第四批国家“万人计划”科技创新领军人才项目1项,国家重点研发计划项目课题4项,国家重点研发计划政府间国际科技创新合作重点专项1项,军工类国家项目3项,均创历史记录。

科研平台建设取得新突破。获批省部共建国家级协同创新中心1个,实现学校国家级协同创新中心零的突破;获批教育部工程研究中心1个,是学校时隔15年第二次获批该类平台;新增3个省级工程研究中心,位列全省所有依托单位第一。煤科学与技术教育部重点实验室在教育部重点实验室综合评估中,结果为“优秀”,是全国唯一一个地方高校实验室。

高水平研究成果纷呈亮相。全年获省部级科技成果奖30项,其中一等奖6项,授权国内专利584项,国际专利13项,均创历史新高。李聪明教授及其团队在二氧化碳加氢合成甲醇催化剂研究方面取得新进展,相关研究成果发表在催化顶尖期刊Journal of Catalysis(2019,372:163-173)上;闫晓亮副教授作为论文的第一单位第一作者,研究成果发表于Nature Communications, 2019, 10, 2608;黄伟教授团队在非贵金属CuZnAl浆状催化剂催化合成气转化制乙醇研究方面取得新进展,相关研究成果发表在国际催化顶尖期刊(Journal of Catalysis, 2019, 380: 68-82)上;李彦荣教授研究团队在国际地学顶级期刊《Earth-Science Reviews》上发表论文。宋建成团队研发的“煤矿无人值守工作面液压支架电液控制系统的研制”获得教育部高等学校科学研究优秀成果奖技术发明二等奖。

大学生竞赛取得优异成绩。在“2018年全国普通高校本科学科竞赛”评估中位列第26位,成功获批“2019年度全国创新创业典型经验示范高校”;“五创+”创新创业教育理念下的本科人才培养实践项目荣获2019年山西省教学成果奖(高等教育)特等奖。在全国“双创周”活动、全国3D大赛、全国大学生电子商务“三创赛”、世界大学生超级计算机竞赛(ASC19)、国际水中机器人大赛、中国机器人大赛武术擂台赛、教育部“西门子杯”中国智能制造挑战赛等重大赛事中,学校师生摘金夺银、捷报频传,“煤层气生产金刚石”项目荣登“2019最具颠覆性创新潜力榜”。全年学校参与各类各级竞赛项目134项(获得国家级特等奖、一等奖的竞赛项目有38项),共获得国际级、国家级、省级奖1375项(国际级、国家级奖480项,省级奖895项)。

研究生培养质量进一步提升。全年共派出研究生40人,较2018年增加37.9%,其中获批省公派资助的人数占到了全省总数的91.7%,创历史新高。选聘21名清华教师加入学校博导队伍,首次与清华大学联合培养博士生,并与清华大学信息技术研究院、中科院宁波材料所等高水平大学、科研机构建成5个研究生联合培养基地;2篇以研究生作为第一作者的学术论文入选2019年度中国百篇最具影响国际学术论文。

国际合作达到新高度。与澳大利亚伍伦贡大学成立“联合研究中心”,并新设太原理工伍伦贡学院;与美国、澳大利亚、德国、韩国、英国、加拿大、日本、意大利、牙买加等国家12所高校和机构签署交流合作协议;全年共聘请75名外国专家,数量创历史新高;选派25名管理干部赴美参加培训,国际化视野得到拓展;举办中韩大学生足球邀请赛,体育搭台的国际间友好往来更加密切。

(李济民)

附:太原理工大学党委书记、副书记、常委名单

书　记:吴玉程

副书记:黄庆学　李晋平　刘润祥

常　委:翟　健　吕永康　吴斗庆　树学峰

梁卫国　李　明　张建胜(10月挂职期满)

贾朝红　李吉明　张　勇(12月任职)

山西农业大学党委

党委书记　廖允成

2019年10月19日，省委、省政府宣布山西农业大学与山西省农业科学院合署改革，成立新的山西农业大学，保留山西农业大学党委，撤销山西省农业科学院党委。机构改革后，中共山西农业大学委员会下设23个基层党委、12个党总支、1个直属党支部、223个党支部，共有党员5811名。2019年，全校上下坚持以习近平新时代中国特色社会主义思想为指导，把政治建设摆在首位，抓改革、强党建、促发展，完成年度各项目标任务。

一、坚持以政治建设为统领，加强党对校(院)工作的全面领导

一是扎实开展"不忘初心、牢记使命"主题教育。太原龙城校区坚持抓实学习教育、深入调查研究、深刻检视问题、从严整改落实，组织开展"总结反思回头看，引深抓常求实效"三问专项活动，确保主题教育取得实效。太谷校区形成"一图、一表、一卡＋一方案"的"1+3"工作法，通过多样化的学习培训促进习近平新时代中国特色社会主义思想入脑入心，坚持查改贯通，重点在落实立德树人根本任务、提升社会服务水平、校园环境整治等方面推进问题整改，赢得师生认可。

二是高标准落实省委巡视整改任务。太谷校区将省委巡视反馈的4个方面、16个问题细化为36个整改事项，制定83项整改措施和62项目标成效，对巡视组移交的24项信访举报逐项核实，妥善处置，按时报送《巡视整改情况报告》。截至2019年底，已经完成34个整改事项。太原龙城校区把做好巡视整改后续工作写入年度工作要点，列入"不忘初心、牢记使命"主题教育整改落实事项。截至2019年底，针对巡视反馈的35个具体问题，已整改完成32个。

三是持续推动全面从严治党向纵深发展。召开班子务虚会和学用习近平新时代中国特色社会主义思想经验交流会。代表教育系统在全省"改革创新、奋发有为"大讨论总结交流会上做典型发言。实施基层党组织规范化建设、"一院一品牌"党建活力激发、主题党日质效提升、入党积极分子党课质量提升等工程。出台激励干部担当作为实施方案、挂职干部管理办法、中层干部任期交流制度以及多项选人用人新规定，选派一批年轻干部挂职锻炼。先后在全省干部教育培训工作会、干部监督工作会、组织人事干部培训会上做了交流发言。不断强化监督问责，突出政治监督，出台干部日常监督办法，全年问责34人次，对一个处级领导班子全校通报批评。

四是不断完善"三全"育人工作格局。持续强化思想舆论价值引领和意识形态阵地管理，实现思政课程与课程思政同向同行；"1331工程"实践育人协同中心顺利通过审核验收，围绕庆祝新中国成立70周年组织开展丰富多彩的校园文化活动，配齐专职辅导员，设立思政工作专题研究项目；培育了19支校级"黄大年式教师团队"，组织第六届道德模范评选表彰，涌现出"全国模范教师""全国优秀教育工作者""全国道德模范提名奖""全国优秀工会工作者""全国林业和草原教学名师""全国优秀共青团干部"等先进典型。

二、坚决贯彻落实省委省政府决策部署，高效推进校院合署改革工作

一是加强领导班子建设。省委、省政府宣布成立新领导班子后，立即召开常委(扩大)会研究新班子工作，在保持原分工基本不变的同时，安排两名党委副书记分别兼任两个校区主任，确保合署改革工作有序推进。新班子坚持党委领导下的校长负责制，对涉及新农大改革发展重大事项都进行了集体决策。

二是认真做好顶层设计。按照楼阳生书记对校院合署改革的相关要求，新班子广泛调研，不断修改、完善校院合署改革方案，先后2次邀请国内知名专家对方案进行问诊把脉，6次召开党委常委(扩大)会议专题研究，15次召开工作组会议对具体问题进行分析研讨。

三是积极凝聚改革合力。及时通报省委省政府关于校院合署改革的决策部署，广泛征求各方面的意见和建议，积极引导全体干部职工从思想和行动上坚决拥护改革、积极支持改革、自觉投身改革。

三、深入贯彻落实习近平总书记给全国涉农高校回信精神，努力建设国内一流、国际知名研究应用型大学

一是努力培养知农爱农新型人才。招收本科生5900人、研究生983人。召开本科教育工作会议，扎实推进审核评估整改，加快建设一流本科教育，实施9大工程、33项建设行动，新增2个专业；2个专业列入首批国家级一流本科专业建设点，7个专业列入省级一流专业建设点，10个项目荣获省级教学成果奖，4个项目入选中华农业科教基金教材建设项目，4门课程获评全国生态文明信息化优秀教学成果；开展学业动态分析，推动基层教学组织建设，完善教师教学工作考核制度，加大对教学工作的奖励力度；大学生创业园和"互联网＋农业"创业园再次被认定为省级众创空间，26名同学赴国外合作高校学习和深造，25名同学到西农、南农交流学习，3名同学获评"中国大学生自强之星"。2019届有就

业意愿毕业生的就业率为92%,考研升学率为25%,有135人到基层和边疆就业,2名毕业生入选全国大学生就业创业典型人物。

二是推动产出更多优秀科技成果。修订科研创新团队建设和科研奖励办法,争取设立和实施山西省农业科技创新工程项目。新增省部级以上科技项目626项、横向科技项目321项,到账科研经费达到2.58亿元,新增各类科研成果816项,国家审定品种21个,被SCI、SSCI等收录高水平论文300篇,获得各级成果奖励47项,参与的“饲草优质高效青贮关键技术与应用”获国家科学技术进步奖二等奖,主持的“长城沿线半干旱区抗旱播种艺机一体化技术研究与应用”获省科技进步一等奖,主持的“肉羊健康高效养殖全营养草料复合颗粒饲料示范与推广”获全国农牧渔业丰收奖农业技术推广成果一等奖,新增7个省部级科技平台。山西农业大学学报(自然科学版)连续第11年入选中国科技核心期刊。

三是服务山西特色现代农业发展。聚焦山西农谷建设,建设3个院士工作站,成立“山西现代农业设施装备研究中心”,加强农业大数据中心建设,启动农业科技试验区中试基地建设,举办“全国有机旱作农业高端论坛”,开展有机旱作农业关键技术研究与示范推广。聚焦乡村振兴战略,实施“乡村振兴示范村建设行动”;在25个县打造31个乡村振兴科技引领示范村;在12个县实施“六个一”科技引领工程,建立核心示范田5800亩,示范推广品种82个,集中展示先进适用简约化技术42项。聚焦脱贫攻坚战略,拓展“助力攻坚深度贫困吕梁行动”服务领域,落实省科技扶贫行动计划。助力吕梁脱贫攻坚、科技特派员工作、教育扶贫事迹分别受到省扶贫办、科技部、教育部表彰和宣传。

四是打造高素质教学科研人才队伍。举办人才经验交流会、青年博士论坛,举办“特色杂粮作物旱作技术体系创新”国家级高级研修班。引进博士67人、博士后17人。1人入选国家百千万人才工程,实现国家级高层次人才零的突破。新增享受国务院政府特贴专家2名。69人荣获庆祝中华人民共和国成立70周年纪念章。186人入选“三晋英才”,13人分别入选山西省“青年拔尖人才”“学术技术带头人”“新兴产业领军人才”“宣传文化系统‘四个一批’人才”。1人当选中国畜牧兽医学会兽医外科学分会理事长,1人当选中国畜牧兽医学会兽医内科与临床诊疗学分会理事长。

五是改善新农大改革发展环境。积极推进与中国人民大学、中国农业大学、西北农林科技大学和南京农业大学等高水平大学的深入合作。及时发布新农大成立消息,在全社会引起广泛关注,在国家级媒体宣传学校特色工作8次,“高考招生服务光明大直播”在线点击率突破200万。太谷校区5万平米综合教学楼顺利通过竣工验收,对学生餐厅进行改造,对家属院北校门片区进行了集中整治,解决附属学校幼儿园午托问题,与华为公司合作推进智慧校园建设,新增图书2万册,征订数据库36个,连续7年被评为“创建平安校园先进单位”。太原龙城校区推进共享仪器网络平台框架建设,修复完成创新基地A、B、D三区消防供水系统,扎实推进“平安单位”创建。

(闫海冰)

附:山西农业大学党委书记、副书记、常委名单

书　记:廖允成(10月任职)

副书记:赵春明(10月任职)　齐利平(5月离职)
马建平(10月任职)　张　强(10月任职)

常　委:尉安英(10月任职)　李宏全(10月任职)
赵水民(10月任职)　李晋陵(10月任职)
孟秀祥(挂职,10月离职)
郭建平(10月离职)　元纪明(10月离职)
刘文生(10月离职)

山西医科大学党委

党委书记　张俊龙

中共山西医科大学委员会下设11个二级党委,9个党总支,6个直属党支部和251个党支部,共有党员6577名。

2019年,学校高举习近平新时代中国特色社会主义思想伟大旗帜,坚持党对一切工作的领导,树牢“四个意识”,坚定“四个自信”,坚决做到“两个维护”,坚定不移推进全面从严治党。

一、牢固树立政治首位意识,党的政治建设得到新加强

始终把党的政治建设摆在首位,构建落实党的领导纵到底、横到边、全覆盖的工作格局。不断夯实坚持和发展中国特色社会主义的共同思想基础。持续强化政治纪律规矩意识,教育广大党员干部牢记“五个必须”、严防“七个有之”。坚决执行党的宗教政策,增强师生员工自觉抵御宗教渗透的意识和能力。认真落实家校联动和新疆籍少数民族学生“三进、两联、一交友”制度,切实做好防范化解重大风险工作,做到早发现、早排查、早化解、早处置,及时将各类隐患消灭在萌芽状态,有效确保了学校的安全稳定。

二、持续加强理论武装工作,党的思想建设得到新推进

把深入学习贯彻习近平新时代中国特色社会主义思想作为首要政治任务,切实做好习近平新时代中国特色社会主

义思想"五进"工作,推动理论武装工作往深里走、往实里走、往心里走,向更高水平、更深层次迈进。校党委理论学习中心组开展10次19个专题的学习交流。学校党校完成各类培训1843人次,完成中央及省级干部调训3人次,派出领导干部、支部书记外出培训20余人次,集中轮训党支部书记人均56学时,全面提升了党员干部的思想政治素质和业务能力。

三、突出强化领导班子、干部队伍和基层组织建设,党的组织建设得到新夯实

按照社会主义政治家教育家的要求,切实加强校领导班子建设,不断提高领导班子决策水平,校领导班子年度考核等次被确定为"优秀"。通过选拔调整处级干部,选派管理干部和专业技术人员挂职,制定实施《关于进一步加强年轻干部队伍建设激励干部担当作为的若干意见》等多项举措,进一步强化干部队伍建设。完善基层党组织书记向校党委报告等组织工作制度,着力提升基层党组织贯彻执行的政治能力。学校全年发展党员995名,专职组织员配备100%全覆盖,94.8%的教工党支部实现"双带头人"担任党支部书记。8个基层党组织获批全省高校党建示范单位,药学院教工第三党支部获批"全国党建工作样板支部"。8名担当作为方面表现突出的先进典型受到省委组织部表彰。

四、深入推进全面从严治党,党的作风建设得到新改进

召开2019年度全面从严治党工作会议,严格执行新形势下党内政治生活若干准则,落实"三会一课"等组织生活基本制度,党政领导带头落实双重组织生活制度,实施全面从严治党党风廉政建设责任书集中统一和"双签"到位,层层传导,压实责任,大力倡导忠诚担当、实事求是、公道正派、清正廉洁等价值观。严格落实"131231"工作制度,对督办事项落实不力的3个部门启动问责程序。紧盯中秋、国庆等重要节点和领导干部"关键少数",推动中央八项规定精神成风化俗。对"三公经费"、招投标等严格监督。深入开展集中整治形式主义官僚主义工作,在全校上下形成了风清气正的政治生态和育人环境。

五、不断加大执纪审查力度,党的纪律建设得到新强化

以实施推进"双报"工作制度为抓手,持续高压查办问题线索。积极推进"三不"机制建设,实施校内反腐败协调联席会议制度,完善"联学联审联判"机制。畅通信访举报渠道,深化"下访"工作,落实首办责任,切实提高初信初访的办结率和问题线索处置的精准度。建立和完善党员干部动态监控机制,坚持运用"四种形态",抓早抓小,防微杜渐,使广大党员干部切实感受到监督常在。召开研判问题线索会7次,经研判为问题线索的6个;立案2件,查处干部2名,减存量、遏增量成果持续巩固。

六、多措并举推进巡视整改,带动各项工作再上新台阶

对照省委第四轮巡视反馈的问题和意见,扎实做好巡视"后半篇文章"。将巡视指出的5个方面问题,梳理分解为18个整改问题、39项具体事项,逐项分类提出55条整改措施,逐一明确整改目标、整改时限、责任人和责任单位。在巡视整改中,注重巩固成果,制定实施制度28项,修订完善制度11项,形成制度性成果2项,开展专项治理7次,促进改革9项,凸显了巡视整改工作的治理效能和推进发展的长远效应。

七、精心组织"改革创新、奋发有为"大讨论,理念作风得到新提振

紧跟省委部署,高位寻标、精准对标、积极超标,带动各项工作开创新局面。一是规定动作不走样。10项规定动作做到细致、精致、极致;建立"三个清单",对标一流,以踏石留印的举措抓实整改。二是自选动作有特色。举办新时代本科教育思想专题报告会、新医科专题报告会等系列活动,开办"对标一流优秀年轻干部能力提升培训班"。三是分类指导出实效。分期分批开展党支部书记大讨论集中轮训,做到全覆盖。根据在大讨论中查摆出的4个方面、15个主要问题,提出并实施"11215"战略,进一步迈开了改革创新的步伐。《山西日报》先后3次报道学校在大讨论中的典型经验做法。

八、扎实开展"不忘初心、牢记使命"主题教育,学思践悟取得新成效

带领全校基层党组织和全体党员,瞄准目标要求,抓实关键动作,密切联系实际,高质量、高标准地推进主题教育。一是坚持把学习教育贯穿始终。校领导班子举行3次集中学习研讨,主题发言16人次;全校各级党组织开展集中学习207次、召开学用交流会85次、集中学习十九届四中全会精神45次,组织180名基层党组织书记开展5天的集中轮训。二是坚持把调查研究贯穿始终。校领导累计开展调研76场次,形成调研报告8篇,讲专题党课9次;基层开展调研1336人次,调研基层单位153个,形成调研报告48份,召开调研成果交流会36次,基层党政负责人累计讲党课47场。三是坚持把检视问题贯穿始终。校领导班子成员总结检视问题75条,立行立改46条;基层召开找差距专题会23次;征集意见建议182条,提出对策建议104条,查摆问题73项。四是坚持把整改落实贯穿始终。在"5个清单"中,校领导班子整改情况清单完成13件,班子成员整改情况清单完成129件;基层领导班子整改情况清单完成58件,基层班子成员整改情况清单完成52件;新建制度67项,正在研究制定29项。五是坚持把服务理念贯穿始终。全校党员领导干部深入基层开展"三服务"158人次,各部门、院系开展"三服务"131项。《山西日报》和"学习强国"平台多次报道学校开展主

题教育的典型案例和整改成效。

九、始终坚持为党育人、为国育才，思想政治工作焕发新活力

坚持把社会主义核心价值观贯穿办学育人全过程，牢牢掌握意识形态工作的领导权管理权话语权。不断强化教师政治意识、责任意识，坚持领导干部、教学督导听课制度，严格科研工作意识形态审查，进一步完善新闻发稿审查及签发机制，加强网络意识形态阵地建设，坚决封堵境外有害出版物渗透，抵御防范宗教及各种错误思潮渗透，全年召开舆情分析研判会 18 次，切实当好意识形态工作的领导者、推动者、执行者；突出德医相融、知行统一，积极构建以思政课为核心的全课程共同发力的大思政教育体系，形成理论与实践一体化的协同育人机制。认真开展“开学第一课”、校长思政讲堂和新生入学教育。统筹协调校内 7 个协同服务育人中心，推进《高校思政工作质量提升丛书》编撰，设立思政专项课题 91 项。以“情境体验”为核心内容的思政实践课，教育效果显著。《光明日报》发表 3 篇文章，介绍学校思政工作成果。1 项成果荣获首届全国高校思想政治理论课教学展示活动二等奖。具有山医特色的新时代思政教育模式，荣获山西省教学成果特等奖，作为典型经验在全国高校交流；1 名思想政治理论课教师获 2019 年度“全国优秀教师”称号，1 名思想政治辅导员荣获全国民族团结进步模范个人称号，1 名思想政治辅导员获全国 “第十一届全国高校辅导员年度人物”提名奖。

十、扎实推进高水平研究教学型医科大学建设，学校各项事业实现新跨越

紧扣国家“双一流”建设、健康中国和山西省推进实施“1331 工程”和“136”兴医工程的战略机遇，持续深化综合改革，精心谋划推进高水平研究教学型医科大学建设，学校各项事业发展实现新跨越。启动“一流专业”建设，实施“六卓越一拔尖”教育 2.0 计划，牵头成立山西省高校精品共享课程联盟，5 个专业入选国家首批一流本科专业建设点；获第五届中国“互联网 +”大学生创新创业大赛全国金奖、第六届“创青春”中国青年创新创业大赛全国总决赛金奖各一项，均实现山西省金奖零的突破；核医学科入选年度中国医院最佳专科声誉排行榜第 7 名，创历史新高；成立山西医科大学医学科学院，获批 1 个省部共建国家协同创新中心、1 个省工程研究中心、2 个省重点实验室，获批国家自然科学基金项目 48 项、国家重点研发计划专项 1 项、国家科技重大专项课题 1 项。学校连续 14 年被评为山西省精神文明单位、省高校精神文明单位标兵。艾瑞深中国校友会网最新大学排行榜显示，学校综合排名较上一年进步 84 名；2019 软科中国最好医科大学排名榜显示，学校在全国 71 所上榜的医科大学中名列第 22 名，较 2018 年进步 19 名，谱写建设高水平研究教学型医科大学的新篇章。

（尚　虹）

附：山西医科大学党委书记、副书记、常委名单

书　记：张俊龙

副书记：贺培凤(女)

常　委：党志峰　王宏伟　张　辉(女)　张　宏(10 月离职)　刁海鹏(4 月任职)　陈利平(6 月离职)　刘　春(6 月任职)　李　保　王斌全(12 月离职)　徐　钧(12 月任职)　赵　斌(6 月任职)　燕　炯　陈显久　张　巍

山西师范大学党委

党委书记　卫建国

2019 年，校党委高举习近平新时代中国特色社会主义思想伟大旗帜，全面贯彻党的十九大和十九届二中、三中、四中全会精神，深入贯彻落实习近平总书记关于教育的重要论述，不断完善并扎实推进“一个指导、四个着力”党委工作框架，认真履行把方向、管大局、作决策、抓班子、带队伍、保落实职责。

一、精心开展重大活动和主题教育

(一)开展“不忘初心、牢记使命”主题教育。理论学习有收获。在规定内容认真学、最新精神跟进学的基础上，班子成员带头集中学习、带头讲授党课、带头交流研讨，举办任友群司长和崔韶光校友两场高质量专题党课，召开学校层面的学用交流会，并通过“以考促学”等方式进一步引深学思践悟、促进学用结合。思想政治受洗礼。组织党员干部赴十余处党性教育基地开展主题党日活动，通过实地领悟党史、新中国史，瞻仰革命先烈，重温入党誓词，切实感悟初心力量、坚定信仰信念，进一步筑牢对党忠诚的思想根基。干事创业敢担当。班子成员聚焦 10 个主题，开展领题调研，收集意见建议 40 多条，形成高质量调研报告 9 篇；中层干部参与调研人数 300 人次，收集意见建议 670 条，形成 147 份调研报告，提出对策建议 514 条，在深入调研的基础上召开校院两个层面的调研成果交流会，为深入破解制约学校改革发展的瓶颈问题提供有力支撑。为民服务解难题。在主题教育期间，全校共有 131 名领导干部深入基层开展“三服务”，已办实事 210 件，正在办的实事有 70 件，形成为民服务清单 153 份。清正廉洁

作表率。班子成员严格按照“四个对照”的要求,聚焦18个“是否”,在剖析检视中发现149个问题,在找差距专题会上查摆出64个问题,召开高质量专题民主生活会。

(二)开展“改革创新、奋发有为”大讨论。全面落实省委“改革创新、奋发有为”大讨论的部署要求,组织开展集体学习、专题辅导、主题班会、党团日活动等学习讨论350余场次,举办先进典型报告会,开展对标一流述职评议,召开民主生活会和专题组织生活会,推出23条改革举措,制定“问题整改清单”“对标一流清单”,对7个学院、9个管理服务部门以及28位优秀处级干部进行奖励。尤其是结合学校实际,开展“六问”交流研讨,通过1份学校班子“六问”清单与64份中层班子“六问”清单,使大讨论交流研讨载体更加务实,也更好地体现“三个摆进去”的要求。该做法被省委办公厅主办的《山西信息》刊登。

(三)开展新中国成立70周年系列庆祝活动。为19位离退休老战士老同志颁发中共中央、国务院、中央军委授予的“庆祝中华人民共和国成立70周年”纪念章,并走访慰问新中国成立前参加革命工作的老干部。举办新中国成立70周年系列活动,组织师生观看庆祝中华人民共和国成立70周年大会直播实况。全校各学院各部门结合实际开展形式多样、丰富多彩的庆祝活动。

二、着力加强党的领导和党的建设

(一)完善“一个指导、四个着力”党委工作框架的制度体系。针对加强党的领导和党的建设,配套出台加强学校党的政治建设、实施党委巡察工作等相关办法;针对落实立德树人根本任务,配套出台基层党建联系点制度、领导干部深入基层联系学生制度,明确学生反馈问题的处理解决程序;针对全面深化新时代教师队伍建设改革,配套出台高层次人才引进实施方案,改革职称评审标准、评定办法,出台“1+3”师德师风建设制度。

(二)强化党务工作研判部署及责任落实。强化形势研判分析,坚持以季度党务工作会议为载体,常态化开展意识形态、安全稳定、党风廉政建设等形势研判,结合重点工作,分专题强化二级党组织和党务部门的工作研讨交流。强化工作安排部署,在年度工作要点中明确每项工作的目标任务、工作措施、牵头领导和责任部门,在年初就组织召开全面从严治党工作会议、宣传思想工作会议、安全稳定工作会议,就落实从严治党责任、意识形态责任、安全稳定责任进行专题部署,作出务实安排。强化责任落地见效,与各二级党组织签订《意识形态安全责任书》,与各学院、各部门签订《消防安全管理目标责任书》和《社会治安综合治理责任书》。

(三)持续推进“三基建设”。在基层组织战斗力提升方面,全面贯彻新时代学校党建“十七条”,努力推进基层党建全面进步、全面过硬,1个基层党委入选“全国党建工作标杆院系”,为省今年唯一入选的高校二级学院党委,2个党支部入选“全国党建工作样板支部”;有1个基层党委、1个教师党支部入选省级培育计划,学雷锋送温暖党支部受到省委教育工委表彰,“双带头人”教师党支部书记的配备比例达到95.7%,新获批3个省级工作室。成立语文报社党总支、英语周报社党总支,建立健全两个党总支的议事决策制度、意识形态研判制度和“三重一大”制度。

在基础工作规范性提升方面,重点对二级学院党委议事决策程序的执行情况进行全面摸排,召开专题会议进行“一对一”“点名式”批评,针对共性问题提出明确整改要求,并对学院党委会议、党政联席会议制度进行重新审核备案,为各学院印制统一的党委会议、党政联席会议记录本,提供了会议记录的范本样例,进一步规范二级学院议事决策程序;与此同时,进一步规范基层党组织“三会一课”,加强党费收缴、使用和管理,严肃民主生活会和组织生活会,各基层党组织充分利用每周五的“党员活动日”开展组织生活,全面启用OA办公系统和OA系统手机APP,基础工作的规范性进一步提升。

在基本能力专业化提升方面,在扎实抓好主题教育和大讨论两项学习教育内容的基础上,组织二级学院党委书记赴沪浙两地的上海师范大学、浙江师范大学、浙江农林大学、华东理工大学等4所高水平大学开展“对标提升”专题考察调研,组织学院院长、行政处室负责同志在右玉干部学院进行党性修养提升专题培训;各学院、各部门也主动对标一流,赴兄弟院校考察调研、学习借鉴,进一步开阔工作视野,提升工作本领。有6名干部被评为“担当作为表现突出的干部”,受到省委组织部通报表扬。

(四)以省委巡视反馈问题整改为抓手扎实推进全面从严治党。学校根据2月15日省委第四巡视组反馈的巡视意见,确定常委会每月定期研究推进机制,围绕39个具体问题,针对性确定整改措施91项,制定形成巡视整改“三清单”,逐条逐项推进解决,并及时上报整改落实情况。以巡视整改为契机,举一反三,建立完善科技、审计、财务、资产等领域的系列制度,全面从严治党、从严治校的制度体系更加完备,推动形成靠制度解决问题和推动工作的长效机制。持续加强党风廉政建设,坚持对全校处级以上干部进行党风廉政建设集体约谈,组织全校中层班子及班子成员制定从严治党主体责任年度工作清单,57份班子责任清单、170份班子成员共性责任清单和个性责任清单,形成覆盖全校的责任体系;针对深化政治监督专项检查指出的5个“立行立改”整改事项,制定15项具体整改措施,均已全部完成;深入开展形式主义、官僚主义集中整治和干部作风专项整顿,结合身边人、身边事,对全校中层干部开展3次警示教育。严肃纪律执行,制定出台《校级领导干部外出请假报备制度》,印发《关于重申处级干部外出请假报备工作的通知》,进一步严格干部外出请假报备纪律。

三、着力落实立德树人根本任务

(一)全面加强高水平人才培养体系建设。校党委坚决贯彻落实全国、全省教育大会精神,紧跟教育部、省教育厅关于深化本科教育教学改革、提高人才培养质量的决策部署,召开本科教育质量提升大会,系统分析新时代本科教育面临的形势与任务,就加快建设高水平本科教育作出部署。扎实推进本科教学审核评估整改工作,持续推进以课堂教学改革为突破口的人才培养模式改革,完成新一轮本科人才培养方案修订工作,师范类专业认证按照既定路线图、时间表稳步推进。新获批省级教学改革创新项目14项、省级研究生教育改革课题28项、省级教学成果奖17项、省级精品课程18门,新立项16门校级优质课程和50项校级教学改革创新项目进行培育和建设。以“双万计划”为抓手,出台一流专业建设实施方案,获批6个国家一流培育专业,7个省级一流培育专业。加强创新创业教育,制定实施创新创业教育体系建设方案,出台大学生创新创业训练计划项目管理办法,遴选出100项校级项目予以资助,全年新获批国家级大学生创新创业训练计划项目16项、省级大学生创新创业训练计划项目46项。

(二)全面加强“三全育人”体系建设。聚焦实现全员全过程全方位育人,大力推动理论创新和实践探索。注重思政项目建设,不断强化思政工作理论研究,“236文化协同育人项目”入选教育部第二批高校思想政治工作精品项目,新获批6项省级思政工作专项课题,投入150万元培育的16个校级思想政治工作项目也已全部启动。注重育人载体建设,新获批“山西梆子戏”“威风锣鼓”“山西古陶艺术”等3个省级优秀传统文化艺术教育基地;围绕“六个下功夫”启动“培养时代新人”系列“道德讲堂”活动、“励志育人”讲坛、“三信教育”大讲坛,文化品牌的思想引领力和价值传播力进一步提升;征集全校课程思政教学案例,遴选编印《山西师范大学课程思政案例集》,成为全校教师做实课程思政的“校本教材”。注重强化实践育人,组建大学生理论宣讲团,深入基层开展习近平新时代中国特色社会主义思想专题宣讲活动近50次,宣讲活动被《人民日报》《中国教育报》等多家媒体关注,获评为全省高校系统唯一的省级“基层理论宣讲先进集体”;在易班网主办的“习近平新时代中国特色社会主义思想三十讲网络思政宣传”征文比赛中,有16篇征文获评全国优秀,获奖作品数位居全省高校第一;在山西高校首家开展“第二课堂”学分认定工作,努力打通实践育人“最后一公里”。

四、着力加强教师队伍建设

(一)坚持党管人才原则,制定高层次人才引进实施办法,全年柔性引进特聘教授2人,全职引进教授3人,引育优秀博士33人,进一步壮大教师队伍。全面加强“三支队伍”建设,新引进专职思想政治理论课教师2人、专职辅导员16人、专职组织员8人,又有5名辅导员通过专门通道晋升讲师职称;举办“立德树人学生工作年度盛典”“辅导员素质能力大赛”“辅导员工作创新专题研讨会”,学工队伍专业能力持续提升。全面加强各类人才计划申报,1名教师荣获全国优秀教师称号,新增省“百人计划”人才5名、省优秀青年学术带头人3名;141名教师入选省委启动的首届“三晋英才”支持计划,获得奖励津贴241万元,入选人数和奖励金额均位居全省高校第三位。注重激活人才活力,改革职称评审标准、评定办法,制定出台专业技术二级岗位聘用办法,新聘二级教授7名;15名教师晋升教授职称、46名教师晋升副教授职称,六个申博学科预聘教授6名,教师职称结构进一步优化。加强人才支持服务,与临汾市委人才工作领导小组签订人才战略合作协议;大力实施教师海外研修计划,全年有67位教师赴海外参加国际会议和学术交流,有6位教师出国学习、研修。

(二)着力加强师德师风建设。召开五届七次全委会,专题研究教师思想政治和师德师风建设,审议通过师德师风建设“1+3”系列文件,调整优化学校层面的师德师风建设领导小组,成立党委教师工作部,全面统筹推进教师思想政治和师德师风建设。注重发挥先进典型的示范引领效应,评选奖励8名“莳英学者”年度科技奖、2名“莳英学者”教学奖,大力宣传弘扬优秀教师的先进事迹。举办新教师入职集体宣誓仪式,举办时代楷模黄大年事迹版面宣传展等活动。

五、着力推动学校改革发展

(一)积极推进学校治理体系改革。对政法学院与马克思主义学院整合重组,理顺马克思主义一级学科点的归属关系;对现代文理学院董事会、监事会进行改组,进一步明确并规范现代文理学院重大事项的决策程序。调整教学咨询与指导委员会、学位评定委员会,明确党委意识形态工作、思想政治工作、文明校园创建工作、学生工作、安全稳定工作等13个专门机构的组成原则,较好解决因人员更替导致重复下文的问题。积极对接区域发展需求,成立临汾发展研究院、临汾环境治理研究院,在经济决策咨政、永磁材料研究、水质修复等方面都取得研究突破。

(二)积极推进重点任务落实落地。重点学科建设和科研成绩可圈可点。在自然科学研究方面,共获批国家级项目20项,总经费725.50万元,获资助面上项目数和总经费数为近5年来最高;发表IA以上论文100余篇,同比增长37%。在哲学社会科学研究方面,共立项国家项目17项,其中国家社科基金重点项目1项,全年各类纵向课题立项经费759.6万,创历史最高;发表1A以上论文13篇,同比增长30%。磁性分子与磁信息材料教育部重点实验室以良好等级顺利通过五年定期评估,3项成果获得“1331工程”标志性成果奖补,总经费60万元。开放办学取得历史性突破。与中国人民大学签订《中国人民大学支持山西师范大学建设与发展合作协议》,六个方面的14项具体合作项目稳步推进;组织申报长短期因公出国(境)项目立项数及资助金额位居全省高校首位,争取科技厅50万引进外国人才专项资金支持,是学校历史上获批国家、省级各类出国研修项目最多、经费最高的一年。

(王志宏)

附：山西师范大学党委书记、副书记、常委名单

书　记：卫建国

副书记：杨　军　郝勇东（10 月离职）　高　峰

常　委：刘奎生（7 月离职）　许小红（女）

车文明　王建华（挂职，10 月离职）　张献明

薛明耀　薛珠峰

山西财经大学党委

党委书记　常乃军

2019 年是山西财经大学振兴崛起、跨越发展的关键之年。这一年，学校党委在习近平新时代中国特色社会主义思想的科学指导下，在省委和省委教育工委的坚强领导下，全面贯彻中央和省委重大决策部署，认真履行把方向、管大局、作决策、抓班子、带队伍、保落实的职责，聚焦党建抓发展，聚力办学抓治理，务实推进“十大行动”，党的建设得到全面加强，各项事业取得显著成绩，核心竞争力不断提升，跨越发展呈现良好态势。

一、坚持政治导向，全力贯彻落实习近平新时代中国特色社会主义思想、中央及省委重大决策部署

（一）全力强化理论武装。学校党委始终把思想建设作为基础性建设来抓，持续推进“学习强国”学习活动，积极开展“三团巡讲”，组织师生深入学习习近平新时代中国特色社会主义思想和关于教育工作的重要论述，重温习近平总书记“三篇光辉文献”，推动师生员工以理论上的武装不断增强政治上的坚定。全年共组织校党委理论学习中心组学习 16 次，召开学用习近平新时代中国特色社会主义思想交流会，组建学校党的十九届四中全会精神宣讲团，开展理论宣讲 10 次。校党委被省委宣传部评为党委（党组）理论学习中心组联系示范点。

（二）全面加强政治领导。把政治建设摆在首位，出台实施《关于加强党的政治建设的若干措施》，切实引领师生员工增强“四个意识”，坚定“四个自信”，做到“两个维护”。履行政治责任，把好政治方向，召开常委会 31 次，研究议题 199 项，其中“三重一大”议题 141 项，坚决贯彻党中央和省委重大决策部署。比如，在助力脱贫攻坚上，坚持“脱贫不脱政策、脱贫不脱责任、脱贫不脱帮扶、脱贫不脱监管”，持续向长治市武乡县南沟村和西渠村投入帮扶资金 32 万元，做强做大光伏发电站、养猪产业、小杂粮加工厂等集体经济，学校“坚持四维发力、勇担脱贫使命”项目入选了教育部第二届省属高校精准扶贫精准脱贫典型项目。

二、坚持质量导向，精心开展重大活动和主题教育

（一）组织开展“新中国成立 70 周年庆祝活动”、师生合唱比赛等活动 15 项，激发全校师生的爱国主义热情。

（二）围绕“六个破除、六个着力、六个坚持”，深入开展“改革创新、奋发有为”大讨论，完成整改任务 135 项，举办学习讨论 60 余场，师生员工的改革意识、创新精神、开放思维和市场理念进一步增强。

（三）扎实开展“不忘初心、牢记使命”主题教育，全校 2929 名党员全部参加，校处级干部开展学习研讨活动 75 次，形成调研报告 166 篇；党员承诺践诺事项 4227 件，开展志愿服务 243 次；组建巡回指导组，一体推进四项重点措施，完成各类整改事项 752 件，取得阶段性成果。

三、坚持从严导向，持续加强党建思政工作

（一）不断加强思想政治工作。遴选“三全育人”综合改革试点单位 11 个，召开思想政治工作推进会，举办“三全育人”工作成果展，《山西情·中华魂·奋斗行》育人项目被教育部评选为全国高校第五届“礼敬中华优秀传统文化”示范项目，是近 5 年山西省高校首次入选该项目；《传晋韵风采　谱时代篇章》获教育部高校思想政治工作精品项目立项。出台课程思政改革实施方案，开展“课程思政”示范课建设，确定“课程思政”示范课 26 门、精品课 1 门，完成《人文山西》系列课程开发，实现“思政课程”与“课程思政”相得益彰。重点打造“易班”新媒体思政品牌，全年推送文章 1500 余篇，点击量累计超过 33 万次。按照 1：200 全部配齐专职辅导员，校辅导员获得“第十一届全国高校辅导员年度人物”提名奖 1 名。

（二）创新推进基层党建工作。落实大抓基层的要求，党委常委会全年研究党建工作 28 次 94 项议题，修订完善党委工作制度 22 项；全力推进“三基建设”，制定下发《“三基建设”2019 年重点任务清单》，“三基建设”19 项重点任务全部完成。承办了全省教育系统“三基建设”现场会，“三基建设”经验在全省教育系统推广；深入开展党建“双创”，确定“双创”建设单位 16 个，入选全省高校党建工作标杆院系 2 个、样板支部 3 个、“双带头人”工作室 1 个、全国党建工作样板支部 3 个。推动党支部标准化规范化建设，在 142 个设有委员会的党支部全部配备纪检委员，教师党支部“双带头人”100%全覆盖，专职组织员全部配齐。

（三）有力落实意识形态责任制。出台意识形态工作责任制实施细则和宣传阵地管理办法，严格执行“四个一”研判机制和“一会一报”制度，召开意识形态工作研判会 4 次，形成舆情监报 64 期，及时掌握师生动态，有效化解风险隐患，坚

决维护校园安全稳定。

（四）有力推进干部人才队伍建设。坚持党管干部原则，认真落实好干部标准，按照先定办法后选人的思路，制定《处级领导干部选拔任用工作实施办法》，提拔使用学院院长5名、副院长9名，平级调整处级干部24名。出台处级干部考核办法，创新考核方式，强化干部考核，激励广大干部担当作为。加强干部教育培养，举办干部培训班5次，选派干部挂职锻炼、下乡扶贫、入企服务25人。精心做好老干部工作，从政治上、生活上关心老干部。大力实施"人才强校"发展战略，全年共引进"百人计划"人才4人、高层次人才57人。

四、坚持一体导向，一以贯之推进全面从严治党

（一）压实全面从严治党责任。校党委认真履责，主动担责，全年研究党风廉政建设和反腐败工作8次。组织召开全面从严治党工作会议，层层签订党风廉政建设责任书，施行"124+清单"工作法，压实全面从严治党责任制。

（二）持续深化"三转"。支持纪委聚焦主责主业，稳步推进纪检监察体制改革，校纪委参与的议事协调机构由23个减到12个。

（三）严格贯彻落实中央八项规定精神。利用重要时间节点开展反腐倡廉教育、提醒和督查，营造了风清气正的校园政治生态。

（四）加强对重点领域和关键环节的监督约束。坚决查处违纪行为，共谈话函询14人，给予党纪政务处分10人。

五、坚持引领导向，全力抓好统战群团工作

（一）深入推进统一战线工作。出台《关于加强新形势下统一战线工作的意见》，在党外知识分子中开展"不忘合作初心 继续携手前进"主题教育和统战工作"五好"示范点创建活动，组建统一战线高端智库，激发党外人士参政议政、民主监督和社会服务积极性，提案建议被采纳18件。

（二）持续加强群团建设。成功召开六届二次"双代会"、六届二次专题会，学院二级教代会全面推行。组织开展教职工素质提升各类文体活动和先进模范教职工疗养休养活动，教职工福祉持续增进。深入推进共青团改革，胜利召开共青团山西财经大学第一次代表大会和第九次学生代表大会，圆满完成"二青会"志愿者服务等项目，学校被评为第二届全国青年运动会组织筹办工作先进集体。

六、坚持问题导向，全面推动巡视整改落地

（一）压实整改工作责任。成立巡视整改工作领导组，制定整改方案和"三清单"，明确整改措施、责任人和完成期限。召开整改工作专题会议5次、领导小组会议3次，省委巡视反馈的47项问题已完成46项，取得显著成效。

（二）推进整改成果运用。以巡视整改为契机，健全完善相关规章制度21项，注重从管理体制、运行机制、制度建设等各方面堵塞漏洞，着力建立长效机制，巩固深化巡视整改成果。

七、坚持改革导向，推进学校治理体系和治理能力现代化

（一）初步搭建起学校治理体系的框架。修订学校章程，进一步明确办学定位、办学目标和办学方略。统筹推进实施机构改革、综合考核改革、人事制度改革、本科教育改革、交流合作改革、荣誉体系改革、后勤社会化改革等"十大"改革，学校治理体系框架初步确立。

（二）深化以校院两级管理体制改革为核心的综合改革。围绕"学院办大学"，出台校院两级管理办法，通过机构再造、功能再造、流程再造，对职能部门和学院进行调整，撤并处级机构12个，重组处级机构12个，更名处级机构20个，调整部门职能382项。推动管理重心下移，从14个方面科学界定了校院权责划分，明确权力下放清单、责任清单和问题清单，共下放各类权力59项，有效激发学院办学活力。

八、坚持发展导向，推动学校高质量跨越

学校党委坚定为党育人、为国育才的初心立场，以立德树人为根本任务，以发展为第一要务，瞄准建设一流学科、做强一流专业、培养一流人才的主攻方向，把党的领导贯穿到推进实施"十大行动"中，切实推动学校振兴崛起、跨越发展。坚持人才培养为中心，切实提升立德树人质量。加强顶层设计，出台"本科教育30条"，制定《本科课程建设质量标准》，创新人才培养模式，实施拔尖创新人才培养计划，开设本科人才培养卓越班。推动教学模式改革，改造翻转课堂教室5间，立项"翻转课堂"教学模式改革项目26门。强化教学质量管理，出台加强本科教学质量保障体系建设意见。获批国家级一流专业6个、省级一流专业10个，山西省高等学校精品共享课程6门、建设课程5门和培育课程3门，获得山西省教学成果奖（高等教育）特等奖2项、一等奖4项、二等奖4项，获批省级研究生教育创新项目70个、省级研究生教改项目18项。持续推进国际认证工作，取得了AACSB会员资格。强力推动科研创新，修订科研成果管理办法、奖励管理办法等制度，获批国家级项目52项，同比增长18.2%。

（王在民）

附：山西财经大学党委书记、副书记、常委名单

书　记：常乃军

副书记：刘维奇　张兔元

常　委：刘月社　卢庆山　杨俊青
钟若愚（挂职，10月离职）　沈沛龙
乔军红　侯铁虎　胡　玥（女）

中北大学党委

党委书记　李忠人

2019年，在省委和省委教育工委、省教育厅正确领导下，校党委以习近平新时代中国特色社会主义思想为指引，坚持和加强党的全面领导，坚持立德树人根本任务，坚持深化改革创新，团结带领全校师生员工拼搏奋进，圆满完成年度目标任务，推动各项事业取得显著进步。

一、坚持思想引领，用习近平新时代中国特色社会主义思想铸魂立德

深入学习贯彻落实习近平新时代中国特色社会主义思想、十九届四中全会精神、全国教育大会精神、习近平总书记的“三篇光辉文献”，以及全省教育大会和全省经济工作会议精神，把全校师生思想统一到中央和省委决策部署上来，教育引导广大干部师生不断增强“四个意识”，坚定“四个自信”，做到“两个维护”，从根本上保证坚持社会主义办学方向不动摇。全年召开党委中心组理论学习研讨会12次。深入开展“改革创新、奋发有为”大讨论。全体校领导分8批带领分管单位主要负责人赴16所国内高水平大学进行调研，学习先进经验，拓展工作思路，提高工作标准。针对“六个破除”，查找出影响学校发展的23个问题，针对问题逐一进行整改，推出一批促进改革发展的重大举措。推动解决一批学校改革发展瓶颈问题，进一步凝聚起推动学校发展的磅礴力量。扎实推进“不忘初心、牢记使命”主题教育。校党委坚决贯彻中央要求，紧紧围绕主题、主线、任务目标，把深入学习贯彻习近平新时代中国特色社会主义思想作为主线和根本任务，扎实推进个人自学、集中学习研讨、领导干部讲专题党课、深入调研，召开调研成果交流会、学用交流会、找差距专题会、专题民主生活会和组织生活会，深挖思想根源、细化整改方案，同时组织志愿服务活动，立行立改解决师生反映的急事难事，不断把主题教育做细做实、引向深入。

二、坚持和加强党的全面领导，不断提升办学治校科学化水平

（一）认真贯彻执行民主集中制，不断提升班子决策能力和决策水平。修订完善《中北大学党委领导下的校长负责制实施细则》和党委全委会、党委常委会、校长办公会议事规则等，形成更加完备的党委统一领导、党政分工合作、相互协调配合的工作机制，进一步强化党委的领导核心作用，强化常委会议大事、谋全局的职能和民主决策的程序，保障校长依法依规行使行政职权，提高会议工作和决策效率。全年召开党委常委会32次，校长办公会22次。

（二）坚持依法治校，不断完善现代大学制度体系。召开二届四次教代会，通过“十三五”发展规划的中期调整。制定出台72项重要规章制度，完善梳理31类共计200余项具体工作流程。健全学院议事规则，制定出台《学院党委会议制度》《学院党政联席会议制度》《学院教职工代表大会制度》等一系列具体规章制度。

（三）完善意识形态工作体制机制，确保党对意识形态工作的领导。深入落实《中北大学意识形态工作责任制实施办法》，构建起校党委、基层党委（党总支）、党支部“三级”联动的意识形态工作机制。全年召开常委会研究意识形态工作5次，校领导班子开展全校督查检查基层意识形态工作2次。出台《中北大学舆情信息工作管理办法》《中北大学网络舆情应急处置方案》《中北大学校园新媒体评审考核办法》。成立马克思主义学院，不断加强社会科学研究。加强宣传思想干部队伍和“三支队伍”建设，组织员队伍、辅导员队伍配备齐全到位。

（四）落实立德树人根本任务，着力提升全员育人效果。深入推动落实《加强和改进新形势下思想政治工作实施方案》。举办“庆祝新中国成立70周年思想政治理论课成果展”，深化大学生“德育答辩”教育，将之与思政课改革结合，把思政课成果融入“德育答辩”，实现“以德育德”。不断深化学生工作五精创新工程。出台辅导员工作室建设管理办法，遴选培育建设6个各具特色的辅导员工作室。学校获批山西省第二批社会主义核心价值观建设示范点单位。

（五）持续推进“三基建设”，不断夯实基层组织。实施党建示范和质量创优计划，扎实开展省级党建“双创”工作，不断优化基层组织机构设置，实现所有党支部书记均由机关主要负责人担任；大力加强组织员队伍建设，选优配强配齐基层专职组织员队伍，开展业务交流和培训，全面提高组织员业务能力。加大党建工作督导力度，进一步加强基层党建工作，对各基层党组织进行2次工作督导。全年开展党支部书记集中培训7次，选派35名基层党组织书记参加省委教育工委组织的专题培训，有效提升基层党组织书记抓党建工作的业务能力。

（六）严格规范干部选拔任用工作，营造风清气正选人用人环境。出台《中北大学关于大力发现培养选拔高素质专业化优秀年轻干部实施意见》《中北大学科级干部选任管理办法》和《中北大学激励干部担当作为实施意见》。一年来选拔中层正职干部2名，中层副职干部4名，科级干部31名，交流调整中层干部9名。同时落实《中北大学2019年度干部教育培训计划》，组织39名中层副职干部到右玉干部学院培训，63名教学管理干部到四川大学开展业务管理能力提升

培训。

(七)强化担当作为,扎实做好巡视整改“后半篇文章”。按照省委第四轮巡视反馈意见,校领导班子成员坚持把自己摆进去、把职责摆进去,坚决扛起主体责任,带头推进整改,针对巡视组指出的50个问题,制定具体扎实的整改举措,已完成46个问题的整改,剩余4项整改接近完成,对15个长期停止运营的僵尸企业进行审计清算,其中12家已完成审计清算,正在办理工商注销手续,已注销两家;营业性出租用房剩余房租的清缴工作,已完成90%以上。

(八)加强统战群团工作,调动各方面积极性。引导各民主党派和统一战线广大成员把思想和行动统一到中央和省委要求上来。成立民建、民革2个民主党派基层组织,成立中北大学党外知识分子联谊会。召开共青团中北大学第二次代表大会。校工会和各级基层工会认真履职尽责,丰富教职工福利、活跃教职工文体生活、关爱帮扶困难职工。

(九)加强党风廉政建设,落实党委主体责任。校党委认真履行主体责任和监督责任,以“六大纪律”和警示教育为重点,强化党规党纪意识,持之以恒正风肃纪。一年来,常委会研究、总结和部署党风廉政建设工作11次。建立重点岗位、重要领域廉政风险预警、防控和监督机制。推动“四种形态”第一种形态常态化、制度化,加强重点部门廉政风险排查工作,形成《廉政风险排查手册》。纪检监察信息化水平全面提升,成为首批省纪检监察内网及信息化试点单位。

(十)坚持安全发展理念,不断加强稳定安全工作。修定维稳工作规章制度10余项,梳理安全规程80余项,建立健全“学校统一领导、职能部门分系统监管、基层单位全面负责、师生员工积极参与”的安全稳定工作机制体制,形成“横到边、纵到底、全覆盖”的安全网络。修订《中北大学突发事件总体应急预案》,构建五级应急体系,提高应急管理水平。不断提升安防、技防工作水平,引深防范网络诈骗和“校园贷”安全教育,提高师生安全素质,稳步推进平安和谐校园建设。全年未发生安全责任事故。

三、抓大事、谋全局,积极推进学校改革创新,不断实现学校各项事业新的发展

一是内涵建设持续推进。聚焦“一流学科”建设,持续推进学科布局优化调整,促进学科间深度交叉融合。成立“一流学科”建设工作领导组,加大仪器科学与技术学科建设力度,积极推进仪器科学与技术学科冲击“一流学科”。成立兵器科学与技术学科建设工作组,全面推进兵器学科振兴建设。材料学学科群、化学学科群进入ESI全球排名前1%。二是人才培养成果显著。修订完成2019版本科人才培养方案。2019年共获国际级奖项33项,国家级奖项347项,省部级奖项949项。在山西省“互联网+”大学生创新创业大赛中共获得金奖17项、银奖10项,金奖总数位列全省高校第一。三是人事改革不断深化。引进优秀学科带头人“太行学者”5人,引进优秀博士毕业生130人。四是获批3个院士工作站。1人获何梁何利科学技术进步奖,1人获“侯德榜化工科学技术成就奖”,1人入选“万人计划”青年拔尖人才,1人入选国家“百千万人才工程”,1人入选全国优秀教师,1人获国家优青,1人入选山西省青年拔尖人才,6人入选优秀青年学术带头人,11人入选山西省“百人计划”。五是科技创新能力持续攀升。2019年学校科研经费达到6.52亿元,实现历史新高。承揽大项目能力提升明显,主持千万级的项目10项,获批山西省自然科学类项目230项,立项数量和经费总额均达校历史最好成绩,创新特区项目数位居全省高校首位。获批山西省人文社科类项目立项76项。获得山西省科学技术奖9项,其中一等奖3项。获专利授权353件。发表SCI论文953篇。光电厂全年收入达到1.39亿元。六是社会服务影响不断扩大。70周年国庆阅兵中,学校参与研制的涉及地面10个方队15个型号装备接受检阅。圆满完成嫦娥四号相关任务。学校与北京理工大学签署战略合作协议。与C9高校西安交通大学签署深化合作协议,与中国科学院大学、太原市和山西煤化所签署协议,共建中国科学院大学太原能源材料学院。专利转让项目20项,专利实施许可项目7项,转化项目数为2018年的2.7倍,转让金额为2018年的4.2倍。成功承办二青会男子U16足球赛和尖草坪区火炬传递起跑仪式,派出近千名志愿者,圆满完成二青会志愿服务工作。校友工作不断发展,成功举办全国校友资源合作高峰论坛,校友捐资设立奖助学金项目10余个,其中自控专业79级校友余克飞捐资1200万元设立奖教、奖学金。七是国际化水平持续深化。学校以观察员身份加入“丝绸之路”大学联盟。与乌克兰、英国、韩国、匈牙利等国家高校签订交流协议11个,共建中外联合研究和人才培养机构6个,邀请和接待短期外国专家学者和访问团组160人次,派遣教师和管理人员出国研修学习47人,参加国际会议、开展学术合作交流62人次。八是扶贫工作取得新成绩。在常家坡村建立了“绿谷农业常家坡基地”,形成优质小杂粮种植、加工、销售完整产业链。在黄家窑村建立中药材种植基地,在五寨建立“紫苏种植实验基地”,开发特色产业。与五寨县东秀庄乡签订了2019年度精准扶贫农校合作食材供应协议,购买土豆10余万斤,助力农民增收致富。投入经费25万元为宁武县中小学培训教师149名和心理健康教师35名,捐赠了20多万元的课桌椅及教具,争取教育厅专项资金30万元改造西关小学操场,争取资金398.8万元改扩建宁武二中食堂等。走出了一条“党建提升、产业扶贫、销售扶贫、驻村帮扶、文化扶贫、教育扶贫”六位一体的扶贫路子,协助帮扶两地三村顺利脱贫摘帽。

(薛慧锋)

附:中北大学党委书记、副书记、常委名单

书　记:李忠人

副书记:沈兴全　薛　智

常　委:王瑞芬　曾建潮　雷锋斌　赵贵哲　潘晋孝　李东光　苏铁熊(1月任职)　贾献忠　薛实军　栗秀萍

山西中医药大学党委

党委书记　段志光

山西中医药大学的前身为1978年创办的山西医学院中医大学班，1989年成立山西中医学院，2017年更名为山西中医药大学。是山西省重点建设高校、山西省人民政府与国家中医药管理局共建高校、教育部首批卓越医生（中医）教育培养计划改革试点高校，中国政府奖学金生委托培养高校，推荐优秀应届本科毕业生免试攻读研究生高校，山西省深化创新创业教育改革示范高校，是山西省博士学位授予单位（点）立项建设高校。学校现有14个基层党委（总支），93个党支部，1999名党员。

2019年，山西中医药大学党委以习近平新时代中国特色社会主义思想为指导，深入学习习近平总书记"三篇光辉文献"精神，全面贯彻党的十九大、十九届二中、三中、四中全会精神，全程落实全国教育、卫生健康、思政、中医药等大会精神，深入贯彻省委十一届八次、九次全会精神，坚持以立德树人为根本任务，按照全省教育和卫生健康工作的部署安排，全力推进学校内涵发展、特色发展和创新发展。

一、坚持思想引领，理论武装不断加强

（一）扎实开展"不忘初心、牢记使命"主题教育。根据中央部署和省委要求，成立了领导小组及工作机构，制定"1+7"实施方案，开设主题教育专题网站，紧紧围绕为党育人、为国育才，突出党的政治建设，紧扣立德树人根本任务，健全全员全过程全方位育人的体制机制，及早谋划，坚持"四个在前"；四项措施同步推进，坚持"六下功夫、六个结合"。

学校主题教育开展以来，广大干部政治理论素养得到提升，政治品格得到锤炼，育人体制机制进一步完善，立德树人根本任务进一步落地落实，广大师生医护员工的获得感和满意度进一步提升。中央电视台1套《新闻联播》入校采访，"学习强国"、《山西日报》、省委主题教育简报等给予专题报道，大问题小切口、小问题全切口的特色做法被推广到省委第7巡回指导组指导的高校，中央第8巡回督导组主要负责同志来校督导期间和召开座谈会时均给予肯定和好评。

（二）深入开展"改革创新、奋发有为"大讨论。根据省委和省委教育工委的统一部署，深入开展"改革创新、奋发有为"大讨论工作，紧紧围绕"六个破除""六个着力""六个坚持"，围绕十个关键环节，奋力实现"六个突破"。持续开展全校教育思想大讨论、全员基本能力提升、全面水平与质量提高和大学习、大讨论、大调研、大落实"三全""四大"工作，重点围绕学校本科教学工作审核评估整改和学校战略发展目标"三步走"实施、加强高水平本科教育建设、落实学校"12310"战略发展思路中的"十项任务"等重点工作，坚持问题导向，进一步破解发展难题，全校师生医护员工特别是中层及以上干部的思想观念、改革创新意识和规范行为发生重大变化，为学校加快实现内涵发展提供思想保障。学校制定整改措施18条，对标一流举措13项，全力推进"两个清单"的落地见效。大讨论期间，积极推进学校放权、干部放胆、师生员工放心行动和学校发展对表对标对接行动2项"自选动作"。

二、坚持党的领导，党建科学化水平不断提升

（一）党的政治建设不断强化。以习近平新时代中国特色社会主义思想为指导，深入贯彻习近平总书记视察山西重要讲话精神，增强"四个意识"，坚定"四个自信"，做到"两个维护"，全面落实新时代党的建设总要求，以党的政治建设为统领，认真履行"把方向、管大局、做决策、保落实"的职责，坚持党委总揽全局、协调各方，全面做好学校各项工作。全力做好省委巡视整改工作。学校党委多次专题研究部署，切实做好巡视"后半篇文章"。坚决落实巡视整改要求，精心编制"三个清单"，制定整改方案，逐条研究整改措施，细化分解整改任务，层层压实整改责任，保证整改事项"件件有方案，事事有人抓"。截至2019年底，基本完成巡视整改任务。此外，还完成了学校意识形态工作责任制落实情况和选人用人情况专项巡视的整改工作。

（二）党的思想建设成效显著。深入学习宣传贯彻习近平新时代中国特色社会主义思想，大力推进思政工作"六大工程"，以课程改革、项目推动、队伍建设、文化引领和平台建设为抓手，扎实推进和构建"十育人"工作体系，努力推动思想政治工作质量提升，建设全员全方位全过程育人格局。严格落实意识形态工作责任制，牢牢掌握意识形态工作的主动权与话语权，扎实做好意识形态工作专项检查整改工作。签订了意识形态工作责任书，不断完善分析研判机制和工作联动机制，在全校范围开展意识形态工作专项督查，层层压实工作责任。

（三）加强党的组织建设。根据省委编办批复的新"三定"方案，推进内设机构调整工作。完成处级机构的设置调整、干部职数的设定、职能处室及教辅单位工作职责的确定。推进"院院合一"，完成了临床学院（医院）内部管理机构设置。强化基层党组织体系建设，优化调整院（系）级党组织设置，总数由16个精减为14个，党支部数由94个变为93个，优先选配了院系党组织班子。排查、整治软弱涣散党支部2个。重新调整、选拔专职组织员6名。严格标准和程序发展党员，全年共分两批发展党员455名。1个党支部入选全省首批高校"双带头人"教师党支部书记工作室。举办庆祝中国共产党成

立98周年暨表彰大会。扎实开展党建课题研究,立项8项。

(四)干部队伍建设不断增强。做好处级干部的交流、选任工作,制定了工作方案。提拔处级干部49名,交流轮岗处级干部26名,合理退出处级干部5名。新提拔干部中13名具有博士学位,30名具有硕士学位,5名有下乡挂职锻炼经历,2名有挂职科技副县长经历,有力推进干部队伍专业化建设。诫勉谈话处级干部1名和科级干部5名,批评教育科级干部11名。举办"改革创新、奋发有为"大讨论培训班、"不忘初心、牢记使命"主题教育暑期干部培训班。扎实推进思想政治理论课质量提升工程。贯彻落实山西省加强高校思想政治和党务工作队伍建设的具体举措,引进专职辅导员9名,配齐专职辅导员队伍,引进专职思政课教师5名。

(五)党风廉政建设和作风建设持续推进。召开了全面从严治党工作会议,签订责任书,压实主体责任。加强对学校中心工作和重点工作落实情况的监督以及政治、意识形态、选人用人等重点岗位、关键环节监督。贯彻落实中央八项规定精神,集中整治形式主义官僚主义问题驰而不息纠"四风"。贯彻落实省管高校纪检监察体制改革的实施意见有关精神,认真落实纪检监察体制改革。开展廉政教育,积极营造风清气正廉政教育氛围。

三、坚持突出重点,办学治校水平显著增强

(一)重点工作全面推进。学校始终站在办好中国特色社会主义大学的高度,始终保持正确的政治方向,坚持和完善党委领导下的校长负责制,始终坚持把方向、揽全局、做决策、抓落实,全面履行办学治校的责任。全年召开党委会34次,研究议题242项;校长办公会41次,研究议题282项;校党政联席会议4次,研究议题7项;推进48项要点工作特别是12项重点工作的落实,对事关学校改革发展稳定和师生员工切身利益及党的建设等全局性重大问题作出决策,推进落实。

(二)持续规范并推进高水平本科教育教学。出台振兴本科教育实施方案,全面修订2019版人才培养方案。根据教育部本科教学审核评估反馈意见,制定整改工作方案,成立工作机构,扎实做好各项整改工作。落实本科专业优化调整方案,停招心理学专业等3个专业(方向)。中医学等4个专业获批省级一流专业。新增教学医院5所,实践教学基地1个。获批省级教学成果一等奖1项、二等奖4项,获批省级教改课题10项、省高校精品共享培育课程8门。获批国家中医药管理局中医药高层次人才培养基地建设单位。

(三)在全国中医药院校中率先开展中医药文化自信教育。在2019级学生中开展为期一个月的中医药文化自信集中教育,同时开展中医药文化自信教育系列研究,编印6本中医药文化自信教育校本教材,建设首批4个中医药文化自信教育名师名医工作室,进行研究的预调查,成立领导组、专家组、项目组和实施组,开展中医药文化自信社会教育,向国家中医药管理局递交了立项申请。

(四)全力推进博士学位授予单位建设工作。坚持问题导向和目标导向,对标《新增博士学位授予单位基本条件》和《博士学位授权一级学科基本条件》,分解任务,压实责任,申报博单的四个核心指标达到标准要求。与山西医科大学、天津中医药大学合作,共同培养博士研究生导师。依托中西医结合一级学科筹建中西医结合研究院获省卫健委批复,与山西振东集团合作共建振东研究院落地发展。

(五)科技创新能力不断提升。组织申报各级各类科研课题800余项,立项317项,获各级各类科研经费1343万元。发表SCI论文30篇,核心期刊论文139篇,出版学术论著9部,专利申请54项,获得授权专利20项,获得省部级以上奖励2项。制定《学校发展中医药健康旅游促进康养结合工作方案》,启动"道地药材品牌培育及生产基地建设规划"、"药茶研究"和中药替抗等重点项目。成立健康山西研究院,牵头成立山西省中医药科技创新联盟,成为中国中药协会中药发酵技术专业委员会主任单位。大力实施科技创新团队培育计划,新增创新团队5个,1人入选第七批"山西省青年拔尖人才支持计划"。成立教育发展基金会,先后与16个地市、企业签署合作协议,筹集资金1700余万元。

(六)持续推进管理规范创新。引进山西省"百人计划"3名。108人入选"三晋英才"支持计划。1个集体、3名个人获二青会组委会表彰。接受新校区工程决算审计。加大资金投入力度,不断提升校园园林景观效果,学校荣获全国绿化模范单位。新建学生公寓楼项目立项,教工周转宿舍建设工程主体完工,内部装修有序推进。成功承办第二届全国青年运动会女子排球U17(体校组)比赛,国务院学位委员会护理学科组主办的全国护理学科建设与发展高峰论坛,教育部医学人文素养与全科医学教学指导委员会2019年会等高层次会议。

(七)学生综合素质不断提高。深入开展入学教育、国防教育、仪式教育和创新创业教育。积极拓展社会资助渠道,争取社会助学金270万元。获批国家级"大创"项目7项、省级"大创"项目30项。一年来,学校组队参加全国、全省大学生创新创业竞赛、"挑战杯""创青春""远志杯"等大学生课外学术科技作品竞赛等比赛均获得优异成绩。2016届毕业生郭蓓蕾荣获2018年度"感动山西"十大人物称号。

(郭宏鹏)

附:山西中医药大学党委书记、副书记、委员名单

书　记:段志光

副书记:刘　星　冯　海　高建军(6月离职)

　　　　苑　静(女,6月任职)

委　员:郭文平　王新塘　冀来喜　闫敬来

　　　　郝慧琴(女)　王　旭　苗　强　郭继林

太原师范学院党委

党委书记　张惠元

2019 年是全党全国大事要事不断、精彩纷呈的一年，是全省教育事业稳中有进、开拓新局的一年。2019 年，太原师范学院党委坚持以习近平新时代中国特色社会主义思想为指引，深入贯彻全国全省教育大会精神，围绕“内涵建设、质量提升”年度工作主题，乘势而上、担当作为，推动立德树人根本任务落地见效。

一、高举思想旗帜，引领办学治校方向

校党委始终把举旗定向、维护核心作为首要任务去抓，持续在学懂弄通做实习近平新时代中国特色社会主义思想上下功夫，牢牢把握社会主义办学方向。一是全面系统学，以抓好主题教育固本培元、坚定信念。突出“主线”牵引，对标“十二字”总要求，认真领会《纲要》《选编》等著作，全年共开展党委中心组集体学习 24 次、班子成员集中研讨交流 3 次、党建专题干部培训 6 期，组织各党总支所属党员教师赴武乡、右玉、大寨等地接受“红色教育”，编发相关学习资料千余册，推动学思践悟从“关键少数”向基层组织覆盖。二是及时跟进学，以新要求武装头脑、指导实践。通过党委常委会议、中心组扩大学习、邀请专家辅导以及支部主题活动等方式，第一时间、第一议题学习传达党的十九届四中全会重要精神，深入把握推进国家治理体系和治理能力现代化建设要求目标。三是联系实际学，以学用结合提升工作成效。深入贯彻全国全省教育大会精神，召开校二届九次全会，明确“六个警惕”，着力“六个完善”。积极争取、协调落实近两年新入职博士和硕士的省城人才补贴事项，持续改善教学设施、餐饮住宿、通勤交通等条件，努力服务师生解难题。

二、牢固意识形态，守护精神文明风景

贯彻落实高校思政工作会议精神，牢牢掌握意识形态领域的领导权、主动权，着力推动学校精神文明建设。一是认真落实主体责任。修订出台《意识形态工作责任制实施细则》并配套制定考核办法，细化任务分解、压实阵地责任。一以贯之加强统一战线工作，开展“不忘合作初心，继续携手前行”等活动，坚决抵御宗教渗透，严密防范校园传教。把握“五四”百年纪念、国庆大典等契机，加强爱国主义教育，壮大主流舆论。二是严格网络管理。持续推动内外网运行、二级院系网站、信息发布等的规范化、制度化建设。开展校园新媒体“拉网式”排查，防范风险、堵塞漏洞，沉着应战、举一反三，加强文明用网教育，建立了新闻发言人制度。三是加强思想政治教育。组建马克思主义学院，牵头推进马克思主义理论研究与教学实践。提前一年完成省委关于党务和思政工作“三支队伍”的基本配备要求。出台《“三全育人”综合改革实施方案》，大力推进思政课程与课程思政融合建设。创作排演的《太行大合唱》成为省委宣传部重点扶持的文艺精品。圆满承办全国二青会水球比赛，顺利通过省级文明校园验收，太师形象持续提升。

三、践行立德树人，奋力高等教育答卷

坚定“为党育人、为国育才”使命，着力本科质量，抓好学科提升，强化师资建设，不断拓宽内涵式发展道路。一是落实“以本为本”，推进“四个回归”。制定出台《“金课计划”实施办法》，5 门课程入列省级精品共享项目，面向本科新生开设游泳课程，持续推进“课堂革命”。完善实践平台，正在筹建的教师教育实训中心将为培养师范生实践技能提供有力支撑。举办“高等师范院校与基础教育深入融合”校长论坛，中小学对口支持项目入选教育部体育美育“浸润行动计划”，首批入列国家语言文字推广基地，“政府 - 高校 - 社会 - 中小学”协同育人培养体系不断深化拓展。多名学子在国庆阅兵大典、外交部山西推介会、山西省射箭比赛等大型活动中表现优异。二是以学科建设为牵引，奋笔“山”字文章。抓住更名大学和博单建设两大目标任务，坚持学硕、专博统筹共进，制定实施重点建设工作“三年行动计划”。新增 4 个硕士点，地理科学、学前教育专业入选首批国家一流本科专业建设点。建立了由优秀专家组成的学术指导委员会，督导学科建设。积极扩大开放交流，来自阿富汗的 5 名学子加入学校“大家庭”。三是厚实人力资源，大力推进教师、科研、管理队伍建设。坚持稳扩“增量”，建立党委人才工作领导组，修订高层次人才引进、稳定及管理办法，持续加大人才招引力度。一年内新增硕士、博士 160 余名。着力优化“存量”，举办中层正职、正高职称及新入职教师专题培训，统一思想、凝聚力量。以深入推进“1331”工程建设为抓手，完善成果培育、经费使用、目标考核等制度。一年度荣获山西省科学技术进步一等奖 1 项、自然科学二等奖 1 项；获批立项国家自然基金 2 项、社科基金 1 项，艺术基金项目 3 项，教育部人文社科项目 1 项。

四、坚持对标对表，抓好关乎全局要务

立足师范实际，认真落实中央和省委的决策部署，推动广大教职员工解放思想、提振精神。一是热烈庆祝新中国成立 70 周年。把为祖国庆生与开展“组建 20 年、办学 90 年”校庆纪念相结合，举办“爱国心·太师情”诗歌比赛和“爱祖国、爱师院、比担当、比贡献”等活动，爱国兴校之情不断澎湃，干事求学之劲持续激扬。二是巩固拓展“大讨论”成果，自我加压、攻坚要务。努力把“六个破除、六个着力、六个坚持”作为

理念方法、价值追求和责任担当,对照“更名大学”“博单建设”目标,细化任务、压责到人,调动资源、谋求突破,相关努力及成效得到教育部、省政府的肯定。按照年度重点工作清单,挂图作战、倒排工期,推动责任压力持续传导,工作能效持续提升。三是不断凝练办学特色,笃行师范路径。大力弘扬行知精神,举办“行知思想与构建优良育人生态”论坛。合并组建教育学院,成立教师发展中心、教育教学评建中心。加快推进师范专业认证,不断优化专业调整,师范生占比超过60%。

五、强化党的领导,全面加强党的建设

坚定落实“党要管党、从严治党”要求,坚持以推进党的建设强化党的领导优势。一是深入贯彻党委领导下的校长负责制。进一步修订完善常委会、全委会及院长办公会议事规则。全年召开35次党委常委会、2次全委会,3次党建工作会以及6次专题工作会,既抓全面、又抓点线,既抓顶层设计、又抓执行落地,不断强化党委“把方向、管大局、做决策、保落实”作用。二是认真落实新时代党的组织路线。抓院系两级班子建设,校领导班子成员积极投身“大讨论”,带头推进“主题教育”,带队组织人才招聘、赴外交流学习,按分工职责牵头做好巡视、评估和审计“后半篇文章”。以系部重组、轮岗交流、专项培训等为契机,加强二级领导班子的凝聚力、执行力。抓干部队伍建设,修订完善教学院系和中层正职选任方案,一年内平调处级干部31人,提任4名处级业务干部,同时加快干部队伍年轻化建设。三是扎实推进“三基建设”。对1个党总支、8个党支部支委进行调整补充,认真开展软弱涣散基层党组织摸底整治,举办支部书记专题培训3期、参训干部211人次,获批省级样板支部建设单位2个,教育部样板支部建设单位1个。修订完善“一目录一流程三手册”并强化专项督查,0A办公系统正式运行,教学、人才、科研、管理、服务等各方面规章制度建设步伐加快。四是深化党风廉政建设。认真落实“两个责任”,严格履行“一岗双责”,坚持把“全面从严治党”列入学校年度工作重点,出台了进一步彻底肃清腐败流毒影响、集中整治形式主义和官僚主义等实施意见及方案。稳步推进纪检监察改革,建立了全校处级干部廉政档案。以深化巡视整改为抓手,制定学校管党治党责任清单,传导压力、落实主责。定期转发通报典型案例,坚持在“两节”等关键时间点提前拉响“警报”。严肃党内组织生活,召开中层干部、党员教育管理及学生工作警示会,不断筑牢党员干部知敬畏、存戒惧、守底线的思想根基。加大违规违纪问题查处力度,不断巩固风清气正政治生态。

(狄利民)

附:太原师范学院党委书记、副书记、常委名单

书　记:张惠元

副书记:霍世平　王川龙　程太生(3月离职)
张主社(7月任职)

常　委:杨全平　郭丕斌　王卫平　赵　怡
薛晋文(6月任职)　付建伟　申　楠
侯学文

市、县（市、区）委工作概况

中共太原市委

市委书记　罗清宇

2019年，太原市委坚持以习近平新时代中国特色社会主义思想为指导，深入贯彻党的十九大和十九届二中、三中、四中全会精神，全面落实习近平总书记“三篇光辉文献”精神，统筹推进“五位一体”总体布局和协调推进“四个全面”战略布局，坚持稳中求进工作总基调，按照省委“四为四高两同步”总体思路和要求，全面做好稳增长、促改革、调结构、惠民生、防风险、保稳定各项工作，在“两转”基础上全面拓展了党的建设和党的事业新局面。

一、政治建设持续加强，“两个维护”更加坚定

坚持把“两个维护”作为最高政治原则和根本政治规矩，牢牢把握正确方向。学用工作不断引深。重温习近平总书记“三篇光辉文献”，原原本本学习《纲要》《选编》《摘编》，深刻领悟核心要求、精神实质、丰富内涵。市委常委会和全市各级党委（党组）会“第一议题”集中学习2198次，举办读书班19期，开展《纲要》宣讲117场，召开学用交流会109次。主题教育扎实开展。市委常委会率先示范，市人大常委会、市政府、市政协党组及时跟进，全市427个县处级以上单位、727个乡科级单位、9699个基层党组织、216420名党员积极参与，经受了思想淬炼、政治历练、实践锻炼。开展“8+2”专项整治，解决问题3521个，建立机制2976个。“不忘初心、牢记使命”主题教育取得阶段性成果，中央主题办、人民日报、央视新闻等分别对太原市做法进行了宣传报道。意识形态向上向好。深入学习宣传贯彻党的十九届四中全会精神，全市上下自觉尊崇制度、严格执行制度、维护制度权威的氛围更加浓厚。严格落实意识形态工作责任制，每半年向省委报告意识形态工作情况。成立市委网信办，及时处置政治类有害内容信息和突发舆情，连续8次荣获中宣部舆情信息工作先进单位称号。

二、经济转型步伐加快，发展质量持续提高

党对经济工作的领导全面加强。召开一系列工作会、推进会、现场会，开展5次项目建设观摩活动，着力推动经济发展。2019年，全市地区生产总值增长6.6%，社会消费品零售总额增长7.8%，城镇、农村居民人均可支配收入分别增长8%、9%；规上工业增加值增长4.5%，固定资产投资增长10.2%，一般公共预算收入增长3.6%。工业强市步伐扎实迈进。出台《推进工业高质量发展实施方案》，推动产业链、创新链、价值链相互融合，不断增强实体经济活力和竞争力，全市规上工业企业增加48户，增长12.7%；完成工业投资246.13亿元，增长19.4%。深入推进军民融合发展，太原军民融合创新基地起步区建设进展顺利。项目建设力度持续加大。牢固树立“项目是转型的硬支撑”理念，试行重大项目专项管理机制，宝能、长城智能、诚迈科技软件园等项目成功引进，太钢冷轧取向硅钢、东山酿造小镇酒厂搬迁改造、中电科碳化硅等项目开工建设，京丰轨道交通电务装备制造基地3号厂房、明豪汽车模具一期、百信自主安全计算机一期等项目完工投产。农业和现代服务业质量不断提升。积极推进农业供给侧结构性改革，加快建设南部城郊农业示范区、北部有机旱作特色农业示范区，深入实施“一减五增”行动，以六味斋、水塔、紫林、蓝顿旭美等为引领的农业龙头企业发展到147家，年销售收入500万元以上规模企业达到56个。出台《关于加快现代服务业发展的政策意见》，扎实推动现代物流、会展经济、商业综合体等生产生活性服务业发展。第三产业增加值2467.39亿元，增长7.1%。国务院批复同意在太原市设

立跨境电子商务综合试验区,太原作为陆港型(生产服务型)国家物流枢纽列入2019年国家物流枢纽建设名单。

三、三大攻坚战深入推进,决胜全面小康持续发力

坚持把打好三大攻坚战作为决胜全面小康的重中之重,抓重点、补短板、强弱项,强化政策供给,全力推动落实。脱贫攻坚成果巩固提升。强化2020年交总账意识,制定出台《关于巩固提升脱贫成效推进乡村振兴的实施意见》,突出抓好产业扶贫、移民搬迁、生态扶贫、健康扶贫、教育扶贫等工作,“一网三超”社会扶贫模式受到国务院扶贫办表扬。在2017年、2018年阳曲县、娄烦县分别摘帽退出的基础上,持续巩固脱贫攻坚成果。2019年,全市累计脱贫157个村、15748户、43375人,全市贫困发生率从6.68%下降至0.08%,脱贫攻坚取得决定性进展,进入了脱贫成效巩固提升与实施乡村振兴战略衔接的新阶段。生态环境持续改善。坚持空气质量改善优先原则,“控煤、治污、管车、降尘”多管齐下,完成22.31万户“煤改电”“煤改气”,全力推动出租车、公交车新能源替换,扎实开展降尘污染防治攻坚行动,在“2+26”城市排名中连续5个月降幅排名第一。全市1162条河流全面推行河长制,建成区基本消除黑臭水体。完成营造林面积19.18万亩,全市绿化覆盖率、绿地率分别达43.38%、38.3%,人均公共绿地面积达12.78平方米,太原市荣获“全国绿化模范城市”称号。金融风险有效防控。规范地方金融机构运营,保持严厉打击非法集资犯罪高压态势,全市新发案件数量、涉案资金和集资参与人数等三大指标同比均有明显下降。

四、改革创新不断深化,内生动力持续激发

牢固树立“改革决不能落后”的理念,坚持改革为要、创新为上,动力活力更加强劲。重点改革取得突破。市领导领办重大改革事项,全面完成国家、省34项改革试点任务和市52项改革任务。完成市县党政机构改革,国企改革“三供一业”资产全部移交,开发区“三化三制”改革基本完成,能源革命综合改革试点扎实推进。深化“放管服效”改革,积极推进相对集中行政许可权改革,全面实施“一枚印章管审批”。县乡医疗卫生机构一体化改革“阳曲样板”“清徐经验”在全国推广。街道管理体制、住房租赁试点、农村集体产权制度等改革全面推进。创新驱动成效显著。制定出台《关于科技创新推动转型升级的若干意见》等政策,市财政投入10亿元科技创新资金和10亿元人才发展资金,支持企业研发创新。科技型中小企业达3478家,同比增长81%;高新技术企业达1621家,同比增长68%。出台事业单位引进高层次人才实施办法,启动建设1000套人才公寓,累计迁入各类人才及家属6.93万人。对外交流合作全方位扩大。与中国科学院大学合作,开工建设国科大太原能源材料学院。巩固深化与同济大学全面战略合作成果,推动“同济大学—太原同创谷”成功落地,上海圭目机器人、滴滴出行等10余家知名高新技术企业首批入驻。参与各类推介会、对接会30余场,中博会、厦洽会、进博会平均签约180亿元。

五、民生保障更有温度,人民群众获得感幸福感持续增强

坚持以人民为中心的发展思想,不断增进民生福祉。社会事业持续发展。深入实施就业优先战略和积极就业政策,城镇新增就业近10万人,城镇登记失业率控制在3.18%。推动城乡义务教育一体化发展,新改扩建学校项目49个。全面提升医疗卫生服务能力,市中心医院、市妇幼保健院新院区投入使用,医疗、医保、医药联动改革协同推进,建成25个跨区域医联体、18个专科联盟。城乡居民养老、医疗、失业等保险基本实现全覆盖,各项社会保险待遇稳步提高。民生实事落实落细。出台处理不动产登记遗留问题实施方案,已有4.59万套进入办证流程。公办小学生放学后免费托管服务惠及28万户家庭。加大150个平价商店惠民力度,向2.7万名特殊困难人员发放“爱心奶”,提高1.9万名高龄老人津贴标准,城乡低保保障标准每人每月提高50元。二青会取得圆满成功。举全市之力、倾全城之情,把二青会办成了一届精彩难忘、节俭惠民、独具特色的体育盛会,太原市取得220金、159银、145铜的优异成绩,在全国参赛城市中名列第一,实现物质文明和精神文明双丰收、竞技体育和群众体育双跨越、城市功能和城市品质双提升。

六、深入实施城市“双修”战略,城市生活更加美好

牢固树立“人民城市人民建、人民城市为人民”的理念,成立市委城市工作委员会,坚持规划、建设、管理并重,着力增强城市功能,提升城市品质。高起点编制城市规划。城市发展战略暨总体规划课题研究形成结论性成果,“五规合一”试点取得阶段性成效,科学编制双塔景区、晋阳湖等26个重点片区规划,编制完成生态修复、城市修补专项规划,探索形成全域规划、一张蓝图、多规共循的空间管控体系。高标准完善城市功能。地铁2号线实现电通轨通,1号线建设全面启动。太原南站东广场建成投用、西广场改造完成,通达桥、晋阳桥、迎宾桥等竣工通车,太长高速退城、滨河东路南延以及一批主次干道路新建改造完成。汾河治理美化工程延展35公里,新建的国际体育交流中心、水上运动中心、滨河体育中心成为城市新地标。完成565公里供热管网、116公里供水管网新改建任务,新增集中供热面积1060万平方米。全市173个城中村已拆除105个,棚户区改造新开工13824套,基本建成47166套。高水平加强城市管理。加快智慧城市建设,着力推动现代信息技术与城市管理服务融合。以创建全国文明城市为抓手,加快推进背街小巷、老旧小区等“九乱”整治,整治背街小巷1052条,改造老旧小区1840个、集贸市场81个,新建公共厕所135座,生活垃圾分类全面实施,“两下两进两拆”向城乡结合部延伸,拥堵指数全面下降。创建省级、市级美丽乡村87个,“百村示范、千村整治”工程有序推进。

七、强化民主政治建设,团结奋进基础持续巩固

加强党对立法工作的领导,制定《海绵城市建设管理条例》《城乡环境卫生设施管理条例》,修订《养犬管理条例》《机动车和非道路移动机械排气污染防治办法》,立改废释地方性法规8件。支持市政协履行政治协商、民主监督、参政议政职能,高质量办理502件协商提案。牢牢把握大团结大联合主题,制定出台《太原市大型宗教活动管理办法》等12项宗教管理制度,全市240个宗教活动场所在"四进"全覆盖基础上逐步提档升级。积极推动工会、共青团、妇联等群团组织改革,群团组织的政治性、先进性、群众性不断增强。落实党管武装重大要求,支持驻并部队完成体制调整改革和部队停止有偿服务工作,建立驻并武警部队遂行任务兵力需求对接机制。"全国双拥模范城"八连冠成果继续巩固扩大,国防动员和后备力量建设进一步加强。

八、依法治市有效实施,和谐稳定大局持续巩固

牢固树立总体国家安全观,深入落实全面依法治国基本方略。法治太原扎实推进。调整设置市委全面依法治市委员会,落实国家工作人员宪法宣誓制度,加快法官检察官正规化专业化职业化建设。完善公共法律服务体系,办事依法、遇事找法、解决问题用法、化解矛盾靠法的法治良序进一步构建。社会和谐不断深化。推广新时代"枫桥经验",和平南路派出所被推荐为公安部首批命名的100个全国"枫桥式公安派出所"之一。持续推进"重点信访问题源头化解",信访形势平稳可控,信访批次人次实现"双下降"。扫黑除恶深入开展。市委常委会6次专题研究扫黑除恶专项斗争工作,开展3轮督导检查,全年共打掉黑恶势力犯罪团伙44个,抓获犯罪嫌疑人355人,中央扫黑除恶专项斗争督导组转办的857件涉黑涉恶案件线索全部办结。安全稳定持续向好。深入推进社会治安防控体系建设,刑事警情、"两抢一盗"警情、群体性事件同比分别下降50%、13.9%、33.3%。全市各类生产安全亡人事故起数、人数分别下降35.9%和34.94%,未发生重大及以上生产安全事故。

九、全面从严治党向纵深推进,良好政治生态持续净化

坚持刀刃向内、自我革命,坚定不移推动全面从严治党向纵深发展。主体责任全面履行。市委常委会每半年听取市人大常委会、市政府、市政协、市法检"两院"党组和市纪委监委工作情况汇报。开展县(市、区)委书记和市直单位党委(党组)书记述职评议。完成第四轮、第五轮巡察,启动第六轮巡察,发现党的领导弱化等问题518个。全年问责党组织35个,党员领导干部97人,各级党组织管党治党的责任意识进一步增强。干部精气神有效提振。出台《市管领导班子和市管干部日常分类近距离考核考察办法(试行)》《太原市党员干部不作为慢作为问题监督问责办法》《严厉打击恶意举报诬告陷害的查处办法》,激励干部担当作为。全年共调整干部21批1024人次,选树263名担当作为先进典型。基层基础不断夯实。制定进一步加强基层工作的18条措施,284个软弱涣散基层党组织全部完成整治,564个集体经济"空壳村"全部破零。出台推进街道管理体制改革的8点意见,实施社区办公活动场所提档升级工程,社区工作人员待遇达到中部省会城市领先水平,被中组部列为城市基层党建示范市。非公经济组织和社会组织覆盖面进一步扩大,首次为12所民办学校选派党组织书记。正风反腐持续推进。全年全市各级纪检监察机关处置党员干部问题立案数、处分人数、移送司法机关人数同比分别增长40.3%、28.8%、72.3%,查处378起侵害群众利益的突出问题,处理党员干部488人。严防"四风"问题反弹回潮,全年共查处违反中央八项规定精神问题104个、处理党员干部127人。严格落实中央"基层减负年"要求,突出整治形式主义、官僚主义,市级层面文件、会议、督查数量同比下降40%、31%、50%,风清气正的良好态势进一步巩固。

(乔大江)

附:中共太原市委书记、副书记、常委名单

省委常委、太原市委书记: 罗清宇

副书记: 耿彦波(1月离职) 李晓波(1月任职)
李新春

委　员: 李吉山(12月离职) 周计伟(12月任职)
魏　民　薛东晓　王立刚　赵忠保
刘　鹓　张文广(1月离职)
王志校(7月任职) 张　璐(挂职,10月离职)
杨继承(12月任职)

中共小店区委

区委书记　刘振华

2019年,小店区委以习近平新时代中国特色社会主义思想为指导,团结带领全区干部群众,统筹推进"五位一体"总体布局,协调推进"四个全面"战略布局,不忘初心、牢记使命,锐意进取、攻坚克难,推动党的建设和党的事业取得新成效。

一、贯彻新发展理念,经济发展质量持续提升

培育新兴产业。2019年,小店区地区生产总值迈入千亿

大关,高质量转型发展进入新阶段。引进龙芯科技、中标软件、百信信息、紫晶存储、阿凡达机器人等一批高科技项目,智能制造产业集群初具规模。发展总部经济、数字经济,吸引滴滴出行、苏宁区域结算中心、中科生态等一批总部经济加速推进。强化产业链招商,“五大招商平台”全年新入驻企业78家。

提质现代服务业。培育壮大“坞城—北张、大马—小马”等新兴城市商贸集聚区。国际康养小镇、智汇新城、太原国际会展金融科创城项目签约。推进传统商业模式创新,限额以上商贸企业电商普及率达60%以上。承接综改示范区溢出效应,打造以中邮、万科为龙头的物流集配基地,专业化、规模化、集约化的现代物流体系初步形成。

推进乡村振兴。王吴现代设施农业科技示范园等17个高端农业产业项目实现当年开工、当年建成、当年运营,引进总投资130亿元的东辉集团、民晟新能源科技农业合作项目,城郊示范农业科技化、设施化水平提升。发展乡村旅游,以农业生态循环为业态的王吴村、华辰农耕园、清石农场入选省市农业旅游示范点,全年吸引游客60余万人次。推进农村集体产权制度改革。完成8个美丽乡村建设,补齐农村基础设施短板。

服务转型综改示范区建设。完成潇河产业园区三期征地工作,共收储土地1740亩。服务京东亚洲一号、东风原野新能源汽车产业园、喜跃发新材料等20个入园项目落地,保障辛村街、小牛线、人民路等12条规划道路开工。

营造创新发展氛围。落实科技创新政策,制定出台《太原市小店区实施创新驱动发展战略实施细则》,下发科技项目补助资金1140万元,培育科技型中小企业1545家,认定高新技术企业1222家,分别占全省总数的36.5%、48.8%,全区各类双创载体发展到80余家,实现营业收入92.4亿元。放大人才集聚效应,依托3个院士工作站协同发力,引进高层次人才700余人。

二、践行以人民为中心的发展思想,民生福祉持续增进

公共服务更加优质。开展订单、定向、定岗式培训和特色专业培训,城镇新增就业1.7万人,全区就业总量稳步增长。新改扩建幼儿园、小学4所,完成6所小区配建小学,新签约2所集团化小学,全区1.5万适龄儿童按时入学。探索构建幼儿看护点管理机制,公办小学全部实行校内课后免费托管。区医疗集团正式投入运营,打造区域医疗卫生信息平台,完成区人民医院搬迁和中医院启动工作。

社会保障水平提高。2019年,小店区民生事业投入占到财政总投入的85%以上。突出普惠性、基础性、兜底性,做好关键时点、特殊群体、困难人群的基本生活保障。加强社会保险、社会福利、社会救助和慈善等方面的资源统筹,提高各项社会保险待遇水平,城乡居民基本医疗保险和救助支出提升,在123个社区开展居家养老日间照料服务。

文化事业繁荣发展。深化公共文化服务体系建设,打造公共文化数字服务平台,10个街乡文化站、161个农村(社区)综合文化服务中心全部建成。推进“书香小店建设”,提档升级基层文化服务中心,建成全省首家县区24小时自助图书馆。推进非遗传承,挖掘整理11个区级非遗项目,7个项目入选市级非遗名录,非遗总数名列全市首位。

三、坚持建设治理互促共进,城市品质全面提升

城市综合承载能力增强。“三桥一路”通车。保障北营北路、学府街东延等市政基础设施项目建设。昌盛西街西延、真武东路等自主道路建设完工。服务轨道交通二号线等28项省市重点工程拆建工作,完成拆迁21.65万平方米。完成汾东创新城5500亩拆迁清表任务。推进榆东线等“四好农村路”建设,在国省干线和县乡公路安装太阳能路灯4011盏,完成74.6公里道路隔离带生命防护工程。

城市品质提档升级。结合文明城市创建,推进“两下两进两拆”,提升改造背街小巷69条、老旧小区213个,整治完成集贸市场30家,释放停车位1.8万处,惠及群众76万人。推广垃圾分类工作,建立运营试点238处。优化“12319”数字管理平台,整合城市管理资源,逐步构建反应快速、处置及时、运转高效的城市管理系统。

城中村棚户区改造推进。坞城、寇庄扫尾清零任务全部完成,黄陵基本完成整村拆除。一批城改项目进入实质性推进和建设阶段。亲贤、狄村、殷家堡等城中村回迁安置房建设进展顺利,寇庄、西峰、黑驼、小马等城中村与宝能、远大等房地产企业签订合作协议。田和食品集团、寇庄长治路片区、110小区等棚改项目推进。城镇保障性安居住房新开工697套,建成2779套。

四、坚持严管严治,生态环境质量不断改善

健全完善生态环境保护机制。制定出台《环保工作联动调度管理办法》《重污染天气应急指挥调度管理办法》等一批长效管理机制。建立重污染天气驻场管控、环保督察整改动态“回头看”、效能考核排名末位通报等机制,累计发现并整改各类环境问题757个,中央环保督察组“回头看”整改工作全部完成。

开展大气污染攻坚行动。强化工业污染治理,制定应急减排措施,实行污染排放准入机制,“散乱污”企业实现动态清零。强化扬尘综合治理,全区144个建筑工地实行视频监管,“六个百分之百”要求全部落实,绿网苫盖裸露地面1925万平方米,开展餐饮单位油烟净化综合治理督查,开展散煤清理,整治违规带泥上路、沿途抛洒散装物料和渣土运输车,开展城乡喷雾降尘大清洗行动,2019年秋冬防期间未出现重污染天气。

强化水污染治理。推进30条河道清理整治工作。启动太榆退水渠改扩建一期工程。新建农村生活污水处理站29座,农村污水治理覆盖率达100%,出水水质优于灌溉水质标准。构建“大数据+河湖长制”生态管理模式,使用手机APP端

巡查河湖水域沿线118公里,封堵非法排污口175个,改善水域生态环境。

实施绿化美化工程。完成208国道太长桥至潇河桥、小牛线通道绿化工程12.5公里,农田林网补植完善1万余亩。新建坞城中路游园、北张游园等5个游园以及聚华路、真武南路等5条林荫路,新增绿地面积25.5万平方米,开展东山700亩造林工程及五龙城郊森林公园养护工作,城乡绿化覆盖率提升。

五、加强民主政治建设,共谋发展的基础更加坚实

支持区人大及其常委会依法履行职能。支持区人大依法监督法律法规实施和"一府一委两院"工作,区人大常委会依法任免地方国家机关工作人员145人次,组织"三级"人大代表开展联动视察调研30次。

支持区政协依照章程开展工作。支持区政协开展议政协商和视察监督活动,区政协累计开展议政协商、视察监督活动19次,形成高质量调研视察报告16篇,征集提案183件、立案171件,全部督办落实。

加强新形势下统战工作。在统一战线各领域开展"不忘合作初心、继续携手前进"主题教育活动。开展"四进"活动,提升宗教活动场所规范化法治化水平。加强西柳林村基层党建,投入650万元打造2000平方米党群服务中心,巩固党在信教聚集村的执政根基。

推进法治小店建设。推进法治政府、法治社会一体建设。深化"七五"普法和"法律六进",扩大法律援助覆盖面,提供免费法律咨询9500余人次,调解各类民间纠纷2847件。支持法检两院依法行使职权。推进扫黑除恶专项斗争,全年共打掉黑恶势力犯罪团伙11个,抓获涉黑涉恶犯罪嫌疑人104人,破获刑事案件46起、行政案件28起,依法查封、冻结、扣押涉案资金3411万元。

六、贯彻落实新时代党的建设总要求,党的建设更加坚强有力

开展主题教育。坚持"四个贯穿始终""四个注重""四个到位",抓住"关键少数",实现全区543个基层党支部、16451名党员全覆盖。推进8个专项整治。开门搞教育,83项承诺事项全部按期兑现。出台《关于推进"不忘初心、牢记使命"四项重点措施常态化的意见》,实现"当下改"和"长久立"的有机结合。

加强基层党建。注重点面结合,推进党组织规范化建设,整顿转化基层软弱涣散党组织37个,创建示范党组织28个。注重提质增效,开展书记领办党建项目,推进街道、社区、商圈、园区等各类党群服务中心建设,推进非公和社会组织"两个覆盖",强化基层组织运转和人员待遇保障,制定出台深化"三基建设"25条措施。注重统筹协调,加强村级活动场所建设和村级组织带头人队伍建设,推动党建引领乡村振兴。出台机关党建10条措施。坚持党建引领基层治理,在全区139条小街巷推行街巷长和小巷管家工作机制,在首开、滨东等社区试点推行红色物业、红色业委会。

正风肃纪反腐。支持和保障纪委监委行使监督专责,强化压力传导,提升全面从严治党的自觉性、实效性。突出重点监督,累计发现并督促整改问题848个,释放"四个全覆盖"监督效能。狠抓巡察整改落实,累计发现问题558个并跟踪督促问效。严肃查处损害群众切身利益118人,违反中央八项规定精神26人,涉黑涉恶及背后失职失责党员干部18人,移送司法机关12人,涉纪信访量同比下降近50%。

激励担当作为。坚持以事择人、人岗相适,择优选任干部127人。建立优秀年轻干部队伍库,选任30名优秀年轻干部到街乡任职。推行职务与职级并行制度,完成公务员职级套转322名,对36个优秀领导班子和118名优秀科级领导干部进行表彰奖励,提高街乡考核奖励标准,累计培训干部1.28万人次,组织外出学习85批次。

(侯盼洁)

附:中共小店区委书记、副书记、常委名单

书　记:刘振华

副书记:李卫平　王建文

章晓煜(女,挂职,4月任职,7月离职)

常　委:杜小灵　霍存柱　王成周　张志中

白进联(女)　梁根会　盛维华(7月任职)

周继全　张力维(挂职)

中共迎泽区委

区委书记　冯原平

截至2019年底,迎泽区基层党组织1016个,其中,党委32个,党总支116个,党支部868个,党员12536人。

2019年是新中国成立70周年,是决胜全面建成小康社会的关键之年。迎泽区委始终以习近平新时代中国特色社会主义思想为指导,坚定转型发展不动摇、坚定改革攻坚不懈怠、坚定创新驱动不放松,用为民情怀滋养初心,以担当实绩践行使命,对照建好省城首善之区的奋斗目标,积极作为、砥砺奋进,各项工作统筹推进,取得历史性突破。

一是聚焦主题主线,主题教育取得显著成效。牢牢把握守初心、担使命,找差距、抓落实的总要求,坚持学习教育、调查研究、检视问题、整改落实四项重点措施有机融合,学做查

改一体推进,圆满完成各项工作任务,促进全区党员干部思想上统一、政治上团结、行动上一致。理论学习用真心,区委常委班子先后4次集中自学、3次交流研讨,带头开展主题党日活动,带头讲党课,带动了全区党员干部学习热情。区人大常委会、区政府、区政协党组及时跟进,同频共振。全区1008个基层党组织、13275名党员通过主题教育读书班、“三原”(读原著、学原文、悟原理)学习小组等一批富有特色的学习模式,不断推动习近平新时代中国特色社会主义思想入心入脑、融会贯通。调查研究下实功,区委常委带头,通过明察暗访、蹲点解剖、问卷调查等形式,深入基层调查研究,“线上线下”多渠道收集群众问题意见,带动全区各级领导干部开展调研764人次,形成调研报告394份,为找准症结、解决问题、改进工作、推进落实奠定了基础。检视问题见思想,区委常委班子对表对标,认真召开专题民主生活会,见人见事见思想,真点问题,点真问题,真正红脸出汗,带动各级党组织召开了高质量民主生活会和组织生活会,广大党员干部普遍经受了一次严格的党性锻炼和洗礼。整改落实求实效,坚持以学促查、以查促改,以正视问题的自觉和刀刃向内的勇气,开展“8+5+2”专项整治,区四大班子和市管党员领导干部共查摆问题448条,立行立改252条,区直部门单位、街镇领导班子和科级干部共查摆问题3786条,立行立改2096条。建立制度36项,推动主题教育走深走实。为民服务动真章,结合开展“三服务”,推出“三下三促”新举措(力量下沉,促进干群关系密切;服务下移,促进干部作风转变;权限下放,促进基层发展稳定)。区直机关每天统筹1/5的力量下沉街道,配合街镇社区开展党建、维稳、创城等重点工作,组织全体党员领导干部利用周六日1/4(半天)的时间,参加环境卫生整治、文明行为规范等志愿活动,全年累计下派干部2.3万余人次,参与志愿活动达5万余人次,协调办理基层事务7265件,经验做法被省委办公厅以《山西信息》专报省领导。区委常委班子和广大党员干部理论素养进一步提升、政治立场进一步坚定、使命担当进一步强化、为民情怀进一步彰显、自我要求进一步严格。

二是突出转型重点,高质量发展迈出坚实步伐。围绕“12345”战略布局,统筹“三个板块”协同发展,启动国家火炬计划迎泽特色产业基地、董家庄森栖小镇等46个项目,全年实现投资73.4亿元。聚焦实施“文旅+”战略,创新推出太原府城游,区域知名度、美誉度大幅提升,接待游客、旅游收入同比增长17.8%和17.2%。引进山西申威安全可信产业园,打造太原市金融科技双创产业园,签约深圳“筑梦之星”知名双创项目,与中科院煤化所共建山西煤化所先进炭材料研发中心,获评省级双创示范基地。优化技术、资本、人才、服务等资源配置,落实政策奖补资金3500万元,搭建中泰广场等10个特色楼宇总部基地,新增各类市场主体9017户,多点支撑、多元发展的现代产业体系助推经济高质量发展。请进来、走出去并重,成功举办迎泽首届招商引资推介会,跨省举办厦门招商推介会,亮出新空间、新项目、新政策,为全区发展注入新活力,迎泽区获评“全国绿色发展百强区”。

2019年,全区地区生产总值完成855.5亿元,同比增长9.6%,绝对量继续保持全市十县区之首;服务业增加值完成754.1亿元,同比增长9.8%;规模以上工业增加值完成46.2亿元,同比增长7.3%;社会消费品零售总额完成447.1亿元,同比增长9.2%;固定资产投资完成104.9亿元,同比增长13.7%;一般公共预算收入完成19.5亿元。

三是纵深推进改革,重点领域重要环节多点突破。以基础性、牵引性、战略性重大改革为突破,扎实推进22项具体改革事项的全面落实。启动迎泽经济发展智库建设。高质量完成党政机构改革和街镇基层管理体制改革,构建科学规范的机构职能体系和简约高效的基层管理体制。不断深化“放管服效”改革,相对集中行政许可权改革全面完成,21个部门、197项行政审批统一划入审批服务管理局,实现“一枚印章管审批”。

四是实施城市“双修”战略,城乡生态面貌明显改善。配合全市重点工程,组织实施轨道交通2号线及多条道路改造的房屋征收工作,累计征收14万平方米。扎实推进文明城市创建,累计投入资金4.6亿元,创新“烟头革命”“垃圾桶退街入院”“门前五包”“一路一专班” 管理模式,整治老旧小区493个、背街小巷81条,打造示范小区13个,利用拆除的空地新建停车场13个,新建菜市场4个,方便群众生活。落实“两保全扫”制度,加大机械清洗频次,对全区152条主要道路进行高标准保洁,达到“面黑线白、路见本色”。试点开展垃圾分类工作,在全市率先实现全覆盖。扎实开展“两下两进两拆”专项整治,城市精细化智能化长效化管理水平进一步提升。以“三清一改”为抓手,持续推进农村人居环境整治三年行动,农村环境有效改善。按照市政路标准实施松小线道路改造,完成小郝线—大窑垴等4条“四好农村路”建设工程。东祁家山水源井配套工程顺利完工,有效改善群众生产生活条件。新提档造林1400亩,完成5条道路林荫化提档升级、大小线森防通道绿化、董家庄灌改经济林增效、高速两侧环境整治等重点项目,进一步提升东山生态景观效果,董家庄获评“中国美丽休闲乡村”。

五是做实民生工程,群众幸福指数显著提升。区财力83%用于改善和发展民生事业。坚持就业创业优先战略,全年城镇新增就业15408人,零就业家庭实现动态清零。全民参保计划基本实现法定人群全覆盖,最低生活保障、城乡居民基础养老标准持续提标。坚持教育优质均衡发展,新认定11所普惠性民办幼儿园,优质小学覆盖率不断提高,创办37中高中部,实现区属高中教育“零突破”。卫生健康工作始终走在全省前列,56所基层医疗机构实施基本药物制度,265种分级诊疗疾病实现基层首诊,重点人群家庭医生签约率达71%。作为全国首批7个试点之一,郝庄镇智慧社区健身中心建成开放。人口和计划生育工作成绩显著,荣获全省人口和计划生育工作目标管理责任制考核先进区称号。加快推进智慧小区建设,形成“互联网+社区”一站式管理,200个小区连接到智慧平台。城中村改造全面铺开有序推进,棚户区回迁安置房分配9543套。把环保作为重要的民生，112个工地扬尘治理全部达标，43家散乱污企业全部关停，煤改气142户、煤改电1003户、低碳锅炉改造99台，清理河道25万平方米，生态环境进一步改善。持续对口精准帮扶娄烦县静游镇，脱贫摘帽成果实现巩固提升。

六是坚持培根铸魂，区域文化软实力全面增强。牢牢把握主动权，进一步加强党对意识形态工作的领导，严格落实工作责任制，开展意识形态领域形势分析研判，加强网络意识形态工作。凝聚正能量，弘扬主旋律，培育和践行社会主义核心价值观，广泛开展群众性文化活动，精心组织了二青会火炬传递，隆重举行庆祝建党98周年、庆祝新中国成立70周年系列活动，举办各类文化汇演800余场；继续推进文化馆、图书馆总分馆建设，文化馆好悦来分馆、图书馆盛科分馆、时代新人之家分馆挂牌成立。加大非遗传承保护，组织非遗文化进校园、进社区30余场，台骀山"两节"期间民俗展演活动被中央电视台等多家媒体报道。

七是防范各类风险，共建共治共享社会治理有效构建。认真贯彻落实党的十九届四中全会精神，积极推进基层治理体系和治理能力现代化。成立迎泽区应急救援总指挥部，提高处置突发事件能力；开展18个安全生产专项行动、消防专项整治以及覆盖重点行业、重点领域、事故多发易发部位的安全大检查、大排查，实现森防"零火情"。推进食品、药品、特种设备安全监管工作，形成"一次监管、三项安全"的监管模式。坚持和践行新时代"枫桥经验"，在全省率先成立迎泽区矛盾纠纷多元调解中心，在全市首家成立区联合人民调解委员会、街镇诉调对接工作站，全年调处纠纷2075起。社戒社康工作受到省禁毒委通报表扬。扎实开展书记大接访活动，接访43次，接访群众4089人次，中央、省交办信访案件100%办结，二青会等重要节点安保任务圆满完成。大力推进"平安迎泽"建设，安装人脸抓拍摄像机312部，全区125所中小幼校园建成警务室，完成"一键式"报警柱安装；查处群众身边的涉黑涉恶腐败和"保护伞"问题5个，处理89人；查处黄赌毒案件221起，拘留636人，群众安全感进一步提升。

八是调动各方力量，民主政治建设全面加强。区人大及其常委会法律监督、工作监督全面深化；区政协政治协商、民主监督、参政议政职能充分履行；统一战线发挥智力密集、联系广泛优势，成立新的社会阶层人士联谊会，不断巩固共同思想政治基础；国防教育、国防动员工作不断加强，拥军优属氛围逐步浓厚，工会、共青团、妇联等群团组织积极搭建特色服务平台，联系服务群众的桥梁纽带作用有效发挥。

九是从严管党治党，持续激荡清风正气。以彻底的自我革命精神推进全面从严治党，持之以恒抓作风建设，凝聚起重整行装再出发的强大力量。突出政治建设。把学习领会习近平新时代中国特色社会主义思想、"三篇光辉文献"、党的十九大和十九届二中、三中、四中全会以及省市全会精神紧密结合起来，区委中心组学习交流25次，带领全区党员干部群众进一步增强"四个意识"、坚定"四个自信"、做到"两个维护"，不折不扣贯彻落实中央和省市各项决策部署。夯实基层基础。发挥三级党建协调委员会作用，构建"一核多元"共治模式，成立26个"一路一专班"临时党支部，15个业委会党支部，把党建引领贯穿基层治理始终。树立大抓基层导向，持续加强工作帮扶指导力度，17个软弱涣散基层党组织基本整顿完成；在6街1镇全部成立"五办两中心一站"；开展村（社区）党组织带头人队伍整体优化提升行动，严防黑恶势力干扰渗透基层组织。抓好非公和社会组织党建工作，创建9个"双强六好"党组织示范点和3个楼宇党建示范点。发展党员126名，党员结构进一步优化。狠抓队伍建设。树立正确选人用人导向，充分激发全区干部干事创业的内生动力。选树各级担当作为先进典型66名，持续提振干部干事创业精气神，在全区进一步营造担当干事、积极作为的良好氛围。正风反腐全面推进。定期召开区委常委会专题研究部署推进全面从严治党各项工作，坚持层层传导压力，实现对街镇巡察、审计全覆盖。认真开展政治监督试点工作，发现问题258条，整改完毕146条。坚持反腐无禁区、全覆盖、零容忍，全年共处置问题线索518件；立案150件，党纪政务处分107人，移送司法机关8人，挽回经济损失2402.65万元。查处群众身边腐败问题13件，漠视侵害群众利益问题6件，深挖彻查涉黑涉恶腐败和"保护伞"，深化扶贫民生领域腐败和作风问题专项治理，开展人防系统腐败问题专项治理，形成强大震慑。强化干部日常监管，运用"四种形态"处理477人次，监督执纪由"惩治极少数"向"管住大多数"拓展，推动形成知戒惧、守底线的良好氛围。

（苏卫国）

附：中共迎泽区委书记、副书记、常委名单

书　记：冯原平

副书记：李　慧（女）　李鸿林（2月任职）
杨敦勤（1月离职）

常　委：尹达恒（2月任职）　王国栋
张　军（女，6月任职）　闫晓琴（女）
刘　斌（6月任职）　闫海军（6月任职）
刘芝茂（挂职，4月任职）　贾津生（2月离职）
马子龙（2月离职）　孙劲松（6月离职）
曹　炬（6月离职）　赵树文（6月离职）

中共杏花岭区委

区委书记　李文权

2019年，杏花岭区委坚持以习近平新时代中国特色社会主义思想为指导，坚决贯彻党的十九大和十九届二中、三中、四中全会精神，深入落实习近平总书记视察山西重要讲话精神，紧紧围绕“五位一体”总体布局和“四个全面”战略布局，锐意进取、扎实工作、攻坚克难，保持经济持续健康发展和社会和谐稳定，推动全区党的建设和党的事业各项工作取得新的进展。

一、将政治建设作为根本性建设，坚决维护以习近平同志为核心的党中央权威和集中统一领导

（一）坚持思想建党，理论强党。把深入学习贯彻习近平新时代中国特色社会主义思想作为首要政治任务，着力学深悟透、系统全面、多思多想、融会贯通。组织党员干部静下心、坐下来，有计划地通读《党章》《习近平关于“不忘初心、牢记使命”重要论述摘编》《习近平新时代中国特色社会主义思想学习纲要》，跟进学习习近平总书记在党的十九届四中全会、考察上海等最新重要讲话精神，重温习近平总书记视察山西、推动中部地区崛起工作座谈会、黄河流域生态保护和高质量发展座谈会“三篇光辉文献”，举办领导干部读书班、科级干部培训班、中青年干部培训班等各类主体班次，开展《纲要》基层宣讲230余场。在全市第三次学用习近平新时代中国特色社会主义思想交流会上作经验交流发言，召开全区学用交流大会，23个区属党工委结合实际谈体会、谈做法、谈差距、谈思路，以真学促深化、真信促消化、真用促转化，切实做到学思用贯通、知信行统一。

（二）扎实开展“不忘初心、牢记使命”主题教育。牢牢把握“四个到位”“四个注重”要求，区委常委班子率先，各级班子跟上，精心组织、扎实推进，全区74个单位、705个基层党组织、13966名党员积极参与，做到全覆盖。坚持打开门来抓教育，各级领导干部深入一线开展调研594次，邀请“两代表一委员”、群众代表列席关键动作444人次，公布196条群众最急最忧最怨事项，并动态公布落实进展。坚持刀刃向内抓提升，把自己摆进去、把职责摆进去、把工作摆进去，各级领导班子和领导干部查摆问题2631条，高质量召开专题民主生活会和组织生活会，推动广大党员干部涤荡思想、坚定信念、鼓足动力。坚持立足工作抓成效，深入开展“8+2”专项整治，整改问题2552条，建立长效机制46个。

（三）保持政治定力，在实践中做实“两个维护”。将贯彻落实党中央决策部署和习近平总书记批示指示精神作为工作要件。扎实推进“大棚房”问题专项清理整治、违建别墅问题清查专项整治、中央生态环境保护督察“回头看”和中央宗教工作督查反馈意见整改等各项重点工作，确保政令畅通、令行禁止。树牢风险意识，弘扬斗争精神。加强意识形态工作，坚决把好政治方向、舆论导向和价值取向，着力防范打击各类渗透颠覆破坏、暴力恐怖、分裂极端活动。

二、深入贯彻新发展理念，着力推动经济高质量发展

2019年，全区GDP完成730.68亿元，同比增长6.1%；服务业增加值完成583.12亿元，同比增长4.7%；社会消费品零售总额完成303.48亿元，同比增长10.1%(含民营区)；全区规模以上工业增加值完成12.22亿元，同比增长3.9%；固定资产投资完成101.85亿元，同比增长16.6%；一般公共预算收入完成15.52亿元，同比下降4.9%。重点做了以下三方面工作：

（一）坚持项目为王，深入开展转型项目建设。认真贯彻落实省、市“深化转型项目建设年”工作部署，将项目建设作为转型发展关键，2019年统筹谋划转型项目186个，总投资2364.71亿元，44个项目列入省、市重点转型项目库。中华老字号酿造小镇酒厂版块建设顺利。春光锻造扩产项目持续推进、远东宝真空助力器项目生产线建成投产，高质量制造业发展迈出坚实步伐。红星美凯龙爱琴海城市综合体正式开工建设，推动北中环——解放路商贸轴线建设取得突破性进展，泰享里新经济产业园投入运营，望府广场、北京华联太原胜利购物中心主体完工，中车TOD、丈子头物流园二期等重点项目加快推进。精心布局小窑头非遗特色文旅小镇，21个国家省市级非遗项目入驻，成为全市首家“以非遗资源为基础，以文化产业发展为动力，以旅游开发为支撑”的特色小镇，配合市有关部门大力推动督军府旧址保护修缮，启动牺盟会旧址修缮工程，八路军驻晋办事处旧址完成修缮对外开放，编制《锦绣杏花岭》全域旅游手册，文旅特色产业发展提档加速。市转型考核各项指标全面完成任务。

（二）坚持开放为重，持续用力抓好招商引资。充分运用中博会、厦洽会和进博会等展会平台，瞄准长三角、珠三角、环渤海发达区域持续开展招商对接，组织元工电力、春光锻造等优势企业和小窑头非遗小镇等特色园区参与“山西品牌丝路行”、太原市长三角区域招商引资推介会、第四届山西文化产业博览交易会等推介活动。召开“浙商走进杏花岭”文旅招商对接会，邀请颐高集团、九博士、永辉超市、浙江甲骨文科技集团等20家企业实地考察洽谈。2019年，全区完成签约项目9个，开工项目7个，开工率达到77.78%，签约项目投资额完成221.36亿元，全市排名第二。

(三)坚持环境为要,多策并举激发区域经济活力。大力支持服务民营经济发展,帮助16家企业申报“专精特新企业”,其中有5家获得资质,为3家企业申报中小微企业规范化股份制改造奖励资金,推动11家企业进入上市企业后备资源库,新增认定中小微企业54家,重点培育“小升规”企业4家。强化创新支撑引领,全区“双创”示范基地总数达到22家,培育高新技术企业3家、科技型中小微企业7家,拥有各类授权专利60个。深入推进“放管服效”改革,积极推进减税降费,为企业减免税金累计达7.1亿元。

三、坚持补短板、强弱项、激活力、抓落实,扎实推进全面深化改革

(一)科学谋划,统筹推进改革向纵深发展。全区52项改革任务,实行党政主要领导牵头负责制度,区委书记、区长分别领抓重大改革12项、10项,区委常委、副区长分别确定2~3项重点突破的改革事项,加快推进落实,发挥示范引领作用。完善“三级台账”制度,区级党政主要负责同志、分管区领导、区直部门主要负责同志分别建立抓改革台账,明确改革成果形式、完成时限,形成改革“路线图”“时间表”,以“项目化”方式推进改革任务落实到位。

(二)紧盯关键领域,突出区域实际,着力推动重点特色改革持续走在前列。立足工作实际,对标发展需要,持续抓好一批立足杏花岭工作、解决杏花岭问题的重点特色改革事项,以“一个突破三个深化”推动全区改革持续走在前列。推动现代城区精细化管理体系探索取得新突破,结合文明城市创建,整合文明交通、街巷整治、小区改造等多项内容,探索推行“小巷管家”“四警联勤”“网格管理”“联动响应”等管理模式,推动环卫、数字城管等工作机制改革,贯彻党的十九届四中全会精神,开展党建引领型业主委员会等“治理单元”建设,试点成立各类小区业主委员会130个,探索“三供一业”小区物业—业主委员会联商、无人管理楼院业委会聘任物业、居民自治等多种管理模式,有效破题无人楼院管理。

(三)聚焦民生发展,着力推动各项改革取得实际成效。稳步推进街道管理体制改革,10个街道“5室2中心1站”全部设立,进一步构建简约精干高效的基层工作架构。持续推进“三供一业”剥离移交和公司制改革,启动和完成小区“三供一业”71个,签约引入物业管理公司2家。深入推进企业投资项目“标准地+承诺制”改革、财税体制改革、商事制度改革,有效减轻企业负担,激发经济转型内生动力。

四、牢固树立以人民为中心的发展思想,持续抓好民生社会事业

(一)持之以恒推动教育事业优先发展。省实验小学教育集团中车分校和富力分校已投入使用。化工路小学改扩建4个单体建筑工程12月初完工。实施新道街小学、区二中、谷旦小学等12所学校硬件条件改善项目工程。新增普惠性幼儿园10所,普惠性幼儿园幼儿在园率达到85.3%。对2所民办小学、165所培训机构、29个教学区进行管理,妥善处理政府热线和群众反映民办教育问题32件。在全市率先实施小学“课后托管延时服务”,为71所中小学校安装完善校园安全设施。着力推动初中教育提质,2019年全区中考生均总分位列全市第五,比上年度提升2个位次,创造2016年来最好成绩。

(二)集中力量抓好环保与创城两件民生大事。“控煤”“降尘”两项重点治理取得明显成效,完成128台生产生活用燃煤锅炉改造,完成565户城乡居民煤改电、煤改气、集中供热改造,整治城乡裸露地面47.6万平方米,新增造林绿化0.41万亩,新建6个小游园和5块建成区绿地,大力推进河湖生态百日会战、“清河”等专项整治行动,全区生态环境得到明显改善,2019年优良天数同比增加12天。紧抓文明城市创建,治乱与提质同步推进。完成618个老旧小区、105条背街小巷、11个集贸市场整治,累计拆除违建16万平方米,整修道路36.8万平方米,整治线缆49万米,清理垃圾26万吨,修整立面83万平方米。大力实施治堵、治乱、治污、绿化、美化、亮化“六大工程”,深入开展“五纵五横”31.5公里道路及沿线整治。

(三)持续用力推动城乡改造建设。持续加快推进中涧河、东涧河、柏杨树、南窊、谷旦5个村的城中村整村改造,累计拆除4217院125.41万平方米,完成拆迁量的99%。启动淖马整村改造前期准备工作。完成2018年启动的2个棚户区动迁“清零”,2019年启动的马道坡街及周边棚户区、坝陵路一号院棚户区完成拆除,省仓储运输公司棚户区动迁正加快推进,保障地铁二号线、千年府衙等市重点建设项目顺利推进。将回迁安置作为重中之重,小北关等重点安置项目完成建设,基本建成保障住房7478套。2019年,完成分配龙投公司承建的安置房15472套。23个村的农村人居环境整治的立项工作、整治规划工作全部完成,窑头、水沟被命名为省级美丽宜居示范村,窑头、水沟、东坪、长沟被命名为市级示范村。“四好农村路”建设9条22公里全部完工。

(四)多策并举提升城区宜居品质。至2019年底,全区民生支出21.74亿元,占一般公共预算支出81.31%。就业、社保等社会基础保障体系良性运行,“兜底”保障水平稳步提升,妇女、儿童、残疾人、老龄等工作不断加强。区文化活动中心、区中心医院综合楼民生重点项目进展顺利,新建改建22所公厕,完成农村户厕改造986座。积极探索老旧小区加装电梯工作,创建13个生活垃圾分类示范片区和7个示范小区,136个党政机关和45个居民小区开展垃圾分类。督军府旧址入选第八批全国重点文物保护单位,打造金刚堰路“长堤永固,汾泽安澜”主题小景、三墙路《幸福之路》3D互动景观墙等城市景观和胜利街园林精品街,城市宜居品质不断提升。

五、强化党要管党、全面从严治党,不断提升党的建设质量

(一)坚持和加强党的全面领导,认真履行管党治党主体责任。召开区委五届七次全会,就加强党的全面领导,持续提

升党的建设质量进行系统部署，召开区纪委五届六次全会、全区组宣统政工作会议，统筹推动党的政治、思想、组织、作风、纪律、制度、反腐败各领域工作扎实开展。结合党政机构改革，成立充实46个议事协调机构，进一步健全区委对重大工作的领导体制机制，强化组织协调能力、优化职能配置、理顺职责关系、合理划分事权，提高效率效能。对6个区直部门及其下属单位开展巡察，对44个村(社区)进行延伸巡察，对16个村(社区)进行“回头看”，发现、反馈和整改党的领导弱化等问题343个，问责管党治党不力党组织1个，党员领导干部4人，层层传导压力，确保全面从严治党责任在全区有效落实。

(二)全面落实新时代组织路线，持续打造高素质专业化干部队伍。2019年调整干部7批167人，其中提拔重用领导干部41人、新提拔优秀年轻干部20人，重新任命及交流调整74人，免职32人，有效优化了区管领导班子年龄结构，激活了干部队伍的整体活力。圆满完成涉改单位233名机关人员和76名事业人员转隶工作，有序推进公务员职务与职级并行工作，配合市委组织部完成19名市管干部职级晋升与套转工作，组织完成7批168名区管干部职级晋升和全区81个单位472名干部职级套转工作，进一步激励干部担当作为。实施重点产业项目人才支撑计划，结合城市基层党建、美丽乡村建设、城中村改造等项目，借势太原市有关人才政策，引进硕士、博士研究生等高层次人才13名。

(三)牢固树立“大抓基层”导向，不断加强基层组织建设。深入推进基层党组织设置与活动方式创新，持续深化城市基层党建“区域化”探索，杏花岭、桃园、赛马场、敦化坊、富力华庭、半坡街等12个党群服务中心已经或即将投入运营，各级中心党员群众参加活动达44万人次。对涉及改革的14个党政机构及时进行党组织调整。创新建立建北铁路小区业委会党支部和天地坛五巷7号院、物贸宿舍等党小组，探索无人管理楼院党组织管理新模式。结合主题教育集中整顿7个农村和10个城市各领域软弱涣散基层党组织。21名农村干部进入市电大学习，159名社区干部取得社工职业水平资格证书，基层党组织和党员干部抓党建、抓服务、抓治理的能力明显增强。

(四)坚持“不能腐、不敢腐、不想腐”一体推进，持续保持正风反腐高压态势。大力推进基层减负工作。严格执行精文简会有关规定，全区全年文件、会议同比下降41%、31.6%。加大执纪审查力度，各级纪检监察机关处置问题线索231件，立案查处各类违纪和涉法案件117件，同比增长56%。党纪政务处分103人，同比增长49.3%。留置6人，移送司法机关7人，严肃查处棚户区改造腐败案件。大力查处涉黑涉恶腐败、充当“保护伞”和漠视侵害群众利益突出问题，中央扫黑除恶第二督导组交办8批36件问题全部办结，市纪委监委转办32件涉黑涉恶线索办结28件，查处群众身边不正之风和腐败问题32案52人。

(五)持续加强党领导下的民主政治建设。全面推动统战、宣传、群团、双拥等各项工作。支持区人大及其常委会依法行使职权，扎实推动人民政府向人大常委会报告国有资产管理情况制度建设、财政预算联网监督等重点工作，助力推动党建引领型业主委员会建设，基层人大活动站室建设成效明显。支持区政协履行政治协商、民主监督、参政议政职能，制定《杏花岭区政协中共党员委员联系党外委员制度(试行)》，举办政协委员统战人士湖南大学综合能力提升培训班。统战领域各项工作扎实推进，区委统战部被中共中央统战部、中国统一战线杂志社评为宣传先进单位，敦化坊街道胜利东街社区被命名为第七批全国民族团结进步示范社区。全方位、多角度、深层次开展宣传报道，全年累计在国家、省、市各级报纸、网站等各类媒体发表新闻稿件1674条。

(游　佳)

附：中共杏花岭区委书记、副书记、常委名单

书　记：张　磊(1月离职)　李文权(1月任职)
副书记：侯　森(1月任职)　田文浩(1月离职)
梁　勇(6月任职)
常　委：刘晓黎(女,7月离职)　王富强
马彦明(6月离职)　岳志强(5月离职)
朱　蓉(女,7月任职,12月离职)
卫向东(6月任职)　王同化(6月任职)
赵联庆(7月任职)　郭俊明
杜志坚(2月任职)　孟祥乐(6月任职)

中共万柏林区委

区委书记　杨俊民

2019年，万柏林区委坚持以习近平新时代中国特色社会主义思想为指导，全面贯彻落实党的十九大、十九届二中、三中、四中全会精神、习近平总书记视察山西重要讲话精神和省、市委全会精神，团结带领全区广大干部群众持续以“五大行动”为统领，以建设“四大片区”为抓手，以实施“三化工程”为载体，扎实推进党的建设和党领导的各项事业，稳增长、促改革、调结构、惠民生、防风险、保稳定，全年完成地区生产总值476.01亿元、社会消费品零售总额222.33亿元、规模以上工业增加值128.59亿元、固定资产投资222.98亿元，一般公共预算收入完成23.26亿元，继续保持全省“第一方阵”。

截至年底，万柏林区有基层党组织646个，其中区直属党(工)委30个，二级党委31个、总支47个，党支部569个，党员 14851 名,其中女党员 6871 名(占 46.3%);农村(含村改居)党员 3778 人(占 25.4%),社区党员 3904 人(占 26.3%),机关企事业党员 5410 人(占 36.4%),非公有制经济组织和社会组织党员 1759 人(占 11.8%)。大专以上学历 8953 名(占 60.3%)。

一、党建引领,构建风清气正政治生态

紧紧围绕“守初心、担使命、找差距、抓落实”总要求,坚持目标导向,组织 4 次集中学习研讨,召开调研成果交流会、学用新思想交流会、警示教育会,筑牢党员干部的初心使命;坚持实践导向,发现问题 1278 条,立行立改 823 条,为基层、群众和企业办实事解难事 1570 余件;坚持问题导向,以刀刃向内的勇气检视问题 858 条,立行立改 728 条;坚持效果导向,召开部署会、推进会、调度会、整改落实成效评价座谈会,强力推进“8+2+5”专项整治整改,173 项承诺整改服务事项全部整改。区人大常委会、区政府、区政协党组及时跟进;全区各级党组织 1.4 万余名党员积极参与,主题教育取得明显成效。扎实开展“改革创新、奋发有为”大讨论,组织“我为改革创新做什么”大家谈、万名干部入企进村服务等活动。

重温习近平总书记视察山西重要讲话精神、推动中部地区崛起、黄河流域生态环保和高质量发展“三篇光辉文献”,全面落实中央和省、市委关于加强党的政治建设有关规定,高标准严要求召开区委常委班子专题民主生活会,严格遵守区委常委会议事规则和决策程序,严格落实民主集中制、“三会一课”、双重组织生活会等各项制度,召开 32 次区委常委会会议,围绕全面从严治党、创新转型发展、文明创建、生态环保、保障和改善民生等方面研究议题 154 个。

坚持把管党治党政治责任扛在肩上、落实在行动上,召开区委常委会议及时传达学习上级精神,专题研究全面从严治党工作,定期听取“两个责任”落实、重要案件查办情况汇报,扎实开展“两个责任”述责测评、在线考核,进一步压实各级主体责任,全年严肃问责党组 1 个、党员领导干部 14 人。加强党对反腐败工作的集中统一领导,多次组织召开重大疑难案件协调推进会。持续深化监察体制改革,健全和完善党内监督体系,形成纪律监督、监察监督、派驻监督、巡察监督“四个全覆盖”权力监督新格局;扎实做好中央第十五巡视组、中央纪委国家监委第五监督检查室和省委巡视反馈意见整改工作,切实把党中央和省委决策部署落到实处;认真开展区委第七轮巡察,发现问题 86 个、问题线索 16 条;坚持不懈狠刹“四风”,严肃查处公职人员涉黑涉恶腐败及“保护伞”问题。全年处置腐败问题线索 443 件,立案审查 191 件,结案 171 件,给予党纪政务处分 161 人,运用审查调查措施 719 人次,运用监督执纪“四种形态”处理 471 人次,8 名涉嫌违纪违法的公职人员主动投案,全区反腐败斗争压倒性态势进一步巩固发展。

加强干部队伍建设,把担当创业与守廉干净贯彻干部选育管用全过程,多岗位锤炼干部过硬本领,全方位培养各年龄段干部,结合全区党政机构改革,全年调整干部 295 人,选拔优秀年轻干部 40 名,增设并配齐乡街副科级事业干部 44 名。稳步有序推行公务员职务与职级并行制度,晋升职级 148 人(含转隶 71 人)、职级套转 435 人。举办科级以上干部主体培训班、读书班、轮训班和司法等系统专业培训班,打造王封乡圪垛村知青大院、玉泉山城郊森林公园 2 个党性教育基地,选派 7 名专业干部对口援疆,干部队伍状态和素质实现双提升。加强干部日常管理监督,函询党工委 2 个、干部 2 人,诫勉干部 2 人,离任审计 32 人,选树勇于担当、奋发有为领导干部典型 13 名。

制定《关于深化“三基建设”进一步加强基层工作的二十条措施》,完成区直属党工委、党组的规范设立和非公经济党组织、社会组织党组织的调整工作。大力实施街道管理体制改革,规范设置“五办两中心一站”,积极推行街道大工委、社区大党委制,社区党群服务中心面积全部达到 500 平米以上,其中 1000 平米以上占 68.5%。扎实开展软弱涣散基层党组织专项整治,落实 4 个 1 工作机制,推行村(社区)党组织书记“一肩三挑”,选调 7 名机关干部担任村党组织书记,17 个软弱涣散党组织全部完成整顿并进入转化提升阶段。全面提升农村党建凝聚力,清查清退 19 名曾受刑事处罚“两委”干部,村级集体经济全部达到 20 万元以上。深入推进企业、学校、楼宇、信教群众聚居村等领域党建工作,精心培育和选树了一批先进典型。

全面推进依法治区,不断深化司法体制改革,区法院全年受理案件数量突破万件、审判执行质效稳居全省第一方阵,区检察院办理捕诉各类刑事犯罪案件数量位居全市第二,区司法局荣获“全国法律援助工作先进集体”称号。人大代表和政协委员围绕城中(边)村改造、转型项目建设、文明城市创建等重点工作建言献策,积极推动办理各类建议和提案 267 件。

二、创新转型,夯实高质量转型发展基础

坚持党对经济工作的领导,全面落实省委推进“国家资源型经济转型综合配套改革试验区和能源革命综合改革试点”重大部署,实施工业强区战略,聚焦打造高端装备制造、轨道交通、新能源汽车三大产业集群,西山煤电、太重集团、煤气化集团总量占规模以上工业总产值的 91.4%,中车轨道交通产业基地项目完成投资 4.8 亿元,大众电子国产不锈钢笔头、汾西重工船用直流组网电力推进系统建设项目进展有序,国营金阳器材厂同济大学国家磁浮中心山西直线驱动研发中心项目获得老工业区搬迁改造专项中央预算内资金支持 1476 万元。中海国际中心、信达国际金融中心、绿地中央广场等陆续建成,华润万象城、公元时代城商圈效应逐渐显现。玉泉山城郊森林公园、九润现代都市农业园等西山生态文化旅游产业项目建设有序推进,全区三次产业结构更趋合理。认真落实“深化转型项目建设年”各项部署,实施“一对一”“点对点”精准招商、园区招商,成功举办万柏林区第四届招商推介会,现场签约大悦城、58 集团、春蕾实业等 18 个项目,签约金额达 405.6 亿元。推动实施企业投资项目承诺制

和网上审批、并联审批,扎实做好项目落地建设、要素支撑、环境优化、定期调度等工作,全年重点工程项目完成投资222.98亿元。

实施创新驱动发展战略,成功举办互联网+创新创业峰会,建成省级以上科技企业孵化器4家、众创空间18家、重点实验室和工程技术研究中心38家,猪八戒网山西总部、北控等国家级"双创"载体入驻,省级"双创"示范基地顺利通过中期评估。全力支持高新科技创新发展,出台《促进科技成果转移转化工作实施方案》,新增高新技术企业60家,36家企业研发投入达4%且销售收入达300万元,全区专利申请量1123件、发明专利申请量615件,"双创"逐渐成为引领全区经济发展新引擎。

三、改造提升,推进城乡融合发展

全面攻坚解决小王、新庄、沙沟、前北屯等城中村改造历史遗留问题,彻底化解城中村改造政府融资平台100多亿元的融资风险。全力推进城中村改造拆迁扫尾清零和回迁安置工作,大王、后王、瓦窑公建拆除全部完成,回迁安置房累计完工或封顶2.75余万套316.85万平方米,在建约8964套86.45万平方米,货币安置3.47余万套。24个村完成133土地划定,22个村完成集体经济改制,15个村完成土地确权,19个村完成控规方案批复,智诚御河骏景、远大凤玺湾等25个城中村改造项目五证齐全。远大购物广场、新城吾悦广场等城改重点项目扎实推进。15个城边村已完成9个村的整村拆除,拆除各类建筑约84.37万平方米。全面加快"四大片区"建设,东社高端装备制造产业园与山西国信等多家公司签订了合作意向协议;西铭文旅项目整体规划设计方案全部完成,西铭文旅小镇、西山枫情城郊森林公园、王封一线天景区等项目扎实推进;白家庄片区正在制定总体规划方案,西山国家矿山公园项目签订了合作框架协议;神堂沟温泉度假产业规划、招商引企工作进展有序。配合实施九院沙河、虎峪河快速化改造西延工程,扎实推进南上庄片区路网完善、前进路改造等7条道路新建工程和安全生命防护、王封一线天旅游公路、护林防火通道等农村公路建设。保障性住房建设,新开工252套,基本建成5327套,完成投资8.37亿元。

四、文明创建,打造城市品牌

大力推行"五三三"工作机制,创新实施攻坚每日调度、街路长制、小巷管家、万管家、"门前三包"共建共管、"星级评定"奖惩等制度办法。重点整治的133条背街小巷完成125条并高标准打造29个示范点,老旧小区整治完成192个并打造15个示范点,全区28个集贸市场点位全面整治并打造5个示范点,背街小巷、文明交通、小广告整治等创建工作走在全市前列。

扎实推进环卫体制改革,以市场化运作引入蓝泰等5家专业管理公司实现"管干分离",将81个无人管理楼院纳入社会化保洁范围。打造智慧城管平台,运用信息化手段对园林、环卫、城建、交通、环保等工作实施长效闭环跟踪快速反应管理机制。完善"街乡吹哨、部门报到"机制,推动城市管理重心下移、城管执法力量下沉。引导居民对无物业管理小区实施"居民自治",打造了玉园翠景小区等20余个居民自治小区。全年累计完成各类整治项目314个、投入1.78亿元,城市管理模式由粗放式逐步向精细化管理转变,"环卫体制改革、智慧平台建设、公厕革命推进、垃圾分类处置"4个案例获得全国环卫行业颁发的最高奖项。

持续巩固西山造林绿化和采煤沉陷区生态修复成果,实施提档升级造林3500亩、栽植各类苗木18万余株,建成90余公里"网红赛道",推动万亩生态园、高家河、狼坡(狮子崖)提档升级申报3A级景区,开工建设偏桥沟景区主题文化园,全区森林覆盖率超过38.03%。继续实施城区绿化增彩创景工程,新建游园6个、街头绿地6块,新增园林绿地25.85万平方米、公共绿地19.75万平方米,人均公共绿地达12.15平方米,建成区绿地率、绿化覆盖率分别为38.26%、44.34%。

五、服务群众,多措并举保障民生

积极实施教育强区战略,深化教育教学、优秀教育人才引进和奖励、中小学校校长和幼儿园园长职级制等改革,长风实验小学等4所学校投入使用,开城街等3所学校完成改造,万柏林二中等45所中小学校园文化升级改造工程进展有序。公园路小学等18所学校获得"太原市特色小学示范校"称号,全区中考连续三年保持全市十县区第二名。扎实推进公立医院改革,与山西医科大学第一医院合作共建"紧密型医联体",组建万柏林区医疗集团,建设智慧医疗系统,创建全省慢性病防控示范区。实施各项就业政策,城镇新增就业1.82万余人,城镇登记失业率为3.32%。在全市率先开展支出型困难家庭社会救助综合改革试点,城乡低保标准由每人每月600元提高至650元,村(社区)社会救助经办人员全部配齐,为采煤沉陷区移民搬迁困难群众发放临时救助817万元。启动化客头、西铭2所公办敬老院合并改造,建成29个社区养老服务中心和45个日间照料中心。

按照"打造共建共治共享的基层社会治理格局"要求,打造社区综治工作站27个,和平南路派出所荣获全国首批"枫桥式公安派出所"称号,万柏林区被评为全市综治工作先进县区。巩固扩大"扫黑除恶"专项斗争成果,全年打掉黑社会性质犯罪组织2个、恶势力犯罪集团1个、恶势力犯罪团伙5个。全面贯彻落实总体国家安全观,围绕8大领域50项具体工作压实责任、精准发力,全面系统排查政治、意识形态、社会、民生、安全生产等各领域风险隐患。全年上级交办83件"四个重点"疑难信访事项化解71件,接访4003人次、化解信访案件531件;整改各类安全生产隐患问题3627个。

(梁文青)

附:中共万柏林区委书记、副书记、常委名单

书　记:杨俊民

副书记:袁尔铭　张振鹏(12月离职)

杨建忠(挂职,6月任职)

常　委：岳元春　刘贵江　杨宏林
戴　刚(6月离职)　李　蓉(女)
刘仍雁(11月任职)　赵晓红(女)
刘爱国　常　青

中共尖草坪区委

区委书记　卢俊峰

2019年,尖草坪区委高举习近平新时代中国特色社会主义思想伟大旗帜,深入贯彻落实党的十九大和十九届二中、三中、四中全会精神,全面落实省委十一届九次全会和市委十一届八次全会精神,始终坚守"为尖草坪人民谋幸福、为尖草坪区域谋发展"的责任担当,团结带领全区广大干部群众,坚定不移落实"三区战略",坚定不移"抓党建、抓项目、抓生态、抓文明",坚定不移"保安全、保稳定、保发展、保民生",全面开展"民生事业提升年、积难问题化解年、改革创新攻坚年、深化转型项目建设年、制度规范建设年"五个年建设,全区发展目标更加明晰、举措更加有力、势头更加强劲,"强富美旺"北部新城建设亮点纷呈、魅力迸发。

一、守初心、担使命,思想建党不懈怠

坚持把学用新思想作为检验"四个意识"强不强、践行"两个维护"真不真的试金石,以主题教育擦亮初心使命,以改革创新引领全面振兴。

一是坚持理论学习武装。开展理论中心组学习36次,区级领导领学研讨,学习笔记签章审核,以"关键少数"示范引领,带动学习往深里走、往实里走、往心里走。"学习强国"在线党员7500余人,参与率位居全市前列。深入学习宣传贯彻党的十九届四中全会精神,常委班子带头开展"七进"学习213场,确保党员干部学在深处、干在实处、走在前列。

二是坚持初心使命不改。原原本本"学"。常委班子带头,集中学习、交流研讨,做到真学真信、真懂真用。各级党组织对标看齐,采取"三会一课""晨学晚读"等方式拓展学习,坚定了信念、锤炼了党性。对照中央"8+2"专项整治、省委5个方面整改,深入查摆问题443个,为对症下药、精准施策奠定了基础。成立主题教育整治整改工作项目化办公室,将群众最急最忧最盼的62个紧迫问题纳入推进,通过项目化管理、清单式推进,切实做到立行立改、高效解决,让群众感受到主题教育带来的新变化。

三是坚持改革创新聚力。始终把改革作为推动发展的关键一招,以改革聚人心、激活力。承接任务有序推进。确定的47项重大改革任务,全部完成。区区融合、军民融合、办学模式3项自主改革取得实效。重点改革立见成效。机构改革在全市率先挂牌。深化乡街管理体制改革,理顺乡街"五办两中心一站"机构职能,下放6项权力事项,为基层干部"减负""松绑",更好服务人民群众。"放管服效"持续深化,压减时限56%。

二、扎实干、拓新局,"三区战略"不动摇

一是"人文生态休闲区"生机盎然。坚定"农业强、农村美、农民富"目标,以乡村振兴为抓手,以"三园共建"为支撑,实现"生态+人文+农游"三大元素融合。

"三园共建"迈出新步伐。依托西山六大城郊森林公园、汾河湿地公园和北部现代农业产业园,山上山下"三园共建"的格局初具雏形。中华中医药康养文旅小镇主体完工,带动作用初步显现。崛围增红初见成效,漫山红遍的崛围美景唱响龙城。北部现代农业产业园建成园内循环道路11.6公里,片区化、示范化种植2000余亩,观光、休闲、体验、健身、科普和示范六大功能日趋完善。

乡村振兴走出新路径。全面落实乡村振兴战略,以农村人居环境改善为切入点,稳步实施"12345"工程,4村整治主体完工。2700座年度改厕任务圆满完成,河底村无害化改厕样板在全省推广。

环境整治展现新面貌。稳步推动"山水林田湖草"生态修复,整治方案已通过专家论证。滨河东西两路绿化亮化工程圆满完成,沿河景观大幅改善。全力打好蓝天、碧水、净土三大保卫战,上风上水的生态优势进一步彰显。

二是"创新转型产业区"精准发力。贯彻新发展理念,落实全市"工业强市"战略,以军民融合、区区融合为契机,以项目建设为发力点,实现高质量转型发展。

融合潜力逐步释放。紧抓军民融合、区区融合两大机遇,加快"一区两园"建设。上兰军民融合科技创新园全面展开,15.4公里的"三纵三横"路网具备通车条件,一次性释放土地资源近万亩。国科大太原能源材料学院、山大一院、太原卫校等优质科研、医疗资源项目已落地落实。东杰智能、太锅、大明等现有企业实现提档升级,泰舆生物科技、中科曙光等孵化项目创新发展。

项目活力逐步增强。牢固树立"项目为王"的理念,把项目作为转型发展的硬支撑,力争以项目的大突破支撑经济社会发展的高质量。全年谋划重大项目201项,总投资2530.73亿元,项目化管理强力推进,开通审批"绿色通道",年度投资完成262.13亿元。

三是"现代宜居都市区"焕然一新。坚持"打造一座城"的思想,以城改、棚改为突破,以民生保障为依托,助力宜居宜业北部新城早日实现。

城市建设强力推进。汾河西岸,三给片区"15分钟生活

圈”规划调整完成，五村回迁安置房进入主体施工阶段，万科公园里、太原小镇、富力天禧城、优山美郡等住宅项目陆续交房，三给片区建设为全国提供城市更新样本。汾河东岸，新村实现回迁安置，赵庄安置房建设加快推进；南北固碾两村整村拆除圆满完成，打响全市城改第一枪。上兰片区，引入国科大太原能源材料学院、山大一院、太原市卫校，以“三纵三横”拉开科创新城的主体框架，撑起新的经济增长极。全区棚改项目有序推进，保障性安居工程完成投资80.06亿元，位居全市第一。房产项目完工4个92.77万平方米，在建15个402.2万平方米，片区人气快速集聚，发展活力更加充盈。

城市治理不断增质。强化“创城+”工作思路，以创城推进城市面貌改善，提升城市宜居度。完成整治“九乱”示范点位200余个、背街小巷99条、老旧小区139个、集贸市场9个。全力打造汇丰文明交通示范片区，率先创建“文明交通城市管理中心”管理模式。修建多福路、太白路、新店街等城市道路22.5公里，新改建农村道路55公里，路网不断完善，出行更加便捷。迎新街南二巷初心园、龙康北街文明园等8个小游园和4个休闲长廊建成投用。新增绿化100.9万平方米，建成2.2万平方米的多福广场，让市民畅享“绿色福利”。加快推进垃圾分类，数字城管工作名列全市第二。受理便民热线1.34万个，社情民意工作成效明显，被人民网评为“民心汇聚单位”。

城市服务全面保障。始终坚持人民对美好生活的向往就是我们的奋斗目标，扎实推进“民生事业提升年”，着力在保障和改善民生上下真功、求实效。均衡推进优质教育。万科实验小学投入使用，一外、富力、融创配建小学基本建成，区一中前期手续办理完成，区实验小学、区实验幼儿园、优山美郡小学主体完工。重新科学规划三给片区学校设置，加快推进乡镇寄宿制中小学建设，创造性提出并实施“三乡一镇”中小学食宿补贴政策。深化“学区制集团化”“区管校聘”改革，全年交流调整校长教师128人，办学水平不断提高，教学质量持续提升。扩大医卫服务供给。深化医卫改革，构建区乡一体、以乡带村、三级联动的卫生服务新格局。新建3所乡镇卫生院和1所社区卫生服务中心，总投资5亿元的区中心医院建设资金全部落实。顺利完成了全国基层中医药先进单位复审工作，全区152家医疗机构实现了定点机构服务管理全覆盖，百姓医疗获得感日益提升。丰富繁荣文化生活。积极开展“戏曲进校园”“戏曲进基层”“我和我的祖国”等大型群众性文化活动，高标准建设非遗展馆，打造区级特色图书馆，丰富百姓文化生活。借力环太原自行车赛、二青会等重大活动，助推山区旅游公路提档升级。开放区文体活动中心，举办“百姓大戏台”演出，全年组织各类公益活动1295场，树立文化自信，展现全区风采。持续提升保障水平。筑牢社会保障基础，全年城镇新增就业6498人，各项保险参保19万人(次)，发放社保金8.96亿元，保障能力和水平进一步增强。圆满完成对口帮扶娄烦县马家庄乡的巩固提升任务。

三、凝民心、集民智，汇聚合力不松劲

始终坚持正确的政治方向，以民主凝聚人心，以法治护航改革，充分调动一切积极因素，不断凝聚全区上下共同奋斗的智慧和力量。

一是支持人大、政协依法履职。人大代表开展专项视察18次，办理人大代表建议169件，做到了思想上同心、工作上合力。拓展代表履职平台，建成人大代表联络站14个，设立联络点60个，拓宽了民意渠道，拓展了社会监督面。政协认真履行政治协商、民主监督、参政议政职能，办理政协提案158件，努力营造开诚布公、生动活泼的协商氛围。配齐乡街政协联络组组长，完善委员履职考核办法，进一步发挥政协基层党建引领作用。

二是统一战线工作全面加强。成立了新的社会阶层联谊会和佛教协会，统战思想政治基础更加牢靠。完成了宗教活动场所“四进”全覆盖和再提档，促进了宗教领域和谐稳定。发挥“民主党派之家”阵地作用，引导民主党派开展爱心助学、送医下乡等社会服务，积极推进工青妇等群团组织改革，群团组织的政治性、先进性、群众性不断增强。

三是党管武装更加扎实有力。编建300人的抢险救灾大队，先后处置多起险情。征兵工作连续5年位列全省第一，国防动员和后备力量建设进一步加强。

四是牢牢把握意识形态主导权。率先成立区委网络安全和信息化委员会办公室。全年在市级以上主流媒体刊发新闻稿件876件，建成新时代文明实践中心，筑牢宣传战线主阵地。

四、抓党建、强素质，作风建设不止步

贯彻落实新时代党的建设总要求，全面落实党要管党、从严治党政治责任，用过硬的党建引领党风政风持续向好。

一是压实责任，做到政治上过硬。突出党的政治建设，充分发挥区委总揽全局、协调各方的领导核心作用。严格履行区级领导“一岗双责”18项任务，常委会专题研究党建36次、专题剖析案例4次，“书记抓、抓书记”的党建责任意识进一步强化。

二是建强队伍，做到能力上过硬。以“强党性、提素质”为目标，发挥党校培训主阵地作用，出台干部专业化能力提升方案，培训干部149期、8800余人次，提高了干部队伍驾驭风险、改革创新、干事创业的能力本领。坚持在一线发现干部、使用干部，坚持政治标准、群众公认、人岗相适的原则，进一步调整优化班子结构。

三是筑牢堡垒，做到基础上过硬。推进区级党群服务中心建设，实现9个信教群众聚居村和66个社区党群服务中心“千平米”全覆盖。大力整顿软弱涣散党组织，采取“4+1”的方式，靶向攻坚、动态整治，着力解决基层党组织弱化、虚化、边缘化问题。探索“村村联合、村企结对、集中经营”等模式，推进党建和富民互促并进，全区82个行政村全部实现了年集体经济收入5万元以上的目标，真正把基层党组

织建好建强。

四是维护稳定,做到治理上过硬。借鉴新时代“枫桥经验”,实行了“三级书记大接访”,排查积难案件69件,已化解55件,化解率80%;一般案件323件,已全部化解。打造了全省首个公共法律服务大厅,实现了法律服务、诉讼、申诉、控告“一站式司法服务”全受理。持续推动扫黑除恶专项斗争向纵深发展,打掉4个涉黑涉恶犯罪团伙,有效净化了社会环境。我区公安连续7年实现命案全破,人民群众的安全感更加充实、更有保障、更可持续。

五是正风肃纪,做到纪律上过硬。始终保持惩治腐败的高压态势,不断巩固和拓展反腐败斗争压倒性胜利。全年立案190件,处分125人,移送司法机关5人。完成两轮巡察,开展了机构改革专项巡察及“回头看”。聚力反腐,打造“联组”新模式,组织乡街纪(工)委联合行动、交叉检查,实现监督执纪常严、常态、常在。完成333个单位2.96万项制度的编制,在全区形成了“干与不干不一样、干多干少不一样、干好干坏不一样”的鲜明导向。

(张 宇)

附:中共尖草坪区委书记、副书记、常委名单

书 记:李贵增(1月离职) 卢俊峰(1月任职)
副书记:卢俊峰(1月调职) 田文浩(1月任职)
金林平(1月离职) 赵志远(4月任职)
曹 炬(7月任职)
常 委:孙 泉(2月离职) 朱 蓉(女,7月离职)
任同珍(女,7月任职) 李崇斗(7月离职)
康国奇(1月任职) 祁向东
尹浩瑞(1月任职) 荆 峰(5月离职)
赵建春(5月任职) 王国权
刘 亮(4月任职)

中共晋源区委

区委书记 杨继承

2019年,晋源区委坚持以习近平新时代中国特色社会主义思想为指导,全面贯彻党的十九大和十九届二中、三中、四中全会精神,反复重温“三篇光辉文献”,坚持稳中求进工作总基调,团结带领全区干部群众锐意进取、攻坚克难,党的建设和党领导的各项事业取得新成绩。

一、坚定不移高举习近平新时代中国特色社会主义思想伟大旗帜,学用新思想塑形铸魂更加坚定自觉

深入学习贯彻习近平新时代中国特色社会主义思想。深化区委常委会学用新思想第一议题制度,全年召开区委常委会会议54次、区委理论学习中心组会议40次,举办干部主体培训班、读书班等17场次,培训党员干部4800余人,举办“铸魂、普法、弘德、培技”流动大讲堂70场次,把学习贯彻新思想向深度拓展、向基层延伸。

精心开展“不忘初心、牢记使命”主题教育。紧扣主题主线,牢牢把握“12字”总要求,围绕“5句话”具体目标,把“4项重点措施”有机融合、一体推进。召开集中学习研讨4次、学用新思想交流会1次,全区414个基层党组织8120名党员全身心投入,高质量开展主题教育。开展“三服务”,收集群众反映事项406项,为群众办实事366件。认真检视问题,区级领导干部形成问题清单360条,对照“18个是否”查摆问题468条,收集群众意见建议4837条,在专题民主生活会上进行深刻剖析。集中力量抓好中央“8+2”专项整治,解决一批影响党的事业健康发展的突出问题。

认真组织“改革创新、奋发有为”大讨论。围绕破除僵化保守、因循守旧、封闭狭隘、资源依赖、随遇而安、慵懒散漫等观念和行为,聚焦学习讨论、对标一流述职评议、推出一批重大改革举措和重点转型项目等10项规定动作,做好每个环节,使大讨论成为一次学习的革命、思想的革命、工作的革命。

二、坚定不移贯彻落实新发展理念,推进经济高质量转型发展更加稳健有力

产业结构优化升级。推进农业供给侧结构性改革,实施“一减五增”,农业生产实现提质增效。加快发展都市型现代农业,打造花卉小镇,激活美丽经济。推进“农业+旅游”融合发展,建成市级以上农业示范园7个。落实工业强市战略,太原药业、北方重工等企业实现较快增长。做响做亮现代服务业,楼宇经济、总部经济蓬勃发展。加大景区周边环境和旅游市场整治力度,服务保障晋祠—天龙山5A级景区创建。文旅融合发展迅速,成功入选首批省文旅产业融合示范区创建单位。全年接待游客数、旅游总收入分别同比增长11.93%、18.92%,增幅均居全市第二。

坚定不移全面深化改革。加强党对改革工作的领导,组建区委全面深化改革委员会。聚焦重点领域、关键环节,全区“四个一批”45项改革成效明显。相对集中行政许可权改革稳步推进,“一枚印章管审批”启动实施。深化企业投资项目承诺制改革,企业开办时限压缩至1个工作日。高质量完成区级党政机构改革、综合行政执法体制改革、基层管理体制改革等任务,全区机构职能体系更加顺畅高效。

民营经济健康发展。坚持领导干部联系民营企业工作机制,制定落实支持民营经济发展30条,召开政银企对接会,

为企业融资2000余万元。培育省级“专精特新”企业2家、“小升规”企业6家,帮助4家企业在“晋兴板”挂牌、10家企业通过国家级高新技术企业认定。成功申报省级双创示范基地、省级双创示范区。

三、坚定不移实施城市化与乡村振兴“双轮驱动”,城乡融合发展更加协调有序

新型城镇化建设步伐加快。推进城中村、棚户区改造,累计开工城改安置房23076套,建成交付8146套,货币化安置11697套。供热管网改造升级11800米,惠及群众6万余人。新城东区地下城市综合管廊建成投用,实现11.39km2海绵城市建设目标。违建别墅问题清查整治专项行动推进顺利,“大棚房”问题专项整治圆满完成。

推进“百村景区化、三年大变样”工程建设。实施生活污水治理、生活垃圾治理等“五大工程”,加快补齐农村基础设施短板。第二批18个村的基础设施工程进度达到预期目标。高标准改厕7872座,占全市任务量的近1/3。推进晋祠泉域水源置换工作,实现15个受益村的同城同质同源供水。完成“四好农村路”93条84.2km,荣获“四好农村路”省级示范区称号。

提升城乡管理水平。推进全国文明城市创建,完成63个老旧小区和23条背街小巷整治,文明交通、集贸市场等“九乱”整治效果凸显,全市第三方模拟测评排名第一。推进垃圾分类示范区创建,在公共机构、居民小区配备智能回收亭9座、普通回收亭124座。建设“垃圾分类艺术馆”,中央电视台、省市电视台和新华网相继报道。

服务保障二青盛会。成立区级服务保障领导组,与“一室十三中心”无缝对接,抽调1000余名干部驻村保障平稳运行35天,创造了开村运行时间、接待运动员入住人数两个“世界之最”记录,实现青运村运行零失误、零事故、零投诉。协调解决多起涉及安全生产、环境保护、信访稳定等领域隐患问题,保障开闭幕式圆满成功和火炬传递完美收官。

四、坚定不移在发展中保障和改善民生,人民群众获得感幸福感安全感更加充实、更有保障、更可持续

民生事业大力发展。实施就业优先战略,城镇新增就业6388人。实施城乡居民文明素养和发展技能“双提升”工程,累计培训1.08万人。开展根治欠薪冬季攻坚行动,解决拖欠农民工工资45万元。新建扩建4所小学,引入优质名校资源,带动基础教育发展。保障成成中学晋源校区开学招生、第二外国语学校基本建成。服务保障省儿童医院晋源院区、市妇幼保健院长风院区开诊运行,市人民医院与区人民医院合作共建项目进展顺利。对口帮扶工作扎实有效。

持续改善生态环境。抓实中央生态环境保护督察、省生态环境保护督察、省“百日清零”专项行动反馈问题整改工作。加强环保日常管理,实施“散乱污”企业动态清零,消除“煤改电”“煤改气”盲点,做好“秋冬防”各项工作。全年空气质量优良天数为194天,较去年持续改善。1至11月全区降尘量降幅位列六城区第一。深化河长制、湖长制,强化黑臭水体整治,推进6个入汾口断面水质达标。推进生态园林城市建设,成功创建4个市级园林绿化单位和1个省级园林小区。强化裸露地面治理,高质量苫盖全域裸露地面120.15万 m^2。强化土壤污染管控和修复,完成蔬菜基地土壤修复与治理试点工程3000亩。

全力维护安全稳定。牢固树立总体国家安全观,开展风险防范化解工作,努力维护政治安全。落实安全生产责任制,开展“三个专项行动”,完成蒙山、风峪沟及索村不稳定边坡地质灾害治理。健全公共安全体系,强化人员密集场所、施工工地、道路交通等重点领域督查检查,全年事故起数和死亡人数同比均下降37.5%。巩固非洲猪瘟防控成果,加强食品药品监管,确保群众“舌尖上的安全”。学习推广新时代“枫桥经验”,信访维稳形势平稳可控,信访批次人次实现“双下降”。

五、坚定不移推动依法治区,社会治理能力和治理水平更加务实有效

发展社会主义民主政治。支持区人大及其常委会依法履行职能,区人大高标准建设27个代表联络站(点),开展人大代表进站工作,打通联系群众“最后一公里”。推动政府职能转变,政府职责体系不断优化。支持政协加强协商民主建设,区政协组织委员围绕20项重点协商课题咨政建言,提案立案101件,社情民意信息工作连续八年在全市名列前茅。加强民族宗教事务管理,推进宗教场所“四进”活动,落实中央宗教督查交办问题整改要求。加强党对群团工作的领导,积极推动群团组织改革。落实党管武装要求,支持国防和军队建设。加快退役军人服务保障体系建设,推动双拥工作,巩固军政军民团结。

完善社会治安防控体系。建立区镇(街道)村(社区)三级矛盾纠纷联调机构。推进政法智能化建设,完成13个平安雪亮智慧社区建设。加强综治中心建设,受理案件处置率达99.95%。查处“两抢一盗”案件747起,同比下降13.04%。纵深推进扫黑除恶专项斗争,61件涉黑涉恶线索全部办结清零。2019年度全省安全感满意度测评晋源排名第一。

提升基层社会治理水平。成立区委全面依法治区委员会,加强区委对法治晋源建设的领导。坚持和加强党对政法工作的绝对领导,支持审判机关、检察机关依法独立开展工作。有效开展普法工作。健全党组织领导的“三治融合”的城乡治理体系,赵家山村入选全国乡村治理示范村。以新时代文明实践中心(所、站)建设为契机,广泛开展道德模范宣传学习活动,民风向善、乡风文明格局进一步形成。

六、坚定不移推动全面从严治党向纵深发展,政治生态更加风清气正

全面加强党的政治建设。坚持把抓好党建作为最大政

绩,毫不动摇坚持党对一切工作的领导。高度重视党内政治文化建设,严格执行新形势下党内政治生活的若干准则,常态开展党性教育锻炼,提高民主生活会和组织生活会质量,党内政治生活政治性、时代性、原则性、战斗性不断增强。

坚持正确选人用人导向。践行新时期好干部标准,调整干部16批次247人次,选派38名优秀年轻干部赴基层一线锻炼。稳步有序推进公务员职务与职级并行制度。开展"晋源英才""人才聚集示范基地"评选工作,引进高层次高学历人才15名。成立区委区政府专家咨询委员会,建立党政主要负责同志联系人才制度,尊重知识、尊重人才、尊重创造的氛围更加浓厚。

推进正风肃纪反腐。处置腐败问题线索255件,立案87件,给予党纪政务处分80人,留置3人,移送司法机关9人。查处违反中央八项规定精神及"四风"问题11件13人。建立漠视侵害群众利益问题专项整治工作应急联动协作机制,查处群众身边腐败问题18件41人,查处漠视侵害群众利益问题6件27人。综合运用监督执纪"四种形态"处置258人,其中第一、第二种形态占88.7%。完成区委3轮17个区直单位、3个镇(街道)的常规巡察,对"大棚房"治理、扬尘治理及创城工作进行专项巡察,精准整改督查。

加强"三基建设"。13类42项任务扎实推进,农村、社区运转经费分别增加2.3万元、2.85万元。高标准改扩建社区活动场所27个,社区服务功能更优更全。抓好基层党组织设置管理,优化设置基层党组织164个。整顿提升17个软弱涣散基层党组织。开展农村(社区)"两委"换届回头看,清理不合格"两委"成员14人。

(宋增杰)

附:中共晋源区委书记、副书记、常委名单

书　记: 杨继承

副书记: 李永强　刘锦春(女,1月离职)　李福贵(6月任职)

常　委: 相　辉　姜保牛　陈　晋　李茂生　钮宝林(6月任职)　霍晓勇　冯新华　周智深(挂职,1月离职)

中共古交市委

市委书记　翟永清

2019年,古交市委坚持以习近平新时代中国特色社会主义思想为指导,认真学习贯彻党的十九大和十九届二中、三中、四中全会精神,认真重温习近平总书记"三篇光辉文献",按照省委"三大目标"和太原市委谱写文明开放富裕美丽太原新篇章的思路要求,紧紧围绕"富强古交、绿色古交、宜居古交、平安古交"发展思路,全力抓好改革发展稳定和党的建设各项工作。

一、坚定不移做到"两个维护",学用习近平新时代中国特色社会主义思想的思想政治行动自觉进一步坚定

(一)坚持把高举旗帜、维护核心作为根本性大事来抓。全年共召开市委常委会议学习28次,组织市委理论学习中心组会议及科级干部"每月一讲"专题辅导29次,学习研讨6次,举办习近平新时代中国特色社会主义思想读书班2期,培训科级以上干部7000余人次,并通过《纲要》进基层暨"不忘初心、牢记使命"主题教育宣讲活动等方式宣传阐释党的创新理论。坚决贯彻落实习近平总书记重要指示批示精神,切实履行主体责任,综合施策,解决了马兰镇下石沟村村民住房安全问题,化解了长期以来由采煤沉陷形成的信访矛盾。

(二)坚持把"不忘初心、牢记使命"主题教育摆在突出位置来抓。紧扣主题主线,全面把握总要求和具体目标,把四项重点措施贯穿始终,抓实"思想认识、检视问题、整改落实、组织领导"四个到位,全市基层党组织、党员参加主题教育实现全覆盖。集中力量抓好"8+2"专项整治,特别是聚焦群众最急最忧最盼的紧迫问题,涉及矿区边山居民住房安全、市区内煤气供应不足、古交至太原客运大巴票价偏高、城区内占道办丧事的殡葬陋习等一批群众反映强烈的问题得到有效解决。扎实开展"大帮扶、大走访、大服务"活动,205个部门单位、企业与摸排出的443户相对困难户结对帮扶,企业与集体经济薄弱村结对帮扶,有效化解了村企矛盾,树立了困难户对生活的信心,增进了党员干部对群众的感情。

(三)坚持把学习宣传贯彻党的十九届四中全会精神作为重要政治任务来抓。通过召开市委常委会议、市委理论学

习中心组专题研讨会、全市干部大会等会议全面系统学;通过成立市委宣讲团,举办党的十九届四中全会精神专题轮训班,领导干部带头深入基层、面向群众开展集中宣讲,统筹电视、广播、微信公众号等各类新闻媒体资源,全面宣传党的十九届四中全会精神,不断引导广大干部群众把思想和行动统一到党的十九届四中全会精神上来。

二、全力推动经济社会高质量发展,富强绿色宜居平安古交建设迈出扎实步伐

(一)聚焦发展突出问题,坚决抓改革促转型,“富强古交”建设跨上新台阶

强化改革引领,增强转型动力。认真落实市级领导抓改革事项分工负责制,圆满完成古交市党政机构改革,西山煤电集团五大矿在内的13户驻地企业税收正式实现属地征管,进一步理顺了财税体制。2019年五大领域49项重大改革事项事事有进展、件件有成效,以改革促转型、促民生、促社会治理、促党建、促全面工作的发展态势更加强劲。全年完成地区生产总值43.84亿元,增长18.7%;服务业增加值20.07亿元,增长8.5%;规模以上工业增加值25.94亿元,增长35.9%;社会消费品零售总额60.88亿元,增长6.2%;固定资产投资27.92亿元,增长17.5%;一般公共预算收入16.1亿元,增长6.6%;城乡居民人均可支配收入分别完成33486元、17272元,分别增长7.4%、8.2%。

聚焦产业优化,集聚发展动能。坚定不移地走煤炭“减优绿”之路,共生产原煤1000万吨、洗选原煤900万吨,向外输送煤焦产品2260余万吨。持续深化转型项目建设年活动,30项重点转型项目全部开复工,完成投资14.73亿元。西山华通水泥厂砂石骨料项目、粉煤灰综合利用项目、古交机修厂迁建工程等一批重大项目加快推进。积极打造福福山田园综合体,扎实推进“红豆山庄”国家3A级旅游景区标准化建设,推进一二三产有效融合,产业结构进一步优化。

改善营商环境,释放转型活力。正式启动“一枚印章管审批”。企业投资项目承诺制试点项目达到10个。全年共减税降费2.76亿元,清欠民营中小企业账款9242万元。通过开展工程建设领域招标投标专项整治、强化“互联网+监管”系统建设等举措,进一步改善营商环境。积极参与各类大型展会、推介会、对接会,招商引资签约项目6个,签约资金达84.5亿元,同比增长104.8%。

(二)立足偿还生态欠账,狠抓污染防治攻坚,“绿色古交”建设铺展新画卷

深入推进“三环生态圈”战略。完成造林任务4.74万亩;大力推进城市园林绿化建设,实施水泉寨公园(西园)、迎宾园等4项提质改造工程,全市绿化覆盖面积达743.3公顷,城市绿化覆盖率达43.31%。

全力打好污染防治攻坚战。综合实施减煤、抑尘、禁燃等11项空气质量改善措施,完成“煤改电”9332户,圆满完成省、太原市秋冬防清零工作任务,全年优良天数306天,同比增加58天,优良率84.1%。投资2.4亿元完成74个入汾排污口整治,实施二污厂提标改造及4座污水厂保温提效工程,汾河出口断面水质全年稳定达标,5个月达Ⅱ类以上标准。西山煤电集团5个重点煤矿和我市97家洗煤厂矸石山生态修复与规范治理扎实推进,土壤环境质量持续改善。

狠抓环保督察整改。高标准推动中央、省环保督察及“回头看”交办任务落地见效,74项任务已完成32项,达到序时进度的14项,立行立改长期坚持的28项,生态环境部督察交办45件问题全部办结。

(三)坚持民生需求导向,全力增进民生福祉,“宜居古交”建设焕发新面貌

完善基础设施建设。建成2座人行天桥,启动实施古钢汾河大桥危桥改造、汽车客运站、屯村—太克线等项目建设。完成3万多户居民的天然气置换工程改造任务,“三供一业”分离移交改造范围内2万余户居民全部实现按时供暖。棚户区改造完成拆迁7.48万平方米,滨河南路、大川东路北段及古城街3条配套路网改造全部完成。扎实开展文明城市创建,整治了13条背街小巷和17个老旧小区,滨河便民市场提升改造工程入选太原市十大民心工程。

扎实推进乡村振兴。榛子、沙棘、中药材3个万亩产业园建设完成年度目标任务,打造了2个有机旱作示范片,和谐源公司建成全省最大的林麝驯养繁殖基地。打造了岔口乡关头村等4个乡村振兴示范点。成功申报省级现代农业产业园,建成“三农”综合服务中心。改造农村户厕1318座,实施26个村(社区)生活污水处理工程。农村集体产权制度改革401个集体经济组织基本完成清产核资、成员身份认定工作。

优化公共服务供给。全面深化“3+1”教育模式改革,“学乐云”实现义务教育阶段学校全覆盖,成功举办全国第四届中华优秀传统文化教育论坛。全面提升医疗卫生服务能力,医疗、医保、医药联动改革协同推进,连续十四年被评为省级卫生城市。完成10个图书馆分馆和11个文化馆分馆建设。企业自主创新获得2项发明专利。新增城镇就业人数4342人。城乡低保标准分别提高到650元、530元。全力推进采煤沉陷区安置工作,安置项目竣工率89.65%,货币补偿安置签约率99.06%,货币补偿款发放6.48亿元,各项工作指标较年初均大幅提升。

(四)守牢安全发展底线,加强风险防范化解,“平安古交”建设取得新成效

全力抓实本质安全。推行市级四大班子领导包矿和市政府领导挂牌检查煤矿指导制度,将部门单位一把手安全履职情况列为纪律监督、监察监督重要内容,进一步完善抓安全工作的责任闭环。大规模开展安全生产大检查和各类隐患排查专项整治行动8次,“打非治违”和专项整治行动6次,排查整改隐患14686条,全年未发生安全生产事故。

持续加强和创新社会治理。深入推进扫黑除恶专项斗争,打掉1个恶势力集团和1个恶势力团伙,破获刑事案件6起,查处行政案件2起,抓获犯罪嫌疑人23人,查封扣押涉案资产1540余万元。深入开展矛盾纠纷排查化解,调解各

类矛盾纠纷891件。创新推进突出疑难信访矛盾化解工作机制，市级四套班子领导组建六个联合接访组，周一至周三专题接访，从接访到研判化解再到教育稳控全程负责，形成了接访—处理—化解的闭环管理。共接待信访群众916批次4528人次412案，上级交办42件信访案件全部办结。

加强民主政治建设。完善人大代表联络站点建设，建立国有资产报告制度和规范性文件备案审查制度，规范执法检查和审议意见办理。开展了广泛多层的协商议政活动，进一步加强了人民政协协商民主建设。深入推进"法治古交"建设，长足上村、铁炉沟社区成功申报"民主法治示范村"。建成古交市"民革党员之家"，成立古交市新的社会阶层人士联谊会，充分发挥统一战线的法宝作用。加强人武机关和预备役部队建设，实现双拥模范城创建"九连冠"。

三、坚定不移全面从严治党，持续巩固发展风清气正的良好政治生态

（一）坚持把党的政治建设摆在首位。毫不动摇坚持党对一切工作的领导，共召开50次市委常委会会议对重点工作进行安排部署。严守党的政治纪律和政治规矩，教育引导全市党员干部树牢"四个意识"，坚定"四个自信"，践行"两个维护"。全市各级党组织共开展"主题党日"活动6300余次。

（二）牢固树立"转作风、抓落实"工作导向。抓领导带头。推行市级领导包联乡镇（街道）、包联企业、联系村（社区）制度，促进市级领导服务基层、服务群众、服务企业。以抓信访积案化解为切口，抓干部作风转变。实行周一至周三"无会日"制度，让基层干部有更多的时间和精力去抓工作。抓"关键少数"。推行每季度在乡镇（街道）召开一次党（工）委书记会议制度，促进基层"施工队长"履职尽责，以"关键少数"带动"绝大多数"。抓选人用人导向。积极研究制定干部能上能下、量化评比和末位调整体制机制，2019年共调整干部20批次603人，其中提拔239人，40岁以下干部141人，占提拔总人数的59%，构建了良好的选人用人导向和制度环境。

（三）不断巩固强化"三基建设"。加大基层投入保障力度，列支专项经费1000万元，积极争取500万元上级资金重点扶持10个村发展产业项目。实施"六大培训"工程，组织培训各级各类干部6万余人次。完成20个软弱涣散基层党组织整顿提升工作，实施"五大工程"打造了25个标杆支部。

（四）切实加强宣传思想工作。牢牢掌握意识形态工作领导权，成立古交市融媒体中心，进一步加强网络意识形态阵地管控。举办庆祝中华人民共和国成立70周年系列活动，圆满完成二青会火炬传递任务，火炬传递当日中央电视台移动平台直播点击量突破200万，向外界集中展示了古交新成就、新气象、新风貌。

（五）全面从严治党向纵深推进。持续保持反腐败斗争压倒性态势，共处置问题线索365件，立案173件、结案164件，党纪政务处分159人。立案查处违反中央八项规定精神和"四风"问题6案6人。结合主题教育八个专项整治工作，处置相关问题线索1案5人。完成第六和第七轮巡察工作，提出边巡边改问题435个，发现"三大问题"158个，问题线索36个，党纪政务处分13人，组织处理16人；稳步推进第八轮巡察工作和部分乡镇（街道）、部门单位巡察整改"回头看"，在全市营造了良好的政治生态。

（李晓建）

附：中共古交市委书记、副书记、常委名单

书　记：贾慕权（1月离职）　翟永清（1月任职）
副书记：刘锦春（女，1月任职）　张　麒（6月任职）
常　委：马彦明（6月任职）　张吉祥　许　军
李宏刚　张　军（女，6月离职）
邢武晓（7月任职）　赵晋胜
郝虎生（2月离职）　丁晋峰（2月任职）

中共清徐县委

县委书记　王琳玉

2019年，清徐县委高举习近平新时代中国特色社会主义思想伟大旗帜，认真贯彻党的十九大和十九届二中、三中、四中全会精神和习近平总书记视察山西重要讲话精神，深入贯彻省市委全会精神，坚持"稳中求进"总基调，围绕创新活力之城、美丽幸福清徐的奋斗目标，保持"一年初见成效、两年形成特色、三年大变样"的战略定力，全县党的建设和各项事业都取得新进展、新成效。2019年，全县地区生产总值完成191.93亿元，同比增长9.6%；服务业增加值完成67.65亿元，同比增长13.7%；规模以上工业增加值完成75.81亿元，同比增长3.1%；固定资产投资完成58.14亿元，同比增长80.6%；社会消费品零售总额完成73.60亿元，同比增长8.5%；一般公共预算收入完成14.35亿元，同比增长9.4%。城镇居民人均可支配收入达到34968元，同比增长7.9%；农村居民人均可支配收入达到20732元，同比增长8.3%。

把学习贯彻习近平新时代中国特色社会主义思想与定期重温"三篇光辉文献"作为一项重大政治任务和长期战略任务，推动学习贯彻往深里走、往心里走、往实里走。扎实开展"不忘初心、牢记使命"主题教育，按照"守初心、担使命，找差距、抓落实"总要求，紧扣主题主线，强化组织领导，采用"七进"等多种形式宣传阐释党的创新理论，组织党员干部进行集中学习，通过开门抓教育、开展"三服务"、深入推进"8+2"专项整治，推动真刀真枪解决问题。主题教育期间，县

乡两级领导班子和领导干部共查摆问题4844条，立行立改3340条，全县12352名党员承诺践诺事项18382条，健全完善各项制度70项，解决群众反映突出问题460余件。组织开展“改革创新、奋发有为”大讨论，通过“六个破除”“六个着力”“六个坚持”、制定“对标一流整改提升清单”、开展“万名干部入企进村服务”等措施，全县上下争先创优的工作氛围更加浓厚。

全面提升机关、农村、非公和社会组织等领域基层党建水平，组织开展党（工）委书记述职评议、党支部书记“双述双评”活动，扎实推进“新时代堡垒工程”三年行动，27个软弱涣散基层党组织实现转化提升。制定《清徐县农村基层党组织量化评级实施办法》和《清徐县农村“两委”主干薪酬职业化管理指导意见》，投入资金超1亿元，年度“三基建设”任务全部完成。全面实施“百千万党员干部培训工程”，深入推进“清徐英才”集聚计划，干部人才队伍建设进一步加强。树立重实干重实绩的用人导向，2019年，全县共调整干部19批394人次，职务职级并行套转394人次，晋升16人次。深入开展违反中央八项规定精神、形式主义官僚主义、不担当不作为突出问题专项整治。2019年，全县共查处违反中央八项规定精神问题38起，党纪政务处分19人，组织处理19人；查处形式主义官僚主义突出问题25起，党纪政务处分18人，组织处理7人。强化对反腐败斗争的全过程领导，一体推进不敢腐、不能腐、不想腐。2019年，共处置问题线索514件，立案200起，党纪政务处分175人，组织处理55人，留置3人，移送检察机关2人，震慑效果进一步显现，发生在群众身边的不正之风和腐败问题得到有效遏制。

在经济发展方面加快推进项目建设，严格落实县级领导包联项目制度和党政领导轮班对接服务项目制度，2019年开复工项目67项包括19项转型项目，开复工率达到57.14%。开展精准招商，引进法国威立雅危废处理项目和新加坡丰树集团物流项目两家全球500强企业。充实项目储备，2019年全县共签约或达成意向的项目49个，协议总投资1183亿元。加快传统产业升级，高标准推进清徐精细化工循环产业园，推动实现由“有焦无化”走向“以化领焦”。加大铸造、煤炭、洗煤等传统产业优化提升、整合淘汰力度，全县铸铁暖气片企业由50多家缩减至5家，煤企由21家整合为11家，65家洗煤企业已关停42家，洗选产能由4500万吨压减至1600万吨。加快培育非煤新兴产业，高起点谋划，高标准布局醋都小镇和通航小镇项目。推进职教园区建设，打造全省乃至全国的高端职业技能人才培训基地。加快构建现代农业产业体系，大力发展有机旱作农业和设施农业，建成柳杜成子设施农业主题公园、汾河万亩休闲农业观光园等一批重点项目，新发展设施蔬菜4200亩，蔬菜播种总面积达8.2万亩。举办清徐老陈醋成都天津广州行、首届国际食醋创新论坛、清徐县第二届农特产品展示展销会等会展节庆活动，提升了“醋都、葡乡、菜篮子”的美誉度。2019年农村人均可支配收入突破20000元，增幅继续高于城镇居民收入。

坚持以人民为中心的发展理念，加快改善城乡面貌，花篮主题公园、白石河城郊森林公园建成开园，美锦大街及立面改造、紫林路改造、307国道市政化、旧307国道改线等工程完工并投入使用，文源路改造、凤仪街改造、四好农村路等工程接近尾声，城市综合承载能力得到显著提升。成功举办了尧城（太原）国际通用航空飞行大会、全国跳伞锦标赛、中国·太原清徐首届国际音乐焰火节。积极发展社会事业，大力实施“健康清徐”战略，完善分级诊疗制度，实现小病不出村、常见病不出乡、大病不出县。坚持教育强县，推动城乡教育一体化发展，中高考率再创新高。2019年，城镇新增就业6712人，困难群体实现应保尽保全覆盖。持续推进安全饮水提升工程、农村危房改造、“棚户区”改造、养老事业等领域民生工程，民生福祉不断增强。扎实推进扫黑除恶专项斗争，2019年，成功打掉5个恶势力犯罪团伙，查处“村霸”现行案件8起，抓获犯罪嫌疑人33名，开展黄赌毒和黑恶势力听之任之问题专项整治，严厉查处了一批“官伞”“警伞”“庸伞”。加大信访维稳力度，积极推广新时代“枫桥经验”，成功化解一批矛盾隐患和陈年积案，信访总量连年保持下降趋势，信访维稳工作取得积极成效。

在生态建设方面忠实践行习近平生态文明思想，牢固树立绿水青山就是金山银山的发展理念，把生态环境保护的政治责任扛在肩上、抓在手上、落到实处。扎实推进大气及工业污染治理，关停“散乱污”企业299家，环保资金累计投入超过18亿元。建成智慧环保中心，全县大气环境质量连续创下月度排名最好水平。围绕水环境污染治理，投资6.73亿元，新建扩建污水处理厂4个，新建污水处理站点18个。对全境17条边山河、过境河、退水渠进行整治，共铺设污水收纳管网12.3公里、硬化渠底7.8公里，清淤230万立方米。完成县城东湖、清泉湖“两湖”连通工程，国考、省考断面水质首次退出劣Ⅴ类。围绕扬尘污染治理，共投入资金32.4亿元，改扩建城乡路网177公里，供热管网29.6公里，全境国省道和县乡公路实现了统一机扫保洁。围绕城乡环境卫生整治，实施拆违治乱、垃圾治理、污水治理、厕所革命、卫生乡村“五大专项行动”，全县投入资金9.2亿元，拆除违建145万平方米，立面改造98万平方米；清理垃圾、矸石固废279万吨；农村改厕15204个，是市下达任务的5倍；完成142个村（社区）近8万户的“煤改电”“煤改气”任务；打造精品村36个、示范村123个、达标村27个，农村人居环境得到进一步改善。围绕生态修复与监督执法，完成1.51万亩绿化任务，2019年，共处罚环境违法行为228起，处罚2517万元，查封扣押37起，通过全面防治、环境修复、严罚重处三管齐下，全县区域环境质量得到明显改善。

在深化改革方面健全党对重大工作领导体制，成立了9个县委议事协调机构，分两批对22个行政和事业机构的27名行政人员、277名事业人员进行划转，确保新组建机构正常运转。按照省市要求，同步推进完成城市综合执法改革、乡镇管理体制改革，积极有序推进事业单位改革。制定出台《清徐县相对集中行政许可权改革实施方案》《2019年农村人居环境整治行动计划》《清徐县招商引资项目服务管理办法及负面清单》等一批政策制度,各领域机制体制更加规范完善。同时,减税降费、支持民营经济发展等政策取得明显成效,县域医共体建设、县管校聘改革成为可复制的亮点和特色,供给侧结构性改革、"放管服效"改革、财税体制改革等深入推进,民主法治、党的建设、纪检监察等领域的改革均取得了新的进展。

(崔志明)

附:中共清徐县委书记、副书记、常委名单

书　记:王琳玉

副书记:王剑峰　赵生魁(7月任职)

邢蕴武(1月离职)

常　委:李秀斌　李凤梅(女)　卫向东(7月离职)

吴英志　陈晓勇　郑泽海　王黄林

杨兴海(7月任职)　张　超(挂职)

中共阳曲县委

县委书记　裴耀军

截至年底,阳曲县委下辖10个乡(镇)党委,4个工委,13个党总支,371个党支部,其中建制村党支部126个,非公和社会组织党支部56个。全县共有党员8711名。

2019年,阳曲县委始终坚持用习近平新时代中国特色社会主义思想武装头脑、指导实践。全县各项工作取得新成效。

一是开展"不忘初心、牢记使命"主题教育活动,县委常委会带头学、带头查、带头改、带头组织召开高质量的民主生活会,人大、政府、政协党组班子及时跟进,10个乡镇党委、4个工委、49个党组、343个基层党组织和8672名党员积极参与,实现了主题教育全覆盖。党的十九届四中全会召开后,5次专题学习传达并对照其精神检视剖析。举办了学习贯彻习近平新时代中国特色社会主义思想读书班,科级干部、后备干部、预备党员等多层次的主体培训班。全县各级党组织和广大党员干部以思想自觉、政治自觉引领行动自觉,坚持问政于民、问需于民、问计于民、问效于民。县四大班子确定调研题目34个,形成措施建议210条,查摆检视问题272个,开展志愿服务343次,解决了70余件群众反映强烈的共性问题。全县党员累计承诺事项12000件,践诺事项10800件,最大限度把各方力量团结在党的周围,凝聚起推进高质量发展的强大正能量。

二是抓好每周一县领导大接访,每月召开信访联席会议。全年来信来访2945批(件)次,赴京非正常访下降75%,赴省集体访下降50%,赴市集体访下降27.9%,做到了矛盾化解处理在基层。特别是在全国两会、"一带一路"高峰论坛、世博会、二青会、新中国成立70周年系列庆祝活动、党的十九届四中全会等重大节点,实现"零非访",信访工作考核全市排名第二,确保了社会大局稳定。

三是把项目支撑作为脱贫巩固的第一抓手和乡村振兴的基础工程,实施产业扶贫项目166个,建成农业种植连片园区4个、蔬菜大棚490亩、标准化养殖场53个、农旅融合示范点48个。坚持培育"互联网+"新业态,与电商平台"斑马会员"合作的"会员制电商助力精准扶贫"模式入选国务院扶贫办2019年企业精准扶贫专项50佳案例。荣获全省电商扶贫示范县、全省特色产业精准脱贫范例县,北小店乡六固村和杨兴乡鄯都村被评为全省产业扶贫"五有"机制示范村。

四是扎实推进平安阳曲建设,建立平安志愿者队伍3500余人;推广"新时代枫桥经验",录古咀村被评为全国乡村治理示范村;深化扫黑除恶专项斗争,接收线索256条,22名受过刑事处罚的"村两委"人员全部被清退;严厉打击"法轮功""全能神"等邪教组织违法犯罪活动,县公安局破获的一起公安部督办案件,被评为2019年全国"十大精品案件"。严守不发生重特大事故底线,严格执行安全生产党政同责、一岗双责、失职追责,全县安全生产形势持续平稳可控。全面修订完善防火、防汛等灾害应急预案,进一步提升防灾减灾救灾能力,确保了人民群众生命财产安全。

五是加大大气污染防治力度,全年二级及以上优良天数239天,空气质量综合指数及PM2.5、PM10平均浓度等多项指标全市排名均稳居前三,完成《太原市降尘污染防治攻坚行动方案》各项目标任务。实施泥屯河万向农业园区段河道疏治工程、杨兴河侯村段水毁修复工程、杨兴河水污染治理防治工程等,全面清理河道内弃土弃碴、淤泥及生活垃圾,杨兴河河底村出口断面水质优良;进一步强化河长制,全年三级河长共巡河2000余次;完成水保治理任务面积5.04万亩,生态修复面积2.5万亩;完成市政府下达的《水污染治理攻坚任务书》各项目标任务。实施复垦复绿工程,按照时限进度要求完成中央、省环境保护督察"回头看"整改工作。

六是旗帜鲜明坚持党管宣传、党管意识形态。认真学习贯彻《中国共产党宣传工作条例》,出台《党委(党组)意识形态工作责任制实施细则》。全面落实"四研判两汇报一督查"等制度,县委常委会4次听取意识形态工作专项汇报,2次专题学习和研讨意识形态工作,年终派出6个督查组对全县各乡镇、各工委、各党组落实意识形态责任制工作展开"全覆盖"督查,推动意识形态工作落地落实、见行见效。对全县108家属地网站、12家机关事业单位及关键信息基础设施网络安全进行核查检查。

七是推行宗教工作联席会议制度,构建了"主体在县、延伸到乡、落实在村"的工作体系。投资500余万元,新建1000余平方米的红沟村党群服务中心,14名机关和乡镇优秀党员充实到10个信教群众聚居村，每个村都有一名县领导干部包联，村集体经济收入均达20万元以上。实施“响亮工程”,建立网格管理模式,为信教群众聚居村配备广播系统、摄像和录音器材,增强党组织的服务功能。组织宗教界人士举办社会主义核心价值观研讨会,自发开展“四进”活动。成立板寺山宗教事务管理综合办公室，建成2500余平方米办公场所,依法管理宗教事务。

八是加强基层党建工作。新建村级活动场所15个、改扩建13个、提档升级77个,新建1000平方米以上党群服务中心5个、500平方米以上1个,实现阵地标准化建设全覆盖;举办“领头雁”培训3期,调训基层干部515人次,对38名农村现任干部进行学历提升教育;实行党员“红黄榜”管理制度,发展年轻党员108名,评选五星级党组织45个,整顿软弱涣散农村基层党组织35个；全县所有行政村集体经济均保持10万元以上。

九是组织110名干部分2批赴深圳脱产培训，组织36名年轻干部赴同济大学、右玉干部学院学习。完善领导干部工作日预报和周报告制度,就“两个责任”落实情况同干部谈话117人次,督促班子成员履行好“一岗双责”。坚持好干部标准,从脱贫攻坚、重点工程、基层一线发现培养锻炼选拔干部,引进硕士研究生以上学历人才33名。

十是县委履行全面从严治党主体责任,每半年听取党委(党组)“两个责任”情况和纪委监督责任情况汇报,19次研究部署党风廉政建设工作,县委书记专题会4次听取纪检监察轻处分汇报，县委反腐败领导小组会3次研究能源领域、人防系统专项治理工作。问责党员领导干部23件29人,查处侵害群众利益的不正之风和腐败问题31件58人,查处违反中央八项规定精神问题4件4人,查处形式主义、官僚主义问题21件21人,办理职务犯罪案件4件4人,运用“四种形态”处置258人次。启动第六轮、第七轮县委常规巡察,实现全县县级部门和10个乡镇巡察全覆盖，以铁的纪律和实的作风为各项工作推进提供坚实保障。

(崔振刚)

附：中共阳曲县委书记、副书记、常委名单

书　记：刘晋萍(女,1月离职)
　　　　裴耀军(1月任职)
副书记：李京京(1月任职)　常红勤(4月离职)
　　　　李建国(6月任职)
常　委：王志勇　于文成(6月任职)
　　　　刘　斌(6月离职)　陈向瑛(女,6月任职)
　　　　刘玉伟(1月离职)　徐剑平(2月任职)
　　　　张小军　刘　中

中共娄烦县委

县委书记　薛东晓

2019年，中共娄烦县委坚持以习近平新时代中国特色社会主义思想为指导，全面贯彻落实党的十九大和十九届二中、三中、四中全会精神,深入落实习近平总书记视察山西重要讲话精神，以脱贫攻坚统揽经济社会发展全局,将“不忘初心、牢记使命”主题教育与各项工作相结合，团结带领全县广大干部群众,真抓实干,奋勇争先，全面拓展党的建设和党领导的各项事业新局面,取得新成效。

一、加强思想政治建设,初心使命更加牢固

高质量开展“不忘初心、牢记使命”主题教育。全县四大领导班子、8个乡镇党委、6个县直党（工）委、17个党总支(党委)、337个党支部、7155名党员积极参与，实现全覆盖。坚持学思践悟、入脑入心,聚焦主题主线抓学习。常委会带头把学习教育放在首位、贯穿始终,3次利用7天时间开展集中学习研讨,举办主题教育读书班,聆听专家辅导讲座,进行革命传统教育、形势教育和警示教育,为全县各级党组织和广大党员干部树立标杆、作好表率。全县各级党组织和党员集中学习1206次、研讨发言536人次。坚持深入一线、谋实对策,推动成果转化抓调研。紧盯人民群众最关切的热点难点问题,24名县级领导、268名乡科级干部精心选定课题,精准树立靶心,深入一线了解情况、查找短板、谋实举措,共收集意见建议124条，查找存在问题119个，形成调研成果268个。在学习调研基础上,各级领导班子成员联系职责使命,先后讲党课296场次,基层党支部书记、农村第一书记讲党课或报告个人学习体会374人次。坚持对表对标、找准症结,突出问题导向抓检视。落实“四个对照”“四个找一找”要求,召开找差距专题会议,逐条对照找问题、查病灶、挖根源,全县61个领导班子查找问题1079个,科级以上干部检视问题3883个,制定问题清单92个。常委班子带头深化自我革命,召开高质量专题民主生活会,认真开展批评与自我批评。全县各级党组织紧扣主题,分层召开专题民主生活会或专题组织生活会,广大党员、干部普遍经受了一次坚守初心使命的党性锻炼。坚持动真碰硬、刀刃向内,立足破解难题抓整改。聚焦中央部署开展的8个专项整治、省委部署开展的5项集中整改,制订13个专项方案,真刀真枪解决问题,取得

阶段性成效,并完善固化学习教育、为民服务、作风建设等方面制度21个。扎实开展“五个一”“三服务”等活动,为民服务办实事解难题298件,61个部门单位分批公开120项承诺整改事项及进展情况,已全部逐项清零销号。

认真学习宣传贯彻党的十九届四中全会精神。县委对标紧跟省委、市委决策部署,将学习贯彻党的十九届四中全会精神作为一项重大政治任务,先后召开县委常委会议、理论中心组学习会和全县干部大会,第一时间传达学习党的十九届四中全会精神。举办集中轮训班、组建县委宣讲团,迅速掀起学习宣传贯彻党的十九届四中全会精神的热潮,推动全会精神深入基层、深入人心。

二、持续发力久久为功,巩固提升脱贫成果

坚持以巩固成果提质量。实施“六个巩固”,推动“七个提升”,各项巩固脱贫成果的举措落地落实落细,圆满完成了年度脱贫攻坚目标任务,贫困发生率由去年的0.97%降至0.5%。

坚持以产业扶贫强支撑。统筹整合涉农资金2.79亿元,安排实施扶贫项目135个,重点在持续推动马铃薯、光伏两大产业全覆盖上下功夫,马铃薯产业覆盖1.2万贫困户,光伏产业覆盖所有贫困村、贫困户,仅光伏一项就带动贫困户户均收入5000元以上。因地制宜,整合资源,发展水貂、食用菌、油用牡丹、中药材等七大特色产业,累计种植面积11.8万亩,覆盖7500户、2万余人,贫困户户均2个以上增收项目。

坚持以稳定增收固根本。不断拓宽贫困户增收渠道,16个龙头企业(合作社)带动4577户11121名贫困人口稳定受益。组织开展实用技能培训3703人次,贫困劳力外出务工1万余人。开发扶贫公益岗位180余个,发展扶贫车间吸纳100余人就业。乡村旅游从业人数超过100余名,辐射带动贫困户1100余人。生态扶贫惠及贫困户1503户。社会消费扶贫累计帮助贫困群众销售农副产品2400余万公斤。金融扶贫为349户建档立卡贫困户发放小额信贷1639.6万元。

坚持以政策保障兜底线。全面落实“三保险”“三救助”和医疗扶贫“136”政策,健康扶贫“三个一批”累计救助1.5万人次,贫困户医疗“双签约”1555户、服务1.3万人次。教育扶贫资助覆盖1.6万人。返贫险覆盖3.7万贫困人口。实行“两线合一”,农村低保标准提高到每人每月530元,农村特殊困难群体全部实现社会救助兜底保障。

坚持以基础改善促提升。完成42条村通道路和13个村的街巷硬化,所有行政村实现通硬化路、通客运车。完成安全饮水工程54处,惠及人口3.5万人。实施43个村人居环境改善项目,标准化建设农村卫生室99个,新建村级文化活动中心65个。基本完成25个易地扶贫搬迁村旧房拆除,增减挂交易748亩,土地复垦复绿570亩。全省首个装配式建筑示范点—羊圈沟易地扶贫搬迁项目完工,如期实现搬迁入住。

三、加快创新转型步伐,经济发展稳中向好

认真学习贯彻习近平新时代中国特色社会主义经济思想,研究部署推进稳增长转方式调结构各项任务,把方向、谋大局、定政策、促发展,全县经济形势保持稳中有进、稳中向好态势。

大力推进重点项目建设。牢固树立“项目为王”的理念,切实把各项工作目标落实到具体项目上,开展“深化转型项目建设年”行动,持续实行县级党政领导包联重点项目和坐班对接项目工作机制,落实项目建设“六大”机制,全年安排实施重点项目43个,总投资48.8亿元,开复工率100%。转型项目14个,开复工率100%。列入省、市项目库的31项重点项目,开工建设30项,开复工率97%。

统筹推进三次产业发展。实施省级农业生产托管服务试点项目,完成托管服务补助面积5万亩。种植马铃薯10万亩、中药材1.1万亩、小杂粮6万亩。实施万亩渗水地膜谷子种植项目,农产品安全质量追溯体系辐射面积3000亩,农业支持保护补贴面积13.2万亩。新认证“三品一标”产品22个,30多种农产品在第六届中国(山西)特色农产品交易博览会上走俏。有序推进总规模199兆瓦的4个风电项目建设,30兆瓦云鼎光伏项目开工建设。编制完成全域旅游发展规划,启动实施“全国贫困地区公共文化服务和旅游发展示范县”建设,举办“乡村文化旅游节”系列活动,河北村、下石村、峰岭底入选全省首批AAA级乡村旅游示范村,全年旅游接待11.3万人次。

四、加强生态环境保护,打造绿色山水娄烦

持续开展造林绿化。坚持把生态造林绿化与巩固脱贫成果相结合,做实“增绿、增景、增收”文章,持续实施“退耕还林、创森造林、提质增效、林下经济、生态管护”五大行动,推进水源涵养、生态修复、山体治理等12项工程,高标准造林5.96万亩,完成“创森”提档升级1.55万亩,生态扶贫带动1.5万人增收。全县森林覆盖率达24%、绿化率达55%。

加强水源环境保护。牢记保护省城水源地这一特殊使命,积极启动汾河中上游山水林田湖草生态保护修复试点12项工程,实施汾河晋祠泉域补水工程和汾河库尾河道应急整治,稳步推进汾河水库生态环境保护综合治理项目,岚河、汾河水质改善工程主体基本完工,新建环汾河水库防护网6.3公里,入库水质、出境断面水质均达地表水三类以上。

全力抓好污染防治。近三年中央、省环保督察、督察“回头看”等各类反馈的258个问题整改工作全面完成,查处环境违法问题企业825家次、取缔露天经营343处。统筹推进集中供热、煤改电、清洁煤置换,对46个村8078户居民“煤改电”供暖设施进行改造,向1.5万户农户分期供应清洁煤(兰炭)4.5余万吨。秋冬季大气防治首战告捷,PM10、PM2.5峰值浓度有效降低,大气综合质量指数持续排名全市前列。

五、持续深化改革创新，不断激发活力动力

加强改革工作领导。先后9次研究审议全面深化改革事项，研究制定《中共娄烦县委全面深化改革领导小组2019年工作要点及责任分工》。认真落实“四个亲自”要求，按照重点突破、巩固提升、持续推进、部署推动“四个一批”，承接落实国家、省市改革事项41项，细化实化为239项具体改革任务，党政主要领导带头领办23项。

狠抓重点领域改革。认真贯彻中央和省委、市委改革部署，压茬推进对外挂牌、集中办公、职能划转、人员转隶等环节有效衔接，全面完成县级党政机构改革。同步推进市场监管、交通运输、农业农村4个领域综合行政执法改革，深化乡镇机构改革，统筹推进事业单位改革，推动构建系统完备、科学规范、运行高效的机构职能体系。

注重彰显改革实效。启动实施相对集中行政许可权改革，将16个单位174项行政审批及关联事项统一划转至行政审批服务管理局集中行使。推动政务服务改革深化再升级，20家部门149个行政审批事项实行“一站式”办理。加快一体化在线政务服务平台建设，梳理“四级四同”事项613项。稳步推进农村集体产权制度改革，完成155个集体经济组织清产核资，清查账面资产总额3.1亿元。全面完成农村土地经营权登记确权颁证工作，并通过省、市确权成果验收。

六、推进民主法治建设，广泛汇聚发展合力

支持人大依法履行职能。积极支持县人大及其常委会依法行使权力，更好发挥人大代表作用。实施人大代表乡村联络站(点)建设，县人大围绕脱贫攻坚、经济转型、污染防治、民生改善等领域开展各类调研11次，执法检查2次，审议“一府一委两院”专项报告16项，做出决议决定11项，督促办结代表议案、建议35件。

支持政协依章开展工作。积极推动协商民主广泛、多层、制度化发展，支持县政协履行政治协商、民主监督、参政议政职能。县政协聚焦群众关心关注的热点问题，收集上报社情民意信息80余篇，办理委员提案27个，围绕脱贫攻坚、乡村振兴、文明交通等重大课题开展视察调研5次，积极建言献策。

巩固发展爱国统一战线。坚持与各民主党派、工商联、无党派人士协商通报制度，引深“百企帮百村”“入企入会”“四信”等活动，成立娄烦商会，强化党外知识分子、新的社会阶层统战工作，积极做好外事、侨务、对台等工作，保障民族宗教领域和谐稳定。

七、大力推进社会事业，民生福祉不断提升

持续改善城乡环境。实施滨河南路西延、县医院环路建设等工程，对20个老旧小区、15条背街小巷进行集中整治，总投资4.6亿元的农村基础设施建设PPP项目基本完工，实施10个村污水综合治理，完成农户改厕1212个，扩面延伸农村公路62公里。改造农村电网67个村，新增负荷51.1兆伏安。开展水土综合治理5.25万亩，对县域6条主河道开展清河疏浚。县城建成区绿化覆盖率、绿地率均提高0.5个百分点。

提升民生保障水平。第三实验学校、职教中心、娄烦中学综合教学楼项目主体完工。开工建设县城二级汽车站，新建县妇幼计划生育、县疾控所业务用房。1035套采煤沉陷区综合治理搬迁安置房分配到户。乡村便民购药服务实现全覆盖，乡镇卫生院、村级卫生室药品品种分别增加到200种、50种以上。贫困人口县域内住院治疗个人自付医疗费用降至7.4%，家庭医生签约服务覆盖6.3万人。开展经济困难高龄和失能老人关爱行动，持续推进城乡居民医保、低保、养老等各项保障提标扩面，库区补偿补助覆盖2.9万人。完成全民技能提升培训2850人，转移农村劳动力1911人，城镇新增就业2170人，城镇登记失业率3.77%。引深文化惠民活动，开展送戏进村、送电影下乡1807场次。

全力维护安全稳定。统筹抓好矛盾调处、公共安全、治安防控等工作，辨识风险点5428处，排查整改各类安全隐患1326个。“四个重点”信访矛盾化解100%，信访“三率”保持100%。深入开展扫黑除恶专项斗争，累计铲除涉黑涉恶犯罪团伙4个，破获各类刑事案件19起，全县治安形势呈现“五升一降”态势。

八、扛牢压实主体责任，营造良好政治生态

认真履行主体责任。紧跟党中央和省委、市委全面从严治党步伐，认真履行管党治党政治责任，持续完善管党治党举措，不断加大管党治党力度，有力推动“两个责任”落地生根。班子成员切实履行好“一岗双责”，各级领导干部带头发挥“头雁效应”，强化责任担当，以好的作风确保党的各项决策有效执行，各项工作收到实效。

加强干部队伍建设。探索实行“四位一体”考察识别工作法，建立“三个一线”年轻干部培养锻炼机制，重用提拔脱贫一线干部26名，进一步使用20名。开展“领头雁”延伸培训、干部“六大”培训工程，累计培训2.2万人次。实施人才战略，推选“三晋英才”“三名工程”37人，引进高层次人才10名，为65名专家人才发放医疗健康补贴19.5万元。健全干部考核评价体系，评选表彰“新时代新担当新作为”先进典型62人。全面推进公务员职务与职级并行，共套转职级公务员224人。

着力夯实基层基础。出台深化“三基建设”22条措施，推行加强基层工作“三清单一纪实”制度，理顺乡镇“五办一站一中心”内设机构职能。撤销空壳党支部66个，整顿软弱涣散基层党组织23个，非公经济组织和社会组织党的工作实现全覆盖。规范化建设农村党群服务中心、农村便民服务中心，3大类25项事项实现不出村办理。村级运转经费达18.9万元，农村“两委”主干年均报酬提高到1.9万元，“一肩挑”主干报酬达全县农村居民人均可支配收入3倍。21个发展壮大村级集体经济试点项目基本完工，全县142个行政村集

体经济收入全部突破10万元。

始终保持高压态势。全年集中处置问题线索325件,立案144件,结案110件,给予党纪政务处分95人、组织处理64人、移送司法机关5人。深化运用"四种形态"处置288人,其中第一种形态占60.8%,查处违反形式主义官僚主义等问题18起19人、群众身边腐败和不正之风问题39案53人。强化基层基础监督,制定监督问责办法,农村基层组织规范运行监督管理"两办法一清单"在全县推广。加大巡察工作力度,对8个单位、20个农村开展第七轮巡察,发现问题424个,立行立改16个,整改到位197个。

(李爱民)

附:中共娄烦县委书记、副书记、常委名单

书　记:薛东晓

副书记:李树忠　郝虎生(2月任职)
李贵军(2月离职)　曹志福(挂职,4月离职)
张　科(挂职,4月任职)

常　委:尹达恒(2月离职)　任同珍(女,7月离职)
章晓煜(女,7月任职)　赵生魁(6月离职)
郭建生　王文生(5月离职)
岳志强(5月任职)　陈　铮(2月任职)
梁云刚　孙慧生(挂职,4月任职)

中共大同市委

市委书记　张吉福

2019年,大同市委以习近平新时代中国特色社会主义思想为指导,深入贯彻党的十九大、十九届四中全会精神和习近平总书记视察山西重要讲话精神,按照省委、省政府部署要求,统筹推进稳增长、促改革、调结构、惠民生、防风险各项工作,努力推动"两转"基础上全面拓展党的建设和党的事业新局面。

一、坚持不懈用习近平新时代中国特色社会主义思想武装头脑、推动工作,牢牢把握正确政治方向

(一)把高举旗帜、维护核心作为根本性大事。不断增强"四个意识",坚定"四个自信",做到"两个维护"。建立习近平总书记重要指示批示落实办理和"回头看"工作机制、重大决策部署落实十项机制,对习近平总书记对大同3件重要批示组织"回头看",重温"三篇光辉文献",狠抓中央巡视和中央环保、宗教督查反馈意见整改落实工作,确保中央重大决策部署不折不扣落地见效。

(二)把持续强化理论武装作为基础性工程。建立市委中心组专题学习研讨制度,组织15次学习研讨,及时跟进习近平总书记最新重要讲话精神,召开第三次学用习近平新时代中国特色社会主义思想交流会,举办新思想读书班、青年干部培训班、专题研修班和干部大讲堂,培训干部1.7万人次,推动习近平新时代中国特色社会主义思想入心入脑。

(三)把扎实开展"不忘初心、牢记使命"主题教育作为重大政治任务。聚焦主题主线和根本任务,狠抓责任落实,推行关门抓学习、开门搞教育、上门问成效、破门抓整改"四门联动",全市党员干部经受思想淬炼、政治历练和实践锻炼取得阶段性成果。市县党政班子成员为群众办实事2716件,基层党组织承诺践诺16.7万件,开展志愿服务10.7万次,7045个专项整治问题已整改落实4455个,建立完善营商环境优化整治等17项机制,群众满意度和获得感进一步增强。

二、坚定不移贯彻落实新发展理念,加快推动经济转型高质量发展

按照中央和省委经济工作会议部署要求,坚持把深化供给和深化综改相结合作为经济工作主线,以"三大目标"为牵引,狠抓工业、乡村、文旅三大振兴。实施经济运行、项目建设、企业培育和减税降费等百项"折子工程",全市经济增长的韧劲和稳定性不断增强。总的来看,除煤炭工业增加值占工业增加值比重降低率、工业企业实现利税增长速度、市县政府债务率超过警戒线100%的个数3个指标年内完成有困难外,其余指标都能按期完成。

(一)能源革命综合试点全面铺开。推进煤炭"减、优、绿",全力推进能源革命综合改革试点七大目标、八大行动和70项重大改革、重大攻关、重大工程。完成135万吨去产能任务,关闭退出煤矿16座,先进产能占比达70.7%。"一园一城、一院一所"等"18+2"项目首期集中投产,中海油煤制气、同煤120万吨煤制甲醇、60万吨煤制烯烃、西安隆基等重大牵引项目取得实质性进展。成功获批国家级大宗固废综合利用基地。全省首条氢燃料电池发动机系统自动化生产线落地大同,全国首座制氢加氢一体站投入试运营。

(二)农业、制造业、服务业高质量发展取得突破。把工业尤其是制造业高质量发展作为硬支撑,制定工业高质量发展"337战略",着力打造多元化现代工业体系。与同煤集团构建起联动转型机制,深入实施"8+1"重点转型项目。立足绿色能源、先进制造、数字经济三大板块,推动新研氢能、大同轻飞、秦淮大数据等一批项目投产达效,成功获批全省通航产业发展示范市,非煤工业占比达到49.8%,战略性新兴产业增加值增长9.9%,高新技术企业57个。以"黄河、长城、太行"三大板块为支撑,加快长城一号旅游公路建设,大力发展夜间经济,全市旅游收入741.2亿元,旅游人数和旅游收入

增幅均超过 20%。以打造农业产业集群为导向,大力发展有机旱作农业,加快农业转型升级,农产品加工企业销售收入达 107.44 亿元。

(三)对外开放步伐不断加快。紧紧抓住京津冀协同发展和雄安新区建设战略机遇,启动京晋(大同)协作发展新区建设,与北京海淀、上海松江等签订战略合作协议,中关村"智造"等落户大同。云冈机场航空口岸正式开放,中欧班列开通运行,保税物流中心(B 型)获批,大张高铁开通运营,集大原高铁前期工作进展顺利,"乌大张"长城金三角合作区建设持续深化。全年签约招商引资项目356 个,总投资 1456.5 亿元。

(四)改革活力持续释放。行政区划调整成果进一步巩固,城市区功能显著优化、发展优势全面凸显。党政机构改革圆满完成,市直党政机构由改革前的 53 个减少为 50 个,事业单位配套改革加快推进。国企改革深入推进,23 项国有企业混改项目深入设施,大同热力与京能集团股权转让顺利完成,新出清僵尸企业 2 户,"三供一业"分离移交维修改造全面完成。开发区"三化三制"、管理和运营分离等改革深入推进,全市经开区投资强度、产出强度、税收强度均达标。全力打造"六最"营商环境,放管服效改革取得突破,数字政府建设、"一枚图章管审批"深入推进,审批流程更加简洁高效。采取一系列强有力的措施,有效解决工程建设项目审批制度改革及解决房产登记历史遗留问题,赢得了群众的广泛认可。能源革命、通航产业发展等 6 项省考核任务均能圆满完成既定目标。

三、着力打好三大攻坚战,为决胜全面建成小康社会奠定坚实社会基础

坚持把三大攻坚战作为高质量发展必须跨越的重大关口,举全力坚决打好三大攻坚战。

(一)脱贫攻坚扎实推进。落实省委"五个着力、六个强化"要求,统筹推进八大工程二十项行动,天镇、广灵、浑源三个县摘帽退出,101 个村 2.56 万人实现脱贫,贫困发生率降至 0.3%。采取超常举措攻坚深度贫困,安排扶贫专项资金 12 亿元,实施扶贫项目 600 余个,全省攻坚深度贫困推进乡村振兴现场会在我市召开。黄花扶贫产业持续扩规增效,全市种植面积达到 23 万亩;易地搬迁安置点全部竣工,7.4 万人搬入新居;危房改造竣工率达 100%。

(二)风险隐患有效控制。分析研判意识形态领域形势 4 次,开展了"剑网""护苗""秋风""净网"等专项行动,意识形态阵地不断巩固。深入开展防范打击"颜色革命"、暴恐活动、邪教活动、非法宗教渗透四个专项行动,当好"首都护城河"。实施"双降行动",运用减债、换债、延债、托债、控债等方式,化解政府债务 76.3 亿元。纵深推进扫黑除恶专项斗争,打掉涉黑涉恶团伙 52 个,查处涉案资金 5.37 亿元。

(三)生态质量持续改善。持续开展蓝天、碧水、净土"三大保卫战"。二级及以上优良天数 318 天,优良天数比率 87.1%。两河综合治理加快推进,Ⅲ类及以上优良水体断面比例达到 16.67%,桑干河固定桥和御河利仁皂两个国考断面退出劣Ⅴ类水体。加快矿山生态治理和修复,浑源县矿山治理和生态修复工程取得阶段性成效。当选 2019 年中国康养城市排行榜 50 强。

四、践行以人民为中心的发展思想,稳步推进民生事业

坚持夯基础、补短板,惠民生、聚民心,持续加大民生领域倾斜力度,民生支出占比超过 80%,不断增强人民群众的获得感、幸福感、安全感。

(一)民生保障不断进步。全民技能培训覆盖 5.6 万人,城镇新增就业 5.08 万人。统筹推进教育、文化、卫生等各项事业,圆满完成二青会承办赛事任务。推行民生实事项目人大代表票决制,建立 12345"接诉即办"十项机制,出台支持鼓励大学生回乡就业政策,年初承诺的十件民生实事全部办结,全民健康信息平台建设完成,国家居家和社区养老服务试点工作成果通过验收,群众幸福感和满意度显著提升。

(二)基础设施全面提质。实施城建工程 80 项,建设道路 97.33 公里,新建和改造城市供水、供热、供气管网 280 公里。体育中心、大剧院、美术馆后续工程基本完成,公交枢纽和城市快线稳步推进。

(三)社会环境安定有序。全面推进平安大同建设,社会治安形势持续好转,刑事案件和八类案件立案数持续下降,达到近五年最低水平;不断创新社会治理,运用"枫桥经验"解决信访突出问题,信访积量得到有效化解。扎实开展"三个专项行动",亿元 GDP 安全生产事故死亡率低于规定指标,安全形势总体稳定。

五、推动全面从严治党向纵深发展,着力构建良好政治生态

市委坚持把党的领导贯彻落实到工作全领域全过程,43 次研究全面从严治党工作,听取 5 个党组、县区和市直部门管党治党工作情况汇报,进一步营造心齐风正劲足的干事创业氛围。

(一)压实管党治党责任。积极推行"两级三责法",狠抓压力传导。全市因落实"两个责任"不力问责追究 85 人。

(二)端正选人用人导向。坚持事业为上选人用人,重实绩、重担当、重基层。2019 年提拔重用 234 名担当负责的优秀干部,评选表彰了 259 名先进典型,选派 52 名优秀干部赴沿海地区、大型企业挂职锻炼。落实"三个十条"招才引智政策,吸引 3076 名大专及以上学历人才落户大同,引进 19 名中科院专家。

(三)持续正风肃纪反腐。一体推进不敢腐不能腐不想腐。全市查处违纪案件 1421 件,党纪政务处分 1707 人,处分县处级干部 82 人,移送司法机关 46 人。深化纪检监察体制改革,推动十五届市委巡察全覆盖。持续深化"四为"整治,开展扶贫惠民政策、窗口办事效率等 8 个专项整治,查处形式主义、官僚主义问题 923 人;查处群众身边腐败和作风问

题1484人，进一步推动政治生态朝着持久风清气正的方向迈进。

(四)全面加强“三基建设”。围绕“整体提升、全面进步”目标,以“党建+群建”为主抓手,推进党群服务中心和基层支部标准化建设,实施基层党组织“争旗提档、创星升级”活动、农村带头人整体优化、党组织书记履职践诺“三大行动”,“两新”组织党组织覆盖率分别达到95%和92%,农村集体经济全部突破5万元,74.4%的村达到10万元。整顿转化332个软弱涣散党组织,全市43个街道全部成立“大工委”,196个社区成立“大党委”,城市基层党建有效提升。

(王　波)

附：中共大同市委书记、副书记、常委名单

省委常委、大同市委书记：张吉福

副书记：武宏文　刘振国(12月离职)

常　委：黄芩丽(女,10月离职)　张　韬(5月离职)
宋　涛　姚鸿波　王铁梅(女,12月任职)
薛明耀　尉连生　梁晓旭　穆国新
冯晓雷(12月任职)　冯苏京(9月离职)

中共平城区委

区委书记　李继忠

2019年，平城区委以习近平新时代中国特色社会主义思想为指导，深入学习贯彻党的十九大和十九届二中、三中、四中全会精神，牢固树立新发展理念，准确把握高质量发展要求,认真落实市委“136”发展战略和打造转型发展先行区、当好两个尖兵“三大目标”决策部署,加快推进“四个示范区”建设,统筹做好稳增长、促改革、调结构、惠民生、防风险工作,全区各项事业继续保持平稳健康发展。

一、扎实开展主题教育,持续推动全区不忘初心牢记使命

区委认真贯彻落实中央和省市委有关部署,按照“不划阶段、不分环节”要求,紧扣主题主线,坚持“四项重点措施”贯穿始终、有机融合,全区主题教育取得显著成效。

采取精研细读深学、丰富载体促学、强化指导督学的“三学”措施,推动学习教育往深里走、往心里走、往实里走,开展学习500余次、专题研讨489次。600多名科级以上领导干部参与调研(其中处级30名),形成调研报告600余篇,共梳理问题2132条,解决1822条。通过召开调研成果交流会,转化为决策措施336条。524名党员干部结合调研情况讲了专题党课。通过征求意见建议、群众反映、谈心谈话等方式,查找问题5589个,列出清单724个,并进行了动态增补。认真抓好中央8个专项整治和省委部署的5个方面整改任务,全区共建立“8+5”专项整治清单台账11个,发现问题136个,已全部整改完成。通过主题教育,全区上下进一步加深了对习近平新时代中国特色社会主义思想的认识,强化了“坐不住、等不起、慢不得”的紧迫感,念好了遵规守纪的“紧箍咒”,解决了一批群众反映的难点、堵点问题,办成了一批为民实事、好事。

二、夯实经济增长基础,加快转型发展步伐

平城区各项经济指标总体保持了稳中有进、稳中趋优态势。2019年，地区生产总值完成414.07亿元，同比增长6.3%，总量全市第二，增速全市第七；第三产业增加值完成323.24亿元,同比增长8.3%,总量全市第一,增速全市第四;城乡居民人均可支配收入分别完成35366元、17011元,总量分别排全市第一、第二；社会消费品零售总额完成392.44亿元,同比增长7.8%,总量全市第1,增速全市第八;规模以上工业增加值完成37.92亿元,增速-9.8%,总量全市第三,增速全市第九;固定资产投资完成185.07亿元,同比增长12.4%,总量全市第一,增速全市第五;一般公共预算收入完成8.71亿元,同比增长39.6%,总量全市第三,增速全市第三。

成立新能源产业发展中心,15名能源革命专员到位并开展工作。总投资2.4亿元的供暖电替代项目已完成设备投资2000万元,新建能源站11座。推进清洁取暖改造,煤改电、煤改气、生物质燃料清洁取暖改造工作已基本完成。加强招商引资,新对接项目43个,计划总投资约401亿元;新签约项目31个,计划总投资约271.38亿元;落地并开工项目29个,计划总投资约233.38亿元,招商引资目标考核任务均已超额完成。培育入库“小升规”企业6家。推进总投资2.4亿元的供暖电替代项目建设,完成设备投资4000万元,新建能源站9座。推进的6项技改项目,完成投资3.2亿元。助推户部角等16个古城项目建设,总投资约119.48亿元,其中7个项目已开工建设。农业嘉年华项目开园运营,累计接待游客17万余人,门票收入660万元。确定田村、西河河村等15个村为乡村环境提升示范村;申报马家小村、金家湾村为省级示范村,申报燕庄村为市级示范村。完成2019年省级现代农业产业园申报工作。积极申报创建平城区现代农业产业示范区。

三、聚焦全面深化改革,克服机制性梗阻难题

区委以敢于啃硬骨头、敢于涉险滩的决心,坚定不移抓好各项重大改革举措,扭住关键、精准发力,全面深化改革各项任务落到实处。完成涉改部门“三定”方案制定,配齐全部

单位班子。规范调整变更28家事业单位机构名称和隶属关系,区级部门派驻乡(街道)的站(所)人编全部下放到位。制定《平城区"营商环境提升年"实施方案》等一系列文件,建立健全区级领导联系民营企业制度。实施"接诉即办"党政领导包联责任制,全年"12345"受理市转办工单10万余件,办结工单82967件。全面启动"一枚印章管审批",划转108项行政审批事项,收回审批专用章9枚。组织24场减税降费政策宣传培训辅导,覆盖3.2万户,全年累计退税1921户、5013笔,退税金额2771万元;入库税收收入34.21亿元,减税降费减免税额3.31亿元。

四、加强城市综合治理,切实改善人居环境

按照习近平总书记关于"城市管理应该像绣花一样精细"的要求,深入开展"城市管理效果深化年"行动,巩固城市管理成果,营造优美宜居生活环境,积极打造"城市管理示范区"。

积极开展房屋征收工作,完成涉及市政重点、道路修建、安置区建设、棚户区改造等项目范围内3721户城市居民住房、2327户乡村居民平房、726亩土地、500余座坟、78个大棚以及大量地上附着物征收任务,有力保障了市级重点项目特别是古城复兴项目的按期推进。积极解决城市棚户区改造历史遗留问题,推进老旧住宅小区综合整治,投资2.3亿元,完成102个老旧小区综合整治工程。开展城市管理队伍下沉乡、街联合行动,取缔多个马路市场,发挥街道"党建联盟"优势,协调公安、交警、环保、住建、城管、市场监管等部门开展联合执法。投资300多万元在36校和26校原址改造建成了大同市首家环卫公寓,首批42名环卫工人已正式入住。开展"百日清零"专项行动,中央生态环境保护督察和"回头看"反馈问题已全部清零。在党政机关、2个乡的4个村率先实施生活垃圾分类。省考红卫桥断面达到五类水质。市区二级及以上优良天数达297天,同比增加4天。

五、着力保障改善民生,实现社会和谐发展

坚持以人民为中心,把为人民谋幸福作为检验民生工作成效的标准,深入推进"幸福大同示范区"建设,推行民生实事项目人大代表票决制,年初承诺的十件民生实事全部兑现,平城区发展成果更好惠及广大人民群众。积极筹建平城中学,组建平城二中,先后完成班子组建、教师招聘、新生录取工作;新引进恒德、直达2所优质民办学校。城镇登记失业率2.39%,就业各项指标均超额完成上级考核任务。全民技能提升工程培训4121人。加强社保、医保领域问题专项整治,保障水平不断提高。安置400多名下岗退役军人实现再就业。新批低保对象共计205户274人,取消低保对象共计3132户4843人。分配公共租赁住房798套。区人民医院与区中医院项目成功加入市级3P项目库,争取资金10.74亿元。扎实开展信访维稳攻坚年活动,解决信访突出问题,集中化解信访积案,信访形势总体平稳可控。强力推动扫黑除恶专项斗争,打掉涉黑涉恶团伙6个,抓获涉黑涉恶嫌疑人31人。平城区被司法部评为七五普法中期先进县区。

六、以政治建设为统领,全面提高党建质量

坚持把抓好党建作为最大的政绩,以党的政治建设为统领,坚守政治方向,站稳政治立场,营造良好政治生态,推进新时代全面从严治党向纵深发展。深入开展学习宣传贯彻党的十九大和十九届二中、三中、四中全会精神,广大党员干部的理论素养和政治水平得到明显提升。以意识形态领域"336"工作推进法为抓手,做到随时掌握意识形态领域工作情况,抓好意识形态工作落实。全面落实"1+6"文件精神,制定并下发《关于进一步加强和改进全区城市基层党建工作实施意见》,建立以"三岗十八级"为基础的社区干部薪酬体系,实现社区工作者职责、管理、薪酬、考核相统一。积极推进街道"党建联盟"、社区"大党委"建设,全年围绕党务共建、社会治理、爱心服务、健康义诊、综合娱乐等方面开展各类活动1500余次,解决困难342件。集中整顿软弱涣散基层党组织,确定软弱涣散党组织整顿对象24个,已全部整顿完成。认真履行党委全面从严治党的主体责任,坚持挺纪在前、监督在前。2019年,全区纪检监察机关运用监督执纪四种形态处理452人次,同比增长40.37%。加大对"生态档案"和"廉洁档案"的检查、抽查力度,共发现问题线索95个,因党内组织生活不认真、不严肃,扫黑除恶专项斗争工作及生态建设责任落实不到位等问题,集体约谈15家单位党组织负责人,对27名相关责任人员进行了严肃处理。完成了一届平城区委第一轮、第二轮巡察,启动一届平城区委第三轮巡察。坚决整治形式主义、官僚主义,共查处形式主义、官僚主义问题137个,党纪政务处分100人,组织处理37人。

(朱嘉庆)

附:中共平城区委书记、副书记、常委名单

书　记:张　韬(5月离职)　李继忠(5月任职)
副书记:李继忠(5月调职)　唐　胜(7月任职)
　　　　王　玺(7月离职)　郭雁明(7月任职)
常　委:李志刚(7月任职)　郭云峰　梁　介
　　　　李文清　郭雁明(7月调职)　高　宁
　　　　薛晓明(12月离职)　李文瑞　徐文俊
　　　　崔　峰(5月任职)　刘树贵(12月任职)

中共云冈区委

区委书记 苏 智

2019年，云冈区委高举习近平新时代中国特色社会主义思想伟大旗帜，全面贯彻党的十九大和十九届二中、三中、四中全会精神，深入落实习近平总书记视察山西重要讲话精神，坚决贯彻省委“一个指引、两手硬”重大思路和要求，紧紧围绕全市“136”发展战略，稳步实施全区“1361”发展思路，团结带领全区党员干部群众锐意进取、攻坚克难，各项工作取得新成绩。

一、全面从严治党，构建良好政治生态

（一）聚焦真学真用，推动党的创新理论落地生根。坚持把学习贯彻习近平新时代中国特色社会主义思想和党的十九大精神与学习贯彻习近平总书记视察山西重要讲话精神结合起来，持续在学懂弄通做实上下功夫。全年集中学习17次。召开第三次学用习近平新时代中国特色社会主义思想经验交流会。召开36次常委会议和2次全委会议。共办结省、市领导批示和交办事项30项，做到件件有着落、事事有回音。

（二）聚焦主题教育，推动守初心担使命形成自觉。严格按照主题教育目标要求和方法步骤，始终紧扣“主题”，有机贯穿“四项重点措施”、“四个先行一步”预热升温，“五个聚焦”同步推进，在学习研讨中查摆出问题709个，立行立改587个；在调查研究中发现问题403个，已解决286个；群众反映突出的问题154个，已解决100个。集中力量抓好中央和省委部署的“8+5”专项整治，明确7个牵头单位和36个参与单位，上下联动项目化推进，取得成效。开展“三服务”活动，围绕市级10个事项和区级15个整改事项，着眼解决就业、物价、食品安全、教育、医疗等群众关注的问题，累计为各类优抚对象、低保对象、特困人员等发放价格临时补贴603万余元；把党员承诺践诺志愿服务与“三服务”活动有机结合，全区16148名党员承诺23639件，践诺25841件，志愿服务13523件。

（三）聚焦大讨论，推动改革进取意识牢固树立。坚持把“改革创新、奋发有为”大讨论作为重要实践载体，把首届“最美云冈人”评选表彰、现代商贸服务业大提升、信访矛盾纠纷大排查大起底大化解作为自选动作。开展万名干部入企进村活动，将省市区三级干部共550名分成61个进村组和34个入企组，开展政策宣讲127场，技术培训5场，召开问题协调座谈会100场。共入企摸排问题3大类73条，已办结28条；进村摸排问题171条，已解决142条，其余问题已协调省市相关部门答复解决。

（四）聚焦新中国成立70周年，宣传文化教育深入人心。举办庆祝中华人民共和国成立70周年·云冈区成立一周年暨云冈区文化艺术月，向新华网推送《大同云冈区文化月启幕》和《健步走起强健身体》，点击浏览量分别突破100万。举行“同升国旗，同唱国歌”党员干部庆祝中华人民共和国成立70周年升国旗仪式，组织全区党员干部收听收看庆祝中华人民共和国成立70周年大会阅兵实况，举办党政机关新中国成立70周年党史百题知识测试，拍摄制作云冈区对外形象宣传片，在中央电视台、山西卫视、区广播电视台播出。在《云冈报》《云冈区宣》开设专版、专栏宣传国庆系列活动。

（五）推进全面从严治党，提供坚强政治保障。一是坚持把党的政治建设放在首位，区委常委会研究全面从严治党议题29件次，研究党风廉政建设和反腐败斗争相关议题7件次。二是坚持提升意识形态工作水平，召开意识形态领域各类会议7次，及时处置舆情40余条次，“学习强国”平台全年采用刊登区宣传报道稿件15篇，位居全市第一。三是坚持引深“三基建设”，新建6个支部大院。建成高山镇、平泉街道景秀苑社区等6个党群服务中心。全市第一个基层党组织书记教育培训基地投入使用。开展“争旗提档”“创星升级”活动，推选53个村、55个社区争旗创星。38个软弱涣散党组织全部实现转化升级。开展“五大培训工程”，举办各类培训班180余次，培训13000余人次。发挥街道“大工委”和社区“大党委”统领作用，统筹辖区各单位及驻地企业，排查群众诉求和困难266条，协调解决问题及事项1540余项。

（六）推进高素质专业化干部队伍建设。选调、调训县处级干部11人次和科级干部123人次参加中央和省市委举办的专题培训班21期；举办科级干部履职能力提升专题培训班、党校2019年主体班、学习贯彻新公务员法专题培训示范班，对全区405名科级干部进行培训。加强恒安新区街道领导班子建设。从机关和街道事业单位副科级领导干部中调任13名到恒安新区4个街道担任领导职务。落实《新公务员法》，对符合条件的620名公务员进行职级晋升。

（七）坚持扩大反腐败斗争压倒性胜利。查处群众身边腐败问题104案104人，其中给予党纪处分55人、政务处分1人，组织处理48人。突出整治形式主义、官僚主义，落实中办《关于解决形式主义突出问题为基层减负的通知》精神，共查处形式主义、官僚主义问题44件50人，给予党纪政务处分42人，组织处理8人。查处违反中央八项规定精神33案47人，给予党纪政务处分39人，组织处理8人。

二、改革步伐加快，经济发展平稳向好

（一）项目建设强力推进。各类项目共115个，总投资332.86亿元。其中，新建项目102个，总投资138.5亿元，续建项目13个，总投资194.36亿元，亿元以上项目25个，总

投资315.67亿元。转型项目53个,总投资173.94亿元,占全部建设项目总投资比重的52.26%。规上企业从年初的44个,增加到52个。2019年9月30日云冈经济技术开发区经获批。

(二)工业转型步伐加快。总投资5.9亿元同煤四盘区风井工业广场、总投资2.9亿元冀东水泥技改项目、总投资1.24亿元富乔垃圾发电厂扩容二期陆续开工建设。有效盘活破产闲置十多年的原大同水泥厂,引进武汉东湖大同碳谷、石英砂加工、除雪剂、高瓦斯灰综合利用等十多个项目。中电、中广核等11个新能源企业光伏发电厂相继建成并网,新能源发电量位居全省县区之首。

(三)农业产业稳步推进。培育牧同乳业、四方高科、同生润洁、华建油脂、口泉米醋等一大批龙头企业。引进恒宗黄芪生物科技科研生产中心投资2.1亿元的黄芪深加工项目,有序推进总投资7412万元的卧龙牧业规模化肉牛养殖、总投资4500万元的曼园玉安生态休闲农业园、总投资3000万元的永成粪污无害化有机加工场等项目。口泉乡产业强镇示范建设项目获农业农村部批复。

(四)第三产业蓬勃发展。引进华北地区最大的影视制作中心,投资30亿元的天下大同文创园项目正在建设,作为张艺谋导演拍摄的第一部抗战题材悬疑电影《悬崖之上》外景基地;投资3.74亿元建成华北地区最大的水上乐园魏都水世界三期,并被省文旅厅评为国家4A级旅游景区,成为全市2019年唯一获此殊荣的旅游单位;总投资2亿元的北魏云航直升机观光项目已开工;引进世界500强的上海新城集团,投资50亿元的全省最大的商业综合体,“吾悦广场”项目全面开工;杨家窑村、高山村被评为省级旅游示范村。

(五)改革开放持续深化。推进“审核合一”登记制度,推行网上申请、网上受理、网上审核等管理方式,实现无纸全程电子化登记注册。推进相对集中行政许可权改革,完成由22个部门分散承担的180项审批职能,转变为行政审批服务局一个部门承担的“一枚印章管审批”工作。完成行政审批类370项事项“四级四同”同步工作,在全市县区中排名第一;推行财政事权与支出责任划分改革政策,政府性债务率控制在警戒线以下。

三、城乡融合发展,美丽云冈独具魅力

(一)实施“四区振兴”,提升城市内涵。以全市“五区联动”建设为契机,推进平旺地区、口泉地区、云冈新区(原口泉中心区)、恒安新区“四区振兴”。投资1.6亿元完成40.94公里的“四好农村路”和13.772公里的10条街巷道路改造工程。新建采煤沉陷区搬迁安置工程住宅8477套;推进马营村等8个棚户区改造项目,新开工1500套,基本建成2144套。集中推进供热改造项目,完成口泉新区8公里管网建设,满足口泉新区360万平方米的供暖需求。开展恒安新区专项治理。制定9大类24项重点工作任务。协调同煤集团解决恒安新区的街道社区、治安机构等社会配套设施用房121套(共40400平方米),推动恒安新区党建阵地有序完善。完成创建省级文明城市测评验收工作。

(二)实施乡村振兴,提升人居环境。编写《大同市云冈区乡村振兴战略治理有效专项规划2018—2022年》。不断完善平川地区村庄功能设施,着力改善半山区村庄生态环境,努力实现美丽乡村“六化”的目标要求,投资4082万元完成22个示范村的改造提升,口泉乡入围2019年度全国农业产业强镇建设项目名单,打造出杨家窑村、东韩岭村、王家园村3个省级美丽宜居示范村,谢店村、马辛庄等4个市级美丽宜居示范村,永定庄村、榆林村、上窝寨村等一批美丽乡村。高山村入选全省传统村落,杨家窑村被评为全省3A级乡村旅游文化示范村。

(三)实施文化振兴,提升人文素养。举办首届“最美云冈人”评选表彰活动,评选出8类63名先进典型。充分发挥《云冈报》、广播、电视、《云冈区宣》平台优势,形成舆论氛围,讲好“云冈故事”。推荐“第七届全国道德模范”人选10名。组织申报2018—2019年度山西省精神文明先进典型。高山镇峰子涧村被评为全省唯一的第二批全国“扫黄打非”进基层示范标兵,并确定为“扫黄打非”进基层示范点,西韩岭乡东韩岭村荣获省级“社会主义核心价值观示范点”,口泉植物园荣获省级“社会主义核心价值观主题公园”。

四、推进民生事业,民生福祉不断增进

(一)办好人民满意教育。提升巩固高中教育,打造恒安一中、口泉中学2所优质高中,提升常青中学特色发展水平,推进职业中学专业化发展。解决区域内城乡学校“乡村弱”“城镇挤”问题,全区中小学基本消除大班额。清欠各类教育欠款2345万元,投入2900万元完善学校基础工程。拿出2880万元发放班主任津贴、爱岗敬业津贴和校长基金。其中,校长基金在全市率先实现小学全覆盖。

(二)全力做好惠民实事。启动民生实事项目人大代表票决制,高质量完成10件民生实事。加大就业再就业力度,召开各类招聘会14次,城镇新增就业人数7214人,安置就业见习岗159人,安置困难企业职工547人。加大社会保障力度,为低收入家庭发放最低生活保障补助12973.14万元,为残疾人困难群体发放生活补贴、护理补贴603.93万元,为退役军人发放优抚金862.3万元。开展“党建+社会治理”工作,优化调整街道社区设置,推动街道社区场所建设,新建16个500平方米以上标准化社区,全区500平方米以上社区达79个。

(三)有效维护社会稳定。持续推进扫黑除恶专项斗争,共摸排涉黑涉恶线索306条,打掉涉黑涉恶团伙32个,抓获团伙成员155人,查处涉案金额257.64万元。煤矿安全生产连续114个月无事故。开展信访矛盾纠纷“大起底、大排查、大化解”专项活动,起底全区信访记录4487条,梳理出信访隐患363件,研究化解重点案件24件。

(刘立欣)

附：中共云冈区委书记、副书记、常委名单

书　记：苏　智

副书记：李东升　戴　陶(8月离职)

张学梅(女,8月任职)

常　委：杨志文　赵　雄　石　忠　马晓峰(女)

刘巨平　刘中文(8月离职)　王富祥

中共新荣区委

区委书记　邓志蓉

2019年，新荣区委高举习近平新时代中国特色社会主义思想伟大旗帜，深入学习贯彻习近平总书记“三篇光辉文献”和视察山西重要讲话精神，全面贯彻党的十九大和十九届二中、三中、四中全会精神，牢牢把握省委市委战略部署，统筹做好稳增长、促改革、调结构、惠民生、防风险、保稳定各项工作，坚定不移推动全面从严治党向纵深发展，保持经济持续健康发展和社会大局稳定。全年地区生产总值完成45.04亿元，比2018年增长6.1%；规模以上工业增加值完成6.46亿元，比2018年下降8.2%；公共财政预算收入完成2.38亿元，比2018年增长8.0%；城镇居民人均可支配收入完成27062元，比2018年增长7.8%；农村居民人均可支配收入完成10471元，比2018年增长10.1%。

一、深入贯彻新时代中国特色社会主义思想，强化党的政治建设

(一)突出强化党的全面领导，发挥总揽全局作用。精心组织庆祝新中国成立70周年系列活动，深入开展“改革创新、奋发有为”大讨论，推进“不忘初心、牢记使命”主题教育。坚持把党的领导贯彻落实到工作各领域全过程，每季度听取全区经济运行情况汇报，掌握发展态势，及时协调解决问题。围绕重点工作和重大项目，区四套班子齐上手、同发力，形成区委统一领导、政府狠抓执行、人大政协共同参与的大发展格局。

(二)紧扣主题教育主线，以服务民生检验成效。以学习贯彻习近平新时代中国特色社会主义思想为主线，区委常委班子带头，列专题领学、摆进去研学、挤时间补学、灵活随机考学，确保主题教育学习效果。区级领导带头到分管领域、联系点、帮扶村讲专题党课，示范带动各级领导干部到机关、企业、农村讲党课。通过多个渠道深入查找一切违背初心和使命的问题并纳入问题清单，逐项剖析原因，制定整改措施。

聚焦群众关切的教育医疗、基层治理、社会保障等领域，在新荣政府网公布11项“三服务”内容、监督举报邮箱和举报电话，县级党员领导干部带头，区党政机关结合职能职责开展“三服务”，为基层群众办实事289件，基层党组织和党员承诺践诺13965件，在联动抓好省、市部署的10项服务的基础上，结合实际，推进86个村卫生室改造，配备村医及药品和医疗设备，方便农村就近享受优势医疗服务。组织区、乡党员干部、企业、社会人士开展消费扶贫活动，帮助农民销售农产品50多万元。

(三)全面从严治党向纵深发展，政治生态持续风清气正。全面压实“两个责任”，牢牢把握意识形态工作领导权和主动权，坚持把整治形式主义、官僚主义突出问题作为正风肃纪的重要任务、长期任务，始终保持惩治腐败高压态势，纪检监察机关立案128件、结案128件、给予党纪政务处分128人、组织处理225人。深入推进“三基建设”，筑牢战斗堡垒，实施基层党组织建设标准化工程，推进“争旗提档”党员积分管理制度，建立“党建工作室”，完成软弱涣散农村党组织整顿任务，探索“3+N”多渠道经营模式，实施“红旗引领”工程，举办“领头雁”培训班，拓展“双提升”工程。全面加强队伍建设，坚决贯彻执行民主集中制，不断发展社会主义民主法治建设。

二、聚焦聚力产业发展，以产业培育集聚高质量发展新动能

(一)大力实施工业振兴，巩固提升工业转型发展新成果。积极培育炭素优势产业，全区炭素企业已达12家；建成总投资3.3亿元的通扬碳素年产2.2万吨超高功率石墨电极项目，总投资1.9亿元的腾扬科技年产2万吨超高功率石墨电极等项目。大力推进装备制造业，建成悦凌空调太阳能变频空调研发制造项目、中科唯实机电掘进机全生命周期运营服务项目和新康泽机械5000台(套)矿用设备二期工程等项目，制造业增加值占工业增加值比重上升2.3个百分点。精深培育转型产业，续建的新成新材料20万条电力机车受电弓碳滑条和2万吨/年汽车锂电池电解液以及风光电等转型项目相继建成投产，转型项目投资完成额占固定资产投资比重达到80%左右。新成新材料、宇林德、中科唯实被省工信厅表彰为山西省优秀企业。

(二)大力实施文旅振兴，得胜堡开发点燃长城板块新亮点。启动新荣区《得胜文旅特色小镇总体规划》等编制工作，实施得胜堡堡墙、河东窑龙王庙保护修缮工程和助马堡南门抢险加固工程。得胜堡村被评为全省乡村旅游示范村。打造以“长城精神”为内核的得胜文化旅游品牌，成功举办第二届长城民俗文化节，组织原创“中国龙，得胜风”——“得胜记忆”长城实景演出，700余名演员全部为附近农民；承办了脱贫攻坚战星光行动——“古长城保护计划”论坛会。举办了第二届长城古堡露营大会、第六届大同国际骑游大会暨XCR

长城越野多日赛、“得胜杯”—庆祝新中国成立70周年书法展、首届得胜堡雅集文化活动等,得胜文旅品牌影响力进一步提升,全区旅游总收入同比增长22.05%。

(三)大力实施招商引资,良好发展环境强化投资新支撑。开展“狠抓项目落地行动”,花园屯新材料产业园的新成新材料公司、宇林德石墨设备公司、腾扬炭素公司积极引进合作企业,扩大产能,力争使炭素产能跨入全国前列;同南通金鼎龙定制家居产业园达成合作投资意向,打造最新家居业态。共完成31个签约项目,签约金额达67.53亿元,开工率达到87%。

三、聚焦聚力乡村振兴,以产业发展推进三农工作新局面

(一)筑牢乡村振兴产业根基。大力改善农村人居环境,深入推进拆除复垦、综合利用,实行“五步”工作法,全区共有86个村庄实施拆除复垦工作。大力发展以西梅为主的特色经济林生态产业,形成规模916亩。引导花园屯乡、古店镇大力发展育苗产业,形成育苗留床地5万多亩。农村土地流转交易及农副产品交易门户积极建设。

(二)因地制宜发展特色农业。围绕猪、鸡、羊特色养殖,在8个乡镇各择优选取2个村,利用村边整治出的废弃宅基地,大力发展特色养殖产业,全区牛、猪、羊饲养量分别达到3.7万头、9.5万头和48.55万只,蛋鸡存栏35.11万只,肉蛋奶总产量3.4万吨。因地制宜发展有机旱作农业,投资174万元,完成有机旱作农业示范区3200亩,建设省级封闭示范片1个、市级农业样板区2个、市级农业示范片2个。全区粮食播种面积达到38.3万亩。通过公司、土地流转、劳动用工、订单收购等模式,培育荣康粮油、永丰农副产品、亿农禾田农副产品有限公司等多个农产品加工龙头企业。

(三)建设生态宜居美丽乡村。大力实施乡村提质工程,学习借鉴浙江“千村示范、万村整治”工程成功经验,总结运用“冬季行动”乡村提升宝贵成果,全面推动农村人居环境集中整治向纵深拓展。投资7179万元,完成15个示范村规划编制,22个村庄新建道路22.6公里;村庄亮化完成村15个,打造绿化村庄48个。大力实施农村垃圾治理,整治完成17处。深入推进“厕所革命”,完成农村改厕510座,规模养殖场粪污处理5座。

四、聚焦聚力深化改革,以实际成效汇聚破冰前行新活力

(一)深化供给侧结构性改革。聚焦能源革命,加快推进“北、上、小”三矿“去二留一”减量重组工作,中煤能源集团有限公司批复同意北辛窑煤矿复产工作,市能源局于2019年7月5日将大同市政府《关于调整〈大同市地方煤矿减量重组实施方案〉的报告》报省能源局和省发改委。继续打通去库存与采煤沉陷区治理安置和化解信访矛盾之间的通道,完成回购商品房315套。

(二)深化创新体制机制改革。推进新荣经济技术开发区“三化三制”改革,落实领导班子任期制、全员岗位聘任制和绩效工资制。有序完成全区党政机构改革工作,扎实做好人员转隶工作,党政机构职能实现整体重构,机构职能配置更加优化。

(三)深化为民惠民领域改革。继续深化教育综合改革,实施中小学校硬件提升和教学成绩目标化、项目化管理,统筹城乡义务教育一体化发展。2019年高考再创佳绩,新荣中学在本届高考考生人数较少、生源质量较差的情况下,二本以上达线48人,比2018年增加21人;中考合格率达55.4%,比2018年增长10.4个百分点,“学在新荣”逐步成为现实。稳步推进区乡医疗卫生机构一体化改革,区医疗集团“八大管理中心”和“八大业务中心”投入正常运行,形成较为完善的“基层首诊、双向转诊、急慢分治”分级诊疗新模式,平均门诊次均费用、住院费用同比下降4.7%和2%。区医院和12家乡镇卫生院及分院全部实行农村贫困住院患者区域内先诊疗、后付费。

五、聚焦聚力民生福祉,以精准退出推进决战决胜新成果

(一)聚焦短板弱项,实施精准攻坚。投入资金1.6亿元,实施产业扶贫项目13个,惠及贫困户1023户1914人。推行“金融+扶贫”模式,发放小额贷款364笔1814万元。为所有建档立卡贫困人口缴纳大病补充保险,为10635人建档立卡贫困人口缴纳返贫责任保险。精准进行动态调整,做到应纳尽纳、应出尽出。认真对标一流,采取“走出去”“请进来”的方式,8个乡镇与云州区8个乡镇建立结对机制,实施一对一的学习借鉴和指导交流。12月28—31日接受脱贫成效考核第三方评估,全区36个贫困村全部退出,脱贫11386人,贫困发生率降至0.38%,取得阶段性成果。“视频云问政”工作模式被学习强国、山西扶贫公众号等媒体平台刊发推广。

(二)聚焦民生领域,切实改善民生。区址府西街道路改造基本完工;长城西街样板街工程全部完工,临街商铺和市容环境焕然一新;“职工礼堂、职工之家”项目完成主体工程建设;35处农村饮水安全巩固提升;86个村卫生室标准化建设;25公里“四好农村路”全部完工;农村危房改造实现“清零”,竣工5458户;国有工矿棚户区改造工程建设全部完工;续建长城东街幼儿园基本完工。全力以赴促进就业和再就业以及社会保障工作,城镇新增就业3542人,农村劳动力转移就业1501人,创业带动就业576人,城镇登记失业率2.17%。

六、聚焦聚力生态建设,以责任担当呵护魅力城乡新风貌

(一)高度重视生态环境保护建设。投资100万元,完成在郭家窑乡实施的2019年度国家级京津风沙源治理二期工程2000亩;投资200万元,完成在破鲁堡、西村和堡子湾乡建设的三北防护林退化林分修复项目4000亩。全区森林覆

盖率达 28.45%,绿化率达 39.67%。

(二)全面压实生态环保工作职责。制定《新荣区决战300天,提升“大同蓝”实施方案》和《新荣区清水攻坚行动实施方案》,认真做好中央、省反馈环保问题整改。

(三)坚定不移推进污染防治工作。大力实施“碧水蓝天”工程,坚持“绿地、洁水、净气”并举,坚决打赢大气、水、土壤污染防治三大战役。引入绿港清洁能源供热项目,1 台 40 吨和 3 台 20 吨锅炉超低排放改造完成,实现集中供热方式替代散煤用户 6189 户;完成区污水处理厂提标改造工程以及同煤天建炼钢厂等无组织排放企业除尘改造。定性为“散乱污”的 18 家企业全部取缔。全区二级以上优良天数为 321 天,优良天数达到 87.9%。全面落实“河长制”,进一步完善河长制制度体系,构建“河长 + 河长助理 + 巡河员”的工作模式,全方位管控改善水环境质量。

七、聚焦聚力安全发展,以实际行动维护社会稳定新成效

(一)扫黑除恶深入开展。全面贯彻落实中央和省市委开展扫黑除恶工作部署要求,持续深入开展扫黑除恶专项斗争,成功打掉涉恶团伙 7 个,判决 6 个,抓获团伙成员 18 人,逮捕 18 人。

(二)安全生产形势平稳。严格落实“党政同责、一岗双责、齐抓共管”安全生产机制,对全区煤矿、非煤矿山、尾矿库、危险化学品、烟花爆竹等行业领域,认真开展安全生产大检查和安全生产专项整治活动,检查各类企业 1540 次,排查各类隐患 3196 条,全部完成整改。

(三)社会大局和谐稳定。加大矛盾纠纷排查化解力度,进一步开展信访工作“规范化提升年”活动。严格落实区级领导接访下访制度,继续推进“两级”领导信访大厅接访工作,加大网上信访办理力度,力争把矛盾化解在源头和当地。全区网上登记受理群众信访事项 253 件,群众反映信访事项受理率、办结率、群众满意率都达 90%以上。

(贺雨顺)

附:中共新荣区委书记、副书记、常委名单:

书　记: 邓志蓉(女)

副书记: 李　纬　靳文军(8月离职)
杨亚丁(8月任职)

常　委: 秦尚松　袁润德　王晓琳(女)
郭尚元(8月离职)　王利军
张军峰(12月离职)

中共云州区委

区委书记　王凤瑞

2019 年,云州区委以习近平新时代中国特色社会主义思想为指导,全面贯彻党的十九大和十九届三中、四中全会精神,认真落实中央和省委、市委的决策部署,坚持不懈打响火山、黄花、生态“三张牌”,着力推动“山水林田湖草综合发展示范区”建设,团结带领全区干部群众勇于担当,攻坚克难,推动了经济和社会各项事业持续健康稳步发展。

全年地区生产总值完成 124.6 亿元,增速 8.3%,第三产业增加值完成 56.62 亿元,增速 8.8%,规模以上工业增加值完成 38.83 亿元,增速 23.5%,公共财政预算收入完成 2.47 亿元,增速 6.1%,固定资产投资额完成 95.69 亿元,增速 4.2%,社会消费品零售额完成 50.31 亿元,增速 8.2%,城镇、农村居民人均可支配收入分别为 22430 元、10682 元,增速分别为 7.9%、10.2%。

一、精心开展“不忘初心、牢记使命”主题教育,确保习近平新时代中国特色社会主义思想在全区落地生根

区委把开展主题教育作为重大政治任务来抓,严格按照上级安排,完成好规定动作,结合实际开展“自选动作”,确保取得明显成效。区四套班子严格按照规定动作,带头学习研讨,带头深入调研,形成 26 篇调研报告,多种渠道检视问题,以钉钉子精神抓整改落实。全区共形成调研报告 313 篇,办实事 342 件。区委对照问题来源的 12 个渠道,紧扣 18 个是否,找问题查不足,区四套班子共查摆问题 62 个;区级领导干部共查摆问题 31 个。其中乡科级以上领导班子查摆问题 906 个;乡科级以上领导干部查摆问题 2678 个。同时,针对群众反映最集中最强烈的民生问题,区级层面研究确定了 15 项整改事项并登报公布,各乡镇研究确定 8 至 10 项、各部门各单位研究确定 3 至 5 项整改事项,明确责任领导和完成时限,在主题教育期间分批次登报公布,征求群众意见建议,接受群众监督,增进群众获得感。主题教育开展以来,全区共查找漠视群众利益问题 200 件,已整改 121 件。查处相关案件 36 件 37 人,给予党纪处分 31 人,组织处理 2 人。

二、坚持项目引领，发展后劲不断增强

全区6个省、市重点项目完成投资5.9亿元，10个转型项目累计完成投资11.67亿元。以新兴产业项目为重点，不断拓宽项目来源，提高项目质量，加强招商力度，努力实现精准招商、高效招商、有效招商。全年对接项目35个，接待客商70余人次，签约项目17个，签约金额99.14亿元。深化“证照分离”改革，持续推进“双随机、一公开”，营商环境不断优化。全年新增“小升规”5户，新增小微企业286户。

三、坚持“三农”优先，农业活力持续激发

2019年，全区新增黄花种植面积2万亩，总收益达7亿元；建设了一个1000亩有机旱作农业核心示范区，3个500亩示范区，9个300亩样板区，辐射面积2万亩；组织申报了15个绿色产品的认证；完成了174个村的土地确权和数据录入工作，农村“三资”清产核资工作通过了省市验收；农产品电商平台完成交易额2000余万元，有力促进了农产品销售和农民收入水平提升；积极筹建大同云州现代农业产业园区，以西坪镇3万亩黄花基地为中心，完成了核心区、示范区的规划选址及核心区土地占补平衡方案，核心区规划建设用地0.40平方公里，示范区规划面积87.76平方公里，含盖12个行政村，已完成省市可研评审。

四、坚持文旅振兴，融合发展成果显著

顺利通过了国家全域旅游示范区初审验收，成立云州区旅游协会，组织开展了聚乐乡杏花节、瓜园乡牡丹节等活动，举办了全国商界精英大同火山徒步挑战赛，完成了大同火山群游客服务中心建设；打造了桑干河冰雪小镇等一批冰雪旅游项目，丰富了旅游业态。全年接待游客197.09万人次，旅游总收入19.12亿元，分别同比增长22.74%和22.96%。

五、坚持新发展理念，三大攻坚战扎实推进

(一)巩固脱贫成果。一是扶持全区乡(村)社一体黄花扶贫合作社712万元，用于合作社黄花的田间管理。建设了2个黄花地头加工扶贫和39个黄花冷库。二是开展“销费扶贫”活动，全区60多家帮扶单位采购和帮助销售黄花、杂粮、土豆等农特产品176万元。三是加大力度提升易地搬迁入住率水平，84个安置点易地搬迁人住率达到98.08%。

(二)防范重大风险。一是制定《大同市云州区2019年防范非法集资宣传月活动方案》，开展主题为“携手筑网·同防共治”的防范非法集资宣传活动。二是在全区开展“查漏洞、补短板”专项整治活动，清查整治各领域存在问题，消除风险隐患。三是贯彻落实省委“三个专项行动”工作部署会议精神，开展高陡边坡隐患排查、护林防火专项督查和安全生产集中检查，有效预防了重大风险隐患。

(三)保护生态环境。一是制定《决战300天，提升“大同蓝”实施方案》，煤改电800户任务全部完成，煤改气完成270户，对散煤的煤质抽检每月达到10%。二是桑干河固定桥和御河利仁皂两个国考断面全都退出劣V类，完成生活污水处理厂提效工程并通过验收，开展了6个农村生态污水防治项目工程，并加强河道巡查和排污口治理。三是开展了农用土壤污染状况详查，制定了《大同市云州区土壤环境保护方案》和《大同市云州区土壤污染防治治理与修理规划》。

六、坚持以人为本，人居环境不断改善

制定《大同市云州区农村人居环境整治2019年行动计划》和《大同市云州区农村人居环境整治2019年工作方案》。推进1600户农村厕所改造和2000户生物质能源取暖工程，新建6个农村垃圾收站、8个畜禽散养粪污收集点和一个有机肥厂。全年完成荒山造林1.56万亩，新种植经济林1万亩，完成村庄绿化21个。

七、坚持利民惠民，民生福祉不断增强

完成“全面改薄”工程和校安工程，进一步改善全区中小学校的办学条件；实施全民技能提升工程，完成各项社保参保任务，按时发放低保、五保金，完成免费产前筛查与诊断服务和“两癌”检查任务；组织开展了各类安全生产检查整治活动，排查各类安全隐患691个；持续推进扫黑除恶和信访维稳，打造区域安全生产生活环境。

八、落实管党治党责任，营造风清气正的政治生态

(一)从严管理，加强干部队伍建设。全力推进“三基建设”，严格党内政治生活，健全组织生活纪实、通报和督查制度，深化每月1日的支部主题党日活动，培训各类干部2000余人次。整治了22个软弱涣散党组织，实施农村支部书记“四诺四评”制度，公示承诺事项1873项，完成对现任1049名村“两委”干部的联审，建立了528人的本土在外人才库和438人的后备干部人才库，聘任38名离退休党员干部担任农村党建指导员。坚持“好干部”标准，推动职务职级晋升，树立了正确的用人导向。发展壮大村集体经济，全区5万元以上的村实现全覆盖，10万元以上的村达到135个，占比79%，50万元以上的村达到20个，占比15%。激励干部担当作为，提拔重用脱贫攻坚一线干部5名，向市委推荐14名脱贫攻坚战线优秀干部，在全区选树了13名改革创新、担当作为的干部典型，大力营造敢于担当的浓厚氛围。

(二)把握关键，保持惩治腐败高压态势。坚持上级重大决策部署到哪里监督检查就跟进到哪里，针对“大棚房”问题约谈乡镇和相关职能部门20余人，问责处理37人；聚焦落实省委“三个专项行动”，排查单位252家，整改隐患175处。紧盯重点人、重点事，强化在日常监督上持续发力，实施党内问责2起2人，领导干部问责12起21人。运用“四种形态”

处理346人次,其中第一、二种形态分别占比63.9%、32.4%。紧盯年节假期重要节点,查处违反中央八项规定精神问题13起13人,通报曝光8起典型案件。积极减轻基层负担,查处形式主义、官僚主义问题87个,处理87人。坚定不移深化政治巡察,对6个乡镇和16个区直机关单位开展常规巡察,对3个区直单位开展脱贫攻坚专项巡察,对77个村开展延伸巡察,第四轮巡察发现问题235个,移交问题线索32件。紧盯重点领域、重点工程、关键岗位,一体推进不敢腐、不能腐、不想腐,立案124件,结案126件,给予党纪政务处分125人,组织处理137人,移送司法机关4人。持续加大基层"微腐败"惩治力度,查处群众身边腐败和作风问题127件127人,形成了震慑。

(三)加强自身建设,不断提高执政能力和水平。区委常委班子成员自觉服从服务大局,对党绝对忠诚,坚决维护以习近平同志为核心的党中央权威。坚持民主集中制,在"三重一大"事项上集体研究决定,充分调动常委部门的工作积极性,形成了既集中统一又民主活泼的政治局面。扎实开展宣传思想教育,牢牢把握正确舆论导向和意识形态主阵地,弘扬社会主义核心价值观、革命文化和中华传统文化,巩固共同团结奋斗的思想基础。在全区推行政府法律顾问制度,支持政府、人大、政协党组的工作,统筹推动统战、党管武装、群团等各项工作,凝聚了发展合力。

(杨立涛)

附:中共云州区委书记、副书记、常委名单

书　记: 王凤瑞

副书记: 周聚德　谢　云(10月任职)
江　荣(4月离职)

常　委: 王成武　范晓强　乔来福
李　霞(女,7月离职)　张文娟(女)
佘　儒(9月任职)　高计亮(4月任职)
徐彦君

中共阳高县委

县委书记　冯晓雷

2019年,阳高县委坚持以习近平新时代中国特色社会主义思想为指引,全面贯彻落实中央和省委、市委重大决策部署,统筹协调推进"五位一体"总体布局和"四个全面"战略布局在阳高落实落细,全县党的建设和党的各项事业均迈上了新台阶。

一、深入学习贯彻习近平新时代中国特色社会主义思想,始终坚定正确的政治方向

坚持用新思想谋划发展,拓展完善"356"发展思路,创新丰富脱贫攻坚、乡村振兴、经济转型、民生改善、风险防范化解的具体举措;坚持用新思想武装干部,组织县委中心组学习12次,邀请专家辅导2次,举办各类培训班累计培训干部2.36万人次,全县干部"四个意识"更加坚定、"四个自信"更加自觉、"两个维护"更加坚决;坚持用新思想引领群众,深入开展新思想"五进"活动,受众9.38万人次。

扎实开展"不忘初心、牢记使命"主题教育,有效推进"学习教育、调查研究、检视问题、整改落实"贯穿始终、融合并进。采取集中学习、交流研讨、专家辅导、领导登台讲课等多种形式,深化了干部对习近平新时代中国特色社会主义思想的学思践悟。县级领导干部带头调研,撰写报告45篇。积极开展"三服务"活动,梳理问题113个,解决91个。聚焦找准找深找实检视问题,县处级领导班子查摆问题53个,29名县处级领导查摆问题237个。严格"五定一销号一报告"制度,排查漠视侵害群众利益问题27个,整改21个;排查不担当不作为问题225个,整改207个。

二、全面从严治党,政治生态持续得到净化

着力传导从严治党压力,对12个乡镇71家单位2018年度落实党风廉政建设责任制情况进行考核,对"两个责任"落实不力的28个党组织、5名领导干部及履职失当的59名党员干部予以问责,对202名干部进行约谈。持之以恒正风肃纪。处置各类线索449件,党纪处分120人、政务处分26人、移送司法2人。集中整治"不作为、慢作为、乱作为"问题,查处153人。查处扶贫领域、群众身边腐败和不正之风、漠视

侵害群众利益等问题276起282人。全面夯实基层党组织。深入开展“争旗提档”、软弱涣散基层党组织整顿、“1+6”创建等活动,确定授旗村级党组织103个,整顿基层党组织32个。组建“两新”党组织10个。落实“四诺四评”制度,践诺4124项。

三、落实高质量要求,经济发展稳中有进

(一)加快工业振兴。全年引进项目19个92.9亿元,开工并统计入库项目15个,龙泉工业园区入园企业达到36家,工业经济进入历史最好最快发展时期。古城能源小镇建设有序推进。加快承诺制改革,试行承诺制改革项目16个。

(二)发展绿色农业。深化农业供给侧结构性改革,发展有机旱作农业26万亩、青贮玉米及蔬菜等19.6万亩;正大集团100万头生猪全产业链项目一期建成并投产;注册了“颐品阳高”县城特色产品公共品牌和“阳高红”等蔬菜商标;积极发展电商企业,深化与知名农产品营销企业合作,全年外销蔬菜、大吉杏45.7万吨,实现销售收入7.9亿元。

(三)加快文旅振兴。完善基础功能,加快守口堡4A级景区建设,完成了大泉山村旅游接待中心、大张高铁南站建设。坚持以节促游,举办了守口堡杏花文化、电商杏果采摘、长城油菜花海等旅游节庆活动。发展乡村旅游,新建旅游乡村个。全年接待游客331.7万人次,实现旅游收入25.66亿元,分别同比增长22.39%、26.16%。

四、坚持标本兼治,坚决打赢三大攻坚战

(一)巩固提升脱贫成效。严格落实“四不摘”要求,持续用力巩固提升脱贫攻坚成效,年底全县贫困发生率降到0.29%。开展风险防控,聚焦“两不愁三保障”,出台了《巩固脱贫攻坚成效风险防控指导意见》,建立风险防控工作机制,在全省率先开展了贫困人口“回头看”。深化产业扶贫,围绕“4+N”扶贫产业,新建蔬菜大棚1100栋,新发展大吉杏、美国杏李、黄花等特色种植12000亩。发放小额贷款2565万元,超计划任务2.6%。光伏电站到户收益2843.32万元,惠及贫困人口15321人。扎实推进拆旧复垦,累计拆旧复垦80公顷,全市排名第一。强化政策“兜底”保障,发放各类教育扶贫补助351万元,惠及贫困学生1102名;健康扶贫“双签约”签约率100%。激发内生动力,常态化开展扶志、感恩教育受众3.5万人次。向4300多名贫困人口发放自主脱贫奖补基金1020万元。

(二)生态环境实现新改善。坚持“绿水青山就是金山银山”的理念,积极打造“山水林田湖草生命共同体”。开展大气污染防治行动,取缔“散乱污”企业2家,停产治理搅拌站3家,改造低氮燃烧天然气锅炉7家9台,完成山纳橡胶挥发性有机物(VOCs)治理。全县环境空气综合质量继续保持全省前列。开展水环境保护行动,严格落实河长制,完善了环境监督执法机制和水环境监测网络,实施了污水厂提标扩容和污泥处置、县城供水改扩建等9项工程,全县饮用水源地均达到或优于Ⅲ级水体,出境断面水质稳定达到Ⅳ类标准。开展土壤污染防控行动,治理农村生活污水3处,整治露天矿山8家。中央环保督察反馈问题全部完成整改,省环保督查反馈问题已整改6个,污水厂污泥处置问题年底完成。

(三)着力防范化解重大风险。深入推进扫黑除恶专项斗争,核查线索57条,办结34条,移交市扫黑办3条,打掉涉恶犯罪集团1个。开展社会治安隐患大排查大整治活动,取缔黑加油站点1家,关停非法采矿2家,破获刑事案件135起,抓获犯罪嫌疑人71人。开展重点行业领域安全生产大检查,排查消除隐患1392处。开展交通违法行为集中整治,查处交通违法4万起。全县未发生大的安全生产事故和交通事故。

五、全面深化改革,不断激发发展动力

坚持领导带头抓落实。县委主要领导认真落实“四个亲自”要求,主持召开深改相关会议6次,深入乡镇和有关部门围绕改革开展调研30次。突出重点抓改革。紧紧扭住党政机构改革这一重大政治任务,配齐配强领导班子4个,完成人员转隶257名、职能转隶38项。“放管服效”、县乡医疗卫生一体化、农业供给侧等5项考核指标改革项目全部超预期、高规格完成任务。立足实际促成效。全年确立的29项改革事项有序推进,龙泉工业园区“三化三制”改革、供给侧改革等较好地发挥了引领性、整体性、协同性作用。

六、优先保障民生,人民福祉不断增进

人居环境不断改善。完成了阳和大道延伸亮化、同煤热电厂县城供热主管网工程,843套保障房分配到户。民生事业全面保障。城乡居民参保人数16万人,社保卡持有人数25.2万人,参保率持续提高。新增城镇就业3455人,失业登记率同比下降1.81%。实施“全面改薄”项目,新建维修学校48所。保障房小区配套九年一贯制学校及幼儿园建设项目主体工程基本竣工。家庭医生累计签约14.32万人,签约率达53.3%。实施“厕所革命”,新建改建厕所9545座。矛盾纠纷有效化解。推广“枫桥经验”,深入开展信访突出问题“大排查、大起底”活动,排查调处各类纠纷237件,全年无赴省到市集体访,呈现出“一降两升”(信访总量下降,及时受理率、按期办结率上升)的向好趋势。

七、加强意识形态工作,宣传思想文化开创新局面

全面落实意识形态工作责任制,制定意识形态工作作战图,开展校园环境整治、“扫黄打非”等专项行动,检查文化经营单位40家次,查缴各类非法出版物300余件。发现处置各类网络舆情12起。全面推动文化文艺繁荣发展,举办了春节联欢晚会、喜迎新春2019脱贫攻坚书画摄影展等文化活动。编排反映扶贫脱贫事迹的二人台现代小戏14个。全面加强舆论宣传引导。先后在中央、省市主流媒体发表新闻稿件525件,其中中央级媒体刊发60件,省级媒体刊发363件。加强阵地建设,完成了融媒体中心主体工程。

八、加强民主法治建设，汇聚团结奋进的磅礴力量

加强和改进对人大、政协工作的领导。全力支持保障人大、政协依法履职，听取和审议“一府一委两院”专项报告15项，10项民生实事全面落实。支持县政协开展协商、监督，县政协提交的91件提案全部办结。加强和改进统战工作。培训党外干部2批次300余人次。发挥工商联职能作用，动员31家民营企业参与精准扶贫。加强党管武装工作。及时足额发放优抚、安置等款项920万元，解决退役军人就业岗位84个。完成国防教育示范校和国防教育示范村建设，获得省级“双拥模范县”荣誉称号。加强群团工作，深化工会改革，支持工会维护和保障农民工合法权益，依托农民工驿站帮助输出农民工2341人，提供法律援助5起。支持县妇联、共青团加强基层服务型团组织建设。支持党校发挥主阵地作用，全力加强干部教育培训。

（陆 飞）

附：中共阳高县委书记、副书记、常委名单

书 记：冯晓雷

副书记：丁国华 庞 君 杨宏伟（挂职，4月离职）
孙 彦（3月任职）

常 委：姜 荣 王 吉 徐碧洋 兰学欣
李雁侠 蔡杰锋 谢留强 胡吉嵘（3月任职）
武志勇

中共天镇县委

县委书记 王建江

2019年，天镇县委坚持以习近平新时代中国特色社会主义思想为指导，深入贯彻党的十九大和十九届二中三中四中全会精神，认真落实习近平总书记视察山西重要讲话精神，以脱贫攻坚统揽经济社会发展全局，深入推进“3445”发展方略，各项事业取得新进展新成效。全年完成地区生产总值38亿元，同比增7.9%；规上工业增加值3.57亿元，同比增8.2%；固定资产投资23.1亿元，同比降14.3%；社会消费品零售总额13.17亿元，同比增8.6%；一般公共预算收入2.45亿元，同比增72.2%；第三产业增加值20.52亿元，同比增9.1%；城镇居民人均可支配收入24179元，同比增8%；农村居民人均可支配收入8752元，同比增13.8%。

一、紧抓党的政治建设，从严治党呈现新气象

（一）强化政治建设，做到“两个维护”。深入学习贯彻习近平新时代中国特色社会主义思想，引导党员干部增强“四个意识”，坚定“四个自信”，坚决做到“两个维护”。扎实开展“不忘初心、牢记使命”主题教育，抓实“17+8”规定动作。认真贯彻十九届四中全会精神，组建8个宣讲团开展基层宣讲30余场，推动制度优势转化为治理效能。

（二）树立实干导向，建强干部队伍。落实好干部标准，调整干部7批219人，提拔14名扶贫干部，一线提拔7名乡镇主官，推荐表彰46名优秀驻村干部，推选13名担当作为优秀干部，培养后备干部460名，有效激发干部活力。

（三）压实两个责任，狠抓从严治党。问责管党治党不力30人次。运用“四种形态”处理515人次。创新“连片联组”监督，构建县乡贯通的监督体系。完成15个党组织政治巡察。查处腐败案件158件163人，移送司法机关2人。

（四）强化正风肃纪，引深作风建设。查处违反中央八项规定精神21人，处分7人、组织处理14人。查处形式主义、官僚主义问题53个，处分52人、组织处理1人。查处漠视侵害群众利益问题54件，处分29人、组织处理29人。

（五）推进“三基建设”，夯实基层组织。落实基层减负13类47项任务；整顿提升28个软弱涣散党组织；行政村集体经济全部达5万元以上，10万元以上159个；实施村干部学历提升等“三大工程”，优化带头人队伍。

二、紧抓发展第一要务，经济实力迈上新台阶

（一）对标乡村振兴，狠抓三农工作。抓产业升级。深化农业供给侧结构性改革，培育红芸豆、黄花、中药材、蔬菜、高效饲草五个万亩级产业，引进大伟嘉“50万头生猪繁育项目”。抓环境提质。铺开103个村环境提升工程，新建“四好农村路”166公里，巩固提升58个村庄5.44万人饮水安全，完成137个村卫生室建设，改造农村厕所185座。抓治理提效。新建修缮52个村级组织活动场所，文化活动场所全覆盖，推进基层综合文化服务中心建设，开展送图书送电影进农村、进社区、进校园等惠民活动。

（二）聚焦工业振兴，加快转型升级。一是加速能源革命。推进华能、首欣、晋能等40万千瓦风电和22万千瓦光伏项目，山西国际能源5万千瓦、晋能7万千瓦两个项目建成并网，新能源发电总量将突破100万千瓦。二是加快提档升级。落实“转型项目建设年”，推进正方利民装配式建筑产业园二期项目，年生产能力100万立方米，年产值达40亿元。三是狠抓招商引资。积极对接京津冀，以“小鸟成群、百鸟朝凤”理念招引项目，北京呼叫中心、大同泰瑞医药用品等15家企业落地园区，年产值4亿元。

（三）紧扣生态振兴，推动绿色发展。抓植树造林，完成京津风沙源治理6万亩、封山育林2.1万亩、退化林修复5千亩、环京津生态屏障1.5万亩、荒山造林1万亩，村庄绿化8

个。抓生态修复,推进常态化巡河,加强水环境治理,完成5公里南洋河核心段生态修复治理,宣家塔国考断面达地表水Ⅳ类。抓治污保绿,完成污水处理厂提标改造和广厦热力超低排放改造,新建污水处理厂加快推进,完成6个村煤改电工程,二级以上优良天数占比89.1%。

(四)立足文旅振兴,放大资源优势。推进古城改造,南大街复古改造全面完成,慈云寺周边改造有序推进,与工人文化宫、一中教学楼融合互动,初现魏唐文魂和古风古韵。推进文旅开发,50公里"长城一号"旅游扶贫公路建成通车,李二口"农民丰收节"成为全国70地融媒体直播点,叫响文旅名气,为长城文旅开发打开格局。推进资源开发,恐龙玉石研究院启动运行,挖掘开发恐龙化石、天镇玉等独特资源,资源禀赋逐渐转化为发展实力。

三、紧抓脱贫头号工程,群众福祉有了新提升

(一)突出政治统领,压实攻坚责任。以战略战术战场"三位一体",推进责任政策工作"三落实"。纵向建立县乡村三级指挥体系,统筹布局推进,乡村每周调度落实。横向划分12个乡镇攻坚战区,紧抓贫困村一级战斗单元、非贫困村二级战斗单元。定向构建领导干部、机关单位等"五帮联动"机制,6100名干部结对帮扶、尽锐出战。

(二)聚焦问题整改,下足绣花功夫。紧盯"两不愁三保障",推行"六阶十八步"工作法,压实县级领导、乡镇党政正职等6个层面责任;推行"三打六十攻",打好"三率一度"、脱贫成效、问题整改3大战役,瞄准精准帮扶等60项攻击点位,逐一补齐短板;组建"尖刀组""别动队",一线督落实、促整改,促进干部作风、脱贫质量"双提升"。

(三)攻坚深度贫困,锻造精品典型。坚持严管厚爱相结合,激发一线攻坚积极性。落实"一县一策",整合涉农资金,对接帮扶资金,真金白银投入扶贫领域,实现总量、增幅"双增长"。打响住房安全、产业突围等7个大决战,探索出"万家乐"融入社区、"农业认养"消费扶贫等9个典型,受到7个国家部委肯定,在全国交流推广。

(四)落实精准方略,全面冲刺决胜。啃下全省任务量第二的易迁危改"硬骨头",拿下公路公交"村村通",农村危房彻底清零,健康扶贫全面覆盖,教育扶贫无一遗漏,政策兜底无缝衔接,脱贫退出指标全部完成,贫困发生率下降到0.42%。2019年12月,顺利接受第三方评估验收。

四、紧抓改革第一动力,转型升级积蓄新动能

(一)深化"放管服效"改革。推进"互联网+政务服务",抓好政务服务网"四级四同"梳理录入,强化"互联网+监管",建立企业开办服务模式,营造"六最"营商环境。

(二)推进财税体制改革。落实减税降费政策,推进财政事权与支出责任划分,加强预算绩效管理,清理规范行政事业性收费,建立扶贫绩效目标动态监控体系。

(三)深化医疗卫生一体化改革。实施行政、人员、资金、业务、绩效、药械"六统一"管理,推进医疗保险一站式结算,实行"1+1+1"家庭医生签约服务,形成县乡村三级联动医疗服务体系。

(四)推进学区制教育改革。加快义务教育一体化和学区制管理步伐,发挥8个义务教育学校联盟作用,开展同课异构研讨活动,推进优质高效示范课例"送课下乡",县"留守儿童之家"作为典型在全市推广。

五、紧抓民生第一关切,为民服务开创新格局

(一)教育强县工程。发放学前、义务教育贫困资助金2088万元,发放高中、职中助学金和大学新生补贴1.61亿元。学前儿童入园率95.09%,小学入学率100%,初中毛入学率100%,完成"全面改薄"工程。二本以上达线533人,比去年增加119人,600分以上6人。

(二)医疗卫生工程。落实"三保险三救助"和"136"政策,救治大病患者364人,慢病管理7568人,重病兜底保障430人,1.21万人完成"双签约"。

(三)社会保障工程。落实社会保险政策,9776户1.5万贫困人口纳入农村低保和特困供养。3.81万贫困人口参加养老保险,参保率100%。失能老人、高龄老人、困难残疾人生活补贴和重度残疾人护理补贴全覆盖。

(四)就业增收工程。开展全民技能提升培训135期6179人,城镇新增就业2929人、再就业1844人,就业困难人员就业396人,转移农村劳动力3046人。

(五)精神文明建设工程。评选文明学校10所、文明村34个、文明家庭489户;推荐山西最美志愿者4人,申报省级学雷锋志愿活动站点10个,举办迎"两节"群众文化活动等大型活动12次。

六、紧抓稳定第一职责,平安建设取得新成效

(一)民主政治不断加强。支持人大依法行使职权,支持政协协商议政;深化统一战线"凝心行动",抓好民族宗教工作,加强民主党派和无党派人士团结合作;支持工青妇等人民团体开展工作。坚持党管武装,推进军民融合发展。

(二)平安创建扎实有效。开展四季严打整治,打掉黑社会性质犯罪集团2个,捣毁犯罪集团1个,异地侦破黑社会性质组织1个,打掉恶势力团伙1个。

(三)综治维稳全面加强。推进综治中心规范化建设,改造乡镇便民服务大厅,精简社会治理网格,优化网格员队伍,社会治理经验入选"礼赞祖国·社会治理创新典范暨第五届加强和创新社会治理成果交流会"案例。

(四)安全生产态势平稳。落实安全生产责任制,强化重点领域、重要行业监管,全面排查整治安全隐患,群众安全感、满意度显著提升。

(刘　佳)

附:中共天镇县委书记、副书记、常委名单

书　记: 王建江

副书记: 刘川楠　梁　军　李克亮

刘玉柱（3月任职）
蒋　煜（挂职，3月离职）
常　委：高　伟　谢日升　张建明　宋桂珍
王　兴　赵良斌　唐立波

中共浑源县委

县委书记　赵　宇

2019年，浑源县委高举习近平新时代中国特色社会主义思想伟大旗帜，全面贯彻党的十九大和十九届二中、三中、四中全会精神以及省委市委决策部署，深入实施“1234”发展战略，全县呈现出党的建设全面加强、经济逐步复苏、改革有序推进、民生持续改善、社会和谐稳定的良好局面。全年完成地区生产总值48.84亿元，第三产业增加值29.65亿元，规模以上工业增加值1.99亿元，一般公共预算收入1.57亿元，固定资产投资额44.32亿元，社会消费品零售总额40.60亿元，城镇常住居民人均可支配收入达到24929元，农村常住居民人均可支配收入达到9151元。

一、持之以恒学习贯彻习近平新时代中国特色社会主义思想，始终与党中央同心同行

一是突出政治建设，增强政治定力。把深入学习贯彻习近平新时代中国特色社会主义思想作为首要政治任务，自觉坚持党的基本理论、基本路线、基本方略，带头增强“四个意识”，坚定“四个自信”，做到“两个维护”，坚决与以习近平同志为核心的党中央保持高度一致。二是拓展学习载体，提升理论素养。建立县委常委会学习习近平新时代中国特色社会主义思想制度，全年学习38次；举办了《习近平新时代中国特色社会主义思想学习纲要》报告会、党的十九届四中全会精神报告会等，县四套班子领导带头开展“理论下基层”活动；组织党政机关干部参加了庆祝中华人民共和国成立70周年百题知识考试。

二、扎实开展“不忘初心、牢记使命”主题教育，走好新时代“赶考路”

一是强化思想引领。县四套班子开展准备阶段集中学习研讨2次，各级领导班子和领导干部开展集中学习研讨3次，讲授了专题党课，召开了学用习近平新时代中国特色社会主义思想经验交流会。二是深入调查研究。各级领导班子和领导干部形成调研报告540篇，梳理问题1128条，已解决1026条，100余条建议转化为决策措施。三是提升“三服务”水平。开展了提升农村特困老人养老照护水平、解决房屋权属登记历史遗留问题等11项专项行动，解决事项511个。四是深化检视整改。四套班子检视问题335个，各级领导干部检视2567个；认真落实“8+5”专项整治整改，坚持问题整改与专项整治同步推进，整改问题2643条，为群众办实事2800余件。

三、牢固树立新发展理念，激发县域经济活力

一是扎实推动乡村振兴，推动现代农业高质量发展。推广杂粮渗水地膜覆盖种植8.5万亩，建设省、市级旱作农业示范片2000亩；黄芪种植面积达到28万亩；现代化食用菌产业园区产量突破380万斤；完成了14个农产品“三品一标”认证；农产品加工企业销售收入6.12亿元。二是扎实开展工业振兴，提升新旧动能转换速度。年内新建续建项目91个，完成投资41.84亿元，其中转型项目28个，完成投资9.36亿元。风电、光电项目分别建成并网发电50万、28.06万千瓦；培育规上工业企业5家，对2家民营企业进行技改升级。三是扎实开展文旅振兴，打造全域旅游新格局。打造了贯穿“探岳之旅”旅游路线、《神溪记忆》大型山水实景演出；推进恒山5A景区创建，跻身山西省创建5A景区名列；成功申报了5个省级旅游扶贫示范村和2个省级旅游示范村；借助成龙“巨星效应”加强文旅推广。全年旅游门票收入5807.5万元，旅游综合收入98亿元。

四、坚决打好三大攻坚战，补齐经济社会发展短板

一是坚决打好精准脱贫攻坚战。全面完成45个贫困村退出、7550名贫困人口脱贫任务。紧盯“两不愁”，打造中小药材、乡村旅游、杂粮、养殖、蔬菜、光伏“六大产业”，分别带贫4300户、4600户、6410户、1.1万人、2685户、9054名。紧盯“三保障”，18个易地搬迁安置点全部完工并入住，改造农村危房10775户；学龄前儿童入园率97.8%，义务教育无因贫辍学学生；村卫生室全部达标，贫困人口基本医疗保险参保率100%，因病致贫、返贫户“双签约”率100%。紧盯“防返贫”，开展四人小组六排查和户户清专项行动，对脱贫人口开展动态监测。紧盯“五貌”，推动全县乡村面貌发生了根本性、历史性转变。二是坚决打好防范风险攻坚战。扫黑除恶专项斗争深入推进，打掉黑社会性质组织1个、恶势力集团5个、团伙1个，累计冻结资产283余万元；完成了农信社改制化险；全年发生安全生产事故6起，同比减少11起。三是坚决打好污染防治攻坚战。强力推进矿山生态修复，出台了《关于贯彻习近平生态文明思想加快推进全县采矿区自然生态修复的决定》，成立了矿山生态修复总指挥部，组建了生态文明建设投资有限公司，筹集修复资金基金6亿多元，累计完成治理面积4.04万余亩，全面实现一年覆绿目标。守护蓝天碧水净土，新增集中供热面积35万平米，二级以上天数增加

47天;小辛庄断面水质退出劣Ⅴ类,完成了污水处理厂扩容提标改造;对25家地块进行了污染隐患排查。

五、纵深推进全面深化改革,激发转型发展澎湃动力

一是顺利完成党政机构改革,对表对标省市党政机构改革,制定了"三定方案"、确定了领导班子、完成了转隶组建等,改革后设置党政机构37个。二是深化"放管服效"改革。采集全县各单位和乡镇电子印章80枚,优先实施许可事项网上办理;推动国家"互联网+监管",29家单位认领发布事项832条;推进"证照分离"改革,推进电子商务经营规范登记;梳理22家单位331项行政事项,"一枚印章管审批"基本形成。三是推进财税体制改革。调整和优化支出结构,压减一般性支出390多万元,集中用于脱贫攻坚;深入开展"双降"行动,负有偿还责任的政府债务6.10亿元,低于省财政厅限额;为全县1788户纳税人减税2490万元。

六、持续保障和改善民生,提升群众幸福指数

民生支出占全县一般公共预算支出的92.06%,同比增长25.42%。一是完善民生保障。完成了乡镇初中布局调整、中小学校长竞聘上岗等改革,中考、高考取得双丰收;县乡医疗卫生机构一体化改革提速增效,城乡居民医保参保率100%;低保、五保标准分别提到4710元/年、6132元/年;举办大型招聘会35场,提供就业岗位8000多个。十件民生实事全部办结。二是提升城市管理水平。县城建成区累计铺设地下管网132千米、道路111千米,公共供水普及率89%,绿地率38.56%,城镇常住人口低收入家庭住房保障全覆盖;扩展保洁面积10.4万平米,县城垃圾无害化处理率100%。三是巩固和谐稳定大局。圆满完成了全国"两会"、中华人民共和国成立70周年大庆等时段维稳任务;化解上访苗头140起,预防、制止各类群体性事件133批次3484人,调解较大矛盾332起;强化县乡村三级综治中心规范化建设,累计受理事件6122件,处置率92.16%。

七、加强宣传思想文化工作,凝聚起向上向善的磅礴力量

一是严格落实意识形态工作责任制。县委常委会会议专题研究4次,组织全县党(工)委书记开展了意识形态述职,对18个乡镇、26家县直单位开展了意识形态评比考核。二是提升引导舆论水平。健全互联网管理机制,发布舆情引导1.5万条,清理有害信息8186条;推出"聚焦脱贫事 携手奔小康"微电影1部、微视频20部;深化精神文明创建,蔡村镇碾槽沟村王春芳入选"感动山西"十大人物候选人,驼峰乡梨园村温淑琴家庭获评山西省"最美家庭",浑源县荣获山西省双拥模范县称号。三是稳步推动文化繁荣。围绕庆祝新中国成立70周年开展文艺活动46场次、送戏下乡120场;组建了县融媒体中心,县乡村三级公共文化服务网络全部建成;制作了《浑源》纪录片、《浑源》画册、《影像浑源》等书刊;烧酒制作技艺艺人于梓、正北芪加工技艺艺人康尧、北岳恒山祭祀活动传人张建德被确定为第五批省级非遗传承人。

八、巩固发展民主法治建设,提升治理现代化水平

一是民主政治建设深入开展。支持人大及其常委会依法履职,全年作出决议决定9项,规范建成人大代表联络站21个、联络点43个;支持政协依法依章履职,征集提案99件,立案办复95件;支持法院、检察院依规依章履职尽责;广泛联系各民主党派、工商联、无党派人士,做好民族宗教工作;群团改革深入推进。二是依法治县进程扎实推进。成立县委全面依法治县委员会,完成了法制工作职责划转和市场、农业、文化、交通综合行政执法改革。完善县乡村三级公共法律服务中心实体平台,连通了乡镇司法所和各司法工作站。纵深推进"七五"普法,开展了宪法宣传周、"三下乡"等活动。三是深入落实党管武装重大要求。定期召开县委议军会议、国动委例会,成立了军地合署办公室。代表大同市接受省军区民兵整组检查验收,受到省军区通报表彰;组织国动委成员单位参加了国防动员演练,承担了军分区应急力量基地化轮训任务。

九、深入贯彻新时代党的建设总要求,拧紧管党治党螺栓

一是从严落实党建责任。召开县委常委会会议32次,研究党建工作28次。以全面从严治党为主题召开了县委十五届六次全会,部署开展了肃清张清河腐败流毒影响警示教育,就履行主体责任等约谈了60人次。二是逐步规范组织建设。制定"三基建设"工作实施方案,"争旗提档"活动授旗党组织153个,分领域打造党建示范点65个,评定五星党支部12个,扶持发展壮大村级集体经济试点村27个,转化升级软弱涣散农村党组织37个。三是建设过硬干部队伍。制定出台浑源县五年干部教育培训规划,培训党员干部1397人次;培养使用优秀年轻干部75人;"两选一报一评"评议干部14人。四是保持反腐高压态势。全年处置问题线索420件,增长36.36%;立案149件,结案123件,给予党纪政务处分120人,运用监督执纪"四种形态"处理383人次,增长15.36%。查处违反中央八项规定精神案件11起、群众身边腐败问题案件139件。完成了十五届县委第四轮统筹巡察,稳步推进第五轮统筹巡察,有序开展第六轮巡察。

(侯　瑞)

附:中共浑源县委书记、副书记、常委名单

书　记:赵　宇

副书记:王继武(2月,因履行全面从严治党主体责任不力、落实中央关于生态文明建设的重大决策部署不坚决不彻底被免职。)

高　莹(2月任职)　谢志海(8月离职)

赵昱清(8月任职)　李秀生(挂职,3月离职)

杨　霄(挂职,3月任职)

常　委:赵　亮(1月,因对抗组织审查、违反中央八项规定精神、受贿、矿山秩序监督失职失责被撤职。)

张　军　白金义(7月离职)　于海滨

黄姝琦(女,1月离职)　王晓峰(12月离职)

乔正南(7月任职)　李启忠

王小军(10月任职)　张文陆(12月任职)

中共灵丘县委

县委书记　张　强

2019年,灵丘县委高举习近平新时代中国特色社会主义思想伟大旗帜,深入学习贯彻习近平总书记"三篇光辉文献"精神和党的十九大和十九届二中、三中、四中全会精神,按照党中央和省委、市委部署要求,统筹推进稳增长、促改革、惠民生、防风险、保稳定各项工作,全县经济社会实现平稳健康发展。

一、深入开展"不忘初心、牢记使命"主题教育,推动全县工作再上新台阶

深入贯彻落实中央和省委、市委"四个注重""四个到位"和"四个贯穿始终"的要求,县四套班子领导引领各级党员领导干部讲授专题党课1196场,开展"守初心、访贫困,找差距、抓落实"集中调研2次,形成专题调研报告28篇。各乡镇各单位班子成员立足岗位职责开展调查研究,形成调研报告699篇,全县各级党组织召开调研成果交流会112场,深入开展"三服务"为群众办实事173余件,基层党组织承诺践诺21723件,开展志愿服务19837次。全县各级党组织深刻检视剖析出县处级领导班子问题64条,处级领导干部个人问题317条,科级领导班子问题512条,科级领导干部个人问题1642条。认真抓好"8+5"专项整治,开展了3轮次明察暗访,处理顶风违纪问题2案5人;查处漠视侵害群众利益问题案件6起,党纪政务处分6人;查处形式主义、官僚主义问题50起;研究确定了35个软弱涣散整顿对象,按照"一村一策"全部完成整顿;抓获涉黑涉恶在逃人员7名,破获"黄赌毒"案件9起;完成环境保护问题整改27个,立案处罚企业8家;完成大讨论"对标一流整改提升清单"问题整改432条。

二、坚定不移贯彻落实新发展理念,不断开创县域经济转型新局面

(一)工业振兴深入推进。全力推进能源革命,全县清洁能源规划装机总容量达到1725MW,已并网发电305MW,在建426MW。大力发展新兴产业,总投资200亿元的秦淮数据环首都·太行山能源信息技术产业基地项目累计完成投资40亿元,1、2期机房已交付使用,3、4期机房已开工建设;总投资1.3亿元的库邦生物医药中间体、总投资1亿元的喜越建材多孔砖等项目试产;总投资5亿元的通航产业园项目开工建设;总投资10亿元的生物产业园项目已签约。

(二)文旅振兴融合发展。加快旅游县城建设,振华街外立面改造和唐河尚府—唐河绿洲街景改造全部完成,建设了《胡服骑射》、御射台、马头关等8个标识点,在庄头建设高标准接待中心1座。加快旅游宣传推介,举办了第十三届平型关文化旅游节,推出国庆70周年《灵丘风景美如画》专题片和"灵山秀水—这就是灵丘"主题摄影展,实施了"乡村文化记忆工程"及杨庄村红色旅游宣传推广项目。2019年,灵丘县全域旅游示范区通过初审验收,全年旅游总收入完成29.68亿元,同比增长22.39%;接待游客360.47万人次,同比增长16.87%。

(三)乡村振兴步伐加快。成功举办了第六届"车河国际有机农业论坛",实施了旱作农业区农牧绿色融合项目,建设了有机农业县级追溯中心以及车河、龙渠沟、月亮湾等7个智慧农业示范基地,灵丘入选山西省第二批有机旱作农业示范县,在中国有机三十年大会上荣获全域有机创新奖,被太原海关、山西省农业农村厅认定为"出口食品农产品质量安全示范区"。加快"三品一标"认证,发布了县域公共品牌"灵秀灵丘",全县共认证有机产品41个,绿色农产品9个,无公害农产品8个,灵丘大青背山羊获农业农村部地理标志保护认证。创建省市级改善农村人居环境示范村3个、市级乡村环境提升示范村25个。2019年7月,全省攻坚深度贫困推进乡村振兴现场会在灵丘召开,12月,灵丘成功入选全国乡村治理体系建设首批试点单位。

(四)改革活力持续激发。党政机构改革顺利完成,基本形成系统完备、科学规范、运转高效的机构职能体系。"放管服效"改革持续深化,"一枚印章管审批"正式启动,有力地破解了群众和企业"办事难"问题。农业农村改革不断深化,完成了12个乡镇、249个行政村的清产核资工作,流转土地面积11.57万亩,占总耕地面积的22.6%。以灵丘县被商务部评为国家级电子商务进农村综合示范县为契机,推进全县贫困村电商服务全覆盖,网络交易额完成2.48亿元,农特产品网络零售额达到235万元。

三、坚决打好三大攻坚战,为决胜全面建成小康社会打下坚实基础

(一)持续巩固脱贫成效。全面落实习近平总书记在解决"两不愁三保障"突出问题座谈会上的重要讲话精神,全力实

施党建引领聚力、产业扶贫固本、社会保障筑网等巩固提升“八大行动”，实施了27个村饮水安全巩固提升和维修养护工程，解决了4930、824头大牲畜的饮水安全问题；投入产业扶贫资金1.1亿元，发展黄花1万亩、食用菌205亩，实施中药材种植、杂粮加工、牛羊养殖等科技扶贫项目11个。2019年，全县脱贫332户768人，贫困发生率降至0.26%。

(二)风险隐患有效控制。全面落实国家总体安全观，上报情报信息698条，专项舆情引导信息1093条，删除封堵有害信息230余条。建立了政府债务风险预警机制，在严格控制政府性债务增长的同时，实行政府债务动态管理，切实防范和化解财政金融风险。纵深推进扫黑除恶“三打三治”，打掉黑社会性质组织1个、恶势力犯罪集团1个、恶势力犯罪团伙7个，抓获团伙成员63人，抓获逃犯52人。

(三)生态环境持续改善。治理无组织排放企业7家，取缔拆除“散乱污”企业9家，取缔县城控制区内露天烧烤点7家，完成3680户“煤改电”工程和322户“煤改气”工程。所有在营加油站双层罐改造工程全部完成，完成8个水污染防治重点工程，在花塔村、王庄堡村建设了自动水质监测站并投入运行。全面清理整治唐河、沙河、大东河等主要河流和21条乡管河流，清理河道160.7公里，沟渠23.9公里，外运各类垃圾和废弃物1.6万立方。全年县城空气质量二级以上天数达到259天。

四、坚持以人民为中心的发展理念，切实增强人民群众幸福感和获得感

(一)社会保障坚实有力。全面落实就业政策，城镇新增就业2948人，农村劳动力转移就业2903人。实施全民参保登记，城乡居民养老保险参保13.9万多人，扩面新增3090人，参保率100%。强化社会救助能力，发放城乡低保金550万元、特困人员供养金1350.1万元、医疗救助金276.9万元、临时救助金161万元。全面落实医疗保障帮扶政策，跨省就医实现直接结算，医保打包付费全面落实，医疗费用增长控制在10%以下。

(二)城乡建设日臻完善。大县城建设稳步推进，青年路、马走线道路改造工程和富强大道建设工程正在有序实施，规划展览馆投入使用。农村危房改造完成6850户，实现了全县农村危房改造任务“静态清零”和“动态保障”。农村住房建设试点扎实推进，聘请山西城乡规划院编制完成了《灵丘县农村住房设计参考图集》和《灵丘县农村住房建设试点工作实施方案》。红石塄乡上沿河村人选全国开展美好环境与幸福生活共同缔造活动第一批精选试点村名单。

(三)社会大局和谐稳定。开展了“春季攻势”“冬季严打”等系列严打行动，共立刑事案件305起、破案119起，查处各类治安案件507起，处理违法人员276名。开展禁毒人民战争，破获毒品刑事案件10起，巩固保持了连续五年毒品原植物“零种植、零产量”的工作目标。学习借鉴“枫桥经验”，深入开展矛盾纠纷多元化解工作，排查受理各类矛盾纠纷696起，调处688起。信访工作开展县四套班子领导大接访活动24次，接待来访群众334批1370人次。全县非煤、危化、冶金等行业安全生产继续保持稳定态势。

五、坚持全面从严治党，政治生态保持持久风清气正

(一)政治建设更加牢固。始终把学习贯彻落实习近平新时代中国特色社会主义思想和习近平总书记视察山西重要讲话精神作为长期战略任务，不折不扣地贯彻执行《中共中央政治局关于加强和维护党中央权威和集中统一领导的若干规定》《中共中央关于加强党的政治建设的意见》《中国共产党重大事项请示报告条例》，增强“四个意识”，坚定“四个自信”，做到“两个维护”。牢牢把握意识形态工作主动权，确保了灵丘各项事业始终沿着正确的方向前行。

(二)理论武装不断强化。深入开展“改革创新、奋发有为”大讨论，高位推进“不忘初心、牢记使命”主题教育，教育引导全县干部群众信心百倍坚持中国共产党的领导。积极培育和践行社会主义核心价值观，大力弘扬奉献友爱互助进步的志愿精神，葛才贵成功入选学雷锋志愿服务“四个100”先进典型。唱响礼赞新中国主旋律，成功组织了庆祝新中国成立70周年系列活动。县级融媒体中心建设顺利推进，舆论宣传引导水平进一步提升。加快全国新时代文明实践中心试点县建设，组织开展实践活动285次。

(三)队伍建设持续加强。聚焦“二十字”好干部标准，坚持重公论、重实绩、重基层的用人导向，积极实施“源头、壮骨、墩苗、选配、严管”五大工程，全年共调整干部9批133人，其中提拔重用脱贫攻坚一线干部10名。正向激励引导干部担当作为，结合年度目标责任考核，选树了19名县级担当作为先进典型，有力地激发了干部干事创业的热情。

(四)“三基建设”稳步推进。建立健全县乡(镇)党委书记党建问题、任务、责任“三个清单”。249个行政村党组织书记兑现承诺事项3856项。评星定级共产党员户5713户。高标准建设灵丘县党群服务中心和26个农村（社区）党建示范点。加强移民搬迁村党组织建设，新成立移民搬迁村党支部1个、党总支1个。深入开展非公和社会组织重点领域党建覆盖质量提升行动，全县非公企业党组织覆盖率达到95.6%，社会组织党组织覆盖率达到91%。

(五)正风肃纪持续发力。推动“两个责任”落实，围绕管党治党政治责任落实强化监督，全年因责任落实不到位问责党员干部22人。保持反腐高压态势，坚持挺纪在前，抓早抓小、防微杜渐，精准运用“四种形态”处理415人次。开展扶贫领域不正之风和腐败问题专项整治，查处涉及扶贫领域腐败和作风问题案件33件，给予党纪政务处分30人，批评教育3人。扎实推进巡察全覆盖，完成了县委第四轮巡察的收尾工作，开展了县委第五轮巡察。

（孙海军）

附：中共灵丘县委书记、副书记、常委名单

书　记：张　强

副书记：罗永山　张学梅(女,8月离职)
郝　炜(8月任职)　夏　祯(挂职,3月离职)
吴　斌(3月任职)
常　委：李大军　于　君　白　洁(女)　孙为军
李青春　李少波　郝宝玉　阚宝奎(5月离职)
严　石(5月任职)

中共广灵县委

县委书记　李润军

2019年，广灵县委高举习近平新时代中国特色社会主义思想伟大旗帜，深入学习贯彻习近平总书记“三篇光辉文献”精神，全面贯彻党的十九大和十九届二中、三中、四中全会精神，按照省委、省政府和市委、市政府部署要求，持续引深“11255”发展思路，统筹推进稳增长、促改革、调结构、惠民生、防风险、保稳定各项工作，团结带领全县党员干部群众勠力同心、锐意进取，不断在“两转”基础上全面拓展党的建设和党的事业新局面。

一、加强党的建设，夯实党建根基

(一)以模范带头压实责任担当。县委常委会专题研究党建工作议题21个;3次约谈乡镇党委书记和县直部门党组书记,压实压紧县乡村“三级书记”抓党建责任;组织开展贯穿全年的“大学习、大调研、大提升”活动,征询和查摆问题8771条,经逐级研判,全部有效破解。

(二)以主题教育推动党建有序开展。对“不忘初心、牢记使命”主题教育严格审核把关,根据不同层级、不同领域、不同对象,开展分类指导;创新“1+N”学习交流研讨,保证学习质量和效果。扎实开展中央和省委专项整治整改工作,深入开展“三服务”,切实行动把党的好传统、干部好形象树在百姓心坎上。坚持“开门搞教育”,扩大群众参与、接受群众监督、邀请群众评判。

(三)以“三基建设”引深基础工作。实施县乡党建“书记项目”20个,农村党支部书记承诺“四诺四评”事项3612个;“两新”党组织覆盖率达到95%和88%,2家非公企业党组织分别被授予省级和市级“双强六好”示范党组织称号;利用“党建云视频平台”定时讲学、验学,配强村“两委”主干,评选“农村致富带头人”106名,培养和发展村级后备干部378名。

(四)以专项治理强化正风肃纪反腐。开展漠视侵害群众利益问题专项整治和扶贫领域腐败以及作风问题专项整治,“惩治极少数”和“管住大多数”同步拓展,进一步推动政治生态朝着持久风清气正迈进,全面构筑不敢腐、不能腐、不想腐的思想堤坝和制度防线。

二、统筹经济社会，增强发展活力

(一)不断强化改革质效。深化农村改革,抓好农村承包地“三权分置”,完成全县172个行政村土地确权工作,建成三级土地流转交易平台;推进农村集体产权制度改革,清理核定集体土地166.7万亩。推进集体林权改革,稳妥流转集体林权，流转林地1157.3亩；发放森林生态效益补偿金251.29万元,政策性森林保险实现全覆盖。深化财税体制改革,全面落实减税降费政策举措,实施普惠性税收减免。压减一般性支出10%,确保公共财政预算收入实现快速增长。创新金融服务机制,签署全市第一个服务小微企业信贷“政银担”合作协议,发放了首笔“政银担”贷款。支持企业股改上市,4家企业实现“小升规”,10家企业成功申报“专精特新”项目,成功申报为山西省资本市场县域工程试点县。深化“放管服效”改革,新建政务服务中心,划转行政审批事项251项,实现“一枚印章管审批”。深化用地改革,完成2019年度国有建设用地供应79.94公顷。深化医保支付方式改革,与18家定点医疗机构和33家定点零售药店签订医疗保险服务协议。

(二)全力决胜深度贫困。深入学习贯彻习近平总书记关于扶贫工作的重要论述,引深实施“335”攻坚法,全县退出贫困村15个,脱贫4775人,贫困发生率降至0.49%,贫困县退出14项指标全部达标，脱贫攻坚战全线告捷。突出产业带动。以“大同好粮”为牵引,打响叫亮“广灵小米”“广灵豆品”“壶流文旅”“广灵巧娘”等“金字招牌”,培育发展县级扶贫龙头企业13家,实施扶贫“引擎”项目17个,带动近两万名贫困群众稳定增收。促进就业创业。开展“三个一”培训,搭建县乡就业平台,累计输出3890名贫困劳力稳定就业;授牌成立“扶贫车间”109家,2937名贫困人口在家门口就业增收。做实易地搬迁。高标准建成6个易地搬迁安置点,搬迁入住率100%;发展“飞地”黄花6400亩,建设7个后续扶持产业园,带动1129名搬迁群众换上新业。推进教育扶贫。落实控辍保学政策,兑现各类资助金991万元,资助学生1.44万人次,上不起学成为历史。落实兜底政策。农村低保提标至每人每年4350元,实现符合条件的贫困人口应保尽保。助力乡村振兴。常态化开展“美丽家园”建设深化行动,持续实施乡村提升工程,成功打造以古堡涧西、山水白羊等为代表的30个市级乡村环境提升示范村,实现行政村“水电路网学医车浴磨”巩固达标全覆盖。

(三)积极推动产业转型。深入贯彻新发展理念,落实高质量发展要求,深挖县域资源禀赋,着力打造多元产业支撑新格局。农业经济活力释放。深化农业供给侧结构性改革,出台县级惠农奖补办法,引入新大象等规模养殖企业,推进食用菌省级现代农业产业园、优质杂粮基地等园区和基地建设,倾力做强“杂粮、菇菜、畜禽、杏果”四大主导产业,推动农业朝着标准化、规模化、产业化方向发展。同时,深化“院(校)县合作”,高标准建设广灵县食用菌示范推广中心,全力打造“广字号”功能产品,完成“三品一标”认证产品15个。工业经济质效齐升。提速提效创建省级经济技术开发区,全力推进循环经济、高新技术等园区建设,20余个项目集聚园区,投资规模近80亿元。同时,积极开展“前期手续集中办理”“百日百项开工”等专项活动,全年实施重点工程项目37项,完成投资32.84亿元;引进项目22个,其中开工13个,落地2个,正在推进7个。文旅产业深度融合。成功打造乡村旅游点和农家乐8家,圆满举办第三届广灵湿地文化节,电影《奔跑的鸭蛋》在广灵全程拍摄,2019年全县旅游业总收入达到40.52亿元。

(四)大力保护生态环境。深入践行习近平总书记“两山”理念,持之以恒护蓝增绿,铁腕治污,全力建设“域美广灵”。坚持不懈植树播绿。紧盯增绿增收互促双赢目标,推进实施林草九大重点工程,全年累计造林6.69万亩,森林覆盖率达到24.6%。加大生态治理力度。投资2590万元,实施壶流河河道治理工程;投资2755.124万元,实施矿山环境恢复治理工程。坚定不移铁腕治污。坚决取缔散乱污企业,打好污染防治攻坚战,县域空气质量二级以上天数290天;县城饮用水水源地一、二级保护区和9个乡镇饮水水质达标率100%。

(五)始终践行为民宗旨。始终践行以人民为中心的发展思想,持续加大民生投入,落实为民举措,不断提升人民群众获得感和幸福感。优先发展教育事业。持续深化教育教学改革,修订《广灵县教育教学工作激励办法(试行)》,开展集团化办学和联片教研,推进县域教育优质均衡发展。投资3.5亿元,全面启动全封闭高中建设;筹资470万元实施“校园安保”工程,筑牢校园安全防线;补充招录教师121名,优化师资结构。全县高考二本B类达线率达43.62%,6名学子被清华、北大录取,教育教学质量实现跨越式发展。大力推进卫生健康事业。加快县医疗集团县乡村医疗机构一体化信息化建设,完善新型公共医疗卫生服务体系;妇幼保健工作与疾病防控工作稳步开展,新建、修缮村级卫生室136个。提质推动城乡建设。实施棚户区(城中村)改造货币化安置项目和涧东新区新建棚户区安置房项目,推进路灯维修、雨污管道改造、道路整修等市政设施配套工程建设;在完成7878户农村危房改造任务的基础上,投资2.2亿元,全面启动“安居工程”,累计“清零”C、D级存量危房12865户,实现了住房安全全覆盖。实施文化惠民工程。全年开展文化主题活动30余场,送戏下乡266场;加快建设县级融媒体中心,推动农村综合文化场所标准化建设,新建活动室87个、文化广场39个、戏台64个;实施“乡村文化记忆工程”,涧西村成为全省首批“AAA级乡村旅游示范村”,被评为第五批中国传统村落,成功入选全国乡村治理示范村候选名单;八角地木偶戏入选第五批国家级非遗备选项目。全面提高社会保障水平。落实就业创业政策,新增城镇就业2985人,农村劳动力转移就业2863人;创新养老保险认证和缴费方式,提供“一站式”快捷服务,加强社会救助,完善城乡低保、特困人员供养等多层次社会保障体系。

(田广源)

附:中共广灵县委书记、副书记、常委名单

书　记:李润军

副书记:王丽萍(女)　孟德昌

秦爱民(挂职,4月离职)

郭乐平(挂职,4月任职)

常　委:王崇虎　曹　辉(11月离职)

杜红梅(女,11月任职)　李贵峰

赵昱清(9月离职)　王永峰(10月任职)

刘玉清(女)　王　军

中共左云县委

县委书记　尹海斌

2019年,左云县委高举习近平新时代中国特色社会主义思想伟大旗帜,深入贯彻落实党的十九大和十九届二中、三中、四中全会精神,紧紧围绕省委、市委部署要求,一以贯之全面从严治党,统筹推进稳增长、促改革、调结构、惠民生、防风险、保稳定各项工作,在“两转”基础上全面拓展出崭新局面。

一、坚决贯彻新时代党的建设总要求,全面从严治党走向深入

(一)高举旗帜维护核心。中心组集中学习37次,印发了《关于进一步严格执行重大事项请示报告制度的通知》,以高度政治自觉增强“四个意识”,坚定“四个自信”,坚决做到“两个维护”。重温“三篇光辉文献”,健全完善习近平总书记重要指示批示落实办理和“回头看”等工作机制,中央巡视和环保、宗教、扫黑督查,以及省委巡视、省环保督查反馈问题全部整改到位,人防系统腐败问题专项治理深入开展。精心组织开展“改革创新、奋发有为”大讨论,党员领导干部形成“查摆问题、整改举措及责任清单”446条,“对标一流下一步打算清单”349条,持续对标整改落实。

(二)扎实开展主题教育。全县476个基层党组织,7555名党员、564名科级干部和27名县级干部全员覆盖。层层开

展集中学习研讨3次,召开学用交流会1426场,349名党员领导干部讲授专题党课,5300余人次分赴9个乡镇接受革命传统教育,思想政治素质有了新提升。各级领导干部征求意见594条,梳理问题792个,形成调研报告349篇;常委班子查找问题14个,整改8个,乡科级以上领导班子查找问题539个,整改499个。抓好中央“8+2”专项整治、省级“5+5”整治整改,台账共计列入问题2094个,整改落实1985个;抓实“10+1”集中行动,办结惠民助企实事56件,务实为民有了新成效。

(三)严肃规范党内政治生活。在51个基层党支部推广“互联网+‘三会一课’”模式,开展活动540余次;推行“10+X”主题党日模式,开展活动5688场,组织研讨1560次、志愿活动1630次;以纪念建党98周年为契机,开展集中学习交流、重温入党誓词等“八个一”系列庆祝活动;抓实《学习纲要》进基层、十九届四中全会精神集中宣讲活动,组织开展各类宣讲550多场次,党内政治生活政治性、时代性、原则性、战斗性进一步增强。

(四)持续引深“三基建设”。13项重点任务和48项具体工作扎实推进,建立“书记项目”20个;县财政列支1000余万元强化保障,“五小”建设实现全覆盖,“两委”主干工资逐年提高;集中培训82名农村后备干部,举办“领头雁”“五大培训工程”培训班77期,113名“两委”干部学历提升;全年发展党员110名。力推提档升级,争创“组织建设先锋旗”等169面、“服务群众满意星”等8颗;“四诺四评”村民满意率达100%;非公和社会组织党组织覆盖率分别达95%和92.5%;村级集体经济5万元以上的村全覆盖,10万元以上的村达到181个,占比80.1%;20个软弱涣散后进村和2个提升创建村实现转化升级。

(五)全面加强干部队伍建设。坚持依事择人、人岗相适,全年调整干部5批173人次;分3批组织87名领导干部赴深圳等发达地区学习考察;选树担当作为先进典型73名,524名公务员完成职级晋升;县财政专项列支91.6万元,拿出25套公租房支持人才引进;引导11名“三晋英才”融入转型发展,以企招才63人;制定《关于进一步加强乡土人才队伍建设的实施意见》,培育新型职业农民550人。

(六)始终保持高压反腐态势。坚决扛起主体责任,县委书记主持召开10次县委常委会议和扩大会、3次反腐败领导小组会议,研究部署全县党风廉政建设和反腐败工作,批示15件次,审批案件14件次;因落实“两个责任”不力问责6人。县纪检监察机关全年接收检举控告信访举报235件次,同比下降31.5%;立案140件,结案143件,给予党纪政务处分142人,组织处理166人。运用监督执纪“四种形态”处理党员干部394人次,占比分别为63.2%、32.5%、2.5%、1.8%。顺利完成第四轮、五轮巡察,第六轮巡察发现并反馈问题382条,提出整改建议202条。持续纠“四风”强作风,因违反中央八项规定精神和“四风”问题给予党纪政务处分12人,组织处理2人,通报案件1起。

二、聚力实施“三大振兴”,高质量发展提速增效

(一)“工业振兴”迈出新步伐。全力打造能源革命示范县,累计完成投资1.4亿元,关闭矿井2座,退出产能90万吨,高家窑煤业先进产能提升到240万吨/年;新能源产业加速集聚,马道头5万千瓦风电项目实现并网发电,华阳智慧左云风电项目达产达效;全年安排实施重点项目57项,总投资367.9亿元,年度计划投资31.21亿元,累计完成投资29.74亿元。

(二)“乡村振兴”再添新成果。设立有机旱作农业千亩核心示范区2个、品种试验区2个;新增中药材4500亩、黄花1029亩,种植沙棘2.4万亩;建设畜牧标杆园区1个,提升改造养殖场14家;马铃薯种薯原原种、原种、一级种生产繁育近万亩;“三品一标”认证总数达39个,认证面积突破10万亩。全年农产品加工销售收入完成5.78亿元,同比增长7%。

(三)“文旅振兴”实现新增长。成功承办2019“环太原”国际公路自行车赛(长城赛段)、全国公路自行车联赛(第一站)暨“二青会”公路自行车预赛,发布网评1800余条,引导赛事直播点击量达1255万人次;举办2019全国拔河新星系列赛(大同左云站)暨山西省拔河争霸赛;完成“一台一堡”旅游建筑设计招标工作。全年完成旅游总收入21.27亿元,同比增长24%。

(四)改革开放释放新活力。全面完成党政机构改革。统筹推进重大改革落实,全部完成31项改革任务,其中市考核指标5项,重点推进6项,继续推进20项。着力扩大招商引资成果,建强开发区对外开放主阵地,强化“四大对接”,开展“五送”服务,全年签约项目81个,总投资额139.42亿元;签约项目当年开工62个,开工项目总投资额41.99亿元;签约项目年度累计完成固定投资14.92亿元。

三、坚决打好三大攻坚战,社会大局保持和谐稳定

(一)风险隐患总体可控。研究制定了《左云县坚决打好防范化解重大风险攻坚战2019年行动计划》,着力加强八大领域重大风险防控,重点开展了39个专项行动;抓实“三个专项行动”,全县大局保持安全稳定。

(二)脱贫成果巩固提升。制定出台了《关于做好脱贫攻坚巩固提升工作的实施方案》,投入30.26万元用于落实保险扶贫全覆盖,筑牢保障兜底网;开展“雨露计划”,资助102名贫困学生,实现教育扶贫应补尽补;选派67人次参加全省贫困村创业致富带头人培训班,增强贫困群众自我致富能力。全县22个贫困村全部出列,建档立卡3368户6644人全部脱贫,贫困发生率降为零。

(三)铁腕治污成效显著。鹊山精煤、李家窑煤业矿山生态恢复治理示范试点项目和燕子山煤矿地质环境治理试点项目全部完成。晋北三市大气污染防治专项检查、“百日清零”行动省交叉检查,以及中央、省环保督察“回头看”反馈问

题整改全部销号清零。全年县城空气质量二级优良天数315天,PM2.5平均浓度值低于国家二级标准36微克/立方米;十里河斗子湾断面稳定达到Ⅳ类。圆满完成省市年度目标责任约束性考核指标。

四、务实践行以人民为中心的发展思想,民生福祉持续改善

(一)城乡环境不断优化。武家园城市棚户区、公共租赁住房和2016、2017采煤沉陷区治理搬迁主体工程全部完工,2018城市棚户区改造货币化安置576户。国道109左云县城过境段改线工程、南酸线南京庄—王冒庄段、王冒庄—黄家山段公路改造工程和2019年“四好农村路”建设任务圆满完成。

(二)民生保障持续加强。全面落实就业政策,实现城镇新增就业2717人,完成转移农村劳动力1609人。教育综改成效明显,完成了一中三中合并,高考二本以上达线273人。医卫事业健康发展,县乡医疗卫生机构一体化改革成绩位列全省第一方阵,基本公共卫生服务项目被省市考评为综合先进单位。45个村的乡村提质工程完工,云兴大桥工程实现当年开工投用,年初人代会票决出的十件民生实事项目全部落实到位。

(三)生产生活安定有序。县乡村三级综治中心标准化运行,综治网格化管理不断完善,“雪亮工程”项目建设稳步推进。全年调解各类矛盾纠纷282起;完成新中国成立70周年大庆等重要活动的安保维稳工作任务;除发生1起死亡1人的生产经营性道路交通安全事故外,其他行业领域未发生安全事故。

五、把牢意识形态领导权,宣传思想文化工作开创新局面

严格落实意识形态工作责任制,深入开展“扫黄打非”“清源”“净网”专项行动,处办各类网络舆情信息57件,开展网评引导23700余条,全年未发生意识形态责任事件。扎实开展文明县城创建活动,持续实施“两馆一站”常年免费开放,开展文化下乡活动100多场次,农村电影“2131”惠民工程2736场。开展庆祝新中国成立70周年系列活动,创作推出了剧本《左云颂》,组织了“礼赞新中国奋进新时代”红歌合唱大赛等群众性文化活动110多场次。全县省级以上作家协会左云作家达38名。

六、大力发展民主政治,法治左云建设迈上新台阶

支持县人大及其常委会依法履行职责,创建人大代表联络站、联络点,实现县乡全覆盖。支持政协依法依章程履行职能,提案办复率100%,满意率和基本满意率均达95%以上。持续巩固和发展爱国统一战线,县发展商会、县新社会阶层人士联谊会成立运转,开展社会扶贫爱心行动,投资86万元建设“爱心超市”11家。支持工会、共青团、妇联等群团组织履行职责,充分发挥桥梁纽带作用。加快推进依法治县进程,建立县委全面依法治县委员会,将法治建设内容纳入年度目标责任考核指标;扎实开展“精准普法”,公共法律服务体系建设进一步加强。深入落实党管武装重大要求,深化民兵力量调整改革,实施民兵调整编组;大力开展国防教育,创新组织国防教育日和军营开放活动,创建国防教育一条街和主题公园,鹊儿山镇青疙瘩村成为国防教育示范村。

(冯小宁)

附:中共左云县委书记、副书记、常委名单

书　记:尹海斌(1月任职)
副书记:尹海斌(1月调职)　罗士彬(1月任职)
　　　　魏智力(1月离职)　李　霞(女,7月任职)
常　委:景　珍　孟玉香(女,7月离职)　任　帅
　　　　何战勇　李国魁　陈月祥(7月任职)
　　　　崔　发

中共朔州市委

市委书记　陈振亮

2019年,朔州市各级党组织和广大干部群众坚持以习近平新时代中国特色社会主义思想为指导,认真学习贯彻党的十九大和十九届二中、三中、四中全会精神,深入学习贯彻习近平总书记“三篇光辉文献”精神,按照省委“四为四高两同步”总体思路和要求,坚定不移实施“生态立市、稳煤促新”战略,进一步巩固拓展了党的建设和党的事业良好态势,全市经济持续平稳向好,政治和社会大局保持持久稳定。

一、坚持以习近平新时代中国特色社会主义思想为指导,牢牢把握正确政治方向

认真学习贯彻习近平新时代中国特色社会主义思想和党的十九大精神。坚持市、县两级党委(党组)“第一议题”制度,及时跟进学习习近平总书记关于当前工作的重要指示。组织市委中心组理论学习21次,系统学习习近平新时代中国特色社会主义思想。坚持以“七学”促“七进”,持续推动习近平新时代中国特色社会主义思想落地生根。组织开展庆祝新中国成立70周年系列活动。举办了第四次学用习近平新时代中国特色社会主义思想经验交流会。扎实开展“不忘初心、牢记使命”主题教育,持续推动不忘初心、牢记使命常态

化、长效化、制度化。组织全市党员干部认真重温习近平总书记“三篇光辉文献”和“五次重要指示”精神,全市上下用习近平新时代中国特色社会主义思想武装头脑、指导实践、推动工作的思想和行动自觉不断增强。

深入贯彻落实习近平总书记视察山西重要讲话精神。围绕省委两次督导反馈意见,确定57个工作重点,实行台账管理,及时公开整改情况,自觉接受社会监督。紧盯党中央重大决策部署及省委重要工作安排在朔州落地情况。

牢记习近平总书记嘱托,大力学习和弘扬右玉精神。坚持把右玉精神作为开展“不忘初心、牢记使命”主题教育的生动教材,《右玉数十年生态文明建设经验》案例教学课进入中央党校课堂。右玉干部学院被中组部列入省(部)级党委(党组)批准的干部党性教育基地备案目录。右玉县获得中华环境优秀奖、关注森林行动20周年突出贡献单位等殊荣。大力推进右玉生态文化旅游示范区建设,加快右玉县由“绿”到“富”的实践探索,全力打造践行“两山”理论的成功范例。

二、坚持以能源革命为牵引,经济高质量转型发展迈出新步伐

坚持高质量转型发展方向不动摇。坚持“转型为纲”,全市经济在首季“开门红”、半年“双过半”基础上,全年地区生产总值增长6.5%,规上工业增加值增长8.9%,固定资产投资增长9%,工业投资中非煤投资比重达到83.6%。认真贯彻落实中央和省委关于能源革命的部署要求,真正走出一条高质量转型发展的路子。

加快构建“2+7+N”(“2”指煤炭产业和火电产业;“7”指新能源产业、高端陶瓷产业、碳基新材料产业、生物医药产业、文化旅游产业、草牧业与农产品深加工产业、现代服务业;“N”指装备制造产业、节能环保产业、信息化产业等)现代产业体系。积极推进煤炭生产现代化,建成安全生产标准化矿井57座,先进产能达到73%;大力推动电力外送,已并网发电和在建电厂总装机容量达1778.99万千瓦。日用陶瓷产能达到30亿件,其中10%实现外贸出口。新能源装机容量超过发电总装机容量的三分之一,占到全省40%。生物医药产业、文化旅游业实现了快速发展。农产品加工实现收入237.8亿元。金融业产值占比达到6%,存贷比首次突破50%,服务实体经济的能力不断增强。

全力抓好转型项目建设。坚持“项目为王”,开展集中谋划,集中审批,集中开工。加快建设交通强市,怀仁至太原、运城、西安动车开通运行,集大原高铁完成征拆任务,即将开工;朔州民用机场获批,右平高速正式通车,朔神高速已经开工,朔山联络线复工,朔州四通八达、完善便利的交通网络正在形成。

大力推进改革开放再出发。坚持“改革为要”,制定全面深化改革2019年工作要点及责任分工,推出35项重大改革任务。党政机构改革顺利完成。农村产权交易市场基本建成,农村集体产权制度改革试点各项工作稳健有序。全力推进减税降费改革,全市共减免各类税费16.5亿元。积极推动开发区改革创新发展,“一县一开发区”格局已经形成,开发区主引擎作用进一步显现。大力推行“六个决不允许”(决不允许说“我不知道”,对职责范围内的工作,决不能推诿敷衍,必须熟悉业务政策,严格落实首问负责制;决不允许说“这事不归我管”,对不属于本部门的事项,决不能一推了之,必须引导企业找准人想办法,让企业“最多跑一次”;决不允许说“不是我定的我不管”,对政策制度规定的、政府作出承诺的事项,决不能“新官不理旧事”,必须全部认账,不折不扣落实到位;决不允许说“这事没找过我”,对已经确定的帮扶项目企业,决不能坐等企业求人托情,必须主动上门服务,及时为企业排忧解难;决不允许说“这事不行”,对一时不能办理的事项,决不能借政策制度规定之名故意刁难,必须以改革创新精神与企业共同研究解决办法,帮助支持企业,让企业满意而归;决不允许说“这事不好办”,对应该审办的事项,决不能图自己方便造成企业办事不便,变相审批拖着不办,必须受理即办、立刻就办、特事特办、急事急办,事事有着落、件件有回应),持续优化营商环境。坚持“创新为上”,大力实施创新驱动战略,加快建设朔州市科技创新创业园,2019年成功申报高新技术企业16家。持续成功举办“一节三会”(塞上朔州长城国际旅游节和陶瓷国际交易会、羔羊肉国际交易会、亚洲粉煤灰及脱硫石膏处理与利用技术国际交流大会),对外开放新平台逐步构建。2019年,有4家外资企业落户朔州,实现朔州建市以来利用外资的新突破。

三、坚持以实施乡村振兴战略为总抓手,农业农村现代化呈现新气象

着力推进乡村产业振兴。加快雁门关农牧交错带示范区建设,全市饲草种植面积达到85万亩,2019年粮经饲结构优化为42:23:35,农村常住居民人均草牧业收入达到3500元。全力推进有机旱作农业示范市建设,朔州市被命名为“中国杂粮强市”。

着力推进乡村人才振兴。建立完善“科技特派员”制度,精准培育农牧业科技示范主体1440个。大力实施农村本土人才回归工程,保障农村干部后备力量。培训新型职业农民5800人。组织农业农村干部到外地学习,干部素质有效提升。

着力推进乡村文化振兴。全市所有乡镇、村(社区)全部建立新时代文明实践所(站)。加强农村精神文明建设,建立健全“一约四会”,淳朴民风、文明乡风、良好家风逐步培育形成。

着力推进乡村生态振兴。大力实施美丽乡村建设暨“百村示范、千村整治”行动,重点对100个美丽乡村示范村、300个提档升级村进行了集中整治。农村生活污水治理全部完成,生活垃圾有效治理率达80%。打造了60个精品乡村旅游点,开发了12条乡村旅游精品线路。

着力推进乡村组织振兴。以建设县乡村党群服务中心为重点,打通服务群众“最后一公里”。集中整顿软弱涣散农村党组织181个,基层党组织战斗力凝聚力显著增强。

四、坚持以脱贫攻坚为第一民生工程，民生和社会事业实现新发展

坚决打好脱贫攻坚战。强化“交总账”意识，坚决落实省委脱贫攻坚专项巡视整改任务，进一步巩固提升脱贫成果。精准实施专项扶贫政策，各项举措全部落实到村到户到人。困难群众安全饮水工程全部竣工。扎实开展精神扶贫、扶志扶智行动，市、县两级孤老病残贫困人口全部纳入兜底范围。严格落实“四级书记”遍访贫困对象行动，不间断进行“回头看”，加大问题整改力度。整体脱贫后，全市动态调整识别贫困人口全部落实帮扶措施。

统筹抓好各项民生事业。推动义务教育公办教育健康成长、民办教育规范管理，全市义务教育阶段公办学校总学位数已达22.7万个，全市义务教育正在向优质均衡迈进。加紧建设朔州市市级医院、怀仁仁德医院，建成后全市千人病床床位拥有量将超过6张，超出“十三五”目标任务。开展“两下两进两拆”和城市风貌专项整治，“城市双修”与“三供一业”改造同步推进，城市形象明显改善。开展易地搬迁2298户、5950人，城市棚户区改造开工2514套，基本建成3106套，农村危房改造3383户，其中四类对象1459户，切实保障困难人群住房安全。

以“四铁”要求打好防范化解重大风险攻坚战。举办市管主要领导干部坚持底线思维着力防范化解重大风险专题研讨班，制定实施具体措施，各类风险总体平稳可控。严格落实地方党政领导干部安全生产责任制，扎实开展“三个专项行动”，全年安全生产事故起数和死亡人数“双下降”。深入推进扫黑除恶专项斗争，2019年打掉涉黑涉恶团伙37个。

五、坚持以生态优先、绿色发展为导向，生态文明建设展现新作为

坚持山水林田湖草系统治理，扎实推进生态文明建设“六大工程”(以全域绿化为目标的大规模植树造林工程；以桑干河清河行动为重点的水污染防治、水生态修复、水资源节约利用工程；以采煤沉陷区、露天开采区、山体裸露区“三区”治理为重点的大规模复垦工程；以打造宜居环境为目标的城乡垃圾、污水集中处理和城镇集中供热“三集中”工程；以工业固废、畜禽养殖废弃物、农作物秸秆“三废”为重点的废弃物综合利用工程；以“控煤、治污、管车、降尘”为重点的大气污染防治攻坚工程)。以全域绿化为目标，全年造林面积完成82.82万亩，是建市以来最大规模的2.47倍。持续开展桑干河清河行动，确定的322项治理工程全部完成，“剿除劣V类”目标阶段性实现。

把良好生态环境作为最普惠的民生福祉，坚决打好污染防治攻坚战。扎实推进中央、省环境保护督察及“回头看”反馈意见整改，移交问题全部按照序时进度完成整改，整改过程和结果按要求向社会公开。2019年，环境空气质量综合指数全省排名第二，PM2.5平均浓度全省排名第二，达标天数全省排名第三，国、省考断面水质比例达年度考核目标。

认真践行“两山”理论，加快推进从“绿起来”到“富起来”的探索实践。探索推动生态价值量化、生态补偿机制等改革事项，着力推动“生态+”“+生态”产业发展，努力打造桑干河百公里生态产业经济带。

六、坚持以党的政治建设为统领，全面从严治党取得新成果

把政治建设摆在首位。坚持和完善“六个一”(坚持“第一议题”制度，不断增强政治坚定性；坚持一月一次工作报告制度，每月向省委书面报告一次工作，遇有重大事项、重要情况及时请示报告。坚持构建一体化工作格局，统筹市四套班子开展工作。坚持一线工作法，做到工作深入在一线、问题解决在一线、责任压实在一线。坚持常委会议定事项落实情况一月一通报制度，确保市委决策部署件件有着落、事事有回音。坚持每月一个“无会周”制度，集中精力抓落实)工作制度，充分发挥总揽全局、协调各方的领导作用。贯通落实“两个责任”，一以贯之推进全面从严治党向纵深发展。建立“13710”督办平台，对中央部署要求落实情况进行跟踪问效。

落实党的全面领导要求。定期听取市人大常委会、政府、政协、法院、检察院党组和市纪委监委工作汇报。注重抓好统战工作，加强和改进新形势下民主党派、工商联工作。加强党对群团工作的领导，支持群团组织依照法律和章程独立自主开展工作。加强党管武装，推进国防动员和后备力量建设，朔州舰正式列装。

持续正风肃纪反腐。集中整治形式主义、官僚主义，全年查处316人。建立市委层面整治形式主义为基层减负专项工作机制，27项具体举措全部落实。保持反腐败高压态势，持续加大案件审查调查力度，全年处置问题线索4540件，是同期信访举报量的3.32倍。紧盯民生领域、扶贫领域、涉黑涉恶腐败，查处群众身边腐败问题985件985人。集中开展能源领域反腐败专项行动和人防系统腐败问题专项治理。持续深化纪检监察体制改革，村(居)务监督委员会实现全覆盖，治理效能逐步显现。扎实开展市委第七、第八、第九轮巡察，“利剑”作用进一步发挥。

巩固正确选人用人导向。坚持把政治标准贯穿干部选拔任用全过程、各方面。加大干部交流力度，市级党政机构领导班子全部及时调整到位。选树293名担当作为先进典型。坚持党管人才，在全省率先建立朔州籍在外人才智库，着力破解人才缺乏这一最大制约。

深入推进“三基建设”。把2019年确定为全面进步年，实施13项系列行动。制定实施贯彻省委关于《深化“三基建设”进一步加强基层工作的若干意见》的40条措施。整顿软弱涣散基层党组织303个，全部实现转化提升。加大财政扶持力度，发展壮大村级集体经济，5万元以上的村达1122个，占比72.86%。深化党支部标准化建设，加强机关、学校、非公和社会组织各领域基层党建工作，不断夯实基层基础。

全面加强意识形态工作。严格落实意识形态工作责任制和网络安全工作责任制，坚持每季度对全市意识形态领域形

势进行分析研判，意识形态领域平稳有序。全年在新华社、中央电视台等十大重点中央级媒体发稿675条。全面准确贯彻党的宗教工作基本方针，积极稳妥处理突出问题，宗教工作法治化水平不断提高。

（王向南）

附：中共朔州市委书记、副书记、常委名单

书　记：陈振亮

副书记：高　键(12月离职)　操学诚(12月离职)
熊燕斌(12月任职)　张立新(12月任职)

常　委：康吉仁(5月离职)　张　韬(5月任职)
王加关　陈耳东(5月离职)　刘义清
张立新(12月调职)　孟贵芳(5月任职)
王黎明(12月离职)　崔　巍
吴秀玲(女)　王琳玉(12月任职)

中共朔城区委

区委书记　吴晓斌

2019年，朔城区委高举习近平新时代中国特色社会主义思想伟大旗帜，确立并全面落实打造高质量转型发展"幸福之城、首善之区"奋斗目标，勇于担当，苦干实干，开创了朔城区党的建设和党的事业发展新局面。

2019年，朔城区委的十个方面亮点工作：

一是发展思路进一步完善。坚持"发展不提新思路、工作要有新突破"，在广泛调研的基础上，确立了打造高质量转型发展"幸福之城、首善之区"的目标任务，描绘了建设高品质主城区和高质量环城生态新区的发展布局，使区第七次党代会确立的工作思路得到充实和提升。

二是盘活低效资源资产探出新路。坚持向低效资源资产要空间、要出路，对全区低效资源资产深入摸底，打出了"腾笼换鸟、凤凰涅槃"的主动仗，天伦俱乐部、新兴服务大楼等一批闲置资产有序盘活。

三是项目建设成效突出。深入开展集中谋划季、集中审批季、集中开工季活动，累计开复工项目49个，开复工率达98%。

四是营商环境持续优化。制定出台并落实了《朔城区进一步优化营商环境实施意见》《朔城区招商引资优惠政策》，使营商环境持续优化，推动民营经济加快发展。我区第六次荣获全国中小城市投资潜力百强区。

五是物业综合治理效果明显。按照提档升级、规范完善、基础补修三类模式，以20个小区为试点，开展违建拆除、绿化补栽、道路修补等专项治理。20个试点小区综合治理基本完成，拓出了城市精细化管理的新路径。

六是城乡人居环境整治力度空前。在中心城区，投资8200万元，实施专项整治，对6个老旧片区进行综合改造。在农村，投入7040万元，高标准创建示范村20个，重点打造美丽宜居村16个，全面建设整治村92个，城乡人居环境明显改善。

七是大气污染防治措施有力。总投资2.4亿元，完成12个片区的集中供热改造。实施覆盖1.78万户的煤改气工程和1196户的煤改电工程。深入开展清煤行动，清理散煤1.2万吨，中心城区环境质量显著提升。

八是民生事业亮点频现。大力发展教育事业，高考创造历史佳绩，一本达线913人，达线率20.5%；二本达线2533人，达线率56.9%。区一中包揽了全市文理状元，其中理科状元名列全省第二。推行了覆盖市区所有参保人员的公立医院"先住院、后付费"诊疗服务模式，方便了患者就医。

九是"不忘初心、牢记使命"主题教育高标准推进。坚持"四项重点措施"融合贯通、一体推动，强力推进中央和省"8+5"专项整治整改任务，扎实开展了"三服务"，高质量完成了各项规定动作。我区工作受到省委巡回指导组的充分肯定。

十是大力推行一线工作法。国庆期间，开展了"千名干部下基层、聚焦民生转作风"活动，扎实推进主题教育、农村人居环境整治、脱贫攻坚、大气污染防治、安全信访维稳五项重点工作，以优异成绩向国庆70华诞献上厚礼。

2019年，区委从宏观方面重点抓了七个方面工作：

一是高举伟大旗帜，政治建设得到新加强。坚持把党的政治建设摆在首位，引导党员干部增强"四个意识"、坚定"四个自信"、做到"两个维护"。区委常委会坚持"第一议题"制度，及时跟进学习习近平总书记关于当前工作的重要指示精神131篇。区委中心组集体学习11次，举办人才大讲堂15期、宣讲130余场，受众上万人。朔城区被省委宣传部评为"全省理论宣讲示范点"。出台《关于大力弘扬右玉精神，打造践行"两山"理论的"幸福之城、首善之区"的实施意见》。组织开展庆祝新中国成立70周年系列活动，激发出全区上下爱党爱国、矢志奋斗的巨大政治热情。

二是加快产业转型，经济发展取得新突破。稳住煤电基础。在4座煤矿稳定生产的基础上，协调推进资源整合，重塑产能格局。生产原煤502万吨，同比增长141%。发电15.36亿度，同比增长17.56%。做足"促新"文章。重点推进了恒大华府、万达广场、电子城"星悦港"等新兴产业项目，万达广场隆重开业。创建5A级崇福文化园区。组织举办了马邑文化旅游季系列活动，打造了《寻梦桑源》大型山水实景剧，成功举办了第30届"庄则栋杯"全国少年儿童乒乓球邀请赛、中国汽车短道拉力锦标赛暨国际越野摩托车挑战极限表演赛等一系列精彩赛事，以极高的知名度和美誉度吸引八方游客。筹建了18.9平方公里的鄯阳经济技术开发区。全年签约项目17个,投资额118.3亿元,全部完成市定任务。经济实现稳定增长。地区生产总值完成221.7亿元,增长5%;规上工业增加值完成9.7亿元,增长4.1%;一般公共预算收入完成8.01亿元,增长17.6%;固定资产投资完成35.9亿元,增长8.7%;社会消费品零售总额完成106亿元,增长7.6%;城乡常住居民人均可支配收入分别达到36437元、16506元,增长6.9%、9.3%。

三是高品质打造主城区,"幸福之城"建设焕发"新气象。大力推进城市基础建设,开工建设了紫金街东延线等16项工程。持续推动老城项目建设。鄯阳街道路改造提质工程建成通车。高标准建成了滨河公园、源头源和汽摩公园,推进了图书馆、档案馆建设。大力整治城市乱象和集贸市场,城市面貌焕然一新。

四是大力实施乡村振兴战略,"三农" 工作实现新发展。加快农业产业化进程,重点推进了总投资31亿元的新大象生猪养殖园区、滋润乡土地整治暨农业产业观光园等4个项目,实施了百亩玫瑰、千亩枸杞、千亩彩椒、千亩水稻等特色种植基地建设。粮食生产喜获丰收,产量近7亿斤。新修"四好农村路"184公里、长城旅游公路32公里、黑圪山旅游公路26公里。严厉打击农地非农化乱象。新农苑、南邢家河两个园区516个违规"大棚房"全部拆除,及时果断打击整治了滋润乡里仁村的私挖乱采,在全区形成高压震慑。

五是扎实推进脱贫攻坚和民生保障,群众幸福感得到新提升。扎实推进产业、消费、教育、金融扶贫,滚动发展村级帮扶产业项目21个,建设电商平台22个,为贫困户子女124人发放补助38.8万元,新增贷款6笔30万元,续贷125笔444万元,基本补上了还贷难的短板。拨付专项资金100万元改善了贫困户户容户貌。建立贫困人口动态管理机制,扶贫开发信息系统数据质量提升工程位居全省第一。统筹做好民生事业。推进了区一中鄯阳校区改造项目,新聘教师30名,解决了803名教师长期借调问题。落实了中小学班主任津贴,拿出100多万元重奖百名先进。区人民医院门诊综合楼改扩建工程全面开工,平朔医院整体接收即将完成。完善医保监管机制,筑牢了基金安全防线。扎实抓好就业创业服务工作,城镇登记失业率控制在1.57%。建立退役军人服务体系,完成了退役军人信息采集。打好防范化解重大风险攻坚战。扎实开展"喜庆祖国70华诞、全力保安全、全面保稳定"安全维稳集中整治行动,强化安全生产大检查,深入开展扫黑除恶专项斗争,打掉11个黑恶势力犯罪团伙,破获案件65起。扎实开展信访积案大起底、大排查、大化解活动,化解积案17件。圆满完成一系列重大活动的维稳安保任务。扎实推进重点人员转化和信众聚居村的基层组织建设,宗教工作法治化水平不断提高。严格落实意识形态工作责任制和网络安全工作责任制,意识形态领域平稳有序。

六是强力推进生态文明建设,绿色发展跨出新步伐。围绕环城生态新区建设,实施南山生态综合治理三期、洪涛山生态修复一期等六大工程,完成造林8.77万亩。高标准建设万亩农田林网。加强散乱污企业治理。投资3798万元开展全域清河行动。突出"四水"治理,基本实现达标排放。中央生态环境保护督察"回头看"累计交办的39件案件和百日清零行动上级交办的69批次案件全部办结。

七是强化责任担当,推动全面从严治党向纵深发展。落实"40条措施",实施了13项系列行动,完成27个软弱涣散党组织的集中整顿,"三基建设"三年目标基本实现。坚持正确选人用人导向,顺利完成党政机构改革。乡镇党委书记平均年龄由2016年换届时的47岁降至44.1岁,结构明显优化。选派3名科级干部到山东莱州挂职锻炼,选拔13名干部到乡镇挂职,为年轻干部成长搭建平台。贯彻党管人才原则,遴选了67名朔城区籍研究生,为区医院等单位招聘专业技术人员17名,制定了《朔城区落实教育扶贫政策择优选培医学类人才办法》,充分激励党员干部担当作为、干事创业。持之以恒正风肃纪反腐。办结问题线索596件,立结案233件,移送审查起诉4案4人。查处扶贫领域违纪问题22件。办结涉黑涉恶腐败问题线索10件,查处人防系统腐败问题1案。以集中整治形式主义、官僚主义为重点,打好作风建设持久战,查处违反中央八项规定精神6案9人,查处形式主义、官僚主义问题79件。组织开展第七、八、九轮巡察,"利剑"作用充分发挥。

(李玉春)

附:中共朔城区委书记、副书记、常委名单

书　记: 张立新(1月离职)　吴晓斌(1月任职)
副书记: 庞明明(1月离职)　孟维君(1月任职)
李全胜(1月离职)　文建华(1月任职)
常　委: 冯维新　董　达　何志岳　刘卫东
周翠英(女)　刘德义(1月任职)
常武权　郝贤卿(9月离职)
廖永高(9月任职)　郝　云(1月离职)

中共平鲁区委

区委书记　刘　旋

截至年底,全区共有党组52个,党工委6个。基层党组织共有738个(党委22个,党总支27个,党支部689个),党员9863名。

2019年,平鲁区委以习近平新时代中国特色社会主义思想为指导,认真学习贯彻党的十九大和十九届二中、三中、四中全会精神,深入贯彻落实习近平总书记视察山西重要讲话精神,按照省委“一个指引、两手硬”思路要求与市委“生态立市、稳煤促新”战略部署,紧扣“转型引领、改革先行,加快率先发展”目标要求,团结带领全区广大干部群众锐意进取、攻坚克难,全面完成各项工作任务,形成了率先发展的良好态势。

一、强化理论武装,做到“两个维护”

把学习贯彻习近平新时代中国特色社会主义思想作为首要政治任务,深入开展“不忘初心、牢记使命”主题教育,全区党员干部经受了思想淬炼、政治历练和实践锻炼,解决了一批群众和企业急难愁盼的问题,群众的获得感进一步增强。坚持第一议题制度和区委中心组学习制度,持续跟进学习习近平总书记最新重要讲话。坚持以“七进”等方式推动党的理论创新成果走进基层、覆盖群众。严格落实意识形态工作责任制和重大事项请示报告制度,配合完成国家省市各类巡视督察巡察工作,落实办理上级来文来电批示760件次,工作机制和责任体系进一步完善。坚持把学习贯彻习近平新时代中国特色社会主义思想与学习贯彻习近平总书记视察山西重要讲话精神相结合,召开了区委七届八次、九次、十次全会和区委工作会等会议,对全区经济发展、社会民生和全面从严治党进行系统部署,提出“转型引领、改革先行,加快率先发展”的发展思路。深入开展“改革创新、奋发有为”大讨论,努力破除煤炭依赖思维贯性和粗放低效工作作风,干部群众对标一流、奋力争先的精气神充分激发。坚持问题导向和目标导向,勇攀高峰、靶向发力,推行项目部指挥、观摩会点评和基层一线工作法,高标准高质量推进各项工作,改革发展稳定和党建等各领域工作总体向好。

二、坚定落实新发展理念,全力推动经济高质量发展

深入推进能源革命综合改革,实施煤炭稳量提标、电力优化升级、电网增效提质三大行动,煤矿先进产能占比提高到91%,风电和光电占比达到33.2%。深入开展“深化转型项目建设年”活动,26个转型项目完成投资388.2亿元,占比65.5%,比去年同期提高9.6个百分点。平鲁经济技术开发区加快建设,“三化三制”改革顺利推进,入区企业16家,全年完成固定资产投资18.08亿元。实施“一矿一企”政策,煤矿注入转产发展资金5200万元,18家农产品加工企业销售收入达15.8亿元,增长7.2%,有力助推乡村振兴。全年全区GDP完成216.9亿元,同比增长14%,增速全市第一。规模以上工业增加值增速、原煤产量、洗煤量、发电量、固定资产投资总量、一般公共财政预算收入位居全市前列。

三、坚持发展为民,持续用力保障和改善民生

坚决打好脱贫攻坚战,聚焦“两不愁三保障”,逐项推进解决义务教育、基本医疗、住房安全、饮水安全问题。接受省委巡视、督导和市委巡察,全力推进反馈问题整改,补齐脱贫攻坚短板。严格落实“三级”书记遍访贫困对象行动,深入开展机关干部深入贫困户跟踪回访行动,保持了摘帽后的政策持续、工作连续、项目接续。把抓党建促脱贫作为重大的政治任务,进一步落实处级领导包联乡镇、联系贫困村、包贫困户和结对帮扶制度。聚焦就业、教育、医疗、住房、社保、养老等民生问题,大力推进扩大就业、“6+1”教育改革、家庭医生签约服务、棚户区改造、养老金按时足额发放等工作,进一步加大民生投入,民生领域支出占公共财政预算支出的比重达到81%,群众的获得感幸福感显著增强。扎实开展以“三清三治三提升”为重点的城乡人居环境整治专项行动,解决了一批长期困扰城乡居民的居住差、出行难、如厕难、停车难、供暖难、排水难等问题,人居环境质量明显改善。坚决打好防范化解重大风险攻坚战,处置解决问题隐患13658条,整改率92%,有力维护了社会大局总体稳定。严格落实地方党政领导干部安全生产责任制,开展各类安全生产大检查9次,持续完善重点行业领域安全监管制度,进一步强化应急救援能力,全年共发生道路交通安全事故9起,死亡9人。深入推进扫黑除恶专项斗争和社会治安、信访矛盾化解等工作,社会大局总体平稳。

四、坚持“生态立区”,大力推进生态环境保护

推进以洪涛山生态恢复工程为重点的绿化工程,完成植树造林30.69万亩,对全区118万亩林地进行全方位全覆盖的管护,对17.77万亩未成林进行重点管护。坚决打好污染防治攻坚战,全面实施“控煤、治污、管车、降尘”,全年空气质量优良天数为278天,空气质量综合指数5.34。全面落实河长制,深入开展清河行动,22家工业企业完成排污口规范化设置,8家企业完成工业废水提标改造,担水沟断面水质达到Ⅲ类排放标准、林家口断面水质达到Ⅳ类排放标准。扎实做好土壤污染详查工作,完成15个地块的信息采集工作,制定农用地土壤加密监测方案,稳步推进农用地详查工作。深入开展化肥农药零增长行动,推广使用有机肥10万亩,农作物化肥用量保持零增长。环保监管执法力度不断加强,全年共立案查处生态环境违法案件37件,罚款448.4万元,行政拘留3人。强力推进矿区生态环境治理,矿山企业地质环境保护与治理恢复、土地复垦方案“三合一”编制工作稳步推进,17座矿山企业已签订三方协议,开设专户存储土地复垦费用1688万元。持续推动采煤沉陷区综合整治,井坪村采煤沉陷区治理搬迁项目,4栋楼已完成主体工程。扎实做好环保督察反馈问题整改工作,一批环境突出问题得到有效解决。

五、坚持全面从严治党,提升管党治党质量和水平

坚持区委常委会总揽全局、协调各方的领导作用,深化党政机构改革,优化议事协调机构,健全议事规则,推动人大、政府、政协、纪检监察机关、检察审判机关、群团组织在党的统一领导下协调行动、增强合力。坚持把惩治腐败引向深入,不断净化政治生态。全年共立案206件、结案213件,给予党纪政务处分197人,移送司法4人。查处违反中央“八项

规定”精神问题16件,处分16人;形式主义、官僚主义问题40件,处理处分40人。持续推进巡察工作,年内开展了4轮巡察,实现了村居巡察全覆盖。持续深化纪检监察改革,积极构建区乡村“三位一体”监督体系。扎实推进“三基建设”,把2019年确定为全面进步年,深入贯彻落实省委“加强基层工作的若干意见”和市委“40项措施”,推进10个党支部标准化示范点建设,整顿38个软弱涣散基层党组织,加强机关、学校、非公和社会组织各领域基层党建工作,推动基层组织全面加强、基础工作全面夯实、基本能力全面提升。加强区委常委会自身建设,严格执行民主集中制,不断提高区委把方向、谋大局、定政策、促改革能力。成立了35个由区委常委牵头担任组长的议事协调机构,建立了区领导包联乡镇、“三基建设”联系点、基层党组织“一把手”述职述廉等制度,定期听取人大、政府、政协、法院、检察院党组工作汇报,加强对政法综治、意识形态、党管武装等的工作领导,做好统战、群团、党校和党史工作,支持人大、政协工作。从严要求班子成员,带头廉洁自律,自觉接受监督。

(马　军)

附:中共平鲁区委书记、副书记、常委名单

书　记:吴晓斌(1月离职)　刘　旋(1月任职)

副书记:马占文　刘向东(1月离职)

苑冬梅(女,1月任职)

常　委:闫晓玲(女,1月离职)　李　军(1月任职)

李康正　陈永杰　张天林(1月离职)

赵志洲(1月任职)　孙　涛

王　军(9月离职)　降　英(女,9月任职)

石　磐

中共怀仁市委

市委书记　苏斌如

截至年底,怀仁市有基层党组织634个,其中,党(工)委31个(乡镇党委10个,系统党委7个,企业党委4个,机关党委3个,事业单位党委2个,村级党委1个,市委派出工作委员会3个,其他党委1个),有党总支61个,党支部542个。党员总数13083名,2019年发展党员137名,占全市党员总数的1.05%。

2019年,怀仁市委高举习近平新时代中国特色社会主义思想伟大旗帜,深入贯彻习近平总书记“三篇光辉文献”和“五次重要指示”精神,按照省委“四为四高两同步”总体思路要求、朔州市委“生态立市、稳煤促新”战略,认真履行“把方向、管大局、作决策、保落实”职责,团结带领全市人民,瞄准“决胜全面小康、奋力挺进百强”奋斗目标,抢抓机遇、扎实苦干,形成了在“两转”基础上全面拓展党的建设和党的事业良好态势。

一、坚持举旗定向,坚定不移贯彻落实习近平新时代中国特色社会主义思想

坚持以党的政治建设为统领,召开市委一届三次全会,对推进全面从严治党向纵深发展作出安排部署。严格执行“第一议题”制度,坚持在谋划重要工作、作出重要决策前,系统学习研究习近平总书记重要论述,对表对标中央决策部署及省委、朔州市委具体要求,结合怀仁实际形成思路举措,先后召开26次常委会、24次中心组集中学习会议。举办学用新思想经验交流会(典型报告会)22场次,市委宣讲团面向基层群众宣讲124场次。严格执行请示报告制度,向省委、朔州市委请示报告16次。精心组织“改革创新、奋发有为”大讨论,聚焦“六个破除”转观念,围绕“六个着力”改作风,践行“六个坚持”勇担当,使怀仁以首战必胜的姿态实现了“开门红”,达到了以大讨论牵引全年工作开局的目标。扎实开展“不忘初心、牢记使命”主题教育,紧扣“主题”,聚焦“主线”,牢牢把握“四项重点举措”,全市党员干部守初心、担使命的思想自觉、行动自觉明显增强,找差距、抓落实的实际成效初步显现。在群众满意度测评中,怀仁主题教育满意度100%。

二、落实高质量发展要求,经济转型升级步伐明显加快

持续推动煤炭“减、优、绿”,退出煤炭产能21万吨,先进产能占比达到80%,高于全省平均水平12个百分点,煤矿企业综合利用水平接近100%。煤炭工业增加值占工业增加值比重降低1.01个百分点。大力推进风能、太阳能、生物质能等新能源开发,新能源电力装机达287MW。全市实施的500万元以上项目达122个,总投资173.84亿元,全部开复工并入统。三次产业比重15.6∶44.1∶40.3,第三产业投资占比连续3年保持在40%以上的态势。招商引资成果丰硕,“13710”系统共报送签约项目68个,拟引资额210.4亿元,超目标任务43.1个百分点;开工项目51个,总投资额60.2亿元,开工率75%。

三、持续深化改革创新,发展动力和后劲进一步增强

全面完成党政机构改革。积极探索“一次不用跑”改革,14家审批单位进驻政务服务大厅,进驻行政许可事项68项。“一枚印章管审批”改革逐步推开。一体化在线政务服务平台完成与省、朔州市平台的全面对接。全年减免各类税费3.8亿元。开发区“风电打捆”电力市场化交易为43家企业节约用电成本3764万元。驻怀央企、省企“三供一业”分离移交工作顺利开展。经济技术开发区“三制”改革已经到位,“三化”改革初见成效。农村土地承包经营权确权登记颁证工

作基本完成，农村集体资产清产核资工作顺利通过省级验收,名列朔州市第一。怀仁纳入省直管县财政管理体制改革试点报审报批工作有序推进,全国县级财政管理绩效综合评价中,成为朔州唯一受表彰单位。稳步推进项目承诺制改革,政府投资项目审批时间、企业(社会)投资项目核准时间分别压缩至10个、3个工作日，取消、免征、降低各种税费146项。全面实施创新驱动战略,新增“专精特新”企业2家,培育“小升规”企业20户。全市高新技术企业总数达到11家。华缶瓷业、佳旺机械智能制造业填补了朔州市空白。

四、统筹推进五个振兴,乡村振兴战略精准落实落地

不断深化农业供给侧结构性改革，农作物总播种面积76.47万亩,粮经饲结构优化为56：22：22,粮食产量5.09亿斤,粮改饲超任务完成69%。肉羊饲养量422万只,生猪饲养量60万头。农村集体经济5万元以上的村在朔州市比例最高。选派80名干部到乡镇挂职,农村第一书记在朔州率先实现全覆盖,吸引188名农村本土人才回乡创业发展,培养选拔村级后备干部282名。村“两委”主干报酬平均达到上年度农民人均可支配收入的2.5倍。新时代文明实践所(站)实现全覆盖。市文化馆、各乡镇文化站全部免费开放。完成5个乡镇58个村的文化记忆资料搜集、文化记忆行政建档。农村“一约五会”正能量不断释放,淳朴民风、文明乡风、良好家风逐步培育形成。大力实施“百村示范、千村整治”行动,完成36个村、4446座改厕任务。高标准新建森林乡村15个。新打造精品乡村旅游点2个。投入3600多万元,完成乡镇办公用房、周转房和“五小”场所建设。组建农村联合党组织8个。21个软弱涣散基层党组织全部按期完成整顿。

五、加强民生保障和改善工作,广大群众的获得感幸福感不断增强

全年民生领域支出24.8亿元,占支出总量的84.2%。城乡居民人均可支配收入全年完成37639元、18050元，分别增长7.3%、9.7%。群众连续9年温暖过冬、市区免费出行。连续两年没有发生返贫现象,没有新的贫困户产生。全市城镇累计新增就业人数3868人,登记失业率控制在2.38%以内。新建、改扩建公办幼儿园5所,规范普惠性民办幼儿园4所,公开招聘中小学教师36名。开展打击“两定”机构骗取医疗保障基金专项行动,追回医保基金16.58万元。积极推动县乡医疗机构一体化发展。全市农村老年人日间照料中心达到99家。再次获得人口和计划生育工作目标管理责任考核先进市。持续推进“扫黄打非”工作,组织实施“护苗”“净网”“清源”等专项行动。深入开展扫黑除恶专项斗争,打掉涉黑涉恶犯罪组织8个。

六、积极践行“两山”理念,生态环境质量进一步改善

率先在朔州实现全域绿化。坚持控煤、治污、管车、降尘“四管齐下”,冬季清洁取暖改造完成集中供热取暖5837户,农村地区煤改气或煤改电清洁取暖9384户。城市空气质量(AQI)二级以上天数达到275天。完善河长制,建立了“河长+河长助理+巡河员”的新工作模式。持续推进桑干河清河行动,古家坡断面水质退出劣V类。实施耕地质量提升化肥减量增效工程,大力推广地膜减量增效技术。中央、省环保督察及“回头看”移交问题全部按照时序进度完成整改。2019年,立案查处环境违法行为11起,罚款102.3万元。

七、贯通落实“两个责任”,全面从严治党持续向纵深推进

认真落实中央《关于加强党的政治建设的意见》等八部党内法规和省委工作举措,全力配合保障中央、省委环保督察、卫片执法检查等工作,认真做好朔州市委第七督查组反馈意见整改工作。严格执行民主集中制,落实常委会议事规则和决策程序。开展3轮巡察工作,移交问题线索108件,有45名党员干部受到党纪政务处分。严查民生领域、扶贫领域、涉黑涉恶腐败,大力整治群众身边腐败和作风问题,全市纪检监察机关立案258件、处分248人,留置5人,移送司法机关6人,运用“四种形态”处理766人次。怀仁“交叉监督”“延伸监督”的日常监督模式和“问审告评”的村务监督模式成为朔州的样板。全面加强“三基建设”,建立市乡领导“三基”联系点260个,打造各领域标准化建设示范点67个,“五联五建”城市党建经验被《组织人事报》《山西日报》刊发。选树29名担当作为先进典型，对履行党建主体责任不到位的4个乡镇党委、1个系统党委进行了书面提醒,对抓党建工作不力的16名党组织负责人分别进行了书面提醒或诫勉。

(张旭东)

附：中共怀仁市委书记、副书记、常委名单

书　记：刘　亮(10月离职)　苏斌如(10月任职)

副书记：苏斌如(10月调职)　王　鑫

常　委：李　权　郭振林　杨再梁　陈志刚

刘　鹏　宁军霞(女)　赵亚静

孙　宇(10月任职)　何　岗(10月离职)

中共应县县委

县委书记　句爱云

2019年，应县县委以习近平新时代中国特色社会主义思想为指导，围绕省委“一个指引、两手硬”思路要求和市委“生态立市、稳煤促新”发展战略、“塞上绿洲、美丽朔州”发展目标，团结带领全县广大党员干部群众负重奋进、攻坚克难，真抓实干、开拓创新，进一步巩固拓展了党的建设和经济社会发展新局面。

一、深入学习贯彻习近平新时代中国特色社会主义思想，始终保持正确政治方向

坚持把学习贯彻习近平新时代中国特色社会主义思想和党的十九大精神，与学习贯彻十九届四中全会精神结合起来，推动学用工作往深里走、往实里走、往心里走。及时跟进学习习近平总书记关于当前工作重要指示精神，组织召开了第四次学用习近平新时代中国特色社会主义思想交流会，教育引导党员干部牢固树立“四个意识”、不断增强“四个自信”、忠实践行“两个维护”。大力实施学习弘扬右玉精神“三大工程”(理论教育思想提升工程、育才引智人才兴县工程、转型升级产业强县工程)，真正让右玉精神在应县大地落地落实。扎实开展“不忘初心、牢记使命”主题教育，把学习教育、调查研究、检视问题、整改落实贯穿全过程，使全县广大党员干部经受了思想淬炼、政治历练和实践锻炼。扎实开展庆祝新中国成立70周年系列活动，承办了山西省“金唢呐”八音会竞技大赛，营造了同心共庆祖国华诞的热烈氛围。

二、一以贯之推进全面从严治党，确保全县始终保持风清气正的政治生态

坚持把政治建设摆在首位，认真落实省委《关于贯彻落实〈中共中央关于加强党的政治建设的意见〉的工作措施》，严格执行《关于新形势下党内政治生活的若干准则》，确保各级党组织统一意志、统一行动、步调一致向前进。认真落实《中国共产党重大事项请示报告条例》，严格执行党内议事决策基本制度。加强基层党组织政治建设监督检查，督促各部门各单位把政治纪律和政治规矩立起来、严起来、执行到位。努力打造忠诚干净担当的高素质专业化干部队伍。严格落实《党政领导干部选拔任用工作条例》等文件精神，机构改革以来调整干部15批353名。认真落实《中共应县县委关于进一步激励广大干部新时代新担当新作为努力建设高素质专业化干部队伍的实施意见》，完善干部培育、选拔、管理、使用机制，3名处级干部和25名科级干部被市委评为“担当作为”先进典型。大力选拔优秀年轻干部，对36名基层一线干部进行重用，35岁以下科级干部达到51人。向市委申报拔尖骨干和青年优秀人才73名，其中24名被遴选为市级人才。推动基层党组织全面进步全面过硬。认真落实省委《关于深化“三基建设”进一步加强基层工作的若干意见》、市委《关于深化“三基建设”进一步加强全市基层工作的40项措施》，保障经费8612万元，不断夯实基层组织基础。圆满完成42个软弱涣散基层党组织整顿任务，各党支部“三会一课”、主题党日正常开展率达到90%以上。乡镇基础设施建设进一步加强，284个村全部有集体经济收入。完成培训28期16716人次，党员干部能力素质进一步提高。着力抓好党风廉政建设和反腐败工作。持续深化纪检监察体制改革，健全完善派驻机构管理，12个乡镇设立监察室并选派专职监察员。始终保持惩治腐败的高压态势，全县纪检监察组织立案203件、党纪政务处分202人。扎实开展常规巡察和人防领域专项巡察，巡察“利剑”作用充分发挥。持续推进作风建设，出台《不作为慢作为乱作为问题责任追究意见(试行)》，大力查处不作为、慢作为问题、违反中央八项规定精神问题和群众身边腐败问题。

三、坚决打好三大攻坚战，为全面建成小康应县奠定决定性基础

脱贫攻坚战。按照市委“已脱贫的要巩固，未脱贫的要攻坚，整体上要提升”的要求，整合省市县扶贫资金5526.6万元，对6284户12083名建档立卡贫困人口，从产业开发、易地搬迁、教育医疗、社会保障等方面进行帮扶，6258户12017人已脱贫，新识别贫困户26户66人。认真做好省委脱贫攻坚第四督导组和市委第四巡察组脱贫攻坚专项巡察反馈意见整改工作，进一步巩固提升脱贫成果。污染防治攻坚战。完成城市集中供热超低排放改造，完成清洁能源改造3550户，清理取缔“散乱污”企业57家。持续巩固提升清河行动成果，完成污水处理厂提温提标改造、3个自动水质监测站和县城中水回用建设工程，启动4个县城集中式饮用水源地规范化建设项目，有效解决了沿河规模养殖场污染、脱水蔬菜厂废水外排等中央和省环保督察反馈整改问题，生态环境质量持续改善。防范化解重大风险攻坚战。紧盯政治、意识形态、经济金融等8个重点领域，精准发力、持续推进。持续开展安全专项整治，深入推进高陡边坡隐患排查、护林防火专项督查和安全生产大检查“三大行动”。深入开展扫黑除恶专项斗争，打掉黑社会性质组织犯罪团伙1个、恶势力犯罪集团2个、恶势力犯罪团伙1个，破获各类刑事案件35起。严格落实县领导轮流接访制度，出台《关于集中整治规范信访秩序的意见》，全县总体形势保持安全和谐稳定。

四、坚定不移贯彻新发展理念，持续推动经济高质量发展

认真落实新发展理念，按照“提升一产、做大二产、做活三产”思路，推动现代农业、新型工业、文化旅游三大产业转型升级、提质增效。主要指标稳中有进。全县地区生产总值完成70.9亿元，增2.7%；固定资产投资完成17.12亿元，增12.58%；社会消费品零售总额完成37.16亿元，增7.9%；城镇居民人均可支配收入完成26653元，增6.6%；农村居民人均可支配收入完成11905元，增9.6%；一般公共预算收入完成1.7757亿元，增7.5%。经济发展基础不断夯实。制定了《应县重大项目策划名录（2019—2025年）》《关于进一步加强招商引资工作的若干意见》，组织招商小分队精准招商，签约项目11个，签约额22.06亿元。扎实推进总投资43亿元的80个重点项目，完成投资16.7亿元，41个项目已完工。扎实推进经济技术开发区建设，出台“三化三制”、领导班子收入绩效管理、相对集中行政许可权改革等文件，配齐配强领导班子、工作机构，推进水务一体化PPP基础设施建设项目，增强了开发区的承载力、配套力和吸引力。产业提质迈出新步伐。扎实推进了总投资16.33亿元的18个产业转型项目，成功申报国家高新技术企业、省级企业技术中心、省级专精特新企业8家，培植“小升规”企业4家。优化种植结构，粮经饲比例达到64：28：8。完成高标准农田建设、基本农田整理6.55万亩，建成一个省级有机旱作农业示范片。全年粮食总产7亿斤，蔬菜总产13亿斤；奶牛存栏、肉羊、生猪饲养量分别达到6.5万头、130万只、20万头。举办了北京景山公园文旅推介会、首届应县乡村文化旅游节、乡村旅游风光摄影展等系列活动，进一步擦亮打响木塔品牌。改革创新实现新突破。扎实推进全面深化改革3方面34项重点改革任务，全县内生动力和发展活力进一步激发。党政机构改革圆满完成，党政机构班子全部组建、人员转隶全部到位。扎实推进社会治理体制改革、社会保障制度改革、完善脱贫攻坚体制机制、教育改革等，社会民生事业进一步改善。不断深化“放管服效”改革，深入推进金融体制改革、民营经济发展、完善对外合作体制机制、财税体制改革等，不断形成以改革促转型、促民生、促社会治理、促党建、促全面工作的发展态势。

五、牢固树立以人民为中心的发展思想，全力保障和改善民生

千方百计保障和增加民生性支出。坚持“保工资、保运转、保基本民生”原则，合理安排财政支出，教育文体、医疗健康、社会保障、社会治理、城镇公用事业等各类民生性运转性支出12.4亿元，坚决把有限财力用在人民群众最需要最直接最急迫的地方。推进城乡一体化发展。完成了瑞东北路、梨花北路、东关街雨污管网及道路改造和集中供热改造、生活垃圾填埋场渗滤液处理等工程；完成了书香园、安泰小区保障性住房建设工程。县城基础设施进一步完善，服务功能进一步提升。5月1日韩原线应县—太原南4对动车组正式开通，应县从此链入全国动车网，群众出行更加便捷。大力推进以垃圾污水治理、村容村貌提升和交通路网建设为主的农村人居环境整治工作，打造了三门城、吴庄、小南头等一批示范村。完成了镇子梁水库大桥工程，实施了环长城旅游公路建设工程、韩镇线路基路面工程，乡村环境面貌持续改观。加强社会保障和社会救助。持续扩大和稳定就业，城镇新增就业3744人；发放各类民政资金2.1亿元，受益群众6万人次。认真落实适度性普惠性社会福利政策，养老机构达到3家，农村日照中心达到48家。推进教育全面振兴。持续改善办学条件，实施了金城镇中学综合教学楼新建、县第七幼儿园扩建工程，完成了县一中公寓楼改扩建和城乡学校基建维修工程。启动实施了县一中新校区建设项目，山西航空旅游职业学院建设项目签订了合作协议。高考成绩平稳运行，应县一中达线1171人，达线率55.05%。县职业技术学校在朔州市首届职业院校技能大赛中获奖58项，名列全市前茅。不断提高医疗卫生水平。持续推进县乡医疗卫生机构一体化改革，县医疗集团信息化建设逐步完善，与北大人民医院、大同五医院建立医联体，与北京安贞医院对接建设心血管内科等重点专科，县中医院综合楼投入运营。家庭医生签约12.8万人，省298个病种、市72个病种纳入医保报销范围。

（安培兴）

附：中共应县县委书记、副书记、常委名单

书　记：句爱云（女，3月任职）

副书记：句爱云（女，3月调职）
丁　裕（4月任职）　王晋军

常　委：毕治中　乔瑞文　刘巨才
黄　军（1月任职）　王金天（10月离职）
范慧宇（10月任职）　贺春丽（女）
舒晓海

中共右玉县委

县委书记　吴秀玲

2019年，右玉县委以习近平新时代中国特色社会主义思想为指导，按照省委、市委部署要求，认真履行把方向、管大局、作决策、保落实职责，全县党的建设和党的事业取得良好成效。6月4日至5日，中央政治局常委、全国政协主席汪洋莅临右玉县调研，充分肯定右玉县脱贫攻坚和生态文明建设取得的显著成绩。

一、把政治建设摆在首位,做到“两个维护”的思想政治基础不断夯实

(一)积极推进学用结合。健全完善党委中心组学习、领导干部讲党课等制度,深入学习贯彻习近平新时代中国特色社会主义思想,重温“三篇光辉文献”和“五次重要指示”,严格落实县委“第一议题”制度,及时跟进学习习近平总书记关于各项工作的重要指示,进一步提高增强“四个意识”、坚定“四个自信”、做到“两个维护”的政治自觉。全年共召开县委常委会议、县委常委(扩大)会议43次,县委中心组(扩大)学习会议17次,全县各级党组织累计开展集中学习260多次。推广应用“学习强国”学习平台,注册覆盖党员干部7226名。召开纪念建党98周年党员领导干部“守初心、担使命”誓师大会,组织县四大班子领导及乡镇、部门负责人到县委旧址开展集中学习活动。县委常委会先后三次进行集中自学,并围绕八个专题和党的十九届四中全会精神进行了深入研讨。召开全县学用习近平新时代中国特色社会主义思想经验交流会,进一步深化学以致用。把学习贯彻党的十九届四中全会精神作为重要政治任务,全县组建各级宣讲团326个,开展巡回宣讲680多场次。

(二)深入开展“不忘初心、牢记使命”主题教育。坚持把右玉精神作为生动教材,通过领导干部讲党课、开展主题党日活动等方式,引领全县党员干部改革创新。一体推进主题教育,主持召开领导小组会议10次、专项整治和整改工作调度会5次,集中开展学习研讨3次。开展党员干部集中领题调研活动,确立调研课题480多个,召开调研成果交流会,推动成果落地落实。坚持把“改”字贯穿始终,全力抓好中央“8+1”专项整治、“景观亮化工程”过度化等“政绩工程”“面子工程”专项整治以及省委5项整改工作,确定并完成整改267项。整顿转化软弱涣散基层党组织38个,调整选优基层党组织班子18个。结合开展“三服务”工作,组织开展了“一名党员办1件实事、一个党支部解决1个突出问题”活动,487个基层支部、6021名党员共履诺践诺7000多项。

(三)持续深化右玉精神课题研究。右玉干部学院被中组部列入省(部)级党委(党组)批准的干部党性教育基地备案目录;《右玉和她的县委书记们》荣获第十五届精神文明建设“五个一工程”电视剧类优秀作品奖;《右玉县数十年持续加强生态建设经验》作为典型案例走进了中央党校课堂;对右玉精神展览馆、右玉绿化丰碑重新进行设计和优化,右玉精神展览馆成为全国39个之一、山西省唯一一个被中宣部命名的全国爱国主义教育示范基地。

二、落实新时代党的建设总要求,推动实现党内政治生态持久风清气正

(一)深化“三基建设”,促进提质增效。认真贯彻落实《中国共产党支部工作条例(试行)》等,研究出台了6个基层党建指导性文件,优化设置农村党支部241个,建立农村联合党支部30个。积极开展“组织体系优化”行动,在老年村、空壳村推行“联村党组织”,在社区推行“1+N”党建模式,在高质量发展最前沿跟进“产业党组织”,在流动党员相对集中的地方成立“流动党员党支部”。建成县级党群服务中心1个、乡镇级11个,升级改造村级288个。全面推行党员街长制,组建红色先锋队162个,建立社区党员服务站13个。牢固树立政治机关意识,县委坚持每月向市委报告工作,遇有重大情况及时请示报告。

(二)倡树担当作为之风,激发干事创业热情。树立鲜明的选人用人导向,调整干部10批次337人次,进一步激发干部担当作为。12月5日,县委常委班子召开了“不忘初心、牢记使命”主题教育专题民主生活会。突出在基层一线识别选用干部,公开选拔出37名优秀年轻干部到基层一线挂职,选聘社区党委书记、党群服务中心主任24名。全面加强“三支队伍”建设,县财政为县驻村工作队成员和第一书记预算工作经费和生活、交通、通讯等补贴,在全县推行了“148”视频工作例会制度。加大干部培训力度,举办党员干部各类主体班次6期,培训1146人次。

(三)召开了县委十四届九次全会,对全县全面从严治党工作作出部署。严格履行全面从严治党主体责任,专题听取了县人大常委会、县政府、县政协、县法院、县检察院党组全面从严治党工作汇报。贯通落实“两个责任”,分领域、分重点、分批次对全县各级党组织书记进行了约谈。圆满完成县委第六轮、市县统筹巡察暨县委第七轮巡察、县委第八轮巡察工作。圆满完成了省委第三巡视组脱贫攻坚专项巡视、市委第五巡察组脱贫攻坚“回头看”的保障工作,制定出台了《关于落实市委第五巡察组反馈问题的整改方案》《省委第三巡视组专项巡视右玉扶贫领域边巡边改工作方案》。进一步正风肃纪反腐,2019年累计查处扶贫领域腐败和作风问题问题37件37人、发生在群众身边的不正之风和“微腐败”问题56件56人,查处违反中央八项规定精神问题15件15人、形式主义官僚主义问题48件48人。

三、牢记习近平总书记嘱托,在高质量转型发展的新征程中行稳致远

(一)经济发展质效“双增”。主要经济指标增幅均高于全市平均水平。全县地区生产总值增长10.6%;规模以上工业增加值增幅10.4%;固定资产投资增长10%;社会消费品零售总额增长8%;一般公共预算收入完成4.4亿元,增长3.55%;城乡常住居民人均可支配收入分别达到26568元、9106元,增长9.4%、15.7%。右玉荣获了全国县域数字农业农村发展水平评价百强先进县、关注森林活动20周年突出贡献单位、第十届中华环境优秀奖等荣誉称号,朔州市生态环境局右玉分局被评为第九届全国“人民满意的公务员集体”,右玉县林业局被授予“中国生态文明奖先进集体”,右玉县市场监督管理局荣获“全国市场监管系统先进集体”荣誉称号。

(二)绿水青山持续厚植。统筹山水林田湖草系统治理,坚定不移推进生态建设“二次创业”,完成营造林工程31.18

万亩,79.81 万亩符合参保条件的森林投人保险,继续聘用专职护林员 857 名,国考、省考苍头河杀虎口断面达到或优于Ⅲ类水体比例达 100%。2019 年全县环境空气质量优良天数为 306 天,PM2.5 平均浓度值为 33 微克 / 立方米,全市排名第一,人与自然和谐共生的现代化格局进一步巩固。

(三)高质量转型发展加快推进。秉持"转型为纲、项目为王、改革为要、创新为上"的理念,以右玉生态文化旅游示范区为"引擎",紧紧抓住省、市支持和推动右玉高质量发展的重大机遇,全力推进 105 个重大转型项目建设,城市会客厅、南河湾生态系统提质、古长城旅游板块公路建设项目等一批重大转型项目开工建设,项目的牵引作用进一步凸显。全力推进"三化三制"改革创新,玉龙文体产业园成为国内最大的马产业基地和赛马中心,成功举办了第二届右玉生态国际马拉松、二青会马术等系列赛事。积极先行先试,林权抵押贷款、碳排放交易成立专项工作领导小组,正在研究制定实施意见;赛马产业试点发行即开型体育彩票、推动文化产业发展优惠政策以及高铁过境等牵引性强的政策举措正在破题并取得了一定进展。着力打造"六最"营商环境,修订完善了招商引资优惠政策 21 条,共签约项目 9 个,总投资 41.23 亿元。

(四)能源革命综合改革试点工作全面启动。扭住产业转型这个关键,推动煤炭企业"绿色转型",实施能源消耗总量和强度双控行动,全县煤炭生产总量控制在 1300 万吨 / 年左右。持续推进煤炭企业产能置换工作,2019 年计划核增产能 480 万吨,核增后煤矿生产能力达到 1260 万吨 / 年。全力推进清洁能源发展,国电投高家堡 10 万千瓦风电、大唐丁家窑二期 5 万千瓦风电、天景李达窑 5 万千瓦风电、巽丰威远镇 5 万千瓦风电、大唐丁家窑乡二期(二)5 万千瓦风电全部开工建设,全县 16 家清洁能源发电企业总装机容量达 130 万千瓦。

(五)巩固拓展脱贫成果和推进乡村振兴有效衔接。全面落实"四个不摘"要求和"已脱贫的要巩固、未脱贫的要攻坚、整体上要提升"的工作思路,为 23 户 46 名贫困人口落实了帮扶措施。制定出台了《右玉县调整优化农业产业结构三年行动计划(2019-2021)》《右玉县林下经济产业发展规划》,加快调整农业产业结构。推进"三化"建设,种植油菜花 8722 亩,惠及建档立卡贫困户 168 户、365 人。确保 28.184 兆瓦联村光伏扶贫电站稳定运行,收益分配惠及 129 个贫困村。完善 30 兆瓦集中式地面电站,收益分配惠及深度贫困户 1000 户。推广中国社会扶贫网 + 爱心扶贫超市、项目扶贫超市、消费扶贫超市"一网三超"模式,全县设立爱心超市 65 个,受益群众达到 1530 人。

四、坚持以人民为中心发展思想,人民群众获得感幸福感安全感进--步增强

(一)大力发展社会事业。教育事业实现了高考达线率、生源质量、小学和学前教育管理水平、教师队伍整体素质"四个明显提升"。为低保、特困人员和农村寄宿制学校学生 6.28 万人次落实价格补贴 147 余万元,为全县 1147 名专任教师建立了师德档案,高考二本 B 类以上达线率 40.6%。对 118 个病种开展分级诊疗,基层常见病、多发病患者县内就诊率达 90%左右,县外就诊率同比下降 4.3 个百分点。建立城乡居民规范化电子健康档案 7.8 万份,对 65 岁以上老年人健康、慢病、重性精神病人实施规范化管理。开展全民技能提升培训,围绕 7 个工种,举办 16 个班次,培训 732 人。全面落实城乡低保中高龄和失能老年人补助提标。为全县 288 个行政村配备了 17280 册图书,送戏下乡 130 余场,放映电影 3456 场,全县农村寄宿制学校免费放映数字电影任务 54 场。

(二)全力创建全国文明城市。完成玉林街西延道路工程,顺利实现通车运行。完成县第一污水处理厂提标改造工程、第二污水处理厂土建工程及设备安装任务。对建成区内 4 座桥梁、10 条主次干道的市政设施进行维修养护和集中整治,开展了"二青会"场馆周边及县城四大街环境综合整治。建成菜市场 1 座 930 平方米,新建公厕 2 座,新移交运营单位公厕 4 座。采取货币化安置方式,完成棚户区拆迁改造 518 套。推进清洁能源替代,完成北环一级管网连通和 8 个片区供热管网扩容改造,440 户平房区居民实现集中供热。全力推进新时代文明实践中心(所、站)建设,启动了"书香右玉·全民阅读"系列活动,深入开展群众性精神文明活动。圆满完成志愿者注册任务,志愿服务网络平台登记注册志愿者 9868 人。

(三)着力防范化解重大风险。持续巩固壮大主流思想舆论,积极推进媒体融合发展,《今日右玉》刊发各类新闻、文章、信息、文学作品 2000 多件,"两微一端一直播一头条"的网上思想宣传平台阅读量达 3 万人次。严格落实意识形态领域责任制,累计编发《涉右网上要情》22 期、《网络舆情告知卡》23 期,并得到了相关部门的及时回复和处理。深入贯彻习近平总书记关于坚持发展"枫桥经验"的重要指示精神,创新基层社会治理模式,建立了县、乡、村三级一站式联合解纷中心,提升社会治理"三共四化"水平。深入推进扫黑除恶专项斗争,打掉恶势力集团 2 个,恶势力团伙 3 个,抓获犯罪嫌疑人 37 名。

(李　美)

附:中共右玉县委书记、副书记、常委名单

书　记:吴秀玲(女)

副书记:王志坚　孟福荣(1月离职)
句旭山(1月离职)　姚树山(1月任职)
张天林(1月任职)　张建起(挂职,3月离职)
田保民(挂职,3月任职)

常　委:王　悦　闫祖伟　韩日华　张文平
傅存新(1月离职)　郝　云(1月任职)
王建民

中共山阴县委

县委书记 李旭清

截至年底,山阴县有县直党工委(党组)42 个、基层党委 29 个、党总支 38 个、党支部 593 个、党员总数 10838 人,占总人口数的 4.5%。

2019 年,山阴县委坚持以习近平新时代中国特色社会主义思想为指导,认真学习贯彻党的十九大和十九届二中、三中、四中全会精神,深入贯彻落实习近平总书记视察山西重要讲话精神和对右玉精神的重要指示精神,统筹推进"五位一体"总体布局,协调推进"四个全面"战略布局,按照省委"四为四高两同步"思路要求,紧扣市委"生态立市、稳煤促新"发展战略,团结带领全县广大党员干部群众改革创新、锐意进取,攻坚克难、奋发有为,全县上下呈现出政治安定团结、经济平稳向好、改革深入推进、社会和谐稳定的良好局面。

一、深入学习贯彻习近平新时代中国特色社会主义思想,推动党中央和省委、市委决策部署落地生根

召开县委十四届八次、九次、十次全会,对贯彻落实总书记视察山西重要讲话精神进行再深化、再完善、再具体。集中开展了"牢记习总书记嘱托,学习弘扬右玉精神"学习交流,制定出台了学习弘扬右玉精神的决议、方案和行动计划,有力推动了右玉精神在山阴的具体化、长效化。认真开展"不忘初心、牢记使命"主题教育,始终紧扣主题主线,一体推进"四项重点措施",在较短时间内收到了明显成效。在"改革创新、奋发有为"大讨论期间,全县党员干部紧紧围绕"六破除""六着力""六坚持"目标任务,坚持把自己摆进去、把职责摆进去、把工作摆进去,查摆问题 267 条,制定整改措施 400 余条,全县上下的改革意识、创新精神、开放思维进一步激活。

二、着力构建现代产业体系,推动经济高质量转型发展

严格落实煤炭供给侧结构性改革要求,统筹做好煤与非煤"两篇文章",大力培育和发展新兴产业,有效推动经济发展质量、效益和结构同步向好。利用丰富的煤炭资源,上马了松蓝丙烯酸及酯类、锦晔低阶煤分质综合利用等现代煤化工产业,并积极争取国家能源局 40 亿立方煤制天然气项目,进一步提高煤炭附加值。在非煤产业上,抢抓"国发 42 号"和"晋发 49 号"两个文件印发实施的重大机遇,大力培育超牌、玉竹等新材料产业,扎实推进能源革命综合改革试点工作,晋能 8 万千瓦光伏发电、同煤织女泉 10 万千瓦风电、漳泽吴马营 10 万千瓦风电并网发电,实施了汇和玄同沼气发电项目,全县新能源总装机容量达 97.4 万千瓦,占全县电力装机容量 41%。同时,按照全省"深化转型项目建设年"的要求,坚持县级领导包联帮扶项目,定期或不定期召开项目建设推进会、现场会、协调会,有效加快项目建设进度。年内全县地区生产总值完成 136.8 亿元,同比下降 1.3%;规模以上工业增加值同比下降 4.7%;全社会固定资产投资完成 29.6 亿元,同比增长 37.1%;公共财政预算收入完成 15 亿元,同比下降 2.9%;社会消费品零售总额完成 46.6 亿元,同比增长 7.5%;城镇居民人均可支配收入达到 36667 元,同比增长 6.7%;农村居民人均可支配收入达到 18184 元,同比增长 9.4%。

三、大力实施乡村振兴战略,"三农"工作不断取得新成效

重点实施了农牧交错带桑干河灌区高效节水灌溉工程、京津风沙源治理二期工程水利水保项目、高标准农田建设项目等,建成高标准农田 3.38 万亩,新增高效节水灌溉面积 1.2 万亩。抢抓全省有机旱作农业示范县重大契机,种植旱地谷子、莜麦、高粱等优质杂粮 27 万亩,全县粮食产量达到 5.6 亿斤,发展农产品加工企业达 20 家(其中"513"龙头企业 18 家);认证农产品有机品牌 5 个、绿色品牌 10 个、无公害品牌 17 个,"塞外火山土""雁门香"品牌小米荣获中国第 17 届国际粮油产品及设备技术展示交易会金奖,"农食美"牌小米获省粮食行业协会放心粮油产品称号;成功举办了全国旱作节水技术培训现场会、全省粮食产业经验交流现场会、全省农业生产托管会、全省农机现场会,荣获"中国富硒小米之乡"称号。坚持把人力资本开发放在首要位置,进一步强化乡村振兴的人才支撑、智力支撑,创新了"项目带人才 + 园区搭平台"引才模式,依托省农科院有机旱作晋北工作站,引进研发人员 5 名;大力实施"乡贤乡才"回归工程,入库人才达 460 余名。加强对广大农民的教育引导,建成新时代文明实践所(站)226 个。大力开展移风易俗、弘扬时代新风行动,创建市级文明村 20 个。建立健全"一约四会"(即村规民约和道德评议会、红白理事会、村民议事会、禁毒禁赌会),淳朴民风、文明乡风、良好家风逐步培育形成。大力推进农村人居环境三年整治行动,重点实施拆违治乱、厕所革命等"五大专项行动",打造美丽宜居示范村 12 个,提档升级村 9 个;完成 3.6 万 m^2 拆违治乱;完成 9 个垃圾中转站、243 个行政村的生活垃圾收运处置体系建设;完成 3 个建制镇 11 个村污水处理设施建设;完成 1700 户农村厕所改造和 14 个奶牛规模养殖场粪污集中收集池建设,全县乡村生态宜居水平得到明显提升。

四、坚定不移深化重点领域改革,发展活力进一步释放

一是切实加强党对改革工作的领导,将县委深化改革领导小组改为全面深化改革委员会,进一步明确各自职能职责,有效压实了常委班子成员分工负责制,定期听取重大改革事项进展情况,并将落实成效纳入年度目标责任考核。二是把深化党政机构改革摆在战略性、全局性位置来把握和推进,各项改革任务按要求、按计划、按时限顺利完成,党的领导体系、政府治理体系得到重构性健全,党的领导力、政府执行力得到系统性增强。三是持续深化监察体制改革试点工作,推动县级派驻、乡镇监察、监督向村级延伸,探索乡镇监察监督与村务监督委员会监督工作有效衔接,实现横到边、纵到底的监督监察全覆盖。四是深化人才发展体制机制改革,全面落实招才引智各项政策,通过"项目 + 人才"模式,引进研发人员 42 名,其中博士 2 名、硕士 16 名、研究员 8 名、副研究员 16 名。五是坚持在重点改革上持续攻坚、持续深化。"放管服效"改革进展顺利,"一枚印章管审批"全面启动,政务便民服务中心进驻单位"两集中、两到位"走在全市前列,营商环境进一步优化,入选全国投资潜力百强县;农村集体产权改革有序推进,13 个乡镇 247 个农村完成集体清产核资和成员身份鉴定;加快推进电力改革,参与大用户直供电企业达到 8 家;开发区"三化三制"改革取得积极进展,授权和机构设置、人员配备基本完成,"五规合一"规划编制工作稳步推进,入区企业达到 26 家;举办了 16 场招商引资洽谈会,签约产业项目 21 个,总投资 127 亿元。

五、始终坚持以人民为中心的发展思想,不断保障和改善民生福祉

一是坚定落实以人民为中心的发展思想,站在 2020 年"交总账"的高度,全面审视脱贫攻坚工作。坚决落实"四个不摘"重大要求,先后召开 13 次常委会议,专题研究脱贫攻坚议题 44 个,制定出台指导性文件 6 个,打好政策、资金、项目、帮扶、扶智"组合拳","两不愁"质量明显提升,"三保障"突出问题得到解决。年内平山右饮水工程建成运营,实现山区 34 个村饮水安全提标;新建 23 个屋顶分布式光伏发电项目,总装机容量 1661.5KW;完成 490 户农村危房改造、121.5 公里"四好农村路"建设、79 户易地扶贫搬迁拆迁复垦任务;发放扶贫小额贷款 1960.21 万元,完成率 122.51%;培训贫困人口 312 人,推荐就业岗位 2000 余人,达成就业意向 224 人。二是始终秉持"量力而行、尽力而为"的原则,继续实施城市建设发展三年行动计划,积极对接群众在水、电、路、暖等方面的需求,全面夯实宜居县城基础。投资 6800 万元,完成韩原线动车组山阴站建设项目,山阴正式进入"动车时代";府东街城市棚户区跨线立交桥项目累计完成投资 75%以上,预计 2020 年 6 月完工;新建世纪大道、王涧路等 7 条县城主干道路;完成 24 条小街小巷硬化、8 座公厕和土牛沟泄洪改造、两处人行通道和 1 座批发市场建设;对集贤社区等区域私搭乱建进行了整治,治理乱点 8000 余处;新增供热面积 100 万平方米,县城清洁取暖覆盖率达到 70%;新增自来水日均供水能力 5000 立方,有效满足了群众用水需求。三是紧紧围绕"七有"要求,抓住群众最关心最直接最现实的利益问题,进一步加大民生保障力度。启动实施振兴山阴教育五年行动,着力解决群众最关注的"三乱"问题、编班问题、座位轮换等问题,完成了北周庄小学、安荣幼儿园建设和标准化考点升级改造工程,公开招聘了 28 名教师,新建职教中心通过省级评估验收。医疗集团学科建设率先发展,建立了朔州市心血管病和骨科两个专科联盟,中医院住院楼封顶,设立了名医工作室,公开招聘了 4 名医生。

六、扎实推进生态文明建设,人居环境明显改善

2019 年整体造林 5 万亩,完成西山生态修复 102 处、种植树木 8.5 万株、绿化 126.6 万平方米。扎实推进中央、省环境保护督察及"回头看"反馈意见整改,制定工作方案,建立问题台账,落实整改责任,移交问题全部按照序时进度完成整改,整改过程和结果按要求向社会公开。集中开展违法排污大整治"百日清零"专项行动,强化监管执法,不断巩固好、维护好"清零"成果。大力实施"清洁能源替代工程",完成集中供热改造户 3100 余户,环境空气质量综合指数为 5.65,同比下降 10.9%,全县空气质量明显改善。扎实开展桑干河"清河行动",深入推进"四水共治",全年完成 6 类、62 项治理修复任务,完成县城污水处理厂提温提标工程、玉马小区污水处理工程、31 家涉煤企业"黑水"(废水)治理,城镇污水排放由二级 A 标准提升为地表水五类、古城乳业工业企业废水排放标准由地表水五类提升为四类标准,河头、南湛两个断面水质标准达到四类。

七、持续推进民主法治建设,社会治理格局不断完善

充分发挥县委总揽全局、协调各方的领导作用,进一步加强政党协商、人大协商、政府协商、政协协商、人民团体协商、基层协商以及社会组织协商,统一思想,凝聚共识,提高决策的民主化、科学化水平。注重抓好统战工作,加强和改进新形势下民主党派、工商联工作。加强党对群团工作的领导,支持群团组织依照法律和章程独立自主开展工作。加强党管武装,推进国防动员和后备力量建设,大力实施军民融合发展战略,支持和服务驻地部队建设,积极做好双拥优抚安置工作,被省委、省政府、省军区授予"双拥模范县"荣誉称号。严格落实"党政同责、一岗双责、齐抓共管、失职追责"的安全生产责任体系,常态化对煤矿、非煤、危化、消防为重点的行业领域进行安全专项整治,煤矿、非煤、危化等工矿商贸企业均实现了生产安全无事故。认真落实好党政主要负责人推进法治建设第一责任人职责,司法体制综合配套改革等重点工作有序推进,依法治县取得明显成效。坚持扫黑、除恶、治乱"三管齐下",打、防、治、建"四措并举",严厉打击基层黑恶势

力,严肃查处背后“保护伞”,共打掉黑社会性质组织3个、恶势力集团3个、恶势力犯罪团伙5个,批捕抓获犯罪嫌疑人77人,扣押涉案车辆、房产等折合人民币共计5350余万元。

八、旗帜鲜明加强党的政治建设,全面从严治党不断向纵深推进

一是坚定不移把管党治党主体责任扛在肩上、抓在手上、落实在具体行动上,全年专题研究党风廉政建设和反腐败工作15次,定期听取党委(党组)书记述责述廉报告,常态化约谈党委(党组)书记,对新任科级干部进行任前廉政谈话,有效传导了责任和压力。进一步强化政治问责,批准谈话函询47人次、初核42人次,批准立案审查、处分决定40人次。全年党内问责12人,其他问责42人。制定出台了《关于开展盯人跟事监督集中整治形式主义官僚主义的实施方案》,对79项重要事项和重大项目开展集中监督,盯住关键人,跟住关键事,以刚性制度倒逼责任落实、工作落细、任务落地。二是持续加强对反腐败工作的集中统一领导,始终保持惩治腐败高压态势,加大惩治力度,年内召开反腐败领导小组会议3次,向全社会释放反腐败力度不减、节奏不变的强烈信号。全年共查处违反中央八项规定精神问题26件,处理26人;查处各类形式主义、官僚主义问题100件,处理100人;共处置问题线索805件,初核334件,立案280件,处分241人。紧盯扶贫领域、民生领域、涉黑涉恶腐败,查处群众身边腐败和作风问题172件,处理172人;大力整治窗口单位“推脱绕”、审批事项“体外循环”等问题,严肃查处2家单位“虚进假进”问题;坚持发挥巡察“利剑”作用,全年完成3轮巡察,共移交问题线索185条,反腐败斗争压倒性胜利持续巩固和发展。三是认真落实“三基建设”全面进步年的部署要求,统筹推进13项重点任务、13项行动计划;新建示范点37个,整顿提升43个软弱涣散基层党组织;全覆盖培训基层党组织书记1500人次,乡镇培训村“两委”干部1700人次;111名村“两委”干部和党员后备干部参加大专、本科学历提升教育;组织各类专题培训68次5900余人次,建立干部职工个人能力提升档案6000余份;探索推行开发土地、村企治理、发展三产、盘活资产、领办加工、设立基金、抱团发展等“七种模式”,173个行政村集体经济收入超过5万元。四是坚持率先垂范、示范引领,严明党的政治纪律和政治规矩,贯彻执行党的组织生活制度。坚持先立规矩后选人,把政治标准放在首位,严格执行干部选拔任用相关政策规定,全年共研究干部18批450人次,其中提拔重用174人,选优配强了各级领导班子和干部队伍。结合大讨论工作,选树28名担当作为先进典型,其中基层一线党员干部占到62%。通过全覆盖调研,掌握优秀年轻干部144名。全县乡镇党政正职中,80后干部占到了48%,领导班子平均年龄下降3.3岁。五是切实加强党对宣传思想工作的全面领导,严格落实意识形态工作责任制,积极开展对外宣传。恢复了山阴新闻橱窗,及时向全县人民多角度展示县委县政府的最新工作动态;全县“学习强国”平台激活人数达1万余人,在全市率先实现“两个全覆盖”;开发山阴声屏客户端,下载次数过万,浏览量超过5万人次;建成省级精神文明创建先进典型6个,市级精神文明创建先进典型43个;荣获“省级道德模范称号”2人,荣获“市级道德模范称号”4人。《山阴县志(1998—2016年)》正式出版,实现志鉴两全目标。《桑干河》《洪涛山》两份杂志创刊。组织发行了《王家屏传奇》《岱岳古镇》《悦读山阴》等文艺作品,其中《悦读山阴》被全国各省近百家图书馆收藏。

(李　刚)

附:中共山阴县委书记、副书记、常委名单

书　记:李旭清

副书记:丁　裕(4月离职)　苏　坡(1月任职)
王国文(5月任职)

常　委:郭兆文　王国梁　刘德智
刘　宇(1月任职)　郭　瑞(1月任职)
张　骥(9月任职)　刘向前(1月离职)
刘德义(1月离职)　降　英(女,9月离职)
钟军辉(9月离职)　宣春青(12月离职)

中共忻州市委

市委书记　李俊明

2019年,忻州市委高举习近平新时代中国特色社会主义思想伟大旗帜,按照省委“一个指引、两手硬”思路和要求,坚持市委“1661”发展战略,全力打好“三大攻坚战”,奋力冲刺全面脱贫、全面小康,不断拓展党的建设和党的事业新局面。

一、坚持和加强党的全面领导,更好发挥总揽全局、协调各方的核心领导作用

坚决维护党的集中统一领导。以“不忘初心、牢记使命”主题教育为牵引,坚持中央“8+1”专项整治、省委5项整改任务和“三服务”一体推进。聚焦解决脱贫攻坚“两不愁三保障”突出问题两项重点作为重要政治任务,明确15项具体政治任务,提升贯彻落实的思想自觉、政治自觉、行动自觉。

全面加强战略指导。自觉把忻州工作放在全国全省大局中谋划,坚持战略思维,加大战略谋划。紧紧扭住中央和全省重大战略部署,抢抓十二大重大战略机遇,争取试点示范,部

署重大工作，组织推动落实，创造性贯彻落实中央和省委决策部署，打造忻州在全省的新定位新优势新动能。

推动改革开放再出发。站在忻州改革发展的重要历史节点，召开市委四届六次全会，以“改革创新、奋发有为”大讨论为引领，落实省委“六个破除”“六个着力”“六个坚持”部署要求，出台《关于深化改革扩大开放实现重大突破推动高质量转型发展的决定》，全力推进新时代忻州改革开放再出发。

着力改善党的领导方式。召开市委四届七次全会，出台《关于贯彻落实党内法规加强党的全面领导的若干意见》。成立8个市委议事协调机构，把党的领导贯彻落实到党和国家机关履行职责的各方面各环节。召开市委常委会43次，书记专题会46次，全面加强市委对重大工作的集中统一领导。

二、聚焦“两不愁三保障”，脱贫攻坚实现决战决胜

强化对脱贫攻坚工作的组织领导。先后调整市脱贫攻坚领导小组、专项扶贫领导组和市级包县领导。组建市委脱贫攻坚推进指导小组，全年全面全程开展工作督导。强化市县抓落实工作机制，召开全市脱贫攻坚决战决胜誓师大会和五台、保德、宁武现场推进会，按照时间节点，部署重点工作。

把易地扶贫搬迁特别是整村搬迁作为破解深度贫困的有效办法持续推进，推动工作重心从“搬”向“稳”转变，扎实做好后续扶持“后半篇文章”。出台《关于做好整村搬迁后续扶持工作的实施意见》，配套8个专项工作方案，形成“1+8”整村搬迁后续扶持政策体系，全省易地扶贫搬迁后续扶持现场会在忻州市召开。

坚持精准脱贫方略。把发展产业作为脱贫增收最根本的支撑，大力实施“9+9”脱贫攻坚工程，繁峙、河曲、五寨、岢岚、神池、保德6县经省政府公示正式摘帽，全市2222个贫困村全部退出，占全省的27.8%。

三、以重大战略为牵引，全面拓展转型发展新局面

坚持以工业高质量发展作为“硬支撑”。召开推进工业高质量发展暨加快开发区建设大会，确立“三步跃迁”目标，以绿色能源、先进制造业、数字产业、特色农产品制造业“四大板块”为重点，着力构建现代工业体系。全年谋划重点工业转型项目68个，4个项目列入山西省转型项目建设年工业转型升级重大项目名单；引进潘复生五台镁合金院士工作站，定襄特色产业集聚区(法兰装备)成为山西省首批特色产业集聚区试点，全市工业转型呈现强劲态势。

紧抓全省能源革命综合改革试点机遇。以打造重要绿色能源基地为战略重点，出台《忻州市深化能源革命综合改革打造重要绿色能源基地实施意见》和2019—2020年工作任务清单，努力在全省能源革命综合改革试点中答好忻州答卷、作出忻州贡献。

坚持把开发区作为推动高质量转型发展的主战场。确立全市开发区建设“三步走”战略目标，静乐、定襄、岢岚3个省级开发区获批。强化要素集聚，精准招商引资，8家半导体企业落户忻州经济开发区，全力打造“太原—忻州具有国家影响力的半导体产业集聚区”。

坚持以发展有机旱作农业为重点，深入推动农业高质量发展。构建“1855”有机旱作农业发展格局，在全省率先出台《关于发展有机旱作农业的实施意见》。全年推广秸秆还田128.7万亩，地膜覆盖209.5万亩，农田节水灌溉137.4万亩；新增“三品一标”认证88个，累计达到747个；创建1个省级示范县和10个省级示范片。全力推进国家级杂粮产地交易市场、省级杂粮农产品出口平台等项目建设。

打造文旅战略性支柱产业。以黄河、长城、太行“三大板块”为抓手，组织编制《太行山区旅游发展总体规划(忻州篇)》《忻州市黄河文化传承弘扬专项规划纲要2020—2050》《忻州市黄河流域生态保护和高质量发展规划纲要》，加快五台山、雁门关等重点签约项目落地实施。

四、坚持改革第一动力，全面深化改革取得重大突破

全面完成党政机构改革。按照中央和省委总体部署，突出坚持和加强党的全面领导这一主题主线，党委议事协调机构得到全面优化，党的组织、宣传、统战、政法等归口协调职能得到全面落实。统筹编制资源向事关发展、惠及民生等重点领域倾斜，在脱贫攻坚、行政审批、教育文化、生态环保、医疗保障、退役军人事务、应急管理等重点领域加大机构调整和优化力度，保障转型发展的体制机制更加富有活力。

加快推进农村改革，农村经营体制实现历史突破。坚持把中央农村集体产权制度改革作为今年全面深化改革的一号工程，整市试点任务完成市级验收。统筹推进农村基本经营制度改革、农村土地制度改革、农业支持保护制度改革、农业科技体制改革、乡村治理体系改革，出台《关于推进乡村振兴战略的实施意见》，土地确权省级抽验和市级验收全部合格。

加快推进国企国资改革，国资布局实现优化突破。召开全市深化国有企业改革大会，出台《2019年深化国企国资改革行动方案》，落实34条举措，聚焦处僵治困、以改促转、三供一业、市县联改“四大攻坚战”，实施“九个一批”，坚决打好国企国资改革攻坚战、总体战。

加快行政审批制度改革，着力优化营商环境。出台《相对集中行政许可权改革实施方案》，在全省相对集中行政许可权改革进度中处于第一方阵。持续打造“六最”营商环境，深化企业投资项目承诺制改革，378个项目进入改革试点办理流程。

不断提升开放水平。推动开放大通道建设，五台山航空口岸实现临时开放；忻州海关通关综合服务中心建设项目开工；大西高铁太原南至怀仁东动车组开通运行；雄忻高铁、集大原高铁项目通过可研评审；朔准铁路开通，结束了全市唯

一的偏关县没有铁路的历史，忻州实现县县通铁路；太原西北环静乐段已列入国高网“十三五”中期调整规划；朔州至神池高速公路已完成工程可研批复；三条国道公路升级改造全部完工；“四好农村路”新改建工程完成3469公里；沿黄河、长城、太行三大板块旅游公路完成路面107公里。

五、坚持人民当家做主，全面推进民主法治建设

大力推进民主政治。全力支持人大及其常委会依法履行职责，就有关重大事项制定地方性法规，通过法治手段规范社会行为。加强党对政协工作的全面领导，实现党的工作对政协委员全覆盖，党的组织对政协党员委员全覆盖，举办庆祝人民政协成立70周年系列活动。持续深化群团改革，充分发挥群团组织桥梁纽带作用。

坚持把五台山工作作为全市的两件大事之一，全面推进综合整改整治。全面贯彻落实中央和省委对五台山工作指示批示精神，集中做好中央宗教工作督查“回头看”，依法管理宗教事务，实现了五台山宗教和谐、社会稳定、政治安全。

深入推进法治忻州建设。稳步推进政法系统机构改革，科学立法，严格执法，公正司法，全民普法。推动出台《文明行为促进条例》《住宅物业管理条例》《大气污染防治条例》。全力创建法治政府建设示范市，被省委依法治省办推荐为全省唯一一个全国法治政府建设示范候选市。扎实推进司法行政信息化平台建设，司法行政信息化建设工作跻身全国第一方阵。

六、加强和改进宣传思想文化工作，凝聚强大精神动力

持续引深学用习近平新时代中国特色社会主义思想。充分发挥市县两级党委理论学习中心组的示范带头作用，组织召开第三次全市学用习近平新时代中国特色社会主义思想交流会，进一步提高党员领导干部政治思想素质和理论水平。

牢牢掌握意识形态工作的领导权和主动权。推动传统和新兴“两媒”融合发展，6个试点县融媒体中心新建改建全部完成。坚决防范化解意识形态领域重大风险，部署开展“2019清朗”专项行动、“剑网2019”行动、“2019净网”行动，属地网络空间更加清朗。

大力推动文化事业全面繁荣和文化产业快速发展。申报国家文化产业发展项目2个、省级文化产业发展项目8个；15处(点)文保单位列入第八批国家级文物保护单位，数量名列全省第一。

七、持续保障和改善民生，坚决维护社会安全稳定

坚持在发展中保障和改善民生，聚焦人民群众普遍关心的突出问题，全面落实惠民举措。始终把就业作为最大民生，城镇新增就业3.8万人，城镇登记失业率2.88%，就业形势稳定向好。坚定不移实施教育优先发展战略，部署召开全市教育大会，确立“五个全面”思路举措，学前教育普汇率提升10个百分点，5个省级职业教育实习实训基地和3个省级重点专业全部完成建设，社会满意度不断提升。全面提高卫生医疗保障水平，持续深化“三医”联动改革，大力推进优质医疗资源下沉，建档立卡贫困人口参保率达到100%，33种大病集中救治覆盖所有农村贫困人口，郭应禄院士无创微能量医学研究院忻州临床基地揭牌。

全力推进区域中心城市建设和中部盆地城市群一体化发展。出台《忻州市区域中心城市战略发展规划(2019年—2030年)》，有序推进定襄撤县设区，忻府区3乡镇、原平市1乡镇改为街道办。加快推进忻州秀容古城旅游综合开发项目，新建和改造城市道路75公里。以国家园林城市创建加快区域中心城市建设，新增城市绿化面积150万平方米。五城联创持续推进，市本级和河曲县、五台县已接受国家园林城市考察组实地考察验收。

全面加强生态文明建设。狠抓中央、省环保督察整改工作，中央环保督察“回头看”及大气污染防治专项督察反馈的14项问题，3项已完成整改，其余11项均达到序时进度要求；省厅转办信访案件办结率达到91%，生态环境部平台转办案件办结率89%。全面推进蓝天、碧水、净土三大保卫战，前10月我市环境空气质量综合指数5.34，全省排名第4；汾河流域水质考核横断面达标。

八、推动全面从严治党向纵深发展，努力实现政治生态持久风清气正

坚持把政治建设摆在首位，全力抓好中央纪委五室扶贫领域监督执纪问责和做精做准政治监督“两个联系点”工作，出台《关于做精政治监督保障脱贫攻坚的指导意见》。坚持“三最六抓”工作要求，严肃党内政治生活，查处违反政治纪律问题31件，党纪政务处分31人。持续深化政治巡察，部署开展了重点课题调研、四届市委第七轮、第八轮巡察。

全面加强干部队伍建设。落实《加强“一把手”队伍监督办法(试行)》，持续深化“一把手”谈心谈话，结合主题教育，深化、巩固、拓展“团结战斗出活”主题谈心谈话，分别开展与县委书记、部分乡镇书记、部分村支部书记三个层面的谈心谈话，实现了新一轮市县乡村四级书记谈心谈话全覆盖。落实职务与职级并行制度，激励担当作为。

把“三基建设”摆在更加突出的位置。出台《关于持续引深“三基建设”全面加强基层工作的实施意见》。学习借鉴北京、天津等地经验，出台《关于加强和改进城市基层党建工作的实施意见》，以23条具体举措为基，着力完善政策体系，推动全市城市基层党建全面进步、全面过硬。扎实开展“基层党建巩固提升年”活动和基础工作达标验收工程，持续推进标准化、规范化建设，基层党组织“五个基本”要求全面落实。常态化开展软弱涣散基层党组织整顿，整顿543个软弱涣散党组织。大力扶持村级集体经济发展壮大，行政村中集体经济年收入5万元以上占比达到81.4%，实现年度目标。

不断巩固发展反腐败斗争压倒性胜利。全面贯彻落实省

委“五个进一步加大力度”要求，推动全面从严治党向基层延伸。查处形式主义、官僚主义问题782件，给予党纪政务处分622人，通报曝光典型问题114起133人。不断深化扶贫领域和群众身边腐败和作风问题整治，查处扶贫领域腐败和作风问题1526件，查处群众身边腐败和作风问题3754件，查处漠视侵害群众利益违纪违法问题210件。开展人防系统腐败问题专项治理，排查发现问题线索39件，给予党纪政务处分20人，组织处理19人。

（刘滢溪）

附：中共忻州市委书记、副书记、常委名单

书　记：李俊明

副书记：郑连生　朱晓东

常　委：陈义青(女,9月离职)　王建廷(12月离职)　范晋昌　秦书义(12月任职)　王黎明(12月任职)　崔建新　王志东　赵新年　刘婷芳(女)　刘瑞生

中共忻府区委

区委书记　崔向松

截至年底，忻府区委辖基层党委38个，总支32个，支部860个；有中共党员20667名，其中农村党员10563名。

2019年，忻府区委高举习近平新时代中国特色社会主义思想伟大旗帜，全面贯彻党的十九大和十九届二中、三中、四中全会精神，深入学习贯彻习近平总书记“三篇光辉文献”，认真落实习近平总书记视察山西重要讲话精神，扎实推动习近平总书记视察忻州重要指示批示落地落实。按照山西省委全会精神和“一个指引、两手硬”要求，围绕忻州市委“1661”发展战略，深入贯彻市委四届七次、八次全会精神，团结带领全区干部群众，以“1971”党务重点工作和“1869”经济社会重点工作为抓手，攻坚克难、对标前行，全面拓展党的建设和党的事业新局面，各项经济指标均取得了较好成绩。

2019年全年完成地区生产总值182亿元，同比增长6.9%；社会消费品零售总额完成126.9亿元，同比增长7.61%；城镇居民人均可支配收入32755元，同比增长8.5%；农村居民人均可支配收入11618元，同比增长10.2%；规模以上工业增加值同比增长8.7%；固定资产投资54.68亿元，同比增长11.2%；一般公共预算收入完成6亿元，同比增长22.8%；粮食总产量3.01亿公斤，高于上年1.06%；农林牧渔总产值18.7亿元，同比增长10.8%。

党的领导。一是强化政治统领。认真学习贯彻中共中央《关于加强党的政治建设的意见》，全面落实省委工作部署和市委工作要求，自觉在政治立场、政治方向、政治原则、政治道路上同以习近平同志为核心的党中央保持高度一致，切实增强“四个意识”，坚定“四个自信”，坚决做到“两个维护”；严格执行忻州市委贯彻落实习近平总书记重要指示批示工作机制，自觉落实15项政治任务；严格遵守党的政治纪律和政治规矩，全面执行党内政治生活准则，确保政令畅通。二是强化党管意识形态。扎实推进区委融媒体中心建设，加大正面宣传、舆论引导和舆情管控，强化党对意识形态阵地的坚强领导。三是强化党管统战。区委统战部被省委统战部、省人社厅评为“全省统战工作先进集体”。四是强化党管武装。投入150万元推动党管武装向基层延伸，乡镇武装部规范化建设走在忻州市前列。

大讨论和主题教育。认真贯彻落实省委、市委关于开展“改革创新、奋发有为”大讨论活动的各项工作部署，将大讨论作为重要政治任务，有力推动了全区上下思想再解放、改革再深入、创新再发力、开放再提质、工作再抓实。按照中央统一部署，认真开展“不忘初心、牢记使命”主题教育，全面抓好学习教育、调查研究、检视问题、整改落实四项重点措施。举办了专题读书班、示范培训班24期8400人次，组织了干部集中轮训，开展了多种形式的学习研讨会、学用交流会、成果交流会和找差距专题会，观看了警示教育片。区四套班子领导深入一线专题调研，形成调研报告53篇。召开专题民主生活会，检视剖析问题130条，提出批评意见171条，查找了存在问题，剖析了思想根源，制定了整改措施。选树了一批不同领域、不同行业的学用典型和先进典型，用身边人身边事教育全区党员干部，推动学习贯彻习近平新时代中国特色社会主义思想往深里走、往实里走、往心里走。区委常委班子专题民主生活会受到了中央主题教育指导组的充分认可。

“三基建设”。以扎实开展“基层党建巩固提升年”活动为引擎，一是深入推进“并村简干提薪招才建制”工作，撤并行政村131个，精简村“两委”干部593人，村“两委”主干年均报酬达到26358元，平均每村增加本土人才后备干部3人；二是创新开展街道社区党建特色品牌创建活动，建立完善街道“大工委”、社区“大党委”、居委会党支部联动共建工作机制，活动场所面积在500平方米以上的社区达到17个，尤其是在移民搬迁小区怡居苑实施了以社区“大党委”为统领的运行机制，新建4000平方米的怡居苑党群服务中心，打造移民党员群众管理服务的主阵地，确保撤并党组织迁而不乱，移民党员流而不散；三是着力加强信教群众聚居村党建工作，建立“六包一”专项工作机制，帮助信教群众脱贫致富，把党的关怀送到贫困信教群众心中；四是整合力量发展壮大村级集体经济，集体经济收入1万元以下的村全面清零，5万元以上的村达到187个，占行政村总数的80%；五是持续开展软弱涣散党组织专项整顿，确定基层软弱涣散党组织61

个,全面落实“四个一”措施,因地制宜、因村施策开展精准整顿;六是承办了忻州市城市党建推进会,街道社区党建特色品牌创建工作在全市进行推广;七是在忻州市召开的全省深化“三基建设”加强基层工作推进会暨合并行政村现场会上,怡居苑社区党建工作得到了省委常委、组织部长曲孝丽,副省长吴伟的充分肯定。

全面从严治党。区、乡两级党委共研究全面从严治党工作58次,党委书记批示90次,批准立案审查、处分决定77次。突出政治监督,建立了“四部曲”工作机制,明确了23项规定动作和16种问责情形,健全制度体系,实现了区、乡、村三级政治监督全覆盖。狠抓作风建设,对全区乡镇办、区直单位开展明察暗访102次,发现问题19个;处置形式主义、官僚主义突出问题线索37件,立案24件,给予党纪政务处分24人、组织处理13人;处置违反中央八项规定精神和“四风”问题线索25件,立案9件,给予党纪政务处分9人,组织处理16人;坚决贯彻中央关于基层减负的安排部署,制定了4个方面14条举措。加强“一把手”监督,处置“关键少数”问题线索75件,处理74人。突出政治体检,采取提级、交叉、专项等方式,进行了4轮巡察。坚持以零容忍的态度推进正风肃纪反腐,处置问题线索1007件,处理1006人次,同比增加51.1%。全面开展漠视侵害群众利益专项整治,明确4大类31项整治重点,确定27个责任单位,立案10件,给予党纪政务处分10人。

社会综合治理。扎实推进扫黑除恶专项斗争,成功打掉4个恶势力团伙。借鉴“枫桥经验”,强化信访源头治理,排查化解矛盾纠纷138件。区四套班子领导带头接访,接待群众来访266批444人次,有效化解社会矛盾,信访形势持续好转,确保敏感节点进京“零非访”。坚持“安全第一,预防为主,综合治理”的安全生产方针,不断健全应急救援机制,投入175万元加强队伍建设,应急救援能力进一步提升。扎实推进“三个专项行动”安全生产大检查,加大地质灾害防治工作,开展了高陡边坡隐患排查,圆满完成了安全生产及应急管理控制指标任务,全区安全生产形势持续稳定好转。

改革创新。一是全面充实改革力量,调整了区委全面深化改革委员会,建立完善了改革制度和改革机制,制定了深改委工作规则、改革办工作细则等一规则、四流程、六细则、六办法的“1466”制度体系。二是深入谋划改革蓝图,出台了《2019年重大改革安排及责任分工》《重大改革安排落实台账》等四个台账。三是积极争取试点示范,2019年共争取改革试点示范项目9个。主动探索开展了播明镇“一户一块田”、高城乡农村土地集体化经营等3个自主改革试点,其中,运用农业支持补贴开展秸秆综合利用被省委改革办誉为“忻府模板”。四是持续深化改革成果,在2018年农村集体产权制度改革试点成功的基础上,加快建立农村产权流转交易市场。农村土地确权登记颁证工作在全省检查验收中获得优秀等次。区科协被评为全国“十佳深化改革县级科协”。

高质量发展。精心谋划并组织实施了‘1789’重点转型项目建设推进计划。总投资101.36亿元的17个续建转型项目全部复工,完成年度投资24.6亿元,古城保护二期、现代双语学校等8个项目建成投运;总投资89.92亿元的22个新建转型项目中,泰山石膏、俊燕冶金等14个项目开工建设,完成年度投资26.4亿元;总投资238.26亿元的33个拟落地转型项目中,13个项目完成签约,10个项目完成立项。着力推进忻府区煤建公司等10户国企改革,有11个改制项目完成招商、规划等前期工作,并陆续开工建设。2019年忻州市全市项目观摩中,忻府区谋划的重大产业项目受到上级好评。

“五城联创”。2019年,国家园林城市创建工作获得住建部评审团的充分肯定;全国文明城市创建第二次接受了国家测评组的暗访调查;省级国家全域旅游示范区完成了初审验收;国家智慧城市深入推进。新时代文明实践中心,被省委宣传部、省文明办授予省级新时代文明实践中心示范点,16个新时代文明实践试点所全部挂牌开展工作。播明镇、解原乡、秦城乡3个乡镇改设街道办事处已获省政府批准。忻州秀容古城盛大开街,忻府院落投入运营,被评为2019年山西省八个特色商业街之一。

脱贫攻坚和乡村振兴。一是脱贫攻坚决战决胜,2019年全区23个贫困村退出,3238人脱贫,“两不愁三保障”全面落实,贫困发生率降为0.05%,顺利通过省级考核验收。二是现代农业提质增效,《忻府区现代农业特色产业总体规划(2019—2023)》编制完成,种植结构进一步调整优化,玉米种植面积较2018年减少1.5万亩;继2018年荣获“山西红薯之乡”后,2019年9月被中国粮食行业协会授予“中国甘甜红薯之乡”荣誉称号;24个产品申请认证“三品一标”,12家企业申报15个无公害农产品;“忻州甜糯玉米”成功申报山西省市级区域公用品牌,并列入农业部中国农业品牌目录。三是农村特色风貌整治扎实开展,第一批实施特色风貌整治的29个村全部竣工。四是农村人居环境整治强力推进,以“拆违建、清垃圾、整河渠、治粪污、改习惯、提风貌”为整治重点,对六条入城主要公路沿线实施违建拆除和通道绿化工程,进入忻府区东南西北四个门户的环境卫生得到极大改善。

(胡国英)

附:中共忻府区委书记、副书记、常委名单

书　记:崔向松(1月任职)

副书记:崔向松(1月调职)　张生明(1月任职)
葛小树(1月离职)　成国栋(11月任职)

常　委:刘东云(3月离职)　岳海滨　付光政
刘燕萍(女)　安亮东　胡建华
王国昌(11月任职)　郭新和
刘启国　张　晋(3月任职,11月离职)

中共原平市委

市委书记　李贵增

2019年，原平市委深入学习贯彻习近平新时代中国特色社会主义思想和党的十九大精神，坚决贯彻落实中央、省、忻州市各项决策部署，以“不忘初心、牢记使命”主题教育为契机，以高质量转型发展为第一要务，以改善民生为第一要事，以改革创新为主攻方向，以转变作风为第一保障，深入推进新时代“搭台唱戏”再出发战略，持续打好三大攻坚战，全市经济社会呈现良好发展态势。

一、经济实力在攻坚克难中取得新突破

(一)经济运行稳中有增。全年GDP完成143.5亿元，同比增长2%；规模以上工业增加值增幅0.8%；固定资产投资完成76.2亿元，同比增长8.8%；社会消费品零售总额完成83亿元，同比增长7.5%；一般公共预算收入8.5亿元，同比下降12.2%。城镇居民人均可支配收入33261元，同比增长7.3%；农村居民可支配收入12074元，同比增长9.6%。

(二)农业调产点多面广。依托农业生产条件优势，坚持农业一二三产业融合发展，建设特色现代农业，完成土地流转17.5万亩，调减玉米面积12万亩，新型农业经营主体发展到100余家，“三品一标”农产品达到155个，设施蔬菜达1.3万亩，全市粮食总产达7.18亿元，农业规模化、特色化、产业化水平不断提升。实施整沟治理项目11个，完成投资1.28亿元。农村集体产权制度改革，通过了省级清产核资验收和忻州市整体验收。

(三)项目建设扎实推进。启动实施重点项目54个，总投资203亿元。其中，新开工26个，续建28个，累计完成投资52.8亿元。经济技术开发区新开工项目12个，总投资62.3亿元，以煤基新能源、煤电铝材一体化、生态环保为主导的产业格局基本形成；新石清洁能源200万吨冶金焦项目、宏祥500万吨洗选煤、中铁十二局钢结构等项目建成投产，“煤—焦—气—液—化工”循环产业链不断延伸，形成煤机装备配套特色产业基地；积极推进“煤电铝材”一体化改革示范工程，国家电投山西铝业70万吨铝镁合金项目上报国家发改委、工信部；同煤电力脱硝催化剂、志诚纤维素生产、百惠实业生物质炼制、华悦球团等项目加快建设；风能、太阳能、地热能、氢能，煤层气、生物质制气、煤矸石制气开发齐头并进。

(四)开发区建设优化提质。基础设施建设方面，实现入驻企业天然气、自来水总供水主管网全覆盖。新建通信管线2100米，累计达34000米。污水处理厂厂外管网建设项目2019年底竣工。污水处理厂土建工程、设备安装已基本完成，待设备调试后进入试运营阶段。跨越大道延长线、道路绿化提升、标准化厂房、开发区办公楼前广场、行政审批大厅、党群服务中心、众创空间等项目正在积极推进。“三化三制”方面，落实绩效工资制，绩效系数初定为3倍。积极推进土地大起底，规范开发区用地。

(五)脱贫攻坚精准用力。完成了8个贫困村退出、3000人脱贫的年度任务。推进干部驻村帮扶“六大行动”，按照贫困村退出“13有标准”实施贫困村提升工程，争取中央资金1200万元开工建设37个村饮水安全工程，推进500户建档立卡贫困户危房改造工作。推广种植渗水地膜谷子特惠补贴，出台《原平市扶贫龙头企业和扶贫农民专业合作社认定管理办法》，采取“政府+企业+银行+合作社+贫困户”的“5+”扶贫模式，发展村级扶贫车间、家庭作坊，提升产业扶贫水平。全市27个整村搬迁，现已经完成销号27个村，拆旧复垦26个村，1个村(楼板寨乡大龙门村)纳入旅游扶贫开发。

(六)深化改革真抓实干。年度52项重大改革任务、16项转型综改先行先试改革事项按时序进度顺利推进。召开5次市委深改委会议，研究改革议题28项，审议改革方案5个。机构改革顺利进行，新组建的6个、更名的13个机构全部挂牌运行，涉改的22个部门主要负责人调整到位，涉改人员完成转隶，市直党政机关科级领导职数减少49名。进一步深化“放管服效”改革，出台《关于全方位服务扶持民营企业的实施方案》，建设“民企100急诊平台”，搭建政策咨询、高端智库、金融服务等“十大平台”，强化对民营企业的支持和服务工作。

二、社会事业在民生改善中实现新进步

(一)城乡基础设施建设力度加大。完成永兴北路、文殊东街一期2条城市主干道建设和7条小街巷建设改造，其中永兴北路荣获山西省市政金杯奖。前进东街东拓道路工程一标段、二标段开工建设。实施了城市供水保障能力提升、天然气老旧管网改造、供热老旧管网改造工程，以及东北片区排水系统工程。实施了经济技术开发区绿化提质工程，完成范亭广场提质改造。总投资2.1亿元、210公里“四好农村路”建成使用，打通了群众“致富路”。

(二)社会事业积极推进。成功举办首届中国·原平果商大会、首届中国·原平自行车公开赛、第11届梨花诗歌艺术节。国家文物保护单位增至4处。天涯山景区经省文旅厅验收审核批准为国家4A级风景区。先后举办原平在京青年才俊座谈会和珠三角原平籍商界精英座谈会，赴京、沪等地开展对接活动20余次，引进科技创新人才18人，其中工程师10人，博士3人，教授5人。出台《关于深化改革振兴教育十三条意见》，设立范亭基金会，27所中小学完成了去行政化

改革,实施"名校 +"战略,组建了实验、实达中学领衔的两大办学联盟,增强了原平教育事业发展的活力动力。

(三)社会综合治理稳妥推进。认真贯彻总体国家安全观,坚决扛起防范化解重大风险政治责任。出台《原平市坚决打好防范化解重大风险攻坚战方案》,提出 52 项重点任务,压实责任、精准发力、持续推进。继续深入推进扫黑除恶专项斗争,成功打掉涉黑涉恶犯罪团伙 1 个,恶势力团伙 1 个,立案查处涉黑涉恶腐败和"保护伞"问题 50 件,党纪政务处分 26 人,组织处理 24 人。创新社会治理,深入推进高陡边坡隐患排查、护林防火专项督查和安全生产大检查"三大行动"。全市生产安全死亡事故起数和死亡人数实现"双下降",进京非访实现"零登记",重大敏感节点实现"零非访",全市政治社会大局稳定向好。

(四)生态文明建设持续用力。开展违法排污大整治"百日清零"专项行动,完成 50 家工业企业无组织排放治理,淘汰建成区 10 吨以下燃煤锅炉淘汰 92 台,柴油货车治理工作进入招标程序。中荷水务污水处理厂提标改造工程投入运行,界河铺断面水质自动监测站试运行,滹沱河入河 1.58 公里净化工程全面开工建设,崞阳污水处理厂主体工程完成 80%。积极推进"整沟治理 + 生态修复 + 绿色矿山创建",对西山地区 9 处矿山重拳出击开展生态修复,总投资 2.3 亿元,治理面积 1.9 万亩,绿化 7978 亩,恢复耕地 1 万余亩。

三、党的建设在务实创新中迈上新台阶

(一)聚力初心抓党建。"不忘初心、牢记使命"是加强党的建设的永恒主题,是体现全体党员、干部的终身课题。原平以开展主题教育为契机,注重示范搞教育,开门搞教育,下沉搞教育,学习调研检视整改联动,八个规定动作,"8+5+2"集中整治任务全面完成。全市 135 个参学单位,25047 党员参学全覆盖。集中轮训基层党组织书记 1183 名。选树杰出人物、特殊奉献标兵 5 名。共查摆问题 3230 个,整改 2889 个,正在整改 341 个。查处形式主义、官僚主义、漠视群众利益等问题 57 起,处分处理 67 人。

(二)聚力发展抓党建。以基层党组织服务型建设为抓手,不断增强组织力、引领力、战斗力、发展力。资格联审"两委"干部 2545 名。"领头雁"培训基层干部 1200 余人。发动各级党组织"引老乡回故乡建家乡",成功举办首届中国·原平果商大会,签约项目 12 个,意向投资 66.5 亿元。全市 126 名在外人才和乡土人才回村担任村干部,田家庄村水果联营基地等一大批项目落地农村。各级党组织谋发展、抓项目,学技术、引人才氛围进一步形成。

(三)聚力创新抓党建。通过建立"责任网、巡查网、考评网、督查网"四张网,形成了党委统一领导、支部积极行动、群众广泛参与的工作新格局。从密切联系群众出发,打造了范亭文体广场等 25 个党群共享活动平台和开放式组织生活平台。从服务群众出发,建立服务"供需菜单"、志愿服务站、志愿服务小组等,回应群众诉求,提供公益服务;建立中小微企业"100"急诊平台,及时解决企业困难问题。从强化群众自治出发,采取"党建 + 自治"、"网格 + 网络"、"专业 + 社会"的"3+"模式和"网络 +"民情服务系统,对居民诉求及时收集归类、汇总反馈、努力解决。

(四)聚力强基抓党建。先后召开 13 次市委常委会议,3 次意识形态专题会议,专题研究基层党建工作。53 个软弱涣散村主要问题全部解决,完成评估验收;撤并行政村 144 个,精简村干部 680 名;集体经济年收入 5 万元以上的行政村占比达到 83%。16 个社区活动场所全部提档升级,高标准建设了 4 个党群服务中心,北城街道城西社区法治建设工作接受司法部调研指导获好评。结合党政机构改革,全年共调整干部 405 人次,其中提拔 80 后科级干部 52 名;组织各级领导干部 4 批 210 人次赴名校专题培训,27 名部门单位"一把手"参加了法律法规考试,着力提高各级干部"八种本领"。

(五)聚力监督抓党建。从自身做起,坚持把纪律和规矩挺在前面,注重立规矩、强监督,把制度建设放在首位。从抓班子、带队伍入手,加强对县、乡、村三级干部队伍建设的源头监督,着力推动监察权向基层延伸。全年处置违纪违法问题线索 1302 件、初步核实 445 件、立案 330 件、组织处理 817 人、党纪政务处分 330 人,留置 10 人,移送司法 17 人。

(栗润华)

附:中共原平市委书记、副书记、常委名单

书　记: 李贵增

副书记: 马志强　杨晓宏(女,11月任职)　左百胜(1月离职)

常　委: 张清池　左　峰　王　彤(12月任职)　尹新凤(女,12月离职)　庞晋源　李秀文　任　庆　王海峰　宋还柱

中共定襄县委

县委书记　张文斌

2019 年,定襄县委坚持以习近平新时代中国特色社会主义思想为指导,深入贯彻落实党的十九大精神和习近平总书记视察山西重要讲话精神,按照省委"四为四高两同步"总体思路和要求,坚定不移将转型综改进行到底,党的建设更加有力,深化改革更加全面,产业结构更加优化,社会民生更加稳固,全县"政通人和、风清气

正、同心同德、干事创业”的氛围更加浓厚。

一、突出党的统一领导

定襄县委始终坚持突出党的领导作用,深入开展“改革创新、奋发有为”大讨论和“不忘初心、牢记使命”主题教育,全县党员干部的“四个意识”更加牢固,“四个自信”更加坚定,“两个维护”更加坚决。一体推进专项整治整改,建立了贯彻落实习近平总书记重要批示指示工作落实机制。全领域召开对标一流述职和专题民主生活会,深层次开展“团结战斗出活”专题谈心谈话。坚持重大事项请示报告和“1+3”季度经济运行分析会议制度,成立县委全面深化改革委员会等10个议事协调机构,县委对重大工作的集中统一领导全面加强。

二、全面加强党的建设

一是基层党组织建设全面加强。全面加强“三基建设”,推行以“421”为核心的基层党组织标准化规范化建设,牵引基层组织全面提质增效。基层党组织“五小”建设经验在《全国基层组织建设工作情况通报》报道。集中整顿提升软弱涣散基层党组织32个。全力推进“并村简干”,共撤并24个村。高标准新建全市最大的5000平方米社区党群服务中心,创新实施“飞地党建”共建模式。非公党建工作受到省委组织部高度评价。

二是党风廉政建设和反腐败斗争全面加强。加强党对反腐败工作的统一领导,县委主要领导亲自部署、亲自过问、亲自协调,批办重要线索36件。持续深化纪检监察体制改革,健全完善纪律、监察、派驻、巡察“四个全覆盖”权力监督格局。持续保持高压态势,全年处置问题线索738件,运用监督执纪“四种形态”处理688人次,立案查处腐败问题174件,处分168人,移送司法3人。

三是干部队伍建设全面加强。以建设高素质专业化年轻化干部队伍为导向,按程序调整乡镇和县直机关事业单位干部,干部队伍的年龄、学历等结构进一步优化,县直党政领导班子成员平均年龄由改革前的50.09岁降低为45.91岁。以担当作为为标准,提拔重用脱贫攻坚一线干部16人。

四是宣传文化思想工作全面加强。牢牢把握意识形态主战场、主阵地,县委中心组召开专题理论学习会议22次。持续开展“清朗”“净网”专项行动,全县意识形态领域持续稳定。积极争创省级文明县城。广泛开展庆祝中华人民共和国成立70周年系列活动,深入推进社会主义核心价值观建设,开展《学习纲要》进基层宣讲、十九届四中全会精神宣讲、“不忘初心、牢记使命”主题教育宣讲130余场。高质量出版第二轮《定襄县志》,县地方志办公室荣获全国地方志工作先进集体。

三、不断加快转型升级

打造“一都四基地”,推动全县经济实现高质量发展,主要经济指标创近年来最好水平,转型发展再上新台阶。GDP同比增长10.4%,增幅全市第二,增幅排名创近年最佳;工业增加值同比增长23.6%,在经济下行压力下逆势上扬,呈现强劲态势;财政总收入完成5.4亿元,首次突破5亿元大关。

一是全国特色农产品基地初具规模。种植结构进一步优化。全县种植面积42.3万亩,其中杂粮5万亩,蔬菜9.71万亩,设施大棚面积达1.2万亩以上。重点打造沿滹沱河万亩生态农业经济带,一期芦笋、水稻、莲藕达到4000亩,种桑养蚕面积达到3000亩。龙头作用进一步凸显。积极与温氏集团签订投资40亿元的“双百万工程”。同时吉福寺、普济、益众源、瑞锦隆等一大批农业产业化龙头企业迅速壮大。品牌优势进一步扩大。“定襄辣椒”完成了地理标志农产品目录外产品资料搜集准备;“定襄甜瓜”31类、“襄瓜”35类商标通过受理注册,向国家商标局申报地理标志商标;全县“三品”认证农产品达到48种194个,全省名列前茅。

二是世界法兰锻造之都不断做强。积极实施创新驱动、转型发展战略,落实省委提出的“三化牵引”工业高质量发展要求。推动产品创新升级。实施技术改造,法兰锻造产业总投资10.24亿元,完成了86个技改项目。主动与中国重汽集团、三一重工对接,建设汽车部件生产线12条,新建风电机轴和打桩机桩头等锻件生产线项目。与煤机制造商、行车制造商等合作,拓宽了国内市场。推动行业标准建设。牵头制定了《绿色锻造企业评价(准则)》《锻造企业信息化管理规范项目》《风力发电机组塔架法兰采购指南》等3项团体标准,于2019年12月25日正式发布,填补了国家空白。加速“两化”融合。深入实施“中国制造2025”,推动“三化牵引”,加强国家智能制造试点示范工作。恒跃集团投资1.3亿元建设云系统、数字化工厂集成管控及产学研基地综合项目,荣获“全国工业互联网优秀应用案例十六强之一”,为山西省首例,并被写入全国工业互联网优秀案例白皮书。加快推进企业整合重组,通过法兰锻造协会、产业联盟、集团公司、企业,形成全县法兰锻造产业发展的金字塔模式,已组建集团公司26个,全县锻造企业整合到189户。加大金融扶持力度,与省股权交易中心合作,全面推进股改挂牌工作,32户企业集体登陆山西股权交易中心。与省产业基金合作,组织成立法兰锻造产业基金。与中行、中国进出口信用保险公司合作为企业量身打造“融信达”“中信保”等金融产品。与山西证券签订合作协议,为下一步进军更高资本市场打下基础。与忻州汇丰中小企业融资担保公司合作,成立了融资担保机构,为全县小微企业及“三农”项目提供融资担保服务。2019年定襄县被省地方金融管理局确定为全省16个资本市场县域工程试点县之一。

三是电力装备制造基地初见成效。金瑞公司、天宝公司围绕生产设备数字化升级,建设了年产1万吨海上风电法兰生产线。天宝集团向风电机组、汽轮机组产业链延伸。济达电气公司年产智能型JP柜3000套技改项目竣工投产,占领了国网山西分公司的市场,实现销售收入上亿元。总投资20亿元的利国磁性高性能取向硅钢项目核心技术填补了省内空白。

四是全域旅游基地不断完善。总投资80亿元的凤凰康养小镇项目稳步推进。河边民俗博物馆5A级景区、凤凰山国家级旅游度假区创建工作步伐不断加快,标准化建设成效显著,遗山寺和七岩山3A级景区创建顺利推进。留晖洪福寺获批全国重点文物保护单位。西河头村列入全省首批AAA级乡村旅游示范村,8个单位入选"太行人家",结合整沟治理和乡村振兴高质量打造白玉沟景区。

五是现代物流基地成果丰硕。抢抓五台山机场忻州唯一的航空优势,大力打造现代物流基地。五台山机场国际口岸投入使用,五台山——曼谷航线通航,开放的大门进一步敞开。永旺物流产业集聚区正常运营。加大对创业孵化的扶持力度,加快孵化基地的基础设施建设,创业企业已入驻120家。依托永旺物流园区,新建冷链仓储物流项目,建设辣椒保鲜库1万m^2。

六是开发区建设取得突破。确立了"一区两园"加"产业集聚区"的发展模式,庄力法兰产业集聚区、永旺现代物流集聚区分别获批全省首批特色产业集聚区和现代服务业集聚区,定襄县成为全市唯一同时获批两个省级产业集聚区的县份。定襄经济技术开发区成功获批省级开发区。2019年开发区成功签约15个项目,其中7个项目已落地并开工建设。

七是招商引资和项目建设成效显著。赴山东、上海、湖北、宁波等地开展招商推介活动,签约项目25个,签约金额62.48亿元,其中22个项目已落地开工建设。扎实推进项目建设,2019年全县转型项目共83个,总投资94.96亿元,完成投资28.95亿元。14个省市重点项目共完成投资11.5亿元,占年度计划投资的134%。

四、持续深化改革开放

认真落实中央"四个亲自"抓改革重大要求,全面深化改革事项扎实推进。

一是明确改革任务。制定出台《2019年重大改革安排及责任分工》,重点推进经济、社会、党的建设等关键领域49项改革任务。县委书记、县长各带头建立10项改革台账。涉及部门均建立改革台账,明确了具体改革举措。

二是全面推进改革。党政机构改革完成机构设置35个,划转行政职能104项。农村集体产权制度改革经验在全市推广。确权登记颁证工作全面完成。推动酒厂、食品厂、外贸公司三户国企改革步伐。加快依法治县进程,制定了人大监督国有资产相关制度,设立人大代表联络站11个。深化"放管服效"改革,730项行政权力事项实现全程网办,网办率达到89.18%。率先推行企业投资项目承诺制改革,办理项目42个。深化行政审批制度改革,实施相对集中行政许可权改革,启动"一枚印章管审批","六最"营商环境不断完善。

三是认真落实创新驱动发展战略。新增高新技术企业2户(达到6户),新增3户省级企业技术中心(全县达到8户),新增省级"专精特新"企业8户(达到16户,全省县级最多),天宝集团、恒跃集团初次被评定为省级"专精特新"小巨人企业(全省共有26户)。

四是不断扩大试点示范战果。成功争取山西省首批特色产业集聚区试点、山西省首批现代服务业集聚区试点、省级经济技术开发区、凤凰山温泉康养小镇等15项试点示范,并细化举措,分类推进,稳步实施。

五、稳步发展民生事业

坚持"以人民为中心"的发展理念,大力推进民生事业发展,群众满意度与日俱增。

(一)脱贫成效持续巩固。57个贫困村全部退出,贫困村农民人均可支配收入增长幅度高于全市平均水平,贫困村基本公共服务主要领域指标接近全省平均水平。一是以发展特色产业为抓手,全面推进高效种植、规模养殖、整沟治理等"八项增收措施",有效带动贫困户增收。二是着力开展"两不愁、三保障"和饮水安全"3+1"突出问题专项行动,有效解决了农村危房改造、贫困生资助、村卫生室建设、饮水安全等问题。三是抓好龙头引领,2家公司被省扶贫办确定为2019年度省级扶贫龙头企业,1家合作社被确定为扶贫农民专业合作社。

(二)生态环境全面优化。全面整改11个方面242个具体问题。推进建成区集中供热全覆盖和农村居民"煤改清洁能源"工作。引进脱硫脱硝最新技术,对锻造企业天然气加热炉实现氮氧化合物达标排放。实施牧马河移动式应急处理设备项目和陈家营断面综合治理,完善滹沱河水质自动监测站建设,生态环境治理成效明显。

(三)社会民生稳定向好。一是加快全县中小学校布局优化调整,撤并空壳学校和教学点15个,组建教育发展联盟集团3个。2019年中考成绩名列全市前茅。二是深入开展扫黑除恶专项斗争,打掉恶势力集团4个。保持打击违法犯罪高压态势,深入推进"云剑"追逃专项行动,人民群众的安全感进一步提升。三是创新基层社会治理,强化重点人员管控工作,信访工作呈现"三下降"的良好趋势。公共法律服务中心、法律援助大厅成功投入使用,基层司法所建设稳步推进,公共法律服务、矛盾纠纷化解体系建设不断完善。四是严格落实"4438"工作机制,持续推进应急救援体系建设,全县未发生重特大安全生产事故。五是巩固拓展创卫成果,创卫复审圆满通过。全省农村人居环境整治村庄清洁行动在西河头村启动。全面推进城乡环卫一体化建设,扎实开展横山村美丽乡村建设,持续推进农村建筑特色风貌整治;农村改厕完成6000座,全市现场观摩会在定襄县召开。六是"六馆一院"建设、文化广场改造、职教中心新建和二中迁建等十大民生工程顺利推进。

(张卓斌)

附:中共定襄县委书记、副书记、常委名单

书　记:张文斌

副书记:张生明(1月离职)　王建峰(1月任职)
王殿君(11月离职)　赵　斌(11月任职)

常　委:朱志安　赵亚峰(女,9月离职)
华永军(9月任职)　姚　朴　杨全隆
吕占君(2月离职)　续国强　卢维忠
宋海平(11月任职)

中共五台县委

县委书记　王继明

2019年，五台县委以习近平新时代中国特色社会主义思想为指导，全面贯彻党的十九大和十九届二中、三中、四中全会精神，认真落实中央、省市决策部署，大力实施“11593”发展战略，团结带领全县干部群众抢抓机遇、锐意进取、苦干实干，宜居宜业宜游美丽新五台建设取得新成效。

一、落实政治责任，主题教育成效明显

县委坚持把抓好主题教育作为重要政治任务和重大政治责任，及早谋划、及时部署、提前准备，组织开展了“十个一”前期工作，制定了全县主题教育《实施方案》和重点任务工作清单，明确目标、细化措施、压实责任。全县122个单位、4个党委(党组)，590个基层党组织，14737名党员深入开展了“不忘初心、牢记使命”主题教育，不折不扣完成了中央、省市的规定动作，尤其是对照中央8项整治任务、省委5方面整改任务和市委2项整改重点，进行了整治整改，解决了一批工作中、思想上存在的问题。通过主题教育，全县广大党员干部经受了一次守初心、担使命、找差距、抓落实的全面政治体检，经历了一次思想政治、理想信念、工作作风、廉政勤政、品德境界的全方位政治洗礼，在理论学习有收获、思想政治受洗礼、干事创业敢担当、为民服务解难题、清正廉洁作表率等方面取得了明显成效。

二、加快转型步伐，经济发展提质提速

坚持高质量发展要求，狠抓项目建设，2019年开工项目93个，完成投资24.65亿元。实施省市重点工程14个，完成投资6.48亿元。招商引资签约项目18个，签约金额56.8亿元。农业发展加快。把实施乡村振兴战略作为“三农”工作的总抓手，编制了总体规划和6个专项规划，大力推进农业农村现代化。种植业结构呈现玉米减，中药材、小杂粮、饲草增“一减三增”的局面；农产品加工业实现销售收入2.89亿元，增长9.1%；培育五台山酿酒厂、山西百草绿源中药材有限公司等加工龙头企业21个。工业转型发展加快。传统产业优化升级，云海镁业建立院士专家服务站，推进10万吨环保合成纸生产项目，同丰园扩产2亿块煤矸石烧结砖技改项目投产；新兴产业发展壮大，投资21亿元的五台陆港项目稳步推进，德奥电梯、沙棘制品、城园丰农机制造公司共实现销售收入7762.5万元；绿色能源一枝独秀，2019年，五台成为忻州市唯一一家绿色能源达到百万千瓦的县（市、区），达到160.53万千瓦；民营企业发展迅速，民营企业5430家，营业收入488029万元，实现利税88179万元，比去年增长13.82%；全域旅游发展加快，全面实施《五台县旅游发展总体规划》，以整沟治理为抓手，大力发展生态宜居型、乡村旅游型、康养休闲型、综合治理型旅游项目，旅游总收入13.59亿元，增长22.32%。

三、推动改革创新，不断激发发展活力

按照中央和省市安排部署，稳步推进党政机关机构改革，县级党政机构设置37个，改革划转职能125项，转隶人员152人，设置党委议事协调机构9个；顺利完成了6个阶段工作任务，农村集体产权制度改革有序推进；公布行政权力清单，推进项目承诺制改革和便民化服务改革，“一枚印章管审批”正式运行。并村简干成为改革最大亮点，县委、县政府从五台村多、村小、村散的实际情况出发，按照上级要求，率先在忻州市开展了并村简干，从村级治理体系和治理能力现代化的角度进行了大刀阔斧的改革。行政村从510个减少到249个，并村261个，撤并一半以上；“两委”主干从853人减少到398人，简干455人，精简一半以上。体现出来的直接效益就是，干部的文化、年龄结构有所优化，文化在提升、年龄在下降，村两委数量在减少、待遇在提高，集体经济全部在5万元以上。五台村多、村小、村穷的现状逐渐改变，农村发展的活力动力进一步增强。

四、凝心聚力攻坚，顺利摘下一顶穷帽

2019年，是五台县脱贫攻坚决战决胜之年。县委按照中央、省市的要求，统筹协调，举全县之力，统领统揽脱贫攻坚，以“一周、四月、六专班”的工作机制，步步为营、环环相扣推进全县脱贫工作；以县级领导包联乡镇，每月召开例会、剖析差村，定期不定期深入督导检查的方式，推进乡镇脱贫工作；以乡村两级干部、各级帮扶干部、脱贫典型贫困户讲扶贫故事的方式，调动扶贫干部的积极性，增强贫困群众脱贫的内生动力；以“网格进村、图册入户”的方式，通过帮扶队伍入户全覆盖、表册对照全覆盖、政策落实全覆盖，推进政策再落实、感情再增加、基础再夯实；以帮扶单位“一把手”每月至少两次深入帮扶村的方式，压实帮扶单位的帮扶责任，推进帮扶工作的落实；以每月“三基督查”、进行通报、进行排名、有关同志登台亮丑的方式，让大家红脸出汗、知耻后勇、奋起直追。2019年，全县共脱贫78村、6267户13740人，244个贫困村全部退出。贫困户由25705户减少到315户，贫困人口由59532人减少到712人，贫困发生率由22.57%降至0.27%。接受了省第三方评估验收，摘掉了贫困县的帽子。

五、践行“两山”理论，成功戴上一顶礼帽

践行“绿水青山就是金山银山”的发展理念，坚持绿色创

园、特色创园、本色创园,成功创建了“国家园林县城”。绿色创园方面,依托县城的唐家湾水库和滹沱河河道,在建成区大力建设公园、广场、游园,在县城外围和交通要道大力进行景观绿化,形成了以公园广场为点、以城市道路为线、以单位庭院为面的城市绿化新格局。特色创园方面,坚持“政府主导、住建牵头、部门联动、社会共建、全员共享”的思路,以绿化建设为重点、以节能减排为抓手,以市政设施配套建设为基础,重点创建国家园林县城,协调推进创建环保模范城市、创建智慧城市、创建文明城市。本色创园方面,五台是国定贫困县,在财力吃紧的情况下,筹措出4000多万用于创园工作。在使用资金的过程中,坚持一次规划、分步实施、重点推进,确保用好每一分钱;坚持公开招标采购、节约经费、降低成本,确保不浪费一分钱。同时,号召市民共同参与创园建设,努力形成全民共建、共治、共享创园成果的长效机制。12月31日,五台县成功创建国家卫生县城,五台又夺得了一枚靓丽名片。

六、全面从严治党,构建良好政治生态

认真落实新时代党的建设总要求,深入开展“团结战斗出活”专题谈心谈话活动,县乡村三级层层谈心谈话5632人次,解决突出问题127个;打造10个党建工作创新品牌、10个乡镇党委示范点和100个村级示范点,新建改建3个500平米以上社区;实施“五大”培训工程,培训科级、科级以下干部11期1965人次。严格落实意识形态责任制,县委主要领导对意识形态工作专题研究2次、听取汇报2次。县委意识形态领域形势分析研判小组讨论意识形态领域形势4次,收集研判报告52份;围绕县委项目建设、转型发展、脱贫攻坚等重点工作,加强正能量引导,播出新闻1518条,开辟专题专栏报道112期,在国家、省市报刊发稿644篇;隆重庆祝中华人民共和国成立70周年,举办“七十年成就展”“我和我的祖国”千人同唱一首歌、主题革命歌曲大合唱,以及书法、摄影、美术等系列活动。聚焦“两个责任”落实,问责党员领导干部39人,问责党组织19个;保持反腐败斗争高压态势,立案298件,结案279件,给予党纪政务处分274人,处分乡科级干部13人;运用监督执纪“四种形态”处理977人次;一体推进扶贫领域、民生领域、涉黑涉恶腐败三个专项治理,查处群众身边腐败问题408件;持之以恒纠正“四风”,查处违反中央八项规定精神21人;把整治形式主义官僚主义作为重点,处置形式主义、官僚主义问题72件。

(郑大伟)

附:中共五台县委书记、副书记、常委名单

书　记:王继明

副书记:武新亮　赵永平(11月离职)

武革慧(11月任职)

常　委:张树成(11月离职)　田江波(11月任职)

梁　康(12月离职)　李　泽　王根伟

姚云萍(女)　白俊清　褚玉丰

吕　忠(挂职)　王春光(挂职,3月任职)

中共代县县委

县委书记　田永清

2019年,代县县委坚持以习近平新时代中国特色社会主义思想为指导,深入贯彻落实习近平总书记视察山西重要讲话精神和党的十九届四中全会精神,团结全县广大干部群众,聚焦脱贫摘帽、转型高质量发展,推动全县改革发展稳定取得新的成绩。全县地区生产总值完成67.9亿元,同比增长7.3%;规模以上工业增加值同比增长10.2%;固定资产投资同比增长9.1%;社会消费品零售总额完成16.4亿元,同比增长7.54%;财政总收入7.57亿元,增幅22.4%;一般公共预算收入3.4亿元,同比增长8.3%;城镇居民人均可支配收入28528元,同比增长6.6%;农村居民人均可支配收入6843元,同比增长13.6%。

一、紧扣“五句话”总目标,推进主题教育走深走实

紧紧围绕主题教育总要求,聚焦主题主线,以县处级领导干部和科级干部为重点,普通党员全员参与,提前谋划、全面部署,抓住关键、精准实施,注重协调联动,从严从实推进,全县主题教育稳步有序、扎实开展。真学真悟,持续夯实理论根基。坚持把理论学习放在重要位置,认真学习习近平新时代中国特色社会主义思想,重温习近平总书记视察山西重要讲话精神,跟进学习习近平总书记最新重要讲话。聚焦“坐下来、读好书、听进去、有收获”4个目标,印制主题教育“口袋书”7700册,定制《摘编》《纲要》笔记本7700余册,狠抓集中学习教育,确保人人学原著、悟原理。县委班子开展集中学习研讨3次,党员干部讲党课4300多次,广大党员干部学习成果转化为具体实践的自觉性、主动性进一步增强。求实务实,深入开展调查研究。召开了学用习近平新时代中国特色社会主义思想经验交流会,县处级领导干部开展调研31次,形成高质量调研报告31篇,推动解决问题42个。全县各级各部门开展调研500多次,发现问题321个,解决问题243个。全县各级党员干部运用习近平总书记系列重要讲话精神指导实践、引领工作的能力显著增强。反思剖析,全过程检视问题。全县各级对照习近平新时代中国特色社会主义思想和党中央、省委、市委和县委决策部署,按照总书记“四个对照”

“四个找一找”要求,深入查找检视问题15条,全县各单位共查摆问题8类1220个,检视问题做到了全面深刻。即知即改,全力推进整治整改。县委领导班子将整治整改贯穿全过程,主动担责,积极作为,深入推进中央及省委“8+5”专项整治,着力解决形式主义、官僚主义突出问题,自身问题立行立改见担当,分管领域问题责无旁贷抓整改,相关问题积极作为抓落实,问题整改效果明显。集中收看了《榜样4》等教育片,到夜袭阳明堡飞机场遗址、廉政教育基地接受革命教育,传承红色基因,厚植为民情怀。组织观看《初心泯灭的歧路》警示教育片,深入推进以案释纪、以案说法、以案为鉴警示教育,教育党员干部严守底线、不越红线,努力营造风清气正的政治生态。

二、坚决履行全面从严治党主体责任,确保政治生态持久风清气正

深入学习贯彻党的十八大以来关于全面从严治党战略部署,组织动员各级党组织和广大党员干部重整行装再出发,以永远在路上的执着、一刻不松懈的坚韧,持续推动全面从严治党向纵深发展,实现代县政治生态持久风清气正。始终坚持把政治建设摆在首位。县委召开两次全会,14次常委会,研究部署从严治党,以开展主题教育为契机,强化“改革创新、奋发有为”大讨论成果转化应用,深入推进党性教育、廉政教育、警示教育,落实建立班子成员联系督导扶贫领域监督执纪问责工作机制,积极配合中纪委五室落实做精做准政治监督和扶贫领域监督执纪问责“两个联系点”工作,制定《中共代县县委关于做精做准扶贫领域政治监督的实施意见》。持续深化政治巡察,开展了县委第五轮巡察,发现“六围绕一加强”方面问题186个、问题线索29条,提出意见建议59条,建立健全102项制度,部署开展县委第六轮、第七轮巡察。深入整治群众身边腐败和作风问题。深入开展纪律作风专项整治,发现扶贫领域违反工作规定的239人次。持续深化群众身边腐败问题整治,监督执纪由“惩治极少数”向“管住大多数”拓展。持续引深“三基建设”。进一步强化基层基础工作,301个农村党支部提档升级,全县60%以上的基层党组织达到一流标准,建立乡镇示范点11个,农村示范点110个,非公和社会组织20个,打造机关示范党组织40个,整顿软弱涣散党组织37个。全县308个农村集体经济全部破零,集体经济收益5万元以上的达到157个,发展壮大村集体经济试点村26个。制定《2018—2022年全县干部教育培训规划》,深入推进“五大培训工程”,专题培训全县各级党组织书记649人,“领头雁”示范培训590人次,参加省市培训45人,农村干部学历提升56人,基层党组织战斗堡垒作用和党员先锋模范作用充分发挥。推动党内政治生活规范化、纯洁化。高质量召开专题民主生活会,加强党内政治文化建设,聚焦“关键少数”,严肃查处违背党的政治路线、破坏政治纪律政治规矩问题,坚决清除对党不忠诚不老实、阳奉阴违两面派、两面人,确保党中央政令畅通、令行禁止。打造守廉干净的干部队伍。压实“两个责任”,充分发挥“两个责任”全程纪实信息化管理系统作用,细化责任清单,强化跟踪监督,确保责任有效落实。以破解“一把手”队伍监督为抓手,出台《代县加强“一把手”队伍监督实施细则》,突出“团结战斗出活”,对“一把手”谈话函询23人,党纪政务处分12人。全面加强干部队伍建设,坚持严管和厚爱结合、激励和约束并重,树立正确用人导向,以制度促落实。

三、坚定落实新发展理念,高质量转型发展后劲十足

坚持新发展理念,开阔眼界、提升标准,谋篇布局、拓展优势,瞄准工农旅三大产业,用非常之力、恒久之功,坚定不移走转型发展之路,着力破解资源型经济难题,不断提升发展的“含金量”“含新量”“含绿量”。工业优化升级成效显著。以明利铁矿为示范,扎实推进铁矿企业标准化建设;建成久力300万吨球团、恒诚福球团150万吨球团等项目,泉鑫机械、宝华木业、智能手机电池等一大批转型项目落地,雁达挂车成功挂牌山西股权交易中心企业创新版,宝通光伏、大唐、雁门关风电等新能源项目建成投产,园区PPP模式招商取得重大突破。现代农业多元发展态势喜人。编制完成全县乡村振兴总体规划和5个专项规划,落实强农惠农富农政策,大力发展壮大有机旱作农业,小杂粮种植基地达12万亩,建设辣椒、道地中药材种植片区13个6.5万亩;特色瓜菜种植1万亩;发展干鲜果经济林10万亩,实施干鲜果提质增效5万亩,发展苗木产业2万亩,建设育苗产业村20个;发展方盛酒业、勾三杂粮、代县黄酒业等规模以上农产品加工企业25家,种植业、养殖业向多元拓展。建成县级电子商务公共服务中心和物流仓储中心,乡镇级农村电子商务服务站11个,村级服务站100个,乡村服务网点201个,电商服务网点、贫困村服务网点实现全覆盖。文化旅游业品牌优势越来越响。雁门关景区招商项目顺利推进,编制完成《雁门关景区旅游提升总体规划》,2019年接待游客突破百万大关,统筹推进六大旅游板块稳步推进。创新推动“体育+文化+旅游”融合发展,建成以非遗文化展示为主的文化产业园,举办了“二青会”、雁门关国际骑游大会等一系列重大赛事。积极推进乡村旅游,发展白水杏采摘节、神涧杏花节、峪河漂流等一批乡村旅游项目。

四、聚焦“两不愁三保障”发力,坚决打赢脱贫摘帽攻坚战

将脱贫摘帽作为最大的政治任务和最大民生工程,全面落实习近平总书记视察山西重要讲话精神,持续聚焦“两不愁三保障”,提高脱贫质量和成色,坚决打赢脱贫摘帽攻坚战。脱贫摘帽指标全面完成。贫困县脱贫14项指标全部达到退出标准,顺利接受国家第三方评估。全县贫困人口47711人,累计脱贫退出20372户47284人,贫困人口剩余217户427人,贫困发生率降为0.27%,低于2%标准。产业扶贫成效显著。全面实施“9341”产业脱贫工程,发展9大产业,建设300个脱贫产业项目,带动4万贫困人口,实现稳定脱贫。脱

贫政策全部兑现。易地搬迁3676人全部入住,整村搬迁68个行政村完成销号。生态扶贫“五大项目”推动实现大山增绿、人民增收。教育扶贫累计资助贫困学生33817人2074.61万元,“两免一补”政策全面落实。健康扶贫引深“双签约”为“双服务”,“三保险三救助” 累计帮扶贫困人口17537人次1.56亿元,医疗救助13707人2284.35万元,组建农村巡回医疗服务队,变“进城看病”为“下乡随诊”,健康扶贫步伐扎实。发放扶贫小额信贷2.93亿元,带动贫困户5600户增收3000元。4683户危房改造任务全部完成,低保、特困保障对象范围中贫困户占比达到67.5%,建档立卡人口中兜底保障率达到17.8%。

五、深入践行“绿水青山就是金山银山”发展理念,生态文明建设迈出坚实步伐

坚决贯彻习近平总书记生态文明思想,深入落实全国、全省、全市生态环境保护大会精神,全方位、全领域、全过程开展生态环境保护,努力走出一条以生态优先绿色发展为导向的高质量发展新路。坚决打好三大保卫战。8m² 以下球团竖炉全部取缔,优良天数比例同比上升28.5%;城区水源地达标率100%,饮用水水源和地下水水质均达到水质考核标准,滹沱河国考断面代县桥全年均值达到Ⅱ类水质标准。强化环境倒逼转型。突出绿色发展与经济社会各领域深度融合,强化生态文明建设倒逼经济转型升级,亲自督促完成雁门关景区违法建筑拆除工作,中央、省环保督察反馈52个问题已全部办结。深入推进整沟治理。云雾沟实施万亩文冠果基地建设项目,武强沟实施土地复垦、荒山造林和退耕还林工程。大力改善城乡面貌。巩固提升创卫成果,推进园林县城创建工作,新增绿化面积69591平方米;深入开展国土绿化行动和农村环境整治,推进省级闲置凋敝宅基地整治盘活利用试点,城乡面貌发生根本变化。

六、坚定不移深化改革,坚决破除影响发展体制机制障碍

突出强化各项改革任务落实,蹄疾步稳,务实创新,涉险滩,啃“硬骨头”,着力推动解决代县发展面临的一系列突出矛盾和问题。全面深化改革有力有效。2019年争取省级以上改革试点示范项目7项,成功申报开展农业水价综合自主改革试点。农村集中产权制度改革稳步推进,教育改革有序实施,党政机构改革顺利完成。持续深化监察体制改革试点,实现了对全县所有行使公权力的公职人员监察全覆盖。能源革命综合改革取得突破。“煤改电”完成12万平方米,集中供暖完成率104%。取缔高耗能电机147台,2019年上半年GDP能耗同比下降5.49%,能源“双控”指标排在全市前列。117家企业进入直供电销售平台,企业负担有效减轻。

七、坚持以人民为中心的发展理念,不断增进民生福祉

坚持以人民为中心的发展思想,坚持在发展中补齐民生短板,持之以恒把民生工作抓好,让改革发展成果惠及全体人民。千方百计扩大就业。完成技能提升培训任务3860人,新增就业3991人,城镇登记失业率控制在3.2%以内。统筹推进教育事业。加大教育投入,推行绩效考核制度,推进代县中学“一校两区、东进西出”办学模式,引进北京“新学道双语”办学理念,高中教育资源整合、课后免费托管服务、义务教育教师“县管校聘”等迈出实质性步伐。扫黑除恶专项斗争扎实有效。摸排涉黑涉恶线索107条,抓获涉黑涉恶犯罪嫌疑人24人,冻结扣押资金资产400余万元,整治扫黑除恶专项斗争乱点202个,打伞治乱成效突出。提升社会治理水平。扎实开展全县2019“清朗”专项行动工作,信访维稳工作取得新成效。刑满释放人员安置率和帮教率达96%以上。“缉枪治爆”、交通、行业场所治安管理、“九小场所”专项治理取得显著成效。群众性活动丰富多彩。推动“文化下基层活动”,组织开展公益电影主题放映活动,观影人数5000多人。举办了庆祝新中国成立70周年大型文艺汇演等丰富多彩的群众性精神文化活动,人民群众获得感、安全感、幸福感进一步增强。

(李继华)

附:中共代县县委书记、副书记、常委名单

书　记:田永清

副书记:郝江陵(女)　郭万国(12月离职)
霍俊波(12月任职)　李勇刚(12月任职)

常　委:赵辰隆(12月离职)　李　清(12月任职)
贾俊岭　刘会平　崔玉军(3月离职)
张东家　曹玉祥

中共繁峙县委

县委书记　孔保宝

2019年,繁峙县委高举习近平新时代中国特色社会主义思想伟大旗帜,全面贯彻党的十九大和十九届二中、三中、四中全会精神,深入学习贯彻习近平总书记“三篇光辉文献”精神,统筹推进“五位一体”总体布局和协调推进“四个全面”战略布局,坚持稳中求进工作总基调,坚持新发展理念,瞄准高质量发展目标,统筹推进稳增长、促改革、调结构、惠民生、防风险各项工作,全县经济社会平稳健康发展,党的建设得到全面加强。

一、扎实开展主题教育,提升“两个维护”的能力和实效

精心组织主题教育、大讨论、庆祝新中国成立70周年等重大活动,带动全县党员干部理论武装工作迈上新台阶,进一步增强听党话、跟党走的思想和行动自觉,进一步凝聚了党心民心,鼓舞了干事创业的斗志。

(一)开展“不忘初心、牢记使命”主题教育。紧紧围绕守初心、担使命、找差距、抓落实的总要求,紧扣主题主线,将学习教育、调查研究、检视问题、整改落实四项重点措施同步实施,坚持“8+5”专项整治和“三服务”一体推进,主题教育各项规定动作高质量完成。整治整改成效明显,减轻基层负担经验做法在《山西省“不忘初心、牢记使命”主题教育工作简报》刊发,“九大行动”提升脱贫攻坚整治成效经验做法在《山西日报》刊发。

(二)组织“改革创新、奋发有为”大讨论。各级党组织聚焦活动主题,紧紧围绕六个方面要破除的、要解决的、要坚持的,扎扎实实抓好“10+2”规定动作。13个乡镇、62个县直单位开展对标一流述职评议,制定《大讨论查摆问题、整改举措及责任清单》和《对标一流下一步打算清单》,全县共查摆问题425个,提出整改举措364条,通过对标整改全面提升了工作水平。

(三)庆祝新中国成立70周年。先后组织开展第二届杏花文化艺术节、繁峙县纪念建党98周年表彰大会暨第八届“大杏奖”“三民”舞台艺术大赛等重大庆祝活动,认真组织全县干部群众收听收看庆祝中华人民共和国成立70周年大会、阅兵式和群众游行,深入学习宣传习近平总书记在庆祝中华人民共和国成立70周年大会上的重要讲话精神,全县干部群众开展了形式多样、丰富多彩的活动,城乡国旗飘飘、群情振奋。

二、进一步加强和改进党的建设,营造风清气正的政治生态

繁峙县委坚持把抓党建作为最大政绩,自觉扛起管党治党主体责任,推动全面从严治党向基层延伸,努力实现全县政治生态持久的风清气正。

(一)加强干部和人才队伍建设。坚持好干部标准,坚持事业为上、以事择人,严格按《条例》选干部,2019年结合机构改革共调整干部335人,其中平调95人、提拔183人、免职57人,较好地解决了干部队伍建设上存在的人岗不相适和不担当不作为的问题。深入实施年轻干部培养工程,确定258名重点培养的年轻干部。20名新任科级干部到信访部门进行轮岗锻炼,77名年轻干部到千人以上村担任党建指导员。大力实施人才强县战略,通过采取推荐遴选等方式调整充实100名优秀专家人才,建立完善本地专家人才数据库6个、714人。

(二)全面加强“三基建设”。重点推进13方面41项基层党建任务。坚持重心下移、力量下沉、保障下倾,全面压实基层党建责任,形成县委“抓乡促村”、乡镇党委“抓村落实”的党对基层工作全面领导工作格局。大力提升基本能力。建立教育培训、实践锻炼和奖惩激励三个常态化机制,实施“五大”培训工程,累计培训各类干部7800人次。全面夯实基础工作。在2018年示范点建设基础上从各领域精心挑选楼岗村、雁头村、联兴村等25个特色示范点,持续开展“每月一观摩、每月一主题”活动,通过现场学、实地看,以点带面,辐射推广先进做法。进一步建强基层组织。对33个软弱涣散农村党组织完成整顿转化。扎实推进“并村简干”工作,共撤并行政村63个,撤销农村党组织52个,精简村“两委”主干91名,实现基层党建资源有效整合。

(三)持续推进正风肃纪反腐。深入贯彻落实关于加强党对反腐败工作全过程领导“三化”意见,县委对全县反腐败工作的领导更加有力。全年问责党员干部259人次,同比增长70.4%。运用“四种形态”处理643人次,同比增长40.4%;查纠形式主义、官僚主义问题113个,处理113人,通报曝光87人。开展“四风”专项督查6次,查纠违反中央八项规定精神问题29个,处理29人,通报曝光27人。

三、全面贯彻新发展理念,推动高质量转型发展取得新成效

2019年,繁峙县经济保持高开稳走、稳中向好、稳中提质的良好态势。全县工业总产值完成90.96亿元,增长21.7%;规模以上工业增加值增长10.1%;固定资产投资完成46.73亿元,增长9.5%;公共财政预算收入完成3.1亿元,增长18.6%。全县地区生产总值完成71.9亿元,增长7.8%;社会消费品零售总额完成22.9亿元,增长7.62%;城镇居民人均可支配收入完成32416元,同比增长8.3%;农村居民人均可支配收入完成9252元,同比增长11.2%。经济转型升级考核评价指标高质量完成,各项年度目标任务能够圆满完成。

(一)狠抓项目建设。成立深化转型项目建设年工作领导小组,全面推行“一个项目、一名县级领导挂帅、一个工作专班、一抓到底”工作机制。共实施重点项目127个,完成投资46.38亿元,占年度计划的97.6%。其中,实施转型项目54个,完成投资30.58亿元,占年度计划的78.41%;新兴产业类项目33个,完成投资16.27亿元,占年度计划的77.8%;传统升级改造类项目11个,完成投资7亿元,占年度计划的85%。全省转型指标考核在45个限制开发县获第四名的好成绩,受到省委、省政府表彰。忻州市产业项目考核自2016年以来连续获得一等奖。

(二)加快发展现代农业。全县发展特色种植基地12个,设立7个优势产业示范园区,推广农作物新品种9大类58种,全年完成“三品”认证20个,“繁峙大杏”“繁峙黄米”“繁峙胡麻”三个地理标志产品申报成功,创建“滹源味道”农副产品区域公用品牌,“繁峙黄芪”“繁峙大杏”被农业农村部列入全国名特优新农产品名录。全年粮食产量1.01亿公斤,较上年增长6%;农产品加工业销售收入预计完成5.5亿元,同比增长11%。成功获批省级黄芪肉牛、肉驴现代农业产业园区,畜牧业发展创历年新高。

(三)加快推进工业高质量发展。全年谋划实施工业转型项目9个,累计完成投资6.27亿元,工业技改项目完成投资8.22亿元。制造业增加值占工业增加值比重上升率提高4.4个百分点,培育"小升规"企业8户,发展高新技术企业3个。工业转型明显加快,支撑全县经济质量和效益不断提升。2019年在新增减税降费9197万元的情况下,财政总收入完成7.28亿元,实现33.15%的高增长。

(四)文旅产业加快发展。全面加快全域旅游示范区创建,编制《繁峙县全域旅游规划》,努力打造文旅战略性支柱产业。大智镜圆景区初见端倪,滹源景区、平型关景区不断完善,县域旅游景点品质品位全面提升。全面开展A级景区创建工作,平型关景区、桥儿沟景区国家3A级景区创建进入收尾阶段。精心打造乡村旅游示范村,伯强村被评为山西省3A级乡村旅游示范村。

(五)全力推动开发区改革创新。坚持把开发区作为推动高质量转型发展的主战场,打造经济增长新引擎。以公开选聘的方式为开发区管委会配备了中层管理人员,开发区干部队伍实现专业化、年轻化。2019年,入区企业66家,规上企业13家,高新企业2家;在建项目16个,签约项目9个,已开工项目7个。投资强度331.05万元/亩,产出强度255.25万元/亩,税收强度11.49万元/亩。

四、加大改革开放力度,进一步激发创新发展的动力和活力

把县乡党政机构改革作为首要改革任务,按照上级批复的《繁峙县机构改革方案》,积极做好机关和事业单位改革工作。改革后,县党政机构核定行政编制696名,比改革前减少6名;核定领导职数108名,比改革前减少12名;事业单位机构数为293个,比改革前减少10个机构,切实构建了精干高效的党政机构职能体系。着眼于构建顺畅高效的乡镇管理运行体制,12个乡镇全部组建"四室一中心",砂河经济发达镇组建"六室一中心",13个乡镇均设置综合便民服务中心和退役军人服务站。全面推进中央农村集体产权制度改革试点工作,各行政村全部完成清产核资、成员身份确认、股权量化等工作,共核实农村集体资产13.76亿元。大力推进综合行政执法改革,整合组建了繁峙县市场监管综合行政执法队、文化市场综合行政执法队等4个领域的综合行政执法队伍。不断深化教育管理体制改革,推进繁峙中学、砂河中学完全中学办学体制改革,在周边县市教育竞争日益激烈的形势下稳定了高中生源;在6所学校先行开展县管校聘教师试点工作;推进职业教育集团化办学,组建繁峙县职业教育集团。积极推动国资国企改革,坚持"一企一策、因地制宜"的原则,分批次推进改革改制工作,县水泥厂、酒厂改制取得新的进展。

五、坚决打好脱贫攻坚战,为决胜全面建成小康社会奠定坚实基础

繁峙县站在2020年"交总账"的高度,树牢"四个不摘"意识,以"九大专项行动"为抓手,推进脱贫攻坚巩固提升和问题整改。2019年,全县1360名贫困人口全部脱贫退出,贫困发生率下降至0.13%。坚持把产业扶贫作为重中之重,出台14大类58项精准扶贫政策,推广"公司+基地+贫困户"的利益联结模式,十大产业覆盖22433户贫困户,户均增收15822元。把解决"两不愁三保障"突出问题作为主攻方向,开展控辍保学专项行动,投入2672.69万元对22749名学生进行教育资助;落实"6321"健康扶贫政策,贫困人口住院救助10423人次,医疗保障支出7380.44万元;新完成673户四类重点对象危房改造任务,对12023户危改户全部进行排查,建立了台账,确保住房安全;对所有行政村进行水质鉴定,在11个村实施饮水安全巩固工程。扎实开展脱贫人口"回头看",加大致贫返贫风险防控力度,设立返贫责任保险,覆盖全部脱贫人口。坚持将问题整改贯穿始终,上级各类评估考核巡视督导反馈的64个问题、自查发现的34个问题全部整改到位。

(温计福)

附:中共繁峙县委书记、副书记、常委名单

书　记:孔保宝

副书记:崔峥岭　居清平(11月任职)
姚力山(3月离职)　田　兵(挂职,3月离职)
翟根红(挂职,3月任职,12月离职)

常　委:杨有成(12月离职)　居清平(11月调职)
王彦清　高瑞军　乔震宇　师天阳
郭美凤(女)　张　晋(11月任职)
胡登云(12月任职)　郭舜良(挂职)
魏灵敏(挂职,1月任职)

中共宁武县委

县委书记　任宁虎

2019年,宁武县委坚持以习近平新时代中国特色社会主义思想为指导,全面贯彻落实党的十九大、十九届二中、三中、四中全会和习近平总书记视察山西重要讲话精神,以省委"一个指引、两手硬"、三大目标部署要求和市委"1661"发展战略为指导,大力实施"4851"发展战略,全力推动中央和省委、市委重大决策部署落地落实,推进了经济社会平稳较快发展,为打好打赢脱贫攻坚战、实现全面小康目标奠定了坚实基础。

一、深入学习贯彻落实习近平新时代中国特色社会主义思想,牢牢把握政治方向

始终把学习贯彻习近平新时代中国特色社会主义思想和党的十九大精神作为重大政治任务,持续深入贯彻落实习近平总书记视察山西重要讲话精神,扎实开展"不忘初心、牢记使命"主题教育,引导广大党员干部筑牢"四个意识",坚定"四个自信",做到"两个维护",在全县上下形成了学用习近平新时代中国特色社会主义思想的大格局。

二、聚焦目标任务,全力攻克深度贫困堡垒

聚焦脱贫摘帽指标,2019年贫困村出列70个,脱贫4271户8753人。全县共脱贫16310户38778人,贫困发生率降为0.35%,脱贫摘帽的14项指标已全部达到退出标准。脱贫产业体系不断健全。"4+7"脱贫支撑产业体系进一步完善,形成了"一户多业、一主多辅"的产业脱贫体系,一般贫困户实现了转移性、资产性、经营性(或工资性)收入"全覆盖"。政策保障能力全面提升。全县低保户11151人、五保户1855人,全部实现兜底脱贫;义务教育阶段、高中、职业教育实现了"全免费";贫困人口医疗、养老参保率均达到100%,全面落实贫困人口"先诊疗后付费"、医疗报销一站式服务和"136"制度,健康扶贫"双签约"率达到100%。基础设施建设不断完善。水、电、路、网和村卫生室、文化场所覆盖或达标率均达到了100%,贫困村提升工程全部完工,易地搬迁贫困户入住率达到100%。精神扶贫力度不断加大。坚持扶贫与扶志、扶技、扶智相结合,通过政策宣讲、技能培训、文艺演出等方式,营造浓厚脱贫氛围;脱贫现实专题小戏——《懒三求婚记》在忻州市第八届"梨花奖"大赛中荣获六项一等奖;实施"三自一带"奖补和志智"双扶"工程,建立"爱心超市"171个,全年积分奖励物资折合资金249万元。帮扶实效不断提高。结合县乡两级书记遍访贫困村、贫困户活动,持续开展"村村过、户户查、人人访"活动,积极推进驻村帮扶"七大行动",有效推进脱贫政策全部兑现、各项工作落细落实。责任落实不断夯实。全面推进"三级五区四个一"制度,创新实施"十比十看"考评活动,形成横向倒边、纵向到底的责任落实体系。全面落实党建促脱贫责任,全县行政村集体经济收入全部破零,其中10万元以上的村达到200个。问题整改全部落实到位。对照国家、省、市督查检查考核评估和省委脱贫攻坚专项巡视反馈问题,举一反三,全面排查,限时销号,建章立制,堵塞漏洞,各级各类反馈问题已按时限全部整改,需要长期整改的均达到时序进度。

三、坚持项目引领,不断增强经济发展活力

以深化转型项目建设年为抓手,大力开展招商引资,先后参加了天津投资贸易洽谈会、全国招商推荐会等一系列招商活动,全县转型项目达到72个,总投资达到262.56亿元。扎实推进项目攻坚,实施市重点工程项目10个,完成投资17.89亿元,新签约项目投资额达到76.14亿元,签约当年开工率达到41%,均超过了年度目标任务。不断优化营商环境。稳步推进企业投资项目承诺制,项目建设全过程全部纳入山西省投资项目在线审批监管平台;优化项目审批流程,将各类审批环节精简到8项以内;落实减税降费政策,审批费用全部纳入统计财政预算。

四、加快转型步伐,有效推动经济高质量发展

按照省委"示范区、新高地、排头兵"三大目标建设总体要求,以"一区三地"建设为抓手,全面加快经济转型升级步伐。推进经济技术开发区建设。按照"一区四园"布局,加快园区建设,入园企业达30户,园区规上企业实现销售收入14.7亿元,完成固定资产投资8.5亿元。扶贫农业产业园先后引进食品加工、生猪屠宰等15个企业,总投资7亿元;节能环保产业园引进首欣风机总装等7个项目,总投资17.6亿元。打造绿色农业基地。大力推进有机旱作农业,农作物播种面积达到30.2万亩,粮食总产达到3050万公斤。生猪、肉驴、肉牛、肉鸡、蛋鸡养殖分别发展到10.2万头、0.4万头、1.9万头、200万只、24万只。"三品一标"认证增到35个。举办"芦芽山珍""汾源印象"区域公共品牌发布会暨农特产品推介会,全年农产品加工销售收入达到3.93亿元。打造绿色新型能源基地。落实省委煤炭"减""优""绿"三字方针,关闭产能过剩矿井1座。华润宁武2×350MW低热值煤发电项目、同煤北辛窑煤电一体化项目、宁武西双万吨环保煤炭物流园项目取得进展。风力发电项目总装机达到57.5万千瓦,光电总装机容量达到15.7万千万。打造全国知名旅游目的地。积极推进芦芽山5A级景区创建工作,大力实施大庙沟林区森林康养项目、汾河上游整沟治理、美丽乡村建设和旅游景区提升改造工程。全年接待游客136万次,旅游综合收入完成12.6亿元。

五、坚持先行先试,全面深化改革取得新突破

在深化改革上持续发力,不断增强经济发展新动能。推动重点领域改革。全力推进农村集体产权制度改革试点工作,全县464个村已全部按时完成清产核资,省级验收工作已经完成。稳妥推进国资国企改革,大运华盛能源集团已经完成资产清查盘点,4家企业"三供一业"分离办社会职能基本完成。景区景点体制改革完成了资产重组。县乡医疗机构一体化改革完成了"六统一"管理。教育体制改革实行了中学教育集团化办学。推进能源革命综合试点工作。制定出台了《宁武县深化能源革命综合改革打造绿色能源基地实施方案》,确定了打造绿色能源供给基地、产业集群、供给保障枢纽、创新发展环境和绿色电力消费城市"五项重点任务"。5项目标任务都已取得了阶段性成果。争取改革试点示范项目。争取国家级改革试点示范项目2个、省级改革试点示范项目4个,被列为中央专项彩票公益金支持县。

六、加强民主法治建设,全面推动经济社会发展

县委坚持定期听取县人大常委会、县政府、县政协和县

法院、县检察院党组的工作汇报。支持县人大及其常委会充分发挥人大代表在管理国家事务中的作用,人大监督的针对性、实效性和权威性明显提高。支持政协发挥职能优势,推动全县经济社会发展。深入贯彻落实《县级领导干部联系民营企业工作方案》,推动民营经济健康发展。依法加强宗教事务管理,有效维护了社会大局的和谐稳定。坚持党管武装,推进军民融合发展,全面支持国防和军队改革建设。持续深化群团改革,群团组织的吸引力、凝聚力、战斗力不断提升。扎实推动法治宁武建设。建成县乡村三级综治中心,社会治理水平不断提高。

七、着力改善和保障民生,不断推动社会事业全面进步

扎实推进民生事业。建成凤凰敬老院、残疾人康复中心和21个日间照料中心。高中新校区已投入使用,职中新校区主体工程已完工。2019年高考二本B类以上达线214人,专科升学率100%;新建社区医院2个,改造新建村卫生室137个,打造了30分钟基层医疗卫生服务圈。全年举办各类培训班64个,培训3058人,实现就业937人。完成城区25条街巷道路提升改造工程,新建和改造供水管网4.2公里。持续加强生态保护。全力推动大气、水、土壤污染防治行动计划,2个污水厂提标改造工程已开工,汾河国考断面水质全部达到地表水Ⅲ类水体标准。完成营造林5万亩、退耕还林1.86万亩、荒山绿化0.3万亩。全力维护社会稳定。认真履行安全生产责任制,开展了煤矿、非煤、危化专项整治行动。持续推进平安建设,深入开展扫黑除恶专项斗争,打掉黑社会性质犯罪组织1个,打掉恶势力犯罪团伙3个,抓获涉黑涉恶人员34名。

八、坚持党管意识形态,不断提升干部队伍思想建设

严格落实意识形态工作责任制,有效防止了重大舆情事件和重大意识形态责任事件的发生。以庆祝新中国成立70周年为契机,组织开展一系列庆祝活动。深入开展"文化三下乡"活动,深度挖掘地方文化特色,精心编排了《喜鹊岭》《懒三脱贫记》等文艺节目,受到了广大群众的一致好评。深入推进社会主义核心价值观宣传,不断强化诚信教育、孝敬教育、勤劳节俭教育、未成年人思想道德教育;组织开展了"自主脱贫标兵""最孝儿女""最美家庭"等评选活动,全县涌现出39名"脱贫标兵",全民素质进一步提升。

九、加强党的政治建设,推进从严治党向纵深发展

全面落实新时代党的建设总要求,逐级压实党委(党组)主体责任、党委(党组)书记第一责任人责任。扎实推进"三基建设"。撤并行政村35个,创建100个党建示范点,31个软弱涣散村全部实现转化升级。加强干部队伍建设。结合全县党政机构改革,先后调整干部8批次234人。培训各级领导干部914人次。强化监督执纪问责。驰而不息反对"四风",集中整治官僚主义、形式主义,共查处案件29件,给予党纪政务处分20人,公开曝光26起;坚持"零容忍"惩治腐败,处置各类问题线索982件,给予党纪政务处分239人。

(贯兆卿)

附:中共宁武县委书记、副书记、常委名单

书　记:任宁虎

副书记:王　卓　高建文　李长平(挂职)
薛勇民(挂职,4月离职)
成　钢(挂职,4月任职)

常　委:弓凤英(女)　薄小伟　尹志刚
田贺玉(11月离职)　狄文俊(11月任职)
贾建宁　张申良(8月离职)　郝建青(挂职)

中共静乐县委

县委书记　李德新

2019年,静乐县委带领全县干部群众深入学习贯彻落实习近平新时代中国特色社会主义思想和党的十九大精神,认真学习贯彻落实党的十九届四中全会精神,按照省委"一个指引、两手硬"思路和要求,紧扣市委"1661"发展战略,坚持"扬正气、树新风、创环境、促发展"工作主线,坚持以脱贫攻坚统揽工作全局,统筹推进稳增长、促改革、调结构、惠民生、防风险、保稳定各项工作,脱贫攻坚取得决定性胜利,高质量转型发展迈出了新的步伐。

一是积极应对、主动作为,推动了经济运行稳中有进。全县地区生产总值同比增长9.7%,超过预期目标3.2个百分点;固定资产投资同比增长9.3%,超过预期目标2.3个百分点;规上工业增加值同比增长23.3%,全市排名第1;社会消费品零售总额完成12.2亿元,同比增长7.6%;受减税降费的影响,一般公共预算收入同比下降12.2%;城乡居民人均可支配收入分别增长7.5%、14.2%。不断完善预算绩效评价体系,政府隐性债务风险等级被省财政厅评定为绿色安全等级。全县经济社会发展呈现出总体平稳的良好态势。

二是尽锐出战、迎难而上,取得了脱贫摘帽的决胜战果。始终坚持以脱贫攻坚统揽经济社会发展全局,紧盯脱贫摘帽,对"贫中之贫、困中之困"的"硬骨头"发起总攻,紧紧围绕"两不愁、三保障",进一步压实工作责任,强化帮扶力量,创新开展"八看八帮扶""五个一"活动,综合运用特色农业、光

伏、生态、电商、旅游、就业、消费等扶贫方式，千方百计提高群众收入。全面落实教育、医疗、住房等各项扶贫政策，全县适龄儿童学前入园率达到95.13%，义务教育阶段学生入学率、合格率、巩固率均为100%；健康扶贫“双签约”服务，贫困人口签约率达到100%。全面完成了48个整自然村1700户4684人的整体搬迁、63个村551户1796人的插花搬迁，全县14992户46878人实现脱贫、192个贫困村全部退出、县14项摘帽指标全部达标，贫困发生率由35.29%下降到0.49%，被省政府批准退出贫困县。

三是提质增效、转型升级，积蓄了高质量发展强大动能。持续引深“转型项目建设年”活动，招商引资成功签约项目14个，开工建设省市重点项目13个，储备项目52个，审批备案项目43个，完成工业技改投资3.9亿元，培育“小升规”和高新技术企业3个，入库高新技术企业1家，转型项目投资占固定资产投资比重的73.4%。电商累计交易量1800余万单，上行销售额达到1.58亿元。不断强化农业基础地位，持续抓好有机旱作农业、特色种植、传统养殖和特色养殖、农产品精深加工等产业项目，“三品一标”农产品达到69个，全县特色种植面积发展到20万亩，占总种植面积的45%，畜禽饲养总量达到87.9万头(只)，粮食总产量达到0.57亿公斤，农产品加工企业销售收入完成4.16亿元。

四是青山当笔、绿水为墨，绘就了美丽静乐的生态画卷。积极推进汾河中上游山水林田湖草生态保护修复工程项目，汾河川国家湿地公园顺利通过验收，文旅产业持续发展壮大，静乐全境纳入了黄河流域文化保护规划和太行山旅游板块规划，景区旅游、乡村旅游人数与日俱增。取缔“散乱污”企业14家，淘汰燃煤锅炉10台，完成水土流失治理17.5万亩、营造林19.65万亩。汾河水质稳定达到Ⅱ类标准，地表水考核断面、集中式饮用水源水质实现双100%达标，二级以上优良天数达到336天，空气质量全省名列前茅，荣获“中国天然氧吧”荣誉称号。全面贯彻落实中央、省环保督察反馈意见，省市反馈问题61件已全部整改。

五是先行先试、改革创新，汇聚了厚积薄发的动力源泉。顺利完成党政机构改革、信用社股份制改革，有序推进农村集体产权制度改革、国企国资、行政审批制度、教育集团化办学、县乡医疗机构一体化等体制机制改革，成功争取中央专项彩票公益金支持县、中国生态食材示范区、省级综改试点重点推进县、优质粮食工程试点县、新时代文明实践中心试点县等7项国家级和省级试点示范项目。积极推进产业园区“三化三制”改革，现代农业产业示范区通过省政府批复，入园企业达到27个；分类推动国企改革，5户商业企业列入以改治转名单；稳步推进商事制度改革，新增注册市场主体986户；深化企业投资项目承诺制改革，“一枚印章管审批”相对集中行政许可权改革全面启动，营商环境持续优化。

六是筑牢底线、增进福祉，构建了安居乐业的美丽家园。持续加大就业创业工作力度，新增城镇就业1698人，登记失业率控制在2.5%以内。社会事业协调发展，扩容改造县城3所小学，增设2个小学班，城区学校超大班额问题得到有效解决。医疗集团实行一体化运作，县、乡、村公共卫生医疗资源信息实现共享互补。扎实推进国家文明城市创建，启动创建深度贫困地区公共文化服务和旅游发展示范县，打造了以庆鲁、王端庄、五家庄等村为样板的乡村旅游，文化旅游产业成为助力乡村振兴的新动能。静乐文庙、净居寺石窟列入第八批国家重点文物保护单位，庆鲁窑洞、木瓜山民宿入选全省首批“黄河人家”名单。建成的43所老年日间照料中心为农村孤寡老人提供了“幸福驿站”，鹅城敬老院被授予“全国敬老文明号”的光荣称号。持续深化“平安静乐”创建，深入开展扫黑除恶专项斗争，一批重点涉稳涉访问题得到有效化解，人民群众的获得感、幸福感、安全感有效提升。

七是深学笃行、凝心铸魂，筑牢了为民服务的初心使命。坚持把党的政治建设摆在首位，坚持以习近平新时代中国特色社会主义思想为指导，深入学习贯彻党的十九大、十九届二中、三中、四中全会和习近平总书记视察山西重要讲话精神，扎实开展“改革创新、奋发有为”大讨论和“不忘初心、牢记使命”主题教育，县委中心组全年集体学习24次，系统学习《习近平新时代中国特色社会主义思想学习纲要》等书目，重温习近平总书记视察山西重要讲话等“三篇光辉文献”，跟进学习习近平总书记最新讲话和指示批示精神。各乡镇、各单位、各支部坚持学原著悟原理，精读细学必学书目，累计开展专题党课400多次、主题党日活动300多次，实现了参加学习教育人数和必学篇目“两个全覆盖”。全县广大党员干部“四个意识”进一步增强，“四个自信”进一步坚定，能够牢固做到坚决维护习近平总书记核心地位，坚决维护党中央权威和集中统一领导。

八是从严治党、正风肃纪，彰显了勤政廉政的良好形象。突出抓住领导干部“关键少数”，层层压紧“两个责任”，坚决查处各类违纪行为和腐败问题，共处置问题线索677件，立案132件，给予党政纪处分131人，其中科级干部18人，移送司法机关1人。扎实开展扶贫领域专项整治，查处违纪问题75件，处理75人。持续深化政治巡察，充分运用监督执纪“四种形态”，抓早抓小、防微杜渐，处理712人(次)。深入推进“三基建设”，组织开展了“品质提升工程”八大专项行动，集中整顿软弱涣散基层党组织50个，选派17名优秀年轻事业副科干部到乡镇挂职党委委员，选拔使用脱贫攻坚一线优秀干部29名，组织51名农村干部参加学历教育班，举办农村“领头雁”和第一书记培训班4期、培训986人次，实施干部素能提升培训班22期、培训6531人次，完成了乡镇基础设施建设达标工程和3个社区500平方米以上活动场所的建设，集体经济收入超过5万元的行政村达到284个。全面贯彻落实党管意识形态的总要求，坚持“十要十不要”工作方法，定期分析研判意识形态领域形势，健全不过滤、不过手、不过夜的信息报告制度，及时处置网络舆情，加强社会主义核心价值观教育，弘扬主旋律、传播正能量，确保牢牢把握意识形态工作的领导权、主导权、话语权。

(樊子源)

附：中共静乐县委书记、副书记、常委名单

书　记：李德新

副书记：王　昕　宣文晓

张占鹰(挂职,3月离职)

王李全(挂职,3月任职)

常　委：王建峰(1月离职)　王利民(2月离职)

申宏民(11月离职)　霍俊波(11月离职)

李红霞(女)　张安兵(9月离职)

刘　岗(挂职)　武卫东(11月任职)

陈亚宁(3月任职)　温安娜(女,11月任职)

方笔计(11月任职)

中共神池县委

县委书记　曹爱民

2019年，神池县委高举习近平新时代中国特色社会主义思想伟大旗帜，深入学习贯彻党的十九大、十九届二中、三中、四中全会和习近平总书记“三篇光辉文献”精神，深入学习贯彻省委十一届七次、八次、九次全会和市委四届六次、七次、八次全会精神，按照省委“四为四高两同步”总体思路和要求，坚持市委“1661”发展战略，努力推动我县“15561”发展思路取得新成效。全县国内生产总值完成31亿元，同比增长1.7%；一般公共财政预算收入完成1.69亿元，同比增长11.57%；规模以上工业增加值完成2.76亿元，同比下降12.7%；固定资产投资完成21.65亿元，同比增长12.3%；社会消费品零售总额完成11.4亿元，同比增长7.8%；城镇居民人均可支配收入完成23709元，同比增长7.7%；农村居民人均可支配收入完成9154元，同比增长11.7%。各项约束性考核指标和区域性经济转型升级考核指标全面完成。

一、坚持以习近平新时代中国特色社会主义思想为指引，扎实推进主题教育及重大活动取得新成效

坚持以习近平新时代中国特色社会主义思想为指导，以主题教育和重大活动为抓手，全县广大党员干部精神得到洗礼、思想得到解放、党性得到锻炼、能力得到提升。一是热烈庆祝新中国成立70周年。组织举办主题图片展、书画展、歌唱展演等形式多样、内容丰富的庆祝新中国成立70周年系列活动，唱响了礼赞新中国、奋斗新时代的昂扬旋律，汇聚起实现“两个一百年”奋斗目标的强大力量。二是扎实开展“不忘初心、牢记使命”主题教育。聚焦根本任务、总体要求，全县315个基层党组织、6094名党员参加了主题教育，实现了全覆盖。县委中心组带头学习研讨，各级党员领导干部讲党课369次，形成调研报告369篇。把建立贯彻落实习近平总书记重要指示批示工作机制和聚焦解决脱贫攻坚“两不愁三保障”作为重点，进一步推动习近平总书记视察山西重要讲话精神和视察忻州重要指示批示精神落地生根。三是深入推进“改革创新、奋发有为”大讨论。在认真完成“改革创新、奋发有为”大讨论各项规定动作的同时，充分彰显神池特色，举办了“众说‘十亩地’”论坛，召开了2次先进典型报告会，3次对标一流述职评议大会，开展“万名干部入企进村服务”活动，发现解决问题132条。

二、坚持脱贫攻坚统揽不动摇，脱贫攻坚巩固提升成效显著

坚持把脱贫攻坚作为最大政治任务和第一民生工程，认真贯彻落实习近平总书记视察山西重要讲话精神，严守“四不摘”要求，紧盯“两不愁三保障”突出问题，下足绣花功夫。严格落实“238”双签责任，坚持周调度、月例会、季通报、年考核推进机制。围绕壮大产业发展促增收，扎实推进有机旱作农业示范县建设，创建7个有机旱作农业封闭示范片6805亩。开展各类特色技能培训班，打造“神池辅警”“神池饼匠”“神池保姆”等劳务品牌，提升贫困户增收致富的能力。实施“15333”畜牧产业扶贫工程，基本实现“杜湖羊”良种全覆盖，真正让养产业成为农民的“钱袋子”。持续推进生态扶贫、光伏扶贫，村集体经济进一步巩固壮大。围绕落实教育扶贫、健康扶贫、社会保障兜底等政策，对贫困户、脱贫监测户、边缘户实行动态检测，设立500万元规模的深度贫困帮扶资金，确保不返贫。围绕移民搬迁后续帮扶，加大基础设施和公共服务设施建设，完成了62个整体搬迁村的复垦工作，通过劳务输出、建设扶贫车间等措施，实现易地搬迁零就业家庭全部清零，确保搬迁群众搬得出、稳得住、能致富。2014—2019年，累计退出139个贫困村，贫困人口减少11659户28265人，贫困发生率下降至0.177%，脱贫攻坚取得决战决胜，4月18日，被省政府批准退出贫困县。

三、树牢绿水青山就是金山银山的理念，坚决打好污染防治和生态保护攻坚战

一是打好蓝天保卫战。稳步推进“百日清零行动”，中央环保督察及环保“回头看”等检查中发现的93个问题，全部清零销号。二级以上优良天数达到326天，优良天数占比92%，全市排名第三，PM2.5年均浓度每立方米26微克，同比下降13%，全市排名第一。二是打好碧水保卫战。全面推行“河(湖)长制”，全县14个集中饮用水源地全部划定为一级保护区，水污染防治工作取得显著成效。三是打好绿地保卫战。开展露天矿山整治和绿色矿山创建行动，督促4家风电企业投资6700余万元对植被进行生态恢复治理，实施京

津风沙源治理二期工程,完成三北防护林人工造林5500亩、三北防护林退化林修复5000亩、吕梁山生态脆弱区治理工程8000亩;委托黑茶山国有林管理局实施集体公益林生态改造;土壤污染防治与生态修复工作成效显著,全县生态绿化水平进一步提升。

四、坚持以项目建设为抓手,推动高质量转型发展新局面

坚持把抓项目建设摆在突出位置,按照"深化转型项目建设年"的任务要求,建立完善县级领导包联重大项目机制。加快"走出去"步伐,加大"引进来"力度,全县上下形成了浓厚的招商氛围,招商引资签约项目13项,签约资金39.56亿。加快百万千瓦级绿色能源基地县建设,投资18.5亿元开工新建新能源项目5项,继续保持全省、全市领跑地位。泰达水泥厂项目已和山东誉腾水泥集团正式签订战略协议。立足神池农业立县优势,推动农业现代化、品牌化、产业化发展,农产品加工上从数量规模向质量效益,从初级加工向精深加工、从低端产品向高端品牌迈进,订单农业规模达到2万亩,全县农产品加工企业销售收入达到62215万元,同比增长12.5%。以推进有机旱作农业示范县建设为契机,投资3500万元新建神池全国优质杂粮产地交易市场。

五、坚持以改革为引擎,各领域改革持续深化

完成了党政机构改革任务,优化完善党政机关和事业单位机构设置、职能配置、运行机制,深入推进事业单位改革、综合行政执法改革等重点领域体制机制改革。成立了县委10个议事协调机构,制定完善运行制度,推进议事协调机构职能、权限、程序规范化,党的领导得到全面加强。启动建设了后草庵等3个整沟生态治理项目。积极申报和建设省级示范园区,以发展有机旱作农业为抓手,编制了《神池现代农业产业发展规划》《省级现代农业产业示范区可行性研究报告》,建成了较为完善的配套体系。完成了农村集体产权制度改革,全县241个村进行了清产核资和股权量化,完成率均达100%。"放管服效改革"成效明显,审批服务及效率进一步提升,营商环境进一步优化。电子商务进农村综合示范改革扎实推进,全县112个乡(镇)村级电商服务网点投入运营,县域行政村电商服务覆盖率91.8%、贫困村覆盖率100%;电商累计培训2250余人次,线上累积销量达到2700余万元。

六、坚持以人民为中心的发展思想,群众获得感、幸福感和满意度不断提升

坚持教育事业优先发展,义务教育阶段教育教学质量名列全市前茅,中考优生率全市排名第一,全县适龄儿童入园率达98.1%,学前教育普惠率达100%。卫生事业长足进步。组建医疗集团,县乡医疗一体化改革有序完成。投资建设了县医院血液透析中心、中医院住院门诊综合楼等,标准化村卫生室达122所。城乡低保、"五保"和孤儿供养补助、残疾人补贴标准逐年提高。城市建设稳步推进,分配保障性住房165套,对峥水路5.5公里进行改造升级。成功创建省级文明县城,通过了国家卫生县城复审检查。

七、加强社会主义民主政治,扎实推进平安神池建设

推进民主法治建设。支持人大及其常委会依法履职,推动"一府两院"依法行政和公正司法。政协提案办理效率、质量不断提升,社情民意信息工作在全市排名第一。充分发挥工会、共青团、妇联等人民团体的桥梁纽带作用。加强国防动员和后备力量建设,军政军民团结更加巩固。推进平安神池建设。围绕新中国成立70周年大庆等重大活动节点,健全各项维稳应急工作机制,防范化解重大风险隐患,应急维稳能力得到了提升。深入开展扫黑除恶专项斗争,成功打掉黑社会组织1个、"套路贷"恶势力团伙1个,共立一般刑事案件129起,受理行政案件341起。严格"4483"工作机制,全年没有发生重大安全生产事故。贯彻落实矛盾纠纷多元化解机制,继续推进领导干部接访下访制度,全年县级领导共接待群众来访213批次285人次,全县社会大局保持和谐稳定,群众安全感、满意度显著提升。

八、加强党对意识形态工作的领导,推动宣传思想文化工作守正创新

一是强化理论武装。开展基层宣讲36场,受众8000余人次,"学习强国"平台学员活跃度在全市名列前茅。加强正确舆论引导,在市级以上各类媒体共发稿480多篇条。强化意识形态,推进扫黄打非进基层标准化建设,开展了"净网""护苗"专项行动,全县意识形态领域形势总体向上向好。二是积极发展文旅产业。编制完成了县域旅游规划,完成了神池县国家登山步道3A级旅游景点和西毛家皂村、小磨沟村2个旅游示范村的申报。主动对接万年冰洞,投资建设长城1号旅游公路。三是持续推进文化惠民工程。"两馆一院"开工建设,开展文化扶贫义演活动28场,送电影下乡2772场,送戏下乡145场,为乡村文化活动室、"农家书屋"配送文艺器材2055件,图书11000多册。九仁村白家拳、神池软架子秧歌获批县级非遗项目,合什得胡麻油压榨技艺获批市级非遗项目。

九、坚持加强党的建设,推进全面从严治党向纵深发展

一是全面加强党的政治建设和思想建设。持续深化政治巡察,开展县委十四届第五轮、六轮巡察。规范"3+X"主题党日制度,把民主生活会质量纳入政治巡察范围,党内政治生活质量不断提高。持续引深"三基建设",开展"基层党建巩固提升年"活动,整治软弱涣散农村基层党组织,60%以上的基层党组织达到一流建设标准。开展"并村简干",共撤并减少行政村93个,行政村规模从原有的215个精简为122个。启动农业农村人才"双百计划",村集体经济进一步壮大,1万元以下收入的薄弱村全部"清零"。二是全面加强领导班子和干部队伍建设。研究制定了《加强"一把手"队伍监督的办法

(试行)》,切实发挥派驻监督优势,实现对所有公职人员监察全覆盖。结合机构改革,提拔重用干部121名,每个乡镇班子至少配备了1名35岁左右年轻干部,干部结构得到优化。深化干部素能提升工程"县级大讲堂",举办35场,累计参训5430人次。启用干部考勤管理系统,县直单位、乡镇以及村委全部安装了考勤机,进一步强化了工作纪律。三是全面加强党对反腐败工作的集中统一领导。认真履行主体责任,持续加强党风廉政建设和反腐败工作,严格落实中央"八项规定"精神,坚决整治"四风"问题和形式主义、官僚主义问题。共查处违反中央"八项规定"精神问题30件35人,查处各类形式主义、官僚主义问题55件61人。查处扶贫领域腐败和作风问题99件144人,查处群众身边腐败问题和作风问题229件282人,查处各类漠视侵害群众利益问题10件11人。深化标本兼治,狠抓廉政警示教育,在重要领域、部门下发纪律检查建议书1份、监察建议书26份,营造了风清气正的良好政治生态环境,为全县经济高质量发展提供了坚强的政治和纪律保障。

(卢志强)

附:中共神池县委书记、副书记、常委名单

书　记:曹爱民

副书记:孟宏斌　郑建国(11月离职)
贾平华(11月任职)　胡晨光(挂职,3月离职)
郇光明(挂职,3月任职)

常　委:贾平华(11月调职)　赵国兴
李利东(11月任职)　杨占录
闫晓东　王玉珍(女)　冯建军(10月离职)
樊遥意(挂职)　王宝龙(挂职,1月离职)

中共五寨县委

2019年,五寨县委坚持以习近平新时代中国特色社会主义思想为指导,认真贯彻落实省委的统一部署要求和市委"1661"发展战略,解放思想、攻坚克难,聚焦"三大目标",全力打好"三大攻坚战",全县脱贫成效持续巩固,经济持续健康发展,社会保持和谐稳定。

(一)坚持全面从严治党,实现持久风清气正。一是精心开展"不忘初心,牢记使命"主题教育。组织全县116个单位、452个基层党组织、6816名党员全覆盖参加主题教育。各级党组织开展集中学习、研讨348次,宣讲报告126场次,培训党组织书记411名。召开各类专题会116次,422名科级干部查摆解决问题894条。以"8+5"专项整治整改为重点,各级列出整改措施2803条,完成整改2033条。发放问卷6500份,收集意见建议1176条,为群众办实事3216件。二是扎实开展"改革创新、奋发有为"大讨论。紧紧围绕主题,聚焦"六个破除、六个着力、六个坚持",组织全县14个党委、28个总支、5个工委及所属各党支部和党员领导干部,完成了集中学习研讨、先进典型报告会、民主生活会、"万名干部入企进村服务"等"10+2+1"规定性动作,推出了一批促进改革发展的重大举措,全县上下达到了统一认识、解放思想、理清思路、主动提升的目的,为不断拓展全县各项工作新局面,提供了坚强保障。三是认真落实管党治党责任。加强对反腐败工作全过程领导,健全横向到边、纵向到底的主体责任落实体系。建立科级干部廉政档案713册、农村党员干部3243册。完成十三届县委第六、七轮巡察,巡察75个单位,覆盖率69%。党内问责党组织2个,问责领导干部19人。四是全力抓好意识形态工作。紧扣举旗帜、聚民心、育新人、兴文化、展形象,组建了5支宣讲团,深入各单位、贫困村开展宣讲工作。组织了"庆祝建国70周年"等系列活动。县委专题研究意识形态工作11次。开展网络媒体专项巡查,处置市级督办舆情9起、县级17起。五是全面加强干部队伍建设。利用周五网络课堂等学习平台,培训干部2.2万人次。围绕"团结、战斗、出活"主题,层层开展了谈心谈话活动。开展优秀干部推荐工作,不断充实完善优秀干部人选库。加强干部日常管理,将日常考核与任职考察等紧密结合,实现了解、评价、发现、使用干部有机统一。六是深入推进"三基建设"。创建党组织示范点62个,31个社会党组织全部建立了基本情况台账。全县501个非公有制企业中,单建、联建、挂靠等方式建立党组织78个。开展村"两委"集中培训,精准整顿农村软弱涣散党支部14个。推进"并村简干提薪招才建制",村集体经济全部"破零",超5万元的有101个村。七是持之以恒正风肃纪反腐。县委专题研究党风廉政建设和反腐败工作20次;运用"四种形态"处理921人次,同比增长43.5%,实现由"惩治极少数"向"管住大多数"进一步拓展。查处违反中央八项规定精神问题案件10件、处分10人。深化专项整治,处置扶贫领域腐败和作风问题线索153件,立案41件、处分41人。查处漠视侵害群众利益案件33件、处分33人。摸排涉黑涉恶腐败问题线索14件,给予党纪政务处分9人。全县党风、政风和社会风气持续好转。

(二)聚焦两不愁三保障,不断巩固脱贫成效。2019年4月份脱贫摘帽后,坚持"四个不摘",持续巩固脱贫成效。一是在责任落实上持续发力。全力推进脱贫巩固提升8大工程、26项专项行动。县级领导包保乡镇,开展遍访行动,解决具体问题。实行问题整改"三清单一台账"对账销号制度,2018年脱贫成效考核、国家发改委监管巡查、省委专项巡视、省委第五督导组督导等各类反馈问题全部整改完成。二是在产业发展上持续发力。精准实施6大类15项特色产业扶贫增收项目,全县25个农业龙头企业、557个合作社,带动10683户增收脱贫。开展全民技能提升培训班63班次2693人,技能鉴定1533人。134座村级光伏扶贫电站发电1858万度,收益1199万元,全部拨付到村。联动实施"五大生态扶贫项目",带动2500余户贫困户增收脱贫。三是在政策落实上持续发力。全面落实“三保险、三救助”“136”等政策,医疗报销9176人次、5311万元,补偿比例91.7%。累计发放各类教育补助6966人次、1306万元。将建档立卡贫困户中符合低保条件的8686人全部纳入了农村低保。出台了《关于做好整村搬迁后续扶持工作的实施意见》,97个整村搬迁村全部拆除、撤村销号,规划建设10个产业园,搬迁劳动力6801人,一半以上在家门口就业创业。四是在驻村帮扶上持续发力。按照贫困村“一村一队、一队三人”的原则,全县共派出166支工作队547人,开展干部驻村帮扶“大落实、大起底、大走访、大巩固、大排查”五大行动,累计走访贫困户18184次,收集群众意见建议2092件,解决群众困难问题2036个。

(三)贯彻新的发展理念,推动经济健康发展。把“供改”和“综改”作为经济工作的主线,以三大目标为牵引,推动经济高质量转型发展。一是转型步伐明显加快。深入贯彻落实省市“深化转型项目建设年”安排部署,开展了“项目手续集中办理月”“项目集中开工月”等系列活动。全年谋划实施重点项目41个,总投资59.7亿元,列入全市深化转型项目建设库项目33个,总投资47.16亿元。光电、风电、中药材开发等一大批转型项目开工建设和投产,为县域经济注入强大动力。二是全面改革深入推进。认真落实“四个亲自”“三个三”改革措施,统筹推进43项改革任务,党政机构改革和农村集体产权制度改革全面完成,深化“放管服效”改革,打造“六最”营商环境。园区建设深入推进,规划建设了“特色农业、农副产品加工、商贸物流、生态养殖”四大功能园区,入园企业达到15个,园区内农民合作社等各类新主体38户,社会化服务组织10户,园区总产值2.1亿元,经营销售收入1.78亿元。三是乡村振兴扎实推进。按照“20字”总要求,以创建“国家农村产业融合发展示范园”为契机,着力打造杂粮食品、酿品、饮品、肉制品、功能食品、中药产品“六大现代农业”产业集群。2019年全县粮食总产量达4.8亿斤,建成标准化养殖场78个,规模养殖户达580家。新认证“三品一标”14个,全县无公害、绿色、有机产品基地保持在30万亩以上。实施了11个村4832人的饮水安全工程,完成了坡改梯14390亩,兴建骨干坝、中型坝10座,农村面貌持续改善。四是生态建设持续加强。围绕“山、水、路”三大主体框架,完成造林绿化工程6.2万亩;以创建晋西北沙棘山西特色农产品优势区为目标,大力培育沙棘经济林0.26万亩。以五寨沟等8条整沟作为治理目标,扎实开展了整沟治理、露天矿山综合整治和绿色矿山创建工作;实施大气、水、土壤污染防治行动计划,加大环境监管执法力度,空气质量排在全省前列,获得省市奖励资金3090万元。五是民生福祉不断增进。中高考再创佳绩,高考二本B类以上达线210人,同比增加20人;中考600分以上126人,位居全市第6。投资8979万元的第一人民医院新建项目,完成地上主体三层建设。北京眼科医院、望京医院和山大二院、儿童医院的专家常年坐诊,群众不出五寨就能享受北京和省级医疗服务。牢固树立总体国家安全观,加强“雪亮工程”建设,认真落实“4438”工作机制,有效杜绝重大安全生产事故的发生。深入推进扫黑除恶专项斗争,打掉3个恶势力团伙,破获刑事案件36起。“法治五寨”“平安五寨”建设深入推进,被评为“省级平安县”,群众获得感、安全感和幸福感不断提升。

(沈雁冰)

附:中共五寨县委书记、副书记、常委名单

书　记:张　春

副书记:张宇光　武革慧(11月离职)
刘志成(11月任职)　程长生(挂职,3月离职)
苏铁熊(挂职,3月任职)

常　委:杜新荣　李　强　李文渊　赵宇彤(12月离职)
赵　波(12月任职)　张啸梅(女)　李代保
张海全(挂职,7月离职)
解雁文(挂职,7月任职)

中共岢岚县委

县委书记　王志东

2019年,岢岚县委坚持以习近平新时代中国特色社会主义思想为指导,深入学习贯彻党的十九大和十九届二中、三中、四中全会精神,贯彻落实省委十一届八次、九次全会和市委四届七次、八次全会精神,紧扣省委“四为四高两同步”重大思路和要求和市委“1661”发展战略,深化实施县委“331”发展思路,统筹推进稳增长、促改革、调结构、惠民生、防风险、保稳定,持续推动党的建设和党的事业实现新进步新跨越。

一、坚持不懈用习近平新时代中国特色社会主义思想武装头脑、推动工作,牢牢把握正确政治方向

一是扎实开展“不忘初心、牢记使命”主题教育。多形式、多层次、全覆盖推动全县91个科级领导班子、6387名党员全部参加;县委中心组带头高起点、高标准、高质量开展学习研讨42次,通过举办学习贯彻习近平新时代中国特色社会主义思想读书班、新思想宣讲、印发《不忘初心、牢记使命精神汇编》等方式,持续推动习近平新时代中国特色社会主义思想更加深入人心。二是全面贯彻落实习近平总书记重要指示批示精神。县委领导班子带头139次深入一线推动形成“岢岚县贯彻落实习近平总书记重要指示批示精神工作机制”和“第一时间”及时传达学习和研究部署等6项工作机

制,确保15项批示件件有着落、事事见成效。三是坚决落实好中央和省市决策部署。组织召开2次全委会议、34次常委会议以及专题会议,清单式细化推进县委“12355”年度工作总任务,制定落实省委脱贫攻坚专项巡视188条整改举措47项任务分解,狠抓省环保督查反馈的3方面问题整改,成立“两不愁三保障”五个专项工作组专班推进突出问题整改,为群众办实事好事535件,以实际行动践行“两个维护”。

二、持续巩固提升脱贫成效,奋力走好“立足脱贫、着眼小康、衔接振兴”的岢岚路子

一是着力强化组织领导。聚焦“两不愁三保障”,县委41次专题会议、51次脱贫攻坚领导小组会议研究推进具体工作,党政主要领导带头“天天到现场”227次,推动全县193支驻村工作队、4054名干部扎根一线,干在现场,推动年度再减贫85户216人,贫困发生率下降至0.08%,县摘帽已于5月份经省政府批准退出。二是着力抓实巩固提升。坚持“四不摘”的要求,深入实施以树起“四面红旗”、落实“五项机制”、推进“十大行动”为主要内容的“4510”脱贫攻坚巩固提升策略,持续深化“6+3”产业开发,建设7大类产业园区28万亩,深入落实易地扶贫搬迁后续产业就业扶持等一系列措施,全年引进扶贫项目和扶贫车间17个,实现全县有劳动能力的贫困搬迁人口中84.8%的群众稳定就业,农村居民人均可支配收入同比增长10.6%。三是着力推动乡村振兴。深入开展“五村联创”,1镇2乡通过国家卫生乡镇创建,宋家沟村入选中国美丽休闲乡村和全国乡村治理示范村;推进国家级农村生活垃圾分类试点项目,全覆盖135个自然村达到试点标准;推进省级农村人居环境整治示范县建设项目,55个重点村污水治理达到标准;全面推进“厕所革命”,县城改厕全覆盖,乡村改厕达到83%;不断拓展“1+8+N”的城乡融合发展大格局,99个行政村基础设施达标提升,乡村振兴迈出了崭新步伐。

三、坚决贯彻落实新发展理念,推动经济转型高质量发展

一是加快开发区建设。持续深化“三化三制”改革,规划开发区面积13.29平方公里,“一区三园”格局已见雏形。开发区内22户企业完成投资44.27亿元,投资强度达到166.26万元/亩,产出强度达到122.35万元/亩,税收强度5.26万元/亩,成为引领全县高质量转型的新引擎。二是不断优化营商环境,持续深化招商引资项目全程代理代办工作机制和“最多跑一次”“一枚印章管审批”改革,落实领导干部“转型项目周服务机制”,实行县委“一周一分析安排、三天一小结报告、七天一督查落实”“137”压茬推进工作机制和“12+4”招商引资创新机制,积极为企业在岢投资兴业铺路搭桥。三持续推动产业转型升级。扎实推进“转型项目建设年”,实施重点转型项目30个71.1亿元,培育“小升规”企业5家、高新技术企业3家,入库高新技术企业1个,工业企业同比增长6%,煤炭工业增加值占比降低4.6%,制造业占比上升6.1%。加快调整农牧产业结构,认证有机农产品品牌32个,发展红芸豆有机旱作基地10万亩,晋岚绒山羊核心产区、山西新大象集团、宋家沟沙棘加工等项目相继建成投产;改造提升传统产业,先后完成芦峰食品、山地阳光沙棘加工项目技术改造,绿祥源生态农业加工项目和宋家沟功能食品开发项目投产运营;培育壮大新兴产业,山西立源皮具、晋兴奥隆热电、易达煤运扩建等一批项目相继落地,安塘—唐山内陆港挂牌运营;着力发展新能源产业,总规模426兆瓦的风电项目开工建设、64兆瓦的光伏电站并网发电;精心打造文旅产业,岢岚古城4A级景区和宋长城、吴家庄、周通3A级景区创建有序推进,“一体两翼”旅游格局初步形成。

四、坚定不移全面深化改革,进一步释放发展活力动力

一是健全党政主要领导亲力亲为抓改革机制。县委领导班子坚持落实“天天到现场”抓改革工作机制,积极争取12项国家和省级改革试点示范项目,全县49项先行先试重大改革取得阶段性成效,已完成27项。二是抓实重点领域和关键环节改革。深化拓展“13710”“137”工作机制和项目代理代办服务制,“两集中、两到位”入住率达90%。扎实推进农村集体产权制度改革,全部完成214个集体经济组织和61925个成员身份界定,改革经验在全市推广。三是开放力度进一步加大。深化实施“12+4”招商引资工作机制,书记、县长16次走出去赴广东、山东、河北、湖北、贵州、上海等地招商引资,4次“请进来”对接洽谈,达成合作意向86亿元,签约18个项目73.1亿元,开工11个项目13亿元。

五、坚持保障和改善民生,不断满足全县人民美好生活需要

一是民生保障不断进步。全县全年转移农村劳动力1214人,城镇新增就业1871人;加强与现代双语合作办学,与清华附中签订框架合作协议,对全县义务教育学校进行校舍维修改造;扎实推进县乡村三级医疗卫生服务网络标准化建设,五大保险健康运行,落实困难残疾人、高龄、失能老年人生活补贴制度,实现“应保尽保、应扶尽扶”。二是人居环境全面提质。持续深化“五城联创”,巩固国家卫生县城、省级文明县城、省级园林县城创建成果,80套棚户区住房得到改造、135套住宅小区项目全部开工,464套城镇保障性安居工程基本建成,新增城市集中供热10.9万平方米,新建改造城市道路3.9公里、污水管网3.9公里,新增园林绿化2万平方米,人居环境进一步改善。三是社会大局和谐稳定。持续推进“扫黑除恶”专项斗争,打掉恶势力团伙2个;积极推进平安岢岚建设,圆满完成建国70周年大庆安保维稳任务,全年进京、赴省、到市实现“零非访”“零集体访”;严格落实安全生产责任制,深入开展安全隐患大排查大整治,安全形势稳定向好。四是生态环境持续改善。对标抓实环保督察“回头看”问题整改,实施岚漪河山水林田湖

草生态修复工程,高标准完成13.04万亩营造林任务,全县森林覆盖率达到26.03%;全面推进蓝天、碧水、净土三大保卫战,全县环境空气质量、岚漪河断面水质、集中式饮用水水质等稳定达标。

六、全面落实新时代党的建设总要求,着力构建风清气正的政治生态

一是持续强化思想引领。结合"主题教育"和十九届四中全会精神,持续推动县委中心组"双学"42次,引导全县各级党组织开展专题学习讨论4617次,连续7年开展大讲堂学习教育,实现了干部思想政治教育常态化制度化。持续深化"团结战斗出活"谈心谈话,推动县乡村三级1433人次谈心谈话全覆盖,全县上下维护核心的思想认识更加深刻、行动更加自觉。二是持续引深"三基建设"。制定出台《关于进一步激励广大干部新时代新担当新作为的实施意见》,先后提拔重用工作实绩突出、表现优秀的年轻干部48名,以公开招考方式为乡村配备100名90后全日制本科大学生,持续激励担当作为。强化财力保障,近三年"三基建设"工作经费年均增长7%以上,推进42个行政村、41个村党组织"并村简干";强化组织保障,以大抓基层支部为抓手,着力构建抓乡促村、抓村落实党建工作新格局,整顿提升软弱涣散基层党组织16个,90%支部达到34有标准,94%的村集体经济经营性收入超过5万元。三是持续推进正风肃纪。深化监察体制改革,实现对91个县直单位的派驻监督全覆盖;驰而不息纠"四风",查处违反八项规定21件;集中整顿各类形式主义、官僚主义问题342个;查处扶贫领域案件71件、民生领域腐败问题224件;强化日常监督,运用"四种形态"处理807人次,同比增长35.4%,风清气正的干事创业氛围更加浓厚。五是持续抓实意识形态工作,建立半小时发现、上报的舆情零报告制度和新闻宣传、网信部门快速响应机制,常态化开展"晴朗""净网"专项行动,全年未发生重大舆情事件和重大意识形态责任事件;扎实推进融媒体中心建设,实施文化惠民工程,全年完成送戏送文化下乡123场;定期组织召开年度议军会议,推动党管武装工作,军地融合发展基础进一步夯实。

(贾润高)

附:中共岢岚县委书记、副书记、常委名单

书　记: 王志东

副书记: 侯俊生　银培秀

常　委: 岳利文(1月离职)　闫莉芸(女)　岳保和(11月任职)　张志峰　梁利军　吴红兵(2月离职)　董汉宝　李　勇(11月任职)

中共河曲县委

县委书记　边东圣

2019年,中共河曲县委高举习近平新时代中国特色社会主义思想伟大旗帜,认真学习贯彻总书记"三篇光辉文献"精神,坚持省委"一个指引、两手硬"思路和要求,全面落实市委"1661"发展战略,创新实施"1266"工作思路,全县经济社会和党的事业取得全面进步。

一、以科学理论引领理想信念,提高知行合一能力

坚持把学习贯彻习近平新时代中国特色社会主义思想与学习贯彻习近平总书记视察山西重要讲话精神紧密结合,全年召开2次县委全会、41次县委常委会、15次中心组集体学习会。开展"不忘初心、牢记使命"主题教育,坚持中央"8+1"专项整治、省委5项整改任务和"三服务"一体推;全县副处以上领导带头深入基层宣讲党课74场;邀请省市教授专家对2100余名干部进行"新时代学习大讲堂"学习培训;组织519名基层党组织书记举办集中培训班;全县150余名领导干部到浙大等名校参加能力提升学习。开展"改革创新、奋发有为"大讨论,认真落实习近平总书记在庆祝改革开放40周年大会上的重要讲话精神和省委、市委关于大讨论的部署要求;全面开展"万名干部入企进村服务"工作。广大党员干部"四个意识"明显增强,"四个自信"更加坚定,践行"两个维护"的能力和实效不断提升。

二、以脱贫攻坚统揽经济社会全局,夯实乡村振兴发展基础

全省首家出台《易地扶贫搬迁后续扶持意见》;县城集中安置区新建幼儿园等8大公共服务设施,配套中小学等8大便民基础设施;入驻农业扶贫产业园区和易地扶贫搬迁就业基地的企业已吸纳搬迁户就业332人;33个整村搬迁村统筹盘活"三块地",流转耕地8568亩、林地1.3万亩,户均年收益2286元;精神扶贫工作荣获"全省脱贫攻坚组织创新奖";召开全省易地扶贫搬迁现场会。兑现退耕还林补助、生态补偿资金750万元,1613户贫困户受益;全县55家造林合作社带动776名贫困社员实现增收,森林管护带动脱贫

395户,公益林生态效益补偿覆盖18304人。重点发展脱毒马铃薯、特色杂粮、瓜菜、林果、健康养殖5大农业产业;全县实施农业特色产业扶贫项目434个,通过发展产业户均增收2000元以上。全县5358名贫困人口享受医保资金4600余万元;教育扶贫政策惠及大中小幼学生7000余人次;农村低保和特困分散供养标准分别提升到每年4418元、5749元。坚持县级领导包联行政村工作制度,每名县处级领导包联5个贫困村、软弱涣散村和矛盾突出村;全面实行部门"一把手"任所包村脱贫攻坚和乡村振兴总队长责任制;持续开展驻村帮扶"六大行动"。对原"三人小组""四人小组"进行重组优化,重新设立4个问题排查小组、2个问题整改落实督查小组,强化县抓落实工作机制。

三、以转型升级推动高质量发展,激发县域经济活力

2019年全县地区生产总值增长10.1%,规模工业增加值增长10.6%,一般公共预算收入增长69.3%,城乡居民人均可支配收入分别增长7.7%和9.2%。在全省区域经济转型升级考核评价中位列45个限制开发生态功能县之首。

突出转型发展。实施有机旱作渗水地膜谷子、杂粮2万亩,马铃薯标准化生产示范基地建设项目1万亩。发展蓖麻养蚕3000亩,种植红辣椒7200余亩。新大象阳面万头种猪场和寨洼万头育肥场建成运营。煤炭企业新增优质产能500万吨。漳泽电力30MW集中式光伏扶贫电站项目已并网发电,5万吨磷酸铁锂新材料项目正式落地。狠抓项目建设。全县策划项目储备库共有项目20个,总投资198.59亿元。其中转型项目13个,总投资188.22亿元。出台《河曲县招商引资项目管理办法》及《任务分解实施方案》。全年全县招商引资签约项目26个,签约金额97.44亿元。深化改革创新。圆满完成党政机构改革,县直党政机关科级领导职数减少40名,事业单位精简16个。全县340个村清产核资、成员身份认定和经营性资产折股量化已全部完成并已成立新型集体经济组织。完成农村土地确权面积48.33万亩。晋蒙黄河大桥建成通车。召开晋陕蒙(忻榆鄂)黄河区域协同发展座谈会暨签约仪式。行政审批办理环节精简15%以上、办理时限压缩40%以上、申请材料压缩9%以上,政务大厅审批事项和部门入驻率达100%。政府采购工作获首届"全国政府采购百强县"称号。

四、以改善民生促进社会建设,增强群众获得感幸福感

社会保障体系不断完善。全民技能提升工程完成培训2916人,实现城镇新增就业2321人,创业带动就业530人,农村劳动力转移2934人。城乡居民养老保险、基本医疗保险参保率分别达98.3%、96.8%。城乡低保标准分别提高18.6%、25.6%。为663名优抚对象发放各类生活补助900万元、医疗补助金52万元。建成县营敬老院两所、乡营养老院一所、农村老年人日间照料中心15所。民生事业水平全面提升。长城小学、幸福小区幼儿园建成投用;完成40名特岗教师招录工作;中、高考成绩连续位居全市前列。实行基本药物销售零差价制度;已组建54支家庭医生签约服务团队。城乡人居环境大为改善。新建改造城市道路5.45公里、城市供水供气供热管网22.6公里、城市污水管网3公里,新增城市集中供热12万平米。神河高速与黄河大街接线工程全部完工,黄河东大街改造工程建成通车。城市生活垃圾、污水无害化处理率均达到100%。"四好农村路"建设实施完成66公里的农村公路窄路拓宽改造、132公里的安全生命防护工程和31.5公里的畅返不畅改造工程。生态环境质量显著提升。以开展全省违法排污"百日清零"大整治、"晋北三市"大气污染防治专项检查为契机,反馈问题全部消号清零,关停取缔散乱污企业2家,依法取缔44个污染源;取缔非法采砂点38处,清理整治沿黄乱建点4处。全年二级以上天数302天,优良天数比例达82.7%。实施京津风沙源治理等项目6.35万亩,全县森林覆盖率达到28.9%。成功创建国家园林县城。首批6家煤矿企业全部通过市级绿色矿山终验,其中5家已遴选国家级绿色矿山。

五、以法治建设服务改革发展,营造和谐稳定社会环境

把人大监督和重大事项决定工作纳入党委决策和落实体系,听取审议专项工作报告6项并提出了审查报告和审议意见。加强党对政协工作的全面领导,支持政协广泛开展调查研究和协商议政、民主监督。将法治建设纳入了全县年度目标责任考核体系,"七五"普法持续深化。推进安全风险分级管控和隐患排查治理双重预防工作,累计整改安全隐患5134条。深入开展"利剑"系列等专项行动,办理行政案件816起,侦破刑事案件563起。深入推进扫黑除恶专项斗争,共打掉恶势力团伙2个,破获团伙案件9起。南元等3个村顺利通过"全国民主法治示范村"复核。

六、以宣传工作掌控意识形态主导权,汇聚奋力前行正能量

建立完善意识形态领域形势分析研判机制,常委会3次召开专题会议研究意识形态工作。出台网络安全工作方案及应急预案,研判处置各类舆情39件,全年未发生重大舆情和重大意识形态责任事件。组织召开4次与意识形态相关的中心组学习会议。开设《不忘初心、牢记使命主题教育进行时》等专题栏目弘扬正能量。开展"2019清朗""剑网2019"专项行动,严厉打击网络侵权盗版。县"五馆三院"全部投入使用,送戏下乡演出104场次、放映公益电影4000多场。成功举办第三届"海红花杯"民歌二人台大赛以及庆祝新中国成立70周年文艺展演等;大型二人台剧目《同喜同喜》在全国巡演。文明村创建达50%以上,成功创建省级文明县城。

七、以党的政治建设为统领，推进全面从严治党向纵深推进

夯实“两个责任”。充分发挥县委核心领导作用，定期听取县人大常委会、政府、政协和法检两院党组工作汇报。积极推行“两个责任”全程纪实信息化平台建设，对首期65家单位全部纳入专网实现了有形监督。对12个单位党组织展开政治巡察，发现共性问题169条，移交问题线索27件。全年党内问责13人，领导干部问责48人。推进正风反腐。认真贯彻落实中央八项规定精神和省市实施细则，扎实开展形式主义官僚主义、违规收送礼金、领导干部利用名贵特产类特殊资源谋取私利等集中整治活动，形成了常态化督查。坚持无禁区、全覆盖、零容忍，科学运用“四种形态”，全年查处案件226件，党纪政务处分226人，留置4人，移送司法机关5人。建强干部队伍。结合党政机构改革全年共调整干部3批次251人。对脱贫攻坚期间实绩突出的16名干部优先提拔使用。坚持严管与厚爱结合，对10名干部进行了提醒谈话，对31名干部进行了离任经济责任审计，对现实表现突出的2名干部在处分期满后及时提拔使用。深化“三基建设”。出台《关于深化“三基建设”进一步加强基础工作的实施办法》及《工作措施》；60%以上的基层党组织达到一流建设标准；21个软弱涣散村级党组织完成整顿；“并村简干”工作撤并行政村131个、精简村干部849名。投资700万元用于乡镇机关基础设施建设。推行“1472”工作法，行政村集体经济年收入5万元以上的村达97.3%。组织全县589名农村“两委”主干参加农村“领头雁”暨第一书记培训。第二期科级干部学习贯彻习近平新时代中国特色社会主义思想读书班圆满结业。

(乔　鑫)

附：中共河曲县委书记、副书记、常委名单

书　记：边东圣

副书记：任鸿宾　徐晓兰(女，11月离职)
赵宇彤(11月任职)
侯广章(挂职，3月离职)
胡孟卿(挂职，3月任职)

常　委：刘建忠(12月离职)　徐　瑛(11月离职)
张永明　赵　勇　马永峰　李志福
付建华(挂职)　赵振海(12月任职)

中共保德县委

县委书记　温建军

2019年，保德县委以习近平新时代中国特色社会主义思想为指导，深入学习贯彻习近平总书记“三篇光辉文献”精神，深入贯彻党的十九大和十九届二中、三中、四中全会精神，全面落实省委、市委决策部署，对标前行，苦干实干，全县脱贫攻坚、经济社会发展和党的建设都取得了新的成效。

一、高举习近平新时代中国特色社会主义思想伟大旗帜，把牢保德工作的正确方向

县委坚持把学好用好习近平新时代中国特色社会主义思想作为根本政治任务，统揽全县大局，不断引向深入。结合“不忘初心、牢记使命”主题教育，通过县委中心组学习、专题报告会、《保德大讲堂》等多种方式，全面系统学习了习近平新时代中国特色社会主义思想、习近平总书记“三篇光辉文献”精神、党的十九大和十九届二中、三中、四中全会精神，切实做到真学真懂、真信真用、真知真行，并将之贯穿于全县经济社会发展全过程、各领域、各环节，确保了全县各项工作正确方向。始终坚持把维护核心作为第一位的政治要求，从县委书记做起，从县委常委做起，坚决把牢政治方向，把稳政治立场，带头增强“四个意识”，坚定“四个自信”，做到“两个维护”，严纪律、明规矩、强作风，为全县党员干部树标杆、作表率，形成了一级学一级、一级抓一级、一级带一级的良好氛围。

二、坚持脱贫攻坚统揽经济社会发展全局，全县经济社会各项事业得到平稳健康发展

县委以习近平总书记关于扶贫工作重要论述为指导，全面贯彻落实中央、省市脱贫攻坚各项决策部署，紧紧围绕“三年集中攻坚、两年巩固提升”的总体思路，聚焦“五个一批”，精准施策、靶向攻坚，全力实施八大工程二十个专项行动，2019年4月如期脱贫摘帽，解决了延续千百年来的绝对贫困问题。全省易地扶贫搬迁后续扶持工作现场推进会、全市深化农村改革决战脱贫攻坚现场推进会先后在保德召开，省内24个县市来保德县学习考察。

县委切实加强对经济工作的领导,坚持稳中求进工作总基调,坚持供给侧结构性改革和转型综改试验区建设相结合,坚持放大优势和补齐短板相结合,积极破解发展难题,全面优化发展环境,推动经济转型升级,经济运行呈现总体平稳、稳中向好的良好态势。2019年,全县GDP完成83.7亿元,同比增长0.2%;固定资产投资完成41.8992亿元,同比增长8.9%;规模以上工业增加值同比增长-14.9%;财政总收入完成22.37亿元,同比增长12.36%;一般公共预算收入完成8.1467亿元,同比增长29.7%;社会消费品零售总额完成21.9711亿元,同比增长7.6%,经济运行呈现总体平稳、稳中向好的良好态势。

县委牢固树立以人民为中心的发展思想,统筹抓好各项民生和社会事业。2019年,城镇居民、农村居民人均可支配收入分别达到31297元、8516元,同比分别增长7.1%和10.6%。就业创业、教育文化、医疗卫生、住房、社保等各项事业发展都取得长足发展,人民群众获得感、幸福感更加充实、更有保障、更可持续。

三、大力加强民主和法治建设,法治保德和平安保德建设扎实推进

县委带头贯彻民主集中制,注重发挥县四大班子的整体合力,保障人大、政府依法行使职权,支持政协履行职能,形成了齐心协力、众志成城的良好氛围。县人大、县政协聚焦县委中心工作,组织开展了易地搬迁后续扶持、产业转型升级、重点项目建设等为主题的专题调研,为县委、政府科学决策提供了重要参考。积极发挥工青妇等人民团体作用,切实加强对人民武装工作的领导,高度重视统战、民族和宗教工作,形成了群策群力、团结共进的政治局面。支持法院、检察院依法独立公正行使权力,切实维护了司法公正。不断加强基层民主建设,切实保障了人民群众的知情权、参与权、表达权和监督权。

县委始终坚持总体国家安全观,着力防范化解政治、意识形态、经济、社会、生态环保、安全生产、党的建设等领域的风险隐患,做到政治上清醒、工作上有力,守土有责、守土尽责,确保了全县社会大局安全稳定。

四、全面落实新时代党的建设总要求,全面提高党的建设质量

县委坚决贯彻落实中央、省委、市委全面从严治党要求,以铁肩膀扛起从严治党主体责任,不断把全面从严治党引向深入。一是坚持党的全面领导。把坚持和完善党的领导制度体系放在首要位置,切实把党的全面领导贯彻落实到推进党的政治建设、思想建设、组织建设、作风建设、纪律建设、制度建设之中,切实加强党对经济、政治、文化、社会、生态文明等工作的全面领导,引导党员干部进一步增强“四个意识”,坚定“四个自信”,做到“两个维护”,自觉在思想上政治上行动上同以习近平同志为核心的党中央保持高度一致。二是扎实开展“不忘初心、牢记使命”主题教育。全县115个部门(单位)、618个党组织、9189名党员,牢牢把握“守初心、担使命、找差距、抓落实”的总要求,把“学习教育、调查研究、检视问题、整改落实”贯穿主题教育全过程,较好地实现了“理论学习有收获、思想政治受洗礼、干事创业敢担当、为民服务解难题、清正廉洁作表率”的目标。三是深入开展“改革创新、奋发有为”大讨论。全县13个乡镇、79个县直单位、655个党支部班子高质量高标准召开了“改革创新、奋发有为”专题民主生活会或组织生活会,广大党员干部在批评和自我批评中经历了一场深刻的党性洗礼。全县13个乡镇、10个县直单位一把手进行了现场述职,保证了各乡镇(单位)学有标杆、做有榜样。出台了《深化拓展“团结战斗出活”专题谈心谈话工作方案》,县委书记与14名新任乡镇(单位)一把手、县直单位一把手与569名内设机构负责人和机关党组织书记、乡镇党委书记与6名新任乡镇班子成员和11名新任农村“两委”主干开展了谈心谈话,进一步激发了广大干部对标一流的内生动力。四是全力推进“三基建设”工作。制定出台了《保德县“三基建设”2019年度重点工作任务清单》,年度13方面41项工作任务全面落实,充分发挥党建引领示范作用。特别是在加强社区党建工作上,创新实施易地搬迁安置点社区基层组织“1258”管理模式,得到省市领导的充分肯定。集中整顿37个软弱涣散基层党组织,清理问题村干部4名,调整撤换村党支部书记4名。深入推进“并村简干”工作,撤并行政村71个,撤并党组织70个,减少农村“两委”干部328名。五是持续正风肃纪反腐。坚持无禁区、全覆盖、零容忍,坚持重遏制、强高压、长震慑,坚持受贿行贿一起查,对不收敛不收手的新账老账一起算,巩固拓展了反腐败斗争压倒性胜利。巩固拓展落实中央八项规定精神成果,驰而不息纠治“四风”,作风建设成果不断巩固拓展。聚焦扶贫领域腐败、民生领域腐败、涉黑涉恶腐败三项重点开展集中整治,人民群众获得感、幸福感、安全感不断增强。

(杨　剑)

附:中共保德县委书记、副书记、常委名单

书　记:温建军
副书记:韩　斌　岳建斌(11月离职)
　　　　张志杰(11月任职)
常　委:华永军(11月离职)　孟利伟(11月任职)
　　　　刘志成(11月离职)　牛朝旭(11月任职)
　　　　油建平　刘竞才(2月离职)
　　　　葛爱军(11月任职)　高彩文　李晋峰(挂职)
　　　　田先明　张忠文(挂职,3月任职)

中共偏关县委

县委书记 王 源

2019年,中共偏关县委坚持以习近平新时代中国特色社会主义思想为指导,认真贯彻习总书记视察山西重要讲话精神,推动省、市重大决策部署在偏关落地落实并形成生动实践,推动经济社会高质量发展,为全面脱贫、全面小康奠定了坚实基础。

一、坚持以习近平新时代中国特色社会主义思想为指导,扎实开展"不忘初心、牢记使命"主题教育

一是坚持细照深学,思想认识有新高度。全县457个党组织和7009名党员扎实推进主题教育各环节工作,县委中心组高质量完成13次集中学习,全县各单位共进行集中学习198次。县委主要领导讲专题党课5次,县处级以上领导干部累计讲党课62次。二是坚持对标笃行,担当作为有新成效。县委常委班子成员把"不忘初心、牢记使命"作为永恒的课题,围绕贯彻落实党中央决策部署和习近平总书记视察山西重要讲话精神等课题进行了广泛调研,全县共有266名领导干部开展调研,共调研基层单位536个。三是坚持务实从严,勤政廉政有新气象。坚持开门搞教育,全县各单位共设置意见箱87个、发放征求意见表5000余份、开展座谈198次,做到了学习传达上级精神不懈怠,贯彻落实主要任务不松劲、推进重点工作不松垮。

二、坚持党对经济工作的领导,经济发展进中趋强

一是项目建设驱动经济发展实现新突破。2019年固定资产投资同比增长32.37%;城镇居民人均可支配收入16118元,同比增长7.4%;农村居民人均可支配收入4310元,同比增长15.3%;一般公共财政预算收入完成2亿元,超年度计划44.66个百分点,同比增长63.22%。经济形势平稳运行,整体向好。二是工业经济带动转型升级迈出新步伐。2019年全县规模以上工业企业8户,全县规模以上工业企业实现工业总产值13.9亿元,同比增长14.5%,实现工业增加值10.1亿元,同比增长17.1%。工业企业实现利税增长速度为165.7%,超额完成考核任务159.7个百分点,推动转型升级活起来,经济高质量发展快起来。三是农业提质增效推动"三农"发展进入新阶段。全县农作物播种完成总面积41.7万亩,完成粮食种植面积37万亩,粮油产量稳定在1亿斤以上。试点推进了"一村一沟一片区"有机旱作模式,带动作用明显。农村集体产权制度改革全面完成并通过验收,扎实推进农村土地承包经营权确权登记颁证工作。四是民生工程推动经济建设取得新进步。开展了以"一线两街"提升工程为重点的城乡环境整治工作,完成改造人行道面积4805平方米。实施安全住房提升改造71户,完成10个村的农村建筑特色风貌整治工作,实施农村公路改造工程42条179公里。三大板块旅游公路偏关县境内第一期工程,全长163米的隧道已全线贯通。五是社会保障联动城乡发展获得新成效。大力开展技能培训工程,全县城镇新增就业1494人,城镇登记失业率控制在2.15%以内。完善特困人员救助供养政策兜底脱贫,实现特困人员生活标准不低于当地居民平均生活水平。此外,切实做好全县退役军人服务保障工作,2019年偏关县再次获得"省级双拥模范县"荣誉称号。

三、坚持以深度之举攻坚深度贫困,脱贫摘帽成效显著

偏关县紧紧聚焦"两不愁三保障"和"五个一批",持续推进"558"扶贫工程体系,2019年实现91个建档立卡贫困村全部退出,退出率为100%。建档立卡贫困人口总规模为10046户25053人,已完成24591人的脱贫退出任务,剩余210户462人未脱贫,贫困发生率为0.57%,低于2%。

一是开辟攻坚决胜路。持续压实党政"三落实"责任,通过整合村集体资源、资产、资金,发展农民合作社等方式壮大村级集体经济,全县245个行政村集体经济收入大幅增长。通过"九进十销"消费扶贫,完成商品交易7000多万元,形成了专业扶贫、行业扶贫、社会扶贫的联动格局。二是拓宽群众增收路。大力发展羊、猪、鸡、驴"四大特色养殖项目",带动6607户户均年增收3500元以上。全县"集中式、联合式、分布式"三种方式的光伏扶贫电站装机总规模达到72.1兆瓦,覆盖全县贫困户总数的86.9%。依托黄河、长城两条1号旅游公路建设,以山西省首批3A级乡村旅游示范村老牛湾为龙头,带动周边农民年人均纯收入达到1.75万元。2019年全网销售额达到600万元,被列为"国家电子商务进农村综合示范县"。三是夯实基层文明路。全县245个行政村全部通硬化路,实现具备条件的203个行政村全部开通客运班车。大力推进安饮工程,安全饮水达标率100%。同时实现用电保障全覆盖和通讯网络全覆盖。扎实推进危房改造,住房安全认证率达100%。充分发扬偏关"绿魂"精神,实施生态治理务工、退耕还林补偿、生态保护设岗、经济林提质增效工程,带动全县5699户贫困户年均增收4600元以上。四是筑牢民生福祉路。对全县10046户25053人建档立卡贫困人口全部完成"双签约",全县208个村卫生室全部达标,人员、设备、药品全面落实。县财政出资707.43万元为全县所有贫困人口

缴纳基本医疗保险、大病保险、补充保险。2019年共发放农村低保金2422万元。为588人发放供养资金445.6万元,实现"应保尽保、应兜尽兜"。"十三五"期间,全县易地扶贫搬迁1211户3460人全部实现了搬迁入住。对37个村实施了城乡建设用地增减挂钩项目,共拆旧复垦土地1489亩,完成交易9600万元。五是疏通群众自强路。全县新建"爱心超市"127个,所有行政村建立了"一约四会"制度。开展了"三下乡"活动,编排《懒汉脱贫》等节目30个,到乡村巡演85场次。先后开展了"春风行动暨大型人才招聘会""就业援助月"等活动,实现了2341人就业。

四、全面深化各领域改革,发展活力不断增强

一是深化教育领域改革。探索新课改模式,实行免费课后1小时托管,中考、高考成绩再创新高,高考实现应届生、重点院校率取率双提高。积极推进教师"县管校聘"改革,完成教师队伍基本情况摸底调研。注重考评激励,拿出140多万元发放教师个人、班级、班主任、学校管理奖。二是深化医疗卫生体制改革。实施了县人民医院医技综合楼建设项目、信息化建设项目和6个乡镇卫生院的基础建设。成立了"县医保基金监督管理工作领导组",对全县38家定点医疗机构和19家定点零售药店实施监督检查全覆盖,有力地维护了医保基金安全。三是深化其他领域改革。扎实推进农村集体产权制度改革、村集体经济破零、"农村十整"以及民生"微改革"等各项工作。积极营造"六最"营商环境,扎实开展干部入企进村服务,问题办结率达到100%,投资环境进一步优化。

五、盘活文旅资源,推动文旅深度融合提质升级

一是深入贯彻落实省市主要领导调研偏关指示精神。以"特色民宿村"为主题扎实推进东长咀旅游示范村建设。整体推进老牛湾景区改造工程,提升打造民宿及游客接待场所4处。新建景区智能停车系统、广播系统、监控系统及景区电子导览系统,实现了景区无线WiFi覆盖。主动对接内蒙古清水河县和准格尔旗两地洽谈联合保护工作,分别签订了《晋蒙黄河大峡谷(老牛湾)、明长城区域联合保护合作协议》。二是加快推进全域旅游示范县建设。成功举办了2018–2019全国大众速度滑冰马拉松系列赛老牛湾站比赛。在水泉红门口联合组织开展了"长城最野在偏关"的长城徒步活动。圆满完成了第二届全国青年运动会火炬传递忻州首站(偏关站)传递活动。三是实施公共文化服务提升工程。举办"庆祝新中国成立70周年暨改革开放40周年大型书画作品展"。完成243个行政村综合文化活动场所(地)的建设,配置了一批文化活动器材。举办了首届偏关电商旅游文化节,实现了通过电子商务助力旅游消费扶贫。四是实施文明守望工程。完成了护宁寺、隆岗寺第八批国家级文物保护单位申报工作。初步完成了老牛湾"两权分离"改革,厘清了主体权责。完成全县549处文物的清查清点工作,并逐一登记造册,确保文物不流失。

六、全面落实从严治党新要求,党的建设得到全面加强

一是全面加强领导班子和干部队伍建设。完成涉及35个单位机构改革各项任务,实现了85后全日制本科以上学历的乡镇党政正职和县直单位一把手"破零",为23人分类建立了优秀年轻干部信息库。举办第二期县管干部学习贯彻习近平新时代中国特色社会主义思想读书班,受训科级干部102人。二是夯实基层党组织建设。扎实开展"基层党建巩固提升年"活动,有力推动9个方面39项具体工作任务落到实处。对乡镇"五小设施"建设进一步提档升级,为乡镇干部营造了良好的工作和生活环境。三是实现反腐倡廉的常态化。2019年对十三届县委第四轮、第五轮巡察发现的300个共性问题已全部反馈,对发现的56个问题线索已移交相关部门进行处理。2019年全县共处置各类问题线索591件,给予党纪政务处分115人,移送检察机关1人。四是扎实推进法治建设,积极维护稳定。全面落实法治建设第一责任,确认第一批县级行政执法主体25个。全面贯彻落实全国扫黑除恶专项斗争各次会议精神,全力推进我县扫黑除恶专项斗争各项工作向纵深发展。进一步推进综治中心示范建设,完成乡镇综治中心示范点建设12个。五是全面加强对意识形态工作的领导。强化理论武装,组织县委理论中心组学习13次,举办各类大型宣讲5次。组织开展了"扫黄打非"等专项行动,按季度分析研判意识形态工作。启动了县级融媒体服务中心建设。

(王宇翔)

附:中共偏关县委书记、副书记、常委名单

书　记:王　源

副书记:曲俊安　王文阁

树学峰(挂职,3月离职)

郭　凯(挂职,3月任职)

常　委:白建国　党　勇　刘效华(女)

冯百胜(3月任职)　贾育新(11月任职)

张晋荣(11月任职)　张　强(挂职,7月离职)

张秉炬(挂职,7月任职)

田小平(11月离职)　王国昌(11月离职)

李贵峰(3月离职)

中共吕梁市委

市委书记 李正印

2019年，吕梁市委坚持以习近平新时代中国特色社会主义思想为指导，全面贯彻落实中央、省委各项决策部署，按照抓好“四件大事”、推进“十大举措”的总体工作思路，攻坚克难、砥砺前行，脱贫攻坚取得决定性胜利，经济发展稳中有进、转型发展态势强劲，民生保障不断加强，生态环境持续改善，全面从严治党向纵深推进，推动吕梁在“两转”基础上党的建设和党的事业取得新进展新成效。中央政治局委员、国务院扶贫开发领导小组组长胡春华同志到吕梁调研，对吕梁市扶贫工作给予充分肯定。全国森林质量精准提升论坛、全省特色产业扶贫现场会等重要会议在吕梁市召开。“吕梁山护工”培训就业入选全国家政服务业发展典型案例，光伏扶贫获全省脱贫攻坚组织创新奖。

一、形成学用党的创新理论新格局

市委常委会21次、中心组16次学习，及时跟进习近平总书记重要论述，确保吕梁各项工作始终沿着正确方向前进。加强党员干部理论培训，全市共培训干部3.2万余人次。广泛开展理论宣讲，组建1012个宣讲团，累计宣讲达4000余场，受众42万余人次。坚持把理论学习贯穿主题教育始终，市委常委班子发挥表率作用，11次集中学习、3次集中学习研讨，举办了全市第三次学用交流会，不断提升学用水平。全市发放《纲要》21.2万册，各级党组织书记讲党课1.5万人次，“学习强国”、“共产党员网”等平台注册人数21万人，各项指标均保持全省第一方阵。深入学习宣传贯彻党的十九届四中全会精神，市委常委带头宣讲，市级14个宣讲团深入基层开展宣讲，新闻媒体广泛宣传，全市形成了学习宣传浓厚氛围。

二、脱贫攻坚决战决胜

连续第三年春节后上班第一天召开脱贫攻坚大会安排部署。聚焦临县、兴县、石楼3个深度贫困县脱贫摘帽，加大资金投入力度，市级新增财力70%倾斜支持。专门召开交口县扶贫“一码清”经验推进会，做到户情村情乡情县情“一码清”。持续打响“三大品牌”，生态扶贫，大力实施“三个100万亩”，完成荒山造林109万亩，经济林提质增效106万亩，林下经济109万亩，1301个农民造林合作社、2.05万贫困劳力参与，人均增收6000元左右。“吕梁山护工”培训就业，全年培训6期1.29万人，实现就业7095人，累计培训27期4.93万人，实现就业2.6万人。光伏扶贫，全市建成光伏扶贫电站714座，总规模57.1万千瓦，1129个贫困村和6.4万多贫困户受益。大力实施产业扶贫，加快推进“一乡一特一园区”“一村一品一基地”建设，举办两届吕梁名特优功能食品展销会，签订销售总额达41.56亿元，13县市区每县一周在山西省农展馆举办农产品展销活动，有力地促进了农产品销售。扎实解决“两不愁三保障”突出问题。健康扶贫，开展大病救治、慢病签约、重病兜底“三个一批”行动，累计救助9.7万人，救治率99.98%。教育扶贫，实现学前教育到大学教育各阶段贫困家庭学生上学资助政策全覆盖，全市无因贫辍学学生。兜底保障，全部实现动态管理下的应保尽保。农村危房全部“清零”。易地搬迁，全市87个安置点全部竣工，搬迁入住11.42万人，公共服务提升工程全部达标完成。坚持抓党建促脱贫，创建、规范、整顿并举，不断建强农村党组织。持续开展“传承好家风、争当文明户”活动，累计评选文明户2.45万户，引领农村风尚。

三、转型发展呈现持久强劲态势

加快传统产业改造升级，以能源革命综合改革试点为牵引，认真落实全市增气减煤、控量提效、延长链条15项举措。煤炭退出、减量重组或置换产能750万吨，先进产能占比达75%；钢铁去产能完成140万吨目标任务；加快推动焦化产业向园区集中，21个现代煤化工项目已建成投产17个；新能源光伏、风力发电项目投产装机规模达147万千瓦。加快培育新兴产业，新材料，全省规模最大、装备技术水平最高的中铝华润一期43万吨轻合金铝项目全面投产，柳林县铝基新材料产业集聚区被列为全省首批特色产业集聚区试点。大数据，建成吕梁“天河二号”云计算中心、吕梁联通云计算中心、华为山西（吕梁）大数据中心。举办第三届大数据产业发展推进会，吕梁智慧能源云、基于5G的工业互联网创新实验室等19个项目成功签约，中交智慧、软通动力等项目加快建设，“吕梁通”APP上线运行并不断拓展应用。文化旅游，积极打造“吕梁，一个令人向往的地方”旅游品牌，举办首届吕梁文学季、第四届中国古村镇大会等，推动旅游业游客数、旅游收入连续第三年保持两位数增长。白酒业，举办第三届世界酒文化博览会和2019（山西·杏花村）比利时布鲁塞尔国际烈性酒大奖赛，全市白酒业呈快速增长态势。第三产业对经济增长贡献率近50%。

四、改革创新激发动力活力

扎实开展“改革创新、奋发有为”大讨论，进一步增强了全市广大党员干部对标一流、改革创新的意识。重点改革取得重大进展。深化人才体制机制改革，实施百千万人才工程，累计聘请112名院士专家为我市转型发展顾问，引进高层次科技人才213名，遴选“三晋英才”325名，为转型发展提供有力人才支撑。推进能源革命综合改革试点,吕梁局域电网混改方案、电解铝到户电价操作方案等获省同意,51户用电企业进入市场化电力直接交易,煤电铝材一体化优势显现。加快国企国资改革,全市313户国企87户实行公司化改制,15户完成混改,43户注销,16户实施市场化出清。圆满完成党政机构改革,开发区改革、放管服效、财税金融等各项改革持续深化。加快对外开放步伐,连续两年召开进出口贸易工作推进会,13个县市区外贸出口全部"破零"。第二届进博会签约额1.9亿美元,全省第一。

五、民生保障水平得到新提升

持续加大民生投入,全市民生支出286.82亿元,占财政支出比重80%以上。办好人民满意的教育,普惠性幼儿园建设超省定任务,义务教育优质均衡发展办学模式改革覆盖所有县市区,高中教育质量稳步提升,高考达线率创历史新高。加快总投资17亿元市级医疗卫生园区建设,为乡镇卫生院引进医学院大学毕业生150名。加强宣传思想文化工作,大力宣传弘扬吕梁精神,营造了庆祝新中国成立70周年浓厚宣传氛围,13县市区建成融媒体中心,"吕梁发布"新媒体进入全国地市政务宣传影响力排行榜前十。成功举办二青会吕梁赛事。加强法治建设,市人大制定出台四部地方性法规,深化执法体制改革,持续开展法治宣传活动,法制宣传微视频《甘泉》,荣获第三届"我与宪法"微视频征集活动全国一等奖。纵深推进扫黑除恶专项斗争,全年打掉黑恶势力犯罪团伙32个,抓获428人,破获刑事案件366起,形成强大震慑。深入学习推广新时代"枫桥经验",市县两级综治中心全部建成,完善城乡基层治理体系,积极构建现代治理新格局。

六、生态环境保护成效明显

部署实施生态环保八大工程。大气污染防治,推进企业提标改造,34户焦化企业完成排放限值改造,779座工业炉窑完成环保设施升级治理,取缔散乱污企业68户,完成农村清洁取暖改造12.3万户。城区集中供热基本实现全覆盖,其余县市城区覆盖率达90%以上。水污染防治,全市集中清理河道垃圾137.98万立方米,封堵排污口287处。对15个污水处理厂实施了保温提质改造工程,全部达标排放。扎实做好中央、省生态环境保护督察反馈意见整改,特别是针对水环境污染问题,大力实施"七个一批""六大专项行动"。部署开展打击生态环境领域违法犯罪百日会战。建设16座跨界断面水质自动监测站,设置133个空气质量数字化监测点,全天候监控、精准化施策。加大生态保护修复力度,连续三年造林100多万亩,全市森林覆盖率达到27.5%,居全省第三。我市荣获"2019最具生态竞争力城市"称号。

七、全面从严治党向纵深推进

召开市委四届七次全会,对推进全面从严治党作出新部署。市委常委会坚持每季度听取反腐败工作汇报,全面推行党风廉政建设述职述廉、廉政谈话簿等制度,召开贯通落实"两个责任"情况汇报点评会和市委党建工作领导小组会议,扎实推进。市委书记先后与13个县市区委书记、13县市区乡镇党委书记代表、农村党支部书记代表开展谈心谈话,压实抓基层党建责任。始终保持正风反腐高压态势,全市共立案2641件、增长3.6%,处分2536人、增长4.2%。旗帜鲜明激励干部担当作为,选树106名担当作为优秀干部典型;严查诬告陷害行为,为37名受到不实举报的干部澄清正名。扎实开展"不忘初心、牢记使命"主题教育。坚持系统化推进学习教育、可转化推进调查研究、清单化推进检视问题,项目化推进整改落实。全市查找问题5806个,完成整改4886个,整改率84.2%。市委制定完善了定期集中开展调查研究、领导干部配偶子女经商办企业禁业范围等7项制度。中央第八巡回督导组对吕梁市主题教育给予充分肯定。全面提升"三基建设"水平。出台《贯彻落实〈中共山西省委关于深化"三基建设"进一步加强基层工作的若干意见〉的实施方案》,全年排查整顿软弱涣散基层党组织512个,清理"三类问题"村干部101名,调整不胜任不尽职的村党组织书记58名。行政村集体经济年收益5万元以上村占比达到72.3%。农村基层干部培训实现全覆盖,履职能力明显提升。全市多项事业发展迈上了新台阶,谱写了新时代吕梁发展的崭新篇章。

(王　斌)

附:中共吕梁市委书记、副书记、常委名单

书　记:李正印

副书记:王立伟　张广勇

常　委:张稳科　张　选(12月离职)　秦书义　李建国　任　忠　李小明　梁志勇　乔晓峰　郭震威(5月离职)

中共交城县委

县委书记　张振明

2019年,交城县委高举习近平新时代中国特色社会主义思想伟大旗帜,认真落实省委、市委部署,紧紧围绕年初确定的目标任务,顶住压力抓大事,应对挑战办急事,改革创新解难事,各项事业在"两转"基础上全面拓展了新局面。

一、精心组织开展重大活动和主题教育，全县上下爱党爱国热情和使命担当意识显著增强

热烈庆祝新中国成立70周年。把开展庆祝活动和宣传教育活动摆在突出位置，年初设计、序时推进，开展了一系列形式多样、丰富多彩的活动，城乡国旗飘飘、群情振奋，营造了共庆祖国华诞、共享伟大荣光、共筑复兴伟业的浓厚氛围。

扎实推进"不忘初心、牢记使命"主题教育。认真落实中央和省委、市委关于主题教育的决策部署，紧扣主题，聚焦主线，常委会8次研究部署，高标准、严要求推进主题教育。把学习贯彻习近平新时代中国特色社会主义思想作为首要政治任务，组织3次集中学习研讨，召开第二次学用交流会，不断提升学用水平。开展"重温誓词守初心、为民服务担使命"活动，常委班子带头把"主题党日"开到村里。组建"金种子"宣讲团，开展"七进"宣讲530余场，推动学用党的创新理论向基层延伸、向党员拓展、向群众覆盖。狠抓中央部署的"8+1"专项整治、省委安排的5个方面整改和市委深化"放管服效"改革、优化营商环境专项整治，出重拳、下猛药，有力解决了一批可能动摇党的执政根基的突出问题。以乡镇召开排查解决问题交办对接会，建立常委负责、挂单推进、交办对接、分片包干、群众评议、跟踪督办、激励奖惩等八项机制，探索出上下联动解决问题的新路子。代表吕梁13个县市区，面对面向中央第八巡回督导组组长杨雄同志汇报了主题教育典型做法，得到充分认可。高质量召开县委常委班子主题教育专题民主生活会，得到中央巡回督导组、省委组织部以及市委、市委组织部领导肯定。

深入开展"改革创新、奋发有为"大讨论。集中三个月时间，聚焦"六个破除、六个着力、六个坚持"，在全县开展了一场学习的革命、思想的革命、工作的革命。举办改革创新先进典型报告会，开展对标一流述职评议，制订对标一流整改提升清单，全面提升工作标准和工作标杆。组织842名干部入企进村服务，宣讲党的政策，发现解决问题，为企业和群众排忧解难。推出一批标志性引领性重大改革举措，为高质量完成全年目标任务奠定了坚实基础。

二、坚定落实新发展理念，高质量转型发展态势强劲

全面加强对经济工作的领导，常委会定期分析经济形势，找准突出问题，谋实发展举措，牢牢掌握经济工作主动权。2019年，全县地区生产总值完成97亿元，同比增长3%；一般公共预算收入完成7.07亿元，完成市下达任务；规模以上工业增加值完成68亿元，同比增长5.5%；社会消费品零售总额完成22.3亿元，同比增长7.7%；城乡居民人均可支配收入分别完成24127元、11304元，分别同比增长7.2%、9%，保持了稳中有进的良好态势。

坚定不移推动转型发展。深入开展"深化转型项目建设年"活动，全力推进20个、总投资119亿元的转型项目建设，完成固定资产投资28.5亿元。紧抓山西能源革命综合试点机遇，大力培育以"一大三新"为主攻方向的战略性新兴产业。

打造对外开放新高地。牢固树立内陆和沿海同处开放一线的观念，全方位扩大对外交流合作，加速打造吕梁向东开放桥头堡。持续加大招商引资力度，2019年共签约项目15个，签约金额70.7亿元。搭建招商引资平台，设立珠三角地区、津京冀地区、粤港澳大湾区招商联络处。积极应对中美贸易摩擦，全县外贸自营出口总额完成8.9亿元，同比增长10%。组团参加第二届中国国际进口博览会、厦洽会、广交会等展会，多元化开拓国际国内市场。开发区在全市第一家实现引进外资零突破。

全面优化营商环境。开展深化放管服效改革、优化营商环境专项整治。加快推进深化相对集中行政许可权改革，首批划转20个部门226项审批事项，在全市首家实现"一枚印章管审批"。推行企业投资项目承诺制改革试点，开展前期手续集中办理月活动。认真落实县级领导联系民营企业和包联重点项目"双八工作法"，帮助解决企业发展中的困难问题。出台支持民营经济发展"20条"，制定《落实省市意见推动构建新型政商关系暂行办法》，进一步创优民营经济发展环境。

三、坚持"四个不摘"，扎实推进脱贫攻坚巩固提升

扛牢重大政治责任。县委发挥一线指挥部作用，常委会每月研究一次脱贫攻坚工作，对学习贯彻习近平总书记重庆座谈会讲话精神、解决"两不愁三保障"突出问题、抓好反馈问题整改等作出具体部署。加强对脱贫攻坚工作的系统谋划和总体布局，制定《坚持农业农村优先发展做好"三农"工作的实施意见》《坚决打赢脱贫攻坚战三年行动计划》等19个政策文件，推动中央和省委、市委重大决策落地落实。

着力解决"两不愁三保障"突出问题。健康扶贫方面，开展扩大病种问题自查自纠，将63名新增因病致贫对象纳入救助范围。教育扶贫方面，74名移民搬迁子女全部就近入学，移民小区配套小学完成基础施工；完善"一证一卡一档"，全年资助3429人，资助金额559万元。住房安全方面，积极引导3071户房屋鉴定为B级的农户进行局部修缮，确保达到安全标准。饮水安全方面，投资1514万元，完成农村饮水安全工程23个，对管网老化的4个非贫困村进行维修改造。

巩固提升脱贫成果。县四大班子结对帮扶4个未脱贫村，370户732人减贫，4个贫困村全部退出，全县贫困发生率降到0.037%。创新边缘户政策，全市首家制定《关于加强边缘户帮扶工作的意见》，提出11项具体帮扶措施，为解决边缘户问题提供了交城方案。开展"脱贫人口回头看"，新识别贫困户26户63人，清退25户87人。整合扶贫资金1.98亿元，发放金融小额信贷5278.5万元，健全组织、考核、申报、管理"四项机制"，扶贫周转金办法被省财政厅、省扶贫办作为典型经验全省推广。加强易地搬迁后续扶持，设立梁家庄移民小区党群服务中心，为党员群众提供"一站式"服务。

全面推广“一码清”经验做法,做到一码清、底子清。

抓好脱贫攻坚与乡村振兴有机衔接。发展壮大畜牧、旅游、设施蔬菜、食用菌、中药材等特色产业,引进湖北襄大农牧实施1万头能繁母猪养殖项目,一期工程今年4月份建成。启动16个乡级园区、100个村级基地建设,带贫能力强的分别奖励50-200万、10-30万。推进乡村人才振兴,全市率先招聘职业化村干部28人,打造“不走的工作队”。持续开展“传承好家风、争当文明户”活动,激发贫困户内生动力,引领农村新风尚。持续推进贫困村提升,投资3500万元,实施连村路、连组路工程20个,打造美丽乡村示范村5个。

四、坚定不移推进改革创新,有效激发发展动力活力

强化改革系统谋划。发挥县委全面深化改革领导小组统筹协调、整体推进、督促落实作用,提出“整体改革稳居全市第一方阵、亮点改革持续走在全省前列”的总体目标,大力推进32大项103小项重点改革任务。推深做实“三个三”工作法,压实县领导分工负责制,不断加强改革顶层设计、协调推动、落地见效。抓住重点领域和关键环节改革不断发力。旅游体制改革取得重大突破,玄中寺宗教活动与景区管理实现分离,举办“山水交城·康养一夏”2019康养交城旅游推介、“大美交城·古韵磁窑”磁窑村乡村文化旅游节、二青会火炬传递等一系列旅游推介活动,国家全域旅游示范县创建通过省级初验。党政机构改革圆满完成,党的领导体系、政府治理体系得到重构性健全。开发区改革创新纵深推进,“三化三制”改革取得实质性进展,高级管理人员公开市场化选聘,扩区调规进入报批环节,入选“三市两园”综合能源服务系统试点。河长制改革稳步推进,建立“河长+河长助理+河流警长+巡河员”工作机制,健全河长制会议、河长巡查等工作制度。县乡医疗卫生机构一体化改革持续深化,山区农村中心卫生室实行连片管理,公共卫生“1+N”服务机制初步建立。投融资体制改革稳步推进,金兰化工、磊鑫化工在山西股权交易中心“企业创新板”正式挂牌。农村“三变”改革、创新型县建设等改革事项持续深化,以改革促转型、促民生、促社会治理、促党建、促全面工作的发展态势更加强劲。

五、加强意识形态工作,凝聚起开拓奋进的强大力量

严格落实意识形态责任制。常委会定期听取意识形态工作情况汇报,出台《意识形态工作责任制实施细则》《进一步健全完善意识形态工作制度的意见》,建立完善研判、汇报、通报等10项制度,将意识形态工作纳入党建工作责任制、年度目标考核和县级巡察范围。严肃查处部分村干部搞封建迷信活动问题,对涉及的32名镇村干部给予党纪政务处分,产生了巨大教育警示作用。强化突发事件和经济社会热点舆论引导,稳妥处置网络舆情14起,全年未发生意识形态领域重大责任事件。大力推进文明创建活动。作为吕梁市试点,率先开展新时代文明实践中心建设,乡村两级文明实践中心全部挂牌运行。县公益顺风车协会打造顺路同向免费搭乘、“四单制”扶贫、爱心超市、公益“一亩地”等四大志愿服务品牌,入选全国最佳志愿服务组织。开展文明单位、文明家庭、文明户创建评选活动,打造社会主义核心价值观广场1个、街道6条、社区56个,接受了省文明办验收。着力营造主流舆论强势。县融媒体中心揭牌运行,“庞泉融媒”入驻“央视新闻+”矩阵号,“交城融媒”登陆人民日报客户端,进一步拓宽党的创新理论传播渠道。持续加大外宣力度,新华社山西分社推出《山水之变看交城》,新华每日电讯、半月谈、凤凰社等境内外媒体采用107次,总阅读量达55万次。新华社中国经济信息社政务智库就我县新型化肥产业发展进行专题报道,刊发了《积极补齐短板“钙都”欲做产业标杆——山西交城县新型化肥产业发展调研》,在业界引起强烈反响。中青网推出《三位一体促进乡村振兴——山西交城试水基层干部职业化初显成效》,受到社会广泛好评。加快文化建设和文化事业发展。体育馆、图书馆、文化馆主体完工,美术馆进入主体施工。组织参加第四届山西文博会,全省唯一单独设馆参展,旺英堆绫等文创产品大放光彩。城头村、磁窑村、大营村村史馆开馆,乡土文化焕发生机活力。组织“放歌新时代、文化进万家”系列活动,免费送戏下乡100场,群众文化生活日益丰富。

六、加强生态环境保护,全面打造美丽交城

坚定不移贯彻习近平生态文明思想,大力实施总投资13.64亿元的15项环保重点工程项目,全方位、全地域、全过程开展生态环境保护。强化环保治理顶层设计。成立环境突出问题整改指挥部,下设5个分指挥部和6个工作小组,全力攻坚省生态环境厅突击检查反馈的20个问题。聘请环保技术顾问,对大气、水、固废处置等环保问题提供技术指导。提出“1+2+4+76”水污染治理总体思路,全力推进“五水同治”,为全省汾河流域水环境治理提供了可借鉴模式。建立领导干部领办重点环保工程项目、环保重点项目容错等长效机制。坚定不移打好污染防治攻坚战。大气污染防治方面,持续推进焦化、铸造、化工等行业企业提升改造,严控采暖季燃煤污染,完成集中供热2090户、煤改气7000余户;深入推进“散乱污”企业整治,取缔177户、搬迁75户、升级改造236户。水污染防治方面,实施磁窑河水质提升和生态修复工程,受到省市有关领导点名表扬,并作为典型经验全省推广。4个污水处理厂完成提标改造和保温提效改造;76户涉水企业全部采取“水六条”措施。土壤污染防治方面,玖珑腾固废处置工程一期基本完工,具备入场条件;完成水峪贯镇岭上村生态植被恢复工程,分类处置工业固体废物违法堆放点62处。严厉打击生态环境违法行为。综合运用“五个一批”手段,下达责令改正违法决定书498份,实施停产整治97户,查封扣押101户,行政处罚168户,罚款1368.25万元,查处环境违法犯罪案件14起,行政拘留21人,形成了铁腕治污的氛围。

七、切实保障和改善民生,提升群众的获得感幸福感安全感

牢固树立以人民为中心的发展思想,着力办好民生实事,不断满足人民群众日益增长的美好生活需要。推进大县城建设。沙河东街棚户区改造工程启动实施,城区最后一条“断头路”即将全线贯通。柰林村搬迁完成规划选址,正进行资产评估,2021年可实现整村搬迁。开展农村生活垃圾治理试点,编制完成城乡环卫一体化PPP项目方案。优先发展教育事业。职中技能培训楼、城西小学投入使用。高考一本达线364人,全市文科状元花落交城,教育教学质量稳步提升。加快发展医疗卫生事业。与省眼科医院合作成立专科眼科医院,山医大一院交城分院加快建设,妇幼保健中心和中医院合并新建项目主体完工。千方百计扩大就业。城镇新增就业人员3310人,农村转移劳动力3100人,“吕梁山”护理护工培训完成6期608人,就业率达60%以上。坚决防范化解重大风险。积极开展护林防火、安全生产、地质灾害防治“三个专项行动”,稳妥有序处置太行村镇银行客户非正常取款、金汇通非法吸储案件。护林防火实现了近年来首次“零火情”。扎实开展安全生产大排查大整治工作,排查隐患2718条,完成整改2647条。扎实推进信访工作“规范化提升年”活动,开展重信重访专项整治,化解省市交办信访案件29件,全县大局和谐稳定。

八、发展社会主义民主政治,法治交城建设迈出坚实步伐

坚持党的领导、人民当家作主、依法治国有机统一,不断巩固和发展生动活泼、安定团结的政治局面。扎实推进民主政治建设。支持县人大及其常委会依法行使职权,推进人大预算联网监督系统建设,加强人大代表联络站(点)建设和管理,人大工作迈上新台阶。支持政协组织履行职能,县政协围绕脱贫攻坚、生态环保等重点议题开展协商议政,提出了一批有价值的意见建议。支持工会、团委、妇联、科协深化改革,不断提升群团组织工作水平。深入落实党管武装重大要求,扎实开展双拥活动,不断推进军民融合深度发展。认真做好新形势下统战工作。开展中央宗教工作督查整改回头看工作,制定宗教工作整改清单,推动宗教领域问题整改到位。开展民营企业结对帮扶行动,75户民营企业帮扶67个贫困村,投入资金1.46亿元,实施项目14个。县委统战部被评为全省统战工作先进集体,县工商联被评为全国“五好”县级工商联。扎实推进法治交城建设。开展创建禁毒示范城市百日攻坚专项行动,严厉打击毒品违法犯罪。毫不动摇推进扫黑除恶专项斗争,配合省公安厅、市公安局侦办涉黑案件,打击了违法犯罪,净化了社会环境。全县共打掉1个黑社会性质组织、1个恶势力集团和7个恶势力团伙,破获刑事案件53起,逮捕56人,抓获逃犯13人,查处黑恶势力“保护伞”27人,受到中央扫黑除恶专项斗争督导组高度肯定。

九、一以贯之推进全面从严治党,持续构建风清气正政治生态

坚决扛起主体责任。常委会23次研究全面从严治党工作,定期听取县级党组工作汇报,针对性作出工作安排。县委书记严格履行“第一责任人”职责,带头与乡镇党委书记、县直单位负责人谈心谈话110余人次。召开县委十五届六次全会,对全面从严治党作出“七个一以贯之”新部署。召开贯通落实“两个责任”汇报点评会,敲钟明责,督促扛牢“两个责任”。对落实主体责任不力的1个党组、112名干部进行责任追究,以问责倒逼责任落实。

加强干部队伍建设。圆满完成中组部交赋的排查解决发展党员违规违纪问题试点任务,探索出“三个讲清楚”“四个贯穿始终”等经验做法。扎实开展不担当不作为问题专项整治,问责96人。大张旗鼓表彰“六个十佳”,选树40名“担当作为先进典型”,开展向公安部二级英模、县公安局原政委白杉同志学习活动,树起了鼓励担当、崇尚实干的鲜明导向。树立正确选人用人导向,2019年提拔重用9名乡镇主干全部来自脱贫一线。严肃查处诬告陷害问题,为3名受到不实举报的干部澄清正名,形成了干事创业的浓厚氛围。

全面加强“三基建设”。持续推进基层党组织规范化建设,结合排查解决发展党员违规违纪问题试点工作,同步优化党组织设置,撤销、合并机关企业党组织3个,打造品牌党组织52个。在全市率先完成13个行政村撤并。出台农村主干岗位报酬发放、绩效考核两个办法,“两委”主干报酬平均4.1万元。坚持“六个一”同向发力、“五个整顿”同步开展,34个软弱涣散党组织全部转化,20名受过刑事处罚、存在“村霸”和涉黑涉恶问题的村干部被彻底清理出农村干部队伍。将县直部门122个涉农事业编下放到乡镇,充实基层一线力量。

巩固发展反腐败斗争压倒性胜利。发挥县委反腐败领导小组作用,出台《关于持续保持正风反腐高压态势的实施意见》,加强党对反腐败工作的全面领导和全过程领导。2019年,全县立案260件、问责253人,形成了强大警示震慑作用。查处形式主义、官僚主义问题31件、处理123人。查处扶贫领域腐败和作风问题20件、处分8人。专项整治漠视侵害群众利益问题,处置问题线索75件,处分21人。部署开展人防领域、扶贫领域等专项巡察,反馈问题664条,整改599条,利剑作用充分彰显。

(游佳斌)

附:中共交城县委书记、副书记、常委名单

书　记:李建国(1月离职)　张振明(1月任职)

副书记:张潞萍(女)　李义祥(7月离职)
高元胜(7月任职)

常　委:李忠毅(3月离职)　赵林泉　李佃忠
权　斌　赵志明(8月任职)
左燕娜(女)　陈　龙(8月离职)
苏卫华　王守国(10月任职)

中共文水县委

县委书记　梁宝明

2019年，文水县委坚持以习近平新时代中国特色社会主义思想为指导，全面贯彻党的十九大和十九届二中、三中、四中全会精神，深入学习习近平总书记"三篇光辉文献"，认真落实省委、市委决策部署，团结带领全县各级党组织和党员干部群众，坚定不移推进"一核三位五区"战略，拓展了党的建设和党的事业新局面。在扫黑除恶、环保攻坚、生态修复等大仗硬仗中，把握大局、引领方向，带领党员干部保持政治定力、严守纪律规矩，坚决拥护和执行上级决定，保障了社会大局平安稳定，推动形成了各项事业向好向上的发展态势。

一、开展主题教育和重大活动，广泛凝聚奋斗力量

扎实开展"不忘初心、牢记使命"主题教育，把新时代党的自我革命推向深入。县委中心组25次集中学习，全县分层次召开了3次研讨交流会和1次学用习近平新时代中国特色社会主义思想经验交流会，广泛宣讲党的十九届四中全会精神，理论武装更加牢固。坚持开门搞教育，抓好"8+5+1+1"专项整治整改和"三服务"工作，解决了一批群众的操心事、烦心事、揪心事。精心组织"喜迎新中国成立70周年"庆祝活动，突出政治性、思想性、群众性、时代性，开展了"70年成就展""千人大合唱"等活动，大力弘扬以爱国主义为核心的民族精神。认真开展"改革创新，奋发有为"大讨论活动，带动整体工作水平实现新提升。聚焦"八个破除"和"八大提升"，进行了一场增强本领的学习革命、更新观念的思想革命、对标一流的工作革命，进一步增强了改革意识和创新精神，激活了开放思维和市场理念，提振了改革开放再出发的信心和决心。

二、加强党对经济工作的领导，坚定落实新发展理念

全县GDP完成74.92亿元，固定资产投资完成21.47亿元。财政收入稳定增长，一般公共预算收入完成3.51亿元，同比增长12.6%。服务业增加值完成36.1亿元，占GDP比重达到48.2%，同比提高18个百分点，优化产业结构的贡献不断加大。消费市场稳健，社会消费品零售总额完成25.2亿元，同比增长7.4%。居民收入增速高于经济增速，城乡居民人均可支配收入分别完成23701元和11387元，同比分别增长6.6%和9.9%。致力于新旧动能的接续转换，一手抓传统产业改造升级，一手抓新兴产业培育壮大。开展深化转型项目建设年活动，65个重点项目顺利实施。金地煤矿正式生产，国金固废投产在即，鹏飞集团启动现代焦化项目。北京牛栏山酒厂山西吕梁生产基地正式落户文水，新光华生铁高炉、金地瓦斯发电等项目顺利推进。晋能科技、金源煤化等5户企业实施省级技改项目。出台支持民营经济发展"12条措施"，召开民营经济发展大会，拿出346万元奖励企业在科技创新、品牌创建等方面的突出成就。引导企业规范发展，牧标牛业启动港板上市工作，大象农牧与中银国际证券签订战略合作协议，启动上市程序；晋能科技、鑫海化工、宗酒酒业、诚信种业等企业推进股改工作，康欣药业、金源煤化等6户企业成长为省级"专精特新"企业。

三、大力推进乡村振兴，做好新时代"三农"工作

编制了乡村振兴五年总体规划和"5+1"专项规划，实施乡村振兴"156"工程。加大补贴引导资金力度，又设立1500万元专项资金，持续撬动社会资本进入"三农"领域。实施"龙头企业培育、农业项目建设、农业品牌打造、农业示范镇建设"四大工程，推进"一乡一特一园区、一村一品一基地"建设，引导农业高质量发展。刘胡兰镇国家级农业产业强镇示范项目成效明显。保贤村被农业农村部认定为第九批全国"一村一品"示范村，吕梁野山坡食品有限责任公司被国家林业和草原局认定为第四批"国家林业重点龙头企业"，田园薯业被省农业农村厅确定为全省第二批有机旱作农业封闭示范片实施主体。不断加大美丽乡村建设力度，推动农村美起来。开展"拆违治乱、垃圾治理、污水治理、厕所革命、卫生乡村建设"五大行动，强化土地卫片执法整改和"大棚房"清理整治，推动建设8个美丽宜居示范村和10个乡村振兴示范村，建成12个农村垃圾转运站，72%的农村建立卫生费制度。不断加大农业农村综合改革力度，促进农民富起来。划定35.87万亩玉米生产功能区，同时调整种植结构，马铃薯、西兰花、中药材等高效农作物种植面积达到5万亩以上。集体产权制度改革完成清产核资和成员身份界定。推动土地确权成果应用，土地流转总面积达到12万亩，新增70个农民专业合作社，适度规模经营水平不断提高。发展壮大农村集体经济，74%的村达到5万元以上。

四、全面深化改革开放，培育经济社会发展新动能

县委全面深化改革委员会统筹推进31个领域150项改革任务，基础性改革有序开展，重点领域和关键环节改革不断深化。圆满完成党政机构改革，理顺了关系、优化了职能。加快开发区改革创新，开启了政府与社会资本合作模式。深化"放管服效"改革，正式启动"一枚印章管审批"，优化营商环境迈出重要步伐。坚持引进来和走出去并重的思路，持续扩大开放引进。坚持以开发区为主力开展招商引资，昌陆装

配式建材、联碳特种蜡材料等项目落户文水，增添了发展后劲。参加各类活动现场签约8.65亿元。

五、打好污染防治攻坚战，扭转生态环保被动局面

集中整治工业企业排污行为，焦化、铸造、模板等重点行业实施升级改造，“散乱污”企业分类整治实现“动态清零”。推进清洁取暖，县城及周边51个村划定为“禁煤区”，集中供热和煤改电、煤改气不断扩面。坚持饮用水、流域水、地下水、黑臭水、污废水“五水同治”，打好碧水攻坚战。严格落实县乡村三级河长制。扎实开展“清河”“清四乱”专项行动。推进胡兰镇畜禽养殖标准化小区建设，养殖、屠宰、加工环保设施改造升级。统筹2.5亿元，实施县城污水处理厂扩容、胡兰污水处理厂提标等工程，督导重点企业投入6000万元完善污水处理设施。汾河、文峪河、磁窑河流域技防体系建立健全。坚持生产、生活、生态“三生融合”，打好生态修复战。加快河流生态修复，文峪河综合整治、汾河流域生态修复、三道川河道治理等工程顺利推进。持续开展造林绿化“三年行动计划”，城乡“含绿量”不断提高。加快推进特色小镇建设，田园综合体初具规模，休闲农业与乡村旅游融合发展。

六、全力保障和改善民生，持续增进人民群众福祉

抓好省委脱贫攻坚专项巡视反馈问题整改，开展“一码清”和“回头看”工作，聚焦“两不愁三保障”，持续有效落实各项扶贫政策。开展扶贫领域腐败问题和不正之风专项整治，确保了脱贫工作的质量和成色。大力发展民生事业。学校布局调整优化，县职教中心、全面改薄等工程顺利推进，教育教学质量稳步提高。医疗卫生体制改革不断深化，乡村卫生院提质增效。基层综合文化中心实现全覆盖，群众性文体活动广泛开展。保障财政供养人员待遇，拿出1.5亿元解决多年欠发工资、欠缴职业年金问题。推进36户国有集体企业改制，保障职工合法权益。主动融入山西中部盆地城市群，加快推进城乡建设步伐。推进胡兰大街棚户区改造，完成70%的拆迁任务。滨河公园初具规模。北环路改造通车，则天大街东延拓宽，城内29条小街小巷完成改造，离祁高速文水段加紧施工，“四好农村路”PPP项目完成70%的建设任务，相当一部分县乡道路破损面貌得到根本改变。投资9.1亿元启动农村集中供热工程。深化扫黑除恶斗争，打掉一批涉黑涉恶犯罪团伙，查处违法违纪党员干部，清除了“毒瘤”。坚持打防结合方针，严厉打击“两抢一盗”“黄赌毒邪”等违法犯罪活动，推进“雪亮工程”建设，城区实现监控全覆盖。加强安全生产监管，安全生产形势总体平稳。开展矛盾纠纷大排查大化解活动，信访问题“降量退位”。

七、大力推进民主政治建设，汇聚团结奋进的正能量

加强党对人大工作的领导，全力支持县人大及其常委会依法履行职能，人大监督的针对性、实效性、权威性不断提高。加强党对人民政协工作的领导，全力支持政协组织开展协商议政和民主监督，县政协工作质量和影响力全面提升。加强统战工作，壮大了爱国统一战线。支持群团工作，工青妇组织的桥梁纽带作用有效发挥。推进党管武装工作，促进军民融合发展。狠抓意识形态工作，把思想教育从领导干部这个“关键少数”拓展到普通党员干部群众。坚持弘扬新时代胡兰精神，不断叫响文水特色政治品牌，保持了热度、提升了温度。推动传统媒体和新媒体融合发展，正确引导社会舆情，围绕热点问题，正面回应、认真整改，有效防范化解了公共危机。出台《关于加快推进全面依法治县工作的实施意见》和《关于推进法治政府建设的工作方案》，开启新时代依法治县新征程。

八、纵深推进全面从严治党，巩固拓展良好政治生态

中央巡视山西反馈的40项整改任务和市委巡察反馈文水的66个问题得到整改落实。开展了第6轮、7轮常规巡察和2轮专项巡察，乡镇巡察实现全覆盖，县直单位完成67%，农村完成76%。贯通落实“两个责任”，扩大反腐败斗争压倒性胜利。运用“四种形态”分别占到60.6%、29.1%、8.7%和1.6%，监督执纪由“惩治极少数”向“管住大多数”拓展。全年立案274件、增长11.8%，党纪政务处分232人、增长9.4%，处分科级干部37人，采取留置措施4件4人，移送司法机关5人，办案数量和质量实现双提升。查处违反八项规定精神和群众身边腐败问题61件79人，查处形式主义、官僚主义案件57件111人。围绕管党治党、生态环境等问题问责党员干部84名。开展警示教育，通报典型案件29件39人。坚持正确用人导向，调整补充了党政部门和乡镇领导班子，各级班子的年龄、学历和性别结构得到优化。激励干部担当作为，为1名正科级干部澄清正名。盯住干部违规经商办企业、兼职取酬等问题，开展“一加强五整治”，因相关问题批准干部辞职或解聘12人，处分违规兼职取酬干部3人。制定《文水县股级干部选拔任用办法》，严格干部因私出国(境)备案管理。深化三基建设，较好地完成了13项年度重点任务。推动基层党组织晋位升级，规范建设145个、品牌创建44个，增强了战斗堡垒作用。投入7000多万元，全力改善乡村两级基础设施，12个乡镇周转房竣工投用，8个乡镇办公用房填平补齐工程顺利完成，99个村无活动场所问题彻底解决。

(李学浩)

附：中共文水县委书记、副书记、常委名单

书　记：梁宝明

副书记：王　峰　许晋文(7月离职)

刘大鹏(7月任职)

常　委：范发宾　张建良　刘建树　文成宝

石新杰　王永平　张卫华

中共汾阳市委

市委书记　郭红波

2019年，汾阳市委高举习近平新时代中国特色社会主义思想伟大旗帜，坚决贯彻党的十九大和十九届二中、三中、四中全会精神，深入学习贯彻习近平总书记“三篇光辉文献”精神和中央及省委、吕梁市委各项部署要求，认真履行把方向、管大局、作决策、保落实职责，紧紧围绕“三个走在吕梁前列、跻身全省第一方阵”奋斗目标，充分发挥“八个效应”，突出抓好“八项任务”，团结带领全市广大党员干部群众努力拼搏、团结奋进，推动汾阳全面拓展党的建设和党的事业新局面。

一、坚定党的政治领导，践行“两个维护”更加自觉

（一）推动习近平总书记重要讲话和批示指示精神、党中央决策部署落地见效。全面贯彻习近平总书记视察山西重要讲话、在推动中部地区崛起工作座谈会重要讲话、在黄河流域生态保护和高质量发展座谈会重要讲话这“三篇光辉文献”，开展贯彻落实习近平总书记视察山西重要讲话精神情况集中自查，推动各项工作落到实处。针对中央巡视组、中央扫黑除恶督导组、中央环保督察组等反馈意见和中央“8+1”专项整治突出问题，形成项目化推进整改的工作闭环，确保件件有落实、事事有回音。

（二）推动习近平新时代中国特色社会主义思想入脑入心。坚持把学习贯彻习近平新时代中国特色社会主义思想作为首要政治任务，完善《汾阳市党委（党组）理论学习中心组学习制度》等6项制度。

（三）推动“不忘初心、牢记使命”主题教育取得扎实成效。坚持聚焦主题，紧扣主线，认真做好市乡两级领导班子、基层党支部规定动作。通过在学习教育中加强政治淬炼、在调查研究中解决群众难题、在检视问题中进行自我革命、在整改落实中夯实群众基础。

二、巩固脱贫攻坚成效，为决胜全面小康奠定决定性基础

（一）坚决扛牢主体责任。认真落实习近平总书记扶贫工作重要论述和全省45个非贫困县脱贫攻坚推进会精神，常委会10次研究解决具体问题，出台《汾阳市2019年脱贫攻坚巩固提升行动方案》，推动“一码清”“一保通”全覆盖。加大对第一书记的关心力度。

（二）全力抓好产业扶贫。发放扶贫小额贷款1048万元，支持扶贫产业发展，实现217户贫困户年均增收7500元。依托大象集团生猪、百家兴农牧肉羊、林下养鹅等项目，确保贫困人口稳定增收。划定粮食生产功能区，建设10个农业产业园区，实施汾州核桃、汾州小米、“一把抓”有机高粱、冀村长山药等国家地理标志保护产品提质增效工程。

（三）全面落实“两不愁三保障”政策。安排专项资金1010万元，着力解决贫困突出问题。实施雨露计划，资助建档立卡贫困家庭学生181人58.9万元；为贫困人口缴纳新农合医疗保险、健康保险和脱贫返贫保障险每人451元，实现贫困人口住院“先诊疗后付费”和“一站式”结算服务全覆盖；妥善安置杏花村镇庄上村易地扶贫搬迁户，完成建档立卡贫困户危房改造119户并全部入住。

（四）谋划推动脱贫攻坚与乡村振兴有效衔接。完成《汾阳市乡村振兴战略总体规划》等6个规划编制，承办第三届吕梁名特优功能食品展销会和文旅推介会汾阳专场。打造10个美丽宜居示范村，实施城乡环卫一体化。培训新型职业农民700多人次，实现“吕梁山护工”就业380余名。引进山西农业大学专业技术人才26名。

三、转变经济发展方式，新旧动能转换节奏明显加快

（一）激发了传统产业新活力。推动五麟、文峰、金塔山、东辉等焦化企业达到环保特别排放限值标准，建成国峰煤电粉煤灰处置及生态修复综合利用项目，加快金塔山焦化项目建设。重振“汾阳网架”雄风，参建北京大兴国际机场、北京冬奥会训练馆等工程。

（二）增强了新兴产业新动力。白酒及相关产业方面，承办第20届比利时布鲁塞尔国际烈性酒大奖赛，全市有16户企业荣获31枚奖牌。全年白酒产量15.44万千升、同比增长17.1%，总产值153.8亿元、同比增长35%。文旅产业方面，编制《汾阳杏花村酒文旅融合开发项目规划》，联合山西大学、汾酒公司共建杏花村学院（山西酿造产业研究院），酒文旅融合发展成效初显。餐饮服务方面，推广“中国厨师之乡”品牌，“中国·杏花村酒家”太原旗舰店正式营业，“汾阳十大名菜”“汾阳十大名吃”走向全省全国。

（三）挖掘了项目建设新潜力。开展“深化转型项目建设年”活动，实行重点项目包联机制，落地投建总投资291.1亿元的83个项目。加大招商引资力度，兑现年度招商引资落地项目奖励520万元。

四、提升改革开放水平，发展动力活力持续激发释放

（一）开发区改革取得新突破。完成杏花村经济技术开发区产业发展规划和产业招商规划编制，深化“三化三制”改革，在吕梁市首家开展市场化选聘领导干部，公开招聘工作人员，迈入全省开发区“第一方阵”。加快杏花村经济发达镇

行政体制改革,推进开发区与杏花村镇深度融合。支持汾酒混改,助推汾酒公司成为全省首家整体上市国有企业。

(二)农业农村改革迈出新步伐。推进农业供给侧结构性改革,精心打造“一田两园三带十基地”,杂粮种植面积达到13.3万亩。推进行政村合并,开展农村承包地确权登记颁证“回头看”,农村集体经济清产核资及成员身份界定通过省级验收。推进“三变”改革,支持农村党支部领办合作社,农村集体经济收益5万元以上的村占到85.4%。

(三)优化营商环境激发新活力。深化“放管服效”改革,出台《汾阳市支持民营经济发展实施办法》,开展“万名干部入企服务”活动,培育“专精特新”企业2户、“小升规”企业11户,规范化股改企业11户,新三板挂牌企业1户。落实减税政策,为企业减免税费3.25亿元。

(四)开放发展水平实现新提升。组织瑞优、迅达等企业参加法国国际大型食品展、银川第四届中国–阿拉伯国际博览会,组织汾阳皇米业、汉精矿机等8户企业参加第二届进博会。全市备案登记进出口企业高达31户,外贸总额完成2.3亿元,同比增长117.22%。

五、持续增进民生福祉,社会各项事业实现全面进步

(一)坚持教育事业优先发展。开展中小学生校外托管机构专项整治,规范管理校外培训机构,引进北京知名教育机构与汾阳中学合作办学,加快建设市职教中心、青少年活动中心、吕梁现代双语高级中学,启动贾家庄山西令才腾飞实验学校项目。优化教育资源配置,交流分流教师253人。推进贾家庄初中管理体制改革,实行石庄镇初中、小学、中心校联合办公。

(二)持续提高人民生活质量。新增城镇就业4515人,转移农村劳动力3625人。完成中医院二期和演武镇等卫生院建设,开通“村医通”338个,农村卫生室实现全覆盖。完善社会救助体系,做好低保对象、特困人员等救助工作。开展食品药品等15项专项检查,保障群众饮食用药安全。

(三)全力维护社会和谐稳定。开展信访规范化提升年、信访事项“清零行动”等活动。加快推进“雪亮工程”,打造“枫桥经验”汾阳样板。开展扫黑除恶专项斗争,打掉恶势力集团(团伙)2个,破案80起,抓获20人,追回文物810件。

六、坚持政治发展道路,民主法治建设取得扎实成效

(一)民主政治建设扎实推进。加强对人大、政协工作的领导,邀请“两代表一委员”列席参加市委常委会会议。支持市人大及其常委会依法行使职权,支持政协组织依法依章履行职能。

(二)法治汾阳建设步伐加快。召开市委依法治市委员会会议2次,启动法治政府示范市创建,将法治建设纳入年度目标责任考核,建成杏花村镇、演武镇、文峰街道等7个“七好司法所”,拍摄播放法治情景剧《婆婆也是妈》。完成党政机构改革,推进综合执法体制、司法体制、生产经营类事业单位改革,批复市场、农业、文化、交通4个综合行政执法队。

(三)爱国统一战线持续巩固。支持民主党派开展“四比四促”“不忘合作初心、继续携手前进”活动,推进民主党派参政议政、民主监督。完成道教协会换届。

(四)党管武装工作不断加强。支持市人武部与汾阳中学开展国防教育共建活动。完成征兵任务,安置2名军转干部和16名退役士兵。72名转业志愿兵(士官)和207名城镇义务兵通过公开选岗实现再就业。

七、抓好宣传思想工作,开拓奋进合力不断凝聚增强

(一)严格落实意识形态工作责任制。定期听取意识形态工作情况汇报,开展《增强忧患意识、防范风险挑战》形势教育,完善意识形态分析研判、网信工作协调联动、网络安全应急响应等机制,实现意识形态工作巡察全覆盖。

(二)积极培育和践行社会主义核心价值观。打造禹门河公园、烈士陵园2处主题公园,推荐栗家庄村、禹门河公园为全省示范点,选送《命运不是镰铲》参加全省微电影评选,实现社会主义核心价值观宣传栏、宣传版面全覆盖。

(三)全面推动文化事业繁荣发展。承办首届吕梁文学季,确定市树为核桃树、市花为杏花。铺开二府街和武家巷保护性开发,启动市文博中心、全民健身活动中心建设。峪口圣母庙、田村后土圣母庙、南门关帝庙3处文保单位入选国保名单,申报“汾阳地秧歌”“汾酒酿造技艺”为国家级非遗项目优秀案例,建成92个行政村综合文化服务中心。

八、改善生态环境质量,美丽汾阳建设迈出坚实步伐

(一)打好污染防治攻坚战。制定《汾阳市全面改善环境空气质量攻坚行动实施方案》,开展秋冬防“百日清零”行动。落实“河长制”,开展“清河行动”。开展化肥、农药零增长行动。

(二)打好问题整改歼灭战。开展违法排污大整治,882个问题已全部整改到位。推进“智慧环保”项目,安装空气、水质、道路扬尘等监测设备249套,投用1辆移动监测车,实现环境质量、重点污染源、生态状况监测全覆盖。

(三)打好生态保护主动战。积极创建国家园林城市。启动千亩杏树种植计划,加快杏花村湿地公园和文湖湿地公园建设,推进董寺河、禹门河生态综合治理和花枝水库等汾河流域生态修复保护工程,汾阳市河湖连通工程(杏花村水库—文湖—禹门河)纳入省水利厅项目库。

九、全面从严管党治党,党内政治生态持久风清气正

(一)坚决扛牢压实主体责任。召开21次市委常委会、1次全会、13次党建工作领导小组会议、2次反腐败领导小组会议,研究部署全面从严治党工作,出台《全面从严治党党委

主体责任清单》。

(二)从严规范基层党组织建设。开展“基层党建示范支部创建”活动,在农村推广贾家庄和栗家庄党建模式、在城市建立“四级党组织网格体系”、在市直单位创建“三表率一模范”机关、在学校开展“正师风、转校风、办人民满意学校”活动、在非公组织争创“双强六好”党组织,创建基层党组织示范点 121 个、品牌党组织 161 个。优化基层党组织设置,新成立 62 个、撤销 49 个、调整 165 个,在峪道河镇试行跨村联建党组织。

(三)从严教育管理干部队伍。制定《2019-2022 年全市干部教育培训实施意见》,实施“五大培训工程”,完成培训 31 班次、1230 人次。推进农村干部学历提升工程,实现一村一名大学生村干部全覆盖。打好梯队培养干部“组合拳”,招录选调生 26 名、公务员 32 名,公开遴选年轻副科级干部 8 名,提拔重用担当作为干部 18 名;选派 111 名干部分 3 批赴上海等地考察学习,选派 4 名年轻干部到省、吕梁市挂职锻炼,对 4 名干部容错并酌情减轻处分。

(四)持续正风肃纪反腐。组织全市党员观看警示教育片《法纪不容触碰》和电视专题片《永远在路上》,编印《汾阳市基层党员干部违反六大纪律警示剖析读本》,引导党员干部永葆廉洁本色。落实“基层减负年”要求,实行“无会周”制度。严格落实中央八项规定精神和省委、市委实施细则,查处形式主义、官僚主义 14 件 37 人,查处工作日中午饮酒 14 人。积极整改吕梁市委巡察四组反馈意见,完成第六轮政治巡察和扶贫、人防领域专项巡察,开展领导干部利用白酒资源谋取私利问题专项整治。

(郭海晋)

附:中共汾阳市委书记、副书记、常委名单

书　记:郭红波

副书记:吴晓东　李正奎

常　委:李立武(8月离职)　温小珂　靳学强

王云照　韩学尧　张艳斌　冯　丽(女)

陈　龙(8月任职)

中共孝义市委

市委书记　李　真

2019 年,孝义市委坚持以习近平新时代中国特色社会主义思想为指导,认真贯彻省委、市委工作部署,统筹做好稳增长、促改革、调结构、惠民生、防风险、保稳定工作,各项事业不断取得新进展、新成绩。全市地区生产总值完成 319.8 亿元;固定资产投资完成 114.2 亿元;社会消费品零售总额完成 160.5 亿元;规模以上工业增加值完成 212.1 亿元;一般公共预算收入完成 28.9 亿元,位列全省第一;城镇和农村居民人均可支配收入分别达到 36532 元、18673 元,以上各项指标总量均位列吕梁第一,全部实现正增长。连续 13 年跻身全国百强,位列第 78 位,同时入选全国投资潜力百强县、全国科技创新百强县、全国新型城镇化质量百强县。

一、深入学习贯彻习近平新时代中国特色社会主义思想,确保各项事业沿着正确方向前进

一是持续引深理论武装工作。把学习作为常委会第一项议程,市委中心组 27 次学习习近平总书记重要论述,重温习近平总书记“三篇光辉文献”,原文学习《纲要》《选编》等重点书目,切实增强“四个意识”,坚定“四个自信”,做到“两个维护”。举办各类培训班 16 期,4000 余人参训,不断提升学用水平。抓好党的十九届四中全会精神宣讲,推动全会精神进机关、进农村、进社区、进企业、进校园。

二是扎实开展“不忘初心、牢记使命”主题教育。市委常委班子聚焦主题主线,带头开展学习研讨,讲好专题党课,深入基层调研,直接推动解决问题 50 多个。狠抓中央“8+1”专项整治和省委、吕梁市委部署的整改工作,全部列出清单,责任到人,整改销号。扎实开展“三服务”活动,累计为群众办实事 547 件。

三是认真做好“改革创新、奋发有为”大讨论。集中三个月时间,围绕破除僵化保守、因循守旧、资源依赖等观念,组织召开先进典型报告会、对标一流述职评议会,制定“对标一流整改提升清单”,累计整改 973 项,进一步激发了全市上下对标一流、干事创业的激情。

二、认真践行新发展理念,推动高质量转型发展迈出新步伐

一是加快构建现代多元产业体系。年初确定概算总投资

643亿元的67个项目18个建成投产。煤焦化工产业，鹏飞10万吨合成氨建成投产，金州10万吨针状焦恢复生产，金岩二期254万吨顶装焦等开工建设。铝系产业，信发120万吨、田园40万吨氧化铝技改项目建成投产。农业产业，一果3000吨亚麻籽加工项目、春塔30万只肉鸡养殖场项目建成投产。新兴产业，华庆20万吨赤泥综合利用高效净水剂项目部分投产。现代服务业，全省县级首家万达广场入驻运营，居然之家签约，区域辐射力持续提升。

二是持续深化重点领域改革。市委全面深化改革委员会12次研究改革工作，推出改革发展举措30条，先行先试举措15项。开发区“三化”改革圆满完成，“三制”改革持续深化，2019年开发区GDP、工业增加值分别完成149亿元、141亿元，占全市的46.5%、66.5%，转型发展的主引擎作用进一步凸显。高标准完成农村集体产权制度改革，探索实施农村“两权”抵押贷款，入选全国农民合作社质量提升整县推进试点。

三是着力创优发展环境。持续深化“最多跑一次”、“一网通办”、投资项目承诺制、“一枚印章管审批”等改革。制定鼓励投资加速经济转型优惠办法（试行）、支持民营经济发展15条，为企业减税降费8.2亿元。鹏飞集团入选全国民营企业500强，位列第429位，鹏飞、东义、金岩入选全省民营企业100强。

四是全方位扩大对外交流合作。积极参加第四届丝博会、第二届进博会等活动。成功承办第二届“一带一路”煤焦化工产业绿色发展研讨会、生物降解材料技术国际研讨会和中日氢能产业专家孝义论证会，推动鹏飞集团与美国GCES公司签约氢能源项目，金晖集团建立山西生物降解塑料技术研发与工程化共享平台，东义镁业成立山西镁及镁合金制备加工中试基地，努力在更高平台上拓宽空间、做大做强。

三、扎实做好脱贫攻坚和民生保障工作，不断增强群众获得感幸福感安全感

一是着力提升脱贫攻坚成色和质量。夯实“两不愁三保障”基础，扎实做好“六巩固六提升六融合”，全面完成“一码清”，组织“吕梁山护工”培训6期525人，“四位一体”扶贫贷发放1325万元，“三保险、三救助”和136兜底政策惠及1033人次，贫困人口人均可支配收入达到9693元。做好县级结对帮扶工作，调整选派103名第一书记到临县23个乡镇103个贫困村开展帮扶工作。举办派驻第一书记扶贫村农产品展销会，带动临县103个扶贫村签订购销协议8200余万元，销售特色农产品5135万斤。有序衔接乡村振兴，持续深化“四十工程”。成功创建第二批国家农产品质量安全市和国家农业综合标准化示范市，胜溪新村国家级美丽乡村标准化试点通过验收。扎实开展农村人居环境整治，创建11个吕梁市美丽宜居示范村。

二是全力保障和改善民生。持续深化医改，三医联动、分级诊疗、慢性病管理取得新进展，受到国务院医改领导小组通报表扬。拓宽就业渠道，举办各类就业招聘会15场，提供就业岗位1.8万个。加强和创新社会治理，大力推广新时代“枫桥经验”，健全矛盾纠纷化解机制，加快推进“雪亮工程”。深入开展扫黑除恶专项斗争，打掉4个黑社会性质组织，3个恶势力集团，5个恶势力团伙，查封、扣押、冻结涉案资金3.6亿元。提升城市建设和管理水平，完成城乡环卫一体化市场化改革，城区道路机扫率达85%。深化图书馆、文化馆、美术馆“1630”总分馆制运行改革。推进“一年一条主干道”改造工程，新改建城市道路7.43公里，构建起更加便捷综合交通网络。打赢全国文明城市复牌攻坚战，全市164个机关单位、57个社区、373个小区全面发动、人人参与。开展“小手拉大手，文明齐步走”等文明实践活动，大力弘扬志愿服务精神，共建共享文明。

四、坚持绿色发展理念，坚定不移打好生态环保攻坚战

一是扎实推进污染防治攻坚。严格落实大气污染防治“6+1”举措，完成清洁取暖改造2.9万户。扎实开展清河专项行动，141个入河排污口完成规范化整治，全市新增雨水管网7000余米、污水管网5000余米，城区污水收集处理率达95%以上。推行工业固废规范化管理，完成4个矸石山生态恢复治理工程。

二是持续加强生态保护修复。扎实做好增绿色、增面积、增蓄积、增效益、增收入“五增”工作，全市林地面积达到67万亩，森林覆盖率提升到33.2%，超过全省平均值4.9个百分点。新增城市绿化35.49万平方米，孝河国家湿地公园正式命名，顺利通过国家园林城市复审。

三是坚持以环保倒逼转型。推进煤炭“减优绿”发展，11户焦化企业完成特别排放限制改造，26个建筑工程达到“六个百分百”治理标准。探索“能源管家”等绿色发展模式，污染治理效率和专业化水平明显提高。

五、坚持党要管党、全面从严治党，着力营造风清气正的政治生态

一是坚决把党的政治建设摆在首位。组织开展贯彻落实习近平总书记视察山西重要讲话精神情况集中自查。组织集中观看《迷失的初心》等警示教育片，持续肃清流毒影响。认真贯彻《准则》《条例》，严格执行民主集中制。打造6个党员干部教育基地，常委班子带头在孝义建党第一址开展主题党日，党内政治生活的政治性、时代性、原则性、战斗性进一步增强。

二是从严落实“两个责任”。市委常委会11次研究全面从严治党工作，听取市人大、政府、政协、法检两院党组履行主体责任情况及市纪委监委工作汇报，加大对“两个责任”不力的问责力度。保持正风肃纪高压态势，立案309件，党纪政务处分、组织处理人数同比分别增长15%、4.7%。圆满完成第六轮巡察，铺开第七轮巡察。充分运用“四种形态”，第一、二种形态占到91.2%。

三是引导激励干部担当作为。树立正确的选人用人导向，调整乡镇党政主要负责人14名，调整后80后干部占

26%。开展领导干部配偶、子女及其配偶经商办企业情况调查摸底。制定关爱干部职工12条措施，大力整治乡村干部“走读”问题，做到严管与厚爱相结合。

四是扎实推进“三基建设”。市财政投入1.3亿元，乡镇、村平均运转经费分别达到86.1万元、18.2万元，农村“两委”主干平均报酬达到4.5万元，农村、社区党组织活动场所500平米以上的分别达到32.5%、28.6%。56个软弱涣散基层党组织完成整顿，选树47个“五个好”基层党组织，打造23个示范机关党组织，府东社区离退休干部党支部被评为全国离退休干部先进集体。

(王　宁)

附：中共孝义市委书记、副书记、常委名单

书　记：李　真

副书记：廷　洪　王恩泽

常　委：成志斌　靳　钧　张由泉　薛厚隼(6月离职)　郭贵和　张再强　王秀霞(女)　张建国(8月离职)　张云鹏(8月任职)　梁敬修

中共交口县委

县委书记　霍慧文

2019年，交口县委坚持以习近平新时代中国特色社会主义思想为指导，全面贯彻党的十九大和十九届二中、三中、四中全会，深入学习贯彻习近平总书记“三篇光辉文献”重要精神，认真落实中央和省、市部署要求，坚持以脱贫攻坚统领经济社会发展全局，团结带领全县广大党员干部群众，坚定信心、攻坚克难，推动全县经济社会发展和党的建设各项工作取得了积极成效。

一、全面贯彻落实新时代党的建设总要求，在推进党的建设上取得新进展

(一)强化理论武装，不断增强学用习近平新时代中国特色社会主义思想的政治自觉、思想自觉、行动自觉。认真组织开展“改革创新、奋发有为”大讨论活动，扎实推进“不忘初心、牢记使命”主题教育，开展党的十九届四中全会精神宣讲活动20余场次，在全县各级党组织和广大党员干部中积极开展“三服务”活动，开展习近平新时代中国特色社会主义思想专题培训班，组织学用交流会，确保中央各项决策部署在交口县得到及时有效贯彻落实。

(二)狠抓意识形态责任落实，着力推动宣传思想工作质量稳步提升。积极开展网络“清朗”专项行动，有力强化网络阵地的管控。启动“交口通”APP手机客户端，新闻通联综合排名全市第二，荣获“通联工作特别贡献奖”。省级文明县城创建进入提名测评阶段，社会主义核心价值观主题公园通过验收。创作《我爱香菇》、《暖冬》、《幸福泉的故事》等主题微电影和公益宣传片。

(三)深化拓展“三基建设”，全面提升基层党建工作质量和水平。高标准整顿完成软弱涣散机关事业单位党组织3个、非公经济组织党组织1个，农村党组织12个，实现整顿清零。定期开展基层党组织书记集中轮训、农村“领头雁”培训33场次3074人次，224名村组干部和后备干部完成了学历提升，95个行政村全部实现“一村一名大学生”目标。投入1230万元，完成25个村级组织活动场所、2个社区活动场所、6个乡镇周转房、7个乡镇办公用房填平补齐项目。村级组织运转经费达到村均22.99万元，村“两委”主干岗位报酬人均提高到2.6万元，社区“两委”主干岗位报酬提高到3.2万元。发展壮大集体经济，全县所有贫困村集体经济收入均突破10万元以上。

(四)加强干部选拔管理，激励形成浓厚干事创业氛围。进一步牢固树立正确用人导向，探索建立正向激励和合理容错纠错机制，进一步优化干部使用管理体系。抓好干部选拔配备，进一步优化干部队伍结构。扎实推进公务员职务与职级并行工作，277名干部参加套转，184名干部完成首次晋升。先后对31名党员干部给予容错纠错，公开为3名遭遇不实举报的党员领导干部和1个单位澄清正名、消除影响，形成了鼓励干部担当作为、干事创业的良好环境。

(五)纵深推进全面从严治党，持续巩固风清气正的政治生态。认真贯彻省委十一届八次全会和市委四届七次全会精神，进一步传导压力、推动落实，约谈主体责任落实不到位的乡镇和部门。严肃党内政治生活，督促推动党内政治生活制度从严从实、落实落细。持续保持反腐高压，以零容忍的决心惩治腐败。对22个单位开展了第五、六轮政治巡察，部署开展第七轮巡察工作。扎实开展巡视巡察整改工作，中央巡视山西反馈问题全部完成整改。编印《交口县党员干部违纪违法案例警示录》，持续巩固风清气正的政治生态。

积极支持人大、政协依法履行职责，加强与民主党派、工商联和无党派人士的团结合作，认真落实统战、民族宗教、侨务政策，注重发挥工青妇等群团组织、老干部的作用，高度重视党管武装工作，极大地调动了各方面的积极因素，凝聚了齐心协力谋发展的强大力量。

二、持续强化交总账意识，在巩固提升脱贫质量上取得新成效

县委、县政府牢固树立“2020年交总账”意识，以巩固提升脱贫成效为重点，全年退出2个贫困村、脱贫297户659人，贫困发生率降至0.1%。产业扶贫、“一保通”保险、“一码

清”管理等工作先后在省、市有关会议进行经验交流并被推广运用。

(一)从严落实工作责任,持续保持攻坚合力。每月定期召开县委常委会、脱贫攻坚领导小组会议,研究推动脱贫攻坚工作。继续实行县级领导包乡镇包村担任“指挥长”和每周两天驻村帮扶制度。严格落实三级书记抓脱贫责任,书记、县长带头包联,持续保持合力攻坚的良好态势。

(二)聚焦重点目标任务,全力抓好对标提升。全县食用菌规模达到3200万棒,生猪出栏30万头,香菇和菌棒出口韩国、日本,“吕粮山猪”直供香港。贫困村九年义务教育阶段无因贫辍学学生,适龄幼儿入园率达98.2%。为所有建档立卡贫困人口缴纳城乡居民基本医疗保险,对35种慢性病100%报销。全县农村低保应保尽保,危房改造实现静态“清零”目标。实施22个自然村饮水安全巩固提升工程,饮水安全达标率100%,所有行政村公共服务配套实现全覆盖。

(三)认真落实精准要求,着力提升脱贫成色。严格按照“两评议两公示一对比一公告”程序要求,确保应纳尽纳、应退尽退、识别精准、退出精准。完善“一保通”脱贫保险,巩固拓展“一码清”管理,提升群众满意度。探索推出“十户一体”党建发展模式,实现资源整合、抱团发展,不断增强内生动力。

(四)切实抓好问题整改,全面激发基层活力。针对国考、省考、省委巡视督查、市委巡察督查以及审计反馈问题,进行及时整改。整合投入各类涉农资金1.7亿元,优先保障驻村干部经费,注重脱贫攻坚干部队伍培养激励,从脱贫一线选用干部19人,表彰优秀工作队长、第一书记、挂职干部、农村干部95人。

三、加快转变经济发展方式,在推动经济发展和社会事业上取得新突破

(一)全面深化改革取得积极成效。将改革工作贯穿于脱贫攻坚、乡村振兴、转型发展、教育卫生、社会治理等领域,全域森林经营、外贸出口、乡村振兴等改革成果分别在省、市得到交流推广。

(二)产业转型升级取得明显进展。着力推进经济转型。以转型项目建设年为契机,坚持改造提升传统产业和培育壮大新型产业“两手抓”,全年实施33个重点工程项目,其中建设风电、光伏等转型项目11个,阳光电源100兆瓦竞价上网、特变电工300兆瓦平价上网项目落地开工。做大做强特色农业。巩固拓展以食用菌为主的“3+N”特色产业,食用菌规模达到3200万棒。新增无公害农产品认证4个,绿色农产品认证4个。相继举办“吕粮山猪”直供港澳品牌发布会和直供香港首发仪式、全国森林质量提升暨交口夏菇推介会,“吕粮山猪”先后2次供港生猪1000余头,韦禾公司50万棒食用菌菌棒、天麟公司12万斤香菇出口韩国,外贸出口实现破零。优化营商环境。深化“放管服效”改革,推进行政审批“两集中、两到位”,成立“一站式”服务中心,开展投资项目“一网通办”,实现申报项目赋码后审批事项全流程的一次性告知、一站式全程服务。加大招商引资力度,签约项目4个31.76亿元,进一步增强发展动力活力。

(三)生态环境保护取得积极成效。认真践行“绿水青山就是金山银山”发展理念,坚决打好蓝天、碧水、净土三大环保保卫战,第一污水处理厂提标改造工程全部完成,第二污水处理厂建设项目投入运营,出境断面水质达到地表水V类标准。工业企业污染治理任务全面完成,全县PM2.5年平均浓度29,空气质量综合指数4.02,优良天数303天,综合排名位列吕梁第一。全力推进生态修复治理,交口县荣获第四届中国林业产业突出贡献奖。

(四)民生社会事业取得较大提升。完成城区拆迁1300余户30万平方米,水头、龙泉棚户区改造相继交付使用,迎宾、河东棚户区全面开工建设。惠民苑、英才苑公租房项目全部竣工,南山生态综合治理和人民广场项目主体工程完工。国道209线绕城改造项目开工建设,离隰高速公路启动建设,汾石高速取得实质进展,完成42条150公里“四好农村路”建设任务。全面落实振兴教育“20条”意见,积极推进义务教育一体化改革,全县学前教育幼儿入园率达98.2%,义务教育向优质均衡方向迈进,中、高考达线率连续三年创历史新高。积极提升医疗服务水平,药品全部实行零差率销售,标准化村级卫生室建设达标率100%,超过全省平均水平10个百分点。大力推进社保扩面提质,稳步提高城乡低保、失能补贴、高龄补贴、孤儿基本生活保障补助标准。扎实做好退役军人服务工作,安置符合政策的退役士兵90余名。

(五)安全稳定工作呈现良好态势。强化忧患意识和底线思维,扎实做好重点领域风险防范。深化“扫黑除恶”专项斗争,打击涉恶团伙6个。积极推广新时代“枫桥经验”,完善社会治理网格化服务,全面夯实基层综治基础。认真落实党政安全生产责任制规定,扎实开展各领域专项检查,全面整改各类隐患。深入开展信访“四个重点”攻坚战活动,交办案件办结率位列全市积案化解第一方阵。

(六)法治建设工作取得较快发展。建立完善领导体系,进一步加强党对法治建设的领导。深入开展普法工作,32个行政执法主体积极开展普法宣传活动,创建法治宣传教育示范单位10个。开展法律进校园活动,进一步提升青少年法律意识。95个村委全部建成法治文化阵地,创建示范村阵地3个。全面开展行政执法主体和行政执法(监督)人员清理和审核确认工作,严格落实行政执法主体责任,促进规范公正文明执法,进一步加快法治政府建设。

(丁 一)

附:中共交口县委书记、副书记、常委名单

书　记: 霍慧文

副书记: 乔劲松　宋志江(7月离职)
张新春(7月任职)

常　委: 刘明山　刘青平　杜茂林(8月离职)
周筱莉(女)　秦泽峰(8月任职)
高　峰(8月离职)　王金荣(1月任职)
张建军(9月任职)

中共石楼县委

县委书记　油晓峰

2019年，石楼县委以习近平新时代中国特色社会主义思想和习近平总书记视察山西重要讲话精神统揽全县工作大局，全面学习贯彻落实党的十九大精神、十九届二中、三中、四中全会精神，持续聚焦攻坚深度贫困，统筹推进“绿色生态立县、红色旅游兴县、特色产业富县、脱贫攻坚强县”，政治建设坚强有力、脱贫攻坚连战连胜、经济发展稳步增长、转型发展蹄疾步稳、全面从严治党纵深推进、改革发展稳定和党的建设各项事业取得了新进展新成效，迈出了新时代发展的新步伐。

一、坚定不移加强政治建设，展现了对标担当的“石楼气象”

始终把党的政治建设摆在首位，坚持把学习贯彻习近平新时代中国特色社会主义思想作为长期任务，县委常委会、中心组集中学习38次，带头树牢“四个意识”，坚定“四个自信”，做到“两个维护”。精心组织“改革创新、奋发有为”大讨论，聚焦“六个破除、六个着力、六个坚持”，对标一流谋划全年工作，一批重大改革落地见效。扎实开展“不忘初心、牢记使命”主题教育，全县累计检视问题1000余个、解决问题860个。贯彻落实“8+5+1”专项整治，万名干部入企进村服务工作，主动解决企业和群众的操心事烦心事揪心事。以丰富多彩的新中国成立70周年庆祝活动和强大的舆论声势，在石楼大地上唱响了礼赞新中国、奋进新时代的主旋律。

二、坚定不移攻坚深度贫困，交出了整县脱贫的“石楼答卷”

树立战时导向，实施战时配置，确立战时机制，设立临时党支部，强化以党建引领的县、战区、乡、村、户五级战斗体系，全县上下，所有县级领导、团中央和省市县各级工作队以及各乡镇、各单位所有党员干部、村两委干部、第一书记，尽锐出战、全线集结，凝聚成总攻脱贫的强大合力。全县贫困村全部退出，贫困人口减少5万余人，贫困发生率从54.76%下降到0.31%，圆满完成了各项刚性指标任务，顺利进入整县脱贫摘帽程序，“党支部＋造林合作社”“金鸡计划”“光伏扶贫”等典型案例、转移就业和“一碗粥道”“甜蜜网事”等青年创业品牌得到国务院扶贫办、省、市的认可，团中央石楼扶贫工作成就和县易地扶贫搬迁工作，于2020年1月1日在央视《新闻联播》插报。超常规发力解决“两不愁三保障”突出问题，所有贫困村水、电、通信、卫生室、文化活动室和教育、健康、兜底扶贫全覆盖，农村危房全部“清零”，3个易地搬迁集中安置点全部建成，县敬老院和33个农村老年日间照料中心建成投用，全县城乡居民养老保险参保率98%，基本医疗保险参保率96.3%，均达到全省平均水平。在2019年省委农村工作暨脱贫攻坚工作会议上，作了典型发言。

三、坚定不移推进经济发展，跑出了赶超跨越的“石楼速度”

全县地区生产总值完成14.8亿元，增长5.3%；规模以上企业工业增加值完成3606万元，增长45.6%；固定资产投资完成11.5亿元，增长8.1%；社会消费品零售总额完成3.73亿元，增长6.1%；一般公共预算收入完成5200万元，增长2.5%；城镇居民人均可支配收入完成1.57万元，增长7.5%；农村居民人均可支配收入完成4333元，增长15%。7项主要经济指标中，城镇居民人均可支配收入增速全市第三，规上企业工业增加值、农民人均可支配收入增速全市第一，充分体现了县委、县政府战危机、保增长的各项措施卓有成效。

四、坚定不移深化改革创新，提升了投资兴业的“石楼引力”

减税降费、生态扶贫、农村“三变”改革等一批重点改革稳步推进，外贸进出口实现了“零突破”。党政机构改革全部完成，在全市率先完成“一枚印章管审批”改革，18个单位259项行政许可事项及关联事项实现了集中办理。能源革命拉开帷幕，实施了总投资90.16亿元的26个重点项目，“一气双电”全部投产达效。成功承办省委统战部、省工商联、省光彩会助力县域经济高质量发展“石楼行”活动，签约项目14个20.8亿元。农村产业融合迈出坚实步伐，举办了第二届“槐花节”，裴沟乡永由村被认定为“槐花”花海基地，成为第二批山西省特色花海基地之一。发布了“塬谷石楼”农产品区域公共品牌，获得有机农产品认证证书2张、转换证书19张。实施电子商务进农村综合示范县，建立县级电子商务公共服务中心1处，农村电子商务服务站96个，开通了京东店铺“中国特产·石楼扶贫馆”，20余款农特产品成功上线京东、淘宝、拼多多等7个电商平台。

五、坚定不移聚焦民生关切，擦亮了温暖群众的“石楼底色”

规划建设普惠性幼儿园2所，购买普惠性幼儿学位600个。新增第八小学，南城初中迁建投用。高考成绩再创新高，二本B类以上达线首次突破500人大关。开建残疾人康复中心和疾控中心业务用房。改造污水处理厂、垃圾无害化处理厂、畜禽粪污集中处理站，完成“煤改电”“煤改气”3500户，县城集中供暖率达到90%以上，全县空气优良率增长9%。

圆满完成二青会实体火炬传递、庆祝新中国成立70周年大庆等安保工作。“扫黑除恶”摸排涉黑涉恶线索103条,打掉恶势力团伙7个,逮捕37人。深入推进依法治县,创新“枫桥经验”,搭建了党群平安服务室,“乡贤”参与基层社会治理,有力维护了社会稳定。构建了食品安全党政同责工作机制,全力守护群众“舌尖上的安全”。

六、坚定不移抢占舆论高地,发出了不屈奋进的“石楼声音”

成立了融媒体中心,打通与省智慧云平台的通道,建起了“爱石楼”APP,信息发布量、生产量、素材上传量全省第一。县乡村新时代文明实践中心(所、站)全部挂牌成立,青年运动会石楼站火炬传递仪式圆满成功。聚焦脱贫攻坚,拍摄了《“表哥”下乡》《福海厨工》等多部微电影,《北京的冬天很温暖》和《懒汉孟德财》在“2018年度最美吕梁山护工暨首届吕梁山护工微电影颁奖典礼”上喜摘桂冠,荣获特等奖和一等奖;微电影《马茹花》荣获中宣部第三届社会主义核心价值观主题微电影征集展示活动三等奖。协助毛泽东诗词研究会,举办了《沁园春·雪》全国研讨会,来自全国各地的专家学者,结合新时代新要求,对《沁园春·雪》的创作过程、时代精神等问题进行了专门研讨。积极打造黄河奇湾、桃花者产学研基地、石楼小镇3大旅游区块,推动文旅深度融合。

七、坚定不移全面从严治党,保持了永在路上的“石楼决心”

扛牢主体责任,组织党建工作专题会6次,书记夜话党建会2次,以清单式任务书,将10方面33项党建工作层层压实到支部到人。非公经济组织和社会组织党组织建设、党的工作覆盖率均达到100%,48个县直单位拥有了单独的党员活动室。完成软弱涣散党组织整顿18个,基层干部报酬进一步提高,全县行政村集体经济全部达到5万元以上,每个行政村至少一名党员干部接受学历提升教育,基层干部履职能力明显提升。全年受理举报件301件,累计处置问题线索526件,立案146件,给予党纪政务处分138人,移送司法机关4人。点名道姓通报曝光各类违法典型案例5批32人次,起到查处一案、警示一片的效果。特别是坚持惩教结合、惩救统一,贯通运用“四种形态”,开展了“违规违纪人员主动交代问题”专项活动,接收主动交代问题线索99件,主动上缴金额61万多元,得到市委肯定。

(刘炯凯)

附:中共石楼县委书记、副书记、常委名单

书　记: 油晓峰

副书记: 陈　浩　张宝珍　孟　利(挂职)

常　委: 崔宇飞　张建峰　薛　平　薛志胜　马恒文　闫建军

中共中阳县委

县委书记　乔晓峰

2019年,中阳县委高举习近平新时代中国特色社会主义思想伟大旗帜,全面学习贯彻党的十九大和十九届二中、三中、四中全会精神及习近平总书记视察山西重要讲话精神,坚决贯彻落实中央和省委、市委各项决策部署,深入实施“大生态大发展大民生”战略,努力在“两转”基础上全面拓展党的建设和党的事业新局面。2019年,全县地区生产总值首次突破百亿大关,完成107.5亿元,增长14.3%;一般公共预算收入11.7亿元,增长12.4%;固定资产投资23.2亿元,增长1.4%;规模以上工业增加值增长15.2%;社会消费品零售总额16.2亿元,增长7.2%;城镇居民人均可支配收入24569元,增长7%;农村居民人均可支配收入8053元,增长10.2%。

一、持续深入学习贯彻习近平新时代中国特色社会主义思想

坚持把深入学习贯彻习近平新时代中国特色社会主义思想作为首要政治任务,先学思想后决策,常委会23次、中心组6次跟进学习习近平总书记重要论述,2次重温习近平总书记“三篇光辉文献”,3次集中学习研讨,召开全县学用交流会,不断拓展学习贯彻的深度广度,筑牢守初心担使命的思想根基。为全县党员干部发放《纲要》《摘编》1.8万册,培训干部8000余人次。组织力量深入基层宣讲党的十九届四中全会精神,直接受众3万人次。“学习强国”成为干部群众的“每日关注”。召开巩固提升脱贫成果、转型发展、生态环保、深化改革、扫黑除恶、教育工作、全面从严治党等专题会议,研究贯彻落实中央和省委、市委各项决策部署,以实际行动和工作成效践行“两个维护”。

二、认真组织开展重大活动和主题教育

把庆祝新中国成立70周年活动和宣传教育活动摆在突出位置,组织党员干部认真收看中华人民共和国成立70周年系列庆祝活动,隆重举行升国旗仪式。举办干部职工千人歌咏大会、书法剪纸摄影书画展、主题宣传晚会、音乐快闪、向烈士敬献花篮等活动,民间剪纸艺人创作的献礼新中国70华诞70米巨幅剪纸长卷登上中央电视台《新闻联播》。城乡国旗飘飘、群情振奋,《我和我的祖国》在大街小巷传唱,唱

响了主旋律。聚焦“六个破除、六个着力、六个坚持”,扎实开展“改革创新、奋发有为”大讨论,开展对标一流述职评议,制定整改提升清单,推动干部入企进村服务全县上下进行了一次学习革命、思想革命、工作革命。

深入开展“不忘初心、牢记使命”主题教育。深入学习贯彻习近平总书记重要论述,紧扣主题主线、目标要求,常委会6次研究部署,推进主题教育走深走实。贯通推进四项重点措施,常委同志带头讲党课10次,全县各级党组织书记讲党课670多次,切实增进党员干部对初心使命的理解。带头深入调研,全县各级领导干部形成调研报告330余篇,及时召开交流会,推动调研成果转化。带头抓专项整治整改,共梳理问题119条,完成整治整改104条,一些过去较难解决的问题得到解决。深入开展“三服务”,推动解决民生领域61个事项,增强老百姓的获得感。全县各级党组织普遍召开专题民主生活会和组织生活会,党内政治生活质量有效提升。

三、持续巩固提升脱贫成果

坚持以脱贫攻坚统揽经济社会发展全局,扛实三级书记主体责任,扎实开展贫困村、贫困户遍访。建立动态监测、返贫预警机制,全面推广“一码清”,贫困发生率下降到0.06%。制定整改方案,国考、省考反馈24条问题全部清零。注重完善产业发展与贫困户利益联结机制带动增收。全县脱贫攻坚的经验做法三次走进中国浦东干部学院,核桃产业发展被中央电视台专题报道,中阳脱贫故事广泛传播。坚定发展“321+”特色产业,引进铺开菌棒加工、设施蔬菜、肉鸡养殖等农业项目,开辟了农民群众脱贫增收新渠道,特别是黑木耳产业成为新的增长点。编制完成《乡村振兴战略规划》和“5+1”专项规划,确定弓阳、神圪垯、水峪、阳坡塔4个“排头兵”,深入开展农村人居环境整治三年行动,推进10个美丽宜居示范村建设,乡村振兴开局良好。

四、高质量转型发展态势良好

扎实推进传统产业改造提升。新增优质煤炭产能240万吨,全年煤炭产量1000万吨;完成耀龙40万吨焦化关停取缔和中钢140万吨钢铁产能压减。中钢50万吨矿用支护材料加工及配套项目完成主体建设,200万吨球团项目顺利推进,150万吨焦化烟气脱硫脱硝、烧结余热回收利用建成投运,2万吨绿色无机涂料项目试产成功。积极培育壮大新兴产业。一瓢清泉包装饮用水项目建成投产,黄粉虫品种繁育及产业开发项目建成,柏洼山国家4A景区建设积极推进,军山生态旅游项目完成部分基础设施建设。华润三期50MW、远景汇能50MW发电项目进入安装调试阶段。“中阳山宝”公共品牌影响力不断提升,全年电子商务交易额突破2000万元。

五、持续发力重点领域改革

深化人才体制机制改革。创建“一库一群一册两站”,引进3名高层次科技人才,评选61名优秀人才,遴选16名“三晋英才”。坚持以开放促改革。组织县乡干部先后到江西、福建、山东以及省内阳曲、灵丘、高平等市县学习考察,主动对标找差,激发争先进位意识,明确了努力方向和目标。安徽阜阳市颍东区、大同广灵县、汾阳市党政干部来县考察交流、深化合作。积极参加第二届上海进博会、2019厦洽会,服务贸易合同成交额1.65亿美元。不断优化营商环境。选派优秀民营企业家赴上海跟班学习、挂职锻炼。大力落实减税降费政策,累计减税3亿元、降费1000万元。持续深化“放管服效”改革,推开深化相对集中行政许可权改革,“一枚印章管审批”正式运行。

六、全面加强民生保障和社会治理

坚持优先发展教育事业。全面推开新建钢源学校、重建城内幼儿园、中阳一中增设初中班和宁兴、培英、星宇三所学校改制等事关教育长远发展的民生实事,夯实全县教育高质量发展基础。大力提升医疗社保水平。投资8亿元的第一人民医院住院楼、急诊部、门诊部项目主体完工。深化医疗卫生体制改革,加强“医联体”建设,分级诊疗成效明显,健康扶贫稳步推进。不断织密社会保障“安全网”,加快推进桥坡底、城北片区棚改,稳步推进养老保险制度改革,落实保险降费政策。扎实推进平安中阳建设。深化扫黑除恶专项斗争,累计打掉恶势力犯罪集团、团伙11个,抓获各类犯罪嫌疑人78人,查扣冻结涉案资金1000余万元。大力推广新时代“枫桥经验”,城乡基层治理体系不断完善。扎实推进安全生产,应急管理体制不断健全。推进依法分类处理信访事项改革试点工作,吕梁市信访规范化建设现场会在中阳召开。

七、加快推进美丽中阳建设

切实加强污染防治。积极推进中钢、桃园等重点企业工业废气治理设施提标改造。继续实施集中供暖扩面提质,城区和金罗沿川11个村基本全覆盖。持续加强340省道扬尘尾气污染治理。完成南川河沿线污水收集管网12公里,封堵23个非法排污口。统筹实施狐尾沟、磁窑会雨污分流和集中供暖工程。提标改造玉洁污水处理厂,建成枝柯、暖泉污水处理站。对38处工业固废堆场进行规范整治。大力实施“七个一批”“六大专项行动”,扎实推进中央、省环保督察反馈意见整改。持续推进“双提双增”,完成核桃林标准化管护1.2万亩,生态林精准提升3万亩。积极谋划创建国家森林城市。

八、扎实推进全面从严治党向纵深发展

坚持以政治建设为统领,增强“四个意识”、坚定“四个自信”、做到“两个维护”,始终在思想上政治上行动上同以习近平同志为核心的党中央保持高度一致。扛牢压实主体责任。定期听取县人大常委会、政府、政协、法检两院党组履行主体责任情况汇报。召开贯通“两个责任”情况约谈会。听取7个乡镇和12个系统以及非公经济组织社会组织书记抓党建工

作述职,不断传导压力、压实责任。严格落实意识形态主体责任。定期听取意识形态工作情况汇报,强化主流舆论,成立融媒体中心;积极培育践行社会主义核心价值观,建立县乡村三级新时代文明实践中心108个。李廷俊同志荣获第七届全国道德模范称号。成功举办"二青会"火炬传递。深入开展"文化惠民"活动,积极传承弘扬优秀传统文化,电影《一门三进士》开机,中阳剪纸亮相文博会。持续保持正风反腐高压态势。加强对各级党组织履行全面从严治党责任监督检查,问责"两个责任"履行不力的党组织3个、党员干部41人。加大案件查办力度,2019年共立案166件,党纪政务处分167人。突出整治形式主义、官僚主义,查处38件90人。查处群众身边腐败和作风问题24件66人。全县扶贫领域线索办结率93.67%,省委专项巡视组移交的线索全部办结。涉恶腐败问题处理5人。开展2轮县委巡察,利剑作用有力彰显。召开6次警示教育会议。积极引导干部担当作为。树立鲜明导向,提拔使用脱贫攻坚、扫黑除恶领域担当作为优秀干部42名。实现乡镇党政正职、农村"两委"主干体检全覆盖。为8名受到不实举报的党员干部澄清正名,进一步调动党员干部担当作为的自觉性积极性。持续深入推进"三基建设"。落实"三抓一树一结合",出台50条具体措施。整顿提升12个软弱涣散农村党组织。87个村集体经济年收益全部达到5万元以上。提高农村主干工资待遇,每年人均3.6万元,最高6.6万元。完成升辉、金张苑两个集中移民社区党群服务中心建设。社区"大党委"搭台、强村帮带弱村的经验做法受到市委肯定。提升全面依法治县水平,推动全社会形成学法守法用法的良好氛围。

(姚通川)

附:中共中阳县委书记、副书记、常委名单

书　记: 乔晓峰

副书记: 田安平　孙燕飞(女)　郝忠亮(挂职)
闫晓红(女,挂职,3月离职)
刘益令(挂职,3月任职)

常　委: 吴蝉有　靳　钧(7月离职)
梁明光(7月任职)　任建中
姚文郁(10月离职)　薛有宁(5月离职)
张成虎　马　健(9月任职)

中共柳林县委

县委书记　赵建喜

2019年,柳林县委坚持以习近平新时代中国特色社会主义思想为指导,按照中央和省、市各项安排部署,坚持"党建统领,五转一新"工作思路,凝心聚力,砥砺奋进,全县党的建设和党的事业呈现出稳中向好、持续向好的态势。2019年,全县地区生产总值完成205亿元,县级公共财政预算收入完成28.76亿元,稳居全省前列。

一、坚持党建统领,全面从严治党不断深入

县委始终把抓好党建作为最大政绩,提出了"党建工作要走在全县各项工作前列,柳林党建工作要走在全市党建工作前列"的目标,坚决扛起管党治党政治责任,推动全面从严治党从"宽松软"走向"严紧实"。一是主体责任层层压实。牢牢抓住党委(党组)主体责任、党委(党组)书记第一责任人这个"牛鼻子",召开县委常委会、常委(扩大)会、党建工作会、反腐败领导小组会研究党建43次。全面落实领导干部廉政谈话制度,点明问题、压实责任、传导压力;采取了PPT党建工作述职,实行了工作承诺制,把党建工作作为首项承诺内容。实行跟踪督查督办制、巡察整改销号制、末位剖析制,倒逼主体责任层层压实。二是不断强化组织建设。组织编制了《柳林县基层党建工作三年规划》《柳林县开展党内法规教育三年规划》《基层党组织规范化建设标准》等规范性文件。开展基层党组织书记培训1400余人次;乡镇、农村、社区平均运转经费分别提高到80万元、10万元和12万元,农村"两委"主干报酬达到每人每年3万元以上;34个软弱涣散党组织完成整顿提升,71个无入党积极分子村全部消化;村级集体经济破5万元的村超过80%;147个党组织完成换届工作。推行了党员干部"戴党徽、亮身份、树形象、作表率"。扎实开展了"不忘初心、牢记使命"主题教育,中央、省、市专项整治共检视问题712条,完成整改629条。三是正风反腐持续高压。加大监督执纪问责力度,同步推进"打伞"与"扫黑",深入整治群众身边腐败问题,持续保持反腐高压态势。2019年,县纪委监委共处置问题线索638件,立案329件,党纪政务处分322人,组织处理282人次。

二、加大改革创新步伐,建设开放柳林

一是深化改革成效明显。制定出台了《全面深化改革委

员会2019年工作要点及责任分工》,召开了2次全面深化改革委员会会议;县乡党政机构改革顺利完成;扎实开展了“改革创新、奋发有为”大讨论,在省委评出的十个先进单位中县级单位仅有柳林一家。二是开放形象日益彰显。在太原、北京、深圳成立了柳林商会;分批次赴深圳、浙江、山东等地进行考察洽谈,引进总投资118亿元的16个转型项目;隆重举行了首届红枣文化节,签订了4080万元的16个农业项目,与山西农业大学、太原理工大学签订了校地合作协议,与澳大利亚、德国山西商会签订商会业务合作协议,建立了驻澳大利亚、驻德国商务代表处;与意大利曼托瓦省戈伊托市签订友好城市关系备忘录,开放形象日益彰显。三是着力创优发展环境。大力支持民营企业发展,全年减免各种税费6.81亿元。启动了“一枚印章管审批”,推动建立“一窗受理、合并审查、集约审批、一站办理”的集中审批制度。

三、构建多元产业格局,建设繁荣柳林

一是持续巩固脱贫成效。投入统筹整合资金1.37亿元,贫困户产业覆盖率达到80%以上。完成了43户126人的减贫任务,贫困发生率降至0.06%。二是实施乡村振兴战略。按照“大县城、小集镇、中心村”发展思路,全年撤并了46个行政村;在沿黄各乡镇建立红枣振兴示范园2万亩,培育核桃优质苗木。建设了50个美丽宜居乡村。农村土地确权扫尾工作全部完成;集体产权制度改革扎实推进。三是产业转型步伐加快。依托何满潮柳林县能源与环境院士工作站,大力推广“无煤柱自成巷110/N00工法”;依托张懿院士工作站,大力发展钙基新材料项目;依托三一集团柳林固废基新材料产业基地,着力打造固废循环利用创新试验区;与山东信发集团全面合作推进铝系全产业链发展;规划建设留誉500万吨特色煤化工集聚区,省相关部门已初审通过;山西焦煤汾西荣欣矿区铁路专用线控制性工程全面开工,中南出海通道留誉货运站纳入建设规划。

四、践行生态文明思想,建设绿色柳林

坚定不移践行“绿水青山就是金山银山”的理念。一是突出抓好水土保持。2.25万亩的造林绿化任务全部完成,全县森林覆盖率达到35.3%;推进高标准农田和淤地坝建设,实施小流域综合治理,建成171亩两河口湿地公园,有效减少了泥沙入河量。二是全力推进污染治理。大力整治涉河“四乱”问题498个,清理河道垃圾102.8万立方米,完成5公里黑臭水体治理;全县所有重点工业企业污水处理设施全部提标改造。新增集中供热面积200万平方米,完成煤改电、煤改气3365户,PM2.5、PM10平均浓度同比下降12%、9%,二级以上天数217天,较上年度增加24天,空气质量明显改善。三是提升水源涵养水平。加强柳林泉域生态源头保护,横泉水库置换柳林泉水源1000万立方米工程完工;完成于家沟渗漏坝工程,年补给柳林泉70万立方米;完成留誉河、罗候沟和锄沟3条中小河流保护治理设计;积极推进山西大水网中部引黄柳林县供水工程项目,配置生态水量4780万立方米的成家庄、郝璃坡、复兴三座调蓄水库,成家庄已完成可研批复,其余两座可研已上报待批。

五、大力弘扬时代新风,建设文明柳林

一是推进法治建设。挂牌了县委全面依法治县委员会,加强法治建设,创建平安柳林,通过“12·4”宣传教育、《法在身边》电视栏目、送法治下乡文艺演出等,加大法律法规宣传力度,形成了学法、懂法、知法、守法、用法的浓厚氛围。二是引领文明风尚。建立了县级融媒体中心和新时代文明实践中心,开展了“干群同心干、党员做示范”“助力明清街、入党受考验”等志愿服务。开展了“戴安全帽、系安全带”行动,摩托车交通事故死亡人数同比下降66.7%。表彰了10种类型100名“柳林好人”,在全社会凝聚了强大正能量。三是打造靓丽名片。制定了《柳林县文明公约二十条》,确定了柳林城市形象标识、柳林精神、柳林城市宣传口号,制作了宣传片《柳之林》,长篇历史文化散文《小北京》成功出版。参加了第四届山西省文博会、名特优功能食品(太原)展销暨文旅推介会。四是振兴文化事业。大型舞剧《清平乐·大都吟》在国家大剧院成功上演,举办了第十八届盘子会文化艺术节、庆祝新中国成立70周年合唱展演等活动。倡导全民阅读、建设书香柳林,全县15个乡镇均建起了“览虫书屋”。

六、持续增进民生福祉,建设幸福柳林

一是提升城乡生活品质。明清街改造项目一期征收接近尾声,大剧院、传统保护院落恢复等陆续开工。党校、党史馆、档案馆完成选址和前期规划设计。307国道改线项目全面开工。开展了“垃圾不落地、柳林更美丽”行动,人行道、路边树坑全部填平补齐。二是全力办好民生实事。筹建了5000余万元教育基金,大力表彰优秀教师;柳林县上海实验小学顺利开学,创办了柳林县特殊教育学校。高考达线人数连续五年实现增长。投资4.9亿元的新医院正在建设。安置了433名符合政府购买服务再就业的退役士兵,为劳动者追回经济补偿2103万元。三是维护社会大局稳定。圆满完成了全国“两会”“二青会”、新中国成立70周年等维稳安保工作。推动武警、特警联合巡逻,“白天见警察、晚上见警灯”。开展安全生产标准化建设,大力推广滑坡地质灾害远程实时监测预警技术。开展信访“四无四结合”活动,坚决做到“三个决不允许”,全年到市赴省进京访人次明显下降。

(薛永峰)

附:中共柳林县委书记、副书记、常委名单

书　记:郝继平(1月离职)　赵建喜(1月任职)

副书记:刘惠民　刘建国

常　委:贾殿林　雒星田　张海文　贺柱才

刘缠喜　朱德贵(10月离职)

张霄峰(10月任职)　邢海华(女)

中共离石区委

区委书记　梁志勇

2019年，离石区委高举习近平新时代中国特色社会主义思想伟大旗帜，深入学习贯彻习近平总书记“三篇光辉文献”精神，全面贯彻党的十九大和十九届二中、三中、四中全会精神，认真落实党中央各项决策部署和省委、市委重大工作要求，紧紧围绕年初确定的目标任务，团结带领全区党员干部群众不忘初心、牢记使命，攻坚克难、锐意进取，党的建设和党的各项事业取得新进展新成效，全面建成小康社会目标更加接近。

一、牢牢把握正确政治方向，“两个维护”更加坚定自觉

一是带头开展学习。认真落实《区委中心组学习计划》，区委常委会44次、区委中心组24次学习习总书记重要论述和党的十九届四中全会精神，重温习总书记“三篇光辉文献”，召开三次学用交流会。

二是持续部署推动。召开区委五届十一次全会暨经济工作会议、五届十二次全会，以及脱贫攻坚、转型发展、生态环保、深化改革等系列会议并作出部署，建立起“1+N”学习贯彻体系，持续强化理论武装，推动党员干部以理论上的清醒保证政治上的坚定。

三是加强培训宣讲。通过离石大讲堂、区委党校、宣讲团等载体，举办轮训班、专题培训班5期，组织培训科级干部652人次，培训农村党员干部4800人次，培训“三支队伍”700余人次，进基层开展宣讲358场、受众1.8万人次。

四是强化督导推动。出台政策举措，强化督促指导，形成会议传达、研究部署、建立台账、专人盯办、调研督查、反馈整改的工作闭环，确保党中央的决策部署和省委、市委的工作要求不折不扣落到实处。

二、紧紧抓住发展第一要务，转型发展迈出坚实步伐

一是区域经济稳中趋好。2019年，地区生产总值、规模以上工业增加值和公共预算收入等主要经济指标保持了两位数以上的高速增长，全年一般公共预算收入完成14.61亿元，同比增长17.09%；三次产业比重调整为1.5:43.3:55.2，三产服务业对GDP的贡献率达到52.6%，形成增长较快、结构优化的良好格局。

二是转型发展态势强劲。围绕“转型项目建设年”总体部署，华为山西(吕梁)大数据中心建成运营，水煤浆清洁能源利用、中包凌云无机壁纸、中磁尚善软磁粉芯智能化，薛公岭、于家背风力发电等项目扎实推进，新兴产业不断发展壮大；新龙重工液压支架、离石电缆技改、山西建投晋西北建筑产业园等项目有序推进，先进装备制造产业充满活力；持续打造“美丽乡村离石游”品牌，交口村和杜家山村分别被评为“全国文明村”“全国传统村落”，彩家庄村入选“中国历史文化名村”，归化村、永红村和任家沟村入选全省首批3A乡村旅游示范村，全年接待游客875.5万人次，增幅17.45%，文旅产业成为经济增长新引擎。

三是招商引资和“双创”取得新成效。完成签约34.92亿元，多美墙纸及包装纸制造、碧桂园房地产、水泥窑协同处置固废等一批项目落户离石。

四是全面深化改革呈现新亮点。区委常委班子带头落实“三个三”要求，推动重点领域改革取得新进展。金融体制改革方面，加强政银企对接，为珍味谱等3户农业龙头企业达成融资意向1600万元，鑫东大公司成功登陆“晋兴板”；科技人才引进机制改革方面，引进张光华博士科技团队和韩国技术研发团队，为我区高技术产业发展注入新活力；农村产权制度改革方面，扎实推进清产核资、数据录入和成员身份界定工作，完成率居全市前列。

三、持续对标整改巩固提升，脱贫攻坚取得决定性胜利

坚持以脱贫攻坚统揽经济社会发展全局，聚焦“两不愁三保障”，落实“四个不摘”要求，狠抓问题整改，做足脱贫成色，统筹推进脱贫攻坚与乡村振兴战略有机衔接。

一是坚决扛起脱贫攻坚政治责任。区委常委带头遍访贫困村，帮助解决实际问题。脱贫攻坚全年投入1.68亿元，区级财政投入同比增长10%，剩余3个贫困村全部退出，贫困发生率降至0.06%。

二是不断夯实贫困群众增收基础。大力实施以“吕梁山护工”为龙头的全民技能培训，推动扶贫车间建设运行，1622人实现稳定就业；成功举办“迎二青盛会、游大美离石”主题推介活动、名特优功能食品展销暨文旅推介会，带动1500名贫困群众增收；实施生态造林和经济林管护28.5万亩，4127名贫困群众实现增收，15个电商扶贫平台销售农副产品11.2万公斤。

三是全面织密贫困群众生活保障网。发放教育补助资金7571万元，实现义务教育阶段无因贫辍学目标；财政投入资金4970万元，实施健康扶贫项目11个，贫困人口医疗费用报销比例达到90%以上。投资3.26亿元，建成移民安置点13个，实施危房改造2987处，住房安全得到有效保障；投资2888万元，完成安全饮水工程105处，农村安全饮水率达到100%。

四是持续巩固提升脱贫成效。健全贫困人口动态管理机

制，建立返贫预警机制，运用大数据、“一码清”平台，全面排查“两类人”，实时跟踪预警。坚持扶贫扶志扶智相结合，授予40户贫困群众市、区文明户称号，发放孝老敬亲“爱心红包”40.95万元，有效激发了贫困群众的内生动力。统筹推进脱贫攻坚与乡村振兴战略，深入实施拆违治乱、垃圾治理、污水治理、厕所革命、卫生乡村“五大专项行动”，扎实推进31个美丽宜居乡村建设。

四、积极践行绿色发展理念，生态文明建设取得新成效

一是扎实推进生态修复治理。完成森林公园园林景观提升工程和荒山绿化、退耕还林、核桃林提质增效14.5万亩。可视山体绿化工程有序推进，龙山二期绿化工程完成前期准备。

二是坚决打好“三大保卫战”。重拳整治大气污染，打好控煤、管车、治污、减排组合拳，市区PM2.5平均浓度、改善幅度、优良天数等主要考核指标位居汾渭平原11个城市首位。大力开展黑臭水体整治，组织开展万名干部清理“母亲河”行动，清除各类垃圾9.85万方，推动全区河流断面水质持续改善。

三是狠抓生态环保问题整治。扎实推进中央和省环保督察反馈意见整改，36个整改任务完成整改33个，其余3个进度达到时序要求。省委环保督察“回头看”、汾渭平原强化督察、“百日清零”专项行动反馈转办案件全部完成整改办结答复。

五、坚持底线思维，防范化解重大风险攻坚战取得新进展

一是扎紧政治安全“防护网”。坚持把维护政治安全摆在首位，建立了各类重点人员、重点组织、重点群组的管控机制，做到了重点监控，严密防范。开展“2019清朗专项行动”“剑网2019专项行动”等多项行动，关闭违规网站链接67个，健全完善舆情管控制度机制，坚决维护国家政治安全。

二是构建金融安全“防火墙”。强化风险意识，加强督查和审计工作，深入排查政府举债融资、融资平台公司融资、政府购买服务、政府和社会资金合作情况，严肃查处违规违法举债行为。

三是筑牢安全生产“防洪堤”。牢固树立安全发展理念，严格落实安全生产责任制，严厉打击和取缔非法违法生产企业，重点加强对煤矿、非煤矿山、危险化学品等高危行业的安全监管，有效遏制了较大事故的发生。

六、大力发展民生事业，人民群众获得感幸福感持续提升

一是千方百计促进就业。统筹抓好就业岗位开发、职业技能培训、打造青年创业孵化园等系列举措，全区城镇新增就业4400人，全民技能培训完成5200人，城镇登记失业率1.04%。

二是优先发展教育事业。新建改扩建中小学、幼儿园2所，学校布局持续优化；引进北京新学道教育集团，推动离石一中、城镇中学、袁家庄中学等公办初中全面振兴；推进招生制度、区管校聘等系列改革；招聘教师129名，缓解教师短缺压力；落实新招聘教师公租房待遇，加大优秀教师表彰奖励力度。

三是稳步提升医疗服务水平。以区人民医院、中医院为薪酬制度改革试点，统筹推进“三医联动”，药品管理实现“五统一”，区乡医疗机构一体化改革迈出新步伐。

四是不断加强社会保障能力。保险征缴制度改革稳步推进，社保信息化水平大幅提升。加大“民生山西”APP推广力度，养老保险认证通过率达90%以上。

七、不断加强民主法治建设，社会治理水平迈上新台阶

一是民主政治建设稳步推进。坚持和完善人民代表大会制度，支持人大及其常委会依法履行职能，人民代表作用充分发挥。支持政协组织牢牢把握团结和民主两大主题，围绕重点工作开展专题调研，形成了一批重要成果。

二是扫黑除恶专项斗争取得阶段性成效。紧扣“深挖根治”阶段性目标，29次召开常委会、领导小组会议和专题会议，持续部署推动，研究解决突出问题。打掉黑恶势力犯罪团伙20个，抓获犯罪嫌疑人167人，查扣冻涉案资产8037.8万元。聚焦打伞破网，共查处涉黑涉恶腐败、失职失责和推动不力等案件24案63人，开除党籍18人，形成强大震慑。

三是社会治理能力水平不断提升。深入开展信访矛盾纠纷攻坚战，化解了一批多年未能化解的信访积案，信访秩序明显好转。推广新时代“枫桥经验”，5个乡镇和50个村（社区）试点先行探索经验。

八、纵深推进全面从严治党，党的建设水平全面提升

一是坚决扛起全面从严治党主体责任。区委常委带头遵守党的政治纪律和政治规矩，严格依照法定权限、规则、程序行使权力、履行职责。召开系列会议，部署推动全面从严治党工作，定期听取区人大常委会、政府、政协、法检两院党组和各乡镇（街道）党（工）委履行主体责任情况汇报，推动“两个责任”相互贯通，层层传导管党治党压力。

二是扎实开展“不忘初心、牢记使命”主题教育。坚持以上率下，主题教育期间，区委先后召开常委会议和专题会议12次，听取进展情况，明确推进措施。区四大班子领导认真履行“一岗双责”，对分管部门加强工作指导。编发主题教育应知应会150问“口袋书”5000余册，配发主题教育必读书目和宣传挂图万余册。区委成立主题教育调查研究专班，区四大班子领导带头深入基层一线开展专题调研，帮助困难群众解决实际问题42个。全区各级党组织梳理检视问题996条，制定整改措施1062条，立行立改675条。坚持以8+2专项整治为重点，始终把问题整改作为检验主题教育成效的硬指标，主动解决群众的操心事烦心事揪心事，全区各级党员

干部解决群众急难愁盼问题417个,真正让基层群众看到主题教育带来的新变化新气象。

三是精心组织“改革创新、奋发有为”大讨论。聚焦“六个破除、六个着力、六个坚持”,举办改革创新先进典型报告会,开展对标一流述职评议。组织近千名干部入企进村服务,宣讲政策,发现问题,为企业和群众排忧解难。通过大讨论,全区上下经历了一次触及灵魂的思想洗礼,激发了对标一流、开拓创新的潜能,形成了改革再出发的良好态势。

四是大力加强党的基层组织建设。持续抓好软弱涣散党支部集中整顿,实行“一周一督导、一月一通报”,36个软弱涣散党支部全部完成整顿。扎实开展农村“两委”换届“回头看”,清理受刑事处罚的村干部32名。

五是牢牢把握党对意识形态工作的领导。融媒体中心建成运营,启动新时代文明实践中心建设,深化文明村镇等“五大创建”工作。坚持文化为民方向,涌现出一批优秀文艺作品。立足离石区情特点和特色优势,《秀美山城—离石》亮相省网络广播电视台,组织参与了“人说山西好风光”等国家和省级媒体大型采访活动,全方位展现离石发展的新魅力新形象。

六是纵深推进党风廉政建设和反腐败斗争。正确把握运用“四种形态”,研究制定《全面从严治党谈心谈话制度》等系列文件,广泛开展谈心谈话;聚焦标本兼治,一体推进不敢腐、不能腐、不想腐,全年立案130件,处分干部118人,其中科级干部19人,党内严重警告处分以上59人;用好纪律检查建议书和监察建议书,堵塞制度漏洞,扎紧制度笼子;部署开展4轮巡察,开展整改工作“回头看”,推动巡察工作向村级延伸,充分发挥“利剑”作用。

(闫志伟)

附:中共离石区委书记、副书记、常委名单

书　记:梁志勇

副书记:李　军　宋志江(7月任职)

常　委:白　鹤　杨顺平　李晓钦　王月亮　张瑞春　游福海(8月离职)　王　琳(8月任职)　景喜旺(8月任职)　吕文清(8月离职)

中共方山县委

县委书记　王锦锋

2019年,在省委和市委的坚强领导下,方山县委坚持以习近平新时代中国特色社会主义思想为指引,深入贯彻党的十九大、十九届二中、三中、四中全会和习近平总书记视察山西重要讲话精神,认真贯彻落实省委十一届七次、市委四届六次全会精神,坚持党对一切工作的领导,突出抓好“巩固提升脱贫成果,开启乡村振兴战略;坚定扎实改善民生,切实提高城乡群众幸福指数;持续改善完善基础设施,对标宜居宜游宜养生态优良营地,加快提高城乡建设速度和水平”三项重点工作,统筹推进经济、政治、文化、社会和生态文明建设等各项工作,全县党的事业和经济社会发展取得了新进展。

全年地区生产总值完成50.6亿元,增长11.7%,增速全市第4;规模以上工业增加值完成38.5亿元,增长18.9%,增速全市第4;固定资产投资完成13.7亿元,增长4.9%,增速全市第6;社会消费品零售总额完成11.2亿元,增长6.5%,增速全市第11;一般公共预算收入完成5.1亿元,增长3.7%,增速全市第7;城乡居民人均可支配收入分别达到23012元、5579元,分别增长7.4%、13.8%。

一、牢固树立交总账意识,全面巩固提升脱贫成果

(一)全面扛起政治责任。强化主体责任,强化县脱贫攻坚领导小组决策部署、统筹协调、资金安排、督促落实、检查考核等职能,逐级签订“双签”责任书,促进主体责任和监管责任落实。召开12次县委常委会、12次脱贫攻坚领导小组会议,及时传达上级部署,分析研判解决问题,推动扶贫政策落地。强化帮扶责任,巩固完善“四位一体”帮扶机制,29名县级领导深入乡村一线督促推进工作,实现169个行政村包联全覆盖;省、市、县651名驻村帮扶干部落实“一周五天四夜”工作制度,4942名帮扶干部实现贫困人口走访帮扶全覆盖。

(二)深入推进政策落实。教育扶贫方面,教育扶贫政策实现建档立卡贫困学生全覆盖,全县适龄儿童6248名,义务教育阶段适龄儿童18485名,无因贫辍学发生。健康扶贫方面,持续实施健康扶贫政策,贫困患者住院自付比例控制

到6.12%,对4200余名“双签约”对象开展“坐诊、义诊、巡诊”三诊活动,169个行政村卫生室均已达标。兜底扶贫方面,全面落实脱贫攻坚“一保通”政策,集中供养、分散供养基本生活标准分别提高为8200元/人/年和5800元/人/年。住房安全方面,建立农村危房改造工作数据资料档案库,实现住房安全管理全覆盖,对动态发生的疑似危房组织评估鉴定,77户改造任务全部完工。易地扶贫方面,全县7个移民安置点全部入住,公共服务配套设施全部完善,整自然村拆除复垦基本完成,深入推进“五个一批”后续产业发展及政策扶持规划。基础设施和公共服务方面,全县基础设施和公共服务累计投入近7亿元,基本公共服务主要指标均达到或超过全省平均水平。实施贫困村提升工程433个,完工率达到100%。

(三)大力实施产业扶贫。继续完善“3X+522”产业发展模式,做大做强肉牛、中药材、光伏三个主导产业,各乡镇因地制宜发展酿酒高粱、饲草种植、小杂粮等X项特色农林牧产业,稳定实现全县贫困人口人均1千瓦光伏、1亩中药材,户均一头牛。继续健全5种利益联结机制,实现贫困户利益联结全覆盖。肉牛养殖方面,宏康牧业2万头肉牛育肥基地一期6000头肉牛育肥场建成投运,时产10吨饲料、年产2.4万吨精饲料、年产2万吨有机肥及牛粪养蚯蚓粪污处理项目建成投产,年屠宰3万头肉牛屠宰厂项目已开工建设,入圈肉牛达到5500余头。中药材种植方面,整合资金1.3亿元,引进振东药业、国新晋药、盛晋隆药业等大型药企,打造万亩正品北柴胡种子繁育基地、万亩党参标准化育苗基地、优质中药材种子种苗基地,全县中药材种植达到5.08万亩。光伏扶贫电站成效评估位居全省前列,贫困村村均分配光伏收益达到14.4万元,实现全县169个行政村光伏收益分配全覆盖。

(四)不断完善保障机制。脱贫资金投入方面,财政分3批统筹整合资金规模达到26981.563万元,按照“5321”模式,发放小额贷款1778户8705万元,为巩固提升脱贫攻坚成果提供了资金保障。激发内生动力方面,采取投工投劳、企业用工吸纳、公益岗位支持、就业转移安置等形式,引导1.4万余名贫困群众脱贫致富;开展“吕梁护工”“农民致富带头人”“新型职业农民技术培训”等大规模就业培训活动2万余人次。

二、坚定扎实改善民生,提升人民群众获得感

(一)民生保障得到加强。积极巩固“两线衔接”,农村低保线达到4344元/年。全面落实临时救助制度.新建农村老年人日间照料中心4所,积翠、峪口两个敬老院项目完成立项、征地工作,社会福利院养护楼项目正在扫尾。积极落实残疾人保障制度,完成0–6岁残疾儿童阳性筛查16人,疑似残疾人评定218人,残疾儿童抢救康复服务59人。

(二)教育改革成效显著。启动实施教育系统绩效工资考核,召开全县教育工作会议,发放表彰奖励资金278万元,提振教育信心。全面夯实教育基础设施建设,高中新校区一期项目建成投运,高中新校区二期、职教中心项目分别完工80%、85%。选派43名小学教师、35名中小学(校)长赴北理工大学专题培训;实施“国培计划”,受训教师600余人次。招聘28名特岗教师,在乡村学校实行薄弱学科教师走教制。

(三)医疗体系逐步健全。健全完善医疗机构“一站式”结算平台,定点医疗机构增加至13家。组建紧密型医共体10个,分级诊疗制度基本建立。全面实施国家基本公共卫生服务项目,可免费提供12类45项基本公共服务。

三、改善完善基础设施,提升城乡建设和公共服务水平

(一)城镇化建设步伐加快。县城建设方面,棚户区改造东一区、东二区分配安置房和商铺520套,东三区项目全面启动;县城提升改造完成拆迁340户4.8万平方米;方正花园一期项目完工,二期项目完成75%;城北热源厂新建换热站2座,新增供热面积40万平方米。新区建设方面,全力推动吕梁新区建设,累计拆迁4586户586756平方米;开工建设安置区9个、安置楼46栋,安置房分配完成2140套;大武小学、大武医院推进顺利,13万平方米商铺已启动建设。

(二)基础设施不断完善。道路交通方面,“圪洞—张家塔民居”旅游公路已完成总工程量85%;北武当山景区环线公路北线项目已完成路基建设4公里;“四好”农村公路建设项目基本完工;209国道(方山段)改线工程有序推进。水保水利方面,农村饮水安全巩固提升工程开工17处;农村饮水安全维修养护工程开工13处;污水处理厂中水外排工程已经竣工,出水水质达到V类水质标准。

(三)人居环境明显改善。6个美丽宜居乡村基本建成,深入推进综合执法体制改革,纠正占道、出店经营667次,清除乱涂乱挂60余处,清理乱堆放杂物20余处,清理整治乱停乱放“三车”800多辆,城乡秩序明显好转。

四、牢牢把握发展主线,推进经济快速发展

(一)抓好产业优化升级。农业产业方面,推动“一村一基地、一乡一园区”建设和农业供给侧结构性改革,全县粮食总产量达4.86万吨;完成无公害产品认证5个、绿色产品认证5个、有机产品认证8个;农民专业合作社、家庭农场分别达到426个、36个。工业产业方面,国电马坊风电二期项目推进顺利,吕梁山矿产品有限公司年产20万吨电熔改性料生产线基本完工,庞泉重型机械技改扩建项目建成投运。文旅产业方面,方山生态文化旅游示范区获批,承办北武当山半程马拉松、二青会吕梁方山火炬传递等旅游季系列活动,获得“中国最佳康养休闲旅游名县”和“2019中国最美县域”荣誉称号,全年接待游客269万人次。

(二)抓好重大项目实施。转型项目方面,积极开展“前期手续办理月”“项目集中开工月”“进工地、到一线、解难题”等专项行动,全县6个转型项目顺利推进。固定资产投资方面,2019年全县共实施固定资产投资项目37个,总投资54.69

亿元,年内计划完成投资20亿元。完成投资10.7亿元,占全年市下达计划投资额度(20亿元)的53.5%。

(三)抓好招商引资开展。2019年,市下达方山县签约任务17亿元,签约项目当年开工率33%,新开工固投项目总投资6亿元,到位资金2亿元,非固投项目到位资金0.2亿元。完成签约项目3个,签约资金22.03亿元。总投资3.7亿元的国电马坊风电二期项目加紧推进;总投资2000万元的顺达超市建成投运。

五、推进全面深化改革,发展活力不断增强

(一)深入开展"改革创新、奋发有为"大讨论。县委聚焦"六个破除""六个着力""六个坚持",细化为39个工作环节、86项具体安排,县委中心组进行4次专题学习研讨。召开了大讨论民主生活会、组织生活会和对标一流述职会议,制定"两个清单",出台整改提升方案,已基本完成整改。179个入企进村工作小组833名干部落实"一线工作法",累计梳理问题1100个,已基本解决。

(二)综合改革不断深化。国企国资改革方面,结合县城提升改造,有效推进粮食、商贸、物资、供销等系统国有(集体)企业改制。县财政统一解决到龄职工养老金42名391万元,按照每年10%比例解决个人垫交集体部分养老金及滞纳金531名165万元,职工权益得到有效保障。农村土地制度改革方面,全县169个行政村、93个村组已全部完成清产核资和成员界定工作,农村土地承包经营权证书全部完成打证。全县50%的行政村都成立村级股份经济组织。党政机构改革方面,县委9个机构、政府26个机构全部完成了改革。全年共调整干部259人,对20个政府工作部门一把手进行交流调整。完成261名公务员职级套转,241名公务员进行首次职级晋升。农村并村薪资改革方面,村"两委"主干岗位报酬平均提高为2.64万元/人/年;"一肩挑"平均报酬提高为3.24万元/人/年;"一肩挑"最高报酬可达4.2万元/人/年。2019年撤并行政村12个,进一步优化行政村结构布局。

六、加强社会综合治理,社会大局和谐稳定

安全生产稳中向好,全年未发生较大以上安全生产事故。累计进行各类安全执法检查148次,检查出安全隐患707条,全部整改率,督促三座煤矿自查隐患共计2263条。信访维稳大幅提升,深入开展"信访矛盾纠纷大排查大化解暨'四个重点'信访矛盾化解攻坚战""重信重访专项治理"等专项活动,确保了重大会议活动及敏感节点"双零"和"三个决不发生"目标的顺利实现。社会治安得到加强,坚定不移推进扫黑除恶,打掉恶势力团伙1个,深挖涉恶团伙背后的腐败和"保护伞"问题线索2件。稳步推进"雪亮工程"建设,48个行政村安装监控1047个,3个乡镇完成"一厅两室一系统"建设。

七、全面推进从严治党,党的建设进一步加强

(一)加强政治建设,提升政治站位。县委先后召开31次常委会议、26次中心组学习会议,持续推动学用习近平新时代中国特色社会主义思想和上级决策部署贯彻落实。深入机关、单位、学校、农村、社区、企业组织宣讲,持续推动学习贯彻党的十九大和习近平总书记视察山西重要讲话精神见诸行动。"学习强国平台"注册学员10890人,注册比例122.84%,活跃度33.14%,各项重要指标均保持在全市第一方阵。

(二)加强制度建设,树立规矩意识。健全完善党委(党组)书记向县委全委会述职述廉制度、县级党组和县委常委工作部门向县委常委会报告制度、重大事项请示报告制度等5项制度。严格落实"三重一大"议事决策规则、重大事项报告、定期交流沟通等制度。新组建的县委8个委员会均出台了工作规则、细则,召开了第一次会议。

(三)加强反腐倡廉建设,持续净化政治生态。县委常委会坚决扛起从严治党主体责任,支持人大、政协等部门围绕县委中心工作开展监督、检查、审议、调研等活动。常委会专题研究纪检监察和巡察工作汇报20余次。县纪委监委运用监督执纪"四种形态"处理456人次,立案158件,党纪政务处分156人,查处违反八项规定精神案件8件9人。查处扶贫领域案件12起,作出党纪政务处分18人。完成了对县民政局等9个单位政治巡察,发现共性问题174条,移交问题线索22条。

八、深入开展主题教育,理想信念进一步坚定

(一)围绕主题主线,抓牢学习教育。县委中心组集中学习10次,县级领导进行3次交流研讨;举办县、乡、村"学习贯彻习近平新时代中国特色社会主义思想读书班";县处级以上召开学用交流会21人次;组织各乡镇和县直单位进行知识测试。

(二)聚焦工作实际,抓好调查研究。开展两轮"解剖麻雀"调研,形成122份调研报告,县委常委会专题研究,转化为具体措施。7名县委常委带队开展全县软弱涣散摸底排查,确定21个软弱涣散农村党组织,已全部完成整顿。召开调研成果专题交流会议,梳理出39条问题,提出40条措施,县处级以上开展调研达48人次,形成调研报告28篇,讲专题党课27人次。

(三)坚持问题导向,抓细检视问题。县四大班子累计征求意见60余条,县级领导围绕"6个对照",聚焦"18个是否",从11个渠道,逐条逐项查摆问题。县级领导班子全面整改落实清单已整改233件,科级领导班子整改936件;县级上下联动整改清单已整改3件,科级整改109件;县级专项整治问题整改清单已整改26件,科级整改150件。

(四)坚持认账认责,抓实整改落实。将中央8个专项整治、省委5个整改和市委一项部署的要求分解落实到9个牵头单位头上,形成了9项工作制度,累计查摆问题173条,已

基本完成整改。县四大班子和各乡镇、各单位都逐步开展了专题民主生活会，从5个方面剖析了思想根源。深入一线大力开展“三服务”工作，21名县级领导办实事30件，251名科级领导办实事145件。

（张少为）

附：中共方山县委书记、副书记、常委名单

书　记：王锦锋

副书记：周小云（女）　闫斌胜

李明强（挂职，4月离职）

谢文智（挂职，4月任职）

侯新明（挂职，12月离职）

常　委：闫建新　任志勇　高文祥　雒雪梅（女）

秦　鑫　朱兴星（5月离职）

张培军（10月任职）

中共岚县县委

县委书记　高奇英

2019年，岚县县委坚持以习近平新时代中国特色社会主义思想为指导，全面贯彻党的十九大和十九届二中、三中、四中全会精神，深入学习贯彻习近平总书记“三篇光辉文献”精神，认真贯彻落实中央和省、市重大决策部署，充分发挥把方向、管大局、做决策、促落实的重要作用，践行初心使命，大兴实干之风，全县经济社会持续健康发展。

一、管党治党纵深推进

政治意识更加坚定。坚持把党的政治建设摆在首位，自觉遵守党的政治纪律和政治规矩，牢固树立“四个意识”，坚定“四个自信”，践行“两个维护”，始终在思想上、政治上、行动上与以习近平同志为核心的党中央保持高度一致。理论武装持续强化，先后组织县委中心组学习15次，县委常委会专题学习18次。组织培训党员干部12000余人次，深入基层开展大型宣讲79场次，受众人数78100人次，全面推动全县广大党员干部学用习近平新时代中国特色社会主义思想走向深入。

政治生态持续向好。进一步严肃党内政治生活，严格执行民主集中制，从严整治形式主义、官僚主义，全面压实党风廉政建设主体责任，持续保持惩治腐败高压态势，全年共处置各类问题线索368件，党纪政务处分179人，组织处理133人。坚持从三大攻坚主战场一线发现、培养、使用干部，全年共调整干部6批次63人，干部担当作为蔚然成风。

“三基建设”固本强基。积极推进乡镇办公用房填平补齐工作，完成27个软弱涣散基层党组织整顿，持续推行“双培双带”，选优配强村“两委”班子，干部队伍能力素质不断提高。通过“党建引领促增收、盘活资产增活力、创新经营挖潜力、农村改革提效力、特色产业强内力”模式，全面消除村级集体经济年收入在1万元以下的村，全县集体经济达5万元的村131个占比达78.4%。

“不忘初心　牢记使命”主题教育深入推进。牢牢把握“守初心、担使命、找差距、抓落实”的总要求，坚持把学习教育、调查研究、检视问题、整改落实贯穿主题教育全过程，县级层面引领示范带动，435个基层党组织8470余名党员深度参与。把“8+5+1”专项整治作为主题教育见实效的有力抓手，查摆问题192条，已解决170条，整改完成率达88.5%。通过主题教育，全县各级党组织思想建设、政治建设、作风建设水平进一步提升，群众真正感受到主题教育带来的新变化。

二、经济转型成效明显

经济运行稳中有进。县委常委会牢固树立新发展理念，奋力实现经济发展质效双升。2019年全县地区生产总值完成49.2亿元，同比增长5.7%；规模以上工业增加值完成32.86亿元，同比增长1.4%；一般公共预算收入完成5.53亿元，同比增长3.1%；农村居民人均可支配收入6206元，同比增长11.2%；城镇居民人均可支配收入21833元，同比增长6.5%。

产业结构优化提质。一二三产协调推动，“一主多辅”农业产业长足发展，累计投入1.25亿扶持壮大马铃薯产业，形成了“土豆种—土豆花—土豆品—土豆宴”马铃薯全产业链经济。煤炭、冶炼、铸造等传统产业转型发展，全年“招商引资”签约额达到46.9亿元，总投资20.52亿元的30个固投项目立项、选址办结率达到100%。进出口贸易总额完成10万元，实现外汇“零”突破。农村电子商务发展迅速，光伏、风电等新能源产业蓬勃兴起。

改革步伐坚定有力。持续深化“放管服效”改革，营商环境不断优化。“减税降费”全面落实，全年共减免各类税收1.14亿元。省级经济技术开发区“三化三制”扎实推进。党政机构改革全面完成，职责划转和人员转隶全部到位。国资国企改革稳步推进，县财政预算1000万元，有效解决国企改革中到龄退休职工的欠缴集体部分养老保险费和滞纳金问题。

三、脱贫巩固提升成效明显

严格落实“四个不脱”“四个不减”要求。扛牢扛实主体责任，坚持党政主抓，四大班子齐上阵，县乡村三级联动，社会各界共发力的良好氛围。2019年共统筹整合中央、省、市、县四级财政涉农资金 3.0273 亿元，用于易地移民后续产业发展、安全饮水、住房安全等提升。

紧盯“两不愁三保障”巩固脱贫成果。建立了“资金管理、项目谋划、工程质量、任务进度、政策宣传、效益落实”一揽子高效运转的推进落实机制，紧盯我县 638 户 1363 名贫困人口退出任务，一户一户分析解决，一项一项对标提升。全县安全饮水率达 98%，贫困人口基本医疗保险参保率 100%，学前适龄儿童入园率 99.72%，义务教育阶段无因贫辍学学生，完成危房改造 10097 户，住房安全保障率 100%。

扎实推进重点项目，全面提升脱贫成色。易地搬迁后续帮扶有力开展，易地扶贫搬迁入住率达 100%，实施“十个一批”后续发展扶持政策，确保搬迁群众搬得出，稳得住。生态扶贫成效显著，2019 年新造林 5.4 万亩，86 个脱贫攻坚造林专业合作社，覆盖 12 个乡镇 121 个村 1677 户建档立卡贫困户，带动 5155 余名贫困人口人均增收 4000 余元。光伏扶贫效益突显，2019 年累计上网电量 13593.44 万度，光伏总收益 4646.5 万元，实现所有贫困村全覆盖。金融扶贫力度加大。2019 年发放扶贫小额贷款 2030 笔 9696.35 万元，有效解决 2030 户建档立卡贫困户发展产业资金短缺问题，户均增收 5000 元。扎实开展技能培训，深入实施全民技能提升工程，组织培训 4894 人，通过技能提升 2431 人实现就业。出台《岚县外出务工人员技能提升奖补暂行办法》，发放奖补资金 1554.15 万元，推动就业增收。

狠抓问题整改，提升脱贫攻坚质量。扎实做好省委脱贫攻坚专项巡视整改，书记、县长牵头抓总，常委班子成员带头领办，建立整改台账，动态对账销号，确保问题线索清零、问题整改清零，省委巡视反馈的 5 个方面 14 条意见全部整改到位。建立脱贫预警机制，实施“一保通”政策，为 20918 户贫困户 62426 人，签订了“脱贫保 1+N 综合保险”协议，为全县贫困户筑起了一道防范致贫返贫问题的安全网。

四、社会事业全面进步

生态环境持续改善。环保整治成效显著，深入开展河道清淤疏浚等“十大工程”，制定“十六项应急措施”，完成污水处理厂二期提标改造，加快三期建设，岚河出境断面水质稳定保持地表 V 类以上。土壤污染有效遏制，空气质量全市排名第三。生态建设红利不断释放，大力推进全域旅游示范县建设，成功举办第五届“土豆花开了”旅游文化月，全年共接待游客近 80 万人次，拉动经济增长 5 亿元。荣获“中国最美文化旅游县”、“山西省特色花海基地”(土豆花)、“2019 中国文旅产业最具开发(投资)价值县”等荣誉。

民生福祉不断增强。城市品位提档升级，新增供热面积 45 万平米，有效解决了城区供热“老大难”问题。完善城市绿道网络体系，实施岚河南路带状公园绿道工程，成功创建国家园林县城，省级文明县城复评、国家级卫生县城复审通过，岚县对外形象不断提升。教育事业均衡发展，进一步优化教育布局，城乡一体、就近入学、科学合理、和谐发展的基础教育布局全面构建。2019 年中高考成绩优异，全市排位大幅前移。医疗保障全面提质，县乡医疗卫生一体化改革深入推进，健康扶贫“136”保障政策、“五个一站式”服务、非贫困人口“520”大病救助构建起了民生健康大屏障。安全生产狠抓不放，扎实开展“三个专项行动”，全年未发生重大安全生产事故。成功创建省级食品安全示范县，切实保障人民群众“舌尖上的安全”。

社会大局和谐稳定。法治建设统筹推进，成立全面依法治县委员会，强化依法治县组织保障和制度保障，全力支持和保障人大、政协在推进法治建设中职能作用的发挥，汇聚依法治县强大合力。扎实开展“七五”普法，全社会营造尊法、学法、守法、用法的浓厚氛围。扫黑除恶阶段性成效明显，成功打掉一黑三恶四个犯罪团伙，“三书一函两办”行业治乱规范化制度全市推广。基层社会治理体系不断完善，大力推广新时代“枫桥经验”，矛盾纠纷多元化解和自治、法治、德治“三治融合”的基层治理体系逐步构建。重信重访专项整治有力开展，有效减存量，遏增量，信访工作呈现良好态势。2019 年群众安全感、满意度全市排名第 1 位，全省排名第 8 位。

(程保安)

附：中共岚县县委书记、副书记、常委名单

书　记： 高奇英(女)

副书记： 乔　云　刘大鹏(7月离职)　燕明星(7月任职)　秦长江(挂职，4月离职)

常　委： 范发宾(挂职，10月离职)　秦　峰　李雪峰　刘彦文　马金彪　李铁珍　刘文胜(挂职)　段永义

中共兴县县委

县委书记　梁志锋

2019 年，兴县县委坚持以习近平新时代中国特色社会主义思想为指导，深入学习贯彻党的十九大和十九届二中、三中、四中全会精神和习近平总书记视察山西重要讲话精神，全县脱贫攻坚取得重大阶段性成果，经济社会发展迈上了新台阶。

一、坚持用党的创新理论武装头脑，践行“两个维护”达到新高度

扎实开展“不忘初心、牢记使命”主题教育，认真抓好领

导班子集中学习研讨和领导干部个人自学；采取“在岗党员发放学习、流动党员邮寄学习、年迈党员上门送学”的方式，实现全员覆盖学；开办“乡村大讲堂”，把学习阵地扎到田间地头、房前屋后。借助晋绥边区革命纪念馆、四·八烈士纪念馆和晋绥解放区烈士陵园等红色资源，开展实地参观、听抗战老战士讲党课、重温入党誓词等活动，让党员干部就近就便体悟初心使命，切实推动全县党员干部进一步树牢“四个意识”，坚定“四个自信”，始终做到“两个维护”。

二、全力攻坚深度贫困，脱贫攻坚取得阶段性成果

“两不愁三保障”基础持续巩固。全县小杂粮种植面积稳定在60万亩，建成绿色杂粮基地22万亩，中药材种植面积达到20万亩，红枣、核桃等经济林达到58万亩，发展食用菌540万棒、规模养殖场176户。在太原成功举办第一届兴县农产品展销暨文旅推介会。全民技能培训学员12172人，完成全年任务数的101.4%，实现就业5521人。全面落实国家教育资助政策，实行了学前幼儿资助，农村义务教育阶段“三免费”，高中和中职教育免学费，助学金、生活费补助全覆盖。医疗保障持续加强，全县慢性病门诊报销23381人次1580.04万元，五道防线报销15586.95万元。5015户危房改造工程全部验收、292处安全饮水工程全部达标。短板弱项全面补齐。19个易地搬迁集中安置点全部竣工，共安置3047户10530人。统筹推进“一码清”、脱贫人口“回头看”和基础资料完善工作，确保线上线下数据精准一致，户情村情乡情县情“一码清”。村村开办乡村大讲堂，有效提高政策知晓率。脱贫成色有效提升。依托19个“爱心超市”，广泛开展群众讲政策、农村环境卫生联帮联治、文明户评选等活动，根据群众参与情况，奖励“爱心积分”，群众凭借积分到“爱心超市”兑换相应分值的生活用品；所有行政村全部开设了“爱心洗衣房”，为60岁以上困难群众提供免费洗衣服务。全年退出102个贫困村、减贫17492人，贫困发生率由2014年的39.1%降至0.56%，顺利接受省第三方评估考核，实现整县脱贫摘帽。

三、深入贯彻新发展理念，县域经济发展提质增速

围绕“转型项目建设年”总体部署，加速扭转“一煤独大”产业结构，推动县域经济健康可持续发展。延伸煤铝产业链条。煤电方面，美锦集团年产800万吨井田探矿工作已结束，配套建设的120万吨甲醇及13万吨液氢产业园项目正在编制可研和初设；华电锦兴2×35万千瓦低热值煤发电项目正在完善手续。铝镁方面，中铝华润一期50万吨电解铝项目产能达到25万吨，二期项目有序推进；签约铝下游加工项目4个，达成合作意向3个，总投资近200亿元；与太原理工大学签订全面合作协议，成立铝镁新材料研究院。加大清洁能源开发利用。中澳煤层气开井90口，日产100万方；中联煤层气新提交储量100亿方，新建产能6亿方，实现产量7.8亿方；石楼山一期50兆瓦风电项目开工建设。持续壮大红色旅游。兴县游客集散中心、蔡家崖生态停车场项目完成招标；358旅旅部旧址、晋绥日报社旧址修缮工程、北齐长城旧址抢险加固项目基本完成；“乘蔡家崖号列车·赏吕梁山风光”暨第三届“红色兴县”旅游季活动成功举办。全年接待游客133.37万人，同比增长18.31%；旅游收入11.75亿元，同比增长18.57%。构建现代物流产业格局。在已建成3个铁路集运站、发运能力达到2000万吨的基础上，投资13.09亿元、设计运力2000万吨的赵家塔铁路集运站项目和晋陕蒙公铁海联运物流园项目开工建设；静兴高速加快推进；北山过境公路和沿黄扶贫旅游公路全面开工。全面推动开发区建设。编制完成五规合一和总体规划，启动了规划环境影响报告和开发区起步区控制性详细规划编制工作。能投中德工业园、嘉德亿谱装备制造产业园等项目进行前期工作。

四、持续保障和改善民生，群众获得感进一步增强

教育方面。阳光小学、兴县老年大学建成投用；县级职教中心新建项目启动建设。医疗卫生方面。投资7亿元，床位600张，日门（急）诊量2000人次的兴县大医院2020年投入使用。对33种大病、46种慢病致贫人口双签约全覆盖。社会保障方面。城镇低保达到5040元，农村低保达到4188元。临时救助841人次255万元。发放经济困难高龄老年人补贴110万元、经济困难失能老年人补贴38.8万元、困难残疾人生活补贴103.3万元。建成农村老年人日间照料中心78所。基础设施建设方面。城区棚户区改造一期工程全面完工；二期工程3个安置点，已完工1个，完成主体工程2个。蔚汾公园环境亮化艺术提升工程一期已完工。蔚汾河清淤蓄水东延扩建工程、岚漪河兴县段河道治理工程全面完工。

五、着力加强生态文明建设，生态环境持续改善

一是坚决打好蓝天保卫战。新建扩建供热站12座、覆盖集中供热居民8090户，“煤改气”完成2981户，“煤改电”配套电网及线路改造也已全部完成，为5024户居民发放清洁煤10048吨。二是坚决打好碧水保卫战。清理蔚汾河及其支流河道179公里，封堵排污口3个，清理垃圾6万方；开展畜禽养殖粪污治理，完成粪污设施配套建设55户；兴县污水处理厂提标扩容工程完成，县区生活污水日处理能力增至1.5万吨。三是坚决打好净土保卫战。4个生活垃圾卫生填埋场、15个生活垃圾中转站、11个渣土场项目已开工建设，2个垃圾填埋场土建已完工，并配备949个垃圾收集点。持续开展国土绿化行动，2019年造林15.05万亩，省道沿线新增绿化面积3951亩，城区新增绿化面积361亩。

六、持续加力安全稳定工作，社会大局和谐稳定

积极开展风险隐患和矛盾纠纷排查化解，强化重点人员教育稳控和重点部位安全防范工作，排查各类矛盾纠纷73

起,调处化解54起,调处率74%,全年未发生有重大影响的信访事件。扎实推进安全生产工作,开展了以强化森林防火督查、高陡边坡隐患排查、安全生产检查等为主的“七大活动”,排查隐患67处,现场整改53处,处置火情26起。不断提升政法工作水平,推进政法工作智能化,“雪亮工程”进入项目招标阶段,利用新警综平台办理案件749起。持续深化扫黑除恶专项斗争,打掉恶势力犯罪集团3个,恶势力犯罪团伙5个,破获案件44起,抓获涉恶人员54人,起诉45人。

七、坚持全面从严治党,政治生态风清气正

扎实开展主题教育。紧紧围绕“守初心、担使命,找差距、抓落实”总要求,坚持把学习教育、调查研究、检视问题、整改落实贯穿始终、一体推进,全县30个基层党委、610个党支部、96个科级单位、12253名党员参加主题教育,实现了理论学习有收获、思想政治受洗礼、干事创业敢担当、为民服务解难题、清正廉洁作表率的目标。激励干部担当作为。全年新提拔50名干部中,现任或曾任第一书记16人,占总数的32%。2名表现优秀的干部提任乡镇党委书记、乡镇长,2名敢于担当、经验丰富的干部被安排主持乡镇党委、政府工作。对2018年度目标责任考核优秀的乡镇和县直单位,人均奖励额度分别达到5000元和4000元,结合建党98周年表彰各类先进单位60个、优秀个人212人。持续深化“三基建设”。乡镇运转经费平均达到70万元,村级组织运转经费达到10万元。采取县级干部包联、“动态报告”和“备案销号”管理、全程跟踪问效的方式,整顿软弱涣散村党支部43个。376个行政村全部实现集体经济全部“破零”和本土人才回引工程全覆盖。全面推行村干部职业化管理,村两委主干月平均待遇不低于2000元、班子成员不低于800元。着力加强党风廉政建设。深化运用“四种形态”,共处置问题线索488件次、谈话函询36件次,处理处分218人次。紧盯“四风”新形势新动向,查处违反中央八项规定精神问题26件,组织处理11件16人。对2016年以来扶贫领域问题“大起底”建立的线索台账查办情况,进行“回头看”,共查处23件,处分26人,通报1次2人。

(刘　斌)

附:中共兴县县委书记、副书记、常委名单

书　记:梁志锋

副书记:刘世庆　高　鹏　秦　杰(挂职,4月离职)
徐赐明　高春毅(挂职,4月任职)

常　委:刘晓春(8月离职)　刘　云　石　磊
杜茂林(8月离职)　张新春(7月离职)
刘平则　宋兴丽　冷树义　刘海贵(挂职)

中共临县县委

县委书记　张建国

2019年,临县县委坚持以习近平新时代中国特色社会主义思想为指导,全面贯彻党的十九大和十九届二中、三中、四中全会精神,深入学习贯彻落实习总书记关于扶贫工作的重要论述和视察山西重要讲话精神,按照省委、市委各项决策部署,以脱贫攻坚统揽经济社会发展全局,紧扣“脱贫摘帽”总目标,在攻坚深度贫困上全面发力,在夯实转型基础上全面出击,在从严管党治党上全面深化,统筹推进稳增长、促改革、调结构、补短板、惠民生、防风险等工作,全县经济、政治、文化、社会、生态文明建设和党的建设等各个方面开创了新局面,为全面建成小康社会打下了决定性基础。

一、全面攻坚深度堡垒,脱贫摘帽迈向全胜

全年4.7万人脱贫,136个贫困村退出。年内,中共中央政治局委员、国务院扶贫开发领导小组组长胡春华来临县调研脱贫攻坚工作。临县作为全国唯一一个贫困县代表,在国务院“聚焦深度,攻坚克难”新闻发布会上交流了脱贫攻坚经验。

(一)坚持党建引领,提升抓党建促脱贫质量。先后出台了《临县2019年攻坚深度贫困行动方案》《关于确保如期脱贫摘帽的若干意见》,提出集中打好“六大攻坚战”,开展了“两不愁三保障”及安全饮水突出问题大排查。分别出台了乡镇和行业部门重点工作黄牌红牌预警考核问责办法,对15个乡镇给予黄牌警告,对受到红牌警告的3个乡镇党政正职进行留职整改,对1名乡镇党委书记进行免职处理。下发了《脱贫攻坚各责任主体职责清单》,将16个责任主体的职责进一步细化、实化。全县631个行政村集体经济实现了全“破零”,收入万元以上村578个。在10个村开展了“三变改革”试点,在罗家山村试行“村社合一”改革。与结对帮扶县(市、区)孝义市实施了“十大结对帮扶项目”。开展了“情系家乡·精准扶贫·争做贡献”“百企帮百村”“聚集深度贫困·爱心慈善捐助”等系列活动。坚持一线工作法,继续执行“无会周”“周六补课”“结对帮扶日”等制度,建立了干部“两个三天”制度和县直单位“两个轮流”制度。在11个乡镇56个行政村设立了“扶贫爱心超市”。人民日报以《心热了,劲头就足了》为题,报道了临县三交镇罗家山村“志智双扶”精准发力、破解

内生动力不足的典型做法。

(二)扭住增收核心,确保收入稳定达标。产业扶贫方面。大力实施“3N35”产业扶贫计划,截至2019年底,全县种养专业合作社达到1060个、种养加基地达到160个,建成农业产业园区9个,带动贫困人口1.34万户,户均增收5000元左右。生态扶贫方面。完成退耕还林5.2万亩、补植补造完善工程30万亩、旅游乡村绿化26个。兑现历年退耕还林补助资金1.623亿元,涉及74635户农户。完成生态经济林提质增效42万亩。培训就业方面。累计完成吕梁山护工、贫困劳动力驾驶培训等9075人,输出就业1784人。光伏扶贫方面。全县共建成光伏扶贫电站197.02兆瓦,占全省的1/7,全部并网发电,预计每个贫困村每年可获得光伏扶贫收益20万元以上。电商扶贫方面。打造电子商务进农村综合示范县“升级版”,全年电商平台农特产品销售额达1.9亿元。金融扶贫方面。全年新增小额扶贫贷款2.28亿元,累计发放小额信贷8.18亿元,共带动16695户46746贫困人口。

(三)采取超常规举措,完成“两不愁三保障”硬件建设任务。易地扶贫搬迁方面。统筹实施2018-2019年易地扶贫搬迁项目,完成搬迁安置9538户27838人(贫困人口4590户13769人,同步搬迁人口4948户14069人)。截至2019年底,累计建成各类园区6个、扶贫车间6个,吸纳搬迁就业2260人。完成旧村拆除108个,复垦土地1000亩。完成土地增减挂钩节余指标跨省交易704亩,到位资金1.5253亿元。危房改造方面。完成年度任务4747户。饮水安全方面。实施农村饮水安全工程285处,解决315个自然村饮水问题,涉及贫困户6450户14868人。通村道路方面。完成建制村畅返不畅及贫困村村通道路硬化项目98项331公里。实现了631个建制村客车通达率100%的目标。村级卫生室方面。完成年度任务141个。增聘乡村医生73名。

(四)严格到户到人,落实教育、医疗、兜底保障等政策。教育扶贫方面。严格落实“7+5+4”教育扶贫政策,全年累计投入8600多万元,惠及全县建档立卡家庭经济困难学生16102人、农村义务教育学生23587人和农村幼儿7547人。健康扶贫方面。严格落实“三保险三救助”、“一站式”结算、“双签约”服务、“先诊疗后付费”等政策措施,截至2019年11月底,建档立卡贫困人口累计报销54189人次、医疗总费用3.73亿元,报销比例达84%。为2.16万人“36+7”种慢性病患者鉴定发证,为17762名患75种临县地方慢性病人群进行审核鉴定并发证。全年累计开展基本医疗服务151.3万人次,基本公共卫生服务145.2万人次。民政扶贫方面。深入推进“两线合一”,将农村低保标准由去年的3588元提高到今年的4188元。截至2019年底,全县农村低保对象有19967户31659人,其中低保贫困户14566户23017人,占比73%。累计发放农村低保、特困供养、残疾人补贴、临时救助等1.67亿元。此外,针对赡养扶贫难题,将扶贫孝心基金工程由70周岁以上拓展到65周岁以上,共惠及2.1万名贫困老年人口。

二、全面优化发展环境,转型基础不断夯实

重点项目建设方面。全县共实施重点项目87个,总投资699.81亿元,年度计划投资46.46亿元。招商引资方面。出台了《临县2019年度招商引资工作分案》,全年共新签约5个项目,签约项目总金额152902.1万元。传统农业转型升级方面。实施产业扶贫周转金项目,大力扶持龙头企业、农民专业合作社等新型经营主体快速发展。全县农产品加工企业达到120余户,累计完成农产品加工销售收入3.2亿元。实现了外贸出口破零。传统工业转型升级方面。霍州煤电吕临能化千万吨项目、山西京能吕临发电有限公司一期工程1号机组等一批项目稳步推进。各类煤层气项目完成各类钻井200余口,日产气量达50余万方。传统服务业转型升级方面。“黄河一号”旅游公路临县段预计2020年7月1日前全线竣工。10个村成功入选省级旅游扶贫示范村。成功举办了第四届“枣儿红了”红枣旅游文化节。新建了304个农村电商服务站点,培育出8个跨境电商主体,农村电子商务销售额突破4亿元。深化改革促进转型方面。全面启动临县国土空间规划编制工作,推进土地利用“增存挂钩”,开展工业用地市场化配置改革,淘汰霍州煤电集团临县庞庞塔煤矿300万吨矿井,深入推进减税降费改革。生态环保倒逼转型方面。深入开展了“百日清零”行动和联合执法专项行动。实施县污水处理厂扩建和提标改造工程,铺开了7座卫生填埋场、22处垃圾转运站项目建设。优化环境服务转型方面。出台了《临县支持民营经济发展的“十条”措施(试行)》,深入开展信访矛盾化解攻坚战和扫黑除恶专项斗争。拍摄的宪法宣传微视频《甘泉》获得全国微视频评选活动一等奖。继承发扬“枫桥经验”,在永兴苑、五和居、文峰苑深入推进民主法治示范村创建活动。

三、全面加强党的领导,从严从紧贯彻始终

学用新思想方面。县委常委会及时跟进学习习近平总书记系列重要讲话精神,深入学习贯彻落实省委、市委全会精神,县委中心组全年组织集中学习11次。“不忘初心、牢记使命”主题教育方面。召开了脱贫摘帽“学用新思想、问题大起底、打好攻坚战”学用交流会。重点围绕解决“两不愁三保障”突出问题和整顿软弱涣散基层党组织,深入开展调查研究,出台了7项制度性文件。县乡两级领导班子累计检视问题805条、班子成员检视问题1886条。开展了征求意见、检视问题、集中解决群众操心事、烦心事、揪心事活动,共收集意见建议782条。中央8项共查摆问题433条,省5项共查摆问题23条,市1项共查摆问题3条,全部予以整改。“改革创新、奋发有为”大讨论方面。组织了3项活动和主题研讨会,提出了357条意见和建议。召开了专题民主生活会。临县三交镇中庄村党支部组织生活会,作为先进典型在全省经验交流会上做了书面交流。意识形态工作方面。县委常委会专题研究意识形态工作2次,召开意识形态领域重大问题研判会议2次。成功举办了吕梁文学季碛口分会场、第四届古村镇

大会等活动。被确定为全国开展新时代文明实践中心建设试点。申报创建省级文明县城提名县城。“三基建设”方面。完成了301间乡镇干部周转房建设。新建村级活动场所45个、改扩建216个。整顿软弱涣散基层党组织95个,清理受过刑事处罚、存在“村霸”和涉黑涉恶等问题的村干部21名。建成两处临县党性教育基地,出台《农村(社区)干部职业化管理暨岗位报酬发放暂行办法》,建立全县流动党员台账,探索成立乡镇流动党员党支部。开办了“扶贫大讲堂”,开辟了“临县干部教育微课堂”。调训领导干部99人,新建党员干部现代远程教育系统IPTV站点100个,10名优秀人才入选“三晋英才”。党风廉政建设和反腐败工作方面。开展了三轮政治巡察和扶贫领域专项巡察,发现共性问题317个、问题线索100件。全县有关部门和乡镇共申报各类“三重一大”决策事项187个。累计问责党组织4个、党员干部7人,下发纪检监察建议书30份,下达督办函19份,公开通报典型案件7件7人。1至11月运用监督执纪“四种形态”共处理437人次。坚持“三个区分开来”,共办理党内问责6件,问责领导干部7人。查处各类形式主义和官僚主义问题7件15人。查处违反中央八项规定精神方面5件19人。查处扶贫领域案件35件114人。查处民生领域案件52件155人。完成15件涉黑涉恶案件“两个一律”复核工作,发现问题线索2条。

(高翠峰)

附:中共临县县委书记、副书记、常委名单

书　记:张建国

副书记:李双会　李　琦　李勇泓(挂职)
　　　　薛耀宗(挂职)

常　委:王　勇(11月离职)　王少利(11月离职)
　　　　杜侯平　高泽荣　白旭平　李考玉
　　　　任文珍(11月离职)　王桂秀(女)　李志英

中共晋中市委

市委书记　赵建平

2019年,晋中市委坚持以习近平新时代中国特色社会主义思想为指导,深入学习贯彻习近平总书记“三篇光辉文献”精神,坚决落实中央大政方针和省委决策部署,认真履行把方向、管大局、作决策、保落实职责,以“四个百里”重大工程开创发展新境界、以四个“二十五条”重大举措提升治理能力,全市政治生态朝着持久风清气正加快迈进,党员干部担当作为、干事创业浓厚氛围加快形成,各项事业高质量发展势头加快拓展。

一、牢牢抓紧学习贯彻习近平新时代中国特色社会主义思想这一根本任务

坚持把学习贯彻习近平新时代中国特色社会主义思想作为首要政治任务,与学习贯彻党的十九大精神和习近平总书记“三篇光辉文献”精神结合起来,持续在学懂弄通做实上下功夫。坚持用好常委会、中心组第一议题学习制度,举办了37次市委常委会集中学习、17次市委中心组学习、6期“新时代晋中干部大学堂”专题讲座,召开全市学用习近平新时代中国特色社会主义思想经验交流会,持续强化理论武装。着力推动党的创新理论向基层延伸,全市轮训各级干部2.2万人次,组织基层宣讲7700余场次,直接受众53.6万人次,学用活动向基层拓展。建立习近平总书记和中央、省委领导指示批示督办机制,定期开展“回头看”,做到贯彻落实习近平总书记和中央、省委领导指示批示精神不打折扣;认真落实重大事项请示报告制度,2019年向省委请示报告工作32次。

二、精心组织重大活动和主题教育

全力搞好庆祝新中国成立70周年活动,举办了“我和我的祖国”主题征文和主题宣讲、《70华诞晋中记忆》图片展、“歌唱祖国”歌咏大赛等系列活动,进一步汇聚起了实现“两个一百年”奋斗目标的磅薄力量。扎实开展“不忘初心、牢记使命”主题教育,以“五个先行”预热,制定“1+4”工作方案,先后召开动员会、推进会、2次调度会、8次常委会会议、7次主题教育领导小组会,强化指导、贯通推进;“六学”并举多形式组织学习,建立“五本台账”固化学习成果,将学习教育走深走实;以“五个三”机制推进“8+5”专项整治整改;集中开展领题调研、包联调研,形成调研报告6550篇;深入推进“三服务”活动,破解发展难题2961个,解决群众难题约1.7万个。《人民日报》对晋中主题教育做法进行报道。扎实搞好“改革创新、奋发有为”大讨论,“对标一流整改提升清单”215个问题、399个整改举措全部完成,有力牵引了全年工作开局,晋中经验在全省交流。

三、扎实用好改革开放“关键一招”

2019年,市委确定的39项年度改革任务全部完成,一批改革在全省率先趟出新路。承接类改革效果凸显。党政机构改革如期完成,能源革命综合改革有序推进,减税降费改革成效明显,综合执法体制改革顺利铺开,在全市推广组建市县“三勤合一”联勤指挥部。试点类改革成果卓著。成功获批晋中国家农高区;持续深化全市开发区“1+10”联合体“三化三制”“瘦身健体”改革,固定资产投资环比持续保持10%以上快速增长;着力打造“承诺晋中”,引深企业投资项目承诺制改革,缩减项目开工时间三分之二,这一做法入选中组部“贯彻习近平新时代中国特色社会主义思想,在改革发展

稳定中攻坚克难的生动案例”；教育领域综合改革进入全国前列，《晋中市深化义务教育综合改革，推动城乡教育优质均衡发展》入选中央改革办《改革案例选编》，全省唯一。自创类改革取得突破。城市提档升级成为“全省改革样板”；百里乡村振兴示范廊带绘就“乡村改革蓝图”；全面从严治党走出“晋中改革路径”，创新实施落实全面从严治党“两个责任”、加强政治监督、提升乡村治理能力和干部政治素质考察四个“二十五条”，制度优势加快向治理效能转化。对外开放步伐不断加快。祁县玻璃器皿产业集群“一带一路”中外合作区成为第一个以“一带一路”命名的合作区；积极参加进博会、广交会、山西品牌丝路行、法兰克福商品展等，对外开放广度不断拓展。与意大利科莫省建立友好城市关系，晋中市友好城市达到6个，晋中“朋友圈”越来越大。

四、持续发力推进转型升级

紧盯发展“第一要务”，抢抓国省战略集聚晋中的政策机遇，提质升级和谋划建设转型平台，强力推出百里乡村振兴廊带、百里潇河生态产业区、百里龙城区域、百里太行画廊“四个百里”工程。深化转型项目建设，以“百强千企万户”工程为抓手，着力推动项目落地，全年竣工转型项目331个，完成传统产业技改扩产项目107个。推动文旅融合发展，文旅战略性支柱产业不断壮大，2019年全市旅游总收入达1188.03亿元。深化开发区改革创新，省级以上开发区由7个增加到12个，引深开发区联合体一体化发展，在“飞地经济”、政策共享等方面实现突破；打响工业项目百日会战，晋中开发区招商引资完成156%，工业投资增长20%，高新技术企业主导产业全覆盖。新兴产业集群集聚，千亿新能源汽车产业蓄势勃发，吉利零部件配套产业园入驻企业17户。新增高新技术企业48户、“小升规”79户。百亿装备制造、功能食品、光伏电池、医药、现代煤化工、新材料、现代物流等产业加快成长。战略性新兴产业、高新技术产业增速分别快于规上工业11.4、8.2个百分点，服务业对经济增长的贡献率达63.4%。营造一流营商环境，推出环境容量“县总量、市统筹”调配机制，推动“一网N平台”建设，建成网上“市民之家”。2019年全省域营商环境评价，晋中排第2。提升城市治理水平，着眼山西中部盆地城市群一体化、太原晋中一体化发展，破解“两下两进两拆两补三严禁”全国性难题，开展城市提档升级攻坚行动，城市品质大为提升。

五、深入实施乡村振兴战略

高标准建设山西农谷。华为、阿里巴巴、先正达等一批领军企业落户，“四院八中心”初步建成，向市内外辐射推广科技成果1200余项，国家现代农业产业园通过认定，全国农村改革（太谷）论坛成功举办。充分激活农村资源。扎实开展“激活农村资源、促进乡村振兴”攻坚行动，实施土地开发项目257个，生成占补平衡指标5.72万亩，有效破解了项目建设用地不足难题。农村改革活力更加彰显。成功申报“全国农村集体产权制度改革试点市”，集体产权制度改革任务基本完成；全市2652个行政村土地经营权确权登记颁证任务圆满完成；全市累计流转土地147.7万亩，流转率40.2%，高于全省21.4个百分点。农业产业全面提质增效。成功申报“全省有机旱作农业示范市”。11个市级现代农业产业园示范引领全市特色优势产业集聚发展，“一县一园”格局初步形成。2019年全市农产品加工企业销售收入达264.3亿元，休闲农业和乡村旅游营业收入达26亿元。持续改善人居环境。扎实推进农村人居环境整治“五大专项行动”，介休市、左权县成为全国农村人居环境整治激励县和重点县。

六、坚决打好三大攻坚战

大力攻坚深度贫困。聚焦榆社县脱贫摘帽，建立党政主要领导带头抓、市委常委包联乡镇抓、市县党政领导包保重点抓的工作机制。15.3亿扶贫资金集中投向贫困地区，全市贫困村全部退出，贫困发生率降到0.055%。建成“四好农村路”1725公里。深度攻坚污染防治。全市禁煤区由295扩大至456平方公里，新增集中供热和煤改醇、煤改气、煤改电15.3万户，市城区全年空气质量综合指数好转率全省第一。重点落实汾河流域治污硬任务，整治入汾排污口778个、封堵取缔251个，全市11个国、省考断面全部达省考核目标，郝村断面首次达地表Ⅲ类。率先推行重点监管企业土壤环境隐患排查与自行监测，完成345家重点企业和21家尾矿库土壤污染现场调查。全力防范化解重大风险。坚守“三个坚决防止”和“三个不发生”底线，全市未发生危害国家安全和政治稳定的重大案事件，治安形势持续向好。建立“五长”巡访机制，全市信访总量下降30.6%，进京访下降46.8%。县级联社改制实现全覆盖，保持打击非法集资高压态势，有效防范全市金融风险。统筹抓好各项民生工作，推动教育均衡发展，万亩职教港加快建设，山大附中晋中分校等优质教育资源落地；深化县域综合医改，县域内就诊率由82.7%提高到88.5%；支出各类就业补助资金1.69亿元，新增城镇就业5.05万人；持续深化机关事业单位养老保险制度改革，城镇基本养老、失业、工伤三项社保基本实现全覆盖。

七、切实加强民主法治建设

积极支持市人大及其常委会依法履职。加快推进地方立法，出台扬尘污染防治条例，二审通过文明行为促进条例，加紧修订医疗废弃物管理条例。创新人大监督方式，开展环保和安全生产等执法检查。大力加强人民政协协商民主建设。加强党对政协工作的全面领导，出台《关于加强人民政协协商民主建设的实施意见》，紧扣转型发展、乡村振兴等16项重点议题开展协商议政、民主监督。扎实做好新形势下统战工作。大力推动党外知识分子和新的社会阶层人士统战工作，加强港澳台统战和侨务工作，推进中央、省委宗教工作督查问题有效整改。不断完善党委领导法治建设体制机制。成立市委全面依法治市委员会，出台《党政主要负责人履行推进法治建设第一责任人职责指导意见》。组织开展全面优化营商环境“金盾”行动，持续引深扫黑除恶专项斗争，截至

2019年底，共打掉黑恶势力犯罪团伙161个，抓获犯罪嫌疑人1621人，受到中央督导组肯定和省扫黑除恶专项斗争领导小组通报表扬。与此同时，积极支持各群团组织持续深化改革，全面加强国防动员和后备力量建设，推动军民融合深度发展。

八、积极做好宣传思想工作

严格落实意识形态工作责任制，认真贯彻落实《中国共产党宣传工作条例》，不断夯实主体责任。深入开展净网、秋风、护苗、固边、清源五大专项行动，成功处置“乔家大院5A摘牌事件”等重大舆情，全市网络生态进一步风清气朗。积极推进思想道德建设和文明建设，出台实施《晋中市文明行为促进条例》，常态化开展“最美晋中人”系列评选。积极推进新时代文明建设，太谷县成为全国新时代文明实践试点县。晋中市被命名为第三批国家公共文化服务体系建设示范区。全力推进文化繁荣发展，第三届平遥国际电影展成功入选“党的十八大以来山西深化改革、转型发展、改善民生重大举措及成果”评选全省50项重大举措之一。成功举办左权国际民歌汇，央视《新闻联播》播发开幕式盛况。推动主要媒体深化改革，近一半县(区、市)组建融媒体中心。

九、纵深推进全面从严治党

深入贯彻省委十一届八次全会、省纪委十一届五次全会精神，形成了落实全面从严治党“两个责任”、加强政治监督、提升乡村治理能力和干部政治素质考察四个“二十五条”，推动全面从严治党向纵深发展。大力激励干部担当作为。评选表彰400名担当作为表现突出干部，对13名市管干部予以提拔重用。晋中市教育局、左权羊角乡原乡长巨彦军分别被评为全国“人民满意的公务员集体”和“人民满意的公务员”。持续强化正风肃纪反腐。贯通运用“四种形态”，严厉查处形式主义、官僚主义和违反中央八项规定精神问题。分层分级开启“扶贫领域‘清风行动’1+X”新模式。深入推进人防系统腐败问题专项治理。巡察工作“三不变四统筹”做法得到中央巡视办肯定。全面加强“三基建设”。健全完善“支部主题党日”活动、“四议两公开”等制度机制。采取“七抓七促七增强”措施，完成软弱涣散党组织集中整顿。狠抓党组织标准化规范化建设，规范提升基层党组织整体功能。

（李中华）

附：中共晋中市委书记、副书记、常委名单

书　记：王　成(4月离职)　赵建平(4月任职)

副书记：常书铭(4月任职)　尹乃明

常　委：王建忠　张志刚　丁利军　任秀红(女)　王　兵　贡　琦　鹿建平　文竑烜

中共榆次区委

区委书记　张祖祁

2019年，榆次区委高举习近平新时代中国特色社会主义思想伟大旗帜，全面贯彻落实党的十九大和十九届二中、三中、四中全会精神，紧盯“勇当全市排头兵、挺进全省前十强”奋斗目标，团结带领全区上下真抓实干、攻坚克难，锐意进取、争先进位，推动全区党的建设和党的各项事业拓展了新的局面。

一、坚定不移加强党的政治建设，把牢正确发展方向

区委始终把高举旗帜、维护核心作为首要政治任务，区委常委会议坚持第一议题学习制度，及时跟进学习习近平总书记重要论述、重要讲话精神43篇，区委中心组开展集体学习15次，其中9次扩大到科级以上领导干部，召开了全区学用新思想经验交流会，举办了科级干部读书班和学习贯彻党的十九届四中全会精神轮训班等主体班次，“新时代百姓宣讲团、宣传队”深入基层宣讲746场，切实推动了学用新思想往深里走、往心里走、往实里走。围绕庆祝新中国成立70周年，精心组织了主题图片展、文艺展演、诗歌朗诵等一系列活动，充分激发了全区上下的爱国热情，聚焦“改革创新、奋发有为”大讨论，各级党组织主动对标一流，全面整改提升，结合“不忘初心、牢记使命”主题教育，扎实推进“8+1+5”专项整治和“9+2”服务行动，有效牵引和推动各项工作标准提升、落细落实。

二、坚定不移推动高质量发展，保持经济稳步向好

区委认真贯彻落实新发展理念，围绕“深化转型项目建设年”，有序推进总投资515亿元、年度计划投资170亿元的35项区级重点项目。围绕60项城建重点工程和17项开发区重点项目，先后完成征地1.9万余亩，拆迁96万余平方米。突出与开发区错位、互补招商，招商引资签约项目15个、总投资115亿元。全面落实支持民营经济省30条、市25条、区10条等一揽子政策，为企业解决各类实际问题64个，全年工业技改投资完成21亿元。纵深推进乡村振兴，农业龙头企业达到44户，农产品加工销售达68亿元，休闲农业年接

待游客320余万人，全面完成了总长87公里的乡村振兴示范廊带建设任务。积极推动现代服务业融合转型，全年接待游客突破2200万人次，实现旅游收入突破250.7亿元。2019年主要经济指标完成：地区生产总值314.9亿元，增长7.2%；规模以上工业增加值74.3亿元，增长8.2%；固定资产投资288.8亿元，增长12%；社会消费品零售总额222.8亿元，增长7.7%；一般公共预算收入23.1亿元，增长10.9%；城镇居民人均可支配收入37856元，增长7.2%；农村居民人均可支配收入19877元，增长9.9%。

三、坚定不移落实全面深化改革，释放强劲发展动能

区委坚持把全面深化改革作为推动全区高质量转型发展的根本动力，自觉扛起"四个亲自"的重要职责，先后13次、安排17个议题，认真学习上级改革精神，确定了七大类35项年度改革任务，对行政机构改革、执法体制改革、人事制度改革、监察体制改革、农村集体产权制度改革等改革事项进行研究安排。党政机构改革任务全面完成，事业单位改革稳步推进。"放管服效"改革取得明显成效，在全区营商环境"万人千企"大调查中满意率达87.26%。加快推进融媒体改革，组建了融媒体中心有限公司。农村改革取得重大进展，土地确权扫尾工作基本完成，农村集体产权制度改革进展顺利，农业生产托管试点1.3万亩年度任务顺利完成。积极推进减税降费改革，减免税收15.9亿元。积极推进能源革命，重点引进了中广核烁星光伏10万千瓦平价建设项目、5万千瓦竞价建设项目和天合光能5万千瓦竞价建设项目等光伏发电项目。

四、坚定不移加大环境整治力度，改善生态环境质量

区委坚决贯彻习近平生态文明思想，自觉践行"绿水青山就是金山银山"的理念。坚决打好蓝天保卫战，完成了36个村、1.87万户、312万平米清洁供暖扩面工程，建成区和城乡结合部清洁取暖达到全覆盖，农村清洁取暖覆盖率达到61.5%。精准实施碧水保卫战，对全区15条河流的入河排污口进行了摸底排查、分类整治，对修文工业基地和东阳镇污水处理站进行了提标扩容改造，潇河郝村国考断面持续保持Ⅲ类水质。着力开展净土保卫战，稳步推进重点行业企业土壤污染状况详查工作，加速煤矸石、粉煤灰污染治理，对所有危险废物产生和经营单位进行了规范化督查考核。深入开展城市提档升级攻坚行动，积极配合市城区50条主次干道整治，重点围绕180条小街巷和413个老旧小区，扎实推进"补短板、提品质、创特色、强管理"各项工作，基本完成了王湖、南沟、源涡、小东关、寇村、聂村六个城中村改造拆迁扫尾工作。坚决打好农村人居环境整治这场硬仗，平川乡镇行政村基本实现了垃圾转运服务全覆盖，开展生活污水治理的村庄达到48个，东阳镇创建"国家卫生镇"成功通过省级技术评估。

五、坚定不移改善民生福祉，维护和谐安定大局

区委始终牢固树立以人民为中心的发展思想，下大力气解决群众关切的操心事、烦心事、揪心事。积极推动城乡教育均衡发展，文苑街小学、实验小学、潇河湾小学、郭家堡小学等新改扩建工程顺利完工并投入使用。持续深化区乡卫生一体化改革，国家基本公共卫生服务14项免费服务项目全面落实，健康榆次建设取得实效。城镇新增就业和转移农村劳动力全部完成市定任务，城镇登记失业率2.91%。社会保险扩面任务全面完成，城乡低保、特困供养标准持续提高，社会保障水平全面提升。22个相对贫困村基础设施基本完成，人均可支配收入增长15%以上。深入推进扫黑除恶专项斗争，先后打掉黑恶势力团伙13个，累计打掉33个，铲除黑恶势力经济基础战果总量达8亿多元，案件查办数量和质量保持全省前列。扎实推进思想道德和乡风文明建设，配合完成晋中市文明城市创建验收工作。学习推广新时代"枫桥经验"，全区信访人次和批次全部下降。健全完善全区应急管理体系，深入开展安全生产领域防范化解风险集中检查，全区安全生产形势平稳可控。

六、坚定不移提升民主政治建设，凝聚强大发展合力

区委充分发挥"总揽全局、协调各方"的领导作用，加强和改善区委对人大、政府、政协和法检公工作的领导，坚持专题听取六个党组(党委)工作汇报。积极支持区人大及其常委会依法履职，构建起了人大代表"联络站""活动室""服务岗"密切联系群众"三级体系"，启动"智慧人大"建设，全国、省、市人大给予充分肯定。大力加强人民政协协商民主建设，打造了全省首家县级智慧政协平台，社情民意信息工作跃居全省第一。大力实施"政党协商推进工程"，坚持区委与党外代表人士季度座谈，着力加强党外知识分子阵地建设，新的社会阶层人士统战工作实践创新"榆次经验"在全市推广。深入推进非公经济"两个健康"引领工程，加强民营企业家队伍建设，支持民营经济健康发展。积极推动少数民族流动人口服务管理工作提档升级，晋华街道南窑社区荣获"全国民族团结进步模范集体"称号。坚持问题导向，扎实推进中央、省委宗教工作督查问题整改，实现了宗教活动场所"四进"全覆盖、全规范。

七、坚定不移推进全面从严治党，营造良好政治生态

区委始终坚持一以贯之落实全面从严治党方针和要求，专门召开区委十三届五次全会，对全区纵深推进全面从严治党进行了全面部署。深入推进"三基"建设，集中整顿了50个基层软弱涣散党组织，进一步规范了村干部坐班、"四议两公开"等制度。全区农村集体经济收入在全部破零的基础上，5万元以上的村达到了80.5%。先后投入4000余万元，解决了

48处、2万余平方米社区活动场所。开展区直单位党组织和党员到社区报到,开展各种共建活动300余次。狠抓党组织标准化规范化建设,全区示范型党组织达到172个,达标型党组织达到439个。结合党政机构改革,办理369名干部转隶手续,抽调37名年轻干部到重点岗位培养锻炼,出台了预防和查处诬告陷害类信访举报为干部澄清正名实施办法和乡村干部容错免责机制,充分调动了基层干部干事创业的积极性。设立人才服务热线和服务窗口,31名各行业优秀代表被评为省"三晋英才"。落实市委出台的全面从严治党、加强政治监督、提升乡村治理能力、干部政治素质考察四个"二十五条",配套完善制度体系,切实筑牢了管党治党的制度保障。加强廉政警示教育,打造了榆次老城褚书院廉政文化园地,廉政剧《打虎记》被文化部指定为全国基层院团调演剧目。持续推进正风肃纪反腐,先后查处违反中央八项规定精神案件28起、46人,查处形式主义、官僚主义案件47起、75人,处置问题线索713人次,立案200人,处分141人,切实形成了有效震慑。深化政治巡察,巡察全覆盖任务完成68.4%,巡察触角延伸到了农村、社区,进一步营造了风清气正的政治生态。

(李世明)

附:中共榆次区委书记、副书记、常委名单

书　记:张祖祁

副书记:张　鹏(6月离职)　李　军(6月任职)　冀　杰

常　委:邢如彪　卢永红　巨维宏　马志宏　孙立忠　刘文香(女)　陈雪俊(挂职,3月任职)　田晓宇(12月任职)

中共介休市委

市委书记　张　鹏

截至年底,介休市共有1055个基层党组织,其中包括27个党(工)委,71个党总支,957个党支部,党员23011名。

2019年,介休市委高举习近平新时代中国特色社会主义思想伟大旗帜,深入学习贯彻党的十九大和十九届二中、三中、四中全会精神,不断增强"四个意识"、坚定"四个自信",坚决做到"两个维护",奋力推动全市党的建设和经济社会各项事业实现了新的突破。

一、旗帜鲜明讲政治,牢牢把握正确前进方向

始终坚持和加强党的集中统一领导,认真履行把方向、谋大局、作决策、抓落实的政治责任。一是把牢政治方向。严格落实常委会、中心组"第一议题"学习习近平新时代中国特色社会主义思想制度,2019年共召开36次市委常委会议、14次中心组学习,研究238个重要议题,建立习近平总书记和中央、省市领导指示批示督办机制,确保上级重大决策部署落地生根。二是突出思想引领。重温并深刻践行总书记"三篇光辉文献",举办3期乡科级领导干部学习贯彻习近平新时代中国特色社会主义思想读书班,深入宣传党的十九届四中全会和省委、晋中市委全会精神,开展基层宣讲300余场。牢牢把握意识形态主动权,举办庆祝新中国成立70周年系列活动。深入开展"改革创新、奋发有为"大讨论,在全市推动形成对标一流、干事创业的工作氛围。三是抓实主题教育。把开展"不忘初心、牢记使命"主题教育作为重大政治任务,坚定扛起主责,发挥"头雁效应",实现全市党员学习教育全覆盖。

二、一心一意谋发展,不断加快转型升级步伐

认真贯彻省委"将转型综改进行到底"重要指示,扎实推进经济转型发展。一是综合实力持续提升。2019年,全市地区生产总值完成244.9亿元,同比增长4.7%;规模以上工业增加值完成148.9亿元,同比增长2.4%;固定资产投资完成50.1亿元,同比增长12%;社会消费品零售总额完成111.8亿元,同比增长8.7%;一般公共预算收入完成21.3亿元,同比增长6.5%;城、乡居民人均可支配收入预计分别完成37477元、15503元,分别增长7.3%、8.8%,其中:地区生产总值、规模以上工业增加值、社会消费品零售总额、一般公共预算收入4项指标位列晋中前三,一般公共预算收入排名晋中第一、全省第七。二是转型发展蹄疾步稳。紧抓转型综改、能源革命和千万吨级焦化产业基地重大发展机遇,实施了总投资228亿元的142个重点项目,其中转型项目占比51%,特别是建成中部六省首家全牌照无水港,成丰快运成为全省互联网物流平台试点企业、全国排名第八,国家级高新企业达到9户。三是发展动能不断增强。2019年,介休市两项工作进入全国百强,首次入选"全国投资潜力百强县"和"中国县域旅游竞争力百强县"。坚决打赢A级景区保卫战,绵山、张壁古堡实现提档升级,南庄、张村成为全省首批3A级乡村旅游示范村,全年总计接待游客1386万人次,实现旅游综合收入142亿元,同比增长18%。全年完成"双招双引"项目签约21项,总投资达341亿元。

三、坚定不移促改革,全面深化推动改革创新

坚持把全面深化改革作为破解发展难题、激励干事创业的重要抓手,全年49类60项改革任务圆满完成。一是深化"三农"领域改革。深入实施"激活农村资源、促进乡村振兴"

行动,实施 2.14 万亩高标准农田建设,启动总投资 5.4 亿元的东山供水小水网 PPP 项目。制定“一园四带”发展规划,培育省市级重点农业龙头企业 33 户,建立食品加工六大产业体系,形成万亩中药材产业,干果经济林达到 1 万亩,特色蔬菜种植达 2000 亩。土地确权完成扫尾,全省农村综合改革现场会、全省设施蔬菜产业现场会在介休市召开,有力带动了农民致富增收。二是改革助推民营经济。创新实施“镇区联建”,持续深化开发区“三化三制”改革,入驻企业达 91 户,“双创”基地吸纳小微企业 24 户。设立 1 亿元现代产业发展资金、3000 万元应急还贷资金,发放“助保贷”贷款 2701 万元,全年减税降费 4.87 亿元。18 户中小企业申报“山西省上市挂牌后备企业资源库”,新增“小升规”企业 26 户、股份制改造“晋兴板”挂牌 19 户,位列晋中第一。全市 103 户规上企业中,产值过亿元 80 户,产值超十亿元 10 户,4 户企业入围全省民企百强。安泰集团产值突破 190 亿元,稳居晋中企业榜首。三是创新打造“介休模式”。“街乡吹哨、部门报到”和基层警务新体系建设被《山西信息》刊发推广;教育改革走在晋中前列,中考综合指标位列晋中第二,入列国家级农村职业教育和成人教育示范县;县域综合医改工作全国领先,国家卫健委两次在我市召开现场会;“村企联建、助推乡村振兴”做法被农业农村部网站推广;农村学校改厕工作成为全国样板,联合国儿童基金会给予高度认可;党政机构改革如期完成,推动群团组织融合发展,一系列改革措施为经济社会发展注入了新的活力。

四、驰而不息优环境,打造美丽宜居幸福城市

一是攻坚蓝天、碧水、净土“三大战役”,投资 4 亿元实施 4 万余户、427 万平米的居民清洁取暖改造工程,占到晋中 1/4,全省首家实现财政供养单位清洁供热全覆盖,空气质量改善成效明显。8 户焦化企业完成提标改造,完成 136 户洗煤企业煤棚改造,关停淘汰污染企业 103 户。持续开展汾河流域攻坚行动,建成沿汾 12 处农村污水处理站;市工商联联合 6 户民营企业捐赠 12 辆大型环卫车辆助力环保,扬尘治理效果显著;投资 2450 万元完成智慧环保信息化平台二期建设,绵山山体修复有序推进,中央环保督察交办的 51 处煤矸石整治任务全部销号清零。二是狠抓城市提档升级。扎实开展城市提档升级“两下两进两拆两补三严禁”攻坚行动,实施 11 条道路新续建和 14 条小街小巷改造,铺设城市绿道 12 公里,新增 42 个小游园,美化改造街巷墙体立面 46 万平米,城区道路机械化清扫率达 98%、城市生活垃圾无害化处置率达 100%,通过国家园林城市复审验收,荣获“全国绿化模范县”称号。三是补齐农村环境短板。深入推进“两高一道”沿线 9 个乡镇、75 个村的环境综合整治,完成 128 公里“四好农村路”提质改造,136 个村的清扫保洁、垃圾收运实现统一管理,建成 5 个农村生活垃圾中转站,启动 15 个村美丽宜居示范村建设和生活垃圾分类试点,全省农村生活垃圾治理现场会在我市召开。完成 7000 余座农村户厕改造和 81 个农村学校旱厕改造,生活污水治理覆盖 8 个乡镇 74 个村,绵山镇创建成为国家卫生乡镇,成为山西唯一“全国农村人居环境整治激励县”,中央财政给予 2000 万元资金支持。

五、真抓实干惠民生,全面提升治理能力水平

始终坚持以人民为中心的发展思想,2019 年财政用于民生支出达 27 亿元,占公共财政支出的 84%以上。一是倾力扶贫攻坚。主动对标“2020 年现行标准下农村贫困人口全部脱贫”目标,确保全市相对贫困人口实现“两不愁、三保障”。在全省首家实行相对贫困人口免费医疗政策,受益人群达 3000 余人次。同时,认真落实晋中市部署要求,全力结对帮扶榆社县云簇镇脱贫。二是大办民生实事。投资 7.8 亿元,扎实推进 2019 年 10 件民生实事,打造了晋中各县集中度最高的县级政务服务中心,为群众和企业办事提供了最大便利。投运全省标准最高、设施最全的汽车客运站,开通介休至孝义城际公交,重启新建人民医院工程,完成体育馆高标准改造,群众获得感显著增强。三是提升治理效能。全面推行“村务监督月例会”制度,让群众明白、还干部清白,强化了基层治理能力。严格履行安全生产责任制,开展重点行业领域安全隐患大排查大整治和“三个专项行动”。率先建成应急管理信息化平台,120 户企业完成双重预防机制创建,位列晋中第一。深化扫黑除恶,累计打掉黑恶势力团伙 19 个,破获刑事案件 124 起,抓获犯罪嫌疑人 231 人,扣押冻结资产资金 3400 余万元。举办第四届“介休好人”评选,成立新时代文明实践中心和全省首家县级中华文化促进会,蝉联“省级文明城市”称号。扎实做好统战和宗教工作,实现宗教团体及宗教活动场所“四进”全覆盖。持续开展信访积案大化解专项活动,社会大局和谐稳定。

六、固本强基抓党建,构筑风清气正政治生态

坚持党要管党、从严治党,坚定不移推进全面从严治党向纵深发展。一是压实“两个责任”。认真落实晋中市委四个“二十五条”,出台落实落细“两个责任”30 条措施,实施党内问责 18 案 36 人。建成介休县委“第一支部”党性教育基地、党风廉政警示教育基地、文公祠廉政文化教育基地,组织开展《初心的故事》系列访谈,拍摄一系列廉政微视频,以党风促政风带民风,推动政治生态向善向好。二是夯实“三基建设”。创新开展“5 号党日活动”,打造党员干部现场教学点 20 个,组建 4 个农村事务管理站,全市机关党组织标准化率显著提升。全年“三基建设”支出 8219.82 万元,46 个软弱涣散党组织实现整顿提升。三是强化正风肃纪。2019 年全市纪检监察机关立案 216 件,处分乡科级干部 32 人,撤职以上重处分 34 人,移送司法机关 17 人。贯通运用“四种形态”处理 1039 人次,严肃查处形式主义、官僚主义问题 58 件 86 人次,查处违反中央八项规定精神案件 8 件 10 人,查处群众身边腐败问题 141 案 253 人,查处扶贫领域案件 6 案 9 人,排查处置涉黑涉恶腐败和“保护伞”问题线索 20 件,处理党员干部 26 人次。中央督导组转办线索 40 件 40 条全部办结。开展人防系统腐败专项治理,追缴异地建设费 1502.2 万元。四

是深化政治巡察。部署开展市委第五、六、七轮对21个基层党组织的常规巡察、3个乡镇党委的专项巡察和对146个村、社区的延伸巡察,发现共性问题1271条,移交问题线索69件84人,纠正和规范资金306万元。特别是坚决落实晋中市委专项巡察反馈意见,推动专项整改任务落实,有力发挥了巡察利剑作用。五是激励担当作为。坚持对干部严管厚爱并重,5名优秀年轻干部担任乡镇(街道)党政正职,选派114名年轻干部赴基层挂职,评选表彰31名担当作为表现突出干部,其中4名干部被评为晋中市级担当作为表现突出干部。特别是新增乡镇、街道事业编副科领导职数40名,彻底打开了基层事业干部晋升通道,极大调动了同志们的干事热情,形成了风清气正、谋事创业的鲜明导向。

(刘婷婷)

附:中共介休市委书记、副书记、常委名单

书　记:丁雪钦(6月离职)　张　鹏(6月任职)

副书记:张　驰(11月离职)　范亮珍(11月任职)

郭建雄(1月离职)　刘世宏(7月任职)

常　委:周元源(6月离职)　赵江波(6月任职)

齐宏亮　李克虎　常许雁(女,7月任职)

董建伟　李俊萍(女)　雷建宇

索南东智(挂职,3月任职)

中共太谷县委

县委书记　刘　伟

2019年,太谷县委坚持以习近平新时代中国特色社会主义思想为指引,深入学习贯彻党的十九大、十九届二中、三中、四中全会精神和习近平总书记视察山西重要讲话精神,以加快建设繁荣富饶、美丽幸福的新时代金太谷为目标,大力实施"一二三四五"战略,抢抓机遇、攻坚克难,推动全县各项工作取得了新进展新成效。

一、坚持以思想旗帜为引领,精心开展重大活动和主题教育

坚持强化理论武装。坚持用习近平新时代中国特色社会主义思想和党的十九大精神武装头脑、指导工作,县委常委会、中心组带头示范,把传达学习习近平总书记重要讲话精神作为第一议题,不断推动理论学习落细落实。举办领头雁培训班,对390余名农村社区"两委"主干进行集中轮训。

开展庆祝新中国成立70周年系列活动。举办了"辉煌70年,见证新太谷"成就展和"红色记忆,大美太谷"书画展,开展了"我和祖国共成长"主题宣讲,举行"庆祝新中国成立七十周年"歌咏比赛,激发了广大干部群众爱党、爱国、爱人民、爱社会主义的热情。

开展"不忘初心、牢记使命"主题教育。紧扣主题,精准把握和实施"四项重点措施",聚焦8+5专项整治整改和9+2服务行动,16项规定动作、39项具体要求扎实推进,"思想根子、精神状态、高质量发展短板"以及群众关心的热点难点问题得到逐步解决,干部作风持续转变,群众的获得感持续增强。

开展"改革创新、奋发有为"大讨论。紧紧聚焦"六个破除""六个着力""六个坚持"主要任务,坚持"三个摆进去",走好"六个步子",召开了先进典型报告会、对标一流述职评议会,开展万名干部入企进村服务,查摆问题11方面18条,制定整改举措28条,广大干部群众经历了一次深刻的精神洗礼,牵引全年工作实现了良好开局。

二、坚持全面深化改革,重点领域和关键环节改革取得新突破

把改革作为重大政治责任,实施党政主要领导抓改革工作机制,先后召开8次深改委会和25次改革专题会,年度7方面36项改革任务基本完成。推进重点领域改革,全面完成党政机构改革,为高质量推进各项重点改革任务提供了体制机制保障;引深校长职级制改革,中小学教师"县管校聘"改革走在全省前列;医药卫生体制改革稳步推进,公立医院改革成果显著;开展"多证合一""证照分离"改革,实现企业手续高效办理;推进广誉远国企改革,国投注资6.6亿元,成为第二大股东。

三、坚持落实新发展理念,高质量转型发展保持强劲态势

项目建设提质增效。全力攻坚总投资541亿元的100个转型及重点项目。58个新建项目、42个续建项目分别完成投资14亿元、36亿元。27个项目竣工,18个项目投入运营。两大省级战略的39个项目完成投资22.4亿元,招商引资项目开工率达到82.4%,项目推进力度实现再突破。

经开区发展实现新突破。深化"三化三制"改革,积极探索国际合作园区建设。高硕新材料等外资企业入驻园区,众德天和引领铸造产业绿色发展。不断更新招商理念,聚焦智能制造、新材料新技术、商贸物流等大项目、好项目,签约项目达到8个。经开区入驻企业达到74家,工业投资、税收分别增长21%、52%。

坚定不移推进绿色转型发展。全力指导玛钢铸造企业整改升级,整改资金超过15亿元,76家企业通过初验进入边整改边生产承诺制试运行阶段,治理成效明显。

四、坚持农业农村优先发展，乡村振兴战略高位推进

成功升建国家级农高区。科技创新不断加强。布局有机旱作、功能食品等科创平台，建立院士工作站，特聘专家团队，加快建设功能农业(食品)研究院等“四院八中心”，形成科技成果1200余项。加快产业智能化，建成巨鑫数字农业、番茄小镇等示范点；联合阿里ET大脑、乐村淘打造大数据综合服务平台，为全省现代农业提供全方位数字化服务。持续深化“1+10+X”创新融合发展模式，培训中心培训农民2万人次，辐射各类基地70余个，推广新品种、新技术900余项，覆盖面积18万亩。农村改革不断深化。在全省率先完成农村集体产权制度改革，所有行政村集体经济实现破零。“三位一体”农村合作经济改革不断深化，实现乡镇农民经济组织联合会全覆盖。探索金融支农新方式，“三园两场”抵押贷款、金融支农“土地＋产业(2+5)”抵押贷款，累计发放贷款3.3亿元。2019年，获批全国首批国家级农高区，国家现代农业产业园成功创建，山西农谷的知名度、影响力日益凸显。

扎实推进乡村振兴示范廊带建设。投资1.3亿元，大力实施农村人居环境整治行动，重点打造了白燕、沙子地、闫村三个典型示范村；高标准提升万亩苗木园区、万亩枣园、万亩设施园区三个产业基地，建成了闫村拱棚示范园区和苗木红枣展示中心，形成了50公里的美丽廊带，加快推动美丽乡村建设从“点状美”向“全域美”升级。

成功举办乡村振兴(太谷)论坛。来自全国各地30多位著名“三农”专家、学者、领导以及知名企业家代表、国家省市新闻媒体记者齐聚阳邑小镇，共谋乡村振兴之路，共商农业发展大计，力争把太谷论坛建成全国一流“三农”论坛。

五、充分发挥县委总揽全局协调各方作用，民主法治建设稳步推进

大力发展社会主义民主政治。高标准打造18个人大代表联络站(点、岗)示范点，山西农谷、玛钢产业等人大代表联络站成为全市、全省的标杆。突出协商平台建设，组建8个委员之家，充实6个专委会，筹建1个智库，制定5项委员履职工作制度。不断创新统战工作，在全县积极推进“同心”品牌建设，努力构建大统战格局。

深入推进法治太谷建设。继续完善“一心三防”人民调解工作机制，建立“五长”巡访机制，一批突出问题得到有效化解。纵深推进扫黑除恶专项斗争，打掉恶势力团伙14个，抓获犯罪嫌疑人102人。查处涉黑涉恶腐败和“保护伞”问题线索138条，处理110人。推广新时代“枫桥经验”，建成了40多个法治文化阵地，朝阳村被评为全国民主法治示范村。严格落实安全责任制，实现了安全生产事故“双下降”，全县总体形势平稳。

六、坚持党对意识形态工作的领导，宣传思想文化工作取得新成效

严格落实意识形态工作责任制。新时代文明实践站建设工作成为全国试点，新思想在太谷落地生根。加强互联网内容建设和管理，处置化解8起重大敏感网络舆情事件，开展“扫黄打非”专项行动，深入推进“净网”“秋风”“护苗”等五大专项行动，全县意识形态形势持续向上向好。

不断提升文化软实力。如期举行第八届孟母文化节、国际形意拳大赛、二青会火炬传递活动。大型纪录片《记住乡愁—太谷老街》央视展播，进一步提升了太谷的知名度。太谷传统秧歌曲谱正式出版发行，阳邑小镇成为国家级3A景区，鑫炳记、润月山庄、杏林庄园3个景区入选省级太行人家，成为省级重点旅游推介景点。

七、坚持以人民为中心的发展思想，民生保障和社会治理实现新提升

全力攻坚精准脱贫。坚决扛起脱贫攻坚主体责任，聚焦1692个贫困人口脱贫任务，精准实施“五个一批”政策措施、28项专项扶贫行动，重点攻坚易地扶贫搬迁和拆旧复垦，8个新建安置点工程已全部竣工，复垦土地360余亩，旧房拆除和复垦率达100%。扎实开展“两不愁三保障”回头看大排查，整改任务全面完成。

强力保障民生改善。持续加大民生支出，全面强化师资队伍建设，开工建设南关小学、太谷三中新校区，二幼西分园投入使用；县人民医院住院大楼封顶。不断强化就业保障，稳步推进创业培训，全县新增就业人数达4132人。

八、坚持全面从严治党，政治生态实现持久风清气正

坚持把政治建设摆在首位。进一步增强“四个意识”，坚定“四个自信”，坚决做到“两个维护”。认真落实市委四个“25条”，制定出台四个“32条”实施细则，从严管党治党制度体系不断完善。及时评估全县政治生态，全年共立案审查违反政治纪律行为案件3件3人。

不断强化正风肃纪反腐。驰而不息正风肃纪，聚焦形式主义、官僚主义10种表现，共查处38件，处理64人。查处违反中央八项规定精神问题16件，处理18人。加强对反腐败斗争的集中统一领导，先后召开20多次专题会议部署反腐败工作。查处群众身边不正之风和腐败问题104件，处理175人。

建设高素质专业化干部队伍。严把干部选任政治关，进一步建强优化班子，先后调整干部303人次。大力发现培养优秀年轻干部，坚持严管与厚爱相结合，选树35名担当作为先进典型。

全面加强“三基建设”。全面实施基层党建全域提升行动，调整优化了67个机关、农村党组织。整顿软弱涣散农村党组织38个。开展了党组织标准化规范化建设，达标型党组

织达到314个,不断健全完善村级组织运行机制。

(侯宪廉)

附:中共太谷县委书记、副书记、常委名单

书　记: 王怀民(1月离职)　刘　伟(1月任职)

副书记: 南　宏(1月任职)　刘进文(1月离职)　郁效军(6月任职)

常　委: 石小冬　郭玉锁(2月离职)　武亚民(3月离职)　易俊杰(12月任职)　柴颖则　武正梅(女,6月任职)　池丽萍(女)　王迎庆　马兰平(6月任职)

中共祁县县委

县委书记　吴文胜

2019年,祁县县委坚持以习近平新时代中国特色社会主义思想和“三篇光辉文献”为指导,深入贯彻党的十九大和十九届二中、三中、四中全会精神,全面贯彻落实中央和省市决策部署,压实全面从严治党责任,抓牢发展第一要务,重点推进打好“三大攻坚战”、决胜“4321”工程、实现“五大突破”工作,保持了经济社会持续健康发展和社会大局稳定。

全年完成地区生产总值88.8亿元,规模以上工业增加值12.6亿元,固定资产投资29.9亿元,社会消费品零售总额51.4亿元,一般公共预算收入5.1亿元,城、乡居民人均可支配收入分别达34537元、18830元,地区生产总值、规上工业增加值、一般公共预算收入增速全市第一。

一、坚持践行“两个维护”,把牢全县工作正确方向

坚持把学习贯彻习近平新时代中国特色社会主义思想作为首要政治任务,用好县委中心组、祁县大讲堂、“五堂课下乡进村”“全民读书年”和“七进”“文艺轻骑兵”“先进模范”宣讲,深化读书、培训和学用经验交流。扎实开展“不忘初心、牢记使命”主题教育,精心组织庆祝新中国成立70周年系列活动,做实8+5专项整治、“三学三联三解”和“9+2+1”服务行动,办理实事1395件,持续推进全县把学用新思想新理论往深里走、往心里走、往实里走。

二、坚持全面深化改革,增强发展新动力

深入学习贯彻习近平总书记在庆祝改革开放40周年大会上的重要讲话精神,改革创新意识显著增强,各领域改革扎实推进。成立县委深改委员会,5次审议重点改革事项34项;县党政主要领导分别领办重大改革16项、15项;两次召开决咨委专家座谈会研究改革。继续推广“微改革”,如期完成党政机构改革,出台各类改革性方案44个,年度改革事项41项、转型综改先行先试改革事项12项纵深推进。成为全国唯一农村金融支付试点县、国家级秸杆综合利用试点县,酥梨目标价格保险试点通过农业农村部第三方验收,全市首家发行企业债券4亿元,全省、全市农村饮水安全工程标准化建设暨运行管理推进会在祁县召开。

三、坚持打好三大攻坚战,夯实全面建成小康社会基础

坚持把精准脱贫攻坚作为第一民生工程,狠抓责任、政策、工作“三落实”。深入开展“脱贫攻坚月”“脱贫成果巩固提升百日行动”。县级投入资金同比增长10.7%,178个反馈问题整改、537户贫困户危房改造全部完成,连续实施“爱心小米”“富民梨”等12个产业扶贫模式,扶贫小额信贷完成106.8%,全年1519人脱贫,贫困发生率降为0.04%。坚持把生态文明建设摆在更加突出的位置,狠抓环境治理与问题整改。配合完成自然资源资产审计,中央和省市督察交办案件全部办结。坚决打好蓝天、碧水、净土保卫战。强力开展“九村一线”等冬季清洁取暖重点区域双月攻坚和六大领域百日攻坚行动,深入推进能源革命,散煤清洁化替代整体完成率达117.7%,空气质量退出全省后十位;落实水污染防治2019年行动计划和汾河流域治理攻坚战,实施总投资1.99亿元的汾河流域生态修复堤外蓄水工程和总投资1.22亿元的昌源河、乌马河治理工程,三支退污水管网建成、运行,提标改造2个污水处理厂,汾河西建安断面水质持续好转、沙河雅安断面4月起断流;开展大西高铁、榆祁高速和108国道沿线环境整治,秸秆焚烧、垃圾乱堆乱放等脏、乱、差现象得到有效遏制。坚持把防范化解重大风险作为重大政治职责,狠抓风险防控和政府隐性债务化解。贯彻总体国家安全观,重视防范化解金融风险,化解政府隐性债务2.1亿元,积极配合完成经济责任审计。

四、坚持加快转型升级,提升经济社会发展质量水平

决胜项目建设主战场。以深化转型项目建设年为抓手,落实承诺制和重点项目包联、调度例会、帮扶、月报等制度,推进红星白酒、碳素产业园、科技孵化中心、208国道改线、贾丰公路等重点项目;共实施建设项目71个,完成投资27.6亿元,25个项目竣工;储备项目45个,总投资280亿元。通过省市会审签约项目17个、超额完成市定任务。打造开放发展先行区。“一带一路”(祁县)中小企业特色产业合作区创建获得工信部批准,规划展示馆和会展中心建成,“中国玻璃器皿之都”通过复评,第二届玻璃器皿博览交易会暨“一带一路”特色产品交易会成功举办。法国开发署7000

万欧元古城保护与更新项目深入推进，法国开发署3000万欧元昌源河湿地公园项目竣工。开发区31.8平方公里扩区工作有序推进，省考六项指标圆满完成年度任务。深入实施乡村振兴战略。坚持规划引领、示范先行，选取18个村打造示范廊带先行区。做精做细"果菜牛"特色产业，实施古县酥梨基地提水灌溉工程和酥梨省级、蔬菜市级现代农业产业园项目，现代农业示范区建设6大类25项监测指标达到农业现代化标准。农机化工作获得全省年终综合考核优秀称号。合并34个行政村，深入贯彻《晋中市提升乡村治理能力二十五条(试行)》，提升乡村治理能力。以"宜居"为导向打造美丽乡村，完成176.3公里"四好农村路"建设，第一批64个行政村环境卫生市场化运作，县级以上美丽宜居示范村达到31个。持续推进全域旅游发展。抓牢乔家景区项目、208文旅产业集群、昭馀古城保护开发和文旅融合发展，狠抓乔家大院景区整改提升、A级景区保卫战和旅游市场秩序大整顿，文旅部反馈33个问题已完成整改32个，游客满意度不断提升。全年主要景区接待游客295万人次、门票收入1.53亿元。

五、加强民主法治建设，提升社会治理能力水平

加强和改进对人大和政协工作的领导，认真落实政党协商制度，做好统战、宗教、群团、武装等工作。加强信教群众聚集村党组织建设，全面推进宗教场所"四进"，依法依规做好新时代宗教工作。坚持完善党委领导法治建设的体制机制。成立县委全面依法治县委员会，11次实施重大决策事项社会稳定风险评估。持续推进县乡村三级调解中心(室)规范化建设，主动排查调处矛盾纠纷217起，有效维护社会和谐稳定。深入开展扫黑除恶专项斗争。2019年共打掉恶势力团伙3个，破获刑事案件19起，抓获犯罪嫌疑人27名，严肃处置涉黑涉恶腐败和"保护伞"问题线索159件。

六、加强宣传思想文化工作，增强文化自信正能量

严格意识形态工作责任制，完善落实考核、分析研判相关制度，督促有效整改6方面23个问题。牢牢把握正确舆论导向，坚持"内宣外宣双突破、媒体融合再发展"，不断提高舆论传播力、引导力、影响力、公信力。坚持培育和践行社会主义核心价值观，突出抓好新时代文明实践中心建设，组建志愿服务总队和25支分队；深化"五大文明创建"，蒋杰家庭获评全国最美家庭，祁县中学和昌源小学通过省级文明校园验收，11户家庭获评"晋中市文明家庭"，评选表彰"祁县第三届道德模范""最美退役军人及最美军嫂"。文化产业持续发展壮大，完善文化产业健康发展的政策体系和体制机制，新入库文产项目18个。群众文化活动繁荣发展，深化"书香祁县"建设，县委荣获全省"阅读推广机构"特别奖；持续擦亮"国际王维诗歌节""祁太秧歌大赛""传统晋商社火节"名片，祁太秧歌走进中国音乐学院、北京师范大学进行非遗进高校巡演，"全民文化活动季"系列活动深受群众好评。

七、坚持在发展中改善民生，努力提高民生保障服务水平

民生持续改善。财政民生支出占比83%。新增就业3908人，城镇登记失业率控制在2.26%。基本建成各类保障性住房1410套，新增集中供热面积30.9万平方米。完成职中迁建，深化校长职级制和县管校聘改革，高考实现特优生培养等"四个突破"。深化机关事业单位养老保险制度改革，降低社会保险费率。县人民医院通过"二甲"复审，中医院通过"二级"评审。举办全国山地自行车、市第五届运动会武术比赛。全县安全生产事故起数、死亡人数同比双下降。

城市品质不断提升。创国卫通过省爱卫办综合审定。严格"两下两进两拆两补三严禁"，实施61条城区主次干道、背街小巷修缮改造工程，完成管线下地36.6公里，规划停车泊位8300余个。建设150亩的玻璃文化主题公园，绿地面积新增3.5万平方米。昌源南路竣工通车。城区环卫全面实行市场化运作、精细化作业和无间隙管理。生活垃圾无害化处理率达到100%。完成旱厕改造5500余座。完成108国道、城区主干道立面改造7.6万平方米，综合整治城市乱象，城市软环境得到明显改善。

八、坚持纵深推进全面从严治党，持续营造风清气正的政治生态

坚持把党的政治建设作为根本性建设来抓。制定落实祁县关于加强党的政治建设、落实全面从严治党"两个责任"、加强政治监督、强化干部政治素质考察的相应措施办法。充分发挥纪律监督、监察监督、派驻监督和巡察监督作用，坚决做到党的重大决策部署到哪里，监督检查就跟进到哪里。扎实整改市委巡察反馈意见；完成对23个党组织的县委巡察、56个村党支部的延伸巡察和14个村社党支部的"机动式"巡察，对农业农村局等10个单位党组织开展扶贫领域专项巡察"回头看"。坚持一体推进"不敢腐、不能腐、不想腐"。始终保持惩治腐败高压态势，全年立案176件、结案167件、处分163人。严肃查处形式主义、官僚主义102件140人；查处违反中央八项规定精神及"四风"问题20件32人；查处群众身边腐败问题207件309人；查处扶贫领域腐败和作风问题13件23人。专项治理人防系统腐败问题，追缴人防易地建设费6529万元。运用"四种形态"处理752人次，第一、二形态占比达到96.5%。坚持打造高素质专业化干部队伍。突出政治标准，树牢正确选人用人导向，把"三个一线考验干部、三件实事考察干部"贯穿干部考察选用始终，统筹实施干部能力素质提升工程，提拔重用一线担当干事干部，推荐表彰市县担当作为典型28名。坚持全面提升"三基建设"水平。实施9大行动34项任务，高标准打造农村"红五星"党组织11个、示范型党组织86个、达标型党组织139个。抓好机关事业单位党组织与农村(社区)党组织结对共建、非公经济组织和社会组织"两个覆盖"提质升级攻坚，统筹推进各领域党

建,为新时代高质量发展提供坚强保障。

(杨志杰 周旺斌)

附:中共祁县县委书记、副书记、常委名单

书 记:吴文胜

副书记:冯耀黎 李军荣(女,1月离职)
杜建忠(5月任职)

常 委:张 鑫 杨秀龙 程 晨(1月任职) 郭 虎
游海波(1月离职) 王 辉
许学林(12月,因涉嫌严重违纪违法,接受纪律审查和监察调查)
常许雁(女,7月离职) 张扣生(7月任职)

中共平遥县委

县委书记 武晓花

2019年以来,平遥县委深入学习贯彻习近平新时代中国特色社会主义思想和习近平总书记视察山西重要讲话精神,认真贯彻党的十九大和十九届二中、三中、四中全会精神,坚决落实中央和省市各项决策部署,把方向、管大局、作决策、保落实,确保了全县社会大局和谐稳定、转型发展进位争先、政治生态风清气正。

一、以习近平新时代中国特色社会主义思想为旗帜,全力推动学习贯彻往深里走、往实里走、往心里走

坚持思想上的追随是最坚定的追随,对标学思用贯通、知信行统一,持续在学懂、弄通、做实上下功夫,带头增强“四个意识”、坚定“四个自信”、做到“两个维护”。坚持“第一议题”学习制度,第一时间学习习近平总书记最新重要讲话精神35次,举办大规模学用交流会、学习培训会7次,带领全县理论武装紧跟全党理论创新步伐。坚持用“大众话”推进理论“大众化”,采取群众喜闻乐见的形式、通俗易懂的语言,累计宣讲400余场、直接受众5万余人次,学用新思想进一步向全体党员拓展、向广大群众覆盖。坚持用实际行动体现政治忠诚,坚决贯彻中央和省市领导指示批示精神,特别是把习近平总书记对平遥古城保护管理的重要批示作为政治要件来狠抓落实,建立常态化“回头看”机制,实现流水到头。

二、以重大活动和主题教育为牵引,全力掀起学习革命、思想革命、工作革命

隆重庆祝新中国成立70周年。开展以“我和我的祖国”为主题的10大庆祝和宣传教育活动。扎实推进“不忘初心、牢记使命”主题教育。贯通融合学、调、检、改,抓整体谋划、抓关键动作、抓督促指导、抓贯彻推进,领导班子16个规定动作、基层党支部9个规定动作全面展开,广大党员干部经受了思想淬炼、政治历练和实践锻炼,朝着全面实现“五句话”目标不断迈进。深入学习贯彻党的十九届四中全会精神。班子带头传达学习贯彻,主要领导带头宣讲。各级各部门深入推进大众化宣讲、大实干落实、大力度破题,全县上下更加积极主动把制度优势转化为治理效能。全面打响A级景区保卫战。落实《山西省平遥古城保护条例》,实施“四化工程”,全方位呵护遗产、保护古城。深刻汲取武庙火灾事故教训,实施“五整治、五提升”行动,健全完善“四定”机制,县域旅游管理水平和服务质量大幅提升。巩固拓展“改革创新、奋发有为”大讨论成果。落细10个规定动作,推进3项自选动作,形成“一清单、一方案、一办法”,对标一流整改提升,取得丰硕思想成果、实践成果和制度成果。

三、以综改和深改为主线,全力深化改革开放

纵深推进改革。谋划7大领域39大项67小项改革任务全部按照序时进度推进。2项试点类改革走在全市前列,2项自主类改革顺利推进,文化旅游综合行政执法体制改革进一步深化,5G基站在全省县级城区首家开通,农村集体产权制度改革典型经验做法在全省交流。持续扩大开放。“平遥电影展在巴黎”活动圆满举办。与恰克图设立“复兴万里茶路”文化和贸易中心,与普罗万设立“平遥·普罗万日”,组织代表团分赴法国、俄罗斯、日本等国家交流访问,接待重要外宾11批次。平遥的国际知名度、影响力进一步提升。

四、以高质量发展为第一要务,全力加快转型升级

狠抓转型项目建设。实行包项目县级领导、部门、乡镇以及代办员“四捆绑”责任制,80个重点项目完成投资24.47亿元。签约项目22个,当年开工率50%。制造业占比上升4.6%,煤炭占比下降3.3%,工业结构更趋优化。狠抓开发区建设。选优配强开发区党工委与管委会领导班子,新签约总投资53.5亿元项目4个,投资强度、产出强度、税收强度全部完成,新的增长极正在形成。狠抓营商环境建设。深化企业投资项目承诺制改革、“多证合一”改革,工商登记实现全程电子化,审批事项更加便利。出台支持民营经济发展“15条”,民营企业活力显著增强。狠抓全域旅游示范区建设。大力完善传统旅游“六要素”,加快向现代旅游“新六要素”迈进,古城风貌愈发古朴、清朗,持续迸发出晋商故里的独特魅力和健康发展的无限活力。在5A级景区管理更严、考核标准更高的背景下,被中国经济导报社等评为首届中国县域

旅游竞争力百强县,在全国258个5A级景区中名列第4。

五、以“三农”工作为重中之重,全力推进乡村振兴

推动产业兴旺。开展“一减四增”行动,完成调产1万亩。铺开总投资7.82亿元的80个农业发展项目工程,以和之瑞联合社为核心和纽带,7000余农户实施生产托管,农业现代化水平进一步提高。推动“三变”改革。扎实开展“激活农村土地资源、促进乡村振兴”攻坚行动,高标准建设6万亩农田项目。打造“中化集团+合作社+农户”新模式,建设2.1万亩玉米提升示范园。集体经济100%破零,5万元以上村占比80.1%。推动生态宜居。开展“五个专项行动”,完成改厕5000户,铺开100个村整治提升工程,精心打造14个县级、28个乡级示范村,洪善镇创建国家卫生乡镇已顺利接受国家级暗访和技术评估。推动治理有效。以法治定纷争,结合扫黑除恶专项斗争与软弱涣散党组织整顿,深入推进农村治理法治化。以自治消矛盾,深入推进民事民议、民事民办、民事民管。以德治润人心,广泛开展星级文明户、好媳妇等评选表彰活动,努力营造崇德向善的浓郁氛围。

六、以“两山”理论为指导,全力加强生态治理

打好蓝天保卫战。禁燃区面积扩大到33平方公里,铺开17个城郊村集中供热工程,清洁取暖达到239.5万平方米,空气质量稳步好转。打好碧水攻坚战。全面强化河长制责任,构建“河长+河长助理+巡河员”的工作模式。13条河流全部编制“一河一档一策”实施方案,沿岸所有违规排污设施全部取缔。打好净土守卫战。开展煤矸石违法占地处置工作,加强源头管控,严防境外流入。强力整治交通干道沿线环境卫生问题,建立乡村常态化监管与处罚制度,向“四堆”问题坚决宣战。打好问题歼灭战。环保部督查反馈的79个问题、省环保专项督察反馈的9个问题全部整改完成。市委市政府环保督察反馈的113个问题完成整改103个。

七、以依法治县为目标,全力加强民主法治建设

支持人大履职。人大代表联络站建设走在全市前列,实现乡镇街道全覆盖、四级代表入站全覆盖。在全市首开建立代表联组联动活动制度、居民代表议事和居民代表会议制度,积极探索基层治理新模式。加强政治协商。推动政协协商与基层协商有效衔接,协商民主建设经验在全国县级政协座谈会上进行了典型交流。成立7个专委会功能型党支部,实现了党的组织对党员委员全覆盖、党的工作对全体委员全覆盖。巩固统一战线。党外知识分子和新的社会阶层人士的统战工作再上新台阶,实施宗教活动场所网格化管理,大力开展“四进”活动,深入推进信教群众聚居村治理工作,依法管理宗教落到了实处。强化党管法治。加快建设法治平遥,纵深推进扫黑除恶专项斗争,不断巩固扩大战果,各类违法犯罪活动得到有效遏制,公众安全感和满意度进一步提升。

八、以社会主义核心价值观为引领,全力做好宣传思想工作

坚决守牢意识形态主阵地。先后3次邀请省市专家开展专题培训、5次召开新闻报道策划会,提升新闻报道水平。先后开辟大讨论、脱贫攻坚、贯彻落实“二十五条”等报道专栏20余个,在市级以上主流媒体刊发稿件70余篇,妥善处置各类网络舆情28起,全县意识形态导向正确、态势平稳,凝聚力和引领力逐步增强。不断提升平遥文化软实力。第二届国际雕塑节观展人数较首届翻番。2019平遥国际摄影大展参展摄影师、参展图片创历届之最。第三届平遥国际电影展有27万人次打卡电影宫,票房一度领跑全国,环比增长550%,成功入围“年度电影城市”。爱国爱家爱平遥在各个领域表现得淋漓尽致,深厚的文化优势转化为更大的经济优势、发展优势。

九、以人民为中心,全力保障和改善民生

决战决胜脱贫攻坚。出台11方面76项特惠政策,调整充实26个专项扶贫行动小组,完善“一级督战、二级督办”督导机制,开办“周五大讲堂”,召开“百日冲刺”誓师大会,实现40个贫困村摘帽、17790人稳定脱贫,贫困发生率降至0.02%。提档升级城市品质。投资3亿余元,全面铺开“两下两进两拆两补三严禁”等10件实事,打造了康宁路、汇泰商城等示范街区。全市第五次提档升级现场推进会开在平遥。开展“创卫”精细化整治,48个老旧小区、210个破旧院落整治提升,9000余座旱厕、5处农贸市场改造完工。全力维护社会稳定。完善五大机制,推动防范化解重大风险工作走深走实。深化平安平遥建设,治安形势持续向好。坚持“事要解决”全力化解信访问题,信访总量大幅下降。

十、以四个“二十五”条为抓手,全面加强党的建设

更加自觉地把政治建设摆在首位。实施“5个2”工作法将干部政治素质考准、考实,紧盯“72个是否”开展政治监督,广大党员干部严守政治纪律和政治规矩。更加有力地扛牢“两个责任”。坚持书记抓、抓书记,一级抓一级,层层抓落实。对14个乡镇分两个片区进行督导调研,倒逼“两个责任”抓在日常、落到细处。更加持续地聚焦“三基建设”。引深“五个一”创建,表彰先进典型15个。坚持“五个必须”,43个软弱涣散基层党组织整顿成效明显。稳步启动60个行政村的合并工作,进一步提升基层党组织的战斗性。更加坚决地正风肃纪反腐。紧盯重要领域和重要节点,驰而不息纠正“四风”。一体化推进不敢腐、不能腐、不想腐,精准践行“四种形态”,第一、二种形态占比达到93.7%,由“惩治极少数”向“管住大多数”拓展。更加大力地狠抓廉政文化建设。加快建设“一馆一园一中心”,先后举办非遗文化进察院、“清风正气”主题摄影作品展等系列活动,共有24万人次到馆接受廉政教育,成为传承弘扬优秀监察文化的重要载体和生动实践。

更加深入地加强干部队伍建设。制定全县干部教育培训五年规划,举办专业化能力提升培训班次22个,6349余人次,15个行业系统主管部门开展专业化能力测评,提升干部专业化水平。

(张宇伟)

附:中共平遥县委书记、副书记、常委名单

书　记: 武晓花(女)

副书记: 石　勇　牛起虎

常　委: 杨晓隆　赵凌中　高庆林(8月离职)
王　轩(女,8月任职)　刘向东
李英伟　刘子亮　牛冀同(挂职,12月离职)
齐宏亮(1月离职)　张艳阳(1月任职)
毕新荣(6月离职)　王耀军(11月任职)

中共灵石县委

县委书记　段燕翔

截至年底,灵石县共有基层党组织983个,其中党(工)委42个,党总支57个,党支部884个。共有党员16343名。

2019年,灵石县委坚持以习近平新时代中国特色社会主义思想为指导,以习近平总书记视察山西重要讲话精神为根本遵循,按照市委决战转型综改主战场、争创乡村振兴示范市、建设能源革命先行区、打造创新创业新高地"四个目标",用非常之力,下恒久之功,进一步巩固和发展了良好工作态势,经济社会各项事业实现了健康有序发展。

一、坚定政治方向,持续深入学习贯彻习近平新时代中国特色社会主义思想

坚决做到"两个维护"。认真执行县委常委会"第一议题"制度,全县各级党委(党组)集中学习980余次。坚持推动学用习近平新时代中国特色社会主义思想从"关键少数"向基层组织延伸,向全体党员拓展,向广大群众覆盖。及时研究制定了我县贯彻落实市委加强政治监督"二十五条"责任分解方案,进一步教育引导党员干部增强"四个意识"、坚定"四个自信"、做到"两个维护"。认真落实重大事项请示报告制度,全年县委向市委请示报告34次。

认真开展"改革创新、奋发有为"大讨论。紧紧围绕"六个破除""六个着力""六个坚持",严格落实10个"规定动作",创新实施了支持民营经济发展、加快灵石开发区建设、加强干部队伍建设3个"自选动作"。全县各级党员干部查摆问题1900余条,制定整改措施600余条,形成了"干在实处、走在前列"的行动自觉和"对标一流、追求卓越"的鲜明导向,有效牵引全年工作良好开局。

高质量推进"不忘初心、牢记使命"主题教育。坚持把学习教育、调查研究、检视问题、整改落实"四项重要措施"相互贯通,统筹推进,抓好抓实4方面、16个规定动作。全力开展"8+5"专项整治工作,制定191条整改措施,完善61项制度机制;大力推动"9+2"服务行动,明确了31项具体工作举措,解决了一批群众的操心事、烦心事、揪心事,促进了党员干部作风转变,提升了群众满意度、获得感。

二、加快转型升级,不断开创县域经济高质量发展新局面

加强党对经济工作的领导。常委会坚持每季度听取一次经济运行汇报,两月召开一次民营企业座谈会,认真落实县级领导包联企业(项目)制度。成立24个重点项目指挥部。全县建设库项目122个,开复工率达100%,完成投资75.4亿元。出台《灵石县关于支持民营经济发展的十条措施》,全年减免税费3.1亿元,扶企惠企帮企资金达到1.48亿元。

持续推动转型升级。大力推进煤矿技改工程,完成投资1.2亿元,形成400万吨先进产能。工业"结构反转"全面提速,非煤产业增加值占工业增加值比重提高到19.12%。加快建设省级核桃现代农业产业园和市级中药材产业园。扶持壮大14户市级龙头企业,农产品加工企业销售收入达3亿元。投资2600万元启动了夏门古堡梁中靖故居修缮工程,投资3亿元实施了静升古镇王家大院综合整治工程。全县旅游综合收入达到163.3亿元,同比增长18.05%。

坚持创新驱动发展。扶持发展了东方希望铝业、扬帆碳素、晋阳碳素等一批成长好、科技含量高的骨干企业。培育了4户高新技术企业,主营业务收入达亿元以上。打造高科技人才载体平台27个;培养引进各类中高级专技人才4048名,其中市委联系专家4名。在全市率先建成首家县域5G网络基站。

三、扭住重点领域,坚定不移推进全面深化改革

狠抓改革任务落实。研究确定8大类47项年度改革事项,其中承接类36项、试点类3项、自主类8项,全部完成时序目标。其中,减税降费、能源革命、农村综合改革、生态环保、干部教育培训、国资国企改革、文明城市创建、"创宜居山城、建美丽乡村"攻坚行动等成效显著、亮点突出。

全方位扩大对外开放。县政府与汾西矿业集团、格盟国际签订战略合作协议,实施了物流集运等产业升级项目。通过本土企业家回归创业,快速实施了长城盛世电子商务园、仁康医院等重点转型项目。全年引进招商项目12项,协议引资额达166.5亿元。成功冠名"灵石号"高铁列车。

四、加强民主政治建设,保持安定团结的政治局面

加强党对人大和政协工作的领导。支持和保证县人大及其常委会依法履行职责;加强乡镇人大代表联络站建设。支持政协发挥协商民主重要渠道和专门协商机构作用。

认真做好统战和群团工作。打造1个省级、4个市级新联会活动站。高标准开展宗教活动场所"四进"活动。推动群团职能作用发挥。推进军民融合深度发展。

持续深化法治灵石建设。扎实开展全国法治政府建设示范县创建,2019年12月顺利接受了中央依法治国办组织的第三方评估。全年打掉5个涉黑涉恶犯罪团伙,持续强化"打伞断血"。

五、严格履行意识形态工作责任制,凝聚砥砺前行的正能量

严格落实意识形态工作责任制。出台《灵石县落实〈党委(党组)意识形态工作责任制实施细则〉考核办法(试行)》,召开了3次分析研判会;健全完善"30310"舆情处置应对工作法,探索建立"网信+公安"联合约谈工作模式。

深化社会主义核心价值观建设。精心组织新中国成立70周年系列庆祝活动。挂牌成立新时代文明实践中心1个、实践所15个、实践站16个、实践基地7个。表彰49名"身边好人",推荐1名第七届全国道德模范候选人。创建全国文明城市顺利接受省文明委年度测评。

推进文化事业健康发展。组织各类文化活动65次,免费送戏下乡100场,放映公益电影3445场,覆盖群众20余万人次。加大市场主体培育力度,确定县级重点扶持项目10个,择优推选"灵石之光"煤炭主题馆、天星文创会展中心等4个项目申报市级文化产业重点项目。

六、切实保障和改善民生,维护社会和谐稳定

统筹抓好各项民生事业。城镇新增就业岗位3616人,创业带动就业927人,转移农村劳动力3002人。投资3.1亿元实施5项教育基础设施建设工程。组建县医疗集团,县人民医院PPP项目、仁康医院工程项目有序推进。全面铺开10个老旧小区改造工程,新建改建4处便民市场,20个平价便民超市挂牌运行。开通2路免费公交,全面实施城乡公交一体化"12345"工程。

坚决打赢脱贫攻坚战。深入开展"脱贫质量巩固达标行动""基础设施强化提质行动""基础工作精准升级行动"三大专项行动。117个带贫益贫合作社规范运行。对432户贫困户住房进行了质量提升,实施巩固提升集中供水工程16处。全县贫困人口全部实行"双签约"。落实"两免一补"和"雨露计划"政策资金446万元。持续开展党员干部"帮扶带"扶贫助困活动和"百企联百村结千户"行动。完成年度脱贫任务1210人,贫困发生率降至0.085%。

推进城市品质提档升级。开展"创宜居山城、建美丽乡村"攻坚行动,投资6.13亿元实施了垃圾攻坚、设施上档、绿化提质等12项工作。全面完成"两下两进两拆两补"各项工作任务,管线下地123公里,拆除违建面积3.1万平米,新增绿地6万平米。新改建公共停车场3个,开放公共停车场所8个,新增车位5500余个,聘请专家科学规划城区行车路线,大大缓解"停车难"问题。创新城市管理方法,"三勤合一、联勤联动"常态运行,一站式解决城市管理难题。王禹乡、坛镇乡创建国家卫生乡镇通过省爱卫办综合审定。

防范化解重大风险。出台《灵石县坚决打好防范化解重大风险攻坚战实施方案》,对8个重点领域49项风险隐患全面摸排,精准化解。妥善处置了永泰能源金融风险问题。全县发生事故1起,死亡3人,事故起数同比下降50%。推进"雪亮工程"建设,有效运用"网格+N"运行模式,受理各类事件4.4万余件,处置率96.7%。县、乡、村三级建立各类调解组织347个,深入开展"重点信访问题源头化解暨信访突出问题大整治"活动,全县信访秩序持续好转。

七、践行绿色发展理念,深入推进生态文明建设

持续改善生态环境质量。森林覆盖率达32.89%,县城绿地率达42.3%,人均公园绿地面积达9.57平米。打好蓝天、碧水、净土"三大战役",全县禁煤区范围扩大到40平方公里。县财政投入2.1亿元推动建成区实现清洁取暖全覆盖。全县工业企业环保治理资金超过50亿元。新建第二污水处理厂,完成一污厂保温提效工程,新建、提标改造6座乡镇污水处理厂。完成对85.63公顷的段纯、梁家焉硫铁矿尾渣综合治理和55个煤矸石堆场封场治理。

八、全面加强党的建设,构建从严治党新常态

落细落实"两个责任"。在全省率先制定《中共灵石县委落实全面从严治党主体责任实施办法(试行)》。制定实施我县贯通落实"两个责任"十八条措施。全县各级党委(党组)书记带头履行"第一责任人"责任,开展约谈1100余人次。因履行"两个责任"不力问责党组织3个、党员干部17人。

强化正风肃纪反腐。深化运用监督执纪"四种形态"处理695人次,其中第一、第二种形态667人,占比96%。查处违反中央八项规定精神和隐形变异的"四风"问题15起30人。查处形式主义、官僚主义问题35起56人。深入推进人防系统腐败问题专项治理,追缴人防易地建设费618万元。开展2轮常规巡察和1轮对村社"机动式"延伸巡察。

促进干部担当作为。举办领导干部能力提升培训班、主体班、读书班等15期。选优配强36个党政工作部门科级领导班子,选派3名35周岁以下乡镇党政正职。评选表彰30名担当作为先进典型,9名干部得到提拔重用。对46名干部实行容错纠错。着力为基层减负,全年县级层面文件、会议、督查检查考核,较去年同期分别减少了54%、36.9%、51.6%。

持续引深"三基建设"。推行"四个一"工作法,创建示范型党组织257个。开展"双抓双促双看"活动,推进社区"三有

一化”建设,全县31个社区中20个实现自有场所,18个面积达500平方米。开展“一企业一特色、一企业一亮点”品牌创建行动。开展58个软弱涣散农村基层党组织整顿提升。224个行政村集体经济达5万元以上,占比80.6%。

(武　林)

附：中共灵石县委书记、副书记、常委名单

书　记：段燕翔

副书记：刘　旋(1月离职)　郭建雄(1月任职)　魏　栋

常　委：傅艳红(女,6月离职)　杜占生　晋和平　吴学意　周永东(6月任职)　籍永利　苏晋华　杨根俊

中共榆社县委

县委书记　张英杰

截至年底,榆社县共有基层党组织513个,其中党(工)委29个,党总支18个,党支部466个,其中机关、事业单位党支部167个,农村党支部217个,社区党支部6个,集体企业党支部14个,非公企业党支部51个,社会组织党支部11个。同年新发展党员195人,全县现有党员11148名(其中女性2698名,占24.2%),其中企事业在职党员3220名、农村党员6213名、离退休党员1337名、其他自由职业者378名。

2019年,榆社县委深入贯彻落实党的十九大和十九届二中、三中、四中全会精神,深入学习贯彻习近平总书记“三篇光辉文献”精神以及中央、省、市各项决策部署,团结带领全县干部群众,撸起袖子加油干、扑下身子抓落实,全县经济高质量转型取得阶段性成效。

经济社会各项事业全面协调健康发展。2019年,全县地区生产总值36.3亿元,增幅7%;规模以上工业增加值10.37亿元,增幅9%;一般公共预算收入3.6亿元,增幅19.3%;社会消费品零售总额15.18亿元,增幅7.5%;固定资产投资19亿元,增幅10.6%;城镇常住居民人均可支配收入24274元,增幅7%;农村常住居民人均可支配收入6800元,增幅15.2%,衡量县域经济增长的七项主要经济指标发展态势良好。特别是从经济发展三项先行指标看,全社会用电量、货运量分别增长59.64%、17%,贷款余额下降1.57%,说明在经济下行压力持续加大的情况下,榆社县经济仍然保持较好的发展速度。

农业取得新成效。坚持以农业龙头企业为主引擎,着力推动“两个转变”,争当晋中高品质绿色农业发展排头兵。榆社农业产业实现了分散经营向规模发展的转变,有力促进了农民增收。依托十四只绵羊公司,继续发展奶绵羊全产业链,打造太行奶绵羊循环产业园。依托保森公司,加快发展羊肉养殖,年内羊出栏量达到10万只,实现年产值1.2亿元。依托青亿农牧公司,抢抓国家恢复生猪生产的政策机遇,投资5000万元发展养猪产业,年内母猪存栏量达到4万头,生猪出栏量达到10万头,实现年产值3.5亿元,致力建设现代化生猪养殖基地。依托牧乐嘉公司,稳步发展肉牛养殖,年内出栏量达到9000头,实现年产值8100万元。依托河南即可达公司,新增鹌鹑养殖60万只,养殖规模达到110万只,实现年产值3630万元。依托天生农牧公司、山西省医药集团,中药材发展到2万亩,实现产值2000万元,打造中药材产业园。依托五福农产品公司,发展谷子3万亩,实现产值3800万元;重点实施好1万亩谷子地膜覆盖穴播技术推广工程,亩均增产100公斤左右,实现扩产提质,打造小杂粮产业园。同时,聚焦设施蔬菜和笨鸡养殖两大传统产业,培育或引进新型经营主体,年内设施蔬菜由1.6万亩发展到1.8万亩,实现产值2.2亿元。笨鸡养殖新增30万只,养殖量稳定在230万只,实现年产值1.7亿元。肉鸡出栏200万只,实现年产值3000万元。全力抓好农业服务体系建设,强化经纪人队伍建设,做到“产业有人帮、技术有人教、销售有人管”,实现农业扩产增效、农民持续增收的“双赢”局面。

工业经济大力发展。全县新增规模以上企业2户,累计达到14户,全年工业总产值突破50亿元,同比增长9.1%,实现利税2.07亿元,同比增长5.6%。外贸出口预计6700万元,同比增长42.5%。社城10兆瓦光伏、禅山100兆瓦风电项目相继并网发电,煤层气东区块实现排采见气,榆社区块全面启动勘查,走出了新能源革命改革的新路径。

城乡建设文化教育社会各项事业。榆社县以创建国家卫生城镇为标准,山水生态型县城发展魅力凸显,城乡建设扩容提质。云竹湖旅游开发当年完成投资4亿元,累计投资21.67亿元,环湖路、心灵驿站、帐篷营地等一批项目建成投用,景区建设初具规模。高质量举办了全国二青会公路自行车赛、云竹湖休闲旅游垂钓节,推动“乡情寻梦地、山水榆社城”走出山西、走向全国,拉动旅游业快速发展。城乡环境不断改善。全面打赢污染防治攻坚战,全面完成229个村村容户貌整治提升工程,全面改善农村基础设施和公共服务设施,顺利推进城市提档升级攻坚行动,城乡面貌焕然一新,广大人民群众感受到实实在在的变化。安全保障更加有力。全县城镇新增就业2842人,城镇登记失业率为2.81%,控制在4.2%以内。城乡保障水平有效提升,“医养结合”模式受到国家发改委检查组的高度肯定。全年未发生一起较大以上安全生产事故,安全生产形势持续稳定。教育事业和文化体育产业迈上新台阶。全民法治观念进一步增强,社会治安和谐稳定。

加强基层干部队伍建设,履行好党建主体责任。一是实施素质提升工程。持续开展农村“领头雁”、第一书记、乡镇挂职干部培训,进一步形成了改革创新、担当实干的思想共识和行动自觉;对40名村两委干部和党员后备干部开展了学历提升工作。二是规范组织委员职责。9个乡镇均设立党建办,配备专职组织员,乡镇党委重新对组织委员工作职责进行了分工,对履职不力的的社城、西马、岚峪组织委员进行了约谈。三是加强驻村帮扶工作队管理。通过抓制度促规范、抓培训促提升、抓落实促保障、抓督查促管理、抓典型促示范、抓队伍促帮扶、抓问题整改促落实、抓抽查访谈促实效的“八抓八促”和实施“红黑榜”公示等举措,加强驻村帮扶干部队伍管理。对62个帮扶工作队,88名帮扶干部进行通报批评,对落实不力的10个单位负责人和6名帮扶干部进行了约谈,进一步提升了帮扶实效,助力全县脱贫攻坚工作顺利推进。

倾力释放“二十五条”红利,激励干部担当作为。一是落实“待遇”保障,提振激情活力。按照“二十五条”要求,加大资金投入力度,努力提升乡村干部待遇。提高乡镇经费保障。二是突出乡镇经历,引导干部向基层流动。突出一线选人用人导向。乡村治理二十五条,进一步打通了乡镇干部交流晋升通道。县委推荐4名具有乡镇党委书记经历的干部进入县级领导班子,5名干部担任乡镇党政正职。储备年轻力量。对调研时发现的117名优秀年轻干部进行重点培养,召集他们召开了3次县委书记、组织部长参与的年轻(挂职)干部目标化分类座谈会,交流思想,汇报工作,发现苗子,为培养优秀年轻干部寻找更优路径。拓宽用人渠道。县委出台了《榆社县从优秀村“两委”主干中推选乡镇党委兼职委员实施方案》,推进村“两委”主干“兼职乡镇党委委员政策的落实。制定了《榆社县鼓励机关事业单位工作人员回村任职引深“三创”活动的实施方案》,积极引导机关单位在职干部回村任职,为加强村级治理“招贤纳士”。规范机构设置。设立了9个乡镇综合便民服务中心和退役军人服务保障工作站,并配备了17名负责人。三是严格督查考核,强化干部管理。出台了《榆社县脱贫摘帽期间乡镇干部管理办法》等一系列制度办法,要求乡镇干部严格执行“5天4夜”、1+3等工作制度。严格实行干部能上能“下”制度。免去1名脱贫攻坚工作不力的乡镇党委书记、1名副书记和1名县直单位负责人,对1名县直单位负责人进行了调整。修订完善了《榆社县2019年度综合考核办法》,把主题教育“8+5”专项整治事项纳入各责任单位的考核范畴。加强对干部考核结果的运用,对2016年至2018年连续三年年度考核优秀的干部给予记三等功,对2018年年度考核优秀的干部给予嘉奖。

加强党的集中统一领导,落细落实管党治党政治责任。县委坚定扛起持续深化监察体制改革主体责任,坚持和加强党的全面领导,要求把主体责任和监督责任一贯到底,推动全面从严治党向纵深发展。提高政治站位。县委共召开常委会、县四套班子联席会、县委中心组理论学习会议等65次,以习近平新时代中国特色社会主义思想为指导,提高政治站位、坚定政治立场、强化政治担当,坚持党对一切工作的领导,扛牢新时代纪检监察机关肩负的特殊历史使命和重大政治责任,做到“两个维护”,保证党的政治纲领和政治目标实现。2019年来,县委召开县委常委(扩大)专题会议,听取县人大常委会党组、政府党组、政协党组、法院党组、检察院党组管党治党工作情况汇报,研究、部署、推动全县全面从严治党各项工作。县委书记批准初步核实25件,立案审查25人。加强组织领导。充分发挥县委反腐败领导小组作用,通过召开反腐败领导小组会议,建立健全案件移送制度、政法干警查处结果通报等制度,使反腐败斗争在决策部署指挥、资源力量整合、措施手段运用上更加协同高效。

(孟思诗)

附:中共榆社县委书记、副书记、常委名单

书　记:张英杰

副书记:韩　军　高　杰(1月任职)

常　委:王晓峰(女)　鲜大虎　王卫东
武晋杰(6月离职)　范　楷(6月任职)
李卫华(11月离职)　姚铁军(11月任职)
柳扣兔(3月离职)　张跃清(11月任职)

中共左权县委

县委书记　王　兵

2019年,左权县委坚持以习近平新时代中国特色社会主义思想为指导,深入贯彻党的十九大和十九届二中、三中、四中全会精神,认真落实习近平总书记视察山西重要讲话精神,紧紧围绕“全力晋位上台阶,全面脱贫奔小康”目标,全面拓展左权各项工作新局面。

一、坚持以脱贫攻坚统揽经济社会发展全局,坚决贯彻落实中央和省委、市委重大决策部署,老区转型发展新局面全面拓展

2019年,左权县委持续拓展全县高质量转型发展新局面。全年完成地区生产总值62.6亿元,同比增长6.5%;规模以上工业增加值20.2亿元,增长6%;固定资产投资55.2亿元,增长4.5%;社会消费品零售总额17.8亿元,增长7.5%;一般公共预算收入4.9亿元,增长4.4%;城镇居民人均可支

配收入29045元,增长7%;农村居民人均可支配收入6782元,增长12%。

以脱贫摘帽为契机,乡村振兴迈出新步伐。2019年4月,经省人民政府批准,左权县成功退出贫困县序列,围绕"巩固脱贫成效、提高脱贫质量、实施乡村振兴、奔向全面小康"四个布局,攻坚深度贫困,持续推动资金、政策向未脱贫的石匣乡蒿沟、羊角乡磨沟倾斜,全县129个建档立卡贫困村全部退出,贫困发生率下降至0.13%;继续严格执行县乡村抓落实工作机制,压紧压实县四大班领导包村督导责任、各乡镇和县直各部门退出指标"回头看"责任、问题整改"双签"责任、督查督导责任。发展富民产业,新发展家庭式核桃园133.33公顷、新栽植核桃树533.33公顷,新增设施蔬菜66.67公顷、杂粮1333.33公顷、中药材1333.33公顷,存栏畜禽饲养量达151.86万头(只),35座村级电站和46.4兆瓦联村电站到村到户光伏收益6426.67万元,惠及141个村、10848人;稳定落实政策,教育扶贫资助学生13948人次,健康扶贫惠及贫困人口10万余人次,为全县建档立卡贫困人口缴纳城乡居民医疗保险、返贫责任保险等。

以百里画廊为龙头,县域经济开创新局面。按照省委、省政府"锻造黄河、长城、太行三大旅游板块"部署和全市"四个百里"战略布局,左权生态文化旅游示范区在工作机制、资源挖掘、文旅融合等方面先行先试,国有景区公司化运作等工作实现新突破。全县共确定县级重点工程项目110个,其中80个必保开工项目中产业类项目36个,总投资182亿元,完成投资13亿元。招商引资共签约入库项目13个,总投资107.13亿元,开工项目8个,到位资金12.35亿元,完成市定年度任务的123.5%。加快制造业高质量发展,中晋太行年产100万吨焦化和30万吨还原铁项目已进入试炉阶段。深入推进能源革命,华能左权羊角9.95万千瓦风电项目、山西国际新能源50兆瓦光伏发电项目进展顺利。

以左权民歌汇为品牌,文化旅游注入新活力。以左权民歌为切入点,精心策划推出"左权民歌汇·2019年国际民歌赛",举办了以"六个一""四个十"为重点的高水准、国际化赛事。

以美丽城镇为目标,城乡环境呈现新面貌。2019年,左权县委开展了以"建美丽城镇、创幸福家园、塑大美左权"为总目标的攻坚行动。推进农村人居环境整治拆违治乱、垃圾治理、污水治理、厕所革命、卫生乡村"五大专项行动",2个省级卫生示范乡镇、5个省级卫生示范村创建完成。持续改善生态环境,完成荒山造林4133.33公顷,实施太行1号旅游公路通道绿化67千米,市委市政府生态环境保护督察反馈左权县的71项具体问题,能立即整改的已全部整改完成。

以民生改善为根本,群众福祉获得新提升。提高城乡低保标准,农村低保每人每年提高到4380元,城市低保提高到555元/月;抓牢稳定就业工作,新增城镇就业3243人,转移农村劳动力3555人;共享优质教育资源,引进国家教育资源公共服务平台、山西数字学校"彩虹课堂"等教育信息化项目6个;筑牢群众健康屏障,完成建立居民健康档案14.88万份,累计完成家庭医生签约127367人;坚守安全生产底线,全面开展安全生产领域防范化解风险集中排查。

二、坚持以党的政治建设为统领,全面落实新时代党的建设总要求,党的建设质量全面提升

抓实"三基建设",组织堡垒作用充分发挥。建立"三基建设"345工作机制,筑牢"书记抓、抓书记"的党建主体责任体系;认真落实"四定五要八必须"措施,完成2019年18个新排查软弱涣散党组织整顿工作,推动2018年36个软弱涣散党组织晋位提升;推进党组织标准化建设,重点打造高标准样板党组织50个;规范优化基层党组织设置,通过合并、撤销、重组等方式科学设置党组织,全县党组织实现优化升格;大力实施集体增收工程,全县所有行政村都建立了有活力的村集体经济组织,85%行政村实现了集体经济收入5万元以上。全力完成机构改革,积极做好年轻干部培养,形成能者上、庸者下、劣者汰的选人用人导向。

强化舆论引导,意识形态责任全面落实。牢牢掌握意识形态工作领导权,围绕扫黑除恶专项斗争形势、党政机关干部职工思想动态、民生及社会领域群众诉求、经济和文化领域形势反响以及脱贫攻坚、网络舆情等方面进行定期通报、研究分析和专项督查,全县意识形态领域形势总体平稳安全;强化舆论宣传引导,组织策划了元宵节非遗展演、壮丽70年·奋斗新时代、城市提档升级等集中采风活动,结合中心工作在中央和省级主流媒体发表系列稿件47篇,《晋中日报》刊发稿件318篇,其中头版头条10篇,晋中电视台《晋中新闻》刊发稿件173篇,《啊各呀呀呆》"万人快闪"微电影获五台山全球微电影大赛"年度最具传播力奖",扩大了左权影响力和美誉度;推进社会主义核心价值观建设,持续开展"最美人物""道德模范""身边好人"等系列评选活动和精神文明"五大创建"活动,引领全社会形成新风正气。

坚持法治理念,基层治理基础不断夯实。成立县委全面依法治县委员会,落实党政主要负责人推进法治建设第一责任人职责。健全基层治理责任体系,落实综治工作领导责任制,全力做好新中国成立70周年大庆的安保维稳工作,层层签订责任书,强化考核、压实责任,夯实平安建设基础;开展扫黑除恶专项斗争,全年共打掉涉恶团伙5个,破获刑事案件21起,抓获犯罪人员34名;强化网格化服务管理,充分利用综治信息系统平台,全年处理各类矛盾纠纷、治安问题、风险隐患和利益群体诉求等各类事件8890件,保证了小事不出村,大事不出乡(镇),难事不出县;继续完善矛盾纠纷多元化解机制,开展了"矛盾纠纷化解基础年"专项活动,全年通过调解方式化解矛盾纠纷1983件,调解成功率达到80%以上。

发挥各自优势,民主政治建设稳步发展。大力支持人大依法行使职权,听取审议"一府两院"专项报告20项,开展执法检查和执法调研4项,规范化改造全县10个乡镇人大代表联络站,建立"人大常委会智库",提高了人大审议工作科

学化水平;充分发挥政协政治协商、民主监督、参政议政职能,129 件提案全部办结,精选生态文化旅游示范区建设、“三农”工作、扫黑除恶等重点难点问题开展视察调研协商,助推全县经济社会发展和民生改善;始终坚持大统战工作格局,引深推动统一战线“六大行动”,切实加强党外代表人士队伍建设,促进民营企业、非公经济健康发展,深入排查整治宗教领域突出问题和宗教活动场所安全隐患,维护民族宗教领域和谐稳定;深入落实党管武装政治责任,提升练兵备战本领,健全完善国防动员体系,协调巩固军政军民团结,统筹推进军民融合项目开展;积极支持工、青、妇等群团组织创新开展社会管理服务民生工作。

三、坚持把纪律和规矩挺在前面,坚定不移正风肃纪反腐,党风廉政建设全面深化

狠抓专项整治,党风政风明显好转。突出重点问题整治,查处违反中央八项规定精神问题 14 件 27 人、形式主义官僚主义问题 63 件 127 人。在全县开展农村低保五保和农村养老保险领域腐败和作风问题专项治理,发现和查处虚报冒领等突出问题 5 件 16 人。开展“大棚房”问题专项清理整治行动,排查各类设施大棚 1810 个,发现并反馈问题 2 件,督促整改附属设施超标准问题 8 个。

践行四种形态,从严治党不断加强。全年运用“四种形态”处理 785 件次,其中第一、第二、第三、第四种形态分别占比 73.7%、22.9%、1.7%、1.7%,实现了“惩治极少数”向“管住大多数”态势进一步拓展。持续运用“以案说纪、以案施教、以案促改”工作制度,起到了举一反三、建章立制的延伸效应。

保持高压态势,反腐斗争形成震慑。发挥县委反腐败领导小组作用,规范线索移送、推动线索共享,全年执纪执法机关相互移送问题线索共 96 件。全县纪检监察机关共受理涉纪信访举报 65 件,处置问题线索 770 件,立查案件 203 件,给予党纪政务处分 202 人,挽回经济损失 474.1 万元。深挖彻查涉黑涉恶腐败和“保护伞”,发现问题线索 46 件,完成查处涉黑涉恶“保护伞”腐败问题 42 件 106 人。开展人防系统腐败问题专项治理,共排查问题 41 个,追缴人防工程异地建设费 894.94 万元,发现问题线索 4 个。

推进巡察工作,“利剑”作用有效发挥。认真完成县委第六轮巡察和脱贫攻坚专项巡察,启动并正在开展第七轮巡察,共移交问题线索 37 个,发现并反馈共性问题 179 个,已完成整改 131 个。

(张俊平　李　花)

附:中共左权县县委书记、副书记、常委名单

书　记:王　兵

副书记:赵宏钟　王宏昌(6月离职)　孟玲珑(6月任职)

常　委:刘二萍(女)　史彦忠　史泽生　李学文(7月离职)　郑力勇(7月任职)　冯玉全(6月任职)　李　健

中共和顺县委

县委书记　孙永胜

2019 年,中共和顺县委全面贯彻党的十九大和十九届二中、三中、四中全会精神,认真落实习近平总书记视察山西重要讲话精神和中央、省委、市委的决策部署,坚持稳中求进工作总基调,以脱贫攻坚统揽经济社会发展全局,积极履行把方向、管大局、作决策、保落实职责,改革创新、奋发有为,推动党和社会各项事业取得新进展。

一、开展重大活动和主题教育,党心民心充分凝聚

县委积极开展重大活动和主题教育,教育引导全县上下树牢“四个意识”、坚定“四个自信”、做到“两个维护”。庆祝新中国成立 70 周年,以践行四大“红色理念”,开展“我和我的祖国”群众性主题宣传活动为载体,组织学习教育和理论宣讲、国庆文艺演出等活动;举行千人升国旗仪式;组织干部群众集中收听收看习近平总书记重要讲话和盛大阅兵式、群众游行。深入开展主题教育,县委以习近平新时代中国特色社会主义思想为指导,聚焦主题、紧扣主线,学习教育、调查研究、检视问题、整改落实扎实推进。全县各级领导班子召开专题交流研讨 209 次,讲党课 296 人次,开展革命传统教育 2142 人次,警示教育 3967 人次,形势政策教育 2662 人次。抓检视问题,坚持开门搞教育,广泛征求意见建议。抓整改落实,开展“8+5”专项整治,整治问题 189 个。开展“改革创新 奋发有为”大讨论,突出“六个破除”“六个着力”“六个坚持”,落实“十个规定动作”,细化为 28 项具体措施,扎实推进。坚持问题导向,共查摆问题 1.8 万个,解决 1.61 万个,占 89.5%。通过教育活动,党组织和广大党员干部增强了守初心、担使命的思想自觉和行动自觉,推动了改革发展稳定各项工作,解决群众最急最忧最盼的问题,涵养了风清气正的政治生态。

二、聚焦巩固提升,脱贫攻坚决战完胜

县委以脱贫攻坚统揽经济社会发展全局,持续攻坚。强化组织领导,加强“三支队伍”管理。探索出易地扶贫搬迁社区治理新路径。易地扶贫整村拆迁和“党建带工建、同心促脱贫”两项工作在全省作经验交流并推广。大力发展产业,全年投入 1.59 亿元实施扶贫项目 174 个,带动 18011 户、49102

个贫困人口，人均增收900元。帮扶单位共投入1400余万元,实施万元以上帮扶项目48个。推进易地扶贫搬迁后续产业发展,提供就业岗位3300个,组建易地扶贫搬迁菌菇产业联合社,引进山东寿光东城集团,实现规模化、集团化。抓实政策扶持,出台《2019年统筹整合使用财政资金精准扶贫实施方案》等6项相关配套政策,建立健全6项返贫机制。为全县所有贫困人口上人均22元的脱贫保障保险。同时，投资760万元,为农户代缴种植保险和肉牛、生猪养殖保险,筑牢返贫防线。

4月18日,省政府宣布和顺县退出贫困县序列。7月6日至12日,代表全省接受国家第三方脱贫摘帽抽检。县脱贫攻坚领导小组获得全省脱贫攻坚组织创新奖。

三、深化各项改革,发展活力不断激发

县委坚持“改革不能落后,改革必须先行”的发展理念,推动各项改革。完成党政机构改革,共设置党政机构36个。教育体制改革成果丰硕,晋中市“县管校聘”管理改革现场会在和顺县召开,和顺典型做法入选第六届全国教育局长峰会教师队伍建设优秀案例。全县6名学子考入清华、北大,对口高考22人进入全省各专业前30名,晋中市排名第一;中考600分以上优生率晋中市第二。能源改革有序推进,成立山西省煤炭开采无煤柱自成巷工程技术研究中心,每年回收煤柱100万吨;推进和顺横岭区、西区块煤层气开发;和顺蓝焰煤层气勘探及地面加工生产项目实现“探转采”;龙源风力发电项目建设,完成升压站封顶。国资国企改革持续深化,“三供一业”进入施工阶段。农村集体产权制度改革进入扫尾阶段,土地确权登记颁证工作基本完成。

四、加快经济转型发展,综合实力稳步提升

县委多措并举,打造和顺转型发展的新优势新动力。确定的66个重点项目全部开工,完成投资28.78亿元。省级重点项目1个,完成投资3.5亿元;市级重点项目5个,完成投资58.8亿元。瞻望世纪航空和顺通航经济区建设项目入选山西省第二批招商引资重大项目。加大招商引资,招商签约并上报会审通过项目16个,签约引资额99.22亿元。经济技术开发区入驻企业16个,主营业务收入、税收收入均达到省级开发区批复条件,并通过省级专家初审。宏田嘉利农业科技有限公司成功申报高新技术企业。全年完成地区生产总值580946万元,同比增长6.6%;规模以上工业总产值459539万元，同比增长5.9%；固定资产投资416859万元，同比1.4%;一般公共预算收入60058万元,同比增长6.11%;居民人均可支配收入16124元,同比增长9.1%。

五、推进乡村振兴,城乡面貌持续改观

县委聚集关键环节,推进乡村振兴。激活农村资源,规范土地流转8万亩，集中连片流转2.16万亩，拆旧复垦耕地371.47亩,与晋中市开发区签订城乡建设用地增减挂钩指标易地交易协议,交易指标992.531亩。推进产业园区建设,肉牛—火麻省级现代农业产业通过省级评审,肉牛—中药材市级现代农业产业园顺利。开展“国家良好农业规范认证示范区(县)”创建,GAP认证企业17家,认证土地7万亩以上。加快全域旅游发展,太行鹊桥、牛郎织女文旅城等项目完成投资2420万元。整治农村人居环境，开展乡村清洁行动战役、交通干线沿线环境整治专项行动,创建市级美丽宜居示范村13个,农户改厕2400座。

六、坚决保护生态环境,生态名片更加亮丽

县委围绕蓝天碧水净土，坚持不懈打好污染防治攻坚战。严格落实生产单位“三个不”、一票禁止生产制度;出台《和顺县“散乱污”企业排查整治长效监管办法》,各乡镇深入排查,严防“散乱污”企业死灰复燃;划定禁煤区2.34平方公里,启动1万余户集中供热、以醇代煤等清洁供暖改造。统筹推进“五水同治”,实行水资源管理“三条红线”“四项制度”;加强潇河流域治理,封堵马坊乡2个入河排口。5个地表水出境断面除枯河实施整治外,其余4个均达标。实施生态治理工程6.86万亩;投资3000万元,建设“百里万亩绿色长廊”。开展露天煤矿土地复垦3860亩,边坡绿化1600亩。

七、坚持以人为本,民生福祉日益改善

县委以创建国家卫生县城和城市提档升级攻坚行动为抓手,实施城建重点工程16个,当年完成投资3.92亿元。开展城市提档升级攻坚行动，聚焦“两下两进两拆两补三严禁”,完成9类、48项任务,县城、松烟镇顺利通过省创卫明察暗访组和评估组检查。全年民生事业支出6.38亿元,同比增长32.35%。实施县城集中供热、县医院门诊住院楼、棚户区改造等工程。新增城镇就业2247人,失业人员再就业452人,困难人员就业93人,转移农村劳动力2335人。

八、深化思想文化宣传,精神动力显著增强

县委抓牢意识形态工作,及时妥善处理网上舆情,掌握意识形态工作领导权、管理权、话语权。推动媒体建设,以《和顺报》、和顺广播电视台为龙头,整合县域媒体资源,集中围绕和顺县70年发展历程和重点企业、重要人物、重大改革等典型事例,开展《见证新和顺》系列宣传报道,讲好和顺故事,弘扬正能量。精神文明建设上,评选出24个县级文明单位和2019年度“最美和顺人”及候选者40名。举办第九届中国·和顺牛郎织女爱情文化节和第五届许村国际艺术节。文化活动丰富,“送戏下乡”100余场。

九、全面推进从严治党,党建保障切实加强

县委坚决扛起主体责任，召开专题会议研究管党治党、党风廉政建设和反腐败工作,通过《关于落实全面从严治党“两个责任”的三十条措施(试行)》,组织对乡镇党建观摩,督促指导党组织建设。完成县委巡察7轮。聚集“三个警惕、三

个进一步”和“四个坚决摒弃”，开展正风肃纪。激励优化干部队伍，制定《和顺县贯彻落实〈晋中市提升乡村治理能力二十五条(试行)〉实施细则》，提拔重用17个乡镇事业副科、13名乡镇党委兼职委员。选树4名市级和24名县级担当作为先进典型，表彰脱贫攻坚工作121个先进集体和200名优秀个人。夯实“三基建设”，建立完善经费保障、干部报酬增长、阵地建设3项机制，落实党建工作经费491.5万元，建立乡镇党建工作站，配备人员23名，村级党群服务中心全覆盖。创建达标型党组织370个、示范型党组织200个。分层开展培训，举办5期培训班、1220人次。推进党风廉政建设，开展“四风”问题和违反中央八项规定精神监督检查6轮次，处置问题线索22件，通报曝光典型案例，开展警示教育。开展“清风行动”，处置扶贫领域问题线索69件。

(张　燕)

附：中共和顺县委书记、副书记、常委名单

书　记：孙永胜

副书记：马海军　任拥东(1月离职)

李　雪(女，6月任职)

常　委：赵文军(6月离职)　王雪琴(女，1月离职)

冯小兵(1月任职，10月离职)

赵江波(6月离职)　周永东(6月离职)

陈卫国　袁瑞军　张建岗(6月任职)

魏鹏耀(7月任职)　段滋建(6月任职)

贾海涛(挂职)

中共昔阳县委

县委书记　许利伟

2019年，昔阳县委高举习近平新时代中国特色社会主义思想伟大旗帜，全面贯彻落实党的十九大和十九届二中、三中、四中全会精神、习近平总书记“三篇光辉文献”精神，按照省委“一个指引、两手硬”思路和市委“两个全面”战略部署，团结带领全县干部群众，锚定“四大目标”，抓实“五大任务”，持续推动全县各项事业朝着建成小康昔阳目标不断前进。昔阳县获全国“七五”普法中期先进县、全国百强健走示范区、全省“双拥”模范县等荣誉称号。全国有机旱作农业高端论坛、全市全民健身步道建设现场会、全市城市提档升级攻坚行动推进会、全市创建国家卫生城镇观摩会等多个交流会在昔阳县召开。

一、坚定“四个自信”，高度自觉忠诚践行“两个维护”

以政治建设统揽全局。坚持把“两个维护”作为根本政治规矩，认真落实中央、省市委加强党的政治建设意见精神，召开县委常委会议48次，研究议题166个，持续加强对根本性工作推进力度；坚持把学习贯彻习近平新时代中国特色社会主义思想作为首要任务，严格第一议题制度，县委中心组开展学习28次，引领推动理论学习往深里走、实里走、心里走；坚持把民主集中制作为最高政治原则，严格重大问题请示报告、外出报备等制度，强化政治忠诚、锤炼政治定力、驾驭政治局面。以主题教育指引大局。把坚守初心使命作为加强党的建设的永恒课题，全体党员干部终身课题，聚焦主题、把牢主线，以“五个走在前”起步开局。建立“1+3”机制，抓整体谋划、关键动作、督促指导、持续引深。坚持开门搞活动，结合“三学三联三解”，以“六个一”机制推进“8+5”专项整治整改，“1+5”机制保障“9+2”服务行动，破解基层难题600余个，解决群众操心事烦心事640余件。中央第8巡回督导组对昔阳县主题教育给予充分肯定。以学习讨论开辟新局。把大讨论作为改革开放再出发的重大举措，举办报告会530余场，108名县直部门负责人和乡镇党委书记对标一流述职评议，1200余名干部开展“进村入企服务”，解决问题775个；评选担当作为先进典型26名；对标一流整改提升清单中，22个问题全部整改，54项举措全面落实，为全年工作打开了良好局面。

二、坚持稳中求进，加快转型升级转换动能步伐

不断加强党对经济工作的领导，定期分析研判，强化推进举措，全力做好全年经济工作。工业转型势头强劲。以开发区发展为突破口，全力打造新材料、新化工、新能源“三大产业集群”，成功入驻企业14家，落地转型项目12个，昔阳县成功获批山西省首批特色产业集聚区。新型蓄光材料、活性炭、氧化锌、地下综合管廊等一批市场潜力大、科技含量高、经济效益好的项目顺利推进，锂离子电池负极材料一体化项目一期顺利投产，二期落地开工，填补了晋中“电子核心产业和新型功能材料”空白，开发区成为了昔阳转型升级、高质量发展主引擎。丰汇煤业、安顺煤业跻身全省百强企业。特色农业纵深推进。以壮大特色产业为抓手，“菜果猪菌药”五大产业分别达2.5万亩、20万亩、30万头、70万平方米和3万亩，打造了台上苹果和杜庄中药材种植示范区，建设了压饼产业园。农林牧渔业增加值完成1.85亿元。旅游发展活力彰显。以全域旅游为新模式，举好大寨龙头，发挥品牌优势，大寨村入选全国乡村旅游重点村名录；举办了“美丽中国”全国门球赛、二青会火炬传递、国际山地马拉松赛、中国汽车场地越野赛等活动，建设太行山板块旅游路32.7公里，昔阳县登山健身步道建设走在全省前列。

三、树牢交账意识，巩固提升脱贫成效

坚持以脱贫攻坚统揽经济社会发展全局，树牢“2020年交总账”意识，全力推动脱贫攻坚工作取得新进展、巩固新成

效、实现新提升。2019年,全县脱贫348户661人,贫困发生率降至0.077%。聚焦重点补短板。坚持“四不摘”要求,强化“三保障”底线,投资3000余万元实施农村饮水安全工程72处,惠及4.5万群众;扎实开展危房清零工程,全力保障群众住房安全;继续落实阳光助学、雨露计划等政策,4500余名贫困学生全部覆盖;实施医疗救助2376人次,“双签约”服务覆盖100%;为所有建档立卡贫困人口购买了住院津贴险、意外伤害险,筑牢了返贫防线。创新方式破难题。优化利益联结,在不改变资金用途前提下,把财政专项扶贫资金投入到产业项目形成的资产,转变为贫困户持有的股份,并折股量化到户,强化风险管控,发挥带贫益贫效应,全县5000余户贫困户拿到了股权证。探索了“五进六统一”消费扶贫新模式,151个贫困村设立了爱心扶贫超市,解决了贫困户“丰产不丰收”问题。持续用力促提升。做好易地搬迁后续文章,依托扶贫车间,成功引进大寨制衣、天津仿真花、手工刺绣等企业,吸纳400余名贫困人口就近就业,实现了有劳动力家庭就业全覆盖;对表对标抓实问题整改,国考、省考、审计、通报等反馈昔阳县的214个问题已整改到位,以点带面、举一反三,放大整改效应,拓展整改成果。

四、坚定小康必胜信心,积极稳步推进乡村振兴

坚持把实施乡村振兴作为重大任务,聚焦“20字”总要求,主动融入全市“一片一带一圈”示范廊带,整体发力,全面推进。以“七型模式”引领突破。全县302个行政村党建引领、整体规划、分类推进,创新了党建引领型、聚集提升型、城郊融合型、特色保护型、资源盘活型、文旅生态型、搬迁开发型“七型模式”,成功打造了花画河南、古村长岭、儒雅孔家沟、生态潘掌、梯田南垴、稻香南营、山水南郝峪等标杆村,为全市乡村振兴提供了昔阳范式。以“三级示范”扮靓颜值。深入学习推行浙江“千村示范、万村整治”经验,以打造3个示范乡镇、60个美丽宜居示范村和1000个示范户为目标,持续开展乡村户三级示范。投资5000余万元在29个村实施污水管网改造,投资400万元推进2000座农村户厕改造,全县无害化卫生厕所达1.2万座,垃圾清运保洁村达293个,乐平镇成功创建国家级卫生乡镇,“三级示范”推动乡村振兴迈出新步伐。以“激活资源”提质增效。纵深推进“激活农村资源、促进乡村振兴”攻坚行动,建设高标准农田3.2万亩,增减挂钩拆旧复垦686亩,种植特色经济林8000亩,培育种苗2800亩,新增和改善节水灌溉1200亩,治理水土流失7.15万亩,乡村振兴的基础更加扎实。

五、推进改革开放,不断激发发展活力

牢固树立“改革不能落后,改革必须先行”导向,全面推进各领域改革,打造新优势、培育新动力、释放新红利。全面提升改革工作领导力。确定年度改革任务41项,17名县领导分工负责,清单式管理、台账式推进,全年任务基本完成;对29个县委议事协调机构调整更名,明确任务、细化职责;出台《工作规则》,运用提示、交办、督办、约谈等制度,动态掌握进度,及时查漏补缺,确保改革任务落地落实。持续释放改革攻坚新成效。党政机构改革顺利完成,19个新组建机构全部挂牌,既发生“物理变化”,又催生“化学反应”;扎实推进煤矿减量重组,昔阳县获批全国增量配网业务改革试点,能源革命迈出新步伐;国家级慢病综合防控示范区创建通过验收,医养结合走在全市前列;出台民营经济、改进作风、乡村治理、三重一大4个“20条”,把制度优势转化为治理效能,思路更加明确,效果更加凸显。着力构建对外开放大格局。主动走出“东大门”,融入“京津冀”,在上海举行了山西昔阳招商引资推介暨重点项目签约仪式,全年签约项目10个,签约总投资118.9亿元,完成市定任务的108.1%;储备项目7个,总投资111.4亿元,实现了每年都有大项目投产、好项目落地、新项目储备。特别是在市委、市政府大力支持下,启动了投资1.6亿元的大寨博物馆建设项目。

六、坚持以人为本,持续提升民生福祉

始终把人民对美好生活的向往作为工作主向,全力做好民生实事。社会事业蓬勃发展。城乡十大民生工程全面竣工,城乡供水、片区改造、健康步道等百项惠民工程完美收官,中小学入学率、巩固率达100%,城乡居民医疗保险参合率达98%,城镇就业、农村劳动力转移就业分别完成年度任务的137.2%、118%,1.9万人次享受救助保障5370余万元;农村广播电视网络全覆盖工程让5.6万农户受益,昔阳县2人获省第七届道德模范称号,本土电影《岭上花开》在全国院线成功上映,城乡居民个人存款达117亿元。城市建设提档升级。聚焦城市发展难点、痛点,投资2.3亿元开展了“两下、两进、两拆、两补、三严禁”五大专项整治。坚持以质取胜、以特取胜,聚焦三大重点,实施了总投资2.6亿元的环城生态水系提标工程,打造了串联滨河、颐民、澳垴山三大公园的10公里健康步道,建设了全市首家国防教育主题公园。坚持“城市管理要像绣花一样精细”的理念,创新“十集中”管理、“大城管”治理、“智慧化”应用、“便民式”服务“四大管理模式”,城市精细化管理水平大幅提升。生态环境持续改善。全力打好蓝天保卫战,划定禁煤区5.13平方公里,全县大气环境质量持续向好。全力打好碧水保卫战,开展了饮用水源地环境整治,国家省市出境断面水质全部达标。全力打好净土保卫战,统筹资金2.2亿元,实施了三都露天矿生态恢复治理、太行山绿化等工程,扎实推进重点监管企业土壤环境隐患排查与自行监测。中央环保督察、省“百日清零”行动、市环保督察等反馈昔阳县的228个问题,基本整改到位。社会大局稳定和谐。认真落实安全生产责任制,全面整治各类安全隐患,全县安全事故同比下降100%,安全生产形势平稳向好。严格执行领导接访首问负责、周带班等制度,建立了法、检、公、司、信访“五长”巡访机制,有效化解信访矛盾。认真贯彻总体国家安全观,坚决扛起防范化解重大风险政治责任,成功引导重点舆情29起,意识形态领域安全持续巩固;打掉黑恶势力10个,抓获犯罪嫌疑人119人,昔阳县工作受到市委表扬。

七、坚持从严从实,全面加强党的建设

始终以永远在路上的执着把从严治党引向深入，努力实现党内政治生态持久风清气正。坚决扛起主体责任。充分发挥县委领导核心作用,出台县委2019年度党建工作要点,定期听取县人大常委会、县政府、县政协、县法院和县检察院五大党组工作汇报,分析全县政治生态2次,研判意识形态3次,积极为纪委履职提供保障;认真落实市委4个“25条”和县委改进作风推动落实“20条”,问责管党治党不力党组织4个,党员领导干部9人,推动全面从严治党向基层延伸。全力夯实“三基建设”。突出政治标准,调整干部5批181人次,一批心中有责、眼里有活、手上有招的基层干部走上领导岗位;加大干部培训,3000余人次充电补钙;注重支部建设,整治软弱涣散基层党组织41个,创建示范型党组织138个,25名农村干部兼职乡镇党委委员,村“两委”主干年均报酬达2.9万元;持续壮大集体经济,收入5万元以上村占比达74.2%;72个行政村合并任务全部完成,走在了全市前列。持之以恒正风肃纪。深入开展形式主义、官僚主义集中整治,查处32案53人;贯通运用“四种形态”,处理668人次,处分党员干部141人;坚决整治漠视侵害群众利益问题,主题教育开展以来共查处27案59人;市县统筹巡察乡镇及县直单位党组织26个。

(刘利国)

附：中共昔阳县委书记、副书记、常委名单

书　记：许利伟(2月任职)

副书记：侯文亮(1月任职)　郭丰慧(1月离职)
李　军(8月任职)

常　委：张扣生(7月离职)　冯小兵(10月任职)
李怀仁　赵海斌　张月清(女)　陈　昉(1月任职)
陈建鹏(7月离职)　郑海明(7月任职)

中共寿阳县委

县委书记　杨　隽

2019年，寿阳县委坚持以习近平新时代中国特色社会主义思想为指导，深入落实习近平总书记视察山西重要讲话精神,坚决贯彻党中央和省委、市委决策部署，围绕实现争创一流目标，团结带领全县党员干部群众攻坚克难、扎实工作,破解了一批长期得不到解决的难题，办成了一些过去想办却没有办成的事情，推动全县各项工作不断开创新局面。

一、坚定政治站位,增强“四个意识”,坚定“四个自信”,做到“两个维护”

持续推进学用习近平新时代中国特色社会主义思想往深里走、往实里走、往心里走。严格落实第一议题学习习近平新时代中国特色社会主义思想制度,组织中心组学习24次,举办专题讲座10次,召开学用新思想经验交流会,推动新思想学习常态化、制度化。组建理论宣讲团,通过网格化和“七进”基层等多种形式开展集中巡回宣讲，直接受众5万余人次。

扎实开展“不忘初心、牢记使命”主题教育。4个县级领导班子、16个乡镇(城区)、143个县直部门、759个基层党组织和16798名党员按照主题教育要求，一体推进学习教育、调查研究、检视问题、整改落实等规定动作。党员干部学用习近平新时代中国特色社会主义思想自觉性明显增强,干事创业、担当作为精气神明显提振,人民群众获得感、满意度明显提升。集中力量抓好“8+5”专项整治整改和“9+2”服务行动,推动交通、就业、物价、住房、医疗、供暖、食品安全等一批民生问题得到有效解决。

精心组织“改革创新、奋发有为”大讨论。坚持把大讨论作为牵引全年工作的重要抓手,认真落实“10+3”动作要求。全县上下改革意识、开放水平、发展质量、工作标杆、工作实效和创新能力进一步提升。

扎实推进市委巡察整改工作。对照巡察反馈提出的7个方面35项具体问题,制定整改措施122项。召开常委班子巡察整改专题民主生活会,对照问题进行深刻剖析。已完成整改29项,给予党纪政务处分23人,组织处理64人,制定修订制度34项。

二、坚持以人民为中心的发展理念,推动解决群众最关心最直接最现实的利益问题

城市建设取得新突破。坚持把群众反映最强烈、意见最集中的城市建设问题列为今明两年的头等大事来抓。投资20.95亿元,全面启动34项城市建设工程。完成朝阳街、恒阳路等10条总长17.3公里的城市道路建设工程，完成拆迁284户、商铺325间、单位28个,实现了当年立项、当年拆迁、当年贯通。认真落实市委城市提档升级部署要求,聘请国内一流设计团队编制了城市风貌设计、片区改造和水系详规等专项规划。完成县城及周边27.76公里的污水管网建设。规划建设公园绿地9处、16.6万平方米。启动了环城水系治理、化肥厂片区改造、旧县衙和行政中心片区改造等工程。创卫工作顺利通过省级技术评估。同时,推动010铁路迁移、太旧高速寿阳西互通等一批长期制约寿阳城市发展的难题得到破解。

实现脱贫攻坚决战决胜。始终把脱贫攻坚工作摆在突出重要位置，组织5次县委常委会、12次脱贫攻坚专题会议、24次脱贫攻坚领导小组会议,研究部署脱贫攻坚工作。健全

完善“五个机制”抓扶贫工作体系,分行业成立20个专项扶贫行动小组。开展脱贫攻坚“百日会战”,围绕解决“两不愁三保障”核心问题,为309户建档立卡贫困户实施危房改造,实施12个安全饮水项目。财政增加资金1250万元,完成20个村、749户村容户貌整治。全县未脱贫户剩余27户66人,贫困发生率降到0.04%。

坚决抓好污染防治和安全生产工作。坚定贯彻“绿水青山就是金山银山”的理念,项目建设、产业发展主动对接环保高标准,对污染环境的项目不论投资大小绝不引进。开展违法排污大整治“百日清零”专项行动,实施“散乱污”企业动态清零。对307国道沿线进行集中整治,建立城乡道路清洁一体化机制。持续推进白马河人工湿地及水质提升工程建设。建立了安全生产分级监管责任机制,对全县16309个生产经营单位和重点风险部位进行分类,明确了监管责任。

全力保障和改善人民生活。民生领域支出占到一般公共预算支出的76.2%。全县城镇新增就业人数、农村劳动力转移人数均超过市定任务30个百分点以上。义务教育阶段中小学改薄实现全覆盖。与浙江微医集团合作,建立互联网+医疗健康体系。新增集中供热49.1万平方米,基本实现了县城区改厕和集中供热两个全覆盖。

三、坚持全面深化改革,进一步增强发展的动力和后劲

坚持以改革立标、用改革破题。在全县确立了整体工作在全市“保四争三”,至少一项重点改革事项走在省市前列的考核评优硬指标,确定45项重点改革事项和17项县级转型综改先行先试改革事项,建立县级领导领办改革事项工作机制,使改革成为了推动经济社会发展的源头活水。

创新推进秸秆禁烧和综合利用改革。出台《寿阳县森林防火管理办法》,明确对擅自在森林防火区内野外用火的,处3000元罚款、行政拘留10日,有效管住了野外用火行为。用足用活地力补贴政策的基础上,整合资金2600万元,与全县98%的农户签订了秸秆综合利用委托处理协议,已经完成78%以上。探索建立了法治化、市场化、社会化的秸秆禁烧和综合利用长效机制。

推动民营经济发展改革。制定出台《支持民营经济发展十六条》,创建了民营经济发展促进会,成立机械制造行业协会等6个行业协会。建立2000万元的企业应急周转资金,设立3000万元的县级中小企业发展引导基金和优惠政策兑现资金,撬动3亿元社会银行贷款。设立民营经济综合服务平台,建立了每周二政府副县长企业服务日制度。全县民营经济发展活力进一步激发。

四、坚定落实新发展理念,有效推进经济发展方式转变

坚定不移推动转型发展。建设重点工程项目92个,总投资408.7亿元,投产33个。转型项目29个,总投资292.5亿元。新引进山西交控集团物流及绿化苗木体验基地、强伟纸业三期等7个项目,总投资104亿元。新储备项目18个。

持续优化营商环境。深化企业投资改革试点工作,项目开工审批事项由28项减少为18项。行政审批事项平均办结时限由15个工作日压缩为3个工作日,县直部门开具证明由88个减少到24个。进一步规范乡村便民服务中心建设,三大类54项事项实现不出村办理。建立干部联系企业长效机制,实现企业帮扶常态化服务。减税降费累计减免4.9亿元。

五、坚持农业农村优先发展,强力推进乡村振兴

高标准完成乡村振兴示范廊带建设。坚持规划先行,高标准定位,严要求实施,强力度推进。重点对黑水、山底、华南三个重点村组、29.6公里道路和沿线8个村庄进行整治。依托交控集团绿化苗木体验基地项目,坚持运用市场化的方式推动产业发展。以傩舞、竹马等非物质文化遗产为依托,规划建设傩文化展示中心,加快文旅深度融合发展。以示范廊带建设为引领,围绕307国道、216省道和潇河风情廊带“一圈一带”打造7个乡村振兴示范村、34个人居环境改善示范村,全县乡村振兴示范村达到87个,占比42%。

大力推进高效旱作农业发展。规划打造3个千亩以上有机旱作封闭示范片、4个有机旱作特色试验示范区。依托中墨合作功能玉米产业园,实现全托管土地3万亩,平均亩产达到1015公斤,创造了全省旱作农业高产新纪录。全国旱作节水农业交流会在我县召开,有机旱作农业经验向全国推广。

进一步提升乡村治理能力。认真落实市委提升乡村治理能力“二十五条”,率先出台《加强农村基层组织建设十项措施》。创新社会治理机制,通过划小社会治理单元,以30户左右为单位,全县划分2981个基础网格,其中农村网格1956个。干部、工作、工资全部纳入网格,建立了“全科网格”,实现了“一网通办”。采集7大类132项信息,建立一体化的信息系统和综合指挥平台。实现了网格化、扁平化、经常化、信息化管理服务,走出一条党建引领乡村治理的“寿阳路径”。

六、坚定不移推进全面从严治党,党的建设取得新成效

进一步引深“三基建设”。财政新增预算1445万元,乡镇运转经费达到123.9万元,比去年翻了一番,村级运转经费新增3万元,达到14.8万元。205个行政村集体经济全部破零,收入5万元以上达到74.1%。示范型党组织、达标型党组织分别达到47.9%、73.9%。完成27个软弱涣散党组织整顿工作。

进一步强化干部队伍建设。突出政治标准,强化担当作为,加大年轻干部培养使用力度,先后调整干部16批236人次,在全县营造了选人用人的良好风气。县直部门一把手平均年龄下降3.2岁,乡镇党政正职平均年龄下降5.8岁,“八零后”乡镇长占比62%。形成了想干事、敢干事、干成事的良好政治生态。

进一步保持正风肃纪反腐高压态势。召开县委十三届八次全会,对全面从严治党特别是落实“两个责任”作出部署,制定出台《加强党风廉政建设十项措施》。查处违反中央八项规定精神问题20案32人,查处形式主义、官僚主义问题62案107人。累计处置问题线索717件(次),立案174件174人,结案152件152人,给予党纪政务处分152人,移送司法机关9人。通报曝光典型案件20案47人。精准运用监督执纪“四种形态”,第一、第二种形态占比达到95.6%。开展3轮县委巡察,乡镇、县直单位巡察覆盖率达到77.5%,行政村巡察覆盖率达到58.8%。查处民生领域、扶贫领域、涉黑涉恶领域腐败问题71件。

进一步推进民主法治建设。坚持民主公开执政理念,统筹民主监督、社会监督、舆论监督,形成监督合力。重大决策执行、重点工作进展、行政执法活动全部向社会公开。成立了招商引资和项目建设、文化繁荣等5个促进会,广泛邀请社会各界参与决策论证。在媒体开设电视问政、网络问政、回音壁、马上办等栏目,重点部门负责人走到镜头前解答群众问题,收到了良好效果。持续推进扫黑除恶专项斗争,累计打掉黑社会性质组织1个、恶势力犯罪集团1个、恶势力犯罪团伙11个,破获刑事案件87起、治安案件8起,逮捕犯罪嫌疑人84人。全县205个行政村全部建立公共法律服务工作室。

(王俊明　王　潇)

附:中共寿阳县委书记、副书记、常委名单

书　记:郝鹏鸿(1月离职)
杨　隽(1月任职)

副书记:史　洁(女)　陈德刚(1月离职)
范亮珍(6月任职,12月离职)

常　委:任　钦　陈志强　赵　弘
李　雪(女,6月离职)　马建华
孙金忠(9月任职)　高庆林(8月任职)
王　娟(女)

中共阳泉市委

市委书记　关建勋

2019年,中共阳泉市委高举习近平新时代中国特色社会主义思想伟大旗帜,全面贯彻党的十九大和十九届二中、三中、四中全会精神,持续引深“三篇光辉文献”精神学习贯彻,团结带领全市党员干部群众锐意进取、攻坚克难,推动中央大政方针和省委决策部署在阳泉全面正确有效落实,不断在“两转”基础上拓展新局面。

一、把牢正确政治方向,推动学习贯彻习近平新时代中国特色社会主义思想往深里走、往心里走、往实里走

一年来,市委理论中心组集体学习23次,举办7期阳泉大讲堂,召开全市第二次学用习近平新时代中国特色社会主义思想经验交流会,开展《纲要》“七进”宣讲活动,教育引导广大党员干部增强“四个意识”,坚定“四个自信”,做到“两个维护”。把开展“不忘初心、牢记使命”主题教育作为重大政治任务,市委常委班子带头,全市5068个基层党组织、8.4万名党员原原本本学习《选编》《纲要》《汇编》,运用“一城一址一馆一地一书一片”等红色资源开展教育,组织开展专题民主生活会和组织生活会,县处级以上领导干部全部按照“18个是否”查找自身问题,各级领导班子和领导干部都建立了“5个清单”,认真开展“三服务”,梳理群众反映问题6933条,解决4455条。举办新中国成立70周年系列庆祝活动,组织文艺庆典、展览展演、专题讲座等430余场次,民族精神和时代精神得到进一步升华。开展“改革创新、奋发有为”大讨论,取得了一批理论成果、实践成果和制度成果。

二、践行新发展理念,推动高质量转型发展

始终保持战略定力,把转型综改摆在经济工作的核心地位,用好金字招牌、走好金光大道,推动高质量转型发展。2019年,地区生产总值同比增长5.0%;规模以上工业增加值增长3.4%;固定资产投资增长7.7%;社会消费品零售总额增长7.2%;一般公共预算收入下降0.4%;海关进出口总额增长45.8%;城乡居民人均可支配收入分别增长6.7%和9.3%。

稳步推进能源革命。退出产能410万吨,先进产能占比达到72.7%,新能源装机容量达到162.3万千瓦,占比36%。

举办阳泉能源革命高峰论坛,陈清泉院士科创中心落地。

积极培育新兴产业。新一代信息技术产业方面,加快国家智能物联网应用基地试点建设,携手百度打造AI中小城市样板,百度云计算(阳泉)中心项目二期开工;“中国纳谷产业园”投入使用;中国信通院智能物联网研究中心(阳泉)和阳泉大数据与智能物联网应用基地体验中心揭牌。新材料产业方面,阳中新材气凝胶项目实现当年开工、当年建成、当年投产。现代物流产业方面,山西国际陆港B型保税物流中心项目和冠亚综合保税仓现代物流项目进展顺利。文旅康养产业方面,举办“我和我的祖国”红色故事讲解大赛和“太行深处有人家”阳泉乡村旅游创意大赛,娘子关等9个村庄入选全省首批3A级乡村旅游示范村,阳煤三矿入选第二批国家工业遗产。同时,现代煤化工、煤机装备产业发展迈出新步伐。2019年,非煤工业增长10.0%,新兴产业增长17.6%,战略性新兴产业增长29.3%,产业结构持续优化。

狠抓招商引资和项目建设。树立“项目兴市”理念,出台“1+6”系列文件,修订目标责任考核办法,部署开展并持续引深“贴心行动”,全年储备项目总投资1097.5亿元,省市重点工程完成投资101.8亿元,完成率128.8%,排全省前列;全市签约项目108个,当年签约项目开工率达到69.4%,在库项目综合开复工率97.5%。自动驾驶车路协同示范区、碳氢产业一体化示范园等项目签约,万达广场等项目开工。

深入实施创新驱动战略。开展国家创新型城市创建工作,启动创新型县区建设。深化与复旦大学、山西大学等高校产学研对接,在全省首家成立科技孵化器联盟和科技创新创业学院。在全省首家设立高新技术产业股权投资基金,发放“科创贷”825万元。全年新培育小升规企业超额完成省定目标任务,高新技术企业两年实现倍增达到86户。出台“人才激励二十条”和“1+X”配套办法,建立市委常委联系服务专家机制,遴选表彰高端领军人才、产业英才等221名,发放奖金438万元。

大力扶持民营经济发展。实施青年企业家“接力计划”。全年新增减税降费16.1亿元,清理拖欠民营企业、中小企业账款9.8亿元,清偿比例达61.8%。

三、聚焦全面深化改革,持续释放活力增强动力

“放管服效”改革纵深推进。推动相对集中行政许可权改革,实行“一枚印章管审批”。探索推进“数字政府”建设,深化“3545”专项改革,110个高频事项实现了“最多跑一次”,80%的企业注册实现当日办结。推进简政放权,审批事项平均办理时限压缩66.7%。全市实施承诺制管理项目63个,为2018年的3.15倍。开展营商环境典型案例剖析,引入第三方评估机制,在全省域营商环境评价中位居第5名。

开发区改革成效明显。阳泉经济技术开发区“三制”改革持续深化,平定经济技术开发区“管运分离”改革试点迈出实质性步伐,盂县经济技术开发区设立方案通过省级评审。建成园区平台3000亩,制定工业用地弹性出让办法。

国资国企改革不断深化。市属涉改国有企业共74户,其中,僵尸企业21户,4户实现整合重组,1户歇业关闭,剩余16户21个破产主体中,12个已经破产终结,6个宣告破产,另外3个正在清算;拟混改企业31户,22户在产权交易市场挂牌出让;公共服务类、特殊功能类18家,全部完善了法人治理结构;留守机构4家已整合成1家,国务院督察组对我市国有企业改革给予充分肯定。组建晋东燃气公司。“三供一业”分离移交工作走在全省前列。全省国有企业退休人员社会化管理试点任务基本完成。

农村集体产权制度改革基本完成。作为国家农村集体产权制度改革整市试点,全市958个村(组)全面完成了改革工作,确认成员63万人,核实资产总额124亿元,全市土地流转面积达到13.3万亩,农民专业合作社发展到2403个,县乡两级农村产权交易市场基本建成,清产核资工作通过省级验收并被评为优秀等次。

村(社)治理新体系试点工作扎实推进。试点扩大到12个乡镇(街道)、273个村、40个社区,平定县岔口乡甘泉井村入选全国乡村治理示范村名单,郊区被确定为全国乡村治理体系建设首批试点单位,初步构建起“党建引领,三治融合”的村(社)治理新体系。

村(社)巡察工作走在全省前列。作为全省村(社)巡察工作试点市,率先提出村(社)巡察全覆盖目标,率先出台村(社)巡察全覆盖指导意见,率先对村(社)进行市级提级巡察。党政机构改革全面完成,中小学校县管校聘和校长职级制试点、机关事务集中统一管理等改革稳步推进。

四、坚持城乡统筹,加快建设省级城乡融合发展示范市

完善城乡融合发展的体制机制。推动城乡规划布局、产业发展、基础设施、公共服务和制度安排一体化,积极推进大县城建设,出台《关于支持社会资本“上山下乡”助力乡村振兴战略的若干措施》。

大力实施乡村振兴战略。盂县和郊区东林尖村入选省级第二批有机旱作农业示范县和示范片区,盂县孙家庄镇入选全国农业产业强镇示范建设名单,平定县半沟村入选全国“一村一品”示范村镇,农村集体经济破零率达到100%。开展乡村振兴示范村建设,打造出1个示范县区、3个示范片、20个示范村。全年建成“四好农村路”1307公里。

大力提升城市品质。编制《阳泉市中心城市发展战略与行动规划》,全面开展“五城联创”,实施环境综合整治、市容市貌综合整治、健康食品卫生提升三大行动,国家卫生城市创建工作通过国家暗访验收,长效机制逐步建立。二青会射击射箭馆、博物馆建成投用,城乡规划展览馆建设进入扫尾阶段,漾泉大道一期竣工通车,阳大铁路、汽车客运南站、综合交通客运枢纽等工程稳步推进,307/207国道绕城改线工程、239国道改线工程进展顺利,新城起步区建设加速提质。

五、践行初心使命,持续增强群众获得感幸福感安全感

三大攻坚战取得阶段性成果。严密防控金融风险,深入开展银行业保险业市场乱象、互联网金融风险等专项整治,推进地方金融机构化险改制,全市不良贷款、不良率实现"双下降"。强力推进污染防治,坚决打好蓝天、碧水、净土保卫战,持续开展"夏季攻坚""百日清零""秋冬防"等专项行动,全年空气综合指数和PM2.5平均浓度同比实现"双下降",建成区9条黑臭水体全部消除,20座煤矸石山生态试点示范工程全部完成。持续巩固脱贫攻坚成效,易地搬迁981户2465人,省定脱贫任务全面完成,已脱贫人口无一返贫。在全省首家整市开展"3+N"脱贫保险保障行动。

民生事业持续加强。全民技能提升工程培训1.7万人。全市实现城镇新增就业29795人,城镇登记失业率为3.0%,低于省定4.2%控制目标。出台《基础教育六个领先发展行动计划》。建成城市医联体,"三医联动""三特兴医"等深入实施。

社会治理持续加强。"平安阳泉"建设扎实推进,打掉涉黑涉恶团伙29个,抓获违法犯罪嫌疑人277人,阳泉被评为全国禁毒先进城市。安全事故起数和死亡人数同比分别下降72.5%、67.4%。

六、加强民主法治建设,凝聚转型崛起的强大合力

支持人大及其常委会依法履行职能。出台《阳泉市爱国卫生条例》和《阳泉市市容和环境卫生管理条例》,建立政府向人大常委会报告国有资产制度,完成预算联网监督系统建设。实现乡镇、街道人大代表联络站全覆盖,边远村庄、重点社区建立联络点,开展"五级人大代表"集中视察城市建设、国家卫生城市创建和进站活动。

支持人民政协履行职能。出台《关于加强新时代人民政协党的建设工作的实施办法》,实现党的工作对政协委员全覆盖。支持市政协及其常委会组织政协委员紧扣事关阳泉发展的重点议题开展调研、议政建言和民主监督。

加强新形势下统战工作。把政党协商纳入市委总体工作部署和重要议事日程,出台《2019年阳泉市政党协商计划》,建立党外知识分子人才数据库,举办首届"山西在台新娘故乡行"活动,成立全省首家地级市涉侨纠纷人民调解委员会。推进军民融合深度发展,落实双拥优抚安置政策,积极创建全国双拥模范城。

七、牢牢把握意识形态工作主动权,宣传思想工作呈现新气象

牢牢把握意识形态工作主动权。加强阵地建设和管理,深化"扫黄打非"工作,组织实施"净网""护苗""秋风"等专项行动,全市意识形态形势总体平稳,负面信息全省最少。学习强国平台活跃度居全省首位。全省舆情信息工作会议在阳泉市召开,阳泉被中宣部授予舆情工作先进单位。

文化事业繁荣兴盛。电影《铁血阳泉》在全国各大院线公映。纪录片《三矿》在中央电视台播出,并在第25届中国纪录片学术盛典中,荣获"长片十佳作品"奖、"长片最佳编导"奖,斩获金红棉"中国故事优秀纪录长片"奖等多项大奖。平定武迓鼓作品《保卫娘子关》荣获全国第18届群星奖。举办山西省第二届楹联文化艺术节暨《流浪地球》观影全国征联大赛。组织开展"祝福满山城、文化进万家"文化惠民系列活动和科技文化卫生"三下乡"活动。启动百团大战纪念馆改陈布展工作。举办阳泉市第二届文化产业博览会。

省级文明城市创建活动深入推进。制定《"争做时代新人,建设美好阳泉"十大行动方案》,全省乡村学校少年宫现场观摩培训会在阳泉市召开。开展先进典型选树和宣传,矿区段南沟社区党总支书记、居委会主任任红梅获全国"最美奋斗者"称号。启动新时代文明实践中心建设,郊区、矿区分别被确定为全国、省级新时代文明实践中心试点县区。

八、坚决扛起全面从严治党主体责任,努力实现政治生态持久风清气正

严格落实管党治党主体责任。整顿软弱涣散基层党组织161个,追责问责全面从严治党不力、"两个责任"落实不到位的党组织47个、领导干部108人,查处违反政治纪律、组织纪律案件51件52人,查处违反中央八项规定精神问题98件121人,查处形式主义、官僚主义问题154件285人。

持续推进正风肃纪反腐。全市纪检监察机关立案660件,给予党纪政务处分707人,扎实推进人防系统腐败问题专项治理,严肃查处能源领域腐败,开展扶贫、民生、涉黑涉恶领域专项整治,立查群众身边腐败问题432件,给予党纪政务处分287人,做实乡镇纪检监察工作。

加强干部队伍建设。坚持好干部标准选拔配备干部,共调整干部14批548人(次),全面推行公务员职务与职级并行、职级与待遇挂钩制度,探索建立干部政治素质考核评价办法,升级完善"阳泉市领导干部测评系统",在全省率先运用"互联网+考核"模式。制定出台我市"1+3"系列文件,选派90名优秀年轻干部赴新疆等地和招商引资、信访、巡察一线挂职锻炼,择优提拔21名40岁以下县级优秀年轻干部。

夯实基层基础。出台《关于力戒形式主义减轻基层负担三十条具体措施》,提出"三不"要求(基层待遇只增不减,基层负担只减不增,基层力量只强不弱),实施基层党建经费"三年提标计划",94.5%的社区活动场所面积达到500平米以上,16名社区书记录用为事业编制人员或享受事业单位人员待遇,"四个融合"模式入选全国城市党建创新优秀案例。

(马原野)

附:中共阳泉市委书记、副书记、常委名单

书　记:关建勋

副书记:雷健坤(女)　巩　成

常　委:吴纪平　任建华　王铁梅(女)　杨自明　黄海涛　张其光　郭卫东　孙季鸿

中共阳泉市城区区委

区委书记　韩加政

2019年，中共阳泉市城区区委高举习近平新时代中国特色社会主义思想伟大旗帜，全面贯彻党的十九大和十九届二中、三中、四中全会精神，深入落实习近平总书记视察山西重要讲话精神，统筹推进“五位一体”总体布局和协调推进“四个全面”战略布局，坚持稳中求进工作总基调，全面贯彻省委“一个指引、两手硬”工作思路、市委“聚力六大突破、实现转型崛起”总体要求，明确定位、完善思路，不忘初心、砥砺前行，持续苦干实干，在打造“有品位、有吸引力、有活力”新城区、建设阳泉“首善之区”新征程中取得了新进步，展现了新作为，创造了新业绩。

一、精心开展重大活动，扎实推进“不忘初心、牢记使命”主题教育

一是举办庆祝新中国成立70周年活动。把开展庆祝活动和宣传教育活动，摆在突出位置，年初设计、序时推进，在全区营造了同心共庆祖国华诞的热烈氛围。区四套班子领导走进百团大战纪念馆感悟初心、集体参观新中国成立70周年图片展、组织观看电影《我和我的祖国》，举办了“重温红色记忆、不忘来路初心”红色收藏实物史料展、“美丽新城区、唱响爱国情”大型歌会等庆祝活动，汇聚起实现“两个一百年”奋斗目标的巨大力量。

二是扎实开展“不忘初心、牢记使命”主题教育。深刻感悟坚守初心使命，紧扣“主题”，牢牢把握“四项重点举措”。扎实抓好学习教育，坚持学原文读原著悟原理，全区各级领导班子集中学习研讨成效明显；累计开展革命传统教育、形势教育、先进典型教育和警示教育561场覆盖1.1万余人次；召开学用交流会247场，持续推动理论学习入脑入心。深入开展调查研究，确定调研题目并形成调研报告329篇，召开调研成果交流会71次；深入基层开展“三服务”，力戒形式主义、官僚主义，完成服务事项486件。认真检视剖析问题，采取“群众提、自己找、上级点、集体议”等方式，广泛征集意见建议，从政治、组织、思想、作风等层面解决违背初心和使命的问题。狠抓整治整改落实，坚持刀刃向内、“改”字当头，听取专项整治各组情况汇报，实行清单制落实、项目化管理，以问题整改成效体现主题教育的实效。

三是精心组织“改革创新、奋发有为”大讨论。紧紧围绕省委“六个破除、六个着力、六个坚持”，高标准组织开展对标一流述职评议，召开先进典型报告会、民主生活会，北大街街道滨河西社区党支部聚焦“审、破、答”，为全省社区型党支部召开组织生活会提供了“城区方案”。扎实开展“干部入企进村服务”，推出一批重大改革举措和重点转型项目，全区党员干部经受了一次严格的党性锻炼，广大干部群众经历了一次深刻的精神洗礼。

二、坚决打好三大攻坚战，为决胜全面建成小康社会奠定决定性基础

坚持以城带乡、城乡互动，将义井镇纳入“中心城区”总体规划，确定了以义井镇为依托，打造“文旅康养小镇”的总思路，新建义井中学项目，大阳泉村棚户区(城中村)改造项目等一批重大项目和重大工程有序推进。坚持协调推进“五个振兴”，大力发展近郊农业，拨付140万元专项资金培育发展农村新兴产业，推动产业兴旺；系统推进农村生态保护和修复，全域提升农村人居环境质量，大力实施创卫全覆盖，突出抓好拆违治乱、垃圾整治、污水治理、厕所革命等重点任务，农村环境综合整治成效明显；深入推进农村集体产权制度改革工作，行政村已全部成立了股份经济合作社，产权制度改革工作完成阶段性任务。

牢固树立“两山”理念，坚持把问题整改与环境治理相结合，认真抓好中央、省环保督察反馈问题和生态环境部约谈问题整改，深入开展“秋冬季大气污染防治攻坚百日行动”“夏季攻坚行动”“百日清零攻坚行动”，区域大气污染防治取得了明显成效。扎实推进黑臭水体治理，瓦窑坡排污明渠等6处黑臭水体治理工程全部完成。积极推进矸石山治理示范工程项目建设，南煤大阳泉矿龙掌沟、南庄矿核桃岩沟矸石山土建及绿化工程已全部完工。

深入贯彻总体国家安全观，坚守“三个坚决防止”和“三个不发生”底线，坚决扛起防范化解重大风险政治责任。紧盯政治、意识形态、经济金融等8个重点领域，明确了46项具体任务；统筹加强政治安全风险排查预警，严密防范敌对势力渗透颠覆破坏活动，防范化解暴恐活动、宗教渗透、邪教破坏等重大风险；统筹做好非法集资、政府和企业债务、房地产等方面风险隐患防范化解工作，严防各类风险叠加联动。深入开展高陡边坡隐患排查、森林防火、安全生产大检查三个专项行动。

三、加大改革开放力度，进一步增强发展的动力和后劲

坚决把改革作为决定发展的关键一招，全面加强党对改革工作的领导，成立了区委全面深化改革委员会，确立了6大领域48项改革要点，做到了思路清晰、任务明确、责任具体。不断完善区委主要负责人抓改革工作机制，有效推进10项重点领域改革任务的落实，进一步营造了以改革促全面工作的良好氛围。

以啃硬骨头精神全面深化改革,坚决贯彻中央关于深化党政机构改革的决策部署,积极推进国有企业职工家属区"三供一业"物业分离移交工作,48家中央及省属、市属国有企业,已全部签订了移交协议;深化区属国企国资改革。持续引深"全国社区治理和服务创新实验区"建设,经验做法被《人民日报》登载,改革实践经验在全省乃至全国推广。

牢固树立内陆和沿海同处开放一线的观念,积极落实首位产业招商、专业团队招商、定点定向招商、全员全域招商工作机制,分赴上海、天津、雄安等地进行精准招商20余次。不断加大对外开放交流合作力度,摩洛哥王国拜赖希德市市长访问城区,并签订了友好城市关系备忘录,成为全市首个同境外城市签署友好关系协议的县区。与雄安新区中汇融成集团签订了战略合作协议,成为全市首家与雄安新区企业合作的县区。

四、聚焦高质量发展要求,坚定不移推动经济转型发展

深入贯彻新发展理念,坚决落实中央及省委、市委经济工作会议精神,召开2次常委(扩大)会专题研究部署经济工作,出台《关于全区2019年度目标责任任务分解方案》。2019年,全区地区生产总值完成202.4亿元,同比增长3.5%;规模以上工业增加值同比下降42.3%,但去除南煤产量大幅减少的客观因素,其他规上企业均实现大幅增长;全社会固定资产投资总额完成16亿元,同比增长1.5%。特别是在大规模减税降费总额超过1.04亿元的不利情况下,全区一般公共预算收入首次突破3亿元大关,同比增长8.8%。

商贸物流方面,总投资20亿元的新能源绿環物流项目已签订合约;山西映凯冠福物流有限公司物流集装箱在安徽芜湖港顺利启运。文旅康养方面,中青旅(阳泉)文旅康养小镇项目,前期创意策划方案已初步完成;国家级历史文化名村大阳泉、小河保护开发项目创意设计方案已制定完成;成功举办全区首届"漾泉故里"文化节系列活动。总部经济方面,上海耐耐云商科技公司阳泉分公司、乐村淘旗下阳泉太好乐科技有限公司已经注册并开展业务,山西中青旅建设有限公司已完成注册,蚂蚁聚惠平台项目等总部经济企业正在积极对接推进。智慧城市方面,大唐阳泉369云工厂正式启动运营,企业或创业团队已陆续入驻;小米"新零售"项目(一期)成功试运营;阿里巴巴神马搜索项目启动运行,VR冰雪运动模拟系统开发项目已立项。

着力营造"六最"营商环境,加快推进相对集中行政许可权改革,制定出台促进民营经济发展"1+6"工作方案,不断完善政银企保合作机制,设立应急周转保障资金2000万元。动真碰硬解决民营企业发展难题,贯彻落实国家、省、市减税降费政策,全面完成清理拖欠民营企业账款工作。

五、发展社会主义民主法治,扎实推进"法治城区""平安城区"建设

积极支持区人大及其常委会依法履行职能,建立政府向人大常委会报告国有资产管理制度,开展26轮创卫督查,充分发挥人大代表联络站作为代表联系群众的载体平台和基础依托作用,初步构建形成了"一站多点"的立体格局。大力支持政协履行职能,组织开展各类专题协商议政和调研活动,不断加快"委员之家"建设步伐,健全委员管理制度,政协工作的质量和影响力得到新加强。

认真做好新形势下统战工作,深入开展"贴心行动",积极发挥在外阳泉籍人才和在阳泉发展的外地知名人士资源,建立了"阳泉籍在外高端人才智库",打造了"候鸟"人才工作站和流动人口服务站,极大的促进了发展优势与人才信息库等资源深度融合。坚持把培养选拔新的社会阶层代表人士纳入到党外代表人士队伍建设总体规划,成立了城区新的社会阶层人士联谊会。依法管理民族宗教事务,不断夯实宗教工作基层力量,上站街道德胜街社区获"全国民族团结进步模范集体"。

不断提升党领导政法工作水平,强化执法司法规范化建设,"法治城区"建设、司法体制综合配套改革等重点工作取得明显成效。扎实推进"枫桥经验"试点建设,坚决做好信访稳定工作。在全市率先完成了退役军人服务保障体系建设。

六、加强民生保障和改善工作,不断增强广大群众的获得感幸福感

切实把创卫工作作为普惠性民生工程,举全区之力、最大程度发挥主力军作用,先后举办农村人居环境整治暨创卫攻坚会、创卫冲刺现场观摩推进会等一系列重要会议,全面推进整改落实,全力以赴攻坚克难,一次性通过了国家创卫暗访。在这个过程中解决了一大批多年来难啃的硬骨头,发现选拔了一大批优秀党员干部,展现了困难面前不屈服、压力面前不退缩、关键时刻显身手的城区形象,形成了"创卫有我,创卫必成"的城区创卫精神。

坚持统筹抓好各项民生工作。不断提高特困人员补贴和城乡居民最低生活保障标准,全力推进住房保障实现应保尽保。大力推进城乡义务教育一体化优质均衡发展,深入实施"区管校聘",推动全区教育工作稳中向好。扎实推进二青会服务保障工作,圆满完成城区火炬传递任务。医疗机构一体化改革成效明显,药品集中采购配送工作正式运行,完成城区人民医院检验信息系统建设。安全生产形势保持稳定,未发生重特大事故。区民政局获得第二次全国地名普查先进集体。高标谋划推进区级新时代文明实践中心建设,加快区级融媒体中心建设步伐,不断深化文化体制改革,认真组织开展"三节"文化活动,积极推动区级文化馆、图书馆分馆建设。上站街道金三角社区、下站街道河边街社区、北大街街道滨河西社区荣获2018年度全国综合减灾示范社区。

七、深入推进全面从严治党,努力实现党内政治生态的持久风清气正

驰而不息正风肃纪,营造风清气正政治生态。注重领导示范,区委主要负责人带头讲党课,区四套班子领导带头遵

守各项制度,党内政治生活更加规范、更加严肃。认真查找“四风”突出问题,积极实践“第一种形态”,持续保持惩治腐败高压态势。制定出台了《强力推进巡察整改八项措施(试行)》,圆满完成巡察工作各项任务。

以“三基建设”为抓手,全面加强各领域基层党建。制定深化进一步加强基层工作13项42条重点工作任务,全区共排查并完成整顿软弱涣散基层党组织3个。持续改善社区服务和办公基础条件,社区服务活动综合面积全部达到500平方米以上。选派9名街道书记、主任助理和50名社区“第一书记”下沉一线,从社区“两委”主干中择优选聘街道事业编制人员5名,在岗期间参照事业单位享受待遇的主干7名,《组织人事报》进行专题报道。扎实推进村(社)治理新体系试点工作,30个扩大试点正稳步有序推进。围绕创建城市基层党建示范区建设,着力打造一批高标准党群服务中心,深入推进街道机构改革,已经全部成立了五办两中心一站,形成了“三三四”工作模式并在全市作经验交流。上站街道德胜街社区党总支书记、主任高秋平被评为2019年度“山西最美社区干部”。

始终坚持党管干部原则,着力打破隐形台阶,大力选拔优秀年轻干部,大力从创卫攻坚、招商引资、项目建设、乡镇街道发现培养干部;认真贯彻容错纠错机制,3名同志重新任用到科级领导岗位,充分体现了区委发展培养干部梯队的坚定决心和长远考虑,促进了干部队伍状态和素质双提升,营造了既要遵纪守规、又要担当作为的大氛围。加强目标责任考核和年度考核工作,全面加强干部监督管理;深入落实职务与职级并行和职级与待遇挂钩制度,打通公务员晋升新通道;激励广大干部新时代新担当新作为,选树了16名担当作为表现突出的干部,形成了干事创业的鲜明导向和良好环境。

(赵　璐)

附:中共阳泉市城区区委书记、副书记、常委名单

书　记: 韩加政

副书记: 王晓丽(女)　任时杰

常　委: 胡秀毅　赵建军(2月离职)

路晓明(5月离职)　付　民(5月任职)

王文玉(5月离职)　王　洪(5月任职)

王吉魁(5月任职)　高　玮(9月离职)

温敏芬(女)　李彦彬

中共阳泉市矿区区委

区委书记　张志先

2019年,中共阳泉市矿区区委高举习近平新时代中国特色社会主义思想伟大旗帜,全面贯彻党的十九大和十九届二中、三中、四中全会精神,深入落实习近平总书记视察山西重要讲话精神,按照省委“一个指引、两手硬”思路和市委“聚力六大突破,实现转型崛起”总体要求,坚持“树牢五个导向,着力五个新提升”发展思路,认真履行把方向、管大局、作决策、保落实职责,推动全区党的建设和党的事业不断取得新进步。

一、提高政治站位,坚决践行“两个维护”

始终对党绝对忠诚。坚持把学习贯彻习近平新时代中国特色社会主义思想和党的十九大精神作为首要政治任务,对中央的声音及时传达,对中央的部署坚决执行,以区委常委会形式传达学习中央精神议题24个,带头增强“四个意识”,坚定“四个自信”,践行“两个维护”,做到在党言党、在党忧党、在党为党,确保党的路线方针政策在矿区不走样、不跑偏。不断加强理论武装。坚持集体学习和网络自学相结合,区委理论中心组带头开展集中学习14次,组织干部教育论坛4次,开展“六进大宣讲”520场,每半月党支部集中夜学雷打不动,“学习强国”注册率、活跃度均列全市第一,习近平新时代中国特色社会主义思想进一步入脑入心。全面加强党的领导。组建区委深改委、财经委、审计委、网信委等6个工作委员会和2个领导小组,新设政府部门党组10个,实行区四套班子领导包保街道责任制,把党的领导贯穿到各项工作的落实中。坚决做到“两个维护”。全面贯彻习近平总书记对山西重要指示批示,认真落实省委、市委安排部署,做到件件有着落、事事有回应。对习近平总书记视察山西重要讲话精神开展“回头看”,对省委督导检查反馈问题意见进行全面整改。严格执行请示报告制度,主动向市委请示报告重大工作、重大事项16次。持续减轻基层负担。出台《矿区反对形式主义减轻基层负担十五条措施》,每月确定一个“无会周”,每周确定一个主题抓工作。以区委、区政府名义召开的全区性会议同比下降5.9%,以区委、区政府名义制发的文件同比下降36%,区级监督检查考核事项较去年明显下降,基层减负取得了阶段性成效。

二、认真对表对标，精心开展重大活动

开展“不忘初心、牢记使命”主题教育。紧扣“主题”，聚焦“主线”，统筹把握“四项重点措施”，严格落实“四个贯穿始终”，区级领导牵头调研课题42个，科级干部调研课题103个，全区上下形成了“用坚守诠释初心，用行动践行使命”的良好氛围。高标准开展14项专项整治整改，全区各单位班子和班子成员共查摆发现问题1927个，已整改1883个，限期整改44个。扎实开展“三服务”活动，全区325人深入基层开展服务，解决了群众操心事、烦心事和揪心事400余件，主题教育成效明显。

开展“改革创新、奋发有为”大讨论。以大讨论牵引全年工作开局，围绕“六个破除”“六个着力”“六个坚持”，坚持“三个摆进去”，开展“全区干部入企进村服务”，制定“对标一流整改提升清单”，10个方面39项整改问题，已完成整改21项，其余18项为长期坚持和推进事项。在高标准完成省、市规定动作的基础上，增加了“阳煤的事情我来办，当好‘店小二’活动”自选动作，推动政府与企业双主体联动、双主体发力，有效推进了“双阳”战略的实施。

三、深化改革开放，不断增强发展动力和后劲

先行先试改革成效明显。社区治理新体系试点全面推开，认真落实省委赋予的探道先试职责，在虎尾沟、南台社区试点的基础上，2019年在蔡洼、赛鱼街道全部社区整体推开，并在其余4个街道各选1个社区同步展开试点。农村集体产权制度改革走在前列，18个行政村全面完成了清产核资、成员身份确认、股权量化、股份经济合作社成立等工作，综合排名全市第一。教育综合体制改革不断深化，全区中小学校教师“县管校聘”改革全面完成，竞聘上岗1754人，3所“校长职级制”改革试点学校顺利完成校长竞聘演讲和民主测评工作。十七中学、亚美小学“公办私营”“公私合营”办学模式稳步推进，教育资源得到有效整合。

重点领域改革蹄疾步稳。深化国资国企改革，成立阳泉市云潭物业服务有限公司，接管28家物业管理企业和50个标准化小区，老旧小区改造、标准化小区维修改造、既有建筑能效提升工程有序展开。推进国有企业退休人员社会化管理服务工作，完成退休人员档案移交4.2万余份。深化减税降费改革，推行“互联网+税务”服务模式，畅通“绿色办税通道”，减免各类税费1.52亿元。深化“放管服效”改革，全面开展相对集中行政许可权改革，推行“互联网+政务服务”，企业开办实现全程电子化，企业投资项目承诺制备案数全市排名第一。

全面扩大对外开放。主动对标先进地区，与张家港经开区结成友好城市(区)，区级领导带队赴北京、天津、江苏等地开展学习考察和招商推介。成功举办2019年山西阳泉“智能制造·装备中国”(天津)招商推介会，签约项目9个，签约资金35.62亿元。引深拓展“贴心行动”，登记矿区籍在外人士2406人、外来就业创业人士1444人，增进与各地商会、阳泉籍在外人士和高科技企业的联系，组织开展多次座谈会、恳谈会。创新完善招商机制，出台《关于进一步加强招商引资工作的意见》等系列文件和2019年度全区各单位招商引资考核办法，形成了“区级领导领衔招商、部门单位联动招商”的工作格局，储备项目60个，总投资351.69亿元。

四、保持转型定力，努力构建现代产业体系

全面加强对经济工作的领导。大力推进“深化转型项目建设年”，实行区级领导项目包保责任制，全年地区生产总值实现151.9亿元，同比增长8.1%，列全市第一。规模以上工业增加值同比增长11.7%，列全市第一；34个重点项目投资完成率居全市第一，固定资产投资同比增长13.3%，列全市第三；限额以上社会消费品零售总额完成3亿元，增长7.2%，列全市第四；一般公共预算收入完成2.7亿元，列全市第六，宏盛苑一期区财政增加土地出让金650万元，国土收益实现“零”突破。全区经济运行稳中有进。

加快构建现代产业体系。改造提升传统产业。持续推动煤炭“减、优、绿”，完成阳煤集团三矿竖井回收关闭工作，退出产能350万吨。矿区20兆瓦光伏发电项目部分并网发电。阳煤西110千伏变电站建设项目正办理开工手续。培育壮大新兴产业。成功承办阳泉能源革命高峰论坛，在全省、全国发出推进能源革命的“矿区声音”。矿区氢能源利用综合示范区建设项目、创泽智能服务机器人区域总部建设项目等6个项目成功签约，陈清泉院士科创中心落地矿区。矿区特色产业集聚区获批全省首批12个试点之一，起步区一期100亩土地平整完成；“一点一线一区”发展布局初步确定，入驻企业8家，完成投资1.1亿元。“中国纳谷产业园”建成运行，成功争取省级专项资金1600万元，已有天津梧桐树、晋韩洁环保科技等19家企业入驻园区。扶持发展民营经济。出台《矿区金融服务民营经济十条措施》，联合社会投资设立2000万元中小微企业接续还贷周转金，组织政银企座谈会2次。阳煤先进产能占比达83.7%，高于全省15.7个百分点。全区非煤工业增长10.1%，对全区工业贡献率达20.2%；新兴产业增加值增长24.6%，快于传统产业增速15.1个百分点，其中战略性新兴产业增长26.7%，占全市比重63.3%；制造业增长11.8%，其中装备制造业增长48.7%；第三产业增长3.1%，占GDP比重达28.9%。

全面实施创新驱动战略。坚持把引进外来人才和用好本地人才结合起来，实施事业单位引进高层次专业化人才、选调阳泉籍在外公职人员回乡工程等人才强区举措，引进高素质高学历人才20名。推荐评选本地优秀人才，全区14名同志获得省级“三晋英才”荣誉称号，16名同志荣获市级“拔尖人才”荣誉称号，40名同志荣获区级“名师”“名医”“名匠”“名家”荣誉称号。积极开展创新型县区建设，新培育高新技术企业3家、“专精特新”中小企业1家。加深“产学研”深度合作，与山西工程技术学院签署战略合作协议，推动人才交流、项目攻关、成果转化。帮助2家企业申请到省级科技创新券，1家企业申请到省级技术改造专项资金，区域创新活力

不断增强。

五、狠抓“三农”工作，加快推进城乡融合发展

狠抓城乡人居环境改善。扎实开展创卫攻坚，累计投入资金2.48亿元，清理垃圾20万吨，拆除各类违章建筑11.6万平方米，改造完成户厕1255座、公共旱厕46座，维修改造路面6.6万平方米，“七小行业”得到规范整治。推进城乡基础设施建设，辛吴线维修改造工程、蔡西北路改造工程全部完工，馨康家园5号、6号楼拆除及停车场建设工程、社区9个水冲厕所建设工程进展顺利。开展农村人居环境整治，小南沟村、半坡村被评为市级人居环境示范村。

大力实施乡村振兴战略。持续推进石板片观光采摘园、石泼水农业观光园等田园综合体建设。积极引进社会资本，一体化打造神堂沟电商公社项目基地。开展“百万农民冬季培训”专题班，对90余名扶贫专干、村“两委”成员进行实用技术培训。加强对官沟银圆山庄古村落保护，西河村被评为市级文明村。石卜咀、西河村采煤沉陷区综合治理工程开工建设。落实每村储备1至2名后备干部，向贫困村、软弱涣散村和集体经济薄弱村党组织派出第一书记，对9名农村干部进行学历再提升教育。

持续巩固脱贫攻坚成果。四个脱贫巩固村形成“一村一品”产业发展格局。金融扶贫、教育扶贫、就业扶贫、社会保障兜底扶贫等各类政策资金全部落实到位。对标国考、省考要求，开展巩固提升脱贫成效“百日行动”，进一步提升建档立卡动态管理和扶贫开发信息系统数据质量。实施脱贫保险全覆盖工程，开展“3+N”脱贫保险保障行动。坚持“四个不摘”，落实“一村一队、一队三人”和“四天五夜”驻村要求，脱贫攻坚成效得到巩固提升。

六、践行绿色发展理念，持续加大生态矿区建设力度

开展蓝天保卫战。持续开展“夏季攻坚”“百日清零”“秋冬防”等专项行动，全面开展工业企业颗粒物无组织排放等10项专项整治，扬尘污染治理成效明显。开展碧水保卫战。完成蒙村河半坡段、李家湾河、平坦河、洪城河矿区段生活污水管网工程建设，3条黑臭水体全部整治，全面落实“河长制”，完成桃河赛鱼段、蒙村河半坡段等7条河段清理工作。开展净土保卫战。狠抓土壤污染源头治理，5个矸石山生态环境恢复治理工程全部完工，扎实开展中央、省、市环保督查交办问题整改工作。

七、坚持以人民为中心，不断加强民生保障和社会治理

加强社会民生保障。全年民生投入占财政支出的76.7%。十件民生实事全部完成。城乡居民人均可支配收入分别增长6.6%、9.4%；城镇新增就业人数2531人，城镇登记失业率控制在3.9%以内。教育质量稳步提升，高考达二本线以上人数比去年增加103人，达线率同比提高7.5个百分点。完成806套保障性住房安居工程任务，分配公租房56套。医疗集团“六统一”管理加快推进，分级诊疗、免费产前筛查制度更加完善。严格落实退役士兵各项优惠政策，累计发放各类资金1405.3万元。全面落实城乡低保、临时救助等困难群体扶持措施，共发放各类救助资金2653.6万元。

积极创新社会治理。防范化解重大风险，对8个方面25项风险全面落实包保化解责任，排查各领域风险85件，化解72件，创建14个“枫桥家园”示范点。引深特殊人群“六化”治理模式，创建矿区特色品牌。深入开展“迎大庆、保平安，入户大走访、隐患大排查、治安大整治”专项行动，圆满完成新中国成立70周年大庆安保维稳任务。持续推进扫黑除恶专项斗争，打掉黑社会性质组织1个，恶势力犯罪团伙1个，抓获犯罪嫌疑人24人，冻结资产732万元，全区刑事案件同比下降25.5%。

八、发展社会主义民主政治，不断开拓宣传思想文化工作新局面

加强党对人大和政协工作的领导。区委定期听取人大、政协党组工作情况，选优配强街道人大工委、政协专委班子。支持区人大及其常委会依法履行职责，建立政府向人大常委会报告国有资产制度，完成预算联网监督系统建设。落实中央关于完善人大代表联系人民群众制度的意见，实现街道人大代表联络站全覆盖，收集群众意见建议478件，解决实际问题75件。督促办理人大代表提出的21件议事原案、155件意见建议。支持区政协组织政协委员围绕全区中心工作和民生问题深入调查研究，积极建言献策，2019年开展调研视察12次，收集社情民意信息140余条，134件提案基本办结。

加强新形势下统战工作。加强经济领域统战工作，引深“贴心行动”，搭建异地商会服务家乡平台。召开“建功新时代、勇做追梦人”民营企业座谈会，充分发挥党外人士、非公经济人士、新的社会阶层人士作用。落实宗教工作主体责任，对中央宗教工作督查反馈意见进行认真整改，搭建“主体在区、延伸到街道、落实到社区(村)、规范到点”的宗教工作网络格局。做好对台、侨务工作，新挂牌成立3个“侨胞之家”。

加强党对宣传思想文化工作的领导。落实意识形态工作责任制，定期研判，主动管控，正确引导，全区意识形态形势总体平稳。组建网信办，建立区、街道、社区三级网评员队伍，网评工作走在全市前列。文化活动异彩纷呈，开展“我们的中国梦——文化进万家”非遗进景区、进校园展览活动，免费送戏下乡35场、送电影220场，极大地丰富了群众文化生活。

九、忠诚履行管党治党政治责任，不断推动全面从严治党向纵深发展

坚决扛起管党治党主体责任。区委常委会专题研究全面从严治党8次，定期听取区纪委监委汇报，及时研究部署党风廉政建设和反腐败工作。深化纪检监察体制改革，重新对派驻机构监督单位和监督监察对象调整划分，确保监督监察对象底数清、情况明。传导压实管党治党责任，对区直部门、街道党

政主要负责人抓党风廉政建设和抓工作落实进行集体谈话,追责问责主体责任履行不到位党组织3个,党员干部2人。

持续推进正风肃纪反腐。区纪检监察机关立案33件,结案29件,给予25人党纪政务处分,移送司法6人,采取留置措施2人。开展形式多样的警示教育活动,推进以案促改、标本兼治,一体推进不敢腐、不能腐、不想腐。驰而不息整治"四风",查处违反中央八项规定和"四风"问题24人,党纪政务处分14人,组织处理10人。开展民生领域、涉黑涉恶腐败等专项整治,查处侵害群众利益的不正之风和腐败问题38件。抓好政治巡察,区委第四轮巡察192个问题全部整改,对大村进行提级巡察,开展第五轮常规巡察、第二轮村社延伸巡察,发现反馈问题201个,移交问题线索24件,党内政治生活进一步严肃,党内政治生态进一步净化。

加强干部队伍建设。共分5批调整干部347人,择优提拔10名40岁以下年轻干部任正科级。全面推行公务员职务与职级并行、职级与待遇挂钩制度。认真落实省委培养选拔年轻干部"三年计划"和"两大行动",建立全区优秀年轻干部后备库,选派5名干部到信访一线挂职锻炼,19名优秀年轻干部到招商引资一线实践锻炼。

(任宏博)

附:中共阳泉市矿区区委书记、副书记、常委名单

书　记:张志先

副书记:樊志红　张立强

常　委:杨志强　雷永平(1月离职)

王　洪(4月离职)　路晓明(4月任职)

王富明　李丽新(女,4月离职)

王拥国(2月任职)　王　涛

王志全(4月任职)　张　震

中共阳泉市郊区区委

区委书记　王明厚

2019年,中共阳泉市郊区区委坚持以习近平新时代中国特色社会主义思想为指导,全面贯彻党的十九大和十九届二中、三中、四中全会精神,认真落实习近平总书记视察山西重要讲话精神,严格按照中央和省、市委决策部署,团结带领广大党员干部,勇于担当、开拓创新,狠抓落实、奋勇争先,全区经济社会各项事业取得了新进展、新成效。

一、高举伟大旗帜,牢牢把握正确政治方向

坚持把习近平新时代中国特色社会主义思想作为行动指南,自觉坚持党的基本路线,全面贯彻党的十九大精神,持续贯彻落实习近平总书记视察山西重要讲话精神,努力在武装头脑、指导实践、推动工作上求实效。区委理论学习中心组组织集体学习20次,专题讲座4场,做到学思用贯通、知信行统一。全区各级领导干部、党组织书记、理论骨干带头上讲台,各乡镇、各系统组建宣讲团,开展《习近平新时代中国特色社会主义思想学习纲要》等宣讲活动,场次达到320余次,受众9000余人。党的十九届四中全会召开之后,区委迅速召开常委会、中心组学习等会议认真贯彻落实。

二、扎实转变经济发展方式,转型升级步伐不断加快

2019年,地区生产总值完成122.96亿元,增长4.1%;一般公共预算收入完成4.79亿元,增长21.7%;规模以上工业增加值增长2.2%;固定资产投资增长19.2%;社会消费品零售总额完成38.78亿元,增长7.6%;城镇居民人均可支配收入完成28555元,增长6.6%;农村居民人均可支配收入完成16265元,增长9.4%。其中,一般公共预算收入、固定资产投资、农村居民人均可支配收入三项指标增幅全市均排名第一。

城郊农业发展加快。积极应对去年遭遇严重旱情、粮食减产的情况,着力抓好农业项目建设,加大农田水利基础设施建设力度,有效保障粮食安全和重要农产品供给。千亩坪现代农业产业园基础设施逐步完善;裕盛源"晋阳府"醋文化产业园、源宝鑫现代生态农业园列入全省产业融合先导区重点建设项目;总投资1.2亿元、占地150多亩、年出栏生猪2万头的阳泉市汇鑫农业有限公司项目推进顺利;休闲农业快速发展,"乡村美食咀子上"成为郊区的一张名片。

重点工程项目进展顺利。西上庄煤电一体化项目获得批准复工;万达广场项目拆迁扫障任务全部完成,土地已摘牌;G239改线工程进展顺利,控制性工程大部分已开工;水务一体化项目成功签约,公司组建顺利完成;灿坤工贸PVC建材、加林宝珠砂等项目陆续建成投产,转型发展后劲不断增强。出台"招商十条"及优惠政策,引进百万元以上经济技术合作项目25项,签约金额130.6亿元,完成市下达任务97亿元的134.6%,在全市招商引资考核中排名第一。

园区建设有序推进。荫营工业园区累计投资近4亿元,打造平台2000余亩,完善路网建设和基础设施配套工程。白泉工业园区大力清退僵尸企业,整合闲置低效用地,释放工业用地600余亩。广凯机械中高端煤机制造项目和日加科技高端铸造砂水处理剂项目已开工建设,山西中科泓源环保科技有限公司资源循环利用研发示范基地建设项目正在办理土地手续。

能源革命迈出坚实步伐。煤炭供给侧结构性改革深入推进,淘汰落后产能,发展先进产能,鸿泰煤业、荫营煤业有序

退出。电力产业发展迅速,河坡电厂、力宇和扬德煤层气发电、阳煤二矿桑掌乏风氧化发电以及中广核、上海航天、潞安集团、昌盛日电光伏发电等项目已并网发电,达产达效。荣光能源垃圾发电项目成功点火。北京宣力、三峡新能源及景佑、盛业通等风力发电项目积极推进,西上庄 2×66 万千瓦低热值煤发电项目顺利复工。

第三产业发展势头良好。桃林沟果蔬市场一期、大洼玉龙山庄乡村旅游、汉河沟绞股蓝醋口服液生产线等项目示范带动效应逐步显现。三泉“珐华器”参展山西省第四届文博会,被誉为“山西三宝”,受到社会各界关注。区融媒体中心建设工程全面推进。乡村旅游态势良好,2019 年接待游客 125 万人次,收入达到 1845 万元。

全面深化改革取得成效。顺利完成党政机构改革任务,对干部进行较大范围调整。积极推进相对集中行政许可权改革,努力实现“一枚印章管审批”。市政务服务中心顺利落户我区。出台《人才新政十条》,68 名外引人才全部到岗。郊区农信社成功改制化险,阳泉市农村商业银行成立,并挂牌运营。泉民投落户郊区,注册资金 20 亿元。

三、大力实施乡村振兴战略,新型城镇化建设稳步推进

城乡融合步伐加快。漾泉大道一期提前 4 个月实现通车,207 国道绕镇公路和镇区中兴大道按期实现通车。北部集中供热管网工程正式开工。区文体中心和职业高级中学建设工程前期工作有序推进。三泉、桃坡、下荫营、南窑庄、老虎沟等城中村改造项目稳步推进,城乡融合步伐进一步加快。生态新城等市级重点工程征拆任务全部完成。

人居环境整治成效明显。以创建农村人居环境整治省级示范区为契机,全面实施拆违治乱、垃圾治理、厕所革命、污水治理、卫生乡村“五大专项行动”。全社会累计投资 3 亿元,实现行政村村庄清洁行动全覆盖。特别是“北七村”和燕龛沟 4 村整体风貌明显改观,示范效应显现。郊区顺利通过 2020 年农村人居环境整治中央预算内建设资金 2000 万元审核。

创卫攻坚持续发力。完成各类工程项目 824 项,清理垃圾 30 多万吨,户厕改造完成 921 座,改建和新建 70 座公厕。

四、切实加强“三基建设”,基层社会治理创新取得新成效

“三基建设”稳步推进。出台深化“三基建设”,加强基层工作的实施方案,2019 年三基建设财政投入达到 3500 多万元,是 2018 年(2475 万元)的 1.4 倍;乡、村两级运转经费超过省定标准。加强社区活动场所建设,活动场所面积在 500 平米以上的占全部城市社区的 95%。对 22 个软弱涣散党组织开展专项整治。

村(社)治理初见成效。按照省、市委部署,构建“党建引领、三治融合”的治理新体系,试点村围绕规范用权、尊崇民意、集中民智、调动民力,建立权力清单运行流程和配套制度、治理载体,取得初步成效,郊区被中央农村工作领导小组办公室列为全国 115 个乡村治理体系试点示范县区之一。

农村集体产权制度改革亮点突出。以列入全省农村集体产权制度改革 11 个省级试点县区为契机,充分发挥区乡村三级党组织力量,狠抓问题导向、民主决策、关键环节,确保改革试点工作稳妥推进。全区 157 个行政村全部成立了集体经济组织实体,颁发了赋码登记证书,初步建立起符合市场经济要求的农村集体经济运营新机制。制定出台《关于规范农村集体经济收益分红的指导意见》,46 个行政村实现分红。

合并行政村工作稳步推进。合并减少 47 个行政村,新设立 9 个城市社区。

五、牢固树立底线思维,全力以赴打好三大攻坚战

扎实有效防范化解重大风险。严格土地管理,以坚决的态度和有力的举措,严厉整治大棚房和违建别墅问题,发现一起,查处一起,绝不姑息迁就。加强法治郊区、平安郊区建设,深入开展扫黑除恶专项斗争,全区社会和谐稳定,人民安居乐业。郊区成为全市唯一连续六年获得省平安县区称号的县区。继续执行区级领导定期接访制度,及时回应群众诉求,累计接待来访群众 242 批 581 人次,化解了一批陈年积案,全区信访形势平稳有序。

脱贫成效持续巩固。始终把脱贫攻坚作为政治责任,深入贯彻中央和省、市委关于脱贫攻坚的总体部署,全面完成帮扶单位和“三支队伍”调整轮换工作,严格落实驻村干部“六大行动”和“五天四夜”驻村要求,确保帮扶实效。省、市反馈问题全部整改到位。坚持精准施策,“一主六辅”全面落实,初步形成西南舁乡苹果、小杂粮,旧街乡玉露香梨、蜂蜜,杨家庄乡特色种植,平坦镇特色养殖,河底镇信息化农场等产业板块。严格执行教育、医疗、住房、生态等扶贫政策,确保群众脱贫不返贫。2019 年,财政投入专项扶贫资金 1119.65 万元,已全部分配,资金拨付率达 100%。

生态环境全面改善。严格执行各项环保措施,启动全区重点行业污染防治“三个一批”管控工作,停产关闭企业 198 家,确定提升类企业 27 家,规范类企业 161 家,全区企业环保深度治理总投资达到 4 亿元。2019 年,全区二级以上优良天数为 220 天,PM2.5 和 PM10 浓度分别下降 19.6% 和 13.3%,空气质量改善明显。

六、大力发展社会事业,民生福祉不断增进

统筹研究解决重大民生问题,加大民生投入,2019 年全区民生支出达到 13.02 亿元,占一般公共预算支出的 76.39%。认真落实科技奖励政策,对新认定的 20 家高新技术企业、省级民营科技企业奖励资助。举办各类文化活动 1300 余场,受众近 30 万人次,进一步促进了公共文化服务均等化。继续巩固县乡一体化改革成果,群众就医环境舒适、便捷、有序。积极推进社会保障和公共卫生服务提质。特色卫生院建设列入全省医改十大创新举措。全民技能提质工程稳步推进,培训学员 3149 人,城镇新增就业 4509 人,创业带动

就业1003人,下岗失业人员再就业1854人,就业困难人员实现就业645人,城镇登记失业率3.49%。郊区人社局获得全国人力资源社会保障系统2017-2019年度“优质服务窗口”称号。

七、坚决扛起全面从严治党主体责任,努力实现党内政治生态持久的风清气正

加强党的政治建设。严肃党内政治生活,严格落实《中国共产党支部工作条例》《中国共产党农村基层组织条例》《中国共产党农村工作条例》,“三会一课”、领导干部民主生活会、党员组织生活会、主题党日等党内政治生活实现常态化、制度化。组织全区550余名各级党员干部分赴延安、右玉、红旗渠、太行干部学院等实地学习,举办纪念建党98周年主题党日暨千名党员集体宣誓仪式。

持续深化正风肃纪反腐。压实“两个责任”,先后问责党组织9个、党员领导干部32人,以问责倒逼尽责,有效推动全区党员干部履职担责。始终保持反腐高压态势,区乡两级共处置问题线索488件,立案112件,给予党纪政务处分148人,组织处理204人,留置2人,移送司法机关4人。聚焦4大类23项漠视侵害群众利益具体问题,严厉整治群众身边腐败问题,查处案件8件、处理26人。认真抓好中央和省市巡视反馈问题整改工作,任务清单全部完成并持续推进。2019年,完成常规巡察2轮,村(社)延伸巡察1轮,对24个区直单位、35个村(社)进行巡察,震慑作用进一步加强。

牢牢掌握意识形态工作的领导权。认真贯彻中央、省市委关于意识形态工作的决策部署及指示精神,严格落实党委(党组)意识形态工作责任制。大力弘扬社会主义核心价值观,郊区被中宣部、中央文明办确定为全国第二批建设新时代文明实践中心试点区。

干部队伍建设全面加强。深入开展“改革创新、奋发有为”大讨论,全区党员干部思想观念进一步转变、工作标准进一步提升。扎实推进“不忘初心、牢记使命”主题教育,聚焦“守初心、担使命,找差距、抓落实”总要求,取得了重要阶段性成果。认真抓好15项专项整治,实施区委领导牵头负责和项目清单管理制,有力促进了干部作风转变。坚持好干部标准选拔配备干部,去年共调整4批172人次。选派314名干部到脱贫攻坚等主战场蹲苗锻炼,对20名担当作为干部先进典型进行宣传奖励。

附:中共阳泉市郊区区委书记、副书记、常委名单

书　记: 王明厚

副书记: 宁文鑫　孙　毅(1月离职)
郗文保(2月任职)

常　委: 田进勇(11月离职)　邹锦超(挂职,2月离职)
张斌武　李丽新(女,4月任职)
梁　敏(女,4月离职)　王文玉(4月任职)
李　泽　段拥军(2月任职)
郭方恺(2月任职)　张海斌(11月任职)

中共平定县委

县委书记　申　济

2019年,平定县委坚持以习近平新时代中国特色社会主义思想为指导,深入学习贯彻党的十九大和十九届二中、三中、四中全会精神和习近平总书记“三篇光辉文献”精神,认真贯彻落实省、市各项决策部署,坚持稳中求进工作总基调,团结带领全县干部群众锐意进取、攻坚克难,全县政治、经济、文化、社会、生态文明和党的建设各项工作都取得了新成绩,实现了新发展。

一、以重大活动和主题教育为抓手,持续深化对习近平新时代中国特色社会主义思想的学习贯彻,始终把握全县工作的正确方向

坚持把学习贯彻习近平新时代中国特色社会主义思想和党的十九大精神与贯彻落实习近平总书记“三篇光辉文献”精神结合起来,持续在学懂、弄通、做实上下功夫,牢牢把握正确的政治方向。2019年,县委中心组举行23次集中学习,举办古州大讲堂2期;召开全县学用习近平新时代中国特色社会主义思想经验交流会;组建县乡村三级宣讲团,各级领导带头深入基层,开展《纲要》“七进”宣讲活动;各类新闻媒体组织专题专栏、主题采访,精心开展形式多样的宣传;举办“领头雁”培训、新任科级干部读书班等,累计培训2万余人次,进一步推动习近平新时代中国特色社会主义思想入脑入心。精心组织开展庆祝新中国成立70周年系列活动;深入开展“不忘初心、牢记使命”主题教育,集中力量抓好中央和省、市14个专项整治,一批干部群众反映比较突出的问题和民生领域的热点难点问题得到解决;扎实开展“改革创新、奋发有为”大讨论,通过系列教育,全县各级干部的改革意识、创新精神、开放思维、市场理念、工作标杆、落实能力都有了明显增强。

二、狠抓发展第一要务,推动经济平稳健康发展

县委切实加强对经济工作的领导,努力克服外部环境趋紧、环保约束强化等不利因素,着力推进结构调整,全县经济稳中有进、进中提质。全县地区生产总值完成111.82亿元,

同比增长 3.3%；全社会固定资产投资完成 59.6 亿元，同比增长 8.1%，2018、2019 年完成投资总量连续两年位居全市县区首位；社会消费品零售总额完成 41.48 亿元，同比增长 7.8%，全市排名第一；城乡居民收入同比分别增长 6.8%和 9.3%，全市排名第二；一般公共预算收入完成 4.78 亿元；外贸进出口逆势上扬，同比增长 44.78%。

重点项目建设加快推进。始终把项目建设作为加快经济发展的总抓手，2019 年，全年实施 82 个重点项目，完成投资 45.2 亿元，新能源、新材料、现代化工、现代物流等领域一批具有牵引性的产业项目落地开工或建成投产。中能建投 100 兆瓦风电成为全省首个核准类试行承诺制管理项目，阳煤气凝胶实现当年开工、当年投产。澜德波特国际物联港项目保税仓主体建成。

产业转型迈出坚实步伐。三次产业结构占比为 4.9:51.3:43.8。煤炭工业增加值占规上工业增加值比重持续下降，由 2016 年占半壁江山降低到 2019 年底的三分之一左右。新兴产业增长 13.80%，超过传统产业 20.7 个百分点；战略性新兴产业增长 52.68%，增速高于全市 29 个百分点。新能源装机容量占比达到 17.48%。

招商引资成效明显。结合开展“贴心行动”，县乡村三级干部走出去开展招商引资和洽谈对接，全年签约项目 21 个，合同协议利用外资 147.6 亿元，当年开工率达到 76.2%。

农业农村实现新发展。投入 3300 万元用于乡村振兴和农村人居环境改善，新培育省级美丽宜居示范村和旅游扶贫示范村 10 个，改造农村户厕 2255 座。大力发展特色优势农业，推动品牌建设，新申报无公害农产品 32 个、绿色农产品 2 个。有机旱作薯类种植示范区达到 1.05 万亩。鑫生园、远鹏达到部级标准化养殖示范场，乾丰等 5 家企业获省级龙头企业称号。多措并举，大旱之年农民收入实现了稳定增长。

三、狠抓改革创新，发展动力和活力得到增强

突出开发区改革创新，与阳煤集团战略合作，推进“管运分离”改革；在全市率先开展工业用地弹性出让和“标准地”+承诺制、直供电等试点改革，着力降低企业项目用地、用电成本，先后有 18 个项目实行了承诺制改革；2019 年打造平台 1300 亩，新建标准厂房 3.9 万平米，龙川东路、龙川南路桥梁和路基相继贯通。2017 年以来累计投入 14.5 亿元打造平台和路水电气管网建设，其中通过“削峰填谷”打造平台 4200 余亩。

聚焦重点和关键领域，国企国资改革、村(社)治理新体系试点等改革取得明显成效，农村集体产权制度改革代表全省顺利通过中央考核验收。打造“六最”营商环境，稳步推进相对集中行政许可权改革，全面实行“一枚印章管审批”，“放管服效”改革迈出实质性步伐。出台促进民营经济发展 36 条措施，清理民营企业账款 3.46 亿元。13 家优质企业在“晋兴板”挂牌，我县成为全省首批资本市场县域工程示范县。培育省级小微企业双创基地 2 个、“小升规”企业 14 个、高新技术企业 8 个，在全省“双创”示范基地考核中评分第一。利用平定紫砂资源与宜兴一样富集的优势，把紫砂产业作为重要富民潜力产业推动，从 2016 年换届时的“0”开始，发展到 2019 年底手工作坊 74 家、从业人员 550 余人。连续举办三届“中国紫砂南宜兴·北平定”高层研讨会，平定紫砂的知名度不断提升。

四、加强民生保障和社会治理，群众的获得感幸福感安全感进一步提升

坚持以人民为中心的发展理念，把保障和改善民生摆在突出位置。在财政紧张的情况下，千方百计向民生领域倾斜，下大力解决群众关心关注的突出问题，进一步筑牢工作底线。2019 年全县民生支出达到 22.13 亿元，占到财政总支出的 83.32%。就业、社保、教育、医疗、卫生等各项事业都取得了新的进步。平定一中、平定二中、实验小学改扩建工程、红卫学校和中医院新建工程等一批重点民生工程顺利启动、快速推进。中考高考再创佳绩。购置了一批大型医疗设备，推进县医院门诊大楼和中医院新建项目。农村老年人日间照料中心改扩建、医保提标、老年人关爱工程等 14 项为民实事全面完成。三大攻坚战取得阶段性成效，贫困发生率由 2016 年的 4.05%降至 0.017%，大气、水、土壤环境质量持续改善，空气污染指数下降 8%，PM2.5、PM10、SO_2 分别降低 14%、14.4%和 17.3%，降幅为历年最大。冬季清洁取暖工程完成 2.1 万户，超额完成市下达任务。实施营造林 3.3 万亩。深入推进扫黑除恶专项斗争，多措并举狠抓安全生产、信访维稳工作，社会大局保持稳定。

五、全面落实管党治党的新部署、新要求，党的建设迈上新台阶

把全面从严治党、狠抓基层党建摆在突出位置，深入推进正风肃纪和反腐败斗争，全年立案查处 130 件 144 人，其中，查处形式主义官僚主义问题 14 件 28 人，政治生态持续净化。加强意识形态管控，实现了重大舆情零发生。强化对外宣传，中央和省级媒体对我县宣传报道 100 余篇。加强精神文明建设，董志吉、樊金鑫荣获“中国好人”。把做好统战工作与“贴心行动”紧密结合，强化与平定籍在外人士、外来投资商的沟通联系，拓展了招商引资资源。全面加强“三基建设”，创建一流党支部 56 个、特色党支部 113 个，整顿软弱涣散党组织 42 个。新建了南川六村联合党委，以及 7 个党建示范点和 4 个党性教育基地。在全市首创开展了对村(社)“两委”班子和主干履职情况届中评估，查评出一些群众普遍不满意、人岗不相适的进行了调整。结合全县实际，针对性开展了农村集体经济合同和农民专业合作社两个专项整顿，推动全面从严管党治党进一步向基层延伸。突出日常教育、严抓严管，全面加强各级领导班子和干部队伍建设。坚持重实干、重实绩的选人用人导向，选拔调整干部 11 批 217 人，把一批公认干事创业的好干部选到了关键岗位。特别是抓住机构改革的契机，采取“五个一批”的办法，激发干部干事创业活力，为推

动全县改革发展稳定提供了坚强保证。

(田晋斌)

附:中共平定县委书记、副书记、常委名单

书　记:申　济

副书记:王建义　李海民

李　斌(挂职,2月离职)

常　委:赵文骥　郭满仓　王卫东　李有义

王玉卿(女)　梁宝元　杨建国

中共盂县县委

县委书记　张其光

2019年,盂县县委始终高举习近平新时代中国特色社会主义思想伟大旗帜,全面贯彻党的十九大和十九届二中、三中、四中全会精神,深入贯彻落实习近平总书记视察山西重要讲话精神,坚持稳中求进的工作总基调,以党建领县、生态立县、项目兴县、改革活县、人才强县为思路,在“两转”基础上全面拓展各项工作新局面,推动了全县经济社会和党的事业不断进步。

一、紧扣经济建设,切实提升转型崛起的源动力

经济结构不断优化。2019年,以推动能源革命为牵引,明确围绕清洁能源、绿色建材、通用航空、文旅康养、特色农业五大产业,构建现代产业体系。裕光煤电盂县电厂2×100万千瓦项目、盂县鑫磊2×35万千瓦低热值煤发电项目、中广核盂县西潘一期、二期项目有序推进。一批风力发电、光伏发电、煤层气发电项目建成投用。产业结构调整初见成效,经济结构优化更趋明显。

提质改造初见成效。“三去一降一补”统筹推进,截止2019年底退出煤炭落后产能60万吨,化解房地产库存1630套、达19万平方米。

大力培育战略性支柱产业。盂县通用航空产业园项目总投资50亿元,预计2022年竣工。机场筹建、通航博览会、签约飞机制造项目等工作进展顺利。

民营经济不断壮大。继续落实服务民营企业“30条”减税降费政策,减税规模达2.4亿元。协调盘活了耀森耐火、恒耀化工两个民营企业,盘活资产2.2亿元,西小坪耐材入选全省26个专精特新“小巨人”名单。

重点改革有力推进。积极稳妥完成机构改革,同步推进党政机构与事业单位改革,优化调整重点领域和关键环节的机构职能,党政机关科级领导职数精简36%,43个事业单位完成行政职能划转。有力有序抓好农村改革,推进农村集体产权制度改革,取得省级验收优秀等次。村(社)治理新体系试点在3个村基础上扩大到14个乡镇107个村,试点工作全面铺开。大力推进行政村合并,着眼长远优化布局,行政村由原来的443个减少到277个,减少166个,合并数量全省第一,取得历史性成效,为加快乡村振兴打下坚实基础。

二、紧扣政治建设,切实提升自觉看齐的向心力

在“学懂弄通做实”上下功夫。盂县县委始终把高举习近平新时代中国特色社会主义思想旗帜、维护核心作为根本性大事来抓,带头增强“四个意识”,坚定“四个自信”,做到“两个维护”,牢牢把握正确的政治方向。坚持县委中心组学习制度,举行18次集中学习。带头落实中央《关于加强党的政治建设的意见》和省委《工作措施》,坚决维护党中央的集中统一领导。

“不忘初心、牢记使命”主题教育扎实开展。紧紧围绕“守初心、担使命,找差距、抓落实”的总要求,坚持把学习教育、调查研究、检视问题、整改落实四项重要措施衔接起来,特别是集中力量抓好14项专项整治整改,深入开展“三服务”活动,切实解决了一批事关群众切实利益的事。

“改革创新、奋发有为”大讨论有序开展。按照省委统一部署、市委具体安排,围绕“六个破除”“六个着力”“六个坚持”,刀刃向内、自我革命,在省委10项规定动作和市委12项规定动作的基础上,紧密结合盂县实际,又增加了“规范生态环保和资源领域管理”一个规定动作,形成了盂县大讨论13项规定动作。

三、紧扣文化建设,切实提升理论武装的引领力

牢牢把握意识形态主动权。县委把做好意识形态工作作为重大政治责任,作为党的建设和政权建设的重要内容。进一步落实主体责任,县委牵头抓总,靠前指挥,常委班子成员始终做到“三带头”“三亲自”,牢牢掌握了领导权、管理权、话语权。

举办新中国成立70周年庆祝活动。以“歌颂共产党、礼赞新中国、奋进新时代”为总主题,组织广大干部职工开展公祭烈士活动和主题为“致敬　寻访　传承”盂县百名老兵向祖国敬礼活动。组织全县干部群众集中收看国庆大典,开展了朗诵演讲、合唱比赛、主题征文、展览展演、红色故事宣传宣讲等多种形式的庆祝活动。

积极组织各类文化活动。成功组织举办包括文艺汇演、街头民间艺术表演、群众文艺汇演、文艺专场调演、乡村文艺汇演、晋剧专场演出、锣鼓展演等多项“三节”群众文化活动,开展“五一”群众文化活动21场次。完成国家重点文物保护

单位《藏山祠崖体落石保护工程立项报告》编制。组织举办了第十五个“中国文化和自然遗产日”系列宣传活动,发放《非遗法》《非遗条例》等宣传资料2000份。

四、紧扣社会建设,切实提升干事创业的落实力

扎实做好民生工程。持续改善城乡基础设施,加强路水电气暖建设,新建县中医院完成搬迁并投入使用,续建的李宾山路、香河滨水空间等工程进展顺利。重点推进棚户区综合改造,完成拆迁4200余户。完善保障性住房制度,实施了供热改造工程,增设了停车位和星级公厕,推进了小型绿地和“口袋公园”建设,同时加大城市执法、城乡环境整治等,提升了县城建设品位。

巩固提升脱贫攻坚。坚持把脱贫攻坚作为最大政治任务和“第一民生工程”来抓,紧扣“两不愁三保障”,持续推进“五个一批”。全县59个贫困村全部实现“五有”建设目标要求。易地扶贫搬迁任务基本完成,集中安置项目全部竣工并分房到户。

做实做细做好底线工作。结合“高陡边坡隐患排查、森林防火专项督查、安全生产大检查”三个专项行动,扎实开展“大反思、大排查、大整治”专项行动,实现了安全生产形势趋于稳定并逐步好转。全县信访总量稳步下降。扫黑除恶专项斗争深入推进,收到各类线索88条,共打掉恶势力集团2个、恶势力团伙1个。

五、紧扣生态文明建设,切实提升治污防灾的免疫力

强化生态环境保护定力。严格乡镇和部门责任,落实河长制,推进国土绿化,邀请清华大学环境学院专家组专题辅导,加强卫星遥感监测和定期通报,不断增强“守土负责”意识,建立严格的监控体系,坚决制止和惩处破坏生态环境行为。

强化大气污染攻坚措施。深入开展“百日清零”和“夏季攻坚”行动,有序推进冬季清洁取暖及散煤替代,积极推进西小坪耐材、鑫磊冶金灰等企业高标准配套环保设施,基本完成压减焦化产能60万吨产能任务。环境质量得到明显改善,县城建成区优良天数252天,同比增加48天。

强化城乡生态修复治理。抓好地质灾害治理,完成2处矿山生态修复试点示范工程建设,有序推进西林尖、白土坡、秀寨垃圾填埋场生态修复工程。完成荒山造林2万亩,实施植树200万株,乡村道路绿化70公里,建设生态园林村15个。实施县城周边裸露山体生态恢复治理造林,建设环县城生态屏障。全面完成“大棚房”问题20项专项清理整治任务。

六、紧扣党的建设,切实提升服务发展的执行力

坚持管党治党正风肃纪。始终以习近平总书记提出的“从严治党,惩治这一手决不能放松”为根本遵循,认真落实“三个坚持”,为传达贯彻、研究部署全面从严治党和党风廉政建设工作,先后召开17次县委常委会议,涉及相关议题23个。定期听取人大常委会、政府、政协、法院、检察院党组履行全面从严治党主体责任情况汇报。切实加大政治监督力度,完成对131个党组织政治巡察。严肃追责问责党组织8个、领导干部17人,查处违反中央八项规定精神案件13案15人。查处群众身边腐败问题74案181人。查处形式主义、官僚主义案件52案153人。正风肃纪反腐融入重点工作,深入基层治理,促进了全县政治生态明显好转。

强化干部队伍建设和管理。举办“不忘初心、牢记使命”党性教育培训班等各级各类班次8期,培训干部1200余人次。以党政机构改革为契机,积极稳妥调整科级干部11批301人次,超过了近五年的总和,班子结构进一步优化,干部精神状态明显提升。

全面加强“三基建设”。对标条例提质量,创建一流党支部97个,培树市级示范点12个,对74名优秀共产党员、25名优秀党务工作者、47个先进基层党组织进行了表彰。落实公务员年度考核奖励,足额补发2016至2018年公务员年度考核奖金53万元。持续整顿软弱涣散基层党组织,60个基层党组织全部完成整顿。

(石晓晨)

附:中共盂县委书记、副书记、常委名单

书　记:张其光

副书记:梁海昌　刘志军

常　委:王建华　石光源(挂职,12月离职)　王　浩　王会平　刘计平　梁　敏(女,5月任职)　刘淑英(女,5月离职)　高尚明(12月任职)　张五太(2月任职)

中共长治市委

市委书记　孙大军

2019年,长治市委坚持以习近平新时代中国特色社会主义思想和党的十九大精神为指导,深入贯彻落实习近平总书记视察山西重要讲话精神,认真履行把方向、管大局、作决策、保落实职责,团结带领全市党员干部群众锐意进取、攻坚克难,确保中央和省委决策部署有效贯彻落实,不断开创长治各项工作新局面。

一、深入学习贯彻习近平新时代中国特色社会主义思想，把牢正确工作方向

坚持把学习贯彻习近平新时代中国特色社会主义思想作为首要政治任务，读原著、学原文、悟原理，增强“四个意识”，坚定“四个自信”，做到“两个维护”。把集体学习《习近平新时代中国特色社会主义思想三十讲》《习近平新时代中国特色社会主义思想学习纲要》作为市委常委会必设议题，重温习近平总书记视察山西重要讲话、在推动中部地区崛起工作座谈会和黄河流域生态保护和高质量发展座谈会上的重要讲话，及时跟进学习习近平总书记最新重要讲话。召开学用习近平新时代中国特色社会主义思想经验交流会，带动全市分层分领域召开学用交流会64场，通过“七进”等多种方式宣传阐释党的创新理论，用好“学习强国”平台，推动学用工作往深里走、往实里走、往心里走。狠抓省委两次督导贯彻落实习近平总书记视察山西重要讲话精神反馈意见整改落实，确保总书记视察山西重要讲话精神在长治落地见效。扎实开展“不忘初心、牢记使命”主题教育，全面把握“守初心、担使命，找差距、抓落实”总要求，统筹抓好学习教育、调查研究、检视问题、整改落实，集中力量抓好专项整治整改，扎实开展“三服务”，努力实现理论学习有收获、思想政治受洗礼、干事创业敢担当、为民服务解难题、清正廉洁作表率的目标。

二、牢固树立新发展理念，全力推动经济高质量转型发展

着力构建现代产业体系，出台《2019年产业转型升级示范区建设行动计划》，制定实施全域旅游、大健康、通用航空等多项产业发展规划，设立50亿元产业转型发展基金，举办LED产业发展峰会和通用航空产业展览会，邀请海外华人高新技术协会专家团第二次访问长治并举办大健康产业发展国际研讨会。制定《落实〈山西开展能源革命综合改革试点行动方案〉推进计划》，大力推进煤炭清洁高效利用、光伏、风电、氢能储能、生物质能等产业发展，布局长治能源革命示范区，长治市能源革命研究院开展农村清洁供暖方式探索研究，平顺、黎城2个国家光伏发电技术领跑基地项目并网发电。着力打造“太行”旅游板块，推进太行山大峡谷八泉峡创建5A级景区，新增长治到临汾城际旅游公交，在央视推出“山西长治·壮美太行”文旅宣传片，加大长治旅游的推介力度，有效提升了长治的知名度和美誉度。积极推进金融商务区建设，大力实施上市后备企业培育工程和小升规企业培育工程。加快转型项目建设，召开项目建设推进会和招商引资奖励大会，项目建设累计完成投资699.4亿元。煤炭工业增加值占工业增加值比重较上年下降1.03个百分点，制造业占比较上年上升1.3个百分点，工业结构“反转”稳步推进。5月，因老工业基地调整改造力度较大、成效突出，受到国务院督查表扬；因落实有关重大政策措施成效明显、创造典型经验做法，被国务院确定为2019年实地督查“免督查”市。

三、持续深化改革开放，不断激发发展动力和活力

出台《关于推进全面深化改革工作的实施办法》，落实党政主要负责人亲力亲为抓改革机制，压实市领导分工负责制，对92个市直部门实施“三个三”工作台账管理。把解决问题特别是体制机制层面问题贯穿“改革创新、奋发有为”大讨论始终，研究确定实施了全市改革发展20个重点课题，牵动全市工作提档升级。圆满完成党政机构改革，积极落实减税降费政策，扎实推进相对集中行政许可权改革，农村集体产权制度改革被农业农村部确定为整市试点，城市管理综合执法体制改革、供销社改革等取得初步成效。深入实施创新驱动战略，成立山西大学固废综合利用长治研发基地学术委员会、山西省半导体产业联盟等产学研协同创新平台，潞州区“双创”典型经验受到国务院通报表扬。大力实施“潞才新政”，出台《柔性引才支持奖励办法》，新建第二批“潞才公寓”，成功举办第二届长治技能大赛和第五届长治青年创新创业大赛，523人入选“三晋英才”支持计划。出台《加快推进市属国有企业改革实施方案》和5个配套文件，运用市场化出清、集中托管困难企业职工等方式，稳步推进市县国企改革。推动开发区提质增效，在潞城经开区成立以民营经济为主的股份经营公司，为开发区建管办分离改革探索新路，全市9个省级开发区投资、产出、税收强度全部超额完成省定目标。制定出台支持民营经济发展30条配套措施和创优营商环境80条，设立5000万元支持民营企业发展基金，524个项目通过项目承诺制改革迅速落地。加快外向型经济发展，长治海关正式开关。

四、决战脱贫攻坚，大力推进乡村振兴

进一步加大脱贫攻坚资金投入和工作力度，先后召开市委经济工作会、农村工作暨脱贫攻坚会、攻坚深度贫困推进会等强力推进，建立市级领导包保壶关、平顺两县乡镇脱贫攻坚责任制。精准落实扶贫政策，扎实开展驻村帮扶，持续强化社会帮扶，全省统一战线助力攻坚深度贫困“百千百”工程观摩推进会在长治市召开。长治市将努力完成剩余78个贫困村退出，2.46万名贫困人口稳定脱贫，壶关县、平顺县脱贫摘帽的目标任务，实现整市脱贫。编制完成乡村振兴战略总体规划和“5+1”专项规划，大力发展有机旱作农业，高标准建设12个5000亩以上封闭示范区。精心培育上党党参、沁州黄小米、壶关旱地西红柿等一批区域公用品牌，全市省级以上示范合作社达到351家，2万吨冷冻红辣椒首次出口韩国。全市农村居民人均可支配收入同比增长9.6%，高于城镇居民2.1个百分点。推进农村拆违治乱、垃圾治理、污水治理、厕所革命、卫生乡村、村庄绿化六大专项行动，农村人居环境进一步改善。

五、坚决打好污染防治攻坚战，持续加强生态文明建设

多次召开常委会议、常委扩大会议、问题整改推进会专题研究大气污染防治工作，出台《改善环境空气质量十大任

务十项措施》和《大气、水污染防治量化问责办法(试行)》,组建7个督查组对县区开展全方位常态化督查,冬季清洁取暖、企业超低排放改造、老旧柴油货车淘汰、钢铁焦化行业规范化治理、黑臭水体整治等工作扎实推进。建立健全联合执法、有奖举报等制度,全市共办理环境违法案件584件、罚款9318万元,问责党员干部48人。加大生态保护修复力度,启动国土空间总体规划编制工作,完成营造林18.6万亩,新增城市绿化面积143.4万平方米,滨湖区3平方公里景观区、环漳泽湖"五行"系统和滨湖大道一期工程开工建设。大力推进固废综合治理,编制长治市《资源循环利用基地建设方案》,加快科技攻关,初步形成以发电、回填矿井、填充路基、制造新型建材等为主要利用方向的大宗固废利用格局,成功入选全国50个资源循环利用基地。深入推进城乡生活垃圾分类,进一步扩大试点范围和工作覆盖面,建成全省最大的生活垃圾分类综合处理中心,一些县区的垃圾分类工作创造了典型经验。

六、加强意识形态工作,进一步唱响主旋律凝聚正能量

修订完善《党委(党组)意识形态工作责任制实施细则》,健全完善工作机制和责任体系,意识形态领域形势总体积极健康、向上向好。组织开展庆祝新中国成立70周年系列活动。召开全域文明城市创建动员大会,出台《全国文明城市创建常态长效管理考评办法》,努力打造全省首个全域文明城市。召开道德模范座谈会和见义勇为先进表彰大会,深入开展长治道德模范、感动长治人物等评选活动,"好人城市"品牌日益响亮。加快县级融媒体中心、新时代文明实践中心等基层意识形态阵地建设,"两中心"建设试点工作走在全省前列,上党区、长子县进入全国试点行列。"中国作家长治行"采访活动走进长治市,陆续推出一批宣传赞誉长治的文学作品。举办长治文化产业周,展出文创产品超过10万件,签约项目金额达75亿元。圆满完成第二届全国青年运动会三项赛事的承办工作。认真做好新形势下统战工作,广泛凝聚各方面智慧力量,全省各民主党派和无党派人士"不忘合作初心,继续携手前进"主题教育活动推进会在长治召开。

七、坚持以人民为中心的发展思想,不断加强民生保障和社会治理

大力推进县区人大代表联络站点建设,市领导带头深入人大代表联络站点联系群众并建立长效机制,积极探索民主政治建设新路子。回应人民群众普遍关切,直面社会痛点、难点问题,制定出台了《深化基础教育改革十大行动》《推进农村移风易俗的意见》,受到群众欢迎,教育部在长治召开新闻发布会推广长治基础教育改革经验。不断在病有所医、老有所养方面探索实践,长治被国家卫健委确定为第二批全国安宁疗护试点市,成功入选国家第四批居家和社区养老服务改革试点地区。加大棚户区改造和城市"两违"整治力度,系统解决房地产领域存在问题,努力让困难群众圆上安居梦。长治市获评全国"七五"普法中期先进城市。扫黑除恶专项斗争战果位居全省第一方阵。出台《关于加快推进新时代市域社会治理现代化的实施方案》,组织引导社区工作者、专兼职调解员、志愿者等社会力量参与社会治理,加快构建横向到边、纵向到底的社会治理工作网络,全省市域社会治理试点工作推进会在长治市召开。进一步压实防范化解重大风险责任,认真抓好中央宗教工作督查反馈问题整改,扎实开展护林防火专项督查、高陡边坡隐患排查、安全生产大检查"三个专项行动",全市安全生产事故起数和死亡人数实现"双下降"。开展化解信访积案专项行动,解决了一大批多年想解决而没有解决的问题。

八、深化全面从严治党,进一步构建良好政治生态

把党的政治建设摆在首位,严肃党内政治生活,建立各级党委(党组)每季度集体学习《关于新形势下党内政治生活的若干准则》制度。扎实开展政治监督,查处违反政治纪律党员干部42人。持续加大正风肃纪反腐工作力度,截至11月底,共立案2326件;给予党纪政务处分2260人,移送司法机关72人,组织处理2753人。深入整治群众身边腐败和作风问题,查处案件769件943人。持之以恒整治"四风",查处形式主义、官僚主义问题151件、259人,查处违反中央八项规定精神案件158件、186人。发挥巡察利剑作用,完成了第六轮巡察,全面展开第七轮巡察。认真落实新时代好干部标准,旗帜鲜明树立崇尚实干、人岗相适、培养年轻干部"三个导向",持续整治说情打招呼、制造和传播小道消息、造谣诬告"三股歪风",不断健全合理容错纠错机制,稳步推进公务员职务与职级并行制度,激励干部担当作为。精准开展干部专业化能力培训,先后分9批选派219名干部赴港澳培训,组织县(区)长和市直有关部门负责人到全国市长研修学院开展城市绿色发展专题培训。着力加强机关党建,参照中央和省委的领导体制,推行市县两级均由党委常委、秘书长(办公室主任)兼任市直(县直)机关工委书记,开展标杆党支部选树和未达标党支部提升工作,努力建设模范机关。持续整顿软弱涣散基层党组织,选派优秀年轻干部到村任党组织书记实现常态化。充分发挥党员在社区治理中的先锋模范作用,党员到居住地社区报到、在居民小区建立党支部的做法,被中组部评为全国城市基层党建优秀案例。

(王　东)

附:中共长治市委书记、副书记、常委名单

书　记:孙大军

副书记:杨勤荣　唐立浩

常　委:姚　逊　刘卓良　谷　明　孙刘琳(女)　吴小华　王　震　胡　勇　艾志军

中共潞州区委

区委书记　胡　勇

2019年，潞州区委坚持以习近平新时代中国特色社会主义思想为指导，全面贯彻落实党的十九大和十九届二中、三中、四中全会精神，紧紧围绕省委“四为四高两同步”总体思路和要求，按照市委“建设省域副中心城市”“建设美丽幸福长治”的工作目标，狠抓全面从严治党，聚力改革发展稳定，23项工作受到国家、省市表彰，开创了潞州区各项工作新局面。

一、深入贯彻落实习近平新时代中国特色社会主义思想，牢牢把握正确方向

区委始终把高举旗帜、维护核心作为根本性大事来抓，带头增强“四个意识”、坚定“四个自信”、做到“两个维护”，始终在政治立场、政治方向、政治原则、政治道路上同以习近平同志为核心的党中央保持高度一致。坚持区委理论学习中心组“一周一集中学习，一周一交流研讨，一周一安排部署”制度，及时跟进学习习近平总书记最新重要讲话精神和四中全会精神，召开学用习近平新时代中国特色社会主义思想经验交流会和学习贯彻十九届四中全会精神专题研讨班，推动学用工作往深里走、往心里走、往实里走。坚持统揽全局、协调各方，胜利召开区一次党代会和人大政协“两会”，顺利完成区划调整和机构改革任务。狠抓转型发展、深化改革、环保攻坚、扫黑除恶、安全稳定和党的建设等重点工作，确保了中央和省市委各项决策部署在潞州区不折不扣贯彻落实。

二、全面加强党的建设，构建风清气正的政治生态

区委坚持把全面加强党的建设、构建风清气正的政治生态作为重中之重，认认真真抓在手上。

（一）扎实开展主题教育和大讨论。把学习教育、调查研究、检视问题、整改落实贯穿“不忘初心、牢记使命”主题教育全过程，不断加强理论学习，广泛开展调查研究，集中力量狠抓“8+5”整治整改，扎实开展“三服务”，共形成调研报告645篇，检视问题4607个，主题教育取得实效。精心组织“改革创新、奋发有为”大讨论，推动了党员干部理念、本领、作风大提升。

（二）统筹推进各领域基层党建。推行党员到居住地社区党组织报到制度，4.6万名党员到居住地社区党组织进行报到、开展服务，建立居民小区党支部347个、党群服务中心89个、党群服务站168个，形成了桐景花园小区党支部“红梧桐”等一批城市基层党建典型。集中开展软弱涣散农村基层党组织整顿，实施“一村一策”、精准整顿，15个软弱涣散基层党组织整顿工作全面完成。统筹推进非公经济组织和社会组织党建工作，实现了基层党组织全面进步、全面过硬。

（三）着力打造高素质干部队伍。注重“三个导向”，狠刹“三股歪风”，结合区划调整和机构改革，配齐了各乡镇、街道(中心)和区直单位领导班子，完成了人员转隶工作。加大年轻干部培养力度，扎实做好职务职级并行工作。出台《干部监督联席会议制度》，修订完善《激励广大干部担当作为干事创业实施办法》和《支持干部改革创新、勇于担当合理容错的实施办法》，一大批勇于担当的干部脱颖而出，郭进卫荣获第九届全国“人民满意的公务员”称号，崔永明入选“山西最美社区干部”，全区上下形成了主动担当、奋发进取的良好局面。

（四）全面推进正风肃纪反腐工作。持续深化纪检监察体制改革，开展向乡镇、街道(中心)派出监察室工作，推进反腐败工作法治化规范化。深化政治巡察，对9个单位党组织开展区委第一轮巡察，不断强化巡察的震慑、遏制和治本作用。准确把握运用监督执纪“四种形态”，构建一体推进不敢腐、不能腐、不想腐体制机制，处置问题线索1028件次，党纪政务处分154人次，推动了党内政治生态持久的风清气正。

三、贯彻落实新发展理念，全力推动经济高质量发展

区委不断加强党对经济工作的领导，全力推动经济发展持续向好。2019年，全区地区生产总值实现457.3亿元，排名全市第一；规模以上工业增加值完成133.68亿元，增速2.16%；固定资产投资完成180.9亿元，增速9.6%；排名全市第一；社会消费品零售总额470.9亿元，增速7.7%，排名全市第一；一般公共预算收入完成11.49亿元，增速4.81%；城镇常驻居民人均可支配收入38105元，排名全市第二，农村常驻居民人均可支配收入20211元，排名全市第一；经济发展稳中有进，为潞州区阔步前行奠定了坚实基础。

（一）坚定不移抓转型，发展动力明显增强。秉持“转型为纲、项目为王”理念，坚持走“生态优先、绿色发展”之路，扎实推进“双50”项目，即50个重点转型项目和50个重点城建项目。漳电2×100万千瓦、长治高测、高科LED等一批续建新建项目稳步实施。招商引资签约项目65个，签约总额343.6亿元，其中32个项目已开工建设。成功引进猪八戒网长治市区域总部项目，加快现代服务业发展。余庄新农源植物工厂、关村中药材市场等特色化农业重点项目建成。长治金融商务区和潞州特色产业集聚区成功入选全省首批产业集聚示范区，唯美诺、东山国际、易淘等双创基地成功申报国家、省、市双创示范基地，有力推动了经济转型升级。

（二）攻坚克难抓统筹，城乡建设有序实施。全力推进滨湖区、高铁片区、天晚集片区、体育公园、长北干线等重点项

目征迁改造,拆除面积53.5万平方米,腾退土地1453亩。附城、马坊头、梁家庄、小神等9个城中村改造进展顺利,暴河、朝阳整村拆除,为滨湖区、高铁片区顺利建设提供有力保障。建成太行湖水利风景区旅游路1.6公里,建设“四好农村路”70公里。持续改善农村人居环境,改厕3000余座,新创建3个省级人居环境示范村。扎实推进城市风貌整治,全面完成2条大道、5个重点片区、79条背街小巷和98个老旧家属院的架空线路和杆架整治任务。

(三)多措并举增活力,重点改革扎实推进。11家企业48个小区“三供一业”改造有序推进,7家“空壳”企业出清。完成承诺制项目47个,区级行政许可事项网上办理率达到80%,开展相对集中行政许可权改革,实行“一枚印章管审批”,“放管服效”改革迈出更加坚实步伐。落实国家减税降费各项政策,为企业减免各类税费5.9亿元。12家企业申报国家高新技术企业认定,16家企业顺利通过了国家科技型中小企业评价,成功培育“小升规”企业12个、“小巨人”企业2个、“专精特新”企业4个。能源革命综合改革试点、教育综合改革、医药卫生体制改革等重点改革有序推进。

(四)持之以恒抓生态,污染防治纵深推进。严格落实长治市改善空气质量十大任务十大措施,制定潞州区贯彻落实意见,各乡镇、街道(中心)成立环保工作站,淘汰142台燃煤锅炉,完成2547户清洁取暖工程改造。持续改善水环境质量,4个地表水考核断面均达到水质类别要求,黄碾人工湿地完成验收。有序推进垃圾分类工作,市生活垃圾分类处理科普体验馆建成开放,城南生活垃圾分类综合处理项目正式运营。完成植树造林3000余亩,种植各类树木100余万株,新建苗木花卉基地1200余亩,生态建设成效明显。

四、坚持以人民为中心的发展思想,加强民生保障和社会治理

区委始终坚持以人民为中心的发展思想,在加强民生保障和社会治理方面做了大量实实在在的工作。

(一)大力发展民生事业,深入开展“结亲帮扶”。全区183名科级干部与215户特困户结成亲戚,按照“物质上帮扶、精神上关爱、政策上倾斜、难题上解决”的工作思路,实施精准帮扶。扎实开展慈善募捐,建设“慈善超市”,构建了“政府主导、部门联动、社会参与、常态帮扶”的大救助格局,潞州区被评为省级社会救助综合改革试点。扎实开展“爱心60”。对全区60岁以上老年人进行调查摸底,建立个人档案,着力构建以居家为基础、社区为依托、机构为补充、医养相结合的养老服务体系。东篱养老院等11家医养结合项目和51个社区居家养老服务站、34个日间照料中心投入运营,更好地满足了人民群众多层次多样化养老服务需求。教育方面,认真落实全市深化基础教育改革十大行动,加大基础教育投入力度,办学质量不断提升。医疗方面,市级医院领办卫生服务中心促进优质医疗资源下沉,乡镇卫生院与市级医院合作开展“一乡一品”特色办医,实现了长治市人民医院与潞州区人民医院托管合作。社会保障方面,城乡居民养老保险业务实现网上经办,新增就业人数7500人。基本建成3264套城镇保障性安居房,983户家庭申请配租到位,解决了部分困难群众住房问题。残疾人事业取得可喜成绩,杨军宏荣获“全国自强模范”称号,王青山荣获“全国助残先进个人”称号。

(二)全力维护社会稳定。扎实开展“扫黑恶、化积案、保稳定”专项行动,深入推进扫黑除恶专项斗争。推动基层社会治理创新,市域社会治理现代化试点工作走在全省前列。开展“百日百案”信访积案攻坚行动,实现新中国成立70周年期间零非访目标。潞州区被授予“省级平安区”称号,太东街道司法所被司法部授予“全国模范司法所”称号,东大街派出所被公安部评为全国首批“枫桥式公安派出所”。

(三)切实保障安全生产。全面深化“查隐患、抓整改、保安全”专项行动,扎实开展“三个专项行动”,向重点企业派驻8名安全专家蹲点监管,组建西白兔、太岳、长北3个消防站,有效提高了事故应急处置能力。

五、扎实推进民主政治建设,提高法治潞州建设水平

积极支持区人大及其常委会依法履行职能,区人大开展集中视察调研,对转型发展、民生改善、城市建设和“一府一委两院”的监督卓有成效。区政协围绕转型发展、民营经济、科技创新、乡村振兴、安全生产等课题,积极建言献策。认真做好新形势下统战工作,深入开展民族团结进步创建活动,促进了大团结、大联合。成立依法治区委员会,全面加强法治宣传,法治政府建设走在全省前列。支持群团组织深化改革,工会、共青团、妇联等人民团体工作成效显著,党联系群众的桥梁和纽带作用有效发挥。落实党管武装要求,国防动员、国防教育、双拥共建、军民融合、人民防空等工作进一步加强。

六、牢牢把握意识形态主动权,凝聚起奋进新时代的强大正能量

加强党对意识形态工作的全面领导,制定《意识形态工作责任制实施细则》。把庆祝新中国成立70周年系列活动摆上重要位置,在全区营造了同心共庆祖国华诞的热烈氛围。围绕创建全域文明城市目标,深入开展文明城市、文明村镇、文明单位、文明校园、文明家庭创建活动。移风易俗工作扎实推进,受到群众欢迎和认可。加快推进媒体融合改革,新时代文明实践中心(所、站)建设实现全覆盖。成功举办潞州区首届文化艺术节和庆祝新中国成立70周年等大型活动20余场次,群众性文化生活和文化事业蓬勃发展。

(王丽芳)

附:中共潞州区委书记、副书记、常委名单

书　记:胡　勇

副书记:张晋伟(3月离职)　崔云峰　任国华(6月任职)

常　委:任国华(6月调职)　王咏刚(6月任职)　李　飞　刘　忠　马验习(10月任职)　蒋　楠　王　辉　牛海江　宋春燕(女)

中共上党区委

区委书记　张　驰

一、扎实开展活动,坚定正确的政治方向

2019年,上党区委严格贯彻中央和省市委开展重大活动和主题教育的一系列安排部署,全面开展“改革创新、奋发有为”大讨论,进一步解放了全区党员干部群众的思想,解决了一大批长期以来解决不了的实际问题,总结提炼形成了一些好的机制和模式,全区党员干部的理念进一步提升、作风进一步改进、本领进一步增强。精心组织庆祝新中国成立70周年系列活动,更加坚定了广大干部群众的“四个自信”。扎实推进“不忘初心、牢记使命”主题教育,区委常委班子率先垂范,带头召开三次学习交流研讨,认真对照“18个是否”,召开找差距专题会,列出检视问题清单,有针对性地整改落实;积极开展“三服务”,解决了一批群众身边的闹心事、揪心事、难缠事;常委班子成员“领题”,集中力量开展“8+5”专项整治,纵深推进主题教育。通过一系列重大活动的开展,充分调动了广大党员干部和人民群众的积极性、主动性、创造性,为全区各项事业凝聚了强大的发展合力和动力。

二、全面从严治党,夯实发展稳定的基石

区委牢牢把握全省政治生态“治”不忘“危”的要求,始终坚持党对一切工作的领导,召开区委一届四次全会专题研究部署全面从严治党工作,全面强化党建引领,以党的建设推动全区各项事业健康快速发展。把夯实基层党建作为第一责任,抓紧抓实。制定《农村党组织书记管理办法》,选优配强党组织带头人,建立“两委”主干实绩档案,将不符合条件的清理出“两委”队伍;按照“五有”标准,建设66个村级党群服务中心示范点和2个高标准社区党群服务中心。把干部和人才作为第一要素,大胆选用。坚持崇尚实干、人岗相适、培养选拔优秀年轻干部的选人用人导向,全区80后正科级干部22人,其中35周岁以下12人,乡镇党政正职中80后占到了总数的一半,领导班子结构不断改善。把全面从严治党作为第一担当,持续引深。大力整治“三股歪风”,紧盯“关键少数”,围绕“三个专项整治”,紧盯“三类人”,全年全区共处置问题线索701件,同比增长79.7%;立案189件,处分党员干部184人;特别是移送司法机关12人,同比增长100%。

三、狠抓项目建设,推动经济高质量发展

按照省市“深化转型项目建设年”要求,2019年确定转型项目140个,总投资373亿元,年度计划投资66.8亿元,前三季度累计完成投资49亿元。紧紧围绕上党区区位优势及产业布局,积极推动红星美凯龙商业综合体、森浩国际汽车城、高铁站前广场等项目落地,对项目前期的选址、规划、土地、审批等事项提前研判、压茬推进;引进山西沪邦环保科技有限公司再生资源循环利用、上党经开区智能微能源网两个十亿元以上项目;穗华明中明物流港、太行山物流园综合服务港、低压电器城建设三个五亿元项目全部开工建设;聚义钢结构生产、大蒜深加工、中材塑胶管业等十个亿元以下项目有序推进。重点发展制造业,日盛达光伏玻璃远销国外,拥有国家授权专利39项、国家发明专利6项;华烨光电科技的家电产品配套项目、潞安安易防爆电器等项目进展顺利;振东制药拉洛他赛项目取得临床批件,研发质检楼投入运营,逐步成长为新晋商的领军企业;新建标准化厂房20余万平方米,综合配套设施逐步完善,厂房经济效益更加凸显;新材料、装备制造等新兴产业集群发展。加快培育现代服务业,荫城古镇、体育小镇等一批大项目完成前期工作,进入实质性推进阶段;“振兴—西火”田园综合体、创新创业孵化基地、“东掌九院”乡村文旅等项目顺利推进,转型发展的基础进一步夯实。

2019年前三季度,地区生产总值完成155.9亿元,增长9.3%,高于全市3.3个百分点,增速全市排名第三;一般公共预算收入完成22.3亿元,增长4%;规模以上工业增加值完成109.4亿元,同比增长12.4%;固定资产投资累计完成42.1亿元,增长26.6%;社会消费品零售总额完成26.9亿元,增长7.2%;城镇居民人均可支配收入24947元,同比增长7.3%,农村居民人均可支配收入12514元,同比增长10.7%,全区经济稳中有进、势头良好。

四、聚焦民生实事,不断满足人民对美好生活的向往

始终坚持以人民为中心的发展理念,从人民群众的立场谋划推动工作,着力推动民生事业发展,不断增进人民福祉。扎实推进脱贫攻坚。通过发展产业、金融扶持、雨露计划、健康扶贫、就业培训等加大扶贫力度,组建三个督导组对全区脱贫成效开展专项巡视督查,全面查缺补漏、整改落实。经过最新动态调整,全区累计脱贫4031户、8881人。加快城市建设步伐。积极与全市整体规划对接,加快路网建设,形成了“五纵十横”道路框架;加快城区公共基础设施建设,利用城市拆迁空地,新建口袋公园20个,运动场地20个,合理规划新建停车场10个,新增停车位1000余个,在快速路沿线安装移动环保公厕9个,城区新建公厕7个,有效解决群众停车难、如厕难等问题;对城市主干道提质改造,硬化2.6万平方米,绿化3.5万平方米;第二污水处理厂和荫城污水处理厂正在调试,即将投入使用;对供热体制进行改革,收购重

组,“冬病夏治”,确保全区群众温暖过冬;土地塌陷村整村搬迁29栋住宅楼主体已全部封顶,区人民医院建设基本完工。“城市建设为市民”的理念得到具体落实。不断改善农村人居环境。完成“四好农村路”改造提质176公里,全区老百姓出行更顺畅、更安全;加快“厕所革命”,截至10月底已改造4947座,完成总任务的82%;加快农村清洁取暖替代工程建设进度,全年共完成清洁取暖改造26809户,其中“煤改气”23004户,“煤改电”2872户,生物质集中供热978户。深入推进扫黑除恶专项斗争,本年共打掉黑恶势力犯罪组织5个,破获各类刑事案件35起,抓获涉案犯罪嫌疑人73名,查扣涉案资产50多亿元,打击战果位列全市第一方阵。

五、创新性、突破性和亮点工作

教育事业再上新台阶。全面落实《长治市深化基础教育改革十大行动》,县管校聘、校长职级制、“中国好课堂”等多项教育改革走在省市前列,教育部基础教育司、人民日报社等专程到本区调研指导;成立教育基金会,雄山集团、羊头岭集团首期分别捐资1000万元,用于改善硬件、奖补老师、普惠学生;启动实施“教学名师”工程,树立教书育人标杆;寄宿制学校建设工作全省领先,相关经验入选教育部主编的《工作案例》一书。

医疗卫生开创新局面。结合区情实际“对症下药”,研究制定了《深化医疗卫生体制改革六项措施》,从强化医护队伍建设、高端人才引进、薪酬制度改革等难题入手,切实提高全区医疗卫生质量和水平;深化与和平医院合作办医,继续推进和平医院专家门诊日活动,区医院总门诊诊疗达到14万人次,同比增加23%,全区百姓在家门口就能享受到三甲医院的服务。

开发区建设迈出新步伐。立足自身优势,以“一区三园”模式推动上党经开区建设。1月,上党经开区成功获批省级经济开发区,8月正式成立上党经开区党工委,区委第一时间选齐配强领导班子;深入推进“三化三制”改革,在保留必要的行政职能功能和办公人员外,将主要人员与精力沉到一线,实行公司化管理模式。1–11月,开发区完成投资强度461.30万元/亩,产出强度149.69万元/亩,税收强度14.44万元/亩;完成固投7.19亿元,工业增加值3.23亿元,非煤产业产值9.16亿元,入区企业数87家,高新技术企业本年新增1家,总计3家。

能源革命走出新路子。积极推进能源革命综合改革,组建太原煤炭交易中心长治上党分中心,实现煤炭网上竞价销售;加快煤炭产业精细化、机械化、信息化、智能化改造;清理整治洗(储)煤厂33家,淘汰落后过剩产能1630万吨;加强固体废弃物综合利用,推进煤矸石填埋生态修复、制砖、发电、井下填充等项目建设,高河煤矿、新建煤业填充法绿色开采试点成效显著。

城中村改造探索新模式。成立城投公司,理顺城市建设投资融资渠道,规范城市管理工作,抓好保障性住房开发建设。通过政府购买服务融资19.3亿元,用于城中村改造,在建项目16个。

媒体融合改革又有新突破。在融媒体改革获中宣部重点支持、获批县级融媒体中心建设试点区之后,进一步完善“上党全媒体指挥中心”应用平台,拓展“中央厨房”内容,推动智能产品创新应用,上党门APP开通上党号和城市服务板块,对民生、环保、公共安全、城市服务、工商业活动在内的各种需求做出智能响应,即将建设的智慧灯杆集智能照明、5G基站、多功能传感器、视频监控、信息发布、紧急呼叫以及充电桩等功能为一体,将成为智慧城市信息采集的节点,智慧型城市建设迈出坚实步伐。

文化旅游呈现新局面。持续推进文旅融合改革,山西文旅集团正式控股振兴小镇,太行旅游集散中心挂牌成立,实现游客的便捷式服务和体验式消费。举办了第三届上党新春会年俗文化旅游节,第二届上党康养文化旅游节,尤其是举办了振兴小镇·2019上党红色国际马拉松大赛,来自全球13个国家和地区的一万多名跑者参与畅跑盛宴。

社会治理模式不断创新。成立上党区幸福广场社会组织孵化基地,已有19家社会组织入驻,积极参与全区社会治理;深入推进新时代“枫桥经验”,加快区直单位、重点企业综治中心建设,把大量矛盾化解在基层、消灭在萌芽;创新信访工作机制,探索“点访”模式,建立信访听证和访法、访调、访心“三对接”工作机制等等,保障了全区稳定发展。

营商环境进一步优化。严格落实《长治市创优营商环境80条》,以机构改革为契机,大力推进“两集中、两到位”改革,18个行政审批单位共102项审批事项完成入驻;企业设立登记申请材料由原来的10–13件压缩至5个必备件,简化了审批流程,缩短了办理时间,提升了群众和企业的满意度。

意识形态工作不断加强。新时代文明实践中心、所(站)三级建设全面完成,被中宣部列入全国第二批试点;严格落实市委市政府《推进农村移风易俗的意见》,以“一约四会一墙两榜”为抓手,杜绝铺张浪费,树立文明乡风,大力开展“八在农家”评选活动,切实加强农村精神文明建设,提振农民“精气神”,提升农民文明素质。

(李伟峰)

附:中共上党区区委书记、副书记、常委名单

书　记:王现敏(9月,因严重违纪,被给予撤销党内职务、政务撤职处分,降为三级调研员。)
张　驰(10月任职)

副书记:段尧刚　张芬芬(女,1月任职)

常　委:王咏刚(6月离职)　张东文(6月任职)
李　瑜(8月离职)　巩志岗(8月任职)
李文斌(1月离职)　常永峰(1月任职)
张延节　秦彦伟(8月离职)
王　燕(女,8月任职)　樊培元(1月任职)
陈　功(10月任职)

中共潞城区委

区委书记 秦苏良

2019年，潞城区委高举习近平新时代中国特色社会主义思想伟大旗帜，深入贯彻党的十九大、十九届二中、三中、四中全会和习近平总书记视察山西重要讲话精神，全面贯彻落实省委、市委工作思路和要求，团结带领全区党员干部群众锐意进取、攻坚克难，全区呈现出经济平稳发展、社会和谐稳定的良好局面。全年地区生产总值增长7.7%，规模以上工业增加值增长6.1%，固定资产投资增长9.3%，社会消费品零售总额增长6.9%，一般公共预算收入增长16.53%，城镇常住居民人均可支配收入增长7.1%，农村常住居民人均可支配收入增长9.4%。潞城蝉联省级双拥模范城、国家卫生城市荣誉。

一、高举旗帜抓引领，主题教育走深走实

把集体学习《习近平新时代中国特色社会主义思想三十讲》《习近平新时代中国特色社会主义思想学习纲要》作为中心组学习必设议题，不断重温习近平总书记视察山西重要讲话，及时跟进学习习近平总书记最新重要讲话，做到了“学用思贯通、知信行统一”。精心组织“改革创新、奋发有为”大讨论，在全面推进规定动作的基础上，深入实施“三基建设”大调研、学习潞宝“奋发有为”精神、“勇于担当”摸排起底遗留问题三项自选动作，把解决问题特别是体制机制层面问题贯穿始终，牵动全区工作对标一流、提档升级。扎实开展“不忘初心、牢记使命”主题教育，全面把握“守初心、担使命、找差距、抓落实”总要求，统筹抓好学习教育、调查研究、检视问题、整改落实，常委班子带头领题调研、领办解决疑难问题、牵头主抓“8+5”专项整治，全区各级党组织积极跟进，开展学习研讨507次，检视问题2544条，整改1608条，推动解决“三服务”事项542项，一大批事关老百姓的烦心事、操心事、揪心事得到有效解决。

二、厚植转型新优势，发展基础更加坚实

按照转型项目建设年部署，全力实施总投资315亿元的132个重点项目。实行重点项目处级领导包联责任制，深化企业投资项目承诺制改革，为47个项目办理各类手续80项，为49个项目办理承诺事项64项，推动26个续建项目竣工投用、78个新建项目开工建设，特别是在主题教育期间，全区6个亿元以上大项目建成投产，8个亿元以上大项目开工建设，转型发展的基础进一步夯实。着力调整工业结构。改造提升传统产业，加快钢铁、水泥、焦化等企业技术创新，支持发展特种钢材、特种水泥等特种建材，伟能建材一期、格瑞斯特环保砖等项目建成投产，潞宝200万吨焦化、潞安140万吨焦化、润昌建材石膏加工、三元微子煤业改造升级等项目加快建设；不断延伸煤化工产业链，潞宝己内酰胺聚合切片、锦纶短纤维、元延医药一期、加氢站、潞安氯化石蜡等项目建成投产，潞宝锦纶长纤维、元延医药二期等项目开工建设；大力发展战略性新兴产业，华纳电子高温超导新材料等项目加快推进。进一步提升园区承载能力，经开区供电、供水、供应工业蒸汽等项目加快推进，现代煤化工产业研究院标准化工实验室基本建成，史回工业园成为长治市国家级工业资源综合利用示范基地的重要园区。大力发展三产服务业。现代智慧物流园项目加快建设，长治邮政邮件处理中心、店上火车站战略装车点等项目加快推进；服务平台集聚效应初步显现，东山国际企业总部入驻企业10余家，服务业众创空间入驻创业团队6个，“双创”基地科研中心、实训基地及生产车间建成，永安山防爆电机等一批企业入驻；城乡商贸体系不断完善。5个基层供销社改建全面完工，金威购物广场开业运营，打造了长治各县区面积最大、功能最全、业态最多的现代化新型商业综合体。农业产业提质增效。充分发挥农村党组织作用，引导农户积极流转土地，以龙头企业、农村新型经济组织、家庭农场引领农村土地规模化经营，形成翟店镇生姜、成家川街道旱地西红柿、合室乡大葱、史回乡中药材、辛安泉镇辣椒等一批特色种植基地，辛安泉万亩有机旱作农业封闭示范区初步成型，农业调产取得明显成效。

三、深化改革促转型，发展动能逐步增强

经开区改革先试先行，“运管分离”运营模式取得初步成效，组建潞宝澳和科技公司运营经开区，专业团队引进、三方注资、社会资本招商等稳步推进，全年新建续建项目26个，投资、产出、税收强度均完成年度目标任务。金融创新改革加快推进，在全市首家设立转型产业政府引导基金，总规模10亿元、首期1.1亿元的潞兴股权投资基金合伙企业通过中基协备案并开始运营，潞城区被确定为省级资本市场县域工程试点县(区)；为27家企业兑现奖补资金5300多万元，为潞宝锦纶短纤维等4个项目配套扶持资金3000万元；资本市场实现“零突破”，6家企业在山西股权交易中心成功挂牌，其中九元公司、中宝建材2家企业完成股份制改造在“晋兴板”挂牌，华夏同创、晋川建材、宏益兴建材、潞盈农业4家企业在“展示板”挂牌。科技创新深入实施，新认定高新技术企业5家，高新技术企业总数全市第二，新入库国家科技型中小企业7家，“小升规”企业9家。农村综合改革蹄疾步稳，村集体经济组织清产核资全部完成，收回土地6700余亩；稳步推进土地流转，新增托管土地7万亩。

四、创新治理激活力,发展环境不断优化

营商环境更加优化。出台支持民营经济发展30条、高质量转型发展30条、便民利企优化营商30条、营造尊商重商环境10项规定,相对集中行政审批权改革落地见效,行政审批部门和许可事项入驻率分别达到100%和86.02%,启动“一枚印章管审批”,政务服务环境更加高效,吸引了一批知名企业、转型项目、先进技术落地,蓝绿双城桃花源康养小镇、北方国际教育集团与职业高中合作建设产教融合示范园等项目成功签约,清华大学机械工程特种精密仪器制造研发中心拟落户潞城。全年签约项目42个,签约额239亿元,超年度目标任务19亿元;当年签约当年开工项目28个,开工率超市定目标36.7%。人才环境筑巢引凤。新引进高层次人才66名,建成人才公寓52套,为89名高层次人才申请市级补贴,吸引198名本土人才回乡创业。创新柔性引才,对与企业合作的12名高端专家,区财政给予每人每年10万元的奖励。生态环境持续改善。坚决打好污染防治攻坚战,重点行业企业特别排放限值和无组织排放改造进展顺利,煤改电、煤改气、生物质能替代、清洁型煤替代等清洁取暖改造全面完成,散煤污染、扬尘污染、机动车辆污染专项整治取得成效,SO2、PM10、PM2.5三项空气指标同比分别下降32.1%、7.6%、2%,空气质量综合指数改善幅度排名全市第四;辛安泉饮用水源地水质达地下水Ⅱ类标准,地表水考核亚晋桥断面首次由劣五类改善为四类水质。

五、汇聚智慧凝合力,民主法治全面加强

坚持依法治区,切实提高依法决策、依法行政、依法管理的能力。支持人大及其常委会依法履行职能,围绕区委中心工作开展视察调研、执法检查。全面建成11个代表联络站和41个代表联络点,代表联系选民实现制度化、常态化。支持政协依法履行政治协商、民主监督、参政议政职能,围绕全区经济社会发展大局积极建言献策。支持审判、检察机关依法独立开展工作,健全社会公平正义法治保障。坚持巩固和发展爱国统一战线,创办统一战线“同心”智库、“统战课堂·创新论坛”,定期组织新的社会阶层人士开展创新创业活动。依法管理宗教事务,探索“党员干部+积极分子+信教群众”工作机制,长治市信教群众聚居村党组织建设和宗教事务管理能力提升现场会在潞城区召开。

六、心系民生谋福祉,社会事业全面进步

脱贫攻坚取得实效。加快推进农业调产,新发展特色种植2300余亩、特色养殖7460头(只),带动1014户贫困群众增收。创新土地流转与脱贫增收联接机制,发挥村级党组织的引领带动作用,贫困户参与流转土地的除常规流转费外每亩另补200元,发展特色种植的每亩补助200元。完成年度扶贫小额贷款任务,金融扶贫惠及率74%,41家公司(合作社)发放资产收益分红17.08万元,带动277户贫困群众增收。教育扶贫、健康扶贫等各项政策措施落实到位,323户贫困户危房改造任务全部完成。10件实事按进度完成。实施学前教育营养餐工程,一中操场、二中教学楼等项目稳步推进,建成职业高中实训基地,推进普通高中标准化建设,补充中小学、幼儿园教师210名。康谐敬老院、慈悠养老院主体完工,第二养老院开工建设。棚户区改造稳步推进,回迁安置项目进展顺利,潞康南路、晋水东巷、世纪广场公园改造全面完成,新增集中供热面积12.82万平方米。农村公路提质改造工程稳步推进,完成“四好农村路”建设39条112公里,潞石线改造工程进展顺利,八路军总部北村旧址、绿野漂流、高山流水景区旅游公路基本完工。实施饮水改造提质工程,解决了4个乡镇7个村3000人的饮水安全问题。

七、扛稳主责抓主业,党的建设全面加强

强化理论武装。举办学习贯彻习近平新时代中国特色社会主义思想读书班,组织科级以上干部、农村第一书记和下派书记、企业党支部书记外出培训,邀请高校专家教授来潞讲学,实施农村党员干部专题培训,“百千万”工程培训党员干部12000余人次。推进“三基建设”。发挥农村党组织领导作用,以党建促脱贫攻坚、促乡村振兴、促基层治理。农村(社区)“两委”主干基本报酬达省定标准,乡镇办公用房和干部周转房提档升级,57个行政村撤并任务全面完成,31个软弱涣散党组织得到整顿提升。新建区级党群服务中心、17个社区党群服务中心、43个小区党支部组织活动场所,聘任48名离退休干部为党建工作指导员,招聘社区专职党务工作者23名。以实操实训为切入点激励机关党员干部提升服务水平,553个基层党组织达规范化建设标准。进一步加强非公党建,规范潞宝集团党委等非公企业党组织,建立区委党校潞宝实训基地,推动支部建在企业子公司、党小组建在车间班组,把党建工作优势转化为动员职工优势、企业发展优势。落实非公和社会组织“123”和“2112”党建工作经费,实施巩固提升“两个覆盖”攻坚行动和“双强六好”创建活动,在棚改项目工地建立2个党支部。压实“两个责任”。完善党风廉政建设责任体系,逐级开展“两个责任”约谈。支持纪委监委运用“四种形态”强化执纪问责。紧盯重要节点,强化日常监督,查处违反中央八项规定精神案件13起,处理相关责任人16人;严查群众身边腐败问题和不正之风,查处扶贫领域腐败问题案件14起,党纪政务处分11人、组织处理6人;查处民生领域腐败和不正之风案件105起,处理相关责任人138人;对5起群众身边腐败问题典型案例进行通报,发挥了警示教育作用。查处形式主义、官僚主义案件10起,党纪政务处分13人、组织处理3人;查处漠视侵害群众利益案件11起,党纪政务处分22人、组织处理2人;持续推进扫黑除恶。

(李国红)

附:中共潞城区委书记、副书记、常委名单

书　记:李文兵(1月离职)　秦苏良(1月任职)

副书记:秦苏良(1月调职)　郭　强(1月任职)

柴　哲

常 委：翟 勇 牛红宇 牛浩刚 曹 枫(女)
冯丽华 李 煜 刘钢孔(10月任职)

中共屯留区委

区委书记 马先明

屯留区委下辖基层党组织587个,其中:党委29个,党总支部16个,党支部542个。共有党员13001名。

2019年,屯留区委以习近平新时代中国特色社会主义思想为指导,认真落实习近平总书记视察山西重要讲话精神,按照省委和市委的工作部署,团结带领全区党员干部群众锐意进取、攻坚克难,推动产业转型、乡村振兴、城市提质、保障民生、改革创新等各项工作取得新成效,开创了高质量发展新局面。

一、深入学习贯彻习近平新时代中国特色主义思想,把牢正确工作方向

把集体学习《习近平新时代中国特色社会主义思想三十讲》《习近平新时代中国特色社会主义思想学习纲要》作为区委常委会重要议题,重温习近平总书记"三篇光辉文献"。扎实开展"不忘初心、牢记使命"主题教育,统筹推进学习教育、调查研究、检视问题、整改落实四项重点措施,组织召开3次学习研讨交流会和1次学用习近平新时代中国特色社会主义思想经验交流会,796名领导干部领题开展了调研,聚焦中央"8+1"整治和省委5项整改要求集中开展专项整治整改,围绕"9+1"扎实开展"三服务",解决农村和企业问题500余个,切实提升了企业、群众、基层的获得感。

二、坚定不移推动高质量转型发展

(一)保持经济平稳运行。全年地区生产总值完成133亿元,同比增长7.1%;规模以上工业增加值同比增长6.02%;固定资产投资完成58.2亿元,同比增长7.5%;一般公共预算收入完成11亿元,同比增长11.47%,社会消费品零售总额完成20.3亿元,同比增长8.6%;城镇居民人均可支配收入完成29560元,同比增长7.4%;农村居民人均可支配收入完成17656元,同比增长9.6%;4项主要指标增幅超全市平均水平,26项区域经济转型升级考核指标完成21项。

(二)加快转型项目建设。谋划实施项目115个,总投资298亿元,其中实施产业类项目50个,总投资192.7亿元,瑞赛格二期报废汽车拆解、润金茂费托尾气制液化天然气、中科惠安碳酸二甲酯、三耐铸业耐磨堆焊技改等项目建成或投产;拜奥埃森纳20万吨燃料乙醇、中诚禾业葵花小镇农产品深加工等项目进展顺利。

(三)抓好招商引资。以经济技术开发区为平台,共签约项目35个,协议引资额180.6亿元,开工24个项目,开工率达到68.6%。安徽阳光电源500兆瓦光伏制氢、能交投日产2万方生物天然气及有机肥生态循环利用、上海高雀煤矸石资源化利用、张家口众信嘉华ECO系列产品生产基地等项目落户我区。

(四)创优发展环境。出台了支持民营经济发展12条措施,争取省技改项目专项资金和扶持奖补资金1999万元。落实"减税降费"政策,为企业减免税费近2亿元。扎实推进相对集中行政许可权改革,"一枚印章管审批"正式运行。投资1600万元完成了经济开发区纵二路改扩建工程。积极协调争取土地指标628.02亩。新培育国家高新技术企业1个,"小升规"企业6个,"专精特新"企业2个。

三、协调推进脱贫攻坚和乡村振兴

对2019年脱贫户和往年已脱贫但收入偏低的脱贫监测户(人均可支配收入低于4000元)加大精准重点帮扶力度,巩固提升了脱贫成色质量,贫困户2项产业叠加达到100%,3项产业叠加达到55%。聚焦"两不愁三保障",2019年完成自来水改造42处,新建改造村卫生室51所,开通偏远村公交线路42条,实现了全区行政村通客车全覆盖,为31户贫困户进行了危房改造,并采取积极措施对1200户贫困户的户容户貌进行改善。全面完成114户219人的年度脱贫任务,2016年建档立卡识别的贫困户全部实现脱贫。扎实推进乡村振兴。以"一园三基地"为引领加快产业发展,建成省级农业标准化辣椒种植基地3万亩,新发展核桃经济林1万亩,有机旱作农业封闭示范区扩大到8000亩,发展各种特色水果、经济作物、优质小杂粮2万多亩,葫芦山庄实现提档升级,润邦田园开园经营,大广农牧二期开工建设。以农村人居环境整治为重点建设美丽乡村,从清洁取暖、厕所革命、污水处理、垃圾分类、村容风貌、产业发展、集体增收、公共服务、基层治理九个方面入手,着眼示范引领、整体提升,推动以点带面、连线成片,重点打造了16个美丽宜居示范村,丰宜镇石泉村入选全省首批100家3A级乡村旅游示范村,树立了乡村振兴新标杆。

四、持续深化全面改革开放

制定了《中共长治市屯留区委全面深化改革委员会2019年工作要点及责任分工》,确定了40项年度改革任务和10项转型综改先行先试任务。逐一分解压实到县四套班子和乡镇、区直部门,其中区委书记亲自抓改革。一是稳步推进党政机构改革,出台党政机构改革实施方案,印发部门"三定"方案,推进机构人员转隶,统筹解决办公场所,按照时间节点完成改革任务。二是纵深推进国企国资改革,联通公司、

煤运公司、供电公司、常村煤矿“三供一业”移交和改造工作顺利,11家区属国有企业完成了清产核资和资产评估工作。三是积极推进农业综合改革,以被确定为第三批国家级农村集体产权制度改革试点县为契机,全面抓好农村成员清产核资、身份界定、股权量化等工作,293个村挂牌成立了股份经济合作社,解决了机动地、四荒地等权属不清的难题。12月份顺利通过农业农村部智库评估小组的评估验收;创新全地域托管服务模式,探索走出“保姆式”全程托管、“菜单式”环节托管等具有屯留特点的农业生产托管服务模式,成功入选全国农业生产托管十大典型模式。四是不断深化教育体制改革,大力推进校长职级制改革,取消了7所学校校长行政级别,聘任中小学正副校长110名;为4100余名学生办理了电子学生证;18所学校被列为全市课改示范校,9所学校被评为国家级校园足球基地;按照男女教师1:1比例设岗招聘,有效破解了教师性别比例失衡问题;安排专项资金增加教师绩效工资和发放班主任津贴。五是实施城乡医疗一体化改革,出台《基层医疗卫生机构绩效工资考核分配方案》《屯留区公立医院推行薪酬制度改革实施办法》,实行优绩优酬,多劳多得,进一步调动了医护人员的积极性,启动医疗集团信息化建设,实现集团医疗机构互联互通。六是着力抓好进出口贸易工作,全年累计完成进出口2802.14万元,同比增长68.13%。

五、坚持不懈保障和改善民生

加快推进棚户区改造。一期安置房基本建成,二期安置房实现主体封顶,2020年群众可实现顺利回迁。促进教育均衡发展。屯留一中教学教研综合楼、麟绛小学、旭光幼儿园教学楼、新建路村中学等项目完工投用,开工建设了2个乡镇4所农村寄宿制学校教师周转宿舍;教育教学质量进一步提高,2019年高考二本B以上达线813人,中考600分以上343人,综合排名居全市前列。全面提升城市品质。实施了麟绛大街改造、瓶城街道路改造、盘秀北路改扩建等城市主干道路建设,完成了二青会主题公园、巘山四季花海等“口袋公园”、“小微绿地”11处,对主城区重点街道建筑立面和楼体进行了亮化。加强医疗卫生基础设施建设。投入900余万元对5个乡镇卫生院住院楼、门诊楼和业务用房进行修缮改造,区中医院住院楼建成投用,全区医疗服务水平进一步提升。狠抓城乡交通一体化发展。主城区—老爷山—屯绛水库旅游公路竣工通车,完成了34条总里程66.6公里的“四好农村路”建设任务,开通了3条城市公交线路和18条乡村公交线路。加大生态环保工作力度。坚持转型、治企、减煤、控车、降尘“五管齐下”,持续深化大气污染治理,空气质量改善幅度排名全市第一;国控司徒桥断面水质由一度出现的劣五类水质恢复到四类,从9月份开始连续四个月单月水质达到三类。

六、全面提升社会治理现代化水平

不断深化平安建设。高标准打造了7个新时代市域社会治理现代化示范点,扎实推进“雪亮工程”二期工程,先后迎接了长治市法学会工作屯留现场推进会、全市创建全国禁毒示范城市现场推进会;深入开展扫黑除恶专项斗争,打掉恶势力犯罪团伙4个,抓获团伙成员16人,破获涉毒刑事案件9起,抓获犯罪嫌疑人9人,缴获各类毒品共计1284.06克。创新做好信访工作。认真落实“四包六强化”信访责任制,扎实开展化解信访积案专项行动,化解信访积案421个,重要时间节点实现零非访,信访秩序实现持续好转。抓严抓常安全生产。开展了“三个专项行动”,安全生产事故起数和死亡人数实现“双下降”,全区未发生重特大安全生产事故。守好网络舆论阵地。认真落实意识形态责任制,扎实开展“清源”“净网”等专项行动,处置网络舆情22起,全区网络意识形态整体平稳。

七、补齐短板提升党建工作质量

创新城市党建。新组建5个社区党委依法选举产生“两委”干部45名,成立了20个小区党支部、41个党小组,2563名在职党员到社区报到。加强机关党建。撤销了7个系统机关党委,制定了加强区直机关事业单位党建工作有关措施,进一步理顺了机关党建工作机制。夯实基层党建。创建乡镇(区)党委书记、副书记党建示范点39个,高标准打造了区党群服务中心、14个乡镇党群服务中心和42个村级党群服务中心,乡镇“五小”建设有了明显改善;对32个软弱涣散党组织进行了集中整顿,选派6名优秀年轻干部到村任党组织书记;不断壮大集体经济收入,155个村集体经济收入达到5万元以上;加大基层基础保障力度,落实镇、村运转、离职“两委”主干补贴4200余万元,为乡镇(区)事业编制干部发放了交通补贴。做实非公和社会组织党建,组织开展对非公经济和社会组织党组织书记、党务工作者、党建工作指导员、全体党员进行集中轮训,加强对非公企业党建工作指导和管理,引导非公企业健康发展。大力推进人才体制改革。出台《关于引进紧缺急需高层次人才的实施方案》,招聘事业单位工作人员91人,引进硕士研究生和医疗行业高层次人才42名,12人入选全省“三晋英才”,命名“屯留工匠”39名。

八、纵深推进全面从严治党

严格落实责任。区委常委会定期听取同级党组和区纪委监委工作汇报,健全完善“三会一课”、民主集中制、重大事项请示报告等制度,不断压实管党治党主体责任,进一步把严的标准和措施贯穿到管党治党全过程。鲜明干部导向。按照好干部标准,鲜明树立崇尚实干、人岗相适、培养年轻干部“三个导向”,结合党政机构改革提拔任用了一批干部,对23名区级担当先进典型进行了表彰奖励,其中10名先进典型得到提拔重用。强化正风肃纪。巩固拓展落实中央八项规定精神成果,整治形式主义、官僚主义并建立长效机制;一体推进不敢腐、不能腐、不想腐,全区纪检监察机关全年线索处置数、立案数、处分数分别增长14.61%、18.14 %、4.59%,全区群众信访举报数同比下降16.36 %,反腐败斗争压倒性胜利不断巩固,全面构建良好政治生态进一步取得新的成效。

(韩长江　张海军)

附:中共屯留区委书记、副书记、常委名单

书　记:马先明

副书记:翟卫华(女)　贯振芳

常　委:段联刚　原书玲　柳建勋　贯钢辉　李书红　孙敬明　张鼎盛

中共长子县委

县委书记　李国强

2019年,长子县委坚持以习近平新时代中国特色社会主义思想为指导,以喜迎新中国70华诞为动力,团结带领全县干部群众,务实重干,砥砺前行,推动了中央和省委、市委决策部署在长子落地生根,不断开创了全县高质量发展新局面,描绘了长子发展史上又一壮美画卷。

一、深学细研习近平新时代中国特色社会主义思想,牢牢把握正确工作方向

长子县委始终把学习贯彻习近平新时代中国特色社会主义思想和党的十九大精神作为首要政治任务,内化于心、外化于行,体现在实际行动中,落实到工作各方面,贯穿于党性锻炼全过程。坚持县委理论中心组集中学习制度,及时跟进学习习近平总书记最新重要讲话精神,召开全县学用习近平新时代中国特色社会主义思想经验交流会,推动学用工作往深里走、心里走、实里走。推动学习从"关键少数"向基层组织延伸,向全体党员拓展,向广大群众覆盖。全面贯彻落实中央、省市委重大决策部署,持续强化清单管理、"观摩+督查"工作举措,推动各项工作高效落实。

二、坚持高标准严要求,精心开展重大活动和主题教育

长子县委严格按照上级统一部署,始终以高标准、严要求,抓实抓好涉及全局的重大活动和主题教育。精心组织"改革创新、奋发有为"大讨论。围绕"六个破除、六个着力、六个坚持",聚焦转型最突出的"瓶颈"、发展最脆弱的"短板"、社会最敏感的"触点"、群众最渴望的"红利",组织开展了学习讨论、先进典型报告会、对标一流述职评议、改革创新"金点子"征集、干部入企进村服务等多项活动,推出了一批重大改革举措和重点项目。隆重举办庆祝新中国成立70周年系列活动。把开展庆祝活动和宣传教育活动摆在突出位置,按照节俭务实热烈喜庆的原则,相继组织开展了新时代文明实践主题展演、职工风采大赛、书画摄影展、微电影征集展示、向烈士敬献花篮等形式多样、丰富多彩的活动,营造了同心共庆祖国华诞的热烈氛围。扎实开展"不忘初心、牢记使命"主题教育。作为省委主题教育巡回指导组直接联系县,按照"先走一步、走好一步"的思路,准确把握"守初心、担使命,找差距、抓落实"总要求,将学习教育、调查研究、检视问题、整改落实贯穿全过程,聚焦"8+5+2"集中开展专项整治整改,围绕"9+2+X"扎实开展"三服务",力戒形式主义、官僚主义,不折不扣把主题教育各项任务落细落小,落到实处。

三、认真贯彻新发展理念,着力推动经济高质量转型发展

长子县委始终践行新发展理念,坚持稳中求进工作总基调,多点发力,主动作为,县域经济高质量发展态势日益增强。经济发展逆势上扬。在宏观调控趋紧、下行压力加大的形势下,全县经济在困境中奋起,在逆势中上扬,主要经济指标全面完成,位列全市各县区前茅。其中,地区生产总值完成174.6亿元,同比增长9.4%;工业增加值完成102.8亿元,同比增长10.09%;固定资产投资完成69.9亿元,同比增长8.1%;一般公共预算收入完成15.3亿元,同比增长14.82%;社会消费品零售总额完成22.7亿元,同比增长8%;城镇居民人均可支配收入达到32386元,同比增长7.8%;农村居民人均可支配收入达到15896元,同比增长9.4%,长子县在全市第一方阵中的地位更加稳固。文旅兴县活力迸发。克服时间紧、难度大、强度高等重重困难,用"愚公移山"的无畏精神,高标准建成全长50余公里的金山银山风景道;举全县之力,集众人之智,用"上下同欲"的强大攻势,成功举办中国长子首届"金山银山文化旅游节",吸引来自全国各地数万余名游客慕名参观;着眼发展全域旅游,加快文旅融合,精心打造了木化石景区、羊头山森林公园、陶乡遗风文化园、岚河长虹景观带、岭上红色文化园等一大批乡村旅游景点。把乡村振兴战略作为新时代"三农"工作总抓手,持续壮大"一区六业",有机旱作农业封闭示范区发展至6000亩,长子青椒、河岸红薯入选全国名特优新农产品名录,长子县被评为国家农产品质量安全县。持续深化"院县合作",先后建立了12个试验示范基地和4个农业废弃物资源化利用站,农业科技化水平不断提升。长子县生贵式大棚专业合作社被推荐为全国示范农民田间学校。突出抓好人居环境整治,实施村庄绿化,完成植树造林1.4万亩,栽植各类苗木190.5万株,新增绿地面积15.8万平方米,被评为全市村庄绿化一类县,全省唯一、全国十大乡村绿化美化县区。实施"厕所革命",完成改厕3.1万座,赢得全省农村改厕太行山片区现场会、全市厕所革命现场会召开。

四、加强宣传思想文化工作,凝聚起奋进新时代的强大正能量

长子县委自觉承担起举旗帜、聚民心、育新人、兴文化、展形象的使命任务,以实际行动讲好长子故事、传播长子声音,不断满足人民群众的精神文化需求,为长子经济社会发展聚人心、汇正能、集力量。创建“两个中心”主品牌。紧抓被列入全国新时代文明实践中心试点县、全省县级融媒体中心建设试点县的机遇,高起点谋划、高水平建设、高标准推进。融媒体中心建成综合应用大厅和采编中心系统平台,“中央厨房”基本成型;新时代文明实践中心站(所)实现县乡村三级全覆盖,打通了宣传思想文化工作服务群众的“最后一公里”。唱响舆论宣传主旋律。充分发挥新闻媒体的舆论引导和宣传推介作用,全方位、广角度、多层次宣传全县的中心工作、重点任务和经济社会发展成果。打好文明创建主动仗。对照测评体系指标,出台《长子县创建全国文明城市任务清单》,众志成城,全面攻坚,持续掀起创城热潮。在创城迎检中,人民群众的知晓率和满意度达到空前的百分之百,创建工作取得阶段性成效。大力倡导农村移风易俗,对婚丧陋习、天价彩礼、大操大办、薄养厚葬、铺张浪费等不良习气进行治理,着力培育文明乡风、良好家风、淳朴民风,涌现出了大堡头镇南小河村、慈林镇南张村等移风易俗先进典型。

五、倾心倾力惠民生,千方百计增进群众福祉

长子县委把脱贫攻坚作为压倒一切的政治任务,聚焦“两不愁三保障”,精准落实产业扶贫、健康扶贫、教育扶贫、光伏扶贫、生态扶贫、金融扶贫、易地搬迁、兜底保障等扶贫政策。不断强化帮扶力度,组织全体帮扶干部进行扶贫政策知识测试,扎实提升业务能力;围绕产业扶持、危房改造、安全饮水、户容户貌等重点和各级督查检查反馈问题整改等短板弱项,在全县开展了“脱贫攻坚问题整改”专项行动,采取自查、申报、验收“三步走”的策略,对所有贫困户进行了全覆盖检查验收,着力推动政策、责任、工作“三落实”,顺利通过非贫困县省级脱贫成效考核。民生实事相继兑现。新建换热站16座,铺设一次管网7公里,二次管网158.7公里,县城集中供热基本实现全覆盖;长临高速连接线、谐和苑小区周边道路、东西大街(西段)建成通车;家具生活馆、文化创意馆、休闲体验馆、大型超市(馆)已经竣工,即将交付使用;虎西街坊、综合百货馆、天王寺商业综合体项目稳步推进;县城公厕和农村无害化厕所改造方便群众、提升品质;“雪亮工程”辐射全县,照亮民心、守护平安;老年荣军社会福利服务中心主体完工;新高中、新建幼儿园、扩建北街幼儿园项目全面启动,教育资源配置、学校空间布局更加优化合理;稳步提高“两委”干部报酬,人均年增资1200元,极大调动了农村干部干事创业热情。特别是备受关注的北大街还迁,经过25天紧张有序的工作,顺利完成分房任务,群众期盼已久“新居梦”成为现实。环境保护纵深推进。积极践行“绿水青山就是金山银山”理念,坚决打好打赢“蓝天、碧水、净土”三大保卫战。强化重点企业监管,全面实施工业企业深度治理;大力推进冬季清洁取暖,以“煤改气”“煤改电”等方式完成改造3.75万户;扎实开展柴油货车和散装物料运输车专项治理,确保交通运输体系的清洁低碳;强化扬尘治理和秸秆禁烧,严格执行秋冬季差异化错峰生产和运输要求,全县空气质量明显改善。全力加快污水处理,扩建县城污水处理厂1座,新建城外污水处理厂4座,日处理污水能力由原来的1万吨提高到4.1万吨;认真落实河长制,持续开展药剂投入和河道水生态恢复,水环境质量监测站点联网工作全部完成。全面落实土壤防治“十条”措施,农业生产化肥和农药使用量实现“双下降”。通过连续五年的湿地保护与恢复,长子精卫湖湿地公园通过验收,正式成为国家级湿地公园。社会治理安定有序。持续加强安全生产,严格落实《地方党政领导干部安全生产责任制规定》,全面抓好煤炭生产、森林防火、道路交通、建筑施工、食品卫生等重点行业领域安全工作,全县安全生产形势保持稳定向好态势。学习推广新时代“枫桥经验”,全县三级调解中心受理各类案件1423件,化解1282件,化解率90%,在全省“寻找最美网格员”活动中,优秀调解员郭秀芳以307966票位居全省第二,其先进事迹被新华社报道。深入开展扫黑除恶,共打掉黑社会性质组织1个,恶势力集团2个,恶势力团伙3个,抓获犯罪嫌疑人37人。破获刑事案件488起。特别是严打毒品犯罪,破获毒品刑事案件42起,缴获毒品8600余克,让人民群众安全感更有保障。

六、狠抓全面从严治党,进一步营造风清气正的政治生态

常委会切实履行管党治党政治责任,不断加强“三基建设”,深入推进党风廉政建设和反腐败斗争,着力构建良好政治生态。严格落实主体责任。充分发挥领导核心作用,定期听取县人大、县政府、县政协和县法检“两院”党组工作汇报;建立各级党委(党组)每季度集体学习《关于新形势下党内政治生活的若干准则》制度,促使党员干部时刻做到心中有指南、有规尺、有戒律,进一步把严的标准和措施贯穿到管党治党全过程。持之以恒正风肃纪。坚持执纪审查和依法调查、党纪处分和政务处分、党内问责和监督问责相统一,把党规党纪和法律法规“两把尺子”结合起来,灵活运用监督执纪四种形态,不断加大正风反腐力度。整体提升“三基建设”。始终把“三基建设”作为强化党建的重要抓手,投入1400余万元,建成各级党群服务中心95个,全县“1+14+X”党群服务中心格局基本成型。按照“四个一”工作机制,整顿转化38个软弱涣散村党组织,直派12名优秀年轻干部到村担任党组织书记。撤并行政村114个,为推动基层治理创新和农村经济发展提供了坚强保障。注重人才培育培养工作,公开引进高层次人才51人和卫生系统紧缺型人才25人,招聘事业单位工作人员107人,18人入选全省“三晋英才”,12人荣获“太行技术状元”和“太行技术能手”称号。

(王维宁)

附：中共长子县委书记、副书记、常委名单

书　记：李国强

副书记：赵永进　王旭琴(女,1月离职)
元文波(10月离职)　甄秦峰(11月任职)

常　委：王育红　李　峰　史宇荣(2月任职)
吴　斌　王志宏　申丽光(2月任职)　宋晓明
李卫东(2月离职)

中共壶关县委

县委书记　李全心

2019年，壶关县委高举习近平新时代中国特色社会主义思想伟大旗帜，深入贯彻党的十九大和十九届二中、三中、四中全会精神，紧紧围绕省市重要工作部署，深入实施“1338”工作思路，团结带领全县广大干部群众，在把握机遇中笃定前行、在攻坚克难中开拓奋进、在干事创业中担当奉献，脱贫摘帽、创建5A级景区，各项工作亮点纷呈，六大变化鼓舞人心。

一、全党动员、全民参战，脱贫摘帽如期实现

制定出台《强化责任落实坚决打赢脱贫攻坚战的十条规定》，层层压实责任链，形成了“县级指挥、战区调度、乡村主战、部门主攻、帮扶到户”的决战体系；创新举措抓脱贫，改革创新脱贫攻坚体制机制，围绕“两不愁三保障”标准，深化实施“一抓两促、双创八改”、515工作法、“四个三”管理办法、红旗激励黄牌警告、“四色品牌”等有效举措，创新出台特色产业奖补、创业就业奖补、孝老敬亲奖补、旱灾保险理赔等举措，推动各项扶贫政策精准落实精准兑现；补齐短板抓脱贫，完成45个村安全饮水、21个村村通道路、198个村级综合性文化服务中心、4004户危房改造和上万处八改八要工程，补齐了短板弱项，提升了脱贫质量。全县285个贫困村32215户78271人达到脱贫标准，贫困发生率从29.96%下降到0.32%，脱贫摘帽公示公告、如期实现，标志着壶关县脱贫攻坚取得决定性成果，具有重大意义。

二、高点定位、强力推动，5A创建一举成功

壶关县坚持“生态立县、旅游强县”发展战略，依托“两谷两带两园两镇两乡”全域旅游发展格局，抓重点、攻难点，旅游发展省市领先。5A景区创建，全县上下同心合力，大峡谷景区、桥上乡攻坚克难，八泉峡成功创建为国家5A级景区，实现了长治市5A级景区零的突破和历史性跨越。全域旅游亮点纷呈，欢乐太行谷成功创建为国家4A级景区，大河村、南平头坞村入选全省首批100家3A级乡村旅游示范村，凤凰山庄入选全省首批“太行人家”，抗大一分校壶关神郊真泽宫旧址被命名为省级爱国主义教育基地，杨家池、紫团、盘底、后脑、黄崖底、上庄、仙居、北庄等8个村入选山西省旅游扶贫示范村，八泉峡往返式索道10月建成投用，欢乐太行谷二期、常平温泉度假酒店等旅游项目上马建设，常平小镇、七彩村庄、西堡花海等景点游人如织。旅游发展叫响全国，完成环太原国际公路自行车赛太行赛段承办任务，《冲关大峡谷》第六季圆满收官，全国广电协会组织29家省级媒体全方位宣传报道壶关县生态旅游，央视3个频道10个栏目多时段轮番播报太行山大峡谷游客井喷盛况。2019年全县游客接待人数、旅游社会总收入分别增长12.8%、20.1%，旅游景区营业收入达到2.22亿元，其中大峡谷1.51亿元，旅游产业正在成为强县富民脱贫致富的支柱产业。

三、创优环境、狠抓项目，转型发展蹄疾步稳

着力抓好引资上项，“双百”重点工程进展顺利，壶关高测金刚石线一期、金烨国际物流一期等转型项目建成投产，500万只肉鸡养殖基地、5万亩旱地西红柿(蔬菜)种植基地、绿色有机旱作农业示范区等成效明显，产业扶贫“四色品牌”引领增收，紫团、郭氏等龙头企业稳步发展；大力招商引资，累计签约引进项目31个，签约金额111.8亿元。大力实施创新驱动，扎实推进开发区改革创新，紫团公司成立菌菇营养和健康研究院；太行陶瓷建立博士工作站，成功举办首届壶关“太行陶”国际陶瓷艺术节，引进6国专家创作陶瓷产品，研发矸石造缸固废利用新技术；壶化集团全省首批取得“军工四证”，深交所中小板上市驶入快车道；壶化集团、钜潞农业、晋通磁材三家公司立足壶关、走向世界，外贸出口创出历史新高。全力创优营商环境，制定支持民营经济发展实施意见，落实企业投资项目承诺、联审联批、13710限时办结制度和减税降费政策，开展县级领导联系民营企业、干部入企帮扶工作，“一枚印章管审批”正式运行，首批20个部门258项行政审批及关联事项集中办理，“六最”营商环境进一步优化。2019年，全县经济稳健运行，地区生产总值增长7.5%，规上工业增加值增长10.7%，固定资产投资增长10.1%，社会消费品零售总额增长7.5%，一般公共预算收入增长16.6%，城镇居民人均可支配收入增长7.5%，农村居民人均可支配收入增长15%。

四、拆建并举、文明同行，县城面貌焕然一新

城建项目快速推进，住宅回迁如期完成，新建路、南城街、北大街、工农街拓宽改造全线贯通，第二污水处理厂、垃圾填埋场二期、壶关一中初中部过街天桥等工程全面完工，水上公园周边区域提升改造、集中供热三期、三水厂建设等快速推进，路街拓宽有序推进，县城夜景华光璀璨，城市功能更加完善。文明创建成效明显，4路13街实行网格化管

理,强化城市治理,倡导文明言行,规范交通秩序,治理市场经营,整治环境卫生,国家卫生县城通过复验,全国文明城市创建取得阶段性成效。城乡统筹亮点纷呈,大力改善农村环境,涌现出南平头坞、岭东、西堡、谷驼、申家岭等一大批美丽乡村。

五、以民为本、和谐发展,民生福祉持续提升

教育质量持续提升,壶关一中初中部、特殊教育学校主体完工,修订完善"52132"中高考奖励政策,六年累计发放奖金2573万元,连续三年有壶关学子考入清华北大。医疗保障更加健全,县医院住院楼主体完工,妇幼院综合楼建成投用,医疗体制改革顺利推进。社保体系不断完善,深入开展就业培训,帮助就业9874人,全年发放各类救助资金6000余万元。移风易俗深入民心,坚持"婚事新办、丧事简办、余事不办",贫困群众因婚致贫、因丧致贫等问题得到有效解决。国庆活动精彩纷呈,举办了五大板块25项活动,"我和我的祖国"快闪入选"学习强国"。环境保护成效明显,着力植树造林、污水治理、禁燃禁放、清洁取暖、错峰生产、施工降尘、运输车辆管控、达标排放等措施,环境质量明显改善。扫黑除恶深入推进,打掉涉黑涉恶团伙8个,抓获犯罪嫌疑人36人,破获各类案件69起,特别是出台《壶关县涉毒问题责任追究办法》,严打各类毒品犯罪,禁毒工作成效显著。"百日百项专项攻坚"信访积案化解全市率先完成,实现了安全生产零事故。

六、党建引领、强基固本,政治生态海晏河清

积极开展"改革创新、奋发有为"大讨论,牵引全年工作实现了良好开局;扎实开展"不忘初心、牢记使命"主题教育,创新"聚焦八大重点、争当三个表率"载体,突出抓好851专项整治,学做查改一体推进,声势氛围积极昂扬,"1133"流动党员学习管理机制受到市委充分肯定,总体达到了理论学习有收获、思想政治受洗礼、干事创业敢担当、为民服务解难题、清正廉洁作表率的目标;牢固树立大抓基层的鲜明导向,深入实施"三六"工作法,出台实施《抓党建促脱贫攻坚十条措施》,严格落实"四个一"整顿机制,46个软弱涣散党组织全部整顿提升;加强干部队伍建设,结合党政机构改革,招聘事业单位工作人员83人,本土人才回归31人,优先在脱贫攻坚一线提拔干部125名、文化旅游和项目建设一线提拔32名,为经济社会发展提供了强有力的人才支撑;坚持严管厚爱结合,旗帜鲜明为10余名担当作为受到不实举报的干部撑腰作主、果断了结,全县干部干事创业、担当作为蔚然成风;深化监察体制改革,县监委派驻乡镇监察室全部挂牌,实现了乡镇监察全覆盖;完成省委脱贫攻坚专项巡视和县委六轮、七轮巡察,严惩各种腐败行为,2019年共处置问题线索862件,谈话函询628件,立案247件,给予党纪政务处分245人,查处群众身边腐败案件128件,给予党纪政务处分82人。

(王林茂)

附:中共壶关县委书记、副书记、常委名单

书　记:李全心

副书记:崔江华　张月飞

常　委:秦元忠　郭太国　郭　伟　毛晨霞(女)　李立堂　李建芳　王　辉　陈伶浪(挂职,2月任职)　王树勋(挂职,4月任职)

中共平顺县委

县委书记　吴小华

中共平顺县委下设基层党组织594个,其中党委17个、党总支18个、支部559个,共有党员10689名。

一、突出思想引领,始终把牢正确政治方向

平顺县委坚持把"高举旗帜、维护核心"作为根本性大事,把学习贯彻习近平新时代中国特色社会主义思想作为长期首要政治任务,坚持系统学、跟进学,第一时间学、联系实际学,读原著、学原文、悟原理,重点学习了《习近平新时代中国特色社会主义思想学习纲要》《习近平关于"不忘初心、牢记使命"重要论述选编》、党的十九届四中全会《决定》和"三篇光辉文献",及时学习贯彻了习近平总书记最新重要讲话精神和中央、省委、市委最新部署要求,推动了学用工作往深里走、往实里走、往心里走。扎实开展"不忘初心、牢记使命"主题教育,坚定贯彻"守初心、担使命、找差距、抓落实"总要求,把学习教育、调查研究、检视问题、整改落实贯穿主题教育全过程,391条调研对策转化为决策措施,13118条具体问题整改落实,"三服务"办实事1000余件。

二、聚焦决战决胜,脱贫攻坚取得决定性胜利

2019年,全县共退出贫困村36个,脱贫2758户7457人。2014年以来,全县241个贫困村全部退出,累计脱贫17647户50778人,贫困发生率由40%降至0.26%,脱贫人口全部实现"两不愁、三保障",贫困县、贫困村、贫困户三类退出指标全部达标。

产业基础更加巩固。旅游产业吸纳建档立卡贫困户2200余户6300多人,年人均增收5800余元;中药材产业覆盖3.5万贫困人口,年人均增收4100余元;新能源产业带动220个村集体经济"破零",帮助8321名贫困人口年人均增

收2000余元。积极发展“十小”产业,全县贫困户户下增收产业平均达到2—3项。全力推动电商产业赋能脱贫攻坚,电商扶贫覆盖贫困村140个,直接带动2237户贫困户实现增收,线上销售成为群众增收新模式。

政策帮扶更加精准。全县贫困学生教育资助全覆盖,“控辍保学”全部见人见效。健康扶贫分众施策、精准便民,“支出型”贫困有效破解。全年共实施危房改造1768户,70个易地搬迁安置点全部竣工,4416户、1.22万群众喜迁安全宜业新居。全县262个行政村实现通硬化路、通客车、通动力电、通宽带网络全覆盖,安全饮水达标率100%。

要素保障更加有力。县、乡、村三级认真履行脱贫主体责任,247名第一书记、252支驻村工作队、801名工作队员常年驻村开展工作,广大联户党员干部倾情帮扶,阿里巴巴、振东集团等知名企业主动担当扶贫责任,各种社会力量常态化开展捐资救助,脱贫攻坚队伍稳定。振东集团李安平荣获全国脱贫攻坚奉献奖,王翠萍、梁余妮分别荣获全省脱贫攻坚奋进奖、奉献奖,一大批一线扶贫干部被中央和省市媒体宣传报道。持续加大扶贫资金投入力度,2019年落实财政专项扶贫资金3872.85万元,统筹整合财政涉农资金5.11亿元,总量和增幅实现“双增长”,资金保障充足有力。

长效机制更加完善。“三级书记抓脱贫”全面落实,遍访工作走向制度化、规范化、常态化。“一部四区”工作推进机制高效运转,“6+6”工作法、“五账”工作法、“两包三到”工作法全面推行。创新建立战区互验、观摩互评、乡村互查、领导夜查、自查自改等督查检查机制,认真落实扶贫资金第三方监管制度,责任传导层层到位、执行有力。探索实施扶贫车间、爱心(励志)超市、产业奖补、孝老敬亲等扶志扶德激励机制,有效激发了贫困群众自主脱贫内生动力。

三、坚持新发展理念,转型发展质量效益持续提升

2019年全县共实施重点工程项目60个,总投资177.08亿元,累计完成投资26.43亿元。其中:产业转型类项目22个,总投资125.23亿元,累计完成投资17.99亿元,完成投资增幅位居全市前列。太子龙扶贫工厂暨电商产业园一期项目、清华航天工业园二期项目等转型项目竣工投产,项目建设的转型带动力不断增强。

绿色产业提质增效,转型基础持续打牢。成功承办全省文化和旅游项目现场推进会暨文旅产业发展工作会,顺利通过国家全域旅游示范区省级初审验收,成功创建岳家寨、西沟、车当3个省级3A级旅游示范村,王家庄园、岳家寨悬崖居入选全省首批“太行人家”。第二届穿越南太行平顺国际山地马拉松系列推介活动取得圆满成功,平顺旅游的品牌影响力持续提升。2019年,全县共接待游客353.19万人次,同比增长10.75%,旅游综合收入26.77亿元,同比增长11.4%。全年新增中药材6.13万亩,全县中药材总面积达到62.76万亩。全县中药材种植加工企业达到14家、农业合作社达到174家;中药材深加工产品达到4大类26个品种,潞党参口服液列入国家医保用药目录;农产品区域公共品牌“平顺农谷”正式发布,“平顺花椒”“平顺潞党参”“平顺连翘”成为国家地理标志保护产品;注册商标37个,“大红袍花椒”“马铃薯”被国家商标局正式核准注册地理标志商标。新能源产业全速达效。长治国家光伏发电技术领跑基地平顺250兆瓦、广东明阳一期49兆瓦风电、“十三五”第二批2.85兆瓦村级电站全部并网发电。全县新能源装机总容量达到482.23兆瓦,在全市的占比达到29.7%,跻身全市第一、位居全省前列。新能源产业对县域经济的拉动作用显著增强。电商产业全面发力。以创建全国电子商务进农村综合示范县为抓手,借力阿里巴巴集团重点扶持,加快布局电商产业。全县新建县级电商公共服务中心1个、县级物流配送中心1个、乡村服务站150个,发展小微电商近400家。

营商环境提档升级,转型氛围更加浓厚。深化“放管服效”改革,相对集中行政许可权改革取得实质性进展,完成首批划转事项282项,成功开启“一枚印章管审批”的新时代。精准落实减税降费政策,全县累计减税降费1226.09万元。深入开展入企服务活动,为企业解决了一批发展中的难题。创新招商方式,积极开展产业链招商、以商招商、定向招商、精准招商,先后赴北京、上海、深圳、杭州、东莞、太原、南昌等地开展招商引资活动,共达成签约项目11个,总投资91.29亿元,其中转型项目8个,总投资84.93亿元。

四、大胆解放思想,全面深化改革扎实推进

平顺县委制定出台《关于推进全面深化改革工作的实施办法》,落实党政主要负责人亲力亲为抓改革机制,进一步压实了县领导分工负责制。扎实开展“改革创新、奋发有为”大讨论,突出对标对表,强弱项补短板,牵引全年工作提档升级。圆满完成党政机构改革任务,各机构协同联动、运行高效。省政府批准设立平顺生态文化旅游示范区,实现省级开发区“零的突破”。深入推进移风易俗各项工作,大力倡导文明乡风,全县各行政村全部完善了“一约四会”制度,移风易俗氛围日益浓厚。

五、提升保障水平,人民生活不断改善

社会事业全面进步。全面开展深化基础教育改革“十大行动”,尊师重教氛围更加浓厚,教学质量和办学水平显著提升,高考成绩实现重大突破,3名学生被北京大学医学部录取。县域医共体建设持续推进,“一站式”服务和“先诊疗后付费”政策全面推行,全方位全周期的健康服务体系不断健全。国道341线平顺段正式开工,“太行一号”旅游公路全线开工、快速推进,新建改建农村公路583公里,建制村“村村通”客车全覆盖,群众出行更加方便快捷。全县新增集中供热用户3183户、面积45万平米,崇岩、王庄两个片区改造顺利推进,城乡环境明显改善。全年民生支出达到18.62亿元,占全县一般公共预算支出的95.03%。

生态环境持续优化。坚持绿色发展理念,把生态环境保护作为高质量发展的重要支撑,持续推进生态环境综合治

理。全年完成造林4.27万亩,四旁植树90万株,成功创建“全国森林康养基地试点建设县”。深入开展蓝天、碧水、净土三大保卫战,各级环保督察交办问题全部整改。扎实推进“百日清零”专项行动,新完成清洁取暖8934户,县城和城乡结合部、农村两类区域清洁取暖任务全部落实到位。全年二级以上天数达到279天,环境空气质量综合指数排名全市第1。

社会大局和谐稳定。一体推进扫黑除恶专项斗争和禁毒人民战争,全年共打掉恶势力犯罪团伙1个,破获涉黑涉恶案件3起、涉毒刑事案件12起,群众安全感进一步增强。

六、勇担主责主业,全面从严治党成效显著

基层堡垒不断建强。扎实推进基层党组织规范化建设,全年共培树村级“标杆党组织”60个,34个软弱涣散党组织完成整顿提升。突破城市党建“薄弱点”,在同兴苑移民搬迁小区建成2400m²党群服务中心,3个城市社区党群服务中心面积全部达到500m²以上。创新“党群服务+N”服务体系,变集中服务为分散服务、变综合服务为特色服务,建成“党群服务·梦创空间、学习成长、爱心驿站”等5个服务点,构建起城市党组织10分钟精准服务圈。探索非公覆盖和党员教育“VR模式”,打造了非公和网络领域党员“一方隶属、多重组织生活”的日常教育管理新模式。深入开展抓党建促脱贫“十大活动”,基层党建“八抓八提升”做法被新华社报道,纪兰党性教育基地被省委组织部确立为全省第一批干部党性教育基地,全年共为4省9市14个县区举办各类培训班25期、培训3000多人次,接待来自新疆、西藏等全国各地参观调研学习的党员干部25万余人次。

队伍建设从严从实。全年新调整干部12批次362人次,其中脱贫一线新提拔干部153人,占提拔总数的93%。坚持先行先试,制定《关于试行从脱贫攻坚一线优秀年轻干部中选拔乡镇领导班子成员的实施方案》,选拔11名脱贫一线优秀事业干部进入乡镇领导班子。主动为敢担当的干部担当,先后为101名干部解决了历史遗留问题。坚持聚天下英才而用之,公开引进31名高层次专业技术人才,稳慎推进平顺籍在外机关事业单位优秀人才回引工作,评选出25名古文化传承(保护)优秀人才,干部人才队伍活力迸放。

意识形态昂扬向上。申纪兰同志荣获“共和国勋章”,被评为全国“最美奋斗者”。狠抓阵地建设,建成新时代文明实践中心(所、站)304个,成立县融媒体中心。成功迎接省级文明县城复检验收,连续15年无私照顾先天智障男子的东寺头乡黄崖沟村26户村民和守护金灯寺20余年的冯开平入围“中国好人榜”。

政治生态持续优化。深化运用“四种形态”602人次,同比增长16.7%。先后启动第六轮、第七轮巡察,对第四、第五轮巡察组织开展整改“回头看”,整改率达到100%。大力整治“三股歪风”,持之以恒反对“四风”隐形变异新表现,作风建设卓有成效。一体推进不敢腐、不能腐、不想腐,严肃查处扶贫领域不正之风和腐败问题,深挖彻查涉黑涉恶腐败及“保护伞”,始终保持了反腐败斗争高压态势。全年共立案175件,结案177件,移送审查起诉3人,给予党纪政务处分178人。

(张文凯)

附:中共平顺县委书记、副书记、常委名单

书　记:吴小华

副书记:秦　军　刘林松

常　委:宋立刚　桑爱斌　申庆斌　刘沁梅(女)
陈　超　李　刚(1月任职)
安拴平(1月离职)

中共黎城县委

2019年,黎城县委坚持以习近平新时代中国特色社会主义思想为指导,贯彻落实党的十九大和十九届二中、三中、四中全会精神及习近平总书记视察山西重要讲话精神,围绕市委部署,全面从严治党,推动经济转型发展,各项工作取得新成效。

一、党务工作实现“六个创新”

抓住“关键少数”加强党的政治建设。以政治建设为引领,纵深推进思想建设、组织建设、作风建设和纪律建设,政治生态进一步净化。在“不忘初心、牢记使命”主题教育和“改革创新、奋发有为”大讨论中,把县处级干部和各乡镇、部门单位“一把手”编成“六个小组”,充分发挥关键少数关键作用,带头谈体会、找问题、抓整改,上下联动推进“三服务”和专项整治。2019年,共处置问题线索579件,给予党纪政务处分148人;查处违反中央八项规定精神和“四风”案件14件17人;查处群众身边腐败和作风案件25件,组织处理7人,处分22人。

“课题式三合一”工作法破解发展难题。将一些发展难题和重点工作,具体化为各类课题,按照“课题研究、项目招商(引智)、成果落地”三个阶段,一套人马,跟踪到底。全县公示并推进党建经济等各类课题53个。其中,围绕党员管理、党组织规范化建设、社区治理等,每个乡镇区确定1个重点党建项目,形成了“三亮三解三考评”社区报到党员服务常态化机制、“流动红旗”管理模式、“党建+综合体”项目等一批特色鲜明的党建品牌。

“创全优环境”提升县域治理能力和水平。与主题教育同步开展“创全优环境”工作,并作为提高县政治理能力和治理水平的重要载体,以解决“企业办事难、基层办事难、群众办事难”等急难愁盼事项为切口,由县四套班子主要领导任组长,每周主动下访发现问题、解决问题,一些涉及项目、交通、通信、饮水、移风易俗等问题得到较好解决,逐步探索建立“解决一个问题、剖析一类情况、消除一批隐患、形成一种规

矩、建立一套制度”的“五个一”长效机制。

干部综合能力“组合拳”锤炼担当本领。持续打好“请进来、走出去、课题化”干部综合能力提升组合拳。累计举办“请进来”讲座43期培训1.2万余人次;“走出去”,4批206人赴河北、江苏、浙江、福建等地跟班学习,2期45人赴港澳学习考察;编发《县政治理》《黎侯周讯》,为全县党员领导干部搭建思想交流平台;实行“职业导师制”,师徒结对,助推新入职人员和新引进高学历人才快速成长。

“对标一流”补齐工作短板。针对干部工作标准不高、不会为、不善为的问题,找标杆,补短板,持续开展“对标一流先进、创新工作方法、争当实干先锋”活动。全县118个单位确立的189个省内外先进典型,315个对标事项,877条对标措施得到有效落实。2019年获得全国绿化模范单位、全国“五好”县级工商联、全国“中华魂”主题教育先进集体;《“城乡互动多元一体化”县域社会治理的“黎城实践”》在《人民日报》刊发;全市市县(区)直单位综治中心建设现场会、婚姻家庭矛盾纠纷化解现场会、农村饮水巩固提升现场推进会在黎城召开。

“向人民报告”晾晒工作成绩。以集中整治形式主义官僚主义为切口,开展“向人民报告”工作。按照先行试点全面铺开的原则,已覆盖县处级领导干部和全县所有单位主要负责人。选取一年来最重要、最有价值、最具创新的“三件实事”进行报告并集中公示。通过年初亮目标、年终晒业绩,大力弘扬担当作为新风尚,提升干部干事创业精气神。

二、经济转型实现“三大突破”

坚持转型为纲、项目为王,围绕“三大板块”建设,搭建三大招商平台,创优营商发展环境,全县共谋划重点项目128个,总投资279.86亿元;开工建设项目105个,总投资240.26亿元;实施转型项目74个,投资157.64亿元,是黎城近年来实施转型项目数量最多、投资规模最大的一年。

“山区田园综合体标杆县”探路乡村振兴新引擎。以长寿果乡田园综合体为龙头,培育“1+6+N”多业态山区田园综合体发展新模式。目前已有18个功能项目正式敲定,田园综合体PPP项目已入财政部库,并确立社会资本方;引进的黎侯宴酒文化产业园、白岩寺禅文化养生区、百草园等4个项目已落地开工或投入运营。黎侯白岩康养小镇项目被列入省支持康养产业发展行动计划2020年重点项目。

“能源革命东出太行桥头堡”激发转型发展新活力。以能源革命综合试点为战略指引,利用交通、区位、资源等发展优势,长治光伏发电技术领跑基地黎城250MWP光伏发电项目,获评“2019年度中国能源项目创新奖”。投资2.7亿元的通鑫公司固废循环利用项目,10天落地、120天建成投产,创下了项目落地见效最快速度。投资102亿元的裕福氢能源综合利用项目,列入全市新能源革命重点项目。引进山西诚成电力能源开发有限公司黎城综合能源项目。

“中太行山国际旅游度假区”集聚强县富民新能量。依托“三遗汇集之地”本地资源,在全省“太行板块”中率先破题,谋划实施了中太行(中惠旅)洗耳河景区、黎侯古城温泉度假酒店等10大项目,项目总投资12.25亿元。房车露营地和中太行山文化旅游产业集聚规划展厅项目已投入使用,兵工厂旧址群陈列布展项目完成主体工程。成功举办“2019中太行山旅游文化节暨第七届太行红山骑游节”等节庆活动。

三、社会民生实现“五大成效”

脱贫攻坚稳步推进。围绕“两不愁、三保障”目标,安排3161万元实施29处单村和6处联村安全饮水提升工程、40个自然村集中供水点和旱井入户改造工程;累计投资1372.46万元,建设锦绣苑等3个集中安置点。创新实施深度贫困人口攻坚行动,为全县68户146名深度贫困户和33户86名稳定脱贫困难户,量身打造“一名领导认亲帮、一个部门上户帮、一家企业爱心帮、一笔资金投入帮、一套措施定制帮”的专享脱贫菜单,圆满完成631户1248名贫困人口脱贫工作。

风险防范筑牢防线。严厉打击非法集资、网络诈骗等违法活动,建立风险研判机制、风险防控责任机制、量化考核机制,坚决守住不发生区域性风险底线。推进扫黑除恶,共打掉恶势力团伙4个,破获刑事案件18起,治安案件6起,抓获犯罪嫌疑人13人。

污染防治聚力攻坚。严格落实全市改善环境空气质量“十大任务十项措施”,完成13座工业窑炉改造,拆除12台35蒸吨燃煤小锅炉,钢铁焦化企业全部完成有色烟羽治理。投资3981万元,实施城镇污水管网建设。大力提升生态绿化水平,被省林草局定为“集体公益林委托管理经营机制”试点县,荣获“全国绿化模范单位”荣誉称号。

“三大组团”提升品质。抢抓国家棚改政策机遇,桥北新城、桥南老城、黎侯古城“三大组团”整体规划,五大片区分步实施,共争取棚改资金4.46亿元,配套资本金1.128亿元,征收房屋16万平方米,腾退土地320.6亩,全面打响黎城有史以来涉及面积最大、动用资金最多、覆盖群众最广的“棚改大会战”。启动黎民广场、县委院周边改造、北坊沟中央公园等项目,贯通教育东街等框架道路,规划建设综合文体广场,初步形成古城、老城和新城“三城一体”的大县城空间格局。

民生实事落地落实。招聘引进各类教师288名。高考达线人数在全市各县排名第一。投资3.145亿元,高质量推进“四好农村路”项目177个,开工里程304公里,为实现脱贫攻坚、乡村振兴和全面小康提供坚实的交通保障。投资480万元对全县30个村4473座户用厕所进行改造。

(岳琛琛)

附:中共黎城县委书记、副书记、常委名单

书　记: 杨红旗(2021年因涉嫌严重违纪违法,接受纪律审查和监察调查)

副书记: 牛晨霞(女)　郭卫斌(1月离职)　魏振东(1月任职)

常　委: 张晓明　任江鸿　田晓赋(6月离职)　李常虹(6月任职)　岳保国　申晓峰(1月任职)　高新建

中共襄垣县委

县委书记　张晋伟

2019年，襄垣县委团结带领全县干部群众真抓实干、开拓进取，各项目标任务圆满完成，全县地区生产总值完成216.2亿元；固定资产投资完成89.9亿元；一般公共预算收入完成17.58亿元；城乡居民人均可支配收入分别增长7.4%和9.8%，各项事业实现健康平稳发展。具体来讲，主要体现在“九个坚持，九个更加”。

一、坚持政治引领，基层党建更加扎实

精心组织开展“改革创新、奋发有为”大讨论，扎实开展“不忘初心、牢记使命”主题教育。组织编印学习《应知应会100题》，大力推行领导干部登台讲课制度。县乡村三级党群服务中心基本建成，集中整顿软弱涣散农村党组织41个；公开引进210名全日制硕士研究生学历农村(社区)工作者和10名企业工作者，选拔13名优秀年轻干部到村任职，基层党组织建设进一步加强；成立8个社区党委，组建25个小区党支部，城市基层党组织实现全覆盖。坚持每季度集中学习《关于新形势下党内政治生活的若干准则》。严格落实意识形态工作责任制，定期不定期进行分析研判、督查通报，实行网络舆情24小时监控，强化正面引导和舆情管控，全县意识形态工作稳中向好。旗帜鲜明树立崇尚实干、人岗相适、培养年轻干部“三个导向”，持续整治“三股歪风”，公开公道选人用人。制定“兴襄英才”计划和“梧桐计划”，设立人才发展专项资金，引进57名高层次急需紧缺人才，提供有力人才支撑。坚持“赛工程、晒账目、筛标准”推进项目建设，着力打造民心工程、廉洁工程；重申“十条纪律”，持续纠正“四风”，力戒形式主义、官僚主义，干部作风更加优良；保持高压惩治腐败，受理信访举报353件(次)，给予党纪政务处分182人；扎实开展中央第十五巡视组巡视山西反馈问题前两轮整改工作“回头看”，切实做好巡视巡察“后半篇文章”，全县政治生态更加风清气正。

二、坚持产业为要，发展动力更加强劲

一是建平台。加快省级经济技术开发区建设，标准化厂房一期6栋基本完工，王桥污水处理厂、富阳变电站、园区主干道拓宽改造工程有序推进，基础设施更加完善；持续推进“三化三制”改革，出台绩效工资考核办法，建立开发区管委会绩效评价体系。二是抓项目。潞安60万吨异构脱蜡和30万吨烯烃分离项目基本完成；鸿达煤化253万吨清洁焦化、互通新能源汽车、万普净水、裕英永旭等项目取得重大进展；加快推动完善高端品质精神类生物医药、高端机械制造等新引进项目前期工作。三是大招商。成功举办首届“一带一路”法显文化国际交流高峰论坛，有效扩大对外影响力；建立定期与上级对口部门汇报沟通机制，积极主动向上争资金、要项目；组织专业招商队到先进地区精准招商，引进高端新型动力锂电池等一批好项目大项目；2019年共签约项目33个，总投资181.47亿元。四是创环境，建立与潞安集团常态化协调对接机制；制定支持民营经济发展的8条真金白银扶持举措，大力发展总部经济；积极推行“承诺制+并联审批”工作和“代办包办帮办”服务。2019年全省营商环境网上评价，襄垣县排名全省第三、全市第一。

三、坚持城乡统筹，城市品牌更加靓丽

大力实施城市建设提质工程，东湖公园提档升级，五阳湖公园对外开放，市民中心主体完工；南新巷、老树沟巷等11条背街小巷改造、建设路改造、府后东街一期、西关停车场等工程全部竣工，火车站站前广场改造完成，更新老旧煤气管网12.78公里，基础设施更加完善。城市信息化建设项目建成投用，东湖公园等部分公共场所实现WIFI全覆盖；府东西街、府前路、长兴路、开元街四条主干道实现光缆入地。数字城管建成投用；规范整治东湖、西河底等7个便民市场；全面整治“四堆十乱”；加大“两违”拆除攻势，特别是在整改土地卫片执法问题上勇于担当、破解难题，消除了重大发展隐患。全县城市功能更加完善，品位逐步提升，管理规范标准，承载力大幅提升。

四、坚持“三农”优先，乡村振兴更加有力

编制完成《襄垣县乡村振兴战略总体规划(2018—2022)》；全力开展抗旱保苗，农业生产平稳运行；高标准建设2个5000亩有机旱作农业封闭示范区；扶持壮大“林盛果业”“天下襄手工挂面”两个现有特色品牌；打造林盛果业、源生农庄等5个乡村旅游和休闲农业品牌；培育“沟里人家”“泉谷小米”“山旮旯”等电商品牌；引入阿里巴巴集团，在全县布局建设了6家天猫合作店。积极推进农村移风易俗，修订完善村规民约，组建红白理事会，巩固“一约四会”、“一墙两榜”阵地，制定婚事新办、丧事简办双十条，富阳园区付村典型做法受到中央省市多家媒体集中报道；常态化开展“最美家庭”评选活动，古韩镇栗家岭村入选全国乡村治理示范村。持续开展“最洁净家庭”评选，着力打造“洁净襄垣”品牌；全面清除城乡陈年垃圾，2个垃圾热气化处理站建成投用；稳步推进农村改厕、污水治理，垃圾分类试点村拓展至58个，完成清洁取暖21163户，全县城乡环境持续改善。决胜脱贫攻坚，剩余2户5人实现稳定脱贫，全面完成脱贫任务。

五、坚持人民至上,民生事业更加进步

教育上,提出"初高中有序进城办、小学逐步集中县城办和乡镇所在地办寄宿制小学"的学校布局思路;新改(扩)建5所乡镇幼儿园,太行小学西校区、永惠小学建成投用。医疗上,组建医联体,建立县乡村三级医疗应急救援机制,实现城乡医疗信息一体化;实施乡村医疗服务能力提升工程,乡镇卫生院服务能力明显提升;全县所有医疗机构设立"一站式"结算窗口,实现贫困人口"先诊疗、后付费"。交通上,建成"四好农村路"309公里,北二环、东二环、黎霍高速连接线、太焦高铁站前连接线建成通车;全县城乡公交实现全免费;开通4条学生公交专线,免费接送学生上下学。文化上,实施文化惠民工程,常态化开展送戏下乡,组织特色文化活动300余场,老物件馆、非遗馆等公共文化场馆持续免费开放;乡镇文化馆、图书馆分馆建设实现全覆盖,建设完成基层综合性文化服务中心;实施"文明守望"工程,组织社会力量投资2000余万修复文庙、城隍庙等文保单位。住房上,嘟嘟湾完成109户拆迁协议签订;农村危房改造756户;北关棚户区改造项目竣工并全部回迁入住。

六、坚持生态优先,人居环境更加优美

坚决打好"蓝天、碧水、净土"三大攻坚战,全面落实限产停产、错峰生产和"六个百分百"要求,大气污染防治实现精准化管控、全域性治理,空气质量趋稳向好;启动浊漳河全域治理,4个国考省考断面稳定达标; 县城污水处理厂提标改造全面完成;阳泽河综合治理全部完工;三漳湿地公园湿地保护项目基本完成;7个矸石山生态修复治理基本完工,全县耕地安全可控;全力做好中央和省市环保督察组反馈问题整改。全面开展造林绿化,恢复林地1000余亩,绿化造林8000亩,对东二环、北二环等7条重要通道进行高标准绿化,完成37万亩林地参保;大力开展森林乡村建设,栽植各类苗木37万株,建成50个示范村1000个示范户,长治市森林乡村建设推进会在襄垣县召开。

七、坚持底线思维,社会大局更加稳定

扎实开展"三个专项行动",积极推进王桥、北底、下良等重点林区防火通道建设,高陡边坡治理任务全部完成;坚持以"四铁"精神抓安全,全面落实"四个一律"要求,严查重处违法违规行为。严格执行"县四套班子领导信访接待日"制度,在乡镇大力推行"信访人员点名接访制度",强化领导干部带案下访,市交办的7件信访案件全部办结,全县信访形势总体平稳可控。深入推进扫黑除恶专项斗争,打掉涉恶犯罪团伙2个、犯罪集团2个;不断巩固禁毒重点整治"摘帽"成果,全力打造无毒襄垣;持续深化基层社会治理法治化,下良镇、善福乡综治中心被确定为太行干部学院全省政法干部轮训延伸教学点;强化"雪亮工程"应用管理,作为全省典型进行演示汇报。

八、坚持问题导向,改革创新更加深入

深化教育领域综合改革, 面向全省公开选聘县一中校长;引导社会贤达募捐1700余万元重奖优秀师生;与中北大学信息学院、山西华澳职业学院签约在我县新建分校。深化医药卫生体制改革,面向全省公开选聘县医院院长;加快县乡医疗机构改革,医疗集团实现行政、人员、业务、资金、绩效、药械"六统一"管理,健康扶贫"双签约"服务更有针对性。推进"一枚印章管审批"改革,在全省县级层面第一家启用"一枚印章管审批"。加快推进国企国资改革,全面完成清产核资,党政机关与所办企业脱钩、公司制改制基本完成;完成侯堡、五阳两个社区剥离移交工作。打造固废产业新高地,成立山西大学固废综合利用长治(襄垣)研发基地学术委员会,建立研究生培养创新基地、博士工作站,形成150余人的研发团队,开展科研项目23个,碳塑板材等固废利用项目建成投产。创新土地开发管理,实施万亩土地复垦工程,完成1200亩新增耕地整治任务;与沁县签订协议,开展跨县区土地整治项目。

九、坚持凝心聚力,民主政治更加完善

支持县人大及其常委会依法履职;科学合理规划建设人大代表联络站12个、代表联络点44个,县处级领导率先垂范,以普通代表身份进入代表联络站点联系群众并建立长效机制。支持县政协充分履行政治协商、民主监督、参政议政职能,围绕城市管理提质、民营经济发展等开展专题协商,提出29条对策建议;围绕污染防治、清洁取暖等开展6次集中视察监督,全力助推县委决策部署落地生根。统筹做好新时期统战工作,基层宗教工作三级网络和两级责任制建设不断加强;扎实推进宗教活动场所"四进"工作,保障宗教领域和谐稳定。全面深化群团组织改革,坚持抓党建、带团建、促群建,工会、共青团、妇联等人民团体的工作日益活跃,党联系群众的桥梁纽带作用进一步加强。扎实推动双拥共建,全面落实退役军人和优抚对象各项优待政策,实现"全省双拥模范县"八连冠;在长治周边县(区)率先落实县国教办军地合署办公制度;圆满完成年度征兵任务并受到省军区表彰。

(任志丹)

附:中共襄垣县委书记、副书记、常委名单

书　记:胡三虎(3月离职)　张晋伟(3月任职)

副书记:贺思宇　孙泽强(8月离职)　李　瑜(8月任职)

常　委:桑爱平(女,1月离职)　李智越　王　克　王振力　贯林波(6月离职)　杜建伟　弓永玲(女,1月任职)　刘　鹏　李俊杰(6月任职)

中共武乡县委

县委书记 胡 坚

武乡县委坚持以习近平新时代中国特色社会主义思想为指导，全面贯彻党的十九大精神和十九届二中、三中、四中全会精神，深入落实习近平总书记视察山西重要讲话精神和中央、省委、市委各项决策部署，认真履行把方向、管大局、作决策、保落实职责，召开33次常委会议和11次常委扩大会安排部署重点工作，团结带领全县党员干部群众改革创新、担当作为，全力推动中央和省委、市委决策部署落地生根，奋力开创新时代武乡老区改革发展新局面。

一、深入学习贯彻习近平新时代中国特色社会主义思想，“两个维护”的坚定性自觉性进一步增强

县委常委会坚持把学习贯彻习近平新时代中国特色社会主义思想作为根本任务，带头学习《习近平新时代中国特色社会主义思想三十讲》《习近平新时代中国特色社会主义思想学习纲要》《习近平关于“不忘初心、牢记使命”重要论述选编》等必读篇目，及时跟进学习党的十九届四中全会精神和习近平总书记最新重要讲话，不断重温习近平总书记视察山西重要讲话和视察武乡“四个始终保持”重要指示精神，进一步增强“四个意识”，坚定“四个自信”，做到“两个维护”。坚持把庆祝新中国成立70周年活动和宣传教育活动摆在突出位置，组织举办红歌大合唱、红色电影公益行、“红色武乡”摄影展等系列活动，营造了爱党、爱领袖、爱国家、爱社会主义的浓厚氛围。坚持把“不忘初心、牢记使命”主题教育作为重要政治任务，紧扣“十二字总要求”，强化“四项重点措施”，县委常委班子带头开展3次集中学习研讨会，组织举办学习贯彻习近平新时代中国特色社会主义思想读书班和学用交流会、调研成果交流会，邀请专家学者开展革命传统教育、形势教育、先进典型教育，县委常委牵头领办“8+5”专项整治整改任务，扎实开展“三服务”，聚焦“四个对照”“四个找一找”“18个是否”深刻检视问题，建立问题清单，边学边查边改，确保主题教育取得实实在在的成效。坚持以“改革创新、奋发有为”大讨论为牵引，围绕“六个破除”“六个着力”“六个坚持”，做实做细“十个规定动作”，主动对标深入学，聚焦任务不“散光”，紧盯问题从严改，创新开展破除营商环境“中梗阻”专项整治，着力解决体制机制层面突出问题，全县广大党员干部真正经受了一次“头脑风暴”、思想觉醒、自我革命，焕发出了激情干事的强大动能。在全省“改革创新、奋发有为”大讨论总结大会上，武乡县作为县区代表作了典型发言。

二、扎实推进脱贫攻坚巩固提升“3568”工程，进一步打牢全面建成小康社会的决定性基础

认真贯彻落实“四个不摘”要求，牢固树立“2020年交总账”意识，大力实施脱贫攻坚巩固提升“3568”工程，强化精准识别动态调整、防止贫困户返贫、易地扶贫搬迁后续帮扶、贫困边缘户和非贫困村提升、帮扶责任再落实、产业提升和群众利益联结机制等重点工作，整合财政涉农资金3亿元，县财政投入扶贫资金增长10%，聘请第三方对2014年以来所有扶贫资金进行审计和绩效考核，成功申报丰州镇魏家窑村、故县乡五村、上司乡岭头村等7个省级扶贫示范村，扶贫车间达到83个，扶贫超市达到187家，全面夯实稳定可持续脱贫基础。突出问题导向，深入开展脱贫攻坚督查检查反馈问题整改落实“回头看”，认真接受省委第二巡视组脱贫攻坚专项巡视，认责认领，立行立改，全力抓好反馈问题整改落实，解决了村级光伏扶贫电站电费结算、乡村卫生院(室)规范管理、农村日间照料中心规范运行、油用牡丹籽收购等问题，省委巡视组给予了充分肯定。2019年脱贫376户897人，贫困村整村退出3个，综合贫困发生率下降至0.07%。7月29日，武乡县在人民日报社《中国经济周刊》召开的“中国革命老区脱贫攻坚经验交流会”上对武乡电商扶贫经验作了交流发言。武乡电商扶贫经验被纳入国家扶贫办全国电商扶贫案例。

三、坚决贯彻新发展理念，经济转型高质量发展步伐进一步加快

认真贯彻落实“三大攻坚战”“三大目标”“六稳”等部署要求，以深化供改和综改为工作主线，以深化转型项目建设年为重要抓手，大力培育发展新兴产业，不断夯实高质量转型发展基础。实施重点项目73个，竣工38个；开展招商引资活动30多次，签约项目21个，签约额96亿元，落地开工项目10个，到位资金6.5亿元。新兴产业发展方面，王家峪煤业14MW瓦斯发电项目具备发电条件，泓晨万聚6000万块瓷化粉煤灰仿古砖项目年底竣工投产，通用航空机场项目已上报联合参谋部，盛武50MW风力发电、蓝焰煤层气开发、山予钙业纳米碳酸钙等新能源新材料产业转型项目扎实推进。特色现代农业方面，深入实施乡村振兴战略，扎实推进农业供给侧结构性改革，巩固壮大核桃、梅杏、油用牡丹、中药材等特色农业产业规模，不断延伸拉长农业全产业链。现代农业产业示范区通过省级评审，晋皇农业田园综合体项目主体基本完工，全力打造五村禾田小镇、李峪村魔术小镇、泉之头村传统村落保护等乡村振兴示范村，成功举办了第三届中国小米产业发展大会。文化旅游产业方面，引进山西文旅集团

签订战略合作协议,大型实景剧改造提升、太行少年军校、八路军文化园扩园等项目全力推进;抢抓国家革命文物集中连片保护利用示范县机遇,扎实推进王家峪八路军总部旧址“1+4”革命文物保护利用片区建设;成功举办第九届八路军文化旅游节和第八届八路军文化研讨会;蟠龙镇砖壁村、大有乡李峪村成功入选全省首批100家3A级乡村旅游示范村;创建国家全域旅游示范区通过省级初评验收。全年共接待游客617.1万人次,同比增长11.03%;旅游综合收入63.98亿元,同比增长19.14%;全县地区生产总值增长7%;社会消费品零售总额增长7.5%;城镇居民人均可支配收入增长6.5%;农民人均可支配收入增长12%;固定资产投资增长11%;一般公共预算收入增长12.09%。较好完成了省市下达我县全年各项主要经济指标目标任务。

四、坚定不移推进全面深化改革,发展动力和后劲进一步增强

县委常委会坚定“将全面深化改革进行到底”的决心,坚决扛牢主体责任,努力当好“施工队长”,制定出台《关于推进全面深化改革工作的实施办法》《2019年工作要点及转型综改先行先试任务清单》,压实县党政领导分工负责制,54项改革任务顺利推进。党政机构改革圆满完成,设立党政机构36个,人员编制减少6名,科级领导职数减少27名。国企国资改革稳步推进,7家企业完成尽职调查、审计报告和评估报告,煤炭汽运公司改制基本完成。农村集体产权制度改革清产核资和成员身份确认工作全部完成,股权量化工作全面开展。供销社综合改革得到国家和省市充分肯定,县供销合作社荣获“金扁担改革贡献奖”。全力创优营商环境,出台《武乡县创优营商环境93条》《武乡县支持民营经济发展实施意见》。深化行政审批制度改革,保留行政审批项目130项。

五、牢固树立绿色发展理念,生态文明建设力度进一步加大

制定出台《关于全面加强生态环境保护坚决打好污染防治攻坚战的实施方案》《武乡县生态环境保护工作问责办法(试行)》,坚决打好蓝天、碧水、净土保卫战。2018—2019年生态环境部蓝天保卫战强化督查反馈82个问题全部整改完成;县城空气质量综合指数4.71,全市排名第三;稳步推进“煤改电”“煤改气”清洁取暖工作;深入推进河长制,广志水库顺利下闸蓄水,关河水库供水东干线工程主体完工;扎实开展农村人居环境整治六大专项行动,城乡人居环境全面改善。大力实施增绿工程,完成造林绿化3.65万亩,打造了一批绿化示范村、示范企业、示范单位。

六、扎实推进民主政治建设,法治武乡建设水平进一步提高

全力支持县人大及其常委会依法履行职能,针对工业经济运行、重点项目建设、农村人居环境整治、医疗卫生机构改革等开展视察调研12次,建立人大代表联络站15个、联络点24个,县领导率先深入人大代表联络站点联系群众,代表联络工作进一步加强。深入学习贯彻习近平总书记在中央政协工作会议暨庆祝中国人民政治协商会议成立70周年大会上的重要讲话精神,强化协商民主政治建设,制定出台《关于加强和改进人民政协民主监督的实施意见》,聚焦乡村振兴、脱贫攻坚、民营经济发展等深入调查研究,提出意见建议160多条,专门协商机构作用进一步发挥。认真落实习近平总书记关于统战和宗教工作重要论述,切实加强统一战线党的建设,扎实开展宗教领域突出问题专项治理和问题整改清零,武乡县在全省统一战线庆祝新中国成立70周年暨全省民族工作创新与发展座谈会上作了交流发言。完善党委领导法治建设体制机制,切实加强法治武乡建设;学习贯彻《中国共产党政法工作条例》,大力推广新时代“枫桥经验”,深入开展扫黑除恶专项斗争。全力支持工会、妇联、共青团等群团组织工作,扎实推进国防动员、国防教育、双拥创建等工作,成功举办第二届全国国防教育竞技大赛总决赛。

七、加强宣传思想工作,进一步凝聚起奋进新时代的正能量

严格落实意识形态工作责任制,加强意识形态阵地建设和管理,县委理论学习中心组集中学习17次,全县各级党组织理论学习蔚然成风,开展十八大以来全省深化改革、转型发展、改善民生重大成果宣传,牢牢占领意识形态主阵地。成立网络安全和信息化中心,开展“清朗”行动和“扫黄打非”专项治理,实行网络舆情24小时监测,强化网络舆论阵地建设。县乡村三级新时代文明实践中心(所、站)全部建成运行,三级志愿者队伍常态化开展“六在武乡”文明实践活动。成立县级融媒体中心,实现新闻传播影响力最大化。用好“学习强国”平台,激发党员干部学习动力活力。扎实开展精神文明创建活动,认真培育和践行社会主义核心价值观,崇德向善、见贤思齐的浓厚氛围进一步形成。推动文化建设繁荣发展,传承武乡秧歌、顶灯、鼓书、琴书等优秀传统文化。加大对外宣传力度,中央、省、市主流媒体走进武乡采访报道,进一步展示了新时代武乡形象。

八、认真践行以人民为中心的发展思想,群众获得感幸福感安全感进一步提升

始终把人民对美好生活的向往作为奋斗目标,倾心尽力保障和改善民生,持之以恒办好每一件民生实事。深化基础教育改革“十大行动”,大力实施教育提质工程,教师“县管校聘”、校长职级制改革、中小学思政建设等工作有序推进。健康扶贫惠及所有贫困群众,为全县农民进行了免费健康体检。11所农村老年人日间照料中心改扩建全部完成并投入使用,全县达到53所,武乡在全省养老服务工作暨康养产业推进会上作了经验交流。太焦高铁武乡西站站前广场及县城连接线、县城新区道路及综合管廊、城建环保北段棚户区改造等重点项目扎实推进,红色旅游公路二期全面完工。制定出台《武乡县坚决打好防范化解重大风险攻坚战落实措施》,

深入开展打击非法集资犯罪、网络传销、金融诈骗等专项行动。深入开展安全稳定"大排查、大走访、大化解"专项行动和"百日百案"信访积案化解集中攻坚行动,全年未发生重大群体性事件、大规模集体进京上访事件、个人极端恶性事件,全县安全稳定形势总体平稳向好。

九、认真履行全面从严治党责任,进一步构建风清气正的政治生态

认真贯彻落实新时代党的建设总要求,坚持以政治建设为统领,坚持每季度集中学习《关于新形势下党内政治生活的若干准则》,大力弘扬太行精神、传承红色基因,坚定不移听党话、跟党走,不断厚植理想信念的思想政治根基。持续强化正风肃纪反腐,认真落实"两个责任",综合运用"四种形态",今年共立案 175 件、结案 174 件,同比增长 10.9%、16.4%;给予党纪政务处分 194 人(乡科级干部 19 人,一般干部 41 人,其他人员 134 人),给予组织措施 349 人,移送司法 3 人。全年核查群腐类问题线索 81 案 96 人,其中查处扶贫领域案件 43 案 54 人;违反中央八项规定精神案件 10 案 12 人,实施党内通报 4 案 6 人;查处形式主义、官僚主义问题 14 案 23 人,党内通报 5 案 7 人。充分发挥巡察利剑作用,县委第六轮巡察顺利完成,第七轮巡察全面展开。严格落实"好干部"标准,坚持以事择人、人岗相适,共调整配备干部 5 批 182 名,营造风清气正、干事创业的良好氛围。深入推进"三基建设",大力实施"四个提升工程",创新建立党建实操实训基地,扎实推进 71 个农村软弱涣散党组织整顿提升,党群服务中心实现所有行政村全覆盖,引深流动党员 1+1 制度,建立党员积分量化考评机制,基层党组织建设全面加强。

(赵育峰)

附:中共武乡县委书记、副书记、常委名单

书　记: 胡　坚

副书记: 阎新平　曹建平(挂职,3月离职)
路晓波(6月离职)　王书文(6月任职)

常　委: 元海波　吕志刚　王淑英(女,6月离职)
刘钢平　王书文(6月调职)
郑　丹(6月任职)　高怀碧(6月任职)
李军印(6月离职)　李颖媛(6月任职)
贾志军(10月离职)　李金良(10月任职)

中共沁县县委

县委书记　卢展明

2019 年,沁县县委坚持以习近平新时代中国特色社会主义思想为指导,全面贯彻落实党的十九大和十九届二中、三中、四中全会精神,深入落实习近平总书记视察山西重要讲话精神,按照省委、市委工作部署要求,认真履行把方向、管大局、作决策、抓落实职责,团结带领全县干部群众艰苦奋斗、攻坚克难、奋发进取,经济发展稳中向好,社会大局保持稳定,党的建设全面加强,开创了沁县各项事业发展新局面。

一、深入学习贯彻习近平新时代中国特色社会主义思想,坚定落实党中央和省市委重大决策部署

一是严格制度集中学。把学习习近平新时代中国特色社会主义思想作为县委会议必设议题,先后组织集体学习 33 次。在重要讲话发表、重要会议召开、重要文件出台、重要工作部署第一时间,迅速组织学习贯彻。党的十九届四中全会召开后,先后召开县委常委会议、县委中心组学习会、全县干部大会、县委十三届八次全会学习传达贯彻,组建县委宣讲团开展"七进"宣讲,持续掀起学习宣传贯彻热潮。

二是主题教育强政治。高标准开展"不忘初心、牢记使命"主题教育,紧扣"守初心、担使命,找差距、抓落实"总要求,统筹抓好学习教育、调查研究、检视问题、整改落实,集中精力推进中央部署的"8+1"专项整治,同步抓好省委部署开展的 5 个方面整改工作和省政府组织的 5 个方面整治,朝着"理论学习有收获、思想政治受洗礼、干事创业敢担当、为民服务解难题、清正廉洁作表率"的目标不断迈进,做到了基层组织全面覆盖、规定动作达标达效、各类领域突出重点、人民群众有感有获。山西日报、长治日报共 7 次报道沁县主题教育亮点做法。

三是提高站位抓落实。开展庆祝中华人民共和国成立 70 周年系列活动,激发强党之志、爱国之情,转化干事创业的强大动能。围绕"六个破除""六个着力""六个坚持",扎实开展"改革创新、奋发有为"大讨论,思想解放达到新高度。把贯彻落实党中央重大决策部署作为最大政治责任,围绕贯彻落实党的十九大精神、习近平总书记视察山西重要讲话精神和省委、市委各项重大决策部署,通过建立完善会议传达、调

研督导、统筹督查、实绩评议、考核问责等强有力贯彻落实机制,确保中央和省委、市委重大决策部署在沁县落地见效。

二、强化管党治党责任落实,巩固风清气正的政治生态

一是强化党的全面领导。统筹推动党管干部、党管人才、党管意识形态、党管农村工作、党对经济工作的领导等制度要求落到实处。特别是严格落实意识形态工作责任制,举办了沁县籍将军张文舟红色革命事迹宣讲会、全国道德模范提名奖获得者王建经道德模范先进事迹座谈会、千名团员青年大学习专题辅导会暨青年先进典型报告会,凝聚向上向善正能量。成功举办"我们的节日·端午"沁县第十一届民俗文化节暨山西省第七届龙舟公开赛,新时代文明实践中心实现县乡村三级全覆盖,王建经同志先后荣获"2018年度山西好人"、"中国好人"、第七届全国道德模范提名奖。扎实推进法治沁县建设,全力支持人大、政协和各人民团体深化改革、履行职能,认真做好新形势下统战工作、宗教工作、党管武装工作,有效凝聚各方面的智慧和力量。

二是强化基层基础工作。"三基建设"圆满完成三年整体提升、全面进步目标,村级党群服务中心实现全覆盖,43个软弱涣散基层党组织全面整顿提升。常态化开通"党建之声"广播,《中国组织人事报》刊发经验做法。全省《农村基层组织工作条例》示范培训班、西藏乡镇书记培训班走进沁县开展现场教学。完善《驻村帮扶工作联席会议制度》,出台工作举措,制定责任追究办法,确保驻村工作队和第一书记扎根基层、服务群众。克服财政困难,为全县1188名农村副职干部每人每年保障2400元补助,在足额配齐每村10万元运转经费基础上,额外增加5000元运转经费。足额配套村级集体经济扶持资金,集中扶持20个试点村,5万元以上收入村比例达到73.7%,提高20.1个百分点。郭村镇石板上村"农旅双链推动"集体经济模式、沁州黄公司"抓实三个起来"等基层党建经验做法,受到上级充分肯定。

三是强化干部队伍建设。狠刹"三股歪风",在脱贫攻坚、项目建设等重点工作中考察识别干部、培养优秀年轻干部。从脱贫领域、扫黑除恶等领域选出7名市级先进典型和25名县级先进典型,树立"敢于担当"先进个人典型15人。大力实施人才强县战略,公开引进高层次人才26名、专任教师14名,投入待遇保障资金270多万元。

四是强化正风肃纪反腐。严肃党内政治生活,建立各级党委(党组)每季度集体学习《关于新形势下党内政治生活的若干准则》制度,召开县委十三届七次全会专门对全面从严治党工作作出严密部署。围绕贯彻落实中央大政方针和省委、市委重大决策部署,问责党组织1个,问责党员干部32人,其中科级干部22人,以强有力的问责倒逼主体责任落实。2019年全县共受理各级各类信访举报253件次,立案151件,结案149件,给予党纪政务处分171人,其中给予党纪处分145人,政务处分28人,双重处分2人;处分科级干部27人;组织处理4人;移送司法机关审查起诉4人次。持续正风肃纪,查处违反中央八项规定精神问题17件18人,给予党纪政务处分16人。突出整治形式主义、官僚主义,全县共查处5案13人,给予党纪政务处分10人。坚决整治群众身边腐败和作风问题,查处漠视群众利益问题27件,办结27件,查处扶贫领域腐败和作风问题25件25人。深挖彻查涉黑涉恶腐败"保护伞"问题27件,处理处分党员干部和公职人员28人。充分发挥巡察利剑作用,对13个县直单位、2个乡镇、2个行政村党组织开展常规巡察;对2个县直单位、1个乡镇和1个行政村党组织开展脱贫攻坚专项巡察;对2个乡镇和2个行政村党组织进行巡察"回头看",对乡镇党委的全覆盖任务完成100%,县直单位覆盖率达到57%。

三、坚定不移贯彻新发展理念,推动经济高质量转型发展

一是全力推动经济高质量转型。2019年,全县地区生产总值完成31.48亿元,增长9.8%,增幅位居长治市第一;固定资产投资19.6亿元,增长10.8%;一般公共预算收入完成1.12亿元,增长8.02%;规模以上工业增加值完成6.12亿元,增长42.27%,增幅位居长治市第一;社会消费品零售总额完成12.25亿元,增长6.6%;城乡居民人均可支配收入分别为21806元、7488元,分别增长8.5%、10.1%,农村居民收入增幅持续高于城镇居民。全力打造有机农业、环水产业、文化旅游三大产业集群,沁县现代农业产业示范区实施3个亿元以上项目,认证有机土地面积达到43661.9亩,达到示范区耕地总面积的95.2%,固定资产投资额、投资强度及产出强度均超额完成省市下达任务。全县"三品一标"农产品认证数量新增24个,有机认证土地面积39万亩,有机旱作农业封闭示范区面积扩大到1万亩,示范面积达到61889亩。沁州黄小米、沁园春矿泉水亮相外交部蓝厅,作为山西品牌向全世界推介。全国第二届小米品鉴大会在沁县举办,沁州黄小米入选全国特色农产品区域公用品牌。沁县省级现代农业产业园入围第二批20个省级现代农业产业园,沁园春矿泉水作为"二青会"唯一指定天然矿泉水。山上人家农业科技集团有限公司(鸿兴山庄)被中国林业产业联合会命名为"中国森林养生基地"。沁县生物天然气及有机肥生态循环利用项目在沁县现代农业产业示范区正式开工建设,成为长治首个、全省第二家生物质能项目,为无煤县能源综合改革提供了沁县范式。

二是全力打好三大攻坚战。在精准脱贫攻坚战上。严格落实"四个不摘"要求,多措并举提升脱贫攻坚成色,整合投入扶贫资金19602.7万元,实施项目296个,高质量完成265户547人脱贫任务,全县综合贫困发生率降至0.16%。为全县所有建档立卡贫困人口购买"一保通"扶贫保险。健康扶贫政策宣传"十个一"活动,作为全市优秀案例上报省卫健委。接受省委巡视组、省委督导组、省审计组、市委巡察"回头看"等各类监督检查,坚持边巡边改、边查边改、立行立改,脱贫质量得到巩固提升。县扶贫系统被省、市脱贫攻坚领导小组授予"扶贫系统先进集体"荣誉称号。在防范化解重大风险攻

坚战上。政府性债务、一般债务、专项债务均低于省市核定限额,总体风险可控。统筹做好社会稳定、防灾救灾、社会治安、法治建设等领域防范化解风险工作,全县大局保持和谐稳定。在污染防治攻坚战上。投入资金7527万元,为2018年的三倍多。中央环境保护督察、省委省政府环境保护督查反馈问题和生态环境部“蓝天保卫战”强化督查反馈问题全部整改落实。主城区内20台清单内燃煤锅炉全部淘汰清零、县域内25家“散乱污”企业全部取缔,县城集中供热新增3300户。淘汰老旧柴油货车200辆,淘汰率44.84%,位居全市第一。208国道、322省道过境段、主城区街道、背街小巷及重点监控路段实行全天候清扫保洁。清洁取暖改造工作完成7678户,超额完成任务。启动沁县县城污水处理厂二次环保提标升级改造工作,县城建成区污水基本实现全收集、全处理。加大生态保护修复力度,完成造林3.6万亩,拓展开发50个林业重点工程。

三是全力推动重点领域改革。在全市率先出台《中共沁县县委全面深化改革委员会2019年工作要点及转型综改先行先试任务清单》。沁县现代农业产业示范区“三化三制”改革有序推进,选优配齐了管委会领导班子,运用市场化手段成功引进总投资5.3亿元的农业产业综合能源供应项目,入驻企业14家,落地项目12个,成功入选第二批省级现代农业产业示范区。圆满完成党政机构改革,积极稳妥推进相对集中行政许可权改革、企业投资项目承诺制改革,出台《沁县创优营商环境80条》,着力打造审批最少、流程最优、体制最顺、机制最活、效率最高、服务最好的营商环境。国企国资改革稳步推进,全县9户县属国企均完成职工大会主席团选举、企业基本情况摸底调查、企业职工身份、信息认定复核等方面工作,运用市场化方式加快推进清理“僵尸企业”。农村集体产权制度改革扎实开展,全县312个农村集体经济组织全部完成清产核资、成员身份确认工作。积极落实减税降费政策,清欠民营企业账款,减免各项税收6198万元。科技体制改革加快推进,沁州黄集团小米产业化联合体成为全省第一家组建的农业产业化联合体。

四是全力保障和改善民生。“四好农村路”开工建设271.574公里,完成92.48公里,完成投资8980万元。环湖旅游公路累计完成投资7500万元,实现通车运行。太焦高铁连接线路基全线打通,新增32米宽通道和沁州路延伸段建设。深化基础教育改革十大行动稳步推进,改扩建农村幼儿园4所,新建幼儿园1所,学前三年毛入园率达到95%以上,进城务工随迁子女全部按照居住范围就近安排入学。铜川九年一贯制学校建设项目加快推进。红旗小学被确定为“山西省中小学数字校园建设试点校”。全县城镇新增就业2097人,创业带动就业536人,转移农村劳动力3591人,建档立卡贫困劳动力培训完成全年目标任务的171.51%,城镇登记失业率控制在1.47%以内。健康扶贫“双签约”“三保险、三救助”、农村低保、五保等普惠政策一一兑现,乡、村基层医疗机构设备、药品、科室设置、环境卫生等达标建设基本完成,成功创建全省基层中医药工作先进单位。稳步推进城市道路、集中供暖、供水、供气、垃圾处理、污水处理、城乡绿化等市政基础设施建设提档升级。在146个单位、企业和行政村先行开展垃圾分类示范工作。集中开展市容市貌整治,对县城农贸市场进行硬化,县城流动摊贩实现集中入市经营管理,获得“2019—2021年度省卫生县城”称号。

五是全力确保安全稳定。严格落实“党政同责、一岗双责”安全生产责任制,建立县领导带队夜查突查和部门联合整治两项制度,深化安全专项整治,深入推进“三大专项行动”,整改各类潜在隐患和突出问题195个,年内全县未发生重大安全生产事故。投资295万元建设“雪亮工程”,全方位夯实综治基层基础。306个行政村、6个社区、13个乡镇均建立免费法律服务站(室)并发挥出积极作用。深入开展扫黑除恶专项斗争,打掉4个恶势力团伙,抓获各类犯罪嫌疑人23名,破获敲诈勒索、非法拘禁等各类刑事案件13起,治安案件5起。扎实开展化解信访积案专项行动,市级交办的11件信访积案全部化解,一批信访突出问题得到有效解决。

(王建宏)

附:中共沁县县委书记、副书记、常委名单

书　记:卢展明

副书记:张宏伟　郭爱斌

常　委:郗淑芳(8月离职)　司慧军(8月任职)　冯　华(女)　田耀德　李　炜　张东文(6月离职)　王慧忠(6月任职)　高乐武

中共沁源县委

县委书记　金所军

2019年,沁源县坚持以习近平新时代中国特色社会主义思想为指导,深入贯彻党的十九大和十九届二中、三中、四中全会精神,全面落实中央、省委、市委决策部署,认真履行把方向、管大局、作决策、保落实职责,紧扣“绿色立县,建设美丽沁源”发展战略,不忘初心、牢记使命,团结奋斗、攻坚克难,全县经济社会各项事业取得了新突破。全县地区生产总值完成129.3亿元,增长7.4%;规模以上工业增加值完成82.53亿元,增长9.46%;固定资产投资完成60.5亿元,增长8.5%,社会消费品零售总额完成29.95亿元,增长7.3%,财政总收入完成37.52亿元,增长6.64%;一般公共预算收入完成13.14亿元，增长8.36%；城镇居民人均可支配收入完成37113元，同比增长6.9%；农村居民人均可支配收入完成16443元，同比增长9.0%。

一、深入学习贯彻习近平新时代中国特色社会主义思想，牢牢把握沁源工作正确方向

坚持把学习贯彻习近平新时代中国特色社会主义思想和党的十九大精神，与学习贯彻习近平总书记“三篇光辉文献”精神结合起来，作为一项重大政治任务来抓。扎实开展“不忘初心、牢记使命”主题教育，组织党员干部通读精读规定书目，跟进学习习近平总书记最新重要讲话和批示精神，学出了理论自觉，学出了清醒坚定。坚持县委理论学习中心组“一周双学”制度，县委常委会集中学习53次，县委理论学习中心组集中学习15次，被确定为全省“双百计划”党委(党组)理论学习中心组联系示范点之一。坚持领导干部带头，县处级干部和各基层党组织负责同志深入分管领域，采取丰富有效的形式，宣传阐释党的创新理论，全县各基层党组织分层分领域召开学用习近平新时代中国特色社会主义思想经验交流会，推动学用习近平新时代中国特色社会主义思想向基层组织延伸，向全体党员拓展，向广大群众覆盖。

二、坚决打好三大攻坚战，为决胜全面建成小康社会奠定坚实基础

坚决打好脱贫攻坚战。牢固树立“交总账”和“军令状”意识，持续推进“战区制作战，分片区竞赛”机制；聚焦“两不愁三保障”，整合财政涉农资金1.06亿元，实施各类扶贫项目201个，全面开展易地扶贫搬迁、危房改造、教育扶贫、健康扶贫、产业扶贫、就业扶贫、消费扶贫和扶志扶智等工作，全县贫困人口年人均增收500元；调整充实驻村帮扶工作队长254名、第一书记151名，累计发放下乡补助、工作经费1091万元；积极推进全县低收入群体帮扶工作；全力抓好省委第二巡视组专项巡视沁源脱贫攻坚和市委提级巡察问题整改。2019年，全县贫困发生率降至0.01%。

坚决打好污染防治攻坚战。集中整改国家、省、市环保专项督察反馈问题78件；开展违法排污大整治“百日清零”专项行动；全面推行河长制，实施沁河干流重点河段治理、紫红河河道治理、县城“井”字水系景观建设、北莱沟引水工程、汝家庄防火隔离带“水长城”建设项目；启动“两山”环城森林公园建设，加快创建国家森林城市、国家森林乡村、“绿水青山就是金山银山”实践创新基地。县城空气质量综合指数位于全市前茅；龙头国控断面水质达到Ⅱ类标准。

坚决打好防范化解风险攻坚战。扎实开展高陡边坡隐患排查、防火专项督查、安全生产大检查“三个专项行动”；创新实施“四头四定”网格化巡查机制、“四边四清”“四看四严”责任化保障机制、“人防＋物防＋技防”多元化防护机制，有效处置3·29森林火灾，被应急管理部公布为应急救援十大典型案例之一，央视等媒体报道了应急救援和现场处置的成功经验；推行“风险分级管控”和“隐患分类治理”双重防控体系，定期对煤矿瓦斯通风、防治水患工作进行专家会诊，实现安全生产本质化。

三、加大改革开放力度，增强高质量转型发展的动力和后劲

扎实开展“改革创新、奋发有为”大讨论，进一步激活了全县改革意识、创新精神、开放思维、市场理念。建立健全县委书记、县长亲力亲为抓改革工作机制，有效推动38项重大改革任务和26项先行先试任务按进度顺利进行。全县党政机构改革、开发区“三化三制”改革、相对集中行政许可权改革、国资国企改革、县乡医疗卫生机构一体化改革、司法体制改革等一批重点改革取得阶段性成效。积极扩大对外开放，引进人民论坛·人民智库、清华大学、中央美院、太原理工大学、隐居乡里、借宿等优秀团队落户沁源。大力实施主题招商、园区招商、产业链招商、小分队招商，2019年共引资签约项目21个，签约资金115.16亿元。

四、深入贯彻落实新发展理念，绿色发展保持强劲态势

转型步伐持续加快。坚定走煤炭“减优绿”之路，积极推动“企业上云”、煤炭产业“智能＋”技改，精煤、焦炭、发电产量等先进产能占比达到57%，煤炭产业占工业增加值比重下降1%，制造业占工业增加值比重提高1%，战略性新兴产业增长5.6%，进一步加快工业内部“结构反转”。2019年，区域经济转型升级10项考核评价指标均达市定要求。

文旅融合势头强劲。以文旅融合产业撬动经济社会高质量转型发展，出台《加快把文化旅游产业培育成战略性支柱产业的决定》，积极开展“曲艺之乡”“秧歌之乡”“篮球之乡”“诗歌之乡”“褐马鸡之乡”“龙文化之乡”“农家乐美食之乡”创评工作，以闫寨村“水漾年华”等为代表的一批田园综合体示范项目初显成效；出台《沁源县鼓励支持影视剧组来沁创作拍摄优惠政策（试行)》，《国宝险途》《大河向东流》《同喜》等影视剧作在沁县成功拍摄；CCTV14《大手牵小手》、CCTV17《乡约》等央视栏目相继走进沁源；成功举办二青会三人篮球赛、乡村复兴论坛·沁源峰会等国家级赛事活动。2019年接待旅游人数450万人次，增长23%。

生态产业效益突显。按照“一村一品”思路，出台《沁源县实施强农惠农富农补贴政策(试行)》，创建绿色有机旱作农业封闭区4个、百亩示范园10个；大力发展林下经济，启动实施十万只湖羊养殖项目；沁丰薯业马铃薯、兆丰源草莓、浩兴玉米等6个品牌通过“三品一标”认证，沁源连翘、沁源绵黄芪等5个品牌通过地理标志认证。2019年，沁河镇琴泉村、灵空山镇黑峪村、灵空山镇第一川村、景凤乡景凤村、交口乡信义村、法中乡董家村6个村庄荣获“国家森林乡村”称号；官滩赛羊会成功入选“中国农民丰收节”100个乡村文化活动；全县国土绿化率提高1个百分点，森林覆盖率稳居全省之首。

五、扎实推进民主政治建设，法治沁源建设水平稳步提高

积极支持县人大及其常委会依法履行职能，针对重点领域开展执法检查和专项调研12次，认真落实人大常委会联系代表、代表联系群众“双联系”制度，建设人大代表联络站点24个。加强人民政协协商民主建设，33名政协委员担任司法机关、窗口单位特邀监督员。纵深推进扫黑除恶专项斗争，全力实施“雪亮工程”建设，连续两届被评为“全国法治创建先进县”，被中央依法治国办公室确定为法治联系点。深入推动军民融合发展，连续四届荣获省级“双拥模范县”。同时，认真做好新形势下统战工作，大力支持群团组织工作，保障宗教活动依法开展。

六、做好宣传思想文化工作，凝聚全县人民团结奋斗正能量

紧紧围绕团结和奋斗两个主题，扎实做好宣传思想文化工作。健立完善县委意识形态领域分析研判制度，科学引导处置舆论；创新实施新时代文明实践“十个一”工程，率先在全市实现县、乡、村新时代文明实践中心(所、站)全覆盖；县融媒体中心成为全省首批试点，全省首家投入使用；与《人民日报》《山西日报》《山西晚报》《长治日报》等主流媒体合作，绿色沁源在各大平台的文章和视频近2000条，累计阅读量突破1.5亿次，“绿色沁源” 抖音号在全省117个县市区排名第一，进一步讲好了沁源故事，展示了沁源形象，鼓舞了全县人民。

七、加强民生保障和社会治理，不断提升人民群众获得感

乡村振兴深入实施。坚持规划先行，邀请全国各地近50家规划设计单位走进沁源，因村制宜、一村一策，乡村布局更科学、发展更长远。坚持示范引领，与清华大学合作，实施“1+14”乡村振兴示范区项目，推动县城和周边14个乡村联合发展、示范带动，城乡建设更协调、发展更科学。突出文化铸魂，村村都有记忆馆、村村都有小夜校、村村都有新乡贤、村村都有秧歌队、村村都有篮球队、村村都有文化墙，农村更有品质、农民更加幸福，努力创建“全域旅游大乐园、全域康养大田园、全域度假大游园、全域美丽大花园、全域友善大家园”。

社会治理体系健全。加强和创新社会治理，积极探索实施“三治九化”乡村治理模式。以自治增活力，通过实施“三步四循环”“四议两公开”工作法，实现基层运行规范化、村务管理民主化、乡村干部专业化。以法治强保障，学习推广新时代“枫桥经验”，实施“1+5”平安专班建设，实现风险防范化解制度化、平安乡村建设法治化、矛盾纠纷调解责任化。以德治扬正气，扎实开展农村移风易俗，修定完善村规民约，倡导婚事新办、丧事简办、余事不办；启动实施“十星级文明户”创评工作，实现乡风文明建设本土化、群众文体活动常态化、“全域友善”品牌化，呈现出家庭和睦、邻里和谐、干群融洽的乡村善治生动局面。

民生福祉不断增进。黎霍高速项目胜利开工，黄土坡隧道推进顺利，太岳通用机场项目通加紧实施，“四好农村路”全面改善；建成城镇保障性安居住房450套，河西新时代文明实践广场、人才公寓、篮球主题公园等公共服务设施投入使用。深化基础教育改革十大行动，被评为“姚基金希望小学篮球季项目示范县”；实施“136”兴医工程，建成农村老年人日间照料中心8所，开展“春风行动”企业用工招聘，城镇新增就业3522人。各项社会保险待遇稳步提高，社会保障进一步扩面提质。

八、全面推进从严治党，确保党内政治生态持久风清气正

坚持以政治建设为统领，扎实开展政治监督，有力推动习近平总书记重要批示精神和中央、省委、市委部署要求落地见效；建立全县基层党组织每季度集体学习《关于新形势下党内政治生活的若干准则》制度，引导党员干部增强“四个意识”、坚定“四个自信”、做到“两个维护”；拓展“基层党建深耕年”活动，实施“1356”党建先锋工程，开展县直机关党建“五型”创建活动，引深“三步四循环”工作法，构建“3131”党群服务体系，创建59个党建示范点和74个“六好”基层党组织，建成县乡村三级党群服务中心165个，全县基层组织、基础工作、基本能力全面过硬；与清华大学、复旦大学、浙江大学等知名院校合作，组织三级干部学习培训3000余人次，着力提升干部能力素养；公开招聘乡村文书员266名、文体旅游专业人才40名、幼儿教师97名，引进高层次人才63名，招聘事业人员65名、融媒体专业人才40名，着力打造专业化人才队伍；坚持鲜明用人导向，注重在“三大攻坚战”一线甄别考察干部、在群众口碑中检验干部，选派52名县直机关干部、19名科级干部到乡镇挂职锻炼，进一步营造了担当作为、干事创业的浓厚氛围。

2019年，沁源县连续八年获评“中国最具投资潜力中小城市百强县”；荣获“国家生态文明建设示范县”“中国天然氧吧”“中国最佳康养休闲生态旅游目的地”“中国十大特色休闲县”“中国乡村振兴示范县”“姚基金2019年特别贡献单位”等“国字号”等一系列荣誉。全县各级各部门共获得市级以上荣誉145项，其中国家级荣誉33项、省级荣誉43项、市级荣誉69项。绿色沁源的“含金量”“含新量”“含绿量”不断提高。

(田　丰)

附：中共沁源县委书记、副书记、常委名单

书　记：金所军

副书记：申秀琴(11月离职)　连树斌(1月离职)
徐计连(3月任职)　张文波(1月任职)

常　委：王宇红　黄贵河　胡亚明
李晓峰(1月任职)　吕光临
王　鸿(10月任职)　孙建政(6月离职)

中共晋城市委

市委书记　张志川

2019 年，晋城市共有基层党组织 7920 个，党员 152450 名，其中党委 262 个、党总支 437 个、党支部 7221 个。

2019 年，晋城市委坚持以习近平新时代中国特色社会主义思想为指导，坚决贯彻落实党的十九届四中全会精神和习近平总书记“三篇光辉文献”精神，按照省委“四为四高两同步”总体思路和要求，团结带领全市党员干部群众，进一步解放思想、凝聚共识、先行先试，全力推动“五个三”战略部署和“十项重点工作”任务落实，新时代美丽晋城高质量转型发展取得新成果。

一、主攻先行区、领跑者、桥头堡三大目标

一是加快建设转型综改示范区的“先行区”。优先发展先进制造业，重点培育光机电产业，与富士康合作，打造“世界光谷”。已签署 250 亿元合同，建设“两中心一基地”。10 个子项目已落地，其中 5 个实现投产。国内招商的 20 多家光机电企业已陆续入驻。太行基金已运作。清华大学光机电产业研究院、日本东京大学纳米光机电研发中心、山西大学晋城光电信息产业研究院已经成立。煤化工升级项目顺利推进，投资 100 亿元集中建设造气岛，推动巴公园区传统煤化工向精细煤化工转型。铸造业升级项目进展较快，投资 130 亿元建设南村绿色智能铸造产业园和晋钢智能铸造科技产业园，33 家企业入驻，5 家企业试生产。全域旅游势头强劲，推动“一县一大景区”建设，王莽岭景区改造升级步伐加快。成功举办晋城市首届旅游发展大会和第五届太行山文化旅游节，叫响叫亮“晋善·晋美·晋城”品牌。“山西三宝”之一珐华器在文博会上大放异彩。旅游总收入连续 5 年保持 20%以上增长。荣获国家旅游最佳文化旅游目的地称号。

二是加快建设能源革命排头兵的“领跑者”。化解煤炭过剩产能 285 万吨，释放优质产能 1275 万吨。集中力量建设煤层气产业基地，产量达 46.6 亿立方米，增长 22.6%。成功举办 2019 年全国煤矿瓦斯抽采利用现场会和“能源革命·煤层气论坛”。全面启动山西(晋城)煤层气交易中心筹组工作。与安徽理工大学合作成立晋城能源革命工程技术研究院。全年煤层气抽采和利用实现“双提升”。

三是加快建设对外开放新高地的“桥头堡”。深度融入中原城市群。在上年开通晋城至郑州、焦作、长治跨省城际公交基础上，2019 年又开通了晋城至济源的城际公交。物流园区已经建成。郑州招商分局开始运行。与德国国际合作机构(GIZ)合作，落地德国二元制教育模式。成功举办第四届海峡两岸神农炎帝经贸文化旅游招商系列活动，在高平设立台湾产业园。持续开展经贸文化合作，与俄罗斯乌里扬诺夫斯克正式建立国际友好城市关系，与希腊塞萨洛尼基建立国际合作伙伴关系。

2019 年，全市生产总值完成 1362.4 亿元，增长 6.5%；规模以上工业增加值增长 7.6%；固定资产投资完成 523.0 亿元，增长 10.4%；社会消费品零售总额完成 490.3 亿元，增长 8.3%；外贸进出口总额完成 72.9 亿元，增长 58.2%；一般公共预算收入完成 138.2 亿元，增长 10.3%；城镇常住居民人均可支配收入完成 34627 元，增长 7.7%；农村常住居民人均可支配收入完成 14809 元，增长 9.2%。全市经济 U 型反转的趋势更加稳固，稳中有进、稳中向好的态势更加凸显，新时代美丽晋城高质量转型发展大局已定、布局已成、气势已起。

二、打赢防范化解重大风险、精准脱贫、污染防治三大攻坚

一是扭住化解风险不放松。坚决扛起政治责任，确保全市政治稳定、大局稳定、社会稳定。加强市级层面整体谋划，跟进督促省督导反馈问题整改落实。

二是扭住精准脱贫不放松。坚决落实“四个不摘”，聚焦“两不愁三保障”，扎实开展脱贫攻坚“回头看”。做好巩固产业、动态脱贫、兜底保障三项工作，建立返贫预警机制，实施“1+5”保障扶贫保险，坚决防止小概率事件颠覆全局。

三是扭住污染防治不放松。完善市县乡村四级环保网格化监管体系，对 8 大重点行业 481 家企业开展绿色评估，实行差异化管控。深入推进秋冬季大气污染综合治理攻坚行动。SO2 完成年度指标，PM2.5 在“2+26”城市中排名正数第 10。9 个国、省考监测断面水质全部达标，劣五类水体全部消除；全市集中式饮用水源地水质 100%达标。

三、补齐交通、民生、开发区三大短板

一是着力破解交通瓶颈。太行山机场选址获批，阳城通用机场前期顺利。太郑高铁 2020 年建成通车。阳蟒高速全线贯通，晋阳双向八车道城际高速已开工。东南环高速、晋城到运城、安泽到沁水、晋运客专等前期工作加快推进。G342 过境改线工程进展顺利，G207 线省界瓶颈路段改造完成。太行一号国家风景道首批建成路段启用。新建、打通 20 条城市道路。“四好农村路”建设走在全省前列。

二是着力推动各项民生事业发展。民生支出占一般公共预算支出的 81.5%。16 件民生实事全部落实。编制完成丹河新城教育园区规划，晋城一中教育集团南岭爱物学校正式开学。高考再创佳绩，裸分录取人数全省第一。市医院易址扩建项目开工建设。推动文旅融合发展，《太行娘亲》《古堡！古堡！》叫响全国。城镇登记失业率低于年度控制目标 2.93 个百分点。在全省首家实现市域交通公交化。文化、体育、住房、

养老、社会保障等各项民生事业统筹推进。

三是着力深化开发区改革创新。出台支持开发区改革创新发展“黄金政策18条”和支持开发区加快发展“8条”措施,将干部任免、“三化三制”改革事权下放开发区。阳城和沁水开发区、陵川文旅区获批,实现了“一县一省级开发区”。

四、干好老城改造、新城建设、乡村振兴三件大事

一是加快老城区更新改造。一期工程居民征收、公建征收基本完成;“两街”“两路”“两河”“两会”“两园”等“五个二”项目进展顺利。21个棚户区城中村改造项目稳步推进。“两下两进两拆四提升”成效初显。

二是全力推进丹河新城建设。成立丹河新城建设投资有限公司,高标准制定金村新区《控制性详规》《开发建设实施方案》,举办起步区招商推介大会,35个基础设施项目全面开工。出台户籍、人才、教育、金融、财税等优惠政策支持新城建设。大力推进区划调整,南村、北石店两个重点乡镇托管工作已到位。

三是全面实施乡村振兴战略。重点铺开农村“四块地”改革,统筹抓好集体产权制度改革、农村“三变”改革,深入推进农林文旅康产业融合发展。设立1.3亿元市级奖补资金,深化农村人居环境整治。康养产业初步形成气候。

五、守住安全生产、社会稳控、反腐倡廉三条底线

一是时刻抓好安全生产。事故起数和死亡人数下降幅度分别为23.4%、19.6%,连续5年未发生重特大事故。

二是坚决维护社会大局稳定。持续深化扫黑除恶专项斗争。扎实开展信访积案攻坚和信访工作“三无”县乡村创建,深入推进社会治安防控体系建设,圆满完成庆祝新中国成立70周年安保维稳,全市社会大局持续稳定。

三是持续深化反腐倡廉。深入开展“彻底肃清张茂才腐败流毒影响,持续净化政治生态”专题警示教育。扎实开展扶贫领域、人防系统腐败问题专项治理,深挖彻查涉黑涉恶腐败,严厉打击黑恶势力背后“保护伞”。全市纪检监察机关共立案1483件,给予党纪政务处分1310人。运用“四种形态”,处理5689人次。

六、毫不动摇推进全面深化改革

一是坚持解放思想。市委文件明确:凡法律没有禁止的,一律允许先行先试;凡别的地方用过的政策,拿来就用,无需请示和报告。出台《关于正确把握改革创新中的纪法界限、激励干部奋发有为的意见》,干部只要忠诚、干净、担当,清单内事项如有试错,个人不负责任,全部由组织负责。从制度层面打开了干部思想解放的桎梏。

二是持续先行先试。更加注重从生产关系层面破除发展障碍。城市改革中,抓住户籍这个核心,实施零门槛落户;农村改革中,抓住土地这个核心,实施“四块地”改革,先行先试“点状供地双平衡”;转型发展中,抓住人才这个核心,实施“一人一策”的人才政策;金融改革中,抓住信用这个核心,实行小微企业信用贷款风险互助补偿机制;招商引资中,抓住行政许可这个核心,实施“一枚印章管审批”加“项目承诺制”,领跑全省“六最”营商环境。

三是完善改革政策。在“3+5”政策体系基础上,出台《深化户籍制度改革助力高质量转型发展实施办法》《盘活农村集体土地资源的实施办法》《激励高层次人才助力高质量转型发展若干意见》《吸引大学毕业生就业创业实施办法》等一系列改革文件,构建起高质量转型发展的政策架构。

四是狠抓重点改革。健全党政主要领导亲力亲为抓改革机制,年度14项重大改革任务、4项先行先试任务顺利推进。市县党政机构改革圆满完成。相对集中行政许可权改革试点成效明显,全省相对集中行政许可权改革现场推进会在晋城市召开。在全省营商环境评价中排名第3。国资国企改革强力推进,兰花集团“瘦身健体”和天泽集团上市步伐加快,全市经营性国有资产基本实现集中统一监管。积极创建全省民营经济发展改革示范市。泽州农地入市改革、高平医疗制度改革走在全国前列,不动产统一登记进入全国第一方阵。

七、持续深化全面从严治党

坚持以党建引领发展,把党建融入发展,用党建推动发展,靠发展检验党建。

一是加强党的全面领导。坚持把政治建设作为根本性建设,深入学习贯彻习近平新时代中国特色社会主义思想,持续抓好习近平总书记重要指示批示精神和中央、省委重大决策部署的贯彻落实,热烈庆祝新中国成立70周年,扎实开展“不忘初心、牢记使命”主题教育,深入开展“改革创新、奋发有为”大讨论,增强“四个意识”、坚定“四个自信”、做到“两个维护”。

二是树牢干事创业导向。坚持“好干部”标准,重点推进“人岗相适”和“年轻化”。充分发挥考核“指挥棒”作用,成立市委市政府督查办,开展电视问政和乡镇“三农”专项考核。出台两项“人才新政”,引进硕士研究生及以上人才289人。

三是全力夯实基层基础。持续深化村村联建、村企联建、产业联建、城乡联建等基层党组织设置模式。推进农村集体经济“破零加零”,5万元以上村占68.2%。大力推动农村干部学历提升,统筹推进“农村本土人才回归”工程和村级后备力量建设。以党建引领推动全国文明城市创建,创文成效初步显现。

四是持续狠抓正风肃纪。全市查处违反中央八项规定精神问题266起,处理317人,给予党纪政务处分199人。持续深化纪检监察体制改革,推动监察职能实现市管企业、高校全覆盖,乡镇、街道监察监督全覆盖,村级纪检监察联络员全覆盖,彻底打通全面从严治党向纵深发展“最后一公里”。

(李 超)

附:中共晋城市委书记、副书记、常委名单

书 记: 张志川

副书记: 刘　锋　李根田(9月离职)
常　委: 赵沂旸(12月离职)　孙世新(4月任职)
那志茂　卫明喜　石云峰　张利锋
荆俊明　范兆森　王晋峰(3月,因涉嫌严重违纪违法,接受纪律审查和监察调查;9月,被给予开除党籍、开除公职处分。)
焦光善(10月离职)

中共晋城市城区区委

区委书记　王文全

2019年,中共晋城市城区区委高举习近平新时代中国特色社会主义思想伟大旗帜,全面贯彻党的十九大和十九届二中、三中、四中全会精神,以及习近平总书记视察山西重要讲话精神,认真落实省委“一个指引、两手硬”的思路和要求,以及市委“五个三”重大部署和“十项重点工作”任务,坚持稳中求进工作总基调,认真履行把方向、管大局、作决策、保落实职责,团结带领全区干部群众凝心聚力、锐意进取,攻坚克难、苦干实干,奋力推动“总体定位”和“3185”工作思路落到实处,开创了全区各项事业发展新局面。

一、深入学习贯彻习近平新时代中国特色社会主义思想,坚决落实中央和省委、市委各项决策部署

一是始终以习近平新时代中国特色社会主义思想武装头脑、指导实践、推动工作。结合学习贯彻党的十九大和十九届二中、三中、四中全会精神,以及习近平总书记视察山西重要讲话精神,持续在融会贯通、学以致用、全面覆盖上下功夫,推动学用工作往深里走、往实里走、往心里走。坚持学思用贯通、知信行合一,召开区委中心组学习会议13次,举办第三次学用习近平新时代中国特色社会主义思想经验交流会以及系列座谈会。

二是热烈庆祝新中国成立70周年。举办了“我和我的祖国”歌咏比赛、演讲比赛、红色故事讲解大赛、升旗仪式等一系列庆祝活动,举办迎国庆转型项目集中竣工仪式,以实际行动向祖国献礼。

三是扎实推进“不忘初心、牢记使命”主题教育。全区572个党组织、9235名党员全身心投入主题教育活动。坚持把学习教育、调查研究、检视问题、整改落实贯彻始终,各级党组织完成了三次学习交流研讨,召开了对照党章党规找差距专题会,讲授了专题党课,开展了调研成果交流,形成了一批有价值的调研成果。为群众办实事665件。

四是深入开展“改革创新、奋发有为”大讨论。围绕“六个破除”“六个着力”“六个坚持”,足色完成了省委、市委“10+3”项规定动作,创造性开展了2项自选动作,牵引全年工作实现良好开局。

二、全力干好“头等大事”,美丽晋城会客厅面貌焕然一新

一是大气魄推进老城更新与保护。坚决扛起建市以来最大范围的征补拆迁任务,2019年,老城一期居民住宅征收完成3595户,完成率100%;公建征收完成118处,完成率99.2%,老城改造进入到由拆到建的新阶段。“五个二”建设项目进展顺利,“两路”具备通车条件,“两街”“两河”正在加紧施工,“两会”“两园”正在进行规划设计。南大街立面改造圆满完成,10宗回迁地块已全部完成土地收储。

二是大力度推进棚户区(城中村)改造。城区依法有序推进原有模式的38个棚户区(城中村)改造,协调解决历史遗留问题、妥善化解各类矛盾隐患,完成投资28.07亿元,拆迁31.51万平方米,回迁1392套、17.73万平方米,完成建筑面积80.97万平方米。积极探索棚改新模式,明确了“政府主导、村为主体、整体规划、连片改造、市场介入、全区平衡”的改造原则,以河东、西后河社区为试点,积极探索可推广、可复制的城区经验。

三是大格局推进道路建设。程颢路、泰康路建成通车,景西南路、建设北路加快建设;启动实施西大街西延、太印街、冯苗路三条道路工程,西北片区“四纵四横”路网骨架加快构建;圆满完成中原街、畅安北路、上元街、文华路等12项市政工程11万平方米征补任务。

四是大手笔提升城市品质。深入开展“四洗六见一红旗”活动,集中打响了“提升城市品质、攻坚五项任务百日大会战”;20家集贸市场基本整治完成,凤台小区面貌焕然一新;“十纵十横”主次干道累计拆除广告牌匾3107处,约11.47万平方米,拆除违建1.65万平方米,施划车位4504个;218条背街小巷累计粉刷和整治墙壁1.98万平方米,扩宽道路2.47万平方米,修建挡墙80米,城市形象更加靓丽。

三、加快经济提档升级,高质量转型发展态势更加强劲

一是聚力提升现代服务业。紧盯商贸服务业、现代物流、金融业、大数据、健康养老、文化旅游、房地产七大重点行业精耕细作。华谊兄弟星剧场、中电智云大数据产业园等重点项目进展顺利,星悦城商业综合体、电商小镇等项目开业运营,服务业增加值占GDP比重占到69.5%,服务业主引擎地位日益凸显。

二是大力发展新型工业。北石店工业园区商业街、太丰路、尚安街等基础设施加快建设,园区内180亩土地收储手

续办理完成。海斯药业冻干粉针车间项目完成设备安装，中盛建材二期项目开始试生产。

三是着力推进乡村振兴。加快推进农林文旅康融合发展试点建设，积极打造洞头乡村振兴示范点；投资765.3万元，完成“四好农村路”建设任务6.1公里；下大气力整治农村人居环境，突出“拆、改、管”三大举措，农村改水、改气实现全覆盖。

四是强力推进项目建设。隆重召开“头等大事”暨重点项目集中开工誓师大会，扎实开展“深化转型项目建设年”、区四大班子领导干部包联重点项目和干部入企服务工作，强力推进总投资609亿元的77项重点工程，为经济发展注入了强劲活力。

四、全面深化改革开放，发展活力和内生动力持续增强

一是圆满完成党政机构改革任务。结合城区实际，新组建了民营经济局、城市管理局、行政审批服务管理局等部门，改革后区委工作部门10个，区政府工作部门26个，人大政协、群团组织、事业单位、镇(街道)机构改革任务同步完成，机构职能更加优化协调高效。

二是强力攻坚重点领域和关键环节改革。117个涉改村(社区)集体产权制度改革全部完成，在全省、全市率先实现“农民变股东”；推进相对集中行政许可权改革，划转“两线一片”事项152项。

三是精准有效招商引资。积极接轨“一带一路”、京津冀及东南沿海发达地区，全方位对接中原城市群，一大批新项目签约落地。2019年，城区完成签约项目54个，投资总额186.62亿元。

五、加强民主政治建设，生动活泼、安定团结的政治局面更加巩固

一是全力支持人大依法履行职能。区人大听取和审议“一府两院”专项工作报告4项，作出决议、决定3项，任免、决定任免国家工作人员76人次，开展执法检查1次，组织视察调研活动3次；高标准建立20个代表联络点接待群众，办理落实137件代表建议。

二是充分发挥协商民主重要作用。2019年，区政协征集提案156件，立案132件，办理116件；多次召开专题议政性常委会议，提出60条意见，开展民营经济发展专题协商2次；针对全国文明城市创建开展专项视察监督，献计出力；完善政协党的组织体系，强化委员联络服务工作。

三是不断扩大爱国统一战线优势。开展统战队伍社会服务活动、政协界别活动和支部(社)活动40余次；各民主党派成员和无党派人士积极参政议政，撰写社情民意、调研报告、提案议案60余份；扎实做好民族宗教工作，积极发挥工商联、侨联、工青妇等群团组织的桥梁纽带作用，全面构建大统战工作格局。

四是扎实推进法治城区建设。持续深入开展扫黑除恶专项斗争，打掉5个黑恶势力犯罪团伙；打牢综治基础，建设“雪亮工程”；积极开展普法宣传，充分发挥法律服务效能，有效维护弱势群体和困难群众的合法权益。

五是坚决扛起党管武装政治责任。扎实推进国防动员和后备力量建设，不断提高动员备战能力；深入做好“双拥”工作，全力推动全国双拥模范城创建；积极推进军民融合深度发展，不断巩固军政军民团结良好局面。

六、强化宣传思想工作，砥砺奋进的时代旋律更加高昂

一是加强和改进意识形态工作。严格落实意识形态工作责任制，按照“管理网格化＋责任清单化”模式，筑牢意识形态管控坚强防线；深入开展“网络生态治理专项行动”和“2019清网专项行动”，不断增强意识形态领域的主导权、话语权。

二是坚决打赢文明城市创建攻坚战。实行军令状管理，逐条逐项落实全国文明城市测评细则和操作办法；建立领导包联、单位共建、下沉社区、统筹协调的工作机制，营造了浓厚的创建氛围；积极培育和践行社会主义核心价值观，广泛开展志愿服务，建成文明实践所8个，文明实践站146个，美丽晋城会客厅的“颜值”和“气质”实现双提升。

三是持续壮大主流舆论引领力。围绕2019年一系列重大活动，开展全方位、多元化、立体式舆论宣传，在省级媒体推出报道40余次，在市台播出新闻465条，在《太行日报》刊登稿件203篇；大力培育先进典型，隆重表彰“城区好人”、劳动模范、城区工匠、最美乡贤，凝聚起了奋发进取、干事创业的磅礴力量。

四是大力推动文化事业繁荣发展。深入开展文化体制改革，组建区融媒体中心和融媒体工作室；加强文物保护和文化遗产保护传承，实施文化低保和文化惠民工程；参加全市首届旅游发展大会，构建“东西南北中”全域旅游大格局，不断提升城区影响力和美誉度。

七、坚守底线补齐短板，人民群众获得感、幸福感、安全感不断提升

一是坚决筑牢生态环保底板。2019年，完成生态环境部强化督查组转办问题整改48个，省生态环境保护专项督察组转办问题整改4个，完成“百日清零行动”驻晋城市检查组转办问题整改36个；“五定五化一平台”环保网格化监管体系基本成型，形成了可复制可推广的城区经验；持续打好大气污染防治攻坚战，加快推进东河、西河以及白水河洞头段生态综合治理工程，美丽城区的生态底色更加靓丽。

二是加快补齐民生改善短板。持续加大民生领域投入，10件民生实事全部落实；积极扩大就业增收，2019年新增就业人数1.35万人，下岗失业人员再就业1625人；全力建设教育强区，加快东南学校、西城小学、后河小学等重点工程建设，大规模开展教师交流走教，不断推动教育均衡高质量发展；完善社会保障体系，持续提高低保标准，扎实开展临时救助、特困供养工作，兜牢了民生底线，群众幸福指数

日益提高。

三是牢牢守住安全稳定底线。坚决扛起防范化解重大风险的政治责任,圆满完成“二青会”、国庆70周年等重大活动期间安保维稳工作;有力有效防控了房地产、金融等领域的重大风险隐患;扎实开展“三个专项行动”,安全生产保持总体平稳态势。

八、全面从严管党治党,全区政治生态更加风清气正、心齐劲足

一是狠抓党的政治建设。始终同以习近平同志为核心的党中央保持高度一致,增强“四个意识”、坚定“四个自信”,在城区上下推动形成了“两个维护”的思想自觉和行动自觉。建立落实习近平总书记重要指示批示办理机制,持续抓好中央和省委、市委各项决策部署的贯彻落实,建立清单管理台账,梳理各类事项268个,严格落实了责任,确保了政令畅通。

二是狠抓干部队伍建设。突出实干和担当的选人用人导向,公开竞选85后和90后镇(街道)见习副镇长(主任)16名,引进硕士以上高层次人才65名,分12批次调整选拔干部496人次;实行台账式管理、答卷式考核,先后选树担当作为典型30名,对10家先锋单位和208名先进个人给予了表彰奖励,激发了各级干部比学赶超的内在动力。

三是狠抓“三基建设”。制定了城区“三基建设”重点工作任务清单,明确提出13个方面40项重点任务;推进基层党组织建设,7个街道完成“大工委”挂牌,建立了“火线”型党组织20个,联建型党组织3个;狠抓软弱涣散村(社区)党组织整顿,对2018年确定的9个和2019年排查的10个村(社区)进行了整顿。

四是狠抓正风肃纪反腐。2019年,全区纪检监察机关共立案111件,结案95件,给予90人党纪政务处分;查处违反中央八项规定精神问题线索20件,党纪政务处分19人,组织处理24人;坚持抓早抓小,突出关口前移,运用“四种形态”处理562人次;完成了八届区委第七、八轮巡察,发现各类问题177个,发现违规违纪问题线索18个。

(李　彤)

附:中共晋城市城区区委书记、副书记、常委名单

书　记:王学忠(1月离职)　王文全(1月任职)

副书记:王文全(1月调职)　李晓峰

范永星(1月任职)

委　员:申军生　赵宏斌　马晋平

范永星(1月离职)　郜培法(1月任职)

连陆军(5月任职)　杨鸿飞　吴起亮

栗军利(1月任职)　阎志刚(挂职)

李琴琴(女,12月任职)　郭天德(1月离职)

郑　泽(5月离职)

中共泽州县委

县委书记　高喜全

2019年,泽州县委深入学习贯彻习近平新时代中国特色社会主义思想,按照省委、市委的各项决策部署,围绕“两带四板块”“四化”同步推进转型发展战略,紧盯“136”年度工作重点,统筹推进稳增长、促改革、调结构、惠民生、防风险、强党建等各项工作,实现了党的建设和经济发展同频共振。2019年,全县一般公共预算收入完成23.6亿元,同比增长22.7%,总量和增速均排晋城市第一;地区生产总值突破300亿大关,达到303.2亿元,同比增长7.3%,总量和增速均排晋城市第二;规模以上工业增加值同比增长8.5%;固定资产投资完成99.5亿元,同比增长19.5%,增速排晋城市第一;社会消费品零售总额完成48.1亿元,同比增长8.1%;城镇和农村居民收入同比分别增长7.3%和9.1%;累计获得国家级荣誉16项。

一、坚持把“两个维护”作为最大政治,增强了学用结合的高度自觉

坚持以“两个维护”引领落实,切实用习近平新时代中国特色社会主义思想武装头脑、指导实践、推动发展。扎实开展“不忘初心、牢记使命”主题教育,深入学习党的十九大及十九届二中、三中、四中全会精神,教育引导广大党员干部感知初心、坚守初心、践行初心,更好地肩负起新时代使命任务。精心组织“改革创新、奋发有为”大讨论,足色完成规定动作和自选动作,让全县党员干部经受了一次全面的思想升华、一次深刻的精神洗礼、一次严格的党性锻炼,进一步增强了新时代改革开放再出发的思想自觉、政治自觉和行动自觉。提出并落实以“守底线、保完成、破矛盾、出亮点”统领各项工作,实行“年初承诺、年底阅卷”,激励各级干部主动担当作为、真抓实干、攻坚克难,推动了各项工作干在实处、走在前列。

二、坚持把打好三大攻坚战作为首要任务,夯实了决胜小康的良好基础

紧紧围绕三大攻坚战,尽担当之责、行超常之举、施精准之策、克难中之难,为全面建成小康社会奠定了坚实基础。牢固树立总体国家安全观,全年未发生任何有影响政治事(案)

件。稳妥处置政务债务风险,金融领域风险整体可控。实现了全国“两会”以及“一带一路”高峰论坛、“二青会”及国庆70周年等重要时间节点三个“不发生”,安全生产事故起数和伤亡人数实现“双下降”。聚焦“两不愁三保障”,针对产业扶贫、消费扶贫、易地搬迁扶贫等方面存在的问题,制定措施,推动整改,巩固了脱贫成效,提升了脱贫质量。下大力气改善民生,以“五化共建”引领镇区人居环境全面提升,“四好农村路”主体工程全部完工,超额完成户厕改造任务,晋城一中南岭爱物学校完成首届招生,县中医院项目稳步推进,率先在全省实现所有行政村“一元公交”全覆盖。坚决扛起生态文明建设的政治责任,对重点污染企业实现网格化监管全覆盖,倒逼企业转型入园,PM2.5、PM10等主要污染物指标均有下降,全县空气环境质量持续好转。

三、坚持把转型创新开放作为主攻方向,提升了经济发展的质量和效益

坚持以项目助推转型,56个重点项目完成投资137亿元,积极争取上级各类项目资金2.86亿元,完成“十四五”规划重大项目申报,为产业发展积蓄了新动能。坚持以园区承载转型,晋钢智造科技产业园完成投资30亿元,华昱煤制油实现销售收入20亿元,兰花保税物流中心进出口额达到4.8亿元,园区集聚效应逐步凸显。围绕煤炭“减、优、绿”,大力实施长河经济带开发战略,全年原煤产量完成3050万吨,同比增长4.6%。大力推进制造业结构性反转,制造业增加值比重上升8.5个百分点。加快推进新能源产业,晶耀光伏投入运行,华电风电二期进展顺利,段河瓦斯发电并网。高度重视“三农”发展,晋城市“三农”工作专项考核排名前15的乡镇,泽州县占据4席。大力发展全域旅游,“谁不说俺泽州好”电视竞演第三季完美收官,累计投资3.89亿元提升景区基础设施,大阳景区成功创建国家4A级景区,全年旅游综合收入达到143.46亿元,同比增长20.31%。深入实施农村“四块地”改革、国企国资改革、民企股改、行政审批制度改革等多领域深层次的重大改革,为全县经济社会发展不断激活力、增动力。坚持“走出去、引进来”,举办了2019泽商泽才回乡创业创新恳谈会暨招商引资珠三角(深圳)推介对接会,以此为平台,全年完成签约项目50个,总投资241.6亿元;开工项目40个,开工率达80%;新入固投开工项目计划投资额达170亿元,三项指标在晋城市均排名第一。按照晋城市委、市政府要求,切实加快区划调整,从2020年1月1日起,泽州县正式整建制托管城区北石店镇,城区正式整建制托管泽州县南村镇。

四、坚持把金村新区建设作为战略之举,创造了令人惊叹的“丹河速度”

紧紧围绕市委、市政府“一体两翼、协同发展”的战略部署,致力于打造县域经济发展的新引擎,高起点规划建设丹河新城,成功举办金村起步区招商推介大会,全面启动了7大类80个建设项目,总投资143.4亿元的33个项目破土动工、加速建设,以丹河新城助推县域经济发展大势已成、气势已起。在征拆工作中,仅用40多天时间完成了5个棚改村1947户5495人的拆迁任务,仅用4天时间实现了所有房屋拆平,整个过程未出现一起上访户和钉子户,创造了令人惊叹的“丹河速度”,并在实践中培塑和孕育了“不甘人后、勇争第一,担当负责、务实创新”的新时代泽州精神。

五、坚持把全面从严治党作为根本保障,构建了风清气正的政治生态

积极探索推行以基层党建为引领的乡村治理模式,川底乡“一网覆盖、三规同步、一室促和、一榜众评”工作法、巴公四村创新发展“枫桥经验”的典型做法得到省市肯定。创新党组织设置模式,大阳景区联合党总支,北义城镇的薯米、果蔬产业党支部等一批党建融合发展模式备受关注。整顿提升44个软弱涣散村党组织,稳步提升农村“两委”主干报酬,下村镇上村村老支书张晓林、大东沟镇岭头村支书宋小平等一批先进典型脱颖而出。持续强化干部队伍,先后召开县委常委会共研究调整干部16批次,涉及504人,通过调整,极大地激发了党员干部干事创业的活力。派出乡镇监察室,将监察触角延伸到末梢神经,打通了从严治党的“最后一公里”。坚决整治形式主义、官僚主义突出问题,查处并通报了7起典型案例。始终保持惩治腐败的高压态势,全年共立案218件,结案217件,给予党纪政务处分200人,移送司法机关9人,推动广大党员干部明红线、知高线、守底线。

六、坚持把凝心聚力作为固本之策,营造了团结奋进的浓厚氛围

加强和改进县委对人大工作的领导,支持县政协积极开展政治协商、民主监督、参政议政,巩固和发展最广泛的爱国统一战线,深化军民融合式发展,充分发挥共青团、工会、妇联等组织的桥梁纽带作用,形成了同心同向的强大合力。牢牢掌握党对意识形态工作的领导权、管理权、话语权、主动权,定期对思想理论动态、网络舆情动态、社会舆情动态进行分析研判,确保意识形态领域保持向上向好态势。加快法治泽州建设,积极开展普法宣传、深化司法体制改革、深入开展扫黑除恶专项斗争等工作,人民群众的幸福感、获得感、安全感不断提高。围绕晋城市创建全国文明城市,先后召开动员会、迎检推进会和誓师大会,加压推进,顺利完成创文迎检工作。隆重举办“同升国旗、同唱国歌”庆祝新中国成立70周年系列活动,央视《乡约》节目再次走进泽州,举办了庆“五一”职工歌咏比赛,“二青会”泽州站火炬传递仪式网上同步直播,为泽州高质量转型跨越发展传播正能量、提振精气神。

(郜润斌　李璐瑶)

附:中共泽州县委书记、副书记、常委名单

书　记:高喜全

副书记:张　军　席学武(1月离职)

任小广(1月任职)

常　委：李仲明(1月离职)　张建中　刘泽宇
李韶华(1月离职)　张韶华　安旭敏
闫晋中　张　宏(女,1月任职)
马　占(5月任职)　赵韶宇
贾苗丽(女,挂职,8月任职)
梁　丰(1月离职)

中共高平市委

市委书记　胡晓刚

全市共有 1142 个基层党组织,其中党委 27 个,党总支 69 个,党支部 1046 个。建制村中有党组织 462 个,占 40.5%,其中党总支 16 个,党支部 446 个。共有社区党组织 65 个,其中党总支 6 个,党支部 59 个。

截至 2019 年底,全市共有党员 26680 名,其中农村党员 14195 名,占 53.2%;全市农村党员中,共有高中及以上学历党员 5027 名,占 35.4%;全市农村党员中,共有女党员 1860 名,占 13.1%。

2019 年,高平市委高举习近平新时代中国特色社会主义思想伟大旗帜,全面贯彻党的十九大和十九届二中、三中、四中全会精神,深入落实习近平总书记视察山西重要讲话精神和重要指示批示精神,坚持稳中求进工作总基调,把方向、管大局、作决策、保落实,团结带领全市党员干部群众,坚持“两件大事、两个率先”发展战略不动摇,奋力推动“六创赶考、三年答卷”发展思路再出发,高平高质量转型发展取得了新成果。

一、大局已定、布局已成、气势已起,全市党员干部凝聚力和战斗力显著增强

进一步理顺了干部,拓展了表率一方。市委常委会坚持公平公正、公开透明,按照“三重三看三优先”选人用人导向,突出事业为上、人岗相适、人事相宜,注重公道正派、工作实绩、群众公认,扭转了“架天线”、找门路、跑关系等不正之风。更加注重基层导向。优先从基层识别干部、为基层配备干部,对埋头苦干、默默奉献的基层干部,及时纳入组织视野,适时提拔任用,树牢了重视基层、重用基层的鲜明导向。更加注重干部年轻化。以优化干部队伍结构为目标,全年提拔 80 后、90 后干部占提拔总数的 31.8%,全市正科干部平均年龄下降到 48 岁,副科干部平均年龄下降到 43 岁。开展推选乡镇年轻副科领导干部工作,为乡镇配备了一批年轻干部,加强了干部队伍后备力量。更加注重激励干事。坚持用好用足干部政策,注重严管与厚爱相结合,积极稳妥解决干部遗留问题,理顺了一批干部职务,解决了一批待安排干部,调任了一批公务员,选配了一批非领导职务干部;结合党政机构改革,大胆使用了一批处分期满后表现突出的干部;配齐配强了公安系统、开发区等长期空缺的领导岗位。制定出台《激励党员干部担当作为甄别容错澄清关爱实施办法》,强化考核“指挥棒”作用,激发了干部干事创业的热情。更加注重公平公正。严把选人用人关,坚持“凡提四必”要求,认真开展“六查”,充分听取基层党组织和分管领导的意见,以民意业绩为标准,以群众口碑为评判,让心中有责、眼里有活、手上有招的人有出路、有奔头。

进一步理清了思路,延伸了造福一方。市委常委会坚持目标导向、问题导向,在广泛调研、充分论证、精准研判的基础上进一步明确了发展方向和重点。确立了今后三年的发展思路。坚持“两件大事、两个率先”发展战略不动摇,加快推进新时代高平高质量转型发展,以“六创赶考”的奋进姿态,三年一张图,一年一张单,力争“三年答卷”,争当晋城头雁,走在全省前列,奋力追赶全国百强,打造高平形象、重振高平雄风、再铸高平辉煌。明确了非煤支柱产业的发展方向。把台湾产业园、新能源新材料产业、生猪产业作为我市非煤支柱产业的重点培育方向,实施“产业创优”三年行动,力争到 2021 年,初步形成“以主导产业为关键支撑、特色产业加速成长、新兴产业加快做强”的基本格局。坚定了民生优先的发展导向。坚持“民有所呼、政有所应”“民有所需、政有所为”,从人民群众最不满意的地方改起,从人民群众最能受益的地方抓起,切实解决了一批群众的操心事、烦心事、揪心事,不断提升了人民群众的获得感、幸福感。升华了“功成不必在我”的发展境界。树立正确的政绩观,针对我市水、路、气、暖等基础设施欠账,以“功成不必在我”的境界和“功成必定有我”的担当,以“说了就算、定了就干,再大的困难也不变”的决心,打基础、利长远、补短板、强弱项,集中力量解决了一批长期想解决而没有解决的发展难题,办成了一批过去想办而没有办成的民生实事,制定和落实了一批对高平未来影响深远的政策措施,为高质量转型发展奠定了基础。

进一步理正了风气,深化了导扬一方。2019 年,市委召开 33 次常委会议、20 次中心组学习会、6 次学习研讨,学出了坚定信念、学出了绝对忠诚、学出了使命担当。开展“两转三讲”活动,组织“新时代理论宣讲快车”,推动学用工作从“关键少数”向基层组织延伸、向全体党员拓展、向广大群众覆盖,越学方向越明,越学思路越清,越学干劲越足。担当作为的干事风气更加强烈。通过选优配强干部、出台激励制度、加大考核奖励等措施,使党员干部的作风更加务实,干劲更加充足。坚持“治”不忘“危”、“兴”不忘“忧”,一体推进“不敢腐、不能腐、不想腐”,扎实开展“彻底肃清张茂才腐败流毒影响　持续净化政治生态”专题警示教育,大力弘扬忠诚老实、公道正派、实事求是、清正廉洁的价值观,形成了党内正能量

充沛、歪风邪气无所遁形的良好局面。开展"高平好人"及典型培树,开展向郭建平、毕腊英同志学习活动,使文明进步、向上向善的新风气融入群众血脉、化为高平基因、成为社会风尚。

进一步理出了战斗力,凝聚了强大合力。"改革创新、奋发有为"大讨论以来,走出去学先进,摆问题找差距,主动对标、敢于立标、积极超标,在提升工作标杆上实现了新突破。深化了自我革新。坚持刀刃向内,勇于自我革命,真刀真枪解决问题,防源头、治苗头、打露头,全面增强了执政本领,更好地肩负起了新时代的使命任务。弘扬了斗争精神。在急难险重任务面前,广大党员干部勇于担当、敢于亮剑,不回避矛盾、不怕得罪人、不给自己留后路,以实际行动凝聚起全市上下的斗争意志。强化了担当作为。全面推行"高平工作法",转变作风,苦干实干,做到了工作在一线推动、问题在一线解决、矛盾在一线化解,形成了层层抓落实、人人抓落实、个个有担当的生动局面。

二、顺势而为、借势而进、乘势而上,重大活动和主题教育成效突出

庆祝新中国成立70周年。开展主题宣讲、图片展、文艺汇演、大合唱、缅怀先烈等活动,10月1日举行2万人升国旗仪式、组织干部群众收看国庆大典。举行迎国庆转型项目集中竣工仪式,以实际行动向祖国献礼。同全国一样,《我和我的祖国》在全市唱得格外响亮,成为"四个自信"的生动体现。

开展"不忘初心、牢记使命"主题教育。牢牢把握主题主线,高标准、高质量完成学用交流会、三次学习交流研讨、找差距专题会、调研成果交流、专题民主生活会。抓好"8+5"专项整治整改,解决了一批会动摇党的执政根基、阻碍党的事业发展的问题。扎实开展"三服务"活动,为群众办实事1301件,增强了老百姓的获得感。

组织"改革创新、奋发有为"大讨论。围绕"六个破除"查找突出问题,制定了"对标一流整改提升清单"。坚持开门搞大讨论,广泛征集意见建议,扎实开展入企进村服务,精心组织农村"领头雁"培训,开展述职评议137场次。

举办神农炎帝系列活动。坚持"办好一次会、搞活一座城"的理念,成功举办了第四届海峡两岸神农炎帝经贸文化旅游招商系列活动。邀请1000余名台湾政商各界人士、近百名海外侨胞参加活动,增加炎帝神尊赴台巡境赐福活动,开办山西高平民间文化庙会、台湾风情园、开化寺艺术节,举办千人经贸恳谈会,成功签约项目30个,总投资123.39亿元。

三、激情干事、精准干事、开拓干事,"六创赶考、三年答卷"初见成效

高平市全年地区生产总值增长6.9%;社会消费品零售总额增长8.1%;城镇居民人均可支配收入增长7.5%;农村居民人均可支配收入增长8.6%。全市规模以上工业增加值增长8.5%;固定资产投资增长13.4%;一般公共预算收入增长14.9%。U型反转的趋势更加稳固,稳中向好的态势更加凸显。

坚定不移推进产业创优,进一步形成转型升级新态势。深化转型项目建设年。确立"一纲十目"重点工程173项,年度计划投资101亿元,全年开(复)工率100%,完成投资101.2亿元。抓好煤炭行业"减、优、绿",启动45万吨煤炭落后产能关闭退出工作,全市煤炭先进产能提升10%。加快建设台湾产业园,对接台资台企35家,5个项目有望落地;与爱驰汽车签订项目合作落地协议,晋东南建筑产业园投产;成功入选第二批省级现代农业产业园,100万头生猪屠宰加工项目开工建设。开发区四至、总规、"九通一平"扎实推进,10亿元"高平启航"产业基金、"12条"优惠政策、1700亩"熟地"助力入园企业发展,开发区发展活力倍增。

坚定不移推进改革创先,进一步激发转型内生动力。相对集中行政许可权改革再提速。形成了"六个一"高平样本,审批时限压缩2/3,达到全国一流水平,被推荐为全国"法治引领'六最'营商环境示范市"候选市。开发区改革再突破。"三制"改革全面落地,"三化"改革深入推进。县乡医疗机构一体化改革再深化。医改工作持续走在全省前列,率先完成与省级卫生健康信息平台对接,医防融合初步形成,全省在高平召开现场会。国资国企改革"僵尸企业"全面出清,党政机构改革、农村改革等稳步推进,供销社在全国座谈会上介绍经验,学前教育改革、文物建筑认养等在全省作经验交流。

坚定不移推进城乡创美,进一步彰显融合发展新成效。坚持"中心城市 + 特色小镇 + 美丽乡村"的城乡融合发展思路,实施了"三街一路"街景提升、市区背街小巷硬化亮化、西街改造、人行天桥、市容环境和交通秩序综合整治、市政管线入地、城乡环卫一体化建设等"一揽子"工程。高铁东站及站前广场、高铁新区、长平广场改造加快建设。深入开展"5+3+N"整治行动,农村人居环境持续改善。加快推进农林文旅康产业融合发展。神农炎帝文旅小镇、陈区艺术小镇、野川运动小镇和米山教育小镇初具规模。

坚定不移推进生态创绿,进一步打造绿水青山美丽家园。继续实施"五大行动、三年攻坚",立体性解决环保问题。全年空气质量二级及以上优良天数226天,同比增加58天。全力打赢蓝天保卫战,推进治污、控煤、管车、降尘,扎实开展违法排污大整治专项行动,让群众享受更多蓝天白云。全力打好碧水保卫战,坚持"六河"共治,启动丹河流域生态保护与修复工程,水环境质量得到根本改善。全力构建长效机制,建成了指挥平台。全力推进绿化造林,完成造林9400亩,占总任务的285%,建成4个晋城市级绿化示范村。

坚定不移推进民生创赞,进一步增强人民群众获得感幸福感安全感。加快补齐基础设施短板,困扰高平7年之久的锦华街畅通问题彻底解决,顺利实现全线通车;东部群众期盼20多年的出行问题得到回应,北米快速路工程加快建设;市民关注度高、呼声强烈、反映多年的新建路与老城区提升改造全面启动,赢得了群众的交口称赞;市民热切期盼的北部中学开工建设,可有效解决入学难问题;投入车辆129台,实现乡村公交全覆盖;新增清洁取暖411万平米、50738户,

供气 8028 户,建成了城市第三水厂。“四好农村路”全面完工,208 国道拓宽改造和太行一号国家风景道建设加快,神农互通前期提速。大力推进产业扶贫,12 个贫困村实施了产业项目,实现集体经济破零。太华幼儿园、小学,高平七中、八中和特教学校等工程加快推进,名校录取连续 8 年不断线。推进医疗卫生服务体系升级,不断深化医疗保障制度改革。各项社会保险待遇稳步提升,社会保障进一步扩面提质。落实安全生产党政同责、“一岗双责”责任制,加强安全生产监督管理,全年未发生较大及较大以上安全生产事故。全力推进扫黑除恶专项斗争,整体战果排在晋城市前列。积极创新和发展“枫桥经验”,全面提升了基层社会治理的能力和水平。信访形势持续好转,社会大局和谐稳定。

坚定不移推进党建创强,进一步把全面从严治党引向深入。继续打好“三大硬仗”,抓好“两项创建”,为推动高平高质量转型发展提供坚强保障。坚决打好干部作风建设硬仗。坚定扛起管党治党主体责任,市委常委会研究党风廉政建设和反腐败工作 12 次,审核批准立案 15 件。全年共查处落实“两个责任”不力案件 20 件,处理 40 人,给予党纪政务处分 13 人。持之以恒纠正“四风”,查处违反中央八项规定精神问题 36 件,处理 40 人,处分 30 人。运用“四种形态”处理 801 人次,组织开展 3 轮政治巡察。坚决打好基层组织建设硬仗。持续整顿软弱涣散基层党组织,加强“两委”干部教育管理,推动基层带头人素质整体优化提升。坚决打好“法治高平”建设硬仗。党政主要领导带头履行法治建设第一责任人职责,扎实开展法治政府建设示范创建,深入推进司法体制改革,不断推动法治建设开拓创新。坚决抓好“德行高平”创建。以“德行乡村”“德行单位”“德行家庭”“德行校园”创建为重点,营造了向上向善的良好氛围。坚决抓好“同心高平”创建。充分发挥民主党派参政议政职能,增强党外知识分子和新社会阶层人士统战工作,扎实做好宗教工作。

(王路云)

附:中共高平市委书记、副书记、常委名单

书　记:胡晓刚(1月任职)

副书记:原　健　高俊霞(1月任职)

常　委:曹广全(1月离职)　朱慧杰(1月离职)
上官建红(6月离职)　牛晓明(1月离职)
郜培法(1月离职)　霍晋斌(1月任职)
郜红宁　张晋文　张　沁(1月任职)
李晋楚(6月任职)　焦华军
李素仙(1月任职)　王志红(4月任职)

中共阳城县委

县委书记　窦三马

2019 年,阳城县高举习近平新时代中国特色社会主义思想伟大旗帜,忠实践行习总书记视察山西重要讲话精神和重要指示批示精神,全面落实中央、省委、市委决策部署,持续实施“田园城市、美丽乡村、产城融合、城乡一体”发展战略,全县党的建设和党的事业取得了新成效。

一、始终与大局同向,保持了高质量转型的发展速度

(一)全域旅游“样板”更有样子。皇城相府五村一体化发展扎实推进,蟒河景区整体打包由皇城相府景区托管经营,新增 2 家 A 级景区和 2 家省级旅游度假区。中国农业公园节点项目扎实推进,安阳陶瓷小镇取得阶段成果,国际徒步大会、农业嘉年华等节庆活动影响力不断提升。国内首部大型古堡实景剧《古堡!古堡!》惊艳亮相,荣获“2019 年度国家旅游优质旅游节目品牌”。《中华文明圣地昆仑丘》出版面世,科学推定“今之析城山就是古之昆仑丘,古之昆仑丘就是今之析城山”。入选 2019 美丽中国首选文旅目的地,荣获首批“国家全域旅游示范区”金字招牌。

(二)能源革命“尖兵”更有特色。持续深化“产煤不见煤、产煤不烧煤、产煤少卖煤、产煤不靠煤”绿色实践,优煤易购“互联网 + 煤炭”营销品牌模式持续发力,积极开展“好煤配好炉”试点,为实现在华北地区推广“清洁用煤”寻求可行方案。大力发展煤电、现代煤化工产业,龙焱碲化镉薄膜光伏产业基地具备量产条件,“一把灰”、东冶生物质发电等 4 个项目列入晋城市循环经济示范项目加以推广。

(三)双创发展“示范”更有底气。阳城经济技术开发区正式挂牌成立,“三化三制”改革持续深化。4 家企业跻身省级“专精特新”中小企业,9 家企业成功在“晋兴板”挂牌。电子商务创业园被认定为省级小微企业创业创新基地。国资国企改革稳步推进,“相对集中行政许可权”试点改革、企业投资项目承诺制和工程建设项目审批制改革均取得新进展。

(四)对外开放“前哨”更有成效。阳蟒高速通车在即,八甲口快速通道全线贯通,阳杨线改造全面竣工,太行一号国家风景道全线开工,晋阳八车道、通用机场等项目有序推进。

全力推进招商引资,签约项目 77 个,开工项目 63 个,当年签约当年开工 60 个,当年签约项目开工率 77.9%。

二、始终与小康同步,加快了乡村振兴的推进进度

(一)聚焦产业振兴,共富乡村成效显著。稳定粮食生产,完成播种面积 43.8 万亩。蚕桑产业链条延伸拉长,"阳城桑叶茶"获得"农产品区域公用品牌"。温氏 60 万头生猪产业一体化项目和百万只蛋鸡养殖项目正式签约。蟒河先行区农林文旅康产业发展成功破题,鹿鸣谷、指柱山庄等一批项目稳步推进。"点状供地双平衡""林权抵押贷款"改革试点经验走在省市前列、步入全国第一方阵。源源醋业等农业龙头企业辐射带动能力显著提升,河北、驾岭等乡镇小杂粮"产供销一体化"加快推进。

(二)聚焦人才振兴,活力乡村成效显著。深入实施市民下乡、能人回乡、企业兴乡工程,开展第三届"邀老乡、回故乡、建家乡"创业创新活动,吸引更多能人回乡投资创业。引进本科生、硕士研究生和博士研究生 396 名,出台补贴政策为乡村留住人才。组织农村两委主干先后赴广东、福建、河南等地挂职锻炼,提升了推动乡村振兴的能力和水平。

(三)聚焦文化振兴,文明乡村成效显著。坚持以"看山望水忆乡愁"为精神指向,深入挖掘农耕、红色、蚕桑、雩等文化,融入到乡村建设和休闲农业发展中。"阳城好人"石双砚荣获全国道德楷模提名奖。《大山赤子》成功申报国家艺术基金,微电影《永远的山村》受到中宣部表彰。

(四)聚焦生态振兴,绿美乡村成效显著。持续推进厕所革命、拆违治乱、垃圾治理、污水治理、卫生乡村"五大专项"行动,圆满完成 2.9 万座改厕任务,拆除各类违建 1 万多处,建成污水处理站 10 座,乡村环境极大改观,整体面貌极大提升。

(五)聚焦组织振兴,善治乡村成效显著。推进"撤并联建、支部联建、共享联建、村企联建、城乡联建",巩固拓展城乡基层党建统筹推进成果。不断引深软弱涣散基层党组织整顿力度,建立健全县处级领导干部、乡镇党委书记、农村第一书记和驻村工作队"四位一体"整顿机制。阳城好人、时代乡贤等激励引导作用全面发挥,乡村社会充满活力、安定有序。

三、始终与绿色同行,提升了田园城市的自身靓度

(一)城市基建不断完善。坚持"复古城、改旧城、建新城",丰富城市内涵、提升城市品质。濩泽古城东北城墙、东城门、地下停车场及基础配套设施加快推进。"四馆一院"主体封顶,城市综合管廊一期工程等四项 PPP 项目进展顺利。南部新城建设步伐加快。"大车不进城"项目完成 15.8 公里建设任务,交通状况显著改善。

(二)田园景观亮点纷呈。六大森林公园及"三圈"80 公里生态绿道上,新增悠然阳城、商汤祷雨等景观节点;中心城区周围 5000 余亩农园里,千亩油菜花景观、菊花主题文化园、华智农业产业园等欣欣向荣,精心描绘出山地绿道环绕、森林公园点缀、大地景观铺绘的田园城市风景画。

(三)"两城同创"同步推进。围绕"国家卫生县城"和"省级文明县城"创建,向各类影响环境的"顽症"和"陋习"宣战,扎实开展"治脏、治乱、治违"专项整治,城市脏乱差得到有效治理,城市管理井然有序,群众文明素质显著提高。

(四)绿色生活深入人心。扎实开展节约型机关、绿色家庭、绿色学校、绿色社区等创建,完善了社区公共交通出行系统,环保文明的生活方式逐步成为一种习惯。城际、城市、城乡、乡村、旅游五级公交、114 条线路正常运行,群众出行更便捷。

四、始终与担当同在,绣出了三大攻坚战的成色精度

(一)突出精准扶贫攻坚。创新推进"一企包一村",15 个贫困村全部稳定摘帽,4265 户、9376 个贫困人口基本实现脱贫,仅剩下 10 户、18 人的脱贫任务。易地扶贫搬迁 975 户 2599 人全部入住新房,低保兜底、就业培训等措施协同推进。

(二)突出污染防治攻坚。坚持"蓝天保卫战、碧水守护战、净土持久战"同步打响,认真落实"禁煤、供暖、运输、错峰、3 号煤替代"五大任务,减煤、治污、降尘、管车、控烟"五管齐下",空气质量持续好转。扎实开展清河专项行动,获泽河生态补水工程竣工通水,沁河生态景观治理一期洎水湾湿地公园基本完工,始终保持阳城天蓝、水绿、空气清新的良好环境。

(三)聚力防范化解重大风险。以新中国成立 70 周年大庆安保为主线,全面贯彻总体国家安全观,打好重大活动安保攻坚战,深化扫黑除恶专项斗争,保持严打整治高压态势,积极防范化解社会矛盾风险,以实际行动筑牢了平安阳城的坚强基石。群众安全感满意度全市第一、全省第四。

五、始终与人民同心,彰显了富民为民的民生温度

(一)"六大圆梦计划"持续推进。张峰引水工程竣工通水,"引沁入阳"梦成现实;"一城七镇"供热普惠更多群众,县城供热面积达到 600 万平米、乡村供热面积达到 400 万平米;"气化阳城"项目不断延伸,人口气化率超过 80%;乡村旅游公路快速推进,"四好农村路"改造提质;大数据中心项目稳步推进,驱动了全县信息化建设;古城复兴的节点工程有序推进。

(二)社会事业协调发展。教育事业发展活力蓬勃,阳城一中揽获全省文科状元和全市理科状元,高考本科达线率再创新高,中考学科均分、及格率继续保持全市第一。县乡医疗机构一体化改革进一步深化,家庭医生签约服务全面推进。完善落实稳就业政策措施,深入开展全民技能培训,持续深化社会保障制度改革,创业型城市工作实现新突破。

(三)安全形势持续向好。扎实开展"安全生产月"活动和

“三个专项行动”,对煤矿、道路交通等重点领域集中整治。健全完善应急管理机制,深化重点行业专项整治,经受住了小西沟“5.22”火灾、蟒河村“8.5”洪灾的严峻考验,“大应急”格局初具雏形。

六、始终与核心同声,涵养了管党治党的责任厚度

(一)政治能力全面提升。“不忘初心、牢记使命”主题教育深入开展,29名处级领导干部、1239个基层党组织、25969名党员经受了思想淬炼、政治洗礼、实践锻炼。“改革创新、奋发有为”大讨论扎实开展,习近平总书记视察阳城10周年暨“见新见绿”座谈会成功举办,新时代文明实践中心被列为国家级试点,新中国成立70周年庆祝活动,营造了同心共庆祖国华诞的浓厚氛围。

(二)战斗堡垒全面夯实。出台工作方案,明确“三基建设”年度责任清单,督促基层组织各项任务高质量完成。开展农村“两委”换届选举“回头看”,把集中整顿软弱涣散基层党组织同开展主题教育同步推进,持续推进项目化党建和“双强六好”党组织创建工作,突出先进典型示范引领作用,狠抓基层基础保障。

(三)干事本领全面增强。持续开展“四挂”(上挂、下挂、外挂、高挂)和“千名干部出太行”活动,深入开展“万名干部入企进村”活动,坚持做好机构改革后领导班子调整配备工作,建立35岁以下年轻干部基本数据库,非定向选拔出18名副科级干部充实干部队伍,突出过程管理,强化正向激励,干部有作为、想作为、善作为、敢作为。

(四)廉政建设全面加强。不断深化纪检监察体制改革,推动日常监督“长牙带电”,基本实现村级纪检监察联络员配备全覆盖。集中开展形式主义官僚主义专项整治,持之以恒狠抓“四风”问题,查处违反中央八项规定精神问题线索34条,保持正风肃纪反腐高压态势,从严从实构建了良好的政治生态。

(孟卫锋)

附:中共阳城县委书记、副书记、常委名单

书　记: 窦三马

副书记: 史小林　杨晓雷(1月离职)
朱慧杰(1月任职)

常　委: 张　沁(1月离职)　王晚红(1月任职)
原天信　白继军　杨德培(1月离职)
程晋鹏(1月任职)　王学谦　王委彬
张德政(1月任职)　杨　波(挂职)

中共陵川县委

县委书记　侯贵宝

2019年,陵川县委高举习近平新时代中国特色社会主义思想伟大旗帜,全面贯彻党的十九大和十九届二中、三中、四中全会精神,坚决贯彻落实中央和省委、市委重大决策部署,紧紧围绕“六地四转、三区十园”发展方向,团结带领全县党员干部群众改革创新谋发展、奋发有为干事业,改革发展稳定和党的建设各项工作稳步推进,新时代美丽陵川高质量转型发展取得了新成果。

一、学思践悟习近平新时代中国特色社会主义思想,坚决推动党中央和省委、市委决策部署在陵川落地落实

一是认真学习贯彻习近平新时代中国特色社会主义思想。坚持把学好用好习近平新时代中国特色社会主义思想作为最大的政治责任和历史担当,持续部署推进,持续跟进学习,持续在融会贯通、学以致用、全面覆盖上下功夫,推动学习工作往深里走、实里走、心里走。坚持多方式多渠道宣传阐释党的创新理论,开展“理论宣讲快车”180余场,先进典型报告会6场,成功举办“习近平新时代中国特色社会主义思想‘两转三讲’宣讲大赛”,学用工作向基层延伸、向全体党员拓展、向广大群众覆盖。

二是扎实推进“不忘初心、牢记使命”主题教育。开展主题教育是践行“两个维护”的重大政治任务,我们以担当作为践行初心使命。牢牢把握主题主线,全县82个科级单位、12个乡镇、3个县属国有企业和全县755个基层党组织、1.5万名党员全部投入主题教育,经受思想淬炼、政治历练和实践锻炼,主题教育取得阶段性成效。紧紧抓住关键动作,聚焦科级以上领导班子12项具体内容和基层党组织8个方面具体要求,把学习教育、调查研究、检视问题、整改落实贯穿始终;深入推进“8+5”专项整治,扎实开展“三服务”活动,群众幸福感获得感进一步增强。

三是深入开展“改革创新、奋发有为”大讨论。积极解放思想,远学江浙、近学四邻,组织5批干部赴豫浙贵鲁沪,对标一流,学习先进理念、典型做法、成熟经验,为加快发展注入了新动力。广泛凝聚共识,坚持“陵川的事大家想、大家说、大家干”,集中全县广大干部群众智慧,理清发展思路,明确

了“六地四转、三区十园”发展方向,为落实市委“陵川在某些领域、某些方面的特色工作引领全市”找到了落脚点,制定了行动方案。狠抓问题解决,全县干部入企进村解决了一大批影响群众生产生活的问题。通过开展“改革创新、奋发有为”大讨论,汇聚了思想共识,释放了激情干劲。

二、围绕“六地四转、三区十园”发展方向,高质量转型发展全面提速

一是“六地”目标涌现出新亮点。抓生态建设,5月份以来,礼义、附城、西河底3个乡镇环境空气质量连续在全市34个重点乡镇排名前五;县城绿化、村庄绿化、荒山绿化、通道绿化统筹推进,棋子山国家森林公园荣获“中国森林体验基地”荣誉称号。抓文旅融合,“金秋红叶节”“连翘节”等传统节庆活动有了新元素新载体;在晋城旅游发展大会、炎帝文化主题旅游推介会、“柳河·陵川”旅游推介会上,“清凉古陵、秀美山川”博得喝彩,令人惊艳。抓红色传承,纪念陵川解放74周年缅怀英烈活动隆重举行;《陵川红色文化录》《血肉丰碑》集结成册;《陵川号兵》《不朽的战歌·在太行山上》荣获全省红色故事讲解大赛一等奖和三等奖。抓开放活县,通过破解体制机制束缚,释放干事创业活力,优化软件硬件环境,美丽陵川正在成为外地客商投资兴业的青睐之地、中原游客休闲避暑的首选之地。抓“双创”升级,县公共创业孵化基地正式开园,“棋源叉车工”“陵川焊工”“古陵淘宝客”“幸福家政”四大劳务品牌成为我县群众就业增收的金字招牌。抓作风锤炼,坚持在一线发现培养考察使用干部,一大批干部在脱贫攻坚、锡崖沟拆迁等急难险重任务中洗礼磨炼、脱颖而出,锤炼了作风、磨练了意志、提升了本领。

二是“三区”布局拉开了新框架。基础设施建设是构建“三区”框架的重头戏。在东部生态文化旅游区布局实施了生态修复、通道绿化、旅游厕所建设、4G网络覆盖、登山健身步道等一批补短板、强弱项项目。在西部绿色循环产业区重点实施了园区设施配套、垃圾治理、输变电工程、道路拓宽提质等一批保运转、保供给项目,有力支撑了区域经济发展。陵川县平城生物化工产业集聚区被省发改委确定为“全省首批12个特色产业集聚区”。特别是在省级生态文化旅游示范区的申报上,11月27日,省政府第51次常务会议正式批准设立陵川生态文化旅游示范区。

三是“十园”载体取得了新成效。坚持差异发展,同向发力。崇文镇高端康养休闲园综合承载力进一步增强,礼义平城新型工业园重点项目加快推进,杨村秦家庄规模健康养殖园畜禽养殖发展态势良好,附城农林文旅康融合发展示范园在盘活农村土地上蹚出了新经验,西河底有机谷子集约发展园在大旱之年实现了连续丰产,古郊太行至尊博览园助推乡村旅游连片开发成效明显,潞城高效农业栽培园引进中国健康好乡村发展健康产业,着力打造“中国健康好乡村山西第一村”,夺火多彩太行体验园旅游品牌的影响力持续提升,六泉中医药健康养生园中药材品种更多质量更优口碑更好,马圪当避暑康养度假园区位优势、山水优势进一步凸显。

三、强力推进脱贫攻坚成效考核问题整改,为2020年“交总账”奠定坚实基础

一是以问题整改为契机,脱贫工作更加扎实。7500余名县乡村三级干部,进行逐村、逐户、逐项拉网式大排查。严格对标抓整改。坚持“两不愁三保障”标准,完成了155户困难家庭住房安全隐患改造任务,提升了10个乡镇、46个村、2.09万口人的饮水安全保障水平。攻坚克难抓整改。对搬迁入住等“老大难”问题,安排工作专班,出台专项政策,建立奖惩机制,公开通报进度,严格检查验收,以严肃态度严厉措施破解攻坚难题。

二是以“八大行动”为抓手,巩固提升持续推进。主导产业提升行动,重点围绕五大特色产业,实施项目147个,带动贫困群众6877户。培训就业提升行动,累计培训贫困劳动力2278人,帮助贫困群众就业3325人。人居环境提升行动,对所有贫困村实施了人居环境改善工程,群众生产生活环境和整体面貌实现较大改观。基础设施提升行动,持续加大投入力度,贫困地区水电路网等基础设施建设日臻完善。易地搬迁提升行动,入住率、腾退拆除率、复垦复绿率从年初的72.7%、40%、4.6%提高至95.25%、96.35%、95.58%。公共服务提升行动,村级文化活动场(室)建设持续扩面,农村学校办学条件极大改善,村级卫生室全部达标。消费扶贫提升行动,出台电商企业消费扶贫扶持办法,帮助贫困群众销售各类农产品515吨,实现销售金额2124万元。社会扶贫提升行动,6家商会和10个企业实施扶贫项目17个,直接受益贫困群众7200余人。

三是以先进典型为标杆,攻坚士气更加高昂。做好干部帮扶工作是推进脱贫攻坚的重要抓手,我们充分发挥“三支队伍”的骨干作用,压实工作责任,促进了脱贫攻坚目标任务的全面落实。省驻村办通报全省11个市64个县驻村帮扶随机抽查情况,陵川县以93分佳绩名列全省第三、全市第一。这一年,原台北村第一书记郭建平、原农业农村局姚双庆两位同志,因公殉职倒在了脱贫一线,他们用生命为脱贫攻坚交出了一份敬业奉献的忠诚答卷。

四、毫不动摇推动全面深化改革,进一步增强高质量转型发展的动力和后劲

以啃硬骨头精神全面深化改革。党政主要负责同志亲自抓改革,压实县领导分工和部门主要负责人抓改革负责制。各级各部门上下同心协力抓改革的责任意识、机遇意识、创新意识、交账意识进一步增强。20项重点改革任务、5项先行先试改革、28项重点工程项目顺利推进,“4+2”市定考核深改指标任务成效明显。

以重点领域突破引领改革向纵深推进。圆满完成党政机构改革任务,新组建医疗保障局、退役军人事务局、行政审批服务管理局,全县行政机关事业机构减少8个,机构职能更加优化协同高效,党的领导力和政府执行力得到增强。县级财政管理绩效综合评价连续两年全省排名第一;“一枚

印章管审批”走在全省前列;义务教育一体化办学模式改革成效显著;医药卫生初步形成了基层首诊、双向转诊、急慢分治、上下联动的就医新秩序;农村集体资产清产核资全面完成,290个经济合作组织完成股改,盘活农村闲置用房和宅基地6万多平方米;5家企业完成股改,新增1家企业挂牌“晋兴版”。

五、坚定落实新发展理念,高质量转型发展保持强劲态势

着力推动经济稳中向好。坚决落实中央及省委、市委经济工作会议部署,坚持“巩固、增强、提升、畅通”八字方针,全力做好“六稳”工作,保持了经济稳中有进、稳中向好的良好态势。强化金融支持实体经济发展,为企业落实贷款4.5亿元。积极实施外贸主体培育三年行动计划,精心组织参加各类招商引资推介会,签约招商引资项目28个,总投资44.49亿元。

坚定不移推动转型发展。深化转型项目建设年活动,38项转型项目、28项省市县重点工程顺利建设,11个工业技改项目基本竣工,中电投二期并网发电、三期开工建设。深入推进乡村振兴战略,“陵川连翘”“陵川潞党参”地理标志预计年底取得,以谷子、蔬菜为重点发展有机旱作农业,以“一片一镇多点”为引领带动农林文旅康融合发展,打造了一批产业发展、特色鲜明的示范乡村。出台一系列支持民营经济发展的政策举措,引进了一批急需紧缺人才,新培育了一批“小升规”“专精特新”企业。

聚力发展全域旅游。聚焦“大王莽岭”景区建设这个牵引工程、重大任务,稳步推进王莽岭景区整治提升,大力度实施锡崖沟“太行天堂”项目,全线铺开太行一号国家风景道古郊至夺火段建设,同步跟进“太行天路”沿线村庄配套设施,积极推进全域旅游标准化建设。聚焦“清凉古陵、秀美山川”品牌推广,先后举办太行云顶挂壁公路酷走大赛、天基汽车越野挑战赛等赛事活动,央视体育、腾讯视频、芒果TV等主流媒体一线报道,进一步提升了县域旅游品牌的知名度和美誉度。

六、积极推进民主法治建设,切实加强宣传思想文化工作

深入推进社会主义民主政治建设。坚持和完善人民代表大会制度,支持和保证人大及其常委会依法履行职能。发挥社会主义协商民主重要作用,积极支持政协依照章程履行职责、开展工作。全面加强群团组织建设,全县各人民团体依照法律和各自章程开展工作,在凝聚力量、服务发展实践中作出了积极贡献。坚持党管武装工作,完善军地齐抓共管国防后备力量建设机制和全民国防教育,陵川县荣获全省“双拥模范县”称号。

深入推进法治陵川平安陵川建设。坚持“稳”字当头,全力做好庆祝新中国成立70周年安保维稳工作,守土有责、守土负责、守土尽责。持续推动扫黑除恶专项斗争向纵深发展,对吸食毒品咖啡因进行重点整治,打掉黑恶势力6个,破获刑事案件197起,查处涉毒案件47起,抓获犯罪嫌疑人124人。基层社会治理进一步夯实,政法领域改革不断深化,扎实开展信访积案和信访工作“三无”县乡村创建,深入推进社会治安防控体系建设,陵川县连续5年被命名为“省级平安县”,群众安全感和执法满意度连续7年位居全省前10。

大力加强宣传思想文化工作。组织开展“两节”、国庆等社会文化活动,大力实施文化低保和文化惠民工程,钢板书《心的呼唤》荣获山西省“杏花奖”曲艺表演奖,实现了在我省舞台艺术政府最高奖零的突破。盲人曲艺队获第八届全国服务农民、服务基层文化建设先进集体。“建党初心”演讲比赛获全市一等奖,附城田庄全神庙被国务院公布为第八批全国重点文物保护单位,全县国保数量达到17处,排名全省第四,全国第八。

七、着力推动社会各项事业发展,在共享共建中不断满足人民群众对美好生活的向往

民生事业进一步改善。办好人民满意的教育是重大民生工程,高考二本以上达线754名,较去年增加55名。推动医疗卫生事业发展,开展健康关爱行动,提升了人民群众健康福祉。支持文体事业发展,扎实推进国家公共文化服务体系示范区创建,二青会火炬传递引爆全民健身热情。千方百计扩大就业,全县新增城镇就业岗位8851个,转移输出劳动力10526人,城镇登记失业率0.7%,远低于市控4.2%的目标。

基础设施进一步完善。“一路两街”正式通车,207线长治晋城界至陵川段升级改造工程开工建设,39.9公里“四好农村路”改善了15村出行条件,21处农村饮水安全巩固提升工程惠及1.77万人,县城集中供热新增10万平方米,附城、杨村110千伏变电站建成运行,完成公厕、路灯、绿化等便民设施建设,不断满足县城居民生产生活需求。

生活环境进一步优化。深入开展农村人居环境整治,以“一道十片百村”为示范,以“五大专项行动”为主攻,特别是下大气力对太行一号国家风景道沿线13个村庄进行整体风貌管控、景观景点打造,国家顶级团队设计,县乡村三级齐抓,打造了松庙、浙水、西瑶泉等一批各具特色的美丽乡村。坚决打赢污染防治攻坚战,完善县乡村三级环保网格化监管体系,深入推进秋冬季大气污染综合治理攻坚行动,扎实开展违法排污大整治“百日清零”专项行动,稳步推进清洁取暖改造,有效提升了人民群众在生态环境领域的幸福感。

八、持续推动全面从严治党,努力实现政治生态持久的风清气正

坚持把提升干部素质作为基础工程。通过举办“干部基本能力提升讲堂”、科级干部读书班、县直干部培训班和“不忘初心、牢记使命”主题教育培训班,实现县乡村三级干部培训全覆盖。注重年轻干部挂职锻炼,通过外派开眼界、上挂学本领、下挂强能力,构筑起“上下互挂、深度蹲苗、内外交流”

的多元挂职模式,全县党员干部素质进一步提升、眼界进一步开阔、本领进一步增强。

坚持把树牢干事创业导向作为重中之重。在全市率先制定出台《陵川县干部政治素质考察办法(试行)》,并运用到干部选拔任用中。充分发挥考核的"指挥棒"作用,筑起了"干多干少、干好干坏、干与不干"不一样的"分水岭"。加强人才队伍建设,出台《引进高层次紧缺人才暂行办法》,为 10 家县直单位引进高层次人才 22 人,进一步带动全县党员干部激情干事、精准干事、开拓干事。

坚持把深化"三基建设"作为有力抓手。认真贯彻落实省委《关于深化"三基建设"进一步加强基层工作的若干意见》,大力实施组织力激活抓实、示范点提质扩面、标准化分类规范、后进村全面提升、村集体巩固壮大、"领头雁"振翅齐飞"六项行动",全面推进基层党建工作。持续巩固"三资"优势撬动、产业项目带动、集体创业推动、政策扶持联动"四轮驱动",不断壮大集体经济成果,全县所有行政村全部实现集体经济破零达万,集体收入 5 万元以上的村达到 78%。巩固提升各乡镇"五小"建设水平,基本实现全面达标。

坚持把正风肃纪作为全面从严治党的有效举措。不断巩固深化中央八项规定精神成果,坚持把"基层减负年"要求落到实处,切实解决形式主义、官僚主义突出问题。全县共查处违反中央八项规定精神问题 53 起 53 人;查处形式主义、官僚主义案件 225 件 225 人。统筹开展专项整治,查处违法违纪案件 308 件,给予党纪政务处分 107 人,组织处理 211 人。持续深化纪检监察体制改革,推动监察职能实现乡镇、行政村全覆盖,彻底打通全面从严治党向纵深发展的"最后一公里"。

(张晋峰)

附:中共陵川县委书记、副书记、常委名单

书　记:胡晓刚(1月离职)　侯贵宝(1月任职)
副书记:任彩虹(1月离职)　任小广(1月离职)
　　　　杨晓雷(1月任职)　张全胜(1月任职)
常　委:毋胜利　郭马军　李广亮(1月任职)
　　　　张勇力　李小斌　刘　涛(10月任职)
　　　　霍晋斌(1月离职)　杨建伟(10月离职)
　　　　王　京(12月离职)

中共沁水县委

县委书记　原光辉

2019 年,沁水县委坚持以习近平新时代中国特色社会主义思想为指导,认真贯彻党的十九大和十九届二中、三中、四中全会精神,深入落实习近平总书记视察山西重要讲话精神和重要指示批示精神,按照省委、市委安排部署,全面落实"一个统领、三五支撑"总思路,全县上下呈现出经济发展、民生改善、干事创业、和谐稳定的良好局面。

一、始终高举习近平新时代中国特色社会主义思想伟大旗帜,坚决推动党中央和省委、市委决策部署在沁水落地生根

始终把学用习近平新时代中国特色社会主义思想作为首要政治任务,组织召开第三、四次学用交流会,依托"新时代理论宣讲快车沁水号"开展"两转三讲"系列宣讲。足色完成"改革创新、奋发有为"大讨论规定动作和"向人民承诺""我为项目建设做件事"2 项自选动作,高质量完成"不忘初心、牢记使命"主题教育学习交流研讨、对照党章党规找差距、讲党课、调研成果交流和专题民主生活会等关键动作,全力推进"8+5"专项整治和"三服务"活动,解决了一批直接关系群众切身利益,可能动摇党的执政根基、阻碍党的事业发展问题。

二、牢牢抓住产业转型升级这个主攻方向,发展的质量和效益全面提升

全年地区生产总值完成 221.0 亿元,增长 4.4%;规上工业增加值完成 154.9 亿元,增长 4.6%;固定资产投资完成 71.1 亿元,增长 13.7%;社会消费品零售总额完成 28.8 亿元,增长 8.5%;一般公共预算收入完成 18.8 亿元,增长 14.1%;城镇居民人均可支配收入完成 30792 元,增长 7.7%;农村居民人均可支配收入完成 13113 元,增长 9.6%。

一是煤层气产业稳步壮大。筹备成立国家煤层气产业化基地(中国·沁水)专家工作站,实施美中潘庄、亚美大陆马必南、中石油成庄等产能提升项目,全年实现新增产能 6.9 亿方,完成地面抽采 31.8 亿方、液化 74.8 万吨、压缩 1.7 亿方、管输 13.7 亿方。

二是煤炭产业持续优化。实施东大、里必、玉溪、沁裕、郑

庄5座大型骨干矿井建设，开工建设中证天时建80万吨煤矸石综合利用项目，把沁煤外运铁路专用线建设摆上重要日程，全年完成原煤产量3128.2万吨，同比增长7.7%。

三是文化旅游产业加速发展。围绕"一核三区多点"旅游发展空间规划，推进"太行古堡申遗"，成功举办第三届赵树理文化旅游嘉年华，有序推进太行洪谷国家森林公园建设。全省"黄河一号、长城一号、太行一号"旅游公路首批建成路段启用仪式和全省旅游公路建设现场推进会在沁水召开，省委书记楼阳生亲临出席并调研指导，对沁水旅游公路建设给予高度评价。

四是现代农业扩规上档。实施有机旱作农业示范片1300亩，完成绿色食品产地认定6万亩，完成全市首个地理证明商标"沁水蜂蜜"注册，"沁水刺槐蜂蜜"通过农业部绿色食品认证。全县设施蔬菜6852亩，苗木花卉2.7万亩，肉鸡出栏1340万只，羊群饲养量28.2万只，蜜蜂存栏4.48万箱。

五是现代服务业提质增效。太行洪谷、梅苑康养小镇、张峰康养小镇等康养项目加快推进，县城中心敬老院即将投用，50个村级电商服务站的选址已经完成，全市首个蚂蚁金服"普惠金融＋智慧县域"项目落地沁水。

三、全力支持农业农村优先发展，乡村振兴迈出坚定步伐

一是脱贫成果持续巩固提升。紧盯2020年"交总账"的目标，以省委脱贫攻坚专项巡视为契机，补短板、强弱项，持续抓好"回头看"大排查大清底。对建档立卡贫困人口进行动态管理，安排扶贫专项资金2276万元，实施产业项目31个，28个贫困村实现"五有"全覆盖。深入开展三级书记遍访贫困对象行动，强化帮扶队伍管理，做到了精准识别、精准施策、精准退出。

二是农村活力有效激发。积极推进全国农村集体产权制度改革试点工作，251个村(社区)集体经济组织全部完成改革。农村土地承包权经营权确权成果通过省、市验收，农村凋敝宅基地处置改革实现增减挂钩结余指标交易1570亩2.29亿元，国家级"农村房地一体"确权登记改革试点完成外业调查和数据库建库。

三是农林文旅康产业融合发展加快推进。巩固提升土沃乡试点片区，新增3个试点村，形成一批融合发展园区，实现县有龙头企业、乡有主导产业、村有合作经济组织、户有增收产业项目，南阳村被命名为"山西省3A级乡村旅游示范村"。

四是农村人居环境全面改善。聚焦"一带一廊"集中连片区域以及35个重点村，大力实施五大专项行动，启动污水处理项目4个，完成农村户厕改造2000座。嘉峰镇窦庄村获得省级农村人居环境整治示范村，12个村被市委市政府评为"村庄清洁行动"先进村。

四、毫不动摇全面深化改革，推动重点领域和关键环节取得重大进展

以8个国家级、12个省级改革试点为引领，紧盯全县36项改革事项和18项转型综改先行先试事项，推动重点领域和关键环节取得重大进展。高质量完成全县党政机构改革，作为唯一的县级代表在全省深化党政机构改革总结大会上交流经验。相对集中行政许可权改革开启了"一个部门、一颗印章"管审批全新阶段，"四级四同"同步录入数据工作全省第9、全市第1。煤层气、农林、恒达三家国有投资平台高效运转，成为全县产业转型升级的龙头、承接重大项目建设的平台、平等参与市场竞争的主体。开发区正式挂牌运行，投资、产出、税收居全省同类开发区第一方阵。太行洪谷开发、三都古城建设、郑庄温泉开发项目列入省2019年重点招商引资项目库，中国蜜蜂博物馆(山西馆)申报成功。

五、始终坚持以人民为中心的发展思想，群众获得感幸福感明显增强

一是"三城同创"成效突出。持续做好文明示范一条街、志愿服务、农村十星级文明户评选等亮点工作。入围全国文明城市(县级)提名，被住建部命名为国家园林县城，连续29年荣获"省级卫生县城"，被列入"国家卫生县城"推荐名单。

二是生态环境持续优化。围绕"保全市第一、全省前十"目标，全力推进沁河流域生态修复保护，嘉峰污水处理厂投入运营，加快推进县城第二污水处理厂和东大、开发区污水处理厂。全年县城环境空气质量二级以上天数达到281天，稳居全市第一、全省第八，水环境质量连续4个季度排名全市第一。被生态环境部授予"国家生态文明建设示范县"。

三是社会大局和谐稳定。深入开展"三大专项行动"，安全生产态势总体平稳。围绕庆祝新中国成立70周年安保维稳工作，加强矛盾纠纷排查化解和社会治安重点整治。强力推进扫黑除恶专项斗争，连续3年被命名为"省级平安县"，群众安全感和满意度连续7年稳居全省第一方阵。

四是民生实事落地落实。东关幼儿园、定都小学具备招生条件，新增城镇就业5444人，第三水厂提前投入运营，城乡居民参保患者县级再补偿11743人次257万元，城乡五级公交体系初步建立，被交通运输部、农业农村部和国务院扶贫办联合授予"四好农村路"全国示范县。

六、持续深化全面从严治党，着力打造风清气正政治生态新气象

一是政治建设全面加强。制定重大决策、部署重要工作都以习近平总书记指示要求和党中央重大决策部署为前提，出台《落实习近平总书记重要指示批示办理机制》《贯彻落实习近平总书记重要指示批示常态化"回头看"和报告机制》，严格执行党内法规，真正让铁规发力、让禁令生威。

二是干事导向更加鲜明。深入落实"三看三比三干三不"要求，重奖招商引资功臣、重用担当作为干部、重扶创业创新人才、重处破坏环境行为。目标责任考核实现"一个乡镇一张卷、一个单位一张卷"。制定出台严惩诬告陷害为干部澄清正名的实施办法，旗帜鲜明为担当的干部担当、为负责的干部负责。以党政机构改革为契机，调整干部14批次

314 人，推荐表彰担当作为表现突出干部市级人选 3 名、县级人选 30 名。

三是“三基建设”不断深化。认真贯彻落实省委《关于深化“三基建设”进一步加强基层工作的若干意见》和市委贯彻措施,完成 27 个农村软弱涣散党组织整顿,出台加强城市基层党建工作实施意见,党员积分制管理制度在全省基层党建工作重点任务推进会上作了交流。402 个行政事业单位基础工作考核评估验收达标率 100%。1100 余名干部外出学习挂职,取回了真经、提升了能力。

四是驰而不息正风反腐。深入开展“彻底肃清张茂才腐败流毒影响、持续净化政治生态”专题警示教育。深化运用监督执纪“四种形态”,第一、二种形态占比 95.4%。持续保持惩治腐败高压态势,立案 219 件,给予党纪政务处分 196 人,留置 4 人,移送司法机关 4 人。高质量完成十三届县委第七轮、第八轮巡察。

五是法治建设扎实推进。新组建县委全面依法治县委员会,夯实了党对全面依法治县工作的领导。全面推进全科网格建设,推动了上下贯通、左右联通和工作畅通。广泛开展以宪法为核心的法制宣传教育,荣获全国“七五”普法中期先进县。大力实施乡村法治建设,侯村村、湘峪村先后荣获“全国民主法治示范村”。

六是党的领导持续巩固。坚持和加强党的全面领导,定期听取县人大常委会、县政府、县政协、县法院、县检察院党组汇报,支持各方面依法依章程开展工作。坚持党管意识形态不动摇,深入落实党管武装重大要求,确保各项工作始终沿着正确方向前进。以“同心沁水”创建为载体,充分发挥民主党派优势和工商联、侨联等桥梁纽带作用，大力支持工、青、妇等群团组织做好工作,全力支持民营经济发展壮大,为转型发展凝聚强大合力。

(张星星)

附：中共沁水县委书记、副书记、常委名单

书　记：原光辉

副书记：侯贵宝(1月离职)　任彩虹(女,1月任职)
高俊霞(女,1月离职)　杨　洋(1月任职)

常　委：霍卫星(4月离职)　申连太(1月离职)
张瑞忠(1月离职)　张海芳(5月离职)
武小雅(女,1月离职)　王东胜(1月任职)
陈仲会(1月任职)　窦书瑾
张俊威(1月任职)　蔡海涛
赵光义(4月任职)

中共临汾市委

市委书记　岳普煜

2019 年，临汾市委高举习近平新时代中国特色社会主义思想伟大旗帜，全面贯彻党的十九大和十九届二中、三中、四中全会精神，深入学习贯彻习近平总书记视察山西重要讲话精神,认真落实省委决策部署,团结带领全市党员干部群众真抓实干、攻坚克难,在“两转”基础上全面拓展临汾党的建设和党的事业新局面。

一、坚持以习近平新时代中国特色社会主义思想为指导,认真贯彻落实中央和省委重大决策部署

市委始终坚持用习近平新时代中国特色社会主义思想统揽工作大局、指导决策部署、衡量工作成效。一是强化理论武装。坚持用习近平新时代中国特色社会主义思想武装头脑,市委中心组集体学习 23 次,召开全市第二次学用习近平新时代中国特色社会主义思想经验交流会。重温习近平总书记视察山西重要讲话、在推动中部地区崛起工作座谈会上的重要讲话、在黄河流域生态保护和高质量发展座谈会上的重要讲话“三篇光辉文献”,常学常新、常悟常进。开展习近平新时代中国特色社会主义思想学习纲要进基层、“不忘初心、牢记使命”主题教育等宣讲近 1200 场,切实推动理论学用往深里走、往心里走、往实里走。二是对标谋划部署。在谋划重要工作、作出重要决策时,认真对表习近平总书记重要论述,对标中央决策部署要求,结合实际形成思路举措,召开 34 次常委会、3 次全会对中央和省委重大决策作出安排部署。三是狠抓工作落实。全力落实习近平总书记对临汾重要批示精神,积极开展乡宁 3.15 山体滑坡抢险救灾和灾后重建。建立了贯彻落实习近平总书记重要指示批示精神“回头看”常态化工作机制，对标习近平总书记视察山西时提出的总体要求和五项重大任务,在全市开展“回头看”,认真做好自查自纠,持续推动总书记重要讲话精神落到实处。认真抓好中央第十五巡视组巡视山西反馈意见整改工作,制定《关于落实省委深化中央巡视整改工作第二轮整改任务清单》，提出了 10 条整改措施，与第一轮 53 条整改任务一起统筹推进落实。2019 年 11 月 19 日至 21 日,楼阳生同志来临汾调研指导后,市委制定出台了贯彻落实任务清单，把指示要求分解成 50 条工作

任务,扎实有效推进。

二、精心组织安排,深入开展“不忘初心、牢记使命”主题教育

市委把开展“不忘初心、牢记使命”主题教育作为重大政治任务,按照中央指导意见和省委“1+4”文件规定,在省委第6巡回指导组的指导帮助下,聚焦主题主线,坚持把学习教育、调查研究、检视问题、整改落实有机融合、一体推进,全市党员干部守初心、担使命的自觉明显增强,找差距、抓落实的成效初步显现。一是突出以上率下。市委常委班子坚持谋在先、学在先、做在先,明确了23项重点任务,在学习研讨、调查研究、找差距专题会、专题党日活动等各个环节上立标杆作表率,发挥了“关键少数”的引领示范作用,带动各级各部门跟进开展、有序推进。二是突出理论武装。坚持学原文读原著悟原理,在认真学习《摘编》《纲要》等规定篇目的基础上,及时跟进学习了习近平总书记最新重要讲话精神和党的十九届四中全会精神。全市各级领导班子均开展了3次集中学习研讨;累计开展革命传统教育、形势教育、先进典型教育和警示教育1.5万余次;召开学用交流会693场,持续推动理论学习入脑入心。三是突出边查边改。以自我革命精神检视问题、推进整改,通过召开座谈会、个别访谈、新媒体留言等形式,从11个重点渠道深刻检视问题,全市各级领导班子和党员干部共查找问题5.3万余条。扎实推进“8+5”整治整改,明确责任主体、进度时限和工作举措,各级领导干部认领问题1.3万余个,整改落实问题1.1万余个。四是突出群众满意。深入基层开展“三服务”,力戒形式主义、官僚主义,市县两级确定服务事项1997项。坚持开门搞教育,普遍邀请“两代表一委员”和服务对象参与主题教育,接受群众监督。五是突出分类指导。市委抽调骨干力量组成14个巡回指导组,各级党组织共组建208个巡回指导组,区分不同情况,分类指导。市委主题教育办建立了调度制、周报制等工作运行机制,先后12次召开推进调度会进行具体安排。对10家主题教育进展不平衡、工作不到位的单位进行了集中提醒约谈。六是突出统筹兼顾。坚持把主题教育与学习贯彻党的十九届四中全会精神结合起来,与贯彻落实省委楼阳生书记临汾调研指示精神结合起来,与高质量实现全年目标任务结合起来,统筹做好各项工作,努力做到主题教育与中心工作同频共振、互促共进。

三、聚焦高质量发展要求,坚定不移推动经济转型发展

市委深入贯彻新发展理念,坚决落实中央和省委、市委经济工作会议部署,坚定不移推动经济转型发展。一是全力稳定经济增长。全面贯彻落实中央“六稳”要求,抓好各项重点工作任务,进一步提振市场信心,努力保持经济社会平稳健康发展。召开8次常委会、4次财经委会议专题研究经济工作,出台《关于落实市委经济工作会议相关目标任务的分工方案》和《支持民营经济发展的意见》,扎实开展干部入企进村服务,大力实施中小企业培育工程,加大金融服务实体经济力度,严格落实减税降费政策,统筹做好稳增长、促改革、调结构各项工作。全市经济运行稳中有进、好于预期,多项指标位次前移。2019年全市GDP完成1452.6亿元,同比增长6%左右;规模以上工业增加值同比增长3.5%;固定资产投资完成462.3亿元,同比增长14.4%;社会消费品零售总额完成736.9亿元;城镇和农村常住居民人均可支配收入同比增长7.2%、10.1%。二是扎实推进产业转型升级。紧紧抓住山西建设国家资源型经济转型综合配套改革试验区和能源革命综合改革试点的政策机遇,加快构建“4+6+N”现代产业体系。认真落实“三去一降一补”政策,累计关闭退出矿井18座,退出煤炭、铁、钢产能1395万吨、82万吨、170万吨。大力实施平川区域焦化、钢铁等企业“退城入园”“退川入谷”,鼓励焦化、钢铁等产能向产业优势明显和环境容量充足的山区县转移。晋南钢铁集团2×1860高炉及转炉、沃能化工30万吨乙二醇联产LNG、山西焦煤集团60万吨/年烯烃及焦炉煤气制甲醇等一批大项目相继开工建设。加大“小升规”培育力度,一批“专精特新”企业成为拉动经济发展的新引擎。大力实施乡村振兴战略,加快发展有机旱作农业,着力打造农产品精深加工十大产业集群,实施高标准农田改造、特色种植基地建设等项目,一产累计完成投资12.6亿元,增长11.9%。加快文化旅游和现代物流业发展,推进沿黄现代农业文化旅游带建设,重点实施了11个旅游项目,创建了10家3A级乡村旅游示范村。三是全面深化改革。成立市委全面深化改革委员会,召开3次市委深改委会议,年度48项重大改革任务和14项先行先试任务顺利推进。党政机构改革顺利完成,国资国企改革、开发区改革、农业农村改革等持续深化,能源革命综合改革试点破题,全市改革推进态势更加强劲,改革对经济社会发展的牵引作用更加凸显。四是扩大对外开放。树立内陆和沿海同处开放一线的理念,积极扩大对外交流合作,深度融入“一带一路”、黄河流域、关中平原城市群等国家战略,积极组织外贸企业参加各类出口交易会,支持企业在“一带一路”沿线国家建立境外原料开采和生产加工销售基地。市委书记和市长带队前往北京、上海、天津等地招商引资,共签约项目167个、总投资1221.8亿元。与柬埔寨拜林省拜林市、德国马格德堡市、南非克里斯哈尼市、津巴布韦北马省维多利亚瀑布城签约发展友好城市关系备忘录,积极推进与澳大利亚杰拉尔顿友好城市关系,促成“中澳联通”跨境电商平台建设落地。

四、坚决打好三大攻坚战,为决胜全面建成小康社会奠定决定性基础

市委坚持从政治高度谋划和推进三大攻坚战,取得了明显成效。一是强力推进脱贫攻坚。站在2020年的节点上来谋划和推进脱贫攻坚工作,进一步健全完善目标责任和工作落实“两大体系”,全面推行“两清单两表格”制度,认真抓好中央、省委脱贫攻坚专项巡视等各类反馈问题整改工作。成立临汾市打赢打好永和脱贫攻坚战领导组,组建5个工作组进驻各县市区蹲点指导,统筹抓好责任、政策、工作落实。

"1+X"产业扶贫、消费扶贫等重点工程稳步推进。3个计划摘帽县加快摘帽步伐，7个已摘帽县严格落实"四个不摘"要求，巩固脱贫成果，7个非贫困县精准查找问题，补短板强弱项，全市脱贫攻坚质量成色有效提升，贫困发生率下降到0.7%，为2020年交好总账奠定了坚实基础。二是持续推进环境治理。认真做好中央、生态环境部以及省环保督察等反馈问题整改工作，开展重点企业、重点区域和重点问题环境整治，实现市区及周边10公里范围内焦化、钢铁等企业全部"清零"。对钢铁、焦化和水泥企业采取季节差异化生产管控措施，实施"错峰减排"。扎实开展秋冬防工作，成立3个由副厅级领导带队的秋冬防督查组，常驻县市区进行督查。实施城市"大清洁"、市区道路交通综合整治"清乱"行动、靓城提质"三大行动"等集中整治行动，有力推动空气质量明显改善。2019年，全市环境空气质量综合指数6.75，综合指数退出全国168个重点城市"倒一"，改善率排全省第三。狠抓地表水治理、水源地保护、水污染治理等工作，全市地表水水质明显改善。扎实开展全市固体废物专项执法检查和产废企业的危险废物规范化工作专项检查，稳步推进矿山生态修复工作。三是切实做好风险防范。制定出台《临汾市坚决打好防范化解重大风险攻坚战方案》，扎实做好8个领域49项重点工作。统筹加强政治安全风险排查预警，严密防范、坚决打击敌对势力渗透颠覆破坏活动，防范化解暴恐活动、邪教破坏、策反窃密等重大风险。统筹做好非法集资、政府和企业债务、房地产等方面风险隐患防范化解工作，严防各类风险叠加联动。深入开展高陡边坡隐患排查、森林防火、安全生产大检查三个专项行动，全市各类经营性安全生产事故和死亡人数实现"双下降"。

五、加强民生保障和改善工作，不断增强广大群众的获得感幸福感

市委认真践行以人民为中心的发展思想，扎实做好"增进人民福祉"和"促进人的全面发展"两篇文章。统筹推进城乡就业，大力实施全民技能提升工程，城镇登记失业率1.5%，维持在较低水平。全力推进城镇保障性安居工程建设，棚户区改造开工率86.7%；积极培育住房租赁市场，建立了住房租赁综合服务平台。加快推进教育现代化，着力推动第三期学前教育行动计划和市区学校建设三年行动计划，2019年全市二本B类以上达线人数1.9万人，同比增长3.2%。持续巩固医药卫生体制改革成效，全面落实基本公共卫生服务项目，市域公办医疗机构实现了基本药物的零差率销售和全覆盖。持续加大全市交通固定资产投资，着力打通市区断头路，积极构建绿色公共交通体系，交通运输部在临汾市启动了"我的公交我的城"大型主题宣传活动。大力发展体育事业，成功承办第二届全国青年运动会三项赛事，竞技体育再创佳绩，全民健身事业蓬勃发展。

六、发展社会主义民主法治，扎实推进"法治临汾""平安临汾"建设

市委充分发挥总揽全局、协调各方的领导作用，定期听取市人大常委会、政府、政协和法院、检察院党组的汇报，把党的领导体现到各领域各方面。一是坚持和完善人民代表大会制度。支持市人大及其常委会依法履行宪法法律赋予的职权，突出地方特色加快立法。实现了乡镇(街道)人大代表联络站全覆盖。制定《临汾市建筑工程施工扬尘污染防治规定》和《临汾市大气污染防治条例》，搭建起具有临汾特色的治理污染地方法规框架。聚焦生态环境、民生领域，开展执法检查和监督工作，集中解决了一批突出问题。二是坚持和完善中国共产党领导的多党合作和政治协商制度。支持政协履行职能，聚焦全市大局和中心工作，组织开展各类专题协商议政和视察调研活动，提出一系列针对性操作性较强的建议。围绕人民政协成立70周年，开展大型书画摄影展和《临汾政协志》编纂等相关庆祝活动，得到社会各界一致好评。三是巩固和发展最广泛的爱国统一战线。认真做好新形势下统战工作，积极支持民主党派履行参政党职能，分级分类建立了党外干部队伍数据库。加强对民主党派、无党派人士和新的社会阶层人士的思想政治引领。深入开展"九临合作"。在全市开展民族团结进步创建"七进"活动，积极推进中央专项巡视整治整改工作，依法打击各类邪教活动，进一步规范宗教活动场所管理，有力维护了民族宗教和谐稳定局面。四是扎实推进"法治临汾""平安临汾"建设。认真学习"枫桥经验"，做好信访工作。深入开展扫黑除恶专项斗争，2019年共打掉黑恶犯罪团伙62个，破获刑事案件825起，抓获犯罪嫌疑人801人。全面落实党管武装重大要求，召开市委议军会议，开展军事开放日活动，开展平战转换演练，着力提升全市国防动员和后备力量建设水平，促进军民融合深度发展。

七、深入推进全面从严治党，保持党内政治生态的风清气正

市委认真履行管党治党政治责任，把严实标准和措施贯穿于管党治党全过程和各方面，推动全面从严治党向纵深发展。一是坚持把党的政治建设摆在首位。认真贯彻落实省委十一届八次、九次全会精神，召开市委四届六次、七次全会对全面从严治党作出针对性部署。坚持以党的政治建设为统领，认真践行新时代党的建设总要求，大力实施"红色矩阵"工程，提高工作标准，狠抓工作落实。依托清华大学继续教育学院平台，举办"一把手"政治能力提升专题培训班。严格执行《新形势下党内政治生活若干准则》，进一步严明党的政治纪律和政治规矩。以张茂才违纪违法案件为反面典型，深入开展专题警示教育，全面肃清腐败流毒影响。二是认真落实意识形态工作责任制。将意识形态工作纳入全市工作大局、党建工作责任制、年度目标考核体系和市委巡察范围。召开4次意识形态分析研判会，对意识形态领域形势进行分析研判，积极稳妥做好舆论引导。开展爱国主义教育，全力打造"好基地讲好故事"品牌。全面启动省级文明城市创建工作。全市6个县级融媒体中心试点顺利通过省级验收。三是深化拓展基层建设。制定深化"三基建设"进一步加强基层工作50条工作措施，配套出台8个分类指导意见办法，全市共排

查出软弱涣散基层党组织474个，采取领导干部“五包三联”、挂牌督办、以强带弱等工作措施，集中力量完成了整顿软弱涣散基层党组织工作。加强和改进全市城市基层党的建设，街道、社区党组织建设得更加坚强有力。加强社区工作者队伍建设，强化社区工作者待遇激励保障，有力调动社区工作者热情，得到省委充分肯定。大力发展村集体经济，基层党组织政治功能、服务功能明显提升。四是大力激励干部担当作为。落实省委“两大行动”和“三年计划”要求，大力发现培养选拔优秀年轻干部，选派优秀年轻干部到困难艰苦地区、关键吃劲岗位挂职锻炼，进一步壮筋骨、长才干。坚持严管和厚爱原则，加强干部监督管理。认真落实职务与职级并行和职级与待遇挂钩制度，打通公务员发展新通道。激励广大干部新时代新担当新作为，选树了397名担当作为表现突出的干部，形成干事创业的鲜明导向和良好环境。扎实推进“基层减负年”工作，大力弘扬求真务实、真抓实干作风，着力解决形式主义、官僚主义突出问题。五是持续推进正风肃纪反腐。召开7次市委反腐败领导小组会议，加强对反腐败工作的全过程领导。深入推进监察体制改革，推动监察职能向村居延伸，实现对行使公权力的公职人员监察全覆盖。持续开展巡察工作，认真落实中央八项规定精神，驰而不息纠治“四风”。2019年，全市纪检监察机关共立案2738件，结案2669件，给予党纪政务处分2791人，给予组织处理4661人。查处违反中央八项规定精神问题410件，处理646人。公开通报曝光69批次223起309人。

（陈波轶）

附：中共临汾市委书记、副书记、常委名单

书　记：岳普煜（12月离职）
　　　　董一兵（12月任职）

副书记：刘予强（4月离职）
　　　　董一兵（4月任职，12月调职）
　　　　李云峰

常　委：周计伟（12月离职）　王振富　李朝旗
　　　　陈　纲　刘文华　郭行杰　常　青
　　　　曹晓亮（12月任职）　郝忠祥

中共尧都区委

区委书记　陈　纲

2019年，中共尧都区委坚持以习近平新时代中国特色社会主义思想为指导，深入贯彻党的十九大、十九届二中、三中、四中全会精神、习近平总书记视察山西重要讲话精神，认真落实省委“一个指引、两手硬”工作思路和要求、市委“345”发展战略，紧盯“五个尧都”奋斗目标不动摇，全面实施“136”工作举措，努力在“两转”基础上全面拓展党的建设和党的事业新局面，全区各项工作取得新的更大进展。

一、在高举旗帜中践行“两个维护”

区委高举习近平新时代中国特色社会主义思想伟大旗帜，始终突出坚决维护核心这个根本政治要求，带头增强“四个意识”，坚定“四个自信”，做到“两个维护”，稳步推动全区各项事业在正确的轨道上前进。贯彻最新精神不折不扣。坚持学习贯彻习近平总书记视察山西重要讲话、庆祝新中国成立70周年大会讲话、十九届四中全会、省委和市委全会精神紧密结合起来，在学懂弄通做实上狠下功夫，真正做到学思践悟、学以致用。强化理论学习入脑入心。坚持区委中心组学习制度，举行8次学习研讨，及时跟进学习习总书记最新重要讲话，召开全区“不忘初心、牢记使命”主题教育学用习近平新时代中国特色社会主义思想经验交流会，切实做到真学真懂、真信真用。

二、在政治引领中汇聚发展力量

2019年是新中国成立70周年，区委把组织庆祝活动、开展“不忘初心、牢记使命”主题教育、“改革创新、奋发有为”大讨论作为重大政治任务，汇聚发展力量，践行使命初心，不断拓展高质量发展新局面。隆重庆祝新中国成立70周年。举行隆重的升国旗仪式、组织干部群众集中收看国庆大典，精心组织书画摄影作品展、文艺汇演、向烈士纪念碑敬献花篮等活动，在全区营造了同心共庆祖国华诞的热烈氛围，凝聚起实现“两个一百年”奋斗目标的强大力量。扎实开展“不忘初心、牢记使命”主题教育。紧紧围绕主题教育目标要求，始终紧扣“主题”“主线”，牢牢把握“四项重点措施”，开展集中学习研讨3次，确定调研主题1054个，制定党员个人承诺31000余条，检视问题21135个，县级领导牵头负责的问题整改解决 535 个，全区 1440 个基层党组织，985 名科级干部和所有党员接受了一次全方位的政治洗礼和思想淬炼。认真组织“改革创新、奋发有为”大讨论。聚焦“六个破除”“六个着力”“六个坚持”目标要求，紧盯短板，重点发力，扎实开展“三个专项行动”，制定对标一流整改提升清单，实施转型项目 81 个，推出重点改革举措 134 项，干部入企进村收集梳理突出问题 1043 个，解决问题、建章立制，在全区上下形成了以改革创新促转型发展的浓厚氛围。

三、在决战决胜中打好三大攻坚

防范风险有力有效。坚决扛起防范化解重大风险政治责任，制定全区防范化解重大风险工作方案，紧盯政治、经济、民生和安全生产等 8 个重点领域，提出 49 项重点任务。积极探索社会治理新模式，创新发展“枫桥经验”，率先在全市成立实体化运行的矛盾纠纷多元化解中心，着力推进社会治理体系和治理能力现代化。脱贫攻坚连战连胜。紧盯“两不愁三保障”目标，严格落实“2+1”帮扶机制，剩余贫困人口 10 户 34 人，2019 年底可实现 22 人年度脱贫目标任务。坚决落实“四个不摘”重大要求，建立返贫预警机制，加强后续支持帮扶，巩固提升脱贫成果。充分发挥传帮带作用，全力做好永和县结对帮扶工作。环境治理成效显著。紧盯“退出倒一”目标，大力开展环境污染“雷霆”行动，市区空气质量明显改善。围绕退出劣五类，紧盯河流监管、排污口整治和工程建设三大重点，持续改善水环境。围绕土壤污染风险防控，推进垃圾废土治理、耕地质量监管、矿山深度治理，生态环境持续改善。

四、在改革创新中彰显担当作为

区委坚持把深化供改和综改相结合作为经济工作的主线，以“三大目标”为牵引，全力做好“六稳”工作，前三季度全区生产总值完成 231.3 亿元，同比增长 7.3%；社会消费品零售总额完成 204.9 亿元，增长 7.2%；城镇居民人均可支配收入实现 27884 元，增长 7.1%；农村居民人均可支配收入实现 9937 元，增长 9.6%；1–11 月份规模以上工业增加值完成 37.1 亿元，固定资产投资完成 79.38 亿元，一般公共预算收入完成 16.8 亿元，全区经济保持了经济稳中有进、稳中向好的良好态势。全面改革多点突破。全面推进 6 大领域 46 项改革任务，党政机构改革、农村集体产权制度改革全面完成，减税降费改革、“放管服效”改革等重点改革任务成效明显，乔李镇南高村美丽乡村建设经验在全市推广。开放格局持续延伸。先后赴天津、上海、江苏、深圳等地开展招商活动 10 余次，接待外地客商考察 50 余批次，成功举办“携手共赢·圆梦尧都”招商引资推介会，签约项目 15 个，签约金额 195 亿元。扎实推进“六最”营商环境建设年活动，营造了良好的投资环境。转型升级坚持不懈。大力优化一产，十大特色农业示范区稳步推进，11 个城郊农业项目加快发展；着力强化二产，尧都高新技术产业开发区顺利通过省政府批准设立，“一区三园”格局全面呈现；努力提升三产，大力发展现代商贸、智慧物流等现代服务业，产业结构不断优化。文化旅游互促融合。持续推进旅游景区建设，第二届尧都文化旅游节成功举办，全面打响“华夏古文明、尧都好风光”文旅新品牌，全省首家“海峡两岸交流基地”在尧帝陵景区顺利挂牌，尧都的对外知名度进一步提升。生态建设进展提速。涝洰河生态治理工程全力推进，润州园园建节点工程顺利完工，栖霞园湿地公园有序推进。特别是涝洰河台地市政工程开局起步，台地路网、管网和高压线迁改工程启动实施，星河湾项目成功落地，平阳中学项目前期手续正在办理。重点工程加快推进。东城骨干路网框架基本成熟，“两园三街”工程进展顺利。河西规划四街前期手续正在办理，规划六路拆迁安置全部完成，山西师大整体搬迁项目拆迁工作有序进行。

五、在情系民生中诠释宗旨情怀

社会保障日益完善。全面落实《保障民生社会救助办法》和领导包联孤儿制度，连续成功举办爱心助学大会，全面提升城乡居民低保标准，高标准建设农村和城市社区养老机构 39 所。积极落实保障就业优惠政策，举办大型人才招聘会，新增城镇就业 9051 人，转移农村劳动力 6073 人，居民增收致富有了更多保障。社会事业蓬勃发展。坚持教育优先，滴汾小学、华洲幼儿园投入使用，区委党校、国防教育基地、技工学校新建工程进展顺利。棚改城改力度空前。投资 112 亿元的 22 个棚户区改造项目全部启动，完成拆迁 200 万平米。万通社区、九州堡、涝洰河台地等 8 个货币化安置项目拆迁工作正在扫尾，汾东一期、西王、翟庄等 3 个实物安置项目陆续进场施工。河西片区三桥村、乔家院村、陶家庄村等 9 个村的改造前期工作进展顺利。社会治理创新实践。区乡村三级综治中心标准化建设加快推进，圆满完成 70 周年大庆安保维稳任务；持续健全社会矛盾纠纷化解机制，信访服务中心建成并投入使用，全市首家矛盾纠纷多元化解中心挂牌运行；持续夺取扫黑除恶专项斗争新胜利，打掉黑恶团伙 36 个，抓获犯罪嫌疑人 504 人，破获各类刑事案件 1193 起，全区刑事案发量、命案数量和破案率呈现两降一升的良好态势。

六、在夯实党建中锤炼铁军队伍

政治建设持续加强。扎实开展“不忘初心、牢记使命”主题教育，积极探索创新“县域主题党日”新模式，在全区范围内大力开展形式主义、官僚主义问题专项排查整治，肃清张茂才腐败流毒恶劣影响，持续净化政治生态，各级党组织和广大党员干部维护核心，听党话、跟党走的信念更加坚定。法治建设稳步推进。牢固树立法治思维，全面推进法治政府建设，党员干部运用法治方式深化改革、推动发展、化解矛盾、维护稳定的能力和水平逐步提高。铁军队伍更加过硬。深入落实《关于进一步激励广大干部新时代新担当新作为努力建设高素质干部队伍实施办法》《党员干部关爱提醒办法》，突出正向激励，从严监督管理，党员干部干事创业热情有效激发。“三基建设”提质提标。制定下发《关于深化“三基建设”进一步加强基层工作的行动计划》《关于在全区基层党组织中开展“星级化”管理的实施意见》，扎实推进区级党建示范点建设,着力打造高标准党群服务体系,完成规范化档案室建设142个,全面实施干部通用能力培训和测试,举办科级干部读书班、研习班和大讲堂,党员干部基本能力全面提升。正风肃纪驰而不息。严格落实中央八项规定精神,坚持不懈纠正"四风",围绕党的重大决策部署落实情况,先后开展4轮190余次监督检查,坚决整治群众身边腐败和作风问题,全年共办结问题线索330件,给予党纪政务处分85人,组织处理179人,通报3批16人。

七、在全面从严中选育管用干部

区委严格执行《党政领导干部选拔任用工作条例》和省委、市委有关政策规定,在区直单位机构改革、乡镇街道班子调整、区直事业单位科级干部配备中,共调整干部562人,其中提拔正科级领导职务22人、副科级领导职务100人、非领导职务54人,平调交流386人,一大批政治可靠、实绩突出、群众公认的优秀干部被选拔上来,全区领导班子结构不断优化,干部队伍活力和战斗力不断加强,良好的政治生态不断巩固。党政机构改革班子调整工作圆满完成。按照中央和省市统一部署,根据尧都区机构改革方案要求,采取先正职,后副职的分步调整思路,顺利完成36个党政机构涉改单位的班子配备工作,涉及调整正副职211人,党政机构改革人事安排基本到位,区直部门班子全部配齐。乡镇街道班子选优配齐。选配乡镇长和街道办主任时,区委采用了"两推、两查、两考、两评"的方式,好中选强优中选优,真正做到凭实绩选干部、凭能力选干部、凭作风选干部。大力选用优秀年轻干部。按照《关于进一步激励广大干部新时代新担当新作为努力建设高素质专业化干部队伍的实施意见》《尧都区适应新时代要求优秀年轻干部选拔培养管理办法(试行)》,在乡镇街道班子调整时,我们根据"老中青"年龄梯次结构需要,重点考虑了80后干部,尤其在选配乡镇人大主席(街道人大工委主任)时,采取"能力测述+综合分析"的办法,选出了一批能力突出、敢打敢拼、年轻有为的干部。经过调整,乡镇街道党政正职中有80后干部8名,班子副职中配备80后干部141名、90后干部6名,乡镇街道班子平均年龄39岁。班子中80后干部占了近一半,已成为乡镇街道一线干部队伍的生力军,切实激励了优秀年轻干部拼搏进取、攻坚克难,打造了一支忠诚干净担当、招之能来、来之能战、战之能胜的"尧都铁军"。激发干部的干事创业热情。

(王志宇)

附:中共尧都区委、副书记、常委名单

书　记: 陈　纲

副书记: 杨保春(1月离职)　吴　勇(1月任职)　郭云平(女,1月任职)

常　委: 李青彦　乔永生　郭云平(女,1月调职)　郭忠义　薛向阳　晋红峰　任丽岗　周勇军　任伟民(1月任职)

中共侯马市委

市委书记　王煦杰

2019年,侯马市委高举习近平新时代中国特色社会主义思想伟大旗帜,深入学习贯彻党的十九大和十九届二中、三中、四中全会精神,按照省委、临汾市委工作部署,团结带领全市党员干部群众共同投身"五大兴市战略"和"四个侯马"建设,全市经济社会发展和党的建设取得了新进步、新成效,荣获全国最具投资潜力百强市、全国新型城镇化质量百强市、全国电商示范百佳县等称号。2019年,辖区生产总值完成115.21亿元,一般公共预算收入5.29亿元,固定资产投资累计完成34.14亿元,社会消费品零售总额累计完成101.43亿元,城镇居民人均可支配收入31248元,农村居民人均可支配收入16413元。

一、筑牢"四个意识",坚定"四个自信",做到"两个维护"

侯马市委把学习贯彻习近平新时代中国特色社会主义思想作为政治责任、摆到突出位置、牢牢抓在手上,坚持从自身抓起,引领带动广大党员干部提高站位学、带着使命学、扛起责任学,把学习贯彻引向深入。组织市委中心组集中学习27次,召开全市学用习近平新时代中国特色社会主义思想经验交流会,在学懂弄通做实上下功夫、求实效。举办系列专题辅导讲座4场,专题培训班14场,全市1.28万名党员深度参与理论学习。学习贯彻习近平总书记"三篇光辉文献"精神,作为办好侯马事情的最高遵循,结合实际形成思路举措,确保中央、省委、市委决策部署在侯马不折不扣落实到位。

二、提高政治站位,扎实开展"不忘初心、牢记使命"主题教育

根据省委、临汾市委部署,精心组织开展主题教育。一是学习教育抓入脑入心。在中心组学习、个人自学、观看警示教育片等基础上,市委常委会带头开展3次集中封闭学习,进行3次学习交流研讨,班子成员分别讲了专题党课,坚持把每周一晚上集中自学贯穿始终;组织开展党史、新中国史和革命传统、爱国主义、形势教育专题讲座,加强先进典型教育和警示教育。二是调查研究抓症结难题。围绕"三服务"工作,针对破解农村基层党建难题、产业转型的症结问题、群众关

心关注的热点难点等,全市共确定调研主题370项,完成调研报告304篇。三是检视问题抓真查实改。在对照“18个是否”自查基础上,通过走访座谈、召开座谈会、发放征求意见表、设置媒体留言平台等方式征求广大群众意见建议,市委班子共梳理整改问题22个,科级以上干部查找整改问题1101个。四是整改落实抓实际成效。聚焦“8+5”专项整治整改和“三服务”,制定具体实施方案,集中整治了一批不担当不作为、漠视侵害群众利益、基层党组织软弱涣散、违反中央八项规定精神等突出问题,全力推进了一批以脱贫攻坚、环境治理、扫黑除恶为重点的工作任务,认真解决了一批就业、医疗、教育、养老、困难帮扶等群众急难愁盼的事项。

三、增强发展定力,推动经济实现高质量发展

紧抓获批省级首批“特色产业(汽车零部件)集聚区”、“现代服务业(现代物流)集聚区”战略机遇,推进“产业三地”建设。新型产业基地,重点构建“2+N”现代产业体系,推进汤荣、平阳、东鑫等骨干企业为支撑的装备制造业彰显优势,向产业高端迈进;推进正大制管、汇丰水泥、双慧玻璃、平阳保温装饰一体板、远大装配式建筑生产基地等重点新型建材企业形成聚合效应,完善供应链。同时,推动紫金山风电、益通液化天然气(LNG)、菲尔曼智能穿戴、旺龙医药园区等新兴特色产业项目相继落地,形成各具特色的产业增长极。现代物流高地,巩固“三园区、一中心”物流体系,方略保税物流中心“通道+枢纽+网络”运作模式成效显著,中欧班列常态化运行;综合保税区进入国家部委审批层面;完成公路枢纽货运中心项目二期规划,项目资金到位1.08亿元,启动全面招商;建成振通电商产业园二期3000平米跨境电商展区,正在进行招商;推动厚德兴盛医药物流园建设,实现药品采购、储车、配送全链条管理。推进电商进农村综合示范县(市)建设,“赤焰辣椒”“晋南娇葡萄”等区域品牌影响力增强。游购休闲目的地,启动《侯马市全域旅游创建总体规划》编制工作。连续举办“中国飞镖公开赛”“垤上红色旅游文化活动”。加快实施1701地下商业街、上海百联华翔时尚中心项目建设,招引“居然之家”等一批品牌化连锁商家落户主城区。

加快项目建设,重点推进53个重点项目,特别是41个转型项目,其中,威创动力废旧钢材回收再利用、华强15MW综合利用发电等4个新建项目竣工,正大制管、紫金山风电等24个项目进展顺利,东城新区电力电缆入地工程、明珠广场等13个项目加紧做好前期工作。

持续推进全面深化改革,积极做好省直管县财政管理体制改革、国企国资改革、开发区“三化三制”改革、现代物流业集聚区试点等45项年度改革工作,取得显著成效。党政机构改革顺利完成;农村集体产权制度改革全面完成,基本完成土地确权登记颁证工作。22户驻侯企业“三供一业”改革有序推进;政务服务标准化建设顺利通过国家终期评估验收,企业投资项目承诺制改革受到《光明日报》《经济时报》等国家级媒体关注和省委通报表扬,在临汾市2019年度营商环境总体评测中荣获第一名。持续强化创新驱动,培育省级技术研发中心8家,临汾市级技术研发中心15家。东鑫衡隆公司成为全国《铁型覆砂球墨铸铁曲轴铸件》行业标准制定者。

四、强化责任担当,坚决打好决胜全面建成小康社会三大攻坚战

通过统筹强化企业减排、能源替代、运输管控、污水处理等一系列有效举措,2019年底,大气质量在全省的排名位次前移,浍河西曲断面水质退出了劣五(Ⅴ)类。全面启动了浍河和紫金山“一山一河”治理开发工程。

市级领导干部与139支帮扶工作队下沉一线,紧盯“两不愁三保障”标准,对贫困户动态管理、危房鉴定、医疗保障和资料规范等整改事项精准施策,逐个落实到位。组建70支驻村工作队,205名干部奔赴有扶贫任务的村开展“五天四夜”常态化帮扶,统筹抓好责任、政策、工作“三落实”。

出台坚决打好防范化解重大风险攻坚战方案,切实做好重点领域、重点行业的防范化解工作。深入开展商贸市场、非煤矿山、冶金工贸、危化行业等领域的安全隐患大排查、大整治专项行动,全年未发生重大安全事故,保持了经济社会大局和谐稳定。

五、铭记初心使命,为人民群众谋福祉

启动新二中、东城小学、市府路幼儿园、张村办事处幼儿园等建设项目。满足群众方便就医需求,优化医保结算流程,实现就医花费出院即时结算;提高医疗卫生服务水平,推进省级专家远程医疗服务,被评为“国家慢性病综合防控示范区”。人民医院新院区工程基本竣工并已开始搬迁,文体活动中心建设项目进入工程扫尾阶段,统筹推进城乡就业,开展技能提升工程,全市新增城镇就业6109人,其中农村劳动转移就业3450人,城镇登记失业率维持在较低水平。

完善城乡基础设施建设,完成城市东城公园、大西高铁侯马西站扩建规划设计,即将开工建设;新建或改造程王路东延、侯张街拓宽等主干街道和循环路网工程,城市道路通达能力增强;推进农村“六个全覆盖”工程,实现城市自来水、垃圾集中处理全覆盖,47个村接上大暖,28个村用上天然气,32个村实现污水集中处理,8875户完成旱厕改造;12个村全面实现“六个全覆盖”目标。

六、突出政治引领,加强民主法治建设

推进人大代表联络站建设,设立乡(办)代表联络点8个,村、社区联络点17个。发挥人大监督作用,审议“一府一委两院”专项工作报告35项,开展大气污染整治、“六个全覆盖”等视察和执法检查13次。开展会议协商、专题协商、对口协商、提案协商,组织委员开展调研视察活动12次。围绕中华人民共和国和人民政协成立70周年,举办内容丰富、特色鲜明的庆祝活动。开展“不忘合作初心、继续携手前进”主题教育培训会,巩固统一战线共同思想政治基础。举办宗教工作“三级网络队伍”干部培训班。加强国防教育工作,夯实基层国防建设基础。再次荣获省级“双拥模范城”称号。

加强“法治侯马”建设,举办“新时代彭真民主与法制思想研讨会”。推进“平安侯马”建设,实现进出路口、主要街道和场所“雪亮工程”全覆盖;积极探索“枫桥经验”本土化实践,加强人民调解组织和队伍建设,各调委会纠纷调解成功率达到96.4%。深化司法体制综合配套改革,全面落实司法责任制,推进执法司法规范化建设。深入开展扫黑除恶专项斗争,进一步增强人民群众安全感。

做好群团工作,建设职工“爱心服务站”3个,推进“智慧团建”及基层规范化建设,组织开展“美丽庭院”“最美家庭”创建工作及“三争三好”系列活动,展示新时代女性风采。张建敏家庭当选“全国最美家庭”。围绕献礼建党100周年,启动八路军北上抗日纪念碑设计建设工作和《中国共产党侯马历史》编纂工作。加强青少年革命传统教育、爱国主义教育,彭真故居纪念馆被中国关工委、山西省关工委确定为“关心下一代党史国史教育基地”。

七、从严治党管党,推动党风政风持续好转

定期召开市委意识形态工作专题会、意识形态分析研判会,及时研究处置风险点,强化舆论正向引导。成功举办庆祝中华人民共和国成立70周年大型文艺晚会、“我和我的祖国”大合唱展演等系列活动。

强化基层党组织阵地建设,侯马市商贸市场党委荣获全省非公经济组织和社会组织“双强六好”省级示范党组织荣誉称号。农村、社区活动场所全部达标,涌现出以秦村北社区、新民巷社区、市府北巷社区等为代表的高标准党群服务中心。推进全国城市基层党建示范市建设,全面推广“359”工作模式,打造了以“城市党建红色联盟”“老街大妈”“爱心志愿超市”“城建红色驿站”等为代表的党建服务品牌。成立全省首家城市党支部书记学院。按照“四个一”措施完成了软弱涣散基层党组织集中整顿。

加强干部队伍建设,选拔年富力强、素质较高年轻干部,充实到乡(办)和基层一线。举办2期学习贯彻习近平新时代中国特色社会主义思想读书班暨主体培训班和1期优秀年轻干部能力提升培训班。

发挥市委反腐败领导小组职能作用,及时分析研判形势,定期研究推进工作,推动党风廉政建设和反腐败工作深入开展。推进监察体制改革,推动监察职能向村居延伸,实现对行使公权力的公职人员监察全覆盖,持续开展巡察工作,先后完成七轮巡察,率先在临汾市实现村居巡察全覆盖。

(刘　津)

附:中共侯马市委书记、副书记、常委名单

书　记: 王煦杰

副书记: 段慧刚(1月离职)　黄晓君(女,1月任职)　秦海玉(3月离职)　李俊胜(5月任职)

常　委: 张瑜庆　刘俊贤(女)　李俊胜(5月调职)　郝爱民　张清江　白向阳(5月任职)　卢正中　史洪彦(11月离职)

中共霍州市委

市委书记　崔山原

霍州市共有党员14690名,其中女党员3630名,预备党员245名,基层党委10个,街道党工委5个,市直工委1个,非公经济组织和社会组织工委1个,基层党总支45个,基层党支部628个。

一、党的建设不断加强

霍州市委坚持以习近平新时代中国特色社会主义思想为指导,以“不忘初心、牢记使命”主题教育、“改革创新、奋发有为”大讨论为统领,以“三基建设”为抓手,全面加强干部队伍、基层组织、队伍建设,党建水平进一步提升。

主题教育纵深推进。市委常委会全年召开6次专题会议研究主题教育工作,成立领导小组及办公室,成立6个巡回指导组,对全市91家单位进行巡回指导。联合浙江大学举办科级干部素质提升专题班,在南塔烈士陵园开展革命传统教育,开展“献礼祖国70华诞、我与祖国共奋进”徒步公益行。445名科级以上干部开展调查研究,共发现问题666条,提出思路举措804条,定稿调研报告445份。抓好“8+5”专项整治整改和“三服务”工作,全市95个科级以上领导班子成员共查找问题4034条,立即整改问题3090条,完成服务事项98个,发放明白卡2485张,向党员群众公布服务项目105项,通报进展情况91项。

意识形态工作走深走实。围绕习近平总书记系列重要讲话精神,特别是“三篇光辉文献”精神,开展市委中心组集中学习13次,举办2期科级干部读书班、4期干部大讲坛,农村“领头雁”集中培训班。组织开展“学习强国”学习平台的推广应用工作,开展“讲好红色故事、传承红色基因”报告会,引导全市党员干部系统学、及时学、结合实际学。鼓楼街道办成为全省基层理论宣讲“双百”示范点。抓好习近平新时代中国特色社会主义思想和习近平总书记视察山西重要讲话精神“六进”工作,开展一系列接地气、有活力的主题宣讲活动100余场。

“三基建设”成效显著。推进“三基建设”9个方面45项任务。在临汾市率先建立集便民微信公众号、手机应用软件和大数据可视平台于一体的“智慧党建”信息化系统。投资200余万元,在全市12个乡镇(街道)建立便民服务中心,实行“一站式办公”“一条龙服务”。成立11个系统党委,理顺市

直机关党建工作体制机制。大力发展村集体经济,10个村争取到临汾市财政集体经济扶持资金200万元,基层党组织政治功能、服务功能明显提升。

党风廉政建设全面加强。建立科级领导干部个人电子廉政活页册档案,更新完善农村两委主干廉洁档案。精准运用监督执纪"四种形态"共计467人次,其中第一种形态308人次,占比65.9%,第二种形态110人次,占比23.6%,第三种形态35人次,占比7.5%,第四种形态14人次,占比3%,总体呈现良好结构特征。紧盯元旦、春节、清明、五一、端午等重要时间节点,持续加大监督检查力度,共查办违反中央八项规定精神和"四风"问题线索38件74人,其中党内处分28人,政务处分11人,诫勉谈话17人;正科级12人,副科级9人,村干部10人,一般人员43人,持续释放越往后执纪越严的强烈信号。

二、经济社会全面发展

霍州市委团结带领全市各级党组织、全体党员干部群众,统筹推进经济、政治、文化、社会、生态文明等各项事业发展,全市呈现出经济平稳运行、产业优化升级、民生持续改善、社会和谐稳定、生态治理有力的良好局面。

产业升级步伐加快。一产方面,重点实施"一园五基地"建设。以苹果、核桃等为主的干鲜果种植面积达到7万亩,年销售额近4亿元,规模养殖企业达到60个,小杂粮种植面积达到4万亩,文冠果种植面积达8000亩。北京中商构能公司计划投资20亿元,在三教乡打造国家级构树田园综合体,已流转土地2000亩,栽植构树700亩。北京新发地霍州分市场落户退沙办,一期投资达5000多万元,打造农产品冷藏集散中心。枣夹核桃、干鲜水果等农副产品已与海航集团等企业签订常年供货协议,实现销售收入达2000多万元。二产方面,霍州经济技术开发区成功获批。投资5.53亿元的山西建筑产业现代化绿色建材(霍州)园区、投资3.6亿元的隆旺佳农副产品加工项目正式投产,投资2.6亿元的鑫钜出行新能源汽车发展分公司成功申请国家网约车证照,投资1亿元的激光熔覆项目签订协议,投资7000万元的中汽商用环保汽车生产线投入使用,初步形成带动转型发展的产业集群。三产方面,重点打造商贸旅游业,鼓楼地下商业街日趋繁华,南街商贸城成为商业新地标。设立霍州文旅产业发展基金,与临汾市政府城投公司合作,成立文化旅游发展有限公司。投资8200余万元的七里峪旅游公路正式开工。霍州鼓楼、祝圣寺入选国保单位。朱家大院、贾村娲皇庙、蝴蝶谷等文旅"新八景"重点项目基本完工,成为霍州旅游新名片。

民生事业全面发展。脱贫攻坚成效显著,推进"八大扶贫专项行动",建成4个100KW大型光伏电站和41个30KW小型光伏电站,对311名建档立卡贫困人员进行厨师、家政、母婴护理等免费技能培训,累计安置67名贫困人口就业,完成36户建档立卡贫困户危房改造,落实"136"保障制度,报销比例达到了96.35%。开展"爱心助学",累计为711名贫困学生发放救助金158.4万元。运用"低保""五保"等实行政策性兜底,全市建档立卡贫困户中共有低保542户1274人,五保户167户171人。社会事业全面进步,投资2亿元的全民健身中心正式开工。城乡养老、医疗、失业、工伤等社会保险的覆盖面和保障标准进一步提高,社会保障体系不断健全。公开招聘110余名事业单位人员,全部充实基层一线。积极拓展就业渠道,全年新增就业人员4600余人。连续11年举办爱心助学活动,累计筹集各类款项3100余万元,资助学生近3万名。开展急难救助、助学救助、低收入家庭中重残重病人员生活补助、农村80岁以上高龄人员等临时救助共计1277人次,发放救助补助金211万元。城镇新增就业4620人,创业带动就业705人,城镇失业人员再就业1463人。教育事业稳步提升,新建改扩建公办幼儿园6所,新认定普惠性幼儿园7所,幼儿教育事业实现快速发展。组建辛置教育集团,实现教育资源优势互补、深度融合。面向社会一次性公开招聘教师186人充实教师队伍。

发展环境持续优化。制定《霍州市坚决打好防范化解重大风险攻坚战方案》。统筹加强政治安全风险排查预警,严密防范、坚决打击敌对势力渗透颠覆破坏活动,防范化解暴恐活动、邪教破坏、策反窃密等重大风险。开展拉网式、地毯式排查,发现各类地质灾害隐患点110处,房地产隐患200余户。深入开展高陡边坡隐患排查、森林防火、安全生产大检查三个专项行动。圆满完成了"二青会"、70周年大庆等重大安保工作,有力维护了社会大局的和谐稳定。

生态建设成效显著。开展工业污染治理、散乱污企业整治、散煤污染治理、水环境治理等综合整治。实施秋冬防工作,全力推进了"煤改气""煤改电"工作。推行"公改铁",开通霍州兆光电厂运煤专列,每年可为兆光、国电两个电厂"公改铁"运输煤炭200万吨、粉煤灰100万吨,减少汽运30万车次,减少扬尘3000余吨,粉煤灰远销外省增加销售额3000多万元。启动投资3.5亿元的汾河、南涧河、对竹河城区段生态治理工程。实施汾河沿线6500亩的荒山绿化工程,着力把汾河流域打造成绿色景观带、滨水休闲带、生态经济带。投资1.7亿元,建成城市垃圾处理场、城市污水处理厂,城市垃圾无害化处理和污水处理率均达到100%。投资3亿多元,实施热电联产、集中供热、天然气扩户等工程,全市集中供热总面积达到了940万平米,天然气扩户工程在市区全覆盖的基础上,延伸到9个乡镇(街道)、26个村居、近4.5万住户。

(刘军野)

附:中共霍州市委书记、副书记、常委名单

书　记:崔山原

副书记:黄晓君(女,1月离职)　李青雁(女,1月任职)　高雅铭

常　委:郭宏生　田晋川　刘国平　程　军(1月离职)　牛福生(5月离职)　丁春明(1月任职)　郭丽华(女)　李　强(5月任职)　高　峻(12月离职)　王　强(12月任职)

中共曲沃县委

县委书记　杨保春

2019年，曲沃县委坚持以习近平新时代中国特色社会主义思想为指导，始终扛起忠诚履职的政治担当，坚持把学习贯彻习近平新时代中国特色社会主义思想和党的十九大及十九届二中、三中、四中全会精神，与学习贯彻“三篇光辉文献”结合起来，认真贯彻落实中央和省委、市委各项决策部署，紧跟新时代发展浪潮，紧扣曲沃县情实际，坚持一张蓝图绘到底，在县十四届三次党代会上提出了“争当新标杆、打造新高地、建设新曲沃”的新时代奋斗目标，开启了推进曲沃各项事业全面发展、全速发展、全新发展的新征程。截至2019年底，全县共有565个基层党组织，其中，17个党委，32个党总支，516个基层党支部。共有党员12077人，其中，党政机关党员1644名，国有企事业单位党员1857名，农民党员6063名，非公企业党员392名，社会组织党员12名，离退休人员1227名，其他职业882名。

一、坚持对标一流，在“争当新标杆”上谱新篇

争当“优特精尖”的新标杆。对标优秀县市做法，围绕学习贯彻党的十九届四中全会精神、省委十一届八次、九次全会精神和市委四届六次、七次全会精神，组织庆祝建国70周年活动等，坚持提高站位学习贯彻、及时全面组织发动，以最高的标准抓推进，以最实的举措抓落实，以最严的要求抓保障，受到了上级的肯定、赢得了群众的认可。对标特色展会经验，全力争取全国供销总社、中国农产品流通经纪人协会等12家单位的大力支持，成功举办首届中国·山西曲沃国际蔬菜博览会、智慧菜谷招商引资(北京)推介会，吸引更多的外界目光关注曲沃。对标尖端领域模式，积极推进立恒公司与全球领先的麦肯锡管理咨询公司、通才公司和德国巴登钢铁公司的深度合作，企业管理运营水平显著提高，绿色循环发展理念深入人心。

争当“走在前列”的新标杆。对标目标责任考核先进地区，狠抓指标任务落实，2019年，全县地区生产总值完成110.3亿元，同比增长14.5%；规模以上工业增加值完成44.0亿元，同比增长32.3%；固定资产投资完成52.6亿元，同比增长66.2%；一般公共预算收入完成42883万元，同比增长9.8%；城镇居民人均可支配收入完成35348元，同比增长8.8%；农村居民人均可支配收入完成16590元，同比增长9.6%。各项指标均排在全市7个平川县前列。对标京津冀生态治理，实施生态环境治理攻坚“八大工程”，创新采用集中目标、集中区域、集中人员、集中时间、集中力量的“五集中”工作法，推动全县大气环境质量持续向好，“百日清零”工作受到省生态环境厅通报表彰。对标江苏江阴医疗改革模式，大力实施“名医名院”工程，建立4个国家级、省级名老中医传承工作室，确立10个省级、市级重点专科，全县医疗服务水平大幅提升，医药卫生体制改革工作位列全省第一方阵。

争当“攀登高峰”的新标杆。大力倡导“为集体争荣誉、为曲沃添光彩”，激励全县广大党员干部以强烈的责任感做一流工作、争一流荣誉。曲沃县被农业农村部确定为“国家农产品质量安全县”和“国家农村产业融合发展示范园创建县”，获得“一带一路·中国优质蔬菜生产基地”和“乡村振兴·中国农产品流通创新示范县”称号，被省委、省政府、省军区授予“双拥模范县”等等。全县上下用实干和担当朝着既定目标奋力前行、勇攀高峰。

二、坚持改革开放，在“打造新高地”上出实招

深入开展“大讨论”，打造干事创业新高地。坚持用“改革创新、奋发有为”大讨论牵引全年各项工作，紧扣“十个关键环节”，创新实施了涵盖工业转型、乡村振兴、生态环保、教育复兴等多个重点领域的15件实事，全面开启了破题克难、革故鼎新的探索之路。深入开展“万名干部入企进村服务”和“对标一流、争当新标杆”活动，组织“我为改革创新做什么”大家谈，聚焦“三个下功夫”巩固深化大讨论成果。

用好“关键一招”，打造改革发展新高地。研究制定了涉及6个领域的44项重点改革任务，构建了分工明确、责任明晰的工作体系。减税降费、国资国企、放管服效等关键环节改革持续深化、不断发力，一二三产融合发展、北董乡强镇示范镇建设、文旅融合发展等重点改革任务呈现新特色、新亮点，全县以改革促转型、促民生、促党建、促全面工作的发展态势更加强劲。

主动“引进来、走出去”，打造对外开放新高地。深刻把握国家、省、市政策导向和资金投向，大力组织对外合作交流和招商引资活动，成功举办新时代·新征程·新曲沃——第三届曲沃籍高层次人才故乡行活动暨招商引资推介会、“情系曲沃·共谋发展”(北京)恳谈会等活动，积极参加世界晋商上海论坛，曲沃的知名度和影响力得到进一步提高。全年通过招商引资成功签约重大项目5个，涉及总金额达20.08亿元。

三、坚持奋发有为，在“建设新曲沃”上见成效

加快产业转型，建设富裕新曲沃。积极谋划并全力构建了以“三大中心、八大园区”为基础的智慧菜谷、以“两大钢企、六大产品”为主导的绿色钢铁和以“六大景区、四大园林”为核心的全域旅游三次产业齐头并进、融合发展的新格局。农业提质增效上，深入实施乡村振兴战略，以智慧菜谷建设为抓手，大力推进农业产业规模化、标准化、品牌化建设，认

证无公害产地3.5万亩、培育省级示范农场2家、市级示范农场3家,“三品一标”产品达到42个,“绿色、安全、健康”正成为曲沃农业的最大优势、最好名片。工业转型升级上,坚定不移走生态优先、绿色发展之路,以千万吨级钢铁工业园区为主战场,高标准开展园区发展规划编制工作,全力推进2座1860立方高炉、沃能化工30万吨乙二醇联产等上百亿元的转型升级减量化项目,压减炼铁产能3.1万吨、炼钢产能3.2万吨,有力提升了工业经济发展的“含金量”“含新量”“含绿量”。文旅融合发展上,开展了全域旅游发展总体规划编制工作,高标准建设完成30多个反映曲沃历史文化的特色旅游展馆,探索市场化运作方式加强对各景区餐饮服务的运营管理,晋园被确定为国家4A级景区,曲沃县具备了创建国家全域旅游示范区的基础申报条件。

强化生态治理,建设美丽新曲沃。成立秋冬防及重污染应对强化管控攻坚指挥部,实行县四大班子领导包联制度。狠抓大气污染治理,加快推进18项大气防治深度减排治理,对26家规模企业和185家一般企业进行执法检查,实现237家“散乱污”企业全面“清零”;全力推进清洁取暖,集中供热新增和改造面积84万平米,“煤改气”“煤改电”面积112万平米,为历年来之最。狠抓水体污染治理,污水处理厂保温提效治理、黑河河道修复等工程建成投用,浍河(东韩段)深度提质治理三期工程基本完工,县域出境断面水质达到V类标准。

构建创新生态,建设活力新曲沃。集聚创新人才,大力实施“人才强县”战略,主动开展与“高精尖”人才的对接合作。特别是围绕智慧菜谷建设,引进了中国工程院院士、西北农林科技大学教授康振生和首批8家科研单位入驻,聘请了中国农科院农产品加工研究所研究员、首席科学家毕金峰在曲沃建立博士后工作站、担任曲沃县果蔬产业技术研究院院长,曲沃对高技术团队、高素质人才的吸引力显著增强。推进技术创新,大力支持县域企业开发和应用新技术、新材料、新工艺和新装备,不断提升创新能力和市场竞争力。立恒钢铁公司被认定为省级企业技术中心,全县省级企业技术中心达到3家。培育创新文化,在县电视台开辟“辉煌70年·沃国英才风采”访谈节目专栏,举办“三晋英才”优秀代表系列宣讲活动,实施中小微企业知识产权战略推进工程,在全县上下营造了尊重知识、尊重人才、尊重创新、尊重创造的浓厚氛围。

统筹城乡发展,建设宜居新曲沃。按照“大城、强镇、美村”总体思路,充分调动和协调各种资源,全方位推动城乡基础设施配套和公共服务完善。在城市建设上,研究制定了西城新区建设的方向性意见,加快推进了立恒工业园区还迁房、曲郑路改造和城东水厂建设等工程,谋划启动了108国道(曲沃段)改线和全长16.9公里的千万吨级晋南钢铁基地物流通道工程建设,为逐步拉大城市框架、贯通路网循环奠定了基础。在镇村建设上,扎实推进拆违治乱、垃圾治理、污水治理、厕所革命、卫生乡村“五大专项”行动,7个村被评定为省级改善农村人居环境示范村,3个村入选全省3A级乡村旅游示范村。

大力改善民生,建设幸福新曲沃。为393户1100余人发放金融扶贫贷款660.31万元,为135户499人提供了产业扶贫支持,对13户贫困家庭危房进行了重建、修缮、置换,25户66名建档立卡贫困户有序退出,脱贫攻坚质量成色得到显著提升。教育复兴蹄疾步稳,大力实施“名师名校”工程,不断深化集团化办学模式,探索实行校际联盟,设立教育发展基金,高考达二本B类分数线507人,达线率为39.36%,比2018年提高2.46个百分点;中考成绩600分以上人数达332人,比2018年增加159人,同比增长91.9%,高出全市平均水平47.9个百分点。卫体事业健康发展,县人民医院综合楼工程加紧建设,县中医院住院楼正在内部装修,县口腔医院迁址改建全面完成,全县医疗条件进一步改善。社会大局和谐稳定,在城区大力推行“四警联动”工作机制,交通秩序明显好转,街面见警率、现场查获率明显提高;深入开展“扫黑除恶”专项斗争,严厉打击各类违法犯罪行为,刑事案件同比下降15.2%;大力推进社会矛盾纠纷和各行业领域风险排查化解,强化安全生产隐患排查整治,安全生产事故起数和死亡人数实现“双下降”。

四、坚持党建引领,在实现“争当新标杆、打造新高地、建设新曲沃”目标上聚合力

加强党的政治建设。始终把高举旗帜、维护核心作为根本大事来抓,每遇习近平总书记发表重要讲话、作出重要指示批示,中央和省、市召开重大会议、作出重大决策部署,县委都第一时间进行传达学习,全年共组织县委中心组集体学习25次,结合实际研究制定贯彻落实方案12个,并及时跟进、严格督导,全县上下增强“四个意识”、坚定“四个自信”、做到“两个维护”的思想和行动更加自觉。

深入开展主题教育。坚持把学习教育、调查研究、检视问题、整改落实有机融合、一体推进,探索形成了“五步一循环、一月一小结”工作模式,创新开展了“万名党员进党校、学讲评议抓落实”活动,推动全县党员“进党校学、回支部(单位)讲、请群众评、交社会议”,全面凝聚起了不忘初心、牢记使命,守正创新、开拓进取的强大合力。

全面推进从严治党。召开县委十四届十五次全会,对推进全面从严治党向纵深发展做出针对性部署。研究制定《关于深化“三基建设”进一步加强基层工作的任务清单》,完成21个软弱涣散农村基层党组织的整顿工作;突出“十个一批”行动,评选出100名“守初心、担使命”优秀中青年干部和40名担当作为先进典型,择优选派14名年轻干部到浙江省南湖区、湖南省湘潭县开展实践锻炼,营造了激励干部新时代新担当新作为的浓厚氛围。坚持一体推进不敢腐、不能腐、不想腐,以张茂才违纪违法案件为反面典型,深入开展专题警示教育;严格落实“基层减负年”要求,大力推进了以改进“文风、会风、作风”为主要内容的形式主义、官僚主义突出问题集中整治行动,查处案件40起,给予党纪政务处分38人,组织处理2人;深入开展扶贫领域、民生领域、

涉黑涉恶、人防系统、大棚房清理、减税降费等方面的专项治理,共查处群众身边腐败问题179件,给予党纪政务处分116人,组织处理63人,全面从严治党的实效性不断增强。

(郭晓芳)

附:中共曲沃县委书记、副书记、县委常委名单

书　记: 杨保春(1月任职)

副书记: 吴　滨　尚　彬(5月离职)

石前进(5月任职)

常　委: 焦宏文　高剑云(女)　李晓龙

孙惠生(5月任职)　王克勤

朱志方(8月离职)　杜　斌

高志欣(11月任职)

中共翼城县委

县委书记　杨春权

2019年,翼城县委高举习近平新时代中国特色社会主义思想伟大旗帜,深入学习贯彻党的十九大和十九届二中、三中、四中全会精神,持续推进习近平总书记视察山西重要讲话精神落深落细,全面落实中央、省、市重大决策部署,不断将"1155"发展战略推向纵深,奋力拓展翼城高质量发展新局面。

一、聚焦关键领域,扎实推进翼城经济高质量发展

一是壮大实体经济,强化发展根基。切实加强对经济工作的组织领导,严格执行县级领导干部定点包联帮扶企业制度,常态化开展干部入企服务,分类施策推进"处僵治困",翼钢公司破产工作依法有序推进,舜达公司2100吨切边校正压力机已经运回,励鑫公司重新整合,新强、万众、睿丰、晋晟博雅等4家企业盘活存量资产利用废弃厂区新上项目,一些现实难题在群策群力中不断破解。全面落实支持民营经济发展的各项政策措施,认真抓好"小升规"工作,7家企业达到升规标准。二是改造传统产业,提升发展质效。狠抓煤炭、铸造等传统产业不放松,6座生产型煤矿正常生产运营,上河、东沟2座煤矿矿井建设加紧推进,晋源公司铸造烧结机改造技改项目、年产30万吨水渣微粉生产线技改项目投产运行,投资3000万元的山西锻造厂前轴机加线技术改造项目和3000KW中频加热炉项目建设完成。扎实推进高端装备制造、铜合金新材料产业园建设,高端装备制造园区详规设计完成,"六通一平"基础设施条件不断完善,可行报告、申报设立、整合调规、产城融合、项目入园等各项工作同步推进,春雷高性能高精度铜合金板带材、腾达3万吨专用铜合金棒材、高铁用合金钢辙叉、汽车前轴机加工生产线等项目相继落地。三是推进乡村振兴,释放发展活力。坚持质量兴农、效益优先,粮食总产量持续稳步提升,新发展苹果5300余亩,连翘20000亩,农产品销售总收入达到12亿元,申报实施了有机旱作农业整县推进、"省级农产品质量安全县"、省级现代农业产业园和全市唯一的国家绿色循环优质高效农业促进等项目,现代农业生产发展的基础更加牢固。全面深化农业农村改革,全县农村土地确权登记颁证基本完成,202个行政村集体产权制度改革全部完成成员身份确认和清产核资,探索的农业生产托管服务"三级体系"得到了农业农村部的充分肯定,被列为全国20个典型案例之一,农业发展的活力持续迸发。四是壮大文化旅游,增强发展后劲。以创建全域旅游示范县为目标,将历山作为全域旅游发展的龙头,在2018年被授予"历法之源"称号之后,翼城历山又成功创建"中国天然氧吧","大美历山"的知名度更加响亮。苇沟—北寿城遗址、南梁故城遗址、大河口霸国遗址被列入全国重点文物保护单位,我县国保单位增至10处。加快推进基础设施建设,武池乔泽庙—故城遗址旅游公路主体工程和相关附属设施全部完成,桥上王良纪念馆—西阎四圣宫旅游公路前期工作有序推进,佛爷山、翼城古城2个3A级景区接待中心即将投入使用,乡村旅游多点开花,里砦神沟、隆化史伯被评为省级旅游扶贫示范村,唐兴封壁、城内2个村成功入选全省首批100个乡村旅游示范村。

二、坚定信心决心,坚决打好打赢"三大攻坚战"

一是坚决打好打赢防范化解重大风险攻坚战。深入学习贯彻习近平总书记重要讲话精神,进一步增强底线思维和忧患意识,高度重视加强国家安全工作,严密防范化解暴恐活动、邪教破坏、策反窃密等重大风险,全力维护政治安全。将防范化解金融风险作为重要方面,坚持预防为先、标本兼治,不断健全金融监管体系,稳步推进农村信用社化险改制,加大信用社不良贷款处置力度,统筹做好非法集资、政府和企业债务、互联网金融等方面风险隐患防范化解工作,全力确保全县金融健康运行。紧盯意识形态、社会民生、安全生产等重点领域,压实责任、精准发力、持续推进,全力守住不发生区域性、系统性风险的底线。二是坚决打好打赢脱贫攻坚战。扎实推进脱贫攻坚"十大工程",完成了3个贫困村的电网扩容改造,完善交通、水利、旅游基础设施,打造苹果、连翘、杂粮、养殖等符合翼城产业发展实际的扶贫基地,带动贫困户稳定增收。深入学习贯彻习近平总书记在解决"两不愁三保障"突出问题座谈会上的重要讲话精神,全面落实"雨露计划"政策,为全县因病致贫人口全部落实了健康扶贫"双签

约”,为21个贫困村全部配备了基本的医疗设备,完成了81户农村危房改造主体工程和17个村36个饮水安全巩固提升项目。通过一系列务实举措,2019年顺利完成431人减贫任务。三是坚决打好打赢污染防治攻坚战。扎实推进清洁取暖改造,县城集中供热工程扎实推进,增加供热面积100余万平方米,基本实现全覆盖,“煤改电”“煤改气”加紧推进,完成81家工业企业深度治理,取缔整治“散乱污”企业13家,大气污染防治取得阶段性成果。进一步强化饮用水源地保护,县城生活污水处理厂提标改造工程建成运行,人工湿地项目即将开工建设,浍河翼城段6个村生活排污口整治工程顺利完成,水环境质量稳步提升。扎实开展全县固体废物专项排查整治和产废企业危险废物规范化工作专项检查,土壤环境质量持续改善。

三、坚守为民初心,全力把民生实事办好办实

一是加快发展社会事业。牢固树立教育优先发展理念,不断提升教育教学质量和义务教育均衡水平,2019年全县高考二本B类以上达线人数共2535人,再创历史新高,中考成绩继续全市领跑,教育工作经验在全市教育大会作为典型进行交流推广。持续深化公立医院综合改革,县医院迁建项目主体工程已完工,中医院住院楼建设项目主体及附属设施全部完工,县医院、中医院入选国家卫健委“全面提升县级医院综合能力第二阶段县级医院名单”。深入实施全民技能提升工程,就业和社会保障服务中心完成主体工程建设。加快市政基础设施建设,新华路建成通车,绛源路、翔翼大街等改造工程扎实推进,全力解决群众出行难问题。二是切实维护和谐稳定。围绕“防风险、除隐患、遏事故”目标,严格按照省委、市委部署要求,以超常力度加强安全防范工作,扎实开展高陡边坡隐患排查、护林防火专项督查、安全生产大检查“三个专项行动”,常态化推进安全生产专项整治和安全生产大检查,县处级领导干部严格履行安全生产责任制,认真抓好包联乡镇和分管领域安全生产工作,切实做到了守土尽责、守土负责。2019年全县事故起数和死亡人数实现“双下降”。强化“事要解决”力度,深入开展重点信访问题源头化解专项行动,全面落实退役军人优抚政策,全县安全稳定形势持续向好。积极推进中央专项巡视整治整改工作,不断巩固和发展宗教领域和谐稳定的良好局面。三是持续深化扫黑除恶专项斗争。深刻把握扫黑除恶专项斗争新阶段新要求,建立健全履行扫黑除恶责任台账和督导谈话长效机制,逐级传导压力,层层压实责任,总体战果保持在全市第一方阵,受到市公安局通令嘉奖。

四、扛牢政治责任,持续巩固风清气正的政治生态

一是从严加强党的政治建设。始终把政治建设摆在首位,高标准、严要求开展“不忘初心、牢记使命”主题教育,召开第二次学用习近平新时代中国特色社会主义思想经验交流会,邀请省市知名学者举办12期“翼城大讲堂”,开设第二期习近平新时代中国特色社会主义思想读书班,全覆盖开展“读学考”系列学习,创办《初心》栏目,强化“学习强国”学习平台推广运用,开展基层宣讲150余场次,多措并举推动学用工作往深里走、实里走、心里走。严守政治纪律和政治规矩,坚决贯彻落实上级决策部署,对落实习近平总书记视察山西重要讲话精神进行全面“回头看”,对党的十八大以来习近平总书记批示指示和中央、省委、市委重大决策部署进行全面梳理,建立落实清单,坚决在推进落实中践行“两个维护”、体现政治担当。二是从严加强基层组织建设。始终把“三基建设”放在全局工作的战略地位来抓,制定出台《关于深化“三基建设”进一步加强基层工作的实施方案》,加大资金投入力度,完善经费保障机制,深入开展基层党组织建设“创新争先年”活动,扎实推进基层党组织规范化建设。持续开展软弱涣散基层党组织专项整治,30个软弱涣散基层党组织实现整顿转化。积极探索党建引领村集体经济发展模式,村级集体经济收入5万元以上达75%。三是从严加强党风廉政建设。不断巩固监察体制改革成果,持续深化群众身边腐败问题专项整治,全年处置问题线索、立案、结案、党政纪处分、受理信访线索呈现出“四升一降”良好态势。进一步明确监督重点,对全县704名科级干部进行精准画像,严格管理考核。四是从严加强干部队伍建设。认真贯彻习近平总书记选人用人思想,以党政机构改革为契机,以建设高素质专业化干部队伍为目标,注重从边远地区、基层一线、大学生村官、选调生中发现优秀干部,先后对不同层次、不同领域的领导干部进行了15轮能力测试,在综合测试和平时考察考核的基础上,广泛征求分管领导、基层一线、人大代表、政协委员、广大群众等社会各个方面的意见建议,共调整县直、乡镇正职55人,占比达83.3%,调整乡镇其他班子成员55人,占比达76.4%,全县干部年龄、学历结构进一步优化,干部老龄化问题得到有效解决,工作经验被《人民日报》刊文推介,引发了良好的社会反响。五是从严加强干部作风建设。锲而不舍把整治“四风”往深里抓,定期对各乡镇、各单位涉及违反中央八项规定和“四风”问题的9个方面内容进行监督检查,常态化开展明察暗访。大力弘扬求真务实、真抓实干的工作作风,扎实推进“基层减负年”工作,深入开展形式主义、官僚主义突出问题专项整治,真正做到了发现一起、查处一起。

(尉海虹)

附:中共翼城县委书记、副书记、常委名单

书　记:杨春权

副书记:高永贤(11月离职)　刘　锋(11月任职)
解　湧

常　委:董　玲(女,1月离职)　许拥军(1月离职)
李放明(1月任职)　熊伟星　郑　磊
赖兴国　刘生明(8月任职)
郭　亮　章守文

中共浮山县委

县委书记　乔飞鸿

2019年，浮山县委高举习近平新时代中国特色社会主义思想伟大旗帜，全面贯彻党的十九大和十九届二中、三中、四中全会精神，深入贯彻习近平总书记“三篇光辉文献”精神，认真落实省委、市委重大思路要求和发展战略部署，团结带领全县党员干部群众围绕“生态环境立县、现代工业强县、现代农业富民、民生事业惠民”总体工作思路，攻坚克难，砥砺实干，全面拓展浮山党的建设和党的事业新局面。

一、深入学习贯彻习近平新时代中国特色社会主义思想，牢牢把握正确工作方向

浮山县委坚持用习近平新时代中国特色社会主义思想为指导、统揽工作大局、指导决策部署、衡量工作成效，带头增强“四个意识”，坚定“四个自信”，始终把践行“两个维护”作为首要政治任务。一是持续跟进学习。先后组织县委中心组学习30次，举办县委党校主体班2期、浮山大讲堂13期、农村“领头雁”培训班2期、专题培训班2期，教育和引导广大党员干部增强“四个意识”、坚定“四个自信”、践行“两个维护”，在思想政治行动上同以习近平同志为核心的党中央保持高度一致。二是对标谋划部署。2019年确立了以高质量党的建设为统领，突出抓好生态环境立县、现代工业强县、现代农业富民、民生事业惠民，推动实现经济高质量发展的“51513”工作思路，并组织召开党务工作、生态环保、脱贫攻坚等系列会议进行部署安排。三是狠抓推动落实。认真抓好中央第十五巡视组巡视山西反馈意见、市委第四巡察组巡察反馈意见整改工作，配合做好省委第四巡视组脱贫攻坚专项巡视工作，制定《关于落实省委深化中央巡视整改工作第二轮整改任务清单》，提出了10条整改措施，与第一轮整改任务一起统筹推进。坚持以上率下抓落实，主要领导亲自抓、带头干，有力推动了中央和省市决策部署在浮山落地见效。

二、聚焦浮山发展的目标定位，经济高质量发展开创新篇章

一是加快推进工业经济转型。围绕“现代工业强县”，立足现有产业基础，着力打造北煤、南铁、中园区“三足鼎立”的产业发展新格局。创设北王工业园区，积极推进华恒年产3.2万吨活性炭项目试产、太原煤气化清洁能源示范项目办理前期手续，同时加强配套设施建设，引沁入汾浮山供水工程顺利推进，臣南河水库工程顺利推进，国道G241改线工程复工重启，长临高速公路浮山县城联络线项目列入山西省高速公路规划调整方案，中南铁路战略发运站项目前期手续全部批复，为园区发展奠定了基础。规范提升南部铁矿，严守安全生产和生态环保两条红线，用法治的思维和方式管理铁矿企业复工复产，已有1家铁矿企业复工、5家准备复工，其余正在完善相关手续，铁矿企业的生产效率和规模效益实现全面提升。整合激活北部煤矿，积极推进煤炭产能置换，关闭中强福山煤矿，帮助春山煤矿项目办理核准手续。二是大力推动农业结构调整。以“51513”重点任务为抓手，大力推动西部以西瓜、苹果、蔬菜为主，南部以鲜桃为主，北部以优质核桃为主，东南部以谷子等小杂粮、连翘等中药材为主的特色产业，因地制宜发展以猪牛羊为主的养殖业，共发展蔬菜6.5万余亩、中药材2.8万余亩、杂粮3万余亩、水果1.2万余亩、猪牛羊5.2万余头(只)。提升张庄现代农业示范园区，依托印象田园旅游发展有限公司修复温室大棚95座，发展以水果南瓜、黄瓜为主的果蔬种植。培育壮大尧田农业科技、古桓牧业科技、汉中洋食品饮料、徐民牧业、神山土特产品有限公司5大龙头企业，有效带动了养殖、干鲜果等产业发展。培育壮大24个农民专业合作社示范点，建立利益联结机制，带动土地流转2.6万亩、全托管1.1万亩、半托管7.2万亩。投入1.2亿元实施农村人居环境改善项目(二期)工程，实施村级道路硬化49.9万 m^2、户厕改造3100个、安装路灯2960盏等项目。三是全面深化重点事项改革。成立县委全面深化改革委员会，召开两次县委深改委会议，年度确定的39项重大改革任务有序推进。党政机构改革顺利完成，调整了35个党政部门“三定”规定，整合了市场监管、文化市场等4个领域综合行政执法队伍，将42个事业单位承担的行政职能划归行政机关。农业改革成效明显，与省农科院开展“院县共建”科技合作，建立有机旱作小麦等科技成果转化基地21个、“南果北移”等试验创新孵化基地11个，落地技术推广项目32项，为农业产业发展提供了科技支撑。

三、统筹谋划、精心组织，“不忘初心、牢记使命”主题教育成效凸显

一是提早谋划部署。第一批主题教育启动后，迅速行动、提前预热，先后11次召开县委常委会议、县委中心组会议进行学习研究和安排部署；提前成立县委主题教育领导小组及办公室，对各乡镇、县直各部门主要负责同志进行思想动员和业务培训；提前开展调查研究、对照检视、专项整治，县级领导每周下基层调研不少于一次，实施农村软弱涣散基层党组织整顿“百日行动”，为主题教育开展奠定了坚实组织、思想和工作基础。二是突出以上率下。县委常委班子坚持谋在先、学在先、做在先，明确了17项重点工作，带头开展交流研讨、调查研究、检视问题、整治整改，带动全县各级各部门跟进开展、推动落实。建立县级领导联系点制度，采取1名县级领导联系1个县直部门、1个乡镇和1个农村，调研督导坚

持“四看”要求，即看工作是否扎实、看党员是否积极、看群众是否知晓、看措施是否落实。三是强化理论武装。坚持个人自学与集中学习相结合、线上学习与线下学习相结合、理论学习与交流研讨相结合。县乡两级党组织共开展集中学习研讨2000余次，开展革命传统教育、形势教育等1200余次，有力增进了对新思想的理论认同、政治认同和情感认同。四是坚持边查边改。通过群众提、自己找、上级点、集体议等方式，聚焦11个重点渠道，全县各级领导班子和党员干部共检视问题3909条，已整改2849条。扎实开展“8+2+5”整治整改，实行清单制落实、项目化管理，发现问题线索34条，处理31人。采取“县委命题、各单位破题”的方式，各级领导干部深入基层调研1000余次，形成调研报告296篇。深入开展“三服务”，发放明白卡4846张，落实服务事项324项。

四、凝心聚力、合力攻坚，全面小康稳步推进

一是巩固提升脱贫质量成色。严格落实县四大班子领导包联乡镇、干部驻村帮扶等制度机制，集中发力攻坚，顺利实现221户493人稳定脱贫。因地制宜推动特色产业发展，投入1994万元支持24家农民专业合作社和2个农业基础设施项目，带动1103户贫困户年增收3000—20000元；举办厨师、电焊等技能培训班46期，实现贫困劳动力转移就业1012人。全力改善贫困村基础设施条件，投入8011万元实施15个自然村45.74公里的道路硬化、99个行政村的集中供水工程，基本实现了群众脱贫有基础、增收有保障。二是强力推进生态环境治理。在大气治理方面，深度治理工业企业32家，排查整改“散乱污”企业70家；严抓清洁取暖、散煤管控、柴油货车等整治，重新调整扩大“禁煤区”和“禁燃区”面积，2019年城区新增供热面积13.5万m^2，总面积达168.5万m^2，基本实现了城区集中供热全覆盖。在水体治理方面，实施县污水处理厂提质改造和13个农村生活污水治理工程，积极开展河道清理整治行动，共清理垃圾1820方、淤泥2810方。在土壤治理方面，实施国土大绿化工程，栽植连翘、山桃等2.3万亩，规划三年绿化18万亩；全县77处固体废物存量点完成治理25处，其余52处依托天亿泽废弃资源综合利用有限公司回收加工、循环利用；完成了“九证十八口”、二峰山铁矿采矿沉陷区的生态治理修复。严肃查处环境违法行为，2019年下达环境违法行为决定书30起，收缴行政处罚148.06万元。三是全力维护安全和谐稳定。牢固树立总体国家安全观，制定实施《浮山县坚决打好防范化解重大风险攻坚战方案》，坚决防范各类重大风险。扎实开展高陡边坡隐患排查、森林防火、安全生产大检查三个专项行动，及时排查整治安全隐患。深入开展矛盾纠纷大排查大化解暨“四个重点”攻坚战，及时化解各类信访问题，顺利完成了信访维稳工作任务。深入推进扫黑除恶专项斗争，“打伞破网”，办结涉黑涉恶线索13条，抓获犯罪嫌疑人7人，保持了经济社会大局和谐稳定。四是民生福祉持续改善。始终坚持以人民为中心的发展思想，积极开展“我为浮山发展出点子”征求意见活动，切实解决广大群众最关注、最期盼的突出问题，不断提升群众的生活水平和幸福指数。整体提高教育质量。出台实施《浮山县教育质量提升三年行动计划(2019—2021)》，与天津汉德三维教育集团合作办学，创办浮山汉德三维实验学校，整体提升办学水平，及时回应了群众关切。投入314万元改造城关小学操场、实施中小学生营养餐计划，拿出108万元表彰奖励教育系统先进集体和个人，有效激发了教师队伍的活力和干劲。加快发展医疗事业。实施“院县共建、健康浮山”项目，引进市人民医院整体托管县医疗集团，将县医疗集团从人、财、物等方面全方位、深层次托管，有效提升了医疗集团管理和技术水平。2019年，县内就诊率增长46%，病人次均费用降低13.5%，群众看病难、看病贵问题得到了初步解决。不断拓宽就业渠道。结合县上编制缺口和工作需要，招录公务员32名，招聘事业单位工作人员39名。举办“春风行动”“金秋招聘月”等招聘会8场，签订劳务输出、转移就业等280余人。积极申报创建“山西厨师之乡”，浮山“六六”宴组队荣获全国第八届（山西省第七届）烹饪服务技能竞赛“特金奖”。全面提升城市品位。投入1.6亿余元，实施了尧山路人行道改造、承天门及东环路美化等城市建设类项目，部分工程已完工投用，有效提升了城市公共服务水平。特别是投入800余万元实施县城集中供水维护工程，在前交水源地新掘机井1眼，维修更新供水管网4200米，县城日供水量从3000方增加到5000方，彻底解决了城市居民生活用水难题。

五、压紧责任、夯实基础，党的领导全面加强

一是全面加强党的政治建设。认真贯彻落实省委十一届八次全会、市委四届六次全会精神，召开县委十三届五次全会对推进全面从严治党向纵深发展作出针对性部署。严格执行《新形势下党内政治生活若干准则》，县委常委班子召开2次专题民主生活会。认真抓好中央第十五巡视组巡视山西反馈意见、市委第四巡察组巡察反馈意见整改工作，配合做好省委第四巡视组脱贫攻坚专项巡视工作，制定《关于落实省委深化中央巡视整改工作第二轮整改任务清单》，提出了10条整改措施，与第一轮整改任务一起统筹推进落实。二是牢牢把握意识形态主动权。将意识形态工作纳入全县工作大局、党建工作责任制、年度目标考核体系和县委巡察范围，召开4次研判会对意识形态领域形势进行分析研判，积极稳妥做好舆论引导。以学习贯彻习近平新时代中国特色社会主义思想和庆祝新中国成立70周年为主线，以“唱响时代赞歌”为主题，举办了40项系列文艺活动，营造了浓厚氛围。大力培育社会文明风尚，评选“好婆婆、好媳妇”典型100名、文明家庭10户等，用身边的事教育身边人，起到了良好示范效应。三是强化干部选拔任用管理。严格执行“好干部标准”，进一步匡正选人用人导向，坚持适者留、优者提、庸者让、劣者汰的原则，先后分8个批次选拔任用干部238人。注重选拔使用基层一线干部，从乡镇机关、农村“第一书记”、驻村工作队员等岗位使用干部132人，占选拔任用干部总数的55.5%；注重选拔使用优秀年轻干部，选拔使用35岁以下年轻干部69人，

占选拔任用干部总数的29%。大力改进干部工作作风，提出绝不容忍安排工作没有回音，绝不容忍不思进取、得过且过，绝不容忍敷衍懈怠、糊弄应付的“三个绝不容忍”要求，并通过“不忘初心、牢记使命”主题教育就干部作风问题进行专项整治，全县上下呈现出风气正、干劲足、面貌新的良好局面。四是统筹推进各领域基层党建。制定深化“三基建设”进一步加强基层工作47条工作措施，实行清单化管理，全面提升基层党建质量和水平。推行乡镇党委书记双月例会制度，促进各乡镇相互交流、共同提高，把奋勇争先、比学赶超形成一种常态和习惯。共排查出软弱涣散基层党组织27个，采取领导干部“五包三联”、以强带弱等工作措施集中整顿，现已全部完成整顿提升。加强和改进全县城市基层党的建设，社区党组织建设更加坚强有力。大力推行“村支部＋公司”模式壮大农村集体经济，认真实施财政扶持集体经济项目，基层党组织政治功能、服务功能明显提升。五是持续推进正风肃纪反腐。加强对反腐败工作的全过程领导，召开2次县委反腐败领导小组会议研究部署，巩固发展反腐败斗争压倒性胜利。认真落实中央八项规定精神，驰而不息纠治“四风”，着力解决形式主义、官僚主义突出问题。完成县委第七轮、第八轮巡察和人防系统专项巡察，第七轮巡察发现共性问题163个、问题线索19件，现已整改162个、办结6件，第八轮巡察正在梳理完善巡察报告。2019年，全县纪检监察机关共立案146件，结案138件，给予党纪政务处分138人，移送审查起诉14人。

（赵　亭）

附：中共浮山县委书记、副书记、常委名单

书　记：乔飞鸿（1月任职）

副书记：栗俊昌　任吉龙（8月离职）　王　栋（8月任职）

常　委：李学良　赵顺兆（8月离职）　苏政锦（8月任职）　刘云生　高学忠（10月离职）　尹明星（5月离职）　马　波（5月任职）　吕百新（11月离职）　程　斌（11月任职）

中共襄汾县委

县委书记　刘　浩

2019年，襄汾县委高举习近平新时代中国特色社会主义思想伟大旗帜，认真学习党的十九大和十九届二中、三中、四中全会精神，深入贯彻习近平总书记视察山西重要讲话精神，坚决落实省委“一个指引、两手硬”思路要求、市委“345”发展战略，坚持“1234”总体思路，不忘初心、担当使命，团结带领全县党员干部群众，攻坚克难、砥砺前进，全县各项事业和党的建设取得新进步。

一、全面从严管党治党，政治生态更加风清气正

一是政治建设全面加强。县委旗帜鲜明讲政治，坚持把学习贯彻习近平新时代中国特色社会主义思想作为首要政治任务，全面系统学、深入思考学、及时跟进学、联系实际学、自觉主动学、率先带头学、真心实意学、笃信笃行学、反复连续学、随时随地学，切实增强了“四个意识”，坚定了“四个自信”，做到了“两个维护”。认真落实“三会一课”、组织生活会、领导干部过双重组织生活会等制度，党内政治生活的政治性、时代性、原则性、战斗性不断增强。坚持把习近平总书记重要批示作为党内政治要件，对表对标习近平总书记重要论述和党中央部署要求，不折不扣贯彻到底，推动习近平新时代中国特色社会主义思想和党中央决策部署在襄汾落地生根。

二是主题教育扎实开展。学习研讨“深”。各级党组织和党员干部精读原著原文、集中开展研讨、深入交流思想；采取图解表、闭卷考试、随机提问等方式，入心入脑、入言入行。调查研究“实”。各级党员领导干部扑下身子、沉到一线，围绕改革发展稳定突出问题，聚焦民生领域重点难点堵点，用心调查研究，细心解剖麻雀，精心撰写报告，共梳理问题830个，解决实际困难383件。检视问题“真”。召开找差距专题会和专题民主生活会，带头把自己摆进去、把职责摆进去、把工作摆进去，严肃认真开展批评与自我批评。整改效果“好”。聚焦方便群众候车，对城区38个公交候车设施实施人性化改造；聚焦群众安全出行，开展了打击整顿黑出租行动；围绕学生接送难，探索实行了校内托管服务，让群众感受到了主题教育带来的新变化。同时，组织推动“8+5”专项整治整改，清单

化落实，项目化管理，以真整真改赢得了群众点赞称赞。

三是思想建设成效显著。坚持用习近平新时代中国特色社会主义思想武装头脑，举办思想读书班1期、外出延伸培训班2次、干部大讲堂5期，累计培训干部1万余人次。扎实开展“改革创新、奋发有为”大讨论，进一步解放了思想、更新了观念、提升了标杆。加强意识形态工作，健全完善了研判通报、述职汇报、监督检查机制，编发舆情信息36期，回应了社会关切；顺利完成“二青会”火炬传递，成功举办70周年系列庆祝活动，激发了爱国热情，凝聚了奋斗力量。

四是组织建设持续加强。坚持德才兼备、以德为先、任人唯贤，公公道道、硬硬气气、正正派派调干部，共调整干部227名，一批年富力强、充满活力的年轻干部走上重要领导岗位。持续引深“三基建设”，优先充实基层力量，招录30名公务员、选派40名第一书记到乡村开展工作；组织117名专家人才，深入基层开展帮扶；优先保障工作经费，累计投入1050万元，保障乡镇组织运转，扶持10个重点村壮大集体经济，建成79个高标准“五室一站一中心”活动场所，树立了大抓基层的鲜明导向。坚持严管厚爱相结合，认真落实职务与职级并行制度，完成公务员职级套转，打通了公务员发展新通道；选树了26名担当作为突出干部，激励广大干部新时代新担当新作为，干事创业的氛围更加浓厚。

五是正风肃纪反腐纵深推进。12次召开专题会议，加强对反腐败工作的全过程领导；紧盯“关键少数”，收集政治“画像”，做实做细监督责任。充分发挥乡镇纪委和监察员的“前哨”“探头”作用，以《农村干部小微权力清单38条》为抓手，以村务公开为关键，以发现问题为核心，预防了农村干部“微腐败”。认真落实中央八项规定精神，驰而不息纠治“四风”，共查处“四风”问题21件，党纪政务处分18人、诫勉谈话12人、组织处理5人；持续推进基层减负，集中整治形式主义、官僚主义，共查处问题23件31人，作风建设实现持续转变。坚持有腐必反、有贪必肃，坚持无禁区、全覆盖、零容忍，共立案175件，党纪政务处分176人，留置2人；集中整治民生领域腐败问题，共查处236件，党纪政务处分99人，诫勉谈话16人、组织处理121人，不敢腐的震慑持续强化，不能腐的笼子越扎越紧，不想腐的堤坝正在构筑。

六是制度建设全面加强。深入贯彻党的十九届四中全会精神，教育党员干部强化规矩意识、制度意识，带头遵守制度、维护制度，严格按制度履行职责、行使权力、开展工作。健全完善《干部群众意见建议征集制度》《关于建立权力运行监督联席会议制度的实施办法》等制度，进一步增强了制度执行力，推动治理体系和治理能力现代化迈上新台阶。

二、全力以赴推进转型，经济高质量发展步伐更加坚定

全年地区生产总值完成136亿元，同比增长6.5%；规模以上工业增加值完成45.2亿元，同比增长2.84%；固定资产投资完成40.66亿元，同比增长16.4%；一般公共预算收入完成7.55亿元，同比增长12.5%；社会消费品零售总额完成54.4亿元，同比增长7.8%；城镇居民可支配收入达到32815元，同比增长6.5%；农村居民人均可支配收入达到14731元，同比增长10%，呈现出稳中向好的良好态势。

一是农业高质量发展加快推进。大力实施乡村振兴战略，深化农业供给侧结构性改革，成功获批国家级产权制度改革试点县，全省首家三产融合农业产业化联合体挂牌成立，尧京酒庄荣获首届国际葡萄酒金奖，林乡四季荣获“山西省农业农村创业大赛”一等奖，万之源食用菌棒首开农产品出口先河；成功引进华源生物科技绿色循环产业园，积极推进农绿园有机肥、智旺牧业生猪养殖等项目；成功举办“农民丰收节”，组织老关家肘子、农哈哈苹果等企业参加各类博览会，进一步提升了我县农产品的影响力、知名度、美誉度。

二是工业高质量发展深入推进。围绕省委建设“示范区、排头兵、新高地”三大目标，市委“退川入山、退城入园”部署要求，优化产业结构，调整产业布局，提升传统产业，宏源200万吨焦炭以“飞地经济”模式落户古县，万鑫达焦化与马钢化工签署战略合作框架协议，光大焦化建成煤化工与生活科普馆，打造绿色花园式工厂；中科院无人机综合验证基地项目落地襄汾，成为推动经济社会发展的支撑点、引爆点。大力培育新兴产业，引导高端装备制造企业入驻，布局建设了1000亩短流程铸造集聚区，着力打造集约化、集团化特色绿色园区；碧云天生物科技、辉瑞制药等7家企业挂牌企业创新板，开启了襄汾企业进军资本市场新征程。扎实开展“万名干部入企进村服务”，协调贷款1.36亿元，全力打造“六最”营商环境。

三是文化旅游融合加速发展。坚持把文化旅游业作为战略性支柱产业，大力实施“一轴一带六线八景区”工程，陶寺旅游公路和108国道改桥工程顺利推进，丁村入选全省首批3A级旅游示范村，光大工业旅游示范园成为全国首家焦化企业3A级景区，龙澍峪提质项目、荷花园4A景区建设有序推进；突出“最早中国”品牌，建成10个研学旅行基地，研学课程不断丰富。文旅融合成效显著，19家非遗项目入驻荷花园文旅融合示范基地，唐人居、平阳麻笺、丁村土布等非遗项目继续做大做强；成功举办“非遗进景区、百家旅行社推介活动”，文化和旅游实现了“诗”与“远方”的结合。全县旅游人数373万人次，实现旅游收入37.97亿元，同比增长27%。

四是项目建设强力推进。2019年确定的54个重点工程项目，复工开工43个，开复工率达到79.6%；恒源20万吨高岭土顺利竣工，博利士纳米、大地华基固废利用、华天基纸业等新兴产业项目加快推进，为经济结构调整注入了新动力。深入开展“情系家乡、帮助老乡、回报故乡”招商引资活动，鼓励引导襄汾籍在外人士投资家乡、建设家乡、造福家乡；积极参加各类对接会，赴北京、天津等地考察项目，签约项目17个，总投资达到106亿元；跟踪对接湖南泰富重装、浩博教育集团、中惠旅智慧景区管理等一批具有行业领先地位的大项目、好项目，努力为县域经济发展增添动能。

五是全面深化改革稳步推进。48项年度重大改革任务和7项重点改革事项扎实推进，党政机构改革顺利完成，农

林文旅康试点县建设、国家级田园综合体试点建设等改革事项持续深化。坚持以经济技术开发区为龙头牵引,完成管委会班子组建,"一正三副"全部到位;组建了投资公司,设立了投融资平台;推行"一枚印章管审批",将93项行政管理权授予开发区,启动了300亩"标准地+承诺制"试点,40余家新业态新企业入驻,改革对经济发展的牵引作用更加凸显。

三、坚定不移打好三大攻坚战,决胜全面小康基础更加坚实

一是持之以恒抓好脱贫攻坚。以迎接国家脱贫攻坚成效考核为契机,创新开展分片循环督查,认真查缺补漏,高标准整改,严要求落实。加强基础设施建设,改造危房77户,安装分质供水健康水站32台;深入开展"三级书记"遍访贫困对象行动、干部下乡进村入户帮扶活动,协调解决实际问题,提升群众满意度,脱贫攻坚质量成色有效提升,为2020年"交总账"打下了坚实基础。

二是坚持不懈抓好环境治理。按照临汾市"一城三区"范围内限制类焦化、钢铁企业关停退出工作要求,依法依规对未按要求完成深度治理的顺泰实业有限公司实施关停;持续推进工业企业深度治理,累计投入27亿元,对全县162家企业、797项点位进行了深度治理;扎实开展散煤污染专项整治,"禁煤区"范围从111个村扩大到224个村,"禁燃区"内洁净煤供应点由14个调整为9个;扎实推进清洁取暖工程,"煤改气"管道入户19622户、安装壁挂炉16641台、通气点火12640户,"煤改电"安装空气能448台,清洁取暖工程走在全市前列。截至目前,全县二级以上天数177天,空气质量综合指数6.3,同比下降6.7%;二氧化硫平均浓度22ug/m^3,同比下降35.3%;PM2.5平均浓度54ug/m^3,同比下降8.5%,全县空气质量持续好转。全面排查整治入河排污口,狠抓地表水、水源地保护、水污染防治等工作,全县地表水水质明显改善;认真抓好污水处理厂提标改造,不遮掩问题、较真碰硬,迎难而上、狠抓整改,确保稳定达标排放。

三是毫不松懈抓好风险防控。扎实开展扫黑除恶专项斗争,打掉黑恶势力犯罪团伙20个,破获刑事案件104起,抓获犯罪嫌疑人154人,扫除了一批恶势力团伙。深入开展高陡边坡隐患排查、森林防火、安全生产大检查三个专项行动,全县各类经营性生产安全事故和死亡人数实现"双下降",经济社会大局保持和谐稳定。

四、倾心倾力改善民生,人民群众获得感更加充实

县城初中实现集团化办学,县职教中心汾城校区开班招生,办学质量和效益整体提升;全省首家"少年硅谷"人工智能中心落户我县;普通高考二本B类以上达线2382人,2人被清华、北大录取,再创历史新高。县医院河西新院和中医院门诊楼、医技楼、住院楼主体工程和内外部装饰完工;县医院与山西白求恩医院、山西省肿瘤医院、西安市红会医院签订了医联体协议。新增城镇就业6128人,创业就业957人,转移农村劳动力6641人;发放城市低保902万元,农村低保2236万元,临时救助2184人次;养老、工伤、失业保险参保38.4万人次,基本医疗保险参保43.7万人次。投资4.18亿元,实施了572公里的"四好农村路",占全市总里程的三分之二,打造了襄汾人民的小康路、希望路、民心路。

(师京卫)

附:中共襄汾县委书记、副书记、常委名单

书　记:刘　浩

副书记:乔飞鸿(1月离职)　白建成(1月任职)
李青雁(女,1月离职)　岳　磊(1月任职)

常　委:亢大勇　曹　佩　杨建廷　杜许堂
傅德明　曹丽娟(女)　张连昌(12月离职)
张振斌(12月任职)

中共洪洞县委

县委书记　郑步电

2019年,洪洞县委高举习近平新时代中国特色社会主义思想伟大旗帜,全面贯彻党的十九大和十九届二中、三中、四中全会精神,认真落实习近平总书记视察山西重要讲话精神,紧紧团结、依靠全县广大干部群众,积极适应形势发展,持续深化项目落地、新区打拼、民生提质、社会向荣、党建护航"五大战略",有力推动党的建设和党领导的事业互促共进,开创了"保优夺魁"的崭新局面。

一、把政治建设摆在首位,开辟学用习近平新时代中国特色社会主义思想新境界

一是强化理论武装,不断引深政治建设。坚持把学用习近平新时代中国特色社会主义思想与落实习总书记视察山西重要讲话精神结合起来,持续跟进学习习总书记最新讲话,系统研学《纲要》《选编》《汇编》等书目,做到学深悟透、融会贯通、真信笃行。把学好用好党章党规作为终身"必修课",以自我革命的精神和刀刃向内的勇气,组织各级领导干部认真围绕"18个是否"找差距、抓落实。针对性地开展政治素质专题培训班,引导党员领导干部坚定用新思想武装头脑、指导实践,推动学用工作往深里走、往心里走、往实里走。

二是锤炼忠诚品格,扎实开展"不忘初心、牢记使命"主题教育。坚持把开展"不忘初心、牢记使命"主题教育作为重

大政治任务,及时召开动员部署和推进会议,抓整体谋划、抓关键动作、抓督促指导、抓持续引深。各级领导班子成员带头"读原著、学原文、悟原理",带头围绕8个专题开展交流研讨,带头围绕"三个联系、三个讲清楚"讲党课,带头结合"五个围绕"开展调查研究,带头检视整改问题。集中力量抓好"8+1"专项整治工作,深入"服务地方、服务基层、服务群众"活动,切实解决了一批动摇党的执政根基、阻碍党的事业发展的突出问题,解决了一批民生领域群众的操心事烦心事揪心事,增强了老百姓的获得感。

三是勇于自我革命,精心组织"改革创新、奋发有为"大讨论。以对历史负责、对发展负责、对洪洞负责的态度,深入组织开展"改革创新、奋发有为"大讨论。围绕破除僵化保守、因循守旧、封闭狭隘、资源依赖、随遇而安、慵懒散漫等观念和行为,举办先进典型报告会,开展对标一流述职评议,制定"对标一流整改提升清单",推动"万名干部入企进村服务"。通过大讨论,各级党员干部发现问题、制定举措、整改提升,取得了丰硕的思想成果、实践成果和初步制度成果,在洪洞兴起了一场学习革命、思想革命、工作革命。

二、坚定转型不动摇,持续培育经济高质量发展新动能

一是强力保障经济稳定运行。不断加强党对经济工作的领导,定期召开形势分析会、项目推进会,直面突出问题,采取有效措施,保持了经济持续平稳增长。2019年,全县生产总值完成151.5亿元,一般公共预算收入完成9.7亿元,固定资产投资完成40.6亿元,社会消费品零售总额完成70.3亿元,城镇居民人均可支配收入完成30848元,农村居民人均可支配收入完成13025元。

二是扎实推进重点项目建设。认真落实省委、省政府"深化转型项目建设年"部署要求,强化要素保障,强化责任落实,实行项目定期调度、约谈通报、问责问效机制,形成了上下联动、齐抓共管的项目工作模式,为项目建设提供了坚强保障。洪崖煤矿正式投产,西山光道、晋圣荣康煤矿基建工程有序推进;瓦日铁路洪洞煤焦集运站及煤运通道、国耀兆林1×30MW生物质发电、安顺达激光熔覆技术处理等项目稳步实施;佑德文化产业基地、飞虹微纳米外延片、柏之源有机肥等一批新型产业项目投产达效。

三是持续加强转型动能培育。以服务实体为抓手,持续做优二产、做强三产,加快培育产业转型新动能。依托洪洞经济技术开发区、甘亭工业园区,扩大对外交流,积极招商引资,引进了埠瑞联特煤机制造、华翔智能制造产业园(一期)、智能阀门装备制造等一批优质项目落户洪洞。把文旅产业作为战略性支柱产业来培育,坚持文旅产业融合发展,整合文化旅游资源,全域统筹、全域谋划、全域推进,成功创建首批国家全域旅游示范区,洪洞再添一块国家金字招牌,"洪洞经验"在全国全域旅游培训班上得到介绍推广,文旅产业助推转型发展的效应持续放大。产业结构反转呈积极态势,三产比重优化为6.4:45.9:47.7。

三、坚决打好三大攻坚战,为决胜全面建成小康社会奠定坚实基础

一是坚决打好污染防治攻坚战。认真践行习近平生态文明思想,铁腕精准落实《打赢蓝天保卫战三年行动计划》,全力抓好工业企业深度治理和"散乱污"企业整治,落实企业错峰生产政策;持续推进清洁能源取暖改造和散煤治理,农村"煤改气"用户达到6.6万户,供应洁净煤19万吨,实现禁煤区无煤化、禁燃区无劣质煤,大气污染防治取得新成效。全面贯彻习总书记关于黄河流域生态保护的重要讲话精神,持续推进汾河流域治理,汾河断面水质明显改善。狠抓中央和省市环保督察反馈问题整改工作,一批突出的生态环境问题得到有效解决。

二是坚决打赢脱贫攻坚战。把脱贫攻坚作为压倒一切的政治任务,围绕"六个精准",推动政策、责任、工作"三落实"。在巩固提升脱贫成果的基础上,继续加大扶贫工作力度,产业扶贫、健康扶贫、金融扶贫、教育扶贫等举措进一步落实落细,带动脱贫面不断扩大,圆满完成年度脱贫任务。牢固树立"交总账"意识,按照"四个不摘"要求,围绕"两不愁三保障"全面排查问题,逐项整改销号。深入开展扶贫领域腐败和作风问题专项治理,确保脱贫质量成色。

三是坚决打好防范化解重大风险攻坚战。坚决扛起防范化解重大风险政治责任,出台《洪洞县坚决打好防范化解重大风险攻坚战方案》,紧盯8个领域、49项重点任务,压实责任、精准发力、持续推进。严格落实安全生产责任制,深入开展安全生产大排查、大整治行动,严厉打击非法违法生产行为。深入开展扫黑除恶专项斗争,打掉黑恶势力集团6个、团伙14个,抓获犯罪嫌疑人129人,破获各类案件102起,收缴文物920件。全县刑事案件立案起数和治安案件发现受理数均明显下降,牢牢守住了"三个坚决防止"和"三个不发生"的底线。

四、全面深化各领域改革,不断激发县域发展活力

始终以啃硬骨头精神全面深化改革,推深做实"三个三"工作法,健全党政主要负责同志亲力亲为抓改革机制,压实领导分工负责制,定期召开县委全面深化改革委员会会议,研究改革议题,审议改革方案,不断加强改革顶层设计、协调推进、落地见效,年度6大领域43项改革任务按序时进度顺利推进。党政机构改革方面,调整配备51个班子351名干部,党的领导体系、政府治理体系得到重构性健全,党的领导力、政府执行力得到系统性增强。开发区改革方面,洪洞经济技术开发区"三制"改革圆满完成,开发区经济牵引作用更加明显。"放管服效"改革方面,初步建立"互联网+政务服务"体系,审批流程持续优化,行政效率逐步提高。融媒体融合改革方面,作为全省首批试点县,融媒体中心在全市率先建成,实现了与省级技术平台的互联互通。农业改革方面,探索推行农业生产"五位一体"托管改革,经验在全国推广。

五、坚持以人民为中心，全面统筹城乡一体化发展

一是加快民生事业发展。着力办好人民满意教育，深入实施教育振兴计划，投资6.4亿元的河西新区完全中学进展顺利，乡镇中心幼儿园和薄弱学校建设改造相继完工，327名新招录教师步入工作岗位，高考二本以上达线人数、达线率实现双突破。深入推进医药卫生体制改革，完善基本医疗卫生制度，全民医疗卫生水平持续提升。大力实施全民技能提升工程，全年新增就业4900余人，转移农村劳动力6000余人。城乡居民基本医保制度实现并轨提质，城乡居民大病保险制度全面建立，全民医保制度日趋完善，全县共发放城乡低保、城乡医疗和各类救助金8000余万元。

二是持续推动乡村振兴。按照产业兴旺、生态宜居、乡风文明、治理有效、生活富裕的总要求，持续深化乡村振兴战略。粮食生产稳定在8亿斤左右，水地小麦最高单产再次刷新全省记录，被省农业农村厅确定为“粮食生产功能区划定”试点县。加快推进有机旱作农业，深入实施有机旱作农业示范工程，成功建成3个省市示范片。全面落实农作物政策性保险、农机购置补贴、农业支持保护补贴等惠农政策，累计落实补贴6500万元。学习浙江“千万工程”经验，坚持六沿带动、全域整治，深入推进乡村环境卫生整治，彻底清除了一批长期积累的农村“脏乱差”顽疾，全市现场会在洪洞召开，经验做法在全省推广。

三是不断创新社会治理。严格落实“党政同责、一岗双责”，深入开展安全生产大排查、大整治行动，严厉打击非法违法生产行为，全县安全生产形势持续好转，生产安全死亡事故起数和死亡人数实现“双下降”。高度重视信访工作，着力从源头上化解矛盾纠纷，圆满完成重大活动、重大时段期间维稳任务。认真学习“枫桥”经验，不断提升城乡基层社会治理水平，“雪亮工程”进展顺利，实名制警务室实现行政村“全覆盖”，人民群众的安全感、满意度不断提升。

六、一以贯之落实全面从严治党要求，全力构建风清气正的政治生态

一是扛牢主体责任，推动从严治党向基层延伸。坚定把主体责任扛在肩上、抓在手中、落到实处，在年初中共洪洞县委十四届七次全会部署的基础上，召开中共洪洞县委十四届八次、九次全会，对全面从严治党和贯彻落实党的十九届四中全会精神进行安排部署。高位推动夯实责任，定期听取人大常委会、政府、政协和法检“两院”党组工作汇报，明晰党风廉政建设“双清单”，认真落实签字背书制度，积极履行“一岗双责”，以上率下推动责任落实。抓实基层责任延伸，认真推行责任清单、工作约谈、县委巡察、监督提醒、“面对面”述职等工作机制，将责任和压力传导至各乡镇、各部门，延伸到基层站所、村、医院、学校等“神经末梢”，确保管党从严、执纪从严、治吏从严、作风从严、反腐从严全面落实。

二是严肃党内生活，营造干事创业浓厚氛围。以党章为根本遵循，严格党的组织生活，坚持“三会一课”制度，坚持民主生活会和组织生活会制度，全县1100多个基层党支部开展主题党日活动6000余次，2.7万余名党员参加了民主评议。认真践行新时代党的组织路线，坚持好干部标准，选拔使用了一批优秀年轻干部，全县各级领导班子得到优化。全面激励干部担当作为，选树了35名群众身边的“担当作为”先进典型。统筹推进人才队伍建设，高规格评选表彰30名“槐乡英才”，形成了人人尽展其才的生动局面。全县党内政治生活更加制度化、规范化，选人用人的正确导向更加鲜明，干事创业的氛围更加浓厚。

三是坚持固本强基，持续引深“三基建设”。始终把加强“三基建设”作为“党建护航”战略的重要抓手，出台《关于深化“三基建设”进一步加强基层工作的若干措施》，针对性提出16方面、53条举措，进一步推动基层工作全面进步、全面过硬。创新开展“共产党员家庭挂牌”“政治生日”等活动，对47个“五星级”示范党支部予以授牌，63个软弱涣散基层党组织全部转化提升。深入贯彻“当好三个表率、建设模范机关”的要求，全面提升县直机关党建的质量和水平。深入实施乡镇机关规范化建设行动，扎实推进村级活动场所建设，构建了设施完善、功能齐全的基层服务阵地。始终重视干部的学习教育，举办了16期“槐乡干部大讲堂”和优秀年轻干部培训班、读书班，选派年轻干部赴厦门、遵义等地培训学习，干部的综合能力得到明显提升。

四是持续正风肃纪，坚定不移深化反腐败斗争。时刻把纪律挺在前面，驰而不息纠正“四风”，查处违反中央八项规定精神问题75件，处理123人。坚持标本兼治，以最坚决的态度减少存量，以最果断的措施遏制增量，一体化推进不敢腐、不能腐、不想腐，贯通运用监督执纪“四种形态”处理569人次，监督执纪由“惩治极少数”向“管住大多数”拓展。坚决落实巡视巡察整改要求，紧盯关键少数和关键岗位，部署开展了八轮巡察，并重心下移、延伸到村，全面强化常专结合、多级联动的政治巡察。持续加强廉洁教育，教育引导党员干部永葆共产党人政治本色。

（郭杰伟）

附：中共洪洞县委书记、副书记、常委名单

书　记：郑步电

副书记：杨建军　赵双宝（12月离职）

常　委：任俊杰（1月离职）　樊如荣（女）　张晓晖　周希斌　程　军（1月任职）　高　涛（女）　刘春林　程永伦（11月离职）　王　欣　刘贵平（11月任职）

中共安泽县委

县委书记 李 强

2019年，安泽县委坚持以习近平新时代中国特色社会主义思想为指导，全面贯彻党的十九大和十九届二中、三中、四中全会精神，深入学习贯彻习近平总书记视察山西重要讲话精神，坚决按照省委“一个指引、两手硬”部署要求，从严落实市委“345”发展战略，坚持稳中求进工作总基调，凝心聚力、锐意进取，全力加快“山水田园城、精品旅游县”建设步伐，推动经济社会发展和党的建设取得新成就，全县各项工作稳中向好、稳中有进，安泽全面振兴、绿色崛起开创了新局面。全县地区生产总值完成63.8亿元，固定资产投资完成12.5亿元，一般公共预算收入完成6.7亿元，全县经济始终保持稳定向好的发展态势。

工业建设。一是积极推进“煤焦”产业改造升级，持续提高煤炭先进产能占比，全县4座煤矿2座达到国家一级安全生产标准化、2座达到国家二级安全生产标准化；蔺鑫10万吨/年LNG清洁能源配套170万吨/年焦化项目、科鑫8万吨/年针状焦配套30万吨/年焦油加氢处理项目推进顺利。二是新兴产业蓄势待发，大力推进能源革命，积极发展新兴产业，永乐区块等三大煤层气勘探项目建设全面加快，中石油马壁东煤层气勘探项目年生产能力达到4亿方，安泽成为临汾清洁能源主要输出地。微波能应用战略同盟研发基地落户安泽，安泽能源革命迈出崭新步伐。三是开发区建设加快推进，开发区管委会正式组建成立，开发区四至范围调整已上报省商务厅同意，总体规划、产业发展规划、规划环评正按照调整后的四至范围进行修改完善。浙江品达元拾5G高性能铝镁合金材料、石家庄鸿锐集团丁腈乳胶新材料等项目成功签约。四是民营经济蓬勃发展，持续优化营商环境，出台《安泽县关于支持民营经济发展的意见》等文件，各级领导干部定期深入包联民营企业，了解生产经营情况和发展需求，解决发展问题。

三农工作。牢固树立农业农村优先发展战略，大力推进农业转型和美丽乡村建设。坚持走特色化、精细化、功能化农业发展之路，加快以连翘为主的中药材产业发展，全国连翘产业联盟成立大会在安泽召开，国内首家连翘产业博士工作站、山西师范大学博士工作站在安泽挂牌，成功创建“安泽连翘”国家级特优区。同时，不断加大农产品品牌创建，大力发展鸡枞菌、连翘茶饮品及蜂蜜等农特产品，拓展农产品销售渠道，不断提高农业产业化、标准化、品牌化水平，成功申报省级樱桃有机旱作农业、市级谷子有机旱作农业封闭示范片。持续夯实基础设施建设，实施耕地质量提升、农机配套融合等工程，严格控制化肥农药使用量，持续实施农药瓶等农业废弃物回收工作，提升耕地质量，打造绿色健康食品供应地。实施农村饮水巩固提升工程55处，有效解决7个乡(镇)、73个自然村、2.17万人的饮水问题。以“五大专项行动”为抓手，持续加强农村人居环境整治，稳步推进下水道、旱厕改造等工程，主要交通干线沿线环境整治工作在全市交叉检查中排名第一。

城乡建设。一是城市基础持续完善。长临高速连接线工程建设基本完工，城市“动脉”进一步畅通。启动实施县文教街路南等7个片区棚户区改造项目，新安花园、新泽花园等住房项目稳步推进。加快推进源头治水，全面完成县城段污水管网改造、义唐河县城段治污、污水处理厂扩容提标等重点工程项目，县城污水处理率持续提高。实施供热供气综合利用工程，完成马壁东里至县城输气管道建设35.2km，新建县城热源站2座，全面提升县城集中供热质量，确保群众温暖过冬。二是城市功能持续提升。牢固树立“创卫为民、创卫惠民、创卫靠民”理念，划分“八大片区”，实施“八大工程”，不放过一个指标、不漏掉一个项目、不降低一个标准，全力冲刺国卫迎检，安泽县城、冀氏镇、马壁乡顺利通过技术评估、暗访评估，国家卫生县城(乡镇)创建迈出决定性步伐。三是城市治理持续强化。全面实施县城网格化管理，健全和完善城市管理长效机制，加快“智慧城市”建设，“智慧安泽”一站式便民政务智慧应用平台1.0测试版成功上线，为群众提供更加便捷的生活体验。

改革开放。一是重点改革任务扎实推进。研究制定2019年改革工作要点，明确46项重大改革任务和100余项重点推进事项，建立改革“三个三”台账，推动全县改革工作扎实推进。积极开展“改革创新、奋发有为”大讨论，创新开展“三访谈”“老带新、传帮带”等活动，全面推行“四走”工作法，累计争取扶持资金2.23亿元，全县大讨论查摆问题782个，制定举措809条，并全部整改完成，在全县营造了解放思想、对标一流，改革创新、奋发有为的浓厚氛围。以供给侧结构性改革为主线，抓好财税金融、“放管服”、商事制度等改革，累计减税降费1.24亿元。仅用3个多月时间，顺利完成机构改革方案、三定方案、人员转隶等改革任务，在全市率先完成机构改革工作任务。持续深化医疗体制改革，县乡一体医疗卫生服务体系基本形成，群众就医获得感持续增强。二是对外开放成效显著。成功打造北京世界园艺博览会山西展园安泽荀子生态文化广场板块。借助平遥国际电影展“一市一县”推介平台对安泽进行全方位宣传推介，安泽知名度显著提升。持续打造“六最”营商环境，制定出台《安泽县投资促进优惠政策(试行)》《安泽县招商引资重点产业指导目录》，积极参与省、市各项招商活动，成功引进招商引资项目8个，总投资77.8亿元，完成市定签约任务的129.7%。三是创新引领持续发力。把创新放在全县发展的核心位置,深入实施创新驱动战略,着力发挥创新推动发展的乘数效应。巩固深化与山西省环科院、山西省农科院、山西师范大学、山西财经大学、山西传媒学院等科研院所的战略合作,推动产学研深度融合。建立健全高新技术企业孵育长效机制,引进山西绿建科技有限公司落地安泽。

风险防范。制定出台《安泽县坚决打好防范化解重大风险攻坚战方案》,明确8大领域41项重点任务持续推进。坚持把维护政治安全作为头等大事,积极防范化解政治和意识形态领域重大风险。全面落实"牢牢守住底线、绝不触碰红线"的要求,细致梳理政府债务及隐形债务情况,持续拓宽财源渠道,不断优化支出结构,稳步推进政府性债务风险防控工作,全县金融形势基本平稳。深入开展矛盾纠纷排查、社会治安防控、信访积案化解,持续保持扫黑除恶高压态势,完成线索核查清零工作,部转、省转线索办结率为100%,打掉恶势力犯罪团伙1个、黑社会犯罪组织1个、涉恶集团1个、涉恶团伙2个,社会领域重大风险得到有效管控。

脱贫攻坚。县委坚决扛起脱贫攻坚第一责任,严格实行脱贫攻坚周例会、月总结、季报告制度,组织召开全县脱贫攻坚例会48次,研究议题130个,及时解决工作中遇到的困难问题。四大班子领导齐上手,所有副县级领导亲力亲为、以上率下,人人包联乡镇、贫困村和贫困户,示范引领干部开展好驻村帮扶工作。持续发挥"3+X"帮扶队伍作用,全县"第一书记"和驻村工作队员严格落实"五天四夜"驻村帮扶要求,签到率连续数月达到100%,扎实开展帮扶工作,第一时间帮助解决实际问题,制定增收措施,有效确保了贫困户不返贫、能致富。在持续用好旅游、光伏加连翘"三件宝"的基础上,大力发展蔬菜、果树、中药材、食用菌等特色产业,积极探索扶贫广告牌、煤层气输气管线等资产收益扶贫新模式,不断健全完善"村委会+公司+贫困户"的利益联结机制,贫困群众的收入更加稳定。同时,在全县适时开展收入监测和动态调整,启动实施"返贫险"等保险,更多地覆盖贫困"边缘户",有效防止返贫现象发生。加快易地扶贫搬迁工作,全县20个易地扶贫搬迁集中安置点全部搬迁入住。强化问题导向,较真碰硬完成脱贫成效考核、评估、督导、审计等发现问题整改,确保问题全部整改落实到位。脱贫成果持续巩固,全县贫困人口减少到10户23人,贫困发生率下降到0.04%。

环境保护。在大气污染防治方面,大力推进工业企业综合整治,完成永鑫焦化深度治理改造工作,全县16家涉气重点企业基本完成深度治理。严格落实建筑施工工地六个百分之百要求,持续加强对建筑工地、道路扬尘等扬尘主要污染源管控力度。全力推进柴油车污染治理,全面加强过境柴油货车及散装物料车辆流动检查力度。大力推进煤改电、煤改气工作,完成清洁取暖改造420户,切实打赢蓝天保卫战,全县空气质量持续改善。在水污染防治方面,制定《安泽县地表水生态环境治理攻坚方案(2019-2020)》,全力抓好地表水防控,水污染防治能力持续提升,沁河水质始终保持在三类水标准。在净土保卫方面,持续完善土壤环境信息平台我县土壤污染方面信息,完善七个乡镇的垃圾中转站和垃圾处置点,农村"四堆"得到有效治理。严格固废堆存和处置标准,对全县煤矿矿山生态恢复治理项目进行全面监督。狠抓生态保护,完成太行山、重要水源地绿化造林8400亩,三级河长巡河6300余人次。

民生事业。一是民生事业全面发展。完善公共就业服务体系,实施全民技能提升工程,打造"安泽技工"品牌,全县城镇新增就业、下岗失业人员再就业、就业困难人员就业、转移农村劳动力就业人数,均超额完成市定目标任务。以办好人民满意教育为目标,累计投资2000余万元,完成职业中学改扩建、唐城小学维修改造等工程;调整学校布局,优化教育资源,将三所乡镇初中合并成立安泽一中初中部,让乡村孩子享受到更优质的教育;顺利迎接省政府职教中心达标验收,安泽一中与晋城一中开展为期三年的结对帮扶,开展学生、教师双交流,有效提高了办学水平。扎实推进医疗保障各项工作,实现出院即时结算,开展城乡医疗救助1217人次,发放救助金122.23万元。深入落实"136"政策,贫困人口医保目录外费用报销比例达90%以上。持续完善社会保障体系建设,全县养老保险、工伤保险、失业保险参保人数和征缴基金均超额完成市定目标任务。二是文化建设活力迸发。作为全省39个融媒体中心建设试点,县融媒体中心建设加快推进,实现与省级技术平台互联互通。持续丰富群众文化生活,免费开放各类文化、体育场馆,积极开展"文化消夏月系列晚会"等各类文化惠民活动,极大丰富了群众精神生活。深入挖掘太岳革命精神,持续丰富拓展太岳革命根据地等党性教育基地功能,努力打造独具安泽特色的红色文化名片,小李村太岳行署旧址成功入选第八批全国重点文物保护单位名录。三是社会治理全面加强。持续学习推广新时代"枫桥经验",完成县乡村三级综治中心国家标准建设,探索网格长"六六六"工作法,全县三级综治中心共受理诉求事项6219件,办结率99.93%,全县城乡基层社会治理水平显著提升。全力做好退役军人服务保障工作,安泽县交警大队城市中队女子岗班长张国林被评为山西省"最美退役军人"、山西公安"最美基层民警",为全县退役军人和公安民警做出了榜样。牢固树立红线意识和底线思维,深入开展"安全生产责任落实年"、安全生产集中检查、安全风险防范化解等行动,有效防范和坚决遏制了各类事故的发生,全县安全生产形势总体平稳。

党的建设。一是政治建设全面加强。全年开展中心组学习20次,学习议题61项;召开县委常委会40次,研究议题131项,对中央、省、市各项决策部署第一时间传达贯彻。全面推行"5+N"主题党日活动形式,切实把从严党内政治生活融入日常、抓在经常,全县党员干部牢固树立"四个意识",坚定"四个自信",自觉把"两个维护"落实到行动上、贯穿至工作中,体现在工作成效上。厚植政治文化,持续擦亮太岳革命根据地旧址、刘少奇路居地、朱德路居地等"红色教育"名片,开展党性教育6200余人次,让忠诚老实、公道正派、清正廉洁等价值观更加深入人心。二是思想建设全面夯实。牢牢把握意识形态主动权,严格落实意识形态责任制,持续加强阵地建设和管理，强化突发事件和热点舆论引导，监管处置网络舆情39起，全县意识形态形势总体积极健康、向上向好。强化舆论宣传引导，在中央、省、市主流媒体刊稿280多篇，其中在人民网、新华网等中央媒体发稿180余篇，在"学习强国"学习平台推送安泽宣传报道14篇，不断提高安泽影响力、知名度。在太原、临汾、安泽举办"壮丽70年，奋进新时代"——安泽县庆祝新中国成立70周年摄影图片展、"不忘初心、牢记使命"主题教育纪实摄影展。三是队伍建设全面优化。把政治标准作为首要标准，坚持事业为上、人岗相适，严格选任程序，分7批次调整配备了218名科级干部。认真贯彻落实激励、容错"两个办法"，为干事创业干部"撑腰打气"。研究制定《安泽县"沁河英才"109行动计划(试行)》，更大力度地支持扶持各类创新创业人才。四是"三基建设"全面升级。出台《中共安泽县委贯彻执行省委〈关于深化"三基建设"进一步加强基层工作的若干意见〉的具体落实措施》，推动基层党组织全面进步、全面过硬。全力建强基层组织，巩固创新基层党组织设置，将党组织优势转化为发展优势。全力推进村级集体经济发展，全县村级集体经济在2018年所有行政村破"5万"、53%以上行政村"破10万"的基础上，2019年全部实现破"10万"目标。在全省率先实施"安泽有声党建，党群即扫即听"工程，着力打造了图书馆、图书墙、长廊、步道等30个有声党建学习点，让党员群众随时学、随地学、即扫即学。扎实开展全市党建信息化试点工作，拓展聚合智慧党建大数据、云平台，开启了安泽基层党建"e时代"。重新编制"一目录三手册一流程图"。依托干部大学堂、"领头雁"培训等平台，按照缺什么补什么、用什么学什么的原则，多领域、分层次、常态化、立体式开展专题培训，累计培训党员干部1.6万余人次。五是政治生态全面净化。不断加强党对反腐败工作集中统一领导，积极推进党对反腐败工作全过程领导常态化制度化长效化，县委常委会研究全面从严治党工作19次，全面压实了领导责任。始终保持正风反腐高压态势，持续狠刹"四风"问题，从严查处群众身边腐败案件，持续推动整治群众身边腐败问题向纵深发展，完成县委第七、第八轮巡察，有效发挥了巡察利剑作用，使失责必问、问责必严成为常态，持续保持了安泽政治生态的绿水青山。

(牛海威)

附：中共安泽县委书记、副书记、常委名单

书　记：李　强

副书记：牛庆国(1月离职)　赵晨伟(1月任职)
郭婷慧(女)

常　委：李峻石(9月，因涉嫌严重违纪违法，接受纪律审查和监察调查。)
魏书亮　连忠武　张曙光　张朝晖
杨巨松(12月离职)　索海滨(12月任职)

中共古县县委

县委书记　庞明明

2019年，古县县委深入学习贯彻习近平新时代中国特色社会主义思想，认真贯彻落实党中央和省委、市委各项决策部署，以党的政治建设为统领，认真履行把方向、管大局、作决策、保落实职责，团结带领全县干部群众，奋力攻坚克难，锐意改革创新，不断在"两转"基础上全面拓展各项工作新局面。

一、坚持以习近平新时代中国特色社会主义思想为指导，牢牢把握正确政治方向

一是扎实开展主题教育。紧紧围绕"不忘初心、牢记使命"这一主题，认真贯彻"守初心、担使命，找差距、抓落实"的总要求，坚持把学习教育、调查研究、检视问题、整改落实贯穿主题教育全过程，全县42名县处级领导干部、73个领导班子、7171名党员干部全部按要求参加，全县280个基层党组织结合"三会一课"做实8个规定动作，顺利完成了主题教育任务。扎实开展专项整治整改，2800余名干部深入基层一线开展"三服务"，累计办实事11000余件，取得了重要成果。通过主题教育，各级党组织和广大党员、干部干事创业、担当作为的精气神得到提振，推动了改革发展稳定各项工作。

二是带头强化理论武装。发挥县委中心组每周集体学习的示范带动作用，把学习贯彻习近平新时代中国特色社会主义思想作为县委常委会第一议题，累计组织学习14次42项。围绕8个专题带头开展3次集中学习研讨，带头为全县党员领导干部讲主题党课，对学用习近平新时代中国特色社会主义思想进行经验交流，进一步增进政治认同，凝聚思想共识。

三是带头推动贯彻落实。重点对表对标习近平总书记视察山西重要讲话精神找差距、理思路、定措施，特别是坚决打好防范化解重大风险、精准脱贫、污染防治三大攻坚战，扎实开展"改革创新、奋发有为"大讨论，全力做好深化改革文章，决胜全面建成小康社会的根基更加牢固。

二、牢牢聚焦"1234"工作重心，厚植县域经济高质量转型发展优势

一是聚焦擦亮一张名片，让古县发展活起来。牢牢抓住省委、省政府致力于把文化旅游业打造为重要战略性支柱产

业的机遇,擦亮“天下第一牡丹”独有名片,深化牡丹旅游景区体制机制改革创新,引进山海文旅集团对牡丹景区进行运营投资、提质改造,规划建设以中心游览区和入口服务区、温泉水疗区、民俗风博区为框架的牡丹文化旅游景区“一中心三片区”,精心打造旅游项目;第十二届“天下第一牡丹”文化旅游节成功举办,牡丹文化旅游开发项目作为唯一代表临汾市参加中博会路演的文化旅游项目,在全国进行宣传推介,文旅融合不断深化,全域旅游纵深发展,实现由山区旅游资源大县向旅游经济强县迈进。

二是聚焦做强能源产业,让县域经济强起来。古县经济技术开发区可研报告已提请省政府批复,年产1000万立方的高纯氢技改项目、焦化升级改造项目、煤层气开发项目推进顺利,煤——焦——气——化——氢能源为一体的产业链和循环经济模式初步形成,产业集聚效应逐步显现。

三是聚焦做强特色农业,让农民群众富起来。注册“古岳古树”核桃品牌,投资3500余万元建设年加工核桃仁500吨的核桃精深加工项目;研发三大系列产品,建立核桃收购价保护制度,积极发展林下经济,探索形成“龙头企业+合作社+基地+农户+市场”的特色农业发展模式,农业龙头企业带动效应初步显现。

四是聚焦推进三城联创,让古县环境美起来。对8条街巷及相如公园、十里长廊等进行全面提质改造,补齐基础设施短板,提升城市服务功能,打造精致宜居县城;持续巩固国家卫生县城和国家园林县城成果,2019年创建全国县级文明城市年度测评成绩在全省名列前茅。

五是聚焦办好四件大事,把民生福祉兜起来。坚定走煤炭“减、优、绿”路子,充分利用现有工业园区成熟条件,加大技术、管理、创新投入,煤炭企业全面对标提升;破题修路,长临高速古县连接线工程完工,国道341线改建工程经省发改委立项,新建续建“四好农村路”211.6公里;铁腕治污,深入推进生态环境治理攻坚“八大工程”,环境改善率位居全市前列,完成天保二期工程4000亩、中幼林抚育5000亩、通道及两侧荒山绿化1500亩,不断构筑生态绿色屏障;决胜脱贫,持续巩固脱贫成效,省定贫困县顺利摘帽,全年脱贫128户322人,贫困发生率降至0.07%。

三、多措并举增进人民福祉,以更大力度保障和改善民生

一是加快社会事业发展。城镇新增就业人数、农村劳动力转移就业人数,均完成时序目标。与北京师范大学合作打造创新型学校,成立城镇二小,进一步优化整合教育资源。深化卫生机构一体化改革,配备6000余万元的先进医疗设备,建设“互联网+”智慧医院。加大保障性安居工程建设力度,稳步提高计生、养老服务水平。

二是坚持城乡统筹发展。全面落实党中央和省委、市委关于实施乡村振兴战略的决策部署,总体规划初稿已编制完成。以推进农业供给侧结构性改革为主线,大力发展特色农业产业,加快推动农业产业结构调整。把“三城联创”向农村延伸,持续开展农村人居环境整治,统筹乡村清洁村、提档升级村、美丽宜居村建设,农村面貌焕然一新。

三是着力提升治理水平。坚持加强和创新社会治理,持续学习推广新时代“枫桥经验”,构建以综治中心为枢纽、以网格为基本单元,覆盖城乡社区的服务管理体系。扎实开展扫黑除恶专项斗争,打掉恶势力犯罪集团1个。不断提升社会治理水平,被国家信访局授予全省唯一一家“信访工作‘三无’县”,古县司法局荣获“全国公共法律服务工作先进集体”和“山西省司法行政系统先进集体”称号。

四、抓实抓好党建主体责任,不断增强创造力凝聚力战斗力

一是贯通协同“两个责任”,管党治党扎实推进。牢固树立“围绕发展抓党建、抓好党建促发展”的理念,召开常委会15次研究管党治党有关工作,召开县委十届五次全会,总结提炼出抓好全面从严治党“八个必须”的经验,把全面从严治党的成果转化为促进党的事业发展、推进“1234”工作重心的持续动力,以发展的新成果回应人民群众新要求新期待。

二是持续加强“三基建设”,基层工作全面过硬。建立《深化“三基建设”进一步加强基层工作的任务清单》,53项任务全部明确责任单位、整改时限,重点整治软弱涣散基层党组织17个。以党政机构改革为契机,选优配强领导班子,全年共调整配备干部8个批次235人次,提拔干部68人次。坚持“同等条件下优先考虑基层一线干部”,7个乡镇共配备86名科级干部,加大优秀年轻干部选拔培养力度,选配3名35周岁以下优秀年轻干部担任乡镇党政正职,进一步激活全县年轻干部队伍的“源头活水”。

三是守好意识形态阵地,把牢领导权和话语权。坚持党管意识形态原则不动摇,县委常委会专题研究意识形态工作5次,调整充实意识形态工作领导机构,制定《贯彻落实〈党委(党组)意识形态工作责任制实施细则〉》及年度责任清单。推进县级融媒体中心和“新时代文明实践站”建设,提高新闻舆论传播力、引导力、影响力和公信力。

四是一体推进“三不机制”,持续深化标本兼治。发挥县委反腐败领导小组作用,大力支持纪委监委开展工作,持续保持正风反腐高压态势,深挖细查隐形变异“四风”问题,深入整治形式主义、官僚主义突出问题,建成古县廉政教育基地,打造具有古县特色的惩防体系,完成县委第七轮巡察和人防系统专项巡察,推进县委第八轮巡察,一体推进不敢腐、不能腐、不想腐。全年共查处群众身边腐败问题221件,处理221人。

五是做好做实统战工作,广泛凝聚人心力量。围绕县委“1234”工作重心,突出思想政治引领这条主线,在支持民营经济发展、推进工商联所属商会改革、宗教活动场所“四进”活动、加强党外知识分子队伍建设等方面做了大量富有成效的工作,寻求最大“公约数”,画出最大“同心圆”,为全县经济社会发展凝聚最广泛的力量支持。

(王 洁)

附：中共古县县委书记、副书记、常委名单

书　记：郝献民(1月离职)　庞明明(1月任职)

副书记：刘舒华(女)　常立智(8月离职)
贾晓文(8月任职)

常　委：李荣强　元福明　牛永福(5月离职)
曹　樯(5月任职)　韩东军(12月离职)
任　臻　赵贤慧(1月任职)
张立洪(12月任职)

中共汾西县委

县委书记　任天顺

汾西县共有基层党组织342个。其中：乡镇党委8个，县乡直属机关、事业单位党组织140个，农村党组织125个，社区党组织6个，企业党组织47个（其中国有企业党组织8个，非公经济组织39个），新社会组织党组织16个。全县共有党员8322名，其中，女党员1687名，大专及以上学历党员3183名，农村党员5018名，35岁以下的党员1792名。

2019年，汾西县委坚定不移贯彻新发展理念，全面落实中央、省委、市委决策部署，强力推进“1133”发展战略，脱贫攻坚取得决定性进展，重点领域改革稳步推进，人民生活水平全面提升，发展基础不断夯实，全县经济社会发展迈上新的台阶。

一、精心安排部署，深入开展主题教育

县委坚持把开展“不忘初心、牢记使命”主题教育作为重大政治任务，深入聚焦“守初心、担使命，找差距、抓落实”的总要求，坚持把学习教育、调查研究、检视问题、整改落实有机融合，推动全县主题教育高起点开局、高标准推进。先后召开7次常委会议、5次县委中心组学习会、3次集中学习交流研讨，深入学习中央、省委、市委有关部署要求，谋划推进全县主题教育。坚持读原著学原文悟原理，发放《摘编》《纲要》等纲领性读本17000余册，编印“不忘初心、牢记使命”主题教育应知应会知识手册500余册，汾西大讲堂开展专题讲座6场1500余人次，开展专题培训9次2200余人，组织学习测试7次1500余人，开展理论宣讲下基层80余次，持续推动理论学习入脑入心。坚持问题导向，摸透实情、发现问题、推动整改，县级确定调研题目32个，撰写调研报告26篇，提出对策建议58条；基层单位形成调研报告320余篇，召开调研成果交流会110余次；全县3700余名帮扶干部利用“周六扶贫日”深入开展“三服务”，累计解决群众诉求和问题1760余条。坚持刀刃向内、“改”字当头，全县各级领导班子和领导干部列出问题清单400余份，查摆问题1045条。

二、坚持党的领导，发展民主法治

充分发挥总揽全局、协调各方的作用，定期听取县人大常委会、县政府、县政协和县法院、县检察院党组以及全面深化改革委员会办公室、全面依法治县委员会办公室等工作汇报，认真研究群团工作，支持国防建设，针对性提出指导意见，把党的领导体现到各领域各方面。一是科学谋划、深入推进“改革创新、奋发有为”大讨论，围绕破除僵化保守、因循守旧等观念和行为，全县广大干部群众改革意识、创新精神、开放思维、市场理念进一步激活。二是落实“三个三”工作法和“四个亲自”的工作要求，健全党政主要负责同志亲力亲为抓改革机制，压实县领导分工负责制，引深改革任务协调推进、落地见效。三是制定年度6大领域46项重大改革任务，书记、县长分别亲自抓10项重大改革，其他县级领导负责抓好分管领域改革事项，建立工作台账，制定推进路线图和时间表；召开2次县委深改委会议、8次县委常委会议，对重大改革事项和具体改革议题进行研究部署，召开了农村集体产权制度改革、国资国企改革、标准化综合改革等专项改革推进会议，有力推动各项改革任务按序时进度顺利推进。四是全县党政机构改革顺利完成，设置党政机构35个，规范设置县委议事协调机构9个，完善设置人大专门委员会4个，优化政协委员会3个，推进事业改革154个，整合优化了乡镇党政机构和事业站所；五是支持人大及其常委会依法履行职能，县人大常委会听取审议“一府两院”等专项工作报告5项，开展专项调研和检查3次，作出决议决定10项，依法任免人员50人。六是加强和改进对政协工作的领导，组织政协委员开展专题调研5次，配合上级调研6次，形成调研报告8篇，提案办理44件。七是认真做好新形势下统战工作，加强与各民主党派和无党派人士合作共事，积极做好对台侨务工作，加强民族宗教工作，支持工青妇等人民团体发挥作用。八是扎实推进法治汾西建设，召开县委政法工作会议，完善党委领导法治建设的体制机制，开展“法律进校园”等“七五”普法教育。九是深入落实党管武装重大要求，不断完善军地齐抓共管国防后备力量建设机制，取得连续47年48次无违纪无退兵的好成绩。

三、坚持新发展理念，推进经济稳步向好

坚持以习近平新时代中国特色社会主义思想为指导，深入学习贯彻习近平总书记“三篇光辉文献”精神，全面贯彻落实中央、省、市的决策部署，统筹推进稳增长、促改革、调结构、惠民生、防风险、保稳定等各项工作。2019年，全县地区生产总值完成22.4亿元，增长3.6%；规模以上工业增加值完成4.9亿元，同比增长0.4%；固定资产投资完成6.1亿元，

同比下降 22.9%;社会消费品零售总额完成 14.5 亿元,同比增长 7.3%;城镇居民人均可支配收入完成 29024 元,同比增长 7%;农村居民人均可支配收入完成 4962 元,同比增长 16.3%;一般公共预算收入完成 8617 万元,同比增长 9.8%,超市定目标 3 个百分点。

发展质量明显提升。全县地区生产总值增速在全市排名由 2018 年的第 15 位上升至第 12 位,增长 3.6%,提高 7.3 个百分点;农村常住居民人均可支配收入增速全市排名第 3,全年增长 16.3%,提高 3.5 个百分点。经济结构发生积极变化,新兴产业加快成长,洪昌养殖熟食调理生产线投产运营,协鑫智慧、天惠江风两个风力发电项目落地实施,工业企业利税增长 27%,超市定目标 21 个百分点。

脱贫攻坚决战决胜。以脱贫攻坚统揽经济社会发展全局,强化"党建引领",统筹"五个一批",聚焦"六个精准",全方位、立体式推进脱贫攻坚,累计减贫 13947 户 40473 人,120 个贫困村全部退出,贫困发生率下降到 0.42%以下。全县"5+13+14"项贫困退出指标全部高质量达标,"两不愁三保障"的目标基本实现,17 个计划脱贫摘帽县退出调查研判我县在全省排名第 2,顺利通过贫困县退出市级初审、第三方评估验收和省际交叉考核。

"六城联创"深入推进。持续推进"六城联创",汾西中学、汾西大医院主体工程完工,桃临线和汾西大道东延工程竣工通车,教育路和晨曦路改造、凤凰广场修缮、古楼公园建设、阳光大道绿化等工程全面完工;马沟村城中村、古郡新区西八街等项目有序推进。"三拆三下三进"、靓城提质"三化"行动成效明显,城市环境卫生、道路交通综合整治取得积极进展。

安全稳定持续向好。保持打击非法采矿高压态势,深入开展"三个专项"行动,安全生产保持"零事故"。落实接访下访、包案调处等制度,扎实开展平安汾西、法治汾西建设,引深扫黑除恶专项斗争,圆满完成"二青会"火炬传递、新中国成立 70 周年大庆等重大活动安保维稳任务。落实了总投资 1.95 亿元的 10 个方面 37 件利民为民实事,"四好农村路"建设任务全面完成,农村水电路网等基础设施全面提升,优抚助残、社会保障等工作全面进步。

特色农业稳步发展。大力发展特色农业,肉鸡年出栏 5000 万只,产值 13.5 亿元,纯收入 1.5 亿元,全县农民人均增收 1190 元。核桃经济林总面积 19.6 万亩,挂果 8 万亩,产值 6000 万元,纯收入 5000 万元,全县农民人均增收 420 元。光伏总装机容量 186.7 兆瓦,年收益 2.2 亿元,扶贫收益 6300 万元。发展玉露香梨 1.2 万亩,挂果 4000 亩,产值 3200 万元,纯收入 2000 万元。发展黄粉虫、食用菌等"一村一品一主体"产业项目 92 个,实现"村村有产业、户户有项目、人人有帮扶"。肉鸡、黄粉虫先后出口中东和欧洲。

文旅融合彰显活力。实施了真武祠保护及环境治理、师家沟古建筑群二期保护修缮、窑洞文化公共服务设施建设等项目,启动佃坪至姑射山旅游公路建设。推进文旅融合,创作"天下第一村,古韵师家沟"实景剧本,成功举办师家沟"五一"传统文化展演、"二青会"火炬传递、庆祝新中国成立 70 周年等系列活动,开展"三下乡"服务基层 100 余场次,送戏下乡 130 场、送电影下乡 1440 场,举办专场文艺晚会 30 余场,挖掘开发《汾西民歌》70 余首,极大丰富了人民群众精神文化生活。

四、坚持从严管党治党,构建良好政治生态

履行政治责任。深入贯彻落实省委十一届八次、九次全会精神和市委四届六次、七次全会精神,召开县委十三届七次、八次全会,对推进全面从严治党向纵深发展作出专门部署。严格执行《新形势下党内政治生活若干准则》,县委常委班子召开 2 次民主生活会。认真抓好省委、市委深化中央巡视整改工作第二轮整改任务清单落实,制定全县整改任务清单,切实把巡视整改各项部署要求落到实处。以张茂才违纪违法案件为反面典型,深入开展专题警示教育,全面肃清腐败流毒影响。

深化"三基建设"。制定《关于深化"三基建设"进一步加强基层工作的落实措施》,确定 50 条具体措施,推动基层工作全面进步、全面过硬。扎实开展"创新争先年"活动,围绕特色亮点、典型经验和示范作用,打造了 3 个乡镇党委、7 个农村、5 个县直单位、2 个居委会、2 个"两新"组织党建示范点。实行县级领导带队"三必问""四必访"软弱涣散摸排全覆盖,全县排查 21 个软弱涣散基层党组织,由县党政班子成员包联,落实"四个一""五包三联"的措施,全部完成整顿。

引深反腐败工作。召开 3 次县委反腐败领导小组会议,加强党对反腐败工作的全过程领导。深入推进监察体制改革,推动监察职能向村居延伸,实现对行使公权力的公职人员监察全覆盖。认真落实中央八项规定精神,持续整治形式主义、官僚主义。全年共处置问题线索 487 件次,其中谈话函询 288 件、初核 185 件、了结 365 件,立案 161 件 166 人,结案 152 件,处分 152 人,组织处理 233 人,移送司法起诉 2 人、留置 1 人。摄制《瞒天岂能过海》专题教育片,制发纪检监察建议 37 份,通报曝光典型案例 16 批 47 起 62 人,做实"以案促改"后半篇文章,达到了查处一案、教育一片、整治一方的良好效果。

(刘伟伟)

附:中共汾西县委书记、副书记、常委名单

书　记:任天顺

副书记:张安文　尹明星(5月任职)
　　杨晓舟(1月离职)

常　委:赵志红　武耀忠　王志刚(1月任职)
　　李国锋(5月任职)　郭砚宾(5月任职)
　　曹启仁　梁秋菊(女,5月离职)
　　丁春明(1月离职)　宋大鹏(5月离职)

中共蒲县县委

县委书记 薛凤奎

2019年，蒲县县委高举习近平新时代中国特色社会主义思想伟大旗帜，全面贯彻党的十九大和十九届二中、三中、四中全会精神，深入学习贯彻习近平总书记视察山西重要讲话精神，认真落实中央、省委、市委各项决策部署，团结带领全县干部群众，真抓实干、攻坚克难，经济社会发展和党的建设各项事业取得了新成效。

一、以政治建设为统领，牢牢把握正确政治方向

筑牢思想根基。持续拓展理论武装工作的广度和深度，重温习近平总书记视察山西重要讲话、在推动中部地区崛起工作座谈会重要讲话、在黄河流域生态保护和高质量发展座谈会重要讲话“三篇光辉文献”，县委中心组开展学习研讨、警示教育20次，县级干部宣讲78人次。把《纲要》《摘编》《选编》作为必读书目，党员干部人手一本，《学习纲要》进基层宣讲86场，连续6个月“学习强国”平台人均积分位居全市第一，党员干部践行“两个维护”的思想、政治和行动自觉更加坚定。践行初心使命。聚焦主题主线，扎实开展“不忘初心、牢记使命”主题教育，以学习教育、调查研究、检视问题、整改落实等重点举措为抓手，推动全县344个基层党组织、7389名党员思想升华、精神洗礼、政治淬炼、作风改进，各级干部讲党课441场，形成调研报告441篇，解决问题1759个，召开调研成果交流会90余次，确定“三服务”项目238个，为群众办实事好事6582件，广大群众切实感受到了主题教育带来的新变化。坚持问题导向，检视查摆问题20633条，构建“8+2+5”专项整治整改格局，各单位认领问题228个，整改完成223个，同步建立长效机制，以主题教育成果推动事业发展。坚定制度自信。召开县委十三届七次全会，就深入学习宣传贯彻党的十九届四中全会精神作出安排部署，各单位围绕四中全会精神认真开展学习研讨，21个县委宣讲团和5个基层宣讲分团深入基层全覆盖宣讲。

二、以“六大攻坚”为抓手，推动发展质效全面提升

全县地区生产总值完成92亿元，同比增长6.6%；规模以上工业增加值完成82.13亿元，增长5.1%；全社会固定资产投资完成18.34亿元，增长13.3%；一般公共预算收入完成11.82亿元，增长22%；社会消费品零售总额9.65亿元，增长6.9%；城镇、农村居民人均可支配收入分别达到29792元、10421元，增长7.5%、13%。经济质效稳步提升，综合实力不断增强。

（一）聚力脱贫攻坚，巩固提升成效明显。2019年5月21日，省政府宣布蒲县正式退出省定贫困县序列，评定等次为“好”。进入巩固提升新阶段，全县上下树牢2020年“交总账”意识，严格落实“四不摘”要求，持续提升脱贫质量成色。筑牢脱贫根基。制定特色产业种植和畜牧产业发展财政补助实施办法，统筹实施县域内就近就业、农村公益类岗位就业、省内外输送就业三项奖补政策，累计开发农村“六大员”公益岗位2465个，安置贫困人口1407人；拓展劳务购买，将13个涉农整合项目交村集体或合作社实施，更多“三无”群众实现就近务工增收；推动消费扶贫“五进十销”，在县总工会搭建“爱心驿站”供需对接平台，全县累计认购农特产品3517万元，打通了产品变商品、收成变收入的“最后一公里”。深化扶贫扶志。规范“道德银行”运行机制，建立“党建引领，全民参与，自治、法治、德治相结合”的乡村治理模式，累计评选“星级农户”4472户，群众内生动力有效激发。“道德银行”荣获山西省脱贫攻坚组织创新奖、受邀参加中国扶贫日驻村帮扶论坛并现场作主旨发言。省委楼阳生书记在蒲县调研时对“道德银行”做法给予充分肯定。防范返贫风险。坚持“三包五到”精准帮扶机制、“五天四夜”全脱产驻村、五个督导组督促检查不动摇，县乡村三级干部结对帮扶未脱贫的178户贫困户，实现147户400人稳定脱贫退出。为全县贫困群众代缴基本医保、补充医疗保险、长期护理保险、人身意外伤害险，为所有已脱贫群众代缴返贫保险，确保稳定脱贫不返贫。

（二）坚定转型步伐，产业结构升级优化。提质农业。高标准推进国家农业绿色发展先行区试点县建设，核桃、连翘两大种植业提质增效，生猪、肉牛两大养殖业持续壮大，马铃薯、苹果、食用菌、设施蔬菜等特色产业多元发展，顺利接受农业农村部委托中国农业大学对蒲县农业绿色发展的中期评估。大力发展有机旱作农业、城郊农业、生态农业、循环农业，完成无公害农产品认证9个，绿色食品认证3个。提档工业。7座矿井达到国家安全生产一级标准，山西奥鑫博健身器材、山西建邦生铁铸造、北京永正5万台空气源热泵、山西煜盛机电、宏源垚鑫生物质发电、远天克城50兆瓦风电等一批新兴项目落地实施，转型势头更加强劲。提速文旅。主动融入沿黄现代农业文化旅游开发区，与宏源文旅有限公司签订涉旅文保单位两权分离合作协议。成功举办东岳文化旅游月活动，蒲剧、柳编、剪纸、刺绣、根雕、麦秆画等各类文化产业竞相发展。巧巧柳编被认定为市级劳务品牌，荣获全省“星火项目”创业大赛二等奖。

（三）完善基础设施，城乡面貌持续改观。打造秀美宜居城。新启动实施2个片区拆迁，蒲伊南街贯通，府前街改造、保障性住房三期、昕水湾棚户区改造二期竣工投用，昌平东街棚户区改造一期5栋住宅楼主体封顶，二期5栋全面开工；城区环境综合整治“六个专项行动”成效明显，市容市貌

更加整洁靓丽。构筑发展硬支撑。36处农村饮水安全巩固提升工程全部完工。刁口水库完成大坝主体。建成“四好农村路”10条38公里,获评“四好农村路省级示范县”,全市“四好农村路”建设现场会在我县召开,全省“四好农村路”和旅游公路交流观摩团在我县观摩。建设美丽幸福村。扎实推进农村人居环境整治三年行动,完成农村旱厕改造2234个,创建4个绿色生态村。黎掌村荣获首批全国乡村治理示范村。

(四)狠抓污染防治,环境质量稳步向好。坚决防治大气污染。全力抓好秋冬季大气污染防治工作,县城建成区集中供热面积达到163.4万平方米,累计实施“煤改电”1687户,燃气覆盖6290户。城区空气质量优良天数308天。坚决防治水污染。县城污水处理厂提标改造全面完成,皮条沟出境断面水质自动监测站、黑龙关镇区河道生活垃圾治理项目建成投用。昕水河出境断面达到地表水III类标准,集中饮用水源地水质达标率100%。蒲县昕水河人工湿地纯生物净化水质做法得到省委楼阳生书记充分肯定，山西日报头版头条刊发,《山西新闻联播》、山西卫视《记者调查》、央视《新闻联播》相继报道。坚决防治土壤污染。秸秆综合利用试点县项目通过验收,建成县级标准化秸秆收储站1座。全县47家规模养殖企业中38家建成粪污处理设施并运行。中央环保督察、省委省政府环保督察、中央环保督察“回头看”、生态环境部强化督查转办等59个问题,已全部整改完成。

(五)增进民生福祉,社会事业全面进步。努力办好人民满意教育,新招聘各学段教师80人,新建蒲伊小学、蒲子华苑幼儿园项目开工建设。2019年高考二本达线率、升学率位居全市山区县第二。与山西师范大学签订实习基地协议,蒲县高级中学加入临汾一中教育集团,教育教学质量向好的势头越发强劲。拓宽群众就业渠道，全民技能提升工程培训2812人,城镇新增就业1967人,转移农村剩余劳动力1402人,登记失业率控制在4%以内。提升健康服务水平,山西中医药大学蒲县中医院实践教学基地挂牌，落实村医绩效补助,圆满承办全国二青会蒲县站火炬传递、全省武术散打锦标赛和全市第五届运动会。兜牢民生保障底线,农村低保、城市低保救助标准分别提高到每人4600元/年、555元/月。统筹实施易地扶贫搬迁、危房改造、地质灾害搬迁治理、安全饮水等工程,群众基本生活得到全面保障。满足群众文化需求，山西省庆祝新中国成立70周年乡镇综合文化站业务人员技能比武、“高手在民间”乡土文化能人技能比武在蒲县举办。新编大型历史古装戏《大义夫人》代表临汾市参加全省基层院团调演,新编蒲剧《春暖蒲子山》在临汾影剧院上演。维护社会大局稳定,强化底线思维,狠抓风险防控,政府债务控制在限额以下,未发生群体性聚集事件,扫黑除恶专项斗争打掉恶势力团伙1个。

(六)深化改革开放,发展活力不断增强。扎实开展“改革创新、奋发有为”大讨论,统筹抓好年度43项重点改革任务,县级干部分工负责,建立台账,压茬推进。党政机构改革任务顺利完成,事业单位改革有序推进,党的领导力、政府执行力得到系统性增强。人才体制机制改革持续深化,建成“名医”“名师”工作室,向98名人才颁发“蒲子英才卡”,省委信息专题刊发蒲县人才工作经验并上报中办。蒲县被确定为2019年度国家集体产权制度改革试点县。着力打造“六最”营商环境,“四级四同”工作位居全省“第一方阵”,为企业减免税费1.9亿元,市下达的7家企业“小升规”任务顺利完成;全年招引项目12个,总投资78.13亿元,落地开工11个,当年开工率92%。

三、以责任落实为关键,纵深推进全面从严治党

一是扛实主业,担当主责。县委定期听取五个党组汇报,专题听取巡察汇报,督促提醒各级干部种好“责任田”;全力支持纪检监察机关履行职能,坚决有力贯通“两个责任”。开展第八、九轮政治巡察,始终保持严明的政治纪律和政治规矩。创新监督方式,蒲县监察对象廉洁档案信息系统建成并运行,全县9个乡镇全部设置县监委派出监察室。持续传导压力,问责履行“两个责任”不力的干部44人次,倒逼责任上肩、任务上手。二是坚守阵地,筑牢屏障。成立县委网络安全和信息化委员会,加强网络意识形态阵地管控;县委常委会定期研究意识形态工作,有效应对、妥善化解意识形态风险,牢牢掌握意识形态工作领导权、管理权、话语权。大力弘扬和践行社会主义核心价值观,蒲县新时代文明实践中心被列为省级试点。三是提升“三基”,夯实支撑。投入3000万元用于“三基建设”,打造34个示范点,举办3期高端培训;全覆盖打造9个乡镇党校新平台,打通了党员干部学习教育“最后一公里”。以“145”工作法为抓手,整治完成15个软弱涣散基层党组织,78%的村集体经济收入达到5万元以上。四是党建引领,助力脱贫。拓展党建引领“十个起来”和“道德银行”建设,扎实开展“三级书记”遍访、县级干部驻村深度解剖、干部下乡进村入户“十帮扶”,建立“主题党日+扶贫日”工作机制,充分发挥基层党组织引领脱贫巩固作用,黎掌村欢天喜地庆脱贫的情景两次在央视《新闻联播》播出。五是树起导向,激发干劲。突出政治标准,建设高素质干部队伍,调整交流干部11批379人次,选树先进典型2名,通报不担当不作为反面典型事例1起。重实干重实绩重基层,提拔使用脱贫攻坚、旧城改造等一线干部25名,调出了干劲,激发了动力。六是严肃执纪,精准问责。认真落实中央八项规定精神和“基层减负年”要求,改进和规范督查检查工作,清理规范填表报数、政务类APP和微信工作群,为干部减负松绑。坚决查处“四风”案件,深入开展群众身边腐败问题专项整治,处置问题线索489件,立案129件,处分119人,移送司法3人,不断强化警示震慑效应,营造了风清气正的干事创业环境。七是深化民主,健全法治。支持县人大及其常委会依法履行职责,积极开展调研视察和执法检查。支持和保障人民政协积极有效开展工作,完成文史资料《壮丽蒲县70年》征集编撰。强化与各民主党派、工商联、无党派人士的团结合作。深入学习贯彻习近平总书记关于全面依法治国新理念新思想新战略,召开县委全面依法治县委员会会议,审议通过委员会工作规则、协调小组工作规则和办公室工作细则,研究制定年

度工作任务清单和工作要点，明确 8 个方面 36 项工作，从严督查、倒逼落实，对履行法治建设责任不力的 8 名干部进行了问责。坚持党管武装原则，军政军民团结氛围更加浓厚。

（刘 涛）

附：中共蒲县县委书记、副书记、常委名单

书 记：薛凤奎

副书记：杨晓舟(1月任职) 吴吉红(5月离职)
陈东楷(5月任职)

常 委：李有红 宋蒲刚 崔文学
张宁红 黄生宁 刘俊绒(女)

中共乡宁县委

县委书记 樊洪平

2019 年，乡宁县委高举习近平新时代中国特色社会主义思想伟大旗帜，深入学习贯彻党的十九大、十九届二中、三中、四中全会精神，聚焦全面建成小康乡宁奋斗目标，团结带领全县党员干部群众锐意进取、奋发作为，不断开拓党的建设和党的各项事业新局面。

一、高举伟大旗帜，践行“两个维护”

县委始终把高举旗帜、维护核心作为首要政治任务，牢牢把握乡宁工作的正确方向。一是持续抓好学用工作。县委中心组以上率下开展学习研讨，持续用好干部大讲堂、好干部在线、学习强国等学习教育平台，教育引导党员干部不断筑牢信仰之基、补足精神之钙、把稳思想之舵。二是深化改革激发活力。全力推进重点改革事项，党政机构、监察体制、司法体制、社会治理、财税金融、农业农村、放管服效、教育教学、医疗卫生等重大改革事项进展顺利，改革红利持续释放。三是高标落实重要指示。“3·15”山体滑坡后，县委坚决贯彻落实习近平总书记重要指示精神，在省市委的统一领导指挥下，全力抢险救援，稳妥善后处置，创造了应急救援的典型案例。同时，全力抓好善后稳定、医疗救治、灾后重建、综合治理等工作，集中安置和综合治理工程均于 2019 年 10 月底提前高标完工，创造了灾后重建的“乡宁速度”。

二、开展重大活动，坚定初心使命

坚决贯彻党中央和省市委安排部署，精心组织开展重大活动和主题教育。一是扎实开展庆祝新中国成立 70 周年系列活动。举办“祖国颂”大合唱展演、广场文化消夏月活动等庆祝活动，大力宣传新中国成立 70 周年来的伟大成就和我县的丰硕成果，引导全县人民共同唱响礼赞新中国、奋斗新时代的昂扬旋律。二是扎实开展“不忘初心、牢记使命”主题教育。县委站在“四个迫切需要”的高度，深刻认识主题教育重大意义，紧扣主题主线，严格落实总要求，突出抓好“四项重点措施”，牢树“四个导向”，抓实“四个清单”，主题教育成果丰硕，并不断巩固拓展。三是扎实开展“改革创新、奋发有为”大讨论。县委带头开展学习研讨，组织干部外出考察、内部轮训。组织召开对标一流述职承诺评议会议，开展公开电视承诺，全县范围高质量召开民主生活会，奋力推动大讨论成果转化为工作实效。

三、打好“三大攻坚战”，夯实小康基础

县委坚持把打好“三大攻坚战”作为奠定全面建成小康乡宁决定性基础的首要任务，持之以恒抓重点、补短板、强弱项。一是坚决打好脱贫提升攻坚战。投入 2000 余万元对扶贫产业进行奖补，搭建消费扶贫农产品产销对接平台，销售和签约特色农产品 1280 万元。实施 42 项贫困村提升工程，建设 11 个扶贫车间，举办各类技术培训 140 余场，全面巩固提升脱贫成效。二是坚决打好污染防治攻坚战。坚持铁腕治污、精准治污，“五管齐下”打好蓝天保卫战、“五水同治”打好碧水保卫战、“五步联防”打好净土保卫战。完成 69 家企业深度治理任务，高标完成县城污水处理厂提标改造。2019 年二级以上天数 288 天，其中一级 59 天，优良比例达 89.8%，国家卫生县城创建高标准通过省技术评估验收。三是坚决打好防范化解重大风险攻坚战。研究制定《坚决打好防范化解重大风险攻坚战方案》，压实责任、精准发力、持续推进，全县经济金融健康发展，人民群众安居乐业，政治社会大局和谐稳定。

四、加强“三农”工作，推进乡村振兴

县委坚持把乡村振兴战略作为新时代“三农”工作总抓手，不断推动农业全面升级、农村全面进步、农民全面发展。一是农业产业持续壮大。积极创建省级现代农业产业园，着力打造枣岭全国现代农业产业强镇，启动有机、绿色、无公害产品认证 23 种 6 万余亩，实施有机旱作封闭示范片 1.1 万余亩。3 家农业产业化联合体在全市率先挂牌。二是乡村环境更加宜居。投资 2660 万元高效推进 17 个省市县三级美丽宜居示范村建设，启动实施总投资达 2.6 亿元的“四好农村路”工程，城乡人居环境进一步优化。三是农村改革不断深化。集体经济组织清产核资工作完成率 100%。加快完善农业补贴政策制度，促进由增产向提质转变。全面加强农民实用技能培训，加快推进移风易俗和村规民约建设。

五、强力转型升级，提高发展质量

2019 年，全县生产总值完成 131.6 亿元，总量和增幅均位居全市第三。财政总收入和公共财政预算收入分别完成

58.16 亿元、18.98 亿元,均位居全市第一。各项经济指标稳中有进,经济发展的态势强劲。特别是以构建“4+X”新兴产业体系(现代农业、全域旅游、紫砂文创、新能源加各乡镇自主发展的转型产业)为抓手,全力推动经济结构调整。省级生态文化旅游示范区建设可研报告通过评审,云丘山 5A 级景区创建通过文化和旅游部景观质量评审。成功举办紫砂陶小镇发展论坛暨招商引智推介会,规划投资 50 亿、占地 2000 亩的紫砂陶小镇开工建设。第二热源厂、贝林清洁能源 10 万千瓦光伏发电项目开工建设,能源供给结构不断优化。同时,大力支持民营经济发展,减税降费 2.6 亿元,8 家企业登上山西股权交易中心,5 家企业实现小升规,1 家企业被评为省级优秀“专精特新”小巨人企业。

六、坚持民主法治,提升治理能力

县委充分发挥总揽全局、协调各方的领导作用,把党的领导体现到各领域各方面。积极支持县人大及其常委会依法履行职权,大力支持县政协开展各类专题协商议政和视察调研活动。认真做好新时代统一战线工作,加强对民主党派、无党派人士和新的社会阶层人士的思想政治引领。扎实推进“法治乡宁”“平安乡宁”建设,认真学习“枫桥经验”,扎实做好信访工作。深入开展扫黑除恶专项斗争,成功打掉恶势力团伙 5 个,恶势力集团 1 个,扎实推进涉黑涉恶腐败和“保护伞”问题整治。全面提升国防动员和后备力量建设水平,严格落实退役军人各项优抚政策,成功连创省级“双拥模范县城”,荣获“爱国拥军模范单位”。

七、抓牢意识形态,增强文化自信

常委会坚持把宣传思想工作摆在全局重要位置,及时分析研判形势,压实工作责任,督导检查推进,纳入目标考核和巡察范围,进一步巩固统一高效的工作格局。深化社会宣传、做好专题宣传、加强对外宣传、创新媒体宣传,不断唱响时代强音。进一步加强网络舆情监测处置,牢牢把握主动权。加快省级文明县城创建,开展专项督查,强力推进问题整改,顺利通过第三方测评验收。组织开展春联进万家、戏曲电影进基层等群众文化活动,新建县级图书馆,鼓励支持精品文学艺术创作,弘扬时代精神,增强文化自信。

八、围绕群众关切,抓好民生事业

常委会牢固树立以人民为中心的发展思想,统筹抓好各项民生保障工作。继续实施全民技能提升工程,扎实做好高校毕业生、农民工、去产能分流职工、退役军人、城镇就业困难人员等群体的就业创业工作。继续实施县城免费公交、十二年免费教育,实验小学建成投用,教育教学水平全面提升。县乡医疗卫生一体化改革试点工作稳步推进。强势推动 2019 年确定的重点工程和惠民实事,杨笃广场、县城亮化、鄂河河道治理等一批普惠性民生工程竣工投用。拆迁近 30 万平米的城中村拆迁改造项目顺利推进,提前 20 天供暖,受到广大群众的一致好评。

九、从严管党治党,优化政治生态

县委坚持以政治建设统领党的各项建设,推动全面从严治党不断向纵深发展。一是主体责任不断夯实。全面贯通落实两个责任,加强对反腐败工作的“全过程领导”。班子成员组织开展廉政约谈 700 余人次,“咬耳扯袖、红脸出汗”成为常态。二是基层党建全面加强。启动实施“美丽党建”示范项目和智慧党建项目,扎实开展软弱涣散基层党组织整顿,组织农村“领头雁”外出学习,基层组织建设、基础工作水平、干部基本能力都发生根本性改变。特别是在党政机构改革期间坚持好干部“五条标准”,大力度调整干部,全面优化干部队伍结构,释放出了巨大的干部“红利”。三是正风肃纪持续从严。以钉钉子的精神强化作风建设,严格执行中央八项规定精神实施细则,认真落实“基层减负年”要求,集中整治形式主义、官僚主义。扎实推进巡察工作,精准开展“政治体检”,巡察“利剑”作用有效发挥。始终保持惩治腐败的高压态势,风清气正的良好政治生态得到进一步巩固。

(乔鹏龙)

附:中共乡宁县委书记、副书记、常委名单

书　记:樊洪平
副书记:廉海平　刘建平(1月任职)　冯小宁(1月离职)
常　委:周晓文　高国荣　郭玉龙　任国栋
　　　　闫　鹏　安　娜(女)　李军杰(1月任职)

中共吉县县委

县委书记　崔绍民

2019 年,吉县县委高举习近平新时代中国特色社会主义思想伟大旗帜,全面贯彻党的十九大和十九届二中、三中、四中全会精神,深入学习贯彻习近平总书记“三篇光辉文献”精神,认真落实中央、省委和市委的决策部署,团结带领全县党员干部群众,锐意进取、攻坚克难,推动全县各项事业取得新进步,为全面建成小康社会奠定了坚实基础。

一、强化理论武装,持续推动学用习近平新时代中国特色社会主义思想往深里走、往心里走、往实里走

始终把学好用好习近平新时代中国特色社会主义思想

和习近平总书记视察山西重要讲话精神作为根本政治任务，按照中央“学懂、弄通、做实”的要求，学深悟透，指导实践。一是坚持学深学懂。以推进“两学一做”学习教育常态化制度化和“改革创新、奋发有为”大讨论为抓手，组织召开县委常委会议、书记专题会议、县委中心组学习会议，深入学习习近平新时代中国特色社会主义思想，跟进学习习近平总书记最新重要讲话，努力做到入脑入心。二是坚持常思常悟。按照“融会贯通、学以致用、全面覆盖”的要求，组织召开了第二次学用习近平新时代中国特色社会主义思想经验交流会，交流体会、分享感悟、提升境界，对习近平新时代中国特色社会主义思想的理解更加深入。三是坚持真信真用。坚持把习近平总书记重要批示作为党内政治要件，认真学习，贯彻落实。在谋划重要工作、作出重要决策时，都按照习近平总书记重要论述，按照中央和省委、市委决策部署，认真对照，结合实际形成思路举措。在推进过程中再对表对标，做得好的就坚持，有差距的立即改进，偏了错了迅速纠正，真正把习近平新时代中国特色社会主义思想作为前进的方向、行动的指南、衡量的标尺。

二、聚焦主题主线，深入推动“不忘初心、牢记使命”主题教育取得实效

一是学习教育收获明显。坚持读原著学原文悟原理，举办读书班 1 期；全县各级领导班子开展了 3 次集中学习研讨；先后开展革命传统教育、形势教育、先进典型教育、警示教育、爱国主义教育 800 余次；基层党组织书记讲专题党课 356 次；基层党组织召开党员大会 568 次，开展集体学习 1960 次。二是调查研究求真求实。各级领导干部立足职能职责，聚焦短板弱项，深入开展调查研究，破解发展难题。全县共确定调研课题 344 个，走访基层单位 355 个，发现问题 1130 个，提出解决问题的思路举措 1424 个，形成调研报告 344 份，召开调研成果交流会 79 次。三是检视问题找准剖深。坚持开门搞教育，各级领导班子和班子成员采取自己找、群众提、集体议、上级点等方式，拓宽问题采集渠道，努力把问题找全、找准、挖深。全县共召开找差距专题会 333 场次，制定检视问题清单 412 份，提出整改措施 18300 余条。四是问题整改落实到位。各职能部门聚焦中央“8+2”专项整治和省委 5 个方面整改，实行台账式管理，清单式销号，以整治整改成效确保主题教育的实效。各级领导班子和班子成员针对检视出的 8737 个问题，勇于自我革命，动真碰硬，整改完成 7128 个。

三、履行主业主责，扎实推进党建各项工作落细落实

认真践行新时代党的建设总要求，认真履行全面从严治党政治责任，召开县委常委会议 16 次，专题研究党的建设工作，召开县委十三届八次全会对推进全面从严治党向纵深发展作出针对性部署，全力抓主业、履主责。一是坚持以政治建设为统领，自身建设进一步加强。自觉增强“四个意识”，坚定“四个自信”，带头做到“两个维护”，以实际行动同以习近平同志为核心的党中央保持高度一致。认真执行民主集中制，严格遵守党规党纪，自觉接受各方面监督，认真贯彻新时代党的组织路线，坚持正确选人标准，树立鲜明用人导向，着力锻造“忠诚、干净、担当”的高素质专业化干部队伍。二是一体推进不敢腐、不能腐、不想腐，反腐败斗争压倒性胜利进一步巩固发展。加强对反腐败工作的全过程领导，深入推进监察体制改革，统筹运用“四种形态”，深入开展警示教育，不断深化政治巡察，持续纠正“四风”，坚决整治群众身边腐败和作风问题，群众的获得感和满意度明显提升。2019 年共立案 102 件，结案 94 件，给予党纪政务处分 110 人；公开通报曝光 3 批次 15 起。三是持续深化拓展“三基建设”，全县各领域基层党建进一步夯实。投入财政资金 3200 余万元，推动基层工作全面进步、全面过硬。在基层组织建设上，完成了 182 个基层党组织规范化创建和 12 个软弱涣散基层党组织集中整顿工作，探索建立了 1 个“区域化党建联合体”，全县 77 个行政村集体经济收入全部达 10 万元以上。在基础工作夯实上，规范完善了机关事业单位“四个管理体系”，建立了县乡村三级综合性便民服务平台，充实完善社区活动场所和公益性配套服务设施，10 名基层担当作为表现突出干部受到了市委的表彰奖励。在基本能力提升上，深入实施干部“五大培训工程”，多次组织干部外出学习城市党建、乡村振兴、脱贫攻坚等方面工作的先进经验，组织开展干部入企进村服务，进一步解放思想，增长见识，提高能力。四是牢牢掌握意识形态工作领导权，意识形态工作责任进一步压实。将意识形态工作纳入全县工作大局，全面推行意识形态“23359”工作法；先后召开 2 次专题常委会、3 次安排推进会、4 次分析研判会，对意识形态领域形势进行分析研判；“省级文明县城”创建扎实推进；县级融媒体中心试点顺利通过省级验收；“吉祥吉县”APP 正式上线；吉县被确定为全省第一批理论学习中心组“联系示范点”。五是坚持党对政法工作绝对领导，“法治吉县”“平安吉县”建设扎实推进。坚持把依法治县工作摆在重要日程，与经济社会工作同部署、同规划、同考核，组建了全面依法治县委员会，成立了防范化解重大风险工作领导小组，全力做好防范化解重大风险各项工作。深入开展扫黑除恶专项斗争，共打掉恶势力团伙 3 个。积极开展枫桥示范创建活动，完善矛盾纠纷排查调解制度，加快“法治吉县”建设进程。严格落实安全生产责任制，健全安全生产责任体系，建立了安全风险分级管控和隐患排查治理双重预防机制，全县安全生产保持了稳中向好态势。

四、严格“四个不摘”要求，持续巩固提升脱贫成效

始终把落实脱贫攻坚主体责任作为重大政治任务，严格对照脱贫成效巩固提升实施意见和三年行动计划，按照“三坚持、四不变、五提升”工作思路，制定了《2019 年脱贫成效巩固提升工作要点》，做到摘帽不摘责任、不摘政策、不摘帮扶、不摘监管，全面提升脱贫的质量和成色。2019 年，19 户 48 人贫困人口全部实现了脱贫退出。同时，聚焦中央、省委

巡视督导等各类反馈问题，制定方案，建立台账，强化措施，明确时限，压实责任，扎实推进问题整改工作。各类巡视、检查、督导反馈的49项问题，全部按照序时进度完成。

五、坚持发展第一要务，全力推进经济社会发展实现新突破

2019年，全县地区生产总值完成22.9亿元，同比增长4.7%；固定资产投资完成10.25亿元，同比增长12.9%；一般公共财政预算收入完成1.38亿元，同比增长10.1%；社会消费品零售总额完成9.1亿元，同比增长6.5%；城镇居民人均可支配收入完成22572元，同比增长6.8%，农村居民人均可支配收入完成6426元，同比增长14.7%，各项重点工作都跨上了新台阶，实现了新突破。一是产业基础持续巩固。坚持“四化四统一”发展思路，稳步推进减密间伐，持续提升苹果产业基础设施，延伸产业链条，加快苹果提质升级，举办了“中国苹果年会暨山西吉县苹果品牌发展高峰论坛”，推出了“吉祥吉县、吉地吉品”区域公共品牌。积极顺应“能源革命”的发展趋势，加快推进远景屯里风电，中石油、中石化新增钻井，大宁—吉县、吉县—延川输气管道建设等项目工程，全力抓好3个大型光伏电站和79个村级光伏电站的运营管理，新能源产业在全县工业格局中占有了越来越重的份量。二是文化旅游彰显活力。大力推进壶口景区体制机制改革，与山西宏源集团签订了正式合作协议，壶口景区拉开了“大保护、大开发、大建设”的序幕；大力推进全域旅游示范县创建，加快沿黄扶贫旅游公路等基础设施建设，推动人祖山景区品质提升，促进乡村旅游发展，举办了2019“春华秋实”文化旅游系列活动。三是生态文明建设成效显著。深入贯彻习近平总书记在黄河流域生态保护和高质量发展座谈会上的重要讲话精神，扎实推进大气污染治理、水污染治理、农业面源污染治理各项工作，全县林木覆盖率达到52.9%，荣获“全国造林绿化模范县”称号。2019年，全县优良天数289天，占全年的79.2%，空气质量综合指数4.4，同比下降9.8%。四是项目引进落地成果丰硕。年初确定的10项重点建设项目开复工8个，完成投资5.65亿元。围绕“现代农业”“黄河板块”“新兴产业”等重点领域，找准招商引资工作的切入点和突破口，组织4支招商引资小分队，开展精准招商。五是城乡建设步伐加快。全力推进小府城中村、新华东街两个片区改造的征拆工作，加快实施中心广场至小河畔片区改造、交电公司片区改造等项目，建成农贸市场；加快推进新城中医院、体育场等工程，完善城市功能，进一步绿化、硬化、美化；开展农村人居环境整治村庄清洁行动，扎实推进“美丽宜居示范村”创建。六是社会事业全面发展。统筹推进教育、医疗、卫生、文化等各项民生事业，圆满完成“县管校聘”改革，高考二本以上达线112人；积极开展国家卫生县城创建，持续改善乡村医疗卫生设施，全面落实“136”健康扶贫政策；严格落实“低保”“五保”政策，完善农村老年人日间照料中心运营管理制度，积极落实创业就业扶持政策，群众获得感进一步提升。七是全面深化改革有序推进。年度42项重大改革任务和16项先行先试事项顺利推进，党政机构改革全面完成，3个共性任务和3个个性任务全部按要求完成。

（刘成龙）

附：中共吉县县委书记、副书记、常委名单

书　记：郝忠祥（10月离职）　崔绍民（10月任职）
副书记：崔绍民（10月调职）　赵松强
　　　　王晓千（挂职，4月任职）
常　委：王志宏　陈东楷（5月离职）
　　　　王小华（5月离职）　李桂萍（女）
　　　　李勇宏　刘晓军　刘　炜（5月任职）
　　　　庞大懿（5月任职）

中共大宁县委

县委书记　王金龙

大宁县共有6个乡镇党委和3个派出工委，21个党总支，221个党支部，党员4633名。

2019年，大宁县委高举习近平新时代中国特色社会主义思想伟大旗帜，深入学习贯彻党的十九大、十九届二中、三中、四中全会和习近平总书记视察山西重要讲话精神，坚决落实省委2018年转型综改先行先试、2019年重大改革事项安排、省委省政府攻坚深度贫困“一县一策”的决策部署和省委十一届八次、九次全会，市委四届六次、七次全会精神，团结带领全县干部群众解放思想、改革创新，担当作为、勠力奋斗，苦干实干、锐意进取，全县党的建设和党的各项事业实现了新突破，呈现出经济平稳运行、改革有力推进、民生持续改善、社会和谐稳定、全面从严治党向纵深推进的良好态势。

一、高举政治建设旗帜，践行初心，担当使命，推动习近平新时代中国特色社会主义思想落地生根

一是扎实开展主题教育。紧跟中央、省委、市委步伐，深入开展“不忘初心、牢记使命”主题教育，成立领导小组，出台实施方案，建立任务台账，牢牢把握“守初心、担使命，找差距、抓落实”总要求。各级党组织运用大宁党员教育实践基地、“三会一课”、主题党日、“学习强国”、“好干部在线”“山西智慧党建”等平台，开展革命传统教育171次、形势教育137次、先进典型教育189次、警示教育124次、爱国主义教育151次，县委中心组以上率下，带头集中学习研讨3次，召开

了学用习近平新时代中国特色社会主义思想交流会。县级领导每人选取2至3个村解剖麻雀、解决难题,基层党组织共确定调研课题173个,深入基层调研1000余次,形成调研报告159篇,为群众办好事3407件。219个基层党组织和4567名党员主动对标、深度参与,查摆问题930条,即知即改,立行立改,以实际行动担当初心使命,践行“两个”维护。

二是党建引领发展路径。坚持用习近平新时代中国特色社会主义思想武装头脑、坚定信念、把握方向、指导决策、衡量成效,县委中心组集中学习24次凝聚共识、形成合力,召开52次常委会研究重大事项、谋划重要工作,全县上下坚持“党建引领、改革创新、产业支撑、技工推动、生态保障”五位一体脱贫攻坚路径,完善了创建“有机大宁、园艺大宁、土种大宁、诚信大宁、文明大宁、幸福大宁、慢生活大宁”的“七彩大宁”奋斗目标,统筹推进“全国农村集体产权制度改革试点县”“全国集体林业综合改革试验区”“全国农村综合改革标准化试点县”“全国电商示范县”“全国健康促进示范县”和“全省食品安全示范县”“六县同建”,加快发展的步伐坚定有力。

三是切实夯实组织基础。召开了县委十二届六次全会、县纪委四届四次全会,深入开展党建“创新争先年”活动,大力实施“红色矩阵”工程,全面深化“三基”建设,严格“三会一课”制度,坚持每月主题党日活动,开展政治建设大培训18期,整顿转化软弱涣散党组织13个,建设规范化支部182个;通过村企联建、产业联建组建联合党委2个,分8个领域开展“党旗红”品牌创建;追加预算114万元提高村“两委”主干报酬待遇,配备农村组织员24名;完成了党政机构改革,推行了新公务员法职务与职级并行,建立了干部实绩和负面清单“双向档案”,强化正向激励,推动反相惩戒,引导党员干部在脱贫攻坚、深化改革、乡村振兴主战场上担当作为、合力攻坚。

四是全面从严正风肃纪。加强党对反腐败工作的集中统一领导,旗帜鲜明要求并支持纪委监委执纪办案,完成了第七轮、第八轮巡察,全年共处置线索343件,运用“四种形态”处理340人次,立案57件,党纪政务处分60人次,其中处分科级干部9人,重处分1人,留置3人,移送1人,为全县经济社会发展提供了坚强的保障。

二、掀起脱贫摘帽攻势,对标补短,全力冲刺,脱贫攻坚实现决战决胜

县委始终把脱贫摘帽作为一项必须打赢的政治任务、必须完成的民生工程、必须直接面对的头等大事,以“打不赢脱贫攻坚战,就对不起这块红色土地”的态度和决心,举全县之力,集全县之智,尽锐出战,全力攻坚,80个贫困村全部退出,累计脱贫6343户17470人,贫困发生率下降至0.4%,14项指标全部完成,脱贫摘帽实现决战决胜。

一是凝心聚力集中攻坚。紧盯2019年脱贫摘帽目标,坚持每周一次例会研判形势、强化措施,实行周五周六扶贫日、脱贫攻坚一线工作法制度,部署开展脱贫攻坚基础工作整改专项行动。建立了脱贫攻坚战时机制,成立7大战区、15个专项工作组,县级领导担任指挥长、工作组组长;2612名省市县三级帮扶单位干部进村入户、结对帮扶,30名县级领导分片包联、一线办公;瞄准“两不愁三保障”“51314”贫困退出指标和“三率一度”,精准施策补齐短板,挂号督办解决问题,全力推进任务落实;坚决消灭脱贫攻坚中存在的问题,省委巡视反馈的43个问题整改完成,以实实在在的工作成效赢得群众认可。

二是对标对表完善设施。27个移民搬迁集中安置点全部完成,1539户4689人全部搬迁入住;实施农村危房改造696户、饮水安全工程117处、通村公路改造23条,购置客运班车13辆,84个行政村实现了标准化卫生室、综合文化活动场所、通动力电、通互联网全覆盖,基础设施指标全面达标。

三是精准落实保障政策。县财政为建档立卡贫困人口缴纳基本医疗、补充医疗、意外伤害、大病、长期护理五类保险和最低标准的养老保险费,认真落实“三保障三救助”“136”“先诊疗后付费”“一站式”服务、“双签约”“两免一补”、贫困中小学生资助、大学生助学贷款、“雨露计划”、低保、养老等惠民政策,确保惠民政策应享尽享,民生社保指标全面提升。

三、争当改革创新先锋,物归原主,还权于民,让人民群众共享更多改革发展成果

一是完善“两山”转变有效实践途径。探索总结了深化购买式造林、资产化管护、生态效益补偿、林业资产性收益、建立森林市场、探索林业碳汇扶贫、创建“园艺大宁”、“有机大宁”、赋予股份经济合作社资源开发权9条“两山”转变有效实现途径。2016年以来全县完成购买式造林21.67万亩,共使参与群众获得劳务收入6573万元,其中,2019年8.2万亩购买式造林,群众获得收入2257万元,带动1640户4920人经济脱贫,2019年第17期《求是》杂志《新中国70年创造人类减贫奇迹》作为典型案例刊登,入选了第二届中国优秀扶贫案例、脱贫攻坚100计。将黄河采砂权交由股份经济合作社承办,组建了大宁县股份经济联合总社,发动村集体和群众入股635万元,6月份以来采砂20万吨,产值600万元,利润370万元。

二是持续深化农村改革。结合落实“中央农村集体产权制度改革试点县”任务,全县84个村成立了股份经济合作社,组织群众承接工程、发展产业、实行“三治”融合。80个贫困村总投资1.5亿元,群众获得劳务收入3474.9万元,参与工程建设的3096户10588人户均增收8897元、人均增收3282元;带动村集体增收908万元,村均11.35万元,实现了物归原主、还权于民,增加了群众收入,壮大了集体经济,增强了党支部的凝聚力、号召力,激发了乡村活力和群众内生动力,深得群众拥护。据统计,全县购买式造林、深化农村改革和资产性收益分红累计增加群众收入1.12亿元,可使全县6415户贫困户户均增收17459元、17648名贫困人口人均增收6359元。

三是成立乡村振兴研究院。成立了全省首家乡村振兴研

究院，聘请著名“三农”问题专家温铁军为名誉院长，中央党校徐祥临、中国人民大学周立等32名教授担任顾问，中国人民大学乡建中心、西南大学中国乡村建设学院等11家高等院校为共建单位，下设“三农”政策研究、生态经济研究、城乡融合发展研究、乡村振兴人才培养等5个中心，围绕全域旅教、有机农业进行了积极探索实践，在探寻脱贫攻坚与乡村振兴有机衔接上迈出了大宁步伐，大宁乡村振兴研究院被评为“市级乡村振兴战略智库人才工作基地”。

四、鼓足转型发展劲头，优化结构，蓄积后劲，努力推动经济高质量发展

2019年，全县固定资产投资完成额179120万元，同比增长19%；城镇居民人均可支配收入21375元，同比增长8.4%；农村居民人均可支配收入4485元，同比增长18.6%；财政收入首次突破亿元大关。

一是大力发展实体经济。坚定不移抓好项目建设，大力推进总投资1.37亿元的隆泰集团现代农业花卉双创示范园、总投资11.35亿元的新大象集团百万头生猪养殖、总投资11.9亿元的鸿锐集团一次性防护手套等项目达产达效。鸿锐集团建成了16条PVC手套生产线，实现产值1.98亿元，出口创汇2791万美元；隆泰花卉投产3万平米连栋温室，新建1.23万平米连栋温室，被评为市级“花卉培育人才工作基地”；新大象生猪养殖投入运行1个种猪场、2个育肥场，规划新建3个种猪场、1个育肥场和1个饲料厂，签约了太德农业废弃物综合处理利用项目；轻工业园区入住企业达到了4家，实现产值约3200万元；中石油煤层气勘探项目实现了2.5亿方产能，全年投资2亿元新增致密气钻井25口、煤层气钻井100口，投资5.7亿元建设长度110公里的大宁—吉县天然气输送管道。

二是全力创建“有机大宁”。推广“六不用”(不用化肥、农药、农膜、除草剂、人工合成激素、转基因种子)有机农业生产技术，成功创建了国家级出口水果质量安全示范区，建成了6个高标准出口水果示范基地，布局有机苹果、蔬菜、小杂粮等示范点2.1万亩。着力打造“大宁红”区域公共品牌，在省城太原举办了发布会，与乐村淘签署了平台入驻协议，与国家卫健委、山西国贸集团签署了消费扶贫协议，通过电商、超市、企业、帮扶购买、消费扶贫等渠道，推动农业转型、农民增收。

三是布局推动全域旅教。申报设立了二郎山国家森林公园，与宏源公司签订了开发笊篱寨合作协议，编制完成了《山西二郎山国家森林公园总体规划(2020–2030)》《笊篱寨旅游开发总体规划》以及罗曲村园艺馆、楼底村乡村动物乐园、道教村教育永续综合馆3个试点村的全域旅教规划；与北京共仁基金会合作建设大中小学生地质地貌教学实践基地，开展了首届公益研学营活动；开发黄河仙子文化、黄土高原农耕文化，举办了黄河仙子祈福节、苹果采摘节，推动农业领域三产融合、六产发展。

五、瞄准广大群众期盼，改善民生，增进福祉，不断增强人民群众的获得感幸福感安全感

一是大力发展民生事业。县直机关幼儿园、县直第二幼儿园、幸福小学建成并投入使用，持续深化教育教学改革和“县管校聘”人事制度改革，优化资源配置，提高教学质量，全县二本B类以上达线率稳步提升；大宁县医疗集团高效运行，山西医科大学第一附属医院大宁分院建设有序推进，北京大学第三医院全方位对口帮扶，三甲医院定期巡回义诊、远程会诊、捐赠药品，县乡村三级医疗机构医疗服务能力水平显著提升；推行“两线合一”，农村低保标准提高到每人每年4600元，3689名鳏寡孤独痴残特困群众实现了应保尽保；加强全民技能培训，设立“大宁新时代文明实践中心”，依托县域企业开展对口培训，新增就业807人，转移就业1413人，提供购买式服务公益性岗位624个，城镇登记失业率控制在3.8%以内；文化馆、美术馆、图书馆建设进展顺利，举办了元宵节、黄河仙子文化旅游节、桃花节等大型文化活动30余场，开展文化惠民活动1100余场次。

二是全面加强生态保护。根据中央、省环保督察及督察“回头看”反馈问题，扎实推进工业企业治理、散煤治理、柴油车污染治理、扬尘治理，完成了新昕污水处理厂提标改造和第二污水处理厂建设工程，新增集中供热面积约12万平方米，全力打好大气、水、土壤污染防治三大战役，优良天数比例全市排名第一，集中式饮用水源地水质达标率100%，昕水河出境断面水质稳定在Ⅳ类水质标准。

三是着力化解重大风险。统筹推进8个领域48项重点工作，扎实做好重点人群矛盾化解和稳控工作，信访事项化解率达到100%；加强道路交通、建筑施工、地质灾害、企业生产等重点领域安全监管，全县无重特大安全事故发生。

六、发挥民主政治优势，统领全局，协调各方，提升县域治理能力和水平

一是切实加强自身建设。县委坚持“打铁必须自身硬”，不断加强自身建设。认真贯彻《中国共产党地方委员会工作条例》，坚持民主集中制，严肃党内政治生活，高质量召开3次民主生活会，认真开展批评和自我批评，坚持以“革命加拼命”的精神状态，担当作为、开拓创新，为全县党组织和党员干部作出表率。

二是推进民主政治建设。县委充分发挥总揽全局、协调各方的领导作用，定期听取人大常委会、政府、政协和法院、检察院党组工作汇报，深入推进群团改革工作，支持人大代表、政协委员对脱贫攻坚、深化改革、产业发展等进行视察和调研24次，提出了一系列针对性操作性较强的建议。

三是注重依法治县建设。坚持全面依法治县基本方略，坚持总体国家安全观，防范化解重大风险，严格执法、公正司法、全民普法，建立了“2+2+1”审判团队、捕诉一体化办案和公益诉讼机制，依法严厉打击各类刑事犯罪，推进扫黑除恶专项斗争，打掉恶势力集团1个，逮捕6人，判决6人。落实

党管武装要求,召开县委议军会议,开展平战转换演练,提升国防动员和后备力量建设水平,促进了军民融合深度发展。

(冯宇琛)

附:中共大宁县委书记、副书记、常委名单

书　记:王金龙

副书记:樊　宇　李永升　马保平(挂职,4月任职)
李　波(挂职,12月任职)
武剑锋(挂职,4月离职)

常　委:赵晨伟(1月离职)　武艳娟(女)　贺晓东
任鹏伟　张振荣　刘开元　许华伟(1月任职)
薛晓东(挂职,12月离职)

中共隰县县委

县委书记　李亚丽

2019年,隰县县委高举习近平新时代中国特色社会主义思想伟大旗帜,全面贯彻党的十九大和十九届二中、三中、四中全会精神,深入落实习近平总书记视察山西重要讲话精神,统筹推进“五位一体”总体布局,协调推进“四个全面”战略布局,按照省委“一个指引、两手硬”思路和市委“345”发展战略,团结带领广大干部群众大力实施“1243”工作方略,有力推动党的建设和党的事业发展取得新进步。全年地区生产总值完成18.74亿元,同比增长3.8%;一般公共预算收入完成9565万元,同比增长8.8%;固定资产投资完成4.18亿元;规模以上工业增加值同比增长148.6%;社会消费品零售总额12.13亿元,同比增长8.2%;城镇居民人均可支配收入完成25323元,增速7%;农村居民人均可支配收入完成7418元,增速15.2%。全县累计完成79个村、7114户、20112人脱贫任务,综合贫困发生率从25.6%降至0.15%,连续三年保持在全省第一方阵。

一、组织概况

中共隰县县委共有党组34个,基层党组织295个,其中,党(工)委19个,党总支16个,党支部260个。全县共有党员6154名。

二、重大决策与主要工作

(一)站稳政治立场,始终保持学用习近平新时代中国特色社会主义思想的自觉性、主动性。县委认真履行把方向、管大局、作决策、保落实职责,召开32次常委会就重点工作、重大问题作出安排,有力推动中央、省委、市委各项决策部署全面有效贯彻落实。尤其是坚持把学习贯彻习近平新时代中国特色社会主义思想,与习近平总书记视察山西重要讲话精神紧密结合起来,作为首要政治任务,举办28次中心组会议集中学习研讨,开展学用习近平新时代中国特色社会主义思想经验交流会、读书班和干部大讲堂,召开县委十三届五次、六次全会和县委经济工作会议对贯彻落实工作持续进行安排,以实际行动确保习近平新时代中国特色社会主义思想在隰县落地生根、开花结果。

(二)巩固脱贫成果,全面加快小康隰县建设步伐。县委深入贯彻习近平总书记扶贫开发战略思想,不断深化脱贫攻坚与乡村振兴有机衔接,坚持党建引领与统筹调度齐抓促落实,完善脱贫攻坚领导组和17个专项工作组职责,全面落实书记遍访贫困对象行动,精准党员干部分户包帮帮扶责任,构建起三级书记抓扶贫、党员干部齐上阵的责任落实体系。严格执行“周例会、月报告、季总结”调度机制,先后组织召开县脱贫攻坚领导组会议、周例会73次,有序调度、精准推进巩固提升各项工作。建立工作推动、干部作风和“三支队伍”驻村履职三个专项督查机构,强化全方位、全过程跟踪督查,覆盖8个乡镇开展脱贫攻坚专项巡察,确保政策、责任、工作落实、落细。坚持问题整改与防范返贫共进提质量,把省委专项巡视反馈问题整改与2014年以来上级督查、巡查、评估、审计反馈问题和自查发现问题整改结合起来,成立21个边巡边改领导小组和12个专项业务整改小组,一体整改、整体提升;全面开展“回头看、回头帮、回头稳”,对2014年以来脱贫攻坚各项工作落实情况,逐村逐户逐人查缺补漏、补短强弱;研究制定《脱贫巩固提升分类管理实施方案》,对未脱贫户、深度贫困户、边缘户“三类户”分类管理、精准帮扶,尤其是针对今年严重旱灾,投资1200余万元抗旱救灾,有效防范群众因灾返贫。坚持巩固提升与乡村振兴并举保成色,制定“五个不变、五个巩固、五个狠抓、五个提升、五个强化、五个结合、五个聚焦”巩固提升举措,扎实推进产业扶贫、生态扶贫、消费扶贫、就业扶贫等27项巩固提升计划,91个行政村实现标准化卫生室、住房安全、饮水安全、通客车、通动力电、宽带网络、文化活动场所7个100%全覆盖,尤其是完善“1+N”产业扶贫带贫模式,全面推行特色扶贫产业“五有”机制建设,农村居民人均可支配收入连续三年保持两位数增长,群众获得感、幸福感大幅提升。

(三)落实新发展理念,着力推动县域经济持续高质量发展。县委深入贯彻高质量发展要求,先后召开10次常委会议专题研究,统筹推进稳增长、调结构、增动能各项工作。产业园区建设顺利,积极与国家、省、市对接争取,成功获批山西省唯一的国家现代农业产业园和省级现代农业产业示范区,编制完成园区总体规划,培育新增规上企业2家,全县规上企业达到4家,规上工业增加值增速148%,全市排名第1。梨果产业提质增效,“玉露香梨”品牌升级为省级战略品牌,品牌价值达到87.43亿元,构建起梨果产业八个利益联结机制,果农人均年收入达到6700元,全县80%的土地种植果树,80%的农民从事果业生产,80%的农业收入源于果业,80%的贫困人口依托梨果产业实现稳定脱贫。文旅产业扎实推进,高标准编制《隰县全域旅游发展总体规划》,与山西宏源集团签订小西天景区开发战略合作协议,午城黄土国家地质公园通过第二批国家级自然公园评审会评审,文化旅游、休闲农业、生态康养、电子商务实现融合发展。深化改革激发动力,成立县委全面深化改革委员会,先后召开5次会议专题研究部署,党政机构改革顺利完成,农业农村、“放管服效”、减税降费等改革任务有序推进,改革对经济社会发展的牵引作用更加凸显。

(四)保障改善民生,努力实现人民群众对美好生活的向往。县委始终把人民群众的根本利益作为一切工作的出发点和落脚点,牢固树立“以人民为中心”的发展理念,民生事业持续加强,全年完成民生支出12.7亿元,占公共财政总支出的81%,带动教育、医疗、就业、社保等各项社会事业全面进步。生态环境全面改善,高标准完成中央、省环保督察及督察“回头看”反馈移交的31个问题整改工作;全年完成人工造林6万亩、封山育林5万亩,森林覆盖率由2015年的31%提高到38%;持续开展大气、水和土壤污染防治综合治理,全县生态环境质量得到进一步改善。社会环境和谐稳定。牢固树立总体安全观,严格落实安全生产责任制,全年没有发生重特大安全事故;切实加大“事要解决”力度,深入开展信访矛盾纠纷大排查大化解百日攻坚战,重点信访案件化解率达到81.6%;坚持和加强社会治理,扎实推进扫黑除恶专项斗争,全面加强县乡村“三级”综治中心建设,探索综治网格化管理模式,有力地维护了全县改革发展稳定大局。

(五)全面从严治党,努力营造风清气正良好政治生态。县委全面落实新时代党的建设总要求,把严的标准和措施贯穿于管党治党全过程、各方面,坚定不移推动从严治党向纵深发展。扎实开展“不忘初心、牢记使命”主题教育。深化学习教育、调查研究、检视问题、整改落实四项措施,细化制定8项规定动作,扎实推进学习研讨、“三服务”“8+5”专项整治整改,解决群众反映强烈的突出问题172件,整改各类问题2600余个,以重点问题的解决带动整体工作的提升。全力抓好意识形态工作。将意识形态工作纳入全县工作大局、党建工作责任制、年度目标责任考核体系和县委巡察范围,县乡两级挂牌成立意识形态工作领导组办公室,村委设立意识形态工作窗口,以“唱响时代赞歌”为主题,举办17项系列庆祝活动,营造了改革发展浓厚氛围。深入推进基层组织建设。研究制定《贯彻落实省委〈关于深化“三基建设”进一步加强基层工作的若干意见〉的实施方案》,明确16个方面53条具体措施,不断把“三基”引向深入;摸排整顿软弱涣散党组织18个;探索“党建引领、村社合一、村企联建、村村抱团”村级集体经济发展模式,全县79个行政村集体经济突破10万元;深化实施干部能力提升工程,先后举办各类培训班45期(场),培训党员干部1.7万余人次,基层组织建设对全县工作的支撑作用愈益明显。不断强化监督执纪问责。扎实推进监察体制改革,推动监察职能向农村延伸,实现对行使公权力的公职人员监察全覆盖;开展2轮政治巡察和1轮脱贫攻坚专项巡察,推动从严治党向基层延伸;不断加大正风肃纪反腐力度,驰而不息反对“四风”,扎实开展漠视群众利益问题、扶贫领域腐败和作风问题、形势主义和官僚主义、涉黑涉恶腐败和“保护伞”等专项整治,全年共立案128件,结案124件,给予党纪政务处分122人,组织处理262人,移送审查起诉3案3人,为全县经济社会发展提供了坚强的纪律作风保障。

(侯文辉)

附:中共隰县县委书记、副书记、常委名单

书　记:李亚丽(女)

副书记:王晓斌　李睿煜

常　委:黄海华　马健民　马兰明　王志华
杨海林　刘贵平(12月离职)
鲁志江(12月任职)

中共永和县委

县委书记　高永贤

2019年,县委常委会以习近平新时代中国特色社会主义思想为指导,深入学习贯彻党的十九大、十九届二中、三中、四中全会精神和习近平总书记“三篇光辉文献”精神,以脱贫攻坚统揽经济社会发展全局,团结带领全县广大党员干部群众真抓实干、攻坚克难、锐意进取,推动全县经济社会持续向好发展。

一、把牢正确政治方向,开辟学用习近平新时代中国特色社会主义思想新境界

(一)强化理论武装,坚定政治信仰。坚持不懈用习近平新时代中国特色社会主义思想武装头脑,先后组织召开中心组学习26次,举办“领头雁”培训、习近平新时代中国特色社会主义思想读书班、十九届四中全会宣讲会等各类培训班30余场,累计使4000余名党员干部接受教育,引导全县党员干部做到学思用贯通、知信行统一。

(二)勇于自我革命,锤炼政治担当。深入组织开展“改革创新、奋发有为”大讨论,在全县兴起了一场学习革命、思想革命、工作革命。先后召开县委常委会议39次、脱贫攻坚周例会47次,谋划重大思路、部署重大改革、推出重大举措,努力为

全县经济社会发展把好方向、作好决策。明确提出“三不变三变”的工作要求(即:坚持目标任务不变,工作标准要变的更高;坚持指挥体系不变,工作节奏要变的更快;坚持工作机制不变,精神状态要变的更好),狠抓主体责任落实,狠抓重点工作落实、难点工作突破,狠抓作风建设,狠抓信访维稳工作,狠抓舆论宣传,全县上下形成了一级抓一级,层层抓落实的工作格局。

(三)践行初心使命,永葆政治本色。坚持把开展“不忘初心、牢记使命”主题教育作为重大政治任务。一是突出开门检视,深入查摆问题。带头围绕“18个是否”找差距、抓落实,全县共梳理出意见建议1057条、查摆出问题886个,已完成整改701个。二是突出为民服务,确保群众满意。县乡领导班子成员结合脱贫攻坚开展调查研究,撰写调研报告257篇,提出解决问题的思路举措440条,解决了一批群众关心的难点、痛点、堵点问题。三是突出专项整治,推动取得实效。紧盯“8+2+5”专项整治,动真碰硬抓好问题整改落实,全县共建立问题清单337个,查找问题1766条,完成整改1486条,推动主题教育取得了实效。

二、践行新思想新理念,推动经济社会高质量发展

2019年,全县地区生产总值(GDP)首次突破10亿元,完成10.56亿元,同比增长6.3%;全社会固定资产投资完成16.4亿元,同比增长13.94%,增速排名全市第5;全年财政总收入首次突破3亿元,达到3.04亿元,同比增长9.37%;公共财政收入完成1.26亿元,同比增长13.17%,县域经济实力进一步增强。

(一)坚决扛起主责,党委统揽全局的能力得到新提升。

县委坚持把党的领导贯彻到经济社会发展的各个领域、各个方面。一是坚持抓党建促脱贫。将基层党建与脱贫攻坚深度融合,实现党建与扶贫“双促进、双提升”。聚焦责任夯实,提升战斗力。紧抓领导干部这个“关键少数”,确定各战区组长是本战区脱贫攻坚主要责任人,各专项工作组组长和部门负责人是直接责任人,乡镇书记、乡镇长是本乡镇脱贫攻坚第一责任人,全县上下形成齐抓共管的格局。优化党组织设置,提升引领力。持续发挥党组织在产业发展上的引领作用,在农村新型经营主体设立28个党小组,在产业相近、地域相邻、资源互补的村,组建了旅游、种植、养殖等5个联合党委,带动产业发展由“单打独斗”向“抱团发展”转变。强化示范带动,提升凝聚力。坚持每月17日统筹开展“永和扶贫日”、“主题党日”、“党建共建日”三位一体活动,开展为民服务事项850余件,协调落实脱贫项目110多个,密切了党群干群关系。二是深入推进“法治永和”建设。扎实推进“法治下乡”、“七五”普法,深入开展领导接访、积案攻坚、源头预防等活动,举行各类普法讲座40余场,解答法律咨询5221人次;加快推进公共法律服务体系建设,新建永和县公共法律服务中心场所,调解矛盾纠纷1000余件,提供无偿法律援助79案,办理公证712件;持续深化扫黑除恶专项斗争,办结各类涉黑涉恶线索16起,保障全县社会大局和谐稳定。三是严格防控安全生产风险。认真落实安全生产责任制,深入开展三个专项行动,制定出台了《关于做好2019年安全生产工作的通知》、《永和县坚决打好防范化解重大风险攻坚战方案》,从8个领域48个方面进行安排部署;扎实开展安全生产隐患大排查和应急演练活动,打击非法违法行为2起,责令限期整改43家次,停产停业企业3家次,全年无重大安全生产事故发生。

(二)优化提升三大产业,县域经济发展迈出新步伐。一是优势农业稳步发展。实施1000亩果园旱作节水工程,完成2.2万亩高标准农田建设,完成县级电商公共服务中心、53个村级电商服务站建设,县域物流快递服务体系初步建成,农特产品助农增收成效显著。二是天然气产业提档升级。投资4.44亿元,完成钻井46口;全县长输管线总长度达到175公里,年输气能力达到38.5亿方,县域天然气管道融入全省管网,与周边县市实现了互联互通;签约项目3个,总投资12.16亿元,当年开工项目2个,开工率66.7%。全年贡献税收2.12亿元,占财政总收入的70%。三是文化旅游实现融合发展。深化与宏源集团战略合作,加快推进《规划》编制;开展了重走《黄河大合唱》创作之路“寻根活动”暨永和专场音乐会、2019健行者公益徒步等促进文旅融合发展的特色亮点活动;东征、石家湾等6个村入选“山西省旅游扶贫示范村”,奇奇里村和东征村成功入围2019年山西省首批100家3A级乡村旅游示范村,永和的知名度大幅提升。

(三)全力攻坚深度贫困,脱贫攻坚取得新胜利。坚持把脱贫攻坚作为头等大事和第一民生工程,狠抓“三个落实”。一是体制机制更加完善。继续坚持县级总部统筹指挥、乡级战区作战、村级帮扶、尽锐出战的指挥体系,严格实行“一周双会”“一周一报告”“一周一观摩”工作制度,认真落实“两清单两表格”工作法,建立了“上下联动、左右联合、正向激励、负面清单”的跟踪问效奖惩办法,为319名驻村干部、467名科级干部和31名县级领导建立干部实绩档案;对全县科级领导干部、“三支队伍”建立了848份负面清单档案,激发了党员干部干事创业的热情。二是增收渠道更加宽广。坚持把产业扶贫作为脱贫攻坚主攻方向来抓,不断完善“3+X”长期稳定脱贫模式。(“3”即:实现了“一村一品一主体”、光伏产业、保险扶贫“3个全覆盖”;“X”即:坚持因村施策、因户制宜的方式,指导贫困村灵活选择生态、消费、旅游、金融等扶贫举措,带动78个贫困村基本实现了两种或多种产业模式互补,拓宽了增收渠道,提高了抵御市场风险的能力,增强了造血功能。)三是脱贫指标全面完成。“两不愁三保障”问题基本解决,贫困户退出5项指标、贫困村退出13项指标、贫困县退出14项指标圆满完成。贫困县退出14项指标中,9项高标准完成,达到100%,3项指标超过全省平均水平,2项指标达到国家扶贫标准。

三、全面从严治党,营造风清气正的良好政治生态

(一)认真履行全面从严治党政治责任,着力推动党风政风转变。召开县委十三届六次全会专题部署全面从严治党工

作,召开13次县委常委会议学习传达中央和省委、市委有关会议文件精神。严格落实"两个责任"。完善考核评价机制,对2018年目标责任考核中排名靠后的乡镇和部门领导,分别进行约谈。对86名县直单位"一把手"和7个乡镇党委书记进行提醒谈话。召开县委反腐败领导小组专题会议2次,推动县委反腐败领导小组成员单位认真履行职责,加强协作配合,形成反腐合力。狠抓干部作风建设。严格落实"基层减负年"要求,新建一套延伸到乡镇的视频会议系统,减少干部往返时间,腾出更多的时间抓落实;压缩会议时间、减少会议次数,会上重点摆问题、讲措施、说进度、提要求,切实提高了会议效率和质量。驰而不息整治"四风"。发现问题线索44件,办结44件,给予党纪政务处分13人,组织处理34人;受理扶贫领域问题线索201件,处理党员干部113人,持续释放了全面从严的信号。发挥巡察利剑作用。完成了第7轮巡察,前七轮巡察发现共性问题835个,整改674个,发现问题线索242件,办结223件,有效传导了压力、压实了责任。

(二)以"三基建设"为抓手,不断夯实基层基础工作。制定出台《关于深化"三基建设"进一步加强基层工作的实施方案》,确定51条具体措施,推动基层工作全面进步、全面过硬。一是强化堡垒,提高带动力。对党员进行分类,设岗定责,有效提升党员队伍管理水平;建成全市第一家党员政治生日馆,引导党员干部在实景观摩中践行初心使命;同时,采取单独建、联合建、挂靠建的方式,实现非公经济组织和社会组织党建工作"全覆盖"。二是夯实基础,提升保障力。7个乡镇平均运转经费达到60万元,村级组织运转经费、社区工作经费、服务群众经费均达到10万元。村级活动场所全部实现清洁取暖,实行干部轮班坐班制;深入实施乡土人才回归工程,回引人才19人,储备农村本土实用人才83名、农村在外人才113名、村级后备干部237名。三是提升能力,增强战斗力。坚持"走出去"和"请进来"相结合的方式,每周六组织全县干部开展"对标先进、知弱图强"学习研讨观摩系列活动,不断增强抓脱贫攻坚的本领;推进"农村干部学历提升工程",招收学员76名,农村干部素质明显提升。

(三)压实责任分工,牢牢把握意识形态主动权。制定出台《进一步贯彻落实意识形态工作责任制的意见》《永和县网络舆情监管与应急处置办法》等意见办法,建立完善意识形态工作责任清单,定期分析研判意识形态领域存在的风险点、隐患点,切实加强意识形态领域重要问题的处置和应对;大力弘扬社会主义核心价值观,持续深化"五大创建"活动,完成了山西省文明城市提名县城的创建工作,新增文明乡镇1个,文明村6个。

(王　霞)

附:中共永和县委书记、副书记、常委名单

书　记: 加天山(10月离职)　高永贤(10月任职)

副书记: 范洋平　郝　巍(5月离职)　牛永福(5月任职)　胡小濛(挂职,5月离职)　宋林根(挂职,4月离职)　马爱丽(女,挂职,4月任职)　李国强(挂职,4月任职)

常　委: 王卫成　刘元福　马　健　白永明　张淑明　迟大鹏(12月离职)　唐　勇(12月任职)

中共运城市委

市委书记　刘志宏

2019年,运城市委高举习近平新时代中国特色社会主义思想伟大旗帜,深入学习贯彻习近平总书记"三篇光辉文献"精神,认真贯彻落实省委"四为四高两同步"总体思路和要求,以"走进新时代,建设大运城"为总抓手,以"三个定位、四大目标"("三个定位",即在全国的发展格局中,运城要有强项;在中部地区的发展格局中,运城要有地位;在全省的发展格局中,运城要站前列。"四大目标",即在全国的发展格局中,要打造国家级现代农业示范区、华夏文明根祖文化国际旅游目的地;在中部地区的发展格局中,要建设中部地区现代化立体式交通枢纽和重要物流集聚区;在全省的发展格局中,要建设山西高水平开放、高质量发展的重要节点城市)为牵引,团结带领全市广大党员干部群众,全面深化改革开放,深入落实"六稳"举措,统筹推进稳增长、促改革、调结构、惠民生、防风险各项工作,推动运城各项事业发展取得了一系列新成效、新进展。2019年,全市主要经济指标温和增长,呈现平稳向好发展态势:地区生产总值1562.9亿元、增长6.3%;规模以上工业增加值407.5亿元、增长5.4%;固定资产投资574.7亿元、增长7.1%;社会消费品零售总额857亿元、增长8.2%;一般公共预算收入86.6亿元、增长7.3%,城镇居民人均可支配收入31241元、增长7.3%,农村居民人均可支配收入11997元、增长9.9%。中央有关部委和省先后在运城市召开各类工作现场会、经验交流会、工作培训会18个。全市有13个单位获得国家部委的专项表彰,22项工作走在全国前列,"凤还巢"计划受到国务院通报表扬;有45个单位获得省级厅局表彰,103项工作进入全省第一方阵。

一、坚持把深入学习贯彻习近平新时代中国特色社会主义思想作为首要政治任务

连续举办26期学习习近平新时代中国特色社会主义思想专题讲座,把学用习近平新时代中国特色社会主义思想作为"纲"和"魂",扎实开展"改革创新、奋发有为"大讨论,使广大党员干部经历了一场深刻的学习革命、思想革命、工作革

命。深入开展“不忘初心、牢记使命”主题教育,把主线贯穿四项重点措施全过程。突出抓好县处级以上领导干部这个关键少数,组织学习《选编》《纲要》《汇编》等规定书目,跟进学习习近平总书记最新重要讲话精神,在学原文、读原著、悟原理中,让党员干部全面系统地接受当代马克思主义教育。认真学习贯彻党的十九届四中全会精神,深刻领会习近平总书记关于国家制度和治理体系建设的重大战略思想,教育引导干部群众进一步坚定“四个自信”。坚持近年来形成的良好工作惯例,先后在28次全市各类工作会议上对习近平总书记相关重要论述进行系统梳理,一项一项深化认识,并联系实际、有针对性地研究具体贯彻措施。

二、不断深化和拓展大运城建设的战略思路

在省委组织的“改革创新、奋发有为”大讨论中,对标一流,进一步确立了建设大运城的“三个定位”“四大目标”,使发展的格局、路径和举措更加明确,提振了全市上下锐意图强、发奋崛起的信心和雄心。把市城区作为大运城建设的“龙头”,按照现代化大城市的模式,大手笔整体规划,向全社会推出《2035版大运城总体规划》等4个规划。狠抓市城区首位度建设、吸引力建设、承载力建设,把北部新城建设作为主战场,启动投资近176亿元的31个重大项目。围绕历史街区、文化古镇和安邑古城目标定位,狠抓环境整治,投资6900万元的安邑主街改造即将完工,安邑古城建设规划方案进入论证阶段。加快推进原王庄等城中村、棚户区改造,启动中银大道、周西路、魏风街等断头路畅通工程,高铁北站实现交通微循环,市城区有19条道路通车。累计改造560条小街小巷,新增集中供暖面积1500万平方米,新建高标准公共厕所20多个。大刀阔斧推进城市规划建设管理体制改革,用新的体制机制来管理城市、运营城市,推动城市面貌发生显著变化。

持续实施“3515重大工程项目”,严格落实“四个一”项目推进机制。投资13.8亿元的东方资源无机纤维材料、投资10亿元的华兆东南装配式建筑产业基地等47个工业项目,年内相继竣工或部分竣工,已实现销售收入57.7亿元,利税7.3亿元。浩吉铁路、运宝黄河大桥等重大交通枢纽顺利通车。运城高铁站停车线由原来的2条增加到4条,始发车增加到8列。投资23.2亿元的芮城光伏领跑技术基地二期、投资31.2亿元的运城国际机场改扩建、投资3.5亿元的芮城通用机场等项目相继开工。

三、扎实推动经济转型发展、高质量发展

“龙腾虎跃”计划带动骨干企业迅猛发展。2019年,90户龙虎榜企业实现营业收入1660.2亿元,同比增长2.3%,占全市工业比重达到83.0%,拉动全市工业营业收入增长1.9个百分点。4家“龙榜”企业发展势头良好,山西建龙年营业收入预计突破300亿元;“虎榜”重点培育企业新增7家,总数达到41家。“群星灿烂”计划引领小微企业茁壮成长。建成各类双创基地52家,全年孵化创办小微企业8784家,占年度任务266.18%,创造就业岗位7万多个,占年度任务242.43%。全年培育“小升规”企业100户,比上年新增40户,名列全省前茅。“凤还巢”计划吸引各类优秀人才回乡创业。建立在外互助组织510个,先后在北上广等20多个省市,召开563场联谊活动,吸引运城籍在外人士回乡创办企业359家、小微企业3487家,带动就业8.8万人。

隆重召开龙虎榜企业表彰大会暨全市支持民营企业发展大会,对作出突出贡献的民营企业进行重奖,在全社会形成尊重、支持、鼓励和保护民营企业发展的鲜明导向。在《山西省民营经济发展报告》中,运城市取得了“五个第一”:百强企业数量达到16家,全省第一;企业营收总额突破1000亿元,全省第一;两年新增百强企业7家,全省第一;营业收入超百亿企业达到4家,全省第一;山西建龙营业收入全省第一。

加快推动开发区改革创新发展,省级开发区数量达到11个、位居全省第一。把最强的经济型干部放在开发区,10个工业开发区领导班子配备到位。对重点经济指标一季度一排名、一季度一通报,充分调动开发区竞相发展的积极性。2019年全市10个工业开发区地区生产总值增长9.4%;一般公共预算收入增长14.8%;固定资产投资增长25.2%;规上工业增加值增长10.3%。

四、大力推进乡村振兴战略

把“三农”工作作为“一把手”工程,确立了市委书记用40%以上的精力抓农业、县委书记用一半以上的精力抓农业、乡镇书记用80%以上的精力抓农业的制度性要求,为实施乡村振兴战略提供了有力的组织保障。深入推进农业“八大提档升级行动”,大规模开展农田水利基础设施建设,新增高效节水面积27.83万亩,全市农业实际灌溉面积达到700万亩,实现主要农田灌溉基本覆盖;新建高标准农田57万亩,占到全省的三分之一。粮食再获丰收,总产量28.5亿公斤,超全年任务14%。小麦单产再创历史新高。

聚焦打造国家级现代农业示范区的战略目标,组织集中观摩,狠抓万亩以上连片现代农业产业示范园建设。万荣县获批国家农村产业融合发展示范园、国家农业绿色发展先行区;临猗县成功创建国家级特色农产品优势区;盐湖区获批国家农村产业融合发展示范园;稷山县获批国家绿色循环优质高效特色农业基地;芮城县获批国家生态文明建设示范县。成功举办第四届果博会,省级农产品出口平台建设成效明显,果品出口国家和地区新增9个,达68个。召开运城小麦产业高质量发展工作会,运城面粉获得第九届中国粮油影响力公共品牌。

全面开展“农村星级文明户”创建,评选挂牌23.5万户,全省现场会在运城召开。在全市建成203个新时代文明实践中心,受到中宣部、农业农村部肯定,全国乡村文化繁荣发展培训班在运城举办。不断深化农村人居环境集中整治,建成美丽宜居示范村548个。

五、坚定不移深化改革、扩大开放

把区域合作作为解放思想、扩大开放的有效途径,先后到黄河金三角周边城市和关中平原考察学习,在交通设施互联互通、优势产业抱团发展、环境治理共建共治、重大节会联合举办等方面达成广泛共识,为深化区域合作奠定了良好基础。

坚持把抓改革作为重大的政治责任,加强对改革工作的领导,出台102个改革文件,部署实施了50项重点改革任务、30项转型综改先行先试任务和年度十大引领性改革事项。党政机构改革中,因地制宜整合5个综合执法机构,调整组建11个事业单位;围绕市委重大战略部署,聚焦社会发展事业,设立市植树绿化服务中心、民营经济发展服务中心、退役军人服务中心、北部新城建设中心等事业单位,盘活了编制资源,构建了上下贯通、系统完备、科学规范、运行高效的机构职能体系。商事制度改革继续走在全省前列,新登记市场主体5.7万户,同比增长19%,日均新设156户,总量达到32.8万户。

立足打造对外开放新高地,继续打好七张牌,连续举办"三节三会",加快构建现代化、立体式的交通网络,进一步提升了运城对外开放的吸引力。2019年,运城机场客运量达248.46万人次,增长21.04%。招商引资力度不断加大,共签约招商引资项目439个,总投资1508.6亿元。

六、全面加强宣传思想文化建设

严格落实意识形态工作责任制,在全省率先制定出台《进一步加强全市意识形态阵地管理办法》,全面提高"八大主流媒体"的覆盖面和影响力,网络综合治理体系建设进一步加强。围绕庆祝新中国成立70周年大庆,举办形式多样的活动,组织收看国庆大典,河东大地国旗飘飘、群情振奋,唱响了礼赞新中国、奋斗新时代的昂扬旋律。成功承办二青会圣火采集、实体火炬传递两项活动和铁人三项、跆拳道两项赛事。运城智慧广电网络平台建成使用,盐湖、临猗等6家县级融媒体中心挂牌成立,宣传矩阵成效显著。

持续推进"五城同创",全国文明城市创建在中央文明办测评中名列全省第二。再次荣获省级双拥模范城称号,为第三次评选全国双拥模范城打好了基础。国家卫生城市创建稳步推进,绛县、芮城分别通过国家卫生县城评估。全国未成年人思想道德建设工作测评全省第一。广泛开展社会主义核心价值观教育实践活动,社会文明程度不断提高。舞台剧《大河之东》产生热烈反响;电影《枣儿谣》、蒲剧《铁面御史姚天福》获得全国全省大奖,群众享有更加丰富多彩的文化生活。

邀请中华文化促进会、中国文化书院、北京大学等权威机构,编纂《运城上古历史文化纲要》,进一步论证了运城是中华民族的重要发祥地,提升了全市人民的文化自信。成立全省唯一的文物保护技术服务中心,在第八批全国重点文物保护单位申报中新增12处,总数达到102处,成为全国首个国保单位超过100的地级市。深入挖掘运城"六大文化",集中推出6条精品旅游线路,积极推进解州关帝庙联合申遗,启动盐湖申遗,加快建设文化旅游强市。中华优秀传统文化传承发展示范区获全国优秀思政课题。文化产业发展居全省第一方阵。2019年,全市接待游客9771.9万人次,同比增长16.9%;旅游总收入同比增长17.7%。

七、打好三大攻坚战、全力保障和改善民生

牢固树立"交总账"意识,紧紧围绕"两不愁三保障",全面巩固脱贫成果。扎实推进易地扶贫搬迁,105个安置点全部竣工并分房交钥匙。全市贫困发生率从2014年的8.1%,下降到2018年底的0.55%,2019年降到0.04%。统筹推进"八大生态系统"修复治理,打好蓝天碧水净土保卫战,二氧化硫、二氧化氮浓度同比下降率均排名全省第1;地表水考核断面水环境质量改善幅度在全国地级市排名第2;涑水河在全省首批退出劣五类;煤改气、煤改电20万户,超额完成省定目标。植树造林30万亩,完成全年目标任务的133%。着力防范化解金融风险,全市不良贷款率从2016年的10.5%下降到4.9%,下降了5.6个百分点,降幅全省第一。社会治理基础工作不断完善,信访秩序进一步好转,圆满完成全年安保维稳任务。保持扫黑除恶专项斗争高压态势,打掉65个涉黑涉恶犯罪团伙,抓获犯罪嫌疑人619人。

始终坚持以人民为中心的发展思想,统筹做好各项民生事业。坚持"用最好的干部抓教育,用最好的资源办教育",加强市管学校领导班子和干部队伍建设,先后提拔使用教育系统干部78人,化解高中债务8.6亿元,新建38所中小学和幼儿园,高考理科状元花落运城。成功入选首批国家级"智慧教育示范区"建设项目。第二届全国幼儿园课程与游戏论坛、第二届全国新样态学校论坛在运城市举办。运城职业技术学院专升本获得教育部批准。加快推动中医药事业健康发展,积极创建国家中医药综合改革试验区。坚持开门搞教育,明确提出"三要三不要",深入开展"三服务",着力推动省委确定的就业、物价、食品、教育等9项民生实事落地见效,组织市县两级6千多名领导干部、1.5万名专业人员深入基层,为群众解难题、办实事2.7万件,"深化医保改革、提高优质服务"和"便民化服务改革、解决群众办证难"取得显著成效。

八、推动全面从严治党向纵深发展

坚持把党的政治建设摆在首位,教育引导党员干部增强"四个意识"、坚定"四个自信"、做到"两个维护"。坚持和加强党对一切工作的领导,特别是政治领导,定期听取市人大常委会、市政府、市政协、市法院和市检察院党组工作情况汇报;组建10个市委议事协调机构,进一步完善了重大事项领导机制。全力落实习近平总书记关于运城工作的3次重要批示,对贯彻习近平总书记视察山西重要讲话精神进行督导检查,先后向省委专题报告重大工作52次,推动党中央大政方针和省委决策部署落地生根。坚决肃清王茂设、张茂才流毒影响,推动全市党员干部在思想上划出红线、行动上明确底线。

坚决落实全面从严治党的政治责任。市委常委会先后29次研究全面从严治党重点工作，在全省率先制定《党委(党组)书记履行全面从严治党第一责任人职责的实施办法》。问责管党治党不力的党组织20个、党员干部355人,其中党政主要负责人182人。连续两年把深化监察体制改革列为十大重点改革事项之首,促进执纪执法贯通、有效衔接司法。立案查处4201案3542人,同比增长16.31%和9.42%,其中县处级干部63人,增长16.67%。纪检监察机关准确把握运用“四种形态”，前两种形态运用比例持续保持在95%左右,实现由惩治“极少数”向同时管住“大多数”的拓展。持之以恒纠正“四风”，查处违反中央八项规定精神问题197案236人。持续深化扶贫领域腐败和作风问题专项治理,查处522案552人。注重教育感化挽救,对受处分人员开展教育回访1166人次。主题教育开展以来,对10名干部合理容错纠错,对49名收到不实反映的干部及时澄清正名。抓好典型案例的警示教育,强化以案促改,推进标本兼治。部署开展两轮市县巡察,推动政治监督具体化、常态化。

连续三年开展“三基建设”十大专项行动,村、社区运转经费均超省定标准，乡镇工作经费平均达到82.28万元,集体经济收入5万元以上的村占比达到73.06%。在主题教育中,明确提出分类指导“八个一”要求。集中整顿软弱涣散农村基层党组织454个;重点工作承诺向基层延伸,全市12.9万名农村党员作出2019年度承诺事项25.9万条;全面推行“两评一考”制度,12.9万农村党员全部接受评议考核。在40多个大中城市建立180个外出务工党员驻地党支部,覆盖外出务工党员5190名。

九、激励干部担当作为、干事创业

运用“五看”选拔识别干部机制,鲜明树立干部选任的政治导向、实干导向、事业导向、基层导向、潜力导向“五个导向”。在近两年新提拔使用的县处级领导干部中,有乡镇党政正职经历的干部达到67人、占到20.6%;具有全日制大专以上学历的168人、占到51.7%;57名脱贫攻坚一线干部被评为担当作为典型,148名第一书记得到提拔重用。实施组织和人才建设“三个计划”,2019年对接高层次人才144人,其中124人已进入工作岗位。在全市培养选拔了1004名优秀年轻干部。其中,42岁以下县处级干部127人,38岁以下正科级干部394人,32岁以下副科级干部483人,顺利完成了“千人计划”的阶段性目标,为运城长远发展在干部上积蓄了后劲。对全市农村、机关、企事业单位等领域基层党组织书记进行政治培训全覆盖,全省农村干部学历提升工程经验交流现场会在运城市召开。深入推进重点工作承诺制,市县两级3667名领导干部作出承诺2.6万余条。深入推进重大事项报告制,全市各级各部门向市委报告重大事项574件(次)。深入推进重要工作末位分析解剖制，分4个批次剖析单位24个。扎实开展领导干部多角度考核测评,市县两级大张旗鼓表彰418名担当作为表现突出的干部。通过正向激励、鞭打慢牛,营造了“对标一流、争站前列”的浓厚氛围。“3+1”考核评价体系被中组部列为向全国推广的9个典型之一。

(石军芳)

附：中共运城市委书记、副书记、常委名单

书　记：刘志宏(12月离职)　丁小强(12月任职)
副书记：朱　鹏　储祥好(1月任职)
常　委：鞠　振　常社教(7月离职)
周跃武　邓雁平　陈　杰　王志峰
李　浓　乔登州　范维山(7月任职,9月离职)

中共盐湖区委

区委书记　李　哲

2019年，在习近平新时代中国特色社会主义思想的指导下,盐湖区委深入学习贯彻党的十九大和十九届二中、三中、四中全会精神,认真落实省委“一个指引、两手硬”思路,对标市委“改革抢先机,发展站前列,各项工作创一流”总要求,用“五个必须”(指必须旗帜鲜明讲政治、必须大力弘扬右玉精神、必须多做打基础利长远的事、必须坚持以人民为中心、必须全面深化改革开放)把准方向,以“五个坚持”(指坚持党的全面领导和从严治党内在统一、坚持经济建设和民生保障两个重点、坚持安全生产和生态文明建设两条底线、坚持中心城区和美丽乡村同步建设、坚持改革创新和依法执政有机结合)统筹推进,把党建引领下的“三个一”(指各部门都要抓出一项改革创新的亮点工作、争取一项政策或资金支持的重大项目、做实一项牵引性带动性的基础工程)作为工作抓手,团结带领全区广大党员干部群众,砥砺奋进,攻坚克难,推动各项工作迈上新台阶、打开新局面。

一、强化政治引领,理论学习取得新实效

区委始终把学习贯彻习近平新时代中国特色社会主义思想作为根本政治任务,用党的创新理论武装头脑,增强“四个意识”,坚定“四个自信”,坚决做到“两个维护”。

深化学习教育。扎实开展“不忘初心、牢记使命”主题教育,落实规定动作,进一步深化思想认识,夯实基础工作。“改革创新、奋发有为”大讨论中,聚焦“六个破除”,感悟“晋江经验”,工作对标一流。十年德孝文化实践守正创新,赋予“忠”文化时代内涵,教育引导全区党员干部忠于党、忠于祖国、忠于人民、忠于职守。

开展专题学习。每次常委会会前,针对重要议题,对标对表习近平总书记相关重要论述,集体自学半小时,形成制度。全年组织区委中心组专题学习22次,学习内容61项;举办“河东大讲堂”6期;“万人计划” 培训班18期;“普通党员进党校”30期;50名区管正职领导干部赴延安重温红色革命历史,8800余名干部接受教育。

组织理论宣讲。引深习近平新时代中国特色社会主义思想“七进”活动(指进机关、进学校、进企业、进农村、进社区、进家庭、进党校),400余名基层理论宣讲员深入农村、企业、社区宣讲2000余场次。马克思主义中国化的最新理论成果深入千家万户、进一步入心入脑。

二、聚焦高质量发展,经济发展呈现新态势

2019年全年地区生产总值达到289.7亿元,增长7.1%,人均GDP为39091元。固定资产投资完成108.6亿元,增长17.8%;规模以上工业增加值完成13.9亿元,增长8.6%;一般公共预算收入完成11亿元,增长12.1%;城镇常住居民人均可支配收入完成33822元,增长7.8%;农村常住居民人均可支配收入完成13556元,增长9.7%。

聚焦实体经济。同天翔铝业、博鸣木业2家虎榜企业稳健运行;培育孵化小微企业375家,新增“小升规”企业6家,中小企业5911家,创造就业岗位4637个;创建全市首家“凤还巢”计划标准化服务场所;吸引在外人员返乡创办企业57家。

大力发展民营经济。用足用活用好政策支持民营企业发展,全年为企业减免税费达2.86亿元,新登记市场主体17000余户。分6批次组织百名优秀企业家深入浙江大学、华为、阿里巴巴,进名校、请名师、入名企,系统精准培训,提高企业现代化管理水平。

乡村振兴探索新途径。获批省级城郊农业示范区、省级现代农业产业园、国家级产业融合示范园。果品荣获4项金奖,出口41个国家和地区。东部、南部、北部三大农村人居环境整治连片示范区初见成效。北相、东郭、三路里三个现代化小城镇建设打开新局面。

三、把握重点领域,项目建设取得新突破

聚力中心城市崛起,充分发挥辐射带动优势,推进基础设施建设,做强城市经济,提升城市品位。

“三大战役”全面告捷。坚持党建引领,充分发动群众,严格规范程序,在城区拆迁改造上取得突破性进展。陶上村拆迁改造,畅通高铁站交通微循环,推进学苑路北延、贯通高新区。原王庄城中村改造,两个月时间,拆迁542户;奋战100天,打通中银路。机场扩建征地拆迁,完成3个乡镇7个村1700亩土地征收任务。

安邑古城建设科学有序。开展“百日大会战”,全面拆违治乱。改造基础设施,四街环路形成,绿化亮化到位。成立安邑历史文化研究会,筹建安邑历史文化展示馆,完成太平兴国寺塔体亮化。编制安邑古城总体规划。

重点工程项目快速推进。恒大地产、红星美凯龙项目有序推进;中兴大数据、理想创业大厦主体完工;恒隆二期年底封顶;京东智能云仓产业园建设取得实质性进展;完成中心城区193条小街小巷改造提升;官道河通水复流;中条山隧洞排水利用工程有序推进;蒙华铁路盐湖段全线通车。

四、加强民生保障,提高人民群众幸福感

坚持以人民为中心,围绕人民群众普遍关心的问题,持续发力,补齐短板,民生保障水平不断提升。

增进民生福祉。十件惠民实事全部兑现。健康产业国际研究中心正式成立,全国慢性病综合防控示范区成功创建。山大一院盐湖分院正式成立,县域综合医改深化拓展。全国新样态学校论坛成功举办,与真爱梦想第二轮战略合作,合理规划布局、优化重组16所农村中小学。

创新社会治理。推行“三治融合”,246个村建立“一约七会”制度。“两会一队”“一村一警”、网格精细化管理实现城乡全覆盖。积极推动领导干部接访下访和包案化解信访案件。扫黑除恶专项斗争向纵深发展,“雪亮工程”扎实推进,信访维稳圆满完成,社会大局和谐稳定。

三大攻坚战成效显著。2019年全区脱贫1191户2348人。集中开展“60天大会战”,全面提升脱贫实效。蓝天保卫战百日清零行动,取缔散乱污企业160家,整治125家。实施清洁取暖工程,完成“煤改电”11800户、“煤改气”2094户。圆满完成五大造林绿化工程。立足总体安全,妥善化解政府债务风险,确保政府债务控制在限额以内。加强重点行业领域安全整治,安全生产形势持续向好。

五、坚持一以贯之,开创从严治党新局面

全面从严治党永远在路上,坚决扛起管党治党主体责任,坚持抓小抓细抓经常,全面从严治党达到新高度。

推进全面从严治党。推行“1+5”(指以政治监督为引领,重点在扶贫和民生领域腐败、行政审批腐败、工程招投标腐败、扫黑除恶腐败、破解“四风”顽疾五个方面进行整治,一体推进“不能腐、不敢腐、不想腐”)工作机制,坚持高压反腐,留置6人,移送司法9案13人;严厉查处不担当不作为11案31人;小切口入手,严查工作日午间饮酒,发力准、效果好,共查处违反中央八项规定精神和“四风”问题15案32人;结合主题教育“8+5”专项整治,查处漠视侵害群众利益问题13案22人。新建市、区两级警示教育基地,常态开展警示教育。

把牢意识形态工作领导权。围绕庆祝新中国成立70周年,组织开展“庆七一”微党课大赛、团体操比赛、村歌大赛、红色经典歌曲汇演等重大活动。建设融媒体中心指挥调度平台、全媒体演播室、全国首家县级4K非编网,构建20多个平台账号的全媒体传播矩阵。创建五星级文明户16944户。

加强干部队伍建设。突出政治标准,倡树“知实情、说实话、务实事、求实效、重实绩”,以结果论英雄。强化基层一线育干部。全年提拔重用的102人中,共有61人长期在乡镇工作,占59.8%。注重人岗相适选干部。把合适的干部用到合适

的岗位,让干部的优势和潜力得到充分发挥。坚持激励约束管干部。严管与厚爱并重,出台激励干部改革创新、担当作为十条办法,每年拿出100万元重奖100名贡献突出干部;落实乡镇干部和村主干健康体检制度,定期为乡村干部家属专场慰问演出;完善容错纠错机制,严肃查处诬告诬陷,为实干者撑腰,为担当者担当。

(杜 梅)

附:中共盐湖区委书记、副书记、常委名单

书 记: 王吉敏(1月离职) 李 哲(1月任职)

副书记: 李 哲(1月调职) 钟立伟(2月离职) 薛永琦(1月任职) 尚国桦(4月任职)

常 委: 董稷强 任 刚 薛学农(5月离职) 张继丰(5月任职) 孟满堂 苏引萍(女) 李俊龙 张 军 齐全中

中共永济市委

市委书记 徐志英

2019年,永济市委坚持以习近平新时代中国特色社会主义思想为指导,深入学习贯彻党的十九届四中全会精神和习近平总书记“三篇光辉文献”精神,按照省委“四为四高两同步”总体思路和要求,全面贯彻落实中央、省委和运城市委决策部署,强力推进“四基地一名城”建设,有力推动了各项事业取得新成效。

一、党建工作

永济市共有基层党组织732个,其中,党(工)委17个,党总支24个,党支部691个,截至2019年底共有党员18046名,其中,2019年新发展党员300名。

一是扎实开展“不忘初心、牢记使命”主题教育。始终把开展好“不忘初心、牢记使命”主题教育作为一项重要的政治任务,精心谋划组织、压实工作责任、加强分类指导,确保主题教育取得显著成效。领导班子检视的393个、党员领导干部检视的2403个即知即改问题,已经全部整改到位;马上不能解决的问题,制定工作计划,稳步推进。坚持将“当下改”和“长远立”相结合,形成一批好经验好做法,及时用制度进行固定,全市共制定修改完善各项制度283个。组织党员集中开展志愿服务344次,帮助群众解决困难和问题2100余件。

二是狠抓基层党建创新。坚持把基层党组织建设作为固本强基的战略工程,靶向施策、精准发力。组织开展29项重点工作任务,扎实推进镇(街道)办公用房“填平补齐”工作和14个村级活动场所建设;严格落实发展壮大村级集体经济三年行动要求,全市253个行政村年收入5万元以上的178个,占73%;持续整顿软弱涣散基层党组织,全市37个软弱涣散基层党组织已全部整顿到位。举办11期农村党员干部政治能力提升培训班;扎实推进农村干部“1+1”学历提升计划,严格落实农村“两委”干部报酬待遇。深入开展志愿服务活动和“共产党员户”挂牌活动,共驻共建理念深入人心,全民参与的热情不断高涨,全域党建新工作格局基本形成。永济市城市基层党建创新案例成功入选全国城市基层党建创新优秀案例,是全省唯一入选的县级案例。

三是狠抓干部队伍建设。认真贯彻落实《党政领导干部选拔任用工作条例》,坚决落实运城市委“四个坚决不能用”和选人用人“五个导向”,充分运用“五看”机制和“三步优选法”选拔识别干部,树立鲜明的选人用人导向,扎实推进“千人计划”,积极做好优秀年轻干部选拔工作,全市科级领导班子结构进一步优化。制定《2018—2022年全市干部教育培训规划》,圆满完成上级调训任务,高质量举办第三期科级干部读书班和第九、第十期专题讲座,干部素质能力不断提升。

四是坚决扛起全面从严治党政治责任。成立市委反腐败领导小组,进一步完善了党领导反腐败的工作机制、决策机制和实施举措。市委常委会12次研究党风廉政建设和反腐败工作事项;听取专案汇报14次。通过严肃精准问责倒逼责任落实,召开了全市警示教育大会,全市上下深刻汲取教训,切实以案为鉴,主动检视剖析,强化整改落实,进一步加强制度建设,切实堵塞管理漏洞,真正达到查处一案、警示一片、规范一方的效果。扎实推进作风建设,持续开展专项整治,驰而不息推进正风肃纪。

五是激励干部主动担当作为。严格落实重点工作承诺制,深入推进末位分析解剖制,进一步传导工作压力,鞭策激励后进、督促警醒末位。坚持把践行“四种形态”贯穿于监督执纪监察全过程,积极探索合理容错纠错机制,客观对待干部改革创新中的失误,坚决打击诬告陷害行为,旗帜鲜明地“为担当者担当、为负责者负责”,充分保护干部干事创业积极性。

六是深化创新党委巡察工作。坚持问题导向,把纪律和规矩挺在前面,通过巡察整改情况督导检查,快节奏、高效率推进巡察工作的开展。积极探索“四全”工作法,全面提升村(社区)延伸巡察工作质效。

七是全面加强宣传思想文化建设。严格落实意识形态工作责任制,定期召开意识形态分析研判会,把牢党委(党组)对意识形态工作的领导权、管理权和话语权。围绕庆祝新中国成立70周年主题主线,举办各项活动。持续放大“魅力中国城”宣传效应,探索和坚持“利用国家平台、讲好永济故事”宣传新路子,通过央视全方位广泛传播我市生态文明、人文历史,并邀请山西广播电视总台在永济采访拍摄,“舜风唐韵·魅力永济”品牌享誉国内外，进一步扩大了永济对外影响力。

八是持续巩固壮大统一战线。全面加强党委对统战、宗教工作的领导，扎实开展各领域统战工作。以中华人民共和国成立70周年、中国共产党领导的多党合作和政治协商制度确立70周年为契机，开展了统战系统庆祝新中国成立70周年系列活动，强化对党外代表人士、新的社会阶层人士的思想政治引领。认真贯彻落实全省、运城市支持民营企业发展大会精神，不断促进非公有制经济健康发展。持续推进中央、省委宗教工作督查反馈意见的整改落实，推动宗教领域重点难点问题解决，形成了齐抓共管的大统战工作格局。永济市委统战部被评为2019年度中国统一战线宣传工作先进单位。

二、经济社会发展情况

2019年，全年生产总值完成126.9亿元，增长2.3%；规上工业增加值完成14.2亿元；固定资产投资43.8亿元；社会消费品零售额70.4亿元，增长7.8%；财政总收入7.96亿元，增长4.6%；一般公共预算收入4.85亿元，增长6.2%；城镇居民人均可支配收入31819元，增长6.8%；农村居民人均可支配收入14742元，增长9.2%。

一是产业转型步伐加快。立足工业崛起，加大帮扶力度，促进了工业经济特别是“龙虎榜”企业发展。围绕“群星灿烂”计划，孵化小微企业532家，10家企业实现“小升规”。围绕“凤还巢”计划，多次外出“招商引智”，吸引返乡创办企业47家。永济电机大功率永磁牵引电机型式试验站、千军铝业智能提升改造、凯通印染智能制造等项目建成运行，蓝科途锂电池隔膜等项目快速推进，铝深加工业在“稳中游、强下游”；机电制造业在轨道交通、风电研发维修等方面实现新发展。

二是农业转型亮点突出。围绕农业转型，实施了爱卿农业有机冬枣主题公园、东信优质葡萄基地等一批产业项目，建成了北方最大的克伦生葡萄基地，农业产业规模化、设施化、标准化程度进一步提高；成功举办了永济冬枣、葡萄营销大会，进一步提升了我市优质农产品的市场竞争力。

三是全域旅游持续推进。着眼旅游突围，加强基础设施配套，尧王台景区对外开放，神潭大峡谷春风里小镇等项目快速推进，中条山旅游绿道竣工通行。普救寺塔等7处文物被确定为全国重点文物保护单位，永济市成为全国第八批评定国保单位最多的县市。创建国家全域旅游示范区通过省级初审。成功举办了五老峰登山节、二青会火炬传递、永济面食文化节等系列活动，鹳雀楼景区荣获“全国年度魅力文化景区”，有效提升了旅游知名度和影响力。特别是进一步加大服务和规范力度，在外餐饮业取得长足发展，涌现出秦晋味道、晋麦王、永济味道等一批品牌店、连锁店，永济餐饮业不仅名扬海内，而且走出国门，在纽约、迪拜、开罗、曼谷、河内等城市开设了分店。据统计，我市餐饮业年销售收入200余亿元，纯收入50亿元以上。餐饮业不仅成为富民产业，而且成为永济又一张亮丽名片。

四是城乡环境更加宜居。大西高铁引道建成通车，城市北入口提升及舜都大道等道路改造顺利竣工，体育中心、“三供一业”改造等项目加快推进，城市基础设施更加完善；完成电机支路西延绿化提升、街头绿地及游园建设等任务，建成区新增绿化面积5.2万平米；在运蒲路、涑水河和高铁引道沿线建设美丽乡村14个。智慧城市项目建成运行，城市管理迈上新的台阶。“百日清零”专项行动成效明显，“煤改气”“煤改电”实现预期目标，涑水河入黄口、伍姓湖入湖口水生态修复工程全面完工，生态治理水平进一步提升。

五是改革开放成效明显。城市基层党建等4项改革走在全省前列，农村产权制度等4项改革走在运城市前列。通过深化改革、强化监管，精心构筑“舌尖上的安全”体系，我市被评为“山西省食品安全示范县”。在全省率先吸引社会资本参与土地整治和高标准农田建设，实现了以土地整治助推现代农业发展、助推生态环境保护、助推民生项目实施的多赢效应。全面落实减税降费政策，为企业减税降费1亿元。大力开展专业化、定向化、集群化招商，全年签约项目35个，总投资158亿元；新开工22项，开工率62.9%，超额完成全年任务。

六是社会发展和谐稳定。坚决打好脱贫攻坚战，农村基础设施、公共服务水平明显改善，贫困群众收入持续增加，各项兜底政策稳步跟进，实现脱贫848户1898人。持续推进科教文卫等社会事业发展，不断加强安全维稳、社会治理等工作，深入开展扫黑除恶专项斗争，荣获“全国‘七五’普法中期先进县”。特别是通过“不忘初心、牢记使命”主题教育，全面增强了各级党组织和党员干部自我净化、自我完善、自我革新、自我提高的能力，为加快高质量转型发展注入了强大动力。

（张泽苗）

附：中共永济市委书记、副书记、常委名单

书　记：徐志英

副书记：孙中全　付　刚(1月离职)
余　敏(4月任职)

常　委：王　霞(女)　卫增辉　孙　斌　张千里
吕安斌(3月，因涉嫌严重违纪违法，接受纪律审查和监察调查；8月，被给予开除党籍、开除公职处分。)
赵建红　王文选　李晓军(8月任职)

中共河津市委

市委书记　鞠　振

2019年，河津市委团结带领全市人民，以习近平新时代中国特色社会主义思想为指导，按照“四为四高两同步”总体思路和要求，坚持“党建统领、五转一新(“五转”即思想转换、机制转轨、产业转型、作风转变、环境转优，“一新”即全面建设开放智慧绿色文明幸福新河津)”总体思路，倾力打造“两河强市、中原名城、华夏旅都、开放高地”，全面建设开放智慧绿色文明幸福新河津，全年完成地区生产总值250.6亿元，财政总收入43亿元，一般公共预算收入15.8亿元，规模以上工业增加值113.8亿元，固定资产投资55.4亿元，社会消费品零售总额89亿元，城镇居民人均可支配收入31241元，农村居民人均可支配收入15076元，呈现出稳中有进、稳中向好的良好态势。

一、党建统领扛主责，政治生态海晏河清

把政治建设摆在首位。坚持以习近平新时代中国特色社会主义思想为指导，重温“三篇光辉文献”，市委中心组集体学习20次，开展主题宣讲1000余场次，直接受众3万余人，引导全市党员干部进一步树牢“四个意识”、坚定“四个自信”、做到“两个维护”。深入学习贯彻党的十九届四中全会精神，创新开展“局长理制”活动，市直单位主要负责人在电视台面向全社会开讲，真正把制度讲透、把政策讲实、把业务讲精、把疑虑讲开，推动四中全会精神在河津落地生根、开花结果。深入推进“不忘初心、牢记使命”主题教育。举办党组织书记轮训班3期，集中学习研讨2250次，高质量列好5个清单，深入开展“8+2”专项整治、5方面整改和“9+2+1”服务行动，创新开展“民生实事怎么干，全市人民说了算”活动，征集归纳群众急难愁盼事项10方面113项内容，已解决35项，努力做到“对组织无限忠诚，对群众无私奉献，对事业无比热爱，对发展无畏艰辛，对名利无欲无求”，主题教育不断取得“理论武装强底板、直面问题补短板、善于斗争敢叫板、对标一流创模板、突破发展天花板、群众满意表干板”的实效。纵深推进全面从严治党。严格落实“两个责任”，认真履行“一岗双责”，纪检监察机关共立案295件，结案276件，给予党纪政务处分252人，查处违反中央八项规定精神案件13起16人、群众身边腐败和不正之风问题67案67人，完成市委第7轮14家单位、23个行政村的巡察监督，发现问题397条，移交线索44条，政治生态风清气正。持续引深“三基建设”。开展“党建质量深化年”活动，围绕“三四”机制(推进基层党组织规范化建设、软弱涣散党组织整顿、农村干部学历提升、本土人才回归四大工程，基层组织全面加强；建立长效化投入、网络化阵地、规范化制度、“两评一考”考核四大体系，基础工作全面夯实；坚持“集约式”“点餐式”“拓展式”和“一线式”四种培训模式，基本能力全面提升)，持续擦亮农村、机关、社区、非公和社会组织四大党建品牌，95.5%的村级组织活动场所达到标准化，11个社区活动场所面积达到1000m²以上。整顿软弱涣散党组织23个，“万人计划”培训农村干部580名，8628名农村党员接受“两评一考”，中组部《组工信息》予以专题报道。打造忠诚干净担当干部队伍。落实新时代好干部标准，鲜明树立“四硬”用人导向，先后提拔干部186人，其中，年轻干部占34%，乡镇一线干部占61.3%。举办乡科级干部主体班2期，组织2批120名干部赴中央党校专题培训，选派30名年轻干部到省政府驻外办、张家港等地挂职锻炼。出台《激励干部担当作为容错纠错实施细则》，为1名干部和1个集体合理容错纠错，为23名干部及时澄清正名，激活“马上就办、真抓实干”的动力源泉。

二、“四大战略”促转型，高质量发展行稳致远

生态立市战鼓铿锵。坚持环保倒逼转型、坚持铁腕治污、坚持精准治理，深入开展“4510”绿色行动，完成11家焦化企业特别排放限值改造和熄焦废水深度治理工程，完成110座工业炉窑提标改造治理和29家工业企业VOCs治理，取缔“散乱污”企业1204家，顺利实现摘牌销号。推进黄河流域生态保护和高质量发展，总投资3亿元的汾河水生态修复一期工程开工建设，新造林4万余亩，形成“政府主导、政企联动、多元投资、专业管护、群众受益”的“河津模式”。工业强市动能澎湃。落实“深化转型项目建设年”要求，坚持“一纲二化三集四为”的工业发展思路(“一纲”即转型为纲；“二化”即传统产业高端化、新兴产业规模化；“三集”即集聚整合、集约利用、集群发展；“四为”即创新为上、改革为要、开放为先、环境为本)，总投资158亿元的60个重点项目开工率80%，其中产业类项目中，转型项目占比92%。抢抓能源革命机遇，强力推进焦化产业淘汰、整合、升级、入园，开发区投资、产出、税收强度分别达到359万元/亩、325万元/亩和12.1万元/亩，继续位列全省第一方阵。文化兴市蹄疾步稳。立足全省黄河旅游板块规划，持续打好全域旅游、特色产业、文化节庆三张牌，薛仁贵故里、龙门景区、古耿文化园等项目建设稳步推进，成功举办中国古陶瓷学会2019年年会暨河津窑与宋元窑业技术交流研讨会和灰陶琉璃技艺高峰论坛，举办中澳国际风尚文化交流周、影响力国际街舞巅峰赛等文化节庆活动21场，文旅融合新支柱作用日益显现。“创新领市”活力迸发。入库全省科技型中小企业13家，培育高新技术企业7家，先后引进高端人才25名，建成4个博士工作站和研究基地，设立国家级技术中心1个、省级技术中心3个、省级大师

工作室1个,挂牌成立航天农业院士工作站和中国科学院老专家技术中心河津工作站,全力打造一流创新生态。

三、重农固本拓新局,乡村振兴画卷徐徐展开

抓“产业”龙头,推动农业全面升级。按照“东苗木、西滩涂、南农旅、北修复”的发展格局,打造4个万亩现代产业园,建成精品示范园4个,建设高标准农田2.94万亩,累计发展专业合作社725家,家庭农场62家,农产品加工企业销售收入14.7亿元。抓“增收”关键,推动农民全面发展。推进“人人持证、技能社会”,建立劳务用工基地40余个,输出劳务人员1.7万余人。深化“一企帮一村”活动,落实项目55个、资金762万元,集体收入10万元以上的村达到131个,占比91.6%。抓“环境”基础,推动农村全面进步。按照“三个三”的工作思路(实现从重面子、轻里子向面子里子并重,从政府主导、群众参与向政府引导、群众自发,从财政投入向财政撬动、社会融资“三个转变”,推行城中村、厂郊村、纯农村“三种模式”,达到生活条件改善、生态环境改观、生活习惯改变“三个成效”),集中打造14个人居环境整治示范村,完成煤改电9437户、煤改气2884户,新建垃圾中转站8个,投资2.1亿元的54个村生活污水综合利用PPP项目开工建设,日处理污水7250吨,加快实现“一年打基础、两年抓示范、三年要过半、四年全覆盖、五年再巩固”的目标。

四、改革开放再出发,动力源泉充分涌流

扎实开展“改革创新、奋发有为”大讨论。举办报告会354场,征集“金点子”920条,采纳落地310条,“干部入企进村服务”梳理问题543个,解决470个,河津在全省制订“对标一流整改提升清单”交流会上作典型发言。改革向深向实,质量全面提升。牢固树立“改革不能落后、改革必须先行”的理念,完成党政机构改革37家,引深“放管服”改革,正式启动“一枚印章管审批”,在全省首家发布《优化营商环境白皮书》,12家单位出台92条改革措施,部分审批服务事项办理时限在省政府要求基础上缩短30%—50%,为企业减税降费7.6亿元,全力打造“三对”“六最”营商环境。完成全国农村集体产权制度改革试点任务,探索形成清产核资“八步走”、集体经济发展“五轮动”的“河津经验”。开放融通融合,高地效应凸显。以7方面16个项目为抓手,全面深化与陕西韩城的区域一体化发展,沿黄旅游路、108国道改线、韩城—河津—侯马客运专线、通用机场等开放大通道加快建设。深度融入“一带一路”,又设立了河津驻意大利商务代表处,新缔结2个国际友城。成功举办全国资源型城市转型升级发展论坛等大型对外交流活动37场,出台招商引资“黄金20条”,签约项目26个、金额121.4亿元,到位资金11.1亿元,项目开工率57.7%,努力打造内陆地区县域经济对外开放新高地。

五、践行宗旨守初心,民生福祉持续改善

坚决打赢脱贫攻坚战。聚焦“两不愁三保障”,深入开展脱贫攻坚“秋季会战”十大行动,实施总投资1.1亿元的农村饮水安全巩固提升工程,受益74个村16万人,投资1800万元的3个五保户集中供养安置点建成投用,搬迁入住率和拆除复垦率均达到100%。全年脱贫786户1852人,贫困发生率下降到0.025%。勠力建设“四座城”。立足打造“文化古城、宜居老城、生态新城、创新智城”,坚持“双修双提”,编制完成总体城市设计和城市新区规划,加快推进总投资7.3亿元的11个城建重点项目,热电联产集中供热面积达到730万m^2,新增城市绿地面积21万m^2;数字城管中心荣获第十三届中国智慧城市大会“应用成果优秀奖”。统筹推进社会事业。加快推进投资3.6亿元的5个教育重点工程,完成农村小学布局调整,与希望教育集团合建高等院校稳步推进。市人民医院与省人民医院启动第二轮托管,挂牌山西科协首家医学专家工作站,市中医院新建工程主体完工,与山西中医药大学合作打造二级甲等综合医院。打造71个标准化农村和社区老年人日间照料中心,全市养老机构达到23家,床位2519张,入住率63%,运城第一。创新社会治理模式。打掉涉黑涉恶犯罪集团7个,查处涉黑涉恶腐败及“保护伞”26人。坚持“一核三治、五化联动”的村级治理模式,严格落实安全生产责任制,深入开展“三个专项行动”,持续开展一月一行业安全生产专项整治,社会大局和谐稳定。

(石　峰)

附:中共河津市委书记、副书记、常委名单

书　记:鞠　振
副书记:何　伟(1月任职)　安　奇(4月任职)
常　委:侯鹏程　李希平　武安军　黄永平
尚勤学　吕武荣　杨　赟(女,6月任职)

中共临猗县委

县委书记　于鹏飞

2019年,临猗县深入学习贯彻习近平新时代中国特色社会主义思想和党的十九大和十九届二中、三中、四中全会精神,深入学习贯彻习近平总书记视察山西重要讲话精神,贯彻落实省委“四为四高两同步”和市委重大决策部署,以“党建立县”和“建设运城峨嵋果品博物院”为总抓手,以打造“党建、果品、商祖、渔药”四张名片为现实路径,以建设“绿色、和谐、智慧、美丽”四个临猗为总体目标,解放思想、转变作风,对标一流、奋发作为,有力拓展了临猗党的建设和党的事业新局面。

一、坚持把学用习近平新时代中国特色社会主义思想作为最大的政治任务，坚决贯彻中央、省委、市委各项决策部署

一是深学笃行新思想。充分发挥县委中心组示范带动作用，先后召开县委中心组学习会议18次，扎实开展“不忘初心、牢记使命”主题教育专题集中学习研讨6次，推动新思想入脑入心、学深悟透；组织365名宣讲员进社区、入学校、到单位，开展主题宣讲550余场次，受众24000余人。二是持续深入学习贯彻习近平总书记视察山西重要讲话精神。紧紧围绕五项重大任务，研究制定了学习贯彻行动方案，形成了习近平总书记重要指示批示落实办理机制和常态化“回头看”、报告机制，明确职责分工、细化任务举措、建立工作台账、强化督查问效，有力推进讲话精神在临猗生根发芽、开花结果。三是组织开展“改革创新、奋发有为”大讨论。聚焦“六个破除”、紧扣“五个一批”，扎实开展对标一流述职、公开兑诺承诺、干部入企进村服务等活动，全县梳理问题470余个，制定整改举措560余项。四是坚决贯彻省委、市委重大决策部署。及时学习传达贯彻省委、市委全会精神，针对性制定贯彻落实意见和举措，持续深化对省委“四为四高两同步”“示范区、排头兵、新高地”等重大思路和要求的理解与把握，积极对标市委重大决策部署，确定了打造“四张名片”、建设“四个临猗”的总体目标。

二、坚持高标准谋划、高水平组织、高质量推进，扎实开展“不忘初心、牢记使命”主题教育

一是将学习教育贯穿始终。聚焦主题主线，坚持每周向处级党员干部发放“学习任务提醒卡”，科级干部每周带领机关干部集中开展自学，充分发挥乡镇党校和农民夜校作用，对农村“两委”干部进行轮训，组织农村党员、群众开展夜学。对流动党员和行动不便党员，采取邮寄资料、微信交流、上门讲学等方式送学，保证学习教育全覆盖。二是将“四环联动”贯穿始终。坚持将学习教育、调查研究、检视问题、整改落实穿插进行、有机融合。通过交流研讨和检视对照“学”“思”结合，找准差距不足，边学边查边改。通过调查研究和“三服务”“研”“做”结合，广泛征求意见，找准民生短板，立知立行立改；通过征求意见和专项整治“查”“改”结合，广泛收集意见建议，确保真改实改、应改尽改。三是将分层分类贯穿始终。坚持分层分类开展指导，明确了县级领导、科级干部、普通党员，机关事业单位、农村和社区、非公经济和社会组织、中小学校、医疗集团等，3层5类个人及组织应承担的重点任务和需要解决的问题，确保聚焦重点狠抓整改，对症下药精准施策。四是将领导带头贯穿始终。按照“先学一步、学深一点，先改起来、改实一点”的要求，县级领导带头深入基层开展调研230次，开展“三服务”68次，为群众办实事109件，立行立改解决问题97个，形成了以上率下、整体联动的良好氛围。五是将示范引领贯穿始终。注重典型带动，精心打造了11个主题教育示范点，深入挖掘、总结提炼、大力推广了以“忠诚规矩、奋勇争先、情系群众、水米不沾”为核心的“嵋阳精神”，全县万余名党员干部到嵋阳村现场学习感悟，带动主题教育扎实深入开展。六是将督导指导贯穿始终。县级层面成立19个巡回指导组，直接指导5大党委319个党组织；14个乡镇成立了60个督导组，督导360个村级党组织，实现了党组织全覆盖。坚持每10天听取一次巡回指导工作汇报，建立“红黑名单”制度，确保督导实效。七是将整治整改和“三服务”贯穿始终。制定整治整改方案，建立问题台账，列出问题清单，整治一项销号一项。不定期对专项整治整改、“三服务”进展情况进行督查问效、动态追踪和质量评估，做到县委心中有数，参与整治干部心中有责，基层群众心中有底。

三、把握县情特征，不断深化和拓展“四个临猗”战略思路，明确“四张名片”发展路径

打造“党建名片”，就是要贯彻落实新时代党的建设总要求，持续深化党建立县，不断增强党的政治领导力、思想引领力、群众组织力、社会号召力，调动党员干部积极性、主动性、创造性，凝聚起干事创业强大合力；打造“果品名片”，就是要依托省级农产品出口平台建设，以打造省级现代农业产业示范区为引领，推动果业引领一二三产融合发展，集中解决“临猗果业大而不强”的矛盾，让果业成为临猗最大的亮点、特色和优势，进而带动临猗农业强起来、农民富起来、农村美起来，为乡村振兴奠定坚实基础；打造“商祖名片”，就是要传承弘扬猗顿诚信经营理念，积极融入“一带一路”建设和黄河金三角区域发展，与传统农业文化、果业文化共同推进，实现农文旅产业融合大发展、大繁荣。打造“渔药名片”，就是要充分发扬临猗人民“无鱼而渔”的创新精神，壮大渔药产业的同时，引导精细化工、装备制造、纺织服装、现代医药等主导产业对标一流、做大做强，走出临猗、走向世界。

四、全面深化改革、扩大开放，厚植县域发展新优势

党政机构改革全面完成。合理设置党政机构37个，核定行政编制932名，副科级以上领导职数111名，629名公务员完成职级套转，机构职能运转更加科学高效。财政体制改革成效初显。构建了“1+14+N”县乡村三级财力建设模式，在5个乡镇实施改革试点，理顺县乡财政分配关系，明确划分乡镇事权、财权，激活乡镇发展内生动力。农村集体产权制度改革深入推进。全县村级集体经济收入5万元以上的村达到324个，占比90%。“薛公经验”在省市作典型报道，在全县学习推广。开发区改革不断深化。按照“三化三制”要求，整合原有4个园区，成立了临猗经济技术开发区和临猗现代农业产业示范区。行政审批制度改革扎实有效。按照“两集中、两到位”要求，进驻单位39家、行政许可252项，落实“一枚印章管审批”要求，办理时限压缩率达54%，营商环境持续优化。

道路交通基础设施建设工程稳步实施。积极推进临猗黄

河大桥及引线建设项目、运临连接线拓宽改造工程,小风线改造工程已竣工,对外开放的新通道正在逐步打通,资源与市场正在走向全面开放。推动高水平对外开放。先后举办2019年鲜枣文化节、临猗果业发展60年暨第八届山西临猗果品文化节,发布全国首家县级水果景气指数,临猗果品影响力进一步提升。深度对接国家战略。主动融入"一带一路"大商圈,果品出口企业达到17家,出口俄罗斯、迪拜、印度等"一带一路"沿线国家37个。

五、落实乡村振兴战略,积极推进农业农村现代化

先后荣获国务院电子商务进农村典型示范县、国家区域性良种繁育基地、省级现代农业产业园等荣誉。加快农文旅融合发展步伐。实施微文化、微旅游,推广县歌《我家住在果园里》,围绕"听音、看景、游园、品食",连续举办两届运城峨嵋果品博物院生态旅游文化节,推动乡村振兴战略和农文旅发展有机融合。稳步实施农业"三个发展计划"。先后培育农业龙头企业10家。新培育家庭农场9个,新发展农民合作社63个,推荐国家级示范社4个、省级7个、市级13个,万保果品专业合作社被评为"全国十大农民专业合作社"。深入推进农业供给侧结构性改革。实施"三改三减两推广"提质增效工程,推广果树间伐、高接换优、品种改良11.5万亩,推广测土配方施肥12万亩,建成千亩示范园9个;新增枣树设施大棚1万亩,发展设施栽培3000亩,果品质量和效益显著提高;新增果品直销窗口3个,累计出口果品7.6万吨,出口量全省第一。着力建设电子商务进农村典型示范县。充分发挥年冷藏能力达20亿斤的448座果库的作用,推广"前店后仓+果农""线上线下"销售模式,阿里巴巴、京东等电商平台落户临猗,全县电商企业达1000余家,年销售额达10亿元,网络零售总额年均增长60%以上。

六、坚持稳中求进,推动实体经济健康发展

深入推进实体经济振兴崛起。推动东睦华晟、豪钢锻造等4家企业成为市级"两化融合"试点企业,兵娟制衣、丰喜化工等4家企业列入市级培育虎榜企业,新增省级企业技术中心2家,重点培育"小升规"企业8个,福运食品在省股权交易中心晋兴板成功挂牌。突出特色产业,成立临猗县渔药协会,建立水产动保基地,打造"中国渔药之乡";筹建"双创"基地3个,完成"五小企业"孵化416家,创造就业岗位4142个。建立县级领导包联城市长效机制,新建在外人员服务站6个,完成技能培训4785人,农村劳动力转移就业4860人,在外人员返乡创办小微企业62个,吸引投资6.1亿元。积极开展招商引资。先后在重庆、深圳、江苏等地开展招商引资推介活动6次,上报签约项目23个,当年落地开工项目14个,总投资16.11亿元,到位资金7.47亿元。

七、坚持底线思维,坚决打赢三大攻坚战

始终把防范化解重大风险摆在突出位置,成立防范化解重大风险工作领导小组,排查处置非法金融活动线索30余条,制定"一企一策"方案,引导金融机构处置不良贷款9笔18亿元。坚持把脱贫攻坚作为"第一民生工程",强化"军令状、攻坚战、交总账"意识,聚焦解决"两不愁、三保障"突出问题,扎实推进易地扶贫搬迁,拆除复垦325户,危房改造84户,集中供养安置点入住率达75%;加强产业扶贫,增强贫困群众内生动力和自我发展能力,巩固返贫防线。贫困发生率从2014年的4%下降到2019年的0.02%。坚持"绿水青山就是金山银山"的理念,以严格的环保标准倒逼企业转型,强力推进"散乱污"企业治理,取缔513家,整治872家;推动"煤改气"2800户、"煤改电"4300户;开展违法排污"百日清零"专项行动,查处违法行为33起。涑水河生态湿地和涑水河水质溯源仪建成并投运;省环保督查反馈问题和汾渭平原强化督查交办问题全部整改到位,全县二级以上空气质量天数171天,同比增加21天,涑水河断面水质达到国考断面标准。

八、坚持以人民为中心,不断提升民生保障和社会治理水平

教育质量持续提升。全面推进"精而美"学校建设和"4+X"校园特色建设,完成5所农村标准化幼儿园改扩建工程,县直一园城东分园顺利建成并投入使用;2019年高考达二本线972人,职业教育毕业生就业率达98%以上;临晋镇西关小学特色课间活动被中央电视台、人民日报等国内外媒体广泛关注和报道。卫生健康稳步推进。深化县域医共体改革,医疗集团运行机制持续完善,分级诊疗体系不断健全,"1+1+1"的家庭医生签约团队全面组建;妇幼院医技楼投入使用,新建中医院室外配套工程已完工;在县级医院开展新技术项目19项,乡镇卫生院普遍设立县级专家诊室,县域医疗服务水平明显提升。文化事业亮点纷呈。成功举办临猗县第二届"运城苹果杯"职工运动会,开展"春华秋实·美丽临猗"乡村游系列活动,成功创建5个特色文化乡镇,14个特色文化村,5个乡村文化记忆工程展览馆,5个田园综合体文化示范园。城乡发展统筹推进。投资847万元的智慧城管系统全部完工;涑水河城区段滞洪区配套工程加速推进;完成国土绿化3.65万亩,通道绿化51公里,新增绿化面积6.05万平方米,绿地率达36.05%。高标准打造7个美丽宜居示范村,沿黄旅游道路改造工程完成20.6公里,新开通2条城际公交路线。社会大局和谐稳定。加强重点行业安全生产隐患排查整治,检查各类企业9731家,排查事故隐患1.2万余条,下达督查建议书24份,全年未发生较大以上等级安全生产事故。扫黑除恶专项斗争深入开展,打掉涉黑涉恶犯罪团伙14个,侦破各类刑事案件76件,批准逮捕94人,移送起诉8案29人,公开审理10案58人。认真开展矛盾纠纷排查化解,信访案件到期办结率达100%。

九、坚持党建立县,全面加强党的建设

坚持把政治建设摆在首位。制定下发《党委(党组)意识

形态工作责任制实施细则》,建立《临猗县网络舆情预案》,将意识形态工作作为党委工作述职、纪委监委监督监察的重要内容,每季分析研判,建立"台、报、网"一体化传播机制,形成新闻信息一次采集、多种生成、多次传播的发展模式,构建了县委抓总、宣传部门组织协调、各部门各负其责、全县上下共同参与的"一盘棋"工作格局,意识形态领域总体形势向上向好、可管可控。全面夯实基层基础,高标准打造党建综合体示范点34个,整顿转化软弱涣散农村党组织56个,360个村15552名党员全部接受"两评一考"。持续深化人才发展体制机制改革,引进高精尖缺人才8人,开展"干部理论教育大学堂"18期,农村干部素质能力提升"万人计划"17期,"普通党员进党校"累计培训党员14600名。举办各类专业能力提升培训541期,培训2万余人次。强化党对反腐败工作的集中统一领导,研究批示县纪委监委请示报告事项33件次,查处群众身边腐败案件和作风问题71件71人,违反中央八项规定精神案件4件4人,形式主义官僚主义案件8件8人,推动中央八项规定精神落到实处。积极落实中央、省委巡视和市委巡察反馈意见整改,开展县委第八轮巡察,对第七轮巡察单位反馈问题270个。

(杨晓娟)

附:中共临猗县委书记、副书记、常委名单

书　记:于鹏飞

副书记:靳国全　景莉莉(女)

常　委:裴良豪　贾玉明　高　力　李　立

余　敏(4月离职)　李　涛(5月任职)

任朝阳　李晓波　惠自强

中共万荣县委

县委书记　杜中伟

万荣县共有24个党委、3个工委、8个党总支、601个党支部,1.7万名党员,占全县人口总数的3.65%。其中,农村党支部274个,党员1.1万名,占党员总数的66.2%。2019年新发展党员315名,其中,农村新发展党员175名。

2019年,万荣县委认真学习贯彻习近平新时代中国特色社会主义思想,深入贯彻习近平总书记"三篇光辉文献",落实省委、市委部署,真抓实干、攻坚克难,扎实推动全县党的建设和党的事业取得新实效。

一、坚持以政治建设为统领,推动全面从严治党向纵深发展

一是扎实开展"不忘初心、牢记使命"主题教育。深入学习习近平新时代中国特色社会主义思想,反复重温"三篇光辉文献",不断学出理论清醒、学出政治坚定。落实分类指导要求,突出"两个带头"(带头完成主题教育各项规定动作;带头完成全年各项目标任务),解决党组"率先垂范"的问题;抓好"四个一",加强党对农村工作的领导;推进"六规范一目标"("六规范"就是推动组织设置、队伍建设、教育管理、组织生活、作用发挥、基本保障六个规范化。"一目标",就是要以党建带动全年目标任务完成),解决机关党建"灯下黑"的问题等,推动主题教育在全县有力有序开展。突出抓好专项整治整改,解决问题2761个。大力开展"三服务",为群众帮办实事5855件。帮助销售农副产品1.5亿元,帮助企业清欠1900余万元。

二是坚持把党的领导贯穿各项工作全过程和各环节。制定《党委(党组)书记履行全面从严治党第一责任人职责的实施办法》,项目化、清单化推进落实。定期听取县人大常委会、县政府、县政协、县法检"两院"党组工作汇报,认真开展基层党(工)委书记履行党建责任专项述职。加强党对反腐败工作的集中统一领导,2019年立查案件297件、给予党纪政务处分291人。

三是选好用好干部,激励担当作为。综合运用颁发奖牌、授予称号等方式,表彰奖励先进单位和个人300余人次。发布"三农"工作先进典型18名。在脱贫攻坚、项目建设等急难险重一线选拔使用干部257人次。完善"五有"激励关怀帮扶机制(以农村老党员和困难党员为重点,构建"生日有祝福、节日有慰问、难时有帮扶、定期有体检、去世有吊唁"的"五有"党内激励关怀帮扶机制),党员干部队伍风清气正、务实重干。

四是强化对权力运行的制约监督。严格落实党内法规,制定《县城规划区建设管理联席办公制度》《政府采购、投资评审、工程招投标、公共资源交易中心运行方案》等工作制度,促进党员干部按制度履行职责、行使权力、推动工作。

二、认真贯彻新发展理念,坚持稳中求进总基调,推动县域经济高质量发展

加强和改进党委对经济工作的领导,实施"八个巩固提升、八个创新引领"重点任务(八个巩固提升:一是巩固提升脱贫攻坚成效;二是巩固提升生态环保成效;三是巩固提升社会治理成效;四是巩固提升精神文明建设成效;五是巩固提升营商环境建设成效;六是巩固提升民生福祉;七是巩固提升民主法治建设成效;八是巩固提升党的建设成效。八个创新引领:以新动能新业态创新为引领,加快提升县域经济总量、质量和效益;以品牌模式创新为引领,打造峨嵋岭上"农村样板";以现代农业理念创新为引领,打造峨嵋岭上"农业典型";以科技创新为引领,建设"新型工业县";以文化精

品特色创新为引领,打造"文化名县"品牌;以业态模式创新为引领,打造"特色旅游县"品牌;以宜居公园城市理念创新为引领,打造美丽县城新形象;以经营服务方式创新为引领,打造优质服务新体系),推动经济发展持续稳中向好。主要经济指标平稳增长,地区生产总值完成74.6亿元,增长5.9%;固定资产投资完成31.8亿元,增长3.4%;城乡居民人均可支配收入分别实现2.75万元、1.1万元,增长7.3%和11.2%。转型指标态势良好,三次产业比调整为24.9:22.5:52.6。先行指标持续向好,2019年工业用电量1.7亿度,增长10%;公路货运量204.6万吨,货物周转量59240万吨/公里。约束性指标基本完成,PM2.5浓度下降3.03%,二氧化硫下降35.3%,二级以上优良空气质量天数达到188天,优良率51.5%,经济发展"含绿量"持续提升。

一是狠抓重点项目建设。严格把关定项目,通过"乡镇或部门报—包乡镇领导或分管领导审—常委会会议定"的办法,确定县乡重点工程项目,并作出公开承诺、接受监督。大力招商引项目,制定万荣县招商引资《奖励办法》和《优惠政策》,吸引回乡投资65.6亿元。2019年招商引资签约项目84个,总投资77亿元,完成市定任务的103%。四套班子包联干项目,按照"年初承诺—年中检查—年底交账"抓落实机制,推动年度总投资105亿元的56个县级重点项目达到预定进度。风力发电项目争取到规模指标177兆瓦,占全市指标总量的1/3;孤峰山生态修复工程全面完工;国家现代农业产业园、外加剂产业集聚区等项目正在推进。

二是推动工业转型升级和高质量发展。实施工业高质量发展"7117"(万荣县工业发展需要巩固提升的7项基础性工作、需要着力把握的11项规律性工作、需要重点突破的7项特色亮点工作)计划,全县规模以上企业增加到27家,亿元产值企业达到13家,中小微企业达到2000余家,省级"两化融合"贯标试点企业达到2家。股改后备企业入库数量、3A级信用等级认证企业、地理标志证明商标和马德里国际注册商标数量,均居全市第一。召开外加剂产业发展大会,发布4个团体标准,打造在全国具有影响力的外加剂产业集聚区。万荣成为"山西省出口混凝土外加剂产品质量安全示范区""山西省首批特色产业集聚区(新型建材)"。

三是加快农业农村现代化发展。制定《万荣县实施乡村振兴战略,当好农业农村现代化排头兵若干意见》,实施"22511"工程(200个新型经营主体提升、200个美丽乡村创建、50个文明实践中心示范、100个平安法治示范村引领、农民人均纯收入年均增长10%以上)。铺开21.6万亩高标准农田建设,规模居全市第一。发展果树新品种75万株,完成间伐10.6万株、高接换头5.4万株。组建果园大学,培育职业农民1000余人。全县出口水果认证基地达到5.7万亩,苹果出口到26个国家。食用菌规模突破1000万棒。农业生产托管面积达到20.8万亩,小麦"全程托管+异地服务"万荣模式在全省推广,苹果社会化服务逐步覆盖到18道工序。获得"国家农业绿色发展先行区""国家农村产业融合发展示范园"创建;成为"全国农村创新创业典型县";设立省级开发区"现代农业产业示范区"。接受了全国农业绿色防控现场会观摩。

四是促进文化旅游融合化、品牌化发展。持续打造群众文化艺术节、万荣农民丰收节、"畅游后土·果海笑城"乡村游"三大文化品牌"。后土祠成为山西省海峡两岸交流基地。实施"休闲农业创星、乡村旅游评级"行动,高村乡闫景村、万泉乡北涧村成为全省首批3A级乡村旅游示范村。"星级文明户"创评实现274个行政村全覆盖。

五是坚持深化改革、扩大开放。县域综合医改深入推进,县医疗集团组建7个医联体、加入18个专科联盟。行政审批制度改革深入推进,253项审批事项的办理时间压缩60%。"一枚印章管审批"改革全面铺开,行政许可权集中度达到78.5%。商事制度改革"双随机一公开"做法被省政府推荐到国家市场监管总局。乡镇纪检监察工作协作区改革作为全市唯一试点,有序有效推进,中央纪委国家监委网站、《山西日报》以《打通全面从严治党"最后一公里"》为题进行了报道。通用航空机场、浩吉铁路万荣货场等重大项目落地,外加剂产品出口到"一带一路"沿线30多个国家和地区。到深圳、上海推介文化旅游,举办果博会万荣分会场,不断提升开放程度。

三、持之以恒打好三大攻坚战,夯实全面建成小康万荣基础

一是始终站在2020年的节点上推进脱贫攻坚。2019年投入扶贫资金1.1亿元,实施巩固提升"四季行动"74项任务。成立19个专项扶贫小组,持续推进专项扶贫政策到村到户。新发展苹果985亩、干果经济林909亩、香菇121万棒,新建扶贫车间12个,提升"一村一品一主体"产业扶贫质量。完成37个深度贫困自然村拆除复垦,帮助1501名搬迁群众就近就业。建立返贫预警机制,落实"脱贫返贫保障险",为2.6万名脱贫人口投入保费41.7万元,筑牢返贫防线。2019年,全县又有843人脱贫,贫困发生率由0.25%下降到0.05%。

二是坚决打好污染防治攻坚战。始终站在黄河流经县份的高度,认真落实"河长制",实施三交河河道治理等10项重点环保工程,推动汾河入黄口水生态修复及保护工程纳入省级规划,汾河入黄口国考断面水质达到V类标准,地表水考核断面水质达到Ⅲ类标准。开展违法排污大整治"百日清零"行动,实现"散乱污"企业动态清零、重点排污单位超标排污问题清零。实施清洁取暖工程,煤改气、煤改电7570户。大力开展植树增绿,全县森林覆盖率达到30.2%。

三是坚决防范化解重大风险。贯彻总体国家安全观,出台《工作方案》,明确8个方面47项重点任务。严厉打击恶意逃废金融企业债务行为,全县不良贷款率下降2.2个百分点。以扫黑除恶专项斗争为牵引,实施"七个一批"专项行动,刑事案件下降12.8%、治安案件下降51.7%。认真履行安全生产责任制,开展百日大检查等专项行动,安全生产形势持续稳定,信访工作扎实开展。

持之以恒保障和改善民生。统筹城乡发展,在城区规划实施总面积两万余亩的“农邦”新城、民康文化城建设,打造峨嵋岭上美丽宜居公园城市。分类建设“幸福美丽村、生态宜居村、特色产业村、特色文化村”四类美丽乡村82个。高考一本、二本达线率增幅居全市第三。县人民医院进入国家三级医院创建名单,县中医院成为二级甲等医院。打造特色卫生院3个,实现乡镇中医馆全覆盖,创建星级卫生室210个,优质医疗资源不断下沉。城镇登记失业率控制在0.69%以内。城乡居民养老保险参保率达到99.88%。日间照料中心达到103家。坚持党的领导、人民当家作主、依法治国有机统一,持续加强民主法治建设。强化党对宣传思想工作的领导,意识形态领域健康向上。军民融合式发展迈上新的台阶,群团工作取得新成效,全县保持和发展了生动活泼、安定团结的政治局面。

(徐晓凯　黄黎阳)

附:中共万荣县委书记、副书记、委员名单

书　记:杜中伟

副书记:李永辉　樊波平

常　委:李　峰(7月离职)　李耀宗(4月离职)　李建民(5月离职)　李鹏凯　尉艳梅(女)　陈小光(4月离职)　李　健　杨　谦(5月任职)　杜国强(7月任职)　家敏杰(7月任职)

中共稷山县委

县委书记　廉广锋

2019年,稷山县委高举习近平新时代中国特色社会主义思想伟大旗帜,全面贯彻党的十九大和十九届二中、三中、四中全会精神,团结带领全县干部群众锐意进取、砥砺前行,确保了中央和省委市委各项决策部署正确有效实施,全面拓展了稷山党的建设和党的事业新局面。

全年地区生产总值完成89.7亿元,增长6.8%(增速全市第五);财政总收入完成6.39亿元,增长27.3%(增速全市第四);一般公共预算收入完成2.88亿元,增长19.5%(增速全市第四);规模以上工业增加值完成21.4亿元,增长8.8%(增速全市第二);社会消费品零售总额完成35.7亿元,增长8.9%(增速全市第三);固定资产投资完成38.9亿元,增长7.7%;外贸进出口总额完成14.9亿元,增长1.4%;城镇、农村居民人均可支配收入分别完成29030元和12316元,增长7.4%和9.7%。

一、旗帜鲜明,始终保持政治上的清醒和坚定

坚定不移学用习近平新时代中国特色社会主义思想。全县干部群众树牢“四个意识”、坚定“四个自信”、做到“两个维护”更加坚定自觉。坚定不移贯彻落实中央和省委市委各项决策部署。对照“三篇光辉文献”,校准稷山发展大方向;对照“四为四高两同步”,全力推进稷山高质量转型发展;对照市委“五抓一优一促”工作抓手,强力推进项目建设招商引资。坚定不移开展“不忘初心、牢记使命”主题教育。学习教育突出“一核两面”(以学用新思想为核心,正面激励、反面警示),检视问题突出“三层联动”(学习、调研、实践三个层面找问题),整治整改突出“动真碰硬”,为民办事突出“落细落实”。

二、紧扣重点,始终保持打好三大攻坚战的韧劲拼劲

坚决打赢打好脱贫攻坚战。年度投入扶贫资金1346万元,调产1400亩(累计达到6000亩),安排劳动力外出就业460人(累计达到1942人),324户贫困户危房改造全面完成,饮水安全工程覆盖所有贫困村,高标准完成了2371名贫困人口的脱贫任务,全县贫困发生率降低到0.07%(剩余77户156人)。坚决打好污染防治攻坚战。出台了《解决环境空气质量问题整改方案》,邀请专家组把脉会诊,紧盯“两区三线”重点突破,24小时动态监督,取缔“散乱污”企业500家,处理环境违法行为110起,对环境污染整治失职失责的27名党员领导干部进行了问责。坚决打赢防范化解重大风险攻坚战。有效化解金融风险,认真做好信访维稳工作,不断加强重点领域的隐患排查治理力度,全县安全生产形势稳定向好。

三、改革创新,始终保持经济转型升级的强劲态势

进一步扩大稷山经济的既有优势。农业方面,获批国家绿色循环优质高效特色农业基地,板枣生产系统入选全球农业文化遗产预备名单,国家板枣森林公园和省级稷山板枣现代农业示范园项目全面实施。扶持蛋鸡养殖企业晋龙集团做大做强,在2018年晋龙股份新三板挂牌的基础上,2019年又谋划布局了投资2.5亿元的200万只蛋鸡养殖项目。粮食总产达到2.6亿公斤,增长6.03%。工业方面,2019年谋划布局的76个重点项目顺利推进,新建项目开工率达到82.6%,续建项目完工率达到83%。石墨电极、矿棉、岩棉、锐宝制版等新上项目已经投产,投资2.38亿元的超硬材料基地已有8家企业入驻。文化旅游产业方面,大佛文化园建设持续推进,投资30亿元的圣王山旅游开发项目全面启动。一系列重大项目的压茬实施,为稷山经济发展拓展了空间、增添了后劲。

进一步加大对实体经济支持力度。出台了《关于支持民营经济发展的若干措施》,对做出突出贡献的民营企业大力表彰,全年共计为企业减免税费8769万元。全县市"虎榜"企业达到4家,中小企业达到1400家,高新技术企业达到4家,累计吸引在外人士返乡投资项目60余个,上亿元投资项目达到8个。山西民企100强,稷山县占到3家(东方排名46、永东排名58、铭福排名60)。进一步深化改革开放。党政机构改革圆满完成,稷山省级经济技术开发区获批后全面提升,翟店园区被确定为国家级小微企业"双创"示范基地。县域综合医改走在全省前列,全国县域综合医改观摩团到我县观摩。政务大厅运行良好,日均办结事项达到800余件。县委县政府主要领导15次带队赴北京、上海、成都等地招商。全年招商引资签约项目33个,总投资102亿元,开工率87.8%,走在全市前列。

四、用心用情,始终保持为稷山百姓谋幸福的坚定执着

着力推进乡村振兴。新增高标准农田9000亩。稷山县成为全省首批率先实现农业机械化综合示范县。扶持板枣、蛋鸡、葡萄、核桃、中药材等做大做强,大力倡导发展"一乡一业""一村一品",涌现出蔡村樱桃、小阳山楂、南小宁"珍珠枣"油桃等一批调产典型。着力改善城乡面貌。相继成功创建了"省级文明县城""省级卫生县城"、全省"食品安全示范县"(运城唯一)。大县城建设方面,提出"一轴一圈一园一带"总体布局(一轴:稷峰街政治经济文化中心轴,一圈:稷王庙文化商业圈,一园:大佛文化园,一带:汾河生态经济带),稷王庙广场拆迁顺利推进,沿汾整治力度加大,北环路全面开通,大佛北路、康复路、县委广场改造升级,城东城西水系标准提升,三面环水、四面有林、生态优美、充满活力的宜居宜业宜游稷王文化名城初步形成。美丽乡村建设方面,完成植树造林3万亩,投资7500万元的108公里"四好农村路"全面完成,投资3800万元的农村生活垃圾治理项目投入使用,实现了"村收集、镇转运、县处理"全覆盖,打造了省级美丽乡村示范村5个,市级30个、县级36个。翟店镇创建国家卫生乡镇即将授牌。着力兴办民生实事。新建的育英小学高标准、高起点投入使用。2019年高考,文理两大类二本B类以上达线946人,再创历史新高。县医院升级为三级综合医院,列入全国基本达到综合能力推荐标准的县级医院(全省4家),新建县医院项目即将开工。县妇幼院综合大楼、县残疾人托养服务中心全面建成。159个日间照料中心服务管理水平不断提升。

五、凝聚合力,始终保持推进民主法治建设的稳健步伐

积极支持县人大及其常委会依法履行职能。县人大围绕全县大局,积极开展专题调研、执法检查,多次对重点工程项目建设情况进行专题询问。市人大常委会对稷山县工作予以充分肯定,全市人大联席会议在稷山县召开。大力加强人民政协协商民主建设。组织政协委员先后对重点工程、美丽乡村建设等进行了视察调研,多种方式引导非公有制经济人士为稷山发展贡献力量。加强党对法治工作的领导。扎实推进扫黑除恶专项斗争向纵深拓展,打掉恶势力犯罪集团1个,恶势力团伙4个,抓获涉恶犯罪嫌疑人30人。深入开展"学法知法、依法行政"大学习大提升活动,在全县营造了尊崇法律、依法办事、服务群众的浓厚氛围。

六、守牢阵地,始终保持稷山新时代昂扬奋进的强大感召力

融媒体中心建设正式挂牌,初步实现"报台网屏"同步传播。大力开展庆祝新中国成立70周年系列活动,举办了"红心向党、礼赞祖国"文艺晚会等主题宣传活动。星级文明户评选实现全覆盖。电影《枣儿谣》荣获全国"优秀十佳戏曲电影"奖,蒲剧《铁面御史姚天福》获得山西省"杏花奖"四项大奖。

七、严抓严管,始终保持稷山政治生态持久的风清气正

全县共有基层党组织586个,党员12116名。县委始终坚定不移扛起全面从严治党政治责任,突出重点、紧盯关键,不断提高党的建设质量和水平。坚持把政治建设摆在首位。引导广大党员干部把"两个维护"体现在坚决贯彻党中央决策部署的行动上,体现在履职尽责、做好本职工作的实效上,体现在日常言行上。坚持一体推进不敢腐、不能腐、不想腐。对"两个责任"落实不力的17个党组织、35名党员领导干部进行了问责。立案328件,处分各类违纪违法人员261人。创新开展"四谈四讲",积极践行"四种形态",第一、二种形态占94.7%,"咬耳扯袖、红脸出汗"成为常态。扎实推进"三基建设"。投入经费5878万元,建设了20个示范点,乡镇工作经费平均达到88.6万元,乡镇"五小"高标准再提升,投入1400万元扶持28个村发展壮大集体经济,全县所有村集体经济收入超万元,162个村突破5万元、占比84.8%。着力激励干部担当作为。对全县党员干部提出"担当负责、攻坚突破"的总要求,提拔重用有为者,批评调整懈怠者,保护澄清受到诬陷者,对重点工作推进落实不力的单位进行末位分析解剖,对15名担当作为先进典型进行表彰,对37件反映失实的问题线索进行了反馈了结、澄清正名,营造了真干事有荣光、混日子难立足的良好氛围。

(范志侠)

附:中共稷山县委书记、副书记、常委名单

书　记:廉广锋

副书记:吴　宣　尚国桦(4月离职)
白根虎(7月任职)

常　委:赵永刚(5月离职)　费克仁(5月离职)
王纪峰　姜存师　王德谋　张寒梅(女)
代本忠　南选智(5月任职)
廉国锋(7月任职)

中共新绛县委

县委书记 李玉林

新绛县共有29个基层党委、17个基层党总支、559个基层党支部、13273名党员。

2019年，新绛县委始终坚持以习近平新时代中国特色社会主义思想为指引，深入贯彻落实党的十九大和十九届二中、三中、四中全会精神，坚决贯彻省委、市委各项部署要求，团结带领全县党员干部群众，坚持以党的建设为统领，加快建设人文新绛、绿色新绛、和谐新绛“三个新绛”，扎实做好农业产业化提质、新型工业化提速、文化旅游业提位、商贸物流业提档、城镇化水平提升“五篇文章”，全面拓展新绛党的建设和党的事业新局面。

一、始终坚持用党的创新理论武装头脑、指导实践、推动工作

把学习贯彻习近平新时代中国特色社会主义思想作为首要政治任务，持续在学懂弄通做实上下功夫。2019年，召开23次县委常委会议、13次县委中心组会议进行集体学习，召开了全县学用新思想经验交流会、十九届四中全会精神宣讲会，举办了6期学习贯彻习近平新时代中国特色社会主义思想专题讲座，切实增强全县干部群众的政治认同、思想认同、情感认同。制定了《关于开展2019年度深入贯彻落实习近平总书记视察山西重要讲话精神专项“回头看”和报告的通知》，组织开展专项督查，持续推动习近平总书记重要讲话精神在新绛落地生根。

高质量推进“不忘初心、牢记使命”主题教育。聚焦主题主线，成立了县委主题教育领导小组，制定了“1+4”工作方案，13个巡回指导组跟进指导；组织32名县级领导和198名党员干部，深入全县农村、社区开展“下基层、访民情、解难题”走访调研；强化分类指导，全县各级党组织共检视问题3472个，整改3125个，完成率超90%。专项整治整改完成147项，“三服务”办实事3976件，切实把开展主题教育的过程，转化成“学习新思想、践行新思想、传播新思想”的过程。

二、自觉践行新发展理念，加快推动经济高质量转型发展

2019年，全县地区生产总值完成115.4亿元，同比增长7.6%；财政总收入完成15.8亿元，同比增长13.7%；一般公共预算收入完成5.6亿元，同比增长16.5%；固定资产投资完成28.9亿元，同比增长14.4%；社会消费品零售总额完成52.3亿元，同比增长8.3%；规模以上工业增加值完成55.9亿元，同比增长9.8%；城镇居民人均可支配收入完成30936元，同比增长7.7%；农村居民人均可支配收入完成13159元，同比增长10.1%。主要经济指标均好于同期、好于预期，处于全市第一方阵。

牢固树立“项目为王”鲜明导向。2019年，谋划实施总投资83.7亿元的46个重点项目，当年建成14个。在天津、北京等地开展了大型招商推介活动，招商引资签约项目26个，总投资107.31亿元，完成市下达任务的134.13%，当年签约当年开工21个。

农业产业化持续提质。省级现代农业示范区通过省级专家评审，省级设施蔬菜现代农业产业园年度建设任务全面完成。阳王镇国家中药材产业强镇项目、有机旱作节水小麦封闭示范片项目成功获批。全国“有机农业优质高效栽培技术”学习观摩暨有机旱作农业示范技术研讨会、省科协2019年年会暨科技赋能有机旱作“有机农业优质高效栽培技术”学术交流会先后在新绛召开。新绛蔬菜、油桃、中药材出口到俄罗斯、阿联酋等“一带一路”国家。

新型工业化持续提速。省级经济技术开发区挂牌成立，“三化三制”改革持续深化。2019年，开发区完成工业总产值223.2亿元，实现税收11.5亿元，在运城市开发区中排名第二。全县销售收入10亿元以上企业5户，亿元产值企业12户，其中，高义钢铁销售收入完成134亿元，入榜2019年“全国民营企业制造业500强”，位列2019年“山西省民营企业100强”第12位。

文化旅游业持续提位。编制了《新绛县全域旅游发展总体规划》《北池国家级田园综合体项目规划》，实施衙坡环境整治、贡院巷广场建设，加快推进绛州署4A级景区创建。2019年，新增国保1处，总数达到16处，居运城市第一。加强非遗保护和传承，成立了新绛县非遗保护协会，绛州澄泥砚被省委书记楼阳生誉为“山西三宝”之一，绛州鼓乐受邀参加央视戏曲春晚、“亚洲文化嘉年华”。2019年，全县旅游人数284.33万人次，同比增长17.13%；旅游总收入24.47亿元，同比增长18.27%。

商贸物流业持续提档。与阿里巴巴签订了县域电子商务发展项目合作协议，在龙兴镇、古交镇设立了体验店。鹏翔农业依托“鹏翔农场”APP，年销售额1213万元。2019年全县新增市场主体3651户，社会消费品零售总额完成52.35亿元。

城镇化水平持续提升。编制完成《新绛县城乡总体规划》纲要、《新绛县城镇开发边界划定》，横桥乡撤乡设镇通过省政府批复。完成九原大道和街巷改造等工程，新城中心广场和博物馆、科技馆、规划馆建设顺利推进。持续深化“五城同创”和农村人居环境整治，建立垃圾处理、日常监管、考评奖惩等机制，打造2个省级农村人居环境整治示范村、12个市级美丽乡村。

三、全力打好三大攻坚战，持续保障和改善民生

坚决打好脱贫攻坚战。围绕“两不愁三保障”，完成了390户危房改造、81处农村饮水安全提升工程，贫困患者住院综合保障比例达到90.85%。2019年新脱贫409户1154人，贫困发生率降至0.04%。坚决打好污染防治攻坚战。中信金石和中信鑫泰两家焦化企业实现特别排放；汾河城区段综合治理PPP项目、古堆泉保护及地下水超采区综合治理工程顺利推进，浍河水生态修复工程和3处新建农村生活污水处理站建成运行，汾河下半年水质达标，退出劣V类，浍河水质稳定达标。坚决打好防范化解重大风险攻坚战。积极排查化解8方面50项重大风险点，全县不良贷款率从50.58%下降到4.85%，县农商行顺利改制、成功挂牌。

始终坚持以人民为中心的发展思想，2019年民生领域投入17.9亿元，占财政总支出的84.6%。全力做好稳就业工作。城镇新增就业5203人，转移农村劳动力6238人，城镇登记失业率控制在1.17%。坚持教育优先发展。出台《关于加快推进新绛教育现代化实施方案(2019-2022年)》等7个制度性文件，“县管校聘”改革、中小学教师激励制度和思政课改革全面推进，运城市学校党建工作现场会在新绛召开，全县高考二本以上达线人数3042人，达线率63.9%，连续14年位列运城市第一。加快推进县域综合医改。在运城市率先开展城乡居民医保打包付费试点工作，基层就诊率达66.9%，县域就诊率达90.19%。

四、坚持深化改革、扩大开放、促进创新，不断增强发展动力活力

全面深化改革向纵深推进。成立县委全面深化改革委员会，推进51项重点改革任务和17项先行先试工作，农业农村、教育体制、供销社“三位一体”试点等改革事项走在前列。党政机构改革圆满完成，综合行政执法队伍改革和经营性事业单位改革有序推进。深化财税金融体制改革，2019年减税降费2.1亿元，政银企融资对接超4亿元。深化“放管服效”改革，“企业投资项目承诺制”实现一窗受理、集成服务，“一枚印章管审批”全面启动。

创新生态活力逐步显现。与中国农科院、山西农科院等对接，建立产学研试验基地。围绕10个“双创”基地开展“质量提升行动”，打造了“助企圈”APP互联网公共服务平台和星光企业公共服务平台。2019年新培育“专精特新”企业3家、“小升规”企业6家，引进高端人才8名，新孵化创业企业618户，新增就业岗位4653个。

对外开放水平不断提升。参加上海进博会、寿光菜博会、西安丝博会等重大活动；省台办依托绛州澄泥砚文化园，挂牌成立“山西省海峡两岸交流基地”；举办了第六届桃花观光交流会、第二届农民丰收节暨鼓乐艺术展演等活动。

五、发展社会主义民主政治，扎实推进法治新绛建设

扎实做好人大机构改革，新设立县人大社会建设委员会、监察和司法委员会，建成31个人大代表联络站(点)。加强人民政协协商民主建设，出台《政协新绛县委员会2019年度协商工作计划》。认真做好新形势下统战工作，持续深化工、青、妇、科协等群团组织改革，圆满完成工会换届。加强党对宗教工作的领导，出台了《新绛县民族宗教工作联席会议制度》《新绛县宗教工作联合执法机制》等制度，形成宗教工作齐抓共管新局面。全面落实党管武装要求，各镇党委书记和镇长兼任指导员和第一部长，新绛武装部被评为全省先进武装部。

持续深化法治新绛建设，成立了县委全面依法治县委员会，扎实做好7大类36项重点任务。深入推进扫黑除恶专项斗争，共打掉涉黑涉恶犯罪团伙12个，查处涉黑涉恶腐败和“保护伞”案件3起。全县刑事案件和治安案件立案数2018年、2019年连续实现“双下降”。全面落实《政法工作条例》，各乡镇党委副书记兼任乡镇党委政法委员。

六、牢牢把握意识形态工作领导权，凝聚奋进新时代的强大正能量

严格落实意识形态工作责任制，修订完善实施细则，层层压实责任。坚持党管媒体不动摇，成立了县融媒体中心，推进传统媒体和新媒体提质转型、融合发展。举办了新绛县庆祝新中国成立70周年建设成就图片展，拍摄了《我和我的祖国》《歌唱祖国》等新媒体作品，开展了有奖征文、主题书画展、革命传统教育宣讲等活动，唱响了礼赞新中国、奋斗新时代的昂扬旋律。县图书馆、文化馆和9个分馆全部建成，持续开展送戏下乡、幸福新绛欢乐行、弟子规大讲堂等文化惠民活动，极大丰富群众精神文化生活。

七、坚持以政治建设为统领，全面提升党建质量

坚持和加强党的全面领导。2019年召开县委常委会议35次，研究议题162个，定期听取县人大常委会、县政府、县政协和县法院、县检察院党组工作情况报告，切实把党的领导体现在各领域各方面。出台了《关于党委(党组)书记履行全面从严治党第一责任人职责的实施办法(试行)》等17个制度性文件，管党治党实现常态长效。

坚持把党的政治建设摆在首位。出台《关于贯彻落实〈中共中央关于加强党的政治建设的意见〉的工作措施》，制定了《贯彻落实习近平总书记重要指示批示常态化“回头看”和报告机制》《习近平总书记重要指示批示落实办理机制》，教育引导广大党员干部树牢“四个意识”、坚定“四个自信”、做到“两个维护”。

全面加强基层组织建设。2019年安排基层党建经费7574万元，同比增长53%，全县集体经济收入5万元以上的村达到91%。探索开展农村党组织书记“五诺五评”(农村党

组织书记开展党建责任承诺、经济发展承诺、精神文明建设承诺、乡村治理承诺、领导班子和党员干部队伍建设承诺,每半年或年终进行个人自评、班子述评、群众测评、乡镇考评、党委点评)工作,1913件承诺事项全部兑现,受到运城市委肯定。集中整治软弱涣散基层党组织31个,清理受过刑事处罚和涉黑涉恶的13名村干部。健全了3个信教群众聚居村党组织。

锻造忠诚干净担当的高素质干部队伍。牢固树立正确选人用人导向,共调整科级干部6批269人。组织党员干部到延安干部培训学院等延伸培训,选派120名干部到乡镇挂职或担任农村"第一书记",推动干部状态和素质双提升。

以零容忍的态度推进正风肃纪反腐。加强党对反腐败工作的全过程领导,制定出台了《关于加强和改进县直机关纪检监察组织建设压实全面从严治党主体责任的实施办法(试行)》,设立了县直纪检监察工委,75个县直单位党组织全部设立纪检监察组织。县直单位13个派驻机构全面进驻,有效强化日常监督。扎实开展乡镇监察体制改革试点工作,各乡镇纪委书记兼任县监委派出乡镇监察室主任。开展了第七、第八轮政治巡察,探索推进村级延伸巡察。2019年,全县共立案310件,结案301件,处分280人;查处违反中央八项规定精神13案21人;查处群众身边腐败和作风问题85起,处置纪检监察干部违纪线索13件,切实以风清气正的政治生态保障全面进步。

(詹 雷)

附:中共新绛县委书记、副书记、常委名单

书 记: 李玉林

副书记: 解 芳(女) 赵高棠(1月离职)
陈小光(4月任职)

常 委: 仪天亮 姚文生 王军胜 闫世杰
孙 飞 许朝庆 李守民

中共闻喜县委

县委书记 段慧刚

闻喜县共有基层党组织914个(党委18个,总支39个,支部857个),党员18520名。

2019年,闻喜县委深入学习贯彻习近平新时代中国特色社会主义思想,认真落实习近平总书记视察山西重要讲话精神,紧紧围绕"六项推进计划"落地落实,诠释责任担当,凝聚发展合力,办成了一批打基础、利长远的大事要事,巩固和发展了2018年以来的良好态势,推动全县各项事业取得新进展新成效。全县地区生产总值完成134.43亿元,增长6.5%;规模以上工业增加值完成68.81亿元,增长7.9%;固定资产投资完成36.21亿元,增长7.6%,财政总收入完成16.25亿元,增长27.8%;一般公共预算收入完成6.08亿元,增长14.2%。

一、坚定不移用习近平新时代中国特色社会主义思想指导工作,深入贯彻中央和省市委决策部署

坚持把学用习总书记重要思想摆在首位,通过召开县委常委会、全县干部大会等,认真学习、全面贯彻。一是把学习贯彻习近平新时代中国特色社会主义思想与贯彻落实习近平总书记视察山西重要讲话精神结合起来,与贯彻落实十九届四中全会精神结合起来,召开县委常委会议、常委扩大会和中心组学习会29次;集中轮训乡村两级干部3000余人次,深入包联乡镇、企业等基层单位讲党课200余场次,全县党员干部政治觉悟更高、纪律观念更强、德行操守更正。二是以"改革创新、奋发有为"大讨论开局全年工作,以"干部人企进村服务"为重点,办结整理各类问题575个,培育树立先进典型58个,全县党员干部经历了一次严格的党性锻炼、深刻的精神洗礼。三是扎实开展"不忘初心、牢记使命"主题教育,县委中心组两次集中学习《选编》《论述》、中央和省市主题教育精神,县四大班子开展集中学习研讨5次,全县各单位和893个基层党支部召开学习研讨会3000余次,习近平新时代中国特色社会主义思想的精神实质和丰富内涵得到充分领会。

二、坚定不移扛起全面从严治党责任,全面构建良好政治生态

一是突出固本强基目标,持续推进"三基"建设。部署开展十大专项行动28项重点任务,村、社区运转经费平均达到11万元,均超省定标准,乡镇工作经费平均达到85万元;深入落实市委要求,各层级、各领域党组织主题教育扎实开展;全县34个软弱涣散农村基层党组织整顿工作全面完成;加强易地搬迁户党员管理工作,成立党支部6个,建成党群服务中心4个。二是围绕净化政治生态,加强反腐倡廉建设。县委反腐败领导小组充分发挥职能,相互移送案件及线索111件;派驻机构立案82件、乡镇纪委立案87件,同比增长均超过10%;立案查处290案212人,同比增长19%和4%;查处扶贫领域腐败问题40案40人、漠视侵害群众利益问题9案18人、违反中央八项规定精神问题21案32人;部署开展两轮县委巡察,推动政治监督具体化、常态化。三是落实从严治吏要求,加强领导班子和干部队伍建设。2019年研究任免干部5次,涉及干部167人次,平调重用104人,提拔任职29人,免职34人,实现"好干部"有"好位子"。认真落实市委"三个计划",对接高层次人才5人,提拔使用38岁以下正科级年轻干部10人,培训基层党员干部1599人。

三、紧扣高质量发展主线,奋力开创主动转型、全面转型新局面

一是坚持以“三个发展计划”为着力点,山西建龙继续保持高速增长态势,营业收入名列全省民营企业第一,“龙头”地位更加牢固,银光、象丰、瑞格三家“虎榜”企业稳健发展,“一龙三虎”格局不断巩固;孵化创办“五小企业”503户,重点培育“小升规”工业企业10户,省级专精特新企业5户;创办中小微企业60家,带动就业2000余人,在外闻喜人回乡创业热情不断高涨、氛围日益浓厚、成效不断显现。二是坚持以开发区建设为依托,成功举行两次重大项目集中开工活动,62个重点项目共完成投资18.78亿元,“3515”重点项目建设走在全市前列;编制完成开发区控规,成立经开区投资建设发展有限公司和精品钢产业园服务中心,精品钢产业园征回土地1533亩,标准化厂房以及钢四路、精五路等道路建设稳步推进。三是加快推进现代农业发展。形成了区域明显、特色突出的“山楂、中药材、杜仲、葡萄、核桃、甜柿、苹果、设施蔬菜、食用菌、苗木”十大现代农业示范园区雏形;全县粮食总产达到3.2亿公斤,蔬菜种植、干果经济林、中药材种植面积稳步增长,农产品加工企业预计今年完成销售收入21.9亿元;建成部级小麦绿色高质高效示范区10万亩,无公害农产品意向认证产品达到14个,闻喜县荣获省级“有机旱作农业示范县”。四是统筹推进城乡协调发展。撤县设市工作未达标的16项指标正在强化工作措施,加快推进落实;龙祥苑等一批高标准小区建设即将实施,工业四路、城南大街西延、东环路、西环路、南环路已完成施工图设计;西湖路南延、康宁路南延竣工通车,太风街东段、高速路互通道改造等即将完工;垃圾发电厂、县城污水处理厂提标改造、惠众农贸市场、涑水新街二期、北区一路、小街小巷等城市基础设施建设正在加快实施;鑫源水厂建设工程全面完成;县城集中供热有序推进,新增供热面积130万平方米,全县集中供热从无到有、从小到大,供热率接近30%。

四、加强民主政治建设,巩固发展安定团结的政治局面

一是人大工作得到新提高。作出《关于同意闻喜县人民政府将吕庄水库移交给山西省小浪底引黄建设管理局的决定》,推动县委重大决策部署落地见效;全面推进人大代表联络站(点)建设,充分发挥人大代表作用;听取和审议部分重点建议承办单位的办理情况报告,131件代表建议全部办结。二是政协工作取得新成效。指导做好包联乡镇脱贫攻坚工作,有序推进精品钢产业园征地、服务中心建设以及润泰固废项目前期工作;举办“汇聚正能量,建设新闻喜”主题音乐会等系列活动,庆祝新中国和人民政协成立70周年;创办《知政·建言·资政》机关专刊,调研督办10件重点提案和148件一般提案。三是统战工作实现新进展。县委坚决扛起主体责任,调整充实县委统一战线工作领导小组和县宗教工作领导小组。举办《同心大讲坛》系列知识讲座、开展庆祝新中国成立70周年活动,不断筑牢团结奋斗的思想政治基础。狠抓中央宗教工作督查反馈意见整改,有力维护了民族宗教领域的和睦和顺。四是依法治县取得新突破。深化法治社会建设,统筹推进法治宣传,抓好宪法学习,开展“法律六进”,创建法治社区,营造尊法学法守法用法浓厚氛围。创新发展“枫桥经验”,打造基层社会治理新体系,调解矛盾纠纷951件,成功率98%。

五、加强民生保障和社会治理,确保人民安居乐业、社会安定有序

一是实现脱贫攻坚连战连胜。按照“四个不摘”要求,建立完善脱贫攻坚的长效机制,在培育致富产业、提升教育水平和技能培训实效等方面用足绣花功夫,强化后续帮扶,巩固脱贫成果。针对未脱贫人口,逐户核实基本情况、致贫原因,制定帮扶措施,投入扶贫资金1.06亿元,通过发展主导产业、开展技术培训等方式,确保贫困人口脱贫致富。二是下大力气实施利民惠民项目。以增强高中阶段教育竞争力为牵引,带动基础教育教学水平不断提高,中考平均分提高率七学科均为全市第一,合格率全市第五,高考两大类达线率35.38%;城镇新增就业5071人,登记失业率控制在0.86%左右,参加职业技能培训6052人、创业培训290人;综合参保率保持在95%以上,发放医疗补偿金2.8亿元,同比增加58%;建成建档立卡贫困人口“三保险、三救助”一站式医疗保障体系,贫困户、低保户、重度残疾等人群养老和医疗保险实现全覆盖。三是坚定不移践行绿色发展理念。全力配合中央省市督查工作,反馈涉及闻喜县的8个问题全部整改到位;实施“百日清零”专项行动,问题全部整改清零;完成“煤改气”348户,“煤改电”3809户;石门饮用水源地保护工作稳步推进,河底、石门保护区内立标立牌项目已开工建设;礼元生活污水处理站完成建设,投资4800万元完成涑水河沿线涉水企业污水处理工程提标改造;积极创建省级林业生态县,森林覆盖率、林木覆盖率增幅均高于全市平均水平。四是始终保持扫黑除恶高压态势。2019年以来,打掉了黑社会性质犯罪组织2个、恶势力犯罪集团2个、恶势力犯罪团伙6个、村霸3个,全县扫黑除恶专项斗争取得阶段性重大胜利。五是统筹抓好社会综合治理。认真落实重点人员“五包一”教育稳控措施,信访案件受理率、办结率达到100%;严格落实安全生产党政同责,深入开展安全生产大检查、食品安全百日整治等专项活动,全县安全生产形势保持总体稳定。

(樊香叶)

附:中共闻喜县委书记、副书记、常委名单

书　记:张汪尤(1月离职)　段慧刚(1月任职)
副书记:黄亚平(女)　秦志洲　荆富功
常　委:王海生(8月离职)　王学智　韩小青
吴引群　冯向泽(5月离职)　张文豪
丁文玲(女,5月离职)　李雪琴(女,7月任职)

中共绛县县委

县委书记 王宏伟

2019年，绛县县委坚持以习近平新时代中国特色社会主义思想为指导，坚决贯彻中央决策部署，在省委、市委的坚强领导下，聚焦“两乡五区”建设的总体思路，团结带领全县上下走进新时代、迈出新步伐、开启新征程。

一、深入学习贯彻习近平新时代中国特色社会主义思想，推动中央、省委和市委决策部署落地生根

一是坚持以上率下，切实做到思想同心。先后召开县委中心组学习13次，指导全县81个县级党委(党组)理论中心组集中学习，发放学习书籍8本，编发理论学习辅导材料12期，开展了学用习近平新时代中国特色社会主义思想经验交流会。扎实开展了“改革创新、奋发有为”大讨论，充分发挥“故绛大讲堂”、迴马岭爱国主义教育基地等学习教育阵地作用，受教育的党员干部群众达1万余人次。二是抓好主题教育，切实坚守为民初心。组织全县党员干部开展了3次学习研讨，召开了革命传统教育会、当前形势教育会、调研成果交流会，深入开展了“三服务”和各个领域的专项整治。三是坚持学以致用，切实做到知行合一。自觉用习近平新时代中国特色社会主义思想指导解决全县各种问题，切实把学习成果转化为推动各项事业发展的强大力量。

二、砥砺奋进变道突围，“五大转型”步伐坚实

坚持深入贯彻新发展理念，不断增强县域经济实力，主要经济指标实现了中高速增长，全年地区生产总值完成67.1亿元，同比增长5.1%；固定资产投资完成21.79亿元，同比增长8.1%；规模以上工业增加值完成12.14亿元，同比增长2.6%；财政总收入完成3.07亿元，同比增长7.2%；公共财政预算收入完成1.44亿元，同比增长8.7%；社会消费品零售总额完成28.9亿元，同比增长8.7%；城镇居民人均可支配收入完成28075元，同比增长7.5%；农村居民人均可支配收入完成10476元，同比增长7.5%；外贸进出口总额完成2.6亿元，同比减少15.76%。实现了经济“含金量、含新量、含绿量”的有效提升。

一是机械制造初步实现向智能制造转型。推进亚新科发动机零部件智能化加工生产线项目，建设了东龟智能工业机器人项目。以这两个项目为龙头，带动红山机械厂、华晋铸造、中信车桥、中科晶电、龙舟机械等重点企业智能化转型、高质量发展。亚新科、恒大化工2家企业被评为市级工业化、信息化两化融合试点企业，初步将先进制造业打造成了绛县工业的靓丽名片。

二是传统电力初步实现向新型能源转型。大力推进总投资33.30亿元的山西晋煤大唐2×350MW热电联产项目、总投资1.95亿元的1×25MW江河生物质发电提标改造。200MW禹泰新能源磨里镇光伏发电、99.50MW九鼎横水风电、40MW亚丰垣绛县光伏发电等项目正在建设。这一大批新能源项目建设全部投产达效后，绛县的电力装机总容量可达1366.50MW，年发电量约10亿千瓦时，年税收可增加1.50亿元以上。

三是中药饮片初步实现向生物制药转型。积极打造绛县中药材品牌，“绛县黄芩”“绛县连翘”“绛县柴胡”取得国家农产品地理标志认证。提标改造了既有的丕康药业公司，可年产中成药1.08亿片。引进了总投资5.20亿元的中淼恒制药，正在建设8万余平方米厂房，新增1000台(套)工艺设备，可年加工中药材3万吨，预计可带动我县中药材种植面积从现有的6万亩扩大到10万亩，并实现生物制药产业链条的全方位延伸。

四是特色农业初步实现向现代农业转型。进一步发展现代农业园区，西灌底樱桃、郑柴山楂、横岭关蓝莓等一批高标准的现代农业示范园区初具规模。进一步调整农业产业结构。全县山楂种植面积发展到10万亩、大樱桃发展到3.8万亩、苗木发展到5万亩、干果经济林发展到14万亩。进一步延伸农业产业链条。全县市级以上龙头企业发展到14家，专业合作社达到990个，家庭农场发展到83家。进一步放大特色优势，继2018年山楂出口日本后，2019年又实现了大樱桃出口马来西亚，持续扩大了绛县农产品的品牌影响力。

五是山丰林密初步实现向文旅融合转型。深度开发山水游、军工游、休闲游、观光游、采摘游、红色游，积极推进紫家峪、陈村峪、里册峪等“六大峪口”，东华山、紫云寺、绛北大峡谷等“八大景区”和郝家窑田园综合体、白家涧花卉苗木示范园等“十大农业园区”相互配套、相互依托、相互融合，打造出了“春观花、夏漂流、秋红叶、冬滑雪”具有绛县特色的晋南地区避暑胜地、文化胜地和户外胜地。全年旅游总收入12亿元，同比增长25%；旅游总人数92万人次，同比增长25%。

三、全力以赴抓好项目，发展后劲有效集聚

县委常委会坚持以项目建设为王，为转型发展提供了强有力支撑。一是栽好梧桐树，进一步优化营商环境。大力建设绛县经济开发区、安峪工业园、“双创”孵化园和航空产业园“一区三园”，不断提升园区承载能力。积极推进各单位行政

审批权向行政审批局集中,加强优质服务供给,扎实开展“互联网＋监管”,规范办事流程。二是引得凤凰来,进一步推进招商引资。开展了百日招商攻坚战,招商引资签约资金完成107.41亿元,签约当年开工项目26个,开工率92.86%。培育红山机械厂提质升级;孵化创办“五小企业”1042个,新创造就业岗位10487个;吸引在外人才返乡创办企业38个,带动就业3708人。三是培育增长点,进一步抓好项目建设。进一步细化了总投资233.26亿元的“五个十”重点工程,严格落实责任制,实施包联机制。全年共实施省市县各级重点项目25个。

四、凝心聚力攻坚克难,百姓福祉大幅提升

始终坚守为民初心,持续改善民生水平,全力打好民生领域攻坚战,不断提升人民群众的获得感幸福感。一是落细攻击点位,创卫突击战攻克了最后堡垒。加大城市建设力度,收尾了绛山街改造,贯通了和平路、厢城街东段、偑国路中段。推进棚户区改造工程。开展了小街小巷整治。打造了一批高标准美丽农村,新增7个乡镇农村垃圾中转站。二是坚持精准方略,脱贫攻坚战实现了攻城拔寨。坚持党建引领,选派了98名能力高、素质强的年轻干部充实到驻村帮扶工作队中。为32个贫困村全部派驻了第一书记。全面落实各类扶贫政策,实施扶贫产业项目57个。大力推进易地搬迁,4008人已全部交接钥匙。全县32个贫困村全部退出,贫困发生率降至0.11%。三是紧盯民生短板,社会事业持久战取得了节节胜利。完成了新建绛县中学一期工程,二期工程建设PPP项目已经签约。东城幼儿园二期工程完成主体建设。2019年文理六大类二本以上达线416人。县医院内科大楼、县红十字会医院放化疗中心主体建设先后完工。全县90%村级卫生室达到了国家标准化建设要求,民生福祉大幅度提升。四是践行“两山理念”,生态保卫战守住了绿水青山。累计建设园林村70个,全县森林覆盖率提升至38.6%。完成“煤改电”“煤改气”3200余户。开展排污大整治“百日清零”专项行动,全方位守护了绿水青山。五是筑牢风险堤坝,防范风险阵地战稳固了经济社会发展成果。破获传销组织1个,打击网络诈骗案件182起。消化企业债务6.10亿元。打掉黑社会性质组织1个,恶势力犯罪集团2个,文物犯罪团伙8个,“村霸”1个,涉黑涉恶“保护伞”1件,有效维护了社会稳定。

五、创新思想改革开放,发展活力明显迸发

一是解放思想找差距,对标一流为干部充电醒脑。优选两批24名年轻干部赴江苏仪征和山东招远挂职锻炼,解放思想,更新理念。二是把准改革方向,推动各重点领域改革取得新突破。先后出台了《县委2019年全面深化改革工作要点》《2019年重大改革安排及责任分工实施方案》。国有企业分离办社会职能改革、增量配电业务改革、监察体制改革以及农业科技增量改革、农村宅基地改革、村社一体化发展新型集体经济改革、小农户对接大市场改革、农村集体产权制度改革等农村五项改革有效推进。三是坚持扩大开放,增强县域经济内生动力和活力。连续3年举办了樱桃文化节、紫家峪红叶节、美丽乡村百花节、音乐啤酒节、东华山庙会、青年联谊会“四节两会”,推出了“春色连翘”“桃之夭夭”“樱你而美”“中条红叶”“山楂花之恋”等特色品牌。

六、坚定不移依法治县,社会大局稳定和谐

一是全面加强法治建设。坚持法治思维,依法决策、依法办事、依法履职。召开常委会、中心组会议,集体学习贯彻习近平总书记全面依法治国新理念新思想新战略,结合实际深入谋划推进法治绛县建设。召开了绛县县委全面依法治县委员会第一次会议,审议通过了《中共绛县县委全面依法治县委员会工作规则》《中共绛县县委全面依法治县委员会2019年工作要点》等文件,出台了《绛县落实党政主要负责人履行推进法治建设第一责任人职责的实施办法》,将法治建设纳入全县发展总体规划。建立了覆盖全县各乡镇、各单位的法律顾问体系。持续深化司法体制改革,加强重点领域司法监督。大力推广新时代枫桥经验,将全县划分成295个网格、1849个街巷,确保了矛盾不上交、平安不出事、服务不缺位。二是积极支持县人大及其常委会依法履行职能,支持和保障各级人大代表依法履职。开展了《人民调解法》《统计法》等法律法规贯彻实施情况的执法检查,主动审查了“一府两院”报备的规范性文件。三是坚持和完善中国共产党领导的多党合作和政治协商制度。抓好政协委员和政协机关队伍建设,支持政协围绕“创建国家卫生县城、农村环境卫生整治、城乡义务教育均衡发展”等热点问题开展调研视察、建言献策。支持政协编辑出版《绛县军工记忆》一书。四是不断巩固和发展最广泛的爱国统一战线。组织党外科级干部、新阶层人士、民主党派人士参加“延安红色教育”“迴马岭革命传统教育”等主题培训班次,开展了“不忘合作初心,继续携手前进”“守法诚信经营,坚定发展信心”等活动,拍摄了《不忘初心跟党走,携手共筑中国梦》宣传片。

七、驰而不息抓好意识形态工作,精神文明再攀新高

一是坚持守正创新,增强意识形态凝聚力引领力。制定完善各项工作制度21个,将意识形态工作纳入目标责任制考核和纪检监察巡察工作范围。定期召开重点领域意识形态分析研判会。加强新媒体阵地管理和建设,推进县级融媒体中心建设。二是坚持立德树人,提升社会文明程度。省级文明县城创建顺利通过首轮验收。选树了实验一小、郝家窑等6个优秀传统文化示范点和社会主义核心价值观示范点。县级及县级以上文明村镇达到45%以上。成立了绛县三晋文化研究会。培育选树了一批“道德模范”和“身边好人”。三是坚持提质增效,繁荣社会文化事业。组织拍摄“我和我的祖国”“融汇经典·闪耀故绛”等系列专题片,举办书画展、摄影展、舞蹈展演60余次。组织开展了“我有拿手戏”文艺展演、“消夏文化艺术周”等群体性文化活动。

八、全面从严抓实党建,政治生态更加清正

一是始终坚定政治信仰,坚定不移抓好政治建设。开展了红歌快闪、忠诚树下铸忠诚等活动。拍摄了微电影《党费》《忠诚树》。迅速掀起“三篇光辉文献”学习热潮,确保入脑入心,切实树牢了党员的“四个意识”,坚定了“四个自信”。二是全面强化基层治理,持之以恒筑牢基层堡垒。制定了《加强基层党建的21条工作措施》。推动乡镇和村级组织运转经费分别达到90万元、11.89万元。在农村以党建统领法治、德治、自治。整治软弱涣散基层党组织23个。在机关建立“五个清单”,实施“六个同步”,树立起一流工作标准。在社区强化服务功能,三个社区活动场所面积均达到500平米以上。三是不断强化工作责任,下大力气正风肃纪反腐。先后召开11次常委会研究党风廉政建设工作,制定出台了《关于落实党风廉政建设党委主体责任的意见》。开展了系列先进典型报告会和警示教育会。全年共处置问题线索776件,同比增长19.01%;立案335件,同比增长9.12%,其中乡科级立案48人,同比增长100%;结案336件,同比增长14.28%;处分282人,同比增长0.7%,涉及乡科级36人,同比增长56.52%。持续保持了反腐败的高压态势。

(焦 龙)

附:中共绛县县委书记、副书记、常委名单

书 记: 王宏伟

副书记: 薛玉马 丁 格(女)

常 委: 孙 晓(6月离职) 李鹏奇(5月离职) 解伟龙 葛 凯 董宏运 薛俊辉 程海龙(6月任职) 薛云涛(7月任职) 李延红

中共垣曲县委

县委书记 杨彦康

2019年,垣曲县委高举习近平新时代中国特色社会主义思想伟大旗帜,全面贯彻党的十九大和十九届二中、三中、四中全会精神,深入学习贯彻习近平总书记“三篇光辉文献”精神,按照省委“四为四高两同步”总体思路要求和市委“五抓一优一促”要求,团结带领全县干部群众,凝心聚力,对标一流,锐意进取,加快建成生态美、百姓富、实力强的垣曲小康社会,各项工作均取得了新进展和新成绩。全年生产总值完成64.96亿元,同比增长7.3%,增速全市排名第二;规模以上工业增加值同比增长7%;固定资产投资总额完成38.57亿元,同比增长10%;财政总收入完成7.38亿元,同比增长12.7%;一般公共预算收入完成3.21亿元,同比增长16.4%;社会消费品零售总额完成29.26亿元,同比增长9.1%,全市排名第一;城镇居民人均可支配收入完成28664元,同比增长7.2%;农村居民人均可支配收入完成8508元,同比增长12.3%,全市排名第一。

一、坚持以习近平新时代中国特色社会主义思想为指导,武装头脑、指导实践

垣曲县委始终把学习贯彻习近平新时代中国特色社会主义思想作为首要政治任务,多次重温“三篇光辉文献”,认真贯彻落实党的十九届四中全会、省委十一届九次全会和市委四届七次全会精神,采取多种形式,深入开展学习宣传,切实把思想和行动统一到中央及省委、市委的部署要求上来。以“不忘初心、牢记使命”主题教育为契机,积极围绕学习贯彻新思想召开县委中心组学习会议14次,举办干部理论课堂4期、读书班3期,组织主题宣讲1000余场、文艺演出30余场,广泛召开学用成果交流会,党员干部学用新思想的氛围更加浓厚,“两个维护”的自觉性全面提升。

二、坚决打赢三大攻坚战,社会大局和谐稳定

坚决打赢脱贫攻坚战。垣曲县委定期组织召开脱贫攻坚领导小组会议,及时研究解决工作中的重大问题。深入开展易地扶贫搬迁“百日行动”。年度达标脱贫594户1175人,贫困发生率为0.05%。5月21日省政府宣布垣曲县退出贫困县序列,脱贫成效考核评价为“好”,10月被省委、省政府授予“山西省脱贫攻坚组织创新奖”。

坚决打赢污染防治攻坚战。聚焦中央环保督察反馈问题整改工作,全年检查企业260余次,下发限期改正通知书35份、停产整改通知15份、督办函30份,立案查处34起。排查“散乱污”企业311家,取缔171家,140家整改类的“散乱污”企业已全部整改到位。主要河流断面水质监测持续良好,优良天数达226天。

坚决打赢防范化解重大风险攻坚战。始终坚持“四个结合”“六个狠抓”,开展“春风+雷电”专项整治行动,依法打掉黑恶犯罪团伙7个,“村霸”4人;破获刑事案件38起,抓获犯罪嫌疑人70人,执行逮捕64人。多方位、多角度宣传非法集资的危害性,增强群众的风险意识和辨别能力。严格落实安全生产责任制,全年未发生重大安全事故。

三、着力推动高质量发展,努力改善民生福祉

工业转型步伐加快。“三化三制”改革全面铺开,经济技术开发区挂牌成立,入驻企业18家,其中规上企业8家。投资10亿元的中条山陶瓷项目投入运营;投资17亿元的东鹏智能家居产业园项目稳步实施;五龙镁业一期项目全面投产

达效;投资16.7亿元的中电投风电项目即将全部并网发电;投资80亿元的抽水蓄能电站项目取得省发改委核准;投资2.67亿元的华昌光伏发电项目开工建设。

特色农业不断壮大。制定《垣曲县乡村振兴战略总体规划》以及六个专项规划,建成"三农"工作项目库,农村集体产权清产核资工作圆满通过省、市验收。"一县一业"核桃经济林完成品种改良14.5万株,成立了食用菌办公室,总投资5亿元的温氏生猪养殖项目加快推进,"帝舜故里、农耕之源"农产品公用品牌申报完成。

"全景垣曲、全域旅游"加快建设。全县森林覆盖率达到52%以上,河长制规范运行,亳清河全流域生态修复和河道治理项目全面开工,新望旅游路和沿黄旅游公路已经通车。历山国家康养基地和左家湾康养小镇项目正在加快推进。皋落桃花节、华峰美食节、王茅荷花节、古城消夏周、历山森林康养避暑节等旅游节庆活动成功举办。积极发展文化事业,配合完成了中条山金代古墓葬抢救性保护工作,5处重点文保单位申报第八批国保单位。非物质文化遗产保护项目省级达到11项、市级达到28项,文化产业经营单位300余家,奇石、根雕等特色文化产业持续壮大。

城镇功能逐步完善。全县行政村通硬化路率、通客车率达100%,被评为全省9个"四好农村路"示范县之一。县城垃圾和污水集中处理全面实现,13个乡镇(社区)垃圾中转站和36个高标准乡村公厕已经完工,实施连片农村改厕1300座,历山镇特色小城镇集镇改造工程正在实施,省级美丽宜居示范创建村6个,美丽乡村达到19个。国家园林县城、省级文明县城创建均高标准通过验收。

民生福祉明显改善。投资2.5亿元的垣曲县职业中学新校区教学楼等7栋建筑主体完工,全市先后在垣曲县召开教育现场会7次,被确定为"第四批国家级农村职业教育和成人教育示范县"。民生项目加快推进,中医院综合楼改扩建项目、妇幼保健院业务用房、朝凤山人文纪念园先后投用,总投资34.27亿元的小浪底引黄项目主干线工程完工。社会福利服务中心老年养护楼全面完工,基本养老保险覆盖面达到99.6%,城乡居民医保覆盖率达到99.38%,农村五保、城乡低保实现应保尽保。

四、不断加强依法治县,推动法治垣曲建设

垣曲县委把学习贯彻习近平总书记关于全面依法治国新理念新思想新战略作为重点学习内容,全年中心组学习4次,并采取专题报告会、线上学和线下学相结合等方式,切实增强了党员干部法治思维。县委常委会专题研究解决法治建设重大问题两次,听取法治建设工作汇报,建立健全党领导法治建设体制机制,召开了全面依法治县委员会第一次会议,形成了上下贯通、左右联通、运行高效的法治建设领导体制和运行机制,全年拍摄普法短剧24部,累计拍摄120部,打造法治示范村36个,评选出守法诚信文明户24700户,法治示范户1890户,法律明白人25800人,省政府免费法律咨询便民工程任务超额完成,全省深化司法所建设现场推进会在垣曲县圆满召开。

五、坚持从严管党治党,营造良好政治生态

压实主体责任。强化政治建设,召开专题常委会议9次、党建领导小组会议5次,部署推进基层党建工作。强化作风建设,县委常委包联19个软弱涣散党组织、10个贫困村,深入一线,解剖麻雀,推动落实,形成了"实快敢公韧"的优良作风。强化基层建设,着力打造了20个基层党建规范化建设示范点和5个社区党群服务中心。强化廉政建设,认真履行第一责任人责任,层层压实责任,逐级传导压力,全县政治生态风清气正。

做实主题教育。将学习教育贯穿始终,各级领导班子广泛开展集中学习、集中研讨、学用交流,全县上下掀起了深入学习贯彻省委、市委近期系列重要会议精神的热潮。将调查研究贯穿始终,形成调研报告620篇,54条调研成果转化为决策措施。将检视问题贯穿始终,高质量召开专题民主生活会和组织生活会,达到了红脸出汗、咬耳扯袖的效果。将整改落实贯穿始终,规定动作全面完成,办成了一批群众急盼急需的水、路、房、医、教等实事好事。

落实党建部署。提高党员干部素质,470名党支部书记轮训实现全覆盖,开展"普通党员进党校"51期1.1万余人,"万人计划"共培训1079人次,"五大培训工程"共举办149期2.8万余人。提高基层干部待遇,乡镇、农村、社区工作经费分别达到100万元、11万元、16万元,连续5年提高村"两委"主干岗位报酬。提高党建工作质量,扎实开展"两评一考",创新制定了农村党员分层量化考核指标体系;建立了"生日有祝福、节日有慰问、难时有帮扶、定期有体检、住院有探望、逝世有吊唁""六有"激励关怀帮扶机制。提高基层治理水平,集体经济收入达5万元以上的村占93%,11个社区活动场所全部达到500平方米以上;82个单位完成标准化达标验收工作,各级党组织全面落实重点工作承诺事项1040项。

扎实破解难题。着力增强党组织功能,全县188个行政村撤并至71个,压缩率62.2%,党组织班子成员精简率42%,村级布局更加优化,农村党建更显活力,农村资源有效整合,产业规模得到扩大,农村干部工作动力充分激发。着力调动干部积极性,率先实行垣曲籍外地在编在册人员的回垣工作,引回人才58人;开展乡镇干部"暖心行动",目前共调回17名;注重对受处分人员的关心关爱,教育回访党员干部241人;公开选拔了30名事业副科级干部。着力探索党建新模式,成立五个社区大党委,把5个扶贫易地搬迁小区纳入社区管理,形成了互联互通、全域融合的城市党建联合体。

(闫　斐)

附:中共垣曲县委书记、副书记、常委名单

书　记: 杨彦康

副书记: 麻军泽　尚玉良(1月离职)

柴照明(4月任职) 张红杰(挂职)
委 员:李 鹏 马海强 杨可隆
王 坚(9月离职) 程岩勤
杨春霞(女) 卫 鹏

中共夏县县委

县委书记 张宏志

2019年,夏县县委坚持以习近平新时代中国特色社会主义思想为指导,以“不忘初心、牢记使命”主题教育为动力,认真贯彻党的十九大和十九届二中、三中、四中全会以及习总书记视察山西重要讲话精神,全面从严强党建、凝心聚力谋发展、千方百计惠民生、以上率下抓落实,团结带领全县干部群众,攻坚克难,砥砺前行,开创了党的建设和党的事业新局面。全县地区生产总值完成58.4亿元,增长4%,规上工业增加值完成5.1亿元,增长4.5%,固定资产投资完成24.1亿元,下降17.6%,社会消费品零售总额30.5亿元,增长8%,城镇居民人均可支配收入完成28107元,增长7.3%,农村居民人均可支配收入完成9294元,增长14.3%,财政总收入3.9亿元,增长75.9%,一般公共预算收入2.8亿元,增长119.7%,外贸进出口总额3079万元,增长20%。

一、持续引深学用习近平新时代中国特色社会主义思想

一是推动往心里走。举办春秋两季乡科级干部培训班和2期习近平新时代中国特色社会主义思想读书班;邀请国内知名专家教授对3200余名党员干部进行集中培训,组织198人次党员干部赴延安、西柏坡等教育基地实地学习,不断树牢“四个意识”、坚定“四个自信”、做到“两个维护”。二是推动往深里走。开展贯彻习总书记视察山西重要讲话精神专项“回头看”,全县形成“回头看”工作报告50余份,制定巩固措施174条,完成153个,持续推进21项。三是推动往实里走。县党代会、县“两会”、县委经济工作会议和十四届七次、八次全会等重要会议,始终旗帜鲜明把习近平新时代中国特色社会主义思想作为根本遵循,贯穿工作各方面。全年围绕中央和省市决策部署,出台指导性工作方案和意见47个。四是扎实开展“不忘初心、牢记使命”主题教育。在全县深入开展开门搞教育“六个一”活动(召开一次开门搞教育宣传动员会、广泛听取一次群众意见、组织召开一次公开承诺会、开展一次党员干部结对服务群众行动、开展一次群众评议、开展一次主题宣传活动),“万名群众评整改”活动,有效提高了群众知晓率和参与度。发挥文艺小分队作用、法治宣传轻骑兵,邀请县人大代表对主题教育成效测评等做法,分别被省主题教育简报刊发和新华网等媒体报道,并受到省市巡回指导组的充分肯定。

二、积极发挥党建引领助推经济社会发展的重要作用

一是乡村振兴提档升级。编制完成全县乡村振兴战略总体规划和8个关联规划,制定出台4个配套方案;打造了葡萄、蔬菜、西瓜等“八大现代农业产业园”;申报“三品一标”认证17个;全县村集体经济收入突破5万元村达203个,占村总数的81.5%;完成11个县级美丽乡村建设,庙前镇西村和水头镇被评为全国乡村治理示范村镇;在全市率先实现城乡环卫市场化运营、一体化管理和常态化保洁;实施“四好农村路”和沿黄旅游公路工程建设,获评全省“四好农村路”示范县。

二是工业崛起基础夯实。新增市级虎榜培育企业3个;培育“小升规”企业8个、“专精特新”企业6个;发展“五小企业”478个,创造就业岗位4114个;吸引返乡人员创办小微企业37个,带动就业204人;设立返乡创业孵化基地3个,征集优秀创业项目27个,带动就业312人。21家规上企业完成产值24.4亿元,增长5.9%,增加值完成4.37亿元,增长4.5%;全县完成工业技改投资2.69亿元,增长800.4%。

三是文化旅游持续向好。荣获“全国首批百强文化名县”“中国最美休闲养生度假旅游名县”和“中国最佳文化遗产旅游名县”等称号;推动全县11个乡村旅游示范点实行差异化发展,其中泗交镇王家河村被评为全省3A级乡村旅游示范村;卫夫人书法艺术节、司马光诞辰1000周年系列活动,吸引网络平台参与586.9万余人次,提升了文化旅游知名度;全县累计接待游客人数407.48万人次,增长25.19%,实现旅游总收入30.33亿元,增长17.55%。

四是改革开放稳步推进。47项重大改革,10项重点领域和关键环节改革取得积极进展,其中安全生产领域改革率先在全市进行主动探索;全县各类行政许可事项集中度达到79.07%,开启了我县“一枚印章管审批”的崭新阶段;持续加大招商引资力度,全年共签约项目17个,总投资76.3亿元;开工项目10个,开工率58.8%。

五是生态文明建设持续加强。荣获“中国天然氧吧”称号。坚持“生态产业化、产业生态化、生态产业一体化”思路,全面推进国家森林城市创建,完成国土绿化2.58万亩、绿化和提档升级园林村40个;涑水河夏县段河道治理工程、夏县污水处理厂提效扩容改造基本完工;中央环保督查“回头看”、汾渭平原重点区域督导帮扶、省委省政府“百日清零”督查反馈问题,全部整改到位。全年优良天数206天,优良率57.2%;综合指数4.74。

六是民生投入不断加大。全县民生支出14.9亿元,占

一般公共预算支出的81.6%,增长19.7%。统筹推进教育事业、医疗卫生、就业创业等各项工作。特别是在巩固脱贫成效上,树牢“交总账”意识,严格落实“四个不摘”要求,全县贫困发生率降至0.01%;全年整合资金1.27亿元,实施贫困村提升项目171个;“两不愁三保障”工作进一步夯实;对全县贫困人口实行脱贫攻坚返贫预警机制;省委专项巡视10个立行立改、市际交叉检查反馈6方面9个问题全部整改到位,受到省委专项巡视组和市委、市政府表扬。认真抓好安全生产党政同责,深入开展安全隐患排查整治、安全生产和防灾减灾宣传“七进”活动,参加“全国危化品及全民安全应急知识网上竞赛”,排名全市第一。安全生产形势稳定好转,全县全年生产安全事故起数下降67%,死亡人数下降86%,实现“双下降”。

三、纵深推进全面从严管党治党

一是压实主体责任牵引工作大局。推动“两个责任”落实,以党的政治建设为统领,研究从严治党70余次;召开县委十四届七次全会,明确3方面16条举措,全面推进从严治党;印发《党委(党组)书记履行全面从严治党第一责任人职责办法》,开展专项督查、抽查核验2次,问责管党治党不力18人;强化政治监督和日常监督,查处违反政治纪律和政治规矩案件3起4人;实施“一表三台账”管理办法,在全县重要岗位、关键人员中开展监督谈话404人次,形成全面压实党建责任的强劲态势。

二是抓实“三基建设”夯实基层基础。开展“整村达标、整乡推进、整县提升”专项行动,科学设置农村社区产业党小组、项目党小组156个;及时调整教科等5个党(工)委书记并实行“一肩挑”;推进全县非公企业和社会组织“两个覆盖”,实现党的组织覆盖率100%;整顿解决软弱涣散基层党组织40个,清理受过刑事处罚、存在“村霸”和涉黑涉恶等问题的村干部6人,配齐配强村“两委”班子成员18名;开展“万人计划”政治培训21期1399人次,培养后备干部928名;拍摄《不负使命,为爱前行》专题片荣获全市二等奖。

三是优化干部队伍促进担当作为。坚持好干部标准,落实省委、市委等行之有效的选拔识别干部工作机制,累计调整干部201人,选拔优秀年轻干部25人;扎实开展不担当不作为专项整治,查摆整改各类问题5943个,制定整改措施7506条,制定完善办事和行为规范等制度449项;收集98个担当作为事例,并向市委组织部选送10名正面典型人选,查处9人不担当不作为问题,不断激发全县党员干部干事创业活力。

四是落实民主集中凝聚发展合力。严格落实党委议事规则,凡属重大问题均按照“集体领导、民主集中、个别酝酿、会议决定”的原则作出决定;加强党对一切工作的领导,定期听取人大常委会、政府、政协、法检“两院”党组工作汇报,支持政府依法行政,充分发挥人大法律监督和政协民主监督职能作用,不断巩固和发展爱国统一战线,全面加强群团、武装、双拥、民族宗教等工作;深入贯彻党的十九届四中全会精神,扎实推进法治夏县建设,引导全体党员干部群众学法用法懂法守法;强力推进扫黑除恶专项斗争,打掉恶势力集团、团伙、恶霸共6起,持续形成有力震慑。

五是紧抓意识形态强化正向引导。牢牢把握意识形态领域的领导权、主动权、话语权,完善意识形态工作制度,加强指导督查,坚持一季度一研判、一季度一上报,推动各级党组织严格履行主体责任;全年监测处置舆情80期,发布引导性信息1.4万余条,在弘扬主旋律、传播正能量方面发挥积极作用;结合新中国成立70周年、“不忘初心、牢记使命”主题教育、省委“改革创新奋发有为”大讨论等重要活动节点强化舆论引导,坚持主动发声、积极宣传,全年累计在国家级报刊网络发稿302篇、省级发稿752篇、市级发稿500余篇、县级各类媒体平台发稿5359篇。

六是严格纪律约束巩固底线思维。坚持一体推进不敢腐、不想腐、不能腐,查处违反中央八项规定精神问题、形式主义官僚主义问题23起;处置腐败问题线索665条,立案288起,累计给予党纪政务处分300人,组织处理62人,移送司法8人;组织开展两轮工作巡查,发现问题295起、问题线索50条,始终保持高压反腐态势。

(郭志超)

附:中共夏县县委书记、副书记、常委名单

书　记:张宏志

副书记:樊双全(8月离职)　王　云(8月任职)
苏丽红(女,5月离职)　李　雷(5月任职)
袁卫廷(挂职)

常　委:张高学　管云学(5月离职)
王　敏(5月任职)　贺学敏　秦晓军
闫小娟(女,7月任职)　柴照明(4月离职)
薛伟科(7月任职)　卫永锋

中共平陆县委

县委书记　郭　宏

平陆县共有10个乡镇党委,2个工委,4个系统党委,37个党组,19个党总支,577个党支部,14236名党员,其中2019年度新发展党员220名。

2019年,平陆县委高举习近平新时代中国特色社会主义思想伟大旗帜,深入贯彻落实习近平总书记视察山西重要讲话精神,认真贯彻落实省委“一个指引、两手硬”重大思路和要求以及市委“改革抢先机,发展站前列,各项工作创一流”的总要求,深入实施“一二三四五”经济社会发展总体思路(瞄准一个目标:贫困县摘帽和贫困人口脱贫;落实两个关键:构建良好政治生态、推动经济稳步向好;实施三动战略:开发牵动、开放促动、创新驱动;突出四项重点:强化基础设施、狠抓项目建设、保障民生改善、创新社会管理;统筹推进五化:工业集群化、农业精品化、三产规模化、城乡一体化、县域生态化),着力构建“一城两集群”(打造以县城为中心、以县东“煤电铝材一体化”产业集群和县西文化旅游产业集群为两翼的发展格局),团结带领全县党员干部群众,锐意进取、攻坚克难,在“两转”基础上全面拓展了党的建设和党的事业新局面。

2019年,全县地区生产总值完成52.55亿元,增长6.9%;规模以上工业增加值增长7.7%;固定资产投资完成33.73亿元,增长8.6%;社会消费品零售总额完成34.12亿元,增长8.6%;外贸进出口总额完成2.56亿元;城镇居民人均可支配收入完成26214元,增长7.1%;农村居民人均可支配收入完成8717元,增长12.1%;实施减税降费政策以来,全年为企业和个人累计减免6660余万元,财政总收入完成6.04亿元;一般公共预算收入完成2.85亿元。

一、牢牢把握习近平新时代中国特色社会主义思想这个“纲”和“魂”,做到学深悟透笃行,政治站位不断提升

县委始终把高举旗帜、维护核心作为根本性大事来抓,组织县委中心组集体学习24次,邀请相关专家学者连续举办3期“习近平新时代中国特色社会主义思想读书班”;组建293人的理论宣讲员队伍深入基层一线宣讲达1000余场次。扎实开展“不忘初心、牢记使命”主题教育,把学习贯彻习近平新时代中国特色社会主义思想贯穿于学习教育、调查研究、检视问题、整改落实全过程。认真学习贯彻党的十九届四中全会精神,深入落实省委十一届九次全会和市委四届七次全会相关部署要求,在县委十四届七次全会上进行详细安排部署。广大党员干部群众的政治认同、思想认同、理论认同、情感认同显著增强,“四个意识”牢固树立,“四个自信”不断坚定,坚决做到“两个维护”的思想根基进一步夯实。

二、聚焦巩固提升脱贫成效,持续精准发力,实现了与乡村振兴战略的有效衔接

坚持以习近平总书记关于扶贫工作的重要论述为指导,始终把巩固脱贫成效作为重大政治任务和第一民生工程,明确责任,尽锐出战,脱贫攻坚的质量和成色进一步提高。强化责任落实。实行书记、县长“双组长”责任制,成立了13个专项扶贫“双组长”工作组。加大资金投入。整合涉农资金19362.3万元,安排项目178个,财政支出为100%,项目单位实际支出15973.9万元,占比82.5%;财政配套2200万元,安排项目22个,项目支出为100%,项目单位支出2090万元,占比95%。进一步强化金融扶贫工作的力度和深度,共发放贷款2629笔、1.15亿元,超额完成省市下达全年目标任务。推进易地搬迁。9个集中安置点全部完工,已入住1442户,入住率达85%;拆除1465户,完成率达84%;复垦完成1415户,占总数的81%。不断加大后续扶持力度,指导搬迁群众发展产业,加大技能培训力度,71个扶贫车间继续保持良好运行。把脱贫攻坚与乡村振兴有机衔接。打造科技创新示范基地2个,创建小麦旱作节水农业示范片16000亩、有机小麦旱作农业封闭示范片1200亩;果业方面新建市级标准化示范园区3个,标准化示范园40个,打造示范基地3个,果品出口量超过5万吨,农民人均果业收入将超5600元。扎实开展“星级文明户”创建活动,评出十星级文明户1914户。

三、深入贯彻新发展理念,大力发展实体经济,高质量发展步伐全面加快

坚持向实体经济聚焦发力,深入实施“三个发展计划”,不断增强全县微观经济和市场主体活力。“四一二”转型发展计划稳步推进。主营业收入超亿元企业达到8家,预计年底达9家。“虎榜”企业复晟氧化铝公司在产品利润下滑,形势严峻的情况下完成产值22.51亿元。“群星灿烂”计划扶持小微企业茁壮成长。批准建立3家县级“双创”基地,报批1家市级“双创”基地;孵化创办企业完成412个,新创造就业岗位1736个;新增“小升规”企业4家,培养人才159人。“凤还巢”计划吸引各类优秀人才返乡创业。在外成立服务站和党支部24个,商会5个;创业成功人士返乡创办小微企业128个,带动就业1123人;设立返乡创业孵化基地3个;征集创业项目20个;返乡创办企业8个,投资总金额12.1亿元。认真践行“绿水青山就是金山银山”的发展理念,大力开展违法排污大整治“百日清零”专项行动,查处环境违法案件10起。大规模开展国土绿化,完成绿化任务13943亩,超承诺目标任务6025亩的131.4%。

四、狠抓重点领域改革,积极扩大对外开放,经济发展的动力活力进一步增强

把抓改革作为重大政治责任,全面加强对改革工作的领导,制定出台了《中共平陆县委全面深化改革委员会2019年重大改革安排及责任分工实施方案》,部署实施了45项重大改革任务、7项转型综改先行先试任务及书记和县长亲自抓的7项和11项重大改革事项。通过持续优化再造审批流程,办理时限平均压缩62%;市场监管、生态环境保护、文化市场、交通运输、农业等5个领域综合行政执法改革顺利完成,初步建立了执法协作联动机制,执法合力有效增强;推进重点行业排污许可证核发、监管,实施“一证式”管理,推进“一企一证”,发放排污许可证27个,做到了持证排污。深入推进生态文明建设领域改革,加快构建生态保护修复机制,黄河湿地保护工作走在全市、全省甚至全国的前列,11月21日,在山东荣城举办的全国湿地保护交流大会上进行了交流发言。围绕平陆与三门峡同城发展需求,在基础设施、现代产业、生态环境、公共服务等多个方面持续深化与三门峡之间

的交流与合作,加快推进一体化进程。全县签约项目34个,协议总投资80.9亿元,完成年度任务107.8%。

五、始终把人民对美好生活的向往作为奋斗目标,持续保障和改善民生,人民群众的获得感、幸福感、安全感和满意度不断提升

始终坚持补齐民生短板,提升民生福祉,统筹做好教育、就业、医疗、社保等各项民生事业。全县城镇新增就业人数4576人,城镇失业人员再就业人数926人,转移农村劳动力人数6233人,其中,建档立卡贫困劳动力转移就业1025人。养老、失业、工伤三项社会保险参保人数21.04万人次,社会保障卡发放23.19万张。将农村低保保障标准调整为4644元,为城乡低保户发放资金2726.69万元。黑上线道路改造工程、向阳街西扩工程、茅津路南段翻修改造工程等陆续完工;新增供热面积38万平方米。深入开展扫黑除恶,打掉8个黑恶势力团伙,抓获各类违法犯罪人员59人;整治治安乱点7个,受到省委政法委点名表扬。严厉打击各类违法犯罪,查处黄赌毒案件72起,抓获各类违法人员116人。强化综治中心标准化建设,三级综治中心先后接待群众16000余人次,推动解决问题1421件,共建共治共享的社会治理新格局初步形成。落实安全生产责任,深入开展安全生产大检查和安全隐患排查治理,实现事故起数和死亡人数双下降,安全生产形势稳步向好。

六、积极发展民主政治,巩固爱国统一战线,生动活泼、安定团结的政治局面进一步形成

始终坚持党对一切工作的领导,支持人大对脱贫攻坚、经济工作和社会治理进行监督和调研,就《中华人民共和国森林法》《中华人民共和国道路交通安全法》《中华人民共和国安全生产法》贯彻实施情况进行检查和调研,推动县委重大决策部署落地见效。支持政协做好提案办理、反映社情民意等工作,围绕巩固脱贫攻坚成效、乡村振兴战略、重点项目建设、民营经济发展政策落实等议题开展调研视察,积极建言献策。支持各民主党派开展活动,组织新社会阶层人士召开“凝聚新力量,筑梦新时代”座谈交流会,不断凝聚广泛思想共识,筑牢团结奋斗的思想政治基础。深入推进工、青、妇、科协等群团组织改革,完成县总工会、县妇联换届。

七、牢牢把握意识形态工作领导权,强化思想文化宣传,为全县经济社会发展凝聚起磅礴力量

严格落实意识形态工作责任制,每季度召开一次分析研判会,常委会专题研究意识形态工作,同全县10个乡(镇)党委以及3个党(工)委签订了意识形态工作责任制,对273家全县属地网站进行了摸底排查。深入开展文明县城创建,创建工作在全市第三方评估中排名第一,顺利接受省文明办的检查验收。4所学校被确定为省级文明校园。深入实施文化惠民工程,完成农村公益电影放映工程2916场次,演出戏剧200场次,文艺巡演60场次,农科图书下乡20场次,群众精神文化生活更加丰富多彩。大力发展文化旅游,成功举办部官桃花节(周仓庙会)、杜马大郎山文化旅游节、张店消夏晚会、坡底马泉沟第四届文化旅游节等节庆活动,不断提升我县文化旅游品牌的吸引力和影响力。

八、深入贯彻新时代党的建设总要求,严格落实管党治党责任,党内政治生态向持久风清气正目标迈进

定期听取县人大常委会、县政府、县政协、县法院和县检察院党组工作情况汇报;组建9个县委议事协调机构,进一步完善了重大事项领导机制。县委常委会先后26次研究全面从严治党重点工作,一体推进不敢腐、不能腐、不想腐,立案查处309案246人,移送司法机关6案8人;对人防系统5人进行立案查处。深入整治群众身边腐败和作风问题,查处扶贫领域腐败问题案件86案86人、违反中央八项规定精神问题7案12人。制定出台了《平陆县加强“三基建设”2019年“创一流、建机制”专项行动方案》,逐月通报工作推进情况。部署开展十大专项行动,累计下拨“三基建设”各项经费4878万元。218个行政村全部实现破零,5万元以上的村175个,占80.3%。

(赵怀亮)

附:中共平陆县委书记、副书记、常委名单

书　记:郭　宏

副书记:李　旸　翟纪亭　何青山(挂职,4月离职)　高建忠(挂职,4月任职)

常　委:段毅平　李怀并　关　红(女)　孟　力　裴向红　吴宏伟　樊旭红

中共芮城县委

县委书记　张建军

2019年,芮城县委高举习近平新时代中国特色社会主义思想伟大旗帜,深入贯彻习近平总书记视察山西重要讲话精神,以县委“1285”战略为牵引,坚持稳中求进工作总基调,坚持“生态固本、业态增效”发展思路,不断拓展绿色发展新境界,开创了县域经济社会高质量发展新局面。

一、党的建设

充分发挥总揽全局协调各方的作用。2019 年，先后召开 27 次常委会议、一次全委会议，对重点工作作出安排部署，研究党建、经济、民生和社会治理等重要议题 136 个，形成 300 余条决定和决议，全面履行“把方向、管大局、作决策、保落实”的职责，提出了指导芮城长远发展的“1285”战略；明确了“当好生态文明领跑者，创建现代农业和全域旅游示范区，争做产业转型、对外开放和开发区改革创新排头兵”，芮城发展迈出了新的步伐。

管党治党上全面发力。芮城县委先后 26 次研究全面从严治党重点工作，涉及基层党建、党风廉政建设、干部队伍管理等党建工作议题 19 个，7 次对 89 名党员领导干部进行提醒约谈，涉及党政“一把手”70 人次。先后问责追责落实“两个责任”不力的党员领导干部 135 人，涉及“一把手”109 人，科级干部 130 人，全面从严治党的实效性不断增强。

基层党组织战斗堡垒作用显著增强。县委引深“三基建设”，持续深化“实施五大工程、领航乡村振兴”行动，在全县打造了 20 个农村基层党组织和 26 个城市基层党组织示范点，以点带面，全面优化农村党组织带头人队伍，全年完成“万人计划”培训 17 期 1081 人，不断强化农村党组织的核心引领功能。坚持把发展壮大村级集体经济作为核心保障，探索村级集体经济发展与农村集体产权制度改革有效结合的新路子，共有 125 个行政村村集体经济收入超过 5 万元，占到全县行政村的 76.2%。坚持把“两评一考”作为加强农村党员教育管理的重要抓手，全县 164 个村级党组织 9479 名党员全部参加评议考核，评议出优秀党员 2832 名，合格党员 6298 名；实现了全县 25 个软弱涣散农村党组织底数清、见效快、结硬仗的目标，农村党组织战斗堡垒作用发挥更加明显。

持续加强作风建设。县委紧抓春节、中秋、国庆等重要时间节点，紧盯违规大操大办、公车私用、公款旅游、超标准公务用房、公款吃喝等违反中央八项规定精神的突出问题，聚焦“四风”问题隐形变异新动向和错峰违纪等问题，开展专项整治，共查处违反中央八项规定精神案件 12 案 29 人，通报曝光 5 次 13 案 30 人。坚持查处侵害群众利益的不正之风和腐败问题，共查处群众身边不正之风和腐败问题 183 案 183 人，给予党纪政务处分 131 人，移送司法机关 7 人。

持之以恒肃纪反腐。2019 年，共立案 279 件，给予党纪政务处分 223 人，增长 7.73%，始终保持了惩治腐败的高压态势。加大涉黑涉恶腐败问题及“保护伞”问题的查处力度，严肃查处了一例涉黑腐败问题，3 人被移送司法机关；严肃查处涉黑涉恶背后的“保护伞”问题，共立查 5 案 14 人。

干部管理有序高效。坚持把担当创业与守廉干净贯穿干部“选育管用”全过程，按照“优选宽进、严管重用、立调快换”选人用人思路，全年共调整干部 17 批次 450 人，坚持集中选拔和日常选拔并重，择优使用年轻干部，形成递进式培养链条，21 名德才兼备、年轻有为、实绩突出的干部得到了提拔重用。

二、经济社会发展情况

2019 年，芮城县县域经济实现“六稳”目标，保持经济运行在合理区间。全年地区生产总值完成 93.81 亿元，增幅稳定在 6%；规模以上工业增加值完成 9.48 亿元，可比增长 6.2%；财政总收入和一般公共预算收入分别完成 7.74 亿元、3.66 亿元，分别增长 5.2%、5.7%，固定资产投资额完成 35.15 亿元，同比增长 36.9% 。城镇新增就业 4902 人，农村转移劳动力 6455 人，分别占全年目标的 123%、137%，登记失业率控制在 1.07%以内；城乡居民人均可支配收入分别为 31293 元、12373 元，同比增长 7.0%、9.4%。外贸进出口总额完成 8206 万元，同比增长 24.9%。

重点项目稳步推进。确定的“双十工程”和 60 个重点项目开工率达到 86%；运宝黄河大桥正式通车；光伏二期项目进展顺利，部分实现并网发电；芮城通用机场全面开工，是全省实施“通航强省”战略以来第一个开工建设的通用机场项目，“芮城速度”受到国家有关部委和省市相关部门的高度肯定。创新生态更加浓厚。全年工业项目完成投资 36.28 亿元，工业技改项目完成投资 2.72 亿元，同比增长 87%；亚宝药业入选 2019 年度国家知识产权示范企业，荣获“中国医药研发产品线最佳工业企业”和“最具科技创新力中药企业”，连续五年荣登“中国医药工业百强企业榜单”，大禹生物被认定为 2019 年省级优秀专精特新“小巨人”企业，新泰恒信纳米、杨森包装、丰德燃气被认定为省级“专精特新”中小企业；全县高新技术企业达到 14 家，科技创新成为经济发展的强劲动力。

清洁能源先行先试。全县新能源装机容量达到 56.95 万千瓦；成功召开了“能源变革下的低压直流配电全国研讨会”；全年清洁能源发电量达到 10 亿千瓦时，超出全县用电量 2.6 亿千瓦时，芮城成为全省乃至全国能源革命先行者。

现代农业稳步推进。建设高标准农田 2.1 万亩，划定粮食生产功能区 59 万亩，粮食总产量达到 3.4 亿公斤，连续九年荣获“全国产粮大县”称号；南卫万亩循环农业示范园完成投资 1.19 亿元，花椒现代农业产业园初具规模，在第四届果博会上，贸易签约金额达到 3.04 亿元，全年水果出口量达到 8 万吨以上。

全域旅游亮点纷呈。芮城以承办二青会“两活动一赛事”为契机，突出人类远古文化和体育文化，完成了一点、一馆、一场、一院、一路“五个一”工程；二青会圆满收官，央视和人民网、新华网等全国 100 余家媒体先后进行了报道；全年接待游客突破 700 万人次，同比增长 17.8%，实现旅游总收入 62.9 亿元，同比增长 17%，芮城的知名度、美誉度和影响力得到进一步提升。

党政机构改革全面完成。按照“大稳定、小调整、多整合、重加强”的工作思路，坚守机构设置限额、编制总量“两不突破”底线，县委设置纪检监察机关 1 个，工作机关 9 个，政府设置工作部门 27 个，推进治理体系和治理能力迈向现代化。

对外开放迈出新步伐。风陵渡经济开发区积极推进区域合作,与广东省工业园区协会签订战略合作协议,引进了总投资50亿元的西北塑料交易中心项目;与灵宝市豫灵产业园、渭南经济技术开发区签订了友好合作协议,加快融入晋陕豫黄河金三角区域协调发展大平台,形成对外开放新格局。

脱贫攻坚决战决胜。脱贫攻坚工作聚焦解决"两不愁三保障"突出问题,坚决防止脱离实际和数字脱贫,坚决把问题解决在决战过程中。以易地搬迁为重点,县委常委全员上阵,立下军令状,既当指挥官又当施工队长,先后50余次召开现场办公会,专题研究解决问题,确保易地搬迁顺利推进。全县24个安置点全部竣工入住。以推进产业扶贫为核心,投资806.7万元实施阳干村(桑林)机井上电项目、江口村农副产品交易市场等28个产业扶贫项目,切实带动贫困户增收脱贫;亚宝集团、天之润枣业、鑫峰调味等龙头企业通过资产受益、吸纳就业等模式,与3000余户贫困户建立利益联结关系,带动近55.8%贫困人口增收脱贫。全年实现脱贫1087户2687人,全县贫困发生率降至0.04%以下。

民生实事扎实推进。2019年财政民生支出17.15亿元,占一般预算支出的83.79%;芮城中学两名学生分别被清华、北大录取,成功举办了2019年大学新生入学"行囊记忆"活动;城乡低保实现应保尽保,养老保险基本实现全覆盖,各项保障政策全面落实。

附:中共芮城县委书记、副书记、常委名单

书　记: 董旭光(1月离职)　张建军(1月任职)

副书记: 尚玉良(1月调职)　安　奇(4月离职)

常　委: 仇红学　赵自成(4月离职)
白文宏(挂职,12月离职)　张应征
宁华文　李跃刚　杨建庭
贠林安(5月离职)　卢　静(7月任职)

人　物

一、年度调任山西的省级领导

李　佳

李　佳

李佳，男，汉族，1961年1月生，辽宁大连人，1983年8月参加工作，1985年3月加入中国共产党，在职研究生学历，哲学博士学位。

1979.08–1983.08 辽宁大学化学系分析化学专业学习

1983.08–1985.09 辽宁省分析测试研究中心技术员、助理工程师

1985.09–1986.12 辽宁省分析测试研究中心科技科副科长

1986.12–1990.09 辽宁省分析测试研究中心科技科科长、科技经营部部长、中心主任助理、工程师

1990.09–1990.12 辽宁省科学技术委员会计划处主任科员

1990.12–1992.04 辽宁省分析测试研究中心副主任（副处级）

1992.04–1994.06 辽宁省科学技术委员会科技成果处副处长

1994.06–1996.05 辽宁省科学技术委员会科技成果处处长

1996.05–1998.08 辽宁省科学技术委员会副主任（1995.10–1997.03 东北大学文法学院科学技术哲学专业在职研究生学习，获哲学硕士学位）

1998.08–2000.01 辽宁省科学技术委员会党组副书记、副主任

2000.01–2000.11 辽宁省科学技术厅党组副书记、副厅长（1998.03–2000.09 东北大学文法学院科学技术哲学专业在职研究生学习，获哲学博士学位）

2000.11–2000.12 辽宁省沈阳市委常委

2000.12–2004.07 辽宁省沈阳市委常委、副市长（2000.03–2001.01 中央党校中青年干部培训班学习）

2004.07–2008.12 辽宁省副省长

2008.12–2011.10 内蒙古自治区党委常委、组织部部长

2011.10–2011.11 内蒙古自治区党委副书记

2011.11–2016.02 内蒙古自治区党委副书记、政法委书记

2016.02–2016.11 内蒙古自治区党委副书记

2016.11–2018.01 内蒙古自治区党委副书记、政法委书记

2018.01–2018.03 内蒙古自治区政协党组书记、主席，自治区党委副书记、政法委书记

2018.03–2019.01 内蒙古自治区政协党组书记、主席

2019.01– 山西省政协党组书记、主席

第十八届、十九届中央候补委员，中共十八大、十九大代表，十三届全国政协委员。

王拥军

王拥军

王拥军，男，汉族，1963年7月生，江苏如东人，1983年8月参加工作，1982年12月加入中国共产党，大学学历。

1979.09-1983.08 南京大学中文系汉语言文学专业学习

1983.08-1985.04 中央纪委信访室干部

1985.04-1990.12 中央纪委办公厅秘书、主任干事

1990.12-1994.08 中央纪委办公厅副处级秘书、综合处副处长

1994.08-1997.01 中央纪委办公厅正处级秘书

1997.01-1999.05 中央纪委办公厅综合处处长

1999.05-1999.11 中央纪委办公厅副局级检查员、监察专员

1999.11-2000.03 最高人民检察院办公厅副厅级干部

2000.03-2003.06 最高人民检察院办公厅副主任

2003.06-2003.08 最高人民检察院办公厅副主任(正局级)

2003.08-2005.03 中央纪委办公厅正局级检查员、监察专员兼副主任

2005.03-2009.04 中央纪委外事局局长（其间：2007.03-2008.01中央党校一年制中青年干部培训班学习）

2009.04-2014.01 中国纪检监察学院党委书记、副院长

2014.01-2018.01 西藏自治区党委常委、区纪委书记

2018.01-2019.05 西藏自治区党委常委、区纪委书记，区监察委员会主任

2019.05-2019.07 山西省委常委、省纪委书记

2019.07- 山西省委常委、省纪委书记，省监察委员会代主任

十九届中央纪委委员，中共十八大、十九大代表，十三届全国人大代表。

吕岩松

吕岩松

吕岩松，男，汉族，1967年1月生，黑龙江富裕人，1989年8月参加工作，1995年5月加入中国共产党，大学学历，高级编辑。

1984.09-1985.07 北京大学技术物理系学习

1985.07-1989.08 北京大学俄语系俄语专业学习

1989.08-1991.06 人民日报社国际部助理编辑（其间：1989.08-1990.08 首都钢铁厂实习锻炼）

1991.06-1993.04 人民日报社驻莫斯科记者站记者

1993.04-1996.05 人民日报社国际部编辑

1996.05-2000.01 人民日报社驻南斯拉夫记者站首席记者

2000.01-2000.06 人民日报社国际部主任编辑

2000.06-2000.12 人民日报社国际部欧亚组副组长

2000.12-2001.10 人民日报社驻辽宁记者站站长(副局级)

2001.10-2005.04 人民日报社驻俄罗斯记者站首席记者

2005.04-2008.03 人民日报社国际部主任编辑、高级编辑

2008.03-2008.12 人民日报社国际部副主任

2008.12-2016.06 人民日报社国际部主任（其间：2010.09-2011.01 中央党校中青年干部培训一班学习）

2016.06-2019.05 人民日报社副总编辑

2019.05-2019.06 山西省委常委

2019.06- 山西省委常委、宣传部部长

二、年度调离山西的省级领导

骆惠宁

骆惠宁

骆惠宁，男，汉族，1954年10月生，浙江义乌人，1970年9月参加工作，1982年3月加入中国共产党，在职研究生学历，经济学博士学位。

1970.09–1971.10 安徽省马鞍山市郊区知青

1971.10–1972.11 安徽省马鞍山钢铁公司第二炼钢厂工人

1972.11–1978.10 安徽省马鞍山钢铁公司第二炼钢厂团委干事

1978.10–1982.08 安徽大学经济系政治经济学专业学习

1982.08–1985.05 安徽省政府办公厅正科级秘书

1985.05–1993.03 安徽省外经贸委引进处副处长，技术进出口处副处长、处长（其间：1988.09–1989.09 安徽大学外语系进修；1991.09–1992.06 安徽省委党校进修班学习）

1993.03–1995.04 安徽省外经贸委副主任、省外经贸厅副厅长

1995.04–1997.01 安徽省政府副秘书长、办公厅主任

1997.01–1998.02 安徽省政府秘书长

1998.02–1999.10 安徽省巢湖地委书记

1999.10–1999.12 安徽省委宣传部部长

1999.12–2003.04 安徽省委常委、宣传部部长（1999.09–2002.01 中国科技大学商学院管理科学与工程专业在职研究生学习，获经济学硕士学位）

2003.04–2010.01 青海省委副书记（2000.09–2003.07 中国人民大学经济学院政治经济学专业在职研究生学习，获经济学博士学位）

2010.01–2013.03 青海省委副书记、省长

2013.03–2013.04 青海省委书记

2013.04–2016.06 青海省委书记、省人大常委会主任

2016.06–2017.01 山西省委书记

2017.01–2018.03 山西省委书记，省人大常委会主任、党组书记

2018.03–2019.11 山西省委书记、省人大常委会主任

2019.11–2019.12 山西省人大常委会主任

2019.12– 第十三届全国人民代表大会财政经济委员会副主任委员，山西省人大常委会主任

十七届中央候补委员，十八、十九届中央委员，中共十六大、十七大、十八大、十九大代表，十一届、十二届、十三届全国人大代表。

任建华

任建华

任建华，男，汉族，1957年7月生，河南辉县人，1982年8月参加工作，1984年9月加入中国共产党，大学学历，法学学士学位。

1978.09–1982.08 郑州大学政治系政治专业学习

1982.08–1984.12 河南省洛阳市人民警察学校教师

1984.12–1985.07 河南省洛阳市人民警察学校政治理论教研室副主任

1985.07–1990.03 河南省洛阳市委组织部青年干部科副主任干事（其间：1988.07–1990.03 挂职河南省洛阳市汽车修配总厂副厂长）

1990.03–1994.06 河南省洛阳市委组织部青年干部科科长、办公室主任

1994.06–1996.05 河南省洛阳市政府办公室副主任、党组成员

1996.05–1999.04 河南省栾川县委副书记、县长

1999.04–2001.09 河南省栾川县委书记（其间：1999.09–1999.12 河南省委党校第25期中青年干部培训班学习）

2001.09–2002.07 河南省新乡市委常委、统战部部长

2002.07–2003.04 河南省纪委干部管理室主任（副厅级）

2003.04–2006.04 河南省纪委常委、干部管理室主任

2006.04–2008.05 中央纪委干部室副主任

2008.05–2011.06 中央纪委干部室正局级纪律检查员、监察专员、副主任

2011.06–2015.07 中央纪委信访室主任

2015.07-2016.09 中央纪委驻国家发展和改革委员会纪检组组长,国家发展和改革委员会党组成员

2016.09- 2017.01 山西省委常委、省纪委书记

2017.01- 2019.04 山西省委常委、省纪委书记、省监察委员会主任

2019.04-2019.06 山西省监察委员会主任

2019.06-2019.07 中央纪委国家监委驻全国人大机关纪检监察组组长、机关党组成员,山西省监察委员会主任

2019.07- 中央纪委国家监委驻全国人大机关纪检监察组组长、机关党组成员

十九届中央纪委委员,中共十九大代表,十三届全国人大代表。

陈永奇

陈永奇

陈永奇,男,汉族,1967年11月生,山西怀仁人,1992年7月参加工作,1985年12月加入中国共产党,研究生学历,哲学博士学位。

1985.09-1989.07 山西师范大学数学系学习

1989.07-1992.07 东北财经大学经济研究所数量经济专业硕士研究生

1992.07-1993.04 辽宁省大连市开发区经济发展局科员

1993.04-1997.07 山西省委政研室科员、主任科员

1997.07-1998.03 山西省委政研室助理调研员

1998.03-2000.02 山西省委政研室工业处副处长(主持工作)

2000.02-2004.08 山西省委政研室工业处处长

2004.08-2006.11 山西省委政研室财贸处处长(2002.09-2006.07 山西大学科技哲学中心科学技术哲学专业在职研究生学习,获哲学博士学位)

2006.11-2008.03 山西省委政研室副主任

2008.03-2009.04 山西省政府研究室副主任(主持工作)

2009.04-2011.03 山西省政府副秘书长、省政府研究室主任

2011.03-2013.02 山西省政府秘书长

2013.02-2013.04 山西省阳泉市委副书记、代市长

2013.04-2015.11 山西省阳泉市委副书记、市长

2015.11-2018.01 山西省阳泉市委书记

2018.01-2018.12 山西省副省长

2019.01- 西藏自治区党委常委、组织部部长

中共十九大代表。

三、年度省内职务调整的省级领导

楼阳生

楼阳生

楼阳生，男，汉族，1959年10月生，浙江浦江人，1976年8月参加工作，1981年11月加入中国共产党，在职研究生学历，工商管理硕士学位。

1976.08–1978.03 浙江省浦江县知青

1978.03–1982.01 浙江师范学院数学系数学专业学习

1982.01–1984.02 浙江省龙游县龙游中学教师

1984.02–1986.01 共青团浙江省龙游县委书记（其间：1984.12–1986.01 兼任龙游县塔石区委副书记）

1986.01–1986.11 浙江省龙游县塔石区委书记

1986.11–1987.02 浙江省龙游县委组织部副部长

1987.02–1989.10 浙江省龙游县委常委、宣传部部长

1989.10–1989.11 共青团浙江省衢州市委副书记

1989.11–1991.11 共青团浙江省衢州市委书记

1991.11–1996.01 共青团浙江省委副书记（其间：1993.09–1994.07 中央党校一年制中青年干部培训班学习）

1996.01–1999.11 共青团浙江省委书记(1994.09–1997.06 浙江大学工商管理学院工商管理专业在职研究生学习，获工商管理硕士学位；1998.11–1999.06 浙江省赴美国休斯顿大学经济管理研究班学习）

1999.11–2002.03 浙江省金华市委副书记、政法委书记（正厅级）

2002.03–2003.02 浙江省金华市委副书记、市长

2003.02–2008.01 浙江省丽水市委书记(其间：2003.04–2006.01 兼任市人大常委会主任）

2008.01–2009.01 浙江省政协副主席，省委统战部部长，丽水市委书记

2009.01–2010.02 海南省委常委、组织部部长

2010.02–2012.03 海南省委常委、组织部部长，省教育工委书记

2012.03–2014.06 湖北省委常委、组织部部长

2014.06–2016.08 山西省委副书记、省委党校校长(兼）

2016.08–2016.11 山西省委副书记、代省长，省政府党组书记，省委党校校长(兼）

2016.11–2019.11 山西省委副书记、省长，省政府党组书记

2019.11–2019.12 山西省委书记、省长

2019.12– 山西省委书记

十九届中央委员，中共十五大、十七大、十八大、十九大代表，十届、十二届、十三届全国人大代表，十一届全国政协委员。

林 武

林 武

林武，男，汉族，1962年2月生，福建闽侯人，1982年8月参加工作，1987年1月加入中国共产党，在职研究生学历，工学博士学位。

1978.10–1982.08 江西冶金学院冶金系炼钢专业学习

1982.08–1994.04 湖南省湘钢第一炼钢厂干部

1994.04–1997.02 湖南省湘钢第二炼钢厂副厂长

1997.02–1997.07 湖南省湘钢第二炼钢厂厂长

1997.07–1998.04 湖南省湘潭钢铁公司副经理

1998.04–1998.09 湖南省湘潭钢铁公司经理

1998.09–2003.02 湖南省湘潭钢铁集团公司执行董事、总经理

2003.02–2003.12 湖南省经贸委主任

2003.12–2005.05 湖南省经济委员会主任

2005.05–2008.03 湖南省娄底市委副书记、代市长、市长（其间：2006.03–2007.01 中央党校一年制中青年干部培训班学习）

2008.03–2011.12 湖南省娄底市委书记（2002.09–2010.06 中南大学粉末冶金研究院材料学专业在职研究生学习，获工学博士学位）

2011.12–2015.08 湖南省委组织部常务副部长（正厅级，其间：2013.09–2014.01 中央党校半年制中青年干部培训班学习）

2015.08–2016.01 湖南省委常委、长株潭试验区工委书记

2016.01–2017.03 吉林省委常委、组织部部长

2017.03–2017.04 吉林省委常委

2017.04–2018.05 吉林省委常委、副省长，省政府党组副书记

2018.05–2018.06 山西省委常委、副省长，省政府党组副书记

2018.06–2018.10 山西省委常委、副省长，省政府党组副书记，山西行政学院院长（兼）

2018.10–2018.12 山西省委常委、副省长，省政府党组副书记

2018.12–2019.01 山西省委副书记、副省长，省政府党组副书记

2019.01–2019.06 山西省委副书记

2019.06–2019.12 山西省委副书记，省委军民融合办主任（兼）

2019.12– 山西省委副书记、代省长，省政府党组书记，省委军民融合办主任（兼）

中共十九大代表，十届、十一届、十三届全国人大代表。

徐广国

徐广国

徐广国，男，汉族，1964年2月生，黑龙江杜蒙人，1984年6月加入中国共产党，1984年7月参加工作，在职研究生学历，经济学博士学位。

1981.09–1984.07 大庆师范专科学校英语专业学习

1984.07–1990.03 黑龙江省大庆市让胡路区喇嘛甸镇组织干事、党委副书记

1990.03–1993.10 黑龙江省大庆市让胡路区喇嘛甸镇党委副书记、镇长

1993.10–1995.02 黑龙江省大庆市大同区委常委、副区长

1995.02–1997.03 黑龙江省大庆市乡镇企业局局长、党组书记

1997.03–2003.06 黑龙江省杜尔伯特蒙古族自治县县委书记（其间：2000.03–2003.01 黑龙江省委党校在职研究生班经济管理专业学习；2000.09–2001.01 中央党校进修班学习）

2003.06–2003.11 黑龙江省绥芬河市委书记（副厅级）

2003.11–2006.10 黑龙江省绥芬河市委书记、市长（副厅级）

2006.10–2006.12 黑龙江省牡丹江市委副书记、代市长，绥芬河市委书记、市长

2006.12–2007.01 黑龙江省牡丹江市委副书记、代市长

2007.01–2011.01 黑龙江省牡丹江市委书记（2005.08–2010.07 北京大学高级管理人员工商管理专业学习，获工商管理硕士学位）

2011.01–2011.10 黑龙江省副省长

2011.10–2011.11 宁夏回族自治区党委常委

2011.11–2017.06 宁夏回族自治区党委常委，银川市委书记（其间：2012.09–2015.06 中国社会科学院研究生院政府政策与公共管理系国民经济学专业学习，获经济学博士学位）

2017.06–2018.03 宁夏回族自治区党委常委、政法委书记

2018.03–2019.12 山西省委常委、统战部部长

2019.12 – 山西省委常委、统战部部长，省政协党组副书记

中共十六大、十七大、十八大代表。

廉毅敏

廉毅敏

廉毅敏，男，汉族，1964年3月生，山西平遥人，1989年8月参加工作，1984年7月加入中国共产党，研究生学历，理学博士学位。

1981.09–1986.07 清华大学精密仪器系光学仪器专业学习

1986.07–1989.08 山西大学物理系光电子专业硕士研究生

1989.08–1991.09 山西大学光电研究所助教、所长助理

1991.09–1993.09 山西大学光电研究所副所长

1993.09–1996.12 山西省交通信息通信公司经理（正处级）

1996.12–2000.10 山西省交通计算机通信中心主任

2000.10–2006.09 山西省科学技术厅副厅长、党组成员（其间：2003.07–2003.09 美国哈佛大学参加中组部高级公共管理培训班学习）

2006.09–2011.02 山西省科学技术厅厅长、党组书记（2001.09–2008.07 山西大学光电研究所光学专业学习，获理学博士学位；2008.03–2008.07 中央党校培训部中青年干部培训班学习）

2011.02–2011.03 山西省太原市委副书记、代市长

2011.03–2013.02 山西省太原市委副书记、市长

2013.02–2013.03 山西省政府党组成员，省政府办公厅党组书记，省政府应急办主任

2013.03–2014.04 山西省政府党组成员、秘书长，省政府办公厅党组书记，省政府应急办主任

2014 .04–2016.11 山西省政府党组成员、秘书长，省政府办公厅党组书记

2016.11–2018.03 山西省委常委、统战部部长

2018.03–2019.06 山西省委常委、宣传部部长

2019.06– 山西省委常委、秘书长，省委改革办（省综改办）主任，省委国安办主任，省直机关工委书记（兼）

中共十九大代表，十二届全国人大代表，十三届全国政协委员。

胡玉亭

胡玉亭

胡玉亭，男，汉族，1964年7月生，山西五台人，1986年8月参加工作，1986年7月加入中国共产党，大学学历，工程硕士、高级管理人员工商管理硕士学位。

1982.09–1986.08 北京钢铁学院冶金系钢铁冶金专业学习

1986.08–1989.09 山西太原钢铁公司第三炼钢厂冶炼工段班长

1989.09–1994.07 山西太原钢铁公司第三炼钢厂技术科技术员、副科长

1994.07–1996.06 太原钢铁（集团）公司技术处炼钢科科长

1996.06–1998.04 太原钢铁（集团）有限公司技术处不锈钢科科长

1998.04–1999.09 太原钢铁（集团）有限公司钢研所副所长

1999.09–2000.12 太原钢铁（集团）有限公司不锈钢公司炼钢厂厂长

2000.12–2002.02 太原钢铁（集团）有限公司副总工程师

2002.02–2008.05 太原钢铁（集团）有限公司总工程师（2000.05–2004.12 西安交通大学电子与通信工程专业在职学习，获工程硕士学位；2003.09–2005.06 北京大学光华管理学院工商管理专业在职学习，获高级管理人员工商管理硕士学位）

2008.05–2011.07 太原钢铁（集团）有限公司党委常委、副

董事长、总经理

2011.07-2012.01 山西省大同市委常委、副市长（正厅长级）

2012.01-2012.03 山西省经信委党组书记

2012.03-2013.07 山西省经信委党组书记、主任

2013.07-2014.03 山西省晋中市委副书记、代市长

2014.03-2016.07 山西省晋中市委副书记、市长

2016.07-2018.01 山西省晋中市委书记

2018.01-2018.10 山西省委常委、秘书长，省直工委书记（兼）

2018.10-2019.04 山西省委常委、秘书长，省委改革办主任，省委国安办主任，省直工委书记(兼)

2019.04-2019.05 山西省委常委、秘书长，省政府党组副书记、副省长，省委改革办主任，省委国安办主任，省直工委书记(兼)

2019.05— 山西省委常委，省政府党组副书记、副省长

中共十九大代表，十三届全国人大代表。

曲孝丽

曲孝丽

曲孝丽，女，汉族，1963年9月生，山东昌邑人，1985年7月参加工作，1990年12月加入中国共产党，在职研究生学历，法学博士学位。

1981.09-1985.07 天津师范大学生物学系生物专业学习

1985.07-1995.10 天津第四十一中学教师、德育处主任、科研室主任

1995.10-1996.05 天津第四十一中学校长助理、科研室主任

1996.05-1996.10 天津第四十一中学副校长、科研室主任

1996.10-1999.05 共青团天津市河西区委书记

1999.05-2000.05 天津市河西区挂甲寺街党委书记、办事处主任

2000.05-2001.12 天津市河西区挂甲寺街党工委书记(1997.09-2000.07 天津市委党校马克思主义哲学专业在职研究生班学习)

2001.12-2002.11 天津市河西区委常委、挂甲寺街党工委书记

2002.11-2006.12 天津市河西区委常委、组织部部长(其间:2003.10-2005.06 天津师范大学与韩国大佛大学合办教育行政学硕士学位课程班在职学习，获教育学硕士学位)

2006.12-2011.03 天津市河西区委副书记(2005.09-2009.06 南开大学周恩来政府管理学院社会学专业在职研究生学习，获法学博士学位;2007.09-2008.01 中央党校第7期中青年干部培训班学习)

2011.03-2013.03 天津市民政局副局长

2013.03-2016.12 天津市民政局局长(其间:2015.09-2016.01 中央党校第39期中青年干部培训一班学习)

2016.12-2018.01 天津市红桥区委书记

2018.01-2019.02 山西省政府党组成员、副省长

2019.02-2019.03 山西省委常委，省政府党组成员、副省长

2019.03- 山西省委常委、组织部部长，省委党校(山西行政学院)校长(院长)(兼)

中共十九大代表。

四、年度新任省级领导

王 成

王 成

王成，男，汉族，1969 年 6 月生，山西朔州人，1994 年 6 月参加工作，1991 年 1 月加入中国共产党，研究生学历，经济学博士学位。

1984.09-1987.07 山西省朔县师范学校学习

1987.07-1987.09 山西省朔州市平鲁区上麻黄头学校教师

1987.09-1991.07 山西师范大学政治经济学专业学习

1991.07-1994.06 山西师范大学政治经济学专业硕士研究生

1994.06-1997.12 山西省政府办公厅科教处干事，社会处干事、主任科员（其间：1996.07-1997.12 挂职任榆社县社城镇副镇长）

1997.12-1998.01 山西省临汾地区行署办公室副主任

1998.01-2000.02 山西省政府办公厅副处级秘书

2000.02-2000.09 山西省经贸委办公室调研员

2000.09-2002.06 山西省经贸委中小企业处处长

2002.06-2004.06 山西省经贸委投资与规划处处长

2004.06-2007.05 山西省国防工办党委委员、副主任

2007.05-2011.05 山西省政府副秘书长、办公厅党组成员

2011.05-2011.06 山西省忻州市委常委（2008.09-2011.06 山西财经大学政治经济学专业在职研究生学习，获经济学博士学位）

2011.06-2013.03 山西省忻州市委常委、副市长

2013.03-2015.07 山西省发改委党组成员、副主任，省转型综改办专职副主任（正厅长级）

2015.07-2016.07 山西省太原市委副书记（正厅长级）

2016.07-2016.10 山西省晋中市委副书记、代市长

2016.10-2018.01 山西省晋中市委副书记、市长

2018.01-2018.02 山西省晋中市委书记、市长

2018.02-2019.03 山西省晋中市委书记

2019.03-2019.04 山西省政府党组成员、副省长，晋中市委书记

2019.04- 山西省政府党组成员、副省长

十三届全国人大代表。

吴 伟

吴 伟

吴伟，男，汉族，1969年8月生，湖北武汉人，1994年7月参加工作，1998年5月加入中国共产党，研究生学历，经济学博士学位。

1987.09-1991.09 中南财经大学会计系审计专业学习

1991.09-1994.07 中南财经大学会计系审计专业硕士研究生

1994.07-1995.09 中国人民银行武汉市分行稽核处干部

1995.09-1998.07 财政部财政科学研究所研究生部财政学专业博士研究生

1998.07-2002.08 交通银行财务会计部财务处主管、副处长

2002.08-2004.12 交通银行财务会计部副总经理

2004.12-2007.03 交通银行预算财务部副总经理（2006.01 明确为部门正职级）

2007.03-2010.03 交通银行预算财务部总经理

2010.03-2011.10 交通银行辽宁省分行行长、党委书记（其间：2011.03-2011.07 中央党校中青年干部培训班学习）

2011.10-2013.08 交通银行预算财务部负责人、总经理（2012.01 辽宁省分行正职级）

2013.08-2014.04 交通银行投资银行部总经理

2014.04-2015.04 交通银行投资银行业务中心（投资银行部）总裁、资产负债管理部总经理

2015.04-2015.08 交通银行首席财务官兼投资银行业务中心（投资银行部）总裁、资产负债管理部总经理

2015.08-2017.05 交通银行首席财务官兼资产负债管理部总经理

2017.05-2018.11 交通银行副行长、党委委员

2018.11-2019.07 交通银行执行董事、副行长、党委委员

2019.07-2019.09 山西省政府党组成员

2019.09- 山西省政府党组成员、副省长

孙洪山

孙洪山

孙洪山,男,汉族,1968年1月生,山东莱州人,1990年8月参加工作,1987年12月加入中国共产党,在职研究生学历,法学博士学位,一级高级法官。

1986.09-1990.08 中国政法大学法律系法学专业学习

1990.08-1993.08 黑龙江省森工总局司法局科员(其间:1990.10-1991.08 山河屯林区司法局锻炼)

1993.08-1996.07 黑龙江省森工总局司法局副主任科员

1996.07-2000.03 黑龙江省森工总局政法委副书记

2000.03-2001.10 黑龙江省森工总局办公室主任(其间:2001.01-2001.10 黑龙江省委驻穆棱市农村重点工作推进组组长)

2001.10-2011.10 黑龙江省林区中级人民法院党组书记、院长(其间:2002.05-2004.12 黑龙江大学法学院刑法学专业在职研究生学习,获法律硕士学位)

2011.10-2013.01 黑龙江省高级人民法院副厅级审判员、执行局局长

2013.01-2018.02 黑龙江省高级人民法院副院长(2013.12正厅级)(其间:2014.09-2017.06 中国政法大学刑事司法学院刑法学专业在职研究生学习,获法学博士学位)

2018.02-2018.11 黑龙江省高级人民法院党组副书记、常务副院长(正厅长级)

2018.11-2019.01 山西省高级人民法院党组书记、代院长

2019.01-2019.04 山西省高级人民法院党组书记、院长

2019.04- 山西省高级人民法院党组书记、院长,省委政法委副书记(兼)

五、被授予共和国勋章和国家荣誉称号的山西籍人士

9月17日,国家主席习近平签署主席令,根据十三届全国人大常委会第十三次会议17日下午表决通过的全国人大常委会关于授予共和国勋章和国家荣誉称号的决定,授予42人国家勋章、国家荣誉称号。其中有3位山西籍人士获此殊荣:申纪兰获“共和国勋章”;卫兴华获“人民教育家”国家荣誉称号、郭兰英获“人民艺术家”国家荣誉称号。

申纪兰

申纪兰获“共和国勋章”

申纪兰,女,汉族,中共党员,1929年12月生,山西平顺人,山西省平顺县西沟村党总支副书记,第一届至第十三届全国人大代表。她积极维护新中国妇女劳动权利,倡导并推动“男女同工同酬”写入宪法。改革开放以来,她勇于改革,大胆创新,为发展农业和农村集体经济,推动老区经济建设和老区人民脱贫攻坚作出巨大贡献。荣获“全国劳动模范”“全国优秀共产党员”“全国脱贫攻坚‘奋进奖’”“改革先锋”等称号。

卫兴华

卫兴华获“人民教育家”国家荣誉称号

卫兴华，男，汉族，中共党员，1925年10月生（2019年12月逝世），山西五台人，中国人民大学经济学系原主任、教授，曾任国务院学位委员会经济学科评议组成员。他是我国著名经济学家和经济学教育家，长期从事《资本论》研究，为马克思主义政治经济学中国化作出重要贡献，主编的《政治经济学原理》教材是全国影响力和发行量最大的教材之一。他提出的商品经济论、生产力多要素论等，在经济学界影响广泛。荣获孙冶方经济科学奖第一、二届论文奖。

郭兰英

郭兰英获“人民艺术家”国家荣誉称号

郭兰英，女，汉族，中共党员，1930年12月生，山西平遥人，中国歌剧舞剧院一级演员，第一、二、三、五、六届全国人大代表。她为中国民族歌剧表演体系的建立和民族演唱艺术的发展作出开拓性贡献。新中国成立后，塑造了《白毛女》中的喜儿、《小二黑结婚》中的小芹等众多光彩夺目的舞台艺术形象。她演唱的《我的祖国》《南泥湾》《人说山西好风光》《八月十五月儿明》等脍炙人口的歌曲，历经半个多世纪传唱至今。

（摘自《人民日报》2019 年9月18日）

六、被授予“最美奋斗者”称号的山西籍人士

为庆祝中华人民共和国成立70周年，学习英雄事迹、弘扬奋斗精神、培育时代新人，中央宣传部、中央组织部、中央统战部、中央和国家机关工委、中央党史和文献研究院、教育部、人力资源和社会保障部、国务院国资委、中央军委政治工作部共同组织开展“最美奋斗者”评选活动。评选表彰新中国成立70年来各地区各行业各领域涌现出来的、来自生产一线、群众身边的先进模范。来自全国的278名个人、22个集体被授予“最美奋斗者”称号，其中，10位山西籍人士获此殊荣。

卫兴华

卫兴华

为马克思主义政治经济学中国化作出重要贡献，我国著名经济学家和经济学教育家。

马六孩

马六孩

生前系原大同煤矿同家梁矿掘进组组长。

申纪兰

申纪兰

连续当选13届全国人大代表，荣获改革先锋等荣誉的长治市平顺县西沟村党总支副书记。

任红梅

任红梅

立足社区平凡岗位，创新人民调解工作模式的阳泉市矿区桥头街道段南沟社区党总支书记、居委会主任。

刘铭庭

刘铭庭

将我国柽柳属植物的综合研究及大面积推广应用提高到世界领先水平的著名沙漠化防治专家。

李桓英

李桓英

为我国制定控制和消灭麻风病的整体规划的著名麻风病防治专家。

李培斌

李培斌

扎根基层乡镇，卓有成效地开展人民调解、社区矫正、安置帮教等工作，生前系大同市阳高县信访服务中心主任。

苏　宁

苏　宁

全军挂像英模，为保护战友光荣牺牲，生前系中国人民解放军原65435部队参谋长。

贺星龙

贺星龙

恪守“24小时上门服务”的出诊承诺累计出诊约17万人次的大宁县徐家垛乡乐堂村乡村医生。

郭兰英

郭兰英

为中国民族歌剧表演体系的建立和民族演唱艺术的发展作出开拓性贡献的中国歌剧舞剧院一级演员。

（摘自《山西日报》2019 年9月26日）

七、2019年全国五一劳动奖状、奖章名单（山西）

全国五一劳动奖状

国家税务总局晋城市税务局
山西建龙实业有限公司

全国五一劳动奖章

韩利萍（女）	山西航天清华装备有限责任公司数控铣工组长
李志超	山西太钢不锈钢股份有限公司不锈冷轧厂电气作业区系统班班长
王保勤	山西中阳钢铁有限公司技术中心主任
朱少辉	太原重型机械集团有限公司太原重工技术中心设计员
吉克达富(彝族)	山西一建集团有限公司塔吊司机
姚武江	阳泉煤业(集团)有限责任公司一矿机电工区机电队技术员
刘　辉	临汾市中心医院心脏大血管外科主任
王　健	山西省交通运输厅重点公路工程建设办公室工程师
邵高波	中铁十二局集团第四工程有限公司盾构分公司总工程师
鲍永生	大同煤矿集团有限责任公司总工程师
李　宁	祁县红海玻璃有限公司李宁职工创新工作室带头人
门九章	山西中医药大学教师
张素华（女）	山西省眼科医院白内障科主任
赵少婷（女）	山西省农业生态环境建设总站科长
王张龙	山西会馆餐饮文化有限公司面艺总监
王全锁	山西斯普瑞机械制造股份有限公司总经理

八、年度人事变动

省　　委

1 月14日　邓惠旗任省委督查专员(副厅长级)
1 月14日　宋燕卫任省委督查专员(副厅长级)
1 月18日　免去储祥好省委副秘书长职务
1 月26日　梁克昌任省委副秘书长(兼)
1 月26日　王成禹任省委副秘书长
2 月28日　曲孝丽任省委委员、常委
4 月18日　免去任建华省委常委、委员职务
5 月13日　免去胡玉亭省委秘书长职务
5 月30日　王拥军任省委委员、常委
5 月30日　吕岩松任省委委员、常委
6 月10日　廉毅敏任省委秘书长
11 月29日　楼阳生任省委书记
11 月29日　免去骆惠宁省委书记、常委、委员职务

省人大常委会

1 月20日　汤俊权任省人大常委会研究室主任，免去其省人大常委会副秘书长职务
1 月20日　孙剑纲任省人大常委会研究室副主任

省人大常委会工作机构

1 月16日　省人大常委会法制工委张钧试用期满考核合格，正式任职
1 月20日　张钧、段宝燕任省人大常委会法制工作委员会副主任
1 月20日　免去张晋仁省人大常委会研究室副主任职务
3 月22日　李悦娥任省第十三届人民代表大会常务委员会代表资格审查委员会主任委员
3 月22日　郭海刚任省第十三届人民代表大会常务委员会代表资格审查委员会副主任委员
3 月22日　李仁和、汤俊权任省第十三届人民代表大会常务委员会代表资格审查委员会委员
3 月22日　免去郭迎光省第十三届人民代表大会常务委员会代表资格审查委员会主任委员职务
3 月22日　免去李仁和省第十三届人民代表大会常务委员会代表资格审查委员会副主任委员职务
3 月22日　免去梁若皓省第十三届人民代表大会常务委员会代表资格审查委员会委员职务
4 月28日　程银锁任省人大常委会农村工作委员会副主任
5 月13日　乔锦瑞任省人大常委会城建环保工委巡视员
5 月13日　秦钟任省人大常委会民族宗教侨务外事工委巡视员
5 月30日　李鑫任省人大常委会人事代表工作委员会副主任
5 月30日　陈腊平任省人大常委会民族宗教侨务外事工作委员会副主任
5 月30日　免去乔锦瑞省人大常委会城乡建设环境保护工作委员会副主任职务
5 月30日　免去秦钟省人大常委会民族宗教侨务外事工作委员会副主任职务
9 月9日　张国富任省人大常委会人事代表工委一级巡视员
12 月31日　张葆任省人大常委会民族宗教侨务外事工委副主任

省政府

1 月2日　免去孙海潮省政府副秘书长职务
1 月20日　免去林武、陈永奇山西省副省长职务
2 月13日　免去杨锦耀省政府督查专员职务
3 月22日　王成任山西省副省长
3 月22日　免去曲孝丽山西省副省长职务
4 月22日　苏建春任省政府督查专员(副厅长级,试用期一年)
4 月28日　胡玉亭任山西省副省长
9 月27日　吴伟任山西省副省长
12 月1日　免去楼阳生省政府党组书记职务
12 月1日　林武任省政府党组书记
12 月5日　楼阳生辞去山西省省长职务
12 月5日　林武任山西省副省长、代省长

省政协

1 月2日　李佳任省政协党组书记
1 月29日　李佳当选省政协主席
12 月31日　徐广国任省政协党组副书记

省政协工作机构

4 月11日　张岐云任省政协机关党组副书记、副秘书长(正厅长级,主持省政协办公厅工作)
5 月13日　郑富核任省政协经济委副主任
5 月13日　阎贵林任省政协提案委巡视员,免去其省政协提案委副主任职务
5 月13日　张建全任省政协农业和农村委巡视员,免去其省

政协农业和农村委副主任职务

9月9日　冉莉萍任省政协办公厅一级巡视员，免去其省政协副秘书长职务

9月9日　李岩任省政协经济委一级巡视员，免去其省政协经济委副主任职务

10月17日　张岐云任省政协党组成员、省政协机关党组书记

10月17日　王晓东任省政协农业和农村委副主任（试用期一年）

12月31日　张岐云任省政协秘书长

12月31日　阎俊生任省政协提案委副主任

省纪委监委

4月1日　免去陈学东省纪委副书记职务

4月18日　免去任建华省纪委书记职务

4月28日　免去陈学东省监察委员会副主任职务

5月13日　张晓玲任省纪委监委正厅级纪检监察员

5月13日　免去孟贵芳省纪委副厅长级干部职务

5月13日　康吉仁任省纪委监委正厅级纪检监察员

5月30日　王拥军任省纪委书记

6月5日　免去郝权省纪委副书记职务

7月31日　任建华辞去省监察委员会主任职务

7月31日　王拥军任省监察委员会副主任、代理主任

7月31日　免去郝权省监察委员会副主任职务

9月9日　牛榆生任省纪委监委一级巡视员

9月9日　李方任省纪委监委一级巡视员

9月9日　王舒袖任省纪委监委一级巡视员

9月9日　杨立全任省纪委监委一级巡视员

9月29日　王鹏任省纪委副书记

9月29日　免去曾庆勇省纪委副书记职务

10月17日　免去王建业省纪委监委副厅长级干部职务

10月17日　免去傅锐省纪委监委副厅长级干部职务

11月29日　王鹏任省监察委员会副主任

11月29日　免去曾庆勇省监察委员会副主任职务

12日30日　省纪委监委万勇、郭惠勇、胡伟、王震南同志试用期满考核合格，正式任职

12日31日　白险峰任省纪委监委副厅长级干部

12日31日　免去徐德峰省纪委监委副厅长级干部职务

12日31日　免去曹晓亮省纪委监委副厅长级干部职务

12月31日　免去杨宏省纪委监委副厅长级干部职务

省纪委监委派驻机构

5月13日　免去张晓玲省纪委监委驻省交通运输厅纪检监察组组长职务

9月8日　李勇泓任省纪委监委驻山西金融投资控股集团有限公司纪检监察组组长

9月8日　董洪源任省纪委监委驻晋商银行股份有限公司纪检监察组组长

9月8日　李亮军任省纪委监委驻山西省农村信用社联合社纪检监察组组长

9月9日　免去牛榆生省纪委监委驻省商务厅纪检监察组组长职务

9月9日　免去李方省纪委监委驻省生态环境厅纪检监察组组长职务

9月9日　免去王舒袖省纪委监委驻省文化和旅游厅纪检监察组组长职务

10日16日　王李平、董晓平、柴文龙试用期满考核合格，正式任职

10月17日　王建业任省纪委监委驻省交通运输厅纪检监察组组长

10月17日　李文平任省纪委监委驻省商务厅纪检监察组组长（试用期一年）

10月17日　傅锐任省纪委监委驻省检察院纪检监察组组长

10月17日　翟根红任省纪委监委驻省直属机关事务管理局纪检监察组组长（试用期一年）

10月17日　张文伟任省纪委监委驻省生态环境厅纪检监察组组长（试用期一年）

10月17日　张瑞任省纪委监委驻省文化和旅游厅纪检监察组组长

10月17日　王继荣任省纪委监委驻省卫生健康委员会纪检监察组组长（试用期一年）

12日30日　贾慕权、芮辰文试用期满考核合格，正式任职

省高级人民法院

1月20日　免去刘冀民省高级人民法院副院长、审判委员会委员职务

1月20日　免去袁振民、李冰、白迎唐省高级人民法院审判员职务

3月22日　免去董立新省高级人民法院审判员职务

4月16日　太原铁路运输中级法院何效忠试用期满考核合格，正式任职

4月16日　太原铁路运输中级法院孙立杰试用期满考核合格，正式任职

4月16日　太原铁路运输中级法院张军试用期满考核合格，正式任职

5月30日　免去王世明省高级人民法院审判监督第二庭副庭长、审判员职务

5月30日　免去孟兴玲太原铁路运输法院审判委员会委员、审判员职务

5月30日　免去李玉林大同铁路运输法院副院长、审判委员会委员职务

7月8日　免去朱明省高级人民法院党组副书记职务

7月8日 管应时任省高级人民法院党组副书记
7月31日 管应时任省高级人民法院副院长、审判委员会委员、审判员
7月31日 刘泳、王怀师任省高级人民法院审判员
7月31日 张宏伟任太原铁路运输中级法院刑事审判第一庭庭长
7月31日 荣育宏任太原铁路运输中级法院民事审判第一庭庭长
7月31日 周建宏任太原铁路运输中级法院副院长、审判委员会委员
7月31日 张樨任大同铁路运输法院审判委员会委员
7月31日 免去朱明省高级人民法院副院长、审判委员会委员职务
7月31日 免去赵耀喜、王啸虎省高级人民法院审判员职务
7月31日 免去毛小芳太原铁路运输中级法院审判委员会委员、审判员职务
7月31日 免去 张宏伟太原铁路运输中级法院刑事审判第一庭副庭长职务
7月31日 免去荣育宏太原铁路运输中级法院民事审判第一庭副庭长职务
7月31日 免去张太光太原铁路运输中级法院审判员职务
7月31日 免去范世林太原铁路运输法院副院长、审判委员会委员职务
7月31日 免去周建宏太原铁路运输法院民事审判庭庭长
7月31日 免去姜阳、肖增辉大同铁路运输法院副院长、审判委员会委员职务
7月31日 免去乔丽奎临汾铁路运输法院副院长、审判委员会委员职务
9月27日 吕楠任太原铁路运输中级法院刑事审判第一庭副庭长
9月27日 免去仇拉锁省高级人民法院审判委员会委员、审判员职务
9月27日 免去郭建岗、韩广春省高级人民法院审判员职务
9月27日 免去郭丽丽、牛兰萍太原铁路运输法院审判委员会委员、审判员职务
11月29日 免去戴春林省高级人民法院审判监督庭庭长、审判员职务
11月29日 免去王永胜省高级人民法院民事审判第四庭副庭长、审判员职务
11月29日 免去任君虹省高级人民法院审判员职务
12月31日 许文海任省高级人民法院一级巡视员,免去其太原铁路运输中级法院党组书记职务
12月31日 杨宏任省高级人民法院党组成员
12月31日 高文君任太原铁路运输中级法院党组书记

省人民检察院

1月20日 免去张芬芳省人民检察院检察员职务
1月20日 免去侯建华省人民检察院太原铁路运输分院检察员职务
3月22日 免去赵文杰省人民检察院检察员职务
3月22日 南世勤任晋中市人民检察院检察长
5月30日 免去孙萍省人民检察院检察员职务
7月31日 王宝玥、何芮彬、于海、张宇宏、杨文静任省人民检察院检察员
7月31日 免去韩丽太原铁路运输检察分院检察委员会委员职务
7月31日 免去张军大同铁路运输检察院副检察长、检察委员会委员职务
7月31日 免去任尚锋临汾铁路运输检察院检察委员会委员、检察员职务
7月31日 免去张鑫省人民检察院检察员职务
9月9日 姚江华任太原铁路运输检察分院党组书记
9月27日 姚江华任省人民检察院太原铁路运输分院检察长
9月27日 免去刘志伟、常天林省人民检察院检察员职务
10日17日 傅锐任省人民检察院党组成员
11月29日 李彦、张宏思任省人民检察院检察委员会委员
11月29日 免去胡立本省人民检察院检察员职务
12月31日 赵雅清任省人民检察院党组成员

省委工作部门和派出机构

1月14日 李凤岐任省委组织部主持日常工作的副部长(正厅长级)
1月14日 宋伟任省综改办副主任
1月14日 冯德华任省专用通信局局长
1月14日 谢萍任省专用通信局副局长
1月14日 连林任省专用通信局副局长
1月14日 田渝任省专用通信局副局长
2月27日 宋海兵任省非公和社会组织工委副书记(兼)
2月27日 王国强任省非公和社会组织工委副书记(兼)
3月10日 免去边新文省委前进期刊总社社长(副厅级)职务,退休
4月11日 孙洪山任省委政法委副书记(兼)
4月11日 杨景海任省委政法委副书记(兼)
5月10日 免去孙兴武省委巡视机构正厅长级巡视专员职务
5月13日 免去胡玉亭省委改革办主任、省委国安办主任、省直工委书记职务
5月13日 免去王成禹省委国安办专职副主任职务
5月13日 苗伟任省委国安办专职副主任(正厅长级)
5月13日 景广学任省委办公厅巡视员

5 月13日　闫志强任省委组织部巡视员
5 月13日　张立煌任省委编办巡视员
5 月13日　解文秀任省委办公厅副主任(试用期一年)
6 月10日　免去廉毅敏省委宣传部长职务
6 月10日　吕岩松任省委宣传部长
6 月10日　冯志君任省委军民融合发展委员会办公室常务副主任(副厅长级),免去其省委军民融合发展委员会办公室主任职务
6 月10日　林武任省委军民融合发展委员会办公室主任
6 月10日　免去冯德华省专用通信局局长职务,退休
7 月8日　免去陈跃钢省委组织部副部长职务
7 月8日　张晓峰任省委老干部局局长,免去其省委党建工作领导小组办公室主任、省非公经济组织和社会组织工委书记职务
7 月8日　免去赵建华省委组织部副部长、省委老干部局局长
7 月8日　齐海斌任省非公经济组织和社会组织工委书记(兼)
7 月8日　辛艾艾任省公务员局局长
7 月8日　赵建民任省委巡视工作办公室副主任(试用期一年)
7 月8日　加年丰任省委政研室(省委改革办、省综改办)一级巡视员,免去其省委政研室(省委改革办、省综改办)副主任职务
9 月9日　王犇奎任省专用通信局局长(试用期一年),免去其省委办公厅二级巡视员职级
9 月9日　雷建国任省委宣传部主持日常工作的副部长(正厅长级)
9 月9日　冯志君任省委军民融合发展委员会办公室(省国防科学技术工业局)一级巡视员
9 月9日　免去杨立全省委巡视组副厅长级巡视专员职务
10 日16日　省委宣传部骞进试用期满考核合格，正式任职
10 日16日　省委教育工委何林有试用期满考核合格,正式任职
10 日16日　李非任省委台办副主任
10 日16日　省直属机关事务管理局高晋红试用期满考核合格,正式任职
10 日17日　贾二元任省委巡视组副厅长级巡视专员
10 日17日　李斌任省委巡视组正厅长级巡视专员
10 日17日　刘孝林任省委巡视办副厅长级巡视专员(试用期一年)
12 日30日　省委办公厅史晨鸣试用期满考核合格,正式任职
12 日30日　省委办公厅邱晚皓试用期满考核合格,正式任职
12 日30日　省直属机关事务管理局王敏试用期满考核合格,正式任职
12 日31日　王炤坤任省委政研室(省委改革办、省综改办)副主任
12 日31日　免去冯志君省委军民融合发展委员会办公室(省国防科学技术工业局)常务副主任(局长)职务、一级巡视员职级

省政府组成部门

1 月2日　孙海潮任省政府办公厅主任
1 月2日　郝书宏任省公安厅副巡视员
1 月2日　王锁成任省司法厅副厅长(兼),省监狱管理局局长
1 月2日　侯永霞任省信访局副局长,免去其省信访局督查专员(副厅长级)职务
1 月2日　免去张钧省司法厅副厅长职务
1 月2日　免去郭建文省农业农村厅副厅长职务
1 月2日　李栋军、刘磊、冯智任省医疗保障局副局长
1 月10日　高芮星、鲍贵财任省人力资源和社会保障厅副巡视员
1 月10日　成钢任省生态环境厅副巡视员
1 月10日　闫立铭任省统计局副巡视员
1 月10日　周方志任省信访局督查专员(副厅长级,试用期一年)
1 月10日　李进军任省信访局巡视员
1 月10日　侯秉让任省能源局副局长(试用期一年)
1 月10日　康中南任省医疗保障局副局长(试用期一年)
1 月13日　省交通运输厅郭贵堂试用期满考核合格,正式任职
1 月14日　免去李晓波省工业和信息化厅党组书记职务
1 月14日　免去孟希雄省水利厅副巡视员职务
1 月14日　免去王来平省商务厅巡视员职务
1 月16日　宋世华任省审计厅副厅长
1 月16日　闫文泉任省能源局副局长
1 月16日　免去张红谱省审计厅副厅长职务
1 月18日　杨锦耀任省政府办公厅党组成员
1 月18日　冯翠红任省政府办公厅党组成员
1 月18日　李晋平任省工业和信息化厅党组副书记(正厅长级,主持工作)
1 月20日　免去李晓波省工业和信息化厅厅长职务
1 月20日　免去李凤岐省卫生健康委员会主任职务
2 月13日　杨锦耀任省政府办公厅副主任
2 月13日　冯翠红任省政府办公厅副主任(试用期一年)
2 月26日　省司法厅曾涛试用期满考核合格,正式任职
3 月10日　省水利厅孟希雄退休
3 月10日　省商务厅王来平退休
3 月20日　免去王克信省政府办公厅巡视员职务
3 月20日　免去张培良省教育厅正厅长级督学职务
3 月20日　免去田亦军省政府外事办公室巡视员职务
4 月1日　免去郭燕平省住房和城乡建设厅党组成员职务
4 月1日　免去常书铭省水利厅党组书记职务
4 月1日　免去董一兵省生态环境厅党组书记职务
4 月1日　免去孙世新省教育厅党组成员职务
4 月8日　免去孙世新省教育厅副厅长职务
4 月8日　免去郭燕平省住房和城乡建设厅副厅长职务

4月10日　任月忠任省委教育工委委员
4月10日　卫爱平任省委教育工委委员
4月10日　马骏任省委教育工委委员
4月11日　赵光国任省政府办公厅党组副书记
4月11日　潘贤掌任省生态环境厅党组书记
4月11日　武晋任省卫生健康委员会党组书记
4月11日　侯文一任省委教育工委委员，省教育厅党组成员
4月11日　王东任省委教育工委委员，省教育厅党组成员
4月11日　廉月胜任省卫生健康委员会党组成员
4月11日　陈耳东任省水利厅党组书记
4月11日　免去张岐云省工业和信息化厅党组副书记
4月15日　免去张援豪省政府外事办公室副巡视员职务
4月15日　赵光国任省政府办公厅主任
4月15日　廉月胜任省卫生健康委员会副主任
4月15日　免去孙海潮省政府办公厅主任职务
4月15日　免去张岐云省工业和信息化厅副厅长职务
4月22日　李天照任省政府办公厅信息办公室（电子政务办公室）主任（副厅长级，试用期一年）
4月22日　侯文一任省教育厅副厅长（试用期一年）
4月22日　王东任省教育厅总督学（副厅长级，试用期一年）
4月28日　潘贤掌任省生态环境厅厅长
4月28日　陈耳东任省水利厅厅长
4月28日　武晋任省卫生健康委员会主任
4月28日　免去董一兵省生态环境厅厅长职务
4月28日　免去常书铭省水利厅厅长职务
5月13日　王荣任省人力资源和社会保障厅巡视员
5月13日　李海生任省发展和改革委员会巡视员，免去其省发展和改革委员会党组成员职务
5月13日　免去张晓玲省交通运输厅党组成员职务
5月13日　武福玉任省应急管理厅巡视员，免去其省应急管理厅党组成员职务
5月14日　免去刘月琴省教育厅副巡视员职务
5月14日　李乾太任省水利厅副巡视员
5月23日　李海生任省发展和改革委员会巡视员，免去其省发展和改革委员会副主任职务
5月23日　王荣任省人力资源和社会保障厅巡视员
5月23日　武福玉任省应急管理厅巡视员，免去其省应急管理厅副厅长职务
6月10日　免去杨吉平省道路运输管理局局长职务，退休
6月10日　免去张红星省农业农村厅副巡视员职务，退休
6月20日　免去郝书宏省公安厅副巡视员职务
7月7日　省商务厅王岫试用期满考核合格，正式任职
7月7日　省商务厅张效生试用期满考核合格，正式任职
7月8日　李晋平任省工业和信息化厅党组书记
7月8日　乔丽刚任省工业和信息化厅党组成员
7月8日　免去阳军省工业和信息化厅党组成员职务
7月8日　程永平任省住房和城乡建设厅党组成员
7月8日　赵文志任省农业农村厅党组成员
7月8日　魏茹生任省发展和改革委员会一级巡视员，免去其省发展和改革委员会党组成员职务
7月8日　张铁任省审计厅一级巡视员
7月8日　张波任省卫生健康委员会党组成员
7月8日　阴彦祥任省卫生健康委员会党组成员
7月8日　张晓清任省计生协会专职副会长（副厅长级）
7月8日　尹也刚任省民政厅一级巡视员，免去其省民政厅党组成员职务
7月8日　翟新山任省司法厅一级巡视员，免去其省司法厅党委委员职务
7月8日　吴建强任省退役军人事务厅一级巡视员，免去其省退役军人事务厅党组成员职务
7月23日　乔丽刚任省工业和信息化厅副厅长
7月23日　程永平任省住房和城乡建设厅副厅长（试用期一年）
7月23日　赵文志任省农业农村厅副厅长（试用期一年）
7月23日　张波、阴彦祥任省卫生健康委员会副主任
7月23日　免去魏茹生省发展和改革委员会副主任职务
7月23日　免去阳军省工业和信息化厅副厅长职务
7月23日　免去尹也刚省民政厅副厅长职务
7月23日　免去吴建强省退役军人事务厅副厅长职务
7月31日　李晋平任省工业和信息化厅厅长
9月9日　胡安平任省政府办公厅一级巡视员，免去其省政府办公厅党组成员职务
9月9日　马运侠任省工业和信息化厅一级巡视员
9月9日　雷天才任省交通运输厅一级巡视员，免去其省交通运输厅党组成员职务
9月9日　张建中任省水利厅一级巡视员，免去其省水利厅党组成员职务
9月9日　赵贵全任省商务厅一级巡视员，免去其省商务厅党组成员职务
9月9日　王士桦任省审计厅一级巡视员
9月9日　曾庆勇任省民政厅党组副书记
9月9日　免去牛榆生省商务厅党组成员职务
9月9日　免去李方省生态环境厅党组成员职务
9月9日　盛佃清任省文化和旅游厅党组书记
9月9日　免去刘润民省文化和旅游厅党组书记职务
9月9日　免去王舒袖省文化和旅游厅党组成员职务
9月9日　周涛任省司法厅一级巡视员，免去其省司法厅党委委员职务
9月9日　刘军任省生态环境厅一级巡视员
9月9日　陆东任省生态环境厅一级巡视员，免去其省生态环境厅生态环境保护监察专员职务
9月9日　李贵任省文化和旅游厅一级巡视员
9月12日　免去翟新山省司法厅副厅长职务
9月30日　免去胡安平省政府办公厅副主任职务
9月30日　免去陆东省生态环境厅生态环境保护监察专员职务
9月30日　免去雷天才省交通运输厅副厅长职务

9月30日　免去张建中省水利厅副厅长职务
9月30日　免去赵贵全省商务厅副厅长职务
10月10日　免去叶荃省工业和信息化厅二级巡视员职级，退休
10月16日　免去陈立峰省公安厅党委委员职务
10月17日　马双喜任省委财经委员会办公室专职副主任（副厅长级，试用期一年）、省发展和改革委员会党组成员，免去其省发展和改革委员会二级巡视员职级
10月17日　琚李梅任省民政厅党组成员
10月17日　师广卫任省人社厅党组成员
10月17日　王四小任省交通运输厅党组成员
10月17日　王建业任省交通运输厅党组成员
10月17日　李文平任省商务厅党组成员
10月17日　免去翟根红省卫生健康委员会二级巡视员职级
10月17日　张文伟任省生态环境厅党组成员
10月17日　王建业任省交通运输厅党组成员
10月17日　张瑞任省文化和旅游厅党组成员，免去其省民政厅党组成员职务
10月17日　王继荣任省卫生健康委员会党组成员
10月18日　曾庆勇任省民政厅副厅长（正厅长级）
10月18日　王四小任省交通运输厅副厅长
10月18日　免去张瑞省民政厅副厅长职务
10月26日　琚李梅任省民政厅副厅长（试用期一年）
10月26日　师广卫任省人力资源和社会保障厅副厅长（试用期一年）
10月26日　陈博任省水利厅副厅长（试用期一年）
10月26日　免去周涛省司法厅副厅长职务
11月4日　免去项连斌省住房和城乡建设厅二级巡视员职级，退休
11月4日　免去吴志宏省农业农村厅一级巡视员职级，退休
12月5日　免去陈明昌省农业农村厅一级巡视员职级，退休
12月6日　省委农村工作领导小组办公室、省农业农村厅张软斌试用期满考核合格，正式任职
12月30日　省应急管理厅张震海试用期满考核合格，正式任职
12月31日　韩春霖任省政府办公厅党组副书记，免去其省商务厅党组书记职务
12月31日　免去翟振新省政府办公厅党组副书记职务
12月31日　王宏晋任省商务厅党组书记
12月31日　免去李敏省科学技术厅党组成员职务

省政府直属特设机构

1月10日　高春毅任省政府国有资产监督管理委员会副主任
1月16日　张红谱任省政府国有资产监督管理委员会副主任
1月16日　免去宋世华省政府国有资产监督管理委员会副主任职务
2月1日　省政府国有资产监督管理委员会渠性轩退休
4月10日　省政府国有资产监督管理委员会负钊试用期满考核合格，正式任职
4月11日　免去王志清省政府国有资产监督管理委员会党委副书记职务
9月3日　免去杨佩玉省政府国有资产监督管理委员会二级巡视员职级，退休
10月17日　韩珍堂任省政府国有资产监督管理委员会党委副书记
10月18日　免去韩珍堂省政府国有资产监督管理委员会副主任职务
12月31日　冯志君任省政府国有资产监督管理委员会党委书记
12月31日　免去郭保民省政府国有资产监督管理委员会党委书记职务

省政府直属机构

1月2日　李波任省人民防空办公室副主任
1月10日　郭新安任省市场监督管理局副巡视员
1月14日　闫文泉任省能源局党组成员
1月14日　免去沈力省地方金融监督管理局（省政府金融工作办公室）党组成员职务
1月16日　免去沈力省地方金融监督管理局（省政府金融工作办公室）副局长（副主任）职务
4月1日　刘予强任省行政审批服务管理局（省政务信息管理局）党组成员
4月1日　免去刘蓉华省市场监督管理局副局长职务
4月8日　刘予强任省行政审批服务管理局（省政务信息管理局）副局长（正厅长级）
4月10日　省统计局刘文斌试用期满考核合格，正式任职
4月11日　马炜宏任省政府研究室党组成员
4月22日　马炜宏任省政府研究室副主任（试用期一年）
5月23日　宁立新任省文物局巡视员，免去其省文物局副局长职务
6月20日　免去荆红社省统计局巡视员职务
7月8日　刘建国任省市场监督管理局一级巡视员，免去其省市场监督管理局党组成员职务
7月8日　卢永良任省统计局一级巡视员，免去其省统计局党组成员职务
7月7日　省体育局袁乃平试用期满考核合格，正式任职
8月12日　免去刘建国省市场监督管理局副局长职务
8月12日　免去卢永良省统计局副局长职务
9月3日　免去张铭省人民防空办公室一级巡视员职级，退休
9月9日　陈丙骞任省人民防空办公室党组成员
9月9日　王亦兵任省市场监督管理局一级巡视员
9月9日　免去雷建国省文物局党组书记职务
9月9日　刘润民任省文物局党组书记

9月9日　安洋任省广播电视局一级巡视员，免去其省广播电视局党组成员职务
9月9日　刘中雨任省医保局一级巡视员
9月12日　刘润民任省文物局局长
9月12日　免去雷建国省文物局局长职务
9月12日　陈丙骞任省人民防空办公室副主任(兼)
9月30日　免去安洋省广播电视局副局长职务
10月17日　卫永杰任省统计局党组成员
11月12日　卫永杰任省统计局副局长
12月6日　省统计局秦建华试用期满考核合格，正式任职
12日31日　免去王炤坤省政府研究室党组成员、副主任职务
7月7日　贾满清任省监狱管理局党委委员
7月8日　李效民任省监狱管理局一级巡视员，免去其省监狱管理局党委副书记、政委职务
7月8日　尹福建任省林业和草原局一级巡视员，免去其省林业和草原局党组成员职务
7月23日　朱明任省政府参事
7月23日　免去尹福建省林业和草原局副局长职务
9月9日　李东洪任省小企业发展促进局一级巡视员
9月9日　张云龙任省林业和草原局一级巡视员
9月9日　贠亚明任省药品监督管理局一级巡视员
12月27日　免去裴相省公安厅反恐怖总队总队长职务

省政府部门管理机构

1月2日　金智新、游浩任省政府参事
1月2日　李澍田任省公安厅经济侦察总队总队长(副厅长级)，免去其省公安厅治安管理总队总队长(副厅长级)职务
1月2日　马德荣任省公安厅国内安全保卫总队总队长(副厅长级)
1月2日　宋河山任省林业和草原局副巡视员
1月2日　免去郝书宏省公安厅网络安全保卫总队总队长(副厅长级)职务
1月10日　雷娜任省公安厅技术侦察总队总队长(副厅长级，试用期一年)
1月10日　李泽清任省公安厅治安管理总队总队长(副厅长级，试用期一年)
1月10日　葛波蔚任省公安厅网络安全保卫总队总队长(副厅长级，试用期一年)
1月10日　孙克强任省粮食和物资储备局副巡视员
1月10日　梁秀云任省小企业发展促进局副巡视员
1月10日　薛春生任省就业服务局局长(试用期一年)
1月10日　免去师跃进省就业服务局局长职务
1月10日　徐晓峰任省粮食和物资储备局副局长(试用期一年)
1月10日　岳奎庆任省林业和草原局副局长
1月10日　杨俊志任省林业和草原局副局长(试用期一年)
1月10日　郭景文、李庭芳任省药品监督管理局副局长(试用期一年)
1月16日　耿彦波任省政府参事
1月20日　免去游浩省政府参事职务
2月26日　省公安厅交通管理局(省交警总队)李怀玉试用期满考核合格，正式任职
4月10日　张会荣任省小企业发展促进局党组成员
4月22日　张会荣任省小企业发展促进局副局长(试用期一年)
6月20日　免去杨吉平省道路运输管理局局长职务

省直属事业单位

1月10日　李占鳌任山西广播电视台总编辑(试用期一年)
1月10日　罗庆东任山西广播电视台副总编辑(试用期一年)
1月10日　张涛任省城镇集体工业联合社主任(试用期一年)
1月10日　免去刘英魁山西广播电视台总编职务
1月18日　王朝晖任山西社会主义学院党委委员、副院长(试用期一年)
1月24日　刘新才任省政务服务中心党组成员
1月24日　武守强任省公共资源交易中心(省级政府采购中心)党组成员
2月13日　刘新才任省政务服务中心副主任(试用期一年)
2月13日　武守强任省公共资源交易中心(省省级政府采购中心)副主任(试用期一年)
2月26日　省公路局郭晓军试用期满考核合格，正式任职
2月26日　省煤炭基本建设局王静波试用期满考核合格，正式任职
4月8日　免去张敬民山西广播电视台党委委员、副总编辑职务，退休
4月10日　刘乙佑任省投资促进局党组成员
4月10日　曹学民任省政务服务中心党组成员
4月22日　曹学民任省政务服务中心副主任(试用期一年)
4月28日　刘乙佑任省投资促进局副局长，免去其省投资促进局总经济师职务
9月8日　胡高伟任山西煤炭基本建设局党组成员，免去其中国煤炭博物馆党委委员职务
9月9日　免去惠高峰省公路局党委副书记职务
9月9日　胡钢成任省公路局党委副书记，免去其省高速公路管理局党委书记职务
9月9日　王宏伟任省煤炭地质局一级巡视员
9月12日　胡钢成任省公路局局长
9月12日　免去惠高峰省公路局局长职务
10月12日　免去张晋斌山西广播电视台党委委员职务，退休
10月16日　山西日报报业集团焦玉强试用期满考核合格，正式任职

10 月16日　山西日报报业集团孟庆耀试用期满考核合格，正式任职
10 日17日　免去李斌省农业科学院党委书记职务
10 日17日　焦永萍任省委党史研究院（省地方志研究院）副院长（试用期一年）
10 月18日　免去张晋赋山西广播电视台副台长职务
10 月26日　王云任省社会科学院（省政府发展研究中心）副院长（试用期一年）
11 月29日　省社科院（省政府发展研究中心）杨茂林试用期满考核合格，正式任职
11 月29日　中国（太原）煤炭交易中心王宇魁试用期满考核合格，正式任职
11 月29日　省投资促进局艾凌宇试用期满考核合格，正式任职
12 月6日　免去阎世春中国（太原）煤炭交易中心党组成员职务，退休
12 月27日　免去阎世春中国（太原）煤炭交易中心副主任职务

驻外办事处

1 月16日　省政府驻天津办事处曲志鹏试用期满考核合格，正式任职
1 月16日　省政府驻上海办事处李亚军试用期满考核合格，正式任职
1 月16日　省政府驻广州办事处杨晓珍试用期满考核合格，正式任职
1 月16日　省政府驻广州办事处王红健试用期满考核合格，正式任职
2 月16日　省政府驻上海办事处韩侠试用期满考核合格，正式任职
4 月10日　唐建辉任省政府驻天津办事处党组成员
4 月10日　白瑞宏任省政府驻上海办事处党组成员
5 月13日　免去陈晓东省政府驻北京办事处党组书记职务
5 月13日　董飚任省政府驻北京办事处党组书记
5 月23日　董飚任省政府驻北京办事处主任
5 月23日　免去陈晓东省政府驻北京办事处主任职务
5 月23日　免去王荣省政府驻北京办事处副主任职务
7 月7日　省政府驻北京办事处张明试用期满考核合格，正式任职
9 月9日　刘亚林任省政府驻广州办事处一级巡视员

高等院校

1 月2日　冀建峰任省政法管理干部学院院长
1 月2日　免去马向东、冀建峰吕梁学院副院长职务
1 月2日　免去杨优帅山西卫生健康职业学院副院长职务
1 月2日　免去白雁鹏山西戏剧职业学院副院长职务
1 月7日　免去李俊双山西煤炭职业技术学院党委委员职务
1 月7日　免去李殿育吕梁职业技术学院党委书记职务
1 月10日　沈沛龙任山西财经大学副校长（试用期一年）
1 月10日　苏铁熊任中北大学副校长（试用期一年）
1 月10日　薛光武、刘宝琦任吕梁学院副院长（试用期一年）
1 月10日　马联合任山西管理职业学院院长（试用期一年）
1 月10日　刘国垠任山西警官职业学院院长（试用期一年）
1 月10日　楚龙芬、张越任山西青年职业学院副院长（试用期一年）
1 月10日　梁三平任山西卫生健康职业学院副院长（试用期一年）
1 月10日　免去李俊双山西煤炭职业技术学院副院长职务
2 月12日　免去王宝儒太原科技大学党委副书记、常委、委员职务，退休
2 月26日　李夏任山西卫生健康职业学院副院长（试用期一年）
3 月10日　免去程太生太原师范学院党委副书记、常委、委员职务，退休
3 月10日　免去王俊刚山西传媒学院党委副书记、委员职务，退休
4 月1日　免去晋原平忻州职业技术学院党委书记职务
4 月8日　免去李忱山西广播电视大学党委副书记、委员职务，退休
4 月8日　长治市教育学院焦建中退休
4 月8日　原山西中医学院王晞星退休
4 月8日　太原学院蔡耀群退休
4 月8日　山西职业技术学院昝和平退休
4 月10日　中北大学沈兴全试用期满考核合格，正式任职
4 月11日　弓永华任山西大同大学党委委员、常委、书记职务，免去其山西职业技术学院党委书记职务
4 月11日　免去马存根山西大同大学党委书记、常委、委员职务
4 月11日　岳新风任吕梁职业技术学院党委书记，免去其吕梁学院党委常委、委员、纪委书记职务
4 月11日　刁海鹏任山西医科大学党委常委
4 月11日　李东光任中北大学党委委员、常委
4 月11日　薛晋文任太原师范学院党委常委
4 月11日　梁斌任吕梁学院党委委员、常委、纪委书记
4 月15日　免去李忱山西广播电视大学校长职务
4 月15日　免去焦建中长治市教育学院院长职务
4 月22日　卢宇鸿任山西大学副校长（试用期一年）
4 月22日　刁海鹏任山西医科大学副校长（试用期一年）
4 月22日　李东光任中北大学副校长（试用期一年）
5 月11日　栗兵任山西旅游职业学院党委委员
5 月11日　郭敬仁任山西管理职业学院党委副书记职务
5 月11日　尤彩虹任山西管理职业学院党委委员
5 月11日　段志强任山西体育职业学院党委委员、纪委书记职务
5 月11日　王碧波任山西警官职业学院党委委员，免去其山

西旅游职业学院党委委员职务
5月11日　侯双锁任山西警官职业学院党委委员
5月11日　白惠林任山西戏剧职业学院党委副书记
5月11日　温江鸿任山西戏剧职业学院党委委员
5月11日　免去闻志忠山西戏剧职业学院党委委员职务
5月11日　免去安亮山山西戏剧职业学院党委委员职务
5月11日　省财政税务专科学校李锦元试用期满考核合格，正式任职
5月13日　齐利平任山西广播电视大学党委委员、副书记，免去其山西农业大学党委副书记、常委、委员职务
5月13日　刘翠荣任太原科技大学党委副书记职务
5月13日　成为民任山西旅游职业学院党委委员
5月14日　李俊林任太原科技大学副校长
5月14日　免去刘翠荣太原科技大学副校长职务
5月14日　王碧波任山西警官职业学院副院长，免去其山西旅游职业学院副院长职务
5月14日　免去郭敬仁山西管理职业学院副院长职务
5月14日　免去闻志忠、安亮山山西戏剧职业学院副院长职务
5月23日　齐利平任山西广播电视大学校长(试用期一年)
5月23日　成为民、栗兵任山西旅游职业学院副院长(试用期一年)
5月23日　丁建业、尤彩虹任山西管理职业学院副院长(试用期一年)
5月23日　侯双锁任山西警官职业学院副院长(试用期一年)
5月23日　温江鸿、苗洁、张弛任山西戏剧职业学院副院长(试用期一年)
6月10日　山西戏剧职业学院闻志忠退休
6月10日　免去李晋平山西经济管理干部学院党委委员职务，退休
6月10日　陈利平任山西传媒学院党委委员、副书记职务，免去其山西医科大学第一医院党委书记、委员，山西医科大学党委常委、委员职务
6月10日　苑静任山西中医药大学党委委员、副书记，免去其山西大医院(山西医学科学院)党委书记、委员职务
6月10日　高建军任山西经济管理干部学院党委委员，免去其山西中医药大学党委副书记、委员职务
6月20日　高建军任山西经济管理干部学院副院长
6月20日　薛晋文任太原师范学院副院长(试用期一年)
6月20日　免去李晋平山西经济管理干部学院副院长职务
7月7日　杨晓明任省财政税务专科学校党委副书记
7月7日　李赟鹏任省财政税务专科学校党委委员
7月7日　免去周巧红省财政税务专科学校党委副书记职务
7月7日　田培乔任省政法管理干部学院党委委员、副书记，原任职务随机构撤销自然免除
7月7日　王计堂任山西国际商务职业学院党委委员，原任职务随机构撤销自然免除
7月7日　山西工程技术学院白培康试用期满考核合格，正式任职
7月7日　山西体育职业学院曹景川试用期满考核合格，正式任职
7月7日　山西体育职业学院张文梅试用期满考核合格，正式任职
7月7日　李茂林的山西煤炭职业技术学院党委副书记职务随机构撤销自然免除
7月7日　祁茂荣的山西煤炭职业技术学院党委委员职务随机构撤销自然免除
7月8日　王旭任山西卫生健康职业学院党委委员、副书记
7月8日　张长青任山西工程职业学院党委书记，原任职务随机构撤销自然免除
7月8日　张主社任太原师范学院党委委员、常委、副书记，原任职务随机构撤销自然免除
7月8日　雷承锋任山西职业技术学院党委书记职务
7月8日　免去张波山西卫生健康职业学院党委副书记职务
7月10日　免去王海英省政法管理干部学院党委副书记、委员职务
7月11日　免去刘奎生山西师范大学党委常委、委员、纪委书记职务
7月11日　免去秦长江山西经济管理干部学院党委副书记、委员职务
7月23日　王旭任山西卫生健康职业学院院长(试用期一年)
7月23日　宋军任山西工程职业学院院长
7月23日　秦华伟任山西职业技术学院院长
7月23日　免去张波山西卫生健康职业学院院长职务
7月23日　免去雷承锋山西职业技术学院院长职务
7月23日　李赟鹏任省财政税务专科学校副校长(试用期一年)
7月23日　田培乔任省政法管理干部学院副院长
7月23日　王计堂任山西国际商务职业学院副院长
7月23日　免去杨晓明省财政税务专科学校副校长职务
7月23日　免去王海英省政法管理干部学院副院长职务
9月8日　陆克祥任太原幼儿师范高等专科学校党委书记
9月9日　武建功任阳泉师范高等专科学校党委书记
9月9日　荆漂丝任忻州职业技术学院党委书记
9月12日　范永丽任太原幼儿师范高等专科学校校长
9月29日　免去朱莉晋城职业技术学院党委书记职务
9月29日　岳艺斌任大同师范高等专科学校党委书记
9月29日　山西大学黄桂田试用期满考核合格，正式任职
9月29日　山西传媒学院李伟试用期满考核合格，正式任职
9月29日　山西金融职业学院田祥宇试用期满考核合格，正式任职
10月12日　免去刘俊珍吕梁职业技术学院院长职务，退休
10月12日　裴忠泽任大同师范高等专科学校校长
10月17日　廖允成任山西农业大学党委委员、常委、书记，原任职务随机构调整自然免除
10月17日　赵春明任山西农业大学党委委员、常委、副书记，山西农业大学(省农业科学院)校长(院长)职务，

原任职务随机构调整自然免除

10 月17日 马建平任山西农业大学党委委员、常委、副书记，原任职务随机构调整自然免除

10 月17日 张强任山西农业大学党委委员、常委、副书记，原任职务随机构调整自然免除

10 月17日 尉安英任山西农业大学党委委员、常委、纪委书记，原任职务随机构调整自然免除

10 月17日 李宏全任山西农业大学党委委员、常委，原任职务随机构调整自然免除

10 月17日 赵水民任山西农业大学党委委员、常委，原任职务随机构调整自然免除

10 月17日 李晋陵任山西农业大学党委委员、常委，原任职务随机构调整自然免除

10 月17日 免去刘玉平晋中学院党委书记、常委、委员职务

10 月17日 韩泽春任晋中学院党委委员、常委、书记，免去其长治学院党委书记、委员职务

10 月17日 郝勇东任长治学院党委委员、书记，免去其山西师范大学党委副书记、常委、委员职务

10 月17日 刘勇任晋中学院党委委员、常委

10 月17日 谭英杰任吕梁学院党委委员、常委

10 月17日 免去张建胜太原理工大学党委常委、委员职务

10 月17日 免去钟若愚山西财经大学党委常委、委员职务

10 月17日 免去张宏山西医科大学党委常委、委员职务

10 月17日 免去孟秀祥山西农业大学党委常委、委员职务

10 月17日 免去王建华山西师范大学党委常委、委员职务

10 月17日 免去贾二元山西管理职业学院党委书记、委员职务

10 月18日 王娟玲、李宏全、邢国明、杨武德、赵水民、李晋陵任山西农业大学（省农业科学院）副校长（副院长）

10 月18日 免去张建胜太原理工大学副校长职务

10 月18日 免去钟若愚山西财经大学副校长职务

10 月18日 免去张宏山西医科大学副校长职务

10 月18日 免去孟秀祥山西农业大学副校长职务

10 月18日 免去王建华山西师范大学副校长职务

10 月18日 免去刘俊珍吕梁职业技术学院院长职务

10 月26日 刘勇任晋中学院副院长（试用期一年）

10 月26日 谭英杰任吕梁学院副院长（试用期一年）

10 月26日 孙永富任吕梁职业技术学院院长（试用期一年）

11 月4日 晋中学院刘玉平退休

11 月4日 吕梁学院田晓东退休

11 月29日 山西师范大学张献明试用期满考核合格，正式任职

11 月29日 山西中医药大学刘星试用期满考核合格，正式任职

11 月29日 临汾职业技术学院段江燕试用期满考核合格，正式任职

12 月5日 山西财经大学杨怀恩退休

12 月27日 免去姜勇太原科技大学副校长职务

12 月27日 免去秦国杰山西师范大学临汾学院院长职务

12 月31日 免去李思殿山西大学党委副书记、常委、委员职务

12 月31日 免去闫路平长治职业技术学院党委书记职务

群团组织

1 月10日 吴波任省残疾人联合会第七届执行理事会副理事长

1 月10日 免去赵淑芊省残疾人联合会副理事长职务

2 月16日 省贸易促进联合会陈晓红试用期满考核合格，正式任职

4 月10日 赵友亭任省红十字会兼职副会长

4 月10日 任月忠任省红十字会兼职副会长

4 月10日 张瑞任红十字会兼职副会长

4 月10日 陈向阳任省红十字会兼职副会长

4 月10日 廉月胜任省红十字会兼职副会长

4 月10日 梁淑娟任省红十字会兼职副会长

4 月10日 免去谢红省红十字会兼职副会长职务

4 月10日 免去李青山省红十字会兼职副会长职务

4 月10日 免去程泽业省红十字会兼职副会长职务

4 月10日 免去尹也刚省红十字会兼职副会长职务

4 月10日 免去胡双明省红十字会兼职副会长职务

4 月10日 翟瑞卿任省法学会副会长

4 月10日 崔国红任省法学会副会长

4 月10日 免去刘冀民省法学会副会长职务

4 月10日 省法学会马俊试用期满考核合格，正式任职

4 月11日 尚有明任省供销合作社联合社党组成员

5 月13日 李忠贵任省总工会党组成员、副主席

5 月13日 李海任省供销合作社联合社巡视员，免去其省供销合作社联合社党组成员、监事会副主任职务

7 月8日 免去许富昌省科学技术协会党组书记、副主席职务

7 月23日 张晓清任省计划生育协会专职副会长（副厅长级）

9 月9日 张锐锋任省作家协会一级巡视员，免去其省作家协会党组成员、副主席职务

10 日16日 免去李菲省妇女联合会党组副书记、副主席职务

10 日17日 免去张葆省妇女联合会党组书记职务

10 日17日 黄岑丽任省妇女联合会党组书记

12 月9日 赵晔任省妇女联合会党组成员

12 月9日 免去张葆省妇女联合会主席职务

12 月9日 免去韩红、张瑞、茹栋梅省妇女联合会兼职副主席职务

12 月31日 免去张锐锋省作家协会一级巡视员职级，退休

省管国有企业

1 月2日 免去武华太山西焦煤集团有限责任公司董事长、董事职务

1月2日　王茂盛任山西焦煤集团有限责任公司董事、董事长
1月2日　黄巍任山西焦煤集团有限责任公司董事、副董事长
1月2日　邓保平任山西航空产业集团有限公司董事、副董事长
1月2日　免去张志方太原钢铁(集团)有限公司董事职务
1月2日　免去金智新山西焦煤集团有限责任公司副董事长、董事职务
1月2日　免去王光彪山西潞安矿业(集团)有限责任公司副董事长、董事职务
1月2日　免去孙玉福山西潞安矿业(集团)有限责任公司董事职务
1月2日　免去丁永平太原重型机械集团有限公司副董事长、董事职务
1月2日　免去刘顺平山西省文化旅游投资控股集团有限公司董事职务
1月10日　贾新田任山西出版传媒集团有限责任公司董事、董事长,免去其山西演艺(集团)有限责任公司董事长、董事职务
1月10日　贺建平任山西演艺(集团)有限责任公司董事、董事长
1月10日　免去梁宝印山西出版传媒集团有限责任公司董事长、董事职务
1月10日　刘俊义任山西潞安矿业(集团)有限责任公司董事、副董事长
1月10日　免去游浩、王志清山西潞安矿业(集团)有限责任公司副董事长、董事职务
1月10日　免去张海清山西能源交通投资有限公司副董事长、董事职务
1月13日　王付云任阳泉煤业(集团)有限责任公司党委专职副书记,免去其阳泉煤业(集团)有限责任公司副总经理职务
1月13日　保留于斌大同煤矿集团有限责任公司副职待遇
1月13日　免去丁建勤山西广电信息网络(集团)有限责任公司专职党委副书记、纪委书记职务
1月18日　免去李晋平山西潞安矿业(集团)有限责任公司党委书记职务
1月18日　游浩任山西潞安矿业(集团)有限责任公司党委书记
1月20日　游浩任山西潞安矿业(集团)有限责任公司董事、董事长
1月20日　免去李晋平山西潞安矿业(集团)有限责任公司董事长、董事职务
3月8日　太原钢铁(集团)有限公司王继光退休
3月8日　山西潞安矿业(集团)有限责任公司刘斌退休
3月8日　山西航空产业集团有限公司郭福林退休
4月1日　阳泉煤业(集团)有限责任公司靳培宏退休
4月1日　山西广电信息网络(集团)有限责任公司丁建勤退休
4月10日　郭贞红任山西潞安矿业(集团)有限责任公司党委专职副书记
4月10日　崔巍任山西广电信息网络(集团)有限责任公司党委委员、纪委书记
4月10日　赵海冰任山西广播电视传媒(集团)有限责任公司党委委员、纪委书记
4月10日　免去丁泽兴山西影视(集团)有限责任公司纪委书记职务
4月10日　郭世梁任山西影视(集团)有限责任公司党委委员、纪委书记
4月10日　靳禄宾任山西演艺(集团)有限责任公司党委委员、纪委书记
4月10日　王新任山西日报传媒(集团)有限责任公司党委委员、纪委书记
4月11日　王志清任山西晋城无烟煤矿业集团有限责任公司党委副书记
4月11日　胡彦威任山西出版传媒集团有限责任公司党委副书记
4月15日　免去丁建勤山西广电信息网络(集团)有限责任公司副董事长、董事职务
4月22日　郭贞红任山西潞安矿业(集团)有限责任公司董事、副董事长
4月22日　胡彦威任山西出版传媒集团有限责任公司副董事长
4月28日　免去靳禄宾山西日报传媒(集团)有限责任公司董事职务
5月10日　山西能源交通投资有限公司潘来喜退休
5月10日　山西省文化旅游投资控股集团有限公司刘顺平退休
5月11日　陈阳任山西航空产业集团有限公司党委委员
5月11日　任晓峰任山西省农村信用社联合社党委委员
5月13日　免去郑富核山西国信投资集团有限公司党委书记职务
5月13日　张炯玮任山西国信投资集团有限公司党委书记
5月13日　徐忠和任煤炭工业太原设计研究院集团有限公司党委书记,原任职务随转企改制自然免除
5月13日　董仙桃任煤炭工业太原设计研究院集团有限公司党委专职副书记,原任职务随转企改制自然免除
5月13日　耿建平任煤炭工业太原设计研究院集团有限公司党委委员,原任职务随转企改制自然免除
5月13日　刘晓勇任煤炭工业太原设计研究院集团有限公司党委委员,原任职务随转企改制自然免除
5月13日　赵民任煤炭工业太原设计研究院集团有限公司党委委员,原任职务随转企改制自然免除
5月14日　张炯玮任山西国信投资集团有限公司董事长
5月14日　徐忠和任煤炭工业太原设计研究院集团有限公司董事长
5月14日　免去郑富核山西国信投资集团有限公司董事长

职务
5月14日 徐忠和、董仙桃为煤炭工业太原设计研究院集团有限公司董事
7月7日 田兵任太原重型机械集团有限公司党委专职副书记
7月10日 山西交通控股集团有限公司周存信退休
7月10日 免去安小慧山西出版传媒(集团)有限责任公司党委委员职务,退休
7月10日 山西日报传媒(集团)有限责任公司游军退休
7月23日 田兵任太原重型机械集团有限公司董事、副董事长
7月23日 免去安小慧山西出版传媒(集团)有限责任公司董事职务
7月23日 免去游军山西日报传媒(集团)有限责任公司董事职务
8月7日 晋能集团有限公司王利君退休
9月8日 郑绍祖任晋能集团有限公司党委常委,免去其山西晋城无烟煤矿业集团有限责任公司党委常委职务
9月8日 王锁奎任山西晋城无烟煤矿业集团有限责任公司党委专职副书记
9月8日 李晓军任山西晋城无烟煤矿业集团有限责任公司党委常委
9月8日 孙建秀任山西交通控股集团有限公司党委委员,免去其山西能源交通投资有限公司党委委员职务
9月8日 何向荣任山西能源交通投资有限公司党委委员
9月8日 李东刚任山西能源交通投资有限公司党委委员
9月8日 肖志强任山西能源交通投资有限公司党委委员
9月8日 李勇泓的山西金融投资控股集团有限公司纪委书记职务自然免除
9月8日 董洪源的晋商银行股份有限公司纪委书记职务自然免除
9月8日 李亮军的山西省农村信用社联合社纪委书记职务自然免除
10月17日 张炯玮的山西国信投资集团有限公司党委书记、董事长职务待企业合并重组后自然免除
10月17日 韩良会任山西金融投资控股集团有限公司党委委员,现任职务待企业合并重组后自然免除
10月17日 曹煜任山西金融投资控股集团有限公司党委委员,现任职务待企业合并重组后自然免除
10月17日 免去吴黎正山西金融投资控股集团有限公司党委委员职务
10月17日 高志勇的山西国信投资集团有限公司党委委员、纪委书记职务待企业合并重组后自然免除
10月18日 杨小勇任山西金融投资控股集团有限公司董事、副董事长(正职待遇)
10月24日 乔记刚任煤炭工业太原设计研究院集团有限公司党委委员、纪委书记
11月4日 山西交通控股集团有限公司赵队家退休
11月29日 曹志福任太原钢铁(集团)有限公司党委常委
11月29日 赵恕昆任太原钢铁(集团)有限公司党委常委
11月29日 杨清民任山西焦煤集团有限责任公司党委常委
11月29日 肖亚宁任山西潞安矿业(集团)有限责任公司党委常委
11月29日 王强任山西潞安矿业(集团)有限责任公司党委常委
11月29日 赵学斌任山西晋城无烟煤矿业集团有限责任公司党委常委
11月29日 陈阳任山西航空产业集团有限公司党委副书记
12月6日 免去王惠跃山西广播电视传媒(集团)有限责任公司党委书记职务,退休
12月27日 免去王惠跃山西广播电视传媒(集团)有限责任公司董事长、董事职务
12月31日 高建光任山西能源交通投资有限公司党委委员,免去其山西省文化旅游投资控股集团有限公司党委副书记职务
12月31日 王俊飚任晋商银行股份有限公司党委书记,免去其山西省国有资本投资运营有限公司党委书记职务
12月31日 郭保民任山西省国有资本投资运营有限公司党委书记
12月31日 免去阎俊生晋商银行股份有限公司党委书记职务

各　市

太原市

1月14日 李晓波任太原市委委员、常委、副书记
1月14日 免去耿彦波太原市委副书记、常委、委员职务
7月8日 王志校任太原市委委员、常委
9月9日 刘斌任太原市人大常委会一级巡视员
9月9日 王爱萍任太原市人大常委会一级巡视员
9月9日 郭建发任太原市人大常委会一级巡视员
9月9日 冯霞任太原市政协一级巡视员
9月9日 陈远新任太原市政协一级巡视员
9月9日 免去张璐太原市委常委、委员职务
10月16日 杨万生任太原市纪委监委二级巡视员
12月31日 周计伟任太原市委委员、常委和市纪委书记
12月31日 杨继承任太原市委常委
12月31日 免去李吉山太原市委常委、委员和市纪委书记职务
12月31日 免去冯原平太原市迎泽区委书记职务
12月31日 免去王琳玉清徐县委书记职务

大同市

5月13日 李继忠任大同市平城区委书记
5月13日 免去张韬大同市委常委、委员和平城区委书记职务
9月9日 尚建军任大同市政府一级巡视员
9月9日 雷雪峰任大同市人大常委会一级巡视员
9月9日 张翠萍任大同市人大常委会一级巡视员
9月9日 许进娥任大同市政协一级巡视员
9月9日 武保洲任大同市政协一级巡视员
9月9日 免去冯苏京大同市委常委、委员职务
10月17日 免去黄岑丽大同市委常委、委员职务
10月24日 姚锦任大同市纪委副书记
11月29日 苏智任大同市云冈区委二级巡视员
11月29日 邓志蓉任大同市新荣区委二级巡视员
11月29日 冯晓雷任阳高县委二级巡视员
11月29日 王建江任天镇县委二级巡视员
12月5日 免去武保洲大同市政协一级巡视员职级
12月30日 免去冯晓雷阳高县委二级巡视员职级
12月30日 免去苏智大同市云冈区委二级巡视员职级
12月31日 免去刘振国大同市委副书记、常委、委员职务
12月31日 王铁梅任大同市委委员、常委
12月31日 冯晓雷任大同市委常委
12月31日 免去冯境城大同市人大常委会副主任职务

朔州市

2月27日 句爱云任朔州市委委员、应县县委书记
4月11日 免去陈耳东朔州市委常委、委员职务
5月13日 孟贵芳任朔州市委委员、常委和市纪委书记
5月13日 张韬任朔州市委委员、常委
10月17日 免去刘亮怀仁市委书记职务
10月17日 苏斌如任怀仁市委书记
12月19日 熊燕斌任朔州市委委员、常委、副书记
12月19日 免去高键朔州市委副书记、常委、委员职务
12月31日 免去操学诚朔州市委副书记、常委、委员职务
12月31日 免去王黎明朔州市委常委、委员职务
12月31日 张立新任朔州市委副书记
12月31日 王琳玉任朔州市委委员、常委

忻州市

7月8日 郝钧藩任忻州市委二级巡视员
9月9日 陈义青任忻州市委一级巡视员，免去市委常委、委员职务
10月10日 免去陈义青忻州市委一级巡视员职级
11月29日 张文斌任定襄县委二级巡视员
11月29日 田永清任代县县委二级巡视员
11月29日 任宁虎任宁武县委二级巡视员
11月29日 温建军任保德县委二级巡视员
12月30日 李彦斌任忻州市纪委监委二级巡视员
12月30日 免去温建军保德县委二级巡视员职级
12月31日 秦书义任忻州市委委员、常委
12月31日 王黎明任忻州市委委员、常委

吕梁市

5月13日 免去郭震威吕梁市委常委、委员职务
7月7日 李振华任吕梁市纪委副书记
9月9日 张广勇任吕梁市委一级巡视员
9月9日 尉文龙任吕梁市政府一级巡视员
9月9日 白荣欣任吕梁市政协一级巡视员
12月9日 周昌盛任吕梁市委委员、常委
12月9日 免去张选吕梁市委常委、委员职务
12月31日 徐德峰任吕梁市委委员、常委和市纪委书记
12月31日 免去李小明吕梁市委常委职务
12月31日 赵沂旸任吕梁市委委员、常委
12月31日 张欣宁任吕梁市委委员、常委
12月31日 免去李真孝义市委书记职务
12月31日 梁志勇任孝义市委书记,免去其吕梁市离石区委书记职务
12月31日 张潞萍任吕梁市离石区委书记
12月31日 免去秦书义吕梁市委常委、委员职务
12月31日 免去张稳科吕梁市委常委、市纪委书记职务

晋中市

4月1日 免去王成晋中市委书记、常委、委员职务
4月1日 赵建平任晋中市委书记
4月1日 常书铭任晋中市委委员、常委、副书记
6月10日 张鹏任介休市委书记
6月10日 免去丁雪钦介休市委书记职务
9月9日 赵春雷任晋中市人大常委会一级巡视员
9月9日 杨定旺任晋中市政协一级巡视员
11月29日 高俊德任晋中市纪委监委二级巡视员
12月31日 免去仝清雷晋中经济技术开发区管委会主任职务

阳泉市

9月9日 巩成任阳泉市委一级巡视员
9月9日 任建华任阳泉市委一级巡视员
9月9日 孙金明任阳泉市人大常委会一级巡视员
9月9日 吕昌政任阳泉市人大常委会一级巡视员
11月4日 免去吕昌政阳泉市人大常委会一级巡视员职级
12月30日 张志先任阳泉市矿区二级巡视员
12月31日 免去王铁梅阳泉市委常委、委员职务
12月31日 免去王明厚阳泉市郊区区委书记职务

长治市

2 月27日　免去胡三虎长治市委委员，襄垣县委书记职务
2 月27日　张晋伟任襄垣县委书记
7 月8日　陈鹏飞任长治市政府办公室二级巡视员
9 月9日　崔建泰任长治市人大常委会一级巡视员
10 月17日　张弛任长治市上党区委书记
11 月29日　卢展明任沁县县委二级巡视员
11 月29日　金所军任沁源县委二级巡视员
12 月30日　赵晋峰任长治市纪委监委二级巡视员
12 月31日　李敏任长治市委委员、常委

晋城市

4 月1日　孙世新任晋城市委委员、常委
4 月1日　免去王晋峰晋城市委常委、委员职务
7 月7日　杨德培任晋城市纪委副书记
9 月9日　李根田任晋城市委一级巡视员，免去其市委副书记、常委职务
9 月9日　陈建国任晋城市政协一级巡视员
10 月10日　免去陈建国晋城市政协一级巡视员职级
12 月31日　姚逊任晋城市委委员、常委、副书记，阳城县委书记
12 月31日　免去窦三马阳城县委书记职务

临汾市

4 月1日　董一兵任临汾市委委员、常委、副书记
4 月1日　免去刘予强临汾市委副书记、常委、委员职务
9 月9日　李云峰任临汾市委一级巡视员
9 月9日　杨益民任临汾市政协一级巡视员
10 月17日　免去加天山永和县委书记职务
10 月17日　高永贤任永和县委书记
10 月17日　免去郝忠祥吉县县委书记职务
10 月17日　崔绍民任吉县县委书记
10 月24日　任建英任临汾市纪委监委二级巡视员
12 月5日　免去任建英临汾市纪委副书记职务，免去其临汾市纪委监委二级巡视员职级
12 月31日　免去岳普煜临汾市委书记、常委、委员职务
12 月31日　董一兵任临汾市委书记
12 月31日　曹晓亮任临汾市委委员、常委和市纪委书记
12 月31日　免去李云峰临汾市委一级巡视员职级

运城市

1 月18日　储祥好任运城市委委员、常委、副书记(正厅长级)
7 月8日　范维山任运城市委委员、常委
7 月8日　免去常社教运城市委常委、委员职务
12 月19日　丁小强任运城市委委员、常委、书记
12 月19日　免去刘志宏运城市委书记、常委、委员职务
12 月31日　免去徐志英永济市委书记职务

医疗机构

1 月13日　免去马迅山西大医院(山西医学科学院)党委委员职务
1 月13日　免去赵浩亮山西大医院(山西医学科学院)党委委员职务
1 月16日　免去马迅、赵浩亮的山西大医院(山西医学科学院)副院长职务
5 月10日　免去张锁柱省人民医院党委委员职务，退休
5 月14日　免去张锁柱省人民医院副院长职务
6 月9日　孙化中任省人民医院党委委员
6 月9日　徐勇任山西医科大学第一医院党委委员
6 月9日　张瑞平任山西大医院(山西医学科学院)党委委员
6 月10日　陈利民任省人民医院党委委员、书记
6 月10日　免去张晓清省人民医院党委书记、委员职务
6 月10日　刘春任山西医科大学第一医院党委书记，山西医科大学党委委员、常委职务
6 月10日　李保任山西医科大学第二医院党委书记
6 月10日　赵斌任山西医科大学第二医院党委副书记，山西医科大学党委委员、常委
6 月20日　孙化中任省人民医院副院长
6 月20日　免去李保山西医科大学第二医院院长职务
7 月5日　免去刘春山西医科大学第一医院副院长职务
7 月5日　赵斌任山西医科大学第二医院院长(试用期一年)
7 月5日　徐勇任山西医科大学第一医院副院长(试用期一年)
7 月5日　张瑞平任山西大医院(山西医学科学院)副院长(试用期一年)
9 月29日　免去王东文山西医科大学第一医院党委委员职务
10 月12日　免去王东文山西医科大学第一医院副院长职务
12 月9日　吴华任山西白求恩医院(山西医学科学院)党委委员、书记
12 月9日　徐钧任山西医科大学第一医院党委委员、副书记，山西医科大学党委委员、常委，免去其山西白求恩医院(山西医学科学院)党委副书记、委员职务
12 月9日　免去王斌全山西医科大学第一医院党委副书记、委员，山西医科大学党委常委、委员职务
12 月27日　徐钧任山西医科大学第一医院院长
12 月27日　免去王斌全山西医科大学第一医院院长职务
12 月27日　吴华任山西白求恩医院(山西医学科学院)院长(试用期一年)
12 月27日　免去徐钧山西白求恩医院(山西医学科学院)院长职务

其 他

4月11日 丁永平任省援疆前方指挥部总指挥

4月11日 宋刚任省援疆前方指挥部临时党委副书记、副总指挥(试用期一年)

4月11日 李志松任省援疆前方指挥部临时党委副书记、副总指挥

4月11日 免去尚有明省援疆前方指挥部副总指挥、临时党委副书记职务

4月11日 免去陈银锁省援疆前方指挥部总指挥职务

12月31日 鲍永生任省援疆前方指挥部临时党委副书记、副总指挥

12月31日 免去王宏伟省援疆前方指挥部临时党委副书记、副总指挥职务

(本栏目内容由省委组织部、省人大常委会办公厅、省人社厅提供)

大事记

2019年中共山西大事记

1　月

7日　骆惠宁主持召开十一届省委第100次常委会议，传达全国扫黑除恶专项斗争视频会议精神，研究贯彻落实意见。会议要求，要深入学习贯彻习近平总书记重要指示精神和全国扫黑除恶专项斗争视频会议精神，围绕“深挖根治”总目标，继续落实省委“十个不断强化”要求，扎实推进打漏见底、打财断血、打伞破网和依法惩治、重点整治、源头根治“三打三治”，健全责任传导、常态督导等“七项机制”，不断推动斗争向纵深发展、取得新的更大成效。

同日　骆惠宁主持召开省委财经委员会第一次会议。会议审议通过《中共山西省委财经委员会工作规则》《中共山西省委财经委员会办公室工作细则》，研究2019年全省经济社会发展主要预期指标和财政收支安排，讨论省委经济工作会议有关文件。

同日　骆惠宁主持召开省委全面深化改革委员会第二次会议，审议通过《关于进一步深化河湖长制改革的工作方案》（以下简称《方案》）。《方案》按照山水林田湖草系统治理的总体思路，总结吸收省内外的经验做法，进一步细化实化了河湖长制的六大任务，明确了河湖长履职、组织管理、运行机制、监督保障四个方面12项具体规定和要求。会议还审议了《山西省公安机关警务辅助人员管理改革方案》。

8日　骆惠宁主持召开党外人士座谈会，听取各民主党派省委会、省工商联负责人和无党派人士代表对当前经济形势和2019年经济工作的意见建议。楼阳生通报2018年经济运行和2019年经济工作安排主要内容。座谈会上，民革省委会主委张复明、民盟省委会主委王维平、民建省委会主委薛维梁、民进省委会主委卫小春、农工党省委会主委李思进、九三学社省委会主委李青山、省工商联主席李武章、无党派人士代表谢红，围绕贯彻落实中央经济工作会议精神和省委部署要求，就做好2019年经济工作分别发言。徐广国通报2018年调研协商总体情况。

9—10日　山西省委经济工作会议在太原召开。骆惠宁作重要讲话。楼阳生作具体安排。会议学习贯彻习近平新时代中国特色社会主义经济思想和中央经济工作会议精神，总结2018年全省经济工作，分析当前经济形势，部署2019年经济工作。会议根据第97次省委常委会决策，明确了2019年全省经济工作总体要求。指出，2019年要创造性地贯彻中央经济工作大政方针，着力解决突出问题，拓展全省转型发展新局面。要深刻把握中央提出的做好新形势下经济工作的“五条规律性认识”、认真贯彻中央提出的“巩固、增强、提升、畅通”八字方针，坚持把供改和综改相结合作为经济工作的主线，为高质量转型发展提供有力保障。会议提出2019年抓好6项重点任务，进一步打造山西转型发展的新优势新动力新形象。一是深入推进能源革命、优先发展制造业，在创新驱动发展上迈出更大步伐。二是降低企业成本负担、激发市场主体活力，在支持实体经济发展上拿出更实举措。三是扩大有效投资、满足消费需求，为经济平稳健康发展提供更强支撑。四是扎实推进乡村振兴、提高城镇发展质量，推动区域协调发展取得更快进展。五是深化市场化改革、扩大高水平开放，推动体制机制创新实现更大突破。六是坚决打好三大攻坚战、切实保障和改善民生，让全省人民得到更多实惠。会议对2019年重点经济工作进行了具体安排。强调要狠抓转型项目建设，着力增强高质量发展后劲。要狠抓制造业重点集群培育，推动实体经济高质量发展。要狠抓重点工作落实，推动能源革命综合试点纵深开展。要狠抓产学研深度结合，有效提升区域创新能力。要狠抓关键领域改革，激发高质量转型发展活力。要狠抓外贸主体培育和平台利用，增创开放型经济新优势。要狠抓城市品质提升，带动区域协调发展。要狠抓三大旅游板块建设，构建全域旅游新格局。要狠抓关键环节突出短板，打好打赢三大攻坚战。要狠抓民生改善和社会治理，提高人民群众的获得感幸福感安全感。要狠抓“六最”营商环境打造，为高质量转型发展提供保障。会议还对抓好经济工作开局起步,努力实现首季开门红作出具体部署。会议强调,要进一步加强和改进党对经济工作的领导,为全省拓展转型发展新局面提供坚强保障。一要提高领导能力和水平。二要着力加强干部的专业化培训。三要进一步强化作风建设。

10日 全省发展和改革工作会议在太原召开。会议深入学习贯彻落实全国发展和改革工作会议精神,回顾总结2018年发展改革工作情况,安排部署2019年发展改革重点任务。会议提出了2019年全省发展改革工作的4大主攻方向。一是以三大目标定位为牵引,加快推动转型发展。二是坚持稳中求进,推动经济平稳健康发展。三是深化转型项目建设年,夯实转型发展的物质基础。四是积极适应职能转变,加强重大问题研究和政策储备。会议要求,聚焦省委省政府重大决策部署,全力做好2019年发展改革各项重点工作。一是深化供给侧结构性改革,着力构建现代产业体系。二是持续扩大有效投资,努力激发内需潜力。三是持续深化改革开放,增强转型发展动力。四是统筹城乡协调发展,增强发展的全局性和联动性。五是加强生态文明建设,提升绿色发展水平。六是抓好民生重点工程,持续加快改善民生。

14日 骆惠宁主持召开十一届省委第101次常委会议,传达全国宣传部长会议精神,研究贯彻落实意见,听取省人大常委会、省政府、省政协、省法院、省检察院党组2018年度工作汇报。

同日 省委中心组举行专题学习会,深入学习领会习近平总书记在十九届中央纪委三次全会上的重要讲话精神和全会精神,对领导干部抓好贯彻落实提出要求。骆惠宁主持并讲话。骆惠宁指出,要把学习贯彻习近平总书记重要讲话精神和全会精神作为重大政治任务,认真结合实际抓好落实。要从整体上把握党的十九大以来全面从严治党取得的新的重大成果。要从整体上把握2019年全面从严治党的总体要求和重点任务。要从整体上把握习近平总书记对领导干部特别是高级干部提出的明确要求。任建华传达有关精神并作交流发言,罗清宇、刘新云作交流发言。

16—17日 省军区党委十一届三次全体(扩大)会议在太原召开。会议传达学习习近平主席重要讲话和中央军委扩大会议精神,传达学习军委国防动员部、中部战区党委扩大会议精神。省委书记、省军区党委第一书记骆惠宁出席并讲话。省委常委、省军区司令员韩强作党委工作报告。省军区党委常委、副政委兼纪委书记刘兴安作纪委工作报告。骆惠宁就深入学习贯彻习近平总书记重要讲话精神,扎实推进山西全省国防动员和后备力量建设提出要求。一是提升主动履责的紧迫感。二是落实党管武装工作制度。三是改进相关考核工作。会议对年度工作先进单位和个人进行了表彰。

18日 骆惠宁主持召开十一届省委第102次常委会议,传达中央农村工作会议、全国扶贫开发工作会议和深入学习浙江“千万工程”经验全面扎实推进农村人居环境整治会议精神,审议通过《关于坚持农业农村优先发展做好“三农”工作的实施意见》,讨论拟提请省十三届人大二次会议、省政协十二届二次会议审议的各项工作报告(送审稿),研究省纪委十一届四次全会文件,听取十一届省委第四轮巡视情况汇报,审定第五轮巡视方案。

19日 中共山西省第十一届纪律检查委员会第四次全会召开。骆惠宁在会上作重要讲话。楼阳生、林武、李佳、罗清宇、张吉福、廉毅敏、商黎光、胡玉亭、韩强出席会议。任建华主持会议。中央纪委国家监委机关有关同志应邀出席会议。骆惠宁强调,要以习近平新时代中国特色社会主义思想为指导,增强“四个意识”、坚定“四个自信”、做到“两个维护”,加强党的全面领导,以党的政治建设为统领全面推进党的建设,夺取全面从严治党更大战略性成果,巩固发展反腐败斗争压倒性胜利,一体推进不敢腐、不能腐、不想腐,健全监督体系、增强监督效能,确保党中央及省委重大决策部署坚决贯彻落实到位,以优异成绩庆祝中华人民共和国成立70周年。骆惠宁对2019年工作提出6项重点任务:一是坚持不懈强化思想武装和党的领导,切实推动中央大政方针及省委决策部署落地见效。二是坚持不懈强化政治建设,切实增强“两个维护”的能力和效果。三是坚持不懈改作风树新风,切实拓展落实中央八项规定精神成果。四是坚持不懈减存量、遏增量,切实巩固发展反腐败压倒性胜利。五是坚持不懈完善监督体系,切实增强对公权力和公职人员的监督全覆盖、有效性。六是坚持不懈整治群众身边不正之风和腐败问题,切实维护群众切身利益。

20日 全省脱贫攻坚工作会议在太原召开。楼阳生出席并讲话,他强调,咬定目标、坚持标准,一鼓作气、决战决胜,为如期打赢脱贫攻坚战奠定坚实基础。省委副书记、常务副省长林武主持并作总结讲话。会议对2018年度全省脱贫攻坚奖获得者进行了表彰。

21日 省委农村工作会议以电视电话会议形式开到乡镇一级。会议以习近平新时代中国特色社会主义思想为指导,深入贯彻中央农村工作会议精神和省委十一届七次全会、省委经济工作会议精神,总结2018年全省“三农”工作,研究部署2019年重点任务。会前,骆惠宁对做好“三农”工作作出批示,就加强“三农”工作的领导提出明确要求。楼阳生就做好“三农”工作提出要求,对重点任务进行了强调。林武出席会议并讲话。会上,太原市、朔州市、运城市、原平市、曲沃县、襄垣县作了交流发言。

同日 全省宣传部长会议在太原召开。省委常委、宣传部部长廉毅敏出席并讲话,副省长张复明出席。全省文明办、新闻办、网信办主任会议同日召开。

25—29日 中国人民政治协商会议第十二届山西省委员会第二次会议在太原召开。大会共召开3次全体会议。主要议程共7项,分别是:听取和审议政协山西省委员会常务委员会工作报告;听取和审议政协山西省委员会常务委员会关于省政协十二届一次会议以来提案工作情况的报告;列席山西省第十三届人民代表大会第二次会议,听取和讨论政府工作报告及其他有关报告;审议通过政协第十二届山西省委员会第二次会议政治决议;审议通过政协第十二届山西省委员会第二次会议关于常务委员会工作报告的决议；审议通过政协第十二届山西省委员会提案委员会关于省政协十二届二次会议提案审查情况的报告;审议通过人事事项。会上，席小军代表政协第十二届山西省委员会常务委员会向大会作工作报告。报告分2018年工作回顾和2019年工作部署两大部分。会议通过了政协第十二届山西省委员会第二次会议关于常务委员会工作报告的决议、政协第十二届山西省委员会提案委员会关于省政协十二届二次会议提案审查情况的报告、政协第十二届山西省委员会第二次会议政治决议。在第三次全体会议上，选举李佳为政协第十二届山西省委员会主席，选举师帅、朱新才、刘海芸(女)为政协第十二届山西省委员会常务委员。

26日 骆惠宁主持召开十一届省委第103次常委会议，学习习近平总书记在省部级主要领导干部坚持底线思维着力防范化解重大风险专题研讨班重要讲话精神，传达中央政法工作会议、全国组织部长会议、全国统战部长会议、全国老干部局长会议和第三十二次全国“扫黄打非”工作会议精神，研究贯彻落实意见，审议通过《中共山西省委常委会2019年工作要点》。

26—30日 山西省十三届人大二次会议在太原召开。骆惠宁主持会议。楼阳生代表省人民政府向大会作政府工作报告。大会正式会期5天，共安排5次全体会议、4次主席团会议、3次全团会议、3次分组会议。大会议程共十项，分别为：听取和审议山西省人民政府工作报告；审查和批准山西省人民政府关于山西省2018年国民经济和社会发展计划执行情况与2019年国民经济和社会发展计划(草案)的报告，批准山西省2019年国民经济和社会发展计划；审查和批准山西省人民政府关于山西省2018年全省和省本级预算执行情况与2019年全省和省本级预算(草案)的报告，批准山西省2019年省本级预算；听取和审议山西省人大常委会工作报告；听取和审议山西省高级人民法院工作报告；听取和审议山西省人民检察院工作报告；审议《山西省开发区条例(草案)》；补选；通过山西省第十三届人民代表大会有关专门委员会更名和设立的决定以及组成人员名单；其他事项。2019年特邀10名港澳人士列席。楼阳生在报告中指出，2019年重点抓好十个方面的工作。一是聚焦转型项目建设，保持经济运行在合理区间。二是聚焦实施创新驱动，推动制造业高质量发展。三是聚焦关键领域改革，激发转型发展活力。四是聚焦融入国家战略，不断提高对外开放水平。五是聚焦提升城市品质，促进区域协调发展。六是聚焦全面小康目标，深入实施乡村振兴战略。七是聚焦文旅融合发展，建设富有特色和魅力的文化旅游强省。八是聚焦解决突出问题，坚决打好三大攻坚战。九是聚焦人民群众普遍关心的切身利益问题，加强保障和改善民生。十是聚焦平安山西建设，提升社会安全稳定水平。面对改革发展的繁重任务，楼阳生还对政府自身建设和打造“六最”营商环境提出要求。会议表决通过了关于省人民政府工作报告的决议、关于山西省2018年国民经济和社会发展计划执行情况与2019年国民经济和社会发展计划的决议、关于山西省2018年全省和省本级预算执行情况与2019年全省和省本级预算的决议、关于省人民代表大会常务委员会工作报告的决议、关于省高级人民法院工作报告的决议、关于省人民检察院工作报告的决议。表决通过了《山西省开发区条例》。在第四次全体会议上，孙洪山当选省高级人民法院院长，郭海刚当选省人大常委会秘书长，李仁和、李凤岐、武华太、郝权当选省人大常委会委员。

27—28日 中共中央政治局委员、国务院扶贫开发领导小组组长胡春华在吕梁市调研脱贫攻坚工作，看望贫困群众和基层扶贫干部。胡春华先后到临县、兴县和岚县，进村入户了解贫困群众生产生活情况，实地察看教育扶贫、健康扶贫、农村危房改造和农村饮水安全等工作进展情况。骆惠宁、楼阳生分别陪同调研。

31日 全省统战部长会议在太原召开。省委常委、统战部部长徐广国出席并讲话。

2　月

1日 骆惠宁主持召开省委常委班子2018年度民主生活会。会上，通报了省委常委班子2017年度民主生活会和2018年巡视整改专题民主生活会整改措施落实情况，2018年度省委常委班子民主生活会征求意见情况。审议《关于党的十九大以来省委常委班子贯彻执行中央八项规定精神情况的报告》。骆惠宁代表省委常委班子作对照检查，重点从学习贯彻习近平新时代中国特色社会主义思想、教育引导广大干部提高政治敏锐度和政治把控力、带头贯彻新发展理念破解转型发展难题、改革创新奋发有为的观念能力作风、带头转变作风知行合一真抓实干、解决形式主义官僚主义问题等6方面查摆了问题和不足，深刻剖析了原因，明确努力方向和改进措施。骆惠宁同志带头，每位常委同志对照党章，对照党的十九大和十九届二中、三中全会精神，对照习近平总书记视察山西重要讲话精神，按照省委《关于加强和维护党中央集中统一领导的若干规定》《贯彻落实中央八项规定实施细则》，逐一进行问题查摆，深刻剖析原因，报告个人廉洁自律情况和重要事项，开展批评和自我批评。

14日 骆惠宁主持召开十一届省委第104次常委会议，传达第二十六次全国高校党的建设工作会议精神、2019年对台工作会议精神，研究贯彻落实意见。审议通过《关于深入学习贯彻习近平总书记全面依法治国新理念新思想新战略加快推进全面依法治省工作的实施意见》《山西省坚决打好防范化解重大风险攻坚战方案》，听取第二届全国青运会有关筹备情况和省文联、省作协、省社科联换届筹备情况汇报。会议审议了《山西省坚决打好防范化解重大风险攻坚战方案》。

同日 骆惠宁主持召开省委审计委员会第一次会议。会议传达了全国审计工作会议精神，研究贯彻落实意见。会议审议通过了《2019年度全省统一组织审计项目计划》《中共山西省委审计委员会工作规则》和《中共山西省委审计委员会办公室工作细则》。

16日 省委举办省管主要领导干部专题研讨班，深入学习贯彻习近平总书记在省部级主要领导干部坚持底线思维着力防范化解重大风险专题研讨班上的重要讲话精神，讨论《山西省坚决打好防范化解重大风险攻坚战方案(讨论稿)》。骆惠宁在开班式上的讲话中着重分析了全省政治、意识形态、经济和科技、社会、生态环保、安全生产、对外交往和党的建设等领域面临的风险挑战，对做好防范化解重点工作提出明确要求。楼阳生在主持开班式时指出，各级领导干部要认真学习领会习近平总书记重要讲话精神，进一步树牢底线思维、增强忧患意识，切实把思想和行动统一到党中央及省委部署要求上来。研讨班期间，分组进行了深入讨论，8位学员代表作了交流发言。

18日 全省"改革创新、奋发有为"大讨论动员部署会在太原召开。骆惠宁出席并讲话。楼阳生主持会议。会议要求，各地各部门要对照"六个破除""六个着力""六个坚持"，进一步解放思想、改进工作，对标一流、争创佳绩，确保实现"六个新突破"，以大讨论牵引全年工作的开局，进一步拓展"两转"基础上全省各项事业发展新局面。大讨论要重点抓好10个关键环节，即动员部署、学习讨论、举办改革创新先进典型报告会、对标一流述职评议、奖励目标责任考核优秀单位和个人、召开民主生活会和专题组织生活会、推出一批促进改革发展的重大举措、实现一季度"开门红"、深入开展"万名干部入企进村服务"活动、总结交流。

18—19日 中共中央政治局委员、全国人大常委会副委员长王晨在山西就人大代表工作进行调研，听取即将出席十三届全国人大二次会议的部分全国人大代表的意见建议。王晨在长治市平顺县西沟村，看望了全国人大代表申纪兰，同她就发挥代表作用、脱贫攻坚等作了深入交流。在太原市小店区，看望了正在进行下水道养护作业的全国人大代表王润梅。在杏花岭街道，考察了街道人大代表活动室，并召开部分全国人大代表和基层人大代表座谈会，听取与会代表的意见建议。调研期间，王晨还瞻仰了八路军太行纪念馆。

19日 省委政法工作会议在太原召开。骆惠宁出席会议并讲话。对做好今后全省政法工作，骆惠宁重点强调做好五方面工作：一要严防敌对势力渗透破坏。二要巩固拓展扫黑除恶成果。三要防范化解社会矛盾风险。四要推进社会治理现代化。五要深化政法领域改革。省委常委、政法委书记商黎光主持第一阶段会议，并在第二阶段会议作工作报告。副省长刘新云主持第二阶段会议，会上集中观看了山西政法信息化智能化专题片。

20日 全省"改革创新、奋发有为"大讨论举行首场先进典型报告会。骆惠宁、楼阳生、林武出席报告会听取报告。中国人民解放军航天员大队特级航天员景海鹏，深圳市政府党组成员、前海深港合作区管理局局长杜鹏，中国科学院深圳先进技术研究院党委书记杨建华，太钢集团党委书记、董事长高祥明受邀作首场报告。

25日 以"新时代的中国：山西新转型 共享新未来"为主题的外交部山西全球推介活动在北京举行。国务委员兼外交部长王毅出席并讲话，外交部党委书记齐玉出席。骆惠宁致辞，楼阳生推介。山西作为本次推介活动的主角，向世界讲述了资源型地区走转型新路、不断追求高质量发展、与世界共享新未来，建设资源型经济转型发展示范区、打造能源革命排头兵、构建内陆地区对外开放新高地的生动故事，展示三晋大地的厚重历史文化魅力和巨大发展潜力。阿斯卡半导体、康明斯电力、巨鹏集团、美国空气化工等一批世界500强或行业领军企业，与山西有关开发区和企业签订了项目合作协议。来自134个国家和国际组织的230多位外交使节和代表，以及120多名中外记者，53名国际知名中外企业代表，中央和地方有关部门代表500多人出席活动。

27日 骆惠宁主持召开十一届省委第106次常委会议，传达贯彻习近平总书记关于信访工作的重要批示精神，研究贯彻落实意见。审议通过《省十三届人大常委会2019年立法计划》《政协山西省委员会2019年度协商工作计划》《山西省落实党对反腐败工作全过程领导实施细则（试行)》《中共山西省委党建工作领导小组2019年工作要点》《省委中心组2019年理论学习计划》《山西省2019年政党协商计划》等文件。

同日 骆惠宁主持召开省委深改委第三次会议，强调要深入贯彻落实习近平总书记在中央全面深化改革委员会第六次会议上的重要讲话精神，用好"改革创新、奋发有为"大讨论的重要契机，把改革工作重点聚焦到解决实际问题上，突出抓好重要领域和关键环节改革，谋实改革举措，落实主体责任，抓实任务统筹，实现精准改革。会议审议通过《山西省促进区域协调发展指导意见》《山西省土地指标交易调剂暂行办法》《关于鼓励民营企业发起设立民营银行的实施方案》《山西省汾河中上游山水林田湖草生态保护修复工程试点实施方案(2018-2020年)》《关于开展建设新时代文明实践中心试点工作的实施方案》《山西省贸促会深化改革方案》。楼阳生出席会议。

同日 省委中心组举行专题学习会，学习《中共中央关于加强党的政治建设的意见》《中国共产党支部工作条例(试行)》《中国共产党纪律检查机关监督执纪工作规则》《中国共产党党内关怀帮扶办法》《社会主义学院工作条例》《中国共产党政法工作条例》《中国共产党重大事项请示报告条例》《中国共产党农村基层组织工作条例》等八部党内法规，观看警示教育片《增强忧患意识防范风险挑战》。骆惠宁主持并讲话。楼阳生出席。在会上，骆惠宁深刻阐释了每部党内法规的重大意义和重点要求。林武、李佳、徐广国、商黎光、胡玉亭、郭迎光作交流发言。

28日 省委召开市委书记对标一流述职评议会。骆惠宁主持会议并讲话。楼阳生、林武进行点评。会上，各市市委书记按照大讨论要求，围绕贯彻落实中央及省委决策部署、履行岗位职责进行述职发言，对标一流剖析问题，提出改进思路与举措。会上还对市委书记履职情况进行了测评。针对市委书记履好职尽好责，结合搞好大讨论，骆惠宁提出四点要求，一要始终把握正确方向。二要对标一流谋划工作。三要以问题导向破解难题。四要以身作则树立形象。

3 月

1日 楼阳生到山西转型综改示范区现场办公，并主持召开省转型综改示范区领导小组会议，听取示范区建设情况汇报，研究解决困难问题。

6日 十三届全国人大二次会议山西代表团举行媒体开放日，全国人大代表、省委书记、省人大常委会主任骆惠宁就开展“改革创新、奋发有为”大讨论接受了人民日报记者的采访。骆惠宁指出，这场大讨论有4个鲜明特征：一是坚持问题导向，弘扬自我革命精神。二是一流标准牵引，认真贯彻落实中央重大决策部署。三是突出领导干部带头，各级领导机关和领导干部首先要把自己摆进去，带头查找问题，带头整改提升。四是全民广泛参与，覆盖全省域各层次，动员各行各业、全省人民踊跃参与，同时听取省外关心支持山西改革发展有识之士的意见建议。

同日 十三届全国人大二次会议山西代表团举行媒体开放日，全国人大代表、省长楼阳生就有机旱作农业和小杂粮产业发展接受新华社记者采访。楼阳生指出，山西之所以被誉为“小杂粮王国”，主要是因为：一是品种多。二是品质优。三是产量高。四是贡献大。下一步，山西要着力培育杂粮全产业链，打好特色优势牌，做优区域公共品牌，壮大龙头企业，建设标准化生产示范基地，打造优势杂粮这一区域特色；健全政策体系和技术体系，深入推进示范创建，打造有机旱作这一技术特色；以山西农谷为龙头，加强多样化、个性化、高品质功能食品开发，打造功能食品这一产品特色，促进我省杂粮产业提质增效，助力脱贫攻坚、乡村振兴和美丽山西建设。

7日 省委召开全省纪念“三八”国际妇女节109周年座谈会，深入学习贯彻习近平总书记关于妇女工作、妇联改革的重要指示精神和在同全国妇联新一届领导班子成员集体谈话时的重要讲话精神，推动妇联系统扎实开展“改革创新、奋发有为”大讨论，更好地团结引领广大妇女为在“两转”基础上全面拓展新局面贡献巾帼力量。骆惠宁作出重要批示。

12日 十三届全国人大二次会议山西代表团举行全体会议。中共中央政治局常委、中央书记处书记王沪宁与代表们一同审议。王沪宁表示，要以庆祝新中国成立70周年为主线统筹做好各项宣传工作，激发干部群众建功新时代的昂扬斗志。要深入推进脱贫攻坚和乡村振兴战略，增强人民获得感、幸福感、安全感。要全面加强党的领导和党的建设，推动政治生态持续好转。

13日 十三届全国人大二次会议期间，山西代表团全体代表依法履职，积极向大会提出议案建议，共提交14件议案、210件建议。其中，以代表团名义提交的议案1件、建议4件，分别是关于制定《京津冀上游水源涵养区治理与保护法》的议案，《关于加大吕梁山深度贫困地区生态修复支持力度的建议》《关于京津冀上游水源地治理的建议》《关于提升晋电外送能力促进国家新型综合能源基地建设的建议》《关于支持黄河古贤水利枢纽工程建设的建议》。

同日 全省组织部长会议在太原召开。会议深入贯彻全国、全省组织工作会议精神，按照全国组织部长会议部署和省委对组织工作的要求，总结党的十九大以来全省组织工作，安排部署2019年任务。省委常委、组织部部长曲孝丽出席并讲话。

15日 山西国投中实股权投资管理有限公司揭牌暨山西新旧动能转换基金签约仪式在北京举行。骆惠宁、楼阳生为山西国投中实股权投资管理有限公司揭牌并见签。仪式上，山西国投、中国实业签署了山西新旧动能转换基金战略合作协议。基金设立后，将突出市场化专业化运营，坚守风险防控底线，通过资源整合、资本运作，积极参与省属国企混改，有效纾困上市公司，深入推进企业并购重组，引进和发展战略性新兴产业，为全省经济转型升级、提质增效提供资本支撑。

18日 省委召开常委扩大会议，传达贯彻习近平总书记在全国“两会”期间重要讲话精神、全国“两会”精神、中共中央政治局常委王沪宁同志参加山西代表团审议时的讲话精神。骆惠宁主持并讲话。

21日 骆惠宁主持召开十一届省委第109次常委会议，审议通过《关于贯彻〈中共中央关于加强党的政治建设的意见〉的工作措施》《关于贯彻〈中共中央办公厅关于解决形式主义突出问题为基层减负的通知〉的工作措施》《山西省加快推进县级融媒体中心建设的实施方案》《山西省委全面依法治省委员会2019年工作要点》《关于实施“三晋英才”支持计划的决定》。会议听取全省“改革创新、奋发有为”大讨论进展情况汇报，对深化大讨论提出明确要求，部署万名干部入企进村服务工作，要求党员领导干部带头持续转变作风。

同日 骆惠宁主持召开省委深改委第四次会议，审议通过《山西省加快推进县级融媒体中心建设的实施方案》。

22日 全省“三晋英才”支持计划启动大会在太原举行。大会提出，“三晋英才”是省级综合性人才荣誉，要让广大优秀人才“名利双收”，受到尊崇和厚待。大会要求，各地各部门要按照省委部署要求，全面实施“三晋英才”支持计划，确保政策执行到位、红利充分释放。会上，省委常委、组织部部长曲孝丽宣读《中共山西省委关于实施“三晋英才”支持计划的决定》。省领导为“三晋英才”代表颁发证书。

25—27日 骆惠宁深入吕梁企业、农村，参加万名干部入企进村服务活动。其间，骆惠宁主持召开座谈会，就2019年全省国企国资改革行动方案听取部分市和省属国企的意见建议。骆惠宁还考察了离柳集团下属的吕安危化应急救援管理基地，对吕梁市探索市场化应急救援补充模式表示肯定。

4 月

4日 骆惠宁对扎实抓好防范化解重大风险作出批示和安排，在全省开展高陡边坡隐患排查、护林防火专项督查、安全生产大检查“三个专项行动”。

11日 骆惠宁主持召开省委外事工作委员会第一次会议。会议传达了2018年全国地方外办主任会议和2019年度党的对外联络工作座谈会、2019年全国友协系统会长年会精神，研究贯彻落实意见，审议《中共山西省委外事工作委员会2019年工作要点》《中共山西省委外事工作委员会工作规则》和《中共山西省委外事工作委员会办公室工作细则》。

同日 骆惠宁主持召开省委深改委第五次会议，审议通过《省委全面深化改革委员会2019年重大改革安排及责任分工》《山西省2019年国资国企改革行动方案》《省属企业混合所有制改革操作指引》。

12日 全省河长制工作暨汾河流域水污染治理攻坚推进会议在太原召开。骆惠宁作出重要批示，对汾河流域治理工作提出明确要求。楼阳生对汾河流域治理攻坚进行再部署、再动员、再推进。会上，省政府向11市下达任务书。吕梁市、清徐县、文水县刘胡兰镇政府主要负责人作了表态发言。楼阳生签署第262号省人民政府令，公布《山西省人民政府关于坚决打赢汾河流域治理攻坚战的决定》，自2019年5月12日起施行。

12—14日 山西省文学艺术界联合会第九次代表大会、山西省作家协会第七次代表大会和山西省社会科学界联合会第三次代表大会在太原召开。骆惠宁、楼阳生出席。中国文联党组成员、副主席、书记处书记李前光，中国作协党组成员、副主席、书记处书记吉狄马加出席并致词。会议审议通过了郭健同志所作的题为《高举旗帜 砥砺前行 奋力谱写山西文艺繁荣兴盛新篇章》的工作报告，审议通过了《山西省文学艺术界联合会章程》，选举郭健同志为山西省文联第九届主席团主席，同时，还选举产生出山西省文联第九届主席团副主席15名，主席团委员27名。

15日 全省深化国有企业改革大会在太原召开。骆惠宁出席并讲话。楼阳生主持会议。骆惠宁指出，推动全省国资国企改革向纵深发展，力争整体进入全国第一方阵。要大力调整优化国有资本布局，支撑现代产业体系建设。要坚持解放思想、创新手段，推动国企混改实现更大的突破。要进一步遵循市场经济和企业发展规律，不断完善具有中国特色、符合现代企业制度要求的国企法人治理结构和运行体制。要深化国资管理体制改革，加快实现从“管企业”向“管资本”转变。要强化忧患意识和底线思维，坚决防范化解重大风险。要始终将政治建设摆在首位，以国企党建引领高质量转型发展。省委省政府明确责成各市县，2019年要形成全面改革的氛围，2020年要形成上下协同改革的大格局。楼阳生在主持会议时指出，2018年召开了省属国有企业深化改革转型发展推进会，2019年又召开深化国有企业改革大会，充分表明了省委、省政府推动国资国企改革向纵深发展的坚定决心。各级各部门各单位要认真学习传达骆惠宁书记讲话精神和2019年国资国企改革行动方案，切实把思想和行动统一到省委、省政府对国资国企改革的安排部署上来。第一次全体会议以电视电话会议形式开到市一级，会前集中观看了《以改革加速度，拓展转型新局面》专题片。第二次全体会议上王一新对抓好会议精神的贯彻落实提出要求。

17日 骆惠宁主持召开十一届省委第113次常委扩大会议，听取全省重大项目谋划和实施情况汇报，就做好下一步项目工作作出部署。10个省直部门按基础设施、产业、生态、民生等板块分别汇报相关领域重大项目谋划和实施情况，各市分别汇报本地重大项目谋划和实施情况，常委会同志进行现场点评，并提出对策建议。

22日 省委中心组举行(扩大)学习报告会。中国银行保险监督管理委员会首席风险官兼办公厅主任、新闻发言人肖远企同志作了题为“深入认识当前经济金融形势，切实增强金融服务实体经济能力”的报告。省委中心组成员出席会议，省委常委、宣传部长廉毅敏主持会议。报告会上，肖远企着重从习近平总书记对金融工作的重要论述、当前经济金融形势、金融服务实体经济的措施和考虑等三个方面进行了详细讲解，用翔实的数据和丰富的例证做了深入阐释，既有理论高度又有实践指导性，对全省下一步做好金融工作具有十分重要的意义。

25日 全省目标管理工作会议在太原召开。骆惠宁出席会议并讲话，强调要认真贯彻中央出台的《党政领导干部考核工作条例》，充分发挥考核的指挥棒作用，牵引全省在“两转”基础上全面拓展新局面，确保高质量完成全年工作目标，以优异成绩庆祝新中国成立70周年。楼阳生主持会议。林武通报2018年度全省脱贫攻坚成效考核情况，宣读省委、省政府关于表彰2018年度目标责任考核优秀市、优秀单位的决定。曲孝丽通报全省2018年度目标责任考核工作以及结合优秀等次评定推荐担当作为方面表现突出干部的情况。张复明通报区域经济转型升级考核工作和开发区发展水平考核工作情况。主会场参会人员对各市市长述职进行了评议。

同日 中共山西省委办公厅印发《关于贯彻〈中共中央办公厅关于解决形式主义突出问题为基层减负的通知〉的工作措施》

25—26日 全省教育大会在太原召开。骆惠宁出席并讲话。楼阳生作具体部署。林武主持会议。骆惠宁强调，坚持优先发展，科学统筹规划，明确山西教育现代化的战略部署。着眼立德树人，注重全面发展，完善德智体美劳全面培养的教育体系。加快补齐短板，抓好巩固提高，促进基本公共教育服务均等化。培养一流人才，增强创新能力，努力提升教育对经济社会发展贡献度。健全治理体系，壮大教师队伍，增强各级各类学校的发展活力。全面加强领导，自觉扛起责任，营造教育事业发展良好生态。教育兴则人才兴，教育强则山西强。楼阳生就加快推进教育现代化、办好人民满意的教育作出具体部署。一要破解突出问题，巩固提升基础教育水平。二要全面提升高等教育和职业教育质量，增强教育服务转型发展能力。三要深化教育体制机制改革，全面激发教育发展活力。会议进行了分组讨论，审议《山西教育现代化2035》《加快推进山西教育现代化实施方案(2018—2022年)》。

28日 山西省庆祝“五一”国际劳动节暨劳动模范表彰

大会在太原举行。骆惠宁出席并讲话，他强调，大力弘扬劳模精神，激励全省人民为“两转”基础上全面拓展新局面建功立业。楼阳生主持会议。林武宣读省委、省政府《关于表彰山西省模范单位（集体）和劳动模范的决定》。省委、省政府授予山西省潞安煤基清洁能源有限责任公司等99个单位“山西省模范单位”称号。授予山西转型综合改革示范区阳曲产业园区事业服务中心等100个集体“山西省模范集体”称号。授予姚武江等96名同志“山西省特级劳动模范”称号。授予薛晨阳等696名同志“山西省劳动模范”称号。会议还代为表彰了山西获得“全国五一劳动奖状”“全国五一劳动奖章”“全国工人先锋号”的22个单位（集体）和16名个人。

30日　山西省通用航空首飞现场会在太原举行。现场会传达了骆惠宁就首飞活动作出的重要批示。楼阳生出席首飞现场会并讲话。楼阳生在讲话时指出，通航首飞成功，是山西通用航空发展史上具有标志性意义的一件大事，标志着山西通航强省建设取得了新突破，标志着全省现代综合交通运输体系建设取得了新突破，标志着全省全域旅游发展取得了新突破。要着力打造通用航空发展的山西样板。一是全省域统筹。二是全链条发展。三是全方位改革。四是全领域开放。五是全要素保障。山西开通了由太原尧城通用机场前往大同、吕梁、运城、长治的4条短途运输航线，启动了以壶口瀑布为代表的“黄河览胜”、以太行山大峡谷为代表的“太行风光”、以雁门关为代表的“万里长城”3个低空旅游项目。

5　月

6日　中央第二生态环境保护督察组向山西省反馈“回头看”及专项督察情况。为贯彻落实党中央、国务院关于生态环境保护督察的重要决策部署，2018年11月6日至12月6日，中央第二生态环境保护督察组对山西省第一轮中央环境保护督察整改情况开展“回头看”，针对大气污染防治统筹安排专项督察，并形成督察意见。经党中央、国务院批准，督察组于2019年5月6日向山西省委、省政府进行反馈。督察组长朱之鑫通报督察意见，骆惠宁作讲话。楼阳生主持反馈会。督察组副组长黄润秋和督察组有关人员参加会议。督察认为，山西省委、省政府认真贯彻落实习近平生态文明思想，以环境保护倒逼转型发展，大力实施污染防治攻坚战，督察整改工作取得积极进展和成效。但仍然存在思想认识不到位，责任落实不够有力等问题。督察要求，山西省委、省政府要坚决贯彻落实习近平生态文明思想，正确处理经济发展和生态环境保护的关系，坚决扛起生态文明建设的政治责任。山西省委、省政府应根据督察反馈意见，抓紧研究制定整改方案，在30个工作日内报送国务院。整改方案和整改落实情况要按照有关规定向社会公开。督察组还对发现的生态环境损害责任追究问题进行了梳理，已按有关规定移交山西省委、省政府处理。骆惠宁表示，中央第二生态环境保护督察组反馈的意见，既充分肯定山西环保督察整改取得的积极成效，又明确指出了尚存在的不少问题，提出了整改意见和建议。全省各级党委政府要在前期边督边改、立行立改取得阶段性成效的基础上，拿出过硬举措，从严从实制定整改方案，对个性问题紧盯不放，对共性问题专项整治，半年内集中解决一批突出问题。

13日　骆惠宁主持召开十一届省委第117次常委会议，传达学习习近平总书记在全国公安工作会议重要讲话，研究贯彻落实意见，审议通过《山西省2018年脱贫攻坚成效考核整改工作方案》、省属主流媒体深化改革融合发展方案、《2019年省委党内法规制定计划》，听取中央扫黑除恶督导反馈意见整改情况和省委督导情况汇报，聚焦深挖根治，就引深扫黑除恶专项斗争作出部署。

同日　骆惠宁主持召开省委深改委第六次会议，审议通过省属主流媒体深化改革融合发展方案。

14日　全省“改革创新、奋发有为”大讨论交流总结会议在太原召开。骆惠宁出席会议并讲话。楼阳生主持会议。骆惠宁指出，大讨论使全省党员干部经受了一次严格的党性锻炼，全省广大群众经历了一次深刻的精神洗礼，牵引全年工作实现了良好开局，取得了丰硕思想成果、实践成果和初步制度成果。大讨论成果来之不易、十分宝贵，一定要巩固好、深化好、拓展好。要在持续解决问题上下功夫，在全面总结提升上下功夫，在形成长效机制上下功夫，保持“咬定青山不放松”的定力，负重前行、持续奋斗，不断开辟山西改革发展更为广阔的前景。楼阳生在主持会议时指出，骆惠宁书记的讲话，对于全省在“两转”基础上全面拓展新局面具有重要指导意义，各地各部门要认真学习贯彻。要准确把握、全面落实这次会议的部署要求，聚焦“六个破除”“六个着力”“六个坚持”持续发力，积极对标找差补短，更加自觉地以新理念新标准谋划工作，以改革创新精神实现重点突破，以“革命加拼命”劲头奋力作为，把学习、思想和工作的革命不断引向深入，进一步推动全省整体工作上台阶上水平。会上，太原市、武乡县、同煤集团、山西农业大学、省国资委、中铁太原局集团主要负责同志先后作交流发言。

14—19日　中央扫黑除恶第11督导组进驻山西开展“回头看”。在14日召开的汇报会上，督导组组长李智勇向山西省委省政府传达了中央扫黑除恶督导“回头看”总体要求和本次“回头看”有关安排。这次“回头看”主要任务聚焦三个重点：一是聚焦当地党委政府对专项斗争是否存在“过关”思想，督导反馈问题是否整改落实到位，专项斗争是否取得新突破，群众满意度是否取得新提升。二是聚焦案件法律适用是否准确，“打伞破网”“打财断血”以及“一案一整治”等是否落实到位。三是聚焦监管部门是否履职到位，是否建立健全长效工作机制，是否有效铲除黑恶势力滋生土壤。汇报会上，省委常委、政法委书记、省扫黑除恶专项斗争领导小组组长商黎光汇报全省扫黑除恶专项斗争整改情况，副省长、省公安厅厅长刘新云汇报重点案件办理情况。19日上午，中央扫黑除恶督导“回头看”反馈会召开。第11督导组组长李智勇反馈督导“回头看”情况。督导组充分肯定山西督导整改工作认识到位、行动迅速、措施得力、成效显著，督导“后半篇文章”做得是好的，并针对存在问题和不足提出意见建议。19日下午，骆惠宁主持召开省委常委会议，研究贯彻落实意见。会议强调，要把握斗争方向、把握法律政策、把握工作大局，推动专项斗争不断向纵深发展。全省各级各部门要站在政治高度，扛起主体责任，在“稳、准、狠、实、合”上下功夫，扎实做好“回头看”反馈意见落实工作。督导“回头看”期间，督导组听取了全省工作汇报，并下沉对重点行业、重点案件、重点线索进行督导。

16日 第二届中国西部国际投资贸易洽谈会在重庆国际博览中心开幕。楼阳生出席开幕式暨重大项目签约仪式并致辞。山西综合展区面积为300平方米，共有22家企业参展，重点展示装备制造、军民融合、新一代信息技术、生物医药、新材料、现代农业等领域的新技术、新成果、新产品。汾酒、小米、老陈醋、祁县玻璃等山西特色产品也在会上展出。西洽会期间，还举办了山西小米体验馆揭牌仪式。

18日 第十一届中国中部投资贸易博览会主旨论坛暨开幕式在江西省南昌市举行。开幕式前，胡春华参观了山西综合展区。楼阳生在主旨论坛演讲中介绍了山西紧紧抓住中部地区快速发展的战略机遇，深入实施创新驱动发展战略，推动高质量转型发展的做法和成效。18日下午，山西省（南昌）投资环境推介和项目对接会举行，会上签约25个项目，总投资额496.9亿元。展会期间，山西还在南昌市举办招商引资精准对接交流会，参加中部地区国家级经济技术开发区承接产业转移座谈会、中部六省市长与跨国公司对话会、中部发展金融论坛、国际智能制造论坛、中部文旅融合发展论坛等活动。

24日 骆惠宁主持召开十一届省委第120次常委会议，传达全国学习贯彻干部任用条例座谈会精神、全国公务员工作暨学习贯彻公务员法座谈会精神、第十四次全国民政会议精神，研究贯彻落实意见，审议通过《山西省贯彻落实中央生态环境保护督察“回头看”及大气污染防治专项督察反馈意见整改方案》《山西省公务员职务与职级并行制度实施方案》《关于加强我省退役军人服务保障体系建设的实施意见》。

同日 省委召开常委扩大会议暨中心组学习会议，传达贯彻习近平总书记在推动中部地区崛起工作座谈会上的重要讲话。会议指出，习近平总书记在推动中部地区崛起工作座谈会上的重要讲话，为中部地区高质量发展指明了方向和任务，具有很强的思想性、战略性、针对性，是指导中部地区崛起的纲领性文献。全省上下要提高政治站位，把握发展大局，既要看到山西面临难得发展机遇，具有一些比较优势，又要看到面临的挑战和压力，进一步增强责任感紧迫感，审时度势、抓住机遇，应对挑战、乘势而上，在高质量发展中加快崛起步伐。会议决定，在深入调查研究基础上，制定出台全省贯彻落实习近平总书记在推动中部地区崛起工作座谈会上重要讲话精神的实施意见，并作出具体部署。

26—27日 骆惠宁到运城市稷山县、河津市、万荣县、临猗县，就农村改革、乡村产业振兴、农村人居环境整治进行调研指导。调研期间，骆惠宁出席全省农村改革座谈会并作重要讲话。骆惠宁就进一步加强和改进对“三农”工作的领导，提出五点要求，一要增加投入精力。二要注重学习调研。三要加大攻坚力度。四要做好宣传培训。五要坚持党建引领。调研期间，骆惠宁安排省有关部门和媒体对河津市煤焦行业污染问题做了暗访和反馈。

6 月

3日 骆惠宁主持召开十一届省委第122次常委会议，传达学习“不忘初心、牢记使命”主题教育工作会议精神特别是习近平总书记重要讲话精神，审议通过《在全省开展“不忘初心、牢记使命”主题教育实施方案》《省委常委会开展“不忘初心、牢记使命”主题教育工作安排》，传达贯彻全国市县巡察工作推进会精神，研究适时开展整治形式主义官僚主义专项行动。会议决定，近期召开全省“不忘初心、牢记使命”主题教育动员部署会。

同日 省委召开常委扩大会议暨中心组学习会议，深入学习领会习近平总书记关于能源革命的重要论述，并对坚决扛起开展能源革命综合改革试点主体责任作出安排。骆惠宁主持并讲话。会议指出，目前山西已着手制定《山西能源革命综合改革试点行动方案》及2019年、2020年两年任务清单等。开展综合改革试点，一要把准正确方向。二要抢抓难得机遇。三要坚持绿色发展。四要强化全局观念。五要提高能力本领。

4—5日 中共中央政治局常委、全国政协主席汪洋到右玉县调研脱贫攻坚工作。骆惠宁陪同调研。汪洋先后来到右玉精神展览馆、南山森林公园丰碑、四五道岭，考察植树造林、水土保持、生态综合治理情况。汪洋还走进企业、学校和贫困户，详细了解产业扶贫、生态扶贫、教育扶贫等情况。汪洋强调，无论是实现脱贫和稳定脱贫成果，还是逐步致富，都要学习右玉精神，树立功成不必在我、久久为功的政绩观。要把生态文明建设作为巩固脱贫成果的重要手段。要创新生态扶贫机制。要以保障义务教育为核心，全面落实教育扶贫政策。

6日 全省“不忘初心、牢记使命”主题教育工作会议在太原召开。省委书记、省委“不忘初心、牢记使命”主题教育领导小组组长骆惠宁出席会议并讲话。中央“不忘初心、牢记使命”主题教育第8指导组组长杨雄出席会议并讲话。会议要求，要深刻把握主题教育的根本任务，深刻把握“守初心、担使命，找差距、抓落实”的总要求，深刻把握学习教育、调查研究、检视问题、整改落实的基本要求，聚焦目标要求，狠抓重点举措，推动主题教育高质量开展。

同日 中共山西省委印发《关于在全省开展“不忘初心、牢记使命”主题教育实施方案》

10日 骆惠宁主持召开十一届省委第123次常委会议，传达学习中共中央政治局常委、全国政协主席汪洋在山西考察工作重要讲话精神和全国地方政协工作经验交流会精神，研究贯彻落实意见，听取太原市总体规划及城市设计优化工作汇报，审议通过有关改革意见和方案。会议审议通过《山西省涉旅文物保护单位两权分离改革意见》《山西省红十字会改革实施方案》。

同日 全省公安工作会议在太原召开。骆惠宁出席会议并讲话。骆惠宁指出，全省公安工作发生“”三个重大变化”，一是全省安全稳定形势发生重大变化，人民群众的安全感明显提升。二是公安警务运行机制发生重大变化，全警战斗力和服务能力明显提升。三是公安队伍整体面貌发生重大变化，广大民警敢担当善作为的积极性主动性明显提升。骆惠宁强调，要忠实履行公安机关的使命任务，有力服务保障全省经济社会发展。一要持续深化对敌斗争。二要持续防范化解社会矛盾风险。三要持续严厉打击违法犯罪。四要持续加强执法规范化建设。要大力深化改革创新，不断提升公安工作现代化水平。一要深入推进公安机关机构改革。二要深入推进公安大数据建设应用。三要深入推进公安“放管服”改革。要坚持党的绝对领导，为做好新时代公安工作提供根本保证。一要健全完善领导机制。二要锻造高素质过硬公安队伍。三要加大对公安工作的支持保障力度。商黎光主持第一阶段会议，并在第二阶段会议上讲话。刘新云主持第二阶段会议。商黎光围绕贯彻骆惠宁书记讲话精神，聚焦政治建设、规范执法、体制机制、基层基础、班子建设、人才建设、科技兴警、从严治警、从优待警、执法环境十个方面作出具体部署。

17—18日 省委常委会举行“不忘初心、牢记使命”主题教育第一次集体学习，采取集中自学与交流研讨相结合的方式进行。楼阳生、王拥军、廉毅敏、商黎光4位同志作了交流发言。大家认真学原著悟原理，既谈认识体会收获，又结合实践实际，把自己摆进去，学之有悟，悟中有思，思中有进。中央第8指导组有关同志参加了交流研讨。

当地时间17—20日 骆惠宁率山西代表团对法国进行友好访问。其间，骆惠宁与国际能源署署长会谈，出席中国（山西）国际煤机合作洽谈会、中国（山西）·欧洲企业合作签约见面会，考察国际著名企业，推动山西对外合作取得重要成果；会见联合国教科文组织负责人，考察法兰西艺术院，出席“平遥电影展在巴黎”活动，促进人文交流，进一步扩大了山西文化影响力。在国际能源署，骆惠宁与署长法提赫·比罗尔就能源合作深入交换意见。双方就提高能效、发展氢能、建立合作机制充分讨论，形成高度共识。会谈结束时，国际能源署与山西省发表了合作意向声明。访法期间，山西部分企业随行，推出一批新的合作项目，经商谈取得了新的合作成果。平遥国际电影展已成为山西对外开放的一张名片。19日下午，“平遥电影展在巴黎”隆重开幕，骆惠宁出席开幕式并致辞。在联合国教科文组织总部，骆惠宁与副总干事曲星就物质和非物质文化遗产保护进行交流。骆惠宁还走访了法国华侨华人会，看望侨领并与大家交流。

19日 中共山西省委办公厅、山西省人民政府办公厅印发《山西省革命文物保护利用工程实施方案》

当地时间21—22日 骆惠宁率山西代表团对克罗地亚进行友好访问。访克期间，骆惠宁会见克罗地亚副议长敦契奇、旅游部国务秘书马图希奇等政要，出席中国山西文化旅游（萨格勒布）推介会并致辞。他在致辞中说，克罗地亚是地中海的璀璨明珠，是中东欧正在崛起的国家。山西是中华文明的重要发祥地，是中国正在崛起的地方。让我们向着同一目标努力，推动双方旅游业有一个大的突破性的发展。会上，省对外友协与克中友协签署了合作备忘录；省文旅厅与克罗地亚利卡·塞尼旅游局签署了文旅交流合作协议；省内重点旅行社分别与斯洛文尼亚、捷克等10个国家的旅行商签署了互送客源合作协议。

23日 楼阳生为山西省大数据中心揭牌并讲话，宣布山西转型综改示范区国际互联网数据专用通道正式开通。

当地时间23—26日 骆惠宁率山西代表团对韩国进行友好访问。在韩国21世纪韩中交流协会举办的欢迎早餐会上，骆惠宁与韩国国会副议长李柱荣、协会会长金汉圭、7位国会议员、2位市长等进行交谈。24日上午，举行了中国（山西）·韩国投资贸易恳谈会，骆惠宁出席并致辞。会上举行了签约仪式，山西转型综改示范区和一批企业，与韩国中华总商会、SK实业、现代制铁、浦项制铁等新兴产业发展，以及技术研发、联合销售、人才引进等签署协议。访韩期间，骆惠宁与韩工商界人士广泛接触，韩企特别是世界著名企业对山西能源革命、转型发展高度关注。25日下午，“山西日”活动在全罗南道隆重举行。随后，骆惠宁与金瑛禄举行了会谈，共同签署关于发展未来五年省道友好关系框架协议。

24日 中共山西省委、山西省人民政府印发《山西省建立更加有效的区域协调发展新机制实施方案》

28日 骆惠宁主持召开省委主题教育领导小组第五次会议，学习贯彻习近平总书记在中央政治局第十五次集体学习时的重要讲话精神，听取全省主题教育进展情况汇报，对下一步工作作出部署。会议还对开好全省第三次学用习近平新时代中国特色社会主义思想经验交流会作了安排。

28—30日 2019中国（山西）国际清洁能源博览会在太原召开。楼阳生出席开幕式，国家能源局局长章建华致辞。本届博览会以“清洁低碳、绿色发展”为主题，聚焦煤炭清洁利用、新能源、储能、节能环保等领域，为全省推动能源革命综合改革试点、争当能源革命排头兵提供助力。本届博览会采用政府引导、企业参与、市场化运作模式，共设六大展区，包括新能源展区、储能及能效技术应用展区、新能源汽车及充电配套展区、煤炭清洁高效利用展区、清洁能源采暖工程示范展区、清洁电力及设备展区。150余家企业参展。博览会期间举办清洁能源发展高峰论坛。能源领域院士专家、企业高管与会，围绕能源发展战略、能源清洁利用、智慧能源及氢能发展等议题进行深入交流探讨。

7　月

1日 省委常委集体到长治市武乡县八路军太行纪念馆，举行“践行初心和使命”主题党日活动，重温习近平总书记关于弘扬太行精神的重要指示，缅怀革命先辈，再次进行入党宣誓，接受革命传统教育，宣示矢志不忘初心，勇担光荣使命的坚定信念。活动由骆惠宁主持。在纪念馆大厅里，面对中国共产党党旗，由骆惠宁领誓，常委同志进行入党宣誓，每个人都受到党性的洗礼和信念的升华。在八路军文化园，骆惠宁、楼阳生亲切看望老八路魏太合、支前模范肖江河、老党员魏怀斌。常委们集体聆听了三位老同志当年的革命故事。

9日　以杨雄为组长、周福启为副组长的“不忘初心、牢记使命”主题教育中央第8指导组在太原听取了山西主题教育进展情况汇报。骆惠宁主持汇报会并讲话。曲孝丽代表省委主题教育领导小组作汇报。

12日　全省“不忘初心、牢记使命”主题教育专题党课暨第三次学用习近平新时代中国特色社会主义思想经验交流会在太原召开。会议深入学习贯彻习近平总书记在主题教育工作会议和中央政治局第十五次集体学习时的重要讲话精神，牢牢把握学习贯彻习近平新时代中国特色社会主义思想这条主线和“不忘初心、牢记使命”这个主题，交流体会、查找差距，明确努力方向，进一步把全省主题教育和学用工作引向深入。骆惠宁结合全省干部队伍担当作为的具体实践，强调要把握好五个重点。一是着眼大局抓谋划，自觉站位全局审视和推动工作。二是攻坚克难拓新局，确保各项战略目标的实现。三是对标一流提水平，进一步高标准、高质量推进事业发展。四是防范风险守底线，时刻绷紧防范化解风险这根弦。五是增强活力塑形象，进一步维护好发展好当前来之不易的良好局面。楼阳生在主持会议时指出，各地各部门要按照中央及省委要求，加强组织领导，抓好重点措施，全面查找和解决违反初心和使命的各种问题，确保取得扎扎实实的成效。

同日　省委召开“不忘初心、牢记使命”主题教育警示教育会，集体观看警示教育专题片《初心泯灭的歧路》。骆惠宁、楼阳生、林武、李佳出席。王拥军主持。召开这次警示教育会，是省委深入学习贯彻习近平总书记在主题教育工作会议和中央政治局第十五次集体学习重要讲话精神，落实中央关于主题教育部署要求的重要举措，目的是围绕中央部署的八个专项整治，通报对相关违规违纪违法案件的查处情况，深刻剖析典型案件，使党员领导干部以案例受警示、明法纪、促整改，进一步接受纪律教育、增强党性观念、坚守廉洁底线。这次警示教育，为开展专项整治进一步夯实了思想基础。

13日　楼阳生以“牢记嘱托、坚守初心，担当起资源型地区转型发展的历史使命”为主题，在太原理工大学讲专题党课。楼阳生首先阐释了“牢记嘱托”“坚守初心”的深刻意涵，结合学习和调研成果，就学习贯彻习近平新时代中国特色社会主义思想，重点从四个方面与师生们进行了深入交流。一是要明其义，深刻认识党中央开展“不忘初心、牢记使命”主题教育的重大意义。二是要悟其要，深刻领悟习近平新时代中国特色社会主义思想的核心要义。三是要笃其行，按照“守初心、担使命、找差距、抓落实”的总要求，把习近平总书记重要指示和党中央决策部署转化为推动山西高质量转型发展的具体举措。四是要坚其志，不断坚定为实现中华民族伟大复兴的中国梦而团结奋斗的崇高志向。

23日　人民日报刊发省委书记骆惠宁、省长楼阳生署名文章《忠诚守初心　奋斗担使命》。文章指出，山西认真学习贯彻习近平总书记视察山西重要讲话精神，“紧紧抓住机遇，勇于改革创新，果敢应对挑战，善于攻坚克难”，在“两转”基础上全面拓展了新的局面。高举习近平新时代中国特色社会主义思想伟大旗帜，以绝对忠诚和实际行动践行“两个维护”。勠力同心攀登事业高峰，打造山西新优势新动力新形象。坚持党的领导和全面从严治党，汇聚起全省人民改革创新、奋发有为的磅礴力量。

29日　全省“不忘初心、牢记使命”主题教育推进会在太原召开。骆惠宁出席会议并讲话。骆惠宁分析了全省主题教育进展情况，阐述了所呈现的持续发力、初见成效良好态势。围绕学习贯彻习近平总书记在内蒙古考察并指导主题教育时的重要指示精神，有效推动全省主题教育向纵深发展作了进一步安排部署。一要以统筹协调的办法，推动四项重点措施有机融合并贯穿全过程。二要以彻底的自我革命精神，坚决打赢中央部署的8个专项整治攻坚战。三要以正确到位的组织领导，确保主题教育取得预期效果。

29—31日　省十三届人大常委会第十二次会议召开。共举行三次全体会议和联组会议。骆惠宁出席第三次全体会议，向通过任命的人员颁发任命书，并就进一步用张茂才案开展警示教育，深入抓好省人大常委会及机关全面从严治党工作做了重要讲话。骆惠宁指出，中央查处张茂才，铲除了一个严重“污染源”、震慑了腐败分子、警示了党员干部，对全省巩固发展反腐败斗争压倒性胜利具有重要意义。省委已决定，下一步要在全省开展张茂才案的警示教育工作。开展警示教育，是省人大常委会党组的一项重要政治任务。全省各级党组织要坚持“一个指引、两手硬”，坚定不移推进全面从严治党，为实现山西政治生态持久的风清气正而不懈奋斗。会议表决通过了人事任免名单，接受任建华辞去省监察委员会主任职务的请求，任命王拥军为省监察委员会副主任、代理主任。

31日　骆惠宁主持召开十一届省委第126次常委会议，审议通过《贯彻习近平总书记在推动中部地区崛起工作座谈会上重要讲话精神实现高质量发展的意见》、“不忘初心、牢记使命”主题教育8个方面专项整治方案，研究部署安全生产和意识形态等工作。

8　月

5—7日　骆惠宁先后主持召开省委常委会“不忘初心、牢记使命”主题教育第三次集体学习、调研成果交流会，省委常委班子对照党章党规找差距专题会议。中央第8指导组组长杨雄到会指导。在成果交流会上，常委同志围绕改革发展稳定和党建工作中的重大问题，结合各自职责任务先后发言，交流摸清实情、解决问题、改进工作的思路和办法措施。关于下一步工作，骆惠宁提出三点要求，一是要巩固拓展会议成果。二是要把查找的问题整改落实好。三是要更好履行组织领导责任。

8—18日 第二届全国青年运动会在山西举行。8日，中共中央政治局委员、国务院副总理孙春兰出席开幕式并宣布青运会开幕。开幕式之前，孙春兰参观了“体育强中国强”庆祝中华人民共和国成立70周年体育事业发展成就展，强调要坚持以习近平新时代中国特色社会主义思想为指导，充分发挥青运会示范效应，吸引更多青少年投身体育运动，推动体育强国和健康中国建设。开幕仪式上，骆惠宁致欢迎辞，国家体育总局局长苟仲文致开幕辞。开幕式由楼阳生主持。第二届青运会共设置49个大项1868个小项，涵盖了夏季奥运会全部项目和北京冬奥会绝大部分项目，并增设了龙舟、中国跤等传统体育项目。来自全国各地的34个代表团、3.3万余名运动员参赛。

15日 骆惠宁主持召开省委深改委第十一次会议，研究部署政法领域全面深化改革、省直机关不动产集中统一管理工作。会议传达了政法领域全面深化改革推进会精神，结合全省实际提出贯彻意见。会议强调，要认真贯彻中央《关于政法领域全面深化改革的实施意见》，着眼整个政法系统的整体性、系统性变革，在改革深度、广度上进一步拓展。各级党委要进一步加强对政法工作的领导，党委政法委要发挥牵头抓总作用，政法各单位要发挥主体作用，各职能部门要加强协作配合，形成推动政法领域改革的强大合力。会议审议通过《山西省省直机关不动产集中统一管理办法》。

同日 骆惠宁主持召开十一届省委第127次常委会议，学习《中国共产党宣传工作条例》，传达贯彻中华人民共和国成立70周年民族工作创新与发展座谈会、全国退役军人工作会议精神，对贯彻宣传工作条例、加强省直机关党建工作作出部署，听取十一届省委第五轮巡视情况汇报，审定第六轮巡视方案，讨论拟提请省委十一届八次全会审议的文件。会议审议通过《山西省贯彻〈党组讨论和决定党员处分事项工作程序规定（试行）〉实施细则》。会议决定，中共山西省委十一届八次全会于8月19日至20日在太原召开，对进一步加强党的全面领导，强化党要管党、全面从严治党，扎实推进“不忘初心、牢记使命”主题教育作出部署。会议审议了《关于深化“三基建设”进一步加强基层工作的若干意见》，决定提请省委十一届八次全会审议。

19—20日 中国共产党山西省第十一届委员会第八次全体会议在太原举行。全会由省委常委会主持。骆惠宁代表省委常委会作重要讲话。全会总结了全省几年来构建良好政治生态的重要成效和举措。分析了全面从严治党面临的问题和挑战。围绕一以贯之落实全面从严治党方针和要求，从七个方面对深入推进全面从严治党作出具体部署。全会指出，要扩大反腐败斗争压倒性胜利，保持清正廉洁的政治本色。要持之以恒严肃党内政治生活，进一步加大增强党内政治生活政治性、时代性、原则性、战斗性的力度。全会审议通过了《中共山西省委关于深化“三基建设”进一步加强基层工作的若干意见》。全会强调，要坚持和加强党对一切工作的领导，以铁肩膀扛起管党治党政治责任，加强党对反腐败工作的集中统一领导，形成长管严管的机制和合力。要统筹做好当前各项工作。要组织好庆祝新中国成立70周年系列活动。全会批准陈永奇、向二牛、孙海潮、张安顺、陈学东辞去省委委员职务，决定递补省委候补委员姜四清、阎俊生、翟红、刘宏新、李中元、李晋平、王创民为省委委员。全会确认省委常委会之前作出的给予王秀文同志留党察看一年的处分。

9 月

1日 省委常委会召开“不忘初心、牢记使命”专题民主生活会。中央主题教育第八指导组组长杨雄出席会议并作点评，副组长周福启出席。骆惠宁主持会议并作总结讲话。楼阳生、林武、李佳参加会议。会议书面通报了省委常委班子“不忘初心、牢记使命”专题民主生活会征求意见情况。骆惠宁首先代表省委常委班子作检视剖析，在盘点主题教育取得重要阶段性收获的基础上，重点从思想、政治、组织、作风和纪律方面深入检视影响初心使命的问题，从主观上深刻剖析产生问题的根源，从强化理论武装、党性锤炼、担当意识、为民服务、主体责任等方面明确了努力方向和整改措施。骆惠宁带头开展了自我批评，其他常委同志逐一进行了个人检视剖析，相互之间开展批评帮助。骆惠宁就加强常委会自身建设和做好当前重点工作，提出四点要求。一要进一步抓好理论武装，增强“两个维护”的自觉性坚定性。二要进一步积极担当作为，全面拓展改革发展新局面。三要进一步践行为民宗旨，切实转变工作作风。四要进一步推进全面从严治党，努力实现山西政治生态持久的风清气正。

5日 国务院新闻办公室在北京举行庆祝新中国成立70周年山西专场新闻发布会。骆惠宁作主题发布并回答中外记者提问。楼阳生回答有关提问。发布会以“争当能源革命排头兵，开创转型发展新局面”为主题，全面展示新中国成立70年山西发生的历史性变化，宣示以习近平新时代中国特色社会主义思想为指引，在能源革命中探路领跑，在转型发展中拓展新局的使命担当。

9日 骆惠宁主持召开十一届省委第132次常委会议，传达贯彻中央“不忘初心、牢记使命”主题教育第一批总结暨第二批部署会议精神，审议通过我省开展第二批主题教育实施意见及4个工作方案，深入学习贯彻《关于在山西开展能源革命综合改革试点的意见》，审议通过《山西能源革命综合改革试点变革性、牵引性、标志性重大举措》《山西中部盆地城市群一体化发展规划纲要（2019—2030年）》和《山西省打好防范化解重大金融风险攻坚战实施方案》。

同日 骆惠宁主持召开省委深改委第十二次会议，审议通过了《省领导分工负责抓重大改革任务落实制度（试行）》。

10日 全省“不忘初心、牢记使命”主题教育第一批总结暨第二批部署会议在太原召开。中央“不忘初心、牢记使命”主题教育第八巡回督导组组长杨雄，省委书记、省委“不忘初心、牢记使命”主题教育领导小组组长骆惠宁出席会议并讲话。省委副书记、省长楼阳生，省政协主席李佳，中央第八巡回督导组副组长周福启出席会议。省委副书记、省委主题教育领导小组常务副组长林武主持会议。骆惠宁对全省第一批主题教育开展工作进行了总结,就搞好第二批主题教育提出四点要求。一是落实总体要求,牢牢把握主题教育正确方向。二是强化统筹协调,推动四项重点措施有机融合、贯穿全过程。三是注重解决实际问题,上下联动抓好整治整改。四是深入开展“三服务”,让人民群众感受到真真切切的变化。中央“不忘初心、牢记使命”主题教育第八巡回督导组组长杨雄出席会议并讲话。

12日 中共山西省委办公厅印发《山西省贯彻〈党组讨论和决定党员处分事项工作程序规定(试行)〉实施细则》

16日 全省能源革命综合改革试点动员部署大会在太原召开。会议对全面实施中办国办《关于在山西开展能源革命综合改革试点的意见》作出部署。骆惠宁出席并讲话。骆惠宁从世界潮流、全国大局、山西担当三维角度阐述了开展能源革命综合改革试点的历史使命感和紧迫感。强调,要全面推进能源领域改革创新,一要深入推进煤炭开采利用方式变革。二要深入推进非常规天然气勘采用变革。三要深入推进新能源可持续发展模式变革。四要深入推进电力建设运营体制变革。五要深入推进能源消费方式变革。六要深入推进能源科技创新相关体制变革。七要深入推进能源商品流通机制变革。八要深入推进与能源革命相关企业发展方式变革。九要深化拓展能源领域对外合作。楼阳生在主持会议时指出,全省各级各部门要认真学习领会习近平总书记关于能源革命的重要论述,迅速抓好骆惠宁书记重要讲话精神的传达学习和贯彻落实,切实把思想和行动统一到中央及省委决策部署上来。

19日 山西中部盆地城市群一体化发展推进会在太原召开,骆惠宁出席会议并讲话。此次会议旨在对推进中部盆地城市群一体化发展进行动员部署。骆惠宁讲话紧紧围绕推动山西中部盆地城市群“一体化”和“高质量”,从六个方面作出部署。一是坚持共建共享,着力建设先进完备的基础设施网络。二是坚持协同共进,着力构建高端集群的现代产业体系。三是坚持开放共赢,着力创新活力充沛的统一市场机制。四是坚持统筹共荣,着力形成城乡融合的协调发展格局。五是坚持绿色共保,着力打造宜居宜业的生态环境。六是坚持民生共享,着力提升均衡普惠的公共服务水平。

20日 省委召开常委扩大会议,传达黄河流域生态保护和高质量发展座谈会精神,集体学习习近平总书记重要讲话精神,部署贯彻工作。骆惠宁主持并讲话。会议围绕全面把握中央部署,结合省情提出了贯彻落实的重点任务。一是坚持“重在保护、要在治理”。二是坚持“以水定未来发展”。三是坚持“生态优先、绿色发展”。四是坚持围绕“三大目标”,走转型发展之路。五是坚持保护传承弘扬黄河文化。六是站在2020年的节点上推进全省及黄河流经市县脱贫攻坚,确保全省如期实现全面小康。

同日 中共山西省委、山西省人民政府印发《山西中部盆地城市群一体化发展规划纲要(2019—2030年)》

23日 骆惠宁到晋中介休市,就第二批主题教育进行调研指导,并主持召开座谈会。骆惠宁在座谈会上强调指出,一要持续提高思想认识。二要深刻检视突出问题。三要扎实抓好整治整改。四要真诚开展“三服务”。各级党委(党组)主要负责人要清醒认识到,只有把主题教育抓好了,全面从严治党做实了,才能为各项事业发展提供坚强政治和组织保证。

同日 全省党史方志工作会议在太原召开。省委常委、宣传部部长吕岩松出席会议并讲话,省委宣传部常务副部长雷建国主持会议。

10 月

1日 省城庆祝中华人民共和国成立70周年升国旗仪式在太原市五一广场举行。骆惠宁等省领导与省城社会各界代表一起,参加升国旗仪式。

8日 全省第二批“不忘初心、牢记使命”主题教育推进会在太原召开。骆惠宁出席会议并讲话。骆惠宁在讲话中分析了全省第二批主题教育进展情况。就推进中要坚持的、要防止的、要达到的目标等作了深入阐述并提出了四点要求。一是进一步提高政治站位,矫正思想认识偏差,切实增强自觉性主动性。二是进一步强化理论武装,防止“走神”“散光”,更加鲜明地把主题主线立起来。三是进一步突出专项整治,防止交假账、交空账,以正视问题的自觉和刀刃向内的勇气抓好整改落实。四要进一步加强组织领导,力戒形式主义、官僚主义,确保高质量完成各项任务。

同日 全省深化党政机构改革总结会议在太原召开。骆惠宁出席并讲话。楼阳生主持会议。骆惠宁强调,要深入学习贯彻习近平总书记在深化党和国家机构改革总结会议上的重要讲话精神,持续巩固拓展机构改革成果,扎实做好“后半篇文章”,以更大力度推进治理体系和治理能力现代化。骆惠宁指出,通过深化机构改革,全省呈现出“五个更加”的深刻变化。一是维护党中央集中统一领导更加坚强有力。二是全省机构职能体系更加顺畅高效。三是转型发展保障推进机制更加富有活力。四是服务群众工作导向更加鲜明突出。五是党的执政根基更加夯实牢固。骆惠宁强调,深化机构改革还有大量工作要做。一要在健全党对重大工作的领导体制上再发力、再深化。二要在转变和优化职责上再发力、再深化。三要在落实相关配套改革上再发力、再深化。四要在推进机构编制法定化上再发力、再深化。五要在建设高素质专业化干部队伍上再发力、再深化。六要在牵动改革全局上再发力、再深化。楼阳生在主持会议时指出,全省各级各部门要迅速抓好骆惠宁书记讲话精神的传达学习和贯彻落实,切实把思想和行动统一到中央及省委决策部署上来,高质量完成机构改革“后半篇文章”,为全省在“两转”基础上全面拓展新局面提供有力制度保障。会上,太原市委、省退役军人事务厅、省市场监督管理局、省行政审批服务管理局、沁水县委主要负责同志先后作交流发言。

同日 省委中心组举行今年第14次学习会,深入学习习近平总书记在庆祝中华人民共和国成立70周年大会的重要讲话，持续学习习近平总书记对国家网络安全宣传周作出的重要指示精神，集中学习中央近期颁发的13部党内法规。骆惠宁主持并讲话。楼阳生出席。

11日 省委、省政府召开2019年山西省脱贫攻坚奖表彰大会暨先进事迹报告会。会议对30个先进集体和80名先进个人进行表彰。

16日 全省双拥模范城（县）命名暨双拥模范单位和个人表彰大会在太原召开。骆惠宁、楼阳生、李佳出席会议并为受表彰代表颁奖。会议命名了太原市等58个双拥模范城（县）；对省针灸研究所等96个双拥模范单位和邓江滔等95名双拥模范个人进行了表彰并为受表彰代表颁奖。

18日 全省推进工业高质量发展大会在太原召开。会议对推动工业高质量发展作出具体部署，一要以强化企业主体地位为核心，提升工业整体创新能力。二要以优化生产力布局为导向，打造高质量现代产业集群。三要以"三化牵引"为路径，加快山西制造向"山西智造"转变。四要以"三化三制"、转型项目为重点，推动开发区提质升级。五要以建立现代企业制度、完善法人治理结构为关键，加快培育高质量市场主体。六要以培育"专精特新"企业为抓手，加快壮大工业高质量发展的生力军。七要以激发高质量发展活力为目的，优化创新创业创造生态。会上，副省长王一新宣读《关于表彰山西省优秀企业的决定》，授予太钢等50家企业"山西省优秀企业"称号。

21—22日 中共中央政治局常委、国务院副总理韩正在山西省调研。韩正在太钢不锈钢精密带钢有限公司，了解企业生产运营、科技创新、产品研发等情况，询问产品在建筑、交通、能源等领域的应用情况，查看高端不锈钢、碳纤维产品，体验在氢燃料电池、柔性显示屏等方面应用的不锈钢箔材"手撕钢"，走进轧机操作室看望慰问企业职工；到太原重型机械集团，考察矿山挖掘机、高铁轮对等先进机械研发生产情况。到山西省政务服务中心，考察政府职能转变和"放管服"改革推进情况，着重了解投资和工程建设项目审批、证照分离等改革举措，同正在办事的企业工作人员、高校毕业生进行交流；参观了在中国（太原）煤炭交易中心举办的2019能源革命展；韩正还到汾河公园三期工程，了解太原市城市规划，实地考察汾河生态治理情况。韩正强调，山西要按照习近平总书记作出的重要指示和要求，紧紧抓住机遇，勇于改革创新，真正走出一条产业优、质量高、效益好、可持续的发展新路。

22日 2019年太原能源低碳发展论坛在山西太原召开。国家主席习近平致贺信。习近平指出，能源低碳发展关乎人类未来。中国高度重视能源低碳发展，积极推进能源消费、供给、技术、体制革命。中国愿同国际社会一道，全方位加强能源合作，维护能源安全，应对气候变化，保护生态环境，促进可持续发展，更好造福世界各国人民。

22—24日 2019年太原能源低碳发展论坛于10月22日至24日在太原煤炭交易中心召开。中共中央政治局常委、国务院副总理韩正出席开幕式，宣读习近平主席贺信并发表主旨演讲。骆惠宁致欢迎辞，楼阳生主持。韩正指出，习近平主席专门发来贺信，充分体现了中国政府对能源低碳发展的高度重视。作为世界上最大的能源生产国和消费国，中国将继续深入推进能源革命，加快推动能源高质量发展，为经济社会持续健康发展提供坚实保障。中国愿同世界各国一道，共同研究完善能源政策制度体系，在共建"一带一路"框架内加强能源领域合作，共建清洁美丽世界。捷克前总理索博特卡、联合国副秘书长刘振民在开幕式上致辞，高度赞赏中国引领全球减排行动、应对气候变化、促进可再生能源发展作出的突出贡献，表示愿加强能源发展全球对话和经验技术分享，共同致力于实现联合国2030年可持续发展目标。本次论坛的主题是"能源革命，国际合作"。论坛以"1+1+6"为主要活动形式，即1场开幕式暨高峰论坛、1个能源革命展、6场分论坛。期间，还举办第九届全球新能源企业500强峰会，发布全球新能源企业500强榜单，举行国企专场对接。

26日 省委召开第137次常委扩大会议，进一步学习贯彻习近平主席致2019年太原能源低碳发展论坛的贺信精神，研究部署下一步相关工作。骆惠宁主持并讲话。骆惠宁强调，全省上下要把学习贯彻落实习近平主席贺信精神作为一项重要政治任务，以能源革命综合改革试点的新实践新成就，带动全省加快转型发展步伐。会议指出，要在全省形成学习宣传贯彻习近平主席贺信精神的热潮，与深入学习贯彻落实习近平总书记关于能源革命的重要论述、视察山西重要讲话精神紧密结合起来，强化使命担当，抓好重大部署落地。各级各部门都要以习近平主席贺信为动力，按照省委既定部署，努力完成全年各项目标任务，同时积极谋划好明年工作。

31日 省委、省政府出台《关于建立全省城市困难职工解困脱困工作长效机制的意见》。《意见》确定的目标任务为：通过精准帮扶，2020年底前实现建档立卡城市困难职工全部解困脱困，2020年之后长期巩固。为确保完成这一目标任务，要构建"2+9"工作体系：1个城市困难职工信息共享平台、1张"晋工福卡"两个载体，实施就业创业、医疗帮扶、教育救助、住房保障、社保覆盖、生活救助、社会兜底、扶志扶智、稳定收入等9项机制。此次出台《意见》，目的就是要形成省直各职能部门齐抓共管的工作态势，构建常态化、长效化城市困难职工解困脱困工作机制，确保城市困难职工同步迈入小康社会。

11 月

1日 骆惠宁主持召开省委常委扩大会议，传达学习习近平总书记在党的十九届四中全会上的重要讲话和关于中央政治局工作的报告，传达学习《中共中央关于坚持和完善中国特色社会主义制度、推进国家治理体系和治理能力现代化若干重大问题的决定》和习近平总书记关于《决定（讨论稿）》的说明，对抓好学习贯彻提出要求，审议《省委十一届九次全会方案》。

5日 楼阳生在上海出席第二届中国国际进口博览会开

幕式,聆听习近平总书记重要主旨演讲,参观汽车、装备、医疗器械及医药保健等展区。楼阳生强调,习近平总书记在第二届进博会开幕式上发表的重要主旨演讲,为我们持续推进更高水平对外开放、打造内陆地区对外开放新高地进一步指明了前进方向、提供了根本遵循。要充分利用进博会这一国际开放合作的重要平台,精心做好山西交易团各项工作,以"六最"营商环境保障高水平对外开放、促进高质量转型发展。

6日 骆惠宁主持召开十一届省委第139次常委会议,传达全国省级人大立法工作交流会精神,审议《中共山西省人大常委会党组关于加强全省人大立法工作的意见》,听取"不忘初心、牢记使命"主题教育第一批单位整改落实进展情况汇报,对学习贯彻党的十九届四中全会精神宣讲工作做出部署,讨论拟提请省委十一届九次全会审议的省委常委会工作报告稿。会议审议通过《学习贯彻党的十九届四中全会精神宣讲工作方案》《中共山西省委关于废止、宣布失效和修改部分党内法规和规范性文件的决定》。

7—9日 中国共产党山西省第十一届委员会第九次全体会议在太原举行。全会由省委常委会主持。骆惠宁代表省委常委会作重要讲话。全会以习近平总书记在党的十九届四中全会上的重要讲话精神为指导,对全省学习贯彻党的十九届四中全会重大决策作出全面部署。全会听取和讨论了骆惠宁受省委常委会委托作的工作报告,充分肯定省委十一届七次全会以来省委常委会的工作。全会指出,要从政治和战略高度,增强学习贯彻党的十九届四中全会精神的思想和行动自觉。学习贯彻党的十九届四中全会精神,是当前和今后一个时期的重要政治任务。各地各部门党委(党组)要切实把思想和行动统一到党中央及省委的部署要求上来,加强统筹指导和督促协调,确保取得扎扎实实的效果。山西正处于改革发展的关键时期,各地各部门各单位要高质量实现全年工作目标,始终保持一种昂扬向上的姿态,坚定守底线、勇于攀高峰、奋力拓新局。全会号召,要更加紧密地团结在以习近平同志为核心的党中央周围,全面贯彻落实党的十九届四中全会精神,守正创新、开拓进取,在新征程上创造新的更大业绩。

10日 中央委员、省委书记骆惠宁走进山西大学,向师生们宣讲党的十九届四中全会精神。骆惠宁首先从时代背景、全会主题、决策过程、重大部署等方面,讲解了党的十九届四中全会的重大意义和主要精神。骆惠宁希望山西大学进一步兴起学习热潮。

11日 学习贯彻党的十九届四中全会精神中央宣讲团在山西省太原市进行宣讲。中央宣讲团成员、山西省委副书记、省长楼阳生作宣讲报告和基层宣讲。楼阳生从四中全会的重大意义,中国特色社会主义制度的优越性,坚持和完善中国特色社会主义制度、推进国家治理体系和治理能力现代化的重要任务,学习贯彻四中全会的要求等四个方面对十九届四中全会精神进行了系统阐述和深入解读。下午,楼阳生到太原理工大学,与青年学生、教师进行面对面交流互动。

18日 全省工艺美术行业大会在太原市召开。楼阳生讲话,并为山西省工艺美术大师、省级非物质文化遗产项目传承人颁发证书。楼阳生对做优做强做大工艺美术产业提出要求。一是加大保护力度,传承弘扬优秀传统文化。二是挖掘优势资源,打造特色工艺美术产业集群。三是完善市场体系,增强工艺美术发展活力。四是加强人才培养,打造高素质工艺美术人才队伍。会议播放了"神工妙造、再铸华章"专题片,举办了政策专题讲座。省政府在理顺工艺美术行业管理体制的基础上,决定命名27名山西省工艺美术大师和294名省级非物质文化遗产项目传承人,今后每两年评选一次。

25日 骆惠宁主持召开十一届省委第140次常委会议,听取军民融合发展项目推进情况汇报,审议通过《山西省加强军民融合发展法治建设实施方案》《关于促进山西省工业高质量发展的指导意见》《关于建立健全城乡融合发展体制机制和政策体系的实施意见》《关于加强新时代退役军人工作的实施意见》。

同日 骆惠宁主持召开省委深改委(省综改委)第十三次会议。骆惠宁强调,要把深入贯彻落实党的十九届四中全会精神与抓好已部署的各项改革任务紧密结合起来,着力承接中央关于推进国家制度和治理能力现代化的部署,着力统筹制度改革和制度运行,着力推进改革系统集成、协同高效,从整体上把全省全面深化改革推向深入。会议听取了《我省全面深化改革进展情况报告》和《我省民生领域改革进展情况报告》,审议并原则通过《关于建立山西省国土空间规划体系并监督实施的意见》《山西省残疾人联合会改革实施方案》《山西省计划生育协会改革方案》《山西省人民对外友好协会深化改革实施方案》。

30日 山西省召开全省领导干部会议。中央组织部副部长吴玉良同志出席会议并宣布中央决定:楼阳生同志任山西省委书记,骆惠宁同志不再担任山西省委书记、常委、委员职务。

12 月

2日 楼阳生到山西转型综改示范区调研。楼阳生强调,要坚持转型为纲、项目为王、改革为要、创新为上,坚定信心,保持定力,加快高质量转型发展。在示范区改革创新展厅,楼阳生听取示范区创新体制机制、打造"六最"营商环境、招商引资、项目建设、党的建设等改革创新成果汇报。在百度山西人工智能数据标注项目基地,楼阳生了解企业人工智能技术研发、数据运用情况。在中电科电子信息科技创新产业园,楼阳生了解产品研发、产业规划情况,现场协调解决问题。在百信信息技术有限公司,楼阳生考察项目建设情况。锦波生物自主研发的"功能蛋白"填补国内空白,楼阳生考察企业研发平台、中试车间。调研结束时,楼阳生主持召开座谈会,指出,资源型地区经济转型发展是习近平总书记为我们指明的金光大道,转型综改区是习近平总书记授予我们的金字招牌,这条金光大道要坚定地走下去,坚实地走出来。要将转型综改进行到底,必须坚持转型为纲,始终把转型综改作为山西经济工作的纲，摆在经济工作的核心地位，聚焦产业、企业、企业家，打造有核心竞争力的产业集群，培育具有自主知识产权的龙头骨干企业，造就一批具有开阔视野、有强烈创新创业精神、懂经营、会管理的企业家队伍，推动产业结构优化和转型升级。必须坚持项目为王，把转型项目建设作为硬任务、硬指标、硬抓手，持之以恒，紧抓实抓，实现聚沙成塔、厚积薄发，积小胜为大胜。必须坚持改革为要，改革是实现转型发展的关键一招，要在已有基础上进一步深化，通过改革最大限度地激发各类创新创造创业主体的内生动力，各级党委、政府要创造良好环境，让企业和市场主体心无旁骛投身于山西转型综改、高质量转型发展的生动实践。必须坚持创新为上，既要有借鉴他山之石和虚怀若谷的胸襟和气度，又要有敢为人先、先行先试的气魄和胆略，直道冲刺，弯道超车，换道领跑。要持续不断净化政治生态，着力培育创新生态，形成有利于创新创业创造的社会人文环境，助力高质量转型发展。

3日 楼阳生主持召开各市"不忘初心、牢记使命"主题教育进展情况汇报会，对进一步抓好主题教育作出部署。会上，11市市委书记汇报了各自主题教育进展情况。楼阳生逐一进行点评。楼阳生指出，一要强化主线引领。二要强化自我革命。三要强化指导督导。四要强化统筹协调。确保实现全年目标任务。楼阳生就履行好党建"第一责任"和发展"第一要务"与各市市委书记作了深入交流。

5日 楼阳生到省公安厅调研，召开政法系统工作汇报会。在省公安厅指挥中心，楼阳生现场观看了情报指挥一体化实战平台、打防网络电信诈骗犯罪平台、经济金融风险监测预警处置平台、政务服务"一网通办"平台等9个业务平台运行演示，对加强平台应用、建立健全穿透式监管机制、依法防范化解各类重大风险、更好服务人民群众等提出要求。随后，楼阳生听取全省政法工作总体情况和有关工作汇报。楼阳生对推动全省政法工作在新的起点上取得更大成绩提出八个方面要求。一是坚持全面依法治国基本方略，确保四中全会精神在政法领域得到全面贯彻。二是坚持以扫黑除恶专项斗争为牵引，严厉打击各种违法犯罪。三是坚持以一域之稳定维护大局之稳定，坚决筑牢维护首都安全稳定的"护城河"。四是坚持"打、防、管、控、挖"一体推进，着力完善社会治安防控体系。五是坚持以人民为中心的发展思想，进一步推动信访秩序持续好转。六是坚持共建共治共享，不断提升社会治理现代化水平。七是坚持铁血铸魂、铁纪管警、铁案立信，打造一支忠诚于党、忠诚于人民、忠诚于法律的政法铁军。八是坚持党对政法工作的绝对领导，切实履行好维护安全稳定的政治责任。

同日 《人民日报》12月5日理论版"深入学习贯彻党的十九届四中全会精神"专栏刊登省委书记楼阳生的署名文章：《健全充分发挥中央和地方两个积极性体制机制》。文章围绕学习贯彻党的十九届四中全会精神，就如何深刻领会、认真贯彻落实"健全充分发挥中央和地方两个积极性体制机制"进行了深入阐述。文章分为三个部分，分别是：发挥中央和地方两个积极性，是我们党推进社会主义现代化建设的基本方针；健全充分发挥中央和地方两个积极性体制机制应坚持的原则；健全充分发挥中央和地方两个积极性体制机制的主要任务。

5—10日 第四届山西文化产业博览交易会在中国（太原）煤炭交易中心举行。开展前，楼阳生与有关省领导及省内外嘉宾一同巡馆。楼阳生强调，要坚定文化自信，要加强文化化人，要大力发展群众文化事业，要壮大文化产业，要改革文化体制，加快建设文化强省，支撑高质量转型发展。本届文博会以"深度融合、创新发展"为主题，以"媒体深度融合、文化旅游融合、文化科技融合"为主线，着重展示近年来全省宣传文化战线在省委坚强领导下推动文化改革发展取得的新成就新成果新风貌。展会为期6天，展览面积超过2万平方米，推出了275个招商项目，举办了407场丰富多彩的文化活动。来自15个国家和地区、25个省（区、市）的1000多家企业、10000余种展品参展，参展商人数达到8000多人。

7日 太原理工大学航空航天学院（航空航天研究院）揭牌仪式在山西大学城举行。楼阳生出席并讲话。楼阳生指出，山西要转型发展，人才是根本，必须大力实施创新驱动、科教兴省、人才强省战略。要通过"三个调整优化"，充分厚植创新动能，为山西转型发展提供强有力的人才和智力支撑。楼阳生还就高校广泛开展双创活动，鼓励引导双创团队进驻山西"智创城"省级双创中心，加快孵化转化向有关方面提出明确要求。太原理工大学航空航天学院（航空航天研究院）由吴光辉院士担任首席学科带头人，将聚焦国际航空航天学术前沿，推动产学研深度融合，打造航空航天科技创新、人才培养和成果转化的重要基地，标志着山西在建立航空航天高水平科技创新平台方面迈出了坚实步伐。

9日 省委常委会召开扩大会议，重温习近平总书记视察山西重要讲话，在推动中部地区崛起工作座谈会上的重要讲话、黄河流域生态保护和高质量发展座谈会上的重要讲话。楼阳生主持会议并导读，就进一步创造性抓好贯彻落实作了讲话。与会同志交流了学习体会。会议指出，通过这次重温学习习近平总书记的"三篇光辉文献"，更加深刻地体会到习近平总书记重要讲话的重大意义、真理光芒和实践伟力，更加深切地感受到习近平总书记的领袖风范、为民情怀和务实作风，进一步增强了一以贯之抓落实、重整行装再出发的使命感紧迫感。这"三篇光辉文献"，是习近平新时代中国特色社会主义思想的重要组成部分，是我们做好山西工作的重要法宝，常学常新、常悟常进。会议指出，深入领会贯彻习近平总书记重要讲话，要着力抓好四件大事。一要推动高质量转型。二要实现高水平崛起。三要坚持高标准保护。四要创造高品质生活。会议强调，办好山西的事情，根本在于加强党的领导和党的建设。各级党组织都要担当政治使命、负起政治责任，以忠诚、干净、担当的实际行动诠释初心使命。要把学习"三篇光辉文献"作为学习习近平新时代中国特色社会主义思想的一个重点，反复学、系统学，带着问题学、联系工作学，在领会践行核心要义和重大要求上下功夫，不断提升思想政治水平和领导能力。

同日 省委召开常委会议,楼阳生主持会议。学习贯彻中共中央政治局会议分析研究2020年经济工作、研究部署党风廉政建设和反腐败工作重要精神,传达全国市域社会治理现代化工作会议精神,研究贯彻落实意见,研究部署开展相对集中行政许可权改革、数字政府建设、应对人口老龄化等工作。会议审议通过《关于在全省各市县开展相对集中行政许可权改革的实施意见》《山西省以数字政府建设为牵引进一步优化营商环境行动计划》《山西省关于落实〈国家积极应对人口老龄化中长期规划〉的实施意见》。

13日 省委常委会召开扩大会议,传达学习中央经济工作会议精神,研究贯彻落实意见。楼阳生主持会议并讲话。会议就学习领会和贯彻落实中央经济工作会议精神提出六点要求。一要统一思想,坚定做好明年经济工作的信心和决心。二要凝心聚力,坚决打赢打好三大攻坚战。三要强弱补短,确保全面建成小康社会和"十三五"规划圆满收官。四要筑牢底线,扎实做好防范风险和安全稳定工作。五要遵循规律,科学编制好"十四五"规划。六要加强领导,持续推动制度优势向治理效能转化。会议强调,各地各部门要认真做好岁末年初各方面工作,保障人民群众生命财产安全,确保社会大局和谐稳定。

19日 省委常委会召开会议,传达学习习近平总书记在中央政治局第十九次集体学习时的重要讲话精神,听取省政府应急管理工作汇报,研究2020年经济社会发展主要指标及财政收支计划安排,研究部署维护社会稳定工作,听取山西省第十二次妇女代表大会筹备情况汇报。楼阳生主持会议。会议原则同意省政府党组提出的2020年经济社会发展主要指标及财政收支计划安排建议,决定按程序提请省人代会审议。会议审议通过《中共山西省委贯彻落实〈中国共产党政法工作条例〉实施细则》《山西省深化改革加强食品安全工作的实施方案》《山西省乡镇党政领导干部选拔任用工作实施办法(试行)》。

23—24日 省委经济工作会议在太原召开。会议的主要任务是,以习近平新时代中国特色社会主义思想为指导,深入贯彻习近平总书记"三篇光辉文献"精神,全面贯彻党的十九大和十九届二中、三中、四中全会及中央经济工作会议精神,回顾总结近年来特别是2019年经济工作,安排部署2020年及今后一个时期经济工作。楼阳生出席会议并作重要讲话,就事关山西长远发展和当前经济工作的重大问题作了深刻阐述、提出明确要求。林武对2020年经济工作作出具体部署,并作总结讲话。会议对转型出雏型进行了勾勒描绘:一是绿色能源供应体系基本形成,绿色生产、绿色生活方式成为山西鲜明特征,能源革命综合改革试点取得重大突破。二是7—8个战略性新兴支柱产业基本形成,拥有一批在全国具有较高市场占有率和较强竞争力的产业集群。三是具有山西特色的创新生态基本形成,在若干领域掌握一批关键核心技术,涌现出一批自主创新品牌。四是支撑山西资源型经济转型的体制机制基本形成,更多改革挺进全国第一方阵。五是生态文明制度体系基本形成,"两山七河一流域"生态保护修复与治理取得积极成效。六是法治化、国际化、便利化营商环境的制度安排基本形成,山西营商环境主要指标升至全国前列。七是山西全方位对外开放局面基本形成,经济外向度大幅提高。八是城乡统筹发展格局基本形成,大都市大县城建设和乡村振兴取得重要进展,城乡差距明显缩小。九是更加健全完善的民生保障体系基本形成,城乡居民收入接近全国平均水平。十是山西在全国发展大格局中的战略地位基本形成,经济综合实力在全国的排位进一步提升。会议指出,要紧扣2020年经济工作目标任务,全力抓好八个方面基础性全局性牵引性重点工作,推动高质量转型发展开拓新局面。一是全力打造一流创新生态。二是久久为功培育壮大新动能。三是深入开展能源革命综合改革试点。四是以大都市大县城建设统筹城乡发展。五是加力推进现代基础设施建设。六是加快构建内陆地区对外开放新高地。七是持续打造"六最"营商环境。八是努力促进人的全面发展。会议对2020年重点经济工作进行了具体部署。一是全面贯彻落实新发展理念,加快推进高质量转型发展。二是聚焦项目建设主抓手,统筹做好"六稳"工作。三是实施创新驱动战略,全力培育壮大新动能。四是持续深化改革开放,不断增强高质量转型发展动力活力。五是全力打好三大攻坚战,加快补齐全面建成小康社会短板。六是协同推进中心城市建设和乡村振兴,促进城乡区域协调发展。七是坚持以人民为中心,持续增进民生福祉。

25日 省委召开市委书记和省直工(党)委书记抓基层党建工作述职评议会。楼阳生主持会议并作点评讲话。会上,各市委书记、省直各工(党)委书记进行了述职。中央组织部组织二局有关同志到会指导,充分肯定我省基层党建工作取得的新进展,并就进一步落实基层党建工作责任制提出了指导意见。楼阳生强调,把基层党员干部队伍牢牢抓在手里,更加充分地彰显党的组织力。一要突出党的政治建设,扎实推动党的领导贯彻落实到基层。二要巩固拓展主题教育成果,充分发挥基层党组织的战斗堡垒作用。三要深入学习贯彻基层党建党内法规,不断提高工作规范化水平。四要牢固树立结果导向,统筹推进各领域基层党建工作。楼阳生对党组织书记履行"第一责任"提出五点要求。一要把握正确方向。二要深入解剖麻雀。三要善于破解难题。四要建强建好队伍。五要强化政策保障。

同日 省委召开市委书记抓脱贫攻坚工作述职评议会,楼阳生主持会议并讲话。林武出席会议并点评。会上,各市委书记聚焦落实主体责任,就一年来抓脱贫攻坚工作情况进行了述职。林武对各市分类逐一点评,既肯定成绩亮点,也指出差距不足,对下一步改进工作提出具体要求。与会人员对各市委书记抓脱贫攻坚工作进行了测评。楼阳生对各市抓好脱贫攻坚工作提出六点要求,一要层层强化军令状意识。二要坚持攻坚深度贫困与巩固脱贫成果相结合。三要扶贫扶志相结合。四要加强对扶贫干部的关心管理使用。五要以全面做好工作迎接考核督查。六要切实加强领导

27日 山西省第十二次妇女代表大会在太原开幕。楼阳生出席并讲话。楼阳生强调,激扬巾帼之志,勇挑时代重任,

在高质量转型发展新征程中贡献“半边天”力量。全国妇联副主席、书记处书记张晓兰代表全国妇联讲话。会上，黄岑丽代表省妇联第十一届执委会作工作报告。

同日 楼阳生在太原市调研社区和居家养老服务工作。调研中，楼阳生主持召开座谈会，面对面征求社区老年居民、养老机构的意见建议，听取太原市养老服务情况汇报，与省直有关部门一起研究社区和居家养老服务工作。

31日 省委召开常委会议，楼阳生主持会议。会议传达学习习近平总书记对做好“三农”工作的重要指示和中央农村工作会议、全国扶贫开发工作会议精神，研究贯彻落实意见，传达贯彻中组部座谈会、全国党校（行政学院）校（院）长会议精神，学习《2019—2023年全国党政领导班子建设规划纲要》《中国共产党党校（行政学院）工作条例》，确定省委经济工作会议相关目标任务分工，听取省十三届人大三次会议、省政协十二届三次会议筹备情况汇报，听取省委第六轮巡视情况汇报，审定第七轮巡视方案，研究从律师法学专家中公开选拔法官检察官和省法学会改革工作。会议审议通过《关于落实省委经济工作会议相关目标任务的分工方案》《山西省从律师和法学专家中公开选拔法官、检察官实施办法》《山西省法学会改革实施方案》。

附 录

山西省2019年国民经济和社会发展情况

2019年，面对国内外风险挑战明显上升的复杂局面，在省委、省政府的坚强领导下，全省上下坚持以习近平新时代中国特色社会主义思想为指导，全面贯彻落实党的十九大和十九届二中、三中、四中全会精神，深入学习贯彻习近平总书记"三篇光辉文献"精神，坚持新发展理念，落实高质量发展要求，扎实推进转型综改，全面做好"六稳"工作，统筹稳增长、促改革、调结构、惠民生、防风险、保稳定，全省经济平稳健康运行，转型发展呈现良好态势，人民生活福祉持续增进，各项社会事业积极进步，决胜全面建成小康社会迈出坚实步伐。

一、综　　合

据2019年人口抽样调查，年末全省常住人口3729.22万人，比上年末增加10.88万人，其中，城镇常住人口2220.75万人，占常住人口比重为59.55%，比上年末提高1.14个百分点。全年全省出生人口33.97万人，人口出生率9.12‰；死亡人口21.79万人，死亡率5.85‰；自然增长率3.27‰。

年末全省户籍人口城镇化率为41.87%，比上年末提高1.02个百分点。

初步核算，全年实现地区生产总值17026.68亿元，按不变价格计算，比上年增长6.2%。其中，第一产业增加值824.72亿元，增长2.1%，占地区生产总值的比重4.8%；第二产业增加值7453.09亿元，增长5.7%，占地区生产总值的比重43.8%；第三产业增加值8748.87亿元，增长7.0%，占地区生产总值的比重51.4%。

人均地区生产总值45724元，按2019年平均汇率计算为6628美元。

全年全省一般公共预算收入完成2347.6亿元，增长2.4%。税收收入完成1783.5亿元，增长8.4%，其中，国内增值税、企业所得税、个人所得税、资源税和城市维护建设税共计完成税收1487.8亿元，增长7.8%。

全年全省一般公共预算支出4713.1亿元，增长10.0%。其中，教育、卫生健康、社会保障和就业、住房保障、交通运输、节能环保、城乡社区等民生支出2929.1亿元，增长13.7%。

全省居民消费价格比上年上涨2.7%。工业生产者出厂价格下降0.3%，其中，生产资料价格下降0.3%，生活资料价格持平。工业生产者购进价格上涨1.1%。固定资产投资价格上涨4.0%。农业生产资料价格上涨4.7%。

全年全省城镇新增就业54.8万人。转移农村劳动力40.2万人。年末城镇登记失业率2.7%。

二、农　　业

全年全省农作物种植面积3524.5千公顷，比上年减少30.8千公顷。其中，粮食种植面积3126.2千公顷，减少10.9千公顷；油料种植面积99.8千公顷，减少12.1千公顷；蔬菜种植面积180.4千公顷，增加3.4千公顷。在粮食种植面积中，玉米种植面积1715千公顷，减少32.6千公顷；小麦种植面积546.8千公顷，减少13.5千公顷。果园面积374.9千公顷，增加11.6千公顷。

全年全省粮食产量1361.8万吨，减少18.6万吨，减产1.3%。其中，夏粮227.7万吨，减产1.0%；秋粮1134.1万吨，减产1.4%。

全年全省完成造林面积347.4千公顷，增长2.1%。

全年全省猪牛羊肉总产量71.4万吨，下降7.4%。其中，猪肉产量56.8万吨，下降9.1%；牛肉产量6.6万吨，增长1.7%；羊肉产量8万吨，下降1.2%。牛奶产量91.8万吨，增长13.3%。禽蛋产量111.4万吨，增长8.6%。水产品产量4.6万吨，下降3.1%。年末生猪存栏451.4万头，生猪出栏739.9万头。

全年全省机械耕地面积 2647 千公顷，机械播种面积 2648.3 千公顷，机械收获面积 1930.1 千公顷，增速均与上年持平。

三、工业和建筑业

全年全省规模以上工业增加值比上年增长 5.3%。其中，煤炭工业增加值增长 4.1%，非煤工业增加值增长 6.5%。规模以上工业中，战略性新兴产业增加值增长 7.4%。其中，新能源汽车产业增长 61.6%，节能环保产业增长 12.1%，新材料产业增长 9.8%，新一代信息技术产业增长 5.9%。

年末全省发电装机容量 9249.2 万千瓦，比上年末增长 5.6%。其中，火电装机容量 6687.2 万千瓦，增长 0.9%；并网风电装机容量 1251.5 万千瓦，增长 20.0%；并网太阳能发电装机容量 1087.8 万千瓦，增长 25.9%；水电装机容量 222.8 万千瓦，与上年末持平。

全年全省规模以上工业企业实现营业收入 21123.5 亿元，比上年增长 4.4%。分门类看，采矿业 8294.1 亿元，增长 4.7%；制造业 10495.4 亿元，增长 4.0%；电力、热力、燃气及水生产和供应业 2333.9 亿元，增长 5.4%。

全年全省规模以上工业企业实现利税总额 2337.2 亿元，比上年下降 13.4%；实现利润总额 1184 亿元，下降 13.1%，其中，国有控股企业实现利润总额 598.6 亿元，下降 2.6%。规模以上工业企业每百元营业收入中的成本为 81.15 元，规模以上工业企业营业收入利润率为 5.61%。

全年全省建筑业增加值 894.76 亿元，按不变价增长 8.0%。资质以上建筑业企业完成总产值 4653.3 亿元，增长 14.3%，共签订合同额 10456.6 亿元，增长 15.6%。房屋建筑施工面积 16990.3 万平方米，增长 2.0%，竣工面积 3836.4 万平方米，增长 3.9%。资质以上建筑业企业共 3292 家，增加 369 家，其中，特级企业 20 家，增加 8 家，一级企业 270 家，增加 85 家。

四、能　　源

全年全省一次能源生产折标准煤 7.6 亿吨，增长 6.9%；二次能源生产折标准煤 5.3 亿吨，增长 4.9%。

全年向省外输送电力 991.3 亿千瓦小时，增长 6.9%。

全年全省全社会用电总量 2261.9 亿千瓦小时。其中，第一产业用电 17.3 亿千瓦小时，占全社会用电量的比重 0.8%；第二产业用电 1746.5 亿千瓦小时，占全社会用电量的比重 77.2%，其中，工业用电 1722.8 亿千瓦小时；第三产业用电 284.5 亿千瓦小时，占全社会用电量的比重 12.6%；城乡居民生活用电 213.6 亿千瓦小时，占全社会用电量的比重 9.4%。

五、国内贸易

全年全省社会消费品零售总额 7909.2 亿元，增长 7.8%。按经营地统计，城镇消费品零售额 6408.5 亿元，增长 7.6%；乡村消费品零售额 1500.7 亿元，增长 8.6%。按消费形态统计，商品零售额 7242.3 亿元，增长 7.7%；餐饮收入额 666.9 亿元，增长 8.9%。

全年全省限额以上单位消费品零售额 2187.5 亿元，下降 0.3%。其中，限额以上单位网上零售额 61.9 亿元，增长 25.2%。

六、对外开放及开发区

全年全省进出口总额 1446.9 亿元，增长 5.7%。其中，进口额 640 亿元，增长 14.6%；出口额 806.9 亿元，下降 0.4%。

全年出口煤炭（煤及褐煤）7.1 万吨，增长 698.7%；出口焦炭（焦炭及半焦炭）18 万吨，增长 79.8%；出口镁及其制品 5.9 万吨，增长 44.6%；出口钢材 112.3 万吨，下降 13.5%，其中，不锈钢 66 万吨，下降 23.7%。出口机电产品 587.6 亿元，增长 3.0%；出口高新技术产品 513.2 亿元，增长 2.8%。

全年进口铁矿砂（铁矿砂及其精矿）934 万吨，增长 6.0%，进口金额 61.5 亿元，增长 62.0%；进口机电产品 357.3 亿元，增长 13.7%。

全年山西品牌丝路行举办俄罗斯、西欧、南美、澳洲 4 站活动，举办各类推介洽谈、品牌展览、友城交流等活动 82 场次，签署贸易投资、工商合作机制、友城建设等各类协议 43 项，实现意向订单额 3 亿元。

全年全省新设立外商直接投资企业 72 家；按全口径统计实际使用外商直接投资金额 13.6 亿美元，下降 42.5%。

全年全省对外承包工程新签合同额 19.2 亿美元，增长 89.0%，完成营业额 15.8 亿美元，增长 12.3%。

年末全省纳入统计的省级及以上开发区 64 个，全年区内税收收入 638 亿元，比上年增长 18.8%；“四上”企业主营业务收入 12513.4 亿元，比上年增长 9.9%。

七、交通、邮电和旅游

年末全省公路线路里程 14.4 万公里，其中，高速公路 5711 公里。民用航空航线 242 条。

全年旅客运输量 24341.8 万人，比上年下降 5.2%。旅客运输周转量 395.6 亿人公里，增长 0.4%。货物运输量 21.9 亿吨，增长 3.7%。货物运输周转量 4690.4 亿吨公里，增长 4.5%。

年末全省民用汽车保有量 713.9 万辆（包括三轮汽车和低速货车 6.3 万辆），比上年末增长 8.9%，其中私人汽车 644.1 万辆，增长 8.9%。本年新注册汽车 64.5 万辆，下降 3.5%。年末轿车保有量 442.3 万辆，增长 8.7%，其中，私人轿车 421.5 万辆，增长 8.8%。

全年全省完成邮政业务总量 116.3 亿元，增长 23.7%；电信业务总量 2374.6 亿元，增长 73.3%。年末移动电话用户 3987.2 万户，其中，4G 移动电话用户 3202.4 万户。全省宽带接入用户 1126.1 万户，增长 13.6%。

全年全省商业住宿设施接待入境过夜游客 76.2 万人次，接待国内旅游者 8.3 亿人次，分别增长 6.6%和 18.5%；旅游外汇收入 4.1 亿美元，增长 8.5%；国内旅游收入 7999.4 亿元,增长19.4%;旅游总收入8026.9亿元,增长19.3%。

八、金　　融

年末全省金融机构本外币各项存款余额38381.4亿元,比年初增加3029亿元,比年初增长8.6%。各项贷款余额28119.4亿元,比年初增加2752.4亿元,增长10.9%。

年末全省农村金融合作机构(农村信用社、农村合作银行、农村商业银行)人民币存款余额8358.8亿元,比年初增加681亿元,比年初增长8.9%;人民币贷款余额5315.9亿元,比年初增加550.6亿元,增长11.6%。

年末全省共有上市公司37家。全省辖区证券市场各类证券成交额58220.8亿元,增长26.1%。其中,股票成交额18373.2亿元,增长31.2%;基金成交额719.9亿元,下降50.0%;债券成交额39095.7亿元,增长26.4%。年末投资者资金账户累计开户数447.1万户,增长78.0%。

全年全省保费收入883.3亿元,增长7.1%。其中,寿险业务保费收入491.8亿元,下降0.9%;健康险业务保费收入145.7亿元,增长34.6%;意外险业务保费收入18.5亿元,增长12.2%;财产险业务保费收入227.4亿元,增长6.8%。全年支付各类赔款及给付278.6亿元,增长4.2%。

九、教育和科学技术

年末全省共有幼儿园7089所,小学5312所,普通初中1762所,普通高中522所,中等职业教育学校429所,普通高等学校82所,成人高等学校10所。全省学前教育毛入园率89.8%,小学学龄儿童净入学率99.95%,高中阶段毛入学率94.65%。

全年全省专利申请量31705件,增长17.0%。其中,发明专利申请量8424件,下降10.3%。全省专利授权量16598件,增长10.2%。其中,发明专利授权量2300件,增长0.7%。国家级企业技术中心29家,省级企业技术中心315家。

年末全省共有省、市、县产品质量监督检验和计量检定技术机构147个,国家检测中心8个。全年监督抽查了8092家企业10类303种14487批次的产品和商品。全年完成强制检定计量器具79.2万台件。

年末全省有气象台站109个,开展电话天气自动答询的台站11个。全省气象系统开展人工影响天气业务的单位118个,防雹、增雨累计受益面积为全省域内,增雨量30亿立方米。全省有天气预报服务Intel网站1个,卫星云图接收站16个。

年末全省有专业综合地震台站7个,省级地震台网中心1个,省级数字测震地震台网1个。全年全省发生M3.0级以上地震0次。

十、文化、卫生健康和体育

年末全省共有文化馆130个,文化站1409个(其中,乡镇综合文化站1196个)。专业艺术表演团体796个。公共图书馆128个。出版报纸60种(不含高校校报)、19.7亿份,各类杂志201种、2250.2万册,各类图书3548种、6328.1万册。广播电视台119座,电视台2座,中短波转播发射台15座,调频转播发射台204座,一百瓦以上电视转播发射台170座。广播人口覆盖率98.9%,电视人口覆盖率99.6%,有线电视用户382万户。

年末全省共有卫生机构(含诊所、村卫生室)4.2万个,床位21.8万张。专业公共卫生机构445个,妇幼保健院(所、站)131个。全省卫生机构共有卫生技术人员25.7万人。卫生院卫生技术人员2.3万人,其中,农村乡镇卫生院卫生技术人员2.1万人。社区卫生服务中心(站)卫生技术人员1.2万人,专业公共卫生机构技术人员1.6万人,妇幼保健(所、站)卫生技术人员0.8万人。

年末全省有体育场232个,体育馆135个。全年我省运动员在国内外重大比赛中获金、银、铜牌分别为70枚、62枚和91枚(包括非奥运项目比赛)。全年全省经常参加体育锻炼人数1100万人,开展全民健身项目100项。全年全省销售中国体育彩票31.08亿元,下降27.5%。

十一、居民收入消费和社会保障

全年全省城镇居民人均可支配收入33262元,增长7.2%,城镇居民人均消费支出21159元,增长6.9%;农村居民人均可支配收入12902元,增长9.8%,农村居民人均消费支出9728元,增长6.1%。按全省居民五等份收入分组,城镇低收入组人均可支配收入13870元,增长8.9%;农村低收入组人均可支配收入4986元,增长13.7%。

年末全省参加城镇职工基本养老保险871.3万人,比上年末增加33.8万人;参加城乡居民基本养老保险1627.8万人,增加48.5万人;参加城镇职工基本医疗保险702万人,增加15.4万人;参加城乡居民基本医疗保险2564.3万人,减少16万人;参加失业保险443.9万人,增加12.8万人;参加工伤保险624.2万人,增加27.4万人;参加生育保险489.6万人,增加7.7万人。

全年得到城市最低生活保障救济人数28万人,全年共发放城市最低保障资金16亿元。13万人纳入农村五保供养。

年末全省城镇有各种社区服务设施7688个,其中,综合性社区服务中心517个。各类收养性单位床位数63034张,收养人数31390人。国家抚恤、补助各类优抚对象19.5万人。全年销售福利彩票33.23亿元,筹集社会福利资金10.02亿元,接受社会捐赠款0.11亿元。

十二、资源、环境和安全生产

年末全省大型水库蓄水量7亿立方米。

年末全省森林面积357.2万公顷,森林覆盖率22.8%。

黄河、海河流域山西段共监测100个断面,达到Ⅲ类以上(包括Ⅰ、Ⅱ、Ⅲ类)水质标准的断面占57.0%,达到Ⅳ类水质标准的断面占16.0%,达到Ⅴ类水质标准的断面占11.0%,劣Ⅴ类水质标准的断面占16.0%。

全年全省各类自然灾害造成直接经济损失 120.8 亿元，比上年增长 9.6%；农作物受灾面积 142.2 万公顷，增加 68.8%，其中，绝收面积 28.9 万公顷，增加 53.2%。

全年全省共发生各类生产安全亡人事故 640 起，下降 32.8%；死亡 762 人，下降 28.8%。全年全省煤炭百万吨死亡率为 0.053。

太原市2019年国民经济和社会发展情况

2019 年，在市委、市政府的正确领导下，全市上下坚持以习近平新时代中国特色社会主义思想为指导，全面贯彻落实党的十九大和十九届二中、三中、四中全会精神，深入学习贯彻习近平总书记"三篇光辉文献"精神，深入贯彻新发展理念，坚持稳中求进工作总基调，坚持贯彻落实省委"四为四高两同步"总体思路和要求，高质量发展的基础不断夯实，发展的活力动力持续增强，经济社会保持平稳健康发展。

一、综　　合

人口：据 2019 年人口抽样调查，年末全市常住人口 446.19 万人，比上年末增加 4.04 万人。其中：城镇人口 380.36 万人，增加 5.09 万人；乡村人口 65.83 万人，减少 1.05 万人。城镇化率 85.25%，比上年提高 0.37 个百分点。男性人口 223.16 万人，女性人口 223.03 万人，性别比为 100.06 : 100。全年出生人口 5.07 万人，人口出生率 11.42‰。

经济增长：初步核算，全市实现地区生产总值(GDP) 4028.51 亿元，比上年增长 6.6%。其中：第一产业增加值 42.48 亿元，增长 2.1%；第二产业增加值 1518.64 亿元，增长 5.9%；第三产业增加值 2467.39 亿元，增长 7.1%。

人均地区生产总值 90698 元，比上年增长 5.6%，按 2019 年平均汇率计算达到 13147 美元。

产业结构：三次产业比重为 1.1%、37.7%、61.2%，分别拉动经济增长 0.02、2.25 和 4.33 个百分点。

财政：一般公共预算收入 386.62 亿元，比上年增长 3.6%，其中：税收收入 301.77 亿元，增长 1.6%。

全年一般公共预算支出 610.62 亿元，比上年增长 12.6%。其中教育、医疗卫生、社会保障和就业、住房保障、交通运输、节能环保、城乡社区事务等民生支出 486.27 亿元，增长 12.1%。

物价：居民消费价格比上年上涨 2.7%。其中：食品烟酒类上涨 5.8%，教育文化和娱乐类上涨 3.7%，其他用品和服务类上涨 2.4%，居住类上涨 1.9%，衣着类上涨 1.4%，生活用品及服务类上涨 1.2%，医疗保健类上涨 0.6%，交通和通信类下降 0.7%。

就业：城镇新增就业 9.93 万人，其中创业带动就业 2.60 万人。4.23 万名城镇失业人员实现再就业，其中就业困难人员再就业 1.08 万人。年末城镇登记失业率 3.17%。

二、农　　业

种植面积：全年农作物种植面积 80.42 千公顷。粮食种植面积 61.79 千公顷。其中：夏粮种植面积 0.06 千公顷，秋粮种植面积 61.73 千公顷。蔬菜种植面积 11.56 千公顷。药材种植面积 1.05 千公顷。

畜禽及水产品产量：年末大牲畜存栏 3.85 万头，猪出栏 25.12 万头。肉类产量 3.93 万吨，禽蛋产量 3.41 万吨，牛奶产量 8.97 万吨。水产品养殖面积 1.16 千公顷，水产品产量 2691 吨。

农机及化肥施用：年末全市农业机械总动力 49.10 万千瓦。全年农用化肥施用量(折纯)23105 吨。

三、工业和建筑业

工业：规模以上工业增加值比上年增长 4.5%。其中：中央企业增加值增长 4.3%；地方企业增加值增长 4.5%；其他企业增加值增长 7.4%。

战略性新兴产业增加值增长 4.1%，占全市规模以上工业增加值的比重为 15.5%。高技术产业增加值增长 5.3%，占全市规模以上工业增加值的比重为 11.4%。

非传统产业增加值增长 7.1%，其中：装备制造业增加值增长 8.6%，占全市规模以上工业增加值的比重为 29.9%。传统产业增加值增长 2.1%。

规模以上工业企业实现营业收入 3247.83 亿元，增长 3.8%。利税总额 182.68 亿元，下降 26.8%。利润总额 59.72 亿元，下降 40.1%。

建筑业：具有建筑业资质等级的总承包和专业承包建筑业企业总产值 3164.79 亿元，增长 15.1%。建筑业企业房屋建筑施工面积 10839.86 万平方米，竣工面积 2016.09 万平方米。

四、能　　源

能源生产：全市一次能源生产折标准煤 2552.07 万吨，比上年增长 6.8%；二次能源生产折标准煤 4107.64 万吨，增长 1.0%。

用电：全年全社会用电量 287.95 亿千瓦时，下降 1.2%。其中：农林牧渔业用电量 2.32 亿千瓦时，增长 3.1%；工业用电量(含电厂自用电)174.89 亿千瓦时，下降 6.0%，其中：占工业用电量 69.2%的煤炭、炼焦、化工、建材、冶金、电力等高耗能行业用电量 121.03 亿千瓦时，下降 9.1%；建筑业用电量 6.22 亿千瓦时，增长 10.5%；第三产业用电量 58.23 亿千瓦时，增长 9.9%；城乡居民生活用电量 43.70 亿千瓦时，增长 8.4%。

五、国内贸易

消费品零售：全年社会消费品零售总额 1952.81 亿元，比上年增长 7.8%。其中：城镇社会消费品零售总额 1857.48 亿元，增长 7.1%；乡村社会消费品零售总额 95.33 亿元，增长 22.7%。

限额以上贸易企业零售额 865.20 亿元，比上年增长 0.1%，占社会消费品零售总额的 44.3%。限额以上批发零售业企业通过互联网实现商品零售额 43.31 亿元，增长 22.2%。

六、对外经济

进出口贸易：全年外贸进出口总额 1119.56 亿元，比上年增长 3.1%。其中：出口额 651.72 亿元，下降 1.7%；进口额 467.84 亿元，增长 10.6%。

出口商品中，不锈钢材、机电产品分别为 76.90 亿元、525.84 亿元，占出口额的 92.5%。煤炭、焦炭、金属镁分别为 0.87 亿元、2.50 亿元、4.01 亿元，占出口额的 1.1%。

有贸易往来的国家和地区 165 个。年进出口额在亿元以上的国家和地区 46 个，比上年增加 4 个。

招商引资：全年新设立外商投资企业 20 家。实际利用外商直接投资额 0.97 亿美元。

七、交通、邮电和旅游

交通运输：年末全市公路线路里程累计达到 7621 公里，其中高速公路 287 公里。公路密度 109.1 公里 / 百平方公里。太原地区铁路客运量 3096.38 万人次，增长 5.0%；铁路货运量 3886.57 万吨，增长 8.1%。航空客运量 1400.26 万人次，增长 3.0%；航空货运量 5.76 万吨，增长 7.9%。

年末全市民用汽车保有量 168.37 万辆，比上年末增长 8.4%，其中私人汽车 149.04 万辆，增长 7.4%。年末轿车保有量 102.89 万辆，增长 6.6%，其中私人轿车 94.93 万辆，增长 5.8%。本年新注册汽车 14.65 万辆，增长 0.1%，其中新注册轿车 7.58 万辆，下降 1.7%。

邮电：全年邮政行业业务总量 42.50 亿元，比上年增长 15.2%；电信业务总量 467.74 亿元，增长 62.3%。年末市话到达 75.05 万户。农话到达 1.86 万户。移动电话用户 834.59 万户，其中：4G 移动电话用户为 687.94 万户。每百人拥有电话 204 部，其中：移动电话普及率达到 187 部 / 百人。计算机互联网宽带用户 221.85 万户。

旅游：全市接待海内外游客 9655.39 万人次，比上年增长 18.8%。其中：国内游客 9629.59 万人次，增长 18.9%；海外游客 25.80 万人次，增长 8.0%。海外游客中：外国人 18.01 万人次，香港同胞 4.40 万人次，澳门同胞 1.02 万人次，台湾同胞 2.37 万人次。全年旅游总收入 1171.83 亿元，增长 17.7%。其中：国内旅游收入 1163.41 亿元，增长 18.1%；旅游外汇收入 1.19 亿美元，增长 11.4%。

八、金融和保险

金融：年末全市金融机构本外币各项存款余额 13117.20 亿元，比年初增长 6.5%；本外币各项贷款余额 14063.12 亿元，增长 10.6%。人民币各项存款余额 12663.72 亿元，增长 5.3%，其中：住户存款余额 5252.08 亿元，增长 10.1%；人民币各项贷款余额 13707.47 亿元，增长 9.5%。人民币贷款中，中长期贷款余额 9920.16 亿元，增长 8.8%；短期贷款余额 2880.22 亿元，增长 7.1%。

年末上市公司达到 18 家，其中：主板 15 家，中小板 2 家，创业板 1 家。“新三板”挂牌企业达到 54 家。

保险：全年原保险保费收入 247.47 亿元，增长 10.9%。其中：寿险业务保费收入 137.30 亿元，增长 8.7%；健康险业务保费收入 33.76 亿元，增长 37.0%；意外伤害险业务保费收入 6.94 亿元，增长 7.5%；财产险业务保费收入 69.47 亿元，增长 5.8%。

支付各类赔款及给付 69.36 亿元，增长 9.0%。其中：寿险业务给付 24.38 亿元，下降 12.0%；健康险业务赔款及给付 9.25 亿元，增长 61.3%；意外伤害险业务赔款 1.82 亿元，增长 18.8%；财产险业务赔款 33.90 亿元，增长 18.3%。

九、城市建设

基础设施建设：通达桥、晋阳桥、迎宾桥以及滨河东路南延工程、晋阳大道、天龙山旅游通道、火车站东广场及配套路网等 27 项工程建成通车，镇城大街、中北东街等 10 条新开工道路和 19 座人行天桥的建设竣工交付。“二青会”11 个场馆建设、赛事期间的各项保障任务顺利完成，汾河三期建设工程按期完成并投入使用；5 个学校、医院代建项目相继交付；轨道交通 2 号线一期工程实现“轨通”“电通”，1 号线一期工程正式开工建设。按照节能标准设计施工民用建筑 569 个，共计 970.37 万平方米；完成海绵城市建设面积 52.8 平方公里，出台了国内首批关于海绵城市建设管理的地方性法规《太原市海绵城市建设管理条例》。

年末全市城镇燃气供应量 11.7 亿立方米。集中供热面积扩网 825 万平方米。城市公交运营车辆保有量 3533 辆。公交运营线路长度 3658 公里，年客运量 3.45 亿人次。公共自行车服务点 1285 个，累计投放自行车 4.1 万辆。

城市绿化：太原动物园提质扩容、晋阳湖景区一期、晋阳湖水上文旅项目、滨河体育公园、明太原县城护城河公园建成向社会开放。太山景区综合服务区、天龙山景区、牛驼寨烈士陵园景观工程基本完成，太原植物园、摄乐公园、狄仁杰文化公园等公园建设全力推进。完成天龙山山体修复 128 公顷，西山旅游、公路自行车赛道配套绿化 136 公里。全市共有综合性公园 52 个，专类公园 11 个，带状公园 6 个，街头游园 269 个，社区游园 55 个，街旁绿地 214 块。建成区绿化覆盖面积达到 15617 公顷，园林绿地 13788 公顷，公园绿地面积 4601 公顷，建成区绿化覆盖率 43.38%，绿地率 38.3%，人均公园绿地面积 12.78 平方米。

十、教育和科学技术

教育：年末共有普通高等院校 45 所（其中高职院校 22

所)，成人高等学校 7 所，中等职业教育学校 48 所，普通高中 91 所，普通初中 136 所，小学 448 所，幼儿园 728 所。

全市学前三年毛入园率 95.9%；小学、初中巩固率均达到国家标准；高中阶段毛入学率 97.8%。2019 年高考一本、二本达线率和录取率在全省稳居前列。

科学技术：全年技术市场共登记技术合同 2209 项，成交金额 252.72 亿元。拥有国家级技术中心 16 家，省级技术中心 107 家。截至年末，累计建成省级及以上重点实验室 80 个、省级工程技术研究中心 78 个、省级及以上科技企业孵化器 28 个、省级及以上众创空间 123 家，拥有院士工作站 54 个。年末累计认定高新技术企业 1616 家。1 项技术项目荣获国家科技进步一等奖，3 项技术项目荣获国家科技进步二等奖。太钢“手撕钢”获冶金科学技术特等奖，山西电机“YE4 系列超超高效电机”获中国机械工业科技一等奖。全年发明专利申请量 5293 件、授权量 1759 件，有效发明专利拥有量 9438 件。

年末转型综改示范区共有入区企业 13750 家，营业收入 3940 亿元。

十一、文化、卫生和体育

文化：庆祝中华人民共和国成立 70 周年、庆祝太原解放 70 周年等重大活动圆满举办。年末全市共有各类专业院团及具备规模的民营艺术表演团体 21 个。群艺文化馆 12 个，博物馆 17 个。公共图书馆 12 个，馆藏图书 811.2 万册。广播人口覆盖率 100%，电视人口覆盖率 100%。新创排演青春版晋剧《起风街》、现实题材都市话剧《我们城里的年轻人》、儿童剧《疯狂的布鲁斯》、歌舞杂技剧《换了人间》等各类作品 50 余部。新创作晋剧电影《于成龙》、晋剧《圪梁梁上》、话剧《晋文公》及电影、小戏、小品等各类剧本 16 部，荣获国家级荣誉 19 项、省级荣誉 26 项、市级荣誉 97 项。天龙山石窟数字复原国际巡展亮相法国，率先走出了“中华文化走出去”太原模式。年末列入国家级非物质文化遗产保护项目 17 项、省级保护项目 83 项、市级保护项目 195 项。

卫生：年末共有卫生机构 2949 个(不含村卫生室)，医疗床位 39358 张。每千人拥有医疗床位 8.8 张。各类卫生技术人员 62575 人，其中：执业(包括执业助理)医师 24178 人，注册护士 29968 人。每千人拥有医生 5.4 人。城市公立医院综合改革进一步深化，现代医院管理制度加快建设，阳曲县人民医院、市中心医院分获国家和省级试点。

体育：全年太原运动员在国内外大赛中，获得 241 枚金牌、171 枚银牌、167 枚铜牌，368 个第四至第八名。圆满完成第二届全国青年运动会参赛办赛任务，金牌数和奖牌数在全国参赛城市中均排名第一。成功举办 2019 环太原国际公路自行车赛暨中国太原国际自行车周；太原国际马拉松赛升级为田联金标赛事，正式迈入象征中国马拉松赛事最高等级的“双金俱乐部”；2019 汾河龙舟公开赛暨二青会龙舟测试赛决赛在新建成的水上运动中心举行。全年销售中国体育彩票 8.09 亿元，居全省第一。

十二、人民生活和社会保障

人民生活：全年居民人均可支配收入 33563 元，比上年增长 8.2%。按常住地分，城镇居民人均可支配收入 36362 元，增长 8.0%，城镇居民人均消费支出 21305 元，增长 7.0%；农村居民人均可支配收入 18377 元，增长 9.0%，农村居民人均消费支出 13228 元，增长 7.0%。城乡居民收入比为 1.98：1，比上年缩小 0.02 个百分点。

社会保障：全市企业职工参加养老保险（不含离退休人员)96.64 万人，参加基本医疗保险 366.65 万人，参加失业保险 102.88 万人，参加工伤保险 133.31 万人，参加生育保险 110.60 万人。年末城市低保覆盖人口 2.17 万人，农村低保覆盖人口 3.42 万人，3752 人纳入农村五保供养，全年发放最低保障资金 3.67 亿元。年内新建城乡日间照料中心 29 个，社区养老服务中心 23 个。

十三、环境保护和安全生产

环境质量：市区全年空气质量二级以上天数 200 天，全年 PM2.5 达标 283 天，空气质量综合指数 6.39。集中式饮用水水源地水质达标率保持 100%，地表水国家和省考核断面水质优良比例 55.6%。市区区域环境噪声年均值 55.1 分贝、交通噪声年均值 68.7 分贝。

气温降水：全年平均气温 10.6℃，降水量 386.1mm。地下水水位平均上升 0.04 米。全社会用水量 8.24 亿立方米，其中：生活用水 2.96 亿立方米，农业灌溉用水 1.70 亿立方米，工业生产用水 2.87 亿立方米，生态用水 0.71 亿立方米。

安全生产：全年共发生各类生产安全亡人事故起数比上年下降 26.3%。

大同市2019年国民经济和社会发展情况

2019 年，市委、市政府高举习近平新时代中国特色社会主义思想伟大旗帜，坚决贯彻落实党的十九大和十九届二中、三中、四中全会精神，全面深入学习贯彻习近平总书记“三篇光辉文献”精神，坚定新发展理念，积极面对风险挑战，统筹做好稳增长、促改革、调结构、惠民生、防风险、保稳定各项工作，全市经济稳中有进，产业结构不断优化，工业振兴强力推进，高质量发展基础夯实，文化旅游繁荣发展，生态环境显著改善，民生保障持续提升，各项社会事业积极进步，决胜全面建成小康社会迈出坚实步伐。

一、综　　合

据2019年人口抽样调查，年末全市常住人口为346.30万人，比上年末增加0.70万人。其中，城镇常住人口227.23万人，占常住人口比重为65.62%，比上年末提高1.62个百分点。全年全市出生人口2.88万人，人口出生率为8.31‰；死亡人口2.17万人，死亡率为6.28‰；自然增长率为2.03‰。

初步核算，全年全市地区生产总值实现1318.8亿元，按不变价格计算，比上年增长6.7%。其中，第一产业增加值71.0亿元，增长3.1%，占地区生产总值的比重为5.4%；第二产业增加值490.7亿元，增长6.9%，占地区生产总值的比重为37.2%；第三产业增加值757.1亿元，增长6.9%，占地区生产总值的比重为57.4%。全市人均地区生产总值38122元，比上年增长6.4%，按2019年平均汇率计算为5526美元。

全年全市一般公共预算收入130.1亿元，比上年增长8.7%。其中，税收收入103.3亿元，增长16.5%。在税收收入中，国内增值税增长17.6%；企业所得税增长32.9%；个人所得税下降45.4%；资源税增长39.6%。

全年全市一般公共预算支出364.2亿元，比上年增长8.8%。其中，用于民生的支出298.3亿元，比上年增长9.3%，占一般预算支出的比重为81.9%。在民生支出中，教育支出增长4.4%；文化旅游体育与传媒支出增长10.2%；社会保障与就业支出增长14.0%；住房保障支出增长4.1%；城乡社区事务支出增长28.2%；交通运输支出增长19.6%；节能环保支出增长99.9%。

全年全市居民消费价格比上年上涨2.5%。其中，食品烟酒类价格上涨6.6%；衣着类下降1.0%；居住类上涨1.6%；教育文化及娱乐类上涨2.1%；医疗保健类上涨3.0%；生活用品及服务类下降2.3%；交通通信类下降1.1%；其他用品及服务类上涨2.6%。全年全市商品零售价格比上年上涨1.4%。

全年全市城镇新增就业5.5万人。转移农村劳动力4.0万人。年末城镇登记失业率2.7%。

二、农　　业

全年全市农作物种植面积330.1千公顷，比上年增加1.7千公顷。其中，粮食种植面积283.5千公顷。在粮食种植面积中，秋粮种植面积283.5千公顷，增加10.3千公顷。全市油料作物种植面积16.2千公顷，比上年增加1.4千公顷；蔬菜面积19.6千公顷，比上年增加0.1千公顷；饲草作物种植面积6.4千公顷，比上年增加0.3千公顷。

全年全市粮食总产量123.2万吨，比上年增加16.6万吨。

全年全市共完成造林面积43.7万亩。其中，人工造林完成35.3万亩。

全年全市肉类总产量15.1万吨，比上年增长3.2%。其中，猪羊肉产量12.8万吨，增长1.6%。牛奶产量28.9万吨，增长4.1%。禽蛋产量7.8万吨，增长5.7%。

全年全市机械耕地面积250.3千公顷，比上年增长7.3%；机械播种面积188.5千公顷，机械收获面积104.9千公顷，分别增长0.3%和9.5%。全年全市农业机械总动力（不包括农用运输车动力）101.3万千瓦。

三、工业、建筑业

初步统计，全年全市规模以上工业增加值比上年增长6.0%。其中，煤炭工业增加值增长10.8%。

全年全市建筑业增加值73.8亿元，比上年增长10.4%。全市资质以上建筑业企业完成总产值210.8亿元，比上年增长14.3%。房屋建筑施工面积901.0万平方米，增长15.8%；房屋竣工面积318.4万平方米，下降0.1%。

四、能　　源

全年全市一次能源生产折标准煤0.7亿吨，比上年增长9.8%；二次能源生产折标准煤0.5亿吨，增长11.8%。

全年外输电力305.3亿千瓦时，比上年下降0.5%，外输电量占发电量比重为65.0%。全社会用电量164.6亿千瓦时，比上年增长6.4%。其中，第一产业用电量1.3亿千瓦时，增长8.8%；第二产业用电量121.8亿千瓦时，增长5.6%；第三产业用电量23.3亿千瓦时，增长8.5%；居民生活用电量18.2亿千瓦时，增长8.9%。

五、国内贸易

全年全市社会消费品零售总额755.0亿元，比上年增长7.9%。按经营地统计，城镇消费品零售额581.1亿元，增长7.8%；乡村消费品零售额173.9亿元，增长8.0%。按消费形态统计，商品零售额662.8亿元，增长7.8%；餐饮收入额92.2亿元，增长8.4%。

全年全市限额以上单位消费品零售额157.0亿元，比上年下降0.9%。在限额以上批发零售业中，石油及制品类下降4.3%；中西药品类增长16.9%；烟酒类增长4.8%；服装、鞋帽、针纺织品类下降2.2%；汽车类下降4.1%。

六、对外经济

全年全市海关进出口总额51.7亿元，比上年增长37.5%。其中，出口额34.7亿元，增长58.5%；进口额17.0亿元，增长8.3%。

全年全市新设立外商投资企业6家。实际利用外资7003万美元，比上年下降61.5%。

七、交通、邮电和旅游

全年全市公路通车里程12751公里。其中，高速公路562公里。全市公路密度90.4公里/百平方公里。全市民航客运量130.7万人，比上年增长28.6%；货邮量1923.8吨，增长19.1%。民用航空航线23条，通航城市30个。年末，大张高铁全线开通运营，同步实现与京张、张呼、大西全线贯通。

年末全市民用车辆保有量78.5万辆，比上年增长14.0%。其中，新注册汽车5.6万辆，增长3.2%；个人汽车

65.3 万辆，增长 8.5%。年末载客汽车保有量 60.5 万辆，比上年增长 8.7%。其中，个人载客汽车 57.7 万辆，增长 8.5%。年末轿车保有量 40.7 万辆，比上年增长 8.5%。其中，个人轿车 39.4 万辆，增长 8.2%。

全年全市完成邮电业务总量 223.1 亿元，比上年增长 47.7%。其中，电信业务总量 219.1 亿元，增长 78.3%；邮政业务总量 4.0 亿元，增长 10.9%。年末全市移动电话用户 425.0 万户。其中，4G 电话用户达到 279.2 万户，比上年增长 9.6%。全市计算机互联网络用户 85.9 万户，比上年增长 9.7%。全市邮政局所 147 个，邮路总长度 4400 公里。订销报纸 4533 万份，增长 15.3%；订销杂志 153.5 万份，增长 7.8%；国内函件 54.9 万件，增长 14.8%。国内包裹 185.6 万件，增长 8.5%。

全年全市旅游总收入 762.1 亿元，比上年增长 22.7%。其中，国内旅游收入 758.8 亿元，增长 22.9%。旅游外汇收入 5496.8 万美元，比上年增长 12.4%。全年全市接待国内游客 8386.3 万人次，比上年增长 21.3%；接待入境旅游者 9.1 万人次，比上年增长 11.1%。

八、金融和保险

年末全市金融机构本外币各项存款余额 3180.6 亿元，比年初增加 290.9 亿元，比年初增长 10.1%。年末全市金融机构本外币各项贷款余额 1560.2 亿元，比年初增加 173.0 亿元，比年初增长 12.5%。

年末全市共有注册保险机构 43 家。全年全市保费收入 79.6 亿元，比上年增长 7.5%。其中，寿险业务保费收入 56.8 亿元，增长 4.3%；财产险业务保费收入 22.8 亿元，增长 16.1%。全年全市累计支付各类保险赔款及给付 19.5 亿元，下降 3.9%。其中，寿险业务给付 6.6 亿元，下降 34.0%；财产险业务赔款 11.4 亿元，增长 10.7%。

九、科学技术和教育

全年全市共完成国家申请专利 2245 件。其中，发明专利 427 件。全市共获得国家授权专利 1189 件。其中，发明专利 123 件。省级以上重点实验室 3 家，工程技术研究中心 8 家。年末高新技术企业总数达到 58 家。

全市普通高等学校 2 所，中等职业教育学校 33 所，普通高中 46 所，普通初中 155 所，普通小学 348 所，特殊教育 5 所，学前教育 551 所。

全市有气象台(站)9 个。开展 121 电话天气自动答询的台站 1 个。开展人工影响天气业务的单位 7 个。人工增雨累计收益面积 1.4 万平方公里，增雨量 0.6 亿立方米。全市有卫星云图接收站 9 个。全年全市降水量 427 毫米，年平均气温 7.8 摄氏度，无霜期 145 天。

十、文化、卫生和体育

全年全市共有文化艺术馆 11 个，公共图书馆 12 个。博物馆 16 个，档案馆 11 个。全市共有广播电视台 11 个，中波发射台 1 座，微波站 8 座，有线电视网 10 个。广播人口覆盖率 98.99%，电视人口覆盖率达 99.50%，有线电视用户 31.3 万户。

全年全市共有卫生机构(含诊所、村卫生室)3183 个，床位 22850 张。其中，医院 132 个；卫生院 145 个；社区卫生服务中心(站)124 个；疾病预防控制中心 12 个；妇幼保健院 12 个。年末，全市卫生机构共有卫生技术人员 23689 人。其中，执业医师和执业助理医师 10150 人；注册护士 9674 人；疾病预防控制中心卫生技术人员 304 人；妇幼保健卫生技术人员 283 人；农村乡镇卫生院卫生技术人员 1322 人。

全年全市组织承办了 20 项全国、省级品牌体育赛事。第二届全国青年运动会中全市承担了冬季单板滑雪和夏季 U16 男女篮球、U18 男子篮球、U17–18 男子足球的比赛项目。全市运动员在参加“二青会”比赛项目中共取得 37 块金牌，在全国同类城市中排名第二。女子单板滑雪运动员于洋摘得第二届全国青年运动会首枚金牌，室内 5 人制男子足球比赛勇夺全国冠军。承办了 2019 环太原国际公路自行车赛长城赛段的比赛，成功举办 2019 年大同国际马拉松赛、环古城全民健步走等活动。

十一、环境保护和安全生产

全年全市耕地保有量 376.1 千公顷。水库蓄水量 1.1 亿立方米。全年全市二级以上良好天数 318 天，全省排名第一。空气质量综合指数 4.97。

全年全市集中供热率 99.8%；天然气气化率 98.7%；城市供水普及率 95%，水质合格率 100%；市本级污水处理率 95%；中水回用率 25%；市区城市生活垃圾无害化处理率 100%。

全年全市建成区新增绿化面积 108.9 万平方米。城市建成区绿化覆盖率、绿地率、人均公园绿地分别达到 43.7%、39.6%和 16.3 平方米 / 人。

全年全市发生各类生产安全事故和死亡人数比上年同期分别下降 34.3%和 33.3%。

十二、人民生活和社会保障

全年全市居民人均可支配收入 23533 元，比上年增长 9.0%。按常住地分，城镇居民人均可支配收入 32252 元，增长 7.8%，城镇居民人均消费支出 15062 元，增长 8.1%；农村居民人均可支配收入 10725 元，增长 10.5%，农村居民人均消费支出 8381 元，增长 9.9%。

年末全市基本养老保险参保人数 191.1 万人。其中，职工基本养老保险参保人数 77.3 万人；城乡居民基本养老保险参保人数 113.8 万人。基本医疗保险参保人数 285.1 万人。其中，职工基本医疗保险参保人数 82.9 万人；城乡居民基本医疗保险参保人数 202.2 万人。失业保险参保人数 44.4 万人；工伤保险参保人数 62.4 万人；生育保险参保人数 44.3 万人。全年全市纳入城市最低生活保障的居民 4.8 万人，发放城市低保资金 2.5 亿元；纳入农村最低生活保障的居民 16.8 万人，发放农村低保资金 5.8 亿元。

年末提供住宿的社会服务机构 72 个，床位 9546 张，收养救助 5055 人。全市建立各种社区服务设施 791 个。其中，综合性社区服务中心 160 个。全年销售社会福利彩票 3.2 亿元,筹集社会福利资金 9473 万元。

朔州市2019年国民经济和社会发展情况

2019年,是新中国成立70周年,是朔州建市30周年,是决胜全面建成小康社会的关键一年。一年来,在市委市政府的坚强领导下,面对错综复杂的国际国内经济环境和艰巨繁重的改革发展任务,全市上下坚持稳中求进工作总基调,坚定不移实施“生态立市、稳煤促新”发展战略，加快构建“2+7+N”现代产业体系,统筹推进稳增长、促改革、调结构、惠民生、防风险、保稳定各项工作,全市经济呈现总体平稳、稳中有进、进中提质的良好态势,“稳”的格局不断巩固、“转”的动力更加强劲、“好”的态势持续显现。经济总量稳步扩大,人民生活持续改善,社会事业全面进步,决胜全面建成小康社会迈出坚实步伐。

一、综　　合

综合实力持续增强。初步核算,全年全市完成地区生产总值1061.7亿元,按可比价格计算,同比增长6.5%,其中,第一产业增加值60.5亿元,增长3.1%,占地区生产总值的比重5.7%;第二产业增加值422.9亿元,增长9.0%,占地区生产总值的比重39.8%;第三产业增加值578.3亿元,增长5.0%,占地区生产总值的比重54.5%。

人均地区生产总值59552元，按2019年平均汇率计算为8633 美元。

人口总量稳定增长。据2019年人口抽样调查显示,年末全市常住人口178.45万人,比上年末增加0.33万人。全年全市出生人口1.34万人,人口出生率7.54‰;死亡人口1.01万人,死亡率5.7‰;自然增长率1.84‰

就业形势持续向好。全年城镇新增就业24295人,城镇登记失业率为2.21%。

物价水平总体稳定。全年居民消费价格总水平比上年上涨2.6%,其中,食品烟酒类价格上涨6.7%,衣着类上涨1.8%,居住类上涨0.7%,生活用品及服务类价格上涨0.9%,医疗保健类价格上涨4.8%,其他用品和服务类价格上涨2.4%,教育文化和娱乐类价格下降0.4%,交通和通信类下降1.8%。全年商品零售价格上涨2.2%。工业生产者出厂价格下降0.3%。工业生产者购进价格上涨1.1%。

供给侧改革不断深化。年末商品房待售面积66.6万平方米,比上年末减少31.0万平方米,其中,商品住宅待售面积37.0万平方米,减少28.3万平方米。年末规模以上工业企业资产负债率为67.5%,比上年末下降0.1个百分点。全年教育、生态保护和环境治理业固定资产投资(不含农户)分别比上年增长247.6%和-23.2%。“放管服”改革持续深化,微观主体活力不断增强。全年新登记市场主体19796户,年末市场主体总数达138396户。

新兴动能较快发展。全年规模以上工业中,高技术产业增加值同比增长41.2%，占全市规模以上工业增加值的比重为0.4%;装备制造业增加值增长32.1%,占全市规模以上工业增加值的比重为2.1%。全年高技术制造业投资同比增长71.1%,工业技术改造投资同比增长22.1%。

脱贫攻坚成效明显。年末全市农村贫困人口128人,比上年减少79人,贫困发生率0.02%,比上年末下降0.01个百分点。

二、农　　业

农业生产能力增强。全年全市农作物种植面积341.12千公顷,比上年增加3.7千公顷,其中,粮食种植面积278.99千公顷,比上年增加10.22千公顷;蔬菜及食用菌种植面积12.37千公顷,比上年减少0.97千公顷;油料种植面积29.41千公顷,比上年减少4.52千公顷。在粮食种植面积中，玉米种植面积153.50千公顷,比上年减少2.23千公顷。

粮食产量稳定增加。全年粮食产量125.99万吨,比上年增加3.12万吨，增产2.54%，其中，夏粮1.46万吨，增产11.93%;秋粮124.54万吨,增产2.44%。

肉类产量平稳增长。初步统计全年全市肉类总产量4.79万吨,增长4.68%。其中,猪肉产量2.05万吨,增长11.39%;羊肉产量1.96万吨，增长4.17%。牛奶产量33.19万吨，增长14.62%;禽蛋产量2.43万吨,增长0.35%。

畜牧养殖总体稳定。初步统计全年生猪出栏23.24万头,存栏21.55万头；牛出栏3.89万头，存栏15.89万头；羊出栏130.01万只,存栏131.43万只。

机械动力不断提升。初步统计年末全市农业机械总动力138.72万千瓦,比上年末增长5.84%;机械耕地面积27.72万公顷,机械播种面积25.6万公顷,机械收获面积18.57万公顷,分别比上年增长0.03%、0.01%和6.26%。

三、工业和建筑业

工业生产运行平稳。全年全市规模以上工业增加值同比增长8.9%,其中,煤炭行业增加值同比增长11.3%,非煤行业增加值同比增长0.2%。分经济类型看,国有企业增长20.0%,股份制企业增长9.3%,其他增长12.5%。

非煤工业快速增长。全年全市规模以上工业中,农副食品加工业增加值同比增长19.3%,纺织业增长39.8%,化学原料和化学制品制造业增长28.8%，非金属矿物制品业下降23.4%,黑色金属冶炼和压延加工业下降34.7%,通用设备制造业增长70.2%,专用设备制造业增长11.3%,汽车制造业增长22.2%,电力、热力生产和供应业增长2.7%。

发电容量稳步扩大。年末全市发电装机容量1254.95万千瓦，同比增长19.46%，其中，火电装机容量793万千瓦，增长21.44%；并网风电装机容量372.65万千瓦，增长10.89%；并网太阳能发电装机容量86.9万千瓦，增长26.47%。

工业经营基本稳定。全年全市规模以上工业企业实现利润97.5亿元，同比增长26.9%，其中，国有控股企业实现利润53.6亿元，同比增长73.4%。分经济类型看，股份制企业实现利润93.8亿元，增长19.7%；外商及港澳台商投资企业实现利润1.3亿元，增长10.8%。全年规模以上工业企业每百元营业收入中的成本为67.87元，比上年增加0.33元；营业收入利润率为9.43%，比上年增长1.79%。

全年全市规模以上工业企业实现主营业务收入1024.3亿元，同比增长4.0%，其中，煤炭行业实现主营业务收入782.9亿元，增长7.4%；电力、热力生产和供应业实现119.8亿元，下降1.5%。

全年全市规模以上工业企业实现利税197.1亿元，同比增长14.3%。

建筑行业快速发展。全年全市建筑业完成增加值23.8亿元，同比增长6.8%。资质以上建筑企业总产值65.6亿元，同比增长5.2%，共签订合同额86.7亿元，增长26.2%。房屋建筑施工面积146.5万平方米，增长28.2%，竣工面积69.6万平方米，增长49.4%。资质以上建筑企业共131家，其中一级企业2家。

四、服务业

第三产业稳步发展。全年全市服务业完成增加值578.3亿元，同比增长5.0%，其中，批发和零售业完成增加值97.8亿元，同比增长1.3%；交通运输、仓储和邮政业增加值85.4亿元，增长7.5%；住宿和餐饮业增加值9.6亿元，增长4.4%；金融业增加值41.1亿元，增长6.9%；房地产业增加值75.7亿元，增长2.2%。

交通运输兴旺发达。年末全市公路通车里程达到10287公里，其中，高速公路453公里，普通干线公路815公里，农村公路9018公里。

年末全市民用汽车保有量290106辆（包括三轮汽车和低速货车），比上年末增长13.8%，其中，汽车259063辆，增长13.5%。

邮政电信快速发展。全年全市完成邮电业务总量12.5亿元，比上年增长1.04%，其中，邮政业务总量2.83亿元，同比增长22.37%；电信业务总量9.67亿元，同比下降3.8%。年末移动电话用户175.15万户，比上年减少2.01万户。全市宽带接入用户40.05万户，比上年增加4.02万户。

五、能　源

原煤产量快速增长。全年全市原煤产量18137.22万吨，同比增长20.6%。全市一次能源生产折标准煤13039.2万吨（原煤折标系数采用0.7143），增长20.5%；二次能源生产折标准煤9746.6万吨，增长7.6%。

社会用电稳定运行。全年全市全社会用电总量116.9亿千瓦时，同比增长2.9%，其中，第一产业用电1.2亿千瓦时，同比增长5.4%，占全社会用电量1.1%；第二产业用电93.2亿千瓦时，增长1.2%，占79.7%。其中，工业用电92.7亿千瓦时；第三产业用电11.9亿千瓦时，增长10.9%，占全社会用电量10.2%；城乡居民生活用电5.1亿千瓦时，增长4.4%，占全社会用电量4.3%。

六、贸易外经

消费市场繁荣稳定。全年全市实现社会消费品零售总额364.3亿元，同比增长7.8%。按经营地统计，城镇消费品零售额260.1亿元，同比增长7.9%；乡村消费品零售总额104.2亿元，同比增长7.5%。按消费形态统计，商品零售额318.7亿元，同比增长7.7%；住宿餐饮收入额45.6亿元，同比增长8.1%。在限额以上单位商品零售额中，粮油、食品、饮料、烟酒类零售额同比下降2.1%，服装、鞋帽、针纺织品类同比增长5.3%，化妆品类下降28.8%，金银珠宝类下降26.8%，汽车类下降7.7%，石油及制品类下降4.8%，家用电器和音像器材类下降27.9%，体育、娱乐用品类下降22.9%。

对外经济持续向好。全年全市海关进出口总额80980万元，同比增长45.1%，其中，进口额44450万元，增长80.0%；出口额36530万元，增长17.4%。

七、财政金融保险

财政收入稳定增长。全年全市一般公共预算收入92.3亿元，同比增长2.1%，其中，税收收入76.6亿元，同比增长15.8%（其中，增值税、营业税、企业所得税、个人所得税、资源税和城建税共计完成税收64.5亿元，同比增长16%）。

财政支出持续改善。全年全市一般公共预算支出192.9亿元，同比增长10.95%，其中，教育、医疗卫生、社会保障和就业、住房保障、公共交通运输、节能环保、城乡社区事务等13类民生支出155.7亿元，增长13.6%。

金融信贷规模扩大。年末全市金融机构本外币各项存款余额1683.5亿元，比年初增加151.6亿元，增长9.9%。各项贷款余额861.6亿元，比年初增加120.8亿元，增长16.3%。

农村金融快速增长。年末全市农村金融合作机构（农村信用社、农村合作银行、农村商业银行）人民币存款余额414.1亿元，比年初增加36.8亿元，增长9.7%；人民币贷款余额287.7亿元，比年初增加23.7亿元，增长9.0%。

保险事业繁荣稳定。全年全市保费收入25.8亿元，同比增长6.2%，其中，寿险业务保费收入15.4亿元，增长6.3%；健康险业务保费收入3.2亿元，增长43.2%；意外伤害险保费收入0.4亿元，下降22.0%；财产险业务保费收入10.4亿元，增长6.0%。全年保险业赔款和给付支出9.0亿元，增长12.0%。其中，财产险业务赔款6.1亿元，增长30.7%；人身险业务赔款2.9亿元，下降14.1%。

八、科技、教育和气象

教育事业全面发展。全年全市中等职业教育学校共招生0.5871万人，在校学生达到2.0187万人；普通高中共招生

1.4084万人,在校学生达到4.4489万人;初中共招生2.6386万人,在校学生达到7.8304万人。

科技创新能力增强。全年全市技术市场共签订技术合同76份,成交金额203800万元。全年全市共取得省级以上1项科技成果。

气象事业日趋完善。年末全市有国家级气象观察站6个,区域气象指导站86个,全市气象系统开展人工影响天气业务的单位7个。

九、文化旅游、卫生健康和体育

文化服务大力提升。年末全市共有国有艺术表演团体8个,文化馆7个。广播电台3座,电视台2座。有线电视实际用户8.705万户。广播人口覆盖率100%,电视人口覆盖率100%。全市共有公共图书馆7个,馆藏图书27.63万册。

旅游事业方兴未艾。全年全市接待国内旅游者3538.2万人次,同比增长21.5%。国内旅游收入316.2亿元,增长21.1%。旅游总收入316.3亿元,增长21.1%。入境旅游者人数7648人次,同比增长1.3%;旅游外汇收入250.6万美元,同比增长2.1%。

卫生事业稳步推进。年末全市共有卫生机构(含乡村诊所)2333个,其中妇幼保健院(所、站)7个。全市卫生机构共有床位10105张,卫生技术人员8869人,社区卫生服务体系覆盖人口47.5万人。

体育事业蓬勃发展。年末全市拥有群众健身辅导中心、站点700个,体育指导员3720人,全年举办体育比赛活动101次。全年全市销售中国体育彩票10842万元。

十、居民收入消费和社会保障

居民收支稳定增长。全年全市居民人均可支配收入25237元,同比增长8.8%。按常住地分,城镇居民人均可支配收入35100元,同比增长6.9%;农村居民人均可支配收入14717元,增长9.6%。全年全体居民人均消费支出13235元,同比增长13.6%。按常住地分,城镇居民人均消费支出18520元,同比增长8.7%;农村居民人均消费支出9115元,同比增长15.0%。

社会保障更加完善。年末参加城镇职工基本养老保险人数达30.4万人,比上年增加2.2万人;参加城乡居民基本养老保险93.5万人,增加2万人;参加失业保险18.7万人,增加0.2万人;参加工伤保险19.6万人,比上年增加0.3万人;参加生育保险18.9万人,与上年持平,基本医疗保险人数139.3万人,比上年增加0.4万人。

全年全市纳入城市最低生活保障的居民3.3万人,比上年减少0.7万人,发放城市低保资金1.7亿元,发放资金比上年减少0.1亿元;纳入农村最低生活保障的居民7.9万人,比上年减少0.5万人,发放农村低保资金3亿元,发放资金比上年增加0.3亿元。

十一、资源、环境和应急管理

土地供应总体平稳。全年全市国有建设用地供应总量986.1984公顷,同比下降17%。其中,工矿仓储用地257.6514公顷,下降51.34%;房地产用地(包括商服用地和住宅用地)159.0195公顷,增长134.27%;其他用地(包括公共服务用地、交通运输用地、特殊用地等)569.5275公顷,下降2.53%。

水利事业健康发展。全年总用水量49018万立方米,同比下降1.06%,其中,生活用水增长1.46%,工业用水增长6.38%,农业用水下降3.16%,生态补水增长19.4%。万元地区生产总值用水量48.93立方米,同比下降7.10%。万元工业增加值用水量16.75立方米,同比下降2.49%。人均用水量274.69立方米,同比下降1.25%。

林业建设稳步推进。全年完成造林面积55213.3公顷,其中,人工造林面积49746.6公顷,占全部造林面积的90%。森林抚育面积533.3公顷。

污染防控力度加大。年末细颗粒物(PM2.5)年平均浓度39微克/立方米,比上年上升2.6%,环境空气二级以上天数262天,比上年减少10天,大气综合污染指数为5.28,比上年上升5.6%。

城市环境日趋改善。全年市区城市生活垃圾无害化处理率达到100%;集中供热面积3353.1万平方米,比上年增加327.5万平方米。

地震应急不断加强。年末共有专业综合地震台站4个,全年小震活动8次,最大震级1.8级。

安全生产成效显著。全年共发生各类安全生产事故41起,比上年减少13起,下降24.07%;死亡47人,比上年减少12人,下降20.34%,其中,道路交通发生事故38起,比上年减少9起,下降19.15%;死亡40人,减少12人,下降23.08%。

忻州市2019年国民经济和社会发展情况

2019年,面对国内外风险挑战明显上升的复杂局面,在市委、市政府的坚强领导下,全市上下坚持以习近平新时代中国特色社会主义思想为指导,全面贯彻落实党的十九大和十九届二中、三中、四中全会精神,深入学习贯彻习近平总书记“三篇光辉文献”精神,坚持稳中求进工作总基调,坚定不移贯彻新发展理念,坚持不懈推动高质量发展,全面做好“六稳”工作,全市经济运行总体平稳,转型发展稳中有进,人民生活持续改善,各项社会事业取得新进展,决胜全面建成小康社会迈出坚实步伐。

一、综　　合

据2019年人口抽样调查,年末全市常住人口317.29万人,比上年末增加0.09万人,其中,城镇常住人口167.50万人,占常住人口比重(常住人口城镇化率)为52.79%,比上年末提高1.84个百分点。全年全市出生人口2.42万人,人口出生率7.63‰;死亡人口2.20万人,死亡率6.95‰;自然增长率0.68‰。

年末全市户籍人口城镇化率为32.25%,比上年末提高1.07个百分点。

初步核算,全年全市生产总值1001.6亿元,按不变价格计算,比上年增长5.4%。其中,第一产业增加值85.8亿元,增长3.4%,占生产总值的比重8.6%;第二产业增加值435.6亿元,增长2.9%,占生产总值的比重43.5%;第三产业增加值480.3亿元,增长7.7%,占生产总值的比重47.9%。

人均地区生产总值31573元,按2019年平均汇率计算为4577 美元。

全年全市一般公共预算收入完成90.9亿元,增长11.6%。税收收入完成60.0亿元,增长10.2%,其中,国内增值税、企业所得税、个人所得税、资源税和城市维护建设税共计完成税收42.5亿元,增长10.0%。

全年全市一般公共预算支出371.0亿元,增长18.4%。其中,教育、卫生健康、社会保障和就业、住房保障、交通运输、节能环保、城乡社区等13项民生支出304.9亿元,增长18.2%。

全市居民消费价格比上年上涨2.8%。其中,食品烟酒价格上涨6.3%。

全年全市城镇新增就业4.4万人。转移农村劳动力4.0万人。年末城镇登记失业率2.8%。

二、农　　业

全年全市农作物种植面积467.2千公顷,比上年增加18.2千公顷。其中,粮食种植面积425.6千公顷,增加20.5千公顷;油料种植面积13.5千公顷,减少0.3千公顷;蔬菜种植面积17.4千公顷,增加0.1千公顷。在粮食种植面积中,玉米种植面积221.2千公顷,增加7.1千公顷。果园面积16.7千公顷,减少0.2千公顷。

全年全市粮食产量192.8万吨,增加25.1万吨,增产14.9%。其中,秋粮192.6万吨,增产15.0%。

全年全市完成造林面积63千公顷,增长54.5%。

全年全市猪牛羊肉总产量13.4万吨,增长9.4%。其中,猪肉产量7.7万吨,增长17.9%;牛肉产量1.2万吨,增长25.0%;羊肉产量4.5万吨,下降5.4%。牛奶产量6.2万吨,下降2.4%。禽蛋产量9.6万吨,增长7.1%。水产品产量0.2万吨,下降11.1%。年末生猪存栏57.7万头,生猪出栏84.1万头。

全年全市机械耕地面积344.6千公顷,增长3.5%。机械播种面积313.9千公顷,下降1.5%。机械收获面积211.4千公顷,增长11.9%。

三、工业和建筑业

全年全市规模以上工业增加值比上年增长2.1%。其中,煤炭工业增加值下降1.5%,非煤工业增加值增长5.3%。规模以上工业中,战略性新兴产业增加值增长1.7%。其中,节能环保产业增加值增长8.9%;新能源产业增加值下降6.3%;新材料产业增加值增长15.3%;生物产业增加值下降36.4%。

年末全市发电装机容量1158.3万千瓦,比上年末增长1.2%。其中,火电装机容量566万千瓦,与上年末持平;并网风电装机容量238.1万千瓦,增长4.3%;并网太阳能发电装机容量122.3万千瓦,增长20.9%;水电装机容量208.8万千瓦,与上年末持平。

全年全市规模以上工业企业实现营业收入749.1亿元,比上年增长3.0 %。分门类看,采矿业318.6亿元,下降1.7%;制造业295.9亿元,增长6.7%;电力、热力、燃气及水生产和供应业134.6亿元,增长6.9%。

全年全市规模以上工业企业实现利税总额132.9亿元,比上年增长0.5%;实现利润总额76.7亿元,增长11.2%,其中,国有控股企业实现利润总额45.2亿元,增长5.6%。规模以上工业企业每百元营业收入中的成本为75.2元,规模以上工业企业营业收入利润率为10.2%。

全年全市建筑业增加值34.0亿元,按不变价增长5.4%。资质以上建筑业企业完成总产值101.8亿元,增长7.6%,共签订合同额117.5亿元,下降0.8%。房屋建筑施工面积332.0万平方米,下降7.7%,竣工面积216.8万平方米,下降6.9%。资质以上建筑业企业共136家。

四、能　　源

全年全市一次能源生产折标准煤5165.1万吨,增长3.4%;二次能源生产折标准煤2043.8万吨,下降24.5%。

全年全市全社会用电总量132.2亿千瓦小时。其中,第一产业用电3.0亿千瓦小时,占全社会用电量的比重2.3%;第二产业用电86.7亿千瓦小时,占全社会用电量的比重65.6%,其中,工业用电84.4亿千瓦小时;第三产业用电29.1亿千瓦小时,占全社会用电量的比重22.0%;城乡居民生活用电13.4亿千瓦小时,占全社会用电量的比重10.1%。

五、国内贸易

全年全市社会消费品零售总额419.8亿元,增长7.6%。按经营地统计,城镇消费品零售额290.1亿元,增长7.0%;乡村消费品零售额129.7亿元,增长9.0%。按消费形态统计,商品零售额358.4亿元,增长7.3%;餐饮收入额61.4亿元,增长9.1%。

全年全市限额以上单位消费品零售额91.8亿元,下降5.0%。其中,限额以上单位网上零售额0.12亿元,增长205.3%。

年末全市实有市场主体18.8万户,增长18.4%。全年全市新登记市场主体3.1万户,增长8.7%。

六、对外开放及开发区

全年全市进出口总额17.6亿元,增长2.1%。其中,进口额2.9亿元,增长102.1%;出口额14.7亿元,下降7.1%。

全年出口镁及其制品659吨;出口钢材8.2万吨,下降

10.2%;出口机电产品2.2亿元,下降27.6%;出口高新技术产品1585万元,增长39.6%。

全年进口机电产品35万元,下降99.0%。

全年全市新设立外商直接投资企业8家;按全口径统计实际使用外商直接投资金额3006.5万美元,下降40.08%。

年末全市纳入统计的省级及以上开发区3个,全年区内税收收入23.28亿元,比上年增长110.4%;"四上"企业主营业务收入351.32亿元,比上年增长51%。

七、交通、邮电和旅游

年末全市公路线路里程17516公里,其中,高速公路891公里。

年末全市有机场1个,开通民用航空航线21条。全年旅客运输量48.7万人次,比上年增长48.64%。货物运输量117.99吨,增长116.61%。

年末全市民用汽车保有量40.4万辆(包括三轮汽车和低速货车1361辆),比上年末增长10.3%,其中私人汽车35.9万辆,增长11.1%。本年新注册汽车4.3万辆,增长1.1%。年末轿车保有量23.1万辆,增长10.9%,其中,私人轿车22.3万辆,增长11.4%。

全年全市完成邮政业务总量4.7亿元,增长10.9%;电信业务收入16.1亿元,下降0.86%。年末移动电话用户315.6万户,其中,4G移动电话用户219.4万户。全市宽带接入用户69.33万户,增长24.7%。

全年全市商业住宿设施接待入境过夜游客6.6万人次,接待国内旅游者6273.9万人次,分别增长6.1%和19.9%;旅游外汇收入2251.9万美元,增长6.8%;国内旅游收入612亿元,增长21.9%;旅游总收入613.5亿元,增长21.8%。

八、金融

年末全市金融机构本外币各项存款余额2357.9亿元,比年初增加219.9亿元,比年初增长10.3%。各项贷款余额1049.8亿元,比年初增加126.4亿元,增长13.7%。

年末全市农村金融合作机构(农村信用社、农村合作银行、农村商业银行)人民币存款余额708.2亿元,比年初增加58.1亿元,比年初增长8.9%;人民币贷款余额466.6亿元,比年初增加73.3亿元,增长18.6%。

全年全市保费收入44.4亿元,下降4.5%。其中,寿险业务保费收入23.9亿元,下降18.1%;健康险业务保费收入7.4亿元,增长54.9%;意外险业务保费收入0.9亿元,增长14.0%;财产险业务保费收入12.2亿元,增长3.7%。全年支付各类赔款及给付14.2亿元,增长1.4%。

九、教育和科学技术

年末全市共有幼儿园444所,小学423所,普通初中191所,普通高中37所,中等职业教育学校33所,普通高等学校3所。全市学前教育毛入园率92%,小学学龄儿童净入学率99.9%,高中阶段毛入学率94.7%。

全年全市专利申请量814件,增长1.0%。其中发明专利申请量154件,下降31.3%。全市专利授权量485件,增长1.3%。其中,发明专利授权量35件,下降27.1%。国家级企业技术中心1家,省级企业技术中心23家。

年末全市共有省、市、县产品质量监督检验的计量检定机构35个,国家检测中心1个,全年监督抽查162家企业16类32种2049批次的产品和商品。全年完成强制检定计量器具5.7万台件。

年末全市有气象台站16个,开展电话天气自动答询的台站1个。全市气象系统开展人工影响天气业务的单位15个,防雹、增雨累计受益面积为全市域内,增雨量3.5亿立方米。全市有天气预报服务Intel网站1个,卫星云图接收站16个。

年末全市有专业综合地震台站7个,市级地震台网中心1个。全年全市发生M3.0级以上地震0次。

十、文化、卫生健康和体育

年末全市共有文化馆15个,文化站191个(其中,乡镇综合文化站185个)。专业艺术表演团体151个。公共图书馆14个。出版报纸1种(不含高校校报)、1152万份,杂志1种、3.6万册。广播电视台14座,电视台14座,调频转播发射台17座,一百瓦以上电视转播发射台17座。广播人口覆盖率99.01%,电视人口覆盖率99.13%,有线电视用户19.6万户。举办"庆祝新中国成立70周年"群众文化系列活动锣鼓展演、广场舞展演和戏曲票友展演;完成送戏下乡任务1110场。

年末全市共有医疗卫生机构(含个体诊所、村卫生室)4473个,实有床位14051张。全市医疗卫生机构中,医院113个,基层医疗卫生机构4299个,专业公共卫生机构52个,其他卫生机构9个。全市医疗卫生机构共有卫生技术人员15114人,其中:医院9174人、基层医疗卫生机构4120人、专业公共卫生机构1705人、其他卫生机构115人。

年末全市有体育场13个,体育馆6个,全民健身中心8个。全年我市运动员在国内外重大比赛中获金、银、铜牌分别为13枚、13枚和34枚(包括非奥运项目比赛)。全年全市经常参加体育锻炼人数111.1万人,开展全民健身项目280项。全年全市销售中国体育彩票1.6亿元,增长4.7%。

十一、居民收入消费和社会保障

全年全市城镇居民人均可支配收入30375元,增长7.2%,城镇居民人均消费支出16186元,增长10.9%;农村居民人均可支配收入9183元,增长10.6%,农村居民人均消费支出7838元,增长7.5%。按全市居民五等份收入分组,城镇低收入组人均可支配收入11260元,增长9.5%;农村低收入组人均可支配收入2973元,增长14.5%。

年末全市参加城镇职工基本养老保险45.6万人,比上年末增加1.5万人;参加城乡居民基本养老保险168.8万人,增加3.2万人;参加城镇职工基本医疗保险41.7万人,增加0.7万人;参加城乡居民基本医疗保险227.8万人,增加1.2万人;参加失业保险21.8万人,增加0.4万人;参加工伤保险24.9万人,增加0.9万人；参加生育保险27.3万人，增加0.4万人。

全年得到城市最低生活保障救济人数4.5万人，全年共发放城市最低保障资金2.4亿元。2.34万人纳入农村五保供养。

年末全市城镇有各种社区服务设施426个，其中，综合性社区服务中心150个。各类收养性单位床位数16713张，收养人数2548人。全年销售福利彩票1.62亿元，筹集社会福利资金0.5亿元，接受社会捐赠款261.2万元。

十二、资源、环境和安全生产

年末全市中型水库蓄水量0.2亿立方米。

年末全市森林面积36.3万公顷，森林覆盖率14.4%。

黄河、海河流域忻州段共监测14个断面，达到Ⅲ类以上（包括Ⅰ、Ⅱ、Ⅲ类）水质标准的断面占78.6%，达到Ⅳ类水质标准的断面占7.1%，达到Ⅴ类水质标准的断面占14.3%，劣Ⅴ类水质标准的断面占0%。

全年全市各类自然灾害造成直接经济损失12.03亿元，比上年增长88.6%；农作物受灾面积16.8万公顷，增加145.1%，其中，绝收面积1.1万公顷，增加23.3%。

全年全市共发生各类生产安全亡人事故156起，下降34.73%；死亡61人，下降23.75%。全年全市煤炭百万吨死亡率为0.088。

吕梁市2019年国民经济和社会发展情况

2019年，吕梁市委、市政府团结带领全市人民坚持以习近平新时代中国特色社会主义思想为指引，扎实推进“不忘初心、牢记使命”主题教育，坚持稳中求进工作总基调，按照高质量发展要求，聚焦“三大目标”，落实“十大举措”，全面做好稳就业、稳金融、稳外贸、稳外资、稳投资、稳预期工作，全市经济运行扭转了2018年第四季度以来增速持续减缓的局面，从上半年开始，主要经济指标逐月回升、逐季向好，增长潜力不断释放，呈现出了“稳步向好、好中提质”的良好发展态势，为全面建成小康社会奠定了坚实基础。

一、综　合

据2019年人口抽样调查推算，年末全市常住人口为389.09万人，比上年末增加0.53万人。全年全市出生人口3.67万人，人口出生率为9.42‰；死亡人口2.01万人，死亡率为5.17‰；自然增长率为4.25‰。

初步核算，全年实现地区生产总值1512.1亿元，按不变价格计算，同比增长5.7%。其中，第一产业增加值69.7亿元，同比增长1.9%，占地区生产总值的比重4.6%；第二产业增加值903.4亿元，同比增长5.5%，占地区生产总值的比重59.8%；第三产业增加值539亿元，同比增长6.5%，占地区生产总值的比重35.6%。

人均地区生产总值38890元，按2019年平均汇率计算为5637美元。

全年全市一般公共预算收入192.7亿元，同比增长10.2%。其中，税收收入146.1亿元，同比增长5.8%。非税收入46.5亿元，同比增长27.1%。分税种看，主体税种增值税65.9亿元，同比下降0.3%；企业所得税24.5亿元，同比增长35.8%；资源税26.3亿元，同比增长14.3%。

全年全市一般公共预算支出431.5亿元，同比增长5.3%。其中，财政民生支出353.7亿元，同比增长3.9%，占一般公共预算支出比重达81.9%。其中，教育支出73亿元，同比下降0.8%；文化体育和传媒支出9.9亿元，同比增长38.2%；社会保障和就业支出47.6亿元，同比增长3.9%；医疗卫生支出41.4亿元，同比增长1.5%；节能环保支出25.9亿元，同比下降0.3%；住房保障支出11亿元，同比下降13.5%。

全市居民消费价格比上年上涨3.2%，其中，食品价格上涨8.2%。商品零售价格上涨1.6%。工业生产者出厂价格下降0.3%，其中，生产资料价格下降0.3%，生活资料价格持平。工业生产者购进价格上涨1.1%。农业生产资料价格上涨4.7%。

二、农　业

全年全市农作物种植面积338.2千公顷，比上年减少22.6千公顷。其中，粮食种植面积307.2千公顷，减少24.6千公顷；油料种植面积7.5千公顷，减少4.5千公顷；棉花种植面积0.03千公顷，与去年持平。在粮食种植面积中，玉米种植面积171.0千公顷，减少1千公顷；小麦种植面积1.9千公顷，减少0.2千公顷。

全年粮食产量92.6万吨，减少30.1万吨，同比下降24.5%。其中，夏粮0.4万吨，同比下降42.9%；秋粮92.1万吨，同比下降24.5%。

全年全市猪牛羊肉总产量11.9万吨，同比下降42.2%。其中，猪肉产量8.9万吨，同比增长14.1%；牛肉产量1.9万吨，同比下降5%；羊肉产量1.1万吨，同比下降8.3%。年末生猪存栏73.6万头，生猪出栏106.0万头。牛奶产量2.9万吨，同比增长7.4%。禽蛋产量9.8万吨，同比增长263.0%。水产品产量0.09万吨，与去年持平。

年末全市农业机械总动力131.1万千瓦，同比增长8%。机械耕地面积265千公顷，同比下降0.45%；机械播种面积和机械收获面积分别为211.6千公顷和147.7千公顷，同比分别增长2.55%和2.5%。

三、工业和建筑业

年末全市规模以上工业企业465家，净增12家。全年全市规模以上工业增加值同比增长4.6%。其中，煤炭工业增加值同比增长2.8%，非煤工业增加值同比增长6.6%。规模以上工业中，战略性新兴产业增加值同比增长1.8%，高新技术制造业增加值同比增长16.7%。

全年规模以上工业企业原煤产量11841.3万吨，同比增长4.6%；焦炭产量2575.7万吨，同比增长14.2%；白酒产量17.7万千升，同比增长23.4%；钢材产量347.7万吨，同比增长8.2%；生铁产量478.9万吨，同比增长7.4%；氧化铝1194.9万吨，同比下降0.4%。发电量285.8亿千瓦时，同比增长20.9%。

规模以上工业企业实现主营业务收入2432.4亿元，同比下降2.3%。其中，焦炭、电力、建材、化学和医药工业企业主营业务收入呈上升趋势，分别增长0.9%、23.2%、12.8%、15.5%和13.4%；煤炭、钢铁和有色金属工业企业主营业务收入呈下降趋势，分别下降4.4%、4.5%和3.8%。

规模以上工业实现利税423.9亿元，同比下降11.5%；实现利润225亿元，同比下降11.8%。

全年全市资质以上建筑业企业完成总产值94.5亿元，同比增长30.3%，共签订合同额123亿元，同比增长24.6%；房屋施工面积309.5万平方米，同比下降7.4%。竣工面积139.1万平方米，同比下降99.3%；资质以上建筑业企业共119家，减少2家。

四、能　源

全年全市一次能源生产折标准煤8917.29万吨，同比增长1.76%；二次能源生产折标准煤3597.52万吨，同比增长0.06%。

全年全市全社会用电总量214.61亿千瓦小时。其中，第一产业用电量1.69亿千瓦小时，占全社会用电量0.8%；第二产业用电量171.25亿千瓦小时，占79.8%，第二产业中工业用电量169.03亿千瓦小时；第三产业用电量22.33亿千瓦小时，占10.4%；城乡居民生活用电量19.34亿千瓦小时，占9%。

五、国内贸易

全年全市社会消费品零售总额536.9亿元，同比增长7.7%。按经营地统计，城镇消费品零售额414.2亿元，同比增长7.3%；乡村消费品零售额122.7亿元，同比增长9.0%。按消费形态统计，商品零售额465.3亿元，同比增长7.6%；餐饮业收入额71.5亿元，同比增长8.4%。

全年全市限额以上单位消费品零售额80亿元，同比增长1%，限额以上单位网上零售额1.3亿元，同比增长6.3%。

六、对外经济

全年全市海关进出口总额45.1亿元，同比增长3%。其中，进口额23.4亿元，同比增长21.4%；出口额21.7亿元，同比下降11.5%。

全年化学工业及其相关工业产品出口8.7亿元，同比增长10.6%；太阳能电池等机电高新技术产品出口8.1亿元，同比下降30.7%；农产品出口1.7亿元，同比增长64.9%；塑料及其制品出口1.1亿元，同比增长43%。

全年铁矿砂进口19.4亿元，同比增长46.3%；锰矿砂及其精品进口3.4亿元，同比下降36.9%；农产品进口0.4亿元，同比增长137.6%。

七、交通、邮电和旅游

年末全市公路线路里程17453公里，其中高速公路534公里，与上年末持平。

全年吕梁机场累计完成客运量45.8万人，同比增长24.8%，完成货运量235吨，同比增长127.7%。

年末全市民用汽车保有量46万辆，比上年末增长11.9%，其中私人汽车40.7万辆，同比增长12.3%。本年新注册汽车5.1万辆，同比下降11%。年末轿车保有量28.8万辆，同比增长12%，其中私人轿车27.4万辆，同比增长12.7%。

全年全市邮政业务总量3.1亿元，同比增长8.8%；电信业务总量221.2亿元，同比增长82.4%。年末移动电话用户322.9万户，其中，4G移动电话用户290.8万户。全市宽带接入用户89.8万户，同比增长18.7%。

全市快递服务企业业务量累计完成2296.7万件，同比增长47.7%；业务收入累计完成2.78亿元，同比增长30.8%。其中，同城业务量累计完成188万件，同比下降42.8%；异地业务量累计完成2107.8万件，同比增长72.1%；国际/港澳台业务量累计完成0.9万件，同比增长51.2%。

全年全市接待入境旅游者0.64万人次，接待国内旅游者6952.11万人次，同比分别增长2.42%和18.87%；旅游外汇收入241.2万美元，同比增长1.46%；国内旅游收入597.5亿元，同比增长19.64%；旅游总收入597.7亿元，同比增长19.63%。

八、金融、保险

年末全市金融机构本外币各项存款余额2536.1亿元，比年初增加250.1亿元，比年初增长10.9%。各项贷款余额1199.4亿元，比年初增加49.8亿元，比年初增长4.3%。

全年全市保费收入57.8亿元，同比增长3.9%。其中，财产险保费收入14.3亿元，同比增长13.4%；寿险保费收入31.7亿元，同比下降3.9%；意外险保费收入1.1亿元，同比增长9.5%；健康险保费收入10.8亿元，同比增长35%。

九、教育和科学技术

年末全市共有幼儿园833所，增加58所；小学566所，减少3所；普通初中249所，增加4所；普通高中41所，无增减；中等职业学校9所；普通高等学校1所。

年末全市8个经济开发区(包括高新区)入区企业1087家，其中500强投资企业10户。区内税收收入114.14亿元，同比增长16.28%；主营业务收入1288.98亿元，同比增长7.96%。

全市有气象台站14个，全市开展电话天气自动答询的台站1个。全市气象系统开展人工影响天气业务的单位13个，卫星云图接收站14个。

全市有专业综合地震台站2个，市级地震台网中心1个。

全年 M3.0—M3.9 级地震 0 次，M4.0—M4.9 级地震 0 次，最大震级 M2.8 级。

十、文化、卫生和体育

年末全市共有群众艺术馆 1 个，文化馆 13 个，文化站 162 个（其中：乡镇综合文化站 148 个），农村文化活动场所 3119 个。全市共有专业艺术表演团体 12 个。全市有公共图书馆 14 个。2019 年全市报纸共出版 1 种（不含高校校报）、年内共印 3 万份。年末全市共有广播电视台 14 座，电视台 11 座，调频转播发射台 18 座，一百瓦以上电视转播发射台 14 座。广播人口覆盖率 96.38%，电视人口覆盖率 99.94%，有线电视用户 24.12 万户。

年末全市共有卫生机构(含诊所、村卫生室) 4647 个，床位 1.55 万张。卫生防疫、防治机构 14 个，妇幼保健院（所、站）14 个。全市卫生机构共有卫生技术人员 1.76 万人；卫生院卫生技术员 0.327 万人，社区卫生服务中心（站）卫生技术人员 0.091 万人，其中农村乡镇卫生院 0.365 万人；防疫、防治卫生技术员 316 万人，妇幼保健（所、站）卫生技术人员 0.067 万人。全市 13 个县（市、区）开展了新型农村合作医疗工作。

2019 年，全市有体育场 7 个，体育馆 3 个。全年我市运动员在国内外重大比赛中获金、银、铜牌分别为 19 枚、9 枚和 5 枚（包括非奥运项目比赛）。全市销售中国体育彩票 1.9 亿元，同比增长 19%。

十一、人民生活和社会保障

全年居民人均可支配收入 18369 元，同比增长 8.8%。按常住地分，城镇居民人均可支配收入 29181 元，同比增长 6.8%，城镇居民人均消费支出 17654 元，同比增长 10.9%；农村居民人均可支配收入 9963 元，同比增长 10.3%，农村居民人均消费支出 7553 元，同比增长 7.2%。城镇占 20%的低收入家庭人均可支配收入 9771 元，同比增长 8.6%；农村占 20%的低收入家庭人均可支配收入 3695 元，同比增长 14.4%。

年末参加城镇职工基本养老保险 46.39 万人，增加 2.6 万人；参加城乡居民社会养老保险 212.95 万人，增加 20.95 万人；参加城镇职工基本医疗保险 35.41 万人，增加 0.42 万人；参加失业保险 32.75 万人，增加 0.37 万人；参加工伤保险 38.06 万人，增加 0.11 万人；参加生育保险 32.46 万人，减少 1.63 万人。

全年得到城市最低生活保障救济人数 2.74 万人，全年共发放城市最低保障资金 1.5 亿元。1.71 万人纳入农村五保供养。

年末全市城镇有各种社区服务设施 398 个，其中综合性社区服务中心 200 个，各类收养性单位床位数 2188 张，收养人数 679 万人，国家抚恤、补助各类优抚对象 18991 人。全年销售福利彩票 2.28 亿元，接受社会捐赠款 134 万元。

十二、脱贫攻坚、环境和安全生产

2019 年是全市脱贫攻坚的关键之年，今年剩余临县、兴县、石楼 3 个县脱贫摘帽，剩余 286 个贫困村退出，7.7 万贫困人口减贫，贫困发生率降至 0.18%以下。吕梁市生态扶贫继“全国脱贫攻坚组织创新奖”后，又荣获“2019 中国最具生态竞争力城市”称号。“吕梁山护工”成为革命老区新名片，就业辐射全国 8 省 20 多个城市，人均月收入超过 4000 元。

按《环境空气质量指数（AQI）技术规定（试行）（HJ633-2012）》评价，市区优良天气数达到 280 天，比上年减少 4 天；环境空气质量综合指数 5.37，全省排名第 4 位。

全市未发生重大以上事故，安全生产形势总体平稳。

晋中市2019年国民经济和社会发展情况

2019 年，面对国内外风险挑战明显上升的复杂局面，在市委市政府的坚强领导下，全市上下以习近平新时代中国特色社会主义思想为指导，按照高质量发展要求，以供改和“综改”相结合为主线，坚持稳中求进工作总基调，着力优化营商环境，加快转变经济发展方式，积极培育创新动力，在系列政策措施的推动下，全市经济健康平稳运行，转型发展态势良好，社会事业全面进步，人民生活福祉不断提升。

一、综　　合

据 2019 年人口抽样调查，年末全市常住人口 3389484 人，比上年末增加 7908 人。其中，城镇常住人口 1926699 人，占总人口比重（常住人口城镇化率）为 56.84%，比上年末提高 1.47 个百分点。全年全市出生人口 30221 人，人口出生率 8.93‰；死亡人口 22313 人，死亡率 6.59‰；自然增长率 2.34‰。

年末全市户籍人口城镇化率为 39.81%，比上年末提高 1.31 个百分点。

初步核算，全年全市地区生产总值 1460.0 亿元，比上年增长 6.3%。其中，第一产业增加值 115.4 亿元，增长 3.3%，占生产总值的比重 7.9%；第二产业增加值 654.3 亿元，增长 4.9%，占生产总值的比重 44.8%；第三产业增加值 690.3 亿元，增长 8.0%，占生产总值的比重 47.3%。

人均地区生产总值 43125 元，按 2019 年平均汇率计算为 6224 美元。

全年全市一般公共预算收入 163.0 亿元，比上年增长 8.1%。税收收入 114.0 亿元，增长 15.1%，其中国内增值税、企业所得税、个人所得税、资源税和城市维护建设税、房产税共计完成税收 89.6 亿元，增长 15.9%。

全年全市一般公共预算支出 371.0 亿元，增长 14.9%。其中,用于民生的支出 302.0 亿元,增长 14.4%,占一般公共预算支出的 81.4%。在民生支出中,节能环保支出增长 50.4%、农林水支出增长 11.3%、城乡社区支出增长 51.6%、科学技术支出增长 19.3%、社会保障和就业支出增长 14.9%、卫生健康支出增长 6.8%。

全年市区居民消费价格比上年上涨 2.4%,其中,食品类价格上涨 6.4%,非食品类价格上涨 0.9%;八大类商品及服务中食品烟酒类价格上涨 6.0%。市区商品零售价格上涨 0.6%。

全年全市城镇新增就业 5.05 万人。年末城镇登记失业率 2.59%。

二、农　　业

全年全市农作物种植面积 281.1 千公顷。其中,粮食种植面积 249.9 千公顷,增加 0.8 千公顷;蔬菜种植面积 24.6 千公顷,增加 0.4 千公顷;油料种植面积 1.7 千公顷,增加 0.1 千公顷;棉花种植面积 3.7 公顷,减少 3.1 公顷。在粮食种植面积中,玉米种植面积 204.0 千公顷,减少 1.8 千公顷;小麦种植面积 6.8 千公顷,增加 0.3 千公顷。果园面积 25.9 千公顷,增加 1.8 千公顷。

全年粮食产量 145.4 万吨,减少 8.8 万吨,减产 5.7%。其中,夏粮 2.4 万吨,减产 3.4%;秋粮 143.0 万吨,减产 5.8%。

全年全市完成造林面积 13.4 千公顷,减少 44.4%。

三、工业和建筑业

年末全市规模以上工业法人企业 623 家。全年规模以上工业增加值比上年增长 4.2%,其中,战略性新兴产业增加值增长 15.7%,占比 10.2%。在战略性新兴产业中,新能源产业增长 13.7%,新能源汽车增长 50.6%,新材料产业增长 0.8%,生物产业增长 4.3%。

全年全市规模以上工业企业实现营业收入 2059.5 亿元,比上年增长 0.6%。其中,煤炭行业实现营业收入 924.2 亿元,下降 0.4%;焦炭行业实现营业收入 291.6 亿元,下降 0.7%;机械行业实现营业收入 243.1 亿元,下降 3.0%;冶金行业实现营业收入 187.0 亿元,增长 7.5%;化工行业实现营业收入 94.4 亿元,下降 3.9%;非金属矿制品业实现营业收入 90.4 亿元,增长 5.6%;食品行业实现营业收入 94.9 亿元,增长 18.3%;电力行业实现营业收入 70.7 亿元,增长 3.4%;医药行业实现营业收入 29.1 亿元,下降 7.6%。

全年全市规模以上工业实现利税 131.5 亿元,下降 38.6%;实现利润 31.6 亿元,比上年减少 56.2 亿元,下降 64.0%。其中,国有控股企业实现利润 -2.8 亿元,减少 15.2 亿元。规模以上工业企业每百元营业收入中的成本 86.2 元,增加 2.8 元。

全年全市建筑业增加值 69.4 亿元,增长 7.1%。资质以上建筑企业总产值 291.3 亿元,增长 6.4%,共签订合同额 782.9 亿元,增长 13.9%。房屋建筑施工面积 804.7 万平方米,增长 9.8%;竣工面积 182.7 万平方米,增长 17.9%。资质以上建筑企业共 195 家,其中,一级企业 12 家。

四、能　　源

全年全市全社会用电总量 214.49 亿千瓦小时。其中,第一产业用电 2.43 亿千瓦小时,占全社会用电量的比重 1.1%;第二产业用电 165.81 亿千瓦小时,占全社会用电量的比重 77.3%,其中工业用电 162.79 亿千瓦小时;第三产业用电 25.91 亿千瓦小时,占全社会用电量的比重 12.1%;城乡居民生活用电 20.34 亿千瓦小时,占全社会用电量的比重 9.5%。

五、国内贸易

全年全市社会消费品零售总额 709.2 亿元,增长 8.1%。按经营地统计,城镇消费品零售额 553.6 亿元,增长 9.9%;乡村消费品零售额 155.6 亿元,增长 2.1%。按消费形态统计,商品零售额 658.3 亿元,增长 8.6%;餐饮收入额 51.0 亿元,增长 1.2%。

全年全市限额以上单位消费品零售额 202.5 亿元,增长 3.0%。其中,限额以上单位网上零售额 3.3 亿元,增长 42.8%,占限额以上零售额比重 1.6%。

全年全市新登记市场主体 44707 户,增长 0.5%。

六、对外经济

全年全市海关进出口总额 207016 万元,比上年下降 6.1%。其中,出口额 171430 万元,下降 10.0%;进口额 35586 万元,增长 18.3%。对"一带一路"沿线国家进出口总额 67336 万元,下降 9.0%。其中,出口 58891 万元,下降 10.6%;进口 8444 万元,增长 4.5%。

全年出口焦炭及半焦炭 3.3 万吨,比上年下降 12.2%,出口金额 5499 万元,下降 20.1%;出口钢材 2.87 万吨,下降 1.8%,出口金额 23347 万元,下降 3.5%;出口鲜、干水果及坚果 9763 吨,下降 18.9%,出口金额 7479 万元,增长 2.9%;出口玻璃制品 6321 吨,下降 19.4%,出口金额 17991 万元,下降 9.8%;出口农产品 8308 万元,增长 6.1%;出口机电产品 8.4 亿元,下降 22.1%;出口高新技术产品 8946 万元,下降 38.8%。

全年新签项目(合同)3 个;合同利用外资项目投资总额 10000.5 万美元,下降 66.8%;当年实际利用外资金额 20830.9 万美元,下降 40.3%。

七、交通、邮电和旅游

年末全市公路通车里程 16087 公里,比上年增加 50 公里,增长 0.3%;其中高速公路 625 公里。

年末全市民用汽车保有量 67.9 万辆(包括三轮汽车和低速货车 4698 辆),比上年末增长 7.8%,其中私人汽车 61.1 万辆,增长 7.8%。本年新注册汽车 5.8 万辆,下降 9.4%。年末轿车保有量 41.8 万辆,增长 7.7%;其中私人轿车 40.5 万辆,增长 8.0%。

全年全市完成邮政行业业务总量 7.7 亿元，增长 37.2%；电信业务总量 178.0 亿元，增长 68.2%。

全年完成邮政函件业务 50.1 万件，包裹业务 5.9 万件，报纸业务 5737.9 万份，杂志业务 200.0 万份。规模以上快递服务企业业务量完成 2555.0 万件，同比增长 50.2%；快递业务收入完成 3.6 亿元，增长 28.9%。全市固定电话用户年末达到 15.2 万户；移动电话用户 372.9 万户，其中，4G 移动电话用户 305.7 万户。全市宽带接入用户 73.3 万户，手机互联网上网人数 313.3 万人。

全年全市接待入境旅游者 27.8 万人次，增长 5.9%。其中，外国人 17.9 万人次，增长 6.1%，港澳台 9.9 万人次，增长 5.5%；接待国内旅游者 11590.6 万人次，增长 18.4%。旅游外汇收入 15117.9 万美元，增长 6.6%，国内旅游收入 1178.0 亿元，增长 17.3%，旅游总收入 1188.0 亿元，增长 17.2%。

八、金　　融

年末全市金融机构本外币各项存款余额 2976.1 亿元，比年初增加 159.9 亿元，增长 5.7%。各项贷款余额 2042.0 亿元，比年初增加 189.4 亿元，增长 10.2%。

全年全市保费收入 76.9 亿元，比上年减少 2.0%。其中，财产险业务保费收入 21.7 亿元，增长 17.9%；寿险业务保费收入 55.3 亿元，减少 8.1%。全年支付各类赔款及给付 18.7 亿元，减少 52.3%。

九、教育和科学技术

年末全市普通高等学校 17 所，普通中学 234 所，小学 654 所，幼儿园 611 所。

全年全市专利申请受理量为 2936 件，其中发明专利申请受理量为 571 件。全年全市专利授权量为 1523 件，有效发明专利拥有量 631 件。按照国家高新技术企业认定办法，年末累计认定高新技术产业企业 189 家，比上年增加 48 家，高新技术企业销售额达 363.2 亿元。全市省级以上重点实验室和工程（技术）研究中心总数 25 家，省级众创空间 19 家，省级及以上科技企业孵化器 5 家。

十、文化、卫生和体育

年末全市共有群众艺术馆、文化馆 12 个，文化系统艺术表演团 89 个，公共图书馆 12 个。年末全市公共图书馆图书总藏量达 2416.3 千册。文物保护单位 1057 个，剧场（影剧院）40 个。年末全市共有电视台 14 座，广播电台节目 12 套。有线电视用户 65.8 万户。广播节目综合人口覆盖率 98.84%，电视节目综合人口覆盖率 99.73%。

年末全市共有卫生机构（含诊所和村卫生室）3807 个。其中，医院 110 个，妇幼保健院（所、站）12 个，疾病预防控制中心 12 个。全市卫生机构共有床位 17789 张，其中，医院床位 13631 张，卫生院床位 3247 张。全市卫生机构共有卫生技术人员 20509 人，其中，执业（助理）医师 8022 人，注册护士 8841 人。

年末全市拥有各级体育机关 12 个，体育运动学校 1 个，体育场 2 个，体育馆 14 个。全市共有二级运动员 213 人，二级裁判员 148 人。全市体育电脑彩票销售点 167 个，全年销售中国体育彩票 17100 万元。

十一、人民生活和社会保障

全年居民人均可支配收入 24855 元，增长 8.5%。按常住地分，城镇常住居民人均可支配收入 35187 元，增长 6.8%；农村常住居民人均可支配收入 14720 元，增长 9.9%。按全市居民五等份收入分组，城镇低收入组人均可支配收入 14349 元，增长 8.4%；农村低收入组人均可支配收入 4740 元，增长 13.4%。全年居民人均消费支出 13126 元，增长 10%。按常住地分，城镇居民人均消费支出 17593 元，增长 9.1%；农村居民人均消费支出 9833 元，增长 10.6%。城镇居民家庭恩格尔系数（即居民家庭食品消费支出占家庭消费支出的比重）27.6%，农村居民家庭恩格尔系数 29.6%。

年末参加城镇职工基本养老保险 61.0 万人；参加城乡居民社会养老保险 157.5 万人，增加 2.7 万人。参加城镇职工医疗保险 59.7 万人，增加 2.3 万人；参加城乡居民基本医疗保险 250.3 万人，减少 3.3 万人。参加失业保险 33.1 万人，增加 0.1 万人。参加工伤保险 40.6 万人，增加 0.1 万人。参加生育保险 38.7 万人，增加 0.15 万人。

全年全市纳入城市最低生活保障的居民 8696 人；纳入农村最低生活保障的居民 66711 人；纳入农村五保供养 16756 人。全年共发放城乡最低保障资金 27171.5 万元。

年末全市共有提供住宿的各类社会服务机构 65 个，床位数 6795 张。其中，养老服务业机构 57 个，床位数 6455 张。全年全市共有福利彩票销售点 262 个，福利彩票销售收入 25219.4 万元。

十二、资源、环境和安全生产

年末全市森林面积 294.6 千公顷，增加 41.0 千公顷，森林覆盖率 17.95%。全市自然保护区总数 5 个，自然保护区面积 97.8 千公顷，占全市国土面积的 6.0%。

按照《环境空气质量标准》（GB3095-2012）中规定的六项污染物评价，2019 年全市各县（区、市）环境空气优良天数范围在 162-288 天之间，其中市城区 227 天；环境空气综合污染指数范围在 4.89-9.13 之间，其中市城区为 5.57。

全年全市河流监测的 11 个断面中，达到Ⅲ类以上（包括Ⅰ、Ⅱ、Ⅲ类）水质标准的断面 8 个，占监测断面总数的 72.7%；劣Ⅴ类水质标准的断面 3 个，占监测断面总数的 27.3%。

全年全市农作物受灾面积 168.2 千公顷，增加 2.5 倍，其中，绝收面积 41.9 千公顷。

全年全市共发生各类生产安全亡人事故 53 起，下降 29.3%；生产安全事故死亡 73 人，下降 7.6%。全市亿元 GDP 生产安全事故死亡率 0.05，下降 28.6%；煤炭生产百万吨死亡率为 0.28。

阳泉市2019年国民经济和社会发展情况

2019年，全市上下全面贯彻党的十九大和十九届二中、三中、四中全会精神，深入学习贯彻习近平总书记“三篇光辉文献”精神，认真落实市委、市政府各项决策部署，按照“聚力六大突破，实现转型崛起”总体要求，统筹推进稳增长、促改革、调结构、惠民生、防风险、保稳定各项工作，经济总体呈现稳中有进、稳中向好发展态势，新兴产业不断涌现，新旧动能加速转换，经济发展的支撑能力逐步增强，人民生活水平进一步提高，决胜全面建成小康社会的步伐继续加快。

一、综　　合

初步核算，全市全年实现地区生产总值718.9亿元，按可比价计算，增长5.0%。其中，第一产业完成增加值11.8亿元，增长1.9%；第二产业完成增加值327.3亿元，增长4.4%；第三产业完成增加值379.8亿元，增长5.6%；三次产业构成由2018年1.5:47.0:51.5调整为1.6:45.5:52.9。人均地区生产总值50775元，按2019年平均汇率计算为7360美元。

据2019年人口变动抽样调查，年末全市常住人口为141.75万人，比上年末增加3159人。全市全年出生人口1.18万人，人口出生率为8.33‰，比上年下降0.83个千分点；死亡人口8643人，死亡率为6.1‰，比上年提高0.87个千分点；自然增长率为2.23‰，比上年下降1.7个千分点。

从城乡结构看，全市城镇常住人口98.48万人，比上年末增加1.62万人，乡村常住人口43.27万人，比上年减少1.3万人；城镇化率为69.48 %，比上年提高0.99个百分点，居全省第二位。

公安部门数据显示，全市户籍人口城镇化率为56.09%，比上年末提高1.57个百分点。

全年居民消费价格同比上涨2.8%，其中食品烟酒价格上涨5.5%。商品零售价格上涨1.9%。按全省统一口径计算的工业生产者出厂价格下降0.3%，其中，生产资料价格下降0.3%，生活资料价格持平。工业生产者购进价格上涨1.1%。

全年全市城镇新增就业29795人。农村劳动力转移就业8573人。年末城镇登记失业率3.04%。

二、农　　业

全年农作物种植面积5.7万公顷，比上年增长1.1%。其中粮食种植面积5.5万公顷，增长1.3%；油料种植面积148.7公顷，增长31.2%；中草药当年收获面积488.2公顷，下降10.9%；蔬菜及食用菌种植面积0.1万公顷，下降4.2%。在粮食种植面积中，玉米种植面积4.7万公顷，增长2.7%。

全年粮食总产量21.6万吨，下降20.9%。其中，夏粮0.1万吨，增长0.7%；秋粮21.5万吨，下降21.0%。

全年肉类总产量2.1万吨，增长6.2%。其中，猪肉产量1.6万吨，增长4.4%；牛肉产量0.04万吨，下降9.4%；羊肉产量0.1万吨，下降1.8%；禽肉产量0.4万吨，增长16.9%。牛奶产量0.4万吨，下降11.0%。禽蛋产量5.0万吨，增长14.2%。水产品产量709吨，下降2.6%。

全年完成造林面积4.9千公顷，增长16.1%；其中，人工造林面积4.5千公顷，增长15.8%。

年末全市农业机械总动力35.0万千瓦，比上年增长2.7%。机械耕地面积4.5万公顷，增长6.2%；机械播种面积4.7万公顷，增长8.6%；机械收获面积1.7万公顷，增长0.4%。

三、工业和建筑业

全市规模以上工业企业达到152个，全年规模以上工业增加值增长3.4%。其中，煤炭行业增加值增长0.1%，非煤工业增加值增长10%。规模以上工业中，战略性新兴产业增加值增长29.3%，占全市工业增加值比重8.1%。

全年全市规模以上工业企业原煤产量4874.2万吨，下降9.0 %；洗煤产量1519.4万吨，下降14.8%；发电量159.5亿千瓦时，增长14.7%；煤层气产量12.5亿立方米，增长5.6%。

全年规模以上工业企业实现主营业务收入485.1亿元，下降4.6%；实现利税54.9亿元，增长10.3%；其中，实现利润总额8.2亿元，同比增加12.7亿元。亏损企业60家，亏损面为39.5%；亏损额21.1亿元，下降26.7%。

全年全市建筑业实现增加值43.2亿元，增长8.1%。资质以上建筑业企业共113家，同比增加14家，其中，一级企业10家；二级企业34家，同比增加9家。资质以上建筑企业实现总产值108.2亿元，增长13.2%；签订合同额185.9亿元，增长6.3%。房屋建筑施工面积325.3万平方米，增长26.7%；竣工面积16.3万平方米，下降74.1%。

四、能　　源

全年全市一次能源生产折标准煤3637.40万吨，下降8.46%，二次能源生产折标准煤319.53万吨，增长7.3%。

主要耗能工业企业单位产品能源消耗有：吨原煤生产综合能耗7.13千克标准煤/吨，增长26.2%；炼焦工序单位能耗141.68千克标准煤/吨，增长7.4%；电厂火力发电标准煤耗314.47克标准煤/千瓦时，上升1.8%；单位氧化铝综合能耗438.39千克标准煤/吨，增长21.4%；单位电解铝综合能耗1676.88千克标准煤/吨，增长0.6%；吨水泥综合能耗83.98千克标准煤/吨，增长16.2%。

全年全市全社会用电总量82.7亿千瓦时，下降0.6%。其中，第一产业用电0.4亿千瓦时，增长3.2%；第二产业用电62.4亿千瓦时，下降3.7%，其中工业用电61.8亿千瓦时，下降4.0%；第三产业用电12.7亿千瓦时，增长12.7%；城乡居民生活用电7.2亿千瓦时，增长7.1%。一、二、三产及城乡居民生活用电占全社会用电量比重分别为0.5%、75.5%、15.3%、8.7%。

五、国内贸易

全年社会消费品零售总额完成371.85亿元，比上年增长7.2%。其中，城镇消费品零售额333.12亿元，增长7.2%；乡村消费品零售额38.73亿元，增长7.7%。

六、对外经济

全年海关进出口总额14888万美元，比上年增长38.6%，其中，出口额7601万美元，增长20.7%；进口额7287万美元，增长63.9%。

全年全市新设立外商直接投资企业2家；利用外商投资金额1935.82万美元，比上年增长342.8%。

七、交通、邮电和旅游

全年交通运输、仓储邮政业完成增加值36.9亿元，增长6.3%。公路线路年末里程5695.8公里，比上年末减少10公里。全年铁路货运量3987.1万吨，下降12.3%，铁路客运量192.7万人，下降23.2%。

全市民用汽车保有量达到25.4万辆（包括三轮汽车和低速货车），增长7.2%，其中私人汽车22.6万辆，增长8.1%。轿车保有量15.7万辆，增长8.3%，其中私人轿车14.9万辆，增长8%。

全年完成邮电业务总量73.5亿元。其中，邮政业务总量3.5亿元，增长48.2%；电信业务总量70亿元。移动电话用户达到207.7万户，其中4G移动电话用户年末达124.9万户。全市互联网接入用户达到49万户。

旅游统计口径显示，全年全市商业住宿设施共接待入境游客6277人次，同比增长3.65%；旅游总收入420.21亿元，同比增长17.0%。

年末全市旅游设施情况：星级宾馆9个，五星级1个，四星级3个，旅行社33个，出境2个。A级景区15个，4A级4个。

八、财政、金融和保险

一般公共预算收入完成57.4亿元，比上年下降0.4%。其中，税收收入39.6亿元，下降6.1%，国内增值税、企业所得税、个人所得税、资源税、城市维护建设建税和契税共计完成税收32.9亿元，分别较上年下降15.2%、增长6.7%、下降48.4%、增长8.6%、下降14.5%和下降5.3%。

一般公共预算支出132.3亿元，比上年增长7.1%。其中，一般公共服务支出增长7.6%，公共安全支出增长4.3%，教育支出增长4.0%，科学技术支出增长13.9%，社会保障和就业支出下降7.0%，卫生健康支出增长10.0%，节能环保支出增长3.9%，城乡社区支出增长13.3%。

年末全市金融机构本外币各项存款余额1736.6亿元，比年初增加157.5亿元。各项贷款余额1134.7亿元，比年初增加97.4亿元。

全年保费收入35.7亿元，同比增长11.9%。其中，寿险业务保费收入21.5亿元，增长7.7%；健康险和意外伤害险业务保费收入6.3亿元，增长62.9%；财产险业务保费收入7.9亿元，下降1.7%。支付各类赔款及给付11.2亿元，同比下降2.3%。其中，寿险业务给付2.0亿元，下降50.4%；健康险和意外伤害险业务赔款及给付3.1亿元，增长71.4%；财产险业务赔款6.1亿元，增长8.6%。

九、教育和科学技术

年末全市普通高等学校3所，全年农民实用技术培训6万人次。

全年全市专利申请量为798件，下降13.4%，其中发明专利申请量为241件，下降39.0%；全市专利授权量为380件，下降8.4%，其中发明专利授权量为30件，下降26.8%。万人有效发明专利量1.62件/万人。

全年共签订各类技术合同168项，技术合同成交总额8.22亿元，增长46.7%。获得省级科学技术奖3项。国家认定企业技术中心1家，省级企业技术中心10家。高新技术企业数达到86家。

十、文化、卫生和体育

全市共有群众艺术馆、文化馆6个、艺术表演团体5个、公共图书馆6个。年末有线电视用户15.3万户。全年共发行《阳泉日报》582万份。

年末全市共有卫生机构(含诊所、村卫生室)1551个，编制床位7053张。妇幼保健院（所、站）6个。全市卫生机构共有卫生技术人员10430人。

全市运动员在国内外重大比赛中获金、银、铜牌分别为55枚、19枚和12枚（包括非奥运项目比赛）。全市销售体育彩票1.30亿元，比上年减少0.29亿元。

十一、人民生活和社会保障

全市城镇常住居民人均可支配收入33582元，增长6.7%。农村常住居民人均可支配收入15390元，增长9.3%。

城镇占调查总户数20%的低收入户人均可支配收入11844元，增长9.4%；农村占调查总户数20%的低收入户收入7168元，增长13.9%。

年末参加城镇职工基本养老保险35.75万人，比上年增加2.41万人；参加城乡居民养老保险46.55万人，比上年增加1.78万人；城镇职工基本医疗保险参保39.08万人，与上年增加0.48万人；城乡居民基本医疗保险参保82.70万人，与上年基本持平；参加工伤保险26.92万人，比上年增加0.74万人；参加失业保险26.38万人，与上年增加0.73万人；参加生育保险25.38万人，比上年增加0.27万人。

全市三区两县的最低工资标准：城区、矿区、郊区为1700元，平定县、盂县为1500元。

全年全市共有城市最低生活保障对象2.67万人，比上年减少4422人，农村最低生活保障对象3.38万人，比上年减少3276人，城市特困供养人员145人，农村特困供养人员5859人，全年共发放最低保障资金2.71亿元，比上年增加0.13亿元。

年末全市共有救助站3个。共有各类提供住宿的社会服务机构28个,养老服务机构床位数1659张,各类福利院床位数350张,收养102人。城镇各种社区服务设施640个,其中综合性社区服务中心6个。全年销售福利彩票1.57亿元,筹集社会福利资金1229.98万元。

十二、资源、环境和安全生产

2019年有林地面积达13.0万公顷,全市森林覆盖率达28.5%。

2019年,市区大气环境质量达标天数221天,达标天数比例60.7%;PM2.5平均浓度51微克/立方米,同比下降3.8%;PM10平均浓度88微克/立方米,同比下降8.3%;空气质量综合指数5.81,同比下降2.2%,在全省11个地市中排名第7。全市二氧化硫、氮氧化物、化学需氧量、氨氮排放量分别下降28.74%、26.25%、26.27%、19.17%。

全年各类自然灾害造成直接经济损失27677.38万元;农作物受灾面积28102.07公顷,其中,绝收5331.51公顷。

全年共发生各类生产安全事故11起,同比减少29起;死亡14人,减少29人,同比下降67.4%。全年全市煤炭百万吨死亡率为0.14。

长治市2019年国民经济和社会发展情况

2019年,面对国内外风险挑战明显上升的复杂局面,在市委、市政府的坚强领导下,全市上下坚持以习近平新时代中国特色社会主义思想为指导,深入贯彻新发展理念,攻坚克难、砥砺奋进,全市经济社会发展取得积极成效,质量效益同步提升,经济结构持续优化,创新驱动加快实施,营商环境不断改善,三大攻坚战成效明显,全面建成小康社会取得新的重大进展。

一、综　　合

初步核算,全年全市地区生产总值1652.1亿元,比上年增长6.0%。其中,第一产业增加值63.6亿元,下降3.7%,占生产总值的比重为3.8%;第二产业增加值874.9亿元,增长4.8%,占生产总值的比重为53.0%;第三产业增加值713.6亿元,增长8.2%,占生产总值的比重为43.2%。

人均地区生产总值47569元,按2019年平均汇率计算为6896美元。

全年全市一般公共预算收入161.9亿元,增长7.5%。税收收入124.7亿元,增长8.3%,其中国内增值税、企业所得税、个人所得税、资源税和城建税共计完成税收104.3亿元,增长6.1%。一般公共预算支出354.8亿元,增长11.4%。其中科学技术支出增长18.1%,社会保障和就业支出增长5.0%,卫生健康支出增长5.2%,文化旅游体育与传媒支出增长25.1%,节能环保支出增长66.7%。

居民消费价格比上年上涨2.6%,其中,食品烟酒价格上涨5.3%。商品零售价格上涨1.8%。

全年全市城镇新增就业5.7万人。转移农村劳动力4.2万人。年末城镇登记失业率2.29%。

二、农　　业

全年全市粮食种植面积252.7千公顷;油料种植面积3.6千公顷;棉花种植面积0.03千公顷。在粮食种植面积中,玉米种植面积212.7千公顷;小麦种植面积4.2千公顷。

全年粮食产量107.4万吨。其中,夏粮1.8万吨;秋粮105.5万吨。

全年全市农业机械总动力122万千瓦;机械耕地面积229千公顷;机械播种面积218千公顷;机械收获面积120千公顷。

三、工业和建筑业

年末全市规模以上工业企业383家。全年全市规模以上工业增加值增长4.5%。

规模以上工业企业原煤产量13041.7万吨,增长8.7%;发电量315.4亿千瓦时,下降2.5%;焦炭产量1486.5万吨,增长1.6%;钢材产量528.2万吨,增长10.0%。

规模以上工业企业实现主营业务收入2265.3亿元,增长21.2%。其中,煤炭工业实现主营业务收入1266.1亿元,增长41.8%;炼焦工业实现251.3亿元,下降1.2%;钢铁工业实现243.4亿元,增长0.2%;电力工业实现87.7亿元,下降4.3%;化学工业实现139.7亿元,下降4.2%;建材工业实现46.3亿元,增长17.9%;装备制造业实现97.2亿元,增长23.6%;医药工业实现29.5亿元,增长24%;食品工业实现51.1亿元,增长7.8%。

规模以上工业实现利税340.7亿元,下降11.6%;实现利润185.6亿元,下降12.6%。

全年全市建筑业实现增加值50.3亿元,比上年增长5.5%。

四、国内贸易

全年全市社会消费品零售总额715.1亿元,增长7.6%。其中,城镇消费品零售额579.6亿元,增长7.6%;乡村消费品零售额135.5亿元,增长7.7%。

五、对外经济

全年全市进出口总额17740万美元。其中,进口额9810万美元;出口额7929万美元。

全年全市新批三资企业项目7个;实际利用外资40789.6万美元,增长2.8%。

六、交通、邮电和旅游

年末全市公路线路里程 12077.9 公里，其中高速公路 382.1 公里。

年末全市民用汽车保有量 60.5 万辆，比上年末增长 14.7%,其中私人汽车 54.7 万辆,增长 13.8%。本年新注册汽车 6.1 万辆,增长 8.4%。

全年全市完成邮电业务总量 190.2 亿元。其中,邮政业务总量 6.2 亿元;电信业务总量 184.0 亿元。年末移动电话用户达到 392.4 万户,其中,4G 移动电话用户达到 289.6 万户。全市互联网接入用户 98.7 万户,其中,新增互联网用户 21.3 万户。

全年全市商业住宿设施接待入境过夜游客 2.9 万人次，接待国内旅游者 6803.5 万人次,分别增长 5.6%和 13.0%;旅游外汇收入 1784.6 万美元,国内旅游收入 688.3 亿元,旅游总收入 689.5 亿元,分别增长 6.8%、19.5%和 19.4%。

七、金　　融

年末全市金融机构本外币各项存款余额 2965 亿元,比年初增加 280 亿元,比年初增长 10.4%。各项贷款余额 1743 亿元,比年初增加 187 亿元,比年初增长 12.0%。

全年全市保费收入 70.8 亿元,增长 8.3%。其中,寿险业务保费收入 41.1 亿元，增长 4.0%；健康和意外险业务保费收入 12.2 亿元,增长 34.0%;财产险业务保费收入 4.0 亿元,增长 17.1%;车险业务保费收入 13.5 亿元,增长 1.0%。全年支付各类赔款及给付 21.1 亿元,下降 0.6%。其中,寿险业务保费赔付 7.6 亿元，下降 30.8%；健康和意外险业务保费赔付 4.0 亿元,增长 35.8%;财产险业务保费赔付 2.6 亿元,增长 195.6%;车险业务保费赔付 6.9 亿元,增长 7.5%。

八、教育和科学技术

年末全市普通高等学校 5 所;中等职业学校 37 所;普通高中 53 所;初中 153 所,小学 503 所。

全年专利申请量与授权量分别为 2588 件和 1367 件。全年全市共签订各类技术合同 588 项，技术合同成交总额 19 亿元。

年末全市共有产品质量检验机构 1 个。全年对 71 户企业实施了产品认证,对 9 种产品进行了监督抽查。全市共有法定计量技术机构 19 个，全年完成强制检定计量器具 17.5 万台件。

九、文化、卫生和体育

年末全市共有艺术表演团体 18 个,文化馆 14 个,博物馆 22 个,公共图书馆 14 个,公共图书馆藏书量 225.8 万册。

年末全市共有医疗卫生机构 4706 个,其中医院、卫生院 315 个,妇幼保健机构 14 个,疾病预防控制中心 14 个,卫生监督机构 14 个。病床位 19697 张,其中医院、卫生院 18586 张。卫生技术人员 22578 人，其中医生 9487 人，注册护士 9656 人，药剂人员 984 人。乡镇卫生院 139 个，床位 3330 张,乡村医生和卫生技术人员 7745 人。

全年全市运动员在各类体育比赛中获得世界冠军 1 个，全国冠军 16 个,全省冠军 56 个。

十、人口、人民生活和社会保障

年末全市总人口为 347.8 万人,比上年末增加 1.0 万人。全年全市出生人口 3.3 万人,人口出生率为 9.45‰;死亡人口 2.3 万人,死亡率为 6.61‰;自然增长率为 2.84‰。性别比(女 =100)为 102.5。

全年城镇常住居民人均可支配收入 34426 元,比上年增长 7.5%;农村常住居民人均可支配收入 15151 元,比上年增长 9.6%。城镇居民家庭恩格尔系数(即居民家庭食品消费支出占家庭消费支出的比重)25.0%,农村居民家庭恩格尔系数 34.7%。

年末参加基本养老保险 218.6 万人,其中企业职工 50.3 万人,城乡居民 154.4 万人;参加失业保险 44.9 万人;参加工伤保险 59.7 万人,其中农民工 26.6 万人。

全年全市纳入城市最低生活保障的居民 2.1 万人,发放城市低保资金 1.1 亿元；纳入农村最低生活保障的居民 9.1 万人,发放农村低保资金 3.5 亿元。

年末全市各类福利单位床位数 6447 张，收养 2937 人。城镇各种社区服务设施 412 个。全年销售社会福利彩票 1.7 亿元,接收社会捐赠款 31.7 万元。

十一、城市建设、资源

年末城市交通运营车辆 1417 辆，其中市区公共汽车 528 辆。出租汽车 3295 辆,其中市区出租车 1995 辆。市区有公园 4 座,总面积 127 公顷。全年市区供水总量 8443 万吨，人均日用水量 200.2 升。全年天然气供应量 12345 万立方米,其中生活用天然气 7150 万立方米。燃气普及率 100%。市区集中供热面积 5400 万平方米,其中住宅供热面积 4467 万平方米。市区污水处理能力 27.5 万吨 / 日,全年污水处理量 7446 万吨。生活垃圾年清运量 42.99 万吨。

年末全市森林面积 445.8 千公顷,森林覆盖率 31.9%。本年度检查验收合格造林面积 12.4 千公顷。全市有自然保护区 3 个,面积 57.0 千公顷,占全市总面积的 4.1%。

年末全市大中型水库蓄水总量 1.67 亿立方米。全年总用水量 5.73 亿立方米。其中,生活用水 1.25 亿立方米。

晋城市2019年国民经济和社会发展情况

2019年,在市委、市政府坚强领导下,全市上下以习近平新时代中国特色社会主义思想为指导,全面贯彻市委七届五次、六次、七次全会和"市两会"精神,深入落实"四为四高两同步"总体思路和要求,紧紧围绕"先行区""领跑者""桥头堡"三大目标,积极应对错综复杂的风险挑战和艰巨繁重的改革发展任务,解放思想,凝聚共识,先行先试,全市经济运行稳中向好,主要预期目标较好完成,新时代美丽晋城高质量转型发展成绩斐然,为实现我市全面建成小康社会奠定了坚实基础。

一、综　　合

初步核算,全年全市生产总值1362.4亿元,按可比价格计算,比上年增长6.5%。其中,第一产业增加值55.6亿元,下降1.2%,占生产总值的比重为4.1%;第二产业增加值736.1亿元,增长7.8%,占生产总值的比重为54.0%;第三产业增加值570.7亿元,增长5.7%,占生产总值的比重为41.9%。人均地区生产总值58024元,按2019年平均汇率计算为8411美元。

据2019年人口抽样调查,年末全市常住总人口为235.30万人,比上年末增加0.99万人,其中城镇常住人口143.05万人,占总人口比重(常住人口城镇化率)为60.79%,比上年末提高0.91个百分点。户籍人口城镇化率为42.82%,比上年末提高0.92个百分点。全年全市出生人口2.25万人,出生率为9.58‰;死亡人口1.26万人,死亡率为5.37‰;自然增长率为4.21‰。常住总人口性别比为100.02(以女性人口为100)。

全年全市城镇新增就业5.77万人。年末城镇登记失业率1.27%。

居民消费价格比上年上涨2.6%。工业生产者出厂价格下降0.3%。

供给侧结构性改革继续深化。年末规模以上工业企业资产负债率为63.4%,同比下降0.7个百分点。年末商品房待售面积54.4万平方米,同比下降4.7%。全年科学研究与技术服务业、生态保护和环境治理业投资分别增长174.2%、87.5%,分别快于全部投资163.8、77.1个百分点。"放管服"改革持续深化,微观主体活力不断增强。全年新登记市场主体27672户,日均新登记企业76户,年末市场主体总数达154030户。

新动能保持较快发展。全年规模以上工业中,战略性新兴产业增加值增长15.9%。高技术制造业增加值增长15.0%,占规模以上工业增加值的比重为8.0%。装备制造业增加值增长10.1%,占规模以上工业增加值的比重为10.0%。工业技术改造投资增长3.2%。全年网上零售额5.4亿元,按可比口径计算,比上年增长77.9%。

二、农　　业

全年全市农作物种植面积171.0千公顷,增加1.6千公顷。其中,粮食种植面积156.6千公顷,减少79.5公顷;油料种植面积3.5千公顷,增加0.8千公顷;棉花种植面积58.5公顷,减少13.6公顷。在粮食种植面积中,玉米种植面积98.7千公顷,增加12.8千公顷;小麦种植面积39.8千公顷,减少1.3千公顷。

全年粮食产量64.2万吨,减少16.6万吨,下降20.6%。其中,夏粮17.5万吨,增长6.8%;秋粮46.6万吨,下降27.6%。

全年完成造林面积2.2千公顷,增长14.1%。其中,经济林面积0.01千公顷,下降41.9%。全年木材产量21320立方米,增长25.0%。

全年全市肉类总产量13.2万吨,下降20.4%。全年猪牛羊肉总产量10.1万吨,下降28.6%。其中,猪肉产量9.4万吨,下降29.8%;牛肉产量0.1万吨,下降2.3%;羊肉产量0.5万吨,下降4.7%。年末生猪存栏85.9万头,下降12.4%;生猪出栏121.4万头,下降31.6%。牛奶产量0.02万吨,下降25.7%;禽蛋产量9.9万吨,增长16.5%;水产品产量0.2万吨,增长1.7%。

全年全市设施蔬菜产量8.5万吨,下降0.2%;食用菌0.8万吨,下降24.2%;蚕茧0.2万吨,增长5.6%;蜂蜜0.2万吨,增长33.9%;药材2.8万吨,增长100.0%。

年末全市农业机械总动力61.3万千瓦,增长2.4%。机械耕地面积133.3千公顷,下降1.4%;机械播种面积122.5千公顷,下降0.7%;机械收获面积91.9千公顷,增长1.2%。

三、工业和建筑业

全年全部工业增加值688.9亿元,比上年增长7.7%。规模以上工业增加值比上年增长7.6%。年末规模以上工业企业294家。

全年全社会原煤产量11257万吨,增长8.6%;规模以上工业发电260亿千瓦时,增长2.7%;水泥338万吨,增长47.9%;农用化肥(折纯)225万吨,增长3.1%;焦炭117万吨,增长44.3%;钢材461万吨,增长33.6%;生铁482万吨,增长19.7%。

全年规模以上工业企业实现主营业务收入1655.1亿元,增长4.9%。其中,煤炭、煤层气、装备制造、冶铸、化工和电力六大行业分别实现主营业务收入831.6亿元、102.7亿元、186.7亿元、201.7亿元、149.8亿元和86.8亿元,增速分别为-3.9%、1.0%、3.4%、29.9%、9.8%和4.5%;建材、医药、炼焦和食品制造工业分别实现主营业务收入30.7亿元、13.8亿元、45.8亿元和18.3亿元,分别增长30.0%、16.0%、89.1%和32.9%。

规模以上工业实现利税312.7亿元,下降8.5%;实现利润185.7亿元,下降5.1%。

年末全市具有资质等级的总承包和专业承包建筑业企业164家,完成总产值89.4亿元,增长18.3%;房屋施工面积390.0万平方米,增长1.3%;签订合同额为173.4亿元,增长17.6%。

四、服务业

全年批发和零售业增加值77.0亿元，增长2.6%；交通运输、仓储和邮政业增加值82.5亿元，增长4.7%；住宿和餐饮业增加值15.3亿元，增长4.1%；金融业增加值70.7亿元，增长6.3%；营利性服务业增加值75.4亿元，增长17.1%。

年末全市公路线路里程9611公里。其中，高速公路389公里。

年末全市民用汽车保有量46.7万辆（包括专项作业车、三轮汽车和低速货车0.3万辆），比上年末增长7.4%。其中，私人汽车43.1万辆，增长7.7%。本年新注册汽车3.6万辆，下降5.7%。年末轿车保有量31.6万辆，增长7.7%。其中，私人轿车30.5万辆，增长8.1%。

全年全市完成邮政业务总量3.10亿元，比上年下降2.19%。电信业务总量121.15亿元，增长79.7%。年末移动电话用户249.0万户，比上年末减少7.0万户，其中，3G电话用户5.2万户，4G电话用户194.4万户，全市（固定）互联网宽带接入用户76.1万户。

五、国内贸易

全年全市社会消费品零售总额490.3亿元，增长8.3%。按经营地统计，城镇消费品零售额414.6亿元，增长7.5%；乡村消费品零售额75.8亿元，增长13.0%。按消费类型统计，商品零售额409.6亿元，增长8.2%；餐饮收入额80.7亿元，增长8.8%。

六、对外经济

全年全市海关进出口总额72.9亿元，增长58.2%。其中，进口额62.5亿元，增长86.8%；出口额10.4亿元，下降17.8%。

全年出口煤炭181万元，下降40.2%；出口钢材1.9亿元，下降17.6%；出口机电产品7.7亿元，下降19.9%；出口高新技术产品2.8亿元，下降15.4%；出口电器及电子产品3.9亿元，下降25.5%；出口计算机及通信技术产品6118万元，下降34.3%。

全年进口铁矿砂23.7亿元，增长54.2%；进口机电产品37.2亿元，增长1.4倍；进口集成电路27.3亿元，增长3.2倍；进口电子技术产品29.8亿元，增长2.82倍；进口计算机集成制造技术产品1.1亿元，增长13%。

全年全市按全口径统计实际使用外商直接投资金额31183万美元，增长9.5%。

七、财政金融

全年全市财政总收入281.2亿元，增长6.6%。其中，增值税111.4亿元，增长2.0%；企业所得税52.5亿元，增长15.0%；个人所得税4.5亿元，下降40.6%；资源税43.7亿元，增长1.3%。一般公共预算收入138.2亿元，增长10.3%。其中，税收收入92.5亿元，增长5.6%。一般公共预算支出252.5亿元，增长10.5%。其中，科学技术支出增长88.7%，教育支出增长5.8%，农林水支出增长17.7%，社会保障和就业支出增长9.7%，文化旅游体育与传媒支出增长41.7%，卫生健康支出增长6.9%，节能保护支出增长8.9%。

年末全市金融机构本外币各项存款余额2631.3亿元，比年初增加312.0亿元，增长13.5%。各项贷款余额1547.1亿元，比年初增加156.0亿元，增长11.2%。

年末全市农村金融合作机构（农村信用社、农村合作银行、农村商业银行）人民币贷款余额275.6亿元，比年初增加45.7亿元，增长19.9%；人民币存款余额595.8亿元，比年初增加52.1亿元，增长9.6%。

年末全市共有证券营业部6家，从业人员83人。累计资金开户数185546户，银证转入资金52.3亿元，增长16.8%。全年营业收入0.4亿元，增长24.2%；利润总额0.1亿元，增长1.6倍。

全年全市保费收入54.8亿元，增长3.9%。其中，寿险业务保费收入38.9亿元，增长1.7%；财产险业务保费收入15.9亿元，增长9.6%。

八、居民收入消费和社会保障

全年居民人均可支配收入25897元，增长8.6%。按常住地分，城镇居民人均可支配收入34627元，增长7.7%，城镇居民人均消费支出21850元，增长8.5%；农村居民人均可支配收入14809 元，增长9.2%，农村居民人均消费支出10834元，增长5.0%。按全市居民五等份收入分组，城镇低收入组人均可支配收入14251元，增长9.0%；农村低收入组人均可支配收入6945 元，增长13.3%。城镇居民家庭恩格尔系数（即居民家庭食品消费支出占家庭消费支出的比重）21.17%，农村居民家庭恩格尔系数21.79%。

年末全市参加基本养老保险162.4万人，比上年末增加4.8万人，其中，参加职工基本养老保险50.5万人，增加3.6万人；参加城乡居民基本养老保险111.9万人，增加1.2万人。参加基本医疗保险212.0万人，增加1.5万人，其中，参加职工基本医疗保险46.8万人，增加3.4万人；参加城乡居民基本医疗保险165.2万人，减少1.9万人。参加失业保险32.1万人，增加0.5万人。参加工伤保险48.6万人，增加0.3万人，其中，农民工22.4万人，增加4.3万人。全年资助基本医疗保险12.5万人，医疗救助7.0万人。

年末城市低保人数8597人，减少1815人；农村低保人数35960 人，减少3369人。享受国家定期抚恤补助的优抚对象16309 人。全年共发放最低保障资金2.2亿元。全市提供住宿的社会服务机构61个，床位数4510张，年收养救助人数2941人。全市社区养老机构和设施882个。福利彩票发行单位1个。

九、科学技术和教育

2019年全市组织实施省级科技项目7项。其中，列入重点研发项目（高新技术领域）2项，农村技术承包项目5项。全年全市技术合同交易256项，交易额35.9亿元；新认定国家高新技术企业13个，新认定省级众创空间1个，新认定省级科技企业孵化器1个，新认定省民营科技企业10家。截至2019年末，全市拥有高新技术企业62家,国家级星创天地2个,国家级众创空间2个,国家级重点实验室1个,省级众创空间9个,省级重点实验室和省级工程技术研究中心5个,省级科技企业孵化器9家,省级民营科技企业57家,省级科普基地11个。

年末全市普通高等学校1所,独立设置的成人高等学校1所。高中阶段毛入学率96.8%。

十、文化旅游、卫生健康和体育

年末全市共有艺术表演团体10个,演出场次5018场,演出收入1568万元;全市共有艺术表演场馆4个,群众艺术馆1个,文化馆6个,美术馆2个,公共图书馆7个,总藏书153.5万册。

年末全市共有A级景区25个。其中,5A级景区1个,4A级景区8个,3A级景区15个,2A级景区1个。共有星级饭店17家。其中,五星级2家、四星级9家、三星级5家、二星级1家。全年全市接待海外旅游者17414人次,接待国内旅游者7326.76万人次,分别增长7.4%和20.5%;旅游外汇收入893.37万美元,国内旅游收入668.21亿元,旅游总收入668.75亿元,分别增长8.2%、20.0%和20.0%。

年末全市共有各级医疗卫生机构3179个,其中妇幼保健院(所、站)7个。医院和卫生院床位12.9千张,卫生专业技术人员1.47万人,每千人拥有病床5.8张,每千人拥有医生数2.6人。村卫生室覆盖率100%、县乡村三级医疗机构达标率均为100%。全年各县(市、区)的儿童“五苗”全程接种率以乡镇为单位均达到了90%以上。碘盐覆盖率达到99.17%,合格碘盐食用率达到94.5%,各种地方病得到了有效控制。全市乡镇卫生监督站覆盖率达到100%。

年末全市拥有各级各类体育场馆6217个,中小学体育锻炼标准达标人数达20.5万人。全年我市运动员在省级以上重大比赛中获金、银、铜牌分别为53枚、49枚和46枚(包括非奥运项目比赛)。全市销售中国体育彩票2.15亿元,下降28.3%。

十一、资源、环境和应急管理

全市有自然保护区5个,自然保护区面积达到13.8万公顷。

全年全市一次能源生产折标准煤8595.11万吨,增长9.3%;二次能源生产折标准煤4459.3万吨,增长16.2%。

全年全市向省外运输煤炭5965.2万吨,下降9.5%,外运煤炭占原煤产量53.0%。向省外输送电力182.0亿千瓦小时,增长0.2%,外输电量占发电量的67.7%。

全年全市全社会用电总量211.12亿千瓦小时。其中,第一产业用电1.12亿千瓦小时,占全社会用电量的0.5%;第二产业用电185.86亿千瓦小时,占全社会用电量的88.0%,其中,工业用电185.15亿千瓦小时;第三产业用电14.24亿千瓦小时,占全社会用电量的6.8%;城乡居民生活用电9.9亿千瓦小时,占全社会用电量的4.7%。

全年市区环境空气质量二级以上天数达到184天。其中,一级天数14天。空气综合污染指数为6.26,较上年上升1.5%。

城市污水处理率达到95.0%;城市生活垃圾无害化处理率达到100%。

全市共发生各类生产安全事故72起,事故死亡83人。亿元GDP生产安全事故死亡率0.0609,煤矿百万吨死亡率0.0271。

临汾市2019年国民经济和社会发展情况

2019年,面对国内外风险挑战明显上升的复杂局面,在市委、市政府的坚强领导下,全市上下坚持以习近平新时代中国特色社会主义思想为指导,全面贯彻落实党的十九大和十九届二中、三中、四中全会精神,深入学习贯彻习近平总书记“三篇光辉文献”精神,坚持新发展理念,坚持稳中求进工作总基调,扎实推进供给侧结构性改革,全面做好“六稳”工作,经济运行稳中有进,产业发展基础稳固,结构调整稳步推进,民生福祉不断增强,社会事业繁荣发展,生态环境持续改善,高质量转型发展迈出新步伐。

一、综　　合

初步核算,全年全市地区生产总值1452.6亿元,比上年增长6.0%。其中,第一产业增加值103.5亿元,增长2.5%,占生产总值的比重为7.1%;第二产业增加值628.4亿元,增长4.7%,占生产总值的比重为43.3%;第三产业增加值720.7亿元,增长7.6%,占生产总值的比重为49.6%。第三产业中,金融业增加值78.1亿元,增长8.5%;房地产业增加值102.7亿元,增长10.4%;批发和零售业增加值109.4亿元,增长2.6%;交通运输、仓储和邮政业增加值83.7亿元,增长5.7%。

人均地区生产总值32250元,按2019年平均汇率计算为4674.9美元。

全年全市一般公共预算收入138.1亿元,比上年增长9.6%。其中,税收收入100.0亿元,增长12.1%,占一般公共预算收入的比重72.5%,比上年提高1.7个百分点。

全年全市一般公共预算支出411.3亿元,增长6.6%。其中,城乡社区事务支出增长32.4%,交通运输支出增长25.3%,节能环保支出增长21.1%,社会保障就业支出增长7.3%,卫生健康支出增长3.3%。

据2019年人口抽样调查,年末全市常住人口450.84万人,比上年末增加0.81万人。全年全市出生人口3.86万人,人口出生率为8.56‰;死亡人口2.57万人,死亡率为5.71‰;自然增长率为2.85‰。人口性别比为103.06。

全年全市城镇新增就业5.50万人。转移农村劳动力5.07万人。年末城镇登记失业率1.8%,控制在4.2%的目标范围之内。

全市居民消费价格比上年上涨2.7%,其中,居住类价格上涨1.6%。

二、农　业

全年全市农作物种植面积526.26千公顷，比上年减少7.62千公顷，下降1.43%。其中，粮食种植面积492.72千公顷，减少5.98千公顷；油料种植面积6.34千公顷，减少1.30千公顷；蔬菜种植面积16.69千公顷，减少0.35千公顷。在粮食种植面积中，玉米种植面积256.98千公顷，减少2.23千公顷；小麦种植面积191.08千公顷，减少7.79千公顷。果园种植面积58.53千公顷，增加6.76千公顷。

全年粮食产量213.3万吨，比上年减产16.9%。其中，夏粮86.1万吨，减产3.5%；秋粮127.2万吨，减产24.1%。

全年全市完成造林32.37千公顷，下降5.0%。

全年全市猪牛羊肉总产量12.54万吨，比上年增长0.4%。其中，猪肉产量10.92万吨，与上年基本持平；牛肉产量0.70万吨，增长6.6%；羊肉产量0.93万吨，增长1.7%。年末生猪存栏98.0万头，生猪出栏132.21万头。牛奶产量3.82万吨，下降1.3%。禽蛋产量13.38万吨，增长2.4%。水产品产量0.58万吨，下降7.9%。

年末全市农业机械总动力216.9万千瓦，比上年增长4.2%。机械耕地面积358.24千公顷，增长0.5%，机械播种面积421.79千公顷，下降1.2%，机械收获面积347.81千公顷，下降0.4%。全市农机化经营总收入达到9.45亿元，增长1.2%。

三、工业和建筑业

年末全市规模以上工业企业384家。全年全市规模以上工业增加值比上年增长3.5%。其中，装备制造业增加值增长9.8%，战略性新兴产业增加值增长9.6%，高技术制造业增加值增长3.5%。

全年全市规模以上工业企业原煤产量6201.6万吨，增长1.2%；发电量241.6亿千瓦时，下降1.0%；焦炭产量1687.9万吨，下降4.4%；钢材产量1287.3万吨，增长15.6%。

全年全市规模以上工业企业实现营业收入1824.7亿元，增长5.7%。其中，煤炭开采和洗选业实现营业收入599.7亿元，下降2.8%；石油、煤炭及其他燃料加工业实现营业收入369.0亿元，下降0.4%；黑色金属冶炼和压延加工业实现营业收入589.9亿元，增长28.0%；电力、热力生产和供应业实现营业收入71.3亿元，增长0.1%。

全年全市规模以上工业企业实现利税226.1亿元，下降13.6%；实现利润132.1亿元，下降11.0%。

全年全市建筑业实现增加值53.7亿元，比上年增长12.9%。资质以上建筑业企业完成总产值119.8亿元，增长23.6%，共签订合同额168.8亿元，增长21.4%。房屋建筑施工面积223.2万平方米，增长6.1%。资质以上建筑业企业共195家，增加24家，其中，一级资质企业10家，二级资质企业61家，三级资质企业123家。

四、能　源

全年全市一次能源生产折标准煤4598.81万吨，增长3.08%，二次能源生产折标准煤5353.13万吨，增长1.51%。

全年全市向省外运输煤炭1074.48万吨，增长3.05%，外运煤炭占煤炭产量的10.84%。

全年全市能源工业投资完成125.87亿元。其中，煤炭工业投资39.37亿元，增长16.04%；电力工业投资42.79亿元，增长20.13%；焦化工业投资14.22亿元，增长28.59%。

全年全市全社会用电总量211.93亿千瓦时。其中，第一产业用电1.86亿千瓦时，占全部用电量的0.88%；第二产业用电153.13亿千瓦时，占全部用电量的72.25%，其中，工业用电151.41亿千瓦时；第三产业用电31.77亿千瓦时，占全部用电量的14.99%；城乡居民用电25.17亿千瓦时，占全部用电量的11.88%。

五、国内贸易

全年全市社会消费品零售总额736.9亿元，增长7.3%。按经营地统计，城镇消费品零售额616.2亿元，增长6.8%；乡村消费品零售额120.7亿元，增长9.6%。按消费形态统计，商品零售额672.3亿元，增长6.8%；餐饮收入额64.6亿元，增长12.7%。

六、对外经济

全年全市海关进出口总额15.1亿元，下降23.5%。其中，进口额0.9亿元，下降77.2%；出口额14.22亿元，下降9.7%。

全年全市进口铁矿砂8677.0万元，下降73.1%。出口PVC塑胶手套1.87亿元，增长70.3%。

全年全市新设立外商直接投资企业4家；实际使用外商直接投资金额921.5万美元。

七、交通、邮电和旅游

年末全市公路通车里程19166.6公里，其中，高速公路663.1公里，与上年同期持平。

年末全市民用汽车保有量73.3万辆，比上年末增长16.2%，其中，私人汽车66.7万辆，增长10.4%。本年新注册汽车6.8万辆，下降8.1%。年末轿车保有量47.3万辆，比上年末增长10.5%，其中，私人轿车45.7万辆，增长10.9%。

全年全市完成邮电业务总量236.7亿元，增长78.8%。其中，邮政业务总量4.4亿元，增长22.9%；电信业务总量232.3亿元，增长80.2%。年末全市固定电话24.9万部，增加0.3万部，增长1.2%；年末移动电话达到442.6万户，其中：4G移动电话用户达到385.2万户。移动电话普及率98.3部/百人。年末全市宽带接入用户111.69万户，增长11.0%。

全年全市接待海外旅游者42954人次，接待国内旅游者8342.6万人次，分别增长1.5%和21.3%；旅游外汇收入1787.4万美元，增长1.7%；国内旅游收入766.8亿元，增长

21.2%。旅游总收入768亿元,增长21.1%。

八、金　　融

年末全市金融机构本外币各项存款余额2708.61亿元,比年初增加207.0亿元,比年初增长8.3%。各项贷款余额1649.35亿元,比年初增加223.2亿元,比年初增长15.7%。

年末住户存款1948.4亿元,比年初增长10.5%。

年末全市农村合作金融机构(农村信用社、农村商业银行)人民币贷款余额794.96亿元,比年初增加96.35亿元,比年初增长13.79%;人民币存款余额1101.29亿元,比年初增加90.89亿元,比年初增长9%。

年末全市共有上市公司2家。全市辖区证券市场各类证券成交额1091.4亿元,比上年增长8.7%。年末投资者资金账户累计开户数31.6万户,比上年末增长12.3%。

全年全市保费收入95.3亿元,增长9.5%。其中,寿险业务保费收入71.4亿元,增长6.7%;财产险业务保费收入23.9亿元,增长18.7%。健康险业务保费收入17.5亿元,意外险业务保费收入1.5亿元。

九、教育和科学技术

年末全市高等院校5所。新建公办幼儿园6所,认定普惠性民办幼儿园87所,学前教育毛入园率达到94%。

全年全市发明专利申请量260件。

配合省级完成监督抽查产品12大类共650余批次,市级监督抽查了4种产品1016个批次。全市共有法定计量技术机构17个,全年完成强制检定计量器具8.29万台(件)。

全市有气象台(站)17个,开展12121电话天气自动答询台1个。气象系统开展人工影响天气业务的单位17个,防雹、增雨受益覆盖面积2万平方公里。卫星云图接收站17个。

全市有专业综合地震台站1个,市级地震台网中心1个,数字测震地震台网1个,数字测震子台7个,前兆台站21个。

十、文化、卫生和体育

年末全市共有文化馆18个,博物馆16个,艺术表演团体17个。广播电视台18座。广播人口覆盖率98.24%,电视人口覆盖率99.46%。全市共有公共图书馆18个,国家综合档案馆18个。目前有13个县级图书馆和10个文化馆达到国家三级标准以上。

完善公共文化服务,丰富群众文化生活。大力实施重点文化设施项目建设,市图书馆项目主体工程建设全部完工。完成了全市贫困县17个城市社区文化中心,国贫县337个行政村文化活动场所共计610万元的文化设备采购和配送。举办了"庆祝新中国成立70周年"群众文化系列活动"唱响时代赞歌《我和我的祖国》大型合唱活动";第十四届广场文化消夏月活动;持续开展"周末剧场""儿童剧场"惠民品牌活动;完成送戏下乡任务2095场,提前翻番完成全年送戏下乡任务,位居全省第一;扎实开展惠民演出"五进"活动,市直三团和艺校"五进"演出共完成426场,为基层群众带去丰富的精神文化大餐。

年末全市共有卫生机构(含诊所、村卫生室)4864家,其中,妇幼保健院(所、站)18家。全市卫生机构共有床位2.34万张,其中,医院床位1.88万张,卫生院床位3606张。卫生技术人员2.79万人。

2019年组织举办了第二届全国青年运动会其中的花样滑冰、射击飞碟、空手道三个项目,并组队参加花样滑冰、射击飞碟、空手道、拳击四个项目,获得金牌7枚,银牌4枚,铜牌6枚,取得了办赛参赛"双丰收"。全年全市在国际国内比赛中共获78金71银120铜,其中,国际比赛获1金1银2铜,国家级比赛获12金8银14铜,省级比赛获65金62银104铜。全年销售体育彩票3.54亿元,比上年下降17.29%。

十一、人民生活和社会保障

全年全市居民人均可支配收入22107元,比上年增长9.5%。其中,城镇常住居民人均可支配收入32895元,增长7.2%;农村常住居民人均可支配收入12809元,增长10.1%。居民人均消费性支出12572元,比上年增长7.5%。其中,城镇居民人均消费性支出16862元,增长7.0%;农村居民人均生活消费支出9528元,增长7.5%。按全市居民五等份收入分组,城镇低收入组人均可支配收入15326元,增长8.7%;农村低收入组人均可支配收入5129元,增长13.7%。居民家庭恩格尔系数(即居民家庭食品消费支出占家庭消费支出的比重)25.4%。其中,城镇为24.3%,农村为26.8%。

年末全市参加基本养老保险的人数为271.59万人,比上年末增加11.38万人;参加城乡居民基本养老保险的人数为208.16万人,增加8.74万人;参加基本医疗保险的人数为389.47万人;参加失业保险的人数为36.71万人,增加0.84万人;参加工伤保险的人数为54.43万人,增加1.18万人,其中,农民工21.76万人,减少0.35万人。

全年全市纳入城市最低生活保障的居民2.64万人,发放城市低保资金17692.6万元,比上年减少2465.1万元;纳入农村最低生活保障的居民5.64万人,发放农村低保资金28771.9万元,比上年增加2366.4万元。

年末全市各类收养性单位床位数6815张,收养人数2569人。城镇建立各种社区服务机构451个。全年销售社会福利彩票3.67亿元,直接接收社会捐赠款52.62万元。

年末市区建成区新增绿化面积39.54万平方米,绿化覆盖率达到39.41%,人均公共绿地面积10.71平方米。全市建成区新增绿化面积198.11万平方米,绿化覆盖率达到38.81%,人均公共绿地面积10.06平方米。人均道路面积达到15.43平方米。

十二、资源、环境和安全生产

年末耕地保有量506.87千公顷。年末全市7座中型水库,蓄水总量4496.7万立方米。全市年平均降水量475.8毫米,较上年增加23.5毫米。

年末全市森林面积 517.65 千公顷，森林覆盖率 25.5%；全市已建成自然保护区 3 个，自然保护区面积 41.77 千公顷，占全市国土面积的 2.1%。

全年市区空气质量好于二级以上天数 174 天，比上年减少 1 天。地表水达到Ⅲ类水体的比例为 25%，劣Ⅴ类水体的比例为 37.5%，完成省定目标。市区 PM2.5 浓度均值为 62 微克 / 立方米，比上年下降 3.1%。

年末全市城市污水处理率 97.14%，比上年降低了 0.02 个百分点；市区城市生活垃圾无害化处理率连续 9 年达到 100%；全市集中供热普及率 91.69%。

全年森林火灾受害率控制在 0.5‰以内，达到了国家和省要求的标准。林业有害生物成灾率 0.71‰，严格控制在省要求的 3.5‰以下。

全年共发生生产经营性安全事故 63 起，下降 61.4%；死亡 75 人，下降 55.6%。亿元 GDP 生产安全事故死亡率为 0.052 人 / 亿元，比省下达年度控制指标 0.11 人 / 亿元低 0.058 人 / 亿元。全市地方监管煤矿百万吨死亡率为 0.044。

运城市2019年国民经济和社会发展情况

2019年，面对国际、国内风险挑战明显上升的复杂局面，在市委、市政府的坚强领导下，全市上下坚持以习近平新时代中国特色社会主义思想为指导，全面贯彻落实党的十九大和十九届二中、三中、四中全会精神，深入学习贯彻习近平总书记“三篇光辉文献”精神，以深化供给侧结构性改革为主线，以民生改善为己任，守初心、担使命，强化“六稳”举措，奋力推进高质量发展，全市经济运行总体平稳，主要指标符合预期，经济发展动力不断增强，民生福祉显著改善，社会事业全面进步，全面建成小康社会迈出新步伐。

一、综　　合

经济增长：初步核算，全年全市地区生产总值1562.9亿元，按可比价格计算，比上年增长6.3%。其中：第一产业增加值248亿元，增长3.3%；第二产业增加值540.7亿元，增长6.5%；第三产业增加值774.2亿元，增长7.2%。第三产业中，交通运输、仓储和邮政业94.3亿元，增长6.0%；批发和零售业127.2亿元，增长4.7%；金融业97.1亿元，增长5.0%；房地产业71.0亿元，增长3.2%。三次产业构成由上年的15.5:34.4:50.1，调整为15.9:34.6:49.5。

人均地区生产总值29126元，比上年增长6.0%，按2019年平均汇率计算为4223美元。

人口：据2019年人口抽样调查，年末全市常住人口为537.26万人，比上年末增加1.3万人。男女性别比为102.04（女性为100）。全年出生人口5万人，出生率为9.31‰；死亡人口3万人，死亡率为5.60‰；自然增长率为3.71‰。常住人口城镇化率达到51.24%，比上年提高1.04个百分点。

就业：全年全市城镇新增就业人员66732人，转移农村劳动力80724人，城镇失业人员再就业18709人，就业困难人员实现就业4312人。年末城镇登记失业率1.21%。

价格：全年全市居民消费价格比上年上涨2.3%。其中，食品烟酒价格上涨4.8%，生活用品及服务价格上涨2.5%。商品零售价格比上年上涨2.3%。

供给侧结构性改革深入推进。年末全市商品房待售面积121.4万平方米，比上年末下降5.4%，其中，商品住宅待售面积77.4万平方米，比上年末下降4.2%。年末规模以上工业企业资产负债率为67.7%，比上年末下降1.4个百分点。全年生态保护和环境治理业投资比上年增长275.7%。全年减税降费50.5亿元，其中，落实新增减税降费政策共减免税费24.5亿元。

新动能加快成长。全年规模以上工业中，战略性新兴产业和装备制造业增加值占规模以上工业比重分别为10.8%和11.5%，在全省处于前列。全年高技术产业投资比上年增长41.9%，其中，高技术制造业投资增长33%。全年限额以上企业网络商品零售额比上年增长6.8%。

财政收入稳定增长。全年全市财政总收入完成174.8亿元，比上年增长10%。一般公共预算收入完成86.6亿元，增长7.3%。其中，税收收入完成64.5亿元，增长11.2%。全年一般公共预算支出374.2亿元，增长10.7%。

二、农　　业

农业产值：全年全市农林牧渔业总产值完成502.7亿元，按可比价格计算，比上年增长3.2%。农林牧渔业增加值完成263.8亿元，增长3.2%。其中，农业202.3亿元，增长3.3%；林业2.6亿元，下降5.9%；牧业41.7亿元，增长2.6%；渔业1.5亿元，下降16.9%；农林牧渔专业及辅助性活动15.8亿元，增长2.4%。

农作物种植面积：全年农作物种植面积628.8千公顷，比上年下降7.2%。粮食种植面积532.8千公顷，下降7.8%。其中，夏粮287千公顷，下降1.7%；秋粮245.9千公顷，下降14%（玉米211.3千公顷，下降14.7%）；棉花种植面积2.1千公顷，下降46.1%；油料种植面积16.3千公顷，下降7.1%；蔬菜及食用菌种植面积45.0千公顷，下降2.4%；果园面积194.7千公顷，增长1.7%，其中，苹果园面积90.6千公顷，下降5.0%。

农产品产量：全年粮食总产量26.5亿公斤，比上年增加1.3亿公斤，增长5.1%。其中，小麦12.7亿公斤，减产0.05亿公斤，下降0.4%；秋粮13.9亿公斤，增加1.3亿公斤，增长10.8%；水果648.2万吨，增长9.5%。

畜禽及水产品产量：全年肉类总产量13.4万吨，增长4.2%。其中，猪肉产量10.1万吨，增长0.5%；牛肉产量0.3万吨，增长4.9%；羊肉产量0.4万吨，下降6.5%；禽肉产量2.6万吨，增长24.3%。禽蛋产量29.9万吨，增长11.8%；奶类产量2.8万吨，下降21.3%。水产品产量2.2万吨，下降4.4%。

林业生产：全市当年造林面积15066公顷，其中，荒山荒地造林面积6666公顷。

农业机械:年末全市农业机械总动力306.1万千瓦,比上年增长3.0%。机械耕地面积39.9万公顷,机械播种面积49.3万公顷,机械收获面积47.5万公顷。

三、工业和建筑业

工业:全年全部工业增加值451.3亿元,比上年增长5.9%。全市规模以上工业增加值比上年增长5.4%。规模以上工业中,战略性新兴产业增加值下降1.3%。其中,高端装备制造业增加值增长8.6%,新能源产业增长2.8%,新材料产业下降0.2%,节能环保产业下降2.6%,生物产业下降3.3%。全年规模以上工业产品销售率为98.7%。

全市规模以上工业中,七大传统行业增加值比上年增长7.5%,26个非传统行业增加值增长1.2%。分三大门类看,全年全市采矿业增加值比上年增长9.1%,占规上工业增加值比重17.6%;制造业增加值增长4.6%,占规上工业增加值比重81.2%;电力、热力、燃气及水生产和供应业增加值增长6.1%,占规上工业增加值比重1.2%。分经济类型看,国有企业增加值比上年增长0.8%,集体企业下降5.8%,股份制企业增长5.4%,外商及港澳台商投资企业增长26.1%。分企业规模看,大型企业工业增加值增长6.3%,中型企业增长2.3%,小型企业增长12.1%,微型企业下降57.0%。

全年全市规模以上工业企业实现营业收入1999.9亿元,比上年增长2.0%;实现利税总额148.6亿元,下降17.8%;实现利润总额101.7亿元,下降16.4%。分门类看,采矿业实现利润总额13.1亿元,下降11.8%;制造业86.4亿元,下降21.7%;电力热力燃气及水生产和供应业2.2亿元。分行业看,黑色金属冶炼和压延加工业实现利润48.2亿元,下降14.5%;石油煤炭及其他燃料加工业16.3亿元,下降39.6%;煤炭开采和洗选业12.4亿元,下降19.9%;化学原料和化学制品制造业0.9亿元,下降82.2%;汽车制造业2.8亿元,下降46.5%。

建筑业:全年全市建筑业实现增加值89.4亿元,比上年增长9.5%。资质以上建筑企业总产值170.5亿元,增长16.4%,共签订合同额272.2亿元,增长34.3%。资质以上建筑企业共230家,其中,一级企业14家。

四、国内贸易

全年全市社会消费品零售总额857.0亿元,比上年增长8.2%。按规模统计,限额以上单位消费品零售额250.4亿元,增长3.1%;限额以下单位消费品零售额606.6亿元,增长11%。按经营地统计,城镇消费品零售额644.7亿元,增长7.3%;乡村消费品零售额212.3亿元,增长11.0%。

在限额以上单位商品零售额中,粮油、食品类零售额比上年增长7.2%,烟酒类增长0.9%,服装、鞋帽、针纺织品类增长7.2%,化妆品类增长11.3%,金银珠宝类下降7.7%,日用品类增长3.6%,家用电器和音像器材类增长6.0%,中西药品类增长4.0%,家具类下降4.7%,建筑及装潢材料类增长39.7%,石油及制品类下降2.2%,汽车类增长8.3%。

五、对外经济

进出口贸易:全年全市进出口总额73.6亿元,比上年下降3.4%(以美元计价为10.7亿美元,下降7.9%)。其中,进口45.6亿元,下降6.6%(以美元计价为6.6亿美元,下降11.2%);出口27.9亿元,增长2.4%(以美元计价为4.1亿美元,下降1.8%)。

全年进口锰矿砂10.6亿元,增长2.9%;进口铜矿砂27.4亿元,下降4.3%;进口铬矿砂2.6亿元,下降2.2%。全年出口镁及镁制品6.0亿元,增长57.8%;出口机电产品6.0亿元,下降20.9%;出口果蔬汁1.1亿元,增长18.1%;出口纺织物4.7亿元,增长7.9%。

从进出口国别和地区看,对智利实现进出口总额12.1亿元,下降39.5%;南非9.3亿元,下降16.5%;加拿大7.2亿元,增长38.3%;美国4.6亿元,下降12.5%;欧盟组织4.0亿元,下降3.1%。

利用外资:全年全市合同利用外资总额11346万美元,实际利用外资1773万美元。当年新设立外商直接投资企业5家。

六、交通、邮电和旅游

交通运输:年末全市公路通车里程15959公里,其中,国道1236公里,省道707公里,县道2613公里,乡、村道及专用道11402公里;高速公路603公里。全市公路密度112.5公里/百平方公里。公路客运量1706万人,比上年下降36.1%;公路货运量21531万吨,比上年增长33.9%。公路旅客运输周转量11.3亿人公里,比上年下降18.1%;公路货物运输周转量485亿吨公里,比上年增长22.5%。

截至年末运城机场共开通了运城—北京、成都、广州、杭州、乌鲁木齐、贵阳、大连、天津、海口、重庆、沈阳、三亚、哈尔滨、上海、宁波、青岛、济南、鄂尔多斯、西宁、银川、信阳、深圳、南宁、南京、无锡、珠海、泉州、南昌、惠州、温州、呼和浩特、合肥、厦门、福州、昆明等35个城市,共30条航线。全年民航旅客运输量248.5万人,比上年增长21%;货运量0.6万吨,比上年增长17.7%。全年飞机起降总架次为37761架次,增长9%;有航线架次为22481架次,增长23.9%。

年末全市民用车辆拥有量121.5万辆,比上年末增加5.8%。民用汽车保有量达到91.3万辆(包括三轮汽车和低速货车301辆),比上年末增长9.2%。其中,私人汽车83.3万辆,增长9.7%。本年新注册汽车8.2万辆,比上年下降6.1%。年末摩托车保有量19.5万辆,比上年末下降5.7%。年末拖拉机保有量8万辆,比上年末增长0.6%。

邮电:全年全市邮电业务总量263.5亿元,比上年增长89.6%。其中,邮政业务总量18.4亿元,增长59.5%;电信业务总量245.1亿元,增长92.4%。邮政业全年完成邮政函件业务49.3万件,包裹业务1.9万件,快递业务量6519万件。年末固定及移动电话用户总数达到473.1万户。其中,固定电话17.7万户,移动电话455.4万户。在移动电话用户中,4G用户415.5万户。电话普及率达到90.3部/百人。其中,固定电话和移动电话普及率分别为5.3部/百人和85部/百人。全市宽带接入用户达到154.4万户，增长12.7%。

旅游：全年接待国内游客9768.2万人次，增长16.9%。接待入境游客37480人次，增长5.6%。其中，外国人10701人次，增长7.3%；香港同胞9726人次，增长5.6%；澳门同胞6324人次，增长4.6%；台湾同胞10729人次，增长4.6%。全年旅游总收入831.0亿元，增长17.7%。其中，国内旅游收入830.3亿元，增长17.7%；旅游外汇收入1103.0万美元，增长5.9%。

七、金融、证券和保险

金融：年末全部金融机构本外币各项存款余额2488.5亿元，比年初增长8.9%，其中人民币各项存款余额2484亿元，比年初增长9%。全部金融机构本外币各项贷款余额1270.9亿元，比年初增长7.7%，其中人民币各项贷款余额1269.7亿元，比年初增长7.8%。

年末农村金融机构（农村信用社、农商银行、村镇银行）人民币各项贷款余额563.8亿元，比年初增长12.6%。

证券：全年全市证券市场各类证券成交额983.3亿元，比上年增长15.3%。其中股票成交额873.2亿元，基金成交额59.4亿元，债券成交额3.5亿元。年末投资者资金账户开户总数23.8万户。

保险：年末全市共有保险公司44家，全年保费收入113.4亿元，比上年增长7.1%。其中，财产险保费收入28.9亿元，增长16%；人身险保费收入84.5亿元，增长4.3%。全年支付各类赔款及给付金额34.5亿元，增长5.2%。

八、人民生活和社会保障

人民生活：全年全市居民人均可支配收入20406元，比上年增长9.1%。居民人均消费支出12368元，比上年增长15.5%。按常住地分，城镇居民人均可支配收入31241元，增长7.3%；城镇居民人均消费支出15807元，增长15.9%。农村居民人均可支配收入11997元，增长9.9%；农村居民人均消费支出9851元，增长13.1%。城镇占调查总户数20%的低收入家庭人均可支配收入10571元，增长9.7%；农村占调查总户数20%的低收入家庭人均可支配收入4064元，增长14.2%。

脱贫攻坚：截至2019年末，全市农村贫困人口由2014年34.1万人降为1774人，贫困发生率由2014年8.1%降至0.04%。

社会保障：年末全市参加城镇职工基本养老保险64.9万人，参加城乡居民社会养老保险284.9万人，参加城镇职工基本医疗保险49.9万人，参加城乡居民基本医疗保险421.5万人，参加失业保险35.2万人，参加工伤保险69.1万人，参加生育保险43.1万人。

社会服务：年末全市共有各类提供住宿的社会服务机构163个，床位14066张。其中，老年人与残疾人服务机构162个，床位13846张。年末共有社区服务中心120个，社区服务站95个。年末共有1.5万人纳入城市居民最低生活保障，发放城市低保资金9033万元；7.5万人纳入农村居民最低生活保障，发放农村低保资金3亿元。9140人享受农村特困人员救助供养。全年销售社会福利彩票3亿元。

九、教育和科学技术

教育：全年全市普通高等院校招生20666人，在校生56615人，毕业生17117人。各类中等职业学校招生16967人，在校生43556人，毕业生15255人。普通高中招生31632人，在校生92597人，毕业生35517人。初中招生49013人，在校生151375人，毕业生53717人。普通小学招生56571人，在校生304902人，毕业生47817人。特殊教育招生423人，在校生1918人，毕业生246人。在园幼儿数176704人。

科学技术：全年全市受理专利申请3165件，比上年增长32.3%。其中，受理发明专利申请639件，比上年下降7.3%。全市授予专利权1411件，下降1%。其中，授予发明专利权87件。全年有18个项目列入国家、省各类科技计划，获得项目研究资金1082万元。

年末全市共有产品质量监督检验机构3个，法定计量检定技术机构13个，省授权行业建立的检验所（站）2个。全年共监督抽查了560家企业12类、29种、943批次的产品和商品。完成强制检定计量器具49507台件。

全市有国家基本气象观测站3个，国家一般气象观测站10个。气象咨询服务12121电话线路120路。全市气象系统开展人工影响天气业务单位13个，防雹、增雨受益覆盖面积0.9万平方公里，增雨量2.7亿立方米。全市有卫星云图接收设备15个。全年全市平均气温14.3℃，平均年降水量525.2毫米，平均总日照时数1872.1小时。

全市有专业综合地震台（站）1个，市级地震台网中心1个，数字测震台网1个，数字测震子台4个，县级地震监测台（站）13个。全年全市最大震级2.5级。

十、文化、卫生和体育

文化：年末全市共有艺术表演团体16个，群众艺术馆1个，文化馆13个。公共图书馆13个，馆藏图书162.3万册。博物馆23个，档案馆14个。市级以上重点文物保护单位272处，其中国家级102处，省级67处，市级103处。拥有广播电视台13座，有线电视用户43.3万户。广播人口覆盖率99.1%，电视人口覆盖率99.3%。全年送戏下乡演出2511场，农村公益电影放映38076场，寄宿制学校公益电影放映3879场。在山西省庆祝新中国成立70周年群众文化系列活动中，运城市参加了其中的七大类13项活动，参加人数达300余人，获得各类奖项18个。

卫生：年末全市共有医疗卫生机构5610个。其中医院274个，卫生院188个，社区卫生服务中心（站）97个，诊所（卫生所、医务室）1398个，村卫生室3563个，疾病预防控制中心14个，卫生监督所（中心）14个。卫生技术人员32230人，其中执业医师和执业助理医师13278人，注册护士12939人。医疗卫生机构床位34013张，其中医院24791张，卫生院7587张。

体育：全年全市运动员在省级重大比赛项目中获得金牌8枚、银牌28枚、铜牌32枚。全年销售中国体育彩票4.5亿元，比上年下降16.8%。

十一、资源、环境和安全生产

资源:年末全市耕地保有量505897.5公顷。全年全市国有建设用地供应总量1049.3公顷。其中,工矿仓储用地276.8公顷,房地产用地307.1公顷,商业服务用地69公顷,基础设施等其它用地396.4公顷。

全年总用水量16.1亿立方米,比上年增长7.3%,其中,农业用水13亿立方米,工业用水1.1亿立方米,生活用水2亿立方米。

全市拥有省级自然保护区1个,自然保护区面积达8.7万公顷。

环境:黄河、汾河流域运城段共监测11个断面。其中,达到Ⅲ类以上水质标准的断面6个。

全年中心城市空气质量二级以上(含二级)天数为198天。

年末全市中心城市公园面积440.4公顷;绿地面积2164.9公顷,比上年增长1.9%。城市建成区绿化覆盖率达37.8%。

能耗:初步核算,全年全市规模以上工业能源消费2228.18万吨标准煤,比上年增长1.3%。原煤消费增长3.8%,洗精煤消费下降1.3%,焦炭消费增长15.68%,电力消费下降6.9%。规模以上工业增加值能耗下降3.89%。

全年全社会用电总量302.34亿千瓦时。其中,第一产业用电3.78亿千瓦时,占全部用电量1.25%;第二产业用电228.51亿千瓦时,占全部用电量75.58%,其中,工业用电226.01亿千瓦时;第三产业用电36.64亿千瓦时,占全部用电量12.12%;城乡居民用电33.41亿千瓦时,占全部用电量11.05%。

安全生产:全年全市共发生各类生产安全事故35起,比上年下降36.4%;死亡44人,比上年下降37.1%。其中,生产运营性道路交通事故19起,死亡21人。

(省统计局)

图书在版编目（CIP）数据

中共山西年鉴.2020 / 中共山西省委党史研究院编. --北京：中央文献出版社, 2020.11

ISBN 978-7-5073-4716-6

Ⅰ.①中…　Ⅱ.①中…　Ⅲ.①中国共产党－工作－山西－2020－年鉴　Ⅳ.①D235.25-54

中国版本图书馆CIP数据核字（2020）第215686号

书　　名：中共山西年鉴（2020）

主　　办：中共山西省委
编　　者：中共山西省委党史研究院
责任编辑：韩　冰
出版发行：中央文献出版社
社　　址：北京市海淀区北四环西路69号
邮　　编：100080
网　　址：www.zywxpress.com
销售热线：83089313　83089394
经　　销：新华书店
印　　刷：山西省史志印刷厂
开　　本：787 × 1092 mm　16开
字　　数：2291千字
印　　张：57
版　　次：2020年12月第1版
印　　次：2020年12月第1次印刷

ISBN 978-7-5073-4716-6
定　　价：320.00元